D1759533

1682
J.B.METZLER

METZLER FILM LEXIKON

Herausgegeben von Michael Töteberg

2., aktualisierte und erweiterte Auflage

mit 103 Abbildungen

Verlag J.B. Metzler
Stuttgart · Weimar

INHALT

Der Herausgeber
Michael Töteberg, geb. 1951; Leiter der Rowohlt Agentur für Medienrechte und freier Autor; Herausgeber der Schriften von Rainer Werner Fassbinder und Tom Tykwer; Veröffentlichungen u.a. zu Fritz Lang, Federico Fellini und zur UFA. Bei J.B. Metzler ist erschienen: »Film – an International Bibliographie«, 2002.

Bibliografische Information Der Deutschen Bibliothek
Die Deutsche Bibliothek verzeichnet diese Publikation in der Deutschen Nationalbibliografie; detaillierte bibliografische Daten sind im Internet über <http://dnb.ddb.de> abrufbar.

Gedruckt auf säure- und chlorfreiem, alterungsbeständigem Papier

ISBN-13: 978-3-476-02068-0
ISBN-10: 3-476-02068-1

www.metzlerverlag.de
info@metzlerverlag.de

Einbandgestaltung: Willy Löffelhardt unter Verwendung einer Abbildung des Filmmuseums Berlin / Stiftung Deutsche Kinemathek
Satz: Typomedia GmbH, Scharnhausen
Druck und Bindung: Kösel, Krugzell
www.koeselbuch.de
Printed in Germany
September / 2005

J.B. Metzler Verlag Stuttgart · Weimar

Vorwort

»Der Film ist die Kunst des 20. Jahrhunderts«, postulierte einst Fritz Lang, dessen Karrierestart noch in die Stummfilmzeit fällt. Fünfzig Jahre später konstatierte Tom Tykwer mit großer Selbstverständlichkeit: »Zu Beginn des 21. Jahrhunderts ist für den Film keine ernstzunehmende Konkurrenz in Sicht, er ist *das* dominante Medium der Gegenwart, die führende Kommunikationsplattform, die populärste aller Künste.«

52.000 Titel bietet das größte deutsche Filmlexikon. Wem das nicht reicht, der geht ins Netz: Auf der Website www.filmportal.de findet er Daten zu allen deutschen Kinofilmen, in der Internet Movie Data Base, www.imdb.com, die internationale Produktion. Das Metzler Film Lexikon beschränkt sich auf eine Auswahl von gut 500 Werken. Sie stammen aus verschiedensten Zeiten und Ländern, haben jedoch eines gemeinsam: Sie repräsentieren die Filmkunst in der mehr als hundertjährigen Geschichte des Mediums. René Clair, der die Pionierjahre und die Tonfilm-Revolution miterlebte, hat rückblickend bedauert, daß der Begriff »Film« sowohl das Verfahren der bildlichen Reproduktion wie das Ausdrucksmittel meint: Man nenne ja auch nicht alles, was gedruckt werde, Literatur. Die Filme, die in diesem Lexikon behandelt werden, haben allesamt, auch wenn sie für Außenseiter-Positionen stehen, Filmgeschichte gemacht. Sie zeichnen sich durch ästhetische oder technische Innovationen aus, haben Genres begründet oder verändert, bilden das Repertoire einer Kunst, die hierzulande erst spät wissenschaftliche Reputation erlangt hat.

Die getroffene Auswahl, obwohl mit Fachleuten und Freunden immer neu diskutiert, ist naturgemäß angreifbar. Umfragen nach den 100 besten Filmen sind unter Cineasten ein beliebtes Gesellschaftsspiel, doch konnte es hier nicht um eine subjektive Hitliste gehen. Es galt, die großen Regisseure mit charakteristischen Beispielen aus verschiedenen Schaffens- und Stilperioden vorzustellen, zugleich aber die kollektiven Hervorbringungen des Studiosystems nicht zu vernachlässigen. Neben künstlerischer Individualität und ästhetischen Standards, wie sie sich in den Zentren kommerzieller Filmproduktion herausgebildet haben, sollten auch gegenläufige Tendenzen präsent sein: Etablierte und verkrustete Strukturen provozierten stets Erneuerungsbewegungen. Genres wie der Western, der Horrorfilm oder das Melodrama, aber auch politische Propagandastreifen oder monumentale Ausstattungsfilme sind ebenso vertreten wie die verschiedenen Spielarten des Autorenfilms. Die Defizite sind dem Herausgeber bewußt: Der europäische Film und das amerikanische Kino haben ein Übergewicht, während die Kinematographien von Ländern der Dritten Welt nur mit wenigen Werken aufgenommen wurden. Trotzdem hat sich der Herausgeber bemüht, nicht allein den gängigen Kanon nachzuzeichnen. Erfolg, wie er sich an der Kasse oder bei der Oscarverleihung manifestiert, bildete kein entscheidendes Kriterium: Wichtiger erschien die langfristige Wirkung eines Films, wie sie sich in den nachfolgenden Werken oder in der Veränderung von Wahrnehmungsstrukturen beim Zuschauer zeigt. Der einzelne Film wird stets im Kontext analysiert: innerhalb der Filmgeschichte, mit Bezug auf andere Werke desselben Regisseurs, auf vorhergegangene, parallel entstandene oder – ein Aspekt produktiver Rezeption – von ihm inspirierte Filme und auch im Zusammenhang mit den ökonomischen und gesellschaftlichen Rahmenbedingungen. Der Film war nie reine Kunst, sondern immer auch das Produkt der Unterhaltungsindustrie seiner Zeit. Produzenten und Verleihfirmen haben aus kommerziellen Motiven, politische Instanzen mit Blick auf die Massenwirkung direkt oder indirekt Einfluß genommen. Profitdenken wie Zensurbehörden sind gleichermaßen verantwortlich dafür, daß berühmte Klassiker der Filmgeschichte nur in verstümmelter oder tendenziös veränderter Fassung in die Kinos kamen.

Das Metzler Film Lexikon versteht sich als Nachschlagewerk für Kinogänger, die sich über Thema und Stil informieren wollen, ohne mit bloßen Inhaltsangaben und fragwürdigen Wertungen zufrieden zu sein. Produktionsgeschichte, Mise-en-scène, Darstellungsstil, Erzählstruktur und Dramaturgie, Kameraführung und Lichtgestaltung, Montage und Musik, die Rezeption, wozu auch Hinweise auf Remakes und Sequels gehören: Dies sind einige Aspekte, auf die in den Artikeln zu den Filmen Wert gelegt wurde. Ein standardisierter Aufbau der Artikel erschien dem Herausgeber nicht sinnvoll. Angeordnet ist das Lexikon nach Originaltiteln, gegebenenfalls erfolgt beim deutschen Verleihtitel ein entsprechender Verweis. Im Kopf der Filmographie werden genannt: das Land, die Produktionsfirma und das Entstehungsjahr, das vom Jahr der Uraufführung abweichen kann; es folgen Längen- und Formatangaben, wobei wiederum das Original, nicht eine eventuelle spätere Bearbeitung (z.B. das spätere Aufblasen von 16 mm auf 35 mm oder nachträglich vom Produzenten vorgenommene Kürzungen) entscheidend waren. Bei den Stummfilmen erfolgt die Längenangabe in Metern. Nach den Angaben zu Regisseur (R) und Drehbuchautor (B), gegebenenfalls ergänzt um den Hinweis auf eine literarische Vorlage, folgen Kamera (K), Ausstattung (A), Bauten (Ba), Schnitt (S) und Musik (M). Bei den Darstellern war Beschränkung geboten auf die wichtigsten Hauptdarsteller, in Klammern die Rollennamen.

Die Bibliographien am Schluß des Artikels geben Hinweise auf weiterführende Literatur. Zuerst werden Textausgaben genannt, wobei eine grobe Kategorisierung versucht wurde: Drehbücher können vom realisierten Film abweichen. Filmprotokolle sind nachträglich erstellte Beschreibungen, die wissenschaftlichen Maßstäben genügen; die in den USA üblichen Final Shooting Scripts wurden zu den Filmprotokollen gerechnet. Alle sonstigen Zwischenformen werden Filmtext genannt: In der Regel handelt es sich um die Wiedergabe von Dialogen und knappen Szenenbeschreibungen, jedoch ohne Angaben zu Einstellungen. (Den Verlagsangaben ist, da sich eine »Filmnovelle« leichter verkaufen läßt als eine erste literarische Drehbuchfassung, in den seltensten Fällen zu trauen; auf die Aufnahme von »Büchern zum Film«, d.h. in der Regel von Ghostwritern erstellten Romanfassungen, wurde verzichtet.) Enthält der Band zusätzlich Exposés, Treatments, Aufsätze oder Interviews, so wird dies unter dem Oberbegriff »Materialien« notiert. Die Angaben zur Sekundärliteratur bemühen sich um Benutzerfreundlichkeit: Liegt ein vergriffenes Buch in einer Neuausgabe vor, ist eine Filmkritik in einem Sammelband leichter greifbar, wurde diesen Angaben der Vorzug gegeben. Sigel wurden grundsätzlich aufgelöst, bei der fremdsprachigen Sekundärliteratur wurde englischen und französischen Texten der Vorzug gegeben. Im Anhang des Lexikons listet eine Bibliographie die wichtigste Standardliteratur zum Thema Film auf; Monographien zu Regisseuren, die mit fünf oder mehr Werken vertreten sind, sind dort gesondert nachgewiesen.

Als Fachberater standen dem Herausgeber Günter Agde, Rolf Aurich, Hans-Michael Bock und Rüdiger Koschnitzki zur Seite. Ohne die Unterstützung von CineGraph (Hamburg), dem Deutschen Filmmuseum Berlin/Stiftung Deutsche Kinemathek sowie dem Deutschen Filminstitut und dem Deutschen Filmmuseum (beide Frankfurt a.M.) wäre die Literatur-Recherche kaum erfolgreich zu bewerkstelligen gewesen. Für die 2. Auflage wurden alle Artikel kritisch durchgesehen und gegebenenfalls ergänzt, die Bibliographien durchgängig aktualisiert.

Das Kino, oft totgesagt, erneuert sich ständig – durch technische Innovationen, vor allem aber dank neuer aufregender, unsere Wahrnehmung der Welt verändernde Filme. Davon hat auch dieses Lexikon profitiert: Für die vorliegende Auflage wurde es um mehr als vierzig neue Filme erweitert. Gleichzeitig sind die Werke der Filmkunst dank exzellenter Editionen auf DVD heute leicht zugänglich und nicht länger mehr nur ein Fall fürs Filmmuseum. Ob digitale oder analoge Bildwiedergabe, Zelluloid oder elektronischer Datenträger, auf der Leinwand erleben wir, so der leidenschaftliche Cineast Tom Tykwer, eine visuelle »Imitation of Life«.

Michael Töteberg

DAS ABENTEUER ↗ Avventura

À BOUT DE SOUFFLE (Außer Atem). Frankreich (Société Nouvelle de Cinéma) 1959. 35 mm, s/w, 90 Min.
R: Jean-Luc Godard. B: Jean-Luc Godard, nach einem Szenario von François Truffaut; technische Beratung: Claude Chabrol. K: Raoul Coutard. S: Cécile Decugis, Lila Herman.
M: Martial Solal, Wolfgang Amadeus Mozart.
D: Jean Seberg (Patricia Franchini), Jean-Paul Belmondo (Michel Poiccard), Henri-Jacques Huet (Antonio Berruti), Jean-Pierre Melville (Parvulesco).

Truffaut, ehemaliger Kritikerkollege Godards bei den »Cahiers du Cinéma« und wie dieser Mitbegründer der Nouvelle Vague, wagte nach der Premiere von *A bout de souffle* die Prophezeiung, daß das Kino niemals mehr so sein werde wie zuvor. Manche Zeitgenossen gingen soweit, Godards Revolution im Kino mit der umwälzenden Kraft des Kubismus in der Malerei zu vergleichen.
Godards Film wirkte auf die damaligen Zuschauer nicht nur irritierend, sondern geradezu schockierend, weil er gegen die bis dahin geltenden ästhetischen Regeln des Erzählkinos in eklatanter Weise verstieß: Gedreht wurde nicht im Studio, sondern auf der Straße, auf dem Lande, in den Zimmern und den Büros, um das Leben dort zu filmen, »wo es ist« (Godard). Da ohne Kunstlicht gefilmt wurde, sind bei Innenaufnahmen – trotz des verwendeten hochempfindlichen Filmmaterials – die Gesichter stellenweise nicht richtig zu erkennen. Die bewegte Kamera benutzt weder Schienen noch Stativ: Das verleiht den Filmbildern ihr nervöses Temperament, den Szenen und Sequenzen ihren lebhaften Rhythmus. Am gravierendsten jedoch waren die technischen und dramaturgischen Verstöße. So mußte der Kameramann Raoul Coutard Schwenks über die konventionellen Margen hinaus vornehmen, kleine Achsenverschiebungen und sogar Sprünge über die Achse. Falsche Anschlüsse und eine durch »jump-cuts« geprägte elliptische Erzählweise, bei der oftmals Dialoge und Bildmontage asynchron verlaufen, negieren die klassische Dramaturgie. »Eigentlich ist es ein Film, der am Ende der Nouvelle Vague kam«, so Godard im Rückblick, 20 Jahre nach der Premiere, »es ist ein Film ohne Regeln oder dessen einzige Regel hieß: Die Regeln sind falsch oder werden falsch angewendet.«
Die stilistischen Besonderheiten verdanken sich jedoch nicht allein dem Kunstwillen Godards, sondern auch den ökonomischen Zwängen der Produktion. So mußte er seinen mehr als zwei Stunden langen Film auf die vereinbarten 90 Minuten kürzen. Das führte z.B. dazu, daß das Gespräch zwischen Michel und Patricia während ihrer Fahrt im offenen Wagen durch Paris nicht im üblichen Schuß-Gegenschuß-Verfahren gezeigt wird. Um Einstellungen und damit Zeit zu sparen, ist während des Dialogs nur der zu sehen, der zuhört.
A bout de souffle war gedacht als Hommage an den amerikanischen Film noir; gewidmet ist der Film den »Monogram Pictures«, einer Produktionsgesellschaft, der das Genre einige bedeutende Werke verdankt. Die Hommage gerät Godard allerdings eher zu einer subtilen Parodie. Jean-Paul Belmondo imitiert charakteristische Gesten seines Idols Humphrey Bogart, mit dessen Bild im Schaukasten eines Kinos er sogar kurz Zwiesprache hält. Während Bogart jedoch in seinen Rollen immer Sieger bleibt, gehört Belmondo zu den Verlierern. Was der Filmemacher hier markiert, ist die Kluft zwischen Mythos und Alltagsrealität, zwischen Film und Leben. Godard kehrt überdies das psychologische Modell der Vorbilder um, indem der verfolgte Gangster nicht flieht, sondern sich von der Polizei erschießen läßt. Wenn am Ende des Films Belmondo angeschossen auf der Straße liegt und kurz vor seinem Tod noch Grimassen schneidet, sich – sterbend – dann sogar selbst die Augen zudrückt, mutiert die Parodie zur Entmythologisierung einer ganzen Filmtradition.
Godards erster langer Spielfilm basiert auf einem Szenario von Truffaut, das dieser wiederum aus einer Zeitungsmeldung über einen Polizistenmord entwickelt hatte. Als Liebesgeschichte zwischen dem kleinen Kriminellen Michel Poiccard und der amerikanischen Studentin Patricia, die ihn am Ende bei der Polizei denunziert – womit sie sich beweisen

À bout de souffle: Jean-Paul Belmondo und Jean Seberg

will, daß sie Michel im Grunde doch nicht liebt –, ist der Plot eher banal. Und dennoch erlaubt er dem Regisseur Fragestellungen, die für die Befindlichkeit der damals 20- bis 30jährigen – zu denen Godard selbst gehörte – bezeichnend waren. So wird der berühmte Schriftsteller Parvulesco (gespielt von dem Regisseur Jean-Pierre Melville) gefragt: »Meinen Sie, daß man in unserer Zeit noch an die Liebe glauben kann?« Worauf er die Gegenfrage stellt: »Wenn nicht daran, woran denn sonst?« An anderer Stelle ist es Patricia, die sich selbst befragt: »I don't know if I'm unhappy, because I'm not free or if I'm not free, because I'm unhappy?« Eine existentialistische Bedeutung bekommen diese Fragen, wenn Patricia eine Passage aus William Faulkners Erzählung »Wild Palms« zitiert: »Vor die Wahl gestellt, zwischen dem Leiden und dem Nichts zu wählen, entscheide ich mich für das Leiden« – was Michel als einen Kompromiß betrachtet.

Es sind diese Fragen, die – neben dem formalen wie inhaltlichen anarchischen Gestus und dem locker-witzigen Slang Belmondos – *A bout de souffle* zu einem Kultfilm gemacht haben. Einen Status, den das Hollywood-Remake *Breathless* von Jim McBride aus dem Jahre 1983 wohl nie erreichen wird.

»*A bout de souffle*«, in: L'Avant-Scène du Cinéma, 1968, H. 79. (Filmprotokoll, Szenario). – »*Breathless*«. Hg. J. Dudley Andrew. New Brunswick 1987. (Filmtext, Materialien). Charles Barr: »*A bout de souffle*«, in: Ian Cameron (Hg.): The Films of Jean-Luc Godard. London 1969; Gerd Bauer: »Jean-Luc Godard: *Außer Atem/A bout de souffle*«, in: Helmut Korte/Johannes Zahlten (Hg.): Kunst und Künstler im Film. Hameln 1990; Pamela Falkenburg: »›Hollywood‹ and the ›Art Cinema‹ as a Bipolar Modeling System: *A bout de souffle* and *Breathless*«, in: Wide Angle, 1985, H. 3; Thomas Gagalick: »Kontinuität und Diskontinuität im Film«. Münster 1988; Jean-Luc Godard: »Einführung in eine wahre Geschichte des Kinos« München 1981; Michel Marie: »›It really makes you sick!‹: Jean-Luc Godard's *A bout de souffle*«, in: Susan Hayward/Ginette Vincendeau (Hg.): French Films. London, New York 1990; Jürgen E. Müller: »Intermedialität«. Münster 1996.

Achim Haag

ABSCHIED VON GESTERN

Bundesrepublik Deutschland (Kairos/Independent) 1965/66. 35 mm, s/w, 88 Min.
R: Alexander Kluge. B: Alexander Kluge, nach seiner Erzählung »Anita G.«. K: Edgar Reitz, Thomas Mauch. S: Beate Mainka.
D: Alexandra Kluge (Anita G.), Edith Kuntze-Peloggio (Bewährungshelferin Treiber), Palma Falck (Frau Budek), Käthe Ebner (Frau des Chefs der Schallplattenfirma), Hans Korte (Richter), Alfred Edel (Universitätsassistent), Fritz Bauer (Generalstaatsanwalt).

Abschied von gestern gilt als programmatischer Auftakt zum Neuen deutschen Film, dessen künstlerischer Anspruch 1962 in Oberhausen unter Mitwirkung von Kluge formuliert wurde. Während die etablierte Filmwirtschaft, als ›Papas Kino‹ verhöhnt, sich in der Krise befand, nutzte eine Gruppe von Filmemachern, die bislang nur durch Kurzfilme hervorgetreten waren, die Situation, um ihre eigenen Vorstellungen zu realisieren. Auch auf filmpolitischem Gebiet waren sie erfolgreich: Kluge war als Initiator wesentlich beteiligt an der Schaffung einer bundesdeutschen Filmförderung. *Abschied von gestern* war der erste Film, der mit Mitteln des neu gegründeten Kuratoriums ›Junger deutscher Film‹ entstand.
Mit einer Gerichtsverhandlung wird Anita G. eingeführt: Der Jüdin, in der DDR aufgewachsen und 1957 in den Westen gekommen, wird vorgeworfen, eine Strickjacke gestohlen zu haben. Die Reststrafe wird zur Bewährung ausgesetzt, doch flieht sie vor der Bewährungshelferin, die sie mit hohlen christlichen Sprüchen traktiert. Anita G. erlebt verschiedene Ausschnitte bundesdeutscher Wirklichkeit: Sie arbeitet als Vertreterin einer Schallplattenfirma, wird Zimmermädchen, besucht die Universität. Am Ende steht immer eine Flucht: Sie kann ihre Rechnungen nicht bezahlen, wird des Diebstahls bezichtigt. Anita hat kein Verhältnis zum Geld, sie kennt die Rituale und Normen der Gesellschaft nicht. Mit einem Ministerialrat beginnt sie ein Verhältnis, doch auch er kann ihr nicht helfen und will sie nur »erziehen«. Schließlich stellt sie sich der Polizei, wird erneut verurteilt und bekommt im Gefängnis ein Kind.
Kluge zeichnet ein Psychogramm der bundesdeutschen Verhältnisse Anfang der sechziger Jahre. Anita G. kann sich nicht in die Gesellschaft integrieren, weil sie die Vergangenheit noch nicht bewältigt hat. Der Holocaust, zu dieser Zeit in der Bundesrepublik noch ein Tabu-Thema, ist im Film ständig präsent. Von der unbearbeiteten Angst kann Anita sich nicht befreien; immer wieder drängen Bilder aus ihrer Kindheit hervor – Postkarten, Familienfotos, nicht immer sofort entschlüsselbar –, übermannen sie Verfolgungsvisionen, in denen Figuren aus ihrer Gegenwart, wie z.B. die Bewährungshelferin, auftreten.
Die elliptische Erzählweise verdeutlicht schon in ihrer Struktur das zentrale Problem: die Entfremdung des einzelnen in der Gesellschaft. Die distanziert-ironische Darstellung wird durch eingeblendete Schrifttafeln unterstützt. Kluge montiert fragmentarische Szenen und Motive, die häufig nur assoziativ miteinander verbunden sind und deren Zusammenhang sich oft erst im Nachhinein erschließt. Andere Szenen werden geprägt von einem dokumentarischen Stil: Die Hauptdarstellerin, Alexander Kluges Schwester, hat die Figur mit ihren Lebensdaten und biographischen Details ausgestattet; andere Darsteller, wie der Generalbundesanwalt Bauer, spielen sich selbst. Verse und Sprichwörter werden vorgelesen, Kindergedichte im Off gesprochen, ein Geflecht von Beziehungsebenen hergestellt. Die Montage oft rätselhafter Bilder – jüdische Grabsteine mit Hasen, eine blutende Gummihand – stellt eine zusätzliche Ebene dar, die nicht als Traumwelt gezeigt wird, sondern die gleiche Realitätshaltigkeit gewinnt wie das szenisch Dargestellte.
Was noch in den sechziger Jahren als rückhaltloser Bruch mit den Erzählkonventionen erschien und schwer verständlich wirkte, erweist sich heute als angemessene Gestaltung jener Zeit. Wenn die heimatlose Anita G. mit ihrem Koffer durch die modernen Großstadtlandschaften läuft, auf Brücken, vor leeren Fenstern, an Straßenkreuzungen steht, wird die Unwirtlichkeit der modernen Städte und das

Abschied von gestern: Alexandra Kluge

Ausgeliefertsein der Menschen deutlich. Kluge hat später seinen Montagestil weiterentwickelt, doch die Prinzipien seiner Ästhetik, ihr Ziel, symbolhafte Verdichtungen für die Darstellung der Gegenwart zu finden, sind in diesem Film bereits in allen Grundformen angelegt.

»*Abschied von gestern*«. Hg. Enno Patalas. Frankfurt a.M. o.J. (Filmprotokoll).
Werner Barg: »Erzählkino und Autorenfilm«. München 1996; Thomas Böhm-Christl (Hg.): »Alexander Kluge«. Frankfurt a.M. 1983; Robert Fischer/Joe Hembus: »Der Neue Deutsche Film«. München 1981; Peter W. Jansen/Wolfram Schütte (Hg): »Herzog/Kluge/Straub«. München 1976; Rainer Lewandowski: »Alexander Kluge«. München 1980; ders.: »Die Filme von Alexander Kluge«. Hildesheim, New York 1980; Enno Patalas: »*Abschied von gestern*«, in: Filmkritik, 1966, H. 11; Ilona Perl: »Reflexionen über die Mittel des Kinos«, in: Film, Velber, 1966, H. 10; Guntram Vogt: »Die Stadt im Film«. Marburg 2001; Ernst Wendt: »Fluchtbeschreibung«, in: Film, Velber, 1966, H. 11.

Knut Hickethier

ABSCHIED VON MATJORA

↗ Proščanie

ACCATTONE

(Accattone – Wer nie sein Brot mit Tränen aß). Italien (Arco Film/Cino del Duca) 1961. 35 mm, s/w, 120 Min.
R+B: Pier Paolo Pasolini. K: Tonino Delli Colli. A: Gino Lazzari. Ba: Flavio Mogherini. S: Nino Baragli. M: Johann Sebastian Bach.
D: Franco Citti (Accattone), Franca Pasut (Stella), Paolo Guidi (Ascenza), Silvana Corsini (Maddalena), Adriana Asti (Amore), Adriana Moneta (Margheritona), Luciano Conti (Giorgio).

Accattone ist Pier Paolo Pasolinis erster Film, aber er ist das Erstlingswerk eines schon als Lyriker, Essayist und Romancier anerkannten Schriftstellers. Ein reifes Werk, das aber alle Unverwechselbarkeit und radikale Neuheit großer Erstlingswerke hat. Das in Frankreich gerade ausgerufene ›cinema d'auteur‹

war eine internationale Erscheinung, und *Accattone* ist ein wirklicher Autorenfilm, d.h. unbedingter Ausdruck des Künstlers.

Die Lektüre des Drehbuchs vermittelt den Eindruck eines in sich geschlossenen Werkes, das der Verfilmung gar nicht mehr bedürfte. Doch besteht zwischen dem literarisch ausformulierten Entwurf und der filmischen Realisierung ein wesentlicher Unterschied: Überwiegt im Drehbuch die Komik – der Dialoge, der mimetischen Sprache –, wird der Film bestimmt von einer Atmosphäre der Tragik, der existentiellen Ausweglosigkeit. Blickt man in Accattones Gesicht, folgt man seinem schweren Gang durch die elenden Vorstädte Roms, ist gegenüber dem Drehbuch jede folkloristische Lustigkeit und Volksmythologie gewichen, allerdings auch viele Details seiner anthropologisch motivierten Dialektforschung. Die Handlung ist noch durchaus neorealistisch: Accattone versucht, mit seiner Clicque von Vorstadt-Typen und auch gegen sie, ein paar Lire zu machen und sein zielloses Leben in den Griff zu bekommen. Das Ergebnis ist selten ein voller Magen, aber immer werden Menschlichkeit und Würde zerstört. Als er für einen Teller Spaghetti seine besten Freunde hintergehen, seinem kleinen Sohn die Halskette stehlen und das hilflose Mädchen, das ihn liebt, auf den Strich schicken muß, ist es für ihn fast eine Erlösung, als er bei einem kleinen Diebstahl auf der Flucht verunglückt und am Straßenrand langsam stirbt: »Jetzt geht's mir besser«.

Auf diesen Tod steuert Accattone von Anfang an zu, Außenseitertum und Todesdrang sind die Wesenszüge seiner Existenz. Darin entspricht *Accattone* genau dem anderen großen Autorenfilm-Debut jenes Jahres, Godards ↗*A bout de souffle*. Doch während Godards Held aus modernem bürgerlichen ›Ekel‹ die Gesellschaft verachtet, die Regeln – wie der Film selbst – bewußt und mutwillig verletzt, versucht Pasolini seinem proletarischen Helden die sakrale Dimension zurückzugeben. Die extreme Einfachheit, Armut und kompositorische Strenge der Einstellungen, deren Statik von epischen, insistierenden Fahrten und Panoramaschwenks unterbrochen wird, erinnern an die Bildkomposition von Meistern der Frührenaissance und verleihen *Accattone* Gewicht und Bedeutung. Diese ›sakrale‹ Technik der Bildgestaltung wird unterstrichen durch die Musik: Passionen von Bach.

Es spielen durchweg Laien, Typen aus dem Milieu, das der Film darstellt. Die Radikalität, mit der Pasolini auf der Identität von Darsteller und Rolle bestand, war neu und einzigartig. Wer den Ausgestoßenen ihre Welt zurückgeben will, kann sie im Kino nicht durch Akteure ersetzen, die so tun als ob. Pasolini ließ die Menschen für sich selbst sprechen. Dabei machte er sie nicht zu bloßen Repräsentanten, sondern zu dramatischen Charakteren. Ihre Sprache, ihre Gesten sind so genau, daß niemand sie imitieren könnte, und sie sind trotzdem nicht nur Dokumente ihrer selbst. Franco Citti in der Titelrolle, auch viele kleinere Darsteller sind so gleichzeitig Autoren ihrer Rollen und Figuren des Autors Pasolini.

»*Accattone*«. München 1984. (Drehbuch).
Randall Conrad: »*Accattone*«, in: Film Quarterly, 1966/67, H. 2; Franca Faldini/Goffredo Fofi: »Pier Paolo Pasolini. Lichter der Vorstädte«. Hofheim 1986; Peter W. Jansen/Wolfram Schütte (Hg.): »Pier Paolo Pasolini«. München 1977; Christoph Klimke: »Der erotische Blick«, in: ders. (Hg.): Kraft der Vergangenheit. Frankfurt a.M. 1988; Joël Magny: »*Accattone, Mamma Roma*: une écriture mythique en voie de développement«, in: Etudes cinématographiques, 1976, H. 109–111; Otto Schweitzer: »Pier Paolo Pasolini«. Reinbek 1986; Judith Stallmann-Steuer: »Roms Architektur im Spielfilm«. Weimar 2001.

Otto Schweitzer

ACHTEINHALB ↗ Otto e mezzo

ADEL VERPFLICHTET ↗ Kind Hearts and Coronets

AFFAIRE BLUM

Deutschland (Defa) 1948. 35 mm, s/w, 110 Min.
R: Erich Engel. B: Robert Adolf Stemmle.
K: Friedl Behn-Grund, Karl Plintzner. A: Emil Hasler, Walter Kutz. Ba: Emil Hasler. S: Lilian Seng. M: Herbert Trantow.
D: Hans-Christian Blech (Karlheinz Gabler), Paul Bildt (Untersuchungsrichter Konrad), Arno Paulsen (Wilhelm Platzer), Gisela

Trowe (Christina Burmann), Ernst Waldow (Kriminalkommissar Schwerdtfeger), Maly Delschaft (Anna Platzer), Blandine Ebinger (Lucie Schmerschneider), Gerhard Bienert (Karl Bremer), Kurt Ehrhardt (Doktor Jakob Blum), Karin Evans (Sabine Blum), Werner Peters (Egon Konrad), Herbert Hübner (Landgerichtsdirektor Hecht).

»Gesucht wird per sofort Kassierer für Spar- und Darlehnskasse auf dem Lande. Selbständiger Posten. Referenzen. 1000.- RM Kaution. Angebote unter ›Vertrauensstellung‹ an die Geschäftsstelle des Mittel-D.G.« Diese Annonce im »Mitteldeutschen Generalanzeiger«, die erste Einstellung des Films, ist keine wirkliche Stellenanzeige, sondern ein Lockmittel. Der gelernte und jetzt arbeitslose Drogist Karlheinz Gabler hat den bei der Firma Blum entlassenen Bürovorsteher Wilhelm Platzer umgebracht. So wie Gabler nicht wirklich einen Kassierer sucht, sondern ein Opfer, so sucht die Polizei später nicht den wirklichen Mörder, sondern gleichfalls ein Opfer, das sich politisch ausbeuten läßt. *Affaire Blum* greift einen Justizskandal aus den Jahren 1925/26 in Magdeburg auf, der seinerzeit großes Aufsehen erregte, später jedoch totgeschwiegen wurde. Nach 1933 wurden sämtliche Aktenstücke und Dokumente über diesen Prozeß vernichtet. Der Autor Stemmle, gebürtiger Magdeburger, hatte diesen Fall noch miterlebt.

Affaire Blum bezieht seine Spannung nicht aus der Frage ›Whodunit?‹. Weil der Zuschauer von Beginn an um die wahren Zusammenhänge weiß, registriert er um so erstaunter die weitere Entwicklung des Geschehens. Gablers Verhaftung müßte eigentlich die übliche polizeiliche Routinearbeit in Gang setzen; stattdessen verfolgen die Behörden eine abwegige Spur: Der Industrielle Jakob Blum und sein Chauffeur Karl Bremer werden des gemeinschaftlich begangenen Mordes am Bürovorsteher Wilhelm Platzer verdächtigt. Belastet werden sie durch zwei Zeugen: Laut Aussage seiner Schwester wollte der entlassene und zunächst nur verschwundene Platzer Blum wegen Steuerhinterziehung anzeigen. Gabler hat eine unglaubliche Geschichte frei erfunden, die aber nur allzu gern geglaubt wird: weil Blum Jude ist.

Nach dem Prozeß, in der Schlußeinstellung entgegnet Blum seiner erleichterten Frau: »Das ist noch nicht vorbei, das fängt erst an! Als ich heute vor den Richtern stand als Zeuge, da hatte ich das Gefühl, alle, die da hinter mir saßen, denen wäre es lieber gewesen, ich säße auf der Anklagebank, und nicht dieser Gabler.« Autor und Regisseur, die beide, durchaus erfolgreich, während des Faschismus an unpolitischen Unterhaltungsfilmen arbeiteten, geht es in diesem Nachkriegsfilm nicht um eine Rekonstruktion des historischen Exempels: Die Affäre Blum wird nicht individuellen Schwächen oder Auswüchsen zugeschrieben, sondern in ihr spiegelt sich ein gesellschaftliches Klima, das den Faschismus vorbereitet hat. Das Thema Antisemitismus, so die These des Films, hat sich nicht erledigt. Der Faschismus, dies zeigt der Fall aus der Weimarer Republik, hatte zur Voraussetzung weit verbreitete Vorurteile und Ressentiments, die von den braunen Machthabern mobilisiert werden konnten und auch nach dem Zusammenbruch des Dritten Reiches noch lebendig sind. Diese politisch-aufklärerische Intention bestimmt auch die Zeichnung der Figuren, die als typische Charaktere herausgearbeitet werden. Der Antisemitismus Gablers ist weniger politische Überzeugung als zweckgebundenes Verhalten, das ihm die Sympathie von Justiz und Polizei sichert und damit Rettung vor Verfolgung verspricht. Bei den Repräsentanten der staatlichen Ordnungsorgane geht der Antisemitismus einher mit Militarismus, Nationalismus und Korpsstudententum. Dies gilt besonders für die Justizvertreter Konrad und Hecht in ihrer uniformen Ähnlichkeit mit Zwicker, Stehkragen und dem gewichsten Schnurrbart. Sie bewegen sich stets in dem »Widerspruch zwischen dem militärisch knappen, zackigen und krächzenden Ton, den sie an sich haben, und ihrem Bedürfnis, sich bei dem verhafteten Gabler geradezu einzuschmeicheln, um ihn als Zeugen gegen Blum zu gewinnen, damit – nach der unangenehmen Rathenau-›Sache‹ – der Beweis erbracht werden kann, ›daß auch ein Jude killen kann.

Aber nicht wegen Politik, sondern wegen Geld‹.« (Peter Nau)

»*Affaire Blum*«, in: Peter Pleyer: Deutscher Nachkriegsfilm 1946–49. Münster 1965. (Filmprotokoll).
Christa Bandmann/Joe Hembus: »Klassiker des deutschen Tonfilms«. München 1980; Herbert Holba u.a.: »Erich Engel. Filme 1923–1940«. Wien 1977; Peter Nau: »*Affaire Blum*«, in: Filmkritik, 1976, H. 1; Lutz Potschka (Red.): »*Affaire Blum*«, in: Christiane Mückenberger (Hg.): Zur Geschichte des DEFA-Spielfilms 1946–1949. Berlin (DDR) 1976.

Rolf Aurich

THE AFRICAN QUEEN

USA (Horizon/Romulos/United Artists) 1952. 35 mm, Farbe, 103 Min.
R: John Huston. B: John Huston, James Agee, Peter Viertel, nach dem gleichnamigen Roman von C.S. Forester. K: Jack Cardiff. Ba: John Hoesli. S: Ralph Kemplen. M: Allan Gray.
D: Humphrey Bogart (Charlie Allnut), Katharine Hepburn (Rose), Robert Morley (Reverend Samuel Sayer), Peter Bull (Kapitän der Louisa), Theodore Bikel (1. Offizier), Walter Cotell (2. Offizier).

In seiner Liste derjenigen amerikanischen Regisseure, denen er das Prädikat eines Autorenfilmers zuerkannte, hat der Kritiker Andrew Sarris John Huston nicht aufgenommen: Er ließ ihn bestenfalls als »interessanten Stilisten« gelten. Die beiden aufeinanderfolgenden Filme *The Red Badge of Courage* (*Die rote Tapferkeitsmedaille*, 1951) und *The African Queen* machen klar, welche Grenzen einem individuellen Schöpfer vom System – und das ist mehr als die rigide Administration eines ›Studios‹ – gesetzt waren und an die sich dieser, wollte er denn erfolgreich sein, zu halten hatte.
The Red Badge of Courage ist selbst in seiner verstümmelten Fassung von 66 Minuten noch ein beeindruckender Antikriegs-Film. Er ist aber auch die Nr. 1512 in der Gesamtproduktion der Gesellschaft MGM – in Arbeit just zu dem Zeitpunkt, als der langjährige Mogul der Gesellschaft, L.B. Mayer, durch Dore Schary vom Stuhl des Firmenchefs verdrängt wurde. In einem informativen Bericht hat die Journalistin Lillian Ross die Herstellung dieses Films von Anfang an aufgezeichnet und dabei die Mechanismen des alten Hollywood-Apparates exemplifiziert. Doch der ambitionierte Regisseur, der in Gottfried Reinhardt einen ihm wohlgesonnenen Executive Producer hatte, scheiterte am Widerstand der Geldgeber. Beim Film sind das immer zwei: der Produzent und das Publikum. Das Telegramm eines MGM-Offiziellen an Huston: »Du machst einen Kriegsfilm. Also schieß, schieß, schieß!«
The African Queen profitiert sichtlich von der Erfahrung des vorhergehenden Films. Ausgestattet mit Stars, geschrieben von Huston und James Agee, dem vorzüglichen Kritiker, zum größten Teil an Originalschauplätzen gedreht, wurde der erste Farbfilm Hustons ein bis heute andauernder Publikumserfolg.
Deutsch Ostafrika, 1914. Der Kolonialkrieg zwischen Deutschen und Engländern zwingt eine gouvernantenhafte Ex-Missionarin und einen rustikalen Flußschiffer auf eine gemeinsame Reise: Auf einer schäbigen Barkasse versuchen sie, die englischen Linien zu erreichen, kentern, werden von den Deutschen aufgegriffen und zum Tode verurteilt, können sich jedoch nach einer Explosion ans Ufer retten. Es ist eine Reise mit eindeutigen filmischen Koordinaten: In einer überschaubaren Binnenstruktur bewegen sich die Helden durch einen geographischen Raum über einen linear verlaufenden Zeitraum hinweg, der auf die komischen oder dramatischen Höhepunkte verkürzt wird. Dem Zuschauer bleibt das Vergnügen, sein Bild von Hepburn und Bogart um die – freilich brillanten – Nuancen zu bereichern, die den Images der beiden Stars durch diese dankbaren Rollen zugetragen wurden. Bogart, der 1943 für ↗*Casablanca* zwar nominiert war, aber bei der Verleihung leer ausging, erhielt für die Darstellung des rauhbeinigen Individualisten den einzigen Oscar seiner Karriere. Der Schluß weicht von der literarischen Vorlage ab: Huston inszenierte effektsicher ein pompöses Finale. Daß auch der Hauptteil des Films – der doch weitgehend auf den Dialog zweier Personen beschränkt ist – kaum lang-

weilig wird, liegt neben dem Skript an der originellen Visualisierung, die den Entwicklungen des Plots in Kostümen, Ausstattung, ›dokumentarischen‹ Einschüben und auch der Kadrierung Rechnung trägt. Dennoch: Eigentlich hätte es der eigens für den Film gegründeten Produktionsfirma Horizon Pictures kaum bedurft, *The African Queen* ist ein konventioneller Hollywood-Film. Das enge Korsett der Marktzwänge förderte eine Haltung, die Sarris' eingangs zitiertes Verdikt zu einem Lob macht.

»*The African Queen*«, in: James Agee: Agee on Film 2. New York 1960. (Drehbuch).
Rudy Behlmer: »America's Favorite Movies: Behind the Scenes«. New York 1982; James R. Fultz: »A Classic Case of Collaboration ...«, in: Literature/Film Quarterly, 1982, H. 1; Britta Hartmann: »*African Queen*«, in: Bodo Traber/Hans J. Wulff (Hg.): Filmgenres: Abenteuerfilm. Stuttgart 2004; Katharine Hepburn: »*African Queen* oder Wie ich mit Bogart, Bacall und Huston nach Afrika fuhr und beinahe den Verstand verlor«. München 1987; Lillian Ross: »Film. Eine Geschichte aus Hollywood«. Nördlingen 1987; Andrew Sarris: »Notes on the autheur theory in 1962«, in: ders.: The Primal Screen. New York 1973; Lucrèce de Selva: »Analyse du film«, in: La Revue du Cinéma, 1978, H. 331 bis.

Thomas Meder

L'ÂGE D'OR (Das goldene Zeitalter).

Frankreich (Charles de Noailles) 1930.
35 mm, s/w, 60 Min.
R: Luis Buñuel. B: Luis Buñuel, Salvador Dali.
K: Albert Duverger. A: Pierre Schilzneck.
M: Mozart, Beethoven, Mendelssohn, Debussy, Wagner, Georges van Parys.
D: Lya Lys (die Frau), Gaston Modot (der Mann), Max Ernst (Räuberhauptmann), Pierre Prévert (Péman, ein Räuber), Lionel Salem (Duc de Blangis).

Bei der ersten öffentlichen Aufführung verwüsteten erboste Zuschauer das Pariser Kino »Studio 28«: Sie beschmierten die Leinwand, zerstörten das Mobiliar und zerschnitten die Bilder an den Wänden, darunter Originale von Man Ray, Miró, Max Ernst und Dali. Eine Liga der Patrioten machte gegen das angeblich bolschewistische Machwerk mobil, die rechte Presse startete eine Kampagne. Mit Waffengewalt verteidigten die Surrealisten die nächsten Vorstellungen und ließen ein von André Breton konzipiertes Manifest kursieren. Im Interesse von Ruhe und Sicherheit verbot ein paar Tage später die Polizei den Film und zog alle Kopien ein. *L'âge d'or* blieb auch nach 1945 im Giftschrank; der Film konnte nur in der Cinématheque Française besichtigt werden. Erst 1981, gut 50 Jahre nach der Premiere, wurde das Verbot aufgehoben. Die Erben Buñuels schenkten den umkämpften Film dem französischen Staat, der ihn vom Centre Georges Pompidou restaurieren ließ.

Der Skandal, bei *↗Un chien andalou* ausgeblieben, war erwünscht: Buñuel wollte provozieren. In einem »Zustand von Euphorie, Enthusiasmus und Zerstörungsrausch« drehte er den Film, um die Vertreter der Ordnung anzugreifen und lächerlich zu machen. Fast jede Szene mündet in einer Tabuverletzung: Blasphemische Scherze, Perversionen, schockierende Brutalitäten und Mord. »Nieder mit der Verfassung!« lautete der Arbeitstitel des Projekts, das pikanterweise von einem reichen Adligen, dem Vicomte de Noailles, finanziert wurde. Das Hauptwerk des surrealistischen Kinos ist jedoch keine reine Umsetzung surrealistischer Prinzipien: Es werden nicht Bilder aus dem Unbewußten aneinandergereiht, sondern die irritierenden Einfälle und Metaphern verbinden sich ansatzweise zu einer Geschichte und sind unmißverständliche Attacken auf den Staat und die Kirche. Die politische Radikalität und Aggressivität weist Buñuel als Aufklärer aus, der die repressiven Gewaltverhältnisse, vornehmlich die Unterdrückung der Sexualität durch religiöse und soziale Instanzen, bewußt machen will. *L'âge d'or* ist ein anarchistischer Hymnus auf die Freiheit.

Buñuel, der eine Zeitlang Filmkritiker war, parodiert nebenbei eine Reihe von damals gängigen Kino-Genres: Liebesfilm, Melodram, Städteporträt. Der Prolog ist ein Kulturfilm über den Skorpion: Der sechsgliedrige Schwanz des Spinnentieres diene als Kampf- und Sinnesorgan; gelobt wird seine blitzartige Schnelligkeit, die Virtuosität im Angriff. Es folgen ein zweiter und dritter Prolog: Eine Räuberbande – ausgemergelte Gestalten, die sich kaum auf den Beinen halten können – zieht gegen die Mallorquiner in den Kampf. In der nächsten Episode sind die Bischöfe zu Skeletten geworden, nur noch zusammengehalten durch ihr prächtiges Ornat. Eine illustre Honoratioren-Gesellschaft legt den Grundstein für die Ewige Stadt; die Zeremonie wird gestört durch ein heftig kopulierendes Paar, das sich im Schmutz wälzt. Dokumentaraufnahmen von Rom und dem Vatikan leiten über in die Gegenwart. Die längste Sequenz spielt im Haus des Marquis von K. Während der Feier passieren allerlei seltsame Dinge: Eine Kutsche fährt mitten durch den Raum, ein Wärter erschießt vor der Tür ein spielendes Kind, aus der Küche schlagen Flammen, und ein Hausmädchen sinkt tot zu Boden. Die Herrschaften nehmen dies ungerührt zur Kenntnis; erst als der Mann die Gastgeberin ohrfeigt, entsteht Aufruhr. Für seine verschiedenen aggressiven Ausbrüche gibt es einen Grund: Der Mann und die Frau können nicht zusammenkommen, ihr Liebesspiel wird ständig gestört. Wütend zerreißt er sein Kopfkissen und wirft die Federn, einen Pflug, eine Holzgiraffe und einen Bischof aus dem Fenster. Die Schluß-Apotheose: Die Überlebenden der verbrecherischen Orgie im Schloß Selliny verlassen die Festung; Buñuel zitiert den Roman »Die 120 Tage von Sodom« des Marquis de Sade. Die »Ungeheuer« – »ruchlose ohne Gott«, wie es im Zwischentitel heißt – sind drei schwarzgekleidete Lustgreise sowie, der schlimmste von allen, der Graf von Blangis, in Maske, Kostüm und Gestus unverkennbar eine Christus-Darstellung. Er kehrt noch einmal zurück, um ein Mädchen zu töten. Das Schlußbild, unterlegt von fröhlichen Klängen: ein Kruzifix.

Während der Arbeit am Drehbuch zerstritten sich Buñuel und Salvador Dali; von den Ideen des Malers blieben lediglich einige Bildchiffren: Das Liebespaar küßt sich und beknabbert die Finger, so daß nur noch der verstümmelte Handrumpf übrig bleibt. Vor allem aber ist es ein Film von Buñuel: Viele der hier erstmals gezeigten Metaphern und »Gags«, wie er seine absurden Einfälle nannte, finden sich in seinen späteren Spielfilmen wieder. Zudem ist *L'âge d'or* einer der ersten französischen Tonfilme: mit Zwischentiteln, wenigen Dialogen und einer raffinierten Collage klassischer Musikstücke, in die sich z.B. das Rauschen der Meeresbrandung mischt. Am Ende weicht die Musik dem bedrohlichen Rhythmus der Trommeln von Calanda.

»*L'âge d'or*«, in: L'Avant-Scène du Cinéma, 1963, H. 27/28. (Filmtext).
Jean-Michel Bouhours/Nathalie Schoeller (Hg.): »*L'âge d'or.* Correspondance Luis Buñuel-Charles de Noailles«. Paris 1993; André Breton: »Die Manifeste des Surrealismus«. Reinbek 1986; Louis Chavance: »Les influences de *L'âge d'or*«, in: La Revue du Cinéma, 1931, H. 19; Salvador Dali: »Comments on the Making of *L'Age d'or*«, in: Cinemages, 1955, H. 1; Paul Hammond: »*L'âge d'or*«. London 1997; Charles Jameux: »Aux frontières de l'art et de la vie: *L'âge d'or*«, in: Etudes cinématographiques, 1963, H. 22/23; Petr Kral: »*L'âge d'or* aujourd'hui«, in: Positif, 1981, H. 247; Lucien Logette: »Un Film irrécupérable: *L'Age d'or*«, in: Jeune Cinéma, 1981, H. 137; J.H. Matthews: »Surrealism and Film«. Ann Arbor 1972; Henry Miller: »*The Golden Age*«, in: Daniel Talbot (Hg.): Film: An Anthology. New York 1959; Peter Nau: »Das goldene Zeitalter des Tonfilms«, in: Filmkritik, 1971, H. 6; Ekkehard Pluta: »Die anarchistische Liebe«, in: Fernsehen und Film, Velber, 1971, H. 3; Peter Weiss: »Luis Buñuel«, in: Filmkritik, 1981, H. 6; Linda Williams: »Figures of Desire«. Berkeley u.a. 1981.

Michael Töteberg

AGONIJA (Agonie). UdSSR (Mos'film) 1975. 35 mm, s/w + Farbe, 154 Min.
R: Elem Klimov. D: Semjon Lungin, Ilja Nusinov.
K: Leonid Kalašnikov. Ba: Sergej Voronkov, S. Abdusalomov. S: Valeria Belova.
M: Alfred Schnittke.
D: Aleksej Petrenko (Rasputin), Anatolij Romašin (Nikolai II.), Alisa Frejndlich (Vyrubova).

»*Agonija* sehe ich als einen Wendepunkt in meiner Biographie als Filmemacher«, bekannte Elem Klimov. Die Idee stammte von Ivan Pyr'ev, der in den sechziger Jahren Dostoevskijs »Brüder Karamasov« verfilmt hatte. Diese Mischung aus Kitsch und hoher Kunst zog Klimov an, der seinen Filmstil radikal änderte: Statt Komödien galt sein Interesse jetzt apokalyptischen Visionen als großangelegte Ausstattungsfilme in Farbe und Cinemascope, mit Horroreffekten und hypnotischer Wirkung. Der Rasputin-Stoff, die Geschichte der letzten Tage der Romanov-Dynastie erschien ihm dafür bestens geeignet. Die Vorbereitungen für das Projekt und die Produktion zogen sich über 15 Jahre hin – mit vielen Unterbrechungen und von den Filmbehörden immer wieder aufgenötigten Änderungen. 1975 endlich fertiggestellt, wurde die Freigabe des Films wieder aufgeschoben bis 1982. Die Bilder von alten Männern an der Macht, die sich mit Hilfe eines Mediums verjüngen lassen, wurden als aktuelle Anspielung verstanden – mit Blick auf Gerüchte über die wundersame Heilung von Breznevs Kehlkopfkrebs durch das Medium Dzuna. Klimov war unbeabsichtigt auf den wundesten Punkt verkrusteter Denkstrukturen gestoßen.

Agonija öffnet einen Spalt russischer Geschichte: Das Land wird gebeutelt von Chaos, Streiks, Erschießungen; dem gegenüber stehen üppige Staatsarrangements, das Aufblühen von Mystik, Korruption, Dekadenz. Klimov verknüpft dokumentarisches Material – Fotos, Archivaufnahmen und alte Filme mit nachgestellten Ereignissen – mit der Spielhandlung. Er baut auf verschiedene eklektische Komponenten: triviale Intrige, erotischer Kitzel, expressive Montage, visuelle Exzentrik, metaphorische mise-en-scène. Ähnlich wie Werner Herzog bei *Herz aus Glas* (1976) und dem Thema seines Films angemessen, experimentierte er während der Inszenierung mit der Technik der Hypnose: Ein Hypnotiseur suggerierte dem Darsteller eine Situation, und beim »Heraustreten aus der Hypnose« spielte dieser die Szene. Den so erzielten Wirkungen half Klimov bei der Montage noch nach: Rasputin wirkt normal, nach dem Umschnitt glänzen seine Augen wahnsinnig, das Gesicht ist schweißüberströmt, das Lächeln pathologisch.

Die Historie entfaltet sich als theatralische Massenaktion: Paraden, Umzüge, Massenhinrichtungen, Fronttheater. Das Volk erscheint als ein kollektiver Körper, gegen den der einzelne zwangsläufig macht- und bedeutungslos ist – selbst wenn er der Herrscher über diese Massen ist oder gar jener, der über den Herrscher die Macht hat. Beide Individuen – der intellektuelle, willenlose Herrscher Nikolai und das parapsychologische Medium Rasputin – sind zum Untergang verurteilt.

Klimov schwankt zwischen der Entmystifizierung und der Bewunderung für den Hellseher. Den beiden Antipoden sind verschiedene Räumlichkeiten zugeordnet: Der Zar scheint stets in die engen Interieurs von Dunkelkammern, Geheimgängen, Fluren mit betont niedrigen Decken gepreßt; Rasputin dagegen schreitet durch große Räume und die Weiten russischer Landschaften. Die heterogenen Elemente – Schwarzweiß und Farbe, dokumentarische Aufnahmen und metaphorische Arrangements, Schauspieler im post-hypnotischen Zustand – fügen sich am Ende doch zu einem einheitlichen, zuweilen kitschigen und expressiven Werk. Das Geheimnis des Übergeistes in Verbindung mit der Macht ist jedoch von Klimov nicht gelöst oder gar enträtselt worden. Vielleicht liegt die Schuld bei der Zensur: Der Übermensch in der russischen Ausführung bleibt ein Epileptiker.

Fred Gehler: »*Agonie*«, in: Film und Fernsehen, Berlin, 1983, H. 6; Jeanine Meerapfel u.a.: »Man muß durch verschlossene Türen gehen«, in: Süddeutsche Zeitung, 8.12. 1983 (Interview); Jean-Louis Olive: »Raspoutine, l'agonie d'un voyeur de l'historie«, in: Les Cahiers de la Cinémathèque, 1986, H. 45; Bion Steinborn: »Verlieren wir durch den Fortschritt nicht das wesentliche von uns, nämlich unsere Seele?«, in: Filmfaust, 1983, H. 34/35.

Oksana Bulgakowa

AGUIRRE, DER ZORN GOTTES

Bundesrepublik Deutschland (Werner Herzog/HR) 1972. 35 mm, Farbe, 93 Min.
R+B: Werner Herzog. K: Thomas Mauch.
S: Beate Mainka-Jellinghaus. M: Popol Vuh.
D: Klaus Kinski (Lope de Aguirre), Helena Rojo (Inez de Atienza), Del Negro (Carvajal), Ruy Guerra (Ursúa), Peter Berling (Guzman), Cecilia Rivera (Flores, Aguirres Tochter).

Aguirre, der Zorn Gottes erzählt, wie viele andere Filme Herzogs auch, die Geschichte eines großen Scheiterns. Schon Stroszek, die Hauptfigur aus *Le-*

Aguirre, der Zorn Gottes: Klaus Kinski und Helena Roja

benszeichen (1968) beseelt ein »titanisches« Aufbegehren, das in einer Niederlage endet. *Auch Zwerge haben klein angefangen* (1970) macht mit der Ironie seines Titels schon deutlich, daß mit dem kleinwüchsigen Ausgangspunkt ein Endpunkt der Revolte inbegriffen ist. Es ist eine Bewegung, die am Ende wieder an den Anfang zurückführt; das Symbol des Kreises ist in vielen Herzog-Filmen präsent. In *Lebenszeichen* findet man es im kreiselnden Fischschwarm wie im zentralen Bild der Windmühlen, in *Auch Zwerge haben klein angefangen* als Kreisgang der Prozession, in *Aguirre, der Zorn Gottes* als abschließende Kamerafahrt um das ramponierte Expeditionsfloß; später in *Stroszek* (1977) wird der Abschleppwagen in einer Kreisfahrt Feuer fangen, derweil sein Fahrer in der Endlosschleife eines Sesselliftes sein Leben beendet.

Was Herzog an Aguirre, dem Anführer der Abtrünnigen, die Pizarros Anden-Heer verließen und sich eigenmächtig auf die Suche nach dem Goldland El Dorado machten, begeistert haben dürfte, ist dessen Omnipotenzanspruch. »Wenn ich, Aguirre, will, daß die Vögel tot von den Bäumen fallen, dann fallen die Vögel tot von den Bäumen herunter!« postuliert Aguirre und dies zu einem Zeitpunkt, als sein dezimiertes Expeditionscorps schon in Lethargie versinkt. Ein Pferd, das er anschreit, weil es ihm im Wege steht, bricht augenblicklich zusammen. Trotz aller Willenskraft muß Aguirre, im Drehbuch als »fanatisch, besessen und schrankenlos ehrgeizig« beschrieben, zwangsläufig scheitern: Er begehrt blindwütig gegen Naturzusammenhänge auf; seine fast kindlich zu nennenden Allmachtsphantasien lassen sich unmöglich in die Wirklichkeit überführen. Der weite Horizont, an dem sich auch die Grandiosität eines Aguirre totläuft, bleibt schließlich als Korrektiv aller Höhenflüge übrig.

Aguirre, der Zorn Gottes hat in erheblichem Maß zum Renommee des Neuen deutschen Films im Ausland beigetragen. Was den Film so faszinierend macht, ist einmal die schauspielerische Leistung Klaus Kinskis: seine Blicke, sein mühsam

verhaltener Zorn, das Timing seiner Sätze, sein schleifender Gang. Unter Herzogs Regie wurde Kinski, bis dato mehr als Schurke aus Edgar-Wallace-Verfilmungen oder Italo-Western bekannt, als Schauspieler neu entdeckt. In vier weiteren Filmen arbeitete Herzog mit Kinski zusammen: *Nosferatu* (1978), *Woyzeck* (1979); ↗*Fitzcarraldo*; *Cobra Verde* (1987).
Ein weiteres Faszinosum ergibt sich aus der Drehsituation vor Ort. Kein Studio, keine Rückprojektionstechnik, statt dessen das Wagnis des Ausgesetzt-Seins in einer Urwaldlandschaft – der Film ist mit einer Dschungel-Atmosphäre geradezu vollgesogen und ›schwitzt‹ sie in jeder seiner Einstellungen wieder aus. Selten schön ist das dösige Treiben auf dem Floß in der Sonnenglut, nachdem aller Eroberungsdrang von der Mannschaft gewichen ist: Da essen zwei Männer das Moos von den Baumstämmen, eine Maus bettet ihre Jungen um, da treibt traumhaft unwirklich die rosa Blütenpracht eines Baumes vorüber, ein tropischer Schmetterling hebt vom Finger eines Spaniers ab, um wieder auf dessen Schulter zu landen, Flores schaut, einen Grashalm zwischen den Fingern, ihre Beine entblößt, beiläufig herüber, und ein Indio läßt die Panflöte sinken, deren Töne diese Bilder getragen haben, und schaut lange in die Kamera.
Schließlich zur farblichen Opulenz dieses Films: Das sinnentleerte Ritual zeichenhafter Kleidung, die Farbenpracht des »Kaisers von El Dorado«, der kein Reich regiert, die vornehmen langen Kleider aus dunkelblauem und weinrotem Samt der Frauen, die keinen Hof halten, der Lüsterfarbeneffekt der metallischen Rüstungen, die vor den Pfeilen der Indianer keinen Schutz bieten – all diese Dinge haben die funktionellen Aspekte abgestreift, sind aus dem Reich sinnvoller Handlungen nach Maßgabe europäischen Denkens, das heißt der Gründung eines Kolonialreiches, in die Sphäre einer »zweckfreien Schönheit«, die nach Kant die Blumen auszeichnet, hinübergewechselt. Dieser Film, der aufgrund seines Handlungsgerüstes ein Action-Film hätte werden und damit die Verlängerung europäischer Mobilmachung in den Wahrnehmungsgewohnheiten der Zuschauer hätte betreiben können, mutiert unter Herzogs Regie zu einer »geistlichen Übung« in Sachen Gelassenheit und Anschaulichkeit.

»*Aguirre, der Zorn Gottes*«, in: Werner Herzog: Drehbücher II. München 1977.
Emmanuel Carrère: »Werner Herzog«. Paris 1982; Timothy Corrigan (Hg.): »The Films of Werner Herzog. Between Mirage & History«. New York 1986; Alain Garel: »*Aguirre, la colère de Dieu*«, in: La Revue du Cinéma, 1976/77, H. 308; R. Fritze: »Werner Herzog's Adaption of History in *Aguirre, The Wrath of God*«, in: Film and History, 1985, H. 4; Peter W. Jansen/Wolfram Schütte (Hg.): »Herzog/Kluge/Straub«. München 1976; dies. (Hg.): »Werner Herzog«. München 1979; Jean-Pierre Oudart: »Un pouvoir qui ne pense, ne calcule, ni ne juge?«, in: Cahiers du Cinéma, 1975, H. 258/259; Andreas Rost (Hg.): »Werner Herzog in Bamberg. Protokoll einer Diskussion«. Bamberg 1986; Victoria M. Stiles: »Fact and Fiction: Nature's Endgame in Werner Herzog's *Aguirre, The Wrath of God*«, in: Literature/Film Quarterly, 1989, H. 3.

Andreas Rost

AI NO CORRIDA (Im Reich der Sinne). Japan/Frankreich (Oshima Productions/Argos) 1976. 35 mm, Farbe, 108 Min.
R: Nagisa Oshima. B: Nagisa Oshima.
K: Hideo Ito. A: Jusho Toda. S: Keiichi Uraoka.
M: Minoru Miki.
D: Eiko Matsuda (Sada), Tatsuya Fuji (Kichi).

Eine Geisha wird von der Polizei aufgegriffen, nachdem sie vier Tage lang mit dem abgeschnittenen Penis ihres Geliebten durch die Straßen Tokios geirrt ist. Eine Zeitungsnotiz aus dem Jahre 1936 liegt Nagisa Oshimas Film zugrunde. Die Meldung wird aus dem Off nachgereicht, während die letzten Bilder zu sehen sind: Die Prostituierte Sada hat ihren Geliebten Kichi erwürgt und ihm die Geschlechtsteile vom Leib getrennt. In japanischen Schriftzeichen hat sie mit seinem Blut auf seinen Oberschenkel gemalt: »Sada kichi futari«, »Sada und Kichizo, nur wir«. Dieses Schlußbild ist wie ein Emblem in japanischer Farbholzschnittechnik. Es erinnert an Darstellungsformen, in denen nebeneinander auf verschiedene Weise Gleiches zum Ausdruck gebracht wird. Jedes

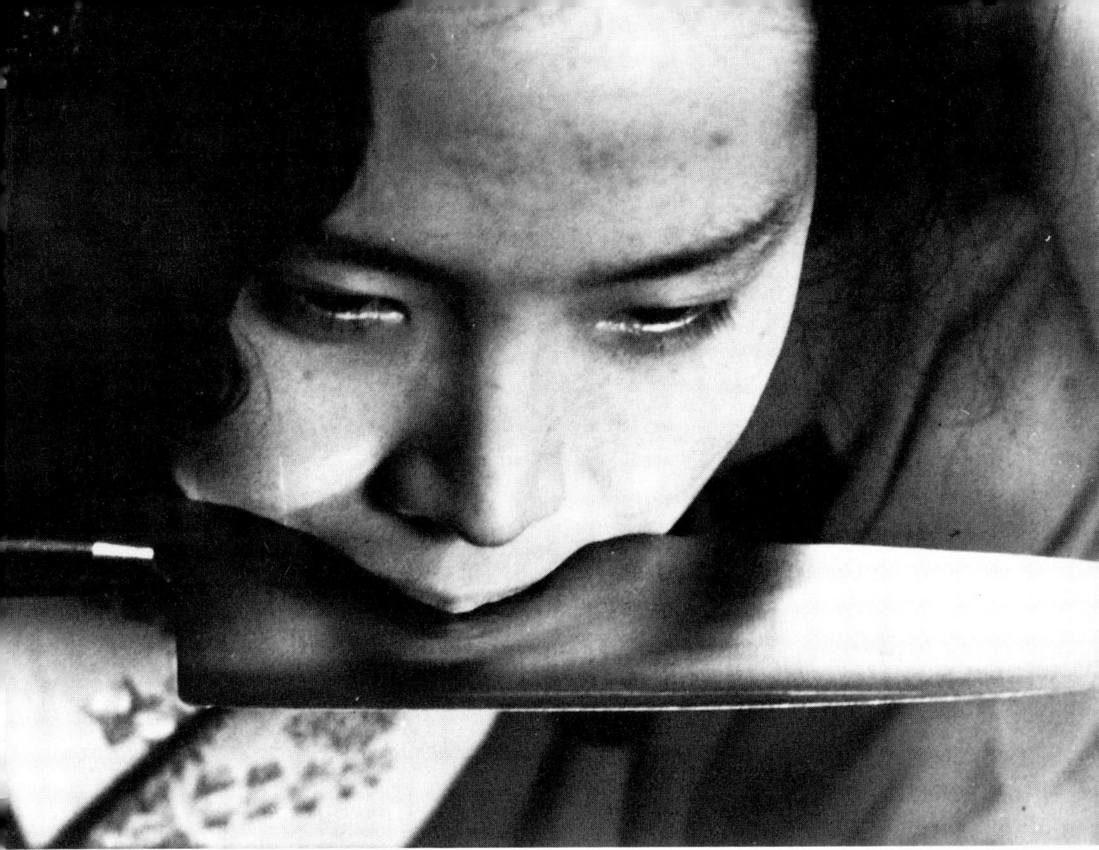

Ai no corrida: Eiko Matsuda

Zeichen ist so stark, daß es auch autonom existieren könnte, doch erst im Zusammenklang entfaltet es seine ganze Kraft. Sada hat sich eng an den Leib Kichis geschmiegt. Die Kamera nimmt die beiden von oben auf und tilgt so die letzte Räumlichkeit aus den Bildern eines fast raumlosen, zweidimensionalen Films. *Ai no corrida* spielt auf der Oberfläche der Haut zweier Liebenden. Die gesprochene Nachricht verleiht dem Gezeigten einen zusätzlichen Ton, wie die letzte Zeile eines Haikus.

Im Februar 1936 initiierten ein paar junge Offiziere einen Militärputsch. Aus diesem für die japanische Geschichte bedeutsamen Ereignis übernimmt Oshima die Jahreszeit: Der Film beginnt im Schnee. Wenn am Ende die Jahreszahl genannt wird und das Bild einfriert, wird die Geschichte von *Ai no corrida*, die ganz außerhalb der Zeit existierte, der chronologischen Zeit zurückgegeben. Wieder entlassen in die reale Zeit, wird die Klausur des radikalen Liebespaares erst recht anachronistisch. »Eine gestrenge Lektion der Lust« nannte Botho Strauß den Film: »In der Isolationshaft der Lust gibt es keine Verworfenheit, keine Reibung an äußeren Widerständen, nicht den Schmutz irgendeiner Ablenkung, keine Biologie und schließlich kein Essen, keine Träume, keine Arbeit; der Purismus des sexuellen Tauschs ist total.« Eingeschlossen mit dem Paar, das zum gemeinsamen Tod im Liebesakt bereit ist, bleibt dem Zuschauer nichts verborgen: Er wird Zeuge einer sich konsequent steigernden Prozedur.

Ai no corrida läuft im Westen unter dem Titel *Im Reich der Sinne*, als handele es sich um einen Ausflug nach Osten zur Betrachtung japanischer Liebeskunst. Dabei hat Oshima gerade ein uns geläufiges Liebeskampf-Paradigma als Titel gewählt: Die sexuellen Kollisionen vollziehen sich mit der tänzerischen Eleganz und dem blutigen Ernst einer »Corrida der Liebe«. Sada und Kichi haben eine gute Ausbildung genossen, sie sind Profis der Liebe. Er ist Teehausbesitzer und sie seine Angestellte, eine Geisha. Wie ein Stier mit zunehmender Kampfesdauer müde wird, schwinden Kichi die Kräfte, während

Sadas Liebesfähigkeit ständig wächst. Lieferte er noch zu Beginn lachend die Aufforderungen zum Kampf, so kehrt sich das Verhältnis im Verlauf der Handlung um. Sie nimmt die Regie fest in ihre Hände. Er liegt schließlich nur noch unter ihr, bereit, an ihren Säften zu ertrinken. Sie würgt ihn in jeder Runde fester. In passiver, fast stummer Wollust läßt er den letzten Akt auch noch geschehen.

Auf den Berliner Filmfestspielen 1976 beschlagnahmte die Staatsanwaltschaft *Ai no corrida* wegen Verstoßes gegen den Pornographie-Paragraphen des Strafgesetzbuches: Erstmals wurde ein Film während eines internationalen Festivals auf diese Weise gestoppt. In Japan gedreht und wegen des dortigen Pornographie-Verbotes in Frankreich entwickelt, bearbeitet und fertiggestellt, kam das Projekt auf Anregung des Produzenten Anatole Dauman zustande. Mit Pornofilmen hat *Ai no corrida* jedoch kaum etwas gemein. Oshima hat seinen erotischen Film konsequent nicht funktionalisiert, außer in eigener Angelegenheit, als Möglichkeit der Selbstbefreiung. *Ai no corrida* liegt quer zu allen Linien der Filmgeschichte und Gattungen. Der Film bleibt ein Einzelereignis, ohne Vorläufer und Nachfolger, ein Glücksfall. In ihm schimmert eine Ahnung der Freiheit, die sich das erotische Kino nie genommen hat.

Audie Bock: »Japanese Film Directors«. Tokyo, New York, San Francisco 1990; Louis Danvers/Charles Tatum jr.: »Nagisa Oshima«. Paris 1986; Marli Feldvoß: »*Im Reich der Sinne* oder pornographische Phantasie im Fluchtpunkt«, in: Arnoldshainer Filmgespräche, 1986, H. 3; Stephen Heath: »Questions of Cinema«, Bloomington 1981; Karola Gramann u.a.: »Lust und Elend: Das erotische Kino«. München/Luzern 1981; Nagisa Oshima: »Die Ahnung der Freiheit«. Berlin 1982; Gottfried Schlemmer: »Sex und Erotik im Film: *Im Reich der Sinne* (*Ai no corrida*, 1976)«, in: Werner Faulstich/Helmut Korte (Hg.): Fischer Filmgeschichte. Bd. 4. Frankfurt a.M. 1992; Botho Strauß: »Paare, Passanten«. München 1981; Max Tessier: »Images du cinéma Japonais«. Paris 1981; Maureen Turim: »Signs of Sexuality In Oshima's *Tales of Passion*«, in: Wide Angle, 1987, H. 2.

Rolf Schüler

L'ALBERO DEGLI ZOCCOLI

(Der Holzschuhbaum). Italien (RAI UNO/ Italnoleggio Cinematografico) 1977/78. 35 mm, Farbe, 175 Min.

R+B: Ermanno Olmi. K: Ermanno Olmi, Carlo Petricciolі. A: Enrico Tovaglieri. S: Ermanno Olmi. M: J.S. Bach, W.A. Mozart.

D: Luigi Ornaghi (Batisti), Francesca Moriggi (seine Frau), Omar Brignoli (Minek), Antonio Ferrari (Tuni), Teresa Brescianini (Witwe Runk), Giuseppe Brignoli (Großvater Anselmo), Francesca Villa (Annetta), Maria Grazia Caroli (Bettina).

Bei Olmi kann man das Kino-Sehen verlernen. Oder neu anfangen damit. *L'albero degli zoccoli* belegt das zu Anfang mit Anklängen an Courbet, Leibl und Segantini. Bald aber beginnen sich auch die Zwischenräume zwischen den ersten, statuarischen Bildern zu füllen: zu einem einzigen großen – im kunsthistorischen Sinn – Genrebild aus der Lombardei.

Ein Beispiel soll Olmis Erzähltechnik und seine visuelle Strategie illustrieren. Die Dorfschule ist aus, die Kinder stürmen ins Freie. Der kleine Ninek – zu Beginn des Films wurde er auf Weisung des Pfarrers eingeschult: für seine Eltern eine soziale und ökonomische Bürde – bleibt zurück. Verstohlen setzt er sich auf die Stufen. Einer seiner Zoccoli, seiner Holzschuhe, ist zerbrochen. Ninek mustert ihn, steht auf, zieht seinen Gürtel – einen Strick – aus der Hose, wickelt ihn mit den ungelenken Bewegungen eines Achtjährigen um den Schuh. Schließlich humpelt er davon. All das zeigt Olmi in Normalzeit, das heißt: in größter Langsamkeit. Zwar sind die Einstellungen aneinandermontiert, doch geht keine Sekunde der tatsächlichen Dauer dieses ›Ereignisses‹ verloren. Man kann das Tun des Jungen nicht vorhersehen, noch weniger, daß sich hieraus schließlich das einzige wirklich dramatische Ereignis entwickeln wird: Sein Vater wird eine Pappel abholzen, um seinem Sohn daraus einen neuen Schuh zu schnitzen. Dies wiederum ist für den Großgrundbesitzer ein ausreichender Grund, um die ganze Familie verjagen zu lassen. Mit ihrem Weggang aus dem gemeinsam mit anderen bewohnten Gutshof ist der überlange Film aber auch schon zu Ende.

Was ist an *L'albero degli zoccoli* so außergewöhnlich, daß der Film auf dem Festival in Cannes 1978 die Goldene Palme gewann? Neben der beeindruckenden Vielseitigkeit Olmis, der für Buch und Regie, Kamera und Schnitt verantwortlich zeichnete, war es die Ernsthaftigkeit, die an George Rouquiers Porträt des Dorfes *Farrebique* von 1947 erinnert – dem filmischen Pendant zu André Bazins Vorstellung eines »integralen Realismus« und der neuen Authentizität im Film nach dem Zweiten Weltkrieg. Olmi arbeitete mit Laiendarstellern und Direktton, das Bergamaskische mußte auch für Italien untertitelt werden. Die meisten Kritiker aber sahen in Olmis Film die Vollendung eines Lebenswerkes, welche mit einer zweijährigen Suche nach den eigenen Wurzeln und einem – angesichts der industriellen Zerstörung – erstmals seit dem Faschismus wieder positiv besetzten Heimatbegriff einherging. »Vor allem bin ich ein Bauer«, sagt der sensible Außenseiter Olmi und spricht damit auch für ein zutiefst agrarisch geprägtes Land, das sein Gesicht immer schneller verändert.

Doch das singuläre Kinoereignis *L'albero degli zoccoli* hat keinen ökologischen Kern. Es gründet vielmehr in den Konstellationen der Figuren zueinander, noch mehr in dem Rhythmus, in dem diese zusammengeführt werden. Fünf Familien leben unter einem großen Dach, ohne je auf den Gedanken zu kommen, gemeinsam gegen den Großgrundbesitzer aufzubegehren, der zwei Drittel des Ertrages beansprucht. Wie zum Ausgleich bewahrt sich jede Person ihr eigenes kleines Geheimnis – etwa der Großvater Anselmo, der weiß, wie man Tomaten düngen muß, damit sie schneller reifen. Auch die Kamera wahrt es: Ob eine Gans geschlachtet wird, ob eine kranke Kuh wundersam geheilt wird oder ein junger Mann um eine Frau wirbt – nie blickt die Kamera anders darauf als ein höflicher, diskreter und verwunderter Beobachter.

Erst gegen Ende verläßt der Zuschauer einmal die Gegend um Martinengo und Palosco, um mit dem frisch getrauten Paar auf einem Lastkahn nach Mailand zu reisen. In einem Waisenhaus wird den beiden, da sie doch jung und gesund seien, ein Findelkind anvertraut. Diese Bürde, von der Kirche auferlegt, erscheint weniger frivol als der Blick in den großen Saal, in dem eine fromme Schwester das Brautpaar über Nacht beherbergt. Viele Eisenbetten stehen da, aber nur zwei sind zusammengerückt. Am Kopfende ist ein kleiner weißer Blumenstrauß befestigt.

»*L'albero degli zoccoli*«. Hg. Giacomo Gambetti. Turin 1980. (Filmprotokoll).
Gian Piero Dell'Acqua: »*L'albero degli zoccoli* nell'Italia 1978«. Mailand 1979; Reinhold Jacobi: »Sehnsucht nach dem schlichten Glauben«, in: Peter Hasenberg (Hg.): Spuren des Religiösen im Film. Mainz 1995; Elie Maakaroun: »Ironie et liturgie dans *L'Arbre aux sabots*«, in: Etudes cinématographiques, 1992, H. 182–193; Tullio Masoni (Hg.): »Lontano da Roma«. Florenz 1990; René Prédal: »*L'albero degli zoccoli*: une vision spiritualiste prise dans la matérialité de l'espace et du temps«, in: Etudes cinématographiques, a.a.O.; Georg Seeßlen: »Das Land verliert, die Stadt gewinnt, der Bauer wird vertrieben«, in: film- und tonmagazin, 1979, H. 6; Giorgio Tabanelli: »Ermanno Olmi« Rom 1987.

Thomas Meder

ALEKSANDR NEVSKIJ (Alexander Newski). UdSSR (Mos'film) 1938. 35 mm, s/w, 112 Min.

R: Sergej Eisenstein, Dmitrij Vasil'ev. B: Pjotr Pavlenko, Sergej Eisenstein. K: Eduard Tissé. Ba: Issak Spinel'. Ko: K. Eliseev, N. Lamanova, N. Makarova. M: Sergej Prokof'ev.
D: Nikolaj Čerkasov (Fürst Aleksandr Nevskij), Nikolaj Ochlopkov (Vasilij Buslaj), Aleksandr Abrikosov (Gavrilo Oleksic), Dmitrij Orlov (Ignat, Waffenschmied), Varvara Masalitinova (Amelfa Timofeevna, die Mutter Buslajs), Vera Ivasova (Ol'ga, ein Novgoroder Mädchen).

»Patriotismus und nationaler Widerstand gegen den Aggressor« bilden nach Aussage Eisensteins das Leitmotiv des Films. Im März 1937 hatte die Hauptverwaltung der Sowjetischen Filmindustrie (GUK) die Einstellung aller Arbeiten an *Bezin-Wiese* angeordnet. Nachdem der Regisseur öffentlich Selbstkritik geübt hatte, erging an ihn der Auftrag eines Films mit dem Arbeitstitel »Rus«: Angesichts der Bedrohung durch die Deutschen sollte am historischen Exempel der vereinte Kampf der russischen Völker gegen die Invasoren demonstriert werden. Der Film beleuchtet eine Episode aus dem 13. Jahrhundert, als die Deutschordensritter – »in demselben Geist und mit denselben überspannten Losungen und demselben Fanatismus, wie es das heutige faschistische Deutschland tut« (Eisenstein) – die Eroberung und Unterwerfung der Länder des Ostens betrieben. Am 5. April 1242, in der entscheidenden Schlacht auf dem vereisten Peipus-See, wurden die Eindringlinge von Aleksandr Nevskij zurückgeschlagen.

Ende 1937 empfahl die GUK, den Stoff in der Ausarbeitung von historischem Ballast zu befreien. Der vorgesehene Schluß: Aleksandrs Bittgang zur angreifenden Tartarenhorde und sein Tod, wurde gestrichen: »›Das Szenarium endet hier‹, wurde mir wörtlich übermittelt. ›Ein so guter Fürst darf nicht sterben‹«, berichtet Eisenstein in seinen autobiographischen Aufzeichnungen. Im Januar 1938 wurde die Spitze der russischen Filmadministration ausgewechselt, und das vordem attackierte Szenarium konnte zwei Monate später in Produktion gehen. Es gab Schwierigkeiten mit der Rekonstruktion, und bestimmte Abweichungen von den historischen Fakten erschienen Eisenstein als künstlerisch unabdingbar. Die mittelalterliche Stadt Novgorod wurde im Studio nachgebaut; mittels Kreide, flüssigem Gas, Naphtalin etc. verwandelte man eine Wiese neben dem Mos'film-Studio in einen vereisten See, den Schauplatz der Schlacht. Die Winterlandschaft hat Eisenstein auf das Wesentliche reduziert: weißer Grund unter einem dunkel verhangenen Himmel.

Eisenstein arbeitete mit seiner Methode der Typisierung vor allem bei der Gestaltung der deutschen Invasoren: Die Ritter wirken in ihrer Rüstung maschinenhaft, ihre Gesichter bleiben unsichtbar hinter unheimlichen Helmen mit breiten Sehschlitzen. *Aleksandr Nevskij* ist Eisensteins erster Tonfilm. Sein Verfahren der ›Vertikalen Montage‹ zielt auf die innere Übereinstimmung zwischen optischen und musikalischen Bildzeichen, einer Synthese von Idee und Gestaltungsmitteln unter der Dominanz eines Themas – weniger einer Erzählung einer Fabel, sondern eines Themas im politischen Sinne. Die Ideenmontage wird erweitert um die Dimension des Tons bzw. der Musik. Optik und Akustik des Films entsprechen zwei eigenständigen Linien, die in der Montage vertikal (zwischen Bildfeldern, Musikphrasen, Bewegungs- und Kompositionsschemata) zu einer neuen Einheit organisiert werden.

Dramatischer Kern, sinfonischer Höhepunkt und spektakuläre Attraktion des Films, an der Prokof'evs Filmmusik entscheidenden Anteil hat, ist die Schlacht auf dem Eis. In seinem Aufsatz »Über den Bau der Dinge«, kurz nach Abschluß der Dreharbeiten entstanden, notierte Eisenstein: »Diese Episode ist in allen ihren Nuancen, die das Erleben des wachsenden Schreckens zeigen, dem Augenblicke ›abgehört‹, in dem sich das Herz angesichts der heranrückenden Gefahr zusammenkrampft und zum Halse herausschlägt. Die Struktur der ›Attacke des Keilers‹ in *Aleksandr Nevskij* ist genauestens von den Veränderungen innerhalb dieses Erlebens ›kopiert‹. Sie diktieren den Rhythmus der Steigerung, die Zäsuren, die Beschleunigung und die Verlangsamung der Bewegung. Das tosende Schlagen des erregten Herzens diktierte den Rhythmus des Hufegetrampels: darstellerisch ist das der *Angriff* der galoppierenden Ritter, kompositorisch ist es das *Schlagen* des bis zum Äußersten erregten Herzens. Im Ergebnis des Werkes sind sie beide – Darstellung und kompositorischer Aufbau – *hier* untrennbar verschmolzen in dem drohenden Bild vom Beginn der Schlacht auf Leben und Tod.«

Aleksandr Nevskij wurde vorzeitig, zum 21. Jahrestag der Oktoberrevolution, fertiggestellt. Nach neun Jahren – der Traum, in Amerika zu drehen, platzte, der Film *Que viva Mexico* blieb Fragment – konnte Eisenstein erstmals wieder einen Film realisieren. Der patriotische Historienfilm brachte dem Regisseur den Leninorden ein und sicherte ihm neue Arbeitsmöglichkeiten. Nach Abschluß des deutsch-sowjetischen Nichtangriffspaktes verschwand *Aleksandr Nevskij* aus dem Programm der Lichtspieltheater; nach dem Überfall der deutschen Wehrmacht jedoch erschienen alle patriotisch-antifaschistischen Spielfilme wieder in den Kinos. In der Bundesrepublik Deutschland konnte der Film bis Mitte der sechziger Jahre nur in einer verstümmelten Fassung und in geschlossenen Veranstaltungen gezeigt werden: Er galt als deutschfeindlicher Propagandastreifen.

»*Alexander Nevsky*«, in: Sergej Eisenstein: Three Films. Hg. Jay Leyda. New York 1974. (Filmprotokoll).
Sergej Eisenstein: »Ausgewählte Aufsätze.« Berlin (DDR) 1960; ders.: »Stationen. Autobiografische Aufzeichnungen.« Berlin (DDR) 1968; Pier Marco De Santi: »I disegni di Eisenstein.« Roma, Bari 1981; Helmut Färber: »Eisensteins spekulative Abstraktionen«, in: Süddeutsche Zeitung, 10.2. 1967; Mark le Fanu: »S.M. Eisenstein ou la rigneur de l'imagination«, in: Positif, 1989, H. 340; Hélène Puiseux: »Le détournement d'*Alexandre Nevski*, au service de Staline«, in: Marc Ferro (Hg.): Film et histoire. Paris 1984; Hans-Joachim Schlegel: »*Aleksandr Nevskij*«, in: Rainer Rother: Mythen der Nationen: Völker im Film. München, Berlin 1998.

Jörg Becker

ALICE IN DEN STÄDTEN

Bundesrepublik Deutschland (Filmverlag der Autoren/WDR) 1974. 16 mm, s/w, 110 Min. R: Wim Wenders. B: Wim Wenders, Veith von Fürstenberg. K: Robby Müller. S: Peter Przygodda. M: Can, Chuck Berry, Canned Heat u.a. D: Yella Rottländer (Alice), Rüdiger Vogler (Philip Winter), Lisa Kreuzer (Lisa, Alices Mutter), Edda Köchl (Philips Freundin), Hans Hirschmüller (Polizist).

Wim Wenders hat *Alice in den Städten* neben ↗*Der Himmel über Berlin* als seinen persönlichsten Film bezeichnet - von *Nick's Movie* (1980) einmal abgesehen, der schon ans Private grenzt. Die Thematik der beiden Filme ist vergleichbar: Es geht um eine Lebensanstrengung, nachdem die Protagonisten es leid sind, das Gewicht der Welt nur in Bildform zu kennen. In *Der Himmel über Berlin* entfernt der Engel, die unsichtbare Inkarnation eines Kameraauges, sich von seinem »Ausguck der Ungeborenen« und strebt ein nicht nur visuelles, sondern haptisches Dasein unter Menschen an. In *Alice in den Städten* sitzt der deutsche Journalist Philip Winter, der über die amerikanische Landschaft schreiben will, zu lange einer falschen Bewegung auf, die ihn zwar immer tiefer in die Vereinigten Staaten führt, aber zugleich immer weiter vom Gefühl der eigenen Lebendigkeit entfernt. Statt zu schreiben, macht er nur noch Polaroidfotos. Am Tiefpunkt seiner Reise bekennt er einer Freundin in New York, die Besessenheit des Fotografierens sei ein letzter Versuch, den Beweis seiner eigenen Abwesenheit durch die abgelichtete Präsenz der Dinge zu führen. Doch an den Dingen selbst findet er die Spur jeglicher Veränderbarkeit getilgt: Im Motiv der amerikanischen Landschaft mit ihren Reklameschildern vermißt er die Perspektive von Veränderung, und auf den Momentaufnahmen fehlt ihm das, was er im Prozeß des Wahrnehmens an den Dingen als zeitliche Dimension gesehen hat. Ziemlich abrupt kontert die Freundin Philips Klagelied, daß ihm das Hören und Sehen vergangen sei, mit der Entgegnung, dazu habe er nicht nach Amerika fahren müssen. Die Wurzel seiner Probleme sei der Verlust des »Gefühls für sich«, meint sie und schließt: »Ich weiß auch nicht, wie man leben soll. Mir hat's auch keiner gezeigt.«

Die neunjährige Alice wird es ihm zeigen. Ihre Mutter hat das Mädchen Philip zur Obhut auf seiner Rückreise nach Europa anvertraut. Fühlt er sich zunächst durch Alices Gegenwart beschwert, zumal die Mutter nicht wie vereinbart nach Amsterdam nachkommt und die anschließende Suche nach der Oma im Ruhrgebiet erfolglos bleibt, so entwickelt sich über diese Abweichung von der vorgesehenen Reiseroute ein inniges Verhältnis zwischen Alice und ihrem ›Ersatzvater‹. Über die kindliche Unbefangenheit seiner Begleiterin kommt Philip auf dem Wege seiner eigenen Geschichte einen Schritt voran. Nach einem psychoanalytischen Schema gelingt ihm die Progression in die Welt der Erwachsenen - z.B. die Nacht im Bett einer Frau, die Alice im Schwimmbad für ihn ›aufgetan‹ hat - erst durch eine Regression zu kindlichen Ressourcen, erst nach Freilegung der eigenen Lebendigkeit im Kontakt zu Alice, die als eine Art Lebenselixier fungiert.

Alice in den Städten ist, wie der Titel schon sagt, an seiner Oberfläche ein Reisefilm, eine Dokumentation von Schauplätzen und einer Bewegung mit allen möglichen Fortbewegungsmitteln (Auto, U-Bahn, Flugzeug, Bus, Schwebebahn, Eisenbahn). In dieser Hinsicht nimmt Wenders den amerikanischen Ausdruck für den Film - Movie = Moving Pictures - beim Wort: Seine Bildästhetik ist von ausgiebigen Fahrtaufnahmen - travelling shots - geprägt. Der Zuschauer begleitet den Protagonisten, und zu den schönsten Augenblicken des Films gehören der Schwenk, der als ›Fernrohrblick‹ den Flug einer Möwe durch New Yorks Hochhausschluchten verfolgt, oder die Kamerafahrt neben einem Jungen auf dem Fahrrad. Denn unterschwellig ist die Reise durch den Raum zugleich eine durch die Zeit zurück zur Kindheit. Im Gespräch mit Peter Hamm hat Wenders bekannt: »Für mich ist der kindliche Blick in die Welt sozusagen die Sehnsucht des Kinos. Das ist das, was das Kino, wenn es wirklich bei sich selbst ist, leisten kann: einem Erwachsenen einen unschuldigen Blick zurückgeben.«

»Mit *Alice in den Städten* habe ich meine eigene Handschrift im Film gefunden«: Viele Motive und Stileigentümlichkeiten des Wendersschen Kinos sind in diesem frühen Film bereits formuliert. Das ambivalente Verhältnis zu Amerika, die Liebe zur Rockmusik, die Form des Road-Movie, die häufigen kinematographischen Reminiszenzen, die Reflexion der Wahrnehmung, das starke Eigenleben der Einstellungen und damit verbunden die Schwierigkeit des Erzählens: Die Bilder sind bei Wenders nicht primär Vehikel zum Transport einer Geschichte, die vorher im Drehbuch exakt festgelegt wurde. Dieser Filmemacher begann als Maler und hat von seiner Passion so viel ins Kino hinübergerettet, daß er selbst, wie es in dem filmischen Tagebuch *Reverse Angle - Ein Brief aus New York* (1982) heißt, den Verdacht hat, die Geschichten seien für ihn »möglicherweise nur Vorwand, um Bilder zu machen«.

»*Alice dans les villes*«, in: L'Avant-Scène du Cinéma, 1981, H. 267. (Filmtext).

Michel Boujut: »Wim Wenders«. Paris 1983; Peter Buchka: »Augen kann man nicht kaufen. Wim Wenders und seine Filme«. München 1983; Norbert Grob: »Wenders«. Berlin 1991; Peter W. Jansen/Wolfram Schütte (Hg.): »Wim Wenders«. München 1992; Andres Jenser: »*Alice in den Städten*«, in: Filmstellen VSETH/VSU, Dokumentation 1991; Robert Phillip Kolker/Peter Beicken: »The Films of Wim Wenders. Cinema as Vision and Desire«. Cambridge u.a. 1993; Alain Philippon: »Détour par l'enfance«, in: L'Avant-Scène du Cinéma, 1981; H. 267; Andreas Rost: »Von einem der auszog, das Leben zu lernen. Ästhetische Erfahrungen im Kino ausgehend von Wim Wenders' Film *Alice in den Städten*«. München 1990; Guntram Vogt: »Die Stadt im Film«. Marburg 2001.

Andreas Rost

ALL ABOUT EVE (Alles über Eva).

USA (20th Century Fox) 1950. 35 mm, s/w, 137 Min.

R: Joseph L. Mankiewicz. B: Joseph I. Mankiewicz, nach der Erzählung »The Wisdom of Eve« von Mary Orr. K: Milton Krasner. M: Alfred Newman.

D: Bette Davis (Margo Channing), Anne Baxter (Eve Harrington), George Sanders (Addison De Witt), Celeste Holm (Karen Richards), Gary Merrill (Bill Simpson), Hugh Marlowe (Lloyd Richards), Thelma Ritter (Birdie), Marilyn Monroe (Miß Caswell).

Ein Spiel um sechs Personen oder drei Paare: die Schauspielerin Margo Channing, ein berühmter Theater-Star, und ihr Mann, der Regisseur Bill Simpson; Karen, Margos Freundin, und ihr Mann, der Bühnenautor Lloyd Richards; Eve Harrington, ein Aschenputtel, das Margo verehrt und unbedingt zum Theater will, sowie der einflußreiche Theaterkritiker Addison De Witt, ein abgebrühter Zyniker. Erzählt wird von der Karriere Eves, die wochenlang schüchtern vor dem Bühneneingang stand, bevor Karen sie dem bewunderten Star vorstellte und sie als Mädchen für alles engagiert wurde. Voller Eifer umsorgt sie Margo und organisiert deren Alltag. »Eve wurde meine Schwester, Sekretärin, Mutter, Freundin, Pflegerin und Leibwache in einem«, kommentiert Margo rückblickend. Das junge Mädchen strahlt immer und bietet mit unterwürfiger Bescheidenheit ihre Dienste an. Eve weckt - besonders bei den Männern - Beschützerinstinkte: Sie ist »ein verlorenes Lämmchen, das unter die Wölfe geraten ist« und um das sich alle bemühen. Sie studiert ihr Idol, um es bei nächster Gelegenheit zu ersetzen: Eve, die perfekte Kopie von Margo, nur eben wesentlich jünger... Das Mädchen entpuppt sich als Biest, das den Männern den Kopf verdreht und Margo von der Bühne verdrängt. Am Schluß triumphiert jedoch De Witt: Er weiß von ihren Lügen und kann sie sexuell erpressen. Ein neues Mädchen erscheint auf der Bildfläche.

All About Eve ist ein Film über Schauspieler. »Wir sind Abnormitäten statt Menschen, wir leben abseits der übrigen Menschheit, wir Theaterleute«, bemerkt De Witt. Bill widerspricht, doch auch er gibt zu, daß die Bühne alle anderen Interessen absorbiert: »Will einer ein guter Schauspieler sein, bleibt ihm nichts übrig fürs Leben als einzig und allein dieser Wunsch.« Margo verwirklicht dies am konsequentesten, sie ist die Königinmutter im Bienenstock: »Wir sind Bienen mit Giftstachel und sammeln Tag und Nacht Honig.« Eve ist eine würdige Nachfolgerin: Grenzenlos ehrgeizig, geht sie über Leichen für den Erfolg. Das Milieu, das der Film ironisch-süffisant spiegelt, ist nicht beschränkt auf die Welt der Bühne. Mankiewicz hat eine ganze Gesellschaftsschicht im Visier: »Wo immer man spielt und Zauber macht und Zuschauer hat«, erklärt Bill, »da ist Theater.«

Margo ist nicht nur ein Star mit den entsprechenden Allüren, eine exaltierte, zur Hysterie neigende Person, sondern vor allem eine Frau im ›kritischen Alter‹. Vor ein paar Monaten vierzig geworden, stellt sie auf der Bühne Zwanzigjährige dar. Im Leben spielt sie das ungezogene Kind, das geliebt sein will. »Ich benehme mich kindisch – die einzige Art, auf dich jung zu wirken«, gesteht sie Bill. Sie habe einen »Alterskomplex«, meint er und behauptet, daß ihn der Altersunterschied nicht interessiere. »Diese Jahre dehnen sich mit der Zeit aus«, weiß dagegen Margo. Ihr Mann ist 33 Jahre alt. »Vor fünf Jahren sah er schon so aus, und in 20 Jahren wird er es immer noch tun. Ich hasse Männer.« Frauen altern schneller. »Mein Zynismus stammt aus jener Zeit«, erklärt Margo einmal, »da ich entdeckte, daß ich ein Mädchen und kein Junge bin.«

All About Eve ist ein brillantes Konversationsstück, wobei der pointierte Dialog in der deutschen Synchronfassung, von Erich Kästner besorgt, diesmal dem Original nicht nachsteht. Dem Thema gemäß ist es ein Schauspieler-Film, bis in die Nebenrollen hervorragend besetzt. Einen winzigen Auftritt hat Marilyn Monroe als Blondine, die mangelndes schauspielerisches Talent durch andere Qualitäten zu ersetzen weiß. Als sie einen fremden Pelzmantel bewundert, kommentiert sie, so manches Mädchen würde dafür ein kleines Opfer bringen. Daß in dieser Gesellschaft nicht bloß mit Geld bezahlt wird, wird offen ausgesprochen. Mankiewicz' sarkastischer Blick hinter die Kulissen, mit sechs Oscars ausgezeichnet, ist dramaturgisch so raffiniert gebaut wie die Intrigen im Film: Drei Personen kommentieren aus dem Off die Serie der sechs Rückblenden. Das Intrigenspiel nimmt überraschende Wendungen, Eve wird ebenso entlarvt wie Margo oder die anderen Figuren, doch es gibt keine gradlinige Entwicklung noch einen geschlossenen Kreis. Für Gilles Deleuze ist Mankiewicz »der bedeutendste Filmautor der Rückblende«: »Jede Episode stellt eine Richtungsänderung dar, von der aus sich ein neuer Kreislauf bildet, wodurch das Ganze ein Geheimnis bewahrt, das sich am Ende des Films, dem Anfangspunkt für neue Verzweigungen, auf die neue Eve überträgt.«

Par N.T. Binh: »Mankiewicz«. Paris 1986; Richard Combs: »Tanner and Mankiewicz in a hall of mirrors«, in: Sight and Sound, 1987/88, H. 1; Page Cook: »The sound track«, in: Films in Review, 1989, H. 8/9; Gilles Deleuze: »Das Zeit-Bild. Kino 2«. Frankfurt a.M. 1991; Régine Mihal Friedman: »Die unmögliche Spiegelung – oder drei Reflexe von Schauspielerinnen im ›kritischen Alter‹«, in: Frauen und Film, 1991, H. 50/51; Harry Haun: »*All About Eve*«, in: Films in Review, 1991, H. 3/4; Jackie Stacey: »Desperately Seeking Difference«, in: Screen, 1987, H. 1; François Thomas: »*Chaînes conjugales* et *Eve*: l'intrigue mise en pièce«, in: Positif, 1984, H. 276.

Michael Töteberg

ALLES ÜBER EVA

↗ All About Eve

ALLES ÜBER MEINE MUTTER

↗ Todo sobre mi madre

DIE ALLSEITIG REDUZIERTE PERSÖNLICHKEIT – REDUPERS

Bundesrepublik Deutschland (Basis-Film/ZDF) 1977. 35 mm, s/w, 98 Min.

R+B: Helke Sander. K: Katia Forbert, Hildegard Sagel. S: Ursula Höf. M: Ludwig van Beethoven, Walter Kollo, Lothar Elias.

D: Helke Sander (Edda Chiemnyjewski), Joachim Baumann (Redakteur), Frank Burckner (Förderer), Eva Gagel (Freundin), Ulrich Gressiecker (Journalist), Gesine Strempel (Kollegin).

Die Floskel »allseitig entwickelte sozialistische Persönlichkeit« war in den DDR-Medien eine beliebte Propaganda-Formel, die das Menschenbild im sogenannten real existierenden Sozialismus charakterisieren sollte. Der Titel von Helke Sanders Film, der in West-Berlin spielt, sich gleichwohl an sozialistischen Utopien reibt, ist eine treffende Formel für die Realität des Alltags und parodiert nebenbei auch noch die Abkürzungsmanie, der solche Wortungetüme damals in linken Zirkeln ausgesetzt waren. Die Filmemacherin formuliert in ihrem dokumentarischen Spielfilm »die allgemeingültige Erfahrung einer Frau, die ein zerstückeltes Leben führt und sich auf keiner Ebene richtig entfalten kann« (Helke Sander).

Berlin im März 1977. Der Film beginnt mit einer minutenlangen Kamerafahrt, mit dem Blick aus einem Auto, zunächst entlang der Mauer mit ihren Graffitis und Parolen, dann geht die Fahrt durch eine trostlose Straße mit heruntergekommenen Altbau-Fassaden und Kneipen. Radiofetzen verschiedener Sender aus Ost und West. – In der Wohnung: Edda muß zur Arbeit, nur mühsam kann sie sich aus der Umklammerung ihrer Tochter lösen. Sie ist freie Pressefotografin, lebt von schlecht bezahlten Auftragsarbeiten. Frierend steht sie am frühen Morgen auf einer Brücke und wartet auf die letzte Dampflokomotive – ein Bild, 32 Mark. Kamerafahrt durch die Stadt. Edda fotografiert auf der Jahrestagung des »Kuratoriums Unteilbares Deutschland« – gewünscht sind zwei Fotos à 45 Mark. Sie fotografiert den Berliner Bürgermeister Schütz bei einer Ansprache auf einer Seniorenparty (drei Fotos für die Landesbildstelle), redet und tanzt mit den Alten. Eigentlich hat sie die Zeit nicht, sich auf die Menschen einzulassen, bevor sie ihre Bilder macht.

Drei Tage im Leben der Edda Chiemnyjewski. Es zerreißt sie fast zwischen privaten und beruflichen Ansprüchen. Sie muß den Lebensunterhalt für sich und ihre Tochter aus den mageren Foto-Honoraren zusammenkratzen, die Bedürfnisse ihrer Tochter befriedigen, die sie oft nur mit Halbheiten abspeisen kann, und versucht obendrein noch, einen Zipfel Privatleben zu retten. Um eine eigene Identität in der Arbeit zu finden, beteiligt sie sich an dem Projekt »Fotografinnen sehen eine Stadt«.

Auftraggeber dieses Frauenprojekts ist die Stadt Berlin; natürlich sollen die Vorzüge des Lebensraums Berlin ins Bild gerückt werden. Die Fotos der Frauen provozieren allerdings eher die Frage: Wer möchte da schon leben? Die Frauen fürchten Konflikte mit dem Auftraggeber, zudem haben sie plötzlich das Gefühl, die Mauer sei um sie herum gebaut, sie und nicht die »drüben« seien eingemauert. In ihrer Diskussionsrunde entsteht ein neuer Ansatz: »Wo hat die Mauer Löcher, wo ist sie transparent?« Sie spüren die funktionierenden Verbindungen zwischen Ost und West auf: »die Liebesgeschichten und die Energievorsorgung«, ist doch bei städtischen und privaten Vorgängen die Mauer durchlässig. Die Frauen organisieren eine Aktion auf der Aussichtsplattform, wo die Touristen den obligatorischen Blick nach drüben werfen, und ziehen einen Vorhang auf: »Logenplatz für ein kleines Welttheater«. Was zu sehen ist, wenn der Vorhang aufgezogen wird, sind enttäuschend ähnliche Straßenbilder wie im Westen – was die geteilte Stadt eint, ist der »gesamtdeutsche Mief«. Das Ende ist offen: Edda und ihre Tochter treffen sich auf der Straße, sprechen miteinander und gehen in verschiedene Richtungen. Im Off resümiert die Filmemacherin: »Was erfährt man nicht und ist doch Zeitgenosse. So geht es weiter, stückchenweise, in Raten. Mit den Füßen auf der Erde und dem Kopf in den Wolken.«

Der banale Alltag und der politische Diskurs, die präzise benannte Realität und die Utopie nicht entfremdeter Arbeit werden unprätentiös verschränkt.

Der Film ist nicht autobiographisch (die Fotos im Film stammen von Abisag Tüllmann), aber authentisch. Helke Sander lebte in dem Milieu, das sie schilderte: Sie spielt die Hauptrolle der Pressefotografin und kommentiert mit ironischer Distanz die Szenen im Off, Freunde wirkten als Laiendarsteller mit. Die Szenen waren festgelegt, aber es gab kein ausgeschriebenes Drehbuch, sondern Freiraum zur Improvisation.

Die allseitig reduzierte Persönlichkeit – Redupers war nach einigen Dokumentarfilmen der erste abendfüllende Spielfilm Helke Sanders, die Mitbegründerin der Frauenbewegung in Deutschland wurde: 1968 initiierte sie den »Aktionsrat zur Befreiung der Frauen« und hielt im selben Jahr bei einer SDS-Delegiertenkonferenz eine programmatische Rede, bei der aus Protest gegen die Ignoranz der Genossen Tomaten flogen; Sander organisierte 1971 das 1. Frauenfilm-Festival und gründete im Jahr darauf die Zeitschrift »Frauen und Film«. Ihr zweiter Spielfilm, ebenfalls im Titel eine damals kursierende ideologische Formel zitierend, *Der subjektive Faktor* (1981) handelt von ihren Erfahrungen in der Studentenbewegung. Die Arbeit von Helke Sander läßt sich jedoch, obwohl sie eine dezidiert feministische Sicht formuliert, nicht allein unter der Kategorie »Frauenfilm« subsumieren.

Spielfilm und Filmessay gleichermaßen, enthält *Die allseitig reduzierte Persönlichkeit – Redupers* literarische Zitate von Christa Wolf und Thomas Brasch, Filmzitate aus *Unsichtbare Gegner* von Valie Export und *Film about a Woman Who...* von Yvonne Rainer. Die ruhigen Einstellungen und langen Erkundungsfahrten öffnen die Wahrnehmung für die Poesie der Tristesse und die – z.B. in den Mauerinschriften manifestierte – Signatur der Zeit. Erinnert dies an die frühen Filme von Wim Wenders, so ist der Film in der Montage von Merkbildern und dem Off-Kommentar der Ästhetik eines Alexander Kluge verwandt. Zu den Qualitäten des Films gehört seine Realitätshaltigkeit, die ihn zu einem Dokument hat werden lassen: Die in den Schwarzweiß-Bildern eingefangene Topographie der Stadt Berlin ist heute Vergangenheit. Auch der Zeitgeist hat sich gewandelt, die von Helke Sander vorgelebte »Union von intellektueller Reflexion, filmischer Produktion und politisch-kultureller Praxis« wirkt wie eine verlorengegangene Utopie. Aus dem Abstand von gut zwanzig Jahren urteilt Eva Hohenberger: »Das später oft geschmähte Postulat, bei den eigenen Erfahrungen anzusetzen, meinte eben nicht, in blinder Subjektivität die eigene Befindlichkeit zur Schau zu stellen, sondern den Erfahrungen eine ästhetische Form zu geben. An *Redupers* kann man auch heute noch sehen, wie ein solches Vorhaben gelingen kann.«

Uta Berg-Ganschow: »wirklichkeit mit widerhaken«, in: Frauen und Film, 1979, H. 20; Renate Fischetti: »Das neue Kino«. Dülmen-Hiddingsel 1992; Helge Heberle u.a.: »Publikumserfahrungen, Gespräch zu dem Film *Die allseitig reduzierte Persönlichkeit*«, in: Frauen und Film, 1978, H. 17 (Interview mit Sander); Eva Hohenberger: »Die Köchin und die Staatsgeschäfte«, in: ebd., 2000, H. 62; Lisa Katzman: »*The All-Around Reduced Personality: Redupers.* Women's Art in Public«, in: Jump Cut, 1984, H. 29; Judith Mayne: »Female Narration, Women's Cinema: Helke Sander's *The All-Around Reduced Personality – Redupers*«, in: New German Critique, 1981/82, H. 24/25; Renate Möhrmann: »Die Frau mit der Kamera«. München 1980; B. Ruby Rich: »She Says, He Says: The Power of the Narrator in Modernist Film Politics«, in: Sandra Frieden u.a. (Hg.): Gender and German Cinema. Bd. 1. Providence, Oxford 1993; Michael Töteberg (Red.): »Helke Sander«. Berlin 2003; Guntram Vogt: »Die Stadt im Kino«. Marburg 2001.

Michael Töteberg

ALL THAT HEAVEN ALLOWS

(Was der Himmel erlaubt). USA (Universal International Pictures) 1955. 35 mm, Farbe, 89 Min.

R: Douglas Sirk. B: Peg Fenwick, nach einer Erzählung von Edna und Harry Lee. K: Russell Metty. A: Alexander Golitzen, Eric Orbom. Ba: Russell A. Gausman, Julia Heron. S: Frank Gross, Fred Baratta. M: Frank Skinner. D: Jane Wyman (Cary Scott), Rock Hudson (Ron Kirby), Agnes Moorehead (Sara Warren), Gloria Talbott (Kay Scott), William Reynolds (Ned Scott).

Zuerst kommt der Kirchturm ins Bild, dann überfliegt die Kamera eine typisch amerikanische Klein-

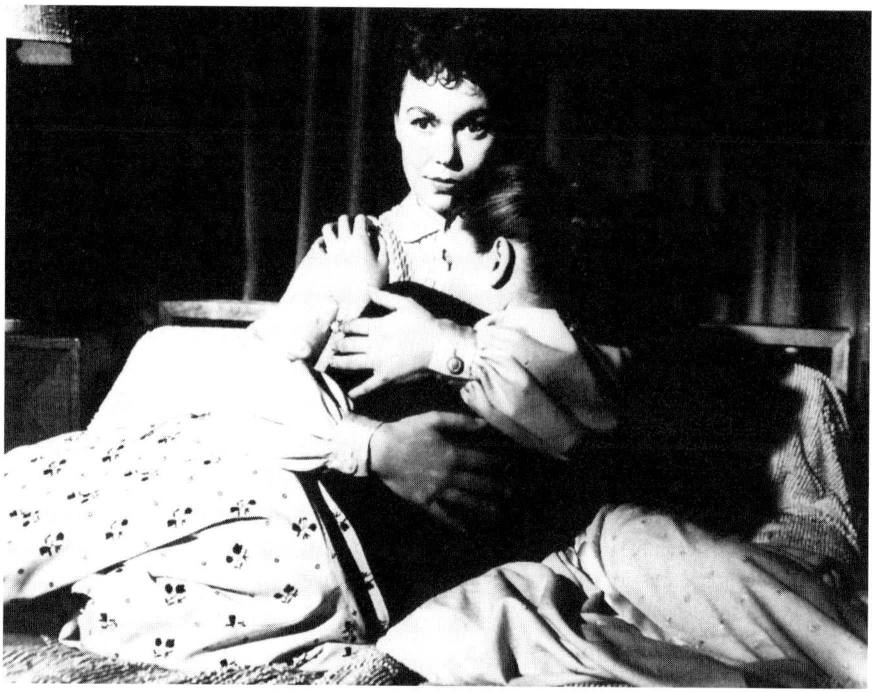

All That Heaven Allows: Jane Wyman und Gloria Talbott

stadt. Es ist Herbst, das Laub verfärbt sich – Indian Summer. Wir befinden uns in New England: Hier gibt es keine Slums, die Straßen und Vorgärten sind sauber und gepflegt. Die Welt ist noch in Ordnung. Auch Cary Scott lebt in einem netten Häuschen, finanzielle Sorgen kennt sie offenbar nicht. Doch glücklich ist sie nicht.

Was die Kleinstadt-Gemeinde erlaubt, hält sich im bürgerlichen Rahmen: Geselligkeit im Country-Club, Cocktail-Parties und Einladungen. Niemand würde der attraktiven Witwe verübeln, wenn sie sich wieder einen Mann nimmt – aus den richtigen Kreisen. Daß Cary sich in den jungen Gärtner verliebt, verletzt die Gesetze von Sitte und Anstand. Man distanziert sich: Nicht nur die Klatschtante Mona, die überall ihr Gift verspritzt, auch Carys beste Freundin Sara findet die Verbindung unmöglich und rückt von ihr ab. Den größten Druck aber üben die schon erwachsenen Kinder auf die Mutter aus; ihretwegen entscheidet sich Cary gegen die Liebe. Doch ihr Opfer ist umsonst: Ned plant zielstrebig seine Karriere, Kay heiratet, beide werden schon bald das Haus verlassen.

Der deutsche Emigrant Detlev Sierk kam mit einer positiven Grundeinstellung in die Staaten: Sein Amerika-Bild war geprägt von Emerson und Thoreau. Erst mußte er seine Enttäuschung verwinden – auch deshalb spielen seine ersten Hollywood-Filme ausnahmslos im europäischen Milieu –, dann wurde er in den fünfziger Jahren zu einem Kritiker der amerikanischen Gesellschaft, der die Verlogenheit und Selbstgerechtigkeit, das repressive Klima der Eisenhower-Ära schildert. Als Folie diente ihm das alte Leitbild des freien Amerikaners: Ron Kirby in *All That Heaven Allows* ist kein angestellter Gärtner, sondern er ist Besitzer einer Baumschule. In einer Schlüsselszene des Films – Cary besucht erstmals Ron und seine Freunde – wird der Individualist heroisiert. Er sei »ein Mensch, der es fertig bringt, Unwichtiges nicht wichtig werden zu lassen«, erklärt Alida; sein Lebensrezept laute: ehrlich gegen sich selbst sein. Cary greift zu einem Buch, aus dem sie ein paar Sentenzen zitiert: »Walden« von Thoreau. Ron hat es nicht gelesen, denn er lebt, was dort als Maxime formuliert ist.

All That Heaven Allows ist ein Melodrama, ein Genre, das Sirk schon zu Ufa-Zeiten perfekt beherrschte. Die späte Rezeption in Deutschland, die erst Anfang der siebziger Jahre einsetzte, zeugt auch von der Schwierigkeit, zu unterscheiden, was Sirksche Stilqualiäten und was Hollywood-Standard ist: Unverkennbar handelt es sich um ein Produkt aus der Filmfabrik Universal. Story, Besetzung der Hauptrollen (Jane Wyman und Rock Hudson) und Stab erinnern stark an Sirks vorangegangenen Universal-Film *Magnificent Obsession* (*Wunderbare Macht*, 1953), doch hat der Regisseur die Geschichte noch klarer herausgearbeitet und reduziert auf eine einfache Grundkonstellation: »Sie, er und die Umwelt«, auf diese Formel brachte es Fassbinder. Keine Szene weist über sich hinaus, jede steuert direkt auf den Höhepunkt der Emotion zu. Als die Kinder am Heiligen Abend Cary ihren Entschluß mitteilen, sie zu verlassen, bringt der Verkäufer ihr das Weihnachtsgeschenk: ein Fernseher. »Sie brauchen nur an der Skala drehen«, erklärt er, »und Sie haben soviel Gesellschaft, wie Sie wollen.« Auf der toten Mattscheibe spiegelt sich ihr trauriges Gesicht. Sirk versteht es, durch das Dekor – die Möbel, die Blumen, die Requisiten, vor allem die Spiegel – die soziale Existenz und die psychische Situation zu definieren. »In Janes Haus kann man sich eben nur auf eine bestimmte Art bewegen«, beobachtete Fassbinder. »Wenn Jane in ein anderes Haus kommt, in Rocks Haus z.B., würde sie sich ändern können?«

Sirk wollte ein tragisches Ende: nicht weil dies realistischer wäre, sondern weil sich darin das Melodrama reiner erfüllt. Das ihm vom Produzenten aufgezwungene Happy End ist derart dick aufgetragen, daß es wie blanker Hohn wirkt. Cary pflegt den verunglückten Ron; draußen schneit es, und ein Reh schaut durchs Fenster. Sie hat, allen sozialen Widerständen zum Trotz, doch noch zu ihm gefunden. Cary ist gerührt, als sie sich umschaut: Ron hat seine alte Mühle, ganz nach ihren Vorstellungen, in ein modernes Wohnhaus im rustikalen Stil umgebaut. Der unabhängige und naturverbundene Individualist ist reif für die Integration in die Kleinstadt-Gesellschaft: Das Kleinbürgertum hat gesiegt.

B. Babington/P. Evans: »All that heaven allowed«, in: Movie, 1990, H. 34/35; Silke Egner: »Bilder der Farbe«. Weimar 2003; Rainer Werner Fassbinder: »Filme befreien den Kopf«. Frankfurt a.M. 1984; Frieda Grafe: »Das Allerunwahrscheinlichste«, in: Die Republik, 1985, H. 72–75; Elisabeth Läufer: »Skeptiker des Lichts«. Frankfurt a.M. 1987; R.D. McNiven: »The Middle-Class American Home of the Fifties«, in: Cinema Journal, 1983, H. 4; Laura Mulvey: »Notes on Sirk and Melodrama«, in: Christine Gledhill (Hg.): Home is Where the Heart is: Studies in Melodrama and the Woman's Film. London 1987; Douglas Sirk: »Imitation of Life. Ein Gespräch mit Jon Halliday«. Frankfurt a.M. 1997.

Michael Töteberg

LES AMANTS DU PONT-NEUF

(Die Liebenden von Pont-Neuf). Frankreich (Films Christian Fechner/Film A2) 1991.
35 mm, Farbe, 126 Min.
R+B: Leos Carax. K: Jean-Yves Escoffier.
Ba: Michel Vandestien. S: Nelly Quettier.
M: Les Rita Mitsouko, David Bowie, Iggy Pop, Arvo Part, Gilles Tinayre u.a.
D: Denis Lavant (Alex), Juliette Binoche (Michèle), Klaus-Michael Grüber (Hans).

»Glaubst Du daran, daß die Liebe ganz plötzlich kommt, ganz plötzlich da ist und dann für immer bleibt?« fragt Alex in *Mauvais sang* (*Die Nacht ist jung*, 1986). Der Film, ein stilisiertes, poetisches Werk, das seinen Titel von Rimbaud geliehen hat, spielt um die Jahrtausendwende und handelt von AIDS. Drei Jahre zuvor drehte Carax einen Film, dessen Titel bereits alles sagt: *Boy meets Girl*. Das Mittelstück zu der Trilogie, in deren Mittelpunkt Alex steht und die »20 ans et des poussières« überschrieben ist, ist *Les amants du Pont-Neuf*: eine Hommage an die älteste Brücke von Paris und an die Liebe, an das Kino der Liebe und an die Liebe zum Kino.

Der Film beginnt mit einer nächtlichen Autofahrt: ein neonerleuchteter Tunnel, das Glitzern der Seine mischt sich dazu, die Straßen von Paris bei Nacht. Eine einsame, im Delirium des Alkohols versunkene

Gestalt torkelt den Boulevard Sébastopol entlang und bricht in der Mitte der Fahrbahn zusammen. Ein Auto überrollt ihren Fuß. Die Kamera wechselt in die Perspektive des Außenspiegels. Man sieht die Gestalt auf der Straße liegen, den Mund zum Schrei geöffnet. Ein verwahrlostes Mädchen mit einer Augenklappe stolpert vorüber, unter dem Arm eine Zeichenmappe. Für einen Augenblick verweilt sie, bevor sie mit müdem Blick weiter schlurft. Eine zufällige Begegnung, die wenig später Folgen haben wird. Sie, Michèle, eine vom Erblinden bedrohte Malerin aus gutem Hause, die an einer enttäuschten Liebe wie an einer Krankheit leidet, wird zu ihm, Alex, dem Feuerschlucker und Dropout, der sein Dasein zusammen mit dem Clochard Hans auf der Pont Neuf fristet, ziehen. Zusammen werden sie die Zweihundertjahr-Feier der Französischen Revolution, in der die Stadt vom Feuerwerk erhellt ist, zu ihrem Fest der Liebe machen. Alex, der ihr seine Leidenschaft in den Farben des Feuers ausmalt, wird gegen die Bilder ankämpfen müssen, die noch in ihr sind, und die sie nicht aufgeben möchte, bevor sie »blind vor Liebe«, in ihm »ihr letztes Bild« erkennt.

Der Film erzählt eine im Grunde genommen einfache Geschichte in aufwendigen Bildern. Leos Carax ist »ein Cineast des grellen Spektakels« (Norbert Grob), allein am visuellen Effekt interessiert. Feuer und Wasser, die gegensätzlichen Urelemente, läßt er aufeinander prallen: Alex, der Feuerfontänen in den Himmel speit, springt ins Wasser, um Michèle zu retten. Expressiv und symbolträchtig entfacht Carax ein wahres Feuerwerk von Eindrücken: Der Rausch selbst soll Bild werden.

Carax bedient sich rasender Kamerafahrten und abrupter Schnitte; er wechselt eruptiv die Perspektive und mischt höchst heterogene Stile. Der Film beginnt mit einem Stück Cinéma vérité: In grobkörnigen Bildern sieht man, wie die Obdachlosen von der Straße aufgesammelt und in das Nachtasyl von Nanterre gebracht werden. Die dokumentarische Sozialstudie geht bruchlos über in farbdurchtränkte Bilder, deren Höhepunkt die illuminierte Brücke während der Zweihundertjahr-Feier ist. Das rot-blaue Licht der Raketen spiegelt sich im schwarzen Wasser der Seine, wo Michèle Wasserski fährt. Solche wirkungsvollen Arrangements unterschieden sich nicht von der Ästhetik der Werbespots, lautete der Vorwurf einiger Kritiker, während andere in Carax einen legitimen Erben der Cinéastes maudits wie Stroheim oder Godard sahen.

Zum Nimbus des Films hat die abenteuerliche Produktionsgeschichte, die über drei Jahre in Anspruch nahm, beigetragen. Das ursprünglich auf 32 Millionen Francs veranschlagte Budget war schon nach wenigen Wochen überschritten. Der Hauptdarsteller Denis Lavant, der auch in den beiden anderen Filmen der Trilogie Alex gespielt hatte, hatte kurz vor dem geplanten Drehbeginn einen Unfall. Die Drehgenehmigung auf der Pont Neuf, wegen Renovierungsarbeiten gesperrt, lief ab. So mußte das ursprünglich nur für einige Nachtaufnahmen vorgesehene Dekor ausgebaut werden: In der Nähe der Camargue wurde als naturgetreue Kulisse die Pont Neuf, das Seine-Ufer und die Ile de la Cité errichtet. Zwei Produzenten ging das Geld aus, so daß die Dreharbeiten abgebrochen werden mußten. Nur dank der Intervention des Kulturministers Jack Lang und dessen Fond zur Rettung des französischen Autorenfilms (IFCIC), der die Bankschulden übernahm, konnte der Film fertiggestellt werden. Das Budget war am Ende auf 130 Millionen Francs angestiegen: *Les amants du Pont-Neuf* wurde zum bis dahin teuersten Film der französischen Filmgeschichte.

»*Les amants du Pont-Neuf*«. Cahiers du Cinéma. 1991, H. 448, Supplément. (Materialien).

Michael Althen: »Schlafen, träumen vielleicht«, in: Süddeutsche Zeitung, 10.7. 1992; Andreas Furler: »Sie küssten und sie schlugen sich«, in: Filmbulletin, 1992, H. 3; Andrea Gnam: »Die ungeschützte Kategorie des Weiblichen oder von ›der Rettung ins Sein‹«, in: Weimarer Beiträge, 1994, H. 4; Norbert Grob: »Die Außenseiterbande«, in: Die Zeit, 3.7. 1992; Stephan Hollensteiner: »›Und plötzlich war die Liebe da‹«, in: filmwärts, 1993, H. 26; Horst Peter Koll: »*Die Liebenden von Pont-Neuf*«, in: film-dienst, 1992, H. 13; Heike Kühn: »Die neue Unbedenklichkeit«, in: Frankfurter Rundschau, 3.7. 1992; Karlheinz Oplustil: »*Die Liebenden von Pont-Neuf*«, in: epd Film, 1992, H. 7; Serge Toubiana: »La croix et la foi«, in: Cahiers du Cinéma, 1991, H. 443/444.

Markus Zinsmaier

AMARCORD Italien/Frankreich (Franco Cristaldi/P.E.C.F.) 1973. 35 mm, Farbe, 127 Min.
R: Federico Fellini. B: Federico Fellini, Tonino Guerra. K: Giuseppe Rotunno, Giuseppe Maccari. A: Danilo Donati. S: Ruggero Mastroianni. M: Nino Rota.
D: Bruno Zanin (Titta), Pupella Maggio (seine Mutter), Armando Brancia (sein Vater), Stefano Proietti (Olivia), Peppino Ianigro (Großvater), Ciccio Ingrassia (Onkel Theo), Magali Noël (Gradisca).

Fellinis Filme fügen sich zu einer imaginären Autobiographie, in der sich Fiktion und Fakten untrennbar vermischen: »Ich habe mir alles selbst erfunden: eine Kindheit, eine Persönlichkeit, Sehnsüchte, Träume, Erinnerungen, um sie erzählen zu können«, bekannte er einmal. Nachdem er zuvor in *Roma* (*Fellinis Roma*, 1971) ›seine‹ Stadt zum Thema gemacht hatte, kehrte er mit *Amarcord* zurück an den Ort seiner Kindheit. Doch Rimini, seine Heimat, ist für den Regisseur ein Ort der Erinnerung, die er keinesfalls an der Realität überprüfen mag: Fellini ließ deshalb den Badeort in den Ateliers von Cinecittá nach seiner Vorstellung nachbauen.
Amarcord – der Titel zitiert einen Dialektausdruck, eine Verschleifung von »A m'acord«, auf deutsch: »Ich erinnere mich« – ist ein in der Vergangenheit spielender Tagtraum: Situationen und Erlebnisse, verzerrt und verzeichnet von der Erinnerung. Statt einer durchgehenden Handlung entfaltet der Film ein Kleinstadt-Panorama als pittoresken Bilderbogen: der Provinzgigolo, die mondäne Schönheit und der klatschsüchtige Friseur, die italienische Familie, in der laut und temperamentvoll gestritten wird, Lehrer, Geistliche und Carabinieri, allesamt etwas groteske Gestalten, liebevoll gezeichnete Karikaturen. Die Provinz als Welttheater: Man spielt große Oper, doch das Ergebnis ist Operette. Der Junge Titta steht im Mittelpunkt, seine pubertären Träume und Sehnsüchte, der Reiz des Verbotenen und die Schuldgefühle, die ersten sexuellen Abenteuer – die sich zumeist nur in Gedanken abspielen: Als die Tabakhändlerin ihn an ihren gewaltigen Busen drückt, flieht er entsetzt zur Mama. Eine andere Episode variiert das Thema: Man unternimmt eine Landpartie, dazu wird der verrückte Onkel Theo aus der Anstalt geholt. In einem unbeobachteten Moment klettert er auf einen Baum und schreit: »Ich will eine Frau!« Vergeblich alle Versuche, ihn herunterzuholen; erst als die zwergwüchsige Nonne aus der Anstalt kommt, genügt ein Satz und der eben noch Wütende steigt gehorsam vom Baum.
An einem Tag im Sommer wartet die ganze Stadt in Ruderbooten auf den Ozeanriesen »Rex«. Es wird Nacht, und dann passiert der lichtergeschmückte Luxusliner die Mole: ein illuminiertes Raumschiff, das gleich wieder von der Dunkelheit verschluckt wird. Gebannt verfolgt die Gesellschaft das Schauspiel: Das Schiff kommt aus Amerika, eine Ahnung von großer Welt und unerreichbarer Ferne zieht vorüber. Zugleich ist die »Rex« ein Repräsentationsobjekt mit Propagandawert, ein Symbol für den faschistischen Staat und seine Macht.
Bereits in der ersten Filmsequenz, als die Kamera den Ort durchstreift, kommt ein kahlköpfiger Faschist ins Bild. Neben den traditionellen Festen, die den Wechsel der Jahreszeiten begleiten, gibt es auch die vom Regime verordneten oder in seinem Sinn umfunktionierten Feiern. Mit militärischem Pomp wird der 21. April, der Jahrestag der Gründung Roms, inszeniert. Es kommt zu einem Zwischenfall: Unbekannte haben auf dem Kirchturm ein Grammophon installiert, das ununterbrochen die »Internationale« abspielt; auch Tittas Vater wird von den wütenden Faschisten malträtiert. Über dieser und manch anderer Episode liegt die Zeitgeschichte wie ein drohender Schatten. Er wird verscheucht von anderen, ebenso abenteuerlichen Ereignissen. Der Erzählfluß ebnet alles ein: In der Erinnerung werden politische Konfrontationen zu Anekdoten, die man genüßlich erzählen kann wie Schulstreiche oder erste Liebeserlebnisse.
Der Arbeitstitel lautete »Il borgo«, »Das Städtchen«; Rimini steht modellhaft für die italienische Provinz der Vergangenheit. Fellini hat sich äußerst kritisch über dieses Milieu geäußert: »Es war eine verfehlte, klägliche, schäbige, grausame Welt.« Von dieser Verbitterung ist nichts im Film zu spüren, wohl aber

von Distanz: Erzählduktus und optischer Stil arbeiten mit dem Mittel der Reduktion. Die gedämpften Farben, der Verzicht auf interessante Kameraperspektiven und die Bevorzugung flächiger Bildarrangements lassen die filmische Vergegenwärtigung immer wieder erstarren: ein Fotoalbum, dessen Bilder poetische Chiffren sind.

»*Amarcord*«. Hg. Christian Strich. Zürich 1981. (Drehbuch).
Peter Bondanella: »*Amarcord*: Fellini and Politics«, in: Cineaste, 1992, H. 1; Thomas Koebner: »Idylle mit feinen und tiefen Rissen«, in: Ernst Karpf u.a. (Hg.): Once upon a time ... Marburg 1998; Peter F. Parshall: »Fellini's Thematic Structuring: Patterns of Fascism in *Amarcord*«, in: Film Criticism, 1983/84, H. 2; Allan H. Pasco: »The Thematic Structure of Fellini's *Amarcord*«, in: Film Studies Annual, 1976; Françoise Piéri: »Aux sources d'*Amarcord*: les ré felliniens du ›Marc‹ Aurelio«, in: Etudes cinématographiques, 1981, H. 127–130; Aldo Tassone: »From Romagna to Roma: The Voyage of a Visionary«, in: Peter Bondanella (Hg.): Federico Fellini. Oxford u.a. 1978.

Michael Töteberg

DER AMERIKANISCHE FREUND

Bundesrepublik Deutschland/Frankreich (Road Movies/Les Films du Losange/WDR) 1976/77. 35 mm, Farbe, 126 Min.
R: Wim Wenders. B: Wim Wenders, nach dem Roman »Ripley's Game« von Patricia Highsmith. K: Robby Müller. S: Peter Przygodda. M: Jürgen Knieper.
D: Bruno Ganz (Jonathan Zimmermann), Dennis Hopper (Tom Ripley), Lisa Kreuzer (Marianne Zimmermann), Gérard Blain (Raoul Minot), Samuel Fuller (Derwatt).

»Jeder Mann ist ein Abenteurer. (Die Frauen schauen zu).« Die ironische Sentenz auf dem Plakat zu ↗*Im Lauf der Zeit* gilt auch für *Der amerikanische Freund*. Voller Sorge beobachtet Marianne, wie sich ihr Mann von einem Fremden in ein gefährliches Abenteuer verwickeln läßt. Zwei Männer, die verschiedener nicht sein können, schließen eine seltsame Freundschaft: Tom Ripley, der amoralische Held aus den Romanen Patricia Highsmiths, und Jonathan Zimmermann, der brave Familienvater. Auf einer Auktion geraten sie kurz aneinander; Ripley, gekränkt über eine Bemerkung, rächt sich. Mit einem perfiden Trick – dem leukämiekranken Bilderrahmer wird durch manipulierte Arztberichte suggeriert, sein Ende stehe bevor – bringt Ripley ihn dazu, sich als Killer zu verdingen: Er soll einen Mafioso umbringen. Der Mord, von Jonathan schlafwandlerisch ausgeführt, bringt die Mafia auf den Plan; ohne die Hilfe Ripleys wäre Jonathan verloren. Der amerikanische Freund ist Schutzengel und Todesbote; aus seiner verführerischen Umarmung kann sich Jonathan erst am Schluß befreien. Er läßt Ripley stehen und fährt mit Marianne davon, doch nun holt ihn die Krankheit ein.

An der Oberfläche ist *Der amerikanische Freund* ein perfekter Thriller, mit großem Budget und Starbesetzung als internationale Coproduktion realisiert. Zugleich ist es ein typischer Wenders-Film, der von der Identitätskrise des Menschen in den großen Städten handelt. Jonathan wird aus seiner Umwelt gerissen und gerät in eine Welt, in der er sich nicht auskennt. Ripley ist überall und nirgends zuhaus. In einer der ersten Szenen liegt er auf dem Bett und monologisiert in den Cassettenrekorder: »Ich weiß immer weniger, wer ich bin oder wer irgendjemand anderer ist.« Er trägt immer und überall einen Stetson-Hut: »Was ist verkehrt an einem Cowboy in Hamburg?« Wenders hat die Schauplätze vertauscht: Im Roman spielt die Geschichte in Frankreich, und Jonathan reist für den ersten Mord nach Hamburg; im Film lebt er in Hamburg in der Hafengegend und mordet in der Pariser Metro. Unterirdische Bezirke – in Hamburg der alte Elbtunnel –, die Betonwüste von La Défense in Paris, das sterbende Viertel um den Fischmarkt in Hamburg: Für Wenders sind dies nicht Kulissen, sondern Lebensräume, die den physischen Zustand der Menschen prägen. Der dritte Schauplatz ist ebenfalls eine Stadt am Wasser, dominiert von einem heruntergekommenen Straßenzug und der Autobahn: New York.

Der Freund aus Amerika hat in seiner Wohnung lauter Versatzstücke der amerikanischen Kultur – von der Musicbox bis zum Cola-Automaten – und antwortet auf die Frage nach seinem Beruf: »I make money.« Jonathan dagegen betreibt sein Geschäft mit dem Ethos des alten Handwerkers und sammelt in seiner Werkstatt Apparate aus der Frühzeit des Kinos. Obwohl in der europäischen Vergangenheit verwurzelt, fasziniert ihn doch der American Way of Life. Dieses ambivalente Verhältnis prägt auch die Inszenierung: Einerseits drehte Wenders an Originalschauplätzen – der Laden von Jonathan ist kein Atelierbau, das Hafenmilieu nicht synthetisch zusammengesetzt –, andererseits erweist er dem amerikanischen Kino seine Reverenz. Der Mord im Zug zitiert Hitchcocks ↗*Strangers on a Train* – ebenfalls die Verfilmung eines Highsmith-Romans –, und Dennis Hopper spielt nicht nur Tom Ripley, sondern auch sich selbst und singt die Ballade aus ↗*Easy Rider*. In der nicht synchronisierten Originalfassung sprechen der Deutsche und der Amerikaner ihre Sprachen.

Die Mafia macht im Roman ihre Geschäfte mit dem Glücksspiel, im Film dagegen vertreibt sie Pornofilme. Wenders erlaubte sich den Spaß, die Gangster-Rollen mit Kollegen wie Samuel Fuller, Nicholas Ray, Peter Lilienthal, Daniel Schmid und Jean Eustache zu besetzen – weil Filmregisseure »die einzigen richtigen Gauner sind, die ich kenne, und die einzigen, die über Leben und Tod ähnlich lässig verfügen wie die Mafia«. Wenders, der als Maler begonnen hat und sich bei diesem Film von den Bildern Edward Hoppers inspirieren ließ, sieht seinen Beruf in naher Nachbarschaft zu der Tätigkeit Jonathans: Was ist Filmemachen anderes als Bilder rahmen?

Dirk Blothner: »*Der amerikanische Freund*. Eine Untersuchung zur Filmwirkungspsychologie und zur Kunstpsychologie«. Diss. Köln 1981; Susan Linville/Kent Casper: »Imitations, Dreams, and Origins in Wim Wenders's *The American Friend*«, in: Literature/Film Quarterly, 1985, H. 4; Dennis F. Mahoney: »›What's Wrong with a Cowboy in Hamburg?‹: Narcissism as Cultural Imperialism in Wim Wenders's *American Friend*«, in: Journal of Evolutionary Psychology, 1986, H. 1; Edward M.V. Plater: »The Temptation of Jonathan Zimmermann: Wim Wenders's *The American Friend*«, in: Literature/Film Quarterly, 1988, H. 3; Eric Rentschler: »American Friends and the New German Cinema«, in: New German critique, 1981/82, H. 24/25; Jürgen E. Schlunk: »The Image of America in German Literature and in the New German Cinema: Wim Wenders's *The American Friend*«, in: Literature/Film Quarterly, 1979, H. 3.

Michael Töteberg

AMORES PERROS Mexiko

(AltaVista/Zeta) 2000. 35 mm, Farbe, 147 Min.
R: Alejandro González Iñárritu. B: Guillermo Arriaga Jordán, Alejandro González Iñárritu.
K: Rodrigo Prieto. S: Luis Carballar, Alejandro González Iñárritu. M: Lynn Fainchtein.
D: Emilio Echevarria (El Chivo), Gael Garcia Bernal (Octavio), Goya Toledo (Valeria).

Der Film erzählt drei verschiedene, in Erzählton wie Sujet stark differierende Geschichten von Menschen und deren symbolischen Beziehungen zu ihren Hunden. Die 21-Millionenmetropole Mexico City ist Schauplatz und aktiver Katalysator für die lose verwobenen Handlungsstränge, die sich zu einem Triptychon der mexikanischen Gegenwart fügen. Iñárritu, der sein Handwerk in der Werbung und als TV-Produzent erlernte, feilte drei Jahre an seinem Kinoerstling *Amores Perros* und wurde mit beispiellosem Kassenerfolg, einer Oscar-Nominierung als bester ausländischer Film und zahlreichen internationalen Festivalpreisen belohnt. Die »New York Times« ernannte den Film zum »ersten Klassiker des neuen Jahrhunderts«.

Ein perspektivenloser Jugendlicher, ein erfolgreiches Model, ein rätselhafter Obdachloser – in drei sozialen Klassen und Lebenswelten sind die Protagonisten von *Amores Perros* angesiedelt; und diese drei Welten etabliert bereits die erste, von rasanten Schnitten geprägte Sequenz des Films als hypermoderne Variante des klassischen Establishing-Shots: Eine spektakuläre Autoverfolgungsjagd führt mit viel Blut, Geschrei, hektischen Spurwechseln und wildem Gestikulieren durch die verschiedenen Schauplätze des Films von baufälligen Wellblechhütten bis nach Downtown und endet in einem furiosen Knall. Der schwere Unfall dient als Angelpunkt, in dem die drei Schicksale der Hauptfiguren aufeinandertreffen und zu dem die sternförmige Erzählung immer wieder zurückkehrt, den sie aus drei Perspektiven schildert und mittels Vor- wie Rückblenden und verschachtelter Parallelmontagen umkreist.

Da ist einerseits Octavio, der heimlich die Frau seines brutalen Bruders begehrt und dem der Zufall plötzlich eine Perspektive zu bieten scheint. Er entdeckt den Kampfinstinkt seines Hundes Cofi und versucht fortan, bei illegalen Hundekämpfen genug Geld zu machen, um mit seiner Schwägerin durchzubrennen. Im Kontrast zu diesem unsentimentalen Überlebenskampf in der Bodenperspektive grobkörniger Handkamerabilder aus der Mitte des Geschehens, geht der Blick der zweiten Episode in höhere Sphären: Opfer der wilden Flucht Octavios vor der Hundekampfmafia wird das Model Valeria, der zuliebe gerade ein erfolgreicher Verleger Frau und Kinder verlassen hat. Durch den Unfall verliert sie ein Bein und muß ihre Karriereträume begraben; sie bleibt gefangen in der neuen Wohnung mit ihrem Liebhaber, während ihr Schoßhund Ricci in einem Loch im Parkett verschwindet und droht, Opfer der Ratten zu werden. Valerias Geschichte ist am konventionellsten erzählt und in inhaltlichem Verlauf wie auch den drastisch-lakonischen Pointen an die Tradition der amerikanischen Short Story angelehnt.

Der visuelle Stil paßt sich dem subtilen Wandel der Genres an, aus dem fast dokumentarisch anmutenden Gang-Drama im rasanten Rhythmus eines Musikvideos wird in der zweiten Episode ein surrealistisches Kammerspiel und schließlich in der dritten ein Psychothriller. Denn die letzte Geschichte, weniger temporeich als die erste und weniger grotesk als die zweite erzählt, steht exemplarisch für den moralischen Anspruch des Filmemachers: Zeuge des Unfalls wird der Stadtstreicher El Chivo, ehemals Professor, der seine Familie für die Revolution im Stich ließ und sich jetzt als Auftragskiller durchschlägt und mit einer Hundemeute durch die Straßen zieht. Ausgerechnet der von Octavio zur Geschichte El Chivos hinübergespielte, beim Unfall verwundete Hund Cofi initiiert durch seine nach der Pflege El Chivos wieder erwachten Killerinstinkte die Katharsis des vom Leben enttäuschten Berufsmörders: Der alte Mann nimmt Kontakt mit seiner Tochter auf und erteilt seinem Auftraggeber und dessen Bruder, dem Opfer in spe, eine zynisch-komische Lektion – womit, nebenbei, das Motiv der feindlichen Brüder aus der ersten Episode aufgegriffen wird. El Chivo ist laut Iñárritu seine politischste Figur und soll Entfremdung, Sprachlosigkeit und Privatismus aufzeigen, Ergebnisse einer über 70 Jahre währenden, erst 2000 beendeten Ein-Parteien-Herrschaft in Mexiko.

Der rote Faden dieses beständig zwischen Handlungssträngen und visuellen Stilen pendelnden, von expressiver Musik und schwarzem Humor interpunktierten Films besteht jedoch in einem Kunstgriff: Aus der Erfahrung heraus, daß menschliche Gewalt in der Seherfahrung vieler Zuschauer bereits als selbstverständlich hingenommen wird, während Gewalt Tieren gegenüber oft für größere Empörung sorgt, spiegelt in *Amores Perros* Grausamkeit und Leid der Tiere die menschliche Bestialität und Verletzlichkeit ihrer Besitzer – auf dem Rücken der Hunde werden symbolisch wie auch ganz konkret Konflikte und Krisen ausgelebt. Die entfärbten, wenig optimistischen Bilder der präzise geführten Handkamera von Rodrigo Prieto – in ihrem oft kühlen Grau ganz anders als das gelb gefilterte Mexiko in Soderberghs *Traffic* – und ein innovativer Schnitt beeinflußten den internationalen Erfolg des Films ebenso wie die präzise Inszenierung, die formale Stringenz und die glaubwürdigen Charaktere des Drehbuchs. Iñárritu und sein Autor, der in Mexiko populäre Schriftsteller Guillermo Arriga Jordán, schrieben 36 Fassungen. Jenseits aller ästhetischen Qualitäten macht aber vor allem der Anspruch, die aktuelle soziale Problematik mit der historischen Vergangenheit Mexikos zu verbinden, den Film bemerkenswert: Metaphern und Zitate wirken nicht aufgesetzt, die aggressive Bildsprache und brutale Intensität einzelner Szenen dienen nicht wie bei Tarantino einer bloßen Steigerung des Unterhaltungswertes. Zwar erinnert die temporeich-verwickelte Erzählweise zu Recht an *Pulp Fiction*, das Ironisch-Spekulative der Gewalt ist Iñárritu jedoch fern, in *Amores Perros* ist sie vielmehr Teil der Wirklichkeit: »Gewalt in einem Film über Mexiko auszuklammern, wäre wirklich Fiktion« (Iñárritu).

Michael Wood: »Dog Days«, in: The New York Review of Books, 20.9.2001; Chris Chang: »*Amores Perros*«, in: Film Comment, 2001, H.2; Wolfgang M. Hamdorf: »*Amores Perros*«, in: film-dienst, 2001, H.22; Tobias Kniebe: »Blut, das auf heißem Eisen zischt«, in: Süddeutsche Zeitung, 2.11.2001; Edward Lawrenson/Bernardo Pérez Soler: »Pulp Fiction«, in: Sight and Sound, 2001, H.11; Diego Lerer: »Latin Lola«, in: Schnitt, 2001, H.24; Laura Podalsky: »Affecting Legacies: Historical Memory and Contemporary Structures of Feeling in *Madagascar* and *Amores Perros*«, in: Screen, 2003, H.3; Paul Julian Smith: »*Amores Perros*«. London 2003.

Kyra Scheurer

ANATOMIE EINES MORDES

↗ Anatomy of a Murder

ANATOMY OF A MURDER

(Anatomie eines Mordes). USA (Carlyle Production für Columbia) 1959. 35 mm, s/w, 160 Min.

R: Otto Preminger. B: Wendell Mayes, nach dem Roman von Robert Traver. K: Sam Leavitt. Ba: Boris Leven. S: Louis R. Loeffler. M: Duke Ellington.

D: James Stewart (Rechtsanwalt Paul Biegler), Lee Remmick (Laura Manion), Ben Gazzara (Lieutenant Frederick Manion), Joseph N. Welch (Richter Weaver), Kathryn Grant (Mary Pilant), Arthur O'Connell (Rechtsanwalt Parnell McCarthy), Duke Ellington (Pie-Eye).

Mit *Anatomy of a Murder* ist Otto Preminger einer der eindrucksvollsten wie konsequentesten Prozeßfilme gelungen. Direkt an Originalschauplätzen der Handlung gedreht, vermag der Film aus einem sonst eher umständlichen forensischen Rededuell ein Bild von einer komplexen Lebenswelt zu vermitteln. Preminger, seinem Stil treu, meidet so weit es geht Großaufnahmen. Die Personen sind keineswegs zum Greifen nah. Dem Kinozuschauer soll es wie den Geschworenen gehen. Ausschließlich aus der Distanz ist eine Entscheidung über wahr und falsch möglich, über die sich permanent einstellenden Gefühlsschwankungen hinweg.

Der Mordfall ist eigentlich gar nicht so ungewöhnlich. Lieutenant Manion hat den Barbesitzer Quill erschossen, nachdem dieser angeblich Manions bildhübsche Frau Laura vergewaltigt hat. Fast alle Indizien sprechen für einen vorsätzlichen Mord, als der Rechtsanwalt und passionierte Angler Paul Biegler auf Bitten von Laura Manion die Verteidigung ihres Mannes übernimmt. Biegler, als Anwalt noch nicht besonders renommiert, aber dennoch ein ausgekochter Jurist, erkennt während eines Gesprächs mit dem mutmaßlichen Mörder, der die Tat aus Eifersucht, in rasender Wut und demnach im Affekt begangen haben will, daß er vor Gericht wenig Chancen haben dürfte. Denn verdächtig erscheint, daß zwischen Lauras Mitteilung und dem Mord einige Zeit vergangen ist. Laura selbst macht auf Biegler einen eher aufreizenden und leichtsinnigen Eindruck.

Dennoch interessiert er sich für diesen Fall und mit Hilfe eines alten Freundes treibt er ein Präzedenzurteil auf, welches ihm eine Verteidigungsstrategie auf Unzurechnungsfähigkeit des Angeklagten erlaubt. Er setzt auf Emotion – entsprechend eindrucksvoll die Mimik und Gestik von James Stewart – anstatt auf dürre Fakten und versucht so, vor allem die Geschworenen zu beeindrucken. Manion wird schließlich freigesprochen und verschwindet mit seiner Frau, nicht ohne den erfolgreichen Biegler um sein Honorar zu prellen.

Was Otto Preminger an der Geschichte faszinierte, war, daß man die Wahrheit nicht erfährt. Für ihn war der Grundsatz: Im Zweifel für den Angeklagten »eine der größten Errungenschaften der Zivilisation«. Im Gespräch mit Ian Cameron erklärte er: »Ich habe Gazzara als einen unangenehmen Charakter dargestellt, um aufzuzeigen, daß man ihn nicht laufen läßt, weil er nett ist. Das Verfahren wird eingestellt, weil wir, die Ankläger, seine Schuld nicht beweisen können.«

In *Anatomy of a Murder* durchbrach Preminger erneut den Hays Code, die Selbstzensur durch die Filmbranche in Hollywood, indem er sexuelle Tabus nicht nur zur Sprache brachte, sondern auch moralisch unbewertet ließ. James Stewart, sonst ein amerikanisches Leinwandsymbol von Aufrichtigkeit und Tugendhaftigkeit, spielt überzeugend gegen sein übliches Rollenbild an. Abgesehen von den hervorragend agierenden Hauptpersonen sind in diesem Film auch die kleinen und kleinsten Rollen ideal besetzt, und den Richter Weaver spielt ganz großartig ein veritabler Richter – der als McCarthy-Ankläger bekannt gewordene Joseph N. Welch. In den USA wurde diese Besetzung seinerzeit durchaus verstanden als Premingers engagiertes Eintreten gegen moralisierende Gesinnungsjustiz.

Ian Cameron u.a.: »An Interview with Otto Preminger«, in: Movie, 1965, H.4; Olivier Eyquem: *»Autopsie d'un meurtre«*, in: Positif, 1982, H.254/255; Norbert Grob u.a. (Hg.): »Otto Preminger«. Berlin 1999; Luc Moullet: »Otto-biographie«, in: Cahiers du Cinéma, 1959, H.101; Enno Patalas: *»Anatomie eines Mordes«*, in: Filmkritik, 1959, H.10; Gerald Pratley: »Otto Preminger«. New York 1971; Otto Preminger: »Preminger. An Autobiography«. New York 1977; Hans Helmut Prinzler (Hg.): »Hommage für James Stewart«. Berlin 1982; D. Thomson: »Our process (our show)«, in: Film Comment, 1992, H.1.

Ronny Loewy

DER ANDALUSISCHE HUND

↗ Chien andalou

ANDREJ RUBLJOV

UdSSR (Mos'film) 1964/66. 35 mm, s/w + Farbe, 185 Min.
R: Andrej Tarkovskij. B: Andrej Michalkov-Koncalovskij, Andrej Tarkovskij. K: Vadim Jusov. A: Ivan Novoderjožkin, Sergej Voronkov. Ba: Evgenij Černjaev. S: Ljudmila Fejginova, Tatjana Egoryčeva, Olga Ševkunenko. M: Vjačeslav Ovčinnikov.
D: Anatolij Solonicyn (Andrej Rubljov), Ivan Lapikov (Kirill), Nikolaj Grinko (Daniil Čornyj), Nikolaj Sergeev (Theophanus der Grieche), Irma Rauš (Närrin), Nikolaj Burljaev (Boriska).

Der ursprüngliche Titel lautete »Andrej-Passion«, und tatsächlich wurde *Andrej Rubljov* für Tarkovskij zu einer Leidensgeschichte, zu einem quälenden Weg durch Verbot, Verrat und Befreiungsversuche. 1964 begannen die Dreharbeiten für diese kostspielige Produktion, 1966 wurde der fertige Film in Moskau vorgestellt und gleich darauf verboten. 1968 wurde er für die Filmfestspiele in Cannes nominiert und dann zurückgezogen. Das Festival in Venedig strich im selben Jahr alle sowjetischen Beiträge aus dem Programm, um *Andrej Rubljov* freizupressen, doch erst 1972 wurde der Film freigegeben. In all diesen Jahren lehnte Tarkovskij Kompromißangebote ab; sieben Jahre lang konnte er keinen Film drehen.

Die altrussische Kultur ist impersonell. Nur wenige Namen sind überliefert worden, was nicht aus Mangel an Chronisten geschah: Die Rolle des Künstlers war anders definiert als in der italienischen Renaissance. Er galt nicht als Schöpfer eines Kunstwerks, sondern die Ikone bietet den wunderbaren Anblick eines Geheimnisses, dessen Vorhang der anonyme Maler nur anhebt. Deshalb ist auch Rubljovs Biographie nur in Fragmenten bekannt.

Diesen Umstand nutzten Koncalovskij und Tarkovskij, beide Regieabsolventen der Moskauer Filmhochschule, um eine epische Parabel über Künstler, Macht und Volk zu schaffen. Der Ikonen malende Mönch Rubljov, begleitet von seinen Gehilfen Kirill und Daniil, wird zum Zeugen von mancherlei Schicksalen in Rußland: Ein Gaukler kommt wegen seiner frechen Auftritte in den Kerker; Baumeistern werden die Augen ausgestochen, damit sie ihr Werk nicht bei einem anderen Fürsten wiederholen können; verfolgte Heiden feiern heimlich ihre Feste; ein Fürst liefert, aus Rache an dem großen Bruder, die schutzlose Stadt den Tataren aus. Die Beziehung zwischen Künstler und Macht beruht auf roher Gewalt, Erniedrigung, manchmal Bestechung, selten kargem Lohn. Das Volk hat kein Verständnis für den Künstler: ein armer Irrer, der die Dinge durchschaut und dafür mit einem Leben voller Leiden bestraft wird. Rubljovs Leiden ist auch begründet in seinem Wissen um die Unmöglichkeit, etwas zu ändern. Die stumme Närrin bildet eine Art Gegenpol und steht für die Absage an den Verstand; der kleine Glockengießer ist die sich selbstbewegende kreative Energie, die Rubljov wieder ansteckt.

Das alte Rußland des 15. Jahrhunderts wird im Film zum Terrain eines leidenschaftlichen Diskurses über den Sinn der Kunst und die Mission des Künstlers. Rubljovs Antwort auf irdische Brutalität und Jammer sind seine Bilder – kein Abbild und keine

ekstatischen, apokalyptischen Visionen wie bei Theophanus, seinem Vorgänger. Die Ikonen atmen Anmut und Harmonie – die größte Überraschung des Films. Das strenge Schwarzweiß wechselt in weiche Farben auf den Ikonen, geometrisch gebaute Kompositionen gehen in fließenden Überblendungen auf.
Über das Leben im 15. Jahrhundert weiß man wenig, trotzdem wurde dem Film von vielen Kritikern ein ›dokumentarischer Charakter‹ bescheinigt. Dieser Eindruck entsteht durch den streng naturalistischen Stil. ›Authentizität‹ wird geschaffen durch die Auswahl unbearbeiteter Materialien für Räume und Requisiten, aus deren grober Textur: rohes Holz, Fell, Leinen, Stein, laublose Bäume, eine strenge Skala dunkler und heller Grautöne. Mit dem Blick des nüchternen Beobachters werden die grausamen physischen Qualen registriert. Die virtuose Kameraarbeit – lange Einstellungen mit komplizierten horizontalen und vertikalen Fahrten – schuf einen höchst originären Stil.
Die gedämpfte Darstellung wird durch die Exzentrik und Hysterie des jungen Burljaev aufgebrochen. Tarkovskijs Propheten sind meist stumm. Mitten in der Periode der redseligen publizistischen Debatten der sechziger Jahre präsentierte Tarkovskij unzeitgemäße Helden: der eine, ein junger, stottert – der andere, ein alter, schweigt.

»*Andrej Rubljow*«. Frankfurt a.M., Berlin 1991. (Drehbuch, erste Fassung).
Erika und Ulrich Gregor (Red.): »*Andrej Rubljow*«, Kinemathek, 1969, H. 41; Stuart Klawans: »*Andrei Rublev*«, in: Mary Lea Bandy/Antonio Monda (Hg.): The Hidden God. New York 2003; Klaus Kreimeier: »Kommentierte Filmografie«, in: Peter W. Jansen/Wolfram Schütte (Hg.): Andrej Tarkovskij. München 1987; Ekkehard Pluta: »*Andrej Rubljow*«, in: medium, 1974, H. 2; Falk Strehlow: »Mann, Gott, Frau«. Stuttgart 2001; Andrej Tarkovskij: »Die versiegelte Zeit«. Berlin, Frankfurt a.M. 1985; Maja Turowskaja/Felicitas Allardt-Nostiz: »Andrej Tarkovskij. Film als Poesie – Poesie als Film«. Bonn 1981; Jeanne Vronskaya: »Young Soviet Film Makers«. London 1972; Peter Wuss: »Die Tiefenstruktur des Filmkunstwerks«. Berlin (DDR) 1986.

Oksana Bulgakowa

EL ANGEL EXTERMINADOR

(Der Würgeengel). Mexiko/Spanien (Uninci/Films 59) 1962. 35 mm, s/w, 95 Min.
R: Luis Buñuel. B: Luis Buñuel, Luis Alcoriza. K: Gabriel Figueroa. A: Jesús Bracho. S: Carlos Savage. M: Raúl Lavista/Scarlatti.
D: Enrique Rambal (Edmundo Nobile), Lucy Gallardo (Lucia Nobile), Silvia Pinal (Leticia), Jaqueline Andere (Alicia Roc), José Baviera (Leandro Gomez), Augusto Benedico (Doktor), Luis Beristáin (Christián Ugaldo), Antonio Bravo (Russell).

In der »Straße der Vorsehung«, zweifellos einer feinen Gegend, hat ein Ehepaar nach der Oper 20 Premierenbesucher bei sich zu Gast. Ohne ersichtlichen Grund flieht fast die gesamte Dienerschaft beim Eintreffen der Gäste, und – ebenfalls unerklärlich – schafft es niemand aus der Abendgesellschaft, am Ende der Feier den Salon zu verlassen. Sie bleiben mehrere Tage und Nächte in diesem Raum gefangen. Die Maske der großbürgerlichen Wohlerzogenheit fällt mehr und mehr von ihnen ab; die Eingeschlossenen verkommen zusehends. Schließlich gelingt es, den Bann zu lösen: Alle spielen die Situation am Ende des Festes noch einmal nach, woraufhin die erlauchte Runde – einem Gelübde der Gastgeber folgend – an einem Dankgottesdienst teilnimmt. Seltsamerweise schafft es keiner, danach die Kirche zu verlassen.
Es gibt keine schlüssige Erklärung für die ›Gefangenschaft‹ dieser bourgeoisen Gesellschaft. Sie erscheint genauso surreal, mystisch und vieldeutig wie die sich exakt wiederholenden Szenen (das Eintreffen der Gäste, das Ausbringen des Toastes auf die Sängerin, Bemerkungen am ersten Morgen), die wie selbstverständlich auftauchenden Tiere (Schafherde, Bär), die Hühnerfüße in der Handtasche, die abgeschnittene Hand, die im Traum eines Gastes durchs Zimmer wandert. Ein göttliches Strafgericht wird einzig im apokalyptischen Titel angedeutet bzw. vorgegaukelt.
Das Ein- oder Abgeschlossensein ist ein häufiges Grundmuster der Filme Buñuels, ein anderes die Unmöglichkeit von Wunscherfüllung. Die Menschen

sind in der gleichen Situation wie Überlebende nach einer Flugzeug- oder Schiffskatastrophe; Jose Bergamins Theaterstück »Los Naufragos« benutzten Buñuel und sein Co-Autor Luis Alcoriza als Anregung. Der Regisseur, selbst ein Kind des spanisch-katholischen Großbürgertums, variiert eines seiner Lieblingsthemen: den diskreten Charme der Bourgeoisie, die Faszination einer Gesellschaftsschicht, bei der die Fallhöhe zwischen vornehmer Etikette und völliger Haltlosigkeit besonders groß erscheint. Zu Beginn des zweiten Tages versucht man noch, das Unerklärliche, das nie benannt wird, für eine originelle Abwechslung zu halten. Doch Stück für Stück wird die Lage unerträglicher, zumal alle den Ernst der Situation zu leugnen suchen. Drei Leichen müssen beseitigt werden. Bis die Schafherde und der Bär durchs Haus trotten, gibt es nichts zu essen. Ein Sündenbock wird gesucht und gefunden: Der Gastgeber bietet sich als Opfer an.

Buñuels Erzählstil ist von kühler Eleganz und frei von Extravaganzen. So gepflegt wie sich die erlauchte Gesellschaft zu Anfang gibt, so gepflegt wirkt seine Inszenierung. Wenn der Schrank mit den Leichen abgedichtet wird, die Abfälle über die Banngrenze geworfen werden und sich auftürmen, wenn ein Doppelselbstmord geschieht, so bleibt die Kamera auf Distanz und bewahrt die Contenance, die die Bourgeoisie nicht bewahren kann. Buñuel schildert die Welt des Großbürgertums mit Sarkasmus: Die unbewußten Wiederholungen erzeugen eine Komik, die den Protagonisten zu entgehen scheint. Erst die bewußte Wiederholung befreit, bricht den Bann. Soweit erinnert der Film an einen Lehrsatz der Psychoanalyse: Solange der Patient nicht bestimmte Schlüsselerlebnisse noch einmal durchlebt, ist er zu unbewußten Wiederholungen verurteilt.

Doch die Psychoanalyse hilft letztlich genausowenig wie das Zelebrieren eines Dankgottesdienstes: Der Bann findet sich schnell und verschärft wieder ein, macht auch vor der Kirche und ihren Würdenträgern nicht halt. Nur den Schafen, in der Symbolik als Schlachtvieh wie auch als unschuldige Gläubige deutbar, gelingt es, den Bannkreis zu überschreiten. Der einzige Hoffnungsschimmer: die Dienerschaft. Sie entgeht der Knechtung, die der Bourgeoisie droht. Die Diener spüren das Unheil und fliehen, bevor es auch sie erwischt. Von außen betrachten sie dann das Ganze, relativ unberührt und versorgt mit geklautem Schnaps aus der Küche. Nur der oberste von ihnen, der Kammerdiener, gerät, da er als einziger serviert, mit in Gefangenschaft. Doch behält er einen kühlen Kopf: Er beschafft Wasser, und gegen den Hunger ißt er Papier. Als alle längst ihre guten Manieren abgelegt haben, bewahrt er noch immer Haltung.

»*El angel exterminador*«, in: L'Avant-Scène du Cinéma, 1963, H. 27/28. (Filmtext). – »*The Exterminating Angel*«. London 1969. (engl. Ausgabe).

Klaus Eder: »Freud und der Surrealismus«, in: Film, Velber, 1966, H. 12; Michel Flacon: »*L'angel exterminateur* de Luis Buñuel«, in: Cinéma, Paris, 1963, H. 77; Frieda Grafe: »Luis Buñuel: *Der Würgeengel*«, in: Filmkritik, 1970, H. 3; Theodor Kotulla: »*Der Würgeengel*«, in: Filmkritik, 1966, H. 11; Ado Kyrou: »Buñuel et *l'Angel Exterminateur*«, in: Positif, 1963, H. 50–52; Luc Moullet: »Otras inquisiciones«, in: Cahiers du Cinéma, 1963, H. 145; Strother Purdy: »Existential Surrealism: the Neglected Example of Buñuel's *The Exterminating Angel*«, in: Film Heritage, 1967/1968, H. 4.

Leonore Poth

ANGST ESSEN SEELE AUF

Bundesrepublik Deutschland (Tango-Film) 1973. 35 mm, Farbe, 93 Min.

R, B+A: Rainer Werner Fassbinder. K: Jürgen Jürges. S: Thea Eymèsz.

D: Brigitte Mira (Emmi), El Hedi Ben Salem (Ali), Barbara Valentin (Barbara), Irm Hermann (Krista), Rainer Werner Fassbinder (Eugen).

Ende 1970 zeigte das Münchner Filmmuseum eine kleine Retrospektive mit Filmen von Douglas Sirk, darunter ↗*All That Heaven Allows*. Unter den Zuschauern befand sich Rainer Werner Fassbinder: Sein Wunsch, den deutschen Hollywood-Film zu schaffen, geht zurück auf das damalige Kino-Erlebnis. Galt er bisher als elitärer Jungfilmer, dessen extrem statische und stilisierte Inszenierungen gegen die konventionellen Sehgewohnheiten gerichtet waren, so fand er nun den Mut zu einfach erzählten

Geschichten, die auch das breite Kinopublikum ansprachen. Sirk wurde ihm zum Vorbild; er widmete ihm einen Essay, der nicht bloß eine Hommage ist, sondern eine Konfession. Was ihn beeindruckte und zur Korrektur eigener Vorstellungen veranlaßte, war neben der Professionalität das Verhältnis zu den Figuren: Den Filmen Sirks sei anzumerken, daß dieser Regisseur »die Menschen liebt und sie nicht verachtet wie wir«.

Das Motto von *Angst essen Seele auf*: »Das Glück ist nicht immer lustig« stammt noch von Godard (ein Satz aus ↗*Vivre sa vie*), doch mit diesem Film verabschiedete sich Fassbinder vom europäischen Intellektuellenkino und wandte sich dem Melodrama zu. Statt des ursprünglich geplanten Remakes von ↗*All That Heaven Allows* griff er eine Geschichte wieder auf, die er bereits drei Jahre zuvor in dem düsteren Gangsterdrama *Der amerikanische Soldat* verwendet hatte: Ein Zimmermädchen erzählt dort in einem Monolog von der Liebe zwischen einer älteren Putzfrau und einem jungen Gastarbeiter, die tragisch endet: Emmi wurde eines Tages ermordet aufgefunden, der Täter aber nie gefaßt, denn »alle Türken heißen Ali«. In *Angst essen Seele auf* darf das ungleiche Paar glücklich werden, obwohl das Glück eben nicht immer lustig ist: Emmis Kinder, ihre Arbeitskollegen und die Nachbarn sind schokkiert und finden die Verbindung unmöglich, auch Ali erntet bei seinen Freunden Hohn und Spott oder schlicht Unverständnis.

An ↗*All That Heaven Allows* erinnert nur noch die Grundkonstellation: »Sie, er und die Umwelt«, auf diese Formel hatte sie Fassbinder in seinem Sirk-Essay gebracht. Und er ist ein viel zu genauer Beobachter zwischenmenschlicher Beziehungen, um eine Liebesgeschichte naiv zu erzählen. Solange Emmi und Ali die Feindschaft offen entgegenschlägt, versichern beide sich der gegenseitigen Solidarität; als die Umwelt sich zu arrangieren versucht, jeder in seinen Kreis wieder aufgenommen wird und dabei immer auch den anderen verrät, kommen bisher verdeckte Konflikte zum Vorschein. Auch das Happy End ist bei Fassbinder gebrochen. Äußerlich ist es dieselbe Szene wie im Film von Sirk: Die liebende Frau sitzt am Krankenbett, und der Mann schlägt die Augen auf – es wird alles gut. Im Hollywood-Streifen sieht man durch ein großes Fenster draußen ein Rehkitz und idyllisches Schneegestöber; in *Angst essen Seele auf* erklärt der Arzt Emmi, daß Ali durchkommen wird, doch seine langfristige Prognose ist pessimistisch: Das Magengeschwür sei eine typische Gastarbeiter-Krankheit, der Fall an sich hoffnungslos.

»*Angst essen Seele auf*«, in: Fassbinders Filme. Bd. 3. Hg. Michael Töteberg. Frankfurt a.M. 1990. (Filmtext).
Rob Burns/Stephen Lamb: »Social Reality and Stylization in *Fear Eats the Soul*: Fassbinder's Study in Prejudice«, in: New German Studies, 1981, H. 3; Denise Hartsough: »Cine-Feminism Renegotiated: Fassbinder's *Ali* as Interventionist Cinema«, in: Wide Angle, 1990, H. 1; Thomas Spijkerboer: »Migration, Liebe und das Gesetz«, in: Das Argument, 1998, H. 224; Michael Töteberg: »Alle Türken heißen Ali«, in: Ernst Karpf u.a. (Hg.): »Getürkte Bilder«. Marburg 1995; Thomas E. Wartenberg: »Unlikely Couples. Movie Romance as Social Criticism«. Boulder 1999.

Michael Töteberg

L'ANNÉE DERNIÈRE À MARIENBAD

(Letztes Jahr in Marienbad). Frankreich (Terra Film, Société Nouvelle des Films Cormoran, Argos Films u.a.) 1960/61. 35 mm, s/w, 93 Min.
R: Alain Resnais. B: Alain Robbe-Grillet.
K: Sacha Vierny. A: Georges Glou, André Piltant, Jean-Jacques Fabre. S: Henri Colpi, Jasmine Chasney. M: Francis Seyrig.
D: Delphine Seyrig (A), Giorgio Albertazzi (X), Sacha Pitoëff (M), Pierre Barbaud, Françoise Bertin, Wilhelm Von Deek, Luce Garcia-Ville.

Wohl kaum ein Werk der Filmgeschichte hat bei den Zuschauern so viele Irritationen ausgelöst wie Alain Resnais' zweiter Spielfilm *L'année dernière à Marienbad*. Die formale Geschlossenheit – die erzählerischen wie stilistischen Elemente des Films verweisen nur auf sich selbst und ihren strukturellen Zusammenhang, auch ist die Film-Zeit mit der gefilmten Zeit identisch – verhindert jeglichen Bezug zu einer außerhalb liegenden Realität. Damit ent-

L'Année dernière à Marienbad

zieht sich der Film einer zweifelsfreien Sinnzuweisung, eröffnet vielmehr ein Labyrinth von Bedeutungen und – wie die Rezeption zeigt – eine breite Palette unterschiedlichster Sehweisen.

Der Film zeigt die Begegnung zwischen einer Frau (A) und einem Mann (X) im Rahmen einer mondänen Hotelgesellschaft, die sich in einem ebenso prunkvollen wie kalten Barockschloß dem Müßiggang hingibt. Er erzählt ihr, daß sie sich bereits letztes Jahr kennengelernt und geliebt hätten, was sie stets bestreitet, und daß er nun zu dem von ihr selbst festgesetzten Treffen gekommen sei, um sie mit sich zu nehmen. Sie weigert sich zunächst beharrlich, vielleicht hat sie auch Skrupel, ihren Ehemann oder Geliebten (M) zu verlassen. Am Ende jedoch willigt sie ein und geht mit dem Unbekannten in »die stille Nacht«, wo sie »sich für immer verlieren« wird.

Die Interpretationen dieses Plots reichen von der psychoanalytischen Deutung (die Geschichte als ein im Traum sich vollziehender Kampf zwischen Lust- und Realitätsprinzip) über eine mythologisch-allegorische (X als Tod, der sein Opfer holt) bis hin zur phänomenologischen, die im Sinne Bachelards das Ganze als Versinnbildlichung der Dialektik zwischen Drinnen und Draußen, zwischen dem Geschlossenen und dem Offenen zu begreifen versucht. Das Hotel und sein Garten werden dabei zu visuellen Metaphern für die Differenz zwischen innerer und äußerer Realität, zwischen dem Imaginären und dem Wirklichen.

Gekennzeichnet durch eine theatralisch-choreographische Bildgestaltung, durch Überbelichtungen, extreme Tiefenschärfe, endlose Kamerafahrten und der Stummfilmästhetik entlehnte Aufnahmen sowie durch eine Struktur, die an eine musikalische Komposition erinnert (Wiederholungen, Variationen und Leitmotive), bemüht sich der Film um die Schaffung mentaler Bilder, um Abbildungen des menschlichen Bewußtseins. Resnais: »Der Film ist für mich auch der Versuch, mich der Komplexität des Denkens, seiner Mechanik zu nähern.«

Dies gelingt dem Regisseur besonders durch die radikale Destruktion konventioneller Bild-Rhetorik.

Diese nutzt Stilmittel wie Überblendungen, Unschärfen, Musikeinsatz, um zwischen objektiver Beschreibung und subjektiver Wahrnehmung, zwischen Gegenwart, Vergangenheit und Zukunft eine scharfe Trennungslinie zu ziehen. Resnais hingegen läßt, wie bereits in ↗*Hiroshima mon amour*, sowohl das Reale und das Imaginäre als auch die unterschiedlichen Zeitstufen – im Präsens des Bewußtseins – nahtlos ineinander übergehen. In diesem Zusammenhang kommt der Musik eine zentrale Rolle zu, insofern der körperlose Klang der mächtigen Orgel, zugleich besetzt mit der Aura sakraler Entrückung, das Oszillieren zwischen den jeweiligen Welten unterstreicht.

Während es dem Zuschauer in *Hiroshima mon amour* jedoch noch möglich war, die Chronologie der Ereignisse zu rekonstituieren und die verschiedenen Realitätsebenen zu unterscheiden, ist dieser Versuch hier gänzlich zum Scheitern verurteilt. Er ist es um so mehr, als sich in *L'année dernière à Marienbad* die Phantasmen der drei Hauptpersonen in Form von Erinnerungen, Empfindungen, Ängsten und Sehnsüchten überlagern. Wenn es überhaupt so etwas wie einen Schlüssel zu Resnais' Film gibt, dann liegt dieser in seiner Poesie, die uns lehrt, das Imaginäre als integralen Bestandteil unserer Wirklichkeit zu akzeptieren.

»*Letztes Jahr in Marienbad*«. München 1961. (Drehbuch).

Roy Armes: »Robbe-Grillet, Ricardou and *Last Year at Marienbad*«, in: Quarterly Review of Film Studies, 1980/81, H. 1; Manfred Engelbert: »Zerbrechende Identität: *Letztes Jahr in Marienbad* (1960)«, in: Werner Faulstich/Helmut Korte (Hg.): Fischer Filmgeschichte. Bd. 3. Frankfurt/M. 1990; Peter W. Jansen/Wolfram Schütte (Hg.): »Alain Resnais«. München 1990; Thomas Koebner: »Im Irrgarten«, in: Helga Belach/Wolfgang Jacobsen (Hg.): CinemaScope. Berlin 1993; Ursula von Keitz: »Das Zeitverlies«, in: Christine Rüffert u.a. (Hg.): ZeitSprünge. Berlin 2004; Jean-Louis Leutrat: »*L'Année dernière á Marienbad*«. London 2001; Daniel Rocher: »Le symbolisme du noir et blanc dans *L'année dernière à Marienbad*, in: Etudes cinématographiques, 1974, H. 100/103; Donald Skoller: »Aspects of Cinematic Consciousness«, in: Film Comment, 1972, H. 3; Thomas Weber: »Zur Konstruktion von Erinnerung in den frühen Filmen von Alain Resnais«, in: Ursula Heukenkamp (Hg.): Schuld und Sühne? Amsterdam 2001; Linda Williams: »*Hiroshima* and *Marienbad*: Metaphor and Metonomy«, in: Screen, 1976, H. 1.

Achim Haag

ANNIE HALL (Der Stadtneurotiker).

USA (Charles H. Joffe Prod.) 1976. 35 mm, Farbe, 93 Min.

R: Woody Allen. B: Woody Allen, Marshall Brickman. K: Gordon Willis. A: Mel Bourne, Robert Drumheller, Justin Scoppa jr., Barbara Krieger. S: Ralph Rosenblum, Wendy Greene Brickmont. M: Carmen Lombardo, Isham Jones, Tim Weisberg, Jack Lawrence.

D: Woody Allen (Alvy Singer), Diane Keaton (Annie Hall), Tony Roberts (Rob), Carol Kane (Allison), Paul Simon (Tony Lacey), Dick Cavett, Marshall McLuhan (sie selbst).

Annie Hall markiert einen Wendepunkt im Filmschaffen Woody Allens: Er kehrte sich von den »funny movies« ab und fand sein Genre, in dem er humorvoll, aber realistisch Lebens- und Beziehungskrisen von New Yorker Intellektuellen vorführt. Als »Stadtneurotiker« haben sie ihre Schwierigkeiten, das Leben zu bewältigen, werden von Sinnkrisen geplagt und scheitern in ihren Liebesbeziehungen. Ursprünglich sollte der Film »Anhedonia« heißen – nach dem Leiden, chronisch unglücklich zu sein. Die Distanz, mit der sich in den frühen Filmen über die meist von Woody Allen dargestellten Narren lachen ließ, schwindet zugunsten einer Sympathie, die eine Identifikation mit diesen Helden samt ihren Leiden und Ungeschicklichkeiten ermöglicht.

Erzählt wird eine Pygmalion-Geschichte: Der erfolgreiche jüdische Komiker Alvy Singer trifft auf die Landpomeranze Annie Hall, die als Sängerin Karriere machen möchte; die beiden verlieben sich ineinander. Alvy fördert Annie, animiert sie zu Erwachsenenbildung und Psychoanalyse – und wird schließlich von ihr verlassen. Er bleibt allein zurück, während sie andere Beziehungen eingeht und ihr der Einstieg ins Showgewerbe gelingt. Der Figur des Stadtneurotikers begegnet man in späteren Allen-Filmen wieder (etwa in ↗*Manhattan* und *Hannah and Her Sisters)*, ebenso dem von Annie verkörperten Frauentyp: Sie ist nervös, unsicher und redet ununterbrochen, im Gegensatz zu Alvy aber vermag sie sich zu entwickeln.

Die Romanze und ihr Scheitern werden aus der Perspektive Alvy Singers erzählt. Da sein Bericht durch den Trennungsschmerz motiviert ist und ihn bewältigen hilft, folgt der Film konsequent dem Muster der Psychotherapie, visualisiert Alvys Erinnerungen und Assoziationen in verschachtelten Rückblenden: Mit dieser Zerstörung der Chronologie, der variablen Perspektive (durch Split-Screen-, Zeichentrick- und Cinema-verité-Sequenzen), dem Wechsel der Raum- und Zeitebenen (und einem diachronen Dialog der Filmfiguren) nimmt Allen das Bewußtsein als Bilderzeugungsraum ernst, der sich über Ordnungsfaktoren hinwegsetzt und dessen Produkten dieselbe (filmische) Dignität zugesprochen wird wie »realen« Vorgängen und Objekten.

Allen traf mit *Annie Hall* den Nerv der 70er Jahre, die narzißtische Ich-Suche von Intellektuellen und das Verhältnis zwischen den Geschlechtern nach der sexuellen Revolution: Der Konflikt zwischen emanzipationsbedürftigen Frauen und dominanzgewöhnten Männern nach der Verabschiedung der tradierten Rollenvorstellungen und ihr Versuch, trotzdem miteinander zu leben. Mit vier Oscars ausgezeichnet (für Drehbuch, Regie, Hauptdarstellerin und als bester Film) bedeutete *Annie Hall* für Allen auch den Durchbruch bei der Kritik: Erstmals wurde er als Filmemacher anerkannt und nicht bloß als filmender Komiker. Es ist ein persönlicher, im weiteren Sinne autobiographischer Film: Allen, der Bergman und Fellini zu seinen Vorbildern zählt, repräsentiert eine amerikanische Variante des europäischen Autorenkinos.

»*Der Stadtneurotiker*«. Zürich 1981. (Drehbuch)

Peter J. Bailey: »The Reluctant Film Art of Woody Allen«. Lexington 2001; Peter Cowie: »*Annie Hall*«. London 1996; Serge Daney: »Le cinéphile à la voix forte«, in: Cahiers du Cinéma, 1977, H. 286; Hans Gerhold: »Die Komödie als Spiel von Liebe und Selbstreflexion: *Der Stadtneurotiker* (1977)«, in: Werner Faulstich/Helmut Korte (Hg.): Fischer Filmgeschichte. Bd. 5. Frankfurt a. M. 1995; Gerhard Pisek: »Die große Illusion. Probleme und Möglichkeiten der Filmsynchronisation, dargestellt an Woody Allens *Annie Hall*, *Manhattan* und *Hannah and Her Sisters*«. Trier 1994; Thomas Schatz: »*Annie Hall* and the Issue of Modernism«, in: Literature/Film Quarterly, 1982, H. 3; George W. S. Trow: »A film about a very funny man«, in: Film Comment, 1977, H. 3.

Christiane Altenburg

À NOUS LA LIBERTÉ (Es lebe die Freiheit). Frankreich (Films Sonores Tobis) 1932. 35 mm, s/w, 97 Min.

R+B: René Clair. K: Georges Périnal. Ba: Lazare Meerson. M: Georges Auric.
D: Henri Marchand (Emile), Raymond Cordy (Louis), Rolla France (Jeanne), Paul Olivier (ihr Onkel).

Die Kamera fährt an einer Phalanx von Holzpferdchen entlang, setzt etwas zurück und fährt retour: Wir sind im Gefängnis, das Kinderspielzeug wird von Häftlingen hergestellt. Während der Arbeit singen sie ein Lied: »Nur Glücklichen gehört die Freiheit / Die Liebe und der blaue Himmel.« Kurz danach sitzen sie in einer langen Reihe am Tisch: Abendessen. In Marschkolonne geht es zurück in die Zellen. Auf seinem Kontrollgang kann der Wärter nichts Verdächtiges feststellen. Louis und Emile springen von der Pritsche auf und machen sich an die Arbeit: Sie zersägen die Gitterstäbe und stimmen die zweite Strophe des Liedes an: »Die Freiheit ist das wahre Leben / Der Mensch jedoch erfand die Strafanstalten / Vorschriften, Sitten und Gesetze / Arbeit, Büros, Gefängniszellen . . .«

Emile wird bei der Flucht gefaßt, Louis kann entkommen. Kaum hat er die Mauer überwunden, prallt er mit einem Radrennfahrer zusammen, setzt sich auf dessen Fahrrad und geht prompt als Sieger durchs Ziel. Louis ist ein Glückspilz: Er verkauft Grammophonplatten auf der Straße, hat bald ein elegantes Geschäft, kurz darauf eine Fabrik. Emile muß seine Strafe absitzen, wird als Landstreicher aufgegriffen, flüchtet und landet, weil er einem Mädchen hinterherrennt, in der Fabrik. Hier regiert die Stechuhr: Die Arbeiter ziehen in Marschkolonnen ins Werk, sitzen am Fließband, nehmen mechanisch das Mittagessen ein und sitzen wieder am Fließband. Zwangsarbeit wie im Gefängnis. Der verliebte Emile – die Angebetete arbeitet als Sekretärin – stiftet Chaos im Betrieb und bringt die durchrationalisierte Produktion kurzfristig zum Erliegen.

Die Parallelen zu Chaplins ↗*Modern Times*, fünf Jahre später herausgekommen, sind nicht zu übersehen. Die Produktionsfirma Tobis wollte wegen Plagiats klagen, was René Clair verhinderte: Er nannte es eine Ehre, daß der große Chaplin sich von seinem Film hatte anregen lassen. Und umgekehrt hatte auch Clair von Chaplin gelernt: Elemente der Slapstick-Komödie wie die turbulenten Verfolgungsjagden, Motive wie der Tramp und das Mädchen erinnern an die frühen Stummfilm-Grotesken und deren Weiterentwicklung durch Chaplin. Jede Szene wird choreographisch aufgelöst; wichtiger als der Dialog ist die Bewegung. Die Musik bestimmt die Inszenierung und die Montage; sie hat in diesem frühen Tonfilm bereits dramaturgische Funktion. Ist der gemeinsame Gesang Ausdruck von Lebenslust, so stehen Schallplatte und Grammophon, die reproduzierbare Musikkonserve, für die Monotonie und Leblosigkeit der Industriegesellschaft.

Das zurückhaltend futuristische Design der Grammophon-Fabrik wirkt weit moderner als der bombastische »Moloch Fabrik« in ↗*Metropolis*. Clairs Film ist frei von ideologischem Ballast; er spielt mit Utopien wie der vollautomatischen Fabrik, bei der Arbeiter nur noch ihren Freizeit-Beschäftigungen nachgehen. Die satirischen und sozialkritischen Züge werden durch Humor und Witz nicht abgemildert, sondern verschärft: Clair nutzt das Genre der Filmkomödie, um es subversiv zu unterlaufen. Der beschwingte Rhythmus macht *A nous la liberté* zu einer fröhlichen Hymne auf die Anarchie.

Nachdem sein alter Freund und ehemaliger Zellengenosse Emile aufgetaucht ist, wird aus dem Fabrikdirektor Louis wieder ein Mensch. Das kann nicht gut gehen: Die vornehme Gesellschaft schneidet ihn, Erpresser melden sich. Während er seine neue, die vollautomatische Fabrik einweiht, will die Polizei ihn verhaften. Ein Sturm weht den Herrschaften die Zylinder vom Kopf, plötzlich flattern Geldscheine vom Dach, der Redner muß abbrechen: Der Festakt versinkt im Chaos. Am Ende stehen Emile und Louis wieder auf der Straße: heruntergekommen, aber bester Dinge.

»*A nous la liberté*«, in: L'Avant-Scène du Cinéma, 1968, H. 68. (Filmprotokoll).
Barthélemey Amengual: »René Clair«. Paris 1969; Olivier Barrot: »René Clair ou le temps mesuré«. Renens 1985; R.C. Dale: »The Films of René Clair«. Metuchen 1986; Naomi Greene: »René Clair. A guide to references and resources«. Boston 1985; Steven Philip Kramer: »René Clair: Situation and Sensibility in *A Nous La Liberté*«, in: Literature/Film Quarterly, 1984, H. 2; Enno Patalas: »*Es lebe die Freiheit*«, in: Filmkritik, 1958, H. 12; John Pym: »*A Nous la Liberté*«, in: Monthly Film Bulletin, 1977, H. 525.

Michael Töteberg

ANTONIO DAS MORTES ↗ Dragao da maldade contra o santo guerreiro

APA

(Vater). Ungarn (Mafilm) 1966.
35 mm, s/w, 85 Min.
R+B: István Szabó. K: Sándor Sára. A: Erzsébet Mialkovsky. S: János Rózsa. M: János Gonda, Gustav Mahler.
D: Miklós Gábor (Vater), András Bálint (Takó), Klári Tolnay (Mutter), Katalin Sólyom (Anni).

Der als Halbwaise aufgewachsene Takó hat seinem bei Kriegsende gefallenen Vater eine herausragende Rolle als Partisan und bedeutender Arzt angedichtet, mit der er bei jeder Gelegenheit das eigene Ich aufwertet: in der Schule, bei Freundinnen und schließlich im Aufstand von 1956. Im Namen des Vaters schafft der Student unter Lebensgefahr eine Fahne herbei, die niemand benötigt. Erst die Begegnung mit einer jüdischen Kommilitonin, deren Eltern Opfer des Holocaust wurden, öffnet ihm die Augen für die Lächerlichkeit seines Verhaltens. Mit dem Vorsatz, endlich aus eigener Kraft Originäres zu leisten, durchschwimmt Takó die Donau. Hinter ihm sieht man viele andere die gleiche Mutprobe unternehmen.

Das Thema von *Apa* ist die innere Logik psychischer Deformation in einer Diktatur: Der Junge träumt nicht nur die Erzählungen und Andeutungen der Mutter weiter, er greift auch allzu gern auf die Rollenmuster zurück, die der Stalinismus für die Erhöhung der Persönlichkeit anbietet. Wer innerhalb eines pyramidenförmigen Systems mehr als die Gefolgschaftsrolle beansprucht, muß das Heldenfach belegen – oder sich zum Widerstand entschließen. Szabó akzeptiert das absurde Konformitätsprinzip seiner Gesellschaft nicht. Mit der beharrlichen Selbstaufklärung Takós über das tatsächliche Leben seines Vaters wird eine Alternative zum Personenkult angedeutet. Ebenso unübersehbar ist die Sympathie für den – zur Produktionszeit des Films offiziell noch als ›Konterrevolution‹ geltenden – Aufstand von 1956. In Ungarn und Osteuropa insgesamt stellte *Apa* einen der ersten Versuche dar, dem demokratischen Selbstverständnis einer im Sozialismus aufgewachsenen Intellektuellen-Generation Ausdruck zu geben. Der Film ist das herausragende Mittelstück einer mit *Álmodozások kora* (*Das Alter der Träumereien*, 1964) begonnenen und mit *Szerelmesfilm* (*Liebesfilm*, 1970) beendeten Trilogie, die den Lebensweg Takós von der Kindheit bis zur ersten, ersehnten Frankreich-Reise als junger Ehemann verfolgt. Stofflich steht im Vordergrund die Studentenzeit mit ihren zahlreichen Diskussionen und den hochgespannten Erwartungen in einer noch umfriedeten, aber sich allmählich der Welt öffnenden gesellschaftspolitischen Realität.

Stilistisch knüpfen Szabós frühe Spielfilme an den poetischen Dokumentarismus von François Truffaut an, lassen sich aber tiefer auf die innere Welt der Protagonisten ein. Auch dank des stringenten Wechsels von Realhandlung und Traumbildern wurde *Apa*, bei den Moskauer Filmfestspielen 1967 mit dem Hauptpreis ausgezeichnet, ein künstlerischer Neuansatz für die osteuropäische Kinematographie. Einzelne Bilder verdichten sich zum Tableau; in einigen Kurzfilmen hatte Szabó, der damals zur Gruppe der Studenten um das Béla-Balász-Studio gehörte, solche surrealen Konstruktionen bereits erprobt. Manche Traumsequenzen von *Apa* verweisen auf *Tüzoltó utca 25* (*Feuerwehrgasse 25*, 1973), andere – wie das sinnfällige Bild einer geschmückten Straßenbahn im Jahre 1945 – auf *Budapesti mesék* (*Budapester Legende*, 1977). In beiden Filmen sollte Szabós Hauptdarsteller András Bálint, der in der Trilogie als alter ego des Regisseurs fungiert, durch seine Einordnung in ein Gruppenporträt gleichsam die positive Auflösung des mit *Apa* offenbarten Komplexes bezeugen.

Peter W. Jansen: »*Vater*«, in: Filmkritik, 1968, H. 10; István Nemeskürty: »Wort und Bild«. Frankfurt a.M./Budapest 1980; Graham Petrie: »History Must Answer to Man. The Contemporary Hungarian Cinema«. Budapest 1978; Hans-Jörg Rother: »István Szabó«, in: Fred Gehler (Hg.): Regiestühle international. Berlin (DDR) 1987.

Hans-Jörg Rother

THE APARTMENT (Das Apartement). USA (Mirisch Company) 1960. 35 mm, s/w, 125 Min.

R: Billy Wilder. B: Billy Wilder, I.A.L. Diamond. K: Joseph LaShelle. A: Edward G. Boyle. Ba: Alexander Trauner. S: Daniel Mandell. M: Adolph Deutsch.

D: Jack Lemmon (C.C. Baxter), Shirley MacLaine (Fran Kubelik), Fred MacMurray (Jeff D. Sheldrake), Ray Walston (Joe Dobisch), Jack Kruschen (Dr. Dreyfuss), David Lewis (Mr. Kirkeby), Hope Holliday (Margie MacDougall).

Eigentlich ist C.C. Baxter kein Mann, der nach oben will. Vielleicht weil er weiß, daß der Absturz umso schlimmer sein wird, schließlich kennt er seine Möglichkeiten. Ein feiner Zynismus klingt an, wenn er eine Statistik über New York und das Büro, in dem er arbeitet, aufstellt. Billy Wilder gelingt es, mit der Einführung – eine Voice-over-Exposition mit ähnlichen Untertönen wie in ↗*Sunset Boulevard* und ↗*Double Indemnity* – die soziale Existenz seines Helden und dessen gebrochenes Selbstbewußtsein mit wenigen Worten zu umreißen.

Baxter muß zwangsläufig einen gewissen Zynismus entwickeln: Während er auf der Straße steht und friert, wird seine Wohnung von einem Kollegen für ehebrecherische Eskapaden benutzt. Zähneknirschend duldet Baxter dies; es ist nicht das erste Mal. Angefangen hat es damit, daß ein Mann aus seiner

Abteilung einen Ort suchte, um in seinen Smoking zu schlüpfen, und dann hat es sich eingebürgert, daß er seine Wohnung bereitwillig zur Verfügung stellt. Baxter, der sich als »ein unter acht Millionen Menschen gestrandeter Robinson Crusoe« selbst bemitleidet, weiß sich nicht zu wehren: Seine Hilflosigkeit beruht auf Mangel an Menschenkenntnis und Ich-Schwäche. Er läßt sich von allen benutzen und bemerkt erst im Nachhinein, daß er auch Kapital daraus schlagen kann. Als ihn der Personalchef Sheldrake auf die außerordentlich lobenden Bemerkungen in seiner Akte anspricht, geschieht dies mit einem ironischen Unterton und nur, um sich selbst den Schlüssel von Baxters Appartement geben zu lassen. Er verlangt sogar einen Zweitschlüssel, schließlich ist er unter Baxters Kunden der Hochrangigste und darf dafür auch einen gewissen Luxus erwarten.

Naiv ist Baxter nicht, aber er kann seine Schwäche erst überwinden, als er erkennt, daß es sich bei Sheldrakes Geliebter um die Fahrstuhlführerin Miss Kubelik handelt, in die er selbst verliebt ist. Ein zerbrochener Spiegel in seiner Wohnung bringt es an den Tag. Auf Baxters Bemerkung, das Glas habe einen Sprung, erwidert Miss Kubelik: Genauso fühle sie sich auch. Baxter geht es nicht anders: Sein bis dahin nur vage wahrgenommener Opportunismus wird ihm bewußt, doch was soll er machen? Er läßt sich von einem einsamen Barmädchen auflesen und nimmt sie in die Wohnung mit. In seinem Bett findet er, ruhiggestellt durch eine Überdosis Schlaftabletten, Miss Kubelik.

Doch wieder kann Sheldrake alles in seinem Sinne arrangieren, und Baxter läßt sich sogar zu seinem Komplizen machen. Der Personalchef, der seine Affären so unauffällig wie möglich erledigt und Miss Kubelik mit einem Hundert-Dollar-Schein zu Weihnachten abspeist, versucht es bei seinem Angestellten mit gleichen Mitteln. Baxter fügt sich in das scheinbar Unvermeidliche und wird mit beruflichem Aufstieg belohnt: Er bekommt einen gut dotierten, aber beschäftigungsfreien Posten. Erst danach erkennt er, daß er mit der Moral auch sich selbst verkauft hat.

Wilders Resümee ist bitter: Entweder man arrangiert sich und hat beruflichen Erfolg oder man versucht seine Seele zu retten und riskiert damit die Stellung. Umsonst ist nichts im Leben und die Ehre schon gar nicht. Das Happy End vermag nur einen milden Trost zu spenden. Baxter und Miss Kubelik bilden weniger ein Liebespaar denn eine Notgemeinschaft zweier Menschen, die zwar ihre Selbstachtung zurückgewonnen haben, dafür aber Einsamkeit und Erfolglosigkeit in Kauf nehmen müssen.

The Apartment ist Wilders facettenreichster Film über die Kompromittierung des ›American Way of Life‹. Sein kritischer, zutiefst pessimistischer Blick auf die amerikanische Gesellschaft stieß bei der zeitgenössischen Kritik teilweise auf heftigen Widerspruch. Doch Hollywood verweigerte ihm nicht die Anerkennung: Der Film wurde mit drei Oscars – für die beste Regie, das beste Drehbuch und die beste Produktion – ausgezeichnet. Die überzeugenden Leistungen der Schauspieler Jack Lemmon, Fred MacMurray und Shirley MacLaine wurden leider ignoriert: Sie gingen leer aus.

»*Das Appartement*«. Hg. Cornelius Schnauber. Wien 1987. (Drehbuch).

Jean Douchet: »L'école de Vienne«, in: Cahiers du Cinéma, 1960, H. 113; Helga Hartmann: »Die unverzuckerte Sinnlichkeit der Shirley MacLaine«, in: dies./Ralf Schenk (Hg.): Mitten ins Herz. Berlin 1991; Hellmuth Karasek: »Billy Wilder. Eine Nahaufnahme«. Hamburg 1992; Enno Patalas: »*The Apartment*«, in: Filmkritik, 1960, H. 8; Helma Sanders-Brahms: »Tennisschläger mit Spaghettischlange«, in: Helga Belach/Wolfgang Jacobsen (Hg.): CinemaScope. Berlin 1993; Claudius Seidl: »Billy Wilder«. München 1988; Neil Sinyard/Adrian Turner: »Billy Wilders Filme«. Berlin 1980; Yann Tobin: »L'amour l'après-midi«, in: Positif, 1983, H. 271; Gene Weinstein: »*The Apartement*: Hollywood Remakes it Bed«, in: American Quarterly, 1962, H. 3.

Theo Matthies

APOCALYPSE NOW USA (Omni Zoetrope) 1976–79. 35 mm, Farbe, 153 Min.
R: Francis Ford Coppola. B: John Milius, Francis Ford Coppola, nach Motiven des Romans »Heart of Darkness« von Joseph Conrad.
K: Vittorio Storaro. A: Dean Tavoularis.
M: Carmine Coppola, Francis Ford Coppola.

Apocalypse Now

D: Martin Sheen (Captain Willard), Marlon Brando (Colonel Kurtz), Robert Duvall (Lieutenant Colonel Kilgore), Frederic Forrest (Chef), Albert Hall (Chief), Sam Bottoms (Lance), Dennis Hopper (Fotoreporter).

Die erste Einstellung: Hubschrauber kreisen über einem Wald, der in Napalm-Flammen aufgeht, dazu singt Jim Morrison »The End – My only friend«. »Ich liebe den Geruch von Napalm am Morgen«, erklärt Lieutenant Kilgore, der ein vietnamesisches Dorf fürs Fernsehen bombardieren läßt. Captain Willard, mit einer Sondermission nach Vietnam geschickt, ist in einem Alptraum gelandet. Seine Reise in den Dschungelkrieg wird zu einem Trip durch orangenen Nebel, voller Rock und Drogen.

Der Handlungsrahmen geht zurück auf Joseph Conrads Roman »Heart of Darkness«, der im Kongo während der Kolonialzeit spielt; daneben benutzte Coppola die Vietnam-Reportagen des Kriegskorrespondenten Michael Herr. Captain Willard erhält den Auftrag, den offenbar wahnsinnigen Colonel Kurtz, der sich mit seinen Leuten den Weisungen des Generalstabs entzogen und jenseits der Grenze in Kambodscha ein Schreckensregime errichtet hat, zu töten. Auf der ersten Station seiner Reise trifft er auf Lieutenant Kilgore, der den Krieg auf seine Weise führt. Wo liegt der Unterschied zwischen Kilgore und Kurtz, fragt sich Willard. Seine Reise ist eine Annäherung an Kurtz. Sie wird zur Frage nach der Grenze zwischen Gut und Böse, zwischen dem Krieg als Mittel, politische Ziele durchzusetzen, und der Verselbständigung im Krieg entfesselter Allmachtsphantasien, die nicht mehr kontrollierbar sind.

Schon zu Beginn des Films verschmilzt Coppola mit häufigen Überblendungen und Doppelbelichtungen Kriegsgeschehen und Individuum. *Apocalypse Now* ist weder ein Kriegs- noch ein Anti-Kriegsfilm; die Frage, warum die Amerikaner in Vietnam kämpfen, wird nicht gestellt. Coppola inszeniert den Krieg als Oper: das Reich der Finsternis, ebenso schreckenerregend wie faszinierend. Er will den Zuschauer überwältigen, ihm eine sinnliche Erfahrung verschaffen. Der Hubschrauber-Angriff auf das vietnamesische Dorf Vin Drin Dop, virtuos in Szene gesetzt und montiert: 168 Einstellungen in 10,5 Minuten, wird begleitet von Wagners »Walkürenritt«. Mitten im flammenden Inferno zelebriert der Militärgeistliche eine Messe. Kilgores Stetson-Hut im Schlachtgetümmel, die Playboy-Bunnies-Show mitten im Dschungel und Lances drogenberauschtes Entzücken beim Spielen mit einer Rauchbombe (»Das hier ist besser als Disneyland«) stehen für eine amerikanische Kultur, die angesichts des Krieges besonders absurd erscheint. Jenseits dessen herrscht Kurtz, der die falsche Moral des Krieges beseitigt hat. »Der Mann ist klar in seinem Geist, aber seine Seele ist verwirrt«, erfährt Willard über den geheimnisvoll-gefährlichen Aussteiger, der, als er ihm endlich gegenübersteht, Verse aus T.S. Eliots »The Waste Land« deklamiert. Eliot ist, über das direkte Zitat hinaus, Coppolas dritte Inspirationsquelle neben Conrad und Herr; auf die mythologische Ebene des Films hat Werner Faulstich hingewiesen. Heidnische und christliche Metaphorik verbinden sich; am Ende tötet Willard Kurtz mit dem Schwert, von Coppola durch die Parallelmontage mit dem Opfertod eines Stieres als Ritual stilisiert. Das Bild des blutbeschmierten Willard führt zurück an den Anfang des Films, wo er sein eigenes Spiegelbild schlägt.

»Mein Film ist nicht über Vietnam – er ist Vietnam«, erklärte Coppola nach der Premiere. Gedreht wurde auf den Philippinen, wo gerade ein Bürgerkrieg tobte; ein Taifun zerstörte einen Großteil der Dekoration. »Wir waren im Dschungel, und wir waren zu viele. Uns stand zuviel Geld und zuviel Ausrüstung zur Verfügung, und wir wurden langsam, aber sicher verrückt.« Mit 238 Drehtagen und 30 Millionen Dollar Produktionskosten bedeutete *Apocalypse Now* für Coppola, der eigenes Geld investierte, ein Spiel mit dem finanziellen Ruin. Über die abenteuerlichen Dreharbeiten und die Besessenheit des Regisseurs informieren die Aufzeichnungen seiner Frau sowie der Dokumentarfilm *Hearts of Darkness: A Filmmaker's Apocalypse* (1991) von Fax Bahr und Georg Hickenlooper. 22 Jahre nach der Uraufführung präsentierte Coppola bei den Filmfestspielen in Cannes 2001 einen Director's Cut, eine mit 203 Minuten um eine knappe Stunde längere Fassung als die frühere Kinoversion.

Nach dem traumatischen Scheitern der US-Außenpolitik in Vietnam rückte Coppola mit *Apocalypse now* das Kriegsgeschehen selbst in den Vordergrund, nachdem sich Filme wie ↗ *Taxi Driver* mit der Heimkehrerproblematik beschäftigt hatten, und löste damit eine ganze Reihe kritischer Auseinandersetzungen mit dem Vietnamkrieg – zu nennen sind neben ↗ *Full Metal Jacket* vor allem *The Deer Hunter* (*Die durch die Hölle gehen*, 1979) von Michael Cimino und *Platoon* (1986) von Oliver Stone, aber auch revisionistische Versionen wie die beiden *Rambo*-Filme (1982 bzw. 1986) von Ted Kotcheff und George P. Cosmatos – aus.

»*Apocalyse Now*«. Hg. Holger Hermann. Tübingen 1985. (Filmprotokoll).

Linda Costanzo Cahir: »Narratological Parallels in Joseph Conrad's ›Heart of Darkness‹ and Francis Ford Coppola's *Apocalypse Now*«, in: Literature/Film Quarterly, 1992, H. 3; Eleanor Coppola: »Vielleicht bin ich zu nah«. Reinbek 1980; Thomas Elsaesser/Michael Wedel: »The Hollow Heart of Hollywood: *Apocalypse Now* and the new sound space«, in: Gene M. Moore (Hg.): Conrad on Film. Cambridge 1997; Werner Faulstich: »Didaktik des Grauens«, in: Gunter E. Grimm u.a. (Hg.): Apokalypse. Frankfurt a.M. 1986; Karl French: »*Apocalypse Now*«. London 1998; Louis K. Greiff: »Soldier, Sailor, Surfer, Chef: Conrad's Ethics and the Margins of *Apocalypse Now*«, in: Literature/Film Quarterly, 1992, H. 3; Marsha Kinder: »The Power of Adaption in *Apocalypse Now*«, in: Film Quarterly, 1979/80, H. 2; Peter Krause/Birgit Schwelling: »Filme als Orte kollektiver Erinnerung«, in: Michael Strübel (Hg.): Film und Krieg. Opladen 2002; John Lewis: »Whom God Wishes To Destroy. Francis Coppola and New Hollywood«. Durham, London 1995; R. Barton Palmer: »The Darker Heart of Coppola's *Apocalypse Now*«, in: Persistence of Vision, 1984, H. 1; Stefan Reinecke: »Hollywood goes Vietnam«. Marburg 1993; Gabriele Weyand: »Der Visionär. Francis Ford Coppola und seine Filme«. St. Augustin 2000.

Tim Darmstädter

APUS WEG INS LEBEN

↗ Pather Panchali

ARENA DER COWBOYS

↗ Lusty Men

L'ARGENT (Das Geld). Frankreich/ Schweiz (Marion's Films/FR 3/EOS) 1982/83. 35 mm, Farbe, 84 Min.
R: Robert Bresson. B: Robert Bresson, nach Motiven der Novelle »Der gefälschte Coupon« von Leo Tolstoi. K: Pasqualino De Santis, Emmanuel Machuel. A: Pierre Guffroy. D: Christian Patey (Yvon), Sylvie van den Elsen (die kleine Frau), Michel Briguet (ihr Vater), Caroline Lang (Elise), Vincent Risterucci (Lucien).

Ein Fall von Altersradikalität: Robert Bresson drehte seinen 13. Film *L'argent* mit 81 Jahren. Die Uraufführung fand auf dem Filmfestival in Cannes 1983 statt; der Regisseur wurde mit einem Spezialpreis ausgezeichnet. Diese Entscheidung stieß beim Publikum auf heftige Ablehnung – es gab Buhrufe und Pfiffe. Bei der Pressekonferenz gab sich Bresson ungewöhnlich schroff, beschimpfte die Kritiker und nannte seine Regisseurskollegen »Betrüger«.

Der Film erzählt eine simple Geschichte. Einem Gymnasiasten, der Schulden hat, wird von seinem Vater ein Vorschuß aufs Taschengeld verweigert. Daraufhin drehen er und sein Freund einer Verkäuferin einen gefälschten 500-Franc-Schein an. Der Besitzer des Ladens gibt das Falschgeld an den ahnungslosen Tanklastwagenfahrer Yvon weiter. Dieser wird wegen Betrugs angeklagt und auf Grund von Falschaussagen des Ladenpersonals verurteilt, woraufhin er seine Arbeit verliert. Ein Freund überredet ihn dazu, das Fluchtauto bei einem Banküberfall zu fahren. Der Überfall mißlingt. Yvon wird gefaßt und verurteilt. Während des Gefängnisaufenthaltes verläßt ihn seine Frau; seine kleine Tochter stirbt an Diphterie. Nach seiner Entlassung bringt er ein Hotelbesitzerehepaar um. Eine alte Frau nimmt ihn auf, obwohl sie weiß, daß er als Mörder gesucht wird. Er tötet sie und alle Familienmitglieder mit einer Axt, anschließend stellt er sich der Polizei.

Bresson stellt die Mechanismen eines gesellschaftlichen Systems, dessen sichtbarer Gott das Geld ist, mit der ihm eigenen Konsequenz dar. Er zeigt das Schicksal des Arbeiters in kargen, durchkomponierten Bildern, verzichtet auf alle Effekte und jeden Anflug von Sentimentalität. Sonst aufwendig inszenierte Szenen wie ein Banküberfall, eine Schlägerei oder eine Flucht aus dem Gefängnis verdichtet er zu wenigen Einstellungen, die oft das Ergebnis im sinnfälligen Detail, nicht die Aktion direkt ins Bild bringen. Oft sind es Ausschnitte: eine Hand, Türschlösser, eine zitternde Lampe, ein Schöpflöffel in Großaufnahme. In seinen aphoristischen Reflexionen »Noten zum Kinematographen« hat er sein ästhetisches Verfahren formuliert: »Die Dinge aus der Gewohnheit ziehen, sie entchloroformieren.«

Durch die Tonspur erschließt sich jedoch auch die nicht gezeigte Handlung dem Zuschauer. Bis auf eine Ausnahme verwendet Bresson keine Musik, sondern nur Umweltgeräusche. Es gibt kaum Dialoge, und die Darsteller – wie immer bei Bresson Laien – agieren größtenteils emotionslos. »Der Film ist kein Schauspiel, sondern eine Schrift«, heißt es in den »Noten zum Kinematographen«. Gefühle entstünden nicht durch theatralisches Spiel, sondern durch die Dialektik der Bilder und Töne.

Frieda Grafe hat *L'argent* einen »konstruktiven Horrorfilm« genannt: »Die Vivisektion der Bilder macht Angst, denn unter der Oberfläche von Abbildung tun sich Abgründe auf.« Der Film schildert die Entwicklung eines Menschen, der so wird, wie die bürgerliche Gesellschaft ihn sieht. Weder durchschaut noch praktiziert er deren Verlogenheit. So ist Yvon, obwohl längst Täter, auch immer noch Opfer. Selten hat ein Alterswerk so verstörend, analytisch und zugleich unversöhnlich die Gesellschaft dargestellt.

»*L'argent*«, in: L'Avant-Scène du Cinéma, 1992, H. 408/9. (Filmtext).

Alain Bergala u.a.: »*L'argent* de Robert Bresson«, in: Cahiers du Cinéma, 1983, H. 348/9; Hans-Christoph Blumenberg: »Es geht immer um alles«, in: ders.: Gegenschuß. Frankfurt a.M. 1984; Robert Bresson: »Noten zum Kinematographen«. München 1980; Danielle Dahan: »Robert Bresson: une téléologie du silence«. Heidelberg 2004; Frieda Grafe: »Im Affekt«, in: Die Republik, 1985; H. 72–75; Hans Gerhold: »*Das Geld*«, in: Günter Engelhard u.a. (Hg.): 111 Meisterwerke des Films. Frankfurt a.M. 1989; Kent Jones: »*L'Argent*«. London 1999; Joël Magny: »L'image de *L'argent*«, in: Cinéma, Paris, 1983, H. 295/6; Jean Sémolué: »*L'argent*: note pour une approche«, in: Cinéma, Paris, 1983, H. 294; Markus Sieber: »*L'argent*«, in: Zoom, 1983,

H. 21; Karsten Witte: »Ein Fall, viele Türen«, in: ders.: Im Kino. Frankfurt a.M. 1985.

Stefan Krauss

ARIEL Finnland (Villealfa Productions OY) 1988. 35 mm, Farbe, 74 Min.
R+B: Aki Kaurismäki. K: Timo Salminen.
A: Risto Karhula. S: Raija Talvio. M: Olavi Virta, Rauli Sommerjoki, Melrose Bill Casey, Esko Rahkonen, Peter Tschaikowski, Taisto Tammi, Dimitri Schostakowitsch.
D: Turo Pajala (Taisto Kasurinen), Susdanna Haavisto (Irmeli), Matti Pellonpää (Mikkonen), Eetu Hilkamo (Riku).

Nach Schließung einer Mine in Lappland versucht der arbeitslos gewordene Taisto Kasurinen einen Neuanfang in Helsinki. Aber geregelte Arbeit ist nicht zu finden. Er trifft auf Irmeli und ihren Sohn; sie beschließen zusammenzubleiben. Taisto gerät in die Mühlen der Justiz und landet im Gefängnis, aus dem er mit Mikkonen entfliehen kann. Nach einem Banküberfall und einem Kampf mit zwei Ganoven, bei dem Mikkonen ums Leben kommt, brechen Taisto, Irmeli und ihr Sohn auf dem Schiff »Ariel« zu einer Reise in ein fernes Land und in die Zukunft auf.

Ariel ist das Mittelstück der »Proletarischen Trilogie«. Wie die anderen beiden Filme *Varjoja Paratiissa* (*Schatten im Paradies*, 1986) und *Tulitikkutehtaan Tyttö* (*Das Mädchen aus der Streichholzfabrik*, 1990) ist *Ariel* eine sarkastisch-kritische Bestandsaufnahme des finnischen Wohlfahrtsstaates (oder seiner Illusion) und dessen Verfall. In deutlicher Anlehnung an das klassische Genrekino wählt Kaurismäki einen knappen, linearen Stil, um schnörkellos von Taisto und seinen Gefährten zu erzählen. Enthalten sind Elemente des Road Movies, der sozialkritischen amerikanischen Filme der dreißiger Jahre, des Gefängnisfilms und des Melodramas. Der starke Blauanteil der Bilder fügt atmosphärische Momente des Film noir hinzu. Der minimalistische, antipsychologische Dialog und die zur Kargheit stilisierte Bildsprache zeigen den Einfluß Robert Bressons auf den finnischen Filmemacher. Kaurismäki und sein Kameramann Timo Salminen bevorzugen kurze Einstellungen und knapp angesetzte Schwenks, die nie länger dauern als für den Fortgang des Geschehens unbedingt nötig. Die Bilder selbst werden aus wenigen Elementen aufgebaut. Diese Präzision, die einen vergleichsweise kurzen Film schafft, kollidiert immer wieder mit den Rezeptionsgewohnheiten: Man erwartet Einzelheiten, die aber ›vorenthalten‹ werden. Die ästhetischen Entscheidungen des Regisseurs werden so kenntlich, verschwinden nicht hinter der Kontinuitätsillusion des gängigen Unterhaltungskinos.

Durchgängig ist der kontrastierende oder kommentierende (Stimmungs-)umschlag in Handlung, Szenenabfolge und Bildgestaltung: vom Realismus zur Parodie, von der Komödie zur Tragödie oder umgekehrt, von der Idylle zur heruntergekommenen Industrielandschaft. Pointiert verwendet Kaurismäki Gegenstände und Symbole der finnischen Wohlfahrtsgesellschaft; an ihrem Funktionsverlust sind die Veränderungen und Defizite des Lebens zu ermessen. Manches von dem, was vom deutschen Zuschauer als schräg oder grotesk empfunden wird, ist lediglich zugespitzte finnische Realität. Ähnliche Überlegungen bestimmen die Wahl der Schauplätze, aus denen das Leben allmählich verschwindet, sowie der Musik – vor allem alte Tanzmusik und populäre Musik aus den fünfziger und sechziger Jahren. Sie hat keinerlei nostalgische Funktion, sondern dient der ironischen Brechung, ist aber in Kaurismäkis Filmen auch immer ein Aufbewahrungsort utopischer Träume und Wünsche.

Die Konzeption der Hauptfigur ist einer US-amerikanischen Tradition entlehnt: Taisto erinnert an den einsamen, schweigsamen ›Looser‹. Er ist schon in den frühen Drehbüchern Aki Kaurismäkis für seinen Bruder Mika angelegt. Aus dem mythischen Helden wird jedoch eine verdichtete Kunstfigur. Mit Schweigen entrinnt man der Gefahr unvorsichtiger Gefühlsäußerungen, Sprechen muß wirksam sein wie effektives Handeln. Daher sind die Sätze immer kurz und lakonisch, kommen schnell zum Kern der Dinge.

Trotz aller komödiantischen Elemente ist in *Ariel* stets auch Trauer darüber spürbar, daß ein positives Leben unmöglich erscheint. Dem Film ist anzumerken, daß der Regisseur und seine Crew das Milieu kennen, das sie beschreiben. Seine Intensität verdankt der Film auch der Tatsache, daß das Team ein Kreis von Freunden ist. Mit einem Budget von lediglich einer Million Mark kann man so einen reichen Film herstellen.

Michael Esser: »Ein amerikanisches Cabrio und Eisschollen«, in: Filmbulletin, 1989, H. 3; Andreas Kilb: »Weiße Nächte. Ein finnischer Blues«, in: Die Zeit, 1.9. 1989; Robert Konnah: »Some Finns and a Couple of Ducks«. Helsinki 1991; Beate Rusch (Hg.): »Schatten im Paradies. Die Filme von Aki Kaurismäki«. Berlin 1997; Daland Segler: »*Ariel*«, in: epd Film, 1989, H. 9.

Bodo Schönfelder

DIE ARTISTEN IN DER ZIRKUSKUPPEL: RATLOS

Bundesrepublik Deutschland (Kairos) 1967/68. 35 mm, s/w + Farbe, 103 Min.

R+B: Alexander Kluge. K: Günther Hörmann, Thomas Mauch. S: Beate Mainka-Jellinghaus. T: Bernd Höltz.

D: Hannelore Hoger (Leni Peickert), Siegfried Graue (Manfred Peickert), Alfred Edel (Dr. Busch), Bernd Höltz (von Lüptow), Eva Oertel (Gitti Bornemann).

Leni Peickert, Tochter eines Artisten, der im entscheidenden Moment von Melancholie überfallen wird, deshalb die Hand seines Partners im Trapez nicht rechtzeitig erreicht und abstürzt, plant die Gründung eines »Reformzirkus«. In diesem Zirkus sollen die Artisten »ihre Leistungen nicht wie Zauberkunststücke vorführen, sondern die physikalischen Gesetze erklären. Leni: Angesichts der unmenschlichen Situation bleibt dem Künstler nur übrig, den Schwierigkeitsgrad seiner Künste weiter zu erhöhen.« (Kluge)

Nach seinem Debüt ↗*Abschied von gestern* 1966 legte Kluge einen vielschichtigen Spiel- und Collagefilm über die Liebe zur Kunst vor. »In seiner Kontrapunktik, dem steten dialektischen Ineinander von gespielten Szenen, Textzitaten, eingeblendeten Zwischentiteln, dem Kommentar Kluges, Wochenschaumaterial, alten Zeichnungen, Ausschnitten aus Gedichten (Majakowski) und Filmen (Eisensteins *Oktober*) sind die *Artisten* einer der faszinierendsten, schönsten und bewegendsten Filme Alexander Kluges.« (Ulrich Gregor). Der Film, 1968 in Venedig auf der Biennale mit dem Goldenen Löwen ausgezeichnet, begeisterte viele Kritiker und Regisseure, während er andere verwirrte, verärgerte oder ratlos machte. Kluge verweigert dem Zuschauer eine Konsumentenhaltung: Er versucht, dessen Phantasie zu aktivieren und sieht in ihm einen Mitproduzenten: »Der Film entsteht nicht auf der Leinwand, sondern im Kopf des Zuschauers.«

»Wir wissen aus vielen Untersuchungen, daß der Zirkus interessant ist, der Zirkus an sich ist interessant, aber – der Besuch des Zirkus ist mit bestimmten Schwierigkeiten verbunden. Du mußt dich anziehen, es kostet DM 16,- Eintritt, du mußt auf der Holzbank Platz nehmen«, doziert der Soziologe und Marktforscher Dr. Busch, bei dem sich Leni Peickert gute Ratschläge über die Zielgruppe ihres Unternehmens einholen will. »Da ist halt der Fernsehzirkus einfacher, drum schauen sich die Leute lieber im Fernsehen den Zirkus an wie in Natur den Zirkus«, weiß der Experte. Leni macht Schulden – sie engagiert Mitarbeiter, kauft Elefanten usw. –, doch noch bevor der Reformzirkus eröffnet werden soll, gibt sie auf. Zwar hat sie ein Programm zusammengestellt: Eisbären zünden in der Zirkuskuppel ein Feuerchen an, sieben Tiger versuchen, 60 rote Mäuse aufzuhalten und andere ungewöhnliche Attraktionen. Doch fürchtet sie, kein Publikum für ihr Unternehmen zu finden; auch will sie durch einen Reformzirkus nicht den utopischen Zirkus gefährden, der ihr eigentlich vorschwebt. Sie geht mit ihren Mitarbeitern zum Fernsehen und arbeitet in den Nachtstunden an Romanserien.

Der Film, ohne Drehbuch und Vorplanung zwischen Juli 1967 und März 1968 realisiert, zeugt auch von der eingestandenen Ratlosigkeit des Filmemachers. *Die Artisten in der Zirkuskuppel: ratlos* resultierte, wie Kluge im Gespräch mit Gregor bekannte, »aus einer Frustration über die Berliner Filmfestspiele und über die Trennung von Reitz«. Edgar Reitz, Mitstreiter aus den Tagen des Oberhausener Manifests und Kameramann bei Kluges *Abschied von gestern*, war mit ihm zusammen Dozent und Leiter des Instituts für Filmgestaltung an der Hochschule für Gestaltung in Ulm. Im Vorfeld der studentischen Protestbewegung waren beide 1967/68 massiven Angriffen ausgesetzt, schließlich wurde das Institut aufgelöst.

Zwei Jahrzehnte später wechselte Kluge wie seine Protagonistin Leni Peickert zum Fernsehen: Seit Anfang 1988 betreibt er die Entwicklungsgesellschaft für TV-Programme (DCTP) und ist als Fernsehunternehmer Zulieferant für Privatsender, wo er einen regelmäßigen, wöchentlichen Sendeplatz hat für die Kulturmagazine »10 vor 11«, »Stunde der Filmemacher« und »News & Stories«. Seinen letzten Kinofilm brachte Kluge im Herbst 1986 ohne Ankündigung in München heraus: den Collagefilm *Vermischte Nachrichten*, exklusiv vor 14 Zuschauern.

»Die Artisten in der Zirkuskuppel: ratlos«. München 1968. (Filmtext).

Ulrich Gregor: »Alexander Kluge«, in: Peter W. Jansen/ Wolfram Schütte (Hg.): Herzog/Kluge/Straub. München 1976; Peter W. Jansen: *»Die Artisten in der Zirkuskuppel«*, in: Filmkritik, 1968, H. 11; Rainer Lewandowski: »Die Filme von Alexander Kluge«. Hildesheim/New York 1980; Heide Schlüpmann: »›Unterschiedenes ist gut.‹ Kluge, Autorenfilm und weiblicher Blick«, in: Frauen und Film, 1989, H. 46; Marc Silberman: »Beyond Spectacle: Alexander Kluge's *Artists under the Big Top: Perplexed*«, in: ders.: German Cinema. Detroit 1995.

Peer Moritz

L'ASCENSEUR POUR L'ÉCHAFAUD

(Fahrstuhl zum Schafott). Frankreich (Nouvelles Editions de Films) 1957. 35 mm, s/w, 88 Min.

R: Louis Malle. B: Roger Nimier, Louis Malle, nach dem gleichnamigen Roman von Noël Calef. K: Henri Decae. Ba: Rino Mondellini, Jean Mandaroux. S: Léonide Azar. M: Miles Davis. D: Maurice Ronet (Julien Tavernier), Jeanne Moreau (Florence Carala), Lino Ventura (Kommissar Chérier), Georges Poujouly (Louis), Jean Wall (Simon Carala).

Aufblende. Zwei geschlossene Augen, das schöne Gesicht von Jeanne Moreau als Florence, die verführerische, verderbenbringende Frau eines Film noir. Sie telefoniert mit ihrem Geliebten, beschwört ihn, ihren Ehemann zu ermorden. Am anderen Ende der Leitung Maurice Ronet, in der Rolle des ehemaligen Fremdenlegionärs Julien. Schon der Vorspann des Films verrät den Stilwillen seines Regisseurs: fast manieriert wirkende Bilder in Schwarzweiß, fast nackt wirkende Großaufnahmen der Gesichter, eine Inszenierung der Blicke und sparsamen Dialoge. Auch im Kino war der Existentialismus Mode geworden: Die Figur des amoralischen Helden Julien ist ausgestattet mit dem »Ekel« Sartres. Er hofft, durch die Liebe zu Florence gerettet zu werden: »Wenn ich deine Stimme nicht hören würde, wäre ich in meiner Einsamkeit verloren.«

Louis Malle drehte seinen ersten Spielfilm mit 24 Jahren. Er war noch beeinflußt von der Strenge der Bilder Robert Bressons und von amerikanischen Filmen der Schwarzen Serie, aber auch von der Suspense-Dramaturgie Hitchcocks. Julien erschießt seinen Chef, den Waffenhändler Carala, um mit Florence zusammensein zu können. Als er nach dem perfekten Mord zum Fenster blickt, läuft eine schwarze Katze über die Balustrade des Balkons. Keine Psychologie wird hier die Handlung bestimmen, allein der Zufall treibt von nun an die Geschichte weiter.

Julien hat ein wichtiges Indiz seines Mordes vergessen, ein Seil. Als er es holen will, bleibt er im Fahrstuhl stecken. Florence wartet vergebens auf Julien, dessen Auto in der Zwischenzeit von Louis und Véronique geklaut wurde. Enttäuscht und verwirrt irrt Florence durch das nächtliche Paris, verloren an den Traum einer Liebe. Parallelmontagen: Während Julien im Aufzug fröstelnd seine Jacke überzieht und den Kragen hochschlägt, schlägt auch Florence in der regennassen Nacht auf ihrer ziellosen Suche nach Julien den Mantelkragen höher. Ebenso ziellos fährt das junge Paar Louis und Véronique durch die Nacht. In einem Motel treffen sie einen Deutschen; der Mann aus dem benachbarten Wirtschaftswunderland lädt sie gönnerhaft zum Champagner ein. »Meine Generation hat etwas anderes zu tun, als Champagner zu trinken«, sagt Louis trotzig. Es kommt zu einer Schießerei, und Louis tötet den Deutschen mit Juliens Revolver. Der wird nun einer Tat verdächtigt, die er nicht begangen hat. Während das junge Paar flieht, die Polizei mit ihren Ermittlungen beginnt, Florence durch Paris irrt, Julien versucht, aus dem Aufzug zu entkommen, kreuzen sich immer wieder wie zufällig die Linien ihrer Bewegungen.

Als Julien sich aus dem Aufzug befreien kann, wird er von der Polizei gefaßt. Louis Malle läßt das Verhör in einem dunklen Raum stattfinden, die Personen bewegen sich vor einer schwarzen Wand. Das Komplott von Julien wird aufgedeckt, auch Florence als Komplizin hart bestraft. Der Roman von Calef hat einen anderen Schluß: Während im Buch der Täter eine fremde Schuld auf sich nimmt, hat Malle im Film den Kriminalfall konsequent zu Ende geführt. Er hat aus einer eher konventionellen Geschichte einen Film noir mit existentialistischen Untertönen gemacht: Seine Helden wollen das Glück erzwingen und scheitern. *L'ascenseur pour l'échafaud* gehört nur äußerlich zur Nouvelle Vague: Malle setzt unter anderen ästhetischen Vorzeichen den traditionellen französischen Kriminalfilm fort. Zugleich leistet der Film, allerdings etwas dick aufgetragen, Gesellschaftskritik: Der ermordete Ehemann Cavala hat als einflußreicher Waffenhändler enge Beziehungen zur Regierung; der Staatsanwalt ist eitel, die Polizisten sind devot und korrupt. »Die Übel unserer Zeit sind transzendent geworden – welch metaphyischer Zauber«, schrieb die französische Kritik.

Michael Althen: »Netz aus Blicken«, in: Die Zeit, 8.9.1989; Philip French (Hg.): »Louis Malle über Louis Malle«. Berlin 1998; Hans Gerhold: »Kino der Blicke. Der französische Kriminalfilm«. Frankfurt a.M. 1989; Peter W. Jansen/Wolfram Schütte (Hg.): »Louis Malle«. München 1985; Heike Kühn: »Identifikation einer Frau«, in: Frankfurter Rundschau, 7.9.1989; Marcel Martin: *»Fahrstuhl zum Schafott«*, in: Filmkritik, 1958, H. 9; Eric Rohmer: »Premier accessit«, in: Cahiers du Cinéma, 1958, H. 80; Georg Seeßlen: »Kino der Angst«. Reinbek 1980; Karsten Visarius: *»Fahrstuhl zum Schafott«*, in: epd Film, 1989, H. 11.

Lucie Herrmann

ASCHE UND DIAMANT

↗ Popiół i diament

ASPHALTDSCHUNGEL ↗ Asphalt Jungle

THE ASPHALT JUNGLE

(Asphaltdschungel). USA (Metro-Goldwyn-Mayer) 1950. 35 mm, s/w, 105 Min.

R: John Huston. B: Ben Maddow, John Huston, nach der gleichnamigen Erzählung von W.R. Burnett. K: Harold Rosson. A: Edwin B. Willis, Jack D. Moore. Ba: Cedric Gibbons, Randall Duell. S: George Boemler. M: Miklos Rozsa. D: Sterling Hayden (Dix Handley), Louis Calhern (Alonzo D. Emmerich), Jean Hagen (Doll Conovan), James Whitmore (Gus Minissi), Sam Jaffe (Doc Riedenschneider), John McIntire (Polizeikommissar Hardy), Marc Lawrence (Cosby), Anthony Caruso (Louis Ciavelli), Marylin Monroe (Angela Phinlay).

Ein guter Hollywood-Film gleicht einer ihrer Länge nach aufgeschnittenen Zwiebel: Die Story verzweigt sich in mehrere Stränge, die nebeneinander herlaufend sich dehnen, um am Ende wieder zusammenzulaufen – ohne jemals die gemeinsame Schale verlassen zu haben.

Nach diesem Prinzip funktioniert auch *The Asphalt Jungle.* Dix, ein Verbrecher mit dem Gesicht eines beim Äpfelklauen erwischten Kindes, wird in der ersten Sequenz von der Polizei gesucht, in einer entvölkerten Gegend von Chicago. Am Ende des Films ist Dix endlich dort angekommen, wovon er die ganze Zeit über geschwärmt hat: auf der Farm in Kentucky, die er sein Leben lang zurückkaufen wollte und für die er nun eine Kugel im Bauch hat. Er stirbt, zum tragischen Helden geworden, zwischen seinen geliebten Pferden.

Dazwischen spielt der Film im »Asphaltdschungel« –

der Stadt, in der jeder jedem mißtrauen sollte. Die schweren Jungs, beauftragt, die Kohlen aus dem Feuer oder die Juwelen aus dem Safe zu holen, sind vergleichsweise harmlose Charaktere; der schlimmere Verbrecher ist der Bürger, der aber immerhin einen Ehrenkodex besitzt. Korrupt sind sie alle: Am Ende verkauft der ranghohe Polizist die Erfolgsmeldung an die Presse und wirft sich dabei vor seinem Fahndungsapparat in Positur.

Jenseits der Kriminalgeschichte ist der Film ein Spiegel der sozialen Gruppen, die die amerikanische Großstadt bevölkern. Gute und schlechte Charaktere finden sich überall. »Crime is just a left-handed form of human endeavour« – in der deutschen Version »eine besondere Form des Überlebenskampfes« –, sagt Emmerich, der ›ehrenwerte‹ Hehler. Überleben wollen auch Doc – im Original »Riedenschneider«, doch wie so oft exkulpierte die Synchronisation den bösen Deutschen –, der geniale und sentimentale Kleinbürger, und Gus, der proletarische Krüppel. Amerika, zeigt Huston, besteht aus Minderheiten. Einmal leuchtet der Mond so anrührend ins italienische Idyll, daß auch der Barkeeper es nicht übers Herz bringt, seine Kumpels ohne Hilfe zu lassen. Er wird sein Geld nicht wiedersehen.

In seiner Figurenzeichnung oft schematisch, verfügt Huston in der Regel über sehr gute Schauspieler. In *The Asphalt Jungle* wird diese These allerdings eher von dem vorzüglichen Louis Calhern bestätigt als durch Marylin Monroe. Calherns kränkelnde Ehefrau transportiert einen weiteren Antagonismus, der sich häufig in Huston-Filmen findet. Sie ist ausschließlich in ihrem Schlafzimmer zu sehen, das offensichtlich aus dem Production Design Department von MGM stammt. Der Film noir, dessen Stil *The Asphalt Jungle* in seinen besseren Passagen auszeichnet, lebte jedoch zuallerst von kleinen Budgets, schnellen und erfinderischen Kameraleuten – und einer Vorliebe für nächtliche Aktionen, für die man sentimentale Gefühle besser tief drinnen in sich verschließt.

»*The Asphalt Jungle*«. Carbondale 1980. (Drehbuch).
François-Régis Barbry: »John Huston: le noir et le blanc comme l'argile du sculpteur«, in: Cinéma, Paris, 1988, H. 447; Lesley Brill: »John Huston's Filmmaking«. Cambridge 1997; Fernand Dufour: »Monsieur Lapsus«, in: Cinéma, Paris, 1972, H. 167; Fritz Göttler/Claus M. Reimer (Red.): »Film Noir«. München 1982; Peter Nau: »Die Kunst des Filmesehens«, in: Filmkritik, 1979, H. 6; Georg Seeßlen: »Der Asphalt-Dschungel. Geschichte und Mythologie des Gangster-Films«. Reinbek 1980; Robert Warshow: »The Gangster as tragic hero«, in: ders.: The Immediate Experience. New York 1962; Paul Werner: »Film noir. Die Schattenspiele der schwarzen Serie«. Frankfurt a. M. 1985.

Thomas Meder

L'ATALANTE (Atalante). Frankreich (Gaumont) 1933/34. 35 mm, s/w, 89 Min.
R: Jean Vigo. B: Jean Vigo, Albert Riéra, nach einer Vorlage von Jean Guinée. K: Boris Kaufman (Louis Berger, Jean-Paul Alphen). A: Francis Jourdain. S: Louis Chavance. M: Maurice Jaubert. T: Charles Goldblatt.
D: Jean Dasté (Jean), Dita Parlo (Juliette), Michel Simon (le Père Jules), Gilles Margaritis (Straßenhändler), Louis Lefèvre (Schiffsjunge).

Obwohl sein erster Spielfilm ↗*Zéro de conduite* kein kommerzieller Erfolg war und wegen seiner anarchistischen Grundhaltung sogar von der Zensur verboten wurde, konnte Vigo noch im November desselben Jahres mit den Dreharbeiten zu seinem nächsten Film beginnen. Zu verdanken hatte er dies dem Geschäftsmann und Kinoliebhaber Jacques-Louis Nounez, der von Vigos Genie überzeugt war und ihm eine zweite Chance geben wollte. Diesmal verpflichtete man Vigo auf das bereits vorliegende Drehbuch von Jean Guinée, das eine recht konventionelle Geschichte erzählt. Beschrieben wird die Ehe eines jungen Paares, das auf einem Lastkahn die Flüsse und Kanäle Frankreichs befährt. Da der Alltag auf dem Kahn für die Frau keine Abwechslung bietet, erliegt sie eines Tages den Verlockungen der großen Stadt, und die Ehe steht vor ihrer ersten Bewährungsprobe.

Die Produktion fand unter den denkbar schlechtesten Bedingungen statt: Vigo, an Tuberkulose erkrankt, mußte die Dreharbeiten mehrmals unterbrechen; er starb nur acht Monate später. Der früh hereinbrechende Winter brachte zusätzliche Pro-

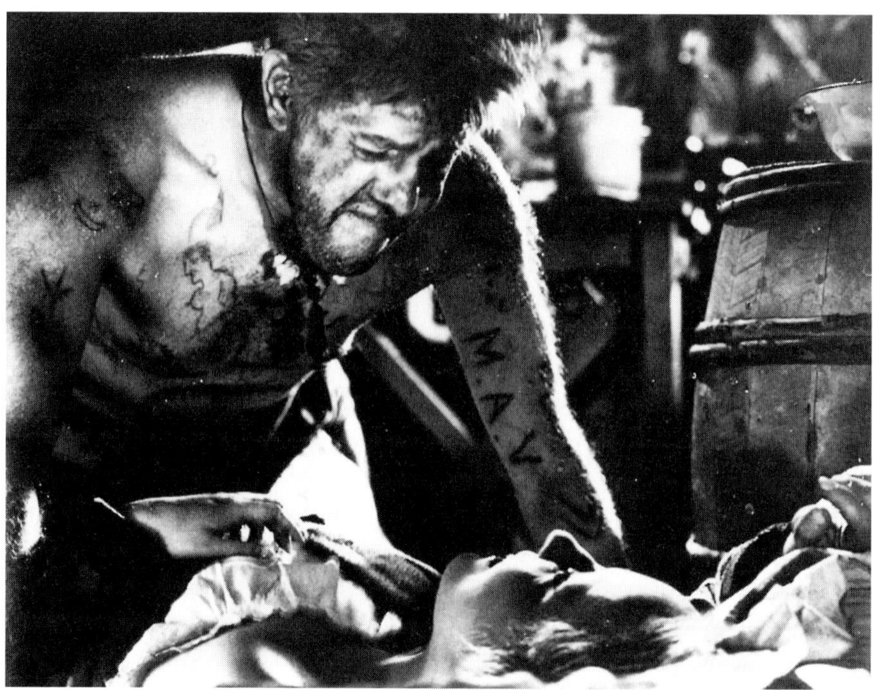

L'Atalante: Michel Simon und Dita Parlo

bleme: Wie sollte man erklären, daß da, wo eben noch ruhigfließendes Wasser zu sehen war, plötzlich Eisbrocken treiben; daß die Landschaft, eben noch grau, in der folgenden Einstellung auf einmal weiß ist? Um Anschlußfehler zu vermeiden, wählte man als Hintergrund für einige Einstellungen den offenen Himmel. Daraus erklären sich gewisse Untersichtaufnahmen, nach deren ästhetischer Funktion man sich ansonsten vergeblich fragt. Zugleich jedoch entsteht daraus – gleichsam als Zufallsprodukt – ein Moment filmischer Poesie. Der Film stellt so die verschiedenen Landschaften, die das Universum der Kanalschiffer bilden, nebeneinander: das Wasser, das Ufer und den Himmel.

Der Verleihfirma Gaumont erschien bei der Uraufführung der Film zu wenig publikumswirksam; man verlangte einen neuen Schnitt. Da Vigo aus gesundheitlichen Gründen dazu nicht mehr in der Lage war, montierte Louis Chavance *L'Atalante* neu und kürzte ihn um 24 Minuten. Die Eingriffe waren jedoch damit keineswegs beendet. Die Musik Jauberts wurde teilweise ersetzt durch Zitate aus dem damals populären Schlager »Le Chaland qui passe«. Doch auch die unter diesem Titel herausgebrachte neue Fassung erwies sich als kommerzieller Mißerfolg; nach nur zwei Wochen Laufzeit wurde der Film in Paris wieder abgesetzt und ins Archiv verbannt. Im Oktober 1940 tauchte eine dritte Version auf, jetzt ohne den Schlager. Erst nach der Befreiung Frankreichs, als sich die Fédération française de Ciné-Club für Vigos Gesamtwerk einsetzte, erfuhr auch *L'Atalante* eine Rehabilitierung. Ab 1950 wurden verschiedene Versuche unternommen, u.a. von der Cinémathèque Française, die Originalfassung zu rekonstruieren. 1989 entschloß sich Gaumont, Urheber der Verstümmelung, seinen Fehler wieder gutzumachen. Fast zur gleichen Zeit entdeckte man im British Film Institute eine der ersten, von Vigo noch autorisierten Kopien. Unter Hinzuziehung der engsten, noch lebenden Mitarbeiter und Freunde Vigos gelang es, *L'Atalante* in einer Form zu rekonstruieren, die dem Original wohl nahe kommt.

Für den unausgewogenen Rhythmus des Films wird man nicht allein die verstümmelnden Eingriffe verantwortlich machen können. Trotz mancherlei Unzulänglichkeiten finden wir in *L'Atalante* einige der schönsten Bilder der Filmgeschichte: die ganz in Weiß gekleidete Juliette, die im Dunst der Abenddämmerung auf dem Kahn steht, oder das nasse und melancholische Grau der Hafenlandschaft, als Juliette den Kahn nicht mehr am Anlegeplatz vorfindet. Solche poetischen, an mancher Stelle surrealen Überhöhungen wechseln sich ab mit realistischen Beschreibungen. Es gibt auch sozialkritische Momente, z.B. in der Bahnhofssequenz, als die wohlgenährten Bürger den abgemagerten Taschendieb zusammenschlagen, oder als Juliette sich in Paris auf Arbeitssuche begibt und dabei vor den Fabriken immer wieder auf schlangestehende Arbeitlose trifft.

Die Mischung aus poetischen wie realistischen, aus tragischen wie komischen Elementen verleiht *L'Atalante* seine faszinierende Ausstrahlung. 1940 schrieb Siegfried Kracauer über Vigos schmales Gesamtwerk, das er mit dem René Clairs vergleicht, es habe zwar nicht dessen wunderbare Leichtigkeit, dagegen stecke in Vigos Filmen eine tiefere Wahrheit.

»*L'Atalante*«, in: Jean Vigo: Œuvre de Cinéma. Hg. Pierre Lherminier. Paris 1985. (Drehbuch, Materialien).
Frieda Grafe/Enno Patalas: »Im Off«. München 1974; Siegfried Kracauer: »Kino«. Frankfurt a.M. 1974; Klaus Kreimeier: »A Propos Vigo«, in: epd Film, 1985, H. 8; Marcel Martin: »Jean Vigo«. Paris 1966; Claude Perrin, Etudes cinématographiques, 1966, H. 51/52; P.E. Salès Gomès: »Jean Vigo«. Paris 1957, 1988; Viktor Sidler: »Träumer des Kinos, Rimbaud des Films«, in: filmbulletin, 1992, H. 4; John Smith: »Jean Vigo«. London 1971; sylvia szely: »*l'atalante* – das ding & seine form«, in: karl sierek/gernot heiß (hg.): und². Wien 1992; François Truffaut: »Die Filme meines Lebens«. Frankfurt a.M. 1997; Marina Warner: »*L'Atalante*«. London 1993.

Achim Haag

AUCH HENKER STERBEN

↗ Hangmen Also Die

DER AUFENTHALT DDR (Defa)

1982. 35 mm, Farbe, 102 Min.
R: Frank Beyer. B: Wolfgang Kohlhaase, nach dem gleichnamigen Roman von Hermann Kant. K: Eberhard Geick. Ba: Alfred Hirschmeier. S: Rita Hiller. M: Günther Fischer.
D: Sylvester Groth (Mark Niebuhr), Fred Düren (General Eisensteck), Matthias Günther (Hauptsturmführer), Klaus Piontek (Major Lundenbroich), Hans-Uwe Bauer (Obergefreiter Fenske), Alexander van Heteren (Jan Beveren), Horst Hiemer (Gasmann).

In Gesprächen über den Film erinnerten Regisseur und Autor gern an eine Sentenz von Anna Seghers: »Erzählt werden kann, was beendet ist«. Der Film, im Januar 1983 angelaufen, wurde als Beitrag der DDR zu den Berliner Filmfestspielen angemeldet und dann ohne Begründung wieder zurückgezogen. Es war ein offenes Geheimnis, daß die ›polnische Seite‹ bei Regierungsstellen der DDR interveniert hatte. Die Befürchtung, der Film könne antipolnische Gefühle wecken, war gewiß eine Fehleinschätzung, aber ein Anzeichen auch dafür, daß berührt wurde, was doch noch nicht beendet war.

Frank Beyer hat mit stilistisch höchst unterschiedlichen Filmen – *Fünf Patronenhülsen* (1960), *Königskinder* (1961), *Nackt unter Wölfen* (1962) und vor allem ↗*Jakob der Lügner* – ›Erinnerungsarbeit‹ geleistet. Sein Interesse an Hermann Kants Roman und dessen Helden richtet sich auf eine neue Perspektive: Erzählt wird die »Geschichte eines Neunzehnjährigen, der in die Krise seines Lebens kommt«. Entscheidend für den filmischen Zugriff war, daß der Drehbuchautor Wolfgang Kohlhaase die weitgreifenden Reflexionen der literarischen Vorlage zurückführte auf konkrete Situationen. Die Filmautoren lasen »in dem Roman vor allem die Novelle«: die unerhörte Begebenheit mit ihren unerwarteten Wendungen.

Mark Niebuhr, ein junger deutscher Soldat, landet im Winter 1945/46 in einem Warschauer Gefängnis. Lange Zeit weiß er nicht, daß er des Mordes beschuldigt wird. Zusammen mit polnischen Gefangenen hat er Ruinen in der Trümmerstadt abzutragen und wird dabei zu lebensgefährlicher Arbeit eingeteilt: Der »Fall« könnte sich so von selbst erledigen. Als er sich den Arm bricht, bringt man ihn in eine Gemeinschaftszelle mit Deutschen. Ob Angehöriger der Wehrmacht, der SS oder Zivilist, ob General, Hauptsturmführer oder Denunziant, sie alle beteuern den Polen ihre Unschuld. Wie er auch.

Die Zelle mit den Landsleuten erweist sich als Mördergrube. Hier herrscht deutscher Rang- und Ordnungssinn, wird »Schinkenkloppen« zur Unterhaltung veranstaltet. Schicht für Schicht wird ihr wirkliches Verstricktsein in der großen Schuld aufgedeckt. Als Schuldiger wäre Mark Niebuhr hier willkommen gewesen; da er naiv bei der Wahrheit bleibt, wird er zu einer – wörtlich – greifbaren Herausforderung. Sein Leben ist nun direkt bedroht: Eines Nachts wird er halbtot geprügelt; man prophezeit ihm, daß er aus dem Gefängnis nicht lebend herauskommen werde. Am Ende – die Polen haben seine Identität überprüft, seine Unschuld ist erwiesen – wird Mark Niebuhr in die normale Kriegsgefangenschaft ›entlassen‹. Der rehabilitierte Deutsche steht dem gleichaltrigen polnischen Leutnant gegenüber; nach einem langen Augenblick des Schweigens sagt der Pole: »Sie werden nicht erwarten, daß wir uns entschuldigen!«. Mark Niebuhr beendet seinen unfreiwilligen Aufenthalt und weiß, daß auch er, obwohl er Opfer einer Verwechslung geworden ist, doch Schuld trägt.

Konsequenter Realismus bis ins Detail sowie eine hervorragende Schauspielerführung bestimmen den Stil der Inszenierung, die aus dem Mittel der Reduktion ihre nachhaltigsten Wirkungen erzielt.

Frank Beyer: »Wenn der Wind sich dreht«. München 2001; Ruth Herlinghaus u.a.: »*Der Aufenthalt.* Analysen und Diskussionen zum DEFA-Spielfilm«, in: Beiträge zur Film- und Fernsehwissenschaft, 1984, H. 2; Erika Pick: »*Der Aufenthalt*«, in: Aus Theorie und Praxis des Films, 1986, H. 1; Hans Günther Pflaum: »Lernprozesse mit versöhnlichem Ausgang«, in: Süddeutsche Zeitung, 5.5. 1984; Hans-Jörg Rother: »Der Letzte der Gerechten«, in: Ralf Schenk (Hg.): Regie: Frank Beyer. Berlin 1995; Dieter Wiedemann: »Ein Buch in 90 Minuten lesen? Literaturverfilmungen aus der Sicht der Rezipienten«, in: Beiträge zur Film- und Fernsehwissenschaft 1984, H. 2; Sibylle Wirsing: »Deutscher Stellvertreter«, in: Frankfurter Allgemeine Zeitung, 27.1. 1983; Dieter Wolf: »Unterwegs zum Publikum«, in: Film und Fernsehen, 1985, H. 5.

Rudolf Jürschik

AUF LIEBE UND TOD

↗ Vivement dimanche!

AUF WIEDERSEHEN KINDER

↗ Au revoir les enfants

AUFZEICHNUNGEN EINES MIETSKASERNENBEWOHNERS

↗ Nagaya shinshi-roku

AUGEN DER ANGST ↗ Peeping Tom

AU REVOIR LES ENFANTS

(Auf Wiedersehen Kinder). Frankreich/ Bundesrepublik Deutschland (N.E.F./Stella-Film/Nouvelles Editions de Film u.a.) 1987. 35 mm, Farbe, 100 Min.

R+B: Louis Malle. K: Renato Berta. A: Willy Holt. S: Emanuelle Castro. M: Franz Schubert, Camille Saint-Saens.

D: Gaspard Manesse (Julien), Raphael Fejtö (Jean), Stanilas Carre de Malberg (François), Francine Racette (Madame Quentin), Philippe Morier-Genoud (Pater Jean), François Negret (Joseph).

Diese Szene aus seiner Kindheit hat Louis Malle nie vergessen: Er war knapp zwölf Jahre alt, Internatsschüler im Karmeliterkloster in Avon. An einem Januarmorgen 1944 betrat plötzlich ein Gestapo-Mann das Klassenzimmer. »Er hat einen Namen gerufen – einen jüdischen –, den wir nicht kannten. Ein Junge ist aufgestanden. Er räumte sorgfältig seine Bücher und Hefte zusammen, ist durch die Klasse gegangen, hat uns allen die Hand gegeben.« Ein Dienstjunge, wegen Diebstahls entlassen, hatte der Gestapo verraten, daß die Priester in der Klosterschule Juden versteckt hielten. »Innerhalb von zwei Stunden befand sich das gesamte Kolleg mit gepackten Koffern im Hof«, erinnerte sich Malle. »Dann erschien der Direktor der Schule, Pater Jacques, und die vier Kinder, von Soldaten eingerahmt. Auf der Treppe, bevor er durch die Tür ging, dreht Pater Jacques sich um und verabschiedete sich von uns: ›Bis bald, Kinder!‹«

Dies ist auch die Schlußszene von *Au revoir les enfants*. Es ist ein sehr persönlicher Film – der Regisseur hat ihn seinen Kindern gewidmet – und zugleich ein politischer Film, in dem Malle, ähnlich wie in *Lacombe Lucien* (1974), das in Frankreich lange verdrängte Thema der Kollaboration aufgreift. Julien, ein Kind aus reichem Hause, kehrt nach den Weihnachtsferien ins Internat zurück. Der Abschied von der Mutter fällt ihm schwer, und mit seinem neuen Bettnachbar versteht er sich keineswegs auf Anhieb: Jean Bonnet ist arrogant und verschlossen, ein Außenseiter, der zudem noch alles besser weiß. Ein Geheimnis umgibt ihn, und Julien gibt nicht eher Ruhe, bis er es herausgefunden hat: Jean Bonnet heißt eigentlich Jean Kippelstein. Die beiden Jungen freunden sich an. Als die kleinen Schiebereien und Geschäfte, die der Küchenjunge Joseph mit den Schülern betreibt, auffliegen, wird dieser fristlos entlassen; die beteiligten Internatszöglinge erhalten lediglich eine Strafpredigt. Joseph rächt sich für diese Ungerechtigkeit: Eines Tages taucht die Gestapo auf und sucht gezielt nach den versteckten Juden. Ein Blick, den Julien bei der Erwähnung des Namens Kippelstein Jean zuwirft, verrät ihn: Der Junge wird abgeführt. Eine Stimme aus dem Off informiert, daß der Pater wie die vier jüdischen Kinder im KZ umgekommen sind.

Die Filmerzählung folgt der Chronologie; Malle spitzt die Ereignisse nicht dramatisch zu. Psychologische Genauigkeit und atmosphärische Dichte zeichnen den unspektakulären Film aus. Die Besatzungsmacht und der Krieg liegen wie ein drohender Schatten über dem Schulalltag mit den üblichen Pfadfinderspielen, Konkurrenzkämpfen und ersten Liebes-Sehnsüchten. Ein strenger Winter herrscht: Der Film ist in kalten Farben gehalten. Blau und Grau dominieren, die Kinder sind in braune Kutten gekleidet; bei den Außenaufnahmen, bewußt unterbelichtet, kommt selten ein Stück Himmel ins Bild. Trotzdem strahlt der Film Wärme aus: Einfühlsam schildert Malle, wie Julien und Jean – beide fühlen sich fremd in der abgeschlossenen Welt des Internats – sich näherkommen. Ihre Verletzlichkeit im Übergang zwischen Kindheit und Pubertät sensibilisiert sie für die Ungerechtigkeiten, die sich auch die Patres unbewußt zu schulden kommen lassen. Neben den – unter den Schülern verbreiteten – Ressentiments gegen Juden weist Malle in sinnfälligen Details und vielen Facetten auf das soziale Gefälle: Das Muttersöhnchen Julien ist der Sproß einer reichen Familie aus der Bourgeoisie.

Louis Malle stammt selbst aus einer der reichsten Industriellenfamilien Frankreichs; seine Eltern waren Anhänger des Marschall Pétain. Sie waren Patrioten und keine Kollaborateure, aber man versuchte, sich zu arrangieren. Nachdem er zehn Jahre in den USA gearbeitet hatte, kehrte Malle mit *Au revoir les enfants* in seine Heimat zurück. Es gibt in diesem Film keine einfachen Schuldzuweisungen: Die Mutter mit ihrer politischen Naivität, die gedankenlos nachplappert, was man in ihrem Umkreis über Pétain sagt, der herumgestoßene Joseph, der seine soziale Deklassierung wettmachen möchte, doch auch durch die Denunziation kein Ansehen erringt, schließlich Julien, dessen Blick dem Freund zum Verhängnis wird, sie alle werden in aller Unschuld schuldig.

»*Au revoir les enfants*«. Paris 1987. (Drehbuch).
Françoise Audé/Jean-Pierre Jeancolas: »Entretien avec Louis Malle«, in: Positif, 1987, H. 320; Robert Benayoun: »Un ailleurs infinement proche«, in: Positif, 1987, H. 320; Renate Corsten: »*Auf Wiedersehen, Kinder*«. Duisburg 1988; L.C. Ehrlich: »*The Name of the Child*: Cinema as Social Critique«, in: Film Criticism, 1989/90, H. 2; Philip French (Hg.): »Louis Malle über Louis Malle«. Berlin 1998; Johannes Grawert: »*Auf Wiedersehen Kinder*«, in: Rudolf Joos/Isolde I. Mozer (Red.): Filme zum Thema. Bd. 2. Frankfurt a.M. 1988; Pierre Lachat: »Die letzten Tage der Kindheit«, in: Filmbulletin, 1987, H. 6; Richard Roud: »Malle x 4«, in: Sight & Sound, 1989, H. 2; Wolf Schwartz: »Rekonstruktion«, in: medien + erziehung, 1987, H. 6; Franz Ulrich: »*Au revoir les enfants*«, in: Zoom, 1987, H. 19.

Michael Töteberg

AUS DEM REICH DER TOTEN

↗ Vertigo

AUSSER ATEM ↗ À bout de souffle

EINE AUSWÄRTIGE AFFÄRE
↗ Foreign Affair

L'AVVENTURA (Die mit der Liebe spielen/Das Abenteuer). Italien (Cino del Duca) 1959. 35 mm, s/w, 145 Min.

R: Michelangelo Antonioni. B: Michelangelo Antonioni, Elio Bertolini, Tonino Guerra. K: Aldo Scavarda. Ba: Piero Poletto. S: Eraldo Da Roma. M: Giovanni Fusco.
D: Gabriele Ferzetti (Sandro), Monica Vitti (Claudia), Lea Massari (Anna), Renzo Ricci (Annas Vater), James Adams (Corrado), Dorothy De Poliolo (Gloria Perkins), Lelio Luttazzi (Raimondo), Giovanni Petrucci (junger Maler), Esmeralda Ruspoli (Patrizia).

An demselben Schauplatz, an dem Rossellinis ↗*Roma, città aperta* endet, setzt Antonionis ›Abenteuer‹ ein. Die Bildhintergründe mögen an anderen Stellen lauter sprechen – etwa auf einem Campanile der sizilianischen Stadt Noto, wo das hilflose Werben des Architekten Sandro um Claudia durch den Blick der Kamera auf imposante Bauwerke kommentiert und konterkariert wird, doch bildet der Prolog in Rom das Movens, das die Bewegung des Films begründet: die Reise heraus aus der ›offenen‹ Stadt, in die einst bei Rossellini die Kinder zurückkehrten, um neu zu beginnen, deren Strukturen aber inzwischen wieder erstarrt sind, diesmal in den Normen und Formen des Bürgertums. Auf die Rituale der Männergesellschaft reagieren die Frauen egoistisch (Patrizia), weitgehend orientierungslos (Claudia) oder sie verweigern sich wie Anna, die während einer Kreuzfahrt einfach verschwindet und nicht mehr gesehen wird. Sandro, ihr Verlobter, macht sich gemeinsam mit Claudia auf die Suche nach ihr. Claudia wird Sandros nächste Affäre; am Ende überrascht sie ihn in den Armen einer Prostituierten.

L'avventura ist der letzte Film Antonionis, in dem sich die Figuren noch innerhalb einer vom Film selbst gesetzten Realität bewegen, und der erste Film seiner »Tetralogie der Gefühle«, zu der ↗*La notte*, *L'éclisse* (*Liebe 1962*, 1962) und *Il deserto rosso* (*Die rote Wüste*, 1963/64) gehören. Die Protagonisten sind ausnahmslos Männer: Intellektuelle, die von ihren – eigentlich kreativen – Berufen okkupiert sind. Ihr gesellschaftliches und privates Versagen ist nur das Symptom für die »Krankheit der Gefühle«, die alle Hauptfiguren befallen hat. »Die Katastrophe in *L'avventura* ist ein erotischer Anstoß dieser Art: unglücklich, kläglich, unnütz«, erklärte Antonioni. Dabei helfe es dem modernen Menschen nicht, daß er seine Gefühle kritisch zu analysieren vermag. »Ausgehend von Angst und Frustration kann sein Abenteuer so nur mit einer Niederlage enden.« Der Film enthält zahlreiche Hinweise auf entsprechende Defekte. Zum Beispiel der junge Maler, der Frauen malen will – er meint: besitzen. Sandro ist Architekt, aber er baut nicht, sondern stellt nur Berechnungen an. Zu den subtileren Fingerzeigen zählt die Kamerafahrt in einem verlassenen Ort mit unverkennbar faschistischer Architektur: eine meisterliche filmische Bearbeitung eines De Chirico-Bildes.

Zu Beginn der sechziger Jahre betrieb Antonioni eine Erneuerung des italienischen Films, die von den politisierten Kollegen Bertolucci und Pasolini ebenso weit entfernt ist wie von den Produktionsmethoden der Nouvelle Vague: Er suchte nicht den Bruch, sondern die Kontinuität zu einem Kino der Tradition. In seiner reifsten Phase fand Antonioni zu einem Stil, der den »inneren Realismus« bis zur Abstraktion führte. Das Finale von *L'avventura* – Claudia verläßt Sandro nicht, obwohl sie nicht mehr verbindet als eine »trait d'union des Mitleids« – verstand der Regisseur »halb als pessimistisch und halb als optimistisch«. Entsprechend teilte er das Bild in zwei Hälften: auf der einen Seite Sandro vor einer Mauer, auf der anderen Claudia, im Hintergrund der Ätna. Die unkonventionelle Erzählweise und ihr eigenwilliger Rhythmus, der zwischen langen Einstellungen und schnellen Schnitten wechselt, führten bei der Vorstellung in Cannes zum Skandal. Der deutsche Verleih, der den Film unter dem unsinnigen Titel *Die mit der Liebe spielen* herausbrachte, kürzte *L'avventura* um 43 Minuten und zerstörte damit den zyklischen Aufbau und die geometrische Schönheit des Films.

»*L'avventura*«. Hg. Enno Patalas. Hamburg 1963. (Filmtext). – Hg. Seymour Chatman/Guido Fink. New Brunswick, London 1989. (Filmprotokoll, Materialien).
Alfred Andersch: »Antonioni«, in: Das Alfred Andersch-Lesebuch. Zürich 1979; Michelangelo Antonioni: »Die Krankheit der Gefühle«, in: Theodor Kotulla (Hg.): Der Film. Bd.2. München 1964; Frieda Grafe: »Von Schwarz geblendet«, in: Die Republik, 1985, H.72–75; Peter W. Jansen/Wolfram Schütte (Hg.): »Michelangelo Antonioni«. München 1984; Pierre Leprohon: »Michelangelo Antonioni«. Frankfurt a.M. 1964; Peter Nau: »Wiedersehen mit *L'avventura*«, in: Rolf Schüler (Red.): Antonioni. Berlin 1993; Geoffrey Nowell-Smith: »*L'avventura*«. London 1997; Claude Perrin: »L'univers fragmenté de *L'avventura*«, in: Etudes Cinématographiques, 1964, H.36/37; Günther Rohrbach: »*Die mit der Liebe spielen*«, in: Filmkritik, 1961, H.3; Roger Sandall: »*L'Avventura*«, in: Film Quarterly, 1960/61, H.4.

Thomas Meder

BAHNHOF FÜR ZWEI

↗ Vokzal dlja dvojih

BARRY LYNDON

Großbritannien (Warner Brothers/Peregine) 1973/75. 35 mm, Farbe, 185 Min.
R: Stanley Kubrick. B: Stanley Kubrick, nach dem Roman »The Memoirs of Barry Lyndon« von William Makepeace Thackeray. K: John Alcott, Paddy Carey. M: G.F. Händel, Friedrich II, W.A. Mozart, Franz Schubert, Giovanni Paisiello, Antonio Vivaldi, J.S. Bach, Seán O'Riáda und irische Folksongs.
D: Ryan O'Neal (Redmond Barry), Marisa Berenson (Lady Lyndon), Patrick Magee (Chevalier de Balibari), Hardy Krüger (Hauptmann Potzdorf), Gay Hamilton (Nora Brady), Marie Kean (Barrys Mutter), Diana Körner (Lieschen), Melvin Murray (Reverend Samuel Runt), Godfrey Quigley (Captain Grogan), Leonard Rossiter (Captain Quin), Leon Vitali (der ältere Lord Bullington).

Der Film basiert auf dem 1844 erschienenen Schelmenroman, der zur Zeit König Georgs III. spielt. Kubrick bevorzugt literarische Vorlagen, die ihm Spielraum für die filmische Umsetzung lassen; sorgfältig hat er die Zeit des ausgehenden 18. Jahrhunderts rekonstruiert. Gezeigt werden Stationen aus dem Leben des irischen Landadeligen Redmond Barry. Der Handlungsrahmen reicht vom Aufkeimen seiner ersten Liebe (1760) bis zu seinem kläglichen Ende (1789). Mit der Leidenschaft für seine Cousine Nora Brady und dem daraus resultierenden Duell mit dem englischen Offizier Captain Quin beginnt Barrys Wanderschaft. Sein überstürzter Aufbruch in die Fremde ist Folge einer Intrige: Das Duell endete in Wahrheit nicht tödlich, geschossen wurde mit manipulierten Kugeln. Barry sollte verschwinden, um einer reichen Heirat nicht länger im Wege zu stehen. Wurde er hier Opfer einer Täuschung, so lernt der Held im Laufe der Jahre, sich dieses Mittels selbst zu bedienen.

Barrys Aufstieg ist abhängig von zufälligen Begleitumständen, die vom räsonierenden Erzähler als Schicksal bezeichnet werden. Kurz nach seinem Aufbruch ausgeraubt, mustert er in der englischen Armee an. Nach Ausbildung und Überfahrt ins Kriegsgebiet trifft er seinen alten Freund Captain Grogan wieder. Als dieser in seinen Armen stirbt, wartet Barry nur auf eine Gelegenheit zu desertieren. Mit Hilfe entwendeter diplomatischer Papiere gelingt ihm die Flucht, doch gerät er bald darauf in die Fänge der preußischen Armee. Er gewinnt das Vertrauen von Hauptmann Potzdorf und wird nach Kriegsende in Berlin als Spion eingesetzt. Doch das Opfer, Chevalier de Balibari, ist ein irischer Landsmann, und Barry wechselt erneut das Lager. Geschickt narrt er die Preußen und feiert am Spieltisch Erfolge. Als Balibari abgeschoben werden soll, verkleidet sich Barry und kehrt so als Chevalier unbehelligt nach England zurück. Mit dem Baron bereist er die Spieltische Europas, ein gern gesehener Gast in den besten Kreisen der Gesellschaft. Doch Barry will noch höher hinaus. Mittels Heirat will er seinen Anspuch auf einen Adelstitel bekräftigen und bemüht sich um Lady Lyndon.

Die Hochzeit mit Lady Lyndon, mit der der zweite Teil beginnt, bildet den Höhepunkt im Aufstieg Redmond Barrys. Er darf sich jetzt Barry Lyndon nen-

Barry Lyndon: Ryan O'Neal und Marisa Berenson

nen. Doch dessen Geschichte ist ein kontinuierlicher Abstieg. Er lebt nur für seinen Genuß und gibt Unsummen aus, um seinen Rang in der Adelsgesellschaft zu behaupten. Lord Bullington, sein Stiefsohn, provoziert aus Eifersucht einen Eklat; Barry verprügelt ihn und wird fortan von der Gesellschaft gemieden. Seine einzige Liebe gilt seinem Sohn Brian, der an den Folgen eines Unfalls stirbt. Barry verliert jeden Halt und flüchtet sich in den Alkohol. Seine Mutter kümmert sich um ihn und den Haushalt. Sie entläßt Reverent Runt und bringt damit den nächsten Stein ins Rollen. Lord Bullington fordert Barry zum Duell, der dabei ein Bein verliert. Mit einer Leibrente von 500 Guineas und unter Androhung der Strafe für seine Vergehen wird er aus England verbannt.

Der komplexe Handlungsverlauf über mehrere Jahre hinweg wird durch einen Erzähler aus dem Off in seinen Etappen vermittelt. Vorausdeutungen und Kommentare führen zu einer distanzierten Sicht der turbulenten Ereignisse. Kubricks Akribie zeigt sich vor allem in der Auswahl und Inszenierung der Schauplätze sowie in den nach Original-Skizzen rekonstruierten Kostümen. Eine von der NASA entwickelte Speziallinse erlaubte es, bei Kerzenlicht zu drehen. *Barry Lyndon* zeigt eine durch und durch artifizielle Welt. Panoramaaufnahmen und Porträts geben dem Film immer wieder die Statik in sich ruhender Gemälde, deren Farbgestaltung beeindruckt. Regungslos hält die Kamera die Figuren auf Distanz. Kontrastiv dazu stehen Szenen der Gewalt, in denen Kubrick mittels einer Handkamera Bewegung inszeniert. Doch auch hier wird die Distanz nicht aufgehoben, sondern durch Überzeichnung eher noch verstärkt. Mit Musikstücken unterschiedlicher Genres – Volksmusik, Militärmusik und schließlich romantische Kammermusik – charakterisiert Kubrick den Wechsel sozialer Milieus und kommentiert die gesellschaftliche Karriere seines Helden.

Reinhard Baumgart: »Eine Schönheits-, eine Verzweiflungsmaschine«, in: Süddeutsche Zeitung, 16.9.1976; Walter Coppedge: »*Barry Lyndon*: Kubrick's Elegy for an Age«, in: Literature/Film Quarterly, 2001, H. 3; Ed DiGiulio: »Two Special Lenses for *Barry Lyndon*«, in: American Cinematographer, 1976, H. 3; Peter W. Jansen/Wolfram Schütte (Hg.): »Stanley Kubrick«. München 1984; Michael Klein: »Narrative and Discourse in Kubrick's Modern Tragedy«, in: ders./Gillian Parker (Hg.): The English Novel and the Movie. New York 1981; Rainer Rother: »Kühler Blick auf fremde Welt«, in: Lars-Olav Beier u.a.: Stanley Kubrick. Berlin 1999; William Stephenson: »The Perception of ›History‹ in Kubrick's *Barry Lyndon*«, in: Literature/Film Quarterly, 1981, H. 4; J.P. Telotte: »The Organic Narrative: Word and Image in *Barry Lyndon*«, in: Film Criticism, 1978/79, H. 3.

Klaus Bort

BARTON FINK USA (Circle Films)

1991. 35 mm, Farbe, 116 Min.
R: Joel Coen. B: Ethan Coen, Joel Coen.
K: Roger Deakins. Ba: Dennis Gassner.
S: Roderick Jaynes. M: Carter Burtwell.
D: John Turturro (Barton Fink), John Goodman (Charlie Meadows), Judy Davis (Audrey Tayler), Michael Lerner (Jack Lipnick), John Mahoney (W.P. Mayhew), Tony Shalboub (Ben Geisler), Jon Polito (Lou Breeze), Steve Buscemi (Chct), David Warrilow (Garland Stanford).

Die Brüder Joel und Ethan Coen sind Vertreter einer jüngeren Generation von amerikanischen Filmemachern, die ihr Handwerk an der Hochschule erlernt haben und die Kinogeschichte wie einen Fundus benutzen. Ihre Filme sind voller intellektueller Anspielungen, stets beziehen sie sich mehr oder minder ironisch auf einen überkommenen Formenbestand. *Blood Simple* (1983) war eine Variation auf den Krimi der Schwarzen Serie, *Arizona Junior* (1986) spielte mit Komödienklischees, und *Miller's Crossing* (1989) faßte in satirischer Absicht die Topoi des Gangster- und Mafiafilms zusammen. Dieses Metakino löste auch Kritik aus, die sich vor allem an *Barton Fink* entzündete: Erstmals in der Geschichte des Filmfestivals konnte ein Film alle drei Hauptpreise von Cannes auf sich vereinigen: die Goldene Palme, den Preis für die beste Regie sowie für den besten Hauptdarsteller.

Barton Fink steht in der Tradition jener Filme, in denen sich die Traumfabrik selbst reflektiert und knüpft an Klassiker des Sub-Genres wie Billy Wilders ↗*Sunset Boulevard*, Nicholas Rays *In a Lonely Place* (*Ein einsamer Ort*, 1950) oder Vincente Minellis *The Bad and the Beautiful* (*Stadt der Illusionen*, 1952) an: Geschichten, die aus der Perspektive desillusionierter Drehbuchautoren ein düster-melancholisches Bild von ›Hollywood Babylon‹ entwerfen. Auch der Protagonist dieses Films gehört zur schreibenden Zunft: Barton Fink ist ein junger Broadway-Autor, der in den vierziger Jahren, also zur Blütezeit der großen Studios, dem Ruf des Kinos folgt. Reüssiert hat er mit einem naturalistischen Sozialdrama über das Leben der kleinen Leute – nun soll er für den Tycoon Jack Lipnick das Drehbuch zu einem Reißer mit dem Star Wallace Beery verfassen. Bei dem ambitionierten, aber unsicheren jungen Mann löst dieses Ansinnen eine unüberwindbare Schreibhemmung aus.

Der Film verarbeitet die bitteren Erfahrungen, denen prominente Autoren seinerzeit als Lohnschreiber der Unterhaltungsindustrie unterworfen waren: Für den trinkenden Romancier William Mayphew, eine Nebenfigur, könnte William Faulkner Pate gestanden haben, und die Figur des Studiobosses Lipnick hat offensichtlich ein historisches Vorbild in dem legendären MGM-Chef Louis B. Mayer. Doch *Barton Fink* ist nicht nur eine Erzählung über die gescheiterten Hoffnungen eines Künstlers, denn von Anfang an mischen sich surreale Elemente in das Sittenbild. Die Inszenierung entfaltet eine klaustrophobische Situation, drängt das Geschehen auf wenigen Schauplätzen zusammen. Eingeschlossen in einem heruntergekommenen Hotelzimmer, das er zum Wohnen und Arbeiten gemietet hat, muß der naive Barton Fink sich unbequemen Fragen stellen: Was eigentlich die ›Wahrheit‹ ist, über die er so emphatisch zu schreiben vorgibt. Sein und Schein verschwimmen zur Ununterscheidbarkeit – Phantastisches sickert in die Fiktion ein. Dynamische Kamerafahrten enden in beunruhigenden Nahaufnahmen

alltäglicher Dinge, Finks Schreibmaschine scheint ein Eigenleben zu führen, ebenso das Zimmer, dessen Tapeten sich auf geisterhafte Art von den Wänden lösen. Schließlich entgleist auch die Handlung: Der Held findet eine Leiche in seinem Bett und wird verstrickt in einen bizarren Kriminalfall.
Der verfremdende Inszenierungsstil wurde gelegentlich mit den neueren Filmen von David Lynch in Verbindung gebracht, die ihre Horror-Effekte ganz ähnlich aus einer Vergrößerung des Banalen, scheinbar Nebensächlichen beziehen. Tatsächlich aber geht die Verstörung bei den Coens noch weiter: *Barton Fink* wirkt wie eine Persiflage auf den zwanghaften Symbolismus und die ästhetische Manier des sogenannten postmodernen Kinos, weil der Film das Bedürfnis nach Deutung beständig ins Leere laufen läßt. Einmal versenkt sich die Kamera in den Abfluß eines Waschbeckens und scheint in suggestiver Fahrt die Kanalisation zu durchqueren. Wenn sie wieder auftaucht, ist nichts gewesen.

»*Barton Fink. Miller's Crossing*«. Boston, London 1991. (Filmtext).
Brigitte Desalm: »*Barton Fink*«, in: Peter Körte/Georg Seeßlen (Hg.): Joel & Ethan Coen. Berlin 1998; Michael Dunne: »*Barton Fink*, Intertextuality, and the (Almost) Unbearable Richness of Viewing«, in: Literature/Film Quarterly, 2000, H. 4; Thierry Jousse: »Coen à cent pour cent«, in: Cahiers du Cinéma, 1991, H. 448; Peter Körte: »*Barton Fink*«, in: epd film, 1991, H. 10; Annette Kilzer/Stefan Rogall: »Das filmische Universum von Joel und Ethan Coen«. Marburg 1998; Reinhard Middel: »Vom Unvermögen des Autors, postmodern«, in: Jürgen Felix (Hg.): Die Postmoderne im Kino. Marburg 2002; Karl Sierek: »Das letzte Bild«, in: Meteor, 1995, H. 1.

Sabine Horst

BARWY OCHRONNE (Tarnfarben).

Polen (PRF Zespóły Filmowe/Tor, WFD Warszawa) 1976. 35 mm, Farbe, 106 Min.
R+B: Krzysztof Zanussi. K: Edward Klosiński. Ba: Tadeusz Wybult, Maciej Putowski, Ewa Braun, Joanna Lelanow. M: Wojciech Kilar. D: Piotr Garlicki (Magister Jaroslaw Kruszyński), Zbigniew Zapasiewicz (Dozent Jakub Szelestowski), Christine Paul-Podlasky (Nelly), Mariusz Dmochowski (Prorektor).

Eine Figurenkonstellation fast wie in einem Western: auf der einen Seite der Bösewicht, ein teuflischer Opportunist, der stets immer eine Nasenlänge voraus zu sein scheint, Dozent Jakub. Ihm gegenüber das Greenhorn, etwas naiv, aber gerade deswegen liebenswert, Magister Jaroslaw. Beide führen uns ein Spiel vor, eine Parabel von der Umwandlung des Good Guys in einen Bad Guy. Oder auch von Dr. Faust in Mephistopheles. Die Spielleitung hat Krzysztof Zanussi, ein Moralist, der für eine ganze Generation polnischer Filmemacher der Vorreiter war, der das sogenannte Kino der moralischen Unruhe auf den Weg brachte.
In der weitgehenden Isolation des Sommerlagers einer polnischen Universität treffen die beiden Kontrahenten aufeinander. Der Magister ist entsetzt über den Zynismus des ihm vorgesetzten Dozenten, der die Studenten mit lächerlichen, nichtssagenden Phrasen abspeist, der seine kleinen und großen Siege aus der Feigheit und Inkonsequenz der schweigenden Masse gewinnt, auch aus der Inkonsequenz des jungen Magisters. Am Ende kommt es – wie im Western – zum Showdown zwischen den beiden Kontrahenten. Der Verlierer steht jedoch schon vorher fest: Es ist Jaroslaw, der sich mit dem Teufel einließ, der nicht konsequent er selbst geblieben ist. Der Regisseur unterstreicht den Modellcharakter dieses Duells, indem er die beiden Männer auch zu Rivalen beim Ringen um ein Mädchen macht. Nelly, eine in Frankreich lebende Studentin mit polnischen Vorfahren, versteht allenfalls instinktiv etwas von der grundsätzlichen Auseinandersetzung. Wie häufig in den polnischen Filmen Zanussis kommt der Ausländerin die Funktion eines naiven Katalysators zu. Daß sie sich am Ende für den Opportunisten entscheidet, spricht zusätzlich noch gegen sie.
Fast alle in Polen gedrehten Filme des Regisseurs, der seit 1974 auch regelmäßig in Westeuropa arbeitete, kreisen um moralische Fragestellungen, sind Parabeln über die verschiedenen Existenzmöglichkeiten von Menschen in einer sich sozialistisch nennenden Gesellschaftsordnung. Diese wird nicht

grundsätzlich in Frage gestellt, sondern als Tatsache hingenommen. Zanussi war nie ein Dissident; seine Filme enthalten keine verschlüsselten Botschaften. Ihn interessiert allein das moralische Verhalten des einzelnen Menschen in dieser Gesellschaft. Was ist der Preis für eine sogenannte gesellschaftliche Anerkennung, für eine wissenschaftliche Karriere beispielsweise? Wie weit darf man gehen bei den kleinen Kompromissen des Lebens? »Ohne Moral kann man nicht klar sehen, die Dinge nicht verstehen. Diese moralische Botschaft wollte ich in *Tarnfarben* vermitteln.« (Zanussi).

Fast immer siedelt Zanussi seine Geschichten in der Welt der Wissenschaft oder der Intellektuellen an, einem Milieu, das der studierte Physiker und Philosoph genau kennt. Sein fünfter polnischer Film *Barwy ochronne*, eine sehr konzentriert und klar erzählte Geschichte, wurde der erste kommerzielle Erfolg des Regisseurs in seinem Heimatland. Zanussi, der sich von Anfang an distanzierte von einem polnischen Kino, das in der Tradition der literarischen Romantik des Landes steht und – wie das von Andrzej Wajda – stark vom Symbolismus geprägt ist, betont andererseits seine Verwurzelung in der Tradition der russischen wie polnischen Literatur des vergangenen Jahrhunderts, der Literatur der großen Realisten, die stets auch Moralisten waren.

»*Tarnfarben*«, in: Krzysztof Zanussi: Struktur des Kristalls. Berlin (DDR) 1981. (Filmerzählung).

Françoise Audé: »L'innommable (sur *Camouflage* et *Spirale*)«, in: Positif, 1979, H. 225; Jacques Demeure: »Entretien avec Krzysztof Zanussi sur *Camouflage*«, in: Positif, 1979, H. 225; Marek Haltof: »Polish National Cinema«. New York, London 2002; Philip Strick: »*Barwy Ochronne* (*Camouflage*)«, in: Monthly Film Bulletin, 1979, H. 540.

Michael Hanisch

BEIJO DA A MULHER ARANHA

(Der Kuß der Spinnenfrau). Brasilien/USA (HB Filmes/Sugarloaf) 1985. 35 mm, Farbe + s/w, 124 Min.

R: Hector Babenco. B: Leonard Schrader, nach dem gleichnamigen Roman von Manuel Puig. K: Rodolfo Sanchez. Ba: Clovis Bueno. S: Mauro Alice, Lee Persy. M: John Neschling, Wally Badarou.

D: William Hurt (Luis Molina), Raul Julia (Valentin Arregui), Sonia Braga (Leni Lamaison/ Marta/Spider Woman), José Lewgoy (Wärter), Milton Goncalves (Pedro), Miriam Pires (Molinas Mutter), Nuno Leal Maia (Gabriel), Fernando Torres (Americo), Patricio Bisso (Greta), Herson Capri (Werner).

Beijo da a mulher aranha war die erste Produktion, die der Brasilianer Hector Babenco in englischer Sprache und mit internationalen Stars realisierte. Mit dem Sozialdrama *Pixote, a lei de mais fraco* (*Asphalt-Haie*, 1981) hatte Babenco Aufmerksamkeit erregt, *Kiss of the Spider Woman*, so der englische Titel, verhalf ihm zum Durchbruch: Der Film wurde für drei Oscars nominiert – als bester Film, für die beste Regie sowie das beste adaptierte Drehbuch –, und mit einem ausgezeichnet, der an William Hurt in der Hauptrolle ging.

Der Roman Manuel Puigs sperrt sich der Verfilmung nicht so sehr, wie es auf den ersten Blick den Anschein hat. Die Rahmenhandlung spielt zwar ausschließlich zwischen den Mauern eines südamerikanischen Gefängnisses, doch bricht die Erzählung diese klaustrophobische Situation durch surrealistische Exkurse immer wieder auf. Luis Molina, ein junger Homosexueller, der wegen einer Beziehung zu einem Minderjährigen verhaftet wurde, träumt sich aus seinem Elend hinweg – mitten hinein in eine exotisch-schwüle Kolportage-Welt, deren Versatzstücke der Filmfan Puig dem Kino der dreißiger und vierziger Jahre entlehnt, dem nationalsozialistischen Melodram zumal. Luis' Zellengenosse Valentin Arregui sitzt aus politischen Gründen ein und fühlt sich von den Phantasien des betont effeminierten Schwulen zunächst abgestoßen – sie dokumentieren für ihn nichts anderes als falsches Bewußtsein. Aber allmählich entwickelt sich zwischen den beiden ein tieferes Verständnis: Luis gelingt es, den anderen durch seine Erzählungen zu fesseln, und umgekehrt weckt Valentin in Luis den Geist des Widerstands. Die Abgeschlossenheit, das Irreale ihres Gefängnisdaseins bedeutet schließlich – im Horizont des Films wie des Romans – für die Hauptfiguren eine Chance: Die Chance, ihrer Beziehung eine Form zu geben, die nicht vom alltäglichen Machismo, von Zwang und Konventionen bestimmt ist und Intimität ganz selbstverständlich einschließt. Die Kamera folgt in sorgsam choreographierten Bewegungen den Schauspielern und gibt vor allem William Hurt als Luis Molina Gelegenheit, sich auszuagieren – in ihrer Mischung aus Camp-Attitüde, Sentiment und Pathos ist seine Vorstellung eine Tour de Force, neben der die subtilere Leistung von Raul Julia verblassen muß. Der Film würde theaterhaft wirken, wären nicht die Sequenzen, in denen Babenco mit entschiedenem Willen zum Kitsch die von Molinas Erinnerung beschworenen Nazi- und Dschungelmelodramen nachstellt. Es handelt sich dabei nicht um bloße Imitationen der Originale, sondern um ›revidierte‹ Fassungen: Wenn der Homosexuelle die Handlung eines Zarah-Leander-Films nacherzählt, wird der propagandistische Gehalt geschickt unterlaufen und es ergeben sich völlig neue Konnotationen und Anspielungsmuster. So erzählt *Beijo da a mulher aranha* – neben der recht allgemein gehaltenen humanistischen Botschaft – auch etwas über die Funktion der Kolportage: Sie entleiht ihre Bilder zwar dem Fundus des Ideologischen, aber gelegentlich scheint in ihren verlogenen Konstruktionen der Geist der Utopie auf.

»*Kiss of the Spider Woman*«. Boston, London 1987. (Filmtext).
Heidi Brang: »*Der Kuß der Spinnenfrau*«, in: Film und Fernsehen, 1990, H. 7; Wolf Donner: »*Der Kuß der Spinnenfrau*«, in: tip-Filmjahrbuch, Bd.2, Frankfurt a.M. 1986; Petra Gallmeister: »Kinomythen kontra Revolution«, in: Joachim Schmitt-Sasse (Hg.): Widergänger. Münster 1993; Boze Hadleigh: »The Lavender Screen«. New York 1993; Inga Karetnikova/Susanna Barber: »Cinematic Qualities in the Novel ›Kiss of the Spider Woman‹«, in: Literature/Film Quarterly, 1987, H. 3; Henri Lopez-Terres: »*Le baiser de la femme araignée*«, in: Cinématographe, 1985, H. 112; Kim Newman: »*Kiss of the Spider Woman*«, in: Monthly Film Bulletin, 1986, H. 624; Claudius Seidl: »*Der Kuß der Spinnenfrau*«, in: epd Film, 1986, H. 7; Reinhold Rauh: »Neues lateinamerikanisches Kino?«, in: medien + erziehung, 1987, H. 1; Maurizio Viano: »*Kiss of the Spider Woman*«, in: Film Quarterly, 1986, H. 3.

Sabine Horst

BEING JOHN MALKOVICH

USA/Großbritannien (Universal/Gramercy/Propaganda Films) 1999. 35 mm, Farbe, 112 Min.
R: Spike Jonze. B: Charlie Kaufman. K: Lance Acord. S: Eric Zumbrunnen. M: Carter Burwell.
D: John Cusack (Craig Schwartz), Cameron Diaz (Lotte Schwartz), Catherine Keener (Maxine Lund), John Malkovich (John Horatio Malkovich).

Das gemeinsame Kinodebüt des TV-Drehbuchautors Charlie Kaufman und des Werbe- und Musikclip-Regisseurs Spike Jonze ist eines der kühnsten in der US-amerikanischen Filmgeschichte. Zwar waren im Hollywood-Kino Ende der neunziger Jahre selbstreflexive und philosophische Kommentare zu Fragen nach Realität, Medien und (Selbst-)Erkenntnis durchaus keine Seltenheit. Filme wie *The Game* (1997), *Lost Highway* (1997), *Face/Off* (1997), *Event Horizon* (1997), *Dark City* (1998), *The Truman Show* (1998), *Pi* (1998), *Pleasantville* (1998), *The Thirteenth Floor* (1999) und *Matrix* (1999) gestalteten eine seltene und zudem erfolgreiche Hochzeit des Spiels um (Kino-)Identität. Die Ebenen jedoch, mit denen *Being John Malkovich* dieses Koordinatensystem ergänzte, waren dazu angetan, noch einmal alles über den Haufen zu werfen.
Craig Schwartz, damit beginnt das Prinzip der Deviation, ist irgendwie ›anders‹. Tagsüber gibt er sich als Marionetten-Virtuose seiner Obsession hin, in das Leben seiner selbstgebauten Puppen zu schlüpfen. Feierabends sitzt er mit einem Affen zusammen auf seiner Couch vor dem Fernseher. Craigs Frau Lotte liebt Tiere, verdient das Familiengeld in einer Zoohandlung und meint es ganz und gar nicht zynisch, wenn sie ihrem deprimierten Mann in Aussicht stellt: »Maybe you'd feel better if you had a job.«

So sei es denn: Widerwillig übernimmt der verhuschte Craig einen Bürojob, dessen Branchenzugehörigkeit weniger interessant ist als seine Lage: 7 1/2 Stock. Dorthin gelangt nur, wer im Fahrstuhl zwischen Etage sieben und acht im rechten Moment die Brechstange einsetzt. In diesem Halbgeschoß eines Hochhauses von Manhattan hat die Firma »Lester Corp.« ihren Sitz. Sitzen funktioniert hier auch gerade noch, ansonsten begegnet man sich in gebückter Haltung zur kurzen Plauderei auf dem Flur. Falls jemand noch nach einem so absurden wie treffenden Bild für den Druck des flexiblen Kapitalismus gesucht haben sollte – hier ist es.

In dieser Mehrwertpresse verliebt sich Craig in seine toughe Kollegin Maxine, doch bevor sich dies zur Romanze ausweiten kann, schlägt der Surrealismus zu. Craig entdeckt hinter einem Aktenschrank einen Tunnel, der direkt in den Kopf des Schauspielers John Malkovich führt. Dort angekommen, kann man eine knappe Viertelstunde lang mit Malkovichs Augen sehen, mit dessen Hirn denken und in seiner Haut fühlen – dann wird der Malkovich-Gast am staubigen Rand eines Freeways vor Manhattan wiedergeboren. Das heißt: Er oder sie platscht leicht vollgeschleimt aus dem Nichts in den Straßenstaub.

Craig kann seine Entdeckung natürlich nicht für sich behalten, und so kommt es zu einer der spannendsten Verwicklungen, die am Ende des 20. Jahrhunderts im Kino zu sehen waren: Maxine und Craig machen den *tunnel of identity* – das Ego-Kino im Hirn eines Schauspielers – zum Geschäft (200 Dollar pro Besuch), und Lotte wird süchtig nach der Reise ins Nicht-Ich. Genauer gesagt besteht Lottes Sucht darin, im Körper John Malkovichs mit Maxine zu schlafen, die ihrerseits von diesem gedoppelten und indirekt-direkten Begehren angezogen ist. Eine neue Form des ›Gender-Bending‹: Eine Frau liebt durch den Körper eines Mannes eine Frau, die es liebt, von beiden zugleich geliebt zu werden.

Die Eskalation ist jedoch selbst dann noch nicht auf ihrem Höhepunkt angelangt, als John Malkovich Craigs und Maxines Geschäft entdeckt und nun höchstselbst sein Inneres aufsucht. Denn wenig später beginnt Craig qua seiner Marionettenspielerfähigkeiten die Kontrolle über Malkovich zu übernehmen und die Zeit des »Being John Malkovich« beliebig auszudehnen. Noch dazu kommt Lotte, die wortwörtlich durch John Malkovich ihre Liebe zu Maxine entdeckt hat, schließlich hinter das Geheimnis der unheimlichen Tunnelverbindung, das zu dem 104jährigen Boss der »Lester Corp.« führt.

Das Tempo, der Witz und die faszinierenden Wendungen, mit denen *Being John Malkovich* Identitäten wechselt, als Konstruktionen kenntlich macht und gleichzeitig respektiert, überspielt, wenn man sich erst einmal darauf eingelassen hat, alles Nachdenken über diese Geschichte. Erst nachdem wir – ähnlich den Besuchern John Malkovichs – von diesem Film ›ausgespuckt‹ worden sind und im Kinosessel wieder zu uns kommen, ist Zeit, all das zu überdenken. Das Motiv der Marionette gehört dazu, das den Film unprätentiös durchzieht und in seinem Spiel mit Identität die Verbindung von schwarzer Romantik und Postmoderne nachvollzieht. In gewisser Weise wird hier das im Hollywood der späten 1990er Jahre so beliebte Thema der virtuellen Realitäten und Identitätswechsel absurd-liebevoll geerdet und zugleich in eine größere Freiheit überführt. Und diese lebt nicht zuletzt in jener eigenwilligen Behutsamkeit, mit der sich *Being John Malkovich* der Liebe nähert.

»*Being John Malkovich*«. London, Boston 2000 (Filmtext).

Chris Chang: »Head Wide Open«, in: Film Comment, 1999, H. 5; Dana Dragunoiu: »Psychoanalysis, Film Theory, and the Case of *Being John Malkovich*«, in: Film Criticism, 2001/02, H. 2; Julika Griem: »Puppe und Affe«, in: Gisela Febel (Hg.): Menschenkonstruktionen. Göttingen 2004; Sabine Kyora: »Im Körper des Anderen: *Being John Malkovich*«, in: Oliver Jahraus/Stefan Neuhaus (Hg.): Der fantastische Film. Würzburg 2005; Janet Maslin: »*Being John Malkovich*: A Portal Leading to Self-Parody«, in: New York Times, 1. 10. 1999; Scott Repass: »*Being John Malkovich*«, in: Film Quarterly, 2002, H. 1; Jonathan Romney: »*Being John Malkovich*«, in: Sight and Sound, 2000, H. 3; Merten Worthmann: »Bitte verlassen Sie meinen Kopf«, in: Die Zeit, 4. 5. 2000.

Jan Distelmeyer

BEIQING CHENGSHI (Stadt der Traurigkeit). Taiwan (3-H Films/Era) 1989. 35 mm, Farbe, 158 Min.
R: Hou Hsiao Hsien. B: Wu Nianzhen, Zhu Tianwen. K: Chen Huaien. S: Liao Qingsong. M: Chang Hongyi.
D: Tony Leung (Lin Wenqing), Xin Shufen (Hinomi), Zhen Songyong (Lin Wenxiong), Gao Jie (Lin Wenliang), Li Tianlu (Lin Alu), Wu Yifang (Hinoe).

Den Anfang des Films setzt die Tonspur. Während die Credits ablaufen, hört man Geräusche, Stöhnen – die Geliebte Wenxiongs schenkt einem Sohn das Leben. Die Geburt des »Licht« benannten Kindes wird rituell gefeiert mit dem Verbrennen von »Geistergeld« und guten Wünschen für Gesundheit und Erfolg. Sie nützen nichts: Am Ende sind von den Feiernden nur wenige noch am Leben, im Haus lebt keine Familie mehr.

Taiwan von 1945 bis 1949, von der Kapitulation Japans, die der Insel die Befreiung brachte, bis zur endgültigen Machtübernahme durch den Kuomintang, mit der neue Besatzer kamen. Der Film erzählt eine Geschichte, die im Lande lange unter Tabu stand: Über 40 Jahre, seit dem Massaker an den Angehörigen der Unabhängigkeitsbewegung durch Einheiten des Kuomintang am 28. Februar 1947, wurde Taiwan unter Kriegsrecht gehalten. Der Blick richtet sich auf eine Familie, verstrickt in die Umbruchszeit, die Zerstörung bringen wird. Die politische Macht bleibt unsichtbar – die Erklärung des Kriegsrechts ist nur zu hören, zu sehen ist allenfalls, daß noch die Reaktionen darauf unterdrückt werden; zuletzt sieht man nicht einmal mehr Zuhörer vor dem Radio, nur noch die Landschaft Taiwans, von Stromleitungen durchzogen.

Vier Söhne hat Lin Alu, der als Greis nur noch beobachtend, manchmal kommentierend dem Geschehen gegenübersteht. Einer ist von den Japanern auf die Philippinen in den Krieg gezwungen worden, er kehrt nicht wieder. Ein anderer mußte in Shanghai dienen, wurde deshalb unter dem neuen Regime verhaftet und mißhandelt, so daß er jetzt als der ›debile Onkel‹ sein Dasein im Haushalt fristet. Der älteste ist Lin Alus Nachfolger in der Funktion eines ›Paten‹, eines Gangsters, der für die Seinen sorgt. Ihn erschießen, nach langen, nur mühsam in den Formen der Gangstreitigkeiten gehaltenen Auseinandersetzungen, die Konkurrenten, die vom chinesischen Festland kamen. Der jüngste, Lin Wenqing, seit dem achten Lebensjahr taubstumm, arbeitet als Fotograf und sympathisiert mit der Untergrundbewegung. Am Ende des Films erfährt man von seiner erneuten Verhaftung – es wird die letzte gewesen sein, man wird ihn zu den ›Verschwundenen‹ rechnen müssen.

Die Vernichtung erscheint in den Auslassungen mehr noch als in den Momenten, wo die distanziert aufgenommene Gewalt im Film zu sehen ist. Nur die Bandenkämpfe zeigt Hou Hsiao Hsien – hier gibt es nachvollziehbare Interessen der Protagonisten. Was aber in den politischen Kämpfen geschieht, dafür gibt es kaum ein Bild. Davon berichten Erzählungen aus dem Off. Aus den Zetteln, die Wenqing und Hinomi tauschen, erfährt man von den Katastrophen des vergeblichen politischen Kampfes. Schließlich ist die Kluft zwischen dem privaten Leben und der politischen Realität zum Schmerz gespannt. Man sieht Hinomi, wie sie in ihr Tagebuch schreibt, hört den Text: von den ersten Frühlingsgewittern, den Besuchen von Freunden ihres im Untergrund lebenden Bruders; von der glücklichen Zeit, die sie mit Wenqing und dem Kind verlebt, berichtet sie ihrer Nichte. Während sie schreibt, hangelt sich das Kind am Tisch entlang, greift unbeholfen nach der Teekanne, die Hinomi außer Reichweite stellt. Sie tröstet das Kind, das aus dem Bild verschwindet und dann wieder am Tisch sitzt, auf der anderen Seite Hinomis angelangt. Was die Bilder zeigen und wovon im Off gesprochen wird, kommt nicht zusammen.

In einer Szene verdichtet sich die Konfrontation von Ton und Bild: In der Nacht erhält Wenqing einen Brief. Er bringt ihn zu seiner Frau, hat ihn auf dem Weg gelesen. Während sie das Kind füttert, liest sie das Schreiben, läßt es sinken. Das Kind, fröhlich, will weiter gefüttert werden, nimmt im Spiel den Brief, steckt ihn in den Mund, läßt ihn sich wieder abnehmen, krabbelt zum Napf – bis Hinomi, unter Tränen, zu denen der Säugling lächelnd aufblickt,

Beiqing chengshi

wieder den Löffel zur Hand nimmt. Beide Sequenzen bestehen zusammen aus vier Einstellungen und dauern fünf Minuten: Die Intensität, die ihnen eigen ist, entsteht aus dem Mut, nicht zu forcieren.

Wenqing will noch ein Photo von der Familie, die nicht länger in eine größere eingebettet ist. Sorgfältig kämmt er sich, richtet den Apparat ein, setzt sich zu Hinomi und dem Kind. Als der Selbstauslöser einrastet, gefriert das Filmbild: eine in Trauer, nicht mehr in Freude vereinte Familie. Den letzten Einstellungen in Lin Alus Haus ist der Brief unterlegt, der von Wenqings Verhaftung erzählt. Lin Alu hat noch einen Sohn verloren.

Antoine de Baecque: »Le temps suspendu«, in: Cahiers du Cinéma, 1990, H. 438; Raphaël Bassan/Pierre Gras: »*Cité des douleurs*. Le choc des cultures«, in: La Revue du Cinéma, 1990, H. 466; Michel Egger: »Tournage«, in: Positif, 1989, H. 338; Dorothée Kreuzer: »Als gestern noch morgen war«, in: film-dienst, 1991, H. 5; Anke Leweke: »*Beiqing Chengshi*«, in: Rainer Rother: Mythen der Nationen: Völker im Film. München, Berlin 1998; Hubert Niogret u.a.: »Hou Hsiao-Hsien. Retrouver la mémoire«, in: Positif, 1990, H. 358; Martin Rabius: »*Stadt der Traurigkeit*«, in: epd Film, 1992, H. 6; Bérénice Reynaud: »*A City of Sadness*«. London 2002; Rainer Rother: »Distanzierte Beobachtungen – Einfache Geschichten«, in: filmwärts, 1990, H. 18; Rüdiger Tomczak: »*Stadt der Trauer*«, in: Journal Film, 1991, H. 24.

Rainer Rother

BELLE DE JOUR

(Belle de Jour – Schöne des Tages). Frankreich (Paris Film) 1966/67. 35 mm, Farbe, 100 Min.

R: Luis Buñuel. B: Luis Buñuel, Jean-Claude Carrière, nach dem gleichnamigen Roman von Joseph Kessel. K: Sacha Vierny. A: Robert Clavel. S: Louisette Hautecoeur.

D: Cathérine Deneuve (Séverine Sérizy), Jean Sorel (Pierre Sérizy), Michel Piccoli (Henri Husson), Geneviève Page (Madame Anaïs), Francisco Rabal (Hippolyte), Pierre Clémenti (Marcel), Muni (Pallas, das Dienstmädchen).

Buñuel kündigte *Belle de jour* als seinen Abschied von der Regiebühne an. Publikum wie Kritik nahmen das angebliche Abschiedsgeschenk eines »kränklichen, müden und fast tauben« Regisseurs wohlgefällig an, der Film erntete bei den Filmfestspielen in Venedig 1967 den Goldenen Löwen und wurde Buñuels größter kommerzieller Erfolg. Sein letzter Film war *Belle de jour* keineswegs, er markierte vielmehr den Wendepunkt zum erfolgreichen Spätwerk des Regisseurs, in dem er in opulent ausgestatteten Filmen die Bourgeoisie, ihre Moral und ihre Irrationalität inszenierte.

Belle de jour erzählt vom Doppelleben einer Großbürgerin, die in ihrer scheinbar glücklichen Ehe ein sinnentleertes und gelangweiltes Dasein führt. Während sie sich ihrem Mann sexuell verweigert, wird ihre Phantasie von masochistischen Vorstellungen okkupiert, in denen sie geschlagen und vergewaltigt wird. Von Husson, einem Freund ihres Mannes, auf ein Etablissement aufmerksam gemacht, beginnt sie dort als »Belle de jour« für drei Stunden am Tag ein Leben als Prostituierte und gibt ihrem Doppelleben Gestalt und Realität. Als die Verborgenheit dieses Lebens gefährdet wird, zum einen durch Husson, der sie entdeckt, zum anderen durch den jungen Gangster Marcel, der sich in sie verliebt und ihr folgt, beschließt sie, auf ihre Nebentätigkeit zu verzichten. Doch der eifersüchtige Marcel schießt Pierre nieder und wird seinerseits von der Polizei erschossen.

Zentrales Thema des Films ist der – anerzogene – Zwiespalt in den Gefühlen einer Frau, die Isolierung der Liebe von der Lust. Ihren Ursprung – so deuten es auch die zwei Kindheitsrückblenden an – hat sie in der lustfeindlichen katholischen Erziehung und der patriarchalischen Gesellschaft, die den Ort der Frau als Ehefrau und Mutter markiert und Sexualität lediglich zum Zweck der Fortpflanzung akzeptiert. Für Séverine kann der Ort der Liebe nicht der Ort der Lust sein, ihren Ehemann vermag sie zu lieben, aber nicht zu begehren.

Die männlichen Figuren um sie herum charakterisieren ihre Position noch deutlicher: Pierre als Vaterfigur, als Garant der Sicherheit, die vom realen Vater auf den Ehemann übertragen wird. Husson als Verkörperung der Lust, zu der er sich als Mann bekennen darf, eine Position von Freiheit, die für Séverine als Frau ausgeschlossen ist und schließlich Marcel als Verkörperung jener ›amour fou‹, die Séverines Stand ebenfalls ausschließt.

Thematisch also eher eine soziologische Fallstudie, wurde in der Rezeption gerade die soziale Motivation zugunsten einer metaphysischen Auslegung verdrängt. Das Klischee von der Frau als Heilige oder Hure bemühte beispielsweise Karl Korn: »Dieser zarte Körper läßt sich nicht an einer konventionellen Ehe genügen. Séverine gerät wie von einem ihr unbekannten Dämon geführt in das Etablissement. Sie stürzt sich mit Todesmut in grausame, ihrer Natur und Erziehung konträre Erlebnisse mit den abstoßendsten, grausamsten und erniedrigendsten Erscheinungsformen des Geschlechts. Die Frau, ein unkeuscher Engel, in der Nacktheit grazil und rührend, ist vom Hunger nach Grausamkeit, Perversionen und Ekel getrieben.«

Der in Brauntönen gehaltene Film besticht durch die Eleganz, die das Leben seiner Protagonistin prägt; selbst ihre masochistischen Tagträume unterscheiden sich stilistisch kaum oder gar nicht von der übrigen Filmhandlung: immer spielen sie innerhalb eines großbürgerlichen oder sogar aristokratischen Kontextes. Zur Kundschaft des Etablissements der Madame Anais gehören vornehmlich Männer der höheren Gesellschaftsschichten, alles geht diskret vor sich: Buñuels filmische Sicht auf das Geschehen ist nicht voyeuristisch, oftmals ist sie sogar hermetisch. Zwar läßt sich reale Handlung von Traumhandlung relativ einfach unterscheiden, aber Buñuel läßt auch Geheimnisse offen, in Form von wiederkehrenden, aber keine offensichtliche Bedeutung tragenden Motiven (Katzen, Glocken und Kutschen). Filmgeschichte machte die Frage, was sich wohl in dem Kästchen befinde, das der asiatische Bordellbesucher bei sich hat und dessen Inhalt – den die Kamera nicht zeigt – bei Séverine Begeisterung, bei ihren Kolleginnen Entsetzen auslöst.

Viele Fragen offen läßt auch der Ausgang der Filmhandlung: An die Szene, in der Séverine ihren stummen und gelähmten – und dazu von Husson über sie aufgeklärten – Ehemann pflegt, schließen sich Bilder an, die nach dem eben Gezeigten eigentlich unmöglich sind: Pierre springt aus seinem Sessel auf, umarmt seine Frau und die beiden schmieden vergnügt Urlaubspläne. Daß allerdings auch an dieser Stelle wieder eine Kutsche und Glockenklang präsent sind, spricht für einen Wunschtraum Séverines, in dem sie dieses Mal das Normale herbeisehnt.

»*Belle de jour*«, in: L'Avant-Scène du Cinema, 1978, H. 206 (Drehbuch). - London, New York 1971. (Filmtext engl., Materialien).

Robert Benayoun/Louis Seguin: »*Belle de jour*«, in: Positif, 1967, H. 87; Patrice Chagnard: »*Belle de jour*«, in: Téléciné, 1967, H. 135; Marvin D'Lugo: »Glances of Desire in *Belle de jour*«, in: Film Criticism, 1977/78, H. 2/3; Frieda Grafe: »*Belle de jour - Schöne des Tages*«, in: Filmkritik, 1967, H. 11; Dieter Prokop: »Der Surrealismus und der kinematographische Schock«, in: Film 1967. Velber 1968; Andrea Sabbadini: »Of Boxes, Peepholes and Other Perverse Objects«, in: Peter William Evans/Isabel Santaollalla (Hg.): Luis Buñuel. London 2004; Paul Denney Sandro: »Textuality of the Subject in *Belle de jour*«, in: Sub-Stance, 1980, H. 1980; Jutta Schütz: »Außenwelt - Innenwelt. Thematische und formale Konstanten im Werk von Luis Buñuel«. Frankfurt 1990; dies.: »Vom Ende her gesehen«, in: Ursula Link-Heer/Volker Roloff (Hg.): Luis Buñuel. Darmstadt 1994; Michael Wood: »*Belle de jour*«. London 2000.

Christiane Altenburg

LA BELLE ET LA BÊTE

(Es war einmal / Die Schöne und das Tier). Frankreich (André Paulvé) 1945/46. 35 mm, s/w, 95 min.

R: Jean Cocteau. B: Jean Cocteau, nach dem gleichnamigen Märchen von Jean Marie Leprince de Beaumont. K: Henri Alekan, Henri Tiquet. Ba: Christian Bérard, René Moulaert. M: Georges Auric.

D: Jean Marais (Tier, Avenant und Prinz), Josette Day (Belle), Marcel André (Vater, Kaufmann), Mila Parély (Félicie), Nane Germon (Adélaide), Michel Auclair (Ludovic), Raoul Marco (Geldverleiher).

Ein Kaufmann hat drei Töchter und einen Sohn, leider allesamt mißraten - mit Ausnahme der jüngsten Tochter, Belle. Eines Tages verirrt sich der Vater auf einer Reise im tiefen Wald in ein Zauberschloß. Dessen Herr, ›das Untier‹, will ihn mit dem Tode bestrafen, weil er für Belle einen Rosenzweig aus dem Schloßgarten brach. Belle liefert sich an des Vaters Stelle dem Untier aus, das sich sofort in sie verliebt. Seine Heiratsanträge lehnt sie ab, aber sie gewöhnt sich allmählich an ihren Gebieter. Da wird der Kaufmann krank. Das Untier erlaubt Belle, ihn zu besuchen. Zuhause wird sie sich ihrer Liebe zu dem Untier bewußt. Länger als beabsichtigt fern geblieben, findet sie bei der Rückkehr in das Schloß das Tier im Sterben begriffen vor - todkrank vor Liebeskummer. Als Belles Verehrer aus dem Heimatdorf in Begleitung ihres Bruders in den Schatztempel des Schlosses eindringt, wird er von einer Statue der Göttin Diana durch einen Pfeilschuß getötet. Sterbend nimmt er die Gestalt des Untiers an, während jenes als Prinz mit dem Aussehen des Verehrers wieder lebendig wird und Belle mitnimmt in sein Reich.

Der Märchenfilm, in der unmittelbaren Nachkriegszeit realisiert, entstand unter extremen Schwierigkeiten: Unfälle und Krankheiten beeinträchtigten die Dreharbeiten, das Filmmaterial war knapp, Stromunterbrechungen legten die Aufnahmearbeiten lahm, es gab Probleme mit dem Kopierwerk. Für Cocteau, der von René Clément unterstützt wurde, bedeutete *La belle et la bête* nach 15 Jahren Abstinenz die Rückkehr zur Filmarbeit. Besonders eindrucksvoll wirkt die Lichtregie Henri Alekans, der den Film in einen wunderbaren Glanz zu versetzen verstand. Die Maske des Untiers, angefertigt von Alekan, die pittoresken Kostüme, das gesamte Interieur und die Musik tragen ebenfalls zu der intensiven Ausstrahlung bei. Das Erscheinungsbild der Figuren und ihrer Umgebung gestaltete man im Stil der holländischen Maler Vermeer und Pieter van Hoog, während man sich bei der Einrichtung des finsteren Schlosses an Gustave Doré orientierte. Die Mauern des Parks sind mit barocken Büsten italienischen Ursprungs verziert.

La belle et la bête ist, obwohl es den Begriff noch nicht gab, ein Autorenfilm - Cocteau: »Ich bin es, hinter der Leinwand, der das Märchen erzählt.« Zeitgenössische Kritiker bemängelten, der Film besitze zuwenig Dynamik. Der Dichter habe seine persönliche Mythologie dem alten Märchen aufgezwungen, auch störte man sich an der fast naturalistischen Darstellung. Cocteau verwies auf seine These vom irrealen Realismus: Das Übernatürliche müsse stets natürlich erscheinen. Die maliziöse Schlußwendung – Belle reagiert enttäuscht auf die Verwandlung des Untiers in einen Traumprinzen – komponierte Cocteau in Erwartung massiver Zuschauerproteste, die zu seinem Amusement auch prompt erfolgten. Gern zitierte er das Urteil Paul Eluards: »Um diesen Film zu verstehen, muß man seinen Hund mehr lieben als seinen Wagen.«

»*Die Schöne und das Tier*«, in: Jean Cocteau: Filme. Frankfurt a.M. 1988 (Filmtext).
Henri Alekan/Robert Hammond: »*La belle et la bête*«. Paris 1992; Jean Cocteau: »*La belle et la bête*. Journal d'un film«. Paris 1946; ders.: »Kino und Poesie«. Hg. von Klaus Eder. München 1979; Arthur B. Evans: »Jean Cocteau and his Films of Orphic Identity«. London 1977; Daniel Fischlin: »Queer Margins: *La Belle et la bête*, and the Jewish differend«, in: Textual Practice, 1998, H. 1; David Galef: »A Sense of Magic: Reality and Illusion in Cocteau's *Beauty and the Beast*«, in: Literature/Film Quarterly, 1984, H. 2; Claude Gauteur: »Jean Cocteau et le cinéma«, in: Image et son, 1972, H. 262; Gordon Gow: »Astonishment: Magic Films from Jean Cocteau«, in: Films and Filming, 1978, H. 1.; Susan Hayward: »Gender politics – Cocteau's Belle is not that Bête: Jean Cocteau's *La Belle et la Bête*«, in: dies./Ginette Vincendeau (Hg.): French Films. London, New York 1990; Rebecca M. Pauly: »*Beauty and the Beast*: From Fable to Film«, in: Literature/Film Quarterly, 1989, H. 2; Jochen Poetter (Hg.): »Jean Cocteau«. Köln 1989; Michael Popkin: »Jean Cocteau's *Beauty and the Beast*: The Poet as Monster«, in: Literature/Film Quarterly, 1982, H. 2.

Peer Moritz

LA BELLE NOISEUSE (Die schöne Querulantin). Frankreich (Pierre Grise/FR 3 Films) 1991. 35 mm, Farbe, 240 Min.
R: Jacques Rivette. B: Pascal Bonitzer, Christine Laurent, Jacques Rivette, nach Motiven der Novelle »Le chef-d'œuvre inconnu« von Honoré de Balzac. K: William Lubtchansky. Ba: Emmanuel de Chauvigny. S: Nicole Lubtchansky. M: Igor Stravinsky.
D: Michel Piccoli (Frenhofer), Jane Birkin (Liz), Emmanuelle Béart (Marianne), David Bursztein (Nicolas), Gilles Arbona (Porbus), Marianne Denicourt (Julienne), Bernard Dufour (Hand des Malers).

An einem heißen Sommertag, Anfang Juli, bekommt der berühmte Maler Edouard Frenhofer sowie seine Frau Liz, die zurückgezogen ein Château bei Montpellier in Südfrankreich bewohnen, Besuch von dem Kunstsammler und Chemiker Balthazar Porbus. In seiner Begleitung ist der junge Pariser Maler Nicolas Wartel, ein Bewunderer Frenhofers, und dessen Freundin Marianne. Man besichtigt das großzügige Haus, im Garten wird gut und ausgiebig gegessen, getrunken und sich unterhalten. Bei einer Führung durch das Atelier, das Marianne an ihre Internatskapelle erinnert, kommt das Gespräch auch bald auf den unvollendeten Frauenakt, der dem Film den Titel gibt: »La belle noiseuse«, was sich übersetzen ließe mit »Die Schöne, die Streit sucht« oder »Die schöne Nervensäge«. So nannte sich im 17. Jahrhundert die Kurtisane Cathérine Lescault, erklärt Frenhofer, der nach der Lektüre ihrer Lebensgeschichte dieses Bild begonnen hatte – zumal er damals, vor zehn Jahren, gerade die Studentin Liz kennengelernt hatte, die erst sein Modell, dann seine Geliebte und schließlich seine Ehefrau wurde. Sie entsprach genau seinen Vorstellungen, nur hielten beide die Anspannungen der gemeinsamen Arbeit nicht aus – das Projekt wurde aufgegeben. Bei einem Gespräch unter Männern bringt Porbus vor, Frenhofer möge die Arbeit an dem Meisterwerk doch wieder aufnehmen und zwar mit der jungen Marianne als Modell. Die Sache wird (ohne ihre Zustimmung) beschlossen, und am nächsten Morgen beginnt ein fünf Tage langer, harter Arbeits- und Machtkampf zwischen dem Maler und seinem Modell. Dabei versucht Frenhofer, alles aus dem Körper seines Modells herauszuholen und zwingt Marianne, die unmöglichsten und anstrengendsten Posen einzunehmen, bis ihr die Knochen wehtun oder sie einfach losheult. Nach Fertigstellung ist Marianne müde, enttäuscht und verstört: »Etwas Kaltes und Trockenes auf der Leinwand … das war ich.«

La belle noiseuse: Michel Piccoli und Emmanuelle Béart

Rivette, ein radikaler Filmpoet und Außenseiter, der wie seine Kollegen von der Nouvelle Vague als Filmkritiker begann und drei Jahre Chefredakteur der »Cahiers du Cinéma« war, gelang mit seinem 13. Spielfilm ein Meisterwerk, das in Cannes mit dem Großen Preis der Jury ausgezeichnet wurde. Im Zentrum stehen die Sitzungen im Atelier, von einer intensiven Kamera mit unendlich viel Zeit festgehalten. Rivette zeigt in seinem vierstündigen Film den mühevollen, langen Prozeß der Entstehung eines Kunstwerkes und liefert zugleich eine Studie über Nacktheit im Kino. Ursprünglich wollte er die Rolle Frenhofer mit einem Maler besetzen, entschied dann aber sich für einen Schauspieler. Doch die Hand, die mit Feder und Tinte langsam die Skizzenbücher füllt oder mit Kohle über große Papierbögen schleift, gehört nicht Michel Piccoli, sondern dem Maler Bernard Dufour. Gedreht wurde mit Originalton: Das Kratzen der Feder ist ein akustisches Terrorinstrument in dem Clinch, bei dem es keinen Sieger gibt. Zwar ist das Bild am Schluß fertig, doch nur Marianne bekommt es zu sehen, Liz schaut es sich heimlich an: Frenhofer wird sein Werk niemandem sonst zeigen, es verschwinden und durch ein Bild gleichen Titels ersetzen lassen. Dieses Spiel betrieb auch der Regisseur: *La belle noiseuse. Divertimento*, ebenfalls in die Kinos gekommen, ist eine Kurzfassung eigener Art: Aus nicht verwendetem Material und nachgedrehten Szenen montierte Rivette eine neue, 125 Minuten lange Version, die wie eine schlechte Fälschung der eindrucksvollen Originalfassung wirkt.

Thomas Elsaesser/Jonathan Rosenbaum: »Rivette and the end of cinema«, in: Sight and Sound, 1992, H. 12; Marli Feldvoß: »*Die schöne Querulantin*«, in: epd Film, 1992, H. 1; M.-A. Guerin u.a.: »Le peintre et son modèle«, in: Cahiers du Cinéma, 1991, H. 447; Andreas Kilb: »Was von den Bildern blieb«. Potsdam 1997; Gérard Légrand: »De la beauté comme labyrinthe«, in: Positif, 1991, H. 367; Suzanne Liandrat-Guigues (Hg.): »Jacques Rivette«. Paris 1998; Verena Lueken: »Liz, Marianne und *La belle noiseuse*«, in: du, 1994, H. 5; Joël Magny: »*La belle noiseuse*«, in: Cahiers du Cinéma, 1991, H. 445; Jan Paaz/Sabine

Bubeck: »Jacques Rivette – Labyrinthe«. München 1991; Frédéric Sabouraud: »Jeu de pistes«, in: Cahiers du Cinéma, 1990, H. 436; Martin Schaub: »Sechs Personen am Rande des Chaos«, in: Filmbulletin, 1991, H. 3.

Peer Moritz

BERLIN ALEXANDERPLATZ

Bundesrepublik Deutschland/Italien (Bavaria/WDR/RAI) 1979/80. 16 mm, Farbe, 14 Std., 55 Min.
R: Rainer Werner Fassbinder. B: Rainer Werner Fassbinder, nach dem gleichnamigen Roman von Alfred Döblin. K: Xaver Schwarzenberger. A: Helmut Gassner, Werner Achmann. S: Juliane Lorenz, Franz Walsch (d.i. R.W. Fassbinder). M: Peer Raben.
D: Günter Lamprecht (Franz Biberkopf), Gottfried John (Reinhold), Barbara Sukowa (Mieze), Hanna Schygulla (Eva), Franz Buchrieser (Meck), Ivan Desny (Pums), Brigitte Mira (Frau Bast).

Alfred Döblins Großstadtepos erregte bei seinem Erscheinen 1929 Aufsehen nicht nur wegen seiner Thematik – erzählt wird die leidvolle Geschichte des Zuhälters und ›Totschlägers‹ Franz Biberkopf im krisengeschüttelten Berlin der 20er Jahre –, sondern vor allem wegen seiner futuristisch-dadaistischen Erzähltechnik. Im Montageverfahren, das der Autor dem relativ neuen Medium Film entlehnt hatte, werden authentische Wirklichkeitspartikel (Zeitungsmeldungen, Reklame, Schlagertexte, usw.), innere Monologe und Erzählerkommentare übergangslos mit der Fabel verwoben. Dank dieser Technik gelang es Döblin, am Beispiel des Franz Biberkopf die übermächtige Erfahrung von Großstadt und die damit einhergehende Dezentrierung des Subjekts, ja seine Auflösung künstlerisch zu gestalten.
Im Gegensatz zu Piel Jutzis erster Verfilmung aus dem Jahre 1931, deren Realismus den ästhetisch komplexen Roman auf sein sozialkritisches Anliegen verkürzt, nimmt Fassbinder die künstlerische Herausforderung durch eines der wichtigsten Werke der literarischen Moderne an. Dies äußert sich nicht allein in der Filmlänge, die alle konventionellen Maßstäbe sprengt. Obwohl für das Fernsehen produziert, nimmt Fassbinder keinerlei Rücksicht auf eine Serien-Dramaturgie, macht keinerlei Konzessionen an den kleinen Bildschirm und das breite TV-Publikum. Mittels komplexer Toncollagen (einer aus Straßenlärm, Kinderstimmen und Radio-Werbesprüchen bestehenden permanenten Geräuschkulisse) sowie durch das von einer Leuchtreklame herrührende rote und blaue Blinklicht, das häufig Biberkopfs Zimmer durchflutet, gelingt es Fassbinder, Berlin in akustische und visuelle Zeichen zu transformieren. Obwohl die großstädtische Ikonographie – wie noch in Piel Jutzis Film – nie auftaucht, ist der Moloch Berlin allgegenwärtig und sein existenzieller Einfluß auf Biberkopf ebenso sinnfällig wie glaubwürdig. Die ›dunkle‹ Lichtführung, wodurch sich die Konturen der Körper verwischen, oder die artifizielle Gestaltung der Räume als Spiegel seelischer Innenräume sind ebenfalls als Versuch zu verstehen, filmspezifische Analogien zur literarischen Vorlage zu schaffen. Im einen wie im anderen Fall geht es um die Aufhebung der Grenze zwischen dem Drinnen und dem Draußen und damit um die Auflösung des Subjekts.
Bleibt Fassbinder einerseits dem Ausgangstext kongenial verbunden, so löst und distanziert er sich andererseits von der literarischen Vorlage. Das gilt nicht nur hinsichtlich seiner Kritik an der Wandlung Biberkopfs zu einem angepaßten Mitglied der Gesellschaft oder der Verdichtung der Handlung – entgegen dem Roman – auf die drei Hauptfiguren Franz, Reinhold und Mieze, die ihm als Projektionsfläche eigener Befindlichkeit und Lebenswirklichkeit dienen. Die ästhetische Differenz wird besonders deutlich im illustrativ-stimmungsvollen wie sinnerweiternden Einsatz der komponierten und kompilierten Musik, die von der Opernarie bis hin zum Pop-Song reicht. Gänzlich konterkariert wird die Modernität des Romans durch die Verwendung konventioneller Inszenierungs- und Repräsentationsmuster filmischer Melodramatik. Stets geht es dem Filmemacher darum, seine kritische Auseinandersetzung mit der Vorlage dem Zuschauer als eine »Beschäftigung mit bereits formulierter Kunst« bewußt zu machen, und zwar vor allem durch direkt dem Roman entnom-

mene Zitate, die als Schrifttafeln in die laufende Filmhandlung einmontiert oder von einem Erzähler, Fassbinder selbst, aus dem Off eingesprochen werden.

Die Verfilmung stellt für den Regisseur den Endpunkt einer lebenslangen Beschäftigung mit diesem Roman dar, dessen Lektüre für ihn zum Schlüsselerlebnis wurde: »Mein Leben, gewiß nicht im Ganzen, aber doch in einigem, manchem, vielleicht Entscheidenderem als ich es heute zu überblicken vermag, wäre anders verlaufen, als es mit Döblins ›Berlin Alexanderplatz‹ im Kopf, im Fleisch, im Körper als Ganzes und in der Seele (...) verlaufen ist.« In vielen Fassbinder-Filmen heißen Figuren, die direkt oder indirekt als alter ego des Filmemachers auftreten, Franz oder gar Franz Biberkopf. *Berlin Alexanderplatz*, der alle zentralen Themen der früheren Filme – wie z.B Liebe als Machtkampf, Ausbeutbarkeit der Gefühle, der Gegensatz von Individuum und Gesellschaft – brennpunktartig zusammenfaßt, kann als Summe von Fassbinders Kunstschaffen gelten.

»*Berlin Alexanderplatz*«, in: Rainer Werner Fassbinder/ Harry Baer: Der Film *Berlin Alexanderplatz*. Ein Arbeitsjournal. Frankfurt a.M. 1980. (Drehbuch, Materialien).
Thomas Basgier: »*Berlin Alexanderplatz*«, in: Filmfaust, 1992, H. 86; Thomas Bleicher/Peter Schott: »Berlin Alexanderplatz (Alfred Döblin – Phil Jutzi, Rainer Werner Fassbinder)«, in: Anne Bohnenkamp/Tilman Lang (Hg.): Literaturverfilmungen. Stuttgart 2005; Heinz Brüggemann: »*Berlin Alexanderplatz* oder ›Franz, Miczc, Rcinhold, Tod & Teufel‹?«, in: Text + Kritik, 1989, H. 103; Achim Haag: »Deine Sehnsucht kann keiner stillen«. München 1992; Matthias Hurst: »Erzählsituationen in Literatur und Film«. Tübingen 1996; Jürgen Kasten: »Keiner ist böse, keiner ist gut«, in: Filmbulletin, 1992, H. 3; Hanno Möbius/Guntram Vogt: »Drehort Stadt«. Marburg 1990; Eric Rentschler: »Terms of Dismemberment: The Body in/and/of Fassbinder's *Berlin Alexanderplatz*«, in: ders.: German Film and Literature. New York, London 1986; Susan Sontag: »*Berlin Alexanderplatz*«, in: Jim Shepard (Hg.): Writers at the Movies. New York 2000; Guntram Vogt: »Die Stadt im Film«. Marburg 2001; Kristina Zerges: »Die TV-Serie *Berlin Alexanderplatz* von R.W. Fassbinder. Dokumentation und Analyse eines Rezeptionsprozesses«, in: Spiel, 1983, H. 1.

Achim Haag

BERLIN. DIE SINFONIE DER GROSSSTADT

Deutschland (Fox Europa) 1927. 35 mm, s/w, stumm, 1.049 m.
R: Walter Ruttmann. B: Karl Freund, Walter Ruttmann, nach einer Idee von Carl Mayer.
K: Karl Freund, Reimar Kuntze, Robert Baberske, Lászlo Schäffer. S: Walter Ruttmann.
M: Edmund Meisel.

Als ein stilbildendes Meisterwerk, das die Neue Sachlichkeit in den Film überführte, wurde *Berlin. Die Sinfonie der Großstadt* gleich nach der Uraufführung gefeiert. »Das größte, grundsätzlich wichtigste Filmereignis seit vielen Jahren«, befand Willy Haas (»Film-Kurier«, 24.9.1927). Der Montagefilm – ausschließlich Dokumentaraufnahmen, ohne Spielhandlung – hat nichts von seiner Faszination eingebüßt: Ruttmann hat den Rhythmus der Metropole Berlin eingefangen, einen Querschnitt des Lebens einer Großstadt in Form eines Tagesablaufes, vom Morgengrauen bis in die Nacht.

Berlin. Die Sinfonie der Großstadt, in fünf Akte gegliedert, beginnt mit abstrakten Wellenmotiven – ähnlich Ruttmanns frühen »absoluten« Filmen *Opus I-IV* –, wechselt dann über in schnelle, spannungsvolle, rhythmische Bildfolgen, in denen die Fahrt eines Nachtschnellzuges in die im Morgenlicht schimmernde Großstadt bis zum Anhalter Bahnhof gezeigt wird. Durch ständig wechselnde Kamera-Aufnahmestandpunkte – waagerecht, diagonal, senkrecht – huschen die sehr kurzen Landschaftseinblicke wie in einem Traum vorbei, unterbrochen von Telefonmasten, Schienen, Weichen, Rädern und Lokomotivmaschinenteilen wie in *La Roue* (1922/23) von Abel Gance. Auf diesen dynamischen Auftakt folgt eine ruhige Sequenz: Es ist 5 Uhr morgens, man sieht menschenleere Straßen, die sich erst langsam, dann schneller beleben. Den S-Bahn-Zügen entsteigen Menschen, die zur Arbeit eilen, Maschinen setzen in den Fabriken ein, Kinder gehen zur Schule, Briefträger schwärmen aus, Herrenreiter reiten aus, Massen demonstrieren, der Verkehr belebt sich. Ruttmann splittert Motive wie in einem Kaleidoskop: Mittagspause, Arbeiter essen, Tiere bei der Fütterung, Stehimbiß. Die Szenen vom Nachmittag gleiten über in den Feierabend: Menschen in Cafés, beim Sport und Freizeitbeschäftigungen, schließlich das Nachtleben: Kino, Theater, Tanz, Kneipe.

Für diese filmische Sinfonie komponierte Edmund Meisel eine Originalmusik für ein 75köpfiges Orchester, zu dessen Instrumenten Hupen, Rasseln, Amboß, Eisenblech, Vierteltonklavier und ein spezielles Geräuschinstrument gehörten. Während der Uraufführung waren die Musiker im ganzen Lichtspieltheater verteilt. Da einen solchen Aufwand nur die großen Filmpaläste betreiben konnten, legte Meisel außerdem eine Partitur für Orchester mit kleinerer Besetzung vor.

Ruttmann bemüht sich auch um einen sozialen Querschnitt und konfrontiert arm und reich. Harte Schnitte stellen polemische Verbindungen her, die an Eisenstein erinnern: Arbeiter auf dem Weg zur Fabrik/eine Viehherde auf dem Weg zum Schlachthof. Doch Ruttmanns eigentliches Interesse ist formaler Natur: Ihm geht es um »die Sichtbarmachung der sinfonischen Kurve«. Er wollte kein Bilderbuch schaffen, sondern »eine komplizierte Maschine, die nur in Schwung geraten kann, wenn jedes kleinste Teilchen mit genauester Präzision in das andere greift«. Die Technikfaszination der Neuen Sachlichkeit, die hier zum Ausdruck kommt, wurde bereits von zeitgenössischen Rezensenten kritisiert. Ruttmann bleibe an der Oberfläche, hieß es im sozialdemokratischen »Vorwärts«, »er dringt nicht tiefer ein, er zeigt nicht den Berliner Menschen, der diesen Rhythmus treibt« (25.9.1927). In der »Frankfurter Zeitung« warf Siegfried Kracauer Ruttmann »Haltungslosigkeit« vor (30.11.1928).

Ruttmann, der Ende 1919 mit *Opus I* den ersten deutschen Avantgardefilm schuf und von 1922 an abstrakte und farbige Reklamefilme machte, hatte mit seinem ersten abendfüllenden Film auch international Erfolg. Er, der in den zwanziger Jahren als ›links‹ galt, in Berlin mit Erwin Piscator und in Paris mit René Clair zusammenarbeitete, hoffte auf Regie-Aufträge im nationalsozialistischen Deutschland und verdingte sich als Mitarbeiter bei Leni Riefenstahls Parteitagsfilm ↗*Triumph des Willens*. Seine Rechnung ging nicht auf: Ihm wurden keine großen Projekte anvertraut; stattdessen inszenierte er als Angestellter der Ufa-Werbefilm-Abteilung traditionelle Städteporträts, die weit entfernt sind vom innovativen Charakter seines *Berlin*-Films. Dagegen dokumentieren seine Industriefilme, die sich ganz in den Dienst der Nazi-Propaganda stellten wie *Deutsche Waffenschmiede* und *Deutsche Panzer* (beide 1940), daß Stilelemente der Neuen Sachlichkeit sich bruchlos verbinden ließen mit einer faschistischen Ästhetik.

Thomas Schadts Film *Berlin. Sinfonie einer Großstadt* (2002) ist der ambitionierte Versuch, 75 Jahre später Ruttmanns Werk fortzuschreiben: ein artifizieller Bilderbogen, Schwarzweiß in Cinemascope, ohne jeden Kommentar oder Originalton (als Tonebene dient allein die dissonante Musik von Iris ter Schiphorst und Helmut Öhring). Schadt nutzt die Struktur von Ruttmann und bricht sie zugleich auf: Der virtuelle Tagesablauf verschränkt sich mit dem Geschichtsverlauf. Anders als Ruttmann, der die pulsierende Gegenwärtigkeit der Metropole feierte, verknüpft Schadt die neuen urbanen Inszenierungen mit den Spuren der Historie: Drittes Reich, die Zerstörung, Teilung und Wiedervereinigung der Stadt. Auch der neue Film arbeitet mit assoziativen Schnittfolgen, doch der Rhythmus differiert: War Ruttmann fasziniert von Tempo und Technik, setzt Schadt bewusst Momente der Verlangsamung. Kühl-distanziert beobachtend, erreicht die Großstadt-Sinfonie von 2002 nicht die visuelle Kraft, Dynamik und Suggestion des Avantgarde-Klassikers.

Jeanpaul Goergen: »Walter Ruttmann. Eine Dokumentation«. Berlin 1989; Willy Haas: »*Berlin – Die Sinfonie einer Großstadt*«, in: ders.: Der Kritiker als Mitproduzent. Berlin 1991; Helmut Korte: »Die Welt als Querschnitt: *Berlin – Die Sinfonie der Großstadt* (1927)«, in: Werner Faulstich/Helmut Korte (Hg.): Fischer Filmgeschichte. Bd.2. Frankfurt a.M. 1991; Siegfried Kracauer: »Film 1928«, in: ders.: Das Ornament der Masse. Frankfurt a.M. 1963; Hanno Möbius/Guntram Vogt: »Drehort Stadt«. Münster 1990; Thomas Schadt: »*Berlin. Sinfonie einer Großstadt.* Eine Wiederverfilmung«, in: Filmgeschichte, 2001, H. 15; Walter Schobert: »*Berlin. Die Sinfonie der Großstadt*«, in: Günter Engelhard u.a. (Hg.): 111 Meisterwerke des Films. Frankfurt a.M. 1989; William Uricchio: »Ruttmanns *Berlin* and the City Films to 1930«. New York 1982; Guntram

Vogt: »Die Stadt im Film«. Marburg 2001; Klaus Wildenhahn: »Über synthetischen oder dokumentarischen Film«. Frankfurt a.M. 1975.

Peer Moritz

BERÜCHTIGT ↗ Notorious

BERUF: REPORTER
↗ Professione: reporter

BESESSENHEIT ↗ Ossessione

BETRAGEN UNGENÜGEND
↗ Zéro de conduite

DIE BETTWURST Bundesrepublik Deutschland (Rosa von Praunheim/ZDF) 1971. 16 mm, Farbe, 78 Min.

R, B+K: Rosa von Praunheim. S: Rosa von Praunheim, Gisela Bienert, Bernd Upnmoor. D: Lucy Kryn (Lucy), Dietmar Kracht (Dietmar), Steven Adamczewski (Steven).

»Vom cineastischen Standpunkt aus betrachtet, sind Rosa von Praunheims Filme barbarisch – nur ist fraglich, ob man diesen Filmen gegenüber einen cineastischen Standpunkt einnehmen kann«, schrieb der Kritiker Klaus Kreimeier 1984. Schon damals war der einstige Underground-Filmer Rosa von Praunheim längst kein Geheimtip mehr. Seine ersten großen Erfolge feierte er mit *Die Bettwurst* und *Nicht der Homosexuelle ist pervers, sondern die Situation, in der er lebt* (1970).

Nach der Uraufführung der *Bettwurst* im Fernsehen herrschte bis auf wenige Ausnahmen Zustimmung und Wohlwollen bei der Kritik. Die konservative »Frankfurter Allgemeine« schrieb: »Auch das nichtkommerzielle Kino hat seine Meister, ihr größter in Deutschland: Rosa von Praunheim«. Der Film erzählt in einfachster Manier, wie die Sekretärin Lucy und Dietmar, ein milieugeschädigter Hilfsarbeiter, sich an der Kieler Förde kennenlernen. Nach einigen Verabredungen, u.a. in einem Tanzlokal und zum Sonnenbad in Lucys Garten, kommen sie sich näher, und Dietmar zieht bei Lucy ein. Er hilft ihr im Haushalt, sie feiern zusammen Weihnachten – Dietmar bekommt von Lucy eine Nackenrolle, die Bettwurst, geschenkt. Doch seine ›schlechte‹ Vergangenheit bedroht ihr kleines Glück, plötzlich wird Lucy entführt. Zuguterletzt befreit Dietmar sie, wobei er den Chef der Entführer erschießt, und das wieder vereinte Paar entschwindet im Flugzeug.

Die Bettwurst ist ein No-Budget-Film: In zehn Tagen mit den beiden Laienschauspielern, die weitgehend nur sich selbst spielen, gedreht, beliefen sich die Produktionskosten auf gerade mal 50.000 DM. Ohne jede zusätzliche Ausstattung spielt der Film vorwiegend in der Wohnung von Lucy Kryn, einer Tante Rosa von Praunheims. Die Banalität der Story wird noch überboten von den trivialen Dialogen. Die beiden Hauptdarsteller reden geschwätzig aneinander vorbei. Dietmar spricht tuntig-manieriert und findet alles »furchtbar schöön«, »herrlich« oder »wunterbar«, die zumeist aufgedonnerte Lucy redet, deklamiert und doziert ohne Unterlaß. Sie verkündet naiv-stolz ihre Lebensmaximen – »Bei mir herrscht Ordnung« –, demonstriert wie eine Verkäuferin die Handhabung des Staubsaugers. Doch *Die Bettwurst* ist keine Kleinbürger-Satire wie Fassbinders zwei Jahre zuvor entstandener Film *Warum läuft Herr R. Amok*. Der Film denunziert nicht seine Figuren, sondern nimmt ihre Welt mitsamt den Klischees ernst. Mal grotesk, mal peinlich, auf der Kippe zwischen Satire und Heimkino, enthüllt der Film liebevoll die kleinbürgerliche Normalität, deren verlogene Sehnsüchte und Träume. Sie finden ihren Ausdruck auch in der Musik, die Schlager wie »Roter Mohn« oder »Das schöne Mädchen von Seite 1« zitiert. Rosa von Praunheim meint, die beiden Außenseiter bieten dem Zuschauer »die Möglichkeit, sich selbst wiederzuentdecken und zu erfahren, wie lustig unsere Dummheit ist«. Zumeist in festen drei-Minuten-Einstellungen gefilmt, vermeidet die Inszenierung jeden Aufwand, der ihren dokumentarischen Schein zerstören könnte und beharrt auf der schlichten Authentizität des ›wirklichen‹ Lebens. Der Trivialität des Gezeigten entspricht eine bewußte Schlampigkeit und Sorglosigkeit im Umgang mit den filmischen Mitteln. Die häufige Asynchronität z.B. unterläuft die

Glätte und Professionalität des kommerziellen Films.

Rosa von Praunheim, bürgerlich Holger Mischwitzky, hat als der bekenntnisfreudigste unter den jungen Regisseuren der 68er Generation und als Aktivist der Schwulenbewegung in seinen bis heute über 40 weiteren Filmen immer wieder vorrangig seine exzentrische Verehrung für Außenseiter/innen und Ex-Stars wie Evelyn Künneke sowie seine Vorliebe für Kitsch und Tabuthemen wie Homosexualität und Aids, Alter und Tod zum Ausdruck gebracht. Wie *Die Bettwurst*, der 1974 noch eine *Berliner Bettwurst*, ebenfalls mit Lucy Kryn und Dietmar Kracht sowie Lou van Burg, folgte, sind auch die späteren Filme durchweg eine Hommage an das Leben und die Lebensfreude, allen Widrigkeiten zum Trotz. Auch stilistisch ist sich Praunheim mit seinem Hang zum Kitsch, seiner Freude am Dilettantismus und seiner Ästhetik des schlicht Dokumentarischen treu geblieben. Gegen die Ideale des Kulturbetriebs kämpft er, wie er in einem Interview sagt, dafür, daß »die vitale, schmutzige Art, mit der ich Filme mache«, auch im toten Subventionskino überlebt.

Birgit Hein: »Film im Underground«. Frankfurt a.M. u.a. 1971; Peter W. Jansen/Wolfram Schütte (Hg.): »Rosa von Praunheim«. München 1984; Rosa von Praunheim: »Sex und Karriere«. Hamburg 1991; ders: »50 Jahre pervers. Die sentimentalen Memoiren des Rosa von Praunheim«. Köln 1993.

Peter Christian Lang

BEWEGLICHE ZIELE

↗ Targets

DER BIENENZÜCHTER

↗ Melissokomos

BIERKAMPF

Bundesrepublik Deutschland (Herbert Achternbusch/ZDF) 1976. 16 mm, Farbe, 85 Min.

R+B: Herbert Achternbusch. K: Jörg Schmidt-Reitwein. S: Christl Leyrer.

D: Herbert Achternbusch (Herbert), Annamirl Bierbichler (Annamirl, seine Frau), Sepp Bierbichler (Sepp, deren Bruder), Heinz Braun (Heinz), Gerda Achternbusch (Gerda), Margarethe von Trotta (Dame).

Bier, Polizei und das Verlangen nach Erlösung – in Herbert Achternbuschs drittem Film kulminieren drei Leitmotive des Filmemachers in einem teils fiktiven, teils realen Amoklauf auf dem Münchner Oktoberfest, jenem Spektakel, das in aller Welt als Synonym für das folkloristische Bayern fungiert. Der *Bierkampf*, der zwangsläufig tödlich endet, tobt in einer Bierhölle, in der »sich ein anderer Filmer am zweiten Tag aufgehängt« hätte. Solch einen alkoholisierten Wahnsinn, solch radikale Ignoranz der Grenzen meinte man im Kino noch nie gesehen zu haben.

Wie immer war Achternbusch Autor, Regisseur, Darsteller und Produzent in einer Person, doch der eigentliche Hauptdarsteller in *Bierkampf* ist die verwilderte Masse Mensch, die alljährlich die Theresienwiese bevölkert, und der einzelne, der sich ihr gegenüber behaupten will. Nach Erlösung lechzen alle. Sepp, ein Zigarettenverkäufer, sagt, warum er sein Theologiestudium abgebrochen hat: »Wissen Sie, ich habe einmal nachgedacht: Die Welt ist noch nicht erlöst. Die kann noch gar nicht erlöst sein, weil es sie noch gar nicht gibt: Das ist doch nichts.« Zweimal verweist Achternbusch direkt auf eine andere Suche nach Heil und Vollkommenheit, nämlich auf Lohengrin, Parzivals Sohn, in Wagners Oper: »Nun hört wie ich verbotner Frage lohne.« Andere Lieder werden an zentralen Punkten, teils in unterschiedlichen Versionen gespielt oder gesungen: das Marienlied »Meerstern ich dich grüße« und das Volkslied »Freut Euch des Lebens«.

Als junger Mann arbeitete Achternbusch regelmäßig als Zigarettenverkäufer auf dem Oktoberfest, seine erste selbständige Prosa-Veröffentlichung »Hülle« (1969) beginnt mit der Erzählung »Zigarettenverkäufer«. Teile daraus, Dialogsätze und Situationen, finden sich in *Bierkampf* wieder. Im Vorwort zum Filmprotokoll erinnert sich Achternbusch an die Arbeit in den Bierzelten und nennt sie seine »Studienzeit«: »In meinen Büchern führen sich die Wörter und Gedanken wie so eine tausendköpfige besoffene Masse in einem Oktoberfestbierzelt auf. Sie essen trinken reden, lernen sich kennen, bis ein Gefühl da ist für einen Tag. Dann wurde ich Spezialist für Bier im Film.«

Achternbusch, der wie fast immer mit Laien aus seiner unmittelbaren Umgebung drehte (Ausnahme und zum letztenmal in einem Achternbusch-Film: Margarethe von Trotta), spielt einen Mann namens Herbert, der eine Polizeiuniform gestohlen hat. Zwei Rückblenden zeigen, wie es dazu kam. »Auch in mir steckt ein Mensch. Auch ich könnte eine Ordnung einhalten!«, erklärt er seiner Frau (Annamirl Bierbichlers erste Rolle bei Achternbusch), der er später auf der Theresienwiese immer wieder begegnet. Herbert läßt sich durch die Menge treiben, springt scheinbar willkürlich hin und her zwischen dem Anspruch, als Teil der staatlichen Macht anerkannt zu werden, und dem verzweifelten Versuch, den Menschen näher zu kommen. Beides dient ihm dazu, einer anonymen, nach gesellschaftlichen Begriffen gescheiterten Existenz eine Identität zu verleihen. Gleichzeitig tritt der Film aus seiner eigenen Geschichte immer wieder heraus. Die Dreharbeiten waren regelrechte »Kamikazeeinsätze«, wobei das Thema des Films sich in der Wirklichkeit spiegelte: »In fast jeder Einstellung Hunderte von Menschen, dieser Übergang von der dokumentarischen Tausendschaft bis zum verrückten Einzelspiel des spinnersten Individualisten – aber der ist ausgerechnet ein Polizist, da wird der Verstand platt und das Auge wach.«

Die bekannteste Szene des Films ist eine achtminütige Einstellung, von Jörg Schmidt-Reitwein mit der Handkamera gefilmt. Achternbusch in Polizeiuniform hetzt, flüchtet, hopst, albert durch die Reihen in einem Bierzelt, von Tisch zu Tisch, um auf eine chaotische Weise »für Ordnung« zu sorgen. Diese Szene, die »in die Filmgeschichte eingehen wird« (Benjamin Henrichs), stellte für den Filmemacher einen »gewagten Gang ins Innere, zu den Massen« dar. Achternbusch wird ausgelacht, geschlagen, schlägt zurück; einer droht ihm, ihn abzustechen. Bald darauf endet die Odyssee des anarchischen Ordnungshüters, und noch in seinem Schlußmonolog, in dem er mit sich und seinem Leben abrechnet, wechselt er zwischen den Personalformen hin und her: »Du hast dir immer verziehen, kein Mensch zu sein! Aber heute verzeihe ich mir nicht mehr, daß ich ein Polizist bin! Heute bring ich dieses Saufleisch um! Adjeu!! Adjeu!« Als im Schlußbild Luftballons in den Nachthimmel schweben, an der Bavaria vorbei und dem Löwen – beide sah man bereits in der Eingangsszene – nimmt der Film kein offizielles Ende, sondern ringt sich nur zu dem lapidaren Satz durch: »So hört es auf«.

»*Bierkampf*«, in: Herbert Achternbusch: »Land in Sicht«. Frankfurt a.M. 1977. (Filmtext).

Benjamin Henrichs: »Das Kino in meinem Kopf«, in: Jörg Drews (Hg.): Herbert Achternbusch. Frankfurt a.M. 1982; Markus Jacob: »Cinéma vérité à Dé: Zu drei Filmen von Herbert Achternbusch«, in: Zoom, 1979, H.7; Peter W. Jansen/Wolfram Schütte (Hg.): »Herbert Achternbusch«. München 1984; Karsten Witte: »Dieses plötzliche Wasändernwollen«, in: Frankfurter Rundschau, 17.10.1977.

Dietrich zur Nedden

THE BIG HEAT (Heißes Eisen). USA (Columbia) 1953. 35 mm, s/w, 90 Min.

R: Fritz Lang. B: Sidney Boehm, nach dem Roman von William P. McGivern. K: Charles Lang jr. Ba: Robert Peterson. S: Charles Nelson. M: Daniele Amfitheatrof.
D: Glenn Ford (Dave Bannion), Gloria Grahame (Debbie March), Jocelyn Brando (Katie Bannion), Alexander Scourby (Mike Lagana), Lee Marvin (Vince Stone), Jeanette Nolan (Bertha Duncan).

Der Selbstmord in der ersten Einstellung – aus Zensurgründen nur diskret gezeigt – annonciert eine Serie der Gewalt und damit ein Hauptthema des Films. *The Big Heat* zeichnet das Bild einer Gesellschaft, in der Gewalt und Korruption die Herrschaft übernommen haben. Die gängige Charakterisierung der Protagonisten in ›Gute‹ und ›Böse‹ greift hier nur bedingt – die Figuren sind ambivalent angelegt oder changieren. Lagana, der Chef eines Verbrecher-Syndikats, führt ein nach außen bürgerliches Leben. Ein Ölporträt seiner Mutter hängt in seinem Haus; es ist seine Schutzzone, in die er keinen Schmutz tragen läßt. Die Gangsterbraut Debbie erklärt dem von ihrer Schlechtigkeit überzeugten Polizisten Bannion, daß jeder Mensch zwei Seiten habe. Später übersetzt Lang das in ein Bild: Ihr Gesicht, das sie so oft narzißtisch im Spiegel betrachtet hat, wird von Vince Stone entstellt, der ihr – jähzornig und sadistisch – kochenden Kaffee ins Gesicht schüttet. Fortan sieht man sie mit einem halbseitigen Gesichtsverband. Debbie rächt sich auf ihre Weise an dem Syndikat. Sie löst die »big heat« aus, die Fahndung nach Lagana und seinen Leuten, indem sie die Polizistenwitwe Duncan kaltblütig erschießt und somit indirekt für die Veröffentlichung entlarvender Dokumente sorgt. In einer Schlüsselszene stehen sie sich gegenüber, beide tragen einen Nerzmantel, das Attribut der ausgehaltenen Frau. Aber die Rollen entsprechen nicht der gesellschaftlichen Zuschreibung: Die Gangsterbraut überführt die vermeintlich ehrbare Witwe.

Sergeant Bannion ist zunächst nicht mehr als ein hartnäckiger Polizist, der den Kampf gegen das organisierte Verbrechen aufnimmt. Er zahlt dafür mit dem Tod seiner Frau. Aus dem treusorgenden Familienvater wird ein rachsüchtiger Einzelkämpfer, der sich ähnlicher Methoden bedient wie seine Gegner. Ausgelöst wird diese Wandlung durch die schrittweise Unterminierung seiner Familienidylle, zunächst von einem Telefonanruf, schließlich von einem Bombenattentat. Lang markiert den Umschlag in einer ebenso einfachen wie eindrucksvollen Szene: Bannion erträgt sein ehemaliges Zuhause nach der Ermordung seiner Frau nicht mehr; er steht in der ausgeräumten Wohnung, sein stummer Blick wandert durch die nackten Räume.

Charakteristisch ist das verstärkte Interesse an Physiognomie bei gleichzeitiger psychologischer Vertiefung. Das zeigt sich nicht nur in den häufigen Großaufnahmen, sondern auch in der Dauer und Positionierung dieser entlarvenden Closeups: Wenn alles gesagt und getan ist, bleibt die Kamera noch ein paar Sekunden auf dem Gesicht. Ganz präzise werden Schauplätze zur Charakterisierung der unterschiedlichen Lebenswelten, hier das ›sweet home‹ der Bannions, dort die Halbweltspelunke »The Retreat«, gegeneinander ausgespielt, und subtil werden mit überlegt eingesetzter low-key-Beleuchtung Personen und Verhältnisse kommentiert.

Bei seiner Uraufführung wurde der Film – der erst durch die um die »Cahiers du cinéma« gruppierten Kritiker (und späteren Regisseure der Nouvelle Vague) eine Neubewertung erfuhr – in seinen Qualitäten nicht erkannt und galt als durchschnittlicher, ungewöhnlich brutaler Krimi. Fritz Lang, der zuvor mit *The Woman in the Window* (*Gefährliche Begegnung*, 1944) und *Scarlet Street* (1945) einen bedeutenden Beitrag zur Schwarzen Serie Hollywoods leistete, schuf mit *The Big Heat* einen Vorläufer zu einem neuen Genre: dem Polizeifilm.

»*The Big Heat*«, in: Gérard Leblanc/Brigitte Devismes: »Le double scénario chez Fritz Lang«. Paris 1991. (Drehbuch, Materialien).

Stephen Cooper: »Sex/knowledge/power in the detective genre«, in: Film Quarterly, 1989, H. 3; Tom Flinn: »*The Big Heat* & *The Big Combo*. Rogue Cops & Mink-Coated Girls«, in: The Velvet Light Trap, 1974, H. 11; David Lusted: »Study Notes for the Slide Set from *The Big Heat*«. London 1979; Colin McArthur: »*The Big Heat*«. London 1992; William P. McGivern: »Roman Holiday«, in: American Film, 1983/84, H. 1; François Truffaut: »Aimer Fritz Lang«, in: Cahiers du Cinéma, 1954, H. 31.

Ingo Fließ

THE BIG SLEEP (Tote schlafen fest).

USA (Warner Brothers) 1944/46. 35 mm, s/w, 114 Min.

R: Howard Hawks. B: William Faulkner, Jules Furtman, Leigh Brackett, nach dem gleichnamigen Roman von Raymond Chandler.
K: Sid Hickox. A: Carl Jules Weyl. Ba: Fred M. Maclean. M: Max Steiner.
D: Humphrey Bogart (Philip Marlowe), Lauren Bacall (Vivian Sternwood), Martha Vickers (Carmen Sternwood), Charles Waldron (General), John Ridgely (Eddie Mars).

»Wenn Sie sich *The Big Sleep* ansehen (die erste Hälfte jedenfalls)«, schrieb Raymond Chandler seinem Londoner Verleger, »werden Sie merken, was ein Regisseur, der ein Gespür für die Atmosphäre und den erforderlichen unterschwelligen Sadismus hat, aus so einer Geschichte alles machen kann.« Chandler, der das Geschäft des Drehbuchautors kannte und zumeist entsetzt war über die Verfilmungen seiner Romane, wußte, wem er den Erfolg zu verdanken hatte: »Bogart wirkt auch ohne Kanone rabiat. Außerdem hat er einen Humor, der den bekannten heiseren Unterton der Verachtung enthält.«

»Mein Name ist Philip Marlowe«, stellt er sich in der ersten Szene vor, und bevor der Privatdetektiv seinen Auftraggeber zu Gesicht bekommt, muß er sich von dem verwöhnten Töchterchen Carmen sagen lassen: Ein bißchen klein geraten sei er, aber doch ein netter Junge. Bogart bewegt sich durch vermintes Gelände: undurchsichtige Machenschaften, Intrigen, Erpressungen und Mord. Die Männer sind schlicht und einfach Gegner – Marlowe hat weder Partner noch Freunde –, die Frauen dagegen machen ihm mehr zu schaffen. Entweder sie erliegen sofort seinem Charme, dann spielen sie nur eine winzige Nebenrolle, oder sie liefern ihm subtile Gefechte, in denen mit Blicken, Gesten und provozierenden Dialogen gekämpft wird.

Die Produktionsgeschichte des zum Kultfilm avancierten Klassikers weist einige Absonderlichkeiten auf: Das Drehbuch, an dem William Faulkner mitarbeitete, war noch nicht fertig, als im Oktober 1944 die Dreharbeiten begannen. Mit Rücksicht auf die Zensur wurde die homosexuelle Beziehung zwischen Lundgren und Geiger eliminiert und, für die Geschichte noch wichtiger, verschwiegen, welche Art »Rare Books« die Buchhandlung Geigers vertreibt: pornografische Literatur. Doch damit erklären sich nicht alle Ungereimtheiten der Story. Als am Drehort eine Diskussion entstand, wer den Chauffeur getötet hat und warum, telegrafierte man dem Romanautor und bat ihn um Aufklärung: Chandler wußte es selbst nicht. Bereits im Herbst 1944 war der Film fertig und wurde während des Krieges in Test-Vorführungen den US-Soldaten in Übersee gezeigt; nachdem Bogart und Lauren Bacall geheiratet hatten, nutzte man diese Klatschspalten-Sensation und drehte Monate später ein paar Szenen mit ihnen nach, wofür anderes herausgekürzt wurde. Vor allem die Szenen mit der nymphomanischen Carmen fielen der Schere zum Opfer; einem Brief Chandlers ist zu entnehmen, daß Hawks unter Androhung einer einstweiligen Verfügung erzwang, daß der Film noch einmal umgeschnitten wurde.

The Big Sleep ist sicher nicht der beste Film aus Hollywoods Schwarzer Serie: Die Atmosphäre und Ästhetik des Film noir werden ausgebeutet für eine Kommerzproduktion, die den Pessimismus und die zynische Weltsicht des Genres eher zitiert als sich zu eigen macht. Hawks ist ein Routinier, er bedient schematisch die Spannungsdramaturgie, tut dies jedoch so geschickt und unauffällig, daß der Zuschauer die Mängel des Drehbuchs vergißt. Jede Szene treibt die Handlung voran, und in jedem Augenblick sind Bogart und seine Mitspieler derart präsent, daß sie darüber hinaus nichts darstellen: eine pure Kino-Fiktion.

Dazu gehört auch das Happy End. Marlowe nimmt Vivian in den Arm: »Was stimmt nicht mit dir?« »Nichts, was du nicht ändern kannst.« Der Mann hat seine Aufgabe gefunden – Bogart und Lauren Bacall sind ein Paar, der Zuschauer weiß es aus der Filmillustrierten. Im Roman dagegen heißt es trocken: »I saw her never again.«

»*Der tiefe Schlaf*«. Hg. Klaus Eder. In: Film, Velber, 1966, H. 3. (Drehbuch). – »*Tote schlafen fest. The Big Sleep*«. Hg. Hans-Werner Ludwig. Tübingen 1981. (Filmprotokoll). Raymond Chandler: »Briefe 1937–1959«. Hg. von Frank MacShane. München 1990; Annette Kuhn: »*The Big Sleep*: A Disturbance in the Sphere of Sexuality«, in: Wide Angle, 1980/81, H. 3; Ronald S. Librach: »Adaption and Ontology: The Impulse Towards Closure in Howard Hawks' Version of *The Big Sleep*«, in: Literature/Film Quarterly, 1991, H. 3; James Monaco: »Notes on *The Big Sleep*, thirty years after«, in: Sight and Sound, 1974/75, H. 1; Christopher Orr: »The Trouble with Harry: On the Hawks Version of *The Big Sleep*«, in: Wide Angle, 1982, H. 2; Stephen Pendo: »Raymond Chandler on Screen«. Metuchen 1976; Gene D. Phillips: »Creatures of Darkness«. Lexington 2000; David Thomson: »*Tote schlafen fest*«. Hamburg, Wien 2000; Paul Werner: »Scheiternde Helden im Film noir: *Tote schlafen fest* (1946)«, in: Werner Faulstich/Helmut Korte (Hg.): Fischer Filmgeschichte. Bd. 3. Frankfurt a.M. 1990.

Michael Töteberg

THE BIRDS (Die Vögel). USA (Universal) 1963. 35 mm, Farbe, 120 Min.
R: Alfred Hitchcock. B: Evan Hunter, nach einer Erzählung von Daphne du Maurier. K: Robert Burks. S: George Tomasini. Ton: Remi Gassmann, Oskar Sala, Bernard Herrmann.
D: Tippi Hedren (Melanie Daniels), Rod Taylor (Mitch Brenner), Jessica Tandy (Lydia Brenner), Suzanne Pleshette (Annie Hayworth), Veronica Cartwright (Cathy Brenner).

Wie *Rebecca* beruht auch *The Birds* auf einer Geschichte von Daphne du Maurier, doch hat Hitchcock der literarischen Vorlage kaum mehr entnommen als das Motiv der unerklärlichen Aggression der Vögel auf die Menschen. Der Film beginnt als amüsante Liebesgeschichte zwischen der verwöhnten und gelangweilten Erbin Melanie Daniels und dem Kleinstadt-Anwalt Mitch Brenner. Sie lernen sich in einem Vogelgeschäft kennen; einer Laune folgend, beschließt Melanie, Mitchs Schwester in Bodega Bay mit einem Sittichpaar zu überraschen. Als sie heimlich die Bucht mit einem Motorboot überquert, wird Melanie von einer Möwe angegriffen und leicht verletzt. Während sich die Beziehung zwischen Melanie und Mitch unter den skeptischen Augen seiner Mutter vertieft, eskalieren die Angriffe der Vögel: Eine Kinder-Geburtstagsfeier endet in einer Katastrophe. Selbst das verschlossene Haus bietet keinen Schutz: Die Vögel dringen durch den Kamin ein, und Melanie wird bei einer bösartigen Attacke fast getötet. Mitch, seine Mutter und die Schwester helfen ihr ins Auto und fahren langsam und vorsichtig davon – durch eine bis an den Horizont von Vogel-Scharen bevölkerte Landschaft, die nur für einen Augenblick ruhig zu bleiben scheinen.

Der Einbruch von Angst und Schrecken in eine geordnete Kleinbürger-Welt, zu der auch das Liebesgeplänkel von Mitch und Melanie gehört, ist Hitchcocks Thema. Die Vögel sind »die konkrete Verkörperung des Zufälligen und Unvorhersehbaren« (Robin Wood): Aus den gefiederten Freunden des Menschen wird urplötzlich eine Bedrohung. Nach dem Angriff auf das Schulhaus flüchten Melanie und Mitch in ein Café, wo sie die Gäste vor der drohenden Gefahr zu warnen versuchen. Verschiedene Erklärungen für die unerhörten Ereignisse werden gegeben: Einige behaupten, dies sei die Rache der Natur für die ökologischen Verwüstungen des Menschen oder gar die Apokalypse; es meldet sich auch eine Stimme der Vernunft zu Wort mit dem Hinweis, die Ereignisse seien unmöglich, auch wenn sie stattgefunden hätten. Als man nach einem Sündenbock sucht, bezichtigt eine hysterische Frau Melanie, eine Hexe zu sein. Hitchcock läßt nicht nur das Ende des Films offen, sondern verweigert auch eine rationale Erklärung.

The Birds ist in der Reihe von Hitchcocks »technischen Übungen« eine besonders virtuose Arbeit. Dem Film ging eine dreijährige Vorbereitungsphase voraus, in der ein detailliertes Storyboard entwickelt wurde. Mit rund 1.500 Einstellungen weist *The Birds* dreimal so viele Einstellungen auf wie gewöhnlich, dazu kommen 400 Einstellungen mit speziellen optischen Effekten des Disney-Technikers Ub Iwerks. Die elektronische Tonspur, die von Hitchcocks Komponisten Bernard Herrmann zusammen mit Remi Gassmann und Oskar Sala hergestellt wurde, stellt ein radikales Experiment dar: Statt einer traditionellen Titelmelodie benutzte man Sound Effects, statt wirklicher Vogellaute synthetisch hergestellte Töne. Irritierend wird die bewußte Verletzung klassischer Ton-Bildbeziehungen – eine nervenzerreißende Stille begleitet die Versammlung der Vogelmassen auf dem Spielplatz, bevor diese dann die Schule angreifen. Hitchcocks Kritik an der ödipalen Familienstruktur findet ihren stärksten Ausdruck in einer Szene, wo die Familie in ihrem eigenen Haus gefangen ist, umgeben von nichts als dem Geräusch eines Massenangriffs der Vögel.

Raymond Bellour: »The Analysis of Film«. Bloomington 2001; Peter Bogdanovich: »*The Birds*«, in: Film Culture, 1963, H. 28; Graham Bruce: »Bernard Herrmann: Film Music and Narrative«. Ann Arbor, Michigan 1985; Margaret M. Horwitz: »A Mother's Love«, in: Wide Angle, 1982/83, H. 1; Robert E. Kapsis: »Hollywood Filmmaking and Reputation Building: Hitchcock's *The Birds*«, in: Journal of Popular Film and Television, 1987, H. 1; Helmut Korte (Hg.): »Systematische Filmanalyse in der Praxis«. Braunschweig 1986; ders.: »*The Birds*«, in: Franz-Josef Albersmeier/Volker Roloff (Hg.): Literaturverfilmungen. Frankfurt a.M.

1989; Camille Paglia: »*Die Vögel*«. Hamburg, Wien 2000; Robert Samuels: »Hitchcock's Bi-Textuality. Lacan, Feminisms, and Queer Theory«. Albany 1998; D. Simper: »Poe, Hitchcock, and the Well-Wrought Effect«, in: Literature/Film Quarterly, 1975, H. 2; Elisabeth Weis: »The Silent Scream: Alfred Hitchcocks Sound Track«. Rutherford, New Jersey 1982; Robin Wood: »Hitchcock's Films«. New York 1970; Slavoj Žižek: »Warum greifen die Vögel an?«, in: ders. (Hg.): Ein Triumph des Blicks über das Auge. Wien 1992.

Amy Lawrence

THE BIRTH OF A NATION

(Die Geburt einer Nation). USA (Epoch Producing Corporation) 1914. 35 mm, stumm, s/w, 3.658 m.
R: David Wark Griffith. B: D.W. Griffith, Frank Woods, nach dem Theaterstück »The Clansman« von Thomas Dixon. K: D.G. Bitzer, Karl Brown. A: Robert Goldstein. S: James Smith. M: Joseph Carl Breil, D.W. Griffith.
D: Spottiswoode Aitken (Dr. Cameron), Henry B. Walthall (Ben Cameron), Miriam Cooper (Margaret Cameron), Ralph Lewis (Austin Stoneman), Lillian Gish (Elsie Stoneman), Robert Harron (Tod Stoneman), George Siegman (Silas Lynch).

»Es ist, als ob Geschichte mit dem Blitz geschrieben würde«, soll der Präsident Woodrow Wilson nach einer Vorführung im Weißen Haus gesagt haben. Das zwölfaktige Südstaatenepos war der erste Film, der eine solche Sondervorführung erlebte. *The Birth of a Nation* gilt als erstes Meisterwerk des erzählenden Kinos.

Fünf Jahre hatte Griffith in über 450 Ein- und Zweiaktern filmspezifische Erzähltechniken erprobt: Großaufnahmen zur Charakterisierung von Personen, Kreisblende, Parallelmontage und die Dehnung der Erzählzeit bei besonders spannenden Szenen. Auf der Suche nach einem Stoff für einen langen Spielfilm, der mit europäischen Großproduktionen wie *Queen Elisabeth* konkurrieren könnte, entdeckte er »The Clansman« von Reverend Dixon. Griffith fügte Erinnerungen seines Vaters, eines Obersten der Konförderierten, und Motive aus Dixons Roman »A Leopard's Spot« hinzu und gab die Geschichte als Rekonstruktion historischer Wahrheit aus.

Da niemand das Risiko des Großprojekts tragen wollte, gründete Griffith eine eigene Produktionsgesellschaft. Nach sechs Wochen Proben folgten neun Wochen Dreharbeiten mit dem für damalige Verhältnisse riesigen Budget von 100.000 Dollar. *The Clansman*, am 8. Februar 1915 erstmals öffentlich gezeigt, dann auf Vorschlag von Dixon in *The Birth of a Nation* umbenannt, fand zunächst keinen Verleiher. So nahm Griffith auch die Distribution in seine Hand. Der Erfolg gab ihm recht: Allein in New York lief der Film 44 Wochen; bis 1946 hatten mehr als 200 Millionen Zuschauer ihn gesehen.

The Birth of a Nation erzählt die Geschichte zweier befreundeter Familien – der Stonemans (Nord) und der Camerons (Süd) – vor, während und nach dem Bürgerkrieg. Eine kurze Eingangssequenz zeigt die Ankunft der Sklaven in Amerika. Bilder fanatischer Nordstaatler und Idyllen aus dem patriarchalischen Süden führen die Kriegsgegner vor, wobei Griffith keinen Zweifel läßt, auf welcher Seite er steht. Seinen Höhepunkt findet der Film in den Kriegsszenen. Gekonnt setzt Griffith Kontraste ein: Totale und Nahaufnahme, Statik und Bewegung, Bilder einzelner Soldaten und ganzer Gruppen, Bewegung von rechts und Bewegung von links wechseln rhythmisch einander ab. In der Schlacht wird der verwundete Ben Cameron gefangen genommen und kommt in ein Lazarett, wo Elsie Stoneman ihn pflegt. Auf Bitten der Mutter begnadigt Abraham Lincoln den zum Tode Verurteilten. Mit der effektvoll inszenierten Ermordung des Präsidenten im Theater endet der erste Teil. Doch die eigentlichen Schwierigkeiten beginnen nach dem Krieg: Der Süden ist verarmt und wird von freigelassenen Sklaven terrorisiert. Rettung bringt der Ku Klux Klan. Ben Cameron wird einer seiner Führer. Am Ende sind die Liebenden vereint, der Süden ist in seine Rechte wieder eingesetzt. Eine Nation ist geboren.

Mit sicherem Gespür für Effekte nutzte Griffith Suspense und melodramatische Elemente für einen rassistischen Propagandafilm, dessen Machart mit nationalsozialistischen Hetzfilmen wie ↗*Jud Süß* vergleichbar ist. Die liberale Öffentlichkeit reagierte mit Empörung und Protesten: In acht Bundesstaaten wurde *The Birth of a Nation* verboten. Griffith kürzte den (ursprünglich 3.980 m langen) Film und schnitt die kompromittierendsten Szenen heraus: die sexuelle Belästigung weißer Frauen durch Farbige und den Epilog, der die Deportation aller Farbigen nach Afrika als Lösung für Amerikas Probleme vorschlug (und mit dem Prolog eine Klammer bildete). Auf die öffentlichen Angriffe antwortete er mit dem Pamphlet »The Rise and Fall of Free Speech in America«. Sein Hauptargument hieß Toleranz. Er warb bereits – Griffith hatte begriffen, wie verkaufsfördernd publizistische Debatten sind – für seinen nächsten Film ↗*Intolerance*.

»*The Birth of a Nation*«. Hg. Theodore Huff. New York 1961. – Hg. John Cunibert. Woodbrigde 1979. – Hg. Robert Lang. New Brunswick 1994. (Einstellungsprotokoll, Materialien).

Roy E. Aitken: »*The Birth of a Nation* story«. Hg. Al P. Nelson. Middleburg 1965; M. Diawara: »Black spectatorship: problems of identification and resistance«, in: Screen, 1988, H. 4; Günter Giesenfeld: »Griffith und die Geburt der amerikanischen Nation«, in: Augen-Blick, 1992, H. 12; G. Leblanc: »L'art de raconter et de persuader: *La naissance d'une nation*«, in: CinémAction, 1990, H. 54; J.B. Martin: »Film out of theatre: D.W. Griffith, *Birth of a Nation* and the Melodrama ›The Clansmen‹«, in: Literature/Film Quarterly, 1990, H. 2; Rainer Rother: »›Jahrtausende sausen vorüber‹«, in: Christine Rüffert u.a. (Hg.): ZeitSprünge. Berlin 2004; Richard Schickel: »D.W. Griffith and the Birth of Film«. London 1984; Fred Silva (Hg.): »Focus on *The Birth of a Nation*«. Englewood Cliffs 1971; Janet Staiger: »Interpreting Films«. Princeton 1992; C. Taylor: »The re-birth of the aesthetic in cinema«, in: Wide Angle, 1991, H. 3/4; A. Weber: »Des primitifs à Griffith«, in: CinémAction, 1982, H. 23.

Jens Bisky

BIS ZUM LETZTEN MANN

↗ Fort Apache

BLACK BOX BRD

Deutschland (zero film/HR/SWR/arte) 2001. 35 mm, Farbe, 102 Min.
R+B: Andres Veiel. K: Jörg Jeshel. S: Katja Dringenberg. M: Jan Tilman Schade.

Die ersten Filmbilder: Anflug mit dem Helikopter auf die Hochhäuser der Bankenmetropole Frankfurt. Die Skyline wird von Lokalpatrioten stolz »Mainhattan« genannt; die Hausbesetzer skandierten in den siebziger Jahren: »Frankfurt – Bankfurt – Krankfurt«. Die Kamera umkreist die Zwillingstürme der Deutschen Bank, dann befinden wir uns in der Schaltzentrale der Macht. Sekretärinnen bereiten Unterschriftsmappen vor und rücken Notizblöcke für die Vorstandssitzung zurecht, die Bleistifte akkurat diagonal ausgerichtet, dem Firmenlogo entsprechend. Drei schwere Limousinen machen sich auf den Weg. Traudl Herrhausen erzählt gebrochen, wie sie einen Schlag, eine Explosion gehört hat. Der Film reißt, Bildfragmente wischen über die Leinwand, bevor sie weiß wird. Der Bahnhof von Bad Kleinen. Rainer Grams geht durch die Unterführung, steigt die Treppe hoch, steht auf dem Bahnsteig und berichtet stockend: »Hier ist mein Bruder hochgelaufen, das werden wohl seine letzten Schritte gewesen sein.«
Alfred Herrhausen, Vorstandssprecher der Deutschen Bank, starb am 30. November 1989 bei einem Sprengstoffattentat, zu dem sich die RAF bekannte. Wolfgang Grams, in den Untergrund abgetauchtes RAF-Mitglied, kam bei einem mißglückten Zugriff von GSG-9 und BKA am 27. Juni 1993 durch einen Kopfschuß ums Leben; angeblich soll er sich bei der Festnahme selbst erschossen haben, doch Zweifel an dieser offiziellen Version sind angebracht. Beide Fälle wurden nie aufgeklärt, sind bis heute Gegenstand von Spekulationen und obskuren Verschwörungstheorien. Auch Andres Veiels Dokumentarfilm kann kein Licht ins Dunkel dieser ›Black Box‹ bringen, in der die durch den Terrorismus ausgelöste Krise der BRD verschlossen ist. Er rekonstruiert in parallelen Strängen die Lebensläufe von Herrhausen und Grams, zeichnet das Doppelporträt von zwei Menschen auf den verschiedenen Seiten der Front. Sie sind sich nie begegnet, doch ihre Biographien führen aufeinander zu und verschwinden dann in der ›Black Box‹.

Ein inzwischen abgeschlossenes, aber längst nicht erledigtes Kapitel in der Geschichte der Bundesrepublik, von zwei extremen Polen geschildert: Der Banker Herrhausen gehörte zur Machtelite, ein Karrierist und Global Player, der energisch und aggressiv seine Ziele durchsetzte. Wolfgang Grams hatte gegen das kleinbürgerliche Elternhaus rebelliert, lebte in Wohngemeinschaften und ernährte sich von Gelegenheitsjobs. Zwei diametral entgegengesetzte Lebensentwürfe, die in verschiedenen Milieus und sozialen Attitüden wurzeln. »Das Prinzip Ehrgeiz gegen das Prinzip Verweigerung, Konvention gegen Freiheit, Anpassung gegen Rebellion«, konstatiert Christina Bylow, die dem Filmemacher einen ausgeprägten Blick für die Sprache der Körperpräsentation attestierte: »Herrhausens Einstecktuch und die Föhnfrisur stehen gegen Grams nackte Füße und den wuchernden Bart, die gespannte Eleganz des Golfspielers Herrhausen gegen Grams ungezügeltes Herumtoben am Strand.« Zunächst scheinen die Stereotype und Vorurteile sich zu bestätigen: Der »Herr des Geldes« wirkt hart und kalt, der jugendliche Rebell dagegen weich und verspielt. Doch es gehört zu den Qualitäten des Dokumentaristen Veiel, daß die einfachen Zuschreibungen immer wieder irritierend aufgebrochen werden: Herrhausen, der in eine Bankiersfamilie einheiratete und sich in einer bürgerlichen Doppelmoral einrichtete (ein Freund trauert den gemeinsamen Nachtklub-Besuchen nach), war bereit, seine Karriere für eine neue Liebe zu opfern. Grams, der den Dienst mit der Waffe verweigerte und lieber Zivildienst leistete, schockierte seine Freunde mit dem Satz, man müsse den Feind so hassen, daß man ihn nicht nur erschießen, sondern mit bloßen Händen erwürgen könne.

Andres Veiel, studierter Psychologe, hat mit viel Einfühlungsvermögen Freunde und Weggefährten zum Sprechen gebracht: die Eltern von Grams, Vorstandskollegen von Herrhausen, seine Witwe, die Schwester. Sie geben keine Statements ab, inszenieren sich nicht vor laufender Kamera, sondern Veiel hat eine Atmosphäre geschaffen, die ihnen eine Selbstbefragung ermöglicht. Der Film könnte auch den Titel eines anderen Dokumentarfilms des Regisseurs tragen: *Die Überlebenden.* Herrhausen und Grams, beide besaßen auf ihre Art Charisma. Ein Vorstandsmitglied spricht davon, wie Herrhausen durch sein Auftreten den Mitarbeitern Selbstvertrauen und Stolz vermittelte: So sehr er sie forderte (und überforderte), »jungen, ehrgeizigen Menschen, die eine Heimat brauchen«, verschaffte er diese in der Deutschen Bank. Die Freunde von Grams schwärmen von der Zeit des intensiven Lebens, sie bewunderten seine mutige und konsequente Haltung, zu der sie selbst nicht fähig waren. Hilmer Kopper, Aufsichtsratsvorsitzender der Deutschen Bank, nennt Herrhausen einen »Siegfried«, der sich vor keinem »Ungeheuer« fürchtete. Auch das RAF-Mitglied Grams verlangte von seinen Freunden Nibelungentreue – in beiden, Banker und Terrorist, Opfer und Täter, kann man den deutschen Idealisten entdecken. Ihre Lebenslinien berühren in ihrer Herkunft die dunkle Vergangenheit Deutschlands. (Der Vater von Grams war – »aus innerem Zwang freiwillig«, wie er sagt – zur Waffen-SS gegangen; Alfred Herrhausen auf einer Nazi-Eliteschule erzogen worden.) Sie waren beide Überzeugungstäter, die mit typisch deutscher Ausschließlichkeit und Rigorosität ihre Ziele verfolgten, so daß sie sich am Ende selbst isolierten. Herrhausen unternahm einen überraschenden Paradigmenwechsel und trat für einen Schuldenerlaß der Dritte-Welt-Länder ein, eine Wendung, bei der ihm der Bankvorstand nicht mehr folgen wollte. Am Morgen des Attentats war er sogar für seine Frau kaum noch ansprechbar. Auch Grams ist am Ende allein. Von der Polizei gestellt, blieb seine Lebensgefährtin Birgit Hogefeld stehen und entschied sich damit für ein Leben im Knast, Grams dagegen wählte die Flucht und somit den Tod.

Der Film lädt zu solchen Reflexionen ein, formuliert jedoch keine These und enthält sich jeglichen Kommentars. Die Spurensicherung unterschlägt weder Ambivalenzen noch Widersprüche; Veiel scheut sich nicht, in sein Puzzle Teile aufzunehmen, die nirgendwo hineinpassen wollen. *Black Box BRD* reduziert die Menschen nicht zu Repräsentanten oder Stichwortgebern in einer Beweisführung. Die Erzählstränge werden subtil verknüpft, auf polemische Montagen wird verzichtet. Der zu Recht gerühmte und vielfach prämierte Dokumentarfilm, u.a. mit dem Deutschen Filmpreis in Gold ausgezeichnet, gewinnt seine Spannung durch eine gegenläufige Bewegung: Herrhausen wird als öffentliche Person eingeführt und gewinnt im Laufe des Films Konturen als Mensch; private Super-8-Filmaufnahmen stellen zu Beginn intime Nähe zu Grams her, doch mit seinem Abtauchen in den Untergrund entzieht sich auch immer mehr seine Person. Prompt wurde Veiel von linken Kritikern vorgeworfen, den Banker vermenschlicht zu haben – die Deutungshoheit über diesen Abschnitt deutscher Gegenwartsgeschichte ist unvermindert heftig umkämpft. Darin spiegelt sich auch eine Sehnsucht nach jenen Jahren, als die Frontverläufe noch klar definiert waren. Solches Schubladendenken bedient der Film jedoch nicht: Spielfilme wie *Die innere Sicherheit* (Christian Petzold, 2000), *Die Stille nach dem Schuß* (Volker Schlöndorff, 2000) oder *Baader* (Christopher Roth, 2001) belegen, daß das Thema RAF eine Phase der Historisierung erreicht hat, die fiktionale Erzählungen ermöglicht. Dokumentarfilme, in denen Faktisches bewahrt oder rekonstruiert wird, haben abschließenden Charakter (dies gilt auch für Heinrich Breloers semidokumentarischen TV-Zweiteiler *Todesspiel* von 1996/97). *Black Box BRD* dagegen öffnet einen weiten Raum; dem Titel gemäß bietet sich der Film dem Zuschauer als Projektionsfläche an. Die Verstrickungen der Überlebenden verhindern, das Trauma des »deutschen Herbsts« ad acta zu legen: *Black Box BRD* ist nach Veiel »ein Film über die Gegenwart«.

Christina Bylow: »Aus dem Untergrund«, in: Die Zeit, 31. 5. 2001; Christoph Egger: »Der Idealist. Als Bankier und als Terrorist«, in: Neue Zürcher Zeitung, 24. 5. 2002; Martina Knoben: »*Black Box BRD*«, in: epd Film, 2001, H. 6; Heike Kühn: »Am Anfang war der Filmriss«, in: Frankfurter Rundschau, 25. 5. 2001; Natalie Lettenewitsch/Nadine-Carina Mang: »Helden und Gespenster«, in: Ästhetik & Kommunikation, 2002, H. 117; Katja Nicodemus: »Der Schuldenerlass«, in: die tageszeitung, 23. 5. 2001; Vrääth Öhner: »Was ist eine ›Black box‹?«, in: Ästhetik & Kommunikation, 2002, H. 117; Andreas Platthaus: »Zwischen Bad Homburg und Bad Kleinen«, in: Frankfurter Allgemeine Zeitung, 25. 5. 2001.

Michael Töteberg

BLADE RUNNER USA (Blade Runner Partnership) 1982/91. 35 mm, Farbe, 117 Min. R: Ridley Scott. B: Hampton Fancher, David Peoples, nach dem Roman »Do Androids Dream of Electric Sheep?« von Philip K. Dick. K: Jordan Cronenweth. A: Lawrence G. Paull. S: Marsha Nakashima. M: Vangelis. D: Harrison Ford (Deckard), Rutger Hauer (Batty), Sean Young (Rachael), Daryl Hannah (Pris), Edward James Olmos (Gaff) M. Emmet Walsh (Bryant), William Sanderson (Sebastian), Brion James (Leon).

Blade Runner, 1982 zeitgleich mit Spielbergs *E.T.* in die Kinos gekommen, war zunächst ein Flop, entwickelte sich aber rasch zu einem Kultfilm, der auch ein intellektuelles Publikum zu faszinieren vermag. Ridley Scotts Zukunftsvision spielt im Los Angeles des Jahres 2019: Der »Blade Runner« Deckard hat die Aufgabe, fünf »Replikanten«, die sich unerlaubterweise auf der Erde befinden, zu eliminieren. »Replikanten« sind Androiden, deren Lebenszeit auf vier Jahre begrenzt ist; äußerlich nicht von Menschen zu unterscheiden, verraten sie sich nur in psychologischen Tests. Auf der Jagd nach den Replikanten wird Deckard zunehmend verunsichert; schließlich verliebt er sich in Rachael, die er zugleich als Replikant entlarvt. »Liebst du mich? Vertraust du mir?« fragt er sie, während er den Revolver lädt. Gemeinsam verlassen sie die Wohnung: Deckard flieht mit Rachael in eine unbekannte Zukunft.

In der Version von 1982 erscheint Deckard noch als Einzelgänger vom Schlage eines Philip Marlowe oder Sam Spade. Dieser Eindruck soll durch die aus der Schwarzen Serie bekannten Selbstreflexionen des Helden vermittelt werden. Der Schluß – von Anfang an unter den Beteiligten der Produktion umstritten – ist ein schwülstiges Happy End: Das Paar verläßt die Alptraum-Stadt und fährt in eine offene Landschaft; Flugaufnahmen von Wolken und Bergen – Restmaterial von Stanley Kubricks ↗ *The Shining* – sind die letzten Einstellungen. Zehn Jahre nach der Uraufführung kam 1992 eine neue, als »Director's Cut« ausgegebene Version in die Kinos, die sowohl auf den Off-Kommentar wie das Happy End verzichtet.

Die Grenze zwischen Replikant und Mensch verschwimmt hier derart, daß der Schluß möglich ist, Deckard selbst sei ein Replikant: So wie Deckard die Träume kennt, die Rachel implantiert wurden, so sind auch seine Träume dem Polizisten Gaff bekannt. Scott hat eine kurze Traumsequenz Deckards wieder eingefügt und läßt das Ende offen; der Director's Cut erweist sich nicht nur als die filmisch bessere Version, sondern auch als die einzig logische.

Das Verhältnis von Mensch und Replikant ist in *Blade Runner* weniger bestimmt vom Frankenstein-Mythos als von der Bibel. Nicht nur Tyrell, in dessen Firma die Replikanten entwickelt werden, trägt Züge des biblischen Schöpfergottes: Die Menschen sind allwissend, ihnen ist die Macht über Leben und Tod ihrer Geschöpfe – ohne moralische Bedenken – gegeben. Entsprechend sind die Replikanten »Söhne« im biblischen Sinn: Batty bezeichnet sich selbst als den verlorenen Sohn; Anspielungen an den Sohn Gottes sind unübersehbar, bis hin zur Durchbohrung der Hand. Gleichzeitig kommt es aber zu einer Auflehnung gegen die gottgegebene Ordnung: Batty tötet Tyrell; Deckard weigert sich, Rachael umzubringen. Gestört wird die Ordnung auch dadurch, daß die Replikanten – getreu dem Firmenmotto von Tyrell – »more human than human« erscheinen und durch emotionales Verhalten überraschen. Dagegen wirken die Menschen kalt und berechnend, geradezu unmenschlich: Ihr Verhalten erscheint mindestens ebenso ›programmiert‹ wie das ihrer ›seelenlosen‹ Geschöpfe. Bestürzt beobachtet Deckard an sich selbst, wie aus dem emotionslosen Blade Runner ein liebender Mann wird, der seinen Auftrag verrät, um Rachael zu retten.

Blade Runner, der zahlreiche Filme wie u.a. *The Terminator* (James Cameron, 1984) beeinflußt hat, ist seinerseits voll von Zitaten und Anspielungen: So greift er Elemente des klassischen Film noir sowie des Thrillers auf. In der Architektur finden sich neben aktuellen Gebäuden aus Los Angeles (Bradbury Building) deutliche Bezüge zu den Bauten von ↗*Metropolis*. Die Spurensuche mittels Vergrößerung von Bildausschnitten kann als Hommage an ↗*Blow-up* verstanden werden. Die Fotos selbst erinnern an Gemälde von Edward Hopper. Dekor und Design, die Gestaltung der futuristischen Stadt, aber auch die viele Interpretationen zulassende, ethische Fragen berührende Geschichte haben *Blade Runner* zu einem der wichtigsten Science-fiction-Filme der achtziger Jahre gemacht.

Giuliana Bruno: »Ramble City: Postmoderne und *Blade Runner*«, in: Jürgen Felix (Hg.): Die Postmoderne im Kino. Marburg 2002; Scott Bukatman: »*Blade Runner*«. London 1997; Susan Doll/Greg Faller: »*Blade Runner* and Genre: Film Noir and Science Fiction, in: Literature/Film Quarterly, 1986, H. 2; David Dresser: »*Blade Runner*: Science Fiction and Transcendence«, in: Literature/Film Quarterly, 1985, H. 3; Franz Everschor: »*Blade Runners* europäisches Finale«, in: film-dienst, 1993, H. 8; Werner Faulstich: »Der neue Science-fiction-Film: *Blade Runner* (1982)«, in: ders./Helmut Korte (Hg.): Fischer Filmgeschichte. Bd. 5. Frankfurt a.M. 1995; Judith B. Kerman: »Retrofitting *Blade Runner*«. Bowling Green 1991; Rachela Morrison: »*Casablanca* Meets *Star Wars*: The Blakean Dialectics of *Blade Runner*«, in: ebd.; Jean-Louis Olive: »Les structures de l'enfermement urbain, de *Metropolis* à *Blade Runner*«, in: Les Cahiers de la Cinématheque, 1986, H. 44; Alain Philippon: »Un thriller futuriste«, in: Cahiers du Cinéma, 1982, H. 339; Peter Ruppert: »*Blade Runner*: The Utopian Dialectics of Science Fiction Films«, in: Cineaste, 1989, H. 2; Paul M. Sammon: »Future Noir. The Making of *Blade Runner*«. London 1996; Don Shay: »*Blade Runner*: The Inside Story«. London 2000; Joseph W. Slade: »Romanticizing Cybernetics in Ridley Scott's *Blade Runner*«, in: Literature/Film Quarterly, 1990, H. 1; Frank Schnelle: »Ridley Scott's *Blade Runner*«. Stuttgart 1994; Helmut Weihsmann: »*Blade Runner*: Urban Fiction im Genre des Stadtfilms«, in: Hans J. Wulff u.a. (Hg.): 2. Film- und Fernsehwissenschaftliches Kolloquium Berlin '89. Münster 1990.

Stefan Krauss

THE BLAIR WITCH PROJECT

USA (Haxan Films) 1999. 35 mm (Blowup von 16 mm/Hi8-Video), Farbe + s/w, 87 Min.
R, B+S: Daniel Myrick, Eduardo Sanchez. K: Neal Fredericks. M: Tony Cora.
D: Heather Donahue (Heather), Michael Williams (Michael), Joshua Leonard (Josh).

»In October of 1994, three student filmmakers disappeared in the woods near Burkittsville, Maryland

The Blair Witch Project: Heather Donahue

while shooting a documentary. A year later their footpage was found.« *The Blair Witch Project* gibt sich als Dokument aus: Präsentiert wird eine ungeschnittene Fassung des in einer verlassenen Hütte gefundenen Filmmaterials der spurlos verschwundenen Studenten, die die legendäre Hexe von Blair zum Thema ihres Films erkoren hatten. Schon bevor sie mit den Dreharbeiten zu ihrem Dokumentarfilm-Fake, einem sog. Mockumentary, begannen, hatten Eduardo Sanchez und Daniel Myrick, ehemalige Filmstudenten der Universität Florida, eine Website (www.blairwitch.com) ins Internet gestellt, mit der sie ihre Horrorfiktion geschickt als wahre Begebenheit lancierten. Die Filmstudenten in *The Blair Witch Project* heißen Heather Donahue, Michael Williams und Joshua Leonard, so wie ihre realen Darsteller und der clevere Zynismus der Macher ging so weit, daß Donahue, Leonard und Williams auch noch Wochen nach dem Kinostart des Films von der amerikanischen Internet-Filmdatenbank IMDB als »verstorben« geführt wurden. Die einsetzende Mundpropaganda sorgte dafür, daß *The Blair Witch Project* schon vor der Premiere auf dem Sundance-Festival als multimediales Phänomen gehandelt wurde. Dank dieses Hype wurde die Low-Budget-Produktion – gemessen an den kolportierten Herstellungskosten von 35.000 Dollar – zum damals erfolgreichsten Film aller Zeiten, mit einem weltweiten Einspielergebnis von knapp 250 Millionen Dollar.

»Kamera läuft jetzt.« Wir sehen die drei Studenten beim Aufbruch nach Burkittsville, das früher Blair hieß. Es wird herumgealbert, dann macht man die ersten Interviews. Zunächst werden mehrere Einheimische nach ihrer Version der Schauergeschichte befragt, dann setzt das unerfahrene Team seine Recherchen im Black Hills Forest fort, wo der Überlieferung zufolge die Hexe ihr Unwesen treiben soll. Jeder Schritt der Expedition wird von Heather und ihren beiden Gefährten in Ton und Bild festgehalten. Sukzessive schleicht sich dabei der Schrecken ein: Die Wanderkarte ist unbrauchbar, von den Bäumen baumeln atavistische Basteleien, und Nacht für Nacht nähert sich ein unsichtbares Etwas mit schauriger Geräuschkulisse dem Zelt. Angst, Hunger und Desorientierung lassen die Gemeinschaft aus den Fugen geraten, doch trotz des drohenden Verderbens bleiben Hi8- und 16mm-Kamera stets in Betrieb. Am Ende stoßen sie nachts auf ein verlassenes Haus, das verdächtige Abdrücke an den Wänden aufweist. Das Trio verliert sich, in Panik hastet die Kamera durch die Stockwerke, am Schluß hört man minutenlang nur noch Angstschreie – das Bild stoppt und wird schwarz.

Dem Kinozuschauer ist stets bewußt, daß ihm eine Inszenierung mit kalkulierten Schockeffekten vorgeführt wird. Die Form des fingierten Dokuments verleiht *The Blair Witch Project* seine besondere Suggestion. Zu sehen sind grobkörnige Bilder, eine Abfolge verwackelter Master Shots, auf denen es außer verzweifelten Menschen und einer Menge Laub oft so gut wie nichts zu erkennen gibt. Regisseur Daniel Myrick formulierte in einem Interview äußerst treffend die eigentümliche Sogwirkung des Films: »Bei einem Autounfall sieht jeder hin, obwohl wir uns dabei schuldig fühlen. Und *The Blair Witch Project* ist ein Autounfall, etwas, von dem die Menschen wissen, daß sie es nicht sehen sollten, aber von dem sie ihre Augen nicht abwenden können.«

Die vorgetäuschte Authentizität verdeckt die sorgfältige Inszenierung und überlegte Montage (für den Schnitt waren die Filmemacher ebenfalls verantwortlich). Aus scheinbar zufälligen Impressionen werden plötzlich stilisierte Vignetten, die ein mehrfaches Sehen herausfordern. Ob nun ein kleines Plastik-Skelett ins Bild gerät oder der achtlose Blick auf ein selbstgebasteltes Gartentor rückwirkend zum düsteren Vorzeichen wird, die Aufnahmen wirken nie beliebig. Konsequent wird die filmische Konstruktion mit den Worten »It's not quite reality« kommentiert, so daß die Diskrepanz zwischen dem Kamera-Auge und dem angsterfüllten Blick der Protagonisten nur durch die Vorstellungskraft der Zuschauer überwunden werden kann. Dabei instrumentalisiert der Film das Bedürfnis nach sinnstiftenden Hinweisen so geschickt, daß das Kinopublikum voller Erwartung sogar eine nachtschwarze Leinwand anstarrt.

In diesem Horrorfilm gibt es weder Monster noch Special Effects, sondern lediglich Licht und Schatten. Das Böse mag diffus bleiben, aber die Angst davor läßt sich wohl kaum präziser porträtieren. Heather, Michael und Joshua bleiben dabei sperrige Figuren, die sich einer simplen Identifikation verweigern. Die titelgebende Hexe taucht nur als hypothetische Größe auf, denn die universelle Gültigkeit des Schreckens ist wichtiger als seine letztendliche Gestalt. Und jeder darf sich in den Mythos einschreiben, weshalb die fabulierfreudige Internet-Gemeinde die fiktive Historie dankbar aufgriff und ausschmückte. Der überwältigende Erfolg dieser strategischen Verzahnung von Film und Neuen Medien hat die Marketingkonzepte der Unterhaltungsindustrie nachhaltig beeinflußt, selbst wenn das eilig nachgereichte Sequel *Book of Shadows: Blair Witch 2* (2000, Regie: Joe Berlinger) – ohne die kreative Mitwirkung der ursprünglichen Schöpfer entstanden, die lediglich als ausführende Produzenten agierten – als veritabler Flop von Publikum und Kritik abgestraft wurde. Das innovative Konzept ließ sich eben nicht beliebig wiederholen, und *The Blair Witch Project* blieb als Filmerzählung eine ebenso denkwürdige wie kuriose Ausnahme.

Cece Malvey: »*Blair Witch Project.* An Illustrated History. Wood Witch Said«. Suffolk 1999. (Materialien).

Frank Arnold: »*The Blair Witch Project*«, in: epd Film, 1999, H. 12; Franz Everschor: »Im Bann der Hexe: Ein Horrorfilm, der keiner ist, wurde zu Amerikas Tagesgespräch«, in: film-dienst, 1999, H. 17; Sarah L. Higley/Jeffrey Andrew Weinstock (Hg.): »Nothing that is: Millennial Cinema and the *Blair Witch* Controversies«. Detroit 2004; Tobias Kniebe: »Wahn, wenn nicht jetzt?«, in: Süddeutsche Zeitung, 24. 11. 1999; Kim Newman: »Babes in the Woods«, in: Sight and Sound, 1999, H. 7; Drake Stutesman: »*The Blair Witch Project*«, in: Mary Lea Bandy/Antonio Monda (Hg.): The Hidden God. New York 2003; Georg Seeßlen: »Die Kamera ist das Monster«, in: die tageszeitung, 25. 11. 1999; J.P. Telotte: »*Blair Witch Project*: Film and the Internet«, in: Film Quarterly, 2001, H. 3; Rudolf Worschech: »*The Blair Witch Project*«, in: Ursula Vossen (Hg.): Filmgenres: Horrorfilm. Stuttgart 2004.

David Kleingers

DER BLAUE ENGEL Deutschland (Ufa) 1929/30. 35 mm, s/w, 90 Min.
R: Josef von Sternberg. B: Robert Liebmann, Karl Vollmoeller und Carl Zuckmayer, nach dem Roman »Professor Unrat« von Heinrich Mann. K: Günther Rittau, Hans Schneeberger. Ba: Otto Hunte, Emil Hasler. M: Friedrich Hollaender, Liedertexte: Robert Liebmann, Friedrich Hollaender.
D: Emil Jannings (Immanuel Rath), Marlene Dietrich (Lola Lola), Kurt Gerron (Kiepert), Rosa Valetti (seine Frau Guste), Hans Albers (Mazeppa).

»Üb immer Treu und Redlichkeit«, intoniert das Orchester zu Beginn. Das Lied kommt wieder, immer wenn die Glocke schlägt, die Professor Rath zur Pflicht ruft, und am Schluß, dann allerdings verzerrt. »Üb immer Treu und Redlichkeit« – der Professor bricht zusammen, klammert sich ans Katheder – »bis an dein kühles Grab«.

»Was wäre geschehen, wenn Marc Anton die Grabrede nicht gehalten hätte?« Mit solchen Aufsatzthemen piesackt der Lehrer seine Schüler. Was wäre geschehen, wenn der Herr Professor nicht in das Lokal »Blauer Engel« gestolpert und Lola gesehen hätte? Er wäre der von den Honoratioren geachtete, von den Schülern gehaßte Pauker geblieben. Ein Leben im festgefügten Rahmen, auf Ordnung und Strenge bedacht.

Die Geschichte ist enthalten in den Musik-Motiven. Zwei Welten schildert Josef von Sternberg, präzise sezierend, aber nie bloß karikierend. Dem Bürgertum mit den traditionellen Melodien, die Rath frühmorgens pfeift, steht der nächtliche Tingeltangel mit den Schlagern gegenüber. Aber der Film spielt nicht in der Metropole, in den glitzernden Vergnügungspalästen. Schauplatz ist eine Kleinstadt, und das Lokal ist eher schäbig. Die Musik klingt hier ebenso falsch wie das bürgerliche Pfeifen aus dem letzten Loch. Auch Marlene Dietrichs Auftritt ist keineswegs perfekt, und über die Aura der mondänen Femme fatale verfügt sie noch nicht. Eine Dirne, kein Vamp. »Also los, mach deine Schmalzkiste«, scheucht der Direktor Lola auf die Bühne.

Das Drehbuch, ein Schulbeispiel für erzählerische Ökonomie, hat viele Verfasser. »Wenn die Ufa literarisch wird, tut sie es nicht unter drei Autoren für einen Film«, spottete in einer zeitgenössischen Rezension der »Kunstwart«. »Wem von den vier Teilhabern dieses Kollektivs nun die Schuld an dem entstandenen Manuskript zuzuschreiben ist, kann nicht ermittelt werden, was übrigens ein angenehmes Nebenergebnis für alle Beteiligten ist.« Nach dem Welterfolg sah das naturgemäß anders aus, da beanspruchte jeder den Hauptanteil. Einer, der im Vorspann nicht als Coautor aufgeführt wird, behauptete später überraschend, eigentlich sei er der Drehbuchverfasser und setzte sich sogar vor Gericht damit durch: Regisseur Josef von Sternberg.

Emil Jannings hatte den Amerikaner mit nach Babelsberg gebracht: Unter der Regie von Sternbergs hatte der deutsche Schauspieler während seines Gastspiels in Hollywood ↗ *The Last Command* gedreht. Sternberg seinerseits nahm die dank *Der blaue Engel* über Nacht zum Star gewordene Marlene Dietrich noch am Premierenabend nach Amerika mit. Sie ist, wie sie es selbst formulierte, sein »Geschöpf«: Er machte aus der gut gepolsterten Berlinerin eine ätherische Schönheit, eine synthetische Kinofigur, die in Filmen wie *Morocco* (*Marokko*, 1930), *Shanghai Express* (1931/32) und *Blonde Venus* (1932) als raffiniert arrangierte Projektionsfläche für Männerphantasien dient.

Die Querelen in Deutschland betrafen das Gespann von Sternberg/Dietrich nicht. Hierfür gab es klare Zuständigkeiten, denn, so der »Kunstwart« »nur Heinrich Mann bleibt auf jeden Fall schuldig«. Der literarische Repräsentant der Linken lag nicht auf der politischen Linie der deutschnationalen Ufa. *Der blaue Engel* war ein Projekt des Produzenten Erich Pommer; Vorbehalte wurden im Vorstand des Filmkonzerns schon früh geäußert. Gegen Ende der Weimarer Republik bewies die Ufa noch einmal, daß sie Filmkunst auch jenseits ihrer politischen Ausrichtung produzierte. In der Öffentlichkeitsarbeit rückte man jedoch deutlich den Film von dem zeitkritischen Roman ab: Im »Montag« – einem Blatt des Scherl-Verlags, der wie die Ufa zum Hugenberg-Konzern gehörte – hieß es: »In Wahrheit ist *Der*

blaue Engel kein Film mit Heinrich Mann, sondern ein Film gegen ihn.« Pommer und Zuckmayer protestierten, doch der Ufa-Vorstand schwieg.
Die Argumentation wurde von der Linken aufgegriffen und polemisch gegen den Filmkonzern gerichtet. Der Vorwurf, die Filmindustrie habe den Roman entschärft, ist später oft wiederholt worden. Theodor W. Adorno schrieb 1952: »Vor lauter Entzücken über den sorgfältig dosierten Sex Appeal übersieht man, daß das Gremium jeden gesellschaftlichen Stachel entfernte, aus dem Spießerdämon eine rührselige Lustspielfigur bereitete.« Nur einer klagte nicht über mangelnde Werktreue, sondern akzeptierte schlicht, daß Film und Roman zwei verschiedene Sachen sind: Heinrich Mann.
Für die Nationalsozialisten war *Der blaue Engel* ein rotes Tuch, ob er nun den Intentionen des Dichters entsprach oder nicht. Aus einer Filmkritik im »Völkischen Beobachter«: »Bewußt jüdische Zersetzung und Beschmutzung deutschen Wesens und deutscher Erziehungswerte ist hier am Werke, in dem sich jüdischer Zynismus selten gemein offenbart.« In seiner Autobiographie »Ein Zeitalter wird besichtigt« notierte Heinrich Mann: »Kein Zweifel, ich war verhaßt, populär machte mich gerade der Haß. Viel Nachfrage fand ein Hampelmann: Mein Kopf und die Beine einer Schauspielerin.«

»*Der blaue Engel*«. Hg. Luise Dirscherl/Gunther Nickel. St. Ingbert 2000. (Drehbuchentwürfe, Filmprotokoll, Materialien).
Theodor W. Adorno: »Ein Titel« in: ders.: Gesammelte Schriften. Bd. 11. Frankfurt a.M. 1974; Peter Baxter: »On the Naked Thighs of Miss Dietrich«, in: Wide Angle, 1977/78, H. 2; Elisabeth Bronfen: »Heimweh: Illusionsspiele in Hollywood«. Berlin 1999; Richard Arthur Firda: »Literary Origins: Sternberg's Film *The Blue Angel*«, in: Literature/Film Quarterly, 1979, H. 2; Peter Hogue: »True Blue«, in: Film Comment, 1994, H. 2; Siegfried Kaltenecker: »Die Komödie der Dinge«, in: Wespennest, 1994, H. 95; Gertrud Koch: »Zwischen den Welten«, in: dies.: »›Was ich erbeute, sind Bilder‹«. Basel, Frankfurt a.M. 1989; Josef von Sternberg: »Das Blau des Engels«. München 1991; Werner Sudendorf (Hg.): »Marlene Dietrich«. Frankfurt a.M. u.a. 1980; Stefanie Wehnert (Red.): »Mein Kopf und die Beine von Marlene Dietrich«. Lübeck 1996.

Michael Töteberg

DIE BLECHTROMMEL

DIE BLECHTROMMEL Bundesrepublik Deutschland/Frankreich (Franz Seitz/Bioskop/Hallelujah/Argos u.a.) 1978/79. 35 mm, Farbe, 144 Min.
R: Volker Schlöndorff. B: Jean-Claude Carrière, Franz Seitz, Volker Schlöndorff, Günter Grass, nach dem gleichnamigen Roman von Günter Grass. K: Igor Luther. A: Nikos Perakis. S: Suzanne Baron. M: Maurice Jarre, Friedrich Meyer.
D: David Bennent (Oskar Matzerath), Mario Adorf (Alfred Matzerath), Angela Winkler (Agnes Matzerath), Katharina Thalbach (Maria), Daniel Olbrychski (Jan Bronski), Charles Aznavour (Sigismund Markus), Heinz Bennent (Albrecht Greff), Tina Engel (Anna Koljaiczek), Berta Drews (Oma Anna).

Schlöndorffs Film beschränkt sich auf den ersten Teil des Romans, verzichtet auf die erzählerische Rahmenkonstruktion, die auf die Bundesrepublik der fünfziger Jahre verweist, und strafft ihn auf wesentliche Episoden des Geschehens. Der Film beginnt und endet mit ähnlichen Einstellungen: Zu Beginn sitzt »im Herzen der Kaschubei« die Großmutter Anna in jungen Jahren auf dem Kartoffelacker und röstet Kartoffeln, als der von Gendarmen verfolgte Josef Koljaiczek unter ihrem Rock Unterschlupf sucht und mit ihr ein Kind (Oskars Mutter) zeugt. Am Ende ist die inzwischen alt gewordene Großmutter wieder auf dem Feld zu sehen: Sie bleibt zurück, während Oskar und seine Mutter im letzten Eisenbahnwagen vor den Kriegswirren aus Ostpreußen in den Westen flüchten. Der Film wird so zur melancholischen Erinnerung an eine vergangene Zeit.
Oskar Matzerath ist die Hauptfigur, aus seiner Perspektive wird der Film erzählt. David Bennent spielt den anarchistischen Zwerg auf eine so überzeugende Weise, daß sich aus seiner Darstellung eine eigene Gestalt entwickelt hat, die sich gleichberechtigt neben der Romanfigur behaupten kann. Seine subversive Art feiert ihren größten Triumph, als er durch Trommeln einen NS-Aufmarsch zu einer Tanzveranstaltung umfunktioniert.

Die Blechtrommel trägt schwer am enormen Anspruch, dem dreißig Jahre zuvor erschienenen Roman, mit dem sich Grass in die Weltliteratur eingeschrieben hatte, gerecht zu werden und von ihm im Film möglichst viel zu erhalten. Grass hat am Drehbuch mitgearbeitet, sich aber in die filmische Realisierung nicht eingemischt. »Der Film darf nicht inszenierte Literatur sein«, notierte Schlöndorff während der Dreharbeiten. Er entschied sich für oft ans Groteske reichende Szenen, die sich zu einer »Nummernrevue« (Schlöndorff) zusammenfügen. Bildhafte Szenen liefert schon der Roman, und sie werden im Film ausgespielt: wie mit einem Pferdekopf Aale gefangen werden, bei deren Anblick Agnes erbrechen muß, wie Oskar mit einer Christusfigur in der Kirche spricht oder wie Alfred Matzerath das NS-Parteiabzeichen verschluckt und daran stirbt. Vor allem im Zusammenspiel des polnischen Schauspielers Daniel Olbrychski mit Angela Winkler, Mario Adorf und Heinz Bennent wird das kulturelle Gemisch Danzigs in jener Zeit sichtbar, das für Vitalität und Eigensinn stand und dessen Untergang lange vor der im Film ausführlich gezeigten Belagerung der Danziger Polnischen Post begann. Eigenständige Bilder schafft Schlöndorff in den Episoden, in denen Oskar mit den Liliputanern ein Unterhaltungsprogramm am Westwall bestreitet und sie auf einem Bunker picknicken. Insgesamt aber fehlt dem Film ein mitreißender Rhythmus, es entsteht kein vorwärtstreibendes Drängen, kein großer Erzählgestus.
Die mit sechs Millionen DM Produktionskosten bis dato aufwendigste bundesdeutsche Filmproduktion war auch international ein Erfolg: *Die Blechtrommel* erhielt die Goldene Schale des Bundesfilmpreises, die Goldene Palme in Cannes und den Oscar für den besten ausländischen Film. Die Kritik monierte eine gewisse Widersprüchlichkeit und gelegentliche Unentschiedenheit, die vielleicht von einer zu großen Werktreue gegenüber der Romanvorlage herrührt: Schlöndorff hätte sich noch weiter vom literarischen Text entfernen müssen, um künstlerische Eigenständigkeit zu erlangen.

»*Die Blechtrommel* als Film«. Frankfurt a.M. 1979. (Drehbuch).

Bjorn Bastiansen: »Vom Roman zum Film: eine Analyse von Volker Schlöndorffs Blechtrommel-Verfilmung«. Bergen (Norwegen) 1990; Hans-Edwin Friedrich: »Die Blechtrommel (Günter Grass – Volker Schlöndorff)«, in: Anne Bohnenkamp/Tilman Lang (Hg.): Literaturverfilmungen. Stuttgart 2005; David Head: »Volker Schlöndorffs *Die Blechtrommel* and the ›Literaturverfilmung‹ debate«, in: German Life and Letters, 1983, H. 4; Knut Hickethier: »Der Film nach der Literatur ist Film«, in: Franz-Josef Albersmeier/Volker Roloff (Hg): Literaturverfilmungen. Frankfurt a.M. 1989; Rainer Lewandowski: »Die Filme von Volker Schlöndorff«. Hildesheim 1981; Hans-Bernhard Moeller: »Volker Schlöndorff's Cinema: Adaptation, Politics, and the ›Movie-Appropriate‹«. Carbondale 2002; Uwe Müller: »Literaturklassiker im Film: *Die Blechtrommel* (1979)«, in: Werner Faulstich/Helmut Korte (Hg.): Fischer Filmgeschichte. Bd. 5. Frankfurt a.M. 1995; Henri Plard: »Sur le *Die Blechtrommel* de Grass à Schlöndorff«, in: Etudes germaniques, 1980, H. 1; Volker Schlöndorff: »*Die Blechtrommel*. Tagebuch einer Verfilmung«. Darmstadt/Neuwied 1979; Thilo Wydra: »Volker Schlöndorff und seine Filme«. München 1998.

Knut Hickethier

DIE BLEIERNE ZEIT

Bundesrepublik Deutschland (Bioskop/SFB) 1981. 35 mm, Farbe, 107 Min.
R+B: Margarethe von Trotta. K: Franz Rath.
A: Georg von Kieseritzky. S: Dagmar Hirtz.
M: Nicolas Economou.
D: Jutta Lampe (Juliane Klein), Barbara Sukowa (Marianne Klein), Rüdiger Vogler (Wolf), Luc Bondy (Werner), Doris Schade (Mutter), Verenice Rudolph (Sabine).

Emotionale Dimensionen und aktuelle politische Themen miteinander zu verbinden, kennzeichnet die Filme Margarethe von Trottas. Nach *Das zweite Erwachen der Christa Klages* (1977) und *Schwestern oder Die Balance des Glücks* (1979) nahm sie sich in *Die bleierne Zeit* des brisanten Konfliktthemas RAF-Terrorismus an und gestaltete ein fiktives Schicksal, in dem gleichwohl reale Personen wiedererkennbar sind. Bezüge zu den ersten beiden Filmen sind bewußt angelegt.
Die Schwestern Juliane und Marianne Klein kommen aus einem protestantischen Pfarrhaus und gehen

unterschiedliche Wege beim Versuch, sich aus den Verhältnissen der fünfziger Jahre, die von Trotta mit einem Hölderlin-Zitat als »bleierne Zeit« begreift, zu befreien. Juliane engagiert sich als Journalistin beim Aufbau einer kritischen Frauenzeitschrift, während Marianne zur Terroristin wird. Der Film setzt zu einem späten Zeitpunkt ein, als Marianne bereits im Untergrund lebt: Werner, ihr Mann, bringt den gemeinsamen Sohn Jan zu Juliane, weil er nicht mehr weiter weiß. Juliane aber, die mit dem Architekten Wolf in einer Partnerschaft lebt, kann den Jungen nicht bei sich behalten, weil sie sich selbst mühsam einen eigenen Weg zur Selbständigkeit erkämpft.
In knappen Strichen schildert der Film Stationen der Wegsuche: Marianne bei El Fatah in Beirut, Juliane auf der Suche nach Pflegeeltern für den Jungen und in ihrer neu gegründeten Zeitschrift. Mehrere heimliche Treffen zwischen Marianne und Juliane machen die Unversöhnlichkeit der verschiedenen Lebenshaltungen deutlich. Trotzdem halten die Schwestern zusammen. Der Hauptteil des Films zeigt ihre Auseinandersetzungen, wenn Juliane die inzwischen inhaftierte Marianne im Gefängnis besucht. In zahlreichen Rückblenden in die gemeinsame Kindheit, anfangs noch erzählerisch eingeführt, später übergangslos montiert, werden Kindheit und Jugend in den fünfziger Jahren als Ursache für die gegenwärtigen Haltungen offengelegt: Der Wunsch »gebraucht zu werden, zu etwas nutze zu sein« und der erlebte Widerspruch zwischen den Predigten und dem autoritären Verhalten des Vaters führen zu Aufbruch und Emanzipation. »Wir können uns nicht aus unserer persönlichen Geschichte befreien«, sagt Juliane einmal zu ihrer Schwester.
Margarethe von Trotta gelingt es, die unausgesprochenen Zwänge und die kleinen Auflehnungen und ersten Selbsterfahrungen der frühen Jahre anschaulich zu zeigen: Im Schatten der Kirche messen sich die Schwestern im Handstand. Juliane beharrt im Unterricht gegenüber der Lehrerin auf einer abweichenden Meinung, sie geht in Hose statt im Rock zur Schule und wird vom Vater zurechtgewiesen; beim Abschlußball der Schule tanzt sie allein und zieht sich die erstaunte Verwunderung aller anderen zu. Marianne dagegen verhielt sich früher angepaßt und versucht jetzt nachzuholen, was sie damals versäumt hat: Terrorismus als verspäteter individueller Befreiungsversuch. Sie zerbricht im Gefängnis an den Bedingungen der Isolationshaft und begeht Selbstmord.
Der Film findet einfache und überzeugende Bilder für die mentalen Strukturen einer Zeit, die heute nur noch schwer vermittelbar ist. Barbara Sukowa und Jutta Lampe zeigen im mimischen Ausdruck differenziert die politische und emotionale Verstrickung. Obwohl die Parallelität von Kindheitsrückblenden und filmischer Gegenwart der Erzählung ihre Form gibt, wird mit Brüchen und Leerstellen gearbeitet, so daß eine letztlich offene Struktur gewahrt bleibt. »Trauer, das wird zwischen vielerlei Tun ein einsames Geschäft« – diesem Satz Ingeborg Bachmanns, der dem Film vorangestellt ist, wird durch den Film widersprochen: Er zieht die Zuschauer in diese Trauerarbeit hinein, läßt sie teilhaben an den Konflikten jener Zeit, die auch die Gegenwart geprägt haben.

»*Die bleierne Zeit*«. Hg. Hans Jürgen Weber. Frankfurt a.M. 1981; »*Die bleierne Zeit* und andere Filmtexte«. Hg. Günter Agde. Berlin (DDR) 1988. (Drehbuch).
Silke von der Emde: »Intertextuality as Political Strategy in Margarethe von Trotta's Film *Marianne and Juliane*«, in: Philological Papers, 1992; Renate Fischetti: »Das neue Kino«. Dülmen-Hiddingsel 1992; Reiner Frey/Christian Göldenberg: »Rebellinnen wider eine Bleierne Zeit«, in: Filmfaust, 1981, H. 24 (Interview); Renate Hehr: »Filmmaking as Liberation. Margarethe von Trotta«. Stuttgart, London 2000; Claudia Hoff: »Margarethe von Trotta«, in: CineGraph, 1988, Lg. 10; Julia Knight: »Frauen und der Neue Deutsche Film«. Marburg 1995; Renate Möhrmann: »Die Frau mit der Filmkamera«. München 1980; Marc Silberman: »The Subject of Identity: Margarethe von Trotta's *Marianne and Juliane*«, in: ders.: German Cinema. Detroit 1995; Thilo Wydra: »Margarethe von Trotta«. Berlin 2000.

Knut Hickethier

BLICK ZURÜCK IM ZORN

↗ Look Back in Anger

BLINDE WUT

↗ Fury

Blow-Up

BLOW-UP (Blow up). England (Bridge Films/Metro-Goldwyn-Mayer) 1966. 35 mm, Farbe, 111 Min.
R: Michelangelo Antonioni. B: Michelangelo Antonioni, Tonino Guerra, nach der Erzählung »Las babas del diablo« von Julio Cortázar.
K: Carlo Di Palma. Ba: Assheton Gorton.
S: Frank Clarke. M: Herbert Hancock.
D: David Hemmings (Thomas), Vanessa Redgrave (Jane), Sarah Miles (Patricia), John Castle (Bill), Peter Bowles (Ron).

Ich sehe was, was Du nicht siehst. Daran glaubt der Fotograf Thomas, doch muß er sich, um seinen Informationsvorsprung zu sichern, im konkreten Fall durchaus anzweifelbarer »Tatsachen« bedienen: Vergrößerungen, »Blow-ups« von einem Mord, den er in einem Park nicht gesehen, sondern nur fotografiert hat.

Die Strategie des Modefotografen ist das Um-Arrangieren von Realität in ästhetische Figurationen, die – gebannt auf Fotopapier – erstarren. Obwohl er den Zufall zu seinem Prinzip erkoren hat, wird der Zugewinn von Thomas mit einem Verlust an Erfahrung erkauft. Der Kinozuschauer dagegen verfügt über eine weitere Perspektive: Auf der »realistischen« Ebene wird der Arbeitsalltag des Fotografen geschildert, die Geschichte des Kriminalfalls erzählt. Dazu gehören alle Veräußerlichungen, die den Film zu einem Dokument seiner Entstehungszeit machen: die knabenhaften Models und der mädchenhafte Fotograf, der über jene verfügt; nebensächliche Gegenstände, die im Zeitalter Andy Warhols kult- oder fetischhaften Status genossen; das freakig-absurde Moment, das in Form einer Gruppe Maskierter den Film zu Anfang und Ende rahmt; die Musik und die stets präsente Atmosphäre des swinging London Mitte der sechziger Jahre.

Zum anderen aber ist *Blow-Up* eine Reflexion über die mechanisch abbildenden Medien Fotografie und Film, denen Antonioni einen genau definierten Stellenwert zuweist: Die Fotografie ist scheinbar imstande, den Fluß der Zeit anzuhalten. Daß hier das Referenzobjekt, die Leiche des Mannes im Park, bei Thomas' erneuter Recherche verschwunden ist, verweist geradezu überdeutlich auf den mortifizierenden Zug jeder Fotografie, die schon im Moment nach ihrer Aufnahme ›unwahr‹ wird. Dagegen kennt der Film den Begriff von Zeit nicht nur als ein Element der Darstellung (wie Fotografie und ihre ältere Schwester, die Malerei), sondern als einen wesentlichen Bestandteil des Dargestellten. So verlagert sich das Interesse des Protagonisten von der einen Momentaufnahme, die ihn fesselt, zu dem Versuch ihrer umfassenden Rekonstruktion - oder: vom punctum zum studium, um mit Barthes zu sprechen. Dieser Rekonstruktion ordnen sich alle Nebenstränge und -figuren des Films unter: die geheimnisvolle Frau aus dem Park ebenso wie die tiefblau angestrichene Londoner Straßenecke.

Zumindest der Fotograf hat am Ende etwas dazugelernt, über Realität und ihren subjektiv veränderbaren Charakter: Er nimmt an einem (Tennis-) Spiel teil, das erst durch die Fiktion ›wahr‹ wird. An den Zuschauer ergeht die Einladung, es ihm gleichzutun.

»*Blow-Up*«, in: Film, Velber, 1967, H. 6. (Filmprotokoll). Roland Barthes: »Die helle Kammer. Bemerkung zur Photographie«. Frankfurt a.M. 1985; Marvin D'Lugo: »Signs and Meaning in *Blow-Up*: From Cortázar to Antonioni«, in: Literature/Film Quarterly, 1975/76, H. 1; Charles Eidsvik: »Cineliteracy«. New York 1968; Roy Huss (Hg.): »Focus on *Blow-Up*«. Englewood Cliffs, New Jersey 1971; Thomas Harris: »*Rear Window* and *Blow-Up*: Hitchcock's Straight Forwardness vs. Antonioni's Ambiguity«, in: Literature/Film Quarterly, 1987, H. 1; Anselm Jungeblodt: »Blow up *Blow up*«, in: film-dienst, 1992, H. 20; Andreas Kilb: »Das Fell des Tigers«, in: Rolf Schüler (Red.): Antonioni. Berlin 1993; Karl-Heinz Koch: »Michelangelo Antonionis *Blow Up*«, in: Matthias Steinle/Burkhard Röwekamp (Hg.): Selbst/Reflexionen. Marburg 2004; Enno Patalas: »*Blow Up*«, in: Filmkritik, 1967, H. 5; William J. Palmer: »*Blow-Up*: The Game with No Balls«, in: Literature/Film Quarterly, 1979, H. 4; Karl Prümm: »›Suspense‹, ›happy-end‹ und tödlicher Augenblick. Überlegungen zur Augenblicksstruktur im Film mit einer Analyse von Michelangelo Antonionis *Blow up*«. Siegen 1983; Gunther Salje: »Antonioni. Regieanalyse, Regiepraxis«. Bassum 1994; Almut Steinlein/Nicole Brandstetter: »Fotografische Wirklichkeit und subjektive Imagination«, in: Kerstin Kratochwill/Almut Steinlein (Hg.): Kino der Lüge. Bielefeld 2004.

Thomas Meder

BLUE VELVET

USA (De Laurentiis Entertainment Group) 1986. 35 mm, Farbe, 120 Min.

R+B: David Lynch. K: Frederick Elmes, Joe Dunton. S: Duwayne Dunham. M: Angelo Bandalamenti.

D: Kyle MacLachlan (Jeffrey Beaumont), Isabella Rossellini (Dorothy Vallens), Dennis Hopper (Frank Booth), Laura Dern (Sandy Williams), Hope Lang (Sandys Mutter), Dean Stockwell (Ben).

Der Film beginnt in einer vermeintlich heilen Welt: Der Schlaganfall von Jeffreys Vater beim Rasensprengen scheint lediglich ein kleiner Unfall zu sein. Doch schon am Anfang taucht die Kamera in die schwarze Erde ein, als wolle sie den dunklen Grund der plakativ hellen Welt ergründen. Der Film lebt von diesem Kontrast der hell erleuchteten Oberfläche und dem in Dunkelheit getauchten Grund, von Tag und Nacht, gut und böse, von normal und pervers, gesund und krank.

Jeffrey findet auf dem Rückweg vom Krankenhaus, in dem er seinen Vater besucht hat, ein abgeschnittenes menschliches Ohr auf einer Wiese und trägt es pflichtbewußt zur Polizei. Dieser Fund bildet für ihn den Ausgangspunkt, um in eine andere, fremde Welt einzutauchen, deren rätselhafter Anziehungskraft er sich nicht zu entziehen vermag. Mit Hilfe Sandys, der Tochter des Polizeiinspektors, wird er auf die Spur einer verbrecherischen Bande geführt, die sich um Frank gruppiert. Frank nötigt die Sängerin Dorothy, deren Mann und Sohn sich in seiner Gewalt befinden, zu perversen Sexspielen. Jeffrey, zunächst nur ein unfreiwilliger Voyeur, fühlt sich mehr und mehr sexuell hingezogen zu Dorothy, die die tabuisierte Seite der Sexualität verkörpert: Sie fordert Jeffrey dazu auf, sie zu schlagen; zunächst weigert er sich, doch dann schlägt er - zu seinem eigenen Erschrecken - lustvoll zu. Sandy dagegen träumt von der reinen Liebe, symbolisiert durch das die Dunkelheit vertreibende Erscheinen des Rotkehlchens. Zur Konfrontation beider Welten in Gestalt der beiden Frauen kommt es, als Dorothy nackt vor Jeffreys Haus steht. Für Sandy bricht eine Welt zusammen, als sie von der Beziehung der beiden erfährt.

Lynch arbeitet mit extremen Kontrasten. Deutlich wird dies auch in der Sprache. Franks Ausdrucksweise und die seiner Bande ist im Gegensatz zur Welt Jeffreys vulgär und obszön. Ungewöhnlich ist der Einsatz der zitierten Schlager aus den fünfziger Jahren: Während sie normalerweise geradezu als Inbegriff der heilen Welt gesehen werden, entlarvt Lynch die Verlogenheit der Texte durch die herbeigeführte Allianz mit Gewalt und Brutalität.

Am Ende scheint das Gute über das Böse zu triumphieren, der Tag über die Nacht. Jeffrey hat in einem blutrünstigen Show-down Frank erschossen, damit auch den Frank in sich getötet. Dorothy spielt mit ihrem zurückgewonnenen Sohn, Jeffrey und Sandy haben sich gefunden. Die Familienidylle scheint wiederhergestellt. Der junge Mann hat zurückgefunden in die Kleinbürger-Welt mit ihren konventionellen Rollenzuschreibungen: Ehefrau Sandy ruft Jeffrey gerade zum Essen. Doch auf das übertrieben märchenhafte Happy End, das auf den Anfang zurückverweist, folgt noch eine Schlußpointe: In der letzten Einstellung ist das Rotkehlchen zu sehen, mit einem schwarzen Käfer im Schnabel.

Blue Velvet hat in der Kritik extrem unterschiedliche Beurteilungen erfahren. Für den Film spricht seine ausgeprägte Gestaltungskraft in der Darstellung konfligierender Welten in den Personen, gegen den Film läßt sich anführen, daß seine interne Logik konstruiert erscheint und die aufgezeigte Dualität von Oberfläche und Grund selbst plakativ und oberflächlich bleibt.

Roberta Ahlquist: »Film as Culture: The Portrayal of Gender and Psychopathological Projection in David Lynch's *Blue Velvet* and *Wild at Heart*«, in: Ingrid Kerkhoff/Hans-Peter Rodenberg (Hg.): Leinwandträume. Hamburg 1991; Michael Atkinson: »*Blue Velvet*«. London 1997; Betsy Berry: »Forever, In My Dreams: Generic Conventions and The Subversive Imagination in *Blue Velvet*«, in: Literature/Film Quarterly, 1988, H. 2; Martin Deppner/Jens Thiele: »Das Bild hinter dem Bild«, in: Joachim Paech (Hg.): Film, Fernsehen, Video und die Künste. Stuttgart, Weimar 1994; Werner Faulstich: »*Blue Velvet*«, in: ders./Andreas Vogel (Hg.): Sex & Gewalt. Bardowick 1991; Ralfdieter Füller: »Fiktion und Antifiktion«. Trier 2001; Stefan Höltgen: »Spiegelbilder«. Hamburg 2001; Stefan Huber: »Postmoderne Welten: *Blue Velvet*«, in: Wilhelm Hofmann (Hg.): Filmwelten. Weiden 1993; Anna Jerslev: »David Lynch«. Wien 1996; Kenneth C. Kaleta: »David Lynch«. New York 1993; J.F. Maxfield: »›Now it is dark‹: the child's dream in David Lynch's Blue Velvet«, in: Post Script, 1989, H. 3; Eckhard Pabst (Hg.): »A Strange World«. Kiel 1998; Fred Pfeil: »Home fires burning: Family noir in *Blue Velvet* and *Terminator 2*«, in: Joan Copjec (Hg.): Shades of Noir. London, New York 1993; Chris Rodley (Hg.): »Lynch über Lynch«. Frankfurt a.M. 1998; Andreas Rost (Hg.): »Bilder der Gewalt«. Frankfurt a.M. 1994; Georg Seeßlen: »David Lynch und seine Filme«. Marburg 2003.

Klaus Bort

DAS BLUT EINES DICHTERS

↗ Sang d'un poète

BONNIE AND CLYDE

(Bonnie und Clyde). USA (Warner Bros.) 1967. 35 mm, Farbe, 111 Min.
R: Arthur Penn. B: David Newman, Robert Benton. K: Burnett Guffey. A: Dean Tavoularis. S: Dede Allen. M: Charles Strouse.
D: Warren Beatty (Clyde Barrow), Faye Dunaway (Bonnie Parker), Michael J. Pollard (C.W. Moss), Gene Hackman (Buck Barrow), Estelle Parsons (Blanche), Denver Pyle (Frank Hamer), Dub Taylor (Ivan Moss), Evans Evans (Velma Davis), Gene Wilder (Eugene Grizzard).

Kurz nach der Uraufführung galt *Bonnie and Clyde* schon als Klassiker und wurde, berichtet James Monaco, im folgenden Jahrzehnt in Filmkursen an amerikanischen Universitäten studiert. Mit einem Einspielergebnis von mehr als 23 Millionen Dollar war der Film einer der größten Kassenerfolge, und die Kritiker befanden sich ausnahmsweise einmal in Übereinstimmung mit dem Publikum. *Bonnie and Clyde* löste die ›Nostalgiewelle‹ aus, hauchte dem Gangstermythos neues Leben ein und kündigte stilistisch das Kino des kommenden Jahrzehnts an.

Die Geschichte der ehemaligen Serviererin Bonnie Parker, die an der Seite des Kleinkriminellen Clyde Barrow in den dreißiger Jahren den verschlafenen amerikanischen Mittelwesten durchstreifte, inspirierte bereits wenige Jahre nach dem Tod des Gangster-Paares Fritz Lang zu ↗*You Only Live Once.* 1958 verfilmte William Witney *The Bonnie Parker Story* (*Die Höllenkatze*). Ein Echo des Stoffs findet sich auch in Nicholas Rays *They Live By Night* (*Sie leben bei Nacht,* 1947) oder in Joseph H. Lewis' *Gun Crazy* (*Gefährliche Leidenschaft,* 1949) – dem Vorbild, dem Penn sicherlich am meisten zu verdanken hat. In *Bonnie and Clyde* geht das klassische Gangstermotiv freilich eine Verbindung mit der antiautoritären Aufbruchsstimmung Ende der sechziger Jahre ein. Bürgerrechtsbewegung und Jugendprotest befanden sich in einer Phase der Radikalisierung, und der Film antwortet auf diese Entwicklung mit einer romantischen Überhöhung seiner Hauptfiguren. »They're young... they're in love... and they kill people«, lautete ein Werbeslogan für *Bonnie and Clyde.* Die beiden erscheinen hier als jugendliche Aufbegehrende, als erklärte Nonkonformisten, die sich unversehens im Krieg mit der Gesellschaft befinden. Daß ihre historischen Vorbilder den Reichen genommen hätten, um den Armen zu geben, ist nicht belegt, aber Penns Film gewinnt aus dieser vage sozialkritischen Perspektive seinen Impetus. Der Gestus der Revolte legitimiert schließlich auch die Gewalttätigkeit der Schlußsequenz, in der Bonnie und Clyde im Kugelhagel sterben: Wenn Penn in Zeitlupe die Einschläge der Projektile in den Körper zeigt, dann unterstreicht er damit die Unangemessenheit der Mittel – das Establishment erwehrt sich nicht nur der ›Outlaws‹, es löscht sie aus.

In verschiedenen Stadien des Projekts waren die Nouvelle-Vague-Regisseure Godard und Truffaut für die Regie im Gespräch. Warren Beatty, der Star und Produzent, setzte schließlich Arthur Penn durch. Penn hat für seine Gangster-Ballade einen leichten, komödiantischen, zuweilen lyrischen Ton gefunden, der durchaus europäische Einflüsse aufnimmt. Verhangene Bilder, warme Farben, slapstickhafte Verfolgungsjagden, episierende Elemente und der verspielte, jazzige Soundtrack brechen mit den Konventionen des Gangsterfilms. Diese Technik des ›Crossover‹, die Verschmelzung verschiedener bis dahin verbindlicher Genre-Idiome, sollte für den amerikanischen Film des kommenden Jahrzehnts typisch werden – sie findet sich etwa in Robert Altmans *Thieves Like Us* (*Diebe wie wir,* 1973) und *McCabe & Mrs. Miller* (1971) wieder oder in George Roy Hills *Butch Cassidy and the Sundance Kid* (*Zwei Banditen,* 1968). Beatty, Hackman, Michael J. Pollard und Faye Dunaway in ihrer ersten Hauptrolle wurden für den Oscar nominiert; zwar wurde – neben dem Kameramann Burnett Guffey – nur Estelle Parsons als beste weibliche Nebendarstellerin ausgezeichnet, doch war Dunaway schlagartig zum Star geworden. Für Arthur Penn markiert der Film den Höhepunkt seiner Laufbahn: Keine seiner folgenden Arbeiten traf in vergleichbarer Weise den Nerv der Zeit.

»*Bonnie and Clyde*«, in: Sam Thomas (Hg.): Best American Screenplays. New York 1986. (Drehbuch).
Lars-Olav Beier/Robert Müller (Hg.): »Arthur Penn«. Berlin 1998; John G. Cawelti (Hg.): »Focus on *Bonnie and Clyde*«. Englewood Cliffs 1973; Lester D. Friedman: »*Bonnie and Clyde*«. London 1999; ders. (Hg.): »Arthur Penn's *Bonnie and Clyde*«. Cambridge 2000; Carolyn Geduld: »*Bonnie and Clyde*: Society vs. the Clan«, in: Film Heritage, 1967/68, H. 2; Pauline Kael: »*Bonnie and Clyde*«, in: dies.: For Keeps. New York u.a. 1994; F.A. Macklin: »*Bonnie and Clyde*: Beyond Violence to Tragedy«, in: Film Heritage, 1967/68, H. 2; Siegfried Schober: »Die Story von *Bonnie & Clyde*«. München 1968; Sandra Wake/Nicola Hayden (Hg.): »The *Bonnie and Clyde* Book«. London 1972; Robin Wood: »Arthur Penn«. London 1967.

Sabine Horst

BOULEVARD DER DÄMMERUNG

↗ Sunset Boulevard

BOWLING FOR COLUMBINE

USA/Kanada/Deutschland (Alliance Atlantis Communications/Dog Eat Dog Film/Salter Street Films/VIF Babelsberger Filmproduktion) 2002. 35 mm, Farbe, 115 Min.

R+B: Michael Moore. K: Brian Danitz, Ed Kukla, Michael McDonough. S: Kurt Engfehr. M: Jeff Gibbs.

»Happiness is a warm gun«: Die Waffenliebe der schießwütigen Amerikaner und deren fatale Folgen sind das Thema von *Bowling for Columbine*, einer Mischung von Dokumentarfilm und Pamphlet, investigativem Journalismus und Agitprop. Den Song von John Lennon unterlegt Michael Moore einem Potpourri von Ausschnitten aus Werbefilmen der NRA (National Rifle Association) und von Waffenherstellern, Fernsehbildern und Spielfilmen. »I was born in Michigan«: Zu diesem Lied zeigt der Filmemacher private Aufnahmen aus seiner Kindheit – der kleine Michael mit seinem Spielzeuggewehr, als Teenager bei einem Schießwettbewerb. Er hat sogar gewonnen: Der Film präsentiert den auf Moore ausgestellten Marksman Award der NRA. Waffen gehören in den USA zum Alltag: Beim Friseur kauft Moore Munition, und bei der Eröffnung eines Kontos gibt es bei der Bank ein Gewehr als Werbegeschenk, gleich zum Mitnehmen.

Der Filmtitel bezieht sich auf das High-School-Massaker 1999 in Columbine, einem Vorort von Denver in Colorado, wo zwei Jugendliche nach dem allwöchentlichen Bowling zur Waffe griffen, zwölf Mitschüler, einen Lehrer und schließlich sich selbst erschossen. Kein singulärer Fall. In Oklahoma City hat gar ein Sechsjähriger, mit der Waffe vom Opa, im Kindergarten ein Mädchen erschossen. Moore recherchiert diese Fälle, befragt Schüler, Eltern, Pädagogen. Und Waffenfanatiker, die absurde Aussagen zu Protokoll geben, sowie die Lobbyisten der Waffenindustrie, allen voran die Galionsfigur der NRA, Charlton Heston. Das Gespräch mit dem senilen Schauspieler in Beverly Hills, der zehn Tage nach dem Columbine-Massaker unbeeindruckt bei einer NRA-Kundgebung in Denver auftrat, gehört zu den Höhepunkten des Films.

Moore inszeniert sich selbst als naiven Fragesteller, der unbekümmert nach den Ursachen forscht, nebenbei eine Aktion gegen den Supermarkt, der die Columbine-Attentäter mit Munition versorgte, organisiert und den Zuschauer an seinen Gedanken über die Verantwortlichen und die politisch-soziologischen Kausalitäten teilnehmen lässt. Betroffenheit löst etwa die kurze Sequenz aus, in der zu Schwarzbild der O-Ton eines Notrufs zu hören ist: Eine Lehrerin teilt mit, daß eben ein farbiger Erstklässler eine weiße Mitschülerin erschossen habe. Doch solche Momente sind selten; Ironie und Sarkasmus sind eher vorherrschend. Es gibt eine Persiflage auf die TV-Serie »Cops« (mit Moores Alternativvorschlag, anstelle von Kleinganoven einmal Wirtschaftsverbrecher zu jagen) oder einen Zeichentrick-Film, der die Historie der Vereinigten Staaten in drei Minuten darstellt als die Geschichte von überängstlichen (und sich deshalb nur mit Waffe sicher fühlenden) Weißen. Der Vergleich mit Kanada – wo die Verbreitung von Waffen gleich hoch ist, aber Morde weit seltener sind – führt zu einem Ausflug nach Ontario. Die Leute dort sollen einfach weniger ängstlich sein, nicht einmal ihre Haustüren abschließen – was der neugierige Moore gleich an mehreren Häusern in einem Wohnviertel überprüft. Am Ende des Films interviewt er Mitarbeiter eines Bowlingcenters, in dem drei Menschen erschossen wurden. Im Schlußbild schwenkt eine Puppe die amerikanische Flagge, aus dem Off hört man die Stimme Moores: »Yes, it was a glorious time to be an American.«

Die Neurosen einer Nation werden den Amerikanern vorgeführt von einem, der – wie schon die äußere Erscheinung zeigt: unförmig und übergewichtig, offensichtlich ein Konsument von Fast food, gekleidet mit Pullunder, Anorak und Baseballcap – aus ihrer Mitte stammt. Durch Moores Präsenz im Film und die offen ausgestellte Subjektivität wird der präsentierte Gesellschaftsbefund persönlich beglaubigt. Vor der Kamera spielt Moore eine Rolle: Er gibt sich als zuweilen tolpatschiger und wißbegieriger Narr, tritt den Zuschauern nie als informativer, sie belehrender Filmautor gegenüber. Es handelt sich um eine sorgfältig inszenierte, kalkulierte Selbstdarstellung: Michael Moore wird im Film zu einer »Kunstfigur« (Alexandra Hissen).

Seine Methode, sich selbst zum Protagonisten zu machen, hat Moore bereits bei seinem Filmdebüt entwickelt: *Roger & Me* (1989) schildert die mitunter komischen Anstrengungen, an den Vorstandsvorsitzenden von General Motors, Roger Smith, heranzukommen und ihn mit den Folgen seiner Firmenpolitik in Michigan zu konfrontieren. Moore geht zur Firmenzentrale in Detroit, besucht den Yachtclub von Smith usw., überall wird er von Sicherheitsbeamten abgewiesen. Parallel dazu erkundet der Film die triste soziale Wirklichkeit und ökonomisch desolate Situation in Flint, der Heimat des Filmemachers und der Ort seiner Kindheitserinnerungen. Schließlich gelingt es Moore doch noch, Smith während der Weihnachtsfeier des Autokonzerns vor die Kamera zu bekommen – ohne irgendein Ergebnis.

Roger & Me, mit einem Einspielergebnis von rund 25 Millionen Dollar der bis dahin erfolgreichste Dokumentarfilm, wurde nicht für den Oscar nominiert, weil Moore einige chronologische Abläufe »korrigiert« hatte (was er auch freimütig eingestand). *Bowling for Columbine* löste *Roger & Me* in der Hitliste ab: Der Film spielte 22 Millionen Dollar allein in den USA und zusätzlich 35 Millionen Dollar im Ausland ein (besonders populär ist Moore in Deutschland; an der Finanzierung des Films beteiligte sich auch ein deutscher Ko-Produzent). Auch diesmal wurden Manipulationsvorwürfe laut: Moore arbeite mit für die Kamera arrangierten, nachgestellten oder inszenierten Szenen. Tatsächlich ist er ein Provokateur, der vor fragwürdigen Methoden nicht zurückschreckt, und ein Populist, der komplexe Zusammenhänge emotionalisiert und plakativ simplifiziert. Subtile Analysen sind seine Sache nicht, eine stringente Argumentation verfolgt Moore nicht. *Bowling for Columbine* ist eine Kompilation, die das heterogene Material (Interviews, Fundstücke, Impressionen, Thesen) polemisch und z.T. demagogisch montiert. Strengen Dokumentarfilm-Kriterien genügen Moore-Filme nicht, doch ist dies auch nicht die Intention – seine Arbeit einem Genre zuordnen, kann selbst der Filmemacher nicht: »I don't know what category to put my films in.« Der Filmkritiker Vinzenz Hediger kam zu dem Schluß, *Bowling for Columbine* sei »kein aufklärerischer politischer Film und keine soziologische Analyse mit den Mitteln des Kinos, sondern politische Satire in Form von Aktionen für die Kamera: eine unvergleichliche Mischung von kritischer Intervention und Entertainment«.

Seine Popularität wurde durch Moores Feldzug gegen die Wiederwahl George Bushs und seinen weltweit erfolgreichen, in Cannes mit der Goldenen Palme prämierten Film *Fahrenheit 9/11* (2004) noch gesteigert. *Bowling for Columbine* wurde als bester Dokumentarfilm mit dem Oscar ausgezeichnet; bei seiner Dankesrede griff Moore den Präsidenten wegen des Irak-Kriegs frontal an: »Shame on you, Mr. Bush!«

Vinzenz Hediger: »Die Amerikaner und ihr Schießeisen«, in: Neue Zürcher Zeitung, 15. 11. 2002; Alexandra Hissen: »Bowling for more than Columbine. Subjektivität und Wahrhaftigkeit in den Filmen von Michael Moore«. Trier 2004; Stuart Klawans: »Moore's Dystopia«, in: Film Comment, 2002, H. 6; Jon Ronson/Richard Kelly: »The egos have landed«, in: Sight and Sound, 2002, H. 11; Matthias Steinle: »›Kulinarischer Dokumentarfilm‹ serviert von Michael Moore«, in: ders./Burkhard Röwekamp (Hg.): Selbst/Reflexionen. Marburg 2004; Manfred Tiemann: »*Bowling for Columbine* – Gewaltdarstellung in den Medien als zentrales Thema im Religionsunterricht«, in: Inge Kirsner/Michael Wermke (Hg.): Gewalt – Filmanalysen für den Religionsunterricht. Göttingen 2004.

Michael Töteberg

BRAM STOKER'S DRACULA

USA (Columbia/Susan Landau) 1992. 35 mm, Farbe, 130 Min.
R: Francis Ford Coppola. B: James V. Hart, nach dem Roman »Dracula« von Bram Stoker. K: Michael Ballhaus. A: Dante Feretti.
D: Gary Oldman (Dracula), Anthony Hopkins (van Helsing), Wynona Ryder (Mina Murray), Sadie Frost (Lucy Westenra), Keanu Reeves (Jonathan Harker), Tom Waits (Renfield).

Coppolas Version des Dracula-Stoffs erhebt den Anspruch auf Werktreue, was jedoch für den Beginn des Films nicht stimmt. Er zeigt den historischen Vlad Tepes, den walachischen Woiwoden, während seiner Kämpfe gegen die Türken. Als sich die Ehefrau des Kriegshelden, Elizabetha, aufgrund einer gezielten Falschmeldung freiwillig in den Tod stürzt und ihr Gemahl von diesem Suizid erfährt, wird aus Vlad Tepes der Graf Dracula: Er schwört der katholischen Religion ab und zerstört das Kreuz in seiner Hauskapelle. Aus dem Holz quillt Blut. Erklärt werden soll durch diese Rahmenhandlung, die bei Stoker fehlt, die Leidenschaft Draculas für Mina Murray, die als Reinkarnation Elizabethas hingestellt wird.

Von der Rahmenhandlung abgesehen ist der Wille spürbar, wenigstens das Romanpersonal zu seinem Recht kommen zu lassen. So darf Jonathan Harker nach Transsylvanien reisen, sich vom Grafen beißen lassen und dennoch überleben. Renfield ist von Anfang an Patient in Dr. Sewards Sanatorium, Mina Murray muß nicht die Tochter Dr. Sewards sein, und Lucy Westenra tritt aus ihrer Schattenexistenz heraus. Anstatt, wie in Tod Brownings Verfilmung, schon gleich nach ihrem ersten Auftritt als Untote wieder abzutreten, gesteht Coppola ihr die vier Liebhaber aus dem Roman zu: Mr. Quincey P. Morris aus Amerika, Dr. Jack Seward, Professor van Helsing und Arthur Holmwood, ihren Verlobten.

Im Roman geben alle vier, bei Coppola nur Holmwood und vermutlich Morris, ihr Blut, um Lucy zu retten, spenden es in Wahrheit aber Dracula, der es ihrem Körper nach jeder Transfusion wieder entzieht. Alle vier erschlagen gemeinsam die Untote, der Bräutigam ist lediglich ausführendes Organ, alle vier verbünden sich zu einem Anti-Dracula-Pakt, zu dem noch Jonathan Harker und dessen Frau Mina stoßen. Wie Lucy hat Mina hauptsächlich mediale Funktionen. Als Gebissene verfügt sie über eine telepathische Leitung, mit der sie die Befehle des Grafen empfängt, über die sie aber auch seine Gedanken lesen kann. Die Frauen stellen den Kontakt zum Vampir dar, den die Männer nicht selbst anzubahnen wagen. Der Anti-Dracula-Pakt ist, im Roman wie im Film, homoerotisch gefärbt. Die Berührungsangst der Männer ist die Angst vor »Syphilisation«, wozu sich die Zivilisation in den Augen van Helsings inzwischen entwickelt hat.

Nachdem der Pakt geschlossen ist, beginnt, auch dies vorlagengerecht, eine wilde Verfolgungsjagd durch Europa: per Pferd, Kutsche, Eisenbahn. Der Graf indes ist nicht leicht zu packen. Er ist ein wahrhafter Verwandlungskünstler, der als Fledermaus oder Wolf erscheint. Er kann sich ebenso ins Feinmaterielle auflösen, in Wolken oder Nebel, oder in gigantische Horrorfiguren, in junge galante Männer und alte Herren. Draculas äußere Erscheinung ist keineswegs festgelegt.

Bereits Stoker entwarf ein unscharfes Bild seines Vampirs. Niemals tritt er direkt auf, er existiert nur in den Berichten derer, die ihn gesehen haben, und in den Spuren, die er hinterläßt, auf Fotografien, Phonographenwalzen, in Tagebüchern, Typoskripten, Schreibmaschinen-Durchschlägen, Stenogrammen, Telegrammen, Zeitungsausschnitten und Memoranden. Der Roman ist ein Konvolut all dieser von Menschen und Maschinen gesammelten und hergestellten Materialien. Von der wirklichen Existenz des Blutsaugers zeugt, so Jonathan Harkers Feststellung gegen Ende des Romans, kein einziges authentisches Dokument.

Coppola thematisiert diesen Grundzug des Romans. Mina tippt auf der Schreibmaschine, Dr. Seward spricht in den Edisonschen Phonographen, aus aller Welt kommen Telegramme. Coppola spielt mit Vorformen des neuen Mediums Films, verwendet z.B. das Schattentheater im Prolog, er präsentiert historische Filmtricks oder auf alt getrimmtes Filmmaterial – Stokers Roman erschien 1897, zwei Jahre nach dem Geburtsjahr des Films. Im Zentrum wie bei Stoker stehen die Aufzeichnungs- und Übertragungssysteme freilich nicht. Coppola interessiert der sentimentale Aspekt der Geschichte bis hin zu jenem Höhepunkt, da Mina Harker, die reinkarnierte Elizabetha, ihren Ex-Ehemann mittels eines Bowiemessers exekutiert, so daß Dracula endlich glücklich sterben kann.

»*Bram Stoker's Dracula*«. Bergisch-Gladbach 1993. (Drehbuch, Materialien).

Thomas Elsaesser: »Augenweide am Auge des Maelstroms?«. In: Andreas Rost/Mike Sandbothe (Hg.): Die Filmgespenster der Postmoderne. Frankfurt a.M. 1998; Ron Magid: »Effects Add Bite to *Bram Stoker's Dracula*«, in: American Cinematographer, 1992, H. 12; David Pirie: »Vampir-Filmkult«. Gütersloh 1977; Karsten Prüßmann: »Die Dracula-Filme«. München 1993; Norbert Stresau: »Die Horror-Filme«. München 1987; Ulrich von Thüna: »*Bram Stoker's Dracula*«, in: epd Film, 1993, H. 2; George Turner: »*Bram Stoker's Dracula*: A Happening Vampire«, in: American Cinematographer, 1992, H. 11; ders: »*Dracula* Meets the Son of Coppola«, in: ebd.; Tom Tykwer: »Michael Ballhaus, Director of Photography«. Berlin 2002; Dirk Vanderbeke: »Von Menschen und Fledermäusen«, in: Neue Rundschau, 1994, H. 2; Slavoj Žižek: »Die Grimassen des Realen«. Köln 1993.

Klaus Bartels

BRASSED OFF (Brassed Off – Mit Pauken und Trompeten). England (Prominent Features) 1996. 35 mm, Farbe, 107 Min.
R+B: Mark Herman. K: Andy Collins.
S: Michael Ellis. M: Trevor Jones.
D: Pete Postlethwaite (Danny), Tara Fitzgerald (Gloria), Ewan McGregor (Andy), Jim Carter (Harry), Stephen Tompkinson (Phil).

Es ist Schicht im Schacht: Lachend fahren die Bergarbeiter aus der Grube, duschen und fahren nach Hause. Vor dem Eingang zur Zeche sind Stände mit Protestparolen aufgebaut: Die Grube von Grimley soll, wie so viele andere in den letzten Jahren, geschlossen werden. Die Männer verschwinden in ihren Häusern, verabschieden sich aber bald wieder von ihren Frauen. Heute abend ist Probe der Grimley Coillery Band, einer traditionsreichen Blaskapelle, deren Zukunft ungewiß ist: Stirbt die Zeche, hat auch die Bergarbeiterkapelle ausgespielt. Nur einer will dies nicht wahrhaben: Danny, der alte Kapellmeister, ein Unikum, schrullig und liebenswürdig. Für ihn zählt nur die Musik, alles andere akzeptiert er nicht. Sein Ehrgeiz zielt auf den nationalen Bandwettbewerb, dessen Finale in der Royal Albert Hall in London steigt. Zuvor muß man regionale Ausscheidungskämpfe bestehen.

Die Stimmung ist schlecht. Danny hat kein Verständnis dafür, daß die Bläser während der Probe nicht so recht bei der Sache sind. Die Band kostet Geld – Geld, das man für andere, lebensnotwendige Dinge braucht. Doch keiner mag es dem alten Herrn sagen, man druckst herum. Eine hübsche junge Frau taucht überraschend bei der Probe auf: Gloria, neu in der Stadt, möchte mitspielen. Eigentlich ist die Band ein reiner Männerverein, aber Gloria stammt aus Grimley, sie ist die Enkelin eines berühmten Bandmitglieds und spielt zauberhaft auf dem Flügelhorn. Der blonde Engel bringt neuen Schwung in die müde Bläsertruppe.

Auf der Betriebsversammlung kommt es zu heftigen Auseinandersetzungen. Die Firmenleitung hat ein – zeitlich befristetes – Angebot für eine Abfindung vorgelegt. Erinnerungen an den legendären Streik von 1984 werden wach: Phil war damals 18 Monate ausgesperrt, hat – mit Frau und Kindern, einer Hypothek auf dem Haus – nur vom Streikgeld gelebt. Wen juckt das heute noch, ruft provozierend einer in die Runde. Phil geht auf ihn los: Er zahlt noch heute seine Schulden ab. Es wird eine geheime Abstimmung über das Angebot geben.

Die Liebe zwischen Gloria und Andy (er spielt in der Band Tenorhorn) steht unter einem unglücklichen Stern: Sie ist in ihre alte Heimat gekommen, um für die Zecheneigentümer eine Rentabilitätsstudie zu verfassen. In bester Absicht: Sie will den Betrieb erhalten, aber die Kumpels begegnen ihr fortan mit Mißtrauen, so als habe sich der Klassenfeind in die Band eingeschlichen.

Als man siegreich von der Vorrunde zurückkehrt, sind die Proteststände verlassen: »We fought and lost«, steht auf dem Schild. 4 zu 1 haben die Arbeiter, ihren verbalradikalen Sprüchen zum Trotz, für das sichere Geld und gegen den Arbeitskampf gestimmt. Damit scheint auch das Schicksal der Kapelle besiegelt zu sein. Danny, der schon vorher Hustenanfälle hatte, bricht auf der Straße zusammen: Er hat sich bei der Arbeit unter Tage eine Staublunge geholt. Phil, sein Sohn, hat die Aufgabe, Danny am Krankenbett das Ende der Band zu verkünden, bringt es jedoch nicht übers Herz. Phil ist eine tragische Figur: Auf Kindergeburtstagen versucht er sich für ein paar Pfund als Clown. Als die Gläubiger die Wohnung ausräumen, hält seine Frau es nicht länger aus und verläßt ihn mit den Kindern. Ausgerechnet sein Auftritt in der Kirchengemeinde entgleist grotesk: Im Clownskostüm klagt er in einer wirren Tirade Gott und Margaret Thatcher an und wird vor die Tür gesetzt. Auch sein mißglückter Selbstmordversuch endet bizarr: Ein zappelnder Clown mit roter Nase und Gummilatschen hängt am Förderturm der Zeche.

Brassed Off

Das Finale: Der triumphale Auftritt der Grimley Coillery Band in der Royal Albert Hall. Das notwendige Geld für die Reise hat Gloria gestiftet. – Es handelt sich um ihr Honorar für die Rentabilitätsstudie, die sie für den Papierkorb geschrieben hat, denn die Zechenschließung war längst beschlossene Sache. – Harry dirigiert in Vertretung, doch am Ende taucht Danny auf, der aus dem Krankenhaus geflohen ist. Nach dem umjubelten Konzert steht der Sieger fest. Als der Pokal überreicht werden soll, lehnt Danny die Auszeichnung ab, um in einer bewegenden Ansprache gegen die Wirtschaftspolitik der Regierung zu protestieren. Ginge es um Robben oder Wale, wäre die Gesellschaft längst auf den Barrikaden; hier aber werde mit der Schließung tausend Menschen die Existenzgrundlage entzogen. In der letzten Szene sitzen die Bandmitglieder im Bus auf der Rückfahrt nach Grimley. Den Pokal haben sie trotzdem mitgenommen, es wird gefeiert, nur Danny wirkt nachdenklich: Die Musik ist nicht alles, weiß er inzwischen. Mit gemischten Gefühlen wird die britische Hymne angestimmt: »Land of Hope and Glory«, während ein Schrifttitel informiert, daß seit 1984 durch Stillegung von 140 Zechen eine Viertelmillion Arbeitsplätze verlorengegangen sind.

Brassed Off ist politisches Statement und publikumswirksames Unterhaltungskino gleichermaßen. Den Herrschenden den Marsch blasen: Der (nicht übersetzbare) Originaltitel drückt Zorn und Kampfgeist aus. Der Film ergreift dezidiert Partei, doch Emotion und Pathos werden stets konterkariert. Stilsicher balanciert der Film zwischen Komik und Tragik, zwischen Sozialkritik und Entertainment; unterstützt durch ein vorzügliches Schauspieler-Ensemble, rutscht Mark Herman nie ab in Sentiment und Agitation. Realitätsnah wird ein Milieu gezeichnet, das vor einem brutalen Umbruch steht, die Menschen werden zwischen Hoffnung und Resignation zerrieben. Die Brass Band ist hier mehr als eine Freizeitbeschäftigung, sie stiftet Identität und soziale Gemeinschaft, ein Stück traditioneller Arbeiterkultur, in dem sich Stolz und Selbstachtung der Kumpel manifestieren. *Brassed Off* spielt 1992, gedreht wurde in Grimethrope, der Yorkshire-Dialekt ist in der Originalfassung unüberhörbar, und die Musikstücke wurden eingespielt von der originalen Grimethrope Coillery Brass Band. Der klassische Handlungsaufbau, Arbeitskampf und Bandkarriere in fließenden Übergängen verknüpft, wird unterstützt durch Musikdramaturgie und Bildmontage. Schon in der Exposition, zu den Klängen von »Death or Glory«, wird ohne Dialog das Figurenensemble in kurzen Spots vorgestellt; auch später arbeitet Herman mit Parallelmontagen während der Musikstücke; der erste Einsatz Glorias im Orchester wird z.B. mit den Verhandlungen zwischen Management und Gewerkschaft, der Auftritt der Band in Sheffield mit der Urabstimmung über das Abfindungsangebot unterschnitten. *Brassed Off* ist ein Musterbeispiel für Erzählökonomie.

In den neunziger Jahren erlebte das britische Kino einen Aufbruch. Originelle Komödien, die thematisch oder dramaturgisch innovativ wirkten – als besonders populäres Beispiel sei hier Mike Newells *Four Weddings and a Funeral* (*Vier Hochzeiten und ein Todesfall*, 1994) erwähnt –, wurden weltweite Kinoerfolge. Die Tradition des Sozialdramas, u.a. von Mike Leigh, Michael Winterbottom und Ken Loach gepflegt, ging eine Verbindung mit Genremustern des Unterhaltungskinos ein. Peter Cattaneos *The Full Monty* (*Ganz oder gar nicht*, 1997), kurz nach *Brassed Off* entstanden, erzählt von sechs arbeitslosen Männern, die nach einiger Überwindung als Striptease-Truppe Erfolg haben. Angesiedelt in der Industriestadt Sheffield, ist die Geschichte eng verknüpft mit der sozialen Realität: Im Vorspann sieht man einen alten Werbefilm, der die Gegend und ihre wirtschaftliche Prosperität preist, dann folgt ein Schnitt: eine stillgelegte Fabrikhalle, ein abgewracktes Industriegelände, über das eine Werkskapelle stolpert. In *The Full Monty*, mit einem Einspielergebnis von 225 Millionen Dollar der erfolgreichste britische Spielfilm aller Zeiten, bilden Wirtschaftsmisere und Massenarbeitslosigkeit den Hintergrund, während *Brassed Off* Trauer und Wut auf eine verfehlte Politik engagiert formuliert.

»*Brassed Off*«. Hg. Herbert Geisen. Stuttgart 2003. (Filmtext, engl.).
Frank Arnold: »Die Band, die nicht mehr in die Grube fährt«, in: Ernst Karpf u.a. (Hg.): Nicht kleinzukriegen? Marburg 2000; Kerstin Gutberlet: »The State of the Nation. Das britische Kino der neunziger Jahre«. St. Augustin 2001; Geoffrey Macnab: »*Brassed Off*«, in: Sight and Sound, 1996, H. 11; Hans Messias: »*Brassed Off – Mit Pauken und Trompeten*«, in: film-dienst, 1997, H. 20; Charity Scribner: »Nostalgia and obstinacy: *Prometheus* and *Brassed Off* in the culture industry«, in: Studies in European Cinema, 2004, H. 3; Maurice Yacowar: »Against the Hollywood Grain. *Trainspotting* and *Brassed Off*«, in: Queen's Quarterly, 1997, H. 2.

Michael Töteberg

BRAZIL Großbritannien (Brazil Production) 1984. 35 mm, Farbe, 131 Min.
R: Terry Gilliam. B: Terry Gilliam, Tom Stoppard, Charles McKeown. K: Roger Pratt.
A: Norman Garwood. S: Julian Doyle.
M: Michael Kamen.
D: Jonathan Pryce (Sam Lowry), Robert De Niro (Tuttle), Katherine Helmond (Ida Lowry), Ian Holm (Kurtzmann), Bob Hoskins (Spoor), Michael Palin (Jack Lint), Ian Richardson (Warren), Peter Vaughan (Helpmann), Kim Greist (Jill Layton), Barbara Hicks (Mrs. Terrain), Kathryn Pogson (Shirley).

»Brazil where hearts were entertained in June we stood beneath an amber moon ...« Die Aura dieses alten Schlagers, dem Terry Gilliams Film seinen Titel und das musikalische Leitmotiv verdankt, bestimmt die Träume des Beamten Sam Lowry. Darin kämpft er als Schwanenritter, Wieland, Ikarus und Lohengrin gegen vielfältige Ungeheuer, um eine schöne Frau zu retten. Die reale Welt dagegen ist trostlos: In riesigen, vollautomatisierten Wohntürmen leben Menschen, deren Dasein ein monströser Bürokratieapparat kontrolliert. Ein Tippfehler im Informationsministerium ist schuld am Tod des braven Bürgers Buttle, eigentlich war der gefürchtete Stadtguerillero Tuttle gemeint. Sam Lowry verläßt seine geschützte Privatwelt, als er die Witwe Mrs. Buttle aufsucht und dort seiner »Traumfrau« Jill begegnet. Und dann passiert noch ein merkwürdiger Zufall: Ein kleiner Defekt in seiner Wohnung läßt statt der staatlichen Monteure Tuttle herbeieilen. Für den schüchternen, bemitleidenswert ungeschickten Sam hat dies fatale Folgen: Er wird als Staatsfeind verfolgt und schließlich zum Märtyrer.

Brazil ist – entgegen seiner Rezeption als negative Utopie – weniger ein Beitrag über die ›schöne neue Welt‹ als eine Satire auf die Gegenwart. Gilliam prangert die Bürokratie und ihre Folgen an: Man fügt sich der Kontrolle, denn das System bietet Bequemlichkeit und Sicherheit, und nimmt dafür in Kauf, daß als einziger Freiraum der Rückzug in die Phantasie bleibt. Auch die detailbesessene Ausstattung des Films besitzt keine futuristischen Merkmale: Die Computerterminals sehen aus wie Schreibmaschinen aus den zwanziger Jahren, der Kühlschrank entstammt den Fünfzigern, die Mikrowelle den Achtzigern und Sam Lowrys Kleidung entspricht dem Stil der vierziger Jahre. Ergebnis ist ein Konglomerat unterschiedlicher Moden, das Mobiliar des 20. Jahrhunderts wird in einen filmischen Moment konzentriert.

Schnelle Kamerafahrten und ausgiebiger Gebrauch von Weitwinkelobjektiven mit kurzer Brennweite verfremden die Szenerie zusätzlich und erzeugen ein irrwitziges Tempo, das die Wahrnehmungsfähigkeit so sehr strapaziert, daß viele Symbole und Zitate erst bei mehrmaligem Ansehen erkennbar werden: Ein Staubsauger rattert die Treppe herunter wie einst der Kinderwagen in ↗*Bronenosec Potemkin*; die einleitende Kamerafahrt ins Informationsministerium ist dem Gang durch die Schützengräben in Kubricks *Paths of Glory* (*Wege zum Ruhm*, 1957) nachgestaltet; der überdimensionale Samuraikämpfer in einer der Traumsequenzen ist eine Huldigung an Kurosawa.

Die phantastischen Einfälle und der schwarze Humor, mit dem sich Gilliam z.B. über Feinschmeckerlokale und den Verjüngungswahn amüsiert, verraten seine Zugehörigkeit zur Monty Python Gruppe. Gilliam war zunächst Assistent von Harvey Kurtzmann (Namensstifter von Kurtzman in *Brazil*) bei der Zeitschrift MAD, schloß sich dann den britischen Pythons an und machte später Solo-Karriere mit Spielfilmen wie *Jabberwocky* (1977) und *Time Bandits* (1981). Der Alptraum *Brazil* erschien Hollywood ein geeignetes Projekt zum Orwell-Jahr 1984, doch nach der Fertigstellung wurde der Film zunächst von den Branchengewaltigen boykottiert: zu lang, zu deprimierend, der Held nicht sympathisch genug, und vor allem kein Happy End. Der Verleih Universal Pictures, der die amerikanischen Rechte erworben hatte, wollte eine radikale Überarbeitung erzwingen. Doch Gilliam, der für seinen Film kämpfte und die Presse mobilisierte, konnte sich durchsetzen: Der Verleih gab *Brazil* frei.

»*Brazil*«, in: Jack Mathews: »The Battle of *Brazil*«. New York 1987. (Drehbuch).

Robert Benayoun: »Une mégalomanie en vol plané«, in: Positif, 1985, H. 289; Louis Danvers: »*Brazil*«. Crisnée 1988; Barbara Fister: »Mugging for the Camera: Narrative Strategies in *Brazil*«, in: Literature/Film Quarterly, 1996, H. 3; Susanne Marschall: »*Brazil*«, in: Thomas Koebner (Hg.): Filmgenres: Science Fiction. Stuttgart 2003; Salman Rushdie: »The Location of *Brazil*«, in: American Film, 1985, H. 10. Walter Uka: »Visionen der Apokalypse: *Brazil* (1984)«, in: Werner Faulstich/Helmut Korte (Hg.): Fischer Filmgeschichte. Bd. 5. Frankfurt a.M. 1995.

Christiane Altenburg

BREAKFAST AT TIFFANY'S

(Frühstück bei Tiffany). USA (Paramount) 1961. 35 mm, Farbe, 114 Min.
R: Blake Edwards. B: George Axelrod, nach dem gleichnamigen Roman von Truman Capote. K: Franz F. Planer. A: Sam Comer, Ray Moyer. Ba: Hal Pereira, Roland Anderson. S: Howard Smith. M: Henry Mancini.
D: Audrey Hepburn (Holly Golightly), George Peppard (Paul Varjak), Patricia Neal (»2E«), Mickey Rooney (Mr. Yunioshi), Buddy Ebsen (Doc Golightly), Martin Balsam (O.J. Berman), José da Silva Pereira (Villalonga), John McGiver (Verkäufer bei Tiffany).

Ein sanfter Schimmer liegt über *Breakfast at Tiffany's*: Der Film ist so geschmeidig und elegant wie der allerschönste und sündhaft teure Schmuck des

Breakfast at Tiffany's: Audrey Hepburn

New Yorker Edel-Juweliers Tiffany. Vor den Schaufenstern dieses berühmten Geschäfts beginnt der Film. Es ist früh am Morgen, die Straßen und Bürgersteige sind noch leer. Eine junge Frau - mädchenhafte, fast schmächtige Figur, schulterfreies schwarzes Abendkleid - kommt ins Bild. Sie geht auf die Auslagen zu, mit ihrer schwarzen Sonnenbrille wirkt sie wie ein Wesen aus einer unbekannten Welt. Sie hat wohl eine lange Nacht hinter sich; die Welt des easy going konnte in Hollywood bis zum Beginn der sechziger Jahre unmöglich dargestellt werden. Blake Edwards hat die Welt dieser schon etwas traurigen jeunesse dorée, bei Truman Capote noch schärfer und bitterer gezeichnet, ein wenig wie durch Milchglas gefilmt - daher der versöhnliche Schimmer. *Breakfast at Tiffany's* ist keine Abrechnung, keine böse Satire. Traurigkeit und Melancholie durchziehen den Film, ebenso Momente der tiefsten Anrührung und des Slapsticks. Die Elemente scheinen nicht recht zueinander zu passen, in der Summe aber ergeben sie einen Film, dessen Form dieses Changieren im Tonfall aufgreift und charakteristisch ist für das Werk von Blake Edwards.

Holly Golightly, das Mädchen, das so gern vor den Fenstern von Tiffany's steht, lebt allein mit einer Katze in einer Mietwohnung Manhattans. Sie verfügt über zahlreiche Verehrer, die Geld zahlen für ihre Begleitung, sowie eine seltsame Verbindung ins Gefängnis von Sing Sing. Im Haus kennt sie nur den Fotografen Mr. Yunioshi, der sich über den Lärm in ihrer Wohnung und ihr tägliches Klingeln aufregt, weil sie ständig ihren Schlüssel verlegt hat, und der nur durch die Aussicht auf gewisse Fotos beruhigt werden kann. Weil der neu eingezogene Schriftsteller Paul Varjak zunächst nur den Zimmer-, jedoch nicht den Haustürschlüssel bekommen hat, klingelt er wiederum bei der Nachbarin. Holly, die eigentlich Lulamae heißt, und Paul, der Holly an ihren Bruder Fred erinnert, weshalb sie ihn fortan so nennt, kommen ins Gespräch. Es entwickelt sich eine spannungsreiche Beziehung, wobei beide allmählich ihren wirklichen Charakter preisgeben. Paul steckt in einer tiefen Krise: Sein erstes und einziges Buch »Nine Lives« hat er schon vor vielen Jahren veröffentlicht. Er wird ausgehalten von der untreuen Ehefrau »2 E«, die er stets seine »Innendekorateurin« nennt. Holly, immer auf dem Sprung, ohne rechtes Ziel davonzulaufen, scheint bereits mehrere Leben gelebt zu haben. Mit 14 Jahren schon wurde sie die Frau von Doc Golightly, weil sie der Meinung war, das müsse sie doch auch mal kennenlernen.

Die Einführung der Figur des Doc Golightly ist ein Musterbeispiel für Edwards variable Erzählweise. »2 E« weist Paul auf einen ihr verdächtigen älteren Mann hin, der seit zwei Tagen vor dem Haus stehe und ein von ihrem Mann beauftragter Detektiv sein könnte. Paul will der Sache auf den Grund gehen, verläßt das Haus und läßt sich verfolgen. Ein anderer Film scheint sich zu entwickeln. Bildkomposition, Schnitt, Kamerabewegungen, Musik und Pauls angstvolles Gesicht lassen plötzlich an einen Thriller denken. Die Zusammenführung der beiden Figuren auf einer Bank in einer menschenleeren Open-air-Konzertarena endet mit einer Überraschung: »All right, what do you want?«, fragt Paul. »Son, I need a friend«, antwortet der Mann und offenbart sich, nachdem Paul ihn zunächst für Hollys Vater gehalten hat, als ihr Ex-Ehemann, der über Paul zu ihr Kontakt sucht, um sie zurückzugewinnen. Grau, Grün und Beige sind hier die dominierenden Farben, der Herbst scheint gekommen.

Breakfast at Tiffany's enthält viele in sich geschlossene und dem übrigen Tonfall des Films geradezu widersprechende Sequenzen. Ein inszenatorisches Paradestück, zugleich ein Vorgeschmack auf Edwards' meisterhafte Peter-Sellers-Groteske *The Party* (*Der Partyschreck*, 1967), ist die Party-Sequenz in Hollys Wohnung, einer der wenigen Originalbeiträge des Regisseurs zur Filmhandlung: »Mit dieser Szene steckt er fast das ganze lange *La dolce vita* in die Tasche. Ein Fest der Verdrehungen und Täuschungen, betrachtet mit einem lachenden und einem weinenden Auge. Eine einzige Maschinerie aus Armen, Beinen, Hüten und einem langen Zigarettenhalter.« (Hans Schifferle). Die schönste Szene allerdings hat der Film bei – Tiffany's.

Michael Althen: »Flüssiges Chaos«, in: steadycam, 1986, H. 8; Hans Gerhold: »*Frühstück bei Tiffany*«, in: Günter Engelhard u.a. (Hg.): 111 Meisterwerke des Films. Frankfurt a.M. 1989; Fritz Göttler: »Der Slapstick-Sisyphos«, in: steadycam, a.a.O.; Renate Holland-Moritz: »Tiffany kontra ›rotes Grausen‹«, in: Helga Hartmann/Ralf Schenk (Hg.): Mitten ins Herz. Berlin 1991; Gérard Legrand: »Diamants sur canapé«, in: Positif, 1987, H. 321; Peter Lehman/William Luhr: »Blake Edwards«. Athens, London 1981; dies.: »Returning to the Scene: Blake Edwards«. Athens 1989; Hans Schifferle: »Ende des Regenbogens«, in: steadycam, a.a.O.

Rolf Aurich

BREAKING THE WAVES Dänemark (Zentropa) 1996. 35 mm, Farbe, 158 Min.

R: Lars von Trier. B: Lars von Trier, Peter Asmussen, David Pirie. K: Robby Müller. S: Anders Refn.

D: Emily Watson (Bess), Stellan Skarsgård (Jan), Katrin Cartlidge (Dodo), Jean Marc Barr (Terry), Adrian Rawlins (Dr. Richardson), Sandra Voss (Bess' Mutter).

Ein kleines Dorf an der schottischen Atlantikküste, Anfang der siebziger Jahre. Bess McNeill ist, wie alle Bewohner des Ortes, Mitglied der calvinisch strengen Kirchengemeinde. Sie will heiraten, doch zuvor wird sie vom Ältestenrat der Gemeinde examiniert. »Sein Name ist Jan.« Das Gesicht von Bess, die in sich hinein lächelt, ist das erste Bild des Films. Man kennt ihn nicht, denn er ist ein Arbeiter auf der Bohrinsel. »Du weißt, daß wir den Bund der Ehe mit Fremden nicht gutheißen«, sagt einer der Männer, ein anderer fragt Bess, ob sie denn wisse, was die Ehe bedeute? »Das ist, wenn ... zwei Menschen in Gott vereint werden.« »Glaubst du wirklich, daß du die Kraft hast, die Verantwortung für den Bund der Ehe in Gott nicht nur für dich zu tragen, sondern auch für den anderen?« Bess ist unerschütterlich: »Ich weiß, daß ich sie hab.«

Bei der Hochzeit prallen zwei Welten aufeinander. Als das Brautpaar die Kirche verläßt, läuten keine Glocken: In der puritanischen Gemeinde gibt es das nicht, »bloß keinen Spaß«, kommentiert ein Arbeitskollege von Jan. Die sexuell unerfahrene Bess lernt von dem älteren Jan die Freuden der körperlichen Liebe kennen und genießen, doch das junge Ehepaar verlebt nur ein paar glückliche Tage, dann muß er wieder zurück auf die Bohrinsel. Bess ist verzweifelt. Trost findet sie nur in Telefonaten mit dem abwesenden Jan, wo sie Telefonsex haben. In der leeren Kirche, im Zwiegespräch mit Gott, wünscht sie sich die Rückkehr von Jan. Ihr Wunsch geht in Erfüllung, doch anders als erhofft: Nach einem Unfall auf der Bohrinsel wird der schwer verletzte Jan ins Krankenhaus geflogen, Bess fühlt sich schuldig. Er ist gelähmt, wird niemals mehr ihr Liebhaber sein können.

Alles würde Bess tun, um Jan zu retten, dessen Zustand noch immer nicht stabil ist. Er fordert sie auf, mit anderen Männern zu schlafen; ihre Erzählungen von diesen Begegnungen würden ihm Lustgewinn und damit neuen Lebensmut verschaffen. Dabei denkt er auch an sie, denn Jan ist überzeugt, daß Bess niemals ohne Sex leben, andererseits ihn auch nie verlassen kann. Bess sträubt sich zunächst, dann läßt sie sich auf den Pakt ein und sucht in Kneipen und Überlandbussen sexuelle Kontakte, prostituiert sich auf eine demütigende Weise, im Glauben, Jan damit zu helfen. Der Dorfgemeinsaft bleibt dies nicht verborgen: Die Gemeinde schließt sie aus, selbst ihre Mutter verstößt sie. Auf Betreiben von Dr. Richardson wird sie in eine psychiatrische Klinik eingewiesen, aus der sie flüchtet. Als sie erfährt, daß Jan im Sterben liegt, läßt sie sich noch einmal zu einem sadistischen Seemann übersetzen. Tödlich verletzt wird sie in das Krankenhaus eingeliefert und stirbt. Jan aber ist wundersamerweise geheilt. An ihrem Grab sagt der Pastor: »Bess McNeill, du bist eine Sünderin, und eine Sünderin wie dich überantworten wir der Hölle.« Sie liegt jedoch nicht im Sarg: Den Leichnam hat Jan mit Hilfe seiner Arbeitskollegen gestohlen. Bess wird auf See bestattet, und am Himmel, keiner kann es erklären, erklingt Glockengeläut.

Breaking the Waves erzählt eine Passionsgeschichte. Bess, großartig dargestellt von Emily Watson in ihrer ersten Filmrolle, ist geistig etwas zurückgeblieben, ihre kindliche Unschuld und naiver Gottesglaube wirken einfältig. Ihre Kraft und Stärke gewinnt sie aus dem Glauben an die rückhaltlose Liebe. Bei der Untersuchung ihres Todes wird Dr. Richardson vor Gericht mit seinem Gutachten konfrontiert: Bess sei eine labile, unreife Persönlichkeit gewesen, die eine abnorme Form von Sexualität entwickelt habe, die »man wissenschaftlich wohl als pervers bezeichnen muß«. Der Arzt will dies nicht so stehen lassen, statt mit Begriffen wie neurotisch oder psychotisch würde er Bess eher mit dem Wort »gut« charakterisieren. Und das sei »der geistige Schaden«, der zu ihrem Tod geführt habe, fragt der Richter ungläubig. »Bess wird mit vielen verschiedenen Machtstrukturen konfrontiert« – neben der Kirche ist das Krankenhaus, in dem ihre Schwägerin arbeitet, eine Institution, in der technische Rationalität und Gefühlskälte herrschen – »und muß mit der ihr eigenen Reinheit des Herzens dazu Stellung beziehen«, erläuterte von Trier. Aus einem atheistischen Elternhaus stammend, konvertierte der Regisseur während der Dreharbeiten zum Katholizismus. Die Geschichte »mit ihrer eigentümlichen Mischung aus Religion, Erotik und Besessenheit« formte er zu einer modernen Heiligenlegende.

Aus dem Stoff, der in der Inhaltsangabe wie ein schwüles, religiös verbrämtes Melodrama klingt, machte Lars von Trier einen bewegenden Film, der stilbildend wirkte. Der Film zieht den Zuschauer unmittelbar ins Geschehen: Die dynamische Handkamera ist nah an den Figuren, folgt ihren emotionalen Ausbrüchen oft mit Reißschwenks und schert sich nicht um konventionellen Bildaufbau und Kadrage. Die Auflösung war nicht festgelegt, der Kameramann Robby Müller, bei den Proben nicht anwesend, mußte spontan und unvorbereitet versuchen, die Szene einzufangen. Emily Watson blickt oft direkt in die Kamera: Bess macht den Zuschauer zum Mitverschworenen. Bei der Montage war die Intensität von Aufnahmen wichtiger als die Vermeidung von Unschärfen und Achssprüngen.

Breaking the Waves hat dank dieser improvisierten Machart, die später im Dogma-Manifest als starre Vorgaben formuliert wurden, eine dokumentarische Qualität. In der Postproduktion wurde der Film bewußt aufgerauht: Gedreht im Breitwandformat

Panavision, kopierte man die Bilder auf Video und anschließend wieder zurück auf Filmmaterial. Im Gegensatz dazu steht die artifizielle Ästhetik der lang stehenden, digital bearbeiteten Panaromabilder, die, unterlegt mit Popsongs, die sieben Kapitel und den Epilog einleiten und an Gemälde der Romantik erinnern.

»Amor Omnie«, Liebe ist überall, sollte der Film ursprünglich heißen. Dieses Motto hatte sich Gertrud in Carl Theodor Dreyers gleichnamigem Film für ihren Grabstein gewünscht; Dreyer, in dessen Filmen oft eine leidende Frau im Mittelpunkt steht, ist ein Vorbild für Lars von Trier. Bess opfert sich für den Mann, den sie liebt, weshalb der Film feministische Kritikerinnen provozierte. Für Lars von Trier, der zuvor vornehmlich Festivalerfolge aufzuweisen hatte, bedeutete *Breaking the Waves* den endgültigen internationalen Durchbruch.

»*Breaking the Waves*«. London 1996. (Drehbuch, Materialien).
Achim Forst: »Breaking the Dreams. Das Kino des Lars von Trier«. Marburg 1998; Leo Karrer u.a. (Hg.): »Gewaltige Opfer«. Köln 2000; Marion Müller: »Vexierbilder. Die Filmwelten des Lars von Trier«. St. Augustin 2000; Karl Prümm u.a. (Hg.): »Kamerastile im aktuellen Film«. Marburg 1999; Frances L. Restuccia: »Impossible Love in *Braking the Waves*: Mystifying Hysteria«, in: Todd McGowan/Sheila Kunkle (Hg.): Lacan and Contemporary Film. New York 2004; Jack Stevenson: »Lars von Trier«. London 2002; Jeffrey Stout: »*Breaking the Waves*«, in: Mary Lea Bandy/ Antonio Monda (Hg.): The Hidden God. New York 2003; »Trier über von Trier. Gespräche mit Stig Björkman«. Hamburg 2001; Lars von Trier: »Interviews«. Hg. v. Jan Lumholdt. Jackson 2003.

Michael Töteberg

BRENNPUNKT BROOKLYN

↗ French Connection

BRINGING UP BABY

(Leoparden küßt man nicht). USA (RKO) 1938. 35 mm, s/w, 102 Min.
R: Howard Hawks. B: Dudley Nichols, Hagar Wilde, nach einer Geschichte von Hagar Wilde. K: Russell Metty. A: Darrell Silvera, Howard Greer. Ba: Van Nest Polglase, Perry Ferguson. S: George Hively. M: Roy Webb.
D: Cary Grant (David Huxley), Katharine Hepburn (Susan Vance), Charles Ruggles (Major Horace Applegate), May Robson (Tante Elizabeth), Barry Fitzgerald (Gogarty), Walter Catlett (Slocum), Fritz Feld (Psychiater Dr. Fritz Lehmann), George Irving (Peabody), Virginia Walker (Alice Swallow).

Knapp zehn Jahre nach der Einführung des Tonfilms und vier Jahre nach dem Inkrafttreten des Production Code, mit dem die Welt des Hollywood-Kinos von unmoralischem Verhalten gesäubert werden sollte, schuf Howard Hawks eine Screwballcomedy mit deutlichen sexuellen Konnotationen. Ob der zerstreute junge Paläontologe David Huxley und die junge kapriziöse Susan Vance sich finden werden, ist nicht die Frage, sondern auf welche Weise. Schließlich hat Susan gegen Davids Bockigkeit zu kämpfen, und nicht zuletzt ist »Baby« fast die ganze Zeit mit von der Partie. Kein Menschenkind ist damit gemeint, sondern ein junger Leopard, der sich mit Musik beruhigen läßt – aber »I can't give you anything but love« muß es schon sein.

»Screwballcomedies verdanken ihren Namen einem speziellen Baseballwurf: Durch eine Drehung aus dem Handgelenk verändert der Ball seine Flugbahn. Wenn man den verwirrten Lauf des Balles auf den menschlichen Geist überträgt, dann läßt sich das getrost mit ›eine Schraube locker haben‹ übersetzen.« (Anke Sterneborg) Deshalb reibt sich *Bringing up Baby* auch nicht an sogenannten normalen Personen oder Situationen, sondern schafft sich – auch dies ist typisch für das Genre – in seinen besten Augenblicken eine eigene verrückte Welt, in der für einen guten Gag jede Wahrscheinlichkeit geopfert wird.

Hans-Christoph Blumenberg faßt den Inhalt von *Bringing up Baby* in dem Satz zusammen: »Ein weltfremder Urzeit-Forscher gerät in die Fänge einer exzentrischen Erbin.« Ein Film, der hauptsächlich von vielen kleinen, beinahe mikro-komischen Einfällen, Gesten, Bewegungen und Intonationen der Inszenierung und der Schauspieler lebt, widersetzt sich der Beschreibung. In Erinnerung bleiben Sequenzen voller übersprudelnder Komik: der Anfang am Rande eines Golfplatzes, wo Susan und David sich das erste Mal begegnen; ihre nächste Begegnung in einem Nachtclub, in dem sie anfangs einen Oliventrick zum Besten gibt und wo zum Schluß ein Teil ihres Kleides fehlt; die gemeinsame Autofahrt mit »Baby« im Fond zu Susans Erbtante Elizabeth und der harmlose Zusammenstoß mit einem Hühnertransporter; in einem Wäldchen auf dem Lande das Fahnden nach »Baby« und dem Hund George – gespielt von Asta, bekannt aus der *Thin Man*-Serie –, der Davids lange gesuchten Saurierknochen verbuddelt hat; zum Schluß eine aberwitzige Gefängnissequenz mit ständig wachsender Insassenzahl.

Obwohl das Personal überschaubar bleibt und sich die Handlung im wesentlichen auf das skurrile Paar konzentriert, bricht schnell das Chaos aus. Räumliche Orientierung ist kaum möglich. Am deutlichsten wird das in der langen nächtlichen Waldsequenz, die immer nur vorwärts treibt und die Gefühle der beiden füreinander auf einen Höhepunkt treibt – auch wenn es nicht immer so aussieht oder sich so anhört. Es sei in diesem Film die Bewegung »von der unnatürlichen Ordnung eines Museums hin zur natürlichen Unordnung des Waldes bei Nacht« zu beobachten, hat Robin Wood festgestellt. Die Leichtigkeit schwindet allmählich: Der Wissenschaftler David, der vor Frauen bis zum Schluß wegzulaufen scheint, wird erzogen. Seine erwachte Lebenslust manifestiert sich auf unvergeßliche Weise bereits bei seinem ersten Zusammentreffen mit Susans Tante. Frisch geduscht steht er ihr, notgedrungen in Frauenkleidern, plötzlich an der Haustür gegenüber. Ihre bohrenden Fragen, weshalb er denn so etwas trage, kann er nur mit einem kurzen, albernen Sprung in die Luft und den Worten beantworten, er sei jetzt, ganz plötzlich, schwul geworden.

Bringing up Baby, die erste Zusammenarbeit des auch später bestens harmonierenden Gespanns Hawks/Grant, hatte ein Budget von 767.000 Dollar, das auf 1.073.000 Dollar überzogen wurde. An der Kinokasse war der Film nicht sonderlich erfolgreich. Die Verantwortung für einen von Hollywoods berühmtesten Flops teilten sich der Regisseur und das ›Kassengift‹ Hepburn.

»*Bringing up Baby*«. Hg. Gerald Mast. New Brunswick 1988. (Filmprotokoll, Materialien).
Hans-Christoph Blumenberg: »Die Kamera in Augenhöhe. Begegnungen mit Howard Hawks«. Köln 1979; Hark Bohm: »Arbeit, Männergruppen und Frauen«, in: Hans-Günther Pflaum (Hg.): Jahrbuch Film 1979/80. München 1979; Jim Hillier: »Howard Hawks. American Artist«. London 1996; Richard B. Jewell: »How Howard Hawks Brought Baby Up: An Apologia for the Studio System«, in: Journal of Popular Film and Television, 1984, H. 4; Joseph McBride: »Hawks on Hawks«. Berkeley 1982; Enno Patalas: »*Leoparden küßt man nicht*«, in: Filmkritik, 1966, H. 4; Oliver Rahayel: »Zwischen Hingabe und Hysterie«, in: film-dienst, 1995, H. 4; Ed Sikov: »Screwball. Hollywood's Madcap Romantic Comedies«. New York 1989; Noël Simsolo: »Howard Hawks«. Paris 1984; Anke Sterneborg: »Von Engeln und Kindern«, in: filmwärts, 1993, H. 25; Peter Swaab: »*Bringing Up Baby*«. London 2005; Rolf Thissen: »Howard Hawks«. München 1987; Robin Wood: »Howard Hawks«. London 1981.

Rolf Aurich

BRING ME THE HEAD OF ALFREDO GARCIA

(Bring mir den Kopf von Alfredo Garcia). USA/Mexiko (Optimus/Estudios Churubusco) 1973/74. 35 mm, Farbe, 112 Min.
R: Sam Peckinpah. B: Gordon Dawson, Sam Peckinpah nach einer Story von Frank Kowalski, Sam Peckinpah. K: Alex Phillips, Jr. A: Agustin Huarte. Ba: Enrique Estevez. M: Jerry Fielding.
D: Warren Oates (Bennie), Isela Vega (Elita), Gig Young (Quill), Robert Webber (Sappensky), Helmut Dantine (Max), Emilio Fernández (El Jefe), Kris Kristofferson (Paco), Donnie Fritts (John).

»Dobbs, Fred C. Dobbs«, antwortet der Amerikaner auf die Frage nach seinem Namen. Er mag damit seine Verachtung gegenüber dem Fragesteller zum Ausdruck bringen, einem Landsmann, der in einer schäbigen Bar in Mexiko amerikanische Touristen mit Klaviergeklimper und flauen Scherzen unterhält.

Für den kundigen Zuschauer ist es ein Hinweis darauf, daß der Traum des Klavierspielers vom großen Geld scheitern wird – so wie der eines anderen Gringos in Mexiko, Humphrey Bogart in John Hustons ↗ *The Treasure of the Sierra Madre*, dessen Rollenname eben Fred C. Dobbs war.

Dieser Typus des Verlierers, der seine eigenen Kräfte überschätzt, war im amerikanischen Kino der siebziger Jahre eine der zentralen Figuren. Die Geschichten dienten oft nur als Folie für solche Porträts, die das New Hollywood-Kino mit der ihm eigenen Gelassenheit der Erzählweise und der Vorliebe für Randexistenzen auf die Leinwand brachte. Für Regisseur Sam Peckinpah war dieser Film, der mit zwei Millionen Dollar weniger als die Hälfte des Budgets seines vorangegangenen Films hatte, auch eine Reaktion auf das Debakel um *Pat Garrett & Billy the Kid* (1972/73), der von der Produktionsfirma MGM nachträglich verstümmelt wurde. »Für mich existiert Hollywood nicht mehr. Das ist vergangene Geschichte. Schauen Sie sich MGM an, die sind jetzt im Hotelgeschäft, und vielleicht können ihre alten Regisseure dabei Jobs als Hotelpagen bekommen. Ich habe beschlossen, in Mexiko zu bleiben, denn ich kann meine Filme hier in größerer Freiheit drehen«, erklärte er dem Branchenblatt »Variety«.

On location und ohne Stars in Mexiko gedreht, ähnelt der Film in seinem rauhen und schäbigen Äußeren sowohl Filmen des New Hollywood-Kinos als auch jenen kommerziellen Exploitation-Filmen, in denen Rachegeschichten ein zentrales Motiv waren. Bennie wird beim ersten Auftritt charakterisiert durch den Blick auf die Armbanduhr, der seinen Überdruß zum Ausdruck bringt, wenn er jeden Abend »Guantanamera« spielen und immer die gleichen Witze reißen muß. Die beiden Amerikaner, die nach einem Verschwundenen suchen, erscheinen ihm als letzte Rettung. Und alles scheint so einfach zu sein, denn als er beim nächsten Treffen 10.000 Dollar für sich heraushandelt, weiß er bereits, daß der gesuchte Alfredo Garcia tot ist und auch, wo er begraben liegt. Diese Gelegenheit sei »das goldene Vlies«, erklärt er seiner Freundin Elita. Wenn das Paar auf seiner Fahrt zu dem Grab unter einem Baum ein Picknick macht, ahnt der Zuschauer die Falschheit dieser Idylle: Mit dem ähnlich idyllischen Bild einer Schwangeren am Ufer des Flusses hatte der Film begonnen, bevor sie fortgezerrt wurde von ihrem Vater, der ihr mit Gewalt den Namen des Mannes entlockte, der sie schwängerte und daraufhin verkündete: »Eine Million Dollar für den Kopf des Alfredo Garcia!«

Mit dem Geld für Alfredos Kopf will Bennie eine gemeinsame Zukunft mit Elita aufbauen, doch lange verschweigt er ihr, was er vorhat – wohl ahnend, daß sie das nicht gutheißen wird. Nachdem sie am Grab ermordet wurde, ist die Rückfahrt voller düsterem Humor, oft geradezu surreal: Bennie spricht mit dem neben ihm liegenden Kopf, als sei er lebendig. Der konventionelle Rahmen der Geschichte wird zweitrangig. Die beiden Massaker, die Bennie schließlich anrichtet, um zu erfahren, warum für diesen Kopf so viele Menschen sterben mußten, sind ein einziger Rausch. Selbstrespekt ist, wie schon in Peckinpahs Film *The Wild Bunch* (1968/69), nur um den Preis des eigenen Lebens zu bekommen. Trotzdem ist der Film von der Glorifizierung seines Protagonisten weit entfernt: Bennie ist eine tragische Figur. Das übersahen seinerzeit die meisten Kritiker ebenso wie jener Münchner Amtsrichter, der den Film sechs Tage nach der bundesdeutschen Premiere unter Berufung auf Paragraph 131 StGB wegen Darstellung »der Gewalt als akzeptable, zumindest jedoch nicht verwerfliche Lösung von Konflikten« zeitweise beschlagnahmen ließ.

Frank Arnold/Ulrich von Berg: »Sam Peckinpah. Ein Outlaw in Hollywood«. Frankfurt a.M., Berlin 1987; Richard Combs: »*Bring Me the Head of Alfredo Garcia*«, in: Sight and Sound, 1974/75, H. 2; Marshall Fine: »Bloody Sam. The Life and Films of Sam Peckinpah«. New York 1991; Mark Crispin Miller: »In Defense of Sam Peckinpah«, in: Film Quarterly, 1975, H. 3; Kathleen Murphy/Richard T. Jameson: »*Bring Me the Head of Alfredo Garcia*«, in: Film Comment, 1981, H. 1; Mike Siegel: »Passion & Poetry. Sam Peckinpah in Pictures«. Berlin 2003; Garner Simmons: »Peckinpah. A Portrait in Montage«. Austin 1982.

Frank Arnold

BRING MIR DEN KOPF VON ALFREDO GARCIA

↗ Bring Me the Head of Alfredo Garcia

BRONENOSEC POTEMKIN

(Panzerkreuzer Potemkin). Sowjetunion (Erste Goskinofabrik) 1925. 35 mm, stumm, s/w, 1.740 m.
R+S: Sergej Eisenstein. B: Nina Agadžanova-Šutko, Sergej Eisenstein. K: Eduard Tissé. A: Vasilij Rachal's. Deutsche Fassung 1930: Phil Jutzi, M: Edmund Meisel.
D: Aleksandr Antonov (Vakulinčuk), Vladimir Barskij (Kommandant Golikov), Grigorij Aleksandrov (Leutnant Giljarovskij), Michail Gromov (ein Matrose).

Wie ein Kulturschock traf *Bronenosec Potemkin* die Kinobesucher: »zeitlos gültig«, »das erschütterndste Werk in der dreißigjährigen Geschichte des Films« – die Urteile im In- und Ausland waren überschwenglich. Sergej Eisenstein, der erklärtermaßen kinematographisch die »Seele der Zuschauer umpflügen« wollte wie mit einem Traktor, begründete mit diesem Film das Genre des Revolutionsfilms und hob gleichzeitig die Filmästhetik insgesamt auf ein ganz neues Niveau. Schon mit seinem ersten Film *Stačka* (*Streik*, 1924) hatte er den Weg des intellektuellen Kinos eingeschlagen. Visionär die Möglichkeiten des Filmmediums erkennend, arbeitete er an Verfahren zur emotionalen Einwirkung und argumentativen Überzeugung des Zuschauers. *Bronenosec Potemkin* war als Affront gedacht: gegen das dekadente, bourgeoise Kino, gegen das psychologisierende Seelendrama und die an den Theatertraditionen orientierten Literaturverfilmungen im Atelier.

Dennoch nutzte er hier, mit dem Stoff eines historischen Vorfalls von 1905, in seinem Kalkül die strenge, erprobte Komposition der fünfaktigen Tragödie: Der Skandal des von Maden wimmelnden Fleisches in der Exposition löst den Konflikt auf dem Schiff aus. Die drohende Erschießung der Meuterer schürzt den Knoten. Die Spannung steigt bis zum Kulminationspunkt, an dem die Solidarität der Matrosen die Herrschaft der Unterdrücker bricht. Auf dem Höhepunkt der Handlung wird die rote Revolutionsfahne gehißt; Eisenstein ließ sie in dieser Einstellung Bild für Bild per Hand kolorieren. In der Szene, in der man den Matrosen Vakulinčuk, der im Kampf gefallen war, in Odessa an Land aufbahrt, versucht der Film eine metaphorische Darstellung der Trauer durch atmosphärische Nebelbilder im Hafen. Die Bevölkerung der Stadt solidarisiert sich mit den Aufständischen. Aber die Katastrophe naht: In einer der wohl berühmtesten Sequenzen der Filmgeschichte zerschlagen regierungstreue Kosakentruppen den fröhlichen Menschenauflauf auf der Hafentreppe mit brutaler Gewalt. Eisenstein versinnbildlicht dies unter anderem mit einem die Treppe hinunterrollenden Kinderwagen, dem zerschossenen Auge einer hilfesuchenden Frau, der Geometrie der Stufen und der Reihe glänzender Kosakenstiefel. Die Lösung kommt entsprechend im fünften Akt: Dem Panzerkreuzer Potemkin fährt ein ganzes Geschwader entgegen. Die durch alternierende Montage von Maschinen, postierten Matrosen und feindlichen Schiffen spannungsvolle Situation entlädt sich im siegreichen, unbehelligten Durchfahren der Phalanx.

Eisenstein bewies mit den Odessaer Massenszenen, daß der sowjetische Film auch darin dem aufwendigen Kino à la Griffith, Gance, Lubitsch oder Lang nicht mehr nachzustehen brauchte. Aber er stellte der Masse nicht individuelle Haupthelden gegenüber, sondern versucht die Identifikation mittels typisierter Figuren und teilweise mit Laiendarstellern zu erreichen. Während Eisenstein allerdings seine Konzeptionen später modifizierte (von ↗*Oktjabr'* bis zu ↗*Ivan Groznyj*), wandten die epigonalen sowjetischen Revolutionsfilme das Konzept des ›Massenhelden‹ schematisch weiter an. Kontrast war Eisensteins Hauptprinzip und Experimentierfeld in diesem Film und daraus entwickelte er die Grundlagen seiner Filmtheorie: Kontrast auf allen Ebenen, vom Konflikt der graphischen Linien, Flächen und Bewegungen in der Abfolge der Einstellungen bis zu topologischen und ideologischen Gegenüberstellungen. Extreme Nahaufnahmen (z.B. Maden im Fleisch oder Teile von Gesichtern), verkantete oder aus ungewöhnlicher Ober- und Untersicht aufgenommene Einstellungen und ein virtuoser, theoretisch fundierter Einsatz damals möglicher Montagetechniken zeichneten die neue Filmästhetik aus. Die Wirkung dieser Techniken war auch den Herrschenden bewußt. Während der Sowjetstaat den Film feierte, entstand etwa im Deutschen Reich durch die heftige Auseinandersetzung mit der Zensur ein Präzendenzfall, durch den sich eine breite, bürgerlich-fortschrittliche bis linke Front gegen geistige Bevormundung bildete. Diese Interessenverbindung initiierte wie in anderen Ländern Strömungen des proletarischen, linken, sozial engagierten Films außerhalb der marktbeherrschenden großen Filmkonzerne. Auch der kulturelle Austausch mit der auf internationale Anerkennung hoffenden Sowjetunion wurde Ende der zwanziger Jahre vom Erfolg dieses Films ausgelöst. Für Eisenstein selbst hatte der sensationelle Durchbruch Folgen: Seine Ästhetik wurde zum Modell des sowjetischen Films erklärt, *Bronenosec Potemkin* zu einer modernen Ikone des Sowjetstaates stilisiert, der ihn als Staatsregisseur vereinnahmen wollte.

»*Panzerkreuzer Potemkin*«. Hg. Hermann Herlinghaus. Zürich 1961. (Szenarium). – »*Potemkin*-Protokoll«, in: Sergej M. Eisenstein: Schriften 2. Hg. Hans-Joachim Schlegel. München 1973.
Jacques Aumont: »Montage Eisenstein«. Paris 1979; Jon Barna: »Eisenstein«, Boston, Toronto 1975; Juri Chanjutin: »Wohin führt *Panzerkreuzer Potemkin*«, in: Film und Fernsehen, 1977, H. 11; Sergej M. Eisenstein: »Das Organische und das Pathos in der Komposition des Films *Panzerkreuzer Potemkin*«, in: ders.: Ausgewählte Aufsätze. Berlin (DDR) 1960; Bruce E. Fleming: »Pictures of Pictures: Reference and Reality in Two Script Versions of *Potemkin*«, in: Elaine D. Cancalon/Antoine Spacagna (Hg.): Intertextuality in Literature and Film, Gainesville 1993; Hermann Herlinghaus (Hg.): »Sergej Eisenstein«. Berlin (DDR) 1960; Naum Klejman: »Nur 15 Einstellungen«, in: Filmwissenschaftliche Beiträge, 1976, H. 2; Mark LeFanu: »S.M. Eisenstein ou la rigeur de l'imagination«, in: Positif, 1989, H. 340; Herbert Marshall (Hg.): »*The Battleship Potemkin*«. New York 1978; Hans-Joachim Schlegel: »Die Verfilmung der Revolution und die Revolutionierung des Films: *Panzerkreuzer Potemkin* (1925)«, in: Werner Faulstich/Helmut Korte (Hg.): Fischer Filmgeschichte. Bd. 2. Frankfurt a.M. 1991; D.L. Selden: »Vision and Violence: The Rhetoric of *Potemkin*«, in: Quarterly Review of Film Studies, 1982, H. 4; Richard Taylor: »*The Battleship Potemkin*«. London, New York 1999.

Alexander Schwarz

DIE BRÜCKE Bundesrepublik Deutschland (Fono-Film) 1959. 35 mm, s/w, 103 Min.
R: Bernhard Wicki. B: Michael Mansfeld, Karl-Wilhelm Vivier, nach dem gleichnamigen Roman von Manfred Gregor. K: Gerd von Bonin, Horst Fehlhaber. Ba: Peter Scharff, Heinrich Graf Brühl. S: Carl-Otto Bartning. M: Hans-Martin Majewski.
D: Folker Bohnet (Hans Scholten), Fritz Wepper (Albert Mutz), Michael Hinz (Walter Forst), Frank Glaubrecht (Jürgen Borchert), Karl Michael Balzer (Karl Horber), Volker Lechtenbrink (Klaus Hager), Günther Hoffmann (Sigi Bernhard), Cordula Trantow (Franziska).

Kriegsfilme sind problematisch – deutsche allemal. Eine ernsthafte Aufarbeitung und Auseinandersetzung mit dem Nationalsozialismus und dem Zweiten Weltkrieg hat es mit wenigen Ausnahmen im bundesdeutschen Nachkriegsfilm der fünfziger Jahre nicht gegeben. Die Regisseure, die ehemals im Dienste der NS-Propagandamaschinerie standen, setzten ihre Filmarbeit in der Bundesrepublik fort, und so entstand ein wenig innovatives und reaktionäres Kino. Deutsche Soldaten wurden weiter verherrlicht und die Schuld an den Nazi-Verbrechen einem anonymen Schicksal zugeschoben wie in Alfred Weidenmanns Kriegsfilmen *Canaris* (1954) und *Der Stern von Afrika* (1956) oder Frank Wisbars *Hunde, wollt ihr ewig leben?* (1958). Konsequenter und ehrlicher behandelten die Emigranten Peter Lorre (↗*Der Verlorene*) und Robert Siodmak (↗*Nachts, wenn der Teufel kam*) das Thema. Helmut Käutners *Die letzte Brücke* (1954) – eine österreichisch-jugoslawische Produktion, in der Bernhard Wicki einen Partisanenführer spielt – ist mehr dem italienischen Neorealismus verwandt als dem deutschen Nachkriegsfilm. Fünf Jahre später debütierte der Schauspieler und Käutner-Schüler

Wicki als Spielfilmregisseur mit dem Antikriegsfilm *Die Brücke*, dessen schonungsloser Realismus ihn positiv absetzt von der Nachkriegsproduktion in der Bundesrepublik.

Der Film erzählt anfangs sehr behutsam, fast lyrisch, vom Leben in einer deutschen Kleinstadt kurz vor der Kapitulation im April 1945. Sieben Gymnasiasten, Durchschnittsalter sechzehn Jahre, erhalten ihren Einberufungsbefehl. Sie haben ihn erwartet, und sie haben auf ihn gehofft. Einen Tag lang werden die jungen Rekruten in der Kaserne ausgebildet, lernen den Umgang mit den Waffen und sollen dann an die Front. Auf Intervention ihres Lehrers, der sie vor dem sicheren Tod schützen will, werden sie an den Stadtrand ihrer Heimatstadt abkommandiert, um eine unwichtige Brücke, die sowieso gesprengt werden soll, vor den Amerikanern zu sichern. Der ihnen beigestellte Unteroffizier wird beim Gang in die Stadt von Feldgendarmen als Deserteur erschossen, so daß die Jungen auf sich alleingestellt sind. Als die amerikanischen Panzer anrücken, beginnt für die Jungen ein aussichtsloser, selbstmörderischer Kampf, bei dem am Ende nur einer am Leben bleibt.

Der dem Film zugrundeliegende Roman hat autobiographischen Charakter. Manfred Gregor schildert seine Erlebnisse in der Rückschau: Der einzige Überlebende kehrt zehn Jahre nach Kriegsende zurück an den Ort des Geschehens. Wicki dagegen erzählt linear in chronologischem Zeitverlauf und in zwei Akten: erst die privaten Szenen, dann der Kampf an der Brücke. »Ich möchte zeigen, wohin es führt, wenn man Kinder mit falschen Idealen erzieht, wenn man sie verkauft, verrät und schließlich verrecken läßt«, erklärte der Regisseur.

Die aufwendige und kostenintensive Produktion – Drehzeit und Budget wurden weit überschritten – wurde in 76 Tagen in Cham (Oberpfalz) und Umgebung realisiert. Der Film, ein Plädoyer für kompromißlosen Pazifismus, wurde teilweise mißverstanden: Kritiker monierten, daß Wicki die Jungen einen Heldentod sterben läßt, der nur deshalb sinnlos erscheine, weil die Brücke strategisch unwichtig gewesen sei. Die Filmhistorikerin Lotte Eisner sah in *Die Brücke* gar eine Glorifizierung des Hitlerjugend-Geistes. Solche Einwände konnten die Rezeption des Films, der mit Preisen förmlich überschüttet wurde (u.a. Bundesfilmpreis, Oscar-Nominierung und Golden Globe), nicht negativ beeinflussen. Seine jungen unbekannten Darsteller wurden über Nacht international bekannt. Michelangelo Antonioni engagierte Wicki als Darsteller in ↗*Na notte*, und der amerikanische Produzent Darryl F. Zanuck verpflichtete ihn für die Großproduktion *The Longest Day* (*Der längste Tag*, 1961) über die Landung der Alliierten in der Normandie.

»*Die Brücke*«. Hg. Lars Bardram/Bent Lantow. Kopenhagen 1982. (Filmprotokoll).
Richard Blank: »Jenseits der Brücke«. München 1999; Robert Fischer: »Sanftmut und Gewalt. Der Regisseur und Schauspieler Bernhard Wicki«. Essen 1991; ders.: »Bernhard Wicki«. München 1994; Winfried Günther: »...da kann man endlich ohne jede Einschränkung sein Handwerk zeigen«, in: epd Film, 1989, H. 10 (Interview); Hilmar Hoffmann: »*Die Brücke*«, in: Günter Engelhard u.a. (Hg.): 111 Meisterwerke des Films. Frankfurt a.M. 1989; Klaus Kanzog: »›Warten auf das entscheidende Wort‹. Pubertät und Heldenwahn in Bernhard Wickis *Die Brücke*«, in: ders. (Hg.): Der erotische Diskurs. München 1989; Peter Kremski: »Marlon Brando hatte auf mir als Regisseur bestanden«, in: Filmbulletin, 1989, H. 4 (Interview); Frederick W. Ott: »*Die Brücke*«, in: ders.: The Great German Films. Secaucus 1986; Peter Reichel: »Erfundene Erinnerung«. München 2004; Henning Rischbieter: »Kino-Krieg«, in: Hans Helmut Prinzler (Hg.): Das Jahr 1945. Berlin 1990; Klaus Vowe: »*Die Brücke*«, in: Rudolf Joos/Christiane von Wahlert (Red.): Filme zum Thema. Bd. 1. Frankfurt a.M. 1988; Peter Zander: »Bernhard Wicki«. Berlin 1994.

Peer Moritz

BRUTTI, SPORCHI E CATTIVI

(Die Schmutzigen, die Häßlichen und die Gemeinen). Italien (Compagnia Cinematografica Champion) 1975. 35 mm, Farbe, 115 Min.
R: Ettore Scola. B: Ruggero Maccari, Ettore Scola. K: Dario Di Palma. Ba: Luciano Ricceri, Franco Velchi. S: Raimondo Crociani.
M: Armando Trovaioli.
D: Nino Manfredi (Giacinto), Francesco Anniballi (Domizio), Maria Bosco (Gaetana),

Giselda Castrini (Lisetta), Alfredo D'Ippolito (Plinio), Marina Fasoli (Maria Libera).

Ettore Scola ist ein Stilist, der die ästhetischen Mittel des traditionellen Erzählkinos souverän zu handhaben weiß. Seine Palette umfaßt Kostümfilme und Gegenwartsstoffe, Kammerspiele und Historienstreifen, Charakterkomödien und Problemfilme. Scola gehört nicht zu den großen Autoren des italienischen Films, er ist ein »Regisseur des klugen Mittelmaßes« (Andreas Kilb). Perfektion zeichnet seine Arbeiten aus, die Verbindung von subtiler Bildgestaltung mit einer an klassischen Mustern orientierten Dramaturgie und nicht zuletzt eine bewundernswerte Schauspielerführung. Mit internationalen Stars – Hanna Schygulla und Sophia Loren, Philippe Noiret und Jack Lemmon – hat er gearbeitet, vor allem aber immer wieder Vittorio Gassman und Marcello Mastroianni besetzt. Zu den wichtigsten Werken seines Œuvres gehören *C'eravamo tanto amati* (*Wir haben uns so geliebt*, 1974), *Una giornata particolare* (*Ein besonderer Tag*, 1977), *La terrazza* (*Die Terrasse*, 1979), *Le bal* (*Le Bal – Der Tanzpalast*, 1983), *Che orà é?* (*Wie spät ist es?*, 1989). Am besten ist Scola, wo er am italienischten ist: Wenn er die derbe Komik der »Commedia all'italiana« verknüpft mit neorealistischer Verve. Er hat, wie Federico Fellini, als Karikaturist bei dem Satireblatt »Marc' Aurelio« begonnen, war Drehbuchautor und Gagschreiber für die Volksschauspieler Totó und Alberto Sordi. Im Ausland wurden diese Filme entweder als Folklore mißverstanden oder lösten Irritation aus. Die Rezeption von *Brutti, sporchi e cattivi*, bei den Filmfestspielen in Cannes 1976 mit dem Regie-Preis ausgezeichnet, ist dafür ein Beispiel. Ob hier »die Grenzen der Pietät gegenüber dem sozialen Elend nicht willkürlich verletzt« worden seien, fragte der Berichterstatter der »Neuen Zürcher Zeitung« (3.6.1976). Erst mit 15 Jahren Verspätung kam der Film in die deutschen Kinos.

Die Kamera tastet sich minutenlang durch einen dunklen, offenbar überfüllten Schlafraum: Überall liegen Menschen, stöhnen oder schnarchen. Ein Mann im Unterhemd sucht etwas, schaut unter Matratzen, durchwühlt mögliche Verstecke – und wird von einer auf ihn gerichteten Schrotflinte gestoppt. Das Bettlaken über den Kopf gezogen, verteidigt der Alte seinen Schatz: eine Million Lire in Scheinen, die Abfindung für einen Arbeitsunfall, bei dem er ein Auge verlor. Kurze Zeit später rumort es in allen Ecken: Die Großfamilie – Mutter, Großmutter, Kinder und Enkel, ein kaum überschaubares Menschenknäuel – erwacht zum Leben. Es gibt Streit, Babygeschrei, Prügeleien und Zänkereien, alles auf kleinstem Raum. Der Tag beginnt.

Schauplatz ist ein Elendsviertel am Rande von Rom: eine Barackensiedlung mit selbstgezimmerten Wellblechhütten, ohne Kanalisation, staubig, laut und chaotisch. Die Ewige Stadt ist am Horizont zu sehen, dort verdienen einige ihr Geld: Die Mädchen putzen im Palazzo oder lassen sich für ›Herrenmagazine‹ fotografieren, die Jungs auf ihren Mofas üben sich im Diebstahl von Handtaschen. Doch der Film verläßt kaum einmal die Welt des Slums: Man ist unter sich, die Polizei mischt sich nur höchst ungern und gezwungenermaßen ein. Giacinto, der Patriarch, ist ein Ekel, aber die anderen Familienmitglieder stehen ihm in nichts nach: Jeder versucht, den anderen übers Ohr zu hauen. Als Giacinto eine Geliebte anschleppt – sie ist wesentlich jünger und noch dicker als die Mamma – beschließt der Familienrat, dem Geizkragen und Millionär Rattengift in die Pasta zu geben. Aber der Alte ist nicht umzubringen. Aus Rache zündet er das Haus an und verkauft die Ruine obendrein noch an eine andere Familie. Am Ende wandert die Kamera wieder durch den vollgepferchten Schlafraum: Jetzt hausen hier zwei Familien, doppelt so viele Menschen wie zuvor.

Brutti, sporchi e cattivi ist eine polemische Attacke, gerichtet gegen die Illusionen und Sentimentalitäten eines Vittorio de Sica, aber auch gegen die Glorifizierung des Subproletariats, das Pasolini als revolutionäres Subjekt stilisierte. Bei Scola gibt es keine Sozialromantik: Weder Anklage noch Mitleid will sein Film hervorrufen. Die viel beschworene Solidarität der Armen ist ein Witz, und auch an der Familie, dem heiligsten Gut der Italiener, läßt er kein gutes Haar. Hier herrschen die niedrigsten Instinkte: Neid, Geldgier und Geilheit sind die Triebfedern; das Leben der Proleten erschöpft sich in Fressen, Saufen,

Ficken. Unter der lauten und turbulenten Oberfläche wird sichtbar, daß im Chaos durchaus Ordnung herrscht. Es geht rüde und direkt zu, doch die Regeln des Zusammenlebens unterscheiden sich kaum von denen des Bürgertums, wo alles sauberer und schöner, aber nicht weniger gemein zugeht. Scola nimmt seine Figuren ernst, indem er keinerlei Rücksichten nimmt und mit subversivem Humor mitten im tiefsten Dreck eine grelle Farce inszeniert. Kein Sozialdrama, keine Milieustudie, sondern ein gnadenlos komisches Kinostück, das nichts beweisen will. »Ist es eine Komödie, ist es eine Tragödie? Es ist Slapstick im Slum und damit, wie jede folgenlose Anhäufung von Tragödien, ein Lustspiel.« (Eberhard Falcke)

Lorenzo Codelli: »*Brutti, sporchi e cattivi*«, in: Positif, 1976, H. 183/184; ders.: »... et dangereux«, in: ebd., 1977, H. 189; Eberhard Falcke: »Slapstick im Slum«, in: Süddeutsche Zeitung, 6.6.1991; Manuela Gieri: »Contemporary Italian Filmmaking: Strategies of Subversion«. Toronto u.a. 1995; Peter Körte: »Welt ohne Mitleid«, in: Frankfurter Rundschau, 10.6.1991; Georg Seeßlen: »*Die Schmutzigen, die Häßlichen und die Gemeinen*«, in: epd Film, 1991, H. 5; Claudia Wefel: »Wehe, wenn der Wecker klingelt«, in: Frankfurter Allgemeine Zeitung, 10.6.1991.

Michael Töteberg

DIE BÜCHSE DER PANDORA

Deutschland (Nero-Film) 1929. 35 mm, s/w, stumm, 3.254 m.
R: Georg Wilhelm Pabst. B: Ladislaus Vajda, nach dem gleichnamigen Theaterstück von Frank Wedekind. K: Günther Krampf.
A: Andrej Andrejew.
D: Louise Brooks (Lulu), Fritz Kortner (Dr. Schön), Franz Lederer (Alwa), Carl Goetz (Schigolch), Gustav Diessl (Jack).

Der Regisseur G.W. Pabst hatte lange nach einer Hauptdarstellerin gesucht. Die Besetzung mit der aufstrebenden Marlene Dietrich soll er mit der Begründung abgelehnt haben, daß sie zu eindeutig und aufreizend spiele. Tilly Wedekind, Lulu-Darstellerin der Theater-Uraufführung, sah dies ähnlich. Einer Hauptforderung des Dramas, »nämlich daß Lulu durchaus kein Vamp, kein Klischee-Dämon ist, sondern wirklich ein triebhaftes, kindliches Geschöpf, unbewußt in ihrem Tun und weder gut noch böse« – so die Witwe des Autors im »Film-Kurier« (9.2.1929) – entsprach Pabst mit seiner Wahl des amerikanischen Revuegirls Louise Brooks. Von deren merkwürdig unbestimmter, lächelnder Natürlichkeit waren die Zeitgenossen bei der Uraufführung des Films angesichts der nur als Kunstfigur begreifbaren Lulu entsetzt. Die dramatische Fiktion der Femme fatale mit ihrer irritierenden Mischung aus Vitalität und Passivität, Triebbefriedigung und Unschuld, Leidenschaft und Kühle ist in Louise Brooks' Verkörperung zu einer modernen Frau und gleichzeitig zu einer Ikone der Filmgeschichte geworden.

Pabst hat eine besondere Begabung in der Inszenierung seiner häufig gegen die Star-Konventionen besetzten Hauptdarstellerinnen. Für die Aufnahmen mit Louise Brooks ließ er – ebenso wie für die damals noch unbekannte Greta Garbo in ↗*Die freudlose Gasse* – besonders weichzeichnendes Filmmaterial verwenden, um den Lichtgloriolen-Glanz, den er um ihr häufig im Halbprofil gezeigtes makelloses Gesicht legt, als Ausdruck vibrierender Erotik einzufangen. Ihr Blick scheint dem Gegenüber zu gelten, heftet sich aber nie an ihn, sondern vagabundiert. Blicke, offene und verstohlene, aktive und verschämte, sind ein zentrales Aktionselement des Films: »Der Kampf der Geschlechter, die Frage nach Besitz, wer gehört wem und wer kontrolliert wen, wird zu einem Kampf um das Recht auf den Blick und das Bild, die Stellung des Subjekts als Sehendes oder Gesehenes« (Elsaesser). Die Kamera artikuliert dies in spitzen Aufnahmewinkeln, sie markiert Blickachsen und zeichnet darin die versteckten Konflikte in den Raum. Sie ist dabei variabel und gleitend, nimmt Bewegungen des vorherigen Bildes auf, so daß der Schnitt fast unsichtbar bleibt. Auch in dem von ihm gern benutzten Schuß/Gegenschußverfahren betont Pabst die Korrespondenz der Blicke.

Alle Männer erscheinen massig, zuweilen untersetzt, um Nachdruck bemüht, dabei jedoch steif und ver-

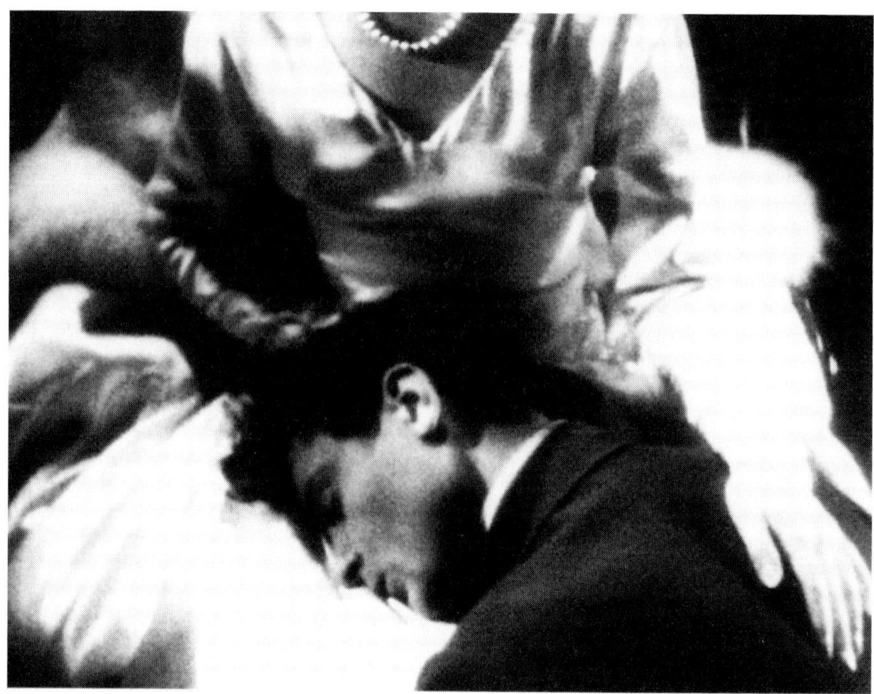

Die Büchse der Pandora: Louise Brooks und Franz Lederer

spannt. Pabst akzentuiert dies, indem er häufig ihren Rücken zeigt. Bereits in der Anfangsszene sehen wir so den Stromableser, mit dem Lulu flirtet. Dr. Schön und Alwa verständigen sich in einem Männerpakt über Lulu, der Kamera abgewandt. Als sie Schön erschießt, sehen wir seine mächtigen Schultern und ihr offenes Gesicht. Ähnlich gestaltet ist die Sequenz, wenn Jack the Ripper Lulu ersticht. Obwohl alle Männer Lulu begehren, und Pabst dies in Tableaus unterstreicht, in denen sie sich fast immer zwischen Männern bewegt, sind diese – das legt ihr Gestus nahe – zu losgelöster Körperlichkeit und Sexualität kaum in der Lage. Ganz im Gegensatz dazu Lulu. Sie bewegt sich trotz aller Bedrängnis locker und wird zumeist frontal oder in Seitensicht gezeigt. Wenn Pabst ihren Rücken, Nacken und ihre Schultern zeigt, sind diese unbekleidet, und Licht sowie Kamerablick modellieren erotischen Zauber. Im Blick darauf formuliert Pabst jedoch auch die Komplementäre dieses Zaubers: Obsession und Besitzanspruch.

»*Pandora's Box* (*Lulu*)«. London 1971 (Filmtext).
Janet Bergstrom: »Psychologische Erklärung in den Filmen von Pabst und Lang«, in: Gottfried Schlemmer u.a. (Hg.): G.W. Pabst. Münster 1990; Ilona Brennicke/Joe Hembus: »Klassiker des deutschen Stummfilms«. München 1983; Louise Brooks: »Lulu in Berlin und Hollywood«. München 1983; David Davidson: »From Virgin To Dynamo: The Amoral Woman in European Cinema«, in: Cinema Journal, 1981/82, H. 1; Lotte H. Eisner: »Die dämonische Leinwand«. Frankfurt a.M. 1980; Thomas Elsaesser: »Das Weimarer Kino – aufgeklärt und doppelbödig«. Berlin 1999; Gero Gandert (Hg.): »Der Film der Weimarer Republik. 1929«. Berlin, New York 1993; Wolfgang Jacobsen (Hg.): »G.W. Pabst«. Berlin 1997; Hermann Kappelhoff: »Der möblierte Mensch«. Berlin 1995; Gerald Koll: »Pandoras Schätze. Erotikkonzeptionen in den Stummfilmen von G.W. Pabst«. München 1998; Andor Kraszna-Krausz: »G.W. Pabsts *Lulu*«, in: Close Up, 1929, H. 4; François Ramasse: »Le sexe de Pandore«, in: Positif, 1981, H. 244/245.

Jürgen Kasten

CABARET USA (ABC Pictures/Allied Artists Pictures) 1972. 35 mm, Farbe, 124 Min. R: Bob Fosse. B: Jay Allen, nach dem Bühnenstück »I Am a Camera« von Jan van Druten, dem Roman »Goodbye To Berlin« von Christopher Isherwood und dem Musical »Cabaret« von Joe Masteroff. K: Geoffrey Unsworth. Ba: Rolf Zehetbauer, Jürgen Kiebach. S: David Bretherton. Ko: Charlotte Flemming. M: John Kander.
D: Liza Minnelli (Sally Bowles), Michael York (Brian Roberts), Helmut Griem (Maximilian von Heune), Marisa Berenson (Nathalia Landauer), Fritz Wepper (Fritz Wendel), Joel Grey (Zeremonienmeister).

In »Goodbye To Berlin« hat Christopher Isherwood seine Erlebnisse im Berlin der zusammenbrechenden Weimarer Republik und der aufkeimenden Nazizeit literarisch verarbeitet. Der 1939 erschienene Roman, der das Deutschlandbild im angelsächsischen Raum lange Zeit prägte, ist eine Kombination von persönlichem Tagebuch, sozialer Reportage und literarischer Fiktion. Sowohl Jan van Drutens Stück »I Am a Camera«, das 1955 mit Julie Harris in der Rolle der Sally Bowles von Henry Cornelius verfilmt wurde, als auch Joe Masteroffs Musical »Cabaret« sind Bearbeitungen dieses Buches. Isherwoods homosexuelle Erfahrungen, die er in Berlin, dem damaligen Mekka der Schwulen, erlebt und erlitten hatte, sind erst später in seiner Autobiographie »Christopher and His Kind« publiziert worden. Jay Allen greift in seiner Drehbuchfassung auf diese Autobiographie zurück und bereichert den Charakter des Brian um einige homosexuelle Varianten. Der Erfolg von *Cabaret* Anfang der siebziger Jahre beruhte nicht zuletzt darauf, daß Fosse locker und unverkrampft mit damals noch tabuisierten Themen wie Homosexualität und Faschismus umgeht. Nach den opernhaften, gefühlvollen und ästhetischen Bearbeitungen des Faschismus durch Filme italienischer Regisseure wie De Sicas *Il giardino dei Finzi Contini* (*Der Garten der Finzi Contini*, 1970), Viscontis *La caduta degli dei* (*Die Verdammten*, 1968) und Bertoluccis ↗*Il conformista* nun also eine unprätentiöse filmische Revue aus Hollywood, gedreht in Eutin, Lübeck, München und Berlin.

Cabaret ist kein Musical im herkömmlichen Sinn. Die Personen der Handlung brechen nicht unmotiviert in Gesang aus, sondern bieten als Künstler ihre Songs auf der Bühne des schmuddeligen Kid Kat Klubs dar. Die Songs treiben die Handlung voran, kommentieren, glossieren und spiegeln nicht nur das Leben der Helden, sondern auch das politische Umfeld. Nicht nur bei den Kostümen, auch bei der Besetzung der fülligen Damenkapelle stand unverkennbar ↗*Der blaue Engel* Pate. Inspiriert wurde die Ausstattung von Malern der Neuen Sachlichkeit wie Christian Schad und vor allem Otto Dix, dessen Gemälde am Ende des Films zitiert werden: Die Dichterin Sylvia von Harden sitzt wie bei Dix an einem kleinen runden Marmortisch. Mit Monokel im Auge, Haartolle und langer Zigarettenspitze verfolgt sie das Treiben. Die Kamera nimmt ihren Blick auf, schwenkt vom Zuschauerraum auf die Bühne und fährt dann zu einem Zerrspiegel an der Decke. Dumpfer Trommelwirbel unterstreicht das Auftauchen von braunen Uniformen und Hakenkreuzbinden im Publikum.

Liza Minelli erhielt für ihre göttlich dekadente, unschuldig verruchte, ordinäre und sentimentale Sally ebenso einen Oscar wie Joel Gray für seine Leistung als Zermonienmeister. Insgesamt konnte *Cabaret* acht Oscars für sich verbuchen. Für Liza Minelli war *Cabaret* der Durchbruch: »A Star is born« titelte die amerikanische Presse, in Anspielung auf den berühmtesten Film ihrer Mutter Judy Garland, nach der Premiere.

Eine Episode aus Isherwoods Roman, wird – anders als in der Musicalfassung – in den Mittelpunkt der Handlung gestellt. Sally Bowles, ein Flapper mit grünlackierten Fingernägeln, betört den gehemmten englischen Studenten Brian Roberts. Der Tanz auf dem Vulkan wird zweifach zelebriert: in der Beziehung zwischen Sally und Brian, die durch sexuelle Seitensprünge gefährdet ist und durch den sich abzeichnenden Machtantritt der Nazis. Während auf der Bühne eine mit Transvestiten aufgelockerte Girltruppe hochhackig marschiert, treten und schlagen

SA-Männer in blitzhaften Zwischenschnitten den Clubbesitzer zusammen. Das Grollen des Dritten Reiches kündigt sich an: im Geschwätz der Pensionsbewohner, im totgeschlagenen Terrier der jüdischen Warenhauserbin, im blaugeschlagenen Auge Brians, der sich mit flugblattverteilenden Nazis anlegt, in dem toten Kommunisten auf der Straße. In einem Gartenlokal, wo sich Brian und Maximilian von Heune aussprechen, werden sie angewidert Zeugen einer Massendemonstration deutscher Spießer. Ein blondgelockter Seraphim in Hitlerjungenmontur schmettert »Tomorrow belongs to me« und erst zögerlich, aber unaufhaltsam fallen die anwesenden Gäste ein. Folgerichtig wurde gerade diese Szene vom westdeutschen Verleih zensiert, der sein Publikum davor bewahren wollte, »komischen Gefühlen« ausgesetzt zu werden. Daß auch der Song »Two Ladies«, der die dezente Affäre zwischen Brian und Maximilian eindeutig akzentuiert, der Schere zum Opfer fiel, gab keinen Anlaß zu kritischen publizistischen Äußerungen. In der Fassung, die die Defa für die DDR herstellte, gab es keine Zensur.

Joe Blades: »The Evolution of *Cabaret*«, in: Literature/Film Quarterly, 1973, H. 3; Michel Chion: »La comédie musicale rêve au réalisme«, in: Cahiers du Cinéma, 1982, H. 339; Randy Clark: »Bending the Genre: the Stage and Screen Versions of *Cabaret*«, in: Literature/Film Quarterly, 1991, H. 1; Pauline Kael: »*Cabaret*«, in: dies.: For Keeps. New York u.a. 1994; Linda Mizejewski: »Women, monsters, and the masochistic aesthetic in Fosse's *Cabaret*«, in: Journal of Film and Video, 1987, H. 4; dies.: »Divine Decadence. Fascism, Female Spectacle, and the Making of Sally Bowles«. Princeton 1992; Arlene Rodda: »*Cabaret*: Utilizing the Film Medium to Create a Unique Adaption«, in: Literature/Film Quarterly, 1994, H. 1.

Wolfgang Theis

DAS CABINET DES DR. CALIGARI

Deutschland 1920. 35 mm, s/w, stumm, 1703 m.
R: Robert Wiene. B: Carl Mayer, Hans Janowitz. K: Willy Hameister. A: Hermann Warm, Walter Reimann, Walter Röhrig.
D: Werner Krauß (Dr. Caligari), Conrad Veidt (Cesare), Friedrich Feher (Francis), Hans-Heinrich von Twardowski (Alan), Lil Dagover (Jane).

Schon einen Tag nach der Premiere war man sich der Bedeutung des Ereignisses bewußt: »Die Frage, ob Kunst im Film möglich ist, wurde gestern endgültig entschieden«, konstatierte z.B. der Rezensent des »8-Uhr-Abendblatts«. Die antinaturalistische Ästhetik von *Das Cabinet des Dr. Caligari*, aber auch ihre Vermarktung, mit großem Werbeaufwand betrieben – wochenlang hing an den Litfaßsäulen das Plakat: »Du mußt Caligari werden!« –, verschaffte dem Film einen besonderen Stellenwert in der Filmgeschichte. Der vielfach und meistens falsch zitierte Anspruch des Architekten Hermann Warm: »Das Filmkunstwerk muß eine lebendige Graphik werden«, zielte darauf, eine aus den Fugen geratene Welt mit entsprechender Bilddramatik zu versehen. Am originellsten ist diese Absicht in der zersplitterten Typographie und Ornamentik der Zwischentitel eingelöst. Dagegen sind die spitz- und schiefwinkligen, auf Rupfen gemalten Dekorationen mit ihren verschobenen Perspektiven und bizarren Verzerrungen eigentlich nur veräußerte Formparaphrasen des Expressionismus. 1912 wurden auf den ersten größeren Ausstellungen expressionistische Bilder als »Gemäldegalerie eines Irrenhauses« geschmäht. Genau dieses Vorurteil illustriert der Film und prägte damit kurioserweise die populäre Expressionismus-Vorstellung.

Erzählt wird eine morbid-phantastische Geschichte: Der mysteriöse Schausteller Caligari läßt sein somnambules Medium für sich morden. Francis, der Held und Erzähler, ist Caligari auf der Spur und entlarvt ihn als den verrückten Direktor einer Nervenklinik. In der Schlußszene zeigt sich, daß Francis selbst Patient jener Irrenanstalt ist, der Film also die Geschichte aus seiner, von psychischer Verstörung und Schizophrenie geprägten Sichtweise wiedergegeben hat. Neben der konsequenten Stilisierung einer unwirklichen Umwelt – auch für die ›Außenaufnahmen‹ wurden lediglich gemalte Prospekte benutzt – paßten sich die beiden Hauptdarsteller Werner Krauß und Conrad Veidt mit ihrer organische

Das Cabinet des Dr. Caligari

Bewegungen zerlegenden Artistik in die atmosphärisch ungemein dichte Synthese schauerromantischer Motive, verzerrter Perspektiven und verrätselter Dekors ein. Der Regisseur verfügte mit diesen Elementen bereits über fertige Bildkompositionen, die er mit damals keineswegs ungewöhnlichen Mitteln aufnahm: Die häufige Verwendung von Halbtotalen, eine statische Kamera und relativ lange Einstellungen, die Rahmung des Filmbildes durch Masken und deutlich erkennbares Auf- und Abblenden der Szene entsprachen dem filmästhetischen Standard der Zeit.

Jahrzehnte später wurde *Das Cabinet des Dr. Caligari* interpretiert als Metapher einer modernen Welt, in welcher Sinnzusammenhänge für das Individuum zunehmend undurchschaubarer und verrückter zu werden drohen. Siegfried Kracauer bezog sich dabei auf eine angebliche Verstümmelung des Drehbuchs: Die Autoren hätten eigentlich den Machtmißbrauch des Direktors und damit aller staatlichen Hierarchien brandmarken wollen; durch die auf Anregung Fritz Langs eingefügte Rahmenhandlung habe sich diese Absicht in ihr Gegenteil verkehrt. Doch im Originaldrehbuch war bereits eine Rahmenhandlung vorgesehen, die aber den Held als normal und den Direktor als verrückt beläßt. Erst die Vertauschung dieser Attribute innerhalb der ursprünglich von den Autoren vorgesehenen Dramaturgie schafft den fiebernden, vexierenden Gestus, den der Film in seinen Bilddistorsionen geschickt illustriert. Wer verrückt und wer normal ist, ist nicht genau bestimmbar. Zur paranoiden Grundstimmung des Films trägt auch das Schlußbild bei: Der verständnisvolle Anstaltsdirektor wird hier in einer durch eine Kreisblende akzentuierten Einstellung genau so gezeigt wie beim ersten Auftreten als dämonischer Dr. Caligari. Der abrupte Perspektivwechsel, den der Film in der abschließenden Rahmenhandlung vorgenommen hatte, erscheint abermals in Frage gestellt. John Barlow hat eine ausführliche Diskussion aller möglichen Realitäts- und Wahnsinnsebenen in *Das Cabinet des Dr. Caligari* durchgeführt: Es gelang ihm nicht, eine eindeutige Betrachtungsperspektive für den Film zu bestimmen.

»*Das Cabinet des Dr. Caligari*«. Hg. Robert Fischer. Stuttgart 1985. (Filmprotokoll). – Hg. Helga Belach/Hans-Michael Bock. München 1995. (Drehbuch, Materialien).
John Barlow: »German Expressionist Film«. Boston 1982; Ilona Brennicke/Joe Hembus: »Klassiker des deutschen Stummfilms«. München 1983; Michael Budd: »Authorship as a Commodity«, in: Wide Angle, 1984/85, H. 1; Mike Budd (Hg.): »*The Cabinet of Dr. Caligari*«. New Brunswick, London 1990; Thomas Elsaesser: »Das Weimarer Kino – aufgeklärt und doppelbödig«. Berlin 1999; Régine-Mihal Friedman: »*Das Cabinet des Dr. Caligari*«, in: Michael Omasta u.a. (Hg.): Carl Mayer. Scenar[t]ist. Wien 2003; Jürgen Kasten: »Der expressionistische Film«. Münster 1990; ders: »Die Verträge des *Dr. Caligari*«, in: Michael Schaudig (Hg.): Positionen deutscher Filmgeschichte. München 1996; Anette Kaufmann: »Angst. Wahn. Mord«. Münster 1990; Siegfried Kracauer: »Von Caligari zu Hitler«. Frankfurt a.M. 1979; Rudolf Kurtz: »Expressionismus und Film«. Berlin 1926; Richard J. Murphy: »Carnival Desire and the Sideshow of Fantasy: Dream, Duplicity and Representational Instability in *The Cabinet of Dr. Caligari*«, in: The Germanic Review, 1991, H. 1; Bruce Murray: »Film and the German Left in the Weimar Republic: From *Caligari* to *Kuhle Wampe*«. Austin 1990; Siegbert S. Prawer: »Caligari's Children. The Film as Tale of Terror«. Oxford, New York 1980; David Robinson: »*Das Cabinet des Dr. Caligari*«. London 1997; Hans Schmid: »Fenster zum Tod«. München 1993; Jens Thiele: Die dunklen Seiten der Seele: *Das Cabinet des Dr. Caligari* (1920)«, in: Werner Faulstich/Helmut Korte (Hg.): Fischer Filmgeschichte. Bd.1. Frankfurt a.M. 1994; Guntram Vogt: »Die Stadt im Film«. Marburg 2001.

Jürgen Kasten

OS CANIBAIS (Die Kannibalen).

Portugal/Frankreich (Filmargem/Gemini Films/La Sept) 1988. 35 mm, Farbe, 98 Min.
R: Manoel de Oliveira. B: Manoel de Oliveira, nach der gleichnamigen Erzählung von Alvaro do Carvalhal. K: Mario Barroso. A: Luis Montero. S: Manoel de Oliveira, Sabine Franel. M: João Paes.
D: Luis Miguel Cintra (Der Vicomte; Sänger: Vaz de Carvalho), Leonor Silveira (Marguerite; Sängerin: Filomena Amaro), Diogo Doria (Don Joao; Sänger: Carlos Guilherme), Oliveira Lopes (Der Erzähler; Sänger: Oliveira Lopes), Pedro T. da Silva (Niccolo), Joel Costa (Der Vater; Sänger: Joel Costa).

Schwere Luxuslimousinen fahren vor ein mächtiges Palais. Ein Livrierter öffnet den Ballgästen die hinteren Wagentüren. Beim nächsten Wagen faßt der Diener ins Leere: Es ist ein Sportauto. Dieser komische Moment betont schon zu Beginn die heitere, ironische Note des Films. Er zeugt aber auch von der Souveränität des damals achtzigjährigen portugiesischen Regisseurs: Die Komik dieser Szene ist bedingt durch die Kameraposition.
Musik, Theater, Oper, Tanz: Manoel de Oliveira veranstaltet auf der Leinwand ein audiovisuelles Spektakel. Hier wird nicht geredet, sondern gesungen. Verglichen mit den romantischen Singspielen eines Jacques Demy ist alles eine Spur weniger glatt. Als João Paes eine Oper für einen Film schreiben wollte, schlug ihm Oliveira »Os canibais« vor, eine Erzählung Alvaro Carvalhals aus dem 19. Jahrhundert. Der Filmemacher beließ es nicht bei einer einfachen Adaption, sondern erfand neue Figuren.
Von einem Violinisten begleitet, präsentiert ein Erzähler eine tragische Liebesgeschichte mit Knalleffekt in zwei Akten: der Abend des Balls und der Morgen danach. Oliveira variiert die Romanze zwischen der Schönen und dem Biest, hier ein moderner Zentaur, der nur leben könnte durch ihre bedingungslose Zuneigung. Noch bei Flirt, Liebesspiel und Hochzeitsbankett hatte die Herzensdame Marguerite einem schillernden, aber zutiefst melancholischen Vicomte ihre Hingabe versichert. Dann aber, während der vor Eifersucht tolle Don Joao mit Mordabsichten ums Haus schleicht, verweigert sie sich in der Hochzeitsnacht. Er offenbart ihr sein Geheimnis, dann fallen ihm, halb Mensch, halb Maschine, die Glieder ab und er trollt sich in den Kamin, wo der restliche Korpus brät. Am nächsten Morgen speist die hungrige Verwandtschaft fein geröstetes Fleisch, das sie für solches vom Hammel hält, und Marguerite wird tot aufgefunden.
Das eigentliche Skandalon ist nicht der Akt des Kannibalismus, der eher en passant vor sich geht.

»Dieser entsetzliche Blick des betrogenen Gatten im Feuer, der den betörenden Worten seiner Geliebten geglaubt hatte, das ist, wenn es nicht zu banal klingen würde, die Moral von der Geschichte.« (Ines Lehmann)
Vom Schock des Kannibalismus erholt sich die dreiköpfige Verwandtschaft am Morgen rasch, hat der Vicomte doch ein Erbe hinterlassen. Zugleich aber wird sie in ein Schwein und in zwei Bären verwandelt, die übereinander herfallen. Und auch der Dienerschaft wachsen Reißzähne, zuletzt sogar einem Priester. In diesem Moment hat die illusionistische Seite Oliveiras zwar gesiegt, doch ganz so fröhlich ist das abschließende Merry-Go-Round der Verwandelten und wiedererweckten Toten um den Brunnen im Garten sicher nicht gemeint. Es ist nur das vorläufige Ende eines kinematographischen Spiels mit dem Konjunktiv.

»*Les Cannibales*«. Paris 1989. (Filmtext).
Thomas Brandlmeier: »Kannibalengesänge«, in: epd Film, 1988, H. 12; Ines Lehmann: »Manoel de Oliveira«, in: Hans-Günther Pflaum (Hg.): Jahrbuch Film 85/86; Ines Lehmann (Red.): »Manoel de Oliveira«, Kinemathek, 1988, H. 73; Petra Maier-Schön (Hg.): »Manoel de Oliveira«. München 2004; Alan Stanbrook: »Hard times for portugese cinema«, in: Sight and Sound, 1988/89, H. 2; Frédéric Strauss: »Faire la fête«, in: Cahiers du Cinéma, 1989, H. 416.

Rolf Aurich

CARAVAGGIO Großbritannien (BFI/Channel Four) 1986. 35 mm, Farbe, 93 Min.
R+B: Derek Jarman. K: Gabriel Beristain. A: Mike Buchanan. M: Simon Fisher Turner.
D: Nigel Terry (Caravaggio), Sean Bean (Ranuccio), Carry Cooper (Davide), Spencer Leigh (Jerusaleme), Tilda Swinton (Lena), Nigel Davenport (Giustiniani).

In den Genrebildern und religiösen Gemälden des Malers Michelangelo da Caravaggio (1571-1610) findet man immer wieder ein grausames Motiv: das Durchschneiden des Halses. Abraham packt, das Messer bereit, Isaak am Hals; das abgeschlagene Haupt der Medusa, auf einem Zierschild gemalt; David mit dem Haupt des Goliath oder Judith, den Kopf des aufwachenden Holofernes abtrennend. Schließlich Johannes der Täufer: Sein Blut verrinnt im Sand und formt dort die nur schwer lesbaren Buchstaben »f [ecit] michela[ngelo]«. Das heißt: Michelangelo, also Caravaggio, hat dies gemacht/getan - dies Bild oder diesen Mord? Die Kunstgeschichte vermutet, er habe einem Freund die Kehle durchgeschnitten, jedenfalls mußte Caravaggio, unter Mordverdacht, aus Rom fliehen.
Derek Jarman spürt der Obsession des Malers nach und rekonstruiert dessen Biographie aus den Gemälden. Ein knappes Dutzend nutzt er für seinen Film, der auch in der Gestaltung den Stil des Protagonisten imitiert. Die Farben Caravaggios sind ständig präsent: große dunkle Flächen mit harten Lichtkegeln, in denen die Figuren wie plastisch modelliert erscheinen, satte Samtfarben wie Rot und Grün, auch strahlendes Weiß sowie die ganze Palette der menschlichen Haut von grünlich fahl (»Kranker Bacchus«, im Film der junge Caravaggio) über strotzende Fleischtöne (»Martyrium des Hl. Matthäus«, im Film Ranuccio als Mörder Matthäi) bis zur gelblichen Leichenfarbe (»Tod Mariae«, im Film die tote Lena). Daneben gibt es wenige grell ausgeleuchtete Szenen (z.B. in der Schenke und im Hof); nahezu alle Aufnahmen wurden im Studio gedreht. Jarman will diese spürbare Präsenz des Künstlichen, zeigt sie auch als Methode Caravaggios (vgl. die Inszenierung der Gemälde »Martyrium Matthäi« und »Maria Magdalena«) und unterstreicht sie noch durch anachronistische Details in der Ausstattung wie Taschenrechner, Motorrad, Zeitung, Schreibmaschine. Die Brechung der historischen Fiktion verweist auf die Aktualität des Konflikts.
Der Film beginnt an Caravaggios Totenbett. Der Sterbende erinnert sich in Fieberphantasien an sein Leben; Flashbacks illustrieren wichtige Abschnitte der Biographie. Die ersten Bilder veranlassen Kardinal Giustiniani, den (Straßen-)Jungen bei sich aufzunehmen - halb zur Lust, halb zur Lehre (im Bett erläutert er ihm die Philosophie Heraklits). Den größten Raum nehmen Szenen aus dem Leben des zu Ruhm gelangten Malers ein. Er hat Auftraggeber, verfügt über ein eigenes Studio und Geld. Eine Affäre

mit seinen beiden Modellen Ranuccio und Lena, eine verhängnisvolle Mixtur aus Geldgier, Ehrgeiz, Liebe und Eifersucht, führt zum Mord. Der Kampf zwischen Maler und Modell wird, anders als in Rivettes ↗*La belle noiseuse*, offen ausgetragen; in der anschließenden Versöhnungsszene sticht der Unterlegene noch einmal zu, und der Verwundete wischt sein Blut in Ranuccios Gesicht (wieder diente ein Bild Caravaggios als Vorlage: »Der ungläubige Thomas«). Auch am Ende, wenn Caravaggio Ranuccio die Kehle durchschneidet, hält er den Verblutenden liebend im Arm.

Jarmans Film beschäftigt sich daneben mit der Rolle des Künstlers als Außenseiter der Gesellschaft. Der Maler wird vom einfachen Volk in der Schenke verlacht, von Kritikern heftig befehdet und scharf angegriffen (auch hier ein Bildzitat, diesmal David: »Der tote Marat«), vom Papst gönnerhaft gemahnt und von der Hofgesellschaft als aufregender Sonderling geduldet. *Caravaggio* ist zudem ein sehr persönlicher Film: Derek Jarman war Maler, produzierte Super-8-Filme und Videoclips, arbeitete als Art Director für Ken Russell, kämpfte früh gegen die Diskriminierung von Homosexuellen und behandelt in Filmen wie *The Garden* (1989) und *Edward II.* (1992) das Thema Gewalt und Sexualität.

Derek Jarman: »*Caravaggio*«. London 1986. (Drehbuch, Fotos).

Leo Bersani/Ulysse Dutoit: »*Caravaggio*«. London 1999; Martin Blaney: »Derek Jarman«, in: Filmfaust, 1986, H. 54 (Interview); Mark Prendergast: »*Caravaggio*: the making of a dream«, in: Films and Filming, 1986, H. 376; Tony Rayns: »Unnatural Lighting«, in: American Film, 1986, H. 10; Frauke Stroh: »*Caravaggio*«, in: epd Film, 1987, H. 2; John Russell Taylor: »Love among the waxworks«, in: Sight and Sound, 1986, H. 2.

Rolf-Bernhard Essig

CARMEN

Spanien (Emiliano Piedra) 1983. 35 mm, Farbe, 102 Min.

R: Carlos Saura. B: Carlos Saura, Antonio Gades. K: Teo Escamilla. A: Félix Murcia. Ba: Félix Murcia. S: Pedro del Rey. M: Paco de Lucía, Fragmente aus Bizets Oper »Carmen«. D: Antonio Gades (Antonio), Laura del Sol (Carmen), Cristina Hoyos (Cristina), Juan Antonio Jiménez (Juan und Marido), Sebastián Moreno (Escamillo), José Yepes (Pepe Girón), Paco de Lucía (Paco).

Der Carmen-Mythos löste zu Beginn der achtziger Jahre einen wahren Boom in der Filmwelt aus; neben Sauras *Carmen* entstanden Jean Luc Godards *Prénom: Carmen* und Francesco Rosis *Carmen*. Saura versteht seine Version als ein multimediales Werk aus Oper, Theater, Tanz (Flamenco), Literatur, Musik und Film und damit als eine Annäherung an seinen Traum vom »totalen Kino«. Zugleich ist *Carmen* Mittelteil seiner Tanztrilogie, die er in Zusammenarbeit mit Antonio Gades, Spaniens bedeutendstem Repräsentanten des Flamenco-Balletts, realisierte. Eröffnet wurde sie mit *Bodas de sangre* (*Bluthochzeit*, 1980), beschlossen mit *El amor brujo* (*Liebeszauber*, 1986).

Während Saura in *Bodas de sangre* eine bereits bestehende Ballettinszenierung von Gades integrierte, wurde *Carmen* in gemeinsamer Arbeit entwickelt. Den Ausgangspunkt bildete nicht – wie für Rosi – George Bizets Oper, die zum Klischee des folkloristisch-exotischen Spaniens beitrug, sondern die ihr zugrundeliegende Novelle Prosper Mérimées. Hier fanden Saura und Gades die wesentlichen Charakterzüge der Carmen-Figur in ausgeprägtester Form: eine Femme fatale aus dem Volke, die jenseits der etablierten bürgerlichen Moral nach ihrem Instinkt handelt, deren »Wolfsaugen« bzw. »Zigeuneraugen«, wilde Schönheit und Sinnlichkeit die Männer fasziniert und schließlich vernichtet. Saura und Gades ging es um die Schaffung einer zeitgenössischen, spezifisch spanischen und authentischen Carmen, deren violente Kraft und agressive Vitalität durch die uralten Rhythmen des Flamenco und dessen erotische Körpersprache vermittelt wird. Im Zentrum des Films steht der kreative Prozeß der Ballett-Bearbeitung des Carmen-Stoffes und – als Konsequenz – die allmähliche Überwältigung der Gegenwart durch den Mythos.

Der Schauplatz der Handlung ist hauptsächlich das Madrider Tanzstudio des Choreographen Antonio.

Besessen von seiner Carmen-Inszenierung, sucht er nach einer geeigneten Hauptdarstellerin, weil ihm seine technisch perfekte Meistertänzerin Cristina zu alt erscheint. In einer Flamenco-Schule trifft er auf eine Carmen, die sich zwar nicht durch ein besonderes Talent auszeichnet, jedoch jung und formbar ist und vor allem jene mythisch-leidenschaftliche Figur verkörpert. In der Machtposition des Choreographen zieht sich Antonio in hartem Training ›seine‹ Carmen heran, bildet sie zur Künstlerin aus und verfällt ihr. Im Verlauf des Films kehrt sich das Verhältnis zwischen Schöpfer und Geschöpf um: Die reale Carmen wird sich durch die getanzte Rolle ihrer – mythischen – Freiheit und Stärke bewußt und vermag sich von Antonio zu befreien. Unversehens wird die Handlung – wie so oft in Sauras Filmen – zum Wechselspiel zwischen Schein und Sein, Bühne und Leben, Traum und Wirklichkeit: Die Fiktion (Balletproben von Kernszenen), in der Gefühle wie Leidenschaft, Liebe, Haß und Eifersucht durch das Medium des Tanzes zum Ausdruck gebracht werden, spiegelt die gegenwärtige Realität (die Beziehung Antonio/Don José – Carmen) und umgekehrt. Unfähig, die Freiheit Carmens zu akzeptieren, scheitert Antonio/Don José am Ende als Opfer seiner obsessiven Leidenschaft; seine Eifersucht und sein ›Machismo‹ siegen: er erdolcht seine idealisierte Kreatur Carmen – Spiel oder Wirklichkeit?

Der Film – wie auch die Novelle – wird aus der Perspektive des patriarchalischen Mannes erzählt. Die Kameraführung nimmt den Blick Antonios auf: Sondiert und beherrscht der männliche Blick zuerst sein ›Objekt‹ Tänzerin, so wird er parallel zu Carmens wachsender Autonomie sinnbildlich gebrochen, indem er das Geschehen häufig von außen durch Fensterscheiben oder in den Studio-Spiegeln beobachtet. Die Dramaturgie des Films ist so angelegt, daß sich die reale Handlung in den Flamenco-Sequenzen fortsetzt und zuspitzt, z.B. in der Auseinandersetzung zwischen Cristina und Carmen in der Tabakfabrik. Auf akustischer Ebene wird die musikalische Einheit des Films durch die Kombination der Flamenco-Rhythmen mit Fragmenten aus der Oper Bizets gebrochen. In der Schlichtheit des Dekors regiert die sinnliche Körperlichkeit der Bewegungen im Spiel zwischen Sein und Schein – reflektiert in den Spiegeln. Dabei ist die Suggestivkraft der Tanzsequenzen im wesentlichen auf die virtuose Kamera Teo Escamillas zurückzuführen.

»*Carmen.* Ein Traum von bedingungsloser Liebe«. München/Hamburg 1985. (Drehbuch, Materialien).
Franz-Josef Albersmeier: »*Carmen* – ein Mythos im Medienwechsel«, in: Iberoromania, 1987, H. 26; Jutta Brückner: »*Carmen* und die Macht der Gefühle«, in: Ästhetik und Kommunikation, 1983, H. 53/54; Marvin D'Lugo: »The Films of Carlos Saura«. Princeton 1991; Gwynne Edwards: »Indecent Exposures«. New York, London 1995; Hans M. Eichenlaub: »Carlos Saura. Ein Filmbuch«. Freiburg i.Br. 1984; Christian Filius-Jehne: »Prosper Merimées Novelle ›Carmen‹. Die Oper, Die Filme. Faszination des Flamenco«. München 1984; Ursula Mathis: »Carlos Saura: *Carmen.* Gedanken und Thesen zu einer zeitgenössischen spanischen und violenten Carmen«. Siegen 1986; Fred Ritzel: »Oper und Musik im Film: *Carmen* (1983)«, in: Werner Faulstich/Helmut Korte (Hg.): Fischer Filmgeschichte. Bd. 5. Frankfurt a.M. 1995; Christian W. Thomsen: »Peter Brooks ›La Tragedie de Carmen‹ und Carlos Sauras *Carmen*-Film: Zwei Experimente in zeitgenössischer Theater- und Filmästhetik«, in: ders. (Hg.): Studien zur Ästhetik des Gegenwartstheaters. Heidelberg 1985; Mechthild Zeul: »Carmen & Co. Weiblichkeit und Sexualität im Film«. Stuttgart 1997.

Renate Gompper

CARO DIARIO (Liebes Tagebuch ...).

Italien/Frankreich (Sacher/Banfilm/La Sept Cinema) 1993. 35 mm, Farbe, 101 Min.
R+B: Nanni Moretti. K: Giuseppe Lanci.
S: Mirco Garrone. M: Nicola Piovani.
D: Nanni Moretti (Nanni), Renato Carpentieri (Grerado), Antonio Neiwiller (Bürgermeister von Stromboli).

Nanni Moretti ist Autorenfilmer: Autor, Regisseur und Produzent in Personalunion, zudem noch sein eigener Hauptdarsteller. Den Titel seines Debütfilms *Io sono un autarchico* (1977) darf man programmatisch verstehen: Moretti ist autark, besitzt sogar in Rom ein eigenes Kino (in dem er über Wochen ↗*Heimat* zeigte, weshalb im Austausch Edgar Reitz *Caro diario* im deutschen Kino präsentierte). Moretti ist eine Figur des öffentlichen Lebens: ein prominenter Vertreter der italienischen Linken und engagierter Gegner Berlusconis. Autobiographische Züge tragen alle Filme Morettis: Michele Apicella, Protagonist seiner Filme seit dem Debütfilm und von ihm selbst dargestellt, fungiert unverkennbar als Alter ego des Regisseurs. In *Caro diario* versteckt er sich nicht länger hinter einer fiktiven Figur: Nanni Moretti spielt Nanni Moretti, mit souveräner Lässigkeit und einer großen Portion Ironie. In Cannes erhielt er für seinen Film zu Recht die Goldene Palme.

Caro diario besteht aus drei Teilen. Im ersten Kapitel, »Auf der Vespa«, fährt Moretti durch das sommerlich menschenleere Rom, ein durch lateinamerikanische Rhythmen beschwingtes Roadmovie mit minutenlangen Travellings. Der Flaneur auf dem Motorroller kommentiert die verschiedenen Stadtviertel: die unbezahlbaren Villen in den historischen Straßen, die Wohnsilos im Neubaugebiet, die Einfamilienhäuser im Vorort (»Hunde hinter den Toren, Videokassetten, Pantoffeln«). Auf dem Streifzug durch die Stadt erkundet er auch die Kinolandschaft: ein italienischer Problemfilm über Paare in der Midlife-crisis, ein Serienkiller-Film mit blutigem Gemetzel (den Kritiker, der den Film lobte, quält Moretti in einer komischen Phantasie durch das Vorlesen seiner Kritiken) und der amerikanische Tanzfilm *Flashdance*, dessen Star Jennifer Beals er zufällig auf der Straße trifft. Moretti ist ein liebenswürdiger Narr mit skurrilen Ideen (er denkt an ein Filmprojekt: ein trotzkistischer Konditor im konformistischen Italien der fünfziger Jahre, ein Musikfilm); er sei nicht »crazy«, meint Jennifer Beals, sondern »off«, und dies bezeichnet recht gut seine Position als unangepaßter Außenseiter. Die Fahrt endet beim Pasolini-Denkmal am Idroscalo von Ostia, wo Pasolini ermordet wurde.

»Die Inseln«, der zweite Teil, schildert einen Besuch bei einem Freund, einem Intellektuellen, der sich vor elf Jahren zurückgezogen hat, um Ruhe und Konzentration zu finden. Doch auf Lipari sind all die Autos, die während der Ferienzeit aus Rom verschwunden sind, in Salinas leben lauter Einzelkind-Familien, in Panarea beschwatzt sie schon an der Anlegestelle eine Animateurin, in Stromboli nervt ein hyperaktiver Bürgermeister. Morettis Freund, der sich seit einem Jahrzehnt nur noch mit James Joyce beschäftigt und mit einem Enzensberger-Zitat das Fernsehen zum Nullmedium erklärt, wird auf der Reise fernsehsüchtig: Auf dem Schiff haben sie eine amerikanische Soap Opera gesehen, und er will unbedingt wissen, wie es mit den Liebesintrigen weitergeht. Mitten auf dem Vulkan muß Moretti in seinem Auftrag eine amerikanische Touristengruppe befragen. Auf Ithaka könnten sie die ersehnte Ruhe finden, doch hier herrscht mönchische Abgeschiedenheit von aller Zivilisation: keine Autos, keine Telefone, keine Elektrizität und damit auch kein TV – nicht auszuhalten, fluchtartig verlassen sie die Insel.

»Ärzte«, das Schlußkapitel, schildert eine Krankengeschichte: Ausgelöst durch einen Juckreiz, begibt sich Moretti auf eine absurd-komische Odyssee von Arzt zu Arzt, von anerkannten Dermatologen, Koryphäen der Schulmedizin zu homöopathischen Wunderheilern und chinesischen Alternativmedizinern. »Nichts in diesem Kapitel ist erfunden – Beschreibung der Arznei, Besuche bei Ärzten, Gespräche mit ihnen«, alles hat Moretti seinen Notizen entnommen, die letzte Sitzung seiner Chemotheraphie hat er mitgefilmt. Der (gutartige) Tumor ist entfernt, bleibt am Ende nur ein Heilmittel: Ein Glas Wasser vor dem Frühstück kann nicht schaden.

Morettis sehr persönlicher Film reiht keineswegs ungeordnet Tagebuchblätter aneinander. *Caro diario* ist bestechend einfach strukturiert: »mit dem Motorrad von Stadtteil zu Stadtteil, mit der Fähre von Insel zu Insel, mit dem Auto von Arzt zu Arzt« (Andreas Kilb). Der Film ist die Standortbestimmung eines Linksintellektuellen der 68er-Generation nach ihrem Scheitern, frei von der sonst üblichen Larmoyanz. Gegen die vor Selbstmitleid triefenden Dialoge des eingangs zitierten Problemfilms – »Vor zwanzig Jahren haben wir schreckliche Dinge geschrieen und jetzt sind wir alt und häßlich geworden« – setzt Moretti trotzig-selbstbewußt: »Ich habe bei den Demonstrationen das Richtige geschrieen, und heute bin ich ein prachtvoller Vierziger.« Im Mittelteil entfaltet der Film anhand der verschiedenen Inseln ein Panorama typischer Haltungen der Intelligentsia, die sich aus dem Engagement zurückgezogen hat: die Karrieristen, die Familiengründer, die Aussteiger. Die Kultur- und Konsumkritik wird jedoch ironisch unterlaufen und bezieht auch das eigene Verhalten ein. Frei von Bitterkeit, voller Wärme und Zärtlichkeit, eine Liebeserklärung an das Leben, gerichtet gegen den Stillstand, der die Gesellschaft ergriffen hat. Seinem Journal vertraut Moretti an: »Liebes Tagebuch: Ich bin nur glücklich auf dem Meer, auf der Fahrt von einer Insel zur anderen.«

Angela Barwig/Thomas Stauder: »Nanni Moretti: Vom filmischen ›Vertreter einer Generation‹ zur Leitfigur der Girotondi«, in: Zibaldone, 2004, H. 37; Jean A. Gilli: »Nanni Moretti«. Rom 2001; Andreas Kilb: »Was von den Bildern blieb«. Potsdam 1997; Ewa Mazierska/Laura Rascaroli: »The Cinema of Nanni Moretti. Dreams and Diaries«. London, New York 2004; Martin Rass: »*Caro diario* – Nanni Moretti und die Massenmedien«, in: Volker Roloff u.a. (Hg.): Europäische Kinokunst im Zeitalter des Fernsehens. München 1998; Fabio Vighi: »Nanni Moretti: Trauma, Hysteria, and Freedom«, in: William Hope (Hg.): Italian Cinema: New Directions. Frankfurt a.M. u.a. 2005.

Michael Töteberg

LA CARROZZA D'ORO

(Die goldene Karosse). Italien/Frankreich (Panaria/Hoche) 1953. 35 mm, Farbe, 105 Min. R: Jean Renoir. B: Jean Renoir, Renzo Avanzo, Jack Kirkland, Ginette Doynel, nach dem Stück »Le carrosse du Saint-Sacrement« von Prosper Mérimée. K: Claude Renoir. Ba: Mario Chiari. S: Mario Serandrei, David Hawkins. M: Antonio Vivaldi, Archangelo Corelli. D: Anna Magnani (Camilla), Duncan Lamont (Vizekönig), Paul Campbell (Felipe), Odoardo Spadoro (Don Antonio).

Ein Theatervorhang hebt sich und gibt den Blick auf einen Treppenaufgang frei, dann bewegt sich die Kamera und fährt in diesen Raum hinein. Am Ende sehen die Zuschauer den gleichen Raum, aus dem die Kamera sich zurückzieht, ein Vorhang fällt, vor dem nur noch zwei Akteure stehen, Don Antonio und Camilla. Er fragt die Schauspielerin, ob sie ihre drei Liebhaber vermißt – »ein bißchen« lautet die Antwort. Nun fällt der Vorhang auch vor diesen Gestalten, der Film, der eine Theateraufführung zeigte, ist zu Ende.

Renoir, dessen Vorkriegsfilme das Paradigma eines realistischen Films abgaben (besonders deutlich für André Bazin), zeigt, daß jeder Film seine Theatralik besitzt, seine Formen und Konventionen. (Realismus war auch in den Vorkriegsfilmen und ihren sozialkritischen Sujets für Renoir eine Frage der Form.) Theatralischer als *La carrozza d'oro* kann kein Film sein – aber Theatralik ist eine Form, die überaus filmisch sein kann, wie Renoir hier demonstriert.

Auf der Bühne mit dem Treppenaufgang wird anfangs die Neuigkeit verkündet: Die goldene Karosse, Prunkstück für den verschwenderischen Vizekönig in einer imaginären südamerikanischen Kolonie des Weltreichs Spanien, ist angekommen. Mit ihr aber auch Komödianten, italienische Akteure der commedia dell' arte. Der Vizekönig findet Gefallen an ihrem Spiel und vor allem am Star der Truppe. Als er sie empfängt, fragt er nach ihrem Namen. »Colombine auf der Bühne und im Leben Camilla« lautet die Antwort. Was Colombine auf der Bühne erlebt, das widerfährt auch Camilla, im ›Leben‹, das nun von der Eifersucht zwischen Felipe, dem Vizekönig, und dem Stierkämpfer belebt und zugleich verwirrt wird. In den Ränkespielen und Liebesintrigen verschieben sich die Grenzen zwischen Fiktion und Realität. Weil Camilla hinter der Bühne eine Auseinandersetzung mit Felipe hat, fehlt Colombine auf der Bühne und das Publikum rumort. Doch Theater wird auch hinter den Kulissen gespielt. Der Stierkämpfer beherrscht die großen Gesten, es gibt den Macho als seine einzige Rolle. Lamont als Vizekönig ist Komödiant von Amts wegen und großartig besetzt: jeder Zoll ein Vizekönig. Dagegen stammen Camilla und Felipe eher aus der Welt des Films: Anna Magnani bleibt immer sie selbst, Paul Campbell »realistisch«, bis sich sein Liebesleid äußert und auch er in eine andere Rolle fällt.

La carrozza d'oro ist ein Triumph der Inszenierungskunst. Seine verschachtelte Konstruktion, das

Spiel der Verweise ist streng komponiert, was in der Leichtigkeit der Darbietung kaum auffällt. Die Uraufführung war ein Mißerfolg und verschaffte Renoir schlechte Kritiken. Fast zwei Jahre konnte er nicht für den Film arbeiten, dann kehrte er nach Frankreich zurück und drehte einen Film, der in vielem an *La carrozza d'oro* erinnert. Wenn in *French Can Can* (1954) der erboste Gabin seinen Star, der aus Eifersucht den großen Auftritt verweigern will, an die Pflicht gegenüber dem Publikum erinnert, dann hört man noch Don Antonio mit, der zu Camilla sagt: »Du bist nicht gemacht für das, was man Leben nennt, dein Platz ist unter den Schauspielern, den Akrobaten, den Mimen, den Clowns, den Gauklern. Das Glück findest du nur auf der Bühne, jeden Abend während zweier kurzer Stunden, wenn du deinen Schauspielerberuf ausübst: das heißt, wenn du dich selbst vergißt.« Für François Truffaut lag in diesen Sätzen das Testament Renoirs.

André Bazin: »Jean Renoir«. München 1977; Claude Beylie: »Jean Renoir. Le spectacle, la vie«. Paris 1975; Christopher Faulkner: »The Social Cinema of Jean Renoir«. Princeton 1986; Penelope Gilliatt (Hg.): »Jean Renoir. Essays, Conversations, Reviews«. New York 1975; Pauline Kael: »*The Golden Coach*«, in: dies.: For Keeps. New York u.a. 1994; Michael Lommel/Volker Roloff (Hg.): »Jean Renoirs Theater/Filme«. München 2003; G. Petrie: »Theater Life Film«, in: Film Comment, 1974, H. 3.

Rainer Rother

CASABLANCA USA

(Warner Brothers) 1942. 35 mm, s/w, 102 Min.
R: Michael Curtiz. B: Julius J. Epstein, Philip G. Epstein, Howard Koch, Casey Robinson, nach dem Bühnenstück »Everybody Comes to Rick's« von Murray Burnett/Joan Alison.
K: Arthur Edeson. Ba: Carl Jules Weyl.
M: Max Steiner.
D: Humphrey Bogart (Rick Blaine), Ingrid Bergman (Ilsa Lund Laszlo), Paul Henreid (Victor Laszlo), Claude Rains (Captain Louis Renault), Conrad Veidt (Major Heinrich Strasser), Sydney Greenstreet (Senor Ferrari), Peter Lorre (Ugarte).

»Liebchen, sweetnessheart, what watch? – Ten watch. – Such much?« lautet ein rührender Übungsdialog zwischen dem älteren Emigrantenehepaar Leuchtag. Sie befinden sich in Rick's Café, wo der Kellner Carl bedient. Die drei Darsteller, Ilka Grüning, Ludwig Stoessel und Szöke Szakall, waren selbst Emigranten aus Nazideutschland, »accent clowns«, wie sie Rudolf Forster herabsetzend nannte. Neun weitere Filmemigranten spielten in *Casablanca* mit – nicht ungewöhnlich bei einem Anti-Nazi-Film Hollywoods, doch selten war das Emigrantenmilieu Schauplatz dieser Filme.
Der US-Amerikaner Rick Blaine ist der zynische und zugleich mitfühlende Barbesitzer im nordafrikanischen Casablanca. Während des II. Weltkrieges halten sich dort alle möglichen Flüchtlinge, Nazi-Verfolgte in der Regel, Abenteurer, Agenten, Vichy-Polizisten und Gauner auf. Rick verhilft vielen Verfolgten zur Flucht in die USA. Auch dem tschechischen Widerstandskämpfer Victor Laszlo, in dessen Frau Ilsa Lund Rick seine frühere Geliebte aus Paris erkennt. Sie hatte ihn einst ohne ein Wort verlassen. Es entspinnt sich eine verwirrende Dreiecksgeschichte – bis zum Schluß weiß niemand, bei welchem der beiden Männer Ilsa bleiben wird.
Rick vertritt – die Verletzung von einst mag dafür verantwortlich sein – einen wehrhaften Individualismus. Gerade weil er ausschließlich seinen Interessen folgt, sich aggressiv allen Anfechtungen von Solidarität, Gemeinsinn und politischer Verantwortung widersetzt, ist er der glaubwürdigere unter den Protagonisten. Die anderen sind Ideen, Ideologien oder Autoritäten verpflichtet und somit einem Versteckspiel unterworfen. Allein Rick Blaine entkommt unverstellt dem Konflikt, freilich als Verlierer. Humphrey Bogart hat diesen Typ später als Matrac in *Passage to Marseille* (*Fahrkarte nach Marseille*, 1943) oder als Harry Morgan in *To Have and Have Not* (*Haben und Nichthaben*, 1944) variiert.
Der zentrale Konflikt der Roosevelt-Administration zwischen isolationistischer oder internationalistischer Außenpolitik spiegelt sich im Casting des Films. »Eines seiner Themen, die Übereinkunft emigrierter europäischer Intelligenz mit amerikanischem Pragmatismus, ist schon der Besetzungsliste

abzulesen: Hier die zentrale Figur Bogarts, dort Schauspieler, die an früheren Kapiteln europäischer Filmgeschichte mitgeschrieben haben.« (Thomas Meder) Den US-weiten Kinostart verlegte Warner Brothers auf den Februar 1943; kurz zuvor hatten Churchill und Roosevelt sich zur Casablanca-Konferenz getroffen. Der sensationelle Kinoerfolg – *Casablanca* erhielt drei Oscars; Bogart wurde zwar nominiert, ging aber leer aus – animierte die Marx Brothers zu ihrer Parodie ↗*A Night in Casablanca*. Ein gelungenes Beispiel für eine produktive Rezeption stellt Woody Allens *Play It Again, Sam* (*Mach's noch einmal, Sam*, 1972) dar.

Kaum ein anderer Film hat zu so vielen und andauernden Mythen und Legendenbildungen geführt wie *Casablanca*. Zur Wirkung des Films zählen vor allem jene Parameter, welche die Beziehungen von Menschen untereinander, wie zu ihrer Umgebung fortan im Kino definierten. Das Spiel zwischen drei Menschen: Humphrey Bogart, Ingrid Bergman und Paul Henreid, das Paar Bogart und Claude Rains, die Auftritte der Singles wie Peter Lorre oder Dooley Wilson sind zu Grundmustern filmischer Interaktionen geworden.

Casablanca blieb in der BRD über viele Jahre lang unbekannt. Als der Film 1951 in deutscher Synchronisation ins Kino kam, hatte der Verleih nicht nur um 24 Minuten gekürzt, sondern den Film bis zur Unkenntlichkeit verstellt. Text und Dialoge erzählten eine völlig andere Geschichte: Aus dem Widerstandskämpfer aus Prag wurde ein skandinavischer Naturwissenschaftler, dem Agenten eine Formel abjagen wollten. Alle Hinweise auf den Nationalsozialismus und das Vichy-Regime waren getilgt. Erst 1975 zeigte das Fernsehen eine Neusynchronisation des Films und somit die authentische Geschichte von *Casablanca*.

»*Casablanca*. The Complete Script and Legend Behind the Film«. Hg. Howard Koch. Woodstock 1973. – »Michael Curtiz' *Casablanca*«. Hg. Richard J. Anobile. New York/London 1974. (Fotoprotokoll, Dialoge).

Patrick Brion: »*Casablanca*«. Crisnée 1990; Umberto Eco: »*Casablanca* oder die Wiedergeburt der Götter«, in: ders.: Über Gott und die Welt. München 1985; Werner und Ingeborg Faulstich: »Modelle der Filmanalyse«. München 1977; Charles Francisco: »You Must Remember This…«. Englewood Cliffs 1980; Joseph Garncarz: »›Nicht zeitgemäß und nicht zur Vorführung in Deutschland geeignet…‹«, in: film-dienst, 1992, H. 9; Kennth Marc Harris: »The Film Fetish«. New York u.a. 1992; Aljean Hermetz: »Verhaften Sie die üblichen Verdächtigen«. Berlin 2000; Ulrich Hoppe: »*Casablanca*«. München 1983; Gaby Kreutzner: »Das Phänomen Kultfilm: *Casablanca* (1942/43)«, in: Werner Faulstich/Helmut Korte (Hg.): Fischer Filmgeschichte. Bd. 2. Frankfurt a.M. 1991; Thomas Meder: »Kriegsschatten, Schattenspiele«; in: Frankfurter Rundschau, 26.5.1992; Sarah Key u.a.: »*Casablanca*. Behind the Scenes«. New York 1992; Andrea Missler-Morell: »Ich seh' dir in die Augen, Kleines«. München 1992; Jürgen Schebera: »Play it again, Sam!«, in: Helga Hartmann/Ralf Schenk: Mitten ins Herz. Berlin 1991; Jeff Siegel: »The *Casablanca* Companion«. Dallas 1992.

Ronny Loewy

IL CASANOVA DI FEDERICO FELLINI

(Fellinis Casanova). Italien (PEA) 1976. 35 mm, Farbe, 170 Min.
R: Federico Fellini. B: Federico Fellini, Bernardino Zapponi, nach den Memoiren von Giacomo Casanova. K: Gianni Di Venanzo.
A: Danilo Donati. M: Nino Rota.
D: Donald Sutherland (Casanova), Margareth Clementi (Maddalena), Clarissa Roll (Annamaria), Cicely Browne (Madame d'Urfé), Marie Marquet (Casanovas Mutter).

»Die sinnlichen Genüsse zu kultivieren, bildete die Hauptbeschäftigung meines ganzen Lebens.« Giacomo Casanovas Selbstcharakteristik wird bei Fellini gegen den Strich gebürstet, der Mythos gründlich demontiert. Vorgeführt wird kein Virtuose der Liebeskunst, sondern ein sexueller Akkordarbeiter. Statt Lust mechanischer Vollzug, niemals eine Spur von Leidenschaft: Casanova ist in Fellinis Interpretation »ein Liebhaber mit eiskaltem Sperma«. Und ein Opfer eines Rufs, den es zu verteidigen gilt: In einem öffentlichen Wettbewerb – Konkurrent ist ein Stallbursche – hat er seine Potenz unter Beweis zu stellen. Vorher macht er, diese Szene ist mitleidlos und frei von Komik inszeniert, Liegestützen als Lockerungsübung. Er trägt ein Blech-Spielzeug mit sich herum, das bei jedem Akt zum Einsatz kommt: Der Gockel plustert sich auf und schlägt mit den Flügeln, sobald er aufgezogen wird. Genauso funktioniert auch Casanova. Nur einmal wird er zärtlich, offenbar hat er eine Idealfrau gefunden: eine lebensgroße mechanische Puppe. Sie ist die perfekte Partnerin für die gefühllose Liebesmaschine namens Casanova.

Die erste Szene spielt während des Karnevals in Venedig. Das Maskengetümmel kommt zum Stillstand, die lärmende Menge verstummt – das große Schauspiel am Canal Grande beginnt. Langsam taucht ein gewaltiger Frauenkopf aus dem Wasser auf. Schon jubeln die Leute: »Gesegnetes Venessia! Venessia ist geboren!«, da reißen die Seile, und der Fetisch sinkt zurück auf den schwarzen Grund. »Wasser-Venedig-Plazenta-Uterus-Mutter-Kirche«, so lauteten Fellinis Stichworte zu dieser Szene, mit der das Hauptmotiv des Films etabliert wird. Gefangen in den Bleikammern von Venedig, liegt Casanova in der Zelle zusammengekrümmt wie ein Embryo. Er ist immer auf der Flucht, die Orte ebenso wechselnd wie die Frauen. Am Ende, im Dresdener Theater, kommt es zu einer unverhofften Begegnung mit der Mutter; als er die Greisin hinausführt auf die Straße, schleppt er sie »wie ein Paket im Arm«: eine Last, die man nie los wird. Für Fellini ist Casanova ein typischer Italiener: ein Mann mit krankhafter Mutterbindung, nie recht erwachsen geworden.

Der Regisseur hat das Gesicht Donald Sutherlands zu einer starren Maske schminken lassen, das natürliche Profil durch eine aufgeklebte Nase verfremdet. Leblose Stilisierung und extreme Künstlichkeit: Casanova bewegt sich in Kulissen, seine Welt besteht nur aus Fassaden. Mit immensem Aufwand (Herstellungskosten 20 Millionen DM) ließ Fellini in Cinecittà eine gigantische Pappmaché-Szenerie aufbauen. Der Gestus der Inszenierung entspricht der Haltung des Helden: Wie ein Insektensammler inventarisiert Casanova seine Eroberungen, und Fellini, nur auf Bildwirkungen bedacht, hat ein ähnlich kühles, distanziertes Verhältnis zu seinen Figuren. Der Regisseur benutzt die Schauspieler als Marionetten und verwehrt es ihnen, ihre Rollen mit Leben zu erfüllen. Er wollte einen »Totenfilm« schaffen. Der Rhythmus der Filmerzählung verweigert sich jeglicher Spannungsdramaturgie. Man müsse den Film ansehen wie ein Gemälde, postulierte Fellini. Seinem Traum, einen Film aus feststehenden Bildern zu machen, ist er hier am nächsten gekommen.

»*Casanova*«. Hg. Christian Strich. Zürich 1977. (Drehbuch, Materialien).

Gideon Bachmann: »Federico Fellini's *Casanova*«, in: Take One, März 1977; C.M. Cluny/M. Amiel: »Casanova cinéma«, in: Cinéma, Paris, 1977, H. 218; Lorenzo Codelli: »Ténèbre et gel«, in: Gilles Ciment (Hg.): Federico Fellini. Paris 1988; Urs Jaeggi: »*Il Casanova di Federico Fellini*«, in: Zoom-Filmberater, 1977, H. 6; Thomas Koebner: »Demontage eines Helden«, in: ders. (Hg.): Autorenfilme. Münster 1990; Marie Jean Lederman: »Art, Artifacts, and *Fellini's Casanova*«, in: Film Criticism, 1977/78, H. 1; Millicent Marcus: »Fellini's *Casanova*: Portrait of the artist«, in: Quarterly Review of Film Studies, 1980/1981, H. 1; Michel Mesnil: »*Casanova*: le vieil homme et la mort«, in: Etudes cinématographiques, 1981, H. 127–130; Thomas Petz: »Das große, schöne Welt-Abräumen«, in: Süddeutsche Zeitung, 15.12.1976; Wilfried Wiegand: »Ein Profi der Lüste«, in: Frankfurter Allgemeine Zeitung, 28.2.1977.

Michael Töteberg

CAT ON A HOT TIN ROOF

(Die Katze auf dem heißen Blechdach). USA (Avon Production/Metro-Goldwyn-Mayer) 1958. 35 mm, Farbe, 108 Min.

R: Richard Brooks. B: Richard Brooks, James Poe, nach dem gleichnamigen Theaterstück von Tennessee Williams. K: William Daniels. Ba: William A. Horning, Urie McCleary. S: Ferris Webster.

D: Elizabeth Taylor (Maggie), Paul Newman (Brick), Burt Ives (Big Daddy), Jack Carson (Gooper), Judith Anderson (Big Mama), Madeleine Sherwood (Mae).

Big Mama weiß Bescheid: »Du bekommst keine Kinder, und dein Mann trinkt.« Die Ehe von Maggie und Brick ist die Hölle: Er ist dem Alkohol verfallen, schützt Impotenz vor und stößt seine Frau von sich. »Wir leben nicht zusammen, wir bewohnen nur denselben Käfig.« Sein Lebensekel ist für Maggie nur schwer zu ertragen; sie spekuliert auf das zu erwartende Erbe und kämpft gegen den Schwager und dessen Familie. Maggie ist eine bald fauchende, bald schnurrende Katze, die ihre Krallen zu benutzen weiß. Obwohl Brick sie provoziert, sie springt nicht: Für die Katze auf dem heißen Blechdach ist es ein Sieg, oben zu bleiben.

Ein schwüles Südstaaten-Drama, in dem sexuelle Komplexe, Eifersucht und Verlogenheit, Haß und Neurosen sich zusammenbrauen und schließlich in einem reinigenden Gewitter entladen. Bühnenstück und Film spielen an einem Abend in der väterlichen Villa. Big Daddy, ein autoritärer Patriarch, feiert seinen 65. Geburtstag: Es wird sein letzter sein, doch hat man ihm die Wahrheit verschwiegen. »Mein ganzes Leben bin ich mit geballten Fäusten herumgegangen«: Liebe hat Big Daddy weder für seine Frau noch für seine Kinder je empfunden. Sein Verhältnis zu Brick ist gestört, zu seinem anderen Sohn Gooper und dessen Frau Mae hat er gar keines. Auf der enervierenden Feier trägt die Kinderschar der Schwägerin – »halslose Ungeheuer«, schimpft Maggie – ein plärrendes Geburtstagsständchen vor, und auch die Honoratioren des Ortes sind anwesend. Sie alle haben es auf den Besitz des Alten abgesehen, nur Brick nicht: Der hat andere Probleme.

Brooks hat dem Film einen Prolog vorangestellt, der im Bühnenstück keine Entsprechung hat: Nachts im menschenleeren Stadion versucht sich der Ex-Sportler Brick als Hürdenläufer und stürzt. Fortan bewegt er sich auf Krücken – ein deutliches Symbol. Der Selbstmord seines Jugendfreundes Skipper hat Brick aus der Bahn geworfen; die bei Williams offen ausgesprochene homosexuelle Beziehung zwischen beiden darf jedoch, darüber wacht als Zensurinstanz der ›Production code‹, im Film nicht auftauchen. Wenn Brick seine Frau abweist und sie erinnert, unter welchen Voraussetzungen sie die Ehe geschlossen haben, ist dieser Satz für den Filmzuschauer mysteriös. Ansonsten nahm Brooks nur Kürzungen in den Dialogen und kleine Akzentverschiebungen vor, die aber alle in eine Richtung zielen: Der Film steuert auf ein Happy End zu, während das Stück ein offenes Ende hat. Brick und Big Daddy versöhnen sich, die karikierend gezeichneten Erbschleicher gehen leer aus, und Maggie kündigt an, daß sie ein Baby erwartet. Es ist eine Lüge, doch Brick widerspricht ihr nicht, sondern verschwindet mit Maggie im Schlafzimmer.

Cat on a Hot Tin Roof ist bestes Hollywood-Starkino. Im Vorjahr hatte Metro-Goldwyn-Mayer erstmals Verlust gemacht; mit der Verfilmung des populären Theaterstücks sanierte sich der Konzern. Kameramann William Daniels, der seine Karriere bei Erich von Stroheim begann und bevorzugt die Garbo-Filme fotografierte, wußte, wie man einen Star ins rechte Licht setzt. Paul Newman wurde als neuer Marlon Brando gehandelt und Elizabeth Taylor für den Oscar nominiert. Sie spielt eine attraktive Frau, die sich ihrer Wirkung bewußt ist. Daß Big Daddy sie gern anschaut, gefällt ihr durchaus. Gleich zu Beginn zieht sie neue Strümpfe an und fragt kokett, ob die Nähte gerade sitzen. Auch die deutsche Kritik war von Elizabeth Taylor fasziniert: »Sie ist berückend schön. Sie hat eine nervöse, reizbare Art, ein bißchen Vernunft und Sicherheit in diese Welt der Verkorksten zu bringen«, schrieb Friedrich Luft. »Sie macht den Film bedeutend.« (Die Welt, 21.2.1959)

Jens P. Becker u.a.: »Kolloquium Filmphilologie Kiel: Workbook zu Tennessee Williams' *Cat on a Hot Tin Roof*«. Kiel 1988; Fritz Göttler: »Weine nicht um die Verdammten. Zum Werk von Richard Brooks«, in: Filmbulletin, 1987, H. 2; Gene D. Philips: »The Films of Tennessee Williams«. Philadelphia 1980; Andrea Thain/Michael O. Huebner: »Elizabeth Taylor«. Reinbek 1992; Maurice Yacowar: »Tennessee Williams and Film«. New York 1977.

Michael Töteberg

CÉLINE ET JULIE VONT EN BATEAU

(Céline und Julie fahren Boot). Frankreich (Les Films du Losange) 1973/74. 35 mm, Farbe, 192 Min.
R: Jacques Rivette. B: Jacques Rivette, Eduardo de Gregorio, Juliet Berto, Dominique Labourier, Bulle Ogier, Marie-France Pisier.
K: Jacques Renard. M: Jean-Marie Sénia.
D: Juliet Berto (Céline), Dominique Labourier (Julie), Bulle Ogier (Camille), Marie-France Pisier (Sophie), Barbet Schroeder (Olivier),

Philippe Clevenot (Guilou), Nathalie Asnar (Madlyn).

Ein Spiel zwischen Imagination und Wirklichkeit: Eine junge rotblonde Frau, die Bibliothekarin Julie, sitzt an einem Sommertag auf einer Pariser Parkbank und liest ein Buch: »Praktische Monographie der Magie«. Sie träumt und beobachtet dabei eine Katze. Plötzlich eilt eine junge schwarzhaarige Frau vorbei, beladen mit irgendwelchem Kleinkram, den sie verliert: erst eine Sonnenbrille, dann ein Tuch, später eine Puppe. Julie hebt die Sachen auf, verfolgt Céline und landet in einem Varieté am Montmartre, wo Céline – ohne großen Erfolg – als Zauberin auftritt. Die beiden grundverschiedenen Frauen lernen einander kennen, freunden sich an und erleben gemeinsam eine Reihe von phantastischen Abenteuern. Am Ende erwacht Céline im Park, Julie taucht auf, und die Verfolgungsjagd beginnt erneut, diesmal mit vertauschten Rollen.

Jacques Rivette, in den sechziger Jahren Mitbegründer der Nouvelle Vague und Chefredakteur der »Cahiers du Cinéma«, hat sich nie den Konventionen der Filmbranche gebeugt. Auffälligstes Merkmal solcher Eigenwilligkeit ist die Überlänge seiner meisten Filme: Auch *Céline et Julie vont en bateau*, ausgezeichnet mit dem Großen Preis der Jury in Locarno, sprengt mit drei Stunden und zwölf Minuten das übliche Kinomaß, wurde aber gleichwohl ein beachtlicher Publikumserfolg. Es ist ein filmisches Vexierbild, in dem Céline die Funktion des weißen Kaninchens aus »Alice in Wonderland« einnimmt; die Verwirrspiele und Paradoxien erinnern ebenfalls an Lewis Carroll. Das poetische Märchen wird bruchlos verbunden mit einem Melodrama, das von Henry James – seinem Theaterstück »The Other House« und der Geschichte »A Romance of Certain Old Clothes« – inspiriert ist. Ein schreckliches Geheimnis umgibt die gespenstische Villa, das Leben eines kleinen Mädchens ist bedroht; am Ende wird das Kind von Céline und Julie aus dem Film im Film in ihre Realität hinübergerettet. Die verrätselte Geschichte erfährt jedoch keine Auflösung: Rivette inszeniert Traumbilder, ohne die Interpretation mitzuliefern. Trotz der literarischen Anspielungen und Zitate ist *Céline et Julie vont en bateau* frei von Bedeutungsschwere: Spielfreude und Improvisation zeichnen die gemeinsam mit den Darstellern am Drehort entwickelte Komödie aus.

Auf den romantischen Charakter des Films hat der Philosoph Gilles Deleuze hingewiesen: Dank Julie werde man Zeuge des reinen Schauspiels der Kindheits-Phantasie von Céline. »Das Double – die Doppelgängerin – nimmt daran mit Hilfe ihrer Zauberbonbons teil und mischt sich schließlich selber mit ihrem alchemistischen Trank in das Schauspiel ein, das keine Zuschauer mehr hat, sondern nur noch Kulissen, um schließlich das Kind, das von einem Kahn weit hinausgetragen wird, seinem unausweichlichen Schicksal zu entreißen: Es gibt kein lustigeres Feenspiel.«

Jean Ashton: »Reflecting Consciousness: Three Approaches to Henry James«, in: Literature/Film Quarterly, 1976, H. 3; Peter Buchka: »Kino im Kopf«, in: Süddeutsche Zeitung, 30.4.1975; Gilles Deleuze: »Das Zeit-Bild. Kino 2«. Frankfurt a.M. 1991; Luce Irigaray: »Waren, Körper, Sprache«. Berlin 1976; Gérard Lenne: »Céline, Jacques et Julie«, in: Ecran, 1974, H. 29; Karlheinz Oplustil: »*Céline et Julie vont en bateau*«, in: Filme, Berlin, 1980, H. 4; Jan Paaz/Sabine Bubeck (Hg.): »Jacques Rivette: Labyrinthe«. München 1991; Jörg Papke: »*Céline und Julie fahren Boot*«, in: Filmkritik, 1980, H. 10; Jonathan Rosenbaum (Hg.): »Rivette. Texts and interviews«. London 1977; Sarah Schumann: »An Frauen, die sich an Frauen begeistern, denen nichts einfällt«, in: Frauen und Film, 1975, H. 6; Iain Softley: »*Céline and Julie*«, in: Sight and Sound, 1984, H. 9; Robin Wood: »Sexual Politics and Narrative Film«. New York 1998.

Peer Moritz

CÉLINE UND JULIE FAHREN BOOT

↗ Céline et Julie vont en bateau

ČELOVEK S KINOAPPARATOM

(Der Mann mit der Kamera). UdSSR (VUFKU) 1928/29. 35 mm, s/w, stumm, 93 Min.
B+R: Dziga Vertov. K: Mikhail Kaufman.
S: Dziga Vertov, Elisaveta Ignatievna Svilova.

Um eine dem Medium eigene, autonome Filmsprache zu erreichen, brach Vertov konsequent mit den Konventionen des Kinos. So verzichtet er in *Čelovek s kinoapparatom* auf Zwischentitel, Drehbuch, Dekoration und Schauspieler. Im Vorspann des Films erläutert er seine Intentionen: »Diese experimentelle Arbeit ist dahin gerichtet, eine wahre, internationale Sprache zu schaffen; basierend auf dieser Sprache hat der neue Film nichts mehr mit der Sprache des Theaters und der Literatur zu tun.«

In seiner Filmtheorie »Kinoglaz« (»Kino-Auge«) zeigt er zusammen mit Mitgliedern der »Kinoki-Gruppe« die Überlegenheit des Kinoauges – der Kamera – über das menschliche Auge auf, spricht sich gegen den Spielfilm aus, strebt eine Montage zur Filmwahrheit (»Filmfakt«) an und setzt sich für eine Massenautorenschaft (»kollektiver Blick«) ein. Mit *Čelovek s kinoapparatom* überführte Vertov seine Theorie in die Praxis: Der Dokumentarfilm schildert das Leben in einer Großstadt und verknüpft es mit der präzisen Schilderung der Filmherstellung.

Erstmals werden in einem Dokumentarfilm Aufnahmemittel verwendet, die man heute Special effects oder Tricks nennen würde. Der Prolog stellt die beiden Hauptdarsteller vor: eine gigantische Kamera, die von einem winzigen Kameramann, einem Bruder Vertovs, erklommen wird. Das Bild ist horizontal geteilt und doppelt belichtet: in der unteren Bildhälfte die Kamera, darüber der Kameramann beim Besteigen der Spitze eines Hügels und Aufstellen seines dreibeinigen Kamerastatives. Der Kameramann zieht aus, um das Leben einzufangen: Er filmt aus einem Erdloch unter der Eisenbahn, erklettert Schornsteine, läßt Straßenbahnen auf sich zufahren, dreht vom Flugzeug aus oder vom rasenden Motorrad.

Vertov zeigt den Verlauf eines Tages, den Arbeitsbeginn, die Arbeit, das Arbeitsende, den Beginn der Freizeit. Thematisch ähnelt *Čelovek s kinoapparatom* den dokumentarischen Städtefilmen, die in den zwanziger Jahren meist einen Tagesablauf zeigten: *Rien que les heures* (Cavalcanti, 1926 über Paris), *Moskau* (Kaufman/Kopalin, 1926), ↗*Berlin. Die Sinfonie der Großstadt* und *A propos de Nice* (Vigo, 1929/30). In der Struktur, dem Filmrhythmus und der Montage – benutzt werden teils nur einzelne Kader – ist Vertovs Film wesentlich extravaganter und innovativer. Er setzt Leben und Leinwand in eine spannungsreiche Beziehung: In den Händen der Film-Cutterin – Vertovs Ehefrau – werden die Negativstreifen plötzlich lebendig.

Vertov, der als Redakteur und Schnittmeister die erste sowjetische Wochenschau herstellte, war beeinflußt von der Poesie Vladimir Majakovskis sowie den neuen Kunstströmungen Futurismus und Konstruktivismus. In seinen Tagebüchern schildert er seine Enttäuschung, als er den Film *Paris qui dort* (René Clair, 1924) sah, einen Film, dem eine ähnliche Idee zugrunde lag, wie bei seinem eigenen 1924 abgelehnten Projekt über die schlafende Stadt Moskau. Auch ein zweiter Versuch, zwei Jahre später, scheiterte: Das Drehbuch »24 Stunden im Leben einer Hauptstadt« wurde nicht realisiert. Erst als Vertov 1927 in die Ukraine ging, konnte er beim Allukrainischen Foto- und Filmkomitee (VUFKU) – nach einem Auftragsfilm zum Jubiläum der Oktoberrevolution – endlich im Februar 1928 mit den Dreharbeiten beginnen. Nach der Fertigstellung fand der Film zunächst keinen Verleih. Erst am 9. April 1929 hatte der Film in Moskau Premiere und wurde von der Kritik als formalistisch, reaktionär und konterrevolutionär abgelehnt. Im westlichen Ausland dagegen als Meilenstein des Avantgarde-Films eingestuft, beeinflußte *Čelovek s kinoapparatom* Filmemacher wie Jean Rouch, Richard Leacock, Jonas Mekas und auch Jean-Luc Godard, der Anfang der siebziger Jahre die Groupe Dziga Vertov gründete.

»*The man with the Movie Camera*«, in: Film Comment, 1972, H. 1. (Treatment).

Stephen Croft/Olivia Rose: »An Essay Toward *Man with a Movie Camera*«, in: Screen, 1977, H. 1; Frédérique Devaux: »*L'Homme à la camera* de Dziga Vertov«, Crisnée 1990; Natascha von Drubek-Meyer/Jurij Murasov (Hg.): »Apparatur und Rhapsodie«. Frankfurt a.M. 2000; Lorenz Engell: »Bilder des Wandels«. Weimar 2003; Annette Michelson: »*The Man with the Movie Camera*: From Magician to Epistemologist«, in: Art Forum, 1972, H. 7; Vlada Petrić: »Constructivsm in Film: *The man with the movie camera*: a cinematic analysis«. Cambridge 1987; Graham Roberts: »*The Man with the Movie Camera*«. London 2000; Bertrand Sauzier: »An Interpretation of *Man with the Movie Camera*«, in: Studies in Visual Communication, 1985, H. 4;

Alan Williams: »The camera-eye and the film: notes on Vertov's ›Formalism‹«, in: Wide Angle, 1980, H. 3.

Peer Moritz

C'ERA UNA VOLTA IL WEST

(Spiel mir das Lied vom Tod). Italien (Rafran/ Euro International) 1968. 35 mm, Farbe, 165 Min.

R: Sergio Leone. B: Dario Argento, Bernardo Bertolucci, Sergio Donati, Sergio Leone. K: Tonino Delli Colli. A: Carlo Leva. M: Ennio Morricone.

D: Henry Fonda (Frank), Claudia Cardinale (Jill McBain), Charles Bronson (»Mundharmonika«), Jason Robards (Cheyenne), Gabriele Ferzetti (Morton).

Als »cinematographischstes aller Filmgenres« bezeichnete Godard den Western. Sergio Leone eignete sich das »amerikanische Kino par excellence« an und schuf mit dem Italo-Western eine Form, die die traditionellen Muster und Mythen nutzt und zugleich reflektiert. In den USA erwies sich *C'era una volta il west* zunächst als Flop, in Paris dagegen lief der Film sechs Jahre ohne Unterbrechung. Vielleicht liegt dies an der mehr europäischen, als intellektuell bezeichneten Sicht, die die Genremerkmale seziert und ins Extreme steigert.

Die Story folgt dem klassischen Western-Thema: Der technische Fortschritt (und die damit eindringende Geschäftswelt) prallt auf die Wildnis der Westernfrontier, die Welt der Pioniere. Frank, der Revolvermann des Eisenbahnunternehmers Morton, hat Brett McBain und seine drei Kinder erschossen, weil auf dessen Farm der einzige Brunnen in 50 Meilen Umkreis liegt, hängt aber das Verbrechen dem in die Jahre gekommenen Outlaw Cheyenne an. Jill, McBains neue Frau, wollte an diesem Tag zur Familie stoßen und sieht sich in Folge von drei Männern belagert: Frank, der ihr den Besitz abjagen will, Cheyenne, der Rehabilitation sucht und sich von Jill an seine Mutter erinnert fühlt, sowie »Mundharmonika«, der mit Frank eine alte Rechnung zu begleichen hat und Jill als Köder benutzt.

Die Akteure werden zu Typen stilisiert wie aus einer Western-Galerie. Cheyenne verkörpert den Banditen im alten Stil, dessen Zeit sichtlich abgelaufen ist und der am Ende sterben muß, weil er es nicht fertigbringt, auf einen Krüppel zu schießen. Frank ist der eiskalte Killer, der selbst Ambitionen hat, an die Spitze der Eisenbahngesellschaft zu gelangen, aber nicht versteht, daß ein Revolver allein zur Entfaltung von Macht nicht ausreicht. Morton – mit einem Anflug persönlicher Tragik gezeichnet – ist der Kapitalist, der vor keinem Verbrechen zurückschreckt, um seine Interessen durchzusetzen, dessen Traum, mit seinen Schienen den Pazifik zu erreichen, jedoch in einer Pfütze neben seiner Eisenbahn endet. »Mundharmonika«, der Rächer, besitzt überhaupt keine Identität jenseits des Motivs, Frank im Duell zu töten, und so reitet er am Schluß in das Nichts, aus dem er gekommen ist.

Dieses Figuren-Arsenal, das in den klassischen Werken des Genres Aspekte des Western-Mythos verkörpert, hat in Leones Film seinen angestammten Platz verloren: Das Gute ist dieser Welt ausgetrieben, die Akteure des alten Westerns treten ab und werden ersetzt von der anonymen Funktionsweise des in das Land eindringenden Kapitalismus und seinen gewalttätigen Handlangern. »Leute wie Morton gibt es wie Sand am Meer.« Doch liegt in dieser Beobachtung kein Bedauern und nur wenig Melancholie. Es wird nicht die »gute alte Zeit« abgelöst, sondern eine Barbarei von einer neuen.

Leone arbeitet extensiv mit Großaufnahmen (bis hin zum leinwandfüllenden Auge Bronsons), die oft unvermittelt auf Halbtotalen folgen. Die harten Schnitte werden verstärkt durch die zuweilen abrupt einsetzende Musik Morricones, dessen Kompositionen die Ästhetik des Italo-Western maßgeblich beeinflußten. Die Musik war bei Drehbeginn geschrieben und produziert; sie wurde bei den Aufnahmen eingespielt, so daß die Bewegungen der Darsteller sich dem Rhythmus angleichen, was zu einer eigentümlichen Verschmelzung von Bildern und Tönen führt. Dabei haben drei Hauptpersonen eigene, immer wiederkehrende Motive: Jill, Cheyenne und »Mundharmonika«, nur Frank nicht: sein Motiv ist die Todesmelodie, die ihn von Beginn an unsichtbar mit »Mundharmonika« verkettet.

Das Montageprinzip folgt der dualen Struktur von harten Action-Szenen und (für den Western unüblichen) sehr langsamen Szenen, die Situationen bis ins winzigste Detail durchleuchten. Paradigmatisch hierfür ist die Eingangssequenz, in der das Warten dreier Killer auf einer Bahnstation dargestellt wird. Bedrohlichkeit wird durch Stilisierung signalisiert: eine langsame Vertikalfahrt vom Fuß bis zum Scheitel eines der Banditen. Eine tropfende Decke, eine surrende Fliege, Fingerknacken und das Geräusch eines permanent quietschenden Windrads erzeugen eine enervierende Stimmung. Für die Szene nimmt sich Leone über zehn Minuten Zeit, und dann werden die drei einfach von »Mundharmonika« erschossen. Wie in dieser Eingangssequenz durchzieht Ironie (besonders an die Person Cheyennes geknüpft) den gesamten Film. Die Zuspitzung des Mythos wird gesteigert bis zum Manierismus und damit gebrochen. Irrealität und Untergang dieser Mythen klingen darin ebenso an wie die spätere Entwicklung des Italo-Western zum puren Klamauk.

Bernhard von Dadelsen: »Höhe- und Wendepunkte klassischer Genres: *Spiel mir das Lied vom Tod* (1968)«, in: Werner Faulstich/Helmut Korte (Hg.): Fischer Filmgeschichte. Bd. 4. Frankfurt a.M. 1992; Oreste de Fornari: »Sergio Leone«. München 1984; Christopher Frayling: »Spaghetti Westerns«. London, Boston 1981; Richard T. Jameson: »Something to do with death. A fistful of Sergio Leone«, in: Film Comment, 1973, H. 2; John Pym/Steve Jenkins: »The original version's the thing ...«, in: Monthly Film Bulletin, 1982, H. 583.

Tim Darmstädter

LE CERCLE ROUGE (Vier im roten Kreis). Frankreich/Italien (Les Films Corona/ Selenia Cinematografica) 1970. 35 mm, Farbe, 150 Min.

R+B: Jean-Pierre Melville. K: Henri Decaë.
A: Théo Meurisse. S: Jean-Pierre Melville, Sophie Dubos. M: Eric de Marsan.
D: Alain Delon (Corey), Gian Maria Volonté (Vogel), André Bourvil (Kommissar Mattéï), Yves Montand (Jansen), François Périer (Santi).

Bei der Überführung von Marseille nach Paris kann der Häftling Vogel seinem Bewacher, Kommissar Mattéï, durch einen Sprung aus dem fahrenden Zug entkommen. Mattéï leitet eine Großfahndung ein. Vogel versteckt sich im Kofferraum eines Autos, dessen Fahrer, Corey, gerade aus dem Gefängnis entlassen wurde, und gelangt so nach Paris. Unterwegs hilft er dem von zwei Gangstern bedrohten Corey aus der Klemme. Corey plant einen großen Juwelenraub, den er mit Vogel und dem zum Alkoholiker gewordenen Ex-Polizisten Jansen ausführen will. Der Einbruch gelingt dank eines raffinierten Planes, doch Kommissar Mattéï erpreßt alle wichtigen Kontaktpersonen, ihm zu helfen. Er selbst tritt als Hehler auf und stellt so dem Trio eine Falle, in der alle drei getötet werden.

Der titelgebende rote Kreis ist ein Zitat aus einer Spruchweisheit von Rama Krishna, mit der Melville *Le cercle rouge* einleitet: »Wenn Menschen, selbst wenn sie sich nicht kennen, sich eines Tages begegnen sollen, was immer jedem von ihnen auch zustoßen mag und wie verschieden auch ihre Wege sein mögen, so werden sie unweigerlich an diesem Tag in dem roten Kreis zusammentreffen.« Auf symbolischer Ebene steht dieser rote Kreis als Sinnbild für die Determiniertheit der Personen, deren anfangs getrennte Wege sie unaufhaltsam ins Zentrum des Kreises führen, wo sich ihr Schicksal erfüllen wird. Und das bedeutet in einer Tragödie stets den Tod. In langen Parallelmontagen beschreibt Melville die Annäherung von Corey, Vogel und Mattéï, verknüpft ihre Schicksale in scheinbar zufälliger Weise, dabei den Kreis immer enger ziehend, bis zur von Beginn an unvermeidbaren Konfrontation, der Mattéï nur deshalb lebend entkommt, weil er zufällig auf der Seite der Polizei steht. Eine Bemerkung seines Chefs, die dieser als Credo am Ende des Filmes nochmals wiederholt, verdeutlicht dies: »Es gibt keine Unschuldigen. Die Menschen sind Verbrecher. Sie kommen unschuldig auf die Welt, aber sie bleiben es nicht.«

In *Le cercle rouge* hat Melville die Einsamkeit seiner Figuren noch gesteigert. Keiner der Gangster pflegt private Beziehungen, und auch der Kommissar lebt allein mit seinen drei Katzen. Frauen kommen nur als Randfiguren vor und greifen noch nicht einmal peripher in die Handlung ein. Auch die Sprache ist auf das Allernötigste reduziert. Der Einbruch in das Juweliergeschäft nimmt 30 Minuten des Filmes ein, in denen kein einziges Wort gesprochen wird. Die Geschichte lebt von den in tristen, verwaschenen Farben getauchten Bildern. Wo Melville die monotone Farbgebung durchbricht, setzt er rote Signale, wie in der roten Ampel am Anfang, dem blutigen Geldbündel oder der roten Rose des Verrats, die Corey trägt, als er sich mit dem vermeintlichen Hehler, dem Kommissar Mattéï, in einem Nachtclub trifft.

Peter W. Jansen/Wolfram Schütte (Hg.): »Jean-Pierre Melville«. München 1982; Rui Nogueira: »Kino der Nacht. Melville über Melville«. Berlin 2002; Georg Seeßlen: »*Le cercle rouge*«, in: Rolf Aurich (Red.): Alain Delon. Berlin 1995; G. Vialle: »*Le cercle rouge*«, in: La Revue du Cinéma, 1978, H. 331; Werner Zanola: »Die Einsamkeit des Tigers im Asphaltdschungel«, in: Filmbulletin, 1979, H. 111.

Franz Rodenkirchen

UN CHAPEAU DE PAILLE D'ITALIE

(Der Florentiner Hut). Frankreich (Albatros) 1927. 35 mm, stumm, s/w, 2.100 m.

R: René Clair. B: René Clair, nach dem gleichnamigen Theaterstück von Eugène Labiche/Marc Michel. K: Maurice Desfassiaux, Niclas Roudakoff. Ba: Lazare Meerson.

D: Albert Préjean (Fadinard), Vital Geymond (Lieutenant Tavernier), Jim Gérald (Beauperthius), Olga Tschechowa (Mme de Beauperthius), Paul Olivier (Onkel Vézinet), Yvonneck (Nonancourt), Marisa Maia (Hélène).

Um einen Florentiner Hut entspinnt sich die seltsamkomische Geschichte des jungen Bräutigams Fadinard. Als er sich auf dem Weg zu seiner Braut befindet, frißt sein Pferd in einem unbeaufsichtigten Moment an dem mit Blumen verzierten Strohhut der Madame Beauperthius, die ihren Mann gerade mit einem Offizier betrügt. Da sie aus verständlichen Gründen ohne Hut nicht zu Hause erscheinen kann, hat Fadinard nun seine liebe Not damit, rasch einen Ersatz für die Dame zu besorgen.

Das erfolgreiche Theaterstück mit seinen zahlreichen Verfolgungsszenen schien dazu geschaffen, verfilmt zu werden. Dabei hält sich Clair nicht streng an die Vorlage: Szenenfolgen werden abgeändert, Figuren eliminiert, anderes, z.B. die Pferdeszene, ausgeschmückt. Trotzdem bleibt der Film einer Theaterästhetik verhaftet: Bis auf wenige Ausnahmen ist die Kamera unbeweglich, und das detailgetreue Dekor erinnert an ein Bühnenbild. Vergeblich sucht man die surrealistischen Elemente, mit denen Clair 1924 in *Entr'acte* (*Zwischenspiel*) Aufsehen erregt hatte. Die Zeitgenossen monierten den altmodischen Stil, doch der Regisseur griff bewußt zurück auf die Anfänge des Films: Den Kunstfilm hielt er für eine Verirrung. Gewissermaßen als Hommage an Lumière und die Gründerjahre des Films verlegte er die Handlung in das Jahr 1895.

Clair verknüpft den frühen französischen Film – seine Karriere begann er als Regieassistent bei Mélies – mit Elementen des amerikanischen Films wie Slapstick und Verfolgungsszenen. Manche Sequenz erinnert an Chaplin. Während der feierlichen Hochzeitszeremonie im Trauungssaal des Standesamtes versucht eine junge Dame Cousin Alex klarzumachen, daß sich seine Krawatte gelöst hat. Er aber versteht ihre diskrete Geste nicht, und so deutet sie sich in ihrer Verzweiflung immer öfters und auffälliger an die Brust. Endlich reagiert Alex auf die Peinlichkeit. Doch in der Zwischenzeit haben alle im Saal anwesenden Herren die Geste auf sich bezogen und – möglichst unauffällig – den Sitz der eigenen Krawatte überprüft. Die von Clair hinzuerfundene Szene macht deutlich, wie gekonnt er den Wortwitz Labiches in Situationskomik übersetzt.

Die kleinbürgerliche Gesellschaft, die hier als Hochzeitsgesellschaft exemplarisch vorgestellt wird, ist in ihren sozialen Beziehungen fast ausschließlich über Dinge vermittelt: Cousin Bobin ist ständig damit beschäftigt, seinen Handschuh zu suchen, Onkel Vézinet kämpft mit seinem ›defekten‹ Hörrohr, und den Brautvater plagen die neuen Lackschuhe. Die Objekte lenken die Personen vom eigentlichen Geschehen ab, und auch nachdem die Hochzeit ihr

glückliches Ende gefunden hat, konzentriert sich die Kamera noch einmal auf ein solches Objekt, das zum Fetisch erhoben wird: Der Brautkranz, mit dem der Film begann, wird sorgfältig unter einer Glasglocke deponiert.
Labiches Stück wurde 1939 in Deutschland von Wolfgang Liebeneiner mit Heinz Rühmann in der Rolle des Bräutigams nochmals verfilmt. Maurice Commage nahm sich des Stoffes 1940 an, der Argentinier Bayon Herrera 1946. Mit *Les deux timides* (*Die beiden Furchtsamen*, 1928), der Verfilmung eines weiteren Labiche-Stückes, konnte Clair den Erfolg von *Un chapeau de paille d'Italie* wiederholen.

»*The Italian Straw Hat*«, in: Masterworks of the French Cinema. London/New York 1974.
Franz-Josef Albersmeier: »Die Theateradaption als ›théâtre cinématograhique‹«, in: ders.: Theater, Film und Literatur in Frankreich. Darmstadt 1992; Olivier Barrot: »René Clair ou le temps mesuré«. Renens 1985; Georges Charensol/ Roger Régent: »Un maître du cinéma. René Clair«. Paris 1952; R.C. Dale: »The Films of René Clair«. London 1986; Roger Manvell: »The Film and the Public«. Harmondsworth 1955.

Heike Müller

LE CHARME DISCRET DE LA BOURGEOISIE

(Der diskrete Charme der Bourgeoisie). Frankreich/Italien/Spanien (Greenwich Film/Jet Film/Dean Film) 1972. 35 mm (Panavision), Farbe, 105 Min.
R: Luis Buñuel. B: Luis Buñuel, Jean-Claude Carrière. K: Edmond Richard. A: Pierre Guffroy. S: Hélène Plemiannikov. M: Galaxie Musiques.
D: Fernando Rey (Rafaele Costa, Botschafter), Delphine Seyrig (Simone Thévenot), Paul Frankeur (François Thévenot), Bulle Ogier (Florence), Stéphane Audran (Alice Sénéchal), Jean-Pierre Cassel (Henri Sénéchal), Julien Bertheau (Bischof), Michel Piccoli (Innenminister).

Das bürgerliche Ritual des Speisens, längst mehr als bloße Nahrungsaufnahme, seziert Buñuel in *Le charme discret de la bourgeoisie*, indem er es gänzlich seines eigentlichen Zwecks entledigt. Der vorgeführten Tischgesellschaft wird es ein ums andere Mal unmöglich gemacht, sich den in Aussicht gestellten kulinarischen Genüssen hinzugeben. Alle Zusammenkünfte der Protagonisten erweisen sich spätestens bei der Hauptspeise als vergeblich. Die Pointe des Films ist die konsequente Essensvereitelung durch diverse Zwischen- und Überfälle.
Buñuel knüpft mit diesem Alterswerk an seine frühen surrealistischen Filme an. Auf scheinbar schlichte, in Wahrheit umso raffiniertere Weise werden vier Handlungsebenen miteinander verschränkt: die »Realität«, die »Erzählung«, der »Traum« und die »Landstraße«. Buñuel entwarf gemeinsam mit seinem Co-Autor Carrière fünf Drehbuchfassungen, bis er den Wechsel der filmischen Ebenen so organisiert hatte, daß die diskontinuierliche Erzählweise den Zuschauern wie selbstverständlich erscheint.
Auf der Realitäts-Ebene folgt die Erzählung einer durchaus plausiblen Handlung. Alles spielt sich in einer taktvoll-eleganten und zugleich unterkühlten Atmosphäre ab, in der die erstickten Emotionen immer absurdere Szenarien heraufbeschwören. Die an drei Stellen des Films eingefügten phantastisch-makabren Erzählungen führen das irrationale Moment ins Übersinnliche weiter. Sie werden jeweils von einer Nebenfigur angekündigt und vorgetragen. Bei den Träumen fehlt dagegen die Ankündigung: Viermal erfahren die Zuschauer erst im Nachhinein durch das Erwachen des Träumers, daß alles bisher Gesehene sich nicht auf der Realitäts-Ebene zugetragen hat. Die beiden Handlungsebenen sind so geschickt ineinander verschachtelt, daß sich am Ende der ganze Film – bis auf seine letzten Minuten – als ein Traum des Botschafters deuten läßt: Er ist der einzige, der nächtens per Selbstbedienung am Kühlschrank etwas zu Essen bekommt.
Buñuel wehrte sich gegen eine symbolische Interpretation seines Films und änderte deshalb sogar die Konzeption der vierten Ebene. Die sechs Hauptfiguren wandern auf der Landstraße durch eine flache, wenig markante Landschaft. Die Szene, die keinen Zusammenhang zur Handlung hat, be-

schließt den Film und unterbricht ihn an zwei Stellen. Buñuel: »Ursprünglich wollte ich es so drehen: das erste Mal schreiten sie fröhlich aus, und am Ende des Films schleichen sie müde dahin. Dann wurde mir klar, daß es heißen würde, das sei symbolisch, so etwas wie die Bourgeoisie, die auf ihr Ende zugeht.« Also drehte er die Landstraßen-Szene immer auf dieselbe Weise, was die Filmkritiker nicht hinderte, die ziellose Wanderung als symbolisches Bild für den Lebensweg des Menschen zu deuten.

Das auf Luxus und Genuß ausgerichtete Leben der Bourgeosie – verkörpert durch Kapital, Klerus und Militär – wird immer wieder gestört durch den Einbruch von Gewalt und Angst, auch wenn es sich nur um Alpträume handelt. Der alte Provokateur Buñuel irritiert und schockiert noch immer sein Publikum – in Spanien wurde die Szene, in der der Bischof dem sterbenden Gärtner erst die Absolution erteilt und ihn anschließend erschießt, zensiert –, doch ist der Film zugleich eine Hommage an das Großbürgertum und dessen Charme. Ähnlich ambivalent wie die Gesellschaftskritik ist Buñuels Verhältnis zur Filmindustrie: Er nutzt die Ingredienzen des Erzählkinos, verweigert aber dem Zuschauer eine ›sinnvolle‹ Geschichte. Obwohl der Film auf eine konventionelle Dramaturgie verzichtet, war er ein kommerzieller Erfolg. *Le charme discret de la bourgeoisie* erhielt 1973 den Oscar für den besten fremdsprachigen Film. Buñuel hatte zuvor das Gerücht verbreitet, daß er den Preis bestimmt bekommen würde, da er die dafür angeblich notwendigen 25.000 Dollar bereits gezahlt hätte: »Die Amerikaner haben alle möglichen Fehler, aber ihr Wort halten sie.«

»*Le charme discret de la bourgeoisie*«, in: L'Avant-Scène du Cinéma, 1973, H. 135. (Drehbuch).
Thomas Christen: »(Fr)iss und Stirb!«, in: montage/av, 2002, H. 2; Randall Conrad: »A Magnificent and Dangerous Weapon: The Politics of Luis Buñuel's Later Films«, in: Cineaste, 1976, H. 8; R. Durgnat: »*The discreet charm of the bourgeoisie*«, in: Film Comment, 1975, H. 3; Ludwig Ebeling: »*Der diskrete Charme der Bourgeosie*«, in: Helmut Korte (Hg.): Systematische Filmanalyse in der Praxis. Braunschweig 1986; Jürgen Ebert: »*Le Charme discret de la Bourgeoisie*«, in: Filmkritik, 1973, H. 4; Marsha Kinder (Hg.): »Buñuel's *The Discreet Charm of the Bourgeoisie*«. Cambridge 1999; Gertrud Koch: »Luis Buñuel: »*Der diskrete Charme der Bourgeoisie*«, in: Kino, Berlin, 1973, H. 4; Jonathan Rosenbaum: »Interruption as Style«, in: Sight and Sound, 1972/73, H. 1; Wolfgang Ruf: »*Der diskrete Charme der Bourgeoisie*«, in: Jugend Film Fernsehen, 1973, H. 3; Frédéric Vitoux: »Un chef d'œuvre féroce et serein«, in: Positif, 1973, H. 146.

Susanne Lange

CHELSEA GIRLS

USA (Andy Warhol Films) 1966. 16 mm, s/w + Farbe, 195 Min. (andere Versionen: 205, 210 Min.)
R+K: Andy Warhol. B: Andy Warhol, Ronald Tavel. M: The Velvet Underground.
D: Nico, Eric Emerson, Ondine, Angelina »Pepper« Davis, Ingrid Superstar, Albert René Ricard, Mary Might, International Velvet, Brigid Polk, Ed Hood, Patrick Flemming, Mario Montez, Marie Menken, Gerard Malanga, Edie Sedgwick.

Warhols Film spaltete die Kritik: Für die einen war *Chelsea Girls* ein revolutionäres Meisterwerk, eine Art »Ilias« des Underground, während andere den Film als geschmacklos oder schlicht langweilig empfanden. Unbestritten sein kommerzieller Erfolg: Mit minimalen Produktionskosten realisiert, spielte der Film mehr als eine halbe Million Dollar ein und verhalf in der Folge auch anderen, schwierigeren Experimentalfilmen zu mehr Beachtung. *Chelsea Girls* – eine Mischung aus Pop-Art, LSD-Party, innerem Monolog und Living Theatre – und andere Warhol-Filme wurden auch von der Filmavantgarde in der Bundesrepublik Deutschland rezipiert: Das andere Kino, das jenseits der Filmindustrie sich um ästhetische Innovationen bemühte, erlebte einen neuen Aufschwung.

Schon die Vorführtechnik rückt den Film in die Nähe eines Happenings, denn die zwölf 300-m-Rollen, jeweils 33–35 Minuten lang (davon vier in Farbe), werden als Doppelprojektion (zwei Bilder gleichzeitig nebeneinander) gezeigt. Mit Doppelprojektionen experimentierte man bereits in den zwanziger Jahren; der Bauhaus-Meister und Filmtheoretiker

László Moholy-Nagy arbeitete an einem Simultan- oder Polykino.
Bei der Uraufführung begann die erste Rolle auf der rechten Seite der Leinwand, und einige Minuten später setzte die zweite Rolle auf der linken Seite ein; andere Vorführungen begannen mit der zweiten Rolle. Zum simultanen Bild ist der Originalton zu hören, wobei der Vorführer je nach Belieben einmal bei der rechts, einmal bei der links abspulenden Rolle den Ton aufdrehen oder zurücknehmen kann. So erlebt der Kinobesucher immer wieder eine andere Vorstellung. Man hat den Eindruck, gleichzeitig in zwei verschiedene Zimmer des heruntergekommenen Chelsea Hotels in Greenwich Village zu schauen, in dem schon Mark Twain, Jack London, Thomas Wolfe und Dylan Thomas gewohnt haben – wenngleich Warhol hier nur einige wenige Rollen realisierte, da die Verwaltung des Hotels bald ein Drehverbot verfügte.
»Warhols Grundidee war, die Auseinandersetzungen innerhalb der Gruppe zu filmen oder innerste Empfindungen aufzudecken, wenn jemand allein vor der Kamera saß.« (Bockris) Jede der zwölf Rollen erzählt in einer (ungeschnittenen) Einstellung eine Episode aus einer der acht Hotelzimmer: Zimmer 732 *Die Papst Ondine Story*, Zimmer 422 *Die Gerard Malanga Story*, Zimmer 946 *Georges Zimmer*, Zimmer 202 *Nachmittag*, Zimmer 516 *Hanoi Hannah*, Zimmer 632 *Der Freier*, Zimmer 116 *Der Trip* , Zimmer 822 *Die Kammer*. (Zimmer 723, 116, und 946 werden in zwei Teilen erzählt).
In der ersten Rolle sehen wir Nico, die Solosängerin der Gruppe »Velvet Underground«, in einer kleinen Apartment-Küche sitzen; sie schneidet sich die Haare, unterhält sich mit Eric und spielt mit ihrem Sohn Ari. In der zweiten Rolle agiert ein Transvestit, der sich selbst zum Papst proklamiert hat und einem Mädchen die Beichte abnimmt; er wird zornig und ohrfeigt das Mädchen, das weinend davonläuft. Eine Zeitlang bleibt das Bild leer, die Akteure wollen nicht weiterspielen, doch die Kamera läuft weiter. Danach wird der Zuschauer mit Drogenabhängigen, Homosexuellen, Lesbierinnen, Sado-Masochisten und Transvestiten, Seelen-Strips sowie Sex- und Partyspielen konfrontiert. Die letzte Rolle zeigt wieder Nico, diesmal allein in ihrem Zimmer, auf dem Bett liegend und sich selbst anklagend.
Warhol arbeitet mit Über- und Unterbelichtungen, schnellen Schwenks, die ziel- und sinnlos wirken, mit Filtern und farbigen Scheinwerfern. Der Zoom wird zum Heranholen unwichtiger Details genutzt. Vor *Chelsea Girls* hatte er bereits über 60 Filme (zwischen drei Minuten und acht Stunden) hergestellt. Seine ersten Filme drehte er 1963/64 mit einer mechanischen 16 mm-Bolex-Kamera, die alle 20 Sekunden neu aufgezogen werden mußte, in schwarzweiß und ohne Ton. Während *Sleep* einen sechs Stunden Schlafenden sechs Stunden lang zeigt, sieht man in *Empire* das Empire State Building aus einer einzigen Kameraposition von morgens bis abends. Filmzeit und Aktionszeit decken sich.
Warhol, zum Star der Pop-Art avanciert, ernannte seine Freunde und die Mitarbeiter seiner »Factory« zu »Superstars«, überließ aber zunehmend die Filmarbeit seinem Assistenten Paul Morrissey (*Flesh*, 1968; *Trash*, 1970) und beschränkte sich auf die Rolle des Produzenten.

Gregory Battcock: »Vier Filme von Andy Warhol«, in: Rolf Dieter Brinkmann/Ralf-Rainer Rygulla (Hg.): Acid. Darmstadt 1969; Victor Bockris: »Andy Warhol«. Düsseldorf 1989; David Bourdon: »Warhol as Filmmaker«, in: Art in America, 1971, H. 3; David Ehrenstein: »Room Service«, in: Film Culture, 1966, H. 42; Barbe Funk: »*The Chelsea Girls*«, in: Film, Velber, 1967, H. 7; Peter Gidal: »Part 1 of an Analysis of the Films of Andy Warhol«, in: Films and Filming, 1970/71, H. 7; Helmut Heißenbüttel: »Warhol's *The Chelsea Girls* oder Der neugierige Blick«, in: Film 1968. Velber 1969; Stephen Koch: »Stargazer. Andy Warhol's World and His Films«. New York 1973; Michael O'Pray: »Andy Warhol. Film Factory«. London 1989; Enno Patalas (Hg.): »Andy Warhol und seine Filme«. München 1971; Parker Tyler: »Über Andy Warhol«, in: Filmkritik, 1968, H. 7.

Peer Moritz

UN CHIEN ANDALOU

(Ein andalusischer Hund). Frankreich 1928.
35 mm, stumm, s/w, 430 m.
R+B: Luis Buñuel, Salvador Dalí. K: Albert Duverger.

D: Pierre Batcheff (der junge Mann), Luis Buñuel (Mann mit dem Rasiermesser), Salvador Dali (ein Priester), Simone Mareuil (die junge Frau).

Der Legende zufolge entsprang die Idee zu diesem Film dem Zufall. Dali und Buñuel gingen gemeinsam spazieren und erzählten sich gegenseitig ihren letzten Traum. Dali träumte, daß Ameisen aus einem Loch seiner Handfläche hervorkrochen, Buñuel hatte den Traum, daß ein scharfes Rasiermesser ein Auge durchschnitt. Diese beiden Träume bildeten die Grundlage für den surrealistischen Film, dessen Arbeitstitel lautete »Dangereux de se pencher en dedans«.

Bei der Uraufführung im Pariser Kino ›Studio des Ursulines‹ wurde der anwesende Regisseur Buñuel gefeiert, obwohl er das Schlimmste befürchtet und sich vorsorglich die Taschen mit Steinen vollgestopft hatte: Die Filmpremieren der Surrealisten waren oft mit handfesten Prügeleien verbunden. Der erwartete Skandal blieb aus, obwohl der 17 Minuten lange Kurzfilm eine einzige Provokation ist. Die Filmemacher wollten schockieren; nach der Pariser Enttäuschung ermahnte Buñuel bei einer Vorstellung in Madrid die Kinobesucher: »Ich will nicht, daß der Film sie erfreut, er soll sie beleidigen.« Dali bekannte später: »Ich hätte gern gesehen, daß der Zuschauer ohnmächtig würde bei den ersten Bilderfolgen.«

Auf die Texteinblendung »Es war einmal ...« folgt zunächst eine Art Prolog: Ein Mann schärft sein Rasiermesser und betrachtet den Vollmond am nächtlichen Himmel. An die Stelle des Mondes tritt das Auge einer jungen Frau, das von dem Rasiermesser – wie der Mond von einer Wolke – durchschnitten wird. Das Auge rinnt aus. Die folgenden Sequenzen werden mit Zwischentiteln wie »Acht Jahre später«, »Gegen drei Uhr morgens«, »Sechzehn Jahre vorher« oder »Im Frühling« eingeleitet, doch erweisen sie sich als blanke Ironie, denn ein erzähllogischer Zusammenhang besteht nicht. Statt dessen sind es wiederkehrende formale Elemente – eine gestreifte Krawatte, Streifen auf einem Kästchen etc. –, die Beziehungen zwischen einzelnen Sequenzen herstellen. Innerhalb der Szenen sorgt die Montage für Irritation: Scheinanschlüsse behaupten Kontinuität, wo sie nicht vorhanden ist, und verbinden Unvereinbares. Bücher verwandeln sich zu Pistolen, der Schritt aus einer Pariser Wohnung führt direkt an den Meeresstrand.

Buñuel und Dali wollten mit ihrem Film vor allem einer Regel folgen, nämlich derjenigen vollkommener Regellosigkeit. Bei der Uraufführung schickten die Filmautoren ihrem Werk eine Erklärung voran, wonach sie nur solche Einfälle realisierten, für die es keinerlei Erklärungsmöglichkeit gibt: »Jedes Bild, jeder Gedanke, der in den Mitarbeitern aufstieg, wurde sofort verworfen, wenn er aus der Erinnerung oder aus ihrem Kulturmilieu stammte oder wenn er auch nur eine bewußte Assoziation mit einem früheren Gedanken hatte.« Im Traum hat das Bewußtsein die Kontrolle über die Phantasien und Bilder verloren; von der Gesellschaft tabuisierte und deshalb verdrängte Erfahrungen und Wünsche finden hier ihren Ausdruck. Buñuel und Dali wollten ihre surrealen Szenerien nicht als Symbole oder Metaphern verstanden wissen; als einzigen Erklärungsansatz ließen sie die Psychoanalyse gelten. Einige Sequenzen legen dieses Deutungsmuster nahe. So wird z.B. die sexuelle Attacke eines Mannes dadurch erschwert, daß er ein Piano, auf dem zwei blutige Eselskadaver liegen und an dem zwei Bücher lesende Pfaffen hängen, hinter sich herziehen muß. Solche Obsessionen, die sich im Film auf verschiedene Weise durchsetzen, verweisen auf die Biographien der Filmschöpfer, z.B. auf die katholische Erziehung des Spaniers Buñuel: Verdrängtes Begehren kehrt hier womöglich in der Rache einer befreiten Kunst an den Zwängen der herrschenden Kultur wieder. Es gibt auch Übersetzungen auf anderer Ebene: Dalis Traum, der den Anstoß für eine surreale Szene gegeben hat, läßt sich beziehen auf den französischen Ausdruck »avoir des fourmis dans les mains« (wörtlich: Ameisen in der Hand haben, d.h. die Hand ist eingeschlafen).

Die beiden Filmautoren betonten, daß die Bilder ihnen nicht weniger geheimnisvoll und unerklärlich seien als dem Zuschauer. Zu dem surrealistischen Verfahren gehört es, Fragmente des Unterbewußten einer spontanen, ungeordneten künstlerischen Arbeit zu unterwerfen. Alle formalen, psychoanalytischen, kulturanalytischen oder kunstgeschichtlichen Erklärungsversuche haben ihre Berechtigung, ohne *Un chien andalou* tatsächlich entschlüsseln zu können. Strukturale Analysen insbesondere des ›Prologs‹ als »Symbolismus zweiten Grades« (Renaud) oder »surrealistischer Film-Metapher« (L.Williams) sind eher exemplarisch für ihre Methode, als daß sie das ›Rätsel‹ des Films lösen. Wenn dagegen *Un chien andalou* als avantgardistischer Diskurs sich immer wieder aufs Neue mit provokanten künstlerischen Diskursen der Gegenwart verbindet (wie in Mauricio Kagels Musik zum Film), dann wird die ungebrochene Lebendigkeit dieses frühen Meisterwerks des Experimental-Films nachdrücklich bestätigt.

»*Un chien andalou*«. Hg. Phillip Drummond. London, Boston 1994 (Drehbuch, Filmprotokoll). »*Ein andalusischer Hund*«, in: Salvador Dali: Unabhängigkeitserklärung der Phantasie und Erklärung der Rechte des Menschen auf seine Verrücktheit. München 1974.
Phillip Drummond: »Textual Space in *Un chien andalou*«, in: Screen, 1977, H. 3; Gwynne Edwards: »The Discreet Art of Buñuel«. London 1982; Michael Gould: »Surrealism and the Cinema«. London/New York 1976; Mauricio Kagel: »›Szenario‹. Musik zu *Un chien andalou*«, in: Ursula Link-Heer/Volker Roloff (Hg.): Luis Buñuel. Darmstadt 1994; Thomas Kuchenbuch: »Künstlerische Avantgarde und der Film: *Ein andalusischer Hund* (1928)«, in: Werner Faulstich/Helmut Korte (Hg.): Fischer Filmgeschichte. Bd.2. Frankfurt a.M. 1991; Bernhard Lindemann: »Experimentalfilm als Metafilm«. Hildesheim, New York 1977; Michel Marie: »Le Rasoir et la Lune. Sur le Prologue d'*Un chien andalou*«, in: Dominique Chateau u.a. (Hg.): Cinémas de la modernité, Paris 1981; Jean-Louis Perrier: »L'oeil tranché«, in: Cinéthique, 1970, H. 7/8; Pierre Renaud: »*Ein andalusischer Hund*«, in: Franz Everschor (Hg.): Filmanalysen 2. Düsseldorf 1964; Jenaro Talens: »A Writing of Disorder. The Discursive Proposal of *Un Chien andalou*«, in: Ursula Link-Heer/Volker Roloff (Hg.), a.a.O.; Allen Thiher: »Surrealism's Enduring Bite: *Un Chien andalou*«, in: Literature/Film Quarterly, 1977, H. 1; Linda Williams: »The Prologue to *Un chien andalou*: a Surrealist Film Metaphor«, in: Screen, 1978/79, H. 4.

Céline Lecarpentier

CHINATOWN USA (Paramount) 1974. 35 mm, Farbe, 131 Min.
R: Roman Polanski. B: Robert Towne. K: John A. Alonzo. A: Richard Sylbert. Ba: W. Stewart Campbell. M: Jerry Goldsmith.
D: Jack Nicholson (J.J. Gittes), Faye Dunaway (Evelyn Mulwray), John Huston (Noah Cross), Perry Lopez (Escobar).

Als Film noir der siebziger Jahre wurde *Chinatown* charakterisiert. Allein das Engagement von John Huston als Bösewicht Noah Cross war eine Reverenz an den Detektivfilm der Schwarzen Serie im allgemeinen und den Klassiker ↗*The Maltese Falcon* im besonderen. Mit einem Fingerzeig in diese Richtung beginnt auch der Film: Schwarzweiß-Fotos füllen das Bild völlig aus, dann fährt die Kamera zurück, und das Bild wird farbig. Die Story ist den älteren Filmen durchaus ebenbürtig. *Chinatown* basiert auf einem tatsächlichen Fall von Bodenspekulation in Los Angeles aus dem Jahre 1905, transportiert die Handlung aber in das Jahrzehnt Phil Marlowes und Sam Spades, genauer in das Jahr 1937.
J.J. Gittes, Privatdetektiv in ›Eheangelegenheiten‹, wird von einer Mrs. Mulwray auf deren Mann Hollis, den Leiter der Wasserwerke von L.A., angesetzt. Er fotografiert ihn mit einem jungen Mädchen, doch nachdem die Fotos in einem Boulevard-Blatt veröffentlicht werden, erscheint die richtige Mrs. Mulwray, die Gittes verklagen will. Kurze Zeit später wird Mulwray tot aufgefunden. Gittes kommt einem Fall von großangelegter Spekulation und Korruption auf die Spur. In einer durch künstliche Wasserverknappung entstandenen Dürreperiode werden verbilligte Ländereien über Strohmänner von Noah Cross, dem Vater von Evelyn Mulwray, aufgekauft. Cross hatten die Wasserwerke einmal gehört, bis sie durch das Betreiben des Ingenieurs Mulwray in die Hände der Stadt übergingen. Undurchsichtig ist die Rolle Evelyn Mulwrays, bis sie Gittes gesteht, daß sie als 15jährige von ihrem Vater vergewaltigt wurde. Sie wurde schwanger; ihre Tochter, mit der Gittes Mulwray fotografiert hatte, hält sie vor Cross versteckt.

Chinatown: John Huston und Jack Nicholson

Gittes ist ein Zyniker. Aus dem Job als kleiner Cop in Chinatown ausgestiegen, hat er den Aufstieg zum Inhaber eines florierenden Detektivbüros geschafft. Tadellos gekleidet steckt er seine Nase in die schmutzige Wäsche anderer. Sein gepflegter Umgangston kippt aber immer wieder ins Vulgäre ab. Der Fall Mulwray ist für ihn ein paar Nummern zu groß: Das Bild des hartgesottenen Privatdetektivs als Einzelkämpfer, der sich siegreich durch den Großstadtdschungel schlägt, wird destruiert. Die Beschädigung des Helden führt ein Nasenpflaster vor Augen, das der ständig grinsende Nicholson während des halben Films trägt. Gittes macht entscheidende Fehler, und – abweichend vom Drehbuch – gibt es kein Happy End.

Cross scheint unangreifbar. Er vertritt den kriminell sich ausbreitenden Privatkapitalismus und kann folgenlos nicht nur den Mord an Mulwray begehen, sondern jegliche Tabugrenzen sprengen. Die Polizei erschießt schließlich die unschuldige Evelyn Mulwray. Auf den Inzest legte Polanski ein stärkeres Gewicht als der Drehbuchautor Robert Towne; erstmals verfilmte der Regisseur eine fremde Vorlage, konnte sich jedoch in allen entscheidenen Fragen durchsetzen.

Die Dramaturgie ist ebenso einfach wie genial; *Chinatown* wird oft als Lehrbeispiel in Drehbuch-Seminaren herangezogen. Eine Parallelhandlung gibt es nicht, der Film ist geradlinig und funktional geschnitten. Die Kamera folgt Gittes, nur am Ende löst sie sich, fährt in die Höhe und faßt damit die Straße ins Bild, die aus Chinatown herausführt. Gittes bleibt dieser Weg versperrt. – Unter dem Titel *The Two Jakes (Die Spur führt zurück)* hat Jack Nicholson sich 1991 mit dem alten Team an einer Fortsetzung versucht, die, wie meistens in solchen Fällen, hinter dem Original zurückbleibt.

»*Chinatown* & *The Last Detail*«. London 1998. (Filmtext).

J.A. Alonzo: »Behind the Scenes of *Chinatown*«, in: American Cinematographer, 1975, H. 5; Michael Eaton: »*Chinatown*«. London 1997; David Howard/Edward Mabley:

»Drehbuchhandwerk«. Köln 1996; Mary-Kay Gamel: »An American Tragedy: *Chinatown*«, in: Martin M. Winkler (Hg.): Classical Myth & Culture in the Cinema. Oxford 2001; Peter W. Jansen/Wolfram Schütte (Hg.): »Roman Polanski«. München 1986; Wayne D. McGinnis: »*Chinatown*: Roman Polanski's Contemporary Oedipus Story«, in: Literature/Film Quarterly, 1975, H. 3; Bill Olivier: »*The Long Goodbye* and *Chinatown*: Debunking the Private Eye Tradition«, in: Literature/Film Quarterly, 1975, H. 3; R. Barton Palmer: »*Chinatown* and the Detective Story«, in: Literature/Film Quarterly, 1977, H. 2; Virginia Wright Wexman: »Roman Polanski«. London 1985.

Tim Darmstädter

THE CIRCUS (Circus). USA (Chaplin/United Artists) 1927. 35 mm, s/w, stumm, 1.981 m.
R+B: Charles Chaplin. K: Roland H. Totheroh. A+Ba: Charles D. Hall. M: Charles Chaplin.
D: Charles Chaplin (Tramp), Merna Kennedy (Kunstreiterin), Allan Garcia (Zirkusdirektor), Harry Crocker (Rex, Seiltänzer), Harry Bergman (alter Clown).

Die Story dieses Films entwickelte Chaplin aus der Situation des Tramps auf dem Seil, eine Slapstickszene, die ihn faszinierte, weil der Tramp darin in einer ausweglosen Lage ist. An die Stelle des ursprünglich ins Auge gefaßten Varietémilieus trat der Zirkus, und das gab Chaplin Gelegenheit, noch eine ähnliche Szene zu kreieren: der Tramp im Löwenkäfig. *Circus* wird von solchen Slapstickszenen beherrscht, die gegenüber der Handlung ein starkes Eigenleben haben. Sie sind jedoch alle, wie in ↗*Gold Rush*, aus den Ängsten und Nöten des Tramps entwickelt. Spiegelkabinett und Panoptikum sind Fluchtsituationen, in die der Tramp als unschuldig Verfolgter gerät, und auch sein erster Auftritt im Zirkus ist unfreiwillig. Der Erfolg der ungeplanten ›Nummer‹ führt zum Engagement als Clown, doch zeigt sich rasch, daß der Tramp nicht bewußt komisch sein kann. Die Zirkusproben werden zu einer Lektion Chaplins in Sachen Komik, der im Medium Film über sich selbst und seine Figur reflektiert und den Ursachen seiner komischen Wirkung nachspürt. Nur das Ungeplante, Überraschende erweist sich als komisch, während das fest verabredete, nach Regeln ablaufende Spiel steril bleibt.

Auch in *Circus* bleibt der Tramp Außenseiter und Underdog, sowohl in der bürgerlichen Gesellschaft als auch unter dem Artistenvolk. Es gelingt ihm nie, aus seiner Begabung eine Profession zu machen. Bei seinen Auftritten ist er stark von persönlichen Stimmungen abhängig, und als er entdeckt, daß die geliebte Zirkusreiterin einen anderen liebt, wird er so melancholisch, daß auch seine Auftritte nicht mehr komisch sind: Dieser Bajazzo hat das Lachen verlernt.

Die starke Betonung von Einsamkeit und Melancholie, der bewußte Verzicht auf das Mädchen und damit auf Liebe ist schon von der zeitgenössischen Kritik als stark autobiographisch geprägt erkannt worden. In die lange Entstehungszeit des Films – mit Unterbrechungen hat Chaplin daran von 1925 bis Ende 1927 gearbeitet – fällt die Scheidung von seiner zweiten Frau Lita Grey, deren unerfreuliche Begleitumstände in den Klatschspalten breitgetreten wurden; selbst in Deutschland erschien die Scheidungsklage Lita Greys im Buchhandel. Die Beziehung des Tramps zu dem Mädchen ist von Mitleid und Freundschaft geprägt; er sorgt sich mehr um sie, als daß er sie begehrt, und dies ermöglicht ihm dann auch, sie dem Seiltänzer Rex zu überlassen.

Trotz des eher schwermütigen Tons wurde der letzte Stummfilm Chaplins bei Publikum und Kritik ein sensationeller Erfolg, offenbar deshalb, weil die Slapstickszenen einen Großteil des Films ausmachen. Zur Spiegelkabinett-Szene schrieb Herbert Jhering im »Berliner Börsen Courier«: »Seit Don Quixotes Kampf gegen die Windmühlen hat es Ähnliches nicht gegeben«, und Willy Haas, der die »schlagenden Bildeinfälle« rühmte, schrieb im »Film-Kurier«: »Die Pointen hier sind vielleicht eben darum aggressiver und publikumswirksamer – weil sie einfach Pointen sind.« Die heute im Verleih befindliche Tonversion mit Musik und dem von Chaplin selbst gesungenen Titelsong wurde erst 1970 herausgebracht und ist leicht gekürzt gegenüber der stummen Originalfassung.

Alexander Bakshy: »*The Circus*«, in: Donald McCaffrey (Hg.): Focus on Chaplin. Englewood Cliffs 1971; Willy Haas: »Chaplins *Cirkus*«, in: ders.: Der Kritiker als Mitproduzent. Berlin 1991; Ira S. Jaffe: »Chaplin's Labor of Performance: *The Circus* and *Limelight*«, in: Literature/Film Quarterly, 1984, H. 3; Herbert Jhering: »Von Reinhardt bis Brecht«. Bd. 2. Berlin (DDR) 1961; Charles J. Maland: »Chaplin and American Culture«. Princeton 1989.

Helmut G. Asper

ČISTOE NEBO (Klarer Himmel).

UdSSR (Mos'film). UA: 20.5.1961. 35 mm, Farbe, 97 Min.
R: Grigorij Čuchraj. B: Daniil Hrabrovickij.
K: Sergej Pulojanov. Ba: Boris Nemeček.
S: M. Trimofeeva. M: Michail Ziv.
D: Nina Drobyševa (Saša L'vova), Evgenij Urbanskij (Aleksej Astachov), Nina Kuz'mina (Ljusja), Vitalij Konjaev (Petja), G. Kulikov (Mitja), Oleg Tabakov/Alik Krylov (Sergej).

Ilja Erenburgs Roman »Tauwetter« gilt als literarisches Schlüsselwerk der poststalinistischen Zeit, als filmisches Pendant ist Grigorij Čuchrajs *Čistoe nebo* zu betrachten. Čuchraj war bereits nach zwei Filmen ein international renommierter Regisseur. *Sorok pervyj* (*Der Einundvierzigste*, 1956) reflektiert den Konflikt zwischen individuellem Glücksanspruch und gesellschaftlich-politischer Pflicht; *Ballada o soldate* (*Ballade vom Soldaten*, 1960) erzählt von der Liebe eines jungen Rotarmisten zu einem Mädchen im Zweiten Weltkrieg während eines kurzen Heimaturlaubs. Die Liberalisierung des kulturellen Lebens unter Nikita Chruščev ermöglichte es Čuchraj, in seinem dritten Film ein Thema aufzugreifen, das vorher im Sowjetfilm tabuisiert war.

Čistoe nebo schildert das Schicksal eines Fliegers der Roten Armee, der im Krieg in deutsche Gefangenschaft gerät. Weil er überlebt und in die Heimat zurückkehrt, gilt er in den Augen der Russen als Verräter, als Kollaborateur der deutschen Faschisten. Aleksej Astachov muß die Beleidigungen der ehemaligen Freunde und Kameraden ertragen, er lebt in der Gesellschaft als Gezeichneter. Nicht nur die Behörden, die Funktionäre, die Genossen der Partei begegnen ihm mit Mißtrauen, sondern auch die kleinen Leute seiner Umgebung. Allein Saša, das Moskauer Mädchen, das er liebt, steht zu ihm. Erst nach dem Tod Stalins ändert sich das Leben des aus der Partei ausgestoßenen ehemaligen ›Helden der Sowjetunion‹. Čuchraj verwendet die Metapher des Tauwetters direkt, zeigt das Aufbrechen des Eises und die reißende Kraft eines Flusses im Frühling. Astachov wird wieder in die Partei aufgenommen und erhält die ihm im Krieg verliehene hohe Auszeichnung, den Goldenen Stern, zurück. Ein Akt der Rehabilitierung, der dem Flieger ein menschenwürdiges Leben ermöglicht.

Der offizielle Katalog der sowjetischen Spielfilmproduktion gibt an, das Thema des Films sei »das komplizierte Schicksal von Menschen, die die Jahre des Krieges und des Personenkults durchlebt haben«. Mit ›Personenkult‹ pflegte man die Diktatur Stalins zu umschreiben. Auch der Film nennt die Dinge nicht beim Namen, sondern deutet die Vorgänge nur an; gleichwohl wurden die Andeutungen von den sowjetischen Zuschauern wohl verstanden. Mit der Verwendung der ›Sklavensprache‹ passierten Künstler schon im alten Rußland die Zensur, und auch *Čistoe nebo* stieß weder in der Sowjetunion noch in der DDR auf Hindernisse bei der Kulturbürokratie. Allerdings bleibt die systemkritische Tendenz des Films ohnehin auf halbem Wege stehen: Breiten Raum im Film nimmt das Liebesglück ein, das dem Flieger die Kraft zum Überleben dieser ›komplizierten‹ Zeit gibt.

Grigorij Čuchraj konnte nie wieder einen Film mit so brisanter Thematik drehen. Auch die Kritik am Stalinismus ging in den sechziger und siebziger Jahren im sowjetischen Film nicht mehr über das Maß von *Čistoe nebo* hinaus; die Brežnev-Ära, »die Zeit der Stagnation«, ließ eine grundlegende Auseinandersetzung nicht zu. Dies wurde erst 25 Jahre später in der Epoche Gorbačevs möglich.

Volker Baer: »Liebe zäher als der Terror«, in: Tagesspiegel, Berlin, 12.5.1963; Gudrun Hindemith: »›Wenn man dir vertraut, wirst du stark!‹«, in: Helga Hartmann/Ralf Schenk (Hg.): Mitten ins Herz. Berlin 1991; Theodor Kotulla: »*Klarer Himmel*«, in: Filmkritik, 1962, H. 6; Hermann

Pörzgen: »Heimkehr vor vernagelter Tür«, in: Frankfurter Allgemeine Zeitung, 1.5.1961.

Michael Hanisch

CITIZEN KANE USA (Mercury/RKO Radio) 1940/41. 35 mm, s/w, 117 Min.
R: Orson Welles. B: Herman J. Mankiewicz, Orson Welles. K: Gregg Toland. M: Bernard Herrmann.
D: Orson Welles (Charles Foster Kane), Joseph Cotten (Jedediah Leland), Dorothy Comingore (Susan Alexander), Agnes Moorehead (Mary Kane), Ruth Warrick (Emily Norton) Ray Collins (Jim Gettys), Erskine Sanford (Carter), Everett Sloane (Mr. Bernstein), George Coulouris (Walter Parks Thatcher), William Alland (Thompson), Paul Stewart (Raymond).

Nach dem Tod des einflußreichen Zeitungsmagnaten Charles Foster Kane arbeitet ein Wochenschau-Team an einem Porträt des Verstorbenen. Unzufrieden mit dem bisherigen Ergebnis, erinnert der Produktionsleiter an Kanes letztes Wort: »Rosebud«. Der Reporter Thompson wird beauftragt, herauszufinden, was es damit auf sich hat – in der Hoffnung, damit einen Schlüssel zum Verständnis für Kanes Leben zu erhalten.

Im Verlauf der Recherche befragt Thompson fünf Zeugen; Rückblenden schildern Etappen aus dem Leben Kanes, so daß sich das Wissen des Zuschauers synchron mit dem des Reporters aufbaut. Mit einer Ausnahme: der Auflösung des vermeintlichen Rätsels in der letzten Einstellung des Films. Beim Verbrennen der Hinterlassenschaften Kanes erscheint auf einem Schlitten der Schriftzug »Rosebud«, kurz bevor er von den Flammen verzehrt wird. Mit diesem Schlitten hatte sich der achtjährige Kane gewehrt, als er von seinem Vormund, einem Bankier, von Zuhause weggeholt wurde. Der plötzliche Reichtum der Familie Kane dank der Goldmine eines Schuldners hat seine Kindheit zerstört und scheint verantwortlich zu sein für seine Unfähigkeit zu Liebe und Freundschaft, sein Scheitern in sozialen Beziehungen. Ob dies jedoch wirklich der Schlüssel zu dem Leben des machtbesessenen Mannes ist, wird kurz zuvor von Thompson ausdrücklich in Frage gestellt: »Ich bin nicht der Meinung, daß ein Wort ein ganzes Leben erklären kann. Ich glaube, ›Rosebud‹ ist bloß ein Stein aus einem Puzzle-Spiel, ein verlorengegangener Stein.« Der Zuschauer kennt diesen Stein, doch die geheimnisvolle Faszination wird dadurch nicht aufgehoben. Orson Welles: »Der Sinn des Films liegt nicht in seiner Auflösung des Rätsels, sondern in der Art und Weise seiner Darstellung.«

Mit *Citizen Kane*, dem Debütwerk des 25jährigen, hat Orson Welles Filmgeschichte gemacht. Nach seinem sensationellen Erfolg mit dem Hörspiel »The War of the Worlds« konnte er bei der Produktionsfirma RKO einen Vertrag durchsetzen, der ihm sämtliche Freiheiten zusicherte. Regisseur, Hauptdarsteller und Coautor in Personalunion, wählte Welles einen brisanten Stoff: Offenkundig hat die Figur Kane in dem Pressezar Randolph Hearst ein reales Vorbild. Hinter den Kulissen versuchte Hearst, den Film und seine Premiere im Kino zu verhindern. Bei der Uraufführung erwies sich *Citizen Kane* zunächst als kommerzieller Mißerfolg; der einst als Wunderkind Hollywoods gefeierte Welles mußte sich bei allen anderen Filmen später den Restriktionen der Produzenten beugen und hat kaum eine Arbeit vollendet. Erst Jahrzehnte später wurde die Bedeutung von *Citizen Kane* erkannt: Das Meisterwerk, das einen amerikanischen Mythos zum Thema hat, ist längst selbst zu einem Mythos geworden.

Der Film ist ein Puzzlespiel, dessen Teile nicht recht zusammenpassen: Thompson stößt auf subjektive Erinnerungen, die ein widersprüchliches Bild von Kane ergeben. Multiperspektivität bestimmt die Gestaltung und den Aufbau des Films: die fragmentarische Erzählweise in Ellipsen und nicht chronologisch geordneten Rückblenden, die Verwendung der Tiefenschärfe, die raffenden Bildfolgen und kühnen Überblendungen, die ungewöhnlichen Kameraperspektiven. Die Darstellungsweise, die oft manieristisch und eklektizistisch wirkt, legitimiert sich aus der Geschichte: Extreme Auf- und Untersichten machen den Zeitungsmagnaten zu einer hervorgehobenen Gestalt: Kane dominiert immer das Bild. Sein Durchsetzungswille ist so groß, daß er nur noch sich selbst bestätigt; zugleich leidet er unter seinem Versagen, anderen gegenüber frei und offen zu sein. *Citizen Kane* ist auch die Geschichte eines Scheiterns, begründet in Größenwahn und Allmachtsphantasien. Am Ende haust er einsam in seinem Schloß Xanadu. Orson Welles, seinem Protagonisten in manchen Zügen verwandt, hat diese Biographie eindrucksvoll visualisiert.

»*Citizen Kane*«, in: The *Citizen Kane* Book. London 1971. (Drehbuch, Filmprotokoll, Materialien). – In: Enno Patalas (Hg.): Spectaculum. Texte moderner Filme. Frankfurt a.M. 1961. (Filmprotokoll)

André Bazin: »Orson Welles«. Wetzlar 1980; Morris Beja (Hg.): »Perspectives on Orson Welles«. Boston 1995; Peter Bogdanovich: »Hier spricht Orson Welles«. Weinheim, Berlin 1994 (Interview); Robert L. Carringer: »The Making of *Citizen Kane*«. Berkeley 1985; Simon Callow: »Orson Welles. The Road to Xanadu«. London 1995; Lorenz Engell: »Bilder des Wandels«. Weimar 2003; Jens Malte Fischer: »Filmwissenschaft – Filmgeschichte«. Tübingen 1983; Robert Garis: »The Films of Orson Welles«. Cambridge 2004; Knut Hickethier: »Filmkunst und Filmklassik: *Citizen Kane* (1941)«, in: Werner Faulstich/Helmut Korte (Hg.): Fischer Filmgeschichte. Bd.2. Frankfurt a.M. 1991; Ira S. Jaffe: »Film as the Narration of Space: *Citizen Kane*«, in: Literature/Film Quarterly, 1979, H. 2; Peter W. Jansen/Wolfram Schütte (Hg.): »Orson Welles«. München 1977; James F. Maxfield: »›A Man Like Ourselves‹: *Citizen Kane* as an Aristotelian Tragedy«, in: Literature/Film Quarterly, 1986; H. 3; Laura Mulvey: »*Citizen Kane*«. Hamburg, Wien 2000; Andrew Sarris: »*Citizen Kane*: The American Baroque«, in: Leo Brandy/Morris Dickstein (Hg.): Great Film Directors. New York 1978; Frank Schnelle: »Der erste Streich des Wunderkinds«, in: Frankfurter Rundschau, 27.4.1991; Erich von Stroheim: »*Citizen Kane*«, in: Wolfgang Jacobsen u.a. (Hg.): Erich von Stroheim. Berlin 1994; David Thomson: »Rosebud. The Story of Orson Welles«. New York 1996; Eckhard Weise: »Orson Welles«. Reinbek 1996.

Klaus Bort

CITY LIGHTS (Lichter der Großstadt).

USA (Chaplin/United Artists) 1931. 35 mm, s/w, 2.816 m.

R+B: Charles Chaplin. K: Roland H. Totheroh. A+Ba: Charles D. Hall. M: Charles Chaplin. D: Charles Chaplin (Tramp), Virginia Cherrill (Blindes Mädchen), Florence Lee (ihre Großmutter), Harry Myers (Millionär).

Während der mehr als dreijährigen Arbeit an *City Lights* geriet Chaplin in eine tiefe Schaffenskrise. Der von ihm zunächst nicht ernstgenommene Tonfilm hatte sich durchgesetzt, und Chaplin war mit seiner Kunst ganz der stummen Pantomime verpflichtet. Er entschied sich dafür, am Stummfilm festzuhalten und auf der Tonspur nur Geräusche und Musik aufzunehmen. Trotzdem hatte er sich »in einen neurotischen Zustand hineingesteigert« und verlangte »absolute Vollkommenheit«, weshalb sich die Dreharbeiten endlos hinzogen. Egon Erwin Kisch hat ausführlich über die wochenlange Arbeit an der Expositionsszene des Films berichtet, in der der Tramp das blinde Mädchen kennenlernt.

Chaplin verknüpft die Geschichte vom blinden Mädchen und dem Tramp, den sie für einen Millionär hält, mit der Geschichte vom Tramp und dem Millionär, der im betrunkenen Zustand großzügig und menschenfreundlich ist, so daß der Tramp mit seiner Hilfe die Rolle des Millionärs spielen kann. Doch bleibt er weiter ein einsamer Außenseiter, der schon in der ersten Szene, der Denkmalsenthüllung, von der versammelten Gesellschaft verjagt wird; nur die Blinde und der Betrunkene akzeptieren ihn. Ist der Millionär nüchtern, läßt er ihn hinauswerfen und schließlich sogar ins Gefängnis stecken; wenn das Mädchen am Schluß – nach der Operation, die der Tramp ihr ermöglicht hat – sehen kann, lacht sie ihn aus. Als sie begreift, daß er ihr Wohltäter ist, den sie sich ganz anders vorgestellt hat, ist sie verwirrt und ratlos. Das Ende bleibt völlig offen.

Die Verknüpfung der beiden Geschichten nutzt Chaplin zu deutlicher Sozialkritik. Die Welt der Reichen wird geschildert als eine Folge von rauschenden Parties, Lustbarkeiten und Reisen, eine Welt ohne Sinn, ohne menschliche Bindungen und Verpflichtungen anderen gegenüber. Daher rührt auch die Lebensmüdigkeit des Millionärs, der im Suff Ekel vor sich selbst und seiner Klasse hat. Die Armen sind in dieser Welt ohne jede Chance, wenn sie keinen Helfer finden. Auch dem Tramp gelingt es nicht, das

Geld für die Operation des Mädchens durch Arbeit zu verdienen. Er verdingt sich sogar zu einem Boxkampf, und in dieser Slapstickszene bringt Chaplin den Kampf zwischen Starken und Schwachen in der Gesellschaft auf den Punkt: Der Tramp kann nicht gewinnen, nur eine Zeit lang vermag er, die Regeln außer Kraft zu setzen und die Niederlage hinauszuzögern, am Ende wird er doch k.o. geschlagen.
Chaplin setzt sich in *City Lights* auch kritisch mit dem Tonfilm und dem Medium Sprache auseinander. Programmatisch ironisiert er gleich zu Beginn das hohle Pathos der offiziellen Festredner durch die gestopften Saxophone, und wenn später der Tramp einen unerträglich quäkenden Sänger zwar unwillentlich, aber nachhaltig auspfeift, so ist dies eine deutliche Anspielung: Der Tonfilm begann seinen Siegeszug mit Musicals.
Dank der schier unerschöpflich scheinenden Phantasie Chaplins und seiner pantomimischen Kunst wurde der Film 1931 trotz und wegen seiner Stummheit zu einem überwältigenden Triumph für Chaplin, der nach der amerikanischen Premiere zu den Erstaufführungen nach Europa fuhr und auch dort von begeisterten Menschenmengen empfangen wurde. Seine Popularität war auf dem Höhepunkt angelangt, doch war Chaplin selbst noch höchst unsicher, ob und wie er weiterarbeiten könne und begann erst nach einer fast dreijährigen Pause mit seinem nächsten Film.

»*City Lights*«, in: Gerard Molyneux: Charles Chaplin's *City Lights*. Its Production and Dialectical Stucture. New York/London 1983. (Filmprotokoll).
Wolfgang Gersch: »Chaplin in Berlin«. Berlin 1988; Henryk Goldberg: »Der lange Abschied«, in: Helga Hartmann/Ralf Schenk (Hg.): Mitten ins Herz. Berlin 1991; Theodore Huff: »Charlie Chaplin«. New York 1972; Arnold Hoellriegel: »*Lichter der Großstadt*. Der Film vom Strolch Charlie, dem Millionär und dem kleinen Mädchen.« Leipzig 1931; Ira S. Jaffe: »›Fighting words‹: *City Lights, Modern Times* and *The Great Dictator*«, in: The Journal of the University Film Association, 1979, H. 1; Stanley Kauffman: »*City Lights*«, in: Film Comment, 1972, H. 8; Egon Erwin Kisch: »Arbeit mit Chaplin«, in: Wolfgang Wiegand (Hg.): Über Chaplin. Zürich 1978; Charles J. Maland: »Chaplin and American Culture.« Princeton 1989; Donald McCaffrey: »*City Lights* and *Modern Times*: Skirmishes with Romance, Pathos, and Social Significance«, in: ders. (Hg.): Focus on Chaplin. Englewood Cliffs 1971; Jan Mukařovský: »Versuch einer Strukturanalyse des Schauspielerischen«, in: montage/av, 1993, H. 2; David Robinson: »A Chaplin Mystery solved«, in: Films and Filming, 1983, H. 345.

Helmut G. Asper

A CLOCKWORK ORANGE

(Uhrwerk Orange). Großbritannien (Warner Brothers) 1971. 35 mm, Farbe, 137 Min.
R: Stanley Kubrick. B: Stanley Kubrick, nach dem gleichnamigen Roman von Anthony Burgess. K: John Alcott, Stanley Kubrick. A: Bill Welch. M: Walter Carlos.
D: Malcolm McDowell (Alex DeLarge), Patrick Magee (Mr. Alexander), Michael Bates (Barnes, Gefängnisaufseher), Warren Clarke (Dim), James Marcus (Georgie), Godfrey Quigley (Gefängnisgeistlicher).

Die Kritik reagierte kontrovers: Während die technische Perfektion und ästhetische Raffinesse einhellig gelobt wurde, warf man Kubrick eine bedenkliche Verherrlichung der Gewalt vor. Der Film sei »so dekorativ wie pervers«, befand Reinhard Baumgart: Die »technokratische Brillanz von Reklamefilmen« paare sich in *A Clockwork Orange* »mit faschistisch getönter Zukunftsangst«. Kubricks Parabel entzieht sich einer eindeutigen Interpretation und bezieht keine moralische Position. Verunsichert, ebenso fasziniert wie abgestoßen, reagierten viele Kinozuschauer und stellten wie Brigitte Jeremias die Frage: »Was soll diese Orgie an Gewalttätigkeiten? Was will Kubrick?«
A Clockwork Orange ist in nicht allzu ferner Zukunft angesiedelt. Alex, Anführer einer Gang, den »Droogs«, leistet sich mit seinen Kumpanen Georgie, Dim und Pete »ultra-brutale« Vergnügen: Schlägereien, Überfälle, Vergewaltigungen und schließlich ein Mord – Alex erschlägt eine Fitness-Lady mit ihrer monumentalen Phallus-Skulptur. Sexuelle Symbole und pornographische Motive dominieren das futuristische Design der Interieurs, während die Außenwelt durch eine tote Betonarchitektur geprägt

ist. Mit choreographischer Eleganz werden die rauschartigen Gewalttaten in Szene gesetzt. Klassische Musikstücke – Rossini, Purcell und vor allem Beethovens Neunte, z.T. von Walter Carlos bearbeitet –, aber auch der Titelsong aus dem Filmmusical ↗*Singin' in the Rain* begleiten den Reigen der Brutalitäten. Die vertrauten Melodien dienen nicht der Untermalung, sondern treiben die Handlung selbst hervor: Alex wird durch sie inspiriert. »Es war eine wunderschöne Musik, die mir half. Da war ein Fenster mit dreidimensionalem Zutritt, und ich wußte sofort, was ich zu tun hatte.« Rossinis »Diebische Elster« im Ohr, stellt Alex mit roher Gewalt seine verlorengegangene Autorität innerhalb der Gruppe wieder her. Kubrick spielt mit den ambivalenten Emotionen des Zuschauers: Eine Musik, die als tradierte Kulturleistung unsere Vorstellung von Kultur und Zivilisation bestimmt, dient dem Rädelsführer der barbarischen Asozialen als Stimulans.

Nach dem Mord wird Alex von seinen Kumpanen verraten und der Polizei überlassen. Im zweiten Teil wechselt die Perspektive: Die an Alex verübte staatliche Gewalt rückt in den Vordergrund. Um Strafnachlaß zu erlangen, stellt er sich dem Konditionierungsprogramm des Innenministers zur Verfügung. Mittels Gehirnwäsche werden seine kriminellen Impulse gekappt. Jeder Gedanke an Gewalt verschafft ihm nun Übelkeit, und Beethovens Neunte erscheint ihm als Tortur. Zum Stiefellecker geworden, wird Alex als wieder gesellschaftsfähig entlassen. Hilflos ist er den Angriffen seiner früheren Opfer und seiner ehemaligen Kumpanen – die ihre sadistischen Neigungen jetzt als Polizisten ausleben – ausgesetzt. Kubricks negative Utopie zeichnet das Bild eines totalitären Systems, das unverkennbar Züge des Faschismus trägt. Die Opposition kämpft mit gleichen Mitteln; beide Parteien versuchen, Alex zu instrumentalisieren. Am Ende, nach einem Selbstmordversuch, darf er mit staatlicher Duldung seinen Sex- und Gewaltphantasien nachgehen.

Kubrick übernahm aus der literarischen Vorlage die »Nadsat«-Sprache und versuchte, diesen eigenartigen Jugendjargon zu visualisieren: Trickaufnahmen, Zeitlupe, Zeitraffer, die Verwendung des Weitwinkel-Objektivs und der Handkamera schaffen eine subjektiv verzerrte Perspektive, die Distanz wie Identifikation gleichermaßen ermöglicht. Anders als die meisten Science-fiction-Filme wirkt die Vision von *A Clockwork Orange* nicht veraltet, sondern zeitlos gültig. Neben den artizifiellen Qualitäten des Films mag dafür auch der Verzicht auf eine explizit formulierte Aussage verantwortlich sein. Konsequent verweigerte Kubrick jede Selbstinterpretation, während der Romanautor Burgess erklärte, er würde »eine Welt der Gewalttätigkeit, die mit vollem Bewußtsein praktiziert wird, einer Welt vorziehen, die auf das Gute und Harmlose konditioniert ist«. Ähnlich plädiert – in einer Kontroverse mit dem Innenminister – der Gefängnisgeistliche: Der Mensch müsse frei sein, selbst Entscheidungen zu fällen, selbst wenn sie für das Böse ausfallen. Die Kritik an seinem Film vorwegnehmend, hat Kubrick an zentraler Stelle eine Pointe eingebaut: Die Umerziehung von Alex geschieht im Kino. Die Wissenschaftler haben ihn vor der Leinwand festgeschnallt; mit künstlich aufgehaltenen Augen muß er sich tagelang Horrorfilme anschauen. Danach ist er geheilt.

»*A Clockwork Orange*«. London 1972. (Filmtext, Fotos). Anthony Burgess: »Sur *A Clockwork Orange*«, in: Positif, 1972, H. 139; Stuart Y. McDougal (Hg.): »Stanley Kubrick's *A Clockwork Orange*«. Cambridge 2003; Neil D. Isaacs: »Unstuck in Time: *Clockwork Orange* and *Slaughterhouse-Five*«, in: Literature/Film Quarterly, 1973, H. 2; Peter W. Jansen/Wolfram Schütte (Hg.): »Stanley Kubrick«. München 1984; Kay Kirchmann: »Stanley Kubrick. Das Schweigen der Bilder«. Marburg 1993; Robert Phillip Kolker: »Oranges, dogs, and ultra-violence«, in: Journal of Popular Film, 1972, H. 3; Thomas Kuchenbuch: »Aggression und Verbrechen: *Uhrwerk Orange* (1971)«, in: Werner Faulstich/Helmut Korte (Hg.): Fischer Filmgeschichte. Bd. 4. Frankfurt a.M. 1992; Jean-Pierre Oudart: »A propos d' *Orange mécanique*, Kubrick, Kramer et quelques autres«, in: Cahiers du Cinéma, 1978, H. 293; Gernod Schlenke/Armin Stüwe: »Schau-Lust und Seh-Zwang«, in: Ralf Schnell (Hg.): Gewalt im Film. Bielefeld 1987; Johann N. Schmidt: »Didaktische Fabel und Kinofaszination: *A Clockwork Orange*«, in: Franz-Josef Albersmeier/Volker Roloff (Hg.): Literaturverfilmungen. Frankfurt a.M. 1989; Daniel Schössler: »*Uhrwerk Orange*«, in: Thomas Koebner (Hg.): Filmgenres: Science Fiction. Stuttgart 2003; Vivian C. Sobchack: »Decor as Theme«, in: Literature/Film Quarterly, 1981, H. 2.

Tim Darmstädter/Ernst Neisel

CLOSE ENCOUNTERS OF THE THIRD KIND (Unheimliche Begegnung der dritten Art). USA (Columbia Pictures/ EMI) 1977. 70 mm, Farbe, 135 Min.
R+B: Steven Spielberg. K: Vilmos Zsigmond. S: Michael Kahn. Spezialeffekte: Douglas Trumbull. Modelle: Gregory Jein. Animation: Robert Swarthe. M: John Williams.
D: Richard Dreyfuss (Roy Neary), François Truffaut (Claude Lacombe), Teri Garr (Ronnie Neary), Melinda Dillon (Jillian Guiler), Bob Balaban (David Laughlin).

Läßt sich zwischen der amerikanischen SDI-Politik in den achtziger Jahren und George Lucas' *Star Wars*-Filmen ein Zusammenhang herstellen, so stehen dazu im Gegensatz die Filme Steven Spielbergs. In *Close Encounters of the Third Kind* wie in *E.T.* (1982) gibt es keine Bedrohung aus dem Weltall: Die Außerirdischen kommen nicht in böswilliger Absicht, sondern in friedvoller Mission auf die Erde. Zu Beginn konfrontiert der Film den Zuschauer mit rätselhaften Bildern und ungewöhnlichen Erscheinungen: Im Zweiten Weltkrieg vermißte Flugzeuge stehen nach dreißig Jahren unversehrt in Mexiko, ein Schiff liegt gestrandet in der Wüste Gobi, und ein Erweckungserlebnis mit einer fünftönigen Botschaft vereint Tausende von Menschen in Indien. Eine internationale Wissenschaftlergruppe unter Leitung des Franzosen Lacombe macht sich daran, die Phänomene zu entschlüsseln und einen Empfang der Außerirdischen vorzubereiten. In den USA werden die Durchschnittsbürger Roy Neary und Jillian Guiler mit ihrem Sohn Barry von einem Erweckungsstrahl der Außerirdischen getroffen. Sie fahren zu Devils Tower, einem monumentalen Tafelberg, an dem Lacombe und ein amerikanisches Team schon eine Empfangs- und Landestation gebaut haben. Nach einigen Verständigungsversuchen mit den geheimnisvollen fünf Tönen landen die Außerirdischen. Es sind Kindsfiguren mit übergroßen Köpfen und dünnen, schemenhaften Körpern, ganz in Licht getaucht. Am Ende tritt eine Gruppe von 13 auserwählten Männern in diesen Lichtkreis und fährt mit den Außerirdischen in ihre Welt.

Spielberg inszeniert die Begegnung als Heilsgeschichte, als eine Erleuchtung im wahrsten Sinne des Wortes. Neary, auf dem Weg zu einem Einsatzort, wird von einem Lichtstrahl getroffen, und als die Außerirdischen in ihrem großen Mutterschiff landen, wird alles in Licht getaucht. Immer wieder gibt es gleißend helle Illuminationen, jagen Lichtgebilde durch die nächtliche Landschaft. Gebannt stehen alle Mitarbeiter der Landestation vor dem altarähnlich sich öffnenden Mutterschiff, aus dem eine Figur wie der Erlöser mit ausgebreiteten Armen herauskommt. Als sich das Raumschiff herabsenkt, wird die Szene begleitet von einer musikalischen Liturgie der Anrufung und Begrüßung, des Kommunizierens über die gemeinsamen fünf Töne. Bei ihnen handelt es sich um einen musikalisch ungewöhnlichen Intervallschritt, den die mittelalterlichen Gelehrten als ›Tritonus‹, als ›diabolus in musica‹, bezeichnet haben, der als eine Frageformel zu verstehen ist. (Prox).
Nun wäre es sicherlich falsch, den Film als eine verkappte religiöse Mission zu sehen, denn zugleich gibt es eine Vielzahl von mythischen und märchenhaften Anspielungen, die den Bezug zur amerikanischen Unterhaltungskultur herstellen. Spielberg setzt gegen die Dominanz des Fernsehens auf die märchenhafte Holzpuppe Pinocchio, die am Ende zum Leben erweckt wird. Vater Roy ist ein Modellbastler, der Devils Tower nach einem inneren Bilde modelliert. Was hier als Heilsversprechung erscheint, ist die »regressive Welt ungetrübter Harmonie« (Prox), und gerade darin begründet sich der Erfolg des Films.

»*Close Encounters of the Third Kind*«. London, New York 1977. (Filmtext).
»The Filming of *Close Encounters of the Third Kind*«, in: American Cinematographer, 1978, H. 1 (Themenheft); Bob Balaban: »Spielberg, Truffaut & me«. London 2002; Antje Goldau/Hans Helmut Prinzler: »Spielberg. Filme als Spielzeug«. München 1985; Lothar Prox: »*Unheimliche Begegnung der Dritten Art* – Zur ideologischen Bedeutung und ästhetischen Vermittlung heutiger Heilssehnsucht im Film«, in: Helmut Korte/Werner Faulstich (Hg): Action und Erzählkunst. Frankfurt a.M. 1987; Wolfgang Stuflesser: »*Unheimliche Begegnung der dritten Art*«, in: Thomas Koebner (Hg.): Filmgenres: Science Fiction. Stuttgart 2003;

Robert Torry: »Politics and Parousia in *Close Encounters of the Third Kind*«, in: Literature/Film Quarterly, 1991, H. 3; Tony Williams: »Close Encounters of the Authoritarian Kind«, in: Wide Angle, 1983, H. 4.

Knut Hickethier

IL CONFORMISTA (Der große Irrtum).

Italien/Frankreich/Bundesrepublik Deutschland (Mars Film/Marianne Production/ Maran-Film) 1969/70. 35 mm, Farbe, 110 Min.
R: Bernardo Bertolucci. B: Bernardo Bertolucci, nach dem gleichnamigen Roman von Alberto Moravia. K: Vittorio Storaro. A: Nedo Azzini. Ba: Ferdinando Scarfiotti. S: Franco Arcalli.
M: Georges Delerue.
D: Jean-Louis Trintignant (Marcello Clerici), Stefania Sandrelli (Giulia), Gaston Moschin (Manganiello), Enzo Taroscio (Quadri), Pierre Clementi (Lino Seminara), Dominique Sanda (Anna Quadri).

Abweichend von Moravias Roman erzählt Bertolucci die Biographie seines Protagonisten nicht chronologisch, sondern entfaltet sie in komplizierten Rückblenden. Eine Autoreise bildet den Rahmen für eine einzige lange Rückblende: Der Held, hat Bertolucci erklärt, reist auch im Gedächtnis.

Marcello Clerici versucht, einem Kindheitstrauma zu entkommen: Er hat auf den Chauffeur Lino, der ihn zu verführen suchte, mit dessen Pistole geschossen. Erschreckt vor der eigenen Homosexualität und angewidert von der Nonkonformität seiner Eltern sucht er sein Heil in der totalen Anpassung an die Normalität. Er heiratet die sinnliche, nicht sehr kluge Giulia, dient sich der politischen Polizei an und verrät freiwillig seinen ehemaligen Professor Quadri, der von Paris aus Widerstand gegen die faschistische Diktatur leistet. Auf seiner Hochzeitsreise lernt Marcello Anna, die Frau des Professors, kennen. Er begehrt sie, ist ihr verfallen, obwohl sie unumwunden seine Frau Giulia vorzieht. Spontan entschließt sich Anna, ihren Mann auf einer Reise zu begleiten und gerät so mit ihm in den durch Marcellos Zuträgerdienste ermöglichten Hinterhalt der Faschisten. Er will sie retten, kommt zu spät und wird Zeuge des bestialischen Mordes an Quadri. Anna erkennt ihn, sucht seine Hilfe. Hinter der Autoscheibe verbarrikadiert erlebt er Annas Ende. Beim Zusammenbruch des Regimes trifft er zufällig sein vermeintliches Opfer, den Chauffeur Lino, und beschimpft ihn als den Mörder von Anna und Quadri. Marcello erkennt jäh seinen großen Irrtum. Er wird endlich seinen lang unterdrückten homosexuellen Wünschen nachgeben.

Bewegungen und Geräusche dienen als Überleitung von der fortschreitenden Rahmenhandlung in die Vorgeschichte. Auffallend oft wird Marcello durch Scheiben oder als Reflex auf Scheiben fotografiert. Hier gelingen Bertolucci sinnfällige Metaphern für die Verschmelzung seines Helden mit dessen Identifikationsfiguren. So bei der ersten großen Rückblende: Paris, Gare d'Orsay. Das bürgerlich elegante Hochzeitspaar verläßt das Hotel und wird von einem Geheimpolizisten verfolgt, der die Aufmerksamkeit des Mannes auf sich zu lenken sucht. Marcello lächelt in Gedanken – ein Schlager ertönt. Rückblende in ein Rundfunkstudio. Ein weibliches Trio swingt »Wer ist glücklicher als ich«. Im Aufnahmeraum erzählt Marcello seinem Freund Italo, daß er heiraten wird. Der Freund ist schwarz gekleidet, ein Faschist, blind. Wenig später sitzt Italo im Studio und spricht einen Text, in dem die mystische Vereinigung von Mussolini und Hitler beschworen wird, ins Mikrofon. Die Kamera rückt auf der Trennscheibe Marcello und Italo übereinander, betont so die unterschwellige Homoerotik.

Oft sind die Kameraeinstellungen unterteilt oder duch starke Kontraste akzentuiert, um Marcellos Isolation zu unterstreichen. Extreme Blickwinkel und gekippte Bildachsen verdeutlichen die gesellschaftliche Stellung des Helden. In seinen frühen Filmen hat Bertolucci vorwiegend Plansequenzen verwendet. Schnitte waren ihm verhaßt, er empfand sie als Beschränkung seiner Ausdrucksmöglichkeiten. Dank des Cutters Franco Arcalli, mit dem er hier erstmals zusammenarbeitete, änderte sich Bertoluccis Einstellung. Er lernte den Schnitt als kreativen Faktor schätzen: In *Il conformista* spielt die Montage eine Hauptrolle.

Jean-Louis Trintignants Interpretation betont den

ambivalenten Charakter des Helden und hält den Zuschauer auf Distanz. Dominique Sanda hat neben der dekadenten Anna noch zwei kleine irritierende Auftritte als Geliebte eines Ministers und als Hure. Die Frau ist Marcellos »Idealbild der Begehrten und nie Erreichten« (Dietrich Kuhlbrodt), dem er überall zwanghaft begegnet. Sie steht seinem Wunsch nach Konformität diametral entgegen und spiegelt seine verdrängten Wünsche. Bertoluccis frühe Filme thematisieren die Rebellion gegen die Väter. Auch *Il conformista* ist die Geschichte eines Vatermords. Professor Quadri wohnt unter der selben Adresse wie Bertoluccis Vorbild Godard: 17, rue St. Jaques.

Frieda Grafe/Enno Patalas: »Nutzen und Nachteil von Geschichte(n)«, in: dies.: Im Off. München 1974; Urs Jenny: »Bernardo Bertolucci – Die Wahrheit des Trompe-l'oeil«, in: Filmkritik, 1971, H. 3; Pauline Kael: »*The Conformist*«, in: dies.: For Keeps. New York u.a. 1994; Dietrich Kuhlbrodt: »Kommentierte Filmografie«, in: Peter W. Jansen/Wolfram Schütte (Hg.): »Bernado Bertolucci«. München 1982; Daniel Lopez: »The Father Figure in *The Conformist* and in *The Last Tango in Paris*«, in: Film Heritage, 1975/76, H. 4; ders.: »Novel into Film: Bertolucci's *The Conformist*«, in: Literature/Film Quarterly, 1976, H. 4; Christopher Orr: »Ideology and Narrative Strategy in Bertolucci's *The Conformist*«, in: Film Criticism, 1979/80, H. 3; Hanspeter Stalder: »Analyse zu *Il Conformista*. Drehbuchlektüre der Ball-sequence«, in: Cinema, Adliswil, 1972, H. 70–72.

Wolfgang Theis

LES COUSINS

(Schrei, wenn du kannst). Frankreich (AJYM-Films/Société Française du Cinéma pour la Jeunesse) 1958. 35 mm, s/w, 108 Min.
R: Claude Chabrol. B: Claude Chabrol, Paul Gégauff. K: Henri Decae, Jean Rabier. M: Paul Misraki.
D: Gérard Blain (Charles), Jean-Claude Brialy (Paul), Juliette Mayniel (Florence), Claude Cerval (Clovis).

»Die Geschichte, die uns Claude Chabrol in *Les cousins*, seinem zweiten Film, erzählt, ist von einer schönen Einfachheit oder, wenn es so genehmer ist, von einer einfachen Schönheit«, schwärmte Jean-Luc Godard. Auf den ersten Blick sei es eine Balzac-Geschichte, doch könne man darin auch eine Fabel von La Fontaine entdecken: »Wie sich eine Stadtratte vor ihrem Vetter vom Lande aufspielt, während eine Grille in echt pariserischem Überdruß von einem zum anderen springt.«

Chabrol hat das Handlungsmodell seines ersten Films umgekehrt: Kam in *Le beau Serge* (*Die Enttäuschten*, 1957/58) ein Student zurück in sein Heimatdorf, zieht nun ein junger Mann aus der Provinz zu seinem Cousin nach Paris. Beide sind Studenten, der eine unerfahren und strebsam, der andere ein Filou und Bohémien. Die Rollen sind ungleich verteilt, die Rivalität ist unvermeidlich. Sowohl in der Liebe wie beim Examen, beides betreibt Charles mit heiligem Ernst, triumphiert der leichtlebige, ebenso charmante wie zynische Paul. Als alles verloren ist, spielt Charles russisches Roulette: Er zielt auf den schlafenden Paul, doch es ist keine Kugel im Lauf. Am nächsten Morgen greift der ahnungslose Paul zur Waffe und erschießt ohne Absicht seinen Vetter.

Wichtiger als die Geschichte ist die Atmosphäre: Der Regisseur, 28 Jahre alt, kannte das Milieu, das er schilderte. In den Partyszenen vermischt sich das existentialistische Lebensgefühl mit romantischer Deutschtümelei, die auch vor Nazi-Symbolen nicht zurückschreckt. Der Wagnerianer Paul, auf dem Kopf eine Mütze der deutschen Wehrmacht, rezitiert auf einer Party: »Isch bin eine arme deuttsche Soldatt, Muttäär, wo bist du? Isch bin allain, ganz allain ...« und erschreckt später einen schlafenden Juden mit dem Ruf: »Aufstehen, Gestapo!« In Frankreich lösten diese Szenen eine heftige Kontroverse aus. Chabrol stellt präfaschistische Tendenzen aus, ohne sie zu kommentieren: Er wollte »die verführerische Kraft des Faschismus zeigen und dabei gleichzeitig seine beunruhigende und gefährliche Faszination«. Dem deutschen Verleih, der *Les cousins* unter dem reißerischen Titel *Schrei, wenn du kannst* in die Kinos brachte, war dieses Thema zu heikel: In der Synchronfassung wurden die deutschen Floskeln, die Paul gern einfließen läßt, ins Englische übersetzt; aus dem Juden machte man einen Ungarn, aus »Gestapo« »Staatspolizei« etc. Verstümmelungen aus kommerziellen Gründen, Verfälschungen aus politischer Rücksichtnahme gehörten bis in die sechziger Jahre zur üblichen Praxis der deutschen Verleihfirmen.

Les cousins ist das erste Hauptwerk der Nouvelle Vague, realisiert vor ↗*A bout de souffle* von Godard und ↗*Les 400 coups* von Truffaut. Die junge Filmavantgarde um die »Cahiers du Cinéma« hatte bislang nur Kurzfilme aufzuweisen; Chabrol gelang es als erstem, die »theoretische Schönheit des Drehbuchs« umzusetzen in die Praxis der Inszenierung, was Godard mit Bewunderung erfüllte: »Mit Zärtlichkeit und Grausamkeit zugleich ist Chabrols dicke Studiokamera ständig hinter den Personen her, verfolgt sie die Schauspieler in alle Ecken des tollen Dekors von Bernard Evein.« Chabrol selbst empfand sich nicht als Vorreiter der Nouvelle Vague: Es gebe keine neue Welle, sondern nur das ewige Meer und darauf Schiffe, alte und neue, die eingefahrenen Routen folgen oder abgelegene und unerforschte Gewässer durchstreifen. *Les cousins*, auf der Berlinale 1959 mit dem Goldenen Bären ausgezeichnet, weckte Erwartungen, die Chabrol später nicht erfüllte. Er kreuzte meist in sicheren Gewässern, auch war die Fracht, die er an Bord mitführte, oft nur Talmi-Ware. Doch immer wieder hat er, wenn die Kritik ihn schon längst aufgegeben hatte, sich in unbekanntes Terrain gewagt.

Guy Austin: »Claude Chabrol«. Manchester, New York 1999; Jean Domarchi: »Paul ou les ambiguïtés«, in: Cahiers du Cinéma, 1959, H. 94; Jean-Luc Godard: »Prachtvoll«, in: ders.: Godard/Kritiker. München 1971; Peter W. Jansen/ Wolfram Schütte (Hg.): »Claude Chabrol«. München 1975; Pauline Kael: »I Lost It at the Movies«. London 1966; Enno Patalas: »*Schrei, wenn du kannst*«, in: Filmkritik, 1959, H. 9; R.H. Turner: »*The Cousins*«, in: Film Quarterly, 1960/61, H. 1.

Michael Töteberg

CRIA CUERVOS... (Züchte Raben).

Spanien (Elías Querejeta P.C.) 1975. 35 mm, Farbe, 112 Min.

R+B: Carlos Saura. K: Teo Escamilla. A: Maiki Marín. Ba: Rafael Palermo. S: Pablo G. del Amo. M: Federico Mompou; Valverde, León und Quiroga; J.L. Perales.

D: Ana Torrent (Ana), Geraldine Chaplin (Anas Mutter María und Ana als Erwachsene), Conchita Pérez (Irene), Mayte Sánchez Almendros (Maite), Mónica Randall (Paulina), Florinda Chico (Rosa), Mirta Miller (Amelia), Germán Cobos (Nicolás).

Cría cuervos... entstand im Todesjahr Francos. Das politische Moment und der sarkastische, parabolische Stil treten in den Hintergrund, und es zeichnet sich im Filmschaffen Sauras eine Tendenz zu größerer Sensibilität, Intimität und Poesie ab.

Der Film thematisiert die Erinnerung einer jungen Frau an ihre weitgehend traumatische Kindheit, die aus der Perspektive des kleinen Mädchens dargestellt wird. Die achtjährige Ana wächst in einer Familie der traditionellen, spanischen Mittelklasse auf. Für den qualvollen Tod ihrer geliebten Mutter macht sie ihren Vater Anselmo, einen gefühlskalten Militaristen und typischen »Macho«, verantwortlich, und sie entschließt sich, ihn zu töten. Anselmo stirbt tatsächlich – jedoch nicht durch das von ihr verabreichte »tödliche Gift«, sondern an Herzversagen, während er sich mit seiner Geliebten Amelia, der Ehefrau seines Freundes Nicolás, vergnügt. Als die autoritäre Tante Paulina die Erziehung Anas und ihrer Schwestern übernimmt, beginnt für sie eine schwere und traurige Zeit. Immer stärker zieht sie sich in ihre Welt der Erinnerungen, Träume und Wunschvorstellungen zurück. Das sehr enge, gleichsam symbiotische Mutter-Tochter-Verhältnis bleibt nach dem Tod der Mutter in ihrer Phantasie lebendig und führt schließlich zur totalen Identifikation, die in der äußerlichen Angleichung der erwachsenen Ana an die Mutter gipfelt – Geraldine Chaplin spielt eine Doppelrolle: Ana in der Zukunft, ihre Mutter in der Vergangenheit.

Ana glaubt – bestätigt durch die ›erfolgreiche‹ Tötung des Vaters – die Allmacht über Leben und Tod zu besitzen. In ihrem Ritual des Tötens sucht sie sich von den Autoritäten zu befreien. »Cría cuervos, que te sacarán los ojos« – »Züchte Raben, die dir die Augen aushacken werden« warnt das spanische

Sprichwort, das dem Film den Titel gab. Nach dem mißglückten Mordversuch an ihrer ›Züchterin‹ Tante Paulina begreift Ana, daß ihr magisches Spiel mit Leben und Tod nicht mehr funktioniert; ihre Rebellion ist gescheitert, und sie ordnet sich den gesellschaftlichen und familiären Zwängen unter. Die symbolische Reinkarnation der Mutter in der Tochter deutet einen Teufelskreislauf in der streng patriarchalisch organisierten Gesellschaftsstruktur an.

Das komplexe narrative Gefüge entsteht durch die Diskontinuität der Zeitstruktur in Verbindung mit zwei Erzählperspektiven: diejenige des Kindes Ana in der Gegenwart (1975) und diejenige der erwachsenen Ana in der Zukunft (1995). Die Logik assoziativer Erinnerungsprozesse bestimmt beide Ebenen. Die unterschiedlichen Realitäts- und Zeitebenen – Gegenwart, Imagination, Erinnerung – fließen häufig schnittlos ineinander, verbunden durch ein akustisches Kontinuum.

Saura zeigt, daß die Kindheit nicht das ›Paradies‹ ist, als das es gewöhnlich mythologisiert wird. Schauplatz des Geschehens ist das Innere eines inmitten von Madrid gelegenen, düsteren Patrizierhauses und dessen eingemauerter Park. Was sich in diesem isolierten Mikrokosmos abspielt, vermittelt die Kamera weitgehend über den allwissenden und gleichzeitig undurchsichtigen Blick der kleinen Ana. Im introvertierten Gesichtsausdruck und in den großen dunklen Augen des Mädchens spiegeln sich sowohl Distanz und Auflehnung als auch die tiefe Traurigkeit einer qualvollen Kindheit.

Cría cuervos... wurde erst nach sechs Monaten freigegeben: Die Zensur stieß sich an Sauras hintergründiger sozialpolitischer Kritik an der bürgerlichen Familie und der Armee, verkörpert in der Figur des ehebrecherischen Militaristen Anselmo. Der Film erhielt auf dem Filmfestival in Cannes den Spezialpreis der Jury (ex-aequeo mit Eric Rohmers *Die Marquise von O.*); erstmals gelang Saura der Durchbruch auf dem internationalen Filmmarkt.

Carlos Saura: »*Züchte Raben*«. Hg. Ursula Beckers/Albrecht Lempp. München 1981. (Filmprotokoll, Materialien).
Gabriel Blanco: »Cine y Psicoanálisis (4), *Cría cuervos*«, in: Cinema 2002, 1976, H. 14; Marvin D'Lugo: »The Films of Carlos Saura. The Practice of Seeing«. Princeton 1991; Hans M. Eichenlaub: »Carlos Saura. Ein Filmbuch«. Freiburg i.Br. 1984; Renate Gompper: »Carlos Saura und die ›totale Realität‹«. Frankfurt a.M. u.a. 1994; Román Gubern: »Carlos Saura«. Huelva 1979; Peter W. Jansen/Wolfram Schütte (Hg.): »Carlos Saura«. München 1981; Hans-Jörg Neuschäfer: »Macht und Ohnmacht der Zensur«. Stuttgart 1991; Agustín Sánchez Vidal: »El Cine de Carlos Saura«. Zaragoza 1988.

Renate Gompper

THE CROWD (Die Menge).

USA (Metro-Goldwyn-Mayer) 1928.
35 mm, s/w, stumm, 2.603 m.
R: King Vidor. B: King Vidor, John V. A. Weaver, Harry Behn. K: Henry Sharp. A: Cedric Gibbons, Arnold Gillespie. S: Hugh Wynn.
D: Eleanor Boardman (Mary), James Murray (John Sims), Bert Roach (Bert), Estelle Clark (Jane), Daniel J. Tomlison (Jim), Dell Henderson (Dick).

Die Stadt New York spielt in diesem Film eine Hauptrolle, auch wenn sie nur in wenigen Szenen zu sehen ist. Es sind Sequenzen, die auf Verdichtung aus sind: kurze Montagen von Wolkenkratzern, Verkehrsgewimmel, Hafenanlagen und immer wieder die Menge, die sich durch die Stadt bewegt, ob zu Fuß oder in Autos, Bussen. New York ist *die* Stadt, das zeigen die geschickt montierten Bilder, die mit versteckter Kamera aufgenommen wurden, das sagen die inszenierten Szenen, die auch die Figuren der Story als Bestandteil der Menge behandeln. So muß die Kamera John, die männliche Hauptfigur, immer erst unter vielen anderen suchen, im Büro, bei den Vergnügungen: Er beherrscht nicht von vornherein das Bild.

The Crowd wurde von Metro-Goldwyn-Mayer produziert, für die Vidor einige Jahre vorher einen sehr erfolgreichen Film gedreht hatte: *The Big Parade*. Das neue Produkt ist für die Traumfabrik ziemlich ungewöhnlich: Es erzählt vom Leben eines jungen Amerikaners, der nur ein Rädchen im Getriebe abgibt. Vidor behandelt den amerikanischen Traum mit Sarkasmus, statt der success-story präsentiert er eine Geschichte von lauter Fehlschlägen.

Die ganze Anlage des Films torpediert den Optimismus, der den Hollywood-Produkten sonst innewohnt. Die Geburt von John Sims fällt auf den 4. Juli 1900, ein vielversprechendes Datum. Dem Neugeborenen will der Vater folglich alle Voraussetzungen schaffen, ein bedeutender Mann zu werden. Schon die nächste Szene, die zwölf Jahre später spielt, dementiert diese Hoffnung. Einige Jungen hocken auf dem Zaun an einer Straße und unterhalten sich über ihre Zukunftspläne. Gemäß dem Klischee will der Schwarze Prediger werden; John Sims hat keine bestimmten Vorstellungen, er verläßt sich auf seinen Vater. Da galoppiert, in einer schönen Fahrtaufnahme festgehalten, die Ambulanz zweispännig herbei und hält vor Johns Haus. Die Sanitäter gehen die Treppe hinauf, unten warten die Neugierigen, durch die sich John einen Weg bahnt und dann, in einer langen, gedehnten Einstellung selbst hinaufgeht. Die Verlassenheit, die ihm hier die Kadrage zuschreibt, findet oben die Bestätigung in der Nachricht vom Tod des Vaters.

Mit diesem Beginn schlägt der Film ein Tempo an, das er fast durchgängig hält. Gleich schickt er John Sims ins New York der zwanziger Jahre und ins Angestellten-Milieu. Die Arbeit, beschränkte Wohnverhältnisse, das Elend der Vielen geben das Sujet ab.

Boy meets girl – auch hier. Doch die Romanze wird schnell erledigt, auf den Ausflug nach Long Island folgt sofort die Hochzeitsreise. So gewinnt der Film Zeit für die Darstellung der (finanziellen) Nöte des verheirateten Paares: Die Wohnung ist zu klein, hat schlecht schließende Türen (ein running gag des Films), ein Patentklappbett und eine deprimierende Aussicht auf die Schnellbahn. Johns Unbekümmertheit bleibt hilflos gegen diese Tristesse, und so wird Mary zur eigentlichen Hauptfigur. Auch diese Entscheidung ist polemisch gegen die Erzähltradition Hollywoods gesetzt.

Vidor gibt den Schauspielern Zeit, ihr Spiel zu entwickeln, was eine Vertrautheit mit dem Paar ergibt, die für den Film notwendig ist. Denn es ist ein exemplarisches Paar, eines von vielen. Anfangs verachtet John die ›Masse‹ und belustigt sich über einen Sandwich-Mann, der jonglierend als Reklamefigur durch die Straßen geht. Am Ende ist er froh, diesen Job selbst zu bekommen.

Dem amerikanischen Traum hängt nicht Mary nach, wohl aber John; nicht vom Tellerwäscher zum Millionär, aber vom Angestellten zum Werbetexter möchte er es bringen. Einmal fällt ihm wirklich etwas ein, was sich verkaufen läßt. Das Glück soll gefeiert werden und die mittlerweile zwei Kinder werden hinzugerufen. In einer unbarmherzigen Szene wird das Mädchen von einem Lastwagen überfahren: eine Trickszene, in der sie schemenhaft in das Bild gebrannt ist, hinter ihr der Truck, der sie töten wird.

Der nun beginnende Abstieg Johns ist in der Story konsequent angelegt: Halt bot ihm nur die Familie, nicht eigene Kräfte. Hier bekommt der Film einen melodramatischen Zug, den er bis dahin vermieden hatte. Von Gedanken an die tote Tochter auch bei der Arbeit verfolgt, kündigt John schließlich. Das ist sein erster eigener Entschluß, ganz demontiert der Film seine Figur nicht. Und ganz verweigert er auch das Happy End nicht. Mary, zum Weggehen entschlossen, läßt sich noch einmal vom Kindercharme des Mannes verführen. Mit dem Sohn gehen sie am Abend ins Varieté, amüsieren sich köstlich – wie hunderte andere auch, wie die Kamera in einer langen Rückwärtsfahrt offenbart, bis die Hauptfiguren in der Menge nicht mehr zu erkennen sind.

W. Allen: »King Vidor and *The Crowd*«, in: Stills, 1982, H. 4; Barthélemy Amengual: »Entre l'horizon d'un seul et l'horizon de tous«, in: Positif, 1974, H. 161; John Baxter: »King Vidor«. New York 1976; Raymond Durgnat: »*The Crowd*«, in: Film Comment, 1973, H. 4; Raymond Durgnat/Scott Simmon: »King Vidor – American«. Berkely 1988; M. Ellis: »*Crowd* music«, in: Sight & Sound, 1981, H. 4; Andreas Furler: »*The Crowd*«, in: Filmstellen VSETH/VSU, Dokumentation 1989.

Rainer Rother

CSEND ÉS KIÁLTAS (Stille und Schrei). Ungarn (Mafilm) 1968. 35 mm, s/w, 75 Min.

R: Miklós Jancsó. B: Gyula Hernádi, Miklós Jancsó. K: János Kende. A: Zsuzsa Vicze.

Ba: Tamás Banovich. S: Zoltán Farkas.
D: András Kozák (István), József Madras (Bauer), Mari Töröcsik (Teréz), Andrea Drahota (Anna), Zoltán Latinovits (Kommandant).

Eine Episode aus der Zeit nach der Niederschlagung der ungarischen Räterepublik von 1919 wird zu einem Modell von Anpassung und Widerstand schlechthin: István, ein junger Arbeiter aus der Stadt, sucht Unterschlupf auf dem Gehöft von Verwandten. Doch der Bauer wird bereits selbst verdächtigt und ist scharfen Kontrollen ausgesetzt. Trotzdem verstecken seine Frau Teréz und Anna, die Schwägerin, den Flüchtling, zu dem sie beide Zuneigung verspüren. Kémeri, der Militärkommandant der Gegend, durchschaut das Spiel, verschont István jedoch: Er ist ein Jugendfreund des Gesuchten. Als der Bauer von den Frauen langsam vergiftet wird, gibt der Verfolgte sein Versteck auf, erstattet Anzeige und wird verhaftet. Kémeri überläßt ihm seine Pistole, damit er sich erschießt. Doch István nutzt die Situation: Er richtet die Waffe auf den Militärkommandanten.

Der eigenwillige Stil Jancsós prägt auch *Csend és kiáltas*. Inszenierung heißt hier Choreographie: In kreisenden Schrittfolgen nähert sich István dem Puszta-Gehöft; in ähnlicher Weise laufen oder schreiten die Bewohner des Hofes, die Gendarmen des Sonderkommandos und der Kommandant. Der Bauer dagegen muß jeden Mittag – im schwarzen Anzug, mitten auf dem Hof – zur Kontrolle Aufstellung nehmen. Elliptische Kamerafahrten, gegenläufig zu den kreisenden Figurenbewegungen, wenige, extrem lange Einstellungen und karge Dialoge, die vorwiegend aus knappen Aufforderungen bestehen, sind weitere Mittel der Stilisierung. Die konkreten Beziehungen zwischen den Figuren sind nicht leicht zu verstehen. Unmißverständlich ist jedoch die existenzielle Fragestellung nach den verbleibenden Handlunsgmöglichkeiten in einer totalitären Umwelt. Gerade der Verzicht auf psychologisierende Gestaltung steigert die Spannung bis zur herausgehobenen Schlußsequenz: Istváns Tat wirkt befreiend, er sprengt den Gefängnischarakter des Systems.

Der in seiner Jugend vom revolutionären Ballett beeinflußte Regisseur strebt eine archaische Filmsprache an. Die Zahl der Figuren entspricht der einer griechischen Tragödie; die Einheit des Ortes wird hergestellt durch Gehöft und Kastell inmitten der trostlosen Weite der Tiefebene. Die geschlossene Form wird von höchster gedanklicher Konsequenz geprägt. Vier Jahre später drehte Jancsó, ebenfalls in der Puszta, sein Tanzdrama *Még kér a nép* (*Roter Psalm*), nach zwei weiteren Jahren seine Adaption des Elektra-Stoffes: *Szerelmem, Elektra* (*Meine Liebe, Elektra*). Wie sehr die wiederholte Botschaft des Regisseurs: Aufforderung zum Widerstand, aktuell gemeint war, bewies der Gegenwartsfilm *Fényes szelek* (*Schimmernde Winde*, 1969), der rasch in den Tresoren verschwand.

Jancsós Parabeln verdanken ihre Wirkung nicht zuletzt starken Schauspielern, die einen bestimmten Typus verkörpern und zu einer betont gestischen Spielweise fähig sind. In der ungarischen Kinematographie blieb Jancsós avantgardistische Formensprache eine singuläre Erscheinung; sein Stil hat jedoch unverkennbar das Filmschaffen von Theodoros Angelopoulos beeinflußt.

Yvette Bird: »Miklós Janscó«. Paris 1977; Lorant Czigany: »Jancsó Country: Miklós Janscó and the Hungarian New Cinema«, in: Film Quarterly, 1972, H. 3; István Nemeskürty: »Wort und Bild«. Frankfurt a.M./Budapest 1980; Graham Petrie: »History Must Answer to Man. The Comtenporary Hungarian Cinema«. Budapest 1978.

Hans-Jörg Rother

CUL-DE-SAC

(Wenn Katelbach kommt...).
Großbritannien (Compton-Tekli Films).
1966. 35 mm, s/w, 111 Min.
R: Roman Polanski. B: Roman Polanski, Gérard Brach. K: Gilbert Taylor. A: Voytek Roman.
Ba: George Lack. S: Alastair MacIntyre.
M: Krzysztof Komeda.
D: Donald Pleasance (George), Françoise Dorléac (Teresa), Lionel Stander (Richard), Jack MacGowran (Albert), Iain Quarrier (Christopher), Geoffrey Summer (Christophers Vater), Renée Houston (Christophers Mutter).

Das Drehbuch zu seinem erklärten Lieblingsfilm schrieb Polanski bereits 1962/63, kurz nach der Übersiedlung aus Polen in seine Geburtsstadt Paris. Er konnte es jedoch erst nach dem Erfolg von ↗*Repulsion* realisieren. *Cul-de-sac* gehört in den Kontext der Aufbruchsbewegung des europäischen Kinos zu Beginn der sechziger Jahre, die sich am deutlichsten in der Nouvelle Vague manifestiert hat. Von deren formalen Innovationen hat sich Polanski unter Berufung auf die Standards des Kinohandwerks indessen strikt distanziert. Der Film, den man auch als einen Gegenentwurf zu den Experimenten der europäischen Film-Avantgarde sehen kann, ist Polanskis wichtigster Beitrag zum Kino als künstlerische Form geblieben.

Der Titel *Cul-de-sac*, wörtlich übersetzt: Sackgasse, beschreibt einen für Polanski typischen ›huis clos‹: ein mittelalterliches Schloß an der schottischen Küste, das nur bei Ebbe zu erreichen ist. Dort suchen zwei nach einem verpatzten Coup geflüchtete Gangster Unterschlupf und nehmen die Bewohner, den glatzköpfigen Ex-Fabrikanten George und seine wesentlich jüngere Frau Teresa, als Geiseln. Während der schwerverletzte Albert bald stirbt, hält der bullige Richard das verschreckte Ehepaar in Schach und wartet auf Hilfe durch seinen Boß, den mysteriösen Mr. Katelbach. Das kuriose und gewaltsame Finale hinterläßt den erschossenen Gangster, eine in Panik fliehende Teresa und den fast um den Verstand gebrachten George, der nach seiner früheren Ehefrau jammert.

Polanski hat das aus zahllosen Thrillern vertraute Handlungsschema als schwarze Komödie inszeniert. Eine kalkulierte Dramaturgie des Zufalls bringt mal groteske, mal grausame Pointen hervor, die der beschränkte, aber pragmatische Richard, der von seiner Frau gedemütigte George durch verzweifelte Verständigungsbemühungen und die frustrierte Teresa mit ziellosen Provokationen zu parieren versuchen. Die gegenseitige Abhängigkeit der Figuren stellt ihre Maximen und Verhaltensmuster auf den Kopf – exemplarisch die skurrile Herrschsucht des sterbenden Albert, eine Parodie des Intellektuellen, der trotz Brille gar nichts mehr sieht.

Bei aller Absurdität des Handlungsverlaufs wahrt Polanski eine psychologische Plausibilität, die der situativen Komik zugute kommt. Nicht minder geglückt ist die Balance zwischen Symbolik und konkretem Detail. Als sentimentaler Clown verkörpert Donald Pleasance die Impotenz des bürgerlichen Rentiers, der von seinem Kapital zehrt; die Aufsässigkeit François Dorléacs erschöpft sich in parasitärem Luxus und moralischer Indifferenz, während sich Lionel Stander als biederer Ehrenmann entpuppt, der ein naives Vertrauen in kleinbürgerliche Konventionen mit der praktischen Brutalität des Kriminellen vereint.

Von allen Spielfilmen Polanskis steht *Cul-de-sac* seinen frühen, noch in Polen gedrehten Kurzfilmgrotesken am nächsten. Stilistisch singulär, haben sich darin nicht so sehr Einflüsse der zeitgenössischen Filmkunst als des modernen Theaters niedergeschlagen. Angeregt von der Figur des stets erwarteten, aber nie eintreffenden Katelbach hat die Kritik den Film mit Becketts »Warten auf Godot« verglichen. Tatsächlich hegte Polanski eine Zeitlang den Plan, diesen Klassiker des absurden Theaters zu verfilmen. Weniger metaphysisch als Beckett und unpolitischer als Sartre, hat Polanski in *Cul-de-sac* sein pessimistisches Credo über die Verfehltheit der menschlichen Existenz formuliert.

»*Wenn Katelbach kommt...*«, in: Film, Velber, 1966, H. 11. (Drehbuch).

Dieter Brodke: »Materialien zu *Wenn Katelbach kommt*«, in: Filmstudio, 1967, H. 53; Ivan Butler: »The Cinema of Roman Polanski«. New York/London 1970; Frieda Grafe: »*Wenn Katelbach kommt*«, in: Filmkritik, 1966, H. 11; Gilles Jacob: »*Cul-de-sac*«, in: Cinéma, Paris, 1967, H. 112; Hermann Herlinghaus: »Opfer des Absurden«, in: Filmwissenschaftliche Mitteilungen, 1966, H. 3/4; Peter W. Jansen/Wolfram Schütte (Hg.): »Roman Polanski«. München 1986; Pascal Kané: »Le château vide«, in: Cahiers du Cinéma, 1967, H. 187; Ernst Wendt: »Tod und Liebe und Jugend«, in: Film, Velber, 1966, H. 8; Paul Werner: »Roman Polanski«. Frankfurt a.M. 1981.

Karsten Visarius

CZŁOWIEK NA TORZE (Der Mann auf den Schienen). Polen (Zespáły Autorów Fimowych »Kadr«/WFF Łódz) 1956. 35 mm, s/w, 2437 m.

R: Andrzej Munk. B: Jerzy Stefan Stawiński, Andrzej Munk, nach einer Erzählung von J.S. Stawiński. K: Romuald Kropat. Ba: Roman Mann. D: Kazimierz Opaliński (Lokführer Orzechowski), Zygmunt Maciejewski (Stationsvorsteher Tuszka), Zygmunt Zintel (Sałata), Zygmunt Listkiewicz (Zadora), Roman Kłosowski (Nowak).

Ein entlassener Lokführer kommt beim Versuch, einen Zug zu stoppen, ums Leben. Eine Untersuchungskommission soll den Fall aufklären: War es Selbstmord, Sabotage oder nur ein Unglücksfall? Aus den vielen Zeugenaussagen wird mosaikartig das Bild jenes Eisenbahners Orzechowski zusammengesetzt, eines Mannes, der allseits geachtet, aber wegen seiner Korrektheit nicht sonderlich beliebt war. Er galt als Einzelgänger, der nicht viel von der sozialistischen Ordnung in seinem Land hielt; nach seiner Entlassung weinten ihm weder die Vorgesetzten noch seine Kollegen eine Träne nach. Am Ende der Untersuchung stellt sich heraus, daß Orzechowski unter Einsatz seines Lebens eine Katastrophe verhindert hat. Die Vorurteile und Verdächtigungen erweisen sich als grundlos. Der Untersuchungsbeamte schließt die Akte und geht zum Fenster, öffnet es und läßt frische Luft herein.

Andrzej Munks Film entstand im Herbst 1956, als die Ereignisse von Poznań Gomulka an die Spitze der Kommunistischen Partei brachten und damit eine liberalere Atmosphäre in Polen eingeleitete wurde. Der Fall des entlassenen und tödlich verunglückten Lokführers wird zur Parabel auf den inneren Zustand eines Systems, das sich in seiner bürokratischen Erstarrung an den Rand der Katastrophe gebracht hat.

Munk kam vom Dokumentarfilm; *Człowiek na torze* war sein erster Spielfilm. Die nüchterne, nahezu lakonische Art des Dokumentaristen hat sich Munk auch hier bewahrt. Er betrachtet den ›Fall Orzechowski‹ kühl und nüchtern wie ein Richter. Die Zeit des sozialistischen Realismus mit ihren Denkmälern und Helden mit Vorbild-Wirkung war 1956 im polnischen Kino endgültig vorbei (die postulierten Dogmen waren hier sowieso kaum auf fruchtbaren Boden gefallen). Die Skepsis zieht sich durch das gesamte Werk von Andrzej Munk: Er mißtraut den Legenden und Heilslehren, den Heilsbringern wie Kunstpäpsten. Auch in späteren Filmen bleibt er den lähmenden und gefährlichen Illusionen in der polnischen Geschichte und Gegenwart auf der Spur: In *Eroica* (*Eroica Polen 44*, 1957) entlarvt er den heroischen Widerstand der Polen im Krieg als Legende; *Zezowate szczescie* (*Das schielende Glück*, 1960) demonstriert die Vitalität des Opportunismus in allen historischen Epochen; und *Pasazerka* (*Die Passagierin*, 1961/63) schildert, wie Idealismus und Altruismus angesichts der Realität des Konzentrationslagers zum Scheitern verurteilt sind.

Die Wirkung dieses »ersten Protests in unserer Kinematographie gegen den Stalinismus« (Stawiński) war seinerzeit allerdings begrenzt. Die Realität des Landes und der Gesellschaft war über den Film schon hinausgegangen. »Gemessen an dem, was sich im Lande tat, worüber die Presse schrieb und die Leute auf der Straße redeten, fiel das Drama des Lokführers Orzechowski (...) brav und schüchtern aus«, meinte der Drehbuchautor rückblickend.

Andrzej Munk, der skeptische Moralist und Aufklärer, gilt mit seinen wenigen Filmen als einer der bedeutendsten Vertreter der polnischen Schule der fünfziger Jahre, die auch den Kinematographien anderer osteuropäischer Länder vielfältige Anregungen vermittelte. In seiner Betonung des Rationalen gilt Munk als der große Antipode von Andrzej Wajda, dessen expressiver Bildsprache er mißtraut. *Człowiek na torze* gehört zu jenen Filmen, die nicht nur auf die Emotionen des Publikums setzen, sondern den mitdenkenden Zuschauer herausfordern. In seinen Fragestellungen scheint bereits das »Kino der moralischen Unruhe« der jungen Regisseure wie Krzysztof Kieslowski, Feliks Falk und Krzysztof Zanussi auf, die das polnische Kino der siebziger Jahre bestimmten.

Henri Dumolié: »Dimensions socialistes de l'œuvre d'Andrzej Munk«, in: Etudes cinématographiques, 1965, H. 45; Wilfried Berghahn: »Ein Fenster wird geöffnet – Filmkunst in Polen«, in: Filmkritik, 1961, H. 6; Fred Gehler: »Andrzej Munk«, in: ders. (Hg.): Regiestühle. Berlin (DDR) 1972;

Ulrich Gregor: »Acht Etappen polnischer Filmgeschichte«, in: Kinemathek, 1974, H. 51; Aleksander Jackiewicz: »Andrzej Munk et la tradition polonaise«, in: Etudes cinématographiques, 1965, H. 45; Antonin und Mira Liehm: »The Most Important Art: East European Film after 1945«. Berkeley 1977; Uwe Nettelbeck: »*Der Mann auf den Schienen*«, in: Filmkritik, 1965, H. 2; Jerzy Stefan Stawiński: »Aufzeichnungen eines Filmemachers«. Berlin (DDR) 1981.

Michael Hanisch

CZŁOWIEK Z MARMURU

(Der Mann aus Marmor). Polen (PRF Zespóły Filmowe/X, WFD Warszawa) 1976. 35 mm, Farbe + s/w, 165 Min.
R: Andrzej Wajda. B: Aleksander Ścibor-Rylski.
K: Edward Kłosiński. Ba: Allan Starski.
M: Andrzej Korzyński.
D: Jerzy Radziwiłowicz (Mateusz Birkut), Krystyna Janda (Agnieszka), Tadeusz Łomnicki/Jacek Lomnicki (Regisseur Burski), Michał Tarkowski (Witek), Piotr Cieslak (Michałak), Krystyna Zachwatowicz (Hanka Tomczyk).

Człowiek z marmuru zeichnet das Bild einer Epoche und ist eine Meditation über die Lüge im Kino, zugleich die selbstkritische Befragung eines Filmemachers. Wajda blickt zurück auf die fünfziger Jahre in Polen aus der Sicht der siebziger Jahre, als der real existierende Sozialismus sich längst in der Agonie befand. Die junge Filmstudentin Agnieszka möchte in ihrem Diplomfilm einen Helden der fünfziger Jahre porträtieren, den Maurer Mateusz Birkut. Sie stößt auf Tabus und an Grenzen, entdeckt gebrochene Lebensläufe und grausam enttäuschte Hoffnungen. Und sie muß die Funktion des Kinos bei der ideologischen Verklärung der Wirklichkeit erkennen.

Der Held ihres Films ist ein früherer ›Bestarbeiter‹: Der Maurer setzte in einer Schicht 30.000 Ziegel. Mateusz Birkut ist eine fiktive Figur; die realen Vorbilder in der Sowjetunion heißen Stachanow und Mamai, in der DDR Adolf Hennecke und Frieda Hockauf. In jedem Geschichtsbuch der sozialistischen Länder wurde das ›Warschauer Tempo‹ polnischer Maurer gepriesen, die in einem Rekordtempo die im Krieg zerstörten Städte und die Hüttenstadt Nova Huta bei Kraków aufbauten. Wajda zeigt solch eine Vorbild-Figur, er zeigt, wie sie zum »Mann aus Marmor« hochstilisiert und mißbraucht wird. Der Arbeiterheld ist auch ein Produkt der Medien: Ein ehrgeiziger Filmemacher dreht – eine ebenso komisch wie gespenstisch wirkende Szene – eine für die Kamera arrangierte Rekordschicht. Im Vorspann dieses Pseudo-Dokumentarfilms taucht der Name Wajda auf: Der Regisseur bekennt, daß auch er damals gelogen hat.

Der Film, den die Studentin Agnieszka 20 Jahre später dreht, geht der Frage nach, was aus den Figuren der fünfziger Jahre geworden ist. Der Mann aus Marmor, dem irgendwo auf dem Lande ein kochend heißer Ziegelstein untergeschoben wurde, geriet in die Mühlen der Staatssicherheit und verschwand für einige Jahre im Gefängnis. Er hat sich ins Privatleben zurückgezogen und ist inzwischen vergessen. Der Beamte der Staatssicherheit organisiert jetzt Striptease-Vorführungen, und aus dem Dokumentarfilmer wurde ein international geachteter Spielfilmregisseur.

Wajdas Thema ist die Manipulation der Bilder und der Biographien; er rekonstruiert die Lebensgeschichte Mateusz Birkuts aus Bruchstücken, blendet Erinnerungen von Zeitgenossen ein, zitiert authentisches und fiktives Wochenschaumaterial. *Człowiek z marmuru* gilt als die erste umfassende Darstellung der fünfziger Jahre im polnischen Film. Das Drehbuch hatte Aleksander Ścibor-Rylski schon zehn Jahre zuvor geschrieben; die sowjetische Filmzeitschrift »Iskusstvo kino« veröffentlichte es bereits im August 1965. Gedreht wurde der Film 1976, aufgeführt im Februar 1977. Innerhalb kürzester Zeit sahen ihn über zwei Millionen Zuschauer in Polen. Auf dem offiziellen Festival in Gdańsk im Herbst 1977 erhielt Wajdas Werk keinen einzigen Preis – was zu einer demonstrativen Geste der Filmkritiker führte, die ihn zum besten polnischen Film des Jahres kürten. Der Film stand im Zentrum der Diskussion und bereitete eine Entwicklung vor, die zur Wende des Jahres 1979 führte. Danach kam eine

ganze Welle von kritischen Filmen aus den Ateliers von Lódź und Warschau, teilweise von Wajda-Schülern. Der Filmregisseur wurde zu einer nationalen Institution, vergleichbar den Künstlern des vorigen Jahrhunderts, als der polnische Staat nur in der Imagination der Menschen existierte.
Zunächst mit Export-Verbot belegt, wurde *Człowiek z marmuru* 1978 als »film surprise« auf dem Festival von Cannes aufgeführt. In der DDR durfte er nie gezeigt werden. Nicht einmal der Regisseur, das Korrespondierende Mitglied der Akademie der Künste der DDR Andrzej Wajda, durfte ihn in einer internen Akademie-Aufführung seinen DDR-Kollegen zeigen. 1981 drehte Wajda mit *Człowiek z zelaza* (*Der Mann aus Eisen*) eine Art Fortsetzung, in dem die Geschichte bis an die Ereignisse des Jahres 1979 herangeführt wird. Der Fernsehredakteur Winkiel soll einen Hintergrundbericht über den aktiven Gewerkschaftler Maciek Tomczyk, Birkuts Sohn, drehen, um die Bewegung der streikenden Arbeiter zu diskreditieren.

»*Človek s marmuru*«, in: Iskusstvo kino, Moskau, 1965, H. 8. – »*L'homme de marbre*«, in: L'Avant-Scène du Cinéma, 1980, H. 239/240. (Drehbuch).
Hans C. Blumenberg: »Die Kamera lügt«, in: ders.: Kinozeit. Frankfurt a.M. 1980; Pascal Bonitzer u.a.: »*L'homme de marbre* et de celluloid«, in: Cahiers du Cinéma, 1979, H. 298; Stefan Ehrengut: »Das Problem des Nichtidentischen in Form und Komposition des zeitgenössischen polnischen Spielfilms, dargestellt anhand Andrzej Wajdas Film *Der Mann aus Marmor*«. Diss. Hamburg 1985; Janina Falkowska: »The Political Films of Andrzej Wajda«. Oxford 1996; Peter W. Jansen/Wolfram Schütte (Hg.): »Andrzej Wajda«. München 1980; Cliff Lewis/Carroll Britch: »Light Out of Poland: Wajda's *Man of Marble* and *Man of Iron*«, in: Film and History, 1982, H. 4; Stefan Meyer/Robert Thalheim: »Asche oder Diamant? Polnische Geschichte in den Filmen Andrzej Wajdas«. Berlin 2000; John Orr/Elżbieta Ostrowska (Hg.): »The Cinema of Andrzej Wajda«. London, New York 2003; Andrzej Wajda: »Vater, was hast du 1950 gemacht?«, in: Filmfaust, 1979, H. 13.

Michael Hanisch

DAHONG DENGLONG GAOGAO GUA

(Rote Laterne). Hongkong/Taiwan (ERA International/China Film) 1991. 35 mm, Farbe, 125 Min.
R: Zhang Yimou. B: Ni Zhen, nach dem Roman »Qiqie Chenqun« von Su Tong. K: Zhao Fei. Ba: Gao Jiuping, Dong Huamiao. S: Du Yuan. M: Zhao Jiping.
D: Gong Li (Songlian), Ma Jingwu (ihr Herr), He Caifei (Meishani), Cao Cuifeng (Zhuoyun), Jin Sheyuan (Yuru), Kong Lin (Yaneri), Ding Weimin (Mutter Song).

Der 1950 geborene Zhang Yimou ist wohl der international bekannteste zeitgenössische Regisseur Chinas, doch die Wertschätzung, die er im Ausland genießt, steht in krassem Mißverhältnis zu den Arbeitsbedingungen in seiner Heimat. Drei seiner Filme waren zumindest vorübergehend in der Volksrepublik verboten, darunter die *Rote Laterne*, die zwar mit chinesischen Fördermitteln finanziert, aber von der Tochtergesellschaft einer taiwanesischen Firma produziert wurde. Als Yimou den Film 1991 auf der Biennale in Venedig präsentierte, bat er die Journalisten darum, auf politische Fragen zu verzichten. Anders als seine Kollegen Chen Kaige und Wu Tianming arbeitet er nicht im Ausland und ist gezwungen, Rücksicht auf die chinesischen Kulturbehörden zu nehmen. Auch *Rote Laterne*, so betonte er, wurde für die Chinesen gedreht, und im Juli 1992 bekam der Film die Chance, sein Publikum zu erreichen: Die Regierung hob das Verbot auf.
Yimou erzählt die Geschichte einer jungen Frau, die im Nordchina der zwanziger Jahre nach dem Tod ihres Vaters das Studium und damit die Hoffnung auf eine selbständige Existenz aufgeben muß. Songlian heiratet in eine wohlhabende Familie ein und findet sich als vierte Ehefrau des Gutsbesitzers Chen in einem Haushalt wieder, der nach rigiden Prinzipien organisiert ist. Die vom Herrn, seinen Frauen und der Dienerschaft gebildete Hierarchie drückt sich in einem komplexen System von Ge- und Verboten, symbolischen Handlungen, einer über Generationen tradierten Etikette aus. Für die Mitglieder der kleinen Gemeinschaft gibt es kein ›Draußen‹ – abgesehen

von zwei Sequenzen spielt der Film in den weitläufigen Gemäuern eines alten Palastes –, doch kennen sie auch keine Privatheit, keine Intimität. Die Frauen belauern einander, und im Kampf um die Gunst des Mannes entspinnt sich eine tödliche Intrige. Die roten Laternen, die anzeigen, bei welcher Dame der Herrscher zu nächtigen geruht, markieren nur vorübergehende, scheinhafte Siege.

Die Figurenkonstellation trägt Züge eines gesellschaftlichen Mikrokosmos; in ihm werden Formen der Unterdrückung und Unterwerfung, des vergeblichen Aufbegehrens und des Sich-Entziehens durchgespielt. Die Gewaltsamkeit der dargestellten Verhältnisse hat ihr Äquivalent in einer extremen Formalisierung der Bilder. Schon die erste Einstellung, eine Nahaufnahme, spricht von Unentrinnbarkeit: Sie läßt das Gesicht der Protagonistin vor einem geometrisch-ornamentalen Raster erscheinen – das Gitter ihres Gefängnisses. Die Figuren werden in symmetrisch konstruierten Dekors arrangiert; die Dominanz der Zentralperspektive, die strenge Farbgebung und der Blick der Kamera, die sich aus den Innenräumen nur entfernt, um bedrohlich flach über einem Gewirr von Dächern zu lauern, zwingen das Individuum in eine architektonische Ordnung.

Im Sujet den vorausgegangenen Arbeiten *Hong Gaoliang* (*Rotes Kornfeld*, 1987) und *Judou* (1990) recht ähnlich, ist *Rote Laterne* bisher Yimous stilisiertester und strengster Film. Trotz seiner hermetischen Form läßt er sich kaum anders deuten als auf dem Hintergrund des ›Roll-backs‹, das in der chinesischen Politik nach dem Massaker auf dem Tiananmen-Platz 1989 einsetzte. Die feudal-patriarchalischen Strukturen, die der Roman abbildet, liefern Yimou das Modell für eine Gesellschaft, die als versteinert empfunden wird. So wie es der Sohn eines Kuomintang-Offiziers betrachtet, ähnelt das China der Gegenwart auf fatale Weise dem der vorrevolutionären Zeit. Andreas Kilb hat diesen Brückenschlag anhand der Farbsemantik des Films beschrieben: »Das Rot der Revolution, das sich mit dem Rot der alten Ordnung verbündet hat«, werde bei Yimou »zur Farbe des Terrors und des Untergangs, das Zeichen Rot zum Zeichen Tod«.

David Chute: »Golden hours«, in: Film Comment, 1991, H. 2; Eberhard Falcke: »Regelhaftigkeit des Lebens«, in: Frankfurter Allgemeine Zeitung, 1.8.1992; Andreas Kilb: »Was von den Bildern blieb«. Potsdam 1997; Peter Körte: »Aus einem Totenhaus«, in: Frankfurter Rundschau, 30.7.1992; Horst Peter Koll: »*Rote Laterne*«, in: film-dienst, 1992, H. 16; Stefan Kramer: »Schattenbilder«. Dortmund 1996; Berenice Reynauld: »China on the set with Zhang Yimou«, in: Sight and Sound, 1991, H. 3; Andre Simonoviescz: »*Rote Laterne*«, in: Film und Fernsehen, 1992, H. 4.

Sabine Horst

DÄMONEN IM GARTEN

↗ Demonios en el jardin

DIE DÄMONISCHEN

↗ Invasion of the Body Snatchers

DANCE OF THE VAMPIRES

(Tanz der Vampire). Großbritannien (Cadre Films/Filmways) 1967. 35 mm, Farbe, 107 Min.

R: Roman Polanski. B: Gérard Brach, Roman Polanski. K: Douglas Slocombe. A: Fred Carter. Ba: Wilfred Shingleton. S: Alastair McIntyre. M: Christopher Komeda.

D: Jack MacGowran (Professor Abronsius), Roman Polanski (Alfred), Ferdy Mayne (Graf von Krolock), Sharon Tate (Sarah), Alfie Bass (Shagal).

In lockerer Anlehnung an den berühmten Schauerroman »Dracula« von Bram Stoker, vor allem aber in Anspielung auf dessen Verarbeitung in den zahlreichen Vampirfilmen der fünfziger und sechziger Jahre aus der englischen Produktionsfirma Hammer, inszenierte Roman Polanski seine komödiantische Variante des populären Gruselstoffes, die zum Kultfilm avancierte.

Auf der Suche nach leibhaftigen Beweisen für seine absonderlichen Forschungen reist der schrullige Professor Abronsius, seines Zeichens Fledermausexperte und Vampirologe an der Universität Königsberg, mit seinem Gehilfen Alfred in die winterlichen Südkarpaten. Sie quartieren sich im Schloß des unheimlichen Grafen von Krolock ein, befreien die von den Vampiren verschleppte Sarah und können nach einer abenteuerlichen Flucht entkommen. Unbemerkt vom geistesabwesenden Professor schlägt Sarah ihre Reißzähne in den Hals von Alfred: Sie ist inzwischen zum Vampir geworden. Abronsius, der das Böse für immer vernichten wollte, sorgt ahnungslos für die weltweite Verbreitung des Übels.

Polanski und seinem langjährigen Co-Autoren Gérard Brach gelang es, ohne auf parodistische Elemente gänzlich zu verzichten, die Eindimensionalität einer bloßen Parodie zu vermeiden. Sie geben den mythologischen Stoff nicht der Lächerlichkeit preis, sondern bemühen sich unter Einhaltung der Unterhaltungskonventionen, eine ambivalente Stimmung zu erzeugen, die beständig zwischen Humor und leichtem Schauer wechselt. Den Film durchzieht weniger eine spöttische als vielmehr charmant-absurde, zum Teil slapstickhafte Komik, die vornehmlich von der spielerischen Abwandlung der bekannten Motive lebt. Die Figuren entstammen weitgehend dem Repertoire des Horrorfilms, werden in ihrer Typik jedoch auf humorvolle Weise variiert: So gibt es z.B. einen homosexuellen Vampir, der konsequenterweise das eigene Geschlecht bedrängt oder einen jüdischen Vampir, bei dem das berühmte Kruzifix als Abwehrmittel versagt (die Pointe ist in der deutschen Synchronfassung eliminiert worden). Der sonst heldenhaft-selbstlose Vampirjäger ist zum Klischee des zerstreuten und weltfremden Professors mutiert.

Dance of the Vampires spiegelt ironisch den Zeitgeist Ende der sechziger Jahre. Polanski benutzt die gesellschaftskritische Metaphorik (der Graf saugt den Bauern das Blut aus) und bietet mit dem überraschenden Schluß eine wissenschaftskritische Pointe: Das Böse, das bislang, ohne nennenswerten Schaden anzurichten, mehr schlecht als recht in karger Abgeschiedenheit, existierte, kann erst mit Hilfe des Professors sich über die ganze Welt ausbreiten. Abronsius ist der typische Vertreter der deutschen Aufklärung, der stets das Gute will, aber dem Bösen zum Sieg verhilft. Der burleske Unterhaltungscharakter überdeckt aber solche Interpretationen, so daß *Dance of the Vampires* zu einem Erfolg auch an der Kinokasse wurde. Polanski schuf ein intelligentes Stück populärer Filmkultur; seine präzise und leichthändige Regie wird wirkungsvoll durch die Leistungen von Fotografie, Musik, Farbgestaltung, Ausstattung und Maske unterstützt.

Der Produzent Martin Ransohoff, dem Polanski, da er eigentlich eine langfristige Zusammenarbeit mit ihm anstrebte, die Rechte über die Fassung für den amerikanischen Markt überließ, nahm erhebliche Veränderungen am fertigen Film vor. Vergeblich versuchte der Regisseur, seinen Namen aus dem Vorspann der unter dem Titel *The Fearless Vampire Killers or: Pardon Me But Your Teeth are in My Neck* gezeigten Version zurückzuziehen. Der kommerzielle Erfolg gab Polanski am Ende Recht: Seine Originalfassung reüssierte in Europa, während Ransohoffs Filmtorso sich in den USA als Flop erwies.

»*Le bal des vampires*«. In: L'Avant-Scène du Cinéma, 1975, H. 154. (Drehbuch).

Alf Brustellin: »*Tanz der Vampire*«, in: Film, Velber, 1968, H. 1; Claude Michel Cluny: »*Le bal des vampires*«. In: ders./Jean-Louis Bory (Hg.): Dossiers du Cinéma. Paris 1971; Jaques Belman: »Roman Polanski«. Paris 1971; Ivan Butler: »The Cinema of Roman Polanski«. London, New York 1970; Andreas Friedrich: »*Dance of the Vampires*«, in: Ursula Vossen (Hg.): Filmgenres: Horrorfilm. Stuttgart 2004; Pascal Kané: »Roman Polanski«. Paris 1970; Paul Werner: »Roman Polanski«. Frankfurt a.M. 1981; Peter W. Jansen/Wolfram Schütte (Hg.): »Polanski«. München 1986.

Max-Peter Heyne

DANGEROUS LIAISONS (Gefährliche Liebschaften). Großbritannien (Warner) 1988. 35 mm, Farbe, 112 Min.

R: Stephen Frears. B: Christopher Hampton, nach dem Roman »Les liaisons dangereuses« von Choderlos de Laclos. K: Philippe Rousselot. S: Mick Audsley. M: Fenton George.

D: Glenn Close (Marquise de Merteuil), John Malkovich (Vicomte de Valmont), Michelle Pfeiffer (Madame de Tourvel), Swoosie Kurtz (Madame de Volanges), Uma Thurman (Cécile de Volanges), Keanu Reeves (Chevalier Danceny).

Dangerous Liaisons: Glenn Close, John Malkovich und Michelle Pfeiffer

»Les liaisons dangereuses« von Choderlos de Laclos aus dem Jahr 1782 ist ein Briefroman: Der Fortgang der Handlung findet zwischen den Briefen statt. Die Verfilmung zeigt, was im Roman nur indirekt geschildert wird, und verlegt das, was den Roman eigentlich ausmacht, auf die Tonspur: Stimmen aus dem Off verbinden die Sequenzen und kommentieren die Szenen. Die Geschichte hat an vielen Stellen die Qualität einer Trompe-l'oeil-Malerei: Ebenso wenig wie man voraus ahnen kann, an welcher Stelle die vielfach reflektierenden Spiegel nicht nur Spiegel, sondern auch Verbindungstüren sein werden, vermag man im Verlauf der Ereignisse zu erkennen, wo die Aktionen der Akteure noch Teil eines Spiels sind oder schon den Bereich wahrer Gefühle betreffen. Die Regeln des maliziösen Spiels, von der Marquise de Merteuil und dem Vicomte de Valmont mit äußerster Raffinesse in Gang gesetzt, lauten: Gelingt es ihm, dem routinierten Verführer, einem ausgewählten Opfer die Unschuld zu nehmen, so erhält er eine Nacht mit der Marquise zur Belohnung. Die erste Aufgabe – er soll die zukünftige Braut ihres ehemaligen Geliebten entehren – erscheint dem Vicomte zu leicht: Es sei keine Schwierigkeit, eine eben aus dem Kloster entlassene Jungfrau zu verführen. Er schlägt als Zusatzaufgabe die Verführung der Madame de Tourvel vor: Er will die verheiratete Frau, deren Moral außer Zweifel steht, zu Fall bringen, wobei sie nicht der Verlockung zur Untreue, sondern wirklicher Liebe erliegen soll. Die Marquise akzeptiert, verlangt allerdings die Lieferung von schriftlichen Vollzugsbeweisen. Auf diese Weise spielen Briefe auch in der Verfilmung eine Hauptrolle. Ob der Zuschauer das, was er gesehen hat, auch glauben darf, erfährt er später aus den Briefen der Opfer. Als Valmont zur Gräfin sagt: »Ich dachte, Betrug sei Ihr Lieblingswort«, antwortet sie versonnen: »Nein – Grausamkeit«. Während der männliche Verführer Valmont aus Langeweile und Genußsucht handelt und in den perfiden Intrigen, die seine Freundin ersinnt, eine Abwechslung von den ewigen Schäferspielen sieht, agiert die Marquise mit System. Sie nimmt planvoll Rache für die jahrtausendelange Demütigung ihres Geschlechts. Als sie erkennen muß, daß Valmont sich wahrhaftig in die puritanische Bürgersfrau, Madame de Tourvel, verliebt hat, will sie auch ihn vernichten. Der Vicomte stirbt im Duell: ein kaschierter Selbstmord. Der Marquise werden von der Gesellschaft die Grundlagen ihrer bösartigen Beschäftigung entzogen. Sie wird in der Oper ausgebuht: Für die Herrin der Intrige ist das der Todesstoß.

Der Roman wurde mehrfach für die Bühne und den Film bearbeitet. Roger Vadims *Les liaisons dangereuses* (*Gefährliche Liebschaften*, 1959) verlegte die Handlung aus der Zeit des ancien régime in die Gegenwart; der Film mit Jeanne Moreau und Gérard Philippe sorgte damals für einen Skandal. 1981 kam Heiner Müllers Theaterversion »Quartett« zur Uraufführung; vier Jahre später dramatisierte Christopher Hampton den Roman für die Royal Shakespeare Company. Hampton schrieb auch das Drehbuch für den Film von Stephen Frears, der zuvor mit aggressiven Milieustudien aus dem Großbritannien Margaret Thatchers sich als einer der wichtigsten Vertreter des New British Cinema profiliert hatte. Sein Film stand in direkter Konkurrenz zu der amerikanischen Produktion *Valmont*, die kurz danach in die Kinos kam. Miloš Forman inszenierte mit großem Budget ein detailgetreues Genrebild, während Frears einen Ausstattungsfilm drehte, in dem die Schauwerte nicht Selbstzweck sind. Wie in seinen anderen Filmen erzählt er eine Geschichte »über Sex, Geld und Macht« und von Menschen, »die mit ihren Gefühlen handeln«. Ihn interessiert nicht das Schicksal von individuellen Personen, sondern die Struktur des Bösen, die Mechanik von Verrat und Betrug. Die Dramaturgie folgt den Regeln der Geometrie: Der Film wirkt ebenso kalkuliert wie das Intrigenspiel des Protagonisten-Paares. *Dangerous liaisons* ist ein Kostümfilm im wörtlichen Sinn. Beispielhaft ist in dieser Hinsicht bereits die erste Szene, in der das »Lever«, die Zeremonie des Aufstehens und des Ankleidens, gezeigt wird: Neben der ästhetischen Maskierung des Perfiden entlarvt diese Szene die Degeneration und Morbidität des französischen Adels keine zehn Jahre vor der Französischen Revolution.

»*Dangerous liaisons*«. London u.a. 1989. (Drehbuch). Michael Althen: »Adel vernichtet«, in: Süddeutsche Zeitung, 18.4.1989; Volker Behrens: »A Gritty Brit Gone Hollywood: Stephen Frears und seine Filme zwischen Sozialkritik und Traumfabrik«, in: Ingrid Kerkhoff/Hans-Peter Rodenberg (Hg.): Leinwandträume. Hamburg 1991; Kathryn Carson: »*Les liaisons dangereuses* on Stage and Film«, in: Literature/Film Quarterly, 1991, H. 1; G. Gauthier: »Stephen Frears et *Les liaisons dangereuses*«, in: La Revue du Cinéma, 1989, H. 448; Jonathan Hacker/David Price: »Take Ten. Contemporary British Film Directors.« Oxford 1991; Carol Hall: »Valmont Redux: The Fortunes and Filmed Adaptation of ›Les liaisons dangereuses‹ by Choderlos de Laclos«, in: Literature/Film Quarterly, 1991, H. 1; Mark Hunter: »Marquise de Merteuil and Comte de Valmont Get Laid«, in: American Film, 1988/89, H. 3; Pauline Kael: »*Dangerous Liaisons*«, in: dies.: For Keeps. New York u.a. 1994; Andreas Kilb: »Was von den Bildern blieb«. Potsdam 1997; Nora Lee: »*Dangerous liaisons*: Feint, Parry and Thrust«, in: American Cinematographer, 1989, H. 5; Pascal Pernod: »Le galop des libertins«, in: Positif, 1989, H. 338; Marianne Stillwater: »Valmont-Merteuil, une liaison qui dure«, in: Cinéma, Paris, 1989, H. 456.

Gertrud Ohling

DAVID

Bundesrepublik Deutschland (von Vietinghoff/Pro-ject/ZDF) 1978. 35 mm, Farbe, 127 Min.
R: Peter Lilienthal. B: Peter Lilienthal, Jurek Becker, Ulla Ziemann, nach dem Buch »Den Netzen entronnen« von Joel König.
K: Al Ruban. M: Wojciech Kilar.
D: Walter Traub (Rabbi Singer), Irena Vrkijan (Frau Singer), Eva Mattes (Toni), Mario Fischel (David), Torsten Henties (David als Kind), Dominique Horwitz (Leo).

Rabbi Singer ist aus dem KZ entlassen worden, die Familie erwartet mit ambivalenten Gefühlen den heimkehrenden Vater. Der setzt sich an den Tisch, greift zum Suppenlöffel – »Man muß essen« – und berichtet frohgelaunt von seinen Erlebnissen im KZ. Frau und Kinder sind irritiert, stimmen jedoch in den Plauderton ein: Selten wurde so gescherzt wie an jenem Abend. Der Rabbi mußte grausame Schikanen im Lager erleiden – die Nazis haben ihm ein Hakenkreuz auf dem Schädel eingebrannt –, aber er versucht, nicht von Angst und Verzweiflung übermannt zu werden: »Man muß leben.«

Verdrängung und Selbstbetrug, die Wehrlosigkeit von Menschen, die ganz in ihrer eigenen Welt leben und deshalb die Bedrohung von außen nicht wahrhaben wollen: Die Juden der älteren Generation verfielen in eine kontemplative, fatalistische Haltung und leisteten keinen Widerstand.

Der Prolog spielt 1933 in der schlesischen Kleinstadt Liegnitz: Rabbi Singer feiert mit seiner Familie das Purimsfest, während vor dem Fenster die Hitlerjugend einen Fackelzug veranstaltet. Nach der Reichspogromnacht zieht die Familie nach Berlin, weil man sich in der Anonymität der Großstadt besser geschützt glaubt und auf eine Ausreisegenehmigung hofft. Anders als der Vater trägt David nicht den Judenstern und lebt in der Illegalität. Er findet Unterschlupf bei einem Schuster, kann aber dort nicht bleiben. Die Eltern werden von der Gestapo abgeholt, Bruder Leo wird auf der Straße verhaftet. David versteckt sich nachts in einem Bauwagen und arbeitet tagsüber unter falschem Namen in einer Schraubenfabrik. Ein Fluchtversuch scheitert. 1943 kann er mit Hilfe gefälschter Papiere aus dem nationalsozialistischen Deutschland entkommen und wandert nach Palästina aus.

David beruht auf einem autobiographischen Bericht. Joel König hat sein Schicksal als erwachsener Mann aufgezeichnet und seine Erinnerungen in den politischen Kontext eingeordnet. Der Film nimmt einen Perspektivenwechsel vor: Er beschränkt sich strikt auf eine Vergegenwärtigung der Erlebnisse und versagt sich nachträgliche Reflexionen. Nie verläßt Lilienthal den Blickwinkel des Jungen, der die Bedrohung auf den Straßen spürt, aber sich Auschwitz nicht vorstellen kann.

Lilienthal verzichtet auf dramatische Akzente, bremst die Emotionen. Er zeigt weder die Schreckensbilder noch das Abenteuer. Die Szenen werden unverbunden aneinandergereiht und selten ausgespielt, meist vor dem eigentlichen Höhepunkt abgebrochen. Der Regisseur habe den Film eher »unterinszeniert«, meinte der Kritiker Peter W. Jansen. »Auch in früheren Filmen hat dieser skrupulöse Stilist immer wieder eine Art von Berührungsangst vor den Grobheiten des Kinos gezeigt, eine sensible Sorgsamkeit, die ihn auszeichnet und seinen Film zu einer überaus redlichen Impression macht, der freilich alles fehlt, was das Kino an starken Gefühlen braucht.« Die spröde Erzählweise unterscheidet *David*, bei der Berlinale 1978 mit dem Goldenen Bären sowie mit zwei Bundesfilmpreisen ausgezeichnet, von anderen Spielfilmen mit gleichem Sujet, die ihr Anliegen für einen Erfolg an der Kinokasse verraten.

David ist weder ein Opfer noch ein Held. Die Kamera bewegt sich ebenso unauffällig wie der Protagonist, der nicht durch eine falsche Bewegung Aufsehen erregen darf. Beiläufig setzt Lilienthal metaphorische Zeichen, in denen sich das Thema Flucht und Verfolgung spiegeln. In Liegnitz bewundert der Junge einen Schausteller: ein Entfesselungskünstler, der Ketten sprengt. In der Berliner U-Bahn vertreibt er sich die Zeit mit einem Geschicklichkeitsspiel: ein Katz-und-Maus-Spiel. Der Rabbiner erteilt dem Sohn Hebräisch-Unterricht, und David, ein unwilliger Schüler, der auszureißen versucht, übersetzt einen Vers aus dem 1. Buch Mose: »Rette dein Leben und sieh nicht hinter dich, bleib auch nicht stehen in dieser ganzen Gegend. Auf das Gebirge rette dich, daß du nicht umkommst!«

Geboren in Berlin, aufgewachsen in Montevideo: Der Regisseur Peter Lilienthal kennt das Emigrantenschicksal; seine Familie verließ Deutschland 1939, als er zehn Jahre alt war. Mitte der fünfziger Jahre kehrte er zurück, blieb aber ein Heimatloser: Seine Kinofilme spielen in Chile oder Nicaragua, in New York oder Israel. *David* ist sein einziger Film, der deutsche Zeitgeschichte zum Thema hat. Unschwer lassen sich Motive und Milieus aus anderen Lilienthal-Werken wiederentdecken. Immer geht es um die Verschränkung von Alltag und Politik. Die Menschen sind nicht vorbereitet auf Diktatur und Gewaltherrschaft, ihre moralische Integrität und humane Haltung wird schweren Prüfungen ausgesetzt. Die Familie bietet Schutz, doch auch in dieses Rückzugsnest werden die Konflikte hineingetragen, und meist sind es die Väter, die von den Söhnen zu lernen haben. Die aktuelle Politik liefert nur die Folie, auf der die Verantwortlichkeit des Einzelnen in extremen Situationen besonders deutlich wird. Lilienthal in einem Interview: »Die Menschen in meinen Filmen sind zuallererst besorgt um ihre alltäglichen Dinge: Essen auf dem Tisch und ein Dach überm Kopf. Dafür zahlen sie einen hohen Preis, manchmal den des Verrats.«

Dorothea Hollstein: »*David*«, in: Rudolf Joos/Isolde I. Mozer (Red.): Filme zum Thema. Bd.2. Frankfurt a.M. 1988; Lynne Layton: »Peter Lilienthal. Decisions Before Twelve«, in: Klaus Phillips (Hg.): New German Filmmakers. New York 1984; Dagmar Lehmann: »*David*«. Duisburg o.J.; Peter Lilienthal: »Befragung eines Nomaden«. Hg. von Michael Töteberg. Frankfurt a.M. 2001; Sigrid Schmitt/Heiko R. Blum: »›... Um Erkenntnis zu zeigen, ist es meistens zu spät‹«, in: medium, 1979, H. 3; Georg Seeßlen: »Keine ›Vergangenheitsbewältigung‹ im Sinne von *Holocaust*«, in: medien + erziehung, 1980, H. 4; Beate Seeßlen-Hurler: »Keine Zeit für die Trauer«, in: Film- & Ton-Magazin, 1979, H. 6.

Michael Töteberg

DEKALOG ↗ Krótki film o zabijaniu

DEMONIOS EN EL JARDIN

(Dämonen im Garten). Spanien (Luis Megino P.C.) 1982. 35 mm, Farbe, 100 Min.

R: Manuel Gutiérrez Aragón. B: Manuel Gutiérrez Aragón, Luis Megino. K: José Luis Alcaine. A: Andrea D'Odorico. S: José Salcedo. M: Javier Iturralde, Pasodoble »Coplas« von J. Mostazo, »Wenn dein Mütterlein« von Gustav Mahler.

D: Angela Molina (Angela), Ana Belén (Ana), Alvaro Sánchez-Prieto (Juanito), Encarna Paso (Doña Gloria), Imanol Arias (Juan), Eusebio Lazaro (Oscar).

Wie fast alle Filme von Manuel Gutiérrez Aragón, einem der bedeutendsten Filmregisseure Spaniens neben Carlos Saura, ist auch *Demonios en el jardín* in der spanischen Nachkriegszeit angesiedelt. Die maroden Strukturen und Spannungen des Franco-Staates werden aufgezeigt am Mikrokosmos einer Familie. Sie steht repräsentativ für das saturierte und opportune Bürgertum, das es gerade in Notzeiten verstand, vom brüchigen politischen System zu profitieren.

Unumschränkte Herrscherin über den florierenden Schwarzhandel in einem kleinen nordspanischen Dorf ist Doña Gloria, Besitzerin des Lebensmittelladens »El jardín« und energisches Oberhaupt der Familie. Man schreibt das Jahr 1942, als ihr Sohn Oscar mit der reichen und attraktiven Ana eine Prestige-Ehe eingeht. Ana liebt Juan, Oscars Bruder, einen leichtfertigen Frauenhelden, Macho und Nichtstuer, der sich den Falangisten anschließt und Cousine Angela, arme Tochter eines ermordeten »Roten«, schwanger zurückläßt. In einem abgelegenen Bauernhaus bringt Angela ihren unehelichen Sohn Juanito zur Welt.

Zehn Jahre später, 1952, entschließt sich Angela schweren Herzens, Juanito bei der Großmutter aufwachsen zu lassen. Als der intelligente Junge und einzige Enkel – die Ehe zwischen Ana und Oscar bleibt kinderlos – erkrankt, versteht er es, die gesamte Sippschaft mit simulierten Schwächeanfällen zu manipulieren: So rückt er ins Zentrum des Geschehens, wirksam in Szene gesetzt im grotesken Reigen der Familienangehörigen um das Krankenbett des kleinen Tyrannen. Selbst sein Wunsch, den zum Helden stilisierten Vater kennenzulernen, wird erfüllt. Doch dieser entpuppt sich als Kellner Francos, und das zutiefst enttäuschte Kind weigert sich, den »Caudillo« zu begrüßen. Juan ist als Versager nach Hause zurückgekehrt. Doch unerschütterlich kämpft Doña Gloria um die Aufrechterhaltung der Familienehre, indem sie nun Angela und Juan zu verheiraten sucht. Begann der Film mit der Hochzeit von Ana und Oscar, so endet er auch mit einem Fest, dem Namenstag von Vater und Sohn. Die Schlußeinstellung friert in einem klassischen Familienphoto ein: Der verwundete Juan, angeschossen von seiner Geliebten Ana, lächelt krampfhaft in die Kamera.

Im Mittelpunkt steht die Inszenierung der inneren ›Dämonen‹ der Familienmitglieder, ihrer geheimen Sehnsüchte und Auseinandersetzungen, die sich in einer lähmenden Atmosphäre verdichten. Alle Figuren spielen ein doppeltes Spiel, das gerade die

Frauen perfekt beherrschen. Dies gilt nicht nur für die dominante Doña Gloria; auch Ana und Angela ordnen sich nur scheinbar den äußeren Zwängen unter, realisieren aber letztlich immer ihren eigenen Willen. Obwohl die Männer in dieser Gesellschaft als Idole verehrt werden – selbst der kleine Juanito profitiert schon davon –, stehen doch die starken Frauenfiguren im Vordergrund.

Demonios en el jardín repräsentiert ein typisch spanisches, realistisch-vitalistisches Erzählkino, das sich nicht mit reiner Oberflächenbetrachtung begnügt. Die Kamera transponiert die Geschichte in poetische und eindrucksvolle Bilder; erzählt wird sie aus der Perspektive Juanitos, an dessen Krankenbett die Fäden der familiären Intrigen zusammenlaufen. Der Film beeindruckt als ein mit Humor und Phantasie durchsetztes Melodram, in dem sich politische Reflexion, nationale Historie und Familiengeschichte vermischen.

John Hopewell: »Out of the Past. Spanish Cinema after Franco«. London 1986; Gertrud Koch: »Von der Tragödie zur Farce«, in: Frankfurter Rundschau, 14.1.1984; Dietrich Kuhlbrodt: »*Dämonen im Garten*«, in: epd Film, 1984, H. 1; José Luis López/Miguel Juan Payán: »Manuel Gutiérrez Aragón«. Madrid 1985; Bertrand Philbert: »*Les démons dans le jardin*«, in: Cinématographe, 1983, H. 87; Maria Ratschewa: »Risse im Familienbild«, in: Süddeutsche Zeitung, 10.2.1984; Philippe Rouyer: »Portraits de famille«, in: Positif, 1988, H. 324; Lina Schneider: »Die starken Frauen Spaniens«, in: Frankfurter Allgemeine Zeitung, 6.2.1984; Augusto M. Torres: »Conversaciones con Manuel Gutiérrez Aragón«. Madrid 1985.

Renate Gompper

... DENN SIE WISSEN NICHT, WAS SIE TUN

↗ Rebel Without a Cause

LA DENTELLIÈRE

(Die Spitzenklöpplerin). Schweiz/Frankreich/Bundesrepublik Deutschland (Citel Films/Action Films/Janus) 1976. 35 mm, Farbe, 108 Min.
R: Claude Goretta. B: Claude Goretta, Pascal Lainé, nach dem gleichnamigen Roman von Pascal Lainé. K: Jean Boffety. M: Pierre Jansen.
D: Isabelle Huppert (Béatrice), Yves Beneyton (François), Florence Giorgietti (Marylène), Annemarie Düringer (Béatrices Mutter), Renata Schroeter (Marianne), Michel de Ré (Gérard).

Das letzte Bild des Films: das Gesicht Isabelle Hupperts, die über die Schulter den Betrachter anschaut. In ihren Augen spiegeln sich Empfindsamkeit und Verstörung. Der Schrifttext im Abspann rekapituliert die Geschichte und verweist auf die Frauenporträts eines Jan Vermeers: »Er ging an ihrer Seite, ganz dicht an ihrer Seite, aber er hat sie nie gesehen. Sie war eines jener Wesen, die sich nie bemerkbar machen, die man sorgsam ergründen und behüten muß. Früher hätte sich ein Künstler entschlossen, sie als Stimmungsbild zu malen und hätte sie genannt: die Näherin, die Wasserträgerin, die Spitzenklöpplerin.«

La dentellière erzählt eine Liebesgeschichte. Die 18jährige Béatrice, von Freunden »Pomme« genannt, arbeitet als Lehrling in einem Pariser Friseursalon. Sie ist still und verschlossen, ein Mauerblümchen, und damit das genaue Gegenteil ihrer Kollegin Marylène, deren Beziehung zu einem verheirateten Mann gerade in die Brüche geht. Die beiden Freundinnen fahren in die Normandie und verbringen ein paar Ferientage in dem Seebad Cabourg. Die attraktive Marylène findet rasch Anschluß, Béatrice bleibt zunächst allein. Sie lernt den schüchternen Studenten François kennen und zieht zu ihm. Das Glück hält nicht lange – die beiden lieben sich, leben jedoch in verschiedenen Welten. Das Mädchen kommt aus einfachen Verhältnissen, der Student aus einem großbürgerlichen Elternhaus. Bei den Diskussionen mit seinen Studienkollegen sitzt Béatrice unbeteiligt daneben; ihre Frage beim Zähneputzen, was Dialektik ist, kann er allerdings auch nicht befriedigend beantworten. François trennt sich von ihr. Sie scheint das Ende der Beziehung zu akzeptieren, leidet aber unter Eßstörungen und bricht auf der Straße zusammen. Monate später sucht François sie in einer psychiatrischen Klinik auf: Béatrice wirkt apathisch, ihre Persönlichkeit scheint ausgelöscht. Nach dem einsilbigen Gespräch kehrt sie in den Gemeinschaftsraum zurück und nimmt stumm ihre Arbeit als Spitzenklöpplerin wieder auf.

In ruhigen Bildern zeigt Claude Goretta die Zerstörung eines Menschen als schleichenden Prozeß. Goretta und Alain Tanner sind die wichtigsten Filmemacher der französischsprachigen Schweiz: Gemeinsam haben sie den Filmclub an der Genfer Universität gegründet, sind nach London gegangen und haben zusammen den Kurzfilm *Nice Time* (1957) realisiert. Beide sind beeinflußt vom britischen Free Cinema und haben Dokumentarfilme gedreht. Ihre Spielfilme verfolgen jedoch verschiedene ästhetische Ansätze: Während Tanner ein intellektuelles Kino macht, das immer auch das Medium mit reflektiert, ist Goretta ein Meister des psychologischen Realismus. Seine Filme leben nicht vom Dialog, sondern von Gesten und Blicken. Béatrice in *La dentellière* kann ihren Gefühlsreichtum nicht artikulieren; ihr fehlen nicht nur die verbalen Ausdrucksmittel, auch ihre Körpersprache ist scheu und zurückhaltend. Die ›Kommunikationssperre‹ zwischen zwei Menschen, die nicht die gleiche Sprache sprechen, wird sinnfällig in linkischen Bewegungen und sorgfältig komponierten Bildern, die mit dezenter Symbolik aufgeladen sind. Die Verletzungen lassen sich eher erahnen: Zu dramatischen Ausbrüchen, direkten Konfrontationen kommt es nicht. Die Haltung Gorettas ist diskret: Er beläßt der Figur ihr Geheimnis, statt es auszuplaudern. Der Film zeichnet das Porträt einer Frau, deren Geschichte, ähnlich wie bei den Bildern Vermeers, der Zuschauer sich selbst erschließen muß.

Die eigentümliche Faszination, die von Isabelle Hupperts Darstellung der Béatrice ausgeht, hat Michael Rutschky beschrieben: »Vor allem fällt an dem Mädchen auf, daß sie nicht geschminkt, die Erscheinung ihrer Haut nicht inszeniert ist; auch ihr Haar, rötlich blond, scheint eher von Natur gelockt, nicht eigentlich frisiert zu sein, als wäre das überhaupt unnötig; ebenso fehlen Spuren demonstrativer Inszenierung an ihrer Kleidung, sie entbehrt aller Prestigesymbolik: als hätte sie jemand angezogen, im Prinzip unauffällig, sie hat es nicht selbst getan.« Die Fragilität ihres Wesens und die unausgesprochene Emotionalität machen sie wehrlos: Im Gegensatz zu Marylène kann sie nicht mit Wut und Tränen reagieren, als der Mann ihr den Laufpaß gibt. In seinem Essay kommt Rutschky zu dem Schluß: »Ich möchte diese Schauspielerin in dieser Rolle geradezu für die Allegorie dessen halten, was wir in den siebziger Jahren im Kino suchten: die körperliche Welt in ihrer Sichtbarkeit, quasi jenseits von sprachlicher, in Sprache übersetzbarer Bedeutung.«

»*La dentellière*«, in: L'Avant-Scène du Cinéma, 1981, H. 266. (Filmprotokoll).

Jean-Pierre Brossard: »Trotz allem hoffe ich. Aussagen des schweizerischen Filmemachers Claude Goretta«, in: Film und Fernsehen, 1978, H. 10; Gilles Cèbe: »Une martyre de l'amour«, in: L'Avant-Scène du Cinèma, 1981, H. 266; Wolfgang Gersch: »Schweizer Kinofahrten«. Berlin (DDR)/München 1984; Joachim Günther: »Verlorenes Schweigen«, in: Film und Fernsehen, 1978, H. 10; B.H. Martineau: »*The Lacemaker* vs *Free Breathing*«, in: Jump Cut, 1978, H. 19; Tom Milne: »*La dentellière*«, in: Monthly Film Bulletin, 1977, H. 526; Gillian Parker: »*The Lacemaker*«, in: Film Quarterly, 1978, H. 1; Hans Günther Pflaum: »Claude Goretta. Ausbruch nach Utopia«, in: Peter W. Jansen/Wolfram Schütte (Hg.): Film in der Schweiz. München 1978; Karin Reschke: »Kleines Unglück, starre Körper«, in: Der Spiegel, 17.7.1978; Hans-Jörg Rother: »Das Unglück der falschen Erwartungen«, in: Helga Hartmann/Ralf Schenk (Hg.): Mitten ins Herz. Berlin 1991; Michael Rutschky: »Erfahrungshunger«. Köln 1980.

Michael Töteberg

DEPRISA, DEPRISA (Los, Tempo!).

Spanien (Elías Querejeta P.C./Les Films Molière) 1980. 35 mm, Farbe, 98 Min.
R+B: Carlos Saura. K: Teo Escamilla. A: Maiki Marín. Ba: Antonio Belizon. S: Pablo G. del Amo. M: Capuccino, Los Chungitos, Emilio de Diego, Lole y Manuel, La Marelu, Los Marismenos.
D: Berta Socuéllamos Zarco (Angela), José Antonio Valdelomar (Pablo), Jesús Arias Aranzeque (Meca), José María Hervás Roldán (Sebas), María del Mar Serrano (María).

Mit *Deprisa, deprisa* kommt Saura 21 Jahre nach seinem ersten Spielfilm *Los golfos* (*Die Straßenjungen*, 1959) auf das Thema der Jugendkriminali-

Deprisa, deprisa: José Antonio Valdelomar

tät zurück, das in Spanien zu Beginn der achtziger Jahre von großer Brisanz war. Nach Niederschrift einer ersten Drehbuchfassung zog Saura monatelang durch Außenbezirke und Arbeiterviertel Madrids und knüpfte Kontakte zu den Jugendlichen, um ihr Milieu, ihre Sprache und Lebensanschauungen kennenzulernen. Die dabei gefundenen Laiendarsteller, größtenteils Mitglieder einer Clique, stammen alle aus dem gleichen Viertel. Ihre Verhaltensweisen und ihr Slang fanden Eingang in die endgültige Drehbuchfassung; zudem erleichterte der realistische Inszenierungsstil und der ihnen vertraute Schauplatz den Jugendlichen die Identifikation mit ihren Rollen. Diese Arbeitsmethode verleiht *Deprisa, deprisa* eine außergewöhnliche Authentizität in der Darstellung.

Pablo, Meca und Sebas schlagen sich mit Raubüberfällen und Autodiebstählen durchs Leben. Als Pablo die Kellnerin Angela kennenlernt und sich in sie verliebt, integriert er sie in die Gruppe. Pablo und Angela erfüllen sich mit ihrem Anteil aus zwei Raubüberfällen ihre Wünsche: eine eigene Komfortwohnung, ein schnelles Auto, eine Reise ans Meer, ein Fernseher für die Großmutter. Der dritte große Coup der Vierer-Gruppe, ein Banküberfall, endet im Kugelhagel der Polizei: Sebas und Meca werden erschossen. Angela versucht, den schwerverletzten Pablo zu retten, doch auch er stirbt. In der Schlußeinstellung verliert sich ihre Gestalt in der Morgendämmerung, begleitet von ihrem und Pablos Lied »Me quedo contigo« – »Ich bleibe bei dir«.

Der Film dokumentiert das perspektivlose Leben einer jugendlichen Subkultur, die sich durch ihren Nihilismus gegenüber einer bürgerlich etablierten Gesellschaft auszeichnet. Im Zentrum der Erzählung steht Angela, die erst durch ihre Aufnahme in die Gang zur Kriminellen wird und am Ende als einzige überlebt. Saura nimmt keinen moralischen Standpunkt ein, vielmehr kritisiert er indirekt eine Wohlstandsgesellschaft, die mit der Schaffung immer neuer Bedürfnisse eine neue Generation sozialer Randexistenzen hervorgebracht hat. Diese haben keine Illusionen mehr über einen möglichen materiellen und sozialen Aufstieg – wie seinerzeit in *Los golfos* – sondern sie erheben ihre individuelle Freiheit und den spontanen Genuß der unmittelbaren Gegenwart zu ihren höchsten Idealen. Konsum, Drogen, Alkohol – dafür nehmen sie sich, was sie brauchen, und sei es unter Gewaltanwendung und dem Einsatz des eigenen Lebens. Ohne jegliche Psychologisierung zeigt Saura neben der Brutalität und Kälte, mit der die Protagonisten ihre Verbrechen begehen, nicht zuletzt durch die Liebesgeschichte auch ihre Gefühle füreinander. Während in den Massenmedien die jugendlichen Kriminellen als anarchistische Monster dargestellt werden, entlarvt er die autoritäre Nationalpolizei als den wahren Aggressor: Die Polizisten greifen schnell zu den Waffen oder führen grundlose Leibesvisitationen durch, wie es den Freunden auf ihrem Ausflug zum Monument des »Heiligen Herzens von Jesus« geschieht. In diesem symbolischen Raum, dem Zentrum des alten katholischen Spaniens, demonstriert Saura das Aufeinanderprallen zweier Generationen.

Wie Saura in seinen früheren Filmen den Mikrokosmos der bürgerlichen Familie mit dem isolierten Herrschaftshaus verband, so stehen die Figuren in *Deprisa, deprisa* in unmittelbarer Beziehung zu ihrer sozialen Umgebung, die die Kamera in Panoramafahrten und Totalen erfaßt. Die Kontrastierung kultureller Räume – das Denkmal, das alte Dorf der Großmutter, das Meer – mit der chaotischen Betonwüste der Großstadt, dem ›Machtbereich‹ der Gang, weist auf die Identitätslosigkeit einer verlorenen Jugend hin.

Die Erzählstruktur ist geradlinig, streng chronologisch, wie es dem Leben der Jugendlichen entspricht, in dem nichts als die Gegenwart zählt. Aufgrund seiner Eindeutigkeit und Aktualität stieß *Deprisa, deprisa* auf eine positivere Resonanz in Spanien als Sauras sensiblere und komplexe Filme; auch im Ausland war der Film erfolgreich und wurde auf der Berlinale 1981 mit dem Goldenen Bären prämiert.

Carlos Saura: »*Los, Tempo!*«. Hg. Ursula Beckers/Albrecht Lempp. München 1981. (Filmprotokoll, Materialien).
Hans M. Eichenlaub: »Carlos Saura«. Freiburg i.Br. 1984; Peter W. Jansen/Wolfram Schütte (Hg.): »Carlos Saura«. München 1981; Marvin D'Lugo: »The Films of Carlos Saura. The Practice of Seeing«. Princeton 1991; Agustín Sánchez Vidal: »El Cine de Carlos Saura«. Zaragoza 1988.

Renate Gompper

DER DESERTEUR ↗ Desertir

DESERTIR

(Der Deserteur). Sowjetunion (Mežrabpomfilm) 1931–33. 35 mm, s/w, 100 Min.

R: Vsevolod Pudovkin. B: Nina Agadžanova-Šutko, M. Krasnostavskij, A. Lasebnikov.
K: Anatolij Golovnja, Juljus Fogelmann.
M: Jurij Šaporin.
D: Boris Livanov (Karl Renn), Vasilij Kovrygin (Ludwig Zeile), Tamara Makarova (Greta), Judith Gliser (Marcella), Aleksandr Čistjakov (Müller), A. Konsovskij (Straus), P. Golm (Hans).

Der sowjetische Film machte in der Weimarer Republik Furore: Nachdem der Kampf um Eisensteins ↗*Bronenosec Potemkin*, dessen Aufführung Reichswehr und Zensur vergeblich zu verhindern suchten, gewonnen war, kamen zahlreiche ›Russenfilme‹ in die deutschen Kinos. Auf den Boykott durch deutschnational ausgerichtete Filmkonzerne wie die Ufa antwortete die von Willi Münzenberg organisierte IAH (Internationale Arbeiterhilfe) mit der Schaffung einer Gegenöffentlichkeit. 1928 wurde, von der KPD initiiert und prominenten Linksintellektuellen unterstützt, der Volks-Film-Verband ins Leben gerufen. Die Kommunisten und ihre Bündnispartner – zu den Gründern gehörten Kurt Tucholsky, Käthe Kollwitz und Asta Nielsen, den Vorsitz übernahm Heinrich Mann – verstanden den Film als Waffe im politischen Kampf: Gegen die reaktionären Fridericus-Rex-Filme wie *Das Flötenkonzert von Sanssouci* (Gustav Ucicky, 1930) setzte man Klassenkampf-Epen, die Agitation mit filmischer Avantgardekunst verbanden. Der Volks-Film-Verband mietete Kinos für Matineevorstellungen an und lud sowjetische Filmkünstler ein: Neben Eisenstein stellten Aleksandr Dovženko, Vsevolod Pudovkin und Dziga Vertov ihre Filme zur Diskussion. Es gab auch

eine Reihe von Coproduktionen; *Desertir* war geplant als Gemeinschaftsproduktion von Mežrabpom, Moskau, mit Prometheus, Berlin.
Die Dreharbeiten begannen im März 1931 in Hamburg. Der Werftarbeiter Karl Renn, durch einen langen und erfolglosen Streik zermürbt, resigniert und zweifelt an der Sache des Proletariats. Die Partei schickt ihn als Mitglied einer Delegation in die Sowjetunion. Er bleibt dort, treibt als Aktivist die Industrialisierung voran und wird ein vorbildlicher Brigadearbeiter. Als Renn erfährt, daß sein Hamburger Genosse Zeile im revolutionären Kampf gefallen ist, fühlt er sich als Deserteur und kehrt in die Heimat zurück. Die politische Botschaft war simpel und nach Fertigstellung des Films unzeitgemäß: Bei der Darstellung des Streiks stand die ›Sozialfaschismus‹-Theorie der KPD, die die SPD zum Hauptfeind erklärte, Pate. Als Pudovkin, der auch in Leningrad und Moskau drehte, die Montage Ende 1933 abgeschlossen hatte, war an eine Aufführung in Deutschland nicht mehr zu denken: Die Nationalsozialisten hatten die Macht übernommen.
Die Arbeit im Schneideraum verzögerte sich, weil Pudovkin bei seinem ersten Tonfilm nach einer komplexen Partitur arbeitete. Zusammen mit Eisenstein und Aleksandrov hatte er – Jahre bevor es die entsprechende Technik in der UdSSR gab – ein »Manifest über den Tonfilm« verfaßt. Der technische Fortschritt, konstatierten die Autoren, habe bisher nur einen künstlerischen Rückschritt bewirkt: Die expressive Bildsprache des Stummfilms wurde aufgegeben, der Naturalismus kehrte zurück. Die sowjetischen Filmkünstler wollten diese Sackgasse nicht beschreiten: Die Zukunft des Tonfilms liege im kontrapunktischen Gebrauch der visuellen und akustischen Elemente. Die Asynchronität von Bild und Ton wurde zum künstlerischen Gestaltungsprinzip erhoben.
Radikal und virtuos setzte Pudovkin dieses ästhetische Konzept in *Desertir* um: Dynamischer Rhythmus und assoziative Montage, kurze, sich überstürzende Bildfolgen, scharfe Schnitte und verfremdete Töne. Die tumultartigen Auseinandersetzungen zwischen dem Arbeiterführer und Streikbrechern, aber auch die Montage-Sequenz der Werftarbeit weisen ein atemberaubendes Schnittempo auf: 95 Einstellungen in 75 Sekunden bzw. 265 Einstellungen in knapp zwei Minuten. Der Soundtrack – Pudovkin verwendete nur Originalton, keine im Studio produzierten Geräusche – steigert zusätzlich die Eskalation: Eisensteins »Kollisionsmontage« wird erweitert durch die Konfrontation von Ton und Bild. Die Tonspur dient hier nicht als akustische Illustration, sondern wird zu einer zweiten Ebene, nach eigenen Gesetzen strukturiert und komponiert wie ein Musikstück. Während der Demonstration ist die Luft erfüllt vom Widerhall verschiedenster Geräusche: Radiofetzen, Autohupen, Hurrarufe, Straßenlärm, das laute Schwirren eines Flugzeugpropellers. Neben solchen Orchesterstücken gibt es solistische Einlagen. Ganz am Anfang des Films, frühmorgens am Hafen, eine Sirenen-Symphonie: Sechs Dampfer im Umkreis mehrerer Kilometer tuten. Dann plötzlich ohne Übergang Stille: stumme Sequenzen, die wie ein Schrei wirken. *Desertir* ist ein kühnes, wahrhaft revolutionäres Experiment.
Es stieß auf Ablehnung und wurde als Formalismus gebrandmarkt. Die Funktionäre warfen den Autoren des Manifests vor, sie hätten die volkstümliche Kunstform Film den »Massen entfremdet und sie zum Privileg eines kleinen Häufleins ästhetisierender Kenner« gemacht. Das Verdikt wurde noch 20 Jahre später in der Pudovkin-Monographie von Aleksandr Mar'jamov wiederholt. »Das Thema war politisch nicht richtig angefaßt, es fehlte eine klare ideologische Lösung«, heißt es über *Desertir*, »deshalb standen auch die Fehler des Films von vornherein fest.« Auf einer Kulturkonferenz 1935 wurde dem Regisseur erklärt, »daß er, wenn er seine Arbeit weiter durch formalistische Entstellungen hemmte und die ideologische und politische Grundlage seines Schaffens nicht vertiefte, seinem Werk damit selbst das Todesurteil sprach«. Der Regisseur mußte Selbstkritik üben, sein Werk verschwand in den Archiven. Selbst in dickleibigen Darstellungen der sowjetischen Filmgeschichte findet *Desertir* keine Erwähnung.

Graham Greene: »*The Deserter*«, in: ders.: The Graham Greene Film Reader. New York 1994; Aleksandr Moiseevič

Mařjamov: »Pudowkin. Kampf und Vollendung«. Berlin (DDR) 1954; Herbert Marshall: »Masters of the Soviet Cinema«. London u.a. 1983; Vsevolod Pudovkin: »Über die Filmtechnik«. Zürich 1961; Lothar Prox: »Tonfilmexperimente: *Der Deserteur* (1933), in: Werner Faulstich/Helmut Korte (Hg.): Fischer Filmgeschichte. Bd.2. Frankfurt a.M. 1991; Michael Töteberg: »Zwei Russen in Hamburg«, in: ders.: Filmstadt Hamburg. Hamburg 1990.

Michael Töteberg

DESIGN FOR LIVING (Serenade zu dritt). USA (Paramount) 1933. 35 mm, s/w, 90 Min.

R: Ernst Lubitsch. B: Ben Hecht, nach dem gleichnamigen Theaterstück von Noël Coward. K: Victor Milner. S: Frances Marsh. Ba: Hans Dreier.
D: Frederic March (Tom Chambers), Gary Cooper (George Curtis), Miriam Hopkins (Gilda Farrell), Edward Everett Horton (Max Plunkett).

»Unmoral macht Spaß«, dies könnte das Motto sein für Lubitschs Hollywood-Komödien. In *Trouble in Paradise* (*Ärger im Paradies*, 1932), *Angel* (*Engel*, 1937) oder *Bluebeard's Eighth Wife* (*Blaubarts achte Frau*, 1938) werden die Regeln für Anstand und Sitte lustvoll verletzt, doch mit so viel Witz und Raffinesse, daß selbst im prüden Hollywood der Zensor nicht einschreiten mochte. »Unmoral macht Spaß«, doziert der biedere Geschäftsmann Plunkett in *Design for Living*, »aber nicht Spaß genug, um hundertprozentige Tugendhaftigkeit und drei warme Mahlzeiten am Tag zu ersetzen.« Dieses bürgerliche Moralbekenntnis erscheint Tom geradezu lachhaft: Er notiert den Satz gleich für seine neue Komödie.

Eine amerikanische Werbegrafikerin, Gilda, selbstbewußt und selbständig, verliebt sich in die Freunde George und Tom; der eine ist Maler, der andere Bühnenautor, erfolglos sind beide. Max Plunkett, ein Werbefachmann mit kapitalkräftigen Kunden aus der Wäschebranche und dem Zementgeschäft, bemüht sich als ›väterlicher Freund‹ ebenfalls um sie. Tom und George bemerken, daß sie dieselbe Geliebte haben, doch Gilda kann und will sich nicht entscheiden. Sie schlägt ein Gentlemen's Agreement vor: Freundschaft zu dritt, wobei das oberste Gebot lautet: »Kein Sex«. Doch erst bricht George, dann Tom und jedesmal Gilda das Abkommen. Sie flieht vor beiden und heiratet Plunkett, doch die Ehe inklusive der gesellschaftlichen Repräsentationspflichten ist so langweilig wie »drei warme Mahlzeiten täglich«, und nur zu gern folgt Gilda am Schluß wieder Tom und George. Mit der feierlichen Erneuerung des Gelöbnisses endet der Film. Daß das Gentlemen's Agreement wohl kaum einzuhalten sein wird, ahnt der Zuschauer: Gilda hat zwischendurch einmal bekannt, daß sie leider eben kein Gentleman sei, sondern eine Frau ...

Design for Living weist fast alle Stärken Lubitschs und fast keine seiner Schwächen auf. Verweist die Situationskomik und die ›Türen-Dramaturgie‹ noch auf das dem Drehbuch zugrundeliegende Boulevardstück, so ist der berühmte Lubitsch-Touch doch unverkennbar: geschliffene Dialoge, hervorragende Schauspieler, elliptische Erzählweise und vor allem exaktes Timing. Es gibt keinen Stillstand: Was eben angekündigt wurde, wird in der nächsten Szene dementiert. Lubitsch treibt die Handlung voran, indem er sie nicht zeigt. Ein wichtiger Empfang bei Plunkett wird durch die ungebetenen Gäste Tom und George gesprengt: Im Bild zu sehen ist nur die menschenleere Treppe; was im Salon vor sich geht, kann sich der Zuschauer dank des Tumults aus dem Off denken. Das Spiel funktioniert auch andersherum: Von außen und ohne Ton, durch ein Schaufenster sieht man Plunkett und Gilda beim Aussuchen des Ehebettes; er mißt seine Breite, die Gildas, dann die des schmalen Bettes und schüttelt den Kopf. Lubitsch verhüllt nicht, er spart aus und macht so den Zuschauer zum Komplizen, dem er das Ausfüllen der Leerstellen überläßt. »Das Publikum kommt nicht hinzu zum schöpferischen Akt, es steckt mitten drin, es ist ein Teil des Films«, notierte François Truffaut über den Lubitsch-Stil. Seine Strategie, ein bürgerliches Publikum, das kaum für sexuelle Libertinage und Promiskuität eintrat, für eine Geschichte über eine Dreierbeziehung einzunehmen, hat Lubitsch ganz nebenbei in einer Szene reflek-

Design for Living: Frederic March, Miriam Hopkins und Gary Cooper

tiert: Als Plunkett sich das Theaterstück von Tom ansieht, muß er herzlich lachen über den Satz von der Unmoral – bis er bemerkt, daß die Sentenz von ihm selbst stammt, woraufhin der Zuschauer des Films nochmals über Max lachen kann.

Der Titel *Design for Living* ist unübersetzbar. Gemeint ist damit auch: Das ganze Leben ist eine Inszenierung. Man spielt einander etwas vor. Vor allem Tom und George führen hinreißende Schaukämpfe auf. Vor Gildas erstem Besuch verteilen sie überall in der Wohnung ihre Bilder und Manuskripte; sie wollen sich nonchalant geben und üben sich in Selbstdarstellung: Auch in der Konkurrenz um eine Frau soll die steif-lächerliche Fairneß und Lakonie einer typischen Männerfreundschaft nicht untergehen. Später kommt es zu einer handgreiflichen Auseinandersetzung zwischen den Freunden. Das Eifersuchtsdrama, meint Tom, könnte man durchspielen als blutiges Melodram, billige Farce oder aber als »sophisticated comedy«, was bedeutet: intellektuelles Vergnügen auf höchstem Niveau. Genau dies hat Lubitsch mit *Design for Living* realisiert.

Alfred Holighaus: »Unmoral macht Spaß«, in: tip, Berlin, 1986, H. 6; Wolfgang Limmer: »Der Lubitsch-Touch«, in: Fernsehen und Film, Velber, 1971, H. 3; Robert W. Mills: »The American Films of Ernst Lubitsch«. Ann Arbor 1976; Enno Patalas: »Ernst Lubitsch: Eine Lektion in Kino«, in: Hans Helmut Prinzler/Enno Patalas (Hg.): Lubitsch. München, Luzern 1984; William Paul: »Ernst Lubitsch's American Comedy«. New York 1983; Leland A. Poague: »The Cinema of Ernst Lubitsch. The Hollywood Films«. Cranbury 1978; Tim Pulleine: »*Design for Living*«, in: Monthly Film Bulletin, 1978, H. 539; Samson Raphaelson: »Three Screen Comedies«. Madison 1983; Manuela Reichart: »*Design for Living*«, in: Prinzler/Palatas, a.a.O.; Herta-Elisabeth Renk: »Ernst Lubitsch«. Reinbek 1992; Rudolf Thome: »Die Rolle der Frau«, in: Der Tagesspiegel, Berlin, 7.3.1986; François Truffaut: »Lubitsch war ein Fürst«, in: ders.: Die Filme meines Lebens. Frankfurt a.M. 1997; Herman G. Weinberg: »The Lubitsch Touch«. New York 1987.

Rolf-Bernhard Essig

DEUTSCHLAND, BLEICHE MUTTER Bundesrepublik Deutschland (Helma Sanders-Brahms/Literarisches Colloquium Berlin/WDR) 1979/80. 35 mm, Farbe, 145 Min.
R+B: Helma Sanders-Brahms. K: Jürgen Jürges. A: Götz Heymann. S: Elfi Tillack, Uta Periginelli. M: Jürgen Knieper.
D: Eva Mattes (Helene), Ernst Jacobi (Hans), Elisabeth Stepanek (Hanne), Gisela Stein (Tante Ihmchen), Fritz Lichtenhahn (Onkel Bertrand), Anna Sanders, Sonja Lauer, Miriam Lauer (Anna).

Während *Deutschland, bleiche Mutter*, zehn Jahre nach der Uraufführung, im Ausland zum festen Repertoire des Neuen deutschen Films gehört, stieß der Film in seinem Ursprungsland schon bei seinem Erscheinen auf Widerspruch. Provoziert wurde er durch den bewußt subjektiven Standpunkt, von dem aus die Autorin und Regisseurin deutsche Geschichte betrachtet: Es handelt sich um einen autobiographischen Ansatz; die Jahre der nationalsozialistischen Herrschaft, des Zweiten Weltkriegs und der Nachkriegszeit werden aus Kinderaugen beobachtet.
Der Film beginnt mit der ersten Begegnung von Hans und Lene, ihrer Heirat und der bald darauf folgenden Trennung durch den Kriegausbruch. Anna wird während eines Bombenangriffs geboren. Sie ist mit ihrer Mutter weitgehend allein; der Vater taucht nur während kurzer Fronturlaube auf. Er ist kein Parteigänger der Nazis, aber auch kein Widerständler; auf die Erfahrungen des Krieges, die Brutalität des Wehrdienstes reagiert er mit zunehmender Verhärtung. Lene hingegen erlebt die Zerstörung ihres Heims und die daraus folgenden Wanderungen mit dem Kind durch das zerstörte Deutschland eher als Befreiung. Selbst eine Vergewaltigung im Chaos des Kriegsendes und die Anforderung, sich zwischen Ruinen mit Anna allein durchzuschlagen, scheinen in ihr immer größere Kräfte freizusetzen. Als Hans heimkehrt, steht er – ein gebrochener Mann – einer selbstbewußten Frau gegenüber, und sein Kind, symbiotisch mit der Mutter verbunden, ist ihm fremd.
In den Jahren des Wiederaufbaus werden die erlittenen Verletzungen ebenso offensichtlich wie die Entfremdung der Ehepartner. Lene »verliert das Gesicht«, d.h. ihr schönes Gesicht wird durch eine Lähmung entstellt. Sie versinkt in Depression; das Kind, aber auch Hans stehen hilflos daneben. Der Mann leidet zusätzlich darunter, daß die Erneuerung Deutschlands, wie er sie sich nach dem Zusammenbruch vorgestellt hat, nicht stattfindet: Die Posten und Ämter teilen sich die alten Nazis. Lenes Versuch, sich durch Selbstmord dem allem zu entziehen, wird durch die Beharrlichkeit des Kindes vereitelt: Anna trommelt so lange gegen die Tür, hinter der die Mutter den Gashahn aufgedreht hat, daß diese wieder herauskommt – in ein anderes, besseres Leben? Oder nur aus Verantwortung ihrer Tochter gegenüber?
Das Trauma des Faschismus wird mittels einer Erzählung des Grimmschen Märchens vom »Räuberbräutigam« bearbeitet; während dieser langen Sequenz ziehen Mutter und Kind durch Ruinen, grünende Wälder und an verwesenden Toten vorbei. Das Märchen beschreibt den Zustand Deutschlands als Raub eines Bräutigams, der das Land zerfleischt, und zugleich Lenes Angst vor der Rückkehr des Soldaten-Mannes in ihr Leben. Dem Film vorangestellt ist, gesprochen von seiner Tochter Hanne Hiob, Brechts 1933 entstandenes Gedicht: »O Deutschland, bleiche Mutter! / Wie sitzest du besudelt / Unter den Völkern!« Auch sonst sind im Film Einflüsse Brechts zu erkennen. Die Verarbeitung von Dokumentarmaterial verfremdet die private Geschichte und dient, wie die begleitende Kommentarstimme der Autorin, als Moment der Reflexion, als Brechung der Emotion, deren Berechtigung zugleich durch sie betont wird.
Alain Bergala hat auf die »Schonungslosigkeit« der Filmautorin im Umgang mit ihren Figuren aufmerksam gemacht und spricht von einem »Kino ohne Versöhnung«, das die Hoffnung in sich selbst und seiner Ästhetik findet. Lange Sequenzen mit komplizierten Fahrten lassen die Szenen wie aus der Erinnerung aufsteigen. Die Nazifahne spiegelt sich am Anfang in einem dunklen Wasser und wird dann durch die Ruderblätter des Mannes gebrochen, der

später Lenes Mann und Annas Vater werden wird. Wenig später ist bei einem düsteren Fest wieder die Fahne zu sehen, diesmal mit einer Unzahl von schwarzen Fliegen.

Dank der durchgehaltenen Perspektive des Erinnerns vermeidet der Film die Fallen eines platten Historismus. Dies gilt auch für die Besetzung: Für den jungen Hans ist Ernst Jacobi eigentlich zu alt, doch wird er gesehen mit den Augen des Kindes, das ihn erst wirklich kennenlernte, als er aus dem Krieg wiederkam und ihn sich deshalb als jungen Mann nur mit Falten und gealtert vorstellen kann. Eva Mattes als Lene hingegen zeigt – von der jungen Frau des Anfangs bis zur Verunstaltung am Schluß – eine ganze Reihe von sich ständig verändernden Gesichtern. Sie macht die Figur nicht nur glaubwürdig, sie gibt ihr eine Kraft und Vitalität, durch die sie immer identifizierbar bleibt. – Leider wird der Film zumeist in einer auf zwei Stunden gekürzten Fassung gezeigt; die Originalfassung ist weitaus reicher und komplexer, zumal es in ihr satirisch-komische Szenen gibt, die die düstere Handlung kontrapunktisch brechen.

Helma Sanders-Brahms: »*Deutschland, bleiche Mutter*«. Reinbek 1980. (Filmerzählung).

Angelika Bammer: »Through a Daughter's Eyes: Helma Sanders-Brahms' *Germany Pale Mother*«, in: New German Critique, 1985, H. 36; Alain Bergala: »L'Histoire au féminin singulier«, in: Cahiers du Cinéma, 1981, H. 326; Anton Kaes: »Deutschlandbilder«. München 1987; E.A. Kaplan: »The Search for the Mother/Land in Sanders-Brahms' *Germany Pale Mother*«, in: Eric Rentschler (Hg.): German Film and Literature: Adaptations and Transformations. London, New York 1986; Julia Knight: »Frauen und der Neue Deutsche Film«. Marburg 1995; Olav Münzberg: »Schaudern vor der ›bleichen Mutter‹«, in: medium, 1980, H. 7; Leonie Naughton: »*Germany Pale Mother*: Screen Memories of Nazism«, in: Continuum, 1992, H. 2; Helke Sander: »Krankheit als Sprache«, in: Frauen und Film, 1980, H. 23; Ellen E. Seiter: »Women's History, Women's Melodrama: *Deutschland, bleiche Mutter*«, in: The German Quarterly, 1986, H. 4; Gabriele Weinberger: »Nazi Germany and its aftermath in Women director's autobiographical Films of the late 1970s«. San Francisco 1992.

Leonhard M. Fiedler

DEUTSCHLAND IM HERBST

Bundesrepublik Deutschland (Pro-ject Film/Hallelujah-Film/Kairos-Film) 1977/78. 35 mm, Farbe, 124 Min.

R: Alf Brustellin, Rainer Werner Fassbinder, Alexander Kluge, Maximiliane Mainka, Edgar Reitz, Katja Rupé/Hans Peter Cloos, Volker Schlöndorff, Bernhard Sinkel. B: Heinrich Böll, Peter Steinbach, die Regisseure. K: Michael Ballhaus, Jürgen Jürges, Bodo Kessler, Dietrich Lohmann, Colin Mounier, Jörg Schmidt-Reitwein. S: Heidi Genée, Mulle Goetz-Dickopp, Juliane Lorenz, Beate Mainka-Jellinghaus, Tanja Schmidbauer, Christina Warnck.

D: Heinz Bennent, Wolf Biermann, Liselotte Eder, Vadim Glowna, Helmut Griem, Hannelore Hoger, Dieter Laser, Horst Mahler, Armin Meier, Enno Patalas, Walter Schmiedinger, Franziska Walser, Angela Winkler, Manfred Zapatka.

Im Herbst 1977, unter dem Eindruck der Schleyer-Ermordung und den Ereignissen in Mogadischu, reagierten zehn deutsche Filmemacher schnell und intelligent, um eine außergewöhnliche politische Situation mit ihren Mitteln zu dokumentieren und reflektieren. Wenige Monate später, im März des nächsten Jahres, kam der Film in die Kinos. Das Kollektivunternehmen – ohne Fernsehgelder produziert und auch nie von einer öffentlich-rechtlichen Anstalt ausgestrahlt – wurde spontan realisiert, um »gegen die Angst anzugehen« (Fassbinder) und zugleich die offiziellen Sprachregelungen zu durchbrechen.

Deutschland im Herbst beginnt mit der Beerdigung von Hanns-Martin Schleyer, einem bis ins Detail inszenierten Staatsakt. Im Off wird sein Brief, den er als RAF-Geisel an seinen Sohn richtete, verlesen. Zwei Stunden später endet der Film mit einer anderen Beerdigung, der RAF-Mitglieder Gudrun Ensslin, Andreas Baader und Jan-Carl Raspe. Wieder ist die Staatsmacht allseitig präsent am Grab. Im Off hört man Kluges Kommentar: Der Friedhof ist ein ehemaliger Schießstand.

Nach dem Staatsakt für Schleyer folgt Fassbinders

Beitrag, der in seiner radikalen Subjektivität das von der Hatz auf Terroristen und Sympathisanten ausgelöste Klima der Hysterie vielleicht am besten zum Ausdruck bringt. Ein völlig aufgewühlter Fassbinder insistiert in pausenlosen Telefongesprächen darauf, Einzelheiten über die Flugzeugentführung und die Spezialtruppe GSG 9 zu erfahren. Er mutmaßt über die Hintergründe der (Selbst-)Morde von Stammheim und streitet sich mit seinem eher einfältigen bayerischen Freund. Zwischen Wut und Trauer hin- und hergerissen, diskutiert er mit seiner Mutter, versucht so, sich Klarheit über die politischen Verhältnisse in der Bundesrepublik zu verschaffen. Der Dialog offenbart das gebrochene Verhältnis zum demokratischen Rechtsstaat in einer Krisensituation: Das Beste, meint die Mutter, wäre »ein autoritärer Herrscher, der ganz gut ist und ganz lieb und ordentlich«. Dabei ist die Kamera schonungslos beobachtend. Die Fassbinder-Episode, knapp eine halbe Stunde lang, wurde von manchen als unerträglicher Exhibitionismus empfunden, wirkt jedoch stärker und ehrlicher als die Spielszenen von Reitz und Rupé/Cloos.

Den Gegenpol zu Fassbinders Ansatz ist der Dokumentarismus von Alexander Kluge, dessen assoziatives Montageverfahren nicht weniger subjektiv ist. In seinem eigenen Beitrag kreiert er die Figur Gabi Teichert, die er in seinem Film ↗*Die Patriotin* zur Protagonistin machte: Mit einem Spaten bewaffnet stapft sie durch eine Winterlandschaft, um die gefrorene Erde aufzuhacken. Dazu hört man im Off: »Gabi Teichert, Geschichtslehrerin. Seit Herbst 1977 im Zweifel, was sie nun denn unterrichten soll, auf der Suche nach den Grundlagen der deutschen Geschichte.« Darüber hinaus hat Kluge, zusammen mit seiner Cutterin Beate Mainka-Jellinghaus, dem Film seine große Form gegeben. Die artifizielle Montage, die höchst heterogene Beiträge zusammenfaßt und trotzdem die offene Struktur wahrt, sowie Kluges Off-Kommentar machen allein schon *Deutschland im Herbst* zu einer einmaligen Zeitchronik.

Immer wieder wechselt der Film zwischen den verschiedenen Genres: Wochenschaumaterial, Spielszenen, Dokumentaraufnahmen, Interview. Was gegen Ende des Films von Kluges Machart absticht, ist Schlöndorffs Episode »Antigone heute«. Heinrich Böll schrieb den Text zu dieser Satire, die mit seltener Brillanz besticht und von intimer Kenntnis der Situation in den öffentlich-rechtlichen Anstalten zeugt. Das antike Drama erscheint den Programmverantwortlichen derzeit leider nicht sendbar, wehrt sich doch Antigone gegen die Verfügung Kreons, Eteokles feierlich zu bestatten, während er dessen Bruder, dem Staatsfeind Polyneikes, die letzten Ehren versagt. So spiegelt der Beitrag noch einmal das Thema der beiden Beerdigungen.

Deutschland im Herbst hat von seiner damaligen Brisanz und Faszination nichts eingebüßt. Der Film, der auch vom damaligen Selbstverständnis des bundesdeutschen Autorenfilms zeugt, ist inzwischen, was die Initiatoren nicht planten: ein Kunstwerk. Fassbinder lehnte es denn auch ab, für diesen Film einen Bundesfilmpreis entgegenzunehmen.

Knut Boeser: »Ohnmächtig ohne zu resignieren«, in: Ästhetik und Kommunikation, 1978, H. 32; Gerhard Gericke: »*Deutschland im Herbst*«, in: Medien Praktisch, 1978, H. 3; Thérèse Giraud: »*L'Allemagne en automne*«, in: Cahiers du Cinéma, 1979, H. 296; Alexandra von Grote: »Das Wetter bleibt trübe«, in: Ästhetik und Kommunikation, 1978, H. 32; Miriam Hansen: »Cooperative auteur cinema and oppositional public sphere«, in: New German critique, 1981/82, H. 24/25; Heike Hurst: »Vom großen Verhau zum großen Verschnitt: *Deutschland im Herbst*«, in: Frauen und Film, 1978, H. 16; Renate Klett: »Für uns Paradiesvögel wird es enger«, in: Rainer Werner Fassbinder: Die Anarchie der Phantasie. Frankfurt a.M. 1986 (Interview); Joachim Paech: »Zweimal *Deutschland im Herbst*: 1977 und 1992«, in: Kinoschriften, Bd. 4, 1996; Eric Rentschler: »Life with Fassbinder: The Politics of Fear and Pain«, in: Discourse, 1983, H. 6; Lothar Schwab: »Friedhofslandschaft mit Polizisten«, in: Ästhetik und Kommunikation, 1978, H. 32.

Hanna Laura Klar

DEUTSCHLAND IM JAHRE NULL

↗ Germania, anno zero

LES DIABOLIQUES

(Die Teuflischen). Frankreich (Filmsonor) 1954. 35 mm, s/w, 110 Min.

R: Henri-Georges Clouzot. B: Henri-Georges Clouzot, Jérome Géronimi, René Masson,

Les diaboliques: Véra Clouzot, Simone Signoret und Paul Meurisse

Frédéric Grendel, nach dem Roman »Celle qui n'était plus« von Pierre Boileau/Thomas Narcejac. K: Armand Thirard. A: Léon Barsacq. S: Madeleine Gug. M: Georges van Parys. D: Simone Signoret (Nicole Horner), Véra Clouzot (Christina Delassale), Paul Meurisse (Michel Delassale), Charles Vanel (Kriminalkommissar a.D. Fichet), Jean Brochard (Plantiveau), Noël Roquevert (Herboux), Thérèse Dorny (Madame Herboux), Georges Chamarat (Dr. Loisy), Jacques Varennes (Professeur Bridoux), Michel Serrault (Raymond).

Der Film noir hat stark auf *Les diaboliques* abgefärbt. Es handelt sich um einen Atelierfilm – Clouzots Interesse gilt mehr den Innen- als den Außenräumen. So trübe, wie es draußen ist, sieht es auch in den Menschen aus: Das handelnde Personal der Geschichte ist mit einer Ausnahme entweder böse oder bereits zerstört. Diese Ausnahme ist ein spät auftauchender Kriminalkommissar, längst pensioniert, aber geradezu besessen, wenn es um merkwürdige und nicht geklärte Fälle geht.

Detektiv Fichet sitzt im Leichenschauhaus und wartet. Es muß einfach jemand kommen, um eine im Wasser gefundene Leiche zu identifizieren – die Beschreibung in der Zeitung war differenziert genug. Es kommt Christina Delassale, aber sie vermutet im gefundenen Körper einen anderen – ihren Ehemann Michel. Sie weiß, daß er tot ist. Ihre fast ätherische Erscheinung, die sie einmal ausgezeichnet haben muß, ist jetzt verschwunden. Eine junge alte Frau am Abgrund. Fichet hat einen neuen Fall.

Christina ist überzeugt, ihren Mann auf dem Gewissen zu haben. Es geschah vorsätzlich und nach genauer Planung: Zusammen mit ihrer Kollegin und Nebenbuhlerin Nicole ist sie nach Niort gefahren, wohin die beiden Michel Delassale gelockt haben, um ihn unauffällig zu beseitigen. Dieser aber ist es in Wahrheit, der seine Frau Christina schon längst auf dem Gewissen hat. Sie ist sein willenloses Werkzeug, psychisch kaputt und herzkrank. Mit ihrem Geld unterhält er ein Landschulheim für Kinder wohlhabender Eltern. Die überaus agile Nicole, wie Christina Lehrerin an der Schule, war bis vor kurzem Michels Geliebte und überredet nun die zierliche Ehefrau zum gemeinsamen Gatten- und Geliebtenmord. Aber es ist alles nur ein Komplott, der Tod vorgetäuscht. Michel und Nicole wollen Christina loswerden. Also hinterläßt man Zeichen, die auf mysteriöse Weise darauf hindeuten, daß Michel noch am Leben sei und bewirken sollen, daß die kranke Christina stirbt.

Die Verwandtschaft zu Hitchcocks ↗ *Vertigo* liegt auf der Hand - beide Filme gehen auf eine literarische Vorlage von Boileau und Narcejac zurück. Die Bosheit Michels und die Durchtriebenheit Nicoles bleiben ungebrochen im ganzen Film: ein Schwachpunkt in der narrativen Logik, die auf den komplizenhaften Betrachter setzt bis zu jenem Moment, da ein Herzspezialist kommt, um die geschwächte Christina zu untersuchen. Das Gefühl, als Zuschauer getäuscht worden zu sein, erwächst aus solchen Momenten. Was an *Les diaboloques* zunächst irritiert und dann verblüfft, funktioniert, einmal erkannt, nicht zum wiederholten Male.

Die zeitgenössische deutsche Kritik, *Les diaboliques* nicht so gewogen wie die internationale, warf Clouzots Thriller das Fehlen einer noch in seinem früheren Film ↗ *Le salaire de la peur* vorhandenen Kritik an sozialen Mißständen vor. Der Blick auf den Spießer, auf das demütig duckende Lehrerkollegium und auf den zynischen Herzspezialisten erlaubt allerdings eine andere Einschätzung: Hier ist schon nicht mehr von korrigierbaren Mißständen die Rede, sondern von komplexen Deformierungen.

Roy Armes: »French Cinema Since 1946«. Bd.1. New York 1976; Michel Devillers: »*Les diaboliques*«, in: Cinématographe, 1984, H. 98; Ruth A. Hottell: »The Diabolic Dialogic«, in: Literature/Film Quarterly, 1996, H. 3; Francis Lacassin u.a.: »Le Procès Clouzot«. Paris 1964; Judith Mayne: »Framed. Lesbians, Feminists, and Media Culture«. Minneapolis, London 2000; Philippe Pilard: »H.G. Clouzot«. Paris 1969.

Rolf Aurich

DIE MIT DER LIEBE SPIELEN

↗ Avventura

DER DISKRETE CHARME DER BOURGEOISIE

↗ Charme discret de la bourgeoisie

DODES'KA-DEN

(Dodeskaden – Menschen im Abseits). Japan (Yonki no Kai/Toho) 1970. 35 mm, Farbe, 139 Min.

R: Akira Kurosawa. B: Akira Kurosawa, Hideo Oguni, Shinobu Hashimoto, nach dem Roman »Kisetsu no machi« von Shugoro Yamamoto. K: Takao Saito, Yasumichi Fukuzawa. M: Toru Takemitsu.

D: Yoshitaka Zushi (Rokuchan), Junzaburo Ban (Shima), Kiyoko Tange (Shimas Frau), Hisashi Igawa (Masuda), Kunie Tanaka (Kawaguchi), Noboru Mitani (Bettler).

Der Film schildert den Alltag von Menschen, die in armseligen Behausungen am Rande der Großstadt bei einer Müllkippe leben. Dort haben sie eine kleine Siedlung gegründet, in der dorfähnliche Strukturen erkennbar werden. Ruhender Pol der Armutsgemeinde ist Herr Tamba, der einem Dieb sein Geld anbietet und ihn später vor der Polizei deckt. Er rettet einen Selbstmörder, indem er ihm eine verdauungsfödernde Tablette als Todespille verabreicht und durch einfaches Zuhören und Fragen die Lebensgeister wieder weckt. Einen Mann, der im Regen Amok läuft, bringt er dadurch zur Besinnung, daß er ihm anbietet, die Rollen zu tauschen. Den Gegenpol zum weisen und wachen Tamba bildet Hei, der völlig apathisch sein Dasein fristet und dessen Teilnahmslosigkeit seine zurückgekehrte Frau zum endgültigen Aufbruch zwingt.

›Dodeskaden‹ ist ein lautmalerisches Wort, das der Junge Rokuchan verwendet, wenn er Straßenbahn-Fahrer spielt und mit der eingebildeten Bahn durch die Müllkippe fährt. Straßenbahn-Bilder, Zeichnungen von Kindern, stehen am Anfang und Ende des Films. Der Zuschauer wird in dieses Spiel der Imagination hineingezogen – die Geräusche der unsichtbaren Bahn sind zu hören – und zum Verbündeten einer Welt der Phantasie, die den trostlosen Verhältnissen Widerstand leistet. Dies gilt nicht nur für die Kinder: Der Bettler und sein Sohn träumen vom Bau eines Hauses. Varianten werden erwogen, verworfen oder schließlich ›realisiert‹. Auch hier wird der Zuschauer zum Teilhaber eines Tagtraums, da der jeweilige Bauabschnitt im Bild gezeigt wird.

Kurosawa läßt sich bei seiner episodenhaften Einführung der Personen viel Zeit und verleiht ihnen durch seine sorgfältige Darstellung individuelle Ausdruckskraft: »Ich wollte der Schönheit und der Würde dieser Menschen, die auch das tiefste Elend nicht zerstören kann, ein Denkmal setzen!« Er verschweigt weder die Schwächen noch das Elend dieser Leute. Die Flucht in eine Welt der Phantasie wird zwar mit Sympathie gezeigt, nicht jedoch als Lösung des sozialen Problems präsentiert. Ursprünglich gut vier Stunden lang, kürzte Kurosawa sein figurenreiches Werk – die Besetzungsliste nennt mehr als 50 Namen – um rund 100 Minuten.

Dodes'ka-den, in Deutschland nur im Fernsehen gezeigt, ist ein Werk des Übergangs. Nach Abschluß seiner klassischen Periode und einer Pause von fünf Jahren, suchte Kurosawa einen Neuanfang. Sein erster Farbfilm wurde ein finanzieller Mißerfolg und fand bei der Kritik zunächst keine Anerkennung. Moniert wurden die unvermittelte Aneinanderreihung der Episoden sowie die experimentelle Farbgestaltung. Die Ablehnung war eine Ursache für Kurosawas kurz darauf unternommenen Selbstmordversuch. Erst durch Unterstützung aus dem Ausland – *Dersu Uzala* (*Uzala, der Kirgise*, 1973–75) wurde in der Sowjetunion gedreht; das mit ↗*Kagemusha* eingeleitete Alterswerk Kurosawas wurde durch das finanzielle Engagement amerikanischer Produzenten ermöglicht – konnte er seine Arbeit fortsetzen. Aus der heutigen Sicht ist es vielleicht eher möglich, die poetische Qualität und philosophische Dignität von *Dodes'ka-den* zu erkennen.

»*Dodes'ka-den*«, in: Kurosawa Akira eiga taikei. Tokio 1971. (Drehbuch japanisch/engl.)
John Gillett: »Coca-Cola and the Golden Pavillion«, in: Sight and Sound, 1970, H. 3; James Goodwin (Hg.): »Perspectives on Akira Kurosawa«. New York u.a. 1994; Maria Ratschewa: »Die Elenden des Akira Kurosawa«, in: Frankfurter Allgemeine Zeitung, 10.4.1980; David Robinson: »*Dodes'ka-den*«, in: Monthly Film Bulletin, 1975, H. 496; Michel Sineux: »Eloge de la folie«, in: Positif, 1975, H. 165; Philip Strick: »Akira Kurosawa *Dodeska-Den*«, in: Sight and Sound, 1970/71, H. 1; Max Tessier: »Cinq japonais en quete de films: Akira Kurosawa«, in: Ecran, 1972, H. 3; Karsten Visarius: »*Dodes'ka-den*«, in: Peter W. Jansen/Wolfram Schütte (Hg.): Akira Kurosawa. München 1988.

Klaus Bort

DOGVILLE Dänemark/Frankreich/Schweden/Norwegen/Deutschland/Niederlande (Zentropa/Pain Unlimited/Sigma/Hachette Première u.a.) 2003. 35 mm, Farbe, 178 Min.

R+B: Lars von Trier. K: Anthony Dod Mantle. A: Peter Grant. S: Molly Marlene Steensgaard. D: Nicole Kidman (Grace), Paul Bettany (Tom Edison jr.), Lauren Bacall (Ma Ginger), Ben Gazzara (Jack McKay), Chloe Sevigny (Liz Henson), Stellan Skarsgård (Chuck), James Caan (The Big Man).

»Dies ist die traurige Geschichte der Gemeinde Dogville. Dogville lag in den Rocky Mountains, in den Vereinigten Staaten von Amerika, ganz oben, da wo die Straße unwiderruflich zu Ende war, in der Nähe der alten verlassenen Silbermine.« Die ersten Worte klingen wie die Einführung zu einem Roman aus dem 19. Jahrhundert oder zu einem Kostümfilm, doch das Bild negiert den onkelhaften Märchenton realistischen Erzählens: In Aufsicht wird eine nahezu leere Bühne gezeigt, deren Ausstattung radikal reduziert ist auf wenige abstrakte Zeichen: Straßen, Wege und die Grundrisse der Häuser sind im Maßstab 1:1 mit weißer Farbe auf dem Boden eingezeichnet; ein paar Möbel, eine angedeutete Fassade, ein Pappmachéfelsen und ein Holzgerüst sind die einzigen Requisiten. Die Schauspieler bewegen sich auf den mit Kreide markierten Wegen, öffnen imaginäre Türen, bearbeiten nicht vorhandene Stachelbeer-Büsche (und selbst der Hund – Moses heißt er, und man hört ihn gelegentlich bellen – ist nur ein

Kreidekreis auf dem Boden). Thornton Wilders Schauspiel »Unsere kleine Stadt«, in den fünfziger Jahren oft gespielt an deutschen Bühnen, arbeitete mit ähnlichen Mitteln. Eine »bezaubernde kleine Stadt« nennt Grace anfangs Dogville; deren Einwohner, so der Erzähler, seien brave, ehrliche Leute, zudem mit einem ausgeprägten Gemeinsinn ausgestattet, wie Toms Vater lobend ergänzt.

Abgeschnitten von der großen weiten Welt, geht es friedlich und beschaulich in Dogville zu. Plötzlich hört man Schüsse, eine gehetzte junge Frau taucht auf. Sie ist auf der Flucht vor ominösen Gangstern und sucht ein Versteck. Tom nimmt sich ihrer an. Er versteht sich als Schriftsteller, obwohl er noch nichts zu Papier gebracht hat, und seine Hauptaktivität besteht darin, im Missionshaus den Bürgern von Dogville Moralpredigten zu halten. Die flüchtige Frau kommt ihm als Exempel gerade recht: eine Prüfung, an der sich die Moral der Bürger zu bewähren hat. Tom überzeugt die Einwohner von Dogville, ihr eine Chance zu geben. Zwei Wochen hat sie Zeit, von ihnen angenommen zu werden, und sie bietet im Gegenzug ihre Arbeit als eine Art Dienstmädchen für alle an, je eine Stunde pro Haushalt und Tag. Zunächst wird sie freundlich-reserviert von den Menschen aufgenommen, gewinnt aber bald die Herzen und darf bleiben. Sie hatte beschlossen, sich ihnen schutzlos auszuliefern – als ein Geschenk, kommentiert der Erzähler. Die schöne Fremde auf der Flucht heißt Grace, Gnade.

Die anpassungsbereite Schöne mit den »Alabasterhänden« kennt bald die Macken der Dorfbewohner und weiß mit ihnen umzugehen. Tom verliebt sich sogar in sie, und das vierte Kapitel – der Film ist gegliedert in neun Kapitel und einen Prolog – ist überschrieben: »Glückliche Zeiten in Dogville«. Die Idylle bekommt einen ersten Riß, als die Polizei erscheint und einen Steckbrief aufhängt: Grace wird als Verbrecherin gesucht, eine Belohung ist auf sie ausgesetzt. Die Dorfgemeinschaft beschließt, daß sie unter diesen Umständen mehr arbeiten muß. Ihre Abhängigkeit wird gnadenlos ausgenutzt und ausgebeutet. Die braven Bürger von Dogville entpuppen sich zunehmend als niederträchtige Menschen, die sich an ihrem Opfer weiden. Grace wird erniedrigt und gequält, mißhandelt und brutal vergewaltigt. Aus dem Zufluchtsort wird eine Hölle, aus der es kein Entkommen gibt. Nach einem mißglückten Fluchtversuch wird Grace angekettet, muß ein eisernes Hundehalsband mit Glöckchen tragen, Zeichen der totalen Versklavung.

Tom, ihr einstiger Beschützer und Fürsprecher, wird zum Verräter, er informiert die Gangster, die in schwarzen Limousinen anreisen. Der Film schlägt eine überraschende Volte: Bei dem Mafioso, der Grace verfolgt, handelt es sich um ihren Vater; sie wollte sich aus dem Milieu befreien und ein besseres Leben führen. Doch die Leute von Dogville, das seien alles »Hunde, sie folgen nur ihrer Natur«, erklärt Grace ihrem Vater, und sie übt grausame Rache für die erlittenen Demütigungen und ihr Martyrium. Am Ende ist die ganze Gemeinde ausgelöscht. Nur Moses, der Hund, wird verschont.

Dogville ist ein Experiment in zweierlei Hinsicht. Der Film baut eine Versuchsanordnung auf und spielt sie durch: Die Menschen werden auf die Probe gestellt und versagen – sie sind nicht fähig zur Gnade, sondern sexuelle Gier und niedere Instinkte beherrschen sie. Lars von Trier hat mit *Dogville* ein Lehrstück über die Natur des Menschen im Sinne Brechts geschaffen, wobei das Aufzeigen sozialer Mechanismen hier um eine religiös-ethische Dimension erweitert wird. (Von Brecht, speziell dem Lied der Seeräuber-Jenny aus der »Dreigroschenoper« als Rachephantasie, ließ sich der Filmemacher eingestandenermaßen inspirieren.) Der drei Stunden lange Film bietet Erbauung und Belehrung mit den spartanischen Mitteln des epischen Theaters; eine sonore Erzählerstimme leitet die Kapitel ein und kommentiert die Handlung, zudem unterstreicht das antinaturalistische Dekor den Modellcharakter. Verwandte Brecht jedoch den Verfremdungseffekt zur Illusionsbrechung und Schaffung von Distanz zum Vorgeführten, so will von Trier durch den Verzicht auf naturalistische Kulissen die Konzentration auf die Figuren lenken. *Dogville* ist ein hochemotionaler Film.

Trotz der rigiden Reduktion wirkt *Dogville* nie wie eine Theateraufzeichnung, eine suggestive Handkamera, die oft an die Figuren heranzoomt, erschafft einen genuin filmischen Raum. Zu Recht wurde der Kameramann Anthony Dod Mantle mit dem Europäischen Filmpreis ausgezeichnet, während Lars von Trier den Regiepreis erhielt. Die alttestamentarische Strenge und Erbarmungslosigkeit, mit der er das Planspiel von Schuld und Sühne, Erlösung und Rache durchdekliniert, machen *Dogville* zu einem Exerzitium, das den Zuschauern viel zumutet, aber auch den Schauspielern einiges abverlangte: Die Dreharbeiten schilderten sie als wahre Tortur. Dem Regisseur, der mit solchen Erzählungen gern kokettiert, stand trotzdem bei der Realisation in einem schwedischen Flughafen-Hangar ein Star-Ensemble zur Verfügung, in dem legendäre Hollywood-Schauspieler wie Lauren Bacall und James Caan mitwirkten, vor allem aber Nicole Kidman als Grace beeindruckte.

In *Dogville*, erster Teil einer »U, S & A« betitelten Trilogie, setzte von Trier im Abspann einen antiamerikanischen Akzent: Zu David Bowies Song »Young Americans« montiert er Fotos, die Armut und Elend während der Zeit der großen Depression dokumentieren. Die polemische Verkürzung verdeckt die Allgemeingültigkeit der Parabel von der Hundsnatur des Menschen. Dogville ist überall.

Stig Björkman: »Lars von Trier. Dans les coulisses de *Dogville*«, in: Cahiers du cinéma, 2003, H. 579 (Interview mit Lars von Trier); ders.: »Thieves like us«, in: Sight and Sound, 2003, H. 7; Stéphane Delorme: »Le village des cyniques«, in: Cahiers du cinéma, 2003, H. 580; Jake Horsley: »*Dogville* vs. Hollywood«. London 2005; Harlan Jacobson: »*Dogville*«, in: Film Comment, 2003, H. 6; Andreas Kilb: »Der amerikanische Traum findet nicht statt«, in: Frankfurter Allgemeine Zeitung, 22. 10. 2003; Ulrich Kriest: »*Dogville*«, in: film-dienst, 2003, H. 21; Katja Nicodemus: »Das Leben, ein Brettspiel«, in: Die Zeit, 23. 10. 2003; Georg Seeßlen: »*Dogville*«, in: epd Film, 2003, H. 10.

Michael Töteberg

LA DOLCE VITA (La Dolce Vita – Das süße Leben). Italien/Frankreich (Riama/Pathé) 1959/60. 35 mm, s/w, 178 Min.

R: Federico Fellini. B. Federico Fellini, Tullio Pinelli, Ennio Flaiano, Brunello Rondi. K: Otello Martelli. A: Piero Gherardi. S: Leo Catozzo. M: Nino Rota.

D: Marcello Mastroianni (Marcello), Anita Ekberg (Sylvia), Anouk Aimée (Maddalena), Lex Barker (Robert), Yvonne Furneaux (Emma), Alain Cuny (Steiner), Annibale Ninchi (Marcellos Vater).

Bei der Uraufführung kam es zum Skandal. Konservative Angeordnete forderten im römischen Parlament ein Verbot des Films; die Vatikanzeitung »Osservatore Romano« warnte alle Gläubigen vor dem Besuch des Kinos. Auch im Ausland – der Film wurde ein internationaler Erfolg, der Regisseur mit einem Oscar und der Goldenen Palme von Cannes ausgezeichnet – galt die Formel »La dolce vita« bald als Synonym für das Leben und Treiben der High Society: Den Illustrierten lieferte der Film Stoff – das Bild von Anita Ekbergs Bad im Fontana di Trevi ging durch die Weltpresse –, und die Via Veneto wurde zum Treffpunkt des Jet-set. Der Skandalerfolg beruhte jedoch auf einem Mißverständnis. *La dolce vita* ist »im Grunde ein katholischer Film«, erklärte Fellini. »Es ist der Film eines Verzweifelten, und es ist eine Autobiographie. Marcello bin ich, vom Scheitel bis zur Sohle.«

Der Arbeitstitel des knapp dreistündigen Films lautete: »Babylon, im Jahre 2000 nach Christi Geburt«. Geschildert werden ein paar Tage aus dem Leben eines Klatschreporters. Marcello ist zugleich Beobachter und Teil der Schickeria-Szene. Die Stadt Rom erscheint ihm als »eine Art Dschungel, schwül und schön, wo man sich im Dickicht verstecken kann«. In Begleitung einer amerikanischen Filmdiva durchstreift er das Nachtleben, besucht mit ihr Parties und mondäne Clubs. Die Festivitäten enden regelmäßig in wüsten Orgien, am nächsten Morgen folgt der Katzenjammer. Dieses Motiv wird vielfach variiert, und Fellini bezieht es nicht bloß auf den kleinen Kreis der reichen Nichtstuer. Er zeigt, am Beispiel des Besuchs von Marcellos Vater in Rom, den schon rührenden Versuch des Kleinbürgers, auch einmal am süßen Leben teilzunehmen, und er demonstriert an der Steiner-Episode das Versagen und die Ohnmacht der Intellektuellen: Der von Marcello bewunderte Schriftsteller bringt sich und seine Kinder um, weil er »Angst vor dem Leben« hat.

Drei Sequenzen begründen die christliche Perspektive im Film. Die erste Einstellung: der Blick zum Himmel. Ein Helikopter fliegt über die Aquädukt-Reste des alten Roms und die Hochhäuser der neuen Vorstädte. Er transportiert eine riesige Statue: Christus, der seine Arme segnend über der Stadt ausbreitet. Im Mittelteil des Films eine Szene, in der sich Heilserwartung und Sensationsgier grotesk vermischen: Zwei Kindern soll die Mutter Gottes erschienen sein; Presse, Funk und Fernsehen sind angereist, um live das Ereignis einzufangen. Ein Pater äußert Zweifel an der Echtheit der Marienerscheinung: »Ein Wunder widerfährt demütigen Herzen, in der Stille, nicht in einem so lärmenden Durcheinander.« Und Lärm gibt es, wo immer die High Society und in ihrem Gefolge Marcello auftaucht. Die Schlußszene spielt am Meer: Nach durchzechter Nacht stehen die Partygäste am Strand. Fischer ziehen einen gewaltigen Rochen aus dem Wasser, der mit starrem Auge die Menschen anglotzt. Am anderen Ufer steht ein junges Mädchen; es lächelt Marcello an und ruft ihm etwas zu. Doch das Meeresrauschen ist zu laut, er kann das Mädchen nicht verstehen.

Die intelligenteste Analyse von *La dolce vita* lieferte Pasolini gleich nach der Uraufführung. Unter politisch-ideologischen Gesichtspunkten mußte der Marxist den Film verwerfen: Die Werte der katholischen Gesellschaft werden nicht angezweifelt; auf ihrer Folie entfaltet sich eine Kritik, die phänomenologisch den Zerfall beschreibt. Origineller sind Pasolinis Ausführungen zum Stil. Er entwirft eine Grammatik: Bezeichnend für den Kollegen sei die verzögernde Parataxe; in komplizierte Kamerabewegungen werden einfache Einzelaufnahmen eingefügt. Nach der Syntax wendet sich die Untersuchung dem Wortschatz zu: Fellini verfüge über eine reiche und innovative Filmsprache. Nie werden ihre Elemente bloß funktional eingesetzt; ihre Ausdrucksskala reicht vom magischen Realismus bis zum kruden Naturalismus. Die visuelle Gefälligkeit einerseits, die semantische Erweiterung konventioneller Bedeutungen andererseits machen *La dolce vita* zu einem barocken Fresko. Pasolini zählt den Film zu den »großen Produktionen europäischer Dekadenzdichtung«.

»*La Dolce Vita*«. Hg. Christian Strich. Zürich 1974. (Drehbuch, Materialien).

Gianfranco Angelucci (Hg.): »*La dolce vita*«. Rom 1989; Frank Burke: »Federico Fellini: *Variety Lights* to *La Dolce Vita*«. Boston 1984; Norman N. Holland: »The Follies Fellini«, in: Julius Bellone (Hg.): Renaissance of the Film. New York 1970; Pauline Kael: »The Sick-Soul of Europe Parties«, in: dies.: I Lost It At the Movies. Boston 1965; Tullio Kezich: »Fellini«. Zürich 1989; Abbas Kiarostami: »De Sophia Loren à *La dolce vita*«, in: Positif, 1994, H. 400; Thomas Koebner: »Totalen auf unwirtliche Schauplätze«, in: Helga Belach/Wolfgang Jacobsen (Hg.): CinemaScope. Berlin 1993; Pier Paolo Pasolini, »L'irrazionalismo cattolico di Fellini«, in: Enrico Magrelli (Hg.): Con Pier Paolo Pasolini. Rom 1977; Lessie Mallard Reynolds: »An Analysis of the Non-verbal Symbolism in Federico Fellini's Film Trilogy«. Ann Arbor 1969; Robert Richardson: »Waste Lands: The Breakdown of Order«, in: Peter Bondanella (Hg.): Federico Fellini. Oxford u.a. 1978; Josef Schmitz van Vorst: »Filmskandal in Italien?«, in: Frankfurter Allgemeine Zeitung, 15.2.1960; Judith Stallmann-Steuer: »Roms Architektur im Spielfilm«. Weimar 2001.

Michael Töteberg

DOM ZA VESANJE (Time of the Gypsies). Jugoslawien (Forum/Television of Sarajewo) 1989. 35 mm, Farbe, 137 Min.
R: Emir Kusturica. B: Emir Kusturica, Gordon Mihic. K: Vilko Filac. S: Andrija Zafraovic. M: Goran Bregovic.
D: Davor Duimovic (Perhan Davo), Bora Todorovic (Ahmed Dzid), Ljubica Adzovic (Baba, die Großmutter), Husnija Hasimovic (Onkel Merdzan), Sinolicka Trpkova (Azra).

»Du hast mir meine Hochzeit versaut.« Diese zornige Anklage hört man nicht nur einmal, sondern gleich dreimal. Erst ist der Alkohol schuld, dann der geschwängerte Bauch der Braut, schließlich eine Bluttat, die erst den Bräutigam ins Jenseits befördert und dann auch noch den Mörder. Doch die Hochzeiten bilden nur die Höhepunkte der in drei Akte gegliederten tragikomischen Geschichte. Kusturicas Zigeunerchronik könnte eigentlich auf die folkloristisch unterfütterten Feste verzichten; die Geschichte vom Erwachsenwerden des jungen Perhan ist ereignisreich genug.

Perhan ist der älteste Bruder von Malik aus Kusturicas zweitem Spielfilm *Otac na slùžbenom pûtu* (*Papa ist auf Dienstreise*, 1985), gespielt vom selben Schauspieler. Er liebt Azra, darf sie aber erst heiraten, wenn er es zu etwas gebracht hat. Doch der Träumer versteht sich nur auf brotlose Künste. Er hat zwar die übersinnlichen Talente der Großmutter geerbt, doch beschränkt sich seine Begabung auf okkulte Zwiesprachen mit seinem Truthahn und auf die telepathische Fernbedienung von Löffeln, Dosen und Gläsern. Dem Jungen aus dem Barackendorf vom Stadtrand Sarajevos bleibt nur der Weg in die Fremde. Er zieht mit der Sippschaft des reichen Ahmed nach Mailand und erfährt, woher dieses Vermögen in Wirklichkeit stammt: von der Ausbeutung der Kinder, die als Bettler, Diebe, Krüppel und Prostituierte durch die Straßen des reichen Nachbarlandes ziehen und abends ihre Einkünfte abliefern müssen. Perhans Traumtänzerei findet in dieser Grauzone ein gewaltsames Ende. Die glasierten roten Äpfel, Glücksbringer, die ihm Großmutter mit auf den Weg gegeben hat, sind ihm längst abhanden gekommen. Weiße Schleier, traurige Botschaften der Windkönigin, umwehen Perhans Initiationsreise ins Leben. In diesen Farben verfangen sich die Träume, die wie surreale Botschaften den Film begleiten; in ihnen leben die Traditionen der Zigeuner weiter, die archaischen Mythen, Legenden zwischen Leben und Tod.

Die Geschichte Perhans erinnert an das Märchen von einem, der auszog, das Fürchten zu lernen. Als er es gelernt hat, nach Hause zurückkehrt und dort eine geschwängerte Geliebte vorfindet, glaubt er auch ihr nicht mehr, weil es für ihn in einer Welt voller Lug und Trug kein Vertrauen mehr gibt. Azra stirbt bei der Geburt; vier Jahre lang irrt Perhan durch die Lande auf der Suche nach seiner Schwester und seinem Sohn. Endlich findet er die beiden – in Diensten Ahmeds. Perhan trifft die Kugel des Rächers, er stürzt auf den Zug, der ihn und seine kleine Familie wieder zurück in die Heimat bringen sollte. Zum Begräbnis gibt es Schnaps und glasierte Äpfel. Das Leben geht weiter, aber es wird auch seinem Sohn kein Glück bringen. Der kleine Perhan stiehlt die Goldmünzen von den toten Augen des Vaters und hüpft in einem Pappkarton davon. Kindsein und Erwachsensein sind hier keine getrennten Welten, genausowenig wie Gut und Böse, das Schöne und das Häßliche, Liebe und Gewalt. Es gibt keine Logik, keine Moral, nur das Überlebensprinzip eines Volkes, das inzwischen zum Subproletariat gehört und durch Kriminalität seine Existenz sichern muß. Die Zigeuner haben, wie Perhan, keinen Ort mehr in dieser reglementierten Welt.

Deshalb kann Kusturica auch alle Register ziehen, hin- und herpendeln zwischen Bilderbuch, Melodram, Zirkusstimmung, Brutalität und Zärtlichkeit, Traum und Realität. Die Trauer über dieses kleine Nomadenvolk, das die Freiheit nie aufgegeben hat und dafür teuer bezahlen muß, überwiegt. Hier wird eine Verlustrechnung aufgemacht, es geht um den Verlust der Unschuld, um die Vertreibung aus dem Paradies, das nur noch in den Bräuchen und Mythen weiterlebt.

Kusturica hat sich für diesen Film viel Zeit gelassen: Er hat bei den Zigeunern gelebt und neun Monate lang gedreht, überwiegend mit Laienschauspielern. Seine Arbeit wird immer wieder mit Fellini in Verbindung gebracht, stärker sind jedoch die literarischen Einflüsse von Márquez, Llosa, Cortázar, Borges. Auf den Schwingen des phantastischen Realismus entkommen seine Zigeuner immer wieder der Trivialität des Alltags und retten sich in die Welt der Poesie.

Johannes Bösiger: »Verlorene Unschuld und Reinheit«, in: Filmbulletin, 1990, H. 1; Geoff Brown: »*Dom za vesanje*«, in: Monthly Film Bulletin, 1990, H. 675; Michel Ciment/Lorenzo Codelli: »Entretien avec Emir Kusturica«, in: Positif, 1989, H. 345; Manfred Etten: »Mystik & Slapstick«, in: film-dienst, 1993, H. 10; Marli Feldvoß: »*Time of the Gypsies*«, in: epd Film, 1991, H. 9; Jean-A. Gili: »L'homme n'est pas un oiseau«, in: Positif, 1989, H. 345; Goran Gocić: »Notes from the Underground: The Cinema of Emir Kusturica«. London, New York 2001; Iannis Katsahnias: »Freaks, freaks ...«, in: Cahiers du Cinéma, 1989, H. 425.

Marli Feldvoß

DO THE RIGHT THING USA

(A Forty Acres and a Mule Filmworks Production/A Spike Lee Joint) 1989. 35 mm, Farbe, 129 Min.
R+B: Spike Lee. K: Ernest Dickerson.
S: Barry Alexander Brown. M: Bill Lee.
D: Danny Aiello (Sal), Spike Lee (Mookie), Ossie Davis (Da Mayor), Ruby Dee (Mother Sister), Richard Edson (Vito), Giancario Esposito (Buggin Out), Bill Nunn (Radio Raheem), John Turturro (Pino).

»Hoffentlich spielt *Do the Right Thing* in keinem Kino Ihrer Nachbarschaft«, meinte der Kommentator des »New York Magazine«: Rassenunruhen seien zu befürchten. Im Titelsong des Films wird gerappt: »Bekämpft die Macht, das Establishment muß brennen«, doch Spike Lees Film hetzt nicht zur Gewalt auf, sondern zeigt, wie sie entsteht. Jenseits von Hollywood, wo die Schwarzen-Klischees zwischen Bill Crosby und Eddie Murphy angesiedelt sind, meldete sich hier eine authentische Stimme des American Black Cinema zu Wort. Sie war nicht zu überhören. Robert Ebert, der einflußreiche Filmkritiker der »Chicago Sun Times«: »Ein Film, in dem Technik, schauspielerisches Können und Lees ungeniert frischer, visueller Stil sich perfekt ergänzen, um ein Statement über Rassismus in Amerika abzugeben.«
Brooklyn, Stuyvesant Avenue. Es ist ein drückend heißer Sommertag. Der Italo-Amerikaner Sal betreibt in dem Viertel, wo inzwischen fast nur noch Farbige leben, seit 25 Jahren eine Pizzeria. Seine beiden Söhne Pino und Vito helfen ihm eher widerwillig; Mookie, ein farbiger Junge aus Brooklyn, ist der Laufbursche, der die Pizza austrägt. Der Film nimmt sich viel Zeit, den Alltag in der Straße zu beobachten und die Menschen vorzustellen. Da sind die farbigen Kids, die ihre Attitüden pflegen: Radio Raheem, ein Junge mit phonstarkem Ghetto-Blaster, den er immer mitschleppt und mit dem er alle nervt. Buggin Out ist Aktivist und Ideologe, andererseits legt er besonderen Wert auf seine Turnschuhe. Nicht ganz ernstzunehmen ist Smiley, der ein Polit-Blättchen auf der Straße anbietet, aber nur stotternd seine Parolen und die Namen seiner schwarzen Helden herausbringt. Drei Männer, die Bierflaschen in der Hand, brüten dumpf in der Hitze vor sich hin, gelegentlich auf die Ungerechtigkeit der Welt und speziell die Koreaner mit ihrem Laden gegenüber schimpfend. Auch die ältere Generation ist vertreten: Mayor, stets alkoholisiert, ist der Philosoph des Viertels, der gefragt und ungefragt seine Weisheiten zum besten gibt. Er ist verliebt in Mother Sister, doch die gute Seele des Straßenblocks ignoriert die schüchternen Avancen des alten Trunkenbolds.
In der Pizzeria gibt es Spannungen. In der Nähe des Backofens ist es noch heißer als draußen. Pino ist ein Rassist, er will am liebsten raus aus dem Schwarzen-Viertel und streitet oft mit seinem Bruder, der sich vor Mookie stellt. Der überarbeitet sich nicht beim Pizza austragen, nutzt dabei vielmehr die Zeit, mit der Mutter seines Kindes zu schlafen, und gibt sich provozierend phlegmatisch. Buggin Out macht gegen Sal Front: An der Wand der Pizzeria hängen nur Fotos von Weißen, die üblichen italienischen Celebrities. Er will einen Boykott organisieren, schließlich lebt Sal von den Farbigen, doch der Agitator blitzt überall ab, dazu schmeckt Sals Pizza viel zu gut. Der Pizzeria-Besitzer ist stolz auf seinen Laden. Er würde nie wegziehen, das Viertel ist seine Heimat. »Die Leute hier sind mit meiner Pizza groß geworden.«
Der Tag geht zu Ende, immer noch ist es unerträglich schwül. Eigentlich will Sal schon schließen, doch es kommen noch Kunden. Darunter ist Radio Raheem mit seinem Ghetto-Blaster, den er nicht ausstellen will. Sal rastet aus, zertrümmert mit dem Baseballschläger das Radio. Eine Schlägerei entwickelt sich und eskaliert, die Polizei, Weiße, greift brutal ein, Radio Raheem kommt dabei ums Leben. Mookie, der bisher teilnahmslos zugeschaut hat, wirft eine Mülltonne ins Schaufenster: Der Mob stürmt den Laden, die Pizzeria geht in Flammen auf. – Am Morgen danach: Sal sitzt auf der Straße, vor seiner verwüsteten Pizzeria. Mookie taucht auf, fordert seinen Lohn. Der Frieden ist dahin. In den nächsten Tagen soll es noch heißer werden.
Do the Right Thing ist ein Straßenfilm. Gedreht am Originalschauplatz, verfolgt der Film jedoch keinen

dokumentarischen Ansatz, sondern orientiert sich an der Ästhetik von Werbefilmen und Videoclips: knallige Farben, schnelle Schnitte, ungewohnte Kameraperspektiven, ein pulsierender Soundtrack mit eingeschnittenen Rap-Songs und Jazz-Musik. Mit Witz und Humor, engagiert und parteiisch, aber keineswegs einseitig agitatorisch wird die Welt in Brooklyn gezeichnet. Spike Lee – er ist Autor, Produzent und Regisseur, außerdem spielt er Mookie – ist um Gerechtigkeit für alle Figuren bemüht. Ein banaler Anlaß genügt, um die latente Aggression hochkochen zu lassen.

Zur Qualität des Films gehört, daß er seine Ratlosigkeit nicht versteckt, und – ganz im Gegensatz zum Titel – keine Handlungsanleitung parat hält. Dem Abspann vorangestellt sind zwei Zitate, ein Aufruf zur Gewaltfreiheit von Martin Luther King, eine Rechtfertigung der Gewalt von Malcolm X. Zwei unvereinbare Positionen, und doch werden beide als Vorbilder von den Farbigen gleichermaßen verehrt. Den Widerspruch löst Spike Lee nicht auf, in ihm offenbart sich seine eigene Zerrissenheit.

»*Do the Right Thing*«. New York 1989. (Filmtext, Materialien).

Manthia Diaware (Hg.): »Black American Cinema«. New York 1993; Thomas Doherty: »*Do the Right Thing*«, in: Film Quarterly, 1989/90, H. 2; Ed Guerrero: »*Do the Right Thing*«. London 2001; Victoria E. Johnson: »Polyphony and Cultural Expression: Interpreting Musical Traditions in *Do the Right Thing*«, in: Film Quarterly, 1993/94, H. 2; Gunnar Landsgesell/Andreas Ungerböck (Hg.): »Spike Lee«. Berlin 2005; Scott MacDonald: »The Garden in the Machine«. Berkeley, London 2001; Spike Lee: »Interviews«. Hg. Cynthia Fuchs. Jackson 2002; Terry McMillan u.a. »Five for Five. The Films of Spike Lee«. New York 1991; Mark A. Reid (Hg.): »Spike Lee's *Do the Right Thing*«. Cambridge 1997; Robert Sklar u.a.: »What is the Right Thing?: A Critical Symposium on Spike Lee's *Do the Right Thing*«, in: Cineaste, 1990, H. 4; Barbara Ungeheuer: »Wo ein Funke genügt«, in: Die Zeit, 4. 8. 1989.

Michael Töteberg

DOUBLE INDEMNITY (Frau ohne Gewissen). USA (Paramount) 1944. 35 mm, s/w, 107 Min.

R: Billy Wilder. B: Billy Wilder, Raymond Chandler, nach dem gleichnamigen Roman von James M. Cain. K: John F. Seitz. A: Bertram Granger. Ba: Hans Dreier, Hal Pereira. S: Doane Harrison. M: Miklós Rósza. D: Fred MacMurray (Walter Neff), Barbara Stanwyck (Phyllis Dietrichson), Edward G. Robinson (Barton Keyes), Porter Hall (Mr. Jackson), Jean Heather (Lola Dietrichson), Tom Powers (Mr. Dietrichson), Byron Barr (Nino Zachette), Richard Gaines (Edward S. Norton).

Double Indemnity gilt als Weiterentwicklung des Film noir; Wilder hat für das Genre »etwas radikal Neues« eingeführt: »Die Verbrecher sind keine kriminellen Profis, gehören weder einem Syndikat noch einer Gang an; sie sind normale Menschen aus der Mittelklasse, getrieben von Geldgier und sexueller Begierde.« (Hellmuth Karasek). In vielen Filmen Wilders, in denen es um die Unmöglichkeit des Zusammenkommens zweier Menschen geht, erlaubt sein Hedonismus ein Happy End, auch wenn es nicht immer perfekt ist. In *Double Indemnity* dagegen ist der Schaden, den die beiden Protagonisten sich selbst zugefügt haben, nicht reparabel. Kühl und sachlich hat Phyllis Dietrichson, unterstützt von Walter Neff, den Mord an ihrem Mann geplant. Es gibt keinen Zweifel, daß nicht romantische Illusionen das Paar antreibt. Verhandelt wird über das, was keiner von beiden erlangen wird: Der Versicherungsagent will die Frau, und sie will das Geld der Versicherung. Am Ende werden sie aufeinander schießen.

Double Indemnity ist auch eine Dreiecksgeschichte. Barton Keyes, der väterliche Kollege und Freund Neffs, weiß um die Abgründe der Menschen. Sein Job ist es, der Versicherung Geld zu sparen, indem er Betrügereien aufdeckt. Seine Auftritte begleiten den Fortgang der Story, die als Rückblende erzählt wird: Walter Neff vertraut seine Geschichte einem Diktaphon an; seine Beichte ist eigentlich an Keyes gerichtet.

Die Schauspieler verleihen dem dunklen Drama eine differenzierte Nuancierung. Barbara Stanwyck spielt

Double Indemnity: Fred MacMurray und Edward G. Robinson

eine Femme fatale, die skrupellos ihre Ziele verfolgt. Fred MacMurray war den Zuschauern als netter, direkter, bisweilen etwas biederer Held der Mittelklasse bekannt; mit ihm konnte sich das Publikum identifizieren. Spencer Tracy, James Cagney, Frederic March, Gregory Peck, Alan Ladd und George Raft hatten zuvor abgelehnt, die Rolle dieses zweifelhaften Charakters zu spielen. Die Figur Walter Neff ist ein Verwandter von Don Birnam (dem Alkoholiker in *The Lost Weekend*), von Joe Gillis (dem Drehbuchautoren in ↗*Sunset Boulevard*), von Linus Larrabee (dem Millionärssohn in *Sabrina*), von C.C. Baxter (dem Untergebenen in ↗*The Apartment*) oder von Nestor Patou (dem Polizisten in *Irma La Douce*). Sie alle haben die Hoffnung, der Kälte und der Ausweglosigkeit ihres Lebens zu entkommen, wenn sie nur so reagieren, wie ihr dunkler Schatten, ihr zweites Ich es ihnen suggeriert. *Double Indemnity* führt diese Entwicklung bis zur letzten Konsequenz. Im Moment des Todes entflammt einer der wenigen Momente von Hoffnung und Zärtlichkeit, wenn Keyes dem schwerverletzten Neff ein Streichholz entzündet. Zuvor hat Neff dem stets nach einem Streichholz suchenden Keyes immer Feuer für seine Zigarre gegeben. Ein typischer running gag, wie ihn Wilder auch in seinen Komödien häufig benutzt, hier wird er zu einer kleinen und doch dramatischen Geste.

Wilder kam es auf die stickige Atmosphäre an, er wollte das angestaubte und heruntergekommene Milieu des Mittelstands zeigen. Die Arbeitsmethode seines Kameramanns John F. Seitz hat er so beschrieben: »Wenn er beispielsweise eine Szene in *Double Indemnity* perfekt ausgeleuchtet hatte, ging er zu den Lampen und kickte leicht mit dem Fuß dagegen, damit es anschließend beim Drehen nicht zu perfekt, nicht zu sehr nach Kintop aussah.« Die Entscheidung, einen Teil der Aufnahmen bei einer kleinen Eisenbahnstation in der Nähe von Los Angeles zu drehen, war ungewöhnlich für einen Hollywoodfilm: Die Paramount verfügte über eins der größten Studios; an ›Originalschauplätzen‹ drehten

damals nur die kleinen und kleinsten Filmgesellschaften, die nicht genug Geld für teure Bauten hatten.
James M. Cain, der Autor der literarischen Vorlage, stand für das Drehbuch nicht zur Verfügung. Wilder nahm wesentliche Änderungen an der Geschichte und der Dramaturgie vor; die präzisen Dialoge entsprechen ganz dem harten Stil der Schwarzen Serie. Bei der Zusammenarbeit mit Raymond Chandler, der erstmals für Hollywood schrieb, kam es zu Differenzen: »Chandler konnte mich nicht ausstehen«, berichtete Wilder im Gespräch mit Karasek, »erstens war da schon mein deutscher Akzent. Zweitens wußte ich über das Handwerk besser Bescheid.« Chandler wiederum nannte die Arbeit mit Wilder »eine mörderische Erfahrung«: Sie habe ihm »wahrscheinlich das Leben verkürzt«, aber er habe daraus viel gelernt über das Schreiben von Drehbüchern. *Double Indemnity*, ein Meilenstein des amerikanischen Kinos, erhielt fünf Oscar-Nominierungen, ging bei der Preisverleihung aber leer aus.

»*Double Indemnity*«, in: John Gassner/Dudley Nichols (Hg.): Best Film Plays 1945. New York 1946. (Drehbuch). James Agee: »Agee on Film: Reviews and Comments«. Boston 1964; John Allyn: »*Double Indemnity*: A Police That Paid Off«, in: Literature/Film Quarterly, 1978, H. 2; Brian Gallagher: »Sexual Warfare and Homoeroticism in Billy Wilder's *Double Indemnity*«, in: Literature/Film Quarterly, 1977, H. 4; Alexandra Frink: »Die starken schönen Bösen – Mörderinnen im Film«. Alfeld 1998; Norbert Grob: »Eine Welt ohne Hoffnung«, in: epd Film, 1989, H. 3; Claire Johnston: »*Double Indemnity*«, in: E. Ann Kaplan (Hg.): Women in Film noir. London 1978; Stephen Pendo: »Raymond Chandler on Screen«. Metuchen 1976; Gene D. Phillips: »Creatures of Darkness«. Lexington 2000; R. Prigozy: »*Double Indemnity*: Billy Wilder's Crime and Punishment«, in: Literature/Film Quarterly, 1984, H. 3; J. Rozgonyi: »The making of *Double Indemnity*«, in: Films in Review, 1990, H. 6/7; Richard Schickel: »*Double Indemnity*«. London 1992.

Theo Matthies

LE DOULOS

(Der Teufel mit der weißen Weste). Frankreich/Italien (Rome-Paris Films/C. C. Champion) 1962. 35 mm, s/w, 108 Min.
R: Jean-Pierre Melville. B: Jean-Pierre Melville, nach dem gleichnamigen Roman von Pierre Lesou. K: Nicholas Hayer. A: Daniel Guéret. S: Monique Bonnot, Michèle Boehm. M: Paul Misraki.
D: Jean-Paul Belmondo (Silien), Serge Reggiani (Maurice Faugel), Jean Desailly (Kommissar Clain), Fabienne Dali (Fabienne), Michel Piccoli (Nuttheccio), Monique Hennessy (Thérèse).

Die Bedeutungen des Wortes »doulos« erklärt der Vorspann: Es bezeichnet im Argot einen Hut, die Person, die einen solchen Hut trägt, und schließlich einen Spitzel. Die komplexe Handlung des Films ist nur schwer durchschaubar, denn *Le doulos* ist auf dem »Prinzip der Lüge« aufgebaut: »Niemand ist, was er ist.« (Hans Gerhold).
Der Gangster Maurice wird, kurz nach seiner Entlassung aus dem Gefängnis, bei einem Einbruch von der Polizei überrascht. Auf der Flucht wird sein Komplize getötet. Er hält seinen Freund Silien für den Spitzel, der der Polizei den Tip gegeben hat. Kurz darauf wird Maurice wegen eines anderen Mordes verhaftet, doch Silien schafft es, durch Zeugenbeeinflussung und einen zweifachen Mord, den Verdacht von ihm abzulenken. Maurice erfährt zu spät die wirklichen Zusammenhänge: Er hat aus Rache auf Silien einen Killer angesetzt. Vergeblich versucht er, ihn zu retten. Der Killer erschießt zuerst Maurice, den er irrtümlich für Silien hält; anschließend töten er und Silien sich gegenseitig.
Nach *Bob le flambeur* (*Drei Uhr nachts*, 1955) ist *Le doulos* Melvilles zweiter Gangsterfilm und der Beginn einer Reihe von Werken, die seinen Ruf als Meister des französischen Kriminalfilms begründeten. Der begeisterte Anhänger des amerikanischen Kinos der dreißiger Jahre transponierte Manhattan nach Paris; Volker Schlöndorff, Regieassistent bei *Le doulos*, hat berichtet, wie Melville in nächtlichen Autofahrten die einschlägigen Viertel auf Motivsuche durchstreifte. Die Innenaufnahmen wurden größtenteils in Melvilles eigenem Filmstudio in der Rue Jenner gemacht, das er sich 1947 eingerichtet hatte, um unabhängig von der Filmindustrie arbeiten zu

können. Diese Autonomie machte ihn zum Vorbild der Regisseure der Nouvelle Vague, die ihn als eine Art Vaterfigur verehrten. Melville akzeptierte diese Rolle für einige Zeit, distanzierte sich dann jedoch zunehmend, denn sein Anspruch der Professionalität – im klassischen Sinne der Beherrschung des filmischen Handwerks – widersprach der Auffassung der »begabten Amateure« von der Nouvelle Vague.

Nichts lag Melville ferner als die Bearbeitung realistischer, zeitbezogener Sujets. Seine Gangster sind idealisierte Typen, ihr stilisiertes Erscheinungsbild (im obligatorischen Trenchcoat und stets mit Hut) macht sie zu zeitlosen Charakteren, die er in stark ritualisierter Form immer wieder variiert. Silien, der »doulos«, ist der erste Vertreter dieser präzis durchgezeichneten Figuren. Er folgt einem persönlichen Ehrenkodex, der jedoch völlige Einsamkeit bedeutet und ihn zwangsläufig verdächtig macht, denn Vertrauen birgt den Verrat und die Lüge in sich. In der letzten Einstellung verharrt die Kamera auf dem Hut des getöteten Silien, und Melville signalisiert damit noch einmal dessen symbolische Stellung als überindividuelle Verkörperung eines Prinzips.

In filmtechnischer Hinsicht besonders bemerkenswert ist das Verhör Siliens im Büro des Kommissars Clain, eine neuneinhalbminütige Plansequenz mit ununterbrochenem Dialog. Das Gespräch wurde ohne Schnitt in einer Einstellung aufgenommen, wobei die Kamera und die Personen ihre Standorte mehrmals verändern. Diese technische Leistung (noch erschwert durch verglaste Wände) findet inhaltlich ihre Entsprechung, denn Silien übersteht das Verhör, ohne seine Ambiguität preiszugeben.

Als Motto des Filmes dient ein Zitat von Céline: »Man muß sich entscheiden. Sterben ... oder lügen«. In der deutschen Verleihfassung wurde daraus »Siegen ... oder krepieren«. Insgesamt wurden für die deutsche Kinofassung zwölf Minuten herausgeschnitten (u.a. die Erklärung des Wortes »doulos«), wobei einige empfindliche Verfälschungen entstanden, besonders in der Charakterisierung der Personen. Inzwischen liegt jedoch eine vom ZDF veranlaßte integrale deutsche Version vor.

»*Le doulos*«, in: L'Avant-Scéne du Cinéma, 1963, H. 24. (Filmtext).

Michael Althen/Fritz Göttler: »Der Schnurrbart von Delon«, in: Steadycam, 1990, H. 17; Claude Beylie: »Le vraisemblable mensonge«, in: Cahiers du Cinéma, 1963, H. 141; Hans C. Blumenberg: »Westerner der Nacht«, in: Film 1969. Velber 1970; Hans Gerhold: »Kino der Blicke«. Frankfurt a.M. 1989; Peter W. Jansen/Wolfram Schütte (Hg.): »Jean-Pierre Melville«. München 1982; Norbert Jochum: »Geschichten aus der Unterwelt«, in: Filme, Berlin, 1981, H. 12; Rui Noguera: »Kino der Nacht. Melville über Melville«. Berlin 2002; Franz Schöler: »Mitbürger Belmondo«, in: Film, München, 1963/64, H. 5; Hans Stempel: »*Der Teufel mit der weißen Weste*«; in: Filmkritik, 1964, H. 1.

Franz Rodenkirchen

DOWN BY LAW

USA (Black Snake/Grokenberger) 1986. 35 mm, s/w, 106 Min.
R+B: Jim Jarmusch. K: Robby Müller. A: Janet Densmore. S: Melody London. M: John Lurie sowie Songs von Tom Waits.
D: Tom Waits (Zack), John Lurie (Jack), Roberto Benigni (Roberto).

»It's a sad and beautiful world«, sagt Roberto, als er das erste Mal im Bild erscheint. In *Down by Law* zeigt Jim Jarmusch eine traurige und wunderschöne Welt, erzählt er eine melancholisch-komische Geschichte: wirklich und unwirklich zugleich, mit großer Ruhe und viel Poesie.

Unversehens finden sich der Zuhälter Jack und der Discjockey Zack in einer Zelle des Gefängnisses von New Orleans wieder. Sie sind reingelegt worden: der eine mit einer minderjährigen Nutte, der andere mit einer Leiche im Kofferraum einer Luxuslimousine, die er für 1.000 Dollar durch die Stadt fährt. Und prompt war jeweils die Polizei zur Stelle: ähnliche Typen, vergleichbare Situationen, gleiches Resultat. In der Zelle öden sie sich an, wechseln kaum ein Wort, stieren vor sich hin und geraten sich auch mal in die Haare. Da wird ihnen der Italiener Roberto zugesellt. Er hat einen Mann mit einer Billardkugel getötet, in Notwehr, versteht sich. Mit seiner kindlich-unbefangenen Art, mit seinen in einem Vokabelblock gesammelten, radebrechend vorgetragenen Idioms und seiner nervigen Lebendigkeit bricht

Down by Law: Tom Waits, John Lurie und Roberto Benigni

er die Starre seiner Mitgefangenen. Roberto hat Phantasie, und er hat den richtigen Film gesehen, so entdeckt er auch den Fluchtweg aus dem Gefängnis. Von Hunden gehetzt, suchen die drei nun ihren Weg durch die Sümpfe Louisianas; eine Hütte und ein Boot finden sich, doch nach langer Fahrt im Kreis sinkt es. Die drei sind so weit wie vorher. Zack und Jack streiten sich wieder. Jeder will seinen eigenen Weg gehen, doch sehen sie sich bald wieder vereint bei Roberto am Lagerfeuer mit einem Kaninchen am Spieß. Ein Wunder geschieht, plötzlich stehen sie vor einem gottverlassenen Wirtshaus »Luigi's Tin Top«. Der naive Roberto wird vorausgeschickt. Als er nicht zurückkehrt, siegt der Hunger über die Scheu der beiden anderen, die Roberto nun glücklich am Tisch der italienischen Wirtin sitzen sehen. Er hat, nach seinen eigenen Worten, »wie im Kinderbuch« sein Liebesglück gefunden. Jack und Zack ziehen weiter, um sich baldmöglichst an einer Weggabelung zu trennen.

Wie schon in ↗*Stranger Than Paradise* erzählt der unabhängige Autorenfilmer Jim Jarmusch, der sich von Hollywood nicht kaufen ließ und sich auch nicht an die Hollywood-Ästhetik anpaßte, eine Geschichte um drei Personen in drei Teilen. Doch anders als in seinen früheren Filmen findet die Geschichte diesmal, zumindest für Roberto, ein Happy End. Überhaupt ist es der naiv-direkte, redselige, Freundschaft suchende Roberto, der dieser Außenseitergeschichte ihre eigenwillige Wendung gibt. Dargestellt von Roberto Benigni, bringt diese Figur die kaputten, autistisch wirkenden Jack und Zack zumindest zeitweilig aus ihrer Fassung, ihrem dumpfen Brüten und ihren verfestigten Attitüden.

Den Schauplatz inszeniert Jim Jarmusch, der vor diesem Film nie in New Orleans und Louisiana gewesen war, als ein phantastisches amerikanisches Irgendwo. Es ist ein Louisiana aus zweiter Hand: inspiriert von Filmen, Kriminalgeschichten und dem Rhythm-and-Blues. Die Handschrift Jarmuschs ist unverkennbar: Lange ruhige Einstellungen ohne

Zwischenschnitte, der – diesmal nicht durch ökonomische Zwänge mitbedingte – Reiz der Schwarzweiß-Ästhetik und die beobachtende Haltung gegenüber seinen Akteuren. Die Kargheit von *Stranger Than Paradise* ist nun allerdings einem größeren Reichtum der Bilder gewichen, die von dem Kameramann Robby Müller (der viele Filme von Wim Wenders fotografierte) in ein phantastisches Licht getaucht werden. Die Anspielung auf B-Pictures, aber auch klassische Filmgattungen ist allenthalben wahrnehmbar. »Ich würde den Filmstil bezeichnen als ›Neo-beat-noir-comedy‹, mit einem Handlungsverlauf, der sich offen auf bestimmte Genres bezieht, und einer Atmosphäre, die halb Alptraum und halb Märchen ist« (Jim Jarmusch). Über allem jedoch entfaltet sich eine verquere Komik, in der die Szenen, die Figuren und die absurden Sprachkontraste zwischen Italoenglisch und genuscheltem Amerikanisch zu einer ebenso seltenen wie reizvollen Einheit finden.

Rolf Aurich/Stefan Reinecke (Hg.): »Jim Jarmusch«. Berlin 2001; Iannis Katsahnias/Jonathan Rosenbaum: »Western et spaghetti«, in: Cahiers du Cinéma, 1986, H. 389; Philip Kemp: »Swamp water«, in: Sight and Sound, 1987, H. 2; Leonard Klady: »Jim Jarmusch«, in: American Film, 1986/87, H. 1; Wolfgang Mundt: »Jim Jarmusch und seine Filme«. In: Ingrid Kerkhoff/Hans-Peter Rodenberg (Hg.): »Leinwandträume«. Hamburg, Berlin 1991; Susanne Rick: »Szene: ›Neo-beat-noir-comedy‹«, in: medien + erziehung, 1987, H. 3; Walt R. Vian: »Sinn fürs Kino«, in: Filmbulletin, 1986, H. 151; Merten Worthmann: »Vom Kampf der Oberflächlichkeit gegen die Tiefe«, in: filmwärts, 1989, H. 13.

Peter Christian Lang

DRACULA

USA (Universal/Carl Laemmle jr.) 1930. 35 mm, s/w, 84 Min.
R: Tod Browning. B: Garrett Fort, nach dem Roman von Bram Stoker sowie dem Theaterstück von Hamilton Deane/John K. Balderston. K: Karl Freund. S: Milton Carruth, Maurice Pivar. M: Peter Tschaikowsky, Richard Wagner. D: Bela Lugosi (Graf Dracula), Edward van Sloan (Professor van Helsing), Helen Chandler (Mina Seward), David Manners (Jonathan Harker), Dwight Frye (Renfield).

Der Makler Renfield besucht den Grafen Dracula auf dessen transsylvanischem Schloß, um ihm Papiere über einen Hauskauf in England auszuhändigen. Die Warnungen der einheimischen Bevölkerung und die unheimlichen Vorzeichen – der Kutscher verwandelt sich in eine Fledermaus, eine riesige Spinne kreuzt Renfields Weg – bewahrheiten sich: Der Graf betäubt seinen Gast und macht ihn zu seinem Werkzeug. Beide überleben als einzige die Schiffspassage von Transsylvanien nach England. Renfield ist während der Überfahrt offensichtlich verrückt geworden und wird in das Sanatorium von Dr. Seward eingeliefert. In England angekommen, zapft Dracula zunächst ein Blumenmädchen an, um sich sodann unter einem Vorwand in die Familie Dr. Sewards, seines Nachbarn, einzuschleichen. Lucy, die Freundin Mina Sewards, wird sein nächstes Opfer. Sodann wird Mina ins Auge gefaßt. Nach vielem Hin und Her gelingt es dem Grafen, sie in seine Gewalt zu bringen. Er wird jedoch von van Helsing und Jonathan Harker gestellt und durch das Eintreiben eines hölzernen Pflocks in sein Herz von seinem Schicksal als Untoter erlöst.

Der häufigste gegen den Film erhobene Vorwurf lautet, er sei nicht filmisch, er berede die Dinge, anstatt sie zu zeigen. In der Tat verzichtet Tod Brownings Regie auf die Zurschaustellung von Fangzähnen, die wollüstig in den weißen Hals unschuldiger Jungfrauen schlagen und zwei häßliche Epigramme hinterlassen, wie dies Christopher Lees Dracula erstmals 1957 in dem Film von Terence Fisher und anschließend in unzähligen Reprisen zelebrierte. Brownings Kamera schaut weg, wenn der Vampir sich dem Hals seines Opfers nähert. Die Bißwunde Minas wird durch einen Schal verhüllt. Ein einziges Mal fließt Blut – als Renfield sich beim Ordnen von Papieren auf Schloß Dracula versehentlich in den Finger schneidet.

Das Monströse an Bela Lugosis Dracula ist die Reduzierung auf den Blick und auf die Stimme. Sein Vampir ist eher ein Magnetiseur, der seine Opfer mit dem Blick hypnotisiert und mit seiner Stimme einlullt. Noch schrecklicher als der durch spezielle Lichttechniken inszenierte hypnotische Blick wirkt die Stimme des transsylvanischen Grafen. Lugosi sprach einen schweren ungarischen Akzent, er war der englischen Sprache so wenig mächtig, daß er seine Rolle phonetisch eingeübt haben soll. Die Bedeutung der erlernten Vokabeln war ihm nicht immer geläufig. In dieser Hinsicht funktioniert Lugosis Vampir wie ein Sprachautomat, der Wörter ohne Bewußtsein ihrer Bedeutung spricht (was in den deutschen Versionen leider nicht zum Ausdruck kommt). Browning unterstrich diesen Effekt, indem er jedem einzelnen Wort seines Hauptdarstellers optischen und akustischen Nachdruck verlieh, als müsse er es in die symbolische Sprache übersetzen. Denn eigentlich ist die Sprache seines Vampirs unverständlich vorsymbolisch. Wie die Fledermäuse benutzt Draculas Stimme Frequenzen, die für den normalen Sterblichen unhörbar sind. Nur diejenigen, in denen sein Saft fließt, Mina und Renfield, können ihn verstehen und mit ihm reden. Sie bilden ein System von Empfangsstationen bisher unerhörter Nachrichten. Die anderen palavern endlos über etwas, was in ihrer Sprache nicht darstellbar ist.

Brownings Dracula hat das Spiegelstadium nie erreicht, jenen Zustand, wo das menschliche Subjekt sich zum ersten Mal beim Erkennen seines Spiegelbildes als eine organische Einheit erfährt und in die symbolische Ordnung eintaucht. Er hat kein Spiegelbild, weil es ihm an einem Körper gebricht. Wenn Dracula sein Cape öffnet – Lugosis berühmte, nach dem Filmerfolg einstudierte Exhibitionistenpose – so entblößt er lediglich einen eleganten Abendanzug. Der Vampirkörper ist reine Oberfläche, er gleicht einem Show-Ereignis. Nicht zufällig endet der Film, wie die zeitgenössischen Revuen, auf einer imponierenden Treppe. Der Vampir ist ein Vamp.

Margit Dorn: »Vampirfilme und ihre sozialen Funktionen«. Frankfurt a.M. 1994; William K. Everson: »Klassiker des Horrorfilms«. München 1980; Walter Evans: »Monster Movies: A Sexual Theory«, in: Journal of Popular Film, 1973, H. 4; Uli Jung: »Dracula. Filmanalytische Studien zur Funktionalisierung eines Motivs der viktorianischen Populärliteratur«. Trier 1997; Heike Kühn: »*Dracula*«, in: Ursula Vossen (Hg.): Filmgenres: Horrorfilm. Stuttgart 2004; W.T. McBride: »*Dracula* and Mephistopheles: Shyster Vampires«, in: Literature/Film Quarterly, 1990, H. 2; Karsten Prüßmann: »Die Dracula-Filme«. München 1993; Richard Ira Romer: »The Cinematic Treatment of the Protagonists in Murnau's *Nosferatu*, Browning's *Dracula*, and Whale's *Frankenstein*«. Ann Arbor 1984; George Turner: »The Two Faces of *Dracula*«, in: American Cinematographer, 1988, H. 5; Slavoj Žižek: »Die Grimassen des Realen«. Köln 1993.

Klaus Bartels

O DRAGAO DA MALDADE CONTRA O SANTO GUERREIRO

(Antonio das Mortes). Brasilien (Mapa Filmes/Claude-Antoine) 1968/69. 35 mm, Farbe, 95 Min.
R+B: Glauber Rocha. K: Affonso Beato. A: Glauber Rocha. S: Eduardo Escorel. M: Marlos Nobre, Walter Queiros, Sergeio Ricardo. D: Mauricio do Valle (Antonio das Mortes), Odete Lara (Laura), Othon Bastos (Lehrer), Hugo Carvana (Batista), Jofre Soares (Oberst Horacio), Rosa Maria Penna (Wanderpredigerin), Lorival Pariz (Coirana).

Das Cinema Novo entdeckt im Sertao, dem ärmsten Landstrich im Nordosten Brasiliens, ein Modell für die Misere Lateinamerikas. Das versteppte, ausgedörrte Hochland steht für unmenschliche Lebensbedingungen, überholte Sozialstrukturen und den Hang der Bevölkerung zu religiösem Fanatismus. Der Sertao war der historische Ort der Cangaceiros, der anarchischen Sozialrebellen, die soziale Ungerechtigkeit mit Gewalt beantworteten, und der Beatos, der als ›heilig‹ verehrten Wanderprediger, die dem Volk Gerechtigkeit im Jenseits verhießen. Mit seinem 1968/69 gedrehten Film knüpft Glauber Rocha an die Thematik seines ersten Sertao-Films *Deus e o diabo na terra do sol* (*Gott und der Teufel im Lande der Sonne*, 1964) an. Es geht um die Rückkehr der als ausgestorben geltenden Cangaceiros und Beatos, es geht aber auch um die Wiederkehr von Antonio das Mortes, dem berühmten Einzelkämpfer im Dienste der Mächtigen, sowie um seine Bekehrung. Nachdem er im Zweikampf noch einmal den Cangaceiro getötet hat, wechselt er endgültig vom Söldner der Reichen zum Rächer der Armen. In einem blutigen Massaker, das an die Aufstände von Canudos und Palmares erinnert, siegen Antonio und seine Helfer über den Feudalherren und seine Killer. Aber das Schlußtableau mit dem einsamen Titelhelden, der auf dem Highway, umgeben von den Emblemen des Kapitalismus in die großen Städte zieht, läßt keinen Zweifel: Der Kampf geht weiter.

Geschichte und Mythos sind auf vielschichtige Weise miteinander verknüpft und bedingen die thematische Komplexität und stilistische Eigenwilligkeit dieses Films. *Antonio das Mortes* ist eine Bilanz des Cinema Novo am Ende der Aufbruchsphase des brasilianischen Kinos. Während in der früheren Version ›Gott‹ und ›Teufel‹, Wanderprediger und Cangaceiro, gleichsam entmythologisiert werden, versteht sich die Rückkehr des Mythos im Kontext der politischen Verhältnisse am Ausgang der sechziger Jahre in Brasilien. Das Mysterienspiel vom ›Drachen des Bösen gegen den heiligen Krieger‹ zitiert historische Ereignisse und nimmt Bezug auf die zeitgenössische Realität. Rocha inszeniert ein theatralisches Spektakel zwischen intellektueller Verfremdung und volkstümlicher Nähe.

Die Handlung entwickelt sich in Sprüngen, bricht unvermittelt ab, hängt Fragmentiertes in ›falschen‹ Anschlüssen wieder aneinander, unbekümmert um filmsprachliche Konventionen und Zuschauererwartungen. Rocha ist von der für ihn neuen Eastmancolortechnik fasziniert, bekennt sich aber gleichzeitig zur Primitivität der Mittel, verzichtet auf künstlich modelliertes Licht und ästhetische Perfektion. Die Handkamera, die ›suchend‹ zwischen den Protagonisten umherirrt, zwingt auch den Zuschauer zur Suche. Stilistisch ist der Film ein Gemisch: wie der Synkretismus des Landes, in dem er seine Wurzeln hat. Er orientiert sich an der populären Volkskultur, dem Karneval, der Cordelliteratur, den afroamerikanischen Kulten. Aber genauso benutzt er das Westernschema wie die antike Tragödie, um Sinnbilder der Unterdrückung und Befreiung zu finden bzw. Leben in seiner wirklichen und seiner entfremdeten Form zu zeigen. Rochas ›Volksoper‹ wird strukturiert von gebundener Sprache, vor allem von Musik. Auch hier treffen Archaisches und Modernes aufeinander; neben chorischen Massengesängen der Unterdrückten und volkstümlichen Balladen stehen die modernen elektronischen Klänge Marlos Nobres. Rochas vierter Spielfilm, der mit französischer und deutscher Hilfe realisiert wurde, konnte noch in Brasilien fertiggestellt werden, bevor der Regisseur ins Exil ging. Die Auszeichnung in Cannes – Preis für die beste Regie 1969 – sicherte ihm weltweit Anerkennung. Er löste aber auch Kontroversen aus, die Remythisierung galt als Verzicht auf sozialrevolutionären Appell, als Verlust von Hoffnung. Der Autorenfilmer, der auch als Theoretiker für das emanzipative Programm des trikontinentalen Kinos kämpfte, sprach von einem »analytischen Resümee« seiner bisherigen Arbeit. Der letzte Film einer Trilogie, die Rochas ästhetisches Konzept auf unterschiedliche Weise dokumentiert, gilt als sein widersprüchlichster, als Beispiel eines Tropikalismus, der politischer Unterdrückung trotzt, indem er revolutionäres Aufbegehren in der Wucht surrealer Bilder und visionärer Mythen verschlüsselt.

»*O dragao da maldade contra o santo guereirro*«, in: Glauber Rocha: Roteiros do Terceyro Mundo. Rio de Janeiro 1985. (Drehbuch).

Graham Bruce: »Music in Glauber Rocha's Films«, in: Jump Cut, 1980, H. 22; Ernest Callenbach: »Comparative Anatomy of Folk-Myth-Films: Robin Hood and *Antonio das Mortes*«, in: Film Quarterly, 1969/70, H. 2; Terence Carlson: »*Antonio das Mortes*«, in: Randal Johnson/ Robert Stam: Brazilian Cinema. London 1982; Frieda Grafe: »*Antonio das Mortes*«, in: Filmkritik, 13, 1969; Burner Saint Patrick Hollyman: »Glauber Rocha and the Cinema Novo«. New York, London 1983; Randal Johnson: »Cinema Novo x 5«. Austin 1984; Thomas Kavanagh: »Imperialism and the Revolutionary Cinema: Glauber Rocha's *Antonio das Mortes*«, in: Journal of Modern Literature, 1973, H. 2; Deborah Mistron: »The Role of Myth in *Antonio das Mortes*«, in: Enclitic, 1982, H. 5/6; Hans Proppe/Susan Tarr: »Pitfalls of Cultural Nationalism«, in: Jump cut, 1976, H. 10/11; Peter B. Schumann: »Handbuch des brasilianischen Films«. Frankfurt a.M. 1988; Ismail Xavier: »Alegorias do subdesenvolvimento«. Sao Paulo 1993.

Inge Degenhardt

THE DRAUGHTMAN'S CONTRACT (Der Kontrakt des Zeichners).

Großbritannien (British Film Institute/Channel Four) 1982. 35 mm, Farbe, 108 Min.
R+B: Peter Greenaway. K: Curtis Clark.

The Draughtsman's Contract: Anthony Higgins

Ba: Bob Ringwood. Ko: Sue Blane. M: Michael Nyman.
D: Anthony Higgins (Mr. Neville), Janet Suzman (Mrs. Herbert), Anne Louise Lambert (Mrs. Talman), Hugh Fraser (Mr. Talman), Neil Cunningham (Mr. Noyes), Dave Hill (Mr. Herbert), David Grant (Mr. Seymour).

Schauplatz ist der englische Herrensitz Compton Anstey im August des Jahres 1694. In Abwesenheit des Besitzers wird der Landschaftsmaler Neville von Mrs. Herbert und ihrer Tochter Mrs. Talmann engagiert, zwölf Gartenbilder anzufertigen. In dem ersten Kontrakt über sechs Bilder wird dem Maler neben Geld, Kost und Logis auch noch die Bereitschaft Mrs. Herberts zugesichert, »seinen Wünschen zu entsprechen betreffs seines Vergnügens mit ihr«. Neville regiert das Geschehen: Er genießt seine Position und zelebriert seine Auftritte, fühlt sich als allmächtiger Künstler, dessen Anweisungen Folge zu leisten ist. Doch bald muß er mit Mißmut registrieren, daß die Dinge nicht an ihrem Platz zu sein scheinen. Seltsame Objekte tauchen im Garten und damit auf den Bildern auf: ein Hemd auf einer Hecke, eine Leiter an einer Mauer, ein Paar Schuhe. Die junge Mrs. Talman irritiert den Maler mit der Behauptung, dies seien Kleidungsstücke des abwesenden Mr. Herbert, die Spuren eines Verbrechens. Ihr Schweigen erkauft Neville mit einem neuen Kontrakt, diesmal mit umgekehrten Vorzeichen: Jetzt hat Neville Mrs. Talman zur Verfügung zu stehen.

Als Neville zur Abreise rüstet, wird die Leiche Mr. Herberts aus dem Teich gezogen. Manches deutet darauf hin, daß die Zeichnungen der Schlüssel zur Aufklärung des Verbrechens sein könnten. Mr. Talman dagegen sieht in ihnen einen Beweis für den Ehebruch seiner Frau; er kauft die Bilder und läßt sie verschwinden. Kurz nach seiner Abreise zieht es Neville nach Compton Anstey zurück, um ein dreizehntes Bild, die Ansicht vom Teich, in dem Mr. Herbert gefunden wurde, zu zeichnen und die Affäre mit Mrs. Herbert außervertraglich noch einmal aufleben zu lassen. Mrs. Herbert willigt zur beiderseitigen Befriedigung, wie sie sagt, ein – es geht ihr wie Mrs. Talman darum, einen Erben für Compton Anstey zu bekommen. Da Mr. Talmann und Mr. Noyes, die um ihre eigene Stellung fürchten, vermuten, Neville strebe mit Mrs. Herbert einen noch größeren Vertrag, nämlich die Ehe, an, wird er von seinen Widersachern geblendet und erschlagen.

Hat es über weite Strecken den Anschein, als könne die Kunst dazu beitragen, die Wahrheit aufzudecken, so kehrt sich das Verhältnis am Ende radikal um. Die Unterscheidung von Sehen und Darstellung auf der einen, Erkennen und Interpretation auf der anderen Seite bildet ein Leitmotiv des Films. Neville hält fest, was er sieht, wird aber konfrontiert mit einer möglichen allegorischen Deutung des Gesehenen, einem Wissen, das im Gezeichneten zum Ausdruck kommen könnte. Auch der Filmzuschauer versucht, das Gesehene einzuordnen, die Zusammenhänge zu verstehen, doch vermag er die Spuren genauso wenig zu lesen wie der Maler. Unterstrichen wird diese Parallelisierung durch die Kameraeinstellungen: Häufig ist die Perspektive bestimmt von dem Zeichnerrahmen Nevilles.

Im Zentrum von *The Draughtman's Contract* steht eine Bildinterpretation, in der sich der Film selbst zu spiegeln scheint. Neville stellt dabei fortwährend unbeantwortete und unbeantwortbare Fragen an Mrs. Herbert; auch der Film klärt nicht das Verbrechen auf, sondern bietet lediglich Mutmaßungen über mögliche Zusammenhänge an. Greenaway verbindet Ingredienzen einer altmodischen Kriminalgeschichte mit den Schauwerten des Historienfilms; er gibt ein Bilderrätsel auf, verweigert aber die Auflösung. Das Spiel folgt jedoch strengen Regeln: *The Draughtman's Contract* wird strukturiert durch die Farbdramaturgie, die zwölf Bilder sowie die alternierenden musikalischen Themen Michael Nymans, die von dem Barockkomponisten Henry Purcell inspiriert sind und dramaturgische Funktion haben: In die Ordnung des Films dringt mit der Musik ab dem sechsten Bild ein dekonstruktives Element ein. Greenaway, der nach avangardistischen Kurzfilmen mit *The Draughtman's Contract* seinen ersten großen Spielfilm realisierte, ist auch Maler: Die Bilder im Film stammen von ihm.

»*The Draughtman's Contract*«, in: L'Avant-Scène du Cinéma, 1984, H. 333. (Filmprotokoll, Materialien).
Christiane Barchfeld: »Filming by Numbers: Peter Greenaway«. Tübingen 1993; Reinhold Görling: »Barocke Perücken & Postmoderne Spielregeln«, in: filmwärts, 1992, H. 21; Ulrich Gregor: »*Der Kontrakt des Zeichners*«, in: epd Film, 1984, H. 4; Eva Hohenberger: »Die Früchte der Frauen«, in: Frauen und Film, 1986, H. 40; Jean-Pierre Jeancolas: »Le représentation rebelle«, in: Positif, 1984, H. 276; Hans-Jörg Kapp: »Musik, Zeit und anderes«, in: filmwärts, a.a.O.; Thomas Lehmann: »Augen zeugen«. Tübingen, Basel 2002; Christer Petersen: »Jenseits der Ordnung. Das Spielfilmwerk Peter Greenaways – Strukturen und Kontexte«. Kiel 2001; Erwin Petzi: »Den richtigen Blick auf das falsche Spiel«, in: Kerstin Kratochwill/Almut Steinlein (Hg.): Kino der Lüge. Bielefeld 2004; Dorothee J. Poppenberg/Antonio Weinrichter: »*Der Kontrakt des Zeichners*«, in: epd Film, a.a.O. (Interview); Meinhard Prill: »Vom Illusionscharakter der Medien«, in: medien + erziehung, 1984, H. 6; Walt R. Vian: »Die fröhliche Wissenschaft, Realität zu interpretieren!«, in: Filmbulletin, 1984, H. 139.

Klaus Bort

DIE DREI ↗ Po zakonu

DREI FARBEN: BLAU, WEISS, ROT ↗ Trois Couleurs: Bleu, Blanc, Rouge

DIE 3-GROSCHEN-OPER

Deutschland/USA (Nero-Film/Tobis-Warner) 1930/31. 35 mm, s/w, 110 Min.
R: Georg Wilhelm Pabst. B: Laszlo Vajda, Leo Lania, Béla Balász, nach dem gleichnamigen Theaterstück von Bertolt Brecht. K: Fritz Arno Wagner. M: Kurt Weill.
D: Rudolf Forster (Mackie Messer), Carola Neher (Polly), Reinhold Schünzel (Tiger-Brown), Fritz Rasp (Peachum), Valeska Gert (Frau Peachum), Lotte Lenja (Jenny), Ernst Busch (Straßensänger).

»Solcher Schund soll unser Theater nie entwürdigen«: Auf der Tagung der Kinobesitzer im August 1930 machte der Verbandsvorsitzende Scheer gegen die geplante Verfilmung des Erfolgsstücks Stimmung. Die eigentlichen Querschläge kamen jedoch, während Pabst im Atelier mit großem Staraufgebot seine Filmversion inszenierte, von den Autoren: Der Dramatiker Brecht und sein Komponist Weill prozessierten gegen die Produktionsfirma. Man hatte die Urheberrechte ordnungsgemäß erworben, doch war in den Verträgen ein Mitspracherecht Brechts und Weills fixiert worden. Der Dichter, der sich bei seiner Bearbeitung der »Bettleroper« bei François Villon bedient und mit Hinweis auf seine »Laxheit« in Fragen des geistigen Eigentums herausgeredet hatte, pochte nun auf seine Rechte als Urheber. Die von beiden Parteien mit allen Tricks geführte Auseinandersetzung schlug hohe publizistische Wellen.

Es war ein ungewöhnlicher Prozeß. Andere Autoren protestierten gegen die Verfälschung ihres Werks im Kino. Brecht ging es nicht um Werktreue. »Das Attentat auf die bürgerliche Ideologie mußte auch im Film veranstaltet werden können. Intrige, Milieu, Figuren waren vollkommen frei zu behandeln. Diese Zertrümmerung des Werkes nach dem Gesichtspunkt der Beibehaltung seiner gesellschaftlichen Funktion innerhalb einer neuen Apparatur wurde von der Filmgesellschaft abgelehnt.« Sie wollte den Theatererfolg wiederholen, nicht das von Brecht verfaßte Treatment »Die Beule« verfilmen. Teile davon gingen in den Film ein: Auf die wirkungsvolle Schlußszene des Bühnenstücks mit dem reitenden Boten als Deus ex machina wurde verzichtet, stattdessen präsentiert das Filmende den Ganoven Makkie Messer als Bankdirektor.

Brecht verlor den Prozeß, bekam jedoch vom Produzenten eine finanzielle Entschädigung und die Rechte für eine Wiederverfilmung nach zwei Jahren zugestanden. Über seine Niederlage vor Gericht gab sich der marxistische Dichter hocherfreut, denn für ihn war die juristische Auseinandersetzung »ein soziologisches Experiment«: Der Ausgang bestätigte seine Annahmen über die kapitalistische Filmindustrie. Der »Dreigroschenprozeß« war der Anstoß zu medientheoretischen Überlegungen Brechts, die z.T. wie eine Vorwegnahme von Walter Benjamins Thesen über »Das Kunstwerk im Zeitalter der technischen Reproduzierbarkeit« erscheinen. Das Kollektiv-Projekt *↗Kuhle Wampe* gab ihm kurze Zeit später die Möglichkeit, seine Film-Ideen praktisch zu erproben. Der Pabst-Film interessierte ihn kaum; es handelte sich in seinen Augen um eine »Regieversion«.

Pabsts *3-Groschen-Oper* ist keine holzschnittartige Moritat, sondern ein Märchen von tänzerischer Leichtigkeit. Das Dekor, eine Atelier-Wirklichkeit, und die Räume, von einer suggestiven Kamera eingefangen, schaffen eine atmosphärische Dichte, die noch der Stummfilm-Ästhetik verpflichtet ist. Eine pittoreske Stimmung prägt die Bildkompositionen, in denen das Halbdunkel vorherrscht. Zwischen niedrigen Kisten bewegt sich der korrupte Polizeichef, zwischen riesigen, schmalen Kisten lebt der Bettlerkönig; auf einer schmalen, endlosen Treppenleiter nehmen Mackie und Polly Abschied. Letztlich markieren nicht die Textänderungen den Unterschied zwischen Brecht und Pabst, sondern die Haltung zum Stoff. Pabst malt das Soho-Milieu romantisch aus. Seine *3-Groschen-Oper* ist nicht ohne Witz, manchmal sogar zynisch, doch niemals frech-aggressiv wie das Theaterstück. Mit Lust an der Destruktion brach Brecht die Form, sein Stück ist eine Travestie; Pabst dagegen übersetzte den Stoff in eine geschlossene, bis ins Detail sorgsam inszenierte Kunstwelt. Im Film unterbrechen die Songs nicht die Handlung, sondern die Musik von Weill wird leitmotivisch eingesetzt, arrangiert von Theo Mackeben. Der spröde Charme des Originals ging weitgehend verloren. Die zeitgenössische Kritik nannte den Film »ein zwar uneinheitliches, aber grandioses filmisches Schaustück, mit technischer Kunstfertigkeit so gearbeitet, daß die Substanz fast schwindet« (Kurt Pinthus).

Parallel zur deutschen Fassung drehte Pabst eine französische Version, in der Albert Préjean den Makkie Messer spielte und in einer kleinen Rolle als Bettler Antonin Artaud auftrat. In der Weimarer Republik, deren Ende sich bereits abzeichnete, blieb der Film politisch umstritten. Die Vorführungen in Nürnberg und München wurden von den Nazis gestört: Es wurden Stinkbomben geworfen, das Überfallkommando mußte eingreifen. Nach der nationalsozialistischen Machtergreifung, wurde die

»verfilmte Schweinerei« (»Völkischer Beobachter«, 28.2.1931) verboten.
Eine Neuverfilmung gab es erst 30 Jahre später. Trotz großem Aufwand, Farbe und Cinemascope, deutschen und internationalen Stars entstand unter der Regie von Wolfgang Staudte ein uninspiriertes, künstlerisch unbedeutendes Machwerk, das im nachhinein Brechts Polemik gegen die Filmindustrie bestätigte. Da nützte es wenig, daß die Brecht-Erben dafür gesorgt hatten, daß der Text des Dichters buchstabengetreu verfilmt wurde: »Dennoch kam es natürlich zu einer Zertrümmerung des Werks, und zwar nach geschäftlichen Gesichtspunkten.«

»*Die 3-Groschen-Oper*«, in: Hans-Michael Bock/Jürgen Berger (Hg.): Photo: Casparius. Berlin 1978. (Drehbuch, Materialien).
Christa Bandmann/Joe Hembus: »Klassiker des deutschen Tonfilms«. München 1980; Bertolt Brecht: »Der Dreigroschenprozeß«, in: ders.: Gesammelte Werke. Bd.18. Frankfurt a.M. 1967; Ben Brewster: »Brecht and the film industry«, in: Screen, 1975/76, H. 4; Arlene Croce: »*The Threepenny Opera*«, in: Film Quarterly, 1960/61, H. 1; Thomas Elsaesser: »Das Weimarer Kino – aufgeklärt und doppelbödig«. Berlin 1999; Wolfgang Gersch: »Film bei Brecht«. Berlin (DDR)/München 1975; Jan-Christopher Horak: »*Three Penny Opera*. Brecht vs. Pabst«, in: Jump Cut, 1977, H. 15; Wolfgang Jacobsen (Hg.): »G.W. Pabst«. Berlin 1997; Hermann Kappelhoff: »Der möblierte Mensch«. Berlin 1995; Alain und Odette Virmaux: »Quat'sous de dommages et intérêts«, in: Cinématographe, 1986, H. 125.

Michael Töteberg

DIE DREI VON DER TANKSTELLE

Deutschland (Ufa) 1930. 35 mm, s/w, 96 Min.
R: Wilhelm Thiele. B: Franz Schulz, Paul Franck. K: Franz Planer. A: Otto Hunte. M: Werner Richard Heymann, Liedertexte: Robert Gilbert.
D: Lilian Harvey (Lilian), Willy Fritsch (Willy), Oskar Karlweis (Kurt), Heinz Rühmann (Hans), Fritz Kampers (Konsul Coßmann), Olga Tschechowa (Edith von Turoff), Kurt Gerron (Rechtsanwalt Kalmus), Felix Bressart (Gerichtsvollzieher).

Ende 1929, als der Tonfilm in Deutschland eingeführt wird, die wirtschaftliche und politische Stabilität der jungen Republik jedoch endgültig schwindet, setzt die Ufa auf ein neues Genre: die Filmoperette. So nennt sich auch *Die Drei von der Tankstelle* im Untertitel. Das erscheint etwas untertrieben. Denn der Film löst sich von der Rüschenästhetik der Operette, entwickelt eine ganz eigene Form der musikalischen Komödie, die Elemente des Musicals, der Revue sowie Gagnummern aufnimmt, diese jedoch eng mit Motiven der unmittelbaren Alltagsrealität verzahnt: Drei Freunde verlieren aufgrund des Zusammenbruchs ihrer Bank Geld und Haus. Sie sind arbeitslos, wie vier Millionen Deutsche zu der Zeit. Doch den Umstand nehmen sie gelassen. Eigentlich können sie nur tanzen, spielen und Auto fahren. Und davon erzählt der Film. Dem Gerichtsvollzieher begegnen sie mit dem Lied: »Lieber Herr Gerichtsvollzieher, gehen Sie weg/ Sie finden nichts bei mir«. Ihre Stepversuche auf dem Sofa nützen jedoch nichts, denn Felix Bressart entgegnet ihnen in souveränem Tanzschritt, während die Möbelpacker den Baß dazu summen und tänzelnd die Wohnung ausräumen.
Um diese Leichtigkeit geht es dem Regisseur Wilhelm Thiele. Er entwickelt sie aus einem eigentlich bedrückenden Vorgang des Alltags, wendet diesen übermütig und schafft damit eine willkommene Kompensationsmöglichkeit sozialer Realität. Bereits der »Film-Kurier« erkannte: »Diese heitere Filmart will vergessen lassen, sie will lustig, ohne Sinn sein, sie will leicht-sinnig sein.« (16.9.1930) Wesentliche Hilfsmittel sind dabei die Musik, der Songtext und die Choreographie, weniger die schwerfällige Tonfilmkamera oder eine atemberaubende Montage.
Der Film rankt sich um fünf Songs. Neben dem erwähnten »Kuckuck«-Lied versichert man sich: »Ein Freund, ein guter Freund, das ist das Schönste auf der Welt«. Aber alle drei flirten, singen und tanzen an der Tankstelle mit Lilian zu der Melodie »Hallo, Du süße Frau«, und alle sind sich sofort bewußt, daß diese Frau ihren merkwürdig engen Männerbund sprengt. Denn mit ihr kennen sie »den Weg ins Paradies genau« – *Chemin du paradies*

lautet denn auch der Titel der gleichzeitig mit französischen Schauspielern hergestellten Version. Doch nur mit Willy, dem Beau des Trios, singt sie das Duett »Liebling, mein Herz läßt Dich grüßen«. Diese Szene unterlegt Thiele ironisch mit Blitz und Donner und einem irrlichternden Helldunkel. Denn Willy geniert sich noch, »so nett zu sein, wie er gern möchte«, wie Lilian richtig erkennt. Als er merkt, daß sie auch mit den beiden Freunden angebändelt hat, ist der Konflikt da.

Die Musik stiftet die Überleitungen zwischen Schauplätzen und Personen, verzahnt die jeweils nur knapp entwickelten Szenen mit Dialogen voller Kalauer und modischen Redewendungen sowie burlesken Aktionen, die in Clownesken oder Tanznummern kulminieren. Nur durch das kurze Summen der Melodie oder Anspielen eines Satzes der eingeführten Lieder wird die Stimmungslage einer Situation, werden die uneingestandenen Wünsche des Trios offenbart. Das knappe Musikvolumen führt zu witzigen Variationen der Klangfarben, der Arrangements und Liedtexte. Der Film parodiert dadurch seine Motive, seinen Optimismus ebenso wie seine offen eingestandene Tagträumerei. Dazu gehört, daß die drei schließlich Direktoren einer von Lilians Vater initiierten Tankstellenkette werden. Zwar sträubt sich Willy, als er den Zweck erkennt, den Ehevertrag nämlich. Doch dies geschieht wohl mehr, um dem letzten Song »Erst kommt ein großes Fragezeichen« präsentieren zu können, bevor das umfassende Happy End alle auftretenden Personen in einem großen Revuefinale zusammenführt. Willy und Lilian treten aus der Handlung heraus und parodieren damit den filmischen Tagtraum. Sie verkünden, vor den Vorhang tretend, der sich kurz gesenkt hat, was seit 90 Minuten kaum einen Moment zu übersehen war: daß alles eine ausgelassene Operette sei.

Günter Lebailly: *»Die Drei von der Tankstelle«*, in: Günter Engelhard u.a. (Hg.): 111 Meisterwerke des Films. Frankfurt a.M. 1989; Rainer Rother: »Zwischen Parodie und poetischem Wachtraum«, in: Hans-Michael Bock/Michael Töteberg (Hg.): Das Ufa-Buch. Frankfurt a.M. 1992; Lothar Schwab: »Überlistung der schwerfälligen Tontechnik«, in: Rainer Rother (Hg.): Die Ufa. Das deutsche Bilderimperium. Berlin 1992, H. 9; Paul Taylor: *»Die Drei von der Tankstelle«*, in: Monthly Film Bulletin, 1978, H. 539.

Jürgen Kasten

DER DRITTE MANN ↗ Third Man

DR. MABUSE, DER SPIELER

1. Teil: Der große Spieler. 2. Teil: Inferno.
Deutschland (Decla-Bioscop) 1922. 35 mm, s/w, stumm, 3.496 und 2.560 m.
R: Fritz Lang. B: Thea von Harbou, nach dem gleichnamigen Roman von Norbert Jacques.
K: Carl Hoffmann. Ba: Carl Stahl-Urach, Otto Hunte, Erich Kettelhut, Karl Vollbrecht.
D: Rudolf Klein-Rogge (Dr. Mabuse), Aud Egede Nissen (Cara Carozza), Gertrude Welcker (Gräfin Told), Alfred Abel (Graf Told), Bernhard Goetzke (Staatsanwalt von Wenk).

»Dr. Mabuse, der Arzt, der Spieler, der Verbrecher«, stellt ein Zwischentitel zu Beginn den Helden vor. Mabuse ist Doktor der Psychopathologie, dessen suggestive Kräfte und hypnotische Fähigkeiten Menschen zu Handlungen wider Willen zwingen, er ist ein raffinierter Spieler, der in vielerlei Masken schlüpft und mit dem Schicksal fremder Menschen spielt, schließlich der Kopf einer internationalen Verbrecherorganisation, die Spielclubs, Schmuggel und Börsenmanipulationen großen Stils betreibt. Sein Gegenspieler ist der Staatsanwalt Wenk. Im Roman ist er ein Protagonist, dem der Autor seine konservative, antirepublikanische Gesinnung untergeschoben hat. Dagegen bleibt diese Figur im Film merkwürdig blaß, gewinnt nicht die Konturen eines positiven Helden. Das Böse triumphiert, Mabuse dominiert; der Vertreter der staatlichen Ordnung kämpft mit denselben Waffen – Wenk wechselt die Masken und Identitäten wie der Verbrecher, erreicht jedoch nie dessen Genie. Am Ende wird die Differenz zwischen der literarischen Vorlage und der Verfilmung noch einmal deutlich. Getreu den gängigen Mustern der Spannungsliteratur endet der Kriminalroman mit einem tollkühnen Kampf im Flugzeug; Mabuse findet den Tod, der Staatsanwalt und die

Gräfin schließen den Bund fürs Leben. Im Film flüchtet Mabuse in ein unterirdisches Verlies, eine von ihm eingerichtete Fälscherwerkstatt; als der Verfolger Wenk das Versteck aufbricht, findet er den dem Wahnsinn verfallenen Verbrecher beim Spiel mit Banknoten. Einem ordentlichen Gerichtsverfahren hat sich Mabuse entzogen: Er kann, so heißt es im Film, nur durch sich selbst zugrunde gehen.

»Ein Bild der Zeit«, versprach der Untertitel zum ersten Teil. Der irrsinnige Mabuse, der im Falschgeld wühlt: Die letzte Einstellung ist ein Sinnbild für die Inflationszeit. Die verlorengegangene Eröffnungssequenz war eine rasche Montage von Zeit-Ereignissen: Spartakus-Aufstand, Rathenau-Mord, Kapp-Putsch. In der Mabuse-Figur spiegelte Lang die soziale Anarchie der Nachkriegsjahre: Der skrupellose Verbrecher profitiert von Unsicherheit und Chaos, gelangt erst durch Dekadenz und Nihilismus zur vollen Machtentfaltung. Der Film enthält Stilelemente, die an ↗*Das Cabinet des Dr. Caligari* erinnern – bizarre Innendekors, gemalte Schatten, verfremdende Beleuchtungseffekte und nicht zuletzt das expressive Spiel des Mabuse-Darstellers Rudolf Klein-Rogge –, doch ist der Stil hier lediglich Ausdruck einer zynischen Haltung. »Expressionismus ist Spiel«, erklärt Mabuse im Film. »Warum auch nicht? Alles ist heute Spielerei.«

Die Herstellungskosten des insgesamt fast vierstündigen Films betrugen 15 Millionen Mark, auch in Inflationszeiten ein beträchtliches Budget. Während der Dreharbeiten wurde die Produktionsgesellschaft Decla-Bioscop von der Ufa übernommen, die, damals im Besitz der Deutschen Bank, von der Krise der Filmindustrie profitierte. Zudem ist *Dr. Mabuse, der Spieler* ein frühes Beispiel für den Medienverbund: Der Film kam als Uco-Produktion heraus – Ullstein-Bücher wurden regelmäßig von der Decla-Bioskop verfilmt, ihre Veröffentlichung war aufeinander abgestimmt, so daß sich Buch und Film gegenseitig zu größerer Popularität verhalfen. Zusammen mit den letzten Fortsetzungen des Romans konnte die »Berliner Illustrirte« schon die ersten Filmfotos publizieren. Während *Dr. Mabuse, der Spieler* in der völkisch-nationalen Presse als typisches Produkt der ›Systemzeit‹ heftig abgelehnt wurde, konnte der Film die Zensur mit nur minimalen Schnittauflagen passieren. In der Sowjetunion montierten Esfira Schub und Sergej Eisenstein eine eigene Fassung, der sie den Titel *Die vergoldete Fäulnis* gaben.

Siegfried Kracauer sprach, unter Einbeziehung der fast zeitgleich entstandenen Filme ↗*Nosferatu* und ↗*Das Wachsfigurenkabinett*, von einem »Aufmarsch der Tyrannen« und zog daraus Rückschlüsse auf präfaschistische »Kollektivdispositionen« des deutschen Volkes, die Hitlers Aufstieg und Machtergreifung erst ermöglichten. Lang lehnte Kracauers These einer direkten Verbindungslinie »von Caligari zu Hitler« ab, bekannte jedoch, Mabuse sei »ein Kind von Nietzsche«. Tatsächlich wird in einem Zwischentitel der Begriff »Wille zur Macht« gebraucht. Ein von Mabuses Leuten geschickt inszenierter Aufruhr demonstriert massenpsychologische Vorgänge. Diese Szene, die in der Romanvorlage keine Entsprechung hat, enthält ein Motiv, das in späteren Filmen Langs wiederkehrt: die manipulierte, für verbrecherische Ziele mobilisierbare Volksmenge. Doch ist Kracauers Interpretation deutlich geprägt von späterem Wissen: Was in der Mabuse-Figur, die hier nur eine dämonische Erscheinung der Inflationszeit ist, noch steckt, erkannte Lang erst zehn Jahre darauf, als er ↗*Das Testament des Dr. Mabuse* drehte.

Thomas Elsaesser: »Das Weimarer Kino – aufgeklärt und doppelbödig«. Berlin 1999; Michael Farin/Günter Scholdt (Hg.): »*Dr. Mabuse* – Der Film«, in: Norbert Jacques: Dr. Mabuse, der Spieler. Reinbek 1994; Frauke Göttsche: »Geometrie im Film«. Münster 2003; Reinhold Keiner: »Thea von Harbou und der deutsche Film bis 1933«. Hildesheim u.a. 1984; Siegfried Kracauer: »Von Caligari zu Hitler«. Frankfurt a.M. 1979; Corinna Müller: »*Dr. Mabuse, der Spieler*«, in: Knut Hickethier (Hg.): Filmgenres: Kriminalfilm. Stuttgart 2005; Günter Scholdt (Hg.): »*Dr. Mabuse, der Spieler.* Roman/Film/Dokumente«. St. Ingbert 1987; Anne Waldschmidt: »Doktor Mabuse oder Bilder des Schreckens vom deutschen Menschen der Nachkriegszeit«, in: Rainer Rother (Hg.): Die Ufa – Das deutsche Bilderimperium. Berlin 1992, H. 2.

Michael Töteberg

DR. SELTSAM ↗ Dr. Strangelove

DR. STRANGELOVE, OR HOW I LEARNED TO STOP WORRYING AND LOVE THE BOMB

(Dr. Seltsam oder Wie ich lernte, die Bombe zu lieben). Großbritannien (Hawk Films) 1962/63. 35 mm, s/w, 95 Min.
R: Stanley Kubrick. B: Stanley Kubrick, Terry Southern, Peter George, nach dem Roman »Red Alert« von Peter George. K: Gilbert Taylor. A: Ken Adam. M: Laurie Johnson.
D: Peter Sellers (Captain Lionel Mandrake, Präsident Merkin Muffley, Dr. Strangelove), George C. Scott (General »Buck« Turgidson), Sterling Hayden (General Jack D. Ripper), Slim Pickens (Major T.J. Kong).

Mitten im Kalten Krieg, kurz nach der Kuba-Krise, drehte Stanley Kubrick eine schrille Satire auf die Strategie der atomaren Abschreckung und Sicherheitsmechanismen wie das ›rote Telefon‹, mit dem ein Atomschlag aufgrund eines Mißverständnisses ausgeschlossen werden sollte. *Dr. Strangelove* ist eine provozierende Attacke auf die militärische Doktrin der Supermächte und löste entsprechende Reaktionen aus: Als destruktiv und gefährlich wertete z.B. die »New York Times« den Film. Ein englischer Kritiker, mit schwarzem Humor mehr vertraut, charakterisierte *Dr. Strangelove* als »Jux-Zigarre, die einem ins Gesicht hinein explodiert«.
General Jack D. Ripper, von abstrusen Wahnvorstellungen besessen, hat seiner Staffel, die sich im Luftraum rund um die Sowjetunion bewegt, den Angriffsbefehl gegeben und gleichzeitig seine Air Base in Burpleson von der Außenwelt vollkommen isoliert. Der Abbruch der Kommunikation prägt auch die Situation an den beiden anderen Handlungsorten des Films: Ein Funkkontakt zum Bomber von Major »King« Kong ist durch die nahe Explosion einer Abwehrrakete unmöglich, so daß der Pilot den Rückholcode nicht empfangen kann; im »War Room« des Pentagon, in dem die Krisensitzung abgehalten wird, kann der amerikanische Präsident Muffley zwar über den heißen Draht mit dem sowjetischen Ministerpräsidenten Kissoff telefonieren, doch zu den Gefahrenherden in den eigenen Reihen besteht keine Verbindung.
Die Konstellation und die Dramaturgie folgen dem Thriller-Modell: Ein verrückter Einzeltäter – Ripper glaubt, daß die kommunistische Weltverschwörung durch Fluoridation des Wassers die Körpersäfte der Menschen der freien Welt vergiftet – hat sich in seinem Lager verschanzt. Durch Einsatz von Truppen wird die Air Base erobert. Die Uhr tickt, denn die Sowjetunion verfügt über eine noch unbekannte Weltvernichtungsmaschine, die bei einem Bombenangriff automatisch ausgelöst wird und die Welt für 93 Jahre in atomaren Nebel hüllt. Nachdem der Rückholcode endlich geknackt ist, drehen die Bomber ab – bis auf einen: Der treue Patriot Kong versucht, unter allen Umständen seine Bombe loszuwerden, auch wenn das ursprüngliche Ziel wegen des lecken Tanks nicht erreicht werden kann, auch wenn er die Bombenluken, deren Elektronik zerstört ist, mit der Hand öffnen muß. Kubrick kehrt die übliche Suspense-Dramaturgie um: Erfolg bedeutet hier nicht Rettung, sondern Vernichtung.
Sexuelle Anspielungen ziehen sich durch den gesamten Film, sei es die Namensgebung der Hauptfiguren oder die gehäufte phallische Symbolik. Krieg erscheint als Ersatzbefriedigung, Sexualität ist verschoben auf Maschinen, die den Tod verheißen. Eine ›Erektion‹ besonderer Art ist beim Auftritt Dr. Strangeloves – bei der Übersetzung Dr. Seltsam geht der sexuelle Beiklang verloren, wie überhaupt die deutsche Synchronisation stark kritisiert worden ist – zu beobachten, als er über die Rettung der Menschengattung nach dem Atomkrieg durch gezielte Vermehrung der Besten und Gesündesten in Bergwerksstollen doziert: Gegen seinen Willen reckt sich sein rechter Arm immer wieder zum Hitlergruß. Die Figur steht für viele NS-Forscher, die ihre Arbeit in den USA nahtlos fortführen konnten; Wernher von Braun ist nur das bekannteste Beispiel. Strangelove ist als Figur nicht so zentral, wie es der Filmtitel suggeriert, doch er verkörpert die These des Films: Die militärische Logik mündet in der Unmenschlichkeit faschistischer Vernichtungsstrategien und Zerstörungsphantasien.
Kubrick setzt auf drastische Komik und übersteigerte

Mimik; er spielt mit Genre-Stereotypen und scheut auch nicht vor Slapstick-Einlagen zurück. Die Tortenschlacht, die dem finalen Atomschlag am Ende unmittelbar vorausging, hat Kubrick bei der Endfertigung jedoch wieder eliminiert: Bei aller Absurdität geht es ihm doch immer auch um die Glaubwürdigkeit seiner apokalyptischen Vision. Peter Sellers, in gleich drei Rollen präsent, trug mit seinem Improvisationstalent wesentlich zum grotesken Charakter des Films bei, der sich bewußt in die Tradition der Swiftschen Satire stellt. Das futuristische Dekor des War Rooms, wo Amerikas Entscheidungsträger wie um einen riesigen Spieltisch sitzen, steht in Kontrast zu den mit dokumentarischem Gestus gedrehten Szenen auf dem Luftwaffenstützpunkt Burpleson. Während sich die amerikanischen Truppen auf der Air Base gegenseitig abschlachten, ist ein großes Plakat mit dem Slogan »Peace is our Profession« zu sehen; seichte Schlagermusik erklingt als ironischer Kommentar zur Detonation der Bombe. Der Film treibt mit Entsetzen Scherz: *Dr. Strangelove* ist eine »Alptraum-Komödie« (Kubrick).

»*Dr. Seltsam oder wie ich lernte, die Bombe zu lieben*«, in: Film, Velber, 1964, H. 8. (Filmtext).

Peter Baxter: »The One Woman«, in: Wide Angle, 1984, H. 1; Jürgen Berger (Hg.): »Production Design: Ken Adam«. München 1994; Robert Lamm: »›Can We Laugh at God?‹ Apocalyptic Comedy in Film«, in: Journal of Popular Film and Television, 1991, H. 2; Kay Kirchmann: »Stanley Kubrick. Das Schweigen der Bilder«. Marburg 1993; Thomas Klein: »*Dr. Seltsam oder wie ich lernte, die Bombe zu lieben*«, in: Thomas Koebner (Hg.): Filmgenres: Science Fiction. Stuttgart 2003; Charles Maland: »*Wie ich lernte, die Bombe zu lieben*«, in: Film und Fernsehen, 1988, H. 6 u.7; Alexander Walker: »Stanley Kubrick Directs«. New York 1971; Gary K. Wolfe: »*Dr. Strangelove*, ›Red Alert‹, and Patterns of Paranoia in the 1950's«, in: Journal of Popular Film, 1976, H. 1.

Tim Darmstädter

DROWNING BY NUMBERS

(Verschwörung der Frauen). Großbritannien/Niederlande (Channel Four/Allarts) 1988.
35 mm, Farbe, 118 Min.
R+B: Peter Greenaway. K: Sacha Vierny.
Ba: Bob Ringwood. M: Michael Nyman.
D: Joan Plowright (Cissie Colpitts 1), Juliet Stevenson (Cissie Colpitts 2), Joely Richardson (Cissie Colpitts 3), Bernard Hill (Madgett), Jason Edwards (Smut), Bryan Pringle (Jake), Trevor Cooper (Hardy), David Morrissey (Bellamy), Nathalie Morse (Seilspringendes Mädchen).

»Drawning by Numbers« heißt ein Spiel, in dem man mit Zahlen versehene Felder mit Farben ausfüllen muß und so ein berühmtes Gemälde nachmalt. *Drowning by Numbers*, Ertränken nach Zahlen, spielt Peter Greenaway: Drei Frauen mit demselben Namen – Cissie Colpitts 1–3, Großmutter, Mutter und Tochter – bringen nacheinander ihre Männer um. Der Leichenbeschauer Madgett, in alle drei Frauen gleichermaßen verliebt, ist ihr Verbündeter und bescheinigt jedesmal einen natürlichen Tod. Allerdings scheitern seine Versuche, sich den drei Frauen zu nähern, und er geht schließlich freiwillig unter. Smut, sein Sohn, spielt den Buchhalter des Todes. Er veranstaltet bei jedem gewaltsamen Tod ein Feuerwerk und ordnet den Wochentagen unterschiedliche Farben zu. Die »Verschwörer vom Wasserturm« glauben nicht an ein natürliches Ableben der Ertrunkenen. Beide Gruppen treten am Ende beim Seilziehen gegeneinander an. Madgett erhofft sich hiervon eine Klärung der Situation, doch die Dreieinigkeit der Frauen ist nicht bereit, sich seinen Spielregeln zu unterwerfen. Sie erweisen sich als die besseren Fänger und besseren Schwimmer.

Schon zu Beginn sehen wir ein seilspringendes Mädchen, das die Sterne von 1 bis 100 zählt und benennt. Auf die Frage, warum sie nicht weiter zähle, antwortet sie: »Einhundert sind genug. Wenn man schon hundert gezählt hat, sind alle anderen Hundert gleich.« In diesem Sinne durchläuft *Drowning by Numbers* eine numerische Totalität: Die Zahlenreihe von 1 bis 100 wird implizit oder explizit in strenger Reihenfolge sichtbar. Ein weiteres Ordnungsprinzip bilden die skurrilen Spiele, deren Regeln Smut im Film erklärt. Im Verlauf des fünften Spiels »Fang oder stirb« spiegelt sich die weitere

Entwicklung des Films: Nacheinander müssen Hardy, Bellamy, Madgett und Smut ins Leichentuch; in dieser Reihenfolge werden sie auch im Film zu Tode kommen. In der Mitte des Films – mit dem Erreichen der Zahl 50 – spielen alle Figuren »Henkerkricket«, ein Spiel, in dem sich ihre Rollen spiegeln und dessen Regeln lange Zeit rätselhaft bleiben. Smut inszeniert seinen Selbstmord nach dem Tod des von ihm geliebten seilspringenden Mädchens: »Bei diesem Spiel geht es darum, diejenigen zu bestrafen, die durch ihre selbstsüchtigen Handlungen großes Unglück verursacht haben. – Also dies ist das beste Spiel von allen, weil der Gewinner gleichzeitig der Verlierer ist, und der Rechtsweg ist dabei ausgeschlossen.«

Greenaway greift in *Drowning by Numbers* Momente seines frühen nichtnarrativen Kinos spielerisch auf. Nicht nur die lineare Zählung von 1 bis 100, sondern auch die wiederkehrende Zahl 3 spielt dabei eine herausragende Rolle: drei Frauen, drei Morde, drei Bestattungen, drei Annäherungsversuche Madgetts. Mit seinem hintergründigen und schwarzen Humor reflektiert der Film das Verhältnis von Fiktion und Realität, Spiel und Leben, Herrschaft und Ohnmacht durch Regeln. Wie bei den meisten Filmen Greenaways schrieb Michael Nyman die Filmmusik: eine mehrfache musikalische Variation auf der Basis von vier Takten (58–61) aus Mozarts Sinfonia Concertante, Es-dur KV 364, für Violine, Viola und Orchester.

»*Drowning by Numbers*«. London, Boston 1988. (Drehbuch).

Christiane Barchfeld: »Filming by Numbers: Peter Greenaway«. Tübingen 1993; Johannes Bösiger: »Stumm-aufdringliche Eloquenz«, in: Filmbulletin, 1988, H. 4; Thomas Elsaesser: »Games of Love and Death or an Englishman's Guide to the Galaxy«, in: Monthly Film Bulletin, 1988, H. 657; Peter Greenaway: »Fear of *Drowning by Numbers*. Règles du Jeu«. Paris 1989; ders.: »papers/papiers«. Paris 1990; Michael Kötz: »*Die Verschwörung der Frauen*«, in: epd Film, 1988, H. 12; Uwe Künzel: »*Drowning by Numbers*«, in: Zoom, 1988, H. 22; Christer Petersen: »Jenseits der Ordnung. Das Spielfilmwerk Peter Greenaways – Strukturen und Kontexte«. Kiel 2001; Stephen Sarrazin: »D'une certaine tendance néo«, in: Cahiers du Cinéma, 1988, H. 412; Josef Schnelle: »Bizarre Rätselspiele – herzlos und kalt: Peter Greenaway«, in: Jörg-Dieter Kogel (Hg.): Europäische Filmkunst. Frankfurt a.M. 1990.

Klaus Bort

DUCK SOUP

(Die Marx Brothers im Krieg). USA (Paramount) 1933. 35 mm, s/w, 70 Min.

R: Leo McCarey. B: Bert Kalmar, Harry Ruby, Arthur Sheekman, Nat Perrin. K: Henry Sharp. A: Hans Dreier, Willard Ihnen. S: LeRoy Stone. M: Bert Kalmar, Harry Ruby.

D: Groucho Marx (Rufus T. Firefly), Harpo Marx (Brownie/deutsch: Pinky), Chico Marx (Chicolini), Zeppo Marx (Bob Rolland), Louis Calhern (Botschafter Trentino), Margaret Dumont (Mrs. Teardsdale).

Der »Kriegsfilm«, wie Groucho Marx *Duck Soup* zu nennen pflegte, zeigt die Marx Brothers auf der Höhe ihrer anarchischen Kreativität. Zwar nicht bewußt als eine politische Satire auf die grauenvolle Komik faschistischer Diktatoren intendiert, traf diese aggressiv-freche Komödie dennoch so genau den Nerv der Zeit, daß Mussolini den Film in Italien verbieten ließ.

Die aberwitzige Geschichte der Willkürherrschaft von Rufus T. Firefly über die Operettenrepublik Freedonia, die unweigerlich in den Krieg mit dem Nachbarstaat Sylvania führt, ist kaum nachzuerzählen. Intrigen und Beleidigungen, absurde Machtspiele, Rollentausch und Spionageaktionen treiben die groteske Handlung voran. Der korrupte Wortverdreher Firefly, der bauernschlaue Chicolini und der schweigende, mit Hupen, Scheren und Mausefallen ausgerüstete Pinky, jeder auf seine Weise enthemmt, drücken dem rasanten Spiel ihren Stempel auf, so daß es keinen Moment in der Bahn bleibt. Die Millionärswitwe Tearsdale, die Firefly ins Amt gehievt hat, ist diesem chaotischen Treiben ebenso ausgeliefert wie Trentino, der intrigante Botschafter Sylvaniens, der schließlich in einem Bombardement von Apfelsinen kapituliert.

Die fünf Brüder Chico, Harpo, Groucho, Gummo und Zeppo Marx, Söhne jüdischer Einwanderer in New

York, haben wie so viele Komiker ihre Karriere auf der Bühne begonnen. Praktisch von Kindesbeinen an als Musikclowns und Komiker unterwegs, waren sie schon über 20 Jahre lang erfolgreich in der Vaudeville-Szene und dann am Broadway aufgetreten, als sie 1929 mit *The Cocoanuts* erstmals eine ihrer Bühnenshows verfilmten. Von den fünf Brüdern (Gummo verließ die Gruppe schon 1917, Zeppo verabschiedete sich nach *Duck soup*) gelten Groucho, Chico und Harpo als die eigentliche Kerntruppe der Marx Brothers.

Der destruktiv-anarchische Witz der Marx Brothers entfaltet sich in dem unnachahmlichen Zusammenspiel ihrer Charaktere: Groucho, der Kopf der Brüder, mimt mit aufgemaltem Schnauzbart und Zigarre den Wichtigtuer. Wortgewandt und wortreich verfolgt er seine aus der Situation geborenen Strategien, überfallartig und großmäulig greift er auf, was er zu hören oder zu sehen bekommt, verdreht dann den Sinn bis zur Kenntlichkeit, um sich schließlich um Kopf und Kragen zu reden. Chico, der scheinbar normalste der drei, verkörpert den verschlagenen kleinen Gauner mit dem Akzent italienischer Einwanderer, der sich trickreich oder dummdreist durchzusetzen weiß. Der infantile Harpo, blondgelockt mit großen Kinderaugen, spricht nie ein Wort, dafür agiert er, zwischen Aggressivität und Sanftheit abrupt wechselnd, um so erfindungsreicher. Ob er virtuos die Harfe spielt, eine Autohupe sprechen läßt oder unversehens ein überraschendes Utensil aus seinen weiten Manteltaschen zieht, immer stiftet er ein Chaos, dem die Umgebung ebensowenig gewachsen ist wie den Wortkaskaden Grouchos. Jeder der drei fröhnt auf seine Weise dem Lustprinzip. Gemeinsam attackieren sie das Regelwerk bürgerlicher Konventionen und Institutionen.

War ihren frühen Filmen die Herkunft von der Bühne noch allzu deutlich anzumerken, überzeugt *Duck Soup* auch durch seine filmischen Einfälle und seine Geschlossenheit. Als ein Glücksfall erwies sich das Engagement des Regisseurs Leo McCarey, der – an Laurel-und-Hardy-Filmen erprobt – einen großen Anteil an den visuellen Gags wie z.B. der Spiegelszene hatte. Eine zentrale Funktion im Räderwerk übernimmt auch Margaret Dumont, die ›seriöse‹ Kontrastfigur in insgesamt sieben Filmen der Marx Brothers. Als zumeist steinreiche Witwe, einen Kopf größer als Groucho, verfällt sie seinem unverschämten Charme, ohne seine Boshaftigkeiten wirklich zu bemerken. Während er sich an dieser stattlich-pompösen Frau abarbeitet, bewahrt sie nolens volens ihre vornehm-hilflose Haltung.

Fand der folgende Film *A Night at the Opera* (*Die Marx Brothers in der Oper*, 1935) noch ähnlich großen Anklang bei der Kritik, so fällt bei den späteren Filmen doch eine Entschärfung des Witzes und der Charaktere auf. Zu nennen sind u.a. *At the Circus* (*Die Marx Brothers im Zirkus*, 1939), die Westernparodie *Go West* (1940), *The Big Store* (*Die Marx Brothers im Kaufhaus*, 1941) sowie ↗*A Night in Casablanca*

Die filmgeschichtliche Wirkung des spezifisch jüdischen Witzes der Marx Brothers und ihrer gelegentlich surrealen Komik ist kaum abzuschätzen. Stellvertretend für viele andere seien als legitime Nachfolger Woody Allen und Mel Brooks genannt, zwei »Neomarxisten« gewissermaßen. In Deutschland begann die Erfolgsgeschichte der Marx Brothers erst Ende der sechziger Jahre. Ihre Filme erlangten Kultstatus bei den Antiautoritären der 68er Generation, die diesen »Marxismus« gleichsam als Korrektur des trockenen Seminar-Marxismus begrüßten.

»*Monkey Business* and *Duck Soup*«. Hg. Andrew Sinclair. London 1972. (Filmtext).

Richard Anobile: »Why a Duck? Visual and Verbal Gems from the Marx Brothers Movies«. New York 1971; Thomas Brandlmeier: »Filmkomiker. Die Errettung des Grotesken«. Frankfurt a.M. 1983; Wes D. Gehring: »The Marx Brothers. A Bio-Bibliographie«. Westport, Connecticut 1987; Peter van Gelder: »Offscreen onscreen: the inside story of 60 great films«. London 1990; Ulrich Hoppe: »Die Marx Brothers«. München 1990; Rainer Nolden: »Die Marx Brothers«. Reinbek 2002; C. Silver: »Leo McCarey: From Marx to McCarthy«, in: Film Comment, 1973, H. 5; Neil Sinyard: »Classic Movie Comedians«. London 1992; M. Winokur: »›Smile, Stranger‹: Aspects of Immigrant Humor in the Marx Brothers' Humor«, in: Literature/Film Quarterly, 1985, H. 3.

Peter Christian Lang

DUELL AM MISSOURI

↗ Missouri Breaks

DU LEBST NUR EINMAL

↗ You Only Live Once

DURA LEX

↗ Po zakonu

DU SOLLST MEIN GLÜCKSSTERN SEIN

↗ Singin' in the Rain

EASY RIDER

USA (Pando/Raybert) 1969. 35 mm, Farbe, 94 Min.
R: Dennis Hopper. B: Peter Fonda, Dennis Hopper, Terry Southern. K: Laszlo Kovacs. A: Jerry Kay. S: Donn Cambern. M: Steppenwolf, The Byrds, The Band, The Holy Modal Rounders, Fraternity of Man, The Jimi Hendrix Experience, Little Eva, The Electric Prunes, The Electric Flag.
D: Peter Fonda (Wyatt), Dennis Hopper (Billy), Jack Nicholson (George Hanson), Luke Askew (Anhalter), Robert Walker jr. (Jack), Luana Anders (Lisa), Sabrina Scharf (Sarah), Warren Finnerty (Farmer), Toni Basil (Mary), Karen Black (Karen), Antonio Mendoza (Jesus), Lea Marmer (Madam).

»Wir sind Blindgänger«, ist einer der letzten Sätze Wyatts in diesem Kultfilm der sechziger Jahre, der wie kein anderer dem Lebensgefühl der Hippie-Generation entsprach, aber auch das Scheitern ihrer Utopie verdeutlicht. Aus heutiger Sicht ist der Film ein Zeitdokument: *Easy Rider* erzählt von den Illusionen und der Naivität einer Jugend, deren Verweigerungshaltung und Nonkonformismus das Establishment provozierte. Von dem Lebensstil und den Visionen der ›Langhaarigen‹ verunsichert, schlug die ›schweigende Mehrheit‹ zurück – haßerfüllt und brutal.

Easy Rider ist ein Road Movie: Wyatt und Billy, zwei Drop-Outs, machen sich nach einem gelungenen Kokain-Deal auf ihren chromblitzenden Motorrädern auf den Weg von Los Angeles nach New Orleans zum dortigen Karneval, dem Mardi Gras. Ihre Freiheitssehnsucht findet ihren Ausdruck in langen, ruhigen Fahrten durch die Weite der Landschaft des Westens und Südwestens der USA. Lagerfeuerromantik, Marihuana-Joints, Hippiekommune und die passende Folk- und Rock-Musik auf der einen Seite, abweisende Motel- und Restaurantbesitzer sowie hämisch-aggressive Südstaatler, die Rednecks, auf der anderen Seite repräsentieren das Doppelgesicht Amerikas. Die unbeschwert begonnene Hippie-Odyssee weist zum Ende hin immer bedrohlichere und desillusionierende Szenen auf: der nächtliche Überfall einer Bürgerwehr, der ihrem Freund George das Leben kostet, ein alptraumhafter LSD-Trip, schließlich das brutale Finale, bei dem Wyatt und Billy auf freier Strecke wie Vieh aus einem Kleinlaster abgeknallt werden. Der Traum endet, bevor er wirklich begann.

Es ist ein amerikanischer Traum, die Vorstellung von Freiheit und Ungebundenheit. Die Musik der Woodstock-Generation begleitet über weite Strecken die mit einer fahrenden Kamera photographierten Aufnahmen der beiden »Easy Rider« auf ihren Harley-Davidsons inmitten einer weiten, ruhigen und erhabenen Landschaft. Doch gerade an den Landschaftsaufnahmen mit ihren Panoramen und ihrer plastischen Schönheit wird auch deutlich, wie gefährdet und ausbeutbar das ästhetische Potential dieser Generation von Anbeginn war: Diese Bilder machte sich schon bald die Zigarettenwerbung im Kino für die Suggestion ihres falschen Traums von der großen Freiheit zu eigen.

Bis auf wenige Extravaganzen hält sich *Easy Rider*, filmästhetisch gesehen, an die Hollywood-Standards, vor allem des Westerns. In der ersten Hälfte des Films dominieren die ruhigen Totalen der Landschaftsaufnahmen im Gegenschnitt mit den Bildern der Motorbikes und ihrer Fahrer, werden dann aber im Lauf des Films zunehmend von einer hektischeren Bilderfolge abgelöst. Weg von den konventionellen Sehgewohnheiten führen der Einsatz der subjektiven Kamera, von der Schulter statt vom Stativ aus gefilmt. Statt eines glatten Schnitts oder einer kontinuierlichen Überblendung flackert manchmal die folgende Einstellung in die vorhergehende gleichsam herein. Der Verzicht auf den Perfektionismus des Hollywood-Studios bedeutete eine Befreiung von Produktionszwängen: Dennis Hopper arbeitete bei seinem Regie-Debut nicht mit einem in allen Details festgelegten Drehbuch, sondern improvisierte: Figuren und Dialoge wurden während der Dreharbeiten verändert, neue Ideen unmittelbar umgesetzt. Die Szenen vom Mardi Gras wurden mit einer 16 mm-Kamera aufgenommen und später auf das Kinoformat 35 mm aufgeblasen.

Der Low-Budget-Film, mit 375.000 Dollar von Peter Fonda produziert, spielte allein in den USA 22 Millionen Dollar ein und machte Jack Nicholson zum Star. Ungewöhnlich für Hollywood-Verhältnisse war zudem die personelle Identität von Regisseur, Produzent, Autoren und Schauspielern. *Easy Rider* ebnete den Weg für die amerikanische Spielart des europäischen Autorenkinos: Das New Hollywood, dem Filmemacher wie Robert Altman, Peter Bogdanovich und Martin Scorsese zuzuordnen sind, entstand. Auch in Deutschland waren Jungfilmer wie Wim Wenders beeindruckt. *Easy Rider* sei, schrieb Wenders 1969, auch deswegen ein politischer Film, »weil das Land, durch das man die beiden ungetümen Motorräder fahren sieht, schön ist; weil die Bilder, die der Film von diesem Land macht, schön und ruhig sind; weil die Musik, die man in dem Film hört, schön ist«. Der Soundtrack besteht aus zehn Folk- und Rocktiteln, die nicht eigens für den Film geschrieben wurden: »Sie illustrieren nicht einfach die Bilder des Films, die Bilder handeln vielmehr von ihnen.« (Wenders).

»*Easy Rider*«. Hg. Nancy Hardin/Marilyn Schlossberg. New York 1969. (Drehbuch, Materialien).

Peter van Gelder: »Offscreen onscreen: the inside story of 60 great films«. London 1990; H.-D. Herring: »Out of the Dream and into the Nightmare: Dennis Hopper's Apocalyptic Vision of America«, in: Journal of Popular Film and Television, 1983, H. 4; Lee Hill: »*Easy Rider*«. London 1996; Chris Hugo: »*Easy Rider* and Hollywood in the '70s«, in: Movie, 1986, H. 31/32; Anthony Macklin: »*Easy Rider*: The Initation of Dennis Hopper«, in: Film Heritage, 1969, H. 1; Hans-Peter Rodenberg: »Der Traum von der neuen Gesellschaft: *Easy Rider* (1969)«. In: Werner Faulstich/Helmut Korte (Hg.): Fischer Filmgeschichte. Bd. 4. Frankfurt a.M. 1992; Walter Schobert: »*Easy Rider*«, in: Günter Engelhard u.a. (Hg.): 111 Meisterwerke des Films. Frankfurt a.M. 1989; Wim Wenders: »*Easy Rider*«, in: ders.: Emotion Pictures. Frankfurt a.M. 1986.

Peter Christian Lang

EFFI BRIEST ↗ Fontane Effi Briest

DIE EHE DER MARIA BRAUN

Bundesrepublik Deutschland (Albatros/Trio/WDR) 1978. 35 mm, Farbe, 116 Min.
R: Rainer Werner Fassbinder. B: Peter Märthesheimer, Pea Fröhlich, nach einer Idee von Rainer Werner Fassbinder. K: Michael Ballhaus. M: Peer Raben.
D: Hanna Schygulla (Maria Braun), Klaus Löwitsch (Hermann Braun), Ivan Desny (Karl Oswald), Gottfried John (Willi), Gisela Uhlen (Mutter), Günter Lamprecht (Wetzel).

»Über Frauen lassen sich alle Sachen besser erzählen, Männer verhalten sich meistens so, wie die Gesellschaft es von ihnen erwartet«, erklärte Fassbinder in einem Interview. Maria Braun, der Name ist bewußt gewählt, ist eine deutsche Frau; ihre Ehe währt »einen halben Tag und eine ganze Nacht«. Der Film beginnt mit einer Kriegstrauung mitten im Bombenhagel; am nächsten Tag muß Hermann Braun zurück an die Front. Bei Kriegsende zählt er zu den Vermißten; vergeblich sucht Maria ihn unter den heimkehrenden Soldaten. Sie schlägt sich durch, organisiert auf dem Schwarzmarkt, arbeitet in einer Bar für GI's und lernt den Schwarzen Bill kennen. Plötzlich steht Hermann in der Tür. Es kommt zwischen beiden Männern zum Kampf, bei dem Maria mit einer Flasche Bill erschlägt. Vor dem Staatsanwalt nimmt Hermann die Tat auf sich; er wird verurteilt. Maria besucht ihn im Zuchthaus: Mit dem Leben wollen sie anfangen, sobald sie wieder zusammen sind. Während er die Strafe absitzt, arbeitet sie bei dem Fabrikanten Karl Oswald, einem älteren Herrn, der sich in sie verliebt. Die Angestellte wird seine Geliebte, doch die Initiative geht von ihr aus, denn sie will klare Verhältnisse. Maria macht zielstrebig Karriere, wobei sie auf ihre Art ihrem Mann treu bleibt. Sie baut ein Leben auf: mit Blick auf Hermann. Doch als er aus dem Zuchthaus ent-

Die Ehe der Maria Braun: Hanna Schygulla

lassen wird, verpaßt sie ihn. Er geht zunächst ins ferne Ausland, kehrt jedoch zurück. Maria erwartet ihn in ihrem Haus: Oswald ist inzwischen gestorben, er hat Maria zu seiner Erbin gemacht. Bei der Testamentseröffnung erfährt sie von einer Vereinbarung zwischen Oswald und Hermann, der sie dem Fabrikanten überlassen hat, so lange dieser noch zu leben hat. Das Eheleben, immer wieder aufgeschoben, könnte nun beginnen. Doch Maria zündet sich eine Zigarette am offenen Gasherd an und löst damit – Absicht oder Unfall? – eine Explosion aus.

»Natürlich ist die Liebe ein Gefühl. Und eine große Liebe ist ein großes Gefühl und eine große Wahrheit.« Eine andere, für die Geschichte der Maria Braun ebenso konstitutive Wahrheit spricht der Buchhalter Senkenberg aus: »Sie dürfen nie vergessen, daß es auch da immer auf Geld ankommt.« Maria ist eine selbstbewußte, emanzipierte Frau, die nicht abwartet, bis das Glück ihr in den Schoß fällt: »Ich mache die Wunder lieber, als daß ich auf sie warte.« Der Film spannt den Bogen von der Zeit der Trümmerfrauen bis zum bundesdeutschen Wirtschaftswunder. »Es ist eine schlechte Zeit für Gefühle«, erklärt Maria ihrem Mann. Doch zugleich hat die Rolle der Frau als Folge des Krieges eine entscheidende Aufwertung erfahren: Auf 100 Männer kommen, so ist einer im Film zitierten Radioansprache Adenauers zu entnehmen, 160 Frauen. Maria Braun übernimmt eine Rolle, die in anderen Zeiten und Umständen dem Mann zugefallen wäre: Sie baut ein Haus. Am Ende fliegt es in die Luft. Die Verhältnisse haben sich wieder normalisiert: Während der Nachkriegszeit erfüllte Maria eine Stellvertreterfunktion, die in der restaurativen Gesellschaft obsolet geworden ist. In Wahrheit ist sie, eine Frau, die über ihr Leben selbst zu entscheiden glaubt, längst wieder, der Vertrag Oswalds mit Hermann offenbart dies, zu einem Tauschobjekt der Männer geworden.

Das nach allen Regeln der Kunst etablierte Melodrama wird von Fassbinder sogleich wieder destruiert. Irritierende Kamerabewegungen, die Erwartungen aufbauen und dann enttäuschen, und vor allem die sich störend in den Vordergrund schiebenden ›Hintergrundgeräusche‹ verhindern eine gefühlsselige Identifikation mit der Heldin. Der Dialog wird überlagert von Radio-Meldungen, Schlager-Zitaten, politischen Reden oder dem Hämmern eines Preßlufthammers, der von Wiederaufbau und Prosperität kündet. Vor allem in der Schlußsequenz wird die mehrschichtige Toncollage kunstvoll mit der Handlung verschränkt: Während der Testamentseröffnung läuft im Radio die Reportage vom Endspiel um die Fußballweltmeisterschaft 1954. Fassbinder, der sich selbst als »romantischen Anarchisten« definierte, entwirft ein radikal subjektives Bild von den Gründerjahren der Republik. »Aber vielleicht lebe ich in einem Land, das so heißt: Wahnsinn.« Dieser Befund, im Film von Oswald ausgesprochen, korrespondiert mit Fassbinders Beitrag zu dem Omnibus-Film ↗*Deutschland im Herbst*. Im Anschluß daran hatte er den Kollegen ein Gemeinschaftsprojekt mit dem Titel »Die Ehen unserer Eltern« vorgeschlagen; die Geschichte der Maria Braun geht zurück auf diese Idee. Am Anfang des Films sieht man ein gerahmtes Hitler-Bild, wie es in allen Ämtern hing; im Bombenhagel zerbirst es in tausend Stücke. Am Ende gibt es ebenfalls eine Explosion, wieder liegt ein Haus in Trümmern, und die Bilder der Bundeskanzler von Konrad Adenauer bis Helmut Schmidt – das Bild von Willy Brandt, dessen Amtszeit Fassbinder als Unterbrechung der unheilvollen Kontinuität empfand, fehlt – werden im Negativ gezeigt. Die Stimme des Fußballreporters überschlägt sich: »Aus! Aus! Aus! Deutschland ist Weltmeister!«

»*Die Ehe der Maria Braun*«. Hg. Michael Töteberg. München 1997. (Drehbuch). – »*The Marriage of Maria Braun*«. Hg. Joyce Rheuban. New Brunswick 1986. (Filmprotokoll, Materialien).

Thomas Elsaesser: »Rainer Werner Fassbinder«. Berlin 2001; Manfred Engelbert: »Le leurre du blanc historique«, in: Les Cahiers de la Cinémathèque, 1987, H. 46/47; Howard Feinstein: »BRD 1-2-3: Fassbinder's postwar trilogy and the spectacle«, in: Cinema Journal, 1983, H. 1; Mary Beth Haralovich: »The Sexual Politics of *The Marriage of Maria Braun*«, in: Wide Angle, 1990, H. 1; Anton Kaes: »Deutschlandbilder«. München 1987; Hans-Bernhard Moeller: »Das destruktive Ideal? Fassbinders Leinwand-Nationalcharakterologie in *Die Ehe der Maria Braun*«, in: German Studies Review, 1982, H. 1; Sabine Pott: »Film als Geschichtsschreibung bei Rainer Werner Fassbinder«. Frankfurt a.M. 2002; Joyce Rheuban: »*The Marriage of Maria Braun*: History, Melodrama, Ideology«, in: Sandra Frieden u.a. (Hg.): Gender and German Cinema. Bd.2. Providence, Oxford 1993; Joachim Schmitt-Sasse: »Nachkriegsgeschichten«, in: Albrecht Schöne (Hg.): Kontroversen, alte und neue. Bd.10. Tübingen 1986; Mechthild Zeul: »Carmen & Co. Weiblichkeit und Sexualität im Film«. Stuttgart 1997.

Michael Töteberg

EHE IM SCHATTEN

Deutschland (Defa) 1947. 35 mm, s/w, 105 Min.
R: Kurt Maetzig. B: Kurt Maetzig, nach der Novelle »Es wird schon nicht so schlimm« von Hans Schweikart. K: Friedl Behn-Grund, Eugen Klagemann. Ba: Otto Erdmann, Franz F. Fürst, Kurt Herlth. S: Alice Ludwig, Hermann Ludwig. M: Wolfgang Zeller.
D: Paul Klinger (Hans Wieland), Ilse Steppat (Elisabeth Wieland), Alfred Balthoff (Kurt Bernstein), Claus Holm (Dr. Herbert Blohm), Willi Prager (Dr. Louis Silbermann), Hans Leibelt (Fehrenbach).

Ehe im Schatten, Anfang Oktober 1947 in allen vier Sektoren Berlins uraufgeführt, erreichte in zwei Jahren über zehn Millionen Zuschauer; der sechste Spielfilm der noch jungen Defa-Produktion blieb bis heute ihr erfolgreichster. Kurt Maetzig war Mitbegründer des Filmaktivs, aus dem am 17.5.1946 die Defa hervorging, und leitete die DDR-Wochenschau (später »Der Augenzeuge«). *Ehe im Schatten*, sein Spielfilm-Debüt nach mehreren kurzen Dokumentarfilmen, erzählt eine Geschichte, die eine enge Verbindung zu Maetzigs eigener Biographie aufweist: Als Kind aus einer zu Nazi-Zeiten sogenannten ›Mischehe‹ war ihm von der Reichsfilmkammer die Arbeit beim Film untersagt worden; seine Mutter wurde später in den Selbstmord getrieben. Auch das Schauspieler-Ehepaar Joachim und Meta Gottschalk gab dem Druck der Nazi-Behörden, die eine Ehescheidung verlangten, nicht nach und nahm sich in der Nacht vor der geplanten Deportation das Leben. An ihrem Schicksal orientiert sich der Film, ohne den Anspruch dokumentarischer Wahrheit zu erheben: Maetzig sah in der authentischen Geschichte »den Stoff zur klassischen Tragödie«. Zudem wollte er eine »sehr typische Haltung des deutschen Bürgertums« anklagen: den Mangel an Zivilcourage.

Der Film – Arbeitstitel lauteten »Verfolgte Seelen« und »Aber eines Tages«- ist in drei, durch zeitliche Zäsuren voneinander abgegrenzte Komplexe gegliedert. Vorwiegend über Episoden und exponierte Nebenfiguren wird das Augenmerk auf die fortschreitende Rassenverfolgung unter der NS-Herrschaft gelenkt: Reichstagsbrand 1933 – ›Reichskristallnacht‹ 1938 – Bombenkrieg über deutschen Großstädten 1943. Der Film beginnt mit einem großen Erfolg der beiden Schauspieler Hans Wieland und Elisabeth Maurer in einer Inszenierung von »Kabale und Liebe«. Dr. Blohm schreibt der von ihm verehrten Schauspielerin eine Widmung, datiert Februar 1933, in ein Buch: Nietzsches »Wille zur Macht«. Als er erfährt, daß sie Jüdin ist, wendet er sich ab. Der Künstlerkreis, darunter der jüdische Schauspieler Bernstein und der NS-Sympathisant Blohm, verlebt unbeschwerte Tage auf Hiddensee; bei der Rückkehr werden sie in Berlin konfrontiert mit SA-Tumulten. Am selben Abend geben Hans und Elisabeth einander ihr Ja-Wort.

Fünf Jahre später, an ihrem Hochzeitstag. Dank der Ehe mit einem ›Arier‹ ist Elisabeth vor dem Zugriff der Nazis geschützt, doch kann sie sich nicht mehr frei bewegen. Der Film demonstriert die getrennten Lebenssituationen der beiden Eheleute in trüben Überblendungen und Gegenüberstellungen: Eine angstvolle, klaustrophobische Atmosphäre herrscht in der Wohnung, wo Elisabeth wie eine Gefangene auf ihren Mann wartet, während eine andere Frau Hans auf einem Empfang Avancen macht. Ihr Kuß wird jäh unterbrochen vom Krachen splitternder Schaufensterscheiben auf den Straßen.

Wiederum fünf Jahre später: Flakscheinwerfer durchsuchen den Himmel über Berlin. Fliegeralarm, Bombentrümmer und Frauen in Warteschlangen. Auf der Kartenstelle trifft Elisabeth ihre ehemalige Theatergarderobiere, eine Jüdin. Ihr Mann ist im Osten gefallen, noch im Amtszimmer wird sie von der Gestapo verhaftet – »Wenn der Mann tot ist, wird die Frau verschickt«. Elisabeths angstbetäubter Rückweg nach Hause wird von einer subjektiven Kamera mit verengter und unscharfer Blickführung erfaßt. Auf Wunsch ihres Mannes begleitet sie ihn ins Theater; damit wird öffentlich, daß die Frau des gefeierten Schauspielers Jüdin ist. Dr. Blohm, der Karriere als Oberregierungsrat gemacht hat, teilt Wieland mit, daß er sich scheiden lassen muß, sonst sei auch sein Leben nicht mehr zu retten. Nachdem sie die tödlichen Tabletten genommen haben, zitieren die beiden Liebenden Theaterdialoge, vor allem aus »Kabale und Liebe«.

Maetzigs Film steht in der von der Ufa gepflegten Tradition des Melodramas. Der Neubeginn in Babelsberg unter radikal veränderten politisch-ideologischen Vorzeichen greift zurück auf Ausdrucksmittel, die für den Film während der Hitler-Jahre typisch waren: Er baut auf emotionale Identifikation. In Großaufnahmen spiegeln sich starke Gefühlsregungen auf Gesichtern; in bisweilen deklamatorisch ausladender Rede und Gestik wird ein überhöhter, skandierender Ton angeschlagen. Dies erklärt sich z.T. aus der personellen Kontinuität: Der Komponist Wolfgang Zeller hatte u.a. die Musik zu dem NS-Propagandafilm ↗*Jud Süß* geschrieben; auch der Hauptdarsteller Paul Klinger und der Regieassistent Wolfgang Schleif gehörten in der Nazi-Zeit zu den Mitarbeitern von Veit Harlan. Der Kameramann Friedl Behn-Grund genoß den Ruf, ein besonders guter Frauenfotograf zu sein, indem er mit dem Licht verschönte, glättete. Brecht titulierte *Ehe im Schatten* als »gräßlichen Kitsch«. Selbstkritisch hat Maetzig Jahrzehnte später eingeräumt, daß diese Mittel einer realistischen Filmkunst im Wege standen: »Uns wurde allmählich bewußt, daß das, was wir ›Ufa-Stil‹ nannten, immer mit Idealisierung, Überschminkung, Verfälschung der Lebenswirklichkeit zu tun hatte.«

»*Ehe im Schatten*«, in: Ellen Baumert (Hg.): »*Die Mörder sind unter uns* und andere Filmerzählungen«. Berlin (DDR) 1969.

Günter Agde: »Getrennt marschieren – aber vereint schlagen?«, in: Filmwissenschaftliche Mitteilungen, 1980, H. 4;

Ursula Bessen: »Trümmer und Träume«. Bochum 1989; Petra Czisch (Red.): »Zum Film *Ehe im Schatten*«, in: Christiane Mückenberger (Hg.): Zur Geschichte des DEFA-Spielfilms 1946–1948. Berlin (DDR) 1976; Kurt Maetzig: »Filmarbeit. Gespräche, Reden, Schriften«. Berlin (DDR) 1987; ders.: »Neuer Zug auf alten Gleisen«, in: Hans-Michael Bock/Michael Töteberg (Hg.): Das Ufa-Buch. Frankfurt a.M. 1992; Peter Pleyer: »Deutscher Nachkriegsfilm 1946–1948«. Münster 1965; Peter Reichel: »Erfundene Erinnerung«. München 2004; Günther Rücker: »Das hast du gut gemacht, mein Liebster«, in: Helga Hartmann/Ralf Schenk: Mitten ins Herz. Berlin 1991.

Jörg Becker

EINER FLOG ÜBER DAS KUCKUCKSNEST

↗ One Flew Over the Cuckoo's Nest

DER EISKALTE ENGEL ↗ Samouraï

DER EISSTURM ↗ Ice Storm

EKEL ↗ Repulsion

ELF UHR NACHTS ↗ Pierrot le fou

DAS ENDE VON ST. PETERSBURG ↗ Konec Sankt-Peterburga

L'ENFANT SAUVAGE

(Der Wolfsjunge). Frankreich (Films du Carrosse/ Productions Artistes Associés) 1970. 35 mm, s/w, 83 Min.
R: François Truffaut. B: François Truffaut, Jean Gruault, nach dem Buch »Mémoire et rapport sur Victor de l'Aveyron« von Jean Itard).
K: Nestor Almendros. A: Jean Mandaroux.
S: Agnès Guillemot. M: Antonio Vivaldi.
D: Jean-Pierre Cargol (Victor de l'Aveyron), François Truffaut (Dr. Jean Itard), Françoise Seigner (Madame Guérin), Jean Dasté (Professor Philippe Pinel), Paul Villé (der alte Rémy).

Die Geschichte eines 1798 im Wald von Aveyron gefangenen Wolfsjungen, Victor de l'Aveyron, hat Doktor Jean Itard ein paar Jahre später festgehalten. Truffauts Film, in Schwarzweiß gedreht, bedient sich dieses authentischen Zeugnisses und läßt im Off die Kommentare Dr. Itards zitieren. Um die verschiedenen Phasen der Entwicklung Victors besonders anschaulich zu machen, wandelte Truffaut, gemeinsam mit seinem Drehbuchautor Gruault, die Berichte in eine persönliche Chronik um: Er läßt den Arzt Tagebuch führen. Dabei versucht der Regisseur, dem literarischen Stil seiner Vorlage – ebenso wissenschaftlich-philosophisch wie lyrisch-prosaisch – treu zu bleiben.

Die Situation des Tagebuch-Schreibens – Itard setzt sich an seinen Schreibtisch, um die Veränderungen bei Victor zu notieren – bestimmt das langsame Tempo des Films, das – abgesehen von den dramatischen Anfangsszenen, wenn die Bauern den verschreckten Wolfsjungen jagen – an die Szenen- und Einstellungsdauer der Filme Bergmans erinnert. Truffaut geht es in erster Linie um den Prozeß einer Entwicklung, um den allmählichen Übertritt Victors aus seiner unverschuldeten Nacht in den Kreis der menschlichen Gesellschaft. Die Vorgeschichte Victors – von der Verfolgung durch die Bauern, dem Aufenthalt im Taubstummen-Institut, bis zur Aufnahme im Hause Itard – hat er in Form eines Prologs zusammengefaßt, um sich danach ganz auf Victors Erziehung und damit das Verhältnis des Wolfsjungen zu dem Doktor zu konzentrieren.

Der Wolfsjunge war außerhalb jeglicher Zivilisation allein im Wald aufgewachsen, so daß alles, was er tut, neu für ihn ist: Er schläft zum ersten Mal in einem Bett, er trägt zum ersten Mal Kleider, er ißt zum ersten Mal bei Tisch und er weint zum ersten Mal. Jeder Schritt vorwärts ist ein Glückserlebnis. Der sensibel beobachtende Film ist ein eindringliches Plädoyer für eine einfühlsame, humane Pädagogik; auch und gerade deshalb, weil Itard hinter dem Schweigen und der Unfähigkeit Victors stets seine eigenen pädagogischen Fehler erkennt. Truffaut redet nicht der kritiklosen Anpassung das Wort. So lautet eine seiner polemischen Fragen, die der Film aufwirft: »Heißt zivilisiert sein wirklich, die Suppe mit dem Löffel zu essen?«

Die Fürsorge und Geduld, die der Arzt und seine Haushälterin, Madame Guérin, aufbringen, machen aus dem elfjährigen verwilderten und taubstummen Kind ein menschliches Wesen – ausgestattet mit einem ausgeprägten Gerechtigkeitsgefühl. Der Junge wird zwar niemals richtig sprechen können, dafür aber aufrecht gehen, essen und trinken, lesen, vor allem aber seine persönlichen Gefühle ausdrücken und somit zu einem Teil der menschlichen Gesellschaft werden.

In diesem optimistischen Schluß, so der Filmemacher in einem Interview, stecke auch ein Stück Kritik an dem damals modischen Thema. In Deutschland wurde die Kaspar-Hauser-Problematik von Peter Handke auf die Bühne gebracht; Werner Herzog griff das Thema in ↗*Jeder für sich und Gott gegen alle* auf. Doch Truffauts Interesse gilt nicht allein den Aspekten Sprache und Kommmunikationslosigkeit; sein Film beruht »auf dem Gedanken, daß ein Mensch nichts ist ohne die anderen«. Erst in entsprechender sozialer Umgebung, so ließe sich die Moral von *L'enfant sauvage* beschreiben, können sich die natürlichen Anlagen des Menschen entwickeln und entfalten. Der Regisseur, der Dr. Itard selbst darstellte, wurde durch die Rolle, wie er später eingestand, sich der eigenen Vaterrolle gegenüber dem Schauspieler Jean-Pierre Léaud bewußt: Ihm widmete er diesen Film.

»*L'enfant sauvage*«, in: L'Avant-Scène du Cinéma, 1970, H. 107. (Filmtext).

Nataša Durovičová: »Biograph as Biography: François Truffaut's *The Wild Child*«, in: Wide Angle, 1985, H. 1/2; John Gerlach: »Truffaut and Itard: *The Wild Child*«, in: Film Heritage, 1971/72, H. 3; Frieda Grafe: »Nur das Kino«. Berlin 2003; Philipe Le Guay: »Un enfant à la fenêtre«, in: Cinématographe, 1984, H. 104; Ulrich Kurowski: »François Truffaut: *Der Wolfsjunge*«, in: Filmkritik, 1971, H. 5; Hasko Schneider: »›Wenn dann ein Kind auf euch zukommt, ... wenn es nicht antwortet, so man es fragt ...‹: *Der Wolfsjunge* von François Truffaut«, in: Hans J. Wulff (Hg.): Filmbeschreibungen. Münster 1985; Wim Wenders: »*L'Enfant sauvage*«, in: ders.: Emotion Pictures. Frankfurt a.M. 1986.

Achim Haag

LES ENFANTS DU PARADIS

(Kinder des Olymp). Frankreich (S.N. Pathé Cinéma) 1943/45. 35 mm, s/w, 188 Min.
R: Marcel Carné. B: Jacques Prévert, nach einer Idee von Jean-Louis Barrault. K: Roger Hubert. Ba: Alexandre Trauner. M: Maurice Thiriet, Joseph Kosma.
D: Arletty (Garance), Jean-Louis Barrault (Baptiste), Pierre Brasseur (Frédérick Lemaitre), Maria Casarès (Natalie), Marcel Herrand (Lacenaire), Louis Salou (Graf de Montray).

Der Film spielt in der zweiten Hälfte des 19. Jahrhunderts auf dem sogenannten Boulevard du Crime in Paris. Im Théâtre des Funambules bildet sich Baptiste Deburau zum virtuosen Mimen; auch Frédérick Lemaître, sein Widerpart und Rivale, beginnt dort seine Karriere, um dann am Grand Théâtre seine Erfolge zu feiern. Im Zentrum des Films steht Garance, die nicht nur von Baptiste und Frédérick geliebt, sondern auch von dem Verbrecher und Dichter Lacenaire sowie dem Grafen Edouard de Montray begehrt wird. Jede der unterschiedlichen Gestalten verkörpert eine bestimmte Form der Liebe, von der im Film des öfteren gesagt wird, sie sei doch so einfach – gezeigt wird allerdings gerade das Gegenteil. Garance, von der Liebe und den Menschen enttäuscht, läßt sich von Lacenaire unterhalten, der als Außenseiter der Gesellschaft sein Ende auf dem Schafott voraussieht. Für beide stellt die Bindung in der Liebe eine Bedrohung ihrer Freiheit dar. Auf dem Boulevard trifft Garance Baptiste, der durch ihren Blick aus seiner traumhaften Versunkenheit erwacht. Doch seine Forderung an Garance, sie müsse ihn so lieben, wie er sie liebt – mit absoluter Hingabe und nicht nur zum Zeitvertreib – läßt ihre Beziehung scheitern. Garance beginnt ein Verhältnis mit Frédérick, für den eine Frau wie die andere zu sein scheint, ob es sich um eine junge Passantin auf dem Boulevard oder um die schon etwas ältere Zimmerwirtin handelt. Frédérick bildet als extrovertierter Schauspieler das Gegenbild zum introvertierten Mimen Baptiste. Bringt Baptiste in seiner Kunst seine eigene Innerlichkeit, seine Sehnsucht und

Les enfants du paradis: Arletty und Jean-Louis Barrault

Trauer auf die Bühne, so verhält es sich bei Frédérick genau umgekehrt: Er veräußerlicht sich in seinen Rollen, um die vom Dichter geschaffene Figur zum Leben zu erwecken. Er ist lediglich auf der Bühne in Liebe entbrannt. Frédérick ist auf das Wort angewiesen, während Baptiste seinen Gefühlen pantomimisch und musikalisch Gestalt zu verleihen vermag.

Garance macht im Zusammenleben mit Frédérick eine unerwartete Erfahrung: Ihr genügt die unverbindliche Beziehung nicht. Sie bekommt Schwierigkeiten mit der Polizei – ihre Vergangenheit, die frühere Verbindung zu Lacenaire holt sie ein –, und wendet sich deshalb an den Grafen Edouard de Montray, mit dem sie auf Reisen geht. Nach Jahren in der Fremde kommt sie zurück nach Paris. Sie liebt noch immer Baptiste, und Frédérick empfindet zum ersten Mal Eifersucht. Doch seiner Lebensart gemäß wendet er dieses neue Gefühl sofort produktiv und spielt den Othello, eine Rolle, zu der er bisher keinen Zugang finden konnte. Baptiste hat inzwischen Nathalie geheiratet, sie haben einen kleinen Jungen. Der melodramatische Konflikt eskaliert durch das Intrigenspiel, an dem neben Lacenaire auch der zwielichtige Kleiderhändler Jericho beteiligt ist. Für den Grafen bedeutet die schöne Garance nichts anderes als ein Prestigeobjekt, das im Duell auf Leben und Tod gegen mögliche Fremdansprüche verteidigt werden muß. Das Wiedersehen mit Garance reißt Baptiste erneut aus allen Banden. Er stellt keine Bedingungen mehr, verbringt mit ihr eine Liebesnacht, doch Nathalie klagt ihre Rechte ein. Garance flüchtet, Baptiste stürzt ihr hinterher und verschwindet im Trubel des Karnevals.

Der dreistündige Film entstand unter schwierigsten Bedingungen am Ende des Zweiten Weltkriegs, während Frankreich von deutschen Truppen besetzt war. Die Dreharbeiten begannen Mitte August 1943; schon wegen der Überlänge war eine Sondergenehmigung der Vichy-Regierung nötig. Für den historischen Film wurden aufwendige Kulissenbauten errichtet; bis zu 1.800 Statisten waren an den Volksszenen auf dem Boulevard und im Theater beteiligt. Als erster Film nach Kriegsende hatte *Les enfants du paradis* am 9. März 1945 in einem Pariser Kino Premiere und lief dort 54 Wochen. Die ungebrochene Faszination, zu der die darstellerische Brillanz der Schauspieler wesentlich beiträgt, verschaffte Marcel Carnés Werk den Status eines Kultfilms. Aus filmhistorischer Sicht bleibt *Les enfants du paradis* einer traditionellen Ästhetik verpflichtet. Verantwortlich ist dafür die Dominanz des Drehbuchs von Jacques Prévert, der ein komplexes Personen- und Handlungsgefüge in eine strenge Einheit brachte. Dramaturgie, Dialogführung und Gestik der Schauspieler sind weniger vom Medium Film als vom Theater geprägt. Dies ist jedoch auch ein Thema von *Les enfants du paradis*: Das Motiv des auf- und zugehenden Vorhangs reflektiert das Verhältnis von Leben und Spiel.

»*Die Kinder des Olymp*. Der Triumph der Schaulust«. Hg. Manfred Schneider. Frankfurt a.M. 1985. (Filmtext, Materialien).
Mirella Jona Affron: »*Les Enfants du Paradis*: Play of Genres«, in: Cinema Journal, 1978/79, H. 1; Franz-Josef Albersmeier: »Die ungebrochene Tradition: *Die Kinder des Olymp* (1945)«, in: Werner Faulstich/Helmut Korte (Hg.): Fischer Filmgeschichte. Bd.3. Frankfurt a.M. 1990; Helga Belach (Hg.): »Renaud-Barrault au cinéma«. Berlin 1987; Marcel Carné: »La vie à belles dents«. Paris 1975; Jean-Claude Carrière: »Flirt mit der Tragödie«, in: Verena Lueken (Hg.): Kinoerzählungen. München 1995; Michel Chion: »Le dernier mot du muet«, in: Cahiers du Cinéma, 1981, H. 330; Chris Darke: »*Les Enfants du Paradis*«, in: Sight and Sound, 1993, H. 9; Jill Forbes: »*Les enfants du paradies*«. London 1997; Jean-Pierre Jeancolas: »Beneath the despair, the show goes on: Marcel Carné's *Les Enfants du paradis*«, in: Susan Hayward/Ginette Vincendeau (Hg.): French Films. London, New York 1990; Thomas Klein: »Ernst und Spiel. Grenzgänge zwischen Bühne und Leben im Film«. Mainz 2004; Marcel Oms: »*Les enfants du paradis*: La mutation cinématographiques du mélodrama«, in: Les Cahiers de la Cinématèque, 1979, H. 28; Jacques-G. Perret (Hg.): »*Les enfants du paradis*«, in: L'Avant-Scène du Cinéma, 1967, H. 72/73; Anja Sieber: »Vom Hohn zur Angst«. Rodenbach 1993; Edward Baron Turk: »Child of Paradise«. Cambridge (Mass.), London 1992; Gérard Vaugeois (Hg.): »*Les enfants du paradis*«. Paris 1974.

Klaus Bort

ERASERHEAD

USA (David K. Lynch/The American Film Institute) 1977. 35 mm, s/w, 89 Min. (ursprüngl. 100 Min., vom Regisseur gekürzt).
R, B, A + S: David Lynch. K: Frederick Elmes, Herbert Cardwell. M: Peter Ivers (»In Heaven«), David Lynch, Alan Splet (Geräusche und Toneffekte).
D: John Nance (Henry Spencer), Charlotte Stewart (Mary X), Allen Joseph (Bill X, Marys Vater), Jeanne Bates (Mrs. X, Marys Mutter), Judith Anna Roberts (Schöne Nachbarin), Laurel Near (Frau in der Heizung).

»*Eraserhead* ist ausschließlich inspiriert von Philadelphia und meinen Erfahrungen in dieser Stadt. Philadelphia war eine korrupte, verfallene, dunkle Stadt, voller Angst.« 1970 verließ David Lynch die Stadt, die ihm soviel Unbehagen bereitet hatte, um am »Center for Advanced Film Studies« des »American Film Institute« in Beverly Hills zu studieren. Zwei Jahre später begann er mit den Dreharbeiten zu seinem Abschlußfilm *Eraserhead*, in dem er seine düstere Vision vom Leben in einer zerfallenden Industriemetropole zu einem unentrinnbaren Alptraum verdichtete.
Henry Spencer ist ein melancholisch aussehender junger Mann, der in einer kargen Einzimmerwohnung lebt. Seine Freundin Mary, von der er schon länger nichts mehr gehört hatte, lädt ihn zum Abendessen bei ihren Eltern ein, wo Marys Mutter ihm eröffnet, er sei der Vater einer deformierten Frühgeburt und habe Mary nun zu heiraten. Mary zieht mit dem Baby zu ihm, flüchtet jedoch nach kurzer Zeit, weil sie das ständige Schreien des Kindes nicht mehr erträgt. Henry träumt von einer pausbäckigen Sängerin in seiner Heizung und wird von seiner schönen Nachbarin verführt. Ein neuer Traum führt ihn zu der Frau im Heizkörper, die ihm ein einlullendes Lied vorsingt (»In Heaven, everything is fine«). Sein Kopf fällt vom Rumpf und wird in einer Bleistiftfabrik zu Radiergummiköpfen (eraser = Radiergummi) verarbeitet. Das Baby ist ernsthaft erkrankt und stirbt trotz Henrys Pflege. Sein Tod bedeutet

für Henry die vollkommene Auflösung seiner Welt.

David Lynch hatte ursprünglich Maler werden wollen, und seine Filmerfahrung vor *Eraserhead* beschränkte sich auf zwei Kurzfilme. Das American Film Institute stellte ihm 10.000 Dollar und Studioräume zur Verfügung; das fehlende Geld mußte Lynch sich von Freunden und Verwandten leihen. Wegen der knappen Finanzmittel konnte er nur mit Unterbrechungen an dem Film arbeiten, so daß die Herstellung mehr als vier Jahre in Anspruch nahm. Heimlicher Star in *Eraserhead* ist das deformierte Baby. Sein kleiner Körper ist vollkommen in Mullbinden eingewickelt, nur der lange dürre Hals ragt hervor. Der Kopf ist von einer glänzenden Schicht überzogen und wirkt, als sei er frisch gehäutet worden. Über die Herkunft dieses Kopfes gibt es unzählige Spekulationen. Lynchs Interesse an organischen Strukturen und am Sezieren von Tierkörpern legen die Vermutung nahe, daß das Baby eher organischen als mechanischen Ursprungs ist, möglicherweise ein Kalbsfötus. Die Antwort auf diese Frage verweigert Lynch jedoch ebenso wie die klare Ausdeutung seines Films. Er scheut Symbolismen und Allegorien und erreicht seinen Effekt vielmehr durch die Abgeschlossenheit seines surrealen Mikrokosmoses, in dem bildliche und motivische Doppelungen die Assoziationen steuern.

Wesentlichen Anteil an der beklemmenden Atmosphäre haben die ständig präsenten Geräusche; das Rattern unsichtbarer Züge, das Brodeln und Zischen der Maschinen, das unablässige Quäken des Babys dominieren die Tonebene und verleihen den wenigen Dialogen ebenfalls Geräuschcharakter.

Für den Zuschauer gibt es keinen gesicherten Anhaltspunkt, an dem sich eine Realität im herkömmlichen Sinne festmachen ließe. Die Ambiguität beherrscht selbst die reine Handlungsebene, Innenleben und Außenwelt sind untrennbar miteinander verwoben. *Eraserhead* arbeitet konsequent an der Erschaffung einer hermetischen Welt, in der reale und imaginäre Aspekte gleichermaßen bedeutsam sind. Lynchs Figuren zeigen jedoch nur wenig Verwunderung, und ihre Selbstverständlichkeit im Umgang mit den bizarren Ereignissen läßt diese umso merkwürdiger erscheinen. In *Eraserhead* ist das Entsetzen suspendiert, der Alptraum ein Gegebenes. Die Erforschung der dunklen, beängstigenden Triebkräfte hinter der vertrauten Oberfläche zieht sich als Grundthema durch die Filme David Lynchs. Dabei weitet sich die Kluft immer mehr. Je perfekter die Idylle der Außenwelt erscheint, desto abgründiger wirken die verborgenen Obsessionen ihrer Bewohner. *Eraserhead* steht am Anfang dieser Suche, die Lynch in ↗*Blue Velvet*, *Wild at Heart* und der TV-Serie *Twin Peaks* weitergeführt hat.

Robert Fischer: »David Lynch«. München 1992; Ralfdieter Füller: »Fiktion und Antifiktion«. Trier 2001; James Hoberman/Jonathan Rosenbaum: »Mitternachtskino«. St. Andrä-Wördern 1998; Anna Jerslev: »David Lynch«. Wien 1996; Eckhard Pabst (Hg.): »A Strange World«. Kiel 1998; Chris Rodley (Hg.): »Lynch über Lynch«. Frankfurt a.M. 1998; Georg Seeßlen: »David Lynch und seine Filme«. Marburg 2003; Oliver Smolders: »*Eraserhead*«. Crisnée 1997.

Franz Rodenkirchen

ERBARMUNGSLOS ↗ Unforgiven

DER ERBE DSCHINGIS-KHANS

↗ Potomok Čingiz-chana

ERDBEER UND SCHOKOLADE

↗ Fresa y chocolate

ERDE ↗ Zemlja

DIE ERDE BEBT ↗ Terra trema

ERZÄHLUNGEN EINES NACHBARN

↗ Nagaya shinshi-roku

ES LEBE DIE FREIHEIT

↗ À nous la liberté

ES WAR EINMAL ↗ Belle et la bête

ES WAR EINMAL IN AMERIKA

↗ Once Upon a Time in America

EXOTICA Kanada (Ego Film Arts) 1994. 35 mm, Farbe, 103 Min.
R+B: Atom Egoyan. K: Paul Sarossy. A: Linda del Rosario, Richard Paris. S: Susan Shipton. M: Mychael Danna.
D: Bruce Greenwood (Francis), Mia Kirshner (Christina), Don McKellar (Thomas), Arsirée Khanjian (Zoe), Elias Koteas (Eric), Sarah Polley (Tracey), Victor Garber (Harold).

»Du mußt dich fragen, aus welchem Grund jemand bis zu diesem Punkt kam.« Der Zollinspekteur, der durch den ›falschen Spiegel‹ die ankommenden Fluggäste beobachtet, spricht mit einem jungen Kollegen. »Du mußt dir klar machen, daß dieser Mensch etwas verborgen hat, das du finden mußt.« Auf der anderen Seite der Scheibe steht Thomas, der sich nervös im Spiegel betrachtet. »Du kontrollierst sein Gepäck, aber es ist sein Gesicht, sein Benehmen, was du wirklich beobachtest.« Thomas passiert die Schranke, aber der junge Zollinspektor wird ihn im Auge behalten.
Thomas nimmt sich ein Taxi, teilt es sich mit einem Fremden, doch beim Aussteigen bekommt er von dem Mitfahrer kein Geld, sondern zwei Karten fürs Ballet. Das Taxi fährt davon, die Kamera bleibt auf der Straße und folgt in einer Plansequenz Christina, die über die Straße geht und ein Nachtlokal betritt. Das »Exotica« ist ein mondänes Treibhaus der erlesenen Perversionen, Christina arbeitet dort als Table-dance-Tänzerin, ihre Nummer ist ein Strip im Schulmädchen-Look. Man kann, wie der Conférencier lasziv ins Saalmikro raunt, sich die Tänzerinnen für fünf Dollar an den Tisch holen, wo sie in einer Privatvorstellung alle ihre Geheimnisse preisgeben – angeblich.
Alle – Francis, der Stammgast im »Exotica«, Eric, der schmierige Ansager, Zoe, die schwangere Clubbesitzerin, Thomas, der schwule Zoohändler – haben ihre Geheimnisse, die der Film erst langsam enthüllt. »Ich wollte den Film wie einen Striptease aufbauen, bei dem langsam immer mehr ein emotional geladener Hintergrund sichtbar wird«, erklärte Egoyan die dramaturgische Struktur. In langsam kreisenden Bewegungen, suggestiven Ellipsen mit wiederkehrenden Situationen und Settings, wird der Zuschauer in die Geschichte und die Vergangenheit der Personen hineingezogen, die sich mit jeder Drehung weiter erschließt.
Die Erzählstränge, kunstvoll ineinander verschachtelt und verknüpft, bilden ein Geflecht von Beziehungen und Motiven. Der zentrale Schauplatz ist das »Exotica«, dessen Bühne eine Projektionsfläche für die erotischen Wünsche und Sehnsüchte der Clubgäste ist. Thomas betreibt eine Zoohandlung für Exoten, er schmuggelt Vogeleier aus den Tropen, deren Einfuhr verboten ist. Der Filmtitel *Exotica* bezieht sich auch auf die Entfremdung, unter der alle Personen leiden: Den Menschen ist das eigene Leben fremd geworden, sie können es nur noch über Surrogate erleben oder mittels zwanghafter Rituale bewältigen.
Er müsse eine Struktur für sein Leben finden, meint Eric, und dies gilt nicht nur für ihn. Francis holt sich im »Exotica« immer nur Christina an seinen Tisch. Für Zuhause hat er während seiner Nachtclub-Besuche Tracey als Babysitterin engagiert, doch gibt es niemanden mehr, auf den sie aufpassen müßte. Argwöhnisch bzw. eifersüchtig wird der allabendliche Auftritt Christinas vor Francis beobachtet, von der Clubbesitzerin Zoe und dem Conférencier Eric. Er ist der Vater von dem Kind, das Zoe im Bauch trägt, doch ein Vertrag regelt, daß er keinerlei Ansprüche zu stellen hat; Eric liebt Christina, die ihn, nachdem sie den Vertrag entdeckte, verlassen hat. Thomas ist homosexuell, auch er entwickelt ein Ritual, indem er den Trick mit den Ballettkarten perfektioniert: Vor der Oper sucht er sich unter den Kartensuchenden ein Objekt seines Begehrens aus, denen er eine Karte verkauft. Seine Geschichte wird mit dem »Exotica« verknüpft, als der Steuerprüfer Francis in der Zoohandlung auftaucht, um die Bücher zu prüfen. Er weiß von den illegalen Geschäften und erpreßt den Schwulen, im »Exotica« für ihn zu recherchieren, denn Francis wird aus dem Club geworfen: Er hat, provoziert von Eric, das Berührungsverbot gebrochen.
Jeder Mensch führe Ballast mit sich herum, erklärt Francis. Licht in das Dunkel seiner Obsession bringt eine mehrfach unterbrochene Rückblende. Eine

Exotica: Mia Kirshner

Menschenmenge, unter ihnen Christina und Eric, durchkämmt ein Feld auf der Suche nach einer Leiche. Es ist die Tochter von Francis, die Opfer eines Sexualverbrechens geworden ist. Fälschlich geriet Francis damals unter Verdacht, der Täter zu sein. »Wie könnte dir nur irgend jemand etwas antun?«, murmelt Francis, wenn Christina im »Exotica« ihren Schulmädchen-Strip vor ihm abzieht. Mit dem Besuch im Nachtclub leistet er Trauerarbeit, spürt er doch Schuld (das Berührungsverbot im Club verschiebt sich zum Inzestverbot), die er im Ritual masochistisch übersteigert. »Du darfst dich nicht so quälen«, sagt Christina.

»Was ist es, was einem Schulmädchen seine ganz besondere Unschuld verleiht?« Nach den üblichen Animiersprüchen vom Duft, den Gesten und dem straffen Fleisch des jungen Mädchens raunt Eric ins Mikro: »Oder ist es nur, daß sie noch ihr ganzes Leben vor sich hat und Sie haben die Hälfte Ihres schon vergeudet?« Existentielle Fragen werden unaufdringlich immer wieder thematisiert. »Kennst du das Gefühl, daß du nicht darum gebeten hast, in diese Welt gesetzt zu werden?«, fragt Francis im Auto Tracey. Die Nachtclub-Besitzerin führt das Etablissement ihrer Mutter weiter, auch Thomas hat die Zoohandlung von seinem Vater übernommen – sie scheinen die Wünsche ihrer Eltern auszuleben statt die eigenen zu verwirklichen. »Jetzt, da du schon einmal hier bist«, setzt Francis den Dialog im Auto fort, »stellt sich die Frage: Wer bittet dich zu bleiben?« Immer wieder wechseln Geldscheine ihren Besitzer. Die Gäste im Club zahlen für die Tänzerinnen, Thomas »erkauft« sich eine Begleitung durch Opernkarten, Francis entlohnt im Auto die »Babysitterin«. Geld ist nicht das Ziel, sondern nur eine Währung. Thomas gibt das Geld für die Karten nach der Vorstellung immer wieder zurück, den Babysitter-Lohn muß Francis Tracey geradezu aufdrängen, auch Christina geht es nicht darum, einen vernarrten Kunden auszunehmen. Beziehungen sind Tauschgeschäfte, die nicht nur materieller Natur sind. »Ich brauche ihn für gewisse Dinge, er braucht mich für gewisse Dinge«, erklärt Christina ihre Beziehung zu Francis.

Exotica ist gefilmte Psychoanalyse. Der Erzählgestus folgt der Anamnese, dem Wiedererinnern. In der letzten Szene, einer Rückblende, erfahren wir, daß einst Christina Babysitterin von Francis' Tochter war. Das picklige Mädchen mit Brille und Zahnspange macht einen bedrückten Eindruck. Christina verschwindet im Haus, die Tür fällt zu – ihr Geheimnis erfahren wir nicht.

Atom Egoyan galt viele Jahre als cineastischer Geheimtip, bevor ihm mit *Exotica*, in Cannes mit dem Kritikerpreis ausgezeichnet, der Durchbruch beim breiten Publikum gelang. Im Werk des armenischstämmigen Regisseurs, 1963 in Kairo geboren und in Kanada aufgewachsen, ist Fremdheit als existentielle Erfahrung stets präsent. Menschen, die sich eine Struktur geschaffen haben, in der sie eingesperrt sind und sich kaum noch befreien können, sind das Generalthema Egoyans; in *Exotica* gelingt jedoch die Öffnung der hermetischen Welt, was den Film zugänglicher macht als *The Adjuster* (*Der Schätzer*, 1991). Stilistische Eleganz und Virtuosität der visuellen Gestaltung zeichnen diesen Regisseur aus. Das Kino Egoyans beruht auf raffinierten Konstruktionen, die Erzählfragmente in unendlicher Spiegelung verbinden. Wie David Lynch führt Egoyan den Zuschauer in ebenso faszinierende wie schwer entschlüsselbare Labyrinthe; mit Pedro Almodóvar teilt er die Leidenschaft für Obsessionen und knallige Farben (die nicht nur das Interieur des »Exotica« bestimmen, sondern auch die Zoohandlung mit ihren Aquarien und Terrarien). *Exotica* ist, wie alle Egoyan-Filme, ein selbstreferentielles Werk: Der Zuschauer im Kino ist ein zahlender Voyeur wie die Besucher im »Exotica«.

»*Exotica*«. Hg. Geoff Pevere. Toronto 1995. (Drehbuch, Materialien).
Svenja Cussler: »Die Filme des Atom Egoyan«. Alfeld 2002; Carole Desbarats u.a.: »Atom Egoyan«. Paris 1993; Jürgen Felix: »*Exotica*«, in: Thomas Koebner (Hg.): Filmklassiker. Bd. 4. Stuttgart [3]2001; Peter Harcourt: »Imaginary Images: The Films of Atom Egoyan«, in: Film Quarterly, 1995, H. 3; Matthias Kraus: »Bild – Erinnerung – Identität. Die Filme des Kanadiers Atom Egoyan«. Marburg 2000; Wolfram Schütte: »Die Geburt des Fetischs aus dem Geiste der erotischen Verdrängung«, in: Frankfurter Rundschau, 22.12. 1994; Georg Seeßlen: »Elsewhereness. Anmerkungen zu den Filmen von Atom Egoyan«, in: Marcus Stiglegger (Hg.): Splitter im Gewebe. Mainz 2000; Jonathan Romney: »Atom Egoyan«. London 2003; Martin Walder: »Striptease als Erzählstruktur«, in: Neue Zürcher Zeitung, 4.2. 1995 (Interview mit Atom Egoyan).

Michael Töteberg

DIE FABELHAFTE WELT DER AMÉLIE

↗ Fabuleux Destin d'Amélie Poulain

LE FABULEUX DESTIN D'AMÉLIE POULAIN

(Die fabelhafte Welt der Amélie). Frankreich (Victoires/Tapioca Films) 2001. 35 mm, Farbe, 122 Min.
R: Jean-Pierre Jeunet. B: Guillaume Laurant, Jean-Pierre Jeunet. K: Bruno Delbonnel. A: Aline Bonello. S: Hervé Schneid. M: Yann Thiersen.
D: Audrey Tautou (Amélie Poulain), Mathieu Kassovitz (Nino Quincampoix), Rufus (Raphael Poulin), Lorella Poulin (Amandine Poulin), Serge Merlin (Raymond Dufayel), Dominique Pinon (Joseph).

»Am 3. September 1973 um 18 Uhr, 28 Minuten und 32 Sekunden landete eine Schmeißfliege aus der Familie der Califoriden, die 14670 Flügelschläge pro Minute ausführen können, in Montmartre. Genau in dieser Sekunde blies der Wind auf der Terrasse eines Restaurants in der Nähe der Moulin de la Galette wie von Zauberhand unter eine Tischdecke und ließ die Gläser tanzen, ohne daß es jemand bemerkt hätte. Im gleichen Augenblick, im 5. Stock in der Avenue Trudène 28 im 9. Arrondissement, radierte Eugène Colère, gerade zurück von der Beerdigung seines besten Freundes Emil Madignau, dessen Namen aus seinem Telefonbuch. Immer noch zur gleichen Zeit erreichte ein mit einem X-Chromosom versehenes Spermatozoon, Eigentum eines gewissen Monsieur Raphael Poulain, eine Eizelle von Madame Poulain, geborene Amandine Fouet. Neun Monate später kam Amélie Poulain zur Welt.«

Bereits die ersten Momente, noch vor der Geburt der Heldin, geben den rauschhaften Ton dieses Kinomärchens vor. Mit blühender Phantasie und kindlicher Präzision berichtet *Le fabuleux destin d'Amélie Poulain* von den kleinen Dingen des Lebens. Wir

Le fabuleux destin d'Amélie Poulain: Audrey Tautou

werden an das Vergnügen erinnert, die Hand in einen Sack mit Getreide zu tauchen, Steinchen springen zu lassen und mit dem Kaffeelöffel die Kruste von Crème Brûlée zu knacken. Die Magie des Alltags wird in einem Reigen von anrührenden Anekdoten, liebevollen Details und surrealen Gags beschworen. Gartenzwerge werden auf Weltreise mitgenommen, während sich in Amélies Phantasie in Öl gemalte Gänse mit lampenschirmtragenden Schweinen unterhalten.

Viele der kleinen Anekdoten, die in *Le fabuleux destin d'Amélie Poulain* eingeflossen sind, hat Jean-Pierre Jeunet den Tageszeitungen entnommen. Aber auch zahlreiche Einflüsse aus Film, Fernsehen und Comic sind erkennbar. So werden wir mit einer Informationsflut überschüttet, die im völligen Gegensatz zur Effektivität des klassischen Erzählkinos steht. Auch seine technischen Mittel setzt Jeunet mit verschwenderischer Opulenz ein, nutzt extreme Großaufnahmen, verzerrende Weitwinkel, raffinierte Kamerafahrten, abrupte Schnitte und Zeitraffer ebenso wie zahllose digitale Effekte.

Trotz dieses postmodernen Bilderfeuerwerks hat *Le fabuleux destin d'Amélie Poulain* einen altmodischen Charme. Dazu trägt die für Jeunet typische satte Farbgebung, die an handkolorierte Postkarten erinnert, ebenso bei wie die stimmungsvolle Folklore der Musik Yann Thiersens. Ein weiterer Grund ist die Darstellung von Paris, die mit der heutigen Metropole nur wenig gemein hat. Jeunet hat sich dieses Paris zusammengeträumt, während er in Hollywood drehte. Er erschuf eine nostalgisch verzauberte Stadt, zusammengesetzt aus Erinnerungen und Klischees, magisch realistisch wie in den Filmen von René Clair, Marcel Carne und Jean Renoir. Dafür hat er seine Aufnahmen digital von Hundekot, Müll, Graffiti, Plakaten und erdrückender Autolast befreit. Daß er zudem Ausländer, Obdachlose und Homosexuelle aus seinem altmodischen Paris verbannt hat, hat Jeunet einiges an Kritik eingebracht.

Zum Charme des Films trägt der Zauber der zuvor weitgehend unbekannten Audrey Tautou, in deren kindlichem Gesicht sich Staunen und Glück spiegeln, einiges bei. Sie spielt die Heldin Amélie, die durch einen in der Kindheit fälschlich diagnostizierten Herzfehler zu einer zurückgezogenen Träumerin geworden ist. Jetzt arbeitet sie als Kellnerin in einem Café auf dem Montmartre. Sie findet in ihrer Wohnung ein Schatzkästlein, das einer ihrer Vormieter als Kind versteckt hat. Sie macht ihn ausfindig und läßt ihm das Kästchen wie zufällig zukommen. Als sie merkt, wie bewegt der ältere Herr ist, beschließt sie, von nun an die Menschen in ihrer Umgebung aus dem Verborgenen heraus glücklich zu machen. Als Regisseurin ihres kleinen Welttheaters fälscht sie für die Concièrge einen Abschiedsbrief ihres verstorbenen Mannes; sie stiftet Liebe zwischen der Tabakverkäuferin und einem Stammgast des Cafés. Doch erst auf Anregung ihres Nachbarn, eines glasknochenkranken Malers, wagt Amélie es, um ihr eigenes Glück – in Gestalt des schüchternen Geisterbahn-Erschreckers Nino – zu kämpfen.

Wie in all seinen bisherigen Filmen zeigt Jeunet autistische Sonderlinge, die um Menschlichkeit kämpfen, dabei jedoch ihre eigenen Gefühle verstecken müssen. *Le fabuleux destin d'Amélie Poulain* ist um einiges heiterer und optimistischer als (die gemeinsam mit Marc Caro inszenierten) *Delicatessen* und *La Cité des enfants perdus.* Doch auch hier tun sich Abgründe auf. Amélies schreckliche Kindheit, die Mutlosigkeit der gescheiterten Existenzen in ihrer Umgebung und der häufig präsente Tod machen deutlich, wie leicht man sein Lebensglück verpassen kann. Jeunet behauptet nicht, daß jeder sein Glück im Leben finden wird. Doch er macht Mut, das Glück zu suchen und die Augen für die kleinen Wunder des Lebens zu öffnen. Der weltweite Erfolg des Films bewies, daß dem Publikum diese Botschaft gefiel. Allein in Frankreich erreichte *Le fabuleux destin d'Amélie Poulain* 7 Millionen Zuschauer und löste einen Tourismusboom am Montmartre aus.

Frédéric Bonnaud: »The Amélie Effect«, in: Film Comment, 2001, H. 6; Thomas Hahn: »Liebesbrief an Amelie«, in: Steadycam, 2001, H. 43; Kirsten von Hagen: »Paradoxe sur Amélie: Jean-Pierre Jeunets Kinomärchen als mediale Collage«, in: Michael Lommel u.a. (Hg.): Theater und Schaulust im aktuellen Film. Bielefeld 2004; Oliver Jahraus: »Mediale Selbstreflexion und die Dialektik des Subjekts am Beispiel des Films *Die fabelhafte Welt der Amélie*«, in: Bernd Scheffer/Oliver Jahraus (Hg.): Wie im Film. Bielefeld 2004; Jean-Pierre Jeunet u.a.: »Das fabelhafte Album der Amélie«. Berlin 2003; Nicole Kallwies: »Chancen polyvalenter Filmkomödien: Eine kontrastive Analyse von *Le fabuleux destin d'Amélie Poulain* und *Tanguy*«, in: Thomas Barth u.a. (Hg.): Mediale Spielräume. Marburg 2005; Reinhard Middel: »Wunschglück und Kinomagie«, in: Margrit Frölich u.a. (Hg.): Alles wird gut. Marburg 2003; Ginette Vincendeau: »Café Society«, in: Sight and Sound, 2001, H. 8.

Marco Wiersch

FACES (Gesichter). USA (Maurice McEndree Productions) 1968. 16 mm, s/w, 129 Min.
R+B: John Cassavetes. K: Al Ruban. Ba: Phedon Papamichael. S: Al Ruban, Maurice McEndree. M: Jack Ackerman, Song »Never Felt Like This Before«: Charles Smalls.
D: John Marley (Richard Forst), Gena Rowlands (Jeannie Rapp), Lynn Carlin (Maria Forst), Seymour Cassel (Chet).

In *Faces* wird viel gesungen, getrunken, getanzt, geredet und gelacht, und doch gilt er als pessimistischster Film von Cassavetes. Denn alle Bemühungen, das Gesicht zu wahren und zur »Familie der ›Uns-ist-alles-schnuppe-Leute‹« (Jeannie) zu gehören, entpuppen sich in alkoholisierter Geselligkeit als Fassade der Einsamkeit. Cassavetes selbst bezeichnete *Faces* als Ausdruck einer verfrühten »Midlife-Crisis«: Der Film erzählt die Geschichte des Paares Richard und Maria, die sich auseinandergelebt haben und nach vierzehn Jahren Ehe trennen. Äußerer Anlaß ist die Begegnung mit jeweils anderen Sexualpartnern (Jeannie und Chet), doch auch dieses Abenteuer bietet keine Alternative und endet bei Maria im Selbstmordversuch.

Bemerkenswert ist jedoch nicht die Story, sondern die Art und Weise, wie sie in Szene gesetzt ist. Cassavetes ist ein Schauspieler-Regisseur, der seine Darsteller zu Co-Autoren seiner Filme macht. Die Kamera folgt ihrem Spiel wie bei einer Reportage und räumt ihnen größtmögliche Bewegungsfreiheit ein. Die Dreharbeiten sind ein Entwicklungsprozeß und nicht, wie sonst üblich, die möglichst perfekte technische Umsetzung eines Drehbuchs. Diesen Regiestil, den Ulrich Gregor treffend als »dokumentarisches Aufzeichnen von Fiktion im Moment ihrer Entstehung« bezeichnete, wandte Cassavetes schon bei seinem Film-Debüt ↗*Shadows* (1957/59) an, und er konnte ihn nach den Erfahrungen von zwei Hollywood-Produktionen hier vervollkommnen.

Die Räumlichkeiten sind gleichmäßig ausgeleuchtet. Die bewegliche 16 mm-Kamera dokumentiert die Aktionen, nimmt aber keinen Einfluß auf sie. Der Film umfaßt zwölf relativ lange Sequenzen, bei denen die Darsteller ihre Rollen am Set, ähnlich einer Theateraufführung, fast durchspielen. Im Unterschied zum Theater ermöglicht das Medium Film hier jedoch die für *Faces* so typischen Großaufnahmen: Die Kamera konzentriert sich ganz auf die Gesichter der Darsteller, deren Positionen im Raum manchmal nur zu vermuten sind. »In John Cassavetes' Kino holt man uns auf die Bühne, in die Hitze des Wortgefechts. Es ist, als sitze man zu nahe an der Leinwand.« (James Monaco).

Der Wechsel der Drehorte markiert den Anfang und das Ende einer Sequenz, der Wechsel der Kameraposition innerhalb einer Szene legt den Schnitt fest. Doch letztendlich sind es die Darsteller selbst, die durch ihr Spiel den Rhythmus des Films bestimmen. Szenen sind kaum gekürzt, so daß sich die Länge einer Sequenz fast mit der Dauer ihrer Aufnahme deckt, Realzeit und Filmzeit identisch zu sein scheinen. Die Geschichte spielt sich in zwei Nächten und an einem Morgen ab, umfaßt also eine Zeitspanne von ca. 36 Stunden. Unterbrochen wird sie jeweils durch für die Zuschauer nicht belegte Zeit. Einzige Ausnahme: eine als Rückblende eingeführte Szene zwischen Richard und Maria im Bett, wo er Maria in der filmischen ›Gegenwart‹ die Scheidung vorschlägt.

Anders als bei *Shadows*, der vollständig auf Improvisationen beruht, gab es für *Faces* eine Drehbuchvorlage: »The Marriage«, von Cassavetes ursprünglich als Theater-Inszenierung geplant. Der Film wurde mit einem Budget von ca. 200.000 Dollar in Los Angeles im Haus von Cassavetes, bei der Mutter von Gena Rowlands und im »Loser's Club« gedreht. Über die Dauer der Dreharbeiten und der Nachbearbeitung existieren unterschiedliche Angaben; sie schwanken zwischen fünf und acht Monaten bzw. zwei und vier Jahren. Während dieser Zeit wurden aus 17 Stunden Filmmaterial drei Schnittversionen erstellt; die erste Fassung soll drei Stunden 40 Minuten lang gewesen sein. Filmkritiker wie Filmwissenschaftler sind sich darin einig, daß der Film durch die Kürzung auf ein ›kommerzielles‹ Maß nicht gewonnen hat. Vor diesem Hintergrund läßt sich die Anfangsszene von *Faces* auch als sarkastischer Kommentar zur aktuellen Version des Films interpretieren: Man hat sich im Büro von Richard versammelt, um einen Film zu sehen, der als »kommerzielles *Dolce Vita*« vorgestellt wird. Das Licht wird gelöscht, der Projektor läuft, der Film heißt *Faces*.

»*Faces*«. Hg. Al Ruban. New York 1970. (Drehbuch). Olivier de Bruyn: »*Faces*. Un cœur qui bat«, in: Positif, 1992, H. 377; Ray Carney: »The Films of John Cassavetes«. Cambridge 1991; ders. (Hg.): »Cassavetes über Cassavetes«. Frankfurt a.M. 2003; Milena Gregor (Red.): »John Cassavetes«, Kinemathek, Berlin, 1993, H. 81; Peter W. Jansen, Wolfram Schütte (Hg.): »John Cassavetes«. München 1983; Pauline Kael: »*Faces*«, in: dies.: For Keeps. New York u.a. 1994; Andrea Lang/Bernhard Seiter (Hg.): »John Cassavetes. DirActor«. Wien 1993; James Monaco: »American Film Now«. München 1985; Camille Nevers: »*Shadows* and *Faces*«, in: Cahiers du Cinéma, 1992, H. 453; Georg Seeßlen: »Liebesströme und Todesbilder. Die Filme von John Cassavetes«, in: epd Film, 1989, H. 6; Anja Streiter: »Das unmögliche Leben. Filme von John Cassavetes«. Berlin 1995.

Susanne Lange

FAHRENHEIT 451 England (Anglo Enterprise/Vineyard Films/Universal International) 1966. 35 mm, Farbe, 113 Min. R: François Truffaut. B: François Truffaut, Jean-Louis Richard, nach dem gleichnamigen Roman von Ray Bradbury; englische Dialoge: David Rudkin, Helen Scott. K: Nicolas Roeg. S: Thom Noble. A: Tony Walton. M: Bernard Herrmann.

D: Oskar Werner (Montag), Julie Christie (Linda Montag/Clarisse), Cyril Cusack (Feuerwehrhauptmann), Anton Diffring (Fabian), Bee Duffel (die Bücherfrau), Jeremy Spencer (der Mann mit dem Apfel).

Truffauts sechster Spielfilm nimmt im Gesamtwerk des Filmemachers in mehrfacher Hinsicht eine Ausnahmestellung ein. Da der Regisseur nach dem Mißerfolg des vorangegangenen Films, *La peau douce* (*Die süße Haut*, 1964), für sein Projekt keinen französischen Geldgeber fand, entstand *Fahrenheit 451* in den Londoner Pinewood-Studios als eine englisch-amerikanische Gemeinschaftsproduktion – die einzige nicht-französische Produktion seines filmischen Œuvres. *Fahrenheit 451* ist nicht nur Truffauts einziger Film in englischer Sprache, sondern zugleich ein Ausflug in das ihm eher fremde Science-Fiction-Genre.

Truffaut entwirft das Bild einer Zukunft, die uns zugleich vertraut und doch fremd erscheint. Futuristische Kulissen werden nur sparsam eingesetzt; die negative Utopie beschränkt sich im wesentlichen auf einen Punkt: Gezeigt wird eine nicht näher charakterisierte Gesellschaft, in der sowohl das Lesen als auch der Besitz von Büchern strengstens verboten ist. Die Feuerwehr hat die absurde Aufgabe, nicht – wie ansonsten üblich – Brände zu löschen, sondern Bücher in Brand zu stecken und sie so endgültig »unschädlich« zu machen. Lektüre gilt als subversiv, staatsgefährdend, denn in einer Gesellschaft, in der das Bewußtsein von den Bildern und Tönen der audio-visuellen Massenmedien bestimmt wird, bedeutet Lesen – als Akt selbständigen und kritischen Denkens – eine unkontrollierbare Macht. Fahrenheit 451 ist die Temperatur, bei der Papier anfängt zu brennen.

Obwohl von seinem Vorgesetzten immer wieder vor dem Lesen gewarnt, behält der Feuerwehrmann Montag nach einer Hausdurchsuchung ein Buch für sich und beginnt mit der Lektüre von Dickens' »David Copperfield«. Dies führt zur Wandlung seiner bis dahin vollkommen emotionslosen Persönlichkeit. »Hinter jedem dieser Bücher steckt ein Mensch«, wird Montag belehrt. Indem Vernunft und Gefühl sich in ihm gleichermaßen zu entwickeln scheinen, findet er zu sich selbst. Am Ende flieht er sogar in die Wälder zu den »Buchmenschen«, von denen jeder ein Buch auswendig gelernt hat, um so die Literatur für die Nachwelt zu retten, d.h. zu bewahren für den Tag, an dem es wieder erlaubt sein wird zu lesen.

Die Tatsache, daß die Bücher die eigentlichen Protagonisten sind, macht den Film, nach Truffauts selbstkritischer Einschätzung, »ungeheuer abstrakt«. Während der Regisseur sich sonst einen Stoff über die Charaktere aneignete, steht hier die Konstruktion im Vordergrund. Zur Stilisierung tragen nicht nur die kühl-kontrollierten Farbaufnahmen von Nicolas Roeg bei, sondern ebenso die Musik von Bernard Herrmann. Deren gewünschte Opernhaftigkeit – eine Art »Opéra barbare über literarische Zensur« – verleiht dem Film eine Bedeutungsschwere, die nicht frei ist von einem zeitbedingten Kulturpessimismus: *Fahrenheit 451*, Truffauts Geständnis seiner »Liebe für Bücher«, entstand Mitte der sechziger Jahre, als man begann, um die vom Medium Fernsehen bedrohte Lesekultur zu fürchten.

»*Fahrenheit 451*«. Hg. Robert Fischer. München 1982. (Filmprotokoll, Drehtagebuch).

Gordon Gow: »Identity«, in: Films and Filming, 1971/72, H. 4 (Interview mit Nicolas Roeg); Frieda Grafe/Enno Patalas: »Im Off«. München 1974; Elke Kummer: »Vom Umgang mit Büchern«, in: Film, Velber, 1966, H. 10; Tilman Lang: »Fahrenheit 451 (Ray Bradbury – François Truffaut)«, in: Anne Bohnenkamp/Tilman Lang (Hg.): Literaturverfilmungen. Stuttgart 2005; Joseph McBride: »The Private World of *Fahrenheit 451*«, in: Philip Nobile (Hg.): Favorite Movies. New York 1973; Peter Ruckriegel: »*Fahrenheit 451*«, in: Thomas Koebner (Hg.): Filmgenres: Science Fiction. Stuttgart 2003; Alan William: »The 400 Cuts vs. How To Shoot the Piano Player: Montage and Mise-en-scene in Truffaut's *Fahrenheit 451*«, in: Movietone News, 1975, H. 41.

Achim Haag

FAHRRADDIEBE ↗ Ladri di biciclette

FAHRSTUHL ZUM SCHAFOTT
↗ Ascenseur pour l'échafaud

FANNY OCH ALEXANDER

(Fanny und Alexander). Schweden/Frankreich/Bundesrepublik Deutschland (Cinematograph/Sveriges Television/Gaumont/Personafilm/Tobis Filmkunst) 1981/82. 35 mm, Farbe, 197 Min. (Kinofasssung) bzw. 312 Min. (TV).
R+B: Ingmar Bergman. K: Sven Nykvist. A: Anna Asp. S: Sylvia Ingemarsson. M: Daniel Bell.
D: Bertil Guve (Alexander), Pernilla Alwin (Fanny), Ewa Fröling (Emilie Ekdahl), Allan Edwall (Oscar Ekdahl), Jarl Kulle (Gustav Adolph Ekdahl), Mona Malm (Alma Ekdahl), Pernilla Östergren (Maj, Kindermädchen), Gunn Wållgren (Helena Ekdahl), Erland Josephson (Isak Jacobi), Mats Bergman (Aron), Stina Ekblad (Ismael), Jan Malmsjö (Bischof Edvard Vergérus).

»Der Ort eine Provinzstadt, außerordentlich friedlich und wohlgepflegt. Die Bedrohung ist fern, das Dasein friedvoll.« Als Ingmar Bergman die Geschichte – eine Familienchronik, angesiedelt in Schweden vor dem Ersten Weltkrieg – konzipierte, lebte er im Münchner Exil, weil er in seiner Heimat wegen angeblicher Steuerhinterziehung verfolgt wurde. Rehabilitiert von allen Vorwürfen, kehrte er zurück und realisierte das bis dahin größte Filmunternehmen des Landes: eine internationale Koproduktion, für die Auswertung im Kino wie im Fernsehen gleichermaßen bestimmt, mit einem Budget von sechs Millionen Dollar ausgestattet. *Fanny och Alexander* wird der letzte Spielfilm des Regisseurs und Drehbuchautors Bergman, der aufhören möchte, solange ihn »Müdigkeit und Leere« noch nicht befallen haben: Er dreht danach nur noch ein paar Fernsehfilme, schreibt Drehbücher für andere Regisseure und inszeniert am Theater.

Fanny och Alexander ist »eine Liebeserklärung an das Leben«, sagt der 63jährige über seinen Abschied vom Kino. Noch einmal zieht er alle Register seines Könnens: Traum und Alptraum, Sein und Nicht-Sein – der Hamlet-Stoff spielt im Film eine Rolle –, Porträts und Gruppenaufnahmen. Das opulente Alterswerk konfrontiert die beiden Milieus, die ihn in seinen Filmen bereits oft beschäftigt haben: das lebendige und tolerante Leben im Schausteller-Milieu (Famile Ekdahl) und die puritanische Enge und Strenge eines protestantischen Haushaltes (Familie des Bischofs Vergérus). Zuerst schwelgt der Film in der braun-roten Pracht rüschenverzierter Kleider, großzügiger Dekors, verspielter Details und üppiger barocker Lebensweise. Sie steht in scharfem Gegensatz zum betont grauen Alltag im Hause des Bischofs Vergérus, wohin die Kinder Fanny und Alexander mit ihrer Mutter ziehen: Nach dem Tod ihres Mannes, dem Theaterdirektor, heiratet sie den Bischof. Alexander, jäh aus der Welt seiner Spiele entrissen, flüchtet sich in die Phantasie. In vielen Teilen ist der Film aus der Sicht des Jungen gestaltet. Die Kamera begibt sich in die kindliche Perspektive, liegt unter dem Tisch versteckt oder steht staunend vor den Bildern der Laterna Magica.

In seiner Autobiographie bekennt Ingmar Bergman, daß er als Kind gerne Lügengeschichten erzählt habe: »Mein Vater sei nicht mein richtiger Vater. Ich sei der Sohn eines berühmten Schauspielers (...). Pastor Bergman hasse und verfolge mich.« Diese Kindheitsphantasie ist die Keimzelle von *Fanny och Alexander*. Wie der Filmregisseur mit dem autobiographischen Material umgeht, zeigt auch die Figur des Dienstmädchens. Im Hause Bergman war eine Linnéa angestellt. »Ich war sechs und schwärmte für ihr munteres Lächeln, ihren weißen Teint und ihr üppiges rotblondes Haar.« Als der Mann, der sie geschwängert hatte, die Vaterschaft leugnete und man sie darauf entließ, weil sich ein Pastor kein schwangeres Dienstmädchen erlauben konnte, ertränkte sich die junge Frau im Fluß. Im Film dagegen wird alles gut: Maj wird liebevoll von der Familie aufgenommen und bringt ihr Kind zur Welt. Der Film korrigiert die Wirklichkeit, dies verleiht *Fanny och Alexander* eine für Bergman ungewöhnlich heitere Grundstimmung.

Bergman greift nahezu alle Themen seiner Filme noch einmal auf: die Liebe zum Theater, das Verhältnis der Geschlechter, Sterben und Tod, Traum und Wirklichkeit, enttabuisierte Sexualität, die Suche nach der verlorenen Kindheit. Die Frage nach der Existenz Gottes wird aufgelöst im Blick des Kindes: Alexander sieht Gott, der sich dann als große

Marionette entpuppt; Drahtzieher ist ein Mensch. Magische Momente, Gewalt, Brutalität, aber auch Erlösung, Freude, Lebendigkeit – es sind die Menschen, die ihr Leben in die Hand nehmen können. Die schwedische Filmszene, angeführt von Erland Josephson und Liv Ullmann, trifft sich in Bergmans Film; auch Familienmitglieder, Sohn Mats und Tochter Anna, gehören zu den Darstellern. Der Regisseur versammelt in seiner Abschiedsvorstellung viele, die man aus seinen früheren Produktionen kennt. Dies gilt nicht nur für die Schauspieler, sondern auch für das Team: Hinter der Kamera z.B. steht Sven Nykvist, mit dem Bergman schon bei *Gycklarnas Afton* (*Abend der Gaukler*, 1953) zusammengearbeitet hat. *Fanny och Alexander*, mit vielen Preisen, darunter vier Oscars, ausgezeichnet, beginnt mit einer Theaterminiatur und endet mit Strindbergs »Traumspiel«. Die Großmutter schlägt das Textbuch auf und zitiert ein paar Sätze aus der Vorbemerkung: »Alles kann geschehen, alles ist möglich und wahrscheinlich. Zeit und Raum existieren nicht.« Mit den Worten Strindbergs läßt sich Ingmar Bergmans großes episches Tableau am besten beschreiben: »ein Gemisch aus Erinnerungen, Erlebnissen, freien Erfindungen, Verstiegenheiten und Improvisationen«.

»*Fanny und Alexander*«. München 1983. (Filmerzählung).
Ingmar Bergman: »Mein Leben«. Hamburg 1987; Pascal Bonitzer/Michel Chion: »Portrait de l'artiste en jeune mythomane«, in: Cahiers du Cinéma, 1983, H. 346; Richard Corliss/William Wolf: »God, Sex, and Ingmar Bergman«, in: Film Comment, 1983, H. 3; Linda Haverty: »Strindbergman: The problem of filming autobiography in Bergman's *Fanny and Alexander*«, in: Literature/Film Quarterly, 1988, H. 3; Walter Ruggle: »Aus Liebe zum Theater, zum Kino und zum Leben«, in: Filmbulletin, 1983, H. 133; Hans-Helmuth Schneider: »Rollen und Räume«. Frankfurt a.M. 1993; Egil Törnqvist: »Die große und die kleine Welt«, in: Lars Ahlander (Hg.): Gaukler im Grenzland. Berlin 1993.

Heike Ließmann

FANTASIA

USA (Walt Disney/RKO) 1940. 35 mm, Farbe, 120 Min.
R: Samuel Armstrong, James Algar, Bill Roberts, Paul Satterfield, Hamilton Luske, Jim Handley, Ford Beebe, T. Hee, Norm Perguson, Wilfred Jackson.
M: Bach, Tschajkovskij, Dukas, Stravinskij, Beethoven, Ponchielli, Mussorgskij, Schubert.

Adolf Hitler war ein Fan von Mickey Mouse: Während amerikanische Spielfilme aus den deutschen Kinos verbannt wurden, durften die Disney-Kurzfilme weiter gezeigt werden. Über den Ankauf des ersten abendfüllenden Zeichentrickfilms *Snow White and the Seven Dwarfs* (*Schneewittchen und die sieben Zwerge*, 1937) wurde verhandelt; als Lizenzgeber fungierte der Boxer Max Schmeling. Während die Zeichner und Animateure an *Fantasia* arbeiteten, zeigte Walt Disney Leni Riefenstahl – alle anderen Hollywood-Produzenten boykottierten den Besuch aus Deutschland – seine Studios. Der Krieg störte die sich anbahnenden Geschäftsbeziehungen; auch Disney hatte seinen Kriegsbeitrag zu leisten und setzte Donald Duck in einem Propagandafilm ein (*The Fuehrer's Face*, 1943). Aber das Reichsfilmarchiv kaufte eine schwedische Kopie von *Fantasia*; auf Antrag konnten Fachleute aus der Branche und die Nazi-Prominenz den Film anschauen.
Als der Film mit einem Jahrzehnt Verspätung regulär in die deutschen Kinos kam, wurde er von der Kritik als regelrechter Kulturschock empfunden. Die berühmtesten Werke der klassischen Musik hatte Disney unbekümmert verbunden mit neckischen Szenen: Zu Tschajkovskijs »Nußknacker-Suite« gab es ein Ballett von Pilzen, Schleierfische übten sich im »arabischen Tanz«. Elfen als Schlittschuhläuferinnen, Nilperde in Ballettröckchen, Zentauren mit Schminkstift und – darauf hatte die amerikanische Zensur bestanden – Büstenhaltern, dazu die 6. Symphonie von Beethoven und am Schluß gar das »Ave Maria«: Der Bildungsbürger war entsetzt und zugleich fasziniert. »Mammutkitsch« befand Friedrich Luft, während sein Kollege Gunter Groll sich zu dem Urteil durchrang, es sei ein »doch letztlich genialisches Experiment«. Voller Abscheu äußerte sich auch der Philosoph Theodor W. Adorno: Ihn störte nicht bloß die Verschandelung des Kul-

Fantasia: Mickey Mouse als Zauberlehrling

turerbes durch die kommerzielle Filmindustrie, ihm war vor allem die ideologische Botschaft, der affirmative Charakter der illusionären Traumphantasie höchst suspekt. 20 Jahre später, auf dem Höhepunkt der Studentenbewegung, zerstritten sich die Redakteure der »Filmkritik« über *Fantasia.* Während Enno Patalas die Argumente Adornos wiederholte, geriet Helmut Färber ins Schwärmen über den »Neuesten Orbis Pictus«. Disneys phantasmagorische Farborgel entsprach nun dem Zeitgeist, seine Bilderflut war nicht weit entfernt von der psychedelischen Ästhetik: *Fantasia* als Vorläufer der Pop-Art.

»Bilder zum Hören, Musik zum Schauen«, so lautete der Werbeslogan. Versuche, von der Musik ausgelöste Empfindungen in bewegte Bilder umzusetzen, hatten in den zwanziger Jahren viele Avantgarde-Künstler unternommen. Oskar Fischingers experimentelle Kurzfilme, die für Zigaretten Werbung machten, erregten Aufsehen; er arbeitete auch an *Fantasia* mit, konnte aber seine Vorstellungen nicht durchsetzen. Rudimente seines Konzepts sind im Auftakt des Films erhalten: Leopold Stokowski dirigiert das Philadelphia Symphonie-Orchester – Bachs »Toccata in D-Moll« –, dann gleitet das Realbild über in abstrakte Figuren und Linien, die sich im Rhythmus der Musik bewegen. Für die Disney-Leute war dieser Ansatz zu intellektuell, ihre Bildphantasie arbeitete mit simpleren Assoziationen: Harfentöne – Wassertropfen z.B. Man bediente sich volkstümlicher Mythen, alles nach amerikanischem Geschmack verniedlicht. Zu Stravinskijs »Le Sacre du Printemps« wurde eine Kurzfassung der Schöpfungsgeschichte geboten, zu Mussorgskijs »Eine Nacht auf dem kahlen Berge« inszenierte man einen Hexensabbath. Das Kernstück bildet ein Streifen, den Disney ursprünglich für seine *Silly Symphonies,* eine Serie von Grotesk-Kurzfilmen, hatte herstellen lassen: Mickey Maus als »Zauberlehrling« frei nach Goethe und mit der Musik von Paul Dukas.

Für Walt Disney war *Fantasia* sein ehrgeizigstes Projekt: »Man sieht zum erstenmal, welche Möglichkeiten sich unserem Medium in Zukunft bieten«, verkündete er zur Premiere. Die Animationstechnik führte er auf den höchsten Stand, für die Musikaufnahmen entwickelte er ein neues Tonsystem, den »Fantasound«. Im Kino erwies sich *Fantasia* zunächst als geschäftliches Fiasko. Den Mißerfolg konnte Disney zwar durch *Bambi* im nächsten Jahr wieder ausgleichen, doch kreative Experimente versagte er sich in Zukunft. Die Idee, jährlich neue Versionen von *Fantasia* herauszubringen, ließ sich nicht realisieren. Erst 60 Jahre später kam es zu einer Neuauflage. *Fantasia 2000* übernahm aus dem alten Film lediglich die Zauberlehrling-Sequenz und das Modell, das wenig inspiriert aufpoliert wurde. Die archaische Verspieltheit und der anarchische Witz des Originals fehlen dem Remake weitgehend, das, am Ende der Ära des klassischen Zeichentrickfilms entstanden, nur noch ein schwaches Echo des einstmals innovativen Culture crossing darstellt.

John Culhane: »Walt Disney's *Fantasia*«. New York 1983; Helmut Färber: »*Fantasia* – Neuester Orbis Pictus«, in: Filmkritik, 1971, H. 4; Gunter Groll: »*Fantasia* – die große Farbenorgel«, in: Filmkritik, 1971, H. 4; David Heuring/George Turner: »Disney's *Fantasia*: Yesterday and Today«, in: American Cinematographer, 1991, H. 2; Bruce Alan MacCurdy: »The Child Hero in Walt Disney's *Snow White*, *Pinocchio*, and ›The Sorcerer's Apprentice‹ Sequence of *Fantasia*«. Ann Arbor 1983; S. Mallow: »Lens Caps: Finding *Fantasia*«, in: Filmmakers Magazine, 1980, H. 5; Leonard Maltin: »Der klassische amerikanische Zeichentrickfilm«. München 1982; William Moritz: »Fischinger at Disney – Or, Oskar in the Mousetrap«, in: Millimeter, 1977, H. 2; ders.: »Oskar Fischinger«, in: Kinematograph, Frankfurt, 1993, H. 9; Enno Patalas: »Diskussion: *Fantasia*«, in: Filmkritik, 1971, H. 5; David R. Smith: »The Sorcerer's Apprentice – Birthplace of *Fantasia*«, in: Millimeter, 1976, H. 2; J.P. Storm/M. Dreßler: »Im Reiche der Micky Maus«. Berlin 1991; Deems Taylor: »Walt Disney's *Fantasia*«. New York 1940.

Michael Töteberg

LE FANTÔME DE LA LIBERTÉ

(Das Gespenst der Freiheit). Frankreich (Greenwich Film Production) 1974. 35 mm, Farbe, 104 Min.

R: Luis Buñuel. B: Luis Buñuel, Jean-Claude Carrière. K: Edmond Richard. A: Pierre Guffroy. S: Hélène Plemiannikov. M: Galaxie Musique.
D: Adriana Asti (Schwester des 1. Polizeipräfekten und »Dame in Schwarz«), Julien Bertheau (1. Polizeipräfekt), Jean-Claude Brialy (M. Foucauld), Adolfo Celi (Arzt), Paul Frankeur (Gastwirt), Michel Lonsdale (Masochist), Pierre Maguelon (Gendarm Gérard), François Maistre (Professor), Hélène Perdrière (Tante), Michel Piccoli (2. Polizeipräfekt), Claude Piéplu (Polizeikommissar), Jean Rochefort (M. Legendre), Bernard Verley (Hauptmann der Dragoner), Monica Vitti (Mme. Foucauld), Milena Vukotic (Arzthelferin).

Buñuel inszeniert in seinem 31. und vorletzten Film einen willkürlich anmutenden Reigen aus über 20 Episoden, der durch nichts als durch das Zufallsprinzip zusammengehalten wird. Es gibt keine durchgehend präsenten Figuren mehr. Wer von den über 60 im Drehbuch verzeichneten Schauspielern in die nächste Episode überleitet, erscheint absolut beliebig. Buñuel nahm sich die Freiheit des Künstlers, die nur ein Gespenst ist: Noch die Verweigerung von Geschichte und Sinngebung folgt künstlerischen Gesetzmäßigkeiten.
Der Filmtitel spielt auf den berühmten ersten Satz des Kommunistischen Manifests an (»Ein Gespenst geht um in Europa – das Gespenst des Kommunismus«). In der ersten Szene hat Buñuel das Gemälde Francisco Goyas »Die Erschießung Aufständischer« nachgestellt, welches die Exekution spanischer Patrioten durch napoleonische Truppen am 3. Mai 1808 in Toledo wiedergibt. Im Angesicht des Todes riefen die Spanier »Vivan las cadenas« – »Es leben die Ketten«. Bei Buñuel ist dieser Ausruf auch im französischen Original mit »Nieder mit der Freiheit« untertitelt (Buñuel stellt übrigens den verurteilten bärtigen Mönch, sein Produzent Serge Silberman den Spanier mit dem Stirnband dar). Am Ende des Films ist die gleiche Parole wieder zu hören, diesmal allerdings sieht man einen verwirrt in die Kamera blickenden Vogel Strauß im Pariser Zoo.

Dieses surrealistische Prinzip der Gegenbilder, das Buñuel bereits bei seinen ersten Filmen ↗*Un chien andalou* und ↗*L'âge d'or* als Gestaltungsmittel anwandte, führt er in *Le fantôme de la liberté* mit großem Einfallsreichtum fort: harmlose Ansichtspostkarten provozieren schwülstige Phantasien und den Rauswurf des Kindermädchens; bei der Aufgabe einer Vermißtenanzeige werden die Formalitäten dadurch erleichtert, daß sich besondere Merkmale gleich von der anwesenden Gesuchten abschauen lassen; man versammelt sich nicht zum Essen, sondern geht gemeinsam zur Toilette, um anschließend das »stille Örtchen« zwecks einsamer Nahrungsaufnahme aufzusuchen; ein zum Tode Verurteilter verläßt den Gerichtssaal als freier Mann und gibt Autogramme. Buñuel verkehrt die Erwartungshaltung der Zuschauer anstandslos ins Gegenteil.

Le fantôme de la liberté bildet den Abschluß eines Triptychons, das mit *La voie lactée* (*Die Milchstraße*, 1968/69) und ↗*Le charme discret de la bourgeoisie* begann. Buñuel: »Dieselben Themen kehren in allen drei Filmen wieder und gelegentlich sogar dieselben Sätze. Sie sprechen von der Suche nach der Wahrheit, die man fliehen muß, sobald man sie gefunden zu haben glaubt, vom unnachgiebigen gesellschaftlichen Ritual. Sie sprechen vom unerläßlichen Suchen, vom Zufall, von der persönlichen Moral, vom Geheimnis, das respektiert werden muß.«

»*Le fantôme de la liberté*«, in: L'Avant-Scène du Cinéma, 1974, H. 151. (Drehbuch).
Luis Buñuel: »Mein letzter Seufzer«. Köngistein/Ts. 1983; Carlos Clarens: »Chance Meetings: *Le Fantôme de la Liberté*«, in: Sight and Sound, 1974/75, H. 1; Randall Conrad: »A Magnificent and Dangerous Weapon: The Politics of Luis Buñuel's Later Films«, in: Cineaste, 1976, H. 8; Wolfram Knorr: »*Das Gespenst der Freiheit*«, in: Jugend Film Fernsehen, 1975, H. 2; Axel Madsen: »Buñuel's *Phantom of Liberty*«, in: Sight and Sound, 1973/74, H. 3; Andreas Meyer: »*Das Gespenst der Freiheit*«, in: Medium, 1975, H. 3; Sebastian Neumeister: »*Le fantôme de la liberté* – oder Buñuels vergeblicher Kampf gegen die Bedeutung«, in: Ursula Link-Heer/Volker Roloff (Hg.): Luis Buñuel. Darmstadt 1994; Susan Suleiman: »Freedom and Necessity: Narrative Structure in *The Phantom of Liberty*«, in: Quarterly Review of Film Studies, 1978, H. 2; Linda Williams: »Figures of Desire«. Berkeley u.a. 1981.

Susanne Lange

DIE FANTOME DES HUTMACHERS

↗ Fantômes du chapelier

LES FANTÔMES DU CHAPELIER

(Die Fantome des Hutmachers). Frankreich (Horizons/Societé Française de Production Cinématographique/Films Antenne 2) 1982. 35 mm, Farbe, 122 Min.
R: Claude Chabrol. B: Claude Chabrol, nach dem gleichnamigen Roman von Georges Simenon. K: Jean Rabier. A: Jean-Louis Poveda. M: Matthieu Chabrol; Chanson »Pose ta joue sur mon epaule«: Charles Aznavour/Georges Garvarentz.
D: Michel Serrault (Monsieur Labbé), Charles Aznavour (Kachoudas), Aurore Clement (Berthe), Fabrice Ploquin (Valentin), Christine Paolini (Louise).

Ihre Geschäfte liegen sich direkt gegenüber, ihre Wohnung ist über dem Laden, so daß sie sich in die Fenster schauen können. Trotz der Nachbarschaft halten sie auf Abstand: Der Hutmacher Labbé ist ein Monsieur, stets korrekt gekleidet, arrogant und herrisch sein Auftreten. Der armenische Schneider Kachoudas dagegen wirkt verschüchtert: klein und schmächtig, mit hängenden Schultern und ständig hustend. Er lebt mit seiner kinderreichen Familie in ärmlichen, proletarischen Verhältnissen, während Monsieur Labbé sich von einem Dienstmädchen umsorgen läßt und allabendlich zur Stammtisch-Runde der Honoratioren ins Café geht. Der eine gehört zu den angesehenen Bürgern der bretonischen Kleinstadt, der andere ist ein bloß geduldeter Fremder.

Die beiden ungleichen Männer verbindet ein Geheimnis. Der Schneider beobachtet das Schattenspiel hinter der Gardine seines Nachbarn: Labbé versorgt seine seit 15 Jahren an den Rollstuhl gefesselte Frau, die nie das Zimmer verläßt. Dann geht der Hut-

Les fantômes du chapelier: Michel Serrault

macher aus, und Kachoudas läuft ihm hinterher – Labbé scheint es nicht zu stören, er amüsiert sich darüber. Im Café, wo Kachoudas an den Katzentisch verbannt wird, kreist das Gespräch um den »Würger«, der in den letzten Wochen fünf Frauen ermordet hat. In dieser Nacht findet er sein sechstes Opfer. Kachoudas ertappt Labbé auf frischer Tat, doch der Hutmacher fürchtet diesen Zeugen nicht: Ihm würde doch niemand glauben.

1957, lange bevor François Truffaut sein Interview-Buch mit Hitchcock veröffentlichte, schrieben zwei junge Kritiker aus dem Umkreis der »Cahiers du Cinéma« eine Monographie über den Altmeister aus Hollywood: Eric Rohmer und Claude Chabrol. 25 Jahre später beweist *Les fantômes du chapelier*, daß Chabrol von Hitchcock gelernt hat. Der Anfang erinnert an ↗*Rear Window*, und wie in ↗*Psycho* erfährt der Zuschauer in einer überraschenden Wendung, daß die Bezugsperson des Protagonisten längst eine Leiche ist: Labbé hat seine Frau, die ihn mit ihrer hysterischen Eifersucht tyrannisiert hat, umgebracht; seitdem sitzt im Rollstuhl eine Schaufensterpuppe. Madame Labbé hatte keinen Kontakt zur Außenwelt, nur einmal im Jahr, zu ihrem Geburtstag, kamen ihre Schulfreundinnen zu Besuch. Da der Termin kurz bevorsteht, muß Labbé sie beseitigen. Eine Frau steht noch auf seiner Liste, doch der geplante – und vom »Würger« in einem anonymen Schreiben an die Zeitung angekündigte – Mord kann nicht ausgeführt werden: Sie ist wenige Tage zuvor eines natürlichen Todes gestorben. Doch auch in dieser Nacht bringt Labbé einen Menschen um: Kachoudas, der ebenso verängstigt wie fasziniert das mörderische Treiben seines Nachbarn verfolgt, ist ihm wieder auf den Fersen. Labbé läßt den kranken Mann solange im Regen warten, bis dieser sich den Tod holt. Damit hat er sich eines Zeugen entledigt, doch zugleich ist ihm ein Zuschauer abhanden gekommen: Wie die vielen Spiegel, in denen der Hutmacher sich immer wieder betrachtet, brauchte er den Schneider zur Selbstvergewisserung.

Trotz Anleihen bei der Suspence-Dramaturgie weicht Chabrol entscheidend vom Hitchcock-Modell ab. Labbé hat das Bedürfnis, sich zu erklären: Er sei weder ein Triebtäter noch ein Verrückter. Im ersten Teil enthüllt Chabrol langsam das Geheimnis dieses Mannes und wirbt – durch Rückblenden, die das unerträgliche Zusammenleben mit der Frau zeigen – um Verständnis für dessen Tat. Ein einziges Mal benutzt Chabrol das Mittel der subjektiven Kamera: Aus der Sicht Kachoudas' erlebt der Zuschauer, wie der Hutmacher den todkranken Nachbarn aufsucht. Nie waren sich die beiden Männer so nahe, und jetzt kann Labbé dem unfreiwilligen Komplizen sein Motiv offenbaren. Nach dieser Szene nimmt der Filmzuschauer den Platz von Kachoudas ein: Er folgt Labbé, der jetzt jede Selbstkontrolle verliert und vollends in den Wahnsinn abgleitet. Sinnlos ermordet er zwei weitere Frauen, bis er gefaßt wird. So wird im zweiten Teil der Hutmacher dem Filmzuschauer wieder fremder, werden seine Handlungen immer unverständlicher. Bei Hitchcock, hat Chabrol einst notiert, sind die Probleme »nie so, daß eine gut organisierte Polizeimacht nicht eine Lösung finden könnte«. Die Fantome des Hutmachers entziehen sich jedoch einer rationalen Erklärung, sie bleiben ein beunruhigendes Geheimnis.

Les fantômes du chapelier ist weniger ein Thriller als eine psychologische Studie, zudem eine kongeniale Literaturverfilmung – Simenon hat, angefangen mit *La nuit du carrefour* (Jean Renoir, 1932), für zahlreiche Kino- und Fernsehfilme die Vorlage geliefert – und nicht zuletzt ein Schauspielerfilm. Neben Charles Aznavour – der Sänger in einer fast stummen Rolle – überzeugt vor allem Michel Serrault, der in dem streng ritualisierten Alltag, den Labbé eine Spur zu forciert durchexerziert, die Abgründe eines unverdächtigen Bürgers bloßlegt. Chabrols Film ist auch eine Parabel über die Paranoia der Bourgeoisie, wo Kopf und Körper sich nicht in Einklang befinden. Wenn Labbé die Schaufensterpuppe zu Bett bringt, nimmt er zuerst deren Kopf ab. Viel hält er sich auf seinen Verstand zugute, er ist der Hutmacher; für den Körper ist der Schneider zuständig, eine geschundene Kreatur, die an Schwindsucht stirbt.

Guy Austin: »Claude Chabrol«. Manchester, New York 1999; Hans-Christoph Blumenberg: »Die Fantome des Georges Simenon«, in: ders.: Gegenschuß. Frankfurt a.M. 1984; Peter W. Jansen/Wolfram Schütte (Hg.): »Claude Chabrol«. München [2]1986; Peter Kremski: »Der alltägliche Wahnsinn«, in: Medien + Erziehung, 1983, H. 5; Alain Masson: »*Les fantômes du chapelier*«, in: Positif, 1982, H. 257/258; Wolfgang Schwarzer: »*Die Fantome des Hutmachers*«, in: Günter Engelhard u.a. (Hg.): 111 Meisterwerke des Films. Frankfurt a.M. 1989; Serge Toubiana: »Les désillusions de Chabrol«, in: Cahiers du Cinéma, 1982, H. 338.

Michael Töteberg

FARGO USA (Working Title Films/Gramercy Pictures/PolyGram) 1995. 35 mm, Farbe, 98 Min.
R: Joel Coen. B: Joel Coen, Ethan Coen.
K: Roger Deakins. S: Roderick Jaynes (= Joel und Ethan Coen). M: Carter Burwell.
D: William H. Macy (Jerry Lundegaard), Frances McDormand (Marge Gunderson), Steve Buscemi (Carl Showalter), Peter Stormare (Gaear Grimsrud), Kristin Rudrüd (Jean Lundegaard), Harve Presnell (Wade Gustafson).

Ein bizarrer Kriminalfall, wie er in den Zeitungen üblicherweise auf der letzten Seite »Aus aller Welt« steht: Fargo, Minnesota. Ein hochverschuldeter Autohändler beauftragt zwei Gangster, seine Frau zu entführen, um seinen ebenso reichen wie geizigen Schwiegervater zu erpressen. Die Geschichte läuft von Anfang an schief und gerät völlig außer Kontrolle: Die Entführer stellen sich gar zu idiotisch an; der Ehemann, der auch noch glaubt, die von ihm beauftragten Kriminellen austricksen zu können, verliert die Nerven und macht in seiner Panik alles noch schlimmer. Bald gibt es die ersten Toten, weitere werden folgen – eine Blutspur zieht sich durch die weiße Winterlandschaft von Minnesota. Die örtliche Polizeichefin kann den Fall klären und verhaftet einen der Gangster, als dieser gerade seinen Komplizen, den er mit der Axt erschlagen hat, im Häcksler entsorgen will. Eine grauslige und, wie eine Schrifttafel im Vorspann versichert, wahre Ge-

Fargo: Frances McDormand

schichte, die sich in dem sonst so friedlichen und verschlafenen Landstrich ereignet hat.
Jerry Lundegaard steht unter Druck; seine unsauberen Geschäfte drohen aufzufliegen. Er ist ein Loser, wie er im Buche steht: Er versucht zwar, raffiniert zu sein, doch sein gequältes Gesicht verrät ihn in jedem Moment. Weder kann er einem Kunden überflüssige Extras aufschwatzen, noch gelingt es ihm, beim Schwiegerpapa, in dessen Firma er arbeitet, das Geld für seine Geschäftsidee zu pumpen: Wade Gustafson hält nichts von dem Schwächling, den seine Tochter geheiratet hat und läßt ihn dies auch spüren. Verzweifelt zappelt Jerry in dem Netz, das er selbst gesponnen hat, und verstrickt sich immer mehr. Schon sein erstes Treffen mit den angeheuerten Gangstern zeigt, daß er solchen finsteren Gesellen nicht gewachsen ist. Carl und Gaear – der eine schwätzt ununterbrochen dummes Zeug, der andere bekommt, von einsilbigen Flüchen abgesehen, den Mund mit den schiefen Zähnen kaum auf – sind dumpfe Psychopathen, die aus einem Tarantino-Film stammen könnten. Ohne einen Gedanken zu verschwenden, ballern sie ab, was ihnen in die Quere kommt. Mit diesen Fieslingen kann der Coup nur fatal enden: Aus der fingierten Entführung, bei der niemand zu Schaden kommen sollte, wird ein Blutbad mit insgesamt neun Leichen.
Auf der Seite des Gesetzes agiert Marge Gunderson. Im siebten Monat schwanger, stapft sie dick vermummt durch den Schnee, einen Becher Kaffee in der Hand, um den Tatort zu besichtigen. Unaufgeregt, ständig am Essen, führt sie ihre Ermittlungen in Columbo-Manier. Sympathisch, aber ein bißchen bieder. Bei den Gundersons zu Hause ist kleinbürgerliche Gemütlichkeit angesagt: das Familienleben als warmes Nest in einer kalten Welt. Herrscht Wade Gustafson als Patriarch über Tochter und Schwiegersohn, haben sich bei Marge und Norm die Rollen verkehrt: Die Frau zieht hinaus ins feindliche Leben, der Mann umsorgt sie und macht das Frühstück. Übrigens ist Norm Landschaftsmaler, spezialisiert auf Wildgänse. Er nimmt an einem Wettbewerb zur Gestaltung der neuen Briefmarken teil, doch leider wird sein Entwurf nur für die 3-Cent-Marke ausge-

wählt. Aber Marge hat einen Trost parat: Bei jeder Portoerhöhung würden die Marken als Zusatz gebraucht.

Fargo ist ein Kriminalfilm, der gegen die Genre-Konventionen verstößt, aber nie ins Parodistische abgleitet. Suspense-Elemente fehlen vollständig, Nebenhandlungen (wie Marges absurdes Date mit einem Schulfreund, einem Japaner) haben keinerlei Bezug zum Fall. Mit beißender Ironie und grimmigem Humor geben die Coen-Brüder dem Plot skurrile Wendungen und makabre Pointen, so daß die Kritik *Fargo* als »Grand guignol« bezeichnet hat. Brutale Szenen münden stets in drastischer Komik. Das Kidnapping von Jerrys Frau ist wie ein »Haushaltsunfall« inszeniert, bemerkte Stefan Reinecke treffend. Jean ist eine typisch amerikanische Hausfrau; sie schaut gerade im TV eine Kochsendung. Einer der Gangster erscheint auf dem Überwachungsmonitor, und Jean braucht einen Moment, um zu begreifen, daß dies nicht im Fernsehen stattfindet. Als die Entführer sie überwältigen wollen, beißt sie Gaear in die Hand, flieht die Treppe hoch ins Badezimmer und schließt die Türe ab. Die Kidnapper brechen die Tür auf: Das Bad ist leer, das Fenster steht offen. Carl rennt wieder hinaus, Gaear sucht im Badezimmer-Schrank nach einer Salbe für seine Wunde und entdeckt dabei zufällig Jean, die sich hinter dem Duschvorhang versteckt. In Panik reißt sie den Vorhang herunter, verwickelt sich darin und purzelt grotesk die Treppe hinunter. Die Sequenz hat geradezu Slapstick-Charakter und »erinnert mehr an eine der Zerstörungsorgien von Laurel & Hardy als an die Actionszene eines Thrillers« (Reinecke).

Der Film beginnt mit der Totale einer weiten, flachen Schneelandschaft. »Everything is white, just an empty field of vision«, erklärte Joel Coen in einem Interview. *Fargo* ist auch ein Heimatfilm. »Die folgende Geschichte handelt von Minnesota. Sie erweckt die dunkle Landschaft unserer Kindheit zu neuem Leben - eine bleiche, windige Tundra, die Sibirien ähnelt, wären da nicht die Ford-Niederlassungen und die Hardee's Restaurants.« Die Coen-Brüder stammen aus Minnesota, das ihnen »zugleich heimelig und exotisch« erscheint. Die Bewohner gelten als Hinterwäldler, ihr Dialekt mit den typischen Verschleifungen ist nicht sonderlich beliebt in den USA. Nur Skandinavier würden sich hier wohlfühlen, spotteten die Coens (und die Familiennamen im Film - Lundegaard, Gustafson, Gunderson - verweisen auf die ehemaligen Einwanderer aus dem Norden). Fargo ist ein Grenzort zwischen Minnesota und North Dakota; die monströse Rübezahl-Figur am Ortseingang von Brainerd, dem Schauplatz des Verbrechens, beschwört eine finstere Legende aus der Vorzeit herauf. - *Fargo* wurde in Cannes mit dem Regiepreis ausgezeichnet; bei den Academy Awards erhielten die Brüder Coen den Oscar für das beste Drehbuch, Frances McDormand gewann die Trophäe als beste Hauptdarstellerin. Doch in ihrer Heimat Minnesota ernteten die Coens Proteste.

Abgründe hinter der Fassade von bürgerlicher Idylle und unschuldiger Provinz: Das Weiß der Winterlandschaft ist schmutzig. »Die meiste Zeit des Jahres ist das Land schneebedeckt«, schrieben die Coens im Festivalkatalog von Cannes. »Wenn der Schnee Anfang Juni zu schmelzen beginnt, sind die Felder neben den Highways mit dem Müll einer ganzen Saison verdreckt, mit leeren Zigarettenpackungen, Getränkedosen und Leichen.«

»*Fargo*«. London, Boston 1996. (Filmtext).
Steven Carter: »›Flare to White‹: *Fargo* and the Postmodern Turn«, in: Literature/Film Quarterly, 1999, H. 4; Lizzie Francke: »Hell freezes over«, in: Sight and Sound, 1996, H. 5; Annette Kilzer/Stefan Rogall: »Das filmische Universum von Joel und Ethan Coen«. Marburg 1998; Stefan Reinecke: »*Fargo*«, in: Peter Körte/Georg Seeßlen (Hg.): Joel & Ethan Coen. Berlin 1998; Bill Krohn: »*Fargo*, situation des fréres Coen«, in: Cahiers du cinéma, 1996, H. 502; William G. Luhr (Hg.): »The Coen Brother's *Fargo*«. Cambridge 2004; Frank Schnelle: »Tänze am Rande des Nichts«, in: epd Film, 1996, H. 11; Bärbel Tischleder: »Body Trouble«. Frankfurt a. M., Basel 2001; George Toles: »A House Made of Light«. Detroit 2001.

Michael Töteberg

FAUST Eine deutsche Volkssage.
Deutschland (Ufa) 1925/26. 35 mm, s/w, stumm, 2.484 m.
R: Friedrich Wilhelm Murnau. B: Hans Kyser,

Ludwig Berger, nach Motiven des Volksbuchs, Christopher Marlowes und Johann Wolfgang von Goethes. K: Carl Hoffmann. Ba + Ko: Robert Herlth, Walter Röhrig.
D: Gösta Ekman (Faust), Emil Jannings (Mephisto), Camilla Horn (Gretchen), Yvette Guilbert (Marthe Schwerdtlein), Frida Richard (Gretchens Mutter), Wilhelm Dieterle (Valentin).

Die erste Verfilmung des Faust-Stoffes in Deutschland hatte sich hohen Erwartungen zu stellen. Die Ufa, ihrem Selbstverständnis nach der nationale Filmkonzern, plante ein repräsentatives Werk, das mit internationaler Starbesetzung und aufwendiger Ausstattung ein breites Publikum locken, aber auch bildungsbürgerliche Ansprüche erfüllen sollte. Das schlug sich insbesondere in der Verpflichtung Gerhart Hauptmanns als Verfasser von Zwischentiteln nieder; seine Knittelverse wirkten jedoch unfreiwillig komisch und fanden schließlich nur im Programmheft Verwendung.
Der nicht zu unterschätzenden Aporie, mit einem unerreichbaren Muster: der Goetheschen Gestaltung des Sujets, wetteifern zu sollen, versuchte man, durch die dezidierte Auswertung älterer literarischer Quellen Herr zu werden. Die Aufnahme von Motiven Marlowes und der Volkssage – Murnaus *Faust* wendet sich der Zauberei und den Dämonen zu, als christlicher Glaube vor der Pest zu versagen scheint – bedeutet eine Bereicherung und Verdichtung von Zeitkolorit und Atmosphäre. Dem dienen auch die Jahrmarktszenen oder die an Dürer gemahnenden Apokalyptischen Reiter über den spitzgiebligen Dächern der Stadt. Da andere Handlungsmomente in enger Anlehnung an Goethe aufgenommen wurden, ergab sich eine häufig kritisierte kompositorische Uneinheitlichkeit: Die Geschichte von Gretchens Liebe und Kindstötung einerseits, andererseits Krise und Teufelspakt des Doktor Faust und seine Reise mit dem Junker Mephisto an den Fürstenhof zu Parma, schließlich die symbolisch-allegorischen Vorgänge zwischen den Mächten der Finsternis und des Lichts bleiben eigenständige, nur äußerlich verbundene Bereiche.
Während Stil und Attitüde der Schauspieler wenig überzeugten und heute antiquiert wirken, bewiesen Murnau und seine Mitarbeiter erneut ihre schon in ↗*Der letzte Mann* gezeigte Meisterschaft visueller Gestaltung. Die Bauten und die ›Einstimmung‹ mittels Gewölk, Sturm, Dunst sind mehr als nur Beiwerk. Der »Maler unter den Regisseuren«, der »Raphael ohne Hände«, als den man Murnau in den zwanziger Jahren lobte, entwickelte seine Filmbilder offenkundig aus malerischen Konzepten, zitiert berühmte Maler und Gemälde. Doch werden die beim Betrachter in Erinnerung gerufenen Malereien nicht als kunstgeschichtliche Monumente, sondern dynamisch aufgefaßt, sozusagen mit filmischen Mitteln fortgemalt. Auch deswegen kommt bei der in Eric Rohmers Studie mustergültig beschriebenen Organisation des Raums dem ›Hors-champ‹ wesentliche Bedeutung zu: dem Raum außerhalb des sichtbaren Bildes, von wo es Beleuchtung, Verschattung, Bewegung und Veränderung erhält.
Dabei steht die evozierte Malerei dem Faust-Stoff historisch und stofflich nahe: Bildnerische Anklänge an Rembrandt, Holbein, Cranach, Caravaggio, namentlich aber an Altdorfer, wurden nachgewiesen. Auch das Abenteuer des Lichts, als das man den Film interpretiert hat, ist nicht nur eine formale Leitidee, sondern dem Faust-Thema organisch verbunden: Der Antagonismus von Licht und Dunkel ist, beginnend mit dem Vorspiel zwischen Erzengel und Teufel, als Allegorie stets hinter der Handlung präsent.
Es ist bemerkenswert, daß eine derartige Kohärenz auch zwischen dem Stoff und den Special effects besteht, mit denen *Faust* Filmgeschichte geschrieben hat. Die ›entfesselte Kamera‹ – Karl Freund, der Kameramann von *Der letzte Mann*, hat auch an *Faust* mitgewirkt – hat so spektakuläre Fahrten wie den Flug auf Mephistos Zaubermantel aufgezeichnet, aber auch sonst manche in die Zukunft des Trickfilms weisende Innovation erprobt. Die zeitgenössische Reaktion um Aufklärung bemühter Intellektueller wie Bernard von Brentano verfehlt Kino überhaupt und Murnaus *Faust* im besonderen: »Selbst das Auge eines Biedermannes sieht wie ein Fernrohr durch diesen Film hindurch, und hinter der Ma-

schinerie von Grauen, Pest, Elend, von altdeutschen Pappdeckelstraßen und wallenden Kostümen das leichtfertige Gesicht der Regisseure.« Virtuose Täuschung, Spiegeltricks, schöner Schein sind aber als Künste Mephistos nicht nur dramaturgisch sinnvoll eingesetzt, sondern sie sind hier Thema und Gegenstand des Kunstwerks – vom Hokuspokus in den Buden der Jahrmarktszene über Fausts alchimistisches Labor hin zu den letztlich läppisch an der Oberfläche der Realität spielenden Tricks des Dämons. Wenn Mephisto sich in einen Edelmann verwandelt, einen Moment neben sich steht und seinem Doppelgänger einen Wink gibt zu verschwinden, scheint Kino seine spezifischen Möglichkeiten der Aufhebung von Zeit und Raum schon im Stadium der frühen Experimente zu persiflieren.

»*Faust*«, in: Eric Rohmer: Murnaus Faustfilm. München 1980. (Filmprotokoll).
Jacques Aumont: »›Mehr Licht!‹ Zu Murnaus *Faust* (1926)«, in: Franz-Josef Albersmeier/Volker Roloff (Hg): Literaturverfilmungen. Frankfurt a.M. 1989; Lotte H. Eisner: »Murnau«. Frankfurt a.M. 1979; Fred Gehler/Ullrich Kasten: »Friedrich Wilhelm Murnau«. Berlin 1990; Wolfgang Hamdorf/Daniel Sánchez Salas: »Eine Rekonstruktion der Filmgeschichte«, in: film-dienst, 1995, H. 4; Holger Jörg: »Die sagen- und märchenhafte Leinwand«. Sinzheim 1994; Peter W. Jansen/Wolfram Schütte (Hg.): »Friedrich Wilhelm Murnau«. München 1990; Hans Helmut Prinzler (Hg.): »Friedrich Wilhelm Murnau«. Berlin 2003; Ernst Prodolliet: »Faust im Kino. Die Geschichte des Faustfilms von den Anfängen bis in die Gegenwart«. Diss. Fribourg 1978; Rainer Rother (Hg.): »Die Ufa. Das deutsche Bilderimperium«. Berlin 1992, H. 5.

Karl Kröhnke

DIE FAUST IM NACKEN

↗ On the Waterfront

LES FAVORIS DE LA LUNE

(Die Günstlinge des Mondes). Frankreich/Italien (Philippe Dussart/FR 3/RAI) 1984. 35 mm, Farbe, 102 Min.
R: Otar Iosseliani. B: Otar Iosseliani, Gérard Brach. K: Philippe Théaudière. Ba: Claude Sune. S: Dominique Bellfort. M: Nicolas Zourabichvili.
D: Alix de Montaigu (Delphine Laplace), Pascal Aubier (Monsieur Laplace), Hans Peter Cloos (Detective Duphour-Paquet), Maëté Nahyr (Madelaine Duphour-Paquet), Jean-Pierre Beauviala (Colas).

Ein Gemälde und ein altes Tafelservice sind es, um deren Tausch sich die Personen in Iosselianis Film gruppieren; bei aller humoristischen Leichtigkeit signalisiert dies auch ein wenig Nostalgie. Der Prolog zeichnet in schwarzweiß das liebevolle Porträt einer Epoche, in der die Dinge ihren Besitzern noch etwas wert waren. Doch jene Zeit kunstvoller Handarbeit und galanter Konversation findet ein gewaltsames Ende; in der Gegenwart des städtischen Sub-Proletariats nehmen sie nur noch Schaden. Nachdem ein Müllmann die Reste des wertvollen Sèvres-Porzellans aus der Tonne gerettet hat, findet sich am Ende ein zusammengeklebter Teller als Aschenbecher bei den Dieben ebenso wieder wie das Bild, wobei der Ganzkörper-Akt inzwischen zum Porträt verschnitten ist. Zugleich beschreibt die ›Biographie der Dinge‹ auch die Kommunikation der Personen, die an ihren Tausch gebunden sind. Die Jagd nach Besitz treibt sie alle gleichermaßen.
Iossellianis Film, der sich seiner ausufernden Parallelhandlungen wegen unmöglich nacherzählen läßt, handelt vom Tausch der Dinge und, in einem Reigen wechselnder Liebschaften, vom Tausch der Gefühle. In der nur scheinbaren Überschaubarkeit eines Pariser Arrondissements bildet Iosseliani die hektische Betriebsamkeit der dem Tauschgesetz Unterworfenen als heitere Komödie ab. Seine vielleicht vierzig Figuren, namenlos, aber in ihren Handlungen wohl charakterisiert, verkörpern die ganze Gesellschaft im Kleinen. Daß ausgerechnet die Diebe überleben, ist nicht verwunderlich in einer Welt, die vom Diebstahl lebt, ohne es wissen zu wollen. Während die Bürger Getriebene sind, deren Zusammensein der Zeitraffer nur noch als sinnlos abstrakte Bewegung zeigt, sind die Diebe die Hedonisten, die sich prächtig amüsieren. Mit Selbstironie reiht sich Iosseliani bei den Dieben ein: Den Titel *Les favoris de la lune* klaute er bei Shakespeare und stellte das Zitat als Insert seinem Film voran: »Warum nennt

ihr uns Diebe«, heißt es da. »Wir, die wir Leibwächter Dianas in den Wäldern sind, die Ritter der Finsternis, die Günstlinge des Mondes.«

Als ehemaliger Musiker und Mathematiker hat Iosseliani die Choreographie der zufälligen Begegnungen seiner Personen genauestens geplant. Ihre Wege kreuzen und überschneiden sich, ohne daß sie es ahnen, denn beim Tausch der Blicke in diesem Film ist einzig der Zuschauer privilegiert. Dieser Perspektive entspricht der Inszenierungsstil: Die überwiegend von Laiendarstellern gespielten Figuren laden nicht ein zur Identifikation; intime Mimik und große Gesten sind ihnen untersagt. Wenn sie voller Wut beispielsweise eine Fliege fangen und sie der fleischfressenden Pflanze vorwerfen, zeigt die Kamera die Pflanze in Großaufnahme und eben nicht die wütende Person. Der Film behält zu seinen Figuren Distanz: In ihrer hektischen Bewegung agieren sie stets an der Oberfläche, und was für sie der Zufall ist, ist für den Zuschauer zugleich die Erkenntnis von dessen produzierter Serialität. Die analoge Handlung verbindet die Personen: Da fährt der eine mit dem Bus nach links, der andere zeitgleich nach rechts, da werden hier genauso Melonen gereicht wie dort, und manchmal liefert ein isoliertes Bild einen ironischen Kommentar wie die Großaufnahme vom rohen Fleisch, während ein Paar ins Stundenhotel eilt. Geradezu programmatisch ist eine Szene, die den Blick selber thematisiert: Monsieur und Madame stehen in getrennten Schlafzimmern auf. Die Kinder schauen erst bei ihrem Vater, dann bei ihrer Mutter durchs Schlüsselloch. Die Eltern tun später heimlich das gleiche, doch nur der Zuschauer sieht und weiß vom Ganzen.

Kinder, Hunde, laute Verkehrsmittel, die Hektik der Großstadt und die Beschaulichkeit auf dem Land, eine Komik, die an das Sehen sich bindet und nicht an das Wort. All das verbindet den Georgier Iosseliani mit dem Franzosen Jacques Tati. Ähnlich wie dieser betreibt auch er eine stille Anarchie, die im Bunde ist mit der Unschuld und nicht unbedingt mit der Politik. Seine Kulturkritik mag nostalgisch sein, verbittert ist sie nicht. Wenn er die Alten im Park ein militaristisches Denkmal sprengen läßt, erweist Iosseliani einer heiteren Rebellion seine Referenz, die der sinnentleerten Jagd nach Besitz Sand ins Getriebe streuen kann.

Herbert Fell: »Wenn alles gut geht. Das Kino des Georgiers Otar Iosseliani«, in: epd Film, 1990, H. 6; Guy Gauthier/Raphaël Bassan: »Otar Iosseliani«, in: La Revue du Cinéma, 1985, H. 402; Marli Feldvoß: »Das Glück der Diebe«, in: Margrit Frölich u.a. (Hg.): Alles wird gut. Marburg 2003; Gertrud Koch: »Kritik und Film: Gemeinsam sind wir unausstehlich«, in: Norbert Grob/Karl Prümm (Hg.): Die Macht der Filmkritik. München 1990; Walter Ruggle: »Der Gang der Dinge in einer Welt des Besitzes«, in: Filmbulletin, 1985, H. 141; Serge Toubiana/Alain Bergala: »Le gai savoir«, in: Cahiers du Cinéma, 1985, H. 368.

Eva Hohenberger

FELLINIS CASANOVA

↗ Casanova di Federico Fellini

UNE FEMME MARIÉE

(Eine verheiratete Frau). Frankreich (Anouchka Films/Orsay Films) 1964. 35 mm, s/w, 95 Min.
R+B: Jean-Luc Godard. K: Raoul Coutard.
A: Henri Nogaret; S: Agnès Guillemot, Françoise Collin. M: Ludwig van Beethoven, Claude Nougaro; Chanson »Quand le film est triste«: Sylvie Vartan.
D: Macha Méril (Charlotte), Philippe Leroy (Pierre), Bernard Noël (Robert), Roger Leenhardt (Roger Leenhardt), Rita Maiden (Madame Céline).

Drei Wochen nach seiner Premiere im September 1964 durfte *La femme mariée* aus »moralischen Gründen« nicht mehr gezeigt werden. Nach ebenso zahlreichen wie heftigen Protesten wurde das Verbot jedoch bald aufgehoben, und der Film kam Anfang Dezember desselben Jahres erneut in die Kinos – allerdings mit einigen Veränderungen. Er hatte einen neuen Titel erhalten: Aus *La femme mariée* war *Une femme mariée* geworden. Zwei als »zu freizügig« erachtete Szenen mußten herausgeschnitten werden: ein Slip, der die Beine einer Frau heruntergleitet, und die Aufnahme eines Bidets. Um diesen Akt der Zensur ins Bewußtsein zu rücken, heißt es im Vorspann: »Fragmente eines 1964 gedrehten Films«.

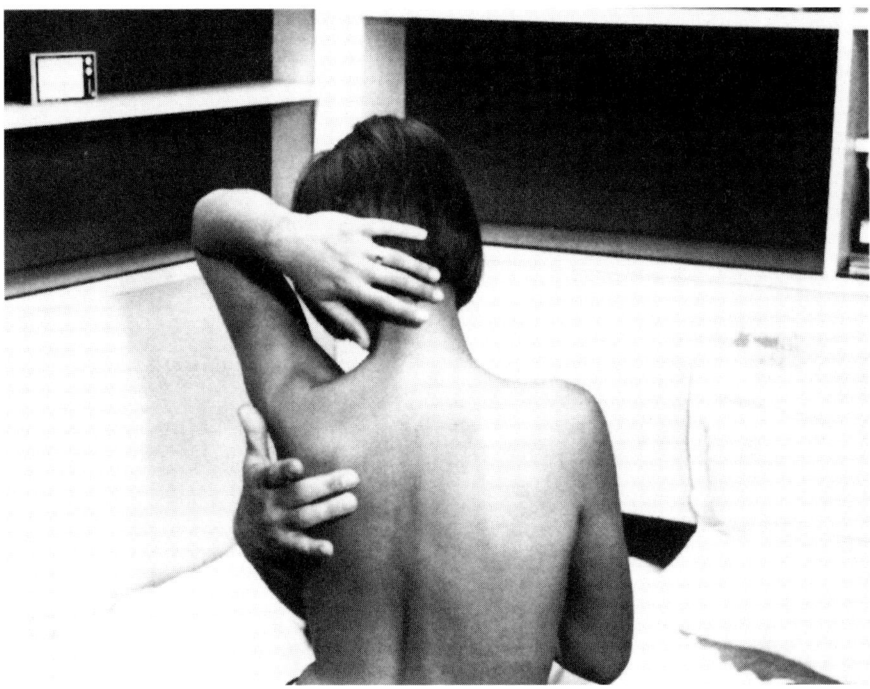

Une femme mariée: Macha Méril

Gestört haben dürften die Zensur wohl weniger die Nacktszenen, die alles andere als erotisch sind: Die Kamera seziert den Körper; zu sehen sind nur Nakken, Schultern, Beine, ein Bauch, ein Rücken etc. Weitaus provozierender wirkte Godards Anliegen, eine – wie er selbst sagte – »Röntgenaufnahme« der verheirateten Frau im Frankreich des Jahres 1964 zu machen. Der Filmemacher wollte, dies kam im ursprünglichen Titel zum Ausdruck, die »condition féminine« in der gegenwärtigen französischen Gesellschaft schildern. Gemeint war damit eine Analyse des weiblichen Bewußtseins, geprägt vom antiemanzipatorischen, konsumorientierten Diskurs der Frauenzeitschriften wie der Werbung, der die Frau als verfügbares, anpassungsfähiges Objekt zeigt. Wie sehr Charlotte, die Protagonistin des Films, ihm bereits unterliegt, macht die Badezimmer-Szene deutlich. Dort mißt sie mit einem Bandmaß akribisch nach, ob ihr Busen dem propagierten Ideal entspricht.

Ebenso wie der zuvor entstandene Film ↗ *Vivre sa vie* sowie die danach gedrehten Werke *Masculin-féminin* und *Deux ou trois choses que je sais d'elle* (*Zwei oder drei Dinge, die ich von ihr weiß*, beide 1966) zählt *Une femme mariée* zu Godards ›soziologischem‹ Œuvre. Doch anders als im »cinéma vérité« liegt – trotz des verwendeten Direkttons – der Akzent weniger auf der Dokumentation als auf der Inszenierung. Der Essay-Film geht über die üblichen Collageverfahren hinaus. Der Regisseur beobachtet nur einen einzigen Tag im Leben der Protagonistin; fünf kommentierende Monologe und zwei Interviews sind als gleichgewichtige Darstellungsweisen in die Erzählung integriert. Während das Interview mit dem Arzt auf den Unterschied zwischen Liebe und Vergnügen hinweist, hat das Interview mit Robert die Diskrepanz zwischen Leben und Theater zum Thema: Auf der Bühne ist der Text festgelegt, im Leben ist er frei und spontan. Von den fünf Monologen hat der von Roger Leenhardt eine Schlüsselfunktion. Seine Reflexion über die Intelligenz mündet in ein Plädoyer für das Paradox und den Kompromiß. Leenhardt stelle, erläuterte Godard in einem Interview, »einen Humanismus dar, der im Verschwinden begriffen ist«. Die Barbarei, die Negation des Humanismus, zeigt *Une femme mariée* mittels eines Filmzitats: In der vorletzten Szene sehen Charlotte und ihr Geliebter den KZ-Film *Nuit et brouillard* (*Nacht und Nebel*, 1955) von Alain Resnais.

Den eigentümlichen Charakter seines Films hat Godard selbst am besten beschrieben. Den »Cahiers du Cinéma« teilte er mit: »Ich habe eben einen Film fertiggestellt, *Une femme mariée*, wo die Subjekte als Objekte angeschaut werden, wo Taxijagden mit ethnologischen Interviews abwechseln, wo das Schauspiel des Lebens sich schließlich mit dessen Analysen vermischt, kurz einen Film, in dem sich das Kino frei und glücklich darüber, nur das zu sein, was es ist, entfaltet.«

»*Eine verheiratete Frau*«. Hamburg 1966. (Filmprotokoll).

Sabina Brändli: »Jean-Luc (ré)ELLE. Qu'est-ce qu'IL sait d'ELLE? Männermythen und Frauenbilder im Frühwerk Jean-Luc Godards«, in: Filmbulletin, 1993, H. 6; John Bragin: »*The Married Woman*«, in: Film Quarterly, 1965/66, H. 4; Herbert Linder: »*Eine verheiratete Frau*«, in: Filmkritik, 1965, H. 10; Tom Milne: »Jean-Luc Godard ou La raison ardente«, in: Sight and Sound, 1965, H. 3; Marie-Claire Ropars-Wuilleumier: »On fashion«, in: Wide Angle, 1976, H. 3; Ernst Wendt: »*Eine verheiratete Frau*«, in: Film, Velber, 1965, H. 11.

Achim Haag

DAS FENSTER ZUM HOF

↗ Rear Window

DIE FERIEN DES MONSIEUR HULOT

↗ Vacances de Monsieur Hulot

FESTEN

(Das Fest). Dänemark (Nimbus Film) 1998. 35 mm (Blow-up vom Video), Farbe, 106 Min.

R: Thomas Vinterberg. B: Thomas Vinterberg, Mogens Rukov. K: Anthony Dod Mantle.

S: Valdis Oskarsdòttir.

D: Ulrich Thomsen (Christian), Henning Moritzen (Helge), Thomas Bo Larsen (Michael), Paprika Steen (Helene), Birthe Neumann (Else).

Im Mai 1995, auf einer Pariser Konferenz anläßlich der Centenarfeier des Kinos, verteilte Lars von Trier, unterzeichnet von ihm und Thomas Vinterberg, das Manifest »Dogma 95«. Das Flugblatt enthielt keine populistischen Forderungen, sondern war im religiösen Duktus verfaßt. Ein »Keuschheitsgelübde« legten die Regisseure ab und gelobten Askese: Sie wollten ausschließlich an Originalschauplätzen und mit der Handkamera drehen, der Ton sollte direkt aufgenommen und nicht nachbehandelt werden; Synchronisation, künstliches Licht und optische Bearbeitung waren verboten. Die Filme sollten »im Hier und Jetzt« spielen, Genre-Filme und Action-Sequenzen waren prinzipiell untersagt. Ziel der »Dogma«-Filmer war es, den Figuren und den Szenen »die Wahrheit abzuringen« – »mit allen Mitteln, auf Kosten jeglichen guten Geschmacks und jeglicher Ästhetik«. Das Papier wurde belächelt, doch bereits der erste, nach den »Dogma«-Regeln hergestellte Film offenbarte, welche kreativen Kräfte durch diese Selbstbeschränkung freigesetzt wurden. *Festen*, mit dem Zertifikat »Dogma« versehen, wurde bei den Filmfestspielen in Cannes 1998 mit dem Spezialpreis der Jury ausgezeichnet und löste eine weltweite Bewegung aus.

Der innovative Film nutzt ein vertrautes Muster: die klassische Form des analytischen Dramas. Der wohlhabende Hotelier Helge hat die Familie zu einem Fest in seinem Landgasthof eingeladen; es gilt, seinen 60. Geburtstag zu feiern. Unangemeldet, nicht eingeladen, weil er sich bei der letzten Familienfeier danebenbenommen hat, erscheint Michael, der jüngste Sohn, offensichtlich Alkoholiker und das schwarze Schaf der Familie. Der Patriarch bittet Christian, Michaels älteren Bruder, zu sich: Er möge beim Abendessen ein paar Worte über Linda, Christians Schwester, sagen, die sich wenige Monate zuvor das Leben genommen hat. – Das Fest beginnt, man läßt beim Dinner den Jubilar hochleben. Nach der Suppe kommt es zum Eklat: In seiner Tischrede beschuldigt Christian den Vater, ihn und seine Schwester Linda als Kinder fortgesetzt sexuell mißbraucht zu haben. Für einen Moment schweigt die Festrunde betroffen, dann wird der Schock mit Beschwichtigungsformeln und aufgesetzter Fröhlichkeit hektisch überspielt: Es wird weiter gefeiert, gegessen und getanzt, als sei nichts passiert. Christian sei immer schon psychisch labil, krank im Kopf gewesen. Der Schein bürgerlicher Wohlanständigkeit und familiärer Eintracht muß um jeden Preis aufrechterhalten werden. Doch Christian gibt keine Ruhe, er bringt einen Toast aus: »Skål auf den Mann, der meine Schwester umgebracht hat. Skål auf einen Mörder.« Der nicht länger zu ignorierende Störenfried wird gewaltsam hinausbefördert, kommt aber wieder. Helene hat den Abschiedsbrief Lindas gefunden und liest ihn, nach kurzem Zögern, der Festgesellschaft vor: Niemand kann nun länger die Augen verschließen vor der Wahrheit. Michael, wie von Sinnen, verprügelt den Vater. – Am nächsten Morgen: Frühstück der verkaterten Gäste. Ein Platz ist leer: Der Patriarch ist entmachtet, verstoßen. Das Ende ist offen.

Vinterbergs Demontage der Institution der bürgerlichen Familie fügt sich in die Traditionslinie, die von den Dramen Ibsens zu den Filmen Ingmar Bergmans führt. Das Thema, die hinter der Familienidylle sich auftuenden Abgründe, wird mit verstörender Direktheit durchgespielt. Die ästhetische Rigorosität entspricht den vorgeführten Gewaltverhältnissen: ein Entkommen gibt es nicht. Die rhetorischen Floskeln und verlogenen Rituale familiärer Zusammenkünfte provozieren geradezu den Regelverstoß, und die »Dogma«-Gebote sind ein einziger Regelverstoß gegen die Kino-Konventionen: das grobkörnige Filmmaterial, der Verzicht auf künstliches Licht – je mehr die Wahrheit ans Licht rückt, desto finsterer wird die Szene, bis sie fast im Dunkeln verschwindet – und vor allem die bewegte, unruhige Kameraführung. Eruptiv folgt die Handkamera den zwischen Beklemmung und Aggression schwankenden Emotionen der Protagonisten, rückt ihnen schonungslos zu Leibe, springt aber dann wieder in die Distanz und folgt dem Flug eines Vogels im Morgengrauen. Die Bilder suggerieren dokumentarische Authentizität.

Obwohl die Schauspieler mehr Freiheiten als bei einer normalen Produktion hatten, ist *Festen* kein Werk der Improvisation, sondern folgt – mit Abweichungen – einem Drehbuch. Vinterberg spielt eine soziologische Versuchsanordnung mit klaren Rollenzuschreibungen durch: Er ist der Regisseur und Autor des Films. Im Vor- und Abspann taucht sein Name nicht auf (getreu den »Dogma«-Grundsätzen, die den »individuellen Film« verdammen), doch wurde er stets im Zusammenhang mit dem Film genannt. Lars von Triers *Idioterne* (*Idioten*), der als Dogma #2 firmierte, ist sicher ein radikaleres Experiment, dem sich der Regisseur auch selbst aussetzte, aber auch von Trier ist viel zu sehr Künstlerindividuum, als daß der Film ohne den Stempel seiner Urheberschaft denkbar wäre. Der publikumswirksam in Szene gesetzten »Dogma«-Bewegung war kein langes Leben beschieden. *Mifune sidste sang* (*Mifune*) von Søren Kragh-Jacobsen, Dogma #3 und *Italiensk for begyndere* (*Italienisch für Anfänger*) von Lone Scherfig, Dogma #8 erregten noch Aufsehen, während die »Dogma«-Gründer bereits ihre nächsten Filme drehten, ohne sich um die proklamierten Gebote zu scheren. Lars von Trier kommentierte süffisant: »Wir sind jetzt alle Sünder.«

Gegenbewegungen zum mit großem technischen Aufwand im Studio hergestellten Illusionskino hat es in der Filmgeschichte periodisch immer wieder gegeben; der italienische Neorealismus wie die französische Nouvelle Vague verdanken sich demselben Impuls wie »Dogma 95«. Zeitgleich, aber unabhängig von den dänischen Kinoreformern entwickelte in Deutschland Andreas Dresen seinen Filmstil, der mit ähnlichen Mitteln arbeitet. *Nachtgestalten*, *Die Polizistin* und *Halbe Treppe* beeindrucken durch ihre realitätsnahe, zwischen Spiel- und Dokumentarfilm changierende Schilderung von Alltagsdramen. Film und Wirklichkeit sind jedoch, dessen ist sich Dresen bewußt, niemals identisch: »Letztendlich sieht man auf der Leinwand immer eine Inszenierung, davor können auch keine Dogmen schützen.«

»*Das Fest*«, in: Jana Hallberg/Alexander Wewerka (Hg.): Dogma 95. Berlin 2001 (Drehbuch).

Jana Hallberg/Alexander Wewerka (Hg.): »Dogma 95. Zwischen Kontrolle und Chaos«. Berlin 2001; Pierre Lachat: »Familienbande Familienschande«, in: Filmbulletin, 1999,

H. 1; Matthias N. Lorenz (Hg.): »Dogma 95 im Kontext«. Wiesbaden 2003; Joan Driscoll Lynch: »Incest Discourse and Cinematic Representation«, in: Journal of Film and Video, 2002, H. 2/3; Reinhard Middel: »Videodrama der Familie«, in: Margrit Frölich u.a. (Hg.): Family Affairs. Marburg 2004; Richard Porton: »Something Rotten in the State of Denmark«, in: Cineaste, 1999, H. 2/3; Jack Stevenson: »Dogme Uncut. Lars von Trier, Thomas Vinterberg, and the Gang That Took on Hollywood«. Santa Monica 2003; Robin Wood: »Humble Guests at the Celebration«, in: CineAction, 1999, H. 48.

Michael Töteberg

FEUERBLUME ↗ Hana-Bi

DER FEUERWEHRBALL

↗ Hoří, má panenko

FIGHT CLUB USA (Fox/Regency/Taurus Film) 1999. 35 mm, Farbe, 139 Min.

R: David Fincher. B: Jim Uhls, nach dem Roman von Chuck Palahniuk. K: Jeff Cronenweth. S: James Haygood. M: The Dust Brothers. D: Edward Norton (Erzähler), Brad Pitt (Tyler Durden), Helena Bonham Carter (Marla), Meat Loaf (Bob), Jared Leto (Angel Face).

Eine spektakuläre, 800.000 Dollar teure Titelsequenz eröffnet *Fight Club*: Ausgehend vom Angstzentrum des Gehirns verortet der Film seine Erzählung da, wo er – wie der Zuschauer nachträglich feststellt – stattfinden wird, im Kopf des Protagonisten. Die digitale Simulation einer endoskopischen Rückwärtsfahrt zur pulsierenden Musik der Dust Brothers setzt mit hohem Tempo und ungewöhnlichen Kameraeinstellungen die formalen Akzente, die den Film insgesamt dominieren.
Der Eindruck der subjektiven Perspektive wird durch Erzähltechniken wie verschachtelte Rückblenden und starke Detailaufnahmen, vor allem aber durch die dominante Voice-over verstärkt. Ein von pointiertem Zynismus geprägter erzählerischer Off-Monolog des Protagonisten, vom Drehbuchautor Jim Uhls auf ausdrücklichen Wunsch Finchers integriert, erzeugt die Kohärenz der postmodernen Variante des »Dr. Jekyll & Mr. Hyde«-Themas. Im Original mit fünf Mikrophonen gleichzeitig anonymisierend aufgenommen, wird der Singlealltag des Erzählers beschrieben zwischen ödem Nine-to-five-Job, tristen Geschäftsreisen und dem Bemühen herauszufinden, »welches Geschirr mich als Person definieren könnte«. Seine Wohnung wird zum begehbaren IKEA-Katalog – komplett mit Preis und Erläuterung dargestellt in jener bissigen, antirealistischen Ästhetik, die Fincher in seiner Lehrzeit als erfolgreicher Werbe- und Videoclip-Regisseur perfektioniert hat. Der von Edward Norton verkörperte Held des Films bleibt lange ohne Namen, ist ein seelisch verkrüppeltes Opfer der Moderne, ein Konsumsklave und zivilisationskranker Jammerlappen, der unter chronischer Schlaflosigkeit leidet. Die kann er nur als Elendsjunkie in Therapiegruppen Todkranker bekämpfen – bis er auf Tyler Durden trifft und in dessen Abbruchhaus einzieht.
Durden ist all das, was der Protagonist sein möchte: attraktiv, selbstbewußt, intelligent, hyperpotent. Fast eine Karikatur männlicher Vitalität, mit Verweisen, die über den Film hinausgehen: Er wird dargestellt von Brad Pitt, und Fincher spielt mit dem Image der Hollywood-Ikone, dem das Drehbuch ironisch in den Mund legt, kein Popstar zu sein und der am eigenen Heldenepos *Seven Years in Tibet* (Jean-Jacques Annaud, 1997) vorbeiläuft. Durden weiß, wie man Seife und Sprengstoff aus abgesaugtem Körperfett macht, er sondert halbgare Erweckungsaufrufe gegen den Konsumterror ab (»Die Dinge, die du besitzt, besitzen am Ende dich«) und bleibt doch sexy, ein ›Adorno mit Waschbrettbauch‹. Die Männer haben allerdings auch Gemeinsamkeiten: beide sind vaterlos aufgewachsene Thirty-Somethings und beide lieben Marla, wenn auch jeder auf seine Weise. Durden führt den Erzähler vom nur voyeuristisch beobachteten Schmerz in den Therapiegruppen zum selbstgefühlten Schmerz in den »Fight Clubs«, deren Teilnehmer in brachialen Faustkämpfen rauschhafte Adrenalinschübe erleben.
Damit ist der leichte, komische Teil dieser mit Ironie wie Ideologie ummantelten Gesellschaftskritik vorbei. Denn der zu Beginn im Stil einer augenzwinkernden Variante des Markenfanatismus à la Bret Easton Ellis inszenierte Film vollzieht einen schleichenden Stimmungswechsel, der subtile Irritationen

in der Erwartungshaltung des Zuschauers erzeugt (lange vor der finalen narrativen Finte) und die zunehmend faschistoiden Entwicklungen in Ermangelung der anfänglichen Selbstironie um so beunruhigender wirken läßt: Die aus einem Experiment Durdens entstandenen Fight Clubs entwickeln sich zu landesweit expandierenden Geheimbünden, zur Untergrundarmee, die ihren Frust nicht mehr intern verhandelt, sondern direkt am System abreagiert. Durdens Haus wird zur Kommandozentrale, aus der Fight-Club-Regel »You do not talk about Fight Club!« wird die Projekt-Mayhem-Parole »You do not ask questions!«.

Nach den ersten Aktionen gegen kapitalistische Statussymbole verschwindet Durden. Bob stirbt ›im Dienst‹; der zunehmend verstörte Protagonist Durden ist alarmiert und reist Durden hinterher. Doch parallel zu seinen Versuchen, den terroristischen Flächenbrand einzudämmen, vollzieht sich die lähmende Erkenntnis, daß der Protagonist und Durden dieselbe Person sind. Das Erkennen der eigenen Schizophrenie zu verarbeiten, bleibt jedoch keine Zeit, er muß Projekt Mayhem verhindern und nicht zuletzt Marla retten, die als Zeugin beseitigt werden soll. Doch der Protagonist wird den finalen Terrorakt seines Alter egos nicht verhindern können: Zwar besiegt er Durden (vermeintlich, denn am Ende des Films hat dieser noch einmal sein Zeichen hinterlassen) durch einen Schuss in den eigenen Kopf, doch mit zerfetztem Gesicht und Hand in Hand mit seinem Mädchen sieht er am Ende jene Bilder, die man seit dem 11. 9. 2001 noch stärker erlebt als bei der Uraufführung des Films 1999: gigantische Explosionen in sich zusammensackender Hochhäuser. *Fight Club* ist als Provokation angelegt und als solche auch in Amerika aufgenommen worden. Doch im Schatten des 11. September wechselte der als gewaltverherrlichend und nihilistisch kritisierte Film scheinbar die Vorzeichen und wurde als Interpretationshilfe und nachträgliche Sinnstiftung herangezogen.

Auch wenn die Wirkung von *Fight Club* sich zu einem guten Teil daraus speist, daß Fincher – bei aller Stringenz der zirkulären Post-Tarantino-Dramaturgie und der hypermodernen Ästhetik zum Trotz – der Geschichte auch ihr Geheimnis, ihren ›nicht erschließbaren Kern‹ läßt, verdienen seine Filme immer einen zweiten Blick: Erst in der Wiederholung entdeckt man die ausgeklügelte Dialektik von täuschendem Verstecken und angedeuteter Enttarnung, das souveräne Spiel mit Zeichen und dem Wechsel ihrer Bedeutungen. Aber so aufgeladen mit Referenzen an Literatur, bildende Kunst und Populärkultur *Fight Club* auch ist – er ist nicht nur als intellektuelle ›Psychoanalyse des Kapitalismus‹ lesbar, sondern auch als hochprofessionell inszenierter Thriller goutierbar.

Tilman Höss: »Machismo als Gesellschaftskritik: *American Beauty, Fight Club, The Sea Wolf*«, in: Zeitschrift für Anglistik und Amerikanistik, 2001, H. 4; Ludwig Laibacher: »Druckabfall in der Kabine – Gewalt als Lebenselixier in *Fight Club*«, in: Inge Kirsner/Michael Wermke (Hg.): Gewalt – Filmanalysen für den Religionsunterricht. Göttingen 2004; Kai Mihm: »Orte der Einsamkeit. Das Universum des David Fincher und sein neuer Film *Fight Club*«, in: epd Film, 1999, H. 11; Frank Schnelle: »David Fincher«. Berlin 2002; Gavin Smith: »Inside Out«, in: Film Comment, 1999, H. 5; Susanne Weingarten: »Aufschrei der Entrechteten«, in: Der Spiegel, 8. 11. 1999.

Kyra Scheurer

FILM D'AMORE E D'ANARCHIA

Ovvero »Stamattina alle 10 in via dei fiori nella nota casa di tolleranza…«
(Liebe und Anarchie). Italien/Frankreich (Europ International/Labrador Films) 1972/73. 35 mm, Farbe, 129 Min.
R+B: Lina Wertmüller. K: Giuseppe Rotunno. A: Emilio Baldelli. S: Franco Fraticelli. M: Nino Rota, Carlo Savina.
D: Giancarlo Giannini (Tunin), Mariangela Melato (Salomé), Lina Polito (Tripolina), Eros Pagni (Spatoletti).

Was ist ein Anarchist, fragt der kleine Junge seine Mutter. »Einer, der Könige ermordet und Bomben wirft«, lautet die Antwort. Politik, auf derart einfache Formeln gebracht, verknüpft Lina Wertmüller mit einer Liebesromanze, die aus einem italienischen Fotoroman stammen könnte. Inszenierung und

Montage machen aus der wenig originellen Story einen außergewöhnlichen Film, mit dem der Regisseurin auch international der Durchbruch gelang.

Die nacherzählbare Geschichte ist ein Melodrama: Ein Bauer reist 1932 nach Rom, um Mussolini zu erschießen. Antonio Soffiantini, genannt Tunin, sucht seine Kontaktperson auf: die Hure Salomé. In dem Luxusbordell der Madame Aida, wo sie Tunin als ihren Vetter vorstellt, verkehrt die politische Prominenz; Spatoletti, ein Sicherheitsbeauftragter des Duce, plaudert bei einem Ausflug aufs Land aus, wo und wie Mussolinis nächster öffentlicher Auftritt geplant ist. Tunin verliebt sich in eine Kollegin Salomés, in die romantisch veranlagte Tripolina. Zwei glückliche Tage verleben sie miteinander, am Morgen des dritten Tages soll es geschehen. Salomé will Tunin wecken, doch ihr tritt Tripolina entgegen: Sie will nicht zulassen, daß ihr Geliebter in wenigen Stunden eine Leiche ist. Es kommt zu einer heftigen Auseinandersetzung zwischen den Frauen. Als Tunin erwacht und merkt, daß er das Attentat verschlafen hat, rastet er aus und schießt auf die Polizisten, die im Bordell lediglich eine Gesundheitskontrolle vornehmen wollten. Der Anarchist wird grausam gefoltert und totgeprügelt; sein Tod wird als Selbstmord eines armen Irren hingestellt.

Lina Wertmüller hat als Assistentin Fellinis begonnen. Einige Sequenzen – die Fleischbeschau im Bordell, die Nachtszene in der menschenleeren Stadt – erinnern an ↗*Amarcord* und *Roma*; zudem hat die Regisseurin für ihren Film Fellinis Kameramann Giuseppe Rotunno und seinen Komponisten Nino Rota verpflichtet. Vor allem aber sind die Figuren Fellini-Typen: ein Panoptikum ausgeprägter Individualitäten, typisiert bis zur Groteske und berstend vor Vitalität. In dem Freudenhaus, wo es laut und turbulent zugeht, ist der Gast aus der Provinz ein Fremdkörper: ernst und still, mit großen und traurigen Augen, die verwundert das Treiben um ihn herum beobachten. Der Bauer mit dem von Sommersprossen übersäten Gesicht taugt nicht zum Helden: Er wirkt linkisch und ängstlich, eine Fehlbesetzung in der Rolle, die ihm die Genossen in Paris zugedacht haben. Mit seinen anarchistischen Überzeugungen ist es nicht weit her: Er fühlt sich verpflichtet, stellvertretend für seinen von den Schwarzhemden ermordeten Freund Mussolini zu töten. Vom Faschismus hat er nichts begriffen, vom Anarchismus nur eine vage Vorstellung. Auch Salomés Motive sind privater Natur: Sie will ihren Verlobten rächen. *Film d'amore e d'anarchia* ist ein politischer Film, der sich nicht in Ideologie verfängt. Kommt es zu einer weltanschaulichen Debatte, so wird sie ironisch gebrochen oder ad absurdum geführt. Die Frauen, politisch bewußter und konsequenter als der Anarchist, verständigen sich auf eine humane ›Frauenpolitik‹ gegenüber der mörderischen Machtpolitik der Männer, doch auch diese feministische Volte wird gleich wieder zurückgenommen: »Wir sind doch bloß sentimentale Nutten«, beschließt Salomé ihren Streit mit Tripolina.

Berühmt und berüchtigt für ihre schrillen, bizarren Geschichten hat Lina Wertmüller ihren oft überbordenden Manierismus und Eklektizismus gebändigt: Die ihr eigene Mischung aus greller Farce und aggressivem Pamphlet ist hier nicht Effekthascherei, sondern das Fundament einer raffiniert konstruierten Filmerzählung. Höchst heterogene Elemente verbinden sich zu einer unreinen Legierung: *Film d'amore e d'anarchia* ist vulgäre Trivialschnulze und artifizielles Kunstwerk zugleich.

Wertmüller verzichtet auf kein Klischee, denunziert aber nicht die Figuren. Wärme und Zärtlichkeit zeichnet den Film aus, der keinen Zweifel läßt an den Sympathien der Autorin für den verhinderten Anarchisten. Wertmüller glorifiziert den Terrorismus nicht, wie ihr vorgeworfen worden ist. Im Schlußtitel zitiert sie den Anarchisten Enrico Malatesta, der Attentate als sinnlos und politisch schädlich ablehnte und anschloß: »Solche Mörder sind aber auch Heilige und Helden.« In den USA rasch in den Status eines Kultfilms erhoben, kam Wertmüllers wichtigster Film erst mit zwölfjähriger Verspätung in die deutschen Kinos.

»*Love and Anarchy*«, in: The Screenplays of Lina Wertmüller. New York 1977. (Drehbuch).

Peter Biskind: »Lina Wertmüller: The Politics of Private Life«, in: Film Quarterly, 1974/75, H. 2; Patricia Erens: »*Love and Anarchy*: Passion and Pity«, in: Jump Cut, 1974,

H. 2; Florian Hopf: »*Liebe und Anarchie*«, in: tip Filmjahrbuch, Bd.1, Frankfurt a.M. 1985; Peter W. Jansen/Wolfram Schütte (Hg.): »Lina Wertmüller«. München 1988; Jutta Kamke: »Lina Wertmüller«, in: tip Filmjahrbuch, Bd.2; Frankfurt a.M. 1986 (Interview); Michael Kötz: »*Liebe und Anarchie*«, in: Frankfurter Rundschau, 8.3.1985; Elke Kummer: »*Liebe und Anarchie*«, in: epd Film, 1985, H. 3; Millicent Marcus: »Italian Film in the Light of Neorealism«. Princeton 1986; John J. Michalczyk: »Lina Wertmüller: The Politics of Sexuality«, in: ders.: The Italian Political Filmmakers. Rutherford u.a. 1986; Bion Steinborn: »Beiträge zur Filmsprache – 5.Teil. Ideologien der Bilder«, in: Filmfaust, 1985, H. 45; Wolfgang Schwarzer: »*Liebe und Anarchie*«, in: Günter Engelhard u.a. (Hg.): 111 Meisterwerke des Films. Frankfurt a.M. 1989; William Van Wert: »Love, Anarchy, and the Whole Damned Thing«, in: Jump Cut, 1974, H. 4; Karsten Witte: »Paukenschläge«, in: Die Zeit, 15.2.1985.

Michael Töteberg

FITZCARRALDO

Bundesrepublik Deutschland (Werner Herzog/Pro-ject Filmproduktion/ZDF) 1981/82. 35 mm, Farbe, 158 Min.
R + B: Werner Herzog. K: Thomas Mauch. A: Henning von Gierke, Ulrich Bergfelder. S: Beate Mainka-Jellinghaus. M: Popol Vuh; Giuseppe Verdi, Vincenzo Bellini, Richard Strauss u.s.; Originalaufnahmen von Enrico Caruso.
D: Klaus Kinski (Fitzcarraldo), Claudia Cardinale (Molly), José Lewgoy (Don Aquilino), Miguel Angel Fuentes (Cholo), Paul Hittscher (Kapitän Orinoco-Paul).

Fitzcarraldo erzählt die Geschichte eines irischen Geschäftsmannes, der Anfang des 20. Jahrhunderts einen wahnwitzigen Plan verfolgt: Er will in seinem Wohnort Iquitos am Amazonas ein Opernhaus errichten, um dort sein Idol Caruso zu hören. Das nötige Geld soll die Erschließung von Kautschuk-Vorkommen bringen, deren Ausbeutung bislang ein Transportproblem verwehrt. Um es zu lösen, müßte ein Schiff oberhalb von Stromschnellen im Rio Ucayali verkehren; es kann jedoch nur dorthin gelangen, wenn es einen Parallelfluß hinauffährt und über eine Bergkuppe geschleppt wird.

Das mit dieser Vision verbundene (Traum-)Bild: Ein Dampfer fährt über einen Berg, hat Herzogs Begeisterung am Stoff entzündet. Daß damals (in der Kolonialgeschichte) wie heute (bei der Realisierung des Films) dieser Traum nur mit Hilfe der südamerikanischen Indianer zu verwirklichen ist, hat Herzog den Vorwurf des »Indianerschinders« eingebracht, der mit seinen Filmarbeiten den kolonialen Gestus wiederhole und »die faschistoide Vermarktung alter Kulturvölker« (Nina Gladitz) betreibe. Die Vorfälle in Peru – Indianer brannten das Camp des Filmteams nieder; die zu Protokoll gegebenen Aguaruna- und Huambisa-Beschwerden füllen eine Dokumentation der Gesellschaft für bedrohte Völker – scheinen den Vorwurf zu erhärten. Doch so einfach verhält es nicht: *Fitzcarraldo* ist nicht die bloße Reproduktion eines Kolonialtraumes. Die Indios, die das Schiff über den Berg ziehen, haben ihren eigenen Traum von der Besänftigung der bösen Geister – einen sehr dysfunktionalen Traum für die kapitalistische Rationalität. Letztlich triumphieren die Indianer, die den Dampfer durch die Stromschnellen taumeln lassen. Fitzcarraldo bleibt nur der schwache Trost, der Schwerkraft ein Schnippchen geschlagen zu haben und einem Opern-Ensemble den Dampfer als Bühne anbieten zu können.

Die Besetzung der Titelrolle mit Klaus Kinski verleitet dazu, Fitzcarraldo mit dem Protagonisten in ↗*Aguirre, der Zorn Gottes* zu vergleichen; war dieser jedoch ein erbarmungsloser Konquistador, so ist jener ein liebenswürdiger Spinner, der den Spott der Weißen auf sich zieht, weil er ökonomisch nicht reüssiert. (Herzog wollte ihm ursprünglich einen schwachsinnigen Schauspieler zur Seite stellen, der Shakespeare-Monologe zitiert und mit den Indianern im Urwald Königreiche gründet. Wegen technischer Schwierigkeiten mußte die – von Mick Jagger gespielte – Figur wieder gestrichen werden; einige der Szenen haben jedoch in Les Blanks Dokumentarfilm *Burden of Dreams*, 1982, und Herzogs Kinski-Porträt *Mein liebster Feind*, 1999, überlebt.) Die stilistischen Unterschiede werden deutlich, wenn man die Flußfahrt-Sequenz in beiden Filmen gegenüberstellt (Kameramann war jedesmal Thomas Mauch). In *Aguirre, der Zorn Gottes* fängt eine bewegliche, von Wasserspritzern getroffene Kamera die Gefährlichkeit ein, während die Fahrt durch die Stromschnellen in *Fitzcarraldo* durch vermehrten Tele-Einsatz gleichsam entrückt wird. Die Modellaufnahme des Schiffes, wie es zu Opernmusik durch die Stromschnellen taumelt, unterstreicht die vom Regisseur gewollte Irrealisierung des Geschehens zu einem »Opernereignis« (Herzog).

Emmanuel Carrère hat die Dramaturgie des Filmes mit seiner Herstellungsgeschichte identifiziert: Sei das Schiff einmal über den Berg, habe sich auch der Spannungsbogen erschöpft. Was Herzog am meisten interessiere, sei das Abenteuer des Drehens selbst, die athletische Schwerstarbeit. Zu deren Bewältigung war – im Unterschied zu früheren Produktionen, wo Herzog noch eigenhändig Sandpisten für Kamerafahrten (*Fata Morgana*, 1968/70) geschaufelt hat – ein logistischer Apparat vonnöten, dessen Eigendynamik das Werk überschattet hat: Die Toten eines Flugzeugabsturzes fallen ebenso ins Gewicht wie die während Drehpausen ertrunkenen Indios. Herzogs selbstkritisches Resümee über *Fitzcarraldo*: »Das ist ein Film gewesen, der einen Preis gekostet hat, der eigentlich zu hoch ist.«

»*Fitzcarraldo*«. München 1982. (Filmerzählung). – »*Fitzcarraldo.* Filmbuch«. München 1982. (Dialoge, Fotos, Materialien).

Eva Viktoria Ballin: »Happy Endings im Fernsehzeitalter«, in: Volker Roloff u.a. (Hg.): Europäische Kinokunst im Zeitalter des Fernsehens. München 1998; Les Blank/James Bogan (Hg.): »Burden of Dreams«. Berkeley 1984; L. Caltvedt: »Herzog's *Fitzcarraldo* and the Rubber Era«, in: Film and History, 1988, H. 4; Timothy Corrigan (Hg.): »The Films of Werner Herzog«. New York/London 1986; Peter Czerwinski: »Die Conquista der Großen Oper«, in: medium, 1982, H. 6; Annette Deeken: »Reisefilme«. Remscheid 2004; Werner Herzog: »Die Eroberung des Nutzlosen«. München 2004; Gerhard Kaiser: »Fitzcarraldo Faust. Werner Herzogs Film als postmoderne Variation eines Leitthemas der Moderne«. München 1993; Thomas Mauch: »Photographing *Fitzcarraldo*«, in: American Cinematographer, 1983, H. 8; Karlheinz Oplustil: »An der Grenze zur Wirklichkeit«, in: Filme, Berlin, 1982, H. 13; Beat Presser (Hg.): »Werner Herzog«. Berlin 2002; Andreas Rost: »Werner Herzog in Bamberg. Protokoll einer Diskussion«. Bamberg 1986; Michael Schneider: »Wollt Ihr die totale Kunst?«, in: ders.: Nur tote Fische schwimmen mit dem Strom. Köln 1984.

Andreas Rost

DER FLORENTINER HUT

↗ Chapeau de paille d'Italie

FONTANE EFFI BRIEST oder Viele, die eine Ahnung haben von ihren Möglichkeiten und Bedürfnissen und dennoch das herrschende System in ihrem Kopf akzeptieren durch ihre Taten und es somit festigen und durchaus bestätigen

Bundesrepublik Deutschland (Tango-Film) 1972–74. 35 mm, s/w, 141 Min.

R: Rainer Werner Fassbinder. B: Rainer Werner Fassbinder, nach dem Roman von Theodor Fontane. K: Dietrich Lohmann, Jürgen Jürges. A: Kurt Raab. S: Thea Eymèsz. D: Hanna Schygulla (Effi Briest), Wolfgang Schenck (Innstetten), Karlheinz Böhm (Wüllersdorf), Ulli Lommel (Crampas), Ursula Strätz (Roswitha).

Fontane Effi Briest ist – wie Fassbinders spätere Filme ↗*Berlin Alexanderplatz* und *Querelle* – eine Literaturverfilmung im strengen Sinne: Auf eine freie Adaption, die den Stoff der Filmdramaturgie unterwirft, wird verzichtet; stattdessen soll der Film sich »als eine Möglichkeit der Beschäftigung mit bereits formulierter Kunst zu erkennen geben«. Durch die Inserts, den von Fassbinder selbst im Off gesprochenen Erzählertext (der keineswegs von den Filmbildern illustriert wird; sie können dem Text sogar direkt widersprechen) und die zahlreichen Weißblenden, die wie das Umblättern einer Buchseite wirken, ist der Literatur-Charakter in diesem Film ständig präsent. Keine andere Verfilmung des Fontane-Romans – vorangegangen waren die Versionen von Gustav Gründgens (*Der Schritt vom Wege*; 1939), Rudolf Jugert (*Rosen im Herbst*; 1955) und Wolfgang Luderer (*Effi Briest*; 1968) – folgt so wortgetreu der Vorlage, und doch bietet Fassbinder seine persönliche Lesart des Romans.

Der lange Alternativtitel bietet einen ersten Interpretationsansatz, und der – meist unvollständig zitierte – Haupttitel verweist darauf, daß dies zugleich »ein Film über Fontane, über die Haltung eines Dichters zu seiner Gesellschaft« ist. Fassbinder teilte dessen skeptisch-pessimistische Sicht; mit diesem Film nahm er Abschied von mancherlei Illusionen über eine radikale Veränderung der sozialen Verhältnisse. Der ruhige, abgeklärt wirkende Erzählgestus wird unterstützt durch die statuarische Inszenierung und langsame Schnittfolgen. Seinem Hang zum Melodrama hat Fassbinder hier nicht nachgegeben – dieser Film appelliert nicht an das Gefühl, sondern will zum Denken anregen –, und der oftmals aufgesetzte Manierismus hat in *Fontane Effi Briest* eine inhaltliche Funktion: Die Kamera ist so postiert, daß das Bild gleichsam gerahmt erscheint. Raffinierte Spiegeleffekte, Durchblicke durch Vorhänge und Gitter: Die Menschen sind nicht frei, ihre Möglichkeiten eng umgrenzt; sie leben in einem Käfig, sind gefangen in den gesellschaftlichen Normen.

Fassbinder, bekannt für seine atemberaubend rasche Produktionsweise, nahm sich für *Fontane Effi Briest* außergewöhnlich viel Zeit. Knapp 60 Drehtage, verteilt auf die vier Jahreszeiten, waren eingeplant. Die Krankheit eines Hauptdarstellers führte zu einer Unterbrechung der Dreharbeiten von mehr als einem Jahr; bei der zweiten Hälfte übernahm Jürgen Jürges die Kamera (und der Regisseur war zu Recht stolz darauf, daß der optische Stil des Films keinerlei Bruch aufweist). Auch auf die Postproduction verwandte Fassbinder so viel Sorgfalt wie selten; die vielfach gerühmte Parallelmontage – die unaufhaltsame Fahrt zum Duell/der zur Entscheidung drängende Dialog Innstetten-Wüllersdorf – stand noch nicht im Drehbuch. Der Film zeugt von einer erstaunlich souveränen Beherrschung der ästhetischen Mittel: Fassbinder, damals gerade 27 Jahre alt, schuf mit *Fontane Effi Briest* ein Werk von geradezu klassischer Schönheit.

»*Fontane Effi Briest*«, in: Fassbinders Filme. Bd.3. Hg. Michael Töteberg. Frankfurt a.M. 1990. (Filmprotokoll). Edith Borchardt: »Leitmotif and Structure in Fassbinder's *Effi Briest*«, in: Film/Literature Quarterly, 1979, H. 3; Wolfgang Gast: »Vier Verfilmungen von Fontanes ›Effi Briest‹«, in: ders./Barbara Deiker: Film und Literatur. Bd. 2. Frankfurt a.M. 1993; Anna K. Kuhn: »Modes of Alienation in Fassbinder's *Effi Briest*«, in: Seminar, Toronto, 1985, H. 1; Anke-Marie Lohmeier: »Symbolische und allegorische Rede im Film«, in: Text + Kritik, 1989, Sonderband Theodor Fontane; William R. Magretta: »Reading the Writerly Film«, in: ders./Andrew Horton (Hg.): Modern European Filmmakers and the Art of Adaption. New York 1981; Gaby Schachtschnabel: »Der Ambivalenzcharakter der Literaturverfilmung«. Frankfurt a.M. 1984; Helmut Schanze: »*Fontane Effi Briest*«, in: Friedrich Knilli u.a. (Hg.): Literatur in den Massenmedien – Demontage von Dichtung? München 1976; Uda Schestag: »›Literaturverfilmung‹ oder ›literarischer Film‹?«, in: Josef Furnkäs u.a. (Hg.): Das Verstehen von Hören und Sehen. Bielefeld 1993; Eva M.J. Schmid: »War Effi Briest blond?«, in: Franz-Josef Albersmeier/Volker Roloff (Hg.): Literaturverfilmungen. Frankfurt a.M. 1989; Jürgen Wolff: »Verfahren der Literaturrezeption im Film, dargestellt am Beispiel der Effi-Briest-Verfilmungen von Luderer und Fassbinder«, in: Der Deutschunterricht, 1981, H. 4.

Michael Töteberg

A FOREIGN AFFAIR

(Eine auswärtige Affäre). USA (Paramount) 1948. 35 mm, s/w, 116 Min.

R: Billy Wilder. B: Charles Brackett, Richard L. Breen, Billy Wilder, nach einer Erzählung von David Shaw. K: Charles B. Lang jr. A: Sam Comer, Ross Dowd. Ba: Hans Dreier, Walter Tyler. M: Frederick Hollander.

D: Jean Arthur (Phoebe Frost), Marlene Dietrich (Erika von Schlütow), John Lund (Captain John Pringle), Millard Mitchell (Colonel Rufus J. Plummer), Peter von Zerneck (Hans Otto Birgel).

»Im Herbst 1945 kam ich nach zwölf Jahren zum erstenmal wieder nach Berlin. Die ersten zwölf Wochen nach der Eroberung der deutschen Hauptstadt durch die sowjetische Armee durften wir Amerikaner die Stadt noch nicht betreten. Erst dann wurde Berlin in Sektoren aufgeteilt. Ich werde nie vergessen, wie die Stadt damals aussah. Ich kam mit einem Kameramann, wir flogen über Berlin, und ich sah die Trümmerwüste. Es sah aus wie das Weltende.« Billy Wilder, Mitglied der »Information Control Division«, sollte im Auftrag der amerikanischen Militärbehörden sich einen Überblick über die Wiederaufnahme der deutschen Spielfilmproduktion verschaffen; dabei ging es auch um die Sicherung der Marktanteile der amerikanischen Filmindustrie im zu demokratisierenden Deutschland.

In den wiedereröffneten Filmtheatern liefen Dokumentarfilme, die die Deutschen über die KZs aufklären und bei der »Umerziehung« helfen sollten. Obwohl selbst an der Endfertigung eines solchen Films beteiligt, wußte Wilder doch, daß damit keine langfristigen Wirkungen zu erzielen waren. Er wandte sich in einem Memorandum an die Militärbehörden: »Wenn man nun aber einen Unterhaltungsfilm mit Rita Hayworth, Ingrid Bergman oder Gary Cooper machte, in Technicolor, wenn Sie wollen, mit einer Liebesgeschichte – freilich mit einer ganz speziellen Liebesgeschichte, raffiniert gemacht, um ein bißchen Ideologie an den Mann bringen zu helfen – mit einem solchen Film hätten wir ein glänzendes Stück Propaganda zur Hand.«

Der Film, so wie ihn sich Wilder vorstellte, war 1945 nicht zu realisieren. Erst drei Jahre später wird er von der Paramount produziert: In *A Foreign Affair* geht es, wie damals den Behörden vorgeschlagen, um Fraternisierung, das Heimweh der amerikanischen Besatzungssoldaten, den Schwarzmarkt in Berlin und eine Liebesgeschichte zwischen einem GI und einem deutschen »Fräulein«. Erika von Schlütow, die mit Nazigrößen ebenso »fraternisiert« hatte wie nun mit dem amerikanischen Captain John Pringle, verbindet die »Dekadenz des Vorkriegsdeutschlands« mit dem »Überlebenswillen derer, die den Krieg überstanden haben« (Sinyard/Turner). Der sarkastische Humor Wilders unterläuft jede Propaganda, denn er entspringt einer Wirklichkeit, der mit Schulbuch-Weisheiten nicht beizukommen ist. Die Kongreßabgeordnete Phoebe Frost aus Iowa ist angereist, um die Moral der amerikanischen Truppen zu überprüfen. Pringle entgegnet ihren Vorhaltungen, man könne nicht »an der Ecke, die keine mehr ist, einer Straße, die mal eine war, mit einem offenen Musterkoffer sortierter Freiheiten« stehen. Der Captain ist als Vertreter der »neuen Demokratie« auch nur ein Irrläufer im Dickicht seiner Gefühle, ist eher Verführter denn Verführer. Das zerbombte Berlin scheint ihm ein passenderes Terrain für seine amourösen Abenteuer als seine Heimat. Marlene Dietrich verleiht dem Film seinen brüchigen Glamour. Wenn sie am Ende wegen ihrer Nazi-Kontakte verhaftet wird, dann versprüht sie noch einmal alle ihre Reize. Als einer der beiden Militär-Polizisten, die sie abführen sollen, angesichts ihrer Erscheinung beim Hinausgehen über eine Stufe stolpert, schickt ihnen der Kommandeur einen weiteren Soldaten hinterher, um sie zu überwachen. Und vorsichtshalber noch einen vierten, weil man nie wissen kann ... Pringle aber landet in den Armen von Phoebe, wobei offen bleibt, ob dies für ihn ein Glück oder eine Strafe ist.

Die Suche nach Identität ist das eigentliche Thema von *A Foreign Affair*. Nicht nur für Wilder war es eine Heimkehr: Marlene Dietrich singt im Nachtclub die Lieder »Black Market«, »Illusions« und »Ruins of Berlin«, und am Klavier sitzt, wie einst in ↗*Der blaue Engel*, der Komponist Frederick Hollander, der früher Friedrich Hollaender hieß. Die zerstörte Metropole Berlin hat in Wilders Trümmerfilm immer noch, oder schon wieder, den eigentümlichen Reiz einer Stadt, in der alles möglich ist, in der die Geschichte und Geschichten eine Vermischung von Illusion und Wahrheit eingehen. Wilder hat, getreu seiner Ankündigung gegenüber den Militärbehörden, einen Unterhaltungsfilm mit Stars gedreht, doch ist er nicht in einem Traumland angesiedelt, sondern in den Ruinen von Berlin. Keine Technicolor-Farben, sondern Schwarzweiß. Das dokumentarische Filmmaterial, das er 1945 beim Anflug auf Berlin drehte, hat er im Film u.a. als Rückprojektionen verwendet. Der spröde Realismus, der den Film durchzieht, unterläuft auch die Erwartungen, die man an einen Hollywoodfilm, zumal einer Komödie, damals hatte. Zeitgenössische Kritiker empfanden den Film als geschmacklos, und auch die amerikanische Militärbehörde verbot zunächst eine Aufführung des Films.

David Culbert: »Hollywood in Berlin, 1945: a note on Billy Wilder and the origins of *A Foreign Affair*«, in: Historical

Journal of Film, Radio and TV, 1988, H. 3; Robert Dassanowsky-Harris: »Billy Wilder's Germany«, in: Films in Review, 1990, H. 5; Hellmuth Karasek: »Billy Wilder. Eine Nahaufnahme«. Hamburg 1992; Reinhard Lüke: »Von Torten und Matratzen«, in: film-dienst, 1991, H. 17; Alain Masson: »Contre philinte«, in: Positif, 1981, H. 248; A. Ménil: »Tombeau de Berlin«, in: Cinématographe, 1983, H. 89; Georg Schmundt-Thomas: »Hollywood's Romance of Foreign Policy: American GIs and the Conquest of the German Fräulein«, in: Journal of Popular Film and Television, 1992, H. 4; Neil Sinyard/Adrian Turner: »Billy Wilders Filme«. Berlin 1980; Werner Sudendorf (Hg.): »Marlene Dietrich«. Bd. 1. München 1977; Ralph Willet: »Billy Wilder's *A Foreign Affair* (1945–1948): ›the trials and tribulations of Berlin‹«, in: Historical Journal of Film, Radio and TV, 1987, H. 1.

Theo Matthies

FORT APACHE (Bis zum letzten Mann). USA (RKO) 1948. 35 mm, sw, 127 Min.
R: John Ford. B: Frank S. Nugent, nach der Story »Massacre« von James Warner Bellah. K: Archie Stout. M: Richard Hageman.
D: John Wayne (Captain Kirby York), Henry Fonda (Lt. Colonel Owen Thursday), Shirley Temple (Philadelphia Thursday), John Agar (Lt. Michael O'Rourke), Ward Bond (Sgt.-Major O'Rourke).

Das Militär ist eine geschlossene Gesellschaft, das Fort der hermetisch abgedichtete Vorposten im Feindesland. Diese Gesellschaft hat Regeln und in ihr kann nur leben, wer sie ganz respektiert: ein borniertes System, das sich nur an den eigenen Bedingungen messen läßt. So schildert Ford im ersten Film der sogenannten Kavallerie-Trilogie, die von *She Wore a Yellow Ribbon* (1949) und *Rio Grande* (1950) komplettiert wird, das Leben der Soldaten. Ein Leben, ausgefüllt mit Ritualen wie Drill, Romanzen, Besuchen, Bestrafungen, Alkohol-Exzessen, abgestellt nur auf einen Zweck: Kampfbereitschaft. Ford läßt den Ritualen des Soldatenlebens breiten Raum (nicht dagegen die deutsche Synchronfassung, in der diese Szenen weitgehend eliminiert wurden), er schildert Normalität. In ihr sind Vorgesetzte die einzige Instanz, auch wenn ihre Gier nach Ruhm der Truppe zum Verhängnis werden kann.
Thursday kommt aus Boston. So wie er die Indianer verabscheut, verachtet er die Einwandererfamilie O'Rourke und will deshalb der Heirat seiner Tochter Philadelphia mit Michael nicht zustimmen. Er hält auf seine Kaste als Oststaatler und Offizier, auf vermeintliche Aristokratie. Seine Ignoranz gegenüber dem Westen mündet in einen folgenschweren Irrtum: Er schickt Kirby York los, um den Indianer-Führer Cochise auf amerikanisches Gebiet zurückzubringen. Das Versprechen freien Geleites bricht er, sein Angriff bringt ihm und der Abteilung den Tod.
Fort Apache handelt davon, wie eine Militär-Gesellschaft – durch ihre Hierarchie und die Voreingenommenheit, den Rassismus dieser Gruppe – blind wird gegenüber der Wirklichkeit. Und der Film handelt davon, wie sich die Tradition gegen die Wahrheit durchsetzt. Die Legende als Legende stiftet Identität für Gruppen und Gesellschaften; ihr Preis ist die Aufgabe der Individualität. Kirby wird nach Thursdays Tod dessen Nachfolger. Er erhält, vor einer neuen »Kampagne« gegen die Indianer, Besuch von Journalisten, die ihn auf den Vorgänger und dessen heroischen Tod ansprechen. Der ehemalige Gegenspieler verhält sich als Nachfolger gemäß der Tradition, nicht ohne leichte Bitterkeit, aber ohne spürbare Distanz zur Geschichtsfälschung, die in der Heroisierung liegt. In dieser Szene, in der Kirby York sich zu seinem Vorgänger bekennt (bekennen muß), wird er zu einem anderen: Hinter ihm hängt ein Gemälde mit Thursdays Porträt. Als er schließlich losreitet, trägt er unter seinem Hut ein Tuch zum Schutz gegen die Sonne, ganz wie vorher Thursday, ihm nicht nur äußerlich gleich. Die Ordnung ist bewahrt.
In dieser Welt der Militärs sind die Indianer fremd, nicht integrierbar, selbst als Feind nicht definiert. Sie allein werden, wie in anderen Filmen Fords auch, als aufrichtige Gestalten gezeigt (wodurch keineswegs die Notwendigkeit des Kampfes in Frage gestellt wird). »Ford macht es uns ungemütlich, indem er uns zeigt, daß gute, noble Menschen das Böse verursachen – und uns daran erinnert, daß wir, wie immer wir herabsetzen mögen was sie taten,

nicht fähig sind, ihre Taten ungeschehen zu machen. Derart zeigt uns Ford ›Fakten‹, aber zugleich eine ›innere‹ Perspektive auf diese Fakten.« (Hartmut Bitomsky).

Innerhalb des Fordschen Werkes gibt es einen allmählichen Umbau der Figuren, die John Wayne verkörpert. In *They Were Expandable* geht es Rusty Ryan um militärischen Ruhm; er muß schmerzlich erfahren, daß individueller Ruhm nicht zählt. In *Fort Apache* hat Kirby York am Ende diese Lektion gelernt. Nathan Brittles in *She Wore a Yellow Ribbon* hat außerhalb der Army keine Identität mehr. Erst als die John-Wayne-Figuren diesem Umbau unterzogen worden sind, können sie sich in den gebrochenen Gestalten von Sean Thornton (*The Quiet Man*, 1952), Eathan Edwards (↗*The Searchers*), John Marlowe (*The Horse Soldiers*, 1959) und Tom Doniphon (↗*The Man Who Shot Liberty Valance*) vollenden.

Hartmut Bitomsky: »Gelbe Streifen, Strenges Blau«, in: Filmkritik, 1978, H. 258; 1979, H. 267; 1980, H. 284; Jean-Loup Bourget: »Du *Mouchard* à *Fort Apache*: constance de l'expressionnisme fordien«, in: Positif, 1988, H. 331; Russell Campbell: »*Fort Apache*«, in: The Velvet Light Trap, 1977, H. 17; Tag Gallagher: »John Ford«. Berkeley, Los Angels 1986; Kennth Marc Harris: »The Film Fetish«. New York u.a. 1992; Kenneth Nolley: »Printing the legend in the age of MX: reconsidering Ford's military trilogy«, in: Literature/Film Quarterly, 1986, H. 2; William T. Pilkington: »*Fort Apache*«, in: ders./Don Graham (Hg.): Western Movies. Albuquerque 1979; J.A. Place: »Die Western von John Ford«. München 1984; Leland Poague: »›All I Can See Is the Flags‹: *Fort Apache* and the Visibility of History«, in: Cinema Journal, 1988, H. 2; Douglas Pye: »Genre and history: *Fort Apache* and *Liberty Valance*«, in: Movie 1977/78, H. 25.

Rainer Rother

FORTY GUNS (Vierzig Gewehre).

USA (Globe Enterprises/Twentieth Century-Fox) 1957. 35 mm, s/w, 80 Min.
R+B: Samuel Fuller. K: Joseph Biroc. Ba: John Mansbridge. S: Gene Fowler jr. M: Harry Sukman, Lieder: Harold Adamson/Harry Sukman, Harold Adamson/Victor Young.
D: Barbara Stanwyck (Jessica Drummond), Barry Sullivan (Griff Bonell), Dean Jagger (Ned Logan), John Ericson (Brock Drummond), Gene Barry (Wes Bonell), Robert Dix (Chico Bonell), Eve Brent (Louvenia Spanger).

»My name is Samuel Fuller, I am an american film-director.« In Godards ↗*Pierrot le fou* tritt der Regisseur auf und gibt seine Definition von Kino: »Ein Film ist wie ein Schlachtfeld: Liebe, Haß, Action, Gewalttätigkeit und Tod, in einem Wort: emotion.« Von nichts anderem handelt *Forty Guns*. Das Western-Genre liefert nur die Folie, um direkt und ohne moralische Einkleidung den Kampf um Macht in Szene zu setzen. Die Kontrahenten bringt bereits die Eröffnungssequenz ins Bild: Auf dem Weg nach Tombstone begegnet Marshall Bonell einer schwarzgekleideten Amazone auf einem Schimmel, hinter ihr, in ihrem Schlepptau, reiten 40 Männer. In einer Ballade wird »the high ridin' woman with a whip« besungen. Jessica Drummond beherrscht die Gegend, sie bricht das Gesetz nach Gutdünken, ihr wagt sich niemand entgegenzustellen. Bonell und seine beiden Brüder werden in der Stadt für Ordnung sorgen; der Mann des Gesetzes ist ein Revolverheld, »ein staatlich sanktionierter Killer«, so Jessica. Zwischen beiden herrscht eine starke erotische Spannung, die sich während eines Tornados auf freiem Feld entlädt. Die Konflikte prallen in diesem Film wie Naturgewalten aufeinander. »Das ist Art brut«, zitiert Frieda Grafe einen amerikanischen Maler.

Fuller malt mit kräftigen Strichen, schwarzweiß und in Cinemascope. Ungewöhnliche Kamerawinkel, manieristische Effekte, Großaufnahmen von Pferdehufen oder einem Augenpaar, verwischte Bilder, die im aufgewirbelten Staub kaum noch zu erkennen sind. »Die Formen zerstört Fuller, um Bewegungen, Emotionen freizusetzen«, schreibt Grafe. »Mit Realismus hat er nichts im Sinn, nichts mit der Kamera in Augenhöhe und ihrer vermeintlich natürlichen, humanen Perspektive.« Als *Forty Guns* Ende der fünfziger Jahre seine deutsche Erstaufführung erlebte, war die Freiwillige Selbstkontrolle der Filmwirtschaft entsetzt: Der Film enthalte »so viele negative Passagen«, daß er für die Jugend »als übererregend, verrohend und damit als abträglich erscheinen muß«. Zudem sind die sexuellen Anspielungen deutlich: Gewehre und Pistolen werden als phallische Gegenstände ausgestellt. »Was mich an Ihnen interessiert, ist Ihr Revolver«, sagt Jessica zu Bonell, nachdem sie alle anderen Männer aus dem Raum geschickt hat. Sein Bruder Wes läßt sich beim Büchsenmacher ein Gewehr anfertigen. Er schaut durch den Lauf: leinwandfüllend auf der Breitwand ein Rohr mit einer spiralförmigen Windung, im Loch erscheint das Gesicht der Tochter des Waffenschmieds. Schnitt: Wes und Louvenia küssen sich. Bald wird geheiratet; als das Brautpaar aus der Kirche tritt, der Schwager die Braut küßt, wird der Bräutigam erschossen.

Der Mörder ist der Bruder von Jessica, und als er, von Bonell aufgespürt, sich den Weg freischießen will, nimmt er seine Schwester als Schutzschild. Bonell zögert keinen Moment, obwohl Jessica in der Schußlinie ist. Fuller: »Und dann tötet der Held sie mit einer Kugel und erschießt auch den Bruder, schmeißt den Revolver weg und steigt über die Leiche der Frau, die er liebte, und wir blenden ab. Das war's, und das habe ich auch gedreht.« Aber dieses Ende ließ Hollywood nicht zu.

Bis ihn die Vertreter der Nouvelle Vague entdeckten, galt Fuller als Regisseur von B-Pictures. Die intellektuellen Cineasten waren begeistert von der ›kunstlosen‹ Art Fullers: »Er denkt nicht rudimentär, sondern rüde, seine Filme sind nicht einfältig, sondern einfach«, bemerkte François Truffaut. In seiner Besprechung von *Forty Guns* lobte Godard, damals noch Kritiker, den Erfindungsreichtum und »Regieeinfälle, deren Gewagtheit an die Verrücktheit von Abel Gance oder Stroheim erinnert«. In seinem ersten Spielfilm ↗*A bout de souffle* hat Godard die Einstellung mit dem Gewehrlauf zitiert: Jean Seberg rollt ein Poster zusammen, und die Kamera schaut durch die Röhre auf Belmondo; Schnitt auf das küssende Paar. Fullers Kommentar: »In Amerika nennt man das Plagiat, in Frankreich – Hommage.«

Ulrich von Berg/Norbert Grob (Hg.): »Fuller«. Berlin, München 1984; Jacques Bontemps: »En marge de *Forty Guns*«, in: Cahiers du Cinéma, 1967, H. 193; Jean-Luc Godard: »Signal«, in: ders.: Godard/Kritiker. München 1971; Frieda Grafe: »*Vierzig Gewehre*«, in: Bernd Kiefer/Norbert Grob (Hg.): Filmgenres: Western. Stuttgart 2003; Norbert Grob: »*Vierzig Gewehre*«, in: epd Film, 1984, H. 2; Jean Narboni/Noël Simsolo: »Samuel Fuller. Il etait une fois...«. Paris 1986; Anke Sterneborg: »Wilde Bilder im gezähmten Westen«, in: Helga Belach/Wolfgang Jacobsen (Hg.): CinemaScope. Berlin 1993.

Michael Töteberg

FRANKENSTEIN

USA (Universal Pictures) 1931. 35 mm, s/w, 71 Min.
R: James Whale. B: Garrett Fort, Francis Edward Faragoh, nach dem gleichnamigen Roman von Mary W. Shelley und der Bühnenadaption von Peggy Webling. K: Arthur Edeson. M: David Broekman.
D: Colin Clive (Henry Frankenstein), Boris Karloff (Frankensteins Monster), Mae Clarke (Elizabeth), John Boles (Victor Moritz), Edward van Sloan (Dr. Waldman), Dwight Frye (Fritz).

Der Film beginnt im Kino: Ein älterer Herr tritt vor den geschlossenen Vorhang und wendet sich im Auftrag des Produzenten Carl Laemmle von Universal Pictures an das Publikum, um es freundlich vor der gleich folgenden Geschichte zu warnen: »I think it will thrill you. It may shock you. It might even – horrify you!« Die Blütezeit des Horrorfilms fällt zusammen mit einer Zeit ökonomischer Depression: Während an der New Yorker Börse die Aktienkurse ins Bodenlose fielen, sanierten sich die Filmfirmen in Hollywood mit Gruselgeschichten, die der allgemeinen Stimmungslage im Lande entsprachen. *Frankenstein* entstand 1931, im selben Jahr wie ↗*Dracula* und Rouben Mamoulians Version von *Dr Jekyll and Mr Hyde.*

In allen drei Klassikern des Genres stehen Wissenschaftler im Mittelpunkt, die ungewöhnliche Experimente mit unabsehbaren Folgen veranstalten. Anders als Mary W. Shelleys Schauerroman aus dem vorigen Jahrhundert, der sich voller Skepsis gegen den Fortschrittsoptimismus richtet, ist im Film Dr.

Frankenstein ein zwar besessener, aber keineswegs verantwortungsloser Forscher, der sich ohne Bedenken über Ethik und Moral hinwegsetzt. Eigentlich ist Fritz an allem schuld: Der Assistent des Doktors, eine Erfindung der Drehbuchautoren, hat, weil ihm das Glas mit dem ›normalen‹ Gehirn aus der Hand gerutscht ist, das Gehirn eines Verbrechers aus der Anatomie gestohlen. Fritz wird auch das erste Opfer des Monsters, das er zuvor mit einer brennenden Fackel gequält hat. Der künstliche Mensch ist – seiner abstoßenden Häßlichkeit und des implantierten Verbrechergehirns zum Trotz – eine eher sympathische Figur: ein unschuldiges Wesen, das nicht nur Furcht, sondern vor allem Mitleid erregt. Im Spiel wirft er die kleine Maria ins Wasser, nicht in böser Absicht – eine später geschnittene Schlüsselszene –; das Monster ist selbst ein Kind, ein Bastard zwar, aber doch ein anrührendes Wesen. Zu dieser Wirkung trägt – neben der geschickt die Emotionen des Zuschauers lenkenden Montage – das Spiel von Boris Karloff bei, der hinter der Maske menschliche Regungen ahnen läßt. Karloff machte aus der Rolle eine Philosophie: Das Monster habe, wie alle Menschen, keinen Einfluß darauf gehabt, daß und wie es erschaffen wurde, und der eigentlich tragische Aspekt seiner Existenz sei, daß sein Schöpfer sich von ihm distanziert. »Es war für uns ein Bild des Menschen, der bei seinen unvollkommenen Versuchen, sich selbst zu entwickeln, herausfinden muß, daß er von Gott verlassen wurde.«

Frankenstein spielt, wie alle Horror-Filme, unterschwellig mit sexuellen Ängsten und Wünschen. Der Wissenschaftler zögert die Hochzeitsnacht mit seiner Braut immer wieder hinaus, und der alte Baron äußert den Verdacht, hinter den Experimenten seines Sohnes stecke eine andere Frau. Zwischen Frankenstein und seinem Geschöpf besteht eine erotische Beziehung: Das Monster bedroht seine Ehe. Als der Wissenschaftler, von seinen Experimenten erschöpft, sich wieder seiner Braut zuwendet, sucht das allein gelassene Geschöpf die Konkurrentin auf: Das schwarzgekleidete Geschöpf greift nach der blonden Frau. Dieses Paradigma, das bereits in ↗*Nosferatu* sexuelle Phantasien aktivierte, erfährt kurze Zeit später eine noch eindeutigere Ausprägung in ↗*King Kong*.

Whales Kinoerfolg – es handelte sich um die dritte Verfilmung des Stoffes – löste eine Welle von Frankenstein-Filmen aus. Mit *The Bride of Frankenstein* (*Frankensteins Braut*, 1935) gelang dem Team Whale/Karloff eine Fortsetzung, die dem ersten Film zumindest ebenbürtig ist. Doch als die Monster zahllose Nachfahren zeugten – es begann mit *Son of Kong* (Ernest B. Schoedsack, 1933), *Dracula's Daughter* (Lambert Hillyer, 1936) und *Son of Frankenstein* (Rowland V. Lee, 1939) –, verkamen die populären Horror-Mythen endgültig zu Repertoirestoffen industrieller Serienproduktion. Die Figur reizte zu Parodien wie *Young Frankenstein* (*Frankenstein junior*, Mel Brooks, 1974), und sogar der Underground-Film – *Flesh for Frankenstein* (*Andy Warhols Frankenstein*, Paul Morrissey, 1973) – ließ das Monster wieder auferstehen.

»*Frankenstein*«. Hg. Richard Anobile. New York 1974. (Filmprotokoll). – Hg. Philip J. Riley. New York 1989. (Drehbuch).

Iris Bünsch: »Das Bild der Wissenschaft in *Frankenstein*«, in: Paul G. Buchloh u.a. (Hg.): Literatur und Film. Kiel 1985; James Curtis: »James Whale«. Metuchen, London 1982; Peter Drexler: »Klassiker des phantastischen Films: *Frankenstein* (1931)«, in: Werner Faulstich/Helmut Korte (Hg.): Fischer Filmgeschichte. Bd.2. Frankfurt a.M. 1991; Walter Evans: »Monster Movies: A Sexual Theory«, in: Journal of Popular Film, 1973, H.4; William K. Everson: »Klassiker des Horrorfilms«. München 1980; Norbert Grob: »Am Vertrag mit den Göttern rühren«, in: ders.: Zwischen Licht und Schatten. St. Augustin 2001; Gordon Hitchens: »A Breathless Eagerness in the Audience: Historical Notes on Dr. Frankenstein and his Monster«, in: Film Comment, 1970, H.1; Robert Jameson: »*Frankenstein*«. New York 1992; Boris Karloff: »Frankenstein and Me«. Hollywood 1969; Gregory William Mank: »It's Alive! The Classic Cinema Saga of *Frankenstein*«. London 1981; ders.: »*Frankenstein* Restored«, in: Films in Reviews, 1989, H.6/7; Richard Ira Romer: »The Cinematic Treatment of the Protagonists in Murnau's *Nosferatu*, Browning's *Dracula*, and Whale's *Frankenstein*«. Ann Arbor 1984; Stefanie Weinsheimer: »*Frankenstein*«, in: Ursula Vossen (Hg.): Filmgenres: Horrorfilm. Stuttgart 2004.

Michael Töteberg

FRAU OHNE GEWISSEN

↗ Double Indemnity

EINE FRAU UNTER EINFLUSS

↗ Woman Under the Influence

FREAK ORLANDO

Bundesrepublik Deutschland (Ottinger/Pia Frankenberg/ZDF) 1981. 35 mm, Farbe, 126 Min.
R, B, K + A: Ulrike Ottinger. S: Dörte Völz.
M: Wilhelm D. Siebert.
D: Magdalena Montezuma (Orlando), Delphine Seyrig (Helene Müller, Lebensbaumgöttin, Helena Maya), Albert Heins (Herbert Zeus), Eddie Constantine (Säulenheiliger).

Orlando, die zwischen den Geschlechtern stehende Figur aus dem Roman Virginia Woolfs, kommt als Pilger nach Freak City, eine Gesellschaft der Vergangenheit und der Gegenwart zugleich. In wechselnden Erscheinungen (als Orlanda Zyklopa, Orlando Orlanda, Orlando Capricho, Herr Orlanda und Entertainerin) durchlebt sie, von Magdalena Montezuma in stilisierter Schönheit gegeben, in fünf Episoden verschiedene historische Phasen. Im Mittelpunkt steht Unterdrückung, Folterung und Tötung von Außenseitern, und immer sind es vor allem Frauen, die unter den Machtgelüsten und Lynchaktionen einer Männergesellschaft zu leiden haben. Ulrike Ottinger führt den Bilderbogen als ›Kleines Welttheater‹ auf, barock sind Bildhaftigkeit und Metaphorik von Szenen und Figuren.

In der mythischen ersten Phase wird die Vertreibung Orlanda Zyklopas aus dem modernen Einkaufszentrum der Gegenwart gezeigt, das zugleich als Ort kultischer Handlungen der frühen Geschichte erscheint. Mit sieben Gnomen verschwindet sie durch einen hohlen Baum in das Berginnere, um später durch ein Burgtor im Mittelalter wieder aufzutauchen. Weil sie nicht als Ersatz für einen gefallenen Säulenheiligen auf ein Podest verbannt und dort angebetet werden will, wird sie von einer Gruppe sich selbst geißelnder Fanatiker erschlagen. Als doppelköpfiger Orlando Orlanda ersteht er/sie wieder, um zu erleben, wie die masochistisch sich schlagende Männerhorde Waldmenschen in Käfigen fängt und herumschleppt, Aussätzige steinigt und einen Hermaphroditen verhöhnt und aus den Quälereien ihren Lustgewinn zieht. Weil die heilige Wildgeforte einen ihr vorbestimmten Mann nicht heiraten will, läßt ihr Vater sie kreuzigen - diese Szene wurde bei der Fernsehausstrahlung herausgeschnitten - und wird als weiblicher Christus im Warenhaus ausgestellt. In weiteren Verkörperungen eilt Orlanda durch die Jahrhunderte; am Ende ist sie in der Gegenwart angekommen. Als Entertainerin moderiert sie eine Show der Häßlichkeiten, auf der ein Krüppeltanz aufgeführt wird und Playboy-Bunnies auftreten. Doch den Preis als größte Abnormität gewinnt Herbert Zeus, der reisende Vertreter für Psychopharmaka und Symbol für das Normale.

Die Bezüge der historischen Szenen, die kunstgeschichtliche Darstellungen von den mittelalterlichen Stichen bis zu Goya aufgreifen, zur Gegenwart sind offensichtlich. Häufig vermischen sich auch historische Bilder und reale Szenerien Westberlins. Die Erscheinungen der Gegenwart mit ihren Aggressionen und Exzessen, so zeigt der Film, haben lange Traditionen, begründen sich auf uralte Formen von Folterung und Psychiatrisierung von Außenseitern. Wie eine bunte Gesellschaft von Gauklern und Narren, wie ein Jahrmarktsvolk mit seinen als Absonderlichkeiten ausgestellten siamesischen Zwillingen und Riesinnen, tanzenden Farbigen, Zwergen und verfolgten Frauen bewegt sich der Zug durch die Jahrhunderte, ständig verfolgt von Amtsträgern und den fanatisierten Männern, die am Ende als verkrüppelte Ledermachos auftreten.

Immer wieder treten die Figuren in mythischen Gruppierungen auf: Zwölf Geißler werden zu den Lederboys. Sieben Zwerge folgen Orlanda Zyklopa in den Berg hinein, sieben farbig gekleidete mittelalterliche Bürger wollen Orlanda zur Säulenheiligen machen, sieben Wagen gehören zum Zug der Inquisition und erinnern an die Betten stalinistischer Psychiatrien. Die Welt zeigt sich als Metapher, die Symbole und Mythen werden immer wieder neu gemischt und farbig ausgedeutet. Es ist eine kalt registrierte Pracht, eine spektakelhafte Schaustellerei, die die Verkehrtheit der Welt deutlich macht: Das

Normale ist das Anormale, die Ausgegrenzte, die nicht in ein System von Geradlinigkeit und Ordnung Eingepaßte ist das Leben.

Der Zusammenhalt der Episoden wird nicht durch eine durchgehende Story gewährleistet, sondern durch das in wechselnden Kostümen immer erkennbar gleiche Personal, das für die unveränderten Konstellationen der Gesellschaft steht, sowie durch die fortdauernden, nur im Erscheinungsbild variierten Gewaltsituationen. Orlanda Orlando singt als »doppelköpfige Nachtigall« das Lied der Apokalypse: Ein Ausweg aus diesem Elend ist nicht in Sicht.

»*Freak Orlando*«. Berlin 1981. (Filmerzählung).
Michael Hanisch (Red.): »Ulrike Ottinger«. Berlin 2001; Claudia Hoff: »Ulrike Ottinger«, in: CineGraph, 1988, Lg. 11; Renate Fischetti: »In der Tradition der Avantgarde – Ulrike Ottingers Kino der Imagination«, in: dies.: Das neue Kino. Dülmen-Hiddingsel 1992; Frieda Grafe: »Mythen auf dem Mist des Alltags«, in: Die Republik, 1985, H. 72–75; Miriam Hansen: »Visual Pleasure, Fetishism, and the Problem of Feminine Discourse«, in: New german critique, 1984, H. 31.

Knut Hickethier

FREAKS (Mißgestaltete). USA (Metro-Goldwyn-Mayer) 1932. 35 mm, s/w, 64 Min.
R: Tod Browning. B: Willis Goldbeck, Leon Gordon, Al Boasberg und Edgar Allan Woolf, nach dem Roman »Spurs« von Tod Robbins.
K: Merritt B. Gerstad. M: Gavin Barns.
D: Olga Baclanova (Cleopatra), Henry Victor (Hercules), Harry Earles (Hans), Daisy Earles (Frieda), Wallace Ford (Phroso), Leila Hyams (Venus).

Etwa 50 Filme schuf Tod Browning zwischen 1917 und 1939, doch sein Ruhm als ›Edgar Allan Poe des Films‹ fußt ausschließlich auf zwei, zudem recht gegensätzlichen Werken: dem phantastischen Vampirfilm ↗*Dracula* und dem nur ein Jahr später entstandenen Melodram *Freaks*. Mit dem Schicksal physisch gehandikapter Personen beschäftigte er sich in vielen Filmen, die oft im Zirkus- oder Bühnenmilieu spielten, und der Liliputaner Harry Earles war einer seiner häufigsten Darsteller. *Freaks* jedoch erregte Anstoß und provozierte heftige Ablehnung: Frauenvereine riefen zum Boykott des abstoßenden Streifens auf; der Produzent zog den Film bald nach der Premiere zurück und versuchte, ohne rechten Erfolg, ihn neu zu starten unter dem Titel *Nature's Mistakes*. Ursprünglich 90 Minuten lang, wurde *Freaks* immer wieder Opfer von Kürzungen und Zensureingriffen. In Europa weitgehend verboten, wurde das Werk erst 1962 – im Todesjahr Tod Brownings – auf dem Festival in Venedig ausgezeichnet und avancierte allmählich zum Kultfilm.

Stein des Anstoßes war nicht die fünfaktig angelegte Story: In einem Zirkus heiratet die Artistin Cleopatra ihren Bewunderer Harry wegen seines Geldes und versucht anschließend, ihn mit Hilfe ihres Liebhabers Hercules beiseitezuschaffen. Sie wird dafür büßen und der demoralisierte Ehemann wendet sich wieder der weniger aufregenden, aber treuen Seele Frieda zu, die er im Stich gelassen hatte. Die Geschichte unterschied sich kaum von den üblichen Melodramen; die Produktionsfirma Metro-Goldwyn-Mayer galt als Spezialist für »Women's Pictures«. Skandalös dagegen wirkte das dramatische Personal: Siamesische Zwillinge, Nadelköpfe, Arm- und Beinlose, lebende Torsi, Zwitter – schlicht »Freaks – Mißgeburten«. Dabei handelte es sich nicht um Produkte eines Maskenbildners, sondern Browning hatte wirkliche Krüppel aus Zirkuszelten und Schausteller-Buden engagiert. Sie sind die Sympathieträger des Films – die ›Normalen‹ hingegen, von dem Paar Phroso und Venus einmal abgesehen, erweisen sich in ihrer Niedertracht als die wahren menschlichen Krüppel.

Anfang der dreißiger Jahre setzten die amerikanischen Major Companies auf ein Genre, das dem Geschmack der Zeit zu entsprechen schien: den Horrorfilm. Die Gesellschaft Universal hatte mit Brownings ↗*Dracula* reüssiert und brachte noch im gleichen Jahr James Whales' ↗*Frankenstein*, Warner Brothers setzten *Dr X* (Michael Curtiz, 1932) dagegen, Paramount *Dr. Jekyll and Mr Hyde* (Rouben Mamoulian). Der Middle-Class-Konzern MGM, der sich durch gepflegte Melodramen profiliert hatte, wollte am Erfolg teilhaben, konnte aber nicht ein-

Freaks

fach auf den bloßen Horror setzen: So entstand das Konzept, die Horrorgestalten ins Humane zu überführen. Mitgefühl, nicht Schrecken, sollten die Monstrositäten hervorrufen. In humorvollen und rührenden Bildern inszenierte Tod Browning ihr Alltagsleben: Der Torso zündet sich eine Zigarette an, die Zwergin plaudert mit der normalgewachsenen Venus von Frau zu Frau während des Wäscheaufhängens, die armlose Frau ißt mit den Füßen und führt dabei angeregte Gespräche. Statt Monster oder bedauernswerte Gestalten zu präsentieren, setzt sich dieser Blick auf den Alltag aus Episoden zusammen, die – und dies war der eigentliche Skandal des Films – um Liebe und Eros kreisen: Die Minderbemittelten verlieben sich, sind eifersüchtig, kokett oder eitel – Gefühle, die die Öffentlichkeit ausschließlich den ›Normalen‹ zubilligte: Der Zwerg verliebt sich in eine Große, die bärtige Frau bekommt ein Kind, die siamesischen Zwillinge verheiraten sich.

Sie bilden – dies entspricht der Erwartung schon eher – eine verschworene Gruppe mit der Mentalität einer Kinderbande: Wird einer von ihnen geschädigt, muß der Angreifer mit Sanktionen der ganzen Gruppe rechnen. In der berühmtesten Szene, beim Hochzeitsfest – dessen filmische Intensität oft mit der Bettlerorgie in Buñuels ↗ *Viridiana* verglichen wird –, nehmen sie die »große Frau« mit einem höhnisch-weihevollen Initiationsritus auf: »Gugel-gabel, gugel-gabel, we'll accept her« – bis diese den ihr angebotenen Krug dem Zwerg aus der Hand schlägt. Die Kamera fährt distanzierend in die Höhe, die große Frau widersetzt sich der Verbrüderung mit den Monstren, bricht in Haßgeschrei aus: »Freaks!«

Obwohl *Freaks* vom Sujet eher dem sozial motivierten Film als dem Horrorfilm verwandt ist, zögert Browning nicht, die abstoßende Physis seiner Darsteller – vor allem im Show-Down – wirkungsvoll in Szene zu setzen und beutet mithin ihren Ausstellungswert ohne Bedenken aus: Bei Blitz und Donner schleichen sich die Mißgestalten zur mitternächtlichen Rache heran – der halbe Junge reinigt seine Kanone, der lebende Torso wälzt sich wie eine

Robbe durch den Schlamm langsam auf die tödlich erschrockene Cleopatra zu. Die gegensätzlichen Stilebenen des Films – einerseits die eher dokumentarische Darstellung des Alltags, andererseits die Relikte aus dem Genre des Grauens, zu denen auch die Verwandlung Cleopatras in ein gackerndes Huhn gehört – bleiben letztlich unversöhnt.

»*Freaks*«, in: L'Avant-Scène du Cinéma, 1981, H. 264. (Synopsis).
Jean-Claude Biette: »Tod Browning et *Freaks*«, in: Cahiers du Cinéma, 1978, H. 288; Philippe Carcassonne: »La monstrueuse parade«, in: Cinématographe, 1978, H. 37; Claude Michel Cluny: »*Freaks* dans l'œvre de Tod Browning«, in: Cinéma, Paris, 1978, H. 233; Jacques Goimard: »Le jour où les maudits prirent la parole«, in: L'Avant-Scène du Cinéma, 1981, H. 264; Harald Harzheim: »*Freaks*«, in: Ursula Vossen (Hg.): Filmgenres: Horrorfilm. Stuttgart 2004; Werner Nekes: »*Freaks*«, in: Filmkritik, 1969, H. 11; Jack Stevenson: »Tod Brownings *Freaks*«. München 1997; Fabrice Ziolkowski: »Au delà de la dernière image de *Freaks*«, in: Cahiers du Cinéma, 1978, H. 288.

Christiane Altenburg

DER FREMDE IM ZUG

↗ Strangers on a Train

THE FRENCH CONNECTION

(Brennpunkt Brooklyn). USA
(Philip D'Antoni/20th Century Fox) 1971.
35 mm, Farbe, 104 Min.
R: William Friedkin. B: Ernest Tidyman, nach dem Roman »Heroin CIF New York« von Robin Moore. K: Owen Roizman. A: Ben Kazaskow. S: Jerry Greenberg. M: Don Ellis.
D: Gene Hackman (Jimmy Doyle), Fernando Rey (Alain Charnier), Roy Scheider (Buddy Russo), Tony Lo Bianco (Sal Boca), Marcel Bozzufi (Pierre Nicoli).

»Alain Charnier was never caught«, heißt es lapidar in einer Einblendung zum Schluß dieses semi-dokumentarischen Polizeifilms, in dem die beiden Polizisten Doyle und Russo die French Connection der New Yorker Heroin-Mafia auffliegen lassen – nur ein halber Erfolg, denn der französische Kopf der Bande entkommt.

Jimmy Doyle ist der Prototyp des durch seinen Beruf verrohten Drogenfahnders, der in den Straßen New Yorks zusammen mit seinem Kollegen Russo den Dealern das Leben schwerzumachen versucht: Razzien, rabiate Verhöre und Prügel stehen auf der Tagesordnung. Der haßerfüllte und brutale Doyle wirkt keineswegs souverän: Der Vertreter des Gesetzes ist ein Workoholic, so süchtig wie die drogenabhängigen Kleinhändler, die er verfolgt. Diesmal aber glaubt er, mit Sal Boca einen dicken Fisch an der Angel zu haben. Zur gleichen Zeit in Marseille: Alain Charnier, ein neureicher Drogenboß, hat einem ahnungslosen Fernsehstar eine in dessen Auto versteckte Heroinladung im Wert von 30 Millionen Dollar mit auf das Schiff nach New York gegeben. Doyles Witterung hat nicht getrogen: Boca ist die Kontaktperson Charniers, er soll das französische Heroin auf den New Yorker Markt bringen. Bei der Aufdeckung diese Deals muß sich der schießwütige Doyle mit einem ihm zugeordneten FBI-Mann arrangieren, mit dem er schon lange in Fehde liegt. Nach ausgedehnten Observationen und Verfolgungen, einem Mordanschlag und einer rasanten Verfolgungsjagd zwischen Doyle im Auto und einem Killer in der Hochbahn, gelingt es der Polizei schließlich, die Limousine mit der heißen Ware ausfindig zu machen und zu beschlagnahmen. Doch wenig später werden die Dealer am Platz der Übergabe, einem verlassenen Fabrikgelände, überrascht: Versehentlich erschießt Doyle den FBI-Mann anstelle des flüchtigen Charnier.

The French Connection greift einem authentischen Fall auf und erregte Aufsehen durch das schonungslos realistische Bild, das er von der New Yorker Polizei zeichnet. Filmisch beeindruckte die darstellerische Leistung Hackmans, der dokumentarische Stil – Friedkin hatte zuvor vor allem Fernsehdokumentationen gedreht –, die atmosphärische Dichte und die Dramaturgie. Der mit fünf Oscars ausgezeichnete Polizeifilm wurde stilbildend für das Genre. Insbesondere die spannende Verfolgungsjagd durch Brooklyn stellte alles bis dahin Gesehene in den Schatten, selbst die berühmte Jagd durch San Francisco in *Bullitt* (Peter Yates, 1968), ebenfalls von D'Antoni produziert.

Während *The French Connection* Gene Hackman mit einem Schlag berühmt machte, wurde der Polizist Eddie Egan, der das Vorbild für die Figur Doyle abgab und eine kleine Rolle in dem Film übernahm, mit 240 Dollar Gage und der vorzeitigen Entlassung aus dem Polizeidienst ›entlohnt‹. Der 2,2 Millionen Dollar teure Film spielte über 50 Millionen ein. 1974 realisierte John Frankenheimer wiederum mit Hackman und Rey *French Connection II*, eine der seltenen Fortsetzungen, die mit eigener Handschrift beinahe die Qualität des Originals erreichen.

Thomas D. Clagett: »William Friedkin: films of aberration, obsession and reality«. Jefferson, London 1990; Peter van Gelder: »Offscreen onscreen: the inside story of 60 great films«. London 1990; Charles T. Gregory: »Good Guys and Bad Guys«, in: Film Heritage, 1973, H. 3; Pauline Kael: »*The French Connection*«, in: dies.: For Keeps. New York u.a. 1994; Wilhelm Roth: »*French Connection*«, in: Filmkritik, 1972, H. 6; Nat Segaloff: »Hurricane Billy: the stormy life and films of William Friedkin«. New York 1990; Wolfgang Schweiger: »Der Polizeifilm«. München 1989; Michael Shedlin: »Police Oscar: *The French Connection*«, in: Film Quarterly, 1971/72, H. 4.

Peter Christian Lang

THE FRENCH LIEUTENANT'S WOMAN

(Die Geliebte des französischen Leutnants). Großbritannien (Jupiter Films) 1981. 35 mm, Farbe, 119 Min.
R: Karel Reisz. B: Harold Pinter, nach dem gleichnamigen Roman von John Fowles.
K: Freddie Francis. A: Assheton Gordon.
S: John Bloom. M: Carl Davis.
D: Meryl Streep (Sarah Woodruff/Anna), Jeremy Irons (Charles Smithson/Mike), Hilton McRae (Sam), Lynsey Baxter (Ernestina Freeman).

»Eine Frau steht am Ende eines verlassenen Quais und starrt auf die See hinaus.« So beschreibt John Fowles ein Bild aus einem seiner Träume, das zur Keimzelle seines Romans wurde. Auch der Film beginnt mit diesem Bild und legt in der ersten virtuosen Sequenz zugleich sein ästhetisches Verfahren bloß: Man dreht einen Historienfilm, Südengland in viktorianischer Zeit. Es handelt sich um eine melodramatische Geschichte. Sarah Woodruff, wegen der kurzzeitigen Verbindung mit einem Schiffbrüchigen bei den kleingeistigen Bewohnern eines Küstenstädtchens als »Hure des französischen Leutnants« verschrien, versucht mit Hilfe des Geologen Charles Smithson ein neues Leben anzufangen, ohne gleich wieder den Zwängen puritanischer Moral zu verfallen. Charles muß seine Ehre als Gentleman und eine lukrative Heirat opfern, um die geheimnisvolle Frau zu gewinnen.

The French Lieutenant's Woman ist ein Beispiel für eine intelligente Literaturverfilmung. Der Roman galt lange Zeit als unverfilmbar, weil Fowles die Fiktion bricht: Der Erzähler ist stets präsent als Kommentator, der historische Phänomene mit heutigen Zuständen konfrontiert, tritt schließlich selbst in der Handlung auf und bietet dem Leser zwei mögliche Varianten für den Ausgang der Geschichte an.

Reisz, dem mit ↗*Saturday Night and Sunday Morning* schon einmal eine große Adaption eines Bestsellers gelungen war, suchte zusammen mit Drehbuchautor Pinter das Essentielle des Romans, also neben der Schilderung viktorianischer Doppelmoral die stereoskopische Betrachtung, die den Prozeß des Erzählens selbst reflektiert. Als kongeniales Äquivalent erfanden sie einen Film-im-Film, der vor allem von den inneren Bedingungen handelt, einen Historienfilm zu drehen und Schauspieler zu sein. Der erste Einbruch der ›Wirklichkeit‹ geschieht abrupt durch ein klingelndes Telefon und legt eine spannende Konstellation frei: Nachdem Jeremy Irons als Charles seiner Ernestina gerade einen Heiratsantrag gemacht hat, liegt er, jetzt als Mike mit Anna, der Sarah Woodruff des Historienfilms, im Bett, die er in der historischen Filmhandlung noch gar nicht kennengelernt hat. Mit solchen Vorgriffen auf kommende Ereignisse oder Anspielungen auf Gewesenes arbeiten die meisten Berührungspunkte der zwei Handlungsstränge, seien sie durch match-cuts oder geschmeidige Anschlüsse, die vorerst im Dunkeln lassen, in welchem Teil der Handlung man sich gerade befindet, verbunden. Stilistisch gesehen sind die historischen Partien ›komponierter‹, mit mehr

Volumen und Tiefe ausgeleuchtet, die Bilder der Gegenwart haben weniger Rand, flacheres und natürlicheres Licht. Auch Sprech- und Spielweise der Akteure scheiden die zwei Erzählstränge voneinander und betonen fortwährend den illusionistischen Charakter des Historienfilms, dessen erzählerische Wendungen die Stimmung der Schauspieler dennoch beeinflußt: Spiel und Leben werden zunehmend schwerer unterscheidbar. Einen großen Teil seines Reizes bezieht der Film aus dieser Vertauschung der Bezugsebenen. Besonders gegen Ende führen die Darsteller außerhalb ihrer Rolle ein ganz anderes Leben: Sam, der Diener von Charles, sitzt am Klavier und spielt Mozart; neben ihm steht Ernestina, von ihm eben gerade noch durch unüberbrückbare Standesgrenzen getrennt.

Die starke Stilisierung des historischen Films, die genreübliche Klischees bis an den Rand der Karikatur treibt, beschreibt die immense Bedeutung von Äußerlichkeiten für die Epoche. Sie verweist aber auch auf den chimärenhaften Charakter der mysteriösen Sarah Woodruff. Charles erliegt einem Wunschbild, als er sie am Quai stehen sieht. Malerische Motive prägen auch die späteren Begegnungen: Wie in einem romantischen, pastoralen Idyll findet er Sarah in einem Märchen-Wald; zum Schluß fahren beide in einem kleinen Boot aus der Dunkelheit eines überwölbten Kanals in die Weite eines Sees, der Rundbogen verdichtet die Szene zu einem Tableau.

Der doppelte Schluß des Romans findet seine Entsprechung im unterschiedlichen Ausgang der beiden Affären: Für das Paar im Historienfilm besteht am Ende die Hoffnung auf eine gemeinsame Zukunft; in der ›Wirklichkeit‹ verläßt die Schauspielerin Anna Mike nach den Dreharbeiten Hals über Kopf, und beide kehren zu ihren Partnern zurück. Die Filmhandlung erweist sich – so ein Filmtitel, der für das Gros des Illusionskinos stehen kann – als *Bigger Than Life*.

»*The French Lieutenant's Woman*«, in: Harold Pinter: The French Lieutenant's Woman and other screenplays. London 1981. (Drehbuch).

Volker Behrens: »Metamorphosen eines Traumbildes: Die drei Versionen von *The French Lieutenant's Woman*«, in: Franz-Josef Albersmeier (Hg.): Literaturverfilmungen. Frankfurt a.M. 1989; Richard Combs: »In search of *The French Lieutenant's Woman*«, in: Sight and Sound, 1980/81, H. 1; John Fowles: »Du livre au film«, in: Positif, 1982, H. 252; George Gaston: »*The French Lieutenant's Woman*«, in: Film Quarterly, 1981/82, H. 2; Werner Kamp: »Autorkonzepte und Filminterpretation«. Frankfurt a.M. u.a. 1996; Harlan Kennedy: »The Czech director's woman«, in: Film Comment, 1981, H. 5; Michel Sineux: »Le désir triangulaire«, in: Positif, 1982, H. 252; E.H. Spitz: »On interpretation of film as dream: *The French Lieutenant's Woman*«, in: Post Script, 1982, H. 1; Walt R. Vian: »*The Lieutenant's Woman*«, in: Filmbulletin, 1982, H. 124; Tony Whall: »Karel Reisz's *The French Lieutenant's Woman*: Only the Name Remains the Same«, in: Literature/Film Quarterly, 1982, H. 2; Mechthild Zeul: »Carmen & Co. Weiblichkeit und Sexualität im Film«. Stuttgart 1997.

Ingo Fließ

FRESA Y CHOCOLATE (Erdbeer und Schokolade). Kuba/Mexiko/Spanien (ICAIC/CINE/Tabasco/TeleMadrid/SGAE) 1993. 35 mm, Farbe, 110 Min.

R: Tomás Gutiérrez Alea, Juan Carlos Tabio. B: Senel Paz. K: Mario Garcia Joya. S: Miriam Talavera, Osvaldo Donatién. M: José Maria Vitier.

D: Jorge Perugorria (Diego), Vladimir Cruz (David), Mirta Ibarra (Nancy), Francisco Gattorno (Miguel), Joel Angelino (Germain).

»Ich war in der Coppelia ein Eis essen, da kam so'n Typ und setzte sich zu mir. Ein merkwürdiger Typ«, berichtet David im Studentenwohnheim seinem Zimmergenossen. Irgendwie schwul... Woher er das denn wisse, fragt ihn Miguel. David grinst. »War nicht zu übersehen: Es gab Schokolade, und er bestellt Erdbeer.« Die Coppelia ist das legendäre Eiscafé in Havanna, doch auch hier herrscht die sozialistische Mangelwirtschaft: Schokolade gibt es nicht alle Tage. Diego, der sich zu David gesetzt hat und den hübschen Jungen anzubaggern versucht, läßt sich die Erdbeeren im Eis genüßlich auf der Zunge zergehen. »Ich liebe Erdbeer. Das einzig Gute, was sie hier machen. Jetzt werden sie es exportieren, und für uns bleibt nur wieder Zuckerwasser.« David sind

solche ketzerischen Reden sichtlich unangenehm, überhaupt sind ihm das schwule Gehabe und die Koketterie seines Gegenübers peinlich.
Diego, wesentlich älter als David und routiniert in der Kunst der Verführung, lockt den unschuldigen Jungen in seine Wohnung. Der Student ist ebenso angewidert wie fasziniert: Diego ist Fotograf und Kunstliebhaber, er sammelt ebenso exquisite wie schräge Objekte, er verfügt über amerikanischen Whiskey, hört Maria Callas und liest Bücher von Autoren, deren Namen David nicht kennt – offenbar verbotene Literatur, von der Diego ihm vorschwärmt und die er ihm gern ausleiht. Aber verführen läßt sich David nicht, vorher flüchtet er.
David ist überzeugter Kommunist, linientreu und propagandagläubig, aber mit einer heimlichen Schwäche: er hat literarische Ambitionen. Diego dagegen pflegt einen lockeren Lebensstil, er spottet über das marode System und hält nichts vom Staat. Statt für den sozialistischen Realismus setzt er sich für die Skulpturen eines Freundes, mit kommunistischen Emblemen verzierte Heiligenfiguren, ein und will mit Hilfe einer ausländischen Botschaft eine Ausstellung organisieren. Diego ist verdächtig, das meint auch Miguel. Schon weil er schwul ist: »Man kann einem Mann, der sein eigenes Geschlecht verrät, doch nicht trauen.«
Eigentlich soll David im Auftrag Miguels Diego ausspionieren, doch langsam entwickelt sich zwischen den ungleichen Männern eine (platonische) Freundschaft. Dritte im Bunde ist die Nachbarin Nancy, einerseits Mitglied in der Bürgerwehr und eine Art Blockwart, andererseits ein Paradiesvogel und Diegos »beste Freundin«, die für ihn das eine oder andere Stück auf dem Schwarzmarkt versetzt. Denn er verliert seine Arbeit, und am Ende sieht er keine andere Möglichkeit mehr, als das Land zu verlassen und auszureisen. »Ich gehe nicht freiwillig, man treibt mich weg«, klagt Diego. »Doch ich verfüge nur über ein Leben, und vor allem will ich so sein, wie ich bin. Aber ich habe hier kein Anrecht darauf.«
Fresa y chocolate war ein Tabubruch in einem Land, in dem Homosexualität drakonisch verfolgt wird und regimekritische Ansichten nicht geduldet werden. Der Film nimmt keine schwule Perspektive ein, es gibt keine Bilder homoerotischer Sexualität: Identifikationsfigur ist David. Gutiérrez Alea arbeitet mit Klischees, bricht sie aber subtil auf. Vor allem zeigt der Film in vielen kleinen Details das Klima der alltäglichen Bespitzelung und Unterdrückung – wenn man sich unterhalten will, wird die Musik laut gestellt, damit der Nachbar nicht mithören kann – und ist zugleich eine Liebeserklärung an Havanna, in die sich Zorn und Trauer mischt. Havanna sei »eine der schönsten Städte der Welt, aber man läßt sie verfallen«, klagt Diego bei seinem letzten Spaziergang mit David. Gutiérrez Alea rechnet nicht mit dem System ab, sondern sein melancholisch-warmherziger Film ist ein Plädoyer für gegenseitigen Respekt und Toleranz
Der Film, der unverblümt die Homophobie und Intoleranz des Regimes aufzeigt, stammt von dem großen alten Mann des kubanischen Kinos. Gutiérrez Alea, geb. 1928 in Havanna, schützten sein internationales Renommee und vor allem die ungeheure Popularität, die der Filmemacher im Lande genoß. Er hatte in Havanna, als Studienkollege von Fidel Castro, Jura und in Rom Film studiert, sich den Guerillos angeschlossen und Dokumentarfilme gedreht. Beeinflußt vom italienischen Neorealismus stellte sich das »Nuevo cine« in den Dienst der Revolution; Gutiérrez Alea gehörte zu den Mitbegründern des ICAIC, dem Kubanischen Filminstitut. Trotz Sympathie und Solidarität mit dem Castro-Regime scheute er sich nie, Mißstände und Repressalien zu thematisieren. Zu seinen wichtigsten Filmen gehören *Muerte de un burócrata* (*Tod eines Bürokraten*, 1966) – ein verdienter Arbeiter wird mit seinem Gewerkschaftsbuch beerdigt, woraufhin die Witwe keine Rente erhält, weshalb die Leiche außerhalb der Legalität exhumiert werden muß – und *Memorias del subdesarollo* (*Erinnerungen an die Unterentwicklung*, 1968) – ein durch Rückblenden aufgebrochener innerer Monolog eines Intellektuellen, der sich einerseits weigert, Kuba in Richtung USA zu verlassen, andererseits in der kubanischen Realität keine Heimat finden kann.
Fresa y Chocolate wurde beim Festival des latein-

amerikanischen Films 1993 in Havanna uraufgeführt und erhielt alle acht Hauptpreise; international wurde der Film ebenfalls ein Erfolg, war für den Oscar nominiert und bekam bei der Berlinale einen Silbernen Bären. Gutiérrez Alea war während der Dreharbeiten bereits an Krebs erkrankt, so daß er sich die Regie mit seinem jüngeren Kollegen Tabio teilte. Gemeinsam realisierten sie anschließend noch einen Film, die schwarze Komödie *Guantanamera* (1995): Ein Sarg mit der toten Tante muß quer über die Insel überführt werden; angesichts der kubanischen Verkehrsverhältnisse, dem Benzinmangel und dem Paragraphendschungel entwickelt sich der Leichenkonvoi zum absurd-grotesken Road Movie.

Gutiérrez Alea galt zeitweise als Unperson und hatte Reiseverbot. Zwei Jahre nach dessen Tod 1996 nannte Fidel Castro in einer Rede *Guantanamera* ein »konterrevolutionäres Filmchen«. Doch selbst gegen den toten Gutiérrez Alea war der Máximo Lider machtlos: Castros Äußerung wurde unter rhetorischen Verrenkungen zu einem Mißverständnis erklärt, die Rede nie gedruckt und war damit nach offizieller Lesart nie gehalten worden.

»*Strawberry and Chocolate*«. London 1995. (Filmtext). Bettina Bremme: »Movie-mientos. Der lateinamerikanische Film: Streiflichter von unterwegs«. Stuttgart 2000; Ambros Eichenberger: »*Fresa y chocolate* – ein Film als Spiegel der kubanischen Krise«, in: Neue Zürcher Zeitung, 22. 1. 1994; Stefan Lux: »*Erdbeer und Schokolade*«, in: film-dienst, 1994, H. 20; Hans-Jörg Rother: »Auf Wiedersehen, Kuba!«, in: Film und Fernsehen, 1994, H. 4/5; Paul A. Schroeder: »Tomás Gutiérrez Alea. The Dialectics of a Filmmaker«. New York 2003; Ulrich von Thüna: »*Erdbeer & Schokolade*«, in: epd Film, 1994, H. 10; Karsten Witte: »Cuba: si«, in: Die Zeit, 14. 10. 1994.

Michael Töteberg

DIE FREUDLOSE GASSE

Deutschland (Sofar) 1925. 35 mm, s/w, stumm, 3.734 m.

R: Georg Wilhelm Pabst. B: Willy Haas, nach dem gleichnamigen Roman von Hugo Bettauer. K: Guido Seeber, Curt Oertel, Robert Lach. A: Hans Sohnle, Otto Erdmann.

D: Greta Garbo (Grete Rumfort), Jaro Fürth (Hofrat Rumfort), Asta Nielsen (Maria Lechner), Werner Krauß (Schlachter Geiringer), Valeska Gert (Frau Greifer).

Gern wird dem Film das Attribut ›Neue Sachlichkeit‹ angeheftet. Haas und Pabst greifen einen Stoff auf, der in den unmittelbaren Erfahrungen der Zeit wurzelt: Inflation, Spekulantentum, Arbeitslosigkeit. Das Elend in den heruntergekommenen Wohnquartieren wird mit dem Luxus in Hotels oder Bordellen konfrontiert, welche Schieber und Kriegsgewinnler besuchen. Pabst montiert eine solche ausgelassene Bordell-Szene mit dem Inflationsalltag, in dem auch der Fleischer Ware nur gegen Zärtlichkeiten abgibt. In der nächsten Sequenz wird der Motor dieser Tauschbeziehungen benannt: »Ich will gar nichts – außer Geld«, sagt Erwin Stirner, für den Maria, Tochter eines gewalttätigen Invaliden, morden wird, um ihrem Milieu zu entkommen. »Wir werden reich sein – reich«, faselt der Hofrat, der mit seiner Pension spekuliert, diese verliert, was seine Tochter Grete in die Hände der Modesalon- und Bordellbesitzerin Greifer treibt. Diese taxiert ihre Kundinnen und ihre Kreditwürdigkeit ebenso wie der Fleischer, der Bürovorsteher, der Grete nachstellt, oder der Großspekulant. Selbst die romantische Liebesbeziehung zwischen Grete und einem amerikanischen Rotkreuz-Offizier kommt über Geld zustande: Er rundet seine Miete großzügig nach oben ab.

Die freudlose Gasse zeigt Formen der Tauschbeziehungen in einer Waren-Welt, in der nur noch die Prostitution vor dem Arrest oder Verhungern schützt. Doch der Film ist nicht wirklich an einer sozialkritischen Analyse interessiert. Die Inflationszeit ist nur eine spannungsvolle Folie für extreme melodramatische Konflikte. Haas und Pabst transferieren den wohl beliebtesten dramatischen Topos, die Bedrohung der Unschuld und ihre Errettung bei Erhalt des reinen Herzens bzw. Verdammung bei deren Verlust, ins aktuelle Sujet. Das Neue des Films ist, daß er keine dämonischen Bösewichte mehr beschwört, um die liebliche Greta Garbo zu bedrohen. Dies besorgen die sozialen Verhältnisse, deren komplexe Mechanismen jedoch kaum reflektiert

werden; nur oberflächliche Personalisierungen – z.B. der südamerikanische Multimillionär als Großspekulant – deuten die Bewegungsgesetze der kapitalistischen Welt an. Pabsts Interesse in allen seinen Filmen der Jahre 1925–30 gilt vielmehr der lustvollen Heraufbeschwörung und voyeuristischen Beobachtung einer ›realistisch‹ grundierten Bedrohung vor allem von Frauen. Das Bordell ist ihm hierfür emblematischer Ort und bevorzugtes Motiv. Hier entfaltet er, sich der publikumswirksamen Schlüpfrigkeit durchaus bewußt, einen Kampf um den Erhalt ideeller Werte und um moralisches Handeln.
Entsprechend deutet Pabst auch die Bildmittel der typisierenden und verzerrenden Architektur sowie die violenten Hell-Dunkel-Effekte expressionistischer Filme um. Die Verweigerung der Raumillusion beschreibt hier menschenunwürdige Lebensverhältnisse. Das Helldunkel mit seinem immanenten Bedrohungspotential grundiert das sozial bezogene Sujet und erhöht die physische Eindringlichkeit von Figuren und Konflikt. Pabst benutzt authentische Details der sozialen Realität, um mit ihrer Hilfe die Katastrophen der Figuren zu beglaubigen und zu steigern. Konsequent ordnet er die zumeist nüchtern registrierende Kamera, die wenigen Fahrten und einige wacklige Handkameraaufnahmen dieser Absicht unter. »Realismus ist nichts weiter als ein Ausdrucksmittel«, erklärte Pabst, »er ist keineswegs ein Endziel, er bedeutet lediglich einen Weg, durch den man hindurchgeht.«

Hermann Barth: »Insinuatio. Strategien der Emotionslenkung in den Anfangssequenzen von G.W. Pabsts *Die freudlose Gasse* (1925)«, in: Elfriede Ledig (Hg.): Der Stummfilm. München 1988; Wolfgang Jacobsen (Hg.): »G.W. Pabst«. Berlin 1997; Hermann Kappelhoff: »Der möblierte Mensch«. Berlin 1995; Tracy Myers: »History and Realism: Representations of Women in G.W. Pabst's *The Joyless Street*«, in: Sandra Frieden u.a. (Hg.); Gender and German Cinema. Bd. 2. Providence, Oxford 1993; Patrice Petro: »Joyless Streets. Women and Melodramatic Representation in Weimar Germany«. Princeton 1989; Eric Rentschler (Hg.): »The Films of G.W. Pabst«. New Brunswick, London 1990; Guntram Vogt: »Die Stadt im Film«. Marburg 2001.

Jürgen Kasten

FRÜCHTE DES ZORNS

↗ Grapes of Wrath

FRÜHSTÜCK BEI TIFFANY

↗ Breakfast at Tiffany's

FULL METAL JACKET

Großbritannien (Warner Bros.) 1987.
35 mm, Farbe, 116 Min.
R: Stanley Kubrick. B: Stanley Kubrick, Michael Herr, Gustav Hasford, nach dem Roman »The Short-Timers« von Gustav Hasford.
K: Douglas Milsome. A: Anton Fürst.
S: Martin Hunter. M: Abigail Mead.
D: Matthew Modine (Joker), Adam Baldwin (Animal Mother), Vincent D'Onofrio (Pyle), Lee Ermey (Sergeant Hartman), Kevin Major Howard (Rafterman), Kieron Jecchinis (Crazy Earl), Dorian Harewood (Eightball), Arliss Howard (Cowboy), John Stanford (Doc Jay).

Kubricks Film gliedert sich in zwei Teile. Der erste Teil spielt im Rekrutenlager des Marine Corps der Vereinigten Staaten auf Parris Island, South Carolina, der zweite Teil schildert den Einsatz der GIs im Vietnamkrieg.
Die achtwöchige Ausbildung »für falsche Helden und mutige Irre«, wie der Ich-Erzähler Joker sagt, gleicht einer Abrichtung der Männer zur Tötungswaffe: »Das Marine-Corps will keine Roboter, das Marine-Corps will Killer«, konstatiert Joker nüchtern. Sergeant Hartman, der diese Abrichtung leitet, nimmt den Männern ihren Namen und gibt ihnen neue. Er trimmt sie zu unbedingtem Gehorsam und bestraft jede Nachlässigkeit streng. Er quält und demütigt den beleibten Rekruten Pyle mehrfach vor den Augen der anderen. Nachdem die Tortur schon überstanden ist, dreht Pyle durch: Er setzt die ihm antrainierte Liebe zum Gewehr in die Tat um und bringt zunächst Hartman, dann sich selbst um.
Die Perversion menschlicher Umgangsformen, in penetranten Wiederholungen zu Hause eingeübt, bestimmt das Leben am Kriegsschauplatz Vietnam. Der zweite Teil beginnt mit einer Straßenszene: Eine Prostituierte bemüht sich um zwei GIs. Joker und

Full Metal Jacket: Lee Ermey und Matthew Modine

Rafterman kommen an die Front als Kriegsberichterstatter für »Stars and Stripes«, die Zeitung der US-Army. Sie begleiten einen Trupp, der feindliche Stellungen sondieren soll. Ein GI tritt in eine Sprengfalle und stirbt; ein anderer wird von einem Heckenschützen getroffen. Beim Versuch, ihm zu helfen, wird der nächste GI angeschossen. Endlich gelingt es den Soldaten, den Heckenschützen auszumachen; Joker und seine Kameraden stürmen eine Ruine, das Versteck des Vietcong-Kämpfers. Es ist eine Frau, ein junges Mädchen, die MP im Anschlag. Eine Ladung Full-Metal-Jacket-Geschosse trifft sie. Joker, der die verwundete Frau zunächst den Ratten überlassen wollte, gibt ihr den Gnadenschuß.

Kubrick wollte keinen weiteren Film über das Trauma des Vietnam-Krieges drehen: Sein Thema ist die systematische Depersonalisierung des Menschen, die in den wiederkehrenden Ritualen des Rekruten-Alltags und besonders deutlich in der Sprache, einem auf animalische Triebe reduzierten Jargon, zum Ausdruck kommt. Kubrik bricht die narrativen Strukturen auf; er imitiert Stile und Techniken des Dokumentarfilms und zitiert Horrorfilm-Szenarien. *Full Metal Jacket* dekonstruiert das Genre Kriegsfilm. Mit den Mitteln der Satire, wie sie Kubrick 25 Jahre zuvor bei ↗*Dr. Strangelove* anwandte, ist der Realität des Kriegs nicht mehr beizukommen. Nicht zufällig ist der Held des Films ein Kriegsberichterstatter, dem zu Beginn seines Einsatzes Anweisungen zur Manipulation gegeben werden. »Die These von *Full Metal Jacket* lautet: Es gibt kein Bild vom Krieg, das den Krieg wiedergäbe – alle geben nur die Wirklichkeit der Medien wieder.« (Rainer Rother).

»*Full Metal Jacket*«. London 1987. (Filmtext).
Benedikt Descourvières: »Kriegs-Schnitte«. St. Augustin 2002; Manfred Jakob/Susanne Schuster: »Semper fidelis – die Soldatwerdung des Menschen«, in: Wilhelm Hofmann (Hg.): Filmwelten. Weiden 1993; Greg Jenkins: »Stanley Kubrick and the Art of Adaption«. Jefferson 1997; Hans-Thies Lehmann: »Das Kino und das Imaginäre«, in: Arnoldshainer Filmgespräche, 1990, H. 7; Janet C. Moore: »For

Fighting and for Fun: Kubrick's Complicitous Critique in *Full Metal Jacket*«, in: The Velvet Light Trap, 1993, H. 31; Michael Pursell: »*Full Metal Jacket.* The Unravelling of Patriarchy«, in: Literature/Film Quarterly, 1988, H. 4; Gerri Reaves: »From Hasford's ›The Short-Timers‹ to Kubrick's *Full Metal Jacket*: The Fracturing of Identification«, in: Literature/Film Quarterly, 1988, H. 4; Stefan Reinecke: »Hollywood goes Vietnam«. Marburg 1993; Rainer Rother: »Das Kunstwerk als Konstruktionsaufgabe«, in: Merkur, 1989, H. 483; Claude J. Smith, Jr.: »*Full Metal Jacket* and the Beast Within«, in: Literature/Film Quarterly, 1988, H. 4; James A. Stevenson: »Beyond Stephen Crane: *Full Metal Jacket*«, in: Literature/Film Quarterly, 1988, H. 4; Paul Virilio: »Abrißgenehmigung«, in: die tageszeitung, 24.10.1987; Waltraud Wende: »Über die Unfähigkeit der Amerikaner, sich ein Bild vom Vietnam-Krieg zu machen ...«, in: LiLi – Zeitschrift für Literaturwissenschaft und Linguistik, 1998, H. 112.

Klaus Bort

FUNNY GAMES

Österreich (Wega-Film) 1997. 35 mm, Farbe, 109 Min.
R+B: Michael Haneke. K: Jürgen Jürges. Ba: Christoph Kanter. S: Andreas Prochaska.
M: Georg Friedrich Händel, Pietro Mascagni, Wolfgang Amadeus Mozart, John Zorn.
D: Susanne Lothar (Anna Schober), Ulrich Mühe (Georg Schober), Arno Frisch (Paul), Frank Giering (Peter), Stefan Clapczynski (Georg »Schorschi« Schober), Doris Kunstmann (Gerda), Christoph Bantzer (Fred Berlinger), Wolfgang Glück (Robert).

Ein Geländewagen mit Segelboot gleitet durch die sommerliche Landschaft. Die Kamera folgt in der Vogelperspektive. Aus dem Wageninnern hört man Anna und Georg Schober Musikstücke raten. Dann, frontaler Blick in die Gesichter der Familie. Nicht mehr getragene Händel-Lieder, gesungen von Benjamin Gigli, sondern John Zorns schockierende Hardcore-Band Naked City. Filmtitel und Credits erscheinen in blutroter Schrift. Das Begrüßen der Nachbarn, das Erinnern an die verabredete Golfpartie, das Einräumen des Ferienhauses werden anfänglich als Versatzstücke einer scheinbaren Normalität vorgeführt, wie man sie vom Spannungsaufbau des konventionellen Thrillers kennt. Der österreichische Regisseur Michael Haneke bricht in *Funny Games* mit den vertrauten Genreregeln. Zwei zunächst wohlerzogen wirkende junge Männer stören das familiäre Urlaubsidyll und bringen der Reihe nach Hund, Kind, Vater und Mutter um. Sie ziehen weiter und beginnen ihr perfides Spiel von neuem.

Hanekes filmische Provokation zum Thema Gewaltkonsum verschreckte nach der Uraufführung auf dem 50. Filmfestival in Cannes Kritiker wie Publikum gleichermaßen. In zahlreichen Interviews betonte der Regisseur, Gewalt sei nicht konsumierbar, ihr realer Kern bleibe immer der Schmerz, die Verletzung anderer. *Funny Games* verzichtet auf stilisierten Blutrausch und Brutalität in Zeitlupe. Haneke setzt sein Prinzip von der »ästhetischen Keuschheit« gegen den obszönen Voyeurismus der Kamera und damit des Zuschauers, der zu abgestumpft sei, um Gewalt als schockierende Realität zu begreifen. Indem der physische Gewaltakt nicht gezeigt wird, glaubt der Regisseur, die Phantasie des Zuschauers aktivieren und ihn dadurch als Mittäter entlarven zu können. Dazu trennt Haneke die gewohnte Kongruenz zwischen visueller und akustischer Wahrnehmung. Wenn Peter das Kind erschießt, *hören* wir den Schuß aus dem Wohnzimmer und *sehen* Paul in der Küche.

Funny Games sei »sehr schwer verkraftbar und rational zu bewältigen«, rechtfertigte der FSK-Ausschuß die Freigabe ab 18. Das Vertrauen in die soziale Kontrolle werde verringert. Der Film sei konsequent böse und für Jugendliche nicht zumutbar. Nichtsdestotrotz bleibt auch in *Funny Games* die gezeigte Gewalt ein Produkt medialer Ästhetik. Am Ende versucht Paul, seinem Freund die Unterscheidung zwischen Fiktion und Wirklichkeit auszureden, denn die Fiktion sei genauso wirklich wie die Wirklichkeit, da man sie im Film genauso sehen könne wie man die Wirklichkeit sehen könne. Für den Set ließ Haneke das Ferienhaus von Produktionsdesigner Christoph Kanter als raumlose Hülle in der Natur und, getrennt davon, die verschiedenen Zimmer in einer Halle aufbauen. Dadurch wird kein wirklicher Blick von drinnen nach draußen und umgekehrt möglich. Dem Zuschauer wird nicht nur das erlösende Happy-End, sondern auch die Erklärung der Verbrechen verweigert. Auf Georgs Nachfrage gefallen sich Paul und Peter im Dahersagen falscher Biographien und spulen all die gängigen sozialisationsbedingten Muster ab. Nichts davon ist ernst gemeint. Haneke achtet darauf, die beiden weiß-behandschuhten Mörder nicht mit erwartbaren Unterschichtsklischees auszustatten, sondern gibt ihnen einen Habitus, der ihre Grausamkeit mit Manieren und Eloquenz unterlegt und zugleich konterkariert.

Funny Games ist weitgehend ein Kammerspiel, das weder dem Kind noch der Frau eine erfolgreiche Flucht gestattet. Nicht einmal die vorbeisegelnden Freunde scheinen für einen Hilferuf, geschweige zur Rettung nutzbar zu sein. Es bleibt ein perfides Spiel zwei gegen drei, das weder auf eine materielle Beute noch auf einen sadistischen Lustgewinn aus ist und sich in der zynischen Rhetorik einer einseitigen Wette gefällt. Zwischendurch wendet sich Paul direkt an das Kinopublikum, schließlich demütige und morde man zu dessen Unterhaltung. Die Hypermedialisiertheit unserer Gesellschaft als Ursache einer emotionalen und kommunikativen Abgestumpftheit wird in Michael Hanekes Filmen immer mitgedacht. Dadurch daß er den jungen Arno Frisch nach seiner Titelrolle in *Bennys Video* (1992) erneut als Mörder besetzt, und zugleich Ulrich Mühe als Figur des Vaters Georg beläßt, gelingt eine personale Kontinuität, die die unscharfen Konturen in der Täter/Opfer-Zuschreibung zusätzlich pointiert. In *Funny Games* läuft während des grausigen Treibens der Fernseher. Als es Anna gelingt, einen der Mörder zu erschießen, währt die Hoffnung auf die mögliche Wende nicht lange. Mittels einer Fernbedienung spult Paul die Handlung zurück und ist nun rechtzeitig gewappnet. Spätestens jetzt wird unmißverständlich klar, daß es weder für die Eltern noch für die Zuschauer ein Entkommen geben kann. Zugleich läuft Haneke Gefahr, daß die doppelte Fiktionalität dieser Szene die gewünschte, nicht selten als Bevormundung kritisierte Absicht unterläuft, »uns so zu schockieren, daß wir zu klugen, einsichtigen und Gewalt verabscheuenden Rezipienten der allgegenwärtigen Mediengewalt werden« (Michael Ackermann).

Michael Ackermann: »Schwarze Aufklärung«, in: Kommune, 1997, H. 10; Thomas Assheuer: »Der Faschismus der Augen«, in: Die Zeit, 12.5. 1997; Richard Falcon: »The discreet harm of the bourgeoisie«, in: Sight and Sound, 1998, H. 5; Urs Jenny/Susanne Weingarten: »Kino ist immer Vergewaltigung« (Interview), in: Der Spiegel, 15.9. 1997; Andreas Kilb: »Täter mit Motiv«, in: Die Zeit, 5.9. 1997; Jörg Metelmann: »Zur Kritik der Kino-Gewalt«. München 2003; Dominique Païni: »L'empêcheur de filmer en rond«, in: Cahiers du cinéma, 1997, H. 514; Frank Pilipp: »Michael Haneke's Film *Funny Games* and the Tradition of Hollywood Self-Referentiality«, in: Modern Austrian Literature, 1999, H. 4; Stefan Reinecke: »*Funny Games*«, in: epd Film, 1997, H. 9; Willy Riemer: »Michael Haneke, *Funny Games*: Violence and the Media«, in: Margarete Lamb-Faffelberger (Hg.): Visions and Visionaries in Contemporary Austrian Literature and Film. New York u.a. 2004; Philippe Rouyer/Alain Masson: »*Funny Games*«, in: Positif, 1998, H. 443; Anja Seeliger: »Ein Golfschläger für Haneke«, in: die tageszeitung, 11.9. 1997; Hans-Dieter Seidel: »Der Zuschauer als Komplize«, in: Frankfurter Allgemeine Zeitung, 11.9. 1997.

Christoph Fuchs

FURY (Blinde Wut). USA (Metro-Goldwyn-Mayer) 1936. 35 mm, sw, 94 Min.
R: Fritz Lang. B: Fritz Lang, Bartlett Cormack, nach der Erzählung »Mob Rule« von Norman Krasna. K: Joseph Ruttenberg. S: Frank Sullivan. Ba: Cedric Gibbons, William A. Horning, Edwin B. Willis. M: Frank Waxman.
D: Spencer Tracy (Joe Wilson), Sylvia Sidney (Catherine Grant), Edward Ellis (Sheriff), Bruce Cabot (Kirby Dawson), Walter Brennan (»Bugs« Meyers).

Langs erster Film in Amerika kam erst nach Schwierigkeiten zustande. Metro-Goldwyn-Mayer, wo er einen Einjahresvertrag erhalten hatte, wußte mit dem berühmten Emigranten zunächst nichts rechtes anzufangen. Nach mehreren Wochen der Untätigkeit, in denen er sich mit Sprache und Mentalität vertraut gemacht hatte, fand sich Ende 1935 ein passendes Skript. Das Projekt wurde im Produktionsplan nur als zweitrangig eingestuft, doch *Fury* erwies sich als Erfolg bei Kritik und Publikum gleichermaßen. Verwundert war man, daß es einem

europäischen Regisseur (Langs deutsche Monumentalfilme ↗*Metropolis* und ↗*Die Nibelungen* hatten in den Staaten eher Befremden ausgelöst) gelungen war, ein virulentes Problem der amerikanischen Gesellschaft darzustellen: die Lynchjustiz.
Die erste Hälfte des Films mußte Lang besonders liegen, denn er konnte Motive und Themen seiner bisherigen Arbeit fortführen. Der junge Joe Wilson, auf dem Weg zu seiner im fernen Kalifornien arbeitenden Verlobten, wird unterwegs als Kindesentführer festgenommen. Während er im Gefängnis auf den Staatsanwalt wartet, fordert die aufgeputschte Bevölkerung in einem Anflug kollektiver Hysterie die sofortige Vollstreckung des Todesurteils. Der Sheriff leistet der aufgebrachten Menge (darunter respektable Bürger, Kleinstadt-Honoratioren und biedere Hausfrauen) Widerstand; das Gefängnis wird gestürmt und – als man dem vermeintlichen Verbrecher nicht habhaft werden kann – in Brand gesetzt.
Die Sequenz, die auch Erfahrungen mit einer manipulierten Masse im nationalsozialistischen Deutschland reflektiert und zugleich ähnliche Szenen in ↗*Metropolis* aufgreift, zeigt Langs Meisterschaft in der Regie von Massen. Den langen Spannungsbogen hält Lang vor allem durch eine zunehmende Verdichtung des Bildraumes – immer engere Einstellungsgrößen werden von immer mehr Personen bevölkert – und einer subtilen Erhöhung des Kamerastandpunktes, wodurch die Masse zunehmend anonym erscheint. Die amerikanische Art zu schneiden, die stets einer flüssigen Abfolge und der dramaturgischen Steigerung den Vorrang vor allzu großer Ausführlichkeit der Schilderung von Details und Nebenhandlungen gibt, verhinderte, daß Lang in seinen alten Fehler verfiel, die erzählerische Ökonomie aus den Augen zu verlieren. Seine Fähigkeiten kamen in Hollywood teilweise besser zur Geltung als in Deutschland; gleichwohl ist dem Film, man denke an den typisch deutschen Metaphernreichtum oder die expressionistische Lichtgestaltung (die Schatten der Menge vor dem in der Abenddämmerung brennenden Gefängnis), die Reibung zweier ästhetischer Systeme deutlich anzumerken.
Im zweiten Teil stellt sich Joe Wilson als unschuldig heraus. Er konnte sich aus dem brennenden Gefängnis retten, hält sich jedoch versteckt: Er will Rache nehmen am Mob. Seine Brüder zeigen 22 Bürger der Stadt an wegen Mordes. In der ausgedehnten Gerichtsszene, die unter dem Ballast erklärender Handlung leidet, verwendet Lang gekonnt eine ältere Idee im neuen Kontext: Mit Hilfe von Wochenschauaufnahmen werden die Schuldigen überführt: Ihre vor Wut und Aggression verzerrten Fratzen während des Sturms aufs Gefängnis – durch Standkopien wird der Effekt noch verstärkt – kontrastieren mit ihren im Gerichtssaal zur Schau getragenen Unschuldsminen. Aber auch Joe Wilson ist kein Unschuldslamm, und wieder nutzt Lang die Medien: Am Radio verfolgt er voller Genugtuung den Verlauf des Prozesses. (Ein Motiv, das den Regisseur seit ↗*Die Nibelungen* beschäftigt: der haßerfüllte Rächer.) Erst auf Drängen seiner Verlobten stellt sich Joe im Gerichtssaal und verhindert so einen Justizirrtum. Dieses vom Produzenten dem Regisseur aufgezwungene Happy End schwächt die sozialkritische Schärfe ab, doch insgesamt bleibt festzustellen: Im Exil fand Fritz Lang einen realistischeren Tonfall und streifte das romantisch-verkitschte Beiwerk seiner bisherigen Arbeiten ab. Psychologische Wahrscheinlichkeit bestimmt weit stärker das Handeln und Denken der amerikanischen Charaktere als das seiner deutschen Helden, die immer etwas Übermenschliches hatten.

»*Fury*«, in: John Gassner/Dudley Nichols (Hg.): »Twenty Best Filmplays«. New York 1943 (Drehbuch).
Peter Bogdanovich: »Fritz Lang in America«. London 1967; Bernard Cohn: »La justice et la loi«, in: Positif, 1964, H. 58; Jean Douchet: »Dix-sept plans«, in: Raymond Bellour (Hg.): Le cinéma americain. Analyses de films. Paris 1980; Graham Greene: »*Fury*«, in: ders.: The Graham Greene Film Reader. New York 1994.

Ingo Fließ

EINE GANZE NACHT

↗ Toute une nuit

GASLIGHT

(Das Haus der Lady Alquist). USA (Metro Goldwyn Mayer) 1944. 35 mm, s/w, 112 Min.

Gaslight: Charles Boyer und Ingrid Bergman

R: George Cukor. B: John van Druten, Walter Reisch, John L. Balderstone, nach dem gleichnamigen Theaterstück von Patrick Hamilton. K: Joseph Ruttenberg. A: Cedric Gibbons. Ba: Edwin B. Willis. S: Ralph E. Winters. M: Bronislau Kaper.
D: Charles Boyer (Gregory Anton), Ingrid Bergman (Paula Anton), Joseph Cotten (Brian Cameron), Angela Lansbury (Nancy), Dame May Whitty (Miß Thwaites).

Ein kriminalistisches Melodram aus viktorianischer Zeit: Die Nichte der ermordeten Lady Alquist zieht auf Wunsch ihres Mannes in das Haus ihrer Tante, wo sie aufwuchs. Sie ahnt nicht, daß ihr Ehemann der Mörder ist und sie selbst in den Wahnsinn treiben will, um endgültig an das im Haus versteckte Vermögen zu gelangen.

George Cukor, einer der produktivsten und professionellsten Regisseure aus Hollywoods Glanzzeit, nahm sich – vier Jahre nach der ersten Verfilmung durch Thorald Dickinson – erneut des Erfolgsstücks von Patrick Hamilton an. Der Film nutzt die klassische Spannungsdramaturgie: Der Psychoterror, den der durchtriebene und gefühllose Ehemann auf seine junge Frau ausübt, wird als anfangs subtile, schließlich immer drastischere Ausmaße annehmende Form von Gewalt beschrieben und wird in den besten Momenten des Films zur Metapher für die traditionelle, patriarchalisch ausgerichtete Ehe: Die Frau wird in eine bestimmte Rolle gedrängt, ihrer ohnehin geringen Rechte beraubt, gedemütigt und regelrecht gefangengehalten. Gerade weil der Mann in diesem Fall aus purer Berechnung und unverhohlenem Sadismus handelt, wird die zur Schau getragene, liebevolle Fürsorge, die diese Machtausübung scheinbar legitimiert, als zynisches Alibi entlarvt. Noch kann sich aber die Frau nicht allein aus dem sadomasochistischen Ehe-Arrangement befreien, sondern ist auf die Hilfe eines heldenmütigen »good guy« angewiesen.

Charles Boyer entgeht als gewissenloser Fiesling der

Gefahr des Chargierens nicht ganz, während Ingrid Bergman ihren Part als bedrängte Ehefrau nuancenreich gestaltet und für diese Leistung mit einem Oscar ausgezeichnet wurde. Technisch bemerkenswert ist die häufige Verwendung der Tiefenschärfe. Umso stärker wirken deshalb jene Bilder, in denen die Szenerie nebelverhangen und daher konturlos ist, oder die Einstellungen, in denen Gesichter in Nah- oder Großaufnahme zu sehen sind, so daß die Objekte am Rand verschwommen erscheinen. Der optische Stil erinnert nicht zufällig an die Gruselfilme der damaligen Zeit: Kameramann Joseph Ruttenberg zeichnete auch für die Arbeit an Victor Flemings Version von *Dr Jeckyll und Mr Hyde* (*Arzt und Dämon*, 1941) verantwortlich.

Curtis F. Brown: »Ingrid Bergman«. München 1980; Carlos Clarens: »George Cukor«. London 1976; Ed Gallafent: »Black Satin: Fantasy, Murder and the Couple in *Gaslight* and *Rebecca*«, in: Screen, 1988, H. 3; Anette Kaufmann: »Angst. Wahn. Mord«. Münster 1990; Gavin Lambert: »On Cukor«. New York 1972; Emanuel Levy: »George Cukor«. New York 1994; Gene D. Phillips: »George Cukor«. Boston 1982; Lawrence J. Qurik: »The Films of Ingrid Bergman«. Secaucus, New York 1970; Andrew Sarris: »Two or three things I know about *Gaslight*«, in: Film Comment, 1976, H. 3; Joseph Henry Steele: »Ingrid Bergman«. Stuttgart 1961; William E. Stevenson: »The two versions of *Gaslight*«, in: Film Heritage, 1973, H. 4; Larry Swindell: »Charles Boyer – The Reluctant Lover«. London 1983; Robin Wood: »Sexual Politics and Narrative Film«. New York 1998.

Max-Peter Heyne

DIE GEBURT EINER NATION

↗ Birth of a Nation

GEFÄHRLICHE LIEBSCHAFTEN

↗ Dangerous Liaisons

GEGEN DIE WAND Deutschland

(Wüste Film/Corazón International/NDR/arte) 2003. 35 mm, Farbe, 120 Min.
R+B: Fatih Akin. K: Rainer Klausmann.
S: Andrew Bird.
D: Birol Ünel (Cahit), Sibel Kekilli (Sibel), Catrin Striebeck (Maren), Güven Kiraç (Seref), Meltem Cumbul (Selma), Cem Akin (Yilmaz Güner).

Gegen die Wand war ein Überraschungserfolg: Nach nahezu zwanzig Jahren triumphierte 2004 erstmals wieder ein deutscher Film bei der Berlinale. Auf den Goldenen Bären im Februar folgte im Juni der Deutsche Filmpreis in Gold, im Dezember der Europäische Filmpreis in allen wichtigen Kategorien (bester Film, beste Regie, bestes Drehbuch). Ausgezeichnet wurde eine düstere Ballade voller Gewaltausbrüche: Die innere Zerrissenheit der Protagonisten wird kompromißlos und radikal in Szene gesetzt, dem Zuschauer nichts erspart. Ein wildes Liebesdrama, gespeist aus Lebenswut und Zärtlichkeit: *Gegen die Wand* ist physisches Kino, mit einer Unbändigkeit und Direktheit inszeniert, wie es im deutschen Film seit Fassbinder niemand mehr gewagt hat.
Cahit, ein 40jähriger Mann mit vielen Narben, im Gesicht und auf der Seele, besäuft sich, setzt sich ins Auto und rast mit voller Wucht gegen die Wand. In der Psychiatrie lernt er Sibel – 20 Jahre jünger, schön und wie Cahit türkischer Herkunft – kennen, die ebenfalls einen Selbstmordversuch hinter sich hat. Ihre einzige Chance, aus dem Gefängnis ihrer streng gläubigen, traditionsbewußten Familie auszubrechen, sieht Sibel in einer Scheinehe – mit einem Türken, nur das würden die Eltern akzeptieren. Cahit zögert zunächst, dann willigt er ein. »Ich will leben, ich will tanzen, ich will ficken«, hat Sibel gleich zu Beginn Cahit erklärt, »und nicht nur mit einem Typen.« Ihre neu gewonnene Freiheit kostet sie voll aus, während Cahit sein altes Leben weiterlebt. Doch dann schleicht sich Liebe in ihre Beziehung ein, und Cahit erschlägt in einem Anfall von Eifersucht und Wut einen von Sibels Liebhabern. Cahit landet im Gefängnis; Sibels Vater verbrennt die Fotos Sibels und verstößt seine Tochter, die in die Türkei flieht. – Istanbul, fünf Jahre später. Cahit, aus dem Gefängnis entlassen, sucht Sibel auf. Sie hat ein neues Leben angefangen, ist inzwischen verheiratet und Mutter. Die Liebe flammt noch einmal auf, sie verbringen eine gemeinsame Nacht. Cahit verabredet mit ihr, am nächsten Morgen zusammen in

seine Heimat Mersin zu reisen. Doch vergeblich wartet er auf Sibel und sitzt am Ende allein im Bus.

»Sie können Ihrem Leben auch ein Ende setzen, ohne sich umzubringen«, sagt der Arzt in der Psychiatrie zu Cahit. Die beiden Protagonisten sind Getriebene und Gestrandete, »Gestalten, die eigentlich schon tot sind und durch die Kraft der Liebe wieder belebt werden« (Akin). Ihre destruktive Energie richtet sich gegen sie selbst: Mit Sex, Drogen und Alkohol ruinieren sie ihr Leben. Cahit hat seine erste Frau nicht retten können, und Sibel, verliebt ins ungezügelte, hemmungslose Leben, erkennt zu spät, daß sie hätte Cahit retten können. In der Mitte des Films, nach dem Totschlag, der Cahit ins Gefängnis gebracht hat, gibt es eine Schlüsselszene von verstörender Gewalttätigkeit: Nachts, auf einer Straße in Istanbul, provoziert Sibel drei Männer, wird zusammengeschlagen, gibt jedoch nicht eher klein bei, bis einer der Männer ihr ein Messer in den Leib stößt. Es wirkt, als wolle sie Buße üben für ihr Versagen. Der Film hält zwar kein Happy-End für das Liebespaar bereit, aber beide sind durch die Hölle gegangen und haben ein neues Leben gefunden.

»Das ganze Unternehmen war ein Tanz auf der Rasierklinge«, so Akins Mitarbeiter Andreas Thiel über die Produktion, die mit kleinem Budget (2,4 Millionen Euro) realisiert wurde. Der Film lebt zu einem guten Teil von der Präsenz der beiden Hauptdarsteller. Die Besetzung war ein Wagnis. Birol Ünel gilt als extrem schwierig: ein Exzentriker wie Klaus Kinski. Da er keinen Militärdienst in der Türkei geleistet hat, wurde ihm zunächst die Einreise ins Land verweigert, was die Fortsetzung der Dreharbeiten zeitweise gefährdete. Sibel Kekilli hatte keinerlei Erfahrung als Schauspielerin (lediglich als Pornodarstellerin, was die »Bild«-Zeitung nach dem Berlinale-Triumph für eine perfide Hetzkampagne nutzte). Der Furor des Films erlaubt keinen klassischen Spannungsbogen mit Drei-Akt-Dramaturgie: *Gegen die Wand* wirkt vielmehr roh und maßlos, voller Brüche im Erzählfluß. Akin mischt Punk und Ethno-Folklore, strukturiert seinen Film durch musikalische Einschübe: Das Roma-Ensemble von Selim Sesler musiziert vor einer Istanbuler Postkarten-Idylle, dazu singt Idil Üner traurige Lieder von der großen Liebe, die wahnsinnig macht.

Fatih Akin wurde 1973 in Hamburg geboren. Seine Eltern kamen als Gastarbeiter in den sechziger Jahren nach Deutschland; ihre Geschichte hat er in den Dokumentarfilm *Wir haben vergessen zurückzukehren* (2000) erzählt. Sein Spielfilmdebüt *Kurz und schmerzlos* (1998) war eine authentische, von autobiographischen Erfahrungen geprägte Milieustudie um eine multikulturelle Jugendgang in Hamburg-Altona, orientiert an Martin Scorseses *Mean Streets*. Die folgenden Filme *Im Juli* (2000) und *Solino* (2002), mit Stars besetzt und größeren Budgets ausgestattet, zielten auf den Publikumserfolg; *Gegen die Wand* war eine Rückkehr zu den eigenen Wurzeln. Im deutschen Kino wurde der Film ein außergewöhnlicher Publikumserfolg, in den USA und England erhielt er ausgezeichnete Kritiken. Mit Spannung wurde die Premiere in der Türkei erwartet, hatten im Vorfeld doch konservativ-islamische Zeitungen gegen den Film Front gemacht und darauf hingewiesen, daß Vater Kekilli seine Tochter wegen ihrer Porno-Vergangenheit verstoßen habe (damit holte die Wirklichkeit den Film ein). Doch auch in der Türkei wurde der Film ein Kinohit.

Gegen die Wand ist »ein deutscher Film mit türkischer Seele« (Akin). Das deutschtürkische Kino der zweiten Generation, der hierzulande aufgewachsenen Migrantenkinder, hat dem deutschen Film in den letzten Jahren kräftige Impulse gegeben. Selbstbewußt sich zwischen beiden Welten bewegend, haben Filmemacher wie Fatih Akin den Culture Clash produktiv gemacht. Der Schriftsteller Feridun Zaimoğlu, im Kulturbetrieb ähnlich positioniert wie der Regisseur, über *Gegen die Wand*: »Fatih Akin hat mit diesem grandiosen Liebesepos die deutsche Romantik wiederbelebt, er hat sie entschlackt, ihr die hohl schwärmerischen Momente genommen und die orientalische Herzhitze eingebrannt.«

»*Gegen die Wand*«. Köln 2004. (Drehbuch, Materialien). Michael Althen: »Was das Herz beschert«, in: Frankfurter Allgemeine Zeitung, 16.2. 2004; Manohla Dargis: »Two Misplaced Souls Decide They Might as Well Live«, in: The New York Times, 21. 1. 2005; Richard Falcon: »*Head-On*«, in: Sight and Sound, 2005, H. 3; Anthony Lane: »Beginnings«, in: The New Yorker, 14.3. 2005; Josef Lederle: »*Gegen die Wand*«, in: film-dienst, 2004, H. 5; Claus Löser: »Berlin am Bosporus. Zum Erfolg Fatih Akins und anderer türkischstämmiger Regisseure in der deutschen Filmlandschaft«, in: apropos: Film 2004. Berlin 2004; Katja Nicodemus: »Ankunft in der Wirklichkeit«, in: Die Zeit, 19.2. 2004.

Michael Töteberg

DAS GELD ↗ Argent

DIE GELIEBTE DES FRANZÖSISCHEN LEUTNANTS

↗ French Lieutenant's Woman

THE GENERAL (Der General). USA (MGM) 1926. 35 mm, sw, stumm, 2.287 m.

R: Buster Keaton, Clyde Bruckman. B: Al Boasberg, Al Smith, nach der Erzählung »The Great Locomotive Chase« von William Pittinger. K: J. Devercux Jennings, Bert Haines. A: Fred Gabourie. S: Sherman Kell, Harry Barnes. D: Buster Keaton (Johnnie Gray), Marian Mack (Annabel Lee), Glen Cavendar (Captain Anderson), Jim Farley (General Thatcher).

Wie groß darf die Katastrophe sein, daß Komik nicht nur Platz hat, sondern aus ihr hervorgeht? Das Unglück ist bei Keaton Quelle des Witzes; Staudämme brechen, Hurricanes wüten, in *The General* gar der Krieg.

Der achte lange Film Keatons – eindeutig sein berühmtester – ist bewunderungswürdig klar strukturiert. Am Beginn scheitert Buster beim Versuch, der konföderierten Armee beim Kriegsausbruch beizutreten, da er als Zivilist, nämlich in seinem Beruf als Lokführer, nützlicher zu sein scheint. Leider kann er die Ablehnung weder sich noch Annabel verdeutlichen, so daß er als Feigling dasteht und sie ihm ihre Liebe aufgekündigt. Die andere Liebe aber bleibt ihm, denn »The General«, seine Lok, ist nicht kapriziös. Nach dieser Exposition schildert der Film einen Coup der Unionstruppen, die einen Zug rauben, ausgerechnet Busters »General«. Diese Liebe will er nicht im Stich lassen und macht sich an die Verfolgung, noch nicht wissend, daß die Yankees auch Annabel, die als Passagier mitfuhr, kidnappten.

Die Verfolgung der eigenen Lok bewerkstelligt Buster zunächst zu Fuß, dann mittels einer Draisine, eines Velocipeds, schließlich einer anderen Lok. Mit dieser Fahrt gelingt Keaton eine einzigartig flüssige Folge von Gags, und ein Tempo wird angeschlagen, das er bis zum Schluß des Films beibehält. Im Lager der Yankees angekommen, bemerkt er Annabel, die glaubt, er sei nur ihretwegen hier, und befreit sie. In Umkehrung des zweiten Teils (und tatsächlich auch in Umkehrung der vorherigen Bewegungsrichtung) flieht Buster nun mit seiner Lok, verfolgt gleich von zwei Zügen der Yankees. Bei den eigenen Linien angekommen, benachrichtigt Buster die konföderierten Truppen und folgt ihnen in die Schlacht, in der er, eher versehentlich, einige »Heldentaten« vollbringt. Als er in seiner Lok noch einen Yankee-General findet und arrestiert, gewinnt er die Beförderung zum Leutnant und Annabels Herz dazu.

Der kinematographische Erfindungsgeist des Teams ließ einen Film entstehen, der ganz Bewegung zu sein scheint und in dem die Gags aus den Einstellungen, den Kadrierungen ebenso entspringen wie aus Busters einzigartigen akrobatischen Fertigkeiten. So taumelt der Held von einer Notlage in die andere, immer weiß er sie doch zu lösen mit den Mitteln, die gerade zur Hand sind, meist also den unzureichenden. Das Beste gelingt ihm aus Versehen. Eine Kanone führt er mit, als er die Verfolgung endlich mit einer anderen Lok fortsetzen kann. Beim Versuch, sie auszurichten, macht sie sich selbständig, zielt nun waagerecht genau aufs eigene Gefährt – da ist Rettung auch nicht ganz vorne auf der Lok zu suchen. Eine Kurve richtet alles wieder, nun zielt die Kanone auf das eigentliche Objekt und trifft es auch, bloß Buster weiß nicht recht, warum er dem Untergang entkam.

Das ganze Unternehmen war waghalsig – und gelang doch. Busters Krieg ist gar keiner, seine Toten sind wie die Geschlagenen des Slapstick ein Witz, mehr nicht. Fühllos wie der Held durch das Elend geht, das er zum Gutteil selbst anrichtet, bleiben auch die Zuschauer. Einzig Keaton hat damals schon Witze gemacht über den Tod, im Guten wie im

The General: Buster Keaton

Bösen, unschuldig. Nie hat er den Film anders betrachtet als eine künstliche Form und daher keinen Witz mit Moral versehen.

»*The General*«. Hg. Richard J. Anobile. New York 1970. (Fotoprotokoll, Zwischentitel).
Helga Belach/Wolfgang Jacobsen (Hg.): »Buster Keaton«. Berlin 1995; Thomas Brandlmeier: »Die großen Komiker: *Der General* (1926)«, in: Werner Faulstich/Helmut Korte (Hg.): Fischer Filmgeschichte. Bd.2. Frankfurt a.M. 1991; Willy Haas: »*Der General*«, in: ders.: Der Kritiker als Mitproduzent. Berlin 1991; Peter W. Jansen/Wolfram Schütte (Hg.): »Buster Keaton«. München 1975; Ursula von Keitz: »Das kybernetische Genie«, in: Margrit Frölich u.a. (Hg.): Zeichen und Wunder. Marburg 2001; Gerald Mast: »A Comparison of *The Gold Rush* and *The General*«, in: Donald W. McCaffrey (Hg.): Focus on Chaplin. Englewood Cliffs 1971; Eric Rohmer: »Le Mécano de la *General*«, in: Positif, 1994, H. 400; Elliot Rubinstein: »Filmguide to *The General*«. Bloomington, London 1973; Philip Strick: »*The General*«, in: Films and Filming, 1963/64, H. 1; Jeremy Scott: »The Limits of Silent Comedy«, in: Literature/Film Quarterly, 1975, H. 2; Wolfram Tichy: »Buster Keaton«. Reinbek 1983; Paul Warshow: »More is Less: Comedy and Sound«, in: Film Quarterly, 1977, H. 1; George Wead: »The Great Locomotive Chase«, in: American Film, 1977, H. 9.

Rainer Rother

GERMANIA, ANNO ZERO

(Deutschland im Jahre Null). Italien (Tevere Film/Salvo d'Angelo Produczion/Sadfi/UGC) 1947/48. 35 mm, s/w, 78 Min.
R: Roberto Rossellini. B: Roberto Rossellini, Carlo Lizzani. K: Robert Juillard. A: Piero Filippone. S: Eraldo Da Roma. M: Renzo Rossellini.
D: Edmund Meschke (Edmund Koehler), Ernst Pittschau (Edmunds Vater), Ingetraud Hinze (Eva), Franz Krüger (Karl-Heinz), Erich Gühne (Henning).

Die deutschen Trümmerfilme benutzten die Ruinen der zerbombten Städte in der Regel, um darauf schwarzweiß gerasterte Erklärungen für all das Elend und die Not zu legen. Einem Italiener blieb es vorbehalten, mit *Germania, anno zero* den beeindruckendsten dieser Nachkriegsfilme zu schaffen.

Berlin, Sommer 1945. Der zwölfjährige Edmund muß seinen schwer kranken Vater unterstützen und die Familie ernähren. Die älteren Geschwister – ein Bruder, der sich »mannhaft« seiner Fahnenflucht schämt, und eine Schwester, die keine Mutter sein kann – scheinen mit der Situation überfordert. Neben seinen Pflichten, denen der Junge voller Ernst nachgeht, lockt ihn ein Mädchen: Edmund macht seine ersten, verwirrenden sexuellen Erfahrungen. Ein ehemaliger Lehrer, der Nazi-Devotionalien an die Amis verscherbelt, beeinflußt ihn mit nietzscheanischen Ideen vom Starken, das überlebt, und dem Schwachen, das zugrundegehen muß. In einem überaus nachvollziehbaren Schritt läßt Rossellini diese Idee, die nun in das Gehirn des Kindes eingepflanzt ist, Edmund in die Tat umsetzen: Er tötet seinen Vater und vollzieht damit noch einmal den Akt der Euthanasie, die doch – und das ist die bittere Ironie des Films und gleichzeitig seine Lehre – dem zusammengebrochenen NS-Regime vorbehalten war. Als der Junge seine Tat dem Lehrer beichtet, nennt dieser ihn ein Monster und schickt ihn fort. Edmund, unschuldig-schuldig, irrt ziellos durch die Straßen; ihm wird bewußt, was er getan hat, und er stürzt sich von einer Ruine in den Tod. Das Kind, das in diesen Zeiten kein Kind mehr sein kann, wählt in vollem Bewußtsein den Freitod. Wie Rossellini diesen Beschluß ins Bild setzt (die Vorverweise, die im Film gegeben werden, wirken so beiläufig, daß der Zuschauer sie zunächst ignoriert), hat Filmgeschichte gemacht. André Bazin sprach in diesem Zusammenhang von einem »Realismus nicht des Themas, sondern des Stils« und fragte: »Ist das nicht eine solide Definition des Realismus in der Kunst: den Geist zur Teilnahme zu zwingen, ohne mit Menschen und Dinge zu mogeln?«

Rossellini trieb mit dem größtenteils im Herbst 1947 in Berlin gedrehten und im Jahr darauf in Rom fertiggestellten Film seine Geschichtserforschung der Gegenwart auf die Spitze. In Deutschland wurde der Film abgelehnt. »Rossellini pflückt in diesem Film nicht Blumen von dem Grab einer Nation«, schrieb der als amerikanischer Besatzungsoffizier zurückgekehrte Hans Habe, »er erbricht sich in den Sarg.« (Süddeutsche Zeitung, 28.9.1949). Erst drei Jahre nach der Uraufführung war der Film in deutschen Kinos sporadisch zu sehen; bis heute scheint *Germania, anno zero* hierzulande nicht recht rezipiert. In Frankreich dagegen, wo das Projekt gereift war (der Filmtitel geht zurück auf ein Buch des Soziologen Edgar Morin), fand der Film eine begeisterte Aufnahme, besonders bei einer ›phänomenologischen‹ Kritik, die nach den Erfahrungen mit Filmen jedweder Propaganda zuallererst ihren eigenen Augen trauen wollte.

»*Germania, anno zero*«, in: Roberto Rossellini: La trilogia della guerra. Hg. Renzo Renzi. Bologna 1972. (Drehbuch). – In: ders.: The War Trilogy. New York 1973. (engl. Ausgabe).

Roy Armes: »Patterns of Realism«. South Brunswick, London 1971; Amédée Ayfre: »Néo-réalisme et phénoménologie«, in: Cahiers du Cinéma, 1952, H. 17; André Bazin: »Was ist Film?«. Berlin 2004; Peter Bondanella: »Roberto Rossellini«. Cambridge (Mass.) 1993; Thomas Brandlmeier: »Von Hitler zu Adenauer. Deutsche Trümmerfilme«, in: Jürgen Berger u.a. (Red.): Zwischen Gestern und Morgen. Frankfurt a.M. 1989; David Forgacs u.a. (Hg.): »Roberto Rossellini«. London 2000; Carlo Lizzani: »Im zerbombten Berlin«, in: Peter W. Jansen/Wolfram Schütte (Hg.): Roberto Rossellini. München 1987; Philippe Niel: »Voyage au centre d'*Allemagne année zéro*«, in: Positif, 1988, H. 331; David Overbey: »*Germania, anno zero*«, in: The Movie, 1980, H. 26; Gianni Rondolino, »Come nacque *Germania, anno zero*«, in: Bianco e nero, 1987, H. 3; Christian Ziewer: »Unter der Oberfläche«, in: Hans Helmut Prinzler (Hg.): Das Jahr 1945. Berlin 1990.

Thomas Meder

DAS GESCHÄFT IN DER HAUPTSTRASSE

↗ Obchod na korze

DIE GESCHICHTE DER NANA S.

↗ Vivre sa vie

DER GESCHMACK DER KIRSCHE

↗ Ta'm e guilass

DAS GESETZ DER BEGIERDE

↗ Ley del deseo

GESICHTER ↗ Faces

DAS GESPENST Bundesrepublik Deutschland (Herbert Achternbusch) 1982. 35 mm, s/w, 88 Min.
R+B: Herbert Achternbusch. K: Jörg Schmidt-Reitwein. A: Gunter Freyse. S: Micki Joanni. D: Herbert Achternbusch (Ober), Annamirl Bierbichler (Oberin), Kurt Raab (Poli), Dietmar Schneider (Zisti), Josef Bierbichler (Bauer und Römer), Werner Schroeter (Bischof).

Ein Christus als Gespenst, das auf Erden und auf dem Wasser wandelt, zur Schlange wird, zum Ober in einer Klosterbar und zum Liebhaber einer Oberin, das auf Münchens Plätzen um Scheiße bittet, dies Gespenst, das schließlich als Blindschleiche in den Krallen eines Raubvogels gen Himmel steigt, wurde zum Politikum, zum Symbol der filmpolitischen Wende in der Bundesrepublik nach dem Regierungsantritt Helmut Kohls 1982. Innenminister Friedrich Zimmermann verweigerte dem Autor, Darsteller, Regisseur und Produzenten Herbert Achternbusch die Auszahlung der letzten Rate des Bundesfilmpreises, den der Filmemacher für *Das letzte Loch* (1981) erhalten hatte. »Ich lasse nicht zu, daß mit Steuergeldern gefördert wird, daß einem Christus am Kreuz eine Schweinszunge aus dem Mund hängt, daß Kröten gekreuzigt werden und daß besoffene Polizisten ihre Notdurft in ein Schnapsglas verrichten«, erklärte der Minister dem »Spiegel«. Während die Jury der Evangelischen Filmarbeit *Das Gespenst* zum »Film des Monats« kürte, verweigerte die Freiwillige Selbstkontrolle (FSK) zunächst die Freigabe. Die Vorwürfe lauteten, der Film verletze grob »das religiöse Empfinden wie auch die Würde des Menschen«, »seine Attacken auf die Gegenwart der Kirche« erzeugten »ein nur noch pessimistisches und nihilistisches Grundmuster der Welt«. Dies könne »dem religiösen Empfinden eines nach Millionen zählenden Teils der Bevölkerung« nicht zugemutet werden. In der Schweiz und in Österreich wurde der Film verboten.
»Ich habe mit diesem Christus nichts Positives im Kopf gehabt«, sagte Achternbusch in einem Interview. Der Film ist kein Beitrag zu einer theologischen Diskussion, sondern ein derb-komischer wie poetischer Entwurf, der den »42. Herrgott« – nachdem er vom Kreuz, das nicht die Buchstaben »INRI« trägt, sondern die Worte »In Ruh«, herabgestiegen ist – als Suchenden zeigt, als naiv Fragenden und Verlorenen in einer Welt, die ihn zwischen Unverständnis, Brutalität und Ignoranz zermürbt. Strukturiert in fünf Kapitel oder, wenn man so will, fünf Kreuzwegstationen eines clownesken Passionsspiels endet der Film mit dem Wort »Amen«.
Trotz der formalen Einfachheit ist *Das Gespenst* reich an Nuancen im Tonfall der einzelnen Episoden. Kalauer und Wortspiele stehen neben lyrischen Monologen, alltägliches Geschwätz neben philosophisch anmutenden Reflexionen. Die grobschlächtig-unbeholfenen Gesten von Poli und Zisti sowie der drei alkoholisierten römischen Soldaten kontrastieren mit den vorsichtig-langsamen, fast träumerischen Bewegungen des Obers, mit der Sanftheit der Oberin. Ihr gemeinsamer Ausflug endet mit dem Bild dreier gekreuzigter Frösche. Die Oberin, Christus als Schlange in der Hand haltend, fragt, was denn seine dritte Bitte am Kreuz gewesen sei. Da erscheint der Ober wieder in Menschengestalt, bückt sich und löst die Frösche von ihren Kreuzen: »Meine dritte Bitte war die um Erlösung. Dieses Kreuz ist keine Sicherheit. Dieses Kreuz ist eine Frage.«
Achternbusch klagte gegen das Innenminsterium; der Prozeß ging durch alle Instanzen, bis er im Februar 1992 endgültig zugunsten des Filmemachers entschieden wurde. Doch der Minister saß am längeren Hebel, Förderungsgelder wurden Achternbusch fortan verwehrt. Zudem sorgte die zunehmende Kommerzialisierung der bundesdeutschen Filmindustrie dafür, daß er auf immer gößere Schwierigkeiten stieß, seine Projekte zu realisieren. Der einst gefeierte Außenseiter des deutschen Autorenfilms sah sich gezwungen, auf Super-8 zu drehen. Kompromisse, politische oder ästhetische, ist er nie eingegangen: Macht in jeder Form, schlagwortartig aufgezählt: Kirche, Staat und Patriarchat, greift Achternbusch an mit sinnlicher Kraft statt sittlicher Strenge, beharrend auf individueller Ausdeutung

und Formulierung seiner Erfahrungen, Gedanken und Phantasie.

»*Das Gespenst*«. Frankfurt a.M. 1983. (Drehbuch, Fotos). – In: Herbert Achternbusch: »Wellen«, Frankfurt a.M. 1983 (Drehbuch).
Johannes Gawert: »*Das Gespenst*«, in: medien praktisch, 1983, H. 3; Peter W. Jansen/Wolfram Schütte (Hg.): »Herbert Achternbusch«. München 1984; Cornelia Kranich: »Freiheit künstlerischer Arbeit«, in: Filmbulletin, 1986, H. 3; Hans Günther Pflaum: »Konzertierte Aktionen. Materialien zu einem Fall«, in: Jahrbuch Film 83/84, München 1983; Franz Ulrich: »*Das Gespenst*«, in: Zoom, 1984, H. 8.

Dietrich zur Nedden

DAS GESPENST DER FREIHEIT

↗ Fantôme de la liberté

DIE GESTOHLENEN KINDER

↗ Ladro di bambini

DER GETEILTE HIMMEL

DDR (Defa) 1964. 35 mm, s/w, 114 Min.
R: Konrad Wolf. B: Christa Wolf, Gerhard Wolf, Konrad Wolf, Willi Brückner, Kurt Barthel, nach der gleichnamigen Erzählung von Christa Wolf. K: Werner Bergmann.
Ba: Alfred Hirschmeier. S: Helga Krause.
M: Hans-Dieter Hosalla.
D: Renate Blume (Rita Seidel), Eberhard Esche (Manfred Herrfurth), Hans Hardt-Hardtloff (Rolf Meternagel), Hilmar Thate (Ernst Wendland), Martin Flörchinger (Herr Herrfurth), Erika Pelikowsky (Frau Herrfurth).

Gemäß den Forderungen der »Bitterfelder Konferenz« 1959 verließen Anfang der sechziger Jahre zahlreiche DDR-Autoren ihre Schreibtische, um dem Leben dort auf die Spur zu kommen, wo es, der sozialistischen Kunstdoktrin zufolge, intensiver als andernorts stattfindet: in der Arbeitswelt. Christa Wolf ließ sich von den Menschen im Waggonbau zu der Erzählung »Der geteilte Himmel« inspirieren. Die Kritik reagierte gespalten; man warf der Autorin vor, daß sie die Teilung Deutschlands und den Mauerbau als Tragödie dargestellt habe. Der Defa indes, um eine realistische Darstellung des DDR-Alltags bemüht, kam die Erzählung gelegen: Konrad Wolf, dem ein paar Jahre vorher verboten worden war, Christa Wolfs »Moskauer Novelle« fürs Kino zu adaptieren, las das Buch schon im Manuskript und regte sogleich eine Verfilmung an.
Konrad Wolf, 1933 mit seinen Eltern in die UdSSR emigriert und 1945 in der Uniform eines Offiziers der sowjetischen Armee nach Deutschland zurückgekehrt, konnte mit diesem Stoff ihn bewegende Fragen zur DDR-Gegenwart reflektieren: die Widersprüche zwischen der postulierten Menschlichkeit der realsozialistischen Gesellschaft und der Praxis. Ihn interessierte nicht so sehr der Fakt der ›Republikflucht‹ einer der Hauptfiguren, sondern »die tieferen Ursachen, die nur auf einen äußeren Anlaß warten, der die Kurzschlußhandlung auslöst«. *Der geteilte Himmel* geriet so zur filmischen Parabel über existenzielle Konflikte, zur kritischen Bestandsaufnahme von Heuchelei, Mißtrauen, Intoleranz, Einsamkeit, Selbstisolation. Der DDR-Gesellschaft und ihren Dogmen, dem politischen Opportunismus und Zynismus wurde ein Spiegel vorgehalten, freilich immer mit der Hoffnung auf eine Reformierbarkeit der Gesellschaft, eine Besserung der Verhältnisse verbunden. Uraufgeführt im Oktober 1964, war *Der geteilte Himmel* eines der ersten Glieder in einer Kette von Defa-Filmen mit ähnlichem Credo. Die meisten wurden nach dem 11. Plenum des Zentralkomitees der SED im Dezember 1965 verboten: *Der Frühling braucht Zeit*, (Günter Stahnke) ↗*Das Kaninchen bin ich*, ↗*Spur der Steine* – ein Kahlschlag, von dem sich die Defa nie mehr erholen sollte.
Der geteilte Himmel ist ein reflexiver Film. In der Rahmenhandlung bricht das Mädchen Rita zusammen, nachdem ihr Freund Manfred die DDR verlassen hat; während ihrer Genesung erinnert sie sich an das Vergangene. Diese subjektive Erzählperspektive bedingt eine Fragmentarisierung der Geschichte: Einzelne Episoden tauchen, zunächst scheinbar ohne Zusammenhang, aus dem Gedächtnis der Figur auf, überlagern und verdrängen sich. Gegenwärtiges und Vergangenes fließen ineinander über; Personen treten in reale und – im Kopf der Erzählerin – in fiktive

Dialoge. Die Spielräume korrespondieren, zum Teil in Parallelmontagen, miteinander: das Lehrerbildungsinstitut, in dem Rita ein Pädagogikstudium plant; das Waggonwerk, in dem sie ihr produktionspraktisches Jahr absolviert; die »Gondel«, Manfreds Mansardenstübchen, das für den zunehmend resignativen Technologen zu einem Fluchtort vor der Welt wird; schließlich die Stadt Halle, die – je nach Gefühlslage der Hauptfigur – ihr Gesicht wechselt. Die in Totalvision (Cinemascope) und schwarzweiß aufgenommenen Bilder haben zugleich symbolischen Charakter: Aufnahmen von Straßen, Brücken und Zügen signalisieren Bewegung, Nähe oder Ferne. In der Rahmenhandlung spielt das Viadukt über dem Elternhaus des Mädchens diese Rolle: Zunächst bleibt die Autobahnbrücke weit weg, das Leben zieht vorbei; nach einiger Zeit nähert sich Rita auf Spaziergängen dem Viadukt, bis sie schließlich die Brücke betritt.

Schon unmittelbar nach der Premiere wurde – von westdeutschen Kritikern – die formale Verwandtschaft Konrad Wolfs zur Nouvelle Vague, zu den Assoziationstechniken und surrealistischen Brechungen in Alain Resnais' ↗*Hiroshima mon amour* oder ↗*L'année dernière à Marienbad*, konstatiert. Tatsächlich ist *Der geteilte Himmel* einer jener Defa-Filme, die ihre Nähe zur europäischen Kinomoderne nicht verleugnen. Und doch erscheint Wolfs Film auch als ein typisches Kunstprodukt der DDR: mit dem zutiefst moralischen Anspruch, »die Realität überzeugend zu zeigen, um dadurch den Menschen klarzumachen, wie die Probleme zu lösen sind, damit sie Vertrauen zur Kunst und zur Gesellschaft bekommen« (Wolf).

Kurt Barthel: »*Der geteilte Himmel* – zur filmischen Umsetzung«, in: Filmwissenschaftliche Mitteilungen, 1964, H. 3; Harry Blunk: »Die DDR in ihren Spielfilmen«. München 1984; Ulrich Gregor: »Wie sie filmen. Fünfzehn Gespräche mit Regisseuren der Gegenwart«. Gütersloh 1966; ders.: »Konrad Wolf«, in: Peter W. Jansen/Wolfram Schütte (Hg.): Film in der DDR. München 1977; Peter Hoff: »Menschen im Sozialismus: Eine Liebesromanze als politisches Gleichnis«, in: Werner Faulstich/Helmut Korte: Fischer-Filmgeschichte. Bd. 4. Frankfurt a.M. 1992; Christa Juretzka: »*Der geteilte Himmel* (1964)«, in: Beiträge zur Film- und Fernsehwissenschaft, 1990, H. 39; Günter Karl: »Dialektische Dramaturgie«, in: Filmwissenschaftliche Mitteilungen, 1964, H. 4; Heinz Klunker: »Nachdenken über Manfred H.«, in: epd Film, 1985, H. 6; Thomas Kühnel: »›Dieser seltsame Stoff Leben‹ – Konrad Wolfs *Der geteilte Himmel* zwischen Experiment und Kritik«, in: Augen-Blick, 1993, H. 14; Isolde I. Mozer: »*Der geteilte Himmel*«, in: Rudolf Joos u.a. (Hg.): Filme zum Thema. Bd. 3. Frankfurt a.M., Stuttgart 1990; Liane Pfelling (Hg.): »Probleme des sozialistischen Realismus in der darstellenden Kunst, behandelt am Beispiel des DEFA-Films *Der geteilte Himmel*«. Berlin 1964; Marc Silberman: »Erinnern – Erzählen – Filmen: Die Filme von Konrad Wolf«, in: Albrecht Schöne (Hg.): Kontroversen, alte und neue. Bd. 10. Tübingen 1986; Guntram Vogt: »Die Stadt im Film«. Marburg 2001.

Ralf Schenk

GEWALT UND LEIDENSCHAFT

↗ Gruppo di famiglia in un interno

DER GEWÖHNLICHE FASCHISMUS

↗ Obyknovennyi fašism'

GIER

↗ Greed

GILDA

USA (Columbia) 1946. 35 mm, s/w, 110 Min.

R: Charles Vidor. B: Marion Pasonnet, Jo Eisinger, nach einer Originalgeschichte von E.A. Ellington. K: Rudolf Maté. A: Stephen Goosson. S: Charles Nelson. M: Hugo Friedhofer; Lieder: Doris Fisher/Allan Roberts.

D: Rita Hayworth (Gilda), Glenn Ford (Johnny Farrell), George Macready (Ballin Mundson), Steven Geray (Onkel Pio).

»Put the Blame on Mame«, mit diesem Lied lädt Gilda jeden Mann dazu ein, die Schuld an allem, was überhaupt schief gehen kann, den Frauen aufzuladen. Ihr Vortrag, tanzend im schulterfreien, schwarzseidenen Abendkleid, ist der Anfang eines Striptease und nicht dazu geeignet, den Eindruck einer schuldbewußten oder gar reumütigen Frau zu vermitteln.

Gilda spielt in der abgeschlossenen Welt eines Spielcasinos in Buenos Aires während der letzten Tagen des Zweiten Weltkrieges. Bereits die Anfangsszene, in charakteristisch ungleichmäßiger Beleuchtung fo-

Gilda: Rita Hayworth

tografiert, weist *Gilda* als Film noir aus. Der junge Amerikaner Johnny Farrell wird von Ballin Mundson beim Würfelspielen beobachtet; später engagiert der geheimnisvolle Mundson ihn für seinen eleganten Nachtclub, wo Johnny unaufhaltsam aufsteigt, bis er nicht nur Clubmanager, sondern auch Freund und enger Vertrauter des Chefs ist. Die Art und Weise, wie Mundson ihn ›aufsammelt‹, die Blicke, die sie tauschen, sowie Andeutungen in ihren Dialogen, die sich wiederholt um Gehorsam und Unterordnung drehen, verraten eine subtil homoerotische Dimension in ihrer Beziehung.

Mundson kehrt von einer Reise in Begleitung der aufregenden Amerikanerin Gilda zurück, die seine Frau geworden ist. Offensichtlich kennen sich Johnny und Gilda, obwohl sie das Gegenteil behaupten. In der Szene, die sie erstmals miteinander konfrontiert, folgt auf jeden Blick Johnnys ein entsprechender Blick von ihr: Die Frau, Objekt für den männlichen Blick, empfängt ihn nicht passiv, sondern beantwortet ihn offensiv. Bereits hier deutet sich Gildas Ebenbürtigkeit an. Mundson hat sie wie Johnny irgendwo aufgelesen, und ebenso wie er behauptet sie, keine Vergangenheit zu haben. Zwischen ihnen wächst im weiteren Verlauf eine quälende Spannung, da Gilda durch ihr aufreizendes Verhalten die Männerfreundschaft stört. Als Mundson einen tödlichen Unfall vortäuscht, um den Verfolgungen einer mysteriösen Nazibande zu entgehen, heiratet Johnny die vermeintliche Witwe. Er will sie in einen Käfig sperren, um sie für ihr Verhalten bestrafen zu können – aber die Liebe kehrt zurück. Nach Mißverständnissen und beiderseitigen Racheakten wollen sie gemeinsam nach Amerika zurückgehen und an ihre frühere Beziehung anknüpfen. In diesem Moment taucht der totgeglaubte Mundson auf.

Johnny kommentiert als Ich-Erzähler im Voice-Over-

Verfahren die zurückliegenden Ereignisse. Von ihm erfährt der Zuschauer, was von Gilda zu halten ist; die Irritationen seines Protagonisten überträgt der Film auf die Zuschauer. Schon bald klaffen Erzählerdarstellung und Zuschauereinsicht auseinander. Während Johnny noch meint, die Ehe als eine Art Beugehaft gestalten zu müssen, ahnt der Zuschauer bereits, was sich am Ende bewahrheitet: Gildas rätselhaftes und herausforderndes Verhalten diente nur dazu, den geliebten Mann zurückzugewinnen.
Neben ↗ *The Big Sleep* mit Lauren Bacall ist *Gilda* der Film, der den Typus des »good-bad girl« (Wolfenstein/Leites) kreierte. Naturgemäß interessanter als das von Anfang an gute, oft langweilige Mädchen entpuppt sich das good-bad Girl am Ende gar noch als gut, ohne die aufregende Aura zu verlieren. Entstanden in den Krisenzeiten der Nachkriegsjahre war es der Film noir, der erstmals die Figur einer selbstbewußten, dem Mann ebenbürtigen Frau hervorbrachte und auf diese Weise der veränderten gesellschaftlichen Rolle der Frau in den Kriegs- und Nachkriegsjahren Rechnung trug. Allerdings wird die Figur ambivalent gezeichnet: Die willensstarke Frau mit der erotischen Anziehungskraft wird zugleich dämonisiert – sie hat eine zweifelhafte Moral oder eine unklare Vergangenheit. Die visuelle Präsentation Rita Hayworths, die betont weiche Lichtsetzung, ihre fließende Kleidung, die die Konturen ihres Körpers nachzeichnet, die sinnlichen Lippen, ihr natürlich frisiertes, langes Haar zeigen dabei deutlich, wo die Gefahr liegt: Gilda bestimmt selbst über ihre Sexualität und hat damit Macht über die Männer.
Indem das Sex-Idol schließlich aber zugibt, diese Rolle nur gespielt zu haben und dabei monogam geblieben zu sein, wird sie wieder akzeptabel. Das Pin-Up Girl Rita Hayworth wird von Glenn Ford von der öffentlichen Bühne geholt, wo es in den Kriegsjahren kollektiver Besitz war. Dem Film gelingt zeitweilig sogar eine kritische Distanz zum eigenen Genre: Mit dem eingangs erwähnten Lied spießt Gilda ironisch jenen Abwehrmechanismus auf, mit dem Männer sich vor attraktiven Frauen schützen.

Richard Deyer: »Resistance through charisma: Rita Hayworth and *Gilda*«, in: E. Ann Kaplan (Hg.): Women in Film noir. London 1978; ders.: »Homosexuality and Film Noir«, in: Jump Cut, 1977, H. 16; L. Dittmar: »From fascism to the Cold War: *Gilda*'s ›fantastic‹ politics«, in: Wide Angle, 1988, H. 3; Mary Anne Doane: »*Gilda*: Epistemology as Strip-Tease«, in: Camera Obscura, 1983, H. 11; Rainer Gansera: »*Gilda*«, in: epd Film, 1988, H. 8; Martha Leites/ Nathan Wolfenstein: »Movies. A Psychological Study«. New York 1970; Laura Mulvey: »Visual Pleasure and narrative Cinema«, in: Bill Nichols (Hg.): Movies and Methods. Bd.2. London 1985; Karlheinz Oplustil: »Charles Vidor: *Gilda*«, in: Filme, Berlin, 1982, H. 13; Martin Rabius: »Die Kunst des gewissen Etwas«, in: Arnoldshainer Filmgespräche, 1994, H. 11; Paul Werner: »Film noir. Die Schattenspiele der schwarzen Serie«. Frankfurt a.M. 1985.

Gertrud Ohling

THE GODFATHER (Der Pate). USA (Paramount Pictures) 1971/72. 35 mm, Farbe, 176 Min.

R: Francis Ford Coppola. B: Mario Puzo, Francis Ford Coppola, nach dem gleichnamigen Roman von Mario Puzo. K: Gordon Willis. A: Dean Tavoularis. M: Nino Rota.
D: Marlon Brando (Don Corleone), Al Pacino (Michael), James Caan (Sonny), Robert Duvall (Tom Hagen), Diane Keaton (Kay Adams), Talia Shire (Connie), John Cazale (Fredo).

The Godfather ist eine Familiensaga, erst in zweiter Linie ein Mafiakrimi. Das knapp dreistündige Epos, detailgenau im Zeitkolorit, spielt zwischen 1945 und 1958. Don Vito Corleone, der mächtige Mafia-Boß von New York, ist ein guter Vater: Er sorgt für die Seinen. ›Familie‹ bedeutet im Verwandtschaftsverhältnis dasselbe wie in der kriminellen Vereinigung: Verbundenheit nach innen, Abschottung nach außen. Die Cosa nostra ist patriarchalisch ausgerichtet, Frauen spielen nur am Rande eine Rolle. Drei Söhne hat Don Vito: Fredo, den niemand für voll nimmt, Sonny, der zu unbeherrscht ist und im Kugelhagel stirbt, und Michael, ein Intellektueller, der sich nach einem bürgerlichen Leben mit seiner Verlobten sehnt. Doch er ist es, der die Gegner der Familie beseitigt. Michael steigt in das Geschäft des Vaters ein und wird der neue Pate.

The Godfather: Marlon Brando und Salvatore Corsitto

In der fast halbstündigen Eingangssequenz konfrontiert Coppola die Besuche im zwielichtigen Arbeitszimmer des Paten mit dem fröhlichen Treiben auf der Hochzeit seiner Tochter Connie im Garten. Helligkeit und Sonnenschein bestimmen den Familienmythos, der in der Heimat Siziliens wurzelt; die Geschäfte finden im Dämmerlicht bei zugezogenen Läden statt. Womit die Corleones ihr Geld verdienen, erfährt man nicht genau. Den Drogenhandel lehnt Don Vito ab: Rauschgift beschleunige das Geschäft, doch zerstöre es den traditionellen Zusammenhalt der Familie. Diese Weigerung löst den Krieg mit den anderen Familien aus. Coppolas Perspektive ist nostalgisch: Über Don Vito ist die Zeit hinweggegangen. Er ist ein Genießer. Ihm schmeckt der Wein. Niedergeschossen wird er, während er am Obststand eine Orange aussucht. In der Generationenfolge manifestiert sich der Übergang vom Patriarchen, den Marlon Brando mit sparsamen Gesten eindrucksvoll darstellt, zum kalt berechnenden Geschäftsmann, der sein Handeln allein an Macht und Profit ausrichtet.

Der melodramatische Aufbau des Films und seine lineare Erzählung, die atmosphärische Dichte, bei den mehrfach wiederkehrenden Familienfesten in großen Tableaus eingefangen, begründen allein noch nicht den überraschenden Publikumserfolg. Bei Herstellungskosten von 6,2 Millionen Dollar spielte *The Godfather* in zwölf Jahren weltweit über 300 Millionen Dollar ein und wurde mit den drei wichtigsten Oscars – bester Film, bestes Drehbuch, bester Darsteller (Brando) – ausgezeichnet. Coppola hatte den Regieauftrag nur angenommen, weil seine eigene Produktionsfirma in finanzielle Schwierigkeiten geraten war. Zunächst weigerte er sich, ein Sequel zu drehen, inszenierte aber zwei Jahre später *The Godfather. Part II*: keine direkte Fortsetzung, sondern eine Erweiterung des ersten Teils. Zwei Geschichten werden parallel erzählt: die Immigration und der Aufstieg des jungen Vito Corleone zwischen 1901 und 1917 sowie der Verfall der Familie nach 1958, den der machtbesessene Michael nicht aufzuhalten vermag. Mit *The Godfather. Part III* (1990) fand die

Familiensaga einen eher enttäuschenden Abschluß: Coppola demontierte den von ihm geschaffenen Mythos und zitierte nur noch sich selbst. Geändert hatte sich aber auch der Zeitgeist: Zwischen Vietnam-Protest und Watergate sind die beiden ersten *Godfather*-Filme entstanden; in ihnen spiegelt sich mittelbar auch die Vertrauenskrise in der amerikanischen Politik. »I believe in America«, beginnt der erste Satz des Gangster-Epos. Das Glaubensbekenntnis war zynisch gemeint: Coppola präsentierte die Mafia als Metapher für Amerika.

»*Der Pate/The Godfather*«. Rottenburg-Oberndorf 1986. Hg. Werner Faulstich/Joachim Auch. (Filmprotokoll).
Anthony Ambrogio: »*The Godfather*, I and II: Patterns of Corruption«, in: Film Criticism, 1978/79, H. 1; Peter Biskind: »The *Godfather* Companion«. New York 1990; Nick Browne (Hg.): »Francis Ford Coppola's *The Godfather*«. Cambridge 2000; Peter Cowie: »*The Godfather* Book«. London 1997; Stephen Farber: »Coppola and *The Godfather*«, in: Sight and Sound, 1972, H. 4; Jörg Friedrich: »*Der Pate* und die Panik der ›Schweigenden Mehrheit‹«, in: Filmkritik, 1972, H. 12; N. Greene: »Coppola, Cimino: The Operatics of History«, in: Film Quarterly, 1984/85, H. 2; Norbert Grob: »Gordon Willis: Die Gestaltung des Blicks«, in: Filme, Berlin, 1980, H. 6; ders.: »The Empire Strikes Back. Siebzehn Notizen zu Coppolas *Paten* 1-3«, in: epd Film, 1991, H. 4; Peter W. Jansen/Wolfram Schütte (Hg.): »Francis Ford Coppola«. München 1985; Harlan Lebo: »*The Godfather* Legacy«. New York 1997; J.P. Latimer: »*The Godfather*: Metaphor and Microcosm«, in: Journal of Popular Film, 1973, H. 2; Stefan Lux: »Out of the Past: Francis & Michael«, in: film-dienst, 1991, H. 6; Mario Puzo: »Die Welt des Paten. Geständnisse des Autors zu Buch und Film«. Wien u.a. 1972; J. Vogelsang: »Motifs of image and sound in *The Godfather*«, in: Journal of Popular Film, 1973, H. 2; John Yates: »*Godfather* Saga: The Death of the Family«, in: Journal of Popular Film, 1975, H. 2; Ira Zuckerman: »The *Godfather* Journal«. New York 1972.

Tim Darmstädter

DIE GOLDENE KAROSSE

↗ Carrozza d'oro

GOLDENES GIFT ↗ Out of the Past

DAS GOLDENE ZEITALTER

↗ Âge d'or

GOLDRAUSCH ↗ Gold Rush

THE GOLD RUSH (Goldrausch).

USA (Chaplin/United Artists) 1925. 35 mm, s/w, stumm, 2.608 m.
R+B: Charles Chaplin. K: Roland H. Totheroh. A+Ba: Charles D. Hall. M: Charles Chaplin (Tonversion).
D: Charles Chaplin (Goldgräber), Georgia Hale (Georgia), Mack Swain (Big JimMckay), Tom Murray (Black Larson).

The Gold Rush ist Chaplins populärster Film. Vor allem die berühmten Slapstickszenen bleiben dem Publikum im Gedächtnis: das Schuh-Dinner, bei dem der Tramp und Big Jim ein wesentliches Bekleidungsstück des Tramps verspeisen. Wie Chaplin dabei den Schuhnagel fein säuberlich abnagt wie einen Knochen, galt schon Alfred Polgar als »Witz ganz anderer, um eine Schraubenwindung höherer Art« (»Das Tagebuch«, 27.2.1926). Daneben funkeln weitere Einfälle: Chaplin als Huhn, das sein Kumpel Big Jim im Hungerwahn schlachten will; die Hütte über dem Abgrund und vor allem der Brötchentanz, vielleicht die graziöseste Szene, die Chaplin je gespielt hat. Kurt Tucholsky überschrieb sogar seine Kritik »Der Brötchentanz« (»Vossische Zeitung«, 25.12.1925) und schwärmte von der »schlumpige(n) Grazie diese(s) Spitzentanz(es) in Lumpen«. Über diesen Szenen darf man nicht übersehen, daß Chaplin in diesem Film der Trampfigur eine wesentlich tiefere Dimension gibt als früher. Alle Slapsticks sind aus tragischen und existentiell bedrohlichen Situationen heraus entwickelt: Lebensgefahr, Hunger, Einsamkeit. Der Tramp wird noch eindeutiger als Außenseiter der Gesellschaft gekennzeichnet. Der einsame Goldsucher steht selbst am Sylvesterabend beim traditionellen »Auld lang syne« draußen allein in der Kälte.
Zu der Geschichte dieses Films wurde Chaplin angeregt durch die Lektüre eines Buches über die Donner-Expedition, bei der viele Mitglieder in Schnee und Eis umkamen; bei ihm wird die Goldsuche zur Metapher für die vergebliche Jagd nach dem Glück und für die nur an materiellen Werten orientierte

Gesellschaft. Wirkliche menschliche Zuwendung erlebt der Tramp nur einmal von Hank Curtis, und dessen Mitleid hat er sich erschwindelt durch die vorgetäuschte Ohnmacht. Freundschaft und Liebe bleiben ihm verwehrt, auch sein Verhältnis zu Big Jim ist eine Not- und Zweckgemeinschaft: Der Tramp wird von seinem Partner als Arbeitstier ausgenutzt. Die sozialkritischen Tendenzen des Films sind nicht zu übersehen.

So ist das Happy End des Films im Wortsinn erkauft, denn der Tramp gelangt zu gesellschaftlichem Ansehen und zu seiner geliebten Georgia erst als Millionär. Doch büßt er dafür seine Identität ein, er ist nur noch »Big Jims Partner« und bleibt selber namenlos. Der plötzliche Reichtum, der einem unwahrscheinlichen Zufall zu verdanken ist und die hektische Vermarktung der märchenhaften Erfolgsstory, setzen außerdem deutlich ironische Akzente. Georgia, die sich mit ihren Freundinnen stets über den komischen kleinen Mann lustig gemacht hat, hätte ihn kaum genommen, wenn er der arme Schlucker geblieben wäre. Immerhin hat sie, die sich als Tanzgirl verkaufen muß – bei Chaplin ein Synonym für Prostitution – noch Reste echten Gefühls bewahrt. In der Tonfassung hat Chaplin 1942 das Ende gekürzt und den langen Kuß geschnitten, so daß das gemeinsame Glück nur kurz angedeutet wird.

Der Film, der ca. eine Million Dollar kostete und mehr als sechs Millionen Dollar einspielte, wurde ein weltweiter Erfolg. Auch in Deutschland wurde der Film begeistert gefeiert: »Der allerschönste Film der Welt, der aller-, allerschönste Film, der jemals gemacht worden ist«, schwärmte Willy Haas im »Film-Kurier« (18.2.1926), und der Chefredakteur dieser Zeitung, Hans Feld, hat berichtet, daß bei der Berliner Premiere sich etwas Einmaliges ereignete: Das wild klatschende Publikum erzwang ein da capo des Brötchentanzes während der Vorstellung.

»*The Gold Rush*«, in: Cinema, 1968, H. 2. Hg. Timothy J. Lyons. (Filmprotokoll).

Nöel Carroll: »*The Gold Rush*«, in: Wide Angle, 1979/80, H. 2; Willy Haas: »*Goldrausch*«, in: ders.: Der Kritiker als Mitproduzent. Berlin 1991; Timothy J. Lyons: The Idea in *The Gold Rush*: A Study of Chaplin's Use of the Comic Technique of Pathos Humor«, in: Donald W. McCaffrey (Hg.): Focus on Chaplin. Englewood Cliffs 1971; Gerald Mast: »A Comparison of *The Gold Rush* and *The General*«, in: ebd.; Jennifer E. Michaels: »Chaplin and Brecht: *The Gold Rush* and ›The Rise and Fall of the City of Mahagonny‹«, in: Literature/Film Quarterly, 1980, H. 3; William Paul: »*The Gold Rush*«, in: Film Comment, 1972, H. 8.

Helmut G. Asper

DER GOLEM, WIE ER IN DIE WELT KAM

Deutschland (Projektions-AG Union) 1920. 35 mm, s/w, stumm, 1.922 m.

R: Paul Wegener, Carl Boese. B: Paul Wegener. K: Karl Freund. Ba: Hans Poelzig unter Mitarbeit von Kutz Richter. Kostüme: Rochus Gliese. M: Hans Landsberger.

D: Paul Wegener (der Golem), Albert Steinrück (Rabbi Löw), Lyda Salmonova (Mirjam, seine Tochter), Ernst Deutsch (Famulus), Otto Gebühr (der Kaiser), Lothar Müthel (Junker Florian).

Paul Wegener hat sich mit diesem Film und mit ↗*Der Student von Prag* in die Filmgeschichte als Mitbegründer des phantastischen Kinos eingeschrieben. Dreimal hat Wegener sich an diesem Stoff aus der jüdisch-kabbalistischen Sagenwelt versucht: 1914 entstand der Film *Der Golem*, im selben Jahr, in dem Gustav Meyrink, wohl unabhängig vom Film, seinen Roman »Golem« veröffentlichte; 1917 drehte Wegener *Der Golem und die Tänzerin*; doch erst mit dem letzten Versuch von 1920 war die Zeit reif, waren Technik und künstlerisches Personal der deutschen Filmindustrie auf einem Stand, der einen großen Atelierfilm möglich machte.

Der Film gilt besonders wegen Poelzigs Bauten als der expressionistische Film schlechthin. Sein mittelalterlich-jüdisches Städtchen mit Gassen, Fassaden und Treppen ohne rechten Winkel erinnert in manchen Elementen auch an Jugendstil und Art Nouveau. In ↗*Das Cabinet des Dr. Caligari* oder *Von morgens bis Mitternacht* (1920) wird die expressionistische Bildwirkung mit graphischen Mitteln erreicht, die Räume werden mit bemalten Versatzstücken und Stellwänden markiert. Hans Poelzig jedoch baute als erster deutscher Filmarchitekt eine vollkommen plastische Stadt mit Fassadenreihen und Innenräumen, verwinkelt, verbogen: psychischer Ausdruck eines Ghettos in Angst. Die rhythmische Gliederung der Räume wächst erst durch die Lichtbehandlung zu einem magischen Milieu zusammen. Unruhige Lichtquellen mit ihren spezifischen Effekten bestimmen die Figuren und ihre Umgebung. Rabbi Löw bewegt sich über eine ohrmuschelförmige Wendeltreppe zwischen der Turmspitze, wo er mit dem Fernrohr das drohende Unheil aus den Sternen liest, und der tiefer gelegenen Alchimisten-Küche, in der am flackernden Feuer der Rabbi und sein Famulus über ihren Experimenten grübeln. In der Synagoge wabert das Licht des siebenarmigen Leuchters; die Reflexe auf den Gesichtern der Betenden steigern sich, wenn das Ghetto brennt und die Massen aus der Synagoge in die Gassen drängen.

Drei große Schauspieler drücken dem Film ihren Stempel auf. Paul Wegener spielt das Halbwesen Golem mit seiner wuchtigen Körperlichkeit als traurig-kalten Lehmkloß, der sich nach menschlichen Gefühlen sehnt. Diese Gefühle wirken jedoch bei ihm zerstörerisch: Aus Liebe zu Mirjam tötet er ihren Liebhaber; die zarte Zuneigung zu einem spielenden Kind, das ihm neugierig sein magisches Zeichen von der Brust nimmt, ohne das er nicht lebensfähig ist, läßt ihn am Ende wieder zu Lehm werden. Der junge Ernst Deutsch spielt äußerst präsent eine glühende Mischung aus neugierigem Zauber-Lehrling und ängstlich zu kurz gekommenem Liebhaber. Albert Steinrücks durchfurchtes Gesicht zeigt uns einen Wunderrabbi, der Welträtsel löst und doch verzweifelt.

»*The Golem*«, in: Masterworks of the German Cinema. London 1973. (Filmtext).

Lotte H. Eisner: »Die dämonische Leinwand«. Frankfurt a.M. 1975; Holger Jörg: »Die sagen- und märchenhafte Leinwand«. Sinzheim 1994; Elfriede Ledig: »Paul Wegeners *Golem*-Filme im Kontext fantastischer Literatur«. München 1989; Wolfgang Pehnt: »Le architetture di Hans Poelzig per il film *Der Golem*/Hans Poelzig's film set for *Der Golem*, 1920«, in: domus, Mailand, 1987, H. 688; Dietmar Peitsch: »Jüdische Lebenswelt in Spielfilmen und Fernsehspielen«. Tübingen 1992; Peter Schott (Hg.): »*Der Golem, wie er in die Welt kam*«, in: Sequenz, Nancy, 1994, H. 7.

Lothar Schwab

GONE WITH THE WIND

(Vom Winde verweht). USA (Selznick International/Metro-Goldwyn-Mayer) 1939. 35 mm, Farbe, 219 Min.

R: Victor Fleming. B: Sidney Howard, F. Scott Fitzgerald, Donald Ogden Stewart, Ben Hecht u.a., nach dem gleichnamigen Roman von Margaret Mitchell. K: Ernest Haller, Ray Rennahan, Lee Garmes, Paul Hill. A: William Camerson Menzies, Macmillan Johnson. M: Max Steiner. D: Clark Gable (Rhett Butler), Vivien Leigh (Scarlett O'Hara), Leslie Howard (Ashley Wilkes), Olivia de Havilland (Melanie Hamilton), Thomas Mitchell (Gerald O'Hara), Hattie McDaniel (Mammy).

Gone With the Wind ist ein Film von David O. Selznick. Er kaufte die Rechte an dem Bestseller und finanzierte den Monumentalfilm, er legte nicht nur die Eckdaten des Budgets fest, sondern kümmerte sich um alle Einzelheiten, die er in zahllosen »Memos« festlegte. In einem beispiellosen Publicity-Feldzug, der die amerikanische Nation über Monate beschäftigte, wurde die Besetzung der Hauptrollen gefunden. In den Credits wird als Drehbuchautor lediglich Sidney Howard genannt, in Wahrheit waren jedoch zwölf Autoren, darunter Literaten wie F. Scott Fitzgerald und ausgewiesene Filmautoren wie Ben Hecht, an der Erstellung des Drehbuchs beteiligt; der dreizehnte, der entscheidend das Manuskript prägte, hieß Selznick. Laut Vorspann führte Victor Fleming Regie, doch begonnen hatte den Film George Cukor, der von Selznick gefeuert wurde; zwischendurch legte Fleming die Arbeit nieder und wurde von Sam Wood ersetzt, kehrte aber dann wieder zurück. Dem Film sind diese Turbulenzen nicht anzusehen, denn er ist nicht das Werk eines Autors oder Regisseurs, sondern des Studiosystems. Für das Production Design – ein Begriff, der mit

Ausstattung nur unzulänglich übersetzt ist – war William Cameron Menzies verantwortlich; die prächtigen Kostüme, die kolossalen Bauten, die wirkungsvollen Farbeffekte und die pathetische Musik wurden von hochqualifizierten Fachleuten der Filmbranche geschaffen. Sie hatten ihre Kreativität den Vorstellungen des Produzenten, der oftmals noch am Drehort wesentliche Änderungen vornahm, unterzuordnen. Wenn der Film aufblendet und sich an den Schauplatz Tara begibt, sieht man in der ersten Einstellung ein Holzschild, das den Besitzer des Territoriums anzeigt: »A Production by David O. Selznick«.

Die Verfilmung des schwülstigen Südstaaten-Epos verschlang vier Millionen Dollar Produktionskosten und zog sich über dreieinhalb Jahre hin. Die Geschichten, die sich um die Entstehung und den Erfolg ranken, gehören zum Hollywood-Mythos: Selznick, Schwiegersohn von Louis B. Mayer, lieh sich von MGM den dort unter Vertrag stehenden Clark Gable aus und trat dafür die Verleihrechte ab; 77 Millionen Dollar spielte der Film bis 1968 ein und kam dann erneut in die Kinos, umkopiert auf das Breitwandformat 70 mm und mit Stereoton versehen. Die Postproduction inkl. des Nachdrehs einzelner Szenen besorgte Selznick persönlich; er räumte dem Regisseur nicht einmal ein Mitspracherecht am Schnitt ein. *Gone With the Wind* stellt auch in dieser Hinsicht die Apotheose auf das traditionelle Hollywood-Kino dar: Kurz nach der Fertigstellung gewannen die Gewerkschaften und die Interessenverbände an Einfluß, die Zeit für despotisch herrschende Filmmogule war abgelaufen.

Der anhaltende Publikumserfolg ist zurückzuführen auf die Liebesgeschichte: Scarlett und Rhett, dargestellt von Vivian Leigh und Clark Gable, bilden ein Traumpaar, das nicht zusammenkommen kann. Er ist ein Abenteurer und Außenseiter, sie die verwöhnte Tochter eines Gutsbesitzers. Sie fühlt sich von ihm angezogen, wehrt ihn zugleich aber ab und erhält sich so die Illusion vom unerreichbaren Liebhaber: Rhett dient ihr zur Befriedigung narzißtischer Phantasien. Die Versagung des Glücks, der beiderseitige Verzicht auf die Erfüllung ihrer Sehnsüchte ist die Voraussetzung, daß diese Liebe ewig währt: Obwohl die Handlung sich über ein Jahrzehnt erstreckt und der Film dreieinhalb Stunden lang ist, befindet sich am Ende die Beziehung im selben Spannungsverhältnis wie zu Beginn.

Über drei Jahrzehnte führte *Gone With the Wind* die Liste der erfolgreichsten Filme aller Zeiten an. Für die Kinder des Medienzeitalters gehört das Technicolor-Rührstück zu den Märchen, mit denen sie groß geworden sind. Jerome Charyn geht in »Movieland«, einem subjektiven Rückblick auf die amerikanische Traumkultur, mit dem Film hart ins Gericht: In *Gone With the Wind* finde sich »keine Figur, die sehr weit über die Pubertät hinausgelangt zu sein scheint. Scarlett ist ein Gör und eine Karriereschwester, die am Ende nicht ihren Willen bekommt. Und Rhett ist ein Pirat, der in sein Privatkönigreich verschwindet. Die Schwarzen sind alle gute oder böse Kinder. Die weißen Frauen sind Huren oder Mauerblümchen und Schönheiten. Die Männer sind Schlawiner oder ritterliche Narren mit Poesie im Blut.« Der Film arbeitet mit einfachen und desto wirkungsvolleren Mitteln. Charyns abschließendes Urteil lautet denn auch: »Hollywood als Hochromanze. Eine so obsessive Klarheit sollte es nicht noch einmal geben.«

»*Gone With the Wind*«. Hg. Richard Harwell. New York 1980. (Filmtext).

Rudy Behlmer (Hg.): »Memo from David O. Selznick«. New York 1972; Herb Bridges/Terryl C. Boodman: »*Gone With the Wind*«. London u.a. 1989; Jerome Charyn: »Movieland«. Hildesheim 1993; Werner Faulstich: »Individuelle Versagung als gesellschaftlicher Appell: *Vom Winde verweht* (1939)«, in: ders./Helmut Korte (Hg.): Fischer Filmgeschichte. Bd.2. Frankfurt a.M. 1991; Roland Flamini: »*Vom Winde verweht*«. München 1982; Aljean Harmetz: »On the Road to Tara«. New York 1996; Ronald Haver: »David O. Selznick's Hollywood«. München 1980; Kathryn Kalinak: »The Fallen Woman and the Virtuous Wife: Musical Stereotypes in *The Informer*, *Gone With the Wind*, and *Laura*«, in: Film Reader, 1982, H. 5; Gavin Lambert: »The Making of *Gone With the Wind*«. Boston, Toronto 1973; Renate Lippert: »*Vom Winde verweht*. Film und Psychoanalyse«. Frankfurt a.M. 2002; T.H. Pauly: »*Gone With the Wind* and *The Grapes of Wrath* as Hollywood Histories of the Depression«, in: Journal of Popular Culture, 1974, H. 2; Daniela Sannwald: »*Gone With the Wind*«, in: Rainer Rother: Mythen der Nationen: Völker im Film. München,

Berlin 1998; Alan David Vertrees: »Reconstructing the ›Script in Sketch Form‹: An Analysis of the Narrative Constructive and Production Design of the Fire Sequence in *Gone With The Wind*«, in: Film History, 1989, H. 2; Mechthild Zeul: »Der unerreichbare Mann«, in: Frauen und Film, 1986, H. 40.

Michael Töteberg

GOOD BYE, LENIN! Deutschland (X Filme Creative Pool) 2002/03. 35 mm, Farbe, 120 Min.
R: Wolfgang Becker. B: Bernd Lichtenberg, Wolfgang Becker. K: Martin Kukula. A: Lothar Holler. S: Peter R. Adam. M: Yann Tiersen.
D: Daniel Brühl (Alex), Katrin Saß (Mutter), Chulpan Khamatova (Lara), Maria Simon (Ariane), Florian Lukas (Denis).

Die DDR lebt weiter auf 79 qm – in der Plattenbauwohnung von Frau Kerner. Die Lehrerin und verdiente Aktivistin hat die Wende verschlafen: Am 9. Oktober 1989, als sie ihren Sohn Alex bei einer Montagsdemo sah, ist sie ins Koma gefallen und erst nach acht Monaten wieder erwacht. Alex fürchtet, den Zusammenbruch der vertrauten Welt würde sie nicht überleben, deshalb hält er für die bettlägerige Mutter den längst nicht mehr existenten Sozialismus in den eigenen vier Wänden aufrecht. Das gelingt ihm, angesichts der rasanten Umgestaltung der Lebenswelt, nur noch mit zunehmend größeren Mühen und immer phantastischeren Tricks – er ist ein Zauberlehrling, der die einmal gerufenen Geister nicht mehr los wird: Die alten Produkte des täglichen Lebens, etwa die Spreewaldgurken, sind nicht mehr zu beschaffen, das auf der gegenüberliegenden Häuserfront entrollte Coca-Cola-Banner bedarf einer Erklärung, die Jungs aus der Nachbarschaft müssen bestochen werden, damit sie der Mutter ein Geburtstagsständchen im FDJ-Blauhemd bringen, und schließlich türkt Alex mit Hilfe von Freund Denis gar Ausgaben der DDR-Nachrichtensendung »Aktuelle Kamera«.

Der Plot ist ein Komödieneinfall, geeignet für eine turbulente Farce, die als Realsatire die Wiedervereinigung, den Zusammenprall zweier Lebenswirklichkeiten rekonstruiert und gleichzeitig dekonstruiert. Becker nutzt die Grundidee als Folie, um die Geschichte einer zerrissenen Familie als Tragikomödie zu erzählen. Der Film holt weit aus in die Biographien der Figuren, stellt an den Anfang Erinnerungen an den Sommer 1978, kommentiert von Alex, dessen Perspektive, als Voice-over-Stimme präsent, den Film prägt. An Bord der sowjetischen Sojus startet Sigmund Jähn als erster Deutscher ins All; Alex' Vater ist von einer Westreise nicht zurückgekehrt. Der eine gilt als Held der DDR, der andere als Republikflüchtling und Verräter. Das insistierende Verhör der Stasi-Leute führt zum Zusammenbruch der Mutter; als sie nach acht Wochen aus der Klinik zurückkehrt, wird nicht mehr vom Vater gesprochen, ist die Mutter fortan mit dem Sozialismus verheiratet. Nach der Maueröffnung spürt Alex den Vater in einem Westberliner Villenviertel auf und erfährt die Wahrheit, wie es damals zur Trennung der Eltern kam. Am Ende, nach dem Tod der Mutter, wird ihre Asche mit einer Pionierrakete in alle Winde zerstreut. Alex: »Das Land, das meine Mutter verließ, war ein Land, an das sie geglaubt hatte. Ein Land, das es in Wirklichkeit nie so gegeben hat. Ein Land, das in meiner Erinnerung immer mit meiner Mutter verbunden sein wird.«

»Glückliche Menschen haben ein schlechtes Gedächtnis und reiche Erinnerungen«, schloß Thomas Brussig ironisch seinen Roman zum Film *Sonnenallee*. Die Erinnerung vollbringe das Wunder, einen Frieden mit der Vergangenheit zu schließen. Leander Haussmanns *Sonnenallee* (1999) war – nach einer Reihe von wenig überzeugenden Auseinandersetzungen mit der Thematik von etablierten Regisseuren aus dem Osten (*Der Tangospieler*, Roland Gräf, 1990; *Der Verdacht*, Frank Beyer, 1991 u.a.) und dem Westen (*Das Versprechen*, Margarethe von Trotta, 1994) – der erste Film, der die DDR-Wirklichkeit dem Gelächter preisgab und gleichzeitig nostalgische Gefühle bediente. Der Witz von *Sonnenallee* war nahe der Klamotte angesiedelt; *Good Bye, Lenin!* dagegen ist eine Komödie mit tragischen Untertönen. Die Lüge als Medium der Liebe, dieses Thema hat Becker gereizt, schließlich auch die Gefahr, der eigenen Lüge zu verfallen, durchaus auch in Analogie zum politischen System, das sich in seinen eigenen Lügen verstrickt hatte. Der aufgedeckte Selbstbetrug mündet in einer Komik, die einen ironischen Blick auf den Kulissenstaat und die Selbstinszenierung der DDR ermöglicht. Nebenbei wird die Rolle der Medien kritisch vorgeführt: eine kleine Manipulation genügt, und die Fernsehbilder bezeugen eine Massenflucht aus dem Kapitalismus in das sozialistische Paradies.

Good Bye, Lenin! war ein Überraschungserfolg. Bei der Uraufführung während der Berlinale 2003 wurde der Film lediglich mit einem Nebenpreis bedacht, erst später folgte ein wahrer Preis-Segen (darunter 9 Deutsche Filmpreise, 6 europäische Filmpreise sowie der französische César). Im deutschen Kino sahen den Film 6,5 Millionen Zuschauer, erstaunlicherweise war in den alten und neuen Bundesländern die Begeisterung gleich groß. *Good Bye, Lenin!* ist ein Westprodukt – Drehbuchautor und Regisseur, auch die Produktionsfirma haben keinerlei Ursprünge in der DDR; lediglich Katrin Saß, die Darstellerin der Mutter, verfügt über eine Ost-Identität –, doch dieser Umstand führte nicht zu den sonst üblichen Etikettierungen. In der Mentalitätsgeschichte der Bundesrepublik markiert das Kinoereignis den Punkt, wo die »Zonenkinder« (Titel eines zeitgleich erschienenen Bestsellers von Jana Hensel) nicht länger durch Verleugnung, Verdrängung oder Ressentiments das Leben ihrer Eltern auf dem Müllhaufen der Geschichte entsorgen wollten. Dem Phänomen, das über den Film hinausweist, konnte sich auch die Politik nicht entziehen: Die Vorführung für die Bundestagsabgeordneten im Ost-Berliner Kino »International« auf der Karl-Marx-Allee war »ein in der Geschichte der Bundesrepublik ziemlich singulärer Vorgang« (Frankfurter Allgemeine Zeitung).

Good Bye, Lenin! wurde in 64 Länder verkauft. Auf den ersten Blick mag die internationale Karriere dieses Films, der eng verbunden ist mit der deutsch-deutschen Umbruchsituation, erstaunlich sein. Doch Wolfgang Becker erzählt eine universelle Geschichte, die offensichtlich übertragbar ist. In Frankreich sahen 1,3 Millionen Zuschauer *Good Bye, Lenin!*, auch in Italien und England plazierte sich der Film unter den Top Ten und verschaffte dem sonst ungeliebten deutschen Film neues Renommee. Besonders spannend war die Rezeption in Osteuropa, in Polen oder Tschechien z.B., wo das Museum für Kommunismus die Kinopremiere sponserte. Vorführungen in Havanna und Hongkong erwiesen sich als Sprengstoff: Die Menschen stürmten das Kino, Scheiben gingen zu Bruch. Die liebevoll erzählte Tragikomödie ist nur vordergründig unpolitisch, sie spiegelt einen welthistorischen Umbruch im Privaten und erfaßt damit einen psychologischen Epochenbefund: die enorme Verdrängungsleistung, die eine politische Wende erfordert.

»*Good Bye, Lenin!*«. Hg. von Michael Töteberg. Berlin 2003. (Filmtext, Materialien).
Seán Allan: »Burgerking versus Spreewaldgurken. Der Ost-West-Diskurs in Wolfgang Beckers *Good Bye, Lenin!*«, in: Ruth Reiher/Antje Baumann (Hg.): Vorwärts und nichts vergessen. Berlin 2004; Thomas Binotto: »*Good Bye, Lenin!*«, in: Filmbulletin, 2003, H. 2; Jens Bisky: »Zonensucht. Kritik der neuen Ostalgie«, in: Merkur, 2004, H. 658; Dominique Bontemps: »*Good Bye, Lenin!* de Wolfgang Becker. Réalités et mensonges«, in: Allemagne d'aujourd'hui, 2004, H. 167; Matthias Dell: »Sandmann, lieber Sandmann«, in: Freitag, 28.2.2003; Evelyn Finer: »Die unsinkbare Republik«, in: Die Zeit, 6.2.2003.

Michael Töteberg

GOODFELLAS

USA (Irwin Winkler Production/Warner Bros.) 1990. 35 mm, Farbe, 146 Min.
R: Martin Scorsese. B: Nicholas Pileggi, Martin Scorsese nach dem Sachbuch »Wise Guy« von Nicholas Pileggi. K: Michael Ballhaus. S: Thelma Schoonmaker. M: James Sabat.
D: Robert de Niro (James Conway), Ray Liotta (Henry Hill), Joe Pesci (Tommy DeVito), Lorraine Bracco (Karen Hill), Paul Sorvino (Paul Cicero).

Mit einundzwanzig hat Henry Hill es geschafft. Der Sohn einer italienischen Mutter und eines irischen Arbeiters aus Brooklyn trägt feinstes Tuch, stolziert in von Hand gearbeiteten Schuhen herum, hat jede Menge Bares in der Tasche und führt die heißblütige Karen durch Keller und Küche eines angesagten

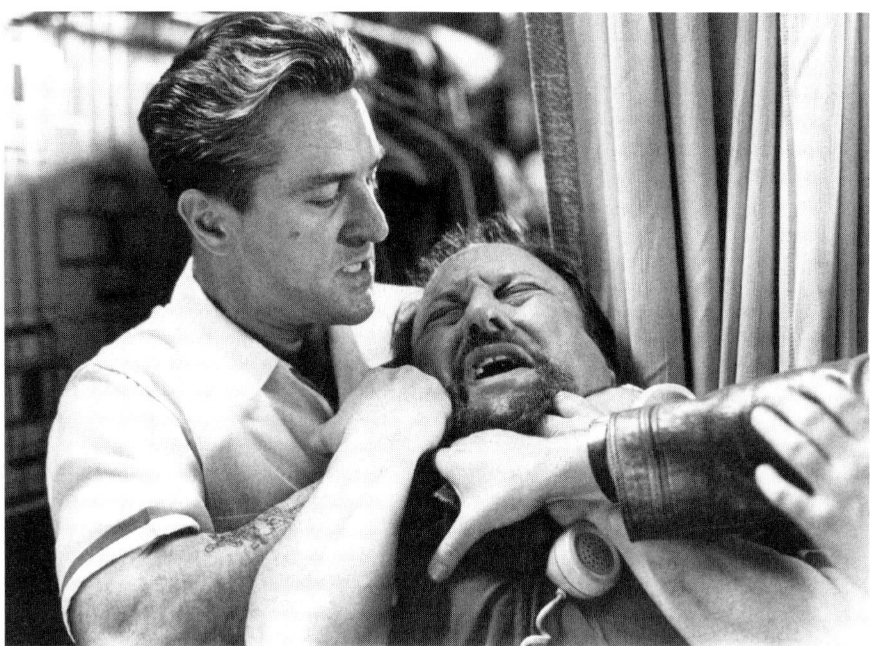

GoodFellas

Nightclubs direkt an den extra für ihn aufgestellten Tisch vor der Showbühne.

Henry ist ein »Wise Guy«, ein ausgekochter Gangster, der für die Mafia arbeitet. Seine Lebensgeschichte hat er dem amerikanischen Journalisten Nicholas Pileggi erzählt, der nach diesen Tonbandprotokollen einen ebenso packenden wie authentischen Bericht aus der Welt des organisierten Verbrechens veröffentlichte. Martin Scorsese drehte zu der Zeit noch *The Color Of Money*, begeisterte sich aber gleich für die Story des Insiders Hill: »Ich wußte, es könnte ein faszinierender Film werden, wenn wir das Lebensgefühl so erhalten könnten, wie es in Nicks Buch vorkam, und wenn wir auch noch ein Publikum dazu brächten, sich für diese Figuren als menschliche Wesen zu interessieren, also in einem fiktiven Film so nahe wie möglich an die Wahrheit heranzukommen, ohne die Figuren reinzuwaschen oder falsche Sympathie für sie zu wecken.«

GoodFellas ist das drei Jahrzehnte umfassende Epos vom Aufstieg und Fall des geblendeten und dann auch verblendeten Jungen aus Brooklyn. Henry Hill steigt als Dreizehnjähriger bei der »Ehrenwerten Gesellschaft« ein, macht Botengänge und darf die Cadillacs und Lincolns der mit blitzenden Ringen und goldenen Ketten bestückten Mafiosi einparken. Aus dem Laufburschen wird ein Gangster, der nichts mehr einbringende Restaurants abfackelt und von Mal zu Mal skrupelloser wird. Gemeinsam mit seinem Jugendfreund Tommy schließt er sich dem eiskalten Nadelstreifen-Killer James Conway, Jimmy »The Gent« genannt, an und gerät immer tiefer in den Strudel der Gewalt. Widersacher, vermeintliche Verräter oder auch nur ein herablassend spottendes »Familienmitglied« werden gemordet, verbuddelt oder demonstrativ im Müll entsorgt. Mitte der Siebziger fährt Henry Hill schließlich in den Knast ein. Dort beginnt er, mit Speed und Koks zu dealen. Nach seiner Entlassung ist er selbst drogenabhängig.

Mit dem minutiös nachgezeichneten Ablauf eines Sonntags im Mai 1980 leitet Scorsese das psychische Ende seines Protagonisten ein. Von der Drogenfahndung observiert, hetzt Henry Hill durch den Tag, bis er abends gestellt wird und restlos erschöpft zusammenbricht. Weil er seine Deals dem Paten Paulie gegenüber nicht offengelegt hat, läßt der ihn fallen und auch vor Jimmy »The Gent« ist er nun nicht mehr sicher. Henry Hill packt vor Gericht umfassend aus und erhält im Gegenzug eine neue Identität, ist fortan dazu verdammt, fernab in öder Provinz als »durchschnittlicher Niemand den Rest meines Lebens als Trottel zu verbringen«.

GoodFellas ist, nicht allein im Urteil Tom Tykwers, »stilistisch einer der wegweisenden Filme der neunziger Jahre«. Scorsese wählt eine episodische Struktur, setzt eine Off-Stimme und Standbilder ein, verfolgt Seitenstränge und Details, statt die kontinuierliche Narration gleichmäßig zu entfalten. Berühmt wurde die (von Kameramann Michael Ballhaus mit der Steadycam aufgenommene) Sequenz, in der Henry und Karen von der Straße durch den Hintereingang und die Küche bis ins vollbesetzte Lokal »Copacabana« gelangen, während der Kellner ihren Tisch über die Köpfe der Anwesenden hinwegträgt zum besten Platz vor der Bühne; die ungeschnittene Einstellung fängt das Lebensgefühl ein: Dem aufstrebenden Gangster liegt die Welt zu Füßen. Die gewalttätigen und mitunter grausam komischen Episoden untermalt Scorsese mit den Hits der jeweiligen Jahre. Für sechs Oscars nominiert, wurde allein Joe Pesci als bester Nebendarsteller in der Rolle des psychopathischen Tommy DeVito ausgezeichnet: Der Regisseur und seine bislang unübertroffene Darstellung des »Mob von Innen« gingen leer aus. *GoodFellas* ist, obwohl ihm die Anerkennung verweigert wurde, ein Meisterwerk, dessen Vitalität Tom Tykwer rühmte: »Das kann keiner so wie Scorsese: eine geradezu exzessive physische Erfahrung filmisch zu formulieren und dennoch immer den tiefen, manchmal sogar traurig-zärtlichen Blick auf die Menschen zu bewahren.«

»*GoodFellas*«. Hg. David Thompson. London/Boston 1993. (Filmtext).

Pam Cook: »Screening the Past«. London, New York 2005; Andy Dougan: »Nahaufnahme: Martin Scorsese«. Reinbek 1988; Robert Phillip Kolker: »Allein im Licht«. München, Zürich 2002; David Konow: »A Real Good Fella«, in: Creative Screenwriting, 2001, H. 2. (Interview mit Pileggi); Maria T. Milliora: »The Scorsese Psyche on Screen«. Jefferson 2004; Ben Nyce: »Scorsese Up Close«. Lanham 2003; Lawrence S. Friedman: »The Cinema of Martin Scorsese«. New York 1997; Roberto Lasagna: »Martin Scorsese«. Rom 2002; Georg Seeßlen: »Martin Scorsese«. Berlin 2003; David Thompson/Ian Christie (Hg.): »Scorsese über Scorsese«. Frankfurt a.M. 1996; Tom Tykwer: »Michael Ballhaus, Director of Photography«. Berlin 2002.

Frank Göhre

GORI, GORI, MOJA SVESDA

(Leuchte, mein Stern, leuchte). Sowjetunion (Mos'film) 1969. 35 mm, Farbe, 93 Min.
R: Aleksandr Mitta. B: Julij Dunskij, Valerij Frid, Aleksandr Mitta. K: Jurij Sokol. Ba: B. Blank, N. Veselovskaja. M: Boris Cajkovskij.
D: Oleg Tabakov (Iskremas), Elena Proklova (Krysja), Oleg Efremov (der Maler Fedja), Ljubov Sokolova (Fedjas Frau), Evgenij Leonov (Paska, der Filmvorführer).

Aleksandr Mitta schlug mit *Gori, gori, moja svesda* in der sowjetischen Kinematographie Ende der sechziger Jahre einen neuen Ton an, der ihm internationale Resonanz sicherte und einen aufrichtigen, d.h. nicht gelenkten Zuschauererfolg brachte. Das bis dahin ›hehre‹ Thema Kunst und Revolution gestaltete er in einer geschlossenen, linear ablaufenden Geschichte mit Grenz- und Genre-Vermischungen der buntesten, frappierendsten Art. Sein Held, ein naiver Wanderschauspieler und Ein-Mann-Theater-Deklamator, verzichtet auf eine eigene Biographie und nennt sich pathetisch und ironisch zugleich Iskremas (Iskustvo revolucii masovam = die Kunst der Revolution den Massen): Mit diesem Namen amüsiert sich Mitta über die Abkürzungs-Manie sozialistischer Administrationen.

Der Film weicht auch in anderen Punkten vom Schema ab. Iskremas gerät im Südrußland des Jahres 1920 zwischen die Fronten nicht nur der Roten und Weißen, sondern auch der Grünen – vagabundierende, extremistische Heimatbündler dubiosester Art. Iskremas versucht auch nicht, sein Publikum mit Agitprop-Lyrik zu überzeugen, sondern mit Shakespeares »Julius Cäsar« und einem selbstverfaßten »Jeanne d'Arc«-Drama, das er für Krysja

geschrieben hat. Weil ihm die junge Bauerntochter in ihrer frischen, rundlichen Erscheinung gefällt, will er sie zur Hauptdarstellerin machen – unbeschadet von jedem Talent.
Redefreudig und naiv, einfallsreich und empfindsam, furchtlos, unverbildet und aufrichtig will er auch in dem kleinen Dorf die Leute für die Kunst der Revolution gewinnen. Ihn begeistert die ausdrucksstarke, kräftige Farbenwelt des stummen Bauernmalers Fedja, der alle Wände seiner Kate mit grobflächigen, naiven, farbenprächtigen Bildern, Gesichtern, Symbolen vollgemalt und die Äpfel eines absterbenden Baumes in seinem Garten tiefrot angestrichen hat. Iskremas ignoriert die opportunistische, wenngleich erfolgreiche Pseudokunst des Illusionisten und Überlebenskünstlers, des Filmvorführers Paska, der immer den gleichen albernen Stummfilmstreifen »Drama am Meer« zeigt, nur jeweils aus der Sicht der gerade das Dorf besetzenden politischen Kraft anders und doch ›passend‹ kommentiert.
Die wirklichen Künstler des Films kommen ums Leben. Der Maler Fedja stirbt inmitten seiner Bilderwelt: erschossen von den Weißen, begraben von seinen bemalten Äpfeln. Iskremas simuliert seinen eigenen Tod als Höhepunkt der so liebevoll wie emsig vorbereiteten Aufführung seiner Jeanne-Version – der Preis: der kleine hölzerne Theaterbau des Dorfes brennt ab. Zwar rettet er Krysja, aber er selbst stirbt an einer verirrten Kugel. Das Schlußbild: Krysja, Pferd und Wagen, darauf der tote Iskremas, fahren in einen Wald von üppigem, überstrahltem Grün.
Souverän und unbekümmert hat der 34jährige Regisseur gestalterische und ideologische Klischees und Symbole, die bis dahin in der Sowjetunion für diese Thematik galten, nicht etwa zertrümmert, sondern sie mit Witz umgeschmolzen und ihnen neue Bedeutungen und für den Zuschauer ironisch-verfremdende, zeitnahe neue Sichten hinzugewonnen. Zudem besticht der Film durch reiche optische Phantasie und die Opulenz der originellen Bilder.

»Leuchte, mein Stern, leuchte«. Hg. Wolfgang Woizick. Berlin (DDR) 1973. (Filmtext).
Jens Bauer: »In der Überwindung von Schwierigkeiten liegt die Freude des Schöpfertums. Gespräch mit Oleg Tabakow«, in: Filmwissenschaftliche Beiträge, 1975, H. 2; Samuel Helbling: »*Gori, gori, moja swesda*«, in: Zoom, 1988, H. 15; Ljudmila Kasjanova: »Der Filmregisseur Alexander Mitta«, in: Prisma, Bd. 5, Berlin 1974; Aleksandr Mitta: »*Leuchte, mein Stern, leuchte* und andere Filme. Reflexionen zur Regie«. Hg. von Bettina Thienhaus. Berlin 1983; Wolfgang Ruf: »*Leuchte, mein Stern, leuchte*«, in: medium, 1974, H. 2; Rolf X. Schröder: »Komische Stoffe – komische Wendungen. Gedanken zum Komischen und zur Struktur des Films *Leuchte, mein Stern, leuchte*«, in: Filmwissenschaftliche Beiträge, 1972, H. 8.

Günther Agde

LA GRANDE ILLUSION

(Die große Illusion). Frankreich (Réalisation d'Art Cinématographique) 1936/37.
35 mm, s/w, 117 Min.
R: Jean Renoir. B: Charles Spaak, Jean Renoir. K: Christian Matras, Claude Renoir. M: Joseph Kosma.
D: Jean Gabin (Leutnant Maréchal), Pierre Fresnais (Hauptmann de Bœldieu), Erich von Stroheim (Hauptmann von Rauffenstein), Dalio, Marcel (Rosenthal), Dita Parlo (Elsa), Julien Carette (Schauspieler), Gaston Modot (Ingenieur), Jean Daste (Lehrer).

»Lotte 'at blaue Augen«, sagt Jean Gabin, und es ist der letzte Satz des entflohenen französischen Kriegsgefangenen für die deutschen Bäuerin Elsa, bevor er mit Rosenthal zur Schweizer Grenze aufbricht. Lotte ist Elsas Kind, die, wie die Mutter, an die Flüchtlinge gewöhnt, sich in sie verliebt hat. Elsa und Lotte, Maréchal und Rosenthal: eine Gruppe, die sich nicht verständigen kann, aber die sich versteht. Die Trennungen der Welt, das ist eines der Lieblingsthemen Renoirs, entstehen durch Klassen- mehr als durch Ländergrenzen.
Das muß Maréchal erst lernen, mehr noch: Er muß lernen, daß Unterschiede existieren, erst dann kann man sie überwinden. Am Anfang des Films bricht er mit de Bœldieu zu einem Flug über deutsche Linien auf. Daß der einer anderen, der aristokratischen Welt angehört, ist offensichtlich. Als der deutsche Kommandant von Rauffenstein die Abgeschossenen beim »Gabelfrühstück« bewirtet, richtet er seine Aufmerk-

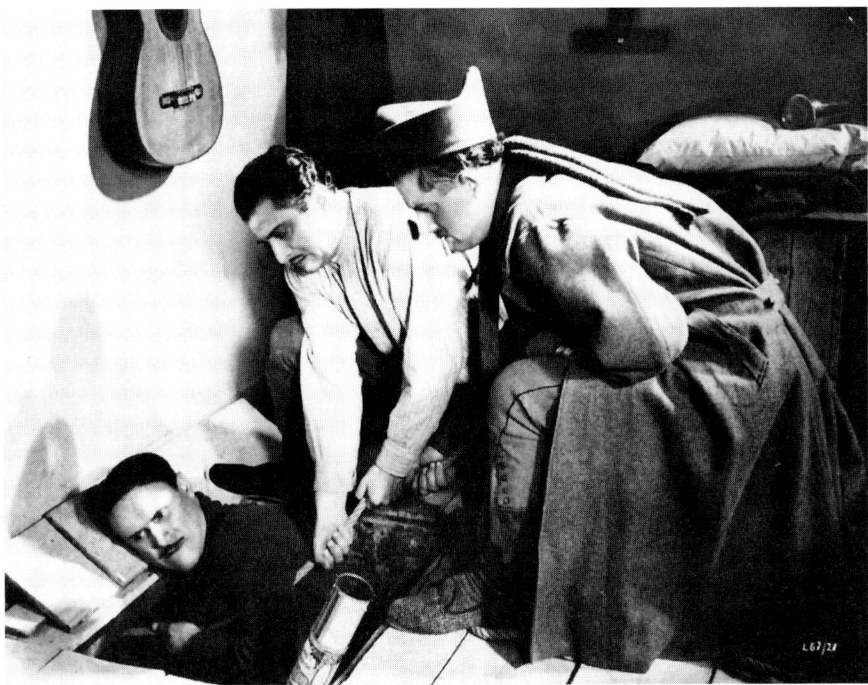

La grande illusion

samkeit nur auf den Klassenbruder de Bœldieu, während Maréchal sich am anderen Ende des Tisches wiederfindet und dort mit einem Mechaniker in ein angeregtes Gespräch verfällt. In der Gefangenschaft - *La grande illusion* ist ein Film über den Krieg, der ohne Schlachtenszenen auskommt - trifft Maréchal Rosenthal, der die Mithäftlinge aus seinen Paketen fürstlich verpflegt. Daß er Jude sei, meint Maréchal, mache doch keinen Unterschied. Doch als beide fliehen, kommt es einmal zum Streit, und Maréchal beschimpft den Freund: Er habe Juden noch nie riechen können.

Als Renoir nach dem Krieg in einer amerikanischen Universität zu einer Vorführung des (untertitelten Films) eingeladen war, stürmte er nach dieser Szene vor die Leinwand. Die Übersetzung hatte die rassistische Sentenz unterschlagen. Aber Renoir bestand auf Maréchals Entgleisung. Nur wenn Unterschiede toleriert werden, könne von Toleranz die Rede sein. Erst als Maréchal seinen verstohlenen Rassismus überwindet, kann er Rosenthal ein Freund sein.

La grande illusion war eine politische Provokation: für die französiche Gesellschaft durch die vermeintlich zu positive Zeichnung des Gegners aus dem Ersten Weltkrieg, für die faschistischen Staaten durch seine humanistische Haltung. Dennoch erhielt der Film, auch dies ein provokativer Akt, bei den Festspielen in Venedig 1937 den Preis für die »beste künstlerische Gesamtleistung«, was Mussolini nicht hinderte, ihn in Italien zu verbieten. Beim Publikum, den Zeitgenossen wie bei der Wiederaufführung in den fünfziger Jahren, war *La grande illusion* ein Erfolg. Zwar warfen einige Bewunderer Renoirs wie François Truffaut ihm vor, daß in diesem Film »die Psychologie die Oberhand über die Poesie gewinnt«, doch macht der Regisseur stilistisch keinerlei Zugeständnisse. Wie kaum je zuvor setzt Renoir auf die Integration verschiedener Handlungsstränge, bevorzugt die Parataxe gegenüber der hierarchischen Ordnung: eine Leistung der Tiefenschärfe, deren Möglichkeiten Renoir und seine Kameramänner in diesen Jahren erkundeten. In der Originalfassung sprechen die Deutschen, Franzosen, Engländer und Russen ihre Sprache. Die Aristokraten de Bœldieu und von Rauffenstein verständigen sich über gemeinsame Erinnerungen – den Gewinner eines Grand National, eine Pariser Tänzerin – auf englisch. Sie haben Erfahrungen gemein und eine Haltung. Sie wird untergehen, de Bœldieu weiß und akzeptiert es, von Rauffenstein will es nicht wahrhaben. Erich von Stroheim spielt den preußischen Offizier, obwohl die österreichische Färbung der Sprache gegen das Image zeugt, das Hollywood ihm verpaßte. Als de Bœldieu stirbt – von Rauffenstein hat auf ihn geschossen, da der französische Aristokrat unfaßlicherweise die Flucht Maréchals und Rosenthals deckte –, schneidet der Preuße die einzige Blüte, die in diesem Gefangenenlager gedeiht, ab. Solch symbolische Akte sind in diesem Film nur den Aristokraten möglich: Sie gehören zu ihrer Haltung, die auf Formen sieht.

Allen Figuren dieses Films begegnet der Regisseur seinerseits mit einer seltenen Haltung, der des Takts. Vor ihm werden Unterschiede offenkundig. Die große Illusion, sie besteht vielleicht am Ende darin, daß sich der Mechaniker Maréchal und der Kapitalist Rosenthal einbilden, nach dem Krieg sich auf gleichem Fuß wiederbegegnen zu können. Der Film hält das offen: Das Schlußbild zeigt beide, wie sie sich durch einen Schneelandschaft kämpfen. Die Einstellung gemahnt an Chaplin, wie vorher schon in *Le crime de Monsieur Lange* (*Das Verbrechen des Herrn Lange*, 1935) und *Les bas-fonds* (*Nachtasyl*, 1936). Dieses Bild ist bei Renoir immer politisch aufgeladen gewesen. Nach *La grande illusion* und dem Scheitern einer anderen ›Illusion‹: daß Völker friedlich miteinander leben könnten, hat er dieses Bild nie wieder gezeigt.

»*La grande illusion*«. Zürich 1981. (Drehbuch).

C. Britton: »Semantic structures in *La grande illusion*«, in: Film Form, 1976, H. 1; Klaus Dirscherl: »Vom Thesenfilm zum Theater der Thesen: *La Grande Illusion*«, in: Michael Lommel/Volker Roloff (Hg.): Jean Renoirs Theater/Filme. München 2003; Christopher Faulkner: »The Social Cinema of Jean Renoir«. Princeton 1986; Heiner Gassen/Claudine Pachnicke (Red.): »Lotte Reiniger. Carl Koch. Jean Renoir«. München 1994; James Kerans: »Classics Revisited: *La Grande Illusion*«, in: Film Quarterly, 1960/61, H. 2; Siegfried Kracauer: »Ein französischer Kriegsfilm«, in: ders.: Kino. Frankfurt a.M. 1974; Philippe R. Perebinossoff: »Theatricals in Jean Renoir's *The Rules of the Games* and *Grand Illusion*«, in: Literature/Film Quarterly, 1977, H. 1; Wolfgang Schwarzer: »*Die große Illusion*«, in: Günter Engelhard u.a. (Hg.): 111 Meisterwerke des Films. Frankfurt a.M. 1989; François Truffaut: »*La grande illusion*«, in: André Bazin: Jean Renoir. München 1977; Roger Viry-Babel: »*La grande illusion* de Jean Renoir«, in: Les Cahiers de la Cinémathèque, 1976, H. 18/19.

Rainer Rother

THE GRAPES OF WRATH

(Früchte des Zorns). USA (20th Century-Fox) 1940. 35 mm, s/w, 129 Min.
R: John Ford. B: Nunnaly Johnson, nach dem gleichnamigen Roman von John Steinbeck.
K: Gregg Toland. Ba: Richard Day, Mark Lee Kirk. S: Robert Simpson. M: Alfred Newman.
D: Henry Fonda (Tom Joad), Jane Darwell (Ma Joad), John Carradine (Casey), Charley Grapewin (Grampa Joad), Doris Bodon (Rosasharn).

Die Schlußsätze Ma Joads sind eine trotzige Selbstbehauptung gegenüber all dem Leid, das sie und ihre Familie erfahren mußten: »We keep acomin'. We're the people that live. Can't nobody wipe us out«. Es ist ein populistischer Ausklang, der nicht recht zur Story passen will.

Bert Brecht notierte am 22. Januar 1941 in Finnland: »wir sehen den film nach STEINBECKS GRAPES OF WRATH. man sieht noch, daß es sich um ein großes buch handeln muß, und die unternehmer wollten wohl nicht ›die kraft aus ihm nehmen‹. sie kochen das thema in tränen weich. wo nicht ›suggestives spiel‹ vorherrscht, gibt es starke wirkungen (die traktoren als tanks gegen die farmer, der faschistische streikbrechercamp, die autofahrt durch die ganzen staaten auf arbeitssuche, das begräbnis des alten farmers). das ganze eine interessante mischung von dokumentarischem und privatem, epischen und drrramatischen, informativem und sentimentalem, realistischem und symbolischem, materialistischem und idealisierung.«

Ma Joads Schlußworte bringen die »Mischung« auf eine Hollywood-Formel. Wer sie zu verantworten hat, ist nicht gänzlich zu klären. Daß sie die Tendenz des Films umbiegen in eine versöhnliche Geste, hat Ford jedenfalls auch in späteren Jahren nicht kritisiert. Aber in diesem Film zeigt er die Armen seiner Gesellschaft, die organisierte Verfolgung und Ausbeutung, den Terror gegen die von ihrem Land Vertriebenen. Düster ist der Film, und Gregg Tolands Kamera zeigt soviel Schwarz wie in kaum einem anderen Film Fords. Die Fotografie kennt keine Zwischentöne, verwandelt selbst die Landschaften in Zeichen, so sehr verstärkt sie die Kontraste.

Der Film zieht, wie Ma Joad, eine klare Frontlinie: Wir und die Anderen. Die von ihrem Land vertriebenen Joads ziehen, auf der Suche nach Arbeit und Brot, nach Westen. Ein fast hoffnungsloser Trail, überall lauern die Gefahren des ›Systems‹. Die ›Anderen‹ haben Gesichter, aber hinter ihnen stecken immer noch andere. An den Ursachen des Leides rührt dieser Film nicht.

Nur ein Ort ist nicht vom ›System‹ gezeichnet, ein idealtypisches New Deal-Lager, in dem all das zu finden ist, was die Joads lange vermißten, von sanitären Anlagen bis zu Freundlichkeit und Tanzvergnügungen. Hier ist Ford auf seinem Terrain, und so gelingt ihm die Tanzszene wie in einem Western. Mit dem New Deal-Lager deutet der Film eine Lösung an, die ohne Revolution auskommt: Die Fronten werden aufgebrochen, die Polarität ist nicht unüberwindbar. Am Ende sind die Fronten wieder klar: Ma Joad sagt ihren Schlußsatz. Ihr Sohn Tom, der eigentliche Garant für den Zusammenhalt der Familie, ist vorher aufgebrochen, die wirklichen Gründe der Ungerechtigkeit herauszufinden.

Die dokumentarischen Einflüsse für diesen Film sind offenkundig und geben ihm eine Kraft, die auch durch das versöhnlichere Ende nicht gemildert wird. Dies ist gegenüber dem vorherigen Verlauf ohnehin eine erzwungene Lösung, nicht überzeugend. Der Trail der Joads durch die amerikanische Gesellschaft ist gelungen, bis die Utopie – erst in Gestalt des New Deal Camps, dann in Ma Joads Schlußworten – ausgemalt wird. Bis dahin aber gibt es das unerhörte Projekt, in einem Hollywood-Film vom amerikanischen Kapitalismus zu *erzählen*. – Der Film gewann zwei Oscars (beste Regie für John Ford und beste weibliche Nebendarstellerin: Jane Darwell).

»*The Grapes of Wrath*«, in: John Gassner/Dudley Nichols (Hg.): Twenty Best Film Plays. New York 1943. (Drehbuch).

George Bluestone: »Novels into Films«. Baltimore 1957; Bertolt Brecht: »Arbeitsjournal«. Bd. 1. Frankfurt a.M. 1973; Russell Campbell: »The Ideology of the Social Consciousness Movie: Three Films of Darryl F. Zanuck«, in: Quarterly Review of Film Studies, 1978, H. 1; Christof Decker: »Hollywoods kritischer Blick«. Frankfurt a.M., New York 2003; Warren French: »Filmguide to *The Grapes of Wrath*«. Bloomington 1973; Lawrence Guntner: »Der ›New Deal‹ und die Entdeckung der sozialen Wirklichkeit: *Früchte des Zorns* (1940)« in: Werner Faulstich/Helmut Korte (Hg.): Fischer Filmgeschichte. Bd. 2. Frankfurt a.M. 1991; T.H. Pauly: »*Gone With the Wind* and *The Grapes of Wrath* as Hollywood Histories of the Depression«, in: Journal of Popular Culture, 1974, H. 2; Janey Place: »A Family in a Ford: *The Grapes of Wrath*«, in: Film Comment, 1976, H. 5.

Rainer Rother

THE GREAT DICTATOR

(Der große Diktator). USA (Chaplin/United Artists) 1940. 35 mm, s/w, 126 Min.
R+B: Charles Chaplin. K: Roland H. Totheroh, Karl Struss. A + Ba: J. Russell Spencer.
M: Meredith Wilson.
D: Charles Chaplin (Adenoid Hynkel/Jüdischer Friseur), Paulette Goddard (Hannah), Jack Oakie (Benzino Napaloni), Henry Daniell (Garbitsch), Reginald Gardiner (Schultz), Billy Gilbert (Herring), Maurice Moskovich (Mr. Jaeckel).

Schon länger hatte Chaplin mit dem Gedanken an einen Hitler-Film gespielt, wobei die Ähnlichkeit seiner Tramp-Maske mit dem Diktator eine Rolle spielte, aber erst die Ereignisse des Jahres 1938 bewegten ihn, sich konkret damit zu beschäftigen. Die Vorbereitungen wurden von Drohungen amerikanischer Nazi-Organisationen begleitet, und auch die Filmindustrie, das Hays-Office und die amerikanische Regierung zeigten sich nicht begeistert von dem Plan einer Hitler-Satire, in der Chaplin den

›Führer‹ zum Gespött machen wollte. Unbeirrt hielt er jedoch gegen alle Widerstände fest an seiner Idee, dem ›Führer‹ einen kleinen jüdischen Friseur und die Ghetto-Welt gegenüberzustellen, und entwickelte daraus die thematischen Schwerpunkte von *The Great Dictator*: Hitlers Eroberungs- und Weltherrschaftspläne sowie sein Rassenwahn – »mystischer Unsinn« nannte Chaplin dies in seiner Autobiographie.

Die Judenverfolgung wird keineswegs verharmlosend dargestellt: Der kleine jüdische Friseur wird beinahe von dem Sturmtrupp aufgehängt, sein Haus angezündet, ein anderer jüdischer Mann erschossen, Geschäfte und Häuser werden geplündert und verwüstet, ein alter Jude muß mit einer kleinen Bürste auf Knien die Straße säubern: Solche Bilder und Szenen verdeutlichen, daß Chaplin die Berichte über die Reichspogromnacht und über den Einmarsch in Österreich sehr genau studiert hatte. Diese ausführliche Darstellung der antisemitischen Pogrome ist umso bemerkenswerter, als dieses Thema selbst im späteren Anti-Nazi-Film in den USA weitgehend vermieden wurde. Chaplin zeigt auch die Konzentrationslager, deren grausame Realität ihm im vollen Umfang jedoch nicht bekannt war: »Hätte ich etwas von den Schrecken in den deutschen Konzentrationslagern gewußt, ich hätte *The Great Dictator* nicht zustandebringen (...) können.«

Treffend erfaßt hat er dagegen Hitler, dessen Auftritte Chaplin in zahlreichen Wochenschauen studierte: Adenoid Hynkel ist nur eine ins Groteske getriebene Variante des Führers, dessen brutale Hysterie in den Reden Hynkels erhalten bleibt. Der schreit und grunzt in einem verkauderwelschten Deutsch, die Satz- und Wortfetzen werden ausgespuckt wie Munition, das Gesicht wird zur Fratze. Diesem Bild totaler Barbarei stellt Chaplin am Schluß die große humanistische Rede des kleinen jüdischen Friseurs gegenüber, in der er Liebe, Freiheit und Brüderlichkeit verteidigt und auffordert, dafür zu kämpfen und gegen Unterdrückung, Sklaverei und Haß aufzubegehren. Chaplin verläßt damit die satirische Ebene und macht seinen Film zur politischen Tribüne, auf der die Filmfigur und Chaplin zu einer Person verschmelzen: Er spielt den Friseur mit nur angedeuteter Maske. Diese Schlußrede ist häufig als unfilmisch kritisiert worden, doch ist sie folgerichtig aus dem Film heraus entwickelt. Zu Unrecht hat man Chaplin politische Naivität vorgeworfen: Es ging ihm darum, ein Massenpublikum zu ergreifen und aufzurütteln, was ihm fraglos gelungen ist. Mehrfach hat er die Rede bei wichtigen politischen Veranstaltungen gehalten; sie wurde damals auch im Druck verbreitet.

Wesentliche Elemente des Faschismus hat Chaplin herausgearbeitet und mit unangestrengtem Witz exakt auf den Punkt gebracht: das Verhältnis zum Kapitalismus, die Theatralik und den Pomp, die Rolle der Propaganda und der Medien, die völlige Skrupellosigkeit. Dabei bedient er sich zahlreicher Anspielungen in Wort und Bild: Das »double cross« an Stelle des Hakenkreuzes bedeutet Betrug; der Name des Propagandaministers Garbitsch verballhornt »garbage« = Müll; der Name »Tomania« bedeutet Leichengift oder Lebensmittelgift (»ptomain«) und auch Napalonis Land »Bacteria« verweist auf Krankheitserreger; sein Symbol sind die beiden Würfel, Hinweis auf die Spielernatur; Hynkels Vorname »Adenoid« kann sowohl als Zusammensetzung aus »Adonis« und »Paranoid« verstanden werden, und ist auch die Bezeichnung für Nasenpolypen, die dringend operativ entfernt werden müssen.

In zwei unmittelbar gegenübergestellten Slapstickszenen gibt Chaplin die Quintessenz der Charaktere Hynkels und des jüdischen Barbiers. Hynkels Tanz mit der Weltkugel zu Wagner-Klängen offenbart ein erotisches Verhältnis zur Macht: Es ist die Selbstbefriedigung eines einsamen Diktators, der schon vorher bei seiner Rede so in Hitze geriet, daß er ein Glas Wasser in seine Hose schütten mußte. Im Gegensatz dazu tanzt der Barbier gemeinsam mit einem Kunden, den er im Rhythmus der beschwingten Klänge von Brahms »Ungarischem Tanz Nr. 5« rasiert. Das Solo charakterisiert den menschenverachtenden und egomanischen Diktator, der darauf folgende Pas de deux den freundlichen, anderen Menschen zugewandten jüdischen Friseur. Der in jeder Hinsicht singuläre Film darf auch heute noch als eine der gelungensten Satiren über den Faschismus gelten.

»*Der große Diktator*«. Hg. Frank Schnelle. Stuttgart 1994. (Filmtext). – »Die Schlußrede aus dem Film *Der große Diktator*«. Mit einem Essay von Jost Hermand. Hamburg 1993.
Domenic J. Corsaro: »Chaplin as Satyr: Mocking the Mystic Ebullience, or Life, Liberty and Prosperity in Three Chaplin Films«, in: The Journal of the University Film Association, 1979, H. 1; Christian Delage: »Charlie Chaplin. *La grande histoire*«. Paris 1998; Eric L. Flom: »Chaplin in the Sound Era. An Analysis of the Seven Talkies«. Jefferson 1997; Ira S. Jaffe: »›Fighting words‹: *City Lights, Modern Times* and *The Great Dictator*«, in: The Journal of the University Film Association, 1979, H. 1; Dan Kamin (Hg.): »Chaplin: The Dictator and the Tramp«. London 2004; Klaus Kreimeier (Hg.): »Zeitgenosse Chaplin«. Berlin 1978; Klaus Mann: »Was stimmt nicht mit den Anti-Nazi-Filmen«, in: ders.: Zweimal Deutschland. Reinbek 1994; Uwe Naumann: »Zwischen Tränen und Gelächter. Satirische Faschismuskritik 1933–1945«. Köln 1983; K.R.M. Short: »Chaplin's *The Great Dictator* and British censorship, 1939«, in: Historical Journal of Film, Radio, and Television, 1985, H. 1; Ricarda Strobel: »Filme gegen Hitler: *Der große Diktator* (1940)«, in: Werner Faulstich/Helmut Korte (Hg.): Fischer Filmgeschichte. Bd.2. Frankfurt a.M. 1991; François Truffaut: »Die Filme meines Lebens«. Frankfurt a.M. 1997; Andreas-Michael Velten/Matthias Klein (Hg.): »Chaplin und Hitler«. München 1989.

Helmut G. Asper

GREED (Gier). USA (The Goldwyn Company/Metro-Goldwyn-Mayer) 1923/24. 35 mm, s/w, stumm, 3.233 m.
R: Erich von Stroheim. B: Erich von Stroheim, nach dem Roman »McTeague« von Frank Norris. K: Ben Reynolds, William Daniels, Ernest B. Schoedsack. Ba: Erich von Stroheim, Richard Day. S: Erich von Stroheim, Rex Ingram, June Mathis, Joe W. Farnham.
M: Leo A. Kempinski.
D: Gibson Gowland (McTeague), Zasu Pitts (Trina Sieppe), Jean Hersholt (Marcus Schouler), Cesare Gravina (Zerkow), Dale Fuller (Maria), Chester Conklin (Papa Sieppe), Sylvia Ashton (Mama Sieppe).

Greed gilt als Monument der Filmgeschichte, obwohl nur ein völlig verstümmeltes Fragment, das mit Stroheims eigentlichen Intentionen kaum noch etwas gemeinsam hat, in die Kinos kam. Auch die heutige Fassung mit einer Spielzeit von knapp 145 Minuten ist lediglich eine Rekonstruktion jener zehn Rollen, für die Metro-Goldwyn-Mayer Pictures Corp. am 10. Februar 1925 das Copyright eintragen ließ. Über die Originallänge der ersten »Arbeitsfassung« kursieren unterschiedliche Daten. Von sieben bis über zehn Stunden reichen die Angaben, von 42 bis 48 Rollen Umfang berichten verschiedene Quellen.
Der Film beschreibt eine Dreieckskonstellation: zwei Personen, deren Liebe sich nicht erfüllt und eine Person, die in diese Beziehung zerstörend eingreift. McTeague ist ein ehemaliger Goldminenarbeiter, der als Zahnarzt in San Francisco arbeitet, nachdem er sich einem wandernden Wunderheiler angeschlossen hatte. Durch seinen Freund Marcus lernt er Trina kennen. McTeague und Trina heiraten. Sie bringt einen Lottogewinn mit in die Ehe, den sie, die langsam dem Wahnsinn verfällt, behütet und zu vermehren trachtet. McTeague, ein einfältiger Mensch, ist dieser Entwicklung nicht gewachsen; seine Hilflosigkeit ertränkt er im Alkohol, nachdem ihm sein ehemaliger Freund Marcus durch eine Intrige seine Existenz als Zahnarzt zunichte gemacht hat. McTeague tötet Trina, um an ihr Geld zu kommen und ist seitdem auf der Flucht. Im Death Valley kommt es zur letzten Konfrontation zwischen ihm und Marcus. Beide sterben.
Stroheim verfolgt minutiös den Verfall der Charaktere. Er mietete ein Kohlenwerk, eine Zahnarztpraxis, um die Atmosphäre des Ortes einfließen zu lassen. Die Schauspieler wohnten in heruntergekommenen Zimmern, um sich authentisch in ihnen bewegen zu können. Das vom Romanautor Frank Norris beschriebene Haus fand als Drehort wieder Eingang in den Film. Für Stroheim gab es keine realistischen Filme, sondern einzig solche, die am Ort der Handlung gedreht wurden. Sein atmosphärischer Verismus imponiert besonders in der Schlußsequenz im Death Valley. Er zwang die Schauspieler, sich stundenlang in der Wüste aufzuhalten, bis sie von den Anstrengungen derart gezeichnet waren, daß sie tatsächlich unrasiert, erschöpft und über-

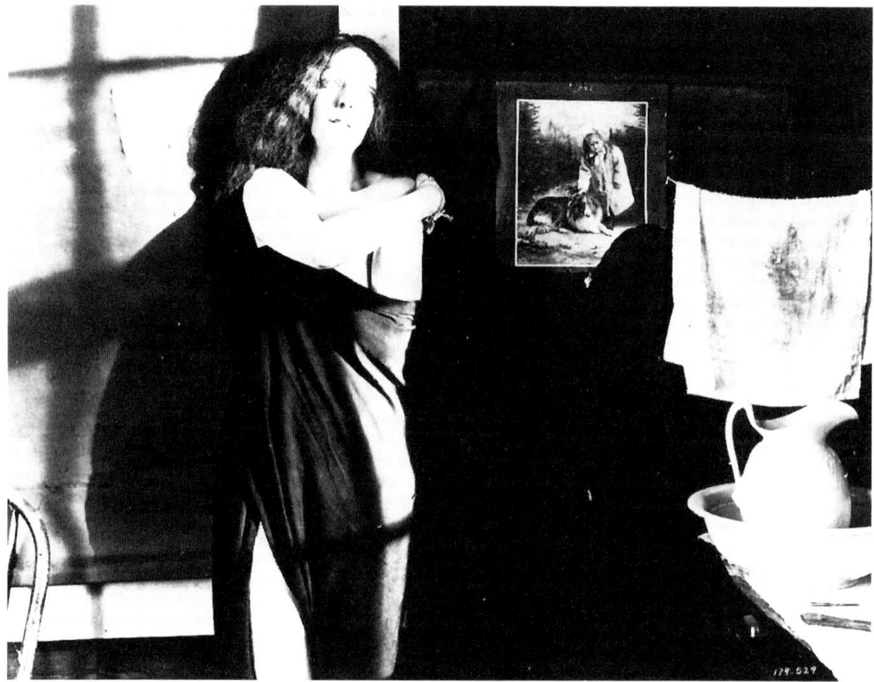

Greed: Zasu Pitts

müdet die Nerven verloren und aufeinander losgingen.

Die Reaktionen auf diesen Film polarisierten das Publikum. In Amerika war *Greed* ein Mißerfolg, während der Film in Frankreich begeistert aufgenommen wurde. In Deutschland wurde er 1926 – unter dem Titel *Gier nach Geld* – im Berliner Ufa-Palast so entrüstet abgelehnt, daß die Vorstellung abgebrochen und das Eintrittsgeld zurückgezahlt werden mußte. »Ein furchtbarer Film; ja, der furchtbarste Film, der entsetzlichste Film, der je gemacht wurde«, erregte sich Willy Haas im »Film-Kurier« (15.5.1930). »Eine Haßorgie, eine Symphonie des Ekels, ein kaltes, heiseres Teufelsgelächter. Dreitausend Meter Magenindigestionen über die menschliche Gemeinheit. Dieser Erik von Stroheim ist ja ein kranker Mensch.«

Stroheim wurde nicht nur von deutschen Kritikern der Vorwurf gemacht, daß er den Realismus überziehe und jegliche Proportionen überzeichne. Unstreitig verletzte Stroheim mit *Greed* nicht nur Hollywoods Diktat des Happy End. Seine konsequenten Verstöße kosteten ihn letztlich seine Karriere als Regisseur. Allerdings durfte er noch erleben, wie sein Werk, durch die Cinémathèque Française protegiert, rehabilitiert wurde. Mehrfach haben Filmhistoriker sich bemüht, aus der Kompilation unterschiedlichen Materials eine dem Original nahekommende Fassung zu montieren. Jeder Versuch einer Rekonstruktion – zuletzt unternommen 1999 von Rick Schmidlin mit Hilfe von Standfotos – ist aber zum Scheitern verurteilt: Das Filmnegativ wurde vernichtet.

»*Greed*«. Hg. Joel W. Finler. New York, London 1972. (Filmprotokoll, Materialien). – »The Complete *Greed* of Erich von Stroheim: a reconstruction of the film in 348 still photos«. Hg. Herman G. Weinberg. New York 1972.

Jon Barna: »Erich von Stroheim«. Wien 1966; André Bazin: »Erich von Stroheim. Die Form, die Uniform und die Grausamkeit«, in: ders.: Filmkritiken als Filmgeschichte. München 1982; Luis Buñuel: »Ein Abend im ›Studio des Ursulines‹«, in: ders.: Die Flecken der Giraffe. Berlin 1991;

Thomas K. Dean: »The Flight of McTeague's Soul-Bird: Thematic Differences Between Norris's ›McTeague‹ and von Stroheim's *Greed*«, in: Literature/Film Quarterly, 1990, H. 2; Lotte H. Eisner: »Anmerkungen zu Stroheims Stil«, in: Filmkritik, 1976, H. 2; Harun Farocki: »Zum letzten Mal Psychologie«, in: Filmkritik, 1976, H. 2; Willy Haas: »*Gier nach Geld!*«, in: ders.: Der Kritiker als Mitproduzent. Berlin 1991; Wolfgang Jacobsen u.a. (Hg.): »Erich von Stroheim«. Berlin 1994; Richard Koszarski: »The Man You Loved to Hate«. Oxford u.a. 1983; Mary Lawlor: »Placing Source in *Greed* and ›McTeague‹«, in: Elaine D. Cancalon/Antoine Spacagna (Hg.): Intertextuality in Literature and Film, Gainesville 1993; Peter Noble: »Hollywood Scapegoat. The Biography of Erich von Stroheim«. London 1951; Jonathan Rosenbaum: »*Greed*«. London 1993; Martin Schlappner: »Erich von Stroheim oder die Lust an der moralischen Muskelbelastung«, in: Arnoldshainer Filmgespräche, 1987, H. 4; Charles Wolfe: »Resurrecting *Greed*«, in: Sight and Sound, 1975, H. 3.

Peter Lähn

DER GROSSE DIKTATOR

↗ Great Dictator

GROSSE FREIHEIT NR. 7

Deutschland (Terra-Filmkunst) 1943/44. 35 mm, Farbe, 108 Min.

R: Helmut Käutner. B: Helmut Käutner, Richard Nicolas. K: Werner Krien. Ba: Max Mellin, Gerhard Ladner. M: Werner Eisbrenner, Liedtexte: Helmut Käutner.

D: Hans Albers (Hannes), Ilse Werner (Gisa), Hans Söhnker (Willem), Gustav Knuth (Fiete), Günther Lüders (Jens), Hilde Hildebrand (Anita).

Zu kaum einem anderen Film gibt es so viele Anekdoten und Legenden. Anfang Mai 1943 begannen die Dreharbeiten zu *Große Freiheit* – die Hausnummer im Titel wurde später hinzugefügt, um »Mißverständnisse«, wie es in der Fachpresse hieß, zu vermeiden –, und noch bevor die Aufnahmen in Hamburg abgeschlossen waren, schlugen die Bomben ein. Von der Dekoration blieb nichts übrig; das Team wich nach Prag aus, und die Reeperbahn wurde als Kulisse im Atelier errichtet. Für die Hafenaufnahmen mußte man Mitte Oktober noch einmal nach Hamburg zurückkehren. Vom Kameramann wurde ein besonderes Kunststück verlangt: Die zerbombten Häuser und Straßenzüge durften nicht ins Bild kommen, auch nicht die über dem Hafenbecken ausgebreiteten Tarnnetze. Der Regisseur Helmut Käutner achtete auch darauf, daß keine Hakenkreuze zu sehen sind: Alle Schiffe haben die Hamburger Flagge gesetzt.

Große Freiheit Nr. 7 war ein Prestige-Objekt: einer der ersten deutschen Farbfilme. Die dazu benötigten Rohstoffe standen auf der Liste der kriegswichtigen Güter, und ohne das Einverständnis von Goebbels hätte der Film sowieso nicht in Produktion gehen können. Hans Albers, durch seine ungeheure Popularität geschützt, machte aus seinen Antipathien gegen die Nazis keinen Hehl, außerdem waren seine Gagenforderungen astronomisch hoch. Goebbels schäumte, aber am Ende wurde dem Star doch sein Geld ausgezahlt: 460.000 Reichsmark. Die Fertigstellung des Films verzögerte sich; angeblich soll Großadmiral Dönitz im Namen der Marine, nach anderen Darstellungen die NS-Frauenschaft, wegen der Unmoral des Films interveniert haben. Aktenkundig ist nur der Einspruch des Hamburger Gauleiters Kaufmann. Goebbels ordnete Schnitte an, während *Große Freiheit Nr. 7* bereits im Ausland lief. Auch die neue Version gab der Propagandaminister für das Inland nicht frei: Der Film blieb gesperrt.

Die Deutschen bekamen ihn erst zu sehen, als die Alliierten die Kinos wieder öffneten. *Große Freiheit Nr. 7* traf den Nerv der Zeit: »Wein' nicht, mein Kind, die Tränen sind vergebens«, sang Hans Albers auf der Leinwand, während draußen die Städte in Schutt und Asche standen. Der Film ist eine melancholische Ballade: Vom Ex-Matrosen Hannes, der als Stimmungssänger in einem Hippodrom auf St. Pauli auftritt, sich in das Mädchen Gisa verguckt und bei ihr nicht landen kann, der wieder hinausfährt, denn »Seemannsbraut ist die See«, auch die Barbesitzerin Anita kann ihn nicht halten. Der blonde Hans wich in diesem Film von seinem Rollenklischee ab: Albers ist hier nicht der Draufgänger, sondern ein gebrochener Held. Er zeigt seine Wunden und Narben, Verletzungen, die in den Nachkriegsjahren alle kannten. Dieser Film, in dem der Krieg völlig ausgeblendet scheint, nahm unterschwellig den Trümmerfilm vorweg. Vor der bunten Fassade des Amüsierbetriebs legte Käutner eine kollektive Stimmungslage bloß. Kein anderer St.-Pauli-Streifen erreichte diese Qualität: der Kiez als Seelenlandschaft. Die Große Freiheit wird zum symbolischen Ort, mit ihm verbindet sich die Sehnsucht nach dem kurzen, rauschhaften Glück und die schmerzliche Erfahrung, daß es nicht festzuhalten ist: »Beim ersten Mal, da tut's noch weh ...«

Es gab Proteste, speziell von kirchlicher Seite, nicht nur, weil der Film am Rande auch die käufliche Liebe zeigt. *Große Freiheit Nr.7* spiegelt die Auflösung der Moral, den Zusammenbruch der bürgerlichen Werte. Hannes holt Gisa aus einer süddeutschen Kleinstadt, in der die sozialen Normen noch herrschen, und er führt sie in die Freiheit – nach St. Pauli. Zwar entscheidet sie sich am Schluß für den Arbeiter Willem und damit für die Sicherheit des bürgerlichen Lebens, doch der Film lenkt die Sympathie des Zuschauers auf den außerhalb der Gesellschaft stehenden Seemann. »Die Wirkung des Films ist zersetzend, vor allem auf das jüngere Publikum«, befand der »Filmdienst der Jugend« (1948, H. 2). »Die ganze Atmosphäre ist eindeutig außerhalb aller gesunden Ordnung.« Das Vokabular entstammte der NS-Terminologie; eine rigide Heile-Welt-Ideologie bestimmte bis Mitte der fünfziger Jahre die moralischen Kategorien der konfessionellen Filmbetrachtung. Käutner nahm Schnitte vor und eliminierte einige ›gewagte‹ Szenen. Zehn Jahre nach der Uraufführung korrigierte der Prüfausschuß der Katholischen Filmkommission sein Urteil: »Die frühere Klassifikation 4 (abzulehnen) wurde gemildert in 3 (abzuraten).«

Norbert Grob: »Die Vergangenheit, sie ruht aber nicht«, in: Hans Helmut Prinzler (Hg.): Das Jahr 1945. Berlin 1990; Wolfgang Jacobsen/Hans Helmut Prinzler (Hg.): »Käutner«. Berlin 1992; Heinz Kersten: »*Große Freiheit Nr.7*«, in: Günter Engelhard u.a. (Hg.): 111 Meisterwerke des Films. Frankfurt a.M. 1989; Dietrich Kuhlbrodt: »Bleib oder komm«, in: Hans Helmut Prinzler (Hg.): Das Jahr 1945, a.a.O.; Lothar Kusche: »Die Romanze von Hannes, Gisa und Willem«, in: Helga Hartmann/Ralf Schenk (Hg.): Mitten ins Herz. Berlin 1991; Michael Töteberg: »Die Tränen sind vergebens«, in: ders.: Filmstadt Hamburg. Hamburg 1990; Kraft Wetzel/Peter A. Hagemann: »Zensur – Verbotene deutsche Filme 1933–1945«. Berlin 1978.

Michael Töteberg

DIE GROSSE ILLUSION

↗ Grande illusion

DER GROSSE IRRTUM

↗ Conformista

GROUNDHOG DAY (Und täglich grüßt das Murmeltier). USA (Columbia) 1993.

35 mm, Farbe, 101 Min.

R: Harold Ramis. B: Danny Rubin. K: John Bailey. A: David Nichols. S: Pembroke J. Herring. M: George Fenton.

D: Bill Murray (Phil Connors), Andie MacDowell (Rita Hanson), Chris Elliot (Larry), Stephen Tobolowsky (Ned Ryerson), Brian Doyle-Murray (Buster Green).

Groundhog Day ist eine der herausragenden Hollywood-Komödien der 1990er Jahre, ein moderner Klassiker. Der Film verknüpft auf intelligent-witzige Weise eine fantastische Prämisse mit den Mustern einer romantischen Komödie. Erzählt wird die Geschichte des misanthropischen Wetterexperten Phil Connors, der, gefangen in einer Zeitschleife, immer wieder den gleichen Tag in dem Provinznest Punxsutawney, Pennsylvania erleben muß, bis er durch die Liebe zu einer Frau erlöst wird. Wirkt *Groundhog Day* auf den ersten Blick wie einer jener Feelgood-Filme, die in der Tradition von Frank Capras *It's a Wonderful Life* (1947) stehen, zeigt sich bei näherer Betrachtung, daß der Film mit seinen zahlreichen existenzialistischen Anspielungen Züge einer ambivalenten Fabel hat.

Phil Connors, Wetterfrosch beim lokalen Fernsehsender, ist wie jedes Jahr am 2. Februar in dem verschlafenen Punxsutawney, um einen Bericht über das rührige Kleinstadt-Ritual zu machen, in dem ein dickes Murmeltier als Frühjahrs-Prophet bemüht wird. Mit seinem Zynismus und seinem selbstgefälligen Gehabe nervt er seine Producerin und seinen Kameramann Larry, spult aber seinen

Bericht über den wetterfühligen Nager gewohnt routiniert ab.
Die abendliche Abreise wird durch einen plötzlich aufkommenden Schneesturm verhindert. Phil muß in dem verhaßten Kleinstadt-Kaff eine weitere Nacht verbringen. Am nächsten Morgen, als sich Punkt sechs mit Sonny & Chers »I got you babe« der Radiowecker mit dem gleichen Lied einschaltet, das Phil auch schon am Murmeltiertag geweckt hatte, ahnt der Wettermann noch nichts Böses. Daß er im Hotelflur von demselben Mann mit denselben Worten angesprochen wird wie am Tag zuvor und auch die Pensionsbesitzerin beim Frühstück die gleichen Gesten und Begrüßungsworte findet, macht ihn nur stutzig. Als ihn jedoch auf dem Festplatz inmitten des Menschentrubels sein Fernsehteam ungeduldig für den Murmeltiertag-Kommentar erwartet, wird Phil schlagartig das ganze Ausmaß der absurden Situation bewußt. Er ist in eine Zeitfalle geraten. Von nun an gibt es für Phil nur noch den Murmeltier-Tag. Und kein Ende ist in Sicht.
Phil Connors ist dazu verurteilt, ein Gefangener der Zeit zu sein, verdammt zur Ewigkeit. Mutmaßte Camus noch, daß Sisyphos ein glücklicher Mann gewesen sein muss, zeigt uns *Groundhog Day* in seiner komisch-absurden Variante, was es heißt, dem Fluch immerwährender Wiederholung entkommen zu wollen. Nichts ändert sein Schicksal, am nächsten Morgen, Punkt sechs Uhr, zum Klang von »I got you babe« aufzuwachen. Stets ist der 2. Februar, Murmeltiertag, und nichts von dem, was gestern geschehen ist, hat noch Bestand.
Der Charme von *Groundhog Day* liegt darin, dies nicht als existenzielle düstere Parabel zu erzählen, als eine Art Zimmer 101-Variante von George Orwell, sondern komisch überhöht. Denn die Zeitfalle ist für Phil Connors nicht nur eine Qual, sondern auch eine anarchistische Chance. Er ist seinen Mitmenschen überlegen; nimmt ein ständig wachsendes Wissen mit hinein in jeden neuen 2. Februar, den er erlebt. Für ihn gibt es zwar kein Morgen, aber die Erinnerung an den vergangenen Tag. Wir als Zuschauer teilen dieses Wissen und damit Phils Überlegenheit und sind trotzdem immer wieder überrascht und amüsiert, mit welchem Ideenreichtum die Zeitfalle von Autor und Regie durchgespielt und variiert wird. Innerhalb der strengen formalen Konzeption des einen Tages sind Raum und Zeit aufgehoben. Monate können zu Sekunden werden.
In Phils erster Phase regiert das reine Lustprinzip. Ganz so wie es die Pensionswirtin verlegen kichernd formuliert: »Man könnte alles tun was man will, wenn es kein Morgen gibt.« So benimmt Phil sich nach Herzenslust daneben, und wir haben unsere anarchistische Freude daran. Reihenweise verführt er Frauen, macht »ungültige« Heiratsanträge, überfällt Geldtransporter und wendet sich schließlich Rita als dem Opfer seiner endgültigen Begierde zu. – Rita ist für Phil eine harte Nuß, was Phil aber im Hinblick auf seinen mittlerweile liebgewonnenen Zeitüberfluß nichts ausmacht. Mit zäher Beständigkeit erfährt er im Lauf der Tage alles über sie und ihre Wünsche. Mit größter Selbstverständlichkeit ›errät‹ er nun ihren Lieblingscocktail oder rezitiert ›spontan‹ französische Gedichte, für die sie schwärmt. Doch so beeindruckt Rita auch ist, am Ende jeden Tages durchschaut sie jedes Mal sein Spiel. »Du wirst nie jemanden lieben außer dich selbst.« Das stürzt Phil in eine Depression. Aber auch reihenweise begangene Selbstmorde ändern nichts daran, daß er am nächsten Morgen unbeschadet aufwacht.
Im Stil des klassischen Hollywood-Films erzählt *Groundhog Day* die Verwandlung Phils vom menschenverachtenden Zyniker zum selbstlos Liebenden. Phil muß lernen, seine Egozentrik zu überwinden. Er folgt Ritas Rat und macht das Beste aus seiner Zeitschleife. In amüsant komischer Übertreibung mutiert Phil zum Inbegriff der Selbstlosigkeit. Als Altruist reinster Sorte nutzt er sein Vorwissen, um den Menschen in Punxsutawney zu helfen, wo er nur kann. Am Ende wird Phil von den Dorfbewohnern mit Dank überschüttet und von der beeindruckten Rita bei der dörflichen Junggesellenparty für einen guten Zweck ersteigert.
Und weil Phil nicht mehr an seinen Vorteil in der Liebe denkt, wird er erlöst. Das märchenhafte Ende läßt in feiner Ironie offen, ob Phil und Rita ihr Leben in Punxsutawney fortsetzen werden.

Bettina Brinkmann-Schaeffer: »Kino statt Kirche? Zur Erforschung der sinngewährenden und religionsbildenden Kraft populärer zeitgenössischer Filme«. Rheinbach 2000; Ryan Gilbey: »*Groundhog Day*«. London 2004; Sabine Horst: »Punxsutawney, immer wieder!«, in: Frankfurter Rundschau, 4.5. 1993; Robert Jewett: »Stuck in Time: Kairos, Chronos, and the Flesh in *Groundhog Day*«, in: Clive Marsh/Gaye Ortiz (Hg.): Explorations in Theology and Film. Oxford 1997; Mario Sesti: »*Groundhog Day*«, in: Mary Lea Bandy/Antonio Monda (Hg.): The Hidden God. New York 2003; Kristin Thompson: »Wiederholte Zeit und narrative Motivation in *Groundhog Day*«, in: Andreas Rost (Hg.): Zeit, Schnitt, Raum. Frankfurt a.M. 1997; Claudia Wefel: »Wetterfrosch in der Zeitfalle«, in: Frankfurter Allgemeine Zeitung, 5.5. 1993.

Holger Ellermann

DAS GRÜNE LEUCHTEN

↗ Rayon vert

GRUPPO DI FAMIGLIA IN UN INTERNO

(Gewalt und Leidenschaft). Italien/Frankreich (Rusconi Film/Gaumont International) 1974. 35 mm, Farbe, 122 Min.
R: Luchino Visconti. B: Suso Cecchi d'Amico, Enrico Medioli, Luchino Viconti. K: Pasqualino De Santis. A: Dario Simoni. Ba: Mario Garbuglia. S: Ruggero Mastroianni. M: Franco Mannino.
D: Burt Lancaster (Professor), Silvana Mangano (Bianca Brumonti), Helmut Berger (Konrad Hubel), Claudia Marsani (Lietta), Stefano Patrizi (Stefano), Elvira Cortese (Erminia), Romolo Valli (Advokat Micheli), Claudia Cardinale (Frau des Professors), Dominique Sanda (Mutter des Professors).

Nach der post festum so genannten »Deutschen Trilogie« – *La caduta degli dei* (*Die Verdammten*, 1968), ↗*Morte a Venezia* und *Ludwig* (*Ludwig II.*, 1971/72) – kehrte Luchino Visconti mit seinem vorletzten Film *Gruppo di famiglia in un interno* zurück in das zeitgenössische Italien mit seinen politischen Skandalen und Terroranschlägen. Es handelt sich um ein Kammerspiel: Die zahlreichen Innenräume eines römischen Palazzos bilden den Schauplatz einer Parabel. Alle Themenpaare Viscontis werden wie in einem Requiem noch einmal versammelt: Alter und Jugend, Individuum und Familie, Kunst und Leben, Intellektualität und Borniertheit, Einsamkeit und Geselligkeit, Voyeurismus und Körperlichkeit, Aristokratie und Bürgertum, schließlich Leben und Tod. Bereits die erste Einstellung macht dieses dialektische Gefüge sinnfällig, evoziert doch der abrollende Registrierstreifen eines Elektrokardiogramms zugleich den Zelluloidstreifen einer sich abwickelnden Filmspule: zwei Formen, das Leben gegen den Tod zu behaupten.

Den Filmtitel könnte man übersetzen mit »Familienbild in einem Interieur«, was ganz der allegorischen Struktur der Mise en scène entspricht; er bezeichnet sowohl das Ensemble der Protagonisten als auch jene Gemälde aus dem 18. und frühen 19. Jahrhundert, die der namenlose Professor mit Leidenschaft sammelt und die überall an den Wänden präsent sind. Es sind sogenannte »conversation pieces«, auf denen Familien der Aristokratie und des entstehenden Bürgertums sich in ihrer häuslichen Umgebung abbilden ließen. In ihrem Charakter von realistischer Lebendigkeit, sozial eingebundener Individualität, Klarheit, Eleganz und Detailgenauigkeit des Interieurs bilden sie einen abgeschlossenen künstlichen Mikrokosmos, der – paradox genug – die Illusion von Leben erzeugen soll. Der Kunsthistoriker Mario Praz hat ihnen eine Studie gewidmet; dieses Buch und sein Autor dienten Visconti als Inspirationsquelle. Auch *Gruppo di famiglia in un interno* ist ein »conversation piece«, ein Familientableau, das allerdings aufgrund zweier unvereinbarer Welten in tausend Stücke zersplittert, wie die Explosion zu Beginn des Films deutlich prophezeit.

Die kontemplative, stille Kunstwelt des Professors wird durch die Konfrontation mit einer lärmend-egozentrischen Familie in Frage gestellt. Eines Tages zieht die reiche Marchesa Brumonti mitsamt Tochter Lietta, ihrem künftigen Schwiegersohn Stefano und dem momentanen Liebhaber Konrad in die obere Etage des Palazzos ein. In die Auseinandersetzungen der Gruppe – Stefano sympathisiert mit den Faschisten, Konrad ist ein in Italien untergetauchter Aktivist der bundesdeutschen Studentenbewegung –

wird der Professor hineingezogen. Seine imaginäre Welt vergangener Familienbilder zerfällt nach und nach, aber auch die wirkliche Familie gerät in einen Prozeß der Selbstzerstörung. Der Tod Konrads und des Professors stehen am Ende dieser Familientragödie und - wie sich herausstellt - eigentlich schon am Anfang: Der Film entpuppt sich als eine einzige Rückblende, eingerahmt durch einen langsamen Vertikalschwenk in der ersten Einstellung auf das Elektrokardiogramm, das die Herzschläge des sterbenden Professors wiedergibt.

Der reißerische, in Deutschland und Frankreich gebrauchte Verleihtitel *Gewalt und Leidenschaft* verstellt den Blick auf eine vielschichtige Studie über den allmählichen, mit dem Tode endenden Verfall. Alle Bemühungen, so könnte die Quintessenz lauten, sich gegenüber der äußeren Realität abzuschotten, die Zeit und das Leben in Bildern festzuhalten, sind zum Scheitern verurteilt, wenn sie nicht wieder zum Leben zurückführen.

Gerade weil die oft zoomende und schwenkende Kamera keinen Blick auf die äußere Realität gewährt - nur wenige Male sieht man einen Zipfel von der im Studio nachgebauten Dachlandschaft Roms -, geraten die Räume, Requisiten und Dekors zu pointierten Zeichen einer psychischen Innenwelt; so wird z.B. das geheime Zimmer, in das der Professor den verletzten Konrad ›einsperrt‹, zum Fluchtort einer nur angedeuteten homosexuellen Leidenschaft zwischen den beiden Männern, die aber kurze Zeit später als Lebensmöglichkeit wieder verworfen und damit dem Tode anheimgegeben wird. Es kommt »zu der unerträglichen Desillusionierung des Professors, als er in dem jungen Mann - seiner Natur nach sein Liebhaber, seiner Kultur nach sein Sohn - einen Rohling erkennt« (Gilles Deleuze). Es ist wie stets bei Visconti: Der (männliche) Held geht dem Tod entgegen, weil ihm bewußt geworden ist, daß das Leben immer schon den Keim der Zerstörung in sich trägt, gegen den alle Illusionen - seien sie erotischer, religiöser, politischer, familiärer oder ästhetischer Natur - vergeblich sind.

»*Gruppo di famiglia in un interno*«. Hg. Giorgio Treves. Bologna 1975. (Drehbuch, Materialien). - »*Violence et passion*«, in: L'Avant-Scène du Cinéma, 1975, H. 159. (Filmprotokoll).

Masolino d'Amico: »Mario Praz et le cinéma«, in: Mario Praz. Paris 1989; Corinne Cauvin: »La chambre secrète«, in: Michèle Lagny (Hg.): Visconti, classicisme et subversion. Paris 1990; Robert Fohr: »Scene di conversazione«, in: Mario Praz. Paris 1989; Gilles Deleuze: »Das Zeit-Bild. Kino 2«. Frankfurt a.M. 1991; Peter W. Jansen/Wolfram Schütte (Hg.): »Luchino Visconti«. München 1985; Odile Larère: »De l'imaginaire au cinéma«. Paris 1980; Joël Magny: »Luchino Visconti, ou la beauté fragile«, in: Cahiers du Cinéma, 1990, H. 429; Jochen Venus: »Luchino Viscontis *Gruppo di famiglia in un interno*: ›Klassisches‹ oder ›modernes‹ Kino?«, in: Volker Roloff u.a. (Hg.): Europäische Kinokunst im Zeitalter des Fernsehens. München 1998.

Alfons Arns

DIE GÜNSTLINGE DES MONDES

↗ Favoris de la lune

HAFEN IM NEBEL

↗ Quai des brumes

HAKKARI'DE BIR MEVSIM

(Eine Saison in Hakkari). Türkei/Bundesrepublik Deutschland (DATA A.S./Kentel Film) 1983. 35 mm, s/w, 111 Min.
R: Erden Kiral. B: Onat Kutlar, nach einem Roman von Ferit Edgü. K: Kenan Ormanlar. S: Yilmaz Atadeniz. M: Timur Selçuk.
D: Genco Ercal (Lehrer), Şerif Sezer (Zazi), Erkan Yüzel (Halit), Rana Cabbar (Dorfvorsteher).

Die türkischen Filme, die in den achtziger Jahren dem europäischen Autorenfilm zugewachsen sind, erzählen alle, auf die eine oder andere Weise, eine Geschichte des Exils. Yilmaz Güney hat 1982 mit ↗ *Yol* den Reigen eröffnet. Erden Kiral übernahm, weil der ›Staatsfeind‹ Güney im Gefängnis saß, zunächst die Stellvertreter-Regie von *Yol*, legte sie aber wegen unvereinbarer künstlerischer Konzeptionen nieder. Verglichen mit der offensiven und anklägerischen Haltung Güneys ist er zurückhaltender und weniger kämpferisch: »Ich bin kein Anhänger von Filmen, in denen Fahnen geschwungen und lautstarke Reden gehalten werden«, bekennt Kiral. Er richtet seinen Blick stärker auf innere Konfliktsitua-

Hakkari'de bir mevsim

tionen, ohne jedoch den gesellschaftlichen Kontext zu vernachlässigen. »Einen schweigenden Schrei« nannte er seinen dritten Spielfilm *Hakkari'de bir mevsim*, den er unter extrem schwierigen Bedingungen in der Bergwelt Südost-Anatoliens unweit der türkisch-iranischen Grenze drehte. Während dem Regisseur die internationale Anerkennung nicht versagt blieb – der Film wurde bei der Berlinale mit dem Silbernen Bären ausgezeichnet –, bekam er in der Heimat Schwierigkeiten: Obwohl 1983 vom Gericht freigegeben, wurde *Hakkari'de bir mevsim* anschließend von der Militärregierung verboten und kam erst 1988 in die türkischen Kinos. Da der – keineswegs vordergründig politische – Film von der kurdischen Minderheit handelt, galt er als Symbol des Widerstands. Kiral war gezwungen, seinen nächsten Film *Ayna* (*Der Spiegel*, 1984) in Griechenland zu drehen.

Hakkari'de bir mevsim schildert die Begegnung eines Intellektuellen, als Volksschullehrer in die Provinz verbannt, mit dem einfachen Leben und der Armut in einer unzugänglichen Berglandschaft. Als sich der Fremde seinen Weg zu Fuß durch den tiefen Schnee bahnt, von kläffenden Hunden eher abgewehrt als begrüßt, aus vielen Augenwinkeln aus den Fensterschlitzen der uralten Steinhäuser beobachtet, ahnt er noch nichts von der Macht dieser Umgebung, die ihn bald gefangennehmen wird. Der wortkarge, fast stumme Empfang ist eine erste Lektion, die der Mann aus Istanbul in der Einöde zu lernen hat. »Die Menschen, die hier leben, warten alle auf etwas, aber sie wissen nicht einmal, worauf«, schreibt er in sein Tagebuch. Erst langsam versteht er die Passivität dieser Menschen, die ihr Schicksal annehmen wie ein unabwendbares Naturereignis. In Hakkari hört die Welt mit dem Sonnenuntergang hinter der Bergkette auf. Das Dorf ist im Winter, der hier sieben Monate dauert, völlig vom Schnee eingeschlossen; die Natur ist das einzige Gegenüber dieser Menschen.

Der Lehrer sieht sich vor unerwartete Aufgaben gestellt. Probleme bereiten weniger die fehlenden

Materialien wie Hefte und Stifte, sondern die unterschiedliche Welterfahrung. Wie soll er diesen Kindern, deren Leben der Bergwelt verhaftet ist, begreiflich machen, was das Meer ist? In einer Gegend, wo selbst die rudimentären Segnungen der Zivilisation wie Elektrizität oder Straßen fehlen, versucht er, ihnen zu erklären, welche Kräfte die Planeten Sonne, Mond und Erde im Gleichgewicht halten. Lesen und Schreiben will er ihnen beibringen, obwohl nicht einmal alle Türkisch sprechen. Not macht erfinderisch. Mit großem Einfühlungsvermögen und dank einer überwiegend nonverbalen Kommunikation gelingt es ihm, das Vertrauen der Dorfbewohner zu gewinnen. Doch die wenigen Medikamente, die er bei sich hat, reichen nicht, um eine Säuglingsepidemie zu bekämpfen. Auch ist der Fremde machtlos gegen tief verwurzelte Traditionen wie die patriarchalische Familienstruktur. Die zweite Hochzeit des eitlen Dorfvorstehers kann er nicht verhindern. Dessen erste, zurückgestellte Ehefrau verläßt das Dorf: ein stiller, unspektakulärer Aufbruch, erstes Zeichen einer Veränderung?

Kiral bietet keine Hoffnungsträger an, er will keine Botschaft vermitteln. Stattdessen führt er den Zuschauer an der Seite des Lehrers in eine fremde Welt, die in ihrer Andersartigkeit gezeigt wird. Auf folkloristische Elemente verzichtet der Regisseur weitgehend, erzählt seine Geschichte in einem dokumentarisch-ethnographischen Stil. Der nur von Tag und Nacht, von den Jahreszeiten gelenkte Strom der Zeit versetzt auch den Zuschauer in eine kontemplative Stimmung. Immer wieder führen ausgedehnte Kameraschwenks an den brüchigen, armseligen Häuserfassaden entlang, im Blick das schweigende Gegenüber der Kinder auf Dächern und Fensterbänken. Auf neue Art kommunizieren zu lernen, dazu gehört auch ein neues Sehen. Für einfache, kleine Dinge wie den Glanz einer Orange im Schein einer Petroleumlampe und den Widerschein in den Augen der Menschen öffnet Kiral uns die Augen. Der Film sucht das intime Erleben, die Nähe, die sinnliche Wahrnehmung des Fremden, ohne die Grenzen zu verwischen.

Der Aufenthalt des Lehrers ist nur ein Zwischenspiel, er muß diese andere Welt im Frühjahr mit der Schneeschmelze wieder verlassen. Er bleibt ein Besucher, der Fragen stellt, ohne die Antworten zu wissen.

Karl-Ludwig Baader: »Die schreiende Stille von Anatolien«, in: Frankfurter Allgemeine Zeitung, 16.1.1984; M. Cullingworth: »Behind the mountains«, in: Sight and Sound, 1984, H. 3; Marli Feldvoß: »Grenzerfahrungen«, in: Frankfurter Rundschau, 13.1.1984; Ulrich Greiner: »Da weinten die Berge«, in: Die Zeit, 8.1.1984; Franco Messerli: »*Hakkari'de Bir Mevsim*«, in: Zoom, 1984, H. 2; Hans Günther Pflaum: »*Eine Saison in Hakkari*«, in: epd Film, 1984, H. 1.

Marli Feldvoß

HALBE TREPPE Deutschland (Peter Rommel Produktion) 2001. 35 mm, Farbe, 105 Min.

R: Andreas Dresen. K: Michael Hammon. S: Jörg Hauschild. M: 17 Hippies.

D: Steffi Kühnert (Ellen), Gabriela Maria Schmeide (Katrin), Thorsten Merten (Chris), Axel Prahl (Uwe).

Im Vorspann fehlt ein Credit für das Drehbuch: Es gab lediglich einen Szenenfahrplan, eine siebenseitige Handlungsskizze, das Skelett einer Geschichte. *Halbe Treppe* war ein Experiment: Der Film wurde von den Schauspielern und dem Team so klein gehalten wie nur möglich und während der improvisierten Dreharbeiten entwickelt. Man wollte frei sein von allen Zwängen der Filmproduktion, deshalb waren kein Fernsehsender und keine Filmförderung an der Finanzierung beteiligt. Andreas Dresen, der Regisseur, und Peter Rommel, der Produzent, stellten die Prämie des Deutschen Filmpreises und die Referenzmittel, die sie für ihren Film *Nachtgestalten* erhalten hatten, zur Verfügung. Alle Mitwirkenden, Teammitglieder wie Darsteller, erhielten pauschal die gleiche Wochengage. Dresen: »Wir traten mit der Prämisse an, auch scheitern zu können. Das Preisgeld aber haben wir uns erarbeitet und benutzen es nun dazu, neue Erfahrungen zu sammeln.«

Frankfurt/Oder: Chris arbeitet als Radiomoderator bei einem Privatsender, seine Frau Katrin verwaltet die Trucker-Parkplätze am Grenzübergang zu Polen.

Halbe Treppe: Gabriela Maria Schmeide, Axel Prahl

Ellen ist Verkäuferin in einer Parfümerie, ihr Mann Uwe betreibt eine Imbißbude. Die beiden Ehepaare sind befreundet, in der ersten Szene sieht man sie bei einem gemeinsamen Diaabend: Urlaubsfotos – Palmen, Kamele und Besäufnis am Strand. Der Alltag daheim ist dagegen trist: Leben im Plattenbau. Man rackert sich ab, um über die Runden zu kommen. Von hochfliegenden Träumen (und früherer Verliebtheit) ist im Alltag wenig geblieben. »Halbe Treppe«, so heißt Uwes Imbiß, ein schmuddeliges Zelt auf dem Treppenabsatz. Halbe Treppe meint auch: Die Protagonisten sind alle zwischen 30 und 40 Jahre alt, sie haben das halbe Leben schon hinter sich. Man ist irgendwie »hängengeblieben«: in der Stadt, im Job, in der Beziehung. Andererseits: Ganz erloschen ist das Feuer noch nicht. »So alt sind wir ja nicht«, meint Katrin, »kann ja alles noch passieren«.

Eine kleine, banale Geschichte. Die üblichen Reibereien zwischen Eheleuten: Ellen ekelt sich vor den Eisbeinen, die Uwe für den Imbiß in der häuslichen Badewanne auftaut. Uwe ärgert sich, weil Ellen die Balkontür aufgelassen hat und Wellensittich Hans-Peter entflogen ist. Ellen wünscht sich eine neue Küche mit Dunstabzugshaube, was Uwe überflüssig findet. Dann ist es plötzlich passiert: Ellen und Chris verlieben sich ineinander, gehen fremd. Als Katrin eines Tages früher nach Hause kommt, erwischt sie die beiden in der Badewanne: Riesenkrach und Unfähigkeit, mit der Situation umzugehen. Chris und Ellen wollen zusammenziehen, dazwischen stehen die Kinder sowie die Trauer und Wut der Verlassenen, Katrin und Uwe. Am Ende kehrt Chris doch zu Katrin zurück. Uwe hat die neue Küche eingebaut, Ellen ist gerührt, aber sie will einen Neuanfang und zieht aus. Kein Mord und Totschlag, aber auch kein rundes Happy-End, sondern: durchwachsen. Wenigstens ist Hans-Peter, der entflogene Wellensittich, wieder da.

Aus dem Stoff für ein Sozialdrama, zudem angesiedelt in der grauen ostdeutschen Realität, machten Dresen und das hervorragende Darsteller-Quartett ein vitales Kinostück, dessen starke Emotionalität und spielerische Leichtigkeit *Halbe Treppe* zu einem Publikumserfolg werden ließen. Spontaneität und Unmittelbarkeit werden von der Digitalkamera eingefangen, die mit langen Brennweiten oft extrem nah an den Gesichtern klebt, manchmal nur mit Reißschwenks den überraschenden Ausbrüchen zu folgen vermag. Diese aus den Dogma-Filmen bekannten Stilmittel verleihen *Halbe Treppe* einen dokumentarischen Anstrich. Fiktion und vorgefundene Wirklichkeit vermischen sich. Einen Imbiß »Halbe Treppe« gibt es tatsächlich in Frankfurt/Oder. (Der Imbißbesitzer taucht kurz im Film auf – er vertritt Uwe, als dieser mit Ellen ins Küchenstudio geht –, außerdem bevölkern seine Stammkunden die Frittenbude auch im Film.)

Dresen bricht den Realismus jedoch durch märchenhafte Einsprengsel und poetische Momente, absurden Humor und Situationskomik auf. Der Film tritt aus der Fiktion heraus, in ihn sind frontal aufgenommene Interview-Aussagen einmontiert, vom Verkäufer des Küchenstudios (der »Neue Küche – neues Glück« verheißt) oder einem Zahnarzt, der über Mundgeruch und Partnerprobleme sinniert. Neben diesen realen gibt es fingierte Interviews: Die Schauspieler geben Auskunft nicht über ihre Rolle, sondern in ihrer Rolle. Ein skurriler Running Gag durchzieht den Film. Zunächst steht gegenüber der Imbißbude nur ein einzelner Dudelsackpfeifer, am Ende ist es eine ganze Kapelle mit Akkordeons, Banjos, Drehleiern und Mandolinen. Uwe, genervt, fühlt sich von den »17 Hippies« geradezu verfolgt, am Ende hört er die Musik sogar aus dem Klo und zweifelt an seinem Verstand.

Gewidmet hat Dresen *Halbe Treppe* seinem Vater, dem Theaterregisseur Adolf Dresen. Geboren 1963 in Gera, gehört Andreas Dresen zur letzten Generation der DEFA-Regisseure. Mit *Stilles Land* (1992) wurde er bekannt, seit *Nachtgestalten* (1999) und *Die Polizistin* (2000) zählt er zu den wichtigsten Autorenfilmern hierzulande. Warmherzigkeit und ein zärtlicher Blick auf die Figuren zeichnen seine Filme aus. *Halbe Treppe*, mit dem Silbernen Bären der Berlinale und dem Deutschen Filmpreis ausgezeichnet, ist eine Ensembleleistung. Der Abspann beginnt: »Ein Film von …«, es folgen die Namen aller Beteiligten. Der Regisseur verstand sich als »Teil einer suchenden Gruppe«, trotzdem war er natürlich der Spielleiter. Offenheit für am Drehort entstandene Einfälle ist nicht gleichbedeutend mit Verzicht auf Inszenierung, und spätestens bei der Montage des gedrehten Materials im Schneideraum sind Entscheidungen zu fällen, die einem Film seine ästhetische Form geben. Dresen ist sich dessen bewußt. Der dänischen Dogma-Bewegung steht er nah, doch deren Manifest würde er nie unterschreiben. »Wer einen Film ohne Gestaltung haben möchte, der muß das Fenster aufmachen. Im Film ist alles gestaltet.«

Fritz Göttler: »Nichts als Grillen«, in: Süddeutsche Zeitung, 2. 10. 2002; Andreas Kilb: »Dialekt und Dialektik«, in: Frankfurter Allgemeine Zeitung, 4. 10. 2002; Martina Knoben: »*Halbe Treppe*«, in: epd Film, 2002, H. 10; Margret Köhler: »Ein Raum von Freiheit«, in: film-dienst, 2002, H. 20 (Interview mit Andreas Dresen); Horst Peter Koll: »*Halbe Treppe*«, in: film-dienst, 2002, H. 20; Eithne O'Neill: »*Grill point*: cornemuse sur l'Oder«, in: Positif, 2002, H. 502; Nikolaj Nikitin/Oliver Baumgarten (Red.): »Werkgespräche *Halbe Treppe*«, in: Schnitt, 2002, H. 28; Birgit Schmid: »*Halbe Treppe*«, in: Filmbulletin, 2002, H. 239.

Michael Töteberg

HALLOWEEN

(Halloween – Die Nacht des Grauens). USA (Compass International Pictures) 1978. 35 mm, Farbe, 91 Min. R: John Carpenter. B: John Carpenter, Debra Hill. K: Dean Cundey. A: Tommy Wallace. S: Tommy Wallace, Charles Bornstein. M: John Carpenter.

D: Jamie Lee Curtis (Laurie Strode), Donald Pleasance (Dr. Sam Loomis), Nancy Loomis/Kyes (Annie Brackett), P.J. Soles (Lynda VanDerclork), Charles Cyphers (Sheriff Leigh Brackett), Nick Castle (The Shape).

In den frühen achtziger Jahren entwickelte sich ein Genre von Billigfilmen, sogenannten Slasher-Movies, die Serienkiller zu Popmythen machten. Sie ermordeten darin ganze Gruppen von promiskuitiven Teenagern, um dann am Ende von einer jungfräulichen Heldin vorübergehend vernichtet zu werden. Begründet wurde das Genre von *Halloween*. Der Killer wird in diesem Film bis zum Übernatürlichen stilisiert. Sein Gesicht verbirgt er hinter einer neutralen weißen Maske, die nur gegen Ende einmal kurz gelüftet wird. Er spricht nie und bewegt sich mit der Ruhe von jemandem, der sicher weiß, daß er sein Opfer kriegen wird. Wenn er scheinbar getötet wird, steht er jedes Mal wieder auf. Er hat kein Motiv für seine Taten. Für seinen Psychiater stellt er das absolut Böse dar.

Der Film spielt mit Urängsten: Einsamkeit, Dunkelheit. Mehr als einmal wird suggeriert, daß der Killer der Schwarze Mann (Boogeyman) aus unserer Kindheit ist. Die ständige Präsenz des Bösen wird suggeriert von einer enervierenden Syntheziser-Melodie, begleitet von einer konstant treibenden Percussion. Sie erinnert uns, daß der Killer jederzeit auftauchen kann. Hinter einem Busch im Bildhintergrund, nach einem Kameraschwenk im Vordergrund. Manchmal sind auch wir selbst das Böse, wie in der Eröffnungssequenz: In einer vierminütigen, fast ungeschnittenen subjektiven Kamerafahrt wird ein küssendes Mädchen beobachtet. Dann ein Messer gegriffen, eine Maske aufgezogen und das Mädchen ermordet. Als dem Mörder, durch dessen Augen wir gesehen haben, die Maske abgenommen wird, erkennen wir, daß es sich um einen sechsjährigen Jungen handelt.

15 Jahre später flieht Michael Myers, inzwischen ein erwachsener Mann, bei der Überführung zu einem Gerichtstermin und kehrt an Halloween in seinen alten Heimatort zurück. Nun, da der Zuschauer jederzeit mit der nächsten Gewalttat rechnet, nimmt Carpenter sich viel Zeit, seine Protagonistin vorzustellen: Die 17jährige Laurie Strode macht sich kaum Gedanken um Parties und Jungs. Als einzige ihrer Freundinnen nimmt sie den bedrohlichen Fremden wahr, der sie zu verfolgen scheint.

Carpenter gelingt es, die Spannung kontinuierlich zu steigern, obwohl es beinahe 45 Minuten dauert, bis er seinen Killer das nächste Mal zuschlagen läßt. Und weitere 20 Minuten, bevor seine Heldin die Opfer entdeckt. Den Weg von Lauries Haus bis zum Fundort ihrer ermordeten Freundinnen zeigt Carpenter quälend langsam in Realzeit. Auch er hat die Ruhe von jemandem, der sicher weiß, daß er sein Opfer – den Zuschauer – fangen wird. Denn plötzlich geht alles Schlag auf Schlag. Kaum hat Laurie die Leichen entdeckt, steht sie dem Killer gegenüber. Nun trägt das Wissen um die Länge ihres Fluchtweges umso mehr zur Spannung bei. Von da an ist der Rest des Films ein einziger Showdown. Mehrmals scheint Laurie ihren Gegner überwunden zu haben. Immer wieder steht er auf. Sogar, als der Psychiater Loomis als eine Art moderner Van Helsing auftaucht und Myers mit mehreren Schüssen niederstreckt, kann er noch in die Dunkelheit entfliehen. Am Ende hören wir über Bildern der menschenleeren Schauplätze des Films den *Halloween*-Soundtrack und die schweren Atemgeräusche des Killers: Michael Myers lauert immer noch überall.

Mit einem Budget von gerade mal 300.000 Dollar gedreht, spielte dieser innovative Genrefilm allein in den USA mehr als ein Hundertfaches seiner Kosten wieder ein. Bis Mitte der neunziger Jahre wurden fünf Fortsetzungen gedreht. Carpenter selbst war nur noch an *Halloween 2* (als Autor und Produzent) und *3* (als Produzent) beteiligt.

Halloween inspirierte eine Flut von Filmen wie *Friday the 13th* (*Freitag der 13.*, Regie: Sean S. Cunningham) und *A Nightmare on Elm Street* (*Nightmare – Mörderische Träume*, Regie: Wes Craven), die es ebenfalls auf eine Menge Fortsetzungen brachten. In diesen Filmen gehört die Sympathie nicht selten dem Killer und seinen einfallsreichen Tötungsmethoden. Ende der neunziger Jahre erhielt das Slasher-Genre durch die selbstreflexiven *Scream*-Filme – eine eigene Serie, eingeleitet durch Wes Cravens *Scream* (1996) – seine dringend benötigte Blutauffrischung. Das gestiegene Interesse verhalf auch der *Halloween*-Reihe zu neuem Leben. In *Halloween H20* spielte zum ersten Mal seit *Halloween 2* wieder Jamie Lee Curtis die Hauptrolle. Zu Beginn der nächsten Fortsetzung, *Halloween – Resurrection*, stirbt Laurie Strode dann ihren ebenso unwürdigen wie überfälligen Tod.

Ian Conrich/David Woods (Hg.): »The Cinema of John Carpenter. The Technique of Terror«. New York 2005; Robert C. Cumbow: »Order in the Universe. The Films of John Carpenter«. Lanham [2]2000; Gerhard Hroß: »Escape to fear. Der Horror des John Carpenter«. München 2000; Helmut Korte: »Die Eskalation des Horrors: *Halloween – Die Nacht des Grauens* (1978)«, in: Werner Faulstich/Helmut

Korte (Hg.): Fischer Filmgeschichte. Bd. 5. Frankfurt a.M. 1995; Steve Neale: »*Halloween*: Suspense, Aggression, and the Look«, in: Barry Keith Grant/Christopher Sharrett (Hg.): Planks of Reason. Lanham [2]2004; Andreas Rauscher: »Scheitern als Chance. Die Filme John Carpenters«, in: Splatting Image, 1998, H. 36; Frank Schnelle: »Suspense Schock Terror. John Carpenter und seine Filme«. Stuttgart 1991; Tom Tykwer: »Es lebt! 10 Gründe, warum *Halloween* immer noch der beste moderne Horrorfilm ist«, in: Steadycam, 1999, H. 37; Ivo Wittich: »*Halloween – Die Nacht des Grauens*«, in: Ursula Vossen (Hg.): Filmgenres: Horrorfilm. Stuttgart 2004.

Marco Wiersch

HAMLET Deutschland (Art-Film) 1921. 35 mm, s/w, stumm, 2.367 m.
R: Svend Gade, Heinz Schall. B: Erwin Gepard. K: Curt Courant, Axel Graatkjaer. A: Svend Gade, Siegfried Wroblewsky.
D: Asta Nielsen (Hamlet), Mathilde Brandt (Gertrude), Eduard von Winterstein (Claudius), Hans Junkermann (Horatio), Lily Jacobsen (Ophelia).

Hamlet war bereits mehrfach auf dem Theater von Frauen dargestellt worden; schon 1900 wurde die Duell-Szene mit Sarah Bernhardt verfilmt. In seiner Untersuchung »The Mystery of Hamlet« (Philadelphia 1881, deutsch Leipzig 1883) mutmaßte Edward Vining, Hamlet sei in Wirklichkeit eine Frau gewesen. Im heute verschollenen Vorspiel des Films tritt der Hobby-Philologe Vining, als Professor ausgegeben, auf und legt seine These dar, die er durch eine angeblich von ihm aufgefundene unbekannte norwegische Sage zu untermauern versucht. Damit ist die Besetzung mit dem Star Asta Nielsen, deren Firma den Film produzierte, legitimiert. Im Untertitel gibt der Film sein eigentliches dramatisches Interesse zu verstehen: Es handelt sich um »ein Rachedrama«, so wie es auch die ursprüngliche Stoffquelle, die Sage des Dänen Saxo Grammaticus aus dem 12. Jahrhundert war.

Das Rachemotiv wird zu Beginn des Film exponiert: Gade montiert parallel zur Schlacht zwischen Dänen und Norwegern, wo Fortinbras den Tod findet, die Szene von Königin Gertrudes Niederkunft. Da sie annimmt, König Hamlet sei gefallen, gibt sie das Mädchen als Prinz Hamlet aus, um die Macht für sich zu bewahren. Gade hatte bereits auf dem Schlachtfeld durch die Plazierung der Truppen auf dem oberen oder unteren Teil eines Hügels Machtverhältnisse verdeutlicht. Dieses Prinzip behält er auch im Königsschloß bei. Die romanische Kaiserpfalz und das mittelalterliche Rathaus in Goslar wurden als Schauplätze gewählt, und Gade, der bis 1919 als Bühnenbildner an Berliner Theatern gearbeitet hatte, nutzt die Treppen, Säulengänge, Erker und Torbögen, um Hierarchien und Machtgelüste widerzuspiegeln.

Die bedrückenden, häufig dunkel akzentuierten Schloßszenen konstrastiert er mit Naturszenen, in denen Blick und Gänge unverstellt sind. Nur hier fühlt sich Hamlet wohl, nachdem er aus Wittenberg, wo helle und freie Räume dominierten, an den Hof zurückkehrt. Die Welt der Jugend, von Hamlet, Horatio, Ophelia und Laertes, wird deutlich von der der Erwachsenen abgegrenzt. Durch den Racheschwur, den er im dunklen Grabgewölbe des ermordeten Vaters leistet, wird auch Hamlet in die Welt der Intrigen hineingezogen. Von nun an ist er stets schwarz mit hochgeschlossenem, einzwängendem Kragen gekleidet, und ihn begleitet zumeist ein Schatten.

Der Film arbeitet also mit einfachen Bildstrukturen: Oben und Unten, Hell und Dunkel, Innen und Außen beschreiben Gegensätze, welche die Konfliktkreise aufbegehrende Jugend und machtbewahrendes Alter, Versöhnung und Rache, Freundschaft/Liebe und Macht/Gewalt verdeutlichen sollen. Dies gelingt vor allem dann, wenn die Figuren direkt in dem durch Licht, Dekor und Kamerawinkel präparierten Raum aufeinanderstoßen. Komplexere Handlungsaspekte, wie Hamlets Entschluß, den Wahnsinnigen zu spielen oder seine Beziehung zu Ophelia und Laertes, sind kaum entfaltet. Häufig müssen Zwischentitel den Zusammenhang herstellen. Einzig die Beziehung zu Horatio erhält dadurch, daß Hamlet eine Frau ist, Spannung. Der Film überzeugt, wenn er das Rachemotiv räumlich illustriert: Laertes zerrt Hamlet in das offene Grab der Ophelia; in der Schlußszene kämpfen beide vor dem Thron, und Hamlet, von der vergifteten Klinge getroffen, stirbt auf den Thronstufen. Sein Dilemma artikuliert schließlich Fortinbras im Schlußtitel: »Auf den Thron wollt' ich Dir helfen, doch an den Stufen schon zerbrechen Deine Schwingen«.

Robert H. Ball: »Shakespeare on Silent Film«. London 1968; Jan Berg: »Asta Nielsen«, in: Thomas Koebner (Hg.): Idole des deutschen Films. München 1997; Helga Belach u.a. (Hg.): »Asta Nielsen 1881-1972«. Berlin 1973; Robert A. Duffy: »Gade, Olivier, Richardson: Visual Strategy in Hamlet Adaptation«, in: Literature/Film Quarterly, 1976, H. 2; Willy Haas: »*Hamlet*«, in: ders:. Der Kritiker als Mitproduzent. Berlin 1991; Herbert Ihering: »Von Reinhardt bis Brecht«. Bd. 1. Berlin 1961; Renate Seydel/Allan Hagedorff (Hg.): »Asta Nielsen«. Berlin/München 1981; Nives Sunara: »Immer wieder Hamlet«. Trier 2004.

Jürgen Kasten

HANA-BI (Hana-Bi – Feuerblume).

Japan (Office Kitano/Bandai Visual Co.) 1997. 35 mm, Farbe, 103 Min.
R+B: Takeshi Kitano. K: Hideo Yanamoto. S: Takeshi Kitano, Yoshinori Ota. M: Joe Hisaishi. D: Beat Takeshi (Yoshitake Nishi), Kayoko Kishimoto (Nishis Frau), Ren Osugi (Horibe), Susumo Terajima (Nakamura), Tetsu Watanabe (Tesuka).

Ein Parkdeck, im Hintergrund Wohnsilos. Die Konfrontation dreier Männer: ein Arbeiter und ein Junge im Blaumann, auf der anderen Seite ein Anzugträger mit Sonnenbrille. Kein Wort wird gesprochen, der Grund des Konflikts wird nicht ersichtlich. Plötzlich schlägt der Mann im Anzug zu, versetzt dem Jungen noch einen Tritt. Die Musik setzt ein, Panoramaschwenk über das Häusermeer von Tokio. Autos fahren über eine Brücke. Auf dem Asphalt ein Schriftzeichen: »Stirb!«

Der Polizist Nishi ist vom Tod umgeben: Seine kleine Tochter ist gestorben, seine Frau hat Krebs und wird nicht mehr lange leben. Bei einem mißglückten Zugriff, den Nishi zu verantworten hat, ist ein Kollege erschossen worden. Horibe, sein langjähriger Partner im Polizeidienst, ist, nachdem ihn ein Gangster niedergeschossen hat, an den Rollstuhl gefesselt und hat Selbstmordgedanken. Um die Medikamente für seine Frau bezahlen zu können, hat Nishi Geld bei den Yakuzas, der japanischen Mafia, geliehen, kann aber die Zinsen nicht zahlen. Im Krankenhaus eröffnet man ihm, daß es keine Chance mehr für seine Frau gibt.

Nishi holt sie zu sich, quittiert den Dienst, überfällt in Polizeiuniform eine Bank. Aus der Beute zahlt er seine Schulden bei den Yakuza, schickt der Witwe des ermordeten Kollegen Geld; Horibe bekommt Malutensilien und beginnt zu malen. Nishi macht mit seiner Frau eine Reise: zum Fujiyama, in die schneebedeckten Berge und ans Meer. Die Yakuza, die es auf die gesamte Beute abgesehen haben, sind ihm auf den Fersen – Nishi bringt sie kaltblütig um –, auch die Polizei ist ihm auf der Spur. Am Meer, der letzten Station ihrer Reise, werden sie gestellt; Nishi erschießt erst seine Frau und dann sich selbst.

Derart reduziert auf den Plot, handelt es sich um eine altvertraute Geschichte: Ein Mann bricht alle Brücken hinter sich ab und begibt sich auf eine Reise ohne Rückkehr. Die Story wird jedoch nicht chronologisch entfaltet, sondern die Erzählfragmente werden als »narrative Puzzlespiele« (Britta Hartmann) dargeboten: Nishi hat Familie und Freunde, die Bezugspunkte seines Lebens, verloren, seine Welt ist in lauter Einzelteile zerfallen. Die temporalen und kausalen Bezüge der verschiedenen Erzählstränge – auch innerhalb der Flashbacks herrscht eine verwirrende Achronologie – fügen sich erst nach einer guten halben Stunde zusammen. Die komplexe Struktur des Films erfordert vom Zuschauer eine kombinatorische Phantasie, ähnlich dem japanischen Legespiel Tangram, mit dem sich Nishis Frau beschäftigt.

Ein genuiner Stoff für einen Actionfilm oder ein Drama. Doch der desillusionierte Polizist, von Schuldgefühlen und Trauer gequält, wütet nicht und weint nicht. Er explodiert nicht, sondern implodiert. Nishi wirkt stoisch, emotionslos: wortkarg, sparsame Gesten, ausdruckslose Miene, die Augen verborgen hinter der Sonnenbrille. Er ist furchtlos, kennt weder Angst noch Schmerz – plötzlich eruptive Ausbrüche der Gewalt, ohne Vorwarnung, in

Sekundenschnelle vollzogen. Es sind Szenen von äußerster Brutalität: Nishi greift beiläufig zu den Eßstäbchen auf dem Tresen und rammt sie einem Yakuza ins Auge. Er wickelt Steine in ein Tuch und schleudert sie den Gangstern ins Gesicht. Solche unvorbereiteten Szenen sind wie Blitzeinschläge, kurze unberechenbare Aktionen in einem Film, dessen Grundstimmung von »einer meditativen, fast religiösen Ruhe« geprägt wird: »Es ist, als würden amerikanische Pulp Fiction und japanische Poesie sich hier zu einem Amalgam verbinden«, meinte die Filmkritikerin Anke Sterneborg.

Während der Titelsequenz sieht man farbige Zeichnungen: ein Engel, prächtige Blüten einer Pflanze, eine Familie, die ein Feuerwerk bewundert. Vor einem Zen-Kloster, einer Station ihrer Reise, veranstaltet Nishi für seine Frau ein kleines privates Feuerwerk: eine der wenigen Male, wo wir sie fröhlich lachen sehen. »Hanabi« bedeutet Feuerwerk, doch Kitano hat in den Filmtitel einen Bindestrich gesetzt, das Wort damit wieder in seine Bestandteile aufgespalten: »Hana«, Blume, und »Bi«, Feuer. Horibe findet durch die Malerei neuen Lebensmut; seine Bilder - häufig Blumenblüten, als Kopf auf Menschen und Tiere gesetzt - durchziehen leitmotivisch den Film.

Die im Film Horibe zugeschriebenen Bilder hat Takeshi Kitano während der Rekonvaleszenz nach einem Motorradunfall gemalt. Der Regisseur (und Autor) ist auch sein Hauptdarsteller: Beat Takeshi ist der Schauspielername von Takeshi Kitano, der als Stand-up-Comedian und Showmaster im japanischen TV ständig präsent ist, als Filmregisseur aber vornehmlich in Europa reüssierte. *Hana-Bi*, Kitanos siebter Kinofilm, wurde bei den Filmfestspielen in Venedig 1997 mit dem Goldenen Löwen ausgezeichnet.

Als Frau Nishi das Tangram gelöst hat, hat auch ihrer beider Leben seine Erfüllung gefunden. Sie blicken aufs Meer, ein Mädchen spielt am Strand. Nishis Ex-Kollegen haben ihn aufgespürt, er geht zu ihnen, bittet um ein bißchen Aufschub: »Es wird nicht lange dauern« und kehrt zurück zu seiner Frau. Es ist eine friedliche Szene, voller Ruhe, Gelassenheit und Melancholie. Frau Nishi, die im ganzen Film kaum ein Wort gesprochen hat, sagt zu ihrem Mann: »Danke.« Er umarmt sie, die erste zärtliche Berührung zwischen ihnen. Die Kamera schwenkt aufs Meer und die sanft anbrandenden Wellen, im Off fallen zwei Schüsse.

Darrell William Davis: »Reigniting Japanese Tradition with *Hana-bi*«, in: Cinema Journal, 2001, H. 4; Ralph Eue: »Gangsterdämmerung?«, in: Filmbulletin, 1998, H. 215; Norbert Grob: »Im Kino gewesen ...«. St. Augustin 2003; Stefan Grissemann: »Hate Art. Blickkontakte und Blickblockaden in den Filmen Takeshi Kitanos«, in: Meteor, 1998, H. 12; Britta Hartmann: »Initiation und Rezeptionssteuerung in Takeshi Kitanos *Hana-Bi*«, in: Jan Sellmer/ Hans J. Wulff (Hg.): Film und Psychologie - nach der kognitiven Phase? Marburg 2002; Alexander von Horwath: »›Ich bin wie ein Schwamm‹«, in: Meteor, 1998, H. 12 (Interview mit Takeshi Kitano); Dave Kehr: »*Equinox Flower*«, in: Film Comment, 1998, H. 2; Oliver Rahayel: »*Hana-Bi*«, in: film-dienst, 1998, H. 2; Anke Sterneborg: »Die Miene des Killers«, in: Süddeutsche Zeitung, 21. 1. 1998.

Michael Töteberg

HANGMEN ALSO DIE

(Auch Henker sterben). USA (United Artists) 1943. 35 mm, s/w, 131 Min.

R: Fritz Lang. B: Bertolt Brecht, Fritz Lang, John Wexley. K: James Wong Howe. A: William Darling. S: Gene Fowler jr. M: Hanns Eisler.

D: Brian Donlevy (Frantisek Svoboda), Walter Brennan (Prof. Novotny), Anna Lee (Mascha Novotny), Hans Heinrich von Twardowski (Reinhard Heydrich), Alexander Granach (Gruber), Reinhold Schünzel (Ritter).

Schon während sie erste Ideen sammelten und eine Outline entwarfen, erwies sich die Zusammenarbeit der beiden prominenten Emigranten als schwierig. In seinem »Arbeitsjournal« zeichnete Brecht ein wenig schmeichelhaftes Bild seines Arbeitgebers Lang: »er sitzt, mit den allüren eines diktators und alten filmhasen, hinter seinem boßschreibtisch, voll von drugs und ressentiments über jeden guten vorschlag, sammelt ›überraschungen‹, kleine spannungen, schmutzige sentimentalitäten und unwahrhaftigkeiten und nimmt ›licenses‹ für das boxoffice.« Wenn man über die Logik eines Vorgangs spreche, frage Lang immer nur danach, ob das Publikum ihn akzeptiert. Der Anti-Nazi-Film war in Hollywood ein Genre; Fritz Lang, der im amerikanischen Exil seine Karriere mit wechselndem Erfolg fortsetzte, wußte das. Bertolt Brecht, der in seinen »Hollywood-Elegien« die Traumfabrik einen »Markt, wo Lügen verkauft werden«, nannte, hatte schon in der Auseinandersetzung um die Pabst-Verfilmung ↗*Die 3-Groschen-Oper* seine prinzipielle Ablehnung der Filmindustrie formuliert. Trotzdem ließ er sich auf das Projekt ein, nicht nur aus finanziellen Gründen, sondern um möglichst viel von seinen politischen und ästhetischen Überzeugungen in den Film zu schmuggeln.

Das Attentat auf Reinhard Heydrich, den von Hitler eingesetzten Reichsprotektor von Böhmen und Mähren, bildet den Ausgangspunkt für eine frei erfundene Geschichte: Der Attentäter Svoboda kann entkommen, die Nazis kündigen die Exekution von Geiseln an. Die Gestapo ist Svoboda auf der Spur, doch kurz vor der Verhaftung wird der Inspektor getötet. Die illegale Widerstandsgruppe spielt den Nazis falsche Indizien zu, die auf den Spitzel Czeka deuten; er wird hingerichtet, obwohl die Nazis wissen, daß er nicht der Täter ist. Der Schlußtitel lautet: »Das ist nicht das Ende...«

Lang setzte auf Aktion; er wollte keine Diskussion über den politischen Nutzen des Attentats. Der Polit-Thriller *Hangmen Also Die* ist im Grunde eine Mischung aus ↗*Doktor Mabuse* und ↗*M*: Die Nazis bilden eine Monsterorganisation, und das dramaturgische Muster ist erneut die Jagd nach einem Täter. Die konspirative Verschwörung – ein Motiv, das Lang zeitlebens fasziniert hat – wird als nationale Widerstandsbewegung nun mit positivem Vorzeichen versehen. Sie ist, wie es im Rolltitel zu Beginn heißt, »eine verborgene Armee von Rächern«, die für die Hinrichtung des Kollaborateurs sorgt.

Daß *Hangmen Also Die* zu einem guten Teil auch ein Brecht-Film ist, dafür ist vor allem die Musik Hanns Eislers verantwortlich. Der Komponist, zu dieser Zeit gerade an einem Forschungsprojekt über Filmmusik beschäftigt, hat seine Arbeit in einer gemeinsam mit Theodor W. Adorno verfaßten Schrift reflektiert. Ein Beispiel mag demonstrieren, wie die Musik dramaturgische Funktionen übernimmt. Heydrich liegt sterbend im Krankenhaus, im Bild ist nichts zu sehen als das Tropfen des Blutes. »Heydrich ist der Henker, das macht die Formulierung der Musik zu einem Politikum«, erkannte Eisler. »Die Aufgabe des Komponisten bestand darin, dem Zuschauer die wahre Perspektive der Szene zu vermitteln. Die Musik muß die Bedeutungsakzente durch Roheit setzen. Die dramaturgische Lösung wird angezeigt durch die Assoziation: Tod einer Ratte. Brillant kreischende Sequenz, fast elegant, sehr hoch angesetzt, eine Auslegung der Redensart: auf dem letzten Loch pfeifend. Die Begleitfigur hält sich synchron an die szenische Ausgangsvorstellung. Pizzicato in den Streichern und eine hohe Klavierfigur markieren das Tropfen des Bluts.« Die aggressive Musik Eislers verleiht dem antifaschistischen Film propagandistische Schärfe.

Es gab noch ein unerfreuliches Nachspiel: John Wexley, der mit Brecht zusammen das Drehbuch schrieb, beanspruchte die alleinige Urheberschaft. Brecht klagte, obwohl mit dem Film unzufrieden, vor der Screen Writer's Guild, wurde jedoch abgewiesen. Die Auseinandersetzung zwischen Brecht und Lang findet heute in der Sekundärliteratur ihre Fortsetzung. Das Drehbuch zu *Hangmen Also Die* wurde von den Herausgebern der Brecht-Werkausgabe nicht in den Supplement-Band »Texte für Filme« aufgenommen. Doch unter den mehr als 50 Filmentwürfen Brechts ist *Hangmen Also Die* das einzige Projekt, das in Hollywood realisiert wurde – dank Fritz Lang.

»*Henker sterben auch*«. Hg. Jürgen Schebera. Berlin (DDR) 1985. (Drehbuch, Materialien). – Filmkritik, 1975, H. 223 (Interview mit Lang, Materialien).

Theodor W. Adorno/Hanns Eisler: »Komposition für den Film«. München 1969; Bertolt Brecht: »Arbeitsjournal«. Bd. 1. Frankfurt a.M. 1973; Jean-Louis Comolli/François Géré: »Two Fictions Concerning Hate«, in: Stephen Jenkins (Hg.): Fritz Lang. The Image and the Look. London 1981; Wolfgang Gersch: »Film bei Brecht«. Berlin (DDR 1975/München 1976; Reinhold Grimm/Henry J. Schmidt: »Bertolt Brecht and *Hangmen Also Die*«, in: Monatshefte für den deutschen Unterricht, 1969, H. 3; Ulrike Hick: »Das

Spiel mit dem Blick«, in: Joachim Schmitt-Sasse (Hg.): Widergänger. Münster 1993; Jan-Christopher Horak: »Widerstand und Faschismus im Anti-Nazi-Film Hollywoods«, in: Hans J. Wulff (Hg.): Filmbeschreibungen. Münster 1985; James K. Lyons: »Bertolt Brecht in Amerika«. Frankfurt a.M. 1984; Cornelius Schnauber: »Brecht und Lang: *Hangmen Also Die*«, in: Helmut G. Asper (Hg.): Wenn wir von gestern reden, sprechen wir über heute und morgen. Berlin 1991.

Michael Töteberg

HANNIBÁL TANÁR ÚR (Professor Hannibal). Ungarn (Mafilm) 1956. 35 mm, s/w, 92 Min.

R: Zoltán Fábri. B: Zoltán Fábri, István Gyenes, Péter Szász, nach dem Roman »Hannibál feltámasztása« von Ferenc Móra. K: Ferenc Szécsényi. Ba: Iván Ambrózy. S: Ferencné Szécsényi. M: Zdenkó Tamássy.

D: Ernö Szabó (Béla Nyul), Manyi Kiss (Frau Nyul), Zoltán Greguss (Muray), Emmi Buttykay (Mici), Ferenc Bessenyei (Hannibal).

Die absurde Tragödie eines kleinen Mannes in einem totalitären System: Béla Nyul, Lateinlehrer an einem Budapester Gymnasium, erlangt durch die Veröffentlichung eines Essays über den karthagischen Feldherrn Hannibal bescheidenen Ruhm. Leichtsinnig schickt seine Frau die Broschüre an Nyuls früheren Schulkameraden, den jetzigen nationalistischen Abgeordneten Muray. In den völlig unpolitischen Thesen vermutet der Parteiapparat einen Angriff auf die völkische Staatsideologie – die Handlung spielt in der Horthy-Ära zu Beginn der dreißiger Jahre. Der Verfasser wird öffentlich angeprangert, schlagartig wenden sich Kollegen und Nachbarn von ihm ab. Nyul (deutsch: Hase) gelingt es, zu Muray vorzudringen, der ihn als alten Freund mit ins Schwimmbad nimmt und durch eine Nachtbar schleppt. Trotzdem muß sich der Lehrer am nächsten Morgen auf einer von der Partei organisierten »Volksversammlung« verantworten. Die aufgehetzte Menge droht, ihn zu steinigen, und jagt ihn durch die Trümmer des einstigen Amphitheaters in Obuda. Derart bedrängt, widerruft Nyul seine angeblich falschen Ansichten und legt ein Bekenntnis zur herrschenden nationalistischen Ideologie ab: »Der Gott der Ungarn lebt!« Die Menge feiert nun den Professor, der – selbst erschrocken über seinen Verrat an dem ehernen pädagogischen Grundsatz, niemals zu lügen – sich in die Tiefe stürzt. »Das Ende des Charleston. Ganz Budapest im Rumba-Fieber«, lauten die Schlagzeilen der Zeitung, mit der man seine Leiche zudeckt.

Mit *Hannibál tanár úr* erzielte Zoltán Fábri nach *Körhinta* (*Karussell*, 1955) seinen zweiten großen Erfolg. Die Fertigstellung des Films fiel mit dem ungarischen Aufstand zusammen: Fábri und seine Mitautoren wählten zwar einen Stoff aus dem Themenkreis Antifaschismus, doch unverkennbar war der Stalinismus gemeint. Das System von ›Kritik und Selbstkritik‹, dem sich Nyul unterwirft, war dem ungarischen Publikum aus eigenem Erleben viel zu vertraut, als daß es dies unter der historischen Maske nicht wiedererkannt hätte. Der Film enthüllte die Erniedrigung des Einzelnen zum politischen Objekt und die Willfährigkeit der opportunistischen Mehrheit. Die Kádár-Administration nahm den Film vorübergehend aus dem Verleih, konnte jedoch die Auszeichnung auf dem Festival von Karlovy Vary (Großer Preis 1957) nicht verhindern.

Fábri zeigt sich auch in diesem Werk als ein Meister der filmischen Chronik und der psychologischen Gestaltung. Die Atmosphäre der Vorstadt (ein beliebter Handlungsort in seinem Œuvre) ist ausgezeichnet getroffen. Der epische Stil wird gebrochen durch satirische Szenen: im Lehrerkollegium und vor allem bei Nyuls Begegnungen mit dem »Volkspolitiker« Muray. Das Dolce Vita der herrschenden Clique wird aus der Sicht des hin- und hergerissenen Professors zu einem surrealen Alptraum. Aus der Fiktion entwickelte Handlungsdetails bekommen symbolischen Charakter: das verzweifelte Nach-Luft-Schnappen des Nichtschwimmers Nyul im Schwimmbad, das Torkeln des Angetrunkenen in den Armen von Murays Geliebter. Ernö Szabó spielt das fast im Irrsinn endende Pendeln der Hauptfigur zwischen naiver Gläubigkeit und Gehetztsein mit ausdrucksstarker Mimik und fahriger Gestik. Wie schon in *Körhinta* versteht es Fábri, die Spannung zu steigern bis zu den expressiven, im Wechsel von Totalen und Nahaufnahmen wiedergegebenen Ereignissen im Amphitheater. Die analytische Struktur der Parabel beteiligt den Zuschauer am Wiedergewinn moralischer Aufrichtigkeit – einem Lieblingsbegriff des Regisseurs – als unveräußerlichem Wert.

Michael Hanisch: »Zoltán Fábri«, in: Fred Gehler (Hg.): Regiestühle. Berlin (DDR) 1972; István Nemeskürty: »Wort und Bild«. Frankfurt a.M./Budapest 1980; Enno Patalas: »*Professor Hannibal*«, in: Filmkritik, 1960, H. 2.

Hans-Jörg Rother

HAPPINESS USA (Good Machine International) 1998. 35 mm, Farbe, 134 Min.
R+B: Todd Solondz. K: Maryse Alberti. S: Alan Oxman. M: Robbie Kondor.
D: Jane Adams (Joy Jordan), Dylan Baker (Bill Maplewood), Lara Flynn Boyle (Helen Jordan), Ben Gazzara (Lenny Jordan) Louise Lasser (Mona Jordan), Philip Seymour Hoffman (Allen), Cynthia Stevenson (Trish Maplewood).

Der Hort größtmöglicher Katastrophen ist und bleibt die Familie. Kein Film der späten neunziger Jahre zeigt das eindringlicher als die Tragödie *Happiness* des 1960 geborenen Regisseurs Todd Solondz. Der Verleih allerdings bezeichnete die sich um drei Schwestern rankenden Episoden als Komödie, und das ist auch nicht falsch. »Ziemlich schrecklich, ziemlich komisch, ziemlich gut, in dieser Reihenfolge, weil auch das Publikum nichts geschenkt kriegt«, urteilte Urs Jenny unter dem Titel »Anleitung zum Unglücklichsein« über den Film. Das trifft auf das Gesamtwerk des Unruhestifters Solondz zu: Schon in seinem Debüt *Welcome to the Dollhouse* (1996) – vom deutschen Verleih falsch übersetzt mit *Willkommen im Tollhaus* – führte er die amerikanische Kleinfamilie als Puppenhaus der Perversion vor.

Todd Solondz ist in New Jersey aufgewachsen, und eben dort siedelt er die miteinander verwobenen Geschichten der Schwestern an. Die eine, Trish, ist verheiratet mit dem Psychotherapeuten Bill, Mutter zweier Söhne und eine derart perfekte Hausfrau, daß allein diese Tatsache schon Unheil erahnen läßt. Und in der Tat trifft es sie am härtesten. Denn der ihr gegenüber gleichmütig und all ihre hohlen Wortkaskaden sanft erduldende Ehemann entpuppt sich als Vergewaltiger kleiner Jungs. Das Objekt seiner Begierde sind die Schulfreunde seines elfjährigen Sohnes. Bill offenbart sich seinem Sohn, und so furchtbar dieses Geständnis auch ist, gelingt es Todd Solondz dennoch, den Päderasten nicht als Monster vorzuführen. Er zeigt, was ist, getragen von einem tief empfundenen Mitgefühl, mit dem er all seine Figuren führt.

So auch den verschwitzten, fettleibigen Allen, den Nachbarn der zweiten Schwester Helen, einer erfolgreichen Autorin pornographischer Bücher. Helen, die nach eigenem Bekunden keinerlei Mangel an gut durchtrainierten Liebhabern hat, ist Allens Masturbationsobjekt. Er bombardiert sie mit anonymen und obszönen Anrufen, weckt damit ihre geheimsten Wünsche und läßt sich dann doch mit einem einzigen Satz ab- und zurückweisen. Weder er noch sie überwinden die offenkundige Leere ihres Daseins, bleiben gefangen in ihrem ganz und gar nicht befriedigend gelebten Leben.

Allein Joy, das »Sorgenkind« der Geschwister, wird vom Glück gestreift. Sie ist gerade 30 Jahre alt geworden, spielt Gitarre und trällert sentimentale Liebeslieder. Ihr ist zumindest ein kurzer One Night Stand mit einem russischen Gauner vergönnt. Obwohl der Mann dann gleich wieder unter Mitnahme ihrer Stereoanlage verschwindet, blickt Joy unbekümmert in die Zukunft. Und wenn am Ende die drei Schwestern bei ihren nach Florida ins Rentnerexil gegangenen und sich inzwischen völlig entfremdeten Eltern zusammentreffen, kann sie allein bei dem Trinkspruch »Wo Leben ist, da ist Hoffnung« heiter und zustimmend nicken. Bei all ihrer Naivität – sie wird es wohl schaffen, der »Familienbande« zu entkommen.

Der Titel ist blanker Sarkasmus. Neben Freiheit und Gleichheit gehört »the pursuit of happiness« zu den in der amerikanischen Verfassung fixierten Menschheitsidealen. Todd Solondz entlarvt mit dem Gestus des Alltäglichen die Abgründe des Mittelstands, die hinter den sauberen Fassaden lauern. Dieser radikale Blick auf das amerikanische Pharisäertum war den Geldgebern bei Universal aber dann doch zu heavy. Gegen Kostenerstattung – das Budget betrug wenig mehr als drei Millionen Dollar – gaben sie den Film zurück, der letztlich auf eigene Faust von der kleinen Produktionsfirma Good Machine in die Kinos gebracht wurde, kurz vorher aber schon mit einem der Hauptpreise beim Festival in Cannes ausgezeichnet wurde.

»*Happiness*«. London 1999. (Filmtext).
Chris Chang: »Cruel to be Kind. A Brief History of Todd Solondz«, in: Film Comment, 1998, H. 5; Andrew Lewis Comm: »The Bad Review *Happiness* Deserves Or The Tyranny of Critic-Proof Movies«, in: ebd., 1999, H. 1; Jean-Pierre Coursodon/Michel Ciment: »Todd Solondz«, in: Positif, 1999, H. 457; Margrit Frölich: »Der Zwang zum Glück«, in: dies. u.a. (Hg.): Alles wird gut. Marburg 2003; Urs Jenny: »Anleitung zum Unglücklichsein«, in: Der Spiegel, 22.3. 1999; Casey McKittrick: »›I laughed and cringed at the same time‹«, in: Velvet Light Tramp, 2001, H. 47; Oliver Rahayel: »*Happiness*«, in: film-dienst, 1999, H. 6; Hans Schifferle: »*Happiness*«, in: epd Film, 1999, H. 3; Emma Wilson: »Cinema's Missing Children«. New York 2003.

Frank Göhre

A HARD DAY'S NIGHT

(Yeah, Yeah, Yeah!). Großbritannien (United Artists) 1964. 35 mm, s/w, 85 Min.
R: Richard Lester. B: Owen Alun. K: Gilbert Taylor. Art Director: Ray Simm. S: John Jympson. M: The Beatles, Arrangements von George Martin.
D: John Lennon, Paul McCartney, George Harrison, Ringo Starr, Wilfrid Brambell (Großvater), Norman Rossington (Norm), John Junkin (Shake), Victor Spinetti (Fernsehregisseur).

Im Herbst 1963 erreichte die Beatlemania ihren ersten Höhepunkt. Ein Film – mit geringem Budget ausgestattet und allein deshalb gedreht, um die Popularität der Band noch zu steigern – sollte einen neuen Typ Musikfilm kreieren. Filme mit und über Pop-Ikonen waren bislang entweder konventionelle Musicals gewesen, wie *Summer Holiday* (1963) mit Cliff Richard, oder Success-Stories: *Rock Around the Clock* (1956) zeigt den Aufstieg von Bill Haley, *Jailhouse Rock* (1957) den von Elvis Presley. *A Hard Day's Night* dagegen schildert einen Tag im Leben der Beatles, durchbrochen von Slapstick-Szenen, Musikeinlagen und einer witzigen Spielhandlung, ist vor allem aber selbst Teil der Hysterie, deren Folgen er ironisch beschreibt. Die ungewöhnliche Melange, von Richard Lester erfunden, irritierte damals die Kritiker. »Eine Reportage? Eine Komödie? Eine parodistische Selbstdarstellung?«, fragte Dietrich Kuhlbrodt in der »Filmkritik«, ohne darauf eine Antwort geben zu können.

Dieser Rahmen erlaubt es, die Songs motivierter als üblich szenisch zu integrieren: Während der Zugfahrt zum nächsten Termin singen und spielen die Beatles zum Zeitvertreib (»I should have known better«), später im Fernsehstudio wird geprobt (»If I fell«). Der Höhepunkt ist schließlich ein Konzert, bei dem die Lieder der neuen LP und einige ältere Hits vor einem ekstatischen Teenagerpublikum gespielt werden. Großaufnahmen greifender Hände und singender Münder, montiert mit Porträts, verdeutlichen die Funktion eines jeden Musikers. Kameraarbeit und Ausleuchtung verstärken Stimmungswerte der Lieder: Wenn Paul McCartney das romantische Liebeslied »And I love her« singt, umfährt die Kamera ihn im lyrischen Gegenlicht. Immer wieder im Bild sind die langen Haare – Markenzeichen und skandalträchtiges Attribut der Gruppe.

Spielszenen zeigen die Beatles in komischen oder absurden Situationen, wobei die Individualität der einzelnen Bandmitglieder herausgestellt wird. Ein Manager will George überreden, für Teenagerklamotten zu werben und wird von diesem in seiner schnoddrigen Art abgekanzelt; John spielt mit dem Modell eines Unterseebootes in der Badewanne und ist spurlos verschwunden, nachdem das Wasser abgelassen ist. Paul hat seinen angeblichen Großvater am Hals, der während des ganzen Films für Verwirrung sorgt. Ringo, Liebling der Fans, ist Hauptdarsteller in einer beschaulichen Sequenz: Dem Streß überdrüssig und nicht bereit, die Erwartungen zu erfüllen, die alle Welt – insbesondere Pauls Großvater – an ihn stellen, flieht er aus dem Studio. Verkleidet genießt er die ungewohnte Anonymität und erkundet fotografierend die Gegend. Am Fluß trifft er Schüler, die, wie er selbst, ›schwänzen‹. Bald fällt er jedoch auf und wird von der Polizei gejagt. Die restlichen Beatles, auf der Suche nach Ringo, beteiligen sich an diesem atemlosen Wettrennen (bezeichnenderweise hieß ein Kurzfilm Lesters von 1959 *The Running, Jumping and Standing Still Film*).

Bei den motivisch wiederkehrenden wilden Verfolgungsjagden bevorzugt Lester einen rauhen, ungeschliffenen Stil; vieles ist mit der Handkamera gedreht, oft wird kein künstliches Licht verwendet. Seine gestalterischen Präferenzen liegen bei der Montage; durch sie kommen Tempo und unvorhergesehene Wendungen zustande. Die Sequenz, in der »Can't buy me love« zu hören ist, wirkt überraschend modern: In einer Probenpause flüchten die »Fab Four« über die Feuerleiter aus dem Studio ins Freie, toben und jagen über einen Sportplatz. Lester drehte die albernen Aktionen und Posen teilweise vom Hubschrauber, in Zeitraffer und Zeitlupe, mit schnellen Perspektivenwechseln, die rhythmisch gegeneinander geschnitten sind. Die Autonomie von Bild und Musik wirkte damals revolutionär; heute gehören solche Montageverfahren zur gängigen Sprache des Musik-Videoclips.

A Hard Day's Night artikuliert den gesellschaftlichen Umbruchprozeß mit respektloser Ironie und antiautoritärem Humor. Die typischen Gegner der »angry young Men«, ein Jahrzehnt zuvor von John Osborne attackiert, treten nur noch als Fossile auf. Der distinguierte Herr mit Melone im Zug oder der militaristische Großvater sind Zielscheibe des Spotts; der einstmals verbissene Kampf wird von den Beatles mit Kalauern und Popmusik ausgefochten. Ihr Siegeszug zeugte von einem neuen Selbstbewußtsein der Jugend, das kurze Zeit später in dem weltweiten Phänomen der Jugendrevolte kulminierte.

Mit *Help!* (*Hi-Hi-Hilfe!*) drehte Richard Lester 1965 einem zweiten Beatles-Film: Gekonnt parodiert der an exotischen Schauplätzen spielende Farbfilm Genremotive des Abenteuerfilms, verdeutlicht aus heutiger Sicht aber auch, wie schnell die Beatles zu einem Markenartikel geworden waren. Mit seinen Filmsatiren *The Knack* (*Der gewisse Kniff*, 1965) und *How I Won the War* (*Wie ich den Krieg gewann*, 1967, mit John Lennon) beschrieb Lester die sexuelle Liberalisierung und zunehmende Politisierung der britischen Jugend.

»*A Hard Day's Night*«, in: George P. Garrett u.a. (Hg.): Film Scripts Four. New York 1972. (Drehbuch).

Stephen Glynn: »*A Hard Day's Night*«. London 2005; Ken Hanke: »The British film invasion of the 1960s«, in: Films in Review, 1989, H. 4 u. 5; Dietrich Kuhlbrodt: »*Yeah! Yeah! Yeah!*«, in: Filmkritik, 1964, H. 9; Diane Rosenfeldt: »Richard Lester: a Guide to References and Resources«. Boston 1978; Neil Sinyard: »The Films of Richard Lester«. London, Sidney 1985; Alfred R. Sugg: »The Beatles and Film Art«, in: Film Heritage, 1967, H. 1; Alexander Walker: »Hollywood, England«. London 1974; Thomas Wiener: »The Rise and the Fall of the Rock Film«, in: American Film, 1975, H. 2 u. 3.

Ingo Fließ

DAS HAUS DER LADY ALQUIST

↗ Gaslight

HEAT

USA (Forward Pass Production/ Warner Bros.) 1995. 35 mm, Farbe, 164 Min. R: Michael Mann. B: Michael Mann. K: Dante Spinotti. S: Dov Hoenig, Pasquale Buba, William Goldenberg, Tom Rolf. M: Elliot Goldenthal.

D: Al Pacino (Vincent Hanna), Robert de Niro (Neil McCauley), Val Kilmer (Chris Shiherlis), Tom Sizemore (Michael Cheritto), Diane Venora (Justine), Amy Brenneman (Eady), Jon Voight (Nate).

Gleich zu Beginn betritt Neil McCauley eine Rolltreppe und fährt abwärts, taucht ein in das nächtliche L. A. Der Regisseur und Drehbuchautor Michael Mann, der 1984 mit der von ihm kreierten und produzierten TV-Serie *Miami Vice* ein furioses Stadt- und Sittenbild der Drogenmetropole entwarf, macht in *Heat* Los Angeles zum eigentlichen Hauptdarsteller seines Actionthrillers.

Auf stark befahrenen Highways, in Straßenschluchten und öden Randgebieten, auf Schrottplätzen und vor der Kulisse bedrohlich wirkender Containerlager und Ölraffinerien, in Krankenhäusern, Motels und Nightclubs agieren der kühl kalkulierende Gangster McCauley und seine Crew. Sie überfallen mit großem technischen Aufwand Geldtransporte und Banken und greifen gezielt zu. Gejagt werden sie von Vincent Hanna, einem Cop ohne Illusionen, dessen Privatleben ein einziges »Katastrophengebiet« ist. Zwei kaputte Ehen hat er bereits hinter sich und seine dritte mit der tablettenabhängigen Justine ist auch schon ein einziges Trümmerfeld. Die Stieftochter zieht daraus die bittere Konsequenz. Sie schneidet sich die Pulsadern auf, kann aber von Vincent gerettet werden.

Was der »harte Hecht« Vincent während seiner Jagd nach den professionellen Bankräubern auch über sich erfahren muß, entspricht der Liebe McCauleys zu der jungen Grafikerin Eady. Es ist eine sich behutsam entwickelnde Beziehung, in der der Wunsch nach einem anderen Leben aufkeimt. Letztlich jedoch bleibt McCauley dem verhaftet, was er vor allem sich selbst immer wieder sagt: Häng dich an nichts, was du nicht innerhalb von 30 Sekunden hinter dir lassen kannst. Und in exakt dieser Zeitspanne entscheidet er sich dann auch angesichts der ihn bereits umzingelnden Polizisten, wortlos von der geliebten Frau Abschied zu nehmen und sich allein durchzuschlagen. Vincent Hanna aber stellt ihn auf dem Gelände des Airports und tut das, was er »am besten kann«: Der Profi auf der vermeintlich guten Seite knallt den Profi auf der dunklen Seite der Gesellschaft gnadenlos ab.

Michael Mann hat mit *Heat* einen klassischen Polizeifilm geschrieben und inszeniert. Seine Protagonisten allerdings haben eine weitaus größere psychische Dimension als die meisten der üblicherweise in diesen Filmen gezeigten Helden und Schurken. *Heat* zeigt sie in ihren persönlichen Verstrickungen, im nervenzerreißenden Beziehungsstreß und bei der Gratwanderung, sich und ihren Überzeugungen treu zu bleiben. Die Sehnsucht nach beständiger Liebe kollidiert mit den alltäglichen Anforderungen – egal, auf welcher Seite des Gesetzes man steht. So sind der Gangster McCauley und der Cop Vincent Hanna sich im Grunde gleich. Sie erkennen es in der einzigen Szene des Films, in der sie sich face to face gegenübersitzen und sich einen verbalen Schlagabtausch liefern: über das Leben, den Job und die Zukunft. Der Dialog, in dem komprimiert alles enthalten ist, was der gesamte Film an äußerer und innerer Spannung beinhaltet, ist ein inszenatorisches Meisterstück und zugleich ein schauspielerisches Duell der beiden Superstars Al Pacino und Robert de Niro.

Trotz dieses Besetzungscoups war *Heat*, wegen der Länge von über drei Stunden und der Komplexität seiner Story, kein kommerzieller Erfolg in den USA, sondern spielte sein Geld vor allem in Europa wieder ein. Allein in Frankreich sahen den Film mehr als eine Million Zuschauer. Michael Mann ist ein Stilist, der die Licht- und Farbgebung jeder Einstellung kontrolliert. (Bei dem erwähnten Treffen der beiden Rivalen in einem Lokal wurden sämtliche Farben weggebleicht außer einer blutroten Ketchup-Flasche zwischen beiden auf dem Tisch.) Die unterkühlte Atmosphäre und für das Genre ungewöhnlich kontemplative Szenen verraten, daß *Heat* weniger dem amerikanischen Action-Kino verpflichtet ist als der Tradition des europäischen Kinos eines Jean-Pierre Melville.

Lars-Olav Beier: »Die zwei Gesichter einer Seele«, in: Frankfurter Allgemeine Zeitung, 29.2. 1996; Alessandro Borri: »Michael Mann«. Alessandria 2000; Franz Everschor: »*Heat*«, in: film-dienst, 1996, H. 5; Sabine Horst: »Die Hölle ist kalt«, in: Frankfurter Rundschau, 29.2. 1996; Nick James: »*Heat*«. London 2002; Les Paul Robley: »Hot set«, in: American Cinematographer, 1996, H. 1; Frank Schnelle: »Schöne kühle Welt«, in: epd Film, 1996, H. 3; Mark Steensland: »Michael Mann«. Harpenden 2002.

Frank Göbre

HEAVEN'S GATE (Heaven's Gate – das Tor zum Himmel). USA (Partisan Productions/United Artists) 1980. 70 mm, Farbe, 205 Min.

R+B: Michael Cimino. K: Vilmos Zsigmond. A: Tambi Larsen. Ba: Jim Berkey, Josie MacAvin. S: Tom Rolf, William Reynolds, Lisa

Fruchtman, Gerald Greenberg. M: David Mansfield.
D: Kris Kristoffersen (James Averill), Christopher Walken (Nathan D. Champion), Isabelle Huppert (Ella Watson), John Hurt (William C. Irvine), Sam Waterston (Frank Canton).

»Konflikte an der Grenze Amerikas« definieren nach Joe Hembus den Western, wobei der »Raum als Grenze gemeint ist, in der sich Amerika schafft und wiedererschafft, (...) als politischer, wirtschaftlicher und gesellschaftlicher Entwicklungszustand«. Die Ent-Grenzung, die dynamische Erweiterung des Raumes stellt den uramerikanischen Mythos von der Erfüllung individuellen Freiheits- und Glücksstrebens durch Landeroberung und -besiedelung dar. Indem Michael Cimino in seinem Filmepos zeigt, daß dieser Prozeß beileibe nicht demokratisch organisiert war, geht er einen bedeutenden Schritt weiter (oder richtiger: zurück) als Regisseure und Autoren anderer sogenannter Spätwestern, in denen zumeist nur eine spezielle Legende preisgegeben wird. *Heaven's Gate* entmythologisiert die Basis, auf der das Selbstverständnis der amerikanischen Gesellschaft aufbaut. Cimino hat sein monumentales Zeitgemälde um 1890 angesiedelt, während des »Johnson County War«, und damit in einer Zeit, in der bereits klare Fronten zwischen Etablierten und Unterprivilegierten, d.h. zwischen bereits eingesessenen Großgrundbesitzern und verstärkt in die USA einströmenden, osteuropäischen Immigranten, existierten. Die eskalierenden Gewalttätigkeiten werden schließlich durch das Eingreifen der Regierungsarmee zugunsten der reichen Großrancher beendet.
Die psycho-soziale Dimension dieses politischen Konflikts anhand einiger Einzelschicksale zu illustrieren, gelingt Cimino nur selten. Sein ebenso artifizielles wie akribisch ausgemaltes Panorama vermittelt eine repressive Stimmung: Die meisten Figuren zeichnet eher mangelnde Entschlußfreudigkeit als dynamische Aufbruchstimmung aus, und die »Stärke« der Kapitalisten ist ihr von moralischen Skrupeln freier Willen, ihre Interessen rücksichtslos durchzusetzen. Zu den Qualitäten des Films zählen seine exzellente Fotografie, die in gedämpften, erdfarbenen Bildern schwelgt, und die üppige Ausstattung, die naturalistisch bis in die Details die Atmosphäre einer vergangenen Zeitepoche wiederbelebt.
Nach der Uraufführung von der amerikanischen Kritik harsch verrissen, konnte auch eine radikal eingekürzte Version des ursprünglich fast vierstündigen Werkes den katastrophalen Mißerfolg bei Publikum und Presse nicht verhindern. Erst bei seiner europäischen Erstaufführung erhielt der Film bewundernde Anerkennung, die nun umso euphorischer ausfiel. Mag die Ablehnung in den USA auch politisch motiviert gewesen sein, berühmt-berüchtigt wurde *Heaven's Gate* vor allem durch seine Produktionsgeschichte: Die von geplanten acht auf über 40 Millionen Dollar überzogenen Kosten wurden von den Managern des finanziell schon angeschlagenen Studios United Artists in der Hoffnung bereitgestellt, Cimino könnte an den kommerziellen Erfolg seines vorigen Films *The Deer Hunter* (*Die durch die Hölle gehen*, 1978) anschließen. Die Spekulation mündete in einem finanziellen Desaster, als dessen Folge das traditionsreiche Unternehmen an den Konkurrenten MGM (Metro Goldwyn Mayer) abgestoßen wurde, was eine bis heute nicht vollständig abgeschlossene Reihe von Verkäufen und Wiederverkäufen einleitete. Die bis dato noch halbwegs eigenständige Identität des Studios, 1919 von Charles Chaplin, Douglas Fairbanks, Mary Pickford und D.W. Griffith gegründet, wurde damit gänzlich demontiert.

Steven Bach: »Final Cut. Dreams and Disaster in the Making of *Heaven's Gate*«. London 1985; Hartmut Bitomsky: »*Heaven's Gate*«, in: Filmkritik, 1983, H. 318; Michael Bliss: »Martin Scorsese and Michael Cimino«. Metuchen 1985; Timothy Corrigan: »A Cinema Without Walls«. New Brunswick 1991; Wolf Donner: »*Heaven's Gate*«, in: tip Filmjahrbuch, Bd.1, Frankfurt a.M. 1985; Norbert Grob/Bernd Kiefer: »*Heaven's Gate – Das Tor zum Himmel*«, in: dies. (Hg.): Filmgenres: Western. Stuttgart 2003; Felix Hofmann: »Demagogischer Realismus«, in: Filmkritik, 1983, H. 318; Klaus Kreimeier: »*Heaven's Gate*«, in: epd Film, 1985, H. 3; Peter Kremski: »Die Legende stirbt nie«, in: Filmbulletin, 1988, H. 1; Jack Kroll: »Heaven Can Wait«, in: Film Comment, 1981, H. 1; Wolfgang Limmer: »Reinfall durch die Himmelspforte«, in: Der Spiegel, 1981, H. 23.

Max-Peter Heyne

HEIMAT Bundesrepublik Deutschland (Edgar Reitz/SFB/WDR) 1981/84. 35 mm, s/w und Farbe, 15 Std., 31 Min.
R: Edgar Reitz. B: Edgar Reitz, Peter Steinbach. K: Gernot Roll. S: Heidi Handorf. M: Nikos Mamangakis.
D: Marita Breuer (Maria Simon), Dieter Schaad (Paul Simon), Jörg Richter (Hermann Simon), Eva Maria Bayerwaltes (Pauline Kröber), Gertrud Bredel (Katharina Simon), Karin Rasenack (Lucie Simon), Eva-Maria Schneider (Marie-Goot).

»Ein Kinoereignis, das alle Grenzen sprengt«, so waren die Kritiken nach der Uraufführung des 15 1/2 Stunden langen Films bei den Festivals in München und Venedig überschrieben. Finanziert vom Fernsehen, dort in elf, unterschiedlich langen Teilen gesendet, ist *Heimat* gedreht im Kinoformat 35 mm: Reitz macht keinerlei Konzessionen an den kleineren Bildschirm, er ignoriert das TV-Programmraster und die starre Seriendramaturgie. Was ihm vorschwebte, hat der Regisseur bereits in den sechziger Jahren theoretisch formuliert: ein »500-Minuten-Film mit romanartiger Handlung von wirklich epischen Dimensionen«. Einen solchen ›Filmroman‹, damals eine Utopie, hat er mit *Heimat* und dem Gegenstück *Die Zweite Heimat* (1988/91) verwirklicht.
Der Arbeitstitel lautete »Made in Germany«. Seinen Film konzipierte Reitz als Gegenentwurf zur amerikanischen Fernsehserie *Holocaust*, die auch in Deutschland auf breite Resonanz stieß. Gegen die Enteignung des Menschen von seiner eigenen Geschichte setzte er die Aufarbeitung von Erinnerungen, denn »das ist es, was wir als Deutsche in diesem Jahrhundert so unvergleichlich produziert haben: einen ungeheuerlichen Schrotthaufen von Lebensgeschichten«. Er wählte dazu die Form der Chronik, in deren Mittelpunkt die Familie Simon aus dem fiktiven Hunsrück-Dorf Schabbach steht. Reitz begleitet einige Figuren von der Kindheit bis ins hohe Alter und schenkt auch Randfiguren seine Aufmerksamkeit. Er nimmt sich viel Zeit – »deutsche Betulichkeit«, mokierten sich einige Kritiker, doch diese Liebe zum Detail, selbst wenn es von der Haupthandlung wegführt, ist Teil des Konzepts: Im Produktionstagebuch spricht Reitz programmatisch von einer »Dramaturgie der Nebensachen«.
»Made in Germany« meinte auch die Produktionsweise. So wie sich im Film Anton Simon gegen den Verkauf seiner Firma an einen Konzern wehrt, will *Heimat* in der ›handwerklichen‹ Machart sich behaupten gegen die multinational operierende Filmindustrie. Reitz, Mitunterzeichner des Oberhausener Manifests und viele Jahre lang Mitstreiter von Alexander Kluge, ist ein Vertreter des Autorenfilms. Er ist nicht nur Regisseur, Autor und Produzent des Films, *Heimat* erzählt auch seine Geschichte: Mit diesem Projekt kehrte Reitz, nach Anfangserfolgen (*Mahlzeiten*, 1966) im Kino eher glücklos, zurück in seine Hunsrücker Heimat. Die Drehbücher schrieb er zusammen mit seinem Coautor Peter Steinbach in zweijähriger Arbeit vor Ort; gedreht wurde ausschließlich an Originalschauplätzen, und die Laiendarsteller dienten nicht bloß als Statisten. Das Filmteam lebte während der 18 Monate Drehzeit mit den Dorfbewohnern von Woppenroth, Rohrbach und Gehweiler; man entwickelte die Geschichte in dauernder Kontrolle und Übereinstimmung mit den Menschen, deren Leben in *Heimat* erzählt wird.
Ungewöhnlich ist die Verbindung von avantgardistischen Techniken – Reitz verleugnet seine Herkunft vom Experimentalfilm nicht – mit dem Erzählkino. Den Sehgewohnheiten widerspricht der Wechsel vom farbigen zum monochromen Bild, womit nicht wie üblich verschiedene Zeit- oder Realitätsebenen abgehoben, sondern Emotionen und atmosphärische Momente verdeutlicht werden. Neben den Figuren, deren Lebensschicksale verfolgt werden, wird das Epos zusammengehalten durch ein Netzwerk von Motiven. Die Entwicklung der Medien – Radio, Kino, Wochenschau, Fernsehen – strukturiert nicht nur die Geschichte, sondern die Manipulation von Realität mittels Abbildung wird selbst zum Thema. Reitz ist es gelungen, den ideologisch belasteten Heimatbegriff – ironisch zitiert er Carl Froehlichs Film *Heimat* (1938) mit Zarah Leander – zu rehabilitieren. Der von amerikanischen Kritikern erhobene Vorwurf, Reitz leiste dem bundesdeutschen ›Revisionismus‹ Vorschub, trifft nicht: Der Film spiegelt den

Nationalsozialismus im Provinzalltag, verzichtet aber auf die ritualisierten Formeln der ›Vergangenheitsbewältigung‹. Er zeigt, daß die Gefühle von Innigkeit, Wärme und Geborgenheit sich instrumentalisieren lassen: Die ›deutsche Weihnacht‹ entpuppt sich als Kriegsvorbereitung.

In dem Begriff ›Heimat‹ schwingt immer die Sehnsucht nach etwas Verlorengegangenem mit, er ist auch Ausdruck von Entfremdung. Reitz ist sich dessen bewußt: Die sentimentale Erinnerung wird ständig konterkariert, als Nostalgie entlarvt. *Heimat* lädt zur Identifikation mit einer kleinen, überschaubaren Welt ein und zerstört die Idylle im nächsten Moment. Die spannungsreiche Dialektik von Heimat und Fremde, die gegenläufige Bewegung von Fortstreben und Ausharren ist das eigentliche Thema des Films. Am Anfang steht Paul Simon, der ohne Abschied und Begründung die Heimat verläßt. Auch Hermann, dessen Geschichte in *Die Zweite Heimat* (1988–91) aufgegriffen und in *Heimat 3* (2002–2004) fortgeführt bis zur unmittelbaren Gegenwart, ist ein »Weggeher«. Aus der einschnürenden Enge der Provinz bricht er auf in die große Welt; zurück kehrt ein Künstler, dessen experimentelle Musik den Daheimgebliebenen unverständlich und fremd ist. Die *Heimat*-Trilogie ist, mit insgesamt rund 54 Stunden, ein imposanter Filmroman, dessen mäandernde Erzählung sich der gängigen TV-Dramaturgie widersetzt. Dem Fernsehen abgetrotzt, entfaltet der Film erst im Kino seine Suggestivkraft (alle drei Teile wurden in Venedig bei den Filmfestspielen uraufgeführt). Das weitausgreifende Epos spiegelt deutsche Befindlichkeiten und mündet in einem offenen Ende: Am ersten Morgen des neuen Jahrtausends blickt Lucie, Hermanns Tochter, einer ungewissen Zukunft entgegen – die Heimat gibt keine Sicherheit mehr. *Heimat* ist im ersten Teil das Dorf (im Hunsrück), *Die Zweite Heimat* die Stadt (München), *Heimat 3* das Haus am Fluß (der Rhein). Alles fließt – Reitz scheut sich nicht vor deutlichen Symbolen –, der Mensch lebt im Strom der Zeit: »Heimat suchen wir nicht mehr in Landschaft und Dorf, sondern in der Zeit, der wir noch intensiver als früher angehören möchten«, schreibt Reitz in seinem Entwurf zu *Heimat 3*. Der Film kann als einzige Kunstgattung die Zeit bannen, »der Film kann Heimat sein« (Reitz).

»*Heimat*«. Nördlingen 1985. (Drehbuch).
Werner Barg: »Erzählkino und Autorenfilm«. München 1996; Gundolf Hartlieb: »In diesem Ozean der Erinnerung«. Siegen 2004; Anton Kaes: »Deutschlandbilder«. München 1987; Friedrich P. Kahlenberg u.a.: »›Deshalb waren unsere Muttis so sympathische Hühner‹ (Edgar Reitz)«, in: Frauen und Film, 1985, H. 38; Thomas Koebner: »›Woran wir glaubten‹«, in: film-dienst, 2004, H. 20; Rachel Palfreyman: »Edgar Reitz's *Heimat*. Histories, Traditions, Fictions«. Oxford u.a. 2000; Ruth Perlmutter: »German Revisionism: Edgar Reitz's *Heimat*«, in: Wide Angle, 1987, H. 3; Edgar Reitz: »Drehort Heimat«. Hg. Michael Töteberg. Frankfurt a.M. 2004; Eric L. Santner: »Stranded Objects«. Ithaca, London 1990; Horst Schäfer: »Respekt vor den Dingen«, in: ders./Walter Schobert (Hg.): Fischer Film Almanach 1985. Frankfurt a.M. 1985; Gerhard Schäffer: »Edgar Reitz' *Heimat* als Sozialgeschichte der Neuen Medien«, in: Hans J. Wulff u.a. (Hg.): 2. Film- und Fernsehwissenschaftliches Kolloquium. Münster 1990; Michael Töteberg: »*Heimat*«, in: Rainer Rother: Mythen der Nationen: Völker im Film. München, Berlin 1998.

Michael Töteberg

HEIMAT, SÜSSE HEIMAT

↗ Vesničko, má středisková

HEINRICH V.

↗ Henry V

HEISSES EISEN

↗ Big Heat

HENRY V

(Heinrich V.). Großbritannien (Two Cities) 1943/44. 35 mm, Farbe, 137 Min.
R: Laurence Olivier. B: Laurence Olivier, Alan Dent, nach dem gleichnamigen Stück von William Shakespeare. K: Robert Krasker, Jack Hildyard. Ba: Paul Sheriff, Carmen Dillon. S: Reginald Beck. M: William Walton.
D: Laurence Olivier (Heinrich V. von England), Robert Newton (Fahnenträger Pistol), Renée Asherson (Catherine), Leo Glenn (Konstabler von Frankreich), Felix Aylmer (Erzbischof von Canterbury), Leslie Banks (Chorus).

Ein klarer, blauer Himmel. Ein Blatt Papier wirbelt durch die Luft, ein Theaterzettel, der die Vorstellung von »Heinrich V.« ankündigt. Die Kamera fliegt über

die Stadt London, senkt sich über einem beflaggten Gebäude und korrigiert den Anflug: Das Konkurrenz-Unternehmen, das Globe-Theater, ein O-förmiger Holzbau mit offenem Dach, ist das Ziel.
Das Paradox des Theaterfilms wird von Olivier produktiv genutzt: *Henry V* ist ein raffiniertes Spiel auf verschiedenen Ebenen der Fiktion. Die Szenen im Globe-Theater sind nicht bloß ein Rahmen. Das Shakespeare-Theater war keine Guckkasten-Bühne, sondern ein Rundbau mit mehreren Etagen für die Zuschauer und verschiedenen Spielstätten. Olivier filmt nicht ab, was auf der Bühne geboten wird, sondern die Kamera bewegt sich zwischen dem – keineswegs still sitzenden – Publikum und blickt auch hinter die Kulissen: Ein Jüngling schminkt sich für eine Frauenrolle, der Inspizient sorgt dafür, daß die Darsteller ihren Auftritt nicht versäumen. Olivier inszeniert ›Theater‹; eine halbe Stunde später befinden wir uns in einem Film. Im Prolog hatte sich der »Chorus«, in *Henry V* ist daraus ein Kommentator geworden, an das Publikum gewandt: »On your imaginery forces work«. Die Phantasie müsse ergänzen, was die Bühne nur andeuten kann: Der Film, in den die Theateraufführung hinübergleitet, läßt sich interpretieren als Imagination eines Zuschauers. Nun agieren nicht mehr stark geschminkte Bühnen-Schauspieler, auch werden die Frauen nicht länger von Jünglingen dargestellt. Der filmische Realismus wird kunstvoll vorbereitet: Der Gestus ändert sich, der Raum weitet sich, doch zunächst bewegt man sich noch deutlich in Pappkulissen und gemalten Prospekten. Erst als der Film sich aus der Kunstwelt des Studios herausbegibt, ist er bei sich selbst angekommen. In einer großen Totalen fängt die Kamera das nächtliche Zeltlager in der Picardie und, Höhepunkt des Films, die Schlacht von Azincourt ein. Bei der Schlacht-Sequenz ließ sich Olivier von Eisensteins ↗*Aleksandr Nevskij* anregen, und auch in anderen Szenen bewies er, der hier sein Debüt als Film-Regisseur gab, ein sicheres Gespür für den Einsatz filmischer Mittel. Den Monolog Heinrichs V., dessen unbewegtes Gesicht close-up aufgenommen ist, läßt er im Off sprechen. Am Ende befinden wir uns wieder im Theater, die Verwandlung geschieht während des Schwenks: Aus Catherine wird wieder ein verkleideter Jüngling. Beifall: Die Vorstellung ist zu Ende, die Kamera entfernt sich vom Globe-Theater, wieder fliegt ein Blatt ins Bild: die Abspann-Titel.
Der Film spielt 1415 (Schlacht von Azincourt), 1600 (Globe-Theater) und 1943: Vor der ersten Einstellung, dem blauen Himmel, steht ein Insert: *Henry V* ist gewidmet »To The Commandos and Airborn Troops of Great Britain«. Shakespeares patriotisches Drama lieferte den Stoff für einen Propagandafilm: Olivier wurde für das Projekt vom Kriegsdienst freigestellt, das Informationsministerium unterstützte die Dreharbeiten. Ein Budget von mehr als 400.000 Pfund stand zur Verfügung; die Außenaufnahmen wurden im neutralen Irland realisiert. Olivier, für den *Henry V* den Auftakt zu einer Reihe von Shakespeare-Verfilmungen darstellte, hat das Drama um ein Viertel gekürzt; er zeigt den Tod Falstaffs, während im Off die Verbannungsrede Heinrichs aus »Heinrich IV« gesprochen wird. Was bei Shakespeare nur berichtet wird, wird im Film breit ausgemalt: die Schlacht und die Vorbereitungen dazu. Historisch verkleidet, besitzt *Henry V* durchaus agitatorische Qualitäten: Wenn die Verletzung des Kriegsrechts durch die feindlichen Truppen angeprangert wird, war der Bezug zur aktuellen Situation unmittelbar gegeben. England befand sich im Krieg mit Deutschland.

»*Henry V*«, in: George P. Garrett (Hg.): Film Scripts One. New York 1971. – London 1984. (Drehbuch).
Iris Bünsch: »Probleme der Shakespeare-Verfilmung – Dargestellt am Beispiel von *Henry V*«, in: Paul G. Buchloh u.a. (Hg.): Filmphilologie. Kiel 1982; Anthony Davies: »Filming Shakespeare's Plays«. Cambrigde 1988; Sara Munson Deats: »Rabbits and Ducks: Olivier, Branagh, and *Henry V*«, in: Literature/Film Quarterly, 1992, H. 4; Peter van Gelder: »Offscreen onscreen«. London 1990; Raymond Lefèvre: »Sir Laurence Olivier«. München 1983; Marsha McCreadie: »*Henry V*: Onstage and On Film«, in: Literature/Film Quarterly, 1977, H. 4; Michael Manheim: »Olivier's *Henry V* and the Elizabethan World Picture«, in: Literature/Film Quarterly, 1983, H. 3; Helma Sanders-Brahms: »Wie es uns gefällt«, in: Hans Helmut Prinzler (Hg.): Das Jahr 1945. Berlin 1990; Dale Silviria: »Laurence Olivier and the art of film making«. Rutherford 1985.

Michael Töteberg

High Noon

EIN HERBSTNACHMITTAG
↗ Samma no aji

DER HERR DER SIEBEN MEERE
↗ Sea Hawk

HEXENKESSEL ↗ Mean Streets

HIGH NOON (Zwölf Uhr mittags). USA (Stanley Kramer Production/United Artists) 1952. 35 mm, s/w, 85 Min.
R: Fred Zinnemann. B: Carl Foreman, nach der Erzählung »The Tin Star« von John W. Cunningham. K: Floyd Crosby. Ba: Rudolph Sternad, Ben Hayne. S: Elmo Williams, Harry Gerstad. M: Dimitri Tiomkin.
D: Gary Cooper (Will Kane), Grace Kelly (Amy Kane), Thomas Mitchell (Jonas Henderson), Lloyd Bridges (Hervey Pell), Katy Jurado (Helen Ramirez), Otto Kruger (Percy Mettrick).

High Noon ist nicht nur ein klassischer Western, sondern zugleich ein psychologisches Drama und eine politische Allegorie auf die Zeit der Hexenjagd durch den Senator McCarthy. Für den Drehbuchautor Carl Foreman war es vor allem die Geschichte einer Stadt, die aus Angst korrupt geworden ist. Eine Metapher für Hollywood auch deshalb, weil Foreman selbst während der McCarthy-Ära als Kommunist verdächtigt wurde. *High Noon* bewies, daß der Western mehr vermag, als alte Legenden neu zu erzählen und daß die Geschichte der Siedler im Westen sich durchaus mit zeitgenössischen Ereignissen verknüpfen läßt. Nur in Allan Dwans *Silver Lode* (*Stadt der Verdammten*, 1954) wurde direkter auf McCarthy angespielt, als der korrupte Marshall McCarthy von einer Kugel getroffen wird, die er selber auf eine Replik der Freiheitsglocke abgefeuert hat, von wo aus sie auf ihn zurückprallt.

In *High Noon* gibt es im Gegensatz zu vielen anderen Western keine eindrucksvollen Landschaftspanoramen, kaum Pferde und auch nur sparsame Action. In der Kleinstadt Hadleyville geht es im Jahr 1870 endlich etwas ruhiger zu, nachdem der Sheriff Will Kane die Ordnung wieder hergestellt hat. Nun will er, nachdem er seinen Job quittiert hat, am Tag seiner Hochzeit mit der jungen Quäkerin Amy – Grace Kelly in ihrer ersten großen Filmrolle – die Stadt verlassen und ein neues Leben beginnen. Doch da meldet der Telegraph, daß der Bandit Frank Miller, den Kane seinerzeit ins Zuchthaus gebracht hatte, vorzeitig entlassen wurde und mit dem Zug um 12 Uhr mittags in der Stadt eintreffen wird. Seine drei Kumpane sind schon am Bahnhof und warten auf ihn. Kane verläßt nicht wie geplant die Stadt, sondern nimmt gegen den Willen seiner jungen Frau – und der Bürger von Hadleyville, wie sich noch herausstellen wird – den Kampf noch einmal auf. Er ist völlig auf sich gestellt. Niemand ist bereit, ihn zu unterstützen. Alle haben einen ›triftigen Grund‹, sich herauszuhalten – der Richter verläßt sogar die Stadt. Kane gewinnt den Showdown, und das jungvermählte Paar verläßt die Stadt. Der Sheriffstern bleibt, von Kane weggeworfen, im Staub der Kleinstadt-Hauptstraße zurück.

Bemerkenswert an diesem Film ist dreierlei: Die Länge des Films entspricht exakt der realen Zeit, in der die Filmhandlung spielt, gleich einer klassischen griechischen Tragödie. Während man im Kino dem Film zusieht, rücken die Zeiger der verschiedenen Uhren der Stadt unerbittlich auf die 12. Stunde – den dramatischen Höhepunkt – zu. Der Held ist kein strahlender junger Westerner, sondern ein alternder, eher müder Mann: Gary Cooper sieht man seine 50 Jahre durchaus an, zumal er für diese Rolle kaum geschminkt wurde. Ungewöhnlich ist schließlich auch die Fotografie: Floyd Crosby, der Kameramann, und Fred Zinnemann wollten, daß der Film wie eine alte Wochenschau aussieht. Deshalb fotografierte Crosby monochromatisch, beispielsweise einen ganz weißen Himmel, körnig, flaches Licht. Ganz im Kontrast dazu die Musik von Dimitri Tiomkin, welche die Handlung vorantreibt und den Film mit Atmosphäre versorgt.

»*High Noon*«, in: Malvin Ward/Michael Werner (Hg.): Three Major Screenplays. New York 1973. (Drehbuch). Howard A. Burton: »*High Noon.* Everybody Rides Again«, in: Quarterly of Film, Radio and Television, 1953, H. 3; Richard Combs: »When the big hand is on twelve ... or 7 ambiguities of time«, in: Monthly Film Bulletin, 1986, H. 629; Bernhard von Dadelsen: »Die Neue und die Alte Zeit – Der klassische Western: *Zwölf Uhr mittags* (1952)«, in: Werner Faulstich/Helmut Korte: Fischer Filmgeschichte. Bd.3. Frankfurt a.M. 1990; Phillip Drummond: »*Zwölf Uhr mittags*«. Hamburg, Wien 2000; Louis Giannetti: »Fred Zinnemann's *High Noon*«, in: Film Criticism, 1976/77, H. 3; Antje Goldau u.a.: »Zinnemann«. München 1986; Don Graham: »*High Noon*«, in: William T. Pilkington/Don Graham (Hg.): Western Movies. Albuquerque 1979; Thomas Kuchenbuch: »Filmanalyse«. Köln 1978; Martin Linz: »*High Noon.* Literaturwissenschaft als Medienwissenschaft«. Tübingen 1983; R. Barton Palmer: »A Masculinist Reading of Two Western films *High Noon* and *Rio Grande*«, in: The Journal of Popular Film and Television, 1984/85, H. 4; Arthur Nolletti Jr. (Hg.): »The Films of Fred Zinnemann«. New York 1999; Maurice Yacowar: »Cyrano de H.U.A.C.«, in: Journal of Popular Film, 1976, H. 1.

Ronny Loewy

HIMMEL OHNE STERNE Bundesrepublik Deutschland (Neue Deutsche Filmgesellschaft) 1955. 35 mm, s/w, 108 Min.
R+B: Helmut Käutner. K: Kurt Hasse. Ba: Hans Berthel, Robert Stratil. S: Anneliese Schönnenbeck. M: Bernhard Eichhorn.
D: Erik Schumann (Carl Altmann), Eva Kotthaus (Anna Kaminski), Georg Thomalla (Willi Becker), Gustav Knuth (Otto Friese), Camilla Spira (Elsbeth Friese), Erich Ponto (Vater Kaminski), Lucie Höflich (Mutter Kaminski), Horst Buchholz (Mischa Bjelkin), Siegfried Lowitz (Hüske), Wolfgang Neuss (Vopo Edgar Bröse).

Bei einer Vorführung in Moskau löste *Himmel ohne Sterne* Irritationen aus: Zwar lobte man, wie Helmut Käutner in einem Interview mit Edmund Luft berichtete, den »hochkünstlerischen Film«, doch stieß seine »Neutralität« auf völliges Unverständnis. Er habe einen Film gemacht, als ob er ein Schweizer wäre, der über die Grenze schaut und beiden Seiten gerecht werden wolle. Die zeitgenössischen Kritiker, nicht nur aus beiden Teilen Deutschlands, äußerten sich ähnlich. Eric Rohmer fragte: »Ist es gestattet zuzugeben, daß ich mir ein parteiischeres Werk gewünscht hätte?«

Mitten im kalten Krieg entwarf Käutner eine Geschichte – parallel zum Drehbuch entstand ein Roman gleichen Titels –, die das Thema der deutsch-deutschen Grenze aufgriff: Anna, eine junge Frau aus Thüringen, geht über die grüne Grenze nach Westdeutschland, wo sie ihren etwa siebenjährigen Jungen von den Adoptiveltern gegen deren Willen abholen will. Die Rückkehr in die DDR verläuft nicht reibungslos: Das Kind klettert unbemerkt aus dem LKW, der ihn und Anna über die Grenze bringen soll. Ein westdeutscher Grenzschützer kommt ins Spiel; zwischen Carl und der jungen Mutter entwickelt sich eine Liebesgeschichte. Um jeden Preis möchten sie zusammenbleiben. Aber wo? Im Westen hat der Mann seinen Posten verloren, und die Frau gilt als Menschenräuberin; im Osten wird der Mann als westlicher Spion betrachtet. Als sie, zusammen mit dem Kind und den Großeltern, in einer nächtlichen Aktion in den Westen zu gelangen versuchen, erschießt Carl in einem tragischen Irrtum einen russischen Soldaten, der ihnen helfen wollte. Von beiden Seiten der Grenze wird gefeuert; das Liebespaar verblutet im Niemandsland.

»Zum ersten Mal greift ein deutscher Film mutig das aktuelle Problem des zweigeteilten Deutschlands auf«, begründete die Jury der Evangelischen Filmarbeit 1955 ihr Prädikat »Bester Film des Monats«. Tatsächlich handelte es sich um ein ungewöhnliches Sujet für Spielfilme: Der Kritiker Friedrich Luft konnte 1960 für das vergangene Jahrzehnt ganze drei Titel anführen: neben *Himmel ohne Sterne* nur noch *Postlagernd Turteltaube* (Gerhard T. Buchholz, 1952) und *Weg ohne Umkehr* (Victor Vicas, 1953). Unter diesen Arbeiten ragt Käutners Film künstlerisch deutlich heraus. »Gut beobachtete Details, Suspense, Form, keine oder sehr wenige schwülstige Szenen, weniger Kamerafahrten als in seinen früheren Filmen«, notierte Rohmer und bilanzierte: »Eine exzellente handwerkliche Qualität, in Abwesenheit eines Stils.« Das entsprach der Intention Käutners, der bei diesem Film das Thema für wichtiger hielt als die Gestaltung: »*Himmel ohne Sterne* ist ein Film, der so sachlich und kühl wie eine Reportage gemacht ist. Er enthält ein paar schöne Bilder, die passiert sind, aber sie waren nicht geplant. Der Film ist eigentlich eine Aufzeichnung von Vorgängen, ganz darauf ausgerichtet zu sagen, so ist es drüben, so ist es hier, woran liegt das?«

Die Liebesgeschichte, »irgendwo zwischen Melodram und Tragödie« angesiedelt (Rohmer), brachte Käutner Kritik ein. Schon bei früheren Filmen wurde diesem Regisseur der Vorwurf gemacht, gesellschaftliche, zeitkritische oder politische Probleme allzu sehr auf private Konflikte reduziert zu haben. Doch die Liebesgeschichte ist für Käutner ein Mittel, die Grenze zwischen den beiden Staaten als Ursache menschlichen Leids anzuklagen. Liebe ist niemals sinnlos, heißt es im Film. Doch nur für einige Augenblicke gibt es für den Mann aus dem Westen und der Frau aus dem Osten einen »dritten Ort« (Heike Kühn), wo das Liebespaar zusammen sein kann: in einem stillgelegten Bahnhof im Sperrgebiet. Es ist kein Ort, der dem Zustand des Glücks Dauer verleihen kann: Die Grenzpatrouille ist immer in der Nähe.

Zur Premiere von *Himmel ohne Sterne* wurden auch Journalisten aus der DDR geladen. Käutner wurde – von ost- wie westdeutscher Seite, nur unter umgekehrten Vorzeichen – vorgeworfen, die DDR-Realität zu verzeichnen. Die leidenschaftliche Diskussion in der Presse, von der auch zahlreiche Leserbriefe zeugen, hielt in der Bundesrepublik bis weit in das Jahr 1956 hinein an; in der DDR konnte der Film nicht gezeigt werden. *Himmel ohne Sterne* wurde als deutscher Beitrag bei den Filmfestspielen in Cannes nominiert, jedoch von der Festivalleitung abgesetzt. Zuvor war gegen Alain Resnais' Film *Nuit et brouillard* (*Nacht und Nebel*, 1955), einem Dokumentarfilm über die nationalsozialistischen Konzentrationslager, von deutscher Seite Protest geäußert worden. Offiziell hieß es, *Himmel ohne Sterne* habe gegen das Reglement verstoßen, wonach die nationalen Gefühle anderer Nationen nicht verletzt werden dürfen.

Rolf Aurich: »Der Träumer. Helmut Käutner und sein Film *Himmel ohne Sterne* (1955)«, in: filmwärts, 1991, H. 20; Gunter Groll: »Lichter und Schatten«. München 1956; Heike Kühn: »Der dritte Ort«, in: Helga Belach/Wolfgang Jacobsen (Red.): Kalter Krieg. 60 Filme aus Ost und West. Berlin 1991; Edmund Luft: »Kunst im Film ist Schmuggelware«, in: Wolfgang Jacobsen/Hans Helmut Prinzler (Hg.): Käutner. Berlin 1992 (Interview); Eric Rohmer: »Im Niemandsland«, in: ebd.; Jan Simon: »*Himmel ohne Sterne*«, in: Rudolf Joos u.a. (Red.): Filme zum Thema. Bd.3. Frankfurt a.M., Stuttgart 1990.

Rolf Aurich

DER HIMMEL ÜBER BERLIN

Bundesrepublik Deutschland/Frankreich (Road Movies/Argos/WDR) 1986/87. 35 mm, Farbe + s/w, 128 Min.
R: Wim Wenders. B: Wim Wenders, Peter Handke. K: Henri Alekan. A: Heidi Lüdi. S: Peter Przygodda. M: Jürgen Knieper, Laurent Petitgand; Songs von Laurie Anderson, Crime and the Solutions, Nick Cave and the Bad Seeds u.a..
D: Bruno Ganz (Damiel), Solveig Dommartin (Marion), Otto Sander (Cassiel), Curt Bois (Homer), Peter Falk (Filmstar).

»Mancher wird wegen dieser Gespräche mit Engeln von seinen Mitmenschen schief angesehen«, notierte Wim Wenders im Treatment zu seinem »recht unbeschreiblichen« Film. Er plante einen Film, wie es ihn im deutschen Kino bisher nicht gab. Ein poetisches Märchen, angesiedelt zwischen Himmel und Erde: Die Realität der geteilten Stadt Berlin transzendiert Wenders in eine Geschichte, die der Kinozuschauer aus der Perspektive eines Engels miterlebt. Ein Augenaufschlag, eine Überblendung: Damiel, nur sekundenlang sind seine Engelflügel im Bild, steht auf dem offenen Turm der Gedächtniskirche und blickt herab auf das Menschengewimmel in den Straßen. Er hört ihre Gedanken, kennt ihre Gefühle: Einsamkeit, Hoffnung, Verzweiflung, Liebe. Dem Engel sind die Wohnungen der Menschen nicht verschlossen, er wird Zeuge von familiären Katastrophen und banalen Alltagsszenen. Eine Kaskade von Bildern, eine Kakophonie von Tönen: Wenders komponiert in vielschichtigen Montagesequenzen und einer komplexen Tonspur die Symphonie einer Großstadt.
Damiel trifft Cassiel, und die beiden Engel tauschen ihre Beobachtungen aus. Ein Mann, der seinem Leben ein Ende setzen will, hat auf all seine Abschiedsbriefe Sondermarken geklebt. Am U-Bahnhof Zoo rief der Beamte plötzlich die Station »Feuerland« aus. Mit Wärme und Sympathie betrachten sie derartige Beispiele menschlichen Eigensinns. Eingreifen können sie nicht: Sie sind zwar allgegenwärtig, aber kaum jemand hört noch auf seinen Schutzengel. Statt immer nur über den Dingen zu schweben, träumen sie davon, einmal teilzunehmen am Geschehen. Damiel verläßt den »Ausguck der Ungeborenen«: Aus Liebe zu einer Frau wird er Mensch und damit sterblich. Vom Himmel stürzt er herab auf die Erde – und braucht sofort einen Schutzengel. Denn er ist ausgerechnet auf dem Grenzstreifen gelandet; bevor die Vopos ihn aufgreifen, trägt Cassiel ihn durch die Mauer in den Westen. Nun wird der bisher monochrome Film farbig.
Wenders' Ausgangspunkt war literarischer Natur: Im Treatment erwähnt er Rilkes »Duineser Elegien« und Walter Benjamins »Engel der Geschichte«. Die Sprache der Engel verlangte nach literarischer Überhöhung; Wenders ließ sich die Dialoge von Peter Handke schreiben, dessen pathetischer Ton manchen Kritikern schwer erträglich erschien. Doch gelingt es Wenders, bedeutungsschwere Sentenzen in sinnfällige Metaphern zu übersetzen und mit dem Gestus heiterer Gelassenheit vorzutragen: Der »heilige Ernst der Komödie« (Wenders) bestimmt den Film. Der Regisseur benutzt zwei Figuren als Mittler zwischen den Welten: Peter Falk, der »Colombo«-Darsteller, ein ehemaliger Engel, führt Damiel in das irdische Dasein ein. Der Filmstar dreht in Berlin einen amerikanischen Nazi-Film; damit ist sowohl die Vergangenheit der Reichshauptstadt wie deren Abbild in den Medien in *Der Himmel über Berlin* präsent. Eine zweite Figur, dargestellt von dem greisen Curt Bois, stellt das Gedächtnis der Menschheit dar: Homer ist der ewige Erzähler; er lebt in einer Bibliothek, wo das gesammelte Schriftgut zu Hause ist. Einmal irrt Homer, begleitet von Cassiel, durch

die Stadt auf der Suche nach dem Potsdamer Platz, doch aus dem ehemaligen Zentrum der Metropole ist eine öde Steppenlandschaft mitten im Niemandsland geworden. Die Historie hat ihre Narben im Bild der Stadt hinterlassen. Auf geschichtsträchtigem Terrain spielt sich gegenwärtiges Leben ab: Nick Cave gibt ein Rockkonzert im heruntergekommenen Nobelhotel »Esplanade«. Wenders verwandelt Berlin in einen metaphysischen Ort. Immer wieder hebt die Kamera ab vom Boden: Der Himmel ist der zweite Schauplatz des Films. Der Engel, der hoch oben auf der Siegessäule seinen Platz hat, verliebt sich in eine Trapezkünstlerin. Eine bewegte Kamera, wie sie zuvor nur in den Werken der klassischen Filmkunst wie E. A. Duponts *Varieté* (1925) zu bewundern war, verleiht dem Film seine schwebende Leichtigkeit. Der Altmeister Henri Alekan, der mit Abel Gance und Marcel Carné arbeitete und Cocteaus ↗*La belle et la bête* fotografierte, taucht selbst Hinterhof-Tristesse in ein lyrisches Licht.

Für Wenders, der ein Jahrzehnt lang im Ausland gearbeitet hatte, bedeutete *Der Himmel über Berlin* eine Heimkehr. Der Film ist eine Konfession, voller Allusionen zu Motiven deutscher Innerlichkeit und Romantik. Die formale Virtuosität, mit der Wenders seine idealistische Konstruktion ins Bild setzt, läßt den Beigeschmack von Sendungsbewußtsein vergessen. *Der Himmel über Berlin* erhielt auf Festivals in aller Welt – von Cannes bis Sydney – Hauptpreise; mit dem Europäischen Filmpreis Felix wurden sowohl der Regisseur wie sein Darsteller Curt Bois ausgezeichnet.

Die letzte Einstellung zeigt den Himmel über Berlin; statt des üblichen Schriftzugs »Ende« verkündet der Schlußtitel »Fortsetzung folgt«. Obwohl ursprünglich nicht geplant, ist Wenders der Versuchung erlegen, die Geschichte – jetzt in der gerade wiedervereinigten Hauptstadt, diesmal mit Cassiel als Protagonisten – fortzuschreiben. Bei *In weiter Ferne, so nah!* (1993) gelang ihm der Balanceakt nicht; er stürzte ab. Mißglückte dem Regisseur das Sequel, so stellt das nach Los Angeles verlegte Remake *City of Angels* (*Stadt der Engel*, Regie Brad Silberling, mit Nicolas Cage und Meg Ryan, 1998) das seltene Beispiel für die überzeugende Adaption eines europäischen Arthouse-Films für das Hollywood-Kino dar.

»*Der Himmel über Berlin*«. Frankfurt a.M. 1988. (Filmprotokoll).

Carlo Avventi: »Mit den Augen des richtigen Wortes«. Remscheid 2004; Thomas F. Barry: »The Weight of Angels: Peter Handke and *Der Himmel über Berlin*«, in: Modern Austrian Literature, 1990, H. 3/4; David Caldwell/Paul W. Rea: »Handke's and Wenders's *Wings of Desire*: Transcending Postmodernism«, in: German Quarterly, 1991, H. 1; Les Caltvedt: »Berlin Poetry: Archaic Cultural Patterns In Wenders's *Wings of Desire*«, in: Literature/Film Quarterly, 1992, H. 2; Roger Cook: »Angels, Fiction and History in Berlin«, in: Germanic Review, 1991, H. 1; Charles Helmetag: »›...Of Men and Angels‹«, in: Literature/Film Quarterly, 1990, H. 4; Robert Phillip Kolker/Peter Beicken: »The Films of Wim Wenders«. Cambridge (Mass.) 1993; Michael Kuhn u.a. (Hg.): »Hinter den Augen ein eigenes Bild«. Zürich 1991; Hanno Möbius/Guntram Vogt: »Drehort Stadt«. Marburg 1990; Brigitte Peucker: »Verkörpernde Bilder – das Bild des Körpers«. Berlin 1999; Christian Rogowski: »›To Be Continued.‹ History in Wim Wenders's *Wings of Desire* and Thomas Brasch's *Domino*«, in: German Studies Review, 1992, H. 3; Xavier Vila/Alice Kuzner: »Witnessing Narration in *Wings of Desire*«, in: Film Criticism, 1991/92, H. 3; Guntram Vogt: »Die Stadt im Film«. Marburg 2001; Wim Wenders: »Die Logik der Bilder«. Frankfurt a.M. 1988; Ralf Zschachlitz: »Angelus Novus – Angelus Postnovus: *Der Himmel über Berlin*«, in: Weimarer Beiträge, 1994, H. 1.

Michael Töteberg

HIROSHIMA MON AMOUR

Frankreich (Argos/Como/Daiei Motion Picture Company/Pathé) 1958/59. 35 mm, s/w, 91 Min.

R: Alain Resnais. B: Marguerite Duras.
K: Michio Takahashi, Sacha Vierny. A: Esaka, Mayo, Petri, Miyakuni. S: Henri Colpi. Jasmine Chasney, Anne Sarraute. M: Giovanni Fusco, Georges Delerue.
D: Emmanuele Riva (Sie), Eiji Okada (Er), Pierre Barbaud (Vater), Stella Dassas (Mutter), Bernard Fresson (deutscher Soldat).

»Der Tod ist das Land, in das man gelangt, wenn man die Erinnerung verloren hat.« So lautet ein zentraler Satz in Alain Resnais' experimentellem, antikolonialistischem Kurzfilm *Les Statues meurent aussi* aus dem Jahre 1953. Dieser Satz könnte seinem ersten Spielfilm *Hiroshima mon amour* – wie den meisten danach entstandenen Werken – als Motto dienen.

Hiroshima mon amour erzählt die Geschichte einer Liebesnacht zwischen einer Französin und einem Japaner, die sich kurz zuvor kennengelernt haben. Beide sind glücklich verheiratet und wissen, daß ihre Beziehung ohne Zukunft ist. Sie ist nach Hiroshima gekommen, um als Schauspielerin in einem Film über den Frieden mitzuwirken – ein Unterfangen, das durch kurze Einschübe dieses Films im Film als unrealisierbar gezeigt wird. In diesem Zusammenhang ist auch der am Anfang stets wiederkehrende Satz des Japaners zu verstehen: »Du hast nichts gesehen in Hiroshima, nichts«, mit dem er seiner Geliebten klar zu machen versucht, daß sie nur Spuren der grauenhaften Vergangenheit in der Gegenwart wahrgenommen habe. Hier reflektiert Resnais seine eigene Einsicht: Ursprünglich wollte er einen Dokumentarfilm über die Atombombe drehen, doch das Projekt wurde verworfen.

Da die Dreharbeiten abgeschlossen sind, wird – auch wenn beide nach Möglichkeiten suchen, den Abschied hinauszuzögern – die Schauspielerin am nächsten Tag abreisen. Es scheint, als habe die zufällige Begegnung ihren Sinn allein darin, die verdrängten Biographien und damit Identitäten beider zu rekonstituieren. Die letzten Dialogsätze des Films: »Hi-ro-shi-ma. Das ist dein Name«, sagt sie. »Ja, das ist mein Name, ja«, akzeptiert er und fährt fort: »Und dein Name ist Nevers. Ne-vers-in-Frankreich«. Das Bild blendet ins Schwarze, und die Musik greift das Motiv des Vergessens wieder auf.

Während der Japaner das grausame Schicksal seiner, von der Atombombe vollkommen ausgelöschten Familie erzählt, wird die Geschichte der Französin durch übergangslose Rückblenden filmisch dargestellt: ihre Liebe zu einem deutschen Besatzungssoldaten, dessen Tod und die erlittenen Demütigungen durch die Eltern und die Einwohner von Nevers. Diese kunstvollen, damals sehr ungewöhnlichen Rückblenden lassen die Erinnerung nicht als Rückkehr in die Vergangenheit erscheinen, sondern als lebendigen Bestandteil der Gegenwart. Ihre beiden Geliebten, der tote und der lebendige, verschmelzen für die Französin zu ein- und derselben Person: Der Japaner hilft ihr, den Tod des deutschen Soldaten zu verarbeiten. Zugleich begreift sie den Grund ihrer unermeßlichen Zuneigung zu dem ersten Geliebten: die Unmöglichkeit ihrer Liebe. »14 Jahre lang hatte ich dieses Gefühl einer unmöglichen Liebe nicht mehr erlebt ... seit Nevers!« Und sie zieht die Lehre aus dieser Erfahrung: »Ich weiß, daß ich dich vergessen werde. Ich beginne bereits, dich zu vergessen.«

Resnais stellt die lineare Zeitstruktur in Frage: Im gelebten Augenblick fallen Vergangenheit, Gegenwart und Zukunft in einem Punkt zusammen. Auch wird die Trennungslinie zwischen Realität und Imagination unscharf. In der französischen Literatur-Avantgarde gab es ähnliche Tendenzen, und Resnais suchte die Zusammenarbeit mit entsprechenden Autoren: Bei ↗*L'année dernière à Marienbad* kooperierte er mit Alain Robbe-Grillet; bei *Hiroshima mon amour* bildeten die Dialoge von Marguerite Duras die Ausgangsbasis. Der Nouveau Roman lehnte die traditionelle realistische Erzählweise konsequent ab, weil sie den vielfältigen Entfremdungserfahrungen der Moderne, z.B. dem falschen Schein des Realen, nicht mehr gerecht wird.

Für den Film bedeutete das eine andere Konzeption von Montage und Erzählung. Die Neuerungen, die *Hiroshima mon amour* 1959 in die Filmgeschichte eingeführt hat, gehören heute zum festen Bestandteil moderner Filmsyntax. Resnais entwickelte ein narratives System, in dem das von ausgedehnten Kamerafahrten geprägte Bild, die Musikalität der Sprache sowie die Filmmusik, changierend zwischen Illustration und Kontrapunkt, gleichwertige stilistische Parameter darstellen. Diese ästhetische Revolution war sich der gesamten Kinogeschichte bewußt und konnte so deren Sprache umso wirkungsvoller erweitern.

»*Hiroshima mon amour*«. Frankfurt a.M. 1973. (Drehbuch).

Bert Cardullo: »The Symbolism of *Hiroshima, Mon Amour*«, in: Film Criticism, 1984/85, H. 2; Susanne Dürr: »Strategien nationaler Vergangenheitsbewältigung«. Tübingen 2001; Peter W. Jansen/Wolfram Schütte (Hg.): »Alain Resnais«. München 1990; Godelieve Mercken-Spaas: »Deconstruction and Reconstruction in *Hiroshima mon amour*«, in: Literature/Film Quarterly, 1980, H. 4; John J. Michalczyk: »Alain Resnais: Literary Origins from *Hiroshima* to *Providence*«, in: Literature/Film Quarterly, 1979, H. 1; Eric Rohmer, Jean-Luc Godard u.a., »*Hiroshima*«, in: Cahiers du Cinéma, 1959, H. 97; Andrew Slade: »*Hiroshima, mon amour*, Trauma, and the Sublime«, in: E. Ann Kaplan/Ban Wang (Hg.): Trauma and Cinema. Hongkong 2004; Thomas Weber: »Zur Konstruktion von Erinnerung in den frühen Filmen von Alain Resnais«, in: Ursula Heukenkamp (Hg.): Schuld und Sühne? Amsterdam 2001; Linda Williams, »*Hiroshima* and *Marienbad*: Metaphor and Metonomy«, in: Screen, 1976, H. 1.

Achim Haag

HITLER, EIN FILM AUS DEUTSCHLAND

Bundesrepublik Deutschland/Großbritannien/Frankreich (TMS Film/WDR/BBC/INA) 1977. 35 mm, Farbe + s/w, 429 Min.
R+B: Hans Jürgen Syberberg. K: Dietrich Lohmann. Ba: Hans Gailling. S: Jutta Brandstaedter.
D: Heinz Schubert, André Heller, Harry Baer, Peter Kern, Hellmuth Lange, Martin Sperr, Peter Moland, Peter Lühr.

Ein Flug durchs nächtliche Universum: »Wir alle träumen von Reisen durchs Weltall – in unser Inneres«, heißt es auf Untertiteln. »Nach innen geht der geheimnisvolle Weg. Ins Innere der Nacht.« Eine gemalte Paradieslandschaft – Alpen, Palmen und ein See – füllt das Bild; zu hören ist das Vorspiel aus Wagners »Parsifal«. Ein unscharfer weißer Fleck formt sich zu einem rissigen Schriftblock: »Der Gral«. Eine Bergspalte reißt auf, wieder erscheint der Sternenhimmel; ein Stern wird zu einer Träne, verwandelt sich in eine Glaskugel, in der eine Karstlandschaft aus einem Méliès-Film eingeschlossen ist. Bei dem schwarzen Haus in der Schneekugel handelt es sich um ein Modell von »Black Mary«, dem ersten, von Edison erbauten Filmstudio. Dazu zitiert eine Stimme aus dem Off Verse von Heine: »Denk ich an Deutschland in der Nacht…«
Die Eingangssequenz, noch vor der Vorspann-Titelei, ist ein Konzentrat von Syberbergs siebenstündigem Film-Pamphlet: Hitler als Mythos, Deutschland als Alptraum. Wagner und die Romantik als Schoß, aus dem der Faschismus kroch, wobei Syberberg den Film als Kunstform des 20. Jahrhunderts in die verhängnisvolle Kontinuität einbezieht und Kracauers These »Von Caligari zu Hitler« immer wieder ins Bild setzt. Auf den Vorspann folgt eine Grand-Guignol-Szene: Ein kleines Mädchen – mit einem schwarzen Umhang, wie ihn früher die Großmütter trugen – spielt mit Puppen: Ludwig II., Karl-May-Figuren; am Galgen hängt eine Hitler-Puppe. Die Stimme aus dem Off erzählt ein Märchen: »Es war in der guten alten Zeit des demokratischen 20. Jahrhunderts…« Ein Zirkusdirektor kündigt an, was den Zuschauer erwartet: »The greatest show of the century, the big business, the show of the shows.« Vor allem aber sagt er, welche Erwartungen der Film nicht erfüllen will: »Alle, die nun noch einmal Stalingrad sehen wollen oder den 20. Juli oder den einsamen Wolf im Bunker seines Niedergangs oder das Nürnberg der Riefenstahl, müssen wir enttäuschen. Wir zeigen nicht die nicht wiederholbare Realität, auch nicht die Gefühle der Opfer mit ihren Geschichten, auch nicht die Geschichte der Sachbuchautoren und die großen Geschäfte mit Moral und Horror, mit Angst und Tod und Buße und Arroganz und gerechtem Zorn.«
Syberberg will mit dem monumentalen Spektakel Trauerarbeit leisten. Er geht davon aus, daß »keine Information, wie sie auch aussehen mag, dazu ausreicht, Hitler zu besiegen«. Deshalb lehnt er sowohl den aufklärerischen Dokumentarfilm wie einen narrativen Spielfilm über den Holocaust ab. Stattdessen greift er zurück auf ästhetische Mittel aus der Frühzeit des Kinos, als es noch eine Jahrmarktsattraktion war. Eine krude Mischung heterogener Stile – Surrealismus und Symbolismus, die Verfremdungstechnik Brechts und das Pathos Wagners –, soll helfen, den »Hitler in uns« zu stellen. Der Film ist im Studio entstanden: Die Darsteller – die mehrere Rollen spielen, jeder auch einmal Hitler – agieren vor Rückprojektionen; die unrealistische Kulisse mit allegorischen Requisiten und Pappfiguren kommt dem Verfahren Syberbergs entgegen, mittels Dissoziation

seine Thesen zu entwickeln. Er setzt Hitler entgegen, was dieser mißbraucht hat: Wagner und den Film. In einer Schlüsselszene steigt Hitler aus dem Grabe Richard Wagners. Syberberg, selbst Wagnerianer, hat seinen Film wie den »Ring« als Tetralogie strukturiert und hat nichts weniger als ein »Gesamtkunstwerk« im Sinn. Ein anderer roter Faden ist die Auseinandersetzung mit der Filmgeschichte: mit den dämonischen Gestalten des deutschen Stummfilms, der Nazifilmkunst von Leni Riefenstahl, den Pressionen der Filmindustrie, denen Erich von Stroheim in Hollywood, Eisenstein in Moskau ausgesetzt war. Syberberg präsentiert Hitler als Cineasten, der den Krieg für die Wochenschau inszenierte. Er will Hitler, »den Meister des Films«, besiegen mit einem »Film aus Deutschland«.

Hitler, ein Film aus Deutschland ist Höhepunkt und Abschluß einer Trilogie, zu der *Ludwig. Requiem für einen jungfräulichen König* (1972) und *Karl May* (1974) gehören; den Dokumentarfilm *Winifred Wagner und die Geschichte des Hauses Wahnfried* (1975) kann man als Vorstudie werten. Die Uraufführung des *Hitler*-Films fand in London statt; aus Protest gegen die angebliche Mißachtung seiner Filmarbeit sperrte Syberberg den Film jahrelang für Deutschland. Seine rüde Polemik gegen das bundesdeutsche Feuilleton – die auch unmittelbar Eingang in den Film gefunden hat: die »Kulturhölle« in Deutschland West wie Ost kombiniert er mit der Bücherverbrennung der Nazis – offenbaren Sendungsbewußtsein und Größenwahn. Im Ausland wurde der Film enthusiastisch gefeiert: Für die amerikanische Essayistin Susan Sontag handelte es sich um »eines der größten Kunstwerke des 20. Jahrhunderts«; der französische Philosoph Michel Foucault nannte ihn ein »schönes Monster«. In Deutschland dagegen stieß Syberberg auf heftige Ablehnung: »eine wagnerisch erschwitzte Kitsch-Bombastik voller Lärm und Scheinbedeutung«, urteilte Reinhard Lettau. Der Dramatiker Heiner Müller, der mit ähnlichen Mitteln, aber wesentlich reflektierter dieselbe Thematik auf die Bühne gebracht hat, lobte in der ihm eigenen Art die Abkehr von der Traumfabrik: »Syberberg leistet Sterbehilfe am Krankenbett des Spielfilms.«

»*Hitler, ein Film aus Deutschland*«. Reinbek 1978. (Drehbuch, Materialien).
Hans C. Blumenberg: »Träume in Trümmern«, in: ders.: Kinozeit. Frankfurt a.M. 1980; Timothy Corrigan: »New German Film: The Displaced Image«. Austin 1983; Serge Daney u.a.: »*Hitler – un film d'Allemagne*«, in: Cahiers du Cinéma, 1978, H. 292; Jörg Drews: »Deutsche Seelengeschichte als Phantasmagorie«, in: Süddeutsche Zeitung, 12.12.1978; Thomas Elsaesser: »Myth as the Phantasmagoria of History: H.J. Syberberg, Cinema and Representation«, in: new german critique, 1981/82, H. 24/25; ders: »*Hitler, ein Film aus Deutschland*«, in: Sight and Sound, 1992, H. 5; Anton Kaes: »Deutschlandbilder«. München 1987; Reinhard Lettau: »Im Schweiße von Wagners Angesicht«, in: Der Spiegel, 28.11.1977; Jean-Pierre Oudart: »Notes de mémoire sur *Hitler* de Syberberg«, in: Cahiers du Cinéma, 1978, H. 294; Henry Pachter: »Unser Hitler – oder seiner?«, in: Frankfurter Allgemeine Zeitung, 1.8.1980; Eric L. Santner: »Stranded Objects«. Ithaca, London 1990; Susan Sontag u.a.: »Syberbergs Hitler-Film«. München 1980; Hans Rudolf Vaget: »Die Auferstehung Richard Wagners«, in: Sigrid Bauschinger u.a. (Hg.): Film und Literatur. Bern, München 1984.

Michael Töteberg

HITLERJUNGE QUEX Ein Film vom Opfergeist der deutschen Jugend.
Deutschland (Ufa) 1933. 35 mm, s/w, 95 Min.
R: Hans Steinhoff. B: Karl Aloys Schenzinger, Bobby E. Lüthge, nach dem gleichnamigen Roman von Karl Aloys Schenzinger.
K: Konstantin Irmen-Tschet. Ba: Benno von Arent, Arthur Günther. S: Milo Harbich.
M: Hans-Otto Borgmann.
D: Heinrich George (Vater Völker), Berta Drews (Mutter Völker), Jürgen Ohlsen (Heini Völker), Hermann Speelmanns (Stoppel), Rotraut Richter (Gerda), Claus Clausen (HJ-Bannführer), Mitglieder der Berliner Hitlerjugend.

Hitlerjunge Quex ist einer der wenigen Filme der NS-Zeit, die direkt von der Nazi-Bewegung handeln. Im selben Jahr kamen mit *SA-Mann Brand* und *Hans Westmar* noch zwei weitere Propagandastreifen für NS-Organisationen in die Kinos, fanden jedoch keineswegs den Beifall von Goebbels: Seine

Filmpolitik stellte nicht die direkte agitatorische Wirkung in den Vordergrund, sondern arbeitete mit subtileren Mitteln. Er favorisierte den scheinbar unpolitischen Unterhaltungsfilm, und diese ›Parteifilme‹ blieben eine Ausnahme in der Spielfilmproduktion des ›Dritten Reiches‹.

Hitlerjunge Quex war kein Staatsauftragsfilm, sondern ging auf die Eigeninitiative der Ufa zurück: Die zum deutschnationalen Hugenberg-Konzern gehörige Filmfirma wollte den neuen Machthabern ihre Anpassung demonstrieren. Das Projekt wurde in kürzester Zeit und ohne lange Vorbereitung realisiert: Ende April 1933 wurden die Rechte am Roman erworben, im Mai begannen die Arbeiten am Drehbuch. Mit Hans Steinhoff (Regie) und Karl Ritter (Produktionsleitung) verpflichtete die Ufa zwei ›Parteigenossen‹, die billige Filme drehen konnten (der Film sollte nur knapp 225.000 Reichsmark kosten). Die Dreharbeiten begannen am 10. Juni, und schon am 12. September fand die Uraufführung statt. *Hitlerjunge Quex* erwies sich auch als kommerzieller Erfolg; der Film kam noch in den vierziger Jahren in ›Jugendfilmstunden‹ sowie in normalen Kinovorstellungen zum Einsatz.

Die Handlung: Der junge Heini Völker aus einem Berliner Arbeiterviertel gerät zwischen Nazis und Kommunisten. Vom Kommunistenführer Stoppel umworben, wird er zum Jugendlager mitgenommen. Da fühlt sich aber der »grundanständige, saubere Bengel« vom »ungeordneten Haufen der kommunistischen Jugend« und von deren »Verkommenheit, Rohheit und Haß« abgestoßen (»Illustrierter Filmkurier«, 1933). Bei der HJ hingegen findet er die Kameradschaft und Disziplin, die er sucht. Zuhause singt er seiner Mutter das HJ-Lied »Unsere Fahne flattert uns voran« vor. So wird der politische Konflikt zum familiären, denn sein Vater will ihn in der KPD sehen. Als Heini schließlich einen kommunistischen Überfall auf die HJ verrät, kündigt Stoppel Rache an; in ihrer Verzweiflung dreht Mutter Völker das Gas in der Wohnung auf. Sie stirbt; Heini überlebt und wird schon im Krankenhaus in die HJ aufgenommen. Als einer der Eifrigsten bekommt er den Spitznamen Quex (von Quecksilber). Beim Verteilen von Flugblättern wird er von einem Rollkommando gehetzt und erstochen. Er stirbt mit dem HJ-Lied auf den Lippen; eine Mehrfachüberblendung zeigt Nazi-Kolonnen und Hakenkreuzfahnen.

Der repräsentative Charakter von Heinis Schicksal wird bereits im Vorspann-Titel herausgestellt: Statt den Namen des Darstellers zu nennen, heißt es lediglich »ein Hitlerjunge«. Die Figurenzeichnung ist propagandistische Schwarzweißmalerei. Die Hitlerjungen sind saubere Musterknaben, die Linken hinterhältig und moralisch suspekt. Nur Heinis Vater ist nuancierter dargestellt. Heinrich George spielt diese polterige und unbeholfene Figur als einen im Grunde anständigen, aber irregeleiteten Menschen. Dem Publikum war George als Darsteller in linken Theater- und Filmproduktionen in der Weimarer Republik bekannt; seine Bekehrung – Vater Völker wird er am Ende vom HJ-Bannführer zur rechten Weltanschauung geführt – mußte zugleich als ein Bekenntnis des populären Schauspielers erscheinen. Nebenbei liefert der Film, der vor allem auf die politisch noch nicht gefestigte Jugend einwirken sollte, ein Beispiel für die Angst vor Frauen, Sexualität und dem Chaos, die Theweleit in der ›soldatischen Männlichkeit‹ der Faschisten feststellt.

Ästhetisch ist *Hitlerjunge Quex* vor allem wegen seiner Anklänge an Filme der Weimarer Republik interessant. Motive und Stil aus Filmen wie ↗*Mutter Krausens Fahrt ins Glück*, ↗*M* und ↗*Kuhle Wampe* werden übernommen, aber umfunktioniert. Unruhig bewegte, kontrastreiche Bilder, Montagesequenzen, Motive wie der Jahrmarkt, der Selbstmord oder Straßenszenen werden nicht mehr benutzt, um soziale Widersprüche zu zeigen, sondern um die Arbeiterbewegung zu diffamieren. Ähnlichkeiten lassen sich bis in einzelne Einstellungen feststellen, am frappierendsten in der Selbstmordszene. Bildgestaltung und Musik werden systematisch und genau moduliert eingesetzt, um einen Gegensatz zwischen der Welt der HJ und der proletarischen Welt aufzubauen, die durch Dunkelheit, Schatteneffekte, schräge Töne und unübersichtliche Bewegungen charakterisiert wird.

»*Hitlerjunge Quex*«. Hg. Thomas Arnold/Jutta Schöning/Ulrich Schröter. Frankfurt a.M. 1979. (Filmprotokoll).

Christa Bandmann/Joe Hembus: »Klassiker des deutschen Tonfilms 1930–1960«. München 1980; Jan-Christopher Horak: »Wo liegt Deutschland?«, in: Hans-Michael Bock/Michael Töteberg (Hg.): Das Ufa-Buch. Frankfurt a.M. 1992; Friedrich Koch: »*Hitlerjunge Quex* und der hilflose Antifaschismus«. Weinheim 1994; Erwin Leiser: »›Deutschland erwache!‹ Propaganda im Film des Dritten Reiches«. Reinbek 1989; Martin Loiperdinger (Hg.): »Märtyrerlegenden im NS-Film«. Opladen 1991; Eric Rentschler: »The Ministry of Illusion«. Cambridge, London 1996; Rainer Rother (Hg.): »Die Ufa – Das deutsche Bilderimperium«. Berlin 1992, H. 11; Klaus Theweleit: »Männerphantasien«. Frankfurt am Main 1977.

Stephen Lowry

DIE HÖLLENFAHRT NACH SANTA FÉ ↗ Stagecoach

DER HOLZSCHUHBAUM

↗ Albero degli zoccoli

HOŘI, MÁ PANENKO

(Der Feuerwehrball). ČSSR/Italien (Filmstudio Barrandov/Carlo Ponti) 1967. 35 mm, Farbe, 72 Min.
R: Miloš Forman. B: Miloš Forman, Jaroslav Papoušek, Ivan Passer. K: Miroslav Ondříček. M: Karel Mareš.
D: Jan Stöckl, Josef Sebánek, Josef Valnoha, Josef Svět, Jan Vostrčil, František Debelka, Josef Kolb, Milada Ježková, Jarmila Kuchařová.

Zur internationalen Erneuerungsbewegung des Kinos Anfang der sechziger Jahre leistete auch der tschechoslowakische Film seinen Beitrag. Für die »Neue Welle« stehen die Regisseure Vera Chytilová, Jiří Menzel, Ján Kadár, Elmar Klos sowie Miloš Forman, der mit *Černý Petr* (*Der schwarze Peter*, 1963) und *Lásky Jedné Plavovlásky* (*Die Liebe einer Blondine*, 1965) Aufsehen erregte. Forman, der einen ausgeprägten Sinn für das Groteske und Skurrile bewies, griff Stoffe aus dem Alltag auf, ohne sie einer moralischen oder ideologischen Tendenz zu unterwerfen. Unter günstigen politischen Vorzeichen – im Dezember 1962 wurde auf dem XII. Parteitag ein liberaler Kurs beschlossen – erlebte der tschechoslowakische Film einen Aufschwung, der zu Beginn der siebziger Jahre jäh gebremst wurde. Politisch mißliebige Produktionen wurden ausgesondert und verschwanden in den Archiven. So erging es auch *Hoří, má panenko*: Der Film wurde gleich nach der Fertigstellung 1967 verboten, kam während des Prager Frühlings in die tschechischen Kinos und wurde nach dem Einmarsch der sowjetischen Truppen wieder eingezogen.

Forman schildert mit grimmigem Humor eine Provinzposse: Auf ihrem alljährlichen Ball will die freiwillige Feuerwehr in einer kleinen Provinzstadt ihren Alterspräsidenten mit einer besonderen Ehrengabe auszeichnen. Die Angelegenheit ist etwas peinlich, denn im vorigen Jahr, anläßlich seines 85. Geburtstages, hatte man die Ehrung schlicht vergessen. Eine Tombola gehört ebenfalls zum Fest, doch verschwinden nach und nach die ausgestellten Preise; außerdem soll eine Miss-Wahl stattfinden, wozu zunächst ein Komitee zur Auswahl der Frauen gebildet wird. Und schon ist man beim ersten Problem: Nach welchen Kriterien – Busen, Gesicht oder Beine – soll man die Kandidatinnen bestimmen? Schließlich werden acht Frauen ausgewählt, die jedoch im letzten Augenblick auf die Toiletten flüchten, und zur »Miß Feuerwehr« wird eine Mitt-Vierzigerin gewählt, die freiwillig auf die Bühne kommt. Völlig unvorbereitet werden die Feuerwehrleute vom Brand eines nahegelegenen Bauernhauses überrascht. Das Löschfahrzeug springt nicht an, und so schauen die Helfer tatenlos zu, wie das Haus abbrennt, während der Wirt neben der Brandstelle seinen Umsatz macht. Alle kehren in den Tanzsaal zurück, und als Geste der Solidarität werden dem alten Mann, dessen Haus nun in Schutt und Asche liegt, die wertlosen Tombolascheine übergeben. Zu gewinnen gibt es nichts, denn inzwischen ist der Tombolatisch vollkommen geplündert worden. Während die Feuerwehrleute im Nebenzimmer überlegen, wie man dies den Festgästen erklären soll, wird es im Saal still. Alle Menschen sind inzwischen gegangen, nur der Alterspräsident wartet noch auf seine Auszeichnung. Doch die Kassette, deren Inhalt noch zu Anfang bewundert wurde, ist leer.

Die Besetzung bestand ausschließlich aus Laiendarstellern: Mitglieder der freiwilligen Feuerwehr aus dem Städtchen Vrchlabí. Seine Methode hat Forman in seiner Autobiographie beschrieben: »Niemand bekam das Skript zu sehen. Ich spielte den Feuerwehrmännern die Szene vor und ließ sie dann vor laufender Kamera ihre eigenen Worte finden. Die Struktur unseres Drehbuchs veränderte sich dadurch nicht sehr, aber die Dialoge, der Rhythmus, das Verhalten wurde sehr viel authentischer.« Die Satire bezogen die Parteifunktionäre auf sich: Der geplünderte Tombolatisch erschien ihnen als politische Allegorie. Doch auch der Coproduzent Carlo Ponti distanzierte sich von dem fertigen Film. Formans Kommentar: »Der italienische Millionär und die Parteiapparatschiks teilten die gleiche falsche Rührseligkeit über den ›kleinen Mann‹, dieses mythische Konstrukt von miserablen Philosophen und Statistikern, denn keiner von beiden hatte eine Ahnung, wie das normale Volk lebte und dachte.«

Pontis Rückzug gefährdete Forman in seinem Heimatland, wo eine Kampagne gegen ihn organisiert wurde: Angeblich fühlte sich das Volk von dem Film beleidigt. »Hier werden ganz normale Tschechen als eine Herde von Dummköpfen und Schürzenjägern geschildert, die sich nur dafür interessieren, wie man den Körper eines jungen Mädels streifen oder etwas in der Tombola mausern kann«, ereiferte sich Dr. Vojtech Trapl in seinem 1970 erschienenen Buch »Die Gestaltung der Psyche des Zuschauers durch Filmwerke«. »Und so sind angeblich die Landbewohner in Böhmen, so soll es unter den Feuerwehrmännern aussehen, die bekanntlich absolut aufopferungsvoll und begeistert sind. Das ist keine Satire mehr.« Dank der Initiative von Claude Berri sowie dem Engagement von François Truffaut und anderen Kollegen konnten die Auslandsrechte abgelöst werden. Während *Hoří, má panenko* seinen internationalen Siegeszug antrat, als bester ausländischer Film für den Oscar nominiert und bei den Filmfestivals in Cannes, in New York und San Francisco gezeigt wurde, blieb der Film in seinem Ursprungsland im Giftschrank: Erst zwanzig Jahre später, Ende 1989, konnte sich auch das tschechische Kinopublikum an dem chaotisch verlaufenden Feuerwehrball erfreuen.

Miloš Forman/Jan Novak: »Rückblende«. Hamburg 1994; Peter Hames: »Forman«, in: Daniel J. Goulding (Hg.): Five Filmmakers. Bloomington, Indianapolis 1994; Jan Jaroš: »Ein Rückblick«, in: Kinemathek, Berlin, 1992, H. 79; Antonin Liehm: »The Miloš Forman Stories«. New York 1975; Claude Poizet: »Miloš Forman«. Paris 1987; Josef Škvorecký: »All the Bright Young Men and Women. A personal History of the Czech Cinema«. Toronto 1971; Thomas J. Slater: »Miloš Forman. A Bio-Bibliography«. New York u.a. 1987.

Marcela Euler

HOTEL TERMINUS. The Life and Times of Klaus Barbie

(Hotel Terminus. Klaus Barbie – Sein Leben und seine Zeit). USA (Marcel Ophuls/Memory Pictures) 1988. 35 mm, Farbe, 256 Min.
R+B: Marcel Ophüls. K: Michael Davies, Pierre Boffety, Reuben Aaronson, Wilhelm Rosing.
S: Albert Jürgenson, Catherine Zins.

Am Anfang steht ein Chor der unvereinbaren Urteile. Manche, die mit Barbie zur Schule oder auf die Universität gingen, erinnern sich an einen freundlichen Jungen; seine Opfer, unfreiwillige Gäste im zur Gestapo-Zentrale umfunktionierten Hotel Terminus, kennen ihn als brutalen Schläger. »Ein Gentleman«, so beschreiben einige Bekannte den Mann, der als »der Schlächter von Lyon« Angst und Schrecken verbreitete. Was ist die Wahrheit über Klaus Barbie, über die unbestreitbaren Fakten hinaus?

Ophuls sammelt in seinem Film die verschiedensten Aussagen und präsentiert die Antworten in strikt chronologischer Folge, allerdings so, daß der Zuschauer diese Linearität erst allmählich nachvollziehen kann. Vergangenes ist nicht ›rekonstruierbar‹: Deshalb beschränkt sich der Film auf Interviews und Erinnerungen von Zeitzeugen. Ophuls hat 80 Menschen in fünf Ländern und 18 Städten befragt, aber der Dokumentarist zieht sich nicht auf eine neutrale Position zurück, sondern bringt sich selbst ins Spiel. Mit Sarkasmus und bitterer Ironie reagiert er auf Lügen und Verdrängungskünste, zeigt manchmal Witz, oft Wut und ist zum Glück nie der »allwissende Pädagoge des klassischen Dokumentarfilms« (Dietrich Kuhlbrodt).

Die Unterschiede zwischen den Tätern und den Denunzianten, den Helfern, den Apologeten verwischt Ophuls nie. Legenden und Mythen bestehen vor seinen Fragen nicht: Der Interviewer Ophuls ist so freundlich zu den Schergen und Mitwissern, so unbarmherzig in den Nachfragen und überraschenden Interventionen, daß die Recherche sich über alle Wendungen hinweg zur Demaskierung eines Systems entwickelt, das noch die Verbrecher des Nationalsozialismus gebrauchen konnte. Denn *Hotel Terminus* zeichnet nicht nur die verschiedenen Perioden dieses Lebens nach – Barbies Kindheit und Jugend, seine Zeit als Gestapo-Chef von Lyon, die von den USA und vom Vatikan organisierte Flucht nach Südamerika, sein Leben dort, die Versuche, ihn zu enttarnen, die Verhaftung und den Prozeß –, sondern fragt nach den Bedingungen, die Figuren wie Klaus Barbie auch nach dem Ende des Faschismus noch geboten wurden. Seine Verbrechen – Barbie folterte Menschen zu Tode, ließ siebenjährige Kinder verhaften, mißhandeln und deportieren – waren bekannt, und doch wurden sie gedeckt. Als die Indizien auf den Aufenthaltsort Barbies längst überwältigend waren, gab es lange noch eine Übereinkunft des Schweigens. Ophuls kann nicht vollständig aufklären, warum dieses Leben so ungestört verlaufen konnte. Kein Zweifel aber läßt dieser Film, daß nach 1945, für die USA zum Beispiel, Profit zu machen war mit den Fertigkeiten, die ein Klaus Barbie für die Nationalsozialisten entwickelt hatte: Er arbeitete als Agent und wurde entsprechend geschützt.

Die Erinnerung an die Verschleppung und Ermordung der Kinder von Izieu steht am Ende des Films. Nicht die im Prozeß gehörten Zeugen befragt Ophuls, sondern einen Landarbeiter, dessen Aussage nicht gewünscht war, weil er nach dem Krieg einen schweren Unfall erlitt und deshalb dem Verteidiger Barbies vielleicht zuviel Angriffsfläche geboten hätte. So viele offensichtliche Lügen und Ausflüchte sich Ophuls hatte anhören müssen, unfraglich ist das Zeugnis des Landarbeiters wahrhaftig.

In der letzten Szene kehrt eine Überlebende zu dem Haus zurück, aus dem sie und ihre Eltern nach Auschwitz verschleppt wurden. Nun sieht sie eine Nachbarin wieder, die 77 Jahre zählt und in Floskeln ausweicht. Die Erinnerung gilt einer anderen Nachbarin, die versuchte, wenigstens das Kind zu retten. Ihr ist der Film gewidmet.

Michel Ciment: »Joy to the World«, in: American Film, 1988, H. 10; Jean-Pierre Jeancolas: »Entretien avec Marcel Ophuls«, in: Positif, 1988, H. 331; Dietrich Kuhlbrodt: »*Hotel Terminus*. Vergangenheitsbewältigung mit Zukunft«, in: epd Film, 1989, H. 4; Gérard Legrand: »La justice à pas lents«, in: Positif, 1988, H. 333; Kevin Lewis: »*Hotel Terminus: The Life and Times of Klaus Barbie*«, in: Films in Review, 1989, H. 1; Günter Netzeband: »Die Entindividualisierung des Seins«, in: Film und Fernsehen, 1988, H. 12; François Niney: »Ce que parler veut dire«, in: Cahiers du Cinéma, 1988, H. 412; Marcel Ophüls: »Widerreden und andere Liebeserklärungen«. Hg. Ralph Eue/Constantin Wulff. Berlin 1997; Rolf und Erika Richter: »Sucht, und ihr werdet finden«, in: Film und Fernsehen, 1990, H. 3; Frédéric Strauss: »Les dédales de l'*Hôtel Terminus*«, in: Cahiers du Cinéma, 1988, H. 411; Ulrich Wendt: »Prozesse der Erinnerung. Filmische Verfahren der Erinnerungsarbeit und der Vergegenwärtigung in den Filmen *Shoah, Der Prozeß* und *Hotel Terminus*«, in: Cinema, Basel, 1994, Bd.39; Karsten Witte: »›Ich habe vergessen‹«, in: Die Zeit, 21.4.1989.

Rainer Rother

DIE 120 TAGE VON SODOM

↗ Salò o le centoventi giornate di Sodoma

THE ICE STORM

(Der Eissturm). USA (Good Machine/Fox Searchlight Pictures) 1997. 35 mm, Farbe, 106 Min.

R: Ang Lee. B: James Schamus, nach dem gleichnamigen Roman von Rick Moody. K: Frederick Elmes. S: Tim Squyres. M: Mychael Danna.

D: Kevin Kline (Ben Hood), Joan Allen (Elena Hood), Christina Ricci (Wendy Hood), Tobey Maguire (Paul Hood), Sigourney Weaver (Janey Carver), Jamey Sheridan (Jim Carver), Elijah Wood (Mike Carver), Adam Hann-Byrd (Sandy Carver).

New Canaan in Connecticut, 1973, die Zeit von Schlaghosen, sexueller Revolution und alkoholgeschwängerten Partys, von Watergate und Vietnam.

Ang Lee zeigt an der Familie Hood exemplarisch, wie die neu erworbenen Freiheiten dieser Ära in der amerikanischen Provinz Einzug halten. Der Familienvater hat eine Affäre mit der Nachbarin, seine Frau stiehlt Lippenstifte in der Drogerie, um eine Freiheit zu spüren, die sie schon lange verloren hat, und ihre pubertierende Tochter verführt gleich beide Nachbarsjungen. Aus dem Off kommentiert ihr Bruder das Geschehen mit Zitaten aus seinem Lieblingscomic. *The Ice Storm* ist jedoch keine Satire, sondern führt im Stil des Fotorealismus vor, wie die gesellschaftliche Entwicklung zu Kälte und Einsamkeit führt. Melancholisch-bitter breitet Ang Lee die Gefühlswelt der handelnden Figuren vor dem Zuschauer aus und nutzt die Naturgewalten als Metapher, in der sich der Zustand der Gesellschaft spiegelt.

Während der Vorbereitungen zu Thanksgiving braut sich über Connecticut ein Eissturm zusammen. Es kriselt in Ben Hoods Ehe, auch seine Affäre zu Janey Carver scheint vor dem Aus. Verklemmt enthemmt, dem Zeitgeist verpflichtet, stellen sich Ben und Elena ihrer ersten Schlüsselparty, die einen frustrierend kurzen Sexakt zwischen Elena und Jim, Janeys Mann, in dessen Auto zur Folge hat. Wendy geht im Gegensatz zu ihren Eltern wesentlich freizügiger ihrer sexuellen Neugier nach und verführt Sandy Carver. Sohn Paul fährt nach New York, um einen Abend mit dem Mädchen zu verbringen, in das er heillos verliebt ist, und wie zu erwarten, endet dieser Abend deprimierend. Mike Carver wagt sich in das Unwetter – und kommt darin um. Als Ben von der Party nach Hause fährt, findet er den toten Jungen auf der vereisten Straße. Ein Kabel der Überlandleitung hat die Leitplanke unter Strom gesetzt, auf der der Junge gesessen hatte; anscheinend das Überlandkabel, das für den Stromausfall auf der Eisenbahnstrecke New York/New Canaan verantwortlich ist, auf der Paul auf seinem nächtlichen Nachhauseweg in einem der Vorstadtzüge festsitzt. Am Morgen danach wartet die gesamte Familie am Bahnhof auf Paul, und auch wenn Ben in der letzten Einstellung vor seiner Familie im Auto ein plötzlicher Weinkrampf schüttelt, ist ein Lichtblick zu erahnen. Das Konstrukt Familie hat wieder zusammengefunden, doch ob die Menschen ihre Chance nutzen werden, bleibt offen.

Auf virtuose Weise gelingt Ang Lee die Zusammenführung der einzelnen Erzählstränge und die Zuspitzung der Ereignisse am Thanksgiving-Tag. Obwohl Ben seine Kinder offensichtlich liebt – er trägt seine Tochter durch den Wald, weil sie kalte Füße hat –, schafft er es nicht, ihr Vertrauen zu gewinnen, und auch das Verhältnis zu seiner Frau ist alles andere als harmonisch. Der sexuellen Entwicklung seiner Kinder steht er hilflos gegenüber, aber gegen die »sexuelle Revolution« hat er nichts einzuwenden, sofern er selbst davon profitiert: Sein schwacher Charakter kommt im Kampf zwischen Prüderie und Freizügigkeit deutlich hervor. »Die Ursache des sozialen Störfalls ist nicht die Revolte der Kinder, sondern der Orientierungsverlust der Alten«, schreibt Georg Seeßlen in seiner Filmanalyse. »Wo sich die Erwachsenen mit einem Mal benehmen wie Jugendliche, da bürden sie ihren Kindern frühes Erwachsensein auf. Und das heißt: frühe Einsamkeit.« Die familiäre Kälte findet in der Eismetapher, die sich durch den Film zieht – der Thanksgiving-Truthahn z.B. ist ein gefrorener Kloß, den Ben Hood und seine Frau nicht in den Griff bekommen – ihr Bild. Am Ende hat sich der Eissturm über Connecticut wieder verzogen. Er hat Schaden angerichtet, aber es taut wieder.

New Canaan ist der Geburtsort des Autors Rick Moody, der in seinem Roman eigene Kindheitserinnerungen verarbeitet hat. Ang Lee, in Taiwan geboren, lebt erst seit Mitte der siebziger Jahre in den USA; er hat die geschilderte Zeit in Amerika nicht miterlebt, vermag aber erstaunlich genau und sensibel das Klima jener Jahre einzufangen. Konsequent sind Requisite, Kostüm und Maske im Design der Siebziger gehalten, wobei die Erwachsenenwelt eher in zurückhaltende Farben gehüllt ist, die Kinder aber in plakativem Rot (Wendys Umhang) und Orange (Mikes Winterjacke, mit der er durch den Eissturm jagt) auffallen, sexuelle Offenheit und Freiheitsdrang suggerierend.

Ang Lee, Jahrgang 1954, ist ein Regisseur, der scheinbar mühelos zwischen den Themen, Stilen und Genres wechselt. Bekannt wurde er mit dem in seiner Heimatstadt Taipeh angesiedelten Film *Eat Drink Man Women* (1994). *The Wedding Banquet* (*Das Hochzeitsbankett*, 1992) spielt in der New Yorker Yuppie-Society der Gegenwart; die Verfilmung von Jane Austens *Sense and Sensibility* (*Sinn und Sinnlichkeit*, 1995) ist ein historischer Kostümfilm wie auch das Bürgerkriegsdrama *Ride With the Devil* (1999). Ganz in der Tradition des asiatischen Kinos steht *Crouching Tiger, Hidden Dragon* (*Tiger & Dragon*, 2000), ein Martial-Arts-Film von faszinierender Schönheit und Leichtigkeit. Mit *The Ice Storm* ist Ang Lee eine eindringliche Gesellschaftskritik und ein packendes familiäres Vexierspiel über Zwänge, Unsicherheiten und Adoleszenz gelungen.

»*The Ice Storm*«. New York 1997. (Drehbuch).
Michael Bodmer: »Die menschlichen Grundbedürfnisse bleiben gleich«, in: Filmbulletin, 1997, H. 214 (Interview mit Ang Lee); Ellen Cheshire: »Ang Lee«. Harpenden 2001; Stephanie Hemelryk Donald: »*The Ice Storm*: Ang Lee, Cosmopolitanism, and the Global Audience«, in: Greg Elmer/Mike Gasher (Hg.): Contracting Out Hollywood. Lanham 2005; Lizzie Francke: »*The Ice Storm*«, in: Sight and Sound, 1998, H. 2; Andreas Kilb: »Schöne Jugend«, in: Die Zeit, 19. 12. 1997; Peter Matthews: »The big freeze«, in: Sight and Sound, 1998, H. 2; Georg Seeßlen: »Watergate in der Familie«, in: Freitag, 19. 12. 1997; James Slawney: »Die Familie als Anti-Materie und negative Zone«, in: Margrit Frölich u.a. (Hg.): Family Affairs. Marburg 2004.

Katrin Seele

ICH KLAGE AN

Deutschland (Tobis) 1941. 35 mm, s/w, 124 Min.
R: Wolfgang Liebeneiner. B: Wolfgang Liebeneiner, nach dem gleichnamigen Roman von Eberhard Frowein und dem Roman »Sendung und Gewissen« von Hellmuth Unger sowie einer Idee von Harald Bratt. K: Friedl Behn-Grund. Ba: Fritz Maurischat, Fritz Lück. S: Walter von Bonhorst. M: Norbert Schultze. D: Heidemarie Hatheyer (Hanna Heyt), Paul Hartmann (Prof. Thomas Heyt), Mathias Wieman (Dr. Bernhard Lang), Harald Paulsen (Eduard Stretter), Margarethe Haagen (Berta), Charlotte Thiele (Dr. Barbara Burckhardt), Hans Nielsen (Dr. Höfer), Albert Florath (Prof. Schlüter).

»An excellent production, with first-rate acting, outstandig editing«, befand die Alliierte Kontrollkommission 1951. Kein Zweifel, Wolfgang Liebeneiner gelang mit *Ich klage an* ein perfektes Melodram. »Großartig gemacht und ganz nationalsozialistisch«, schwärmte Goebbels in seinem Tagebuch unter dem Datum 21. Juni 1941. *Ich klage an* ist ein Propagandafilm: Der Auftrag kam direkt von der Kanzlei des Führers, und der Film entstand im unmittelbaren Zusammenhang mit den Maßnahmen des Nazistaates zur Vernichtung ›lebensunwerten‹ Lebens. Anders als die vorangegangenen Dokumentarfilme, die direkt das Euthanasieprogramm Hitlers propagierten, versteckte Liebeneiner seine Botschaft in einer Spielhandlung und forderte am Ende den Zuschauer zu einem eigenen Urteil auf. Laut Goebbels ist *Ich klage an* »ein richtiger Diskussionsfilm«, und die geheimen Berichte des Sicherheitsdienstes belegen, daß die beabsichtigte Wirkung bei den meisten Zuschauern im Kino nicht ausblieb.
Die dramaturgische Struktur weist zwei Handlungsstränge auf. Hanna Heyt, an multipler Sklerose erkrankt, bittet verzweifelt zwei Ärzte um Sterbehilfe. Dr. Bernhard Lang, ein Freund des Hauses, lehnt dies ab mit Hinweis auf den hippokratischen Eid; ihr Ehemann Thomas gibt ihr Gift und wird wegen Mordes angeklagt. Die Nebenhandlung: Bernhard hatte einmal ein an Gehirnhautentzündung erkranktes Kind behandelt, dessen Hirntrauma aber nicht aufhalten können, so daß es jetzt »ganz idiotisch« in einem Heim dahinvegetiere. Der Arzt ist mit den Vorwürfen der Eltern konfrontiert. Diese Erfahrung veranlaßt Bernhard, seine Haltung zu revidieren: Im Prozeß gegen Thomas wandelt er sich vom Zeugen der Anklage zu einem Verteidiger des Kollegen.
Die Parallelsetzung der beiden Handlungsstränge – Hanna wählt für ihre Angst vor dem körperlichen Verfall dieselben Worte, mit denen die leidgeplagten Eltern den Zustand ihres geisteskranken Kindes beschreiben: taub, blind und idiotisch – ist der subtile und deshalb so wirkungsvolle Propagandatrick des

Films. Karsten Witte hat dies in seiner Analyse von *Ich klage an* herausgearbeitet: »Die scheinbare Nebenhandlung drängt sich dem Film als Thema auf: nicht als das J'accuse des Angeklagten, sondern als das J'excuse des Zeugen.« Der Film greift damit den unscharfen Sprachgebrauch des Wortes Euthanasie auf: Wörtlich übersetzt bedeutet es »das leichte und schmerzlose Sterben«, allgemein versteht man darunter Sterbehilfe im Sinne von Tötung auf Verlangen, doch die Nazis tarnten mit dem Begriff Euthanasie die systematische Vernichtung geistig Behinderter. Weder im Film selbst noch in den Besprechungen, damals »Filmbetrachtungen« genannt, erscheint dieses Wort. Der wahre Kern der Handlung sollte verschleiert werden, wie Sprachregelungen für die Presse belegen. Während der Dreharbeiten war es zu Unruhen in der Bevölkerung und öffentlichen Protesten von Vertretern der katholischen Kirche gegen das 1939 angelaufene Euthanasie-Programm gekommen. Sorgfältig wurde verschleiert, daß es sich um einen Propagandafilm handelt: *Ich klage an* erhielt nicht das Prädikat »staatspolitisch besonders wertvoll«, sondern »künstlerisch besonders wertvoll«, und bei der Uraufführung in Berlin waren keine Vertreter des Staates anwesend.

Liebeneiners Film, eine *camouflage de la mort* ohnegleichen, war ein außerordentlicher Publikumserfolg: Mehr als 15 Millionen Zuschauer in Deutschland wurden gezählt, und auch im Ausland lief *Ich klage an* erfolgreich. Auch die kommerzielle Rechnung ging auf: Bei relativ niedrigen Produktionskosten von 960.000 Reichsmark wurden Bruttoeinnahmen von über sechs Millionen Reichsmark erzielt. Nach dem Verbot durch die alliierten Militärbehörden darf *Ich klage an* bis heute nur in wissenschaftlichen Vortrags- und Seminarveranstaltungen gezeigt werden. Noch in den sechziger Jahren hat Wolfgang Liebeneiner, der in den Entnazifizierungsverfahren als unbelastet eingestuft wurde, heftig bestritten, *Ich klage an* könne als verbrecherische Nazi-Propaganda betrachtet werden. Sein Film spricht eine andere Sprache.

Rolf Aurich/Heiner Behring: »Nationalsozialistische Propagandafilme«, in: Medien praktisch, 1989, H. 4; Heinz-Jürgen Brandt: »Der Propagandakern«, in: Joachim Schmitt-Sasse (Hg.): Widergänger. Münster 1993; Karsten Fledelius: »Bekehrung und Bestätigung im Spielfilm des Dritten Reichs«, in: Text & Kontext, 1980, H. 2; Sylke Hachmeister: »Kinopropaganda gegen Kranke. Die Instrumentalisierung des Spielfilms *Ich klage an* für das nationalsozialistische ›Euthanasieprogramm‹«. Baden-Baden 1992; Erwin Leiser: »›Deutschland, erwache!‹ Propaganda im Film des Dritten Reiches«. Reinbek 1978; Karl Ludwig Rost: »Sterilisation und Euthanasie im Film des ›Dritten Reiches‹«. Husum 1987; ders.: »*Ich klage an* – ein historischer Film?«, in: Udo Benzenhöfer/Wolfgang U. Eckart (Hg.): Medizin im Spielfilm des Nationalsozialismus. Tecklenburg 1990; Karl Heinz Roth: »Filmpropaganda für die Vernichtung der Geisteskranken und Behinderten im ›Dritten Reich‹, in: ders.: Reform und Gewissen. Berlin 1989; Dora Traudisch: »Mutterschaft mit Zuckerguß?«. Pfaffenweiler 1993; Karsten Witte: »Die Wirkgewalt der Bilder. Zum Beispiel Wolfgang Liebeneiner«, in: Filme, Berlin, 1981, H. 8.

Rolf Aurich

ICH WAR NEUNZEHN DDR

(Defa) 1967. 35 mm, s/w, 119 Min. R: Konrad Wolf. B: Wolfgang Kohlhaase, Konrad Wolf. K: Werner Bergmann. Ba: Alfred Hirschmeier. S: Evelyn Carow. M: Lied »Am Rio Jamara«, gesungen von Ernst Busch. D: Jaecki Schwarz (Gregor Hecker), Wassili Liwanow (Wadim), Alexej Ejboshenko (Sascha), Galina Polskich (Sowjetisches Mädchen), Jenny Gröllmann (Deutsches Mädchen), Michail Glusski (General), Anatoli Solowjow (Starchina), Kalmurska Rachmanow (Dsingis), Rolf Hoppe (Etappenmajor), Wolfgang Greese (Landschaftsgestalter), Jürgen Hentsch (Adjutant), Kurt Böwe (Sturmbannführer).

Das Ich im Titel ist ganz persönlich gemeint: Die Familie des Schriftstellers Friedrich Wolf emigrierte 1934 nach Moskau, als ihr Sohn acht Jahre alt war. Im Frühjahr 1945 – nachdem er als Leutnant der Roten Armee den Krieg erlebt hat: das zerstörte Kiew, Majdanek unmittelbar nach der Befreiung, das brennende Warschau – gehörte er zu einer Lautsprechergruppe. Die Front verlief an der Oder. Der 19jährige Konrad Wolf hat Tagebuch geführt. Zwanzig Jahre später werden diese Aufzeichnungen zur Grundlage für den Film *Ich war neunzehn*.

Das Tagebuch bestimmt die Struktur des Films: Episoden, Begebenheiten zwischen dem 16. April und dem 3. Mai 1945. Sie werden im Film mit Angabe des Datums und Informationen zu Ort, Situation und Auftrag ausgewiesen. Der thematische Bogen des Films ist mit zwei Begriffen zu umreißen: Heimkehr in der Fremde. Kern der Filmgeschichte ist eine Entdeckung: die deutsche Heimat. Was kann sie einem Deutschen sein, der für die Sowjetunion in den Krieg ging?

Schon mit den ersten Bildern des Films wird diese Spannung entwickelt. Im Morgennebel am Fluß wird der Lautsprecherwagen in vorderster Linie in Stellung gebracht. Gregor wendet sich an die deutschen Soldaten und fordert sie auf überzulaufen. Auf dem Fluß treibt ein Floß mit Galgen und einem Erhängten, ein Schild vor der Brust: »Deserteur. Ich bin ein Russenknecht.« Der Konflikt ist eindeutig formuliert. Die Entdeckung der Heimat ist unlösbar mit der Frage verbunden: Wer ist ein Vaterlandsverräter? Gregor, zeitweilig Stadtkommandant von Bernau, begegnet ganz unterschiedlichen Menschen: einfachen Leuten, die – verzweifelt oder anbiedernd – sich an ihn wenden; einem Intellektuellen, Landschaftsgestalter gleich neben Sachsenhausen, der über deutsche Eigenart und Rückzug in die Innerlichkeit als Selbstschutz philosophiert; befreiten KZ-Häftlingen auf der Siegesfeier am 1. Mai in Sanssouci; deutschen Soldaten und Offizieren – in einer überrollten Kaserne, in der Festung Spandau und bei Kampfhandlungen zum Ausbruch aus dem Kessel Berlin –, deren Haltung in dem breiten Spektrum von dumpfer Ergebenheit und hohlem Diensteifer, Fanatismus und Ehrgefühl angesiedelt ist.

Konsequent aus der Perspektive des unmittelbaren Erlebens erzählt, steht diese Szenerie mit ihren tragischen und komischen, geschichtsträchtigen und banalen Aspekten für die widersprüchliche Erfahrung der Wirklichkeit Deutschland 1945. »Eine Sache kann man aus unserem Film auf jeden Fall für sich ableiten«, erklärte Konrad Wolf. »Die klare politische Haltung, die klaren politischen Erkenntnisse sind noch kein Garantieschein dafür, daß man jede Lebenssituation, vor die man gestellt wird, von vornherein meistert.« Zögern und Zorn, Einsicht und Ratlosigkeit verdeutlichen, wie sehr Emotionen die Selbstfindung Gregors erschweren.

Authentizität ist hier nicht nur ein stilistisches Prinzip, sondern ein moralischer Anspruch. Alle Elemente dieser »nachgestalteten Rekonstruktion« (Wolf) sind davon abgeleitet: die Entscheidung für Schwarzweiß, die elliptische dramaturgische Struktur, der Verzicht auf Filmmusik sowie die Besetzung mit möglichst wenig bekannten Schauspielern und Laiendarstellern. Wenn ausnahmsweise von der Ich-Erzählung abgewichen wird, geschieht es im Interesse der erstrebten Unmittelbarkeit. Umstritten ist der Einsatz von Zitaten aus einem Dokumentarfilm über Angehörige der Wachmannschaften von Sachsenhausen, die die Funktionsweise der Tötungsmechanismen und ihre eigenen Handgriffe dabei erklären. Doch wichtiger als die Reinheit des Stils war dem Regisseur die historische Beweiskraft des Dokuments von einem Sachverhalt, der unser Vorstellungsvermögen übersteigt.

Deutsche Akademie der Künste (Hg.): »Der Film *Ich war neunzehn* – Intention und Wirkung«. Berlin (DDR) 1979; Bertrand Duffort: »*J'avais dix neuf ans*«, in: La Revue du Cinéma, 1974, H. 280; Karsten Fritz/Rainer Schütz: »*Ich war neunzehn* (1968)«, in: Beiträge zur Film- und Fernsehwissenschaft, 1990, H. 39; Wolfgang Jacobsen/Rolf Aurich: »Der Sonnensucher. Konrad Wolf – eine Biographie«. Berlin 2005; Ulrich Gregor: »Konrad Wolf. Auf der Suche nach der Heimat«, in: Peter W. Jansen/Wolfram Schütte (Hg.): Film in der DDR. München 1977; Ruth Herlinghaus: »Aktuelle Deutung eines antifaschistischen Themas – *Ich war neunzehn*«, in: Filmwissenschaftliche Beiträge, 1969; Gertrud Koch: »Vom Verschwinden der Toten unter den Lebenden«, in: Augen-Blick, 1994, H. 17; Barbara Köppe/Aune Renk (Hg.): »Konrad Wolf. Selbstzeugnisse, Fotos, Dokumente«. Berlin (DDR) 1985; Isolde I. Mozer: »*Ich war neunzehn*«, in: Rudolf Joos u.a. (Hg.): Filme zum Thema. Bd.3. Frankfurt a.M., Stuttgart 1990; Marc Silberman: »The Authenticity of Autobiography: Konrad Wolf's *I Was Nineteen*«, in: ders.: German Cinema. Detroit 1995; Dieter Wiedemann: »*Ich war neunzehn* – Intention und Wirkung«, in: Beiträge zur Film- und Fernsehwissenschaft,

1987, H. 29; Gerhard Wolf: »Fakten und Überlegungen«, in: Filmwissenschaftliche Beiträge, 1968, H. 1.

Rudolf Jürschik

IF... England (Memorial Enterprises Film/ Paramount) 1968. 35 mm, Farbe + s/w, 112 Min.
R: Lindsay Anderson. B: David Sherwin.
K: Miroslav Ondricek. A: Jocelyn Herbert.
S: David Gladwell. M: Marc Wilkenson.
D: Malcolm McDowell (Mick Travis), David Wood (Johnny), Richard Warwick (Wallace), Christine Noonan (The Cafe Girl), Rupert Webster (Bobby Philips), Robert Swan (Rowntree), Hugh Thomas (Denson).

Ein Künstler kann nur mit Hilfe einer Metapher Stellung zu seiner Zeit nehmen, lautet Lindsay Andersons Überzeugung. In *If...* steht ein College, ähnlich wie in *Britannia Hospital* (1982) ein Krankenhaus, als soziales System für die Gesellschaft, insbesondere die britische. Sie ist streng hierarchisch organisiert, der Begriff der Klasse bekommt eine doppelte Bedeutung. In dem fiktiven College – gedreht wurde jedoch in Andersons ehemaliger Schule – herrscht der Priester über den Direktor, dieser über den Sub-Direktor, der seinerseits die »Whips« befehligt. Diese nur wenig älteren Schüler – sie haben immer einen Rohrstock bei sich – drangsalieren die »Scums«, den Abschaum: Das sind alle anderen, nicht Privilegierten, unter ihnen auch die Hauptfiguren Mick und Johnny.
If... besteht aus acht, durch Zwischentitel voneinander abgegrenzten Teilen. Die ersten drei Kapitel beschreiben die Rückkehr der noch aufgedrehten, spontanen Schüler aus den Ferien und ihre schrittweise Eingliederung in das strenge System des College, geprägt von minutiösen Countdowns bis zum abendlichen Lichtlöschen, militärischem Kommandoton und einer bis zur Sklaverei gehenden Ausnutzung der Scums durch die Whips. In dieser ›zivilisierten‹ Welt bleiben Frauen außen vor, und so müssen hübsche, blonde Scums auch die Annäherungsversuche ihrer ›Vorgesetzten‹ ertragen. Kleine Fluchten kann man sich nur in der Freizeit erlauben: Mick und seine Freunde tapezieren ihr Arbeitszimmer mit Bildern aus Illustrierten – nackte Frauen, Guerillakämpfer und wilde Tiere. Das vierte Kapitel, »Ritual and Romance«, bringt nach der Schilderung der alltäglichen Gemeinheiten den Wendepunkt. In archetypischen Riten werden verschiedene Formen der Freiheit und des Abenteuers erlebt: Nach einem Duell wie in einem Mantel- und Degenfilm lassen Mick und Johnny die Schule hinter sich, liefern sich einen vorgetäuschten Messerkampf auf der Straße und stehlen schließlich aus einem Laden ein Motorrad, mit dem sie über Land fahren. Sie landen im »Packhorse Cafe«, wo eine Begegnung zwischen Mick und einem Barmädchen stattfindet, die wie im Western beginnt und in einem stilisierten Liebesakt endet.
Motive wie dieser choreographierte Beischlaf, in dem Mick und das Mädchen sich wie zwei fauchende Tiger zu dem »Sanctus« der »Missa Luba« von Guido Haazen – ein Stück, das Mick im Verlauf des Films mehrfach hört – auf dem Boden wälzen, zeigen, daß es in *If...* um mehr als nur die Befreiung aus den Zwängen der Public School geht. Mick und Johnny lassen Konventionen, die der Gesellschaft heilig sind, hinter sich. Die folgenden Kapitel zeigen die Verschärfung des Drills am College und die Reaktionen von Mick und seinen Freunden, die schließlich in einem finalen Befreiungsschlag anläßlich eines Festgottesdienstes die Honoratioren von College und Stadt im Innenhof zusammentreiben und von den Dächern mit Maschinengewehren und Handgranaten angreifen.
Andersons ästhetisches Konzept zielt keineswegs auf Effekte. Im Gegenteil: Durch eine unauffällige, sorgfältig beobachtende Kamera entsteht zunächst ein differenzierter Eindruck vom Collegeleben. Durch unvermittelte Wechsel von Farbfilm zu Schwarzweiß-Material durchbricht Anderson jedoch den dokumentarischen Charakter. Dabei dient ihm der Farbwechsel eher zur Markierung unterschiedlicher sozialer Bereiche als zur Dramatisierung einer sinnlichen Erfahrung. Surrealistische Elemente – die Frau des Direktors durchschreitet nackt die Zimmer der Jugendlichen und berührt deren Handtücher wie

Fetische, der Kaplan erscheint als Deus ex Machina aus der Schrankschublade – sind ein anderes Mittel der Distanzierung, das Anderson ganz im Sinne eines Brechtschen Verfremdungseffekts einsetzt. *If…* begnügt sich nicht damit, die Verhältnisse aufzuzeigen. Der Film wird zur veritablen Phantasie einer Anarchie, die unvermutet auf eine Zeitströmung traf: Konzipiert und geschrieben bereits Ende der fünfziger Jahre, erhielt der Film 1968, im Jahr der weltweiten Schüler- und Studentenrevolte, plötzlich politische Brisanz.

»*If…*«, in: L'Avant-Scène du Cinéma, 1971, H. 119. (Filmprotokoll).
Alfred Behrens: »Revolte für die Galerie«, in: Film, Velber, 1969, H. 2; Allison Graham: »Lindsay Anderson«. Boston 1981; Jonathan Hacker/David Price: »Take Ten. Contemporary British Film Directors.« Oxford 1991; Erik Hedling: »Lindsay Anderson. Maverick Film Maker«. London 1998; Horst Königstein: »Gesetzt den Fall… Gespräch mit Lindsay Anderson über *If…*«, in: Film, Velber, 1969, H. 9; Mrinal Sen: »La révolte des adolescents«, in: Positif, 1994, H. 400; Mark Sinker: »*If…*«. London 2004; Alexander Walker: »Hollywood, England. The British film industry in the sixties.« London 1974.

Ingo Fließ

IMITATION OF LIFE

(Solange es Menschen gibt). USA (Universal) 1958. 35 mm, Farbe, 125 Min.
R: Douglas Sirk. B: Eleanore Griffin, Allan Scott, nach dem gleichnamigen Roman von Fannie Hurst. K: Russell Metty. S: Milton Carruth.
M: Frank Skinner.
D: Lana Turner (Lora Meredith), Juanita Moore (Annie Johnson), John Gavin (Steve Archer), Sandra Dee (Susie als 16jährige), Susan Kohner (Sarah Jane als 18jährige), Robert Alda (Allen Loomis).

»Eine Attacke auf die Tränendrüse« oder »Herz und Glamour in Hollywood-Mischung« überschrieben die deutschen Rezensenten in den fünfziger Jahren ihre Kritiken. Mehr als ein paar Zeilen war ihnen das rührselige Melodram aus der Traumfabrik nicht wert. »Beim weiblichen Publikum wird der Film zweifellos gut liegen«, informierte das Branchenblatt »Filmwoche« die Kinobesitzer.

»Woman's Weepies« nannten die Amerikaner solche Filme. Sirk scheut nicht das Sentiment: Er stellt die großen Gefühle aus, Liebe und Leidenschaft, Sehnsucht und Verzweiflung. Diese Szenen sind ohne jeden Anflug von Ironie inszeniert: Der Film denunziert seine Figuren nicht, er nimmt ihre Emotionen ernst. Und macht zugleich deutlich, daß alle diese Gefühle nur Selbstbetrug sind: billige Imitationen, das wahre Leben bleibt ungelebt.

Imitation of Life ist ein Frauenfilm, die Männer spielen nur eine Nebenrolle. Schon in der ersten Szene sind die Hauptfiguren beisammen: Lora Meredith sucht am Strand verzweifelt nach ihrer Tochter; sie findet Susie, die sich mit der gleichaltrigen Sarah Jane angefreundet hat, liebevoll umsorgt von einer Schwarzen namens Annie. Lora ist überrascht: Sarah Jane soll Annies Tochter sein – ihre Haut ist doch weiß. Annie, eine alleinstehende Mutter wie Lora, zieht als Hausmutter bei der Schauspielerin ein, die sich zielstrebig nach oben boxt. In der Anfangsszene am Strand taucht auch ein junger Mann auf, der Fotograf Steve, der sich um Lora bemüht. Doch die Liebesszenen werden immer abrupt abgebrochen durchs Klingeln des Telefons: Ein neues Engagement ist Lora allemal wichtiger als ein Heiratsantrag. Über der Karriere vernachlässigt sie auch ihre Tochter – allen gegenteiligen Beteuerungen zum Trotz, Mutterliebe bleibt bei ihr nur eine kurze Gefühlsaufwallung. Auch Annie hat ein Problem mit ihrem Kind: Sarah Jane schämt sich ihrer Mutter und verleugnet sie, denn sie will nicht die Tochter einer Schwarzen sein.

Und Loras vielbeschworene Liebe zum Theater? Der Film zeigt die Schauspielerin immer nur beim Schlußapplaus auf der Bühne. Das Theater, dem Lora alles andere im Leben opfert, reduziert sich auf den Ruhm: Ihr Name in großen Lettern auf der Leuchtreklame am Broadway, darauf zielt ihr ganzer Ehrgeiz. Die Gegenfigur Annie ist eine treue Seele, das Klischee der Neger-Mami. Gegen die besitzergreifende Mutterliebe wehrt sich die Tochter ebenso wie gegen das soziale Stigma. »Es ist eine Sünde, etwas anderes sein zu wollen, als man ist«, weiß die gute Mutter, doch lebt auch sie in einer Scheinwelt, in der sie ihre Diener-Rolle akzeptiert und nicht rebelliert wie ihre Tochter. Der effektvoll in Szene gesetzte Mutter-Tochter-Konflikt beeindruckte Rainer Werner Fassbinder: »Da haben wir alle geweint im Kino. Weil das so schwer ist, die Welt zu verändern.«

Ein politischer Film ist *Imitation of Life* nicht: Wie Sirk die Rassenproblematik abhandelt, ist Sozialkitsch à la »Onkel Toms Hütte«. Lora, die sich für eine Rolle in einem sozialkritischen Theaterstück entschieden hat, wird von ihrem Ex-Autor vorgeworfen, sie verstehe doch überhaupt nichts von den Neger-Problemen. Das gibt sie unumwunden zu: Es interessiere sie nur die Rolle als »Gelegenheit, zu zeigen, was ich kann«. Auch für Sirk ist die Story nur Vorwand für ein perfektes Melodrama, in dem er alle Register seines Könnens zieht. *Imitation of Life* war sein Abschied von Hollywood. Die kritische Ebene des Films ist die Inszenierung, die mit den Mitteln des Illusionskinos die Fassaden-Kultur des amerikanischen Bürgertums ausstellt. Dazu gehört die Künstlichkeit des Interieurs, wobei immer wieder Spiegel dominieren, ebenso wie die Licht- und Farbdramaturgie.

»Unser Hochzeitstag und unser Todestag, das sind die ganz großen Tage in unserem Leben«, erklärt Annie. Das Happy End dieses Films ist keine Eheschließung, sondern eine Beerdigung. Annie wird zu Grabe getragen, es ist eine pompöse Inszenierung mit »Blumen und Musik«, »elegant«, wie sie es sich gewünscht hat. Es ist eine letzte Lüge, aber alle sind gerührt.

»*Imitation of Life*«. Hg. Lucy Fischer. New Brunswick 1991. (Filmprotokoll, Materialien).

Jeremy Butler: »*Imitation of Life*: Style and the Domestic Melodrama«, in: Jump Cut, 1986, H. 32; Elisabeth Bronfen: »Heimweh: Illusionsspiele in Hollywood«. Berlin 1999; Jackie Byars: »All That Hollywood Allows«. London 1991; Rainer Werner Fassbinder: »Filme befreien den Kopf«. Frankfurt a.M. 1984; Lucy Fischer: »Cinematernity«. Princeton 1996; Frieda Grafe: »Das Allerunwahrscheinlichste«, in: Die Republik, 1985, H. 72–75; Marina Heung: »What's the Matter with Sara Jane?«, in: Cinema Journal, 1986/87, H. 3; Elisabeth Läufer: »Skeptiker des Lichts«. Frankfurt a.M. 1987; Michael McKegney: »Film Favorites: *Imitation of Life*«, in: Film Comment, 1972, H. 2; Steve Neale: »Melodram und Tränen«, in: Christian Cargnelli/Michael Palm (Hg.): Und immer wieder geht die Sonne auf. Wien 1994; Mike Prokosh: »*Imitation of Life*«, in: Laura Mulvey/Jon Halliday (Hg.): Douglas Sirk. Edinburgh 1972; Michael Selig: »Contradiction and Reading: Social Class und Sex Class in *Imitation of Life*«, in: Wide Angle, 1988, H. 4; Douglas Sirk: »Imitation of Life. Ein Gespräch mit Jon Halliday«. Frankfurt a.M. 1997.

Michael Töteberg

IM LAUF DER ZEIT

Bundesrepublik Deutschland (Wim Wenders Produktion/WDR) 1975. 35 mm, s/w, 176 Min.
R+B: Wim Wenders. K: Robby Müller. A: Heidi Lüdi, Bernd Hirskorn. S: Peter Przygodda.
M: Axel Linstädt, Improved Sound Ltd.; Songs: Chris Montez, Chrispian St. Peters, Heinz, Roger Miller.
D: Rüdiger Vogler (Bruno), Hanns Zischler (Robert), Lisa Kreuzer (Pauline), Rudolf Schündler (Roberts Vater), Marquard Bohm (Ehemann der Selbstmörderin).

Im Lauf der Zeit ist ein Road Movie. Bereits mit ↗*Alice in den Städten* und *Falsche Bewegung* (1975) hatte Wenders Geschichten erzählt, deren Protagonisten quer durch Deutschland reisen. Diesmal ließ er sich auf das Abenteuer ein, eine nicht vorher festgelegte Geschichte auf der Straße zu entwickeln: Nicht mit einem Drehbuch, sondern mit einer Landkarte begannen die Produktionsvorbereitungen. Er wählte eine ungewöhnliche Route: entlang der Grenze zur DDR, von Lüneburg nach Hof, mit einem Abstecher an den Rhein. Die Fixpunkte waren zwölf Dorfkinos. Lediglich eine kurze Ideenskizze gab es; das Drehbuch wurde von den Schauplätzen bestimmt, die Dialoge für den nächsten Drehtag schrieb Wenders abends im Hotelzimmer.

Das offene Konzept erlaubte den beiden Hauptdarstellern, viel von ihrer eigenen Persönlichkeit in den Film einzubringen. Sowohl Hanns Zischler wie Rüdiger Vogler hatten bereits mit Wenders gearbeitet;

Im Lauf der Zeit: Rüdiger Vogler und Hanns Zischler

rückblickend bekannte der Regisseur: »Ich habe die Idee zu diesem Film nur gehabt, weil ich wußte, daß es ein Team dafür gibt.« Denn ihm schwebte kein dokumentarischer Film mit Handkamera und Improvisation vor, sondern ein technisch perfekter Spielfilm. Gedreht wurde in europäischem Breitwandformat (1:1,66), Schienen oder Kräne wurden für Kamerafahrten eingesetzt. Daß das Experiment gelang, ist nicht zuletzt das Verdienst von Wenders' langjährigen Mitarbeitern: der Kameraführung von Robby Müller, der besonders bei Fahrten und Schwenks ein optimales Timing für den Film fand, und dem schon fast kontemplativen Schnittrhythmus von Peter Przygodda.

Erzählt wird die Geschichte einer Männerfreundschaft, wie sie, zumindest anfangs, in ihrer schweigsamen und lakonischen Art dem klassischen Western entlehnt sein könnte. Der eine ist der »King of the Road«: Bruno lebt in einem alten LKW, mit dem er von Ort zu Ort fährt, um die Projektoren und technischen Einrichtungen der kleinen Provinzkinos zu warten und notfalls zu reparieren; manchmal hilft er auch als Vorführer aus. Der andere ist ein »Kamikaze«-Typ: Robert hat die kürzlich erfolgte Trennung von seiner Frau noch nicht überwunden; er rast mit seinem VW-Käfer in die Elbe, schwimmt aber wieder zurück an Land. Die beiden Männer fahren eine Strecke zusammen. Die Abwesenheit der Frauen, die Sehnsucht nach ihnen, ist in dieser Männergeschichte immer präsent. Bruno und Robert kommen sich näher, zu nahe: sie trennen sich, sehen sich wieder. Eines Morgens geht Robert und hinterläßt auf einer herausgerissenen Buchseite Bruno eine Botschaft: »Es muß alles anders werden. So long.«

Die sterbenden Provinzkinos und die kargen Landschaften des Zonenrandgebietes bilden nicht nur den Hintergrund der Geschichte. Mit Bildern und kleinen Episoden verweist Wenders auf wirtschaftliche und ästhetische Aspekte des Mediums Film sowie den Niedergang der Kinokultur. Er verarbeitet dabei auch eigene Erfahrungen aus dem Verleihgeschäft aus der

Zeit, als er bei United Artists in Düsseldorf jobbte. Das Ende des Films spielt im Vorführraum eines Kinos. Es ist geschlossen, wird aber in der Hoffnung auf bessere Zeiten von der Besitzerin instandgehalten. »Der Film ist die Kunst des Sehens, hat mir mein Vater gesagt«, erzählt die alte Frau, während Bruno den Projektor repariert. In der letzten Einstellung sieht man den leeren Kinoschaukasten. Die Kamera schwenkt hoch, und der Name des Kinos kommt ins Bild: »WEISSE WAND«. Von der Leuchtschrift funktionieren nur noch die Buchstaben E, N und D.

Im Lauf der Zeit ist Fritz Lang gewidmet, der auch auf zwei Fotografien und in einem Zitat – ein alter Kinobesucher erzählt von einer Aufführung der ↗*Nibelungen* – im Film auftaucht. Für Wenders, den Repräsentanten des Neuen deutschen Films, ist Lang »ein verpaßter Vater« des deutschen Kinos. In *Im Lauf der Zeit* wird dies besonders deutlich: Die visuellen Vorbilder sind eher im amerikanischen Kino, insbesondere den Filmen John Fords und Nicholas Rays, zu finden. Die Fotografien von Walker Evans aus der Zeit der großen Depression dienten Wenders als Inspirationsquelle. Der Mythos Amerika hat die Nachkriegsgeneration geprägt: »Die Amis haben unser Unterbewußtsein kolonialisiert«, bemerkt Robert.

Dazu gehört auch die Musik, die wie in fast allen Wenders-Filmen eine entscheidende Rolle spielt. Getreu seiner, von der Gruppe »Velvet Underground« übernommenen Maxime »My life was saved by Rock'n'Roll«, gibt er Bruno zwei »Lebensrettungsmaschinen« (Wenders) mit auf den Weg: eine Jukebox im Laderaum des LKWs und ein Single-Plattenspieler ins Führerhaus. Über die Musik – wenn sie eine Zeile aus dem Stones-Titel »Love in vain« gegenseitig ergänzen oder gemeinsam »Just like Eddy« mitsingen – kommen sich die beiden Männer näher. *Im Lauf der Zeit*, der erste international beachtete Film von Wenders, avancierte zum Kultfilm und wirkte stilbildend für das europäische Road Movie.

»*Im Lauf der Zeit*«. Bild für Bild. Frankfurt a.M. 1976. (Drehbuch, Fotoprotokoll, Materialien).

Pascal Bonitzer: »Allemagne, années errantes«, in: Cahiers du Cinéma, 1976, H. 268/69; Peter Buchka: »Augen kann man nicht kaufen«. Frankfurt a.M. 1985; Tomothy Corrigan: »Wenders's *King of the Road*: The Voyage from Desire to Language«, in: ders.: New German Film. Austin 1983; Gerd Gemünden: »On The Way To Language«, in: Film Criticism, 1991, H. 2; Norbert Grob: »Die Formen des filmischen Blicks. Wenders. Die frühen Filme«, München 1984; Hal Hartley: »Eindruck, nicht Ausdruck«, in: Verena Lueken (Hg.): Kinoerzählungen. München 1995; Peter W. Jansen/Wolfram Schütte (Hg.): »Wim Wenders«. München 1992; Robert Phillip Kolker/Peter Beicken: »The Films of Wim Wenders«. Cambridge 1993; Uwe Künzel: »Wim Wenders«. Freiburg i.Br. [3]1989; Reinhold Rauh: »Wim Wenders und seine Filme«, München 1990; Wim Wenders: »Die Logik der Bilder«. Frankfurt a.M. 1988.

Klaus Sembach

IMMER ÄRGER MIT HARRY

↗ Trouble with Harry

IM REICH DER SINNE

↗ Ai no corrida

IM SCHATTEN DES ZWEIFELS

↗ Shadow of a Doubt

IM ZEICHEN DES BÖSEN

↗ Touch of Evil

IN EINEM JAHR MIT 13 MONDEN

Bundesrepublik Deutschland (Tango-Film/Pro-ject Filmproduktion) 1978. 35 mm, Farbe, 124 Min.

R, B, K, A + S: Rainer Werner Fassbinder.

M: Peer Raben.

D: Volker Spengler (Elvira Weishaupt), Karl Scheydt (Christoph Hacker), Ingrid Caven (Rote Zora), Gottfried John (Anton Saitz), Elisabeth Trissenaar (Irene), Eva Mattes (Marie-Ann), Lilo Pempeit (Schwester Gudrun), Gerhard Zwerenz (Hauer, Dichter).

Fassbinders persönlichster und radikalster Film handelt von einer existenziellen Verstörung und arbeitet ein Trauma auf, den Selbstmord eines Freundes. Bereits die Vorspannangaben signalisieren, wie sehr dies Fassbinders eigenstes Werk ist: Er zeichnet nicht nur für Buch und Regie verantwortlich, sondern auch für Idee, Produktion, Kamera, Ausstattung und Schnitt. Seine Stimme ist ebenfalls präsent: Er spricht die Rolle der Seelenfrieda. Überdies flackert in einer Schlüsselszene über einen Monitor ein Fernsehinterview mit Fassbinder: Sätze, die Bekenntnischarakter haben.

Erzählt wird eine Passionsgeschichte: die fünf letzten Tage des Transsexuellen Erwin/Elvira Weishaupt. Sie wird im Morgengrauen von Strichjungen zusammengeschlagen, von ihrem Partner Christoph gedemütigt und verlassen. Eine Kette von Begegnungen – mit einer Nonne aus dem Waisenhaus, in dem Erwin aufgewachsen ist, der früheren Ehefrau Irene und der gemeinsamen Tochter Marie-Ann, dem zwielichtigen Unternehmer Anton Saitz, dem zuliebe sie die Geschlechtsumwandlung hatte vornehmen lassen – wird zu einer Reise durch ihr Leben. Statt filmischer Rückblenden wird in monologischen Blöcken die Vita Elviras rekapituliert.

Dem Stoff nach ein Melodrama, demontiert Fassbinder in jeder Einstellung die Form und zerschlägt die Erzählung in disparate Splitter. Bild und Ton fallen auseinander, jede Szene macht auch in der Gestaltung deutlich, daß menschlicher Kontakt nicht möglich ist. Elvira bleibt mit ihrem Schmerz allein; selbst Saitz ist nur eine Projektionsfigur ihrer narzißtischen Liebessehnsucht. Die Figuren sind typisiert bis zur Groteske: Fassbinder verweigert psychologische Einfühlung. Die bizarren Tableaus und Einstellungen mit extrem verzerrten Proportionen untergraben die narrative Plausibilität ebenso wie die manierierte Sprechweise, die Modulation und Tempi abrupt wechselt und von musikalischer Deklamation umschlägt in monotones Textaufsagen.

Der Film ist eine Zumutung: Fassbinder erspart dem Zuschauer nichts. Bevor Christoph Elvira verläßt, zerrt er sie vor einen Spiegel und zwingt sie, sich anzuschauen: Sie sei ein »fettes, ekelhaftes, überflüssiges Stück Fleisch«; im Hirn habe sie »lauter Marmelade«, die ihr die Augen verklebe, ranzig sei und stinke. »Hau bloß ab, du blöde Kuh, sonst schlacht' ich dich ab«, wird Elvira im Spielsalon beschimpft. Später besucht sie ihren früheren Arbeitsplatz: Als sie noch Erwin war, lernte sie Metzgergehilfe im Schlachthof. In einer langen Sequenz wird das Abschlachten und Zerlegen der Tiere – zu sehen ist u.a. die gallertartige Masse im Inneren des Kuhkopfes – gezeigt; Elvira erzählt zu diesem leidenschaftslos dokumentierten Vorgang vom »Schreien nach Erlösung« der Tiere und rezitiert den Monolog aus Goethes »Tasso«: »Und wenn der Mensch in seiner Qual verstummt, gab mir ein Gott, zu sagen, wie ich leide.«

Weder Mann noch Frau, hat der Transsexuelle keine neue Identität gefunden, sondern nur seine alte zerstört. Geschildert wird der Prozeß der völligen Auflösung; der Selbstmord ist nur noch der physische Vollzug. Erwin hatte gelernt, »nicht zu Grunde zu gehen in dieser Hölle, eher aber schon, ihre Schrecken konsequent zu genießen«; Elvira dagegen ist an das Kreuz der Liebe genagelt. Ähnlich wie sich Franz Biberkopf in ↗*Berlin Alexanderplatz* aus Liebe zu Reinhold selbstverstümmelt, bringt Weishaupt mit der Kastration ein Opfer dar. Es wird nicht einmal zur Kenntnis genommen. Die Welt ist ein Schlachthof: Es gibt nur Opfertiere und Metzger. Anton Saitz ist die Gegenfigur: Elternlos aufgewachsen wie Erwin, hat er es geschafft, die Rollen zu wechseln. Aus einem Opfer ist ein Täter geworden.

Der Film spielt in Frankfurt, jener Stadt, der Fassbinder sein schwierigstes Erbe hinterließ: das Theaterstück »Der Müll, die Stadt und der Tod«. Züge des »Reichen Juden«, einer höchst problematischen Bühnenfigur, hat Fassbinder auf Anton Saitz übertragen: Die Macht des Immobilienspekulanten gründet auf seinem Sonderstatus als ehemals Verfolgter; sein Aufstieg ist über das Bahnhofsviertel gelaufen, wo er den Bordellbetrieb nach KZ-Methoden organisierte; jederzeit Zugang zu dem von Leibwächtern abgeschirmten Mann hat, wer den Code 1 A kennt: »Bergen-Belsen«. Saitz ist eine hochgradig deformierte Persönlichkeit, und es spricht für die erschreckende Ehrlichkeit Fassbinders, daß er dieser Figur eigene Allüren und Attitüden beigemischt hat. Das Verhalten der Opfer ist durch Hysterie oder Agonie gekennzeichnet; Saitz dagegen ist der Regression verfallen: Im obersten Stockwerk seines Hochhauses ergötzt sich der Mächtige an infantilen

Späßen und spielt Szenen aus einem albernen Jerry-Lewis-Streifen nach. Von ihm heißt es: »Niemand liebt Anton Saitz, er will auch gar nicht, daß man ihn liebt.«
Drehbeginn und -ende der Low-Budget-Produktion werden am Anfang und Schluß des Films eingeblendet. *In einem Jahr mit 13 Monden* ist kein autobiographischer Film, doch dokumentiert er unverstellt die pessimistische Weltsicht Fassbinders. Der Film handelt von seinen Obsessionen, ohne sie ästhetisch zu sublimieren. Mitarbeiter und Freunde haben ihn als ›geniales Monster‹ beschrieben. Schwester Gudrun, Elviras Ersatzmutter, antwortet auf die verzweifelte Selbstanklage ihres einstigen Zöglings: »Das macht keiner selbst, sein Leben kaputt, das macht die Ordnung, die die Menschen für sich geschaffen haben.«

»*In a Year of Thirteen Moons*«, in: October, Cambridge, 1982, H. 21. (Filmtext).
Hans C. Blumenberg: »Angst in der Stadt«, in: ders.: Kinozeit. Frankfurt a.M. 1980; Janusz Bodek: »Die Fassbinder-Kontroversen«. Frankfurt a.M. u.a. 1991; Robert Burgoyne: »Narrative and Sexual Excess«, in: October, Cambridge, 1982, H. 21; Douglas Crimp: »Fassbinder, Franz, Fox, Elvira, Erwin, Armin, and All the Others«, in: ebd.; Rainer Werner Fassbinder: »Filme befreien den Kopf«. Frankfurt a.M. 1986; Gertrud Koch: »Die Einstellung ist die Einstellung«. Frankfurt a.M. 1992; Wolfram Schütte: »Liebe – ein Wahnsinn«, in: Frankfurter Rundschau, 17.11.1978; Kaja Silverman: »Male Subjectivity at the Margins«. New York, London 1992; Christian Braad Thomsen: »Rainer Werner Fassbinder«. Hamburg 1993.

Michael Töteberg

THE INFORMER (Der Verräter). USA (RKO-Radio) 1935. 35 mm, s/w, 91 Min.
R: John Ford. B: Dudley Nichols, nach dem gleichnamigen Roman von Liam O'Flaherty.
K: Joseph H. August. M: Max Steiner.
D: Victor Mc Laghlen (Gypo Nolan), Heather Angel (Mary McPhilip), Preston Foster (Dan Gallagher), Margo Grahem (Katie Madden), Wallace Ford (Frankie McPhilip).

Von allen Filmen dieses mit sechs Oscars ausgezeichneten Regisseurs gewann *The Informer* die meisten Preise. Den zeitgenössischen Rezensenten, von raren Ausnahmen abgesehen, erschien er als Höhepunkt des realistischen Tonfilms. Ford selbst hat *The Informer* später sehr kritisch beurteilt, und in der Tat ist es ein Film, der von den Eigenarten des Regisseurs nicht nur die besten zum Tragen bringt. Aber *The Informer* »setzte ein *Signal*... Ein Signal, daß das längst abgeschriebene und zutiefst verachtete Hollywood möglicherweise doch noch in der Lage sein könnte, über sich selbst hinwegzusehen.« (Wolf-Eckart Bühler).
Das Sujet war ungewöhnlich genug: *The Informer* spielt nach der Revolution in Irland. Ein versteckter Kämpfer der IRA wird von seinem Freund, einem etwas naiven und rauhen Typen, verraten. Gypo möchte, in einer Mischung aus Trunkenheit und Verwirrung, mit seinem Mädchen in die USA, und braucht dazu das Kopfgeld. Der Verrat wird entdeckt, nicht zuletzt, weil Gypo recht ungeschickt seine Tat zu verbergen sucht und seine Schuldgefühle kaum verhehlen kann. Mitglieder der IRA, die in einem Tribunal über den Verräter richten, verfolgen den Flüchtigen, bis er, tödlich verletzt, schließlich in einer Kirche stirbt, allerdings mit der Vergebung der Mutter seines Opfers.
Ford setzt diese Geschichte mit forcierten formalen Mitteln in Szene, mit einem bei ihm sonst seltenen Symbolismus, mit auffälligen Lichteffekten und Einstellungen. Die Musik Max Steiners, ebenfalls mit einem Oscar bedacht, hat illustrativen Charakter und verdoppelt die Bilder. Verglichen mit anderen Filmen Fords, der sonst wie wenige andere Filmemacher durch die Unauffälligkeit der Mittel zu überzeugen weiß, erscheint der Film manieristisch. Jorge Luis Borges urteilte, hier seien »die Verdienste weniger subtil als die Verfehlungen«, wozu er auch »die übermäßige Motivierung der Handlungen« zählte. Die Typisierungen schaffen zwar eine stilistische Einheit, aber sie fällt gegenüber jenen Filmen ab, in denen Ford auf die Ambivalenz der Charaktere setzt. *The Informer*, so beeindruckend der Film verglichen mit den üblichen Hollywood-Produktionen jener Zeit sein mochte, zeugt im Rückblick vor allem von

›artifiziellen‹ Fähigkeiten, die Ford überwinden mußte, um zu seinem Stil zu finden.

»*Le mouchard*«, in: L'Avant-Scène du Cinéma, 1965, H. 45. (Filmprotokoll).
Frank Arnold: »*The Informer*«, in: Rainer Rother: Mythen der Nationen: Völker im Film. München, Berlin 1998; Jorge Luis Borges: »*The Informer* (*El delator*)«, in: Filmkritik, 1980, H. 9; Jean-Loup Bourget: »Du *Mouchard* à *Fort Apache*: constante de l'expressionisme fordien«, in: Positif, 1988, H. 331; Samuel Fuller: »Comment John Ford et Max Steiner ont fait mon film préféré«, in: Positif, 1994, H. 400; Kathryn Kalinak: »The Fallen Woman and the Virtuous Wife: Musical Stereotypes in *The Informer*, *Gone With the Wind*, and *Laura*«, in: Film Reader, 1982, H. 5; Janey A. Place: »The Non-Western of John Ford«. Secaucus 1979.

Rainer Rother

IN THE MOOD FOR LOVE Hongkong (Block 2 Pictures/Paradis Films) 2000. 35 mm, Farbe, 94 Min.
R+B: Wong Kar-Wai. K: Christopher Doyle, Mark Li Ping-Bing. S: William Chang Suk-Ping. M: Michael Galasso, Umebayashi Shigeru.
D: Maggie Cheung (Su Li-zhen Chan), Tony Leung (Chow Mo-wan), Rebecca Pan (Frau Suen), Lai Chen (Mrs. Ho), Siu Ping-lam (Ah-ping).

Wong Kar-Wais Film erzählt die Geschichte einer nicht zustande gekommenen Liebesbeziehung. In Hongkong beginnt 1962 die Bekanntschaft Herrn Chows mit Frau Chan, die mit ihren Ehepartnern in ein altes Hongkonger Stadtviertel gezogen sind, zur Untermiete und Wand an Wand, in nebeneinander liegende Wohnungen. Man schiebt sich mit Kisten und Möbeln aneinander vorbei oder mit einem Teller Suppe. Herr Chow arbeitet in einer Zeitungsredaktion, Frau Chan in einer Import-Export Firma. Ihr Mann ist oft auf Reisen. Als die beiden eines Tages merken, daß sie vice versa von ihren Ehepartnern betrogen werden, beginnt ihre Annäherung mit der Frage, wie die Beziehung der anderen beiden entstanden sein mag. Sie gehen miteinander essen, sie läßt sich von ihm bestellen, was seine Frau bestellt hätte, er sich von ihr, was ihr Mann bestellt hätte. So beginnt ein Spiel mit den »Fragmenten einer Sprache der Liebe« (Roland Barthes), das nach und nach in eine eigene Romanze mündet, wenn auch einer angedeuteten, von der der Film nicht mehr preisgibt, als einen flüchtigen Händedruck. Schließlich ein Zeitsprung: Vier Jahr später sieht man Herrn Chow in Angkor Wat, einer Überlieferung folgend, flüstert er sein Geheimnis in eine Felsspalte.
So wie man nur zu ahnen glaubt, was Herr Chow in die Felsspalte flüstert, so bleiben auch von dem, was zwischen Herrn Chow und Frau Chan geschehen ist, nicht mehr als Andeutungen. Wong Kar-Wais Ästhetik lebt von Auslassung (die untreuen Ehepartner sind nie zu sehen), Verlangsamung und Beschleunigung, fremder Pose und Stilisierung. Die Protagonisten sprechen erst in den vermuteten Dialogen ihrer Gatten, dann erproben sie die Sätze der Helden eines Fortsetzungsromans, den Herr Chow schreibt. In fremder Pose reden: dazu paßt auch Nat King Cole, der aus dem Radio »Quizás, quizás, quizáz« auf Spanisch, aber mit deutlichem amerikanischen Akzent, singt.
Strophisch gegliedert wird der Film durch einen langsamen, schleppenden Walzer, den Wong einem Film des Japaners Seijun Suzuki entnahm, aber auch durch die immer gleichen, nächtlichen Gänge treppauf, treppab. Maggy Cheungs Garderobe, mehr als zwei Dutzend taillierte Kleider aus bedruckten und gemusterten Stoffen, eng anliegend allesamt, illustrieren im Wechsel von einer zur nächsten Einstellung das Vergehen der Zeit. So kann der Regisseur mehrere Abende oder unterschiedliche Emotionen in eine scheinbar zusammenhängende Bewegung fassen. Wong Kar-Wai bezeichnete den Film als ein »Stück Kammermusik«.
Wong Kar-Wai, 1958 in Shanghai geboren, zählt Rainer Werner Fassbinder zu seinen größten Vorbildern. Wie dieser arbeitet er gern mit einem vertrauten Team, etwa mit den Hongkong-Stars Maggy Cheung und Tony Leung und dem Kameramann Christopher Doyle und William Chang Suk-Ping, der fast immer für Produktionsdesign und Schnitt verantwortlich ist. Mit *Chungking Express* (1994) und *Fallen Angels* (1996) erzielte er auch beim westlichen Publikum Erfolge. Die Dreharbeiten zu *In the*

In the Mood for Love: Maggie Cheung, Tony Leung

Mood for Love gestalteten sich äußerst schwierig: Mehrmals mußte unterbrochen werden, nachdem Investoren abgesprungen waren; das Drehbuch wurde erst während der Dreharbeiten in Bangkok (die Innenaufnahmen wurden in Hongkong gedreht) fertiggestellt, war überhaupt nur auf Umwegen aus einer ganz anderen Geschichte hervorgegangen und mußte ständig neu angepaßt werden. Ähnlich wie bei Wong Kar-Wais nächstem Film *2046* (2005), der die Geschichte von Herrn Chow (wieder gespielt von Tony Leung) als nun keine Erfüllung mehr findenden, verzweifelten Frauenhelden weiterspinnt (»Der Film handelt davon, was nach der Liebe kommt«, äußerte Wong in einem Interview), reiste der Regisseur auch bei *In the Mood for Love* im Frühjahr 2000 mit einer geradeso beendeten Fassung zu den Filmfestspielen nach Cannes an. *In the Mood for Love* erhielt dort den Preis für den besten Hauptdarsteller, die beste Regie und die beste Kamera.

»*In the Mood for Love*«, in: L'Avant-Scène du Cinéma, 2001, H. 504.

Peter Brunette: »Wong Kar-Wai«. Urbana, Chicago 2005; Pam Cook: »Screening the Past. Memory and Nostalgia in Cinema«. New York 2005; Fritz Göttler: »Die Frau nebenan«, in: Süddeutsche Zeitung, 30. 11. 2000; Jean-Marc Lalanne u.a.: »Wong Kar-Wai«. Paris 1997; Ewa Mazierska/Laura Rascaroli: »Trapped in the Present: Time in the Films of Wong Kar-Wai«, in: Film Criticism, 2000/01, H. 2; Tony Rains (Hg.): »Wong Kar-Wai on Wong Kar-Wai«. London 2006; Stephen Teo: »Wong Kar-Wai. Auteur of Time«. London 2004; Louis Vazquez: »Die Kreativität der Verlorenen im Angesicht Babylons. Fragmentierung und Großstadt in den Filmen von Wong Kar-Wai«, in: Marcus Stiglegger (Hg.): Splitter im Gewebe. Mainz 2000.

Christiane Altenburg

INTOLERANCE (Intoleranz. Die Tragödie der Menschheit). USA (Wark Producing Company) 1916. 35 mm, s/w, stumm, 4.100 m. R+B: David Wark Griffith. K: G.W. Bitzer, Karl Brown. Ba: Frank Wortman. S: James und Rose Smith. M: Joseph Carl Breil, D.W. Griffith.

Intolerance

D: Lillian Gish (Frau mit der Wiege), Robert Harron (der Junge), Mae Marsh (die liebe Kleine), Sam de Grasse (Jenkins), Alfred Page (Belsazar), Constance Talmadge (Bergmädchen), Margery Wilson (Braune Augen), Eugene Pallette (Prosper Latour), Howard Gaye (der Nazarener), Lillian Langdon (Maria).

Die Endfertigung von ↗*The Birth of a Nation* war noch nicht abgeschlossen, da begann Griffith bereits mit einem neuen Film. *The Mother and the Law* greift einen authentischen Fall auf: Weltverbesserer überreden den Industriellen Jenkins zu Wohlfahrtsspenden; um die immer aufwendigere Weltverbesserung finanzieren zu können, kürzt er die Löhne seiner Arbeiter. Es kommt zum Streik, Militär greift ein, es gibt Tote. Nach Beendigung der Kämpfe bleibt den entlassenen Arbeitern nichts anderes übrig, als in die nächste Stadt zu ziehen. Dort lauern überall Verbrecher; sie gewinnen auch den Jungen für sich. Doch die Liebe der »lieben Kleinen« ist stärker: Sie bringt ihn wieder auf den rechten Weg und erreicht in letzter Minute für den zum Tode verurteilten Jungen die Begnadigung.

Nach den öffentlichen Kontroversen um *The Birth of a Nation* kam Griffith auf die Idee, einen großen Film über Intoleranz zu drehen: ein ehrgeiziges Projekt, das den vorausgegangenen Monumentalfilm noch in den Schatten stellen sollte und mit 386.000 Dollar Produktionskosten viermal so teuer war. Griffith integrierte *The Mother and the Law* in den Film; zu dieser *Modernen Episode* kamen die Leidensgeschichte Christi (*Die jüdische Geschichte*), das Massaker der Bartholomäusnacht (*Die französische Episode*) sowie *Die Babylonische Geschichte.* Verbunden werden die vier Erzählungen durch Bilder einer Frau, die eine Wiege schaukelt, als Inspirationsquelle für diese symbolische Klammer dienten Griffith Verse von Walt Whitman.

Hatte Griffith bisher die Technik der Parallelmontage zweier Handlungsstränge erprobt, so montierte er in

Intolerance gleich vier Geschichten aus verschiedenen Zeiten parallel. Das Ergebnis erschien den zeitgenössischen Kritikern verwirrend und trug zum katastrophalen Mißerfolg des dreieinhalbstündigen Films beim Publikum bei. Zweifellos weist *Intolerance* dramaturgische Schwächen auf: Die vier Episoden werden nicht gleichrangig entwickelt, zudem ist Griffiths Begriff der Intoleranz viel zu unbestimmt, um ein tragfähiges Gerüst für die Erzählstruktur abzugeben. Fulminant dagegen ist der Schluß des Films: Jesus wird gekreuzigt, Babylon zerstört, die Hugenotten rettungslos massakriert. Nur in der *Modernen Episode* gibt es ein Happy End, das sich zum utopischen Schlußbild weitet: Gefängnistore öffnen sich, Schlachtfelder verwandeln sich in ein Blumenfeld mit spielenden Kindern. *Die Babylonische Episode* ist berühmt geworden aufgrund des Aufwandes an Filmarchitektur und Ausstattung; dieses Historienspektakel beeinflußte alle späteren Monumentalfilme. Die Streik-Sequenz aus der *Modernen Episode* hat bei Eisenstein und Pudovkin Spuren hinterlassen. Einzelne Szenen färbte Griffith ein: blau für Melancholie und Nacht, rot für Krieg und Leidenschaft, grün für Stille und Ruhe, sepia für Innenaufnahmen. Die zahlreichen Nahaufnahmen (z.B. Mae Marshs Hände während der Gerichtsszene) und der virtuose Schnitt geben dem Titel von Griffiths Autobiographie recht: Er war der Mann, der Hollywood erfand.

Trotzdem wurde *Intolerance* zu einem finanziellen Debakel: Der Film fiel durch. Lange Zeit war nicht einmal das Geld vorhanden, um die Babylonischen Kulissen wieder abzubauen. Griffith versuchte zu retten, was zu retten war: Aus der *Modernen Episode* wurde wieder *The Mother and the Law*; und *The Fall of Babylon* schnitt er ebenfalls zu einem separat auswertbaren Film zusammen. Die immensen Herstellungskosten wurden nicht annähernd wieder eingespielt: Bis an sein Lebensende zahlte Griffith Schulden ab, die er für *Intolerance* gemacht hatte.

»*Intolerance*«. Hg. von Theodore Huff. New York 1966. (Filmprotokoll).

G.B. Anderson: »›No Music until Cue‹: The Reconstruction of D.W. Griffith's *Intolerance*«, in: Griffithiana, 1990, H.38/39; Christian Belaygue u.a.: »Redécouvrir *Intolerance*«, in: Cinéma, Paris, 1985, H.331; Alan Casty: »The Films of D.W. Griffith: A Style for the Times«, in: Journal of Popular Film, 1972, H.2; Marc Chevrie: »Le miroir du muet«, in: Cahiers du Cinéma, 1985, H.378; William M. Drew: »D.W. Griffith's *Intolerance*: Its Genesis and Its Vision«. Jefferson, N.C. 1986; William K. Everson: »*Intolerance*«, in: Films in Review, 1990, H.1/2; Miriam Hansen: »Rätsel der Mütterlichkeit«, in: Frauen und Film, 1986, H.41; Vance Kepley jr.: »*Intolerance* and the Soviets: A Historical Investigation«, in: Wide Angle, 1979, H.1; Jordan Leondopoulos: »Still Moving the World: *Intolerance*, Modernism and Heart of Darkness«. New York 1991; Russell Merrit: »On First Looking into Griffith's Babylon: A Reading of a Publicity Still«, in: Wide Angle, 1979, H.1; ders.: »D.W. Griffith's *Intolerance*: Reconstructing an Unattainable Text«, in: Film History, 1990, H.4; Rainer Rother: »›Ein neues, gewaltiges Instrument für die Menschheit‹«, in: Kintop, Bd. 10, 2001; Richard Schickel: »D.W. Griffith and the Birth of Film«. London 1984; Gottfried Schlemmer: »Das frühe Filmepos: *Intolerance* (1916)«, in: Werner Faulstich/Helmut Korte (Hg.): Fischer Filmgeschichte. Bd.1. Frankfurt a.M. 1994.

Jens Bisky

INVASION DER KÖRPERFRESSER

↗ Invasion of the Body Snatchers

INVASION OF THE BODY SNATCHERS

(Die Dämonischen/Invasion der Körperfresser). USA (Allied Artists) 1955. 35 mm, Superscope, s/w, 80 Min.
R: Don Siegel. B: Daniel Mainwaring, nach dem Roman »The Body Snatchers« von Jack Finney.
K: Ellsworth Fredericks. A: Joseph Kish.
Ba: Edward Haworth. M: Carmen Dragon.
D: Kevin MacCarthy (Dr. Miles Bennell), Dana Wynter (Becky Driscoll), King Donovan (Jack Belicec), Caroline Jones (Teddy Belicec), Larry Gates (Dr. Danny Kaufman), Whit Bissell (Dr. Hill), Sam Peckinpah (Carlie Buckholtz, der Gaszählerableser).

Neben Robert Aldrichs *Kiss Me Deadly* (*Rattennest*, 1955) und John Frankenheimers *The Manchurian Candidate* (*Botschafter der Angst*, 1962) ist Don Siegels *Invasion of the Body Snatchers* der bedeutendste Film, der die amerikanische Paranoia zur Zeit des Kalten Krieges auf den Punkt bringt. Wie die anderen beiden Filme tut er dies im Gewand eines Genrefilms. Zu Beginn kehrt der Held, Dr. Miles Bennell, in die amerikanische Kleinstadt Santa Mira zurück, die von einer merkwürdigen Epidemie heimgesucht wird: Eine Anzahl von Bewohnern behauptet, ihre Angehörigen seien nicht mehr sie selbst. Sie würden zwar genauso aussehen, genauso sprechen und sich bewegen wie früher, seien aber irgendwie gefühllos. »Es gibt keinen Schmerz ... du wirst wiedergeboren in eine Welt ohne Probleme. Für Liebe besteht keine Notwendigkeit ... Liebe. Verlangen. Ambition. Vertrauen. Ohne sie ist das Leben so einfach, glaub' mir«, sagt später einer der »pod people« (die Duplikate sind hervorgegangen aus Samenhülsen).

Als Symbol für den Konformitätsdruck im Amerika zur Zeit des Kalten Krieges hat Regisseur Don Siegel die »pods« verstanden; die meisten Kritiker sahen dagegen in ihnen eine Metapher für den Kommunismus, der seinerzeit als ultimative Bedrohung des amerikanischen Individualismus hingestellt wurde. Diese Ambivalenz läßt sich nicht einfach auflösen, denn statt Erklärungen zu liefern, fängt der Film primär ein Klima der Hysterie ein. Zwar ist einmal die Rede davon, daß die Samenhülsen aus dem All kamen, aber das ist eher ein Zugeständnis an die Gattung des Science Fiction-Films, zumal der Terminus »alien« sowohl den Ausländer als auch das Monster aus einer fernen Galaxis abdeckt.

Die Biografien der kreativen Köpfe hinter dem Film sprechen gegen die antikommunistische Interpretation: Siegel hat in seinen Filmen wiederholt den Kampf eines Individuums gegen übermächtige (amerikanische) Institutionen beschrieben, Autor Daniel Mainwaring (seine bekannteste Arbeit ist das unter dem Schriftstellernamen Geoffrey Homes verfaßte Drehbuch für Jacques Tourneurs klassischen Film noir ↗ *Out of the Past*) war ein erklärter Linker, der in Joseph Loseys *The Lawless* (*Gnadenlos gehetzt*, 1949) den rassistischen Mob gegeißelt hatte, und auf das Konto des Produzenten Walter Wanger gingen u.a. *Blockade* (1938), der die Partei der Republik im Spanischen Bürgerkrieg bezog, und Hitchcocks *Foreign Correspondent* (*Mord*, 1940), der die Amerikaner zur Wachsamkeit vor dem Faschismus aufrief.

Als Genre- und B-Film stieß *Invasion of the Body Snatchers* an die Grenzen dessen, was ein Hollywood-Studio bereit war, dem Publikum zuzumuten. Ursprünglich hatte man den optimistischen Schluß der literarischen Vorlage im Drehbuch durch einen düsteren ersetzen wollen: Der Film sollte enden mit dem gepeinigten Gesicht des Helden, der vergeblich versucht, die Autofahrer auf einem Highway von der Bedrohung zu überzeugen und immer wieder ruft: »You're next!«, »Ihr seid die nächsten!«. Später mußte auf Anweisung des Studios nicht nur eine Erzählstimme eingefügt, sondern auch eine kurze Rahmenhandlung nachgedreht werden, die Miles Bennell in einem Krankenhaus zeigt, wo man an seinem Verstand zweifelt, bis schließlich die Wahrheit seiner Aussagen bestätigt wird. Die Tatsache, daß die Aktionen von FBI und Militär allerdings nicht gezeigt werden (man sich vielmehr damit begnügt, sie per Anweisung in Gang zu setzen), sondern bis zum Schluß der Fokus auf dem angstverzerrten Gesicht des Helden bleibt, ist konsequent in einem Film, der weniger an Spezialeffekten als an seinen Figuren interessiert ist. Die eindringlichste Szene ist denn auch der Moment, als Miles begreift, daß in den wenigen Minuten, da er seine Freundin allein gelassen hat, auch sie zum »pod« geworden ist. Die Montage der Großaufnahmen beider Gesichter – seines schmerz- und angstverzerrt, ihres von kalter Glätte – ist ein Musterbeispiel für die erzählerische Ökonomie des Films, in dem die Bedrohung gerade das Alltägliche betont: Während der Mensch schläft, nimmt der »pod« langsam seine Gestalt an – »Sleep no more« war Don Siegels Wunschtitel.

Die beklemmende Atmosphäre des Films wurde von den Neuverfilmungen Philip Kaufmans (1977), der die Geschichte in die Großstadt verlegte, und Abel Ferraras (1992), der sie auf einem Militärstützpunkt ansiedelte, nur ansatzweise erreicht.

»*Invasion of the Body Snatchers*«. Hg. Al LaValley. New Brunswick, London 1989 (Filmprotokoll, Materialien).

Andreas Friedrich: »*Die Körperfresser kommen. Body Snatchers*«, in: Thomas Koebner (Hg.): Filmgenres: Science Fiction. Stuttgart 2003; Lars Gustafsson: »Hier kommt ein anderer«, in: Wolfram Schütte (Hg.): Bilder vom Kino. Frankfurt a.M. 1996; S. Higashi: »*Invasion of the Body Snatchers*: Pods, Then and Now«, in: Jump Cut, 1981, H. 24/25; G. M. Johnson: »We'd Fight... We Had To: *The Body Snatchers*«, in: Journal of Popular Film and Television, 1979, H. 1; Stuart M. Kaminsky: »*Invasion of the Body Snatchers*: A Classic of Subtle Horror«, in: Thomas R. Atkins (Hg.): Science Fiction Films. New York 1976; Kevin McCarthy/Ed Gorman (Hg):»›They're Here‹. *Invasion of the Body Snatchers*«. New York 1999; Margaret Tarratt: »Monsters from the Id«, in: Films and Filming, 1970/71, H. 3; Bill Warren: »Keep Watching the Skies! American Science Fiction Movies of the Fifties«. Bd. 1. Jefferson, London 1982; Gary K. Wolfe: »*Dr. Strangelove*, ›Red Alert‹ and Patterns of Paranoia in the 1950's«, in: Journal of Popular Film and Television, 1976, H. 1.

Frank Arnold

IVAN GROZNYJ (Ivan der Schreckliche).

Sowjetunion (COKS/Mosfil'm) 1943–46. 35 mm, s/w und Farbe, 100 Min. (Teil 1), 87 Min. (Teil 2).
R: Sergej Eisenstein, Boris Svečnikov, L. Indenbom. B: Sergej Eisenstein. K: Andrej Moskvin, Eduard Tissé. A+Ba: Isaak Špinel'. S: Sergej Eisenstein, Tobak. M: Sergej Prokof'ev.
D: Nikolaj Čerkasov (Ivan IV., der Schreckliche), Ljudmila Celikovskaja (Zarin Anastasia Romanovna), Serafima Birman (Evfrosin'ja Starickaja), Pavel Kadočnikov (Vladimir Andreevič), Michail Žarov, Amfrosij Bučma, Michail Kuznecov (Mitglieder der Opričnina-Polizeitruppe), Vsevolod Pudovkin (Asket), Erik Pyr'ev (Ivan als Kind).

Ivan IV., genannt der Schreckliche, Begründer des Großrussischen Reiches im 16. Jahrhundert, gehörte zu Stalins Identifikationsfiguren. Auf sein Geheiß entwarf Eisenstein einen großen Historienfilm, genauer: eine ganze Trilogie. Er schrieb das Drehbuch in Blankversen, strukturierte mittels großer Tabellen genauestens jede Rolle und lieferte seinen Ausstattern, Maskenbildnern und Kameraleuten über 2.000 Skizzen. Wie auch bei ↗*Bronenosec Potemkin* oder ↗*Oktjabr'* war die Arbeit am Film in ein kompliziertes Geflecht filmtheoretischer, psychologischer und kunsthistorischer Überlegungen integriert, korrespondierte mit seinem Unterrichtskonzept an der Filmhochschule und reagierte auf die aktuellen technischen Entwicklungen der Tonmontage und des Farbfilms. Aus organisatorischen Gründen mußten alle drei Teile abwechselnd in einem einzigen Atelier gedreht werden, dazu noch mit improvisierten Mitteln, da während des Krieges die Filmproduktion aus Moskau ins mittelasiatische Alma-Ata evakuiert worden war.

Ivan als Gewaltherrscher, als Übervater, als Autorität, von Stalin als Legitimation seines diktatorischen Herrschaftsmodells intendiert: Eisenstein fügte sich nach außen hin dem politischen Auftrag, gestaltete auf eindringliche Weise die Parallelität von Ivan und Stalin. Aber er schuf darüber hinaus als überzeugter Dialektiker eine Generalabrechnung mit seiner eigenen traumatisierten Kindheit unter dem strengen Vater, eine Reflexion seiner ›totalitären‹ Regiemethode und seiner ganzen Filmtheorie. Der Bildrhythmus ist streng durchkomponiert und mit Prokof'evs kongenialer Musik kombiniert. Mittels metrischer Ordnung der Figurenrede und aufwendiger graphischer Gestaltung jeder einzelnen Einstellung konstruierte er eine Art Oratorium, in dem sich die Figuren wie Marionetten an Fäden bewegten, genau auf dem Raum, den der Autor ihnen zugestand.

Besonders spektakulär war die einzige Farbsequenz mit Ivans Bankett und dem ›Tanz der Opričniki‹, der brutalen ›Privatarmee‹ des Zaren. Ivan, der eine Verschwörung gegen sich entdeckte, inszeniert diese Sequenz selbst wie ein Regisseur als Film im Film. Eisenstein wollte – wie schon beim Übergang zum Tonfilm das Knarren der Stiefel vom Bild der Stiefel selbst lösend – Farbe und Farbträger konstruktiv voneinander abtrennen. So sind Kleidung, Licht, Hintergrund und Details auf höherer Ebene farblich komponiert, vor allem in Gold, Rot und Schwarz.

Was die realen Machthaber im ersten Teil noch nicht wahrnahmen, trat im zweiten umso deutlicher zutage, war im dritten weiter ausgearbeitet und zog einschneidende Sanktionen nach sich: Eisenstein

Ivan Groznyj: Nikolaj Čerkasov

hatte das Bild eines mächtigen Autokraten geschaffen, der seit seiner Thronbesteigung als Kind mit brutaler Gewalt regierte und in fast allen Schlachten seiner vielen Kriege erfolgreich blieb. Diese Metamorphose der Avantgarde zur Tyrannis war später oft Gegenstand herber ideologischer Kritik, z.B. durch Solženicyn. Aber es war gleichzeitig die Tragödie des Tyrannen, der Vereinsamung und des selbstzerstörerischen Zweifels, und auch ein dynastisches Drama. Jeder konnte das Klima von Terror, Verrat und Leiden des Volkes direkt auf den Stalinismus beziehen.

Eisenstein war abergläubisch; er wußte, daß er am todbringenden Ivan zugrundegehen würde. Mehrere Mitarbeiter überlebten die Arbeitsbedingungen und die Hungersnot in der Steppe nicht. Eisenstein selbst erlitt am Abend des 2. Februar 1946, als er in Moskau den Schnitt des zweiten Teils beendete und für den ersten Teil den Stalinpreis entgegennahm, einen schweren Herzinfarkt. Kurz darauf verbot Stalin den zweiten Teil des Films; fast das gesamte Material – vier Akte waren bereits geschnitten – des dritten Teils wurde vernichtet. Eisenstein und der Ivan-Darsteller Nikolaj Čerkasov, der seine Rolle in seinen Memoiren reflektierte, mußten 1947 zu Stalin, um über Änderungen zu beraten. Im Februar 1948 starb Eisenstein kurz nach seinem fünfzigsten Geburtstag. Erst zehn Jahre später, nach Stalins Tod, wurde der zweite Teil uraufgeführt.

»*Ivan the Terrible*«. Hg. Ivor Montague/Herbert Marshall. New York 1962. (Drehbuch). – »*Iwan der Schreckliche II*«, in: Film, Velber, 1965, H. 10 (Filmprotokoll).
Sergej Eisenstein: »*Iwan der Schreckliche*. Ein Film über die russische Renaissance des 16. Jahrhunderts«, in: Lilli Kaufmann (Hg.): »Sergej Eisenstein. Über mich und meine Filme«. Berlin (DDR) 1975; James Goodwin: »Eisenstein, Cinema, and History«. Urbana, Chicago 1993; Friedrich Hitzer: »Über das Spätwerk S.M. Eisensteins *Iwan der Schreckliche II*«, in: Film, 1965, H. 9 u.10; Viktor Jerofejew: »Die Seele des Skeletts«, in: Verena Lueken (Hg.): Kinoerzählungen. München 1995; Jay Leyda/Zina Voynow (Hg.): »Eisenstein At Work«. New York 1982; Marsha Kinder: »The Image of Patriarchal Power in *Young Mr. Lincoln* and *Ivan*

the Terrible«, in: Film Quarterly, 1985/86, H. 2; Joan Neuberger: »*Ivan the Terrible*«. London, New York 2003; Kristin Thompson: »Eisenstein's *Ivan the Terrible*. A Neoformalist Analysis«. Princeton 1981; Yuri Tsivian: »*Ivan the Terrible*«. London 2002; Alexander Zholkovsky: »The Terrible Armor-Clad General Line: A New Profile Of Eisenstein's Poetics«, in: »Psychopoetik«. Wiener Slawistischer Almanach, Sonderband 31. Wien 1992.

Alexander Schwarz

IWAN DER SCHRECKLICHE

↗ Ivan groznyj

JAKOB DER LÜGNER DDR (Defa/Fernsehen der DDR) 1974. 35 mm, Farbe, 104 Min.

R: Frank Beyer. B: Jurek Becker. K: Günter Marczinkowsky. Ba: Alfred Hirschmeier. S: Rita Hiller. M: Joachim Werzlau.

D: Vlastimil Brodský (Jakob), Erwin Geschonneck (Kowalski), Manuela Simon (Lina), Henry Hübchen (Mischa), Blanche Kommerell (Rosa), Dezsö Garas (Herr Frankfurter), Zsuzsa Gordon (Frau Frankfurter), Friedrich Richter (Prof. Kirschbaum), Margit Bara (Josefa), Reimar Joh. Bauer (Herschel Schtamm), Armin Müller-Stahl (Roman Schtamm).

»Es handelt sich um eine Geschichte von Leuten, die in einer hoffnungslosen Situation leben müssen«, charakterisierte Frank Beyer seinen Film. »Die Wirklichkeit, in der die Leute in unserem Film leben, und die Perspektive, die sie haben, sind so schlimm, daß sie Illusionen brauchen. Sie brauchen die Lüge wie das tägliche Brot.«

In einem osteuropäischen Ghetto widerfährt Jakob etwas Absurdes. Auf dem Heimweg wird er von einem Posten gestellt und der Übertretung der Sperrzeit bezichtigt. Ab acht Uhr ist Ausgangssperre im Ghetto, aber die Juden haben keine Uhren. Er muß sich auf dem Revier melden und um Bestrafung bitten, aber an der Tür steht: »Eintritt für Juden verboten«. Er muß hinein; der Wachhabende schläft, aber er muß ihn wecken. Währenddessen hört er aus einem Radio die Nachricht von Kämpfen 20 Kilometer vor dem Ghetto Bezanika. Er wagt einen Blick auf eine Uhr: Es ist erst halb acht. Wider alle Wahrscheinlichkeit und Erwartung wird er einfach weggeschickt. Am Tag darauf, bei der Arbeit auf dem Güterbahnhof, will der junge Mischa Kartoffeln stehlen – das ist Selbstmord, denn die Todesstrafe ist ihm sicher. Jakob versucht, Mischa davon abzuhalten und erzählt ihm, daß die Rote Armee auf dem Vormarsch ist. Aber man glaubt ihm nicht; zu unwahrscheinlich sind die Umstände, unter denen er das erfahren haben will. Damit ihm die Wahrheit geglaubt wird, erfindet Jakob eine Lüge: Er habe ein Radio. Sofort verbreitet sich die Nachricht, fast alles verändert sich. Die Selbstmorde im Ghetto hören auf, es wird sogar geheiratet. Aber Hoffnung braucht Nahrung – alles Interesse ist auf Jakob gerichtet. Deshalb muß er weiter lügen.

Beyer ist geglückt, was im deutschen Film höchst selten ist: eine Tragikomödie. Vlastimil Brodský spielt den schüchternen, träumerischen Kartoffelpufferbäcker mit vielen Nuancen zwischen Furcht und Freude, spontaner Naivität und bewußter Phantasie, Verzweiflung und Würde. Sein unmittelbarer Spielpartner, der Friseur Kowalski, wird durch Erwin Geschonneck ebenso differenziert wie scharf charakterisiert. Die dem Stoff immanente Spannung ist so stark, daß sie den Einsatz unterschiedlichster Gestaltungsmittel zuläßt. Burleske oder possenhafte Elemente verbinden sich bruchlos mit wehmütigen Erinnerungen und melodramatischen Momenten. In einigen Szenen – z.B. wenn Jakob der kleinen Lina eine Radiosendung vorspielen muß – wird der Film zu einem melancholisch-poetischen Ghetto-Märchen.

Jakob hilft seinen Leidensgenossen zu überleben, doch bleibt die Ghetto-Existenz als Grundvoraussetzung dieser eingeschlossenen Erzählungen und Vorstellungen immer präsent. Die Geschichte muß ohne Versöhnlichkeit zu Ende erzählt werden. Der verzweifelte Jakob vertraut sich Kowalski an und gesteht, daß er in Wahrheit kein Radio besitzt. Der Freund nimmt dies als Schutz-Behauptung und zeigt Verständnis dafür, um nun seinerseits Jakob zu ermutigen – dann wählt er den Freitod. Auch für Jakob, Mischa und all die anderen gibt es kein glückliches Ende: Bevor die Rote Armee kommt, werden sie deportiert.

Hinsichtlich des Genres und des Stils bildet *Jakob der Lügner* in der Defa-Geschichte eine Ausnahme. Die Vorgeschichte dagegen ist DDR-typisch: Das Drehbuch wurde bereits 1965 geschrieben, konnte jedoch, da die Behandlung des Themas nicht der üblichen Antifaschismus-Perspektive entsprach, nicht realisiert werden. Erst acht Jahre später - inzwischen hatte Jurek Becker das Drehbuch zu einem viel beachteten Roman umgearbeitet - begannen die Dreharbeiten. Bei den Berliner Filmfestspielen 1975 wurde Vlastimil Brodský als bester Schauspieler ausgezeichnet. In der DDR wurde dem Kollektiv - Autor, Regisseur, Schauspieler, Dramaturg und Kameramann - der Nationalpreis II. Klasse verliehen, und auch international erhielt *Jakob der Lügner* eine besondere Auszeichnung: Er wurde als einziger DDR-Film 1976 für den Oscar nominiert. Das amerikanische Remake *Jakob the Liar* (1999, Regie Peter Kassovitz) mit Robin Williams (und Armin Müller-Stahl, der bereits in der DEFA-Verfilmung in einer kleinen Rolle mitwirkte) hält einem Vergleich mit dem Original nicht stand.

Jurek Becker: »Wie es zu *Jakob der Lügner* kam«, in: Aus Theorie und Praxis des Films, 1976, H. 1; Frank Beyer: »Wenn der Wind sich dreht«. München 2001; Margrit Frölich: »Märchen und Mythos. Von *Jakob der Lügner* zu *Jakob the Liar*«, in: dies. u.a. (Hg.): Lachen über Hitler - Auschwitz-Gelächter? München 2003; Christian Jäger: »Jakob der Lügner (Jurek Becker - Frank Beyer, Peter Kassovitz)«, in: Anne Bohnenkamp/Tilman Lang (Hg.): Literaturverfilmungen. Stuttgart 2005; Thomas Jung: »›Widerstandskämpfer oder Schriftsteller sein ...‹«. Frankfurt a.M. 1998; Franziska Meyer: »›Die Amerikaner haben uns unsere Geschichte weggenommen.‹«, in: Waltraud ›Wara‹ Wende (Hg.): Geschichte im Film. Stuttgart 2002; Peter Reichel: »Erfundene Erinnerung«. München 2004; Rolf Richter: »Frank Beyer. Vom Umgang mit Widersprüchen«, in: DEFA-Spielfilm-Regisseure und ihre Kritiker. Bd.2. Berlin (DDR) 1983; Ralf Schenk (Hg.): »Regie: Frank Beyer«. Berlin 1995; Brigitte Thurm: »Kraft und Versagen einer Illusion«, in: Film und Fernsehen, 1975, H. 3; Klaus Wischnewski: »Über *Jakob* und andere. Werkstattgespräch mit Frank Beyer«, in: Film und Fernsehen, 1975, H. 2.

Rudolf Jürschik

JAWS (Der weiße Hai). USA (Universal) 1975. 35 mm, Farbe, 124 Min.
R: Steven Spielberg. B: Peter Benchley, Carl Gottlieb. K: Bill Butler. S: Verna Fields. Spezialeffekte: Robert A. Mattey. M: John Williams.
D: Roy Scheider (Martin Brody), Robert Shaw (Captain Quint), Richard Dreyfuss (Hooper), Lorraine Gary (Ellen Brody), Murray Hamilton (Bürgermeister Vaughn).

Es beginnt mit einer ausgelassenen Strandparty. Beim nächtlichen Schwimmen im Meer wird ein Mädchen von etwas Unsichtbarem angegriffen und in die Tiefe gezogen. Erst anschließend, am Morgen danach, wird der Zuschauer in Ort und Zeit des Geschehens eingeführt: Amity ist eine Sommerinsel an der amerikanischen Westküste, man steht kurz vor Beginn der Badesaison. Nachdem der Leichnam des Mädchens gefunden und ein Haiangriff vermutet wird, kommt es zu Meinungsverschiedenheiten im Ort: Der Polizist Brody sorgt sich um die Sicherheit, der Bürgermeister wie die Geschäftsleute fürchten um ihre Einnahmen, wenn das Auftauchen des Hais bekannt wird. Der Tod weiterer Menschen führt dazu, daß eine Prämie für das Fangen des Hais ausgesetzt wird; der rauhbeinige Seemann Quint fährt zusammen mit Brody und dem jungen Wissenschaftler Matt Hooper hinaus. Nach endlosem Warten und heftigen Auseinandersetzungen zwischen den Männern greift der Hai schließlich an. Quint wird vom Hai zerrissen, Hoopers Haikäfig unter Wasser zertrümmert. Im letzten Augenblick kann Brody vom sinkenden Schiff aus den Hai durch die Explosion einer Sauerstoffflasche vernichten.

Die Spannung des Films rührt zum großen Teil daher, daß der Zuschauer von der Existenz des Hais weiß, ihn aber erst von der Mitte des Films an, und auch da nur kurz und immer überraschend, zu sehen bekommt. Geschickt wird mit den Erwartungen der Zuschauer gespielt, werden diese auch immer wieder getäuscht und die Spannung nach und nach gesteigert, bis sie im Showdown von Mensch und Hai ihren Höhepunkt erfährt.

Im Jahr seiner Uraufführung war *Jaws* bereits der finanziell erfolgreichste Film der Filmgeschichte, und

dieser Erfolg ist nicht allein auf die aufwendige Promotion zurückzuführen. Spielberg aktiviert instinkthafte Reflexe und archetypische Grundmuster – die Angst des Menschen vor dem Unbekannten, dem tierischen Ungeheuer, das sich lautlos anschleicht, und die Furcht vor den Abgründen des tiefen Wassers – und ermöglicht dem Zuschauer ein Kartharsis-Erlebnis. Der Held ist ein ganz gewöhnlicher Mensch, wie er in Spielberg-Filmen oft im Mittelpunkt steht: Was hier geschieht, so suggeriert der Film, könnte jedem passieren. Während der Seemann am ehesten zum Haijäger prädestiniert ist und der junge Wissenschaftler halb aus Forscherdrang, halb aus sportlichem Interesse mitmacht, wird der Polizist Brody von moralischer Verantwortung getrieben, weil er den Tod eines kleinen Jungen durch den Hai nicht hat verhindern können. Er scheint zum Heldentum denkbar ungeeignet, doch wächst er über sich hinaus: Unerbittlich setzt er dem Hai zu und gibt auch in aussichtsloser Lage nicht auf. Im Grunde handelt es sich um die Initiation zum Mann, die er dabei durchlebt, was ihn mit anderen Helden in den Filmen Spielbergs verbindet.
Jaws läßt sich interpretieren als Metapher für das Hervorbrechen der unbändigen Natur, die den Schein der Befriedung durch die Zivilisation zerstört. Der Erfolg des Films ist vor dem Hintergrund eines durch politische Ereignisse wie Watergate, die Ölkrise, Nachwirkungen des Vietnam-Krieges, wirtschaftliche Rezession und Endzeitstimmung verunsicherten Amerika zu verstehen. Indem der kleine Polizist Brody die Katastrophe bewältigt, gibt er dem Publikum das Vertrauen in die Lösbarkeit ihrer Konflikte zurück.
Obwohl die einfache Handlungsstruktur auch Kritik hervorrief, nutzt Spielberg doch auf meisterhafte Art die konventionellen filmischen Erzählformen und hält dabei die Spannung auf konstant hohem Niveau. Die Kamera zeigt den Kampf auch aus einer Perspektive unterhalb der Wasseroberfläche, so daß der Zuschauer fast die Position des Hais einnimmt. Obwohl der Bau der Modelle viel Aufwand erforderte, dominieren die Special effects nicht das Erzählen. Das schockartig kurze Zeigen des Hais genügt, um die Friedlichkeit des Badeortes als bedrohte Idylle zu entlarven. Spielberg gelingt es, das Spektakuläre, Außergewöhnliche mit dem Normalen und Alltäglichen zu verbinden. *Jaws* etablierte in Hollywood einen neuen Standard, mit dem die amerikanische Filmindustrie ihre Vormachtstellung auf dem internationalen Kinomarkt weiter ausbauen konnte.

Stephen E. Bowles: »*The Exorcist* and *Jaws*«, in: Literature/Film Quarterly, 1975/76, H. 3; Jane E. Caputi: »*Jaws* as Patriarchal Myth«, in: Journal of Popular Film, 1978, H. 4; Tony Crawley: »Steven Spielberg«. München 1983; Stephen Heath: »*Jaws*: Ideology and Film Theory«, in: Framework, 1976, H. 4; Antje Goldau/Hans Helmut Prinzler: »Spielberg. Filme als Spielzeug«. München 1985; Carl Gottlieb: »*Der weiße Hai*-Report«. München 1975; Helmut Korte: »*Der weiße Hai* – das lustvolle Spiel mit der Angst«, in: Helmut Korte/Werner Faulstich (Hg.): Action und Erzählkunst. Die Filme von Steven Spielberg. Frankfurt a.M. 1987; Georg Seeßlen: »Steven Spielberg und seine Filme«. Marburg 2001.

Knut Hickethier

JEDER FÜR SICH UND GOTT GEGEN ALLE

Bundesrepublik Deutschland (Werner Herzog-Filmproduktion/ZDF) 1974. 35 mm, Farbe, 109 Min.
R+B: Werner Herzog. K: Jörg Schmidt-Reitwein. A: Henning von Gierke. S: Beate Mainka-Jellinghaus. M: Pachelbel, Orlando di Lasso, Albinoni, Mozart.
D: Bruno S. (Kaspar Hauser), Walter Ladengast (Daumer), Brigitte Mira (Käthe), Hans Musäus (Unbekannter), Willy Semmelrogge (Zirkusdirektor), Michael Kröcher (Lord Stanhope), Henry van Lyck (Rittmeister), Enno Patalas (Pastor Führmann), Elis Pilgrim (2. Pastor), Alfred Edel (Logikprofessor).

Werner Herzog ist ein passionierter Fußballspieler, der als Regisseur die Auswärtsspiele bevorzugt, sein über neunzig Minuten gehendes Match sorgfältig vorbereitet und in der Regel einer eingespielten Mannschaft vertraut. Zuhause hat er es immer schwer gehabt, seinen Punktestand zu verbessern.
Die Geschichte vom Findelkind Kaspar Hauser, im

Jahr 1828 in einem Nürnberger Keller entdeckt, ist eine Herzogsche Fabel par excellence: Ohne Herkunft und Vergangenheit, ist er »im reinsten Sinn ein Begriffsloser, ein Sprachloser, ein Unzivilisierter, ein noch unbearbeitetes Stück Mensch, ein Rohling« (Herzog). Die Protagonisten vieler Herzog-Filme – der Soldat Stroszek in seinem ersten Spielfilm *Lebenszeichen* (1967), die Liliputaner in *Auch Zwerge haben klein angefangen* (1969/70) oder der Konquistador in ↗*Aguirre, der Zorn Gottes* – sind Verwandte dieser Figur; in der Wanderzirkus-Sequenz des Films hat Herzog seine »Familie einmal zusammengerufen«. Sie alle sind in den Augen ihrer Umwelt physisch oder psychisch deformierte Menschen, in Wahrheit jedoch weit weniger verformt als die vermeintlich ›Normalen‹. Geradezu verzweifelt sucht am Ende des Films, nachdem Kaspar ermordet wurde, der Beamte bei der Obduktion der Leiche nach körperlichen Abnormitäten. Der Darsteller Bruno S., selbst ein Heimkind und erst nach einer jahrzehntelangen Odyssee durch diverse Verwahranstalten in die Gesellschaft ›entlassen‹, durchbricht die Regeln der sozialen wie auch der filmischen Konvention. Umso amüsanter zu beobachten, wie er, ohne seine Identität aufzugeben, es im Laufe des Films zu einiger Könnerschaft bringt.

Weil sein Hauptdarsteller keine längeren Texte memorieren konnte, war Herzog gezwungen, sich auf relativ kurze Einstellungen zu beschränken. Der Regisseur verstärkte die Fremdheit der Filmfigur (»Mir kommt es vor, daß mein Erscheinen auf der Welt ein harter Sturz gewesen ist«) durch die Montage: Auf der optischen Achse wird hart hin- und hergesprungen und damit ein allzu gefälliger Erzählfluß vermieden. Da das historische Nürnberg nicht mehr existiert, die heutige Stadt »mit falschen Altertümern« (Lotte Eisner) ausstaffiert ist, drehte man im mittelfränkischen Dinkelsbühl. Die Fachwerkidylle, eine modelleisenbahnhafte Kulisse, wird konfrontiert mit Kaspars Traum- und Vorstellungswelten, für die der Experimentalfilmer Klaus Wyborny auf Super-8 gedrehte Aufnahmen zur Verfügung stellte. Herzog bekennt sich zur Illusion des Naturschönen: »Ich liebe diese Schöpfung wider mein besseres Wissen.«

Erzählt wird »die Geschichte einer Passion, einer langsamen Abtötung dessen, was an Kaspar spontan menschlich war«; die Gesellschaft, die den Findling erziehen will, stellt sich damit selbst an den Pranger. Doch war es nicht Herzogs Absicht, einen Entwicklungsroman zu verfilmen, wie es Truffaut in ↗*L'enfant sauvage* getan hat. Neben einer Reihe von Selbstzitaten, für die er sich prompt Kritik einhandelte, baute der Regisseur einige Freunde aus der Münchner Filmszene ein: z.B. Herbert Achternbusch als Bauernbursche oder Enno Patalas als Pastor. Herzog besitzt, eine seltene Erscheinung im Neuen deutschen Film, einen ausgeprägten Hang zur Ironie.

Ohne Humor reagierte dagegen ein Teil der deutschen Kritik: Vermißt wurde die politisch-aufklärerische Dimension, Herzog das »Ausleben und Zurschaustellung von Ticks und Marotten« (Rainer Gansera) vorgeworfen. Im Ausland erhielt der Film viel Anerkennnung: Bei den Filmfestspielen in Cannes mit einem Sonderpreis der Jury ausgezeichnet, äußerten Regisseure wie Ingmar Bergman und François Truffaut ihre Bewunderung. Herzog, der gewöhnlich seine Sujets in exotischen Landschaften ansiedelt, beschäftigte sich hier erstmals mit einem deutschen Thema. Seinen Film widmete er der Filmhistorikerin Lotte Eisner: Sie hatte 1933 Deutschland verlassen müssen und sorgte dafür, daß das Erbe von Murnau und Lang in der Pariser Cinématheque gepflegt wurde. Die unterbrochene Kontinuität des deutschen Films – die Filmemacher nach Oberhausen hatten keinerlei Bezug zur Tradition – wurde über Lotte Eisner wiederhergestellt: Zwei Jahre nach *Jeder für sich und Gott gegen alle* drehte Herzog ein Remake von Murnaus ↗*Nosferatu*.

»*Jeder für sich und Gott gegen alle*«, in: Werner Herzog: Drehbücher II. München 1977. (Drehbuch).

D. Benelli: »Mysteries of the Organism«, in: Movietone News, 1977, H. 54; Michael Bloom: »*Woyzeck* and *Kaspar*: The Congruities in Drama and Film«, in: Literature/Film Quarterly, 1980, H. 4; Timothy Corrigan: »The Original Tradition: Hypnotic Space in Herzog's *The Mystery of Kaspar Hauser*«, in: ders.: New German Film. Austin 1983; Lotte H. Eisner: »Herzog in Dinkelsbühl«, in: Sight and Sound, 1974, H. 4; Harun Farocki: »*Jeder für sich und Gott gegen alle*«, in: Filmkritik, 1975, H. 11; E. Finger: »Kaspar

Johnny Guitar: Joan Crawford, Sterling Hayden (Mitte) und Scott Brady (rechts)

Hauser doubly portrayed; Peter Handke's ›Kaspar‹ and Werner Herzog's *Every Man for Himself and God against All*«, in: Literature/Film Quarterly, 1979, H. 3; Robert Fischer/Joe Hembus: »Der Neue Deutsche Film«. München 1981; Rainer Gansera: »*Jeder für sich und Gott gegen alle*«, in: Filmkritik, a.a.O.; Rolf-Ruediger Hamacher: »*Jeder für sich und Gott gegen alle*«, in: Günter Engelhard u.a. (Hg.): 111 Meisterwerke des Films. Frankfurt a.M. 1989; Jan-Christopher Horak: »Werner Herzog's Ecran Absurde«, in: Literature/Film Quarterly, 1979, H. 3; Peter W. Jansen/Wolfram Schütte (Hg.): »Werner Herzog«. München 1979; Gérard Legrand: »L'Empreinte de la Chute«, in: Positif, 1975, H. 169; Alain Masson: »Un art du geste«, in: Positif, 1976, H. 182; David L. Overbey: »*Every Man for Himself*«, in: Sight and Sound, 1975, H. 2; Kaja Silverman: »Kaspar Hauser's ›Terrible Fall‹ into Narrative«, in: New German Critique, 1981/82, H. 24/25.

Thomas Meder

JOHNNY GUITAR (Wenn Frauen hassen). USA (Republic) 1953/54. 35 mm, Farbe, 110 Min.
R: Nicholas Ray. B: Philip Yordan, nach dem gleichnamigen Roman von Roy Chanslor.
K: Harry Stradling. Ba: John McCarthy jr., Edward G. Boyle. S: Richard L. Van Enger.
M: Victor Young.
D: Joan Crawford (Vienna), Sterling Hayden (Johnny Guitar), Mercedes McCambridge (Emma Small), Scott Brady (Dancin' Kid), Ward Bond (John McIvers).

Johnny Guitar gilt als einer der besten Western und ist dabei einer der untypischsten. Schon die Tatsache, daß sein Held eine Frau ist – wenn auch nicht der Titelheld – ist eine programmatische Abweichung von den Genre-Standards. Denn der ehemalige Revolverheld Johnny Logan ist ein Charakter, der sich nur durch die Tatkraft und den Mut einer Frau weiterentwickelt. Seine Maxime – »Kämpfen heißt töten, einen anderen Weg kenne ich nicht« – wird von ihr leidenschaftlich bestritten; sie hat einen anderen Weg gefunden, der sie freilich außerhalb jeder gesellschaftlichen Akzeptanz stellt.

In kluger Vorausschau hat Vienna sich an einem Flecken angesiedelt, der durch den Neubau der Eisenbahnlinie bald zentrale Bedeutung haben wird. Deswegen ist sie den Bürgern der Stadt, deren Grundstücke an Wert verlieren, ein Dorn im Auge: Sie wird verleumdet, man will ihr den Garaus machen. In diesen Konflikt werden Johnny und sein männlicher Widerpart Dancin' Kid (der ebenfalls ein Auge auf Vienna geworfen hat) zwar hineingezogen, ausgetragen wird er aber bis zum shoot-out zwischen den Frauen: der unkonventionellen, fortschrittlichen Vienna und der verbissenen (weil unglücklich in Kid verliebten) Emma.

Man hat die Handlung als Anspielung auf die restriktive Ära McCarthy deuten wollen (der Drehbuchautor leistete mit entsprechenden Äußerungen dieser Interpretation Vorschub), doch in Nicholas Rays Regie verliert das Thema an Konkretion. Er schafft einen filmischen Raum, der allein von einer dramaturgischen Geometrie beherrscht wird. Architektonische Räume und Landschaften sind hier expressive Folien für das dramatische Geschehen; deshalb wäre es auch falsch, bei den Sprüngen im Blickwinkel und in den farbigen Hintergründen von »Anschlußfehlern« zu sprechen. Ray nimmt zwar die reale Landschaft als Ausgangspunkt, Kohärenz oder Stimmigkeit einer Einstellung oder Szene interessieren ihn aber nur auf einer emotionalen Ebene, nie auf der naturalistischen. Dabei mag ihm die Künstlichkeit des »Trucolor«-Materials entgegengekommen sein: Die Farben des Nachthimmels und der Kleidungsstücke bezeichnen einen übergeordneten, von der Wirklichkeit abgelösten Sinnzusammenhang. In der Lichtführung wird bezeichnenderweise kein großer Unterschied zwischen innen und außen, also Studio oder Originalschauplatz gemacht.

Ray untergräbt die Hollywoodkonventionen durch seinen starken Stilwillen. In dieses Konzept fügt sich die Musik-Dramaturgie ein. Auf sehr verschiedene Weise wird ein einziges wesentliches Motiv interpretiert: Zunächst auf der Gitarre von Johnny als ferne Erinnerung an seine Liebe etabliert, taucht es in Momenten größter Emotionalität wieder auf (Vienna spielt es in Erwartung ihrer Gegner auf dem Klavier) und wird schließlich von Peggy Lee gesungen, als der Wasserfall wie ein Vorhang das Geschehene verhüllt, die Musik aber den Schmerz lebendig hält.

»*Johnny Guitar*«, in: L'Avant-Scène du Cinéma, 1974, H. 145. (Filmprotokoll, Materialien).

Geoff Andrew: »The Films of Nicholas Ray«. London 1991; Jochen Brunow: »*Johnny Guitar*«, in: Norbert Grob/Manuela Reichart (Hg.): Ray. Berlin 1989; Norbert Grob: »*Wenn Frauen hassen*«, in: Bernd Kiefer/Norbert Grob (Hg.): Filmgenres: Western. Stuttgart 2003; François Truffaut: »Die Filme meines Lebens«. Frankfurt a.M. 1997; Michael Wilmington: »Nicholas Ray's *Johnny Guitar*«, in: The Velvet Light Trap, 1974, H. 12; Will Wright: »Six Guns and Society: A Structural Study of the Western«. Berkely 1975.

Ingo Fließ

JONAS QUI AURA 25 ANS EN L'AN 2000

(Jonas, der im Jahre 2000 25 Jahre alt sein wird). Frankreich/Schweiz (Citel Films/Action Films) 1976. 35 mm, Farbe + s/w, 110 Min.

R: Alain Tanner. B: Alain Tanner, John Berger. K: Renato Berta. S: Brigitte Sousselier. M: Jean-Marie Sénia.

D: Jean-Luc Bideau (Max), Myriam Boyer (Mathilde), Jacques Denis (Marco), Roger Jendly (Marcel), Dominique Labourier (Marguérite), Myriam Mézière (Madeleine), Miou-Miou (Marie), Rufus (Mathieu).

»O Zauberin Marguérite, o Marco Philosoph, Marie du Diebin, Marcel der Einsiedler, Mathilde meine Liebe, o Max du alter Prophet, o verrückte Madeleine, ich werde versuchen, die Fäden eurer Sehnsüchte zusammenzuknüpfen, damit sie sich nicht verlieren.« So singt und spricht, gegen Ende des Films, der achte im Bunde. Auch sein Name beginnt mit den Buchstaben Ma: Mathieu, arbeitsloser Schriftsetzer und klassenbewußter Familienvater. Er

findet auf dem Lande eine neue Beschäftigung bei dem Ökobauern Marcel und seiner Frau Marguérite. In vielen kleinen Episoden werden die anderen Figuren vorgestellt: der Pädagoge Marco mit seinen unkonventionellen Lehrmethoden; die Grenzgängerin Marie, die im Supermarkt an der Kasse sitzt und nicht alle Posten eintippt; der zynische Journalist Max, der Roulette spielt und eine Grundstücksspekulation hintertreibt; die Sekretärin Madeleine, die ihm die Informationen für seine subversive Aktion besorgt und ihre Lebenserfüllung in indischer Liebespraxis sucht. Tanner bringt das Figurenkarussell sanft in Schwung: Zwanglos kreuzen sich die Wege, und irgendwann sitzen alle gemeinsam in der Küche. Mathilde erzählt, daß sie wieder schwanger ist. Die acht Freunde, von der politischen Aufbruchbewegung Mai 1968 geprägt und inzwischen bei alternativen Lebensformen angelangt, stimmen ein Lied an: »Der Wal der Geschichte wird Jonas ausspeien, der 25 Jahre alt sein wird im Jahr 2000. Das ist die Zeit, die uns bleibt, um ihm herauszuhelfen aus dem Dreck.«
Zu den acht »kleinen Propheten« gesellt sich ein großer: Jean-Jacques Rousseau, auch er ein Bürger der Stadt Genf. Zweimal umfährt die Kamera sein Denkmal. »Der bürgerliche Mensch wird geboren, lebt und stirbt in der Sklaverei«, wird anfang das pessimistische Resümee aus dem »Contrat social« zitiert. »Solang er eine menschliche Gestalt hat, ist er durch unsere Institutionen gefesselt.« Der Film widerspricht, indem er Menschen zeigt, die sich von den sozialen Fesseln befreit haben und ihre Utopie zu realisieren versuchen. Doch ungestraft bricht niemand mit den Institutionen der bürgerlichen Gesellschaft: Marie kommt ins Gefängnis, Marco wird entlassen, und auch Mathieu muß sich eine neue Arbeit suchen: Statt sich um das Gemüse und den Mist zu kümmern, hat er die Kinder im Treibhaus unterrichtet. Am Schluß fährt er wieder auf dem Velo frühmorgens zur Arbeit in die Stadt. Die Aufbrüche sind allesamt gescheitert, doch der Film mündet nicht in Resignation. Das letzte Bild gehört Jonas, dem Hoffnungsträger. Der inzwischen fünfjährige Knirps überkritzelt das Wandbild mit den acht »kleinen Propheten«, und aus dem Off ist wieder ein Zitat Rousseaus zu hören, diesmal aus »Emile ou de l'éducation« über den »Naturmenschen«: »Er ist ein Wilder, der dazu erzogen wurde, in den Städten zu leben.«
Tanner erzählt keine lineare Geschichte, sein Film ist eine Anthologie von Minidramen, komödiantischen, teilweise burlesken Szenen, Liebesromanzen, politisch-philosophischen Reflexionen. In diesem Film hat ein geschichtsphilosophischer Exkurs, demonstriert anhand von Blutwürsten, ebenso Platz wie eine Hommage auf die demokratische Natur der Zwiebel. Die verschlungene Dramaturgie widersetzt sich der erzählerischen Ökonomie, so wie die Figuren sich der kapitalistischen Rationalität verweigern. Tanner baut eine Beziehung zum Zuschauer auf, die nicht auf Suggestion beruht und deshalb die üblichen Kinomittel verschmäht. Statt schneller Bildfolgen mit Schuß/Gegenschuß arbeitet er mit Plansequenzen, die z.T. länger als fünf Minuten sind. Schnitte werden besonders hervorgehoben, die Erzählung nicht durch Montage manipuliert. Auch die eingestreuten Schwarzweiß-Sequenzen folgen nicht der Konvention: Neben historischen Dokumentaraufnahmen sind auch Träume und Erinnerungen, Wunschphantasien und Horrorvisionen monochrom abgesetzt. Die einzelnen Sequenzen sind poetische Miniaturen, die leitmotivisch um zwei Themen kreisen: die Zeit und das Geld.
Jonas ist ein »Diskursfilm« (Tanner), der die – nicht bloß auf die Schweiz beschränkte – Ernüchterung und Orientierungslosigkeit der Linken Mitte der siebziger Jahre zum Ausdruck brachte. Tanner hat das Thema jedoch nicht mit Larmoyanz, sondern Selbstironie und Humor behandelt: Seine Protagonisten pflegen ihre Marotten, sie zeichnen sich durch liebenswerte Defekte und Defizite aus. Diesem Ansatz ist es zu verdanken, daß der komplexe, mit Zitaten von Octavio Paz, Jean Piaget, Samuel Butler u.a. versehene Film mit schwebender Leichtigkeit daherkommt. Seine Figuren haften nicht am Boden, sie bauen Luftschlösser – spielerisch geht Tanner mit ideologischen Programmen, enttäuschten Hoffnungen und alternativen Lebensentwürfen um, sein intellektuelles Kino ist unterhaltsam und vergnüglich anzusehen.

1999, dem Jahr, in dem Jonas 24 Jahre alt ist, drehte Tannes *Jonas et Lila, à demain*. Aufbau und Struktur wurden beibehalten, auch die Thematik änderte sich kaum: Jonas sei der »Erbe der Träume von damals«, erklärte der Regisseur. In der ersten Einstellung, noch vor dem Vorspann, sieht man eine Pfanne auf dem Herd, und am Ende des Films zitiert Tanner eine Sentenz von Karl Kraus: »In der Kunst sind Eier und Fett nicht wichtig. Was zählt, sind Feuer und eine Pfanne«.

»*Jonas qui aura 25 ans en l'an 2000*«. Lausanne 1978. (Filmprotokoll, Materialien).

Jean-Pierre Brossard: »Dialektisches Spiel mit den Ausdrucksformen«, in: Film und Fernsehen, 1977, H. 12; Serge Daney: »Les huit ›Ma‹«, in: Cahiers du Cinéma, 1977, H. 273; Christian Dimitriu: »Alain Tanner«. Paris 1985; A.E. Harrild: »Tanner – Jonah – Ideology«, in: Film Directions, 1980, H. 11; N. Heinic: »Entretien avec Alain Tanner«, in: Cahiers du Cinéma, 1977, H. 273; Andrew Horton: »Alain Tanner's *Jonah*… echoes of Renoir's *M. Lange*«, in: Film Criticism, 1979/80, H. 3; Werner Jehle: »Cinéma mort ou vif«, in: Cinema, Zürich, 1977, H. 4; Pauline Kael: »*Jonah Who Will Be 25 in the Year 2000*«, in: dies.: For Keeps. New York u.a. 1994; Jim Leach: »A Possible Cinema. The Films of Alain Tanner«. Metuchen, London 1984; Charles Martig: »Die kleinen Propheten«, in: Peter Hasenberg (Hg.): Spuren des Religiösen im Film. Mainz 1995; Ignaz Mirwald: »*Jonas, der im Jahre 2000 25 Jahre alt sein wird*«, in: Rudolf Joos u.a. (Hg.): Filme zum Thema. Bd.3. Frankfurt a.M., Stuttgart 1990; Karl Saurer: »Alain Tanner. Die Gegenwart mit den Augen der Zukunft sehen«, in: Peter W. Jansen/Wolfram Schütte (Hg.): Film in der Schweiz. München 1978; Martin Schaub: »Travelling seitwärts«, in: Werner Petermann/Ralph Thoms: Kino-Fronten. München 1988.

Michael Töteberg

LE JOURNAL D'UN CURÉ DE CAMPAGNE

(Tagebuch eines Landpfarrers). Frankreich (Union Générale Cinématographique) 1950. 35 mm, s/w, 120 Min. R: Robert Bresson. B: Robert Bresson, nach dem gleichnamigen Roman von Georges Bernanos. K: Léone-Henry Burel, Robert Juillard. A: Pierre Charbonnier. S: Paulette Robert. M: Jean-Jacques Grunenwald. D: Claude Laydu (Pfarrer von Ambricourt), Armand Guibert (Pfarrer von Torcy), Nicole Maurey (Louise), Nicole Ladmiral (Chantal), Marie-Monique Arkell (Gräfin), Jean Riveyre (Graf).

Das Werk Robert Bressons steht singulär in der Filmgeschichte: Kompromißlos verweigert er sich einem Kino, das an die Gefühle appelliert, Realismus vortäuscht oder auf psychologische Einfühlung setzt. Dramatische Spannungsbögen, Effekte gleich welcher Art, Handlungselemente wie die ›Intrige‹ lehnt er entschieden ab: Bresson ist ein Purist, der gegen die Filmindustrie seine eigene Vorstellung vom »Kinematographen« exemplarisch verwirklicht. Seine Filme gelten als schwer zugänglich: Karg und streng in ihrer äußersten Reduktion und rigorosen Formgebung, macht er es dem Publikum nicht leicht. Susan Sontag nennt in ihrer Essaysammlung »Against Interpretation« Bresson einen Meister der »reflektierten Kunst«: Die Erzählform ziele darauf ab, die Emotionen im gleichen Augenblick zu disziplinieren, in dem sie erweckt werden. Ihre Wirkung sei, obwohl auf einen kleinen Kreis beschränkt, langanhaltend und tiefergehend als das übliche Kinoerlebnis: »Die Distanzierung und die Zurückdrängung der Gefühle durch das Bewußtsein der Form macht sie am Ende weit stärker und intensiver.«

Nach einem verschollenen Kurzfilm und zwei Spielfilmen fand Bresson, der nur in großen Abständen seine Projekte realisieren konnte, mit *Le journal d'un curé de campagne* seinen Stil. Der Film hält sich eng an die literarische Vorlage, konzentriert sich jedoch ausschließlich auf den Protagonisten und eliminiert alles, was von dessen Leidensgeschichte ablenken oder sie abmildern könnte. Mit vier, fünf Einstellungen umreißt Bresson sein Thema. Eine Hand schreibt in ein Schulheft, zugleich ist der Text aus dem Off zu hören: »Ich glaube, ich tue nichts Böses, wenn ich Tag für Tag mit uneingeschränkter Offenheit die höchst bescheidenen und unwichtigen Geheimnisse eines Lebens niederschreibe, das gar keine Geheimnisse hat.« In der nächsten Einstellung sieht man ein Ortsschild und hört Wagengeräusche, dann erscheint das Gesicht des jungen Priesters, der sich erschöpft den Schweiß von der Stirn wischt. Ein eng umschlungenes Paar im Park löst sich, als er jenseits des Gitters auf dem Fahrrad vorbeikommt. Beim Pfarrhaus angelangt, schließt er auf und sieht sich um. »Meine erste Pfarre«, kommentiert die Stimme im Off.

Diese Exposition etabliert alle Motive des Films, die im folgenden lediglich variiert und zu Ende geführt werden: die soziale Isolation des neuen Pfarrers, seine priesterliche Einsamkeit, seine merkwürdigen Erschöpfungszustände und Zusammenbrüche. Die Gemeinde steht dem jungen Seelenhirten feindlich gegenüber, er fühlt sich ausgegrenzt, erhält Warnungen und Drohungen. Der Pfarrer ist schwer krank: Er hat Magenkrebs, kann sich nur noch von Brot und Wein ernähren. Die Ratschläge des älteren Kollegen aus der Nachbargemeinde helfen ihm nicht. Er durchlebt schlimme Nächte, kann nicht mehr beten: »Hinter mir gab es nichts mehr, und vor mir war eine dunkle Mauer.« Der Katholik Bresson zeigt »das Leiden als Gelegenheit zu Glauben und Hoffnung«, sein Film erzählt eine Passionsgeschichte.

Am Ende steht der Akt der Erlösung – »Alles ist Gnade«, lauten die letzten Worte des sterbenden Pfarrers, ein Kreuz füllt das letzte Bild –, doch ein buntes Heiligenbildchen malt Bresson nicht. Leidenschaftslos blättert er das Tagebuch auf, ausdruckslos berichtet die Stimme im Off von den Kämpfen des Tages und der nächtlichen Verzweiflung. Die beiden Ebenen – Sätze aus dem Tagebuch und die Vergegenwärtigung im Bild – werden nicht parallel geführt, sondern asynchron; linear werden die oft abrupt endenden Szenen aneinandergereiht. Die subjektive Perspektive wird in die Objektivität überführt: eine Meditation, gefilmt im dokumentarischen Stil. Bresson arbeitet mit Laien, die für ihn nicht ›Darsteller‹, sondern ›Modelle‹ sind. Die Abstraktion schafft eine in sich geschlossene Welt, die ein Gefängnis ist: »Nichts geschieht hier zufällig; es gibt keine Alternativen und keinen Spielraum für die Phantasie; alles ist unausweichlich.« (S. Sontag).

André Bazin: »Was ist Film?«. Berlin 2004; Michel Estève: »*Nazarin* et *Le Journal d'un curé de campagne*: La passion refusée et acceptée«, in: Etudes cinématographiques, 1961, H. 10/11; Peter W. Jansen/Wolfram Schütte (Hg.): »Robert Bresson«. München 1978; Keith A. Reader: »The sacrament of writing: Robert Bresson's *Le Journal d'un curé de campagne*«, in: Susan Hayward/Ginette Vincendeau (Hg.): French Films. London, New York 1990; Leo Schönecker: »Wagnis der Hoffnung«, in: Peter Hasenberg (Hg.): Spuren des Religiösen im Film. Mainz 1995; Jean Sémolué: »*Tagebuch eines Landpfarrers*«, in: Franz Everschor (Hg.): Filmanalysen 2. Düsseldorf 1964; Susan Sontag: »Der geistige Stil in den Filmen Robert Bressons«, in: dies.: Kunst und Antikunst. Frankfurt a.M. 1982.

Michael Töteberg

LE JOUR SE LÈVE (Der Tag bricht an). Frankreich (Sigma) 1939. 35 mm, s/w, 93 Min.

R: Marcel Carné. B: Jacques Viot, Marcel Carné; Dialoge: Jacques Prévert K: Curt Courant, Philippe Agostini und André Bac. Ba: Alexandre Trauner. S: René Le Hénaff. M: Maurice Jaubert.

D: Jean Gabin (François), Jules Berry (Valentin), Arletty (Clara), Jacqueline Laurent (Françoise).

Le jour se lève, einer der Höhepunkte des französischen Kinos der dreißiger Jahre, gilt als Musterbeispiel für den Stil des poetischen Realismus. Seinen filmgeschichtlichen Rang verdankt der Film dem Zusammenspiel des Regisseurs Carné mit Künstlern wie Trauner, Jaubert und Prévert.

In den ersten Einstellungen folgt die Kamera einem Pferdegespann in einer Arbeitervorstadt. Zugleich überqueren Radfahrer den gepflasterten Platz, der von einstöckigen Häusern umgeben ist. Nur ein Haus hebt sich von dieser Schlichtheit ab und überragt mit seinen fünf Stockwerken alle übrigen. Dort oben im Dachgeschoß hat der Metallarbeiter François sein schlichtes Zimmer. Die einsame Hauswand schmückt, ganz im Stil der Zeit, eine Alkoholwerbung; Elektrizitätsleitungen spannen sich durch die Luft. Für diesen detailreichen Studionachbau der Welt einfacher Menschen – die ebenso sorgfältig in der Vorortstraße mit angrenzender Bahnlinie, spielenden Kindern und einem Drehorgelmann nachgebaut ist – zeichnete der Filmarchitekt Alexandre Trauner verantwortlich, der am Anfang seiner Karriere, damals noch als Assistent von Lazare Meerson, René Clairs *Sous les toits de Paris* (*Unter den Dächern von Paris*, 1930) mitgestaltete. Als Ausstatter prägte er den französischen Film über Jahrzehnte, bevor er Mitte der fünfziger Jahre nach Hollywood ging. Jacques Prévert rühmte in einem Gedicht seine Bauten als »architecture imaginaire«, als Träume aus Gips, Licht und Wind.

Die Schaffung einer realistischen und doch zugleich überhöhten Welt ist auch das Werk von Jacques Prévert, dessen Filmdialoge geradezu lyrische Qualitäten haben, ohne je den konkreten Bezug zum Alltäglichen zu verlieren. Wenn Françoise bei dem Stelldichein im Gewächshaus darüber klagt, daß dort nur eingesperrte Blumen seien, nicht vergleichbar mit denen draußen auf dem Lande, so gewinnt diese Aussage für die Beziehung der Protagonisten symbolische Bedeutung.

Auch die Musik, komponiert von Maurice Jaubert, leistet ihren Beitrag zur schicksalhaften Ausdeutung des Gewöhnlichen. Die Unausweichlichkeit der Situation des Helden in seinem Dachzimmer wird betont durch die unheilvolle musikalische Untermalung, die schon im Vorspann signalisiert, daß es kein gutes Ende geben kann. Die Musik wird immer bedrängender, je auswegloser François' Situation wird. Selbst die in dieser einsamen Nacht erinnerten Glücksmomente der Vergangenheit, mittels Rückblenden dem Zuschauer vor Augen geführt, sind durch die musikalische Begleitung von Melancholie durchsetzt und lassen nie unbeschwerte Leichtigkeit aufkommen.

Jean Gabin verkörpert François: ein Arbeiter mit Schiebermütze und ordentlichem Auftreten, angesehen von den Nachbarn und Arbeitskollegen, die Inkarnation eines Durchschnittsmenschen mit bescheidenen Träumen vom Glück. In dieser Nacht durchlebt er noch einmal alle Stationen seines tragischen Dramas; als der Tag anbricht, kommt François der Festnahme durch die Polizei zuvor und bringt sich um.

Gabin gehört zu den »monstres sacrés« (Jean Cocteau), die für das französische Kino der dreißiger Jahre charakteristisch sind. Auch Jules Berry, sein Gegenspieler, zählt zu den unverkennbaren Gesichtern dieser Filmepoche. In *Le jour se lève* spielt er eine Figur, die in ihrer hinterlistigen Art, dem provozierenden Auftreten und der Sprache an seine Rolle in Renoirs *Le crime de Monsieur Lange* (*Das Verbrechen des Monsieur Lange*, 1935) erinnert.

»*Le jour se lève*«, in: L'Avant-Scène du Cinéma, 1965, H. 53. (Filmprotokoll).
Lea Bandy (Hg.): »Rediscovering French Film«. New York 1983; André Bazin: »Le Cinéma français de la libération à la nouvelle vague«. Paris 1983; Robert Chazal: »Marcel Carné«. Paris 1965; Jacques Fieschi: »Gabin dans *Le jour se lève*, in: Cinématographe, Paris, 1977, H. 23; Pierre Duvillars: »Jean Gabin's Instinctive Man«, in: Films in Review, 1951, H. 3; Hans Gerhold: »Kino der Blicke. Der französische Kriminalfilm«. Frankfurt a.M. 1989; Roger Manvell: »*Le jour se lève*«, in: Sight and Sound, 1947, H. 63; Gerhard Midding: »Träume aus Gips, Licht und Wind«, in: Filmbulletin, 1992, H. 1; Michel Perez: »Les films de Carné«. Paris 1986; Michel Rachline: »Jacques Prévert«. Paris 1981; Beate Raabe: »Explizitheit und Beschaulichkeit«. Münster 1992; Claude Sautet: »*Le jour se lève*«, in: Positif, 1994, H. 400; Anja Sieber: »Vom Hohn zur Angst«. Rodenbach 1993; Maureen Turim: »Poetic Realism as psychoanalytical and ideological operation: Marcel Carné's *Le Jour se lève*«, in: Susan Hayward/Ginette Vincendeau (Hg.): French Films. London, New York 1990.

Kai Beate Raabe

JUD SÜSS Deutschland (Terra Filmkunst) 1940. 35 mm, s/w, 97 Min.
R: Veit Harlan. B: Ludwig Metzger, Eberhard Wolfgang Möller, Veit Harlan. K: Bruno Mondi. Ba: Otto Hunte, Karl Vollbrecht. M: Wolfgang Zeller.
D: Ferdinand Marian (Süß Oppenheimer), Kristina Söderbaum (Dorothea Sturm), Heinrich George (Herzog Karl Alexander), Hilde von Stolz (seine Frau), Werner Krauß (Rabbi Loew/Levy), Eugen Klöpfer (Landschaftskonsulent Sturm), Malte Jaeger (Aktuarius Faber).

Veit Harlan verteidigte sich später damit, er sei gezwungen worden, den Auftrag zu übernehmen. *Jud Süß* war ein Propagandafilm, dessen Produktion von Goebbels befohlen und überwacht wurde. Doch der ehrgeizige Regisseur, auch für die letzte Drehbuchfassung verantwortlich, brachte sein gesamtes künstlerisches Können in das Projekt ein und löste die ihm übertragene Aufgabe mit ästhetischer Raffinesse. Goebbels war zufrieden: »Ein antisemitischer Film, wie wir ihn uns nur wünschen können«, notierte er in seinem Tagebuch.

»Die im Film geschilderten Ereignisse beruhen auf geschichtlichen Tatsachen«, behauptet der Vorspanntitel. Der historische Stoff hatte – von Wilhelm Hauff (1827) bis Lion Feuchtwanger (1925) – bereits zahlreiche literarische Darstellungen erfahren; 1934 drehte Lothar Mendes im englischen Exil *Jew Suss* mit Conrad Veidt in der Titelrolle. Harlan sah im Fall Oppenheimer »eine interessante Parallele zu den Nürnberger Gesetzen« (»Der Film«, 20.1.1940) und verwies dabei auf die mit der Todesstrafe geahndete ›Rassenschande‹. Im historischen Prozeß wurde, wie die Akten belegen, dieser Anklagepunkt nicht weiter verfolgt, Harlans Film jedoch macht dies zu seinem Thema.

»Der Jude arrangiert wieder mal 'nen Fleischmarkt, diesmal im Schloß, und unsere Töchter sind gut genug, die Ware dafür abzugeben.« Vater Sturm weiß, was von dem Ball zu halten ist: Das festliche Arrangement dient als verführerische Kulisse, in der Süß Oppenheimer dem geilen Herzog unschuldige Mädchen zuführt. Mittels Geld und Sex hat der Jude den Landesfürsten in seine Abhängigkeit gebracht; er ist der heimliche Herrscher, der das deutsche Volk ausbeutet. Der Jude hat »seine Hand auf der Münze, auf dem Salz, auf Bier, auf dem Wein«, beklagt man sich in der Ständeversammlung, und sofort fügt jemand hinzu: »Und auf unseren Frauen und Töchtern.«

Jud Süß ist politische Pornographie. Der Film konfrontiert das von Promiskuität und Prostitution gekennzeichnete jüdische Milieu mit der reinen und sittenstrengen Welt der Arier. Die sexuellen Begierden des Juden werden als pervers und animalisch dargestellt, während der keusche Sex-Appeal Kristina Söderbaums dem Typ der deutschen Frau gemäß der NS-Ideologie entsprach. Der Film mobilisiert offen sexuelle Ängste und Aggressionen und instrumentalisiert sie für die antisemitische Hetze. Dramatischer Höhepunkt: Dorothea Sturm sucht Süß Oppenheimer auf und bittet um Gnade für ihren eingekerkerten Ehemann. Der lüsterne Jude bedrängt sie, sie wehrt sich. Währenddessen sind die Schreie des Gefolterten zu hören; sobald Süß ein weißes Tuch, das mit den Folterknechten verabredete Signal, entfernt, verstummen sie. Der genüßlich in Szene gesetzte Sadismus – die Sequenz endet mit der Vergewaltigung Dorotheas – verrät, daß der Film unterschwellig sadomasochistische Phantasien der Zuschauer bedient. Die Bestrafung folgt: Die geschändete Frau geht ins Wasser, der Jude wird hingerichtet.

Dorothea ist nicht völlig unschuldig: Anfangs war sie von der Weltgewandtheit Oppenheimers fasziniert. Der Film verurteilt in immer neuen Variationen die weibliche Unzuverlässigkeit: Der Jude hat Erfolg bei den Frauen, sie erliegen seinen diabolischen Verführungskünsten. Die Männer behandeln ihre Frauen und Töchter wie Kinder, die man nicht aus den Augen lassen darf. In ihrer Filmanalyse hat Mihal Friedman den antifemininen Grundzug von Jud Süß herausgearbeitet und aufgezeigt, wie hier der autoritäre Diskurs mit dem erotischen zusammenfällt: »In den Tränen kann sich die weibliche Figur ihrer völligen Auflösung überlassen: aufgelöste Haare, ungerichtete Kleidung, ein halbnackter, zitternder Busen.« Die sexuellen Konnotationen, durchaus ambivalent in ihrer Wirkung, unterlaufen die ideologischen Intentionen: Der Darsteller des Jud Süß, Ferdinand Marian, bekam stapelweise Fanpost von weiblichen Zuschauern. »Was der Jude im Film verkörpert und was die deutschen Frauen damals meinten, in ihm zu sehen, war genau die vom Regime verleugnete und neutralisierte Sexualisierung des Körpers.« (Mihal Friedman)

Mit den Prädikaten ›Staatspolitisch und künstlerisch besonders wertvoll‹ versehen, erwies sich *Jud Süß* auch als kommerzieller Erfolg: Allein in Deutschland erzielte man ein Einspielergebnis von mehr als 6,2 Millionen Reichsmark. Den geheimen Berichten des

Sicherheitsdienstes ist zu entnehmen, daß der Film wie gewünscht die Pogromstimmung schürte. Der Film wurde 1945 von der Alliierten Militärregierung verboten; er darf auch heute nur unter Auflagen und zu wissenschaftlichen Zwecken vorgeführt werden. Als einziger Regisseur des NS-Kinos hatte sich Harlan 1949 vor Gericht zu verantworten. Er berief sich auf »Befehlsnotstand«: Goebbels habe ihn zwangsverpflichtet. Die Verhandlung geriet zur Farce, hielten doch die prominenten Entlastungszeugen nebenbei auch Plädoyers in eigener Sache. Wolfgang Liebeneiner, wegen seines Euthanisiefilms ↗*Ich klage an* nie belangt, erklärte im Zeugenstand: »Der Film hat eine meisterliche Form. Als Kollege muß ich den Hut ziehen.« Der Prozeß endete, ebenso wie das Revisionsverfahren, mit Freispruch.

»*Jud Süß*«. Hg. Friedrich Knilli u.a. Berlin 1983. (Filmprotokoll, Einzelanalysen).
Alfons Arns: »Fatale Korrespondenzen«, in: Cilly Kugelmann/Fritz Backhaus (Hg.): Jüdische Figuren in Film und Karikatur. Sigmaringen 1995; Alfons Arns/Hans-Peter Reichmann (Red.): »Otto Hunte«. Frankfurt a.M. 1996; Mihal Friedman: »Männlicher Blick und weibliche Reaktion: Veit Harlans *Jud Süß*«, in: Frauen und Film, 1986, H. 41; Dorothea Hollstein: »*Jud Süß* und die Deutschen«. Frankfurt a.M. 1983; Klaus Kanzog: »›Staatspolitisch besonders wertvoll‹«. München 1994; Friedrich Knilli: »Ich war Jud Süß. Die Geschichte des Filmstars Ferdinand Marian«. Berlin 2000; Dietrich Kuhlbrodt u.a.: »Soll *Jud Süß* wieder in die Kinos?«, in: konkret, 1991, H. 4; Frank Noack: »Veit Harlan. ›Des Teufels Regisseur‹«. München 2000; Dietmar Peitsch: »Jüdische Lebenswelt in Spielfilmen und Fernsehspielen«. Tübingen 1992; Michael Töteberg: »Triumph im Gerichtssaal«, in: ders.: Filmstadt Hamburg. Hamburg 1990; Dora Traudisch: »Mutterschaft mit Zuckerguß?«. Pfaffenweiler 1993; Joseph Wulf: »Theater und Film im Dritten Reich«. Frankfurt a.M. u.a. 1983; Siegfried Zielinski: »Veit Harlan«. Frankfurt a.M. 1981.

Michael Töteberg

JULES ET JIM (Jules und Jim). Frankreich (Les Films du Carrosse/SEDIF) 1961. 35 mm, s/w, 107 Min.
R: François Truffaut. B: François Truffaut, Jean Gruault, nach dem gleichnamigen Roman von Henri-Pierre Roché. K: Raoul Coutard. A: Fred Capel. S: Claudine Bouché. M: Georges Delerue, Lied »Le Tourbillon«: Boris Bassiak. D: Jeanne Moreau (Cathérine), Oskar Werner (Jules), Henri Serre (Jim), Marie Dubois (Thérèse), Boris Bassiak (Albert), Vanna Urbino (Gilberte).

Unter den Büchern im Sonderangebot der Librairie Stock in Paris entdeckte Truffaut 1955 den Roman »Jules und Jim« von Henri-Pierre Roché. Ins Fiktionale transponiert, schildert darin der französische Romancier sein eigenes Leben als junger Literat Anfang dieses Jahrhunderts, geprägt von einer tiefen Zuneigung zu einem deutschen Schriftsteller und ihrer gemeinsamen Liebe zu derselben Frau. Die große Distanz zwischen dem Erlebten und seiner Niederschrift – der Autor war über siebzig Jahre alt, als er seinen Roman schrieb – verleiht dem Buch einen lapidaren, nahezu gleichgültigen Ton, eine ebenso große Ruhe wie Klarheit. Truffaut, selbst gerade Anfang 30, wollte den Roman sofort verfilmen, konnte aber erst mit seinem dritten Spielfilm sich diesen Wunsch erfüllen. Truffaut imitiert den für die Vorlage charakteristischen Ton, sucht analoge Bilder zum literarischen Stil, denn es sollte »in dem Film auch zu spüren sein, weshalb man das Buch liebt«. Daher auch der Einsatz eines Erzählers, dessen Kommentare aus dem Off – es handelt sich ausschließlich um wörtliche Zitate aus dem Roman – nüchtern, fast emotionslos die Handlung begleiten.

Truffaut versucht keine Aktualisierung der Geschichte, er entwirft vielmehr das Bild einer vergangenen Epoche (die Jahre 1905 bis 1933), in der drei außergewöhnliche Menschen alle Anstrengungen unternehmen, eine neue Moral zu entwerfen, neue Lebensformen zu entwickeln und zu erproben – Anstrengungen, die in ihrem Anspruch auf Absolutheit allesamt scheitern.

Besonders Cathérine, die den Mittelpunkt dieser eher zärtlichen denn erotischen Dreierbeziehung bildet, personifiziert diese Suche. Obwohl mit Jules verheiratet (mit dem sie auch eine kleine Tochter hat), liebt sie Jim, was deren Freundschaft auf eine harte Bewährungsprobe stellt. Wenn sie die Nacht mit

Jules et Jim: Oskar Werner und Henri Serre

Albert verbringt und sich darüber hinaus noch weitere Abenteuer gestattet, fühlen sich beide betrogen. Dies alles geschieht jedoch in aller Offenheit, ohne Heuchelei und unter Wahrung der Würde der Beteiligten. Jim sieht in Cathérines rastloser Suche nach der absoluten Liebe den unmöglichen Versuch, diese jedesmal neu zu erfinden.

Mit großer Sensibilität formuliert Truffaut, dessen Sympathie allen Figuren gleichermaßen gehört, die zentrale Frage seines Films: Wie kann eine Frau mit ihren erotischen Bedürfnissen und Sehnsüchten sich in einer Welt behaupten, deren Regeln von Männern gemacht werden? Cathérines Verwandlung in den Jungen Thomas zu Anfang des Films zeigt sehr deutlich ihren Anspruch auf Teilhabe an der Männerwelt. Der Regisseur stimmt indes keinen Lobgesang auf die freie Liebe an. Er beschreibt vielmehr die Dialektik der Herzen, die sich jeder Moral entzieht, wobei er zugleich die Schwierigkeiten aufzeigt, ohne Regeln zu leben und zu lieben. Der Film wird dergestalt – trotz heiterer und humorvoller Szenen – zu einer traurigen Hymne an die Liebe. Cathérines Lied vom »Strudel des Lebens« verleiht diesem Gedanken musikalische Form – nach dem tragischen Ende nimmt die Schlußmusik daher diese Melodie wieder auf.

Obwohl Truffaut das Leben seiner Figuren über 25 Jahre lang nachzeichnet, altern seine Personen nicht. Da ihn in erster Linie die innere Realität seiner Figuren interessiert, bedient er sich eines subtilen filmischen Kunstgriffs, um das Vergehen der Zeit anzudeuten: Im Dekor tauchen stets Bilder auf, die den verschiedenen Schaffensperioden Picassos (Impressionismus, Kubismus, etc.) zuzuordnen sind. Aber auch über die Montage gelingt es Truffaut, die Veränderungen des Lebensgefühls zu vermitteln: Während die Montage im ersten Teil schnell und lebhaft-frisch wirkt, verlangsamt sie im zweiten Teil (nach dem Ersten Weltkrieg) ihren Rhythmus, wodurch den einzelnen Szenen und Sequenzen mehr Schwere und Bedeutung zukommt. Die Kamera von Raoul Coutard fängt in Plansequenzen die verschiedenen Landschaften ein (besonders wirkungvoll der romantisch-neblige Schwarzwald) und unterstreicht so den lyrisch-poetischen Stil des Films.

»*Jules und Jim*«. Hg. Robert Fischer. München 1981. (Filmprotokoll).
Franz-Josef Albersmeier: »Theater, Film und Literatur in Frankreich«. Darmstadt 1992; Jean-Marc Aucuy: »*Jules et Jim*: La recherche de l'absolu«, in: La Nouvelle Critique, 1962, H. 136; Barbara Coffey: »Art and Film in François Truffaut's *Jules and Jim* and *Two English Girls*«, in: Film Heritage, 1973/74, H. 3; Michel Delahaye: »Les tourbillons élémentaires«, in: Cahiers du Cinéma, 1962, H. 129; Robert Fischer (Hg.): »Monsieur Truffaut, wie haben Sie das gemacht?« Köln 1991; Roger Greenspun: »Elective Affinities«, in: Andrew Sarris (Hg.): The Film. New York 1968; T. Jefferson Kline: »Screening the Text«. Baltimore 1992; Stuart Y. McDougal: »Adaption of an Auteur: Truffaut's *Jules and Jim*«, in: Andrew S. Horton/Joan Magretta (Hg.): Modern European Filmmakers and the Art of Adaption. New York 1981; Rainer Simon: »Keine reine Liebe zu dritt«, in: Helga Belach/Wolfgang Jacobsen (Hg.): Cinemascope. Berlin 1993; Allen Thiher: »The Cinematic Muse«. Columbia 1979.

Achim Haag

KAGEMUSHA (Kagemusha – Der Schatten des Kriegers). Japan/USA (Tóhó/Twentieth Century Fox) 1979/80. 35 mm, Farbe, 159 Min.
R: Akira Kurosawa. B: Akira Kurosawa, Masato Ide. K: Takao Saito, Masaharu Ueda. M: Shinichiro Ikebe.
D: Tatsuya Nakadai (Shingen Takeda und sein Doppelgänger), Tsutomu Yamazaki (Nobukado Takeda), Ken-ichi Hagiwara (Katsuyori Takeda), Jinpei Nezu (Sohachiro Tsuchiya), Shuji Otaki (Masakage Yamagata), Daisuke Ryu (Nobunaga Oda), Masayuki Yui (Ieyasu Tokugawa) Kaori Mamoi (Otsuya), Mitsuko Baisho (Oyu), Hideo Murota (Nobuharu Baba).

Die Zeit und die politische Situation werden am Anfang umrissen: »Im 16. Jahrhundert war Japan ein von Machtkämpfen zerrissenes Land. Die Territorialfürsten boten alle Kräfte auf, um die Hauptstadt Kyoto einzunehmen. Die drei mächtigsten dieser Fürsten waren Shingen vom Hause Takeda, Nobunaga vom Hause Oda und Ilyasu vom Hause Tokugawa. 1572 marschiert Shingen auf Kyoto zu.« Vorangestellt ist ein Prolog: Seine Ähnlichkeit mit dem Fürsten bewahrt einen Dieb vor der Hinrichtung. Man will ihn als Doppelgänger einsetzen und bereitet ihn auf diese Rolle vor. Als Shingen zwei Jahre später von einem Scharfschützen getroffen wird, verfügt der tödlich verletzte Fürst: Erstens soll sein Tod – um die eigenen Soldaten nicht zu entmutigen und den Feind zu täuschen – geheimgehalten werden, und zweitens dürfe seine Armee nicht mehr angreifen, sondern nur noch verteidigen. Ansonsten würde der Takeda-Clan untergehen. Sein Wahlspruch lautet: »Ein Berg bewegt sich nicht.«
Kagemusha – wörtlich übersetzt: der Schatten des Kriegers – spielt seine Doppelgänger-Rolle so überzeugend, daß weder die feindlichen Spione noch die Familienangehörigen, von wenigen Eingeweihten abgesehen, etwas ahnen. Er wiederum weiß nichts vom Tod Shingens, bis er einen Krug zerschlägt und dabei den einbalsamierten Leichnam des Fürsten entdeckt. Shingen hat seinen jähzornigen und leichtsinnigen Sohn Katsuyori in der Erbfolge übersprungen; dieser verachtet Kagemusha, den er nach außen hin als seinen Vater anerkennen muß. Dagegen freundet sich Kagemusha mit Shingens Neffen Takimaru an; ihm zu Gefallen reitet er Shingens Pferd und wird abgeworfen: Das Tier läßt sich nicht täuschen. Die Konkubinen des Fürsten pflegen Kagemusha und entlarven den Doppelgänger, weil ihm die Narben Shingens fehlen. Kagemusha wird verstoßen, Katsuyori als neuer Herrscher eingesetzt. Er verwirft die Prinzipien seines Vaters und greift an. Als Bettler im Schilf versteckt, muß Kagemusha mitansehen, wie der Clan untergeht. Kagemusha irrt mit einem Speer in der Hand über das Schlachtfeld und wird von einer Kugel getroffen. Mühsam quält er sich noch ins Wasser und stirbt.
Kagemusha ist eine Reflexion über die Identität eines Menschen, über Mächte und Träume, die das Handeln bestimmen. Kagemusha wird im Schlaf von Alpträumen heimgesucht. Diese Traumphantasien visualisiert Kurosawa in surrealistischen Farbgemälden. Auch die Musik trägt wesentlich zur elegischen

Grundstimmung des Filmes bei, der vom Untergang einer Epoche handelt. Nicht von ungefähr kommen Shingen und Kagemusha durch Gewehrkugeln ums Leben. Der Clan kämpft hoch zu Roß mit Lanzen und stirbt im Kugelhagel der mit modernen Waffen ausgerüsteten Feinde.

Kurosawa, der zehn Jahre lang keins seiner Projekte verwirklichen konnte, realisierte *Kagemusha* mit amerikanischer Hilfe: Francis Ford Coppola und George Lucas engagierten sich für den großen alten Mann des japanischen Films, so daß ein Budget von neun Millionen Dollar zustandekam. *Kagemusha* ist ein grandioses Epos in Cinemascope, mit Hunderten von Komparsen, aufwendigen Dekors und technischer Raffinesse. In Europa war sich die Filmkritik einig, daß der knapp dreistündige Film – die japanische Originalfassung ist um 20 Minuten länger als die Version für den internationalen Markt – ein Werk der Filmkunst ist: Bei den Filmfestspielen in Cannes wurde *Kagemusha* mit der Goldenen Palme ausgezeichnet. War der künstlerische Rang auch unbestritten, so riefen die ästhetischen Bilder jedoch Ideologiekritiker auf den Plan: Man warf dem Regisseur vor, Gewalt und Krieg zu verherrlichen. Die prächtig geschmückten Krieger ziehen in die Schlacht wie zu einem Fest; Kampf und Sterben werden in ritueller Schönheit zelebriert. Dem Verdikt, *Kagemusha* sei ein reaktionärer Film, begegnete Wilfried Wiegand mit dem Hinweis auf Visconti: »Hier wie dort erleben wir nicht etwa eine Welt, die zugrunde geht und die außerdem noch sehr schön war, sondern eine, die zugrunde gehen mußte, *weil* sie so schön war.«

Jürgen Berger: »Annäherung an die Ferne«, in: Filme, Berlin, 1980, H. 6; Hans-Christoph Blumenberg: »Die Götterdämmerung der Samurai«, in: ders.: Gegenschuß. Frankfurt a.M. 1984; Kathe Geist: »Late Kurosawa: *Kagemusha* and *Ran*«, in: Post Script, 1992, H. 1; James Goodwin (Hg.): »Perspectives on Akira Kurosawa«. New York u.a. 1994; Marsha Kinder: »*Kagemusha*«, in: Film Quarterly, 1980/81, H. 2; Klaus Kreimeier: »Apotheose ohne Widerhaken«, in: Frankfurter Rundschau, 27.10.1980; Frances M. Malpezzi/William M. Clements: »The Double and the Theme of Selflessness in *Kagemusha*«, in: Literature/Film Quarterly, 1989, H. 3; Marcel Martin: »Vom gewöhnlichen Dieb zum echten Takeda«, in: Film und Fernsehen, 1981, H. 6; François Ramasse/Aldo Tassone: »Apocalypse nô ou la fin d'un humanisme«, in: Positif, 1980, H. 235; Gottfried Schlemmer: »Das neue Generationenepos: *Kagemusha – Der Schatten des Kriegers* (1980)«, in: Werner Faulstich/Helmut Korte (Hg.): Fischer Filmgeschichte. Bd. 5. Frankfurt a.M. 1995; Ernst Schumacher: »*Der Schatten eines Kriegers*«, in: Film und Fernsehen, 1981, H. 6; Karsten Visarius: »*Kagemusha*«, in: Rainer Rother: Mythen der Nationen: Völker im Film. München, Berlin 1998; Wilfried Wiegand: »Die Zeremonie des Untergangs«, in: Frankfurter Allgemeine Zeitung, 27.10.1980.

Klaus Bort

KALINA KRASNAJA Sowjetunion

(Mos'film) 1975. 35 mm, Farbe, 105 Min.
R+B: Vasilij Suksin. K: Anatolij Zabolockij.
M: Pavel Cekalov.
D: Vasilij Suksin (Egor Prokudin), Lidija Fedoseeva (Ljuba), M. Ryzov (Ljubas Vater), M. Skvarzova (Ljubas Mutter), A. Vanin (Petr).

Noch Jahre nach dem frühen Tod Suksins – er starb 1974 im Alter von 45 Jahren – lagen auf seinem Grab auf dem Moskauer Prominenten-Friedhof Novodevicie immerzu frische Zweige jenes Beerenstrauches, der dem Film seinen etwas rätselhaften Namen gab und der in der Heimat Suksins, in Sibirien, ein alltägliches Gewächs ist, der rote Schneeballstrauch. *Kalina Krasnaja* hatte durch seine Schlichtheit in Erzählweise und szenischer Darbietung ganz offenbar einen empfindlichen Nerv in der russischen Volksseele getroffen. Diese Tonlage teilte sich auch international mit: Der Film hatte in den Ländern des damaligen sozialistischen Lagers einen beispiellosen Publikumserfolg.

Suksin, Autor, Regisseur und Hauptdarsteller, erzählt eine einfache, beinahe ›kleine‹ Geschichte: Egor Prokudin, um die vierzig Jahre alt und ohne jeden Anhang, büßt in einem fernen Lager eine Strafe ab, redlich und aufrichtig. Die Gefängnisleitung gestattet Briefverbindungen ›nach draußen‹ – Egor macht postalisch die Bekanntschaft einer alleinstehenden Frau seines Alters. Sie kommen sich näher, weil die illusionsarme Ehrlichkeit ihrer Empfindungen und

Sehnsüchte jeweils bei dem anderen Partner auf sensible Empfänglichkeit und vage Hoffnung trifft.
Als Egor entlassen wird, macht er sich zügig auf den Weg zu Ljuba: Ihre persönliche Begegnung bestätigt die gegenseitigen Gefühle. Auch Ljubas Eltern, rüstige, einfache sibirische Bauern, die gemeinsam alt geworden sind, nehmen Egor freundlich und ohne Skrupel auf und akzeptieren die Wahl ihrer Tochter. In gleicher Weise verhalten sich die Dorfbewohner zu dem Fremdling. Mit Kraft und frisch gestärktem Optimismus, seiner Liebe zu Ljuba sicher, geht Egor sein neues Leben an. Aber die Vergangenheit holt ihn unbarmherzig ein: Ehemalige Kumpel aus seinem früheren Leben spüren ihn in Ljubas kleinem Dorf auf und wollen ihn in ihre alten, verbrecherischen Geleise zurückzwingen. Er widersetzt sich – mit besseren Gründen als früher. Sie erschießen ihn. Im Sterben sieht Egor die Zweige mit den roten Beeren, die ihn nun endgültig mit Ljuba verbinden.
Suksin folgte mit seinem Film in Heldenwahl und -darstellung der langen Tradition russischer Volkserzählungen und griff dabei auf gestalterische Mittel Tolstojs und Maksim Gorkijs zurück. Er erlaubte sich keinerlei Schnörkel oder Umwege in der Fabelführung, sondern ordnete sie strikt der inneren Logik seines Helden Egor, dessen Moralvorstellungen und Lebensvisionen, unter. Mit großer Selbstverständlichkeit bezieht Suksin die Landschaft seiner Heimat in die Erzählung ein: Erst die Einheit von Natur und Mensch macht für ihn die Sinnlichkeit und den Reichtum des Lebens aus.
Diese Gradlinigkeit und Einfachheit kennzeichneten auch andere Werke Suksins. Seine bemerkenswerte, seltene Mehrfach-Begabung – er war zunächst Autor, wurde dann Schauspieler, schließlich Filmregisseur – kam in seinen besten Filmen zur Geltung. Zugleich war der Prozeß seiner künstlerischen Entwicklung von Selbstzweifeln und ständiger kritischer Reflexion begleitet, so daß er sein – wie er erklärte – Hauptwerk, eine moderne Version des russischen Bauernhelden Stepan Razin, immer wieder vor sich herschob und nie realisierte.
Aus Sergej Bondarcuks Monumentalfilm *Oni srashalis sa rodinu* (*Sie kämpften für die Heimat*, 1975) ist ein Szenenfoto überliefert, das Suksin in seiner letzten Rolle zeigt. Er spielt einen Soldaten der Roten Armee: ein einfaches Gesicht mit klaren, direkt blickenden Augen unter dem abstumpfenden Stahlhelm, weder fordernd noch wehmütig, aber offen und gleichzeitig tiefgründig und sehr nachdenklich, markante Backenknochen unter den Augen, ein paar Falten, ein schmaler Mund. Das Foto spiegelt die Kraft und die Lauterkeit des Bauernsohns, der zum Künstler wurde und der Kunst für seinesgleichen machen will.

I. Anninski u.a.: »Diskussion in ›Woprossy literatury‹: Wassili Schukschins Film *Kalina Krasnaja*«, in: Kunst und Literatur, 1975, H. 9 u.10; Ginette Gervais: »Vassili Choukchine«, in: Jeune Cinéma, 1976, H. 98; Karl Heinz Lotz: »*Kalina Krasnaja*«, in: Filmwissenschaftliche Beiträge, 1977, H. 2; Marcel Martin: »Le cinéma soviétique de Khrouchtchev à Gorbatchev«. Lausanne 1993.

Günter Agde

KAMERADSCHAFT Deutschland/ Frankreich (Nero-Film/Gaumont-Franco) 1931. 35 mm, s/w, 90 Min.
R: Georg Wilhelm Pabst. B: Ladislaus Vajda, Karl Otten, Peter Martin Lampel. K: Fritz Arno Wagner, Robert Baberske. Ba: Ernö Metzner, Karl Vollbrecht.
D: Ernst Busch (Wittkopp), Alexander Granach (Kasper), Fritz Kampers (Wilderer), Daniel Mendaille (Pierre), Elisabeth Wendt (Françoise), Gustav Püttjer (Jean).

»Ich glaube an die Mission des Films, Zeitdiagnosen zu stellen und wichtige Gedanken im Bewußtsein der Menschen fester zu verankern«, bekannte G.W. Pabst. Der Regisseur, der mit ↗*Die freudlose Gasse* und ↗*Die Büchse der Pandora* Filmgeschichte machte, war sich nicht zu schade, das Medium zur Popularisierung der psychoanalytischen Lehren Sigmund Freuds zu nutzen: Im Auftrag der Ufa-Kulturfilmabteilung drehte er *Geheimnisse einer Seele* (1926). Gegen Ende der Weimarer Republik engagierte sich Pabst verstärkt politisch. *Westfront 1918* – 1930, im selben Jahr wie die in Deutschland heftig umkämpfte Remarque-Verfilmung *All Quiet on the*

Western Front (*Im Westen nichts Neues*, Lewis Milestone) in die Kinos gekommen – ist eine eindrucksvolle Warnung vor dem Grauen des Krieges. Den Pazifisten Pabst beschäftigte die Frage »Europa – oder Krieg?« Filmstoffe, die den Widersinn der Grenzen aufzeigten, wurden in einem vom Völkerbund ausgeschriebenen Drehbuch-Wettbewerb gesucht. Der Schriftsteller Karl Otten reichte eine Geschichte ein, die auf einen authentischen Vorfall aus dem Jahre 1906 zurückgriff: Bei einem Grubenunglück in der Zeche Courrières waren deutsche Bergleute den französischen Kumpels zur Hilfe geeilt. Dieses Beispiel für praktische Solidarität zwischen den Völkern verlegten Pabst und seine Drehbuchautoren in die unmittelbare Gegenwart.

Um Realismus bemüht, drehte Pabst wesentliche Teile vor Ort: in Essen und Gelsenkirchen, auf den Zechen Holland und Hibernia, einer staatlichen Versuchsgrube. Damit war das Filmteam abhängig von der Drehgenehmigung der Zechenleitungen. Eine Schlüsselszene stieß auf Widerstand: Anfangs sperrt sich der deutsche Direktor dagegen, den Arbeitern das notwendige Gerät für ihre spontane Hilfsaktion zur Verfügung zu stellen. Pabst wollte zeigen, ähnlich wie Renoir in ↗*La grande illusion*, daß die wahre Grenzlinie nicht zwischen den Nationen, sondern den sozialen Klassen verläuft. Doch die Szene wurde entscheidend entschärft, offenbar auf Druck amtlicher Stellen: Im Preußischen Landtag rühmte sich der Handelsminister, es sei gelungen, »die Filmgesellschaft zur Änderung von Szenen zu bewegen, die nach der ursprünglichen Fassung weder der Wirklichkeit entsprachen noch geeignet waren, dem sozialen Frieden zu dienen«.

Dramatik und beklemmende Spannung zeichnen den Film aus; Pabst verliert jedoch darüber nicht sein Thema aus den Augen. Neben der offiziellen Rettungsaktion kämpfen drei Kumpel sich von deutscher Seite aus durch den Stollen zur französischen Grube. Sie stoßen auf ein Eisengitter mit der Aufschrift »Frontière 1919«. Nachdem sie die Stäbe beiseitegeschoben haben und durchgebrochen sind, finden sie zwei verschüttete französische Kameraden. Im Fieberwahn glauben diese – die Deutschen treten ihnen mit Gasmasken entgegen – wieder im Krieg zu sein. Am Ende gibt es eine große Verbrüderungsszene. Pathetische Ansprachen werden gehalten. Auf den Franzosen antwortet der Deutsche: Was sein Vorredner gesagt habe, habe er nicht verstehen können. »Aber was er gemeint hat, haben wir alle verstanden.« Der Film übernimmt diesen Grundsatz: Alle Figuren, viele von Laien dargestellt, sprechen ihre Muttersprache; bis auf wenige Zwischentitel kommt Pabst ohne Übersetzung aus. Einig waren sich jedoch auch die Zensoren beiderseits der Grenze. In Frankreich wurden im Schlußappell Sätze herausgeschnitten, und bei der deutschen Premiere fehlte Pabsts bittere Schlußpointe: Während die Arbeiter gemeinsam feiern, ist untertage, bewacht von deutschen Polizisten und französischen Gendarmen, das Grenzgitter wieder eingesetzt worden.

Ein zeitgenössischer Rezensent sah in *Kameradschaft* »ein letztes Aufglühen von Gesinnung und Gesittung vor dem Untergang« (»Tempo«, 19.11.1931). Die Rezeption ist ein Beispiel dafür, wie im politischen Kontext ein zweifellos herausragender Film zwischen den Fronten zerrieben wurde. Die deutschnationale Presse wetterte erwartungsgemäß gegen den »Tendenzfilm«; aber auch die Kommunisten meldeten ideologische Vorbehalte an. Im KPD-Zentralorgan »Rote Fahne« lautete das Resümee: »Der pazifistische Schmus bleibt schärfstens abzulehnen, auch wenn er, oder besser: gerade weil er hier mit großer formaler Fähigkeit bestechend vorgetragen wird.« Das Nazi-Blatt »Völkischer Beobachter« rief zum Boykott auf und hetzte mit antisemitischen Tiraden gegen den Produzenten Seymour Nebenzahl und seinen Herstellungsleiter Löwenberg. Unabhängige Firmen hatten trotz Spitzenfilmen – die Nero-Film produzierte u.a. ↗*Die 3-Groschen-Oper* von Pabst, ↗*M* und ↗*Das Testament des Dr. Mabuse* von Lang – kaum noch eine Chance auf dem Kinomarkt. Während *Kameradschaft* in Frankreich zum Kassenschlager wurde, verschwand der Film nach wenigen Tagen aus den Berliner Kinos.

Ende April 1939, der Zweite Weltkrieg warf seine Schatten voraus, gingen in New York zwei Emigranten ins Kino. Klaus Mann sah sich zusammen mit Robert Klopstock, dem Arzt Franz Kafkas, *Ka-*

meradschaft an und notierte in seinem Tagebuch: »Immer noch teilweise stark und rührend – mit Längen ...«

»*Kameradschaft*«, in: Hermann Barth: Psychagogische Strategien des filmischen Diskurses in G.W. Pabsts *Kameradschaft*. München 1990. (Filmprotokoll). – »*Kameradschaft*«. Hg. Helga Belach/Hans-Michael Bock. München 1997. (Drehbuch, Materialien).

Christa Bandmann/Joe Hembus: »Klassiker des deutschen Tonfilms 1930–1960«. München 1980; Hermann Barth u.a.: »*Kameradschaft*. Materialband«. Frankfurt a.M. 1992; Russell A. Berman: »A Solidarity of Repression: *Kameradschaft*«, in: Eric Rentschler (Hg.): The Films of G.W. Pabst. New Brunswick, London 1990; Noël Carroll: »Lang, Pabst and Sound«, in: Ciné-Tracts, 1978/79, H. 1; Herbert Ihering: »Von Reinhardt bis Brecht«. Bd.3. Berlin (DDR) 1961; Wolfgang Jacobsen (Hg.): »G.W. Pabst«. Berlin 1997; Siegfried Kracauer: »Grenze 1919«, in: ders.: Von Caligari zu Hitler. Frankfurt a.M. 1979; Heinz Lüdecke: »Kampf und Solidarität, nicht ›*Kameradschaft*‹«, in: Gertraude Kühn u.a. (Hg.): Film und revolutionäre Arbeiterbewegung in Deutschland 1918–1932. Bd.2. Berlin (DDR) 1978; Tim Pulleine: »*Kameradschaft*«, in: Monthly Film Bulletin, 1978, H. 530; Daniel Sauvaget: »*La tragédie de la mine*«, in: La Revue du Cinéma, 1981, H. 359; Eberhard Teichgräber: »Montageprinzipien in *Kameradschaft* von G.W. Pabst«, Filmwissenschaftliche Mitteilungen, 1965, Sonderheft.

Michael Töteberg

DAS KANINCHEN BIN ICH

DDR (Defa) 1964/65. 35 mm, s/w, 110 Min.
R: Kurt Maetzig. B: Kurt Maetzig, Manfred Bieler, nach dem gleichnamigen Roman von Manfred Bieler. K: Erich Gusko. Ba: Alfred Thomalla. S: Helga Krause. M: Reiner Bredemeyer, Gerhard Rosenfeld.
D: Angelika Waller (Maria Morzeck), Alfred Müller (Paul Deister), Irma Münch (Frau Deister), Ilse Voigt (Tante Hete), Wolfgang Winkler (Dieter Morzeck).

Dieser Film sollte nach dem erklärten Willen des prominenten DDR-Regisseurs – Kurt Maetzig gehörte mit ↗*Ehe im Schatten* zu den Defa-Filmschaffenden der ersten Stunde und hatte mit seinem zweiteiligen *Thälmann*-Film (1953–55) ein ebenso publikumswirksames wie parteikonformes Kino-Opus geschaffen – zu einem künstlerischen Neuansatz führen. Dem Film lag ein Roman von Manfred Bieler zugrunde, für den die DDR-Behörden keine Druckgenehmigung erteilt hatten; Maetzig setzte das Projekt gegen Widerstände in der Defa durch und erhoffte sich einen »lebhaften Meinungsstreit«. Dazu kam es nicht: Der Film war fertiggestellt und von der Zensur abgenommen worden, seine Premiere wurde bereits vorbereitet, als das berüchtigte 11. Plenum des ZK der SED Mitte Dezember 1965 jede Vorführung verbot und damit auch die erstrebte öffentliche Debatte. Es half nichts, daß Maetzig seinen »Irrtum« im »Neuen Deutschland« eingestand und Selbstkritik übte: Zusammen mit *Das Kaninchen bin ich* wurde nahezu die gesamte Jahresproduktion des Defa-Studios liquidiert. Erst die ›Wende‹ ermöglichte Ende 1989, Anfang 1990 die Uraufführungen und führte zu einer späten Rehabilitierung von Filmen, Autoren und Regisseuren kurz vor dem Ende der DDR.

Der Film übernimmt die betont subjektive Perspektive des Romans: Die Geschichte wird aus der Sicht der Hauptfigur, der Berliner Oberschülerin Maria Morzeck, erzählt. Die 19jährige Waise lebt bei einer Tante in Berlin-Mitte. Ihr Bruder Dieter ist 1961, noch vor dem Mauerbau, wegen »staatsfeindlicher Hetze« verhaftet und zu drei Jahren Gefängnis verurteilt worden; weil Maria im Prozeß nicht gegen ihn aussagte, durfte sie nicht studieren. Sie arbeitet als Kellnerin und lernt den verheirateten Richter Paul Deister kennen und lieben, ohne zu wissen, daß er ihren Bruder verurteilt hat. Deister hat mit diesem Urteil seine Karriere befördert; inzwischen haben sich die Zeiten geändert, so daß der opportunistische Richter sich nun korrigiert: Mit einem Gesuch um Haftverkürzung für Dieter will er sich erneut profilieren. Als Maria diese Zusammenhänge erkennt, trennt sie sich von dem Geliebten. Dieter, aus dem Gefängnis entlassen, schlägt sie zusammen, als er von ihrem Verhältnis mit dem Richter erfährt. Maria sucht sich eine eigene Bleibe und bemüht sich um einen Studienplatz. Sie wird nicht länger ein Kaninchen sein, das vor jeder Gefahr erstarrt.

Die kleine private Geschichte signalisierte bis in

Details ein neues Lebensgefühl, das sich in vielen Bereichen der DDR in der ersten Hälfte der sechziger Jahre abzuzeichnen begann und auch in den anderen inkriminierten Filmen Ausdruck fand. Die SED-Führung befürchtete eine Unterhöhlung ihrer Macht: Das Verbot der Filme 1965 galt allen demokratischen Regungen im Land. Zahlreiche Künstler-Biographien wurden beschädigt. Der Autor Bieler ging zunächst nach Prag und siedelte später in den Westen über. Maetzig konnte zwar in der DDR weiterarbeiten, mied jedoch in Zukunft brisante Themen. Selbstkritisch bekannte er im Rückblick: »Ich hab seitdem auch nicht wieder zu der künstlerischen Qualität gefunden.«

»*Das Kaninchen bin ich*«, in: Prädikat: Besonders schädlich. Hg. Christiane Mückenberger. Berlin (DDR) 1990. (Filmprotokoll).

Günter Agde (Hg.): »Kahlschlag. Das 11. Plenum des ZK der SED 1965«. Berlin 1991; Kurt Maetzig: »Filmarbeit«. Hg. von Günter Agde. Berlin (DDR) 1987; Wilhelm Roth: »25 Jahre zu spät«, in: epd Film, 1990, H. 4; Helma Sanders-Brahms: »*Das Kaninchen bin ich*«, in: Film und Fernsehen, 1991, H. 5; Stefan Soldovieri: »Censorship and the Law: The Case of *Das Kaninchen bin ich*«, in: Seán Allan/John Sandford (Hg.): DEFA. East German Cinema, 1946–1992. New York, Oxford 1999; Guntram Vogt: »Die Stadt im Film«. Marburg 2001.

Günter Agde

DIE KANNIBALEN ↗ Canibais

DIE KATZE AUF DEM HEISSEN BLECHDACH ↗ Cat on a Hot Tin Roof

KATZELMACHER Bundesrepublik Deutschland (antiteater-X-Film) 1969. 35 mm, s/w, 88 Min.

R: Rainer Werner Fassbinder. B: Rainer Werner Fassbinder, nach seinem gleichnamigen Theaterstück. K: Dietrich Lohmann. S: Franz Walsch (=Rainer Werner Fassbinder).
D: Hanna Schygulla (Marie), Rainer Werner Fassbinder (Jorgos), Lilith Ungerer (Helga), Elga Sorbas (Rosy), Irm Hermann (Elisabeth), Hans Hirschmüller (Erich), Harry Baer (Franz).

Fassbinders erster Film *Liebe ist kälter als der Tod* lief noch nicht in den Kinos, da hatte er bereits seinen zweiten fertiggestellt: *Katzelmacher*, in neun Tagen abgedreht, bedeutete für den Filmemacher und seine »antiteater«-Gruppe den Durchbruch. Das Wort bezeichnet laut Schmellers »Bayerischem Wörterbuch« von 1828 die »herumfahrenden italienischen Krämer« und steht hier als Schimpfwort für Gastarbeiter, als Ausdruck für aggressiven Fremdenhaß und Sexualneid. Fassbinders Theaterstück, im Jahr zuvor uraufgeführt, reihte sich ein in die Renaissance des kritischen Volksstücks, der Wiederentdeckung von Ödön von Horváth und Marieluise Fleißer und der Fortführung dieser Traditionslinie durch junge Dramatiker wie Martin Sperr und Franz Xaver Kroetz. Fassbinder, der nie Hemmungen hatte, fremde Stile zu kopieren und die Werke anderer zu plündern, antizipierte frühzeitig diese Bewegung: Sein Kurzdrama arbeitete mit dem »Bildungsjargon« (Horváth), einer verkümmerten Sprache aus Leerformeln, Ressentiments und verlogenem Sentiment, und zeigte Jagdszenen auf einen Außenseiter, war »ein Stück über das Rudelgesetz und die Ausgestoßenen« (Fleißer).

Kühl und distanziert wie in einer Versuchsanordnung führt *Katzelmacher* vor, wie ein Fremder in eine abgeschlossene Welt eindringt und die Gruppe in einem Akt kollektiver Aggressivität dafür sorgt, daß die (vermeintlich bedrohte) Ordnung wiederhergestellt wird. Die Dramaturgie des Theaterstücks folgt dem Eskalationsschema; der Film dagegen konzentriert sich ganz auf die Rituale des Alltags. Momentaufnahmen werden lakonisch aneinandergereiht; die Szenen ergänzen sich zu einer Bestandsaufnahme deformierten Bewußtseins. Das erste Drittel schildert das Leben in der Vorstadt, das Gruppenbewußtsein und die Paarungen, das wechselseitige System von gegenseitiger Kontrolle und Ausbeutung. Knapp fünfzig Einstellungen illustrieren, wie unter dem Deckmantel von Spießigkeit, kleinbürgerlicher Moral und Selbstgerechtigkeit Intoleranz und kriminelle Energie verborgen sind. Stumpfsinnig und frustriert versuchen die Biedermänner, diesem Leben zu entkommen; die Kehrseite ihrer Träume von Liebe und Geld ist die Prostitution.

Katzelmacher: Hanna Schygulla, Hans Hirschmüller, Rudolf Waldemar Brem, Lilith Ungerer und Hannes Gromball

Das dumpfe Dasein findet in der provozierenden Monotonie der Inszenierung seine Entsprechung. In keinem anderen Film hat Fassbinder so radikal mit langen Einstellungen, wenigen Schauplätzen und einer starren Kamera gearbeitet. Alle Szenen sind frontal aufgenommen, es gibt weder Schwenk noch Zoom und nur eine einzige, sich wiederholende Kamerafahrt: wenn ein Paar Arm in Arm über den Garagenhof promeniert und die Musik (Franz Schuberts »Sehnsuchtswalzer«) die bürgerlichen Träume vom Glück ironisch kommentiert. Die Darsteller zitieren Verhaltensweisen in kargen Räumen, deren Ausstattung sich auf Tisch, Stuhl und Bett beschränkt. Wie auf einer Hühnerleiter hocken die Jugendlichen vor der Hauswand auf dem Geländer; eine gute Minute lang passiert gar nichts, bis endlich Erich den Satz sagt: »Gehn wir ins Wirtshaus« und einer nach dem andern aufbricht. Oder Peter und Jorgos sitzen in ihrem Zimmer und stieren sich gegenseitig an; nach zwanzig Sekunden Schweigen blökt Peter den Eindringling an: »Mäh!«

Fassbinders mit fünf Bundesfilmpreisen ausgezeichnete Attacke auf den Zuschauer erschien nicht nur Vertretern des Establishments als arge Tortur. Wim Wenders, damals noch Student an der Filmhochschule und Mitarbeiter der Zeitschrift »Filmkritik«, schrieb: »Das Grauenvolle an diesem Film ist, daß er bis ins kleinste Detail lustlos ist. Die Schnitte sind wie ein mißmutiges Wechseln vom ersten aufs zweite Programm am Samstagabend, wenn einen jeder neuerliche Programmwechsel nur noch wütender und trauriger macht. Und daß alle Darsteller so verbissen schauen, liegt nicht an der Provinz, die sie darstellen, sondern an dem verbissenen Schema, das sie am liebsten nur noch als Marionetten vorführen, höchstens noch als Fotoroman, aber dann mit schwarzen Balken über den Augen.« Eine Einschränkung machte allerdings Wenders: »Nur Hanna Schygulla bleibt in diesem Totenfilm so lebendig, daß man meint, sie in Farbe zu sehen.«

»*Katzelmacher*«, in: Rainer Werner Fassbinder: »Die Kinofilme 1«. Hg. Michael Töteberg. München 1987. (Filmprotokoll).
Christian Braad Thomsen: »Rainer Werner Fassbinder«. Hamburg 1993; Robert Fischer/Joe Hembus: »Der Neue Deutsche Film«. München 1981; Rainer Werner Fassbinder: »Da hab ich das Regieführen gelernt«, in: ders.: Die Anarchie der Phantasie. Frankfurt a.M. 1986 (Interview); Marieluise Fleißer: »Alle meine Söhne«, in: Theater heute, 1972, H. 13; Hermann Kappelhoff: »Gestische Emblematik. Fassbinders *Katzelmacher* und Brechts ›sozialer Gestus‹«, in: Knut Hickethier (Hg.): Schauspielen und Montage. St. Augustin 1999; Wim Wenders: »Kritischer Kalender«, in: ders.: Emotion Pictures. Frankfurt a.M. 1986.

Michael Töteberg

THE KID USA (Chaplin/First National) 1919/20. 35 mm, s/w, stumm, 1.615 m.

R+B: Charles Chaplin. K: Roland H. Totheroh.
D: Charles Chaplin (der Tramp), Edna Purviance (die Frau), Jackie Coogan (das Kind), Carl Miller (der Mann), Tom Wilson (Polizist).

An seinem ersten abendfüllenden Spielfilm hat Chaplin ein Jahr lang, von Juli 1919 bis Juli 1920, gearbeitet. Wegen der Gefahr der Beschlagnahmung des Filmmaterials durch seine erste Frau Mildred Harris, die die Scheidung eingereicht hatte, floh Chaplin nach Salt Lake City und schnitt den Film unter abenteuerlichen Umständen in einem Hotelzimmer.

Erstmals verband Chaplin in *The Kid* Slapstick mit Sentiment – »Ein Film mit einem Lächeln und vielleicht einer Träne« heißt es im Untertitel – und gab damit seiner Trampfigur eine neue Dimension. Zwar kann der Tramp, von Chaplin weiterhin mit Bärtchen, großen Schuhen, Stöckchen und Melone dargestellt, noch genauso brutal sein wie in frühen Filmen – so versucht er zunächst, das Baby loszuwerden und überlegt sogar, es in den Gully zu werfen –, doch besitzt er eben auch Herz, das »bei den Unterdrückten« ist, wie Tucholsky in der »Weltbühne« schrieb (6.12.1923). Als er entdeckt, daß das Baby ein Waisenkind ist, nimmt er es zu sich, sorgt sich um sein Wohlbefinden und bringt ihm sogar – für sich selbst längst ad acta gelegte – bürgerliche Manieren bei. Der Außenwelt gegenüber bleibt er der Tramp, der ohne schlechtes Gewissen die Leute betrügt: Er repariert Fensterscheiben, die sein Ziehsohn auf sein Geheiß eingeworfen hat. Sogar die Solidarität mit dem Jungen ist zunächst begrenzt: Roh stößt er ihn mit dem Fuß fort, weil er die Entdeckung durch den Polizisten fürchtet oder erklärt ihn zum Verlierer des Boxkampfes, weil es sonst für ihn selbst brenzlig werden könnte. Diese Haltung ändert sich erst, als er den Jungen unter Aufbietung aller Kräfte vor dem Waisenhaus rettet – eine Szene, in der Chaplin offenkundig eigene traumatische Kindheitserfahrungen im Armenhaus verarbeitet hat. Die Szene klagt die seelenlos-bürokratische staatliche Wohlfahrtspflege scharf an – ein Motiv, das in mehreren Chaplin-Filmen eine Rolle spielt – und ist zugleich ein emotionaler Höhepunkt des Films: Erstmals umarmen sich Vater und Sohn und geben sich einen langen Kuß.

Die sozialkritische Dimension wird ebenfalls deutlich an dem Verhalten gegenüber der unglücklichen, ledigen Mutter. Bei ihrer Entlassung aus der Wohlfahrtsklinik zeigt Chaplin die hämische Verachtung der Gesellschaft für eine ›gefallene Frau‹, so daß dieser kein anderer Weg bleibt, als ihr Kind wegzugeben. Nach ihrem Aufstieg zum Star trifft sie auch den Vater des Kindes wieder – diese Szene ist in der im Verleih befindlichen Tonfassung von 1971 geschnitten – und wird zur Dea ex machina, deren Eingreifen zum Happy End führt. Ob auch der Tramp, der durch seine Fürsorge zum wahren Vater des Jungen geworden ist, wirklich Aufnahme bei ihr findet, bleibt offen. Denn in der unmittelbar vorhergehenden Traumszene, die im Himmel spielt, zeigt Chaplin, daß selbst dort kein Platz für den Tramp ist: Er wird vom Himmelspolizisten erschossen.

»Ich behaupte, der Übergang von ›Slapstick‹ zu Sentiment sei eine Sache des Gefühls und des Taktes beim Anordnen der Szenenfolgen«, notierte Chaplin in seiner Autobiographie zu diesem Film, der seine komischen und rührenden Wirkungen vor allem dem pantomimischen Spiel Chaplins und Jackie Coogans verdankt, den zahlreichen ingeniösen Erfindungen und der klug kalkulierten und exakten »Zeitökonomie« (Chaplin) des Schnitts.

Jackie Coogan wurde durch *The Kid* zum in aller Welt gefeierten Kinderstar. Auch bei der deutschen Premiere im November 1923 wurde der »Film aller Filme« (Kurt Pinthus) enthusiastisch aufgenommen. »Weil er an Urinstinkte appelliert«, faßte Tucholsky die Ursachen der ungeheuren Wirkung Chaplins zusammen. »Weil hier ein Sieger des Lebens ist, der zwar den Unterdrückten angehört, aber doch – mit allen Mitteln arbeitend – triumphiert. Vor allem hat Chaplin als einziger die reine Komik der absoluten Bewegung entdeckt.« Der Erfolg von *The Kid* beruht, wie Tucholsky es treffend formulierte, auf der »hinreißenden Herzenskomik« des Films.

Gary Carey: »*The Kid*«, in: Film Comment 1972, H. 8; Charles Chaplin: »Die Geschichte meines Lebens«. Frankfurt a.M. 1964; Francis Hackett: »*The Kid*«, in: Donald McCaffrey (Hg.): Focus on Chaplin. Englewood Cliffs 1971; Rainer Heinz: »Das Lächeln und die Träne«, in: film-dienst, 1997, H. 10; Gerald D. McDonald u.a.: »The Films of Charlie Chaplin«. Secaucus 1965; David Robinson: »Chaplin. Sein Leben, seine Kunst«. Zürich 1989; Kurt Tucholsky: »*The Kid*«, in: ders.: Gesammelte Werke. Bd. 3. Reinbek 1975.

Helmut G. Asper

THE KILLERS (Rächer der Unterwelt).

USA (Mark Hellinger Productions) 1946.
35 mm, s/w, 105 Min.
R: Robert Siodmak. B: Anthony Veiller, nach der gleichnamigen Erzählung von Ernest Hemingway. K: Ellwood Bredell. A: Russell A. Gausman, E.R. Robinson. M: Miklos Rosza.
D: Edmond O'Brien (Riordan), Ava Gardner (Kitty Collins), Albert Dekker (Colfax), Sam Levene (Lubinsky), John Miljan (Jake), Virginia Christine (Lilly), Vince Barnett (Charleston), Burt Lancaster (Swede), Charles D. Brown (Packy), Donald MacBride (Nick), Charles McGraw (Al), William Conrad (Max).

The Killers stellt den Typus des überoptimierten Film noir dar. Alle Ingredenzien des Genres sind vorhanden: die Femme fatale, die Killer, ein zäher Ermittler, Wettbetrug, ein perfekt inszenierter Raub, betrogene Betrüger und Verbrecher unter dem Deckmantel der Anständigkeit, ein Held ohne Hoffnung – die Liste der Noir-Elemente ließe sich noch verlängern. Siodmaks Film könnte man als Quintessenz des Film noir bezeichnen. Kein Wunder, daß Carl Reiner für seine Parodie *Dead Men Don't Wear Plaid* (*Tote tragen keine Karos*, 1982) viele Szenen aus der furiosen Eingangssequenz von *The Killers* übernahm.

Hemingways Kurzgeschichte leiht dem Film den Titel und die Eingangsszene. Zwei Männer betreten eine Snack-Bar in der Provinz, versetzen die Anwesenden langsam und genüßlich in Panik und sperren sie schließlich ein, um in Ruhe dem früheren Boxprofi Swede aufzulauern und ihn zu töten. Der erwartet sie jedoch völlig fatalistisch in seiner kargen Kammer, obwohl er zuvor noch gewarnt wird. »Ich habe etwas falsch gemacht. Früher einmal«, lautet seine Erklärung – er ist des Versteckens und der Flucht müde. Wenig später wird er erschossen. Hier endet Hemingways Geschichte, hier beginnt die Story von Siodmak/Veiller. Der Versicherungsagent Riordan, der den Fall bearbeitet, beginnt, verstört durch die merkwürdige Wehrlosigkeit des Opfers, sich für dessen Vergangenheit zu interessieren. Im Verlauf seiner Ermittlungen gelingt es ihm, die Geschichte aufzudecken und am Ende sogar Swede zu rächen. Die Welt wird aber durch den Privatkreuzzug Riordans nicht anders, sie bleibt voll Betrug und Korruption.

Der Film bezieht seine Spannung zum großen Teil aus der Personenkonstellation: Swede und Riordan, auf geheime Weise verwandt, vertreten ein gewisses Männlichkeitsideal von Treue, Ehrlichkeit und Konsequenz, beide sind Einzelgänger; ihnen stehen – geldgierig, durchtrieben und gewissenlos – die Frau, die Swede ins Verderben treibt, Kitty Collins, und der Auftraggeber der Killer, Colfax, gegenüber. Riordan ist zynischer, illusionsloser, vorsichtiger als Swede und fällt deshalb weder dem Charme von Kitty noch den Kugeln der Killer zum Opfer. Die Erzählstruktur des Films – Tod des Helden zu Beginn, Aufrollen seines Lebens in Rückblenden durch Erinnerungen verschiedenster Menschen – ist deutlich von Orson Welles' ↗*Citizen Kane* beeinflußt. Der Zuschauer erhält, immer wenn Riordan einen neuen Zeugen aufsucht, durch Flashbacks ein neues Mosaikteilchen. Dem rätselhaften letzten Wort Kanes »Rosebud« bei Welles entspricht die unerklärliche Widerstandslosigkeit Swedes; der Journalist wie der Versicherungsagent werden immer stärker von der Person, deren Geheimnis sie entschlüsseln wollen, gefangengenommen.

Zwei Schauspieler dominieren den Film. Ava Gardner ist die Femme fatale par excellence: verrucht, verführerisch und tückisch, bei Bedarf männermordend oder hilfloses Mädchen, das um Erbarmen fleht. Burt Lancaster - in seinem Filmdebüt - wurde durch *The Killers* zum Star. Er trifft genau die von Siodmak gewünschte Atmosphäre - unvergeßlich die Szene seines Wartens auf die Mörder.

Siodmak setzt in *The Killers*, ähnlich wie in *The Spiral Staircase* (*Die Wendeltreppe*, 1945), auf dunkle Szenen und enge, ausweglose Innenräume. Eine der wenigen Szenen, die bei vollem Tageslicht spielt, ist der Überfall auf das Lohnbüro: von erhöhter Kameraposition aus gefilmt, minutenlang ungeschnitten. Die Lichtführung ist hart, extrem stilisiert, vor allem in der Eingangsszene. Sie grenzt an Selbstparodie, ohne jedoch an Eindringlichkeit zu verlieren. Nirgends sind die Schlagschatten so lang, die Dialoge so lakonisch, die Gangster so spielerisch-brutal, die Situation des Helden so trost-, hoffnungs- und ausweglos wie hier. Don Siegel, den Hellinger 1946 eigentlich als Regisseur verpflichten wollte, drehte 1964 ein Remake von *The Killers* (*Der Tod eines Killers*): Diesmal ist es einer der Killer, der zu begreifen versucht, warum sich sein Opfer nicht wehrte.

Lawrence Alloway: »Violent America. The Movies 1946-1964«. New York 1971; Hans C. Blumenberg (Hg.): »Robert Siodmak. Zwischen Berlin und Hollywood«. München 1980; Tom Conley: »Film Hieroglyphs. Ruptures in Classical Cinema«. Minneapolis 1991; Hervé Dumont: »Robert Siodmak. Le maître du film noir«. Lausanne 1981; Wolfgang Jacobsen/Hans-Helmut Prinzler (Hg.): »Siodmak Bros.«. Berlin 1998; Steve Jenkins: »*The Killers*«, in: Monthly Film Bulletin, 1981, H. 573; Stuart M. Kaminsky: »Hemingway's *The Killers*«, in: Take One, 1974, H. 6; Ann E. Kaplan (Hg.): »Women and Film Noir«. London 1978; A.M. Karimi: »Toward a Definition of the American Film noir (1941-1949)«. New York 1976; Colin Mc Arthur: »Underworld USA«. New York 1972; James Robert Parish/M.R. Pitts: »The Great Gangster Pictures«. Metuchen 1976; Georg Seeßlen: »Der Asphalt-Dschungel«. Reinbek 1980; Jack Shadoien: »Dreams an Dead Ends«. Cambridge 1977; Alain Silver/Elizabeth Ward: »Film Noir. An Encyclopedic Reference to American Style«. Woodstock 1980; Paul Werner: »Film noir«. Frankfurt a.M. 1985.

Rolf-Bernhard Essig

THE KILLING FIELDS (The Killing Fields – Schreiendes Land). Großbritannien (Goldcrest/International Film Investors/Warner Brothers) 1984. 35 mm, Farbe, 141 Min.
R: Roland Joffé. B: Bruce Robinson, nach dem Bericht »The Life and Death of Dith Pran« von Sydney Schanberg. K: Chris Menges.
A: Roy Walker. S: Jim Clark. M: Mike Oldfield.
D: Sam Waterston (Sydney Schanberg), Haing S. Ngor (Dith Pran), John Malkovich (Al Rockoff), Julian Sands (John Swain), Craig T. Nelson (Militärattaché).

Der Film beruht auf einer authentischen Geschichte: *The Killing Fields* basiert auf einem Artikel des »Times Magazine«, in dem der amerikanische Journalist Sydney Schanberg über das Schicksal seines verschollenen Dolmetschers und Assistenten Dith Pran berichtete. Die englische Produktion - Schanberg sperrte sich gegen eine Vermarktung seiner Erlebnisse durch Hollywood - zeichnet sich aus durch das Engagement für die Opfer, vermeidet dabei aber die polemische Stellungnahme gegen die amerikanische Vietnam-Politik.

Erzählt wird die Geschichte einer Freundschaft in drei Kapiteln. Der erste Teil spielt in Kambodscha 1973. Das Land ist im Vietnamkrieg zwar offiziell neutral, doch bombardieren amerikanische B 52's die Stadt Neak Luong: ein Navigationsfehler, wird behauptet. Der Reporter Schanberg will vor Ort recherchieren, was man zu verhindern versucht; mit Hilfe des Einheimischen Dith Pran gelingt es ihm, in den zerstörten Ort zu gelangen. Zwei Jahre später ziehen in Phnom Penh die gegen das amerikafreundliche Lon-Nol-Regime siegreichen, von China unterstützten Roten Khmer ein. Die meisten ausländischen Journalisten haben mit den US-Botschaftsangehörigen das Land verlassen, nur Schanberg und Pran sind geblieben. Sie erleben, wie die Schreckensherrschaft Pol Pots zu Massakern unter der Bevölkerung führt. Pran rettet seine amerikanischen Freunde aus der Gefangenschaft der Roten Khmer, darf selbst aber Kambodscha nicht verlassen und verschwindet in einem Arbeits- und Umerziehungslager. In New York bemüht sich Schanberg, der für seine Reportagen den Pulitzer-Preis erhält, vergeblich um Nachricht von Pran. Der dritte und letzte Teil zeigt den Leidensweg des Kambodschaners; Am Ende können sich die Freunde Schanberg und Pran in einer thailändischen Rote-Kreuz-Station in die Arme schließen.

»Wir haben's geschafft. Wir sind auf der ersten Seite«: *The Killing Fields* zählt zu jenen Kriegsfilmen, die – wie *Die Fälschung* (Volker Schlöndorff, 1981) oder *Under Fire* (Roger Spottiswoode, 1982) – die Berichterstatter von der Front zu Protagonisten machen. Von Vietnam-Filmen wie ↗*Apocalypse Now* unterscheidet sich das Spielfilm-Debüt Roland Joffés durch die ungeschminkte Darstellung des physischen wie psychischen Leids, das der Krieg für die Bevölkerung bedeutet. Weite Passagen sind im dokumentarischen Stil gedreht; Joffé und sein Kameramann Chris Menges erzielen dadurch eine außergewöhnliche Direktheit. Immer wieder richtet sich der Blick auf grauenvolle Kriegsverletzungen und Zerstörungen, doch auch *The Killing Fields* verfällt – besonders im ersten Teil – der Ästhetisierung des Krieges. Die Musik Mike Oldfields, ein auf Effekte setzender Klangteppich, verstärkt diesen Eindruck.

Die Darstellung des Fremden verrät, daß der Film, trotz seiner kritischen Einstellung zum amerikanischen Vietnam-Engagement, sich nicht freimachen kann von rassistischen Vorurteilen: Der ›zivilisierte‹ Teil der Menschheit kämpft im Dschungel gegen blutrünstige ›Wilde‹. Die Roten Khmer werden als unartikuliert brüllende Fanatiker vorgeführt: »Nicht einmal eine eigene Sprache gesteht dieser Film ihnen zu. Ihre guttural zerfetzten Laute, die wie Messer durch die schwere Luft wirbeln, werden nicht übersetzt.« (Karsten Witte) In diesen Topos paßt ›der gute Eingeborene‹: Letztlich instrumentalisiert der amerikanische Journalist den einheimischen Helfer für seine Zwecke, was durch die sentimentale Geschichte der Freundschaft zwischen beiden Männern völlig verdeckt wird.

Haing S. Ngor, ein aus Kambodscha emigrierter Arzt, der in der Rolle des Dith Pran erstmals vor einer Filmkamera stand, wurde als bester Nebendarsteller mit einem Oscar ausgezeichnet. Zwei weitere Oscars wurden für Kamera und Schnitt vergeben.

Michel Ciment: »Entretien avec Roland Joffé«, in: Positif, 1985, H. 288; Alan Hunter: »Roland Joffé«, in: Films and Filming, 1984, H. 363; Nicholas Kent: »Death of a nation«, in: Stills, 1984, H. 14; Mark Le Fanu: »Regard aigu sur un destin funeste«, in: Positif, a.a.O.; James Park: »Bombs and Pol Pot«, in: Sight and Sound, 1984/85, H. 1; Danny Peary: »Alternate Oscars«. London u.a. 1993; Stefan Reinecke: »Hollywood goes Vietnam«. Marburg 1993; Paul Sammon: »Chris Menges and *The Killing Fields*«, in: American Cinematographer, 1985, H. 4; Horst Schäfer: »*The Killing Fields*«, in: Günter Engelhard u.a. (Hg.): 111 Meisterwerke des Films. Frankfurt a.M. 1989; ders./Wolfgang Schwarzer: »Von *Che* bis *Z*. Polit-Thriller im Kino«. Frankfurt a.M. 1991; Georg Schmidt: »*The Killing Fields*«, in: tip Filmjahrbuch, Bd. 1, Frankfurt a.M. 1985; Karsten Visarius: »Kambodschanische Passion«, in: Frankfurter Rundschau, 27.2.1985; Karsten Witte: »Krieg den Hütten!«, in: Die Zeit, 6.3.1985.

Tim Darmstädter

KINDER DES OLYMP

↗ Enfants du paradis

KIND HEARTS AND CORONETS

(Adel verpflichtet). Großbritannien (Ealing) 1949. 35 mm, s/w, 100 Min.

R: Robert Hamer. B: Robert Hamer, John Dighton, nach dem Roman »Israel Rank« von Ray Horniman. K: Douglas Slocombe. S: Peter Tanner. M: Ernest Irving, Wolfgang Amadeus Mozart.

D: Dennis Price (Louis Mazzini), Alec Guinness (Lord Ascoyne d'Ascoyne, Henry d'Ascoyne, der Bankier, der Pfarrer, der Admiral, der General, Herzog d'Ascoyne von Chalfont, Lady Agatha d'Ascoyne), Valerie Hobson (Edith d'Ascoyne), Joan Greenwood (Sibella).

»Rache ist eine Angelegenheit, die Leute von Geschmack kalt genießen« ist das delikate Motto des Protagonisten dieser Komödie, die den Zusatz »schwarz« wie kaum eine andere verdient. Im Mittelpunkt steht der Sprößling einer englischen Adelsdynastie, der zusammen mit seiner Mutter, da diese unstandesgemäß ehelichte, verfemt und aller Adelsansprüche enthoben, ein kärgliches Dasein fristet, bis er – halb aus Rache, halb aus Habgier – seine Verwandtschaft der Reihe nach ins Jenseits befördert. Doch nicht dieser Meuchelmorde, sondern ausgerechnet eines Verbrechens wegen, das gar keines war, kommt der zum Herzog ›Aufgestiegene‹ vor Gericht. Am Ende bleibt offen, ob die ganze Wahrheit noch ans Licht kommt und welches weitere Schicksal der ›Held‹ nehmen wird.

Im besten Sinne typisch englisch ist diese etwas altmodisch inszenierte, aber vergnügliche Groteske: bissig bis bitterböse, mit dem berühmt-berüchtigten schwarzen Humor, dabei aber keinesfalls verletzend geschmacklos, sondern kultiviert und mit viel Understatement. Die snobistische Adelsgesellschaft wird in ihrer blasierten Borniertheit und Dekadenz bloßgestellt, einerseits durch die karikierende Porträtierung der allesamt von Alec Guiness gespielten acht Miglieder der Familie d'Ascoyne, die vom Bankier über den Pfarrer bis zum Offizier die ganze Berufspalette des großbürgerlichen Adelsstandes abbildet, andererseits aber auch in der Person des von Dennis Price gespielten Mörders. Er ist als Verbannter wider Willen zwar von den gesellschaftlichen Gepflogenheiten der Oberklasse ausgeschlossen, macht sich aber deren zynische Menschenverachtung und brutale Gleichgültigkeit zu eigen, die er nachahmt, auf die Spitze treibt und gegen ihre Vertreter wendet – mit tödlicher Wirkung. Insofern ist er nur der konsequenteste Vollstrecker einer mitleidlosen Mentalität.

Die in Form eines inneren Monologs vorgetragene Geschichte nötigt dem Zuschauer die Sichtweise des Erbschleichers auf, wobei der bewußt distinguiert gehaltene Jargon dem an sich haarsträubenden Geschehen seinen blutrünstigen Charakter nimmt. In einem geradezu lakonisch-emotionslosen Stil wird der Serienmord als burleske Posse präsentiert, die, wenn unvermeidbar, auch schon mal eine Unschuldige trifft.

Der für seine Zeit extravagante Film ist die wohl ungewöhnlichste und beste Produktion der britischen Ealing Studios (1933–55), die eigentlich auf leichte Komödien, im Mittelschichtsmilieu angesiedelt, spezialisiert waren. Für Alec Guinness bedeutete das amüsante Verwandlungsspiel den Startschuß zu einer internationalen Karriere. Bevor der Schauspieler jedoch in Großproduktionen wie *The Bridge on the River Kwai*, ↗*Lawrence of Arabia* oder *Doctor Zhivago* mitwirkte, demonstrierte er wiederholt sein eigenwilliges Talent für skurrile Rollen in mehreren Ealing-Komödien, vor allem in *The Ladykillers* (Alexander Mackendrick, 1955).

»*Kind Hearts and Coronets*«, in: Masterworks of the British Cinema. London 1974. (Filmtext)

Charles Barr: »Ealing Studios«. London 1977; Jaques Belman: »Robert Hamer«. Paris 1976; George Brown: »Der Produzent – Michael Bacon und der englische Film«. Berlin 1981; Jerry Palmer: »Enunciation and Comedy: *Kind Hearts and Coronets*«, in: Screen, 1989, H. 1/2; George Perry: »Forever Ealing«. London 1981; David Castell: »The Films of Alec Guinness«. London 1974; Andreas Missler: »Alec Guinness«. München 1987; Kenneth Tynan: »Alec Guinness«. London 1953; Michael Newton: »*Kind Hearts and Coronets*«. London 2003.

Max-Peter Heyne

A KING IN NEW YORK

(Ein König in New York). Großbritannien (Attica-Archway) 1957. 35 mm, s/w, 111 Min. R+B: Charles Chaplin. K: Georges Périnal. A + Ba: Allan Harris. M: Charles Chaplin. D: Charles Chaplin (König Shahdov), Dawn Addams (Ann Kay), Oliver Johnston (Botschafter Jaume), Michael Chaplin (Rupert MaAbee).

Chaplins erster in England gedrehter Film ist eine satirische Abrechnung mit den USA, dem American way of life und den Hexenjagden des McCarthyismus. Nach einer beispiellosen Hetzkampagne mit politischen und persönlichen Anschuldigungen hatte Chaplin die USA verlassen müssen, und er verarbeitete in seinem Film, schon für die Zeitgenossen

A King in New York

erkennbar, eigene Erfahrungen. Chaplin bleibt jedoch nicht in persönlicher Betroffenheit stecken, sondern deckt die Fehlentwicklungen der amerikanischen Gesellschaft systematisch auf und hält ihr den satirischen Zerrspiegel vor. *A King in New York* spottet über die Cinemascope-Filme, die Rockmusik, die Fernsehwerbung, die Schönheitschirurgie und die versnobte feine Gesellschaft, der alles zum bloßen Amüsement verkommt. Der geflohene europäische Monarch wird als Exot zum vielumworbenen Mittelpunkt: Sein »Sein oder Nichtsein«-Vortrag wird als Dinnerbeigabe genossen; das klassische Kulturerbe dient nur noch der Zerstreuung, Chaplin hat das lange vor den Auguren der Medienwissenschaft erkannt. Symptomatisch ist, daß dieser Vortrag heimlich aufgenommen und im Fernsehen übertragen wird. Die von König Shadov begehrte Ann Kay ist Agentin des Fernsehens: Sie instrumentalisiert ihre Reize und Gefühle, und deshalb gibt es in dieser Beziehung auch nur Sex, aber keine Liebe. Die Satire zielt besonderes auf den McCarthyismus, dessen bösartige Perfidie Chaplin bloßstellt. Der Junge Rupert ist zu Beginn ein nonkonformistischer, frühreifer Schüler, er liest Marx und ist Redakteur der Schülerzeitung einer angeblich fortschrittlichen Schule. Seine Persönlichkeit wird gebrochen, zudem zwingt man ihn, seine Eltern als Kommunisten zu denunzieren: eine scharfe Kritik nicht nur an den amerikanischen Erziehungsinstitutionen und -methoden, sondern auch am Vorgehen der selbsternannten Kommunistenjäger. Durch die Bekanntschaft mit Rupert gerät der König, der vor sozialistischen Revolutionären geflohene Monarch, selbst in Verdacht, Kommunist zu sein und wird vor den berüchtigten Ausschuß geladen. Chaplin parodiert geistvoll die gegen ihn erhobenen Vorwürfe des Komitees für unamerikanische Umtriebe (HUAC). In einer ebenso haarsträubenden wie zwerchfellerschütternden Slapstickszene, die an die brutalen Scherze des frühen Tramp erinnert, bespritzt Shahdov das Komitee mit Wasser aus einem Feuerwehrschlauch. Das groteske Bild ist mehrdeutig: Chaplin

bepinkelt das Komitee und zeigt ihm damit seine Verachtung; andererseits schwemmt er den Unrat und Schmutz hinweg, reinigt den stinkenden Augiasstall.
Der Film wurde bei der Uraufführung 1957 kein Erfolg, zumal Chaplin den amerikanischen Markt sperrte; erst 1973 wurde der Film in den USA aufgeführt. Auch in Europa, das noch ganz im Zeichen des Kalten Krieges stand, konnte der Film nicht reüssieren. In der Bundesrepublik Deutschland waren die amerikanischen Fernseh- und Werbemethoden damals weitgehend unbekannt, und das Fernsehen steckte in den Kinderschuhen, so wurde weder der Witz noch die Kritik des Films begriffen. In seiner Analyse der Medien-Werbe-Zerstreuungsgesellschaft war Chaplin seiner Zeit voraus, so daß es erst bei der Wiederaufführung 1976 zu einer Neubewertung des bis dahin unterschätzten Werkes kam.
Shadhov war Chaplins letzte Hauptrolle. Er spielt fast ohne Maske, und der Film erscheint als Satyrspiel zu seinem melodramatischen Bekenntnisfilm *Limelight* (1952). Sein Genie in der Erfindung pantomimischer Slapstickszenen ist ebenso ungebrochen wie seine Fähigkeiten als Autor, Regisseur und Schauspieler. Der Schluß ist, wie so häufig bei Chaplin, autobiographisch geprägt: Der König kehrt nach Europa zurück und wird dort mit seiner Königin im Exil leben – wie Chaplin sich mit seiner Frau Oona in das Schweizer Exil zurückzog.

Heinrich Böll: »Kein schlechter Witz«, in: Die Zeit, 5.11.1976; Charles Chaplin: »Die Geschichte meines Lebens«. Frankfurt a.M. 1964; Eric L. Flom: »Chaplin in the Sound Era. An Analysis of the Seven Talkies«. Jefferson 1997; Hellmuth Karasek: »Chaplin und die Verteidigung der Demokratie«, in: Der Spiegel, 12.7.1976; Gottfried Knapp: »Aus Rache weit vorausgedacht«, in: Süddeutsche Zeitung, 31.8.1976; Charles J. Maland: »Chaplin and American Culture.« Princeton 1989; Donald McCaffrey (Hg.): »Focus on Chaplin«. Englewood Cliffs 1971; Gerald McDonald u.a.: »The Films of Charlie Chaplin«. Secaucus 1965; David Robinson: »Chaplin. Sein Leben, seine Kunst«. Zürich 1989; ders.: »*A King in New York*«, in: Film Comment, 1972, H. 8; François Truffaut: »Die Filme meines Lebens«. Frankfurt a.M. 1997.

Helmut G. Asper

KING KONG

(King Kong und die weiße Frau). USA (RKO Radio Pictures) 1932/33. 35 mm, s/w, 100 Min.
R: Merian C. Cooper, Ernest B. Schoedsack.
B: James Creelman, Ruth Rose, nach einer Story von Edgar Wallace und Merian C. Cooper. K: Edward Linden, J.O. Taylor, Fernon L. Walker. M: Max Steiner.
D: Fay Wray (Ann Darrow), Robert Armstrong (Carl Denham), Bruce Cabot (John Driscoll), Frank Reicher (Kapitän Englehorn), Victor Wong (Charley).

Synthetischer Film oder Wie das Monster King Kong von Fantasie und Präzision gezeugt wurde ist der Titel eines Films von Helmut Herbst, der die gegenseitige Befruchtung von Filmtechnik und Filmsprache zum Thema hat. Tatsächlich eignet sich der Klassiker des phantastischen Films bestens zum Lehrbeispiel, wie aus der Kombination von altbekannten Elementen und technischer Innovation ein originäres Werk entstehen kann, das seinerseits wiederum eine Fülle von weiteren Filmen zeugt.
Die Handlung ist eingebettet in eine Geschichte, die selbstironisch das Gewerbe der Filmschöpfer spiegelt. Der Regisseur Denham, der Abenteuerfilme im Urwald dreht, liest auf der Straße ein blondes Mädchen auf, das er kurzerhand mit auf seine Filmexpedition nimmt: Er weiß, das Kinopublikum will eine schöne Frau sehen. Die offenbar dubiose Unternehmung beginnt mit einer Seereise; an Bord macht Denham erste Probeaufnahmen mit Ann: Sie soll Angst und Schrecken mimen. »Das Weib und die Bestie«, davon soll sein Film handeln. Später, als er Kong als Broadway-Sensation vermarktet, strömt das Publikum: »Es muß schon etwas sein – bei der Reklame!«
Auch *King Kong* war ein Spekulationsobjekt: Knapp 700.000 Dollar investierte die kurz vor dem Konkurs stehende Produktionsfirma RKO in den Streifen und sicherte sich durch den Kassenerfolg das Überleben. Der Film appelliert offen an die ›niederen Instinkte‹: Destruktions- und Vergewaltigungsphantasien werden evoziert. Aus Angst vor der Zensur machte man später einen Rückzieher: Die Szene, wo der blonden

Unschuld von Kong die Kleider vom Leibe gezupft werden, wurde ebenso geschnitten wie jene Sequenz, wo der wütende Riesenaffe die Eingeborenen lustvoll auf dem Boden zerdrückt. Die Exposition steht ganz in der Tradition des frühen Kinos, das den Reiz des Exotischen erotisch auflud: Die ›Wilden‹ rauben die weiße Frau, um sie ihrem Gott zu opfern. Danach spielt *King Kong* in zwei Welten, die beide von Gigantismus geprägt sind: Auf der geheimnisvollen Insel leben Dinosaurier und anderes prähistorisches Getier. New York ist im Film ein Großstadt-Dschungel mit Wolkenkratzern und Hochbahnen; am Ende erklettert Kong das – kurz zuvor fertiggestellte – Empire State Building. Dieses Bild ist – ähnlich wie die Frau als zappelnde Spielzeugfigur in den Klauen des Monsters – zu einer Ikone der populären Kultur geworden.

King Kong ist das Werk des Trick-Spezialisten Willis O'Brien, der das Slow-motion-Verfahren perfektionierte: Miniatur-Modelle werden mittels Einzelbildschaltung so aufgenommen, daß der Eindruck fließender Bewegung entsteht; die vorher gefilmten Schauspieler wurden auf Animationstischen in die Einstellung projeziert. O'Brien war immer auf die Bildwirkung bedacht und opferte dafür die realistische Plausibilität der Fiktion: Die Ausmaße des Monsters schwanken zwischen sechs und 20 Metern, doch werden solche Manipulationen dem Zuschauer kaum bewußt.

Zu den Ingredienzen, die die ungebrochene Suggestivkraft des Kinomärchens garantieren, gehört die Musik Max Steiners, neben Erich Wolfgang Korngold, Franz Waxman und Miklós Rózsa der bedeutendste Filmkomponist Hollywoods. Für *King Kong* schrieb er eine der ersten Originalpartituren für einen Tonfilm. Er arbeitet mit Leitmotiven für die Protagonisten, illustriert aber auch psychische Zustände wie Angst oder Zuneigung. In den ersten 20 Minuten, die den Aufbruch des Filmteams schildern, verzichtet er auf eine musikalische Untermalung; erst als die Expedition auf der exotischen Insel eintrifft, setzt die Musik ein und greift das rhythmische Trommeln der Eingeborenen auf. Sie kann sich jedoch auch vom Bild lösen und eine dramaturgische Funktion übernehmen, z.B. vorausdeuten auf eine noch nicht sichtbare Bedrohung. Steiners Musik ist nicht frei vom üblichen ›Mickeymousing‹ – eine vom Zeichentrickfilm entwickelte Technik, Bewegungsabläufe musikalisch nachzuzeichnen –, in der Anlage entspricht seine Partitur jedoch eher einer sinfonischen Dichtung.

Romane, Comics, Parodien sowie unzählige Nachahmer kamen sofort nach der Uraufführung auf den Markt. Speziell die japanische Filmindustrie nahm sich des Monsters an und erfand in Godzilla eine einheimische Variante; gleich in mehreren Filmen traten die beiden Riesen gegeneinander an. Origineller als das 1976 von Dino De Laurentiis produzierte Remake ist die von Cooper/Schoedsack ersonnene Fortsetzung *The Son of Kong* (1933): Nachdem das Monster in New York, statt als Varieté-Attraktion Geld einzubringen, ganze Straßenzüge verwüstet hat, wird Denham von Gläubigern und Gerichtsvollziehern verfolgt. Er sucht auf der geheimnisvollen Insel einen Schatz und findet am Fuße des Schädelberges Little Kong.

Jean Boullet: »Psychoanalyse de *King Kong*«, in: L'Avant-Scène du Cinéma, 1976, H. 174; René Chateau: »*King Kong* Story«. Paris 1976; Linwood G. Dunn: »Creating Film Magic for the Original *King Kong*«, in: American Cinematographer, 1977, H. 1; Alain Garsault: »Le signe est nu«, in: Positif, 1977, H. 190; Rolf Giesen: »Special Effects«. Ebersberg 1985; ders.: »Alles über Kong«. Ismaning 1993; Orville Goldner/George E. Turner: »The Making of *King Kong*«. New York 1975; George Gow: »The cult movies: *King Kong*«, in: Films and Filming, 1975, H. 4; Ron Haver: »Merian C. Cooper: First *King Kong*«, in: American Film, 1976/77, H. 3; Georg Maas: »King Kongs musikalischer Kammerdiener: Max Steiners Musik zu *King Kong* (1933) im Blickwinkel der Kritik Hanns Eislers«, in: Hans J. Wulff u.a. (Hg.): 2. Film- und Fernsehwissenschaftliches Kolloquium. Münster 1990; ders./Achim Schudack: »Musik und Film – Filmmusik«. Mainz u. a. 1994; Judith Mayne: »*King Kong* and the Ideology of the Spectacle«, in: Quarterly Review of Film Studies, 1976, H. 4; David N. Rosen: »Race, Sex and Rebellion«, in: Jump Cut, 1975, H. 6; Walter Schobert: »*King Kong und die weiße Frau*«, in: Günter Engelhard u.a. (Hg.): 111 Meisterwerke des Films. Frankfurt a.M. 1989; Don Shay: »Willis O'Brian – Creator of the Impossible«, in: Cinefex, 1982, H. 7; Harold Wellman: »*King Kong* – Then and Now«, in: American Cinematographer, 1977, H. 1.

Michael Töteberg

KLARER HIMMEL ↗ Čistoe nebo

KLASSENVERHÄLTNISSE

Bundesrepublik Deutschland/Frankreich (Janus/HR/NEF-Diffuson) 1983. 35 mm, s/w, 126 Min. R: Jean-Marie Straub, Danièle Huillet. B: Jean-Marie Straub, Danièle Huillet, nach dem Romanfragment »Der Verschollene« von Franz Kafka. K: William Lubtchansky. T: Louis Hochet.
D: Christian Heinisch (Karl Roßmann), Reinald Schnell (Heizer), Mario Adorf (Onkel Jakob), Harun Farocki (Delamarche), Manfred Blank (Robinson), Libgart Schwarz (Therese), Kathrin Bold (Oberköchin), Alfred Edel (Oberkellner).

Kafkas Romane und Erzählungen sind nicht ›kafkaesk‹: Viele Bearbeitungen sind daran gescheitert, daß sie das ›Absurde‹ herausstellen und so die grundlegende Ambivalenz zerschlagen. Ist z.B. all das, was Karl Roßmann zustößt, eine Folge ungeheurer Ungerechtigkeit oder stellt sich das nur ihm so dar? Das Romanfragment erlaubt beide Interpretationen. »Der Verschollene« ist ein komischer Text, weil er die verzerrte Wahrnehmung Roßmanns darstellt, seine falschen Selbstbilder vorführt. Zugleich ist es ein bitterer Text, der in einem fremden ›Amerika‹ spielt und vom modernen Kapitalismus handelt.

Klassenverhältnisse ist, von dem plakativen Titel sollte man sich nicht täuschen lassen, ein vielschichtiges »politisches Oratorium« (Straub). Kein Satz wird in realistischer Manier gesprochen; Pausen und Zäsuren sind musikalisch gesetzt, die Bilder genau komponiert und von einer statuarischen Kamera eingefangen. Herrschaftsstrukturen, Machtmechanismen werden bloßgelegt: Karl Roßmann, von den Eltern fortgeschickt, vom reichen Onkel verstoßen und aus der Stellung gejagt, gerät in das »System der Abhängigkeiten«. Er versucht, seine ›Stellung‹ innerhalb der Hierarchie zu begreifen. Doch durchschaut er die Klassenverhältnisse nicht wirklich, obwohl er sich an ihnen stößt, manchmal auch rebelliert. Christian Heinisch als Roßmann ist in diesen Momenten der Auflehnung voller Ernst und Härte, gehört zu den energischen Jugendlichen der Straub/Huillet-Filme wie Vladimir Barratta als Pausanias in *Der Tod des Empedokles* (1986) oder Astrid Ofner in *Antigone* (1991). Die Wut über das Unrecht prägt ihre Darstellungen; trotz ihrer Ohnmacht beugen sie sich nicht.

Roßmanns Haltung ist weniger entschieden; er schwankt zwischen Anpassung und Auflehnung. Kafka hat ihn »unschuldig« genannt, denn er ist ein Opfer. Arglos ist er aber nicht. Aus Schaden wird er immerhin so klug, den anderen Böses zuzutrauen. Roßmann, dem Green die Verstoßung durch den Onkel übermittelt hat, stellt sich in der Herberge mit den Worten vor: »Ich heiße Karl Roßmann und bin ein Deutscher. Bitte, sagen Sie mir, da wir doch ein gemeinsames Zimmer haben, auch Ihren Namen und Ihre Nationalität.« Etwas Anmaßendes liegt in diesem Auftritt. Aus seinem Koffer kramt Roßmann ein Foto seiner Eltern. Die spätere Empörung über den Verlust der Fotografie, die er Delamarche und Robinson anlastet, ist – fast noch deutlicher als im Romanfragment – Resultat einer Unterstellung, die von einem eigenen Fehler ablenkt.

Die Komik des Textes tritt durch die Sprechweise nur deutlicher hervor. Wie immer in Straub/Huillets Filmen sind die Darsteller in den Figuren präsent, verschwinden nicht hinter der Darstellung. Der Unterschied zwischen Laien und professionellen Schauspielern fällt dabei weniger ins Gewicht als die Differenz der Temperamente. Mario Adorfs Onkel Jakob zeigt eine sentimentale Anwandlung, die er im entscheidenden Augenblick doch immer zugunsten des Realitätssinnes über Bord wirft. Die Tücke des Oberportiers, die Machtattitüde des Oberkellners – Alfred Edel, der berühmteste Nebendarsteller des Neuen deutschen Films, konnte hier nicht wie sonst improvisieren –, die sorgende, aber eben auch strenge Oberköchin, die verhuschte Therese, deren Ängstlichkeit sich mit Behauptungswillen durchsetzt – der Facettenreichtum der Charaktere gibt jener Szene, in der Roßmann ›verurteilt‹ wird, eine besondere Schärfe, weil alle eine gemeinsame Front der Ablehnung bilden.

Der Film setzt, auch hierin einer Eigenart des Textes

verpflichtet, auf die waghalsigsten Umschwünge. Auf die bedrückende Szene mit Roßmanns Entlassung, in der sich seine Peiniger mit den vermeintlich Wohlwollenden verbünden, folgt unmittelbar eine komische Sequenz, die in der Konfrontation mit dem - einem Slapstick-Film entsprungenen - Polizisten ihren Höhepunkt erreicht. Diese Komik hat ihrerseits einen bedrohlichen Unterton, wie zuvor die Drohung der Mächtigen mit komischen Momenten gesegnet war. Mit dieser Durchmischung bleibt der Film seiner Vorlage treu. *Klassenverhältnisse*, wie alle anderen Filme von Straub/Huillet, beruht auf einem literarischen Kunstwerk. Es nicht zu ›verfilmen‹ und damit fürs Kino auszubeuten, sondern ein gleichrangiges Werk aus dem filmischen Material zu schaffen, ist das Ziel der künstlerischen Arbeit von Straub und Huillet.

»*Klassenverhältnisse*«. Hg. Wolfram Schütte. Frankfurt a.M. 1984. (Drehbuch, Materialien).
Alain Bergala: »Filmer Kafka«, in: Cahiers du Cinéma, 1984, H. 364; Manfred Blank u.a.: »Wie will ich lustig lachen, wenn alles durcheinandergeht«, in: Filmkritik, 1984, H. 9/10; Robert Brown: »*Klassenverhältnisse*«, in: Monthly Film Bulletin, 1985, H. 616; Barton Byg: »Landscapes of Resistance«. Berkeley 1995; Andreas Eisenhart: »Zum letzten Mal V-Effekt«, in: Filmkritik, 1984, H. 9/10; Harun Farocki: »Einfach mit der Seele, das gibt es nicht«, in: Filmkritik, 1983, H. 5 (Interview); ders.: »Guten Tag, Herr Roßmann«, in: Die Zeit, 1.7.1983; Frieda Grafe: »Die Dicken und die Dünnen«, in: Die Republik, 1985; H. 72–75; Rolf Michaelis: »Bild-Sprach-Musik«, in: Die Zeit, 21.9.1984; Peter Nau: »Verführung und Gewalt«, in: Filmkritik, 1984, H. 9/10; Karl Schmitz: »Die tonlose Musikalität alptraumhafter Bilder«, in: Frankfurter Allgemeine Zeitung, 1.10.1984.

Rainer Rother

KLEINE FLUCHTEN

↗ Petites fugues

KOLBERG

Deutschland (Ufa) 1943–45. 35 mm, Farbe, 111 Min.
R: Veit Harlan. B: Veit Harlan, Alfred Braun. K: Bruno Mondi. S: Wolfgang Schleif. Ba: Erich Zander, Karl Machus. M: Norbert Schultze.
D: Kristina Söderbaum (Maria), Heinrich George (Nettelbeck), Paul Wegener (Loucadou), Horst Caspar (Gneisenau), Gustav Diessl (Schill), Otto Wernicke (Bauer Werner), Irene von Meyendorff (Königin), Kurt Meisel (Claus), Jakob Tiedtke (Reeder), Paul Bildt (Rektor), Franz Schafheitlin (Fanselow).

Kolberg ist ein Kriegsfilm. Er handelt vom Krieg, und er verbrauchte Ressourcen von kriegsähnlichen Ausmaßen. Der Historienfilm, der den preußischen Widerstand gegen die napoleonischen Truppen im Jahre 1806 glorifiziert, wurde mitten im Krieg, als die Niederlage Deutschlands längst unabwendbar war, mit enormem Aufwand in Szene gesetzt. Am 30. Januar 1945 gelangte *Kolberg* in der von alliierten Truppen bereits eingeschlossenen ›Atlantikfestung‹ La Rochelle vor deutschen Soldaten zur Uraufführung, am Tag darauf hatte der Film seine zivile Premiere in Berlin.
An der Produktionsgeschichte läßt sich ablesen, welche Bedeutung Goebbels dem Film zumaß. Am 1. Juni 1943 erteilte der Propagandaminister dem Ufa-Starregisseur Veit Harlan den Auftrag, das Projekt *Kolberg* in Angriff zu nehmen. Fünf Monate später begannen die Dreharbeiten in der ›Ufastadt‹ Babelsberg, wurden in Kolberg, Königsberg, Berlin und Umgebung fortgesetzt und zogen sich bis in den August 1944 hin. Sie banden Menschen und Material in bislang unbekanntem Ausmaß: 187.000 Soldaten, 6.000 Pferde, 10.000 Uniformen. Mehrere Güterzüge voll Salz wurden herangeschafft, um Stadt und Felder in eine Schneelandschaft zu verwandeln. Insgesamt 90 Stunden Filmmaterial waren belichtet, als die Postproduktion begann. Obwohl der ›Endkampf‹ bereits eingesetzt hatte, wurde die Arbeit an der 8,5 Millionen Reichsmark teuren Prestige-Produktion unter Hochdruck fortgeführt. Um Kürzungen und Änderungen kümmerte sich im Dezember der Minister persönlich; die letzte Besprechung über den Schnitt fand am ersten Weihnachtstag statt. Während Deutschland in Schutt und Asche versank, plante der Reichsfilmintendant noch am 25. Februar 1945 den Einsatz des Films bei Einheiten der kämpfenden Truppe.
Kolberg schildert einen »Abschnitt ruhmreicher

Kolberg: Kristina Söderbaum und Heinrich George

deutscher Vergangenheit«, der als »Lehre und Beispiel für unsere Zeit« (Filmplakat) dienen soll. Der Kampf um Kolberg endete – was der Film tunlichst verschweigt – mit der Niederlage Preußens gegen Frankreich. Doch das Sterben für Deutschland bekommt im Film einen Sinn durch die Konstruktion als Rückblende: In einem Gespräch zwischen König Friedrich Wilhelm III. und General von Gneisenau wird die Erinnerung wachgerufen an die Ereignisse von 1806 in der belagerten Stadt. Deren Bürger, vorangetrieben durch den fanatischen Bürgermeister Nettelbeck, stellten sich angeblich dem Gegner heroisch entgegen und hätten so die geistige Voraussetzung für den erfolgreichen späteren Aufstand gegen die Franzosen 1813 geschaffen. Gerichtet sind die Durchhalteparolen an das Publikum von 1945, das an den ›Endsieg‹ nicht mehr glauben mag. Wenn die Rahmenhandlung am Ende wieder aufgenommen wird, ist der Historienfilm in der Gegenwart angekommen. Ein »neues Reich, ein neues Volk« werde sich nun erheben, verheißt der Film. *Kolberg* ist, kurz vor dem Zusammenbruch des Dritten Reiches, ein letzter, ungehört verhallter Durchhalteappell. Der ästhetische Kniff der Rückblende ist bereits das ganze Tragwerk der leerlaufenden Propaganda.

Rolf Aurich/Heiner Behring: »Nationalsozialistische Propagandafilme«, in: Medien praktisch, 1989, H. 4; Rolf Aurich: »Film als Durchhalteration«, in: Hans-Michael Bock/Michael Töteberg (Hg.): Das Ufa-Buch. Frankfurt a.M. 1992; Francis Courtade/Pierre Cadars: »Geschichte des Films im Dritten Reich«. München 1975; Bogusław Drewniak: »Der deutsche Film 1938–1945«. Düsseldorf 1987; Norbert Grob: »Veit Harlan«, in: CineGraph, 1989, Lg.15; Veit Harlan: »Im Schatten meiner Filme«. Gütersloh 1966; Klaus Kanzog: »›Staatspolitisch besonders wertvoll‹«. München 1994; Klaus Kreimeier: »Die Ufa-Story«. München 1992; Erwin Leiser: »Deutschland, erwache!«. Propaganda im Film des Dritten Reiches, Reinbek 1978; Frank Noack: »Veit Harlan. ›Des Teufels Regisseur‹«. München 2000; Frederick W. Ott: »*Kolberg*«, in: ders.: The Great German Films. Secaucus 1986; Gerhard Schoenberner: »*Kolberg*«, in: Rainer Rother (Hg.): Die Ufa. Das deutsche Bilderimperium. Berlin 1992,

Komissar: Nonna Mordjukova

H. 20; Kristina Söderbaum: »Nichts bleibt immer so«. Bayreuth 1983; Karsten Witte: »Der barocke Faschist«, in: Karl Corino (Hg.): Intellektuelle im Bann des Nationalsozialismus. Hamburg 1980; Joseph Wulf: »Theater und Film im Dritten Reich«. Frankfurt a.M. u.a. 1983.

Rolf Aurich

KOMISSAR (Die Kommissarin). UdSSR (Filmstudios M.Gorki/Mos'film) 1966/67. 35 mm, s/w, 109 Min.
R: Aleksandr Askoldov. B: Aleksandr Askoldov, nach der Erzählung »In der Stadt Berdicev« von Vasilij Grossmann. K: Valeri Ginsburg. M: Alfred Schnittke.
D: Nonna Mordjukova (Klavdija Vavilova, Kommissarin), Rolan Bykov (Jefim Magasanik), Raissa Nedaskovskaja (Marija), Ljudmila Volynskaja (Marijas Mutter), Vasilij Suksin (Regimentskommandeur).

Bei der geschlossenen Voraufführung 1967 wurde der Film regelrecht »verhaftet«, berichtete der Regisseur: Das Filmmaterial, die Tonbänder, das Drehbuch wurden beschlagnahmt. Man wollte den Film verbrennen, was gerade noch verhindert werden konnte. Askoldov, dessen erster Spielfilm *Komissar* war, erhielt nie eine zweite Chance: Seine Karriere war zuende, bevor sie begonnen hatte; mühsam schlug er sich mit Gelegenheitsarbeiten durch. Erst mit 20 Jahren Verspätung – immer noch, trotz Glasnost und Perestroika, gegen den Widerstand einflußreicher Funktionäre – kam sein Film zur öffentlichen Aufführung: Auf Drängen ausländischer Kritiker wurde *Komissar* außerplanmäßig auf das Programm des 15. Moskauer Filmfestival 1987 gesetzt. In den Regalen der Zensur hatte ein Meisterwerk unter Verschluß gelegen, das jetzt seinen Siegeszug in der ganzen Welt antrat, und u.a. mit dem Silbernen Bären auf der Berlinale 1988 ausgezeichnet wurde.
Komissar spielt in der Zeit des Bürgerkrieges. In Berdicev, einer kleinen südukrainischen Stadt, wechseln sich die Besatzer ab: Kaum ziehen die Weißen ab, marschieren die Roten ein. Die Menschen ver-

stecken sich hinter verriegelten Türen und Fenstern; die Stadt ist totenstill, als die neuen Herren kommen. Sie werden angeführt von einer Frau: Die Polit-Kommissarin Klavdija Vavilova kennt keine Gnade. Einen Deserteur, der sich für einige Tage von der Truppe entfernt hatte, läßt sie ungerührt erschießen. In Zeitlupe sinkt der sterbende Soldat zu Boden. Sein Blut vermischt sich mit Milch aus einem zerbrochenen Krug, den er in der Hand hielt.

Die Kommissarin ist in erster Linie Soldat, erst dann eine Frau. Doch sie ist schwanger, und für eine Abtreibung ist es, obwohl sie den Arzt mit vorgehaltener Pistole dazu zwingen wollte, zu spät. Sie muß die Truppe, die vor dem Angriff der feindlichen Armee die Stadt wieder räumt, verlassen und quartiert sich bei einem jüdischen Handwerker ein. In der neuen Umgebung - die Familie besteht aus dem Kesselflicker Jefim, seiner Frau Marija, der Großmutter und sechs Kindern - legt die harte Kommissarin ihre Uniform ab und verwandelt sich in eine werdende Mutter im hausgeschneiderten Bauernkleid. In dem vom Chassidismus geprägten Judentum herrschen Heiterkeit und Lebensfreude, doch ist die Idylle der allgegenwärtigen Bedrohung abgetrotzt. Der Alltag mit der Sorge ums Essen, Wäschewaschen und Putzen kann die Angst nur oberflächlich verdrängen. Die Kinder spielen Krieg und Pogrom: eine surreale und trotzdem realistische Folterszene. Askoldov fügt mehrere solcher - gelb eingefärbter - Horrorvisionen in die Filmerzählung ein. Während der langen und schmerzhaften Geburtswehen der Kommissarin sieht man rasende Pferde, den Tod ihres Geliebten, Sensen schwingende Soldaten in der Wüste, Juden vor den Gaskammern.

Die Bildgewalt schließt unmittelbar an die Tradition der russischen Stummfilm-Klassiker an. Mit der Darstellung der jüdischen Lebenswelt und dem Hinweis auf antisemitische Pogrome verletzte Askoldov ein Tabu der sowjetischen Gesellschaft. Überdies heroisiert er die revolutionären Kämpfe nicht, sondern setzt gegen die Ideologie eine »Internationale der Güte«, von der Jefim träumt. Der Film zitiert christliche Symbole - das Kreuz, die Fußwaschung: die Kommissarin als Madonna der Revolution. Jefims Menschenfreundlichkeit und Religiosität beeindrucken die kommunistische Soldatin. Sie will ihr Kind taufen lassen. Auf dem Weg kommt sie an einer katholischen und einer orthodoxen Kirche vorbei, bis sie zur Synagoge gelangt. Die Musik von Alfred Schnittke, seine erste Komposition für einen Film, ist eine Symphonie der drei Religionen. Doch die Kommissarin trifft auf ihrem Weg junge Soldaten: Sie wird gebraucht. Schweren Herzens gibt sie ihr Kind in die Obhut der jüdischen Familie und zieht wieder in den Krieg.

Hans Werner Dannowski: »›Mein ganzes Leben ist in diesem Film‹«, in: epd Film, 1988, H. 10 (Interview); Klaus Dermutz: »›Ich wollte einen Film über die Würde des Menschen drehen‹«, in: Frankfurter Rundschau, 16.10.1988 (Interview); Klaus Eder: »Eine moralische Tat«, in: Filmbulletin, 1988, H. 4; Marli Feldvoß: »*Die Kommissarin*«, in: epd film, 1988, H. 11; Hans Hodel: »*Komissar*«, in: Zoom, 1988, H. 18; Peter Hoff: »Entmystifizierung der Geschichte: *Die Kommissarin* (1967/1988)«, in: Werner Faulstich/Helmut Korte (Hg.): Fischer Filmgeschichte. Bd. 5. Frankfurt a. M. 1995; Andrew Horton/Michael Brashinski: »The Zero Hour: Glasnost and Soviet Cinema«. Princeton 1992; Andreas Kilb: »Die Nacht von Berditschew«, in: Die Zeit, 28.10.1988; Manfred Mayer: »Schmerzhafte Geburt einer neuen Welt«, in: Film und Fernsehen, 1989, H. 8; Bérénice Reynaud: »Le long chemin de *La commissaire*«, in: Cahiers du Cinéma, 1988, H. 411; E. Stishova: »Passions over *Commissar*«, in: Wide Angle, 1990, H. 4; Frédéric Strauss: »L'énigme de vie«, in: Cahiers du Cinéma, a.a.O.; William Wolf/Anne Williamson: »Askoldov«, in: Film Comment, 1988, H. 3.

Marcela Euler

DIE KOMMISSARIN ↗ Komissar

KONEC SANKT-PETERBURGA

(Das Ende von Sankt Petersburg/Die letzten Tage von Sankt Petersburg). Sowjetunion (Mezrabpom-Rus) 1927. 35 mm, s/w, stumm, 2.500 m.

R+S: Vsevolod Pudovkin. B: Nathan Sarchi, Vsevolod Pudovkin. K: Anatoli Golovnja.
Ba: Sergej Koslovski.
D: Alexander Čistjakov (Arbeiter), Vera Baranovskaja (seine Frau), Ivan Cuveljov (Ivan), W. Obolenski (Lebedev, Fabrikant), Sergej Komarov (Polizeioffizier), Nikolaj

Chmelev (Börsenspekulant), Vsevolod Pudovkin, Vladimir Fogel (deutsche Soldaten).

Kurz nach dem Erfolg seines Erstlingsfilms ↗*Mat* bekam Vsevolod Pudovkin den Auftrag, einen Spielfilm zum zehnten Jahrestag der russischen Oktoberrevolution zu drehen. Fast zeitgleich erhielt auch Sergej Eisenstein denselben Auftrag. Während sich Pudovkin auf das Schicksal einer Figur konzentrierte – er war überzeugt, daß »es nicht genügt, eine Masse zu zeigen, wenn in ihr nicht ein Mensch ist; ein Held, den der Zuschauer liebt oder haßt« –, stellte Eisenstein die Massen und die Darstellung Lenins in den Mittelpunkt. Seinem Film ↗*Oktjabr* gaben die Kulturfunktionäre den Vorzug; Pudovkin dagegen wurde vorgeworfen, die führende Rolle der Partei vernachlässigt zu haben. *Konec Sankt-Peterburga* verschwand im Archiv und wurde nur selten aufgeführt.

Die Handlung setzt im Jahre 1913 in einem russischen Dorf ein: Der Bauernjunge Ivan muß infolge der großen Hungersnot das Dorf verlassen. Er sucht in St. Petersburg Arbeit und kommt bei einem Landsmann unter. Doch die soziale Situation der Arbeiter in der Stadt ist noch schlechter als die der Bauern auf dem Lande. Im Werk des Stahlfabrikanten Lebedev wird gestreikt; in der Kellerwohnung von Ivans Bekannten treffen sich die Anführer der Arbeiter. Die Frau gibt ihrem Mann die Schuld, daß jetzt nicht einmal mehr Brot im Haus ist. Ungewollt wird der junge Bauernbursche zum Streikbrecher und Verräter: Ahnungslos denunziert er seinen Bekannten, woraufhin der Streikführer verhaftet wird. Trotz aller Not weigert sich die Frau, den Judaslohn anzunehmen, den Ivan ihr stumm auf den Tisch legt. Der Fabrikant macht seinen Profit mit Rüstungsaufträgen: Der Krieg bricht aus. Auch der Bauernjunge wird eingezogen und erlebt die Schrekken des Krieges im Schützengraben. Die Rüstungsindustrie arbeitet auf vollen Touren, und die Aktienkurse an der Börse erreichen astronomische Höhen. Nach drei Jahren an der Front ist aus dem naiven Bauerjungen ein politisch denkender Mensch geworden, der sich den Bolseviki anschließt. Er nimmt am Sturm auf das Winterpalais teil. Am nächsten Morgen bringt die Frau des Arbeiters den hungrigen Revolutionären Kartoffeln.

Die Erzählweise orientiert sich an Tolstojs Epos »Krieg und Frieden«. Pudovkin montiert die Erlebnisse und Erfahrungen Ivans mit satirischen Szenen, die revolutionäres Pathos oder agitatorische Schärfe aufweisen. »Es galt, in möglichst kurzen Szenen einen Begriff von einer ganzen Klasse von Menschen oder die Stimmung einer ganzen Übergangsperiode zu zeigen«, erläuterte Pudovkin nach der Fertigstellung des Films. »Die grenzenlosen Felder Rußlands und ihre Bewohner, durch schwere und mühsame Arbeit erdrückte Bauern – dann die massive und mächtige Hauptstadt, in der das Krachen, das Rollen und das Sausen der Fabriken sich vermischt mit dem Fiebergeschrei der Börse.« Neben der Schauspielerführung – Pudovkin arbeitete, wie schon bei ↗*Mat'*, überwiegend mit Laiendarstellern – machen Schnitt und Bildrhythmus aus dem Propagandafilm ein revolutionäres Kunstwerk. Pudovkin wählte ungewöhnliche Kamerapositionen und Bildausschnitte. »Der Hof: das sind nur Beine und Ordensbrüste. Kriegsmanifeste: man sieht nur die übergeschlagenen Beine, die Frackschöße, die Stuhlreihen – unvergeßlich einprägsam«, urteilte Herbert Ihering nach der deutschen Erstaufführung. Heinrich Mann, der als Einführung eine programmatische Rede hielt, sah in *Konec Sankt-Peterburga* »die absolute Filmdichtung« verwirklicht.

Zum 75. Jahrestag der Oktoberrevolution erlebte der Film eine Galavorführung: Rekonstruiert im Auftrag des deutschen Fernsehens, wurde das Ergebnis, zu dem Alfred und Andrej Schnittke eine neue Filmmusik komponierten, live im ZDF übertragen. Allerdings hatte sich die politische Situation radikal geändert: Die letzten Tage von Leningrad waren vorüber, die Stadt hieß inzwischen wieder St. Petersburg.

Paul E. Burns: »Linkage: Pudovkin's Classics Revisited«, in: Journal of Popular Film and Television, 1981, H. 2; Herbert Ihering: »*Die letzten Tage von St. Petersburg*«, in: ders.: Von Reinhardt bis Brecht. Bd.2. Berlin (DDR) 1959); Vance Kepley, jr: »*The End of St. Petersburg*«. London 2003; Siegfried Kracauer: »*Das Ende von Sankt Petersburg*«, in: ders.: Kino. Frankfurt a.M. 1974; Heinrich Mann: »Der Film«, in: ders.: Essays. Hamburg 1960; Vsevolod Pudovkin: »Die Zeit in Großaufnahme. Aufsätze, Erinnerungen, Werkstattnotizen«. Hg. Tatjana Sapasnik/Adi Petrovitsch. Berlin (DDR) 1983; Otto Steinicke: *»Das Ende von St. Petersburg«*, in: Gertraude Kühn u.a. (Hg.): Film und revolutionäre Arbeiterbewegung in Deutschland 1918-1932. Bd.1. Berlin (DDR) 1978.

Marcela Euler

EIN KÖNIG IN NEW YORK

↗ King in New York

DER KONTRAKT DES ZEICHNERS

↗ Draughtman's Contract

KRÓTKI FILM O ZABIJANIU

(Ein kurzer Film über das Töten). Polen (Zespoly Filmowe, Filmgruppe Tor) 1987. Farbe, 35 mm, 85 Min.
R: Krzysztof Kieślowski. B: Krzysztof Piesiewicz, Krzysztof Kieślowski. K: Slawomir Idziak. A: Halina Dobrowolska. S: Ewa Smal. M: Zbigniew Preisner.
D: Miroslaw Baka (Jacek), Krzysztof Globisz (Piotr), Jan Tesarz (Taxifahrer).

Przypadek (*Der Zufall*) hieß ein Film, den Kieślowski, Absolvent der renommierten Filmhochschule Łodz, 1981 drehte. Der Film verschwand in den Archiven und wurde erst 1986 freigegeben. Die Gespräche am runden Tisch hatten noch nicht stattgefunden, die polnische Medien- und Kulturlandschaft bewegte sich in einem Vakuum: Das Land befand sich in einem desolaten Zustand, Resignation machte sich breit. Kieślowski, Stellvertreter des künstlerischen Leiters Krzysztof Zanussi bei der Filmgruppe »Tor«, suchte nach neuen Wegen und besann sich auf zehn Sätze, »die im Grunde genommen von keiner Philosophie, von keiner Ideologie in Frage gestellt worden sind«. Dem staatlichen Fernsehen schlug er das Projekt *Dekalog* vor, einen Zyklus von zehn einstündigen TV-Filmen, die sich auf die zehn Gebote beziehen. *Krótki film o zabijaniu* ist die um eine knappe halbe Stunde längere Filmfassung des fünften *Dekalog*-Teils; auch vom sechsten Teil gibt es eine Kinoversion: *Krótki film o miloci* (*Ein kurzer Film über die Liebe*, 1988). Gemeinsam mit seinem Coautor, dem Rechtsanwalt Piesiewicz, beschloß Kieślowski, die Politik aus dem Zyklus auszuklammern: einmal wegen der Zensur, aber auch mit Blick auf ausländische Coproduktionspartner - weil »niemand in der Welt imstande gewesen wäre, das Labyrinth dieser Politik zu verstehen; wir selber waren unsicher, ob wir sie begriffen«.

Krótki film o zabijaniu konfrontiert den Zuschauer mit zwei brutalen Tötungsakten. Ein Taxifahrer wäscht seinen Wagen. Jacek, der gerade einundzwanzig Jahre alt geworden ist, schlendert ziellos durch die Straßen. Piotr besteht seine Anwaltsprüfung. Am Ende wird Jacek den Taxifahrer ermorden. Der Anwalt Piotr verteidigt ihn vor Gericht - ohne Erfolg. Jacek wird zum Tode verurteilt und schließlich gehängt. Der Zufall führt die Schicksale dieser drei Menschen zusammen. Die Montage unterwirft sich diesem Prinzip, pendelt zwischen den drei Geschichten, bevor sie zu einer Erzählung werden. Kieślowski, der als Dokumentarfilmer begann, bedient sich eines harten, peinigenden Naturalismus und erspart dem Zuschauer nichts: Das Töten wird minutiös vorgeführt. Die schockierenden Szenen enthalten die These des Films: »Überdeutlich werden Mord und Hinrichtung miteinander kontrastiert: Schmutzig der Mord, sauber die Exekution, unmenschlich beide.« (Wilfried Wiegand). Kieślowski stellt die Frage, ob das Gesetz, das das Töten verbietet, seinerseits töten darf; *Krótki film o zabijaniu* ist ein Plädoyer gegen die Todesstrafe.

Zugleich beschäftigt Kieślowski »die Frage, warum ein Mensch ohne jeglichen Grund tötet«. Er entwirft ein kaltes, morbides Universum in fahlen Farben. Der Kameramann Slawomir Idziak arbeitete mit 40 selbstgefertigten Filtern, die die Warschauer Wohnblocksiedlungen noch grauer als in Wirklichkeit erscheinen lassen. Der Frust und die Tristesse, in trostlosen Bildern virtuos eingefangen, führt ein in ein Höllendasein. Am Rückspiegel des Taxis pendelt ein lachender Teufelskopf. *Krótki film o zabijaniu* ist eine existentialistische Studie, die an Motive aus Dostojevskijs »Schuld und Sühne« erinnert.

Der gesamte Zyklus kostete mit etwa 250 Millionen Zloty soviel wie ein kleineres Fernsehspiel im deutschen Fernsehen. Er machte Kieślowski auf einen Schlag über die polnische Grenze hinaus bekannt. *Krótki film o zabijaniu* wurde 1988 bei den Filmfestspielen in Cannes mit dem Spezialpreis der Jury ausgezeichnet und erhielt außerdem den Europäischen Filmpreis Felix.

»*Dekalog*. Zehn Geschichten für zehn Filme«. Hamburg 1990. (Filmerzählung).

Vincent Amiel: »Image du monde nez dans son caca«, in: Positif, 1988, H. 332; Paul Coates: »Anatomy of a murder«, in: Sight and Sound, 1988/89, H. 1; Charles Eidsvik: »Two Short Films by Kieślowski«, in: Film Quarterly, 1990/91, H. 1; Marek Haltof: »The Cinema of Krzysztof Kieślowski. Variations on Destiny and Chance«. London 2004; Katholisches Filmwerk (Hg.): »*Dekalog*. Materialien – Arbeitshilfen«. Frankfurt a.M. 1991; Andreas Kilb: »Was von den Bildern blieb«. Potsdam 1997; Walter Lesch/Matthias Loretan (Hg.): »Das Gewicht der Gebote und die Möglichkeiten der Kunst«. Freiburg i.Ue./i.Br. 1993; Marcel Martin: »Krzysztof Kieślowski. Un cinéma sans anesthésie«, in: La Revue du Cinéma, 1990, H. 456; Hubert Niogret: »Entretien avec Krzysztof Kieślowski«, in: Positif, a.a.O.; Wolfram Schütte: »Niederauffahrt oder: Doppelmord«, in: Frankfurter Rundschau, 27.1.1989; Hans Stempel: »*Ein kurzer Film über das Töten*«, in: epd Film, 1989, H. 2; Danusia Stok (Hg.): »Kieślowski on Kieślowski«. London 1995; Margarete Wach: »Krzysztof Kieślowski. Kino der moralischen Unruhe«. Köln 2000; Wilfried Wiegand: »Warschau als Vorhölle«, in: Frankfurter Allgemeine Zeitung, 25.1.1989; Slavoj Žižek: »Die Furcht vor echten Tränen«. Berlin 2001.

Markus Zinsmaier

KUHLE WAMPE ODER WEM GEHÖRT DIE WELT? Deutschland (Prometheus/Praesens-Film) 1932. 35 mm, s/w, 74 Min.

R: Slatan Dudow. B: Bertolt Brecht, Ernst Ottwald. K: Günther Krampf. Ba: Robert Scharfenberg, C. P. Haacker. M: Hanns Eisler.
D: Hertha Thiele (Anni), Martha Wolter (Gerda), Lilli Schönborn (Mutter Bönike), Ernst Busch (Fritz), Adolf Fischer (Kurt), Max Sablotzki (Vater Bönike).

Kuhle Wampe gilt als Klassiker der deutschen proletarischen Filmkunst vor 1933. Entschlossen und konsequent aus der Sicht kommunistischer Ideologie, bestärkt durch die heftigen sozialen Massenkämpfe in Deutschland zwischen der Weltwirtschaftskrise und der Machtergreifung der Nationalsozialisten erzählt der Film in einer linear geführten, schnörkellosen Fabel eine Liebesgeschichte zwischen zwei jungen Berliner Proletariern, zwischen der Fabrikarbeiterin Anni und dem Automechaniker Fritz. Annis Familie wird aus ihrer Wohnung exmittiert und zieht zu Fritz in die große Zeltsiedlung »Kuhle Wampe« am Rande Berlins, in der bereits viele andere Arbeitslose leben. Anni wird schwanger, sie und Fritz verloben sich. Aber Fritz trennt sich von ihr, da er seine Junggesellen-Freiheit noch nicht aufgeben will. Während eines riesigen Arbeitersportfests, an dem Anni engagiert mitwirkt, finden sie wieder zusammen.

Der Film bewies durch seine dramaturgische Binnen-Logik und durch die zwingende, harte Realistik der Inszenierung Sinn und Notwendigkeit des Klassenkampfs. Das weithin realistische Bild einer proletarischen Arbeiterfamilie und ihres Umfeldes entsprach dem Schicksal von Millionen in Deutschland. Der Film pries die Solidarität der Arbeiter als einzige, verändernde Kraft und als Überlebens- und Kampfmittel. Die Grenzen des Konzepts werden rasch deutlich: durchweg bleiben jene Bevölkerungsteile ausgespart, die just zur Zeit der Filmhandlung den Nationalsozialisten zulaufen. Hier zollt der Film ohne Zweifel seinen Tribut an idealistische, einseitig-enge Gesellschaftsauffassungen der damaligen Führung der deutschen Kommunisten.

Mit *Kuhle Wampe* debütierte der junge Deutsch-Bulgare Slatan Dudow als Spielfilmregisseur. Nach seinem Prozeß um den *↗3-Groschen-Oper*-Film war es Brecht gelungen, einen ungewöhnlichen Vertrag durchzusetzen: Als Urheber im rechtlichen Sinne zeichnete das Kollektiv Dudow, Brecht, Ottwalt und Eisler sowie ein Produktionsleiter und ein Rechtsanwalt, nicht jedoch die Produktionsfirma. Die beteiligten Künstler, allesamt der kommunistischen Bewegung nahestehend und ihrer Ideologie verbunden, hatten ihre ästhetischen Erfahrungen mit proletarischer Kunst, besonders des Agitprop-Theaters. Der Film gelangt zu bemerkenswerter künst-

Kuhle Wampe oder Wem gehört die Welt?: Adolf Fischer, Max Sablotzki, Hertha Thiele und Lilli Schönborn.

lerischer Geschlossenheit und Brillanz, die gleichsam eine Sogwirkung auf den Zuschauer ausüben. Die Lieder Hanns Eislers in der Interpretation durch Ernst Busch, die Massenszenen mit mehr als 3.000 begeistert mitwirkenden Arbeitersportlern, die am sowjetischen Revolutionsfilm geschulte Montage bilden herausragende ästhetische Komponenten. Berühmt wurde die Exposition: zunächst eine schnelle, äußerst dynamische Schnittfolge über die Jagd Berliner Arbeitsloser auf ihren Fahrrädern nach einer Arbeitsstelle, ausgelöst durch ein Zeitungsinserat; dann ruhige, bedachtsame Szenen, in denen der junge, arbeitslose Bönike, Annis Bruder, Selbstmord begeht, vor seinem Sprung aus dem Fenster jedoch sorgsam seine Armbanduhr ablegt. »Ein Arbeitsloser weniger« lautet ein Zwischentitel. Ebenso berühmt die Schluß-Sequenz im S-Bahn-Abteil: Fahrgäste der verschiedensten politischen und individuellen Couleur – unter ihnen das Liebespaar Anni und Fritz – räsonnieren über soziale Fragen und die Weltpolitik, die Mehrheit unter ihnen kommt zu dem Schluß, daß diejenigen die Welt ändern werden, »denen sie nicht gefällt«.

Der Film wurde nach seiner Fertigstellung zunächst verboten. Von der Diskussion mit der Zensurbehörde, vor allem über die Gestaltung der Selbstmord-Szene, berichtet Brecht, der seine »Wertschätzung des scharfsinnigen Zensors« nicht verhehlte: »Er war weit tiefer in das Wesen unserer künstlerischen Absichten eingedrungen als unsere wohlwollendsten Kritiker. Er hatte ein kleines Kolleg über den Realismus gelesen. Vom Polizeistandpunkt aus.« Die Freigabe nach einigen Schnittauflagen löste eine heftige öffentliche Debatte aus; die Reaktionen bestätigten weithin die ideelle und gestalterische Genauigkeit des Films, der nach seiner deutschen Erstaufführung am 30. Mai 1932 nur wenige Monate im Kino seine Wirkung entfalten konnte – die Nationalsozialisten verboten *Kuhle Wampe* schon am 26. März 1933. Nach dem Krieg schien der Film lange verschollen, bis in Moskauer Archiven eine brauchbare Kopie aufgefunden wurde. Ende der fünfziger Jahre kam der Film in die DDR-Kinos und ins DDR-Fernsehen, mit der Wiederentdeckung der proletarisch-revolutionären Kunst der Weimarer Republik durch die Studentenbewegung gelangte *Kuhle Wampe* auch in Westdeutschland zur Wiederaufführung.

»*Kuhle Wampe oder Wem gehört die Welt?*«. Hg. Werner Hecht/Wolfgang Gersch. Leipzig 1971. (Filmprotokoll, Materialien).
Karl Hans Bergmann: »Arbeiter und Gesellschaft im Film *Kuhle Wampe oder Wem gehört die Welt*«, in: Hans-Arthur Marsiske (Hg.): Zeitmaschine Kino. Marburg 1992; Bertolt Brecht: »Kleiner Beitrag zum Thema Realismus«, in: ders.: Schriften zur Literatur und Kunst. Frankfurt a.M. 1967; Bernard Eisenschitz: »Who Does the World Belong To?«, in: Screen, 1974, H. 2; Wolfgang Gersch: »Film bei Brecht«. Berlin (DDR) 1975; Reinhold Happel: »*Kuhle Wampe oder Wem gehört die Welt* – eine exemplarische Analyse«, in: Helmut Korte (Hg.): Film und Realität in der Weimarer Republik. Frankfurt a.M. 1980; Hermann Herlinghaus: »Slatan Dudow – sein Frühwerk«, in: Filmwissenschaftliche Mitteilungen, 1962, H. 4; Christa Mühl/Werner Hecht: »Rekonstruktion eines berühmten Zensurfalles«, in: Film und Fernsehen, 1975, H. 5; Gertraude Kühn u.a. (Hg.): »Film und revolutionäre Arbeiterbewegung in Deutschland 1918–1932«. Bd.2. Berlin (DDR) 1978; Georg Maas/Achim Schudack: »Musik und Film – Filmmusik«. Mainz u. a. 1994; Bruce Murray: »Film and the German Left in the Weimar Republic: From *Caligari* to *Kuhle Wampe*«. Austin 1990; Helmut Rack/Wolf Gremm: »*Kuhle Wampe*«, in: Film, Velber, 1966, H. 1; Marc Silberman: »The Rhetoric of the Image: Slantan Dudow and Bertolt Brecht's *Kuhle Wampe or Who Owns the World?*«, in: ders.: German Cinema. Detroit 1995; Guntram Vogt: »Die Stadt im Film«. Marburg 2001.

Günter Agde

KUMONOSU-JO (Das Schloß im Spinnwebwald). Japan (Tóhó) 1957. 35 mm, s/w, 110 Min.
R: Akira Kurosawa. B: Hideo Oguni, Shinobu Hashimoto, Ryuzo Kikushima, Akira Kurosawa, nach Shakespeares Drama »Macbeth«. K: Asaichi Nakai. M: Masabu Satoh. Ba: Yoshiro Muraki. D: Toshiro Mifune (Taketoki Washizu), Isuzu Yamada (Asaji), Takashi Shimura (Noriyasu Odakura), Minoru Chiaki (Yoshiaki Maki), Akira Kubo (Yoshiteru Miki), Takamaru Sasaki (Kuniharu Tsuzuki), Yoichi Tachikawa (sein Sohn), Chieko Naniwa (alte Frau).

Kurosawa siedelt seine »Macbeth«-Version – wie so viele seiner Filme – in der Welt der Samurai an und adaptiert die Stilisierung des Nó-Theaters für den Film.

Am Anfang werden wir durch eine Erzählerstimme aus dem Off eingeführt: »Seht diesen Ort, wo einst eine gewaltige Burg stand. Aber es herrschte in ihr der Geist mörderischer Machtgier, und noch in der Asche scheint er zu hausen. Der Pfad des Bösen ist der Weg der Verdammnis.« Diesen Weg der Verdammnis beschreiten Taketoki Washizu und Yoshiaki Maki. Beide retten das Haus ihres Fürsten und kommen als strahlende Helden zurück zum herrschaftlichen Schloß im Spinnwebwald. Wie in einem Spinnennetz haben sie sich schon zu Beginn darin verfangen, irren hin und her, bis sie auf eine Hütte im Wald stoßen. Gesang ist zu hören, eine uralte Frau sitzt am Spinnrad, die ihnen die unmittelbare und die fernere Zukunft weissagt: Washizu soll zunächst der neue Statthalter und Herr im Nordhause werden, danach sogar Herr und Fürst im Spinnwebwald; Maki soll zunächst Herr der ersten Festung werden, später sein Sohn als Fürst im Spinnwebwald herrschen. Beide reagieren erst empört über die Prophezeiung, die sie als Anmaßung empfinden. Doch der Geist konfrontiert sie mit ihren inneren Regungen: »Wie seid ihr doch so voller Angst und voller Furcht, ihr Sterblichen. Ihr fürchtet euch, die Gedanken zu lesen, die ihr lange schon hegtet in eurem Kopf.«

Nachdem sich beide Weissagungen für die unmittelbare Zukunft erfüllt haben, wird Washizu von seiner machtgierigen Frau Asaji dazu verleitet, den noch regierenden Fürsten im Spinnwebschloß zu töten. Ihr Lebensmotto lautet: »Um der Macht willen sind die Menschen zu allem bereit. Da lassen Eltern ihre Kinder töten, und Kinder verfolgen ihre Eltern. Die Welt ist ohne Liebe und Treue. Du mußt als erster zuschlagen, wenn du dein Leben nicht verlieren willst.« Soweit der Schicksalsspruch den eigenen Interessen entspricht, wird er im Sinne der Macht instrumentalisiert und vordergründig respektiert. Washizu bringt den Fürsten um, seine Frau Asaji lenkt den Verdacht auf die Wachen.

Der Sohn des Fürsten verdächtigt Washizu und flieht zur ersten Festung. Doch Maki läßt ihn nicht herein. Unter dem Vorwand, den toten Fürsten in sein Haus zu geleiten, verschafft sich dagegen Washizu Zugang zur Festung. Er wird auf Vorschlag Makis zum neuen Fürsten ernannt. Jetzt fürchtet aber Washizus Frau die Erfüllung auch noch der letzten Weissagung. Maki und sein Sohn werden zu einem Festmahl geladen und sollen auf dem Weg dorthin von einem Vasallen umgebracht werden. Beim Festmahl bleiben die beiden Plätze leer. Plötzlich sieht Washizu den Geist Makis, und er gerät in Panik. Das Fest wird abgebrochen. Der Vasall bringt den Kopf Makis, doch sein Sohn ist entkommen.

Washizu wird nun selbst angegriffen von den Leuten des alten Fürsten. Im Spinnwebwald sucht er erneut den Rat des bösen Geistes. Die neuerliche Weissagung lautet: »Du wirst in deinem Leben niemals eine Schlacht verlieren, sofern nicht dieser Wald, den man da nennt den Spinnwebwald, anfängt sich zu bewegen und kommt hinauf zu deinem Schloß mit seinen Bäumen.« Der Geist fordert Washizu dazu auf, seinen Weg der Gewalt weiter und zu Ende zu gehen, einen Berg aus Leichen aufzutürmen, der hinauf bis in den Himmel reicht und hinab bis in die See.

Seinen Leuten erzählt Washizu von seiner Begegnung mit dem Geist und dessen Weissagung. Der gefaßte Mut verwandelt sich aber schlagartig in blankes Entsetzen, als sich der Spinnwebwald tatsächlich auf das Schloß zubewegt. Die Angreifer haben sich Äste abgeschnitten und marschieren derart getarnt auf Washizus Festung zu. In Abänderung des »Macbeth«-Schlusses wird Washizu durch seine eigenen Leute mit Pfeilen hingerichtet.

So wie zu Beginn das Schloß aus dem Nebel der Erinnerung auftauchte, verschwindet es nun wieder mit dem Kommentar aus dem Off: »Seht, dies ist der Ort, wo einst eine gewaltige Burg stand, genannt das Schloß im Spinnwebwald. Dies ist die Stätte, wo ein großer Krieger lebte, ehrenreich im Kampf gegen den Feind, aber, betört von einer Frau, das Blut der Freunde zu vergießen um der Macht willen. Der Pfad des Bösen ist der Weg der Verdammnis. Unaufhaltsam ist ihr Lauf.«

»*Throne of Blood*«, in: Akira Kurosawa: *Seven Samurai* and Other Screenplays. London 1992. (Drehbuch).
Charles Bazerman: »Time in Play and Film: ›Macbeth‹ and *Throne of Blood*«, in: Literature/Film Quarterly, 1977, H. 4; Anthony Davies: »Filming Shakespeare's Plays«. Cambridge 1990; James Goodwin: »Akira Kurosawa and Intertexual Cinema«. Baltimore, London 1994; ders. (Hg.): »Perspectives on Akira Kurosawa«. New York u.a. 1994; Jack J. Jorgens: »Kurosawa's *Throne of Blood*: Washizu and Miki meet the Forest Spirit«, in: Literature/Film Quarterly, 1983, H. 3; Marsha Kinder: »*Throne of Blood*: A Morality Dance«, in: Literature/Film Quarterly, 1977, H. 4; Uwe Nettelbeck: »*Das Schloß im Spinnwebwald*«, in: Filmkritik, 1965, H. 10; Roger Manvell: »Shakespeare and the Film«. London 1971; Michael Mullin: »Macbeth on film«, in: Literature/Film Quarterly, 1973, H. 4; Donald Richie: »The Films of Akira Kurosawa«. Berkeley, Los Angeles 1983; Aldo Tassone: »Akira Kurosawa«. Paris 1983; Karsten Visarius: »*Kumonosu-jo*«, in: Peter W. Jansen/Wolfram Schütte (Hg.): Akira Kurosawa. München 1988; Ana Laura Zambrano: »*Throne of Blood*: Kurosawa's Macbeth«, in: Literature/Film Quarterly, 1974, H. 3.

Klaus Bort

EIN KURZER FILM ÜBER DAS TÖTEN ↗ Krótki film o zabijaniu

DER KUSS DER SPINNENFRAU

↗ Beijo da a mulher aranha

LADRI DI BICICLETTE (Fahrraddiebe). Italien (Produzione De Sica) 1948.

35 mm, s/w, 90 Min.

R: Vittorio De Sica. B: Cesare Zavattini, in Zusammenarbeit mit Vittorio De Sica, Oreste Biancoli, Suso Cecchi d' Amico, Adolfo Franci, Gherardo Gherard und Gerardo Guerrier, nach dem gleichnamigen Roman von Luigi Bartolini. K: Carlo Montuori, Mario Montuori. Ba: Antonio Traverso. S: Eraldo da Roma. M: Alessandro Cicognini.

D: Lamberto Maggiorani (Antonio Ricci), Enzo Staiola (Bruno), Lianella Carell (Maria).

Ladri di biciclette erzählt die Geschichte von Antonio Ricci, der nach langer Arbeitslosigkeit eine Stellung als Plakatkleber bekommt. Doch schon am ersten Arbeitstag wird ihm sein für den Broterwerb unerläßliches Fahrrad gestohlen. Antonio begibt sich mit seinem Sohn Bruno auf eine verzweifelte Suche durch Rom, die ihn am Ende selbst zum (erfolglosen) Fahrraddieb werden läßt. »Diese ganze Geschichte verdiente keine zwei Zeilen in der Rubrik ›Hund überfahren‹.« (André Bazin).

De Sica und Zavattini dramatisieren die scheinbar alltägliche Handlung, indem sie den verzweifelten Antonio mit einer völlig gleichgültigen Gesellschaft konfrontieren, die sein persönliches Dilemma mitleidlos zur Kenntnis nimmt. Diese Indifferenz nimmt fast absurde Züge an, wenn Antonio und Bruno auf der Suche nach dem Fahrrad durch das sommerliche Rom irren und der durch den Diebstahl zur Untätigkeit Verdammte auf ihre Freizeit genießende Spaziergänger trifft. Ein Versuch Antonios, am Sonntagsvergnügen teilzunehmen und es sich in einem Restaurant gut gehen zu lassen, scheitert beim Anblick des reich gedeckten Nachbartisches.

Zu Beginn des Films greift die Kamera scheinbar beliebig Antonio aus einer Menschenmenge heraus, in die sie ihn am Ende wieder entläßt. Antonios Schicksal wird nicht als Ausnahme, sondern als Regel vorgeführt. Um das Fahrrad im Pfandhaus auslösen zu können, versetzt die Familie ihre letzten Bettlaken, die sogleich neben tausend anderen in einem haushohen Lagerregal verschwinden. Der Fahrraddieb, den Antonio stellen, ihm aber nichts beweisen kann, ist genau so ein armer Schlucker wie er. »Die implizierte These ist von einer wunderbaren und abscheulichen Einfachheit: In der Welt, in der dieser Arbeiter lebt, müssen die Armen sich gegenseitig bestehlen, um zu überleben.« (Bazin)

Mit dem Roman von Luigi Bartolini hat *Ladri di biciclette* nur noch den Titel und die Suche nach einem gestohlenen Fahrrad gemeinsam. Bartolinis Held ist ein Künstler, ihm steht bei seiner Suche sogar ein Zweitrad für Notfälle zur Verfügung, auf dem er, während er in inneren Monologen über die Welt philosophiert, seine Streifzüge durch Rom unternimmt.

De Sica und Zavattini veränderten das soziale Milieu, engagierten Laiendarsteller und drehten (bis auf wenige Rückprojektionen bei Autofahrten) an Originalschauplätzen. Die Verknüpfung dieser authentischen Elemente mit einem konventionellen Erzählmuster, dem es nicht an melodramatischen Momenten mangelt, bescherte dem Film neben internationalen Preisen auch Kritik. Man warf De Sica und Zavattini vor, lediglich ein ›neorealistisches Rezept‹ angewendet zu haben, das die Armut durch sentimentale Musik und Kindergesichter in Großaufnahme stilisieren würde. Luis Buñuel lobte den Film gerade deshalb: »Das einzige interessante Neue, das nicht der Neorealismus, sondern einzig Zavattini gebracht hat, besteht darin, das einfache Geschehen in den Rang der dramatischen Handlung erhoben zu haben.« Das römische Publikum sah dies ganz anders: Da die Schauplätze bisweilen kilometerweit auseinanderliegen, im Film aber unvermittelt aneinander montiert wurden, löste er bei Ortskundigen größte Heiterkeit aus.

»*The Bicycle Thief*«. New York 1968. (Drehbuch). – »*Le voleur de bicyclette*«, in: L'Avant-Scène du Cinéma, 1994, H. 430. (Filmprotokoll).

Yves Alix: »*Sciuscià* et *Le voleur du bicyclette*«, in: Positif, 1985, H. 288; Roy Armes: »Patterns of Realism: A Study of Italian Neo-Realist Cinema«. New York 1971; André Bazin: »Was ist Film?«. Berlin 2004; Howard Curle/Stephen Snyder (Hg.): »Vittorio De Sica. Contemporary Perspectives«. Toronto 2000; Theodor Kotulla (Hg.): »Der Film – Manifeste, Gespräche, Dokumente«. Bd.2. München 1964 (Texte von De Sica, Zavattini und Buñuel); Pierre Leprohon: »Vittorio De Sica«. Paris 1966; Douglas McVay: »Poet of Poverty«, in: Films and Filming, 1964, H. 1 u. 2; Gerard Molyneaux: »De Sica's *Bicycle Thieves* and the Attack on the Classical Hollywood Film«, in: Elaine D. Cancalon/Antoine Spacagna (Hg.): Intertextuality in Literature and Film. Gainesville 1993; Eric Rhode: »Why Neo-Realism Failed«. In: Sight and Sound, 1960/61, H. 1; Martin Schlappner: »Von Rossellini zu Fellini«. Zürich 1958; Charles Simic: »Diebe wie wir«, in: Verena Lueken (Hg.): Kinoerzählungen. München 1995; Barbara H. Solomon: »Father and Son in De Sica's *The Bicycle Thief*«, in: Stanley J. Solomon (Hg.): The Classic Cinema. New York u.a. 1973; Frank P. Tomasulo: »*Bicycle*

Thieves: A Rereading«, in: Cinema Journal, 1982, H. 2; Karsten Witte: »Neo-Realismus. Ein Angriff der Chronik auf die Story«, in: epd Film 1991, H. 3.

Susanne Lange

IL LADRO DI BAMBINI (Gestohlene Kinder). Italien/Frankreich/Schweiz (Erre Produzionio/Alia/RAI 2/Vega) 1991. 35 mm, Farbe, 110 Min.
R: Gianni Amelio. B: Gianni Amelio, Sandro Petaglia, Stefano Rulli. K: Tonino Nardi, Renato Tafuri. A: Andrea Crisanti, S: Simona Paggi. Giuseppe M. Gaudino. M: Franco Piersanti.
D: Enrico Lo Verso (Antonio), Valentina Scalici (Rosetta), Giuseppe Ieracitano (Luciano), Florence Darel (Martine), Marina Golovine (Nathalie), Fabio Alessandrini (Grignani).

Zu seinem Spielfilm wurde Gianni Amelio von einem Zeitungsfoto inspiriert. Es illustrierte einen Artikel über eine Frau, die ihre achtjährige Tochter zur Prostitution gezwungen hatte, und zeigte das Mädchen, wie es an der Hand eines Mannes die Straße entlang ging. Das Foto wirkte seltsam zweideutig, berichtet Amelio, doch die Bildunterschrift informierte, daß es sich um einen Polizisten handle, der das Mädchen in ein Kinderheim bringe. Die Geschichte, aus der ein privater Fernsehsender vielleicht ein reißerisches TV-Movie gemacht hätte, nutzte Amelio für einen eher stillen Film, der ganz ohne effektheischende Melodramatik auskommt. *Il ladro di bambini* zeichnet das Bild eines sozialen Systems, das in Auflösung begriffen ist.
Die Reise ins Heim, das Rosetta und ihren kleinen Bruder Luciano nach der Verhaftung der Mutter aufnehmen soll, führt sie und ihren Beschützer, den Carabiniere Antonio, quer durch Italien: Aus dem industrialisierten, wohlhabenden Norden in den unterentwickelten Mezzogiorno, den Süden, der für die Mailänder schon verdächtig nahe bei Afrika liegt. *Il ladro di bambini* – korrekt übersetzt müßte der Titel »Der Kinderdieb« lauten – folgt dem Muster des Road Movies, doch der Regisseur, der sich wie die meisten italienischen Filmemacher von der kommerziellen, aggressiven Ästhetik des Fernsehens bedrängt weiß, versucht, Klischees zu meiden. »Früher«, sagt Amelio über seine Arbeit, »mußte man sich die Bilder noch suchen, sie aufbauen. Heute muß man sie ausradieren, sie fernhalten.« Er verwischt deshalb die Erinnerung an schon gesehene Film-Reisen durch konsequente Beschränkung: Von den genreüblichen Landschaftspanoramen und standardisierten Ausblicken auf Straßen, Tankstellen oder Parkplätze sieht die Inszenierung fast völlig ab. Sie konzentriert sich stattdessen auf die drei Menschen und ihre Beziehungen zueinander.
Der Carabiniere will die beiden Kinder schützen, indem er ihre Identität verschleiert, doch die Sensationspresse hat ihr Bild in allen Zeitungen gebracht, und unausgesprochen gerät der Polizist ins Zwielicht. Auch die Kinder, zwischen Verstörung und Aggression schwankend, machen es ihm nicht leicht: Rosetta gibt sich abgebrüht, Luciano schweigt beharrlich. Wo die Menschen verstummt sind, müssen die Dinge zum Reden gebracht werden. Selbst als Antonio und die Kinder sich vorübergehend vom Gang der Dinge beurlauben und einen nahezu unbeschwerten Tag am Meer verbringen, bleibt das Bewußtsein der Gefährdung gegenwärtig. Die Umgebung, auf die sich der Blick der Kamera endlich öffnet, trägt Spuren der Beschädigung, die gesprächiger gewordenen Protagonisten sind eher entschlossen, einander zu verstehen, als daß sie ein gemeinsames Idiom gefunden hätten. Die allmähliche Annäherung der unterschiedlichen Charaktere – ein Motiv, das durchaus noch zum Repertoire des Road Movies gehört – mündet keineswegs in ein Ende, das sich als glücklich oder auch nur hoffnungsvoll bezeichnen ließe.
Amelios frühere Spielfilme waren in deutschen Kinos nie zu sehen. *Porte aperte*, für den er 1990 den Europäischen Filmpreis bekam, machte ihn einem internationalen Publikum bekannt. *Il ladro di bambini*, mit dem Spezialpreis der Jury in Cannes sowie als bester europäischer Film mit dem Felix 1992 ausgezeichnet, festigte Amelios Ruf als Hoffnungsträger des italienischen Kinos. Die Kritik stellte den Film gelegentlich in die Tradition des Neorealismus, verglich ihn mit den Werken Rossellinis oder Pasoli-

nis. Eine aktuelle Parallele läge vielleicht näher: Nicht nur thematisch und in der Figurenkonstellation, auch durch die intime, präzise Schauspielerführung erinnert *Il ladro di bambini* an Jacques Doillons *Le petit criminel* (*Der kleine Gangster*, 1990). Mit ihrer gelasseneren Gangart, ihrer Mischung aus genauer Beobachtung und subtiler Stilisierung antworten diese Produktionen auf einen historischen Kontext, in dem die Empörung über soziale und politische Skandale abzuklingen scheint, weil sie das Gesicht des Alltags angenommen haben. Amelios Italien ist keines, in dem das Elend zum Himmel schreit, sondern eines, in dem einfach alles nur ein bißchen billig und trist aussieht.

»*Les enfants volés*«, in: L'Avant-Scène du Cinéma, 1992, H. 415. (Filmprotokoll).
Raimund Gerz: »*Gestohlene Kinder*«, in: epd film 1992, H. 11; Jean A. Gili: »Portes ouvertes. *Les enfants volés*«, in: Positif, 1992, H. 380; Fritz Göttler: »Reise der Regression«, in: Süddeutsche Zeitung, 27.11.1992; Rolf-Rüdiger Hamacher: »*Gestohlene Kinder*«, in: film-dienst, 1992, H. 23; Andreas Kilb: »Viaggio in Italia«, in: Die Zeit, 20.11.1992; Wolfram Knorr: »Im Land, wo die Menschen Waisen sind«, in: Weltwoche, 15.10.1992; Eva-Maria Lenz: »Sie küßten und sie schlugen sie«, in: Frankfurter Allgemeine Zeitung, 19.11.1992; Millicent Marcus: »After Fellini«. Baltimore, London 2002.

Sabine Horst

THE LADY FROM SHANGHAI

(Die Lady von Shanghai). USA (Columbia) 1946/48. 35 mm, s/w, 86 Min.
R+B: Orson Welles, frei nach dem Roman »If I Die Before« von Sherwood King. K: Charles Lawton jr. Ba: Stephen Goosson, Sturges Carne. S: Viola Lawrence. M: Heinz Roemheld; Song »Please don't kiss me« von Allen Robert und Doris Fisher.
D: Orson Welles (Michael O'Hara), Rita Hayworth (Elsa Bannister), Everett Sloane (Arthur Bannister), Glenn Anders (George Grisby), Ted de Corsia (Sidney Broom).

Obwohl er der Welt der Reichen eigentlich skeptisch gegenüber steht, läßt sich der irische Matrose Michael O'Hara auf der Jacht des berühmten Rechtsanwaltes Bannister anheuern: An Bord ist auch dessen attraktive und geheimnisvolle Frau Elsa, in die er sich verliebt hat. Der impotente Millionär, der junge Liebhaber aus der Unterschicht, die Femme fatale, diese archetypische Konstellation eines Dreiecksverhältnisses wird erweitert um eine vierte Person: Grisby, der Partner Bannisters, bietet O'Hara 5.000 Dollar und damit die Hoffnung auf eine Zukunft mit Elsa, wenn er in einem undurchsichtigen, aber raffiniert scheinenden Mordkomplott mitspielt. Der gutgläubige Seemann erkennt zwar, daß er in eine Gesellschaft von »sich selbst zerfleischenden Haien« geraten ist, bemerkt aber zu spät, daß er längst zu deren Spielball geworden ist.
Der selbstkritische und pessimistische Ton, mit dem Michael O'Hara von Anfang an sein Verhalten aus dem Off kommentiert, etabliert die Erzählperspektive: Man bewegt sich auf unsicherem Grund; das Vertrauen in die Logik der Geschichte wird ständig untergraben. In der Exposition betont Welles die märchenhaften und unrealistischen Züge des Geschehens: Die Kutsche im Central-Park wirkt merkwürdig deplaziert; die heldenhafte Rettung der Lady und die nachfolgende Szene in der Garage sind derart unwahrscheinlich, daß man an Zufälle kaum glauben kann. Vielleicht handelt es sich um ein abgekartetes Spiel, doch weder O'Hara noch der Zuschauer können es durchschauen. Wie im Traum tauchen Personen auf und verschwinden im Nichts, nur grob lassen sich die Koordinaten von Zeit und Ort feststellen.
Die Unstimmigkeiten und Sprünge der Handlung sind nicht nur mit den Forderungen des Produzenten zu erklären, der den Film zu undurchsichtig und seinen Star Rita Hayworth unterrepräsentiert fand, so daß nachgedreht werden mußte. Zu den Widersprüchen in der Erzähllogik kommen visuelle Dissonanzen: Ein synthetischer Studio-Ästhetizismus reibt sich mit einer expressiven Bildsprache, die mit großer Tiefenschärfe und ungewöhnlichen Blickwinkeln Abgründe und Spannungen erzeugt. Welles gewinnt aus diesem Zusammenprall kritische Töne, wenn er etwa nach der Szene, in der Hayworth, lasziv auf dem Bootsdeck lagernd, ein Lied singt,

anschließend einen Werbespot aus dem Radio erklingen läßt, der ebenfalls Erotik verwendet, um ein Produkt zu verkaufen.

Manche Szenen sind so stark verdichtet, daß man Mühe hat, alle Details überhaupt wahrzunehmen. Die Seereise der Gesellschaft, die in einer kreisförmigen Bewegung von New York durch den Panamakanal in die San Francisco Bay führt, wird durch Überblendungen in Art einer Montagesequenz zusammengehalten, wobei der dramaturgische Bogen durch die Mixtur aus exotischen Originalschauplätzen und anspielungsreichen Dialogen gespannt bleibt.

Welles geht es weniger um die Rekonstruktion von Aktionen und Beziehungen, durch die alle Protagonisten miteinander verwoben sind, als um das Miterleben des Zuschauers. In einer polyphon und beschleunigend geschnittenen Szene wird der Auffahrunfall Grisbys mit einem klingelnden Telefon virtuos verknüpft, bei Michaels Festnahme treffen in wenigen, blitzartigen Einstellungen der tote Grisby, Elsa, Arthur, das schriftliche Geständnis und mehrere Polizisten zusammen: In diesen Momenten geht es dem Zuschauer nicht anders als O'Hara, der sich augenblicklich seiner Naivität und seines mangelnden Überblicks bewußt wird.

Bedeutungsvielfalt gewinnt Welles aus der Mise-en-scène. Als O'Hara und Elsa Bannister sich im Aquarium treffen, geben verschiedene Amphibien – wobei eine Krake noch am ehesten metaphorisch aufzufassen wäre – einen irritierenden Hintergrund. Selbst der berühmte Showdown in einem verlassenen chinesischen Vergnügungspark verweigert die zu erwartende Auflösung der Geschichte. Stattdessen gehen die Beziehungen der Protagonisten endgültig zu Bruch, löst sich die Identität der Figuren vollends auf. In einem Spiegelkabinett – die Fragmentierung und Multiplikation wird durch optische Effekte wie Split-screen und Mehrfachbelichtung noch zusätzlich gesteigert – kommt es zwischen Bannister und seiner Frau zu einem für beide tödlichen Schußwechsel. In diesem Finale überwindet *The Lady from Shanghai* den expressionistischen und existentiellen Film noir-Touch und gerinnt in einem Kaleidoskop zu einer einzigen Absurdität.

Orson Welles, innerhalb weniger Jahre vom beneideten Wunderkind zum gehaßten enfant terrible Hollywoods geworden, zeigt in *The Lady from Shanghai* die amerikanische Nachkriegsgesellschaft als korrupt und moralisch verkommen. Die Ikone der vierziger Jahre – Rita Hayworth, der Schwarm der GIs während des Krieges – wird gründlich demontiert. Mit spürbarer Erleichterung und ohne Mitleid läßt O'Hara sie am Schluß in einem Scherbenhaufen sterben.

André Bazin: »Orson Welles«. Paris 1950; Morris Beja (Hg.): »Perspectives on Orson Welles«. Boston 1995; Peter Bogdanovich: »Hier spricht Orson Welles«. Weinheim, Berlin 1994 (Interview); Raymond Borde/Etienne Chaumeton (Hg.): »*The Lady from Shanghai*«, in: »Panorama du film noir américain«, Paris 1955; Simon Callow: »Orson Welles. The Road to Xanadu«. London 1995; Peter Cowie: »A Ribbon of Dreams: The Cinema of Orson Welles«. New York 1973; Gilles Deleuze: »Das Zeit-Bild. Kino 2«. Frankfurt a.M. 1991; Robert Garis: »The Films of Orson Welles«. Cambridge 2004; Heiner Gassen: »*Die Lady von Shanghai*«, in: epd Film, 1989, H. 4.; Mark Graham: »The Inaccessibility of *The Lady from Shanghai*«, in: Film Criticism, 1981, H. 3.; Peter W. Jansen/Wolfram Schütte (Hg.): »Orson Welles«. München 1977; E. Ann Kaplan: »Women and Film«. London 1983; Fred van der Kooij: »Nicht aufräumen, Platz schaffen! Der filmische Raum bei Orson Welles – eine Ortsbegehung«, in: Cinema, Basel, 1994, Bd.39; James Naremore: »Style and Theme in *The Lady from Shanghai*«, in: Ronald Gottesman (Hg.): »Focus on Orson Welles«. Englewood Cliffs 1976; David Thomson: »Rosebud. The Story of Orson Welles«. New York 1996; Eckhard Weise: »Orson Welles«. Reinbek 1996.

Ingo Fließ

LANDSCHAFT IM NEBEL

↗ Topio stin omichli

THE LAST COMMAND

(Sein letzter Befehl). USA (Paramount Pictures) 1927/28. 35 mm, s/w, stumm, 2.501 m.
R: Josef von Sternberg. B: John F. Goodrich, nach einer Geschichte von Lajos Biro.
K: Bert Glennon. Ba: Hans Dreier.
D: Emil Jannings (Sergius Alexander), Evelyn Brent (Natascha), William Powell (Leo Andrejew), Nicholas Soussanin (Adjutant).

Der Hollywood-Tycoon Lewis J. Selznick schickte dem abgesetzten russischen Zaren Nikolaus ein Telegramm: »Als ich noch ein armer kleiner Junge in Kiew war, zeigten sich einige Ihrer Polizisten mir und meinen Leuten gegenüber recht unfreundlich. Stop. Ich ging nach Amerika und machte Karriere. Stop. Höre jetzt mit Bedauern, daß Sie dort ohne Job sind. Stop. Bin Ihnen und Ihren Polizisten nicht mehr böse. Stop. Falls Sie nach New York kommen sollten, kann ich Ihnen gute Filmrollen anbieten.« Natürlich erwartete Selznick keine Antwort – das offene Telegramm war ein reiner PR-Gag, aber es zeugt von Hollywoods Selbstbewußtsein, sich alles und jeden kaufen zu können.

»Die Hungrigen von Hollywood«, so bezeichnet ein Zwischentitel das Heer der Komparsen, die vor dem Tor des Studio-Geländes auf Einlaß warten. Unter ihnen ist Sergius Alexander, »angeblich Vetter des Zaren und General«, heißt es auf der Karte der Agentur. Der alte Mann hat einen Tick: Er schüttelt ununterbrochen den Kopf. Die Komparsen werden eingekleidet, Sergius bekommt eine Generalsuniform – er soll in einem ›Russenfilm‹ mitspielen, den der autoritäre Regisseur Leo Andrejew inszeniert. Die Besetzung ist ein Racheakt, wie eine lange Rückblende zeigt: Vor zehn Jahren, in den letzten Tagen des russischen Kaiserreichs waren der damals mächtige General und der revolutionäre Schauspieler aneinander geraten, wobei es nicht zuletzt um die schöne Natascha ging. Jetzt stehen sie sich wieder gegenüber. »Der gleiche Mantel, die gleiche Uniform, der gleiche Mann, nur die Zeiten haben sich geändert«, stellt der Regisseur fest, als der gebrochene Mann vor ihm steht. Andrejew weidet sich genüßlich an der Situation: Die Rollen sind vertauscht, nun ist er es, der die (Film-)Truppen kommandiert. Als Sergius vor den Kameras wieder den General spielt, verfällt er dem Wahn, wieder an der Front revoltierenden Soldaten gegenüberzustehen und bricht tot zusammen.

Das sentimentale Melodrama bricht Sternberg durch groteske Einfälle; der Film täuscht weder in der Beschreibung von Hollywood noch der russischen Revolution Realismus vor. »Ein virtuos zubereitetes *mixed grill*, mit allen Vorzügen und Schwächen der Hollywooder Küche«, urteilte Hans Feld im »Film-Kurier« (20.9.1928). Aber auch der deutsche Stummfilm, Lang, Murnau und Lubitsch, von dem die Idee zu dem Film stammt, lieferte Zutaten. Der besondere Reiz liegt in den vielfältigen Illusionsbrechungen, wie bereits Feld erkannte: »Wirklichkeit und Kulisse sollen nebeneinander gezeigt werden. Das Seltsame aber dabei: Die Kulisse ist echt, ist realiter Kulisse. Während die Wirklichkeit auch nur Kulisse ist.«

The Last Command ist »eine Lektion Sternbergs über den Realitätsgrad von Hollywoodfilmen, über die besondere Natur seiner Filme, das heißt über ihr Verhältnis zur Realität« (Frieda Grafe). Das Spiel setzte sich bei der Produktion fort: Als Komparsen wirkten russische Emigranten – Ex-Generäle, Kosaken, ehemalige Mitglieder der Duma – mit, die russische Soldaten (in der Rückblende) und Emigranten darstellten, welche als Komparsen an einem ›Russenfilm‹ in Hollywood mitwirken.

Vor allem aber ist dies ein Film für Emil Jannings. Der Schauspieler, als deklassierter Hotelportier in ↗*Der letzte Mann* auch in den USA zu Ruhm gekommen, hatte hier eine ganz ähnliche Rolle. Im Murnau-Film ist seine soziale Identität gebunden an die Portiersuniform, bei Sternberg ist der Pelzmantel des Generals ein ähnlicher Fetisch. Einmal wird der Diener erwischt, wie er sich den Mantel von Sergius Alexander angezogen hat: »Beim nächsten Mal entfernen Sie den Mantel und erschießen Sie den Inhalt«, befiehlt der General. Während der Revolution reißt die aufgebrachte Menge ihm den Mantel vom Leib; ein betrunkener Aufrührer streift ihn über und macht sogleich Ansprüche auf Natascha geltend: »Die Frau gehört mir, der Mantel paßt zu ihr.«

Emil Jannings erhielt für *The Last Command* einen Oscar. Über die »Poltergeist-Eigenschaften dieses schwierigen Schauspielers« berichtet Sternberg in seiner Autobiographie; nach den konfliktreichen Dreharbeiten war man sich einig, nie wieder zusammenarbeiten zu wollen. Es kam anders: Jannings, der nach der Tonfilm-Revolution um seinen Thron in Hollywood fürchtete, ging zurück nach Deutschland. Für den ersten Film des heimgekehrten Stars engagierte die Ufa auf seinen Wunsch einen Regisseur aus Amerika: Josef von Sternberg drehte mit ihm ↗*Der blaue Engel*.

Frieda Grafe u.a.: »Acht Filme von Josef von Sternberg«, in: Filmkritik, 1969, H. 2; W.H.: »Antibolschewistischer Jannings-Film«, in: Gertraude Kühn u.a. (Hg.): Film und revolutionäre Arbeiterbewegung in Deutschland 1918–1932. Bd. 1. Berlin (DDR) 1978; Herbert Ihering: »Der neue Jannings-Film«, in: ders.: Von Reinhardt bis Brecht«. Bd. 2. Berlin (DDR) 1959; Josef von Sternberg: »Das Blau des Engels«. München 1991; John Tibbetts: »Sternberg and *The Last Command*«, in: Cinema Journal, 1975/76, H. 2.

Michael Töteberg

THE LAST EMPEROR (Der letzte Kaiser).

Italien/China (Yanco Films/TAO Film) 1987. 70 mm, Farbe, 163 Min.
R: Bernardo Bertolucci. B: Mark Peploe, Bernardo Bertolucci, Enzo Ungari, nach der Autobiographie von Pu Yi. K: Vittorio Storaro. M: Ryuichi Sakamoto, David Byrne, Cong Su. D: John Lone (Pu Yi), Joan Chen (Wan Rong), Peter O'Toole (Reginald Johnston), Ying Ruocheng (Gefängnisdirektor), Victor Wong (Chen Pao Shen), Dennis Dun (Big Li).

Die Lebensgeschichte des letzten Kaisers von China als Stoff für ein monumentales Leinwandepos: Mit 19.000 Komparsen und 24 Millionen Dollar Produktionskosten, mit spektakulären Schauplätzen und farbenprächtigen Dekors, aber ohne Special effects und technische Tricks oder skandalträchtige Sex & Crime-Szenen schuf Bertolucci ein Kinoereignis, das international gefeiert wurde.

Mit drei Jahren ist Pu Yi Herrscher über ein Imperium. Der mächtige Knirps, vor dem die Erwachsenen auf die Knie fallen und dessen kindliche Laune für ganze Heerscharen von Dienern Befehl ist, darf nur eines nicht: den abgeriegelten Bezirk der Verbotenen Stadt verlassen. Vier Jahre später wird die Monarchie gestürzt, doch das Leben zwischen den Palastmauern ändert sich kaum. Sir Reginald Johnston, ein Lehrer aus England, erteilt dem jungen Mann Unterricht, nicht nur in den klassischen Schulfächern. Pu Yi ahmt westliche Attitüden und Moden nach: Er schneidet sich den Zopf ab, trägt eine Nickelbrille, wirft die Eunuchen aus dem Palast. Nach wie vor ist er jedoch von der Außenwelt abgeschlossen und ahnt lediglich, daß es in der Stadt politisch rumort. Rebellierende Truppen vertreiben ihn 1924 aus der Verbotenen Stadt. Pu Yi flieht nach Tientsien, wo er das Leben eines Playboys führt, bis die Japaner, die 1931 den Nordosten Chinas besetzen, ihn zum Kaiser der Manchurai ernennen. Doch wieder ist er ein Herrscher ohne wirkliche Macht. Bei Kriegsende gerät er in russische Gefangenschaft und wird an Rotchina ausgeliefert. Zehn Jahre wird er in einem Gefängnis ›umerzogen‹, dann ist Pu Yi erstmals ein ›freier Mann‹. Er arbeitet, unauffällig gekleidet in der grauen Einheitskluft, als Gärtner. Für ihn gelten jetzt keine Privilegien mehr: Um im Palast den Thron, auf dem er einst saß, zu besichtigen, muß er sich wie jeder Tourist eine Eintrittskarte kaufen.

The Last Emperor ist ein großer historischer Bilderbogen: »Vom Mittelalter zu unseren modernen Zeiten«, so hat Bertolucci die Spannweite umschrieben, denn die Verbotene Stadt sei 1908 noch genauso gewesen wie 1644. Für jede Epoche hat Bertolucci einen anderen Stil gewählt, für die Zeit der Okkupation z.B. »eine Art japanisches Art Déco«. Die Kamera nimmt die Erzählerperspektive ein: Sie dementiert oft die Schauwerte, fügt ihnen oft »Frivoles und Entlarvendes« hinzu, wie Dietrich Kuhlbrodt an einem Beispiel demonstriert: »In der Manschurei geht die Kamera zusammen mit dem Kaiser die Pyramidenstufen hoch zum Thron. Links und rechts des goldgelben Seidenteppichs stehen huldigend die Japaner, die mittels ihrer Marionette ihre neue Kolonie industriell auszuplündern gedenken. Dann erringt die Kamera die Plattform: Der Blick öffnet sich majestätisch auf die grandiose Landschaft – und auf das nicht minder gewaltige Industriewerk im Hintergrund.«

Bertolucci zeichnet die ungewöhnliche Biographie nicht streng chronologisch nach. Sein Film setzt 1950 ein: Pu Yi kehrt als Kriegsgefangener zurück nach China. Verängstigt nimmt er die verbotenen Huldigungen der Menschen auf dem Bahnhof entgegen, sucht einen Waschraum auf und schneidet sich

The Last Emperor: Peter O'Toole und Wu Tao

die Pulsadern auf. In kunstvoll strukturierter Rückblendentechnik werden die bisherigen Lebensstationen geschildert sowie die Biographie fortgeführt. Der Zuschauer verfolgt einen tiefen Sturz – vom mächtigsten Mann des Reiches der Mitte zum einfachen Arbeiter in der gesichtslosen Masse –, eine Demütigung, die zugleich eine Emanzipation darstellt. Als Kaiser führte Pu Yi ein seltsam unwirkliches Leben: Seine Herrscherexistenz war nie von der Realität gedeckt. Erst während des Aufenthalts im Umerziehungslager wird er zu einem Menschen, der seine Stellung im gesellschaftlichen Kontext erkennt. An diesem Punkt prallen die Kulturen und Ideologien aufeinander: Die ›Gehirnwäsche‹ – nach einem Wort Maos kann man, wie man sich die Hände wäscht, auch das Gehirn waschen – gilt im Westen als eine die Persönlichkeit deformierende Manipulation, als Psycho-Terror, mit dem Menschen verstört werden. Der Film – bemüht, jede nostalgisch oder antikommunistisch gefärbte Sicht zu vermeiden – übernimmt die offizielle Perspektive. Bertolucci, der als erster Filmemacher in der Verbotenen Stadt drehen durfte, mußte sein Drehbuch vorlegen, hatte aber sonst keine Auflagen von offizieller Seite zu erfüllen. Das Geschichtsbild wie die Darstellung Rotchinas sind nicht frei von politischer Naivität und Revolutionsromantik, wie sie für linke Intellektuelle aus Europa zu dieser Zeit typisch waren. Seine ambivalente Einstellung zum maoistischen China – »zum einen die große ästhetische Faszination der Kulturrevolution, die mir wie ein post-brechtisches Straßentheater vorkommt, wie ein Post-Living-Theater, und zweitens meinen Verdacht, daß alle jene jungen Leute in einem religiösen Sinn fanatisiert waren« – hat Bertolucci in der Inszenierung lediglich angedeutet: Kritik am Regime wird nicht geübt.

Politische Diskussionen löste *The Last Emperor* außer in Japan, wo zunächst Szenen aus der Okkupationszeit geschnitten werden sollten, nicht aus. Als prunkvolle Ausstattungsoper, die in erlesenen Bildern schwelgt und mit der Figur des weisen Engländers Johnston auch eine leicht kolonialistische Tendenz enthält, wurde der Film im Westen ein nirgends angezweifelter Erfolg: Neun Oscars signalisierten, daß die Filmindustrie Bertoluccis Werk ihren Produkten zurechnete; eine für das Fernsehen hergestellte Version als Mehrteiler erzielte überall hohe Einschaltquoten. Auch in der Volksrepublik China konnte der Film ohne Probleme gezeigt werden. Erst Jahre später zeigten Filme der chinesischen Regisseure Chen Kaige – der in *The Last Emperor* eine kleine Rolle spielt – und Zhang Yimou auch den Kinozuschauern im Westen ein ungeschminktes, wesentlich realistischeres Bild von der Kulturrevolution.

Gerard Fabiens: »Ombres jaunes. Journal de tournage le *Dernier Empereur* de Bernardo Bertolucci«. Paris 1987; Millicent Marcus: »After Fellini«. Baltimore, London 2002; John Powers: »Last Tango in Beijing«, in: American Film, 1987/88, H. 2; Tony Rayns: »Bertolucci in Beijing«, in: Sight and Sound, 1986/87, H. 1; Gustav Seibt: »Die Grille des letzten Kaisers von China«, in: Frankfurter Allgemeine Zeitung, 31.10.1987; Bruce H. Sklarew: »*The Last Emperor*«. Detroit 1998; Giovanni Spagnoletti: »›Die Gehirnwäsche war etwas Besonderes‹«, in: Frankfurter Rundschau, 7.11.1987 (Interview); David Wilson: »Peter Pan in the Forbidden City«, in: Sight and Sound, 1987/88, H. 2; Karsten Witte: »Herr seiner selbst«, in: Die Zeit, 30.10.1987.

Michael Töteberg

LAURA USA (Twentieth Century Fox) 1944. 35 mm, s/w, 88 Min.
R: Otto Preminger. B: Jay Dratler, Samuel Hoffenstein, Betty Reinhardt, nach dem Roman von Vera Caspary. K: Joseph La Shelle. Ba: Lyle R. Wheeler, Lelan Fuller. S: Louis R. Loeffler. M: David Raksin.
D: Gene Tierney (Laura Hunt), Dana Andrews (Mark McPherson), Clifton Webb (Waldo Lydecker), Vincent Price (Shelby Carpenter), Judith Anderson (Ann Treadwell), Dorothy Adams (Bessie Clary).

Seine größte Zeit hatte der Regisseur Otto Preminger zwischen den Jahren 1944 und 1952. Er drehte Films noirs und Melodramen oder besser: beides in einem. Neben *Fallen Angels*, *Whirlpool* oder *Angel Face* (*Engelsgesicht*) ist *Laura* eines dieser Meisterwerke. Der Film, an dessen Drehbuch – ohne Nennung in den Credits – Jerome Cady und Ring Lardner jr. beteiligt waren und den zunächst Rouben Mamoulian inszenieren sollte – er wurde nach wenigen Drehtagen abgelöst –, wurde von Preminger selbst als sein persönlichster Film bezeichnet. Mit diesem Film setzte er sich nach längeren Streitereien gegen den FOX-Chef Darryl F. Zanuck durch, der ihn mit Regie-Verbot belegt hatte: Nach dem Erfolg von *Laura* durfte Preminger wieder unbehelligt seine Projekte realisieren.

»Die Geschichte von *Laura* ist zunächst eine relativ einfache Kriminalhandlung: die Geschichte einer kriminalistischen Recherche, die zugleich, wie in so vielen Filmen der Schwarzen Serie mit ihren bruchstückhaften, häufig in Rückblenden angelegten Porträts, eine Exploration von Charakteren und menschlichen Beziehungen ist, deren Wesen erst ganz langsam und nie vollständig hinter einem Wall von Lügen, Mißverständnissen, irreführenden Tatsachen und Objekten sichtbar wird.« (Georg Seeßlen) Laura, eine erfolgreiche und offensichtlich umschwärmte Werbeleiterin, wird tot vor ihrer Wohnungstür aufgefunden, das Gesicht bis zur Unkenntlichkeit entstellt. Mit der Aufklärung des Mordes wird Mark McPherson beauftragt. Bei der Suche nach dem Täter trifft der Detektiv auf den Kritiker Waldo Lydecker, einen Freund und Bewunderer Lauras, auf ihre wohlhabende Tante Ann und auf ihren Geliebten Shelby. Alle sind auf eine bestimmte Weise verdächtig. Höchst verwirrend wird die Situation, als plötzlich die totgeglaubte Laura auftaucht und sich damit die Frage stellt: Wer ist die tote Frau? Der raffiniert konstruierte Thriller nimmt das Thema von Hitchcocks ↗*Vertigo* vorweg: Mark McPherson, ein Mann, der keine allzu hohe Meinung von Frauen hat, verliebt sich während seiner Recherchen in ein Bild von Laura.

»Preminger kennt keinen Unterschied zwischen Kolportage und Kunst«, hat Fritz Göttler formuliert, »und man darf nie übersehen, mit welchen einfachen Mitteln er immer wieder in seinen Filmen falsche Sicherheiten und Gewißheiten zersetzt, jene altvertraute Vorstellung vor allem vom Kino als einer moralischen Anstalt.« Genau das trifft auf *Laura* zu, einer Geschichte, in der jeder – vor allem die beiden rivalisierenden Männer Lydecker und McPherson – seine eigene Projektion für das wahre Bild hält.

»*Laura*«, in: L'Avant-Scène du Cinéma, 1978, H. 211/12. (Filmtext).

Odile Bächler: »*Laura*«. Paris 1995; Fritz Göttler: »Verbannt den Zorn, das Mitleid. Die Filme des Otto Preminger«, in: Frankfurter Rundschau, 20.1.1990; Norbert Grob u.a. (Hg.): »Otto Preminger«. Berlin 1999; Mel Gussow: »Darryl F. Zanuck. Don't Say Yes Until I Finish Talking«. New York 1971; Michael Joseph: »Behind the Scenes of Otto Preminger«. London 1973; Kathryn Kalinak: »The Fallen Woman and the Virtuous Wife: Musical Stereotypes in *The Informer, Gone With the Wind*, and *Laura*«, in: Film Reader, 1982, H. 5; Gérard Legrand: »*Laura* et Mark Dixon, détective. Au bois dormant, une jeune Parque«, in: Positif, 1984, H. 279; Otto Preminger: »Preminger. An Autobiography«. New York 1977; Georg Seeßlen: »Kino der Angst«. Reinbek 1980; J.P. Telotte: »The Big Clock of Film Noir«, in: Film Criticism, 1989/90, H. 2; Kristin Thompson: »Breaking the Glass Armor: Neoformalist Film Analysis«. Princeton 1988.

Ronny Loewy

LAWRENCE OF ARABIA

(Lawrence von Arabien). Großbritannien (Sam Spiegel/Horizon Pictures) 1962. 70 mm, Panavision, Farbe, 216 Min.

R: David Lean. B: Robert Bolt. K: Fred A. Young. A: John Box. S: Anne V. Coates. M: Maurice Jarre.

D: Peter O'Toole (Lawrence), Alec Guinness (Prinz Feisal), Anthony Quinn (Adu Abu Tayi), Jack Hawkins (General Allenby), José Ferrer (Türkischer Gouverneur), Omar Sharif (Sherif Ali Ibn El Kharish), Anthony Quayle (Oberst Brighton), Claude Rains (Mr. Dryden), Arthur Kennedy (Kriegsberichterstatter Bentley).

Über Thomas Edward Lawrence schrieb Winston Churchill: »Er wird weiterleben in der englischen Literatur, er wird weiterleben in den Annalen des Krieges; er wird weiterleben in den Traditionen der Royal Air Force und in den Legenden von Arabien.« Und im Film dank des klassischen Kino-Epos David Leans, dessen Produktion rund 50 Millionen Mark kostete und das mit sieben Oscars ausgezeichnet wurde.

Lawrence of Arabia ist ein Kriegsfilm und eine subtile Charakterstudie; der Film beschreibt die grandiose Vision eines Engländers vom ganz anderen Leben und erzählt von seiner ebenso grandios scheiternden Identifikation mit den Wüstensöhnen. Der gerade 28jährige Archäologe und Offizier wird 1916 vom englischen Hauptquartier in Kairo zu den Beduinen ausgesandt. Er verbündet sich mit Fürst Feisal, vereinigt die zerstrittenen Stämme der Region und zieht mit ihnen durch die Wüste. Mit materieller Unterstützung der englischen Armee führt Lawrence den arabischen Aufstand im Stile eines Guerilla-Krieges, fällt aber – als Beduine verkleidet – in die Hand des türkischen Gouverneurs von Deraa, der ihn foltern läßt. Seelisch gebrochen, übernimmt er erst nach langer Überredung erneut die Rolle des Anführers der Araber. Bevor er Damaskus erobert, richtet er ein grausames und sinnloses Blutbad unter den Türken an. Doch seine Vision eines freien Arabiens scheitert sowohl an der Zerstrittenheit der Stämme als auch an den politischen Interessen Englands und Frankreichs. Enttäuscht kehrt er in seine Heimat zurück.

Der Film, der auf historischen Zeugnissen und der Autobiographie von T.E. Lawrence beruht und überwiegend an Originalschauplätzen gedreht wurde, vermittelt ein realistisches Bild von einem der Nebenschauplätze des Ersten Weltkriegs. Die Wüstenbilder, mit langem Atem inszeniert und von der Musik Maurice Jarres dramatisch unterlegt, sind von überwältigender Eindringlichkeit und blendender Schönheit. Die Titelfigur wird in ihrer ganzen Zwiespältigkeit gezeigt: als spleeniger und zivilisationsverachtender Engländer, als zuweilen anmaßender Freiheitskämpfer im Namen Arabiens, aber auch als sensibler Freund und Führer der Araber, der sich in die Rolle der Beduinen zu versetzen versucht und an der Unmöglichkeit dieses Identitätswandels zerbricht. Er wird vorgeführt als ein zynisch benutztes Instrument englischer Interessenpolitik, aber auch als selbsternannter Messias der Beduinen. In dem Film, der auch die homosexuellen und sadomasochistischen Züge des Helden nicht ausspart, treten ausschließlich Männer auf, deren Beziehungen zwischen Zuneigung und Rivalität, größenwahnsinniger Herrschsucht und Unterwürfigkeit, Respekt und Verachtung schwanken. Neben der überragenden darstellerischen Leistung Peter O'Tooles, der vor diesem Film als Shakespeare-Darsteller Erfolge gefeiert hatte, werden auch die weiteren Hauptrollen von Alec Guinness, Anthony Quinn und dem bis dahin nur in seiner Heimat bekannten ägyptischen Star Omar Sharif glänzend interpretiert.

Nach *The Bridge on the River Kwai* (*Die Brücke am Kwai*, 1958) ist *Lawrence of Arabia* der zweite Film, für den David Lean den Oscar erhielt; drei Jahre später gelang ihm mit *Doctor Zhivago* (*Doktor Schiwago*) ein weiterer Oscar-Erfolg. Der Film entstand in den Jahren, als das Kino auf die Herausforderung durch das Fernsehen mit Breitwand und monumentaler Ausstattung reagierte. Bei der Uraufführung hatte *Lawrence of Arabia* eine Länge von 222 Minuten, wurde jedoch kurz darauf auf Druck des Verleihs um 20 Minuten, bei dem zweiten Kinoeinsatz 1971 um weitere 15 Minuten gekürzt. Nach jahrelanger Rekonstruktion durch Robert A. Harris konnte – unter Mithilfe Leans, der Cutterin Coates und einiger der zur Nachsynchronisation benötigten Originalschauspieler – nach 27 Jahren der endgültige Director's Cut zur Eröffnung des Festivals von Cannes 1989 aufgeführt werden. Die Kritik bemerkte, daß diese Fassung deutlich subversiver, antikolonialistischer und weniger nationalistisch ist als die früher im Kino und Fernsehen gezeigte Version.

Frank Arnold: »*Lawrence von Arabien*«, in epd Film, 1990, H. 11; Luciana Bohne: »Leaning Toward the Past: Pressures of Vision and Narrative in *Lawrence of Arabia*«, in: Film Criticism, 1990, H. 1; Steven C. Caton: »*Lawrence of Arabia*. A Film's Anthropology«. Berkeley 1999; Richard Combs: »*Lawrence of Arabia* – Adrift in the Empire of the Sun«, in: Monthly Film Bulletin, 1989, H. 665; Roy Frumkes: »The Restoration of *Lawrence of Arabia*«, in: Films in Review, 1989, H. 4 u. 5; Hans Messias: »Auf der Suche nach dem verlorenem Film«, in: film-dienst, 1990, H. 22; L. Robert Morris/Lawrence Raskin: »*Lawrence of Arabia*«. New York u.a. 1992; Gerald Pratley: »The Cinema of David Lean«. South Brunswick, New York 1974; Alain Silver/James Ursini: »David Lean and his Films«. London 1974; Stephen M. Silvermann: »David Lean«. New York 1989; Adrian Turner: »The Making of David Lean's *Lawrence of Arabia*«. Limpsfield 1994.

Peter Christian Lang

DAS LEBEN DER BOHÈME

↗ Vie de bohème

DAS LEBEN DER FRAU OHARU

↗ Saikaku ichidai onna

DAS LEBEN IST SCHÖN

↗ Vita è bella

DAS LEBEN UND NICHTS ANDERES

↗ Vie et rien d'autre

DIE LEGENDE VON PAUL UND PAULA

DDR (Defa) 1972/73. 35 mm, Farbe, 105 Min.

R: Heiner Carow. B: Heiner Carow, Ulrich Plenzdorf. K: Jürgen Brauer. Ba: Harry Leupold. S: Evelyn Carow. M: Peter Gotthardt.

D: Angelica Domröse (Paula), Winfried Glatzeder (Paul), Heidemarie Wenzel (Die Schöne), Fred Delmare (Reifen-Saft), Rolf Ludwig (Professor), Jürgen Frohriep (Der blonde Martin), Eva-Maria Hagen (seine Freundin), Hertha Thiele (Frau Knuth).

Zunächst sollte der Film von Ingrid Reschke inszeniert werden, der damals einzigen Regisseurin der Defa und Verfechterin eines dokumentarischen Realismus. Nach ihrem Tod übernahm Heiner Carow den Entwurf von Ulrich Plenzdorf, und gemeinsam entwickelten sie aus der realistischen Alltagsstory eine musikalisch strukturierte, Wirklichkeit und Traum verknotende Liebeslegende, die bald zu einem legendären Film werden sollte. *Die Legende von Paul und Paula* wurde in der DDR ein großer Publikumserfolg. Die meisten Zuschauer ließen sich vom rigorosen Lebensanspruch der Heldin faszinieren, waren begeistert vom teils romantischen, teils ironischen Umgang mit DDR-Wirklichkeit. Und

entdeckten, daß der Film gegen jene »halben Lügen und kleinen Lösungen« (Klaus Wischnewski) polemisierte, mit denen sich viele im Privaten und in der Gesellschaft mehr oder minder abgefunden hatten.
Plenzdorf und Carow fabulieren über die Liebe einer ledigen Verkäuferin und eines verheirateten, saturierten Staatsbeamten. Paula, von zwei Männern enttäuscht und mit zwei Kindern allein, kämpft um ihr Glück. Als sie Paul kennenlernt, der ihrem Altbau gegenüber in einem Neubaublock wohnt, brechen Verkrustungen auf: Plötzlich bedient Paula ihre Kunden in der Kaufhalle nicht mehr mürrisch und verbissen, sondern mit jener natürlichen Freundlichkeit, die unter einer Abwehrschale verborgen war. Sie sieht sich und ihren Geliebten auf einem Boot auf der Elbe, eine Flußfahrt der Seligkeit. Sie zieht ihm, mit Blumen im Haar und auf dem Bett, die Kampfgruppenuniform aus: eine Szene, in der der prüde, militärisch organisierte ›reale Sozialismus‹ auf Insignien der Hippie-Bewegung stößt – und von ihnen besiegt wird. Paul, Mitarbeiter des Außenhandelsministeriums, gerät immer wieder ins Räderwerk seiner Behörde; er läßt sich schließlich zu dem Satz herab, er könne sich diese Liebe in seiner Position nicht leisten. Bis auch er spürt, was ihm verlorengeht: Nun schwänzt er die Arbeit, schläft im Treppenflur vor der Wohnung der Geliebten (ausgerechnet auf dem »Neuen Deutschland«), rasiert sich nicht, zertrümmert die Tür zu Paulas Wohnung. Ein Befreiungsschlag.
Der Film begab sich damit auf ein Terrain, das den Moralaposteln der DDR-Politik suspekt war. Obwohl Erich Honecker nur wenige Monate zuvor beschworen hatte, daß es auf dem Gebiet von Kunst und Literatur keine Tabus geben könne, »wenn man von festen Positionen des Sozialismus ausgeht«, wurden hinter den Kulissen Intrigen gegen *Die Legende von Paul und Paula* gesponnen; an die Redaktionen der parteigelenkten Presse ging die Weisung, den Film nicht mehr – wie unmittelbar nach der Premiere – zu feiern. Zuvor hatten die Rezensenten vor allem das Spiel von Angelica Domröse gelobt, andere Kritiker auf die für die Defa ungewöhnliche Form hingewiesen. Dem Finale – Paulas Tod nach der Geburt ihres dritten, von Paul gezeugten Kindes – geht ein Reigen ganz unterschiedlicher Stile voraus: dynamisch-naturalistische und clowneske Szenen, kabarettistische Intermezzi und expressive Elfenreigen. Eine Symphonie der Brüche, ein unverkrampftes, leidenschaftliches Spiel der Überhöhungen.
Die kulturpolitische Eiszeit, die sich 1976 mit der Biermann-Ausbürgerung endgültig offenbarte, vertrieb *Die Legende von Paul und Paula* aus dem Kino. Angelica Domröse und Winfried Glatzeder, die Darsteller der Titelrollen, verließen wenig später die DDR. Regisseur Heiner Carow durfte sein nächstes wichtiges Defa-Projekt, wiederum nach einem Szenarium von Plenzdorf, nicht drehen: Aus »Die neuen Leiden des jungen W.« wurde ein Theaterstück. In den folgenden Jahren stießen viele von Carows Filmstoffen auf Ablehnung, wurde seine Arbeit behindert. Erst mit *Coming out*, einer schwulen Liebesgeschichte, die am 9. November 1989, dem Tag der Maueröffnung, Premiere hatte, knüpfte Carow an die Kraft und Rigorosität der *Legende von Paul und Paula* an: Noch einmal gelang es ihm, eine Figur ins Zentrum eines Films zu rücken, die nach einem »argen Weg der Erkenntnis« sich zu ihren Leidenschaften, Sehnsüchten, Träumen, zu ihrer unverwechselbaren Individualität bekennt.

»*Die Legende von Paul & Paula. Die neuen Leiden des jungen W.* Ein Kino- und ein Bühnenstück«. Berlin (DDR)/ Frankfurt a.M. 1974. – In: Ulrich Plenzdorf: »Filme«. Bd. 2. Rostock 1988. (Szenarium).
Harry Blunk: »Die DDR in ihren Spielfilmen«. München 1984; Hermann Herlinghaus: »Heiner Carow«, in: DEFA-Spielfilm-Regisseure und ihre Kritiker. Bd. 2. Berlin (DDR) 1983; Erika Richter: »Alltag und Geschichte in DEFA-Gegenwartsfilmen der siebziger Jahre«, in: Filmwissenschaftliche Beiträge, 1976, H. 1; Helke Sander/Renée Schlesier: »*Die Legende von Paul und Paula* – eine frauenverachtende Schnulze aus der DDR«, in: Frauen und Film, 1974, H. 2; Guntram Vogt: »Die Stadt im Film«. Marburg 2001; Klaus Wischnewski: »Eine Kostbarkeit«, in: Helga Hartmann/Ralf Schenk (Hg.): Mitten ins Herz. Berlin 1991.

Ralf Schenk

LEOPARDEN KÜSST MAN NICHT

↗ Bringing up Baby

LERCHEN AM FADEN

↗ Skřivánci na niti

LETJAT ŽURAVLI

(Wenn die Kraniche ziehen). UdSSR (Mos'film) 1957.
35 mm, s/w, 94 Min.
R: Mihail Kalatosov. B: Victor Rosov, nach seinem Theaterstück »Die ewig Lebenden«.
K: Sergej Urusevskij. Ba: Evgenij Svidetelev.
S: M. Timofeeva. M: Moisej Vajnberg.
D: Tatjana Samojlova (Veronika), Aleksej Batalov (Boris), Vasilij Merkur'ev (Fedor Ivanovič), A. Švorin (Mark), Svetlana Haritonova (Irina), K. Nikitin (Volodja), Valentin Zubkov (Stepan).

Eine Liebesgeschichte vor dem Hintergrund des Zweiten Weltkriegs, der in der Sowjetunion der »Große Vaterländische Krieg« genannt wurde: Veronika und Boris lieben sich und wollen heiraten, doch als das Land überfallen wird, meldet sich Boris freiwillig an die Front. In der langen Zeit des Wartens wendet sich Veronika (dem vom Kriegsdienst freigestellten) Bruder von Boris zu. Sie heiraten, doch die Ehe zerbricht. Als endlich Frieden herrscht und die Soldaten heimkehren, ist Veronika unter den Frauen am Bahnhof und verteilt Blumen an die Heimkehrenden. Boris ist im Krieg gefallen.

Letjat žuravli erzählt eine konventionelle Geschichte in einer für das russische Kino ungewöhnlichen Form. Zwar bemüht sich der Film um eine Widerspiegelung der gesellschaftlichen Realität, entsprechen die Figuren dem Dogma des sozialistischen Realismus vom Typischen. Indem Kalatosov aber eine Frau zeigt, die in den Jahren des Krieges ihrem fernen Geliebten untreu wird, und dieses ›Versagen‹ nicht verurteilt, entfernt er sich sehr deutlich von der Theorie des positiven Helden, die bis vor einigen Jahren in der russischen Filmkunst noch gültig gewesen war. *Letjat žuravli* war gewiß nicht der erste russische Film, der sich konsequent vom Kanon des sozialistischen Realismus befreite – Ermlers *Neokontčennaja powest'* (*Der unvollendete Roman*, 1955), Rajsmans *Urok žhizni* (*Die Lehre des Lebens*, 1955) und auch Kalatosovs *Vernye drusja* (*Die treuen Freunde*, 1954) hatten auf diesem Gebiet durchaus schon Vorreiter-Funktion übernommen –, doch bildet der Film den Höhepunkt dieser Entwicklung und gilt zu recht als Dokument für das Tauwetter nach Stalins Tod und nach dem XX. Parteitag der KPdSU. Bei den Filmfestspielen in Cannes 1958 erhielt *Letjat žuravli* die Goldene Palme; weitere Auszeichnungen gingen an die Hauptdarstellerin und den Kameramann.

Der Film beeindruckt vor allem auch durch seine expressive Form. Was damals als Innovation wirkte, ist eigentlich ein Rückgriff auf eine verschüttete Tradition: Kalatosov erinnerte sich an Formen und Elemente der Syntax des Kinos, die in den zwanziger Jahren auch von den Exponenten des Russenfilms mit entwickelt, aber in der Epoche der Ždanovschen Kunstdoktrin als formalistisch diffamiert und bewußt verdrängt worden waren. Die Montage als wesentliches Wirkungsmittel des Kinos, die Arbeit mit dem Licht, mit Hell-Dunkel-Kontrasten, der Symbolismus einiger Bilder: Alle diese seinen Film prägenden Elemente konnte Kalatasov vom russischen Stummfilm übernehmen. Für den Regisseur war es eine Rückbesinnung auf seine eigene Entwicklung. 1930 hatte er mit *Sol Svaneti* (*Das Salz Svanetiens*) einen der eindrucksvollsten sowjetischen Dokumentarfilme gedreht, in dem Einflüsse von Eisenstein unübersehbar sind.

Zusammen mit seinem Kameramann Sergej Urusevskij schuf Kalatosov einen Bildstil, der von der Kritik als »emotionale Kamera« bezeichnet wurde und von anderen Filmemachern in den sozialistischen Ländern, z.B. dem Defa-Regisseur Konrad Wolf und seinen Kameramann Werner Bergmann, aufgegriffen und weiterentwickelt wurde.

»Letjat *žuravli*«. Hg. Gosfil'mfond SSSR. Moskau 1972. (Drehbuch).

Jacques Doniol-Valcroze: »Par la grâce du formalisme«, in: Cahiers du Cinéma, 1958, H. 85; Ulrich Gregor: »*Wenn die Kraniche ziehen*«, in: Filmkritik, 1958, H. 7; Juri Chanjutin: »*Die Kraniche ziehen*«, in: Beiträge zur Film- und Fernsehwissenschaft, 1987, H. 30; Mira und Antonin Liehm: »The Most Important Art: East European Film after 1945«. Berkeley 1977; Mitchell Lifton: »*The cranes are flying*«, in: Film Quarterly, 1959/60, H. 3; André Martin: »*Quand passent les cigognes*«, in: Cahiers du Cinéma,

1958, H.84; Paul Rotha/Richard Griffith: »The Film Till Now«. New York 1967; Hans-Jörg Rother: »Lächeln unter Tränen«, in: Helga Hartmann/Ralf Schenk (Hg.): Mitten ins Herz. Berlin 1991; Karsten Visarius: »*Wenn die Kraniche ziehen*«, in: Rudolf Joos/Christiane von Wahlert (Red.): Filme zum Thema. Bd.1. Frankfurt a.M. 1988.

Michael Hanisch

DER LETZTE KAISER

↗ Last Emperor

DER LETZTE MANN

Deutschland (Union-Film der Ufa) 1924. 35 mm, s/w, stumm, 2.036 m.
R: Friedrich Wilhelm Murnau. B: Carl Mayer. K: Karl Freund. Ba: Robert Herlth, Walter Röhrig. M: Guiseppe Becce.
D: Emil Jannings (Portier), Maly Delschaft (seine Tochter), Max Hiller (deren Bräutigam), Emilie Kurz (Tante), Hans Unterkircher (Geschäftsführer), Olaf Storm (junger Gast), Hermann Vallentin (spitzbäuchiger Gast), Georg John (Nachtwächter), Emmy Wyda (hagere Nachbarin).

Carl Mayer, der Dichter des deutschen expressionistischen Films, hat die Geschichte in einer Berliner Zeitung gefunden: Ein Toilettenwärter hatte sich aus wirtschaftlicher Not das Leben genommen. Daraus wurde die Geschichte vom sozialen Abstieg des stolzen Portiers vor dem Hotel Atlantic zum Toilettenwärter, der mit seiner Uniform auch die Achtung seiner Familie und Umwelt verliert und auf der untersten sozialen Stufe endet. Lotte Eisner berichtet, daß zuerst Lupu Pick den Film realisieren sollte, für den Mayer zuvor ↗*Scherben* und *Sylvester* (1923) geschrieben hatte. Murnau hat die beiden unvereinbaren Welten, das weltläufige Hotel und den kleinbürgerlichen Hinterhof, einander gegenübergestellt; zwischen beiden droht der Portier zerstört zu werden, als er seinen Halt, die Uniform, verliert.
Mit einer gleitenden Abwärtsbewegung im Fahrstuhl des Hotels beginnt der Film, die Bewegung setzt sich unmittelbar bis zur Drehtür nach außen fort, wo der in seiner Uniform mächtig wirkende Portier postiert ist. Der alte Mann kann nur noch mit längeren Verschnaufpausen seinen Dienst versehen und Koffer tragen; da die Stelle des Toilettenwärters frei geworden ist, beschließt die Geschäftsführung, den Alten auf diesen Posten zu versetzen. Zu Hause im Hinterhof, wo der Portier in seiner Uniform abends von allen Bewohnern mit Ehrfurcht und Respekt empfangen wird, sind Vorbereitungen für die Hochzeit seiner Tochter im Gange. Als er am nächsten Morgen wieder seinen Dienst vor der Drehtür des Hotels antreten will, steht bereits ein anderer, jüngerer da. Im Büro des Geschäftsführers wird ihm seine Degradierung mitgeteilt und die Uniform ausgezogen, so, als ob ihm die Haut abgezogen wird. In panischer Angst, daß bei seinen Nachbarn, noch dazu zur Hochzeit seiner Tochter sein Abstieg offenbar werden könnte, stiehlt er die Uniform und läuft damit nach Hause, während die Stadt über ihm zusammenzubrechen scheint. Noch einmal genießt er während der Kleinbürgerhochzeit weinselig die Achtung und Liebe der anderen. Am anderen Morgen deponiert er die Uniform in der Gepäckaufbewahrung, bevor er zu den Toiletten hinabsteigt. Aber die Tante, die ihm Essen bringen will, entdeckt ihn im Keller, und schon ist die Neuigkeit im Hinterhof herum – Gelächter und Schadenfreude sind grenzenlos. Als er sich am Abend in der Uniform nach Hause schleicht, ist der frühere Respekt in Verachtung umgeschlagen. Sogar seine Tochter schämt sich seiner. Er schleicht zurück zum Hotel und hängt, mit Hilfe des Nachtwächters, die Uniform wieder in den Schrank. Beide verharren in der Dunkelheit des Kellers. Da meldet sich der ›Film‹ zu Wort und teilt in einem Zwischentitel mit, daß die Geschichte so nicht enden darf. Der Toilettenwärter habe eine Millionenerbschaft gemacht. In der Schlußsequenz sieht man im Hotel den Alten und seinen Freund, den Nachtwächter, inmitten der reichen Müßiggänger prassen. Als sie das Hotel verlassen, pfeift er wie früher einen Wagen herbei, in dem sie augenzwinkernd davonfahren.
Daß weder Murnau noch Carl Mayer mit der erzwungenen Wende einverstanden waren, ist eine Sache. Eine andere ist, daß die Illusionen, die dieser märchenhafte Schluß vom wunderbaren Wandel des Toilettenwärters zum Millionär vermittelt, 1924 zur

Wirklichkeit der Weimarer Republik gehörten, als mit dem Dawes-Plan amerikanisches Geld eine wirtschaftliche Scheinblüte hervorzauberte. Das märchenhafte Ende stellt die Illusionen vom sozialen Aufstieg und ihre neuerlichen (Ent-)Täuschungen ironisch aus.

Weder die Tatsache, daß *Der letzte Mann* fast ohne erklärende Zwischentitel auskommt, noch die ›entfesselte Kamera‹ Karl Freunds sind neu in diesem Film. Beide Stilelemente findet man bereits in den vorangegangenen Filmen Lupu Picks. Aber wie Murnau die drehende, schwebende oder schwingende Kamera einsetzt, ist einzigartig. Sie dreht sich während der Hochzeitsfeier der Tochter mit dem betrunkenen Alten um sich selbst und wirbelt im Alkoholtraum die Koffer mit schwebender Leichtigkeit durch die Hotelhalle. Sie ›fliegt‹ wie ein Trompetenton vom Hof, wo zwei Musikanten spielen, zum Alten ans Fenster, der hört, was die Kamera sichtbar macht.

Die Rolle des degradierten Portiers bedeutete für Emil Jannings den Durchbruch als Charakterdarsteller und machte ihn auch in den USA berühmt. Zwischen 1926 und 1929 spielte er in Hollywood eine Reihe von ähnlichen Rollen: Menschen, die gesellschaftlich verelenden. Mit dem Professor Unrat im ↗*blauen Engel* blieb er nach seiner Rückkehr auch in Deutschland dieser Rolle treu. Auch für Murnau wurde *The Last Laugh*, so der amerikanische Verleihtitel, zum Entréebillet für Hollywood: Er drehte noch zwei Filme für die Ufa: *Tartüff* (1925) und im Jahr darauf ↗*Faust*, dann brach er ebenfalls nach Amerika auf.

B. Cardullo: »*Der letzte Mann* Gets *The Last Laugh*: F.W. Murnau's Comic Vision«, in: Post Script, 1981, H. 3; Lotte H. Eisner: »Dämonische Leinwand«. Frankfurt a.M. 1975; dies.: »Murnau«. Frankfurt a.M. 1979; Fred Gehler/Ullrich Kasten: »Friedrich Wilhelm Murnau«. Berlin (DDR)/Augsburg 1990; Willy Haas: »*Der letzte Mann*«, in: ders.: Der Kritiker als Mitproduzent. Berlin 1991; Claudia Heydolph: »Der Blick auf das lebende Bild. F.W. Murnaus *Der letzte Mann* und die Herkunft der Bilderzählung«. Kiel 2004; Peter W. Jansen/Wolfram Schütte (Hg.): »Friedrich Wilhelm Murnau«. München 1990; Jürgen Kasten: »Carl Mayer: Filmpoet«. Berlin 1994; Peter Körte: »Geschichte in Bewegung«, in: Hans-Michael Bock/Michael Töteberg (Hg.): Das Ufa-Buch. Frankfurt a.M. 1992; Dietrich Leder: »Tragischer Abstieg. Zur Archäologie der Psyche in *Der letzte Mann*«, in: Klaus Kreimeier (Red.): Friedrich Wilhelm Murnau. Bielefeld 1988; Hans Helmut Prinzler (Hg.): »Friedrich Wilhelm Murnau«. Berlin 2003; Lothar Schwab: »Raum und Licht«, in: Filme, Berlin, 1981, H. 9; Marc Silberman: »The Modernist Camera and Cinema Illusion: Friedrich Wilhelm Murnau's *The Last Laugh*«, in: ders.: German Cinema. Detroit 1995; Guntram Vogt: »Die Stadt im Film«. Marburg 2001.

Joachim Paech

DIE LETZTEN TAGE VON SANKT PETERSBURG

↗ Konec Sankt-Peterburga

LETZTES JAHR IN MARIENBAD

↗ Année dernière à Marienbad

DER LETZTE TANGO VON PARIS

↗ Ultimo Tango a Parigi

LEUCHTE, MEIN STERN, LEUCHTE

↗ Gori, gori, moja svesda

LA LEY DEL DESEO

(Das Gesetz der Begierde). Spanien (El Deseo S.A./Lauren Films) 1986. 35 mm, Farbe, 100 Min.

R+B: Pedro Almodóvar. K: Angel Luis Fernández. A: Javier Fernández. Ba: Ramón Moya. S: José Salcedo. M: Shostakovich, Stravinsky, Jacques Brel, Fred Bongousto, Navarro, Bola de Nieve, Bernardo Bonezzi, Almodóvar-McNamara.

D: Eusebio Poncela (Pablo Quintero), Carmen Maura (Tina Quintero), Antonio Banderas (Antonio), Miguel Molina (Juan), Manuela Velasco (Ada), Bibí Andersson (ihre Mutter).

Auf ein bestimmtes Genre läßt sich Pedro Almodóvars Spielfilm nicht festlegen: *La ley del deseo* ist eine Mischung aus Melodram, Seifenoper, spanischer Großstadtkomödie und Homo-Thriller, in der Liebe, Lust und Eifersucht regieren – bis zum tödlichen Ende. Die überzeichneten und exzentrischen Charaktere erliegen ihren Sehnsüchten, was dem Film eine romantische Aura verleiht. Den Hintergrund der Geschichte bildet die alltägliche, neongrelle Szene Madrids, durch die Almodóvar seine Figuren in einen realistischen Kontext stellt; er selbst bezeichnet seinen Film als ein »hyperrealistisches Melodram mit schwarzem Humor und glühenden Leidenschaften«.

Die Leidenschaften bestimmen die Aktionen, jede Figur wird zum obskuren Objekt der Begierde der anderen. Der Plot konzentriert sich auf eine Dreiecksbeziehung: Tina liebt Antonio, Antonio liebt Pablo, Pablo liebt Juan. Erzählt wird der Film aus der Perspektive des Protagonisten Pablo wie ein Roman in Kapiteln, in denen jeweils Pablo, Antonio und Tina die Hauptrollen spielen, bevor die Intrige das tragische Ende einleitet: Pablo, erfolgreicher Regisseur und Drehbuchautor, inszeniert nicht nur Filme, sondern auch sein eigenes Leben. So entwirft er den Liebesbrief, den er sich von Juan wünscht, gleich selbst; sein Liebhaber braucht ihn nur noch zu unterzeichnen. Und an Antonio schreibt er Briefe unter einem weiblichen Pseudonym, das für die Protagonistin seines neuen Drehbuches steht. Antonio wird nach seiner ersten homosexuellen Erfahrung mit Pablo zum besitzergreifenden Macho. Pablos Schwester Tina, einst Bruder Tino, die/der aus Liebe zu ihrem/seinem Vater eine Geschlechtsumwandlung durchführen ließ, verkörpert den Prototypen der verlassenen Frau – verlassen vom Vater sowie ihrer späteren Geliebten, der Mutter von Tinas Pflegetochter Ada. Als sich Pablo für Juan entscheidet, bringt Antonio seinen Konkurrenten aus Eifersucht um. Während Pablo nach einem Autounfall kurzzeitig sein Gedächtnis verloren hat, beginnt Antonio eine Affäre mit Tina, um auf diese Weise Pablo näher zu stehen. Schließlich als Mörder entlarvt, erschießt sich Antonio nach einer letzten Liebesstunde mit Pablo. Übrig bleiben Pablo, Tina und Ada – erneut eine Dreier-Konstellation.

Die erste, dem Vorspann vorangestellte Sequenz des Films enthält den Schlüssel zur Erzählung. In einem Studio wird eine Szene zu einem Pornofilm gedreht, ein junger Mann fügt sich den Anweisungen des Regisseurs: Er küßt sein eigenes Spiegelbild; der begehrte Liebespartner bleibt Fiktion. Dieses Spiel zwischen Sein und Schein bestimmt den gesamten Film; die Grenzen zwischen Realität und Fiktion sind fließend. Pablos Brief- und Drehbuchinhalte machen sich selbständig. Und wie im Leben spielt Tina in dem von Pablo inszenierten Theaterstück »La voix humaine« von Cocteau das Drama der verlassenen Frau. Jenes wird zur Satire, als die ehemalige Geliebte das Szenario betritt und Tinas Telefonmonolog unversehens zum Dialog wird.

Almodóvar inszeniert die Gefühle, Sehnsüchte und Krisen, akzentuiert durch subjektive Kameraperspektiven und nahe Einstellungen. Eine wichtige Funktion haben – neben der für Almodóvar typischen grellbunten Ausstattung – auch die Objekte, die gewissermaßen ein Eigenleben entwickeln; z.B. wird die Schreibmaschine, in die Pablo seine Träume tippt, zum magischen Multiplikator des Geschehens.

In *La ley del deseo* schuf Almodóvar eine Synthese aus seinen fünf vorhergehenden Filmen. Alle sind als massive Provokationen zu verstehen, die sich gegen die gesellschaftlichen Konventionen richten, indem sie ganz selbstverständlich die besonders in Spanien – als Erbe des konservativen Franco-Regimes – lange bestehenden Tabus wie Homosexualität, Drogensucht oder Kritik am Katholizismus thematisieren. Kokain ist im Film ein Kommunikationsmittel, und ein Pfarrer wird als homosexueller Knaben-Verführer entlarvt; die Abrechnung mit der Kirche gipfelt in Antonios Selbstopferung vor einem kitschigen und zum Schluß lichterloh brennenden Hausaltar. Das Ministerio de la Cultura lehnte es zunächst ab, den Film zu subventionieren. *La ley del deseo* wurde auch international ein Publikumserfolg, und für ihre bestechende Darstellung des Transsexuellen Tina/Tino erhielt Carmen Maura den Premio Nacional de Cinematografía. Weltberühmt wurde Almodóvar aber erst mit seiner folgenden schrillen Filmkomödie *Mujeres al borde de un ataque de nervios* (*Frauen am Rande des Nervenzusammenbruchs*, 1987).

Pedro Almodóvar: »Filmen am Rande des Nervenzusammenbruchs. Gespräche mit Frédéric Strauss«. Frankfurt a.M. 1998; Gwynne Edwards: »Almodóvar. Labyrinths of Passion«. London, Chester Springs 2001; Christoph Haas:

»Almodóvar. Kino der Leidenschaften«. Hamburg, Wien 2001; Manfred Riepe: »Intensivstation Sehnsucht«. Bielefeld 2004; Philippe Rouyer: »Crimes passionnels«, in: Positif, 1988, H. 327; Philippe Rouyer/Claudine Vié: »Entretien avec Pedro Almodóvar«, in: ebd.; Paul Julian Smith: »Desire Unlimited. The Cinema of Pedro Almodóvar«. London, New York 1994; Nuria Vidal: »El Cine de Pedro Almodóvar«. Madrid 1988.

Renate Gompper

LICHTER DER GROSSSTADT

↗ City Lights

LICHT IM WINTER

↗ Nattvardsgästerna

LIEBE

↗ Szerelmem

LIEBE IST STÄRKER

↗ Viaggio in Italia

LIEBELEI

Deutschland (Elite-Tonfilm) 1932/33. 35 mm, s/w, 88 Min.
R: Max Ophüls. B: Hans Wilhelm, Curt Alexander, Max Ophüls, nach dem gleichnamigen Stück von Arthur Schnitzler. K: Franz Planer. Ba: Gabriel Pellon. M: Theo Mackeben nach Motiven von Beethoven, Brahms, Mozart, Strauß, Haydn u.a.
D: Paul Hörbiger (Weiring), Luise Ullrich (Mizzi Schlager), Magda Schneider (Christine Weiring), Gustaf Gründgens (Baron von Eggersdorf), Olga Tschechowa (Baronin von Eggersdorf), Willy Eichberger (Oberleutnant Theo Kaiser), Wolfgang Liebeneiner (Leutnant Fritz Lobheimer).

Bei der Premiere des Films in Berlin am 16. März 1933 verbeugten sich Regisseur und Drehbuchautoren noch gemeinsam mit den Hauptdarstellern vor dem begeisterten Publikum – bereits 14 Tage später zierte Ophüls' Name nur noch die Leuchtreklamen; er selbst war ins Ausland geflohen. Später schnitten die Nazis seinen Namen wie auch die aller beteiligten Künstler jüdischer Abstammung aus dem Vorspann heraus. 1934 konnte Ophüls eine französische Version *Une histoire d'amour* vorstellen. Die Großaufnahmen und den größten Teil der Innenaufnahmen hatte er mit z.T. anderen Schauspielern neu gedreht, ansonsten die Originalfassung verwendet. *Liebelei* wurde ein internationaler Erfolg und zum Grundstein der zweiten Karriere des Regisseurs Max Ophüls in Frankreich und in den USA.

Die Verfilmung löst Schnitzlers Drama aus der Begrenztheit der Bühne: Die feste Aktstruktur wird aufgegeben zugunsten zahlreicher lose verbundener, teils neu hinzugefügter Szenen. Ophüls und die Drehbuchautoren beließen es nicht bei den beiden Schauplätzen des Stücks, orientierten sich aber bei der Auflösung in eine Vielzahl von Orten an Hinweisen in der Vorlage. Auch das dramatische Personal wurde erweitert: Es treten Personen auf, die im Stück nur erwähnt werden oder gar nicht vorkommen. Zum Konzept des Films gehört die Visualisierung all dessen, was im Drama lediglich angedeutet wird. So wird zu Beginn auch das Verhältnis Fritz Lobheimers zur Baronin ins Bild gesetzt.

Ophüls aktualisierte das 1896 verfaßte Drama. Lobheimer und sein Freund Theo Kaiser sind keine Studenten, sondern Berufsoffiziere. Das tödlich endende Duell wird erzwungen durch den militärischen Ehrenkodex, der ihre Männergesellschaft zusammenhält und dem sie sich unterwerfen müssen, um bestehen zu können. Das Duell wird für den Leutnant Lobheimer zur Existenzfrage: Er kann ihm nicht ausweichen, ohne Beruf und Karriere zu vernichten. Seine Liebe zu Christine reicht nicht aus, um sich den Traditionen und Hierarchien zu entziehen; er hat sich dienstlichen und gesellschaftlichen Pflichten unterzuordnen. Die Vereinigung der beiden Liebenden ist nur im Tod möglich, in den Christine ihm freiwillig folgt. Die Schlußszene: Zu dem Bild einer Schneelandschaft hört man ihre Liebesschwüre.

Daß es durchaus eine Alternative gibt, zeigt die Haltung des scheinbar oberflächlichen Freundes Theo Kaiser. Weder Militär noch seine Liebschaften ganz ernst nehmend, verweigert er auch den letal endenden Gehorsam. Als er den Ernst der Situation erkennt, protestiert er gegen das Duell und geht soweit, jeden »Schuß, der nicht in höchster Notwehr

Liebelei: Magda Schneider und Luise Ullrich

abgegeben wird« als »Mord« zu bezeichnen. Kaiser ist auch bereit, die Konsequenzen zu tragen. Er quittiert unverzüglich den Dienst und erscheint schon als Zeuge des Duells in Zivil. Darüberhinaus wird angedeutet, daß er auswandern wird: In dieser Gesellschaft ist für ihn kein Platz mehr.

Der Erfolg des Films beruht wesentlich auf der stimmungsvollen Mischung von Handlung, Dekoration, Licht, bewegter Kameraführung und Musik, die Ophüls nicht illustrativ, sondern dramaturgisch einsetzt. Vom Quartett »Es lebe die Liebe« aus Mozarts »Entführung aus dem Serail« spannt sich der Bogen bis zur 5. Symphonie Beethovens beim Tod Fritz Lobheimers. Christine singt das Lied »Brüderlein, Schwesterlein« und nimmt damit das tragische Schicksal der Liebenden vorweg. Überhaupt arbeitet Ophüls mit einer Dramaturgie der Vorausweisung und der Aussparung dramatischer Höhepunkte: Lobheimers Tod wird nicht im Bild gezeigt, und zu hören ist nur, daß sein Schuß ausbleibt. Dieser Toneinsatz verrät den Funkautor Ophüls, die intensive Schauspieler-Führung dagegen den Bühnenregisseur. Souverän verknüpft Ophüls theatralische Arrangements und Mittel des Rundfunks im filmischen Ausdruck und schafft eine harmonische Balance.

Helmut G. Asper: »Max Ophüls. Eine Biographie«. Berlin 1998; Lars Henrik Gass: »Ironie der Schaulust«, in: Helmut G. Asper (Hg.): Max Ophüls. St. Ingbert 1993; Frieda Grafe/Enno Patalas: »Theater, Kino, Publikum«, in: dies.: Im Off. München 1974; William Karl Guérin: »Max Ophuls«. Paris 1988; Jan-Christopher Horak: »Ophuls' Celebration of Love: *Liebelei*«, in: Image, 1977, H. 3/4; Peter W. Jansen/Wolfram Schütte (Hg.): »Max Ophüls«. München 1989; Gertrud Koch: »Positivierung der Gefühle«, in: dies.: Was ich erbeute, sind Bilder. Frankfurt a.M. 1989; Ralf Schenk: »Ein schwerer Abschied mit leichtem Gepäck«, in: Helga Hartmann/Ralf Schenk (Hg.): Mitten ins Herz. Berlin 1991; Allen L. Williams: »Reading Ophüls reading Schnitzler: *Liebelei*«, in: Eric Rentschler (Hg.): German Film and Literature. New York, London 1986; Susan M. White: »The Cinema of Max Ophuls«. New York 1995.

Helmut G. Asper

DIE LIEBENDEN VON PONT-NEUF ↗ Amants du Pont Neuf

LIEBES TAGEBUCH ...
↗ Caro Diario

LIEBE UND ANARCHIE
↗ Film d'amore e d'anarchia

DAS LIED DER STRASSE ↗ Strada

LITTLE BIG MAN USA (National General) 1970. 35 mm, Farbe, 147 Min.
R: Arthur Penn. B: Calder Willingham, nach einem Roman von Thomas Berger. K: Harry Stradling jr. A: Dean Tavoularis. S: Dede Allen. M: John Hammond.
D: Dustin Hoffman (Jack Crabb), Faye Dunaway (Mrs. Pendrake), Martin Balsam (Allardyce P. Merriweather), Richard Mulligan (Gen. George A. Custer), Chief Dan George (Old Lodge Skins), Jeff Corey (Wild Bill Hickock), Aimee Eccles (Sunshine), Kelly Jean Peters (Olga), Carol Androsky (Caroline), Robert Little Star (Little Horse).

Arthur Penns *Little Big Man* gibt sich gleich zu Beginn als revisionistischer Western zu erkennen: In der Rahmenhandlung diktiert der 121 Jahre alte Jack Crabb, der letzte noch lebende »Indianerkämpfer«, einem Journalisten in die Feder, wie es ›wirklich‹ gewesen ist. Crabb erzählt nicht die Geschichte einer heroischen Landnahme, nicht, wie der Westen gewonnen, sondern wie er verloren wurde: von den Indianern und von den Pionieren, die die Frontier überschritten, um schließlich von der nachfolgenden Zivilisation überrollt zu werden. Der Protagonist, ein Anti-Held und rechter Tor, ist selbst freilich nur ein Zerrbild jenes alten Westerners – ein ›Pionier‹ allein in der Hinsicht, daß er beständig in das Niemandsland zwischen den kriegführenden Parteien gerät. Als Weißer geboren, von Indianern aufgezogen und auf den neuen Namen »Little Big Man« getauft, erlebt er den historischen Siegeszug der ›Zivilisation‹ als Folge absurder Schicksalsschläge. Jack Crabb versucht sich in verschiedenen Professionen und verschiedenen klassischen Western-Rollen, aber weder als Scharfschütze noch als Trapper, weder als Kavallerist noch als Quäker, weder als Weißer noch als Indianer ist er sonderlich erfolgreich. Nur einmal greift er in den Gang der Dinge ein. Wenn man dem Erzähler glauben darf, dann hat er Custers Kavallerie mit schwejkscher Verschlagenheit am Little Big Horn ins Verderben geschickt – eine Tat, die allerdings nur ein retardierendes Moment in der Tragödie der Indianer darstellt.

Little Big Man ist, in zeittypischer Unentschiedenheit, ein Grenzgang zwischen den Genres: ein pikaresker, komödiantischer Western, dessen Geschehen sich nicht dramaturgisch geradlinig, sondern als Serie locker verknüpfter, malerischer Tableaus entfaltet. Anhand der Vita des Protagonisten entwirft der Film ein kleines Kompendium der Western-Klischees, unterzieht er den Mythos einer ironischen Überprüfung. Legenden, die sich um historische Figuren wie Wild Bill Hickock oder General George Armstrong Custer ranken, werden demontiert. Custer etwa erscheint als Psychopath, als brutaler und in seiner Eitelkeit auch lächerlicher Militär: Seine letzte Schlacht am Little Big Horn hat in vielen Western den Angelpunkt der Handlung abgegeben, aber so grotesk-unheroisch wie hier waren die ›Yellow Stripes‹, die Soldaten der »U.S. Cavalry«, noch nie gestorben. Das Massaker dagegen, das Custer selbst unter einem Indianerstamm am Washita River anrichtet, setzt Penn mit bitterem Nachdruck in Szene: Die Truppen lösen sich gespensterhaft aus einer schneebedeckten, nebligen Landschaft und fallen über wehrlose Opfer her; das Töten findet im Zwielicht statt, und der Rhythmus der Montage antwortet auf die Gewaltsamkeit des Geschehens.

Als Penn *Little Big Man* realisierte, war der Western schon lange in seine Spätphase eingetreten. Anfang der sechziger Jahre hatten Regisseure wie Howard Hawks und John Ford bereits einen abgeklärten Ton angeschlagen, den Westerner als erschöpften, von der modernen Gesellschaft ›ausgemusterten‹ Helden gezeigt. Die Gewaltdarstellung in den Kampfszenen von *Little Big Man* war durch den Italo-Western, durch Sam Peckinpahs *The Wild Bunch* (1968) und auch durch Penns eigene Gangsterballade ↗*Bonnie and Clyde* vorbereitet worden. Doch zusammen mit Robert Altmans *McCabe & Mrs. Miller* (1971) sowie George Roy Hills *Butch Cassidy and the Sundance Kid* (*Zwei Banditen*, 1968), die ebenfalls um die Wende zu den siebziger Jahren entstanden, eröffnete *Little Big Man* dem Genre eine desillusionierende und zugleich humorvoll-entspannte Perspektive. Penns Darstellung der Indianer ist im Detail authentisch, dabei aber gänzlich unpathetisch. In das Bedauern über den Untergang der indianischen Kultur mischen sich weder pflichtschuldige Betroffenheit noch eine rückwärtsgewandte Sehnsucht, wie sie 20 Jahre später in Kevin Costners Revival-Western *Dances With Wolves* (*Der mit dem Wolf tanzt*, 1989) zum Ausdruck kommt.

Lars-Olav Beier/Robert Müller (Hg.): »Arthur Penn«. Berlin 1998; Leo Braudy: »The Difficulties of *Little Big Man*«, in: Film Quarterly, 1971/72, H. 1; Gaston Haustrate: »Arthur Penn«. Paris 1986; John W. Turner: »*Little Big Man*, The Novel and the Film: A study of Narrative Structure«, in: Literature/Film Quarterly, 1977, H. 2; Joel Stewart Zuker: »Arthur Penn. A guide to references and resources«. Boston 1980.

Sabine Horst

LE LOCATAIRE (Der Mieter). Frankreich (Marianne Productions). 1976. 35 mm, Farbe, 125 Min.
R: Roman Polanski. B: Gérard Brach, Roman Polanski, nach dem Roman »Le locataire chimérique« von Roland Topor. K: Sven Nykvist. A: Eric Simon. Ba: Claude Moesching. S: Françoise Bonnot. M: Philippe Sarde.
D: Roman Polanski (Trelkovsky), Isabelle Adjani (Stella), Shelley Winters (Concierge), Melvyn Douglas (Monsieur Zy).

Die Geschichte eines psychischen Zerfallsprozesses hat Polanski bereits in ↗*Repulsion* beschäftigt; auch in *Le locataire* wird die Leinwand zur Projektionsfläche einer durch Angst verzerrten und wahnhaft entstellten Wahrnehmung. Cathérine Deneuves somnambule Mörderin Carol scheint in dem schüchternen, von Polanski selbst gespielten Angestellten Trelkovsky, der sich auf dem Gipfel einer paranoiden Persönlichkeitsspaltung in den Selbstmord stürzt, ein männliches Double gefunden zu haben. Doch der Film geht über einen sexuellen Seitenwechsel und die Variation schon vertrauter Motive hinaus: Statt den Zuschauer zum voyeuristischen Komplizen der Kamera zu machen, hält Polanski diesmal dem Voyeurismus den Spiegel vor und reflektiert damit eine filmische Grundkonstellation.

»Es war, als sollte die Scham ihn überleben«, heißt der Schlußsatz von Kafkas »Der Prozeß«. Er könnte auch das Motto des Films sein. Scham ist der Affekt, der Trelkovsky beherrscht und in nackte Angst umschlägt. In der vormals von einer Selbstmörderin, einer gewissen Simone Choule, bewohnten Pariser Hinterhofwohnung werden ihm alle Lebensäußerungen von den zudringlichen Nachbarn streitig gemacht: Er wagt sich kaum zu rühren, weil jedes Geräusch sofort mit Rufen nach Ruhe quittiert wird. Trelkovsky, schon aufgrund seiner franko-polnischen Herkunft ein Außenseiter, fühlt sich zunehmend in die Rolle seiner Vormieterin gedrängt. Der Mieter scheint nicht nur in seiner Wohnung, sondern auch in seinem Körper lediglich geduldet zu sein. Am Ende sucht er – wie Norman Bates in Hitchcocks ↗*Psycho* – Zuflucht in einer für andere, aber auch für ihn selbst undurchschaubaren Identität. Mit steigender Angst beobachtet Trelkovsky, wie er zu Simone Choule wird. Als Transvestit, mit Frauenkleidern und Perücke, stürzt er sich schließlich wie sie aus dem Fenster in den Hof, den er als von erwartungsvollen Zuschauern gefüllten Theatersaal wahrnimmt. Bis auf ein Auge und die zum Schrei geöffnete Mundhöhle einbandagiert wie eine Mumie, sieht er sich selbst mit Simones Freundin Stella an sein Krankenbett treten.

Trelkovsky wird zum Opfer ebenso realer wie eingebildeter Ressentiments. Man kann deshalb seine Persönlichkeitsspaltung sowohl als ›äußere‹ Konsequenz einer übermächtigen sozialen Kontrolle wie als ›innere‹ Desintegration eines über kein festes Ich verfügenden Subjekts sehen. Schon die Rekonstruktion der filmischen Erzählung bewegt sich über einem Abgrund von Zweideutigkeiten. Zudem hat Polanski den Film mit internen Verweisen auf die synthetische Natur der filmischen Erfahrung befrachtet, die ihn sowohl zum Kultobjekt für Cinéasten wie zur Zielscheibe kritischer Einwände gegen die Eskapaden eines bizarren Kino-Manierismus werden ließen. Vor allem Trelkovskys Sprung aus dem Fenster zum Hof – eine weitere Verneigung vor Hitchcock: Bereits zu Beginn zitiert Polanski ↗*Rear Window*; auch ↗*Vertigo* hat in *Le locataire* Spuren hinterlassen – provozierte die Anwälte realistischer Plausibilität im Kino. Polanski beläßt es nicht nur bei einer imaginierten Theaterkulisse für ein Schauspiel, das buchstäblich alles aufs Spiel setzt; Trelkovsky schleppt sich schwerverletzt, in seiner Einbildung von seinen Nachbarn bedroht, wieder die Treppen hoch und stürzt sich noch einmal in die Tiefe. Mit diesem zweifachen Sprung treibt Polanski sein Doppelspiel auf die Spitze: von Regisseur und Hauptdarsteller, von der Aufspaltung in ein männliches und ein weibliches Ich, von Realität und Wahn, von Maskierung und Exhibitionismus. Trelkovsky/Polanski läßt sich als der ewig verfolgte Flüchtling verstehen, der im Ruhm, der ihn überlebt, sein sicherstes Versteck gefunden hat.

Peter W. Jansen/Wolfram Schütte (Hg.): »Roman Polanski«. München 1986; David Overbey: »Polanski as Actor«, in: Sight and Sound, 1976, H. 2; Anna M. Lawton: »The Double: A Dostoevskian Theme in Polanski«, in: Literature/Film Quarterly, 1981, H. 2; Barbara Leaming: »Polanski. The Filmmaker as Voyeur«. New York 1981; Louis-Bernard Robitaille: »Polanski tourne *Le locataire*«, in: Ecran, 1976, H. 45; Linda Williams: »Film Madness: The Uncanny Return of the Repressed in Polanski's *The Tenant*«, in: Cinema Journal, 1981, H. 2; Paul Werner: »Roman Polanski«. Frankfurt a.M. 1981; Virginia Wright Wexman: »Roman Polanski«. Boston 1985.

Karsten Visarius

LOHN DER ANGST ↗ Salaire de la peur

LOLA MONTÈS (Lola Montez).

Frankreich/Deutschland (Gamma Film/Union Film) 1955. 35 mm, Farbe, 113 Min.
R: Max Ophüls. B: Max Ophüls, Jacques Natanson, Annette Wademant, Franz Geiger, nach dem Roman »La vie extraordinare de Lola Montès« von Cécil Saint-Laurent. K: Christian Matras. A + Ba: Jean d'Eubonne, Willy Schatz. M: Georges Auric.
D: Martine Carol (Lola Montez), Peter Ustinov (Stallmeister), Adolf Wohlbrück (König Ludwig I. von Bayern), Oskar Werner (Student), Will Quadflieg (Franz Liszt), Ivan Desny (Leutnant James).

Aus seinem Desinteresse für die historische Lola Montez machte Ophüls kein Hehl: Die Figur diente ihm lediglich als Katalysator für die Reaktionen der Männer. Auf Lola richtet sich stets ihr sexuelles Begehren, oder sie wird nur als schöner Zierat benutzt, mit dem sich die Männer schmücken. Lolas Suche nach Liebe ist ebenso vergebens wie ihr Wunsch, als Künstlerin anerkannt zu werden. Lediglich in ihrem Verhältnis zum bayerischen König – der selbst lieber Künstler und Schauspieler wäre, und ihr noch aus »Hamlet« vorliest, während der Pöbel bereits revoltiert – findet Lola etwas Glück. Doch erweist es sich als flüchtige Illusion: Der König muß seine Rolle spielen und opfert Lola der Staatsräson. Nach dieser Erfahrung ist sie innerlich leer und ausgebrannt; sie kann die wahre Liebe des Studenten nicht mehr erkennen oder gar annehmen und landet dort, wo es auf die äußere Attraktion ankommt: beim Zirkus, wo sie allabendlich zur Gaudi des Publikums auftritt und ihr abenteuerliches Leben darstellt – Aufstieg und Fall als Trapezakt mit Sprung in die Manege. Am Schluß wird sie in einem Käfig den »Herren über 16 Jahre« gegen einen Dollar zum Anfassen feilgeboten.
Ophüls' letzter Film ist kein Alterswerk in dem Sinne, daß ein Meister die einmal gefundenen Lösungen noch einmal durchexerziert. Der experimentierfreudige Regissseur stellte sich einer neuen Herausforderung und ihren Ausdrucksmöglichkeiten: Erstmals drehte er in Cinemascope und Farbe.

Er wählte Farben, die Stimmungen evozieren: gleißende Buntheit für den Zirkus, herbstliches Rot in der Liszt-Episode, dunkles Blau-Grau in Lolas Jugend und kaltes Blau-Silber in der bayerischen Episode. Ähnlich experimentell handhabt Ophüls den Dekor. So gibt es im Zirkus gleichzeitig von Statisten gespieltes Publikum, dahinter plastische, kostümierte Puppen und schließlich ganz oben auf den Rängen flache bemalte Pappfiguren. Neue Wege beschritt er auch beim Ton: Die Vierkanal-Tontechnik nutzte er vor allem in der sogenannten ›internationalen Fassung‹ für einen dichten Klangteppich aus Stimmengewirr in mehreren Sprachen. Souverän arbeitet er mit der – von ihm häufig benutzten, hier a-chronologisch eingesetzten – Rückblendendramaturgie. Die Komplexität der filmischen Struktur und die betonte Künstlichkeit irritierte das Kinopublikum und die zeitgenössische Filmkritik gleichermaßen. Die mit einem Budget von ca. sechs Millionen DM damals teuerste deutsche Nachkriegsproduktion erwies sich als Flop.

Lola Montès ist eine bittere Abrechnung mit dem Showbusiness und dem Medienrummel, dem Voyeurismus der Masse und dem Zynismus der Produzenten, die diesen Voyeurismus bedienen und noch fördern, um ihn für ihre Geschäfte auszunutzen. Dabei ist es typisch für Ophüls, daß er das Elend der gedemütigten und ausgebeuteten Frau inmitten der Glitzerwelt eines Riesenzirkus zeigt: Es bedarf des Blicks hinter die schöne Kulisse. Trotz aller Schauwerte, mit denen der Film prunkt, inszenierte Ophüls den Film gegen die Publikumserwartungen, die auf einen Skandalfilm mit dem Sexstar Martine Carol gerichtet waren. Mit aggressiver Ironie verweigert Ophüls dem Zuschauer z.B. in der »Nadel-und-Faden«-Szene den Blick auf Carols Busen. Der Film wendet sich gegen die Entblößung, gegen die Zurschaustellung des privaten Lebens, gegen die Prostitution. Sie war und ist jedoch die Grundlage der kommerziellen Filmindustrie: *Lola Montès* kritisiert – im historischen Gewand – ein verkommenes Gewerbe: die Filmbranche, die sich Mitte der fünfziger Jahre immer stärker den Konsuminteressen beugte und damit die künstlerischen Ausdrucksmöglichkeiten einengte.

Folgerichtig kam es schon bei den Dreharbeiten zu andauernden und heftigen Auseinandersetzungen mit dem Produzenten. Als sich schließlich der finanzielle Mißerfolg des Films abzeichnete, wurde ohne Einwilligung des Regisseurs eine erheblich gekürzte und die a-chronologische Struktur zerstörende Fassung hergestellt. Auf Betreiben von François Truffaut – ursprünglich als Regieassistent vorgesehen – protestierten prominente Künstler gegen diesen Eingriff und solidarisierten sich mit Ophüls, freilich vergeblich. Erst Ende der siebziger Jahre kam der Film in der Originalfassung wieder in die Kinos; inzwischen waren jedoch die Farben schon weitgehend zersetzt, so daß sich die originale Farbdramaturgie heute nur noch erahnen läßt.

»*Lola Montez*«, in: Enno Patalas (Hg.): Spectaculum. Texte moderner Filme. Bd.1. Frankfurt a.M. 1961. (Filmprotokoll).

Helmut G. Asper: »Max Ophüls. Eine Biographie«. Berlin 1998; Stefan Drößler: »*Lola Montez* – in neuem Licht«, in: Christine Rüffert u.a. (Hg.): ZeitSprünge. Berlin 2004; Peter W. Jansen: »*Lola Montez*«, in: ders./Wolfram Schütte (Hg.): Max Ophüls. München 1989; Klaus Kreimeier: »Barock-Film«, in: Film, Velber, 1968, H. 6; Martina Müller/Werner Dütsch: »Lola Montez. Eine Filmgeschichte«. Köln 2002; Peter Nau: »*Lola Montez*«, in: Kinemathek, Berlin, 1989, H. 75; François Truffaut: »*Lola Montez*«, in: ders.: Die Filme meines Lebens. Frankfurt a.M. 1997; Alan L. Williams: »Max Ophuls and the Cinema of Desire«. New York 1980.

Helmut G. Asper

LOLA RENNT

Deutschland (X Filme/WDR) 1998. 35 mm + Video, Farbe + s/w, 81 Min.

R+B: Tom Tykwer. K: Frank Griebe.

S: Mathilde Bonnefoy. M: Tom Tykwer, Johnny Klimek, Reinhold Heil.

D: Franka Potente (Lola), Moritz Bleibtreu (Manni), Herbert Knaup (Lolas Vater), Nina Petri (Jutta Hansen), Armin Rohde (Schuster).

Lola rennt steht für den Aufbruch im jungen deutschen Kino Ende der neunziger Jahre. Tykwers innovativer Film, von Publikum wie Kritik gleicher-

Lola rennt: Franka Potente

maßen gefeiert, funktioniert auf erstaunlich vielen, gemeinhin als heterogen geltenden Ebenen: ein Kinohit, der Franka Potente zum internationalen Star machte, und ein Arthouse-Film, der Cineasten faszinierte; ein Kultfilm, der in einer *Simpsons*-Folge parodiert wurde, und ein Beitrag zum modernen Weltkino, ein Referenzfilm wie ↗*Pulp Fiction* oder ↗*Short Cuts*.

Lola hat zwanzig Minuten Zeit, um 100.000 Mark zu beschaffen – ihr Freund Manni hat das ihm anvertraute Geld eines Autoschiebers verloren und sieht keinen anderen Ausweg, als einen Supermarkt zu überfallen. Lola beschwört ihn, auf sie zu warten und rennt los – der Versuch scheitert, sie kommt zu spät, der Überfall läuft bereits, auf der Flucht wird sie von einem Polizisten erschossen. Die Geschichte ist zu Ende und beginnt wieder von vorn. Diesmal klappt alles, Lola ist rechtzeitig mit dem Geld zur Stelle, doch diesmal wird Manni auf der Straße von einem Krankenwagen überfahren. In der dritten Version gewinnt Lola das Geld im Spielcasino, Manni hat parallel das verlorene Geld wieder auftreiben können – alles ist gut, er wundert sich nur, warum sie so gerannt ist.

Ein Spiel mit der Zeit und dem Zufall, in drei Runden, einer rasanten Ouvertüre, sieben eingestreuten Flashforwards und zwei Liebesdialogen, in denen die Zeit angehalten scheint. *Lola rennt* ist kaum auf einen Begriff zu bringen – der Film ist »ein romantisch-philosophischer ActionLiebesExperimentalThriller« (Tykwer). Die schnellen Schnittfolgen und Montagen – David Bordwell hat eine durchschnittliche Einstellungsdauer von 2,7 Sekunden errechnet –, nicht zuletzt der vorantreibende Techno-Soundtrack, ließen manche Kritiker von einem Megavideoclip sprechen. Der Konstruktion nach ist *Lola rennt* ein Experimentalfilm: Eine kleine Verschiebung in der Versuchsanordnung, Lola passiert die Stationen ihres Laufs einen Moment früher oder später, und die Geschichte nimmt eine neue Wendung. Spielerisch werden in diesem postmodernen Märchen metaphysische Fragen umkreist: Liebe und Tod, die ungelebten Varianten eines Lebens, Determination und Selbstbestimmtheit der Existenz.

Die Spannbreite, durch die beiden vorangestellten Zitate von T.S. Eliot und Sepp Herberger benannt, wird bereits in der rasanten Vorspann-Sequenz ausgemessen. Das Pendel einer Uhr wischt durchs Bild, die Kamera taucht in den Schlund einer Fratze über dem Zifferblatt, Dunkel, die Kamera rast durch eine diffuse Menschenmenge, beschleunigt und erstarrt, pickt sich einzelne Personen heraus, verleiht ihnen eine andere Farb- und Schärfenstruktur, irrt wieder durch die Menge. Im Off hört man die sonore Stimme von Hans Paetsch, der über den Menschen als die wohl geheimnisvollste Spezies unseres Planeten sinniert – es ist die Stimme eines allwissenden Märchenonkels und Mythenverwalters, »des lieben Gottes« (Tykwer). Die letzte Person, vor der die herumflitzende Kamera stoppt, hält einen Fußball in der Hand. »Ball ist rund, Spiel dauert 90 Minuten. Soviel ist mal klar. Alles andere ist Theorie.« Er schießt den Ball hoch in die Luft, aus schwindelnder Höhe sieht man, wie sich die Menschenmenge zum Schriftzug des Titels formiert, dann saust die Kamera wieder herab, durch das »O« von »Lola« in einen Tunnel, durch den die Zeichentrick-Lola rennt. Ein Luftbild von Berlin wird zusammengeschlagen wie eine Filmklappe, die Kamera stürzt, nun wieder Realfilm, in einen Hinterhof, durch einen Flur, eine Wohnung, zu einem roten Telefon. Das Bild steht still – das Telefon klingelt.

Es folgt die Exposition. Manni, völlig aufgelöst, steht in der Telefonzelle und schildert Lola seine Situation: Wenn er das Geld nicht herbeischafft, muß er um sein Leben fürchten. Sein Hilferuf ist zugleich eine provokative Anklage: »Siehste, ich wußte, daß dir da auch nix mehr einfällt«, flennt er am Telefon, »du wolltest mir ja nicht glauben, und jetzt stehste da, von wegen die Liebe kann alles ...« Lola, im Gegensatz zum panisch-larmoyanten Manni, energisch und willensstark, herrscht ihn an: Klappe halten und warten, in 20 Minuten sei sie bei ihm. Sie rennt aus dem Zimmer, doch die Kamera schwenkt um: die Mutter im Wohnzimmer, in deren Fernseher ein Animations-Film läuft: die Zeichentrick-Lola rennt eine Wendeltreppe hinunter, vorbei an einem bösen Knaben mit einem bissigen Köter, dem »Boten des Schicksals« (Tykwer).

Während ihres atemberaubenden Laufs trifft Lola verschiedene Menschen, deren Zukunft als Flashforwards in sekundenkurzen Schnappschüssen, wiederum in drei bzw. zwei Varianten, skizziert werden. Die Begegnungen mit dem Wachmann in der Bank und mit Herrn Meier, der mit seinem Wagen einen Unfall baut, die Konfrontation mit dem Vater, der ihr das Geld nicht leiht und von dem sie erfährt, daß er gar nicht ihr Vater ist, das Kreuzen der Wege von Lola und dem Penner, der die Plastiktüte mit dem Geld hat – die dramaturgische Struktur ist jederzeit durchschaubar, doch der Schematismus der Konstruktion wird immer wieder aufgebrochen. Verletzungen in der Logik erhöhen den Spaß (im zweiten Durchgang z.B. weiß Lola mit dem Revolver umzugehen, weil sie es in der ersten Runde gelernt hat). Die Dynamik des Films, dem ein vibrierender Rhythmus unterlegt ist, wird durch Tempowechsel gesteigert. Die beiden Pole des Films sind Hysterie (dreimal stößt Lola ihren markerschütternden Schrei aus) und Hypnose (die beiden rot eingefärbten Liebesszenen, von einer ruhigen Kamera frontal aufgenommen, frei von allen atmosphärischen Tönen).

Mit seinem Einfallsreichtum und der komplexen Verweisstruktur eröffnet *Lola rennt* mancherlei Resonanzräume: als Stadtfilm, der die Metropole Berlin als synthetischen Ort inszeniert, zugleich aber mit einem authentischen Zeitgefühl verbindet, als Setzung eines Mythos, der einen anderen deutschen Filmmythos (Marlene Dietrich in ↗*Der Blaue Engel*) dekonstruiert. *Lola rennt* ist Gegenstand theologischer Abhandlungen geworden: Metaphysische Fragen und spirituelle Momente, Lolas Gebet und die Wunder des dritten Laufs machen eine solche Interpretation legitim. Vor allem aber ist *Lola rennt* ein Film über Film.

Alle formalen Mittel und Zaubertricks des Mediums werden virtuos zum Einsatz gebracht: Schwarzweiß und Farbe, 35 mm, das klassische Kinoformat und Video, Animation und Comic, Zeitlupe und Zeitraffer, kreisende Kamerafahrten und Steadycam, Fotoserien mit Einzelbildschaltung in Sekundenschnelle und Wischblenden. Zur Steigerung der Klimax am Ende der Runden: Splitscreen. Das Bild ist zweigeteilt: Manni und Lola, dann schiebt sich auch noch eine große Uhr ins Bild. So spielerisch Tykwer die formalen Mittel auch einsetzt, ist doch nichts der Willkür überlassen, sondern hat dramaturgische Konsequenz, wie z.B. der Wechsel von Film und Video: »Alles, was nicht in Gegenwart von Manni und Lola passiert, ist auf Video gedreht; es wird also behauptet, die Welt außerhalb dieser beiden sei künstlich und unwirklich. Läuft Lola durchs Bild, ist es Film – dann sind, ganz kinogemäß, auch Wunder wahr« (Tykwer). Selten hat ein Film der klassischen Definition von Kino so entsprochen: bewegte Bilder.

»*Lola rennt*«. Hg. Michael Töteberg. Reinbek 1998. (Filmtext).
David Bordwell: »Visual Style in Cinema«. Frankfurt a.M. 2001; Helmut Krausser: »Lola. Ein Nachwort, viel zu früh«, in: Michael Töteberg (Hg.): Szenenwechsel. Reinbek 1999; Oliver Meik: »*Lola rennt* – aber wohin? Analyse, Interpretation und theologische Kritik eines postmodernen Films über den Menschen und seine Möglichkeiten«. Frankfurt a.M. 2002; Winfried Pauleit: »›They may run, but they can't hide‹. Das Utopische in Tom Tykwers Bewegungsbildern«, in: Ästhetik & Kommunikation, 2002, H. 117; Traugott Roser: »*Lola rennt* oder: Drei vergebliche Versuche über Eindeutigkeit«, in: Martin Laube (Hg.): Himmel – Hölle – Hollywood. Münster 2002; Sandra Schuppach: »Tom Tykwer«. Mainz 2004; Guntram Vogt: »Die Stadt im Kino«. Marburg 2001; Michael Töteberg: »Das Kino ist eine Wundermaschine«, in: Sequenz, 2003, H. 14; Michael Wermke: »Film und Botschaft – oder: Kleine Antworten auf die großen Fragen nach dem Woher und Wohin am Beispiel von *Lola rennt*«, in: Inge Kirsner/Michael Wermke (Hg.): Religion im Kino. Göttingen 2000.

Michael Töteberg

LOOK BACK IN ANGER (Blick zurück im Zorn). Großbritannien (Woodfall) 1959. 35 mm, s/w, 101 Min.
R: Tony Richardson. B: Nigel Kneale, nach dem gleichnamigen Theaterstück von John Osborne. K: Oswald Morris. A: Peter Glazier. S: Richard Best. M: Chris Barber.
D: Richard Burton (Jimmy Porter), Claire Bloom (Helena Charles), Mary Ure (Alison Porter), Gary Raymond (Cliff), Dame Edith Evans (Mrs Tanner).

1956 lief das erfolgreiche Bühnenstück von John Osborne in der Inszenierung Tony Richardsons am Londoner Royal Court Theatre und begeisterte nicht nur die intellektuelle Linke, sondern ebenso große Teile des bürgerlichen Publikums, das freilich die Rebellion des Unterschichtsintellektuellen mehr als exotische Entgleisung goutierte als verstand. Ermutigt durch die Resonanz und den finanziellen Erfolg beschloßen Richardson, Osborne und der avisierte Hauptdarsteller Richard Burton das Stück in eigener Produktion zu verfilmen. Das Wort von den »angry young men«, ursprünglich auf die neue britische Literaturszene gemünzt, fand nun auch im Film Anwendung.
Jimmy Porters bewußtloser Haß auf seine bürgerliche Ehefrau Alison, deren duldsames Wesen seinen Zorn nur noch steigert, seine Wut auf die Oberschicht, die Elterngeneration und die Kirche, all das ist Ausdruck der verzweifelten Suche nach einem neuen Selbstverständnis. Seine provokative Haltung unterstreicht er lautstark mit der Trompete, manchmal flüchtet er sich in nostalgische Reminiszenzen an die Kolonialzeit (überzeugt davon, im falschen Jahrhundert geboren zu sein), oder – in den wenigen glücklichen Momenten mit seiner Frau – in kindisches Verhalten. Schließlich verläßt Alison enttäuscht die gemeinsame Wohnung. Als Jimmy erfährt, daß sie schwanger ist, beginnt er mit Helena ein Verhältnis. Erst als Alison ihr Kind verliert – und damit auch in Jimmys Augen Leid erfahren hat – ist er versöhnlich gestimmt und bereit, einen neuen Anfang zu versuchen.
Zusammen mit Jack Claytons *Room At The Top* (*Der Weg nach oben*, 1958) war *Look Back In Anger* der Beginn einer Serie von erfolgreichen Filmen, die sich auf unterschiedliche Weise mit britischer sozialer Gegenwart beschäftigten. Die Mischung aus Poesie und Dokumentarismus, die in der Free Cinema-Bewegung ihren Anfang genommen hatte, ist auch für *Look Back In Anger* bestimmend. Richardson ging mit der Experimentierfreude des Debütanten ans Werk. So verzichtet er auf die räumliche Beschränkung der Dachkammer als zentralen Handlungsort und gewinnt ein hohes Maß an Authentizität aus der Verwendung signifikanter Plätze

Look Back In Anger: Richard Burton und Claire Bloom.

innerhalb der Stadt. Topoi des ›neuen‹ Kinos sind die Music-Hall – gegenüber dem elitären Jazz-Club ein Ort der Vitalität –, der Marktplatz, auf dem Klassen-, Nationalitäts- und Ideologiekonflikte ausgetragen werden, und vor allem Hinterhöfe und Wohnstraßen. Charakteristisch für die Kameraperspektive ist die Aufsicht, die die Geometrie der Stadt, ihre klaustrophobische Enge, betont. Nicht nur in dieser Hinsicht läßt Richardson die Ästhetik des Theaters hinter sich: in expressiven Großaufnahmen verdichtet er Stimmungen und in geschickt choreographierten Plansequenzen intensiviert er die explosiven Beziehungen der Protagonisten zueinander. Daran wird auch deutlich, wieviel mehr Richardson der poetischen, expressiven als der realistischen Tradition zugerechnet werden muß.

»*Look Back In Anger*«. London 1958. (Filmtext).
John Hill: »Sex, Class and Realism. British Cinema 1956–1963«. London 1986; Robert Murphy: »Sixties British Cinema«. London 1992; Tony Richardson: »The Men Behind the Angry Men«, in: Films and Filming, 1959, H. 2; Alexander Walker: »Hollywood, England. The British Film Industry in the Sixties«. London 1974; Collin Young: »Tony Richardson: An Interview in Los Angeles«, in: Film Quarterly, 1960, H. 4.

Ingo Fließ

LOS, TEMPO! ↗ Deprisa, deprisa

LOVE STREAMS USA (Golan/Globus)

1983. 35 mm, Farbe, 136 Min.
R: John Cassavetes. B: Ted Allan, John Cassavetes. K: Al Ruban. S: George C. Villasenor.
D: Gena Rowlands (Sarah Lawson), John Cassavetes (Robert Harmon), Dianne Abbott (Susan), Seymour Cassel (Jack Lawson); Margaret Abbott (Margarita).

Robert Harmon, ein Schriftsteller, der Frauen und Sexualität zu seinem Thema macht, hat das Haus voll von 18jährigen Mädchen: eine »Materialsammlung«, die sich bei ihm häuslich eingerichtet hat. Robert forscht: Was haben sie zu bieten – Liebe,

Drogen, Poesie? Zur gleichen Zeit trifft sich eine Familie vor Gericht, zum letztenmal als Familie: Sarah Lawson, Jack Lawson und Tochter Debbie. Sarah ist ein freundliches Wesen, aber man traut ihr nicht über den Weg: Sie ist »auffällig« geworden, auch durch ihre übergroße Liebe zu Jack – man sagt, sie sei krank. Sarah sagt, daß sie – wenn sie nicht fröhlich ist, wenn sie Kopfweh hat – von ganz allein in ein Krankenhaus ginge.

Cassavetes' Film ist ein Versuch, die Liebe zu erforschen und alle neurotischen Abweichungen davon. *Love Streams* stellt eine Synthese seiner Filmarbeit dar: »What do you sell? Love?« heißt es in ↗*Faces*; Sarah und Jack, das sind Gena Rowlands und Seymour Cassel, die als *Minni and Moskowitz* (1971) heirateten; Sarah, die freiwillig aus dem Weg geht, wenn sie nicht ›cheerful‹ sein kann, gleicht Mabel in ↗*A Woman Under the Influence*. In *Love Streams* findet man Surreales wie in *Opening Night* (*Premiere*, 1978) und – durch die unfreiwillige Nähe zwischen Kindern und Erwachsenen – Aspekte aus *Gloria* (*Gloria, die Gangsterbraut*, 1980).

Erst im zweiten Drittel des Films klären sich die Verhältnisse. Sarah ist die Schwester von Robert, die Liebe der beiden zueinander ist groß und frei. Sie taucht bei ihm auf, nachdem sie die zur Therapie verschriebene Europareise abgebrochen hat. Ihre Liebe zu ihrer Familie sei zu stark, hatte der feiste Bilderbuchanalytiker vorausgesehen. Sie solle eine Affäre versuchen, sonst komme sie wieder so aus der Balance, daß sie in die Anstalt zurückmüsse.

Für Sarah, eine rasend und wirklich Liebende, ist die Liebe ein kontinuierlich fließender Strom, sie kann nicht begreifen, daß Jack und Debbie sie nicht mehr wollen, und alles Überschüssige an Gefühl hat sie immer zu Alten und Kranken geschleppt. Sarahs Liebe ist zu stark, Jacks Liebe zu schwach. Roberts Liebe kostet meist Geld, immer wieder füllt er Schecks aus. Seine Liebe zu seinem Sohn Albie, den er als Achtjährigen zum erstenmal sieht, ist weder die eines Vaters noch die eines Freundes, sichtbar in seiner vorübergehenden Sorge oder in seinem Anspruch an Albie, mindestens so erwachsen zu sein wie er. Und die Liebe Albies zu seinem Vater ist so stark, daß er den Vater, den er nur von einem Foto kannte, bittet, zu seiner Mutter zurückzukommen, obwohl er den Mann, mit dem sie seit Jahren lebt, »my father« nennt. Roberts Liebe zu Susan gleicht einem Überfall, den er nicht durchsteht: Er stürzt auf der Treppe zu Susans Wohnung und muß gepflegt werden wie ein hilfloses Kind.

Und die anderen Gefühle? Es sind immer wieder nur halbe Wahrheiten, gezähmte, reduzierte, verklemmte Äußerungen, vorsichtige Ansätze und radikale Abbrüche. Die Liebe sei alles, meint Robert, als er einen Scheck für zwei Blondinen ausfüllt. Aber das Leben sei eine Folge von Selbstmorden, Scheidungen, Enttäuschungen, gebrochenen Versprechungen, und er definiert damit seine Weltanschauung, die ihm das Leben mit Frauen so schrecklich schwer macht. Er wäre so gern beliebt, auch geliebt – er schleppt Kisten voller Champagner an, er betört und verwöhnt. Um am Ende ist nichts für ihn drin.

In keinem seiner anderen Filme liefert Cassavetes so viele Facetten eines Themas, in keinem anderen wagt er so konsequent, sich für seine Geschichten Zeit zu lassen, und nie riskierte er so viele Ausbrüche in andere Formen: Als Sarah hört, daß es ihrem Mann Jack egal sei, ob es ihr besser ginge, gestatten ihr Buch und Regie, Mann und Tochter in einer kurzen Phantasie einfach umzubringen. Und wie in seinen anderen Filmen gibt es Ausbrüche in Brutalität und Momente von bestürzender Gewalt, die sich nicht physisch entlädt, sondern psychisch zu vernichten sucht.

Mit *Love Streams* hat Cassavetes noch einmal alles aufgezählt und ausgedrückt, was ihn immer wieder zum Filmemachen trieb. Die Endsumme ist reicher als jeder vorhergehende Film. Cassavetes zeigt zu allem, was er zeigt, zugleich den Widerspruch. Sarahs unglaublicher Optimismus hat ein Gegengewicht: den Pessimismus von Robert, der am Ende ins Dunkel winkt: »Where is my happy ending?«

Ray Carney: »The Films of John Cassavetes«. Cambridge 1991; ders. (Hg.): »Cassavetes über Cassavetes«. Frankfurt a.M. 2003; Richard Combs: »Retracing the stream of love«, in: Monthly Film Bulletin, 1984, H. 603; Laurence Gavron/ Denis Lenoir: »John Cassavetes«. Paris 1986; Milena Gregor (Red.): »John Cassavetes«, Kinemathek, Berlin, 1993, H. 81; Andrea Lang/Bernhard Seiter (Hg.): »John Cassavetes«.

Wien 1993; Yann Lardeau: »Flux d'amour«, in: Cahiers du Cinéma, 1985, H. 367; Alain Masson: »Une comédie pathétique«, in: Positif, 1985, H. 287; Georg Seeßlen: »Liebesströme, Todesbilder«, in: epd Film, 1989, H. 6; Anja Streiter: »Das unmögliche Leben. Filme von John Cassavetes«. Berlin 1995; Michael Ventura: »Obsession. State of grace«, in: Sight and Sound, 1991, H. 7.

Christa Maerker

THE LUSTY MEN

(Arena der Cowboys). USA (RKO Radio) 1952. 35 mm, s/w, 108 Min.

R: Nicholas Ray. B: Horace McCoy, David Dortort, nach der gleichnamigen Erzählung von Claude Stanush. K: Lee Garmes. A: Albert D'Agostino, Alfred Herman. M: Roy Webb. D: Robert Mitchum (Jeff McCloud), Susan Hayward (Louise Merritt), Arthur Kennedy (Wes Merritt), Arthur Hunnicutt (Booker Davis), Carol Nuget (Rusty Davies).

The Lusty Men greift gleich mehrfach amerikanische Träume auf: den Wunsch nach Kraft, Potenz und Freiheit ebenso wie nach Geborgenheit und einem Heim. Gedreht wurde der Film unter dem Titel »Cowpoke«: Das Einfangen und Zureiten von Kühen und Pferden, der zur Show gewordene archaische Identitätsbeweis, ist Rays Sujet und steht zugleich für die Einheit von männlicher Stärke und familiärer Fürsorge. Jeff McCloud kehrt aus der berauschenden Rodeo-Show zurück zur heruntergekommenen Farm, wo er als Kind aufwuchs. Sein leicht hinkender, aber aufrechter Gang zeugt von Verletzungen. Die Kamera begleitet ihn, das Panorama der heimatlichen Hügel streifend, in einer ruhigen Fahrt. Unter dem verfallenen Haus findet er eine staubige Büchse mit vergessenen Utensilien aus der Kindheit: eine rostige Pistole, Kleingeld und ein Rodeoheft. Er ist dorthin zurückgekommen, wo er einst aufbrach, und er hat draußen wenig von dem gefunden, was der Inhalt der Büchse zu versprechen schien. Nur auf Fürsprache von Wes Merritt bekommt er einen Hilfsjob. Wes ist verheiratet mit Louise, gemeinsam verfolgen sie das Ziel, »a decent steady life« zu führen. Doch der Traum von der eigenen Ranch läßt sich nur mit dem schnellen Geld des Rodeoreitens verwirklichen. Weil Louise die eigentliche Triebkraft dieses Traumes ist, folgt sie Wes, obwohl sie das Rodeo – gerade mit Blick auf Jeff – als Lebensform verabscheut.

Erst nach 90 Minuten wird ausgesprochen, warum Jeff als Trainer wieder zum Rodeo zurückkehrt. Nicht des Geldes wegen, wie er sagt, sondern weil er Louise und ihren Traum liebt. Die Blicke, wenn beide nach eher belanglosen Gesprächen lange in die Weite des Raumes schauen, bemüht, die Spur des anderen nicht aufzunehmen, irritieren. Ray bewahrt immer die Distanz zwischen beiden, selbst als später kollegiale, dann freundschaftliche Akzeptanz die Beziehung bestimmt. Im gesamten Film finden sich nur wenige Nahaufnahmen; es dominieren die Halbtotalen und Totalen der Dokumentar-Aufnahmen von Rodeo-Shows, die mehr als 25 Prozent des Films ausmachen. Fast ein visueller Schock ist deshalb die erste der beiden Sequenzen, die nur aus Großaufnahmen bestehen: Jeff gesteht Louise seine Liebe. Obwohl sie Probleme mit ihrem Mann, der sich von Alkohol und Blondinen nicht losreißen kann, hat, zeigt ihr erstaunter Blick, daß sie Jeff nicht begehrt. Der Kuß zwischen beiden markiert schon Abschied. In der zweiten Großaufnahme wünscht Wes, der Jeff provozierte, wieder zu reiten, diesem viel Glück. Der offene Blick von Wes und das entspannte Lächeln von Jeff zeugen von einer Harmonie, die zuvor nie herrschte. Jeff hat das Leben in falschen oder unerreichbaren Leitbildern aufgegeben und erteilt Wes eine Lektion. Der Preis dafür ist hoch: Jeff wird vom Pferd nach vollbrachter Rekordleistung zu Tode geschleift. Dies ist die Realität der »Wildest Show on Earth«, von der die Anfangssequenz kündet. Das Schlußbild zeigt von oben, dem bevorzugten Blick Jeffs, das große »Exit«-Schild der Rodeo-Arena. Wes und Louise verlassen sie, um ihre Farm zu kaufen.

Bernard Eisenschitz: »Roman américain. Les vies de Nicholas Ray«. Paris 1990; Fritz Göttler/Claus M. Reimer: »*The Lusty Men*«. München 1983; Frieda Grafe: »Die Lust und ihre Preise«, in: Süddeutsche Zeitung, 2.3.1983; Helmut Merker: »*The Lusty Men*«, in: Norbert Grob/Manuela Reichardt (Hg.): Ray. Berlin 1989; Jacques Rivette: »Über die

Erfindungskraft«, in: ders.: Schriften fürs Kino. München 1989; Anke Sterneborg: »*Arena der Cowboys*«, in: Bernd Kiefer/Norbert Grob (Hg.): Filmgenres: Western. Stuttgart 2003; Wim Wenders: »Die Männer in der Rodeo-Arena: Gierig«, in: ders.: Emotion Pictures. Frankfurt a.M. 1986.

Jürgen Kasten

M. Deutschland (Nero Film) 1931. 35 mm, s/w, 117 Min.
R: Fritz Lang. B: Thea von Harbou, Fritz Lang. K: Fritz Arno Wagner. Ba: Emil Hasler, Karl Vollbrecht. S: Paul Falkenberg.
D: Peter Lorre (Mörder), Ellen Widmann (Frau Beckmann), Inge Landgut (Elsie), Otto Wernicke (Kriminalkommissar Lohmann), Gustaf Gründgens (Schränker).

M beginnt mit einer Schwarzblende, im Off spricht ein Mädchen einen Abzählvers: »Warte, warte nur ein Weilchen, bald kommt der schwarze Mann zu dir…« Das Bild blendet auf: eine Gruppe spielender Kinder, eine Hausfrau bei der Arbeit, ein kleines Mädchen auf dem Heimweg. Sie läßt ihren Ball gegen die Litfaßsäule springen. Die Kamera schwenkt hoch und erfaßt ein Plakat: 10.000 Mark Belohnung sind für die Ergreifung des Kindermörders ausgesetzt. Darüber schiebt sich der Schatten eines Mannes, der das Mädchen anspricht. Während die Frau das Mittagessen vorbereitet, kauft der Mann dem Kind einen Luftballon und pfeift dabei ein Motiv aus »Peer Gynt«. Die folgenden Einstellungen zeigen die wartende Mutter und ihre wachsende Unruhe. Man sieht das leere Treppenhaus, den leeren Dachboden, den leeren Platz am Küchentisch. Der Ball des Mädchens rollt langsam aus dem Gebüsch, der Luftballon verfängt sich an einem Telegrafenmast. Der Mörder hat ein neues Opfer gefunden.
Nach seinen statischen Monumentalfilmen, die ihn zuletzt auch künstlerisch in eine Sackgasse geführt hatten, wandte sich Lang wieder der Realität zu: *M* griff auf Tatsachenberichte zurück, der Arbeit am Drehbuch gingen Recherchen im Milieu voraus. Langs erster Tonfilm war sogleich ein Bravourstück, in dem die neuen Möglichkeiten dramaturgisch geschickt eingesetzt wurden: Lang zeigt keinen einzigen Mord, ihm genügt das gepfiffene Grieg-Motiv, um Thriller-Spannung zu erzeugen. Einmal zeichnet er subjektive Hör-Erlebnisse nach: Als sich der blinde Bettler die Ohren zuhält, verstummt der Ton; erst als er die Hände wieder von den Ohren nimmt, hört man wieder das Motiv aus »Peer Gynt«. Da weiß der Blinde, daß er den Mörder vor sich hat und kennzeichnet ihn, indem er ihm mit Kreide ein M auf den Rücken malt.
Die fieberhafte Suche der Polizei hat die Unterwelt aufgescheucht; die im Ringverein organisierten Kriminellen, unterstützt von den Bettlern und Huren, nehmen ihrerseits die Jagd nach dem Mörder auf. Streckenweise wird *M* zur »Film-Reportage« (Lang), die Denunziantentum und Massenhysterie ebenso einfängt wie die akribische Ermittlungsarbeit. Solche Bildsequenzen werden funktional verzahnt durch den überlappenden Ton. Höhepunkt ist eine Parallelmontage: Bei ihrer Lagebesprechung werden die beiden konkurrierenden Organisationen, Ringverein und Polizei, ineinander geschnitten und der Montage ein Gesamtdialog unterlegt: Ein Ganove, der Schränker, beginnt einen Satz, nach dem Schnitt setzt ihn der Polizeipräsident fort. Gleiche Gesten und die gleiche Kameraposition unterstreichen die Identität zwischen Verbrechersyndikat und Staatsorgan: Ordnungsmächte sind sie beide.
Gefaßt wird der Mörder von den Kriminellen, die über ihn Gericht halten. Für Triebtäter kennen sie keine Gnade: Der Schränker fordert die Todesstrafe. Verzweifelt schildert der Mörder, daß er unter Zwang handelte. Im letzten Moment erscheint die Polizei und verhindert die Lynchjustiz.
Bei der Uraufführung wurde noch die ordentliche Gerichtsverhandlung gezeigt; diese Szene wurde später entfernt. Übrig blieb der Satz einer Mutter aus dem Off: »Man muß halt besser uffpassen uff de Kleenen!« Der Schluß wurde als unbefriedigend empfunden, die zeitgenössische Presse warf Lang »Bekenntnisfeigheit« vor. *M* ist kein Tendenzfilm für oder wider die Todesstrafe, sondern setzt den Zuschauer widersprüchlichen Emotionen und Ängsten aus. Lang hatte bewußt das scheußlichste Verbrechen, Kindermord, gewählt, doch zeigt er den Mörder nicht als »Bestie« – so bezeichnet ihn nur der

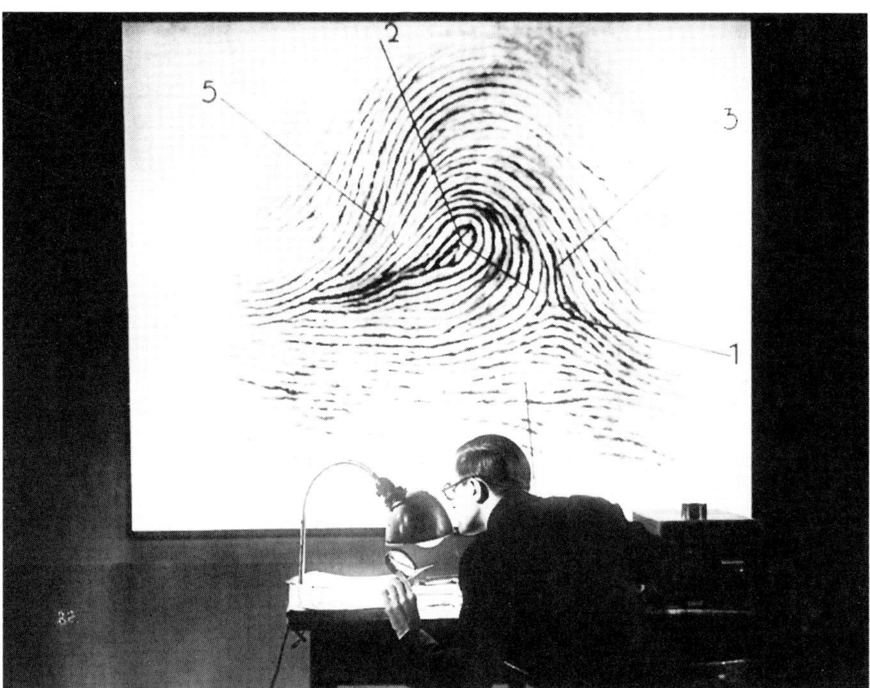

M. Eine Stadt sucht einen Mörder

Schränker, der wegen dreifachen Totschlags gesucht wird. Peter Lorre zeichnet den Täter als Opfer: Er ist kein Monster, sondern dick und verweichlicht, ein kleiner Mann mit rundem Kindergesicht.

»*M*«. Hg. Gero Gandert/Ulrich Gregor. Hamburg 1963. (Filmprotokoll, Materialien).
Joseph S.M.J. Chang: »*M*: A Reconsideration«, in: Literature/Film Quarterly, 1979, H. 4; Roger Dadoun: »Lepouvoir et ›sa‹ folie«, in: Positif, 1976, H. 188; Joseph Garncarz: »Fritz Lang's *M*: A Case of Significant Film Variation«, in: Film History, 1990, H. 3; Silvia Hebel: »Bild- und Tonmontage in dem Film *M*«, in: Filmwissenschaftliche Mitteilungen, 1965, Sonderheft; Eckart Jahnke: »Fritz Langs *M*«, in: Filmwissenschaftliche Mitteilungen, 1965, Sonderheft; Stephan Jankowski: »›Warte, warte nur ein Weilchen ...‹«. Wetzlar 1998; Anette Kaufmann: »Angst. Wahn. Mord«. Münster 1990; Reinhold Keiner: »Thea von Harbou und der deutsche Film bis 1933«. Hildesheim u.a. 1984; Jacques Petat: »L'ouverture de *M le Maudit*«, in: Cinéma, Paris, 1982, H. 282; Nöel Simsolo u.a.: »*M le Maudit*«. Paris 1990; Guntram Vogt: »Die Stadt im Film«. Marburg 2001.

Michael Töteberg

MADAME DE ... Frankreich/Italien (Franco-London Films/Indusfilms/Rizzoli) 1953. 35 mm, s/w, 102 Min.
R: Max Ophüls. B: Marcel Achard, Max Ophüls, Anette Wademant, nach dem gleichnamigen Roman von Louise de Vilmorin. K: Christian Matras. Ba: Jean d'Eaubonne. M: Oscar Straus, Giacomo Meyerbeer.
D: Charles Boyer (General Andre de ...), Danielle Darrieux (Gräfin Louise de ...), Vittorio De Sica (Baron Donati), Jean Debocourt (Juwelier Rémy).

Ein Paar Ohrringe bilden die winzige Achse, um die sich ein Drama ereignet. Die für den Filmzuschauer anonym bleibende Madame de ... ist zu Beginn eine oberflächlich-kokette, unbefriedigte Frau, die ihren Mann über die Höhe ihrer Ausgaben täuscht und die Ohrringe, ein Geschenk zum Hochzeitstag, versetzt. Ein Gespinst von Lügen umgibt ihre Ehe: Sowenig wie sie ihrem Mann die Wahrheit sagen kann, sowenig vertraut er ihr. Der General seinerseits sucht Befriedigung in der militärischen Karriere und in kleinen Abenteuern. Er kauft vom Juwelier die Ohrringe zurück, erzählt aber seiner Frau nichts davon und schenkt sie seiner Geliebten zum Abschied. Über Umwege erwirbt Baron Donati das Schmuckstück und vermacht es erneut der von ihm verehrten Madame de ... Abergläubisch und sentimental, nimmt sie als Zeichen wahrer Liebe, was kaum mehr als eine generöse Geste war: Der Baron liebt sie nicht wirklich. Madame de ... klammert sich umso mehr an den Fetisch: Für die Ohrringe gibt sie alles auf, flüchtet in die Krankheit und steigert sich in eine Opferrolle hinein. Noch mehrfach wechseln die Ohrringe ihren Besitzer; schließlich opfert Madame de ... sie in der Kirche: Die »kleine Heilige« möge Donati schützen im Duell. Denn der General glaubt, mit der Pistole sein ramponiertes öffentliches Ansehen wiederherstellen und die Liebe seiner Frau, die er nie besessen hat, zurückgewinnen zu können.

Das Duell wirkt wie eine bitter ironische Variante des romantisch-tragischen Liebestodes von ↗*Liebelei*. Ophüls hat die Szene unverhohlen als Remake inszeniert, wodurch die Differenz nur umso deutlich wird: In dieser Welt ist keine Liebe, die Menschen belügen sich über ihre Gefühle. Der Tod des Barons wie der Madame de ... sind völlig sinnlos, lediglich eine fatale Folge der Konventionen. In Wahrheit gibt es keine Bindung zwischen den Menschen: Es ist alles verdinglicht, hier symbolisiert durch die Ohrringe. Liebesbeziehungen sind Tauschverhältnisse; die Zirkulation der Waren bestimmt das Karussell der Gefühle. Selbstsucht, Eitelkeit, Geltungsbedürfnis, Machtstreben, Begierde und Gewinnsucht: Die innere Leere wird übertüncht mit nicht endenwollenden gesellschaftlichen Vergnügungen und einer Religion, die nur eine Mischung von Sentimentalität und Aberglauben ist.

Den äußeren Glanz der Gesellschaft entfaltet Ophüls in einer meisterhaften und vielbewunderten Inszenierung, bei der kaum zu sagen ist, was mehr zu rühmen ist: der Dekor und die durch Spiegel und Vorhänge erreichten Brechungen, Verhüllungen und Andeutungen oder die Räume und Zeit durcheilenden Kamerafahrten, die musikalisch-rhythmische Gliederung der Handlung oder die Schauspielerführung. Danielle Darrieux und Charles Boyer hatten 17 Jahre zuvor in *Mayerling* (Anatole Litvak, 1936) das klassische romantisch-tragische Liebespaar verkörpert, was die Ironie der Konstellation in *Madame de ...* noch unterstreicht.

Madame de... ist einer der wenigen Filme, bei denen Ophüls, gestärkt durch den Erfolg von ↗*Reigen*, das Sujet selbst bestimmen konnte. Die »Aristokratie der Gefühle« interessierte ihn an dem Stoff. Hinter der Anonymität der Titelfigur verberge sich »ein ganzes entschwundenes Jahrhundert von Zurückhaltung, von Reserve, von edlen Empfindungen, die sich nicht ohne weiteres ausdrücken, Disziplin – und das alles lebt in einer Umgebung von äußerem Luxus, von scheinbarer Frivolität«. Der Film war 1953 zwar ein Erfolg bei der Kritik, nicht jedoch beim Publikum, so daß die Herstellungskosten nicht eingespielt wurden. Erst zwei Jahre später konnte Ophüls ↗*Lola Montès*, seinen letzten Film, realisieren: Diesmal übernahm die Titelfigur, an der der Regisseur nach eigenem Bekunden wenig Interesse zeigte, jene Rolle, welche das Paar Ohrringe in *Madame de ...* spielte.

»*Madame de...*«, in: L'Avant-Scène du Cinéma, 1986, H. 351. (Filmprotokoll, Materialien).

Helmut G. Asper: »Max Ophüls. Eine Biographie«. Berlin 1998; Andrew Britton: »Metaphor and Mimesis: *Madame de...*«, in: Movie, 1982, H. 29/30; William Karl Guérin: »Max Ophuls«. Paris 1988; Peter W. Jansen: »*Madame de...*«, in: ders./Wolfram Schütte (Hg.): Max Ophüls. München 1989; Pierre Jouvet: »Rhythmes et masques«, in: Cinématographe, 1977, H. 33; Pauline Kael: »*The Earrings of Madame de...*«, in: dies.: For Keeps. New York u.a. 1994; Peter Nau: »*Madame de...*«, in: Kinemathek, Berlin, 1989, H. 75; Jacques Rivette: »Die Maske«, in: ders.: Schriften fürs Kino. München 1989; Susan M. White: »The Cinema of Max Ophuls«. New York 1995; Alan L. Williams: »Max Ophuls and the Cinema of Desire«. New York 1980.

Helmut G. Asper

MADAME DUBARRY Deutschland (Pagu, Union Film der Ufa) 1919. 35 mm, s/w, stumm, 2.493 m.

R: Ernst Lubitsch. B: Fred Orbing, Hanns Kräly. K: Theodor Sparkuhl. Ba: Kurt Richter, Karl Machus. M: Alexander Schirmann. D: Pola Negri (Jeanne Vaubenier, später Madame Dubarry), Emil Jannings (Louis XV.), Reinhold Schünzel (Herzog von Coiseul), Harry Liedtke (Armand de Foix), Eduard von Winterstein (Graf Jean Dubarry), Karl Platen (Guillaume Dubarry).

Menschenmassen, Krieg, Revolution, Politik, Leidenschaft – im Kino fand Lubitsch diese Elemente am besten aufgehoben. Über die politischen Ereignisse und Prozesse führte er doch lieber selbst Regie, als allzu nah mit deren Eigenleben konfrontiert zu werden. *Madame Dubarry* reflektiert die noch frischen Erinnerungen an die Novemberrevolution, die Gefechte zwischen Spartakisten und Regierungstruppen in fast allen Berliner Stadtvierteln, die Streiks des öffentlichen Dienstes und – für Lubitsch noch schlimmer – die von einer radikalen Filmgewerkschaft kontrollierten Streiks der Filmstatisten, wodurch die Dreharbeiten in unangenehmer Weise erschwert wurden. Die politischen Umstände, die einen Historienfilm über die Französische Revolution als obsolet erscheinen ließen, hinderten Lubitsch nicht daran, gerade unter diesen Umständen seine Unabhängigkeit gegenüber ideologischen Vereinnahmungen zu demonstrieren und einer einfältigen Widerspiegelung von Wirklichkeit nicht aufzusitzen.
Madame Dubarry ist Lubitschs erster großer Ausstattungsfilm mit einem Heer von Komparsen, den er für die Ufa herstellte. Seine vorhergehenden Werke *Carmen*, *Die Austernprinzessin* und *Rausch* waren allesamt Kinoerfolge, so daß er von der Direktion fast völlige Handlungsfreiheit zugebilligt bekam. Lubitsch arbeitete mit der Avantgarde des deutschen Filmschaffens zusammen: Als Schauspieler standen ihm unter anderem Pola Negri, Emil Jannings, Harry Liedke, Eduard von Winterstein zur Verfügung; der hochdotierte Theodor Sparkuhl führte die Kamera, die opulenten Bauten und die prunkvolle Ausstattung wurden von dem zu dieser Zeit routiniertesten Filmarchitekten, Kurt Richter, ausgeführt. Das ambitionierte Projekt erstickte Lubitschs inszenatorische Leichtigkeit nicht. Schon die ersten Minuten des Films dokumentieren die Gleichzeitigkeit von Privatheit des Subjekts und seine historische Verfaßtheit: Hutschachtel und Revolution, für Lubitsch sind dies die Pole des Welttheaters.
Der Film beginnt in einem Pariser Salon, zeigt die Eigentümerin im eitlen Gespräch mit einer Kundin, stellt die Modistin Jeanne im Kreis ihrer Kolleginnen vor, die sich despektierlich laut unterhalten und durch den Blick der Chefin zur Räson gebracht werden. Jeanne erhält einen Auftrag, den sie gerne ausführt: Eine Hutschachtel muß zum Marquis de Belfort gebracht werden. Sie verläßt das Haus, galante Männer verfolgen ihren Gang, einer trägt schließlich die Hutschachtel. Sie trifft ihren Verlobten, besucht ihn, findet Zeit zu neckischen Spielen, erinnert sich ihres Auftrages, trifft auf einen Menschenauflauf, der den Ausritt von Gesandten beobachtet. Die Hutschachtel gerät unter die Hufe eines Pferdes. Der Reiter ist ein spanischer Diplomat, sie wird von diesem nach Hause eingeladen. Die Geschichte nimmt ihren unweigerlichen Verlauf, an deren Ende Jeanne – verheiratete Madame Dubarry und ehemalige Mätresse Ludwig XV. – unter dem Fallbeil der Guillotine stirbt.
Siegfried Kracauer ging in »Von Caligari zu Hitler« mit *Madame Dubarry* hart ins Gericht: »Die Verachtung der Story von historischen Fakten wird nur vom Verkennen ihrer Bedeutung überboten«, geißelte er die Eigenmächtigkeit des Regisseurs, der Geschichte einzig »als Ergebnis psychologischer Konflikte« darstelle. »Ein betrogener Liebhaber soll, aus dem Verlangen nach Vergeltung, die Massen zum Sturm auf die Bastille überreden. Entsprechend wird die Enthauptung der Dubarry weniger auf politische Gründe als auf Motive persönlicher Rache zurückgeführt.« Trotzdem erzielte Lubitsch, dem derlei Intentionen fern lagen, unerwartete politische Wirkungen: In Italien wurde *Madame Dubarry* »wegen revolutionärer Agitation« verboten, in Wien strich die Polizeizensur den ganzen siebten Akt, weil die Szenen von der französischen Revolution aufreizend wirken könnten. In den Vereinigten Staaten dagegen wurde *Madame Dubarry* – als erster deutscher Film, ohne Nennung des Herkunftslandes –

unter dem Titel *Passion* ein Erfolg und ebnete Lubitsch den Weg nach Hollywood. Er drehte für die Ufa mit *Anna Boleyn* (1920) noch einen zweiten Historienfilm im gleichen Stil, kam zwei Jahre später auf Einladung von Mary Pickford in die Vereinigten Staaten und setzte dort mit dem unnachahmlichen Lubitsch-Touch seine Karriere fort.

Thomas Brandlmeier: »Das Elend mit dem Transzendentalen Subjekt«, in: ders.: »Das Weimarer Kino – aufgeklärt und doppelbödig«. Berlin 1999; ders.: »Kunst und Krise«, in: Hans Michael Bock/Michael Töteberg (Hg): Das Ufa-Buch. Frankfurt a.M. 1992; Fritz Göttler: »Logisch, folgerichtig, straff, verständlich. Die Ufa, Lubitsch und die Dubarry«, in: Rainer Rother (Hg.): Die Ufa. Das deutsche Bilderimperium. Berlin 1992, H. 1; Kai Gottlob/Albert Schwarzer: »*Madame Dubarry*«. Duisburg 1989; Helmut Korte: »Intrigues, jalouisie et Révolution: du *Madame Dubarry* de Lubitsch au *Danton* de Behrendt«, in: Les Cahiers de la Cinématheque, 1989, H. 53; ders.: »Geschichte und Realität: *Madame Dubarry* (1919)«, in: Werner Faulstich/ders. (Hg.): Fischer Filmgeschichte. Bd.1. Frankfurt a.M. 1994; Siegfried Kracauer: »Von Caligari zu Hitler«. Frankfurt a.M. 1979; Klaus Kreimeier: »Die Ufa-Story. Geschichte eines Filmkonzerns«. München 1992; Helma Sanders-Brahms: »*Madame Dubarry* (1919)«, in: Hans Helmut Prinzler/Enno Patalas (Hg.): »Lubitsch«. München, Luzern 1984; Marc Silberman: »Imagining History: Weimar Images of the French Revolution«, in: Bruce A. Murray/Christopher J. Wickham (Hg.): Framing the Past. Carbonale, Edwardsville 1992.

Peter Lähn

DAS MÄDCHEN AUS DER UNTERWELT

↗ Party Girl

MAGNOLIA

USA (New Line Cinema) 1999. 35 mm, Farbe, 189 Min.

R+B: Paul Thomas Anderson. K: Robert Elswit. S: Dylan Tichenor. M: Jon Brion, Songs: Aimee Mann.

D: Julianne Moore (Linda Partridge), Tom Cruise (Frank T.J. Mackey), John C. Reilly (Jim Kurring), Jason Robards (Earl Partridge), Philip Baker Hall (Jimmy Gator), Melora Walters (Claudia), William H. Macy (Donnie Smith), Jeremy Blackman (Stanely), Philip Seymour Hoffman (Phil Parma).

Ein Selbstmord, der zugleich Mord und Unfall ist – das TV-Special zu Beginn von *Magnolia* informiert in einem Bilder-Stakkato über bizarre Todesfälle und greift damit zwei Leitmotive der nun folgenden Chronik der US-Gesellschaft auf: das Fernsehen und die schicksalhafte Macht des Zufalls. Doch nach der ironischen Ouvertüre verändert sich der Erzählton. Im San Fernando Valley von L.A., auf dem titelgebenden Magnolia-Boulevard, erwartet den Zuschauer statt äußerer Gewalt ein Kaleidoskop menschlichen Leidens an und im Mikrokosmos Familie. Vor diesem Hintergrund knüpft Autor-Regisseur P.T. Anderson einen dichten, erzählerisch wie stilistisch subtil verwobenen Handlungsteppich mit zahlreichen Querbezügen und Spiegelungen, dem neun Hauptfiguren in ihren episodisch strukturierten Erzählsträngen jeweils unterschiedliche Farben verleihen.

Den dramaturgischen Ruhepol der 24 Stunden umfassenden Story bildet ein Paar am Sterbebett, der todkranke Medientycoon Earl Partridge und sein altruistischer Pfleger Phil, der versucht, dem reuigen Patriarchen einen letzten Wunsch zu erfüllen und seinen Sohn zu finden. Während Partridges tablettensüchtige Frau sich enterben lassen will, um Geldgier und Affären zu sühnen, hat sein Sohn einen ganz eigenen Weg aus der traumatischen Kindheit gefunden – als »Beherrscher der Möse« peitscht er im Macho-Trainingsprogramm »Seduce and Destroy« frustrierten Männern Selbstbewußtsein ein. Der gläubige Cop Jim hingegen ist aufrichtig von Claudia angetan, die mit Drogen und lauter Musik die Folgen frühen Mißbrauchs verdecken will. Claudias Vater Jimmy Gator, Moderator von Partridges erfolgreicher Gameshow mit dem sinnfälligen Titel »What do Kids know?« hat ebenfalls nicht mehr lange zu leben und will ihre Vergebung. Opfer anderer Art ist der frühere Star der Sendung, das gealterte Wunderkind Donnie Smith, der – vom Blitz getroffen – alles Wissen und – von den eigenen Eltern betrogen – alles Vermögen verlor und nun hilflos an einem späten Coming-out bastelt, während er im Fernsehen verfolgt, wie sein aktuelles Pendant Stanley zum neuen Quizkid abgerichtet wird.

Die vielfältig miteinander verbundenen Figuren des Ensembledramas repräsentieren Archetypen der US-Gesellschaft: Junkie, Showmaster, Wunderkind, Wirtschaftsmogul, Cop und Laienprediger, sie alle können als Metaphern gelesen werden. Anderson, der seine christlichen Wertvorstellungen nicht leugnet, richtet – ohne seine Charaktere zu denunzieren – einen strengen Blick auf die amerikanische Gegenwart. Vor der erlösenden Katharsis, in *Magnolia* ironisch durch einen biblischen Froschregen eingeleitet, müssen seine einsamen Protagonisten tief fallen: Wenn sie nicht an realen Metastasen zugrunde gehen, werden sie wie Sex-Maniac Frank von der Vergangenheit eingeholt, müssen wie Claudia durch die Drogenhölle, wie Linda Partridge einen Selbstmordversuch unternehmen oder wie Stanley sich vor laufenden Kameras in die Hose machen, um final erhoben zu werden. Zentral ist hier das Wechselspiel zwischen öffentlicher Pose und privatem Geheimnis. Und wie die Magnolienblüte zu schnell vergänglicher Schönheit erblüht, erlebt jede Figur nach ihrer Krisis kurze Momente der Wahrheit im Dschungel des Selbstbetrugs.

In seinem dritten Film geht es Anderson, zur Zeit der Dreharbeiten noch keine 30 Jahre alt, um große Themen: Schuld und Sühne, Liebe und deren Grenzen, Tod und Heimkehr. Im ewigen Kreislauf tyrannischer Väter und beschädigter Kinder ist alles abhängig vom Willen der Beteiligten, sich mit ihrer Vergangenheit auseinanderzusetzen – dementsprechend lautet der dreimal ausgesprochene Kernsatz des Films: »Wir haben vielleicht mit der Vergangenheit abgeschlossen, aber die Vergangenheit nicht mit uns.« *Magnolia* beinhaltet die Hoffnung, daß zwanghafte psychische Prägungen überwunden werden können, aber es dauert lange bis Claudia und Jim zueinander finden und der kleine Stanley seinen Vater mit den Worten weckt: »Du mußt netter zu mir sein, Dad!«

Anderson verdeutlicht seine Botschaft aber nicht nur auf der inhaltlichen Ebene, er setzt der scheinbaren Unentrinnbarkeit des Leidens auch zwei pointierte formale Brüche entgegen: Nach der gekonnten Einführung aller Handlungsstränge während der Dauer eines Songs, wird der Reigen der von ausgreifenden Parallelmontagen zusammengehaltenen Episoden zunächst nach knapp der Hälfte des Films mit einem von Figur zu Figur weiterlaufenden Lied unterbrochen. Der Refrain »It's not going to stop ›til you wise up« bildet die Quintessenz des ganzen Films. Überhaupt sind es die Songs von Aimee Mann, die den Grundrhythmus bestimmen und die visuelle Umsetzung des feinmaschigen Erzählgeflechts des Drehbuchs tragen, bis es im letzten Drittel zu besagtem Froschbombardement als reinigender Katastrophe kommt. Eine fließende Montage verbindet – oft mit dem TV als Leitkörper zwischen den Erzählsträngen – souverän Tonspur, Überblendungen, lange Kameraverfolgungen und genau beobachtende Großaufnahmen.

Trotz der dynamischen, farblich brillanten Bilder und der Bedeutung der Musik ist *Magnolia* aber letztlich ein Schauspielerfilm. Viele der Akteure waren bereits bei Andersons letzten Projekten *Hard Eight* und *Boogie Nights* dabei, er konnte die komplexen Charaktere von *Magnolia* also spezifisch auf sie zuschneiden. Besonders Tom Cruises Darstellung des Sex-Gurus, dessen Figur eines perfekt inszenierten Blenders mit dem Image des Darstellers spielt, wurde viel beachtet und mit einer Oscar-Nominierung gewürdigt. Neben weiteren Oscar-Nominierungen für Drehbuch und Musik wurde *Magnolia* mit dem Goldenen Bären der Berlinale ausgezeichnet. Der oft als prätentiös empfundene Stil in Kombination mit der beachtlichen Länge des Films, vor allem aber die starke Präsenz der zuweilen als konformistisch und reaktionär erlebten Moral sorgten aber für eine nicht ungebrochen positive Rezeption.

»*Magnolia*«. New Yok 2000. (Drehbuch).
Frank Arnold: »Vergangenheit ans Licht geholt«, in: Filmbulletin, 2000, H. 226; Brian Michael Goss: »Things like this don't just happen: Ideology and Paul Thomas Anderson's *Hard Eight, Boogie Nights* and *Magnolia*«, in: Journal of Communication Inquiry, 2002, H. 2; Urs Jenny: »Horrorväter und Wunderkinder«, in: Der Spiegel, 10. 4. 2000; Kent Jones: »*Magnolia*«, in: Film Comment, 2000, H. 1; Tobias Kniebe: »Eins ist die einsamste Zahl«, in: Süddeutsche Zeitung, 12. 4. 2000; Josef Lederle: »*Magnolia*«, in: film-dienst, 2000, H. 7; Kai Mihm: »*Magnolia*«, in: epd Film, 2000, H. 4; Richard Peña: »*Magnolia*«, in: Mary Lea Bandy/ Antonio Monda (Hg.): The Hidden God. New York 2003;

Rüdiger Suchsland: »Ich will ein guter Mensch sein«, in: Frankfurter Rundschau, 14.4. 2000 (Interview mit P.T. Anderson).

Kyra Scheurer

MALINA Bundesrepublik Deutschland (Kuchenreuther Filmproduktion) 1990. 35 mm, Farbe, 120 Min.
R: Werner Schroeter. B: Elfriede Jelinek, nach dem Roman von Ingeborg Bachmann. K: Elfi Mikesch. A: Alberte Barsacq. Ba: Herta Pischinger-Hareiter. S: Juliane Lorenz. M: Giacomo Manzoni.
D: Isabelle Huppert, Mathieu Carrière (Malina), Can Togay (Ivan).

Die Handlung ist kompliziert und einfach zugleich: Eine Frau, deren Namen wir nie erfahren, teilt ihren Alltag mit Malina und ihr Liebesglück mit Ivan. Nach einem sich steigernden Prozeß innerer Zerrüttung und der zunehmenden Auflösung beider Beziehungen verschwindet die Frau: »Mord« ist das letzte Wort der Frau im Film wie auch im Roman. Was sich eigentlich abspielt, geht in der Geschichte allerdings nicht auf und entzieht sich weitgehend dem narrativen Zugriff.

Ingeborg Bachmanns Roman, eine inzwischen als klassisch geltende Darstellung weiblicher Subjektivität, beschreibt äußerst vielschichtig das Innenleben seiner Protagonistin. Die Frau, Malina, Ivan und ihr Vater sind so eng miteinander verwoben, daß es immer unklar bleibt, in welcher Weise die Männerfiguren sich aus Phantasie oder Realität zusammensetzen. Während die Figur des Vaters im Zentrum sadistischer Vorstellungswelten steht, übernimmt Malina sorgende, stabilisierende Funktionen und kann am wenigsten als eigenständige Person gelten. Im Bild Ivans verbinden sich väterliche Kälte und mütterliche Nachsicht zum unerreichbaren Objekt des Begehrens der Frau.

Die Komplexität und Parallelität der unterschiedlichen Perspektiven des Romans, von denen die Liebesgeschichte nur einen Teil darstellt, wird im Film in eine relativ geschlossene und übersichtliche Struktur mit einer linearen Abfolge überführt. Die Frau begibt sich in eine selbstgewählte Abhängigkeit von Ivan, und es kommt zur Krise, als sie zum erstenmal allein verreist. Die Trennung von ihm bringt die innere Anspannung der Hauptfigur in ihrer ganzen Destruktivität zum Ausbruch – die Rettung scheint vor allem deshalb unmöglich, weil sie nicht ohne ihren Geliebten sein kann. Das Unglück der Frau wird so im wesentlichen auf das Mißlingen dieser Liebesbeziehung reduziert.

Schroeters Film wird dominiert vom exzessiven Schauspiel Isabelle Hupperts, unterstützt und verstärkt durch hochtheatralische Bilder von üppiger Eleganz. Die visuelle Umsetzung bewegt sich nah an der Darstellung des inneren Erlebens der Romanfigur und erlaubt sich – neben den notwendigen Auslassungen – lediglich zwei entscheidende Abweichungen: Das letzte Drittel des Films ist charakterisiert durch eine allgegenwärtige Flammenmetaphorik, und die Hauptfigur verschwindet nicht in einem Riß in der Wand, sondern in einem Spiegel. Die überall in der Wohnung lodernden Feuer wirken nicht unbedingt überzeugend – nur schwer sind sie mit der Subjektivität der Protagonistin in Verbindung zu bringen. Sie spielen in etwas aufdringlicher Weise auf den Flammentod Ingeborg Bachmanns an und sind eine eher gezwungene autobiographische Kontextualisierung der Romanfigur.

Der Tod im Spiegel dagegen ist eine treffende Gestaltung der spezifischen Beziehung des Films zu seinem Gegenstand. All das, was im Roman innerer Monolog der Hauptfigur und somit vor ihrer Umwelt verborgen ist, wird vom Film ins Sichtbare gewendet. Schroeters sorgfältig komponierte Bilder gehen damit sehr offensiv um und betonen deutlich ihre Zugehörigkeit zur Welt des Äußerlichen und der Oberflächen. Die Hauptfigur zu eliminieren, indem sie sich zunächst vervielfacht und dann im Rand des Spiegels verschwindet, führt die Konzeption des Films zu einem schlüssigen Ende.

»*Malina*«. Frankfurt a.M. 1991. (Drehbuch von Elfriede Jelinek). – Anhang zu: Ute Seiderer: »Film als Psychogramm«. München 1994. (Sequenzprotokoll, Dialogliste)
Franz Haas: »Das schiefe Dreieck *Malina*. Roman, Drehbuch, Film«, in: Sinn und Form, 1991, H. 6; Andrea Kresimon: »Ingeborg Bachmann und der Film«. Frankfurt a.M.

2004; Dorothee Römhild: »Zur Verfilmung von Ingeborg Bachmanns Roman ›Malina‹«, in: Diskussion Deutsch, 1995, H. 142 (Interview mit Jelinek); Georg Seeßlen: »*Malina*«, in: epd Film, 1991, H. 2; Ute Seiderer: »Film als Psychogramm. Bewußtseinsräume und Vorstellungsbilder in Werner Schroeters *Malina*«. München 1994; Frédéric Strauss: »Scènes de la passion«, in: Cahiers du Cinéma, 1990, H. 435; Andreas Wilink: »›Ich bin der Geist, der stets verneint‹«, in: epd Film, 1991, H. 1. (Interview).

Heike Klippel

THE MALTESE FALCON

(Die Spur des Falken). USA (Warner Bros.) 1941. 35 mm, s/w, 96 Min.
R: John Huston. B: John Huston, nach dem gleichnamigen Roman von Dashiell Hammett. K: Arthur Edeson. Ba: Robert Haas. S: Thomas Richards. M: Adolph Deutsch. D: Humphrey Bogart (Sam Spade), Mary Astor (Brigid O'Shaughnessy), Peter Lorre (Joel Cairo), Sydney Greenstreet (Casper Gutman), Elisha Cook jr. (Wilmer Cook), Lee Patrick (Effie Perine).

Mit seinem ersten Film gelang dem Regisseur John Huston die kongeniale Verfilmung eines der wichtigsten Werke der amerikanischen Kriminalliteratur; *The Maltese Falcon* begründete den Kultstar-Status Humphrey Bogarts, leitete die ›Schwarze Serie‹ ein und avancierte zu einem Klassiker seines Genres. Dabei handelte es sich nicht um einen geplanten Erfolg: Produzent Jack Warners vertraute dem langjährigen Drehbuchautor Huston ein eher bescheiden ausgestattetes Projekt an; schließlich war es nach den vorangegangenen Versionen *The Maltese Falcon* (Roy Del Ruth, 1931) und *Satan Met a Lady* (William Dieterle, 1936) bereits die dritte Verfilmung des Stoffes. Zu den Glücksfällen der Produktion gehört die Besetzung: Ursprünglich sollte George Raft die Rolle Sam Spade spielen, auch Sidney Greenstreet und Peter Lorre wurden erst später engagiert.

Huston vertraute bei seinem Regiedebüt auf das Darstellerensemble und die erzählerische Kraft des Romans, den er systematisch in mögliche Filmszenen aufteilte und umschrieb. Ihm gelang der seltene Fall einer Literaturverfilmung, bei der die möglichst getreue Wiedergabe des Romans, bis hin zu komplett übernommenen Textpassagen, einer ansprechenden filmischen Umsetzung nicht im Wege steht. Geist und Atmosphäre der literarischen Vorlage werden durch eine adäquate Transformation des direkten, nüchternen literarischen Stils rekonstruiert: Hustons Regie ist schnörkellos und unprätentiös, sie konzentriert sich auf die hintergründigen, psychologischen Aspekte der Geschichte. Auch Hammetts Abkehr vom traditionellen Muster des Kriminalromans, bei der noch die denkspielartige Auflösung eines Falles im Mittelpunkt stand, vollzieht der Film. Das undurchsichtige Geschehen enthüllt sich nur langsam und unsystematisch in Form kleiner, kabinettstückartiger Szenen, in denen sich die miteinander konfrontierten Personen hauptsächlich einen verbalen Schlagabtausch liefern.

Der verwickelte plot dient dabei nur als Aufhänger für die abgeklärte, aber trotzdem reizvolle Schilderung moralischer Verkommenheit von Menschen durch Egoismus und Gewinnsucht. Die im Titel genannte geheimnisvolle antike Statue erweist sich als chimärenartiges Objekt, das, einmal gefunden, doch nur eine wertlose Fälschung ist. Die deshalb absurd bis irrational anmutende Jagd läßt die daran beteiligten Personen zu Verbrechern werden; intrigieren, lügen und lavieren gehört offensichtlich zu ihrer zweiten Natur. Auch die einzige Frau in der bizarren Runde ist eine notorische Lügnerin, was Sam Spade nicht daran hindert, sich erstens in sie zu verlieben und sie zweitens dennoch der Polizei auszuliefern – mit Rücksicht auf Berufsethos und seinen guten Leumund, wie er sagt. Damit ist er alles andere als ein moralisch makelloser Held, sondern eher ein opportunistischer bis zynischer Misanthrop, dem, wie er selbst sagt, in keiner Situation »so heiß sein könnte«, daß er dabei den »eigenen Vorteil« aus den Augen verlöre.

Doch Bogart betont in seiner Darstellung gleichwertig auch die sympathischere Seite der Figur: den mit viel Instinkt und lässigem Charme ausgestatteten, selbstbewußten und redegewandten Überlebenskünstler. Seine Unberechenbarkeit ist letztlich

Resultat seiner persönlichen Überzeugungen und Prinzipien. Mit *The Maltese Falcon* wurde ein neuer, ambivalenter Heldentypus im Detektivfilm etabliert, der die ebenso selbst- wie fehlerlosen »private eyes« zumindest im amerikanischen Kriminalfilm ablöste. Erkennbar ist jedoch schon hier, wie dem Detektiv die Aufrechterhaltung seiner persönlichen Integrität und einer halbwegs akzeptablen Gerechtigkeit zunehmend schwerer fallen wird, wenn er es nicht mehr nur mit einer Handvoll schmieriger Gauner, sondern mit dem organisierten Verbrechen zu tun haben wird – ein Thema im Detektivfilm späterer Dekaden.

Es existiert auch eine halbstündige Hörspielversion aus dem Jahre 1943 mit der Originalbesetzung des Films. Eine parodistische Fortsetzung, *The Black Bird* (*Die Jagd nach dem Malteser Falken*), entstand 1974 unter der Regie von David Giler, bei dem Elisha Cook jr. und Lee Patrick ihre alten Rollen noch einmal spielten.

»*The Maltese Falcon*«. Hg. Richard J. Anobile. New York, London 1974. (Filmprotokoll). – »*Der Malteser Falke*«. Hg. Robert Fischer. Stuttgart 1983. (Filmprotokoll, Materialien).

Leslie H. Abrahamson: »Two Birds of a Feather: Hammett's and Huston's *The Maltese falcon*«, in: Literature/Film Quarterly, 1988, H. 2; Lawrence Benaquist: »Function and Index in Huston's *The Maltese Falcon*«, in: Film Criticism, 1982, H. 2; Lesley Brill: »John Huston's Filmmaking«. Cambridge 1997; Harvey Roy Greenberg: »Screen Memories«. New York 1993; Peter W. Jansen/Wolfram Schütte (Hg.): »Humphrey Bogart«. München 1985; William Luhr (Hg.): »*The Maltese Falcon*«. New Brunswick 1995; James F. Maxfield: »La belle dame sans merci and the neurotic knight: characterization in *The Maltese falcon*«, in: Literature/Film Quarterly, 1989, H. 4; James Naremore: »John Huston and *The Maltese Falcon*«, in: Literature/Film Quarterly, 1973, H. 3; Don Miller: »Private Eyes. From Sam Spade to J. J. Gittes«, in: Focus on Film, 1975, H. 22; Jacques Segond: »Sur la piste de Dashiell Hammett (Les trois versions de *Faucon Maltais*)«, in: Positif, 1975, H. 171/172; Edgar Wettstein: »*The Maltese Falcon*«, in: Zoom/Filmberater, 1976, H. 16; Virginia Wright Wexman: »Kinesics and film acting: Humphrey Bogart in *The Maltese falcon* and *The Big Sleep*«, in: Journal of Popular Film and Television, 1978, H. 1; Willi Winkler: »Humphrey Bogart und die Schwarze Serie«. München 1985.

Max-Peter Heyne

LA MAMAN ET LA PUTAIN

(Die Mama und die Hure). Frankreich (Elite Films/Ciné Qua Non/Les Films du Losange/Simar Films/V.M. Productions) 1973. 16 mm, s/w, 220 Min.

R+B: Jean Eustache. K: Pierre Lhomme.
S: Jean Eustache, Denise de Casabianca.
M: Offenbach, Mozart, Edith Piaf u.a.
D: Bernadette Lafont (Marie), Jean-Pierre Léaud (Alexandre), Françoise Lebrun (Veronika), Isabelle Weingarten (Gilberte), Jacques Renard (Alexanders Freund).

»*La maman et la putain* ist die Erzählung gewisser augenscheinlich sinnloser Dinge«, erklärte Jean Eustache und gestand, sein Film könne ebenso gut von anderen Tatsachen an anderen Orten erzählen. Der Fortgang der Handlung wird als unvermeidliche Bewegung in der Zeit eher hingenommen, als daß er Kristallisationskern des Interesses wäre. In seiner zuweilen quälenden Langsamkeit und Langatmigkeit bewegt sich der Film kaum vom Fleck. Oft werden Ereignisse in Realzeit gezeigt; die wenigen Schauplätze – die Wohnung von Marie, das Zimmer von Veronika, zwei Pariser Cafés – kehren wie auf einem zwanghaft befahrenen Parcours immer wieder. Diese Schauplätze werden beherrscht von den immer gleichen Requisiten: Plattenspieler und Bett.
Alexandre wohnt bei der attraktiven Marie, die zuweilen mehr als seine Hauswirtin ist. Zu Beginn des Films trifft er sich mit seiner Verlobten im Café, um sie zur Heirat zu überreden – ein Versuch, ihre Beziehung zu retten. Aber sie will nichts mehr von ihm wissen und verläßt ihn. Beinahe im gleichen Augenblick trifft Alexandre eine Frau, in die er sich schlagartig verliebt, Veronika. Von Alexandre, Marie und Veronika und dem sich zwischen ihnen entwickelnden Dreiecksverhältnis erzählt der Film. Alexandre ist ein Müßiggänger: Er redet viel, arbeitet nichts, hört Musik und liest, vor allem Prousts »A la recherche du temps perdu«. Sein wichtigster männlicher Gesprächspartner ist ein Freund, der wie er selbst in den Tag hinein lebt.
Der Filmtitel ist eine Irreführung, der die stereotypen Pole der Frauenrolle als männliche Projektion ent-

larvt. Eindeutige Identität fehlt allen Figuren, ihre Strategien zur Überwindung dieses Defizits sind unterschiedlich. Marie – schon ihr heiliger Name ist eine Verstellung – wechselt bruchlos von der Rolle der Vermieterin in die der Gelegenheitsgeliebten. Veronika schläft wahllos mit unzähligen Männern – in Wirklichkeit ist sie auf der Suche nach der wahren Liebe: »Das ganze Ficken hat nur Sinn, wenn die beiden, die es tun, sich auch lieben«, so ihr verbittertes und zugleich romantisches Resümee am Ende, mit dem sie in einem fünfminütigen Monolog sich direkt an die Zuschauer wendet. Alexandre nimmt ständig neue Selbstbilder an, wobei der Tonfall, seine Mimik und Gestik wichtiger sind als der Inhalt seiner Rede. Ganz gleich, wer gerade bei ihm im Bett liegt, Veronika, Marie oder alle beide, Alexandre geistert mit der immer gleichen Bewußtlosigkeit durch den Dschungel der Gefühle.

Der Film desavouiert die Träume von der sexuellen Befreiung nach dem Mai 1968. Der Utopie einer Lockerung des konventionellen Geschlechterverhältnisses erteilt er eine Absage: Die freie Liebe führt in ein zwanghaftes, auswegloses Dilemma. Eustache galt nach dem damals verstörenden, vor allem außerhalb Frankreichs gefeierten Film als ›Cinéaste maudit‹. So wenig wie seine gnadenlose Sicht einer desillusionierten und perspektivlosen Jugend verzieh man ihm die scheinbare Kunstlosigkeit seines Films. Die Herkunft Eustaches von der Nouvelle Vague wird offenbar im weitgehenden Verzicht auf künstliches Licht und dem Einsatz einer nervös die Dreierbeziehung auslotenden Handkamera. Als provozierend und schockierend empfunden wurde die – mit Modewörtern, Slangausdrücken und Amerikanismen angereicherte – Sprache der Protagonisten. Was bei Godard oder Truffaut noch als genrebezogene Hommage an das amerikanische Kino gelten konnte, ersetzt Eustache durch das hermetische System einer wortreichen Sprachlosigkeit. Die unausweichliche Direktheit, die nie Voyeurismus befördert, und die Konfrontation mit einer ungewohnten Zeiterfahrung, die der dreieinhalbstündige Film ermöglichte, machen aus *La maman et la putain* »ein Meisterwerk des Kinos der Körper, ihrer gestischen und stimmlichen Verhaltensweisen« (Gilles Deleuze).

»*La maman et la putain* de Jean Eustache«. Hg. Colette Dubois. Crisnée 1990. (Drehbuch, Materialien).
Reinhard Baumgart: »Der Mai ist gegangen«, in: Süddeutsche Zeitung, 10.7.1973; Pascal Bonitzer: »L'expérience en intérieur«, in: Cahiers du Cinéma, 1973, H. 247; Marie-Odile Briot: »Le cycle infernal de la féminité«, in: Positif, 1974, H. 157; Jan Dawson: »*La maman et la putain*«, in: Monthly Film Bulletin, 1974, H. 491; Gilles Deleuze: »Das Zeit-Bild. Kino 2«. Frankfurt a.M. 1991; Frieda Grafe: »Ein leidenschaftlicher Spiegel«, in: dies.: Nur das Kino. Berlin 2003; Stéphane Lévy-Klein: »Entretien avec Jean Eustache«, in: Positif, a.a.O.; Alain Philippon: »Jean Eustache«. Paris 1986; Jonathan Rosenbaum: »*La maman et la putain*«, in: Sight and Sound, 1974/75, H. 1; Harry Tomicek u.a.: »Jean Eustache«, Wien 1979; Wilfried Wiegand: »Der Abschied von Träumen«, in: Neue Zürcher Zeitung, 22.5.1973.

Ingo Fließ

DIE MAMA UND DIE HURE

↗ Maman et la putain

MAMMA ROMA

Italien (Arco Film/Cineriz) 1962. 35 mm, s/w, 144 Min.
R+B: Pier Paolo Pasolini. K: Tonino Delli Colli. A: Flavio Mogherini. M: Antonio Vivaldi, Luigi Cherubini, Bixio.
D: Anna Magnani (Mamma Roma), Ettore Garofalo (Ettore), Franco Citti (Carmine), Silvana Corsini (Bruna), Luisa Loiano (Biancofiore).

Mamma Roma, eine nicht mehr junge Prostituierte, versucht einen Neuanfang: Carmine, ihr Zuhälter, hat geheiratet und sie freigegeben. Sie verschafft sich eine neue Existenz als Gemüsefrau auf dem Markt und holt ihren halbwüchsigen Sohn Ettore zu sich. Der Junge, der nichts von der Vergangenheit seiner Mutter weiß, hat bisher auf dem Land gelebt. Er soll etwas Besseres werden, hat die Mama beschlossen. Ihre Träume vom kleinbürgerlichen Glück geraten in Gefahr, als Carmine wieder auftaucht und sie erpreßt, wieder auf den Strich zu gehen; andernfalls würde er Ettore die Wahrheit über seine Mutter sagen. Der Sohn, der sich gegen die Bemutterung wehrt, hat in seinem Vorstadtviertel Freunde gefunden und ist Anführer einer Straßengang; bei einem Diebstahl wird er gefaßt und kommt ins

Gefängnis. Auf einer Pritsche, wo die revoltierenden Häftlinge festgeschnallt werden, stirbt er: Sein Todesschrei dringt durch die Gefängnismauern zu Mamma Roma an ihrem Gemüsestand.
Bei der zeitgenössischen Kritik fiel *Mamma Roma* durch. »Der typische Film eines Literaten. Ununterbrochen wird geredet«, urteilte Ulrich Gregor nach der Premiere bei den Filmfestspielen in Venedig 1962. Die mit italienischer Verve geführten Dialoge wurden vom deutschen Verleih gekappt, der Film auf 104 Minuten zusammengekürzt. Auch im Ursprungsland war *Mamma Roma* ein Skandal: Pasolini wurde wegen Obszönitäten im Dialog angezeigt. Bei der Aufführung in Rom kam es zu einem Handgemenge; die Polizei mußte eingreifen und brachte sowohl den Filmemacher wie einen Schläger aus dem neofaschistischen Umfeld aufs Präsidium.
Die sentimentalen Klischees von der armen Hure werden von Pasolini nicht bedient. Die übliche Klage wird umgedreht – Carmine beschwert sich bei Mamma Roma: »Wer hat mich zum Zuhälter gemacht, wer mir dieses Hundeleben eingebrockt?« Die Stärke und Vitalität von Mamma Roma wird schon in der ersten Szene deutlich: Sie dominiert die Hochzeitsfeier. Sie ist kein Opfer: »An dem, was einer ist, ist er immer selbst schuld«, belehrt sie eine andere Nutte. Mamma Romas Fehler: Sie will aus ihrem Milieu entkommen und träumt sich hinauf ins Kleinbürgertum.
»Mein filmischer Geschmack kommt nicht vom Kino, sondern aus der Malerei«, bekannte Pasolini. Was Thematik und politische Moral betrifft, ist *Mamma Roma* noch dem Neorealismus verpflichtet, die ästhetischen Mittel weisen jedoch darüber hinaus: Das Leben in der Vorstadt wird von Pasolini stilisiert in langen Kamerafahrten und großen Tableaus, die an Gemälde alter Meister erinnern. »Die Bewegung meiner Bilder wirkt in etwa so, als würde das Objektiv über ein Gemälde streifen: Ich arrangiere den Hintergrund jeweils wie den Hintergrund eines Gemäldes, wie ein Szenenbild, deshalb kadriere ich auch immer nur frontal.« Der Manierismus erreicht seinen Höhepunkt, als der Junge im Gefängnis auf dem Streckbrett stirbt. »Ettore liegt auf dem Holzgerüst wie der ›Tote Christus‹ des Renaissancemalers Andrea Mantegna, die gefesselten Arme ausgebreitet, aufgenommen aus schräger Untersicht: ein sterbender Körper als Ikone, Bild unter Bildern, die die Tradition angehäuft hat.« (A. Kilb)
Wie bei ↗*Accattone* arbeitete Pasolini mit Laien; der Darsteller von Ettore war ein Kellner. Für die Rolle der Mamma Roma hatte der Regisseur jedoch eine Schauspielerin verpflichtet: Anna Magnani, die seit ↗*Roma, città aperta* als populäre Verkörperung der Frau aus dem Volke galt. Im Rückblick empfand Pasolini diese Wahl als Fehlbesetzung: Sie habe als Kleinbürgerin eine Subproletarierin gespielt, nicht jedoch eine Subproletarierin mit kleinbürgerlichen Sehnsüchten. Trotzdem gehört *Mamma Roma* – wie Viscontis *Bellissima* (1952), wo sie eine ähnliche Rolle spielte – zu den besten Filmen Anna Magnanis. Als internationaler Star arbeitete sie mit den Regisseuren George Cukor, Sidney Lumet und Jean Renoir, blieb aber für das Publikum immer das Urbild der Römerin: impulsiv, kämpferisch, selbstbewußt und nie auf den Mund gefallen. Ihren letzten Auftritt hatte sie in *Roma* (1971): Fellini will sie als Symbol für die Stadt interviewen, doch sie winkt nur lachend ab: »Ach, Federico, geh schlafen!«

»*Mamma Roma*«. München 1985. (Drehbuch).
Pascal Bonitzer: »*Mamma Roma*«, in: Cahiers du Cinéma, 1976, H. 265; Chris Chang: »Disordinately Absolute«, in: Film Comment, 1995, H. 1; Rainer Gansera: »*Mamma Roma*«, in: epd Film, 1985, H. 12; Ulrich Gregor: »*Mamma Roma*«, in: Filmkritik, 1962, H. 10; Matilde Hochkofler: »Anna Magnani«. Rom 1984; Peter W. Jansen/Wolfram Schütte (Hg.): »Pier Paolo Pasolini«. München 1977; Andreas Kilb: »Altarblätter einer Höllenwanderung«, in: Frankfurter Allgemeine Zeitung, 17.1.1986; Werner Kließ: »Blick auf Menschen und Geschichte«, in: Film, Velber, 1966, H. 8; Joël Magny: »*Accatone, Mamma Roma*: Une écriture mythique en voie de développement«, in: Études cinématographiques, 1976, H. 109–111; Pier Paolo Pasolini: »Lichter der Vorstädte«. Hg. Franca Faldini/Goffredo Fofi, Hofheim 1986; Judith Stallmann-Steuer: »Roms Architektur im Spielfilm«. Weimar 2001.

Michael Töteberg

MANCHE MÖGEN'S HEISS

↗ Some Like It Hot

MANHATTAN USA (Rollins-Joffe Productions) 1979. 35 mm, s/w, 96 Min. R: Woody Allen. B: Woody Allen, Marshall Brickman. K: Gordon Willis. A: Mel Bourne. S: Susan E. Morse. M: Tom Pierson. D: Woody Allen (Isaac Davis), Diane Keaton (Mary Wilke), Michael Murphy (Yale), Mariel Hemingway (Tracy), Meryl Streep (Jill), Anne Byrne (Emily), Karen Ludwig (Connie), Michael O'Donoghue (Dennis).

Die Ouvertüre aus Bild, Wort und Musik, die *Manhattan* eröffnet, ist Exposition und Liebeserklärung zugleich. Schwarzweißaufnahmen präsentieren die Handlungsorte des Films, allesamt Stätten der Kultur: Die Fifth Avenue, das Guggenheim Museum, die Radio City Music Hall, der Central Park. Kommentiert werden die Cinemascopebilder einerseits von Gershwins »Rhapsodie in Blue«, deren synkopischer Rhythmus auch die Bildschnitte bestimmt, andererseits von der Stimme eines Autors, der nach dem zündenden Eingangssatz für seinen Roman sucht. Nach einigen verworfenen Eröffnungen – zu kitschig, zu zynisch oder zu predigend – faßt sich Isaac Davis kurz und bündig. »New York war seine Stadt. Und würde es immer sein«.

Wie Isaac nach dem einen Satz sucht, so sehnen sich die um ihn herum gruppierten Personen, »Stadtneurotiker« ohne Ausnahme, nach der klaren Formel, die ihrem Leben Ziel und Sinn gibt, sind stets auf der Suche nach dem richtigen, d.h. anderen Partner und der eigentlichen Berufung. Als Produzenten und Konsumenten von Kultur sind sie auf die Großstadt angewiesen, der sie verzweifelt Erfahrungen abzuringen versuchen, und in der sie sich selbst dennoch abstrakt geworden sind. Der »Flatterdialog« (Hans Gerhold) entlarvt ihr Streben um Authentizität und Kompromißlosigkeit als vergeblich – Phrasen werden vor elementare Gefühlsäußerungen geschoben, inflationäres Gerede verstellt konkrete Bedürfnisse. Stattdessen lassen sie sich ihre Gefühle vom Analytiker erklären.

Der Fernsehautor Isaac Davis gibt seinen Job auf, um endlich den Roman zu schreiben, den er seit langem im Kopf hat. Drei Frauen komplizieren sein Leben. Seine nunmehr lesbische Ex-Ehefrau droht ein Enthüllungswerk über die gescheiterte Ehe zu veröffentlichen. Isaacs gegenwärtige Freundin Tracy ist erst 17 Jahre alt. Obwohl er sich mit dem unkomplizierten Mädchen gut versteht – als moralisch integerer und unverdorbener Charakter ist sie eine Gegenfigur zu den Stadtneurotikern – weigert er sich, die Beziehung ernst zu nehmen und läßt sich stattdessen auf ein alter ego seiner selbst ein: Die überdrehte Journalistin Mary, zuvor Geliebte seines verheirateten Freundes Yale, leidet unter ihren provinziellen Moralvorstellungen, die sich mit dem großstädtischen Lebensgefühl nicht vereinbaren lassen. Yale wiederum hat gelernt, sich in Kompromissen einzurichten; über moralische Integrität zerbricht er sich nicht mehr den Kopf.

Die Kameraperspektive verrät, daß diese Bewohner New Yorks auch ihren Lebensraum nicht beherrschen. Sie stehen nicht im Zentrum der Aufnahmen, sondern sind häufig am Rand plaziert oder ragen gar nur ins Bild hinein. Wenn sie den Handlungsraum verlassen, hastet ihnen die Kamera nicht hinterher wie in *Husbands and Wives (Ehemänner und Ehefrauen*, 1992), sondern wartet, bis sie wieder ins Bild zurückkommen. Der Raum bestimmt die Aktionen und Reaktionen seiner Bewohner und deshalb auch die filmische Perspektive: In vielen Einstellungen sind während des Dialogs lediglich die Silhouetten der Protagonisten in einer Totalen von New York zu sehen.

Wie Alvy Singer in ↗*Annie Hall* bleibt Isaac schließlich allein, keines seiner Probleme ist gelöst. Der eigene Roman bleibt ungeschrieben, dafür liegt der Enthüllungsroman von Jill in den Schaufenstern. Mary verläßt ihn und findet zu Yale zurück, und Tracy, derer er sich wieder erinnert, reist für längere Zeit nach England ab. Daß er sich in dieser Situation auf sie zurückbesinnt, ihm im Kontext von Meisterwerken aus Kultur und Sport ihr Gesicht vor Augen steht, spricht entgegen der dramatischen Inszenierung weniger für Tracy als Person, sondern mehr für sie als Vertreterin des Anderen, Unstrittigen und Integren, dessen er im Angesicht von Trennung und Täuschung bedarf.

Mit diesem ironisch-ernsthaften Porträt seiner Lebenswelt, geprägt durch eine faszinierende Lichtdramaturgie, erreichte Woody Allen den Höhepunkt seiner New-York-Filme. Die Stadtneurotiker waren begeistert: »Der einzige wahrhaft große amerikanische Film der siebziger Jahre«, schrieb Andrew Sarris in »Village Voice«.

»*Manhattan*«. Zürich 1981. (Drehbuch)
Peter J. Bailey: »The Reluctant Film Art of Woody Allen«. Lexington 2001; Jürgen Felix: »Großstadtromantik – *Manhattan*«, in: ders.: Woody Allen. Marburg 1992; Hans Gerhold: »Lichter der Großstadt: Ein wenig Vertrauen«, in: ders.: Woodys Welten. Frankfurt a.M. 1991; Sam B. Girgus: »*Manhattan*«, in: ders.: The Films of Woody Allen. Cambridge (Mass.) 1993; Dan Goodhill: »*Manhattan*: Black and White Romantic Realism«, in: American Cinematographer, 1982, H. 11; Christopher J. Knight: »Woody Allen's *Manhattan* and the Ethicity of Narrative«, in: Film Criticism, 1988/89, H. 1; Wolfram Knorr: »*Manhattan*«. in: Zoom-Filmberater, 1979, H. 17; Gerhard Pisek: »Die große Illusion. Probleme und Möglichkeiten der Filmsynchronisation, dargestellt an Woody Allens *Annie Hall*, *Manhattan* und *Hannah and Her Sisters*«. Trier 1994.

Christiane Altenburg

DER MANN AUF DEN SCHIENEN
↗ Człowiek na torze

DER MANN AUS MARMOR
↗ Człowiek z marmuru

DER MANN, DER LIBERTY VALANCE ERSCHOSS
↗ Man Who Shot Liberty Valance

DER MANN MIT DEM GOLDENEN ARM
↗ Man With the Golden Arm

DER MANN MIT DER KAMERA
↗ Čelovek s kinoapparatom

MA NUIT CHEZ MAUD

(Meine Nacht bei Maud). Frankreich (Les Films du Losange) 1969. 35 mm, s/w, 110 Min.
R+B: Eric Rohmer. K: Nestor Almendros.
A: Nicole Rachline. S: Cécile Decugis.
D: Jean-Louis Trintignant (Jean-Louis), Françoise Fabian (Maud), Marie-Christine Barrault (Françoise), Antoine Vitez (Vidal).

Der Titel weckt falsche Vorstellungen: Nicht etwa eine erregende Liebesnacht steht im Zentrum dieses Films, sondern ausgerechnet ihre Vermeidung. Jean-Louis, ein 34jähriger Ingenieur, hat sich gegen Ende der sechziger Jahre in der französischen Provinz niedergelassen. Nach mehrjähriger Auslandstätigkeit und verschiedenen Liebesaffären hat er beschlossen, ein Leben gemäß seinem katholischen Glauben zu führen und zu heiraten. Wer seine künftige Frau sein wird, steht – ohne daß er überhaupt ihre Bekanntschaft gemacht hätte – für ihn bereits fest: ein junges Mädchen, Françoise, das ihm bei Gottesdienstbesuchen aufgefallen ist. Durch einen Schulfreund lernt er die geschiedene Freidenkerin Maud kennen. Ihren Verführungskünsten setzt er zunächst seine Prinzipien entgegen, wäre aber schließlich gern bereit, sie außer acht zu lassen. Daß dennoch in der gemeinsam verbrachten Nacht ›nichts passiert‹, hat er nicht seiner moralischen Integrität, sondern nur ihrer Konsequenz zu verdanken. Nun bemüht sich Jean-Louis um Françoise, die er tatsächlich heiratet. Jahre später erfährt er bei einer zufälligen Begegnung mit Maud, daß Françoise, bevor er sie kennenlernte, einen Geliebten hatte: Mauds ehemaligen Mann. Um seiner Frau ihre Schuldgefühle zu nehmen, erzählt ihr Jean-Louis, er habe damals mit Maud geschlafen. Der Film mündet in ein falsches Happy End: Die Harmonie des Paares gründet auf Verlogenheit und Mangel an Vertrauen.

Ma nuit chez Maud ist der dritte Film in Rohmers Zyklus »Moralische Geschichten«, an dem er von 1962 bis 1972 arbeitete. Allen sechs Filmen liegt dasselbe Handlungsmuster zugrunde: Der Protagonist hat sich an eine Frau gebunden und begegnet einer anderen, die ein gegensätzliches Prinzip verkörpert. Die zufällige Begegnung bedeutet für den Mann eine Bewährungsprobe, auch wenn er sich kaum eingesteht, wie sehr die andere Frau ihn reizt. Am Ende siegt die Moral über die Versuchung, doch daß der Mann der Verführung nicht erliegt, hat er weniger seiner Standfestigkeit als seiner Eigenliebe zu verdanken. Diese Modellsituation ist in *Ma nuit*

chez Maud besonders klar, fast abstrakt herausgearbeitet. Der handlungsarme Film besteht überwiegend aus philosophischen Diskussionen. In der Konfrontation dreier Ideologien (Katholizismus, Marxismus und Freidenkertum) suchen die Figuren ihr Gesicht zu wahren.
Rohmer, der in Interviews für eine »Ästhetik der Sparsamkeit« plädiert, vermeidet emotionalisierende und dramatisierende Techniken. Er arbeitet ohne Filmmusik, zeigt kommentarlos auch alltäglichste Vorgänge. Die ruhig beobachtende Kamera nimmt fast nie die Perspektive eines der Protagonisten ein: Es dominieren halbnahe Einstellungen. Der schwarz-weiß gedrehte Film mit seinen Aufnahmen aus dem verschneiten Clermont-Ferrand und der unwirtlichen, bergigen Umgebung vermittelt eine Atmosphäre von Nüchternheit und Rigidität. Gegenüber dem Bild ist das Wort privilegiert, und Rohmer scheut sich auch nicht, Detailaufnahmen von Textseiten einzufügen. Der Literaturwissenschaftler Rohmer knüpft mit dem Zyklus an eine literarische Gattung des 18. Jahrhunderts an, und seine Erzählhaltung entspricht der des realistischen Romans: Die distanzierte Beobachtung der Figuren läßt deren Widersprüchlichkeiten, ähnlich wie bei Flaubert, in einem ironischen Licht erscheinen.

»*Meine Nacht bei Maud*«. Hg. Hans-Jürgen Weber. Frankfurt a.M. 1987. (Filmerzählung). – »*My Night at Maud*«. Hg. English Showalter. New Brunswick 1993. (Filmprotokoll, Materialien).
Uta Felten: »Figures du désir. Untersuchungen zur amourösen Rede im Film von Eric Rohmer«. München 2004; Günter Giesenfeld: »Spiel mit offenen Karten. Eric Rohmers moralische Erzählung *Ma nuit chez Maud*«, in: Thomas Koebner (Hg.): Autorenfilme. Münster 1990; Gabriele Jutz: »Der Historizitäts-(Kon-)Text im Film«, in: Georg Schmid (Hg.): Die Zeichen der Historie. Wien, Köln 1986; Norman King: »Eye for Irony: Eric Rohmer's *Ma nuit chez Maud*«, in: Susan Hayward/Ginette Vincendeau (Hg.): French Film. London, New York 1990; Marion Lange-Becker/Jörg Becker: »Zyklen-Zugänge«, in: filmwärts, 1993, H. 26; Thomas Petz: »Verlust der Liebe«. München 1981; René Prédal: »Le cinéma français depuis 1945«. Paris 1991;

Almuth Voß

THE MAN WHO SHOT LIBERTY VALANCE

(Der Mann, der Liberty Valance erschoß). USA (Paramount) 1962. 35 mm, s/w, 122 Min.
R: John Ford. B: Willis Goldbeck, James Warner Bellah, nach der Erzählung von Dorothy M. Johnson. K: William H. Clothier. M: Cyril J. Mockridge.
D: James Stewart (Ransom Stoddard), John Wayne (Tom Doniphon), Vera Miles (Hallie Stoddard), Lee Marvin (Liberty Valance), Edmond O'Brien (Dutton Peabody), Andy Devine (Link Appleyard).

Ein Zug erreicht das Städchen Shinbone. Wo ein Zug hält, das ist eine der Grundlagen des Westerns, ist die Zivilisation: Der Kampf gegen die Wildnis ist gewonnen. Am Ende fährt der Zug mit Senator Stoddard und seiner Frau Hallie wieder ab. Ihre Geschichte erzählt der Film in einer langen Rückblende, einer für Ford ungewöhnlichen filmischen Technik, die er innerhalb dieser Rekonstruktion noch einmal benutzt.
Wie wird aus der Wildnis Zivilisation? Das Genre hat lange Zeit die Ausrottung der Indianer verklärt als Eroberung des Westens; aus den Opfern machte man Täter, um den Sieg zu glorifizieren. Ford durchbricht diese Schablone in seinen Filmen; in ↗*The Searchers* kehrt er das Schema sogar um: Der weiße ›Held‹ tut all das, was man gewöhnlich von den ›Rothäuten‹ erwartet. In *The Man Who Shot Liberty Valance* sind die Indianer bereits besiegt; die Weißen haben es mit sich selbst zu tun – in der Tradition des Genres mit Banditen. »Alles so schnell: einen Tag weiter, und die Eisenbahn lief wahrhaftig in einem Strang von Memphis bis Carolina (...); noch einen Tag weiter, und es gab erwachsene Männer in Jefferson, die sich nicht entsinnen konnten, je einen betrunkenen Indianer im Gefängnis gesehen zu haben; noch einen Tag weiter – so bald, so eilends, so schnell – und sie wußten nichts mehr von Wegelagerern vom alten echten blutigen Schrot und Korn.« (William Faulkner). In Shinbone erinnern sich nur noch einige Greise an die blutigen Wegelagerer von einst. Alle anderen wissen, daß

Stoddard ihr Senator ist, daß er viel für Shinbone getan hat – und daß er Liberty Valance erschoß.

Der Senator, zum Begräbnis von Tom Doniphon angereist, erzählt die wahre Geschichte. Die Rückblende beginnt mit einem Überfall auf die Postkutsche; unter den Fahrgästen ist Stoddard, ein junger Rechtsanwalt, der sich mit den Banditen anlegt und deshalb übel zugerichtet wird. Gerettet wird er von Tom Doniphon, der ihm barsch davon abrät, in Shinbone zu bleiben – vor allem, weil sich Stoddard aufs Gesetz kaprizieren und Valance hinter Gitter bringen möchte. Stoddard will die Zivilisation nach Shinbone bringen – er eröffnet nicht nur eine Anwaltskanzlei, sondern auch eine Schule. Er lehrt Hallie das Lesen und gewinnt so ihr Herz; zuvor war sie mit Tom liiert.

Der unvermeidliche Konflikt zwischen Wildnis und Zivilisation wird dem Genre gemäß ausgetragen als Kampf der Rancher, die sich Valance als Killer kaufen, gegen die Farmer. Der Anwalt greift zum Colt, stellt sich dem Rivalen und besiegt ihn. Er wird als Held gefeiert und soll nun dafür sorgen, daß aus dem »territory« ein »state« wird. Doch wehrt er sich dagegen, weil seine Nominierung auf einen Show down zurückgeht. In der zweiten Rückblende schildert Doniphon den wirklichen Tathergang: Er hat bei der Schießerei eingegriffen und Valance kaltblütig ermordet, damit zugleich aber dem Konkurrenten den Weg frei gemacht – zu Hallie, in die Politik. Stoddard hat die wahre Geschichte erzählt, doch die zuhörenden Journalisten wollen sie nicht drucken. Ihre Replik auf seinen Wunsch gehört zu den berühmtesten Sentenzen des Kinos: »This is the West, Sir. When the legend becomes fact, print the legend.« Am Schluß sitzen, ohne sich auch nur einmal anzusehen, Stoddard und Hallie nebeneinander im Zug. Sein vages Versprechen, nach Shinbone zurückzukehren und die Politik aufzugeben, zaubert für einen Moment das lange verlorene Lächeln auf ihr Gesicht zurück. Doch diese Rückkehr wird nicht stattfinden. Der Schaffner preist im letzten Satz des Films die Legende: »Nothing's too good for the man who shot Liberty Valance.« Ford zieht am Schluß des Films ein bitteres Resümee: »Der Senator, der endlich seine Lebenslüge aufdecken wollte, ist damit gescheitert; er entkommt dieser Lüge nicht, kann sich nicht ehrlich machen.« (Kurt Scheel).

The Man Who Shot Liberty Valance führt das Genre an sein Ende, ohne daß die Konvention anders als subtil verletzt, schließlich zerstört wird. Man kann die Legende nicht aufgeben, sie gehört zur Gloriole der Zivilisation. Fords *The Iron Horse* (1924) präsentierte den Bau der Eisenbahn noch als einfache Erfolgsgeschichte. In seinen späteren Filmen hat der Regisseur sich immer mehr den Kosten zugewandt, die mit dem Erfolg verknüpft waren, immer offener die Widersprüche gestaltet, die von der ›nationalen Identität‹ nur notdürftig zugedeckt werden. *The Man Who Shot Liberty Valance* destruiert den ›Westerner‹ wie kein Film zuvor. Die letzte Einstellung zeigt den Zug, der nach Osten fährt, woher in Fords Filmen selten Gutes kommt.

Barthélemy Amengual: »La structure de l'églantine«, in: Positif, 1981, H. 243; David Bordwell: »*The Man Who Shot Liberty Valance*«, in: Film Comment, 1971, H. 3; David F. Coursen: »John Ford's Wilderness – *The Man Who Shot Liberty Valance*«, in: Sight and Sound, 1978, H. 4; W. Darby: »Musical Links in *Young Mr. Lincoln, My Darling Clementine*, and *The Man Who Shot Liberty Valance*«, in: Cinema Journal, 1991, H. 1; Sabine Horst: »*Zwei rechnen ab*«, in: Bernd Kiefer/Norbert Grob (Hg.): Filmgenres: Western. Stuttgart 2003; Enno Patalas: »*Der Mann, der Liberty Valance erschoß*«, in: Filmkritik, 1962, H. 10; D. Pye: »Genre and History: *Fort Apache* and *Liberty Valance*«, in: Movie, 1977/78, H. 25; Kurt Scheel: »Die Wahrheit der Legende« in: Merkur, 1991, H. 510/511; F.W. Vöbel: »*Der Mann, der Liberty Valance erschoß*«, in: Franz Everschor (Hg.): Filmanalysen 1. Düsseldorf 1964.

Rainer Rother

THE MAN WITH THE GOLDEN ARM (Der Mann mit dem goldenen Arm). USA (Carlyle Production/United Artists) 1955. 35 mm, s/w, 119 Min.

R: Otto Preminger. B: Walter Newman, Lewis Meltzer, nach dem gleichnamigen Roman von Nelson Algren. K: Sam Leavitt. Ba: Joe Wright. S: Louis R. Loeffler. M: Elmer Bernstein.

D: Frank Sinatra (Frankie Machine), Kim Novak (Molly), Eleanor Parker (Zosh),

The Man With the Golden Arm: Frank Sinatra

Arnold Stang (Sparrow), Darren McGavin (Louie), Robert Strauss (Schwiefka).

1955, zwei Jahre nach der Gründung seiner eigenen Firma, drehte Otto Preminger als unabhängiger Produzent einen seiner wichtigsten Filme: *The Man With the Golden Arm* ist die mit Jazz-Musik unterlegte Charakterstudie eines rauschgiftsüchtigen Spielers und nicht unbegabten Schlagzeugers, von Frank Sinatra überzeugend dargestellt. Als äußerst anstößig, geradezu schockierend galt seinerzeit die Szene, in der sich Frankie Machine im Appartment seiner Freundin Molly unter den Entzugsqualen eines ›cold turkey‹ wälzt und windet. Unter anderem dieser Szene wegen, in der Preminger das in Hollywood tabuisierte Thema Drogensucht schonungslos offen zeigt, verweigerte die »Motion Pictures Producer's Association« eine Freigabe des Films, welche erst durch ein Verfahren vor dem amerikanischen Supreme Court erstritten werden mußte.

Frankie, aus einer Rauschgift-Entziehungsanstalt in das Chicagoer Milieu zurückgekehrt, ist entschlossen, ein ›neues‹ Leben zu beginnen und als Schlagzeuger in einer Band zu arbeiten. Bald gerät er jedoch wieder in den Dunstkreis des Dealers Louie und des Spielclubbesitzers Schwiefka. Seine Frau Zosh, die nach einem von Frankie verursachten Autounfall scheinbar gelähmt in einem Rollstuhl sitzt, um seine Schuldgefühle wach zu halten, unterstützt ihn nicht bei seinen neuen Plänen. Und so läßt Frankie sich von Louie doch wieder zum ›Spritzen‹ verleiten und ist anschließend bereit, bei einem nächtlichen betrügerischen Pokerspiel zum ›letzten Mal‹ der Bankhalter, der »Mann mit dem goldenen Arm« zu sein. Doch Frankie erlebt ein Fiasko, er bekommt nicht die vereinbarten 250 Dollar, und beim Vorspiel für ein Engagement in einer Band versagt er jämmerlich. Mit Hilfe seiner Nachbarin und Freundin Molly, einer Bardame, schafft er es schließlich, nach den Höllenqualen des Entzugs sich vom Milieu zu lösen und der Misere zu entkommen.

Alle seine Filme hat Preminger nach einer fremden Vorlage gedreht. Wie meistens veränderte er auch bei *The Man With the Golden Arm* den Schluß völlig: In Nelson Algrens Roman ist der Held dem Untergang geweiht, ein unaufhaltsamer ›Drifter‹ in den Tod, im Film aber ist der Protagonist »einer, der noch einmal zu strampeln beginnt, um vom Boden hochzukommen, sich unabhängig zu machen von Drogen und Kartenspiel« (Fritz Göttler).
Schauspielerisch glänzende Leistungen zeigen neben Sinatra Eleanor Parker und die junge Kim Novak. Enthusiastisch feierten diesen Film die Kritiker der »Cahiers du Cinéma« und von »Movie«, die Otto Preminger als Meister der mise-en-scène auf eine Stufe stellten mit den verehrten Meistern Howard Hawks, Alfred Hitchcock, Roberto Rossellini oder Jean Renoir. *The Man With the Golden Arm* galt den zeitgenössischen Kritikern als Paradigma für kritischen Realismus.

Charles Bitsch: »Un film ottocratique«, in: Cahiers du Cinéma, 1956, H. 59; Norbert Grob u.a. (Hg.): »Otto Preminger«. Berlin 1999; Gerald Pratley: »Otto Preminger«. New York 1971; Michael Joseph: »Behind the Scenes of Otto Preminger«. London 1973; Otto Preminger: »Preminger. An Autobiography«. New York 1977; Fritz Göttler: »Verbannt den Zorn, das Mitleid. Die Filme des Otto Preminger«, in: Frankfurter Rundschau, 20.1.1990.

Ronny Loewy

DIE MARX BROTHERS IM KRIEG

↗ Duck Soup

MASCHINENPISTOLEN

↗ White Heat

M*A*S*H* USA (Twentieth Century-Fox) 1969. 35 mm, Farbe, 116 Min.
R: Robert Altman. B: Ring Lardner jr., nach der gleichnamigen Erzählung von Richard Hooker. K: Harold E. Stine. A: Jack Martin Smith, Arthur Lonergan. M: Johnny Mandel.
D: Donald Sutherland (Hawkeye), Elliott Gould (Trapper John), Tom Skerritt (Duke), Sally Kellerman (Hot Lips), Robert Duvall (Major Burns).

»Das Subtilste an Komödie, was es heute gibt, ist *M*A*S*H**«: In Billy Wilders Statement war die Verbitterung nicht zu überhören. Die elegante und intelligente Gesellschaftskomödie kann sich jedoch nur vor dem Hintergrund einer intakten Welt entfalten; ist diese aus den Fugen geraten, gelten keinerlei Werte und Normen mehr, so kann man ihr nur noch mit einer schrillen Farce beikommen. Der Vietnam-Krieg erschütterte die amerikanische Gesellschaft, als Robert Altman mit *M*A*S*H** einen Kinoerfolg landete, wie er ihn mit keinem seiner späteren Filme auch nur annähernd erzielte. *M*A*S*H**, auf den ersten Blick eine lärmende Militärklamotte voller Geschmacklosigkeiten und Zoten, ist eine schwarze Satire auf den American Way of War.
Der Film spielt im Koreakrieg, wenige Kilometer hinter der Front. Unablässig bringen Helikopter Verwundete und Verstümmelte zum mobilen Feldlazarett (Mobile Army Surgery Hospital, abgekürzt M.A.S.H.). Während die Ärzte in Eingeweiden wühlen und zerfetzte Leiber zusammenflicken, werden Witze gerissen: Hawkeye, Trapper und Duke, drei eingezogene Chirurgen, untergraben mit ihren gemeinen und zynischen Späßen die Moral der Truppe. Gnadenlos stellen sie alle bloß, die sich von den Sex- und SuffIorgien ausschließen. Zielscheibe ihres Spotts sind eine neu eingetroffene Sanitätsmajorin, »Hot Lips« genannt, und der bigotte Major Burns, der am Ende in der Zwangsjacke abtransportiert wird. Zuvor hat man, zur allgemeinen Erheiterung des Camps, das Liebesgeflüster der beiden dank eines unterm Bett versteckten Mikrophons per Lager-Lautsprecher übertragen. Zwischen den locker verbundenen Episoden – in diesem frühen Film ist bereits die Virtuosität Altmans zu bewundern, ein komplexes Erzählgefüge durch eine sich überlappende Ton- und Bildmontage zusammenzuhalten – taucht immer wieder der Lautsprecher in Großaufnahme auf. Neben Befehlen und Verlautbarungen wird die Truppe darüber mit Musik versorgt, die Altman als sarkastischen Kommentar einsetzt. Während der Titelsequenz hört man einen einlullenden Popsong, dessen Text Mike Altman verfaßt hat: »Suicide is painless, it brings many changes ...«

*M*A*S*H** war der erste Film, der Altman in Europa bekannt machte: Zuvor hatte er lediglich an TV-Serien mitgewirkt – in den deutschen Kritiken wird er fast überall als *Bonanza*-Regisseur vorgestellt – und war wegen seiner ungewöhnlichen Ton-Experimente mehrfach von Produzenten gefeuert worden. Das Drehbuch, mit einem Oscar ausgezeichnet, schrieb Ring Lardner jr. Der Autor zählte zu den ›Hollywood-Ten‹, die 1947 vor den McCarthy-Ausschuß gegen unamerikanische Umtriebe zitiert wurden und die Aussage verweigerten. Lardner wurde wegen Mißachtung des Kongresses zu einem Jahr Gefängnis verurteilt und landete anschließend auf der schwarzen Liste der Produktionsfirmen. Jahrelang konnte er nur unter Pseudonym und mittels Strohmänner arbeiten; von diesem düsteren Kapitel Hollywoods handelt Martin Ritts Film *The Front* (*Der Strohmann*, 1976).

Die Entscheidung der Jury, *M*A*S*H** mit der goldenen Palme der Filmfestspiele von Cannes 1970 auszuzeichnen, löste im deutschen Feuilleton heftige Kontroversen aus. Doch selbst Kritiker, die Altman unterstellten, er habe einen Beitrag zur Wehrertüchtigung leisten wollen, mußten eingestehen, daß die Militärgroteske einen »irritierend unverdaulichen Rest« (Mengershausen) enthält. Kritiker bewerteten den Film als gefährlich ambivalent oder zynische Verherrlichung des Kommißbetriebes. Zumindest bei der U.S.-Army sah man dies nicht so: *M*A*S*H** war zeitweilig für die Vorführung in den Kasernen verboten. In keiner Szene nimmt Altman direkt Stellung: Dieser Antikriegsfilm kommt ohne Bekenntnisdialoge oder Bilder vom Schlachtfeld aus. Er macht aus ordinären Landseranekdoten, wie sie in Groschenheften oder Comics präsentiert werden, ein Lustspiel, bei dem der Begriff dreckiger Humor wörtlich zu verstehen ist. Hatte Altman sich für *M*A*S*H** bei der Trivialliteratur bedient, so sank die gleichnamige TV-Serie – mit den gleichen Figuren, aber anderer Besetzung – wieder herab auf das Niveau der Volksverdummung. Dank ihrer Beliebtheit beim amerikanischen Fernsehpublikum wurde die Serie über ein Jahrzehnt lang ausgestrahlt; die letzte Folge kam unter dem irreführenden Titel *M*A*S*H* 2* (Alan Aldo, 1983) als Video heraus.

Charles A. Baker: »The Theme of Structure in the Films of Robert Altman«, in: Journal of Popular film, 1973, H. 3; R. Benayoun: »Le chaos fertile de Bob Altman«, in: Positif, 1972, H. 134; Richard Corliss: »Ring Lardner, Jr.«, in: ders.: Talking Pictures. Woodstock, New York 1974; Wolf Donner: »Krieg als Gaudi«, in: Die Zeit, 29.6.1970; Peter W. Jansen/ Wolfram Schütte (Hg.): »Robert Altman«. München 1981; Pauline Kael: »Deeper into Movies«. Boston, Toronto 1973; Norman Kagan: »American Skeptic: Robert Altman's Genre-Commentary Films«. Ann Arbor 1982; Helene Keyssar: »Robert Altman's America«. New York 1991; David Marc/ Paul Buhle: »Suicide Is Painful«, in: American Film, 1982/83, H. 4; Patrick McGilligan: »Robert Altman. Jumping off the Cliff«. New York 1989; Robert T. Self: »Robert Altman's Subliminal Reality«. Minneapolis, London 2002; Bertrand Tavernier: »D.W. Griffith se porte bien, moi aussi, merci!«, in: Positif, 1970, H. 120.

Michael Töteberg

MAT' (Die Mutter). Sowjetunion (Mežrabpom-Rus') 1926. 35 mm, s/w, stumm, 1.800 m. R: Vsevolod Pudovkin. B: Natan Zarchi, nach dem gleichnamigen Roman von Maksim Gor'kij. K: Anatolij Golovnja. A: Sergej Kozlovskij. M: D. Blok.
D: Vera Baranovskaja (Nilovna, die Mutter), Nikolaj Batalov (Pavel/Paška, der Sohn), Aleksandr Čistjakov (Vlasov, der Vater), Anna Zemcova (Anna, Studentin), Ivan Koval-Samborskij (Vesovščikov, ein junger Arbeiter), Vsevolod Pudovkin (Polizeioffizier).

Zum 20. Jahrestag der Revolution von 1905 schlug die halbprivate Produktionsfirma Mežrabpom-Rus' mit sicherem Gespür für den Marktwert des Themas *Mat'* zur Verfilmung vor: Gor'kijs Roman von 1906, nach historischen Ereignissen in Nižnij-Novgorod 1902, war inzwischen von den Kulturfunktionären zum Modelltext des Sozialistischen Realismus stilisiert worden. Man übertrug die Regie dem Gardin- und Kulešov-Schüler Vsevolod Pudovkin, der mit *Mat'* seinen ersten abendfüllenden Spielfilm realisierte. Die filmgerechte Bearbeitung und Zuspitzung des Stoffes gelang dem jungen Autor Natan Zarchi, nachdem eine erste, ursprünglich auf den Vater zugeschnittene Fassung verworfen worden war.

Zarchi und Pudovkin veränderten oder ergänzten Gor'kijs Text, um mit emotionalisierenden Details und geradlinigeren Charakteren Kontraste zwischen revolutionärem Engagement und zaristischer Unterdrückung oder Kleinbürgergeist deutlicher hervortreten zu lassen. Der Widerstandsgeist, die mitten durch die Familie gehende Kluft des Klassenbewußtseins, vor allem aber die politische Entwicklung der Mutter werden exemplarisch und in realistischer Manier in Szene gesetzt. Wo Eisenstein mit seinen frühen Filmen eher den ›Schrei‹ inszenierte, ging es Pudovkin mehr um das einprägsame ›Lied‹ der Revolution. Anfangs bestimmen kammerspielartige Genreszenen den Film; es ist das Drama der verelendenden Industriearbeiterschicht: Während der Sohn sich bewaffnet und organisiert, versucht der Vater, sich durch Alkohol und Spitzeldienste über Wasser zu halten und tyrannisiert dabei die Familie. Erst als die Mutter nach dem gewaltsamen Tod ihres zum Berufsrevolutionär gewordenen Sohns Pavel das rote Banner aufnimmt und im Gemetzel am Ende selbst zu Tode kommt, ist der Punkt erreicht, an dem der Film auf rein symbolischer Ebene argumentiert: Das Eis auf dem Fluß bricht auf.

Anders als Kulešov mit seinem Konzept der ›modellierten‹ Laiendarsteller (naturščiki) und anders als Eisensteins frühe ›Typage‹-Methode besetzte Pudovkin die Hauptrollen mit professionellen Schauspielern. Vera Baranovskaja kam – wie Nikolaj Batalov, der Darsteller des Sohnes – vom Moskauer Künstlertheater und hatte dort Stanislavskijs Schule des ›psychologischen Realismus‹ im Theater absolviert. *Mat'* machte sie kurzzeitig zum Leinwandstar. Nach Pudovkins ↗*Konec Sankt-Peterburga* emigrierte sie jedoch in die Tschechoslowakei und nach Frankreich und konnte ihre Karriere nicht fortsetzen.

Der Film wurde im In- und Ausland zu einem großen Erfolg und ähnlich wie die Romanvorlage als Musterbeispiel sowjetischen Kunstschaffens kanonisiert. *Mat'* gilt als Klassiker des revolutionären Kinos und wird oft neben ↗*Bronenosec Potemkin* gestellt. Bereits die deutsche Erstaufführung löste ein vergleichbares Echo aus: »Ein herrlicher Film«, urteilte Herbert Ihering im »Berliner Börsen-Courier« (25.2.1927), »der erste vielleicht, in dem Einzelschicksal und Massenschicksal kompositorisch bezwungen werden.« Im Gegensatz zu seinen Kollegen Kulešov, Eisenstein oder Vertov verabsolutierte Pudovkin nicht Montage-, Schauspieler- oder faktographische Konzepte, obwohl er sich ihrer ebenfalls bediente, sondern behielt stets die Verständlichkeit beim Massenpublikum im Auge. Ähnlich konzipierte er seine theoretischen Schriften als praktische Handbücher. In der Folge avancierte Pudovkin zu einem der renommiertesten Regisseure seines Landes und bildete mit seinem Kameramann Golovnja und seinem Assistenten Michail Doller lange Zeit ein eingespieltes Kollektiv. Zusätzlich unterrichtete er an der Filmhochschule. Seine revolutionäre Gesinnung und unerschütterliche Loyalität machten ihn seit seinem Durchbruch mit *Mat'* – anders als etwa Eisenstein – bis in die vierziger Jahre hinein zu einer Gallionsfigur des Sowjetstaates.

»*Die Mutter*«, in: Film 1969, H. 1. (Drehbuch).

Paul E. Burns: »Linkage: Pudovkin's Classics Revisited«, in: Journal of Popular Film and Television, 1981, H. 2; Michel Ciment: »Cette vie sombre dans la pénombre«, in: Positif, 1992, H. 373; Willy Haas: »*Die Mutter*«, in: ders.: Der Kritiker als Mitproduzent. Berlin 1991; Herbert Ihering: »*Die Mutter*«, in: ders.: Von Reinhardt bis Brecht. Bd.2. Berlin (DDR) 1959; Doris Lemmermeier: »Literaturverfilmung im sowjetischen Stummfilm«. Wiesbaden 1989; Vsevolod Pudovkin: »Die Zeit in Großaufnahme. Aufsätze, Erinnerungen, Werkstattnotizen«. Hg. Tatjana Sapasnik/Adi Petrovitsch. Berlin (DDR) 1983; Amy Sargeant: »Vsevolod Pudovkin. Classic Films of the Soviet Avant-Garde«. London 2000; Otto Steinicke: »*Die Mutter*«, in: Gertraude Kühn u.a. (Hg.): Film und revolutionäre Arbeiterbewegung in Deutschland 1918–1932. Bd.1. Berlin (DDR) 1978.

Alexander Schwarz

MATKA JOANNA OD ANIOŁOW

(Mutter Johanna von den Engeln). Polen (ZRF »Kadr«/WFF Łodž) 1960. 35 mm, s/w, 108 Min.

R: Jerzy Kawalerowicz. B: Tadeusz Konwicki, Jerzy Kawalerowicz, nach der gleichnamigen Erzählung von Jarosław Iwaszkiewicz. K: Jerzy Wójcik. Ba: Roman Mann, Tadeusz Wybult, Zdzisław Kielanowski. M: Adam Walaciński. D: Lucyna Winnicka (Mutter Johanna),

Matka Joanna od aniołow

Mieczysław Voit (Priester Suryn), Anna Ciepielewska (Małgorzata), Zygmunt Zintel (Wołodkowicz), Franciszek Pieczka (Odryn).

Matka Joanna od aniołow löste bereits vor der Uraufführung heftige Proteste von katholischer Seite aus: Das Episkopat rief die polnischen Gläubigen zum Boykott des Films auf. Die Erstaufführung im westlichen Ausland wurde für Kawalerowicz – neben Andrzej Wajda und Andrzej Munk der wichtigste Vertreter der polnischen Schule der fünfziger und frühen sechziger Jahre – zum Triumph: Sein Film erhielt 1961 in Cannes bei den Filmfestspielen den Sonderpreis der Jury. Trotzdem erreichte *Matka Joanna od aniołow* erst mit jahrelanger Verzögerung die Bundesrepublik. Zeitgenössischen Presseberichten zufolge versuchten sowohl der Vatikan wie der Interministerielle Ausschuß den deutschen Kinostart zu verhindern. Nach der Premiere verstummte die Polemik. Die Kritiker waren durchweg beeindruckt: »Kawalerowicz hat alles Pathos vermieden, gelassen breitet er seinen Film aus, er meistert noch den kühnsten Einfall und hat die waghalsige Geschichte ohne einen einzigen Stilbruch inszeniert.« (Uwe Nettelbeck)

Der Film spielt im 17. Jahrhundert und greift die historisch belegten Vorgänge im französischen Kloster Loudon auf. Der Jesuitenpater Suryn wird als Exorzist zu einem Nonnenkloster geschickt, in dem der Teufel sein Unwesen treibt. Vier Priester sind an dieser Aufgabe schon gescheitert, und auch Suryn erweist sich als schwacher Mensch: Er verliebt sich in die Äbtissin und verfällt der Sünde. Gemeinsam geißeln sie sich, doch der Glaube des Paters: »Die Liebe vertreibt das Böse« ist im Kampf mit der Besessenheit unterlegen. Schließlich sucht Suryn Erlösung in einer wahnsinnigen Tat: Er erschlägt mit dem Beil die beiden unschuldigen Knechte, »schickt sie zu Gott«, wie er sagt, um damit die Dämonen auf sich zu ziehen und Mutter Johanna von ihnen zu befreien.

Matka Joanna od aniołow ist der Film eines Aufklärers, eines skeptischen Materialisten, der allen Dogmen und Heilslehren mißtraut. Dabei verläßt Kawalerowicz nie die historische Ebene: »Keine der Figuren des Films vertritt eine in diese Welt des 17. Jahrhunderts zurückprojizierte heutige Ansicht der Dinge.« (Theodor Kotulla). Im Mittelalter glaubte die katholische Kirche, Herr über die Menschen zu sein und verlangte absoluten Gehorsam; an der Geschichte der »Teufelsaustreibungen« interessiert den Regisseur »die Verborgenheit der Gefühle unter kirchlichen Gewändern«, wo »die bewegenden Kräfte des Lebens umso deutlicher hervortreten«. Er führt die Geschichte aus der Enge des Klosters heraus und erweitert ihre Dimensionen: Der verwirrte Pater sucht Beistand bei einem weisen Rabbi, doch auch der Jude kann dem Christen in seiner Not nicht helfen. Die Rollen der beiden Geistlichen verschiedener Konfession läßt Kawalerowicz von demselben Schauspieler spielen und unterstreicht damit die Übertragbarkeit der Geschichte. Die Gesellschaft schafft sich Regeln und Normen, die der Natur des Menschen zuwiderlaufen. Zu Recht wurde der Film als ein auch für die polnische Gegenwart gültiges Gleichnis verstanden: Die vergeblichen Bemühungen eines totalitären Systems, die Gefühle von Menschen zu kanalisieren, münden zwangsläufig in Intoleranz und blindem Fanatismus. *Matka Joanna od aniołow* war der katholischen Kirche in Polen wie den kommunistischen Heilsbringern im Lande gleichermaßen suspekt.

Im Gegensatz zu Ken Russell, dessen Film *The Devils* (*Die Teufel*, 1970) auf demselben Stoff beruht, drehte Kawalerowicz einen sachlichen, fast nüchternen Film, der sich allen spekulativen Aspekten dieser Geschichte versagt. Die Kamera vertieft sich immer wieder in die Gesichter der beiden Menschen, versucht mit den Mitteln des Films das psychologische Drama zu erfassen. Dabei benutzt der Regisseur eine sehr einfache, klare Bildstruktur. Die starre Kamera gibt in ihrer Zurückhaltung und Bewegungsarmut den beabsichtigten Eindruck von Kargheit und Askese. In dieser formalen Strenge und teilweise auch in seinen inhaltlichen Intentionen erinnert Kawalerowiczs Werk an die frühen Filme Robert Bressons.

»*Mutter Johanna von den Engeln/Nachtzug*«. Hg. Theodor Kotulla. München 1963. (Filmtext).
Ernest Callenbach: »*Mother Joan of the Angels*«, in: Film Quarterly, 1963/64, H. 2; Claude Michel Cluny: »*Mère Jeanne des anges*«, in: Cinéma, Paris, 1982, H. 287; Michael Franz: »Zur Philosophie von Bergmans *Schweigen* und Kawalerowicz' *Mutter Johanna von den Engeln*«, in: Filmwissenschaftliche Mitteilungen, 1964, H. 3; Ernst Ludwig Freisewinkel: »*Mutter Johanna von den Engeln*«, in: Jahrbuch der Filmkritik. Bd. 5. Emsdetten 1964; Ulrich Gregor (Hg.): »Wie sie filmen – Fünfzehn Gespräche mit Regisseuren der Gegenwart«. Gütersloh 1966; Johannes Horstmann: »Wider jedweden Totalitarismus«, in: Peter Hasenberg (Hg.): Spuren des Religiösen im Film. Mainz 1995; P.M. Ladiges: »Teufel, gibt's die?«, in: Film, München, 1964, H. 8; Uwe Nettelbeck: »*Mutter Johanna von den Engeln*«, in: Filmkritik, 1964, H. 6.

Michael Hanisch

THE MATRIX (Matrix). USA (Warner Bros.) 1999. 35 mm, Farbe, 136 Min.
R+B: Andy Wachowski, Larry Wachowski.
K: Bill Pope. S: Zach Staenberg. M: Don Davis.
D: Keanu Reeves (Thomas Anderson/Neo), Laurence Fishburne (Morpheus), Carrie-Ann Moss (Trinity), Hugo Weaving (Agent Smith).

Als *Matrix* im Juni 1999 als erfolgreichster US-Filmstart des Jahres in die deutschen Kinos kam, hatten selbst die größten Fans nicht ahnen können, welch Fülle an Bedeutung diesem Film und seinen zwei Fortsetzungen *Matrix – Reloaded* und *Matrix Revolutions* (beide 2003) einst zugeschrieben werden sollte. Inzwischen haben sich zahllose Veröffentlichungen, von Fan-Sites bis zu Diplomarbeiten, mit der Entschlüsselung der Matrix befaßt. Für seine Filmästhetik gefeiert, wurde *Matrix* zugleich zur dankbaren Quelle unterschiedlichster Interpretationen. Hier schienen sich Geisteswissenschaftler, Fans ambitionierter Spezialeffekte, Cyberpunk-Begeisterte und modebewußte Afficionados aufwendiger Set- und Kostümdesigns gleichermaßen zu Hause zu fühlen.

Im Zentrum der Geschichte steht der Computerexperte Thomas Anderson, der diesen Namen jedoch bald ablegen wird, um als »Neo« gleichsam wieder-

The Matrix: Keanu Reeves, Carrie-Ann Moss

geboren zu werden. Entsprechend dem Spiel um Bedeutung ist dieser neue Name mehr als ein klassischer ›telling name‹: Neo ist »der Neue« und zugleich mehrfach als Anagramm zu lesen – als *Noe* etwa führt er zu Noah, dem biblischen Retter vor der Sintflut, als *One*, zur Nummer eins, dem einzigen.

Zwischen Neo und Thomas Anderson steht jedoch eine schmerzhafte Erkenntnis. Denn die Welt, so wie wir und Anderson sie kennen, ist nichts als ein Computerprogramm, genannt »die Matrix«, mit dem herrschsüchtige Maschinen die Menschheit in eine Scheinrealität geführt haben. Die Wahrheit sieht anders aus: Auf der verwüsteten Erde des 22. Jahrhunderts sind die Menschen zu gefangenen Energie-Lieferanten der Maschinen geworden, die ihnen über eine im Nacken applizierte Computer-Schnittstelle den bürgerlichen Alltag von 1999 vorgaukeln.

Nur wenige Versprengte leisten noch Widerstand gegen das Maschinenregime, unter ihnen Morpheus und sein Team um Trinity, Cypher und Tank. Auf ihrem Raumschiff Nebukadnezar pendeln sie zwischen »dem System« und der Realität; sie nutzen als Hacker-Guerilla das Computerprogramm der Matrix, um »den Einen« zu finden, der einer Weissagung zufolge den Kampf zugunsten der Menschheit entscheiden kann. Morpheus ist sich sicher, ihn in Neo gefunden zu haben, und dessen Einführung in die Wahrheit dieser Welt am Draht läutet eine neue Phase des Widerstands ein:

»Möchtest du wissen, was genau sie ist? Die Matrix ist allgegenwärtig. Sie umgibt uns. […] Du siehst sie, wenn du aus dem Fenster guckst oder den Fernseher anmachst. Du kannst sie spüren, wenn du zur Arbeit gehst oder in die Kirche und wenn du deine Steuern zahlst. Es ist eine Scheinwelt, die man dir vorgaukelt, um dich von der Wahrheit abzulenken. […] Du wurdest wie jeder andere in die Sklaverei geboren und lebst in einem Gefängnis, das du weder anfassen noch riechen kannst – einem Gefängnis für deinen Verstand.«

Aus diesem erkenntnistheoretischen Drama, das *The Matrix* mit zahlreichen philosophischen Anspielungen und Querverweisen - von Lewis Carrolls »Alice im Wunderland« über René Descartes, Arthur Schopenhauer und Karl Popper bis zu Jean Baudrillards »Simulakren und Simulation« - entwirft, wird die Action motiviert, deren Inszenierung ebenso Furore machte wie der hochkulturelle Überbau. Morpheus, Trinity und Neo werden für ihre Einsätze in der Matrix mit eigens dafür »hochgeladenen« Waffen und Fähigkeiten ausgestattet. Sie bekämpfen die Matrix mit ihren eigenen Mitteln, zerschießen die simulierte Ordnung, springen - als Steigerung des *jump-and-run*-Prinzips von Videospielen - von einem Wolkenkratzer zum nächsten und beherrschen asiatische Kampfsporttechniken in einem solchen Tempo, daß nur die extremen Zeitlupen von *The Matrix* in der Lage sind, jede Bewegung einzufangen.

Ihre Gegner sind »die Agenten«, die Beschützer der Matrix, in ihren schwarzen Anzügen und Sonnenbrillen das Film-Image eines FBI-Agenten. Agent Smith ist der zentrale Vertreter dieser unüberwindbaren Exekutive, und als »der Eine« ist freilich nur Neo in der Lage, es mit ihm aufzunehmen. Dank seiner Fähigkeit, Raum und Zeit der Matrix so zu beugen, daß er sogar Kugeln spielerisch ausweichen, sie schlicht verneinen kann, wird er Agent Smith bald auf Augen-, bzw. Sonnenbrillenhöhe begegnen.

So wie es im Kampf zwischen den Agenten und Neo um alles geht, so geht es auch in *The Matrix* um buchstäblich alles. Den Bezugsbogen von der Postmoderne über zeitgenössische Bewegungen des Action-Kinos bis zu religiösen Grundfesten und der - »dieses System ist unser Feind« - Subversion des Cyberpunk zu spannen, ist Teil der postklassischen Vereinnahmung des Blockbuster-Kinos. Daß alles in *The Matrix* anderen Filmen, Büchern, Comics, Videospielen und damit verbundenen Diskursen entlehnt ist, bezeugt daher weniger eine Schwäche als vielmehr das Ziel dieses Films, sein ›Programm‹ sozusagen. Umgekehrt wiederum etablierte der Kultfilm sein eigenes Universum mit bislang unbekannten Dimensionen: Die 2004 veröffentliche DVD-Edition *The Ultimate Matrix Collection* bringt 33 Stunden Zusatzmaterial.

The Matrix ist der Versuch eines Blockbusters, gewinnbringend allen alles zu sein. In dieser Logik ist es nicht widersprüchlich, wenn eine Systemkritik verhandelnde US-Produktion mit einer Neuformulierung des *American Dream* endet. Am Schluß bietet Neo der Menschheit eine Zukunft »ohne Grenzen« an - »eine Welt, in der alles möglich ist«.

»*The Matrix*«. London 2002. (Drehbuch).

Maximilian Guiseppe Burkhart: »Ich bin eine Pfeife - Die *Matrix* der Ästhetik«, in: Bernd Scheffer/Oliver Jahraus (Hg.): Wie im Film. Bielefeld 2004; Joshua Clover: »*The Matrix*«. London 2004; Paul Condon: »*The Matrix*: Unlocked. An Unauthorised Review of the *Matrix* Phenomenon«. London 2003; Sebastian Görnitz-Rückert: »Anders als es scheint. *Matrix* als Paradigma gegenwärtiger Jugendreligiosität«, in: Martin Laube (Hg.): Himmel - Hölle - Hollywood. Münster 2002; Jake Horsley: »*Matrix* Warrior. The Unofficial Handbook«. London 2003; William Irwin: »*The Matrix* and Philosophy: Welcome to the Desert of the Real«. Chicago 2002; Matt Lawrence: »Like a Splinter in Your Mind: The Philosophy Behind the *Matrix* Trilogy«. Oxford 2004; Petra Maria Meyer: »*Matrix*: Körper- und Medieninszenierung im postmodernen Film«, in: Jürgen Felix (Hg.): Die Postmoderne im Kino. Marburg 2002; Georg Seeßlen: »Die *Matrix* entschlüsselt«. Berlin 2003; Christoph Spehr: »Das Leben nach dem Tod in der *Matrix*: Cyberpunk im Kino«, in: epd Film, 2003, H. 6; Christof Wolf: »Zwischen Illusion und Wirklichkeit. Wachowskis *Matrix* als filmische Auseinandersetzung mit der digitalen Welt«. Münster 2002; Slavoj Žižek: »*The Matrix* or Malebranche in Hollywood«, in: Philosophy Today, 1999, H. 26.

Jan Distelmeyer

MEAN STREETS (Hexenkessel). USA (Taplin-Perry-Scorsese-Productions) 1973. 35 mm, Farbe, 110 Min.

R: Martin Scorsese. B: Martin Scorsese, Mardik Martin. K: Kent Wakeford. A: (ungenannt) S: Sid Levin. David Nichols, Doyle Hall. M: The Rolling Stones, The Chantells, Guiseppe de Stefano, Renato Carasone, The Marvelettes, Eric Clapton, The Charts u.a.

D: Robert De Niro (Johnny Boy), Harvey Keitel (Charlie), David Proval (Tony), Amy Robinson (Teresa), Richard Romanus (Michael), Cesare Damova (Giovanni), Martin Scorsese (Killer im Auto).

Mean Streets, das sind die ›gewöhnlichen Straßen‹ von New Yorks Little Italy mit seinen Bars, Restaurants, Wohnungen, Hotels, Kirchen und Kinos, in denen sich die Handlung des Films vor dem Hintergrund des alljährlichen San-Gennaro-Festes konzentriert. *Mean Streets* ist sowohl Milieustudie der Lower East Side von Manhattan als auch Hommage an den amerikanischen Gangsterfilm. Scorsese meinte, dies sei kein Film aus dem Leben: »Er ist wie eine Oper: überraschend, intensiv und gewalttätig, und er ist sowohl ultra-realistisch wie ultra-naturalistisch, an vielen Stellen angepaßt und doch sehr stilisiert.«

Die Geschichte entwickelt sich in einem Kaleidoskop von Anekdoten und Momentaufnahmen scheinbar alltäglicher Ereignisse. Im Mittelpunkt steht Charlie, das alter ego Scorseses. Er ist zerrissen von den Widersprüchen zwischen italienischer und amerikanischer Kultur. Im Zwiespalt zwischen Kirche und Korruption, zwischen Anpassung und Ausbruch wirkt Charlie unentschieden; seine Handlungen sind meist nur Reaktionen. Sein Freund Johnny Boy dagegen zeichnet sich durch einen unbekümmerten Aktionismus aus, der ihm mehr Feinde als Freunde verschafft. Ein von Charlie arrangierter Fluchtversuch in Richtung Brooklyn endet blutig.

Die Produktion des Films hat seine Ästhetik wesentlich bestimmt. *Mean Streets* wurde mit dem technischen Team von Scorseses Corman-Produktion *Boxcar Bertha* in 27 Tagen gedreht, aufgrund des knappen Budgets (ca. 550.0000 Dollar) und gewerkschaftlicher Hürden davon nur sechs Tage in New York und 21 in Los Angeles. Das Little Italy des Films ist ein synthetischer Ort, der weitgehend am Schneidetisch entstand. Scorsese, aus rechtlichen Gründen ungenannt, war für den Großteil des Schnitts verantwortlich.

Eine bewegte (Hand-)Kamera und das unverkrampfte Spiel der Darsteller vermitteln ein atmosphärisch dichtes Bild. Den authentischen Charakter verstärken die (zum Teil aus Tonbandprotokollen entwickelten) Dialoge sowie Dokumentaraufnahmen vom San-Gennaro-Fest, die Scorsese mit versteckter Kamera drehte.

Für die Stilisierung des Films sorgt vor allem seine Musik: »Für mich war der ganze Film ›Jumping Jack Flash‹ und ›Be My Baby‹« (Scorsese). Musik prägt die Stimmung und die Montage der Bilder. Slow-Motion-Aufnahmen sind auf ihren Rhythmus geschnitten. Abrupte Ortswechsel werden durch Musik (oder eine nicht lokalisierbare Geräuschkulisse) zusammengehalten. Daneben spielt auch das Kino eine Rolle. Es weist über die beengte Welt Little Italys hinaus und reflektiert als Film im Film die Handlung. Charlie sieht mit seinen Freunden ↗ *The Searchers* und *The Tomb of Ligeia* (Roger Corman, 1965). Während zu Beginn ein Super-8-Projektor u.a. eine Taufe der Familie Scorsese auf die Leinwand wirft, sind es beim blutigen Showdown Ausschnitte aus ↗ *The Big Heat.*

Antoine de Baecque: »De qui s'mook-t-on?«, in: Cahiers du Cinéma, 1990, H. 435; David Denby: »*Mean Streets*: the Sweetness of Hell«, in: Sight and Sound, 1973/74, H. 1; Klaus Eder: »Rebel Heroes der 70er Jahre: Kontaktlos und gewalttätig«, in: medium, 1976, H. 7; David Ehrenstein: »The Scorsese Picture«. New York 1992; Michael Henry: »La passion de Saint Martin Scorsese«, in: Positif, 1975, H. 170; Peter W. Jansen/Wolfram Schütte (Hg.): »Martin Scorsese«. München 1986; Pauline Kael: »*Mean Streets*«, in: dies.: For Keeps. New York u.a. 1994; Lee Keyser: »Martin Scorsese«. New York u.a. 1992; R.S. Librach: »The Last Temptation in *Mean Streets* and *Raging Bull*«, in: Literature/Film Quarterly, 1992, H. 1; F. Anthony Macklin: »It's a Personal Thing For Me«, in: Film Heritage, 1974/75, H. 3 (Interview); Ian Penman: »Juke box and Johnny boy«, in: Sight and Sound, 1993, H. 4; Georg Seeßlen: »Martin Scorsese«. Berlin 2003; David Thompson/Ian Christie (Hg.): »Scorsese über Scorsese«. Frankfurt a.M. 1996; Michael Walsh: »Slipping into darkness«, in: Wide angle, 1983, H. 4; Ulli Weiss: »Das neue Hollywood«. München 1986; Meinolf Zurhorst: »Robert de Niro«. München 1987.

Susanne Lange

MEINE NACHT BEI MAUD

↗ Ma nuit chez Maud

MEIN ONKEL ↗ Mon oncle

MEIN VATER, MEIN HERR

↗ Padre padrone

MEIN WUNDERBARER WASCH-SALON ↗ My Beautiful Laundrette

O MELISSOKOMOS (Der Bienenzüchter). Griechenland/Frankreich/Italien (Theo Angelopoulos/ERT-RTV Ellenica/MK 2/Marin Karmitz/I.C.C./RAI TRE) 1986. 35 mm, Farbe, 140 Min.
R: Theo Angelopoulos. B: Tonino Guerra, Dimitris Nollas, Theo Angelopoulos.
K: Giorgos Arvanitis. S: Takis Yannapoulos.
M: Eleni Karaindrou.
D: Marcello Mastroianni (Spiros), Nadia Mourouzi (Mädchen), Serge Reggiani (Kranker Freund), Jenny Roussea (Spiros' Frau), Dinos Iliopoulos (Spiros' Freund).

Theo Angelopoulos hat sich stets als marxistisch orientierter, engagierter Chronist seines Landes und der griechischen Geschichte verstanden. In seiner historischen Tetralogie schildert er die politischen Auseinandersetzungen im 20. Jahrhundert, die trotz zweier Bürgerkriege zu keiner grundlegenden Erneuerung geführt haben. Im letzten Teil des Zyklus', *I Kynighi* (*Die Jäger*, 1976/77), löst ein toter Partisan, ein Gespenst der Revolution, die Figur des revolutionären Orest ab. In seiner 1984 begonnenen und 1988 beendeten »Trilogie des Schweigens« ist »die Geschichte nicht mehr Schauplatz, sondern Hintergrund, wo man die Folgen dieser Geschichte sehen kann, an den menschlichen Ruinen, die diese Geschichte hinterlassen hat« (Angelopoulos).
O Melissokomos, das Mittelstück der Trilogie, behandelt das »Schweigen der Liebe«. Das Road Movie ist eine Reise in die Nacht. Öde Landstraßen, Umspannwerke, Betonsilos, armselige Häuserfassaden, trostlose Cafés und Autobahnraststätten, in grünes, kaltes Neon getaucht, häßliche, billige Absteigen. Da weitet sich nicht der Blick übers Meer, sondern senkt sich herab in graue Regentage unter verhangenem Himmel. Spiros, der erste Dorfschullehrer in seiner Familie, beschließt, im Alter zum Beruf seiner Vorväter zurückzukehren. Er will noch einmal als Bienenzüchter, einem beinahe ausgestorbenen Beruf, dem jährlichen Blütenflug der Bienen nachfahren. Zuvor führt die Hochzeit der Tochter ein letztes Mal die ganze Familie zusammen. Die Blicke von Mutter, Vater und Tochter suchen sich, ohne sich zu treffen. Ein imaginärer Vogel fliegt durch den Raum; die Hochzeitsgesellschaft eilt ihm nach, im Wunsch, gemeinsam etwas zu sehen, was nicht mehr ist. Angelopoulos zelebriert Abschiedsbilder. Als Spiros den Anzug mit der grauen Arbeitsjacke vertauscht – ein bisher unbekannter Mastroianni: ein Bauer, schwerfällig, massig, fast regungslos –, über die Brücke zu seinem Kleinlaster mit den Bienenstöcken geht, beginnt ein Weg ins Nichts.
Aber es gibt noch einmal einen Aufschub. Unterwegs trifft Spiros eine Tramperin, namenlos, heimatlos, ohne Erinnerungen, ohne belastende Traditionen. Alter und Jugend müssen noch einmal konfrontiert werden, um die Gegenwart deutlich von der Vergangenheit zu scheiden, auch um den Bruch und die Sprachlosigkeit zwischen den Generationen zu besiegeln. Sie begleitet ihn eine Weile, verliebt sich vielleicht sogar. Als das Begehren durchbricht, rammt Spiros mit seinem Laster die Glasvitrinen eines Cafés, und man sieht in einer ersten Großaufnahme das blutverschmierte junge Gesicht, das ein schon lange gegebenes Liebesversprechen einlöst. Spiros und die Namenlose treffen sich ein letztes Mal im Kino, ein Liebesakt vor der weißen Leinwand: ein Abschied vom eigenen Abbild. Wer keine Bilder mehr von sich und der Welt hat, verliert sich selbst. »Warum sind wir nicht einfach da und sehen dem Krieg der Landschaften zu?« fragt Heiner Müller und meint damit die gängige Mythisierung filmischer Landschaften, die nur noch Selbstzweck sind. Doch Angelopoulos bindet seine trostlosen Landschaften zurück an die Verzweiflung seiner Helden. Die Reise bleibt ein bitteres Bestattungsritual, um der verlorenen Hoffnung Ausdruck zu verleihen. »Ich verlor mich in der Begegnung mit der Geschichte«, sagt der in Griechenland hängengebliebene französische Kamerad aus dem Bürgerkrieg bei einem nächtlichen Treffen zu Spiros. Der leere Strand wird zu einem Ort, an dem die Vergangenheit gestrandet ist, an dem zwei Verlierer auf den Tod warten. Todesboten überall, die von der Verzweiflung an der Geschichte berichten, die unterstreichen, daß die Zeit lange

vorbei ist, als die Mythen den Menschen noch vor dem Terror der Geschichte bewahrten.
Am Ziel der Reise, in Spiros' Heimatstadt, stehen die Bienenstöcke wie Grabsteine auf dem steinigen Terrain. Wild entschlossen stößt er die Kästen um und befreit die Bienen. Im Todeskampf sendet seine Hand zuckend ein Morsezeichen, eine Art Erkennungszeichen für die alten Kameraden. Dann fährt die Kamera mit dem Schwirren der Bienen nach oben in den lichtblauen Himmel. Eine pathetische Bewegung wie ein Hilferuf an die schweigenden Götter. Der Klavierwalzer aus der Hochzeitsszene vermischt sich mit dem Gesumm der Bienen. Die endgültige Vereinigung, eine mythische Umarmung von Anfang und Ende, doch noch ein Liebestraum. »Man darf das Träumen nicht vergessen«, sagt Angelopoulos, »denn die Gesellschaften, die nicht mehr träumen, sind wie Menschen ohne Träume. Nach Meinung der Psychoanalytiker sind das kranke Menschen.«

»*Der Bienenzüchter*«, in: Theodoros Angelopoulos: Der schwebende Schritt des Storches. Hg. Giorgis Fotopoulos. Berlin 1991. (Filmnovelle).
Theo Angelopoulos: »Interviews«. Hg. Dan Fainaru. Jackson 2001; Heike Kühn: »*Der Bienenzüchter*«, in: Arnoldshainer Filmgespräche, 1991, H. 8; Josef Nagel: »*O Melissokomos*«, in: Peter W. Jansen/Wolfram Schütte (Hg.): Theo Angelopoulos. München 1992; Tim Pulleine: »*O Melissokomos*«, in: Monthly Film Bulletin, 1988, H. 648; Walter Ruggle: »Theo Angelopoulos: Filmische Landschaft«. Baden (Schweiz) 1990; Frédéric Sabouraud: »*La route des abeilles*«, in: Cahiers du Cinéma, 1987, H. 394; Dorothea Welle: »Im Rendez-vous mit der Geschichte«, in: Gerhard Larcher u.a. (Hg.): Zeit, Geschichte und Gedächtnis. Marburg 2003; Dorothea Welle: »Im Rendezvous mit der Geschichte verloren«, in: Zeno Cavigelli u.a. (Hg.): Aus Leidenschaft zum Leben. Zürich 1993; Karsten Witte: »*Der Bienenzüchter*«, in: epd Film, 1987, H. 10.

Marli Feldvoß

DIE MENGE

↗ Crowd

MENSCHEN AM SONNTAG

Deutschland (Filmstudio 1929) 1929. 35 mm, s/w, stumm, 2.014 m.
R: Robert Siodmak, Edgar G. Ulmer. B: Billie Wilder, nach einer Idee von Curt Siodmak. K: Eugen Schüfftan.
D: Brigitte Borchert (Schallplattenverkäuferin), Christel Ehlers (Film-Komparsin), Annie Schreyer (Mannequin), Wolfgang von Waltershausen (Weinvertreter), Erwin Splettstösser (Taxifahrer).

»Ein Film ohne Schauspieler« heißt es im Untertitel des Films: Die Darsteller standen alle zum ersten Mal in ihrem Leben vor der Kamera und würden nun wieder ihren Berufen nachgehen. Im Film tauchen sie mit ihren realen Namen auf, in einer Geschichte, die von der Freizeit handelt, die den Alltag durchbricht. Das ist der Sonntag, der einzig arbeitsfreie Tag der Woche, auf den Millionen warten, von jedem Montag an.
»Die kleinen Ladenmädchen gehen ins Kino« ist ein Essay überschrieben, in dem Siegfried Kracauer sich 1927 mit den Produkten der Traumfabrik beschäftigte. »Filmkolportage und Leben entsprechen einander gewöhnlich, weil die Tippmamsels sich nach den Vorbildern auf der Leinwand modeln; vielleicht sind aber die verlogensten Geschichten aus dem Leben gestohlen.« Wenn die Ladenmädchen und Tippmamsells im Februar 1930 den Weg in das U.T.-Kino der Ufa am Kurfürstendamm fanden, so konnten sie dort etwas sehen, was nicht Kolportage war und ganz gewiß aus dem Leben gestohlen: *Menschen am Sonntag*. Hier wurde nicht ein Star als Aschenputtel hergerichtet, um am Ende vom Millionärssohn entdeckt und geheiratet zu werden, sondern Verkäuferinnen, Vertreter, Taxifahrer, Komparsinnen und Mannequins spielten ihr Leben. Der dokumentarische Gestus des Films zeigt sich auch in den zum Teil mit versteckter Kamera aufgenommenen Bildern aus der Stadt Berlin und in der Erzählweise, die einer vom Anfang bis Ende im Drehbuch festgelegten Geschichte mißtraut. Das offene Konzept ließ Freiräume: Es sind die Zufälle, die hier den Gang der Ereignisse bestimmen, nicht ein Schicksal, nicht die ›Logik der Erzählung‹. Und auch keine ideologische Botschaft, weshalb *Menschen am Sonntag* von linken Kritikern wie Béla Balázs oder Siegfried Kracauer abgelehnt wurde.
Was tun die Ladenmädchen, wenn sie nicht ins Kino

gehen? Unter anderem verabreden sie sich für den Sonntag am Nikolassee. Das Ausflugsziel vor den Toren der Großstadt, mit der S-Bahn erreichbar, war ein Ort, an dem vieles möglich schien, was unter der Woche ausgeschlossen blieb, so auch die Liebe. Die Filmkomparsin bringt ihre schüchterne Freundin mit, die ebenfalls Gefallen am Weinvertreter findet, während der Taxifahrer beide weniger interessiert. Denn der wundert sich, daß seine Freundin, das Mannequin, noch immer nicht zur Verabredung auftaucht. Nicht unabsichtlich verlaufen sich Verkäuferin und Vertreter in der freien Natur – Verführung wird möglich, mitten im Berliner Grün. Verliebtheit, Eifersucht, Unsicherheit sind die Gefühle des Sonntagnachmittags, der zu bald zu Ende geht. Vage bleibt die Verabredung für den nächsten freien Tag: Vielleicht trifft man sich am kommenden Sonntag zum Fußballspiel, vielleicht auch nicht.

Der ungewöhnliche Film wurde im Vorspann als ein »erster Versuch« bezeichnet. Vieles wirkt improvisiert, aber nicht amateurhaft. Möglicherweise lag es auch an der Zusammensetzung des Teams, einer seltsamen Mischung von Profis der Branche und unerfahrenen Anfängern. Die Produktionsgesellschaft »Filmstudio 1929« bestand aus dem Theaterproduzenten Moriz Seeler, der Matineevorstellungen von neuen Stücken organisierte, und Robert Siodmak, dessen Onkel, der Produzent Heinrich Nebenzahl, den jungen Leuten Hilfestellung leistete. Begonnen wurde *Menschen am Sonntag* von Rochus Gliese, einem arrivierten Regisseur; dann übernahmen Robert Siodmak und Edgar G. Ulmer die Regie. Letzterer hatte im Filmgeschäft schon viele Erfahrungen gesammelt, in verschiedensten Bereichen. Robert Siodmak stand, wie sein Bruder Curt und Billie (Billy) Wilder, noch am Anfang einer Karriere. Eugen Schüfftan war als Filmtechniker und Trickspezialist bereits berühmt, doch hatte er zuvor nicht als Kameramann gearbeitet. Seine ›gefundenen‹, aber auch die inszenierten Bilder, besonders die Großaufnahmen, bezaubern mit dem Hell-Dunkel und verzichten doch auf eine Stilisierung, die in den meisten Filmen der Zeit zum Ornament führt. Ein Erstlingswerk in vieler Hinsicht, mit dem Wagemut, etwas ganz Neues zu versuchen, die Konventionen gering zu schätzen und eher auf die eigene Lust und Energie zu vertrauen als auf die alten Pfade. Keine zehn Jahre später machten alle Beteiligten – die Brüder Siodmak, Wilder, Ulmer, Schüfftan und auch der als Kameraassistent mitwirkende Fred Zinnemann – Karriere in Amerika.

Ludwig Bauer: »Zeichen und kulturelles Wissen«, in: Elfriede Ledig (Hg.): Der Stummfilm. München 1988; Ilona Brennicke/Joe Hembus: »Klassiker des deutschen Stummfilms«. München 1983; Richard Combs: »*Menschen am Sonntag*«, in: Monthly Film Bulletin, 1978, H. 533; Hervé Dumont: »Robert Siodmak. Le maître du film noir«. Lausanne 1981; Wolfgang Jacobsen/Hans-Helmut Prinzler (Hg.): »Siodmak Bros.«. Berlin 1998; Herbert Jhering: »*Menschen am Sonntag*«, in: ders.: Von Reinhardt bis Brecht. Bd.3. Berlin (DDR) 1961; Heinz-Gerd Rasner/Reinhard Wulf: »›Bißchen dies und bißchen das‹«, in: Neil Sinyard/Adrian Turner: Billy Wilders Filme. Berlin 1980; Robert Siodmak: »Zwischen Berlin und Hollywood«. München 1980; Otto Stenzel: »Die Untermalung zu *Menschen am Sonntag*«, in: Herbert Birett: Stummfilm-Musik. Berlin 1970; Guntram Vogt: »Die Stadt im Film«. Marburg 2001.

Rainer Rother

MEPHISTO Ungarn/Österreich/Bundesrepublik Deutschland (Mafilm Studio Objektiv/Manfred Durniok Film/HR/ORF) 1981.
35 mm, Farbe, 138 Min.
R: István Szabó. B: István Szabó, Péter Dobai, nach dem gleichnamigen Roman von Klaus Mann. K: Lajos Koltai. A: József Romvári. S: Zsuzsa Csákány. M: Zdenkó Tamássy.
D: Klaus Maria Brandauer (Hendrik Höfgen), Krystyna Janda (Barbara Bruckner), Ildikó Bánsági (Nicoletta von Niebuhr), Karin Boyd (Juliette), Rolf Hoppe (Der General), Christine Harbort (Lotte Lindenthal), György Cserhalmi (Hans Miklas), Péter Andorai (Otto Ulrichs).

Über Klaus Manns Roman »Mephisto«, 1936 im Exil geschrieben, kam es nach dem Zweiten Weltkrieg in der Bundesrepublik zu heftigen Kontroversen. Während Gustaf Gründgens, der in der Figur des Hendrik Höfgen porträtiert wird, den Schlüsselroman ignorierte, berief sich sein Erbe Peter Gorski auf das Persönlichkeitsrecht und erwirkte in zweiter Instanz 1966 ein Publikationsverbot, das 1971 vom Bundesverfassungsgericht bestätigt wurde. Ohne daß das Urteil aufgehoben wurde, wagte der Rowohlt Verlag 1980 die Veröffentlichung. Zuvor hatte Ariane Mnouchkine mit ihrem »Théatre du Soleil« eine Dramatisierung des Romans auf die Bühne gebracht; István Szabós Verfilmung, im Jahr darauf entstanden, wurde 1982 mit dem Oscar für den besten ausländischen Film ausgezeichnet.

Geschildert wird die Karriere des ehrgeizigen Schauspielers Hendrik Höfgen, der Ende der zwanziger Jahre an einer Hamburger Bühne engagiert ist und politisches Theater macht. Vier Frauen haben Einfluß auf ihn: die farbige Tänzerin Juliette, die Schauspielerin Nicole, die aus großbürgerlichem Hause stammende Barbara Bruckner, die er später heiraten wird und Lotte Lindenthal, die dem General verbunden ist, der mit der Machtergreifung der Nationalsozialisten preußischer Ministerpräsident wird. Auf Empfehlung der Bruckner-Familie kommt Höfgen ans Staatstheater nach Berlin. Seine »Faust«-Inszenierung begründet seinen Ruhm, der Mephisto wird die Rolle seines Lebens.

Höfgen schließt einen Pakt mit dem Teufel: Die Protektion durch den General (gemeint ist Hermann Göring) sichert ihm eine überragende Stellung im Theaterleben des Dritten Reiches. Er genießt kleine Freiheiten – man sieht über seine linke Vergangenheit hinweg – und zahlt dafür den Preis: Höfgen läßt sich von seiner im Exil lebenden Frau Barbara scheiden und willigt auch in die Abschiebung seiner farbigen Freundin ein. Als Intendant des Staatstheaters, auf dem Höhepunkt des Erfolgs, glaubt er, politisch Verfolgte schützen zu können, doch er überschätzt seinen Einfluß. Nach einer Geburtstagsfeier des Ministerpräsidenten, bei der auch Höfgen nicht fehlen darf, zeigt dieser ihm das neu gebaute Olympia-Stadion, in dem die Nationalsozialisten eine noch größere Aufführung inszenieren werden.

Höfgen ist kein Nazi: Er ist ein selbstverliebter Narziß und ein Karrierist, der den Erfolg um jeden Preis will. Es geht um die Instrumentalisierung von Künstlern im Nationalsozialismus, die dem Regime die erwünschte kulturelle Weihe geben und damit die Kunst verraten. Klaus Maria Brandauers brillante Darstellung vergegenwärtigt die Ambivalenz zwischen dem Erfolgsstreben und der künstlerischen Besessenheit einerseits, dem Ahnen und Wissen um die politische Verderbtheit der eigenen Position andererseits. Er sei doch »nur ein ganz gewöhnlicher Schauspieler« rechtfertigt sich Höfgen. Diesen Satz hat Szabó, der ansonsten eng dem Roman folgt, wirkungsvoll ans Ende gesetzt: Das verzweifelte Bemühen, sich von seiner Schuld reinzuwaschen, kehrt sich gegen Höfgen: Es ist ein Einverständnis seiner Verstrickung.

Peter G. Christensen: »Collaboration in István Szábo's *Mephisto*«, in: Film Criticism, 1987/88, H. 3; Sebastian Donat: »Mephisto (Klaus Mann – István Szabó)«, in: Anne Bohnenkamp/Tilman Lang (Hg.): Literaturverfilmungen. Stuttgart 2005; Charles Eidsvik: »*Tootsie* versus *Mephisto*: Characterization in a Cross-Cultural Context«, in: Film Criticism, 1988/89, H. 3; Wolf Donner: »Der Sündenfall der Mitläufer«, in: ders.: Gegenkurs. Berlin 1993; John W. Hughes: »*Mephisto*: István Szabó and ›the Gestapo of Suspicion‹«, in: Film Quarterly, 1981/82, H. 4; Moylan C. Mills: »The Three Faces of *Mephisto*: Film, Novel, and Reality«, in: Literature/Film Quarterly, 1990, H. 4; Joachim Paech (Hg.): »Literatur und Film: *Mephisto*«. Frankfurt a.M. 1984; Hannes Schmidt: »Die Wahrheit ist mehrfarbiger«, in: medium, 1981, H. 3 (Interview); Eberhard Spangenberg: »Karriere eines Romans«. München 1982; Sandra Thieß: »Taking Sides. Der Filmregisseur István Szabó«. Mainz 2003.

Knut Hickethier

LE MÉPRIS

(Die Verachtung). Frankreich/Italien (Les films Concordia/Rome-Paris Films/Compagnia Cinematografica Champion) 1963. 35 mm, Farbe, 105 Min.

R: Jean-Luc Godard. B: Jean-Luc Godard, nach dem gleichnamigen Roman von Alberto Moravia. K: Raoul Coutard. S: Agnès Guillemot, Lila Lakshmaman. M: Georges Delerue.

D: Brigitte Bardot (Camille Javal), Michel Piccoli (Paul Javal), Fritz Lang (Fritz Lang), Jack Palance (Jeremy Prokosch), Giorgia Moll (Francesca Vanini), Jean-Luc Godard (Regieassistent).

Der Produzent Carlo Ponti ermöglichte Godard, erstmals einen opulenten Film mit Starbesetzung zu drehen; zugleich bestand der Finanzier mit Blick auf das breite Publikum darauf, daß die Verfilmung von Moravias Roman konventionellen Erzählweisen folgt. Diese äußeren Zwänge hinderten den Regisseur jedoch nicht daran, die ihm eigenen Stilmerkmale in abgeschwächter Form beizubehalten. So wird die lineare Erzählung durch ›Anschlußsprünge‹ wie die Einmontierung von ›Fremdbildern‹ aufgebrochen; den beiden ineinandergeschichteten Handlungssträngen (Produktions- und Ehekrise) werden durch literarische Zitate (Hölderlin, Dante, Brecht) und filmhistorische Anspielungen (Hawks, Rossellini, Lumière u.a.) neue Bedeutungen zugewiesen. Obwohl der Regisseur dem Verlangen Pontis, den Film publikumsfreundlicher zu machen, nachkam, ist *Le mépris* dennoch ein typischer, d.h. das Medium selbst reflektierender Godard-Film. Geschickt unterläuft er die unliebsamen Auflagen, indem er die Produktionszwänge thematisiert oder durch die Ästhetik verfremdet. Auf Drängen der Geldgeber mußte Godard Nacktaufnahmen von Brigitte Bardot nachträglich einfügen: Der Einsatz von roten und blauen Farbfiltern entrealisiert gewissermaßen den entblößten Körper der Schauspielerin und verweist so auf den Film als Film.

Godard folgt weitgehend der literarischen Vorlage: Ein deutscher Regisseur soll Homers »Odyssee« verfilmen und überwirft sich darüber mit seinem Produzenten; parallel dazu kommt es zum Konflikt zwischen dem Drehbuchautor und seiner Frau. Anders aber als Moravia, dem an der Darstellung der spannungsvollen Beziehung zwischen filmischer Fiktion und realem Leben gelegen ist, geht es Godard um die Denunzierung der Produktionsbedingungen des Filmemachens selbst, genauer: um den nahezu unversöhnlichen Konflikt zwischen ästhetischem Anspruch und künstlerischer Wahrhaftigkeit einerseits, den ökonomischen Zwängen und Abhängigkeiten andererseits. »Träume reichen nicht aus, um einen Film zu machen«, bemerkt gegen Ende des Films die Sekretärin des Produzenten. Diese ebenso lakonische wie traurige Feststellung ist auch eine Absage Godards an das ›romantische‹ Konzept der Nouvelle Vague, das den Filmemacher als in jeder Hinsicht freien und unabhängigen Künstler begriff. In *Le mépris* formuliert Godard zum ersten Mal explizit seine geradezu obsessive Grundfrage, die – bei aller inhaltlichen und formalen Unterschiedlichkeit der einzelnen Filme – sein Gesamtwerk durchzieht: Wie kann man heute überhaupt noch Filme machen?

In keinem Land tritt der ambivalente Charakter des Films als Kunstform und Ware so deutlich zutage wie in den Vereinigten Staaten, nirgendwo werden die Produktionen so eng mit kommerziellem Erfolg verknüpft wie dort. Deshalb macht Godard aus dem italienischen Filmproduzenten der literarischen Vorlage einen Amerikaner, der machtbewußt und zynisch seine Position gegenüber seinen Untergebenen und Mitarbeitern ausspielt. Als Fritz Lang, der Regisseur der »Odyssee«-Verfilmung, ihm im Vorführraum die ersten Aufnahmen zeigt, gibt Prokosch seinem Mißmut über die künstlerische Konzeption des Films lautstark und handgreiflich Ausdruck. Aus kommerziellen Überlegungen möchte er den antiken Stoff als modernes psychologisches Drama inszeniert wissen, während Lang die klassische Klarheit und Reinheit der griechischen Mythologie zu bewahren sucht.

Prokosch verlangt von dem Drehbuchautor Paul Javal, das Szenario in diesem Sinne umzuschreiben, wofür er ihm sofort einen Scheck über 10.000 Dollar ausstellt. Javal akzeptiert, weil er das Geld dringend braucht, obwohl er Langs Konzeption für besser hält. Seine Frau Camille verachtet ihn, weil er seine künstlerischen Überzeugungen verrät; überdies muß sie feststellen, daß er sie – versteckt und indirekt – dem Produzenten regelrecht anbietet. Godard verknüpft den Ehekonflikt, der den Mittelteil des Films einnimmt, mit seiner Kritik am Produktionssystem, wobei das Gefühl der Verachtung die notwendige Klammer bildet: Prokosch verachtet ebenso die Kunst Langs wie die Willfährigkeit Javals, der – getroffen von der tiefen Verachtung seiner Frau – sich am Ende selbst verachtet. Lang wiederum hat für die Macht des »Scheckhefts« nur Verachtung übrig, muß sich dieser aber dennoch beugen. Er tut dies jedoch, ohne seine Würde zu verlieren.

Fritz Lang, so Godard, symbolisiert das Kino. Die Inszenierung des Films im Film hatte er Lang freigestellt; zum letzten Mal führte der alte Mann Regie. Diese Szenen, die Prokosch im Film als langweilig und unverkäuflich empfand, wurden prompt vom Verleih in der deutschen Fassung fast vollständig entfernt. »Der Tod ist keine Lösung«, sagt Lang in *Le mépris*. Am Schluß verunglücken Camille und Prokosch tödlich, doch dies ist nicht das Ende: In der letzten Einstellung sieht man Lang, der weiterdreht, obwohl es keinen Produzenten mehr für seinen Film gibt.

»*Le mépris*«, in: L'Avant-Scène du Cinéma, 1992, H. 412/413. (Filmprotokoll).
Jacques Aumont: »The fall of the gods: Jean-Luc Godard's *Le Mépris*«, in: Susan Hayward/Ginette Vincendeau (Hg.): French Films. London, New York 1990; Georges de Beauregard/Pascal Vimenet: »*Le Mépris*«. Paris 1991; Silke Egner: »Bilder der Farbe«. Weimar 2003; Thomas Hettche: »Überhaupt, zärtlich, tragisch«, in: Wolfram Schütte (Hg.): Bilder vom Kino. Frankfurt a.M. 1996; Norbert Jochum: »*Die Verachtung*«, in: medium, 1978, H. 6; Andreas Kilb: »Abschied vom Mythos«, in: Norbert Grob/Karl Prümm (Hg.): Die Macht der Filmkritik. München 1990; Walter Korte: »Godard's Adaptation of Moravia's ›Contempt‹«, in: Literature/Film Quarterly, 1974, H. 3; Sylvie Pierre: »Fritz movie«, in: Cahiers du Cinéma, 1990, H. 437; Harald Schleicher: »Film-Reflexionen: Autothematische Filme von Wim Wenders, Jean-Luc Godard und Federico Fellini.« Tübingen 1991; Stephen Taylor: »All the Nouvelle Vague«, in: Film Quarterly, 1964/65, H. 3.

Achim Haag

MESSIDOR Schweiz/Frankreich (Citel/Action Films/Gaumont) 1978. 35 mm, Farbe, 122 Min.
R+B: Alain Tanner. K: Renato Berta. S: Brigitte Sousselier. M: Arié Dzierlatka.
D: Clémentine Amouroux (Jeanne), Catherine Rétoré (Marie).

Die Kamera fliegt über eine sommerlich herausgeputzte Landschaft: Berge und Täler, Wälder und Seen, wolkenloser Himmel und Sonnenschein. Das Land wirkt friedlich, die Welt ist in Ordnung. Aus der Vogelperspektive verlieren sogar die Zeichen der Zivilisation ihren bedrohlichen Charakter: Die Verkehrssysteme – Eisenbahnschienen, Autobahn – sind Teil einer sinnvoll gebauten Spielzeug-Kulisse. Doch das den Bildern unterlegte Lied aus Schuberts »Winterreise« kündigt Dunkles an: »Fremd bin ich eingezogen, fremd zieh ich wieder aus.« Der Liedtext steht im scharfen Kontrast zu der hellen Sommeridylle: »Nun ist die Welt so trübe, der Weg gehüllt in Schnee.«

Messidor ist ein Road Movie, ein Genre, das in den Jahren der Jugendrevolte zunächst in Amerika und bald darauf auch in Europa populär wurde. Junge Männer suchten in der Weite der Landschaft jene Freiheit, die sie in der bürgerlichen Gesellschaft vermißten. Tanners Road Movie, zehn Jahre nach dem politischen Aufbruch entstanden, entwirft keine Utopie mehr: Die beiden Mädchen, die ziellos durch die Schweiz reisen, bekommen sogleich zu spüren, wie eng ihr Freiraum ist. Schon am dritten Tag werden sie von der Polizei kontrolliert. Gefragt nach ihren Personalien, nennen sie sich »Messidor«, Klio mit Vornamen die eine, Thalia die andere. Der Erntemonat im Kalender der französischen Revolution, die Musen der Geschichte und der Komödie – Tanner wollte, was die Kritik ihm verübelte, eine Allegorie schaffen auf die Situation nach dem Verlust der Illusionen und dem Scheitern der Hoffnungen. Es ist eine blutige Ernte, und die »Schwärze der Zeit« läßt von den sonnendurchfluteten Bildern des Anfangs nichts übrig.

Die Handlung, in wenigen Sätzen referierbar, entbehrt jeglicher Originalität: Beim Trampen lernen sich Marie, Verkäuferin aus dem Provinznest Moudon, und Jeanne, Studentin aus Genf, kennen und beschließen, gemeinsam die Fahrt fortzusetzen. Als zwei Männer versuchen, Jeanne zu vergewaltigen, greift Marie zu einem Stein und erschlägt einen der Männer. Kurz darauf gelangen die Mädchen – mehr zufällig als gewollt – in den Besitz einer Pistole. Das Geld geht ihnen aus, und sie verabreden ein »Durchhaltespiel«: 'mal sehen, wie lange sie ohne einen Franken, aber mit Pistole durchkommen. Mit der Waffe in der Hand organisieren sie Lebensmittel oder wehren sich gegen einen Bauern, der sie nicht in der Scheune schlafen lassen will. Der Staat reagiert auf derart marginale Straftaten mit rabiaten Verfolgungsmaßnahmen: Aus den beiden Mädchen macht man Terroristinnen, bei der Fahndung wird die Bevölkerung mit Hilfe einer Fernsehsendung – nach dem Muster von »Aktenzeichen XY – ungelöst« – mobilisiert. Was als Ferienspaß begann, endet mit dem Tod eines Unschuldigen: Die Mädchen, von der Hatz auf sie nervös geworden, erschießen einen Mann in der Wirtschaft. Die Polizei ist bereits im Anzug; widerstandslos lassen sich Marie und Jeanne festnehmen.

Wie Hollywood eine solche Geschichte erzählt, dafür ist *Thelma & Louise* (Ridley Scott, 1990) das beste Beispiel. Tanner dagegen hat keinen Action-Film gedreht und verzichtet auf spektakuläre Szenen. Auf- und Abblenden, lange Einstellungen und Plansequenzen strukturieren den Film, dessen strenge Form ihm einen distanzierten, unterkühlten Gestus verleiht. Der wortkarge Dialog war im Drehbuch noch nicht ausformuliert – die Fremdheit im eigenen Land wird auch deutlich in der Sprache: Die Mädchen aus dem französischsprachigen Teil der Schweiz können nur gebrochen Schwyzerdeutsch, ein Moment, das in der Synchronfassung verlorengeht. Die verfolgten Mädchen bewegen sich »wie Billardkugeln« (Tanner) auf einer Spielfläche, wo sie immer wieder an die Bande stoßen und zurückgeschleudert werden: Die Schweiz ist ein kleines Land, und über die Grenze können sie nicht. Ihre Irrfahrt hat das Filmteam nachvollzogen: Es wurde chronologisch gedreht und so das Land ›erfahren‹. Die Ausbeute, die der Kameramann Renato Berta einfing, zeigt Landschaft als verwaltete Natur. »Jeanne und Marie verlieren sich in einer domestizierten, in einer besetzten Natur; im Flachland ist noch der letzte Quadratmeter (gewinnbringend) funktionalisiert, und die Berge sind noch immer von den schweizerischen Mythen mit Beschlag belegt. Wer sich weder in diesen Mythen noch in der funktionellen Tagwelt dieses reichsten Landes der Welt einrichten will, ist verloren, wird sogar verfolgt.« (Martin Schaub)

Mit ↗*Jonas qui aura 25 ans en l'an 2000*, der zum Kultfilm avancierte, gelang Tanner ein Diskurs, der noch einmal die Visionen der Linken zusammenfaßte. Der Ausstieg aus der Gesellschaft, den Marie und Jeanne praktizieren, ist eine Revolte ohne Programm, eine fast gleichgültige Abkehr vom System. »Schweigen, Leere, Verlust«, mit diesen Worten umreißt Tanner die Situation Ende der siebziger Jahre. Der politische Filmemacher hat keine Lösungen mehr anzubieten. »Ich kann zu meiner Reisen nicht wählen mit der Zeit, muß selbst den Weg mir weisen in dieser Dunkelheit«, heißt es im eingangs zitierten Schubert-Lied.

Johannes Beringer: »*Messidor*«, in: Filmkritik, 1980, H. 1; Hans C. Blumenberg: »Winterreise durch den Sommer«, in: ders.: Kinozeit. Frankfurt a.M. 1980; Christian Dimitriu: »Alain Tanner«. Paris 1985; Wolfgang Gersch: »Schweizer Kinofahrten«. Berlin (DDR)/München 1984; Karen Jaehne: »*Messidor*«, in: Film Quarterly, 1979/80, H. 2; Brigitte Jeremias: »*Messidor* oder Der Weg ins Nichts«, in: Frankfurter Allgemeine Zeitung, 12.11.1979; Jim Leach: »A Possible Cinema. The Films of Alain Tanner«. Metuchen, London 1984; Hans Günther Pflaum: »Kinder von 68«, in: Süddeutsche Zeitung, 13.10.1979; Martin Schaub: »Travelling seitwärts«, in: Werner Petermann/Ralph Thoms: Kino-Fronten. München 1988; Corinne Schelbert: »Die Fahrt im Kreis – Allegorie der Entfremdung«, in: Cinéma, Zürich, 1979, H. 1; Serge Toubiana: »*Messidor*«, in: Cahiers du Cinéma, 1979, H. 299; Karsten Witte: »Die Winterreise«, in: Frankfurter Rundschau, 2.11.1979.

Michael Töteberg

METROPOLIS Deutschland (Ufa)

1925/26. 35 mm, s/w, stumm, 4.189 m.
R: Fritz Lang. B: Thea von Harbou. K: Karl Freund, Günther Rittau. A: Änne Willkomm. Ba: Otto Hunte, Erich Kettelhut, Karl Vollbrecht. M: Gottfried Huppertz.
D: Alfred Abel (Joh Fredersen), Gustav Fröhlich (Freder), Brigitte Helm (Maria), Rudolf Klein-Rogge (Rotwang), Fritz Rasp (Der Schmale), Heinrich George (Groth).

»Eine Menschheitssinfonie von brausender Melodik und ehernem Rhythmus«, so stellte die Ufa *Metropolis* bei der Uraufführung vor. Für seine Zukunftsvision ließ sich Lang von der nächtlichen Skyline New Yorks inspirieren; die Story dagegen orientierte sich an gängigen Kolportageromanen. Während in der lichtlosen Unterstadt die Arbeiter wie Sklaven hausen, lebt die Gesellschaft der Oberstadt in einer Welt des Luxus und des Überdrusses. Herr über Menschen und Maschinen, das »Hirn von Metropolis«, ist Fredersen; seine Gegenspielerin ist Maria, »die Heilige der Unterdrückten«. Soziales Mitgefühl und Liebe zu Maria treibt Freder, den blonden Sohn des Herrschers, in die Katakomben der Unterstadt. Der besorgte Vater sucht Hilfe bei dem Magier Rotwang: In seinem Auftrag erschafft er einen künstlichen Menschen, dem er die Gestalt Marias gibt. Die Doppelgängerin wiegelt die Massen auf; mit der Zerstörung der Maschinen droht der Untergang. Freder und Maria können eine Katastrophe verhindern. Die Massenhysterie schlägt um, die falsche Maria wird auf dem Scheiterhaufen als Hexe verbrannt. Am Ende stiftet das junge Paar eine neue brüderliche Gemeinschaft zwischen den Klassen. Eine Kalenderweisheit auf dem Schlußtitel: »Der Mittler zwischen Hand und Hirn muß das Herz sein.«

Die triviale Handlung mitsamt der ideologischen Moral ist nur Vorwand, Libretto für die Inszenierung von Bewegungsarrangements. Während der Roboter Marias Gestalt annimmt, umhüllen rhythmisch zirkulierende Lichtringe den Körper. Wie der künstliche Mensch pulsiert die Stadt in blendendem Licht. Die Arbeitermassen, dem Maschinentakt unterworfen, choreographiere Lang wie ein »gigantisches Ballett«, schrieb Luis Buñuel 1927. *Metropolis* zerfalle in zwei qualitativ höchst unterschiedliche Filme: ein überwältigend schönes Bilderbuch und einen Kommerzstreifen voller Geschmacklosigkeiten, und für letzteres sei vor allem Thea von Harbou, Langs Ehefrau und Drehbuchautorin, verantwortlich.

Das Konglomerat aus Motiven der Neuen Sachlichkeit und Gartenlaube-Romantik reizte die zeitgenössische Kritik zu spöttischen Verrissen; nicht gesehen wurde der untergründige Zusammenhang des ersten deutschen Science-fiction-Films mit dem vorangegangenen Lang-Film ↗*Die Nibelungen.* Wieder inszenierte der Regisseur seine Obsessionen, wieder ist Rache das treibende Motiv der Handlung: Rotwang ist der »treueste Feind« Fredersens, beide liebten einst dieselbe Frau. Der sexistische Topos Hure und Heilige spiegelt sich in der echten und falschen Maria. Das naive junge Paar, die manipulierbare Masse – lediglich Spielfiguren im Machtkampf der beiden Männer. Männer sind Baumeister – vor dem Turmbau zu Babel warnt Maria in den Katakomben.

Gigantomanie prägte auch die Produktion. Sergej Eisenstein, während der Dreharbeiten zu Besuch im Studio, war beeindruckt von dem experimentierfreudigen Team und den ausgeklügelten Special effects. Die Wolkenkratzer und kühnen Straßenkonstruktionen wurden, erstmals in einem Spielfilm, im Schüfftan-Verfahren aufgenommen: Die Einspiegelung winziger Modelle in Realszenen schuf die Illusion riesiger Bauten. Die Herstellungszeit betrug 17 Monate (310 Drehtage, 60 Nächte), und der Materialverbrauch war enorm: 620.000 Meter Negativfilm, 1.300.000 Meter Positivmaterial. Ähnliche Dimensionen wies die Besetzungsliste auf: 750 Darsteller und 36.000 Komparsen. Ursprünglich auf eineinhalb Millionen Mark kalkuliert, kostete der Monumentalfilm am Ende rund sechs Millionen. Die geschäftlichen Erwartungen erfüllten sich nicht; der Film wurde ein ökonomisches Fiasko, das der bereits angeschlagene Film-Konzern nicht verkraften konnte. Drei Monate nach der Uraufführung von *Metropolis* wurde die Ufa von der Hugenberg-Gruppe übernommen.

Kaum ein anderer Klassiker der deutschen Filmgeschichte ist derart rigoros gekürzt, geschnitten und ummontiert, bis zur Unkenntlichkeit verstümmelt worden. 4.189 Meter hatte der Film bei der Uraufführung, doch die Originalfassung verschwand schon nach wenigen Wochen aus den Kinos. Für den US-Markt wurde *Metropolis* auf 3.241 Meter gekürzt und mit neuen Zwischentiteln versehen; die amerikanische Version, nochmals überarbeitet, gelangte in Deutschland zum Einsatz. Die in den sechziger Jahren gezeigte Tonfassung hatte nur noch eine Länge von 2.535 Metern. Heute wird *Metropolis* in zwei Versionen gespielt: als bunt eingefärbter Pop-Film mit Musik von Giorgio Moroder (2.190 Meter) und in einer vom Münchner Filmmuseum erarbeiteten Fassung, die aus verschiedenen Kopien zusammengesetzt ist. Die Originalfassung läßt sich nicht mehr rekonstruieren: Das geschnittene Material ist verlorengegangen.

»*Metropolis*«. London, Boston 1973. (Filmprotokoll). – Horst von Harbou: »*Metropolis*. Images d'un tournage«. Paris 1985. (Stand- und Werkfotos).
Luis Buñuel: »Die Flecken der Giraffe«. Berlin 1991; Thomas Elsaesser: »*Metropolis*«. Hamburg, Wien 2001; Guntram Geser: »Fritz Lang – *Metropolis* und *Die Frau im Mond*«. Meitingen 1996; Wolfgang Jacobsen/Werner Sudendorf (Hg.): »*Metropolis*. Ein filmisches Laboratorium der modernen Architektur«. Stuttgart, London 2000; Thomas Koebner: »*Metropolis*«, in: ders.: (Hg.): Filmgenres: Science Fiction. Stuttgart 2003; Michael Minden/Holger Bachmann (Hg.): »Fritz Lang's *Metropolis*«. Rochester 2000; Enno Patalas: »*Metropolis* in/aus Trümmern. Eine Filmgeschichte«. Berlin 2001; Gerhard Vana: »*Metropolis*. Modell und Mimesis«. Berlin 2001; Guntram Vogt: »Die Stadt im Film«. Marburg 2001.

Michael Töteberg

DER MIETER ↗ Locataire

MIRACOLO A MILANO

(Das Wunder von Mailand). Italien (Produzione De Sica/E.N.I.C.) 1950. 35 mm, s/w, 95 Min.
R: Vittorio De Sica. B: Vittorio De Sica und Cesare Zavattini in Zusammenarbeit mit Suso Cecchi d'Amico, Mario Chiari, Adolfo Franci, nach dem Roman »Totò, il buono« von Cesare Zavattini. K: G.R. Aldo, Gianni Di Venanzio. Ba: Guido Fiorini. S: Eraldo da Roma. M: Alessandro Cicognini.
D: Francesco Golisano (Toto), Emma Gramatica (Lolotta, Totos Mutter), Paolo Stoppa (der Verräter), Guglielmo Barnabo (Mobbi), Brunella Bovo (Hedwig).

»So ist das Leben – und so ist das Leben nicht«, mit diesem Titel beginnt ein phantastisches Märchen, wie man es gerade von den Vertretern des Neorealismus nicht erwartet hatte: Das Tandem De Sica/Zavattini überraschte mit einem Film, dessen Reiz in der Kontrastierung poetischer mit realistischen Elementen besteht.
Das märchenhafte Miracolo ereignet sich in einem Hüttendorf am Stadtrand des realistischen Milano, wo der gute Toto mit den Armen und einer Wundertaube aus dem Himmel um »ein Stück Boden« gegen die Reichen kämpft. Am Schluß behalten die Reichen zwar ihr Milano, doch Toto und seinen Freunden bleibt das Miracolo: Sie entschweben vom Mailänder Domplatz auf Besen in den Himmel, »dorthin, wo ›Guten Tag‹ wirklich guten Tag bedeutet«.
Die Figurenzeichnung erinnert in der Reduktion auf einfache Gegensatzpaare – gut und böse, arm und reich, schwarz und weiß – an ein Märchen, ebenso die zumeist auf Formeln verkürzte Sprache. De Sica und Zavattini sprengen jedoch immer dann den Rahmen der Fabel, wenn sie das Spiel zur Satire umkippen lassen. Opfer ihrer satirischen Volten sind zumeist die Besitzenden auf Erden (z.B. wenn das Feilschen um den Grundstückspreis zum Gekläffe wird) und – erstaunlicherweise – auch die überirdisch Mächtigen. Denn sogar die Engel als »Himmelspolizei« sind genötigt, bei der Verfolgung von Mutter Lolotta und der Taube auf das Zeichen eines Mailänder Verkehrspolizisten zu warten – sie werden abgehängt. Burleske Situationen unter den Besitzlosen, wie die des Stotterers, der einen Reklameslogan nicht über die Lippen bekommt und, sobald ihm die Wundertaube den Sprachfluß wiedergibt, überglücklich ausruft: »Fano-Schokolade ist die Beste«, tragen dagegen Züge der Tragikomödie.
Die Produktion von *Miracolo a Milano* war (auch wegen der Special effects) für De Sica ungleich kostspieliger und aufwendiger als die seiner neorealistischen Meisterwerke *Sciuscia* (1946) und ↗*Ladri di biciclette*. Das Projekt geht auf eine Geschichte zurück, die Zavattini bereits 1938 für einen (nicht realisierten) Kinderfilm entwarf. Erst ein Jahrzehnt später wurde der Stoff wiederaufgegriffen, wobei konservative Kritiker argwöhnten, De Sica und Zavattini wollten lediglich die 1947 wieder eingeführte Zensur umgehen: Die Neorealisten würden ihre klassenkämpferischen Ideen nun als Märchen verpackt ins Kino bringen. Derlei politische Verdächtigungen konnten den Erfolg des Films beim Publikum und der Kritik – *Miracolo a Milano* erhielt 1951 bei den Filmfestspielen in Cannes den Grand Prix und wurde im gleichen Jahr mit dem New

Yorker Kritikerpreis ausgezeichnet – nicht verhindern. Übrigens wurde der Film auch von links angegriffen, das Schlußbild als Eskapismus gewertet, das keine Lösung anbiete. Dazu Zavattini: »Der wesentliche Impuls in *Miracolo a Milano* ist nicht die Flucht, sondern die Empörung, das Verlangen nach Solidarität mit bestimmten Menschen und die Ablehnung der Solidarität mit bestimmten anderen.«

»*Miracolo a Milano*«, in: Bianco e nero, 1983, H. 2. (Filmprotokoll). – »*Miracle in Milan*«. New York 1968. (Drehbuch, Materialien).

Roy Armes: »Patterns of Realism: A Study of Italian Neo-Realist Cinema«. New York 1971; Peter Bondanella: »Neorealist Aesthetics and the Fantastic: *The Machine to Kill Bad People* and *Miracle in Milan*«, in: Film Criticism, 1979, H. 2; Howard Curle/Stephen Snyder (Hg.): »Vittorio De Sica. Contemporary Perspectives«. Toronto 2000; Theodor Kotulla (Hg.): »Der Film – Manifeste, Gespräche, Dokumente«. Bd.2. München 1964. (Texte von De Sica und Zavattini); Pierre Leprohon: »Vittorio De Sica«. Paris 1966; Martin Schlappner: »Von Rossellini zu Fellini. Das Menschenbild im italienischen Neo-Realismus.« Zürich 1958.

Susanne Lange

THE MISFITS (Misfits – Nicht gesellschaftsfähig). USA (Seven Arts Production/ United Artists) 1960/61. 35 mm, s/w, 125 Min. R: John Huston. B: Arthur Miller, nach seiner gleichnamigen Erzählung. K: Russel Metty. A: William Newberry, Stephen Grimes. M: Alex North.
D: Marilyn Monroe (Roslyn Taber), Clark Gable (Gay Langland), Montgomery Clift (Perce Howland), Thelma Ritter (Isabelle Steers), Eli Wallach (Guido Delinni).

Noch in Arthur Millers Autobiographie, 25 Jahre nach dem Tod Marilyn Monroes geschrieben, spürt man die Gereiztheit und jenen beleidigten Tonfall, wie er für Ehe-Streitigkeiten so typisch ist. Schließlich war *The Misfits* »ein Geschenk«, das die Frau offenbar nicht zu würdigen wußte: Der Dramatiker war bereit, »ein Jahr oder noch mehr dafür zu opfern, daß sie sich als Schauspielerin an einer anspruchsvollen Rolle versuchen konnte – ich hätte sonst nicht im Traum daran gedacht, ein Drehbuch zu schreiben«.

Der Auftakt könnte aus einem Film von Billy Wilder stammen: Kurz vor der Verhandlung probt Roslyn ihren Auftritt vor dem Scheidungsrichter; die richtigen Antworten werden, als handle es sich um eine Quizveranstaltung, noch einmal von ihrer Freundin Isabelle abgehört. Muß ich das denn sagen, seufzt Roslyn. »Warum kann ich nicht einfach sagen, daß er nicht da war? Er hat neben mir gesessen, aber er war nicht da.« Die Mischung aus Gesellschaftssatire und Sentiment ist sofort verflogen, als die Cowboys – »die letzten richtigen Männer«, wie Isabelle meint – auf den Plan treten: Nun beginnt der Film von John Huston. Gay, Perce und Guido halten es nicht länger in der Kleinstadt aus. Sie lieben ihre Freiheit – rauhe Typen, mit Macho-Gehabe und entsprechenden Sprüchen. »Sehnsucht nach frischer Luft« treibt die Männer in die Wildnis. Roslyn, jetzt ebenfalls frei und ungebunden, schließt sich ihnen an. Sie genießt die erotische Spannung, die zwischen ihr und den Männern herrscht. In den Bergen fangen sie wilde Pferde: Ein Lasso mit einem schweren Reifen wird den davonjagenden Tieren um den Hals geworfen, bis sie – zitternd vor Angst und völlig erschöpft – von den Männern umgeworfen und gefesselt werden können. Roslyn ist über die Brutalität entsetzt, was bei den Männern auf Unverständnis stößt. Als sie erfährt, daß die Pferde zu Hundefutter verarbeitet werden, verlangt sie, die Tiere sofort frei zu lassen. Gay hat am Ende ein Einsehen.

The Misfits handelt »von Leuten, die ihre Arbeitskraft verkaufen, aber sich selbst nicht verkaufen wollen«, erläuterte Huston. »Jedermann, der sich nicht hinhalten läßt, ist ein Misfit.« Der Film glorifiziert diese Außenseiter nicht – Cowboys verdienen sich ihr Geld als Kfz-Mechaniker, Rodeoreiter sind in erster Linie Schauspieler, und wenn Männer nicht Lohnempfänger sein wollen, müssen sie dafür sorgen, daß aus wilden Tieren Futter für Haustiere wird: »Dies ist eine Gesellschaft, in der der Hund das Pferd frißt.« (Huston)

Nevada ist ein Ort, heißt es im Film, »wo man alles abladen kann«. Gedreht wurde on location. Huston hatte entschieden, keine gezähmten, sondern wildle-

The Misfits

bende Pferde einzusetzen: Die Jagdszenen, der Höhepunkt des Films, waren für die alternden Stars Clark Gable und Montgomery Clift eine Strapaze. Daß der Drehplan maßlos überzogen wurde – begonnen wurde im Juli 1960; Mitte September, als die Dreharbeiten hätten beendet sein sollen, war noch mehr als ein Viertel zu drehen – ging auf das Konto Marilyn Monroes. Sie war ständig indisponiert, erschien immer später auf dem Set und mußte zwischendurch in psychiatrische Behandlung. Ihr Mentor Lee Strassberg kam angereist, dessen Frau Paula, glaubt man Miller, einen verhängnisvollen Einfluß auf Marilyn Monroe hatte. Während der gesamten Drehzeit war der Autor in der Nähe: In dieser Zeit ging die Ehe Miller-Monroe in die Brüche. Man konnte nicht mehr miteinander sprechen. Am Anfang von *The Misfits* trifft Roslyn vor dem Gericht ein letztes Mal ihren Mann. Sie glaube nicht mehr an ihre Ehe, teilt sie ihm mit. »Wenn ich schon einsam bin, dann will ich es wenigstens allein sein.«

»Unter uns tobte eine Kraft reiner Zerstörung, und niemand hatte sie unter Kontrolle«, schrieb Miller über die Auseinandersetzungen während der Dreharbeiten. In den besten Momenten des Films spürt man, welches Drama sich hinter den Kulissen abspielte. Schließlich wurde der Film doch noch beendet. »Wir müssen alle einmal gehen. Das Sterben ist so natürlich wie das Leben. Ein Mann, der vor dem Tode Angst hat, hat auch Angst vor dem Leben«, sagt Clark Gable im Film. Die Uraufführung erlebte der Schauspieler nicht mehr. Auch für Marilyn Monroe wurde *The Misfits* ihr letzter vollendeter Film.

»*The Misfits*«, in: George P. Garrett u.a. (Hg.): Filmscripts Three. New York 1972. (Drehbuch).

Robert Benayoun: »John Huston«. Paris 1985; Maurizio Borgese: »*Les misfits*«, in: Jeune Cinéma, 1988, H. 187; Lawrence Grauman: »*The Misfits*«, in: Film Heritage, 1960/61, H. 3; Scott Hammen: »John Huston«. Boston 1985; John Huston: »An Open Book«. New York 1980; Stuart Kaminsky: »John Huston«. München 1981; John McCarty: »The Films of John Huston«. Secaucus 1987; Arthur Miller:

»Zeitkurven. Ein Leben«. Frankfurt a.M. 1987; ders./Serge Toubiana: »*The Misfits*. Die Entstehungsgeschichte eines Films, dokumentiert von Magnum-Fotografen«. München 2000; William F. Nolan: »John Huston. King Rebel«. Los Angeles 1965; Hans Sahl: »Arthur Millers Filmdebüt«, in: Süddeutsche Zeitung, 17.2.1961.

Michael Töteberg

THE MISSOURI BREAKS (Duell am Missouri). USA (United Artists) 1976.

35 mm, Farbe, 126 Min.
R: Arthur Penn. B: Thomas McGuane. K: Michael Butler. A: Albert Brenner, Stephen Berger. M: John Williams.
D: Marlon Brando (Robert Lee Clayton), Jack Nicholson (Tom Logan), Kathleen Lloyd (Jane Braxton), John McLiam (David Braxton), Randy Quaid (Little Tod).

The Missouri Breaks ist ein typischer Spätwestern: Der Mythos wird inszeniert, um ihn zu demontieren. Penns Methode ist die Überrumpelung des Zuschauers: Aus heiterem Himmel – hier wörtlich zu verstehen: immer wieder schwelgt der Film in sonnendurchfluteten Totalen des Naturpanoramas – schlägt plötzlich die Gewalt zu. Während der Vorspanntitel sieht man auf ein grünes Tal: Pusteblumen im Vordergrund, hinten reiten drei Männer. »Als ich dieses Land zum erstenmal sah, reichte das Büffelgras und das Gestrüpp rauf bis zu den Steigbügeln«, erinnert sich der Rancher. »Zwei Jahre später hatten wir achttausend Stück texanisches Vieh, und in meiner Bibliothek standen über 3.500 Bände.« Braxton schwärmt von der guten alten Zeit, als noch nicht Viehdiebe den Bestand der Herde dezimierten. »Das ist ein wunderschönes Land«, sinniert er, und Sandy, der Jüngling in ihrer Mitte, bestätigt: »Ja, Sir, da haben Sie recht.« Sie kommen zu einer Lichtung, wo sie von einer fidelen Gesellschaft – auf dem Banjo spielt einer »Oh, Susanna« – erwartet werden. Wozu sich die Leute eingefunden haben, sieht man Sekunden später: Sandy, von Braxton und seinem Vorarbeiter als Viehdieb gefaßt, wird aufgehängt.

Der Konflikt stammt aus der klassischen Western-Tradition: Der Rancher beauftragt einen Regulator, gegen die Pferdediebe vorzugehen. Clayton ist ein Killer, der es vorzieht, aus dem Hinterhalt zu töten: Der Mann, der die Ordnung wiederherstellen soll, hält nichts von dem Ehrenkodex des Westens. Sein Auftritt widerspricht dem Rollenklischee: ein eitler Fettwanst mit pathologischen Zügen, der die Mimikry pflegt und seine bizarren Tötungsrituale mit Lustgewinn vollzieht. Einmal gibt er sich als Prediger aus, und tatsächlich macht Marlon Brando mit seiner outrierten Spielweise aus der Figur einen seltsamen Heiligen. Die Pferdediebe dagegen wirken wie eine übermütige Bande von Jungen, die sich keiner Schuld bewußt sind und Spaß an ihrem Handwerk haben: Den absurd mißglückten Zug-Überfall und den letztlich ebenso erfolglosen Pferdediebstahl in Kanada inszeniert Penn als muntere Aktionen, die, nicht zuletzt durch die fröhliche Musik-Untermalung, an die Unternehmungen der Hippies in seinem Film *Alice's Restaurant* (1969) erinnern. Sie leben in den Bergen der Missouri Breaks, schaffen sich aber zur Tarnung eine Ranch in der Nähe von Braxton an, auf der Tom Logan allein zurückbleibt. Er verliebt sich, auch dies ein Versatzstück aus dem Western-Repertoire, in die Tochter seines Erzfeindes: eine zarte Liebesgeschichte, bei der Jack Nicholsen seinen rauhen Charme ausspielt, und die einzige Idylle im Film, die nicht gebrochen wird. Ein *Duell am Missouri*, wie es der deutsche Verleihtitel ankündigt, findet nicht statt, denn in diesem Western ist kein Platz für einen klassischen Showdown Mann gegen Mann. Am Ende hat Logan gelernt, wovor er einmal zurückschreckte und was seinen Leuten das Leben kostete: Er tötet einen wehrlosen Mann. Dem schlafenden Clayton schneidet er die Kehle durch.

Die Brüchigkeit der Erzählung, gestand der Regisseur dem Schriftsteller Jerome Charyn, war nicht allein das Ergebnis ästhetischen Kalküls, sondern auch eine Folge unzulänglicher Vorbereitung: Bis die Verträge mit den beiden Superstars Brando und Nicholson perfekt waren, vergingen Monate; plötzlich stand man sechs Wochen vor Drehbeginn und hatte kein stimmiges Drehbuch – noch während der Aufnahmen wurden Szenen umgeschrieben. Penn: »Wir wußten, daß wir Step tanzten, um unser Leben zu retten, weil wir keinen Film hatten.«

Lars-Olav Beier/Robert Müller (Hg.): »Arthur Penn«. Berlin 1998; Stuart Byron/Terry Curtis Fox: »What is a Western?«, in: Film Comment, 1976, H. 4 (Interview); Jerome Charyn: »Movieland«. Hildesheim 1993; John Gallagher/John Hanc: »Penn's Westerns«, in: Films in Review, 1983, H. 7; Michael Hanisch: »Western«. Berlin (DDR) 1984; D. Hurst: »The Butler Brothers shoot *The Missouri Breaks*«, in: Millimeter, 1976, H. 1; Floyd B. Lawrence: »The Mythic Waters of *The Missouri Breaks*«, in: Journal of Popular Film, 1976, H. 2; Charles Michener: »*The Missouri Breaks*«, in: Film Comment, a.a.O.; John Simon: »The Decline of the Western«, in: ders.: Reverse Angle. New York 1982; Tony Thomas: »Marlon Brando und seine Filme«. München 1981.

Michael Töteberg

MODERNE ZEITEN

↗ Modern Times

MODERN TIMES

(Moderne Zeiten). USA (Chaplin/United Artists) 1935. 35 mm, s/w, 87 Min.

R+B: Charles Chaplin. K: Roland H. Totheroh, Ira Morgan. A + Ba: Charles D. Hall, J. Russell Spencer. M: Charles Chaplin.

D: Charles Chaplin (Arbeiter), Paulette Goddard (Range), Henry Bergman (Restaurantbesitzer), Stanley S. Sanford (Big Bill), Chester Conklin (Mechaniker), Stanley Blystone (Sheriff Couler), Allan Garcia (Fabrikdirektor), Cecil Reynolds (Gefängniskaplan), Lloyd Ingraham (Gefängnisdirektor).

Zum letzten Mal spielte Chaplin hier die von ihm geschaffene Figur des Tramps. Als Fließbandarbeiter in einer Fabrik wird er seiner Individualität beraubt und ist nur noch Teil einer überdimensionalen Maschine. Selbst in der Frühstückspause beherrscht der Apparat den Menschen. Schließlich wird er von der Maschine aufgefressen; sie spuckt ihn aber wieder aus, und dies ist seine Wiedergeburt als Tramp. Jetzt setzt er sich zur Wehr und veranstaltet ein groteskes Chaos, indem er sämtliche Regeln außer Kraft setzt. Solch unangepaßtes Verhalten kann von der Gesellschaft nicht geduldet werden: Er wird mit einem »Nervenzusammenbruch« ins Krankenhaus eingeliefert.

Nach seiner Entlassung gerät er in die Unruhen und Arbeitslosigkeit der dreißiger Jahre; eine schnelle Montage von schräg stehenden Großstadtbildern, mit kreischendem Ton unterlegt, genügt Chaplin, das Chaos der Zeit anzudeuten. Alle Versuche des Tramps, sich wieder ins Arbeitsleben zu integrieren, schlagen fehl. Mehrfach wird er verhaftet, weil die Polizei ihn, der gänzlich unschuldig ist, für den Rädelsführer von Demonstrationen streikender Arbeiter hält. Im Gefängnis freilich rettet der Tramp den Direktor bei einem Häftlingsaufstand, aber auch dies tut er unfreiwillig: im Kokainrausch. Nur in diesem Zustand kann er solidarisch mit dem Staat und seinen Funktionären sein. In dem Mädchen Range findet der Tramp eine gleichgesinnte Partnerin, die ebenso unangepaßt ist wie er. Ein normales bürgerliches Leben können sie nicht führen; ihre morsche und zerbrechliche Hütte ist eine Parodie darauf und zugleich Symbol für die Morschheit der Gesellschaft. Schließlich kann der Tramp sich doch durchsetzen: Zwar versagt er auch in seiner Stellung als Kellner, doch als Sänger hat er ungeahnten Erfolg. In dieser Szene war erstmals im Film die Stimme Chaplins zu hören, der ein völlig unverständliches Kauderwelsch singt, das dank der pantomimischen Darstellung Sinn bekommt. Nur als Künstler kann der Nonkonformist überleben, doch vor die Wahl gestellt, mit der noch immer von der Polizei gesuchten Gefährtin zu fliehen oder Karriere zu machen, entscheidet sich der Tramp für das Mädchen. Gemeinsam wandern sie dem Horizont entgegen.

Das Ende spiegelt Chaplins Unbehagen über die Film- und Kulturindustrie. *Modern Times* ist weitgehend ein Stummfilm, entstanden zu einer Zeit, als die Filmindustrie sich schon längst umgestellt hatte. Die Unterdrückten bleiben bei Chaplin stumm; Sprache wird in diesem Film nur von den Herrschenden benutzt, und sie wird ausschließlich durch technische Medien vermittelt: die Fernsehüberwachungsanlage in der Fabrik (angeregt offenkundig durch Langs ↗*Metropolis*), Grammophon (bei der Vorstellung der Eßmaschine) und Radio.

»Chaplin beschönigt nicht; er mildert nicht, wozu das Kunstmittel der Komik leicht führt, die Brutalität der Zeit«, schrieb Ernst Toller. Es ist nicht verwunderlich, daß bei dieser scharfen Sozialkritik der Film auf Widerstand stieß; auch finanziell war er zunächst kein Erfolg und setzte sich erst mit der Zeit beim großen Publikum durch. Stürmisch begrüßt wurde der Film in Europa von den Intellektuellen, die im Kino eifrig Chaplins Lied mitstenographierten, wie Simone de Beauvoir berichtet hat. Im nationalsozialistischen Deutschland sowie im faschistischen Italien wurde *Modern Times* verboten.

Barthélemy Amengual: »Style et conscience de classe«, in: Positif, 1973, H. 152/153; David Denby: »*Modern Times*«, in: Film Comment, 1972, H. 8; Eric L. Flom: »Chaplin in the Sound Era. An Analysis of the Seven Talkies«. Jefferson 1997; Graham Greene: »*Modern Times*«, in: ders.: The Graham Greene Film Reader. New York 1994; Ira S. Jaffe: »›Fighting words‹: *City Lights, Modern Times* and *The Great Dictator*«, in: The Journal of the University Film Association, 1979, H. 1; Raymond Lefèvre: »Voir et revoir *Les temps modernes*«, in: Cinéma, Paris, 1972, H. 162; Donald McCaffrey: »*City Lights* and *Modern Times*: Skirmishes with Romance, Pathos, and Social Significance«, in: ders. (Hg.): Focus on Chaplin. Englewood Cliffs 1971; D. Raksin: »›Music composed by Charles Chaplin‹: Auteur or collaborateur?«, in: The Journal of the University Film Association, 1979, H. 1; David Robinson: »*Modern Times*«, in: Sight and Sound, 1972, H. 2; Wolfram Tichy: »*Modern Times*«, in: Günter Engelhard u.a. (Hg.): 111 Meisterwerke des Films. Frankfurt a.M. 1989; Ernst Toller: »Der neue Chaplin-Film«, in: Neue Weltbühne, 27.2.1936; Mark Winokur: »*Modern Times* and the Comedy of Transformation«, in: Literature/Film Quarterly, 1987, H. 4.

Helmut G. Asper

MON ONCLE (Mein Onkel). Frankreich/Italien (Specta Films/Gray Films/Alter Films/Film del Centauro) 1958. 35 mm, Farbe, 120 Min.

R: Jacques Tati. B: Jacques Tati, unter Mitarbeit von Jacques Lagrange und Jean L'Hôte. K: Jean Bourgoin. A: Henri Schmitt. S: Suzanne Baron. M: Frank Barcellini, Alain Romans, Norbert Glanzberg.

D: Jacques Tati (Monsieur Hulot), Jean-Pierre Zola (Charles Arpel), Adrienne Servantie (Madame Arpel), Alain Bécourt (Gérard), Lucien Frégis (Pichard).

»Tötet nicht das Kind, das in euch schläft«: Mit dieser Lebensmaxime bringt Tati das zentrale Motto aller seiner Filme zur Sprache, am deutlichsten filmisch ausformuliert in *Mon oncle*. Wie schon in ↗*Les vacances de Monsieur Hulot* steht die von Tati selbst verkörperte Figur des Außenseiters Hulot, der stets das Gute will und immer Konfusion schafft, im Mittelpunkt des Geschehens; von Handlung im strengen Sinne kann man auch diesmal kaum sprechen. Zwei konträre Welten prallen aufeinander: Die menschliche, gemütliche Welt des Monsieur Hulot ist ein altes Quartier um einen Marktplatz herum, bevölkert von Straßenkehrern, Markthändlern, Nichtstuern und Kindern. Dem gegenüber steht die ultramoderne, ferngesteuerte Welt der Schwester Hulots und ihres Mannes Charles Arpel, einem erfolgreichen Plastikfabrikanten. Die Klammer zwischen diesen beiden Welten bildet der neunjährige Sohn der Arpels, Gérard, den Hulot nach der Schule regelmäßig abholt. Bei seinem Onkel blüht der Junge sichtlich auf, während er in der aseptischen Welt seiner Eltern die Lebensfreude und gar den Appetit verliert. Die Versuche der Arpels, dem Sonderling Hulot in der Plastikfirma eine Stellung zu verschaffen, enden ebenso desaströs wie ihr Bemühen, ihn auf einer Sonntagsparty mit einer reichen Nachbarin zu verkuppeln. Das Fest wird von dem unbeholfenen Hulot regelrecht gesprengt, indem er die durch den Garten laufende Wasserleitung des futuristischen Springbrunnens mit einem Getränkehalter unabsichtlich aufschlitzt. Der Dauerkonflikt zwischen der bürgerlich-sterilen Lebensweise der Arpels und dem anarchisch-eigenbrötlerischen Lebensstil Hulots wird am Schluß dadurch beendet, daß Charles Arpel Hulot in ein Flugzeug nach Nordafrika setzt, wo er die Plastikfirma vertreten soll.

Mon oncle, mit dem Oscar für den besten ausländischen Film ausgezeichnet, markiert den Höhepunkt des Filmschaffens von Jacques Tati. Bei seiner Herstellung genoß er jede erdenkliche künstlerische Freiheit und konnte erstmals aufwendige Studiobauten verwenden. Vor allem die Villa der Arpels ist ein bonbonfarben gehaltenes Abbild protziger und geschmackloser Architektur und mit modernsten technischen Errungenschaften wie z.B. einem automatischen Steakwender ausgestattet. Die künstlerische Gestaltung wird bestimmt von einer märchenhaften Schwarzweiß-Malerei und gelegentlich trivialer Deutlichkeit; dies gilt für die Verwendung der Farbe und die Personendarstellung ebenso wie für den Einsatz von Musik – die immergleiche Musette-Musik begleitet Hulot – und Geräuschen, die häufig wichtigere Akzente setzen als der äußerst reduzierte Dialog – Hulot bleibt im ganzen Film praktisch stumm.

Tati verlangt von dem Zuschauer mit seiner ruhig beobachtenden Kamera und der nichthierarchischen Erzählweise stellenweise viel Geduld. Sie wird allerdings belohnt durch poetische Miniaturen und Slapstick-Einlagen. François Truffaut, ein großer Bewunderer Tatis, hat auf die dramaturgische Problematik des Films schon in einer zeitgenössischen Kritik hingewiesen: »Eine Sequenz bewundert man uneingeschränkt, bei der nächsten leidet man, die Wiederholungen gehen einem auf die Nerven«. Auch *Mon oncle*, seine Kritik der Moderne, zeugt von Tatis Liebe zur menschlichen Unvollkommenheit, zum Kind im Menschen und zur Kreatürlichkeit des Lebens, am deutlichsten wohl in den liebevoll inszenierten Szenen mit den herumstreunenden Straßenkötern, die in ihrer unangepaßten Lebendigkeit hulothafte Züge haben.

David Bellos: »Jacques Tati«. London 1999; Thomas Brandlmeier: »Filmkomiker. Die Errettung des Grotesken«. Frankfurt a.M. 1983; Michel Chion: »Jacques Tati«. Paris 1987; Marc Dondey: »Tati«. Paris 1989; John Fawell: »Sound and Silence, Image and Invisibility in Jacques Tati's *Mon Oncle*«, in: Literature/Film Quarterly, 1990, H. 4; James Harding: »Jacques Tati. Frame by frame«. London 1984; Brent Maddock: »Die Filme von Jacques Tati«. München 1993; Georg Seeßlen: »Klassiker der Filmkomik. Reinbek 1982; François Truffaut: »Die Filme meines Lebens«. Frankfurt a.M. 1997.

Peter Christian Lang

MONSIEUR HIRE (Die Verlobung des Monsieur Hire). Frankreich (Cinéa/Hachette Première/Europe 1/FR 3) 1989. 35 mm, Farbe, 79 Min.

R: Patrice Leconte. B: Patrice Leconte, Patrick Dewolf, nach dem Roman »Les Fiancailles de M. Hire« von Georges Simenon. K: Denis Lenoir. A: Yvan Maussion. S: Joelle Hache. M: Michael Nyman.

D: Michel Blanc (Hire), Sandrine Bonnaire (Alice), André Wilms (Inspektor), Luc Thuillier (Emile).

Das in Filmtheorie und -praxis außerordentlich bedeutungsvolle Motiv des Voyeurismus in einer schaurig-schönen französischen Bearbeitung, das dramaturgisch vor allem an Hitchcocks ↗*Rear Window* erinnert: Monsieur Hire, ein sich schroff und unsympathisch gebender Eigenbrötler, wird des Mordes verdächtigt. Von seiner kleinen Wohnung aus, in der er zurückgezogen und einsam lebt, beobachtet er regelmäßig eine junge Frau im Haus gegenüber. Nach einiger Zeit beginnt ein zunächst zögerlicher, aber immer enger werdender Kontakt, der, da er auch mit dem Verbrechen zu tun hat, schließlich in einer Tragödie endet.

Aus Simenons Kriminalroman wird eine bedrückende Mischung aus Soziogramm und Psychothriller, die in ihrer durchkomponierten, düsteren Stilisiertheit an die besten Werke des Film noir anknüpft: Dunkle und blaß-kalte Farben beherrschen die Szenerie, die vorzugsweise Verwendung von Nah- und Großeinstellungen hebt die scharfen Konturen und Kontraste noch hervor. Figuren und Handlungshintergründe bleiben undurchsichtig, was durchgängige Identifikationsmöglichkeiten erschwert. Die Handlung, die wohl in Paris, aber keinem näher definierten, sondern anonym und unwirklich anmutenden Ort spielt, ist in kleine Szenensegmente zerlegt, die durch Motiv-Wiederholungen einen zunächst elegischen, sich durch dramaturgische Wendungen stetig steigernden Rhythmus ausmachen.

Die Inszenierung erlaubt verschiedenartige, parabelhafte Deutungen der Geschichte: Monsieur Hire scheint den modernen, entfremdeten Großstadtmenschen zu verkörpern, der den Mangel an sozialer Kommunikation mit einer trotzigen Flucht in die Isolation und mit privaten Obsessionen zu kompensieren sucht. Die teils aus berechtigtem Mißtrauen, teils aus paranoiden Phantasien gespeiste Furcht vor einer feindlich gesonnenen Umwelt produziert Schutzmechanismen, die in Verweigerungsgesten wie Hires mürrischem Auftreten erstarren. Dieser psychosozialen Lethargie ist die Erscheinung des Mädchens gegenübergestellt, die Jugend, Ungezwungenheit und Erotik vermittelt. Doch die Charaktere und ihre Handlungen sind weitaus komplexer, als der erste Eindruck vermuten läßt. Stilsicher inszeniert und unterstützt durch eine ungewöhnliche Dramaturgie sowie das nuancierte Spiel der Akteure, ist der Film brillant vor allem in der subtilen Darstellung verborgener Leidenschaften.

»*Monsieur Hire*«, in: L'Avant-Scène du Cinéma, 1990, H. 390/391. (Filmtext).
Emmanuel Carrère: »Moins qu'un mur, le reflet d'un mur«, in: Positif, 1989, H. 340; Heiner Gassen: »*Die Verlobung des Monsieur Hire*«, in: epd Film, 1989, H. 10; Fritz Göttler: »Blut von seinem Blut«, in: Filmbulletin, 1989, H. 4; Molly Haskell: »Room with a View«, in: Film Comment, 1990, H. 3; Tom Milne: »*Monsieur Hire*«, in: Monthly Film Bulletin, 1990, H. 675.

Max-Peter Heyne

DIE MÖRDER SIND UNTER UNS

Deutschland/Sowjetische Besatzungszone (Defa) 1946. 35 mm, s/w, 90 Min.
R+B: Wolfgang Staudte. K: Friedl Behn-Grund, Eugen Klagemann. S: Hans Heinrich. Ba: Otto Hunte, Bruno Monden. M: Ernst Roters.
D: Ernst Wilhelm Borchert (Dr. Mertens), Hildegard Knef (Susanne Wallner), Erna Sellmer (Frau Brückner), Arno Paulsen (Ferdinand Brückner), Michael Günther, Christian Schwarzwald.

Daß der erste deutsche Nachkriegsfilm gleich ein Hauptwerk filmischer Vergangenheitsbewältigung wurde, stellt dem geistigen Zustand der Zeit ein besseres Zeugnis aus, als er verdient. *Die Mörder sind unter uns* bildete jedoch eine Ausnahme, und der Film konnte, nachdem die westlichen Besatzungsmächte sich nicht interessiert zeigten, nur mit Unterstützung der sowjetischen Besetzer Ostberlins gedreht werden.

Als gebrochener Mensch kehrt der Arzt Dr. Mertens im Herbst 1945 aus dem Krieg in die Trümmerlandschaft des zerstörten Berlin zurück. Alles scheint ihm sinnlos; er trinkt und weigert sich, in seinem Beruf zu arbeiten. Die junge Susanne Wallner, eine Überlebende des KZs, mit der er sich die Wohnung teilt, begegnet ihm voller Zuneigung und Fürsorge und gibt ihm damit nach und nach Selbstvertrauen und Mut zurück. Als Mertens seinem ehemaligen, tot gewähnten Hauptmann Ferdinand Brückner wiederbegegnet, der jetzt als erfolgreicher Unternehmer zu den Stützen der Wiederaufbaugesellschaft gehört, kommt ihm eine schreckliche Erinnerung: Brückner hatte Weihnachten 1942 im Krieg – gegen Mertens Einrede – unschuldige polnische Frauen und Kinder hinrichten lassen. Während Brückner nun mit jovialer Geste die Vergangenheit beiseite schiebt, kann Mertens nicht vergessen. Er sucht eine Situation, Brückner für den Massenmord zu richten. Weihnachten 1945 ist es soweit. Während im ersten Exposé – der Arbeitstitel lautete: »Der Mann, den ich töten werde« – Mertens abdrückt, fällt ihm im Film Susanne Wallner im letzten Moment in den Arm und überzeugt ihn vom Unrecht privater Rache. Der Film schließt mit der eindringlichen Forderung nach Gerechtigkeit und Sühne für die Millionen Opfer deutscher Verbrechen im Krieg.

Unter schwierigsten Bedingungen gedreht, überzeugt *Die Mörder sind unter uns* durch den Ernst der Geschichte und die Betroffenheit des Regisseurs, durch die Authentizität der Kulissen und die schauspielerischen Leistungen, aber auch durch die düster-apokalyptische Inszenierung Staudtes, der seine Darsteller häufig nur als – zuweilen übermächtige – Schatten agieren läßt. Er bedient sich unmittelbar nach dem Zweiten Weltkrieg in überzeugender Weise der ästhetischen Ausdrucksmittel des Expressionismus, einer Kunstbewegung, die ebenfalls durch die Erschütterungen eines Weltkrieges geprägt war. Allerdings ist auch Staudtes satirisches Talent,

Die Mörder sind unter uns: Hildegard Knef und Ernst Wilhelm Borchert.

das sich später z.B. in ↗*Der Untertan* und in *Rosen für den Staatsanwalt* (1959) entfalten sollte, insbesondere in den spießbürgerlichen Familienszenen bei Brückners unübersehbar.

Die verschiedenen Nachkriegsschicksale, die Staudte auch in den Nebenfiguren zeichnet, verdeutlichen ein weites Spektrum menschlicher Bewältigungsstrategien: zwischen Verdrängung und Resignation, unbeirrter Hoffnung und fröhlichem Weiterleben. Die Figur Dr. Mertens wurde immer wieder mit dem Heimkehrer Beckmann aus Wolfgang Borcherts Theaterstück »Draußen vor der Tür« verglichen. Die zeitgenössische Kritik stieß sich an der »Symbolträchtigkeit der Bilder«, die »eine dumpfe Stimmung des Verlorenseins« zum Ausdruck bringe (Friedrich Luft); der Schluß – die Änderung des Drehbuchs beruht auf der Einflußnahme der sowjetischen Besatzungsbehörden – sei nicht überzeugend und lasse zuviel offen. Moniert wurde auch die Heroisierung Mertens'. Der junge Schriftsteller Wolfdietrich Schnurre schrieb, auch Mertens sei ein Mörder, weil er das Blutbad in Polen zugelassen habe: »Er tat, was wir alle taten: er kapitulierte vor der Gewalt.«

Wolfgang Staudte schlug sich als Werbefilmer und Schauspieler in der Nazi-Zeit durch. Zwischen Anpassungsdruck und schweigender Gegnerschaft suchte er in dieser Zeit sein Heil. Um nicht in den Krieg ziehen zu müssen, übernahm er auch Nebenrollen in Hetzfilmen der Nazis – wie z.B. in ↗*Jud Süß*–, konnte andererseits mitten im Krieg mit *Akrobat Schö-ö-ön…* (1943) seinen ersten, gänzlich unpolitischen Spielfilm realisieren. Das Exposé zu *Die Mörder sind unter uns* hatte er bereits bei Kriegsende fertig. Es wurde von den westlichen Besatzungsmächten abgelehnt, von den Sowjets dagegen akzeptiert: So wurde Staudte, der im Westen lebte, einer der Mitbegründer der Defa und für lange Jahre ein Regisseur zwischen den Fronten des Kalten Kriegs und als Moralist auch zwischen den Ideologien. Mit *Die Mörder sind unter uns* beginnt seine im deutschen Nachkriegsfilm einmalige Aufarbeitung der Vergangenheit, die er – gegen Widerstände in beiden Deutschlands – mit ↗*Rotation* und *Der Untertan* fortsetzte. Dabei verhehlte der Regisseur nie seine persönliche Betroffenheit, die Schuldgefühle eines, der davongekommen war. Mit seiner Professionalität und integren Moralität, aber auch mit seinen menschlichen Unsicherheiten bis an den Rand des Opportunismus stellt der Weg Staudtes ein singuläres Beispiel engagierter Filmkunst im Nachkriegsdeutschland dar.

»*Die Mörder sind unter uns*«, in: Filmwissenschaftliche Mitteilungen, 1965, H. 2. (Drehbuch, 1.Teil). – Ellen Baumert (Hg.): »*Die Mörder sind unter uns* und andere Filmerzählungen«. Berlin (DDR) 1969.

Christa Bandmann/Joe Hembus: »Klassiker des deutschen Tonfilms 1930–1960«. München 1980; Barbara Bongartz: »Von Caligari zu Hitler – von Hitler zu Dr. Mabuse?«. Münster 1992; Malte Ludin: »Wolfgang Staudte«. Reinbek 1996; Eva Orbanz/Hans Helmut Prinzler (Hg.): »Staudte«. Berlin 1991; Peter Pleyer: »Deutscher Nachkriegsfilm 1946–1948«. Münster 1965; Peter Reichel: »Erfundene Erinnerung«. München 2004; Bernd Reuter (Red.): »Zum Film *Die Mörder sind unter uns*«, in: Christiane Mückenberger (Hg.): Zur Geschichte des DEFA-Spielfilms 1946–1948. Berlin (DDR) 1976; Ralf Schenk (Red.): »Das zweite Leben der Filmstadt Babelsberg«. Berlin 1994; Robert R. Shandley: »Rubble Films«. Philadelphia 2001; Guntram Vogt: »Die Stadt im Film«. Marburg 2001.

Peter Christian Lang

MORTE A VENEZIA (Tod in Venedig). Italien/Frankreich (Alfa Cinematografica/Production Editions Cinématographiques Françaises) 1970/71. 35 mm, Farbe, 135 Min.
R: Luchino Visconti. B: Luchino Visconti, Nicola Badalucco, nach der Novelle »Der Tod in Venedig« von Thomas Mann. K: Pasqualino De Santis. A + Ba: Ferdinando Scarfiotti. S: Ruggero Mastroianni. M: u.a. Gustav Mahler. D: Dirk Bogarde (Gustav von Aschenbach), Björn Andresen (Tadzio), Silvana Mangano (Tadzios Mutter), Romolo Valli (Direktor des »Hôtel des Bains«), Nora Ricci (Tadzios Gouvernante), Mark Burns (Alfried), Carole André (Esmeralda), Marisa Berenson (Aschenbachs Frau), Sergio Garfagnoli (Jasciu).

Visconti führte, wie ein Freund bezeugt, stets drei Bücher mit sich: einen Band aus Marcel Prousts »A la recherche du temps perdu«, André Gides »Les faux-monnayeurs« und Thomas Manns »Der Tod in Venedig«. Wie ein roter Faden zieht sich das Werk des deutschen Chronisten und Interpreten der Dekadenz durch das Œuvre des Filmemachers. An Thomas Manns Novelle faszinierte Visconti das Drama eines deutschen Künstlers – den Dichter verwandelte er in einen Komponisten – zwischen ästhetischem Anspruch und alltäglichem Leben; der Widerspruch von sittenstrenger Haltung und Lust am Untergang beleuchtet über das individuelle Schicksal hinaus die kollektive Psyche in Deutschland zu Beginn dieses Jahrhunderts. Der Form- und Leistungsethiker Gustav von Aschenbach wird von Visconti auf ironisch-parodistische Weise als Verkörperung des protestantisch-preußischen Geistes gesehen, eingebettet in das Umfeld einer kosmopolitischen Szenerie kurz vor Beginn des Ersten Weltkriegs. *Morte a Venezia* enthält zahlreiche Allusionen für Kenner des Werkes von Thomas Mann – so taucht die Hetaera Esmeralda aus »Dr. Faustus« auf – und ist auch eine Vorstudie zu der nicht realisierten Adaption von Prousts »Recherche«: Tadzio wird, ähnlich wie Septuor de Vinteuil bei Proust, »zur mystischen Hoffnung des scharlachfarbenen Engels der Morgenröte« (Visconti).

In paradigmatischer Weise illustriert der Film die Unmöglichkeit einer ›Verfilmung‹ von Literatur. Im Modus des Zitats ist *Morte a Venezia* vielmehr ein Film über Literatur, Kunst und Musik. Wie bei vielen anderen Filmen Viscontis bildet die Vorlage lediglich die Quelle der Inspiration für einen originären Film. Die kinematographische Erfindung gehorcht eigenen Gesetzen, die der Empirie der sichtbaren Welt verpflichtet sind. Die unausgesprochene erotische Spannung findet ihren Ausdruck in den stummen Begegnungen und Blick-Kontakten, wie sie zwischen dem Komponisten Gustav von Aschenbach und dem hübschen polnischen Knaben Tadzio im Grand Hôtel des Bains, am Strand und in den Gassen Venedigs beobachtet werden können – im komplizenhaften Spiel von wissend-lockender Verführung auf der einen, zaghaft-aktiver Verfolgung auf der anderen

Morte a Venezia: Dirk Bogarde und Björn Andresen

Seite. *Morte a Venezia* ist eine erotologische Studie über das Verhältnis von kontemplativer und umfassend sinnlich-körperlicher Erfahrung. Aschenbach vermeidet jeden Körperkontakt; er bleibt ein – allerdings genießender – Zuschauer. Bezeichnend ist jene Szene im Fahrstuhl, als Aschenbach von Tadzio und seinen Freunden eng umringt wird und er kurz darauf die Flucht aus Venedig antritt, um dann erneut, jetzt aber bewußt, in der Stadt der Schönheit und des Verfalls anzukommen.

Aschenbachs Leidenschaft für den polnischen Knaben, durch die seine bisherige asketische Kunstauffassung ad absurdum geführt wird, erhält immer neue Nahrung, stecken doch Visconti und sein Kostümbildner Piero Tosi den androgyn wirkenden Björn Andresen in immer neue körperbetonende Hüllen (enge Badeanzüge, Matrosenanzüge, Pagenuniformen usw.), um ihm alle Schattierungen seines jugendlich-männlichen Eros abzugewinnen. Der in mimischer wie gestischer Hinsicht nuancenreich-perfekt spielende Dirk Bogarde dagegen trägt den Körper panzernde Anzüge, die in ihrem Farbenspiel von Schwarz und Weiß von seinen Bemühungen erzählen, dem geliebten Objekt ähnlich zu werden.

Souverän löste der Regisseur die Aufgabe, die Ambiguität dieser Innenwelt »so schwebend und leicht wie nur möglich und mit einer Delikatesse zu erzählen, daß die Geschichte nie ins Üble abglitt und sich gerade noch innerhalb der Grenzen eines zwielichtigen Taktes abspielte« (Visconti). Die suggestive Melancholie des Mahlerschen Adagiettos, die Kostüme sowie die Hotel- und Strandszenerie der Belle Epoque und schließlich die prüfenden, ja herausfordernden Blicke Tadzios – das sind die Momente, wo Aschenbach aus dem Film herauszutreten scheint und der Zuschauer an seiner Stelle im Korbsessel auf dem Dampferdeck Platz nimmt und Kurs hält auf das Leben und den Tod in Venedig.

»*Morte a Venezia*«. Hg. Lino Micciché. Bologna 1971 (Filmprotokoll, Materialien).

Jean Améry: »Venezianische Zaubereien«, in: ders.: Cinema. Stuttgart 1994; Alfons Arns: »Ästhetische Analyse oder

Vergleich. Literaturverfilmungen zwischen Autonomie und Abhängigkeit«, in: Medien praktisch, 1991, H. 3; Thomas Bleicher: »Zur Adaption der Literatur durch den Film: Viscontis Metamorphose der Thomas Mann-Novelle ›Tod in Venedig‹«, in: The German Quarterly, 1980, H. 4; Serge Daney/Jean-Pierre Oudart: »Le Nom-de-l'Auteur«, in: Cahiers du Cinéma, 1971/1972, H. 234/235; Béatrice Delassalle: »Luchino Viscontis *Tod in Venedig*: Übersetzung oder Neuschöpfung?«. Aachen 1994; Werner und Ingeborg Faulstich: »Luchino Visconti: *Tod in Venedig* – ein Vergleich von Film und literarischer Vorlage«, in: dies.: Modelle der Filmanalyse. München 1977; Carolyn Galerstein: »Images of Decadence in Visconti's *Death in Venice*«, in: Literature/Film Quarterly, 1985, H. 1; Ernest W.B. Hess-Lüttich/Susan A. Liddell: »Medien-Variationen«, in: Kodikas/Code, 1991, H. 1/2; Alexander Hutchison: »Luchino Visconti's *Death in Venice*«, in: Literature/Film Quarterly, 1974, H. 1; Roger Lüdecke: »Der Tod in Venedig (Thomas Mann – Luchino Visconti)«, in: Anne Bohnenkamp/Tilman Lang (Hg.): Literaturverfilmungen. Stuttgart 2005; Hans Mayer: »*Der Tod in Venedig*. Ein Thema mit Variationen«, in: ders.: Thomas Mann. Frankfurt a.M. 1980; Hans Rudolf Vaget: »Film and literature. The case of *Death in Venice*: Luchino Visconti and Thomas Mann«, in: The German Quarterly, 1980, H. 2; Annie Verdier: »De l'écrit à l'image«, in: Caméra/Stylo, 1989, H. 7; Roger E. Wiehe: »Of Art and Death: Film and Fiction Versions of *Death in Venice*«, in: Literature/Film Quarterly, 1988, H. 3; Peter Zander: »Thomas Mann im Kino«. Berlin 2005.

Alfons Arns

MR. DEEDS GEHT IN DIE STADT

↗ Mr. Deeds Goes to Town

MR. DEEDS GOES TO TOWN

(Mr. Deeds geht in die Stadt). USA (Columbia) 1936. 35 mm, s/w, 115 Min.
R: Frank Capra. B: Robert Riskin, nach der Erzählung »Opera Hat« von Clarence Budington Kelland. K: Joseph Walker.
A: Stephen Goosson. M: Howard Jackson.
D: Gary Cooper (Longfellow Deeds), Jean Arthur (Babe Bennett), George Bancroft (MacWade), Lionel Stander (Cornelius Cobb).

François Truffaut hat Frank Capra einen »Wunderdoktor« genannt, und tatsächlich wirkten seine Filme in der Zeit der großen Depression als Allheilmittel: Das durch die Weltwirtschaftskrise stark angeschlagene Selbstbewußtsein der Amerikaner lebte wieder auf. Zuvor aber war Capra selbst der Patient: Der Erfolg hatte ihn krank gemacht. Nachdem er viele Jahre ein Aschenbrödel-Dasein in Hollywood geführt hatte, war ihm überraschend mit *It Happened One Night* (*Es geschah eines Nachts*, 1934) die Screwball-Comedy par excellence geglückt. Der Boxoffice-Erfolg wurde belohnt mit fünf Oscars, den wichtigsten: bester Hauptdarsteller, beste Hauptdarstellerin, bestes Drehbuch, beste Regie, bester Film. Doch eine rätselhafte, psychosomatisch bedingte Krankheit hinderte den Regisseur, auf dem Höhepunkt seiner Karriere weiterzuarbeiten. Eines Tages erschien ein unbekannter Mann im Krankenhaus. »Mr. Capra, Sie sind ein Feigling«, beschimpfte der Fremde ihn, »ein Frevler an Gott.« Er vergeude sein Talent für bloße Unterhaltung, dabei könne er »zu Hunderten von Millionen sprechen, zwei Stunden lang – und das im Dunkeln!« Die Standpauke wirkte: Capra stand auf, war fortan gesund und drehte Filme, die die Amerikaner an ihre besten Tugenden erinnerten. Die Geschichte, Capra hat sie in seiner Autobiographie erzählt, klingt wie ein Märchen. Und sollte sie nicht wahr sein, so könnte sie doch direkt aus einem seiner Filme stammen: Im Zentrum steht immer der Appell an die Moral und Verantwortung des Bürgers.

Longfellow Deeds betreibt in Mandrake Falls eine kleine Fabrik, spielt nebenbei Tuba und verfaßt Knittelverse für Glückwunschkarten. Er ist glücklich und zufrieden, bis er plötzlich 20 Millionen Dollar erbt und nach New York geht. Der naive Mann aus der Provinz wirft das Geld zum Fenster hinaus; seine Eskapaden sind bald Stadtgespräch – dank der Boulevard-Presse, die ihm auf Schritt und Tritt folgt. Die Journalistin Babe hat sich an den ahnungslosen Deeds herangemacht und vermarktet die Erlebnisse des »Cinderella-Man«. Als dieser den Betrug merkt, fühlt er sich verraten; ein Farmer, der in der Krise seinen Besitz verloren hat, bringt ihn auf die Idee, seine Millionen unter den Notleidenden zu verteilen. Damit provoziert er die Gesellschaft: Die Verwandten bemühen das Gericht, um Deeds zu entmündigen. In der Verhandlung schweigt Deeds zunächst beharrlich. Als aber Babe – die ihr Herz für ihn entdeckt hat – für ihn spricht, beweist er in einer furiosen Rede, daß alle anderen mindestens so verrückt sind wie er. Happy End.

Mr. Deeds Goes to Town ist ein Märchen. Der Held ist ein einfältiger Tor, der sich in den Großstadt-Dschungel verirrt hat, dem aber dank seiner Ehrlichkeit und Geradlinigkeit die korrupte und unmoralische Gesellschaft nichts anhaben kann. Capra zeichnet ein kritisches Bild Amerikas, in dem Geld, Betrug und Opportunismus regieren; am Ende aber triumphiert der gesunde Menschenverstand. Zuvor muß der Protagonist manche herbe Enttäuschung erleben, was die Identifikation des Publikums mit dem Protagonisten noch verstärkt. Capra verstand sich auf die Kunst, »seine Personen in Situationen tiefster menschlicher Verzweiflung zu steuern, ehe er das Ruder herumwarf und das Wunder geschehen ließ, das uns mit neuem Vertrauen ins Leben aus dem Kino entließ« (Truffaut).

Der Film traf den Nerv der Zeit: Präsident Roosevelt hatte mit dem ›New Deal‹ eine Erneuerung der amerikanischen Gesellschaft proklamiert, die zugleich eine Rückbesinnung auf die alten Tugenden darstellte. Die Filmindustrie leistete dazu ihren Beitrag: D.W. Griffith drehte *Abraham Lincoln* (1930), John Ford *Young Mr. Lincoln* (1939). Longfellow Deeds war kein Heroe aus der Geschichte, sondern ein Held aus dem Alltag der Gegenwart. Verkörpert wurde er von Gary Cooper: »Hochgewachsen, hager wie Abraham Lincoln und ein echter Pioniertyp« (Capra).

Der Erfolg beschränkte sich jedoch nicht auf die Vereinigten Staaten. Der Engländer Graham Greene stellte Capra über Lubitsch, Clair und sogar Chaplin; selbst im nationalsozialistischen Deutschland wurde Capra applaudiert. »Selten haben die Amerikaner die Schwächen ihrer Businesskultur so schonungslos und zugleich geistvoll behandelt«, hieß es in der Berichterstattung von den Filmfestspielen in Venedig 1936. Die Ufa bemühte sich, den Capra-Stil zu imitieren: *Glückskinder* (Paul Martin, 1936), der Versuch einer deutschen Screwball-Comedy, übernahm unverhohlen Motive aus *It Happened One Night*. Mit *Mr. Smith Goes to Washington* (*Mr. Smith geht nach Washington*, 1940) und *Meet John Doe* (*Hier ist John Doe*, 1941) setzte Capra die Linie der sozialkritischen Komödie fort. Sein unerschütterlicher Optimismus wirkte nach dem Zweiten Weltkrieg, an dem er sich mit der Dokumentarfilm-Reihe *Why We Fight* (1942–45) beteiligte, naiv und unglaubwürdig; der Film mit dem programmatischen Titel *It's a Wonderful Life* (*Ist das Leben nicht schön?*, 1946) markiert das Ende dieser Success-Story. Am langlebigsten erwies sich eine, ohne ideologischen Anspruch, in wenigen Wochen gedrehte, vom Regisseur als altmodische »Kriminalklamotte« eingeschätzte Gelegenheitsarbeit: *Arsenic and Old Lace* (*Arsen und Spitzenhäubchen*, 1941).

Frank Capra: »Autobiographie«. Zürich 1992; Ray Carney: »American Visions. The Films of Frank Capra«. Hanover 1996; Richard Corliss: »Robert Riskin«, in: ders.: Talking Pictures. Woodstock, New York 1974; Christof Decker: »Hollywoods kritischer Blick«. Frankfurt a.M., New York 2003; Patrick Gerster: »The Ideological Project of *Mr. Deeds Goes to Town*«, in: Film Criticism, 1981/82, H. 2; Graham Greene: »On Film. Collected Film Criticism 1935–1940«. New York 1972; Joseph McBride: »Frank Capra. The Catastrophe of Success«. New York u.a. 1992; Enno Patalas: »*Mr. Deeds geht in die Stadt*«, in: Filmkritik, 1960, H. 10; Jeffrey Richards: »Le new deal. Frank Capra et le cinéma du populisme«, in: Positif, 1971, H. 133; Victor Scherle/William Turner Levy: »The Complete Films of Frank Capra«. Secaucus, New York 1992; Robert und Lois Self: »Adaption as Rhetorical Process: *It Happened One Night* and *Mr. Deeds Goes to Town*«, in: Film Criticism, 1981/82, H. 2; François Truffaut: »Frank Capra, der Wunderdoktor«, in: ders.: Die Filme meines Lebens. Frankfurt a.M. 1997; Christian Vivani: »Frank Capra«. Paris 1988; Donald C. Willis: »The Films of Frank Capra«. Metuchen 1974.

Michael Töteberg

DER MÜDE TOD Deutschland (Decla-Bioscop) 1921. 35 mm, s/w, stumm, 2.306 m. R+B: Fritz Lang. K: Fritz Arno Wagner, Erich Nitzschmann, Hermann Saalfrank. Ba: Walter Röhrig, Hermann Warm, Robert Herlth. D: Bernhard Goetzke (Der Tod), Lil Dagover (Die Braut), Walter Janssen (Der Bräutigam).

»Ein deutsches Volkslied in sechs Versen« lautet der Untertitel. »Es liegt ein Städtchen irgendwo / Im Tale traumversunken, / Drein zogen liebestrunken / Zwei Menschen jung und lebensfroh«, hebt die Filmballade an. »Am Kreuzweg, wo schon viel geschah, / Steht ihrer wartend, schweigsam da / Der Tod ...« Eine unheimliche Gestalt – schwarzer Umhang, Wanderstab, Schlapphut – stellt sich der Postkutsche in den Weg und steigt zu dem Liebespaar in den Wagen. Eine Rückblende – Zwischentitel: »Die Stadt von vorgestern« – erzählt die Vorgeschichte: Der geheimnisvolle Fremde hat das an den Gottesacker angrenzende Land, das eigentlich zur Erweiterung des Friedhofs vorgesehen war, erworben und eine unübersteigbare Mauer ohne Tür und Tor um sein Besitztum errichtet.

Das Paar steigt im Gasthof ab; der Fremde setzt sich zu ihnen an den Tisch. Als die Frau ihren Verlobten einen Moment allein läßt, ist er verschwunden. Ihre Suche endet vor dem Besitztum des Fremden; ohnmächtig sinkt sie vor der Mauer zusammen. Der Apotheker gibt ihr ein Beruhigungsmittel. In ihrer Verzweiflung will sie zum Giftbecher greifen, da öffnet sich – der Nachtwächter hat die Stunde vor Mitternacht ausgerufen – die Mauer, und über eine endlose Treppe gelangt sie zu dem Fremden. Flehendlich bittet sie um das Leben ihres Bräutigams. Der Tod führt sie in eine Halle, in der Millionen von Kerzen brennen – jede Kerze ist das Lebenslicht eines Menschen. Er weist auf drei flackernde Kerzen: Wenn sie eines dieser drei Leben bewahren könne, werde er ihr ihren Geliebten wiedergeben. »Liebe ist stark wie der Tod«, hat die Frau beim Apotheker in der Bibel gelesen, und so läßt sie sich auf den Kampf um das Leben ihres Bräutigams ein.

Die drei Episoden führen aus der deutschen Kleinstadt-Szenerie heraus; sie spielen im Bagdad der Kalifen, im Venedig der Renaissance und im alten China. Es sind verspielte, mit prunkvollen Kostümen und Dekors ausgestattete Märchen, wobei die Typographie der Zwischentitel arabische oder chinesische Schriftzeichen imitiert. Doch in keiner der Episoden gelingt es der Frau, das Verhängnis abzuwehren. Die letzte Geschichte mündet in der kunstvollen Vermischung mit der Rahmenhandlung. Der Tod ist seines Amtes überdrüssig, er sehnt sich danach, besiegt zu werden. Er gewährt der Frau eine letzte Chance: Sie soll ein anderes Leben für das ihres Geliebten bringen. Verzweifelt irrt sie durch die Stadt, vergebens sucht sie unter Bettlern und Kranken nach einem Menschen, der sich freiwillig opfert. Plötzlich steht das Spital in Flammen, und sie rettet einen Säugling – der Tod steht neben ihr und fordert diese Seele, doch sie widerruft den Pakt und folgt dem Bräutigam ins Reich der Toten.

Das verwinkelte altdeutsche Städtchen ist mehr als bloße Kulisse: *Der müde Tod* beschwört den Geist der Romantik. Das subtile Spiel von Licht und Schatten verleiht den Filmbildern ihre suggestive Ausdruckskraft; mit Überblendungen und Doppelbelichtungen wechselt Lang zwischen den verschiedenen Welten. Die Phantastik eines E.T.A. Hoffmann ist stark zurückgenommen, auch die im deutschen Stummfilm beliebten Grusel-Effekte werden nur verhalten eingesetzt. *Der müde Tod* ist eine lyrische Ballade. Seiner auferlegten Pflicht kommt der Tod mit verhaltener Trauer nach; seinem Gestus entspricht der getragene Filmrhythmus. Der Film müsse zu lebendig gewordenen Zeichnungen werden, lautete das Postulat des Ausstatters Hermann Warm. Die ruhigen, fast statischen Einstellungen sind inspiriert von Malern wie Albrecht Dürer und Matthias Grünewald, aber auch von Werken, die eher dem Kunstgewerbe zugerechnet werden. Die mit liebevoller Ironie gezeichneten Kleinstadt-Honoratioren – mit Zwischentiteln wie »Seine Gewichtigkeit der Herr Bürgermeister« vorgestellt – erinnern an Spitzweg-Bilder. Doch Lang hatte nicht nur Malerei, sondern auch Architektur studiert. Bei ihm wird der Raum zum ästhetischen Gestaltungsprinzip. Das unausweichliche Schicksal findet seine Entsprechung in Bildern der Unendlichkeit, die über das Blickfeld der Kamera hinausweisen: »Die Riesenmauer, die der Tod errichtete, verdeckt nicht nur den Horizont, sondern schließt parallel mit dem Bildfeld ab, so daß selbst durch Fluchtlinien die Ausdehnung der Mauer nicht abzuschätzen ist.« (Siegfried Kracauer) Die Innenräume in den Episoden werden dagegen durch bewegliche Elemente – Vorhänge und Schiebetüren – gebildet; es dominieren Treppen und Brücken, Durchgangsräume, die durch Kaschs verengt werden.

Der müde Tod bedeutete für Lang, der zuvor konventionelle Abenteuer- und Kolportagefilme gedreht hatte, den künstlerischen Durchbruch. Malerische Schönheit und poesievolle Bilder, ein vollendetes Idyll und »echte beseelte Kunst« konstatierten die zeitgenössischen Rezensenten, wobei Herbert Ihering erkannte, daß Lang Bild-, aber kein Schauspielergefühl habe: »Die Darsteller verharren in sich und werden nicht gelöst.« Der Tenor der Kritik schlug um, als *Der müde Tod* in Paris einen sensationellen Erfolg verbuchen konnte und hymnisch gefeiert wurde. In den USA kam *Der müde Tod* erst mit einigen Jahren Verspätung in die Kinos. Douglas Fairbanks hatte die Rechte gekauft, aber nicht, um den Film vorzuführen: Er hielt ihn unter Verschluß, weil er Langs Tricks, z.B. den fliegenden Teppich, in seinem eigenen Film *The Thief of Baghdad* (*Der Dieb von Bagdad*, 1924) kopierte. Einem jungen spanischen Theaterregisseur öffnete nach eigenem Bekenntnis *Der müde Tod* »die Augen für die poetischen Ausdrucksmittel des Films«. Sein Name: Luis Buñuel.

Ilona Brennicke/Joe Hembus: »Klassiker des deutschen Stummfilms 1910–1930«. München 1983; Lotte H. Eisner: »Die dämonische Leinwand«. Frankfurt a.M. 1980; Fred Gehler/Ullrich Kasten: »Fritz Lang. Die Stimme von Metropolis«. Berlin 1990; Holger Jörg: »Die sagen- und märchenhafte Leinwand«. Sinzheim 1994; Siegfried Kracauer: »Von Caligari zu Hitler«. Frankfurt a.M. 1979; Hildegard Lorenz: »Raumstruktur und Filmarchitektur in Fritz Langs *Der müde Tod* (1921)«, in: Elfriede Ledig (Hg.): Der Stummfilm. München 1988; Tony Rayns: »*Der müde Tod*«, in: Monthly Film Bulletin, 1974, H. 481.

Michael Töteberg

MÜNCHHAUSEN

Deutschland (Ufa) 1943. 35 mm, Farbe, 137 Min.

R: Josef von Baky. B: Berthold Bürger (d.i. Erich Kästner). K: Werner Krien, Trickaufnahmen: Konstantin Irmen-Tschet. Ba: Emil Hasler, Otto Gülstorff. S: Milo Harbich, Walter Wischniewski. M: Georg Haentzschel.

D: Hans Albers (Baron Münchhausen), Wilhelm Bendow (der Mondmann), Michael Bohnen (Herzog Karl), Hans Brausewetter (Freiherr von Hartenfeld), Marina von Ditmar (Sophie von Riedesel), Käthe Haack (Baronin Münchhausen), Ferdinand Marian (Graf Cagliostro).

Die alte Frau tupft sich eine Träne aus dem Augenwinkel. Sie blickt noch immer gebannt auf die weiße Leinwand, als könne sie für einen Moment zurückholen, was sie in dieser Nachmittagsvorstellung der Reihe »Die schönsten deutschen Tonfilme« soeben gesehen hat: Hans Albers vor allem, der Tod und Teufel trotzt mit seinen Schnurren und dabei seine wasserblauen Augen leuchten läßt. Die Frau muß nicht im Programm nachlesen, sie war dabei, damals, als die Ufa sich selbst zum 25. Geburtstag das schönste Geschenk gemacht hat (und den zuhause gebliebenen Rest nicht nur der Deutschen partizipieren ließ): den Großfilm in Farbe. Der zwei Jahre lang in den Gazetten gewesen war schon durch den aberwitzigen Aufwand, den man für ihn betrieb. Ein deutsches ↗*Gone With the Wind* ohne dessen epischen Atem, dafür mit Kurzweil, mit Humor – mit Galgenhumor. Man hat's ja gesehen, es ging weiter nach 1945. Setz' dich doch nochmal auf die Kugel, Hans.

Es ist nicht schwer, in *Münchhausen* Abdrücke seiner Entstehungszeit zu lokalisieren: Der »Lügenbaron«, literarisch mit der Romantik geboren, ist ein Eroberer nicht allein von Frauenherzen. Rastlos durcheilt er die exotischsten Gebiete: vom bescheidenen, gleichwohl absolutistisch regierten Bodenwerder an den Hof des Zaren nach St. Petersburg, von einem beinahe surrealistisch inszenierten Balkan ins beinahe realistische Venedig – als einer, den es ›in die Welt treibt‹, zuletzt gar auf den Mond. Erst in der nach langer Rückblende eingeholten Gegenwart findet sich der Rastlose erlöst. Von dem Drehbuchautor Erich Kästner – dessen Schreibverbot für diesen Auftrag aufgehoben wurde und der sich hinter einem Pseudonym verstecken mußte – hinzuerfunden wurde der Graf Cagliostro. Er ist mehr als das absolut Böse und zugleich weniger: Er ist auch Ferdinand Marian, als Jud Süß die infamste Filmfigur des »Dritten Reiches« – genauso wie Albers immer

Albers bleibt. Auf eine Transformation dieser Stars wird zugunsten der eingeführten, beim Publikum abgesicherten Typologie verzichtet. An die Stelle jeglicher Anstrengung treten Tricks und Wunderwaffen.

Die Vorzeigefirma des NS-Regimes, die Ufa, schaffte bis zu beider Ende die Fertigstellung von sieben Farbfilmen, je einen steuerten Terra und Tobis bei. Unter diesen neun Produkten rangiert *Münchhausen*, versucht man nach dem heutigen Eindruck zu urteilen, in einer cineastischen Wertschätzung allenfalls im Mittelfeld. Trotz aller Restaurierungsbemühungen um die »Pastellfarben« von Agfacolor wirkt der Film wie ein bunter Gemischtwarenladen: Marktschreierisch preist die Ufa – vor dem großen Ausverkauf – ein letztes Mal ihre Production Values an. Die Dialoge sind bestenfalls hölzern, viel häufiger klingen sie nach Offizierskasino. Was dem Film aber am meisten schadet, ist die offenbleibende Frage nach dem Antrieb dieses verzichtenden Hedonisten. Münchhausen, ein deutscher Held? Am Ende des Films, so scheint es, bittet er selbst um die Erlösung von dieser Hypothek.

»*Münchhausen*«. Frankfurt a.M., Hamburg 1960. (Drehbuch).

Alfons Arns: »Die halbe Wahrheit. Zum Umgang mit NS-Spielfilmen in Fernsehen und Kritik: Das Beispiel *Münchhausen*«, in: medium, 1991, H. 4; Christa Bandmann/Joe Hembus: »Klassiker des deutschen Tonfilms 1930–1960«. München 1980; Claudia Dillmann: »Ewige Jugend«, in: Hans-Michael Bock/Michael Töteberg (Hg.): Das Ufa-Buch. Frankfurt a.M. 1993; Heike Klapdor: »*Münchhausen* und Stalingrad«, in: Rainer Rother (Hg.): Die Ufa. Das deutsche Bilderimperium. Berlin 1992, H. 19; Gert Koshofer (Hg.): »Color. Die Farben des Films«. Berlin 1988; Klaus Kreimeier: »Die Ufa-Story«. München 1992; Eric Rentschler: »The Triumph of Male Will: *Münchhausen* (1943)«, in: Film Quarterly, 1989/90, H. 3; Helma Sanders-Brahms: »Das Dunkle zwischen den Bildern«. Frankfurt a.M. 1993; Inge Tornow: »Erich Kästner und der Film«. München 1998; Silke Schulenburg: »Von der (All-)Macht der Illusion und der Verführbarkeit der Ideologie«, in: Harro Segeberg (Hg.): Mediale Mobilmachung I. München 2004; Linda Schulte-Sasse: »Entertaining the Third Reich«. Durham, London 1996; Karsten Witte: »Das Braun von Agfacolor«, in: Frankfurter Rundschau, 4.7.1978.

Thomas Meder

DIE MUTTER ↗ Mat'

MUTTER JOHANNA VON DEN ENGELN ↗ Matka Joanna od aniołow

MUTTER KRAUSENS FAHRT INS GLÜCK

Deutschland (Prometheus) 1929. 35 mm, s/w, stumm, 3.297 m.
R: Phil Jutzi. B: Willi Döll, Johnannes Fethke und das Prometheus-Kollektiv. K: Phil Jutzi. Ba: Robert Scharfenberg, Karl Haaker. M: Paul Dessau.
D: Alexandra Schmidt (Mutter Krause), Holmes Zimmermann (Paul), Ilse Trautschold (Erna), Gerhard Bienert (Schlafbursche), Vera Sacharowa (seine Freundin), Friedrich Gnass (Max).

»Hoch oben im Norden von Berlin, in jenen eintönigen grauen Straßen mit ihren nüchternen Fassaden und drei bis vier dunklen Hinterhöfen, wo die Menschen eng zusammengepfercht wohnen, dort, wo der verstorbene Meister Zille seine Motive fand, wohnt Mutter Krause mit ihrem Sohn Paul und ihrer Tochter Erna.« So beginnt der Text des »Illustrierten Filmkurier« zu *Mutter Krausens Fahrt ins Glück*, gewidmet »dem großen Menschen und Künstler Prof. Heinrich Zille«. Die Idee stammte von dem Maler Otto Nagel, der auch Käthe Kollwitz und Hans Baluschek für das Protektorat über den Film gewann. Produktionsfirma war die Prometheus-GmbH, ursprünglich gegründet als Verleih für sowjetische Filme; sie betrieb revolutionäre Propaganda im Dienste der KPD und ihres ›Medienexperten‹ Willi Münzenberg.

Mutter Krausens Fahrt ins Glück basierte auf dem Zille-Satz: »Eine Wohung kann einen Menschen genauso töten wie eine Axt.« Eine Sentenz, die mit Hilfe eines sozial und psychologisch genauen Familiendramas filmisch ›aufgelöst‹ wird: Die alte Berliner Arbeiterwitwe Mutter Krause, die ihr kärgliches Brot durch das Austragen von Zeitungen verdient, verkörpert das Prinzip der Redlichkeit, das am Ende in einen Selbstmord mündet: nach der Verhaftung ihres beschäftigungslosen Sohns Paul, der ihr das

Abonnentengeld gestohlen hatte. Parallel zum Selbstmord zeigt der Film, wie Erna, die Tochter der alten Frau, sich an der Seite des organisierten Arbeiters Max einer Demonstration des Roten Frontkämpferbundes anschließt; ihre Beine, von der Kamera in Nahaufnahme fotografiert, nehmen den Rhythmus des Marsches auf. Der Kritiker der KPD-Zeitung »Rote Fahne« schrieb von »einer Kraft, einer Siegesbewußtheit, einer proletarischen Größe, einer bolschewistischen Diszipliniertheit und Wucht, (...) die alles Elend, alles Dunkle im Film aufhebt, die den Wedding als ein Zentrum des deutschen klassenbewußten Proletariats, als ein Zentrum der deutschen proletarischen Diktatur der Zukunft gestaltet«.

So hebt sich *Mutter Krausens Fahrt ins Glück* von einer ganzen Reihe anderer sogenannter Zille-Filme ab, die in der zweiten Hälfte der zwanziger Jahre entstanden (z.B. *Die Verrufenen*, 1925, Gerhard Lamprecht, oder *Schwere Jungens – leichte Mädchen*, 1927, Carl Boese). Anstelle sentimentaler oder pittoresker Fabeln, die das Milieu nur als exotische Kulisse für Hinterhofromantik und Lumpenbälle benutzten und in der Zustandsbeschreibung steckenblieben, ging es der Prometheus um die Aktivierung des Zuschauers. Regisseur Phil Jutzi, der zur selben Zeit auch Dokumentarfilme realisierte, drehte vor allem an Originalschauplätzen am Humboldthain, am Tegeler See und in der Gegend des Stettiner Bahnhofs. Er engagierte zahlreiche Laiendarsteller, die gleichsam ihr eigenes Schicksal auf die Leinwand brachten: ein frühes Beispiel für das Cinéma verité, ein deutscher Vorläufer des italienischen Neorealismus. Im Dezember 1929 passierte *Mutter Krausens Fahrt ins Glück* die Zensur und bekam, womit die Prometheus aus politischen Gründen kaum gerechnet hatte, das Prädikat »künstlerisch wertvoll«.

Jutzi war als Autodidakt zum Kino gekommen; in der Weimarer Republik inszenierte er u.a. *Hunger in Waldenburg* (1928) und *Berlin Alexanderplatz* (1930), Filme, die – wie *Mutter Krausens Fahrt ins Glück* – nach dem Machtantritt der Nazis verboten wurden. Dennoch offerierte Goebbels dem Regisseur das Angebot, die Geschichte der Mutter Krause im Sinne der nationalsozialistischen Ideologie neu zu erzählen: Die Arbeiterwitwe könne nun in der NS-Frauenschaft Glück und Zufriedenheit finden. Jutzi lehnte ab; während des Dritten Reiches verdingte er sich als Inszenator heiterer Kurzspielfilme und belangloser Unterhaltungskonfektion.

Nach dem Krieg galt *Mutter Krausens Fahrt ins Glück* als verschollen. Erst Mitte der fünfziger Jahre wurde eine nach Dänemark verkaufte und dort 1931 von der Zensur verbotene Kopie entdeckt und vom Staatlichen Filmarchiv der DDR restauriert. An Jutzis Film erinnerte Rainer Werner Fassbinder, dessen *Mutter Küsters' Fahrt zum Himmel* (1975) sich wie eine pessimistische Antwort auf den klassenkämpferischen Optimismus von *Mutter Krausens Fahrt ins Glück* ausnahm: Die Kommunistische Partei – nunmehr DKP – ist bei Fassbinder zu einem bürgerlichen Splitterverein verkommen.

»*Mutter Krausens Fahrt ins Glück*«. Hg. Rudolf Freund/ Michael Hanisch. Berlin (DDR) 1976. (Filmprotokoll, Materialien).

Wolfgang Dietzel: »Über den Beitrag des Kameramannes und Regisseurs Phil Jutzi zu einem dokumentarischen Spielfilmstil«, in: Filmwissenschaftliche Mitteilungen, 1965, Sonderheft 1; Gero Gandert (Hg.): »Der Film der Weimarer Republik. 1929«. Berlin, New York 1993; Wolfgang Hesse: »Proletarischer Spielfilm in der Weimarer Republik«, in: Film- und Fernsehkunst der DDR. Berlin (DDR) 1979; Jan-Christopher Horak: »Kino-Culture in Weimar Germany, Part 2: ›Tenements Kill Like an Ax‹« in: Jump Cut, 1982, H. 27; Gertraude Kühn u.a. (Hg.): »Film und revolutionäre Arbeiterbewegung in Deutschland 1918–1932«. Bd.2. Berlin (DDR) 1975; Margot Michaelis: »*Mutter Krausens Fahrt ins Glück* – eine exemplarische Analyse«, in: Helmut Korte (Hg.): Film und Realität in der Weimarer Republik. München 1978; Bruce Murray: »Film and the German Left in the Weimar Republic: From *Caligari* to *Kuhle Wampe*«. Austin 1990; Guntram Vogt: »Die Stadt im Film«. Marburg 2001.

Ralf Schenk

MY BEAUTIFUL LAUNDRETTE

(Mein wunderbarer Waschsalon). Großbritannien (Working Title/SAF Productions/Channel 4) 1985. 16 mm, Farbe, 97 Min.

R: Stephen Frears. B: Hanif Kureishi. K: Oliver Stapleton. S: Mick Audsley. M: Ludus Tonalis.

D: Gordon Warnecke (Omar), Daniel Day-Lewis (Johnny), Saeed Jaffrey (Nasser), Derrick Branche (Salim), Roshan Seth (Papa), Rita Wolf (Tania), Shirley Anne Field (Rachel).

»How to squeeze the tits of the system« heißt übersetzt etwa: Wie man das System aussaugt. Den anglo-pakistanischen Landsleuten des Drehbuchautors Hanif Kureishi gefiel keineswegs, was dieser über sie zutage förderte: Liberal im äußeren Umgang, herrschen zu Hause noch die traditionellen heimischen Sitten, d.h. die Frauen werden wie Sklavinnen gehalten und müssen die Männer bedienen. Zudem verfügen sie über eine skrupellose Geschäftstüchtigkeit, die auch vor Kriminalität nicht zurückschreckt. Denn nur über materiellen Wohlstand können sie jene Anerkennung erreichen, die ihnen sonst die Gesellschaft verweigert.

›Wogs‹, ein ähnlich abwertender Begriff wie Nigger oder Kanake, werden alle nicht rein-britischen Menschen – Farbige, Schwarze und Mischlinge – von den weißen Unterschichtsangehörigen genannt. Der Begriff wurde populär in den achtziger Jahren, in der Thatcher-Ära, als der harte politische Kurs der Premierministerin zur Verschärfung der sozialen Konflikte führte. Arbeitslosigkeit, Wohnungsnot, Ausländerhaß, Gewalt von Jugendlichen – *My Beautiful Laundrette* handelt von Problemen, die in den heruntergekommenen Vorstädten zur Alltagsrealität gehören. Der Film greift diese Themen unter umgekehrten Vorzeichen auf: Der Ausländer ist nicht bloß das Opfer, und der Engländer scheint im eigenen Land haltloser als mancher Einwanderer.

Hanif Kureishis Außenseiterkomödie ist die Geschichte einer ungewöhnlichen Freundschaft und Zusammenarbeit. Johnny, ohne Arbeit, hat sich, mehr aus Langeweile denn aus Überzeugung, einer Gruppe von Neofaschisten angeschlossen. Bei einem nächtlichen Überfall trifft er auf den Pakistani Omar, mit dem zusammen er in der Schule war. Frust und Perspektivlosigkeit bestimmen auch Omars Leben. Er pflegt seinen alkoholabhängigen Vater, einen gescheiterten Schriftsteller und Journalisten. Immerhin hat Omar im Hintergrund den funktionierenden Familienclan: Sein Onkel Nasser überläßt ihm einen heruntergekommenen Waschsalon. Allein mit den guten Ratschlägen des Onkels – »Worauf verzichtet ein reinblütiger Engländer nie? Auf saubere Kleidung!« – gelingt es Omar und Johnny nicht, den schäbigen Laden in einen todschicken Waschsalon umzuwandeln. Aber Omar versteht es, sich geschickt in die illegalen Geschäfte seiner Verwandtschaft einzuschalten, und sie geben auch nicht auf, als Johnnys ehemalige Freunde auftauchen und ihn zusammenschlagen. Ganz nebenbei erzählt der Film eine zarte Liebesgeschichte: zwischen dem homosexuellen Paar Johnny und Omar.

Der Witz, den der Film selbst ausweglosen Situationen abgewinnt, unterscheidet *My Beautiful Laundrette* von dem zeitgleich in Frankreich entstandenen *Le thé au harem d'Archimede* (*Tee im Harem des Archimedes*) von Mehdi Charef, der die gleiche Problematik in einer realistischen Sozialstudie verarbeitet. »Ironie ist eine Möglichkeit, Trostlosigkeit und Grausamkeit anzusprechen, ohne in moralische Belehrung zu verfallen«, erklärte Hanif Kureishi. Der Drehbuchautor, Sohn eines pakistanischen Vaters und einer englischen Mutter, hatte, ähnlich wie seine Hauptfigur Omar auf Johnny, großen Einfluß auf den Regisseur: *My Beautiful Laundrette* ist mindestens ebenso ein Kureishi-Film wie ein Werk von Stephen Frears.

In sechs Wochen mit einem schmalen Budget auf 16 mm gedreht, wurde *My Beautiful Laundrette* in Großbritannien zum Film des Jahres gewählt. Allein in den USA spielte der Film viermal so viel ein, wie er gekostet hat, ermöglichte Frears den Einstieg ins internationale Kinogeschäft und brachte Hanif Kureishi eine Oscar-Nominierung ein. Die erfolgreiche Zusammenarbeit setzten sie 1987 fort mit einer wesentlich depressiveren Sozialsatire auf das England des Thatcherismus: *Sammy and Rosie Get Laid* (*Sammy und Rosie tun es*).

Stephen Frears behauptet, der Begriff ›New British Cinema‹, dem auch *My Beautiful Laundrette* zugerechnet wird, sei eine Erfindung von Journalisten. Filme wie Neil Jordans *Mona Lisa* (1986), Chris Bernhards *Letter to Breshnev* (*Brief an Breshnev*, 1985) oder Terence Davies' *Distant Voices, Still Lives* (1987), Frears' *Prick Up Your Ears* (1987), der Verfilmung der Biographie des Dramatikers Joe Orton, oder die Arbeiten von Ken Loach und Mike Leigh haben in der zweiten Hälfte der achtziger Jahre dem britischen Kino internationale Beachtung gesichert wie einst das ›Free Cinema‹. Während Frears mit ↗*Dangerous liaisons* einen Kostümfilm drehte und nach Hollywood ging, blieb Kureishi seinem Milieu treu und realisierte in eigener Regie den Film *London Kills Me* (1991). Mag es sich auch nicht um eine programmatische Bewegung handeln, so bleibt ›New British Cinema‹ doch eine sinnvolle Klassifizierung: ein national orientiertes Kino, das die Probleme der Gegenwart genau und engagiert schildert.

»*Mein wunderbarer Waschsalon/Sammy und Rosie tun es*«. München 1991. »*My Beautiful Laundrette* and *The Rainbow Sign*«. London 1986. (Filmtext).
Volker Behrens: »A Gritty Brit Gone Hollywood: Stephen Frears und seine Filme zwischen Sozialkritik und Traumfabrik«, in: Ingrid Kerkhoff/Hans-Peter Rodenberg (Hg.): Leinwandträume. Hamburg/Berlin 1991; Martin Blaney: »›The Empire Strikes Back.‹ Die ehemals Kolonisierten schlagen zurück«, in: Filmfaust, 1986, H. 51 (Interview); Ines Karin Böhner: »*My Beautiful Laundrette* und *Sammy and Rosie Get Laid*«. Frankfurt a. M. 1996; Timothy Corrigan: »A Cinema without Walls«. New Brunswick 1991; Christine Geraghty: »*My Beautiful Laundrette*«. London 2005; Holger Hühn: »Implodiertes Empire und Thatchers England«, in: Wilhelm Hofmann (Hg.): Sinnwelt Film. Baden-Baden 1996; Marcia Pally: »Kureishi: Like A Fox«, in: Film Comment, 1986, H. 5 (Interview); Leonhard Quart: »The Politics of Irony: The Frears-Kureishi Films«, in: Film Criticism, 1991/92, H. 1/2; Nicolas Saada: »Le cinéma de tous les métissages«, in: Cahiers du Cinéma, 1988, H. 406 (Interview); Karsten Witte: »*Mein wunderbarer Waschsalon*«, in: epd Film, 1986, H. 10.

Heike Ließmann

NACH DEM GESETZ – SÜHNE
↗ Po zakonu

DIE NACHT ↗ Notte

DIE NACHT DES JÄGERS
↗ Night of the Hunter

EINE NACHT IN CASABLANCA
↗ Night in Casablanca

NACHTS, WENN DER TEUFEL KAM
Bundesrepublik Deutschland (Divina) 1957. 35 mm, s/w, 119 Min.
R: Robert Siodmak. B: Werner Jörg Lüddecke, nach dem Tatsachenbericht von Will Berthold. K: Georg Krause. Ba: Rolf Zehetbauer, Gottfried Will. S: Walter Boos. M: Siegfried Franz. D: Claus Holm (Axel Kersten, Kriminalkommissar), Mario Adorf (Bruno Lüdke), Hannes Messemer (SS-Gruppenführer Rossdorf), Peter Carsten (Mollwitz), Carl Lange (Major Wollenberg), Werner Peters (Willi Keun).

»Ich bin auf die Filme, die ich nach meiner Rückkehr aus Hollywood gemacht habe, nicht stolz. Bis auf zwei: *Die Ratten* und *Nachts, wenn der Teufel kam*«, bekannte Robert Siodmak in seiner Autobiographie. Der Film, der sich wohltuend von den üblichen Rührstücken des bundesdeutschen Kinos in den fünfziger Jahren unterscheidet, greift einen authentischen Fall auf: Der geisteskranke Massenmörder Bruno Lüdke brachte während der Nazi-Zeit über 80 Frauen um. Über ein Jahrzehnt hinweg blieb er unentdeckt; die Polizei sah nicht einmal einen Zusammenhang zwischen den Morden. Erst 1944 kam der Kriminalkommissar Axel Kersten dem Täter auf die Spur, und Lüdke wurde gefaßt. Die SS wollte die Mordserie zum Anlaß nehmen, für das Gesetz zur Liquidierung geisteskranker Menschen Propaganda zu machen. Doch von übergeordneter politischer Seite befürchtete man einen enormen Ansehensverlust für die staatliche Ordnungsmacht, wenn offenbar würde, daß ein Massenmörder jahrelang unbehelligt seine Taten begehen konnte. Lüdke wurde deshalb ohne gerichtliches Verfahren hingerichtet und die ganze Geschichte vertuscht.
»Die Gegenüberstellung des fast Mitleid erregenden Geisteskranken mit dem Justizunwesen des Dritten Reiches führt zu Schlüssen von moralischer Subversivität«, schreibt Hervé Dumont. Enno Patalas urteilte seinerzeit: »Der Film ist zunächst eine unmißverständliche Lektion über den Unrechtscharak-

ter des NS-Staates. Die Parteitypen sind mit einer Schärfe getroffen wie vorher nur gelegentlich in Staudtes ↗*Rotation*. Da ist der Typ des wildgewordenen Spießers, da ist der kalte SS-Fanatiker mit dem Rassendünkel, da sind die niederen Chargen – bereitwillig-dumpfe Opportunisten und Karrieristen. Sie alle sind bis in den Tonfall hinein getroffen.« In der optischen Gestaltung erinnert *Nachts, wenn der Teufel kam* manchmal an den expressiven Stil der zwanziger Jahre, doch auch die Erfahrungen des Emigranten Siodmak in Hollywood sind in den Film eingegangen. Routiniert verbindet der Regisseur mehrere Genres: *Nachts, wenn der Teufel kam* enthält Elemente des Film noir wie des Psychothrillers und wirkt obendrein wie ein verspäteter Anti-Nazi-Film, wie sie in den vierziger Jahren in den USA gedreht wurden. Mario Adorf, in seiner ersten großen Rolle, erhielt für seine Darstellung 1958 den Bundesfilmpreis als bester Nachwuchsschauspieler.

Christa Bandmann/Joe Hembus: »Klassiker des deutschen Tonfilms 1930–1960«. München 1980; Barbara Bongartz: »Von Caligari zu Hitler – von Hitler zu Dr. Mabuse?« Münster 1992; Wolfgang Jacobsen/Hans-Helmut Prinzler (Hg.): »Siodmak Bros.«. Berlin 1998; Enno Patalas: »*Nachts, wenn der Teufel kam*«, in Filmkritik, 1957, H. 10; Robert Siodmak: »Zwischen Berlin und Hollywood«. Hg. Hans C. Blumenberg. München 1980.

Ronny Loewy

DIE NACHT VON SAN LORENZO ↗ Notte di San Lorenzo

NACKTE STADT ↗ Naked City

NAGAYA SHINSHI-ROKU (Aufzeichnungen eines Mietskasernenbewohners/ Erzählungen eines Nachbarn).

Japan (Shochiku/Ofune) 1947. 35 mm, s/w, 72 Min.
R: Yasujiro Ozu. B: Ikeda Tadao, Yasujiro Ozu. K: Yushun Atsuta. A: Tatsuo Hamada. S: Yoshi Sugihara. M: Ichiro Saito.
D: Choko Lida (Otane), Aoki Hohi (Kohei), Eitaro Ozawa (sein Vater), Chishu Ryu (Tashiro), Mitsuko Yashikawa (Kikuko), Takeshi Sakamoto (Kihachi).

»40 Jahre lang zeichnete Ozu die Transformation des alltäglichen Lebens in Japan auf. Sein Thema war, von wenigen Ausnahmen im Frühwerk abgesehen, die japanische Familie.« (Wim Wenders) Zwei Formen der Familie gibt es in Ozus Filmen: den großen Clan, dessen Auflösung man beiwohnt, und die Rumpffamilie, die oft nur aus einem verwitweten Elternteil und einem Kind besteht, wobei dies auch eine familienähnliche Gemeinschaft sein kann wie in *Nagaya shinshi-roku*. Die Witwe Otane nimmt zunächst widerwillig einen streunenden Jungen auf; als sie ihre Zuneigung zu dem kleinen Bettnässer erkennt, kommt der leibliche Vater und geht mit ihm fort. Sie entschließt sich, ein Waisenkind zu adoptieren. In diesem, Ozus erstem Film nach dem Zweiten Weltkrieg, sind die Spuren des Krieges unmittelbar sichtbar wie sonst nur noch in dem folgenden Film *Kaze no mendori* (*Wie ein Huhn im Wind*, 1948): Obdachlose Kinder, deren Familien ausgebombt sind, Schwarzmarkthändler, die amerikanische Kleidung versetzen, Häuserruinen, zwischen denen sich Spuren des zögernden Wiederaufbaus zeigen. *Nagaya shinshi-roku* ist ein japanischer Trümmerfilm.

Nach seiner Rückkehr aus der Kriegsgefangenschaft in Singapur erhielt Ozu von der Produktionsgesellschaft Shochiku, bei der er zeitlebens Hausregisseur war, den Auftrag, in kürzester Zeit den Film zu realisieren. Das Drehbuch wurde in zehn Tagen geschrieben – gewöhnlich brauchte er mindestens drei Monate, wie er meist auch nur einen Film pro Jahr drehte. Fast triumphierend verwies Ozu darauf, wie sehr er trotz der Unterbrechung stilistische Kontinuität bewahren konnte. »In Singapur habe ich viele ausländische Filme gesehen, darum glauben gewisse Leute, deren Einfluß habe mich verändert. Aber schauen Sie *Nagaya shinshi-roku* selbst an: nichts hat sich geändert, es ist das gleiche wie zuvor.« So tauchen im Film Charaktere auf, die bis in Ozus Stummfilmperiode zurückverfolgt werden können. Die Witwe Otane gibt es bereits in *Hitori musuko* (*Der einzige Sohn*, 1936), Kihachi in *De-*

Nagaya shinshi-roku: Choko Lida und Aoki Hohi.

kigokoro (*Eine Laune*, 1933), *Ukigusa monogatari* (*Eine Geschichte von wurzellosen Gräsern*, 1934) und *Hakoiri musume* (*Die wohlbehütete Tochter*, 1934) – jeweils von denselben Schauspielern gespielt. Gerade dieses Beharren auf den immergleichen Elementen ermöglicht den konzentrierten Blick auf soziale Veränderungen, macht sie vielleicht sogar erst sichtbar. Wenders hat in einem Interview Ozus empfindsamen Blick für die Veränderungen Japans mit einem Seismographen verglichen.

Nagaya shinshi-roku gehört zu den Filmen Ozus, die außerhalb Japans wenig bekannt sind. David Bordwell, der im Westen zu den besten Kennern des Werkes von Ozu gehört, kommt in seiner Analyse zu dem Schluß: »Wenn Ozu nur diesen 72minütigen Film gemacht hätte, wäre ihm schon der Ruf als einer der größten Regisseure sicher.«

David Bordwell: »Ozu and the Poetics of the Cinema«, London 1988; Angelika Hoch (Red.): »Yasujiro Ozu«, Kinemathek, 2003, H. 94; Ozu: »Meine Filme«, in: Stefan Braun u.a. (Red.): Ozu Yasujiro. München 1981; Wim Wenders: »Die Geschichte der Wahrheit«, in: Frankfurter Rundschau, 11.12.1993.

Rüdiger Tomczak

THE NAKED CITY (Die nackte Stadt/Stadt ohne Maske). USA (Mark Hellinger Productions/Universal Pictures) 1947. 35 mm, s/w, 96 Min.

R: Jules Dassin. B: Malvin Wald, Albert Maltz. K: William Daniels. S: Paul Weatherwax. M: Miklos Rozsa, Frank Skinner.

D: Barry Fitzgerald (Lieutenant Dan Muldoon), Howard Duff (Frank Niles), Dorothy Hart (Ruth Morrison), Don Taylor (Jimmy Halloran), Ted de Corsia (Garzah), House Jameson (Dr. Stoneman).

On location, z.T. mit versteckter Kamera, an 107 Schauplätzen in New York gedreht, gilt *The Naked*

City als Glanzlicht des semidokumentarischen Film noir der Nachkriegszeit. Peter Nau hingegen spricht von einem Polizeifilm über die Jagd nach einem Mörder. Er rechnet den Film nicht zur Schwarzen Serie, weil der Mordfall von außen, vom Standpunkt der Polizei gezeigt wird, während der Film noir von innen, von der Situation der Kriminellen die Handlung entwickle. Auch Robert Ottoson räumt ein, daß *The Naked City* der Zynismus und die Abgebrühtheit fehlen, die den Film noir auszeichnen. Außerdem werde New York, der eigentliche ›Star‹ des Films, nicht von seiner dunkelsten Seite porträtiert, sondern im Sonnenlicht gebadet, in flirrende Hitze getaucht.

Der Name des Regisseurs Jules Dassin, der später durch Thriller wie *Du rififi chez les hommes* (*Rififi*, 1956) und seine Zusammenarbeit mit Melina Mercouri u.a. bei *Pote tin kyriaki* (*Sonntags … nie!*, 1959) berühmt wurde, stand nur in kleiner Schrift auf dem Filmplakat. In großen Lettern prangte über dem Titel der Name des Produzenten Mark Hellinger und die Zeile: »Terrifically told by the man who knew New York best.« Hellinger sprach selbst den Off-Kommentar, und es klang, »als ob die Stimme Gottes menschliche Form angenommen hätte« (J.P. Telotte). Die erste Einstellung ist ein Blick aus dem Himmel auf Manhattan, und stolz annonciert Hellinger seine für das amerikanische Kino ungewöhnliche Filmschöpfung: Nicht in einem Studio Hollywoods, sondern in der realen Kulisse der Stadt – »so wie sie ist: nackt und ohne gekünstelte Fassade« – sei gedreht worden. Der Neorealismus hatte nach der New Yorker Premiere von Rossellinis ↗*Roma, città aperta* am 25.2.1946 auch in Amerika Schule gemacht. Doch *The Naked City* – den Titel hatte man sich von einem zwei Jahre zuvor erschienenen Fotoband Weeges, dem Pressefotografen Arthur Fellig, entliehen – wird von dem Kommentar wieder verhüllt. Die nackten Häuserwände, menschenleeren Straßen, vertäuten Schiffe täuschen: Die Stadt beherbergt Seelen! Ob ein Schiff jemals müde werde? Nein, nur die Menschen, die den toten Dingen ihren Atem verliehen. Niemals höre der Puls dieser Stadt zu schlagen auf. Menschen, die nachts ihr Brot verdienen, werden gezeigt und ihre Gedanken ausgesprochen: die Putzfrau, für die bisweilen die ganze Welt aus schmutzigen Füßen besteht, der Journalist, der als erster alle Neuigkeiten erfährt, der Mann, der im Radio-Sender Platten auflegt, die wenigstens seine Frau hört. Nicht die neusachliche Sicht eines Walter Ruttmann, in dessen ↗*Berlin. Die Sinfonie einer Großstadt* der Maschinenrhythmus den Menschen den Takt vorgibt, bestimmt den Film, sondern gezeigt wird eine einzigartige Stadt mit dem buntesten Völkergemisch der Erde: »Man sagt von ihr, sie sei der Herzschlag der Welt«. Acht Millionen Schicksale, und einige davon könne der Zuschauer jetzt miterleben …

Doch welche Schicksale will ein Kinozuschauer erleben? Der Drehbuchautor Malvin Wald überzeugte Hellinger, »daß bei der Kombination der künstlerischen dokumentarischen Technik eines Flaherty mit dem kommerziellen Produkt Hollywoods ein sicherer Stoff Verwendung finden müsse – Mord, eine Polizei-Geschichte.« Die Kamera fährt auf eine Jalousie zu, hinter der man silhouettenhaft einen Kampf auf Leben und Tod erkennt. Die schemenhafte Einstellung wird abgelöst durch einen Blick ins Innere des Apartments: Zwei Männer überwältigen eine Frau, doch ihre Gesichter sind nicht zu erkennen. Nach seiner Betäubung wird das Opfer in die Badewanne getragen. Im Detail wird gezeigt, wie behandschuhte Hände den Wasserhahn aufdrehen – und dann ein Match-Cut auf den Wasserspeier eines abfahrenden Sprengwagens der Straßenreinigung, der vorausweist auf die anstehende Säuberung der Stadt von den Kriminellen. Ein neuer Morgen bricht an, Züge mit Fleisch aus Texas für New York treffen ein, die Post wird zugestellt, die Milch ins Haus gebracht. Die Normalität des Alltags geht ihren Gang.

Im routinemäßigen Gang polizeilicher Ermittlungsarbeiten gelingt es schließlich Lieutenant Muldoon, Detective Halloran und seinen Kollegen, den Mörder ausfindig zu machen und im Zuge einer Verfolgungsjagd auf der Williamsburg Bridge zu stellen. Die Bilder von der Flucht auf die endlos erscheinende Brücke, wo sich der Mörder im Stahlgestänge rettungslos verfängt, geben der Hommage an die Urbanität einen unbarmherzigen Grundzug. Der

Mörder stürzt, von Polizeikugeln getroffen, in die Tiefe, und die Produzentenstimme resümiert, dies sei eines der acht Millionen Schicksale in dieser Stadt gewesen. *The Naked City* beeindruckt noch heute durch den Wechsel von minuziöser Schilderung und dramatischer Dynamik, woran neben der Inszenierung vor allem Kamera und Schnitt - beides mit einem Oscar ausgezeichnet - ihren Anteil haben. Die Jagd nach dem Glück gestaltet sich jedoch für die meisten Menschen weniger spektakulär. Von der Frau, die die Leiche findet, heißt es im Kommentar, sie lebe ruhig und bescheiden und verdiene sich ihren Unterhalt als Hausangestellte. Aber das ist eine andere Geschichte, die sich schlecht verkauft.

»*The Naked City*«. Hg. Matthew J. Bruccoli. Carbondale u.a. 1979. (Drehbuch, Materialien).
Frank Arnold/Michael Esser (Red.) »Hommage für Melina Mercouri und Jules Dassin«. Berlin 1984; Jim Bishop: »The Mark Hellinger Story«. New York 1952; Carlo Ginzburg: »Das Leben, das teilnahmslos weitergeht«, in: Wolfram Schütte (Hg.): Bilder vom Kino. Frankfurt a.M. 1996; Sarah Kozloff: »Humanizing ›The Voice of God‹: Narration in *The Naked City*«, in: Cinema Journal, 1983/84, H. 4; Herb A. Lightman: »*The Naked City*: Tribute in Celluloid«, in: American Cinematographer, 1948, H. 5; Peter Nau: »In der Hauptrolle: New York«, in: Filmkritik, 1977, H. 6; Karel Reisz/Gavin Millar: »Geschichte und Technik der Filmmontage«. München 1988; Carl Richardson: »Autopsy: an element of realism in film noir«. Metuchen, London 1992; Paul Schrader: »Notizen zum Film Noir«, in: Filmkritik, 1976, H. 10; J.P. Telotte: »Voices in the dark. The narrative patterns of film noir«. Urbana, Chicago 1989.

Andreas Rost

NANOOK OF THE NORTH

(Nanuk, der Eskimo). Kanada (Révillon Frères) 1920/21. 35 mm, s/w, stumm, 1.525 m. R, B + K: Robert J. Flaherty. S: Robert und Frances Flaherty.

Vier Jahre bemühte sich Robert J. Flaherty vergeblich um Realisierungsmöglichkeiten, bis er in der französischen Kürschnerfamilie Revillon Frères endlich einen Finanzier für sein Filmprojekt fand: Die Pelzhändler waren bereit, 50.000 Dollar zu investieren. Ausgestattet mit zwei Kameras, einem Generator, einem Labor und einem Projektor brach Flaherty nach Hudson Strait im Norden Kanadas auf. Seine Absicht war es, dem modernen Menschen einen archaischen Gegenentwurf vorzustellen. Er bemühte sich, den arroganten Blickwinkel der sogenannten zivilisierten Welt auf die primitiven Naturvölker zu vermeiden: Flaherty wollte die Eskimos so zeigen, wie sie sich selber sehen. Zu diesem Zweck begleitete er Nanook (d.h. »Der Bär«) und seine Familie über ein Jahr auf ihren Wanderungen durch die Eiswüste. Er brachte von der Filmexpedition Bilder mit, die die Unbekümmertheit der Eskimos ebenso dokumentieren wie die liebe- und respektvolle Haltung des Filmemachers.

Mit seiner sensiblen Annäherung an die Inuit trug Flaherty entscheidend zur Entwicklung des modernen Dokumentarfilms bei: Er bereicherte ihn um die poetische Dimension. Er versuchte, das Interesse des Forschungsreisenden zu verbinden mit der Philosophie des Filmemachers, dessen ästhetisches Credo lautet: »Die Aufgabe des Filmschöpfers besteht darin, irgendein Ereignis, sei es auch nur ein Moment, zu finden, worin sich das ›Korn der Größe‹ offenbart.« (Flaherty in »The Times«, 20.9.1948). Flaherty schuf eine überhöhte Wirklichkeit, erschien ihm doch Nanook, die »Flamme des Nordens«, als Idealtyp des Menschen, der in Frieden und Einklang mit der Natur lebt. Um diese Harmonie darstellen zu können, mußte die Wirklichkeit inszeniert werden. Die Robbe, die Nanook durch ihr Atemloch im Eis harpuniert, ist bereits tot: Der Inuit agiert in dieser Szene nicht als Jäger, sondern als Schauspieler.

In Deutschland wurde der Film mit dem Untertitel »Das gewaltigste Menschheitsschicksal« versehen und stieß auf heftige Kritik: Béla Balázs veröffentlichte am 31. August 1923 in der Wiener Zeitung »Der Tag« eine massive Polemik gegen den »armselige(n) Nanuk-Film«. Er forderte ein Gesetz gegen ungerechtfertigte Untertitel und geißelte die Zwischentitel: »Die Aufschriften triefen vor Rührung über die Heldentaten der Filmexpedition.« Doch zu sehen sei nur wenig, und die Bilder der Polarlandschaft wären »in jeder verschneiten Gegend herzustellen« gewesen. Balázs ließ sich nur von einem

Motiv beeindrucken: die heulenden Schlittenhunde im Schneesturm. Ihr Schicksal sei »viel gewaltiger« als das der Menschenfamilie. Zieht man die Häme der Polemik ab, so werden zwei konträre Positionen sichtbar. Balász forderte genau das ein, was Flaherty eben nicht zeigen wollte: Er will die Fremdartigkeit des Eskimos sehen. Flahertys Intention dagegen war, die Gleichheit bei aller Verschiedenartigkeit der Lebensbedingungen zu zeigen, das »Elixier« des Menschen zu destillieren.

Nach dem – auch kommerziellen – Erfolg von *Nanook of the North* drehte Flaherty auf den Samoa-Inseln in der Südsee *Moana* (1923–25) und arbeitete auch bei verschiedenen Spielfilmen mit. Seine Zusammenarbeit mit Regisseuren, z.B. mit Murnau bei *Tabu* (1931), verlief selten konfliktfrei: Flaherty war kompromißlos, wenn es um seine Arbeit ging. *Nanook of the North*, der später auch in verschiedenen Tonfilm-Fassungen herauskam, wurde zu einem Klassiker des Dokumentarfilm, obwohl Flahertys Verfahren, mittels einer nachgestellten Realität die Wirklichkeit abzubilden, bei den Verfechtern des Cinéma vérité Widerspruch hervorrufen mußte. Doch noch heute fasziniert der poetische Filme über den Alltag der Inuits. Bei seinen Vorlesungen über »eine wahre Geschichte des Kinos« führte Godard auch Flahertys Film vor und kommentierte: »Bei *Nanuk* spürt man, glaube ich, da wird ein Drama gefilmt«.

Henri Agel: »Robert J. Flaherty«. Paris 1965; Béla Balázs: »Schriften zum Film«, Bd.1. Berlin (DDR)/München 1982; Richard Barsam: »Nonfiction Film: A Critical History«. New York 1973; Luc De Heusch: »The Cinema and Social Science: A Survey of Ethnographic and Sociological Films«. Paris 1962; Jean-Luc Godard: »Einführung in die wahre Geschichte des Kinos«. München 1981; Richard Griffith: »The World of Robert Flaherty«. New York 1953; Willy Haas: »*Nanuk*«, in: ders.: Der Kritiker als Mitproduzent. Berlin 1991; Lewis Jacobs: »The Documentary Tradition«. New York 1971; Hans Messias: »Das ›Korn der Größe‹«, in: film-dienst, 1992, H. 5; Jay Ruby: »A Re-examination of the Early Career of Robert Flaherty«, in: Quarterly Review of Film Studies, 1980, H. 4; Fuad Quintar: »Robert Flaherty et le documentaire poétique«. Paris 1960.

Hans Messias

NANUK, DER ESKIMO

↗ Nanook of the North

NAPLÓ GYERMEKEIMNEK

(Tagebuch für meine Kinder). Ungarn (Mafilm) 1982. 35 mm, s/w, 106 Min.
R+B: Márta Mészáros. K: Miklós Jancsó jr.
A: Fanni Kemenes. Ba: Eva Martin. S: Eva Kármentö. M: Zsolt Döme.
D: Zsuzsa Czinkóczi (Juli), Anna Polony (Magda), Jan Nowicki (János), Pál Zolnay (Großvater), Mari Szemes (Großmutter).

Napló gyermekeimnek ist ein stark autobiographischer Film, mit dem Márta Mészáros ihre schwere Kindheit aufarbeitete: 1935 mit den Eltern in die Sowjetunion emigriert, erlebte sie als Siebenjährige die Verhaftung ihres Vaters, des Bildhauers László Mészáros, und kam nach dem Tod der Mutter in ein Waisenheim. Die Filmhandlung setzt im Jahr 1947 ein: Juli, das Alter ego der Regisseurin, kehrt als 15jährige nach Budapest zurück. Mit ihrer Pflegemutter Magda gibt es vom ersten Tag an Konflikte, will doch die im Strafvollzug tätige Parteifunktionärin dem Mädchen nicht nur Disziplin beibringen, sondern ihm auch die Erinnerungen an die Eltern rauben. Allein in János, einem mit Magda verwandten Ingenieur, findet Juli einen verständnisvollen väterlichen Freund; in ihren Träumen verschmelzen János und ihr Vater zu einer Person. Anfang der fünfziger Jahre wird der Ingenieur verhaftet. Juli kümmert sich um seinen halbgelähmten Sohn und besucht, gegen den Willen von Magda, den ›Volksfeind‹ im Gefängnis.

Magda und János markieren die Pole des Spannungsfeldes, in dem die Regisseurin ihre Protagonistin den eigenen Weg suchen läßt. *Napló gyermekeimnek* ist der Anfang eines epischen Familiendramas, das die Absurdität des in Ungarn kopierten stalinistischen Systems beleuchtet. Ihren persönlichen Erfahrungen entsprechend gestaltet Márta Mészáros die instinktive Auflehnung eines Menschen gegen den im großen Maßstab geplanten Umbau des Individuums. Pubertät und politischer Freiheitswille sind gleichermaßen Antriebskräfte für Julis Aufbruch; zu den einprägsamsten Szenen des sich verzweigenden Kinoromans gehören die sehnsuchtsvoll aufblitzenden Kindheitseindrücke aus Rußland.

Napló gyermekeimnek mußte zwei Jahre auf die Zulassung warten. Dabei hatte der Film die Todesumstände von Julis Eltern noch kaum berührt. Die Recherche nach dem Vater wird erst zum Thema in *Napló szerelmeimnek* (*Tagebuch für meine Geliebten*, 1987), der die Erschütterungen der Filmstudentin Juli nach Stalins Tod, während ihres gegen Magda durchgesetzten Regiestudiums in Moskau, behandelt. Der 1990 fertiggestellte dritte Teil *Napló apámnak, anyámnak* (*Tagebuch für meinen Vater und meine Mutter*) führt das Familiendrama fort, indem er auf die Zeit um den Oktoberaufstand von 1956 zurückkommt: Während Magda sich allen politischen Wendungen anpaßt, fällt János, der nach seiner Entlassung aus dem Gefängnis bei den Aufständischen mitkämpfte, den Strafmaßnahmen des Systems zum Opfer. Juli fungiert im dritten Teil, trotz der in die Handlung eingeflochtenen Liebesgeschichten, nur noch als vermittelndes Medium der Zeitgeschichte. Inzwischen hatte der rapide Verfall des osteuropäischen Machtgefüges die Trilogie, die anfangs ein Wagnis darstellte und deren in Moskau spielende Szenen noch mit polnischen statt mit russischen Schauspielern realisiert werden mußten, eingeholt. Die groß angelegte Filmfolge behält jedoch ihre Bedeutung als Zeugnis eines wachen geschichtlichen Bewußtseins: In ihren Tagebuch-Filmen zeigt Márta Mészáros, daß es, allem Anpassungsdruck zum Trotz, immer moralische Alternativen zum herrschenden System gibt.

Francoise Aude: »Journal intime: la mère menteuse«, in: Positif, 1984; H. 286; Susan Barrowclough: »*Napló gyermekeimnek*«, in: Monthly Film Bulletin, 1985, H. 617; Barbara Koenig Quart: »*Diary for my children*«, in: Film Quarterly, 1985, H. 3; Steven Kovács: »Diaries and Politics and Love«, in: Jump Cut, 1990, H. 35; Catherine Portuges: »Retrospective Narratives in Hungarian Cinema: The 1980s Diary Trilogy of Marta Meszaros«, in: Velvet Light Trap, 1991, H. 27; Hans-Jörg Rother: »Eine unmögliche Frau«, in: Film und Fernsehen, Berlin, 1987, H. 3; A. Troschin: »Geschichte eines Hauses«, in: ebd., 1990, H. 9 (Interview).

Hans-Jörg Rother

NAPOLÉON

Frankreich (Westi/Société générale de films) 1925/26. 35 mm, stumm, viragiert, 12.800 m.
R+B: Abel Gance. K: Jules Kruger, Léonce-Henry Burel, Jean-Paul Mundwiller. Ba: Alexandre Benois. S: Marguerite Beaugé, Henritte Pinson. M: Arthur Honegger.
D: Albert Dieudonné (Bonaparte), Vladimir Roudenko (Napoleon als Junge), Edmond van Daele (Robespierre), Alexandre Koubitsky (Danton), Antonin Artaud (Marat), Abel Gance (Saint-Just).

Eine Schlacht eröffnet den monumentalen Historienfilm. Zwar nur eine Schneeballschlacht, aber die Kinder kämpfen mit verbittertem Fanatismus: Dies ist kein Spiel, sondern blutiger Ernst. Die Patres der Kadettenschule beobachten den Kampf ihrer Zöglinge mit Wohlwollen: Es ist die beste Vorbereitung aufs Leben, hier beweisen die Kinder Mut und Geschicklichkeit, lernen Strategie, aber auch Gemeinheiten wie das Präparieren von Schneebällen mit Steinen. Bereits in dieser Schlacht erweist sich der kleine Napoleon als Feldherr, der eine feindliche Übermacht besiegt: Der Film etabliert mit der Eröffnungssequenz die heroisierende Perspektive auf seinen Helden. Zugleich zeugt die fulminante Szene von der Kunst Abel Gances, durch schnelle Schnitte und harte Montage die Dynamik des Kampfes wiederzugeben. Auf dem Höhepunkt sind die Einstellungen extrem kurz – manche dauern eine Sekunde –, auch arbeitet Gance mit der ›entfesselten Kamera‹ so kühn wie kaum ein anderer Zeitgenosse: Sie fliegt wie ein Schneeball zwischen den Fronten hin und her.

Das Vorspiel in der Kadettenschule von Brienne zeigt ein »stolzes und aufbrausendes Kind, das in wilder Isolation lebt« (Zwischentitel), schon früh von seiner historischen Bestimmung überzeugt ist und dessen einziger Freund ein Adler ist, der seinen Lebensweg bis zum Schlußbild begleitet. Kaum anders als Napoleon führte Gance sein Riesenheer von Schauspielern und Tausenden von Komparsen: Ihm schwebte ein nationales Filmepos von nie dagewesenen Dimensionen vor. Die Idee verfolgte er seit

1921, als er in Amerika Griffith traf, den Schöpfer von ↗ *The Birth of a Nation*. Drei Jahre brauchte er, um die Finanzierung zusammenzubekommen: Den Hauptanteil des mit sieben Millionen Francs für damalige Verhältnisse astronomischen Budgets stellten pikanterweise ein deutscher und ein russischer Industrieller, Hugo Stinnes und Waldimir Wengeroff. Der Drehbeginn mußte immer wieder verschoben werden, weil Gance Besetzungsschwierigkeiten hatte oder an technischen Neuerungen bastelte. Realisieren konnte er nur einen Teil seines Projekts: Der Film sollte die Biographie Napoleon Bonapartes bis zum Ende nachzeichnen, doch mußte Gance nach zwei Jahren Drehzeit – er war gerade beim ersten Italienfeldzug angekommen – aufstecken. *Napoléon* ist ein Torso geblieben, doch weist das Fragment ungewöhnliche Ausmaße auf: Die Fassung des Regisseurs dauerte sieben Stunden und 20 Minuten. Für die Uraufführung in der Pariser Oper am 27.4.1927 mußte er sein Werk auf 5.600 Meter, ca. 220 Minuten, zusammenkürzen.

Inhaltlich stellt *Napoléon* ein ideologisches Machwerk dar: Gance präsentiert einen Bilderbuch-Bonaparte, den er auf einen hohen Sockel stellt. Das Geschichtsbild ist reaktionär, die Ästhetik revolutionär: Gance sprengte alle zeitgenössischen Kino-Konventionen. Die Bild-Rhetorik erreicht ihren Höhepunkt in den Revolutionsszenen und einer Parallelmontage, die Napoleons Überfahrt von Korsika mit dem Tumult in der Nationalversammlung kombiniert: Hier wie dort herrscht der Sturm, schlagen die Wogen hoch. Bonaparte hat als einziges Segel auf seinem Boot die Trikolore, die peitschende See ist ebenso unberechenbar und entfesselt wie die Menge im Konvent, die den Kopf ihrer bisherigen Führer fordert. Der Wechsel zwischen den Schauplätzen – blau viragiert die See, braun die Nationalversammlung – beträgt nur wenige Sekunden; die Kamera wackelt, Trickaufnahmen und Mehrfachbelichtungen unterstreichen die aufgewühlte Stimmung. Gegen Ende des Films reichte Gance das Normalformat nicht mehr: Er erfand die »triple écran« und nahm damit das Cinemascope-Verfahren vorweg. Die Belagerung Toulons drehte er mit drei Kameras; der Film wurde auf drei parallelen Leinwänden projiziert. Das bewegte Triptychon nutzte er nicht nur für die breiten Massenszenen, sondern auch zur Simultanprojektion: Das Mittelbild ist meist Napoleon in Großaufnahme vorbehalten, während die Flügelbilder den Aufmarsch der Truppen zeigen.

Gance selbst war offenbar von seinem Verfahren der »Polyvision« nicht ganz überzeugt; er schnitt diese Sequenzen wieder heraus, so daß nur wenige Beispiele erhalten sind. *Napoléon* existiert in zahlreichen, meist aus kommerziellen Gründen verstümmelten Fassungen. 1935 stellte Gance eine Tonfilmversion her, 35 Jahre später überarbeitete er sein Werk. Während die von Francis Ford Coppola 1981 präsentierte Version – Musik Carmine Coppola – vier Stunden dauert, hat Kevin Brownlow in jahrzehntelanger Arbeit eine Fassung erarbeitet, die als Rekonstruktion dem Original so weit wie möglich nahekommt.

Richard Abel: »Charge and Counter-Charge: Coherence and Incoherence in Gance's *Napoleon*«, in: Film Quarterly, 1981/82, H. 3; Rudolf Arnheim: »Vortrag über den *Napoleon*-Film«, in: ders.: Kritiken und Aufsätze zum Film. München 1977; Alain Bergala: »Le Havre acclame *Napoléon*«, in: Cahiers du Cinéma, 1982, H. 342; Kevin Brownlow: »*Napoleon*: Abel Gance's Classic Film«. London 1983; R. Icart: »La représentation de Napoléon Bonaparte dans l'œuvre d'Abel Gance«, in: Les Cahiers de la Cinémathèque, 1982, H. 35/36; Pauline Kael: »*Napoléon*«, in: dies.: For Keeps. New York u.a. 1994; Nelly Kaplan: »*Napoléon*«. London 1994; Michael Ledel: »*Napoleon*«, in: Filmfaust, 1987, H. 56/57; Hubert Niogret: »Musique pour un art silencieux«, in: Positif, 1986, H. 299; Peter Pappas: »The Superimposition of Vision: *Napoleon* and the Meaning of Fascist Art«, in: Cineaste, 1981, H. 2; François Truffaut: »Die Filme meines Lebens«. Frankfurt a.M. 1997; Kraft Wetzel: »*Napoleon* erobert die Welt«, in: Hans Günther Pflaum (Hg.): Jahrbuch Film 82/83. München 1982.

Michael Töteberg

NARBENGESICHT ↗ Scarface

NASHVILLE

USA (Landscape/ABC Entertainment) 1974/75. 35 mm, Farbe, 161 Min. R: Robert Altman. B: Joan Tewkesbury. K: Paul Lohmann. S: Sidney Levin, Dennis Hill. M: Richard Baskin.

D: David Arkin (Norman), Barbara Baxley (Lady Pearl), Ned Beatty (Delbert Reese), Karen Black (Connie White), Roonee Blakley (Barbara Jean), Timothy Brown (Tommy Brown), Keith Carradine (Tom Frank), Geraldine Chaplin (Opal), Robert Doqui (Wade), Shelley Duvall (L.A. Joan), Allen Garfield (Barnett).

Nashville funktioniert anders als ein ›normaler‹ Kinofilm. Der Zuschauer bewegt sich von einem Bild zum nächsten wie in einem Freskenzyklus, der vom Leben mehrerer Heiligen zugleich erzählt: Immer wieder trifft man auf eine bereits vertraute Figur. Doch keine Heiligen bevölkern Nashville. Die 24 Menschen, deren Wege sich in der Hauptstadt der Countrymusic immer wieder kreuzen, werden zum Panorama einer allein durch mediale Auftritte bestimmten Kaste – und den Außenseitern, die angesichts dieser ständigen Performance verstummen. Einzig ein Schwarzer verhält sich annähernd normal: Was andere bereits als alltäglich akzeptieren, kann ihn noch aus der Fassung bringen.

Robert Altman ließ seine Schauspieler an den Dialogen, an ihren Rollen mitarbeiten. Gleich die erste Sequenz ist die bewundernswerte Selbstparodie eines körperlich klein geratenen Country-Stars, der im Studio einen Song aufnimmt und einen langhaarigen Musiker vor die Tür setzt. Die Kamera beobachtet, sie bewertet nicht. Sie nimmt sich Zeit: Wäre der Sänger kein Reaktionär, der wütend das Studio verläßt, würden wir dem Treiben vermutlich noch viel länger zusehen. Altman schnitt die Endfassung seines Films, der ursprünglich als Fernsehserial gedacht war, von acht auf etwas mehr als zweieinhalb Stunden.

Es gibt eine 25. Hauptperson des Films, einen Kandidaten für die amerikanische Präsidentschaft, der die Vorwahlen von Tennessee gewinnen will. Für seine Mission wird ständig geworben, mit Lautsprechern, Transparenten und endlich einem Konzert in einem echten Musentempel – ohne daß man den Politiker ein einziges Mal zu Gesicht bekommt. Die Wahl-Kampagne liegt auf, neben und unter dem akustischen Gewirr, das den ersten Teil des Films bestimmt. Durch seine Tonspur ist *Nashville* berühmt geworden: Altman mischte bis zu 16 Bänder nebeneinander ab, ohne dabei einem Erzählstrang den Vorrang zu geben. Entsprechend willkürlich wirkt das Aufeinandertreffen der Figuren, zumal diese ihre Auftritte selbst bestimmen: nach geschäftlichem Kalkül oder weil es gerade angesagt ist, irgendwo dabeizusein. Manchmal sind sie sozusagen präventiv da, wie die stets anwesende, aber nie teilnehmende Opal from the BBC. Nur beim Musikmachen gewinnen Altmans Protagonisten so etwas wie Authentizität.

Im zweiten Teil des Films lichtet sich die Vielfalt etwas. Jetzt reiht sich Episode an Episode, ohne daß aus den vielen narrativen Fäden mehr als ein buntes Garnknäuel wird. Hier lassen sich einige Momente großen Off-Hollywood-Kinos lokalisieren: der alte Mann, der im Krankenhaus den Tod seiner Frau erfährt, oder der narzißtische Frauenheld im Bett mit seiner Gelegenheitsgeliebten, die zwei taubstumme Kinder hat und nebenbei in einem Gospelchor singt. Doch aus dem großen Fresko Nashville nimmt jeder Zuschauer sein eigenes Merkbild mit nach Hause. Mit seiner Inszenierung sorgte Altman dafür, daß es nicht ein blindes Motiv, keine überflüssige Figur gibt, und der horror vacui, den ihm manche Kritiker zunächst vorgehalten haben, kehrt sich mit jedem Wiedersehen etwas mehr in sein Gegenteil: die Linien der Komposition werden immer deutlicher sichtbar. *Nashville*: ein Beispiel dafür, wie ›Film‹ sich erst im Kopf des Zuschauers vollendet.

»*Nashville*«. New York u.a. 1976. (Filmtext).
Rick Altman: »Eine Narration der 24 Ton-Spuren?«, in: Jürgen E. Müller/Markus Vorauer (Hg.): Blick-Wechsel. Münster 1993; Robert J. Cardullo: »The Space in the Distance: A Study of Altman's *Nashville*«, in: Literature/Film Quarterly, 1976, H. 4; Thomas Elsaesser: »*Nashville*: Putting on the Show«, in: Persistence of Vision, 1984, H. 1; Peter W. Jansen/Wolfram Schütte (Hg.): »Robert Altman«. München 1981; Pauline Kael: »*Nashville*«, in: dies.: For Keeps. New York u.a. 1994; F. Anthony Macklin: »*Nashville* America's voices«, in: Film Heritage, 1975/76, H. 1; James Monaco: »American Film Now«. New York, Oxford 1979; Robert T. Self: »Robert Altman's Subliminal Reality«. Minneapolis, London 2002; Joel E. Siegel: »Gnashville«, in: Film

Heritage, 1975/76, H. 1; Jan Stuart: »*Nashville* Chronicles«. New York 2000; Wim Wenders: »*Nashville*. Ein Film, bei dem man sehen und hören lernen kann«, in: ders.: Emotion Pictures. Frankfurt a.M. 1986; John Yates: »Smart Man's Burden: *Nashville*, *A Face in the Crowd*, and Popular Culture«, in: Journal of Popular Film, 1976, H. 1.

Thomas Meder

NATTVARDSGÄSTERNA (Licht im Winter). Schweden (Svensk Filmindustri) 1961/62. 35 mm, s/w, 81 Min.

R+B: Ingmar Bergman. K: Sven Nykvist. S: Ulla Ryghe. Ba: P.A. Lundgren.
D: Gunnar Björnstrand (Tomas Erikson), Ingrid Thulin (Märta), Max von Sydow (Jonas Persson), Gunnel Lindblom (Frau Persson).

Bergmans Film *Nattvardsgästerna* (wörtlich übersetzt: Abendmahlsgäste) wird zumeist mit dem vorausgehenden Film *Sasom i en spegel* (*Wie in einem Spiegel*, 1960) und dem nachfolgenden ↗*Tystnaden* als eine Trilogie angesehen, die sich thematisch von der Gewißheit des Glaubens über den Zweifel hin zur Darstellung einer Welt ohne Gott entwickelt. Von den drei Filmen erscheint *Nattvardgästerna* auf den ersten Blick als der verschlossenste, schwer zugänglich in Form und Fragestellung. Bergman greift Motive aus früheren Filmen auf, deutet sie jedoch neu. Vordergründig kämpft der Pastor Tomas Erikson mit derselben Frage wie der Ritter Antonius Block in ↗*Det sjunde inseglet*: Auch Tomas sucht eine Offenbarung Gottes. Von gleicher Wichtigkeit ist in *Nattvardgästerna* die Darstellung der Unfähigkeit menschlicher Kommunikation. Aufgrund der reduzierten Personenzahl, der Konzentration von Raum und Zeit (in *Nattvardgästerna* fast identisch mit der Filmzeit) wurden die Filme der Trilogie von Bergman als Kammerspiele bezeichnet – Strindbergs Einfluß ist hier unverkennbar.

Angesiedelt im abgelegenen Norden Schwedens entspricht die unwirtliche Umwelt des Films der inneren Situation des Seelenhirten, der religiös und privat in einer tiefen Krise steckt. Bildlich wird die Isolation und Starrheit des ungläubigen Tomas untermauert durch die starre Symmetrie der Kirchenarchitektur und die gezielt ungünstigen Lichteinfälle, die die Figur in ihrer Krise negativ beleuchten. Auch das Eingeschlossensein in den Innenräumen, die Blicke aus dem Fenster, die im Bild nahegelegte Parallele zwischen Tomas und Christus wirken kühl konstruiert und lassen eine streng protestantische Bild- und Symbolwelt erstehen, die Bergman, der in einem lutherischen Pfarrhaus aufwuchs, von Kindesbeinen an vertraut ist.

So wenig wie Tomas den Sprung in den Glauben wagen kann – hier ist Bergman vom Denken Kierkegaards beeinflußt –, so wenig kann er sich auf die Hilfsangebote seiner Mitmenschen einlassen, schon gar nicht auf die sich immer wieder aufdrängende Lehrerin Märta. Ihre Beziehung ist die für Bergman typische Auseinandersetzung eines Paares. Einerseits zeichnet er in Märta eine seiner starken Frauenfiguren, die nicht von ihrem Ziel abläßt, zugleich sind die zerfleischenden Dialoge der beiden ein Vorgriff auf spätere Dramen in *Persona* (1965), *Ansikte mot ansikte* (*Von Angesicht zu Angesicht*, 1975) oder ↗*Scener ur ett äktenskap*. Nachdem Tomas und Märta in der Sakristei seiner Kirche noch eine angespannte Zurückhaltung walten ließen, kommt ihr Haß und die Ablehnung in der schonungslosen Unterredung im Klassenzimmer zum Ausbruch. Und doch können sie nicht voneinander lassen. Die harte Konfrontation mit Märta, aber auch das monologisierende Nachdenken des Küsters über die Verzweiflung Christi am Kreuz führen Tomas zur Selbsterkenntnis. So kann er am Ende trotz des fehlenden Gottesbeweises den Gottesdienst zelebrieren, obwohl die Kirche leer geblieben ist und nur Märta in der letzten Reihe sitzt. Daß Tomas am Ende das Gebet spricht, ist häufig als Lichtblick ausgelegt worden. Wenn das Schweigen Gottes aber zur Gewißheit über seine Nicht-Existenz wird, bleibt der Mensch allein in der Fremdheit mit sich und den anderen Menschen. Mit dieser »Verschiebung von religiöser zu einer im höchsten Maße irdischen Problematik« (Bergman) befreite sich der Regisseur von seiner bisherigen Thematik und öffnete sich einer neuen: Fortan beschäftigten sich seine Filme mit dem menschlichen Miteinander. Bergman kommt in

Nattvardgästerna zu dem Schluß: Die Hölle zu zweit ist immer noch besser als die Hölle allein.

»*Licht im Winter*«, in: Ingmar Bergman: *Wilde Erdbeeren* und andere Filmerzählungen. Rostock/München 1977.
Ingmar Bergman: »Bilder«. Köln 1991; Stig Björkman u.a.: »Bergman über Bergman«. München 1976 (Interviews); Richard Aloysius Blake: »The Lutheran Milieu of the Films of Ingmar Bergman«. New York 1978; Jörn Donner: »The films of Ingmar Bergman. From Torment to All These Women«. New York 1972; Tony Pipolo: »*Nattvardsgästerna/Tystnaden*«, in: Mary Lea Bandy/Antonio Monda (Hg.): The Hidden God. New York 2003; John Simon: »Ingmar Bergman directs«. New York 1972; Brigitta Steene: »Ingmar Bergman«. Boston 1968; Eckhard Weise: »Ingmar Bergman«. Reinbek 1987; Robin Wood: »Ingmar Bergman«. New York 1969.

Kai Beate Raabe

1900 ↗ Novecento

DIE NIBELUNGEN Erster Teil: Siegfried. Zweiter Teil: Kriemhilds Rache.

Deutschland (Ufa) 1922/24. 35 mm, sw, stumm, 3.216 m / 3.576 m.
R: Fritz Lang. B: Thea von Harbou. K: Carl Hoffmann, Günther Rittau. Ba: Otto Hunte, Erich Kettelhut, Karl Vollbrecht. M: Gottfried Huppertz.
D: Paul Richter (Siegfried), Hans Adalbert von Schlettow (Hagen), Margarethe Schön (Kriemhild), Hanna Ralph (Brunhilde), Theodor Loos (König Gunther), Gertrud Arnold (Königin Ute), Erwin Biswanger (Giselher), Rudolf Klein-Rogge (König Etzel).

Liebe und Haß, darauf basiert die Geschichte, dem entspricht die Struktur des zweiteiligen Films. Im ersten Teil ist Siegfried der positive Held, im zweiten Teil Kriemhild das negative Pendant. Ihre maßlosen Rachegelüste verleihen ihr heroischen Glanz, sie steht wie der strahlende Siegfried außerhalb der menschlichen Grenzen. Dominiert im ersten Teil die geordnete Welt, von der statuarischen Kamera in langen Einstellungen erfaßt, so wird im zweiten Teil die Starre und Bewegungslosigkeit aufgebrochen, analog dem Zusammenbruch der moralischen Werte. Wenn Kriemhild das Land der unzivilisierten Hunnen betritt, wird auch sie primitiver, bekommt barbarische Züge. Der Film mündet in einem 45 Minuten währenden Massaker, an dessen Ende es keine Überlebenden mehr gibt.
Die Story ist bekannt, doch in dieser Form in keiner Überlieferung wiederzufinden. Unbekümmert ging die Drehbuchautorin (und Ehefrau des Regisseurs) Thea von Harbou daran, »aus allen Quellen das am schönsten und stärksten Erscheinende herauszufangen«. Das schematische Drehbuch mit seiner simplen Polarität von Gut und Böse kam Langs Intentionen entgegen: Ihm ging es nicht um psychologische Plausibilität. Nicht Menschen agieren, sondern Helden. Um ihnen Überlebensgröße zu verleihen, bedarf es des Sockels der Stilisierung: »Man stellt Denkmäler nicht auf den flachen Asphalt. Um sie eindringlich zu machen, erhebt man sie über die Köpfe der Vorübergehenden.« Jede Sequenz, jede Einstellung ist kalkuliert, alle zufälligen Elemente sind ausgeschieden: Weder Natur noch Realität durfte in die Szene dringen. Für Siegfrieds Ritt durch den Zauberwald wurde im Atelier ein künstlicher Wald errichtet, dessen gerade Stämme wie ein steinerner Dom wirken. Langs Bildphantasie, inspiriert von Malern der Romantik und des Jugendstils, schuf streng komponierte Räume und Tableaus, in denen Zentralperspektive und Symmetrie dominieren. Eine artifizielle Lichtdramaturgie unterstreicht den symbolischen Bildaufbau. Die besten Kräfte der Ufa standen Lang für seinen Monumentalfilm – zwei Jahre nahmen die Dreharbeiten in Anspruch – zur Verfügung, nur die Liste der Darsteller ist ohne Glanz und verrät das Desinteresse des Regisseurs: Schauspieler waren für Lang lediglich Funktionsträger, die sich seiner künstlerischen Konzeption unterzuordnen hatten.
Die Uraufführung wurde zu einem nationalen Ereignis, an dem Minister Gustav Stresemann und hohe Regierungsbeamte teilnahmen. *Die Nibelungen* war kein zeitfernes Kinospektakel, sondern sollte das deutsche Selbstbewußtsein nach dem verlorenen Krieg wieder stärken. Das Land hatte eine Niederlage zu verarbeiten, doch flüchtete man lieber in den Mythos, als sich der Realität zu stellen. »Im Felde

ungeschlagen« sei das deutsche Heer, meinten völkisch-nationale Ideologen und konstruierten die »Dolchstoßlegende«. Die Parallele zum Nationalepos war leicht zu ziehen: Nur ein heimtückischer Speerwurf konnte den unbesiegbaren Helden Siegfried fällen. Neben der manifesten politischen Rezeption – Goebbels lobte in seiner programmatischen Rede zur Neuordnung des Filmwesens am 28.5.1933 ausdrücklich Langs Film – hat eine ideologiekritisch argumentierende Filmwissenschaft in der Nachfolge Siegfried Kracauers Verbindungslinien zur faschistischen Ästhetik konstatiert. Kein Zufall ist jedoch, daß 1933 allein der erste Teil als Tonfilm (mit Wagner-Musik und einem von Theodor Loos gesprochenen Kommentar) wieder in die Kinos kam: Der zweite Teil entsprach kaum der Lesebuchvorstellung von deutscher Nibelungentreue.

Dieter Bartetzko: »Illusionen in Stein«. Reinbek 1985; Angelika Breitmoser-Bock: »Bild, Filmbild, Schlüsselbild«. München 1992; Lotte H. Eisner: »Die dämonische Leinwand«. Frankfurt a.M. 1980; Sabine Hake: »Architectural Hi/stories: Fritz Lang and *The Nibelungs*«, in: Wide Angle, 1990, H. 3; Heinz-B. Heller: »›Man stellt Denkmäler nicht auf den flachen Asphalt‹«, in: Joachim Heinzle/Anneliese Waldschmidt (Hg.), Die Nibelungen. Frankfurt a.M. 1991; Reinhold Keiner: »Thea von Harbou und der deutsche Film bis 1933«. Hildesheim u.a. 1984; Klaus Kreimeier: »Eklektisch und monumental, artifiziell und modern«, in: Kinemathek, Berlin, 1992, H. 78; David J. Levin: »Richard Wagner, Fritz Lang, and *The Nibelungen*«. Princeton 1998; Heide Schönemann: »Fritz Lang. Filmbilder. Vorbilder«. Berlin 1992; Victoria M. Stiles: »The Siegfried Legend and the Silent Screen: Fritz Lang's Interpreatation of a Hero Saga«, in: Literature/Film Quarterly, 1980, H. 4; Anneliese Waldschmidt: »Sendboten deutschen Wesens«, In: Hans Michael Bock/Michael Töteberg (Hg.): Das Ufa-Buch. Frankfurt a.M. 1992.

Michael Töteberg

NICHT VERSÖHNT oder Es hilft nur Gewalt, wo Gewalt herrscht

Bundesrepublik Deutschland (Straub-Huillet) 1964/65. 35 mm, s/w, 53 Min.
R: Jean-Marie Straub. B: Jean-Marie Straub, Danièle Huillet, nach dem Roman »Billard um halbzehn« von Heinrich Böll. K: Wendelin Sachtler, Gerhard Ries, Christian Schwarzwald, Jean-Marie Straub. S: Jean-Marie Straub, Danièle Huillet. M: Béla Bartók, Johann Sebastian Bach.
D: Henning Harmssen (Robert Fähmel, mit 40 Jahren), Karlheinz Hargesheimer (Heinrich Fähmel, zwischen 30 und 35 Jahren), Heinrich Hargesheimer (Heinrich Fähmel als alter Mann), Martha Ständner (Johanna Fähmel als alte Frau), Danièle Huillet (Johanna Fähmel als junge Frau), Ulrich Hopmann (Robert Fähmel als Jugendlicher), Joachim Weiler (Joseph Fähmel), Eva-Maria Bold (Ruth Fähmel), Ulrich von Thüna (Schrella).

Die beiden ersten Filme des französischen Regiegespanns Jean-Marie Straub und Danièle Huillet entstanden in Westdeutschland, jeweils realisiert nach Vorlagen von Heinrich Böll: der 17minütige *Machorka-Muff* (1962) nach der satirischen Erzählung »Hauptstädtisches Journal«, *Nicht versöhnt* nach dem Roman »Billard um halbzehn«. Während die Verfilmungsrechte an der Satire vom Autor Straub geschenkt wurden, lagen die Rechte am Roman beim Verleger Joseph Caspar Witsch. Dessen sprunghaft changierende Haltung führte dazu, daß schon vor der Fertigstellung des Films schroffe Fronten entstanden. Böll zermürbte sich als »Vermittler«. Der z.T. in der Presse ausgetragene Konflikt, in dem der Verleger mit massiven Drohungen einschließlich der ultimativen Aufforderung, das Filmmaterial zu vernichten, operierte, fand am 1.12.1965 ein vorläufiges Ende mit einer von beiden Parteien unterzeichneten Vereinbarung: Danach durfte der Film weder im Ausland noch im Fernsehen gezeigt werden; ferner wurde die Auswertung auf drei Jahre beschränkt. Überdies mußte ein Vorspann eingefügt werden, der eine Distanzierung beinhaltete: »Autor und Verlag sehen sich außerstande, den Film *Nicht versöhnt* als angemessene filmische Wiedergabe des Romans anzusehen.« Nur »in Anerkennung des experimentellen Charakters des Films« habe man diesen freigegeben. Fünf Jahre später, nach auch für ihn qualvollen Auseinandersetzungen, erlaubte Böll die uneingeschränkte Vorführung des Films und bekannte: »Ich bin wirklich beschämt, daß ich ihn damals nicht gewaltsamer verteidigt habe.«

Bölls Roman, dessen Gegenwartshandlung sich über einen Tag erstreckt, erzählt die Geschichte der mächtigen rheinischen Architektenfamilie Fähmel – drei Generationen zwischen Widerstand und Opportunismus – in langen Dialogen und weit ausholenden Monologen. Straubs Film zerlegt diese Geschichte in eine Folge von präzise gewählten Abschnitten. ›Vergangenheit‹ und ›Gegenwart‹ werden nicht durch Überblendungen signalisiert, sondern hart aneinander geschnitten. Dem entspricht auch, daß bei der Wahl der Drehorte und Kostüme auf alles Malerische und Zeittypische verzichtet wurde. Personen und Schauplätze der Handlung sowie die verschiedenen Zeit-Ebenen sind nicht sofort zu identifizieren. Diese Irritation deutet auf die über die Familiengeschichte hinausweisende Thematik: die zyklische Wiederkehr des Nazismus. »Indem Straub das Thema zum eigentlichen Prinzip der filmischen Konstruktion macht, erreicht er eine Einheit von Form und Inhalt, die den Film für mich zum Meisterwerk macht«, urteilte der Kritiker Richard Roud.

Die abqualifizierende Haltung des Verlegers nahm bereits vorweg, was später die heftige Debatte um den Film bestimmte. Witschs Kritik hatte sich auf die Laiendarsteller konzentriert, denen er eine Unfähigkeit zu richtigem Sprechen ankreidete. Die Unterscheidung zwischen der als gelungen angesehenen optischen Gestaltung und der als gänzlich mißglückt aufgefaßten Handhabung des Dialogs wurde auch bei der tumultartigen Diskussion anläßlich einer Sonderaufführung des Films während der Berliner Filmfestspiele 1965 ins Feld geführt. Die Fronten standen sich unversöhnlich gegenüber. Michel Delahaye, Redakteur der »Cahiers du Cinéma«, verteidigte den Film vehement und stellte die Sprechweise in die Traditionslinie Dreyer-Bresson: nicht ein durchgängig flüssiger, sondern durch unerwartete Pausen rhythmisch gegliederter Vortrag mit merkwürdigen Betonungen und verschliffenen Satzübergängen. »Eine intelligentere und dialektischere Dialogbehandlung läßt sich kaum denken«, lobte der Schriftsteller Yaak Karsunke, der sich wie der Kritiker Enno Patalas und der Filmemacher Alexander Kluge für Straub einsetzte. Trotz der heftigen Ablehnung, die sich bei späteren Werken mit ähnlichen Argumenten wiederholte, führten Straub/Huillet ihre Arbeit konsequent fort. Gegen den Ruf, elitäres Avantgarde-Kino zu machen, wehrte sich schon damals Straub: *Nicht versöhnt* sei »kein Experimentalfilm, sondern ein Film für die vielen, die man seit Jahren in einem Ghetto von Grün-ist-die-Heide-Edgar-Wallace-Winnetou versucht zu vergiften oder zu chloroformieren«.

»*Not Reconciled*«, in: Richard Roud: Jean-Marie Straub. London 1971. (Filmprotokoll).

Barbara Bernauer u.a.: »Gespräch mit Jean-Marie Straub«, in: Filmstudio, Frankfurt a.M., 1966, H. 48; Barton Byg: »Landscapes of Resistance«. Berkeley 1995; Michel Delahaye: »Allemagne ciné zéro«, in: Cahiers du Cinéma, 1965, H. 163; Robert Fischer/Joe Hembus: »Der neue deutsche Film 1960–1980«. München 1981; Frieda Grafe/Enno Patalas: »Im Off«. München 1974; Peter W. Jansen/Wolfram Schütte (Hg.): »Herzog/Kluge/Straub«. München 1976; Urs Jenny: »Eine Rechnung, die nicht stimmt«, in: Film, Velber, 1966, H. 3; Yaak Karsunke: »Ein deutsches Selbstporträt?«, in: ebd.; Peter Nau: »Zur Kritik des Politischen Films«. Köln 1978; Rainer Rother: »Das mühsame Geschäft des Filmemachens«, in: Reinhold Rauh (Hg.): *Machorka-Muff.* Münster 1988.

Rolf Aurich

A NIGHT IN CASABLANCA

(Eine Nacht in Casablanca). USA (United Artists) 1946. 35 mm, s/w, 84 Min.
R: Archie L. Mayo. B: Joseph Fields, Roland Kibbee, Frank Tashlin. K: James van Trees. M: Werner Janssen.
D: Groucho Marx (Ronald Kornblow), Chico Marx (Corbaccio), Harpo Marx (Rusty), Charles Drake (Pierre Delbar), Lois Collier (Annette), Sig Ruman (Count Pfefferman), Lisette Vera (Beatrice Rheiner).

Die Ankündigung des Films mobilisierte die Rechtsabteilung von Warner Brothers: Mit der Androhung juristischer Schritte wollte man verhindern, daß die Marx Brothers ↗*Casablanca* auf die Schippe nehmen. Groucho antwortete, er habe keine Ahnung gehabt, »daß die Stadt Casablanca im ausschließlichen Besitz der Warner Brothers ist«. In einem rhetorischen Parforce-Ritt wies er nach, daß die Warner Brothers nicht einmal Alleinvertretungsanspruch für ihren Namen erheben könnten: Jack Warner erinnerte er an Jack the Ripper und Jack and the Beanstalk, Harry Warner an Harry Lighthouse und Harry Apfelbaum (Ecke 93.Straße/Lexington Avenue). Der Brief schloß versöhnlich: Wahrscheinlich wüßte man in der oberen Etage gar nichts von dem Schreiben der Juristen. »Kein hohlköpfiger Rechtsverdreher wird böses Blut zwischen die Warner und Marx Brothers bringen. Wir sind alle Brüder und wir werden Brüder bleiben, bis die letzte Rolle von *A Night in Casablanca* abgedreht ist.« Damit war der Briefwechsel keineswegs beendet: Die humorlosen Juristen verlangten Auskunft über das Drehbuch. Groucho veralberte sie mit blödem Unsinn: Er stelle einen Doktor der Theologie dar, der den Eingeborenen Dosenöffner verkaufe; auf Rückfrage korrigierte er: »In der neuen Version spiele ich Bordello, die Mieze von Humphrey Bogart.« Nie wieder hörten die Marx Brothers etwas von der Rechtsabteilung der Warner Brothers.

Im Café des Hotels »Casablanca« bricht ein Mann tot zusammen: Der Hotelmanager ist vergiftet worden. Seine beiden Vorgänger sind ebenfalls keines natürlichen Todes gestorben. Die Stelle läßt sich mit Einheimischen nicht mehr besetzen, also wird der Manager des Hotels »Desert View« aus der Wüste geholt: Auftritt Groucho Marx. *A Night in Casablanca* hat, stärker als andere Filme der Marx Brothers, eine Handlung, die nicht bloß ein Vehikel ist für die Kabinettstücke des Komiker-Trios. Es geht um einen Schatz, Beutegut der Nazis, das der in Casablanca untergetauchte Pfefferman alias Heinrich Strubel an sich bringen will. Noch einer jagt nach dem Schatz. Der französische Leutnant Pierre Delbar kämpft um seine Rehabilitation: Er hat damals mit dem Flugzeug eine Bruchlandung gemacht, um die Kunstschätze zu retten. *A Night in Casablanca* parodiert nicht *Casablanca*, sondern ein ganzes Genre: den Anti-Nazi-Film Hollywoods. Das Figuren-Arsenal ist vollständig versammelt: der Nazi, der unter dem Toupet einen verräterischen Schmiß versteckt; eine Sängerin, Typ männermordender Vamp, die sich mit dem Agenten verbündet hat und ihn am Schluß verrät; der aufrechte Patriot, dem niemand glaubt, nur sein Mädchen hält zu ihm usw. Der Darsteller von Strubel ist Sig Ruman, ein Emigrant; der in Hamburg geborene Siegfried Rühmann verkörperte u.a. den SS-Gruppenführer in ↗*To Be or Not To Be*. Als Strubel am Ende verhaftet wird, sagt er im Original »You Schweinehund!«; die deutsche Synchronfassung – hier heißt Kornblow Hühnerpuster und Beatrice Sabine – birgt zwangsläufig mancherlei Verluste am Wortwitz.

A Night in Casablanca ist, obwohl sie danach noch einmal zusammen auftraten in *Love Happy* (1949), der letzte Film der drei Anarcho-Clowns. Es ist ein Werk des Abschieds. »Jeder der drei Marx Brothers übernimmt in diesem Film einmal die Rolle, Funktion und Strategie eines anderen; jeder erzielt einmal eine Pointe in der Manier des anderen, und jeder verzichtet ein- oder sogar mehrere Male darauf, aus Großherzigkeit oder einfach ein wenig ermüdet, einen Gag ›gnadenlos‹ zu Ende zu führen.« (Georg Seeßlen). Wirkt dieses Spiel mit den Images fast schon altersweise, so fehlt es der Farce doch nicht an Turbulenz und politisch-philosophischem Tiefgang.

Der bedeutende Kunsthistoriker Erwin Panofsky, dessen Arbeitsgebiete das Mittelalter und die Renaissance waren, veröffentlichte 1947 einen Essay über ein bei seinen Zunftgenossen als frivol verschrieenes Thema, den Film. In einer Anmerkung erklärte der Gelehrte: »Ich kann nicht umhin, die Schlußsequenz des neuen Films der Marx Brothers – in welcher Harpo in unerklärlicher Weise auf den Pilotensitz eines großen Flugzeugs vordringt, unabsehbare Verwüstung stiftet, indem er eins ums andere Mal ein winziges bißchen auf die Kontrollhebel drückt und vor Vergnügen immer verrückter wird, je größer das Mißverhältnis ist zwischen der Winzigkeit seiner minimalen Anstrengung und dem Ausmaß des Unglücks – als ein großartiges und schreckliches Symbol des menschlichen Verhaltens im Atomzeitalter zu verstehen. Gewiß würden die Marx Brothers diese Interpretation heftig zurückweisen; aber das hätte auch Dürer getan, wenn jemand ihm gesagt hätte, daß seine ›Apokalypse‹ den gewaltigen Umsturz der Reformation habe vorausahnen lassen.«

»*A Night in Casablanca/Eine Nacht in Casablanca*«. Frankfurt a.M. 1990. (Filmtext, engl./deutsch).
Thomas Brandlmeier: »*Eine Nacht in Casablanca*«, in: Günter Engelhard u.a. (Hg.): 111 Meisterwerke des Films. Frankfurt a.M. 1989; Allan Eyles: »The Complete Films of The Marx Bros.«. Secaucus 1992; Groucho Marx: »Die Groucho-Letters«. München 1981; Erwin Panofsky: »Die ideologischen Vorläufer des Rolls-Royce-Kühlers & Stil und Medium im Film«. Frankfurt a.M. 1993; Georg Seeßlen: »Drei oder vier Fußgänger der Apocalypse«, in: Marx Brothers: *Eine Nacht in Casablanca*. Frankfurt a.M. 1990.

Michael Töteberg

THE NIGHT OF THE HUNTER

(Die Nacht des Jägers). USA (United Artists) 1955. 35 mm, s/w, 93 Min.
R: Charles Laughton. B: James Agee, nach dem Roman von Davis Grubb. K: Stanley Cortez. A: Al Spencer. M: Walter Schumann.
D: Robert Mitchum (Harry Powell), Shelley Winters (Willa Harper), Lillian Gish (Rachel Cooper), Billy Chapin (John Harper), Sally Jane Bruce (Pearl Harper), Peter Graves (Ben Harper), Evelyn Varden (Icey Spoon).

The Night of the Hunter, Charles Laughtons einzige Regiearbeit, spielt im Ohio der dreißiger Jahre, zur Zeit der großen Depression. Bei einem Banküberfall erbeutet Ben Harper 10.000 Dollar und erschießt zwei Kassierer. Er kann flüchten und das Geld zu Hause gerade noch in der Lumpenpuppe seiner Tochter Pearl verstecken, bevor die Polizei ihn verhaftet. Im Gefängnis versucht ein Mithäftling, der Prediger Harry Powell, ihm das Versteck zu entlocken, doch Harper nimmt sein Geheimnis mit ins Grab. Powell umwirbt nach seiner Freilassung Harpers Witwe Willa, und es gelingt ihm, sie zu heiraten. Als er bemerkt, daß nur die Kinder John und Pearl vom Verbleib des Geldes wissen, ermordet er Willa und verfolgt die fliehenden Kinder, die auf einem Boot den Fluß hinabfahren. Sie finden Unterschlupf bei einer alten Frau, Rachel Cooper. Powell spürt sie auf, doch die resolute Witwe verteidigt ihre Schützlinge und liefert ihn der Polizei aus.

Laughton gibt seinem Film eine erzählerische Klammer, die in der Romanvorlage nicht enthalten ist: Vor dem Hintergrund des nächtlichen Sternenhimmels liest eine alte Frau Kindern Sentenzen aus der Bibel vor (»Nehmt euch in acht vor falschen Propheten«; »An ihren Früchten sollt ihr sie erkennen«). Stimmung und Situation lassen an eine Märchenstunde denken; zugleich wird der Vergangenheitscharakter der folgenden Geschichte betont. Wenn die Kamera sich nach diesem Prolog aus der Vogelperspektive auf die Erde hinabsenkt, schneidet Laughton von einer Gruppe spielender Kinder auf den Prediger. Er entlarvt den »falschen Propheten« damit bereits in der ersten Szene, denn dessen »Frucht« ist eine tote Frau, die die Kinder beim Spiel entdecken.

Die eigentliche Handlung zerfällt formal in drei Teile, die sich in Stimmung und Inszenierung deutlich voneinander abheben. Der erste Teil ist eine geradlinige Kriminalgeschichte, gefolgt von der märchenhaft wirkenden Flucht der Kinder. Ihre Rettung durch Mrs. Cooper, die nun als die Erzählerin des Prologs erkennbar wird, schlägt wieder den Bogen zum Anfang des Films, und im Epilog schließt sie ihr Buch und damit die Erzählung.

Stilistisch erinnert *The Night of the Hunter* an die Bildsprache des deutschen Expressionismus und an die Filme von D. W. Griffith, von Laughton noch betont durch die Besetzung: Rachel Cooper wird gespielt von Griffiths Stummfilmstar Lillian Gish. Auch die Verwendung früher kinematographischer Effekte wie Wischblenden schafft Assoziationen zum Stummfilm. Sorgfältige Beleuchtungsarrangements geben dem Film atmosphärische Dichte. Vor allem im Widerspiel von Licht und Schatten, das manchmal bis ins Scherenschnitthafte reicht, gelingen Laughton poetische Bilder von starker Suggestivkraft, wie z. B. die Einstellung unter Wasser von der toten Willa Harper, deren Haar, den Wasserpflanzen gleich, sich sanft in der Strömung wiegt. (Hinter der Kamera stand Stanley Cortez, der auch Orson Welles' *The Magnificent Ambersons* fotografierte.) Der gesamte Film ist stark stilisiert, doch besteht diese Stilisierung in einer bewußten Anwendung einfacher und naiver Motive, insbesondere bei der Fahrt der Kinder auf dem Fluß, einer Sequenz einprägsamer Bildkompositionen, die an Illustrationen eines Kinderbuchs denken lassen. Mit seiner unwirklichen, fast mystischen Stimmung bildet dieser Teil des Films einen Gegenpol zur düster bedrohlichen Atmosphäre des ersten Teils.

In Robert Mitchum, der den bösen Prediger Harry Powell mit großer Überzeugungskraft porträtiert, hatte Laughton den perfekten Hauptdarsteller gefunden, doch mit den Kinderdarstellern gab es Probleme. Laughton habe sie nicht ausstehen können, berichten Mitchum und Elsa Lanchester, Laughtons Witwe. Bei der Uraufführung fiel *The Night of the Hunter* bei Publikum und Kritik weitgehend durch. Die meisten zeitgenössischen Rezensenten befanden den Film als »interessant gescheitert«, und dieser Mißerfolg machte für Charles Laughton jede Chance zunichte, weitere Filme zu inszenieren.

»*The Night of the Hunter*«, in: James Agee: »Agee on Film 2«. New York 1960. (Drehbuch).
Charles Baxter: »*The Night of the Hunter*«, in: Jim Shepard (Hg.): Writers at the Movies. New York 2000; Gordon Gow: »The Cult Movies: *The Night of the Hunter*«, in: Films and Filming, 1975, H. 5; Molly Haskell: »*The Night of the Hunter*«, in: Mary Lea Bandy/Antonio Monda (Hg.): The Hidden God. New York 2003; Moylan C. Mills: »Charles Laughton's Adaption of *The Night of the Hunter*«, in: Literature/Film Quarterly, 1988, H. 1; Charles Tatum: »*La nuit du Chasseur*«. Chrisnée 1988; George E. Turner: »Creating *The Night of the Hunter*«, in: American Cinematographer, 1982, H. 12; Robin Wood: »Charles Laughton on Grubb Street«, in: Gerald Peary/Roger Shatzkin (Hg.): The Modern American Novel and the Movies. New York 1978.

Franz Rodenkirchen

NIGHT ON EARTH USA (Locus Solus) 1991. 35 mm, Farbe, 125 Min.
R+B: Jim Jarmusch. K: Frederick Elmes. S: Jay Rabinowitz. M: Tom Waits, Songs: Tom Waits, Katleen Brennan.
D: Wynona Ryder (Corky), Gena Rowlands (Victoria Snelling), Giancarlo Esposito (Yo-Yo), Armin Müller-Stahl (Helmut Grokenberger), Rosie Perez (Angela), Isaach de Bankolé (Taxifahrer in Paris), Béatrice Dalle (blinde Passagierin), Roberto Benigni (Taxifahrer in Rom), Paolo Bonacelli (Priester), Matti Pellonpää (Taxifahrer in Helsinki), Kari Väänänen (1. Mann), Sakari Kuosmanen (2. Mann), Tomi Salmela (3. Mann).

Nacht auf Erden: Fünf Großstädte, fünf Taxis, fünf Episoden, die zur selben Weltzeit, aber in vier verschiedenen Zeitzonen spielen. Am Anfang wird es dunkel, am Ende wieder hell: Jim Jarmusch reist durch die Nacht in west-östlicher Richtung; Los Angeles (19.07), New York (22.07), Paris (4.07), Rom (4.07) und Helsinki (5.07) sind die Stationen. Für jeweils 25 Filmminuten ist das Taxi der Ort zufälliger Begegnungen. Eine geschäftige Hollywood-Agentin kann mit ihrem Karriereversprechen die junge Taxifahrerin in Los Angeles nicht locken, weil diese lieber Mechanikerin als Filmschauspielerin werden will. Ein schwarzer Fahrgast trifft in New York auf einen deutschen Taxifahrer, der nichts von seinem Job versteht und sich als ehemaliger Clown entpuppt. Ein Taxifahrer von der Elfenbeinküste kutschiert eine Blinde durch Paris. In Rom legt ein Taxifahrer seine Beichte ab, während sein Fahrgast, ein Priester, stirbt. Der Taxifahrer in Helsinki schließlich läßt seine betrunkenen und traurigen Fahrgäste mit seiner noch traurigeren Geschichte ihr eigenes Unglück vergessen.

Fünfmal blickt Jim Jarmusch aus dem Weltraum auf den Planeten Erde, um dann aus dieser olympischen Perspektive überzuwechseln in eine intime Situation auf engstem Raum: Der Blick durch die Windschutzscheibe bildet gleichsam den Rahmen der Leinwand, die Kamera verläßt nie das Taxi. Jede Episode ist in sich abgeschlossen und wird beinahe zeitdeckend-realistisch erzählt; den 25 Filmminuten entsprechen 35 Minuten Realzeit. Jarmusch präsentiert ein Kaleidoskop: eine Situation mit wechselnder Besetzung und verschiedenen Kulissen. Am Ende steigt der Fahrgast aus, der Taxifahrer ist wieder allein, und das Kaleidoskop wird erneut geschüttelt. Die Gestalten der Nacht sind eigenwillige Menschen und skurrile Typen; es gibt groteske Mißverständnisse, und die Komik der einzelnen Episoden ist mal gröberer Natur, mal von melancholischer Schwermut geprägt. Jeder spricht seine eigene Sprache, verschiedene Milieus und Kulturen treffen aufeinander. Die kurzen impressionistischen Eindrücke der Städte – in ein je eigenes Nachtlicht getaucht – verbinden sich zu einer poetischen Miniatur: die Vielfalt und Einheitlichkeit der Metropolen, wobei der Blick allerdings auf die USA und Europa beschränkt bleibt. Zugleich ist der Film eine Hommage an die Regisseure der verschiedenen Länder wie Claire Denis in Frankreich oder die Brüder Aki und Mika Kaurismäki in Finnland.

Night on Earth ist, wie schon Jarmuschs erster Episodenfilm *Mystery Train* (1989), eine filmische Reflexion über die Zeit. Die novellistische Erzählstruktur spielt mit der Paradoxie der Darstellung des Gleichzeitigen und mit der Imaginationskraft des Zuschauers, die postrezeptiv die Gleichzeitigkeit des Geschehens realisieren muß. Jarmusch erzählt aus einer ruhigen, beobachtenden Position mit einer eher kargen, aber formal-strengen Filmsprache. Eine Botschaft hat er nicht zu bieten: »Es gibt keine Moral. Es geht nur um diese unbedeutenden Dinge, die sich sonst nicht zu Geschichten fügen. Das wirkliche Leben hat auch keinen Plot, warum sollten Geschichten unbedingt einen haben?«

Rolf Aurich/Stefan Reinecke (Hg.): »Jim Jarmusch«. Berlin 2001; Michael Althen: »Reisen auf der Landkarte der Imagination«, in: Süddeutsche Zeitung, 13.12.1991 (Interview); Heike-Melba Fendel: »*Night on Earth*«, in: epd Film, 1991, H. 12; Bob Fisher: »*Night on Earth*: Quirky Cab Fare«, in: American Cinematographer, 1992, H. 6; Andreas Kilb: »Was von den Bildern blieb«. Potsdam 1997; Verena Lueken: »Zwischen Brookland und Nirgendwo«, in: Frankfurter Allgemeine Zeitung, 17.12.1991.

Peter Christian Lang

NINOTCHKA

USA (Metro-Goldwyn-Mayer) 1939. 35 mm, s/w, 106 Min.
R: Ernst Lubitsch. B: Charles Brackett, Billy Wilder, Walter Reisch, nach einer Story von Melchior Lengyel. K: William Daniels. A: Edwin B. Willis. Ba: Cedric Gibbons. M: Werner R. Heymann.
D: Greta Garbo (Ninotchka), Melvyn Douglas (Graf Léon), Ina Claire (Großfürstin Swana), Sig Ruman (Iranoff), Felix Bressart (Buljanoff), Alexander Granach (Kopalski), Gregory Gaye (Graf Rakonin), Bela Lugosi (Kommissar Razinin).

»This picture takes place in Paris in those wonderful days«, informiert der Vorspann-Titel, »when a siren was a brunette and not an alarm ... and if a Frenchman turned out the light it was not on account of an air raid!« In der deutschen Verleihfassung ist stattdessen von Stromknappheit die Rede sowie von Vorhängen, die damals noch süße Geheimnisse verbargen und nicht aus Eisen waren. In Deutschland kam *Ninotchka* 1948 heraus, als nicht nur der Strom knapp und der Eiserne Vorhang bereits heruntergelassen war. Gedreht wurde der Film 1939, dem ersten Jahr des Zweiten Weltkriegs. Keine zwei Monate nach Bekanntgabe des Stalin-Hitler-Pakts hatte der Film Premiere.

Der Auftakt ist typisch Lubitsch: Ein Russe kommt durch die Drehtür in eine Pariser Nobel-Herberge und zieht sich erschrocken zurück, als der Portier ihn anspricht. Ein zweiter Russe erscheint und verschwindet noch schneller, ein dritter wagt lieber keinen Schritt aus der Drehtür. Iranoff, Buljanoff und Kopalski, gespielt von drei deutschen Emigranten, sind von Moskau in die europäische Metropole geschickt worden, um den konfiszierten Schmuck einer russischen Adelsfamilie zu verkaufen. Das Geschäft wird gestoppt von der im Pariser Exil lebenden Großfürstin Swana, die vor Gericht ihre Ansprüche geltend macht. Während der Wartezeit gibt sich die sowjetische Handelsdelegation dem süßen Leben hin – bis zur Ankunft eines Sonderbeauftragten, der sie an ihre Pflichten erinnern soll. Das Trio holt ihn am Bahnhof ab, doch den Mann, in dem sie den Genossen Aufpasser vermuten, begrüßt eine Dame auf dem Bahnsteig mit dem Hitler-Gruß. Moskau hat ihnen eine junge Frau geschickt: eine hundertfünfzigprozentige Kommunistin, die keinen Spaß versteht. Wie die Stimmung in Moskau sei, fragt einer der drei, ein schüchterner Ansatz zur Kommunikation. Vorzüglich, lautet die Antwort: »Die letzten Massenhinrichtungen waren ein großer Erfolg – es gibt weniger und bessere Russen.«

Ninotchka ist, solchen bissigen Sentenzen zum Trotz, keine politische Satire. Lubitsch spielt ungehemmt mit Klischees, macht aus den Figuren, seien sie nun Bourgeois oder Sowjetmenschen, reine Karikaturen. Ideologien interessieren ihn nicht: Die Politik ist nur Staffage für eine zauberhafte Liebesgeschichte. »Natürlich waren uns die Pointen gegen den Kommunismus recht – als Pointen«, gab Billy Wilder, Coautor des Drehbuchs, freimütig zu. Das Trio der sowjetischen Handelsdelegation – anfangs sind es nur Trottel, doch im Laufe des Films entwickeln sie sich zu einer Anarcho-Truppe wie die Marx-Brothers – ließ er, zwei Jahrzehnte später im Berlin des Kalten Krieges, wieder auferstehen in *One, Two, Three* (*Eins, Zwei, Drei*, 1961).

Ninotchka ist eine Politkommissarin mit scharfem Verstand und ohne Humor; selbst die Liebe wird von ihr nüchtern marxistisch-leninistisch angegangen. Die extravaganten Hüte, die in der Vitrine des Luxus-Hotels ausgestellt werden, lösen bei ihr nur Verwunderung über die kapitalistische Dekadenz aus: »Was für eine Zivilisation, wo die Frauen mit solchen Dingern auf dem Kopf herumrennen!« Nachdem sie sich in den Grafen Leon, einen Klassenfeind, verliebt hat und das Leben nicht länger nur als revolutionäre Kampfaufgabe ansieht, schließt sie die Türen ab und setzt heimlich einen Hut auf: Es ist, von allen Modellen in der Vitrine, das gewagteste Stück, eine Art umgestülpte Blumenvase.

Berühmt wurde jene Restaurantszene, in der Leon verzweifelt Witze erzählt, um Ninotchka ein Lachen zu entlocken – vergeblich. Erbost wiederholt er den Witz und erregt sich so sehr, daß er vom Stuhl fällt: Das ganze Lokal prustet vor Lachen, auch Ninotchka. »Garbo Laughs«, mit dieser Sensation warb MGM auf den Filmplakaten. Erstmals spielte die kühle Schönheit aus dem Norden in einer Komödie, und die Geschichte von der ernsten, verschlossenen Kommunistin, die langsam auftaut, reflektierte zugleich das Rollenklischee der unnahbaren, »göttlichen« Garbo, die man bisher noch nie lachen gesehen hatte. *Ninotchka* ist, schreibt Helma Sanders-Brahms, ein Musterbeispiel dafür, »wie man alles unter einen Hut bringen kann: die ganze Sehnsucht des Publikums nach Liebe und Lachen und Luxus, den ganzen Zynismus des Intellektuellen, dem keine Frivolität scharf genug ist, und die ganze Sentimentalität eines Menschen, der die Menschen liebt und sie zu gut kennt, um ihnen ihren Idealismus als abendfüllend abzunehmen«.

»*Ninotchka*«. New York 1966. (Filmtext). – Hg. Richard J. Anobile. New York 1975. (Dialoge, Fotoprotokoll).
Richard Corliss: »Charles Brackett«, in: ders.: Talking Pictures. Woodstock, New York 1974; Renata Helker: »Einige Notizen«, in: Frauen und Film, 1992, H. 53; Hellmuth Karasek: »Billy Wilder. Eine Nahaufnahme«. Hamburg 1992; Robert W. Mills: »The American Films of Ernst Lubitsch«. Ann Arbor 1976; William Paul: »Ernst Lubitsch's American Comedy«. New York 1983; Herta-Elisabeth Renk: »Ernst Lubitsch«. Reinbek 1992; Helma Sanders-Brahms: »*Ninotchka*«, in: Hans-Helmut Prinzler/Enno Patalas (Hg.): Lubitsch. München, Luzern 1984; Neil Sinyard/Adrian Turner: »Billy Wilders Filme«. Berlin 1980; István Szabó: »Magische Gesichter«, in: Verena Lueken (Hg.): Kinoerzählungen. München 1995; Herman G. Weinberg: »The Lubitsch Touch«. New York ³1977.

Michael Töteberg

NORTH BY NORTHWEST

(Der unsichtbare Dritte). USA (Metro-Goldwyn-Mayer) 1959. 35 mm, Farbe, 136 Min.
R: Alfred Hitchcock. B: Ernest Lehmann.
K: Robert Burks. Ba: Robert Boyle, William A. Horning, Merrill Pye, Henry Grace, Frank McKelvey. S: George Tomasini. M: Bernard Herrmann.
D: Cary Grant (Roger Thornhill), Eva Marie Saint (Eve Kendall), James Mason (Phillip Vandamm), Jessie Royce Landis (Clara Thornhill), Martin Landau (Leonard), Leo G. Carroll (»Professor«), Philip Ober (Lester Townsend).

Nord-Nordwest ist die Richtung, in die sich die Protagonisten bewegen: hinaus aus der Ostküstenmetropole in die flache und dürre Landschaft des mittleren Westens, um schließlich am Mount Rushmore, auf den monumentalen Köpfen der amerikanischen Präsidenten den Showdown auszukämpfen – eine von zwei Szenen, die den Film berühmt machten.

Roger Thornhill ist ein New Yorker Werbefachmann: energisch, zynisch, skrupellos. Aus seinem Club wird er auf einen feudalen Landsitz entführt und von dubiosen Gentlemen, die ihn für einen gewissen George Kaplan halten, unter Alkohol gesetzt. In volltrunkenem Zustand setzt man ihn an das Steuer eines Autos und schickt es auf eine kurvenreiche Küstenstraße – die erste einer Reihe mörderischer Bewährungsproben, denen Thornhill ausgesetzt ist, ohne vorerst zu wissen, warum. Dem Zuschauer verschafft eine Szene teilweise Aufklärung in einem auch weiterhin schwer durchschaubaren Komplott: Krisensitzung beim FBI in Washington, das gegenüberliegende Capitol markiert die politische Brisanz des Geschehens um den falschen Mann. Der Agent Kaplan ist eine Erfindung der Behörde, eine Fiktion, die eine Verbrecherbande auf die falsche Fährte locken soll.

Bei den Versuchen, die geheimnisvolle und lebensgefährliche Verwechslung auf eigene Faust aufzuklären, verstrickt sich Thornhill immer tiefer. Rettung naht scheinbar in Person der attraktiven Eve, die ihn im Zug nach Chicago in ihrem Abteil versteckt hält. Noch kann er nicht ahnen, daß sie ein Mitglied der Bande ist, die ihm auf den Fersen ist. Sie lockt ihn auch in die nächste Falle. Auf einem menschenleeren Kornfeld wird er von einem Doppeldecker angegriffen. Nicht nur der krasse Widerspruch zwischen dem gepflegten Äußeren, das sein bisheriges Leben in großstädtischen Bars und Clubs charakterisiert, und der trostlosen Prärie, in der Thornhill völlig deplaziert wirkt, machen diese Szene zu einem Höhepunkt. Es ist vor allem die scheinbar willkürliche Bedrohung aus dem Nichts, die Hitchcock in einem bewundernswerten Rhythmus inszeniert. Hier wird »das Kino wirklich zu einer abstrakten Kunst«, bemerkte Truffaut zu dieser Szene.

North by Northwest gehört wie *The Thirty-nine Steps* (*39 Stufen*, 1935), *Sabotage* (1936) und *The Man Who Knew Too Much* (*Der Mann, der zuviel wußte*, 1955) zu den aktionsreichen ›Abenteuerfilmen‹ Hitchcocks. Robin Wood nennt *North by Northwest* ein »Divertissement«, das vielleicht nicht die psychologische Tiefe seiner kurz zuvor entstandenen Filme ↗*Rear Window*, *The Wrong Man* (*Der falsche Mann*, 1956) und vor allem ↗*Vertigo* hat, aber dennoch weit entfernt von purem Entertainment sei. Speziell die französische Kritik reagierte enthusiastisch: Gerade weil sich der Film jeder soziologischen oder philosophischen Attitüde enthalte, sei er reinste Metaphysik. Jede Einstellung sei durch unbezwingbare formale Logik und nicht durch persönlichen Geschmack bestimmt, meinte der Kritiker der »Cahiers du Cinéma«. Nie sei Hitchcock der ›art pour l'art‹ näher gekommen. Tatsächlich treibt Hitchcock in *North by Northwest* sein Konzept des »MacGuffin« – also ein kriminalistisches Motiv, das die Handlung vorantreibt, inhaltlich jedoch weitgehend ohne Bedeutung ist – auf die Spitze: lautes Motorengeräusch übertönt den Dialog, in dem der Professor dem unwilligen Thornhill erklärt, warum seine Mitwirkung aus Gründen der Staatsraison weiterhin erforderlich ist.

»Einen zwei Stunden lang dauernden Witz«, nannte Hitchcock selbst den Film. Der vordergründig komödiantische Charakter wird aber immer wieder gebrochen: Aus Spaß kann schnell Ernst werden und umgekehrt. Das brillante Drehbuch gibt Cary Grant unzählige Gelegenheiten, durch sein komisches Talent eine scheinbar aussichtslose und mörderische Situation umkippen zu lassen: ob er nun durch ausgesprochen idiotisches Verhalten eine Auktion sabotiert und so in Handschellen und ›Polizeischutz‹ seinen Verfolgern entkommen kann oder verzweifelt versucht, volltrunken ein Auto unter Kontrolle zu bringen. So sind auch zwei der letzten Einstellungen mit einem Match-cut verbunden, der typisch für Hitchcocks Umgang mit lebensgefährlichen Situationen in diesem Film ist: Roger hält Eve am Mount Rushmore an einer Hand über dem Abgrund – im nächsten Bild zieht er sie auf das Stockbett in einem Schlafwagen. Die jetzige Mrs. Thornhill ist gerettet, der Zug fährt in einen dunklen Tunnel.

»*North by Northwest*«. Hg. James Naremore. New Brunswick 1993. (Filmprotokoll, Materialien).
Raymond Bellour: »The Analysis of Film«. Bloomington 2001; David Bordwell/Kristin Thompson: »*North by Northwest*«, in: dies: Film Art: An Introduction. New York 1993; Lesley Brill: »*North by Northwest* and Hitchcockian Romance«, in: Film Criticism, 1981/82, H. 3; Jocelyn Camp: »John Buchan and Alfred Hitchcock«, in: Literature/Film Quarterly, 1978, H. 1; Marian Keane: »The Designs of Authorship«, in: Wide Angle, 1980, H. 1; Marc Sator: »La mort aux trousses«, in: Cahiers du Cinéma, 1978, H. 295; Anke Sterneborg: »*North by Northwest*«, in: Lars-Olav Beier/Georg Seeßlen (Hg.): Alfred Hitchcock. Berlin 1999; François Truffaut: »Mr. Hitchcock, wie haben Sie das gemacht?«. München 2003; F. Vallerand: »*North by Northwest* by Bernard Herrmann«, in: Séquences, 1981, H. 104; Peter Wollen: »*North by Northwest*: a morphological analysis«, in: Film Form, 1976, H. 1; Hans J. Wulff: »Darstellen und Mitteilen. Elemente der Pragmasemiotik des Films«. Tübingen 1999.

Ingo Fließ

NOSFERATU Eine Symphonie des Grauens.

Deutschland (Prana Film) 1921/22. 35 mm, s/w, stumm, 1.967 m.
R: Friedrich Wilhelm Murnau. B: Henrik Galeen, nach dem Roman »Dracula« von Bram Stoker. K: Fritz Arno Wagner, Günther Krampf. Ba + Ko: Albin Grau. M: Hans Erdmann.
D: Max Schreck (Graf Orlok/Nosferatu), Gustav von Wangenheim (Hutter), Greta Schröder (Ellen, seine Frau), Alexander Granach (Knock, Häusermakler).

Die erste Verfilmung von Bram Stokers »Dracula«-Roman ist ein Plagiat: Der Produzent holte die Rechte nicht ein und wurde, obwohl man die Namen verändert hatte, prompt verklagt. Überdies jagte der »erste wahre Horrorfilm« (Everson) den Zeitgenossen kaum Schrecken ein. Roland Schacht erschien *Nosferatu* als schwache Kopie von ↗*Das Cabinet des Dr. Caligari* und *Genuine* (Robert Wiene, 1920); Murnaus Regie wertete er als »mäßigen Durchschnitt«, und der Vampir entlockte ihm nur mokante Bemerkungen: »Dazu dann dieser Nosferatu, der egal mit einem Sarg herumschleppt, wie jemand, der kurz vor sieben, wenn die Postämter schließen, noch ein Weihnachtspaket aufgeben will und nicht recht weiß, wo er's noch probieren soll.« (»Das Blaue Heft«, 15.4.1922) Nur wenige Filmkritiker erkannten den innovativen Charakter. Béla Balázs verglich *Nosferatu* ebenfalls mit dem *Caligari*-Film: Dieser sei künstlerisch origineller und vollendeter, doch löse sich die Wirkung in einer »ästhetischen Harmonie der Dekorativität« auf; Murnau dagegen verlasse die Studiowelt und habe gespürt, daß »die stärkste Ahnung des Übernatürlichen gerade aus der Natur zu holen ist«. Nicht der Inhalt der Fabel erzeuge die unheimliche Spannung, sondern der Stimmungsgehalt der Bilder – »Naturbilder, in denen ein kalter Luftzug aus dem Jenseits weht«.
Zu Beginn sieht man Seiten aus einer alten Chronik: »Nosferatu – Tönt dies Wort Dich nicht an wie der mitternächtliche Ruf eines Totenvogels? Hüte Dich, es zu sagen, sonst verblassen die Bilder des Lebens zu Schatten ...« Schrifttitel – Buchseiten in gotischen Lettern, ein geheimnisvoller Brief mit esoterischen Zeichen, aber auch weniger mystische Texte wie Zeitungsartikel oder Eintragungen ins Logbuch – strukturieren den Film. *Nosferatu* ist, formuliert Heide Schlüpmann pointiert, keine Romanverfilmung, sondern der Versuch, die Möglichkeiten des Films zu erkunden: »Das alte Buch von Nosferatu verweist auf seinen Gegenpol: das neue Medium, dem nichts als wirklich gilt denn die äußere Welt, die reproduzierbar ist.« Das ›Unsichtbare‹, von dem der Film erzählt, ist nur vordergründig ein obskurer Okkultismus. »Als Hutter die Brücke überschritten hatte, kam er in das Land der Phantome«: Der biedere Hanseat, Häusermakler von Beruf, gerät in ein nächtliches Reich, in dem Blutsauger ihre spitzen Zähne in weißes Fleisch schlagen. Der Vampir ist oft als zweites Ich Hutters interpretiert worden, als Nachtseite des im hellen Tageslicht braven Bürgers. Erlösung von den sexuellen Obsessionen kann nur das Liebesopfer der Frau bringen, die sich dem Monster hingibt.
Nosferatu teilt das Schicksal vieler Stummfilmklassiker: Der Film wurde verstümmelt und verschnitten. 1930 erschien unter dem Titel *Die zwölfte Stunde. Eine Nacht des Grauens* eine nachsynchronisierte Tonfilm-Bearbeitung, in der wesentliche Einstellun-

gen eliminiert, ausgesondertes Material und nachgedrehte Szenen hinzugefügt wurden; der offene Schluß wurde verkehrt in ein Happy End. Werner Herzogs *Nosferatu* (1978) ist eine Hommage an Murnau und über weite Strecken, entgegen den anders lautenden Statements des Regisseurs, ein Remake. Nach jahrelanger Arbeit konnte Enno Patalas 1987 eine bis auf 57 Meter vollständige Rekonstruktion vorstellen, in der auch die ursprüngliche Viragierung wiederhergestellt wurde: Die Nachtszenen sind blau getönt, die Innenräume tagsüber braun und nachts gelb; das Morgengrauen aber, vor dem die Vampire sich fürchten, ist rosa eingefärbt.

»*Nosferatu*«, in: Lotte H. Eisner: Murnau. Frankfurt a.M. 1979. (Drehbuch, mit Anmerkungen von Murnau).
Loy Arnold u.a.: »*Nosferatu. Eine Symphonie des Grauens*«. München 2000; Béla Balázs: »*Nosferatu*«, in: ders.: Schriften zum Film. Bd.1. Berlin (DDR)/München 1982; Ilona Brennicke/Joe Hembus: »Klassiker des deutschen Stummfilms 1910–1930«. München 1983; Margit Dorn: »Vampirfilme und ihre sozialen Funktionen«. Frankfurt a.M. 1994; Thomas Gaschler: »*Nosferatu – Eine Symphonie des Grauens*«, in: Norbert Stresau (Hg.): Enzyklopädie des phantastischen Films. Meitingen 1986; Peter W. Jansen/Wolfram Schütte (Hg.): »Friedrich Wilhelm Murnau«. München 1990; Uli Jung: »Dracula. Filmanalytische Studien zur Funktionalisierung eines Motivs der viktorianischen Populärliteratur«. Trier 1997; Ursula von Keitz: »Der Blick ins Imaginäre«, in: Klaus Kreimeier (Hg.): Die Metaphysik des Dekors. Marburg, Berlin 1994; Siegfried Kracauer: »Von Caligari zu Hitler«. Frankfurt a.M. 1979; Hans Helmut Prinzler (Hg.): »Friedrich Wilhelm Murnau«. Berlin 2003; Ernest Prodolliet: »*Nosferatu.* Die Entwicklung des Vampirfilms von Friedrich Wilhelm Murnau bis Werner Herzog«. Freiburg (Schweiz) 1980; Richard Ira Romer: »The Cinematic Treatment of the Protagonists in Murnau's *Nosferatu*, Browning's *Dracula*, and Whale's *Frankenstein*«. Ann Arbor 1984; Heide Schlüpmann: »Der Spiegel des Grauens«, in: Frauen und Film, 1990, H. 49; Peter Schott (Red.): »*Nosferatu*«, in: Sequenz, 1989, H. 1; Robin Wood: »Murnau's Midnight and *Sunrise*«, in: Film Comment, 1976, H. 3.

Michael Töteberg

NOSTALGHIA Italien (RAI Rete 2/Opera Film) 1982/83. 35 mm, s/w + Farbe, 130 Min.

R: Andrej Tarkovskij. B: Andrej Tarkovskij, Tonino Guerra. K: Guiseppe Lanci. A: Mauro Passi. Ba: Andrea Grisanti. S: Amedeo Salfa, Erminia Marani. M: Debussy, Verdi, Wagner, Beethoven, Musorgskij.
D: Oleg Jankovskij (Andrej Gorčakov), Domiziana Giordano (Eugenia), Erland Josephson (Domenico), Patrizia Terreno (Andrejs Frau).

In dem filmischen Selbstporträt *Tempo di viaggio* (*Zeit des Reisens*) fixierte Tarkovskij die Motivsuche zu *Nostalghia*. Er fuhr durch das sonnenüberströmte Italien, bis er Bagno Vignogni in der Toskana fand – mit dem rauchenden Wasserbecken und jenem dunklen Hotel, dem wohl einzigen dunklen Ort in diesem ›hellen‹ Land. Er begriff ihn als Ausdruck seines inneren Zustandes. *Nostalghia* war der erste Film, den Tarkovskij außerhalb der Heimat, jenseits von staatlichen Zensurzwängen, jedoch unter erheblichen finanziellen Schwierigkeiten drehte. Anatolij Solonicyn, der Protagonist seiner früheren Filme, für den die Rolle des russischen Helden geschrieben war, starb noch während der Bucharbeit an Krebs. Tarkovskij erlag vier Jahre nach Beendigung der Dreharbeiten im Pariser Exil derselben Krankheit und meinte, der Zustand jener ausweglosen Trauer, die *Nostalghia* durchzieht, sei zum Stigma seines eigenen Lebens geworden.
Der russische Schriftsteller Andrej Gorčakov reist nach Italien, um das Leben eines russischen Komponisten des 17. Jahrhunderts namens Pavel Sosnovskij zu erforschen: Als Leibeigener von seinen Herren nach Italien geschickt, kehrte Sosnovskij, von Nostalgie geplagt, nach Rußland, in die Sklaverei, zurück und erhängte sich kurz darauf. Dieses Schicksal ist ein Spiegel für die melancholischen Stimmungen Gorčakovs. Anstatt des goldenen Italiens der Renaissance läßt Tarkovskij seinen Helden eine dunkle rätselhafte Ruinenlandschaft entdecken. In den Thermen trifft der Russe den alten Domenico, den die Einwohner des Ortes für verrückt halten: er hat seine Familie sieben Jahre lang zuhause eingeschlossen, um das Ende der Welt abzuwarten, dann wurden Frau und Kinder von der Polizei befreit. Dieser Mann zieht den Melancholiker Gorčakov stark an,

viel stärker als die schöne, in ihn verliebte Dolmetscherin Eugenia. Er besucht den Eremiten, der ihm eröffnet, er werde nun die ganze Welt erretten. Domenico fordert Gorčakov auf, ihm dabei zu helfen, indem er mit einer brennenden Kerze, von der heiligen Katharina von Siena geweiht, die Therme durchquert. Während Domenico sich auf dem Kapitolhügel in Rom anzündet und in einer Rede den Irrweg der modernen Zivilisation anprangert, führt Andrej dessen Auftrag aus. Beim dritten Mal gelingt es ihm, die Flamme am Leben zu erhalten, doch sinkt er selbst tot zu Boden. In einer Todesvision durchschreitet er mit Domenicos Hund die russische Landschaft, von der er so lange träumte.

Gorčakov stirbt an einem unerklärlichen Energieverlust, doch welche Illusion hat er verloren? An welcher Entdeckung ist er gescheitert? An der eigenen Unfähigkeit zur Liebe – weder zu der Frau, die in den Träumen erscheint, noch zu Eugenia? Die beiden Frauen stehen für zwei Kulturwelten, genauso wie Verdis »Requiem« und ein Wiegenlied von Musorgskij. Vielleicht hat Tarkovskij seinem Helden die eigene Enttäuschung aufgebürdet: In der einen Welt fand er keine Freiheit, in der anderen ein viel zu konsumptives Verständnis von ihr.

Die spröde Handlung hält die Bilder zusammen, welche auf den Betrachter eine magische Wirkung ausüben: Träume und Landschaften, die dem inneren Zustand der Seele entsprechen, Regen, Nebel, Schwefeldämpfe über den Thermen, Abendlicht. Der Film enthält Einstellungen und Kamerafahrten, in denen es bis zu 18 Lichtveränderungen gibt. Sie führen aus der Realität in die Erinnerung und dann aus dem Traum zurück in die Realität. Die Assoziationen, die diese Bilder auslösen, beschwören die alte Gegenüberstellung von Osten und Westen. Die slawophilen Philosophen der Jahrhundertwende hielten die europäische Zivilisation für geist- und gottlos, während sie die russische als spirituelle Kultur priesen; die materielle Welt des technischen Fortschritts konfrontierten sie mit der Seele und glaubten, daß Rußland so die westliche Zivilisation rettet. Das letzte Bild in *Nostalghia* – eine italienische Kathedrale umschließt die russische Holzhütte – wird meist als Bild harmonischer Vereinigung ausgelegt. Doch es ist ambivalent: Die riesige Kathedrale dominiert das Holzhaus, anderseits ist sie zerstört. Der Ausweg, den Tarkovskij anbietet, liegt nicht in der Alternative zwischen dem Osten und dem Westen, sondern in dem Glauben, dem Opfer und Leiden. Das bringt Tarkovskij in die Nähe christlicher Doktrin, ohne daß er als religiöser Künstler gesehen wird: Seine Helden dürsten nach Glauben und übernehmen freiwillig die Rolle des Erlösers, von der Umgebung aber werden sie nicht – wie in der christlichen Tradition – als heilige Narren, sondern als Wahnsinnige abgestempelt.

Cesare Biarese/Pantelis Karakasis: »›Im Augenblick will ich kein Kind mehr sein‹«, in: Filmfaust, 1984, H. 38 (Interview); Peter Green: »The Nostalghia of the Stalker«, in: Sight and Sound, 1984/85, H. 1; Ulrich Greiner: »Das Weltall in uns«, in: Die Zeit, 27.1.1984; Peter W. Jansen/Wolfram Schütte (Hg.): »Andrej Tarkovskij«. München 1987; Vida T. Johnson/Graham Petric: »Andrei Tarkovsky«. Bloomington 1994; Andreas Kleinert: »Möglichkeiten der poetischen Filmkunst. Andrej Tarkowski und sein Film *Nostalghia*«, in: Beiträge zur Film- und Fernsehwissenschaft, 1990, H. 38; Tony Mitchell: »Andrej Tarkovsky and *Nostalghia*«, in: Film Criticism, 1986/87, H. 1/2; Alain Philippon: »Lointain intérieur«, in: Cahiers du Cinéma, 1985, H. 374; Walter Ruggle: »Licht ans andere Ufer!«, in: Filmbulletin, 1984, H. 136; Marius Schmatloch: »Andrej Tarkowskijs Filme in philosophischer Betrachtung«. St. Augustin 2003; Eva M.J. Schmidt: »Nostalghia/Melancholia«, in: Hans Günther Pflaum (Hg.): Jahrbuch Film 83/84. München 1983; Wolfram Schütte: »Erfahrungen der Loslösung vom Heimatland«, in: Frankfurter Rundschau, 20.1.1984; P. Adams Sitney: »*Nostalghia*«, in: Mary Lea Bandy/Antonio Monda (Hg.): The Hidden God. New York 2003; Andrej Tarkovskij: »Die versiegelte Zeit«. Berlin, Frankfurt a.M. 1985; Maja Turowskaja/Felicitas Allardt-Nostiz: »Andrej Tarkovskij. Film als Poesie – Poesie als Film«. Bonn 1981; Karsten Witte: »Der Mann im Mantel«, in: ders.: Im Kino. Frankfurt a.M. 1985.

Oksana Bulgakowa

NOTORIOUS (Berüchtigt). USA (RKO Radio Pictures) 1945/46. 35 mm, s/w, 101 Min. R: Alfred Hitchcock. B: Ben Hecht, nach einer Idee von Alfred Hitchcock. K: Ted Tetzlaff. A: Carol Clark, Albert D'Agostino, Edith Head.

Notorious: Ingrid Bergman, Cary Grant und Claude Rains

Ba: Darell Silvera, Claude Carpenter. S: Theron Warth. M: Roy Webb.
D: Ingrid Bergman (Alicia Huberman), Cary Grant (T.R. Devlin), Claude Rains (Alexander Sebastian), Leopoldine Konstantin (Mrs. Sebastian), Reinhold Schünzel (Dr. Anderson), Louis Calhern (Paul Prescott), Alex Minotis (Joseph).

Hitchcock gab gerne die Anekdote zum besten, er sei drei Monate lang vom Geheimdienst beobachtet worden, nachdem er und sein Drehbuchautor Ben Hecht sich 1944 im California Institute of Technology in Pasadena erkundigt hatten, ob man mittels Uran eine Atombombe herstellen könnte. Uranerz erfüllt in *Notorious* die Funktion des »Mac Guffin«, das heißt, es ist das an sich nichtige, weil austauschbare Motiv, um das die Handlung kreist.
Alicia, die leichtlebige und trinkfreudige Tochter eines verurteilten Nazi-Spions, begibt sich in Begleitung des FBI-Agenten Devlin nach Rio de Janeiro. Dort soll sie in eine Gruppe von Nazis eindringen; es stellt sich heraus, daß die Schurken heimlich Uranerz in ihren Besitz bringen, das für den Bau einer deutschen Atombombe benötigt wird.
Vor diesem Hintergrund entwickelt sich die perfide Geschichte einer Frau, die von zwei Männern geliebt wird, selbst aber nur den einen (Devlin) liebt, von dem sie jedoch aus »übergeordnetem staatlichen Interesse« gezwungen wird, den anderen (den Nazi Sebastian) zu heiraten. In dem berühmten Interview mit François Truffaut hat es Hitchcock auf die einfache Formel gebracht: »Ich wollte einen Film über einen Mann machen, der eine Frau zwingt, mit einem anderen Mann ins Bett zu gehen, weil das seine professionelle Pflicht ist. Der politische Aspekt der Sache interessierte mich nicht besonders«.
Notorious steht ganz in der Tradition früherer Hitchcock-Filme wie *The Thirty-nine Steps* (*39 Stufen*, 1935) *The Lady Vanishes* (*Eine Dame verschwindet*, 1938) *Foreign Correspondent* (*Mord*, 1940) und ↗*Shadow of a Doubt*, die von falschen Identi-

täten und doppelter Moral handeln: Die Menschen sind nicht das, was sie vorgeben zu sein, zwischen ihrem Handeln, Denken und Fühlen liegt eine tiefe Kluft. Weder ein Spionage- noch ein Propagandafilm, ist *Notorious* eher eine dunkle Liebesromanze mit Anleihen an den Film noir, dessen Atmosphäre Hitchcock durch Low-Key-Effekte suggerierte. Ein technisches Bravourstück gelang dem Regisseur und seinem Team mit der Kranfahrt in der Eingangshalle des Anwesens, in dem Alicia und Sebastian leben: Sie beginnt über dem Kronleuchter in der Halbtotalen, führt ohne Schnitt über die Köpfe der Darsteller hinweg und endet mit einer extremen Großaufnahme von Alicias Hand. Noch berühmter wurde die für die damalige Zeit sehr gewagte, angeblich längste Kußszene der Filmgeschichte, in der sich Ingrid Bergman und Cary Grant drei Minuten lang umarmen. Um nicht gegen die Zensurbestimmungen des Hays-Code zu verstoßen, die vorschrieben, daß kein Leinwandkuß länger als drei Sekunden dauern durfte, mußten die beiden Darsteller in regelmäßigem Abstand ihre Lippen voneinander lösen, was aber den Eindruck eines ›endlosen Kusses‹ nicht schmälert.

Als *Notorious* Ende der vierziger Jahre in die westdeutschen Kinos kam, mochte die Verleihfirma dem Publikum die Fiktion eines Atombomben-Komplotts der Nazis nicht zumuten. Durch Verfälschungen bei der Synchronisation wurde aus der fünften Kolonne eine Bande von Rauschgiftschmugglern, statt von Uran war nun von Morphium die Rede; als Titel wählte man »Weißes Gift«. Jahre später wurde die deutsche Fassung dem Original angeglichen.

Richard Abel: »*Notorious*: Perversion Par Excellence«, in Wide Angle, 1977/78, H. 1, Reprint 1979; James Agee: »*Notorious*«, in: Albert LaValley (Hg.), Focus on Hitchcock. Englewood Cliffs 1972; Michael Althen: »*Notorious*«, in: Lars-Olav Beier/Georg Seeßlen (Hg.): Alfred Hitchcock. Berlin 1999; Pascal Bonitzer: »*Notorious*«, in: Cahiers du Cinéma, 1980, H. 309; David Bordwell: »*Notorious*«, in: Film Heritage, 1968/69, H. 3; Raymond Durgnat: »The Strange Case of Alfred Hitchcock«. London 1974; Joel W. Finler: »Alfred Hitchcock. The Hollywood Years«. London 1992; Michael Renov: »From Identification to Ideology: The Male System of Hitchcock's *Notorious*«, in: Wide Angle, 1980/81, H. 1; Eric Rohmer/Claude Chabrol: »Hitchcock«. Paris 1957; Robert Samuels: »Hitchcock's Bi-Textuality. Lacan, Feminisms, and Queer Theory«. Albany 1998; François Truffaut: »Mr. Hitchcock, wie haben Sie das gemacht?«. München 2003.

Bernd Jendricke

LA NOTTE (Die Nacht), Italien/Frankreich (Nepi-Film/Silva-Film/Sofitedip) 1960. 35 mm, s/w, 115 Min.
R: Michelangelo Antonioni. B: Michelangelo Antonioni, Ennio Flaianno, Tonino Guerra. K: Gianni di Venzano. A: Piero Zutti. S: Eraldo da Roma. M: Giorgio Gaslini.
D: Jeanne Moreau (Lydia), Marcello Mastroianni (Giovanni), Monica Vitti (Valentina), Bernhard Wicki (Tommasio).

Straßenlärm. Autoverkehr. Die Kamera befindet sich in der Straße einer Stadt, deren aufragende Neubauten in kühler, geometrischer Strenge und Modernität mit den Fassaden alter Häuser kontrastieren. Einem plötzlichen Panoramablick von der Dachterrasse des Hochhauses folgt eine lange Abwärtsbewegung an der gläsernen Front, in der sich Mailand spiegelt.

Der Vorspann charakterisiert nicht nur das Umfeld der Protagonisten, sondern antizipiert zentrale Themen Antonionis: Mit Hilfe der Architektur evoziert er den gesellschaftlichen Konflikt zwischen Tradition und Fortschritt; die Kamerafahrt abwärts leitet die eigentliche Bewegung des Films ein, die in das Innere des Geschehens, die seelischen Tiefenschichten der Handelnden, führt. Die gebrochene Sicht Mailands in den reflektierenden Fensterscheiben bildet ein Äquivalent zu der Entfremdung und Vereinsamung von Menschen, deren Umwelt sich durch den Verlust tradierter Werte aufgrund sozialer und technischer Veränderungen bestimmt. Wie in den inhaltlich verwandten Filmen ↗*L'avventura* und *L'éclisse* (*Liebe 1962*, 1961/62) wendet sich Antonioni der gehobenen Bürgerschicht zu, deren Leben in Eitelkeiten, Langeweile und Zerstreuungssucht erstickt.

So beginnt am hellichten Tag die ›Nacht‹ Antonionis. Tommasio liegt im Krankenhaus, mit dem Tode ringend. Seine Freunde Lydia und Giovanni Pontano, die Protagonisten des Films, besuchen ihn. Die Fassade einer guten Ehe bleibt gewahrt, doch die mangelnde Kommunikation verweist bereits in den ersten Minuten auf die Morbidität einer in Gewohnheit erstarrten Beziehung, deren Merkmale der Regisseur sorgfältig in Mimik und Körpersprache des Ehepaars inszeniert: Schweigen während des gemeinsamen Weges, musternde, unsichere Blickwechsel. Die innere Distanz, nur mühsam verdeckt durch den Austausch konventioneller Höflichkeiten, vermittelt Antonioni in stark kontrastierenden Einstellungen. Das Gespräch zu dritt gibt näheren Aufschluß über die Personen: Tommasio ist ebenso wie Giovanni ein erfolgreicher Schriftsteller, in rührender Verehrung den Pontanos, insbesondere Lydia, verbunden. Das Thema des Scheiterns, der Verfehlung der eigenen Berufung, bestimmt den Gedankengang des Todkranken und nimmt die Selbsterkenntnis Giovannis am Schluß des Films vorweg.

Unerwartete Zwischenfälle, wie die Annäherungen einer Nymphomanin auf dem Flur des Hospitals, charakterisieren Giovanni in seiner unbewußten Suche nach künstlerischen Impulsen als indifferent und wehrlos gegenüber äußeren Einflüssen. Die in diesem Moment sich laut schließende Fahrstuhltür unterstreicht die Zwanghaftigkeit Giovannis, der Frau in ihr Zimmer zu folgen und sich ihren stürmischen Zärtlichkeiten hinzugeben. Vor der Kulisse einer weißen Wand scheinen Zeit und Raum aufgehoben. Exemplarisch ließe sich aus dieser Szene der stilprägende Einfluß Antonionis ableiten.

Lydia teilt ihre Gefühle nicht mehr mit Giovanni. Die emotionale Erschütterung, die der elende Zustand Tommasios bei ihr auslöst – eine großartige Einstellung zeigt sie klein und verloren vor der monumentalen Fassade des Krankenhauses – verbirgt sie vor ihrem Mann mit versteinertem Gesichtsausdruck. Den Früchten seines Ruhms steht sie kritisch und abweisend gegenüber. Hier mag eine Ursache für die Entfremdung der Partner liegen, doch geht es Antonioni nicht um Begründungen und Wertungen, sondern um die Indizien des Verfalls einer Liebe, die er nüchtern, aber gleichwohl subtil aufzeichnet. Die filmisch geschilderten Ereignisse katalysieren innere Vorgänge.

Antonioni verzichtet auf eine geschlossene Dramaturgie: Unvermittelt in das Geschehen des Films hineingeworfen, wird der Zuschauer zum Zeugen eines fragmentarischen Tagesablaufes. Am Abend wohnt das Paar als geladene Gäste dem opulenten Fest eines Großindustriellen bei, das bis zum Morgengrauen dauert. Analog zu der Dunkelheit dieser Nacht vertiefen sich auch die Abgründe, die Lydia und Giovanni voneinander trennen: Sie streift allein umher, er genießt das oberflächliche Treiben. Während sie bei der Nachricht vom Tode Tommasios die Fassung verliert, drängt es ihn zu Valentina, der Tochter des Hauses. Die ausbleibende Eifersucht bestätigt Lydia endgültig das Sterben ihrer Liebe. Erst die schonungslose und scharfsichtige Offenbarung Lydias in der Schlußsequenz des Films führt Giovanni zur schmerzhaften Erkenntnis seines eigenen Versagens. Jetzt schließt sich auch der Kreis um Tommasio, der wie eine Art Klammer das Filmgeschehen umfaßte: Überdrüssig seiner selbstlosen Liebe, suchte Lydia gerade die Ich-Bezogenheit Giovannis, an der ihre Ehe auf Dauer jedoch scheitern mußte. Der Tod des Freundes markiert dieses Ende. Haben sie noch eine Zukunft? Der Film endet in der offenen Weite der Parklandschaft. Langsam entfernt sich die Kamera von dem Paar.

»*La Nuit*«. Hg. Michèle Causse. Paris 1961. – »*La Notte*«, in: The Screenplays of Michelangelo Antonioni. New York 1963. (Drehbuch).

Barthélemy Amengual: »Dimensions existialistes de *La Notte*«, in: Etudes cinématographiques, 1964, H. 36/37; Michelangelo Antonioni: »Mon film«, in: L'Humanité, 26.2.1961; Wilfried Berghahn: »*Die Nacht*«, in: Filmkritik, 1961, H. 8; Frank Burke: »The Nature Enmity of Words and Moving Images: Language, *La Notte*, and the Death of the Light«, in: Literature/Film Quarterly, 1979, H. 1; Rainer Gansera: »*Die Nacht*«, in: epd Film, 1986, H. 4; Peter W. Jansen/Wolfram Schütte (Hg.): »Michelangelo Antonioni«. München 1984; André S. Labarthe: »Entretien avec Michelangelo Antonioni«, in: Cahiers du Cinéma, 1960, H. 112; Pierre Leprohorn: »Michelangelo Antonioni«, Frankfurt a.M 1964; Michèle Manceaux: »Gespräch mit Michelangelo Antonioni«, in: Filmkritik, a.a.O.; Michael Schaufert: »*La Notte* – ein Wahrnehmungsdrama«, in: Beiträge zur Film- und Fernsehwissenschaft, 1990, H. 38; Rudolf Thome: »Tote Liebe«, in: Rolf Schüler (Red.): Antonioni. Berlin 1993; Jean

Wagner: »La nuit n'est pas tendre«, in: Cahiers du Cinéma, 1961, H. 119.

Andrea Otte

LA NOTTE DI SAN LORENZO

(Die Nacht von San Lorenzo). Italien (Ager Cinematografica/RAI) 1982. 35 mm, Farbe, 106 Min.
R: Paolo und Vittorio Taviani. B: Paolo und Vittorio Taviani, Giuliani de Negri, Tonino Guerra. K: Franco Di Giacomo. Ba: Gianni Sbarra. S: Roberto Perpignani. M: Nicola Piovani. D: Omero Antonutti (Galvano), Margarita Lozano (Concetta), Micol Guidelli (Cecilia), Massimo Bonetti (Nicola), Sabina Vanucchi (Rosanna).

»Heute ist die Nacht von San Lorenzo«, spricht eine Frauenstimme aus einem nachtblauen Bühnenhimmel, die Nacht vom 10. August, in der alle Wünsche in Erfüllung gehen. Die wie auf Kommando herabfallende Sternschnuppe ist ein Kinotrick, und Theaterdonner kündigt den Titel an. Wir sind auf der Bühne, im Kino, auf keinen Fall im richtigen Leben. Doch erzählen will die Frau von einer anderen Nacht, von damals, als sie erst sechs Jahre alt war. Aber das ist lange her, fast schon Legende. Dann ist Tag. Kanonendonner schüttelt den Birnbaum und wirft eine reife Frucht zur Erde, so als müsse eine ganze Epoche abgeschüttelt werden. 1944 herrscht Krieg in Italien: Das faschistische Regime hat bereits kapituliert, aber die Deutschen sind noch im Lande und die Amerikaner noch weit. Deshalb hält sich der Partisan im Kornfeld versteckt bis kurz vor seiner Hochzeit, doch die Ehe wird nur zwei Tage währen. »Wenn es stimmt, daß der Tag des Dies Irae, der Tag des Weltuntergangs, nahe ist«, sagt der Priester während der Trauung, »und er ist immer nahe, dann heißt das auch, daß jeder von Euch, ich genauso, die Pflicht hat zu überleben.«

Weil sie überleben wollen und der Freiheit entgegenfiebern, vertraut sich ein Teil der Bevölkerung von San Martino der Führung des alten Knechts Galvano an. Diese buntgemischte Truppe aus allen Altersstufen, eine kleine Solidargemeinschaft, läuft mit ihm in die Nacht hinaus, statt Unterschlupf in der Kathedrale beim Bischof zu suchen, der von den Deutschen als Kommandant eingesetzt ist. Sie fliehen vor dem angedrohten Vergeltungsschlag: Ihre Häuser sollen in der Nacht in die Luft gesprengt werden. Aus der Ferne hören sie dann die Detonationen, aber war es wirklich San Martino? Die Kleinmütigen und Schwachen, die in der Stadt geblieben sind, darunter die frischvermählte, hochschwangere Frau, werden am nächsten Tag getötet: Eine mächtige Sprengladung explodiert mitten in der schönen Renaissance-Kathedrale – ein erstes, historisch verbrieftes Massaker, dem noch ein weiteres, frei erfundenes folgen wird. Im Weizenfeld stehen sich die Feinde – die Schwarzhemden und die Roten, Bauern, die doch alle Nachbarn sind – Aug' in Aug' gegenüber, ehe sie sich gegenseitig erschießen. Am Morgen nach der Schlacht, die eine Groteske war, hört man einen Liedfetzen von »Bandiera rossa«. Aber in Wirklichkeit hat hier keiner gesiegt, nur die Amerikaner sind ein Stück näher gerückt und haben ein aufgeblasenes Kondom als Luftballon für die Kinder und eine Schachtel Camel hinterlassen. Die Nacht von San Lorenzo ist verstrichen, und sie haben vor Angst vergessen, sich etwas zu wünschen.

›Es war einmal‹, lautet der Erzählgestus der Brüder Taviani. Sie kennen die Geschichte des toskanischen San Martino, das eigentlich San Miniato heißt: Es ist ihr Heimatort. Aber sie wollen keine ›wahre‹ Geschichte erzählen, sondern vertrauen dem kuriosen und oft verständnislosen Blick der kleinen Cecilia, unterstützt von der Erinnerung eines kollektiven Gedächtnisses. Die Geschichten all derer, die in diesen Tagen durch die Toscana gezogen sind, fügen sich in einen epischen Erzählstrom, der nicht Vergangenheit rekonstruiert, sondern Geträumtes, Vorgestelltes, Erwünschtes zu einer Einheit verschmilzt. Der Schauspieler Omero Antonutti als Galvano stellt die Verbindung zu ↗*Padre padrone* her: Aus dem gewalttätigen Patriarchen ist ein visionärer Anführer geworden, der keiner politischen Theorie vertraut, sondern dem gesunden Mißtrauen gegen die Herrschenden folgt. Die Tavianis erinnern mit dieser

Figur an den rückwärtsgewandten Traum Pasolinis, an den Glauben an eine bessere vorindustrielle Welt, doch kommt es bei ihnen zu einer Versöhnung der Klassen: Galvano und Concetta, die stets durch Klassenschranken getrennt waren, gestehen sich nach vierzig Jahren ihre Liebe. »40 Jahre zu spät«, wie sie sagen, denn 1904 hat Italien die Beteiligung der Sozialisten an der Regierung versäumt.
Wünsche, auch wenn sie unerfüllbar sind, halten die Träume wach, die Hoffnung auf Veränderung, die im Italien von 1944 sich auf die Amerikaner richtet. Die späten Filme der früheren Marxisten Paolo und Vittorio Taviani unterstreichen die Verantwortung des Individuums, zeigen Veränderung als Ergebnis eines individuellen Aktes, der in die kollektive Erfahrung eingebunden bleibt, in die Solidarität der Gemeinschaft. Ihre Ästhetik des epischen Realismus, der mit opernhaften Überhöhungen arbeitet, nannte ein englischer Kritiker »surrealistisches Musical«. In *La notte di San Lorenzo* werden die abziehenden deutschen Faschisten unter »Tannhäuser«-Klängen zu Totengräbern ihrer eigenen Kultur. Einer der flüchtenden Dorfbewohner nennt sich »Requiem« in Erinnerung an das Verdi-Requiem, das er zur Messe gesungen hat. Der innige Gesang und seine leuchtenden Augen überdauern den Film genauso wie Cecilias Schielkünste, die sie direkt dem Teufel im Fegefeuer abgeschaut hat. Von Erinnerungen und dem Kampf gegen das Vergessen handelt dieser Film, mit dem die Filmemacher in die Vergangenheit ihrer Heimat zurückkehrten, »um herauszufinden, wer wir sind« (Paolo Taviani).

»*Die Nacht von San Lorenzo*«. Hg. Hartmut Köhler. Nördlingen 1988. (Filmprotokoll, Materialien).
Pascal Bonitzer/Serge Toubiana: »Le cinéma double«, in: Cahiers du Cinéma, 1982, H. 342 (Interview); Walter Ruggle: »Rückblende auf Gegenwart und Zukunft«, in: Filmbulletin, 1982, H. 126; Serge Toubiana: »La guerre des étoiles«, in: Cahiers du Cinema, 1982, H. 342; Franz Ulrich: »*La notte di San Lorenzo*«, in: Zoom-Filmberater, 1982, H. 24; Karsten Witte: »Legende einer Befreiung«, in: ders.: Im Kino. Frankfurt a.M. 1985.

Marli Feldvoß

NOVECENTO

(1900. 1. Teil: Gewalt, Macht, Leidenschaft. 2. Teil: Kampf, Liebe, Hoffnung). Italien/Frankreich/Bundesrepublik Deutschland (PEA Cinematografica/Les Artistes Associés/Artemis) 1976. 35 mm, Farbe, 320 Min.
R: Bernardo Bertolucci. B: Bernardo Bertolucci, Franco Arcalli, Guiseppe Bertolucci. K: Vittorio Storaro. A: Maria Paola Maiano. Ba: Ezio Frigerio. S: Franco Arcalli. M: Ennio Morricone. D: Burt Lancaster (Alfredo Berlinghieri), Robert De Niro (Alfredo Berlinghieri, Enkel), Sterling Hayden (Leo Dalco), Gérard Départdieu (Olmo Dalco), Dominique Sanda (Ada Fiastri Paulhan), Stefania Sandrelli (Anita Foschi), Donald Sutherland (Attila).

Novecento ist ein großes historisches Fresko. Für den ersten Teil bat Bertolucci seinen Kameramann Storaro, sich an den Impressionisten, für den zweiten Teil sich an den Expressionisten zu orientieren. Beiden Teilen vorangestellt ist ein Gemälde: »Il quatro Stato« von Pelliza da Volpedo. Dieses Bild ist nicht nur ein visueller Bezug, es weist auch auf die politische Diskussion, die unter Intellektuellen in den siebziger Jahren um Begriffe wie Kollektiv, Solidarität, Widerstand etc. kreiste. Bertolucci beschäftigt die Geschichte, weil er in ihr die Gegenwart wiedererkennt: Die Erscheinungsformen von Herrschaft wandeln sich zwar, das herrschaftliche Prinzip aber bleibt erhalten. Der Originaltitel wird – nicht nur in Deutschland – mit *1900* falsch übersetzt: Eine angemessenere Übertragung von *Novecento* wäre »Zwanzigstes Jahrhundert«. Dem damit verbundenen Anspruch wird der Film gerecht.
Im Sommer 1901 werden in der Emilia Romagna zwei Jungen geboren. Alfredo Berlinghieri ist der Enkel eines Großgrundbesitzers; Olmo Dalco stammt aus einer Landarbeiter-Familie. Sie sind, wie schon ihre Vorväter, aneinander gebunden, obwohl sie, bedingt durch ihre Herkunft, konträre Positionen vertreten. Die Herr/Knecht-Dialektik wird am Beispiel von Alfredo und Olmo in epischer Breite – *Novecento* hat eine Laufzeit von fünf Stunden und 20 Minuten – entwickelt, ohne daß der pädagogisch-

politische Zeigefinger erhoben wird. Letztendlich ist der Knecht der produktive Teil des Gespanns, denn er drängt auf Veränderung des Status quo. »Ding-Dong, Ding-Dong, der Teufel singt und bringt den Herrn um«, schnaubt bereits der kleine Olmo seinem besten Freund Alfredo ins bürgerlich saubere Gesicht. Aber die Abschaffung der Herrschaft bleibt zunächst ein bloßer Wunsch. Das Verhältnis von Olmo und Alfredo beinhaltet Freundschaft/Feindschaft, Haß/Liebe und Verachtung/Anerkennung. Alle verbindenden Facetten der Gefühlswelt sind mit im Spiel, eingeschrieben in die Arbeitsverhältnisse des norditalienischen Landgutes und verschweißt mit der italienischen Geschichte.
Bertolucci und seinem Team gelingt es meisterhaft, die Lebenswelt des »Il quatro Stato«, der Bauern, Landarbeiter und Tagelöhner also, in ihrer Direktheit, Derbheit und Bitterkeit zu visualisieren.
Die Sprache ist von unmittelbarer Deutlichkeit, ebenso wie die Sexualität oder der Tod. In diese Welt brechen weitreichende Veränderungen ein: die ökonomischen durch die Maschinisierung der Landarbeit, die politischen durch den Faschismus. Als 1945 Olmo Alfredo das Leben rettet, indem er den anderen Landarbeitern klarmacht, daß der Herr nun tot sei und deshalb Alfredo weiterleben könne, sagt dieser leise: »Der Herr lebt!« In einem kurzen Epilog sieht man die beiden Protagonisten als Greise miteinander zanken. Der Film läßt offen, ob es einen Gewinner gibt bzw. überhaupt geben kann.
Bertolucci wollte, wie er des öfteren betonte, einen populären Film drehen: Erstens sollte der Film vom breiten Publikum angenommen werden und zweitens die legitimen Belange der einfachen Bevölkerung veranschaulichen. Nach dem kommerziellen Erfolg von ↗*L'ultimo tango a Parigi* standen dem Regisseur für die elf Monate dauernden Dreharbeiten ein Budget von 25 Millionen Dollar sowie internationale Stars zur Verfügung. In Italien löste *Novecento* eine politische Kontroverse aus; auch im Ausland stieß das Unternehmen auf ideologisch motivierte Kritik. »Bertoluccis kommunistisches Über-Hollywood, eine Mischung aus MGM, Giuseppe Verdi und, im zweiten Teil, Peking-Oper, ist ein einziger überdimensionaler Widerspruch in sich selbst«, urteilte Hans C. Blumenberg. Eben diesen Widerspruch machte der Regisseur zu einem Thema seines Films: »Die große Provokation in *Novecento* besteht darin, daß die Form diesen Konflikt als einen zwischen Dolly und Kamerabewegungen am Kran austrägt, die wie bei Busby Berkeley beginnen und wie die eines sowjetischen Regisseurs enden«, erklärte Bertolucci. »Und der sich in der Innenspannung des Bildes fortsetzt, das Hollywood-Schauspieler mit Bauern aus der Emilia zusammenwürfelt.« In den USA – die Verleihfirmen 20th Century Fox, United Artists und Paramount beteiligten sich an der Finanzierung – lief eine von Bertolucci nicht autorisierte Fassung, von einem anonymen Bearbeiter auf dreieinhalb Stunden zusammengeschnitten. Gleichwohl avancierte *Novecento* zu einem Klassiker der Filmgeschichte und wurde zu einem Kultfilm für Cinéasten.

»*Novecento*«. Turin 1976. (Drehbuch).
Hans C. Blumenberg: »Linke Träume von Hollywood«, in: ders.: Kinozeit. Frankfurt a.M. 1980; Robert Burgoyne: »The Somatization of History in Bertolucci's *1900*«, in: Film Quarterly, 1986/87; H. 1; ders.: »Bertolucci's *1900*. A narrative and historical Analysis«. Detroit 1991; Michel Ciment: »Dialectique ou barres parallèles?«, in: Positif, 1976, H. 183/184; Andrew Horton: »History as Myth and Myth as History in Bertolucci's *1900*«, in: Film and History, 1980, H. 1; Peter W. Jansen/Wolfram Schütte (Hg.): »Bernardo Bertolucci«. München 1982; Pauline Kael: »*1900*«, in: dies.: For Keeps. New York u.a. 1994; A. Karaganov: »Vom Monolog zum Epos«, in: Film und Fernsehen, 1978, H. 4; T. Jefferson Kline: »Bertolucci's Dream Loom«. Amherst 1987; Robert Phillip Kolker: »Bernardo Bertolucci«. London 1985; Günter Netzeband: »*1900*. Bernardo Bertoluccis zweiteiliges Epos und das Unbehagen der Bourgeoisie«, in: Film und Fernsehen, 1977, H. 6; Leonard Quart: »*1900* – Bertolucci's Marxist Opera«, in: Cineaste, 1978, H. 3; Bion Steinborn: »Rosarote Dollars – gefälschtechte Bauern?«, in: Filmfaust, 1977, H. 3 (Interview); Serge Toubiana: »Le ballon rouge«, in: Cahiers du Cinéma, 1976, H. 270; Enzo Ungari: »Bertolucci«. München 1982; Peter Wuss: »Die Tiefenstruktur des Filmkunstwerks«. Berlin (DDR) 1986.

Uwe Müller

LES NUITS DE LA PLEINE LUNE

(Vollmondnächte). Frankreich (Les Films du Losange/Les Films Ariane) 1984. 35 mm, Farbe, 101 Min.
R+B: Eric Rohmer. K: Renato Berta. A: Pascale Ogier. S: Cécile Decugis. M: Elli und Jacno.
D: Pascale Ogier (Louise), Fabrice Luchini (Octave), Tchéky Karyo (Rémy), Virginie Thévenet (Camille), Christian Vadim (Bastien), Laszlo Szabo (Maler).

Unspektakulärer kann ein Film kaum beginnen. Eine gesichtslose Neubaugegend, ein grauer Tag, Verkehrsgeräusche. Eine junge Frau verabschiedet sich im Streit von ihrem Lebensgefährten und nimmt den Zug in die Stadt. Louise hat Design studiert und arbeitet nun in einem Pariser Büro für Innenarchitektur. Den Vorort, in dem sie mit ihrem Freund Rémy wohnt, erlebt sie als Gefängnis: Immer wieder versucht sie, ins Nachtleben der Metropole auszubrechen. Die Treffen mit ihrem besten Freund Octave und die Partys bei zahllosen Bekannten, die für sie ein Inbegriff ihrer Jugend sind, sorgen für ständigen Konfliktstoff mit Rémy. Um sich einen Schutzraum vor seinen Ansprüchen zu verschaffen, richtet sich Louise ein Appartement im Zentrum ein und setzt durch, ab und zu dort zu übernachten. Sie selbst hält sich für tolerant und frei von Eifersucht. Als sie aber unerwartet Rémy in einem Pariser Café beobachtet und vermuten muß, er sei in Begleitung ihrer Freundin Camille, reagiert sie voller Panik und stellt Nachforschungen an. Schließlich wieder unbesorgt, betrügt Louise Rémy mit einer Partybekanntschaft. Mitten in der Nacht jedoch hält sie es in ihrem Appartement nicht mehr aus und fährt in den Vorort. Dort muß sie feststellen, daß auch Rémy die Nacht nicht zuhause verbracht hat. Als er morgens erscheint, teilt er ihr mit, er habe eine Frau gefunden, die besser zu ihm passe und die er mehr liebe als sie. Die fassungslose Louise bricht zusammen und macht sich wieder auf den Weg nach Paris.

Wie alle sechs Filme in Rohmers Zyklus »Komödien und Sprichwörter« trägt auch dieser (vierte) Teil ein Motto: »Wer zwei Frauen hat, verliert seine Seele. Wer zwei Häuser hat, verliert den Verstand.« Daß Rohmer diese Redensart schlichtweg erfunden hat, verweist bereits auf die subtile Ironie, die überall mitschwingt. Kommentarlos präsentiert der Regisseur die mal lächerlichen, mal anrührenden Figuren mit all ihren Widersprüchen und Lebenslügen: den Schriftsteller Octave, Ehemann und Vater, der aus dem etablierten Dasein ausbrechen will und zugleich Besitzer einer Luxuswohnung ist, oder Louise, die ständig auf der Flucht vor erdrückender Liebe ist, jedoch auch kaum einmal allein sein kann. Sie ist den ganzen Film hindurch unterwegs. Die das Geschehen strukturierenden kurzen Außenaufnahmen stehen stets in Verbindung mit ihren zahlreichen Ortswechseln und den Wegen, die sie zurücklegt: vom Vorort zum Arbeitsplatz, in ihr Appartement, zu Octave, zu einer Party, zurück in den Vorort.

In den »Moralischen Geschichten« setzte Rohmer einzelne Personen einem theoretisch konzipierten Experiment aus. Auch in den Filmen des zweiten Zyklus dominieren Gespräche, doch wirken ihre Sujets weniger konstruiert, ihre Figuren offener. Mit ihnen werden nun soziale Milieus geschildert; in *Les nuits de la pleine lune* wird eine trendorientierte Yuppie-Szene mit Künstler-Touch porträtiert. Rohmer arbeitet intensiv mit seinen Schauspielern und paßt deren Rollen ihrer Persönlichkeit an. Er dreht an Originalschauplätzen, verwendet ausschließlich Originaltöne, setzt Musik nur sparsam ein und erzielt so eine diskret gestaltete Natürlichkeit. Die Kamera vermeidet suggestive Techniken wie Zoom, Travelling oder Großaufnahme. Einstellungen aus der Perspektive einer Figur sind höchst selten. Die distanzierte Sichtweise läßt die verletzliche Louise in ihrem Scheitern um so bewegender erscheinen. Für ihre eindrucksvolle Darstellung wurde die kurz darauf verstorbene Pascale Ogier 1984 auf den Filmfestspielen in Venedig ausgezeichnet.

»*Les nuits de la pleine lune*«, in: L'Avant-Scène du Cinéma, 1985, H. 336. (Filmtext).
Vincent Amiel: »*Les nuits de la pleine lune*. D'une sensible géométrie«, in: Positif, 1984, H. 283; Alain Bergala/Alain Philippon: »Eric Rohmer la grace et la rigeur«, in: Cahiers du Cinéma, 1984, H. 364; Uta Felten: »Figures du désir. Untersuchungen zur amourösen Rede im Film von Eric

Rohmer«. München 2004; René Prédal: »Le cinéma français depuis 1945«. Paris 1991; Berenice Reynaud: »Representing the sexual impasse: Eric Rohmer's *Les nuits de la pleine lune*«, in: Susan Hayward/Ginette Vincendeau (Hg.): French Film. London, New York 1990; Eric Rohmer: »Le goût de la beauté«. Hg. Jean Narboni. Paris 1984; ders.: »Secrets de laboratoire«, in: Cahiers du Cinéma, 1985, H. 371/372; Bettina Thienhaus: »*Vollmondnächte*«, in: epd Film, 1985, H. 4.

Almuth Voß

NUR DIE SONNE WAR ZEUGE

↗ Plein soleil

OBCHOD NA KORZE

(Das Geschäft in der Hauptstraße). CSSR (Filmstudio Barrandov) 1965. 35 mm, s/w, 122 Min.
R: Ján Kadár, Elmar Klos. B: Ladislav Grossman, Ján Kadár, Elmar Klos, nach einer Erzählung von Ladislav Grossman. K: Vladimír Novotný. M: Zdeněk Liska.
D: Ida Kamińská (Rozálie Lautmanová), Jozef Króner (Tono Brtko), Hanna Slivková (Evelina Brtková), František Zvarík (Markus Kolkocky), Martin Gregor (Katz, Friseur).

Das Regieteam Kadár/Klos, das seit 1952 zusammenarbeitete, gehört nicht zur »Neuen Welle« des tschechoslowakischen Kinos: Ihre Filme unterscheiden sich thematisch wie formal von denen ihrer jüngeren Kollegen, die nach neuen Wegen suchten und sich Alltagsproblemen zuwandten. Doch auch Kadár/Klos scheuten nicht vor brisanten Gegenwartsthemen zurück, wie ihr Film *Obžalovaný* (*Der Angeklagte*, 1964), der sich kritisch mit der sozialistischen Planwirtschaft auseinandersetzt, beweist.

Obchod na korze spielt 1942 in einer slowakischen Provinzstadt. Die Juden stellen den Hauptanteil der Reichen dar; ihnen gehören die meisten Geschäfte auf der Hauptstraße. Sie heißen Lautman, Blau oder Katz; zum überwiegenden Teil sind sie in früherer Zeit aus Österreich oder Deutschland in die Slowakei zugewandert und längst assimiliert. Doch der Antisemitismus ist unverändert lebendig und wird vom Tiso-Regime mobilisiert: Der Slowakische Staat arbeitet mit ähnlichen Methoden wie die Nazis. Mittels arischer ›Treuhänder‹ sichern sich die neuen Machthaber die besten Läden; nach dem Abtransport der Juden ist die vollständige Übernahme der Geschäfte geplant. Dem Tischler Tono Brtko hat man – dank der Vermittlung seines Schwagers, der Mitglied der faschistischen Hlinka-Garden ist – die ›Verwaltung‹ des Kurzwaren-Geschäftes auf der Hauptstraße übertragen. Seine Träume vom gesellschaftlichen Aufstieg erfüllen sich jedoch nicht, denn erstens wirft der Laden nichts ab, und zweitens befindet er sich unversehens in einem Dilemma: Die halbtaube Witwe Lautmanová versteht nicht recht, was der verlegene Mann in ihrem Geschäft macht. Zuerst hält sie ihn für einen Kunden, dann für einen Steuerprüfer, schließlich für einen ihr zugewiesenen Helfer. In diesem Glauben läßt Tono sie – weder findet er die Kraft, die geplante ›Arisierung‹ durchzuführen, noch wagt er es, der alten Frau die Wahrheit zu sagen. Und so hilft er ihr im Laden, repariert und verkauft, gibt sich aber nach außen als harter Verwalter, um nicht als »weißer Jude« zu gelten. Als die Juden in der Stadt zur Deportation zusammengetrieben werden, wobei man die alte Witwe wie zufällig vergißt, gerät er in Panik und stößt sie in eine Kammer, um sie zu verstecken. Sie stürzt tödlich; Tono, der sich schuldig fühlt, erhängt sich.

Liebe zu den Figuren zeichnet die Tragikomödie aus, die als erster tschechoslowakischer Film mit einem Oscar ausgezeichnet wurde. *Obchod na korze* ist ein stiller Film, der seine humane Botschaft nicht demonstrativ ausstellt. Tono ist weder ein Held noch ein Märtyrer; er ist auf seinen Vorteil bedacht, stößt aber in der eigensinnigen und resoluten Witwe auf eine gleichwertige Gegnerin. Zwischen beiden entwickelt sich eine Beziehung: »Ich bin Ihr Arisator, Sie sind meine Jüdin«, stellt sich Tono bei Rozálie Lautmanová vor. Mit den von den politischen Verhältnissen ihnen zugeschriebenen Rollen können beide nicht fertig werden: Rozálie weigert sich schlicht, die Realität zur Kenntnis zu nehmen; Tono flüchtet in Wunschphantasien und Träume. Die Darsteller Jozef Króner und Ida Kamińskà – die Schauspielerin gründete 1922 das Jüdische Künstlerische Theater in Warschau – überzeugen ebenso wie die subtile Regie. Das Team Kadár/Klos zerbrach einige Jahre später an der politischen Realität: Nach der Okkupation der ČSSR emigrierte Kadár in die USA, während Klos in der Tschechoslowakei blieb.

Jules Cohen: »Elmar Klos and Jan Kadár«, in: Film Comment, 1967, H. 2/3 (Interview); Ulrich Gregor u.a. (Red.): »Die Filme des Prager Frühlings 1963–1969«, Kinemathek, Berlin, 1992, H. 79; Kurt Habernoll: »*Das Geschäft in der Hauptstraße*«, in: Film, Velber, 1965, H. 7; Robert A. Haller: »Interview with Jan Kadár«, in: Film Heritage, 1973, H. 3; Peter Hames: »The Czechoslovak New Wave«. Berkeley 1985; Antonin Liehm: »Closely Watched Films«. New York 1974; James Reid Paris: »Classic Foreign Films«. New York 1993; Helmut Regel: »*Das Geschäft in der Hauptstraße*«, in: Filmkritik, 1967, H. 1; J. Saperstein: »›All Men are Jews‹: Tragic Transcendence in Kadár's *The Shop on Main Street*«, in: Literature/Film Quarterly, 1991, H. 4; Jan Zalman: »Films and Filmmakers«. Prag 1968.

Marcela Euler

OBYKNOVENNYI FAŠISM' (Der gewöhnliche Faschismus). UdSSR (Mos'film) 1965. 35 mm, s/w, 123 Min.

R: Michail Romm. B: Mara Turovskaja, Jurij Chanjutin, Michail Romm. K: G. Lavrov. M: A. Karamonov.

Konrad Wolf, unbestritten der wichtigste Filmemacher der DDR, bekannte kurz vor seinem Tod: »*Der gewöhnliche Faschismus* war und bleibt der erste und für mich einzige Film, der eine Antwort auf die gewiß sehr komplizierte Frage gab: Wie decken wir das ›Geheimnis‹ auf, wie der deutsche Faschismus es fertigbrachte, in die Seele und in den Verstand von Millionen und Abermillionen Deutschen Eingang zu finden.« Das Lob für Michail Romm war zugleich eine Kritik jener Dokumentarfilme, die politische Aufklärung über den Nationalsozialismus leisten wollen, aber nicht über die Bebilderung von sozio-ökonomischen Theorien oder psychologischen Erklärungsansätzen hinauskommen: Filmbilder dienen als Beleg für einen vorgegebenen Text. Erwin Leisers *Mein Kampf* (1959) und Paul Rothas *Das Leben von Adolf Hitler* (1961), so verdienstvoll diese Arbeiten auch waren, fördern keine Erkenntnisse zutage, die nicht auch in Büchern nachzulesen wären. Während westdeutsche Filme wie *Hitler - Eine Karriere* (Christian Herrendoerfer/Joachim C. Fest, 1976/77) die Gestalt des Führers dämonisierten und damit letztlich der Faszination ihres Objekts erlagen, ordneten in der DDR produzierte Dokumentarfilme wie *Du und mancher Kamerad* (Andrew und Anneliese Thorndike, 1953) sich ideologischen Konzepten unter.

Ungewöhnlich ist schon der Einstieg, der scheinbar nichts mit dem Thema zu tun hat. Eine Folge von Kinderzeichnungen: Ein fröhlicher Kater, ein hungriger und ein listiger Kater, ein trauriger Löwe und ein Bär. Kaum ist der Mensch auf der Welt, hat er bereits das Bedürfnis, sich und seine Mitwelt darzustellen. Jugendliche, Studenten und verliebte Paare, mit versteckter Kamera in Moskau und Warschau aufgenommen: »Jeder sieht die Welt ein bißchen anders, aber jeder ist Mensch.« Mütter mit ihren kleinen Kindern, doch plötzlich wird die heitere Idylle zerstört: ein peitschender Schuß, ein schockierendes Foto – ein Soldat der deutschen Wehrmacht erschießt eine Mutter, die ihr Kind schützend im Arm hält. Noch einmal geht Romm zurück in die Gegenwart: Eine Mutter streicht ihrem Kind über den Kopf, das in die Kamera blickt. Dieser Blick – ernst, konzentriert, aufmerksam-fragend – prägt den Film: Wer hat geschossen, wie können Menschen so unmenschlich sein?

Romms Ausgangspunkt ist der Bilderberg, den die Nazis hinterlassen haben. Mehr als zwei Millionen belichtete Filmmeter haben er und seine Autoren gesichtet; ihre Basis war das ehemalige Reichsfilmarchiv, als Beutegut in die Sowjetunion gelangt, sowie weiteres Archivmaterial, z.T. auch Privataufnahmen. Romm betätigt sich als Verhaltensforscher, der ein auf Zelluloid gebanntes Phänomen befragt. Die Rituale der Macht und die Choreographie der Massen werden vorgeführt. Wichtiger als die verbale Rhetorik ist ihm die Körpersprache: Der Sammler zeigt seine Fundstücke und lenkt den Blick auf die Gestik und Mimik, die falschen Posen und die kleinen, verräterischen Fehlleistungen. Romm ist auf einen Amateurfilm gestoßen, der Hitler, noch ungeübt im Auftreten, bei einer frühen Parteiversammlung zeigt und aus gutem Grund nie öffentlich vorgeführt wurde. Selbst bei den bekannten Wochenschau-Bildern machte er Entdeckungen - wie der alte Hindenburg einmal beim Abschreiten der Formation die Orientierung verliert -, und die von den Nazis geförderten Kulturfilme präsentieren stolz die grotesken ideologischen Überformungen des Alltags im Dritten Reich: »Mein Kampf oder Wie man Kalbsfelle bearbeitet« nennt Romm sein zweites Kapitel, das von der Herstellung einer Luxusausgabe vom »Buch der Deutschen« handelt; für das sechste Kapitel hat er Propagandafilme ausgewertet, die das Volk zur Rassenhygiene anhalten sollten und u.a. ein junges Brautpaar beim Einholen des Ehetauglichkeitszeugnisses zeigen. Von solchen sarkastisch ausgestellten Selbstentlarvungen wechselt der Film unvermittelt zu erschreckenden Bilddokumenten wie den Erinnerungsfotos von Soldaten, die sich, fröhlich in die Kamera grinsend, mit gehenkten ›Untermenschen‹ ablichten ließen. Romm konfrontiert die Inszenierung des nazistischen Massenwahns immer wieder mit den bestialischen Taten, die von ganz ›gewöhnlichen‹ Menschen begangen wurden.

Obyknovennyi fašism' ist in 16 Kapitel gegliedert: kompakte Blöcke, die oftmals heterogene Aspekte eines Themas bündeln. Bei der Montage hat Romm sich am Modell des sowjetischen Spielfilms der Stummfilmzeit orientiert: harte Kontraste, Hyperbolisierung der Ereignisse. Sein Handwerk hat er, dem Film ist es anzumerken, von Eisenstein gelernt.

Obyknovennyi fašism' argumentiert mit Bildern. Erst nach Abschluß der Montage fand Romm die Form für den Kommentar: das persönliche Gespräch des Filmemachers mit dem Zuschauer. Immer wieder hatte er bei Vorführungen für Kollegen einzelne Kapitel erläutert, und dieser Duktus, das scheinbar improvisierte Aufmerksammachen auf bestimmte Details und Verknüpfungen, gibt dem Film seinen subjektiven, offenen Charakter. Schließlich ist das Thema allgemeiner, als es der Titel vermuten läßt: Romms Beobachtungen und Einsichten gelten nicht nur für die nationalsozialistische Vergangenheit.

»*Der gewöhnliche Faschismus*«, in: Filmwissenschaftliche Beiträge, 1981, H. 3. (Szenarium).

Hermann Herlinghaus: »Die Verantwortung des Filmkünstlers in unserer Zeit«, in: Filmwissenschaftliche Mitteilungen, 1966, H. 3/4 (Interview); Alexander Lipkow: »*Der gewöhnliche Faschismus* (1965)«, in: Beiträge zur Film- und Fernsehwissenschaft, 1987, H. 30; Herbert Reich: »*Der gewöhnliche Faschismus*«, in: Rudolf Joos/Isolde I. Mozer (Red.): Filme zum Thema. Bd.2. Frankfurt a.M. 1988; Michail Romm: »Von den Zweifeln und der Qual des Suchens«, in: Filmwissenschaftliche Beiträge, a.a.O.; Wilhelm Roth: »Gesichter: erregt, freudig, denkend, müde, verschlossen«, in: Süddeutsche Zeitung, 21.7.1970; Maja Turowskaja/Juri Chanjutin: »Wir, Romm und die Filmkamera«, in: Filmwissenschaftliche Beiträge, a.a.O.; Konrad Wolf: »Sag Dein Wort!«, in: ebd.

Michael Töteberg

OHNE SONNE ↗ Sans soleil

OKTJABR

(Oktober/Zehn Tage, die die Welt erschütterten). UdSSR (Sovkino) 1927/28. 35 mm, s/w, stumm, 2.800 m.
R+B: Sergej M. Eisenstein, Grigorij Aleksandrov. K: Eduard Tissé. Ba: V. Kovrygin.
D: Vasilij Nikolajevič Nikandrov (Lenin), Vladimir Popov (Kerenskij), Boris Livanov (Minister Tereščenko), Ljaščenko (Minister Konovalov), Čibisov (Minister Skobelёv), Micholev (Minister Kiškin), Smel'skij (Minister Verderevskij), N.I. Podkovskij (Leiter des Petrograder Revolutionsstabes).

Im September 1926 erhält Eisenstein von Goskino den Auftrag für einen Jubiläumsfilm zum zehnten Jahrestag der Oktoberrevolution und unterbricht deshalb seine Arbeit an *General'naja linija* (*Die Generallinie*, 1926–29). Zur Vorbereitung ziehen Eisenstein und Alexandrov Berichte von Augenzeugen, dokumentarische Filmaufnahmen sowie John Reeds Darstellung »Zehn Tage, die die Welt erschütterten« heran. Im März 1927 ist das Drehbuch abgeschlossen, bereits im April beginnen die Dreharbeiten.

Dem Filmteam stehen ein hohes Budget und die ganze Stadt Leningrad zur Verfügung; zeitweilig stellen über 10.000 Menschen die eigene, jüngste Geschichte dar. Am 1. Mai 1927 werden die Spitzen der Demonstrationszüge zur Mai-Feier mit Parolen und

Fahnen des Jahres 1917 ausgestattet und gefilmt. »Die Rekonstruktion der Fakten in *Oktober* war virtuos. Die Juli-Demonstration und der Sturm auf das Winterpalais wirkten wie Originalaufnahmen. Lange Jahre hingen im Revolutionsmuseum Bilder aus *Oktober* als ›echte‹ Fotografien von den Ereignissen. Ihre Authentizität wurde nicht in Zweifel gezogen.« (Oksana Bulgakowa). Eisenstein arbeitet fast ausschließlich mit Laiendarstellern und läßt Lenin von einem Arbeiter verkörpern. Aus 49.000 m belichtetem Filmmaterial stellt Eisenstein eine erste Schnittfassung von 3.800 m her, die nochmals um 1.000 m gekürzt wird: Alle Passagen, in denen Leo Trotskij, Mitbegründer der Roten Armee und Organisator des Oktoberaufstandes, im Film auftritt, werden eliminiert. Die unter Zeitdruck stehende Arbeit kann aufgrund der komplizierten Montage nicht rechtzeitig zu den Jubiläumsfeierlichkeiten abgeschlossen werden; die Uraufführung findet erst am 14. März 1928 statt.

Der Film beginnt mit dem symbolischen Sturz des Zaren: Eine aufgebrachte Menschenmenge reißt die Statue Alexander III. vom Sockel. Als General Kornilov mit seinen Tataren das Rad der Geschichte zurückdrehen und die Monarchie wieder errichten will, läßt Eisenstein die Szene der Denkmalsdemontage rückwärts laufen. Eine ähnliche Funktion wie die Odessaer Treppe in ↗*Bronenosec Potemkin* nimmt in *Oktjabr* die Neva-Klappbrücke ein: Nach der blutigen Juli-Demonstration ordnet die Regierung an, die Brücke zu öffnen: Die Flügel der Klappbrücke heben sich, ein totes Mädchen und ein Schimmel – Eisenstein dehnt die Sequenz höchst eindrucksvoll – rutschen langsam in den Abgrund. Das Bild der Brücke wird zum Symbol: Geöffnet strecken sich die gigantischen Brückenflügel »wie die Arme eines Ertrinkenden zum Himmel empor«; als die Bolschewisten sie wieder schließen, wirken sie wie zwei »Hände, die sich einander entgegenstrecken und zu einem festen Druck vereinen« (Eisenstein). Das Stadtzentrum mit dem Regierungssitz ist nicht länger getrennt von den auf dem anderen Ufer der Neva liegenden Arbeitervororten.

Heftige Kritik erntet *Oktjabr* von den um die Zeitschrift »Novy Lef« gruppierten Künstlern und Theoretikern, die ein streng faktographisches Konzept verfechten. »Eisenstein will den Film nicht als Methode zur Demonstration der realen Wirklichkeit auffassen«, moniert Ossip Brik, »er erhebt den Anspruch auf philosophische Filmtraktate.« Dieser Irrweg münde zwangsläufig in »ideographischer Symbolik«. Tatsächlich markiert *Oktjabr* Eisensteins Übergang von der »Attraktionsmontage« (1923) zur Theorie des intellektuellen Films. Den Filmemacher beschäftigt die Fragestellung, wie eine gegenständliche Abbildung in ein Zeichen zu verwandeln ist; Montage bedeutet für ihn Kollision, Zusammenprall verschiedener Motive. Zwei in ihrer Sinnbedeutung unabhängige Sequenzteile werden kontrapunktisch einander zugeordnet – es entsteht ein neuer Begriff. Kornilovs Parole »Mit Gott und Vaterland« etwa konfrontiert Eisenstein mit einer barocken Christusfigur, diese wird über verschiedene Zwischenstufen indischer, japanischer und afrikanischer Gottheiten mit einem hölzernen Eskimogötzen gleichgesetzt. Die »intellektuelle Attraktion« (1928) überläßt dem Zuschauer Schlußfolgerungen, die dokumentarisches Material allein nicht zulassen würden.

»*Oktober*«, in: Sergej M. Eisenstein: Schriften 3. Hg. Hans-Joachim Schlegel. München 1975. (Filmprotokoll).

Oksana Bulgakowa: »Bruch und Methode. Eisensteins Traum von einer absoluten Kunst«, in: Sergej Eisenstein: Das dynamische Quadrat. Leipzig/Köln 1988; James Goodwin: »Eisenstein: Ideology and Intellectual Cinema«, in: Quarterly Review of Film Studies, 1978, H. 2; ders.: »Eisenstein, Cinema, and History«. Urbana, Chicago 1993; Herbert Ihering: »*Zehn Tage, die die Welt erschütterten*«, in: ders.: Von Reinhardt bis Brecht. Bd.II. Berlin (DDR) 1959; Siegfried Kracauer: »*Oktober*«, in: ders.: Kino. Frankfurt a.M. 1974; Michèle Lagny u.a.: »La Revolution Figurée. Inscription de l'Histoire et du politique dans un film. *Octobre* II.« Paris 1979; Marie-Claire Ropars-Wuilleumier/Pierre Sorlin: »*Octobre*. Ecriture et Idéologie. I. Analyse filmique d'*Octobre* d'Eisenstein«. Paris 1976; Marie-Claire Ropars-Wuilleumier: »The Function of Metaphor in Eisenstein's *October*«, in: Film Criticism, 1977/78, H. 2/3; Karel Reisz/Gavin Millar: »Geschichte und Technik der Filmmontage«. München 1988; Alexander Schwarz: »Der geschriebene Film«. München 1994; Richard Taylor: »*October*«. London 2002.

Jörg Becker

OKTOBER ↗ Oktjabr

LOS OLVIDADOS

(Die Vergessenen). Mexiko (Ultramar Films) 1950. 35 mm, s/w, 80 Min.
R: Luis Buñuel. B: Luis Buñuel, Luis Alcoriza.
K: Gabriel Figueroa. A: Edward Fitzgerald.
S: Carlos Savage. M: Rodolfo Halffter, nach Themen von Gustavo Pittaluga.
D: Alfonso Mejí (Pedro), Roberto Cobo (Jaibo), Stella Inda (Pedros Mutter), Mario Ramírez (Ojitos), Miguel Inclán (Don Carmelo).

Ein adrettes kleines Mädchen aus gutem Hause sitzt strahlend auf einem Karussellpferd, während die Straßenjungen, die das Karussell mit ihrer Muskelkraft in Gang halten, von dessen Besitzer geschlagen und um ihren Lohn betrogen werden. »Wenn dieser Lump uns nicht bezahlt, dann sabotieren wir ihn«, macht einer der Jungen den zaghaften Versuch, zur Revolte aufzurufen.

Aber dazu kommt es nicht in Buñuels Film. In Bildern von drastischer Härte und Brutalität zeigt er die Welt derer, die das Karussell anschieben, der Kinder und Jugendlichen, die in den Slums von Mexiko aufwachsen. Hier gilt einzig und allein das Gesetz des Dschungels: Der Stärkere und Gerissenere siegt und überlebt; Fairneß und Menschlichkeit, wiewohl in Ansätzen vorhanden, bleiben auf der Strecke.

Aus der Gruppe der Kinder werden einige stärker hervorgehoben: Pedro, der eigentlich nur eines will: von seiner Mutter geliebt werden. Die aber sieht dazu keinen Grund.

Sie bekam ihn mit 14 Jahren, »weil sie sich nicht wehren konnte«, und hat inzwischen drei weitere Kinder, die sie kaum ernähren kann. Pedro kämpft noch gegen das völlige Abrutschen in den kriminellen Sumpf an, aber immer, wenn es anscheinend aufwärts geht, tritt ihm der halbwüchsige Jaibo in den Weg und macht alle seine Anstrengungen zunichte. Ojitos kommt vom Land: Sein Vater brachte ihn mit zum Markt und hat ihn dort seinem Schicksal überlassen. Ein alltäglicher Vorgang, wie Don Carmelo, der blinde Straßenmusikant, gleichmütig bemerkt. Jaibo hat einen Mord begangen, bei dem Pedro Zeuge war. Deshalb wird am Ende des Films auch er von Jaibo getötet, bevor dieser seinerseits von Polizisten erschossen wird. Pedros Leiche landet auf der Müllhalde.Die Mechanismen der Ausbeutung und der Eskalation der Gewalt werden in diesem Film ebenso aufgedeckt wie die Sinnlosigkeit gutgemeinter, aber vom gesellschaftlichen Kontext isolierter Sozialarbeit: Pedro, dem in einem Erziehungsheim zum erstenmal Verständnis und Vertrauen entgegengebracht werden, wird schon beim ersten Botengang außerhalb der Anstalt von der grausamen Realität der Straße eingeholt. Buñuel kritisiert solche pädagogischen Versuche als reine Kosmetik, die höchstens Symptome zu kaschieren vermag, an den eigentlichen Mißständen freilich gar nichts ändert. Eine wirkliche Besserung der Verhältnisse, so signalisiert der Film, ist nur durch vollständigen Umsturz zu erreichen – die eingangs erwähnte ›Sabotage des Karussells‹.

Über diese erste, neorealistisch anmutende Ebene des Films hat Buñuel eine zweite, surrealistisch gefärbte, gelegt. So tauchen in den unterschiedlichsten Kontexten immer wieder Hühner auf, die verfremdend wirken und sich einer eindeutigen Interpretation entziehen. In einer längeren Traumsequenz – die Buñuel hier noch ausweist mit traditionellen Mitteln wie Doppelbelichtung, Zeitlupe und spezieller Beleuchtung – erscheint Pedros Mutter als madonnengleiche Lichtgestalt, die ihrem Sohn ein Stück rohes Fleisch entgegenhält: Bilder von großer Suggestionskraft, die über die dokumentarisch-sozialkritische Ebene hinaus die Eigenart des Films ausmachen.Nach zwei Komödien, beides Auftragsarbeiten, war *Los olvidados* der dritte Film, den Buñuel in Mexiko drehte. Daß der Film die häßliche ›Rückseite‹ Mexikos zeigt, Brachland, Bauruinen und armselige Slums statt Postkartenansichten, Gewalt und Niedertracht statt (Mutter-)Liebe und Solidarität, wurde ihm zunächst übelgenommen: Der mexikanische Nationalstolz war getroffen. Als der Film in Cannes mit dem Preis für die beste Regie ausgezeichnet wurde und in Europa begeisterte Kritiken erhielt, fand er auch in Mexiko freundlichere Aufnahme. Buñuel war nach fast 20 Jahren in die Reihen der international beachteten Regisseure zurückgekehrt.

»*Los olvidados*«. London/New York 1972. (Filmtext, engl.). – In: L'Avant-Scène du Cinéma, 1973, H. 137 (Filmtext, franz.).
Luis Buñuel: »Mein letzter Seufzer«. Königstein/Ts. 1983; Stephen Hart: »Buñuel's Box of Subaltern Tricks: Technique in *Los olvidados*«, in: Peter William Evans/Isabel Santaolalla (Hg.): Luis Buñuel. London 2004; Agustín Sánchez Vidal: »*Los olvidados*«, in: ders.: Luis Buñuel: Obra cinematográfica. Madrid 1984; Jerry Schatzberg: »*Los olvidados*«, in: Positif, 1994, H. 400; Jean Sémolué: »La tragique dans *Los olvidados*«, in: Etudes cinématographiques, 1963, H. 22/23.

Jutta Schütz

OLYMPIA 1.Teil: Fest der Völker. 2.Teil: Fest der Schönheit.

Deutschland (Olympia-Film) 1936–38. 35 mm, s/w, 126 + 100 Min.
R, B + S: Leni Riefenstahl. K: Hans Ertl, Walter Frentz, Guzzi Lantschner, Kurt Neubert, Hans Scheib. M: Herbert Windt.

Wege zu Kraft und Schönheit verhieß ein abendfüllender Kulturfilm der Ufa (Wilhelm Prager, 1924/25). Der Film verfolgte ein politisches Anliegen: Er wollte in einer Zeit, wo laut Versailler Vertrag Deutschland keine Armee unterhalten durfte, das Volk zur Körperertüchtigung animieren. Um den Sinn für natürliche Schönheit und Gesundheit anzuregen, zeigte man aktuelle Sportszenen und stellte Bilder aus der Antike nach, wobei nicht vor freizügigen Darstellungen zurückgescheut wurde – das Bad einer Römerin erregte Aufsehen: Eine Domina läßt sich von anmutigen Sklavinnen bedienen. Eine der nackten Schönen, ihr erster Auftritt im Film, ist Leni Riefenstahl.

Ein Dutzend Jahre später erhält sie den Auftrag, den offiziellen Dokumentarfilm zu den Olympischen Spielen in Berlin 1936 herzustellen. Auftraggeber ist das IOC, aber auch das Propagandaministerium; obwohl sie es in ihren Memoiren abstreitet, belegen die Dokumente im Bundesarchiv Koblenz doch eindeutig, daß die dafür eigens gegründete Produktionsfirma keine private Gesellschaft war. Beide Teile werden eingeleitet durch einen langen Prolog von gut 20 Minuten, der wie eine Kopie von *Wege zu Kraft und Schönheit* wirkt: nackte oder halbnackte Frauen und Männer, die an antiken Stätten, unter der Dusche oder in der freien Natur gymnastische Übungen machen. In vielen Passagen betreibt der Film Körperkult und befreit sich von der Aufgabe der Sportberichterstattung: Bewegungsstudien, ohne Nennung von Athleten oder Wettbewerbsergebnissen.

Olympia, zwei Jahre nach dem Ereignis in die Kinos gekommen, stand nicht in Konkurrenz zu der Wochenschau. Riefenstahl, die sich in ihren Memoiren über die »Schikanen« von Goebbels beklagt, standen 40 Kameraleute – postiert in Gruben auf dem Sportfeld, in Kameratürmen sowie im Zeppelin »Hindenburg« – zur Verfügung; über 400.000 Meter Filmmaterial wurden belichtet, von denen 6.000 Meter schließlich Verwendung fanden. Kreativ und innovativ bringt der Film die Dynamik und Dramatik der Kämpfe zum Ausdruck; fast für jede Sportart hat sich die Regisseurin eine eigene Dramaturgie und einen besonderen Schnittrhythmus einfallen lassen. Dem Film fehlt es nicht an Bildwitz: Das Säbelfechten wird zunächst als Schattenspiel gezeigt; ein hüpfendes Känguruh ist mitten in eine Sequenz mit Lockerungsübungen einmontiert. Ein Dokumentarfilm im strengen Sinne ist *Olympia* nicht: Daß Riefenstahl die tatsächlichen Abläufe manipuliert hat, Trainingsbilder in Wettkampfszenen geschnitten und die gesamte Tonspur im Studio hergestellt hat, mag künstlerisch legitim sein. Der Film erfüllte die Erwartungen des einen Auftraggebers – demonstrativ verlieh das IOC 1948 Riefenstahl das Olympische Diplom – wie des anderen: Die Spiele in Berlin 1936, die für das nationalsozialistische Deutschland einen internationalen Prestigegewinn bedeuteten, sind in einem Film festgehalten, der auch im Ausland Bewunderung hervorrief.

Die Montage macht aus den Bildern einer Sportveranstaltung einen Propagandafilm, womit nicht bloß verbale Ausfälle gemeint sind wie etwa der Kommentar zum 800-Meter-Lauf: »Zwei schwarze Läufer gegen die Stärksten der weißen Rasse.« Steht ein Deutscher in der Endrunde eines Wettbewerbs und wird ein Bild des Führers eingeschnitten, kann man sicher sein, daß ›unser Mann‹ gewinnt. Martin Loiperdinger hat die Ikonographie analysiert und nachgewiesen, daß die Sequenz der Eröffnungsfeier geradezu ein Remake von Riefenstahls Parteitagsfilm ↗*Triumph des Willens* ist. Olympia erhielt alle Prädikate: Der Film galt als staatspolitisch, künstlerisch und kulturell wertvoll sowie als volksbildend. Leni Riefenstahl, die als Sekundärprodukt das Buch »Schönheit im Olympischen Kampf« veröffentlichte und aus dem Filmmaterial diverse Kurzfilme über einzelne Sportarten herstellte, wurde für *Olympia* mit dem Nationalen Filmpreis, dem schwedischen Polarpreis und bei den Filmfestspielen in Venedig 1938 mit dem Coppa Mussolini ausgezeichnet.

Nach 1945 kämpfte Riefenstahl darum, den Film freizubekommen. Nach Schnittauflagen der FSK kann *Olympia* seit 1952 wieder öffentlich gezeigt werden; die 1992 auf Video veröffentlichte Fassung ist, beide Teile zusammengerechnet, um 22 Minuten kürzer als das Original. Lange Zeit galt der Film als packender Sportfilm, in dem zeitbedingt Hakenkreuzfahnen wehen und der Führergruß zu sehen ist. Die Aufwertung des Films geht zurück auf New Yorker Intellektuellenkreise: Die Zeitschriften »Film Comment« und »Film Culture« widmeten *Olympia* Sondernummern, und Susan Sontag vertrat die Meinung, der Film übersteige die Kategorien der Propaganda: »Leni Riefenstahls Filmgenie bewirkte, daß der ›Inhalt‹ – wenn auch vielleicht gegen ihre eigene Absicht – eine rein formale Rolle spielt.« Dem ist entgegenzuhalten: Die Form, sei es die Choreographie der Massen oder die Anbetung muskulöser Kämpfer, weist die politisch naive Leni Riefenstahl als Propagandistin des faschistischen Menschenbildes aus.

»*Olympia*«. Köln u.a. 2002.

Hajo Bernett: »Leni Riefenstahls Dokumentarfilm von den Olympischen Spielen in Berlin 1936«, in: ders.: Untersuchungen zur Zeitgeschichte des Sports. Schorndorf 1973; David Bordwell/Kristin Thompson: »Film Art«. New York u.a. 1993; Taylor Downing: »*Olympia*«. London 1992; Cooper C. Graham: »Leni Riefenstahl and *Olympia*«. Metuchen, London 1986; Hilmar Hoffmann: »Mythos Olympia«. Berlin, Weimar 1993; Lutz Kinkel: »Die Scheinwerferin. Leni Riefenstahl und ihre Filme«. Hamburg, Wien 2002; Martin Loiperdinger: »Halb Dokument, halb Fälschung«, in: medium, 1988, H. 3; Leni Riefenstahl: »Memoiren«. München, Hamburg 1987; Rainer Rother: »Leni Riefenstahl. Die Verführung des Talents«. Berlin 2000; B. Hannah Schaub: »Riefenstahls *Olympia*«. München 2003; Georg Seeßlen: »Leni Riefenstahl«, in: ders.: Tanz den Adolf Hitler. Berlin 1994; Susan Sontag: »Über den Stil«, in: dies.: Kunst und Antikunst. München 1980; dies.: »Faszinierender Faschismus«, in: Frauen und Film, 1977, H. 14; Angelika Taschen: »Leni Riefenstahl. Fünf Leben«. Köln u.a. 2000; Jürgen Trimborn: »Riefenstahl. Eine deutsche Karriere«. Berlin 2002; Daniel Wildmann: »Begehrte Körper«. Würzburg 1998.

Michael Töteberg

ONCE UPON A TIME IN AMERICA (Es war einmal in Amerika).

USA/Italien (Ladd Company/Warner Brothers/Embassy International). 1982–84. 35 mm, Farbe, 228 Min.

R: Sergio Leone. B: Leonardo Benvenuti, Piero de Bernardi, Enrico Mediolo, Franco Arcalli, Franco Ferrini, Sergio Leone, nach dem Roman »The Hoods« von Harry Grey. K: Tonino Delli Colli. A: Giovanni Natalucci, Gretchen Rau. M: Ennio Morricone.

D: Robert De Niro (Noodles), James Woods (Max), Elizabeth McGovern (Deborah), Tuesday Weld (Carol), Scott Tiler (der junge Noodles), Rusty Jakobs (der junge Max), Jennifer Conelly (die junge Deborah), Treat Williams (Jimmy O'Donnell), Burt Young (Joe), Joe Pesci (Frankie).

Nach 13jähriger Vorarbeit konnte Sergio Leone – vorangegangen waren ↗*C'era una volta il West* und *Giù la testa* (*Todesmelodie*, 1970) – den letzten Baustein seines »Tryptichons über Amerika« bei den Filmfestspielen in Cannes vorstellen. *Once Upon a Time in America* wurde in New York, aber auch in Montreal und größtenteils in den Studios der römischen Filmstadt Cinecittà gedreht: ein äußeres Indiz dafür, daß hier ein Europäer sich auf die »Suche nach dem verlorenen Amerika der dreißiger Jahre« (Leone) begeben hat. Der Mythos Amerika ist für ihn auch ein Kinomythos. Wieder griff Leone auf ein klassisches Genre des US-Kinos zurück, diesmal auf den Gangsterfilm. »The World Is Yours« verkündeten Leuchtbuchstaben in Howard Hawks' ↗*Scarface*. *Once Upon a Time in America* trumpft dagegen nicht mit einer Success-Story auf: Leones Film handelt vom Scheitern einer Männerfreundschaft, die in der Kindheit gründet und sich als Illusion herausstellt.

Der Film spielt in New York, nicht im italo-amerikanischen Milieu, sondern in der jüdischen Lower East Side. Die Handlung erstreckt sich über nahezu ein halbes Jahrhundert, wobei Leone drei Zeitperioden herausgreift. 1922/23: Eine Bande von Kindern steigt mit kleinen Gaunereien ins kriminelle Geschäft ein. 1932/33: Das Ende der Prohibitionszeit stellt die Gang vor die Entscheidung, ob man sich ins große Geschäft wagen soll: organisiertes Verbrechen, Korruption, Politik. Um Max von einem aussichtslosen Banküberfall abzuhalten, denunziert Noodles seine Freunde. Er muß mit ansehen, wie die Gangmitglieder von der Polizei erschossen werden und taucht unter. 1968: Ein mysteriöser Brief lockt Noodles an den alten Schauplatz zurück. Er trifft den tot geglaubten Freund wieder: Max hat, ein Arrangement mit der Polizei, eine neue Identität bekommen, ist inzwischen Staatssekretär und hat Deborah, die Jugendliebe von Noodles, geheiratet. Der Verräter, der sich die ganzen Jahre über Vorwürfe gemacht hat, ist in Wahrheit der Verratene.

Leone erzählt die Geschichte nicht chronologisch und verzichtet damit auf die konventionelle Dramaturgie vom Aufstieg und Fall des Protagonisten. Der Film setzt am Ende der mittleren Periode an und geht, kunstvoll assoziativ verknüpft, in beide Zeitrichtungen. Der Schluß spielt wie der Anfang in einer chinesischen Opiumhöhle, wohin sich nach der Polizeiaktion der verstörte Noodles geflüchtet hatte. Die letzte Szene läßt zwei Interpretationen zu: Vielleicht handelt es sich um ein Flashback, ausgelöst durch die Enthüllung, mit der das bisherige Leben von Noodles annulliert wird; vielleicht hat er sich auch nie von dem Bett erhoben, und die ganze Geschichte ist nur die Phantasmagorie des Opiumkonsumenten.

Die Ritualisierung von Gewalt und das Stilmittel der Retardierung, beides charakteristich für Sergio Leone, prägen auch *Once Upon a Time in America*. Eine immer wieder auftauchende Uhr, mit der die Freundschaft von Max und Noodles begann, ist ein deutlicher Hinweis, daß in diesem Film die Zeit eine wichtige Rolle spielt. Zeit wird zusammengezogen oder extrem gedehnt; mittels Montage werden verschiedene Zeitebenen ineinandergeschoben: zwei Autos mit Feiernden des Jahres 1933 auf der Straße von 1968. Das Vergehen der Zeit verleiht dem Film seinen melancholischen Grundzug. »Zeit verwandelt sich in Geld, Besitz und Macht zu Fetischen, an die die Träume der Jugend verraten und verkauft und mit denen die Wünsche vergewaltigt werden.« Was Wolfram Schütte mit Blick auf die Story formulierte, läßt sich auch auf die Form beziehen. Indirekt handelt Leones Filmepos, das verraten die zahlreichen Zitate aus Werken der Filmgeschichte, noch von einem anderen Verlust. »Ich wollte diesen Film drehen, bevor das alte Kino ganz verschwunden ist«, bekannte der Regisseur. Der Gestus des Erzählens entspricht dem des Märchenerzählers: Es war einmal …

Michel Chion: »Il y a un lieu, L'Amerique««, in: Cahiers du Cinéma, 1984, H. 359; Mary Corliss: »Once upon a time …«, in: Film Comment, 1984, H. 4; Robert C. Cumbow: »Once Upon a Time: The Films of Sergio Leone«. London 1987; Oreste de Fornari: »Sergio Leone«. München 1984; Pete Hamill: »*Once Upon a Time in America*«, in: American Film, 1984, H. 8; Pauline Kael: »*Once Upon a Time in America*«, in: dies.: For Keeps. New York u.a. 1994; Adam Knee: »Notions of Authorship and the Reception of *Once Upon a Time in America*«, in: Film Criticism, 1985, H. 1; Stephen Locke: »*Es war einmal in Amerika*«, in: epd Film, 1984, H. 10; Elaine Lomenzo: »A Fable for Adults«, in: Film Comment, a.a.O.; Adrian Martin: »*Once Upon a Time in America*«. London 1998; Tony Rayns: »*Once Upon a Time in America*«, in: Monthly Film Bulletin, 1984, H. 609; Walter Ruggle: »Kolossales aus Cinecittà«, in: Filmbulletin, 1984, H. 138 (Interview); Wolfram Schütte: »Traum und Illusion«, in: Frankfurter Rundschau, 13.10.1984; Georg Seeßlen: »Der Mythos der Erinnerung – die Erinnerung des Mythos«, in: Ernst Karpf u.a. (Hg.): Once upon a time … Marburg 1998.

Tim Darmstädter

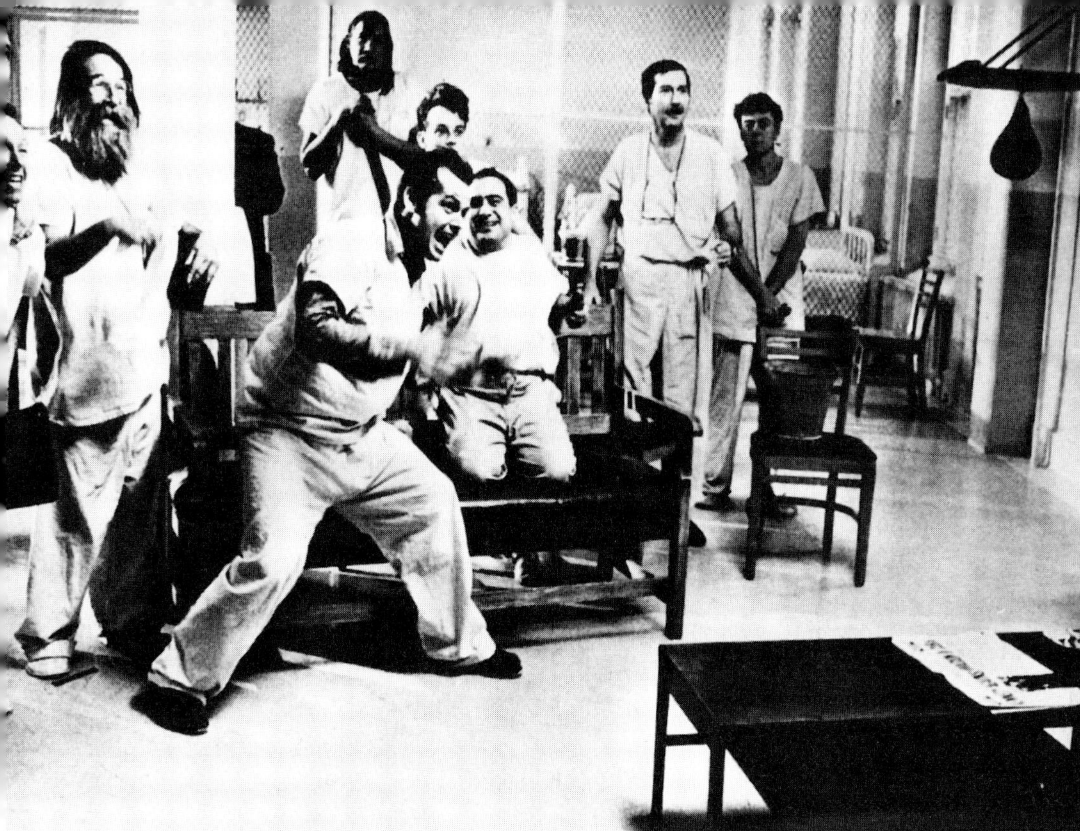

One Flew Over the Cuckoo's Nest: Jack Nicholson

ONE FLEW OVER THE CUCKOO'S NEST (Einer flog über das Kuckucksnest). USA (Fantasy Films) 1975. 35 mm, Farbe, 134 Min.
R: Miloš Forman. B: Lawrence Hauben, Bo Goldman, nach dem gleichnamigen Roman von Ken Kesey. K: Haskell Wexler. M: Jack Nitzsche.
D: Jack Nicholson (R.P. McMurphy), Louise Fletcher (Ratched), Vincent Schiavelli (Frederickson), Will Sampson (Bromden), William Redfield (Harding), Christopher Lloyd (Tober), Dany De Vito (Martini), Brad Dourif (Billy Bibbitt).

Miloš Forman, Mitte der sechziger Jahre einer der wichtigsten Vertreter der »Neuen Welle« des tschechischen Films, emigrierte nach dem Einmarsch sowjetischer Truppen in Prag in die USA. Mit *One Flew Over the Cuckoo's Nest*, seinem zweiten Spielfilm in Amerika – *Taking Off* (1970) wertet er heute als seinen »letzten tschechischen Film« –, gelang ihm ein internationaler Erfolg, der durch die Auszeichnung mit den fünf wichtigsten Oscars bestätigt wurde: bester Film, beste Regie, beste Darstellerin (Louise Fletcher), bester Darsteller (Jack Nicholson) und bestes adaptiertes Drehbuch.
Forman und seine Drehbuchautoren nahmen entscheidende Veränderungen an der literarischen Vorlage, einer Ich-Erzählung aus der Perspektive des Indianers, vor und verwarfen auch den Drehbuch-Entwurf des Romanautors Ken Kesey. Ihr Protagonist ist ein Simulant: McMurphy hat die Einweisung in eine psychiatrische Klinik dem Gefängnisaufenthalt vorgezogen. In seiner Akte wird er beschrieben als gewalttätig und aufsässig; McMurphy ist nicht angepaßt und verbirgt nicht seine Gefühle. Seine Vitalität bringt den streng reglementierten Tagesablauf in der Klinik durcheinander und führt rasch zum Konflikt mit der Stationsschwester Ratched, die um ihre Macht in der Anstalt fürchtet. Die Patienten behandelt sie wie unmündige Kinder; nach Möglich-

keit werden sie ruhiggestellt, durch Musik oder Medikamente narkotisiert. Dies ändert sich mit McMurphys Ankunft. Er macht keinen Unterschied zwischen sich und den ›Kranken‹, unter denen er sich weder mit Kontaktangst noch Überheblichkeit bewegt. Die Patienten tauen allmählich auf, legen ihre Angst und Apathie ab und zeigen wieder Interesse an ihrer Umwelt: McMurphy bewirkt mehr als die Gruppentherapie-Sitzungen. Für Billy Bibbitt, der an einem Mutterkomplex leidet und stark stottert, organisiert er – im Anschluß an ein nicht erlaubtes Fest auf der Station – eine Nacht mit einer Prostituierten. Am nächsten Morgen ist Billy von seinem Stottern geheilt, doch Schwester Ratched redet ihm derartige Schuldgefühle ein, daß er sich die Kehle durchschneidet. McMurphy, der die Schwester für Billys Selbstmord verantwortlich macht, wird einer Lobotomie unterzogen, die seine Persönlichkeit völlig zerstört. Sein Freund, der Indianer – ein Riese, der sich taubstumm stellt, weil er mit dem Leben ›draußen‹ nicht zurecht kommt –, erstickt ihn in einem Gnadenakt mit einem Kissen und bricht aus der Anstalt aus, um ein Leben in Freiheit zu führen.

One Flew Over the Cuckoo's Nest, von Außenseitern in der Filmbranche produziert, beeindruckt durch die Authentizität der Darstellung. Gedreht wurde der Film in der Klinik von Oregon; andere Anstalten hatten sich geweigert, an einem psychiatriekritischen Film mitzuwirken. Forman, der bei allen seinen tschechischen Filmen mit Laiendarstellern gearbeitet hatte, besetzte die Nebenrollen mit Patienten; auch der Anstaltsleiter spielte sich selbst. Die professionellen Schauspieler lebten während der Dreharbeiten auf der Station, und Forman teilte ihnen jeweils einen Patienten zu: Sie sollten nicht dessen Krankenakte studieren, sondern ihn »nur beobachten und seine Gestik, sein Sprachverhalten, alle seine Verhaltensticks imitieren«. Ein Zerwürfnis mit dem Kameramann führte dazu, daß der zweite Teil von Bill Butler, der Schluß von Bill Frakler aufgenommen wurde: Dem Film ist jedoch ein Bruch nicht anzumerken.

Gudrun Bramann: »Die Montage als ein Mittel zum Steuern der Emotionen des Zuschauers und seiner Wertung von Figuren und Vorgängen in Milos Formans Film *Einer flog über das Kuckucksnest*«, in: Aus Theorie und Praxis des Films, Berlin 1981; Iris Bünsch: »Vom Sündenbock zum Funktionär: Ein Vergleich der Big Nurse in Ken Kesey, *One Flew Over the Cuckoo's Nest* – Roman und Film«, in: Paul G. Buchloh u.a. (Hg.): Literatur und Film, Kiel 1984; Miloš Forman/Jan Novak: »Rückblende«. Hamburg 1994; Peter Hames: »Forman«, in: Daniel J. Goulding (Hg.): Five Filmmakers. Bloomington, Indianapolis 1994; Marshy McCreadie: »*One Flew Over the Cuckoo's Nest*: Some Reasons for One Happy Adaptation«, in: Literature/Film Quarterly, 1977, H. 2; Maria Ratschewa: »*Einer flog über das Kukkucksnest*«, in: medium, 1976, H. 3; Elaine B. Safer: »›It's the Truth Even If It Didn't Happen‹«, in: Literature/Film Quarterly, 1977, H. 2; Thomas J. Slater: »Milos Forman. A Bio-Bibliography«. New York u.a 1987; Steffi Werner: »*Einer flog über das Kuckucksnest.* Eine Filmanalyse«, in: medien + erziehung, 1976, H. 3; John Zubizarreta: »The Disparity of Point of View in *One Flew Over the Cuckoo's Nest*«, in: Literature/Film Quarterly, 1994, H. 1.

Marcela Euler

ON THE WATERFRONT

(Die Faust im Nacken). USA (Horizon Pictures/Columbia) 1954. 35 mm, s/w, 108 Min. R: Elia Kazan. B: Budd Schulberg, nach Reportagen von Malcolm Johnson. K: Boris Kaufman. A: Richard Day. M: Leonhard Bernstein. D: Marlon Brando (Terry Malloy), Eva Marie Saint (Edie Doyle), Karl Malden (Father Barry), Lee J. Cobb (Johnny Friendly), Rod Steiger (Charlie Malloy), Pat Henning (Kayo Dugan).

»Der Film verblüfft durch die Direktheit seiner undogmatischen Sozialkritik. Vielleicht hat es noch nie einen Film gegeben, der so wie dieser direkte politische Aktion war.« Karl Korn, ein zeitgenössischer Rezensent, hatte – beschränkt man den Blick auf Hollywood – recht: *On the Waterfront* beschäftigte sich mit einer Realität, die bislang von der Traumfabrik wohlweislich ignoriert wurde. Das Thema war brisant: Korruption, Mord und Terror, ausgeübt von einer mächtigen Gewerkschaft, die eher einer kriminellen Organisation gleicht als einer Vertretung von Arbeiterinteressen.

Terry Malloy, gescheiterter Boxer, jetzt Gelegenheitsarbeiter im Hafen, besorgt kleine Aufträge für den

On the Waterfront: Marlon Brando

Gewerkschaftsboß Johnny Friendly. So lockt er seinen Kollegen Joey zu den Taubenställen aufs Dach; kurz darauf stürzt Joey zu Tode – er hatte bei der Polizei über Friendlys Machenschaften auspacken wollen. Terry wird klar, daß er in einen Mord verwickelt ist, weigert sich aber, als Zeuge auszusagen: Er will kein Verräter sein. Father Barry hat den Kampf im Dschungel des Docks aufgenommen, er will den Sumpf austrocknen. Doch sein Kontaktmann Dugan findet ebenso den Tod wie Charlie, der im Auftrag von Friendly Druck auf seinen Bruder Terry ausüben sollte. Dem Einfluß des Geistlichen ist es zu verdanken, daß Terry schließlich doch vor dem Untersuchungsausschuß gegen den Gewerkschaftsboß auftritt. Danach strafen ihn seine Ex-Kollegen mit Verachtung: Er wird geschnitten. Friendly und seine Schläger richten ihn übel zu, doch Terry geht als moralischer Sieger aus dem Kampf hervor: Die Arbeiter akzeptieren ihn als ihren neuen Führer.

Der mit Fäusten ausgetragene Kampf zwischen den beiden Männern irritierte den deutschen Filmkritiker: »Terry hat sich für seine in Furcht und Angst gefangenen Brüder geschlagen, damit sie endlich frei werden. Durch sein blutverschmiertes Gesicht schimmert das Elendsbild des das Kreuz auf Golgatha schleppenden Christus durch.« (Korn). Tatsächlich hat Kazan seinen im dokumentarischen Stil inszenierten Film – Ausgangspunkt der Story war eine Zeitungsreportage, gedreht wurde on location in den Docks und dem Slum von Hoboken – mit christlicher Symbolik unterfüttert. Die Jacke des toten Dugan wird wie das Gewand von Jesus herumgereicht; die Action-Szenen wechseln ab mit eher stillen Momenten auf dem Dach, wo Terry und seine Freunde ihre Tauben-Verschläge haben. Daß der Film, der nicht ganz frei ist von Hollywood-Versatzstücken, auch heute noch überzeugt, verdankt er den Darstellern, die sich größtenteils aus Kazans »Actor's Studio« rekrutierten. Marlon Brando, seit *A Streetcar Named Desire* (*Endstation Sehnsucht*, 1951) ein Star, spielte Terry Malloy. Karl Korn: »Die lässige Eleganz, die auf das Mindestmaß reduzierten, aber ungeheuer intensiven mimischen Zeichen, die Abwesenheit jedes falschen Tons von Pathetik oder ›Seele‹, die Sachlichkeit eines neuen Menschentyps fern den Illusionen bürgerlicher Innerlichkeit – dies alles zusammen wohl ist es, was Marlon Brando als eine neue Dimension von Schauspielerei erscheinen läßt.«

On the Waterfront war ein politischer Film auch in anderer, weniger offensichtlicher Hinsicht. Ein wesentliches Motiv geht in der deutschen Synchronisation verloren. ›Pigeon‹, die Taube, ist zugleich ein Slangausdruck für ›Verräter‹. Jimmy, Terrys Freund, der nichts mehr von ihm wissen will, wirft dem Verräter eine tote Taube vor die Füße: »A pigeon for a pigeon!« Der Film läßt keinen Zweifel daran, daß in bestimmten Situationen Verrat notwendig ist. ›Pigeon‹ war ein Begriff, der auch in den Verhandlungen vor dem McCarthy-Ausschuß immer wieder benutzt wurde. Bei den Anhörungen, die die kommunistische Infiltration von Hollywood entlarven sollten, gab es Zeugen, die standhaft die Aussage verweigerten, sowie solche, die sich ›kooperativ verhielten‹, d.h. bereitwillig Kollegen und Freunde anschwärzten. Kazan, kurze Zeit Mitglied der Partei, hatte Namen genannt. Seine Freunde rückten von ihm ab; er fühlte sich als ›Persona non grata‹, die überall geschnitten wurde. Arthur Miller, mit dem er ursprünglich den Dockarbeiter-Film realisieren wollte, zog sein Drehbuch zurück. Kazan suchte sich einen anderen Autor: Budd Schulberg, der ebenfalls vor dem McCarthy-Ausschuß ausgesagt hatte. *On the Waterfront* diente ihnen dazu, sich zu rechtfertigen: Kazan identifizierte sich mit seinem Protagonisten Terry, Father Barry gebraucht Formulierungen, mit denen der Regisseur sein Verhalten in der »New York Times« begründet hatte. Daß er damit Kommunisten und Kriminelle gleichsetzte, störte niemanden: Der Erfolg von *On the Waterfront* rehabilitierte Kazan. Acht Oscars erhielt der Film, darunter die Auszeichnung für den besten Film, die beste Regie, das beste Drehbuch und den besten Hauptdarsteller. Der Filmkomponist ging jedoch leer aus: Für *On the Waterfront* schrieb Leonhard Bernstein seine einzige Filmmusik.

»*On the Waterfront*«. Hollywood, New York 1988. (Filmprotokoll, Materialien).
Lindsay Anderson: »The last Sequence of *On the Waterfront*«, in: Sight and Sound, 1955, Febr./März; Helga Belach (Red.): »Elia Kazan«. Berlin 1996; Peter Biskind: »The Politics of Power in *On the Waterfront*«, in: Film Quarterly, 1975/76, H. 1; Inken-Maren Bohn: »Das Thema des ›informing‹ in Elia Kazans Film *On the Waterfront*«, in: Paul G. Buchloh u.a. (Hg.): Literatur und Film, Kiel 1984; Michel Ciment (Hg.): »Kazan on Kazan«. London 1973; Kenneth Hey: »Ambivalence as a Theme in *On the Waterfront*«, in: American Quarterly, 1979, H. 5; Robert Hughes: »*On the Waterfront*. A Defense«, in: Sight and Sound, 1955, Spring; Elia Kazan: »A Life«. New York 1988; Georg Maas/Achim Schudack: »Musik und Film – Filmmusik«. Mainz u.a. 1994; Lloyd Michaels: »Elia Kazan: a guide to references and resources«. Boston 1985; Edward Murray: »Ten Film Classics: A Re-viewing«. New York 1978; Joanna E. Rapf (Hg.): »*On the Waterfront*«. Cambridge 2003; Roger Tailleur: »Elia Kazan and the House Un-American Activities Committee«, in: Film Comment, 1966/67, H. 1; Tony Thomas: »Marlon Brando und seine Filme«. München 1981; Meinolf Zurhorst: »*Die Faust im Nacken*«, in: Günter Engelhard u.a. (Hg.): 111 Meisterwerke des Films. Frankfurt a.M. 1989.

Michael Töteberg

ORDET (Das Wort). Dänemark (Palladium) 1954/55. 35 mm, s/w, 126 Min.
R: Carl Theodor Dreyer. B: Carl Theodor Dreyer, nach dem gleichnamigen Theaterstück von Kaj Munk. K: Henning Bendtsen. A: Erik Aaes. S: Edith Schlüssel. M: Poul Schierbeck. D: Henrik Malberg (Morten Borgen), Emil Hass Christensen (Mikkel Borgen), Preben Lerdorff-Rye (Johannes Borgen), Cay Kristiansen (Anders Borgen), Birgitte Federspiel (Inger, Mikkels Frau), Ejnar Federspiel (Peter Petersen, der Schneider), Gerda Nielsen (Anne Petersen), Anne Elisabeth (Maren).

Der Film spielt zu Beginn des zwanzigsten Jahrhunderts im Westen Dänemarks, in der rauhen, verkarsteten Heidegegend Westjütlands; die wichtigsten Schauplätze sind der Gutshof des reichen Bauern Morten Borgen, die Werkstatt-Wohnung des armen Schneiders Peter Petersen und die Natur. Zwischen den beiden Familienältesten herrscht ein erbittert ausgefochtener Glaubenskampf, der die Heirat der Schneidertochter Anne mit dem jüngsten Bauernsohn Anders unmöglich macht. Inger, die Ehefrau des ältesten und ungläubigen Borgensohns Mikkel, hat eine Totgeburt und stirbt kurze Zeit später im Kindbett. Ihr Sohn Johannes lebt in dem Wahn, Christus zu sein. Er sagt den Tod des Neugeborenen und der Mutter voraus, doch außer Ingers ältester Tochter Maren glaubt ihm niemand, und er verläßt das Elternhaus. Zur Trauerfeier erscheint auch die Familie des Schneiders, der seine Tochter nun zur Heirat freigibt. Johannes kehrt – jetzt offenbar bei klarem Verstand – zurück. Er glaubt an die Möglichkeit eines Wunders – und es geschieht: Die Tote wird wieder zum Leben erweckt. Mikkel bekennt, daß er nun gläubig geworden ist.

Die Wiedererweckung und Auferstehung einer Toten, gefilmt als »ein ganz selbstverständliches Kinowunder« (Fritz Göttler), hat die Diskussion um *Ordet* bestimmt. Gewagt hatte diesen Schluß bereits der lutherische Pfarrer und Schriftsteller Kaj Munk, dessen Theaterstück Dreyer seit Anfang der dreißiger Jahre verfilmen wollte. Bis zur Realisierung vergingen indes mehr als zwei Jahrzehnte; in der Zwischenzeit drehte der Schwede Gustaf Molander 1943 seine Version mit Victor Sjöström in der Hauptrolle. Dreyer übernahm weniger als die Hälfte der Dialoge von Munk und änderte zudem wichtige Motive. Im Drama läßt der Tod seiner Braut nach einem vorangegangenen Streit Johannes verrückt werden; im Film ist sein Wahn eine Folge völliger Überarbeitung beim Studium Kierkegaards.

»Der Film ist ein Glaubensdrama oder, genauer gesagt, eine metaphysische Fabel, deren eigentliches Thema die Verwirrungen sind, zu denen der Streit der Dogmen führen kann.« (François Truffaut) Die Sicht auf *Ordet* wurde lange Zeit durch eben diesen Streit der Dogmen verstellt. Seit seiner Uraufführung hat der Film heftige Befürworter und Gegner gefunden. Bereits die Auszeichnung mit dem Goldenen Löwen auf dem Festival in Venedig 1956 führte zu einer Debatte: Der marxistische Filmkritiker Guido Aristarco warf Dreyer vor, im Atomzeitalter die Wissenschaft zugunsten von Wundern zurückzuweisen. Theologische Exegeten sahen in *Ordet* eine einzige große Metapher für die zu feiernde Tatsache des menschlichen Lebens oder eine Demonstration des reinen, unschuldigen Glaubens als Paradigma religiöser Haltung. Noch 1974 sah Wolfram Schütte, der den Film fragwürdig und ideologisch nannte, in *Ordet* »ein Manifest des Irrationalismus«, gerichtet sowohl gegen die Amtskirche wie gegen die materialistische Wissenschaft. Über solchen Auseinandersetzungen wurde nicht selten eine genauere Bestimmung der filmischen Mittel vergessen.

Bei einer Laufzeit von 126 Minuten hat der Film lediglich 114 Einstellungen, die meisten davon länger als eine Minute. Für Dreyer gehörten kurze Szenen und forcierte Montage zum Stummfilm; seine Tonfilme, vor allem seine letzten Werke *Ordet* und ↗*Gertrud*, sind gültige Beispiele für meisterhaft kontrollierte Inszenierungen einer longue durée, die auch den außerhalb des aktuellen Bildausschnitts liegenden Raum einbeziehen. Kongenial kommt die Aufnahmetechnik dem in *Ordet* dargestellten Milieu entgegen; als natürlichen Ausdruck der Lebensweise dieser Menschen bezeichnet Frieda Grafe die langen, gleitenden Plansequenzen: »Sie umfassen wirklich das gemeinsame Leben dieser Bauernfamilie, die vom Großvater über Kinder und Enkel bis zu den Tieren alle unter einem Dach leben.« Bis auf die Schlußsequenz verwendet Dreyer ausschließlich amerikanische, halbnahe und halbtotale Einstellungsgrößen, die – einmal fixiert – keiner wesentlichen Veränderung mehr unterworfen werden. Detail- und Großaufnahmen von Personen prägen dagegen die Erweckungsszene. Das Geschehen wird jeweils innerhalb einer Einstellung zusammengefügt: »Jedes Bild in *Ordet* ist von einer formalen Perfektion, die ins Sublime führt.« (Truffaut)

»*Ordet*«, in: Carl Theodor Dreyer: Four Screenplays. London, Bloomington 1970. (Drehbuch).
Rolf Aurich/Uwe Müller: »*Ordet*«, in: filmwärts, 1989, H. 14; David Bordwell: »The Films of Carl Theodor Dreyer«. Berkeley u.a. 1981; Raymond Carney: »*Ordet*. Imaginative and social relations«, in: ders.: Speaking the language of desire. Cambridge 1989; Klaus Eder: »Sujet für Ostern«, in: Film, Velber, 1969, H. 4; Frieda Grafe: »*Das Wort*«, in: Filmkritik, 1969, H. 4; Carren O. Kaston: »Faith, Love, and Art. The Metaphysical Triangle in *Ordet*«, in: Jytte Jensen (Hg.): Carl Th. Dreyer. New York 1988; Werner Kließ:

»Glaubenssachen oder: Ich glaube an C. Th. Dreyer«, in: Film, Velber, 1969, H. 5; Nikolaus Marggraf (i.e. Wolfram Schütte): »Geisterwelten, Passionen und Säkularisierungen«, in: Frankfurter Rundschau, 6.4.1974; Tom Milne: »The Cinema of Carl Dreyer«. New York 1971; V. Petric: »Dreyer's concept of abstraction«, in: Sight and Sound, 1975, H. 2; Rainer Rother: »Die Sünde heißt Macht und die Gewalt Liebe«, in: filmwärts, a.a.O.; François Truffaut: »Carl Theodor Dreyers Weiß«, in: ders.: Die Filme meines Lebens. Frankfurt a.M. 1997; Manfred Züfle: »Die filmische Ästhetik Carl Theodor Dreyers aus dem Horizonte Sören Kierkegaards betrachtet«, in: Schweizer Rundschau, 1965, H. 9.

Rolf Aurich

ORLANDO Großbritannien/Rußland/Frankreich/Italien/Niederlande (Adventure Pictures/Lenfilm/Mikado Film/Rio/Sigma/British Screen) 1992. 35 mm, Farbe, 93 Min.
R: Sally Potter. B: Sally Potter, nach dem gleichnamigen Roman von Virginia Woolf.
K: Aleksei Rodionov. Ba: Ben van Os, Jan Roelfs.
S: Herve Schneid. M: Bob Last.
D: Tilda Swinton (Orlando), Billy Zane (Shelmerdine), Charlotte Valandrey (Sascha), Quentin Crisp (Königin Elisabeth I), Tom Hoffmann (Wilhelm von Oranien).

»Es kann keinen Zweifel an seinem Geschlecht geben, wenn auch die Mode seiner Zeit einiges tut, es zu verhüllen.« Mit diesem Satz beginnt der Roman von Virginia Woolf wie der Film von Sally Potter. Zweifel sind allerdings angemeldet, von Anfang an: Orlando ist ein androgynes Wesen – in der Mitte des ingeniösen Vexierspiels verwandelt sich der Mann in eine Frau.

Orlando ist eine Zeitreise durch vier Jahrhunderte: von 1600 (»Tod«) bis zur Gegenwart (»Geburt«). Auch den anderen der insgesamt sieben Stationen hat Sally Potter eine Überschrift gegeben: »Liebe«, »Poesie«, »Politik«, »Gesellschaft«, »Sex«. Dem jungen Aristokraten Orlando, Günstling von Elisabeth I., wird von der sterbenden Königin der Hosenbandorden verliehen mit der Auflage, niemals zu altern. Er verliebt sich in eine russische Prinzessin und fällt mit gebrochenem Herzen in den Schlaf, aus dem er 40 Jahre später erwacht. Orlando fühlt sich zur Poesie berufen und lernt den Dichter Greene kennen: Dieser nimmt für sich die Freiheit des Künstlers in Anspruch, fordert zugleich aber eine Rente. Nach einem erneuten Zeitsprung widmet sich Orlando der Politik, doch vermag er nicht, sich in der männlichen Welt des Krieges und des Tötens zurechtzufinden. Er fällt erneut in Schlaf und erwacht diesmal als Frau. Damit hat Orlando alle Rechte auf den Familienbesitz verloren. Wiederum hundert Jahre später verliebt sie sich in den amerikanischen Abenteurer Shelmerdine und erlebt mit ihm erstmals Sex. Die letzte Episode schreibt Virginia Woolfs phantastische Zeitreise fort bis ins Heute: Orlando ist eine emanzipierte und selbstbewußte Frau des zwanzigsten Jahrhunderts.

Der Wandel von Zeit und Gesellschaft – Kolonialismus, Aufklärung, Revolution, Gegenwart – wird in wundervollen Tableaus eingefangen: Sally Potter blättert ein Bilderbuch auf. *Orlando* ist ein Produkt europäischer Coproduktion, realisiert mit einem Budget von 20 Millionen DM. Die Opulenz der Ausstattung wurde von einigen Kritikern gegen den Film gerichtet: »Der Rahmen erschlägt das Bild.« (Christiane Peitz). Die literarische Vorlage, ein Hauptwerk des Feminismus, hat Sally Potter weit konventioneller verfilmt als zehn Jahre zuvor Ulrike Ottinger, die mit ↗*Freak Orlando* einen radikaleren Zugriff wählte. *Orlando* spricht dagegen das große Publikum an: Der Film ist »ein Sinnenfest für Kinogänger, aufgrund der designerischen Imaginationskraft, zu der das britische Kino, wie kein zweites europäisches derzeit, in der von Peter Greenaway initiierten Richtung mit technischer Brillanz und ironischem Witz in der Lage ist« (Wolfram Schütte).

Was *Orlando* mit Filmen wie ↗*The Draughtsman's Contract* verbindet, sind die gemäldeähnlichen Bildarrangements – die Einstellung mit der nackten Tilda Swinton, die sich vor dem Spiegel ihres Geschlechts versichert, ist dem Botticelli-Gemälde »Die Geburt der Venus« nachempfunden – sowie der Einsatz von Symbolen und metaphorischen Elementen – die magische Zahl 7, die Eiche im Garten (Eden), unter der Orlando am Anfang und Ende sitzt, der Auftritt eines Engels am Schluß. Jedoch wirkt Potters Film weniger manieriert als die Werke ihres Kollegen und verfügt über eigenen Witz. Die Erlesenheit der Bilder wird konterkariert durch ironische Brechungen: Orlando tritt aus der Rolle heraus, blickt direkt in die Kamera und wendet sich an den Filmzuschauer.

Das eigentliche Ereignis des Films ist jedoch Tilda Swinton. Die Schauspielerin, seit ↗*Caravaggio* Hauptdarstellerin in vielen Filmen Derek Jarmans, hat zusammen mit der Regisseurin die Orlando-Figur entwickelt. In der ersten Hälfte spielt sie die Figur als Hosenrolle: Unverkennbar ist der feminine Charakter dieses Mannes. Die Geschlechtsumwandlung bedeutet keine Befreiung, sondern – auch im Wortsinne, Kleidung und Mode spielen im Film eine große Rolle – eine Einschnürung: Sie wird in ein Korsett gezwängt. Mit ihrer Körpersprache verdeutlicht Swinton, daß dieser Frau bewußt ist, das sie einmal ein Mann gewesen ist. Erst im letzten Teil, in der unmittelbaren Gegenwart angesiedelt, findet die »Geburt« statt, kann Orlando ihre Identität finden (und trägt wieder Hosen wie zu Beginn). Tilda Swinton, darin war sich die Kritik einig, »besitzt die ästhetische Sensibilität, die physische Präsenz und den bezwingenden Charme, um bewunderswert souverän die riskante Gratwanderung zwischen den Geschlechtern zu verkörpern und versinnbildlichen zu können« (Schütte).

»*Orlando*«. London, Boston 1994. (Filmtext).
Walter Donohue: »Immortal Longing«, in: Sight and Sound, 1993, H. 3 (Interview); Marli Feldvoß: »*Orlando*«, in: epd Film, 1993, H. 2; Angus Finney: »Finance – public and private money – Case Study: *Orlando*«, in: ders.: A Dose of Reality. Berlin 1993; Verina Glaessner: »Fire and Ice«, in: Ginette Vincendeau (Hg.): Film/Literature/Heritage. London 2001; Kerstin Gutberlet: »The State of the Nation. Das britische Kino der neunziger Jahre«. St. Augustin 2001; Sally Potter: »On Tour with *Orlando*«, in: John Boorman/ Walter Donohue (Hg.): Projections. Bd.3. London, Boston 1994; Wolfram Schütte: »(She)male«, in: Frankfurter Rundschau, 28.1.1993.

Céline Lecarpentier

ORPHÉE

ORPHÉE Frankreich (Les Films du Palais-Royal) 1949/50. 35 mm, s/w, 112 Min.
R+B: Jean Cocteau. K: Nicolas Hayer. Ba: Jean d'Eaubonne. M: Georges Auric.
D: Jean Marais (Orphée), Maria Casarès (Prinzessin), François Périer (Heurtebise), Maria Déa (Eurydice), Juliette Gréco (Aglaonice), Edouard Dermit (Cégeste).

»Wenn uns ein junger Mann dieses Drehbuch vorgelegt hätte, hätten wir ihn hinausgeworfen.« Das Vertrauen, das die Chefs der ›Crédit National‹ Jean Cocteau entgegenbrachten, als er sie um einen Vorschuß für sein Filmprojekt ersuchte, zahlte sich aus. *Orphée,* »ein Werk, das 30 Jahre des Suchens zusammenfaßt«, wurde 1950 in Venedig mit dem Internationalen Kritikerpreis ausgezeichnet und ist von allen Filmen Cocteaus der bekannteste und umstrittenste.

»Ein Kriminalfilm, der einerseits in den Mythos und andererseits ins Übersinnliche eintaucht«, so charakterisierte Cocteau seine eigenwillige Version des antiken Stoffs. Der Film spielt in der Gegenwart, den Nachkriegsjahren. Der Dichter Orphée begegnet in einem Literatencafé der »Prinzessin«, einer schönen und geheimnisvollen Frau. Vor seinen Augen wird Cégeste, ein junger Dichterkollege, von zwei schwarzgekleideten Motorradfahrern überfahren – ein inszenierter Unfall, mit dessen Hilfe die Prinzessin Orphée in eine verfallene Villa lockt. Dort verschwindet sie durch einen Spiegel, er kann ihr aber nicht folgen. Draußen wartet auf ihn Heurtebise, der Diener der Prinzessin, um ihn nach Hause zu seiner Frau Eurydice zu bringen. Orphée fühlt sich magisch von den Codes aus Heurtebises Autoradio angezogen; wie besessen versucht er, diese Botschaften aus dem Jenseits zu entschlüsseln. Auch die Prinzessin hat sich in Orphée verliebt: Nachts betrachtet sie ihn im Schlaf. Sie führt den Tod von Eurydice herbei, holt sie durch den Schlafzimmerspiegel ab. Heurtebise geleitet Orphée durch die ›Zone‹ hindurch zu der Macht, vor der sich die Prinzessin für ihre unerlaubte Tat verantworten muß. Orphée darf unter der Bedingung, Eurydice nicht anzuschauen, wieder in sein diesseitiges Leben mit ihr eintreten.

Er versagt, wird von den Bacchantinnen umgebracht und von den Todesboten fortgeschafft. Doch die Prinzessin opfert sich für ihn, so daß Orphée und Eurydice ihr irdisches Dasein gemeinsam fortsetzen können.

In Orphée griff Cocteau ein Thema auf, das bereits in ↗*Le sang d'un poète* anklingt: »die Notwendigkeit für den Dichter, unaufhörliche Tode zu durchschreiten und in einer Form wiedergeboren zu werden, die seiner Persönlichkeit näherkommt«. Der Dichter läßt sich auf die Lockrufe, Eigengesetzlichkeiten und Herausforderungen einer anderen Welt ein und wird dadurch neu inspiriert. Cocteau übernahm aus seinem ersten Film auch manche Einfälle zu Trickaufnahmen wie das Hindurchschreiten durch Spiegel, in ebenso raffinierten wie komplizierten Einstellungen verblüffend in Szene gesetzt. Der Spiegel wird zum Leitmotiv: »Man sieht sich in ihnen älter werden. Sie bringen uns dem Tod näher.«

Cocteaus Ziel war es, »die Irrealität mit einem Realismus zu zeigen, der sie dem Zuschauer glaubwürdig macht«. Der filmische Realismus wird zugleich immer wieder aufgebrochen durch theatralische und ironische Komponenten, während andererseits die Einkleidung des mythischen Stoffes in das Gewand des Alltäglichen als Verfremdungseffekt wirkt. In der Abbildung der Gegenwartsrealität werden somit immer wieder irreale, geheimnisvolle Lichter eingeblendet; phantastische Vorgänge vermischen sich mit veristischen Handlungen. Bei der musikalischen Untermalung wandte Cocteau das Prinzip des ›zufälligen Synchronismus‹ an, indem er die Musik in allen Sequenzen vertauschte.

Die Figur des antiken Dichters und Musikers schien Cocteau zur Projektion dieser Ideen besonders geeignet: Orpheus betrachtete er als seine persönliche Muse. Neben begeisterter Zustimmung erntete diese Art der Selbstinszenierung jedoch auch heftige Kritik. Die katholische Kirche warf Cocteau vor, mit seiner Darstellung von Existenz im Jenseits Dogmen verletzt zu haben; Godard, damals noch Kritiker, nannte *Orphée* einen »Dokumentarfilm, in dem ein für allemal bewiesen und niedergelegt ist, daß die Dichtung ein Männerberuf ist und folglich eine Arbeit unter Todesgefahr«. Noch krasser traf der Vorwurf der ›Nabelschau‹ Cocteaus letzten Film *Le testament d'Orphée* (*Das Testament des Orpheus*, 1960), in dem er selbst als Dichter auftritt.

»*Orphée*«, in: Jean Cocteau: Filme. Frankfurt a.M. 1988. (Filmtext).

Philippe Azoury/Jean-Marc Lalanne: »Cocteau et le cinéma. Désordres«. Paris 2003; Jean Cocteau: »Kino und Poesie«. Hg. Klaus Eder. München 1979; Arthur B. Evans: »Jean Cocteau and his Films of Orphic Identity«. London 1977; Jean-Luc Godard: »*Orphée*«, in: ders.: Godard/Kritiker. München 1971; P. Le Guay: »Alice et le vitrier«, in: Cinématographe, 1984, H. 97; R.N. Hammond: »The mysteries of Cocteau's Orpheus«, in: Cinema Journal, 1972, H. 2; Joachim Paech: »Orpheus hinter den Spiegeln«, in: epd Film, 1989, H. 7; Alain Philippon: »La magie des origines«, in: L'Avant-Scène du Cinéma, 1983, H. 307/308; Jacques Rivette: »Die Malheurs des *Orphée*«, in: ders.: Schriften fürs Kino. München 1989; Joachim Stargard: »Der Tod und der Dichter«, in: Helga Hartmann/Ralf Schenk (Hg.): Mitten ins Herz. Berlin 1991.

Peer Moritz

OSSESSIONE

(Ossessione ... von Liebe besessen/Besessenheit). Italien (Industrie Cinematografiche Italiane) 1942/43. 35 mm, s/w, 143 Min.
R: Luchino Visconti. B: Luchino Visconti, Mario Alicata, Giuseppe De Santis, Antonio Pietrangel, Gianni Puccini, frei nach dem Roman »The Postman Always Rings Twice« von James M. Cain. K: Aldo Tonti, Domenico Scala. Ba: Gino Franzi. S: Mario Serandrei. M: Giuseppe Rosati.
D: Clara Calamai (Giovanna), Massimo Girotti (Gino), Juan de Landa (Bragana), Elio Marcuzzo (Spagnolo), Dhia Cristiani (Anita).

Visconti hat *Ossessione*, seinen Debütfilm, im Jahre 1942 im faschistischen Italien gedreht, ohne sich mit dieser Arbeit dem Regime anzubiedern oder auszuliefern. Die Zensur schritt ein, der Film wurde verstümmelt und verboten. Trotzdem wies *Ossessione* in die Zukunft: Der Film wurde zum Vorläufer des italienischen Neorealismus. Stilistisch sind bereits die Linien vorgezeichnet; thematisch wurde hier

Ossessione: Clara Calamai

schon die Abwendung vom ›Film der weißen Telefone‹, wie die im gehobenen Milieu spielenden Filme des Faschismus genannt wurden, vollzogen. Viscontis Protagonisten sind die Nichtprivilegierten, die den zumeist ärmlichen Verhältnissen nicht oder nur schwerlich entkommen können. Filmschnitt und Kameraführung pointieren diese Verhältnisse: Die Personen werden mit Landschaften, Räumen und Interieurs in eine spannungsreiche Beziehung gesetzt.

Geld und Gier, Liebe und Leid, Mord und Monotonie: Mit diesen Stichworten läßt sich die emotionale Struktur des Films umreißen, dessen Plot geradezu klassisch ist: Ein Mann begehrt die Frau eines anderen. Die Landschaft um Ferrara in Norditalien hat denselben tristen Reiz wie die Personen, die sich in ihr bewegen. Der dicke Bragana, Besitzer einer Trattoria und Tankstelle an einer Landstraße, ist naiv und sicherlich kein hervorragender Ehemann. Giovanna, seine Frau, ist ohne Besitz und gewiefter. Mit ihrer Heirat hat sie einen sozialen Aufstieg geschafft; die Ehe bietet ihr zwar materielle Sicherheit, aber keine emotionale Befriedigung. Sie veranlaßt ihren ahnungslosen Ehemann, den herumziehenden Gino als Hilfsarbeiter einzustellen. Gino wird ihr Liebhaber, den sie fest an sich ketten möchte, doch er besteht auf seiner Unabhängigkeit und macht sich wieder auf den Weg, wobei sie wiederum ihm nicht folgen mag. Monate später trifft Gino die Braganas in Ancona wieder; die Leidenschaft ist nicht erloschen. Auf dem gemeinsamen Rückweg bringen Gino und Giovanna den lästigen Ehemann um und tarnen die Tat als Autounfall – erfolglos, wie sich herausstellt. Als sie vor der Polizei fliehen, verunglücken sie mit dem LKW. Fassungslos hält Gino die tote Giovanna in den Armen; der Polizist wartet bereits hinter ihm.

Der Film beschreibt eine Abfolge der Gefühle, die sich nahezu natürlich aus den dargestellten Lebenszusammenhängen entwickelt. Aus dem sexuellen Begehren, das alsbald mit Liebe und Sehnsucht verschmilzt, wird Besessenheit. Obwohl Gino voller

Erschrecken erkennt, daß sich Giovannas Denken und Handeln wesentlich ums Geld drehen, bleibt er ihr ergeben. Giovanna hängt an Gino, obwohl er bei einer Prostituierten den Mord beichtet. Die Beziehung nimmt selbstzerstörerischen Charakter an: Gino und Giovanna nehmen einander die Freiheit und katapultieren sich aus den ihnen bisher geläufigen gesellschaftlichen Zusammenhängen, Verpflichtungen und Geboten heraus.

Damit beinhaltet *Ossessione* bereits das zentrale Thema aller Visconti-Filme. Als Regieassistent lernte Visconti in den dreißiger Jahren bei Jean Renoir, dessen Film *Toni* (1935) nicht weit von *Ossessione* entfernt ist und der ihm eine Übersetzung des amerikanischen Kriminalromans »The Postman Always Rings Twice« schenkte: die literarische Anregung für *Ossessione*.

Zuvor hatte schon Pierre Chenal (*Le dernier tournant*, 1939) den Roman als Vorlage benutzt; 1946 wurde Cains Buch von Tay Garnett, 1981 von Bob Rafelson verfilmt. Da Visconti nicht die Urheberrechte für seine Adaption erworben hatte, wurde *Ossessione* nach 1945 von den Alliierten zunächst verboten. Kommerzielle Verleihinteressen waren dafür verantwortlich, daß der Film in den fünfziger Jahren lediglich als Torso in die Kinos kam: In Italien lief eine 116 Minuten lange Version, die in Deutschland nochmals um 13 Minuten gekürzt wurde. Erst 45 Jahre nach der Entstehung konnte das Original wiederhergestellt werden.

»*Ossessione*«. Hg. Enzo Ungari/G.B. Cavallaro. Bologna 1977. (Filmtext).

Alfons Arns: »*Ossessione* erstmals ungekürzt im Kino«, in: epd Film, 1987, H. 7; Jean George Auriol: »Trois versions d'un roman de James Cain«, in: La Revue du Cinéma, 1948, H. 10; François Debreczeni: »*Ossessione*: une synthèse du réel et du beau«, in: Études cinématographiques, 1963, H. 26/27; Giuseppe De Santis: »Visconti's Interpretation of Cain's Setting in *Ossessione*«, in: Film Criticism, 1984/85, H. 3; Gundolf S. Freyermuth: »The Postman Never Stops Ringing«, in: Barbara Naumann (Hg.): Vom Doppelleben der Bilder. München 1993; Allison Graham: »The Phantom Self: James M. Cain's Haunted American in the Early Neorealism of Visconti and Antonioni«, in: Film Criticism, 1984/85, H. 1; Peter W. Jansen/Wolfram Schütte (Hg.): »Luchino Visconti«. München 1975; Geoffrey Nowell-Smith: »Visconti«. London 1967; Enno Patalas: »*Ossessione … von Liebe besessen*«, in: Filmkritik, 1959, H. 9; Claretta Tonetti: »Luchino Visconti«. London 1987.

Uwe Müller

8 ½ Italien/Frankreich (Cineriz/Francinex) 1962. 35 mm, s/w, 138 Min.
R: Federico Fellini. B: Federico Fellini, Tullio Pinelli, Ennio Flaiano, Brunello Rondi. K: Gianni di Venanzo. A + Ko: Piero Gherardi. M: Nino Rota.
D: Marcello Mastroianni (Guido), Anouk Aimée (Luisa), Sandra Milo (Carla), Edra Gale (Saraghina), Claudia Cardinale (Claudia).

»La bella confusione« lautete der Arbeitstitel. Auf der Mappe, in der Fellini Einfälle und Notizen, Zeichnungen und Skizzen zu dem Projekt sammelte, stand lediglich die Opusnummer: *8 ½*. Die Ingredienzien zu seinem Film hatte der Regisseur beisammen, allein es fehlte eine Fabel, um der Stoffsammlung eine Struktur zu verleihen. Die Vorbereitungen liefen an, das Team wurde engagiert, ein Studio angemietet. Der Produzent Angelo Rizzoli wurde nervös: Die Verträge waren unterzeichnet, doch der Regisseur hatte kaum mehr als eine vage Idee: Von Woche zu Woche wurde der Drehbeginn verschoben. Mit einem genialen Kunstgriff rettete sich Fellini aus dem Dilemma: Er machte seine Krise zum Thema des Films.

Der Regisseur Guido, gespielt von Fellinis Alter ego Marcello Mastroianni, hat sich in einen mondänen Kurort zurückgezogen. Bald stellen sich alle ein, denen er eigentlich entkommen wollte: Drehbuchautor und Produzent, Geliebte und Ehefrau. Das private Chaos verstärkt die Schaffenskrise und umgekehrt. Währenddessen läuft die Produktionsmaschinerie auf vollen Touren. Auf Verdacht läßt Guido eine bombastische Dekoration bauen, die Abschußrampe für ein Raumschiff. Doch er selbst leidet unter Ladehemmung. Auf die Fragen der Schauspieler weiß er keine Antwort. »Ich wollte einen einfachen, ehrlichen Film, und jetzt herrscht in meinem Kopf die größte Verwirrung«, bekennt Guido.

Der Schauplatz von *8 ½*, auch wenn die Szenen im Thermalbad oder am geplanten Drehort spielen, ist Guidos Kopf: Seine Wirklichkeit ist die Realität des Films. Bruchlos gehen Handlungspartikel über in assoziative Bildsequenzen, ausgelöst von Wunschphantasien und Schuldkomplexen. Nach C.G. Jung, dessen Schriften Fellini rezipiert hat, sind Träume metaphorische Selbstdarstellungen: die aktuelle Lage des Unbewußten in symbolischer Ausdrucksform. Wenn Guido bedrängt wird, flüchtet er in aggressive Tagträume. Den Intellektuellen, der scharfzüngig das Drehbuch kritisiert, läßt er abführen und aufhängen; an der Schwägerin, die ihn einen Schaumschläger nennt, rächt er sich, indem er sie in seine erotischen Träume einreiht.

Die virtuose Eingangssequenz macht deutlich, wie die Traumerzählung von sich widersprechenden Emotionen vorangetrieben wird. Guido steht eingekeilt zwischen Autos im Stau. Klaustrophobische Angst überfällt ihn: Er fühlt sich eingesperrt, doch die Wagentür läßt sich nicht öffnen. Aber sein Freiheitsdrang ist so stark, daß er irgendwie durchs Fenster entweichen kann. Er steigt auf in die Lüfte, die hupenden Autos bleiben unten zurück; ein Glücksgefühl durchströmt ihn, er läßt sich treiben. Doch etwas zieht ihn herab: Ein Seil hängt an seinem Fuß. Ein merkwürdig gekleideter Mann hat ihn wie einen Kinderdrachen an der Schnur und holt ihn herunter. Guido verliert das Gleichgewicht: Er rudert in der Luft, gleich wird er stürzen ...

Am Schluß von *8 ½* steht eine Apotheose: Eine Journalisten-Meute besichtigt die Set-Aufbauten und verlangt auf einer Pressekonferenz von Guido Auskunft. In panischer Angst verkriecht er sich unter dem Tisch und schießt sich eine Kugel in den Kopf. Gleich darauf sehen wir ihn im Gespräch mit dem Drehbuchautor. Der Film ist abgesagt, die Dekorationen werden abgebaut. Weiß gekleidete Gestalten erscheinen, Clowns und Zirkusleute, Eltern, Frau und Geliebte, Menschen, die in Guidos Leben eine Rolle gespielt haben. Eine suggestive Melodie erklingt, ein Kind führt den Reigen an. Gudio flüstert Luisa zu: »Das Leben ist ein Fest, laß es uns gemeinsam erleben«. Sie nickt, beide reihen sich ein. Zwar ist es Guido nicht gelungen, seiner Verwirrung Herr zu werden, aber dies ist keine Katastrophe. Man muß »mit seiner gesamten Vitalität in diesem phantastischen Ballett aufgehen und nur darauf bedacht sein, den Rhythmus richtig zu erfassen«, so hat Fellini das optimistische Finale kommentiert. Ein tänzelnder Rhythmus verleiht *8 ½* seine unnachahmliche Leichtigkeit. Ein komödiantischer Gestus prägt diesen Film, der von Verzweiflung handelt, aber frei von Larmoyanz ist.

Als ein »Mittelding zwischen einer unzusammenhängenden psychoanalytischen Sitzung und einer etwas planlosen Gewissenserforschung«, hat Fellini seinen Film beschrieben. *8 ½* ist eine »große kreative Meditation über die Unfähigkeit zu kreieren« (Christian Metz). Die Kühnheit von Fellinis Entwurf offenbart sich erst im Vergleich mit filmischen Selbstreflexionen anderer Regisseure: *8 ½* folgt nicht dem üblichen Muster, wo eine Rahmenhandlung, mehr oder weniger kunstvoll verschachtelt, den Film im Film spiegelt. Fellini dagegen benutzt eine offene Komposition, in der Schaffensprozeß und Werk untrennbar miteinander verknüpft sind. Metz bringt dies auf die Formel: »*8 ½* ist der Film, in dem *8 ½* entsteht.«

»*8 ½*«. Zürich 1974. (Drehbuch, Materialien).
Charles Affron (Hg.): »*8 ½*«. New Brunswick, London 1987; Albert Edward Bendersom: »Critical Approaches to Federico Fellini's *8 ½*«. New York 1974; David Boyd: »Film and the Interpretive Process«. New York u.a. 1989; Deena Boyer: »Die 200 Tage von *8 ½* oder Wie ein Film von Federico Fellini entsteht«. Reinbek 1963; Frank Burke: »Modes of Narration and Spiritual Development in Fellini's *8 ½*«, in: Literature/Film Quarterly, 1986, H. 3; Michel Estève (Hg.): »Federico Fellini *8 ½*«, in: Etudes cinématographiques, 1963, H. 28/29; Timothy Hyman: »*8 ½* as an Anatomy of Melancholy«, in: Sight and Sound, 1973/74, H. 3; Christian Metz: »Semiologie des Films«. München 1972; Ted Perry: »Filmguide to *8 ½*«. Bloomington 1975; Harald Schleicher: »Film-Reflexionen: autothematische Filme von Wim Wenders, Jean Luc Godard und Federico Fellini«. Tübingen 1991; Tazio Secchiaroli: »*8 ½*«. Kempen 1999; J.P. Telotte: »*8 ½* and the Evolution of a Neorealist Narrative«, in: Film Criticism, 1979/80, H. 2; Peter Wuss: »Die Tiefenstruktur des Filmkunstwerks«. Berlin (DDR) 1986.

Michael Töteberg

OUT OF THE PAST (Goldenes Gift). USA (RKO) 1947. 35 mm, s/w, 96 Min. R: Jacques Tourneur. B: Geoffrey Homes (Daniel Mainwaring), nach seinem Roman »Build My Gallows High«. K: Nicholas Musuraca. S: Samuel E. Beetley. Ba: Albert S. D'Agostino, Jack Okey. M: Roy Webb. D: Robert Mitchum (Jeff Bailey), Jane Greer (Kathie Moffett), Kirk Douglas (Whit Sterling), Rhonda Fleming (Meta Carson), Virginia Huston (Ann), Paul Valentine (Joe Stefano).

Die Angst vor Ereignissen »out of the past« ist ein Hauptmotiv der Nachkriegsphase des Film noir. Die dem Genre immanente pessimistische Sicht wird gesteigert, die soziologische Analyse weiter radikalisiert. Paul Schrader charakterisiert die Entwicklung: »Nachdem zehn Jahre lang ständig romantische Konventionen abgestreift wurden, kamen die späteren Noir-Filme schließlich zu den Wurzeln und Ursachen der Periode: der Verlust öffentlicher Ehre, heroischer Konventionen, persönlicher Integrität und schließlich psychischer Stabilität.«
Jacques Tourneur schuf nach seinen Erfolgen im Horror-Genre (*Cat People*, 1942; *I Walked With A Zombie*, 1943; *The Leopard Man*, 1943) mit *Out of the Past* einen der Klassiker des späten Film noir. Das typische Personal ist erhalten geblieben: der jetzt eher heruntergekommene Privatdetektiv (Jeff Bailey), der aristokratische Kriminelle (Whit Sterling), die Femme fatale (Kathie Moffett). Wesentlich komplexer ist die Erzählstruktur: Die Handlung kann man grob in fünf Episoden gliedern, doch läßt sie sich kaum nacherzählen, so labyrinthisch sind die Handlungsstränge. Tourneur arbeitet, wie auch bei seinen Horrorfilmen, mit Ellipsen: Die Ermordung des Rechtsanwaltes Eels etwa wird nicht gezeigt, der Zuschauer muß selbst Hypothesen bilden.
Schon in der Exposition, die in einem typischen Provinznest in der Nähe von Los Angeles spielt, wird deutlich, daß Tourneur dem visuellen Repertoire des Film noir ein neues Motiv hinzufügt – die Landschaft. Die Flußgegend, in der man Bailey zusammen mit seiner Freundin beim Angeln sieht, wird als sein Refugium geschildert; es ist eine friedliche, pastorale Landschaft, deren weiter Horizont den engen, dunklen Kneipen und Wohnungen der Stadt und damit der Welt des Verbrechens diametral entgegengesetzt ist. Diesem Stadt/Land-Gegensatz entsprechen auch unterschiedlich disponierte Protagonisten: Ann, Jeff's Freundin, verspricht Sicherheit und Frieden, Kathie ist die erotische und schließlich letale Verlockung. Jeff, der eigentlich nichts sehnlicher wünscht, als seiner Vergangenheit zu entfliehen, gelingt es trotz aller Lügen und Enttäuschungen nicht, Kathie aufzugeben. So steht die Landschaft auch für gegensätzliche Weltordnungen; besonders deutlich wird das gegen Schluß, wo die Handlungskreise sich überschneiden. Joe Stefano, im schwarzen Trench und mit Hut als Killer par excellence charakterisiert, wird von der Angel des taubstummen Jungen in die Tiefe einer Schlucht gezogen.
An den exotischen Stränden Acapulcos, denen Kameramann Nick Musuraca in beeindruckenden day-for-night Aufnahmen einen irrealen Anstrich gibt, verleben Jeff und Kathie ihre glücklichste Zeit. Die einsame Hütte im Wald wird für sie Zufluchtsort und Falle zugleich. Ein großes, schmiedeeisernes Tor zum Haus seines ehemaligen Auftraggebers durchschreitet Jeff und betritt damit die Welt seiner dunklen Vergangenheit. Solche Momente inszeniert Tourneur beiläufig und nie plakativ. Er ist aber auch Stilist: die aktionsreiche Auseinandersetzung zwischen Jeff und seinem Erpresser gibt er als kurzgeschnittenes, choreographisches Schattenballett mit graphischen Untersichten. Auf der anderen Seite sind viele Einstellungen überdurchschnittlich lang. Ebenso variationsreich sind die verschiedenen Arten der Ausleuchtung; insbesondere Kathie erscheint immer wieder in einem anderen Licht. Auch dadurch entsteht ein Klima der Verunsicherung und Instabilität, das den fatalistischen Zug der Handlung verstärkt. In einer langen Rückblende erfährt man, wie es zu Baileys Weltflucht kam; zusammen mit dem lakonischen und ausdruckslosen Kommentar Baileys aus dem Off – ein beliebtes Stilmittel des Film noir – markiert sie die Tonart des gesamten Films. Es gehe nicht darum zu gewinnen, sagt Jeff beim Roulette zu Kathie, sondern darum, langsamer zu verlieren.

Marshall Deutelbaum: »›The Birth of Venus‹ and the Death of Romantic Love in *Out of the Past*«, in: Literature/Film Quarterly, 1987, H. 3; Tom Flinn: »*Out of the Past*«, in: The Velvet Light Trap, 1974, H. 10; Chris Fujiwara: »Jacques Tourneur«. Jefferson 1998; John Harvey: »Out of the Light: An Analysis of Narrative in *Out of the Past*«, in: Journal of American Studies, 1984, H. 18; Blake Lucas: »*Out Of The Past*«, in: Alain Silver/Elizabeth Ward (Hg.): Film Noir. Woodstock 1988; Christian Odos: »Murmures devant un mirroir«, in: Camera/stylo, 1986, H. 6; Karlheinz Oplustil: »*Out of the Past*«, in: epd Film, 1985, H. 2; Paul Schrader: »Notizen zum Film Noir«, in: Filmkritik, 1976, H. 238; Robin Wood: »The Shadow Worlds of Jacques Tourneur«, in: Film Comment, 1972, H. 2.

Ingo Fließ

PADRE PADRONE (Mein Vater, mein Herr). Italien (RAI/C.I.D.I.F.) 1976/77. 16 mm, Farbe, 113 Min.
R: Paolo und Vittorio Taviani. B: Paolo und Vittorio Taviani, nach dem gleichnamigen Roman von Gavino Ledda. K: Mario Masini. Ba: Giovanni Sbarra. M: Egisto Machi.
D: Omero Antonutti (Vater), Saverio Marioni (Gavino), Marcella Michelangeli (Mutter), Fabrizio Forte (Gavino als Junge), Stanko Molnar (Sebastiano).

Gleich zu Beginn wird auf den authentischen Charakter hingewiesen: Gavino Ledda, der Autor der literarischen Vorlage, versichert vor der Kamera, der nun folgende Film erzähle seine Lebensgeschichte. Er übergibt einem Mann einen Ast, der sich mit dem Messer daraus einen Stecken schneidet und ins Klassenzimmer, mitten in den Unterricht stürmt. Die Kinder blicken auf, sie ahnen, was kommt. Der Vater nimmt Gavino mit: »Der Junge gehört mir.« Er soll, statt lesen und schreiben zu lernen, Schafe hüten. Die Lehrerin kann ihn nicht halten, Gavino muß gehen. Als der Vater auf dem Flur das schadenfrohe Lachen der anderen Kinder hört, kehrt er noch einmal zurück: »Heute hat es ihn getroffen, und morgen wird es euch treffen.« Die Drohung wirkt.
Die Erziehung, die der Vater dem kleinen Jungen angedeihen läßt, ist eher eine Abrichtung: Gavino muß nachts allein in den Bergen bei den Schafen bleiben; sobald er seinen Platz verläßt, wird er vom Vater brutal zurückgeprügelt. Die Mutter hat ihn gewarnt: »Die Stille ist furchtbar laut.« Der Junge, ganz auf sich gestellt, lernt, die Sprache der Natur zu verstehen: die Geräusche des Tagesanbruchs, das Rascheln der Blätter und des Flusses, die Launen der Tiere. Und er verlernt die Sprache der Menschen: Die Einsamkeit läßt ihn nahezu verstummen.
Der Film macht einen Zeitsprung: Gavino ist jetzt 20 Jahre alt und immer noch Schäfer. Erstmals erhebt er sich gegen den Patron, der zugleich sein Vater ist. Die Familie hat der Patriarch zu einem Teil seines Besitzes erklärt, den er mit aller Gewalt verteidigt: Jeder Widerstand muß gebrochen werden. Als eine Frost-Katastrophe den Olivenhain vernichtet und der Vater verkaufen muß, hält er die Zeit für gekommen, daß sein Sohn etwas lernt. Beim Militär ist Gavino dem unmittelbaren Einfluß des Vaters entzogen. Hier lernt er, der bisher nur den Dialekt seiner Heimat spricht, wie eine Fremdsprache Italienisch und eignet sich, unter unendlichen Mühen und Anstrengungen, weitere Kenntnisse an, bis er die Hochschulreife hat. Der Konflikt mit dem Vater spitzt sich zu, doch die Emanzipation des Sohnes ist nicht mehr aufzuhalten: Der Vater hat die Macht über Gavino verloren.
Padre padrone ist ein ethnographischer Film: Die unwirtliche Landschaft Sardiniens, die dort lebenden Menschen und ihre archaische Welt haben die Brüder Taviani in ebenso genauen wie poetischen Bildern eingefangen. Ein eigenwilliger Stil verleiht dem Film seine suggestive Kraft. Dokumentiert wird nicht bloß die äußere Sozialisation des Protagonisten: Kameraführung und Montage bringen in kühnen, alle Kinokonventionen weit hinter sich lassenden Sequenzen die innere Wirklichkeit zum Ausdruck. Gavino sitzt nachts in der Küche bei seinen Studien und gerät ins Träumen; die Kamera schwenkt auf den Hund, der im Traum jault, und dann zur offenen Tür, in der, mitten in der schwarzen Nacht, ein majestätischer Baum sichtbar wird. Das auffälligste Kunstmittel ist der subjektive Ton: Der Vater, der den Jungen eben halbtot geprügelt hat, wiegt den Bewußtlosen im Arm und stimmt ein sardisches Lied an, in das ein gewaltiger Chor ein-

fällt – niemand anderes als Vater und Sohn sind zu sehen, die bewegende Klage scheint von der menschenleeren, steinigen Landschaft zu stammen. Oder, Gavino ist inzwischen erwachsen, es tauchen plötzlich zwei Burschen mit einem Akkordeon auf, die sich in die Einöde verirrt haben. Der Hirte ist fasziniert von ihrer Musik, dem »Fledermaus«-Walzer: Wir hören nicht bloß eine magere Ziehharmonika, sondern ein volles Orchester. Noch ein drittes, besonders eindrucksvolles Beispiel: Eine Prozession zieht durchs Tal. Die Knechte, unter ihnen Gavino, tragen unter den Tüchern das Gestell; gesprochen wird von der Hoffnung, dem Elend zu entkommen, indem man nach Deutschland emigriert. Plötzlich singt einer ein deutsches Lied, und nun hallt, absurd verfremdet, durch das ganze Tal »Trink, Brüderlein trink, laß doch die Sorgen zuhaus«.

Dies sind nicht allein ästhetische Kunstgriffe: Die Musik ist es, die Gavino befreit. Als er Mozart im Radio hört, der wütende Vater den Apparat im Wasserbottich versenkt, aber der Sohn die Melodie weiterpfeift, ist dies sein erster, entscheidender Sieg über den Padrone. Werner Herzog hat angemerkt: »Im heutigen Film gibt es kaum jemanden auf der Welt, der mit Musik so umgehen kann wie die beiden Brüder Taviani, wo die Musik auf einmal einzelnes Schicksal und Raum in ein Allgemeines, für eine ganze Landschaft und eine ganze soziale Situation Gültiges ausweitet.« Ursprünglich für das Fernsehen gedreht und für das Kino auf 35 mm aufgeblasen, wurde *Padre padrone* bei den Filmfestspielen in Cannes mit der Goldenen Palme ausgezeichnet und international als Meisterwerk gefeiert.

Am Schluß nimmt wieder der reale Gavino Ledda den Faden auf: Er hat auf dem Festland sein Studium absolviert und promoviert; aus dem sprachlosen Hirten wurde ein Professor für Linguistik. Doch mußte er, sonst wäre er krank geworden, zurückkehren nach Sardinien. Wieder steht der Vater im Klassenzimmer und droht: Jetzt sei Gavino an der Reihe, demnächst blühe ihnen dasselbe Schicksal. Doch jetzt wirken diese Worte wie eine Verheißung: Der Weg Gavinos ist ein Beispiel, daß Befreiung aus jahrhundertealter Unterdrückung möglich ist.

Barthélemy Amengual: »*Padre padrone*«, in: Positif, 1977, H. 195/196; Erdmute Beha/Petra Stähle: »Wir sind Bürger, die keine Bürger sein wollen«, in: konkret, 1977, H. 7 (Interview); Christian Biegalski/Christian Depuyper: »Du silence à la parole ...«, in: Cinéma, Paris, 1977, H. 224/225; Jean Delmas: »*Padre padrone* dans l'œuvre des Taviani«, in: Jeune Cinéma, 1977, H. 105; Verina Glaessner: »The Brothers Taviani«, in: Cinema Papers, 1978, H. 15; Peter Goedel/Roland Keller: »*Mein Vater Mein Herr*«, in: Filmfaust, 1979, H. 13; Mark Graham: »*Padre padrone* and the Dialectics of Sound«, in: Film Criticism, 1981/82, H. 1; Werner Herzog: »Vom Ende des Analphabetismus«, in: Die Zeit, 24.11.1978; Pauline Kael: »*Padre padrone*«, in: dies.: For Keeps. New York u.a. 1994; Philippe de Lara: »*Padre padrone*«, in: Cinématographe, 1977, H. 31; Marco De Poli: »Paolo e Vittorio Taviani«. Berlin 1978; John Pym: »*Padre padrone*«, in: Sight and Sound, 1977/78, H. 1; Georg Seeßlen: »Ein Hirte bringt sich selbst zur Sprache«, in: film- & ton-magazin, 1979, H. 3; Franz Ulrich: .»*Padre padrone*«, in: Zoom-Filmberater, 1977, H. 23.

Michael Töteberg

PAISÀ Italien (Organizzazione Film Internazionali/Foreign Film Production) 1946. 35 mm, s/w, 127 Min.

R: Roberto Rossellini, Federico Fellini, Massimo Mida. B: Roberto Rossellini, Federico Fellini, Vasco Pratolini, Padre Vincenzo. K: Otello Martelli. M: Renzo Rossellini. D: Robert Van Loon (Robert), Carmela Sazio (Carmela), Dotts Johnson (Joe), Alfonsino Bovino (Pasquale), Gar Moore (Fred), Maria Michi (Francesca), Harriet White (Harriet), Renzo Avanzo (Massimo), Bill Tubbs (Militärgeistlicher), Dale Edmonds (Dale), Achille Siviero (Cigolani).

Paisà gilt als das Herzstück des italienischen Neorealismus, Roberto Rossellini als der ›Vater‹ dieser folgenreichsten Erneuerungsbewegung der europäischen Kinematographie. Doch das Etikett erscheint heute zunehmend problematisch: Rossellini ist mittlerweile als eigenständiger ›auteur‹ mit seinem Gesamtwerk entdeckt, während der ›Neorealismus‹ sich, aus dem historischen Abstand betrachtet, als ein heterogenes Phänomen erweist, dessen Vertreter und Mitläufer über filmische ›Handschriften‹ recht unterschiedlicher Art und Qualität verfügten.

Sechs Geschichten erzählen von einem einzigen, dem »endlosen Moment« (André Bazin) der Befreiung Italiens vom Faschismus bzw. von der deutschen Besatzungsmacht. Die Invasion des Landes durch die Amerikaner stieß langsam vom Süden vor, so daß dieser Moment im Film stets neu variiert und durch Nuancen bereichert werden kann. Die Episoden spielen auf Sizilien, in Neapel, Rom, Florenz, der Toskana, der Poebene und bilden damit auch die ideelle Landkarte eines geeinten Italiens ab. Gekleidet in die äußere Form einer monumentalen Wochenschau, wechseln die einzelnen Geschichten stets rasch von der allgemeinen Historie ins Private. *Paisà* ist eine Filmreise von Süden nach Norden, von der Nacht in den Tag, von der Unmöglichkeit der Kommunikation zu großer Klarheit.

Die Szenen führen Amerikaner und Italiener zusammen; die Feinde und alle anderen Verbündeten – in der Florenz-Episode etwa ergießt sich der Spott über die Engländer – bleiben in dieser Konstellation ausgegrenzt. Darin spiegelt sich auch die Zusammensetzung des Filmteams. Vier Autoren, darunter die beiden »Stars and Stripes«-Journalisten Klaus Mann und Alfred Hayes, hatte die Vorlage geliefert in Form von sieben Kurzgeschichten, die teilweise in Richtung eines verfilmbaren Drehbuchs weiterentwickelt wurden. Klaus Mann zerstritt sich jedoch mit Rossellini bzw. dessen italienischen Autoren, später klagte er vor Gericht gegen die Eliminierung seines Namens aus den Vorspanntiteln. Ähnlich erging es der amerikanisch-schweizerischen Gruppe Foreign Film Productions, die durch ihren bemerkenswerten Einsatz erst den Boden für Rossellinis internationalen Erfolg – zunächst in New York – bereiteten.

Während der Dreharbeiten, unter dem Eindruck der Drehorte und der engagierten Laiendarsteller, veränderte Rossellini mit Hilfe seiner Assistenten Massimo Mida und Federico Fellini das gesamte Projekt; großen Anteil am beeindruckenden Ergebnis schuldet der Film der Erfahrung des Chefkameramannes Otello Martelli. Rückblickend hat Fellini bekannt, damals habe er gelernt, daß man mit der gleichen Freiheit Kino machen könne, wie man zeichnet oder schreibt: »Mir scheint, daß ich an Rossellini – nie in Worten ausgesprochen, nie als Programm – die Möglichkeit erfahren habe, unter den widrigsten Bedingungen das Gleichgewicht zu halten und gleichzeitig die natürliche Fähigkeit, diese Widrigkeiten zum eigenen Vorteil umzumünzen.« Die Bildgewalt des ›Neorealismus‹ gründet auf einem Stilwillen, der die Verfilmung von Drehbüchern verwarf und an die Stelle filmischer Perfektion einen gewissen Mut zum Risiko, zur Kreativität sowie Teamarbeit setzte – die allerdings der Führung eines Regisseurs wie Rossellini bedurfte: »Die Realität stilisieren, bevor man sie anpackt, heißt letztlich dem Problem ausweichen. Das Problem ist: mit der unstilisierten Realität so verfahren, sie so aufnehmen, daß das Ergebnis Stil hat.« (Erwin Panofsky)

»*Paisà*«, in: Roberto Rossellini: La trilogia della guerra. Hg. Renzo Renzi. Bologna 1972. (Drehbuch). – In: ders.: The War Trilogy. New York 1973. (engl. Ausgabe).
André Bazin: »Der filmische Realismus und die italienische Schule nach der Befreiung«, in: ders.: Was ist Film? Berlin 2004; Peter Bondanella: »Roberto Rossellini«. Cambridge (Mass.) 1993; Carmine Chiellino: »Der neorealistische Film«, in: Text + Kritik, 1979, H. 63; Tom Conley: »Film Hieroglyphs. Ruptures in Classical Cinema«. Minneapolis 1991; David Forgacs u.a. (Hg.): »Roberto Rossellini«. London 2000; Millicent Marcus: »After Fellini«. Baltimore, London 2002; Peter W. Jansen/Wolfram Schütte (Hg.): »Roberto Rossellini«. München 1987; Thomas Meder: »Vom Sichtbarmachen der Geschichte. Der italienische ›Neorealismus‹, *Paisà* und Klaus Mann«. München 1993; Erwin Panofsky: »Die ideologischen Vorläufer des Rolls-Royce-Kühlers & Stil und Medium im Film«. Frankfurt a.M. 1993; Karsten Witte: »Neo-Realismus. Ein Angriff der Chronik auf die Story«, in: epd Film, 1991, H. 3; Peter Wuss: »Die Tiefenstruktur des Filmkunstwerks«. Berlin (DDR) 1986.

Thomas Meder

PANZERKREUZER POTEMKIN

↗ Bronenosec Potemkin

PARIS, TEXAS

Bundesrepublik Deutschland/Frankreich (Road Movies/Argos/WDR/Channel 4/pro-ject) 1983/84. 35 mm, Farbe, 148 Min.

R: Wim Wenders. B: Sam Shepard, L. M. Kit

Carson. K: Robby Müller. A: Kate Altman. S: Peter Przygodda. M: Ry Cooder. D: Harry Dean Stanton (Travis), Nastassja Kinski (Jane), Dean Stockwell (Walt), Hunter Carson (Hunter), Aurore Clément (Anne), Bernhard Wicki (Doktor Ulmer), Tom Farrell (der Verrückte auf der Brücke).

In der texanischen Wüste taucht ein Mann auf, nimmt einen letzten Schluck aus der Wasserflasche und bricht kurz darauf an einer Tankstelle zusammen. Travis ist, wie viele Wenders-Protagonisten, ein Mann, der sich verirrt hat. Nachdem man seinen Bruder Walt benachrichtigt hat und dieser ihn unter Mühen nach Los Angeles gebracht hat, beginnt die langsame Resozialisation des zutiefst verstörten Travis, einer Kaspar-Hauser-Figur. Vor vielen Jahren ist seine Ehe in die Brüche gegangen, und Travis verschwand in der Weite des amerikanischen Südwestens. In Los Angeles trifft er nun auf seinen Sohn Hunter, dessen sich Walt und seine Frau Anne in der Zwischenzeit angenommen hatten. Nur zögernd entsteht eine Beziehung zwischen Vater und Sohn – Travis muß in Walts Kleidern die Vaterrolle vor dem Spiegel erst üben –, und es funkt erst zwischen beiden, als man zusammen einen Home movie anschaut, der die Familie in glücklicheren Tagen vereint zeigt. Als Travis sich entschließt, Jane in Houston zu suchen, schließt sich Hunter ihm an. Sie verfolgen ihre Spur bis zu einer Peepshow, wo in einer Kammerspielszene der dramatische Konflikt seinen Höhepunkt findet: Travis und Jane erzählen sich, über die Sprechanlage und getrennt durch ein Spiegelglas, in zwei langen Monologen ihre Geschichte. Noch in derselben Nacht kommen Jane und Hunter zusammen, während Travis wieder in das Nichts verschwindet, aus dem er kam – vorbei an der Reklametafel einer Bank, deren Slogan »Together We Make It Happen« als ironischer Kommentar auf das Ende des Films zu verstehen ist, das die Zusammenführung von Mutter und Sohn nur gestattet um den Preis der Zerstörung des Glücks von Walt und Anne und des gleichzeitigen Abtretens des unfähigen Vaters Travis.

Paris, Texas ist der Ort, wo Travis gezeugt wurde und wo er seine eigene Vaterschaft zu bestätigen sucht, indem er dort ein Stück ödes Land erwirbt. Paris, Texas bezeichnet aber auch ein kulturelles Oxymoron. Travis' Vater prahlte immer, daß er seine Frau in Paris kennengelernt habe, um erst nach einer Pause »Texas« hinzuzufügen. Der Film spielt gewissermaßen in dem Raum, der sich in dieser Pause auftut und ist gekennzeichnet von einer Spannung, die aus der amerikanischen Landschaft, den überwiegend amerikanischen Schauspielern und den starken Anleihen bei der Western-Dramaturgie und deren Brechung in der Perspektive des europäischen Autorenkinos resultiert. In eindrucksvollen Farben und vielen Totalen zeigt uns Robby Müllers Kamera, wo die USA am amerikanischsten sind: in dem Freeway-Geflecht der zersiedelten, anonymen Großstädte und der alles bestimmenden Autokultur mit ihren Motels, Tankstellen, Fast-Food-Restaurants und Banken mit Autoschaltern. Die Faszination für das Offene der Landschaft (unterlegt mit Ry Cooders Bottleneck-Gitarre) geht einher mit einer tiefen Skepsis gegenüber der Flut von Bildern und Zeichen, die auf Reklametafeln, Neonschildern und im Fernsehen den Blick auf die Realität verstellen.

Mit *Paris, Texas* zieht Wenders die Summe seines bisherigen Werkes, indem er das Komtemplative, Offene und Spontane früherer Filme versöhnt mit einem stärkeren Gewicht auf der Geschichte und den Dialogen (hier wird der Einfluß des Coautors Sam Shepard deutlich). Dieser Film, so meinte Wenders, sollte zum letztenmal von verschlossenen, einsamen Männern erzählen; alle Helden dieses Typus sollten von nun an im Altersheim von Paris, Texas zur Ruhe kommen. Das ebenfalls gegebene Versprechen, endlich einmal eine Frau in den Mittelpunkt zu stellen, löste der Film freilich nicht ein: Jane, der die John Fords ↗ *The Searchers* nachempfundene Suche gilt, existiert nur als Abbild: als Foto aus einem Automat, als Bild im Home movie und zuletzt als raffiniertes Spektakel in einer Peepshow.

Der in Cannes mit der Goldenen Palme ausgezeichnete Film etablierte Wenders als internationalen Regisseur ersten Ranges; in Deutschland führte eine Auseinandersetzung mit dem Verleih Filmverlag der

Autoren zu einem Rechtsstreit und einem verspäteten Kinostart.

»*Paris, Texas*«. Hg. Chris Sievernich. Nördlingen 1984. (Filmtext, Fotos).
Timothy Corrigan: »A Cinema Without Walls«. New Brunswick 1991; Serge Daney: »Ciné journal«. Paris 1986; Duco van Oostrum: »Wim Wenders's Euro-American Construction: *Paris, Texas* or Texas, Paris«, in: Richard L. Chapple (Hg.): Social and Political Change in Literature and Film. Gainesville 1994; Thomas Elsaesser: »American Graffiti und Neuer Deutscher Film«, in: Andreas Huyssen/Klaus Scherpe (Hg.): Postmoderne. Reinbek 1986; Richard Kearny: »The Wake of Imagination«. Minneapolis 1988; Michael Kuhn u.a. (Hg.): »Hinter den Augen ein eigenes Bild«. Zürich 1991; Mark Luprecht: »Freud at *Paris, Texas*: Penetrating the Oedipal Sub-Text«, in: Literature/Film Quarterly, 1992, H. 2. B. Scharres: »Robby Müller and *Paris, Texas*«, in: American Cinematographer, 1985, H. 2; Marc Silberman: »The Archaeology of the Present: Wim Wender's *Paris, Texas*«, in: ders.: German Cinema. Detroit 1995; Stephen Snyder: »The Hunger Artist in America«, in: Post Script, 1987/88, H. 2; Stephen Watt: »Simulation, Gender and Postmodernism: Sam Shepard and *Paris, Texas*«, in: Perspectives in Contemporary Literature, 1987, H. 13.

Gerd Gemünden

PARTY GIRL (Das Mädchen aus der Unterwelt). USA (Euterpe Productions) 1958. 35 mm, Farbe, 99 Min.
R: Nicholas Ray. B: George Wells. K: Robert Bronner. A: William A. Horning, Randall Duell. M: Jeff Alexander.
D: Robert Taylor (Thomas Farrell), Cyd Charisse (Vicky Gaye), Lee J. Cobb (Rico Angelo), John Ireland (Louis Canetto).

»Buntes Unterwelt-Märchen, in dem die Liebe wahre Wunder bewirkt« hieß es in Ankündigungen. Der Film offenbart seine Genre-Versatzstücke des Melodrams, Gangster- und Tanzfilms früh. Von dem Insert »Chicago In The Early Twenties« schwenkt die Kamera über eine gebaute Skyline zum Nachtclub »Golden Rooster«. In märchenhafter Farbgebung, in Gold, Orange und Weiß, werden die Ballettgirls vorgeführt, die zur Party der Gangster eingeladen sind. Ray inszeniert gern Blickachsen von Figuren außerhalb des Bildes. Daneben markieren vor allem Licht- und Objektfarben die Eckpunkte der Bilddramaturgie. Die zentrale Farbe des Films führt das Girl Vicky ein: Es ist das Rot ihres Kleides, ihrer Lippen, ihrer Fingernägel. Ihr Gegenpol ist der schwarzhaarige, schwarz gekleidete Rechtsanwalt Farrell. Sie bemerkt, daß auch Farrell sich verkauft, wenn er einen Mörder trickreich herauspaukt. Die Liebe, so verlangt es das Gesetz des Melodrams, kann sich erst erfüllen, nachdem die Protagonisten sich geläutert haben. Vicky schafft dies zuerst. Sie tanzt sich frei von der Bedrohlichkeit des Rots, verliert ihre meterlange Schleppe: Nur noch spärlich bekleidet steht sie vor Farrell. Das Rot wird jetzt den Attributen des Anwalts zugeordnet. Da sind die Stoppzeichen und die Ampel vor der Brücke, von der er als Junge sprang und ein verkrüppeltes Bein behielt. Da ist das Blut, das an seinem Arm klebt, als er Rico zurückhält, einen Rivalen zu erschlagen. Er ist ein »verkrüppelter Rechtsanwalt mit verkrüppeltem Ruf«, wie er selbstkritisch einräumt. Wie in vielen Filmen Rays reicht Einsicht zur Umkehr nicht aus: Es bedarf der Hilfe einer liebenden Frau.

Den Anwalt holt die Vergangenheit ein: Es ist das Rot, das mit Gold verwoben ist, der mächtige Sessel des Gangsterkönigs Rico, der ihm droht, wenn er nicht weiter für ihn arbeitet. Ray deutet dies subtil an, wenn er einen unscheinbaren Verkäufer roter Äpfel an Bildrändern plaziert. Als geläuterter Held sucht Farrell den Showdown mit Rico, der ihn in einem wie eine Robe umgelegten Kamelhaarmantel empfängt und die Wirkung von Säure an einem roten Lampion demonstriert, der zwischen beiden auf dem Tisch liegt. Doch die Moral des Melodrams, die Ray trotz großer Zeit-, Orts- und Genresprünge mit der dem Märchen eigenen Stringenz erzählt, will es, daß nicht die gekidnappte Vicki grausam verstümmelt wird, sondern Rico. Ihr weiß verbundenes Gesicht ist die letzte Irritation für den Zuschauer, so daß das Happy End nur um so befreiender wirkt.

Party Girl ist ein unangestrengter Cinemascope-Film. Ray hat sich gar nicht bemüht, die breite Leinwand opulent auszufüllen. Mit einfachen Mitteln, durch Nähe und Distanz der Figuren, Hell und Dunkel, Farbdissonanz und Farbeinklang, gliedert er den gewaltigen Bildraum. Nicht nur die beiden furiosen Tanznummern mit Cyd Charisse sind choreografiert. Ray ordnet die Figuren zumeist antipodisch an, verräumlicht damit den Konflikt, den er zudem durch subtile Symbol-Objekte spiegelt. Der Rhythmus des Films ist von sanft vorantreibender Kraft, ohne daß er an den entsprechenden Stellen an genrespezifischer Dynamik verlieren würde. So wechselt Ray die Orte stets durch eine lange Überblendung, während innerhalb eines Raumes gleitende Kamerabewegungen und weiche Schnitte die raum-zeitliche Kontinuität wahren. Die farbliche, geometrische und rhythmische Balance, die *Party Girl* auszeichnet, stellt Ray nie prätentiös aus, sondern stets in den Dienst des Erzählens. Sein persönlicher Stil, den er den normierten Produktionsabläufen und Stilvorstellungen abgetrotzt hat, deckt sich in dieser Hinsicht mit den Ansprüchen der Studios und des Publikums.

Geoff Andrew: »The Films of Nicholas Ray«. London 1991; Bernard Eisenschitz: »Roman américain. Les vies de Nicholas Ray«. Paris 1990; Fereydoun Hoyveda: »La reponse de Nick Ray«, in: Cahiers du Cinéma, 1960, H. 107; J.F. Kreidl: »Nicholas Ray«. Boston 1977; Karlheinz Oplustil: »*Party Girl*«, in: Norbert Grob/Manuela Reichardt (Hg.): Ray. Berlin 1989; Nicholas Ray: »I Was Interrupted«. Berkeley 1993; Anke Sterneborg: »Woman in Red«, in: Helga Belach/Wolfgang Jacobsen (Hg.): CinemaScope. Berlin 1993.

Jürgen Kasten

PASSION Frankreich/Schweiz (Sara Films/Sonimage/Films A 2/Films et Vidéo) 1982. 35 mm, Farbe, 87 Min.
R+B: Jean-Luc Godard. K: Raoul Coutard.
A: Serge Marzolff, Jean Bauer. S: Jean-Luc Godard. M: Ravel, Mozart, Dvorak, Beethoven, Fauré; Chanson: Leo Ferré.
D: Isabelle Huppert (Isabelle), Hanna Schygulla (Hanna), Michel Piccoli (Michel Boulard), Jerzy Radziwiłowicz (Jerzy), Laszlo Szabo (der Produzent).

Im Filmschaffen Godards lassen sich – versucht man, die Werkgeschichte vorsichtig zu systematisieren – drei unterschiedliche Perioden ausmachen: das von soziologischen und existentialistischen Fragestellungen geprägte ›Ideen-Kino‹ (1959–1967), das dezidiert politische Kino mit dem Filmkollektiv »Groupe Dziga Vertov« (1968–1975) und das ›Kino der Künste‹ als dritte Periode (ab 1979).
Die exzessiv gebrauchten ästhetischen Verfahren Dekonstruktion und Collage sind für die ersten beiden Perioden kennzeichnend. Dekonstruktion meint hier den Verzicht auf die ›klassische‹ Montage sowie die Mise-en-scène mit dem Ziel, die filmische Erzählung als solche in Frage zu stellen. Unter Collage hingegen ist Godards Bestreben zu verstehen, in die Bild- und Tonebene Versatzstücke der Wirklichkeit zu integrieren. In den essayistischen Filmen der ersten Phase ist es der Versuch, aus der Dialektik zwischen Fiktion und Dokument Wahrheit zu destillieren, während die engagierten Filme der zweiten Phase unter dem Zeichen der Kulturrevolution stehen.
Sauve qui peut (La vie) (*Rette sich wer kann – das Leben*, 1979), den Godard selbst seinen »zweiten ersten Film« nannte, markiert den Beginn der dritten Phase. Manifest und Programm gleichermaßen, postulierte Godard hier eine neue Poetologie, die die Filmkunst zu Malerei und Musik in Bezug setzt. Zusammen mit *Prénom Carmen* (*Vorname Carmen*, 1982) und *Je vous salue Marie* (*Maria und Josef*, 1983) bildet *Passion* ein filmisches Ensemble, eine Art Trilogie, deren Thema die Schaffung von Bildern, das Problem der Schönheit und die Unmöglichkeit ihrer (Re-)Präsentation ist.
Ähnlich wie *Sauve qui peut (La vie)* beginnt *Passion* mit einem Blick auf den aufgewühlten, gewittrigen Himmel. Begleitet von Ravels »Concerto pour la main gauche« wird die Einstellung zum Sinnbild des Erhabenen – ein im Film allgegenwärtiges Motiv. Anders als früher werden nicht mehr Gemälde im Rahmen der Fiktion zitiert (z.B. als Poster an der Wand), sondern der Film kreiert diese selbst. Godard läßt im Studio berühmte Werke der Kunstgeschichte als lebende Tableaus nachstellen: »Die Nachtwache« von Rembrandt, »Die kleine Badende« von Ingres, »Die Unbefleckte Empfängnis« von El Greco, »Die Einnahme Konstantinopels durch die Kreuzritter« und »Jakobs Kampf mit dem Engel« von Delacroix sowie »Die nackte Maja« und »Die

Erschießung der Rebellen am 3. Mai« von Goya. Das Filmbild selbst verwandelt sich zum Gemälde und wird auf seine bildnerischen Qualitäten hin analysiert: auf die ideale Einteilung des Raumes und vor allem die Setzung des Lichts (»à la Sternberg und Boris Kaufman«). *Passion* führt das Denken in Bildern über Bilder vor. So disparat das Gesamtwerk Godards auch erscheint, immer geht es ihm darum, mit den Mitteln des filmischen Mediums über das Medium selbst zu reflektieren.

Godard erfindet hierfür die Geschichte des polnischen Regisseurs Jerzy, der - entgegen seinem Produzenten, der stets nach einer Story verlangt - eben einen solchen reflexiven, nicht-narrativen Film drehen will. Die Dreharbeiten konfrontiert der Filmemacher - einen zweiten Handlungsstrang konstruierend - mit der Arbeit in einer Fabrik. Hier wie dort geht es um die Abhängigkeit der Untergebenen von dem Chef: Unternehmer im einen, Regisseur im anderen Falle; hier wie dort geht es um die Einsamkeit des Verantwortlichen. Gezeigt wird aber auch die Passion als Movens von Arbeit und Liebe.

Die getragen-feierliche Musik verleiht den inszenierten Gemälden die Aura des Sakralen. Dabei bricht Godard die Musik abrupt ab und läßt sie kurz danach ebenso unvermittelt wieder einsetzen. Von Mozarts »Requiem« wird die Einleitung mehrere Male wiederholt, um vor Einsatz des Themas geschnitten zu werden. Die Filmmusik verweigert sich so dem Mißbrauch als reine Untermalung, als bloßes Ornament. Sie ist allgegenwärtig, denn auch die Stimmen der Schauspieler (Isabelle Hupperts Stottern, Michel Piccolis Husten, die verschiedenen fremdsprachigen Akzente) sowie die Geräusche in ihrer authentischen Reinheit werden in Musik verwandelt. Das Ergebnis ist eine beinahe opernhafte Orchestrierung der Töne, oftmals kontrapunktisch zur Handlung eingesetzt.

»*Passion*«, in: L'Avant-Scène du Cinéma, 1989, H. 380. (Filmtext).

Alain Bergala: »Esthétique de *Passion*«, in: Cahiers du Cinéma, 1982, H. 338; Jean-Jacques Henry: »Recette pour la passion«, in: Cahiers du Cinéma, 1982, H. 336; Richard Kwietniowski: »Between Love and Labour«, in: Screen, 1983, H. 6; Klaus Krüger: »Kunst als Wirklichkeit postmoderner Imagination«, in: Helmut Korte/Johannes Zahlten (Hg.): Kunst und Künstler im Film. Hameln 1990; James Roy MacBean: »Filming the Inside of His Own Head: Godard's Cerebral *Passion*«, in: Film Quarterly, 1984/85, H. 1; Jürgen E. Müller: »Malerei, Video und Film - oder Jean-Luc Godard und die *Passion* des Bilder-Schaffens«, in: ders./ Markus Vorauer (Hg.): Blick-Wechsel. Münster 1993; Joachim Paech: »*Passion* oder die Ein*bild*ungen des Jean-Luc Godard«. Frankfurt a.M. 1989; Serge Toubiana: »Paris - Rolle - Paris, en cinq temps«, in: Cahiers du Cinéma, 1982,H. 336; Peter Welz: »Godard und der Realismus«, in: Beiträge zur Film- und Fernsehwissenschaft, 1990, H. 38.

Achim Haag

LA PASSION DE JEANNE D'ARC

(Die Passion der Jungfrau von Orléans/ Johanna von Orléans). Frankreich (Société Générale de Films) 1927/28. 35 mm, s/w, stumm, 2.210 m.

R: Carl Theodor Dreyer. B: Carl Theodor Dreyer, Joseph Delteil. K: Rudolph Maté. Ba: Hermann Warm, Jean Hugo. M: Victor Alix, Léo Pouget.

D: Maria Falconetti (Jeanne d'Arc), Eugène Silvain (Pierre Cauchon), Maurice Schutz (Nicholas Loyseleur), Antonin Artaud (Jean Massieu), Michel Simon (Jean Lemaître), André Berley (Jean d'Estivet).

Die meisten Filme Dreyers sind mit einem Faden kritisch interpretierter Religion durchwirkt. Jeanne d'Arc war, als der Regisseur in rund acht Monaten Drehzeit und mit Kosten von neun Millionen Francs seinen Film realisierte, sieben Jahre zuvor heilig gesprochen worden; offiziell stützte Dreyer sich auf zwei Bücher von Joseph Delteil, zog vor allem aber die historischen Prozeßakten heran: Die Zwischentitel sind wörtliche Zitate aus den Verhörprotokollen, wobei der Film die drei Monate dauernde Gerichtsverhandlung auf einen Tag zusammenzieht. Die zeitgenössische Kritik fällte euphorische Urteile. Thomas Mann, der dem neuen Medium lange Zeit skeptisch gegenüberstand, meinte, Dreyers Werk müsse jeden in den Bann schlagen, »der an die Vergeistigungsmöglichkeiten des Films allmählich glauben gelernt hat und sich durch ein so bewunderungswürdiges

Experiment in diesem Glauben befestigt sieht«. Zweifellos eins der berühmtesten Werke der Filmgeschichte, ist *La passion de Jeanne d'Arc* in sechs verschiedenen Kopien überliefert, ohne daß mit Sicherheit gesagt werden kann, welche Version die authentische Fassung darstellt. Das Originalnegativ verbrannte im Berliner Kopierwerk. Bei der französischen Erstaufführung – die Uraufführung fand in Kopenhagen statt – mußte Dreyer auf Betreiben der Kirche seinen Film um 15 Minuten kürzen. Später wurde eine mit klassischer Musik unterlegte Tonfassung hergestellt; eine befriedigende Rekonstruktion scheint nicht möglich zu sein.

Zwei Besonderheiten zeichnen den Film aus: *La passion de Jeanne d'Arc* besteht überwiegend aus Aufnahmen der Gesichter, die dank der ungewöhnlichen Kameraperspektiven und im Kontext des dargestellten Geschehens eine enorme Ausdruckskraft gewinnen. Dreyer ging es um das innere Drama: »Die Mimik ist die Seele des Gesichts, sie ist wichtiger als das Wort. Oft können wir den Charakter eines Menschen in all seinen Schattierungen aus einem einzigen Stirnrunzeln, einem Augenzwinkern lesen. Die Mimik ist der ursprünglichste Ausdruck psychischer Vorgänge, und sie ist älter als das Wort.« Man sieht in den Gesichtszügen von Jeanne d'Arc ihr Leid, ihre Hoffnung und ihr Gottvertrauen.

Die zweite Besonderheit ist Dreyers Umgang mit Geschichte. Der Gefahr, einen Kostümfilm zu produzieren, der sich durch seine Verkleidung selber entlarvt, ist er entgangen, indem er auf jedwede historische Ornamentik verzichtete. Stattdessen herrscht asketische Einfachheit. Die Kleidung ist schlicht, die der geistlichen Würdenträger auch noch heute vertraut; die Wände sind glatt, weiss, kahl und nüchtern ausgeleuchtet. Somit können die Gesichter um so beredter werden. Der politische Hintergrund interessierte Dreyer nicht; die Geschichte der Märtyrerin besaß für ihn zeitlose Gültigkeit. Die Gerichtsverhandlung wird keiner definierten Vergangenheit zugeordnet: Dank der filmischen Präsentation und Offenheit besitzt dieser Film eine Aktualität, die erst dann verblassen wird, wenn Schauprozesse, ob vor geistlicher oder weltlicher Gerichtsbarkeit, nicht mehr möglich sind.

»*La passion de Jeanne d'Arc*«, in: Carl Theodor Dreyer: Œuvres cinématographiques. Hg. Maurice Drouzy/Charles Tesson. Paris 1983. (Drehbuch). – In: ders.: Four Screenplays. London, Bloomington 1970. (Drehbuch, engl.).
Henri Agel: »La Jeanne d'Arc de Dreyer«, in: Les Cahiers de la Cinémathèque, 1985, H. 42/43; Rolf Aurich/Rüdiger Tomczak: »*La passion de Jeanne d'Arc*«, in: filmwärts, 1989, H. 14; David Bordwell: »The Films of Carl-Theodor Dreyer«. Berkeley/Los Angeles 1981; Jean-Louis Cros: »*La Passion de Jeanne d'Arc*«, in: La Revue du Cinéma, 1978, H. 331; Carl-Theodor Dreyer: »Drei Aufsätze«, in: Filmkritik 1968, H. 5; Heiner Gassen (Red.): »Carl Th. Dreyers *Jeanne d'arc*«. München 1996; Fritz Güttinger: »Dreyers *Jeanne d'Arc*. Stand der Überlieferung heute«, in: Neue Zürcher Zeitung, 6.7.1989; Herbert Hrachovec: »Drehorte. Arbeiten zu Filmen«. Wien 1997; Eckart Jahnke: »Carl Theodor Dreyer und sein Film *Johanna von Orléans*«, in: Horst Knietzsch (Hg.): Prisma 9. Berlin (DDR) 1978; Chris. Marker: »*La passion de Jeanne d'Arc*«, in: Esprit, 1952, H. 190; Tony Pipolo: »The Spectre of *Joan of Arc*: Textual Variations in the Key Prints of Carl Dreyer's Film«, in: Film History, 1988, H. 4; Martin Schaub: »*La passion de Jeanne d'Arc* von Carl Theodor Dreyer«, in: Film, Velber, 1968, H. 2; Jean Sémolué: »*La passion de Jeanne d'Arc*, prise de conscience de Carl Th. Dreyer«, in: Etudes cinématographiques, 1962, H. 18/19.

Uwe Müller

DIE PASSION DER JUNGFRAU VON ORLÉANS

↗ Passion de Jeanne D'Arc

DER PATE ↗ Godfather

PATHER PANCHALI (Ballade vom Weg/Auf der Straße). Indien (Government of West Bengal) 1952/55. 35 mm, s/w, 115 Min.

R: Satyajit Ray. B: Satyajit Ray, nach dem gleichnamigen Roman von Bibhutibhusan Bannerjee. K: Subrata Mitra. S: Dulal Dutta. M: Ravi Shankar.

D: Kanu Bannerjee (Harihar), Karuna Bannerjee (Sarboyava), Subir Bannerjee (Apu), Runki Bannerjee (die sechsjährige Durga), Uma Das Gupta (die zwölfjährige Durga), Chunibala Devi (Indir Thakrun).

Die Entstehung von *Pather Panchali*, dem ersten Film von Satyajit Ray, war nicht weniger mühsam als der Weg des Jungen, von dem er erzählt. Von einem jungen Regisseur mit Laiendarstellern – Mitgliedern der Familie des Schriftstellers Bannerjee, dessen Roman als Vorlage diente – und einem unerfahrenen Team produziert, immer wieder unterbrochen, konnte der Film schließlich mit Hilfe einer unerwarteten finanziellen Unterstützung des ›West Bengal Ministry of Transport‹ vollendet werden. In letzter Minute von der indischen Regierung nominiert, erhielt *Pather Panchali* bei den Filmfestspielen in Cannes 1956 einen Preis als ›Best Human Document‹. Heute gilt der Film als international anerkannter Klassiker.

Die Betonung des ›Humanismus‹ hat die Rezeption ebenso bestimmt wie Rays Aufnahme westlicher Filmtraditionen. Neben Jean Renoir, dem er bei der Produktion ↗*The River* assistierte, ist vor allem der Einfluß des italienischen Neorealismus – Ray selbst nennt Vittorio De Sicas ↗*Ladri di biciclette* – spürbar in der Bevorzugung von Originalschauplätzen, der Arbeit mit Laiendarstellern sowie einer ruhig und unspektakulär angelegten Narration. Rays Film steht in einem spezifischen kulturellen Kontext, dessen wichtigster Aspekt der Brahmoismus darstellt. ›Brahmo Samaj‹ entstand in der Mitte des 19. Jahrhunderts in Indien als eine Bewegung, die eine interne Transformation der Hindu-Gesellschaft auf der Basis europäischen Liberalismus erstrebte. Ray knüpft daran an, wenn er z.B. immer wieder die Position der Frauen oder das Aufeinanderprallen unterschiedlicher sozialer Welten thematisiert.

Pather Panchali verfolgt über ein knappes Jahrzehnt das Leben einer Familie in einem bengalischen Dorf: von der Geburt des Sohnes Apu bis zu seinem Aufbruch in die Stadt nach dem Tod der Schwester Durga. Dabei entsteht aus einer Fülle von alltäglichen Ereignissen und Geschichten die Momentaufnahme eines Dorfes, das die Welt des Erwachsenwerdens für die beiden Kinder bildet. Diese Welt ist alles andere als eine Idylle. Im Kontrast zur blühenden, üppigen Natur steht der wirtschaftliche und soziale Verfall: Von dem früheren Familienbesitz ist nur ein verfallenes Haus geblieben. Ohne Landbesitz und feste Stellung, lebt Harihar von Gelegenheitsarbeiten; seine Hoffnung auf Ruhm und Erfolg als Schriftsteller bleibt ein Traum. Die Verantwortung für die Familie liegt bei Sarbojaya, die erfolglos den Abstieg in die Armut zu verhindern sucht. In den dabei erfahrenen Demütigungen und Bedrohungen wird die soziale Struktur des Dorfes transparent: Einige Früchte, von einem sechsjährigen Kind gestohlen, lösen Rituale der Macht und der Demütigung aus, die in keinem Verhältnis zum Anlaß stehen, jedoch den prekären Status der Beteiligten aufzeigen. Noch durch den Prunk, in dem die ›Aufsteiger‹ des Dorfes ihren Reichtum ostentativ zur Schau stellen, ist die Not erkennbar: So fadenscheinig wie die Uniformen der Hochzeits-Kapelle, so gefährdet ist auch der Besitz. Wie aus Angst Härte entsteht, zeigt sich vor allem im ambivalenten Verhältnis zwischen Sarbojaya und der ›Tante‹, der man eine Zeitlang Obdach gewährt, die aber schließlich, aus der Familie ausgeschlossen, einen einsamen Tod stirbt.

Auf diesem unsicheren Grund erklimmen Apu und Durga die Leiter in die Welt der Erwachsenen. Ihre gemeinsamen Wanderjahre kennzeichnet der Blick für das Nahe wie das Ferne, für das Eigene im Spielzeugkasten wie das fremde Eigentum, was entwendet, angeeignet werden kann. Während Durga sich nicht scheut, die Perlenkette einer Freundin zu stehlen, sammelt Apu, ohne sich in Gefahr zu bringen, Eindrücke und Erinnerungen. Der vorbeirasende Zug verheißt ihm ein Leben in der Stadt. Durgas Weg endet – nach einem Tanz im Regen, der die Schminke, Zeichen des nahenden Erwachsenseins, aus ihrem Gesicht entfernt – mit dem frühen Tod durch eine Lungenentzündung.

Pather Panchali bewegt sich im fragilen Raum zwischen Nicht-Mehr und Noch-Nicht: Die Ballade (Panchali) erzählt vom Weg (Path), vom Moment des Übergangs, des Schwankens zwischen der Alteration und der Anpassung, dem Gelingen und dem Mißlingen. Gegen die Dynamik einer ›großen Erzählung‹ setzt Ray die Inszenierung der kleinen, unauffälligen Bewegungen und Verschiebungen, entwickelt er eine subtil und präzise kalkulierte Wiederholungsstruktur. Untermauert von der motivischen, mnemotechnischen Funktion der Musik, gewinnt die Bildsprache eine Rhythmik, die bei aller Ruhe der

Erzählung immer wieder bedrohliche Grenzerfahrungen ausdrückt.
Ray hat in zwei Filmen - *Aparajito* (*Der Unbesiegbare*, 1956) und *Apur Sansar* (*Apus Welt*, 1959) - den Lebensweg Apus weiterverfolgt bis zu dem Punkt, an dem er in der Metropole Kalkutta mit dem Schriftsteller Bibhutibhusan Bannerjee verschmilzt. Die Apu-Trilogie ist eines der zentralen Paradigmen des Bengali-Films, der sich programmatisch abgrenzt von der kommerziellen indischen Filmindustrie, dem in Bombay konzentrierten Hindi-›Bollywood‹.

»*Pather Panchali*«, in: L'Avant-Scène du Cinéma, 1980, H. 241. (Filmprotokoll, Materialien).
Darius Cooper: »The Cinema of Satyajit Ray«. Cambridge 2000; Wimal Dissanayake: »Art, Vision, and Culture: Satyajit Ray's Apu Trilogy Revisited«, in: East-West Film Journal, 1986, H. 1; Klaus Eder: »*Apus Weg ins Leben*«, in: Film, Velber, 1968, H. 5; Suranjan Ganguly: »One Single Blend: A Conversation with Satyajit Ray«, in: East-West Film Journal, 1989, H. 2; Angelika Hoch (Red.): »Satyajit Ray«, Kinemathek, 2003, H. 96; Ashis Nandy: »Satyajit Ray's Secret Guide to Exquisite Murders: Creativity, Social Criticism, and The Partitioning of the Self«, in: East-West Film Journal, 1990, H. 2; Henri Micciollo: »Satyajit Ray«. Lausanne 1981; Ben Nyce: »Satyajit Ray«. New York 1988; Satyajit Ray: »My Years With Apu«. London, Boston 1997; Andrew Robinson: »Satyajit Ray. The Inner Eye«. London 1989; Robin Wood: »The Apu trilogy«. London 1972.

Shankar Raman/ Wolfgang Struck/ Miltos Pechlivanos

DIE PATRIOTIN Bundesrepublik Deutschland (Kairos Film/ZDF) 1979. 35 mm, Farbe + s/w, 121 Min.
R+B: Alexander Kluge. K: Thomas Mauch, Jörg Schmidt-Reitwein, Werner Lüring, Günter Hörmann u.a. S: Beate Mainka-Jellinghaus.
D: Hannelore Hoger (Gabi Teichert), Alfred Edel (Staatsanwalt Mürke), Dieter Mainka (Verfassungsschützer), Kurt Jürgens (Militärattaché Friedrich von Bock); Herr Münch (Bombenentschärfer Münch), Marius Müller-Westernhagen (Fernsehlieferant), Hans Heckel (Märchenforscher).

Gabi Teichert ist Geschichtslehrerin und will ein neues, ein patriotisches Verhältnis zur Geschichte finden. Deshalb macht sie sich auf die Suche nach Orten, wo sie auf Geschichte stößt (Bücher, Bibliotheken, Baugruben) und wo sich etwas ereignet, was einmal Geschichte sein wird (Parteitage). Der Film stellt diese Spurensuche in einer Folge einzelner, oft unvermittelt nebeneinander stehender Episoden dar. Durchgängig ist dabei eine oft ironische Grundhaltung, die Gabi Teicherts Spurensuche zu einem spielerischen Durchgang durch bundesdeutsche Verhaltensweisen und Auffassungen werden läßt.
Der Film beginnt nach der Vorstellung Gabi Teicherts mit Christian Morgensterns Gedicht vom einsam um die Welt gehenden Knie, das Kluge in Verbindung mit Stalingrad setzt und das nun weiterlebt und sich auf eine Reise durch Deutschland begibt. Anfliegende Bomber, Luftschutzkeller, amerikanische Soldaten vor ihren Maschinen, Landser-Comics werden mit Gabi Teicherts Grabungsaktionen montiert; der Gegensatz von dokumentarisch und fiktional wird durch Bildbeispiele aufgehoben. In einer weiteren Episode besucht Hannelore Hoger als Gabi Teichert den Parteitag der SPD und stellt Politikern Fragen zur Geschichte, die jedoch auf Unverständnis stoßen. Das Dokumentarische wirkt auf eigenartige Weise plötzlich fiktiv.
Kaleidoskopartig folgen weitere Sequenzen. Gabi Teichert wird von einem Verfassungsschützer beobachtet, mit dem sie ins Gespräch kommt. Ein ehemaliger Ministerialdirigent betreibt Märchenforschung, indem er den juristischen Sachverhalt von Märchen formuliert. Der Staatsanwalt hat Streit mit seinem Sohn, weil er seine Autorität angezweifelt sieht. Gabi Teichert erteilt Unterricht, doch wird sie der Materie nicht Herr. In einem magisch illuminierten Labor versucht sie schließlich, den Büchern durch mechanische Bearbeitung nahezukommen, doch auch das mißlingt. »Daß die gedruckten Buchstaben in den Bibliotheken etwas mit Geschichten zu tun haben, ist ein Irrtum«, resümiert das Knie im Film, »die Geschichte sind wir, die Toten und Totenteile ...«.
Die Vielzahl der Episoden und Erzählebenen werden

durch ein Netz von Verweisen verknüpft. Was sich als geschichtswürdig erweisen soll, zerfällt, läßt sich nur noch als Konstruktion denken. Selbst das Knie, das um die Welt geht und im Film die Rolle des Off-Erzählers (gesprochen von Alexander Kluge) übernimmt, ist am Ende erschöpft von dieser Suche. Auch Gabi Teichert resigniert, doch liegt in der letztlich vergeblichen Suche nach einer bündigen Antwort die Arbeit der geschichtlichen Verarbeitung.

Der Reiz liegt in der Verbindung von Bildern und Texten, die beim ersten Eindruck nichts miteinander zu tun haben. Vor allem die colorierten Stummfilmaufnahmen, die Zeichnungen und stehenden Fotografien treten in direkte Verbindung zu Gegenwartsbildern, stiften einen oft überraschenden Zusammenhang, stellen sich als Bilder von Wünschen und Hoffnungen heraus. Kluge vermeidet jeden erklärenden Kontext: Er will die direkte Konfrontation der Bilder mit dem Betrachter, denn der Film entsteht »im Kopf des Zuschauers«.

»Je näher man ein Wort ansieht, desto ferner sieht es zurück«, zitiert Kluge auf einer Schrifttafel Karl Krauss und fügt hinzu: »Deutschland«. Der Film liefert eine visuelle Ideologiekritik, faßt diese jedoch nicht in eindeutigen Merksätzen, sondern versucht, sie im Betrachter zu visuellen Erfahrungen werden zu lassen. Assoziatives Denken als eine produktive Form der Gestaltung vorzuführen, ist ein Anliegen des Films, es als eine Form intellektueller Unterhaltung zu betreiben, dazu regt der Film an.

Natürlich gelingt es Gabi Teichert nicht, die Realität, das »Ausgangsmaterial für den Geschichtsunterricht für die Höheren Schulen«, zu verbessern.

»*Die Patriotin*. Texte/Bilder 1-6«. Frankfurt a.M. 1979. (Textliste, Materialien).

Uta Berg-Ganschow u.a.: »kein dunkel hat seinesgleichen«, in: Frauen und Film, 1980, H. 23; Hartmut Bitomsky u.a.: »Über *Die Patriotin*, Geschichte und Filmarbeit«, in: Filmkritik, 1979, H. 11 (Gespräch); Thomas Böhm-Christl (Hg.): »Alexander Kluge«. Frankfurt a.M. 1983; Stephanie Carp: »›Es ist nämlich ein Irrtum, daß die Toten irgendwie tot sind ...‹«, in: Praxis Deutsch, 1983, H. 1; Harun Farocki: »Vom Kriege vom Kluge«, in: Filmkritik, 1980, H. 1; Caryl Flinn: »Kluge's Assault on History: Trauma, Testimony, and Difference in *The Patriot*«, in: dies.: The New German Cinema. Berkeley u.a. 2004; Anton Kaes: »Deutschlandbilder«. München 1987; Michael Kötz/Petra Höhne: »Die Sinnlichkeit des Zusammenhangs«. Köln 1981; Rainer Lewandowski: »Die Filme von Alexander Kluge«. Hildesheim, New York 1980; Helma Sanders-Brahms: »desto ferner sieht es zurück«, in: Kinemathek, Berlin, 1992, H. 78; Dietrich Scheunemann: »Gabi Teichert und der Engel der Geschichte«, in: Thomas Koebner (Hg.): Idole des deutschen Films. München 1997; Wilhelm Vosskamp: »Auf der Suche nach Identität«, in: Paul Michael Lützeler (Hg.): Zeitgenossenschaft. Frankfurt a.M. 1987; Eike Wenzel: »Gedächtnisraum Film«. Stuttgart, Weimar 2000.

Knut Hickethier

PEEPING TOM (Augen der Angst).

Großbritannien (Anglo Amalgamated) 1959. 35 mm, Farbe, 109 Min.

R: Michael Powell. B: Leo Marks. K: Otto Heller. S: Noreen Ackland. M: Brian Easdale.

D: Karlheinz Böhm (Mark Lewis), Moira Shearer (Vivian), Anna Massey (Helen Stephens), Maxine Audley (Mrs. Stephens).

Peeping Tom ist die Geschichte des jungen Fotografen Mark Lewis, der neben seiner täglichen Arbeit für den Tabakladen an der Straßenecke pornografische Frauenfotos schießt, die unter dem Ladentisch verkauft werden. Mark hat seine Filmkamera dabei, als er eines Tages eine Prostituierte anspricht. Auf der Straße, im Haus auf der Treppe, während sie vor ihm hinaufgeht, im Zimmer, als sie sich auszieht, immer filmt Mark sie. Schließlich richtet er nicht nur das Objektiv seiner Kamera auf die Frau, sondern auch ein Bein des Dreibeinstativs. Im Bild ist die Frau – Marks Blick durch die Kamera ist identisch mit dem des Zuschauers –, sie erschrickt voll Todesangst. Mark hat sich ein besonders perfides Mordinstrument gebastelt: Durch einen auf das Kameraobjektiv aufgesetzten Parabolspiegel sieht das Opfer seine eigenen, vor Entsetzen weit aufgerissenen Augen, während sich der Dolch im Stativ seinem Hals nähert. Mark aber filmt einen Mord, den er filmend begeht.

Als die Polizei am nächsten Morgen die Nachforschungen nach dem Täter aufnimmt, steht Lewis auf der Straße und filmt die Beamten. Kurz darauf

Peeping Tom: Karlheinz Böhm und Moira Shearer

erhält der Zuschauer eine Erklärung für die mörderischen Perversionen Marks: Gemeinsam mit Helen, einer jungen Frau, die mit ihrer blinden Mutter ein Stockwerk unter ihm wohnt, sieht er sich zuhaus alte Amateurfilme an. Wir sehen in wackeliger schwarzweiß Projektion unter anderem, wie der Vater (gespielt von Powell) dem schlafenden kleinen Mark eine Eidechse aufs Bett wirft, um seine Reaktion zu filmen: Der Junge diente seinem Vater als Versuchskaninchen für dessen psychologische Studien.

Michael Powell nannte seinen Film ›tender‹ und ›romantic‹. Die Kritik reagierte empört: Die Rezensenten empfanden *Peeping Tom* fast ausnahmslos als scheußlich und abstoßend und bescheinigten dem Regisseur einen ›bad taste‹. Das englische Massenblatt »Daily Tribune« empfahl, den Film in der nächsten Toilette runterzuspülen; in Deutschland riet der katholische »Filmdienst« vom Kinobesuch ab: »Krankhaft abwegig und peinlich geschmacklos«. Nach diesem Film waren die Karrieren des Regisseurs Michael Powell und des Hauptdarstellers Karlheinz Böhm für Jahre beendet. Zwei Jahrzehnte nach der Uraufführung erfuhr *Peeping Tom* eine Neubewertung: Erst jetzt ließ man sich auf das Thema des Films ein, die Selbstreflexion des kinematographischen Apparates, der den Zuschauer zum Voyeur und Opfer seiner spezifischen Gewalt macht.

Powell durchzieht den ganzen Film mit einem Geflecht von Andeutungen und ironischen Brechungen, die zumeist den ›Blick‹ zum Gegenstand haben und teilweise mit einer gehörigen Portion schwarzen Humors serviert werden. So etwa, wenn Mark nach seinem ersten Mord, während er die Nachforschungen der Polizei filmt, auf die Frage eines Passanten, für wen er arbeite, seelenruhig »The Observer« (Der Beobachter) antwortet. Oder die Tatsache, daß die einzige Person, die die Ereignisse durchschaut, die Mutter von Helen ist, eine blinde Frau, die einmal äußert: »Mein Instinkt sagt mir, daß diese ganze Filmerei nicht gesund ist«. Ein Grund für die partielle Blindheit vieler Rezensenten mag darin bestanden haben, daß *Peeping Tom* dem Zuschauer ein ›Augenvergnügen‹ anbietet, das den unterschwelligen Sadomasochismus der alltäglichen Skopophilie (Lust am Schauen) bloßlegt, die sich der ›gefahrlosen Gefahr‹ und Angstlust bei Gewaltdarstellungen hingibt. Es sind diese drei Blicke, auf denen das Kino aufbaut, die auch Powells Film strukturieren: der Blick der filmenden Kamera, der Blick des Publikums beim Betrachten des Films und die Blicke der Figuren im Film. Dabei wird die Konvention des narrativen Kinos, wonach die Schauspieler nicht in die Kamera schauen dürfen, um die Illusion einer abgeschlossenen Fiktion nicht zu zerstören, bis zur tödlichen Konsequenz getrieben: Wer sie mißachtet, wird von der Kamera selbst bestraft.

»*Peeping Tom*«. London 1998. (Filmtext).
Claudia Cippitelli/Marianne Dörrenbach: »*Peeping Tom*«, in: Arnoldshainer Filmgespräche, 1986, H. 3; Reynold Humphries: »*Peeping Tom*: Voyeurism, the Camera, and the Spectator«, in: Film Reader, 1979, H. 4; William Johnson: »*Peeping Tom*: A Second Look«, in: Film Quarterly, 1979/80, H. 3; Maitland McDonough: »The Ambiguities of Seeing and Knowing in Michael Powell's *Peeping Tom*«, in: Film/Psychology Review, 1980, H. 2; Ingrun Müller: »*Peeping Tom*«, in: Ursula Vossen (Hg.): Filmgenres: Horrorfilm. Stuttgart 2004; Makoto Ozaki: »*Peeping Tom*«. Berlin 1989; Elliot Stein: »A Very Tender Film, A Very Nice One«, in: Film Comment, 1979, H. 5; Paul Török: »Look at the Sea: *Peeping Tom*«, in: Positif, 1960, H. 36; Peter Wollen: »Dying For Art«, in: Sight and Sound, 1994, H. 12.

Gertrud Ohling

LES PETITES FUGUES

(Kleine Fluchten). Schweiz/Frankreich (Film et Video Collectif/SSR/Saga-Productions/ Filmkollektiv Zürich/FR 3/Les Films 2001) 1979. 35 mm, Farbe, 138 Min.
R: Yves Yersin. B: Yves Yersin, Claude Muret. K: Robert Alazraki. A: Jean-Claude Maret, Jean Larvego. S: Yves Yersin. M: Léon Francioli.
D: Michel Robin (Pipe), Fabienne Barraud (Josiane), Dore de Rosa (Luigi), Fred Personne (John), Mista Préchac (Rose), Laurent Sandoz (Alain).

Les petites fugues beginnt und endet mit dem Bild eines Misthaufens. Dazwischen wird die Geschichte einer Wandlung erzählt: Der Knecht Pipe, der sein Leben lang auf einem waadtländischen Bauernhof gearbeitet hat, kauft sich von seiner Altersrente ein Moped. Es wird für ihn, der nie ein Fahrzeug besessen hat, zum Vehikel, mit dem er die Welt neu er-fährt und sich von der Enge seines bisherigen Lebens befreit. Sein Glücksgefühl wird durch die subjektive Kamera vermittelt, die in einer Einstellung vom fahrenden Moped aus zunächst den Weg zeigt, dann mit einem Schwenk nach oben abhebt, bis schließlich die Landschaft unter ihr liegt: Pipe fliegt. Die neu gewonnene Distanz wird in einem ironischen Bild sinnfällig: Pipe läßt seine Arbeit liegen und fährt einem Segelflugzeug hinterher; im Vorbeifahren sieht er sich selbst auf dem Misthaufen arbeiten, vergoldet von der Abendsonne.
Die neu gewonnene Souveränität Pipes zieht die Wende auf dem Bauernhof nach sich, auf dem unausgetragene Konflikte schwelen. Der Bauer John sträubt sich gegen die Modernisierungspläne seines Sohnes Alain; Tochter Josiane, durch einen gescheiterten Emanzipationsversuch in der Stadt entmutigt, kehrt mit einem unehelichen Kind auf den Bauernhof zurück. Die Mutter versucht, zwischen den zerstrittenen Parteien zu vermitteln und zahlt dafür mit Krebs. In dieser konfliktgeladenen Atmosphäre finden die ›Parias‹ des Hofs, Pipe, Josiane und der italienische Saisonarbeiter Luigi, zusammen.
Der Film romantisiert den Außenseiter, zeigt aber auch seine sozialen Grenzen: Als nach einem Motocrossrennen gefeiert wird, stößt der betrunkene Pipe auf Unverständnis und Ablehnung. »Ikarus« stürzt jämmerlich ab; er fährt sein Moped auf dem Heimweg zu Schrott und verbrennt es, als ihm die Fahrerlaubnis entzogen wird. Ein letztes Flugerlebnis wird von Pipe selbst abgebrochen. Er erfüllt sich seinen Traum, das Matterhorn zu sehen, und chartert einen Helikopter. Der Berg, Symbol aller Wünsche, ernüchtert bei näherer Betrachtung. Pipes Matterhorn bleibt der Misthaufen.

Die Besinnung auf den Arbeitsalltag bedeutet jedoch keine Rückkehr zum Status quo ante: Pipes Blick hat sich geändert. Seine anarchischen Eskapaden setzt er nun mit der Kamera fort, die er beim Motocross-Rennen gewonnen hat. Mit dem Fotoapparat erkundet er sich und seine Umwelt. Pipe macht Polaroidfotos: Seine Bilder entstehen aus dem weißen Nichts. Die Zerstörung einer nur vorgeblichen Idylle wird durch das Schnappschußverfahren der Kamera festgehalten, die den zuvor ruhigen Erzählrhythmus zerhackt.
Führt Pipe ein richtiges Leben im falschen? *Les petites fugues* ist ein Plädoyer für Subversivität im Alltag, die die Anpassung und Erstarrung des Lebens verhindert. Der utopische Ansatz weist Yersin, der sich zuvor als Regisseur ethnographischer Dokumentarfilme über aussterbende Schweizer Berufe einen Namen gemacht hatte, als engagierten Filmemacher aus. Für ihn ist Pipe ein Katalysator: »Er durchbricht Tabus und schafft die Voraussetzungen für den Aufbruch anderer. Den Mechanismus der Macht in Frage stellend, ermöglicht er den anderen, ihn auch zu durchbrechen.« Gleichwohl verhindert der Realismus eine Überschätzung der »kleinen Fluchten«. *Les petites fugues* steht in der Tradition der Schweizer Außenseiterfilme und überzeugte nicht zuletzt durch die Besetzung des ›unwürdigen Greises‹ mit Michel Robin.

»*Les petites fugues*« in: L'Avant-Scène du Cinéma, 1979, H. 235. (Filmprotokoll).
Hans C. Blumenberg: »Ein Knecht lernt fliegen«, in: ders.: Kinozeit. Frankfurt a.M. 1980; Michel Boujut/Roland Cosandey: »Entretiens avec Yves Yersin«, in: Positif, 1979, H. 223; Wolfgang Gersch: »Schweizer Kinofahrten«. Berlin (DDR)/München 1984; Regine Halter: »Wider die Verfügbarkeit«, in: Filme, Berlin, 1980, H. 2; Isabelle Jordan: »Icare Photographe«, in: Positif, 1979, H. 223; Ruedi Lüscher: »Eine Kränkung des Bauernstandes, der linken Opposition und der fortschrittlichen Kunstkritik: *Les petites fugues*«, in: Cinema, Basel, 1985, Bd. 31; Stephan Portmann: »Der neue Schweizerfilm (1965–1985)« Freiburg (Schweiz) 1992; Serge Toubiana: »*Les petites fugues*«, in: Cahiers du Cinéma, 1979, H. 10; Franz Ulrich: »*Les petites fugues*«, in: Zoom-Filmberater, 1979, H. 16; Walt Vian: »Nicht mehr nur den Mist vor Augen haben«, in: Filmbulletin, 1979, H. 110.

Christine Hohnschopp

THE PIANO (Das Piano). Australien/Frankreich (Jan Chapman Productions/Ciby 2000) 1992. 35 mm, Farbe, 120 Min.
R+B: Jane Campion. K: Stuart Dryburgh.
A: Andrew McAlpine. S: Veronika Jenet.
M: Michael Nyman.
D: Holly Hunter (Ada), Harvey Keitel (Baines), Sam Neill (Stewart), Anna Paquin (Flora), Kerry Walker (Tante Morag).

»Die Stimme, die Sie hören, ist nicht meine wirkliche Stimme. Es ist die Stimme in meinem Innern.« Es spricht eine Frau, die sich die Hände vors Gesicht hält. »Ich habe seit meinem sechsten Lebensjahr nicht mehr gesprochen. Niemand weiß, warum, nicht einmal ich selbst.« Die Stimme kommt aus dem Off: Zu sehen sind schemenhaft die inneren Handflächen und Finger. »Mein Vater meint, das sei eine finstere Gabe, und der Tag, an dem ich mir in den Kopf setze, nicht mehr zu atmen, wird mein letzter sein.« Der Vater hat die junge Frau verheiratet: Ihren Mann hat Ada ebensowenig zu Gesicht bekommen wie er sie, das Geschäft wurde brieflich abgewickelt. Jetzt fährt Ada ins ferne Neuseeland zu dem fremden Angetrauten, der sich offenbar an ihrer Schweigsamkeit nicht stört. »Das Merkwürdige ist, ich empfinde mich gar nicht selbst als stumm. Das liegt an meinem Piano.«
Von eigenwilligen Frauen, die sich verweigern, deshalb von der Gesellschaft stigmatisiert und als verrückt erklärt werden, handelten schon Jane Campions Filme ↗*Sweetie* und *An Angel at My Table* (*Ein Engel an meiner Tafel*, 1990); diesmal erzählt sie die Geschichte als Kostümfilm, angesiedelt im 19. Jahrhundert vor einer exotischen Kulisse.
Totale: ein endloser Strand, stürmische See. Ein langes Boot wird zum Ufer gerudert. Seeleute heben Ada und ihre Tochter Flora aus dem Boot und tragen sie auf den Schultern über die Brandung, schleppen riesige Kisten und fluchen über das Piano. Es bleibt, Ada ist machtlos, zunächst am Strand zurück. Steif begrüßt Stewart seine Frau, vergleicht mit dem Foto, das er von ihr hat und stellt fest: Ada wirkt »verkümmert«. Sie läßt ihn nicht an sich heran. Man hat die Frau aus Schottland in die

Wildnis verpflanzt: Vor der Haustür wächst der Busch, ein sumpfiges Dickicht, wo man im Schlamm versinkt. Mit den Menschen in der Nachbarschaft kann sie sich nicht anfreunden: Neben den Maoris, den Ureinwohnern, deren Sprache und Riten Ada nicht versteht, lebt hier eine Kolonie von Pakehas, weißen Siedlern, die spießig-verschroben ›Zivilisation‹ verkörpern. Ein Mann, ein verschlossener Außenseiter, steht zwischen den Gruppen: Baines, ein Weißer, der die Maori-Bemalung trägt.

Extreme Gefühle in extremer Landschaft: Die ›literarische Vorlage‹ des Drehbuchs bildet, obwohl es sich um eine Originalstory handelt, die Romanwelt der Brontë-Schwestern und D.H. Lawrences. Den melodramatischen Stoff – eine Frau zwischen zwei Männern entdeckt die Liebe – bricht Jane Campion durch eine symbolische Bildsprache: Der einfachen Geschichte ist ein kunstvoll komponierter Subtext unterlegt. Die anarchische Natur bricht durch die dünne Kruste der Zivilisation, deren Starre und ›Zugeknöpftheit‹ in den Kleidern, mit denen man sich panzert, deutlich wird. Mächtige Bäume, bereits in ↗*Sweetie* ein zentrales Motiv, wucherndes Gestrüpp, Stämme, an denen sich die Kinder reiben, Wipfel, durch die das Licht bricht: eine von vielen Bildmetaphern, die in der Außenwelt die Innenwelt der Protagonistin spiegeln. Eine Frau aus viktorianischer Zeit erkundet eine fremde, faszinierende und geheimnisvolle Welt: Im Film überlagern sich reale und psychische Landschaften, changiert die Erzählung bruchlos »zwischen einem Realismus der rauhen, primitiven Lebensumstände und einem allegorischen Erzählen, dem der Schlamm und undurchdringliche Busch zu (scheinbar verschlissenen) Metaphern werden, in dem das tropisch Feuchte und Schwüle mit der Entdeckung des Sexus korrespondiert« (Peter Körte). Ihr Mann, keineswegs erfahrener, reagiert hilflos: Er weist Ada ab, als sie ihn eines Nachts begehrt, und rast vor Eifersucht, als er ihre Liebe zu Baines entdeckt: Mit dem Beil hackt er ihr einen Finger ab. Doch schließlich kapituliert er vor der sanften Gewalt Adas, die kein Wort sagt, die er aber reden hört: »Sie sagte: ›Ich habe Angst vor meinem Willen. Was er anrichten könnte, ist so eigenartig und stark.‹« Da gibt er sie frei.

Am Ende steht Ada wieder mit Flora und dem Piano am Strand: Sie verläßt mit Baines Neuseeland. Doch das schwere Piano wird – jetzt auf ihren erklärten Willen hin – über Bord geworfen und zieht sie mit in die Tiefe des Meeres: Ihr Fuß hat sich im Tau verfangen. Wieder hört man Adas Stimme: »Was für ein Tod! Was für ein Glück!« Doch dies ist nicht das Ende: Ada kann sich befreien und wird gerettet. Überrascht stellt sie fest: »Mein Wille hat sich fürs Leben entschieden?!« Am Schluß sieht man Ada mit einer Prothese, einer Fingerspitze aus Metall, Piano spielen; im Dunklen, sie hat sich ein Tuch über den Kopf gezogen, übt sie das Sprechen.

The Piano ist eine internationale Großproduktion – produziert von einer australischen Gesellschaft, finanziert mit französischem Geld, besetzt mit amerikanischen Stars –, doch Jane Campion hat ihren Stil nicht dem Kommerzkino geopfert. Holly Hunter und Harvey Keitel sah man in kaum einem Hollywood-Film so überzeugend. Michael Nyman, der ehemalige Hauskomponist Peter Greenaways, der sonst immer kühl-distanziert, minimal-repetitiv arbeitet, hat hier eine gefühlsbetonte, historisierende und dem psychologischen Charakter Adas entsprechende Klaviermusik geschrieben. Die Piano-Soli spielt Holly Hunter selbst. Tante Morag, die Ada ein »eigenartiges Geschöpf« nennt, erkennt, daß die Frau nicht so spielt, »wie wir es tun«: »Ihre Musik ist wie ein Sog, dem man sich nicht entziehen kann.«

»*Das Piano*«. München 1994. (Filmtext, Materialien). Françoise Audé: »Une expérience de flume«, in: Positif, 1993, H. 387; Stella Bruzzi: »Bodyscape«, in: Sight and Sound, 1993, H. 10; Felicity Coombs/Suzanne Gemmell (Hg.): »Piano Lessons. Approaches to *The Piano*«. Sydney 1999; Andreas Furler: »›Die Struktur ist etwas vom Wichtigsten‹«, in: Filmbulletin, 1993, H. 2 (Interview); Andrea Gnam: »Die ungeschützte Kategorie des Weiblichen oder von ›der Rettung ins Sein‹«, in: Weimarer Beiträge, 1994, H. 4; Andreas Kilb: »Was von den Bildern blieb«. Potsdam 1997; Thomas Koebner: »*Das Piano*«, in: film-dienst, 1993, H. 16; Pierre Lachat: »Kopfstand des Kinos«, in: Filmbulletin, a.a.O.; Verena Lueken: »Schamlose Unschuld«, in: Frankfurter Allgemeine Zeitung, 12.8.1993; Christiane Peitz: »Identifikation einer Frau«, in: dies.: Marilyns starke Schwestern. Hamburg 1995; Monica Suckfüll: »Film erleben. Narrative Strukturen und physiologische Prozesse –

Das Piano von Jane Campion«. Berlin 1997; Virginia Wright Wexman (Hg.): »Jane Campion. Interviews«. Jackson 1999; Mechthild Zeul: »Carmen & Co. Weiblichkeit und Sexualität im Film«. Stuttgart 1997.

Michael Töteberg

PIERROT LE FOU (Elf Uhr nachts).

Frankreich/Italien (Rome-Paris-Films/Dino De Laurentiis) 1965. 35 mm, Farbe, 112 Min.
R: Jean-Luc Godard. B: Jean-Luc Godard, nach dem Roman »Obsession« von Lionel White.
K: Raoul Coutard. A: Pierre Guffroy.
S: Françoise Collin. M: Antoine Duhamel.
D: Jean-Paul Belmondo (Ferdinand Griffon), Anna Karina (Marianne Renoir), Dirk Sanders (Fred), Raymond Devos (Mann am Pier), Jimmy Karoubi (der Zwerg) Roger Dutoit, Hans Meyer (zwei Gangster), Samuel Fuller, Prinzessin Aicha Abadir.

Angewidert und zutiefst gelangweilt von einem mondänen Empfang, auf dem die Gäste in ihren Diskussionen die Allgemeinplätze der Werbesprache wiederholen (nur Samuel Fuller bildet eine Ausnahme), verläßt Ferdinand seine Familie, um mit Marianne, seiner früheren Geliebten, auf eine Insel im Mittelmeer zu fliehen. Auf dieser abenteuerlichen Flucht von Paris quer durch Frankreich geraten beide in den Kreis von Gangstern und Waffenhändlern.

Ferdinand wird getrieben von der Sehnsucht nach dem absoluten Glück und dem Ideal der anarchischen Freiheit. Im Rückzug aus der Gesellschaft scheint die Utopie zu gelingen – vorübergehend. Wirklich eingelöst werden kann sie, so Godards pessimistische Botschaft, nur im Tod. Ferdinand erschießt Marianne, die seine kontemplativ-literarische Haltung nicht teilt (»Du hast nur Worte für mich, aber ich sehe dich mit Empfindungen an«) und ihre Liebe verrät. Am Ende sprengt er sich – ebenso verzweifelt wie spöttisch – selbst in die Luft. Die Kamera schwenkt langsam über das Meer, während Marianne und Ferdinand im Off einen dialogisierten Vers von Arthur Rimbaud flüstern: M: »Sie ist gefunden.« F: »Was?« M: »Die Ewigkeit.« F: »Es ist das verschwundene Meer.« M: »Mit der Sonne.«

»Ich habe Lust gehabt«, erklärte Godard, »die Geschichte des letzten romantischen Liebespaares zu drehen, der letzten Nachfahren von ›La Nouvelle Héloïse‹, von ›Werther‹ und von ›Hermann und Dorothea‹«. Ebenfalls der Romantik entlehnt scheint das Motiv der Verdoppelung, allerdings ins Innere der Person selbst verlagert. Schon am Anfang des Films teilt Ferdinand mit, daß er das Gefühl habe, mehrere Personen gleichzeitig zu sein. Später wendet er sich direkt der Kamera zu, um festzustellen, daß der Mensch heutzutage, will er mit sich alleine sprechen, keinen Spiegel brauche, da er bereits als Double existiere. Als Pierrot verkörpert er den romantischen Träumer, den verrückten Abenteurer, als Ferdinand den vernünftigen, kultivierten Intellektuellen, der mit Hilfe der Literatur (er führt Tagebuch) Leben und Liebe zu (er-)fassen versucht. Dieser Zwiespalt ist gemeint, wenn Marianne ihn den ganzen Film über Pierrot nennt und er selbst hartnäckig immer wieder darauf hinweist, daß er Ferdinand heiße.

Die beiden unterschiedlichen, im Stil Schumanns komponierten Musikmotive unterstreichen diesen Dualismus. Dabei ist das Ferdinand-Motiv den ganzen Film über zu hören, während das aggressivere Motiv Pierrots häufig plötzlich abbricht, um erst später weitergeführt zu werden. Wie durch ›falsche‹ Anschlüsse und scheinbar willkürliche Schnitte eine linear-kohärente Erzählung nicht entstehen will, so wird durch ständige Unterbrechungen jegliche harmonische Komposition vereitelt. Darüber hinaus werden z.T. auch die Stimmen wie Musik eingesetzt. So wiederholen Ferdinand und Marianne mehrere Male den Beginn eines Satzes, den sie nach und nach vollenden.

In der Eingangssequenz sitzt Ferdinand Zigarre rauchend in der Badewanne und liest seiner kleinen Tochter eine Passage aus Élie Faures Kunstgeschichte vor: »Als Velasquez fünfzig Jahre alt war, malte er keine bestimmten Gegenstände mehr. Er umkreiste die Gegenstände mit der Luft und der Dämmerung; er spürte im Schatten und in durchsichtigen Hintergründen die farbigen Regungen auf,

die er zum unsichtbaren Zentrum seiner schweigenden Symphonie machte ... Der Raum regiert.« In der Mitte des Films greift Ferdinand diesen Gedanken nochmals auf und entwirft eine neue Form des Romans, der »nur noch das Leben, das Leben allein; das, was zwischen den Menschen ist, den Raum, den Ton, die Farben« beschreibt.
Damit verkündet Ferdinand das ästhetische Credo Godards. Neben dem Ton (in der Sprache und der Musik) widmet er sich dem Raum (der Natur) sowie den Farben und ihrer Symbolik. Seit *Une femme est une femme* (*Eine Frau ist eine Frau*, 1961) dominieren in Godard-Filmen die Farben Rot und Blau, doch erst hier gewinnen sie ihre Symbolhaftigkeit: Rot steht für Gewalt und Tod, Blau für Romantik und Freiheit. Am Ende, kurz bevor er sich in die Luft jagt, malt Ferdinand sich das Gesicht blau an. Dem Auge eines Malers gleich betrachtet die Kamera die Blumen, Bäume, den Himmel, den Sand und vor allem das Meer. Godard will dem filmischen Ausdruck poetische Kraft verleihen, um die ungeliebte Gesellschaft mit einem Gegenbild zu konfrontieren.
Pierrot le fou markiert in Godards Schaffen einen Wendepunkt. So zieht er einerseits Bilanz, worauf die Selbstzitate auf nahezu alle vorangegangenen Filme verweisen. Andererseits begnügt sich der Regisseur nicht mehr damit, die Gesellschaft zu beschreiben, sondern bezieht Position gegenüber den Auseinandersetzungen seiner Zeit. Die Radiomeldung vom Krieg in Vietnam – während Ferdinands und Mariannes nächtlicher Autofahrt – bezeichnet den eigentlichen Beginn des Eindringens der aktuellen Politik in die Filme Godards.

»*Pierrot le fou*«, in: L'Avant-Scène du Cinéma, 1976, H. 171/172. (Filmtext).
Barthélemy Amengual: »Destruction du ›Musée imaginaire‹: *Pierrot le fou*«, in: Études cinématographiques, 1967, H. 57/61; Louis Aragon: »Was ist Kunst, Jean-Luc Godard?«, in: Film, Velber, 1966, H. 1; Guy Braucourt: »*Pierrot le fou* ou les héros de Jean-Luc Godard«, in: Études cinématographiques, a.a.O.; Royal S. Brown: »Overtones and Undertones«. Berkeley u.a. 1994; Robin Buss: »French Film Noir«. New York 1994; David Ehrenstein: »Other Inquisitions: Jean-Luc Godard's *Pierrot le fou*«, in: Toby Mussman (Hg.): Jean-Luc Godard. New York 1968; Lorenz Engell: »Bilder des Wandels«. Weimar 2003; Norbert Grob: »*Pierrot le Fou*«, in: epd Film, 1986, H. 8; Alfred Guzzetti: »Two or three things I know about her«. Cambridge (Mass.) 1981; Helma Sanders-Brahms: »Pierrot Under Water«, in: Helga Belach/Wolfgang Jacobsen (Hg.): CinemaScope. Berlin 1993; David Wills (Hg.): »Jean-Luc Godard's *Pierre Le Fou*«. Cambridge 2000.

Achim Haag

THE PLAYER

USA (Avenue Pictures/Spelling Entertainment) 1992. 35 mm, Farbe, 123 Min.
R: Robert Altman. B: Michael Tolkin, nach seinem gleichnamigen Roman. K: Jean Lepine. S: Geraldine Peroni. M: Thomas Newman.
D: Tim Robbins (Griffin Mill), Greta Scacchi (June Gudmunds-Dottir), Whoopi Goldberg (Susan Avery), Fred Ward (Walter Stuckel), Peter Gallagher (Larry Levy).

Die Traumfabrik Hollywood, Produktions- und Vermarktungsstätte kollektiver Wünsche und Sehnsüchte, hat immer wieder sich selbst, zum Teil kritisch, thematisiert. Die achtziger Jahre mit ihrem zunächst scheinbar ungebremsten ökonomischen Aufschwung, der erst zu Beginn der neunziger Jahre in eine schwere Rezession umschlug, waren als Dekade der Widersprüche, die geschäftliche Rekorde, aber auch Studiopleiten gebar, für Hollywood mit den wohl gravierendsten strukturellen Veränderungen verbunden, die es seit dem Siegeszug des Fernsehens in den fünfziger Jahren erlebte.
Hollywood wird in *The Player* als ein nach ganz eigenen Regeln und Gesetzen funktionierendes Universum vorgeführt, in dessen dschungelhafter Unübersichtlichkeit sich selbst Eingeweihte nur schwer zurechtfinden. Trotz der fast hermetisch wirkenden Abgeschlossenheit nach außen befindet sich die Branche in einem Zustand permanenter Paranoia und Aufgeregtheit, da der immense Erfolgsdruck unvermeidlich Intrigen, Hochstapeleien und moralische Korruption produziert. Der Titel verweist auf den Branchen-Spitznamen der »executive producers«, zumeist junge Aufsteiger, die über die Annahme von für die Produktion geeigneten Drehbü-

cher entscheiden, was nicht zuletzt ein permanentes Feilschen um inhaltliche und finanzielle Fragen des Projektes bedeutet.

Im Film wird einer dieser geschäftstüchtigen und karrierebewußten ›Player‹ zum Mörder: Er wird von einem Autor bedroht und bringt diesen um, hat jedoch den falschen erwischt: Die Drohbriefe hören nicht auf, nun wird er auch noch erpreßt. Nur mit Mühe kann er sich den Ermittlungen der Polizei entziehen und zugleich seine Stellung im Studio retten. Altman benutzt diese Geschichte als Hintergrundfolie für eine vielschichtige und facettenreiche Reflexion über die zeitgenössische Situation des Studiosystems. *The Player* ist ein doppelbödiges, ironisches Spiel auf verschiedenen erzählerischen Ebenen, indem es sich als Fiktion selbst thematisiert, als fiktives Abbild einer Realität, die ihrerseits ja gerade von Erfundenem, Fiktivem lebt. Durchgängig werden auf diese Weise (Film-)Geschichten in der (Film-)Geschichte erzählt, deren Bedeutungsebenen immer wieder geschickt miteinander verknüpft oder voneinander gelöst werden. In der acht Minuten langen, nur aus einer Einstellung bestehenden Eröffnungssequenz wird das Alltagsleben auf einem Studiogelände beschrieben, ein Großteil der Figuren vorgestellt und nebenbei schon ein Kurzporträt Hollywoods geliefert.

Wie schon in ↗*Nashville* wirft Altman einen satirischen Blick hinter die Kulissen einer Unterhaltungsindustrie, die er als korruptes Milieu entlarvt, das innovative Tendenzen im Keim erstickt, in dem mit Ideen wie mit Waren gehandelt und – schlimmer noch – intrigiert wird. In einer Nebenhandlung wird vorgeführt, wie Hollywood bedenkenlos die Wahrheit einem Happy End opfert. Auch *The Player* hat, obwohl noch eine böse Volte folgt, ein Happy End. Altman gewann sein Spiel: Nachdem er jahrelang in Europa für das Fernsehen gearbeitet hatte, bedeutete dieser Film sein Comeback in Hollywood. Die Traumfabrik, die unablässig sich selbst und ihre Mythen feiert, kann Kritik gelassen akzeptieren. Allerdings hat diese Akzeptanz Grenzen: Altman erhielt in Cannes für *The Player* den Großen Preis der Jury, aber keinen Oscar von der amerikanischen Filmakademie.

»*The Player*«, in: Michael Tolkin: Three Screenplays. New York 1995. (Drehbuch).

Christopher Ames: »Movies About the Movies«. Lexington 1997; Cynthia Baron: »*The Player*'s Parody of Hollywood: A Different Kind of Suture«, in: Cristina Degli-Esposti (Hg.): Postmodernism in the Cinema. New York, Oxford 1998; Robert Fischer: »The Player«, in: epd Film, 1992, H. 7; Joël Magny: »Hollywood au miroir«, in: Cahiers du Cinéma, 1992, H. 457; Ray Sawhill: »*The Player*«, in: Film Quarterly, 1992/93, H. 2; Gavon Smith/Richard T. Jameson: »›The movie you saw is the movie we're going to make‹«, in: Film Comment, 1992, H. 3 (Interview); Richard P. Sugg: »The Role of the Writer in *The Player*«, in: Literature/Film Quarterly, 1994, H. 1.

Max-Peter Heyne

PLEIN SOLEIL (Nur die Sonne war Zeuge). Frankreich/Italien (Paris Films/Titanus) 1959. 35 mm, Farbe, 116 Min.
R: René Clément. B: René Clément, Paul Gégauff, nach dem Roman »The Talented Mr. Ripley« von Patricia Highsmith. K: Henri Decae. M: Nino Rota.
D: Alain Delon (Tom Ripley), Marie Laforêt (Marge), Maurice Ronet (Greenleaf), Erno Crisa (Inspektor Riccordi), Elvire Popesco (Madame Popova).

Es gibt Filme, die, obwohl sie nicht zu den Meilensteinen der Filmgeschichte zählen, genau die Stimmung und Sehnsüchte ihrer Zeit widerspiegeln. *Plein soleil* ist ein Thriller und zugleich ein Film über die – mehr oder weniger existentialistischen – Lebensentwürfe der Lost oder Beat-Generation nach dem Zweiten Weltkrieg. Ein Roman von Patricia Highsmith, in dem sie erstmals ihre Figur Tom Ripley auftreten ließ, lieferte die Vorlage. Ihre zynische Botschaft angesichts einer sinnentleerten Welt lautete: Verbrechen zahlen sich sehr wohl aus, begeht man sie mit der nötigen Raffinesse und Charme.

Alain Delon, der durch diesen Film berühmt wurde, spielt Tom Ripley: 25 Jahre alt, aber ohne rechte Vergangenheit, Waise und ohne besonderen Ehrgeiz, es sei denn den, auf leichte Weise alles zu be-

kommen, was ihn glücklich macht. Im Augenblick ist er so etwas wie die Gesellschaftsdame für Dickie Greenleaf auf dessen Europatrip. Dessen Eltern haben Tom angeheuert, um auf Dickie aufzupassen bzw. um ihn nach Amerika zurückzuholen – ein Ansinnen, dem sich Dickie mit allen Mitteln widersetzt. Er genießt lieber das süße Leben im Traumland Italien: Rom, Via Veneto, Frauen, den unbeschwerten Müßiggang. Alles ist möglich, alles ist erlaubt: Dieses Lebensgefühl inklusive seiner Brüche machen den Zauber des Films im ersten Drittel aus. Später ergreift das leise Gift der Eifersucht, des Neides von Tom Ripley Besitz, der von Greenleaf zunehmend gedemütigt und verhöhnt wird.
Zufällig – wie überhaupt die Ereignisse eher durch Zufall als durch bewußtes Handeln vorangetrieben werden – entdeckt Ripley, daß zwischen ihm und Greenleaf gewisse Ähnlichkeiten bestehen. In einem fremden Land dürften sie ausreichen, um sich für den anderen auszugeben; es müßte ihm nur noch gelingen, die Unterschrift Dickies zu fälschen, um an dessen Bankguthaben heranzukommen. Auch hat sich Tom in die Verlobte von Dick verliebt, die zwar auch unter den Eskapaden und Rücksichtslosigkeiten von Greenleaf leidet, es aber scheinbar nicht fertigbringt, ihn zu verlassen.
Als Ripley vor einem Spiegel in Greenleafs Jacket und Ego schlüpft, wird er von Dick überrascht. Jetzt beginnt Tom den Mord zu planen. Eine Bootsfahrt von Rom nach Positano auf Dickies Jacht wird zum Totentanz. Auf einem ähnlichen Trip zuvor hatte Dick Tom in der Sonne verbrennen, fast verdursten lassen aus purem Übermut. Doch Tom will sich nicht nur rächen. Er will, über den Tod hinaus, von Dick alles: dessen Name, Geld und Mädchen. Auch für den Zuschauer unvorbereitet, obwohl mitten in einem Wortgeplänkel über Toms Absichten (er erzählt Dick haargenau, was er vorhat), geschieht der Mord. Und nun folgen in diesem sonst verhaltenen Film die aufwühlendsten Minuten. Mit dem Mord an Dick erhebt sich ein Sturm, so daß Ripley um sein eigenes Leben fürchten muß. In einer furiosen Montage wird sein Kampf mit den Elementen, dem Boot und der Leiche, die versenkt werden muß, zu einer Apokalypse besonderer Art. Die Geräusche des Sturms und des geschundenen Schiffes werden zur Todesmelodie.
Zunächst scheint es, als könne Tom mit seinem Plan Erfolg haben. Er kommt mühelos an Greenleafs Geld. Zwar muß er ein zweites Mal morden, um nicht entdeckt zu werden, aber niemand kann ihm etwas nachweisen. Es gelingt ihm, das Vertrauen und die Zuneigung von Dicks Freundin zu gewinnen, und selbst die Eltern von Dick akzeptieren dessen mysteriöses Verschwinden. Er ist am Ziel seiner Träume angekommen, als ein dummer Zufall dafür sorgt, daß die Tat entdeckt und der Mörder gefaßt wird. Mit dieser Wendung, die den Romanschluß auf den Kopf stellt, hat die Moral der fünfziger Jahre am Ende doch noch Clément eingeholt. Gleichwohl hat dieses Ende einen besonderen Reiz, wenn man erfährt, wie Patricia Highsmith die Idee zu ihrer Ripley-Figur bekam: »Eines Morgens wachte ich gegen sechs Uhr auf und ging auf die Terrasse. Keine Menschenseele weit und breit... bis ich auf einmal einen jungen Mann in Shorts und Sandalen daherkommen sah (...) In seiner ganzen Haltung lag etwas Nachdenkliches, vielleicht etwas Bedrücktes... Hatte er mit jemandem Streit gehabt? Ich habe ihn nie wiedergesehen.« Clément hat seine Schlußszene so inszeniert, als wolle er dieses Bild zum Leben erwecken.

»*Plein soleil*«, in: L'Avant-Scène du Cinéma, 1981, H. 261. (Drehbuch).
Olivier Eyquem/Jean-Claude Missiaen: »Entretien avec René Clément«, in: L'Avant-Scène du Cinéma, 1981, H. 261; André Farwagi: »René Clément«. Paris 1967; Theodor Kotulla: »*Nur die Sonne war Zeuge*«, in: Filmkritik, 1960, H. 9; Gerhard Midding: »*Plein soleil*«, in: Rolf Aurich (Red.): Alain Delon. Berlin 1995; Jean-Claude Missiaen: »Noir comme l'ébène«, in: L'Avant-Scène du Cinéma, a.a.O.; Enno Patalas: »*Plein soleil*«, in: Filmkritik, 1960, H. 6.

Günter Pütz

POKAJANIE (Die Reue). UdSSR (Grusia Film) 1984. 35 mm, Farbe, 146 Min. R: Tengis Abuladse. B: Nana Dshanelidse, Tengis Abuladse, Reso Kweselawa. K: Michail

Agranowitsch. A: Georgij Mikeladse. S: Guliko Omadse. M: Nana Dshanelidse.
D: Awtandil Macharadse (Warlam und Abel Arawidse), Sejnab Botswadse (Ketewan Barateli), Ija Ninidse (Guliko), Merab Ninidse (Tornike), Ketewan Abuladse (Nino Barateli).

Pokajanie gehört zu den Filmen, die den politischen Umbruch in der Sowjetunion vorbereiteten. Bereits vor dem Amtsantritt Gorbatschovs gedreht, verschwand der Film zunächst für drei Jahre in den Archiven, bevor er dank Glasnost und Perestrojka erst in geschlossenen, dann in öffentlichen Vorführungen gezeigt werden konnte. Elem Klimov, der Sekretär des Filmverbands, und Außenminister Eduard Schewardnadse, ehemals georgischer Parteichef, setzten sich für Abuladses Film ein, der ein dunkles Kapitel der sowjetischen Geschichte thematisiert und heftige Diskussionen auslöste. In der Sowjetunion als Symbol einer moralischen Erneuerung der Gesellschaft gefeiert, wurde *Pokajanie* in der DDR-Presse als Geschichtsfälschung und Verunglimpfung scharf kritisiert.
Die Rahmenhandlung von *Pokajanie* – letzter Teil einer Trilogie, zu der *Mol'ba* (*Das Gebet*, 1968) und *Drevo zelanija* (*Baum der Wünsche*, 1977) gehören – spielt in der unmittelbaren Gegenwart. Eine Frau, Ketewan Barateli, starrt auf eine Todesanzeige in der Zeitung: Der Bürgermeister einer kleinen Stadt ist gestorben; er wird im Nachruf ein hervorragender Mensch und großer Patriot genannt. Doch nach der Beerdigung wird das Grab aufgebrochen, der Leichnam von Unbekannten ausgegraben und in den Garten seines Sohnes gebracht. Die Grabschändung wiederholt sich, schließlich wird die Täterin gefaßt und vor Gericht gestellt. Die Verhandlung gegen Ketewan Barateli entwickelt sich zum Prozeß gegen den verstorbenen Bürgermeister Warlam, der für den Tod ihres Vater verantwortlich ist.
Die zweite, retrospektive Handlungsebene setzt ein mit der Inthronisierung des Provinz-Diktators; während sich der Bürgermeister feiern läßt, schließt der Maler Barateli angeekelt das Fenster. Warlam Arawidse verkörpert den Despoten schlechthin: Hitlers Schnurrbart, Mussolinis Faschistenhemd und der Zwicker von Stalins Geheimdienstchef Berija sind seine äußeren Kennzeichen. Wie alle Demagogen stellt er sich als Diener des Volkes dar, wittert überall Verschwörer und ist geradezu besessen von Ressentiments gegen Künstler und Intellektuelle. Er bringt den aufsässigen Maler ins Arbeitslager, wo er zu Tode gefoltert wird; auch die Mutter der achtjährigen Ketewan wird verhaftet, das Kind bleibt voller Angst zurück. Nun sitzt sie auf der Anklagebank und erklärt, solange sie lebe, werde der Leichnam des Despoten keine Ruhe finden. Ihn der Erde zu übergeben, bedeute, ihn zu verbergen und die Augen vor den Übeln der Vergangenheit zu verschließen.
Während die Generation der Söhne mit der Lüge lebt und versucht, die Taten ihrer Väter zu rechtfertigen, geht die Jugend an der verbrecherischen Unmoral ihrer Vorfahren zugrunde: Der Enkel Warlams erschießt sich, als er die Wahrheit erfährt. Nun gräbt der verzweifelte Vater den Leichnam wieder aus: Die Vergangenheit kann nicht ruhen. Die Schlußeinstellungen zeigen wie am Anfang die über ihre Zeitung gebeugte Frau: Vielleicht war die Verhandlung, die Abrechnung mit dem Stalinismus, so die bittere Pointe, nur ein Tagtraum.
Abuladse, der Buñuel zu seinen Vorbildern zählt, bricht immer wieder den Realismus auf. Die Verhaftung des Künstlers wird zu einer grotesken Oper: Die Geheimpolizisten sprengen in mittelalterlichen Ritterrüstungen zu Pferde daher, neben ihnen ein offener Mercedes aus den dreißiger Jahren, in dem der Diktator steht. Die Farce des Schauprozesses wird durch absurde Anschuldigungen herausgestellt (Barateli soll einer Verschwörergruppe angehören, die den Bau eines Tunnels von Bombay nach London plante), und das possenhafte Auftreten Warlams, der kein Gesicht hat, sondern in einer Maske auftritt, erinnert an Chaplins *Großen Diktator*. Auch in seinen realistischen Passagen werden die Bilder des Films zu Symbolen. Abuladse verzichtet darauf, die Schrecken und Greuel der Arbeitslager direkt zu zeigen, und hat dafür weit eindrucksvollere Bilder gefunden: Verzweifelte Frauen irren zwischen frisch geschlagenen Baumstämmen umher, um auf den Schnittstellen nach eingeritzten Lebenszeichen ihrer

verschwundenen Männer zu suchen. Doch die Sägemaschine verarbeitet die Baumstämme zu Kleinholz und macht alle Hoffnungen zunichte.

Werner Adam: »Beichte, Buße, Reue«, in: Frankfurter Allgemeine Zeitung, 27.1.1987; Lew Annenski: »Zur Stalinismuskritik im Kino«, in: Neue Zürcher Zeitung, 11.10.1987; »Dokumentation *Die Reue*«, in: Film und Fernsehen, 1990, H. 2; Guy Gauthier/Lidia Polskaïa: »*Le repentier* et l'accélération«, in: La Revue du Cinema, 1987, H. 427; Bernhard Küppers: »Die neue Offenheit erlaubt ›scharfe Wahrheit‹«, in: Süddeutsche Zeitung, 26.1.1987; Jean-Louis Manceau: »Entretien avec Tenguiz Abouladzé«, in: Cinéma, Paris, 1987, H. 413; Françoise Navailh: »Abouladzé ou la force de l'amour«, in: ebd.; Sebastian Richter: »Strukturanalytische Untersuchung von Wirkungsmechanismen«, in: Beiträge zur Film- und Fernsehwissenschaft, 1990, H. 38; Josephine Woll/Denise Youngblood: »Repentance«. London, New York 2001.

Marcela Euler

POPIÓŁ I DIAMENT (Asche und Diamant). Polen (ZAF »Kadr«/WFF) 1958. 35 mm, s/w, 108 Min.

R: Andrzej Wajda. B: Jerzy Andrzejewski, Andrzej Wajda, nach dem gleichnamigen Roman von Jerzy Andrzejewski. K: Jerzy Wójcik. Ba: Roman Mann, Jaroslaw Świtoniak, Leszek Wajda. M: Filip Nowak.
D: Zbigniew Cybulski (Maciek Chełmnicki), Ewa Krzyżewska (Krystyna), Wacław Zastrzeżewski (Szczuka), Adam Pawlikowski (Andrzej), Bogumił Kobieła (Drewnowski).

Am Abend des 8. Mai 1945, irgendwo in einer polnischen Kleinstadt. Im Tanzsaal des örtlichen Hotels hat sich eine bunte Gesellschaft zusammengefunden, die den Tag des Sieges feiern will. Kommunisten, Opportunisten und Partisanen, Menschen, die der Kampf gegen die deutschen Okkupanten mühsam zusammengeführt hat, trinken, lärmen und taumeln tanzend zu den Klängen einer Polonaise durch den Saal. Eine Gesellschaft im Siegestaumel, der einer Apokalypse zu gleichen scheint. Von der Menge hebt sich ein junger Mann ab: Maciek, der im Auftrag der nationalistischen Untergrundorganisation Armia Krajowa den kommunistischen Bezirkssekretär und zukünftigen Bürgermeister Szczuka liquidieren soll.

Wajda zeichnet ein Bild der polnischen Gesellschaft am Wendepunkt 1945 aus der Sicht des Jahres 1956. Die literarische Vorlage, der bereits 1948 erschienene Roman von Jerzy Andrzejewski, beschrieb die Vorgänge aus der Perspektive der damaligen Gegenwart: Die Auseinandersetzungen und Kämpfe zwischen polnischen Kommunisten und den von der Londoner Exilregierung gesteuerten Kräften hielten noch an. Andrzejewskis Buch hat den Kommunisten Szczuka zum Helden, Wajdas Film dagegen seinen Mörder, dem nach einem vorangegangenen, mißglückten Attentat Zweifel gekommen sind, der aber kein ›Deserteur‹ sein will. Der von Zbigniew Cybulski in seiner inneren Unruhe und Zerrissenheit außerordentlich beeindruckend verkörperte Anti-Held wurde seinerzeit für viele Polen zu einem Idol – vergleichbar in seiner Bedeutung durchaus einer Persönlichkeit wie James Dean für viele in Amerika und West-Europa. Die Wahl dieses Helden, eines sympathischen Antikommunisten und Mörders, machte allein schon den Film brisant und den Kulturfunktionären suspekt.

Der Film steht in einer im Ausland seinerzeit wenig bekannten Tradition der polnischen Kunst und Literatur. Die mehrdeutige, teils pathetische, teils ironische, mit zahlreichen Symbolen und Metaphern durchsetzte Erzählweise zeigt Wajda als Künstler in der Nachfolge der polnischen Romantiker, die im vergangenen Jahrhundert, einer Zeit tiefer nationaler Demütigung, versuchten, eine Imagination des in der Realität nicht existierenden Staates Polen zu geben. Die taumelnde Polonaise in *Popiół i diament* – sie nimmt den Tanz der Hochzeitsgesellschaft aus Wajdas Wyspiański-Adaption *Wesele* (*Die Hochzeit*, 1972) vorweg – ist eine Metapher für den Zustand des Landes. Zusammen mit Krystyna, mit der ihn eine kurze, hoffnungslose Liebesbeziehung verbindet, stößt Maciek beim nächtlichen Spaziergang in einer Kirchenruine auf eine Grabinschrift, die Cyprian Norwids Poem »Hinter den Kulissen« zitiert: »Ob aus der Asche Grund strahlend ein Diamant erscheint, der Morgen des ewigen Sieges ...« Maciek

stirbt in der Asche: Nach dem, diesmal erfolgreichen Attentat wird er von Soldaten gestellt und auf einem Müllplatz erschossen. Die dem Finale vorausgehende Szene zeigt die Zerrissenheit des Partisanen, der den Befehl voller Skrupel ausführt. Der Aktivist der Heimatarmee tötet einen Kommunisten, der sterbend seinem Mörder in die Arme fällt. Zwei Polen, die eben noch Brüder im Kampf gegen die Faschisten waren, sind nun zu Feinden geworden: Der Weltkrieg ist zu Ende, der Bürgerkrieg beginnt.
Der Film entstand in der nach dem Machtantritt des Parteichefs Gomulka liberaleren Aufbruchsstimmung in Polen und kam sogleich ins Zentrum einer leidenschaftlich geführten Auseinandersetzung. In der Bundesrepublik wurde der Film mit dreijähriger Verspätung wahrgenommen, in der DDR konnte er erst 1968 regulär im Kino vorgeführt werden – zuvor war er jahrelang im Polnischen Kulturzentrum in Ost-Berlin gezeigt worden.

»*Cendres et diamant*«, in: L'Avant-Scène du Cinéma, 1966, H. 47. –»*Ashes and Diamonds*«, in: The Wajda Trilogy. London 1973. (Filmtext).
Wilfried Berghahn: »*Asche und Diamant*«, in: Filmkritik, 1961, H. 5; Robert A. Berry: »*Ashes and Diamonds*: Soviet and Eastern European Films«, in: Literature/Film Quarterly, 1981, H. 4; Ernie Brill/Lenny Rubenstein: »The Best Are Dead or Numb: A Second Look at Andrzej Wajda's *Ashes and Diamonds*«, in: Cineaste, 1981, H. 3; Deborah Eisenberg: »*Asche und Diamant*: Einmal und für immer«, in: Wolfram Schütte (Hg.): Bilder vom Kino. Frankfurt a.M. 1996; Janina Falkowska: »The Political Films of Andrzej Wajda«. Oxford 1996; Peter W. Jansen/Wolfram Schütte (Hg.): »Andrzej Wajda«. München 1980; Jiři Menzel: »Mitleid mit einem Helden«, in: Verena Lueken (Hg.): Kinoerzählungen. München 1995; Stefan Meyer/Robert Thalheim: »Asche oder Diamant? Polnische Geschichte in den Filmen Andrzej Wajdas«. Berlin 2000; John Orr/Elżbieta Ostrowska (Hg.): »The Cinema of Andrzej Wajda«. London, New York 2003; Peter Wuss: »Über die Kritisierbarkeit der Katastrophe«, in: Filmwissenschaftliche Mitteilungen, 1964, H. 4; ders.: »Die Tiefenstruktur des Filmkunstwerks«. Berlin (DDR) 1986; Christian Ziewer: »Die Vergangenheit zur Gegenwart gemacht«, in: Hans Helmut Prinzler (Hg.): Das Jahr 1945. Berlin 1990.

Michael Hanisch

POTOMOK ČINGIZ-CHANA

(Der Erbe Dschingis-Khans/Sturm über Asien). Sowjetunion (Mežrabpomfil'm) 1928/29. 35 mm, s/w, stumm, 2.636 m.
R: Vsevolod Pudovkin. B: Osip Brik, nach Motiven des gleichnamigen Romans von Ivan Novokšonov. K: Anatolij Golovnja.
A: Sergej Kozlovskij.
D: Valerij Inkižinov (Bair, ein Mongole), A. Dedincev (Anführer der Okkupationstruppen), L. Belinskaja (seine Frau), Anna Sudakevič (ihre Tochter), Vladimir Copi (Mr. Smit/Smith), Boris Barnet (englischer Soldat).

Die ausgehenden zwanziger Jahre waren für den sowjetischen Film besonders fruchtbar: Während Pudovkin an *Potomok Čingiz-chana* arbeitete, seinem dritten Film, schuf Aleksandr Dovženko Meisterwerke wie *Arsenal* und ↗*Zemlja*, trat Dziga Vertov mit seinem konstruktivistischen ↗*Čelovek s kinoapparatom* hervor und vollendete Eisenstein seine *General'naja linja* (*Die Generallinie*, 1929). Vsevolod Pudovkin kam aus Kulešovs Filmwerkstatt. Er war zu einem der versiertesten und engagiertesten Verfechter des Revolutionsfilms für die breite Masse geworden. Zwar bediente er sich wie die genannten Kollegen extrem schneller Montagesequenzen oder argumentierte mittels assoziativer Zusammenstellungen. Dennoch neigte er eher zur leicht rezipierbaren, klassischen Richtung des ideologisch sauberen sowjetischen Kinos als zu den intellektuellen Experimenten.
So interessierte er sich sofort für das von seiner Produktionsfirma Mežrabpomfil'm vorgeschlagene Thema des mongolischen Revolutionärs. Es erlaubte, altbekannte ideologische Vorgaben in ein exotisches Ambiente zu verlagern: Der mongolische Jäger Bair wird zur Zeit der britischen Intervention und Besatzung Anfang der zwanziger Jahre beim Pelzverkauf übervorteilt und schließt sich den Partisanen an. Bei seiner Verhaftung findet man eine auf Umwegen in seinen Besitz gekommene Urkunde, die ihn als Nachfahre Dschingis-Khans ausweist. Die Engländer, die ihn schon füsiliert hatten, holen ihn (als klassische last minute rescue) knapp vor dem

Tod noch einmal zurück ins Leben und bauen ihn als ›Marionettenherrscher‹ ihrer Kolonie auf. Obwohl sein ganzes Leben sich zum Luxus hin verändert, nutzt Bair eine Fluchtmöglichkeit und wird zu einem fast übermenschlichen Rächer. Er vernichtet seine Unterdrücker und führt die versprengten Partisanen in einem Feldzug zum Sieg über die Okkupanten. Unterschnitten mit Bildern vom Steppenwind wird so daraus ein symbolischer ›Sturm über Asien‹.

Osip Brik hatte das Drehbuch in Moskau entworfen und begleitete die abenteuerliche Filmexpedition nach Burjatien und in die Mongolei, um die Details den örtlichen Gegebenheiten anzupassen, ihm bis dahin unbekannte Bräuche, fremde Mentalitäten und Augenzeugenberichte einzuarbeiten. Der Film lebt von seiner Hauptfigur Bair, gespielt von Valerij Inkižinov, der selbst mongolisch-burjatischer Abstammung war. Dieser erste exotische Held aus dem riesigen Hinterland der zentralistischen Sowjetunion mußte sich aber für die Reitszenen oder auch in der ganzen Mimik seine in Moskau erworbene ›Zivilisiertheit‹ wieder abgewöhnen. Die Rolle brachte ihm einen gewissen Starruhm, von dem er nach seiner Emigration nach Frankreich zehrte, etwa in G.W. Pabsts *Die Liebe der Jeanne Ney* (1927).

Während in westlichen Ländern die exotischen Szenen mit den einsamen Jurten, den Hütten der Steppenvölker, oder der gewaltige Sturm am Ende besonderen Eindruck machten, blieb die sowjetische zeitgenössische Kritik kühl. Die Hyperbolik des Endes bis hin zur Groteske korrespondiert zwar mit der vorangegangenen exzentrischen Typisierung der Briten, aber den sowjetischen Zuschauern ging die eigenwillige Darstellung der kanonisierten Revolutionsthematik zu weit. Das filmtechnische Feuerwerk wurde nur im Ausland goutiert, allerdings auch erst nach einer ›Bearbeitung‹: Der britische Verleih machte die Kolonialtruppen per Zwischentitel zu russischen Weißgardisten; die deutsche Zensur schnitt das furiose Finale auf ein Viertel der Einstellungen zusammen.

Jörg Huber: »*Potomok Tschingis-Chana*«, in: Zoom-Filmberater, 1977, H.24; Gertraude Kühn u.a. (Hg.): »Film und revolutionäre Arbeiterbewegung in Deutschland 1918–1932«. Bd.1. Berlin (DDR) 1978; Jay Leyda: »Kino. A History of the Russian and Soviet Film«. Princeton 1983; Jean-Loup Passek (Hg.): »Le cinéma russe et soviétique«. Paris 1981; Vsevolod Pudovkin: »Die Zeit in Großaufnahme. Aufsätze, Erinnerungen, Werkstattnotizen«. Hg. Tatjana Sapasnik/Adi Petrovitsch. Berlin (DDR) 1983; Amy Sargeant: »Vsevolod Pudovkin. Classic Films of the Soviet Avant-Garde«. London 2000.

Alexander Schwarz

PO ZAKONU (TROE) (Nach dem Gesetz/Die Drei/Dura lex). Sowjetunion (Erste Goskinofabrik) 1926. 35 mm, sw, stumm, 1.673 m.

R: Lev Kulešov. B: Viktor Šklovskij, nach der Novelle »The Unexpected« von Jack London. K: Konstantin Kuznecov. A: Isaak Machlis. D: Aleksandra Chochlova (Edith), Sergej Komarov (Hans Nilsen, ihr Mann), Vladimir Fogel' (Michael Deinin, der Mörder), Porfirij Podobed (Detči), Petr Galadžev (Cherke).

Lev Kulešov begründete nach dem Bürgerkrieg an der Moskauer Filmhochschule eine eigene Werkstatt, die sich mit exakter Bewegungs- und Ausdrucksschulung der Schauspieler und mit Montageexperimenten befaßte. Berühmt wurde der sogenannte ›Kulešov-Effekt‹, dem Nachweis, wie sehr die Wirkung einzelner Einstellungen von der Montage bestimmt wird. Wie *Neobyčainyje priklučenija Mistera Westa v strane bolševikov* (*Die seltsamen Abenteuer des Mister West im Lande der Bol'ševiki*, 1924), der erste Film der Gruppe mit Pudovkin und Barnet unter den Darstellern, so sollte auch *Po zakonu* die erarbeiteten Prinzipien anwenden und zugleich helfen, ein populäres sowjetisches Kino mit hohem Attraktionswert aufzubauen.

Šklovskij adaptierte eine Novelle des amerikanischen Erzählers Jack London, doch aus formalexperimentellen wie ökonomischen Gründen (nur 18.000 Rubel Gesamtkosten!) siedelte er den Yukon und Klondike am Moskva-Ufer an. Deinin, Angehöriger einer Gruppe von Goldsuchern, erschießt zwei Kollegen aus Habgier und wird anschließend von dem Ehepaar Edith und Hans Nilsen überwältigt. Sie widerstehen der Versuchung, den Mörder selbst zu richten, und nehmen die nervenaufreibende Belastung auf sich, den Gefangenen über den ganzen Winter – bei aller Not und Enge, auch bei Hochwasser in der Blockhütte – zu bewachen und zu versorgen. Schließlich entscheiden sie sich in ihrer Verzweiflung doch für ein Standgericht, verurteilen ihn ›nach dem Gesetz‹ zum Tode durch Erhängen. Die Exekution findet in einer gespenstischen, schattenrißartigen Szenerie statt – aber bei der Rückkehr zur Hütte begegnet ihnen im Unwetter der vermeintlich Gehängte mit abgerissener Schlinge und flieht. Ihre Blicke bei der Hinrichtung und deren Ausgang spiegeln die kathartische Wirkung auf die Figuren wider.

Kuznecovs hervorragende Kameraarbeit, lange Einstellungen und die puristische Verwendung von Großaufnahmen und Details, kontrastiert das Drama um Schuld und Gerechtigkeit mit der Weite der Landschaft und dem über die Ufer tretenden Fluß. Die psychische Extremsituation zwischen Mörder und Bewacher während des langen dunklen Winters in der Hütte schafft eine Art Black Box der Gefühle. Die seelischen Prozesse spiegeln sich im Gesicht von Aleksandra Chochlova, Kulešovs späterer Frau; sie trägt den Film, auch wenn der Regisseur erst im Laufe der Jahre begann, weniger den großen Gesten als ihrer sparsamen Mimik zu vertrauen.

Kulešov wurde wegen seiner an Hollywood-Filmen orientierten Ansätze zur Massenwirksamkeit zeitweilig als ›Amerikaner‹ bezeichnet. Er sah sich wegen der ›psychologisierenden‹ Grundhaltung oder auch wegen seines Realismusverständnisses in *Po zakonu* vielen Anfeindungen ausgesetzt. Einige Kritiker verurteilten die angeblich antisowjetische und anarchische Rechtsauffassung sowie das Fehlen eines positiven Leitbildes. Kulešovs Karriere erlitt trotz seiner Verdienste als Begründer einer ganzen Schule einen entscheidenden Knick. Fortan berücksichtigte man ihn bei Renommierprojekten des Staates nicht mehr, und die Publikation seiner theoretischen Arbeiten wurde lange verschleppt. Der Film selbst prägte indes die Arbeit vieler junger russischer Regisseure durch seine Präzision und Kompromißlosigkeit. Im Ausland wurde der Film unter dem Titel *Dura lex* freundlich aufgenommen und war mitverantwortlich für den Ruhm des russischen Films Ende der zwanziger Jahre.

François Albera u.a. (Hg.): »Kouléchov et les siens«. Locarno 1990; Ronald Levaco (Hg.): »Kuleshov on Film. Writings of Lev Kuleshov«. Berkeley u.a. 1974; Jean-Loup Passek (Hg.): »Le cinéma russe et soviétique«. Paris 1981; Denise Youngblood: »Soviet Cinema in the Silent Era, 1918–1935«. Ann Arbor 1985.

Alexander Schwarz

PROFESSIONE: REPORTER

(Beruf: Reporter). Italien/Frankreich/Spanien (Compagnia Cinematografica Champion/Les Films Concordia/C.I.P.I. Cinematografica) 1975. 35 mm, Farbe, 125 Min.
R: Michelangelo Antonioni. B: Mark Peploe, Peter Wollen, Michelangelo Antonioni, nach einer Story von Mark Peploe. K: Luciano Tovoli. A: Osvaldo Desideri. Ba: Piero Poletto. D: Jack Nicholson (David Locke), Maria Schneider (Mädchen), Jenny Runacre (Rachel Locke), Ian Hendry (Martin Knight), Stephen Berkoff (Stephen).

Der Originaltitel markiert den Ausgangspunkt der Geschichte, der amerikanische Verleihtitel *The Passenger* bildet, ebenso berechtigt, ihren Verlauf ab. Die Reise führt von einem Ende zu einem anderen: von dem beruflichen und privaten Scheitern des Reporters David Locke zu seinem Lebensende. Der Film handelt vom »Aufbruch zwischen zwei Toden« (Frieda Grafe): Locke versucht, sich eine neue Identität zu verschaffen, bleibt aber der eigenen Haut verhaftet.

Der britische Fernsehjournalist Locke ist in der Sahara gestrandet. Statt eine Reportage über Guerillas zu schreiben, macht er Erfahrungen, die seine Existenz in Frage stellen. Folglich nutzt er die Chance, die ihm der plötzliche Tod eines Zimmernachbarn im Hotel bietet. Antonioni zeigt diesen Identitätswechsel, indem er in einer Einstellung zwei Zeitebenen unterbringt – und damit eklatant gegen eine filmische Grundregel verstößt. In dieser Szene wird der Zuschauer erstmals verunsichert. Er wird sich im Verlauf des Films noch öfter entscheiden müssen, ob er, seiner angestammten, privilegierten Beobachter-Position entsprechend, dem Gezeigten trauen kann.

Locke versucht, den Weg des Toten weiterzugehen, indem er erst einmal dessen Terminkalender folgt. Er gerät dabei sehr schnell zwischen die Mühlsteine einer Verfolgung von zwei Seiten: durch ein afrikanisches Regime, für das offenbar Waffengeschäfte zu tätigen wären, und durch seine eigene Frau. Rachel Locke ist dem Identitätswechsel ihres Mannes auf die Spur gekommen. Ihre Rekonstruktion wird als komplexes, jedoch der Logik gehorchendes Puzzle von Erinnerungen und Reflexionen über Lockes Verschwinden inszeniert, während ihr Mann sich absentiert – auch vom ›vernünftigen‹ Handeln. Er hat selbst den größten Anteil am letztendlichen Scheitern seines Vorhabens, weil er sich nie ganz mit seiner neuen Rolle identifiziert: Lieber scheint er sich im Körper eines anderen zu beobachten und noch immer seine Idee zu bestaunen, anstatt real mit der neuen Existenz zu beginnen.

Sein Aufbruch wird eine Reise in die Anonymität. Er trifft auf eine Weggefährtin, ein Mädchen, das konsequenterweise keinen Namen hat. Auch die Orte, die sie zusammen aufsuchen, sind – im Unterschied zu allen früheren Antonioni-Filmen – austauschbar, stehen nicht für assoziative Erweiterungen der Story zur Verfügung. Die Kamera scheint mehr interessiert an den Arabesken, die eine bayrische Barockkirche mit Gaudi-Architekturen in Barcelona verbinden, als an der Handlung; mit dem Protagonisten des Films schweift sie immer weiter ab.

Erst zum Ende, als Locke wiederum in einem Hotel angekommen ist, macht sich die Kamera davon frei: In einem formal waghalsigen Akt verläßt sie Locke, dringt durch das vergitterte Fenster seines Hotelzimmers, fährt über eine spanische Plaza und kehrt als neutral beobachtender Betrachter zu dem in der Zwischenzeit (vermutlich) getöteten Locke zurück. Antonioni hat mit dieser sieben Minuten langen Einstellung die Möglichkeiten des filmischen Erzählens zwischen den Polen Subjektivität und Objektivität ausgereizt, die ihn seit seinem ersten Spielfilm *Cronaca di un amore* (*Chronik einer Liebe*, 1950) beschäftigten, ohne sich dabei der Montage zu bedienen. Das letzte Bild des Films – das Hotel in einer wundervoll friedlichen Abendstimmung – spricht vom Erfolg dieser Suche.

»*Professione: reporter*«. Hg. Carlo Di Carlo. Bologna 1975. (Filmtext). – In: L'Avant-Scène du Cinéma, 1975, H. 162. (Filmtext).

Thomas Christen: »Das Ende im Spielfilm«. Marburg 2002; Bernard F. Dick: »*The Passenger* and Literary Existentialism«, in: Literature/Film Quarterly, 1977, H. 1; Frieda Grafe: »Beschriebener Film«. Salzhausen-Luhmühlen 1985; R. MacLean: »*The Passenger* and reporting: photographic memory«, in: Film Reader, 1978, H. 3; Lino Micchiché: »Sur *Professione: reporter*«, in: Ecran, 1975, H. 36; Ted Perry: »Men and landscape: Antonioni's *The Passenger*«, in: Film Comment, 1975, H. 4; Bernhard Riff: »Die Idee des Kreises«, in: Christa Blümlinger (Hg.): Sprung im Spiegel. Wien 1990; Ned Rifkin: »Antonioni's Visual Language«. Ann Arbor 1982; Richard Roud: »The Passenger«, in: Sight and Sound, 1974/75, H. 3; Rolf Schüler: »Der blinde Passagier«, in: ders. (Red.): Antonioni. Berlin 1993; Edward F. Stanton: »Antonioni's *The Passenger*: A Parabola of Light«, in: Literature/Film Quarterly, 1977, H. 1; Garrett Stewart: »Exhumed identity: Antonioni's Passenger to nowhere«, in: Sight and Sound, 1975/76, H. 1; G. Turner: »*The passenger*, Lacan, and the real«, in: Post Script, 1989/90, H. 1/2.

Thomas Meder

PROFESSOR HANNIBAL

↗ Hannibal tanár úr

PROŠČANIE (Abschied von Matjora).

UdSSR (Mos'film) 1983. 35 mm, Farbe, 126 Min.

R: Elem Klimov. B: Larisa Šepitko, Rudolf Tjurin, German Klimov, nach dem gleichnamigen Roman von Valentin Rasputin. K: Aleksej Rodionov. M: Alfred Schnittke, A. Artjomov. D: Stefanija Stanjuta (Darja), Lev Durov (Pavel Pinegin), Aleksej Petrenko (Voroncov), Leonid Krjuk (Petrucha), Vadim Jakovenko (Andrej Pinegin), Jurij Katyn-Jarcev (Bogodul), Denis Ljupov (Kolja).

Matjora, ein kleines Dorf auf der gleichnamigen Insel in der Angara, soll geräumt und anschließend überflutet werden: Ein Stausee für ein neues Kraftwerk ist geplant. Den Bewohnern bleibt nur ein Sommer Zeit, um noch einmal die Ernte einzubringen und von ihrer Heimat Abschied zu nehmen. Während die jüngere Generation die Umsiedlung in eine Trabantensiedlung größtenteils akzeptiert, können sich die Alten von ihrem angestammten Lebensraum nicht trennen. Vor allem die greise Darja und ihre Freundinnen Zima und Katarina sowie der alte Vagabund Bogodul weigern sich, die Insel zu verlassen. Der Film endet tragisch: In der letzten Einstellung sieht man ein verirrtes Boot, im dichten Frühnebel auf der Suche nach den alten Frauen. Das Dorf ist nicht mehr auffindbar, die Menschen sind in den Fluten begraben.

Idi i smotri (*Komm und sieh*e, 1985) lautet ein programmatischer Filmtitel von Elem Klimov, einem der wichtigsten Vertreter des russischen Kinos in der Endphase der Sowjetunion. Erst vier Jahre nach seiner Entstehung, im Zeichen von Glasnost und Perestroika, wurde *Proščanie* im Westen bekannt: Zuvor war der ökologiekritische, den offiziellen Fortschrittsglauben anzweifelnde Film mit Exportverbot belegt. Darja ist machtlos gegen die Entscheidungen der Planungsbürokratie, aber zumindest will sie Zeuge sein und harrt deshalb bis zur letzten Konsequenz aus: »Geh bis ans Ende, solange die Füße tragen und die Augen sehen«, postuliert die alte Frau. Voroncov, der die Evakuierung leitet, ist, um eine Floskel sozialistischer Rhetorik zu zitieren, der Zukunft zugewandt: »Warum haben wir unsere Augen vorn? Um vorwärts zu sehn!« In einem großen Bekenntnismonolog am Grab ihrer Ahnen – der Friedhof ist das erste, was von dem Dorf planiert wird – vertritt die Alte die Gegenposition: »Die Wahrheit liegt in der Erinnerung. Wer keine Erinnerung hat, der hat auch kein Leben.«

Klimov akzentuiert die Vorgänge etwas anders als die literarische Vorlage. Bei Rasputin steht Darja im Vordergrund, die Frau und Ur-Mutter; auch im Film ist sie der Mittelpunkt des Widerstands, doch die Kamera bringt immer wieder das Dorf-Ensemble ins Bild. Mit liebevoller Sorgfalt und minutiöser Genauigkeit werden die Rituale und Strukturen traditioneller Dorfgemeinschaft gezeigt. Die Zerstörung der Natur geht einher mit der Zerstörung sozialer Lebensräume. Die großen Aufbauprojekte waren in der Sowjetunion stets ein Symbol für Fortschritt: Nicht allein in der Agitpropliteratur diente ›Elektrifizierung‹ als Metapher für den Aufbau des Sozialismus. Klimov stellt die Frage nach den Opfern derartiger am Schreibtisch beschlossener Maßnahmen. Warum müssen Menschen zu einem Leben gezwungen werden, das ihnen als Bauern fremd ist? Nach und nach werden Anzeichen der Demoralisierung, vor allem bei der Jugend, sichtbar.

Der Abschied wird von den Menschen in unterschiedlicher Art und Weise verarbeitet. Die Arbeiter, die das Dorf vor der Überflutung dem Erdboden gleich machen sollen, werden als Eindringlinge behandelt und stoßen auf Widerstand. Einige Inselbewohner wehren sich gegen die Umsiedlung mit Stöcken und Fäusten. Selbst die Natur leistet Widerstand: Dem Ikonenbaum ist auch mit der Kreissäge nicht beizukommen. Darja sucht im Wald den Dialog mit der Mutter Erde: Das Pathos dieser und anderer Szenen mag Kinozuschauern im Westen befremdlich anmuten. Neben dem Baum ist das Haus ein zentrales Symbol in *Proščanie*. Der betrunkene Petrucha zündet sein eigenes Haus an: Als einziges sollte es als Kulturdenkmal erhalten bleiben und aufs Festland überführt werden. Darja dagegen putzt ihr Haus, bringt alles in Ordnung und schließt die Fenster; die Arbeitsbrigade wartet schon, gleich danach geht es in Flammen auf. *Proščanie* wirkt wie ein Requiem, das dem Untergang einer traditionellen Welt nachtrauert, aber nicht in Melancholie versinkt. »Wie schön ist die Erde vom Kosmos aus«, sagt gerade ein Astronaut im Fernsehen, als Andrej Darjas Apparat repariert. Klimov ist näher herangegangen: Er zeigt die Schönheit der Erde und zugleich deren Bedrohung durch den Menschen.

Proščanie war ein Projekt der Regisseurin Larisa Šepitko, der Lebensgefährtin Klimovs. Als sie und mehrere Teammitglieder kurz vor Drehbeginn einen tödlichen Unfall hatten, übernahm er den Film. Der russische Originaltitel verkürzt den Romantitel, um ihn um eine Bedeutung zu erweitern: *Proščanie* wollte Klimov auch verstanden wissen als Abschied von Larisa Šepitko.

Peter Buchka: »Die Wahrheit liegt in der Erinnerung«, in: Süddeutsche Zeitung, 12.3.1987; Heike Kühn: »Ein russisches Atlantis«, in: Frankfurter Rundschau, 12.3.1987; Lucien Logette: »Elem Klimov: à la recherche de ses racines«, in: Jeune Cinéma, 1987, H. 180; Marcel Martin/Christian Zander: »Cinéastes soviétiques à la recherche de leurs racines«, in: Jeune Cinéma, 1983/84, H. 155 (Interview); Hans-Jörg Rother: »Gewissens-Fragen«, in: Film und Fernsehen, 1987, H. 9; Walter Ruggle: »Vom Untergang der alten Werte«, in: filmbulletin, 1987, H. 2; Hans Stempel: »*Abschied von Matjora*«, in: epd Film, 1987, H. 4.

Marcela Euler

PSYCHO USA (Paramount) 1960, 35 mm, s/w, 108 Min.
R: Alfred Hitchcock. B: Joseph Stefano, nach dem gleichnamigen Roman von Robert Bloch. K: John L. Russell. S: George Tomasini. Ba: Joseph Hurley, Robert Clatworthy, George Milo. M: Bernard Herrmann.
D: Janet Leigh (Marion Crane), Anthony Perkins (Norman Bates), Vera Miles (Lila Crane), John Gavin (John Loomis), Martin Balsam (Milton Arbogast).

Psycho markiert eine deutliche Schwelle in Hitchcocks Gesamtwerk. Der Altmeister wollte beweisen, daß er auch eine effektvolle Low-Budget-Produktion drehen konnte. Verglichen mit den opulenten Filmen der fünfziger Jahre wirkt *Psycho* ausgesprochen bescheiden: Die Produktionskosten beliefen sich auf nur 800.000 Dollar – ↗*North by Northwest* hatte 3,3 Millionen Dollar gekostet –; gedreht wurde mit dem Team, das die unter Hitchcocks Namen firmierende Fernsehkrimireihe betreute, und auf Stars verzichtete der Regisseur. »Worauf es mir ankam, war, durch eine Anordnung von Filmstücken, Fotografie, Ton, lauter technische Sachen, das Publikum zum Schreien zu bringen«, erklärte er Truffaut. »*Psycho* hat keine Botschaft, die das Publikum interessiert hätte. Auch keine besondere schauspielerische Leistung hat es bewegt. Und es gab auch keinen besonders angesehenen Roman, der das Publikum gepackt hätte. Es war der reine Film, der das Publikum gepackt hat.«
Radikal stülpte der Film die Regeln der Hollywood-Dramaturgie um. Eine dreiviertel Stunde folgt der Zuschauer einer spannenden und zuweilen irritierenden, aber doch konventionellen Kriminalhandlung, in der ihn vor allem eine Frage bewegt: Wird die Gelegenheitsdiebin entlarvt oder nicht? Dieser »red herring« – also ein gezieltes Ablenkungsmanöver – verfehlt seine Wirkung auch nicht, als Norman Bates, Besitzer des Motels, in dem Marion in verregneter Nacht schließlich absteigt, ins Spiel kommt. Man hält ihn zunächst für einen harmlosen Spanner, der es letztlich auf die gestohlenen 40.000 Dollar abgesehen hat.
Wie ein Schock wirkt es deswegen, als die bisher einzige Identifikationsfigur des Films unter der Dusche bestialisch ermordet wird. Konsequenter Formwille macht die Szene, in der ein anonymer Gewalttäter sein nacktes und wehrloses Opfer mit neun Stichen hinrichtet, zu einer der berühmtesten Szenen der Filmgeschichte überhaupt. Konzipiert wurden die etwa zwei Minuten, die aus mehr als 60 Einstellungen montiert sind – die 35 Einstellungen des eigentlichen Mordes nehmen nur 23 Sekunden in Anspruch – von Saul Bass, der schon die Titelsequenz von ↗*Vertigo* schuf. Bernard Herrmanns schneidende Streicher-Glissandi – in der Folge dutzende Male kopiert – und solch zeichenhaft verdichtete Einstellungen wie das im Gegenlicht zustoßende Messer oder die Überblendung des tot starrenden Auges auf das im Abfluß versickernde Blut, gaben der Gewaltdarstellung im Film eine neue Dimension. Neben der expliziten Darstellung ist auch die Motivation für die scheinbar sinnlose Aggression neu: Zwar liefert der Verlauf des Films eine Begründung für Bates' Verhalten, im Grunde ist die Triebfeder aber irrational. Bates ist ein Psychopath, dessen Defekte nicht aus seiner Vergangenheit, etwa dem Trauma des Krieges, abgeleitet werden.
Schon in seinen früheren Filmen hatte Hitchcock Verbrechen und Irrationalität ins Leben durchschnittlicher Menschen eindringen lassen. Am Anfang von *Psycho* wird gar der Eindruck einer Chro-

Psycho: Anthony Perkins

nik erweckt; Zeit und Ort des Geschehens – Phoenix, Arizona, 11. Dezember, 14 Uhr 43 – werden genau festgehalten. Marions Reise führt nicht nur in die Dunkelheit, sondern in ein merkwürdiges Schattenreich jenseits der Hauptstraße. Drohend und düster überragt das Wohnhaus in kalifornischer Gotik das flach geduckte Motel; das Büro ist mit ausgestopften Vögeln dekoriert. Motive der Gothic Novel erscheinen wie bösartige Fremdkörper in der modernen amerikanischen Welt. Das Unfaßbare nebenan, wie es in *Psycho* gezeigt wird, wird fortan zum Thema eines neuen Genres: des Psychothrillers. So finden sich Spuren von *Psycho* nicht nur bei ausgesprochenen Hitchcock-Adepten wie Brian De Palma und John Carpenter. Visuelle Motive, die suggestive Kameraarbeit, der Umgang mit Tönen und Musik wirken auch noch in der nächsten Generation amerikanischer Filmemacher wie David Lynch und Jonathan Demme nach, die sich freilich ihren ganz eigenen Reim auf das Genre machten. Weitgehend banalisiert wurden die filmischen Errungenschaften aus *Psycho* in drei Fortsetzungen, alle mit Anthony Perkins, für den die Rollenfestschreibung ein Fluch eigener Art wurde.

»*Psycho*«. Hg. Richard J. Anobile. New York 1974. (Filmprotokoll). – Hg. Frank Schnelle. Stuttgart 1993. (Filmtext).

Raymond Bellour: »The Analysis of Film«. Bloomington 2001; Elisabeth Bronfen: »Das verknotete Subjekt«. Berlin 1998; Michel Chion: »La voix au cinéma«. Paris 1993; Raymond Durgnat: »Mammies Mumie«, in: ders.: Sexus, Eros, Kino. Bremen 1964; Herwig Fischer: »Der Duschmord in Alfred Hitchcocks *Psycho*«. Moosinning 1990; Anette Kaufmann: »Angst. Wahn. Mord«. Münster 1990; Barbara Klinger: »*Psycho*: The Institutionalization of Female Sexuality«, in: Wide Angle, 1982, H. 1; Janet Leigh/Christopher Nickens: »*Psycho*. Hinter den Kulissen von Hitchcocks Kultthriller«. München 1996; Michael Naremore: »Filmguide to *Psycho*«. Bloomington, London 1973; R. Barton Palmer: »The Metafictional Hitchcock: The Experience of Viewing and the Viewing of Experience in *Rear Window* and *Psycho*«, in: Cinema Journal, 1985/86, H. 2; Lars Penning: »Die Universalität des Bösen«, in: Frank Schnelle, a.a.O.; Stephen Rebello: »Alfred Hitchcock and the

Making of *Psycho*«. London, New York 1990; Edward Recchia: »Through a Shower Curtain Darkly: Reflexivity as a Dramatic Component of *Psycho*«, in: Literature/Film Quarterly, 1991, H. 4; Barbara Stelzner-Large: »Zur Bedeutung der Bilder in Alfred Hitchcocks *Psycho*«, in: Helmut Korte/Johannes Zahlten (Hg.): Kunst und Künstler im Film. Hameln 1990; David Sterritt: »The Films of Alfred Hitchcock«. Cambridge 1993; Jean-Pierre Telotte: »Faith and Idolatry in the Horror Film«, in: Literature/Film Quarterly, 1980, H. 3; Julie Tharp: »The Transvestite as Monster: Gender Horror in *The Silence of the Lambs* and *Psycho*«, in: Journal of Popular Film and Television, 1991, H. 3; François Truffaut: »Mr. Hitchcock, wie haben Sie das gemacht?«. München 2003; Linda Williams: »Learning To Scream«, in: Sight and Sound, 1994, H. 12; Robin Wood: »Psychanalyse de *Psycho*«, in: Cahiers du Cinéma, 1960, H. 116.

Ingo Fließ

PULP FICTION

USA (A Band Apart/Miramax) 1994. 35 mm, Farbe, 154 Min.
R: Quentin Tarantino. B: Quentin Tarantino, nach Geschichten von Quentin Tarantino und Roger Avary. K: Andrzej Sekula. A: David Sesco. S: Sally Menke.
D: John Travolta (Vincent Vega), Samuel L. Jackson (Jules Winnfield), Bruce Willis (Butch Coolidge), Uma Thurman (Mia Wallace), Ving Rhames (Marsellus Wallace), Harvey Keitel (Wolf), Quentin Tarantino (Jimmie), Tim Roth (Pumpkin), Amanda Plummer (Honey Bunny).

»Pulp« ist ein Wort für Schund. Gleichzeitig steht es für eine weiche, formlose Masse, wie sie bei Fast food und offenen Bauchwunden vorkommt. All das spielt eine Rolle in diesem Film, der mit den Mustern des Genrekinos und der Populärkultur spielt und als Prototyp des postmodernen Films gilt.

Tarantinos erstes Konzept sah eine Reihe von Kurzfilmen vor, die er privat finanzieren und später zu einer Anthologie zusammenfassen wollte. Jeder dieser Kurzfilme sollte auf vertrauten Situationen aus Gangsterstories basieren, wie sie z.B. die amerikanischen Black-Mask-Groschenheftchen erzählen. Dabei sollte jedoch jede dieser Geschichten einen ganz eigenen Dreh bekommen. Nach einiger Zeit kam die Idee dazu, die Hauptcharaktere der einen Geschichte zu den Nebenfiguren einer anderen zu machen, wie es in den Romanen der Glass-Familie von J.D. Salinger geschieht. An dieses Konzept erinnerte sich Tarantino, als er nach dem überwältigenden Erfolg seines Erstlings ↗*Reservoir Dogs* das Buch zu seinem nächsten Film schreiben sollte. Er verwob zwei eigene Kurzfilm-Ideen und eine dritte seines Kollegen Roger Avary zu einem einzigen Werk: *Pulp Fiction*.

»Vincent Vega und Marsellus Wallace's Wife«: Ein kleiner Gangster muß die attraktive Frau seines Bosses ausführen. Wenn er ihn betrügt, kann es ihn das Leben kosten. Während er auf der Toilette des mondänen Tanzlokals noch mit sich ringt, findet die Gangsterbraut Heroin in seiner Manteltasche, verwechselt es mit Kokain und fällt nach Gebrauch ins Koma. Vincent muß sie zu seinem Dealer fahren und ihr dort eine Spritze ins Herz stechen, um sie zu retten. Am Ende versprechen sich beide, Stillschweigen über die Geschehnisse des Abends zu wahren.

»The Gold Watch«: Ein Boxer weigert sich, einen abgesprochenen Kampf zu verlieren. Statt dessen erschlägt Butch seinen Gegner im Ring. Bevor er aus der Stadt fliehen kann, muß er in seiner Wohnung eine goldene Uhr sicherstellen. Dabei erschießt er Vincent, der ihn dort erwartet. Auf der Rückfahrt sieht Butch seinen Boss auf einer Kreuzung und überfährt ihn. Der Boss verfolgt ihn in den Laden eines Pfandleihers. Dort werden beide von dem sadistischen Ladeninhaber gefangen. Der Gangsterboss wird vergewaltigt. Butch kann ihn und sich befreien; der Boss läßt ihn dafür aus der Stadt fliehen.

»The Bonnie Situation«: Zwei Killer müssen für ihren Boss ein paar Jungs bestrafen, die ihn hintergehen wollten. Die Killer sind Vincent und sein Kollege Jules. Einer der Jungs versucht, sie zu erschießen, doch er verfehlt sie. Sie bringen ihn um. Als die beiden mit ihrem Informanten im Auto sitzen, erschießen sie den versehentlich auch. Das blutverspritzte Auto bringen sie bei einem Freund unter. Doch wie bekommen sie alles rechtzeitig

Pulp Fiction: Uma Thurman

wieder sauber, bevor die Ehefrau des Freundes nach Hause kommt? Profi-Problemlöser Wolf hilft ihnen beim Reinigen.

Am Ende sitzen Vincent und Jules zusammen in einem Burger-Restaurant. Jules ist überzeugt, daß es kein Zufall war, daß die Kugeln des Jungen ihn verfehlt haben. Er fühlt sich berufen, ab jetzt Gutes zu tun. Als ein Gangsterpärchen, das wir bereits im Prolog des Films gesehen haben, das Restaurant überfällt, kann Jules ihnen den Revolver abnehmen. Doch statt sie zu erschießen, hält er ihnen eine Predigt und läßt sie mit dem Geld davonkommen.

Pulp Fiction wurde zum Kultfilm und zum Paradigma der Postmoderne. Der Film verschaffte seinem Regisseur mit Anfang 30 weltweiten Ruhm – u.a. erhielt Tarantino die Goldene Palme von Cannes und einen Oscar für das beste Original-Drehbuch – und inspirierte zahllose Epigonen. Der innovative Film steht seinerseits in der Tradition der Avantgarde der sechziger Jahre: Die Filme Godards, nach dessen *Bande à Part* Tarantino seine Produktionsfirma nannte, sind »movies commenting on themselves, movies and movie history«, und *Pulp Fiction* ist geradezu eine Anthologie von Genre-Zitaten: vom Gangsterfilm und seinen Subgenres bis zum Tanzfilm (John Travolta ironisiert, bleich, verfettet und mit strähnigem Pferdeschwanz sein früheres Image aus *Saturday Night Fever* von 1977), vom Boxerfilm bis zum Vietnam-Film (die Episode mit der Uhr spielt auf *The Deer Hunter* an). Das Spiel mit Referenzfilmen verweist auf eine Gesellschaft, die durch das Kino sozialisiert wurde, zum andern schafft es Distanz, macht die geschmacklosen, ekeligen Szenen erträglich. Tarantino: »Ich zeige eine

Fiktion, auch die Gewalt ist eine Fiktion. Ich benutze sie als Stilmittel wie Stanley Donen den Tanz.«

Auch was die Zeitstruktur des Films betrifft, hält Tarantino es mit seinem Vorbild Godard, der gesagt hat, daß seine Filme einen Anfang, eine Mitte und ein Ende hätten, nur nicht unbedingt in dieser Reihenfolge. Die drei Geschichten spielen an vier aufeinanderfolgenden Tagen, werden jedoch nicht chronologisch gereiht. Teile der dritten Geschichte finden vor der ersten statt, die zweite spielt nach der dritten usw. In der letzten Einstellung sehen wir einen Protagonisten, dessen Ermordung wir eine gute halbe Stunde vorher gesehen haben. Tarantinos Erzählweise macht dramaturgisch Sinn; der Film gewinnt so Kohärenz und Spannung.

Die Dialoge – die Unterhaltungen drehen sich um Big Macs, erotische Fußmassagen und alte Fernsehserien – wechseln ständig zwischen einer elaborierten Sprache von geradezu literarischer Qualität, Gossensprache und Zitaten aus Filmen, Comics und Songs. Tarantino läßt seine Figuren minutenlange Gespräche ohne jeden Bezug zur Handlung führen und unterhält den Zuschauer dabei glänzend. Freilich wirken diese langen, sorgfältig erzählten Passagen auch deshalb nie belanglos, weil wir wissen, daß sie jederzeit umschlagen können in eruptive Ausbrüche von Gewalt.

An Tarantinos Filmen wird oft die Gewalt kritisiert (die hier jedoch eher grotesk als blutrünstig wirkt) und der häufige Gebrauch von zum Teil rassistischen Flüchen (der zu solchen Charakteren jedoch gehört). Außerdem wird Tarantino vorgeworfen, mit seinen Filmen nur über Popkultur und andere Filme zu erzählen, aber nicht über das Leben. Dabei lassen sich in *Pulp Fiction* durchaus interpretationswürdige Ansätze finden. So, wenn Tarantino alle seine Protagonisten als böse und dabei doch als menschlich zeigt; wenn er zeigt, wie Zufälle das Leben seiner Figuren bestimmen und wie in einer fragmentierten Welt die souveränsten Charaktere an lächerlichen Alltagsproblemen scheitern. Tarantino selbst sieht *Pulp Fiction* als einen Film über Vergebung und Gnade. Jede der drei Geschichten endet mit einer versöhnlichen Geste. Die größte Vergebung wird den beiden Killern Vincent und Jules zuteil, wenn die Kugeln des Jungen sie verfehlen. Vincent jedoch erkennt das Zeichen nicht, bleibt ein Killer und stirbt durch Butchs Hände. So sehr sich die Exegeten jedoch bemüht haben, *Pulp Fiction* ist kein Film, der sich auf eine Aussage oder gar Moral festlegen läßt, im Gegenteil: Zu keiner Zeit vermittelt Tarantino den Eindruck, als würde er Fragen von Tod und Leben wichtiger nehmen als den Preis eines Martin-und-Lewis-Milchshakes.

»*Pulp Fiction*«. Reinbek 1994. (Filmtext, Materialien).
Geoff Andrew: »Stranger Than Paradise. Mavericks-Regisseure des amerikanischen Independent-Kinos«. Mainz 1999; Alan Barnes/Marcus Hearn: »Tarantino A to Zed«. London 1996; Jami Bernard: »Quentin Tarantino«. London 1995; Fred Botting/Scott Wilson: »The Tarantinian Ethics«. London 2001; Laurent Bouzereau: »Ultraviolent Movies«. Secaucus 1996; Rebecca L. Epstein: »Appetite for Destruction: Gangster Food and Genre Convention in Quentin Tarantino's *Pulp Fiction*«, in: Anne L. Bower (Hg.): Reel Food. New York/London 2004; Robert Fischer u.a.: »Quentin Tarantino«. Berlin 1998; Knut Hickethier: »Pulp Fiction«, in: Jürgen Felix (Hg.): Moderne Film Theorie. Mainz 2002; A. Samuel Kimball: »Bad-Ass Dudes« in *Pulp Fiction:* Homophobies and the Counterphobic Idealization of Women«, in: Quarterly Review of Film and Video, 1997, H. 2; Scott Kirsch: »Spectacular Violence, Hypergeography, and the Question of Alienation in Pulp Fiction«, in: Tim Cresswell/Deborah Dixon (Hg.): Engaging Film. Lanham 2002; Uwe Nagel: »Der rote Faden aus Blut. Erzählstrukturen bei Quentin Tarantino«. Marburg 1997; Lutz Nitsche: »Hitchcock – Greenaway – Tarantino. Paratextuelle Attraktionen des Autorenkinos«. Stuttgart/Weimar 2002; Dana Polan: »*Pulp Fiction*«. London 2000; Kelly Ritter: »Postmodern Dialogics in Pulp Fiction: Jules, Ezekiel, and Double-Voiced Discourse«, in: David Blakesley (Hg.): The Terministic Screen. Carbondale 2003; Hans-Helmuth Schneider: »*Pulp Fiction* oder: Was Filme im Innersten zusammenhält«, in: Martin Laube (Hg.): Himmel – Hölle – Hollywood. Münster 2002; Quentin Tarantino: »Interviews«. Hg. Gerald Peary. Jackson 1998.

Marco Wiersch

THE PURPLE ROSE OF CAIRO

(Purple Rose of Kairo). USA (Rollins-Joffe) 1985. 35 mm, s/w + Farbe, 82 Min.
R+B: Woody Allen. K: Gordon Willis. A: Stuart Wurtzel, Edward Pisoni, Carol Joffe. S: Susan

E. Morse. M: Dick Hyman, Irving Berlin, Bud Green, Ray Henderson.
D: Mia Farrow (Cecilia), Jeff Daniels (Tom Baxter/Gil Shepherd), Danny Aiello (Monk), Dianne Wiest (Emma), Stephanie Farrow (Cecilias Schwester), Van Johnson (Larry), Zoe Caldwell (die Gräfin), Edward Herrman (Henry), John Wood (Jason), Milo O'Shea (Pater Donnelly).

Woody Allen hat in seinen Filmen immer wieder die Geschichte der Medien erzählt oder auch über das Medium selbst reflektiert. Wie in ↗*Zelig* spielt er in *The Purple Rose of Cairo* mit verschiedenen Ebenen der Fiktion, wie in *Play It Again, Sam* (*Mach's noch einmal, Sam,* 1972) sind Kinoträume das Sujet. Doch in keinem anderen Film ist es ihm gelungen, eine so amüsante wie verblüffende Metatheorie der Traumfabrik zu entwickeln.

Der Film ist angesiedelt im Amerika der dreißiger Jahre, der Zeit der Depression. Tagsüber müht sich Cecilia als Bedienung in einem Imbiß ab, während ihr Mann – arbeitslos geworden – sich die Zeit mit Glücksspielen und Frauen vertreibt. Wenn er betrunken nach Hause kommt, schlägt er seine Frau. Dem tristen Alltag entflieht Cecilia allabendlich ins Kino, wo sie sich ein paar schöne Stunden macht, die sie die Realität vergessen lassen. Eines Tages passiert ein Wunder: Dem Film »The Purple Rose of Cairo« – einer romantischen Gesellschafts- und Abenteuerkomödie, die Cecilia sich zum wiederholten Male anschaut – entspringt der Held Tom Baxter, eilt von der Leinwand in den Zuschauerraum und geradewegs zu Cecilia, in die er sich verliebt hat. Dieser Schritt löst zunächst Verwirrung, dann Verärgerung aus und zwar sowohl im Parkett wie bei den Akteuren auf der Leinwand. Niemand weiß, wie es ohne den Helden weitergehen soll: Es gilt, den entflohenen Liebeskranken wieder einzufangen.

Zunächst aber wird Tom Baxter mit einer Realität konfrontiert, auf die er nicht vorbereitet ist: In seinen Filmen sah das Leben anders aus. Tom meint, die Rechnungen mit Spielgeld begleichen zu können und wundert sich beim Küssen, daß die Abblende ausbleibt. Eine Schlägerei hat den Regeln des Gentlemen agreements zu folgen: Tiefschläge sind nicht vorgesehen, und noch nach der rüdesten Prügelei sind die Akteure völlig unversehrt und ohne einen Kratzer. Ganz nebenbei kondensiert sich aus der Vorstellungswelt der Filmfigur die ideologisch-moralische Essenz des Genres, dem sie entsprungen ist.

Das kunstvoll konstruierte Vexierspiel versetzt den Filmhelden aber nicht nur in die eigene Realität, sondern zieht umgekehrt auch Cecilia ins Leinwandgeschehen: Sie verbringt eine rauschende Nacht mit Tom auf der Leinwand – bestehend aus lauter Auf- und Abblenden. Nachdem der Film durch den Ausstieg Baxters schon ins Stocken geraten ist – die Nebendarsteller sitzen ratlos herum und unterhalten sich mit dem verärgerten Publikum –, bricht Anarchie vollends aus, als der Held mit seiner ›Verlobten‹ ins Geschehen zurückkehrt. Der Auftritt der für ihn vorgesehenen Leinwandpartnerin verliert seinen Sinn. Ein Kellner rebelliert nun ebenfalls gegen seine kleine Rolle und verschafft sich einen großen Auftritt: Er legt einen Stepptanz aufs Parkett.

Allen treibt das Spiel noch weiter: Gil Shepherd, der Darsteller des Tom Baxter, kommt, bedrängt von der in Panik geratenen Produktionsfirma, angereist. Er fürchtet um seine Karriere und hofiert Cecilia, um seinen Doppelgänger auszustechen. Angesichts zweier um sie werbender Männer, entscheidet sie sich für den scheinbar realeren Gil Shepherd, der ihr ein gemeinsames Leben in Hollywood verspricht, jedoch sofort abreist, nachdem Tom seine Rolle im Film wieder eingenommen hat.

»Ich habe einen wundervollen Mann kennengelernt, er ist nur Fiktion, aber man kann nicht alles haben«, tröstet sich Cecilia. Der turbulenten Komödie ist eine ernste Folie unterlegt: Cecilia hat vor dem Alltag kapituliert und lebt in einer Glamourwelt, die sich mit ihrer Wirklichkeit nicht verträgt. Sie verliert ihren Job und läßt sich von ihrem Mann ausbeuten. Gelang es Allan Felix in *Play It Again, Sam,* sich von der aus ↗*Casablanca* abgeguckten Heldenrolle zu emanzipieren, gibt es für Cecilia keine Heilung von der Kinomanie. Von der Realität erneut enttäuscht, flüchtet sie sich in den nächsten Film: Auf dem Programm steht der Schmachtfetzen *Top Hat* (*Ich tanze mich in dein Herz hinein*, 1935) mit Ginger Rogers und Fred Astaire.

»*The Purple Rose of Cairo*«, in: Three Films of Woody Allen. New York 1987. (Filmtext).
Barthélemy Amengual: »Trois notes autour de *La Rose pourpre du Caire*«, in: Positif, 1990, H. 348; Christopher Ames: »Movies About the Movies«. Lexington 1997; Renée R. Curry (Hg.): »Perspectives on Woody Allen«. New York 1996; Michael Dunne: »*Stardust Memories, The Purple Rose of Cairo*, and the Tradition of Metafiction«, in: Film Criticism, 1987, H. 3; Jürgen Felix: »Woody Allen«. Marburg 1992; Hans Gerhold: »Cecilia und die Wunderlampe: Die Magie der Kunst«, in: ders.: Woodys Welten. Frankfurt a.M. 1991; Sam B. Girgus: »*The Purple Rose of Cairo*«, in: ders.: The Films of Woody Allen. Cambridge (Mass.) 1993; Arnold W. Preussner: »Woody Allen's *The Purple Rose of Cairo* and The Genres of Comedy«, in: Literature/Film Quarterly, 1988, H. 1; Douglas G. Stenberg: »Common Themes in Gogol's ›Nos‹ and Woody Allen's *Purple Rose of Cairo*«, in: Literature/Film Quarterly, 1991, H. 2; Walt R. Vian: »Schein oder Nichtsein, das ist hier keine Frage«. In: Filmbulletin, 1985, H. 143.

Christiane Lange

QUAI DES BRUMES (Hafen im Nebel). Frankreich (Ciné-Alliance) 1938. 35 mm, s/w, 91 Minuten.

R: Marcel Carné. B: Jacques Prévert, nach dem Roman von Pierre Mac Orlan. K: Eugen Schüfftan (und Louis Page, Marc Fossard, Pierre Alekan). Ba: Alexandre Trauner. S: René Le Hénaff. M: Maurice Jaubert. D: Jean Gabin (Jean), Michèle Morgan (Nelly), Michel Simon (Zabel), Pierre Brasseur (Lucien), Robert Le Vigan (Maler).

Marcel Carné schuf, erst 29 Jahren alt, mit *Quai des brumes* eines der herausragenden Werke des poetischen Realismus. Der französische Filmstil der ausgehenden dreißiger Jahre wurde vom ›deutschen Licht‹ geprägt: Carné engagierte als Kameramann Eugen Schüfftan, mit dem er bereits bei *Drôle de drame* (*Ein sonderbarer Fall*, 1936) zusammengearbeitet hatte; ↗*Le jour se lève* fotografierte Kurt Kurant, ebenfalls ein Emigrant, derselben Tradition verpflichtet. Repräsentatives französisches Kino ist *Quai des brumes* jedoch schon durch die exzellente Besetzung: Es ist ein Schauspielerfilm.

Der nuschelnde Michel Simon verkörpert mit dem spießigen Kleinbürger Zabel eine äußerst unsympathische Figur; er betätigt sich als Hehler, bedrängt eifersüchtig seine Ziehtochter Nelly, hat eine Vorliebe für religiöse Musik und schreckt nicht davor zurück zu töten. Michèle Morgan, die später auch als die Garbo des französischen Kinos bezeichnet wurde, ist in diesem Film zum ersten Mal auf der Leinwand zu sehen. Ihre schweigsame Frauenfigur verkörpert die Unschuld der reinen Liebe, die aber in der korrupten Welt keine Erfüllung finden kann. Alle anderen Darsteller überragt jedoch Jean Gabin als Deserteur der französischen Kolonialarmee, der zu Filmbeginn aus den Nebelschwaden auftaucht und für den Le Havre die Übergangsstation in ein fernes Land sein soll. Nur kurze Momente des Glücks sind ihm mit Nelly zugedacht, bevor er am Ende in ihren Armen stirbt. Gabin spielte einen einsamen, scheiternden Helden: Die Rolle, später ähnlich in anderen Filmen wiederholt, wurde zu seinem Image. Vergessen waren die vormaligen Varieté-Auftritte und die heiteren Rollen zu Beginn des Jahrzehnts. Der Filmkritiker André Bazin fragte in den fünfziger Jahren, ob man sich Gabin überhaupt als zufriedenen Familienvater vorstellen könne, ob es denkbar wäre, daß er am Ende von *Quai des brumes* das Schiff besteige und mit Nelly in eine glückliche Zukunft reise.

Die überwiegend nachts spielende Handlung, die regennassen Straßen und der nicht genau lokalisierbare Hafen (Carné und Prévert, die den Schauplatz der Romanvorlage von Montmartre nach Le Havre verlegten, machen daraus einen symbolischen Ort, wo dem Menschen sein Schicksal erwartet) lassen eine Atmosphäre der Verkommenheit und Ausweglosigkeit entstehen. Das Thema der Flucht und auch deren Scheitern, das Bild des Schiffes, das ohne die Helden am Filmende ablegt, taucht im französischen Kino dieser Zeit wiederholt auf. In *Quai des brumes* ist das glückverheißende Schiff nur einmal zu sehen, als der Nebel aufreißt und das vorübergehend glückliche Paar Nelly und Jean, das sich in seiner Reinheit von der korrupten und gescheiterten Umgebung abhebt, aus dem Fenster einer Absteige blickt. Am Ende ertönt schließlich die Sirene des auslaufenden Schiffes, als Jean von Schüssen niedergestreckt wurde. Der gescheiterte Aufbruch der Filmhelden in ein besseres Leben spiegelt die nicht (mehr) möglichen Aufbrüche und Veränderungen in der französischen Gesellschaft damals.

Mit Ausbruch des Krieges und erneut während des Vichy-Regimes wurde dem Regisseur die defätistische Atmosphäre vorgeworfen und die Vorführung des Filmes untersagt. Im Grunde bestätigt jedoch dieser Vorwurf nur, daß es Carné gelungen ist, die Stimmung in Frankreich nach dem Scheitern der Volksfront in der internationalen Krisensituation unmittelbar vor dem Zweiten Weltkrieg auf die Kinoleinwand zu übertragen. Dies erklärt nicht zuletzt den großen Erfolg dieses Films ohne Happy End.

»*Quai des brumes*«. In: L'Avant-Scène du Cinéma, 1979, H. 81. (Drehbuch).

André Bazin: »Qu'est-ce que le cinéma?« Bd. 3. Paris 1961; Robert Chazal: »Marcel Carné«. Paris 1965; Pierre Duvillars: »Jean Gabin's Instinctual Man«, in: Films in Review, 1951, H. 3; Hans Gerhold: »Kino der Blicke. Der französische Kriminalfilm«. Frankfurt a.M. 1989; Roger Manvell: »Marcel Carné«, in: Sight and Sound, 1946, H. 57; Philippe Roger: »Zwischen Licht und Schatten: Das deutsche Licht im französischen Kino«, in: Heike Hurst/Heiner Gassen (Hg.): *Kameradschaft – Querelle*. München 1991; Anja Sieber: »Vom Hohn zur Angst«. Rodenbach 1993; Rodney W. Whitaker: »The Content Analysis of Film: An Exhaustive Study of *Le Quai des brumes*«. Ann Arbor, Michigan 1966.

Kai Beate Raabe

LES QUATRE CENTS COUPS

(Sie küßten und sie schlugen ihn). Frankreich (Les Films du Carrosse/SEDIF) 1959. 35 mm, s/w, 93 Min. (Fassung 1967: 101 Min.).

R: François Truffaut. B: François Truffaut, Marcel Moussy. K: Henri Decaë. A: Bernard Evein. S: Marie-Josèphe Yoyotte. M: Jean Constantin. D: Jean-Pierre Léaud (Antoine Doinel), Albert Rémy (Julien Doinel), Claire Maurier (Gilberte Doinel), Patrick Auffay (René Bigey), Guy Decomble (»Petite Feuille«, Klassenlehrer).

Im Januar 1954 veröffentlichte Truffaut als Mitarbeiter der »Cahiers du Cinéma« seinen berühmt gewordenen Artikel »Une certaine tendance du cinéma français«. Mit dieser Polemik, die sich sowohl gegen den verlogenen »psychologischen Realismus« als auch die zu theatralische Form des französischen Kinos der Gegenwart wandte, entwarf Truffaut sein ästhetisches Konzept vom ›Autorenfilm‹. Entstanden aus den Diskussionen mit Freunden im Umkreis der »Cahiers du Cinéma« und der Cinémathèque Française (Astruc, Chabrol, Godard, Resnais, Rivette, Rohmer), entwickelte sich dieses Konzept zum ideologischen Manifest der Nouvelle Vague.

Mit Truffauts Debütfilm *Les quatre cents coups* (davor hatte er nur drei Kurzfilme gedreht) feierte die Nouvelle Vague ihren ersten, geradezu triumphalen Erfolg: Der Film wurde 1959 auf dem Filmfestival von Cannes mit dem Großen Preis für die beste Regie ausgezeichnet und war auch kommerziell durchaus erfolgreich. Für den damaligen Filmkritiker Jean-Luc Godard handelte es sich um das beste Aushängeschild für das »moderne Kino«. Indem er Truffauts Namen buchstabiert, verweist Godard auf die besonderen Qualitäten dieses Films: Franchise Rapidité Art Nouveauté Cinématographe Originalité Impertinence Sérieux Tragique Rafraîchissement Ubu Roi Fantastique Férocité Amitié Universalité Tendresse (Offenheit, Schnelligkeit, Kunst, Neuheit, Kino, Originalität, Unverschämtheit, Ernsthaftigkeit, Tragik, Frische, Ubu Roi, Ungewöhnlichkeit, Wildheit, Freundschaft, Universalität, Zärtlichkeit).

Mit der Geschichte des 13jährigen Antoine Doinel, der aufgrund fehlender familiärer, vor allem mütterlicher Zuneigung zum jugendlichen Delinquenten wird, reflektiert Truffaut seine eigene, schwierige Kindheit. Die Erwachsenen haben zu dieser Welt keinen Zugang, deshalb gibt der Film ihnen nicht den gleichen Raum wie den Kindern. Darin liegt, so Truffaut rückblickend, »das einzig wirklich Revolutionäre« seines Erstlingsfilms. Nur in Jean Vigos Film ↗*Zéro de conduite*, aus dem er eine Szene zitiert (der Lehrer, dem beim Gang durch die Stadt nach und nach die Schüler weglaufen), findet sich eine ähnlich liebevolle Haltung gegenüber Kindern. Auch in seinem sozialen Anliegen, der Kritik am rigiden Schulsystem, sind beide Filme verwandt.

Les quatre cents coups trägt dokumentarische Züge: in der Beschreibung der beengten Wohnverhältnissse, der kriminaldienstlichen Erfassung Antoines auf dem Kommissariat oder bei der Befragung durch die Psychologin. Dieser Dokumentarismus wird verstärkt durch die Spontaneität der meist improvisierten Dialoge zwischen Antoine und seinem Freund René sowie der anderen Kinder. Das Cinemascope-Format mindert nicht diese dokumentaristische Qualität. Durch das stilisierende Moment dieses Formats entgeht der Regisseur vielmehr der Gefahr – trotz eines grauen Dekors –, einen häßlichen, vielleicht sogar abstoßenden Film zu drehen. So wirkt nach Truffauts Auffassung z.B. die Szene, in der Antoine den Mülleimer entleert, weniger schmutzig, als dies bei normaler Kadrierung der Fall wäre – ohne jedoch ihren Realismus zu verlieren. Ohne das besondere Filmformat würde auch die Schlußsequenz viel von ihrer Wirkung und Aussagekraft einbüßen. Am Ende des Films flieht Antoine aus der Erziehungsanstalt und läuft zum Meer – Symbol für die von der Gesellschaft verweigerte Freiheit.

Mit den Filmen *Antoine et Colette* (*Antoine und Colette*, 1962), *Baisers volés* (*Geraubte Küsse*, 1968), *Domicile conjugale* (*Tisch und Bett*, 1970) und *L'amour en fuite* (*Liebe auf der Flucht*, 1979), sie zählen allesamt zu dem sogenannten Doinel-Zyklus, verfolgte Truffaut die Biographie seines filmischen Doubles weiter – ein in der Filmgeschichte wohl einzigartiges Unternehmen.

»*Les quatre cents coups*«, in: François Truffaut: Les aventures d'Antoine Doinel. Paris 1970. (Filmtext).
Jean-Luc Godard: »La photo du mois«, in: Cahiers du Cinéma, 1959, H. 92; Anne Gillain: »The script of delinquency: François Truffaut's *Les 400 coups*«, in: Susan Hayward/Ginette Vincendeau (Hg.): French Films. London, New York 1990; Edward Murray: »Ten Film Classics«. New York 1978; Joachim Paech: »Gesellschaftskritik und Provokation – Nouvelle Vague: *Sie küßten und sie schlugen ihn* (1959)«, in: Werner Faulstich/Helmut Korte (Hg.): Fischer Filmgeschichte. Bd. 3. Frankfurt a.M. 1990; Jacques Rivette: »In Antoines Welt«, in: ders.: Schriften fürs Kino. München 1989; Jim Shepard: »*The 400 Blows*«, in: ders. (Hg.): Writers at the Movies. New York 2000; Allen Thiher: »The Existential Play in Truffaut's Early Films«, in: Literature/Film Quarterly, 1977, H. 3; Dennis Turner: »Made in U.S.A.: The American Child in Truffaut's *400 Blows*«, in: Literature/Film Quarterly, 1984, H. 2.

Achim Haag

RÄCHER DER UNTERWELT

↗ Killers

RAN

Frankreich/Japan (Greenwich Film/ Nippon Herald Films) 1984/85. 35 mm, Farbe, 162 Min.

R: Akira Kurosawa. B: Akira Kurosawa, Hideo Oguni, Masato Ide, nach Shakespeares Drama »King Lear«. K: Takao Saito, Masahura Ueda. A: Yoshiro und Shinobu Muraki. M: Toru Takemitsu.

D: Tatsuya Nakadai (Hidetora Ichimonji), Akira Terao (Taro), Jinpachi Nezu (Jiro), Daisuke Ryu (Saburo), Mieko Harada (Kaede), Yoshiko Miyazaki (Sué), Masayuki Yui (Tango), Kazuo Kato (Ikoma), Peter (Kyoami), Hitoshi Ueki (Fujimaki), Jun Tazaki (Ayebe), Norio Matsui (Ogura), Hisashi Igawa (Kurogane).

Wie schon sein vorhergehender Film ↗*Kagemusha* spielt auch *Ran* im Japan des 16. Jahrhunderts. Bürgerkriege durchziehen das Land, verschiedene Herrscherfamilien ringen um die Macht. Der greise Hidetora Ichimonji überträgt seinen drei Söhnen die Herrschaft über sein Reich, wobei der älteste Sohn Taro die Verwaltungsmacht zugespochen bekommt und in die erste Burg einziehen soll. Jiro, der mittlere Sohn, bekommt die zweite Burg, Saburo, der jüngste, die dritte. Für sich selbst beansprucht Hidetora nur noch die repräsentative Macht des Großfürsten; abwechselnd will er seine drei Söhne, die er zur Einigkeit mahnt, auf den Burgen besuchen. Während Taro und Jiro dem greisen Vater schmeicheln, kritisiert diesen Entschluß Saburo mit Nachdruck. Tango, der Ratgeber des Großfürsten, unterstützt

Saburo. Beide werden von Hidetora verbannt und finden Zuflucht bei einem benachbarten Fürsten.
Schon bald muß Hidetora erkennen, daß die Warnung seines jüngsten Sohnes berechtigt war. Vor allem Taros Frau, die rachsüchtige und ehrgeizige Kaede, stachelt den neuen Herrscher dazu auf, Hidetora völlig zu entmachten. Auch auf der zweiten Burg findet Hidetora keine Ruhe: Jiro strebt ebenfalls nach der Macht. Er weist die Leibgarde seines Vaters aus der Burg und zwingt somit Hidetora zum Aufbruch, der daraufhin mit seinem Narren durchs Land zieht. Unterdessen beschlagnahmt Taro die dritte, ursprünglich Saburo zugesprochene Burg. Während sich Hidetora dort aufhält, greift Jiro an und ermordet seinen Bruder Taro. Hidetora kommt zwar mit dem Leben davon, muß aber mit ansehen, wie seine Leute sterben – er wird darüber wahnsinnig. Tango und der Narr treffen auf den herumirrenden Hidetora; gemeinsam finden sie Zuflucht bei dem blinden Tsurumaru. In ihm begegnet Hidetora seiner eigenen, grausamen Vergangenheit: Tsurumaru ist der Bruder von Sue, Jiros Frau; der Großfürst hat ihm einst, nach der Eroberung der väterlichen Burg, die Augen ausgestochen.
Nun hält Jiro die Macht in seinen Händen. Auch ihn wiegelt Kaede auf und stiftet ihn dazu an, seine Frau umbringen zu lassen; doch Kurogane erfüllt den ihm übertragenen Auftrag nicht. Saburo reitet mit seinen Leuten aus, um den Vater zu holen. Jiro überfällt ihn, muß aber, weil währenddessen ein anderer Fürst die erste Burg überfallen hat, wieder abrücken. Saburo trifft auf seinen Vater, und es kommt zu ersten Anzeichen einer Versöhnung mit dem verstoßenen Sohn. Doch Saburo wird erschossen; aus Schmerz über seinen Tod stirbt Hidetora. Angesichts der beiden Leichen heißt es im Film: »Die Götter sind es, die weinen, wenn sie mit ansehen müssen, wie wir Menschen uns gegenseitig umbringen. Immer und immer wieder, seit Anbeginn der Zeit. Sie können uns nicht vor uns selbst bewahren.«
Ran – der Titel bedeutet Chaos, Aufruhr – ist ein monumentales Fresko: Gewalt und Leidenschaft, Intrigen, Haß, Machtgier und Rache beherrschen eine Welt, die Kurosawa mit beispiellosem Aufwand – *Ran* ist mit zwölf Millionen Dollar Produktionskosten der bisher teuerste japanische Film – und bewundernswerten Kunstmitteln – ritualisierte Bewegungen, choreographierte Schlachtenszenen, sinnträchtige Farbdramaturgie – in Szene setzt. Hatte er sich bei ↗*Kumonosu-jo* an Shakespeares Drama »Macbeth« angelehnt, so folgt *Ran* in Handlung und Figurenkonstellation »King Lear«. Obwohl in einer fern gerückten Vergangenheit angesiedelt, spiegelt der Film jedoch gegenwärtige Ängste und Verstörungen: »Eine apokalyptische Vision, eine Höllenfahrt, grandios und schrecklich, von poetisch-barbarischer Trunkenheit« (Wolf Donner). Am Ende ist das dezimierte Herrscherhaus Ichimonji eine leichte Beute für die Nachbarfürsten und wird ausgelöscht. Das Schlußbild: Ein Blinder steht am Abgrund, ihm fällt, als er strauchelt, ein Buddha-Bild aus der Hand. Kurosawa hat dazu erklärt: »Der Mensch ist vollkommen allein. Das ist durch die Person Tsurumarus symbolisiert, am Ende, diese Silhouette am Rand des Abgrunds, ins Leere tappend – ein Bild der Menschheit heute, der Menschheit im nuklearen Zeitalter, die ins Leere tappt.«

»*Ran*«, in: L'Avant-Scène du Cinéma, 1991, H. 403/404. (Filmprotokoll).
Samuel Crowl: »The Bow is Bent and Drawn: Kurosawa's *Ran* and the Shakespearean Arrow of Desire«, in: Literature/Film Quarterly, 1994, H. 2; Anthony Davies: »Filming Shakespeare's Plays«. Cambridge 1990; Wolf Donner: »*Ran*«, in: tip Filmjahrbuch. Bd.2. Frankfurt a.M. 1986; Bodo Fründt: »Akira Kurosawa«, in: ebd. (Interview); Kathe Geist: »Late Kurosawa: *Kagemusha* and *Ran*«, in: Post Script, 1992, H. 1; James Goodwin: »Akira Kurosawa and Intertexual Cinema«. Baltimore, London 1994; ders. (Hg.): »Perspectives on Akira Kurosawa«. New York u.a. 1994; Chris. Marker: »*A.K.* Narration«, in: Positif, 1985, H. 296; Tom Milne: »Crime and punishment«, in: Sight and Sound, 1986, H. 2; Hubert Niogret: »Le combat des couleurs«, in: Positif, 1985, H. 296; Walter Ruggle: »Am Rande des Abgrunds«, in: Filmbulletin, 1985, H. 5; Charles Tesson: »Le jugement des flèches«, in: Cahiers du Cinéma, 1985, H. 375; Ulrich von Thüna: »Akira Kurosawa's *Ran*«, in: epd Film, 1986, H. 4; Paul Virilio: »*Ran* vorhersehen«, in: Wolfram Schütte (Hg.): Bilder vom Kino. Frankfurt a.M. 1996; Karsten Visarius: »*Ran*«, in: Peter W. Jansen/Wolfram Schütte (Hg.): Akira Kurosawa. München 1988.

Klaus Bort

RASHOMON (Rashomon – Das Lustwäldchen). Japan (Daiei) 1950. 35 mm, s/w, 90 Min.
R: Akira Kurosawa. B: Shinobu Hashimoto, Akira Kurosawa, nach den Erzählungen »Yabu no naka« und »Rashomon« von Ryunosuke Akutagawa. K: Kazuo Miyagawa. M: Fumio Hayasaka.
D: Toshiro Mifune (Tajomaru), Masayuki Mori (Takehiro Kanazawa), Machiko Kyo (Masago, seine Frau), Takashi Shimura (Holzfäller), Minoru Chiaki (Mönch).

»Dieser Film ist wie ein Rollbild, das im Entrollen das menschliche Ich enthüllt«, erklärte Kurosawa in einer seiner seltenen Selbstinterpretationen. Die Handlung spielt in der Heian-Zeit (794–1184) und kreist auf unterschiedlichen Ebenen um die Aufklärung eines Verbrechens.
Ein Holzfäller und ein Mönch suchen am halbzerstörten Tempeltor Rashomon in Kyoto Unterschlupf vor dem Regen. Ihr Gespräch bildet die Rahmenhandlung und dient als Ausgangspunkt für die Rückblenden. Der Holzfäller hat vor drei Tagen im Wald die Leiche eines hochgestellten Samurais gefunden; dem Mönch erzählt er von der darauf erfolgten Gerichtsverhandlung und den Aussagen der Zeugen. Den Hauptteil des Films bilden die verschiedenen Versionen des Tathergangs, die nicht erzählt, sondern ins Bild gesetzt werden. So unvereinbar die Darstellungen auch sind, jede Schilderung erfährt durch den filmischen Realismus eine irritierende Objektivierung.
Unbestritten ist lediglich, daß der Räuber Tajomaru vor den Augen des gefesselten Samurais dessen Frau Masago vergewaltigt hat; was danach folgte, darüber geben die Beteiligten höchst unterschiedliche Berichte vor Gericht ab. Tajomaru zufolge forderte die Frau beide Männer zum Duell auf, woraus er siegreich hervorgegangen sei. Masago will nach der Vergewaltigung ihren Mann gebeten haben, sie zu töten, doch habe dieser sie nur mit Verachtung gestraft, worauf sie ihn umgebracht habe. Der Tote meldet sich selbst zu Wort, über ein Medium schildert er seine Version: Masago habe nach der Vergewaltigung mit Tajomaru gehen wollen und den Räuber aufgefordert, ihren Mann umzubringen. Doch dieser habe sich aus dem Staub gemacht, und er habe sich selbst das Leben genommen. Zudem gibt es am Ende des Films noch eine vierte Version. Der Holzfäller will das Verbrechen beobachtet haben: Keine der Aussagen entspreche der Wahrheit; statt eines heroischen Kampfes seien die Männer blindwütig aufeinander losgegangen, nachdem die Frau sie als Feiglinge tituliert habe. Doch dieser Bericht erscheint auch nicht glaubwürdiger als die anderen Darstellungen.
»Das Entsetzliche ist, daß es keine Wahrheit zu geben scheint«, sagt der Mönch zu Beginn des Films. Der wirkliche Tathergang wird nicht geklärt, das Rätsel bleibt ungelöst. Deutlich wird jedoch: Jeder nimmt lieber die Schuld auf sich, als daß er in schlechtem Licht erscheine; der Film handelt von »Menschen, die nicht leben können, ohne sich selbst zu belügen« (Kurosawa). Die Wortmeldung des Toten zeige, »daß dieser sündhafte Wunsch, ein falsches, schmeichelndes Bild von sich zu vermitteln, sogar über das Grab hinaus Bestand hat«. Das pessimistische Menschenbild wird relativiert durch die positive Wendung, die der Film am Ende nimmt. Abweichend von der literarischen Vorlage hat der Regisseur einen hoffnungsvollen Schlußpunkt gesetzt: Der Holzfäller, ein Lügner wie alle anderen, nimmt sich eines ausgesetzten Babys an. Der Regen hat aufgehört, die Sonne bricht durch.
Trotz der komplexen Komposition weist *Rashomon* eine klare Struktur auf. Den drei Zeitebenen – »das Präsens des Disputs im Tempel, das Perfekt der Gerichtsverhandlung und das Imperfekt der Gewalttat« (Peter Wuss) – entsprechen die drei Räume, denen Kurosawa einen eigenen Ausdruckscharakter zugeordnet hat. »Das Rashomon-Tor: ein Regenkäfig der Melancholie und Grübelei, vertikal gegliedert durch die Kadenz der herabstürzenden Wassertropfen und den hoch aufragenden, verfallenden Bau. Scharf dagegengesetzt die strenge Horizontale des Gerichtshofs, von einer langen Mauer im Hintergrund abgeschlossen; eine raumlose Bühne, ein Ort trügerischer Helligkeit, der Rhetorik und Verstellung, die in dem geisterhaften Mummenschanz der Toten-

Rashomon: Toshiro Mifune und Daisuke Kato

beschwörung gipfelt. Schließlich, wahrhaft das ›unergründliche Herz‹ des Films, der Wald, weniger ein pflanzliches Dickicht als eine Wildnis aus Licht und Schatten, eine anarchische Landschaft.« (Karsten Visarius). Überwiegen in der Rahmenhandlung lange statische Einstellungen, so wird das dramatische Geschehen im Wald von einer Kamera eingefangen, die ständig ihre Position ändert. Die Dynamik des Bilderflusses, vom Schnittrhythmus verstärkt, zeichnet den Ausbruch der Leidenschaft, das Umschlagen der Emotionen nach. Kurosawa bedient sich einer rigorosen Stilisierung, wobei er Elemente des No-Theaters verbindet mit den Ausdrucksmitteln des klassischen Stummfilms: die Verwirrungen der menschlichen Seele als sorgsam gestaltetes Spiel von Licht und Schatten.

Rashomon war der erste japanische Film, der in der westlichen Welt Aufsehen erregte. In seiner Heimat unterschätzt, wurde der Film auf der Biennale in Venedig 1951 mit dem Goldenen Löwen ausgezeichnet und erhielt im folgenden Jahr den Oscar. In allen Umfragen wird *Rashomon* regelmäßig zu den zehn besten Filmen der Welt gezählt.

»*Rashomon*«. Hg. Donald Richie. New Brunswick, London 1986. (Drehbuch, Materialien).

David Boyd: »*Rashomon*: From Akutagawa to Kurosawa«, in: Literature/Film Quarterly, 1987, H. 3; James Goodwin: »Akira Kurosawa and Intertexual Cinema«. Baltimore, London 1994; ders. (Hg.): »Perspectives on Akira Kurosawa«. New York u.a. 1994; Henry Hart: »*Rashomon*«, in: Lewis Jacobs (Hg.): Introduction to the Art of the Movies. New York 1970; David Howard/Edward Mabley: »The Tools of Screenwriting«. New York 1993; Karl Korn: »*Rashomon*, ein japanischer Film«, in: Frankfurter Allgemeine Zeitung, 6.5.1953; Siegfried Kracauer: »Theorie des Films«. Frankfurt a.M. 1973; Akira Kurosawa: »So etwas wie eine Autobiographie«. München 1986; Keiko McDonald: »Light and Darkness in *Rashomon*«, in: Literature/Film Quarterly, 1982, H. 2; D. Medine: »Law and Kurosawa's *Rashomon*«, in: Literature/Film Quarterly, 1992, H. 1; Parker Tyler: »*Rashomon* as Modern Art«, in: Julius Bellone (Hg.): Renaissance of the Film. London 1970; Karsten Visarius: »*Rashomon*«, in: Peter W. Jansen/Wolfram Schütte (Hg.): Akira Kurosawa. München 1988; Leo Waltermann: »*Rasho-*

mon«, in: Walter Hagemann (Hg.): Filmstudien. Bd.2. Emsdetten 1954; Peter Wuss: »Die Tiefenstruktur des Filmkunstwerks«. Berlin (DDR) 1986; Keiko Yamane: »Das japanische Kino«. München, Luzern 1985.

Klaus Bort

LE RAYON VERT (Das grüne Leuchten). Frankreich (Les Films du Losange/Canal Plus) 1986. 16 mm, Farbe, 90 Min.
R+B: Eric Rohmer. K: Sophie Maintigneux. S: Maria-Luisa Garcia. M: Jean-Louis Valero.
D: Marie Rivière (Delphine), Béatrice Romand (Béatrice), Lisa Hérédia (Manuella), Rosette (Françoise), Vincent Gauthier (Jacques), Eric Hamm (Edouard), Carita (Lena), Joël Comarlot (Joël).

Die sanfte Chronik eines Sommers: Paris, die Berge und die Küste im Juli, ein verpatzter Urlaub, innere Unentschiedenheit und selbstgewählte Abgeschiedenheit, vor allem aber Einsamkeit. Delphine, eine hübsche Mittdreißigerin, ist auf sich selbst zurückgeworfen: Die ursprünglich geplante gemeinsame Griechenlandfahrt hat eine Freundin kurzfristig abgesagt. Die etwa gleichaltrige und eben so einsame Figur Pierre Wesselrin in Rohmers erstem langen Film *Le signe du lion* (*Im Zeichen des Löwen*, 1959) war ebenfalls der aufgeheizten sommerlichen Hauptstadt brutal ausgesetzt, zu Kommunikation jedoch kaum in der Lage. Delphine hingegen läßt mit sich reden – was nicht bedeutet, daß sie sich überreden ließe von all den gutgemeinten Ratschlägen. Urlaub in Irland mit der Familie ihrer Schwester, allein nach Antibes fahren, wie es ihr ein verflossener Freund riet, keins von beidem will sie, auch nicht das schnelle Abenteuer suchen. Sie ist Vegetarierin, ißt weder Fleisch noch Fisch, mochte noch nie auf der Kinderschaukel sitzen und mag auch nicht segeln. Die Welt um sie herum scheint in diesem Sommer für sie nicht geschaffen.

Eric Rohmer hat *Le rayon vert*, dem fünften Teil seines Zyklus »Comédies et proverbes«, ein Motto von Rimbaud vorangestellt: »Oh laß die Zeit rasch kommen, da die Herzen sich verlieben.« Mit seiner Hauptdarstellerin Marie Rivière, die an der Ausformung der Dialoge während der Dreharbeiten beteiligt war, schickt er eine leichte 16 Millimeter-Kamera und ein Mikrophon auf eine Sommerreise. *Le rayon vert* steckt voller improvisierter Sprachmelodien, verstärkt durch verschiedene Akzente, den Pariser, den des Midi und der Normandie beispielsweise. Delphine führt Gespräche mit Freundinnen und auch mit Menschen, die sie zuvor nicht kannte. Beim Essen redet sie sich beinahe fest – und plötzlich ist der Salat »mein Freund«. Die Figur Delphine trägt diesen poetischen Film – die Kamera von Sophie Maintigneux braucht nur zu dokumentieren: »Rohmer filmt Attitüden und wie sie geformt werden von Gefühlen und Wünschen. Marie Rivière ist pathetisch, mal enervierend, mal bewegend. Ihre Tränen, wenn sie aus heiterem Himmel zu schluchzen anfängt, gehen einem nahe wie die von Paula Prentiss in *Man's Favorite Sport* und Ingrid Bergman in *Stromboli*.« (Fritz Göttler).

Das Anti-Illusions-Kino Rohmers gliedert Delphines Geschichte ganz einfach in Tage. Es kommt ein alter Pariser Taxifahrer darin vor, der davon erzählt, wie er als Sechzigjähriger zum ersten Mal das Meer gesehen hat, ein Vermieter von Ferienwohnungen in den Bergen, der bei Delphines Abschied nach nur einem Tag noch einmal in die Kamera lacht, und ein deutscher Gelehrter, den Rohmer in Biarritz kennenlernte, als er das physikalische Phänomen des »grünen Strahls« beim Untergehen der Sonne am Horizont erläuterte. Neben solchen zufälligen Begegnungen gibt es rätselhafte Spielkarten, die Delphine dann und wann findet. Es geht um das, was passiert, wenn man bereit ist, es passieren zu lassen. Auf einem ausgedehnten Spaziergang in der Nähe von Cherbourg, an einer dreifachen Weggabelung läßt Delphine sich von einer Augenblickslaune treiben: Sie schnuppert an einer Pflanze und reibt sich den Geruch an den Händen ins Gesicht. Die Natur bringt sie zum Weinen, sie erlebt intensiv die Einsamkeit. Behutsam führt die Kadrage an ihr Gesicht: Kürzere Einstellungen von Blättern und Sträuchern, die sich im Winde bewegen, gehen voraus. Delphines Erziehung des Herzens ist wieder einen Schritt vorangekommen, und das Ende des Films hat nicht nur ein grünes, sondern das Leuchten von zwei Herzen vorzuweisen. Der Urlaub war ein voller Erfolg.

»Le rayon vert«, in: L'Avant-Scène du Cinéma, 1986, H. 355. (Filmprotokoll, Materialien).
Alain Bergala: »Retour à *Stromboli*«, in: Cahiers du Cinéma, 1986, H. 387; Pascal Bonitzer: »Le dernier venu«, in: ebd.; Françoise Etchegaray: »A la poursuite du *Rayon vert*«, in: ebd.; Uta Felten: »Figures du désir. Untersuchungen zur amourösen Rede im Film von Eric Rohmer«. München 2004; Rainer Gansera: *»Das grüne Leuchten«*, in: epd Film, 1987, H. 6; Peter Kremski: »Die Poesie des Alltags«, in: medien + erziehung, 1987, H. 4; Marion Lange-Becker/Jörg Becker: »Zyklen-Zugänge«, in: filmwärts, 1993, H. 26; Phillip Lopate: *»Le rayon vert«*, in: Mary Lea Bandy/Antonio Monda (Hg.): The Hidden God. New York 2003; Joël Magny: »Eric Rohmer«. Paris, Marseille 1986; V. Ostria: »A l'improviste«, in: Cinématographe, 1986, H. 122 (Interview); John Pym: »Silly girls«, in: Sight and Sound, 1986/87, H. 1; Walter Ruggle: »Der Mikrokosmos der Gefühle«, in: Filmbulletin, 1986, H. 150; Nicholas Saada: »Entretien avec Sophie Maintigneux, chef opérateur«, in: Positif, 1986, H. 309; Christoph Terhechte: »Blick zurück ohne Zorn«, in: tip-Magazin, 1988, H. 9 (Interview).

Rolf Aurich

REAR WINDOW (Das Fenster zum Hof). USA (Paramount) 1953/54. 35 mm, Farbe, 112 Min.

R: Alfred Hitchcock. B: John Michael Hayes, nach einer Kurzgeschichte von Cornell Woolrich. K: Robert Burks. A: Sam Comer, Ray Moyer, Edith Head. S: George Tomasini. Ba: Joseph McMillan Johnson, Hal Pereira. M: Franz Waxman.
D: James Stewart (L.B. Jeffries), Grace Kelly (Lisa Freemont), Thelma Ritter (Stella), Raymond Burr (Lars Thorwald), Wendel Corey (Tom Doyle), Judith Evelyn (Miss Lonelyhearts).

Vordergründig handelt *Rear Window* von der Entdeckung eines Mordes, sein eigentliches Thema ist jedoch die Beziehung der Geschlechter. Der abgezirkelte Bereich eines Hinterhofgevierts in Greenwich Village, den die Kamera nie verläßt, wird zur Bühne, auf der sich verschiedene Facetten des Zusammenlebens von Mann und Frau beobachten lassen.

Das Beobachten der Menschen in den Nachbarwohnungen, deren Fenster in der sommerlichen Hitze offenstehen, ist dem Pressefotografen Jeffries zum Zeitvertrieb geworden, seit er wegen eines Gipsbeins an den Rollstuhl gefesselt ist. Sein spähender Blick aus dem Fenster ist die Perspektive, die den gesamten Film beherrscht. Mit voyeuristischer Neugier verfolgt er die kleinen Dramen seiner Mitbewohner: Da ist zum Beispiel Miss Lonelyhearts, die sich nach Liebe sehnt, aber vor dem Ungestüm ihres Verehrers zurückschreckt. Oder die kokette Tänzerin, die, von Männern umschwärmt, sich nur für deren finanzielle Potenz zu interessieren scheint. Und schließlich der Handlungsreisende Thorwald, der von seiner bettlägerigen Frau so lange gegängelt wird, bis er sie tötet.

Damit entledigt sich Thorwald – vermeintlich – eines Problems, das auch Jeffries zu schaffen macht: Sein Leben nicht nach seinen eigenen Vorstellungen führen zu können, weil eine Frau ihn daran hindert. Denn Jeffries wird von seiner Verlobten Lisa bedrängt, sie endlich zu heiraten, was er mit dem Argument abzuwehren versucht, sie könne sein unstetes und gefährliches Berufsleben niemals teilen. Wie schon in früheren Filmen Hitchcocks herrscht zwischen dem positiven (Jeffries) und dem negativen Helden (Thorwald) große Ähnlichkeit. Beide sind von Berufs wegen Reisende und unfreiwillig sexuell abstinent, beide hantieren mit Gegenständen von starker phallischer Symbolik, beide wollen ihre Partnerin loswerden. Sie sind einander Spiegelbild, und schuldig werden sie beide, denn der Mörder Thorwald verwirklicht nur das, was sich sein alter ego Jeffries insgeheim wünscht.

Rear Window besitzt eine kreisförmige Handlungsstruktur – das Charakteristikum einer Komödie: Der Film endet, wie er begonnen hat, mit der Aufnahme des an den Rollstuhl gefesselten Helden. Diese Kreisstruktur korrespondiert mit der fast ausschließlich horizontalen Perspektive der Kamera, die nicht das Oben und Unten, sondern das Gegenüber betont. Hitchcock verwendete das Format 3x4, um den Eindruck, aus einem Fenster zu blicken, zu ver-

Rear Window: James Stewart

stärken. Der Film beschränkt sich auf einen einzigen Schauplatz. Um jeglichen Zufall bei den Aufnahmen auszuschließen, ließ Hitchcock in den Paramount-Studios das gesamte Hinterhofareal aufbauen, ein Set von insgesamt 31 Wohnungen, davon zwölf komplett eingerichtete. Zugleich war *Rear Window* Hitchcocks letzte Kinoproduktion, die gänzlich im Studio entstand.

Bei Produktionskosten von zwei Millionen Dollar spielte der Film schon bei der Erstaufführung in Nordamerika einen Reingewinn von über fünf Millionen Dollar ein, was sicherlich auch der Popularität von James Stewart und Grace Kelly zu verdanken war. Die Fachwelt erkannte auch die hohe technische Qualität des Films an und nominierte ihn in den Kategorien Ton, Kamera, Drehbuch und Regie für den Oscar. *Rear Window* bildete den Auftakt zur künstlerisch kreativsten und erfolgreichsten Periode im Werk von Alfred Hitchcock, das mit ↗ *Vertigo*, ↗ *Psycho* und ↗ *The Birds* seinen Höhepunkt erreichte.

David Atkinson: »Hitchcock's Techniques Tell *Rear Window* Story«, in: American Cinematographer, 1990, H. 1; John Belton: »Alfred Hitchcock's *Rear Window*«. Cambridge 2000; Miran Božovič: »Der Mann hinter seiner eigenen Netzhaut«, in: Slavoj Žižek (Hg.): Ein Triumph des Blicks über das Auge. Wien 1992; John Fawell: »Hitchcock's *Rear Window*. The Well-Made Film«. Carbondale, Edwardsville 2001; Martine Lerude-Fiécher: »Schauspiel des Blicks«, in: August Ruhs u.a. (Hg.): Das unbewußte Sehen. Wien 1989; Carol Mason: »*Rear Window*'s Lisa Freemont: Masochistic Female Spectator or Post-War Socioeconomic Threat?«, in: Richard L. Chapple (Hg.): Social and Political Change in Literature and Film. Gainesville 1994; R. Barton Palmer: »The Metafictional Hitchcock: The Experience of Viewing and the Viewing of Experience in *Rear Window* and *Psycho*«, in: Cinema Journal, 1985/86, H. 2; Jonathan Rosenbaum: »Essential Cinema«. Baltimore u.a. 2004; Robert Samuels: »Hitchcock's Bi-Textuality. Lacan, Feminisms, and Queer Theory«. Albany 1998; R. Stam/R. Pearson: »Hitchcock's *Rear Window*: Reflexivity and the Critique of Voyeurism«, in: Enclitic, 1983, H. 2; George Toles: »A House Made of Light«. Detroit 2001; François Truffaut: »Mr. Hitchcock, wie haben Sie das gemacht?«. München 2003.

Bernd Jendricke

REBEL WITHOUT A CAUSE

(...denn sie wissen nicht, was sie tun). USA (Warner Brothers) 1955. 35 mm, Farbe, 111 Min.

R: Nicholas Ray. B: Stewart Stern, nach einer Idee von Nicholas Ray. K: Ernest Haller. S: William Ziegler. Ba: William Wallace. M: Leonard Rosenman.

D: James Dean (Jim Stark), Natalie Wood (Judy), Sal Mineo (Plato), Jim Backus (Jims Vater), Ann Doran (Jims Mutter), Corey Allen (Buzz).

Rebel Without a Cause gilt als Nicholas Rays persönlichster Film. Die Zusammenarbeit mit Studio und Schauspielern war ideal, der Regisseur hatte kaum Auflagen. Der Film basiert auf seiner eigenen Story »The Blind Run«; eine Fallstudie von Robert M. Lindner, die keinerlei Verwendung fand, gab dem Film seinen Titel. Zugleich ist *Rebel Without a Cause* ein James-Dean-Film. Seit seinem überwältigenden Erfolg in Elia Kazans *East Of Eden* (*Jenseits von Eden*, 1955) war der Schauspieler zum Idol einer neu entstehenden Jugendkultur geworden: Zornig und verletzlich, verkörperte er die Rebellion der Jugend wie in seiner Generation sonst nur der junge Marlon Brando. Deans Tod kurz vor der Uraufführung des Films – er starb in einem Sportwagen bei 180 Stundenkilometern – machte ihn zur Legende.

Rays Story beschreibt ohne große Umschweife den Generationskonflikt. Jimmy verzweifelt an der Schwäche seiner Eltern und an ihrer Unfähigkeit, sich erwachsen zu benehmen. Als er von einer Bande herausgefordert und als ›chicken‹ denunziert wird, kann ihm sein Vater keinen Rat geben: Er ist einer, der stets kuscht. Jim läßt sich auf eine lebensgefährliche Mutprobe ein: In einem gestohlenen Wagen rasen er und sein Gegner Buzz auf einen Abgrund zu; wer als erster herausspringt, hat verloren. Buzz kommt ums Leben, Jim kann rechtzeitig abspringen. Zusammen mit dessen Freundin Judy und seinem Bewunderer Plato versteckt er sich in einer verfallenen Villa. Als der sensible Plato sich von Jim und Judy, zwischen denen sich eine Liebesbeziehung entwickelt, verlassen wähnt, verschanzt er sich im nahegelegenen Planetarium, wo er schließlich von der Polizei gestellt und erschossen wird.

Die Erwachsenen, deren Verhalten Ray in einer Überblendungssequenz stereotyp charakterisiert, werden bis zur Karikatur gezeichnet. Das gilt vor allem für Jims Vater, der mit Schürze und Frühstückstablett um scheinheilige Harmonie bemüht ist. Er ist der Hauptgrund für Jims Rebellion. Das Gegenbild stellt der verständnisvolle Inspektor dar, der schon in der ersten Szene auf der Polizeiwache für die wegen Bagatelldelikten Verhafteten die richtigen Worte findet. Die Rollen von Dean und den Bandenmitgliedern – Laien oder unbekannte Nebendarsteller, darunter Dennis Hopper in seiner ersten Filmrolle – entwickelte Ray schrittweise durch Improvisation, auch vor laufender Kamera; die Jugendlichen konnten eigene Bandenerfahrungen, Gesten, Attitüden und den Jargon ihres Milieus einbringen. Dean, am berühmten Actor's Studio ausgebildet, verlieh der Figur des Jim Stark eine beeindruckende physische Präsenz. Die daraus entstehende Spontaneität und Authentizität, die sich auch heute noch mitteilt, ist wohl das Erstaunlichste an dem Film.

Sein Bild von der »Generation, die in einer Nacht erwachsen wird« (Stewart Stern), untermauert Ray durch die mise en scène: Durch tiefgelegte Schrägblicke entzieht er der elterlichen Wohnung den festen Boden; aus Jims Sicht steht die häusliche Ordnung einmal sogar auf dem Kopf. Das breite Cinemascopeformat dient ganz verschiedenen Zwecken. Durch mehrfache innere Rahmungen erscheinen die Heranwachsenden erdrückt von ihrer Umgebung (insbesondere auf der Wache); die Erweiterung des Bildfeldes führt im Gegenzug zur Isolierung der Figur. Bildliche Dynamik entsteht dagegen in den Gruppenszenen, die Ray mit großer Tiefenschärfe und spannungsreichen Diagonalkompositionen erzeugt. Die wenigen Schauplätze weisen, wie fast immer bei Ray, über ihren konkreten Ort hinaus. Das Planetarium mit seinem unendlichen, aber künstlichen Himmel ist eine Metapher für die unbestimmte Sehnsucht der Jugendlichen; die alte Villa, zunächst Fluchtpunkt und Ersatzheimat, entpuppt sich als Falle und somit als trügerische Hoffnung eines eskapistischen, trotz allem bürgerlichen, Lebensentwurfes.

»*Rebel Without a Cause*«, in: Sam Thomas (Hg.): Best American Screenplays. New York 1986. (Drehbuch)
Geoff Andrew: »The Films of Nicholas Ray«. London 1991; Volker Behrens: »Rebellen, Jeans und Rock'n'Roll – Neue Formen von Jugendprotest und Sozialkritik: ... *denn sie wissen nicht, was sie tun* (1955)«, in: Werner Faulstich/Helmut Korte (Hg.): Fischer Filmgeschichte. Bd.3. Frankfurt a.M. 1990; Peter Biskind: »*Rebel Without a Cause* – Nicolas Ray in the Fifties«, in: Film Quarterly, 1973/74, H. 4; David Dalton: »James Dean«. München 1974; Ronald M. Hahn/Volker Jansen: »Kultfilme«. München 1985; Nicholas Ray: »Story into Script«, in: Norbert Grob/Manuela Reichart (Hg.): Ray. Berlin 1989; Wilfried Reichart: »*Rebel Without a Cause*«, in: ebd.; Manfred Salzgeber: »Der Film der Jahrhundertmitte«, in: Helga Belach/Wolfgang Jacobsen (Hg.): CinemaScope. Berlin 1993; Walter Schobert: »*Denn sie wissen nicht, was sie tun*«, in: Günter Engelhard u.a. (Hg.): 111 Meisterwerke des Films. Frankfurt a.M. 1989; George M. Wilson: »*Rebel Without a Cause*«, in: ders.: Narration in Light. Baltimore, London 1986.

Ingo Fließ

THE RED SHOES (Die roten Schuhe). Großbritannien (The Archers) 1948. 35 mm, Farbe, 133 Min.
R: Michael Powell, Emeric Pressburger. B: Emeric Pressburger, Keith Winter. K: Jack Cardiff. A+Ko: Hein Heckroth. M: Brian Easdale.
D: Marius Goring (Julian Craster), Anton Walbrook (Boris Lermontov), Moira Shearer (Victoria Page), Leonide Massine (Grischa Ljubov), Albert Bassermann (Sergej Ratov).

Ein romantisches Kino-Märchen, ein farbenprächtiges Technicolor-Wunder aus der grauen Nachkriegszeit und der Ballettfilm schlechthin: *The Red Shoes* ist ein Klassiker, der moderne Tanzfilme wie *Flashdance* (Adrian Lyne, 1983) noch immer weit in den Schatten stellt. Der Titel ist Hans Christian Andersens Märchens entliehen: Ein Mädchen, das auf den Ball gehen will, begehrt die roten Schuhe. Als sie nach durchtanzter Nacht müde wird, kann sie doch nicht aufhören: Die roten Schuhe geben keine Ruhe. »Die Zeit rast vorbei, die Liebe rast vorbei, das Leben rast vorbei, aber die roten Schuhe tanzen weiter«, so faßt Boris Lermontov das Märchen zusammen, das ihm als Vorlage für das Libretto zu seinem neuen Ballett dienen soll. Die Kunst ist eine Obsession, sie läßt keinen Raum für irgendetwas anderes, genau dies predigt der Ballettchef stets seinen Tänzern und Mitarbeitern. Und wie endet das Märchen, fragt ihn Julian, der junge Komponist. »Das Mädchen stirbt. Das ist alles.«
Die Geschichte ist nicht originell, sie liegt fast allen Filmen des Genres zugrunde. Der unnahbare Lermontov, arrogant und egozentrisch, engagiert Julian Craster als Dirigenten für die Orchesterproben und Victoria Page als zweite Besetzung für die Primaballerina Boronskaja. Als diese heiratet und deshalb die Truppe verläßt – für Lermontov ist dies Verrat an der Kunst, und die Boronskaja klagt: »Er hat kein Herz, dieser Mann« –, erhält Victoria ihre Chance: Lermontov baut sie zum neuen Star auf und Julian macht er zu seinem Komponisten. Die Produktion wird ein weltweit umjubelter Erfolg. Man könne die menschliche Natur nicht ändern, meint der Ballettmeister, doch Lermontov hält dagegen: »Man kann sie ignorieren.« Er irrt sich – Victoria verliebt sich in Julian. Sie heiraten, doch Lermontov versucht, sie für die Bühne zurückzugewinnen. Der Film endet tragisch wie das Märchen: Hin- und hergerissen zwischen der Liebe zu ihrem Mann und zur Kunst, stürzt sich Victoria in den Tod.
Die Welt des Films sind wechselnde und doch immer gleichbleibende Schauplätze: das Theater, Leben vor und hinter der Bühne, Vorstellung und Probe, Reisen von einer Metropole zur nächsten: London, Paris, Monte Carlo. Der Film beginnt mit dem Einlaß in den Covent Garden und endet mit einer Vorstellung ohne Primaballerina. Während Victoria auf den Eisenbahn-Gleisen stirbt, zieht Julian ihr die roten Schuhe aus.
»Selbst der beste Zauberer der Welt kann kein Kaninchen aus dem Hut zaubern, wenn er nicht eins drin hätte«, heißt es im Film. *The Red Shoes* ist das Ergebnis der Zusammenarbeit eines ungewöhnlichen Teams: Michael Powell und Emeric Pressburger, gemeinsam verantwortlich für Produktion, Buch und Regie, fanden in dem Maler Hein Heckroth

einen kongenialen Mitarbeiter. Höhepunkt von *The Red Shoes* ist die knapp 15minütige Sequenz mit dem Ballett »Die roten Schuhe«. Zu Beginn und am Schluß sieht man den Bühnenrahmen, dann befreit sich der Film von dieser Begrenzung und wird zu einer reinen Filmphantasie: Während des Tanzes nehmen die Träume, Wünsche und Ängste des Mädchens, bzw. Victorias, Gestalt an. Für diese Sequenz, die nicht einmal im Final Shooting Script beschrieben wird, entwarf Heckroth ein ungewöhnliches Storyboard: Er malte Hunderte von Öl-Skizzen, die einem abstrakten Farbschema folgten und verfilmt wurden; dieser Film diente dem Choreographen und dem Komponisten als Arbeitsgrundlage. *The Red Shoes* war für Heckroth – ein deutscher Emigrant wie die Darsteller Anton Walbrook (Adolf Wohlbrück) und Albert Bassermann – seine erste Arbeit als Film-Ausstatter und brachte ihm einen Oscar ein.

Das Dreigespann Powell, Pressburger und Heckroth setzte seine erfolgreiche Arbeit mit *The Tales of Hoffmann* (*Hoffmanns Erzählungen*, 1951) fort; diesmal wurde Heckroth für den Oscar in zwei Kategorien nominiert: Art Direction und Kostümdesign. Die Rubrizierung erweckt jedoch einen falschen Eindruck: Heckroth ist eigentlich Mitautor des Films. »In *The Red Shoes* und *The Tales of Hoffmann* lassen sich Dekor und Erzählung nicht voneinander trennen«, notierte Martin Scorsese: »Die Bildgestaltung ist nicht mehr nur formales Hilfsmittel, sondern trägt entscheidend dazu bei, die Geschichte des Films zu erzählen.« Mitte der fünfziger Jahre kehrte Heckroth nach Deutschland zurück, wo er an den Filmen von Helmut Käutner, Kurt Hoffmann und Wolfgang Staudte mitwirkte, für das Fernsehen und die Bühne arbeitete. Alfred Hitchcock engagierte ihn für *Torn Curtain* (*Der zerrissene Vorhang*, 1966). Doch nie wieder hat er, wie in der Zusammenarbeit mit Powell und Pressburger, »jene fieberhafte und visionäre Höhe erreicht, die ihre Bilder so unheimlich und fesselnd machte« (Scorsese).

Nannette Aldred: »Hein Heckroth in England«, in: Kinematograph, Frankfurt, 1991, H. 7; Ian Christie: »Arrows of Desire: The Films of Michael Powell and Emeric Pressburger«. London 1985; Sheila Benson: »*The Red Shoes*«, in: Film Comment, 1990, H. 3; Page Cook: »The sound track«, in: Films in Review, 1988, H. 10; Peter Fraser: »The Musical Movie: Putting on *The Red Shoes*«, in: Cinema Journal, 1986/87, H. 3; Monk Gibbon: »The Red Shoes Ballet. A Critical Study«. London 1948; Fritz Göttler u.a. (Red.): »Living Cinema: Powell & Pressburger«. München 1982; Kevin Gough-Yates: »Michael Powell«. London 1971; Norbert Grob: »Farbe im Auge, Ausdruck im Kopf«, in: Kinematograph, a.a.O.; Karlheinz Oplustil: »*Die roten Schuhe*«, in: epd Film, 1984, H. 5; Michael Powell: »A Life in Movies«. London 1986; ders.: »Interviews«. Hg. David Lazar. Jackson 2003; Yann Tobin: »*Les chaussons rouges. Les contes d'Hoffmann*«, in: Positif, 1985, H. 289.

Michael Töteberg

REDUPERS ↗ Die allseitig reduzierte Persönlichkeit – Redupers

LA RÈGLE DU JEU (Die Spielregel). Frankreich (La Nouvelle Edition Française) 1939. 35 mm, s/w, 106 Min.
R: Jean Renoir. B: Jean Renoir, Carl Koch. K: Jean Bachelet. M: R. Desormières.
D: Marcel Dalio (Robert de la Chesnaye), Nora Grégor (Christine de la Chesnaye), Roland Toutain (André Jurieux), Jean Renoir (Octave), Mila Parély (Geneviève).

»Der Film wurde mit einer Art Haß aufgenommen. Trotz der lobenden Kommentare bestimmter Kritiker sah das Publikum ihn als persönliche Beleidigung an.« (Jean Renoir). Bei Aufführungen kam es zu regelrechten Tumulten, weshalb der Film auf 80 Minuten gekürzt wurde. Nach dem deutschen Überfall auf Polen und der folgenden Kriegserklärung Frankreichs galt *La règle du jeu* als defätistisch und wurde verboten. Nur durch Zufall blieb genügend Material erhalten, so daß 1965 die Originalfassung rekonstruiert werden konnte.

Der Film tritt als »Divertimento« auf und zitiert Beaumarchais: »Wenn die Liebe Flügel hat, soll sie da nicht flattern?«. *La règle du jeu* ist die Geschichte einer Frau zwischen zwei (oder vier?) Männern sowie die Geschichte von Entscheidungen, die niemand treffen will. Haltung bewahren lautet die Devise. Aber was einst Habitus war, ist zur Attitüde geworden, und man muß am Ende des Films anerkennen, daß die perfekte Darstellung der Haltung schon alles ist. Renoir führt dies in einer grandiosen Szene augenfällig vor. Er bereitet eine Bühne, die von der Außenterrasse des Landschlosses La Colinière gebildet wird. Einmal tritt Octave auf, erinnert sich des großen Dirigenten, der Christines Vater war. Er nimmt die Pose ein, will gerade den Einsatz geben – da verzweifelt er, bricht zusammen. Künstler habe er werden wollen, nun könne er nur eines, ins Wasser spucken. Auf dieser Bühne tritt, am Ende des Films, auch Robert auf. Er muß den Tod Jurieux verkünden, immerhin sein Nebenbuhler um Christine, und löst, in exakt der gleichen Einstellung, seine Aufgabe: eine gelungene Darstellung, die auch vom alten General goutiert wird.

La règle du jeu ist – angesichts der Improvisation und den von Wetterunbilden und Zeitdruck geprägten Dreharbeiten fast unfaßlich – der präziseste Vorkriegsfilm Renoirs. Der Übergang von der Komödie zur tragischen Form kommt immer unerwartet wie ein Schmerz. In der Balance gehalten wird der Film durch eine radikale Symmetrie und fast brüsk gegeneinander abgesetzte Handlungsblöcke. Symmetrie herrscht zwischen den Aristokraten und den Bediensteten; unglückliche Ehen und Liebesaffären hier wie dort. In La Colinière ist selbst der Fußboden mit dem Schachbrettmuster weißer und schwarzer Fliesen bedeckt. Die Absetzung der Handlungseinheiten aber ist die Garantie, daß dieser Film mit vorher nie gesehenen Kamerabewegungen und Inszenierungen in einer atemberaubenden Tiefe des Raumes den Umschlag der Stimmungen kontrolliert.

Jurieux liebt Christine, hat sich aber unmöglich gemacht. Octave verhilft ihm zu einer Einladung nach La Colinière – aber da ist der Flieger, der per Radio seine Enttäuschung über die Geliebte hinausschrie, auch nicht froh. Renoir greift eine Komödientradition auf, wenn er die Eifersucht Schumachers benutzt, um die Regeln auch in der oberen Welt durcheinanderzuwirbeln. In dem letzten Teil des Films, der mit dem Titel »Fête à la Colinière« auf einem Notenblatt eingeleitet wird, triumphiert die Komödie, bevor sie zur Tragödie mutiert. Die Handlung erstarrt, wenn die Entscheidungen fallen. Hier hat Renoir die Wunde offengelegt: Die französische Gesellschaft war unbeweglich geworden.

Die »Religion des authentischen Tones« läßt in *La règle du jeu* Geräusche hörbar werden, wie sie vorher nicht und seither kaum im Kino erklangen: Schumachers knarrende Sohlen, die ihn schon ankündigen, bevor er im Bild ist; Roberts immer etwas schräg klingende mechanische Wunderinstrumente; der Regen in La Colinière und das Geräusch der Autos, die über eine Brücke fahren. Die Fülle der Geräusche und die Tiefenschärfe verbinden sich zum Eindruck einer vollständig erfaßten Welt: Renoirs Realismus war immer eine Frage der Form.

»*La règle du jeu*«. Hg. Kollektiv unter Leitung von Manfred Engelbert/Annette Stürmer. Tübingen 1981. (Filmprotokoll).

André Bazin: »Jean Renoir«. München 1977; Jean-Claude Brisseau: »*La règle du jeu*«, in: Cahiers du Cinéma, 1994, H. 482; Nick Browne: »Deflection of desire in *The rules of the game*: reflections on the theater of history«, in: Quarterly Review of Film Studies, 1982, H. 3; Lorenz Engell: »Bilder des Wandels«. Weimar 2003; Rainer Gansera: »*Die Spielregel*«, in: epd Film, 1986, H. 9; Heiner Gassen/Claudine Pachnicke (Hg.): »Lotte Reiniger. Carl Koch. Jean Renoir«. München 1994; Thomas Klein: »Ernst und Spiel. Grenzgänge zwischen Bühne und Leben im Film«. Mainz 2004; Michael Lommel/Volker Roloff (Hg.): »Jean Renoirs Theater/Filme«. München 2003; Isabel Maurer Queipo: »*La Regle du jeu* – eine surrealistische Phantasie von Jean Renoir?«, in: Michael Lommel u.a. (Hg.): Französische Theaterfilme – zwischen Surrealismus und Existentialismus. Bielefeld 2004; Philippe R. Perebinossoff: »Theatricals in Jean Renoir's *The Rules of the Game* and *Grand Illusion*«, in: Literature/Film Quarterly, 1977, H. 1; Vlada Petric: »From mise-en-scène to mise-en-shot: analysis of a sequence«, in: Quarterly Review of Film Studies, a.a.O.; Jean Renoir: »Mein Leben und meine Filme«. München 1975; William Rothman: »The filmmaker within the film: the role of Octave in *The rules of the game*«, in: Quarterly Review of Film Studies, a.a.O.; Alexander Sesonske: »Jean Renoir – The French Films 1924–1939«. Cambridge 1980; Epi Wiese: »The Shape of Music in *The Rules of the Game*«, in: Quarterly Review of Film Studies, a.a.O.; George A. Wood, Jr.: »Game theory and *The rules of the game*«, in: Cinema Journal, 1973, H. 1.

Rainer Rother

DER REIGEN ↗ Ronde

DIE REISE NACH TOKIO ↗ Tokyo monogatari

REPULSION (Ekel). Großbritannien (Compton-Tekli Films) 1965. 35 mm, s/w, 105 Min.
R: Roman Polanski. B: Roman Polanski, Gérard Brach. K: Gilbert Taylor. A: Seamus Flannery. M: Chico Hamilton.
D: Cathérine Deneuve (Carol), Ian Hendry (Michael), John Fraser (Colin), Yvonne Furneaux (Hélène).

Repulsion war der erste Spielfilm, den der polnische Emigrant Polanski im Ausland realisierte. Nachdem er für ↗*Cul-de-Sac* zunächst keinen Produzenten fand, nahm er den Auftrag der Softporno-Hersteller Michael Klinger und Tony Tenser an, einen Horrorfilm zu drehen. Ihm sei bewußt gewesen, schreibt Polanski in seiner Autobiographie, Originalität würde sich bei diesem Projekt nur durch die Erzählweise erzielen lassen. Formale Elemente seiner frühen surrealistischen Parabeln verband er mit dem kommerziellen Kino. Zu dem Erfolg von *Repulsion*, auf der Berlinale 1965 mit dem Silbernen Bären ausgezeichnet, trug wesentlich die Hauptdarstellerin Cathérine Deneuve bei.

Polanskis Film ist die psychologische Studie einer Frau, die aus ihrer Verstörtheit immer mehr in den Wahnsinn abgleitet und dabei zwei Männer tötet. Carol Ledoux, Maniküre in einem Londoner Schönheitssalon, wohnt zusammen mit ihrer Schwester Hélène, die mit dem verheirateten Michael ein Verhältnis hat. Von Beginn an wirkt Carol geistesabwesend und verschlossen, während Hélène lebhaft und selbstbewußt auftritt. Als Hélène und Michael zu einer Urlaubsreise aufbrechen, fleht Carol ihre Schwester an, sie nicht alleine zu lassen.

Mit der Abreise der Schwester wechselt die Perspektive des Films von der objektiven Betrachtung zur – allerdings mehrfach durchbrochenen – subjektiven Sichtweise Carols, deren Halluzinationen ins Bild gesetzt werden. Dieser Übergang, durch schokkierende, sich aber als harmlos herausstellende Momente subtil vorbereitet, führt den Zuschauer an die fortschreitende psychische Desintegration heran. Carol, von der Chefin nach Hause geschickt, schließt sich allein in der Wohnung ein. Die Zeitstruktur löst sich auf; der Wechsel von Tag und Nacht wird unbedeutend. Das Verstreichen der Zeit ist nur noch zu erkennen an der zunehmenden Verwahrlosung der Wohnung und einem verwesenden Kaninchen, das es einmal zum Abendessen geben sollte. Dies löst merkwürdigerweise bei Carol, die sich beständig mit fahrigen Bewegungen unsichtbaren Schmutz aus dem Gesicht wischt, keinen Ekel aus. Umso mehr ist ihr Widerwille auf Gegenstände gerichtet, die Michaels Körperpflege dienen: das Rasiermesser und die Zahnbürste. Panisch reagiert sie auf tatsächliche oder imaginäre Übergriffe von Männern: Der junge Colin macht linkische Annäherungsversuche, die zurückzuweisen Carol nicht in der Lage ist; ein unbekannter Mann stürzt sich auf sie und vergewaltigt sie. Die optische Realität wird gebrochen durch den Ton – ein unnatürlich laut tickender Wecker ist das einzige Geräusch –, so daß der irreale Charakter dieser Szene deutlich ist.

Solche Halluzinationen sind die Vorbereitung auf das reale Eindringen zweier Männer: Colins, der das Mädchen unbedingt wiedersehen will, und des Hauswirts, der die Miete eintreibt und Carol sexuell bedrängt. Mit den beiden Morden verschafft sich Carol kurzfristig Entspannung, doch als Hélène und Michael aus dem Urlaub zurückkommen, finden sie sie in einem Zustand völliger Erstarrung.

Eine Hauptrolle spielt die Wohnung, deren Veränderung den Seelenzustand Carols spiegelt. Die Wände bekommen Risse oder werden weich wie Lehm; die Dimensionen der Wohnung verändern sich durch verschobene Zimmerwände und -decken sowie in ihren Proportionen vergrößerte und verzerrte Möbel und Requisiten. Die alptraumhafte Wirkung wird durch Weitwinkelobjektive sowie Licht und Schatten verstärkt. Akustische Schocks, die auf nahezu lautlose Szenen folgen, ergänzen die visuellen: überlautes Klingeln des Telefons oder an der Tür, das Krachen der berstenden Wände.

Der Schluß bietet keine Lösung, die Carols psychische Störung erklärt; Polanski begnügt sich mit einer Andeutung. Michael trägt Carol aus dem Zimmer, in dem er und Hélène sie gefunden haben. Die Kamera folgt ihnen nicht, sie schwenkt über die Gegenstände im Wohnzimmer zu einem Familienfoto: die kleine Carol, allein im Hintergrund, schielt nach dem Vater, der ihre Schwester auf dem Schoß hält. Der Film begann mit einer Aufnahme von Carols Pupille, aus der die Kamera langsam herausfuhr; nun fährt sie in das Foto hinein, bis sie in Carols Pupille wieder angelangt ist.

»*Ekel*«. Hg. Enno Patalas. Hamburg 1965. (Filmprotokoll). Gretchen Bisplinghoff: »Codes of feminine madness«, in: Film Reader, 1982, H. 5; Ivan Butler: »The Horror Film«. London, New York 1967; Helmut Färber: »*Ekel*«, in: Filmkritik, 1965, H. 9; Peter W. Jansen/Wolfram Schütte (Hg.): »Roman Polanski«. München 1981; Anette Kaufmann: »Angst. Wahn. Mord«. Münster 1990; Marion Kroner: »Roman Polanski«. Schondorf 1981; Heike Kühn: »Rede und Gegenrede, einige Widerworte zu Roman Polanskis *Ekel*«, in: Arnoldshainer Filmgespräche, 1990, H. 7; Leon Lewis/William David Sherman: »The Landscape of Contemporary Cinema«. Buffalo, New York 1967; Renate Lippert: »Panisches Töten«, in: Frauen und Film, 1990, H. 49; Roman Polanski: »Roman Polanski«. Bern u.a. 1984; T.J. Ross: »Roman Polanski, *Repulsion*, and the New Mythology«, in: Film Heritage, 1968/69, H. 2; Horst Schäfer: »*Ekel*«, in: Günter Engelhard u.a. (Hg.): 111 Meisterwerke des Films. Frankfurt a.M. 1989; Paul Werner: »Roman Polanski«. Frankfurt a.M. 1981; Virginia Wright Wexman: »Roman Polanski«. London 1985.

Tim Darmstädter

RESERVOIR DOGS (Reservoir Dogs – Wilde Hunde). USA (A Band Apart/Live Entertainment) 1992. 35 mm, Farbe, 99 Min.
R+B: Quentin Tarantino. K: Andrzej Sekula.
A: Sandy Reynolds-Wasco. S: Saly Menke.
M: Karyn Rachtman; Songs: George Baker Selection, Stealer's Wheel, Bedlam.
D: Harvey Keitel (Mr. White), Steve Buscemi (Mr. Pink), Michael Madsen (Mr. Blonde), Tim Roth (Mr. Orange), Eddie Bunker (Mr. Blue), Randy Brooks (Mr. Brown), Chris Penn (Eddie), Lawrence Tierney (Joe Cabot).

Vor seinem Regiedebüt mit *Reservoir Dogs* schrieb Quentin Tarantino Drehbücher, u.a. *Natural Born Killers* (Oliver Stone, 1994). Der zunächst als No-Budget-Produktion projektierte Film konnte durch das Engagement von Harvey Keitel, der sich als Coproduzent beteiligte und auch das Casting übernahm, mit 1,6 Millionen Dollar und professionellen Schauspielern realisiert werden. Verglichen mit den in Amerika üblichen Budgets ist *Reservoir Dogs* damit immer noch ein billiges B-Picture. Tarantino setzte den eingeschlagenen Weg fort mit dem Film *Pulp Fiction*, der 1994 in Cannes mit der Goldenen Palme ausgezeichnet wurde.

Ein Überfall ist mißlungen. Einer nach dem anderen finden sich die beteiligten Gangster in einem alten Lagerhaus ein, dem vereinbarten Treffpunkt. Ihr Plan muß verraten worden sein; sie versuchen herauszufinden, wer von ihnen der Verräter ist. Die Szene im Lagerhaus wird zur Bühne: ein begrenzter Raum, wenige Akteure. Die Decknamen – keiner kennt den Namen des anderen – haben dieselbe Funktion wie Masken im klassischen Theater: Nicht nur die Akteure bleiben sich untereinander fremd, auch dem Zuschauer wird eine Identifikation erschwert. An Theater erinnert auch, daß die Handlung vor allem durch Dialoge vorangetrieben wird.

In einer der drei Rückblenden zeigt Tarantino, wie der Polizeispitzel auf seine Tätigkeit vorbereitet und in die Gruppe eingeschleust wird, wobei man ihn nur eine Anekdote lernen und erzählen läßt, durch die er das Vertrauen des Bandenchefs erwirbt. Der Vorspann zeigt die Akteure beim gemeinsamen Frühstück vor dem Coup; die scheinbar belanglosen Dialoge geben erste Hinweise auf die unterschiedlichen Charaktere. Hier wie auch bei einer späteren Folterszene – die Gangster versuchen, einen als Geisel genommenen Polizisten zum Reden zu bringen – wird mit Handkamera gedreht und so eine außergewöhnliche Dynamik erreicht.

Reservoir Dogs gehört zu jenen amerikanischen Filmen, die Mitte der neunziger Jahre eine Diskussion über die Gewaltdarstellung im Kino auslösten. In Echtzeit, ohne Schnitte, wird die Mißhandlung des Polizisten gezeigt, eine Szene, die durch die Brutalität, aber auch den zynischen Humor der Inszenierung verstörend wirkt. Mit derselben mechanischen Präzision, mit der die Profi-Gangster ihrem Job nachgehen, mündet die Entlarvung des Verräters in der Selbstzerstörung der Gang. Das gegenseitige Abschlachten wird zum Ritual, von Tarantino als mörderisches Ballett choreographiert. »Die Haltung des Films zu seinen Charakteren ist die eines mitleidlosen Forschers und Arrangeurs, dem die Fragen nach Moral, Message und nach dem *crime doesn't pay*, das sich formell durchsetzt, nur ein Achselzucken entlockt«, schreibt der Kritiker Peter Körte. »Ob versierte Hermeneuten darin einen Kommentar zum amerikanischen Stand der Dinge entschlüsseln, das ist zweitrangig gegenüber dem ästhetischen Furor, der schauspielerischen Brillanz und der unbändigen Kraft dieses Debüts.«

»*Reservoir Dogs*«. - *Wilde Hunde*«. Reinbek 1997. (Filmtext, engl./dt.).
Michael Althen: »Ein roter Faden aus Blut«, in: Die Zeit, 18.9.1992; Alan Barnes/Marcus Hearn: »Tarentino A-Zed«. London 1996; Jami Bernard: »Quentin Tarantino«. New York 1995; Wensley Clarkson: »Quentin Tarantino«. Woodstock, London 1995; Jeff Dawson: »Tarantino. Inside Story«. London 1996; Robert Fischer u.a.: »Quentin Tarantino«. Berlin 1997; Uwe Nagel: »Der rote Faden aus Blut«. Marburg 1997; Quentin Tarantino: »Interviews«. Hg. Gerald Peary. Jackson 1998; Paul A. Woods (Hg.): »Quentin Tarantino«. London 2000.

Stefan Krauss

DIE REUE ↗ Pokajanie

RINGO ↗ Stagecoach

RIO BRAVO USA (Armada) 1958.

35 mm, Farbe, 141 Min.
R: Howard Hawks. B: Jules Furthman, Leigh Brackett, nach einer Story von B.H. McCampbell. K: Russell Harlan. M: Dimitri Tiomkin.
D: John Wayne (John T. Chance), Dean Martin (Dude), Ricky Nelson (Colorado Ryan), Angie Dickinson (Feathers), Walter Brennan (Stumpy), Ward Bond (Pat Wheeler).

Rio Bravo ist Hawks' Antwort auf Zinnemanns ↗*High Noon*. »Ich kann mir keinen guten Sheriff vorstellen, der in der Stadt wie ein Huhn herumläuft und im Kopf weiter nichts als den Gedanken hat, wer ihm helfen wird«, erklärte Hawks. Sein Held ist ebenfalls ein Sheriff, der in jeder Minute mit dem Überfall einer gefährlichen Bande rechnen muß, doch die angebotene Unterstützung ablehnt. Er steht fast allein: Seine Hilfssheriffs - der eine ein Säufer, der andere ein humpelnder alter Kauz; dazu gesellt sich noch ein junger, unerfahrener Revolverheld - erwecken kaum den Eindruck, daß sie dem Vertreter von Recht und Ordnung wirklichen Beistand leisten können. Vor diesem Hintergrund hebt sich der Held umso strahlender ab: Hawks glorifizierte den Sheriff zum überlebensgroßen Heros des wilden Westens. Dies war eine Rolle für John Wayne, der mit der Kritik an *High Noon* vollkommen übereinstimmte: Der Film sei »das Unamerikanischste«, was er je gesehen habe.

Die Handlung spielt ausschließlich in einem kleinen Westernkaff. Das Büro des Sheriffs mit der Zelle, das Hotel mit der Bar, ein Schuppen am Eingang der Stadt: Hawks kommt mit diesen, wenige Schritte voneinander entfernt liegenden Schauplätzen aus. Dieser Western kann darauf verzichten, die großen epischen Weiten der Prärie und die bizarr geklüfteten Rocky Mountains ins Bild zu bringen. Hawks kommt auch mit einem Minimum an Geschichte aus: Sheriff Chance hat den mißratenen Sohn der reichsten und einflußreichsten Familie der Umgebung ins Gefängnis gesperrt, nachdem er im Saloon den Alkoholiker Dude provoziert und einen unbewaffneten Mann erschossen hat. Der Clan versucht, auf alle erdenkliche Art den Gefangenen wieder frei zu bekommen, doch der Sheriff läßt sich von Drohungen nicht einschüchtern. Der Konflikt spitzt sich zu bis zum Showdown. Der wenig originelle Plot wird von Hawks mit dramaturgischer Ökonomie und Sinn für individuelle Gestalten erzählt; unmerklich läßt er die einzelnen Episoden ineinanderfließen, sodaß das Interesse des Zuschauers immer geweckt bleibt.

Der Westernklassiker überzeugt durch die Logik der Geschichte, die einfachen und klaren Bilder, den Rhythmus, die Musik und die Darsteller: John Wayne benötigt kein Pathos, um seiner Figur heldenhafte Konturen zu geben. Die Rolle des - aus Liebeskummer dem Alkohol verfallenen - Hilfssheriffs, von Dean Martin gespielt, ist an sich anspruchsvoller als die des Protagonisten; Walter Brennan als unablässig schimpfender Krüppel, der jedoch mit der Flinte umzugehen weiß, setzt der Figur komödiantische Glanzlichter auf. Angie Dickinson sieht man in ihrer - neben Don Siegels *The Killers* (*Der Tod eines Killers*, 1964) - wohl schönsten, besten und intensivsten Rolle: Die per Steckbrief gesuchte Falschspielerin bleibt in der Stadt hängen und bringt den frauenscheuen Sheriff dazu, Gefallen und Zuneigung an ihr zu finden.

Rio Bravo ist ein Film wie aus einem Guß. Ein formvollendetes Meisterwerk, an dem es nichts zu verbessern oder zu verschönern gibt. Darum hat Howard Hawks den Film acht Jahre später, nur leicht variiert, noch einmal gedreht: *El Dorado* erzählt nahezu dieselbe Geschichte mit einer ähnlichen Figurenkonstellation.

Michael Althen: »*Rio Bravo*«, in: Bernd Kiefer/Norbert Grob (Hg.): Filmgenres: Western. Stuttgart 2003; Serge Daney: »Un art adulte«, in: Cahiers du Cinéma, 1992, H. 458; Michel Devillers: »Frontières de l'Eldorado«, in: Cinématographe, 1978, H. 36; Michael Hanisch: »Western«. Berlin (DDR) 1984; Jim Hillier: »Howard Hawks. American Artist«. London 1996; Mark Ricci/Boris und Steve Zmijewsky: »John Wayne und seine Filme«. München 1979; Martin Schlappner: »*Rio Bravo*«, in: Neue Zürcher Zeitung, 18.2.1960; D. Serceau: »*El Dorado* est-il un autoremake de *Rio Bravo*?«, in: CinémAction, 1989, H. 53; Slobodan Sijan: »Une image de *Rio Bravo*«, in: Positif, 1994, H. 400; Robin Wood: »*Rio Bravo*«. London 2003.

Rüdiger Koschnitzki

THE RIVER (Der Strom). USA/Indien (United Artists/Oriental International Films) 1949–51. 35 mm, Farbe, 99 Min.

R: Jean Renoir. B: Jean Renoir, Rumer Godden, nach dem gleichnamigen Roman von Rumer Godden. K: Claude Renoir. Ba: Eugène Lourié. D: Patricia Walters (Harriet), Rhada (Melanie), Adrienne Corri (Valerie), Nora Swinburne (die Mutter), Esmond Knight (der Vater), Thomas E. Breen (Captain John), Arthur Shields (Mr. John).

Die ersten Bilder, die ersten Worte nehmen schon gefangen. Auf den Boden wird eine geometrische Figur eher geträufelt als gemalt, und eine Stimme erzählt von einer vergangenen Kindheit. Dann taucht er auf, der Strom, in Szenen, die vom Alltag des Lebens am Wasser erzählen. Die Geschichte kommt unnachdrücklich daher, entwickelt sich ganz langsam mit der Vorstellung der Personen: Harriet, ihre Familie, die Freundinnen.

In seiner Autobiographie hat Jean Renoir beschrieben, was ihn an dem Stoff faszinierte: »Kinder in einem romantischen Rahmen, junge Mädchen, die die Liebe entdecken, der Tod eines kleinen Jungen, der die Schlangen zu sehr liebte, die ziemlich dumme Würde einer englischen Familie, die in Indien lebt wie eine Pflaume auf dem Pfirsichbaum, und vor allem Indien mit seinen Tänzen und seinen exotischen Gebräuchen.« Renoir war sich der Dürftigkeit des Sujets bewußt, doch hat er keineswegs versucht, dem nostalgisch getönten Bild eine kritische Sicht aufzuzwingen. Das Elend in Indien, das Verhalten der englischen Kolonialbourgeoisie in Bengalen sind nicht sein Thema; er bleibt der Perspektive Harriets treu. In der Erinnerung war die Kindheit ein behütetes Leben in der schönen Fremde: Renoir folgt der Legende, nicht der Geschichtsschreibung.

Harriet, 14 Jahre alt und beseelt vom Wunsch, später einmal Schriftstellerin zu werden, ist glücklich in diesem Indien. Ein amerikanischer Soldat, der im Krieg ein Bein verloren hat und glaubt, nicht in die Heimat zurückkehren zu können, bringt Unordnung in diese Welt. Die erste Liebe, Harriet teilt sie, eifersüchtig, mit Melanie und Valerie, der erfolgreicheren Konkurrentin: Sie ist es, die Captain John küßt. Valerie, am Ziel ihrer Wünsche, bricht in Tränen aus - ihre Kindheit ist zu Ende. Aber auch Melanie und Harriet, die diesen Kuß aus der Ferne beobachten, sind jetzt keine Kinder mehr. Auch der Tod kehrt in diese Welt ein. Bogey, der kleine Bruder Harriets, fasziniert von den Schlangenbeschwörern, möchte es ihnen gleichtun. Als die ganze Familie im Mittagsschlaf döst, stiehlt er sich davon und findet den Tod. Harriet, die sich mitschuldig fühlt, will im Fluß Vergessen finden, doch können Fischer sie retten, und Captain John bringt sie wieder nach Hause. Er, verstört durch den Krieg, findet in Indien schließlich Heilung, weil er einen Kampf aufgibt, den er nicht gewinnen kann. Das Leben geht weiter. Als Harriet, Melanie und Valerie alle ihren Brief von dem in die Heimat zurückgekehrten Captain John bekommen, da wird er plötzlich uninteressant: Die Familie ist größer geworden, die Mutter hat ein Kind geboren: wieder einmal, wie alle lachend zur Kenntnis nehmen, ein Mädchen. Die Kamera erhebt sich über die drei und zeigt den Strom.

Zum ersten Mal drehte Renoir einen Farbfilm. *The River* schwelgt in reinen Tönen, unterstützt durch die indische Kleidung. Wahre Farbwolken zeigt Renoir in einer Sequenz, die ein Ritual dokumentiert. Zum Fest begrüßen sich alle Menschen mit farbigem Staub, den sie über sich ausschütten, und es werden rote, purpurne, orangene Wolken daraus. Die Erzählung, dies ist das zweite Experiment des Regisseurs bei dieser Arbeit, ist durchsetzt mit dokumentarischen Sequenzen. Es handelt sich nicht um Unterbrechungen, sondern Erweiterungen; sie werden mit außergewöhnlicher Freiheit eingesetzt, unbekümmert um die Erfordernisse der ›Story‹.

Renoir selbst hat *The River* als ersten wieder ganz seiner Eigenart entsprechenden Film seit seiner Emigration verstanden. Die Freiheit, die er dank einer unabhängigen Produktionsfirma genoß, zeigt sich auch in einer Episode, die nicht mehr von der Erzählung gedeckt wird. Harriet läßt, begleitet von ihrem großen Schwarm Captain John, einen Drachen steigen. Plötzlich sind es mehrere Drachen, die in leuchtendem Farbspiel über den klaren blauen Himmel tanzen und zuletzt abgestürzt im Wipfel eines Baumes hängen. Als Werk eigener Art wurde *The River* von der zeitgenössischen Kritik gewürdigt, teilweise auch geschmäht. André Bazin nannte den Film »ein bis zum äußersten, bis an die Grenzen der Zeit geläutertes Werk. Was den Helden darin widerfährt, ist eine kaum wahrnehmbare Modulation einer untergründigen Ewigkeit.«

André Bazin: »Jean Renoir«. München 1977; Ronald Bergan: »Jean Renoir. Projections of Paradise«. London 1992; David Bordwell/Kristin Thompson: »Film Art«. New York u.a. 1993; Leo Braudy: »Jean Renoir. The World of His Films«. New York 1989; Christopher Faulkner: »The Social Cinema of Jean Renoir«. Princeton 1986; Christopher L. French: »Creative Plagiarism: Jean Renoir and the Art of Adaption«. Ann Arbor 1991; Frieda Grafe: »Filmfarben«. Berlin 2002; Peter Nau: »Die Kunst des Filmesehens«, in: Filmkritik, 1979, H. 6; Satyajit Ray: »Renoir in Calcutta«, in: ders.: Our Films, Their Films. New York 1994; Jean Renoir: »Mein Leben und meine Filme«. München 1975; Jacques Rivette: »Filmographie Jean Renoir«, in: ders.: Schriften fürs Kino. München 1989; Martin O'Shaughnessy: »Jean Renoir«. Manchester 2000.

Rainer Rother

ROCCO E I SUOI FRATELLI

(Rocco und seine Brüder). Italien/Frankreich (Titanus/Les Films Marceau) 1960. 35 mm, s/w, 182 Min.

R: Luchino Visconti. B: Luchino Visconti, Vasco Pratolini, Suso Cecchi D'Amico, Pasquale Festa Campanile, Massimo Franciosa, Enrico Medioli, nach dem Roman »Il ponte della Ghisolfa« von Giovanni Testori. K: Giuseppe Rotunno. S: Mario Serandrei. Ba: Mario Garbuglia. M: Nino Rota.

D: Alain Delon (Rocco), Renato Salvatori (Simone), Annie Girardot (Nadia), Katina Paxinou (Rosaria, die Mutter), Roger Hanin (Morini), Paolo Stoppa (Cecchi, der Trainer), Max Cartier (Ciro), Spiros Focas (Vincenzo).

Der Film ist eine brillante Sozialstudie, die exemplarisch das Schicksal einer Migranten-Familie aus Lukanien in Mailand, der Industriemetropole des Nordens, erzählt und zugleich die melodramatische Passionsgeschichte eines ›gefallenen Engels‹. Neben dem Roman von Giovanni Testori und andern literarischen Quellen verarbeiteten Visconti und seine Drehbuchautoren vor allem die Realität: Sie recherchierten und studierten das Leben in den Vorstadt-Wohnungen wie im Boxring. Visconti: »Alles in meinem Film hebt auf jene Seite des südländischen Charakters ab, der wichtig bei ihm erscheint: Gefühl, Gesetz und das Tabu der Ehre.«

Rocco e i suoi fratelli ist unterteilt in ›Kapitel‹, die nach den fünf Brüdern benannt sind. Mit jedem Namen verbindet sich ein Schicksal: Vincenzo, der älteste, ist Maurer, wird Familienvater und hat sich offensichtlich am leichtesten assimiliert. Rocco und Simone nehmen eine besondere Rolle ein, indem sie zwei Seiten einer Medaille verkörpern. Simone kann sich weder im Berufsboxen noch bei der Prostituierten Nadia behaupten. In seiner Männlichkeit gekränkt, wird er raffgierig, neidisch und hämisch. Den sozialen Absturz seines Bruders versucht Rocco zu verhindern. Er verleugnet seine eigenen Interessen, zahlt die Schulden Simones ab, indem er – wider Willen – zu einem erfolgreichen Boxer wird, und verzichtet auf Nadia, die ihn liebt. Selbst als Simone sie vor seinen Augen vergewaltigt, ändert Rocco nicht seine demütige Haltung. Schließlich bringt Simone Nadia um. Der Schlußteil stellt Ciro, der eine feste Anstellung bei Alfa Romeo gefunden hat, in den Mittelpunkt. Er wollte, anders als Rocco, Simone anzeigen. Luca, das jüngste Familienmitglied, trifft Ciro vor der Autofabrik und erzählt, daß Simone in den frühen Morgenstunden verhaftet worden sei. Von Ciros Reaktion ist er überrascht: »Warum weinst Du? Du solltest zufrieden sein. Ich sehe, daß du ihn denunzieren wolltest... Nun könntest du heimkommen, um den Padrone zu spielen.« Statt ›wolltest‹ heißt es in der deutschen Synchronfassung ›mußtest‹, womit das Drama seinen Sinn verliert: Familienmitglieder denunziert man nicht bei der Polizei, dies ist eine Frage der Ehre. Ciro hält vor Luca eine Rede moralischer Legitimation. Luca ist ein Hoffnungsträger: Wenn sie es schon nicht schaffen sollten, wieder ins heimatliche Süditalien zu gelangen, so doch vielleicht eines Tages der jüngste.

Der harte Realismus, mit dem Visconti die Gewaltszenen inszenierte, löste in Italien heftige Proteste von Politikern und Kirchenvertretern aus und rief die Staatsanwaltschaft auf den Plan. Die Vergewaltigungsszene mußte auf Anweisung der Zensur abgedunkelt werden, so daß die Zuschauer minutenlang nichts sehen können. Der gut drei Stunden lange Film wurde vom deutschen Verleih gekürzt und verstümmelt. Mit Blick auf das Gesamtwerk des Regisseurs erweist sich *Rocco e i suoi fratelli* als wichtiges Zwischenglied: »Während Visconti inhaltlich noch einmal auf die neorealistischen Anfänge von ↗*La terra trema* zurückgeht, weist er formal nach vorne auf die melodramatische Oper der falschen Götterbilder.« (Peter Buchka). Im Gespräch vor dem Werkstor erklärt Ciro seinem Bruder Luca, Simone sei ein Kranker, der alles zerstöre, Rocco dagegen ein Heiliger. »Aber in der Welt, in der wir leben, in der Gesellschaft, die die Menschen geschaffen haben, gibt es keinen Platz für Heilige wie ihn. Ihr Mitleid provoziert Katastrophen.«

»*Rocco e i suoi fratelli*«. Hg. Guido Aristarco/Gaetano Carancini. Bologna 1960. – In: Luchino Visconti: Three Screenplays. New York 1970. (Drehbuch).
Wilfried Berghahn: »Ciro und seine Brüder«, in: Filmkritik, 1961, H. 7; Peter Buchka: »Die Sehnsucht nach den großen Gefühlen«, in: Süddeutsche Zeitung, 28.1.1983; André Cornand: »*Rocco et ses frères*«, in: La Revue du Cinéma, 1970, H. 244; Ralph Eue: »Lockender, schmutziger, blutiger Lorbeer«, in: filmwärts, 1993, H. 27; Alain Marie: »Un réalisme ambigu«, in: Études cinématographiques, 1963, H. 26/27; Sam Rhodie: »*Rocco and His Brothers*«. London 1992; Hans-Dieter Roos: »*Rocco und seine Brüder*«, in: Jahrbuch der Filmkritik. Bd. 3. Emsdetten 1962; Rainer Rother: »*Rocco e i suoi fratelli*«, in: Rolf Aurich (Red.): Alain Delon. Berlin 1995; Laurence Schifano: »Luchino Visconti«. Gernsbach 1988; Franz Ulrich: »*Rocco e i suoi fratelli*«, in: Zoom, 1983, H. 19.

Uwe Müller

ROCCO UND SEINE BRÜDER

↗ Rocco e i suoi fratelli

THE ROCKY HORROR PICTURE SHOW

Großbritannien (Twentieth Century-Fox) 1974. 35 mm, Farbe, 100 Min.
R: Jim Sharman. B: Jim Sharman, Richard O'Brien, nach dem gleichnamigen Musical von Richard O'Brien. K: Peter Suschitzky. A: Terry Ackland Snow. S: Graeme Clifford. M: Richard O'Brien.
D: Tim Curry (Frank N. Furter), Susan Sarandon (Janet Weiss), Barry Bostwick (Brad Majors), Richard O'Brien (Riff-Raff), Peter Hinwood (Rocky Horror), Meatloaf (Eddie).

Wenn in der Unheil gebärenden Gewitternacht das bucklige Faktotum Riff-Raff die knarrende Tür des alten Schlosses öffnet und die biederen Muster-Amerikaner Brad und Janet mit einem gruseligen »Hello« ins Frankenstein-Schloß lockt, dann wissen die Zuschauer im Dunkel des Kinosaals: Es geht wieder auf die Reise in den einzigartigen Kosmos der *Rocky Horror Picture Show* – »on a Strange Journey«, so erzählt ein distinguierter Märchenonkel von der Leinwand herab ...

Ende der siebziger Jahre entwickelte sich *The Rocky Horror Picture Show* zu einem Kultphänomen. Bereits 1973 hatte das ›Grusical‹ des »Hair«-Komponisten Richard O'Brien auf einer kleinen Londoner Bühne Premiere und wurde im Jahr darauf von Jim Sharman verfilmt. Zuerst als Geheimtip vor spärlichem Publikum in kleinen Kinos gezeigt, versammelte sich bald in vielen Ländern eine treue Fangemeinde, die dem bunten Filmspektakel einen festen Spiel-Platz über Jahre hinweg in den Programmkinos sicherte. Der sensationelle Erfolg gründete in der Einbeziehung des Publikums in das abstruse Leinwandgeschehen: Der Zuschauer, dank mehrmaligen Kinobesuchs mit dem Ablauf bestens vertraut, war aufgefordert, selbst eine Hauptrolle in der *Rocky Horror Picture Show* zu spielen. Entwickelten sich gewisse Reaktionen zunächst spontan, waren es Jahre später feste Rituale, denen sich die Fans lustvoll unterwarfen. Im Zuschauerraum lief ein zweiter, mit der *Show* korrespondierender Film ab. Auf Stichworte reagierend, klatschte und stampfte alles im Rhythmus, sang die Songs mit, soufflierte den Stars auf der Leinwand, schminkte und kleidete sich wie die Akteure, warf mit Reis, Konfetti, spritzte mit Wasser, gab man sich kollektiv dem ›schlechten Benehmen‹ hin.

Die Story bietet einen überbordenden Mischmasch von Utopie, Kitsch, Frivolität und Glamour-Rock. Schon der musikalische Auftakt weist auf die Vorbilder der bizarren Persiflage, auf den cineastischen Fundus hin, aus dem geplündert wird: Frankenstein, Flash Gordon, D. X, Leo G. Carroll, the »late night double-feature picture show by RKO«, wie ein knallroter Kußmund von der schwarzen Leinwand verheißt, der ganze Kosmos der B- und C-Pictures der dreißiger und vierziger Jahre und die unheilschwangeren SF-Phantasien des Kalten Krieges. Das Spießerpaar Janet und Brad gesteht sich während der kirchlichen Trauung singend die große Liebe, doch Brad begehrt den Segen seines Mentors Dr. Scott, so macht man sich gemeinsam auf den Weg. In einem unheimlichen Schloß erwartet sie eine irrwitzige, makabre Abendgesellschaft unter der Leitung des bisexuellen »Meisters« Frank N. Furter (sprich: Fränkenförter), der sich selbst als »sweet Transvestite from Transexual Transsylvania« tituliert. In dieser Nacht will er sich mit einer Riesenparty als Schöpfer einer selbstgeschaffenen Kreatur feiern lassen: Rocky ist eine Mischung aus Tarzan und Siegfried. Die Nacht explodiert in einer wilden Befreiung der Sinne und einem dekadenten Diner, bei dem der gute Dr. Scott das Geheimnis lüftet: Alle im Schloß Anwesenden sind Aliens. Schließlich beenden zwei Getreue des despotischen Meisters dessen Treiben und fordern ihn auf, in die transsylvanische Galaxis zurückzukehren. Per ›transit beam‹ schießt das ganze Lustschloß in den Orbit. Nur Brad und Janet bleiben zurück: Spießer, die von verbotenen Früchten gekostet haben.

»*Rocky Horror Picture Show*«. Hg. Richard J. Anobile. München 1980. (Filmtext, Fotos).

B.A. Austin: »Portrait of a Cult Film Audience«, in: Journal of Communication, 1981, H. 1; Ronald M. Hahn/Volker Jansen: »Kultfilme«. München 1985; J. Hoberman/Jonathan Rosenbaum: »Mitternachtskino«. St. Andrä-Wördern 1998; Manfred Krekel: »Publikum als Hauptdarsteller«, in: Frankfurter Allgemeine Zeitung, 23.10.1979; Danny Peary: »Cult Movies«, New York 1981; Stuart Samuels: »Midnight Movies«. New York 1983; M. Segell: »*Rocky Horror*: The Case of the Rampant Audience«, in: Rolling Stone, 5.4.1979; Wolfgang Spindler: »Adjektive gesucht«, in: Frankfurter Allgemeine Zeitung, 8.1.1979; Robert E. Wood: »Don't Dream It: Performance and *The Rocky Horror Picture Show*«, in: J.P. Telotte (Hg.): »The Cult Film Experience«. Austin 1991.

Cora Brückmann

ROMA, CITTÀ APERTA

(Rom, offene Stadt). Italien (Excelsa Film) 1945. 35 mm, s/w, 100 Min.

R: Roberto Rossellini. B: Sergio Amidei, Federico Fellini. K: Ubaldo Arata. A: R. Megna. S: Eraldo Da Roma. M: Renzo Rossellini.

Roma, città aperta

D: Marcello Pagliero (Giorgio Manfredi, alias Luigi Ferraris), Aldo Fabrizi (Don Pietro Pellegrini), Anna Magnani (Pina), Harry Feist (Major Bergmann), Francesco Grandjaquet (Francesco), Maria Michi (Marina Mari), Giovanna Galetti (Ingrid), Vito Annichiarico (Marcello).

Roma, città aperta entstand im Bauch von Rom, wo Rossellini aufgewachsen war, in einem kleinen Kreis Eingeweihter. Geschrieben und gedreht wurde der Film im Winter 1944/45, als Rom erst einige Monate befreit war. Zu Beginn flieht Pagliero, ein Schulfreund des Regisseurs, übers Dach aus der Wohnung eines der Autoren. In einem winzigen Parterre-Geschoß nahe der Piazza Barberini baute man die Interieurs nach: drei aneinander grenzende Räume, ehemals Büros der Capitani-Film; von dieser Produktionsgesellschaft stammte auch die Kamera, eine schwere, geblimpte Debrie. Dennoch war es technisch kaum möglich, den Ton synchron aufzunehmen. Freunde halfen bei der Nachvertonung aus, auch die Lebensgefährtin Rossellinis dieser Jahre, ein deutsches Revuemädchen.

Die Ereignisse verlagern sich an die Peripherie, in ein Kleinleuteviertel, wo Anna Magnani mit ihrer »plumpen Schönheit« (Guiseppe De Santis) im Mittelpunkt steht, zusammen mit einem fußballerisch begabten Priester. Der Mann Gottes segnet die Kriegsverbindung Pinas – hochschwanger und bereits mit einem Sohn aus erster Ehe – mit einem jüngeren Mann ab. Eine reale Gestalt lieferte Rossellini das Vorbild für diese Figur: der Priester Don Morosini, der von den Nazis erschossen wurde. Der Schauspieler Aldo Fabrizi durfte sein komödiantisches Talent entfalten. Beide Hauptdarsteller waren, entgegen der Legende, populäre Bühnenakteure mit Filmerfahrung, als possen- und zotenreißende Entertainer beim Publikum bestens eingeführt. Das Neue an Rossellinis Figuren sind die Verschiebungen in der Typisierung von Rollenklischees.

Der Film spielt im März 1944. Rom ist zur ›offenen Stadt‹ erklärt: Mussolini hat sich in den Norden zurückgezogen, die Alliierten sind bereits im Süden gelandet. Die Stadt steht noch unter deutschem Kommando, doch die Zahl derer, die Widerstand leisten, wächst ständig – auch Frauen, Kinder, selbst ein Priester gehören dazu. Den Nebenfiguren widmet Rossellini viel Aufmerksamkeit: Er entwirft das breite Panorama einer Alltagsfront; der eigentliche Held von *Roma, città aperta* ist die ganze Stadt. Dagegen steht die Besatzungsmacht und ihre italienischen Mitläufer. Die vieldeutigsten Figuren des Films sind der deutsche Major Bergmann, als SS-Chef der Via Tasso eine Nachbildung von Herbert Kappler, und seine Freundin. Die Rolle des zynischen Nazis besetzte Rossellini mit dem Österreicher Harry Feist, einem Tänzer: Man sieht das an der Art, wie er sich bewegt. Sein Gesicht ist vom Alkohol gezeichnet; nur noch im Vollrausch kann sich sein Gewissen artikulieren. Während der Folterszene am Ende prophezeit er, diabolisch beleuchtet, die Probleme, die der ›historische Kompromiß‹ der neuen Gesellschaft nach der Befreiung bringen sollte, der hier in der Allianz des Priesters mit den Kommunisten schon durchgespielt wird.

Anders als in seinen späteren Filmen hat Rossellini in *Roma, città aperta* die ideologischen Fronten derb schwarzweiß gezeichnet. Zu diesem Zeitpunkt konnte er sich der Zustimmung aller Italiener sicher sein. Dennoch wurde der Film im Land selbst nicht sofort ein Erfolg. Erst bei den Premieren in New York (im Februar 1946) und Paris (im November 1946) wurde *Roma, città aperta* als authentische Verarbeitung von Erfahrungen, als nie dagewesene Vermischung von Realität und Kinorealismus erkannt. Obwohl das faschistische Regime zuvor eine vielversprechende Filmindustrie aufgebaut hatte – mit Rossellini als einem ihrer größten Talente –, war man überrascht, daß ein solch fiktives ›Kriegstagebuch‹, das die meisten Kinozuschauer wie einen Tatsachenbericht akzeptierten, aus Italien kam.

Der Film kann sich seines Publikums noch immer sicher sein: Vor allem deshalb, weil der Regisseur in einem Parforceritt die Emotionen seiner Zuschauer kanalisiert. Zunächst versichert er sich der Parteinahme für die Protagonisten, dann läßt er diese Helden sterben – ein Tod ›unnötiger‹ als der andere: Pina wird erschossen, weil sie den Abtransport ihres Bräutigams nicht erträgt und ihm entsetzt hinterherläuft; der Partisan Manfredi von einem Mädchen verraten, mit dem er eine Affäre hatte; der Priester schließlich exekutiert, weil er keine Namen an die Deutschen verraten will – die sich dadurch nur noch eine billige Rache an ihrem ehemaligen Bündnispartner leisten. Wie brisant diese Mischung ist, die in ihren besten Partien amerikanisches Timing mit der Situationskomik eines Federico Fellini, dem Assistenten Rossellinis, verbindet, zeigt die Rezeption in der Bundesrepublik Deutschland: *Roma, città aperta* wurde von der Freiwilligen Selbstkontrolle nicht für die öffentliche Vorführung zugelassen. Erst 1961 – und dann auch nur mit einem Insert: »Dieser Film richtet sich nicht gegen das deutsche Volk. Er klagt nicht den deutschen Soldaten an« – konnte er in den Kinos der wiederaufgerüsteten Bundesrepublik gezeigt werden.

»*Roma, città aperta*«, in: Roberto Rossellini: La trilogia della guerra. Hg. Renzo Renzi. Bologna 1972. (Drehbuch). – In: ders.: The War Trilogy. New York 1973. (engl. Ausgabe).

James Agee: »*Open City*«, in: ders.: James Agee on Film. Boston 1964; Roy Armes: »Patterns of Realism«. South Brunswick, London 1971; Peter Bondanella: »Roberto Rossellini«. Cambridge (Mass.) 1993; Jean-Paul Fargier: »La ville éternelle«, in: Cahiers du Cinéma, 1988, H. 410; David Forgacs: »*Rome Open City*«. London 2000; ders. u.a. (Hg.): »Roberto Rossellini«. London 2000; Peter W. Jansen/ Wolfram Schütte (Hg.): »Roberto Rossellini«. München 1987; Marsha Kinder/Beverle Houston: »Close up«. New York u.a. 1972; Carlo Lizzani: »Das erste Zeugnis der italienischen Resistenza«, in: Kinemathek, Berlin, 1968, H. 39; Thomas Meder: »Vor der Stunde Null«, in: Hans Helmut Prinzler (Hg.): Das Jahr 1945. Berlin 1990; Ugo Pirro: »Celluloide«. Mailand 1983; Judith Stallmann-Steuer: »Roms Architektur im Spielfilm«. Weimar 2001; M. Walsh: »*Rome, Open City; The Rise of Power of Louis XIV.* Re-evaluating Rossellini«, in: Jump-Cut, 1977, H. 15.

Thomas Meder

ROM, OFFENE STADT

↗ Roma, città aperta

LA RONDE (Der Reigen). Frankreich (Sacha Gordine) 1950. 35 mm, s/w, 97 Min. R: Max Ophüls. B: Jacques Natanson, Max Ophüls, nach dem gleichnamigen Theaterstück von Arthur Schnitzler. K: Christian Matras. Ba: Jean d'Eaubonne. M: Oscar Straus. D: Anton Walbrook (Spielleiter), Simone Signoret (Dirne), Serge Reggiani (Soldat), Simone Simon (Stubenmädchen), Daniel Gelin (junger Herr), Danielle Darrieux (verheiratete Frau), Fernand Gravey (Ehemann), Odette Joyeux (süßes Mädel), Jean-Louis Barrault (Poet), Isa Miranda (Schauspielerin), Gérard Philipe (Graf).

Den Film *La ronde* ereilte dasselbe Schicksal wie Schnitzlers Theaterstück, das 30 Jahre zuvor einen Skandal hervorgerufen und einen Prozeß ausgelöst hatte. Das Publikum war begeistert, kirchliche und weltliche Moralschützer dagegen zeterten, es handle sich beim »Reigen« um Pornographie, wenn auch sublime. Ein Mißverständnis.

Max Ophüls verfremdet die Vorlage, die Schnitzler 1896/97 schrieb und erstmals 1900 gedruckt wurde. Die Szenenstruktur bleibt erhalten, doch der Regisseur fügt kleine Szenen hinzu und erweitert das Personal. Ein Spielleiter – er mußte von einem nicht-französischen Darsteller verkörpert werden –, der verschiedene Rollen übernimmt, führt durch die Handlung. Mit dieser Figur sowie mit Hilfe des Reigen-Karussells, der Musik und der Situierung der Handlung um die Jahrhundertwende in Wien schafft Ophüls Distanz, die durch die Kostüme, die wie eine Maskierung wirken, noch verstärkt wird. Erst diese Distanz ermöglicht den kritisch-sezierenden Blick auf die Gesellschaft und ihren Umgang mit Liebe, Erotik und Sexualität.

Anders als Schnitzler geht es Ophüls nicht um die Präsentation eines Querschnitts durch die Gesellschaftsklassen, sondern um den Kampf zwischen den Geschlechtern. Ophüls stellt sich auch in diesem Film eindeutig auf die Seite der Frauen, die von Männern ausgenutzt und unterdrückt werden. Die weiblichen Figuren durchschauen zwar, daß sie im Namen von Liebe und Moral von einem ideologischen Machtapparat beherrscht werden, bestätigen das System freilich insofern, als sie sich ihm lediglich durch Lügen zu entziehen versuchen und sich der gleichen Unterdrückungsmethoden bedienen, um ebenfalls in den Besitz von Macht zu gelangen. Damit verraten sie ihre Gefühle und Wünsche und werden, da sie ihren Körper bewußt einsetzen und verkaufen, sämtlich zu Prostituierten. Während den Männern die Individualität der jeweiligen Partnerin vollständig gleichgültig ist, bemühen sich die Frauen, die Illusion von Liebe zu wahren. Lediglich die Schauspielerin – als diejenige Person, die ständig Illusionen produziert – hat selbst keine mehr und kann infolgedessen mit den Gefühlen und dem Begehren anderer spielen. Ihr wesensgleiches Pendant ist der Dichter, ebenfalls ein Illusionsproduzent, der um ihr Spiel weiß und es durchschaut.

Der Decouvrierung der Illusion von Liebe und Moral, Gefühl und Treue entspricht formal die ständige Brechung der Filmillusion durch den Spielleiter, der immer wieder auf die Gegenwart des Jahres 1950 hinweist und Dekoration und Kostüm als Maske vorstellt. Indes waren die Erkenntnisse über Verlogenheit und innere Leere der bürgerlichen Gesellschaft sowie über die Reduktion von Liebe auf Sexualität 1950 nicht gerade revolutionär. Folgerichtig inszenierte Ophüls den Film nicht provokativ, sondern ausgesprochen witzig-komödiantisch. Nur aus dem melancholisch-bitteren Unterton spricht die Trauer über den Verlust der Liebe und die Zerstörung menschlicher Werte. Ophüls klagt nicht an, er beschreibt den Zustand der Gesellschaft, dies freilich mit dem kühlen Blick eines Diagnostikers ohne jedes Mitleid. Fast grausam erscheint die Entlarvung der bürgerlichen Ehe: Wie Schnitzler charakterisiert Ophüls sie als verlogene Institution zur Unterdrükkung der Frau. Der Ehemann als verlogenster aller Männer habe um der sexuellen Befriedigung willen – die sich hinter seiner Liebestäuschung verbirgt – ein System konstruiert, das es ihm gestattet, sich Frau und Geliebte gleichzeitig zu halten. Hier geht Ophüls weiter als Schnitzler, denn er führt vor, wie der Mann nicht nur von seiner Frau, sondern auch von seiner Geliebten betrogen wird und letztlich zur

antiquierten, lächerlichen Figur degeneriert, deren System nicht mehr funktioniert.
Inszenierung wie Einsatz der filmischen Mittel – vor allem die bewegte Kameraführung – zeigen Ophüls, der gerade aus dem amerikanischen Exil zurückgekehrt war, auf der Höhe seiner Meisterschaft. Die Virtuosität der Schauspielerführung, die Eleganz von Ausstattung und Regie lassen beinahe die Unerbittlichkeit der Analyse übersehen. Man kann begreifen, daß Ophüls nach diesem Film zum Regisseur frivoler Delikatessen abgestempelt wurde, eine Unterstellung, gegen die er selbst sich heftig gewehrt hat. Noch heute fällt es manchen Filmwissenschaftlern schwer, den schönen Schein dieses Films als trügerische Illusion zu sehen, als eine Fassade, hinter der der Abgrund sich auftut.

»*La ronde*«, in: L'Avant Scène du Cinéma, 1963, H. 25. (Drehbuch). – »*La Ronde*«, in: Masterworks of the French Cinema. London 1974. (Drehbuch, engl.)
Helmut G. Asper: »Max Ophüls. Eine Biographie«. Berlin 1998; Heiner Gassen: »Der Text des Spielleiters (meneur de jeu) in Max Ophüls' *La ronde*«, in: Klaus Kanzog (Hg.): Der erotische Diskurs. München 1989; Peter W. Jansen/Wolfram Schütte (Hg.): »Max Ophüls«. München 1989; Gertrud Koch: »Positivierung der Gefühle«, in: Hartmut Scheible (Hg.): Arthur Schnitzler in neuer Sicht. München 1981; dies.: »Ophüls und die inszenierte Weiblichkeit«, in: Frauen und Film, 1982, H. 33; Deborah Thomas: »*La Ronde*«, in: Movie, 1982, H. 29/30; Alan Williams: »Keeping the Circle Turning«, in: Andrew S. Horton/Joan Magretta (Hg.): Modern European Filmmakers and the Art of Adaptation. New York 1981; Susan M. White: »The Cinema of Max Ophuls«. New York 1995; Marianne Wünsch: »Inszenierte Verführung«, in: Klaus Kanzog (Hg.): Der erotische Diskurs. München 1989.

Helmut G. Asper

ROSEMARY'S BABY (Rosemaries Baby). USA (Paramount/William Castle Enterprises) 1968. 35 mm, Farbe, 137 Min.

R: Roman Polanski. B: Roman Polanski, nach dem gleichnamigen Roman von Ira Levin. K: William Fraker. A: Robert Nelson. S: Sam O'Steen, Robert Wyman. Ba: Joel Schiller. M: Krzysztof Komeda.
D: Mia Farrow (Rosemary Woodhouse), John Cassavetes (Guy Woodhouse), Ruth Gordon (Minnie Castavet), Sydney Blackmer (Roman Castavet), Maurice Evans (Hutch).

Der dem Film zugrundeliegende Roman des Broadway-Autors Ira Levin kehrt die christliche Marienlegende blasphemisch um: Rosemary Woodhouse, eine junge Katholikin aus der amerikanischen Provinz, wird das Opfer einer satanistischen Sekte, die sie zur Mutter eines Kindes des Teufels ausersehen hat. Polanskis Film, seine erste Hollywood-Produktion, wurde sein kommerziell erfolgreichstes Werk – trotz des Einspruchs des National Catholic Office for Motion Pictures (NCOMP), das ihn wegen »Perversion fundamentaler christlicher Glaubensvorstellungen« und der »Verhöhnung religiöser Persönlichkeiten und Gebräuche« mit der Note C (condemned) bedacht hatte. Dabei hat er die antiklerikalen Züge des Stoffes – übrigens ebenso seine übersinnlichen Motive – zugunsten eines psychologisch-realistischen Thrillers zurückgedrängt, dessen Horror aus der Erschütterung einer sozial verbindlichen Realitätswahrnehmung entspringt. Die Logik des Films mündet in die Anerkennung einer irrationalen Wirklichkeit, ob man an die Realität eines gemeinschaftlichen, sektierererischen Wahns oder die Existenz des Teufels glaubt.
Innere Schlüssigkeit war Polanskis Devise bei der Adaption des Romans. Seine Sorgfalt bewährt sich in einem über neun Schwangerschaftsmonate erzählter Zeit gespannten Suspense. Ihnen geht eine Exposition voraus, die Polanski mit Anspielungen auf okkulte Praktiken und unterschwellig bedrohlichen Signalen in Kontrast setzt zu einer nach den Ratschlägen von Fernsehen, Illustrierten und Werbung eingerichteten amerikanischen Durchschnittsehe und ihrer säuberlichen Leere.
Vom Einzug in ein altertümliches Hochhaus New Yorks über den Alptraum einer Vergewaltigung durch ein satanisches Wesen und eine unerklärlich schmerzhafte Schwangerschaft bis zu der Entdekkung, daß das Neugeborene von den verschrobenen Nachbarn als Kind des Teufels, mit dem eine neue Zeitrechnung beginnt, angebetet wird, radikalisiert

Polanski die Ambivalenz zwischen der um ihren Verstand fürchtenden Rosemary und der Verrücktheit ihrer sozialen Umwelt. Der Polanski zugeschriebene und autobiographisch unschwer zu entschlüsselnde anthropologische Pessimismus kulminiert in der Metapher, daß das neue Leben in der Neuen Welt nichts anderes als eine Satansbrut ist.

Diese tiefschwarze Pointe kaschiert der Film durch sinistren Humor und die für Polanski typischen Anleihen beim populären Genre des Horrorfilms, zumal bei den visionären Traumsequenzen – wobei gerade die Schlüsselszene der Vergewaltigung durch das Eingeständnis von Rosemarys Ehemann Guy, er habe sich während ihrer Ohnmacht an ihr vergangen, auf der Folie des männlichen Sexismus' wiederum rationalisiert wird. Visuell entfaltet der Film einen durch Detailreichtum gesteigerten Realismus. Die Kadrage hingegen irritiert den Blick durch leichte Auf- oder Untersichten, die die Figuren oft zu ihrer Gliedmaßen oder Köpfe beraubten Torsi fragmentieren. Die identische Anfangs- und Schlußeinstellung auf die Kulisse New Yorks beschreibt eine fatale Kreisbewegung, die die Resignation der Heldin bestätigt.

Mia Farrows angstvoll gesteigerter Eifer gibt der verfolgten Rechtschaffenheit der Schwangeren das notwendige Plus an Hysterie, während Ruth Gordon, mit einem Oscar ausgezeichnet, in der Rolle der Minnie Castavet die vulgäre Maskerade gealterter Eitelkeit mit hilfsbereiter Zudringlichkeit verbindet. Sogar das Bild peinlicher Verlegenheit, das John Cassavetes bietet, paßt schließlich zu dem Opportunisten mit schlechtem Gewissen, den der mit seiner Leistung unzufriedene Regisseur ihm abverlangte.

Ray Bradbury: »A New Ending to *Rosemary's Baby*«, in: Roy Huss/T.J. Ross (Hg.): Focus on the Horror Film. Englewood Cliffs 1972; Robert Chappetta: »*Rosemary's Baby*«, in: Film Quarterly, 1968/69, H. 3; Jens Malte Fischer: »Filmwissenschaft – Filmgeschichte«. Tübingen 1983; Lucy Fischer: »Birth Traumas: Parturition and Horrors in *Rosemary's Baby*«, in: Barry Keith Grant (Hg.): The Dread of Difference. Austin 1996; Peter W. Jansen/Wolfram Schütte (Hg.): »Roman Polanski«. München 1986; Karin Schrader-Klebert: »Verbrechen und Ritual«, in: Annegret Kirchhoff (Red.): Ästhetik und Gewalt. Gütersloh 1970; Paul Werner: »Roman Polanski«. Frankfurt a.M. 1981; Virginia Wright Wexman: »The Trauma of Infancy in Roman Polanski's *Rosemary's Baby*«, in: Gregory A. Waller (Hg.): American Horrors. Urbana 1987; Bob Willoughby: »*Rosemary's Baby*«. Kiel 1992.

Karsten Visarius

ROTATION

Deutschland/Sowjetische Besatzungszone (Defa) 1948/49. 35 mm, s/w, 87 Min.

R: Wolfgang Staudte. B: Wolfgang Staudte, Erwin Klein. K: Bruno Mondi. Ba: Willy Schiller, Willi Eplinius, Artur Schwarz, Franz Fürst. S: Lilian Seng. M: H.W. Wiemann.

D: Paul Esser (Hans Behnke), Irene Korb (Lotte Behnke), Karl-Heinz Deickert (Helmuth Behnke), Brigitte Krause (Inge, seine Freundin), Reinhard Kolldehoff (Rudi Wille), Reinhold Bernt (Kurt Blank), Werner Peters (Udo Schulze).

»Wie wurden die Deutschen schuldig? Sie wollten in einem politischen Raum unpolitisch leben.« Diese Erkenntnis beschäftigte Wolfgang Staudte in seinen Nachkriegsfilmen. »Deshalb zeigt *Rotation* die Geschichte eines braven und tüchtigen Mannes. Auch er will nichts damit zu tun haben, auch er ist unpolitisch und wird mitschuldig.« 1950, als er dies schrieb, war der Regisseur gerade für eine Produktion (*Schicksal aus zweiter Hand*) in die Bundesrepublik gegangen. Zuvor hatte er sich beim Defa-Vorstand über Zensureingriffe wegen einer pazifistischen Szene in *Rotation* – ursprünglich verbrannte am Schluß Vater Behnke die HJ-Uniform seines Sohnes: »Dies war die letzte Uniform, die du je getragen hast« – beklagt und erklärt, nicht mehr für die ostdeutsche Gesellschaft zu arbeiten. Doch dabei blieb es nicht: Staudtes nächste Filme ↗*Der Untertan*, *Die Geschichte vom kleinen Muck* (1953) und *Leuchtfeuer* (1954) waren wiederum Defa-Produktionen.

Rotation schlägt einen großen zeitgeschichtlichen Bogen von der Weimarer Republik Mitte der zwanziger Jahre bis in die Zeit nach der Befreiung Deutschlands vom Faschismus. Während der letzten Kämpfe um Berlin im Frühjahr 1945 erinnert sich der im Gefängnis Moabit einsitzende Drucker Hans Behnke an seine Geschichte: Zunächst unpolitisch, dann aus Opportunität NSDAP-Parteigenosse, schließlich Widerstandshelfer aus Freundlichkeit, hat sein Sohn Helmuth, ein eifriger HJ-Junge, ihn denunziert. Die Rückblende mündet in die Rettung und Befreiung der Häftlinge durch Rotarmisten. Helmuth, zum Volkssturm abkommandiert, gerät in Gefangenschaft, während sich sein HJ-Führer in Zivilkleidung aus dem Staube macht. Frau Behnke ist bei Straßenkämpfen ums Leben gekommen. Helmuth kehrt aus der Gefangenschaft zurück, findet aber erst nach sechs Wochen den Mut, seinen Vater aufzusuchen. Doch seine Furcht ist unbegründet: Der Vater verzeiht ihm.

Staudte zeigt, was dem NS-Regime als kriminell galt, weswegen Menschen verhaftet, verschleppt, gefoltert, liquidiert wurden. Und er zeigt, daß das eigentlich Kriminelle das NS-System selbst war: Es bildete Menschen zu Menschenjägern aus. Die Rückblende erzählt Staudte elliptisch, wodurch Psychologisierung weitgehend vermieden wird. Er reiht motivische Blöcke, in sich geschlossene Szenen aneinander und schiebt dazwischen immer wieder Zeitungsschlagzeilen ein. Fast in jeder zweiten Sequenz erscheinen Inschriften, Mauerparolen, Radiomeldungen, Plakattexte etc.: Mittels medialer Dokumente zitiert Staudte Zeitgeschichte und schafft den politischen Raum, in dem die exemplarische Geschichte eines unpolitischen Bürgers spielt.

Mit *Rotation* vollzog Staudte den Bruch mit der ästhetischen Tradition des Ufa-Stils, die in den ersten Defa-Filmen, auch in ↗*Die Mörder sind unter uns*, noch übermächtig ist. Diese Leistung ist umso höher zu bewerten, als es auch in der Filmindustrie keine ›Stunde Null‹ gab: Bruno Mondi, der Kameramann von *Rotation*, war in der Nazi-Zeit ein enger Mitarbeiter Veit Harlans gewesen; später stand er hinter der Kamera bei allen *Sissi*-Filmen, dem Herzstück des Fünfziger-Jahre-Kinos in der Bundesrepublik. Die glaubwürdige Zeichnung des Arbeitermilieus ist auch den Schauspielern zu verdanken: »In jeder einzelnen Geste ist zu spüren, wie diese Menschen in einer extremen wirtschaftlichen Notzeit unbedingt aufeinander angewiesen sind.« (Egon Netenjakob). Die Hochzeitsfeier der Behnkes in ihrer naßkalten Kellerwohnung – einer alten Dampfwäscherei mit niedrigen Decken, kahlen Wänden, karger Möblierung und schlechter Beleuchtung – ist ein Meisterstück filmischer Inszenierungskunst im deutschen Nachkriegsfilm.

»Künstlerisch hochwertig, aber stark kommunistisch infiziert«, warnte die Westpresse – das Zitat stammt aus der »Abendpost«, Frankfurt/Main, 2.4.1951. Erst acht Jahre nach der Uraufführung, mit der 1949 das Defa-eigene Kino Babylon in Ost-Berlin eingeweiht wurde, kam *Rotation* auch in die Kinos der Bundesrepublik. Bei einer späteren Wiederaufführung kritisierte Reimar Hollmann 1965 »Staudtes Hang zur Versöhnung«: »Der Denunzierte verzeiht dem Denunzianten, der sein eigener Sohn ist. Er hat ja nicht verhindert, daß der Junge im Hitlerjugend-Denken aufwuchs. Alles verzeihen, heißt alles unter den Tisch fallen lassen.« Aus dem zeitlichen Abstand erschien dem Rezensenten Staudtes eindringliche Erzählung vom deutschen Bürger »die melancholisch-optimistische Bilanz einer Aera, da der Untertanengeist regierte. Melancholisch, weil die Haltung der sympathisch gemeinten Hauptgestalt Passivität ist, die zur Mitschuld wird, optimistisch, weil im Schlußausblick die vorher fanatisierte jüngere Generation die Hoffnung ausdrückt, Wiederholungen der Schrecknisse seien verhinderbar.«

»*Rotation*«, in: Filmstudio, Frankfurt a.M., 1966, H. 49 u. 50. (Filmtext). – In: Ellen Baumert (Hg.): »*Die Mörder sind unter uns* und andere Filmerzählungen«. Berlin (DDR) 1969.

Christa Bandmann/Joe Hembus: »Klassiker des deutschen Tonfilms 1930–1960«. München 1980; Barbara Bongartz: »Von Caligari zu Hitler – von Hitler zu Dr. Mabuse?«. Münster 1992; Ulrich Gregor (Hg.): »Wie sie filmen. 15 Gespräche mit Regisseuren der Gegenwart«. Gütersloh 1966; Reimar Hollmann: »Die montierte Wahrheit«, in: Film, Velber, 1965, H. 10; Georg Krippendorf (Red.): »Zum Film *Rotation*«, in: Christiane Mückenberger (Hg.): Zur Geschichte des DEFA-Spielfilms 1946–1948. Berlin (DDR) 1976; Peter Nau: »*Rotation*«, in: Filmkritik, 1975, H. 10; Egon Netenjakob: »Ein Leben gegen die Zeit«, in: Eva Orbanz/Hans Helmut Prinzler (Hg.): Staudte. Berlin 1991; Marc Silberman: »Wolfgang Staudte: *Rotation* (Germany

1949)«, in: Joachim Schmitt-Sasse (Hg.): Widergänger. Münster 1993; Jens Thiele: »Die Lehren aus der Vergangenheit: *Rotation* (1949)«, in: Werner Faulstich/Helmut Korte (Hg.): Fischer Filmgeschichte. Bd.3. Frankfurt a.M. 1990;

Rolf Aurich

DIE ROTE LATERNE

↗ Dahong denglong gaogao gua

DIE ROTEN SCHUHE ↗ Red Shoes

ROTE SONNE

Bundesrepublik Deutschland (Independent Film/Heinz Angermeyer) 1969/70. 35 mm, Farbe, 87 Min.
R: Rudolf Thome. B: Max Zihlmann, nach einer Idee von Rudolf Thome und Max Zihlmann.
K: Bernd Fiedler. S: Jutta Brandstaetter.
M: Tommaso Albinoni, The Nice, Small Faces.
D: Marquard Bohm (Thomas Kotowski), Uschi Obermeier (Peggy), Sylvia Kékulé (Sylvie), Diana Körner (Christine), Gaby Go (Isolde), Peter Moland (Wenders), Don Wahl (Howard), Hark Bohm (linker Student), Henry van Lyck (Lohmann).

»Dies ist der erste deutsche SPIELfilm«, schrieb der junge Filmkritiker Wim Wenders in seinem Gutachten über *Rote Sonne* für die Filmbewertungsstelle. Er lobte, daß der Film »sich nie problematisch gibt oder ambitioniert oder der Realität verpflichtet« und verglich ihn mit dem Kino von Howard Hawks. »Uschi Obermeier bewegt sich mit der Sicherheit von Jane Fonda. Und Marquard Bohm ist nur etwas verschlafener als Jean-Paul Belmondo.« Der Ausschuß lehnte es jedoch ab, ein Prädikat zu verleihen: »Weder das Thema der Emanzipation der Frau ist ernstlich in Angriff genommen, noch läßt sich eine Spur von ›gesellschaftlichem Hintergrund‹ erkennen«, hieß es im Ablehnungsbescheid. Erst auf Einspruch von Enno Patalas stufte man *Rote Sonne* als »wertvoll« ein.

Die Handlung – das Drehbuch schrieb Max Zihlmann, mit dem Thome seit seinen frühen Kurzfilmen zusammenarbeitete – läßt sich knapp skizzieren: Vier schöne junge Mädchen, die in einer gemeinsam genutzten Münchner Wohnung leben, bringen nach spätestens fünf Tagen ihre Männerbekanntschaften um, weil es sonst zu Gefühlen, sprich Komplikationen kommen könnte. Der legere, sympathische Thomas kehrt, um seine alte Freundin Peggy wiederzusehen, nach München zurück. Er quartiert sich bei ihr ein, und Peggy läßt die Schonfrist verstreichen, was bei den anderen Mädchen auf Protest stößt. Am Starnberger See, eines Morgens, als die Sonne noch rot ist, erschießen sich Peggy und Thomas gegenseitig.

Rote Sonne wird geprägt von jener betont lässigen Haltung, die Ende der sechziger Jahre ein Protest gegen das Establishment war. Sie beginnt – trotz Synchronisation – bei der Sprache. Marquard Bohms Sprechweise ist ein oft leises Murmeln oder auch unzufriedenes Grummeln, das aber in glockenhellen Klang umschlägt, wenn die Handlung klare Worte erfordert. Bohm, kurze Zeit als Darsteller ein Star des Neuen deutschen Films, absolvierte seine Rollen mit einer gewissen Nonchalance; von sich selbst sagte er einmal, er habe »so einen gewissen kaputten Charme«. Uschi Obermeier, die damals mit Rainer Langhans in der Berliner Kommune 1 lebte, ist Bohms ideale Partnerin – durch nichts aus der Ruhe zu bringen und mit einem zart dominanten Auftreten ausgestattet.

Thome läßt sich viel Zeit: die Ankunft des schläfrigen Trampers Thomas in München, sein zweimaliger Versuch, in eine Discothek zu gelangen, seine Unterhaltung mit der Bedienung Peggy, die erste Fahrt der beiden zum Starnberger See, die ersten Minuten in der Wohnung der Frauen und sehr viel später endlich seine Erkenntnis, was dort mit den Männern geschieht. Auf seine Frage: »Du hast Männer umgebracht?« antwortet Isolde gelassen: »Ja, schließlich haben sie es verdient.« Bis zu diesem Wendepunkt und auch danach verläuft die Geschichte ruhig und unaufgeregt. Man frühstückt am Abend, schläft am Tage, die Frauen lassen Thomas in einer Apotheke Sprengstoff besorgen, den sie freudig wie Kinder begutachten, und dann hört man Musik, tanzt, raucht einen Joint und trinkt Rotwein. Mit den einfachsten Mitteln wird erzählt. Die Kamera dokumentiert jugendliche Faulheit und schöne

Frauen, die stärker sind als die Männer. Jede Bewegung wäre bereits eine unnötige Anstrengung, alles ruht hier in sich selbst. Geradezu aufreizend wirkt die Verweigerung jeglicher Dramatik.
Der Film, der nach 25 Jahren neu entdeckt wurde fürs Kino, provozierte bei der Uraufführung zwei typische Kritiker-Reaktionen. Die eine, angeführt von Wim Wenders, war emphatisch-cineastisch und feierte die von amerikanischen Filmen übernommene Haltung, »ohne Aufdringlichkeit 90 Minuten lang nichts als ihre Oberfläche auszubreiten«. Konservative Feuilletonisten wie Friedrich Luft fragten dagegen irritiert: »Was bezweckt diese filmische Nötigung?« Thome nahm Zeitgeist-Tendenzen auf – er ließ sich von einem Pamphlet der SDS-Frauen sowie dem Manifest »Society for Cutting Up Men« von Valerie Solanes anregen –, bezog jedoch nicht politisch Stellung. Nur wenige sahen die besondere Eigenart von Thomes Stil. Zu der Erkenntnis, daß *Rote Sonne* ein Emanzipationsfilm schon deshalb nicht sein könne, weil er einen reinen Männertraum erzähle, gelangte Frieda Grafe. Trotzdem verdammte sie den Film nicht, sondern siedelte ihn liebevoll an einer Stelle an, wo Realität und Fiktion sich vermischen.

Christa Auderlitzky: »Mörderinnen: Hoffnung der Frauen?«, in: FrauenFilmInitiative (Hg.): Mörderinnen im Film. Berlin 1992; Klaus Bädekerl: »Weibliche Utopie und utopische Männlichkeit«, in: Filmkritik, 1970, H. 1; Helmut Böttiger/Peter Körte: »›Ich glaube nicht, daß der Film jemals richtig eingeschätzt wurde‹«. in: Frankfurter Rundschau, 21.9.1994 (Interview); Thomas Brandlmeier: »Die Münchner Schule«, in: Hans-Peter Reichmann/Rudolf Worschech (Red.): Abschied vom Gestern. Frankfurt a.M. 1991; Michael Esser u.a. (Red.): »Rudolf Thome«, Kinemathek, Berlin, 1983, H. 66; Frieda Grafe/Enno Patalas: »Im Off«. München 1974; Norbert Grob: »Bewegte Frauen«, in: Die Zeit, 18.11.1994; Reinhard Lüke: »Auf Liebe und Tod«, in: film-dienst, 1994, H. 19; Friedrich Luft: »Filmische Nötigung«, in: Die Welt, 15.2.1971; Theo Matthies: »Manche – werden süchtig«, in: filmwärts, 1987, H. 8; Rudolf Thome: »Überleben in den Niederlagen«, in: Filme, Berlin, 1980, H. 1 + 2; Jörg Tykwer: »Distanz und Nähe. Zur sozialen Konstitution ästhetischer Erfahrung«. Diss. Frankfurt a.M. 1992; Wim Wenders: »Baby, you can drive my car, and maybe I'll love you«, in: ders.: Emotion Pictures. Frankfurt a.M. 1986; Kraft Wetzel: »Hommage à Rudolf Thome«, in: Kino, Berlin, 1973/74, H. 9.

Rolf Aurich

SAIKAKU ICHIDAI ONNA

(Das Leben der Frau Oharu). Japan (Shintoho) 1952. 35 mm, s/w, 148 Min.
R: Kenji Mizoguchi. B: Yoshikata Yoda, nach dem Roman »Koshoku ichidai onna« von Saikaku Ihara. K: Yoshimi Hirano, Ko Fujibayashi. S: Toshio Goto. M: Ichiro Saito.
D: Kinuyo Tanaka (Oharu), Hisako Yamane (Herrin), Toshiro Mifune (Katsunosuke), Jukichi Uno (Ogiya), Ichiro Sugai (Oharus Vater), Eitaro Shindo (Sasaya).

In einem Tempel mit zahlreichen Statuen, in deren Gesichtern sie Züge ihrer früheren Liebhaber entdeckt, erinnert sich die alternde Prostituierte Oharu an ihren Lebensweg. Einst als wegen ihrer Schönheit bewundertes Mädchen Dienerin im Palast, wurde sie wegen einer verbotenen Liebe verbannt, einem Fürsten als Zweitfrau zugeführt und von den anderen Konkubinen verjagt, fand die Gunst eines reichen Geschäftsmannes und heiratete. Doch ihr Glück war nie von Dauer, wobei meist eifersüchtige oder mißgünstige Konkurrentinnen ihren Sturz bewerkstelligten. Am Ende ihres Leben ist sie so tief gesunken, daß sie in einem billigen Bordell der untersten Klasse arbeiten muß.
Saikaku ichidai onna schildert nicht allein ein Frauenschicksal, sondern ist zugleich ein Historienfilm über das 17. Jahrhundert. In der Unterdrückung der Frauen spiegeln sich, wie in den meisten Filmen Mizoguchis, die vielseitigen Hierarchien jener Zeit. Die oft nur langsam bewegte Kamera bezieht den Zuschauer kaum in die Handlung ein, betrachtet die Menschen und die Dinge aus sicherer Entfernung. Die Distanz zwischen den Dingen und der Kamera entspricht derjenigen der Zeiten. Der größte Teil des Films besteht aus einer Rückblende, die von etwas erzählt, deren Ausgang man bereits kennt. So wirkt jeder Versuch der Oharu, ihr Leben zu gestalten, umso vergeblicher.

Mit einer unglaublichen Detailbesessenheit, von den Dekors bis in kleinste Einzelheiten von Kostümen und Frisuren, zeichnet Mizoguchi das Bild einer vergangenen Epoche. Gerade in seiner Zurückhaltung des filmischen Blicks offenbart der Regisseur eine sehr komplexe Haltung zum historischen Sujet. Die Schauspielerin Kinuyo Tanaka – später eine der ersten Regisseurinnen Japans – stellt überzeugend die verschiedenen Lebensstufen der Oharu, die weit mehr als 30 Jahre umfassen, dar. Auf ihrem Gesicht und in kleinen Gesten kann man die Phasen ihres bewegten Lebens ablesen, bis hin zu den Zügen einer gebrochenen alten Frau.

Auf den ersten Blick wirkt *Saikaku ichidai onna* kühl, fast mitleidlos. Bei näherer Betrachtung aber erscheint der Film von allen späten Werken Mizoguchis, die von der Unterdrückung der Frauen handeln, als die präziseste Schilderung der sozialen Umstände. Mizoguchi interpretiert nichts, sondern deckt Aspekte auf: die Käuflichkeit der Welt, die strengen Sitten einer Feudalepoche, die verlogene Doppelmoral der reichen Kaufleute, die ganz auf Erhalt und Fortbestand ihres Clans fixiert sind, oder die Demütigungen der Frauen, in deren Kampf um einen Platz in der Gesellschaft untereinander sich nichts anderes spiegelt als die patriarchalische Ordnung.

Mit diesem Film, für den er bei den Filmfestspielen in Venedig 1952 den Preis für die beste Regie erhielt, wurde Mizoguchi auch im Westen berühmt. Die langen Sequenzen entsprachen dem Ideal der Nouvelle Vague. Mit Bezug auf *Saikaku ichidai onna* meinte Jean-Luc Godard, Mizoguchis Kunst bestehe darin, »keine Hilfen außerhalb seines Gegenstands zu suchen, die Dinge sich selbst repräsentieren zu lassen und das Denken nur eingreifen zu lassen, um seine eigenen Spuren auszulöschen, wodurch er den Dingen, die er uns bewundern läßt, tausendmal mehr Wirkung verleiht«. Die Filmavantgarde um die »Cahiers du Cinéma« erklärten den japanischen Meister zu ihrem Idol. In diesen Kreisen galt er weit mehr als der gemeinhin erfolgreichere Kurosawa. Rivette definierte die Leidenschaft der Franzosen für Mizoguchi besonders radikal: »Wenn die Musik ein universales Medium ist, dann auch die mise en scène: Diese muß man lernen, nicht Japanisch, um ›den Mizoguchi‹ zu verstehen. Eine allgemeine Sprache, hier aber zu einem Grad der Reinheit gebracht, wie ihn unser westliches Kino nur in einigen Ausnahmen kannte.« Seitdem gibt es in Paris fast regelmäßig Retrospektiven mit Filmen von Kenji Mizoguchi.

»*Saikaku ichidai onna*«. Hg. Helmut Färber. München 1988. (Filmbeschreibung, Fotos).
Ruth Benner: »Der Abgrund hinter den Schleiern«. Alfeld 2002; Jean-Louis Cros: »Mizoguchi retrouvé?«, in: La Revue du Cinéma, 1978, H. 333; Freda Freiburg: »Women in Mizoguchi Films«. Melburne 1981; Jean-Luc Godard: »Mizoguchi«, in: ders.: Godard Kritiker. München 1971; Alain Masson: »Revers de la quiétude«, in: Positif, 1978, H. 212; Keiko McDonald: »Mizoguchi«. Boston 1984; Joan Mellen: »The Waves at Genjis' Door«. New York 1976; Jacques Rivette: »Mizoguchi, von hier aus gesehen«, in: ders.: Schriften fürs Kino. München 1989; Jonathan Rosenbaum: »*The life of Oharu*«, in: Monthly Film Bulletin, 1975, H. 494; Keiko Yamane: »Das japanische Kino«. München, Luzern 1985; Yoshikata Yoda: »Souvenirs de Kenji Mizoguchi«. Paris 1997.

Rüdiger Tomczak

EINE SAISON IN HAKKARI

↗ Hakkari' de bir mevsim

LE SALAIRE DE LA PEUR

(Lohn der Angst). Frankreich/Italien (Filmsonor-CICC/Vera Film-Fono) 1953. 35 mm, s/w, 150 Min.

R: Henri-Georges Clouzot. B: Henri-Georges Clouzot, Jérome Géronimi, nach dem gleichnamigen Roman von Georges Arnaud.
K: Armand Thirard. A: René Renoux.
S: H. Rust, M.Gug, E. Muse. M: Georges Auric.
D: Yves Montand (Mario), Charles Vanel (Jo), Folco Lulli (Luigi), Peter van Eyck (Bimba), Véra Clouzot (Linda).

Quälend lange wird es beschrieben, das hoffnungslose Leben der vier gescheiterten Europäer in dem kleinen Ort Las Piedras in Venezuela. Über 30 Minuten nur Trostlosigkeit, Langeweile und Leere. Nichts geht mehr voran. Doch da bietet sich eine einmalige

Chance, dieser Tristesse zu entfliehen: 300 Meilen entfernt ist eine Ölquelle in Brand geraten. Man braucht Nitroglyzerin, um das Feuer auszupusten. Der hochexplosive Sprengstoff lagert in Las Piedras und soll mit zwei Lkws zum Brandherd gebracht werden. Scharen melden sich für das Himmelfahrtskommando.

Der Korse Mario, der Gangster Jo, der Italiener Luigi und der Deutsche Bimba machen schließlich das Rennen. Was folgt ist eine filmische Tour de force: Schlaglöcher, enge Haarnadelkurven, Steinschlag bringen die vier immer wieder an den Rand des Todes, schließlich explodiert einer der Wagen. Zurück bleiben Mario und Jo, bei denen sich die Machtverhältnisse längst umgedreht haben: Aus dem Aufschneider Jo ist ein Häufchen Elend geworden, aus dem grünen Jungen Mario ein Besessener. Er opfert auch Jo, kommt als einziger an. Doch auf dem Rückweg ereilt ihn unbarmherzig das Schicksal.

Clouzots ausgefeilte Spannungs-Dramaturgie, seine genaue Zeichnung der Personen (und ihrer Entwicklung), sowie die geschickte Vermischung dieser beiden Elemente ist noch heute den allermeisten Actionfilmen mit ihren Blechschreddereffekten überlegen. Ohne die erste trostlose halbe Stunde wären die restlichen zwei Stunden nicht halb so aufregend, ohne den Weg, den die innere Entwicklung der beiden Hauptfiguren nimmt, wäre der äußere Weg ohne Tragik, bloß vordergründig spannend. Die herben Schwarzweißbilder von Thirard, das unmanierierte trockene Spiel von Charles Vanel und dem jungen Yves Montand, die kühl-realistische Regie Clouzots vermeiden jedes Sentiment und erreichen gerade so eine starke Emotionalität. Was in der Bewegungslosigkeit des Anfangs angelegt ist, entfaltet sich in der darauf folgenden Fluchtbewegung mit tödlicher Präzision und Konsequenz.

Le salaire de la peur ist der frühe Höhepunkt eines Genres, das es bis dato noch gar nicht gab: das Road Movie. Doch der Film – aus Kostengründen in Südfrankreich gedreht, welches er geschickt als Südamerika ausgibt – ist nicht, wie viele spätere der Gattung, melancholisch, sondern radikal existentialistisch. Die vier Männer haben keine Chance, obwohl sie sie nutzen. Mario, der sich eine Metrofahrkarte aufbewahrt hat, in der Hoffnung sie eines Tages noch einmal benutzen zu können, wird sie am Schluß sterbend in der Hand halten (Albert Camus starb bekanntlich einige Jahre später bei einem Autounfall, die Bahnkarte in der Tasche). Jo, der wissen will, was sich hinter »dem Zaun« seiner Heimatstadt verborgen hielt, bekommt die Antwort: »Nichts«. Luigi muß sein Leben ändern, weil er sonst an einer Staublunge sterben wird, findet so aber noch schneller sein Ende. Bimba rasiert sich (wie sein Vater) im Angesicht des Todes und fliegt ohne Bartstoppeln in die Luft. Clouzot, ein ähnlich pessimistischer Regisseur wie später Polanski, düpiert den aufs Happy End hoffenden Zuschauer: Einer kommt durch, doch als Mario es geschafft hat, muß auch er sterben. Gegengeschnitten zu seinem Heimweg ist die Siegesfeier in Las Piedras, beidem unterlegt »An der schönen blauen Donau« von Johann Strauß. Die Kreisbewegung des Wiener Walzers, die von den Tanzenden und Marios LKW gleichzeitig ausgeführt wird, ist so letztlich eine Bewegung in den Tod.

»*Le salaire de la peur*«. In: L'Avant-Scène du Cinéma, 1962, H. 17. (Filmprotokoll). – »*The Wages of Fear*«, in: Masterworks of the French Cinema. London 1974. (engl. Ausgabe).

José-Louis Bocquet: »Henri-Georges Clouzot, Cineaste«. Sévres 1993; Robin Buss: »French Film Noir«. New York 1994; Penelope Houston: »*The Wages of Fear*«, in: Monthly Film Bulletin, 1954, H. 243; Pierre Kast: »Un grand film athée«, in: Cahiers du cinéma, 1953, H. 23; Edouard L. de Laurot: »The Price of Fear«, in: Film Culture, 1955, H. 3; Philippe Pilade: »Henri-Georges Clouzot«. Paris 1969; Tim Pulleine: »*The Wages of Fear*«, 1986, H. 376; Karel Reisz: »*Le salaire de la peur*«, in: Sight and Sound, 1954, H. 4; Georg Seeßlen: »*Lohn der Angst*«, in: epd Film, 1987, H. 10; Gerard Sety: »Clouzot: He Plans Everything from Script to Screen«, in: Films and Filming, 1958, H. 12; D. Yakir: »Clouzot: The Wages of Film«, in: Film Comment, 1981, H. 6.

Klaus Gietinger

SALÒ O LE 120 GIORNATE DI SODOMA

(Salò oder Die 120 Tage von Sodom). Italien/Frankreich (PEA/PAA) 1975. 35 mm, Farbe, 117 Min.

Salò o Le 120 giornate di Sodoma

R: Pier Paolo Pasolini. B: Pier Paolo Pasolini, Sergio Citti, nach Motiven von de Sade.
K: Tonino Delli Colli. S: Nino Baragli: M: Ennio Morricone.
D: Paolo Bonacelli (Herzog), Aldo Valletti (Präsident), Giorgio Cataldi (Bischof), Umberto Paolo Quintavalle (Prälat), Sonia Saviange (Pianistin), Caterina Boratto, Elsa Di Giorgi, Hélène Surgère (Erzählerinnen).

Salò wurde Pier Paolo Pasolinis letzter Film und kam erst posthum in die Kinos. Die absolute Negativität dieses Films hat die Spekulationen über seine, bis heute nicht restlos geklärte Ermordung im Herbst 1975 zusätzlich genährt: Wer einen solchen Film mache, wolle und könne nicht weiterleben.
Der Haupttitel *Salò* steht für die Endphase des faschistischen Regimes in Italien, als der besiegte Mussolini von Salò aus einen Reststaat regierte; der Alternativtitel *Le 120 giornate di Sodoma* verweist auf das ursprüngliche Vorhaben, das gleichnamige Werk des Marquis de Sade zu verfilmen. Ein drittes Element ist die von Dantes »Inferno« inspirierte Struktur des Films, die den drei, in Zwischentiteln genannten Höllenkreisen folgt: der Leidenschaft, der Scheiße, des Blutes.
Eröffnet wird *Salò* mit einem Prolog: »Vor dem Inferno«. Vier faschistische Herren – Vertreter der weltlichen und geistlichen Macht: Bischof, Herzog, Richter und Bankier – veranstalten von einer pompösen Villa aus eine Jagd nach Mädchen und Jungen im bäuerlichen Umland, um über einen lebendigen Fundus für ihre perversen Spiele der menschlichen Erniedrigung und des Mordens zu verfügen. Das Rituelle steht im Vordergrund, im Vorgehen der Peiniger ebenso wie im Aufbau des Films. Koprophagie, psychische und physische Folter, blutiges Gemetzel werden nach peinlich genauen Regeln und Formen zelebriert, als ginge es um Tischsitten oder um ein formalistisches Kunstwerk. Der ›sadistische‹ Genuß, der die Herren antreibt, wird dem Zuschauer

an keiner Stelle vermittelt, um so mehr der Ekel vor dieser extremen Form von Ordnung und Herrschaft, der unmittelbaren und Selbstzweck gewordenen Beherrschung und Konsumtion von lebendigen Körpern.

Salò übersetzt ins Bild, was den kulturkritischen Essayisten Pasolini in seinen letzten Jahren beschäftigte: die Auslöschung alles Lebendigen und damit Wirklichen unter dem Regime eines gleichmachenden »Konsumismus«, der mit den Gehirnen auch die Körper seiner »universellen Irrealität« assimiliert. Doch auf diese Formel reduziert und in eine allzu deutliche symbolische Handlung transponiert, geht verloren, was an den »Freibeuter«-Schriften so fasziniert: In ihrer soziologischen Genauigkeit, in ihrer existentiellen Verstricktheit waren die Zeitungsartikel präziser und auch poetischer. Diesen Verlust scheint Pasolini selbst gespürt zu haben: Er nannte *Salò* eine »Anklage der Anarchie der Macht und der Inexistenz der Geschichte«, fügte aber hinzu: »Doch, so ausgedrückt, ist es eine sklerotische Botschaft, verlogen, vorgeschoben, heuchlerisch, von der selben Logik, die die Macht gar nicht anarchistisch findet, und die glaubt, daß es eine Geschichte gibt.« Wenn es keine Geschichte mehr gibt, wenn der »Neokapitalismus« die totale Durchdringung aller sozialen Milieus und aller individuellen Lebensäußerungen bedeutet, ist die Anbetung der historischen Welt und die Feier des Lebens, die Pasolinis Filme bisher fast ausnahmslos waren, sinnlos geworden. In den Vorstädten Roms, im armen Neapel, in arabischen Städten, in Indien und Afrika hatte Pasolini früher Reste authentischer Lebendigkeit aufgespürt; in allen vorangegangenen Filmen bildete die Sexualität eine durchgehende Metapher des Lebens. In *Salò* steht Sexualität für Degeneration, Macht, Vernichtung. Diese radikale Umdeutung, Ausdruck einer lebenslangen Desillusionierung, bestimmt auch die Form des Films: geschlossene Innenräume, im fahlen Licht und im Weitwinkel aufgenommen, professionelle Schauspieler, theatralische Steifheit, Verzicht auf Brüche durch Dokumentarmaterial. Manchmal zwingt die Kamera dem Zuschauer die Gleichgültigkeit auf, mit der jeweils einer der Peiniger das Geschehen durch ein umgekehrtes Fernrohr auf Distanz hält. Der Film sollte perfekt sein und gleichzeitig unkonsumierbar. Pasolini wollte das Publikum schockieren: *Salò* ist eine schwer erträgliche Zumutung, und manche Szenen rufen selbst bei abgebrühten Kinobesuchern physiologische Abwehrreaktionen hervor. Über alle ideologischen Gräben hinweg provozierte der Film eine leidenschaftliche Ablehnung, die in vielen Ländern bis zum Eingreifen des Staatsanwalts reichte. Auch in Deutschland wurden Kopien beschlagnahmt; erst nach mehreren Jahren wurde der Film freigegeben. Übersehen wurde dabei, daß in *Salò* nicht wenige positive Momente versteckt sind: Momente des Altruismus, des persönlichen Muts, der Zärtlichkeit, des Widerstands. Der Film endet mit einer in ihrer scheinbaren Harmlosigkeit abgründigen Szene: Zwei der gefangenen Jungen – typische Pasolini-Figuren, wie man sie aus seinen alten Filmen kennt – üben, als Wachen uniformiert, tapsig umschlungen ihre ersten Tanzschritte, ungerührt vom grausamen Schicksal ihrer Leidensgenossen, das bald auch das ihre sein wird. Man hätte, gerade nach dieser endgültigen Abschwörung aller Ideale, auf den nächsten Film Pasolinis gespannt sein können.

Alfons Arns/Martin Horst: »*Salò*. Filmanalyse«, in: Filmfaust, 1987, H. 58; Gideon Bachmann: »Sodom oder Das stilisierte Grauen«, in: Die Zeit, 30.1.1976; Hubert Fichte: »›Jeder kann der nächste sein‹«, in: Der Spiegel, 9.2.1976; Jens Malte Fischer: »Von Sodom nach *Salò* – De Sade und Pasolini«, in: Friedrich Knilli u.a. (Hg.): Literatur in den Massenmedien – Demontage von Dichtung? München 1976; Christoph Klimke: »Der erotische Blick«, in: ders. (Hg.): Kraft der Vergangenheit. Frankfurt a.M. 1987; Horst Knietzsch: »*Salò oder Die 120 Tage von Sodom*«, in: ders. (Hg.): Prisma 9. Berlin (DDR) 1978; Pier Paolo Pasolini: »Lichter der Vorstädte«. Hofheim 1986; Kriss Ravetto: »The Unmaking of Fascist Aesthetics«. Minneapolis 2001; Carlo Testa: »Masters of Two Arts«. Toronto u.a. 2002; Klaus Theweleit: »Deutschlandfilme«. Frankfurt a.M., Basel 2003.

Otto Schweitzer

SAMMA NO AJI (Wie der Geschmack von Makrelenhecht/Ein Herbstnachmittag).

Japan (Schochiku/Ofuna) 1962. 35 mm, Farbe, 115 Min.

R: Yasujiro Ozu. B: Kogo Noda, Yasujiro Ozu. K: Yushun Atsuta. L: Kenzo Ishiwatari. A: Tatsuo Hamada. S: Yoshiyasu Hamamura. M: Takanobu Saito.
D: Chishu Ryu (Shuhei Hirayama), Shima Iwashita (Michiko), Keiji Sata (Koichi Hirayama), Mariko Okada (Koichis Frau), Shin-ichiro Mikami (Kazuo Hirayama), Teruo Yoshida (Miura), Nobuo Nakamura (Kawei), Kuniko Miyake (Kaweis Frau), Eijiro Tono (Sakuma), Haruko Sugimura (Sakumas Tochter).

Samma no aji ist Ozus letzter Film, mit dem er noch einmal das Thema von *Banshun* (*Später Frühling*, 1949) und *Akibiyori* (*Spätherbst*, 1960) variiert. Doch besagt eine solche Feststellung kaum etwas, weil die meisten Filme von Ozu sich einer Inhaltsangabe verweigern. Harry Tomicek hat es mit einem erfundenen Haiku versucht: »Der Vater hat seine / Tochter verheiratet, / die Braut ist gegangen / Abenddämmerung breitet / sich aus.«
Tom Milne vergleicht *Samma no aji* mit der Form einer Sonate. So konkret die Dinge und Menschen auch erscheinen, Ozus Form hat eine Abstraktion erreicht, die mit seinem Thema eine unauflösliche Einheit bildet. Alles erscheint in diesem Film um noch eine Nuance konzentrierter, die für Ozus Spätwerk typische Starre des Kamerablicks wie die harte Montage, bei der man jeden Schnitt wahrnimmt als eine künstliche Zäsur in der Raum/Zeit-Konstruktion Film. Der Wechsel von einer Szene zur nächsten ist, von wenigen Ausnahmen abgesehen, nahezu identisch mit dem Übergang von einem Innenraum zum nächsten; die oft wiederkehrenden Räume haben fast leitmotivischen Charakter. Doch die vermeintlich einfache Architektur des Films täuscht, denn die Räume korrespondieren mit den Personen, die wiederum untereinander in Beziehung stehen.
Die Montage hat die Tendenz, diese Einzelbauteile des Films zu separieren. Sie erscheint wie eine Einladung an den Betrachter, Zusammenhänge je nach subjektivem Ermessen zu konstruieren. Paradoxerweise öffnen Ozus Filme Räume für Reflexion, obwohl bereits mit dem Drehbuch das Konzept abgeschlossen ist und die Strenge eines Ozu-Films keinen Zufall kennt. Die Individualität der unglaublich vitalen Charaktere bricht sich an einer starren, namenlosen Ordnung gesellschaftlichen Lebens, die mit ihrer Strenge der formalen Struktur des Films ähnlich ist. Das gebrochene Lächeln von Vater und Tochter am Ende, ein Sich-Unterwerfen in den Lauf der Welt, läßt gerade deshalb umso mehr daran zweifeln, ob diese Welt in Ordnung ist.
Voreilig, vielleicht provoziert durch die leise intensive Melancholie am Ende des Films, wurde *Samma no aji* von manchen Kritikern als ›Summe‹ oder Vermächtnis gedeutet. Obwohl Ozu während der Dreharbeiten von seiner Krebserkrankung erfuhr, plante er bereits das nächste Projekt *Daikon to ninjin* (*Rettich und Karrotten*, 1964). Das Drehbuch konnte er noch vor seinem Tod beenden; den Film realisierte Shibuya Minoru, einer seiner Schüler.
Von den jungen Regisseuren der Japanischen Neuen Welle wurde Ozu als Traditionalist bekämpft. Mittlerweile ist Ozu das Objekt wissenschaftlicher Untersuchungen geworden, die zu einem anderen Ergebnis kommen. David Bordwell beendet seine Analyse mit dem Satz: »*Samma no aji* ist, obwohl er mit dem Altern zu tun hat, in Form und Attitüde das Werk eines jungen Mannes.« In der Tat entspricht Ozus letzter Film weniger dem Klischeebild vom ›japanischsten aller japanischen Regisseure‹, sondern wirkt eher wie das Werk eines krassen stilistischen Außenseiters, vergleichbar europäischen Regisseuren wie Bresson, Dreyer oder Straub/Huillet.

»*Le goût du saké*«. Paris 1986. (Filmprotokoll).
Jean-Claude Biette: »*Le goût du saké*«, in: Cahiers du Cinéma, 1979, H. 296; David Bordwell: »Ozu And The Poetics Of The Cinema«. London, Princeton 1988; Allan Casebier: »A deconstructive documentary«, in: Journal of Film and Video, 1988, H. 1; Angelika Hoch (Red.): »Yasujiro Ozu«, Kinemathek, 2003, H. 94; Gertrud Koch: »Vor dem Gesetz«, in: Frankfurter Rundschau, 24.9.1983; Joël Magny: »*Le gout du saké*«, in: Cinéma, Paris, 1978, H. 240; Alain Masson: »Bien définir et bien peindre«, in: Positif, 1979, H. 214; Tom Milne: »Wie der Geschmack von Reis mit grünem Tee«, in: Stefan Braun u.a. (Hg.): Ozu Yasujiro. München 1981; Donald Richie: »The Later Films of Yasujiro Ozu«, in: Film Quarterly, 1959/60, H. 1; Max Tessier: »*Le goût du saké* et *Fin d'automne*«, in: Ecran, 1978, H. 75;

Harry Tomicek: »Ozu«. Wien 1988; Keiko Yamane: »Das japanische Kino«. München, Luzern 1985.

Rüdiger Tomczak

LE SAMOURAI (Der eiskalte Engel).

Frankreich/Italien (Films Borderie/Filmel/C.I.C.C./Fida Cinematografica) 1967. 35 mm, Farbe, 103 Min.
R: Jean-Pierre Melville. B: Jean-Pierre Melville, Georges Pellegrin, nach dem Roman »The Ronin« von Joan McLeod. K: Henri Decaë.
A: François de Lamothe, Théo Meurisse.
S: Monique Bonnot, Yolande Maurette.
M: François de Roubaix.
D: Alain Delon (Jeff Costello), Nathalie Delon (Jeanne), François Périer (Kommissar), Cathy Rosier (Valérie).

»Es gibt keine größere Einsamkeit als die des Samuraï, es sei denn die des Tigers im Dschungel.« Dieser Satz ist angeblich ein Zitat aus dem »Bushido«, dem Buch, das den Verhaltenskodex der Samurai definiert, doch er wurde von Melville erfunden, als Motto für Jeff Costello, den Profikiller und Samouraï des Titels. Zu Beginn des Films verschafft er sich ein doppeltes Alibi und tötet dann den Besitzer eines Nachtclubs. Die Polizei verhört ihn, kann ihm aber nichts nachweisen. Seine Auftraggeber sind beunruhigt und setzen einen Killer auf ihn an, der Jeff bei der Übergabe des Kopfgeldes anschießt. Jeff verkriecht sich einige Tage in seiner kargen Wohnung. Als er sie verläßt, beginnt eine großangelegte Beschattungsaktion der Polizei, doch es gelingt ihm, sie in der Metro abzuschütteln. Jeff erhält einen neuen Auftrag. Anstatt ihn auszuführen, tötet er seinen Auftraggeber, geht wieder in den Nachtclub und richtet seine Waffe auf die schwarze Pianistin, die er, seinem Auftrag gemäß, töten soll. Die versteckt wartenden Polizisten erschießen ihn, um dann festzustellen, daß seine Waffe nicht geladen war. Jeff Costello hat Harakiri begangen.

Mit *Le Samouraï* hat Melville den von ihm geschaffenen Gangstertypus perfektioniert. Alain Delon, der in keinem anderen Film weniger spricht als hier, ist die ideale Verkörperung des einsamen Samurai, den er sehr unterkühlt mit sparsamen Gesten darstellt. Jede Aktion ist auf ihren funktionalen Gehalt reduziert, doch der rituelle Charakter dieser Handlungen weist auf eine Zwanghaftigkeit: Costello ist ein Profi, der seine emotionslose Einsamkeit bewußt erlebt, aber nur um den Preis der Unprofessionalität durchbrechen könnte. »Ich verliere nie – niemals wirklich«, ist einer seiner wenigen, programmatischen Dialogsätze.

Von den 13 Filmen, die Melville in 27 Jahren als Regisseur drehte, gilt *Le Samouraï* als sein Meisterwerk, als klarste Ausprägung seines Stils, mit dem er auch seinem Wunsch näherkam, »einen Farbfilm in Schwarzweiß zu drehen, in dem nur eine kleine Nuance uns wissen ließe, daß es sich um einen Farbfilm handelt«. Sämtliche Farben des Films wirken ausgeblichen, ein blaugrauer Grundton prägt den gesamten Film. Martin Ripkens spricht in diesem Zusammenhang von »einem kühlen Blick, der alle Emotion, alles Dramatische und Existentielle unter einer spiegelglatten Oberfläche einfriert«. In der Rigorosität, mit der Melville diese Oberfläche gestaltet, entfernt er sich weiter denn je von jedem realen Bezug seiner Figuren zur wirklichen Welt des kriminellen Milieus. Er wählt Gangster und Polizisten, um etwas zu erzählen, das sich nicht auf diese äußeren Funktionen reduzieren läßt: »Ich habe eine Gangster-Rasse erfunden, die nirgends auf der Welt existiert – auch in den USA nicht. Mein Gangster-Typ entspringt nur meiner Phantasie.« Von Costellos Tod wurden zwei verschiedene Versionen gedreht. In der Drehbuchversion stirbt Jeff mit einem Lächeln, in der alternativen bleibt sein Gesicht vollkommen ausdruckslos. Melville entschied sich gegen das Lächeln.

Robin Buss: »French Film Noir«. New York 1994; Claude Michel Cluny: »Dossiers du Cinéma: Films 2«. Paris 1972; Peter W. Jansen/Wolfram Schütte (Hg.): »Jean-Pierre Melville«. München 1982; Joachim von Mengershausen: »Einsamkeit eines Killers«, in: Film, Velber, 1968, H. 7; Uwe Nettelbeck: »Die Einsamkeit des Tigers«, in: ebd. H. 8; Rui Nogueira (Hg.): »Kino der Nacht. Melville über Melville«. Berlin 2002; Martin Ripkens: »*Der eiskalte Engel*«, in: Filmkritik, 1968, H. 1; Georg Seeßlen: »*Le samouraï*«, in:

Rolf Aurich (Hg.): Alain Delon. Berlin 1995; Werner Zanola: »Die Einsamkeit des Tigers im Asphaltdschungel«, in: Filmbulletin, 1979, H. 111.

Franz Rodenkirchen

SAMSTAGNACHT BIS SONNTAGMORGEN ↗ Saturday Night and Sunday Morning

LE SANG D'UN POÈTE (Das Blut eines Dichters).

Frankreich (Charles de Noailles) 1930. 35 mm, s/w, 58 Min.
R: Jean Cocteau. K: Georges Périnal. Ba: Jean-Gabriel d'Eaubonne. M: Georges Auric.
D: Lee Miller (Statue), Enrique Rivero (Poet), Pauline Carton (Dompteuse der Kinder), Jean Desbordes (Louis XV.), Féral Benga (schwarzer Engel).

So gern es Cocteau gesehen hätte: Ein Skandal wurde sein erstes kinematographisches Opus nicht. *Le sang d'un poète* entstand als privater Auftrag des Vicomte de Noailles, eines Mäzens, der auch Buñuels ↗*L'âge d'or* finanzierte und Cocteau freie Hand ließ bei der Gestaltung seines Versuchs, »die Poesie zu filmen«. Nach etwa fünf Monaten Dreharbeit im Herbst 1930 fertiggestellt, fand die Uraufführung aufgrund technischer Probleme erst 1932 statt – ein Jahr nach dem Schock von *L'âge d'or.* Beide Filme verbindet das Spiel mit surrealistischen Experimenten, doch Cocteaus Hommage an die Poesie wurde im Vergleich zu Buñuels Provokation als lyrisch empfunden und stieß auf einhelliges Lob.

Le sang d'un poète ist ein persönliches Bekenntnis: Cocteau wollte »eine Vorstellung vom Alptraum, in dem die Dichter leben«, vermitteln. Der Poet malt auf der Staffelei ein Porträt, dessen Mund zu sprechen beginnt; als es an der Tür klopft, wischt er den Mund mit der Hand aus, doch er bleibt in der Hand wie eine Wunde. Eine Statue wird lebendig und verlockt ihn zu Abenteuern: Sie fordert ihn auf, durch einen Spiegel in eine bizarre Traumwelt einzutreten. Gleichsam in Trance bewegt sich der Dichter im »Hôtel des Folies Dramatiques« von Tür zu Tür und erspäht durchs Schlüsselloch skurrile Szenerien: die wiederholte Erschießung eines Mexikaners, »die Mysterien Chinas«, »Flugunterricht« mit Schellengeschirr und Geißel, zuletzt einen Hermaphroditen, von dem Todesgefahr ausgeht. Die sich anschließende Schneeballschlacht ist die Projektion einer Kindheitserinnerung – das Motiv findet sich bereits in dem Roman »Les enfants terribles« –, das Falschspiel des Poeten bei einer Kartenpartie mit der Statue läßt sich laut Cocteau interpretieren als Betrug, »indem er seiner Kindheit entnimmt, was er in sich selber finden sollte«. Das Spiel endet mit dem Selbstmord des Poeten, dem Zuschauer in einer Theaterloge applaudieren: Seinen Ruhm bezahlt der Dichter mit dem Tod und der »tödlichen Langeweile der Unsterblichkeit«.

Der Film hat die verschiedensten Deutungen erfahren. Cocteau erklärte, jede beliebige Interpretation sei richtig, doch im Grunde sei die Psychoanalyse die »einzig mögliche Form der Kritik«. Der raffinierte Einsatz von Paradoxien, absurden Momenten und suggestiver Musik soll die Zuschauer zu einer »Fahrt mit der Taucherglocke« in die Gefilde verborgener Emotionen verleiten. Die assoziativen Bildfolgen zeigen den Einfluß des Surrealismus, doch der Stil des Films ist durch eine klassisch strenge Gliederung und eine zwar irreale, aber sich logisch entwikkelnde Handlung gekennzeichnet. Einer romantischen Auffassung von Kunst entspricht dabei die Intention Cocteaus, den poetischen Reichtum aus den Tiefen seines Innern für die Zuschauer zu erschließen. Als Reaktion verlangt er »schwarzes Schweigen, das fast gleich stark ausbricht wie das Lachen«. Diesem Zweck dienen u.a. »tragische Gags« wie der Auftritt einer Person mit dunklen, starren, auf die geschlossenen Lider aufgemalten Augen. Gleich mit seiner ersten Arbeit für das Kino stellte sich Cocteau als »Cinéaste poète« vor: »Ich bin kein Filmemacher. Ich bin ein Dichter, der die Kamera als Vehikel benutzt, das es allen ermöglicht, gemeinsam ein- und denselben Traum zu träumen.«

»*Das Blut eines Dichters*«, in: Jean Cocteau: Filme. Frankfurt a.M. 1988. (Filmtext).
Philippe Azoury/Jean-Marc Lalanne: »Cocteau et le cinéma. Désordres«. Paris 2003; Jean Cocteau: »Kino und Poesie«. Hg. von Klaus Eder. München 1979; Arthur B. Evans: »Jean Cocteau and his Films of Orphic Identity«. London 1977; S.

Jouhet: »*Le sang d'un poète* et les surrealistes«, in: L'Avant-Scène du Cinéma, 1983, H. 307/308; Joachim Paech: »Orpheus hinter den Spiegeln«, in: epd Film, 1989, H. 7; Alain Philippon: »La magie des origines«, in: L'Avant-Scène du Cinéma, 1983, H. 307/308; Alfred Springer: »Die filmische Gestaltung des Unbewußten«, in: August Ruhs u.a. (Hg.): Das unbewußte Sehen. Wien 1989; Tony Rayns: »*Sang d'un poète*«, in: Monthly Film Bulletin, 1977, H. 520; Peter Weiss: »Cocteau: *Le sang d'un poète*«, in: ders.: Avantgarde Film. Frankfurt a.M. 1995.

Peer Moritz

SANS SOLEIL (Ohne Sonne). Frankreich (Argos) 1981. 35 mm, Farbe, 100 Min. R+B: Chris. Marker. K: Sandor Krasna. S: Anne-Marie L'Hote, Chatherine Adda. Spezialeffekte: Hayao Yamaneko. M: M. Mussorgskij, Jean Sibelius.

Ein Film von großer Dichte und Komplexität, kein klassischer Essayfilm. Wie ein weit verzweigtes und fest geflochtenes Rhizom wuchern Bilder und Gedanken. Reisebeschreibungen, in Briefform geäußerte Gedanken, Gedichte, Anekdoten, thematische Reflexionen über Bilder und das Kino wechseln kunstvoll miteinander ab. *Sans soleil* setzt auf die analytische Kraft der Bilder, auf die »Errettung der äußeren Wirklichkeit«. Der Film schafft dies, indem er die große Bilderflut, die numerische Vervielfachung der existierenden Bilder und die Zersetzung ihrer Abbildfunktion durch die elektronische Bearbeitung im Computer, in den Körper des Films selbst hineinholt.
Walter Benjamins Flaneur wandelte noch zu Fuß durch die Metropolen, der Zuschauer von *Sans soleil* flaniert durch die ganze Welt, die städtischen Konzentrationen ebenso wie die ländlichen Randgebiete. Ungleichzeitigkeiten der Entwicklung werden übersprungen wie die räumlichen Grenzen; Vergangenes durchdringt die Gegenwart, und ein Stück Zukunft wird sichtbar.
Japan und Afrika gilt das Hauptinteresse des Films. Der Kommentar nennt sie »die beiden äußersten Pole des Überlebens«. Von der elektronischen Zeichenwelt der Megametropole Tokyo zu dem Gewimmel der Märkte Guinea Bissaus. Der Krieg der Schaltkreise und der Befreiungskrieg, Action cooking in Ginza und der Hungertod in der Wüste. Die Riesengesichter der Comicfiguren auf den elektronischen Plakatwänden in Tokyo und die Masken der Tänzer beim Karneval auf den Kapverden. Was die Extreme verbindet, ist der Umgang mit den Dingen und den Zeichen. Hier wie dort sind die Formen des Blicks und die Funktionen des Bildes noch nicht restlos vom Prinzip des ökonomischen Tausches durchdrungen, sie haben noch magische, rituelle, mythische Funktionen.
Bilder einer startenden Polarisrakete und Bilder von Emus auf der Ile de France, Bilder des letzten mit Petroleum betriebenen Leuchtturms auf der Insel Sal und Bilder eines Festungsturms, der einst Jean d'Arc Schutz geboten hat. Andere Bilder, durch den Computer von Sinn und Bedeutungslast befreit, explodieren zu reinen Farben und Bewegungen. Der Film nimmt Bilder aus allen Zusammenhängen und akzeptiert keine Gesetze oder Grenzen in ihrer Rekombination. Trotzdem werden die Bilder nicht beliebig, sondern kommen gerade auf diese Weise wieder zu ihrem Recht, auch weil eine direkt illustrierende Beziehung zwischen Bild und Ton unterbleibt. Marker sammelt seine Bilder überall auf der Welt und zu allen Zeiten. Er arrangiert sie jedoch nicht zu einem schlüssigen Konzept, sondern wendet sie hin und her, untersucht sie, ohne ihnen ihr Geheimnis zu nehmen.
Der Kommentar begleitet die Bilder, er greift ihnen vor oder folgt ganz anderen Assoziationen, als es die Bilderketten tun. Doch ist nie eindeutig, wer spricht: Kein singulärer Autor breitet seine Gedanken aus. Eine weibliche Stimme liest aus den Briefen eines durch die Welt reisenden Kameramannes, manchmal zitiert sie ihn in der indirekten Rede, ein anderes Mal kommentiert sie Briefpassagen, oder es folgt ohne Übergang ein neuer, eigener Gedanke. Die Grenze zwischen der Person, die berichtet, und der, die zitiert, verwischt sich. Das Ich des Kommentars verdoppelt sich, es sind zwei Personen oder vielleicht sogar vier. Raum und Zeit sind zersplittert; auch auf der Ebene der Sprache soll keine einheitliche Perspektive geschaffen werden. Der Text ist

eine komplizierte, fiktionalisierende Konstruktion, die verhindert, daß der Film ein Zentrum bekommt – ein Zentrum, von dem der Autor Chris. Marker glaubt, daß es in der Welt schon lange nicht mehr vorhanden ist. *Sans soleil* ist eine geschickt gebaute Spirale zwischen Gegenwart und Vergangenheit, die in einen Bereich der Bilder führt, die Marker nach dem Tarkovskij-Film ↗*Stalker* »die Zone« nennt. Eine Spirale des Erinnerns wie in einem anderen Film, ↗*Vertigo*, den das Ich des Kommentars neunzehnmal gesehen hat, um dann in einer Wallfahrt nach San Francisco in einer Begegnung mit dem Hyperrealen festzustellen, daß die Orte der filmischen Scheinwelt alle in der Wirklichkeit existieren: Hitchcock hat nichts erfunden.

Sans soleil ist ein einzigartiger Versuch, Raum und Zeit gleichzeitig zu durchdringen und einen Film zu machen, der sich selbst vor seiner Entstehung kommentiert. Der Film beginnt mit einem kurzen Bild von drei Kindern auf einer Straße in Island, gefolgt von Schwarzfilm. Etwas verschoben heißt es im Kommentar: »Er sagte mir, es sei für ihn das Bild des Glücks und auch daß er mehrmals versucht habe, es mit anderen Bildern in Verbindung zu bringen – aber das sei nie gelungen. Er schrieb mir: ›Ich werde es eines Tages ganz allein an den Anfang eines Filmes setzen, und lange nur schwarzes Startband darauf folgen lassen. Wenn man nicht das Glück in dem Bild gesehen hat, wird man wenigstens das Schwarze sehen...‹« Später sehen wir dieses Bild wieder in der ganzen Länge der ursprünglichen Einstellung, aus der es isoliert wurde, und die Stimme sagt: »In Island habe ich den Grundstein zu einem imaginären Film gelegt. In jenem Sommer war ich drei Kindern auf der Straße begegnet und ein Vulkan war aus dem Meer aufgetaucht... Freilich werde ich diesen Film nie drehen. Aber ich sammle Dekorationen, ich denke mir Umwege aus, ich bringe meine Lieblingsgeschöpfe darin unter, und ich gebe ihm sogar einen Titel, eben den der Melodien Mussorgskijs: Ohne Sonne.«

»*Sans soleil*«. Hamburg 1983. (Kommentartext).
Klaus Ahlheim/David Wittenberg: »Die Dinge, die das Herz schneller schlagen lassen«, in: Thomas Koebner (Hg.): Autorenfilme. Münster 1990; Natalie Binczek/Martin Rass (Hg.): »›... Sie wollen eben sein, was sie sind, nämlich Bilder ...‹. Anschlüsse an Chris Marker«. Würzburg 1999; Andreas Eisenhart: »*Sans soleil*«, in: Filmkritik, 1983, H. 5; Stefan Hesper: »Die Kehrseite der Wahrnehmung«, in: Volker Roloff u.a. (Hg.): Europäische Kinokunst im Zeitalter des Fernsehens. München 1998; Eva Hohenberger: »Er schrieb mir«, in: film-dienst, 1995, H. 3; Jean-Pierre Jeancolas: »Le monde, à la lettre«, in: Positif, 1983, H. 264; Birgit Kämper: »*Sans Soleil* – ›ein Film erinnert sich selbst‹«, in: Christa Blümlinger/Constantin Wulff (Hg.): Schreiben Bilder Sprechen. Wien 1992; Birgit Kämper/Thomas Tode (Hg.): »Chris Marker. Filmessayist«. München 1997; Jon Keat: »*Sunless*«. Trowbridge 1999; Pierre Legendre: »Notification poétique du désir et de la mort«, in: Positif, a.a.O.; Terence Rafferty: »Marker changes trains«, in: Sight and Sound, 1984, H. 4; Edgar Reitz: »Das Unsichtbare und der Film«, in: ders.: Liebe zum Kino. Köln 1984; Walter Ruggle: »Vom Eindringen in die ›Zone‹ des Bildes«, in: Filmbulletin, 1984, H. 134; Christina Scherer: »Ivens, Marker, Godard, Jarman. Erinnerung im Essayfilm«. München 2001.

Jochen Brunow

SANS TOIT NI LOI (Vogelfrei).

Frankreich/England (Ciné-tamaris/films a 2/ Ministère de la Culture/Film 4 International/ c.m.c.c.) 1986. 35 mm, Farbe, 107 Min. R+B: Agnès Varda. K: Patrick Blossier. S: Agnès Varda, Patricia Mazuy. M: Joanna Bruzdowicz. D: Sandrine Bonnaire (Mona), Macha Méril (Madame Landier), Stéphane Freiss (Jean-Pierre), Marthe Jarnias (Tante Lydie), Yolande Moreau (Yolande), Patrick Lepczynski (David).

»Sie war flüchtig wie der Wind. Sie hatte keine Lust, etwas zu tun. Sie war überflüssig, und um das zu beweisen, benutzte sie ein System, das sie ablehnt. Das ist nicht Freiheit, das ist Irrtum.« Es beginnt mit dem Ende. Mona wird in einem Graben gefunden. Erfroren. Eine bleiche Gestalt im verblaßten Blaulila mit ekstatischem Ausdruck. Während die Polizei den Fall aufnimmt, zeigt eine Parallelmontage, wie mit Bürste und Wasserstrahl Spuren beseitigt werden. Der Film legt eine kriminalistische Spur, als ginge es darum, ein Verbrechen aufzuklären. Auf jeden Fall geht es um die Untersuchung einer Randexistenz,

Sans toit ni loi: Sandrine Bonnaire

die keine Existenzberechtigung mehr hat. All das spricht Agnès Varda an, bevor sie die Streunerin Mona wieder auferstehen läßt. »Ich bin da«, sagt sie voller Selbstbewußtsein. Mona strahlt etwas Absolutes, Herausforderndes aus: Sie braucht das Wort ›Freiheit‹ nie auszusprechen.

Mona läßt sich treiben, trampt ziellos umher, schlägt ihr Zelt noch auf, obwohl schon der Frost einbricht, oder verbringt Tage in verlassenen Häusern mit Zufallsbekanntschaften. Die Begegnungen am Straßenrand, die flüchtigen Beziehungen treiben die Geschichte voran. »Ein Spiel mit Spiegeln«, sagt Agnès Varda, denn im Umgang mit Mona offenbaren sich die anderen. Der Landfreak Sylvain, ein Ziegenhirte mit Philosophiestudium, der so genau über die Freiheit Bescheid zu wissen glaubt, ist ihr härtester Kritiker. Mona hat bei allen einen tiefen Eindruck hinterlassen, vor allem bei der Botanikerin, die unterwegs ist, um die sterbenden Platanen der Dorfplätze und Landstraßen zu retten. Für Madame Landier, Engel der kranken Natur, ist Mona zwar eine interessante Wegbegleiterin, aber doch zu ungewaschen, um echte Zuneigung hervorrufen zu können.

In vielerlei Hinsicht ist *Sans toit ni loi* ein Road Movie, das sich mit dem Klassiker ↗*Easy Rider* auseinandersetzt. Mona ist eine späte Nachfahrin des Aussteigertypus der sechziger Jahre, der im frischen Fahrtwind bei dröhnender Rockmusik sein Gefühl von totaler Freiheit verwirklichen wollte. Mona dagegen ist eine Tramperin, sie verweigert die Geschwindigkeitsmaximierung, sie erinnert an die kontemplativen Reisenden von einst. Lange hat das Kino dem Prinzip Bewegung gehuldigt; *Sans toit ni loi* zeigt, wie sich der Film gegen den ihm innewohnenden Bewegungsdrang zur Wehr setzen kann. Die Straße steht zwar im Mittelpunkt des Road Movie, doch die Kamera unternimmt Ausflüge in die Umgebung oder sucht Anlässe, um innezuhalten, z.B. ein Stopschild. Auch die Erzählung folgt der Kreisbewegung: Sie beginnt am Ende und kehrt wieder zum Fundort der Leiche zurück. Die als

Untersuchung getarnte Story verweigert die Vorwärtsbewegung; sie schaut zurück und schreitet dabei langsam voran, tritt genaugenommen auf der Stelle. Genauso verhalten sich Vardas »Bild-Wörter«, bewegte Einzelbilder, die aus der Handlung herausfallen. »Cinécriture«, wie Varda ihre Filmarbeit nennt, will die Trennung von Schreiben und Film aufheben, indem das Wort mit der genauen Beobachtung verbunden wird. *Sans toit ni loi* kämpft, durchaus noch im Geiste der Nouvelle Vague, um die Bewegungsfreiheit des Kinos: jetzt um das Recht des Stillstands.

Frauen und Tod, das waren von Anfang an die großen Themen Agnès Vardas, die seit *Cléo de 5 à 7* (*Mittwoch zwischen 5 und 7*, 1961) als ausgewiesene Frauenregisseurin gilt und bis heute ihr feministisches Engagement unterstreicht. In den achziger Jahren rückt sie, zunächst mit dem Tagebuch-Film *Documenteur* (1981), das Thema Einsamkeit in den Vordergrund. Auch Mona hat die Einsamkeit gewählt, sie ist der Preis der Freiheit. Darin spiegelt sich auch die Situation der Frauenbewegung nach der konservativen Wende. Mona war einmal eine Freiheitskämpferin, davon zeugt das prächtige Rot ihrer Kleidung. Solange die roten Zeichen da sind, geht es vorwärts. Wenn sich rot und blau vermischen, beginnt die Melancholie. »Lila«, schreibt Goethe, »hat etwas Lebhaftes ohne Fröhlichkeit«. Das bläuliche Burgund der Weinhefe, deren Reste nach dem Weinfest im Dorf gründlich beseitigt werden, deutet auf Spuren der Gewalt. Selbst die Landschaften sind dafür Zeichen: rostiges Maschinengerät, Zivilisationsmüll, Industrieanlagen. Keine Naturidylle: Der Wald ist hier nur ein Ort für Vergewaltiger. Dann werden alle Spuren gelöscht, als hätte Mona nie gelebt. Vogelfrei sind alle Rechtlosen, sie werden den Vögeln zum Fraß freigegeben.

Françoise Audé: »*Sans toit ni loi*«, in: Positif, 1986, H. 299; Alain Bergala: »La repousse«, in: Cahiers du Cinéma, 1985, H. 378; Wolf Donner: »*Vogelfrei*«, in: tip Filmjahrbuch, Bd. 2, Frankfurt a.M. 1986; Rob Edelman: »Travelling a different route«, in: Cineaste, 1986, H. 1; Jill Forbes: »*Vagabonde*. Cold Venus«, in: Sight and Sound, 1986, H. 3; Sabine Fröhlich: »Der Zufall und ich«, in: epd Film, 1986, H. 8 (Interview); Frieda Grafe: »Nur das Kino«. Berlin 2003; Susan Hayward: »Beyond the gaze and into femme-filmécriture: Agnès Varda's *Sans toit ni loi*«, in: Susan Hayward/Ginette Vincendeau (Hg.): French Film. London, New York 1990; Florian Hopf: »*Vogelfrei*«, in: epd Film, 1986, H. 5; Michael Quigley: »Agnès Varda's *Vagabonde*: The Outcast as a Mirror«, in: Kinema, 1993, H. 1; Walter Ruggle: »Freiheit ist nur ein anderes Wort«, in: Filmbulletin, 1986, H. 146; Alison Smith: »Agnès Varda«. Manchester, New York 1998; Agnès Varda: »Varda par Agnès«. Paris 1994.

Marli Feldvoß

SATURDAY NIGHT AND SUNDAY MORNING

(Samstagnacht bis Sonntagmorgen). England (Woodfall) 1960. 35 mm, s/w, 89 Min.

R: Karel Reisz. B: Alan Sillitoe, nach seinem gleichnamigen Roman. K: Freddie Francis. A: Ted Marshall. S: Seth Holt. M: John Dankworth.

D: Albert Finney (Arthur Seaton), Shirley Anne Field (Doreen Gretton), Rachel Roberts (Brenda), Hylda Baker (Aunt Ada), Norman Rossington (Bert), Bryan Pingle (Jack).

Die Produktionsfirma Woodfall, von Tony Richardson und John Osborne gegründet, ermöglichte Ende der fünfziger Jahre in England einer jungen Generation die Realisation ihrer Spielfilm-Ideen. Karel Reisz gehörte zusammen mit Richardson und Lindsay Anderson zu den Initiatoren des »Free Cinema«, einer Kurzfilm-Reihe, die das Etikett lieferte für eine heterogene Bewegung unabhängiger Filmemacher, die sich mit kritischem Impetus der britischen Gegenwart annahmen.

Der Film brach gleich mit drei Tabus des englischen Kinos: Geschildert wird das relativ belanglose Leben eines jungen Fabrikarbeiters; er unterhält eine Beziehung zu einer verheirateten Frau, die später eine illegale Abtreibung vornehmen läßt. Auch wenn die Rebellion Arthur Seatons nur im Kleinen stattfindet und daher rührend-hilflos wirkt, konnte sich ein Großteil zumindest des jugendlichen Publikums mit seinen Widersprüchen identifizieren.

Saturday Night and Sunday Morning erteilte dem glamourösen Studio-Look, der selbst in sozial enga-

gierten Filmen wie Jack Claytons *Room At The Top* (*Der Weg nach oben*, 1958) erhalten geblieben war, eine Absage und setzte dagegen die Arbeit an Originalschauplätzen, die Verwendung des lokalen Nottinghamer Dialekts und zeitgenössische Popmusik. Reisz' starke Affinität zum Dokumentarismus ist deutlich zu spüren, in seiner Art der beiläufigen Stilisierung läßt er ihn aber zugleich hinter sich. Wenn Arthur im feinen Anzug und Brillantine im Haar, von einem ›coolen‹ Saxophonthema begleitet, die Arbeitersiedlung verläßt, um ins Pub zu gehen, dient die genaue Schilderung der Ikonographie des Alltags dazu, die Schlichtheit seiner Vorstellung von Glück herauszustellen. Bei aller Sympathie bewahrt Reisz trotzdem eine distanzierte Haltung. Lernt man Arthur in der Exposition – durch die geschickte Montage seiner herablassenden Blicke auf seine Kollegen – als originellen Außenseiter kennen, wird durch das enge, architektonische und soziale Geflecht bald deutlich, wie gefangen Arthur trotz aller kritischen Anwandlungen bleibt.
Entscheidenden Anteil am Erfolg des Films hatte die Besetzung der Hauptfigur mit Albert Finney. Im Gegensatz zur Riege der alten, ›aristokratischen‹ Darsteller konnte er den ungehobelten Helden der working class verkörpern, dessen radikaler, verantwortungsloser Subjektivismus (»What I'm out for is a good time. All the rest is propaganda!«) für das britische Kino neu war.

»*Saturday Night and Sunday Morning*«, in: Masterworks of the British Cinema. London 1974 (Filmtext).
George Gaston: »Karel Reisz«. Boston 1980; A. Higson: »Space, Place, Spectacle«, in: Screen, 1984, H. 4/5; Roger Manvell: »New Cinema in Britain«. London 1969; Robert Murphy: »Sixties British Cinema«. London 1992; Enno Patalas: »*Samstagnacht bis Sonntagmorgen*«, in: Filmkritik, 1961, H. 4; Tim Price: »The Politics of Culture: *Saturday Night and Sunday Morning*«. Nottingham 1987; Jean-Paul Török: »Le ›lugubre‹ cinéma anglais«, in: Positif, 1962, H. 43; ders.: »Portrait d'un en héros ouvrier«, in: L'Avant-Scène. Cinéma, 1982, H. 294; Alexander Walker: »Hollywood, England«. London 1974.

Ingo Fließ

SCANNERS (Scanners – Ihre Gedanken können töten). Kanada (Filmplan International) 1980. 35 mm, Farbe, 103 Min.
R+B: David Cronenberg. K: Mark Irwin.
A: Carol Spier. S: Ronald Sanders. M: Howard Shore.
D: Jennifer O'Neill (Kim Obrist), Stephen Lack (Cameron Vale), Patrick McGoohan (Dr. Paul Ruth), Lawrence Dane (Braedon Keller), Michael Ironside (Darryl Revok), Robert A. Silverman (Benjamin Pierce).

David Cronenberg ist wohl einer der wenigen zeitgenössischen Horrorfilm-Regisseure, der auch jenseits der Genre-Fankreise große Reputation genießt. Seine Filme haben immer wieder zu wissenschaftlichen Analysen angeregt. In *Scanners*, seinem fünften Langfilm, greift er Motive aus vorangegangenen Filmen wieder auf. Aus *Stereo* (1969) übernimmt er das Phänomen der Telepathie, aus *Crimes of the Future* (1970) die Folgen von Chemikalieneinwirkungen auf das ungeborene Leben, und wie *The Brood* (1979) ist *Scanners* ein Film über eine zerstörte Familie. Machtbesessene Wissenschaftler waren bereits ein Thema seiner ersten beiden Spielfilme *Shivers* (1973) und *Rabid* (1975). In *Scanners* erweitert Cronenberg sein Motivinventar erstmals um ein Thema, das auch die darauffolgenden Filme bestimmt: (Medien-)Technologie. Hierzu greift Cronenberg die These seines Landsmannes Marshall McLuhan auf, daß alle Technologie Erweiterungen des menschlichen Körpers darstellt.
Cameron Vale ist ein Stadtstreicher, als er von Dr. Paul Ruth aufgegriffen wird. Ruth ist an einer Fähigkeit Vales sehr interessiert: Er ist ein »Scanner«, eine Art Telepath, wie Ruth erklärt: »Telepathie besteht nicht nur aus Gedankenlesen. Es ist die direkte Verbindung zweier Nervensysteme, die räumlich voneinander getrennt sind.« Vale und die vielen weiteren Scanner sind das Produkt einer Medikamenten-Nebenwirkung. Ihren schwangeren Müttern wurde das Beruhigungsmittel Ephemerol verabreicht. Während sich Ruth um Vale kümmert und ihn mittels Ephemerol von den Stimmen in seinem Kopf befreit, arbeitet der mächtige Scanner Daryl Revok

im Untergrund an der Erschaffung einer Scanner-Armee. Ruth weiß von diesem Plan und bildet Vale als Gegenwaffe aus. Nach und nach formieren sich die Fronten, und schließlich begegnet Vale Revok und erfährt, daß sie Brüder sind und Ruth ihr Vater ist.

Den Begriff »Scanner« entlehnte Cronenberg der Computertechnologie; »scannen« bedeutet, analoge Daten in digitale zu übersetzen, um sie dem Computer nutzbar zu machen. Diese Bedeutung nimmt Cronenberg in seinem Film an zentraler Stelle wörtlich: Vale versucht, über die Telefonleitung Zugang zum Computer von Revoks Firma »Bicarbonate Amalgamate« zu erlangen, da er herausfinden will, an wen das dort produzierte Emphemerol verkauft wird. Ruth schlägt Vale vor: »Sie haben ein Nervensystem, das einem Computer vergleichbar ist. Damit können Sie ihn scannen, den Computer, als ob er ein Mensch wäre.« Die Vernetzung verlangt von Vale, seinen eigenen Bewußtseinsstrom zu »digitalisieren«, um ihn dem Datenstrom des Computers kompatibel zu machen. Cronenberg zeigt den eigentlich unsichtbaren Vorgang, indem er Telefonkabel, Computerschirme und die Bauelemente einer Platine in Großaufnahme mit der Kamera abfährt.

Das Sujet des Films »infiziert« hier dessen Bilder: »Das Problem mit Filmen über Telepathie«, sagt Cronenberg, »war schon immer, wie man diese physisch macht. Und ich meine *physisch*, denn für mich hat es nie ausgereicht, etwas lediglich *sichtbar* zu machen.« Die in der Handlung von *Scanners* thematisierte »Grenzüberschreitung« von der Psyche zur Physis (in der Philosophie als das »Leib-Seele-Problem« diskutiert) wird von Cronenberg mittels »wörtlich genommener Metaphern« (Riepe) gelöst. Diese reichen vom »Kopfzerbrechen« bei einer der von Revok gescannten Personen bis zu dessen finaler Aussage »Brüder sollten einander nahe sein«, bevor er mit Vale zu einer Person verschmilzt.

Die Wirkung des Scannens ist die eines jeden Mediums, und Scanner sind in jeder Hinsicht »Medien«: Sie affizieren ihre Adressaten. Auch dieses Phänomen bebildert Cronenberg: Zwei »Aufführungssituationen« gibt es in *Scanners*, bei denen beide Brüder, getrennt voneinander, ihre Fähigkeit einem Publikum vorführen. Das Experiment, an dem Revok teilnimmt, findet sogar in einem Kinosaal statt. Inszeniert wird in beiden Situationen nichts weniger als die Frage der Beeinflussung des Zuschauers durch das Medium (Revok-Szene) und umgekehrt die Beeinflussung des Mediums durch die Zuschauer (Vale-Szene) – also der rekursive Effekt, der die Mediengesellschaft bestimmt.

Cronenberg hat diese Themen später immer wieder aufgegriffen und von verschiedenen Seiten beleuchtet: die Wirkung von televisionärer Gewaltdarstellung auf den Zuschauer (*Videodrome*), die Wirkung psychischer Phänomene auf die soziale Umwelt (*Dead Zone*), die Wirkung der Technologie auf den Körper (*The Fly*) oder die Wirkung medialer Realität auf den Verstand (*eXistenZ*). Zentral dabei sind stets die Phänomene der »Überschreitung von Grenzen« (des Körpers, des Raums) und die gegenseitige Beeinflussung von Geist und Materie.

Daß Cronenbergs Sujets dabei oft auf die Kehrseite der Technologieentwicklung hinweisen, hat ihm den Vorwurf des Konservativismus eingebracht. *Scanners* liefert jedoch schon früh den Gegenbeweis: Als Revok und Vale aufeinandertreffen, geht es um Leben und Tod. Der Gewinner des telepathischen Zweikampfes entscheidet über das Schicksal der Welt. Sinnfälligerweise wird bei diesem Duell zwar Vales Körper zerstört, sein Geist aber in den Körper Revoks »übertragen«. Indem der Film mit einer Synthese aus »Gut« und »Böse« endet, entzieht er sich der politisch wertenden Einordnung und schlägt anstelle dessen eine utopische Aufhebung des Daseins als »Zusammensein« vor.

John Costello: »David Cronenberg«. Harpenden 2000; Thomas J. Dreibrodt: »Lang lebe das neue Fleisch. Die Filme von David Cronenberg«. Bochum 2000; Almut Oetjen/Holger Wacker: »Organischer Horror. Die Filme David Cronenbergs«. Meitingen 1993; Manfred Riepe: »Bildgeschwüre. Körper und Fremdkörper im Kino David Cronenbergs«. Bielefeld 2002; Chris Rodley (Hg.): »Cronenberg on Cronenberg«. London 1994; Steven Shaviro: »The Cinematic Body«. Minneapolis, London 1993; Sylvia Szely: »›Brothers should be close, don't you think?‹ Verdopplung und Trennung in *Scanners* und *Dead Ringers*«, in: Drehli Robnik/Michael Palm (Hg.): Und das Wort ist Fleisch geworden. Wien 1992.

Stefan Höltgen

SCARFACE The shame of a Nation (Narbengesicht). USA (Caddo/Howard Hughes) 1932. 35 mm, s/w, 99 Min.
R: Howard Hawks. B: Ben Hecht, Seton I. Miller, John Lee Mahin, W.R. Burnett, Fred Pasley, nach dem gleichnamigen Roman von Armitage Trail. K: L.W. O'Connell, Lee Garmes.
Ba: Harry Olivier. S: Edward Curtiss. M: Adolph Tandler, Gus Arnheim.
D: Paul Muni (Tony Camonte), Ann Dvorak (Cesca Camonte), Karen Morley (Poppy), Osgood Perkins (Johnny Lovo), Boris Karloff (Gaffney), George Raft (Guino Ruinaldo), Vince Barnett (Angelo), C. Henry Gordon (Inspector Guarino), Inez Palange (Tonys Mutter), Edwin Maxwell (Commissioner).

Anfang der dreißiger Jahre erreichte die erste »Crime«-Welle in Hollywood ihren Höhepunkt. Allein im Jahr 1931 kamen rund fünfzig Gangsterfilme heraus, und kurz hintereinander erschienen jene Produktionen, die als stilbildend für das Genre gelten: Mervyn LeRoys *Little Caesar* (*Der kleine Cäsar*), William Wellmans *Public Enemy* (*Der öffentliche Feind*) und Howard Hawks' *Scarface*. Sie alle entwerfen ein Bild der Prohibitionszeit, der ›Roaring Twenties‹, indem sie die emblematische Geschichte vom Aufstieg und Fall eines Gangsters erzählen. Dabei ist *Scarface* an das zeitgenössische Vorbild Al Capone angelehnt. Der Chicagoer Mobster hatte sich mit bis dahin beispielloser Härte gegen konkurrierende Banden durchgesetzt und repräsentierte im öffentlichen Bewußtsein das organisierte Gangstertum schlechthin. Die Liquidation von sieben gegnerischen Gangmitgliedern am Valentinstag des Jahres 1929 war dem Publikum noch lebhaft im Gedächtnis, als der Film ins Kino kam.

Scarface ist direkter und gewalttätiger als seine Vorgänger: »It vibrates with the impact of things that were real and deeply felt,« hieß es anläßlich einer Wiederaufführung. Hawks bemühte sich zwar um Stilisierung – ihm schwebte eine grandiose Familiengeschichte wie die der Borgia vor –, verblüffend wirkt jedoch heute noch die Modernität: Technische Neuerungen wie das Auto, das Telefon, die automatische Waffe waren für das neue Genre konstitutiv, und der Beschleunigung des urbanen Lebens entspricht die Entfesselung der Bildsprache. Kamerafahrten, wie Hawks sie realisierte, wirkten im frühen Tonfilm als Schock. Intelligente Abbreviaturen geben der Handlung ein ungewöhnliches Tempo: Berühmt geworden ist etwa die Montage, in der auf eine Serie von Schießereien das Bild eines Kalenders folgt, dessen Blätter unter den Feuerstößen dahinfliegen. 28 Leinwandmorde wurden gezählt, und obwohl die meisten davon in der für die Zeit typischen verschlüsselten Form inszeniert waren – die Opfer fallen als Schemen hinter einer Scheibe oder im Rauch der Gewehre –, spricht aus einigen Metaphern auch eine makabre Ironie. So wird die Folge der Gewalttaten vom Motiv des Kreuzes begleitet – es erscheint in einem Gittermuster am Schauplatz des Valentins-Massakers, auf einer Hoteltür als römische Ziffer »X«, in der Sequenz, in der ein Gangsterboß beim Bowling buchstäblich »ausge-ixt« wird, und natürlich als Narbe auf dem Gesicht des Helden.

In der Figur des Aufsteigers Tony Camonte verdichten sich soziale Konflikte und die Träume von Millionen Immigranten: Von der Ausnahmeexistenz des Gangsters, der als letzter ›Selbsthelfer‹ in einer zunehmend bürokratisierten Welt an die Stelle des Abenteurers trat, ging immer auch Faszination aus, und der dynamische Paul Muni verstand es, seinem Charakter diese Ambivalenz zu geben. Camontes Skrupellosigkeit ist die des illiteraten Jungen aus ärmlichen Verhältnissen, der für sich das amerikanische Versprechen auf Glück, Reichtum und Ruhm in Anspruch nimmt: »The World Is Yours«, verheißt eine Leuchtreklame, die Hawks mehrfach suggestiv ins Bild bringt; das Credo des Kriminellen – »Do it first, do it yourself, and keep doing it« – ähnelt auf fatale Weise dem des bürgerlichen Entrepreneurs. Der Vorwurf, Gangsterfilme idealisierten das Verbrechen, schwebte von Anfang an über dem Genre, und vor allem Hawks geriet in Konflikt mit der Zensur. Die New Yorker Behörden erzwangen eine Reihe von Änderungen, und einige Städte verboten den Film ganz. Szenen, die den Protagonisten als liebevollen Sohn zeigen, wurden geschnitten. Stattdessen fügte man eine Sequenz ein, die offensichtlich als mora-

Scarface: Paul Muni (Mitte)

lisches Sedativ gemeint ist und isoliert dasteht: Eine Versammlung aufgebrachter Bürger verlangt, die Polizei solle entschiedener gegen das organisierte Gangstertum vorgehen. In der ursprünglich gezeigten Fassung starb Camonte nicht heroisch im Kugelhagel auf der Straße, sondern wurde verhaftet und abgeurteilt.

Nach *Scarface* ließ die Begeisterung für den Gangsterfilm zunächst nach – Hollywood entdeckte bald darauf den Polizisten als Helden und rückte zunehmend den Kampf gegen das Verbrechen in den Mittelpunkt seiner Geschichten. Hawks' Film, der erst nach dem Krieg wirkliche Wertschätzung erfuhr, hat die Ikonographie des Genres dennoch auf Jahrzehnte hinaus geprägt. Das Remake von Brian De Palma (1983, mit Al Pacino) blieb weit hinter der Originalversion zurück. *Scarface* ist der Glücksfall einer Studioproduktion, in der verschiedene Talente zusammenkamen: Howard Hughes als Produzent, Ben Hecht als Drehbuchautor, Darsteller wie Paul Muni und George Raft, die über Nacht zu Stars wurden. Zur Legende, die sich um den Film bildete, gehören nicht zuletzt publikumswirksame Anekdoten. Raft, der selbst aus dem Dunstkreis des New Yorker Racketeers Dutch Shultz kam, soll sich den Spleen seines Leinwandcharakters von einem echten Gangster abgesehen haben – im Film spielt Camontes rechte Hand Guino beständig mit einer Dollarmünze. Und von Al Capone hieß es, *Scarface* habe ihm so gut gefallen, daß er sich sogar seine eigene Kopie beschaffte.

»*Scarface*«, in: L'Avant-Scène du Cinéma, 1973, H. 132. (Filmprotokoll).

Peter Bogdanovich: »The Cinema of Howard Hawks«. New York 1962; Thomas Christen: »*Scarface*«, in: Filmstelle VSETH, Dokumentation 1981/82; Carlos Clarens: »Crime Movies«. London 1980; K. Cooney: »Demonology«, in: Movietone News, 1975, H. 40; Richard Corliss: »Ben Hecht«, in: ders.: Talking Pictures. Woodstock, New York 1974; Jim Hillier: »Howard Hawks. American Artist«. London 1996; Colin McArthur: »Underworld U.S.A.«. London, New York 1972; Tim Pulleine: »*Scarface*«, in: Monthly Film Bulletin, 1980, H. 559; Hans-Peter Rodenberg: »Der Gangsterfilm und die Depression: *Scarface* (1930/32)«, in: Werner Faulstich/ Helmut Korte (Hg.): Fischer Filmgeschichte. Bd.2. Frankfurt a.M. 1991; Georg Seeßlen: »Der Asphalt-Dschungel«. Reinbek 1977; François Truffaut: »Die Filme meines Lebens«. Frankfurt a.M. 1997.

Sabine Horst

SCENER UR ETT ÄKTENSKAP

(Szenen einer Ehe). Schweden (Cinematograph) 1972. 35 mm, Farbe, 294 Min. (Fernsehfassung) bzw. 168 Min. (Kinofassung).
R+B: Ingmar Bergman. K: Sven Nykvist.
Ba: Bjoern Thulin. S: Siv Kanaelv-Lundgren.
D: Liv Ullmann (Marianne), Erland Josephson (Johan; ihr Mann), Bibi Andersson (Katarina), Jan Malmsjö (Peter, ihr Mann), Anita Wall (Frau Palm).

Der populärste Film Ingmar Bergmans, sieht man einmal von dem Skandalerfolg ↗ *Tystnaden* ab, beruht auf einem sechsteiligen Fernsehfilm, dessen Erstausstrahlung von mehr als der Hälfte der schwedischen Bevölkerung verfolgt wurde und auch in der Bundesrepublik Deutschland, auf eine Sendelänge von 235 Minuten gekürzt, hohe Einschaltquoten erzielte. Die im Kino gezeigte Version, die durch Aussparung an Spannung gewinnt, war ebenfalls ein Publikumserfolg. Offenbar hatte Bergman zur richtigen Zeit – Anfang der siebziger Jahre, als die bürgerliche Institution Ehe in Frage gestellt wurde – das richtige Thema gewählt und in einer identifikationsstiftenden Weise umgesetzt.

Der Film demontiert ein scheinbar ideales Ehepaar. Bergman über seine Protagonisten: »Johan und Marianne sind Kinder fester Normen und glauben an die Ideologie der materiellen Sicherheit. Sie haben ihre bürgerliche Lebensführung nie als bedrückend oder unaufrichtig empfunden.« Im ersten Teil werden sie konfrontiert mit einer zerrütteten Ehe: Peter und Katarina, ein befreundetes Paar, liefert bei einem Besuch eine häßliche Szene; die beiden verbindet offenbar nur noch der Haß. Nachdem die Gäste gegangen sind, formuliert Johan die These, eine harmonische Beziehung sei einfacher in geeigneten Rahmenbedingungen. Sie selbst bilden dafür das beste Beispiel: Seit zehn Jahren verheiratet, sind beide erfolgreich in ihren Berufen, Johan im Wissenschaftsbetrieb und Marianne in einer Anwaltskanzlei, spezialisiert auf Scheidungsfälle. Johan und Marianne haben zwei Töchter, ihr Familienleben ist in Ordnung, und was die doch einmal auftretenden Mißstimmungen betrifft, so beherrschen beide »die Kunst, unter den Teppich zu kehren«. Doch dann teilt Johan eines Tages Marianne mit, daß er sie wegen einer 23jährigen Studentin verlassen wird. Er will ein neues Leben beginnen: Offensichtlich ist der geordnete Rahmen doch kein Garant für die Sicherheit und Stabilität einer Ehe, sondern kann im Gegenteil den Wunsch nach Veränderung provozieren. Eine jahrelang sich hinziehende und quälende Trennungsphase schließt sich an, in der die Eheleute sich gegenseitig terrorisieren. Nach vielen seelischen Grausamkeiten und einem brutalen Gewaltausbruch Johans geschieden, finden beide neue Ehepartner. Viele Jahre später fahren sie gemeinsam wieder in ihr einstiges Haus: Eine irritierende Nähe existiert immer noch zwischen ihnen. »Alles ist noch immer Verwirrung, und nichts ist besser geworden«, kommentiert Bergman, aber doch haben sich Johan und Marianne emanzipiert und sind jetzt »Bürger in der Welt der Realität«.

Scener ur ett äktenskap ist einer Fernsehdramaturgie verpflichtet, die hier dem Thema entgegenkommt. Es dominieren Großaufnahmen der Gesichter, Aufnahmen von Innenräumen und lange Dialog-Szenen, wo mittels einer elaborierten Sprache und mimischer Ausdrucksvariabilität das Innenleben der Ehepartner psychologisch durchleuchtet wird. Der Film behandelt die Beziehungsprobleme eines Paares aus dem gehobenen Mittelstand. In der bemerkenswert unkritischen Rezeption wies lediglich Martin Walser darauf hin, daß *Scener ur ett äktenskap* ein »maskulines Konzept« zugrundeliegt. Dies gelte sogar für jene Szene, in der Johan Marianne schlägt: »Aber natürlich so, daß wir mit ihm wieder bedeutend mehr Mitleid empfinden müssen als mit ihr.«

»*Szenen einer Ehe*«. Hamburg 1975. (Filmtext).
Claudia Alemann: »*Szenen einer Ehe*«, in: medium, 1975, H. 4; Jean Améry: »Das heillose Experiment«, in: Merkur, 1975, H. 6; Jörg Becker/O.F. Gmelin: »Die Unklarheit aus

dem Norden«, in: ebd., 1975, H. 6; Stig Björkman u.a.: »Bergman über Bergman«. München 1976 (Interviews); Wolfgang Gersch: »Die konstruierte Wirklichkeit oder Bergmans Königsdrama«, in: Film und Fernsehen, 1976, H. 11; Marsha Kinder: »*Scenes From a Marriage*«, in: Film Quarterly, 1974/75, H. 2; Hauke Lange-Fuchs: »Ingmar Bergman«. München 1988; Martin Walser: »Abwehr eines Meisterwerks«, in: Der Spiegel, 17.3.1975; Eckhard Weise: »Ingmar Bergman«. Reinbek 1987.

Uwe Müller

SCHATTEN ↗ Shadows

DER SCHATZ DER SIERRA MADRE ↗ Treasure of Sierra Madre

SCHERBEN

Deutschland (Rex-Film) 1921. 35 mm, s/w, stumm, 1.356 m.
R: Lupu Pick. B: Carl Mayer. K: Friedrich Weinmann.
D: Werner Krauß (Bahnwärter), Hermine Straßmann-Witt (seine Frau), Edith Posca (Tochter), Paul Otto (Inspektor), Lupu Pick (Bahnreisender).

Scherben ist der erste Teil einer Trilogie, zu der außerdem *Hintertreppe* (Leopold Jessner, 1921) und *Sylvester* (Lupu Pick, 1923) gehören. Mit diesen Filmen etablierte der Drehbuchautor Carl Mayer den Kammerspielfilm, der eine neue filmische Einheit von Ort, Zeit und Handlung anstrebt und sich besonders für die Psychologie der wenigen auftretenden Figuren interessiert. Der Untertitel weist *Scherben* als »Drama in fünf Tagen« aus.
Der Regisseur Lupu Pick verfolgte den Anspruch, »das expressionistische Delirium zu überwinden« und ließ sich von der »Alltäglichkeit des Lebens« inspirieren. Mit nur leicht filmisch akzentuierten Aufnahmen wirklicher Natur, realer Objekte oder Dekors versucht er einerseits, die soziale Realität der kleinen Leute nachzuzeichnen. Anderseits läßt er die realitätsnahen Bilder immer wieder in komplexen symbolischen Zusammenhängen kulminieren. Denn mit der Akzentuierung durch Licht, durch Schwenks und harte Blenden, vor allem aber durch die Heraushebung und Beziehung alltäglicher Gegenstände aufeinander schafft er eine ebenso dumpfe wie bedeutungsschwere Atmosphäre.
In die geordnete, aber monotone und weltabgewandte Welt des Bahnwärters bricht der Konflikt durch eine Telegraphennachricht ein, die einen Inspektor ankündigt. Als die Nachricht angekommen ist, zerbricht eine Scheibe. So wie diese beiden Aufnahmen montiert sind, ist klar, daß der Ankömmling die Tochter, die die Scherben zusammenkehrt, verführen und die Familie aus ihrem fragilen Gleichgewicht bringen wird.
Carl Mayer variiert das konventionelle melodramatische Modell insofern, als zuerst die Mutter an den verinnerlichten sozialen Zwängen zerbricht. Sie erfriert vor einem Leitbild dieser Normen: dem Madonnenbild. Mit der unverrückbaren Wucht des tragischen Schicksals führt die Verletzung einer starren sozialen Norm zur familiären Katastrophe. In ungemein knappen Szenen, die immer etwas statisch wirken und an Tafel- und Genrebilder erinnern, erzählt der Film, wie der Bahnwärter, von der Tochter aus Rachegelüsten aufgeklärt, den Inspektor erwürgt. In der Arbeit, die für ihn der Inhalt seines Lebens ist, kann er sich kurzzeitig von der zwanghaft begangenen Tat befreien. Mit einer nicht enden wollenden, kreisenden Laternen-Bewegung gibt er das Stoppsignal für einen Zug und bekennt im einzigen Zwischentitel des Films: »Ich bin ein Mörder«. Als der Zug weiterfährt und eine Brücke passiert, wendet sich die Tochter mit leerem Blick ab. Sie flieht in den Wahnsinn.
Der Dokumentarfilmer und Filmhistoriker Paul Rotha bemerkte 1930 in *Scherben* einen »neuen soziologischen Gebrauch des Kinos«: Mayers Kammerspiel erfaßt die psychologischen Mechanismen sozial vermittelter Zwänge. Dem figuralen Grundriß und der Kommunikationsarmut der Figuren gemäß ist die inszenatorische Form und der zähflüssige Rhythmus; die durchschnittliche Einstellungslänge beträgt mehr als 16 Sekunden. Fast alle Einstellungen sind durch Blenden hart voneinander abgegrenzt, die die Hermetik des von Türen und Wänden umschlossenen Bildaufbaus durch monotone Bewegungen und durch Schweigen unterstreichen. Verbindende Blicke gibt es ebensowenig wie verbin-

dende Bewegungen oder gar ein gleitendes Ineinandergreifen der Einstellungen. Präsentiert wird dies in einer fast reinen Form des Stummfilms: der narrativen Reihung für sich gültiger Einzelbilder.

Willy Haas: »Der Kritiker als Mitproduzent«. Berlin 1991; Rolf Hempel: »Carl Mayer«. Berlin 1968; Jürgen Kasten: »Carl Mayer: Filmpoet«. Berlin 1994; Paul Rotha: »The Film Till Now«. London 1967; Eberhard Spiess: »Carl Mayer: Ein Filmautor zwischen Expressionismus und Idylle«. Frankfurt a.M. o.J.; »*Scherben*«, in: Kinemathek, Berlin, 1963, H. 13.

Jürgen Kasten

SCHINDLER'S LIST (Schindlers Liste). USA (Universal) 1993. 35 mm, s/w + Farbe, 195 Min.
R: Steven Spielberg. B: Steven Zaillian, nach dem Roman »Schindler's Ark« von Thomas Keneally. K: Janusz Kaminski. A: Allan Starski. S: Michael Kahn. M: John Williams.
D: Liam Neeson (Oskar Schindler), Ben Kingsley (Itzhak Stern), Ralph Fiennes (Amon Goeth), Caroline Goodall (Emilie Schindler), Jonathan Sagalle (Poldek Pfefferberg), Embeth Davidtz (Helen Hirsch).

Vorbehalte löste bereits die Ankündigung aus, daß Steven Spielberg in Auschwitz drehen wolle: Der Schöpfer von ebenso kassenträchtigen wie infantilen Kinomärchen wie *E.T. - The Extra-Terrestrial* (*E.T. - Der Außerirdische*, 1982) und *Jurassic Park* (1993), so mußte man befürchten, würde aus dem Holocaust eine Hollywood-Schnulze machen. Nach der Premiere attestierten selbst Kritiker, die prinzipiell die Darstellbarkeit des Massenmordes in Zweifel zogen, Spielberg, er habe sein Sujet nicht verraten.
Erzählt wird die authentische Geschichte des deutschen Fabrikanten Oskar Schindler, der während des Krieges in Krakau mehr als tausend Juden vor dem KZ rettete, indem er sie in seiner Fabrik beschäftigte. Es ist der Stoff für ein Melodrama. Spielberg schöpft es aus, verletzt aber bewußt bestimmte Konventionen des Kommerzkinos. Er hat der Versuchung widerstanden, seinen Protagonisten zu heroisieren: Schindler ist eine Spielernatur, ein Lebemann und Kriegsgewinnler, der zunächst aus reinem Geschäftsinteresse handelt. Erst am Schluß fordert Hollywood seinen Tribut: In einer sentimentalen Szene umarmen sich der zum Humanisten geläuterte Kapitalist und ›seine‹ Juden.
Die Entscheidung, den Film in schwarzweiß, mit z.T. unruhiger Handkamera und an Originalschauplätzen zu drehen, hebt *Schindler's List* von der bunten Technicolor-Welt der Traumfabrik ab. Die Suggestivkraft der Bilder beruht auf ihrer eigentümlichen Nähe zu historischen Dokumentarfilmaufnahmen, wobei Spielberg an zentralen Stellen - sehr dezent, kaum wahrnehmbar - Farbe einsetzt: Ein kleines Mädchen im roten Mantel geistert durch das Ghetto, in dem die Juden zum Abtransport zusammengetrieben werden. Der dritte Punkt: Spielberg hat gewagt, im Spielfilm zu inszenieren, wovon es keine historisch verbürgten Bilder gibt: das Leben im KZ, die Selektion. Aber er zeigt nicht den Tod in der Gaskammer: In der entscheidenden Szene, die dem Zuschauer den Atem stocken läßt, werden die Frauen in die Duschräume getrieben, aber es kommt Wasser aus der Brause. Mit sicherem Gespür lenkt Spielberg die Emotionen: Er wagt sich weiter vor als jeder andere Regisseur, doch er überschreitet nicht das letzte Tabu.
Die perfekte Machart verleitete selbst Regisseurskollegen zu Überschätzungen. *Schindler's List* wurde ein Stellenwert zugeschrieben, den kein Spielfilm, höchstens ein historisches Dokument einlösen kann. »Die wichtigste Funktion dieses Films ist: Er hält für alle Zeiten fest, daß diese unfaßbaren Greuel wirklich geschehen sind«, notierte Billy Wilder. »Spielbergs Film hat den Opfern Gesichter gegeben, menschliche Gestalt, und hat die Dimension der Inhumanität im Deutschland der Nazijahre benannt«, lobte Egon Günther. Die überwältigende Rezeption erklärt sich auch aus der Tatsache, daß ein halbes Jahrhundert nach den Ereignissen die letzten Zeitzeugen aussterben: Erlebte Geschichte wird abgelöst durch fiktive Darstellungen, deren Glaubwürdigkeit anzweifelbar ist. Spielberg, der frei war von der Befangenheit europäischer Regisseure, hat doch gespürt, daß er seine Geschichte beglaubigen lassen muß: Am Ende wechselt der Film von Schwarzweiß

zu Farbe, und in einem langen Zug ziehen die realen ›Schindlerjuden‹, geführt von ihren Darstellern im Film, an das Grab von Oskar Schindler und legen kleine Kieselsteine nieder.

Claude Lanzmann, dessen asketischer Dokumentarfilm ↗*Shoah* wie ein vorweggenommener Gegenentwurf zu *Schindler's List* wirkt, lehnte rigoros die Trivialisierung des Massenmordes durch filmische Fiktion ab: Spielbergs Film rühre zu Tränen, doch das Thema erlaube keine Katharsis. Lanzmanns Argumentation, mit kategorischer Konsequenz vorgetragen, mündete in einer Art Bilderverbot. Er kritisierte, daß Spielberg ins Zentrum einer Holocaust-Geschichte einen ›guten Deutschen‹ gerückt habe; dies rief auch in Deutschland Widerspruch hervor. Die Linke argwöhnte, daß der Film jenen reaktionären Kräften zuarbeite, die das Bild der Geschichte ›revidieren‹ wollen. »Spielbergs Regie setzt das ideologische Unbewußtsein in Szene«, heißt es in der Einleitung zu einem 190 Seiten starken Pamphlet der Initiative Sozialistisches Forum. Doch auch von rechts, von dem Historiker Ernst Nolte und dem Filmpublizisten Will Tremper, wurde Spielberg angegriffen. Überwogen in den Korrespondentenberichten von den Dreharbeiten noch die skeptischen Töne, so wurde *Schindler's List* rasch zu einem massenmedialen Ereignis, das auf breiter Basis zur pädagogischen Volksaufklärung genutzt wurde.

Spielberg ähnelt in gewisser Weise, darauf hat Georg Seeßlen aufmerksam gemacht, seinem Helden: Wie Schindler setzt er »seine Geschicklichkeit im Umgang mit Geld und Macht in der Traumfabrik für einen guten Zweck ein, und wie seinen Protagonisten macht es auch ihn dabei nur glaubhafter, daß er dabei nicht zum Heiligen wird, daß Widersprüche und Retardierungen bleiben«. Es gelang ihm, die anfänglichen Vorbehalte zu entkräften und die Option leader auf seine Seite zu ziehen. Die Uraufführung fand im Simon-Wiesenthal-Zentrum statt, der Regisseur stellte eine Stiftung für ein Holocaust-Museum in Aussicht: Ein besonderer Film verlangt eine besondere Marketingstrategie. Der Präsident der Vereinigten Staaten rief die Bürger zum Kinobesuch auf: »Go, see it!« In Deutschland und Israel glichen die Premieren Staatsakten: Bundespräsident von Weizsäcker war in Frankfurt anwesend, Premierminister Rabin in Jerusalem. *Schindler's List* wurde zu einem persönlichen Triumph für den Regisseur, der Hollywood die größten Kassenerfolge aller Zeiten bescherte, dem die Academy of Motion Picture Arts and Sciences aber stets die Anerkennung verweigert hatte: Bei jeder Oscar-Verleihung war Spielberg bisher leer ausgegangen; nun erhielt er gleich siebenmal die begehrte Trophäe.

Helga Amesberger/Brigitte Halbmayr: »*Schindlers Liste* macht Schule. Spielfilme als Instrument politischer Bildung an österreichischen Schulen«. Wien 1995; Werner Beiweis: »Zur Realität des Imaginären«. Wien 1995; Klaus L. Berghahn u.a. (Hg.): »Kulturelle Repräsentationen des Holocaust in Deutschland und den Vereinigten Staaten«. Frankfurt a.M. 2002; Initiative Sozialistisches Forum (Hg.): »Schindlerdeutsche«. Freiburg i.Br. 1994; Hellmuth Karasek: »Die ganze Wahrheit schwarz auf weiß«, in: Der Spiegel, 1994, H. 8 (Interview); Helmut Korte: »Hollywoodästhetik und die deutsche Geschichte: *Schindlers Liste* (Spielberg, 1993)«, in: ders.: Einführung in die systematische Filmanalyse. Berlin 2000; Claude Lanzmann: »Ihr sollt nicht weinen«, in: Frankfurter Allgemeine Zeitung, 7.3.1994; Yosefa Loshitzky: »Spielberg's Holocaust«. Bloomington 1997; Johannes-Michael Noack: »*Schindlers Liste* – Authentizität und Fiktion in Spielbergs Film«. Leipzig 1998; Franciszek Palowski: »The Making of *Schindler's List*«. Secaucus 1998; Peter Reichel: »Erfundene Erinnerung«. München 2004; Wolfram Schütte: »Wie Schindler unter deutsche List kam«, in: Rowohlt Literaturmagazin, 1994, H. 34; Markus Stahlecker: »Steven Spielbergs *Schindlers Liste*«. Aachen 1999; Christoph Weiß (Hg.): »›Der gute Deutsche‹. Dokumente zur Diskussion um Steven Spielbergs *Schindlers Liste* in Deutschland«. St. Ingbert 1995; David Thomson: »Presenting Enamelware«, in: Film Comment, 1994, H. 2; Armond White: »Toward a Theory of Spielberg History«, in: ebd.

Michael Töteberg

DAS SCHLOSS IM SPINNWEBWALD ↗ Kumonosu-jo

DIE SCHMUTZIGEN, DIE HÄSSLICHEN UND DIE GEMEINEN

↗ Brutti, sporchi e cattivi

DIE SCHÖNE QUERULANTIN

↗ Belle noiseuse

DIE SCHÖNE UND DAS TIER

↗ Belle et la bête

SCHREIE UND FLÜSTERN

↗ Viskningar och rop

SCHREI, WENN DU KANNST

↗ Cousins

DER SCHWARZE FALKE

↗ Searchers

DAS SCHWEIGEN ↗ Tystnaden

DAS SCHWEIGEN DER LÄMMER

↗ Silence of the Lambs

THE SEA HAWK

(Der Herr der sieben Meere). USA (Warner Brothers) 1940. 35 mm, s/w, 127 Min.

R: Michael Curtiz. B: Howard Koch, Seton I. Miller, nach dem gleichnamigen Roman von Rafael Sabatini. K: Sol Polito. A: Anton Grot. M: Erich Wolfgang Korngold.

D: Errol Flynn (Geoffrey Thorpe), Brenda Marshall (Dona Maria), Claude Rains (Don Jose Alvarez De Cordoba), Donald Crisp (Sir John Burleson), Flora Robson (Queen Elizabeth).

Die Sea Hawks sind englische Freibeuter, die mit Billigung der Krone bevorzugt die spanische Flotte angreifen. Das Piratenschiff »Albatros« kapert das Schiff eines spanischen Gesandten, der in London die Harmonie zwischen Spanien und England beschwören sollte, während in Wahrheit die Armada heimlich aufgerüstet wird. Thorpe, der Anführer der Piraten, hat jedoch Verdacht geschöpft und überfällt in Panama einen spanischen Goldtransport, gerät dabei aber in Gefangenschaft und wird zu lebenslänglichem Dienst auf einer Galeere verurteilt. Er kann sich befreien und überbringt der Königin geheime Dokumente, die belegen, daß Spanien in Zusammenarbeit mit Lord Wolfingham, einem Spion am Hof, einen Angriff der Armada auf England vorbereitet. So wird der Plan vereitelt und der Verräter entlarvt; für seine Verdienste ums Vaterland wird der Pirat zum Ritter geschlagen.

Das Drehbuch versammelt typische Motive und Figuren des Genres: den gerechtigkeitsliebenden Spitzbuben als Helden, der England und seiner Königin treu ergeben ist; den ›offiziellen‹ und den ›unerkannten‹ Schurken; die attraktive junge Nichte des spanischen Gesandten, die dem Charme und der Menschlichkeit des Piraten erliegt und die Seite wechselt. Dazu gibt es eine Reihe von originellen Nebenfiguren, allen voran die derben, bärbeißigen, im Grunde aber gutmütigen und loyalen Piraten, die ihre geliebte Heimat England schon am besonderen Schaukeln der Wellen erkennen.

The Sea Hawk ist ein Musterbeispiel dafür, welche Ergebnisse die von den Hollywood-Studios, insbesondere bei Warner Brothers, favorisierte Arbeitsteilung ermöglichtigte. Zuständig für die Produktion war Hal B. Wallis, der u.a. die Klassiker der Schwarzen Serie, *Little Caesar* (*Der kleine Cäsar*, 1930) und ↗*The Maltese Falcon* produzierte und mehrfach mit Michael Curtiz, auch bei ↗*Casablanca*, zusammenarbeitete. Curtiz war ein Routinier, der im gleichen Jahr bei zwei weiteren Filmen Regie führte. »Er arbeitete am Fließband«, bemerkte John Ford, »aber er machte keine Fließbandfilme«. Im Studio-System war die vorrangige Aufgabe des Regisseurs, das Potential aller Beteiligten so effektiv wie möglich zu nutzen. Curtiz gelang es in den verschiedensten Genres immer wieder, einem vorgegebenen Stoff Leben einzuhauchen durch seinen augenzwinkernden Humor und einen untrüglichen Blick für die Qualitäten seiner Darsteller.

Entscheidenden Anteil an der dramaturgischen Geschlossenheit hat die Musik Erich Wolfgang Korngolds. In weitausholenden Arrangements überwindet sie die reine Leitmotivtechnik und wird zu Programmusik; kleinteilig wird die jeweilige psychische Verfassung der Charaktere in Dialogszenen konturiert. Korngold sucht in der Instrumentierung immer wieder den Kontrast. Bevorzugt er in höfischen Szenen Blech und Streicher, so setzt er im Urwald von Panama überraschend Schlaginstrumente und Saxophone ein, bei der Eroberung des

spanischen Schiffes durch die Galeerensträflinge einen triumphalen Männerchor.
Bildliche Dramatik und Aktion entsteht vor allem durch die Montage, z.B. im schnellen Wechsel zwischen Totalen – manchmal aus ungewöhnlichen Blickwinkeln, etwa vom Hauptmast des Segelschiffes – und Nahaufnahmen. Brilliantes Timing und ein atemloser Rhythmus zeichnen die Kampfszenen aus; bei dem finalen Gefecht zwischen Thorpe und Wolfingham wurde allerdings Errol Flynn teilweise gedoubelt. Im neu gebauten Wasserbecken auf dem Studiogelände wurden erfindungsreich und detailfreudig die Special effects realisiert. Die Dekoration der Innenräume wird bestimmt durch eher sparsame Möblierung, leere Flächen, präzise und variationsreich ausgeleuchtet; es entsteht eine Folie, vor der Gesten und Kostüme umso stärker zur Geltung kommen.
Das Genre der »Swashbuckler« – wörtlich: Säbelrassler –, der Mantel- und Degenfilme, erlebte mit *The Sea Hawk* seinen Höhepunkt. Dasselbe Team – Produktion: Wallis, Regie: Curtiz, Musik: Korngold und, für das Publikum am wichtigsten, in der Rolle des Abenteurers der Star Errol Flynn – hatte mit *Captain Blood* (*Unter Piratenflagge*, 1935) und *The Adventures of Robin Hood* (*Robin Hood, der König der Vagabunden*, 1938) wesentlich zur Etablierung des Genres beigetragen. Doch selbst bei so einem ausgesprochenen Unterhaltungsfilm verfolgte Hollywood zuweilen Ziele, die jenseits künstlerischer oder kommerzieller Interessen lagen. Harry Warner, der patriotisch gesinnte Studiochef, war der erste Vertreter einer großen Firma, der öffentlich für den Eintritt Amerikas in den Zweiten Weltkrieg plädierte. So wurde *The Sea Hawk* beiläufig als politische Analogie in Szene gesetzt: Der spanische König Philip II., der zu Beginn vor einer Weltkarte seinen imperialistischen Phantasien freien Lauf läßt, steht für den Faschismus, der von den Engländern, personifiziert vom Amerikaner Errol Flynn, gebremst werden muß. Geschnitten wurde eine Szene – wohl weil sie als überdeutlich empfunden wurde–, in der die englische Königin ihre Untertanen moralisch auf den kommenden Krieg vorbereitet.

»*The Sea Hawk*«. Hg. Rudy Behlmer. Madison 1982. (Drehbuch).
John Davies: »Notes on Warner Brothers' Foreign Policy 1918–1948«, in: The Velvet Light Trap, 1972, H. 4; Christoph Fritze u.a.: »Der Abenteurer«. Reinbek 1983; Gordon Gow: »The Sabatini Springboard«, in: Films and Filming, 1977, H. 8; Roy Kinnard/R.J. Vitone: »The American Films of Michael Curtiz«. Metuchen 1986; Adrienne Mancia: »Hal Wallis, Film Producer«. New York 1970; James C. Robertson: »The Casablanca Man. The Cinema of Michael Curtiz«. London, New York 1993; Sidney Rosenzweig: »Pirates and Politics«, in: ders.: *Casablanca* and Other Major Films of Michael Curtiz. Ann Arbor 1982.

Ingo Fließ

THE SEARCHERS (Der schwarze Falke). USA (Whitney Pictures) 1956. 35 mm, Farbe, 119 Min.
R: John Ford. B: Frank S. Nugent, nach einem Roman von Alan LeMay. K: Winton C. Hoch, Alfred Gilks. M: Max Steiner, Stanley Jones.
D: John Wayne (Ethan Edwards), Jeffrey Hunter (Martin Pawley), Vera Miles (Laurie Jorgensen), Olive Carey (Mrs. Jorgensen), Henry Brandon (Schwarzer Falke), Harry Carey jr. (Brad Jorgensen), Natalie Wood (Debbie).

Von der dunklen Leinwand eröffnet eine Tür den Blick ins Freie. Aaron Edwards' Familie tritt, jeder für sich, auf die Veranda, um die Ankunft von Aarons Bruder zu sehen. Ethan kehrt mit drei Jahren Verspätung aus dem verlorengegangenen Bürgerkrieg zurück. Er ist entwurzelt. Er ist ein Indianerhasser. Die einzige Person, der er Gefühle entgegenbringt, welche er lieber verstecken würde, ist die Frau seines Bruders. Bald wird sie von Comanchen massakriert, mitsamt ihrer ganzen Familie; nur das Mädchen Debbie, zum Zeitpunkt des Überfalls etwa sieben Jahre, überlebt. Sie wächst als Indianerin auf. Ihr gilt die siebenjährige Suche, die Ethan gemeinsam mit Martin unternimmt.
Die ersten Bilder schlagen den Generalton des Filmes an. Die Gruppe, selbst die Familie, bietet keinen echten Schutz, ebensowenig das gebaute Haus, in dem die Weißen sich verschanzen. Ford zeigt den Indianerüberfall nicht. Alles was den Siedlern wider-

fahren ist, wird später, wie in einem Spiegel, an den Indianern ausgeführt: Töten um des Tötens willens, besinnungsloser Haß. Der schwedische Siedler Jorgensen, der seinen Sohn verliert, kann ohnmächtig nur »dieses Land«, den noch unerschlossenen Westen, verantwortlich machen. Doch dieser Westen ist gleichzeitig die Heimat des identitätstiftenden amerikanischen Filmgenres. Ford selbst hat an dieser Identität mitgebaut, indem er das Monument Valley zur Folie einer Reihe klassisch gewordener Western machte. In *The Searchers* wird dieser Mythos verdichtet und gleichzeitig in entlarvender Weise überspannt.

Untrennbar verbunden damit ist der Schauspieler John Wayne. Von seinem Image, besser: vom Bonus seiner früheren Figuren lebt die Figur des Ethan Edwards. Denn er treibt auf die Spitze, was der amerikanische Filmwissenschaftler Tag Gallagher allen Protagonisten des Films attestiert: den tunnel vision point-of-view, das ausschließliche Verfolgen der eigenen Ziele, und seien sie so löblich wie die Martins, der seine (vermeintliche) Schwester retten will und dabei die eigene Verlobung vergißt. Die Beziehung Ethans zu dem Jüngeren, der sich ihm freiwillig anschließt, erscheint die ganze Suche hinweg als Zweckbündnis, zumal in Martins Adern Indianerblut fließt. Doch als Ethan verwundet wird, vermacht er Martin sein ganzes Hab und Gut. Ähnlich irrational erscheint auf Dauer die Suche nach Debbie; wir sehen die beiden Searchers bei dichtem Schneetreiben, hart daran montiert in sonnendurchfluteten Landschaften. Allein die Fotografie, mehr noch die intensiven, flächigen Technicolor-Farben verleihen *The Searchers* eine mystische Dimension. Sie wird verstärkt durch die Zerfaserung der Zeiten und Orte, die die Erzählung in kleine Vignetten auflöst. Der dramaturgische Knoten, Debbies Schicksal, wird umso verwickelter, je länger die Suche dauert. Doch keinen Moment verliert der Film sein eigentliches Thema: das Porträt eines Mannes, der seinen Haß leben muß, weil er seine Liebe nicht leben kann.

John Ford war einer der ›Autoren‹, die, aus dem Hollywood-System kommend, einen unverwechselbaren Stil entwickelten und deshalb auf das bedingungslose Vertrauen einer jungen europäischen Kritiker-Avantgarde bauen konnte. Die reaktionären Ansichten des Regisseurs und seines Protagonisten ignorierte man bewußt. »Wie kann man John Wayne, der Goldwater unterstützt, hassen, und wie kann man ihn zärtlich lieben, wenn er Natalie Wood im vorletzten Akt (...) abrupt in die Arme nimmt«, notierte Jean-Luc Godard über *The Searchers*. In der Bundesrepublik fand diese direkte Art des Filmemachens, die allegorischen Figuren und die uramerikanische Grundierung des irischstämmigen Ford eine entsprechende Gegenliebe in der Zeitschrift »Filmkritik«. Peter Handke, damals eng befreundet mit dem jungen Wim Wenders, beschloß seinen Roman »Der kurze Brief zum langen Abschied« mit einem Porträt des altersweisen Regisseurs.

Elisabeth Bronfen: »*Der schwarze Falke*«, in: Bernd Kiefer/Norbert Grob (Hg.): Filmgenres: Western. Stuttgart 2003; David L. Cole: »Mose Harper: Eccentricity and Survival in *The Searchers*«, in: Literature/Film Quarterly, 2000, H. 3; Richard Corliss: »Frank S. Nugent«, in: ders.: Talking Pictures. Woodstock, New York 1974; Arthur E. Eckstein/Peter Lehmann (Hg.): »*The Searchers*. Essays and Reflections on John Ford's Classic Western«. Detroit 2004; Frieda Grafe/Enno Patalas: »Es war einmal ein Ford«, in: dies.: Im Off. München 1974; Joe Hembus: »*Der schwarze Falke*«, in: steadycam, 1994, H. 26; Geoffrey Nowell-Smith: »Six Authors in Pursuit of *The Searchers*«, in: Screen, 1976, H. 1; Martin M. Winkler (Hg.): »Classical Myth & Culture in the Cinema«. Oxford 2001.

Thomas Meder

SEHNSUCHT ↗ Senso

SEIN LETZTER BEFEHL

↗ Last Command

SEIN ODER NICHTSEIN

↗ To Be or Not To Be

SENSO (Sehnsucht). Italien (Lux Film) 1953/54. 35 mm, Farbe, 126 Min.

R: Luchino Visconti. B: Luchino Visconti, Suso Cecchi D'Amico, Giorgio Prosperi, Carlo Alianello, Giorgio Bassani, nach der gleichnamigen Novelle von Camillo Boito. K: Aldo Graziati,

Robert Krasker. Ba: Ottavio Scotti. M: Anton Bruckner, Giuseppe Verdi.
D: Alida Valli (Gräfin Livia Serpieri), Farley Granger (Leutnant Franz Mahler), Massimo Girotti (Marquis Roberto Ussoni), Heinz Moog (Graf Serpieri), Rino Morelli (Laura, Gouvernante), Marcella Mariani (Clara, Prostituierte).

Frühjahr 1866. Noch halten die Habsburger Italien besetzt, doch der Widerstand regt sich. Während einer Opernaufführung in Venedig wird eine kleine patriotische Demonstration angezettelt. Zu den Initiatoren gehört der Marquis Roberto Ussoni, der sich von dem österreichischen Leutnant Franz Mahler provoziert fühlt und diesen zum Duell am nächsten Morgen fordert. Doch noch am Abend wird der Marquis verhaftet. Seine Cousine, die Gräfin Livia Serpieri, versucht ihn zu schützen, indem sie mit Franz Mahler redet – vergebens. Auch kann sie ihren Mann nicht veranlassen, seinen Einfluß für den Inhaftierten geltend zu machen: Der Graf ist ein Opportunist, der sich der jeweiligen Macht anbiedert. Der Marquis wird zu einem Jahr Verbannung abgeurteilt. Kurz nachdem Livia sich von ihm verabschiedet hat, trifft sie den Leutnant Franz Mahler wieder, und das eigentliche Melodrama beginnt.
Franz ist ein gewiefter und leichtlebiger Frauenheld, ein Hedonist, der das Blaue vom Himmel herunterlügen kann. Livia, von seinem Charme bezaubert, ist bereit, ihm zu glauben. Ihrer Sehnsucht nach Liebe opfert sie ihre moralischen und politischen Überzeugungen. Ihre Ehe scheint ihr nichts mehr wert zu sein, und sie kompromittiert sich; ihr Nationalstolz ist verflogen, bedenkenlos verrät sie ihre patriotische Gesinnung. Mit den ihr anvertrauten Spendengeldern, für das Freiwilligenheer der Untergrundkämpfer bestimmt, ermöglicht sie Franz, sich bei einem korrupten Regimentsarzt ein Attest zu kaufen, so daß er nicht aufs Schlachtfeld muß. Als sie dem Geliebten nach Verona nachreist, muß sie jedoch feststellen, daß dies nicht mehr ihr Franz ist. Er macht sie vor einer Prostituierten, mit der er sich gerade vergnügt hat, lächerlich und hat für sie kein Wort der Liebe oder des Dankes, sondern nur Häme und Verachtung. Die gedemütigte Livia sinnt auf Rache. In einem Brief hatte Franz ihr bestätigt, daß er sich das ärztliche Gutachten erkauft hat – ein Beweisstück, mit dem sie ihn bei den Österreichern denunziert. Franz wird füsiliert. Die wahnsinnig gewordene Livia läuft, unablässig den Namen des Geliebten schreiend, durch die nächtlichen Gassen.
Senso, der erste Farbfilm des Regisseurs, leitet eine Reihe von opulenten Melodramen Viscontis ein, die in opernhaft-phantasmagorischen Tableaus die Historie des Adels und der Großbürger schildern. Der Film beginnt mit einem Blick auf die Opernbühne: der aufrührerische »Stretta«-Schluß des dritten Aktes von Verdis »La Troubador«. Livias erotisches Verfallensein wird leitmotivisch von Bruckners 7. Sinfonie kommentiert. Visconti wollte mit der Geschichte einer Liebe, die den Verfall, schließlich die völlige Auflösung von Identität bewirkt, zugleich »eine Andeutung vom Ende der leidvollen Periode der Geschichte Italiens« geben. Die historische Situation – als Vorlage benutzte Visconti eine Novelle des Verdi-Zeitgenossen Camillo Boito – ist eine Übergangsperiode: kurz bevor der Adelsstand in den Anachronismus abrutscht. Dieser Verfall der Macht manifestiert sich an den Hauptfiguren, die zugleich Repräsentanten verschiedener Haltungen sind. Der Graf versucht, als Kollaborateur zu überleben, während Leutnant Franz auf Distanz geht; doch sein Zynismus rettet ihn nicht. Die Welt der Gräfin gerät aus den Fugen; sie verliert jegliche Orientierung und schreit noch nach Franz, als dieser bereits verloren ist. Der Marquis steht für die eigentlich ›moderne‹ Haltung: Er engagiert sich im Risorgimento, dem Befreiungskampf. Man kann davon ausgehen, daß er sich bestens an die bürgerliche Gesellschaft assimiliert und jene Privilegien sich zu verschaffen weiß, die er ähnlich einmal aus seiner Stellung als Adeliger bezogen hat.
Luchino Visconti stammt selbst aus einem alten Adelsgeschlecht. In Filmen wie *Senso* oder *Il gattopardo* (*Der Leopard*, 1962) beschäftigt er sich indirekt auch mit seiner eigenen Herkunft, von der er sich distanzierte: Er legte keinen Wert auf den Fürstentitel.»Auch weine ich nicht über eine vergan-

gene Welt, die zusammenbricht. Vielmehr möchte ich, die Welt möge sich noch schneller verändern.«

»*Senso*«, in: Enno Patalas (Hg.): Spectaculum. Texte moderner Filme. Frankfurt a.M. 1961. (Filmtext).
Yves Alix: »*Senso*«, in: Positif, 1984, H. 276; André Bazin: »*Senso*«, in: ders.: Qu'est-ce que le cinéma? Bd.4. Paris 1962; Bernard Cuau: »*Senso*: Une symbolique des couleurs«, in: Études cinématographiques, 1963, H. 26/27; Peter W. Jansen/Wolfram Schütte (Hg.): »Luchino Visconti«. München 1975; Michèle Lagny: »*Senso*«. Paris 1992; Colin Partridge: »*Senso*. Visconti's Film and Boito's Novel«. Lewiston 1991; Dan Ranvaud: »*Senso*: masterpiece as minefield«, in: Monthly Film Bulletin, 1983, H. 591; Laurence Schifano: »Luchino Visconti«. Gernsbach 1988; Wolfram Schütte: »Erotik als Verrat«, in: Frankfurter Rundschau, 19.7.1984; Monica Sirling: »A Screen of Time: A Study of Luchino Visconti«. London 1979; Alain Tanner: »*Senso*«, in: Monthly Film Bulletin, 1957, H. 285; Friedrich Wolfzettel: »*Senso*. Von der psychologischen Novelle zum historischen Melodram«, in: Franz-Josef Albersmeier/Volker Roloff (Hg.): Literaturverfilmungen. Frankfurt a.M. 1989.

Uwe Müller

SERENADE ZU DRITT

↗ Design for Living

SEX, LIES, AND VIDEOTAPE

(Sex, Lügen und Video). USA (Outlaw) 1989. 35 mm, Farbe, 101 Min.
R+B: Steven Soderbergh. K: Walt Lloyd. A: Joanne Schmidt. S: Steven Soderbergh. M: Cliff Martinez.
D: James Spader (Graham), Andie MacDowell (Ann), Peter Gallagher (John), Laura San Giacomo (Cynthia).

Es ist eine klassische Konstellation, der Stoff, aus dem auch Goethes »Wahlverwandtschaften« gemacht sind: Geschildert wird die Beziehung zweier Paare. Der erfolgsverwöhnte Rechtsanwalt John und seine schöne Frau Ann führen eine junge, doch schon erkaltete Ehe in wohlhabender Vorstadtatmosphäre. Ann, über das Müllproblem und andere, ähnlich globale Themen besorgt, geht regelmäßig zum Therapeuten; ihr eigentliches Problem ist, dies wird gleich zu Beginn deutlich, der Sex: Sie glaubt, sie sei frigide. Cynthia, ihre extrovertierte Schwester, kennt dagegen keine Hemmungen: Sie ist geradezu sexbesessen und hat ein heimliches Verhältnis mit John, wobei das Verbotene sie besonders reizt. Graham, ein Collegefreund von John, kommt zu Besuch. Vor neun Jahren hat man sich zuletzt gesehen, und der Kontrast zu dem selbstbewußten Yuppie John könnte nicht größer sein: Graham treibt ziellos durch die Welt, schleppt offensichtlich Probleme mit sich herum und gesteht, impotent zu sein. Im Gegensatz zu Johns und Cynthias rein sexueller Beziehung entwickelt sich zwischen Ann und Graham eine – für beide erschreckend ehrliche – Auseinandersetzung über ihre angebliche Gefühllosigkeit. Ein fünfter ›Darsteller‹ bringt das Lügengebäude der vier Menschen zum Einsturz: eine Videokamera. Mit ihr zeichnet Graham Interviews mit Frauen auf, in denen er sie über ihr Sexualleben ausfragt. Am Ende richtet Ann die Kamera auf Graham, und nachdem auch die letzte Lüge zerstört ist, kann er seine aufgezeichneten Beichten und Selbstentblößungen vernichten.

Mit minimalen Mitteln entwickelt Soderbergh eine Dramaturgie der Gegensätze: Eine Parallelmontage – Ann beim Psychiater, Cynthia und John beim Sex – verdeutlicht am Anfang die Krise; die kurzen Szenen sind mit Off-Tönen des jeweils anderen unterlegt und werden so konterkariert. Auch die Farbmetaphorik betont den Kontrast. Szenen, in denen John und Cynthia auftreten, sind bestimmt durch braune und rote Farbtöne. Ann und Grahams Farben sind weiß, schwarz und blau. Bei einem Gespräch zwischen Ann und Cynthia steht Ann im vorderen weißen Teil der Wohnung und Cynthia im schummrigen beigefarbenen Schlafzimmer. Anns Kleidung ist Indikator ihrer Befindlichkeit. Sie trägt überwiegend weiße Kleidung, Farbe der Unschuld und Klarheit. Als sich ihre Zweifel verdichten, ist sie mit einem roten T-Shirt bekleidet. Vielleicht noch aufschlußreicher ist die Körpersprache, die die verbalen Äußerungen kommentiert und »bis zum finalen Augenblick der Wahrheit eine eigene, mitunter kontrapunktisch verlaufende Geschichte erzählt« (Pflaum).

»Graham gebraucht seine Kamera, um andere Menschen auf Distanz zu halten. So eine Beschreibung paßt auf alle Filmregisseure. Auch auf mich.« Steven Soderbergh hat in Interviews die autobiographischen Züge seiner Geschichte nicht verschwiegen. Zuvor hatte der junge Regisseur lediglich mehrere Kurzfilme gedreht. Mit der für amerikanische Verhältnisse kümmerlichen Summe von 1,2 Millionen Dollar realisierte er seinen ersten Spielfilm und gewann damit auf Anhieb bei den Filmfestspielen in Cannes die Goldene Palme. Der Film, dessen Titel plakativ und aggressiv seine Themen benennt, läßt sich ungewöhnlich genau und sensibel auf seine Figuren ein und macht den Zuschauer zum Analytiker. *Sex, Lies, and Videotape* bedient den Voyeur nicht. Im Gegenteil: Der Film entlarvt ihn als Opfer einer Gesellschaft, in der Sexualität und Nähe sich auszuschließen scheinen.

»*Sex, Lies, and Videotape*«. New York 1989, London 1990. (Drehbuch, Materialien).
Madeleine Bernstorff: »Pixel Peep Holes«, in: Frank Arnold (Hg.): Experimente in Hollywood. Mainz 2003; Marli Feldvoß: »Blicke mitten ins Gesicht«, in: Frankfurter Allgemeine Zeitung, 3.11.1989; Hans Gerhold: »*Sex, Lügen und Video*«, in: Stefan Rogall (Hg.): Steven Soderbergh und seine Filme. Marburg 2003; David Howard/Edward Mabley: »Drehbuchhandwerk«. Köln 1996; Karen Jaehne: »*Sex, Lies, and Videotape*«, in: Cineaste, 1989/90, H. 3; Andreas Kilb: »Was von den Bildern blieb«. Potsdam 1997; Margret Köhler: »*Sex, Lügen und Video*«, in: medien + erziehung, 1990, H. 1; Pierre Lachat: »Kopf, Herz und Unterleib«, in: Filmbulletin, 1986, H. 3; Hans Günther Pflaum: »Wahrheit, 25mal in der Sekunde«, in: Süddeutsche Zeitung, 3.11.1989; Steven Soderbergh: »Interviews«. Hg. Anthony Kaufman. Jackson 2002; Karsten Witte: »*Sex, Lügen und Video*«, in: epd Film, 1989, H. 11.

Heike Ließmann

SEX, LÜGEN UND VIDEO

↗ Sex, Lies, and Videotape

SHADOW OF A DOUBT

(Im Schatten des Zweifels). USA (Universal) 1943. 35 mm, s/w, 108 Min.
R: Alfred Hitchcock. B: Thornton Wilder, Alma Reville, Salley Benson, nach einer Story von Gordon McDonnell. K: Joseph Valentine. Ba: John B. Goodman, S: Milton Carruth Robert Bayle, R.A. Gausman, L.R. Robinson. M: Dmitri Tiomkin.
D: Joseph Cotten (Charlie Oakley), Teresa Wright (Charlie Newton), Macdonald Carey (Jack Graham), Patricia Collinge (Emma Newton), Henry Travers (Joseph Newton), Hume Cronyn (Herbie Hawkins), Wallace Ford (Fred Saunders).

Der reiche Lebemann Charles Oakley wird von zwei Männern verfolgt und flüchtet in die kalifornische Provinz zur Familie seiner Schwester. Charlie, seine Nichte, die sich durch eine Art Seelenverwandtschaft mit ihm verbunden fühlt, kommt dem Verbrecher auf die Spur: Er ist der berüchtigte Mörder dreier reicher Witwen. Hin und her gerissen zwischen der Liebe zu ihrem Onkel und ihrer Rechtschaffenheit gerät sie, ohne es recht zu merken, in höchste Gefahr. Schließlich gelingt es ihr, den Mörder zur Strecke zu bringen, ohne ihr Geheimnis preisgeben zu müssen.
Zwei analoge Montagesequenzen führen die beiden Protagonisten ein: Schwenks über eine Brücke in einer Großstadt, eine wilde Mülldeponie und schäbige Wohnquartiere zeigen die Lebenswelt von Charles Oakley, der auf einem Bett in einer billigen Pension liegt. Während die Sonne in Philadelphia die Welt kontrastreich zerschneidet und harte Schatten in den Gesichtern hinterläßt, bringt sie in dem kleinen, idyllischen und biederen Städtchen Santa Rosa die Parkanlagen zum Blühen. Alles ist in schönster Ordnung; ein Polizist regelt den Verkehr, die Menschen plaudern auf den Straßen. In einem romantisch eingerichteten Mädchenzimmer liegt die junge Charlie gedankenverloren auf ihrem Bett.
Mit dieser Exposition hat Hitchcock sein Hauptthema etabliert. Charles Oakley verkörpert die böse Seite der jungen Charlie, ein Motiv romantischer und viktorianischer Tradition, auf das Hitchcock immer wieder zurückgreift. Zwischen beiden gibt es zudem eine latent inzestuöse Konjunktion: Charlie ist vor und während der Ankunft ihres Onkels aufgeregt wie eine frisch Verliebte; später steckt ihr Charles einen – gestohlenen – Ring an den Finger, als wäre sie seine Verlobte. Besonders doppelsinnig spielt

Hitchcock mit Versatzstücken des Melodramas, als sich die Fronten längst geklärt haben: Er verwendet die Ikonografie einer Liebesszene auf der Terrasse, als Onkel Charlie seiner Nichte droht, sie umzubringen, sollte sie ihre Erkenntnisse preisgeben. Wie Truffaut und andere Kritiker bemerkt haben, ist die Zweiteilung der Charlie-Figur bestimmend für die duale Struktur des ganzen Films: So gibt es zwei Polizisten im Osten, die Charlie verfolgen, dann zwei im Westen, zwei gesuchte Verbrecher und zwei Amateurdetektive, zwei Ärzte und zwei Geschwister, zwei Szenen am Bahnhof, zwei vor der Kirche, zwei in der Garage und zwei beim Abendessen – die Aufzählung ließe sich noch fortsetzen.

Trotz der indizienbetonten Geschichte um die schrittweise Enttarnung eines Mörders und der komplexen Beziehung zwischen Charlie, Charles und seiner Schwester Emma wäre es falsch, *Shadow of a Doubt* nur als psychologischen Thriller zu sehen, treffen sich in ihm doch genauso Tendenzen der Komödie, des Films der social consciousness und des Film noir. Besonders gelungen ist dabei die Schilderung des Lebens in der Provinz, mit großem Aufwand an Originalschauplätzen gedreht.

Die Newtons sind eine amerikanische Durchschnittsfamilie. Jeder hat seine Macken: die kleine, altkluge Schwester ist eine Leseratte; ihr Bruder versucht, die Welt in Zahlen zu begreifen. Vater Newton unterhält sich mit Hausfreund Herbie am liebsten über die optimale Methode, sich gegenseitig umzubringen, und die Mutter spricht umso lauter am Telefon, je weiter der Gesprächspartner entfernt ist. So wie diese eingeschworene Gemeinschaft funktioniert die ganze Stadt; hier kennt der Verkehrspolizist jeden Bürger mit Namen. Hitchcock verschweigt die dubiosen Züge dieser scheinbaren Idylle jedoch nicht. Während sich aus der ländlichen Einfalt noch Komik gewinnen läßt – auf Charlies Frage, ob sie an Telepathie glaube, antwortet die Telegraphistin: »Schließlich ist das mein Beruf« –, zeigt das Schicksal von Charlies Klassenkameradin, die jetzt im halbseidenen Nachtclub »Till Two« bedient, die Schattenseiten der Provinz. So ist es nur konsequent, daß Charles seine Nichte hierher führt, um herauszubekommen, was sie wirklich weiß. In diesem Milieu fühlt er sich unter seinesgleichen, während er bei den biederen Bürgern von Santa Rosa mit seinem Auftreten und seinen Ansichten Aufsehen und Kopfschütteln erregt. Die anfänglich geäußerte Hoffnung Charlies, ihr Onkel möge ein wenig frischen Wind in den Provinzalltag bringen, erfüllt sich so in einem ganz anderen Sinn.

William A. Drumin: »Thematic and Methodological Foundations of Alfred Hitchcock's Artistic Vision«. Lewiston 2004; Paul Gordon: »Sometimes a cigar is not just a cigar: a Freudian analysis of Uncle Charles in Alfred Hitchcock's *Shadow of a Doubt*«, in: Literature/Film Quarterly, 1991, H. 4; Anette Kaufmann: »Angst. Wahn. Mord«. Münster 1990; James B. McLaughlin: »All in the Family«, in: Marshall Deutelbaum/Leland Poague (Hg.): A Hitchcock Reader. Ames 1986; Ronnie Scheib: »Charlie's uncle«, in: Film Comment, 1976, H. 2; David Sterritt: »The Films of Alfred Hitchcock«. Cambridge (Mass.) 1993; François Truffaut: »Mr. Hitchcock, wie haben Sie das gemacht?«. München 2003; George Turner: »Hitchcock's Mastery is Beyond Doubt in *Shadow*«, in: American Cinematographer, 1993, H. 5; Robin Wood: »Ideology, genre, auteur«, in: Film Comment, 1977, H. 1.

Ingo Fließ

SHADOWS (Schatten). USA (Maurice McEndree/Seymor Cassel) 1958/59. 16 mm/35 mm, s/w, 60/87 Min.
R+B: John Cassavetes. K: Erich Kollmar.
A + Ba: Randy Liles, Bob Reeh. M. Charles Mingus. S: Maurice McEndree.
D: Ben Carruthers (Ben), Lelia Goldoni (Lelia), Hugh Hurd (Hugh), Anthony Ray (Tony), Dennis Sallas (Dennis), Tom Allen (Tom), David Pokitillow (David), Rupert Crosse (Rupert), Davey Jones (Davey).

Shadows, Cassavetes erste eigenständige Regiearbeit, ist das Ergebnis seiner Zusammenarbeit mit erwerbslosen Schauspielern des Variety Arts Studio und ihrer spielerischen Improvisationen nach der Stanislawskij-Methode. Die Idee, einzelne Charakterstudien als Episoden zu einem Film zusammenzufügen, fand nach öffentlichen Spendenaufrufen genügend Sponsoren, um eine erste Filmversion für

150.000 Dollar fertigzustellen. Für eine zweite Version (die einzige, die heute zugänglich ist) stellte ein britischer Verleiher Mittel zur Verfügung, die zehn zusätzliche Drehtage ermöglichten und dem ersten Low-Budget-Film (Gesamtkosten 375.000 Dollar) des New American Cinema den Weg zum kommerziellen Vertrieb freigaben.

Der Film kreist um das Leben dreier Geschwister einer Mischlingsfamilie, die sich im New Yorker Künstlermilieu bewegen. Lelia, Ben und Hugh sind gleichermaßen orientierungslos und geprägt vom existentiellen Lebensgefühl der Endfünfziger-Jahre. Während Ben von einer Karriere als Jazztrompeter träumt, vor allem aber mit »den Jungs« durch Kneipen zieht und sein Glück bei den Frauen versucht, macht seine Schwester Lelia erste ernüchternde Erfahrungen mit den Männern, der Liebe und dem Rassenunterschied. Der ältere Bruder Hugh bekommt zu spüren, daß auch sein langjähriger Freund und Manager Rupert nicht leugnen kann, daß er als Bluessänger nicht mehr gefragt ist.

Eine zusammenhängende Handlung, das heißt einen dramatischen Spannungsbogen im Sinne der bisherigen Hollywood-Tradition gibt es nicht. Der Film hat weder Anfang noch Ende, er verweigert sich den typischen Erzählstrategien des Kinos. Die filmtechnischen Mittel stehen nicht im Dienste einer Geschichte im literarischen Sinn, vielmehr »erzählen« die Schauspieler mit allen Mitteln ihres Ausdrucks – der Mimik, der Gestik, der Stimme und der Bewegung – vom Lebensgefühl einer Jugend in der Großstadt, von den Verwicklungen und Verletzbarkeiten auf der Suche nach einer authentischen Wahrheit und der Möglichkeit, sie künstlerisch umzusetzen.

Zur gleichen Zeit, in der in Europa die Filme des Neorealismus und des Cinema vérité entstehen, verfolgt Cassavetes in den USA seine eigene Auffassung des Realismus. Er entwickelt eine ›natürliche‹ Filmsprache, die den Schauspieler vor allen technischen Kunstgriffen in den Mittelpunkt rückt. Die Kamera folgt den Schauspielern – nicht umgekehrt; Licht, Ton und Schnitt sind untergeordnete Elemente, die dazu beitragen sollen, das menschliche Zusammenspiel, wahre Gefühle und Empfindungen glaubhaft an den Zuschauer zu vermitteln. *Shadows* spielt in realen Interieurs bzw. auf den New Yorker Straßen, im Park und im Museum; es werden kaum zusätzliche Lichtquellen verwendet. Durch die – oft spärliche – natürliche Beleuchtung und das nachträgliche Aufblasen des 16 mm Films auf 35 mm entsteht eine grobkörnige Struktur des Materials. Kein Wunder also, daß *Shadows* als Musterfilm für das New American Cinema steht, das »rauh, unpoliert, aber lebendig« sein will.

Cassavetes, der zum ersten Mal hinter einer Kamera steht, kann der Versuchung zum Experiment mit der Technik nicht immer widerstehen. Rasche Positions- und Perspektivwechsel der Kamera, plötzliche Schnitte und falsche Anschlüsse zeugen von der stilistischen Eigenwilligkeit des Regie-Debütanten, der spielerisch-dilettantisch seine neue Rolle probt. Die dramaturgischen Löcher und filmischen Brüche, die *Shadows* im Gegensatz zu Cassavetes' späteren Arbeiten aufweist, werden zum Teil durch die kunstvolle Musik des Jazz-Avantgardisten Charlie Mingus überdeckt.

»*Shadows*«, in: L'Avant-Scène du Cinéma, 1977, H. 197. (Treatment).

Nicole Brenez: »*Shadows*«. Paris 1995; Ray Carney: »The Films of John Cassavetes«. Cambridge 1991; ders. (Hg.): »Cassavetes über Cassavetes«. Frankfurt a.M. 2003; Laurence Gavron/Denis Lenoir: »John Cassavetes«. Paris 1986; Bernhard Giger: »John Cassavetes oder Was Hollywood nicht zeigt«. Bern 1979; Milena Gregor (Red.): »John Cassavetes«, Kinemathek, Berlin, 1993, H. 81; Peter W. Jansen/Wolfram Schütte (Hg.): »John Cassavetes«. München 1983; Andrea Lang/Bernhard Seiter (Hg.): »John Cassavetes. DirActor«. Wien 1993; Louis Marcorelles: »L'Expérience *Shadows*«, in: Cahiers du Cinéma, 1961, H. 119; Anja Streiter: »Das unmögliche Leben. Filme von John Cassavetes«. Berlin 1995.

Stephanie Harrach

SHERLOCK, JR (Sherlock Holmes jr.).

USA (Buster Keaton) 1924. 35 mm, s/w, stumm, 1.240 m.

R: Buster Keaton. B: Clyde Bruckman, Joseph Mitchell, Jean Haves. K: Elgin Lessley, Byron Houck. Ba: Fred Gabourie.

S: Buster Keaton.

D: Buster Keaton (Sherlock jr.), Kathryn McGuire (das Mädchen), Ward Crane (der Rivale), Joseph Keaton (Vater).

Keaton ist der Stummfilmkomiker, der das neue Medium selbst zum Ziel der Komik macht. So ist *Three Ages* (1923) eine Parodie von Griffith's ↗*Intolerance*, deren Gags sogar aus der Imitation der Schnittechnik des Vorbilds entspringen. Und in *The Cameraman* (1928) zeigt Keaton, daß die Handhabung des Apparates gewisse Tücken aufweist, bevor er dessen Möglichkeiten zu nutzen und zu manipulieren lernt. In *Sherlock, jr* ist es die Traumfabrik selbst, die er vorführt.

Wie immer handelt es sich auch um eine Liebesgeschichte. Buster möchte seiner Angebeteten ein Präsent machen, doch fehlt ihm das nötige Kleingeld. Das kleine Geschenk macht Renommee durch ein falsches Preisschild – bis der Nebenbuhler mit der größeren, teureren Packung aufwarten kann. Der ist ein Schurke und läßt schließlich Buster als den Dieb dastehen, der er selbst ist. Da hilft auch der Blick in das Lehrbuch nicht: Wie man Detektiv wird, das erfährt Buster erst später mit Erfolg.

Traurig kehrt er an seinen Arbeitsplatz zurück und schläft neben dem laufenden Projektor ein. Sein Traum-Ich aber sieht im Film, was eben im Leben geschah und will den Bösewicht auf der Leinwand überführen, weil der genau so aussieht wie der ›wirkliche‹ Gegner, und auch die anderen Gestalten zeigen verblüffende Ähnlichkeit mit Busters Welt.

Damit beginnt eine wunderbare Exkursion in die Welt des Kinos. Der Schlafwandler geht in den Kinosaal und betritt die Leinwand. Dort aber, wo eben noch ein Zimmer war, hat der Schnitt ein nächstes Bild gebracht. Und so taumelt Buster, getrieben von der Montage, von einem Ort zum nächsten, findet sich in der Wüste, auf einer Felsklippe im Meer, am Abgrund wieder, blickt Löwen ins Gesicht – und kann erst nach dieser vom Schnitt gestalteten Odyssee als Sherlock jr. in die laufende Handlung eingreifen. Das neue Ich tritt mit erstaunlichem Selbstbewußtsein auf; was dem schlafenden Buster nie gelungen wäre, Sherlock jr. gelingt es mit träumerischer Sicherheit. Eine Verwandlung durchläuft noch jede Buster-Figur in Keatons Filmen: Sie führt von der Ungeschicklichkeit zur Eleganz, die keineswegs immer aus der Absicht, viel häufiger durch glückliches Versehen entsteht.

Keatons legendäre Artistik, die es ihm erlaubte, die waghalsigsten Szenen ohne Double zu spielen, kommt auch in diesem Film zum Tragen. Seine Storys nähren sich von der Action, die andere Genres entwickelt haben. Daher ist es keine Überraschung, Buster im Wilden Westen, im Krieg oder in einem Krimi zu sehen. Doch ist seine Action ›ohne Trick‹, sein Markenzeichen die überraschende Fähigkeit dieser anfangs so unbeholfenen Gestalt, mit jeder Situation fertig zu werden. Dazu bietet ihm die Story in der Story genügend Möglichkeit, muß er doch eine Diebesbande entlarven und in wilder Verfolgungsjagd die gekidnappte Freundin erst im Auge behalten und dann befreien.

Keatons Gespür für Timing ist unübertroffen, sobald Bewegung ins Spiel kommt. In immer neuen Variationen führt er vor, wie ein bewegtes Objekt und der bewegliche Buster in eine Harmonie gelangen, die das Widerstrebende in *eine* Richtung zwingt. Erfolg stellt sich ein, wenn lauter Mängel sich gegenseitig kompensieren. Eine defekte Brücke machen zwei sich begegnende Möbelwagen just in dem Moment passierbar, als Buster über die Stelle hinwegfährt. Und die Brücke, eine Ruine, bricht so langsam zusammen, daß ihr Dahinsinken für Buster zur Rettung wird: Statt in den Fluß zu stürzen, transportiert ihn der Kollaps zum Ufer.

Keatons Filme sind unsentimental, ihr Vorbild ist nicht das Melodram, sondern der Genre-Film, der auf Spannung und physische Aktion setzt. Die Story begehrt ein Ende, an dem die Verliebten sich in die Arme schließen können. Während Sherlock jr. seine Abenteuer auf der Leinwand besteht, ist Busters Geliebte mißtrauisch den Machenschaften des Nebenbuhlers nachgegangen und hat die Wahrheit entdeckt. So kommt sie in den Vorführraum, gerade als auf der Leinwand zum Happy End geschritten wird. Das Traum-Ich Busters wußte in jeder Situation die richtige Antwort, der Vorführer muß sich die Anleitungen für seine Situation vom Film holen. Er blickt auf die Leinwand und ahmt nach, was ihm vorgespielt wird: die Umarmung, den Kuß. Noch einmal schaut er sich um: Auf der Leinwand verläßt das Paar das Haus, nun mit Kindern. Der Vorführer sieht das und erschrickt. Buster Keatons Lektion über das Kino und die Traumfabrik ist zuende.

Rudolf Arnheim: »Buster Keaton als Sherlock Holmes jun.«, in: ders.: Kritiken und Aufsätze zum Film. München 1977; Helga Belach/Wolfgang Jacobsen (Hg.): »Buster Keaton«. Berlin 1995; Robert Benayoun: »Buster Keaton. Der Augen-Blick des Schweigens«. München 1985; Robert T. Eberwein: »Film and the Dream Screen: A Sleep and a Forgetting«. Princeton 1984; Andrew Horton (Hg.): »Buster Keaton's *Sherlock, jr*«. Cambridge 1997; Peter W. Jansen/Wolfram Schütte (Hg.): »Buster Keaton«. München 1975; Robert Stam: »Reflexivity in Film and Literature«. New York 1992; Kevin W. Sweeney: »The Dream of Disruption: Melodrama and Gag Structure in Keaton's *Sherlock Junior*«, in: Wide Angle, 1991, H. 1; George Wead: »Buster Keaton and the Dynamics of Visual Wit«. New York 1976.

Rainer Rother

SHICHININ NO SAMURAI

(Die sieben Samurai). Japan (Toho) 1953/54. 35 mm, s/w, 160 Min.

R: Akira Kurosawa. B: Akira Kurosawa, Shinobu Hashimoto, Hideo Oguni. K: Asaichi Nakai. M: Fumio Hayasaka.

D: Toshiro Mifune (Kikuchiyo), Takashi Shimura (Kambei), Kamatari Fujiwara (Manzo), Daisuke Kato (Shichiroji), Isao Kimura (Katsushiro), Minoru Chiaki (Heihachi), Seiji Miyaguchi (Kyuzo), Keiko Tsushima (Shino), Yoshio Kosugi (Mosuke), Bokuzen Hidari (Yohei).

Die Ausgangslage wird zu Beginn von einer Off-Stimme erläutert: »Ende des 16. Jahrhunderts herrschte in Japan Bürgerkrieg. Banditen zogen durch das Land, überfielen die Bauern und plünderten sie aus.« Ein kleines Dorf wird alljährlich zur Erntezeit von den Banditen heimgesucht; um sich vor ihnen zu schützen, wollen die Bauern Samurai anwerben. Nach anfänglichen Schwierigkeiten – Geld können sie nicht bieten, lediglich freie Kost – gelingt es ihnen, den alten Samurai Kambei zu gewinnen. Er sucht mit viel List seine Mitstreiter aus: Krieger, deren Hunger größer ist als ihr Stolz. Der großsprecherische Kikuchiyo, dessen Bewerbung Kambei abgelehnt hatte, folgt dem kleinen Trupp und wird schließlich doch noch aufgenommen. Im Dorf stoßen die Fremden zunächst auf Mißtrauen; Kikuchiyo, selbst der Sohn eines Bauern, vermag durch sein unorthodoxes Verhalten die reservierte Haltung der Bauern aufzubrechen.

Das Dorf wird befestigt, die Bauern werden notdürftig an den Waffen ausgebildet. Doch der Angriff der Banditen bleibt zunächst aus; im Dorf gibt es bereits Stimmen, die die Abschiebung der Samurai fordern. Als der Überfall erfolgt, erweisen sich in der tagelangen Schlacht die Samurai als todesmutige Kämpfer, die, nicht zuletzt dank der geschickten Taktik Kambeis, das Dorf vor der Vernichtung retten. Am Ende bleiben nur drei Samurai am Leben. Katsushiro, der jüngste, ist einer von ihnen. Er hat sich in ein Mädchen im Dorf verliebt und beschließt, bei den Bauern zu bleiben. Kambei muß am Grab der toten Samurai feststellen: »Wir haben gesiegt, und trotzdem haben wir verloren, gewonnen haben nur die Bauern und nicht die Samurai.«

Die Zeit der Samurai – jener ruhmreichen Krieger, die mit dem Schwert kämpften – ist vorbei: Es ist kein Zufall, daß alle vier Samurai durch Kugeln sterben. Kurosawa beschwört einen Mythos und demontiert ihn zugleich. Der alte Samurai, der noch einmal seine Kunst einsetzt, aber in der neuen Welt nichts verloren hat, erinnert an den Revolverhelden im Western, der ebenfalls ausgedient hat. So konnte Kurosawas Samurai-Film – Jidaigeki heißt das traditionsreiche Genre in Japan – mühelos transformiert werden in das uramerikanische Genre: John Sturges drehte mit *The Magnificent Seven* (*Die glorreichen Sieben*, 1960) ein Remake als Western, der wiederum eine ganze Reihe von Sequels auslöste.

Shichinin no samurai besticht durch seine konsequente Dramaturgie und erzählerische Ökonomie; Spannungsbogen, Bildaufbau, Musikeinsatz und Personenzeichnung zeigen Kurosawa auf der Höhe seiner Kunst. Erstmals arbeitete er hier mit einem Multi-Kamera-System, um die Kampfszenen bei der späteren Montage dynamisch gestalten zu können. Der Erfolg im westlichen Ausland – 1954 erhielt

Kurosawa für *Shichinin no samurai* den Silbernen Löwen in Venedig – wurde jedoch mit Verlusten erkauft, die einer Zerstörung des Films gleichkamen: Die nur in Japan gezeigte Originalfassung weist eine Länge von 203 Minuten auf, die von den Verleihfirmen in verschiedenen Ländern nahezu halbiert wurde. Szenen, die zwischen den dramatischen Ereignissen für Ruhe und Konzentration oder ironische Brechung sorgen, wurden eliminiert und der Film so auf eine Aneinanderreihung von Action-Szenen zurechtgestutzt. Heute wird *Shichinin no samurai* meist in der von Kurosawa selbst geschnittenen, 160 Minuten langen ›internationalen Fassung‹ gezeigt.

»*The Seven Samurai* and Other Screenplays«. Hg. Donald Richie. London 1992. (Drehbuch).
Barthélemy Amengual: »*Les sept samourais* revisité«, in: Positif, 1985, H. 296; Wilfried Berghahn u.a.: »*Die sieben Samurai*«, in: Jahrbuch der Filmkritik. Bd.4. Emsdetten 1964; Bert Cardullo: »The Circumstance of the East, the Fate of the West: Notes, Mostly on *The Seven Samurai*«, in: Literature/Film Quarterly, 1985, H. 2; David Desser: »The Samurai Films of Akira Kurosawa«. Ann Arbor 1981; Manfred Etten: »Ost-West-Passage«, in: film-dienst, 1994, H. 10; James Goodwin (Hg.): »Perspectives on Akira Kurosawa«. New York u.a. 1994; Rolf Niederer: »High Noon in Nippon«, in: du, 1990, H. 8; Donald Richie: »The Films of Akira Kurosawa«. Los Angeles 1965; Horst Schäfer: »*Die sieben Samurai*«, in: Günter Engelhard u.a. (Hg.): 111 Meisterwerke des Films. Frankfurt a.M. 1989; François Ramasse: »Une épopée de l'absurdité«, in: Positif, 1981, H. 239; Max Tessier: »*Les sept samourais*«, in: La Revue du Cinéma, 1980, H. 355; Karsten Visarius: »*Shichinin no samurai*«, in: Peter W. Jansen/Wolfram Schütte (Hg.): Akira Kurosawa. München 1988; Keiko Yamane: »Das japanische Kino«. München, Luzern 1985. Shigeru Yoshijima: »Bilder oder Sprache. *Die sieben Samurai* und *The Magnificent Seven*«, in: Josef Fürnkäas u. a. (Hg.): Das Verstehen von Hören und Sehen. Bielefeld 1993.

Klaus Bort

THE SHINING (Shining). Großbritannien/USA (Warner Brothers/Hawk Films) 1978–80. 35 mm, Farbe, 119 Min.
R: Stanley Kubrick. B: Stanley Kubrick, Diane Johnson, nach dem gleichnamigen Roman von Stephen King. K: John Alcott. M: Béla Bartók, Krzysztof Penderecki, Wendy Carlos & Rachel Elkind, Györgi Ligeti.
D: Jack Nicholson (Jack Torrance), Shelley Duvall (Wendy Torrance), Danny Lloyd (Danny Torrance), Scratman Crothers (Hallorann), Berry Nelson (Stuart Ullman), Philip Stone (Delbert Grady), Joe Turkel (Lloyd).

Kubricks Horrorfilm ist eine Reflexion über das Verwobensein unterschiedlicher Realitätsebenen. Mit ›Shining‹ werden übersinnliche Fähigkeiten bezeichnet: unbekannte Dinge erinnern und vorausahnen, ohne Artikulation miteinander kommunizieren und Wirklichkeiten generieren. Der Film, eine »grandiose Reise in die Innenwelt des Wahnsinns« (Blumenberg), führt den Zuschauer in einen Irrgarten, ohne ihn am Schluß wieder herauszuführen: In dem Maße, in dem Jack mehr und mehr seinen Verstand verliert, verlieren die Zwischentitel ihre anfänglich noch orientierende Funktion; das Rätsel wird am Ende nicht aufgelöst, sondern komplementiert. Die Originalfassung, 144 Minuten lang, wurde vom Regisseur für den europäischen Markt so gekürzt, daß die Verweise auf den realistischen Hintergrund der Geschichte noch weiter reduziert wurden.

Der Schriftsteller Jack Torrance bewirbt sich im abgelegenen Rocky-Mountain-Hotel Overlook um die Stelle des Verwalters für den Winter. Seine Aufgabe besteht darin, mögliche Frostschäden zu verhindern. Der Hotelbesitzer macht ihn darauf aufmerksam, daß die Einsamkeit nicht für jeden zu ertragen ist und erwähnt, Jacks Vorgänger Grady habe einen Nervenzusammenbruch erlitten und seine Frau, seine Kinder und schließlich sich selbst umgebracht. Jack läßt sich davon nicht beeindrucken und reist mit seiner Familie am letzten Tag der Saison an. Sein Sohn Danny, der über das Shining verfügt und ständig Gespräche mit Toni, dem kleinen Jungen in seinem Mund, führt, trifft auf den Hotelkoch Hallorann, der über dieselbe Gabe verfügt. Böse Vorahnungen verweisen vor allem auf das Zimmer 237.

»Einen Monat später« (Zwischentitel) baut Jack seine Schreibmaschine auf und will mit der Arbeit anfangen. Seine Frau Wendy und sein Sohn Danny verlieren die Orientierung im Irrgarten; Jack, der voller Unruhe im Hotel geblieben ist, erblickt auf einem Modell des Irrgartens die beiden als kleine Punkte. Die nächsten Zwischentitel geben nur noch die Wochentage an, ohne daß darin noch Kontinuität erkennbar wäre: Dienstag, Samstag, Montag, Mittwoch. Danny begegnet auf seinen Streifzügen zwei Mädchen und sieht, wie sich ein Strom von Blut durch den Flur des Hotels ergießt. Die beiden toten Mädchen fordern Danny zum gemeinsamen Spiel auf: »Komm und spiel mit uns, für immer und immer und immer!« Jack reagiert auf Wendy äußerst gereizt und wird von einem Alptraum geplagt, in dem er Wendy und Danny ermordet. Der Junge, er war offenbar im Zimmer 237, kommt apathisch und voller roter Flecken zu seinen Eltern. Jack trifft in der Hotelbar den einer anderen Welt angehörigen Barkeeper Lloyd. Nun ist er eingetaucht in eine andere Wirklichkeit. Im Zimmer 237 beobachtet er, wie sich eine junge Frau in eine alte verwandelt; danach gerät er in eine Abendgesellschaft und trifft auf Grady. Jack konfrontiert ihn mit der grausamen Mordgeschichte, die er bei seiner Bewerbung gehört hat, doch Grady erwidert: »Sie sind der Hausverwalter. Von Anfang an waren Sie es.«

Wendy bemerkt, daß mit Jack etwas nicht stimmt und wird zunehmend ängstlicher. Nachdem ihr Mann sie bedroht hat, gelingt es ihr, ihn in die Vorratskammer einzuschließen. Doch kann sie weder telegraphieren noch mit der Snowcat wegfahren – Jack hat beides außer Betrieb gesetzt. Alle Möglichkeiten der Kommunikation scheinen gestört, einzige Ausnahme bildet das Shining, das jetzt vollkommene Herrschaft über die Personen erlangt hat.

Der letzte Zwischentitel besteht nur noch aus einer Zeitangabe: »4 Uhr nachmittags«. Grady befreit Jack aus seinem Gefängnis, der mit der Axt auf Wendy und Danny losgeht und Hallorann ermordet. Danach verfolgt er Danny im Irrgarten. Durch eine List entkommt der Junge und flieht mit seiner Mutter. Jack erstarrt im Schneetreiben zu Eis. Zum Schluß fährt die Kamera auf ein Bild zu, auf dem Jack in einer Abendgesellschaft zu sehen ist – Untertitel: »Ball 4. Juli 1921«.

Kubrick treibt in *The Shining* ein abgründiges Spiel mit dem Zuschauer. Erfahrungs- und Erwartungskonventionen werden dramaturgisch gekonnt in ein rätselhaftes Gefüge einbezogen, um in einer Verweisungsfolge immer neuer Fragen Realitätsebenen ineinanderfließen zu lassen. Schon zu Beginn verwendet der Film Weitwinkeloptiken, mit deren Einsatz die Ränder der Bilder verschwimmen. Peter W. Jansen hat darauf hingewiesen, daß Kubrick zwar Motive des Horrorfilms benutzt, dessen traditionelle Emblematik aber hinter sich läßt: »Der fantastische Diskurs bedient sich keiner Hilfsmittel von außerhalb; er stützt sich ausschließlich ab auf Handlungsstruktur, die Ausgestaltung der Personen und das Spiel der Darsteller, den labyrinthischen Bau des Hotels, das symmetrische Figurationen favorisierende Dekor, die Montage und: die allmähliche Überführung aus einer erklärenden Psychologisierung zur fraglosen Behauptung und Setzung.«

Hans-Christoph Blumenberg: »Das blutende Haus«, in: ders.: Gegenschuß. Frankfurt a.M. 1984; Larry W. Caldwell/Samuel J. Umland: »›Come and Play with Us‹: The Play Metaphor in Kubrick's *Shining*«, in: Literature/Film Quarterly, 1986, H. 2; Michael Gräber: »*Shining*«, in: Ursula Vossen (Hg.): Filmgenres: Horrorfilm. Stuttgart 2004; Norbert Grob: »Die Außenwelt der Innenwelt der Außenwelt«, in: Filme, Berlin, 1980, H. 6; Fredric Jameson: »Signatures of the Visible«. New York, London 1990; Greg Jenkins: »Stanley Kubrick and the Art of Adaption«. Jefferson 1997; Bernd Kiefer: »*Shining*«, in: Thomas Koebner (Hg.): Filmklassiker. Bd. 3. Stuttgart 1995; Hans-Thies Lehmann: »Die Raumfabrik – Mythos im Kino und Kinomythos«, in: Karl Heinz Bohrer (Hg.): Mythos und Moderne. Frankfurt a.M. 1983; F. Anthony Macklin: »Understanding Kubrick: *The Shining*«, in: Journal of Popular Film and Television, 1981, H. 2; Greg Smith: »›Real Horror Show‹: The Juxtaposition of Subtext, Satire, and Audience Implication in Stanley Kubrick's *The Shining*«, in: Literature/Film Quarterly, 1997, H. 4; Stephen Snyder: »Family Life and Leisure Culture in *The Shining*«, in: Film Criticism, 1982/83, H. 1; Hans Jürgen Wulff: »Von Rätseln, Labyrinthen und traumatischen Dingen, in: ders. (Hg.): Filmbeschreibungen. Münster 1985.

Klaus Bort

SHOAH Frankreich (Les Films Aleph/Historia Films) 1974–85. 35 mm, Farbe, 566 Min. R+B: Claude Lanzmann. K: Dominique Chapuis, Jimmy Glasberg, William Lubchansky. S: Ziva Postec, Anna Ruiz.

Ohne sich nur eines einzigen Bildes der Vernichtung zu bedienen, zeichnet *Shoah* in neuneinhalb Stunden eindringlich die Spuren bzw. die Spurentilgung eines grauenhaften Völkermordes nach. Keine historische Aufnahme, keine fiktive Erzählung schokkiert die Zuschauer. Der Zugriff auf die ›reale Hölle‹ erfolgt fast ausschließlich aus dem Blickwinkel der Gegenwart.

Das ästhetische Konzept Lanzmanns ist eine überzeugende Antwort auf die Frage, ob und wie sich nach Auschwitz noch eine Kunst schaffen ließe, die das Grauen weder durch unzulängliche Abbildungen trivialisiert, noch durch klischeehafte Verklärungen einer moralisierenden Sinnstiftung unterzieht. Dank eines außergewöhnlichen Procedere findet die intendierte »Réincarnation« der Vergangenheit vielmehr in der Imagination der Zuschauer statt, da sie sich konkret an der komplexen filmischen Verschränkung von Ton- und Bildmaterial entzündet.

Lanzmann verzichtet auf Chronologie; er breitet ein dichtes Netzwerk vielfältiger Bezüge aus, das sich nur langsam entwirrt. Er bereist heutige polnische Landschaften und Dörfer, deren vordergründige Idylle über die einstigen Plätze der Tötungsmaschinerie hinwegtäuscht: Ansichten von Treblinka vermischen sich mit denen von Chelmno, Sobibor, Grabow, Auschwitz. Immer wieder schieben sich Rampen und Bahngleise ins Bild, sind stehende Waggons zu sehen, rattern Eisenbahnen vorbei, oder befindet sich die Kamera selbst auf einem rollenden Zug – Metaphern einer gnadenlosen Reise in den Tod.

Die ersten Filmbilder nehmen dieses Thema sinnbildlich vorweg: Charon befährt den Fluß Styx. Die Eingangssequenz zeigt, auf einem Kahn durch die malerische Flußlandschaft bei Chelmno gleitend, den singenden Srebnik, heute wie damals Grenzgänger zwischen dem Reich der Toten und der Lebenden. Indem Lanzmann ihn nach Polen an die nun grasüberwachsenen mörderischen Stätten zurückbringt, durchlebt und wiederholt Srebnik seine Erfahrungen als dreizehnjähriger Junge, selbst knapp dem Tod durch Genickschuß entronnen. Die subjektive Kamera tastet schwankend das weite Gelände ab, während der Schock dem Mann die Sprache verschlägt. »Es war still. Ruhig. So wie jetzt, so war es.« Die Aussage Srebniks verändert den Blick auf die Landschaft. Vergangenes wird gegenwärtig.

Über den Sänger stellt Lanzmann die Verbindung zu den Bauern Chelmnos her, die über Gehörtes und Gesehenes mit z.T. unterschwelligem Antisemitismus berichten. Weltweit sucht er Menschen in ihren heutigen Lebensbedingungen auf: überlebende Opfer der Konzentrationslager, deutsche »Techniker« der Vernichtung.

Die Methode der Oral History selbst ist nicht neu. Einzigartig ist die psychologisch fundierte und auf unterschiedlichste Weise situativ abgestimmte Fragetechnik Lanzmanns, um den Befragten ihre verdrängten oder verleugneten Bewußtseinsinhalte zu entlocken. Abgesehen von der insistierenden, oft auch schonungslosen Gesprächsführung frappiert sein Vorgehen besonders, wenn er die Betroffenen, wie Srebnik, noch einmal im ›Spiel‹ in die damalige Situation zurückversetzt: Abraham Bomba, von Beruf Friseur, wurde als Arbeitsjude gezwungen, den Frauen, Minuten vor dem Schritt in die Gaskammer, die Haare abzuschneiden. In einem angemieteten Friseursalon in Tel Aviv bringt Lanzmann ihn vor der Kamera dazu, die Bewegungen auszuführen und dieses Trauma noch einmal zu durchleben, während der normale Kundenbetrieb weitergeht. Die Gesichtszüge spiegeln die tiefe Pein Bombas, sorgfältig von der Kamera in Großaufnahme registriert. Nur in diesem Zusammenbruch wird für Lanzmann die »Réincarnation« des verinnerlichten Horrors deutlich und kann als authentisches Zeugnis exemplarisch für die Qualen eines ganzen Volkes gelten, das noch heute unter den Nachwirkungen leidet.

Die bewußt fragmentarisch präsentierten Interviews ergeben ein subtil gewobenes Geflecht ineinander verschränkter Auszüge, die das Unvorstellbare aus jeweils unterschiedlichen Perspektiven beleuchten: Der Erzähler ist entweder an einem neutralen Ort oder am erzählten Ort der Vernichtung. Kommt die Stimme aus dem Off, sucht die Kamera z.B. in langen Plansequenzen die Landschaft ab, oder andere assoziative Anschlüsse sind als Bild dem Ton unterlegt. So umkreist der Film zunächst die anfängliche Sprachlosigkeit der Protagonisten, um sich kaleidoskopartig den Umständen des Transportes, der Ankunft der Deportierten im Lager, den alltäglichen Grausamkeiten und ihrer Organisation zu nähern. Lanzmann bezieht Stellung. Durch die Kameraführung wird der Zuschauer immer wieder in die Perspektive der Opfer gedrängt. Plötzlich befindet er sich selbst auf dem Zug, der unerbittlich auf das Haupttor von Auschwitz zurollt und abrupt an der Rampe stoppt, die für immer das Ende bedeutet. Agonie wird zur eigenen Erfahrung. Den vielen, farbigen Nahaufnahmen der Opfer und Betroffenen steht die Vermittlung der ›Täter‹-Seite indessen gebrochen und unvereinbar gegenüber. Bedingt ein Interview mit versteckter Kamera durchaus eine größere Unschärfe des Bildes, so schafft der Regisseur auch auf anderen Ebenen Distanz zum Gesagten. Während er mit dem Interviewten ein sogenanntes »Fachgespräch« führt, empfängt die Funkstation eines Kleintransporters auf einem winzigen Monitor flimmernde, grobkörnige Schwarzweiß-Bilder mit schwarzen Balken. Mitarbeiter regulieren die Aufnahmequalität – eine unmißverständliche Anspielung auf die Verdrehung der Wahrheit, falls nicht schon das Minenspiel selbst die Täter der Lüge überführt.

»*Shoah*«. Düsseldorf 1986. (Filmtext).
Marc Chevrie: »›Das ist das Platz‹«, in: Cahiers du Cinéma, 1985, H. 374; Michel Deguy (Hg.): »Au sujet de *Shoah*«. Paris 1990; T. Doherty: »Representing the Holocaust: Claude Lanzmann's *Shoah*«, in: Film and History, 1987, H. 1; Klaus Kreimeier: »Unsagbares sagen«, in: epd Film, 1986, H. 2; Gertrud Koch: »Die Einstellung ist die Einstellung«. Frankfurt a.M. 1992; Dietrich Leder: »*Shoah*«, in: Rudolf Joos/Isolde I. Mozer (Red.): Filme zum Thema. Bd. 2. Frankfurt a.M. 1988; Herbert Luft: »*Shoah*«, in: Films in Review, 1986, H. 5; Michael Marek: »Verfremdung zur Kenntlichkeit«, in: Rundfunk und Fernsehen, 1988, H. 1; Marcel Ophüls: »Widerreden und andere Liebeserklärungen«. Hg. Ralph Eue/Constantin Wulff. Berlin 1997; Robert Riesinger: »Die Spur des Todes«, in: Jürgen E. Müller/Markus Vorauer (Hg.): Blick-Wechsel. Münster 1993; Hervé LeRoux: »Le lieu et la parole«, in: Cahiers du Cinéma, a.a.O.; Corinne Schelbert: »Annäherung an Auschwitz«, in: Cinema, Basel, 1986, Bd. 32; Silke Schneider: »Formen von Erinnerung«. Marburg 1998; Louise Sweet: »*Shoah*«, in: Monthly Film Bulletin, 1987, H. 638; Ulrich Wendt: »Prozesse der Erinnerung«, in: Cinema, Basel, 1994, Bd. 39.

Andrea Otte

SHORT CUTS USA (Avenue Entertainment/Spelling Films/Fine Line Features) 1993. 35 mm, Farbe, 189 Min.
R: Robert Altman. B: Robert Altman, Frank Barhydt, nach Erzählungen von Raymond Carver. K: Walt Lloyd. A: Jerry Fleming. S: Geraldine Peroni. M: Mark Isham; Songs: Elvis Costello, Doc Pomus, Bono u.a.
D: Anne Archer (Claire Kane), Bruce Davison (Howard Finnigan), Robert Downey jr. (Bill Bush), Peter Gallagher (Stormy Wathers), Jennifer Jason Leigh (Lois Kaiser), Jack Lemmon (Paul Finnigan), Lyle Lovett (Andy Bitkower), Andie MacDowell (Ann Finnigan), Chris Penn (Jerry Kaiser), Tim Robbins (Gene Shepard), Annie Ross (Tess Trainer), Lori Singer (Zoe Trainer), Lili Taylor (Honey Bush), Lily Tomlin (Doreen Piggott), Tom Waits (Earl Piggott).

Unheilvoll kreisen die Pestizid-Helikopter über dem nächtlichen Los Angeles: Die Stadt der gefallenen Engel wird von einer Fliegenpest bedroht. Namen wirbeln im Vorspann umher, treffen sich, driften wieder auseinander. Dann wechselt die Kamera von der Totale in die Nahaufnahme. Virtuos stellt Altman bereits in der Ouvertüre das gesamte Personal seiner Story vor: Paare im Cellokonzert und vor dem TV, Paare zuhaus und im Jazz-Club. Mütter, die ihre Kinder füttern und gleichzeitig Telefonsexkunden befriedigen. Dazwischen Hubschrauber und Bildschirme, »Nachrichten zum Nachdenken« von einem Fernsehmoderator, überlappende Töne, Musik. Eine abgetakelte Jazzsängerin singt den musikalischen Kommentar zu diesem Leben: »I'm a Prisoner of Life«. Die Hubschrauber überfliegen Bungalows und Pools der Suburbia; eine Mutter scheucht ihre Kinder

rein, der Vater sperrt den kläffenden Hund nach draußen. Ein gewöhnlicher Morgen in L.A. bricht an.
Altman verbindet ein Dutzend kurzer, tragikomischer Episoden mit fast 22 Protagonisten zu einem Kaleidoskop aus ebenso banalen wie grausamen Momentaufnahmen: Ein Ehepaar fällt nach dem Unfall des Sohnes in eine schwere Krise und wird von einem Geburtstagstortenbäcker mit anonymen Anrufen schikaniert. Der behandelnde Arzt quält seine Frau mit Eifersüchteleien. Ein fieser Polizist betrügt seine Frau und will den verhaßten Köter seiner Kinder loswerden. Der frustrierte Mann der Sex-Telefonistin wird zum Totschläger. Ein paar Hobbyangler lassen sich auch nicht durch den Fund einer Wasserleiche vom Fischen abbringen.
Um jede der Figuren entwickelt sich eine Geschichte, die eine andere Person wiederum in das Netzwerk einbindet. Eine übergeordnete Erzählung strebt Altman nicht an, nur dem Zuschauer offenbart sich das höhere Prinzip ihrer Begegnungen. Wenn Altmans Figuren selbstverloren die Fische im Aquarium betrachten, läßt das Rückschlüsse auf sie selbst zu: Ziellos ›dümpeln‹ sie herum, nur auf ihre persönliche Welt fixiert, ohne die Möglichkeit zur Kommunikation. Bedroht am Anfang eine biblische Plage die Stadt, beendet eine fast alttestamentarische Naturkatastrophe die bösen Miniaturen über die zivilisierten Barbaren in der Vorstadt. Doch auch ein Erdbeben führt nicht zur reinigenden Katharsis – alle sind sich einig in der beruhigenden Versicherung: »Don't worry, it's not the big one«.
Short Cuts übersetzte Altman in einem Interview mit ›Abkürzungen‹, einem System der geheimsten, schnellsten Wege, um von A nach B zu kommen, aber auch als die zeitlich begrenzten Kapitel von menschlichen Begegnungen. Auch die Filmschnitte, die ›Cuts‹, sind schnell und rhythmisch, verknüpfen die Vielzahl der Protagonisten, ordnen ihre Zusammengehörigkeit, die Schauplätze und Episoden. Wie schon in ↗*Nashville*, *A Wedding* (*Eine Hochzeit*, 1978) und ↗*The Player* arbeitet Altman im Genre der ›Multi Character Form‹, und schafft das Kunststück, jeden seiner hochkarätigen Schauspieler gleichberechtigt und unprätentiös agieren zu lassen. Neun ›Short Stories‹ und ein Gedicht des 1988 verstorbenen Dichters Raymond Carver liegen dem Drehbuch zugrunde. Die resignativen und lakonischen Skizzen des ›Downside Neo-Realisten‹ Carver verdichtet Altman durch weitere Handlungsstränge und Charaktere zu einem satirischen und zynischen Epos. Aus den Underdogs aus dem Nordwesten wurden im Film Mittelklasse-Amerikaner in L. A. Der ›American Way of Life‹ erweist sich als ein verlogener Traum, den Altman wie eine kranke Eiterbeule platzen läßt. Selbstsucht, Lüge, Frust, Gier nach Sex und Geld, Einsamkeit und Beziehungsängste – eine soziale Moral existiert nicht mehr. Insbesondere die Figuren, die er für seine »Carver-Soup« hinzu erdachte, verraten die pessimistische Weltsicht des Altmeisters: Die Jazzsängerin und ihre Tochter, eine Cellistin, verstärken nicht nur die musikalische Metaphorik des Films, sondern ihr gestörtes Verhältnis offenbart das vollkommene Versagen zwischenmenschlicher Beziehungen. Während sich die Tochter in einer Garage das Leben nimmt, blendet die Kamera vom Rauch der Autoabgase auf einen vom Zigaretten-Rauch vernebelten Club. Dort singt ihre Mutter: »I don't know you«.

»*Short Cuts*«. Santa Barbara 1993. (Filmtext).
Robert Altman: »Meine Auseinandersetzung mit Carvers Geschichten«, in: Raymond Carver: Short Cuts. München 1994; Robert Altman: »Interviews«. Hg. David Sterritt. Jackson 2000; Jean-Loup Bourget/Hubert Niogret: »Entretien avec Robert Altman«, in: Positif, 1994, H. 395; Thomas Bourguignon: »*Short Cuts*: les Américains«, in: ebd.; Peter Buchka: »Lauter verpfuschte Leben«: in: Süddeutsche Zeitung, 7.1.1994; Lorenzo Codelli: »*Short Cuts*. The Screenplay«, in: Positif, a.a.O.; Jean-Pierre Coursdodon: »Carver in Altmanland«, in: ebd.; Manfred Etten: »Porträt des Künstlers als Kommunikator«, in: film-dienst, 1993, H. 26; Robert Fischer: »Robert Altman über Raymond Carver und *Short Cuts*«, in: epd Film, 1994, H. 1; Sabine Horst: »*Short Cuts*«, in: ebd.; Thierry Jousse: »Vue en coupe d'une ville malade«, in: Cahiers du Cinéma, 1994, H. 475; Andreas Kilb: »Was von den Bildern blieb«. Potsdam 1997; Verena Lueken: »Nachrichten aus unserer kleinen Stadt«, in: Frankfurter Allgemeine Zeitung, 6.1.1994; Kathleen Murphey: »A Lion's Gate: The Cinema According to Robert Altman«, in: Film Comment, 1994, H. 2; Jonathan Romney: »Rich, Allusive and Comic«, in: Sight and Sound, 1994, H. 3; Alan Rudolph: »The Producer as Gambler«, in: Film Comment,

a.a.O.; Robert T. Self: »Robert Altman's Subliminal Reality«. Minneapolis, London 2002.

Cora Brückmann

DIE SIEBEN SAMURAI
↗ Shichinin no samurai

DAS SIEBENTE SIEGEL
↗ Sjunde inseglet

SIE KÜSSTEN UND SIE SCHLUGEN IHN
↗ Quatre cents coups

THE SILENCE OF THE LAMBS

(Das Schweigen der Lämmer). USA (Strong Heart Production/Demme/Orion) 1989.
35 mm, Farbe, 118 Min.
R: Jonathan Demme. B: Ted Tally, nach dem gleichnamigen Roman von Thomas Harris.
K: Tak Fujimoto. S: Craig Mc Kay. M: Howard Shore; Songs: Tom Petty, The Fall, Colin Newman.
D: Jodie Foster (Clarice Starling), Anthony Hopkins (Dr. Hannibal Lecter), Scott Glenn (Jack Crawford), Antony Heald (Dr. Frederick Chilton), Ted Levin (Buffalo Bill alias James Gumb).

Die junge FBI-Agentin Clarice Starling nimmt im Auftrag ihres Sektionschefs Crawford Kontakt zu dem in einem Hochsicherheitstrakt einsitzenden Serienmörder Dr. Hannibal Lecter auf. ›Hannibal the Cannibal‹ hat seine Opfer aufgegessen; er gilt als besonders gefährlich, zumal er hochintelligent ist und als Psychiater Menschen zu analysieren versteht. Starlings Chef hofft, daß er ihnen helfen wird, einen anderen Serienmörder, der noch unerkannt seinen perversen Gelüsten nachgeht, zu fassen: ›Buffalo Bill‹, so genannt, weil er seine weiblichen Opfer häutet. Lecter, der sich bisher diesem Ansinnen verweigert hat, schließt mit Starling einen Pakt: Für jeden Hinweis zur Identität Buffalo Bills muß sie ihm eine Geschichte über sich selbst erzählen. So erfährt er etwas über ihren Vater, der, selbst Polizist, Vorbild für sie ist, wie er starb, und er erfährt von einem Kindheitstrauma. Die Gespräche im Gefängnis geraten zu einem mit allen psychologischen Raffinessen geführten Duell. Als die Tochter einer Senatorin in die Gewalt von Buffalo Bill gerät, nutzt Lecter die Situation, um eine Verbesserung seiner Haftbedingungen zu erreichen. Er wird in ein provisorisches Gefängnis verlegt, aus dem ihm die Flucht gelingt. Vorher gibt er Starling jedoch noch den entscheidenden Hinweis, der zur Ergreifung von Buffalo Bill führt.

The Silence of the Lambs ist keinem Genre direkt zuzuordnen. Klaus Theweleit hat in seiner Analyse die verschiedenen Ebenen herausgearbeitet. Zunächst ist es ein konventioneller Kriminalfilm mit spektakulären Action-Szenen: Die Polizei fahndet nach einem Täter und hat schließlich Erfolg. Der Film greift einen von der Boulevardpresse ausgeschlachteten authentischen Fall auf. Eine attraktive junge Frau ringt mit einem nicht minder faszinierenden Vertreter des Bösen: »Ein Thriller zwischen ›Unschuld‹ und ›höchster Verdorbenheit‹.« Dann handelt es sich um einen Psychiatriefilm. Lecters scharfe Beobachtungsgabe erkennt in seinem Gegenüber Momente des zwanghaft Verdrängten. »Suchen Sie nach schwerer Verhaltensstörung in der Kindheit in Verbindung mit Gewalt«, lautet Lecters Tip für Clarice, die in diesen Gesprächen an ihr eigenes Trauma erinnert wird: Lange Jahre verfolgten sie im Traum die entsetzlichen Schreie der Frühjahrslämmer, die auf der Farm ihres Onkels geschlachtet wurden und von denen sie nicht ein einziges retten konnte. Theweleit nennt den Film auch eine »Art Bildungsroman vom Wachsen des institutionellen wie des privaten Körpers eines jungen Menschen«: Clarice Starling hat gerade ihre Ausbildung hinter sich. Sie wird mit einer fremden, beunruhigenden und erschreckenden Welt konfrontiert. Am Ende des Films hat sich Starling von ihren drei Vätern – dem leiblichen, ihrem Chef Crawford und Lecter – gelöst und kann stolz ihr FBI-Diplom vorweisen. Vor allem ist es ein Film über Verwandlung. Auch die anderen Protagonisten machen wie die Motten, die Buffalo Bill züchtet, eine Metamorphose durch. Der inhaftierte Lecter ist am Schluß wieder ein freier Mann. Nur Buffalo Bill ist es nicht gelungen, aus seinem Kokon zu schlüpfen. Theweleit kommt zu dem Resümee: »Die Metamorphose, von der der Film handelt, beschreibt auch seine eigene Gestalt; er verwandelt sich permanent vor unserem Auge von Filmart zu Filmart.«

Der Film kann sowohl von einem jugendlichen Publikum als spannende Unterhaltung konsumiert wie von Intellektuellen als virtuoses Spiel mit kulturgeschichtlichen Codes goutiert werden. »Ein mystisches Perpetuum Mobile« nennt der Kunsthistoriker Heinrich Niewöhner *The Silence of the Lambs*. Der Käfig, in dem Lecter nach seiner Verlegung sitzt, erinnert an die Papstporträts von Francis Bacon. Die Zelle, in der er am Anfang untergebracht ist, liegt tief unter der Erde; Buffalo Bill hält seine Opfer in einem Erdloch gefangen, und die Nachtschwärmer, die er züchtet, leben im Dunkeln. Niewöhner sieht im Film eine Transformation der mythischen Welt: Der perverse Serienmörder als Unterweltgott Hades. So legitim derartige Deutungen sind, zum Verständnis des Films sind sie nicht vonnöten.

Der Regisseur konzentriert sich auf die Hauptdarsteller Jodie Foster und Anthony Hopkins. Ihre Gesichter werden während ihrer Gespräche in Schuß- und Gegenschuß und in Close-ups gezeigt. Meisterlich baut Demme die Handlung auf und gibt ihr überraschende Wendungen. In einer Parallelmontage zeigt er die Erstürmung eines Hauses durch die Polizei, im Inneren den dramatischen Kampf zwischen Clarice und Buffalo Bill. Erst am Ende der Sequenz merkt der Zuschauer, daß er einer Täuschung erlegen ist: Die Polizei operiert am falschen Ort, Clarice ist auf sich allein gestellt. *The Silence of the Lambs* erhielt fünf Oscars: für das Drehbuch, die Regie, die beiden Hauptdarsteller sowie als bester Film.

Claudia Domschky: »*Das Schweigen der Lämmer* von Jonathan Demme: Motive und Erzählstrukturen«. Alfeld 1996; Gregor Dotzauer: »Theistischer Teufelspakt«, in: Frankfurter Allgemeine Zeitung, 11.4.1991; Werner Faulstich: »Der neue Thriller: *Das Schweigen der Lämmer* (1991)«, in: ders./Helmut Korte (Hg.): Fischer Filmgeschichte. Bd. 5. Frankfurt a. M. 1995; Syd Field: »Filme schreiben. Wie Drehbücher funktionieren«. Hamburg 2001; Fritz Göttler: »Die Wandlung des heiligen Hannibal«, in: Süddeutsche Zeitung, 11.4.1991; Andrea Nagele-König: »Zum *Schweigen der Lämmer*. Philosophisch-ideengeschichtliche Analyse eines Thrillers«. Klagenfurt 1993; Heinrich Niewöhner: »Mystisches Perpetuum Mobile«, in: Lettre International, 1992, H. 19; Veronika Rall: »›Miss the Rest of Me‹«, in: Frauen und Film, 1991, H. 50/51; Hans Stempel: »*Das Schweigen der Lämmer*«, in: epd Film, 1991, H. 4; Yvonne Tasker: »*The Silence of the Lambs*«. London 2002; Ortwin Thal: »*Das Schweigen der Lämmer*«, in: medien + erziehung, 1991, H. 3; Julie Tharp: »The Transvestite as Monster: Gender Horror in *The Silence of the Lambs* and *Psycho*«, in: Journal of Popular Film and Television, 1991, H. 3; Klaus Theweleit: »Sirenenschweigen, Polizistengesänge«, in: Andreas Rost (Hg.): Bilder der Gewalt. Frankfurt a.M. 1994; Kristin Thompson: »Storytelling in the New Hollywood«. Cambridge, London 1999.

Stefan Krauss

SINGIN' IN THE RAIN (Du sollst mein Glücksstern sein). USA (Metro-Goldwyn-Meyer) 1952. 35 mm, Farbe, 103 Min.
R: Stanley Donen, Gene Kelly. B: Adolph Green, Betty Comden. K: Harold Rosson. A: Edwin B. Willis, Jacques Mapes. Ko: Walter Plunkett. S: Adrienne Fazan. M: Nacio Herb Brown, Roger Edens; Liedertexte Arthur Freed, Adolph Green/Betty Comden, Al Hoffman/Al Goodhart.
D: Gene Kelly (Don Lockwood), Debbie Reynolds (Kathy Selden), Donald O'Connor (Cosmo Brown), Jean Hagen (Lina Lamont), Millard Mitchell (R.F. Simpson), Cyd Charisse (Tänzerin).

»Achtung – hier spricht Hollywood«: Was die ersten Worte ankündigen, darüber läßt der Film den Zuschauer in keiner Minute im Zweifel. *Singin' in the Rain* persifliert die Traumfabrik und nimmt dabei sich selbst nicht aus. Die Selbstironie, mit der das Team Donen/Kelly das Musical in Szene setzen, verrät jene Souveränität, über die nur wirkliche Könner ihres Metiers verfügen.

Der vom aufkommenden Tonfilm erzwungene Abschied der Stummfilm-Stars, zwei Jahre zuvor von Billy Wilder in ↗*Sunset Boulevard* als Tragikomödie erzählt, gibt hier den Hintergrund für eine Farce ab.

Turbulent bereits die Einleitung: Auffahrt zur Gala-Premiere, Auftrieb der Stars, kreischende Menge am Straßenrand. Vor der Uraufführung gibt Don Lockwood noch rasch ein Interview: Während er, ganz wie die Fans es wünschen, in hehren Phrasen seine Karriere schildert, zeigen die Bilder, in welchen Kaschemmen er seine ersten Auftritte absolvierte. Ein blondes Dummchen an seiner Seite – die Filmzeitschriften wollen wissen, daß die beiden auch privat ein Paar sind – kommt bei dem Interview nicht zu Wort. Das ist Absicht: Lina, der weibliche Star, hat eine ordinäre Stimme, was beim Stummfilm jedoch nicht auffällt. Die Tonfilmrevolution ändert alles: Die Preview des nächsten Lockwood/Lamont-Streifens wird zu einem grauenvollen Fiasko. Doch Lockwoods stets gut gelaunter Freund Cosmo und Kathy Selden, ein bescheiden-sympathisches Chorusgirl, in das sich der Star verguckt hat, finden einen Ausweg: Kathy leiht Lina ihre Stimme. Ihr Name, dafür sorgt die intrigante Diva, erscheint jedoch nicht in den Credits. Wie zu Beginn gibt es am Schluß erneut eine Uraufführung. Der erste Tonfilm von Lockwood/Lamont wird bejubelt. Nach der Vorführung tritt Lina auf die Bühne und singt ein Lied aus dem Film, d.h. sie bewegt die Lippen und hinter dem Vorhang singt Kathy. Doch der Produzent, den Erpressungen und Allüren seines Stars leid, läßt den Vorhang ziehen – Lina ist bloßgestellt, das neue Traumpaar von Hollywood heißt Don Lockwood und Kathy Selden.

Singin' in the Rain ist eine Anthologie des Musicalfilms, der Anfang der fünfziger Jahre seinen Höhepunkt erlebte und dessen Geburtsstunde mit der des Tonfilms zusammenfällt: Bereits *The Jazz-Singer* (1927) enthielt Musikeinlagen; bald darauf startete die Metro unter dem Titel *Broadway Melodies* eine Serie von Revuefilmen. Mit dem Film im Film parodieren Donen und Kelly ihr Genre: Die Heldin fleht den ohnmächtigen Geliebten an: »Speak to me!« – und er beginnt sofort zu singen. Die verschiedenen Tanznummern, die sich z.T. in überraschende Bild-Montagen auflösen, sind oft als Hommage oder Reminiszenz an Meilensteine des Filmmusicals angelegt: Die Revueszenen erinnern an die Filme von Busby Berkeley, Gene Kellys Solostück, das zum Titelsong wurde, steht in der Tradition Fred Astaires. Die Tanzsequenzen werden entwickelt aus der Situation: »Moses supposes« beginnt mit einem Sketch, die rhythmischen Sprachübungen der zukünftigen Tonfilm-Darsteller gehen über in Musik, bis am Ende der Nummer auch das Dekor zu tanzen beginnt.

Der Film feiert eine synthetische Kunstwelt und stellt sie zugleich kritisch aus. Der richtige Platz, um Kathy eine Liebeserklärung zu machen, ist nicht ein romantischer Sonnenuntergang am Strand, sondern ein leeres Studio, wo Lockwood mit Hilfe von Licht- und Windmaschine die rechte Atmosphäre zaubert. Der pas-de-deux des Paares ist ebenso elegant wie unerotisch; zu seinem Freund Cosmo scheint Lockwood einen engeren Kontakt zu haben als zu Kathy, die den Film über eher ein geschlechtsneutraler Kamerad als eine begehrenswerte Frau ist. In der – nicht überzeugend in die Handlung integrierten – Ballettnummer »Broadway-Melody«, in der Cyd Charisse als Gaststar einen Dreißiger-Jahre-Vamp darstellt, wird Sex in zynischer Deutlichkeit verbunden mit Macht und Geld: *Singin' in the Rain*, dessen Schauseite wie ein wunderschönes Bilderbuch wirkt, verschweigt an keiner Stelle die materielle Seite des Show-Gewerbes. Selbst das Happy End reflektiert noch einmal den Scheincharakter der Kinoillusion: Lockwood singt Kathy an: »You are my lucky star«, dann erstarrt sein Gesicht. Die Kamera fährt zurück: Wir sehen ein Plakat, auf dem sich die beiden anhimmeln – Werbung für einen Film mit dem Titel *Singin' in the Rain*. Erneut fährt die Kamera zurück: Lockwood und Kathy stehen auf einer Wiese vor dem Plakat und küssen sich.

Singin' in the Rain ist ein ›Backstage‹-Musical. Eines der Handlungsmotive – der wirkliche Künstler muß anonym Zulieferdienste im Hintergrund leisten – war Realität für eine Vielzahl von Filmautoren und Regisseuren: Sie standen als vermeintliche Kommunistenfreunde auf der schwarzen Liste Hollywoods. Während der Vorbereitung von *Singin' in the Rain* begannen die Hearings vor dem McCarthy-Ausschuß für unamerikanische Umtriebe; sowohl Gene Kelly wie die Drehbuchautoren Adolph Green und Betty Comden wurden wegen ihrer politischen

Vergangenheit vorgeladen. Dem beschwingten Filmmusical ist nichts von der bedrückenden Atmosphäre der Zeit anzumerken. Am Set galt der alte Broadway-Grundsatz: The Show must go on.

»*Singin' in the Rain*«. London 1986. (Drehbuch). Christopher Ames: »Movies About the Movies«. Lexington 1997; Rudy Behlmer: »America's Favorite Movies: Behind the Scenes«. London 1990; Alf Brustellin: »Das Singen im Regen«, in: Andrea Pollach u.a. (Hg.): Singen und Tanzen im Film. Wien 2003; J. Card: »›More than meets the eye‹ in *Singin' in the Rain* and *Day for Night*«, in: Literature/Film Quarterly, 1984, H. 2; Joseph Casper: »Stanley Donen«. Metuchen, London 1983; Claude Chabrol: »Que ma joie demeure«, in: Cahiers du Cinéma, 1953, H. 28; Richard Corliss: »Betty Comden and Adolph Green«, in: ders.: Talking Pictures. Woodstock, New York 1974; Barry Day: »Cult movies: *Singin' in the Rain*«, in: Films and Filming, 1977, H. 7; Clive Hirschhorn: »Gene Kelly«. London 1974; Thomas Karban: »Linien, die die Bewegung verschieben«, in: film-dienst, 1992, H. 16; John Mariani: »Come on with the Rain«, in: Film Comment, 1978, H. 3; Alain Masson: »Une promenade architecturale«, in: Positif, 1988, H. 331; M. Roth: »Pulling the plug on Lina Lamont«, in: Jump Cut, 1990, H. 35; J.P. Telotte: »Ideology and the Kelly-Donen Musicals«, in: Film Criticism, 1983/84, H. 3; Peter Wollen: »*Singin' in the Rain*«. London 1992.

Michael Töteberg

DET SJUNDE INSEGLET

(Das siebente Siegel). Schweden (Svensk Filmindustri) 1956. 35 mm, s/w, 96 Min.
R+B: Ingmar Bergman. K: Gunnar Fischer.
S: Lennart Wallén. M: Erik Nordgren.
D: Max von Sydow (Antonius Block), Gunnar Björnstrand (Jöns), Bengt Ekerot (Tod), Nils Poppe (Jof), Bibi Andersson (Mia).

Erst nach dem überraschenden Erfolg von *Sommarnattens leende* (*Das Lächeln einer Sommernacht*, 1955) konnte Ingmar Bergman sein neues Projekt realisieren: *Det sjunde inseglet* war zunächst wegen seiner religiös-philosophischen Thematik als zu ernst und zu privat abgelehnt worden. Doch die Frage nach der Existenz Gottes und dem Sinn des Lebens ist nicht nur Ausdruck von Bergmans persönlicher Suche, sondern entspringt auch einer existentialistischen Zeitströmung der fünfziger Jahre. So sind die Fragen des Films – obwohl die Handlung mit dem vom Kreuzzug heimkehrenden Ritter Antonius Block, der Pestepidemie und der Hexenverbrennung im 14. Jahrhundert angesiedelt ist – moderne Fragen, ist der Film eine Meditation über den Sinn des Lebens angesichts der Begegnung mit dem Tod und dies gerade im Kontext der damals aktuellen Bedrohung durch die Atombombe in der Atmosphäre des Kalten Krieges.

Das Verhalten des Ritters und seines Knappen illustrieren zwei extreme Antwortmöglichkeiten auf die existentielle Sinnfrage. Während der Ritter noch immer auf die Existenz Gottes hofft und dadurch einen Lebenssinn erhielte – und sich auch in den Begegnungen auf den Stationen seines Weges nicht von seinem zweifelnden Hoffen abbringen läßt, einen Gottesbeweis fordert und selbst in der Stunde des Todes noch verzweifelt den Glauben sucht – während Block also an der Gottesidee als Sinngebung festhält, ist der Knappe Jöns zum zynischen Atheisten geworden, der sich angesichts der menschlichen Grausamkeit und des sinnlosen Leidens auf der Welt einen Gott nicht mehr vorstellen kann. Wie Jacques Siclier feststellt, deutet der Film im Scheitern des rational suchenden Ritters darauf hin, daß es in dieser Welt nicht wichtig sei, Fragen zu stellen, sondern zu leben. Oder, wie Jöns in der Todesstunde formuliert: »Empfinde aber in den letzten Minuten den unerhörten Triumph, mit den Augen zu rollen und die Zehen zu bewegen.«

Allein in der fahrenden Gauklerfamilie, die den Ritter ein Stück seines Weges begleitet und mit ihm eine einfache Mahlzeit teilt, weist der Film eine Perspektive für den Fortbestand des Lebens auf. Hier erfährt der Ritter einen der wenigen Glücksmomente, befreit von seinen Zweifeln den sinnerfüllten Augenblick genießend. Rückblickend, 25 Jahre nach der Entstehung, notierte Bergman: »Der Film besitzt einen Glanz echt schwärmerischer Frömmigkeit«, doch herrsche »vergleichsweise Waffenstillstand zwischen kindlicher Frömmigkeit und schroffem Rationalismus«. Schäle man die Theologie ab, bleibe immer noch die Heiligkeit des Menschen. Dies gilt insbesondere für die Gauklerfamilie, deren Fortbe-

Det sjunde inseglet: Bengt Ekerot und Max von Sydow

stand Block gewährleistet, indem er ihr zu einer Fluchtmöglichkeit vor dem Tod verhilft.
Bergman hat die Momente der glücklichen Familie mit Gunnar Fischer, seinem Kameramann bis Ende der fünfziger Jahre, in leichtere, hellere Bilder umgesetzt als die oft in starken schwarz-weiß Kontrasten inszenierten Begegnungen des Ritters mit dem Tod, mit dem Block eine Schachpartie austrägt. Nicht nur diese konstrastreichen Bilder bis hin zu der Schlußeinstellung, in der der Sensenmann mit seinem Gefolge in einem Schattenriß am Horizont davonzieht, sondern auch die Szenen, die wie eine Belebung mittelalterlicher Kirchenmalerei wirken, machen die Qualität dieses Film aus. Bis auf wenige Ausnahmen wurde *Det sjunde inseglet* im Atelier gedreht; der teilweise improvisierte, in 35 Drehtagen entstandene Film erhielt 1957 den Großen Preis von Cannes. Die vereinzelt in der Kritik anzutreffende entschiedene Ablehnung des Films mag vielleicht darin begründet liegen, daß der Zugang jenen verwehrt bleibt, die mit den Fragen des Ritters nicht selbst gerungen haben.

»*Das siebente Siegel*«. Hamburg 1963. (Filmprotokoll).
Ingmar Bergman: »Bilder«. Köln 1991; Stig Björkman u.a.: »Bergman über Bergman«. München 1976 (Interviews); Richard Aloysius Blake: »The Lutheran Milieu of the films of Ingmar Bergman«. New York 1978; Melvyn Bragg: »*The Seventh Seal*«. London 1993; Norman N. Holland: »*The Seventh Seal*: The Film as Iconography«, in: The Hudson Review, 1959, H. 3; Michael Pressler: »The Idea Fused in the Fact: Bergman and *The Seventh Seal*«, in: Literature/Film Quarterly, 1985, H. 2; Eric Rohmer: »Avec *Le septième sceau* Bergman nous offre son ›Faust‹, in: Arts, Paris, 23.4.1958; Andrew Sarris: »*The Seventh Seal*«, in: Film Culture, New York, 1959, H. 19; Birgitta Steene (Hg.): »Focus on *The Seventh Seal*«. Englewood Cliffs 1972.

Kai Beate Raabe

Skřivánci na niti: Jaroslav Satoransky (links) und Jitka Zelenohorská (2. v. links).

SKŘIVÁNCI NA NITI (Lerchen am Faden). CSSR (Filmstudio Barrandov) 1969. 35 mm, Farbe, 93 Min.
R: Jiří Menzel. B: Bohumil Hrabal, Jiří Menzel, nach der gleichnamigen Erzählung von Bohumil Hrabal. K: Jaromír Šofr, Petr Čech. S: Jiřina Lukešová. M: Jiří Šust.
D: Rudolf Hrušínský (Vertrauensmann), Vlastimil Brodský (Philosoph), Václav Neckář (Pavel), Jitka Zelenohorská (Jitka), Jaroslav Satoransky (Wachmann), Leoš Suchařípa (Ex-Staatsanwalt), Vladimír Ptácek (Milchmann).

»Nach dem Februarsieg 1948 ergriff die Arbeiterklasse die Macht und wurde zur führenden Kraft im Staat. Die Reste der besiegten Klasse wurden in den Arbeitsprozeß eingegliedert, damit sie sich von ihrer bourgeoisen Herkunft befreien können.« Das dem Film vorangestellte Motto scheint einem marxistischen Lehrbuch entnommen zu sein, erweist sich jedoch bald als bittere Ironie. Die Kamera schweift unter den Klängen einer Symphonie über eine zugrundegerichtete Landschaft, Maschinen und Fabriken bis zu dem Schrottplatz. ›Auf dem Müllhaufen der Geschichte‹, so eine beliebte Floskel der Redner auf Parteiversammlungen, sollten die Überbleibsel der besiegten Klasse landen. Jiří Menzel versammelt eine Handvoll Menschen in einer Arbeitsbrigade: einen Professor der Philosophie, der als Bibliothekar in Prag arbeitete und sich weigerte, die ›angefaulte bourgeoise Literatur‹ einzustampfen, einen Staatsanwalt, der nicht einsehen wollte, daß die Verteidigung im Dienste der Anklage zu stehen hat, einen Tischler, Hersteller von Patentwaschtrögen, der in seinem Betrieb vier Arbeiter ausbeutete, einen Musiker, einen Friseur und einen Koch. Sie waren, aus den verschiedensten Gründen, nicht bereit, sich anzupassen und sollen ›umerzogen‹ werden.
Der Film spielt im Industriegebiet eines Hüttenkombinats in der Nähe von Kladno. Den tristen,

schmutzigen Arbeitsplatz schmücken Parolen der fünfziger Jahre: »Einholen – überholen«, »Arbeit für das Volk macht Freude« oder »Wir fürchten keine Arbeit, wir erfüllen jede Norm«. Doch gerade die soeben wieder erhöhte Norm führt zur Rebellion auf dem Schrottplatz. Nach und nach werden die Aufmüpfigsten unauffällig ›entfernt‹; am Ende treffen sie sich in einem Bergwerk wieder. Dies ist jedoch nur ein Erzählstrang in Menzels melancholischer Komödie, die pointierte Dialoge über Politik und Religion, Kunst und Philosophie verbindet mit Liebesgeschichten, wie sie sich nur Bohumil Hrabal ausdenken kann. In der Nachbarschaft des Schrottplatzes gibt es eine Arbeitskolonne von Frauen, die ebenfalls zur Zwangsarbeit verurteilt sind, und natürlich besteht zwischen beiden Lagern strengste Kontaktsperre. »Aus Blicken, Andeutungen, Heimlichkeiten und flüchtigen Umarmungen zaubert Menzel ein Geflecht verständnissinnig-amouröser Verschwörungen, das auch die Staatsgewalt einspinnt und ihr den Stachel nimmt.« (Klaus Kreimeier). Pavel und Jitka finden sich, es wird ihnen, ein Wunder, sogar die Genehmigung zur Heirat erteilt. Doch bevor der Ehemann seine Angetraute treffen kann, wird er erst einmal verhaftet.

Menzel schildert den Alltag der Zwangsarbeiter mit Augenzwinkern: Seine amüsante Satire ist voller skurriler Einfälle und scheut auch vor Slapstick-Einlagen nicht zurück. Der Schwejksche Humor ist, erläuterte der Regisseur in einem Interview 1968, »uns nicht angeboren, sondern wurde uns aufgezwungen. Ohne Sinn für Humor läßt es sich nämlich in der Tschechoslowakei überhaupt nicht leben.« Der Humor sollte ihm bald vergehen, und jahrelang konnte er nicht arbeiten: *Skřivánci na niti*, während des Prager Frühlings begonnen und nach dem Einmarsch sowjetischer Truppen fertiggestellt, wurde sofort verboten. Erst 20 Jahre später erlebte der Film eine glanzvolle Premiere: Er wurde im Februar 1990 als tschechischer Beitrag auf der Berlinale gezeigt und erhielt den Goldenen Bären.

George Bluestone: »Jiří Menzel and the Second Prague Spring«, in: Film Quarterly, 1990/91, H. 1; Ulrich Gregor u.a. (Red.): »Die Filme des Prager Frühlings 1963–1969«, Kinemathek, Berlin, 1992, H. 79; Horst Peter Koll: »*Lerchen am Faden*«, in: film-dienst, 1991, H. 6; Klaus Kreimeier: »Die Wachsamkeit der Maulwürfe«, in: epd Film, 1990, H. 4; James Reid Paris: »Classic Foreign Films«. New York 1993.

Marcela Euler

SMULTRONSTÄLLET (Wilde Erdbeeren). Schweden (Svensk Filmindustri) 1957. 35 mm, s/w, 91 Min.
R+B: Ingmar Bergman. K: Gunnar Fischer.
A: Gittan Gustafsson. S: Oscar Rosander.
M: Erik Nordgren, Göte Lovén.
D: Victor Sjöström (Isak Borg), Bibi Andersson (Sara), Ingrid Thulin (Marianne), Gunnar Björnstrand (Evald), Folke Sundqvist (Anders), Björn Bjelfvenstam (Viktor), Gunnar Sjöberg und Gunnel Broström (Ehepaar Alman).

Traum, Erinnerung und Realität: Ingmar Bergman verbindet in seinem Film mehrere Erlebnisebenen so geschickt, daß Imagination und Reflexion fließend ineinander übergehen. Das Grundthema des mit vielen Auszeichnungen, darunter dem Goldenen Bären der Berlinale 1958, bedachten Films wird gleich zu Anfang in einer Traumszene komprimiert: die Angst vor dem Tod. Ein alter Mann geht durch eine verlassene Stadt im gleißenden Morgenlicht. Uhren ohne Zeiger, Gesichter ohne Augen: Die von Bergman gewählten Symbole erinnern an surrealistische Bilder und stammen aus einem Alptraum. »Ein Leichenwagen kommt, der gegen einen Pfahl fährt, so daß der Sarg hinausfällt und der Tote hinausgeschleudert wird, das hatte ich viele Male geträumt«, bekannte der Regisseur im Gespräch mit Journalisten.

Smultronstället ist die Geschichte eines Tages. Isak Borg, ein 76jähriger Medizinprofessor, fährt mit dem Auto von Stockholm nach Lund, wo er an der Jubiläumsfeier seiner lange zurückliegenden Promotion teilnehmen will. Die Reise führt ihn über die verschiedenen Stationen seines Lebens, sowohl real – er besucht seine Mutter, die einen Koffer mit Kinderspielzeug hervorkramt – als auch imaginär – er denkt zurück an seine Ehe, seine erste Liebe, seine

Eltern. Die junge Anhalterin, die er mitnimmt, gleicht seiner Jugendliebe Sara (beide Rollen werden von Bibi Andersson gespielt). Beim Sommerhaus, wo noch immer, wie zu seiner Kinder- und Jugendzeit, die wilden Erdbeeren wachsen, holt ihn die Erinnerung ein. »Smultronstället« hat im Schwedischen zwei Bedeutungen: Das Wort bezeichnet den Platz der Walderdbeeren und ist zugleich ein Synonym für einen Ort außerhalb des Alltagstreibens, steht für Muße und Erholung, Innehalten und Verbundenheit mit der Natur. Die süßen, aber empfindlichen Sommerfrüchte tauchen in vielen Filmen Ingmar Bergmans auf, in frühen Werken wie *Törst* (*Durst*, 1948/49) oder *Sommarlek* (*Einen Sommer lang*, 1950) ebenso wie in seinem letzten Film ↗*Fanny och Alexander*, wo sie nur noch Erinnerung sind: Symbole des verlorenen Paradieses, der reinen Liebe, der Jugend und des Glücks.

In einer zweiten Traumsequenz werden Versäumnisse und Fehler symbolisch aufgelistet: Selbstsucht, Gefühlskälte, Eigenbrötlerei. Eine Prüfungsszenerie liefert das Material für die Analyse eines Charakters. Von seinem Prüfer wird Isak Borg durch eine Traumlandschaft geführt bis zu einem Ort, wo er seine Frau beim Ehebruch beobachten muß. Gerädert und geläutert wacht der alte Mann aus diesem Traum auf. So bleibt es nur am Rande eine Reise, um die ›Früchte‹ seiner Arbeit und seines Lebens einzuholen, vielmehr wird es eine Reise zum Ich, eine Erkenntnisreise, die auch vor bitteren Wahrheiten nicht zurückschreckt.

»Ich stellte mir diesen Mann als einen müden Egozentriker vor, der alle Bindungen um sich herum gelöst hatte – wie ich es selbst getan hatte.« Die Initialen des Protagonisten entsprechen denen des Regisseurs. In seiner Selbstanalyse kommt Bergman zu dem Ergebnis, daß er mit *Smultronstället* unbewußt sein schwieriges Verhältnis zu den Eltern abgebildet habe. Die Schlußszene – Sara nimmt Borg an die Hand und führt ihn zu einer Lichtung; von der anderen Seite des Sundes winken ihm seine Eltern zu – sei eine Projektion eigener Sehnsüchte und Wünsche. Dank Victor Sjöström bekommen die vielen Szenen mit autobiographischem Hintergrund eine neue authentische Gestalt, die wesentlich sympathischer ist, als von Bergman intendiert. In einem Rückblick, aus dem Abstand von 33 Jahren, notierte der Regisseur: »Erst heute habe ich erkannt, daß Victor Sjöström meinen Text an sich riß, in sein Eigentum verwandelte und seine Erfahrung einsetzte: eigene Qual, Misanthropie, Zurückgezogenheit, Brutalität, Trauer, Angst, Einsamkeit, Kälte, Wärme, Schroffheit, Unlust.«

»*Wilde Erdbeeren*«. Frankfurt a.M. 1964. (Filmtext).
Ingmar Bergman: »Bilder«. Köln 1991; Stig Björkman u.a.: »Bergman über Bergman«. München 1976 (Interviews); Allan Casebier: »Reductionism Without Discontent: The Case of *Wild Strawberries* and *Persona*«, in: Film/Psychology Review, 1980, H. 1; Elizabeth Cowie: »The cinematic dream-work of Ingmar Bergman's *Wild Strawberries*«, in: Andrea Sabbadin (Hg.): The Couch and the Silver Screen. Hove, New York 2003; Kersti und Philip French: »*Wild Strawberries*«. London 1995; Bruce Kawin: »Mindscreen: Bergman, Godard, and the First-Person Film«. Princeton 1978; Eleanor McCann: »The Rhetoric of *Wild Strawberries*«, in: Sight and Sound, 1960/61, H. 1; Birgitta Steene: »The isolated hero of Ingmar Bergman«, in: Film Comment, 1965, H. 1; Eckhard Weise: »Ingmar Bergman«. Reinbek 1987.

Heike Ließmann

SOLANGE ES MENSCHEN GIBT

↗ Imitation of Life

SOLJARIS

(Solaris). UdSSR (Mos'film) 1972. 35 mm, s/w + Farbe, 167 Min.
R: Andrej Tarkovskij. B: Friedrich Gorenstein, nach dem gleichnamigen Roman von Stanisław Lem. K: Vadim Jusov. Ba: Michail Romadin. S: Ljudmila Fejginova. M: Eduard Artemev. D: Donatas Banionis (Kris Kelvin), Natalja Bondarčuk (Harey), Jurij Jurvet (Snaut), Anatolij Solonicyn (Sartorius), Nikolaj Grinko (Kelvins Vater), Vladislav Dvoržeckij (Berton).

Tarkovskij überraschte mit dem Projekt eines Science-fiction-Films sowohl seine Verehrer, denen dieses kommerzielle Genre suspekt erschien, als auch die Filmverantwortlichen, die darin nach den vielen Problemen mit ↗*Andrej Rubljov* ein Konzessionsangebot seitens des Regisseurs sahen. Tarkovskij selbst fühlte sich durch ↗*2001: A Space Odysseey* herausgefordert: Kubricks Film mißfiel ihm, und er wollte darauf antworten. Im Exposé versprach er, der Film werde ein finanzieller Erfolg. Bei der Realisierung wurden ihm keine Beschränkungen auferlegt, auch war der Film bereits vor seiner Fertigstellung nach Cannes eingeladen.

Der Roman vom Stanisław Lem beginnt mit der Ankunft des Psychologen Kris Kelvin auf einem Planeten namens Solaris, welcher von einem Ozean, einer Art intelligenter Substanz, umgeben ist. Der Ozean weigert sich jedoch, Kontakt mit den irdischen Forschern aufzunehmen – der Psychologe stößt an die Grenzen der menschlichen, anthropozentrischen Erkenntnis. Bei Tarkovskij beginnt der Film auf der Erde, in Kelvins Vaterhaus. Erst nachdem der Abschied von Haus und Fluß, von allen irdischen Erinnerungen und Bildern genommen ist, fliegt Kris ins All. Auf der Raumstation herrscht eine mysteriöse Atmosphäre: Der Astrobiologe Sartorius und der Kybernetiker Snaut weichen Kelvin aus. Der Physiologe Gibarian hat sich gerade das Leben genommen. Kelvin versteht bald die Gründe für die merkwürdige Abgrenzung: Die Menschen werden von den »Gästen« gequält, den materialisierten Bildern ihres Unbewußten, die der Ozean formt. In der Nacht wird auch Kelvin von seiner Frau Harey besucht, die sich vor vielen Jahren seinetwegen umgebracht hatte. Nicht mit der Erforschung des Kosmos wird sich der Held von nun an beschäftigen, sondern nur mit sich selbst. Auch Harey ist mit Selbstanalyse befaßt. Wen liebt nun Kelvin: seine Erinnerungen an die irdische Frau oder sie, ein aus Neutronen zusammengesetztes Wesen? Die Situation wird für sie unerträglich, und sie läßt sich »annihilieren«, auslöschen. Am Ende wird der Ozean mit dem Enzephalogramm von Kelvins Bewußtsein und Unbewußtem bestrahlt und – besänftigt. In der letzten Einstellung schaut Kelvin in das Haus seines Vaters und fällt vor ihm, an der Schwelle, auf die Knie: Rückkehr des verlorenen Sohnes auf die Erde? Eine sich immer mehr ausdehnende Totale zeigt das Haus als Insel in dem Solaris-Ozean. Ein Realbild: die vom Ozean materialisierte Phantasie? Oder ein Traum? In der Schlußsequenz beschwört Tarkovskij ein melancholisches Wunschbild, eine von nostalgischen Gefühlen durchdrungene Utopie: die Vorstellung vom menschlichen Mikrokosmos, der im Schoß des Weltalls ruht.

Lem erhob gegen das Drehbuch den Vorwurf, es reduziere das erkenntnistheoretische Problem auf ein Familienmelodram mit pantheistischer Moral. Doch der Film zelebriert letztendlich die ewigen Motive Tarkovskijs im Gewand einer Science-fiction-Geschichte: Selbsterkenntnis durch Schuld, Läuterung durch Liebe. In seiner Anstrengung, mit dem Kosmos in Kontakt zu treten, entdeckt der Mensch, daß ihn nichts anderes interessiert als sein Spiegelbild. Eigentlich beweist Tarkovskij somit eine totale Unfähigkeit zur Erkenntnis des anderen, da die Perspektive der Menschen auf sie selbst gerichtet ist.

Die Raumstation erscheint im Film als eine Mischung aus technischem Ambiente und Antiquitäten: alte Möbel, Kupferstiche, Kristalleuchter, Breughels »Winterlandschaft« – eine Außenstation der Weltkultur. Die Erde ist ein verlorenes Naturparadies. Tarkovskij zeigt das magisch anziehende fließende Wasser, Feuer, Wurzelwerk. Filmregie ist für Tarkovskij im buchstäblichen Sinne die Gabe, Licht von Finsternis, Wasser von Festland zu scheiden. Seine Lichtstimmungen sind immer auf das Zusammenspiel von künstlichem und natürlichem, kaltem und warmem Licht gerichtet. Ausgedehnte Schwenks, eine eigentümliche Choreographie der Darsteller um die Kamera und der Kamera um die Darsteller, ihre stets etwas verlangsamte Bewegung (36 anstatt 24 Bilder pro Sekunde) versetzen den Zuschauer in den Zustand meditativer Betrachtung. – Das Hollywood-Remake (2002), inszeniert von Steven Soderbergh und produziert von James Cameron, richtet den Fokus auf die Beziehung Kelvins (George Clooney) zu Rheya und mündet in einem irritierenden Happy-End.

Lee Atwell: »*Solaris*: A Contemporary Masterpiece«, in: Thomas R. Atkins (Hg.): Science Fiction Films. New York 1976; Vida T. Johnson/Graham Petric: »Andrei Tarkovsky«. Bloomington 1994; Thomas Klein: »*Solaris*«, in: Thomas Koebner (Hg.): Filmgenres: Science Fiction. Stuttgart 2003; Klaus Kreimeier: »Kommentierte Filmografie«, in: Peter W. Jansen/Wolfram Schütte (Hg.): Andrej Tarkovskij. München 1987; Jonathan Rosenbaum: »Inner Space«, in: Film Comment, 1990, H. 4; Marius Schmatloch: »Andrej Tarkowskijs Filme in philosophischer Betrachtung«. St. Augustin 2003; Andrej Tarkowskij: »Die versiegelte Zeit«. Berlin, Frankfurt a.M. 1985; Maja Turowskaja/Felicitas Allardt-Nostiz: »Andrej Tarkowskij. Film als Poesie – Poesie als Film«. Bonn 1981.

Oksana Bulgakowa

SOLO SUNNY DDR (Defa) 1978/79.

35 mm, Farbe, 104 Min.
R: Konrad Wolf. B: Konrad Wolf, Wolfgang Kohlhaase. K: Eberhard Geick. Ba: Alfred Hirschmeier. S: Evelyn Carow. M: Günther Fischer. D: Renate Krößner (Sunny), Alexander Lang (Ralph), Heide Kipp (Christine), Dieter Montag (Harry), Klaus Brasch (Norbert), Fred Düren (Arzt), Harald Warmbrunn (Benno Bohne).

An Konrad Wolf, den Präsidenten der Akademie der Künste der DDR, wurde die Erwartung gerichtet, daß er sich, nach mancherlei Ausflügen in die Historie und die jüngste Vergangenheit, wieder der Gegenwart des DDR-Alltags zuwenden würde. Wolf erfüllte diesen Wunsch, wählte jedoch ein überraschendes Sujet: die Höhen und Tiefen in der Karriere und im Privatleben einer mittelmäßigen Schlagersängerin.
Wolf ließ wissen, daß es sich bei *Solo Sunny* um eine Geschichte handle, »die Mut zum Leben macht, gerade am Rand der Verzweiflung und gerade am Beispiel der Alltäglichkeiten«. Er brachte im Zusammenhang mit diesem – seinem 14. und letzten – Spielfilm auch die Begriffe »Optimismus – ohne Banalisierung« und »Lebenshilfe« ins Gespräch, gleichsam als Verweis auf Frauenfiguren in früheren Gegenwartsfilmen: Lutz in *Sonnensucher* (1958) oder Rita in ↗*Der geteilte Himmel*. Für Wolfgang Kohlhaase, einst Partner und Autor Gerhard Kleins bei *Berlin – Ecke Schönhauser* (1958), bedeutete *Solo Sunny* zugleich »eine Rückkehr in ein Milieu, das mir lieb und teuer ist – Berlin, so schön und häßlich, wie es ist«. Noch einmal führte der Film all das vor, wodurch sich die Babelsberger Defa in ihren besten Arbeiten ausgezeichnet hatte: einen genauen Blick auf die soziale Realität, ein psychologisch stimmiges Figurenensemble und, aus beidem resultierend, eine kritische Darstellung des Widerspruchs zwischen offiziell postulierten Thesen von »glücklichen sozialistischen Persönlichkeiten« und sehr viel differenzierteren Erfahrungen der Mehrzahl der DDR-Bürger. *Solo Sunny* verwob die aus Blues- und Rockmotiven kompilierte, eingängige Filmmusik von Günther Fischer in die Handlung; zugleich sind immer wieder Bilder von S- und U-Bahnen, Autos und Flugzeugen ins Geschehen eingeflochten: Nichts bleibt, alles ist in Bewegung.
Eine junge Frau namens Ingrid Sommer, genannt Sunny, ehemals Arbeiterin in einem Ost-Berliner Großbetrieb, tingelt als Schlagersängerin mit ihrer Band übers Land. Sie beharrt auf privater und beruflicher Erfüllung ihrer Ideale und ist nicht bereit, durch Kompromisse Abstriche zu machen. Der Film setzt – mit einer episodischen, undramatischen Erzählstruktur – drei ›schwache‹ Männer in Beziehung zur ›starken‹ Sunny: Norbert, Saxophonist ihrer Band, hinter dessen Alkoholexzessen und Sexprotzereien sich tiefe Unsicherheit verbirgt; der Taxibesitzer Harry mit seinem ausschließlich auf die Befriedigung materieller Bedürfnisse gerichteten Lebensinhalt; der gebildete Egozentriker Ralph, dessen Gedanken um den Tod kreisen und der im Leben dazu neigt, sich zu isolieren. Die Enttäuschung, die er ihr bereitet, als er sie mit einer anderen Frau betrügt, führt Sunny in eine tiefe Krise: Sie begeht einen Selbstmordversuch – und überlebt.
Wolf und Kohlhaase fordern den Zuschauer auf, hinter der oft rauhen Schale ihrer Heldin den empfindsamen Kern zu entdecken; sie plädieren für das Ausleben der Individualität in ständiger Auseinandersetzung mit der Gesellschaft. Konrad Wolf: »Wir müssen Mut machen auf solche Menschen, wir müssen sie ermutigen – und uns.« *Solo Sunny*, überwiegend im maroden Berliner Altbauviertel am Prenzlauer Berg gedreht, verhalf Renate Krößner, die vorher kaum mit größeren Filmrollen in Erscheinung getreten war, zum künstlerischen Durchbruch: Zärtlich und aggressiv, verletzbar und verletzend, naiv, spontan und sehr erotisch skizzierte sie alle Schattierungen ihrer Figur – eine Leistung, die ihr

den Silbernen Bären der Berliner Filmfestspiele 1980 einbrachte. Als sie später die DDR verließ, wurde auch *Solo Sunny* kaum mehr gezeigt.
Schon von den ersten Entwürfen an war der Film auf Mißtrauen bei den politischen Gralshütern der DDR-Kultur gestoßen. Übrigens rieben sich an *Solo Sunny* auch westdeutsche Feministinnen, die sich an der im Film dargestellten Korrespondenz zwischen Lebensglück und Sehnsucht nach einer Partnerschaft mit einem Mann störten. Die Zensoren in der DDR wagten es freilich nicht, ausgerechnet an Konrad Wolf, der wie viele seiner Defa-Kollegen einen ›besseren Sozialismus‹ befördern wollte, ein Exempel zu statuieren. So erreichte *Solo Sunny* in den ersten drei Monaten nach der Premiere bereits 700.000 Zuschauer in der DDR. Schon einer der nächsten DDR-Gegenwartsfilme jedoch, Rainer Simons *Jadup und Boel*, wurde verboten, und die moralische Rigorosität von *Solo Sunny* erfuhr im DDR-Kino der achtziger Jahre nur noch wenige Fortsetzungen.

»*Solo Sunny*«. Hg. Lars Bardram/Bent Lantow. Kopenhagen 1984. (Filmtext, dt.)
Carmen Blazejewski: »*Solo Sunny* (1980)«, in: Beiträge zur Film- und Fernsehwissenschaft, 1990, H. 39; Hans C. Blumenberg: »Widerstand gegen den Alltag«, in: ders.: Kinozeit. Frankfurt a.M. 1980; Friedrich Dieckmann: »*Solo Sunny*«, in: Sinn und Form, 1980, H. 3; Wolfgang Jacobsen/Rolf Aurich: »Der Sonnensucher. Konrad Wolf – eine Biographie«. Berlin 2005; Heinz Klunker: »Sunny politisch Sorgen herzungewisse«, in: Hans Günther Pflaum (Hg.): Jahrbuch Film 1980/81; Barbara Köppe/Aune Renk (Hg.): »Konrad Wolf. Selbstzeugnisse, Fotos, Dokumente«. Berlin (DDR) 1985; Rolf Richter: »Konrad Wolf«, in: ders. (Hg.): DEFA-Spielfilm-Regisseure und ihre Kritiker. Bd.2. Berlin (DDR) 1983; Elke Schieber: »Spuren der Wirklichkeit«, in: Ralph Eue/Gabriele Jatho (Hg.): Production Design + Film. Berlin 2005; Uta Streckfuß/Thomas Bartling: »*Solo Sunny* – ein Plädoyer für das ›Solo‹ im Leben oder die Absage an die Ideale des Sozialismus?«, in: Klaus Finke (Hg.): Politik und Mythos. Oldenburg 2002; Brigitte Thurm: »Rückhaltlos und verletzbar«, in: Film und Fernsehen, 1980, H. 2; Klaus Wischnewski: »Ein merkwürdiger Film«, in: ebd.

Ralf Schenk

SOME LIKE IT HOT (Manche mögen's heiß). USA (Ashton Pictures) 1958/59. 35 mm, s/w, 121 Min.
R: Billy Wilder. B: Billy Wilder, I.A.L. Diamond, nach einer Story von Robert Thoeren und Michael Logan. K: Charles B. Lang Jr. A: Edward G. Boyle. Ba: Ted Haworth. M: Adolph Deutsch.
D: Marylin Monroe (Sugar Kane), Tony Curtis (Joe), Jack Lemmon (Jerry), George Raft (Spats Colombo), Pat O'Brien (Mulligan), Joe E. Brown (Osgood Fielding III.).

Ein untrüglicher Sinn für erzählerische Strukturen, eine bisweilen absurde Phantasie, Situationskomik und Dialogwitz, Distanz und Nähe, Drastik und Romantizismus: Billy Wilder verfügt über zahlreiche Talente. Vieles besteht nebeneinander, einiges steht im engen Bezug zueinander, alles zusammen hat Wilder einen seiner größte und nachhaltigsten Erfolge beschert. Zudem ist er ein Schauspieler-Regisseur: Die Präsenz seiner Darsteller weiß er für erstaunliche Wandlungen und Verwandlungen zu nutzen. *Some Like It Hot* lebt von der Travestie, sinkt aber nie auf das Niveau einer Klamotte à la *Charleys Tante*.
Tony Curtis, der als Joe zu Anfang ein draufgängerischer, sicherer Mann zu sein scheint, hat, kaum ist er in Frauenkleider geschlüpft und zu Josephine geworden, Verständnis und Mitgefühl für die Rolle der Frauen. Als Daphne alias Jerry im Lift gekniffen wird, wird er von ihm mit vollem Ernst belehrt: »Jetzt weißt du, wie die andere Hälfte lebt.« Sugar Kane, die nach einer erneuten Enttäuschung traurig »I'm through with love« singt, vermag er beizustehen mit Worten (»Kein Kerl ist das wert«) und vor allem mit Taten: Als ›gute Freundin‹ gibt er ihr einen – wohlkalkulierten – Kuß.
Marilyn Monroe hat die undankbarste Rolle des Films. In *The Seven Year Itch* (*Das verflixte 7. Jahr*, 1955) inszenierte Wilder die Monroe als Männertraum: Sie verspricht Tom Ewell alles und hat am Ende sein Leben für kurze Zeit verschönert, ohne ein einziges Versprechen eingelöst zu haben. Wilder hat mit einer einzigen Einstellung – das Mädchen mit

wehendem Kleid über einem Luftschacht der New Yorker Underground-Bahn – Marilyn Monroe ein schönes Denkmal gesetzt. Ganz anders ihre Erscheinung in *Some Like It Hot.* Marilyn Monroe spielt eine einsame, traurige Gesangssolistin mit immer den gleichen Männergeschichten. Das Saxophon ist ihre große Schwäche. Daran ändert sich nichts im Laufe des Films. Für einen Augenblick darf sie hoffen, endlich ihren Millionär gefunden zu haben, aber der ist auch nur eine Fälschung. Getäuscht wird sie nicht nur von ihren beiden ›Freundinnen‹, täuschen läßt sie sich vor allem durch ihre eigenen Illusionen. Zutiefst romantisch und außerordentlich verletzlich wirkt sie, wobei Wilder unverkennbar der Figur Charakterzüge der realen Person Marilyn Monroe verlieh. Er hat ihr, die von den meisten Regisseuren nur als Schauwert ausgebeutet wurde, eine ebenso anrührende wie komische Rolle geschrieben.

Jerry ist einer, der sich keine Illusionen macht und eigentlich nur seine Haut retten will. Mit Jack Lemmon als gedemütigtem Angestellten C.C. Baxter schuf Wilder in ↗ *The Apartment* eine der gelungensten Darstellungen einer gebrochenen Figur. In *Some Like It Hot* durchlebt Lemmon die erstaunlichste Wandlung. Jerry ist ein Hypochonder und Misanthrop mit Identitätsproblemen. Kein Wunder, daß er mit seiner weiblichen Rolle am besten klarkommt, verschafft sie ihm doch den Zugang zu einer ihm bis dahin verschlossenen Welt. Mehr als einmal muß ihn Joe daran erinnern, daß er doch eigentlich ein Mann sei. Am Ende – eines der berühmtesten Finales der Filmgeschichte – macht sein Verehrer Osgood ›Josephine‹ einen Heiratsantrag. Als alle seine zuerst schüchternen, dann bestimmter vorgetragenen Einwände von Osgood schlicht ignoriert werden, reißt er sich schließlich die Perücke vom Kopf und gesteht: »Ich bin ein Mann!« Worauf Osgood antwortet: »Nobody is perfect.« Im Drehbuch folgt noch eine Pointe für den Leser: Wie es mit den beiden Männern weitergehe, sei »eine andere Geschichte ... und wir sind uns nicht sicher, ob das Publikum dafür schon reif ist«.

Some Like It Hot ist der am brillantesten konstruierte Film Wilders. Ohne Bruch verschränkt er die turbulente Verkleidungskomödie mit einer rasanten Gangsterstory. Es beginnt wie ein Film aus der Schwarzen Serie. Chicago 1929. Jerry und Joe, die unfreiwillig Zeugen des blutigen Bandenkriegs am Valentinstag geworden sind, fliehen vor den Ganoven und landen in einer Damenkapelle. Wilder bestand darauf, *Some Like It Hot* in Schwarzweiß zu drehen, weil er die Atmosphäre des klassischen Gangsterfilms herstellen wollte. Er betreibt ein amüsantes Spiel mit der Filmmythologie. George Rafts Auftritt als Gamaschen-Colombo z.B. ist eine Reverenz an Rafts Rolle in ↗ *Scarface.* Auch einen private joke erlaubte sich Wilder: Tony Curtis, der andere Schauspieler überzeugend imitieren konnte, persifliert Cary Grant, wenn er sich gegenüber Sugar als Millionenerbe ausgibt. Nie war es Wilder im Laufe seiner Karriere gelungen, Grant für eine Rolle zu verpflichten.

»*Some Like It Hot*«. Hg. Cornelius Schhnauber. Wien u.a. 1986 (Drehbuch, dt.). – Hg. Alison Castle. Köln u.a. 2001. (Drehbuch in verschiedenen Fassungen, Materialien).
Jacques Doniol-Valcroze: »Faut-il brûler Wilder?«, in: Cahiers du Cinéma, 1959, H. 101; Ulrich Gregor: »*Manche mögen's heiß*«, in: Filmkritik, 1959, H. 8; Penelope Houston: »*Some Like It Hot*«, in: Monthly Film Bulletin, 1959, H. 305; Hellmuth Karasek: »Billy Wilder. Eine Nahaufnahme«. Hamburg 1992; ders.: »Mein Kino«. Hamburg 1994; Stanley Kauffmann: »Landmarks of Film History: *Some Like it Hot*«, in: Horizon, 1973/74, H. 1; Claudius Seidl: »Billy Wilder«. München 1988; Neil Sinyard/Adrian Turner: »Billy Wilders Filme«. Berlin 1980.

Theo Matthies

SOUS LE SABLE (Unter dem Sand). Frankreich (Fidélité Productions) 2000. 35 mm + Super 16, Farbe, 95 Min.
R: François Ozon. B: François Ozon, Emmanuèle Bernheim, Marina de Van, Marcia Romano. K: Jeanne Lapoirie, Antoine Heberlé. A: Sandrine Canaux. S: Laurence Bawedin. M: Philippe Rombi, Frédéric Chopin, Gustav Mahler, Barbara, Portishead.
D: Charlotte Rampling (Marie Drillon), Bruno Cremer (Jean Drillon), Jaques Nolot (Vincent), Alexandra Stewart (Amanda),

Pierre Vernier (Gérard), Andrée Tainsy (Suzanne).

Der Ursprung des Films ist eine Kindheitserinnerung, ein Ereignis, dessen Zeuge François Ozon wurde, als er ungefähr zehn Jahre alt war: »Ich verbrachte die Ferien mit meinen Eltern an der Atlantikküste. Am Strand begegneten wir jeden Tag einem älteren Ehepaar. Eines Tages ging der Mann im Meer schwimmen und kehrte nicht wieder zurück. Wir haben den Hubschrauber landen sehen, die Frau, wie sie auf die Rettungsschwimmer einredete. Dieses Ereignis war ein Schock. Das Bild dieser Frau, die allein nach Hause aufbrach, mit den Sachen ihres Mannes, hat mich seither nicht mehr losgelassen. Ich habe mich immer gefragt, wie man trauern kann, wenn es keinen Leichnam gibt. Denn das Fehlen des Toten macht den Tod noch viel schmerzlicher. Es gibt dem Tod zurück, was durch die brutale Gegenständlichkeit des Leichnams für gewöhnlich verschleiert wird: den Charakter des Rätselhaften.«

Mit dieser Sequenz beginnt *Sous le sable*, bricht ab und verfolgt dann den Weg der Frau zurück in den Alltag, beobachtet die Auswirkungen des traumatischen Einschnitts auf ihr Leben. Die Idee war, zunächst diesen zwanzigminütigen Prolog zu erzählen, um dann erst eine Fortsetzung zu erfinden. Doch die Unterbrechung kam auf noch andere Weise zustande. Aufgrund finanzieller Probleme der Produktionsgesellschaft war Ozon gezwungen, die Dreharbeiten des zweiten Teils um sechs Monate aufzuschieben. Dieser mußte schließlich binnen kürzester Zeit auf Super 16 gedreht werden, obwohl der erste Teil bereits auf 35 mm aufgenommen war. Der Wechsel des Formats (und der Kamerafrau) sollte dem Ergebnis nicht zum Schaden gereichen, fällt er doch zusammen mit einem Wechsel der Jahreszeit, der Sommer ist inzwischen dem Winter gewichen, und korrespondiert mit einem narrativen wie ästhetischen Bruch. Der Film nimmt einen langsameren Verlauf, der Blick wird verinnerlicht, die scharfen Umrisse weicher.

Nach dem Verschwinden ihres Mannes Jean bleibt Maries Leben dasselbe, allein der Blick der anderen und der des Zuschauers verändert sich. Marie weigert sich beharrlich, seine Abwesenheit zu akzeptieren. Sie handelt und spricht, als wäre er da – und er ist da. Der Untote ist nur für Marie und den Zuschauer sichtbar. Dabei nimmt Ozon nicht die Perspektive einer wahnsinnig gewordenen, hysterischen Witwe ein, sondern porträtiert sie in ihrem stillen Widerstand gegen die Realität. Eine unsichtbare Zeitverschiebung der Vergangenheit in die Gegenwart isoliert Marie von ihrer Umwelt. Zwei Welten verdoppeln die Wahrnehmung: die äußere Welt, die der anderen, die Jean für tot erklären, und die innere, private Welt Maries, ihre Wohnung. Hier ist der Tod nie eingedrungen und Jean, sein Körper, nie verschwunden. Dieser Rückzug kann dennoch nicht andauern. Draußen wird Marie beständig mit den Tatsachen seiner Abwesenheit konfrontiert. Und dort wartet auch Vincent darauf, den Platz des Toten einzunehmen. Marie beginnt, die wahre Identität ihres Mannes zu hinterfragen, das Niemandsland zu erkunden, das sich in der allzu großen Vertrautheit ihres Ehelebens aufgetan hat. Sie entdeckt, daß er Antidepressiva nahm, mit Selbstmordgedanken spielte. Und sie läßt sich im selben Moment auf eine Liaison mit Vincent ein, der für sie eine Art Doppelung ihres Mannes ist.

Sous le sable untergräbt das Genre des psychologischen Portraits und stellt es auf subtile Weise wieder her. Durch den Verzicht auf Transparenz und psychologische Logik läßt Ozon dem Zweifel und dem unsicheren Treibsand eines Lebens jenseits der Verhaltensnormen den Vortritt. Er vermeidet jeden Emotionsausbruch, bebildert keine Neurose. An die Stelle der Psychoanalyse tritt eine erschreckende Normalität.

Die Schönheit des Films besteht in der Distanz, der Schlichtheit, seiner minimalistischen Finesse. Eine diskrete Regie und eine Kamera, die sich unsichtbar zu machen weiß, schaffen es, sich der Protagonistin so weit wie möglich, so weit wie nötig zu nähern. Charlotte Rampling leiht Marie ihr ungeschminktes Gesicht, ihre Falten, den ganzen Charme einer Frau, die ihr Alter nicht versteckt, sondern lebt. Die Körpersprache erhält Vorrang vor dem Dialog. Die klare, nüchterne Form des Films hat Anlaß gegeben, von einem Bruch im Tonfall des jungen Cineasten François Ozon (Jahrgang 1967) zu sprechen. Er ist bekennender Fassbinder-Fan – Ozon verfilmte ein frühes Theaterstück Fassbinders: *Gouttes d'eau sur pierres brûlantes* (*Tropfen auf heiße Steine*, 1999) –, verzichtet in *Sous le sable* aber völlig auf die grellen Effekte des Melodramas. Er weiß um die Macht der Gefühle und kann wie kaum ein anderer Regisseur seiner Generation Frauen inszenieren, weshalb er die Riege der großen französischen Schauspielerinnen, die Diven Catherine Deneuve, Isabelle Huppert, Fanny Ardant u. a., für seinen Film *8 Femmes* (*8 Frauen*, 2001) gewinnen konnte. In *Swimming Pool* (2003) wirkte erneut Charlotte Rampling mit. Für *5×2* (2004) wurde Ozon mit dem Douglas-Sirk-Preis 2004 ausgezeichnet.

»*Sous le sable*«. Paris 2001 (Filmnovelle).
Michael Althen: »Liebe ist kälter als der Tod«, in: Frankfurter Allgemeine Zeitung, 9. 11. 2001; Patrice Blouin: »La place du mort«, in: Cahiers du Cinéma, 2001, H. 554; Frédéric Bonnard: »Chronique d'une disparition«, in: Les Inrockuptibles. Februar 2001; Laure Charcossey: »Les magiciens d'Ozon«, in: Cahiers du Cinéma, 2001, H. 556; Andrea Dittgen: »*Unter dem Sand*«, in: film-dienst, 2001, H. 23; Marli Feldvoß: »*Unter dem Sand*«, in: epd Film, 2001, H. 11; Erwan Higuinen: »Ozon virtuose à San Sebastian«, in: Cahiers du Cinéma, 2000, H. 551; Sheila Johnston: »Death every day«, in: Sight and Sound, 2001, H. 4; Réne Prédal: »Le jeune cinéma français«. Paris 2002; Charles Tesson: »Charlotte Rampling. Vivre / Jouer«, in: Cahiers du Cinéma, 2001, H. 554.

Anna Häusler

DER SPIEGEL

↗ Zerkalo

SPIEL MIR DAS LIED VOM TOD

↗ C'era una volta il west

DIE SPIELREGEL

↗ Règle du jeu

DIE SPITZENKLÖPPLERIN

↗ Dentellière

SPRUNG IN DEN TOD

↗ White Heat

SPUR DER STEINE

DDR (Defa) 1965/66. 35 mm, s/w, 150 Min.
R: Frank Beyer. B: Karl Georg Egel, Frank Beyer, nach dem gleichnamigen Roman von Erik Neutsch. K: Günter Marczinkowsky. Ba: Harald Horn. S: Hildegard Conrad. M: Wolfram Heicking.
D: Manfred Krug (Hannes Balla), Krystyna Stypulkowska (Kati Klee), Eberhard Esche (Werner Horrath).

Erst 23 Jahre nach der Entstehung fand dieser Film seine Öffentlichkeit. 1966 wurde er nach kurzem Anlauf, der einen großen Erfolg erwarten ließ, abgesetzt und verboten. Bei der Premiere in Ost-Berlin und Leipzig kam es zu inszenierten Zuschauerprotesten, und das SED-Zentralorgan »Neues Deutschland« fällte ein Verdikt über den Film: »Er gibt ein verzerrtes Bild von unserer sozialistischen Wirklichkeit, dem Kampf der Arbeiterklasse, ihrer ruhmreichen Partei und dem aufopferungsvollen Wirken ihrer Mitglieder.« (6.7.1966) Eine derart schematische Glorifizierung betrieb Beyer gewiß nicht, aber auch keine Opposition gegen das System. Seine Kritik war grundsätzlich gemeint, doch getragen von einem politischen Willen, wie er nach dem XX. Parteitag der KPdSU sich zu verwirklichen schien. Erst das Verbot des Films erklärte die dem Film und seinen Figuren eigene Zuversicht und Hoffnung zur Utopie. Ohne diesen politischen Kontext sind die besondere Stellung von *Spur der Steine* und die Auswirkungen des Verbots auf die Entwicklung in der DDR nicht zu fassen. Vorangegangen war eine gravierende Zensurmaßnahme: Auf dem 11. Plenum des ZK der SED im Dezember 1965 waren Tendenzen in der Kunstentwicklung – stellvertretend für grundlegende ökonomische und soziale Probleme – derart verurteilt worden, daß gleich zwölf Filme, die ganze Jahresproduktion der Defa, verboten wurden.
Großbaustellen waren nicht nur ein Abenteuer sozialistischer Planwirtschaft, dort herrschte auch eine Atmosphäre, die an den Pioniergeist im Wilden Westen erinnerte. Die ›Eroberung des Ostens‹ zog Abenteurer an, und wo Chaos ist, dort gilt das Recht

Spur der Steine

des Stärkeren. »Mit 'nem Stuhlbein in der Hand läßt sich leichter diskutieren«, meint Balla, der dem neu angekommenen Parteisekretär erklärt: »Das Wichtigste auf dem Bau ist mein schlechter Ruf. Den lasse ich mir von keinem versauen.« Balla und sein »Trupp« bilden eine Arbeitsbrigade, die mehr schafft als andere und sich auch mehr herausnimmt. Wenn diese Sieben in voller Montur – alles Zimmerleute in ihrer Tracht, mit dem Hammer im Gurt – wie zu einem Keil formiert über die Baustelle ziehen, dann spielt der Regisseur einen Kino-Archetypus bewußt aus. *Spur der Steine* erinnert an klassische Western, eine Wirkung, die vom Cinemascope-Format noch unterstützt wird. Schon die ersten Bilder lassen keinen Zweifel: Bei Balla, dem von Manfred Krug mit unnachahmlichem Charme ausgestatteten Helden, ist die Kraft und die Gerechtigkeit und die Moral. Dies war die Herausforderung des Films: Er setzte eine starke Figur gegen den Brei aus Ideologisierung und Formalisierung, der überall eindringt und den Alltag lähmt. Balla stellt die verkrustenden Strukturen, in denen sich der politische Führungsanspruch der Partei durchsetzt, in Frage.

Ein unverwechselbarer Charakter wie Balla, eine vitale Gestalt mit anarchischen Zügen, volksschlauem Humor, zärtlich-scheu in Seelen- und Liebesmühen und voller Lust, zu arbeiten, braucht gleichstarke Gegenspieler. Horrath, der neue und eher untypische Parteisekretär, ist Balla in manchem verwandt; Kati, Hochschulabsolventin, die in der rauhen Wirklichkeit auf dem Bau einiges auszustehen hat, weckt seine Beschützerinstinkte.

Auch in der Figurenkonstellation also ein bewährtes Muster von Filmgeschichten: das Dreieck in Liebesbeziehungen und eine wachsende Männerfreundschaft. Neu dabei ist die soziale Dimension, die gesellschaftliche Totale, die Beyer in der widersprüchlichen Entwicklung ihrer Beziehungen erhellt und dem auch eine so einfache wie wirksame dramaturgische Struktur dient. Der Film hat zwei Ebenen: Ein Verfahren gegen den abgesetzten Parteisekretär bildet die Rahmenhandlung, die Figurengeschichte wird in Rückblenden erzählt. Horrath wird für andere zum Hoffnungsträger, verleugnet aber seine Liebe, weil er den Konflikt mit seiner Partei fürchtet, beugt sich, enttäuscht damit die beiden anderen und beginnt sich selbst zu zerstören. Kati, zunehmend selbstbewußt, hat am Ende neue Hoffnung, obwohl ihr Wirkungsfeld begrenzt bleibt.

Balla, der dem »Weltverbesserer« Horrath folgte, wo es ihm sinnvoll erschien, durchschaut die politischen Rituale ebenso wie das moralische Versagen. Er ahnt, daß Grundlegenderes zu ändern wäre als Figuren auszutauschen, und hält sich deshalb fern von den funktionierenden Machtstrukturen. Diese Haltung mußte den Parteifunktionären suspekt sein. Walter Ulbricht griff höchstpersönlich ein: Ein Parteiverfahren gegen den Regisseur wurde eröffnet. Es half nichts, daß Konrad Wolf sich für den Film einsetzte: Beyer mußte das Defa-Studio verlassen, ging in die Provinz ans Theater und konnte erst 1974 mit ↗*Jakob der Lügner* wieder einen Kinofilm realisieren.

Claudia Acklin: »Die Spur von der Vergangenheit in die Gegenwart«, in: Filmbulletin, 1990, H. 4; Frank Beyer: »Wenn der Wind sich dreht«. München 2001; Hans C. Blumenberg: »Frank Beyer. Die unzerstörbare Menschenwürde«, in: Peter W. Jansen/Wolfram Schütte (Hg.): Film in der DDR. München 1977; Rolf Richter: »Rückblenden«, in: Gabriele Muschter/Rüdiger Thomas (Hg.): Jenseits der Staatskultur. München 1992; Wilhelm Roth: »*Spur der Steine*«, in: epd Film, 1990, H. 5; Daniela Sannwald: »Spielräume«, in: Helga Belach/Wolfgang Jacobsen (Hg.): CinemaScope. Berlin 1993; Ralf Schenk (Hg.): »Regie: Frank Beyer«. Berlin 1995; Claudius Seidl: »Vorwärts und nicht vergessen«, in: Die Zeit, 11.5.1990; Stefan Soldovieri: »The Politics of the Popular. *Trace of the Stones* (1966/89) and the Discourse on Stardom in the GDR Cinema«, in: Randall Halle/Margaret McCarthy (Hg.): Light Movies. Detroit 2003; Klaus Wischnewski: »Die zornigen jungen Männer von Babelsberg«, in: Günter Agde (Hg.): Kahlschlag. Berlin 1991; Konrad Wolf: »*Spur der Steine* (nur einige Fragen und Probleme)«, in: ders.: Direkt in Kopf und Herz. Berlin 1989.

Rudolf Jürschik

DIE SPUR DES FALKEN

↗ Maltese Falcon

STADT DER TRAURIGKEIT

↗ Beiqing chengsi

DER STADTNEUROTIKER

↗ Annie Hall

STADT OHNE MASKE

↗ Naked City

STAGECOACH

(Ringo/Höllenfahrt nach Santa Fé). USA (United Artists) 1939. 35 mm, s/w, 97 Min.

R: John Ford. B: Dudley Nichols, nach der Erzählung »Stagecoach to Lordsburg« von Ernest Haycox. K: Bert Glennon. S: Dorothy Spencer, Walter Reynolds. M: Richard Hageman.

D: Claire Trevor (Dallas), John Wayne (Ringo Kid), Andy Devine (Buck), John Carradine (Hatfield), Thomas Mitchell (Dr. Josiah Boone), Louise Platt (Lucy Mallory).

»My name is John Ford. I make western«. Seit dreizehn Jahren hatte er nicht im Genre gearbeitet und bezog seine Reputation aus anderen Filmen. Als *Stagecoach* entstand, war der Western in Serials verkommen. Mit diesem Film änderte sich das für einige Jahre, war ein neuer Anfang gemacht.

Gleichermaßen erfolgreich bei der Kritik und beim Publikum, sowohl mit spektakulären Action-Szenen wie einer intelligenten Story versehen, bewies der Film, daß sich der Western zu mehr eignete als zur Auffüllung des Hauptprogramms. Und der Film präsentierte einen neuen Star, der in der Folge fast zum Synonym des »Westeners« wurde: John Wayne. Bis dahin hatte er in zweitrangigen Filmen gespielt; seine Gage rangiert auch in *Stagecoach* nur an neunter Stelle. Aber mit seinem ersten Auftritt in diesem Film ist er ein Star: »Es ist einer der verblüffendsten Auftritte in ganzen Kino. Wir hören einen Schuß und plötzlich ein Schnitt zu Ringo, der am Wegrand steht und sein Gewehr herumwirbelt. ›Hold it‹ schreit die unverwechselbare Stimme von John Wayne. Die Kamera fährt schnell vorwärts bis zu einer Großaufnahme (…) Die Fahrt ist so schnell, daß der Operator die Schärfe nicht ganz halten kann. Aber als die Kamera sicher auf Waynes schweißnassem Gesicht ruht, ruft Buck, gespannt durch die Erwartung kommender Aufregungen, ›Hey look, it's Ringo‹.« (Edward Buscombe).

Die Geschichte vereint einige Motive, die in Fords Werk prägend sind: die Gruppe in einer Gefahrensituation, die Ambiguität der Charaktere, die moralische Überlegenheit der Außenseiter und Ausgestoßenen über die sogenannte gute Gesellschaft. Im Grunde sind es zwei Storys, die zusammengezwungen werden. Einerseits die Fahrt der Postkutsche durch das von Indianern bedrohte Land (zum ersten Mal drehte Ford im Monument Valley), andererseits Ringos Wunsch nach Rache an den Mördern seines Bruders.

Die Bedrohung durch die Indianer wird in der ersten Szene eingeführt; sie begleitet die Fahrt der Postkutsche durchs wüste Land, ab und an aktualisiert durch eine niedergebrannte Station oder Rauchzeichen in der Ferne, und tritt schließlich mit dem Angriff auf die Kutsche ganz in den Vordergrund. Gegenüber der sorgfältig ausdifferenzierenden Zeichnung der Insassen, die auf dieser Reise aufeinander angewiesen sind, bleibt der Höhepunkt der Action äußerlich. Die Attacke, in der jede Regel der Continuity ohne Schaden für den Effekt mißachtet wird, in der Yakima Canutt als Stuntman mehrere Großauftritte hat und mit der eine unübertroffene Formel für diese Situation geschaffen wurde, ist gewiß spektakulär, dennoch im Vergleich oberflächlich. Dazu paßt, daß die Kavallerie wie ein deus ex machina auftaucht und den Spuk beendet.

Aber auch die Rachegeschichte gehört nicht zum inneren Kern des Films. Ihre Lösung, der Showdown, wird in ungeheurer Kürze abgehandelt und noch dazu in fast gänzlich dunklen Einstellungen einer nächtlichen Schießerei; diese Lakonie entspricht der Bedeutung dieser Story für den Film. Wichtiger als die dem Genre eigenen Attraktionen – galoppierende Pferde, angreifende Indianer, Schußwechsel – sind Ford und Nichols die Charaktere und deren Wandlungsfähigkeit. Jede der Figuren wird im Laufe des Films ›reicher‹, auf eine Vorgeschichte hin durchschaubar, die anfangs nicht zu vermuten war. Daher sind die Nebenfiguren in diesem Film nicht weniger präsent als die Hauptdarsteller, sie erschöpfen sich nicht in der Begleitung, durchlaufen selbst Entwicklungen (wie Peabody, der eine gewisse Tapferkeit erlangt, oder Lucy Mallone, die der Beschränktheit ihrer moralischen Standards bewußt wird) oder geben unvermutet neue Seiten preis (wie der Sheriff, der schließlich überraschend auf Ringos Seite steht).

Die Balance zwischen den Schauwerten und der Sensibilität gegenüber den Figuren und ihren Entwicklungen blieb für Ford in allen weiteren Filmen das Hauptanliegen. Was in *Stagecoach* manchmal unverbunden wirkt, erhält vor allem in den ›kleineren‹ Werken der nächsten Jahre seine Einheit. Den skeptischen Blick auf die Kosten der Zivilisation, der in *Stagecoach* im letzten Satz offen ausgesprochen wird – Ringo und Dallas werden vom Sheriff und Doc Boone mit dem Satz: »Well, that's saved them the blessings of civilisation« aus der Stadt geschickt – variieren alle weiteren Filme Fords.

»*Stagecoach*«, in: John Gassner/Dudley Nichols (Hg.): Twenty Best Film Plays. New York 1943. (Drehbuch). – »*Stagecoach*«. Hg. Richard Anobile. New York 1974. (Filmprotokoll, Fotos). – »*Ringo*«, in: Film, 1963, H. 4. (Filmtext).

Richard A. Blake: »Screening America«. New York, Mahwah 1991; David Bordwell/Kristin Thompson: »Film Art«. New York u.a. 1993; Nick Browne: »The Rhetoric of Filming Narration«. Ann Arbor, Michigan 1982; Edward Buscombe: »*Stagecoach*«. London 1992; David Clandfield: »The Onomastic Code of *Stagecoach*«, in: Literature/Film Quarterly, 1977, H. 2; Richard Corliss: »Dudley Nichols«, in: ders.: Talking Pictures. Woodstock, New York 1974; Barry Keith Grant (Hg.): »John Ford's *Stagecoach*«. Cambridge 2003; Thomas Koebner: »*Ringo/Höllenfahrt nach Santa Fé*«, in: Bernd Kiefer/Norbert Grob (Hg.): Filmgenres: Western. Stuttgart 2003; Stephan O. Lesser: »Dudley Nichols«, in: Robert E. Morsberger u.a. (Hg.): American Screenwriters. Detroit 1984; J.A. Place: »Die Western von John Ford«. München 1984; Nancy Warfield: »The Structure of John Ford's *Stagecoach*«. New York 1974.

Rainer Rother

Stalker: Aleksandr Kajdanovskij

STALKER UdSSR (Mos'film) 1978/79. 35 mm, Farbe, 163 Min.
R: Andrej Tarkovskij. B: Arkadij und Boris Strugackij, nach Motiven ihrer Erzählung »Piknik na obočine«. K: Aleksandr Knjažinskij, N. Fudim, S. Naugolnych. A: A. Merkulov. Ba: Andrej Tarkovskij, R. Sajfullin, W. Fabrikov. S: Ljudmila Fejginova. M: Eduard Artemjev; »Bolero« von Maurice Ravel, Symphonie Nr.9 von Ludwig van Beethoven.
D: Aleksandr Kajdanovskij (Stalker), Anatolij Solonićyn (Schriftsteller), Nikolaj Grinko (Professor), Alisa Frejndlich (Frau des Stalker), Nataša Abramova (Martha, Tochter des Stalker).

Aufgrund unerklärlicher kosmischer Ereignisse hat sich in einem trostlosen, neblig grauen Niemandsland eine menschenverlassene, ausgegrenzte Gegend, »die Zone«, gebildet. Diese rätselhafte und gefährliche Enklave ist von Ordnungskräften abgeschirmt. Ein Schriftsteller und ein Naturwissenschaftler heuern den nahe der Grenze lebenden Stalker (to stalk – pirschen, sich heranschleichen) für eine Reise durch dieses Gebiet an. Der Stalker erwähnt die Gefahren der Expedition, berichtet auch von jenem Zimmer, in dem, wenn man es erreicht hat, der stärkste und aufrichtigste Wunsch des Menschen in Erfüllung gehe. Diesen Ort werden die drei, am Ende ihres Weges ins Vorzimmer gedrungen, nicht zu betreten wagen.
Erklärungen, wofür die »Zone« steht, lehnte Andrej Tarkovskij vehement ab. »In keinem meiner Filme wird etwas symbolisiert«, schreibt er in seinem Buch »Die versiegelte Zeit«. »Die ›Zone‹ ist einfach die ›Zone‹. Sie ist das Leben, durch das der Mensch hindurch muß, wobei er entweder zugrundegeht oder durchhält. Und ob er dies nun durchhält, das hängt allein von seinem Selbstwertgefühl ab, von seiner Fähigkeit, das Wesentliche vom Nebensächlichen zu unterscheiden.« Der Film beschreibt eine Reise ins Innere, eine seelische Expedition; die Vor-

lage bildet eine Science-Fiction-Geschichte, der Film indes hat sie in eine philosophische Parabel verwandelt. Äußere Bewegungsabläufe, Intrigen, Ereigniszusammenhänge interessierten Tarkovskij nach eigenem Bekenntnis von Film zu Film immer weniger. Er versuchte, bei *Stalker* mit einem Minimum an Effekten auszukommen: »Ich strebte hier nach einer einfachen und bescheidenen Architektur der filmischen Gesamtstruktur.«

Die Kamera durchfährt Räume wie nach einer Schlacht, nach einem rätselhaften Krieg, in dessen Verlauf die Vegetation, das natürliche Wachstum den Menschen zurückgedrängt zu haben scheint. Man erblickt undeutbare Relikte einer Vergangenheit, die in der sie überwuchernden Natur anmuten wie Zeugnisse aus der Urzeit einer Zivilisation. Die »Zone« ist als Natur nach dem Eingriff des Menschen beschrieben worden (Hartmut Böhme), als ein Terrain, in dem Zivilisation in Natur zurückgesunken sei. Darin suchen die drei ›letzten Menschen‹ – zu interpretieren als Verkörperung der Trias von Religion, Kunst und Wissenschaft – den Weg zu jenem Projektionsraum des Glücks, dem Zimmer, an das der hoffnungslose und elende Stalker wie ein Gläubiger auf der Suche nach Erlösung gebunden ist.

In *Stalker* betreibt Tarkovskij eine Verwischung jeglicher Unterscheidung von Außen- und Innenwelt; Kamerablicke auf Tableaus mit den drei Expeditionsteilnehmern in der Landschaft verändern sich unversehens in nahe Bilder, Detailaufnahmen, Aufsichten auf den Grund eines Flußbettes, wo verschlüsselte Botschaften, Erinnerungszeichen einer verlorenen Zeit zu liegen scheinen. Die Kameraeinstellungen vermitteln die Einheit des Ortes gleich der eines umfassenden Bühnenschauplatzes. Starke atmosphärische Wandlungen geschehen durch Umschnitte der Perspektiven, oft sogar innerhalb der Verlaufslinie einer Einstellung. Zwischen den Sequenzen gibt es keine Zeitsprünge; die Montage markiert hier nichts weiter als die Fortsetzung der Handlung. »Die Einstellung sollte also weder Zeitballast, noch die Funktion einer dramaturgischen Materialorganisation haben«, beschreibt Tarkovskij seine Methode. »Alles sollte so wirken, als hätte ich den gesamten Film nur in einer einzigen Einstellung gedreht.«

Hartmut Böhme: »Ruinen-Landschaft«, in: Konkursbuch, 1985, H. 14; Michael Dempsey: »Lost Harmony: Tarkovsky's *The Mirror* and *The Stalker*«, in: Film Quarterly, 1981, H. 1; Danièle Dubroux: »Les limbes du temple«, in: Cahiers du Cinéma, 1981, H. 330; Peter Hamm: »Auf der Pirsch nach Erlösung«, in: Der Spiegel, 4.5.1981; Vida T. Johnson/Graham Petric: »Andrei Tarkovsky«. Bloomington 1994; Marius Schmatloch: »Andrej Tarkowskijs Filme in philosophischer Betrachtung«. St. Augustin 2003; Hannes Schmidt: »Das zarte Geäst der Koralle«, in: medium, 1981, H. 10; Neja Sorkaja: »Rückkehr in die Zukunft«, in: Sowjet-Film, 1977, H. 4; Andrej Tarkovskij: »Die versiegelte Zeit«. Berlin, Frankfurt/M. 1985; ders.: »Martyrolog. Tagebücher 1970–1986.« Berlin 1989; Maja Turowskaja: »Seelenlandschaft nach der Beichte«, in: Film und Fernsehen, 1981, H. 5.

Jörg Becker

STEP ACROSS THE BORDER

Schweiz/Bundesrepublik Deutschland (Cine Nomades/Res Balzli & Cie./BR/NDR/WDR) 1989. 16 mm, s/w, 90 Min.
R+B: Nicolas Humbert, Werner Penzel.
K: Oscar Salgado. S: Gisela Castronaro. M: Fred Frith, Arto Lindsay, John Zorn, Joey Baron u.a.
D: Fred Frith, Jonas Mekas, René Loussier, Eitetsu Hayashi, Arto Lindsay, John Zorn, Bob Ostertag.

»Ein Treffen aus improvisierter Musik und Cinéma direct« nannten die beiden Filmemacher Humbert und Penzel ihren Dokumentarfilm über den englischen Musiker Fred Frith. Dieser, Experimentator im Umkreis von Bob Ostertag und John Zorn, dessen Repertoire Rock und Free-Jazz-Improvisationen ebenso wie Adaptionen von Volksmusik und durchkomponierte Stücke umfaßt, begann seine Karierre mit Coverversionen von Beatles-Stücken. Weil er zu schüchtern gewesen sei, um mit Mädchen zu tanzen, berichtet Frith, habe er lieber auf der Bühne gestanden.

Der in Schwarzweiß gedrehte Film zeichnet zunächst ein Porträt des Musikers Frith, eines Sammlers von Geräuschen und Tönen, die er, wo immer er hinkommt, zu improvisierten oder auch strengen Kompositionen verarbeitet. Die beiden Filmemacher begleiteten ihn zwei Jahre lang auf einer Welttournee, unterwegs zwischen Zürich, New York und Tokio: bei Proben und Auftritten, aber auch beim Experimentieren. Sie zeigen ihn, der in ständig wechselnden Besetzungen spielt, im Austausch mit anderen Musikern oder allein und ohne Instrument, mit den Fingern auf den Tisch trommelnd und mit den Lippen trompetend. Sie folgen ihm beim Einkauf von Utensilien seiner Klangerzeugung: Reis in Holzschalen, Nägel, Draht, den er unter den Saiten einer E-Gitarre hindurchzieht. Und sie zeigen das Material seiner Inspiration: Frith mit einer Geige am Strand, wie er versucht, mit den Möwen zu kommunizieren.

Step Across the Border nähert sich auch filmisch der Musik. Humbert und Penzel stellen eine Bild-Ton-Collage her aus Friths Musik und der Welt, in der sie entsteht. Die alltäglichen Töne sind es, an der Grenze von Geräusch und Musik, aus denen Kompositionen entstehen. Die Kamera zeigt eigene ›Fundstücke‹; Zeitlupe und Zeitraffer werden genutzt, die Bilder mit Tönen, natürlichen oder komponierten, verwebt: ein Bambusrohr, das sich regelmäßig mit Wasser füllt, umkippt und entleert oder eine Candy-Maschine, die sich mit einer zähen Masse herumschlägt und deren Geräusch in eine Komposition mündet. Bild und Ton werden zu einem musikalisch-optischen Ereignis, zu einer spannungsgeladenen Einheit. »Musik und Film entstehen aus der verschärften Wahrnehmung für das Augenblickliche, nicht der Umsetzung eines gedanklichen Planes. Es ging uns um den Prozeß – um Austausch und Bewegung«.

Der Titel ist Programm: Die Kamera bewegt sich nicht allmählich von einem Land in das andere, sondern arbeitet motivisch, springt zwischen den einzelnen Städten hin und her. Es sind die häßlichen Vorstädte, die man von Fahrten aus U-Bahnen, Zügen und Autos sieht, es ist der Stadt- und Industrielärm, der diese Künstler inspiriert. So verweilt die Kamera einige Minuten auf schlafenden Menschen in einer U-Bahn oder auf vom Wind bewegten Feldern; sie kann einer musikalischen Improvisation zuschauen oder alle Stränge sich verheddern lassen in einem Bildgewirr, begleitet von vielen gleichzeitigen Tonebenen: das Quietschen der New Yorker Hochbahn, Musik, Gesprächsfetzen von Leuten aus der Künstlerszene.

Die unakademische Annäherung an den Musiker und seine gewiß nicht leicht zugänglichen Klänge geht weit über das hinaus, was man an abgefilmten Bühnenshows, Starporträts oder Videoclips im Bereich des Musikfilms ansonsten sieht. *Step Across the Border*, auf zahlreichen Festivals ausgezeichnet, wurde u.a. nominiert für den deutschen Filmpreis und erhielt eine besondere Erwähnung beim Felix, dem Europäischen Filmpreis.

Michael Althen: »Der Flügel eines Schmetterlings«, in: Süddeutsche Zeitung, 4.10.1990; Thomas Duval: »*Step Across the Border*«, in: Jeune Cinéma, 1991, H. 206; Matthias Loretan: »*Step Across the Border*«, in: Zoom, 1990, H. 3; Reinhard Lüke: »*Step Across the Border*«, in: film-dienst, 1990, H. 7; Vincent Ostria: »Eurythmie: *Step Across the Border*«, in: Cahiers du Cinéma, 1990, H. 439; Conny E. Voester: »*Step Across the Border*«, in: epd Film, 1990, H. 11; Peter Zobel: »Reise zur Raumstation«, in: filmwärts, 1991, H. 20.

Christiane Altenburg

STILLE UND SCHREI

↗ Csend és kiáltas

LA STRADA

(La Strada – Das Lied der Straße). Italien (Dino De Laurentiis/Carlo Ponti) 1954. 35 mm, sw, 94 Min.
R: Federico Fellini. B: Federico Fellini, Tullio Pinelli, Mitarbeit Ennio Flaiano. K: Otello Martelli. Ba: E. Cervelli. S: Leo Catozzo. M: Nino Rota.
D: Anthony Quinn (Zampanò), Giulietta Masina (Gelsomina), Richard Basehart (Matto), Marcella Rovere (Witwe), Livia Venturini (Nonne).

Der Schausteller Zampanò zieht übers Land und läßt seine Kräfte bewundern: Mit bloßem Brustkasten kann er Eisenketten sprengen. Das Mädchen Gel-

La strada: Giulietta Masina

somina, das er für ein paar tausend Lire ihrer Mutter abgekauft hat, begleitet ihn auf seinen Fahrten mit dem umgebauten Dreirad und assistiert ihm bei seinen Auftritten auf den Marktplätzen. Gelsomina ist linkisch und leicht zurückgeblieben; der ungehobelte Zampanò brüllt sie an und betrachtet das Mädchen als sein Eigentum. Der Seiltänzer Matto dagegen ist freundlich und sanftmütig, er gewinnt ihre schüchterne Liebe. Es kommt zum Streit zwischen Matto und Zampanò; der brutale Gewaltmensch, der mit seinen Kräften nicht umgehen kann, erschlägt den Seiltänzer. Zampanò überläßt die tief verstörte Gelsomina ihrem Schicksal und reist allein weiter. Viele Jahre später erfährt er, daß sie an ihrem Leid gestorben ist: Zum erstenmal rührt sich bei dem dumpfen Kraftprotz ein Gefühl, er wütet und betrinkt sich, sucht den einsamen Strand auf - und weint.

La strada ist ein poetisches Märchen, angesiedelt in der Wirklichkeit der italienischen Landstraßen. Anthony Quinn machte aus der Figur Zampanò keinen bloßen Widerling: Unrasiert, im grobgestrickten Pullover, die Wollmütze auf dem Kopf, stolz auf sein seltsames Gefährt wirkt er eher wie ein kaum zivilisierter Wilder, der sich nimmt, was er braucht. Reine Emotionen bestimmen auch die Darstellung der Gelsomina: Was sie denkt und fühlt, läßt sich unmittelbar an ihren Augen ablesen. Giulietta Masinas sinnliche Präsenz, die ausdrucksstarke Mimik und Gestik, das weiß geschminkte Gesicht, auf dem sich Trauer und Schalk und manchmal beides zugleich spiegeln, ist ein schauspielerisches Bravourstück und trug wesentlich zum internationalen Erfolg von *La strada* bei, der mit einem Oscar gekrönt wurde. Zuvor war der Film bei der Biennale in Venedig mit einem Silbernen Löwen ausgezeichnet worden, während ↗*Senso* von Luchino Visconti leer ausging. Während der Preisverleihung kam es zu Protesten, die beinahe zu einer Saalschlacht führten: *La strada*, später Höhepunkt und zugleich Überwindung des italienischen Neorealismus, ließ die Positionskämpfe der Filmemacher zum Ausbruch kommen.

Der Konflikt begann als ästhetische Debatte und wurde zu einer politischen Auseinandersetzung. Cesare Zavattini, der theoretische Kopf der Neorealisten, warf Fellini Flucht aus der Wirklichkeit vor. Visconti ergänzte: Von den tatsächlichen Problemen der Armut im Lande werde im Film nichts sichtbar. Der marxistische Kritiker Guido Aristarco meinte, der Film beschwöre lediglich private Stimmungen und Erinnerungen; *La strada* verweise nicht auf die Realität, sondern verwandle sie in ein symbolisches Diagramm, in eine Legende. Der angegriffene Fellini, als Mitarbeiter Rossellinis an den frühen Meisterwerken des Neorealismus beteiligt, warf seinen Kritikern Eindimensionalität vor: »Der Mensch ist nicht nur ein soziales Wesen, sondern auch ein göttliches.« Seine gleichnishafte Fabel läßt religiöse Deutungen zu: Gelsominas Weg ist eine Passionsgeschichte, Zampanòs späte Selbsterkenntnis ein Prozeß der Läuterung. Ist Matto (wörtlich übersetzt bedeutet der Name: verrückt) ein Narr Gottes? Der Seiltänzer tritt hoch über der Erde mit Engelsflügeln auf; der erschlagene Artist wird mit ausgebreiteten Armen vom Zampanò über den Boden ins Gebüsch geschleift: ein Gekreuzigter. Doch bleibt die Inszenierung immer konkret, präsentiert Figuren und Handlung »als quasi dokumentarische Offenbarung« (André Bazin): In der Ästhetik (und nicht in der Ideologie) liegt der neorealistische Gestus von *La strada.* Zu einer christlichen Interpretation seines Films schwieg sich Fellini aus: Er versteht sich als »Straßensänger«, nicht als Wanderprediger.

Federico Fellini: »*La Strada*«. Hg. Christian Strich. Zürich 1977. (Drehbuch, Materialien).
Guido Aristardo: »Italian Cinema«, in: Peter Bondanella/ Manuela Gieri (Hg.): *La Strada.* New Brunswick und London 1987; André Bazin: »Filmkritiken als Filmgeschichte«. München 1981; Virgilio Fantuzzi: »*La strada*«, in: Mary Lea Bandy/Antonio Monda (Hg.): The Hidden God. New York 2003; Edward Murray: »*La Strada*«, in: Peter Bondanella (Hg.): Federico Fellini. Oxford u.a. 1978; Martin Schlappner: »Von Rossellini zu Fellini. Das Menschenbild im italienischen Neo-Realismus«. Zürich 1958; Wole Soyinka: »›Meine Uhr ist kaputt‹«, in: Wolfram Schütte (Hg.): Bilder vom Kino. Frankfurt a.M. 1996.

Michael Töteberg

STRANGERS ON A TRAIN

(Verschwörung im Nord-Express/Der Fremde im Zug). USA (Warner Brothers) 1950/51. 35 mm, s/w, 105 Min.
R: Alfred Hitchcock. B: Raymond Chandler, Czendi Ormonde, Whitfield Cook, nach dem gleichnamigen Roman von Patricia Highsmith. K: Robert Burks, H.F. Koenekamp (Spezialeffekte). Ba: Edward S. Haworth, George James Hopkins. S: W. H. Ziegler. M: Dmitri Tiomkin.
D: Farley Granger (Guy Haines), Robert Walker (Bruno Anthony), Ruth Roman (Ann Morton), Patricia Hitchcock (Barbara Morton), Marion Lorne (Mrs. Anthony), Norma Warden (Mrs. Cunningham).

Die ersten Bilder zeigen ein paar auffällige, weiße Schuhe auf einem Bahnhof, die sich von links durch das Bild bewegen. Von rechts nähern sich zwei schwarze Schuhe. In der Montage entstehen zwei Linien, die einander entgegengeführt werden. Das Bild wird verstärkt durch eine Kamerafahrt über zwei Eisenbahnschienen, die sich zweimal kreuzen. Dieser streng graphische Aufbau des Anfangs beinhaltet schon Struktur und Thema des Films.
Der Tennisprofi Guy Haines trifft im Zug auf einen Fan. Bruno Anthony, ein aufmerksamer Leser der Klatschspalten, weiß alles über ihn und macht ihm einen Vorschlag: Guy soll Brunos reichen und übermäßig strengen Vater beseitigen; dafür will er Guys Frau umbringen, die sich von ihm nicht scheiden läßt und seiner neuen Verbindung im Wege steht. Das Arrangement – »überkreuz« nennt Bruno die Methode – ermöglicht beiden den perfekten Mord: Der Täter hat keinerlei Beziehung zu seinem Opfer, es gibt kein Motiv. Zwei Männer, zwei Morde, die sich kreuzenden Wege, das Bild der sich kreuzenden Gleise: *Strangers on a Train* ist, ähnlich wie ↗*Shadow of a Doubt*, systematisch auf dem dualen Prinzip aufgebaut.
Guy lehnt Brunos Vorschlag ab. Trotzdem führt Bruno seinen Teil des Plans aus: In einem Vergnügungspark erwürgt er Guys unsympathische Frau; Hitchcock zeigt den erotisch aufgeladenen Mord ge-

spiegelt im Glas der Brille, die Miriam herunterfällt. Während Guy von der Polizei verdächtigt wird – sein Alibi läßt sich nicht beweisen –, drängt Bruno auf die Einhaltung des Paktes und lauert ihm auf. Geradezu in die Filmgeschichte eingegangen ist folgende Einstellung: Bruno als Zuschauer eines Tennisspiels, der als einziger seinen Kopf nicht bewegt. Auf einer Party von Guys Freundin, der Senatorentochter Ann Morton, begeht Bruno fast einen zweiten Mord, aus der Fassung gebracht durch die Ähnlichkeit von Anns Schwester mit Miriam (dunkles Haar, rundes Gesicht, Brille).

Bruno erpreßt Guy und beschließt, dessen Feuerzeug an den Ort des Verbrechens zu bringen. Auf dem Weg zu dem Vergnügungspark fällt ihm das Feuerzeug in einen Gulli. Während er versucht, es herauszufischen, muß Guy in einer Parallelmontage erst sein Tennismatch gewinnen, um die Verfolgung aufnehmen zu können. Im Finale kämpfen sie auf einem heißgelaufenen Karussell. Bruno stirbt unter den Trümmern, das Feuerzeug fällt ihm aus der Hand – Guys Unschuld ist bewiesen.

»Bruno hat Guys Frau getötet, aber für Guy ist es genauso, als ob er sie umgebracht hätte«, erklärt Hitchcock im Truffaut-Interview. Der Austausch von Schuld, die Suche nach Identität und vor allem die tiefe Spaltung der Persönlichkeit sind Themen, die von Hitchcock bereits in früheren Filmen umrissen und in späteren fortgeführt wurden. *Strangers on a Train* baut auf ganzen Serien von Doppelungen auf, die die Welt des Lichts, der Reichen, der Politik mit der Dunkelheit Brunos verbinden. In ihrer ersten Begegnung ist Brunos Gesicht von gitterförmigen Schatten überzogen, später wird auch Guy sich hinter Gittern im Dunkeln verstecken müssen. In den vielfältigen visuellen Entsprechungen liegt die Faszination des Films, die die starre Grundkonstellation des Plots vergessen lassen.

Nach mehreren Mißerfolgen gelang Hitchcock mit *Strangers on a Train* ein Comeback. Mit der Besetzung – die Stars der Produktionsgesellschaft mußten beschäftigt werden – war der Regisseur nicht ganz zufrieden. Dies gilt nicht für die Leistung von Robert Walker, der bis dahin immer nur der Prototyp des netten amerikanischen Jungen war. Walker, dessen eigenes Leben völlig zerrüttet war, stattete den Psychopathen mit einer großen Poesie und einem subtilen Repertoire von untergründig homosexuellen Gesten aus. Bruno, in seiner engen Beziehung zur verrückten Mutter, ist ein Vorläufer von Norman Bates in ↗*Psycho*.

Probleme gab es mit dem Script. Hitchcock hatte die Rechte an dem ersten Roman der damals noch unbekannten Patricia Highsmith gekauft, ließ Whitfield Cock ein Treatment schreiben und wollte zunächst Dashiell Hammett mit dem Drehbuch beauftragen. Raymond Chandler, auch als Filmautor kein Unbekannter, tat sich schwer mit der Adaption des Romans. Die Ausgangssituation fand er zu unwahrscheinlich: »Je realer man Guy und Bruno macht, desto irrealer macht man ihre Beziehungen zueinander, desto größer wird die Notwendigkeit der Rationalisierung und Rechtfertigung.« Chandler war ein Hitchcock-Fan: Der Regisseur habe ein »starkes Gespür für Bühnenwirksamkeit, für Stimmung und Hintergrund, weniger aber für den eigentlichen Gehalt der Sache«. Darunter würde die Logik der Filme leiden; die Arbeit an *Strangers on a Train* empfand er, wie in privaten Briefen nachzulesen ist, als »ziemlich albern und eine rechte Plage«. Chandlers Drehbuch schien Hitchcock mißglückt, und er ließ es von Czenzi Ormonde grundlegend überarbeiten. Als Chandler, der daran gedacht hatte, seinen Namen zurückzuziehen, den fertigen Film sah, notierte er: »The picture has no guts, no plausibility, no characters and no dialogue, but of course it's Hitchcock.«

»*L'inconnu du Nord-Express*«, in: L'Avant-Scène du Cinéma, 1982, H. 297/298. (Filmprotokoll).

Raymond Chandler: »Briefe 1937–1959«. Hg. von Frank MacShane. München 1990; Peter J. Dellolio: »Expressionist Themes in *Strangers on a Train*«, in: Literature/Film Quarterly, 2003, H. 4; Bill Desowitz: »Strangers on which train?«, in: Film Comment, 1992, H. 3; Jean-Luc Godard: »Vorherrschaft des Sujets«, in: ders.: Godard/Kritiker. München 1971; Anette Kaufmann: »Angst. Wahn. Mord«. Münster 1990; William Luhr: »Raymond Chandler and Film«. New York 1982; Frederic MacShane: »Strangers in a studio: Raymond Chandler and Hollywood. Part two«, in: American Film, 1976, H. 7; Alain Marty: »*L'inconnu du Nord-Express* et le Maccarthisme«, in: La Revue du Cinéma, 1980, H. 352; Gene D. Phillips: »Creatures of Darkness«.

Lexington 2000; Eric Rohmer/Claude Chabrol: »Hitchcock«. Paris 1957; François Truffaut: »Mr. Hitchcock, wie haben Sie das gemacht?«. München 2003.

Nicholas Hause

STRANGER THAN PARADISE

USA/Deutschland (Cinesthesia/Grokenberger/ZDF) 1982–84. 35 mm, s/w, 90 Min. R+B: Jim Jarmusch. K: Tom Dicillo. S: Jim Jarmusch, Melody London. M: John Lurie; Song »I put a spell on you«: Screamin' Jay Hawkins. D: John Lurie (Willie), Eszter Balint (Eva), Richard Edson (Eddie), Cecillia Stark (Tante Lotte), Danny Rosen (Billy).

Ein Kammerspiel für drei Personen in drei Teilen. »The New World«: Überraschend muß Willie, ein aus Ungarn stammender Einwanderer, in New York seine Cousine Eva aus Budapest für zehn Tage bei sich aufnehmen. Er will von seiner Vergangenheit nichts wissen und verhält sich cool und abweisend. Gelegentlich kommt sein Freund Eddie vorbei; wie Willie lebt er in den Tag hinein, Pferdewetten und Kartenspiel scheinen ihre einzigen Einnahmequellen zu sein. Erst durch einen Ladendiebstahl gewinnt Eva Willies Anerkennung. Vor ihrer Weiterreise nach Cleveland schenkt er ihr noch ein Kleid, das sie aber gleich wegwirft. »One Year Later«: Mit ein paar hundert Dollar, die sie beim Spiel ergaunert haben, und einem geliehenen Wagen machen sich Eddie und Willie nach Cleveland auf. Sie kommen bei Eddies Tante unter, wo sie auch Eva wiedertreffen: Fernsehen, Kino, Kartenspiel, der zugefrorene Erie-See, dazu Evas Freund Billy, der unter dem Besuch zu leiden hat – das ist alles. »Paradise«: Willie, Eddie und Eva suchen nun ihr Glück in Florida; nach einer langen Fahrt hocken sie in einem Motel-Zimmer. Die Männer verzocken ihr Geld, während die zurückgelassene Eva aufgrund einer Verwechslung von einem Kleindealer einen Umschlag mit Dollarnoten zugesteckt bekommt. Sie fährt zum Flughafen, Willie und Eddie finden Evas Nachricht und wollen sie zurückholen. Versehentlich fliegt Willie, der Eva aus dem Flugzeug holen will, nach Budapest; Eddie fährt allein mit dem Wagen nach New York zurück, nicht ahnend, daß Eva, ebenfalls allein, ins Motel zurückkehrt.

Mit *Stranger Than Paradise* ist es Jim Jarmusch, wie schon in seinem ersten Spielfilm *Permanent Vacation* (1980), gelungen, das durch Überdruß und Langeweile charakterisierte Lebensgefühl der ›No future‹-Generation der frühen achtziger Jahre einzufangen. Die Öde des American way of life – Fastfood, TV, Kung-Fu-Filme – spiegelt sich in der Öde der Räume, in den menschenleeren Städten und trostlosen Landschaften sowie in der Sprachlosigkeit und Lakonie der Akteure, die kaum jemals ihre Hüte absetzen. In der gebrochenen Perspektive des Trios verliert die Metropole New York ebenso ihre Faszination wie das Ferienparadies Florida: Verheißungsvolle Orte der Neuen Welt, die hier alt und häßlich aussehen. Das körnige, kontrastreiche Schwarzweiß-Material, lange, ruhige Einstellungen mit fester Kameraposition und gelegentlichen Schwenks, Schwarzblenden als Überleitungen zwischen ansonsten ungeschnittenen Szenen und die sparsam eingesetzte minimalistisch-elegische Musik sind die eigenwilligen stilistischen Mittel, mit denen Jarmusch sein Bild von Amerika ästhetisch beglaubigt: ein Land nicht zum Einwandern, sondern zum Auswandern, wie ein Kritiker bemerkte.

Jarmusch ist der wohl wichtigste Vertreter der New Yorker Independent Szene der frühen achtziger Jahre, die sich – vom New American Cinema und der Pop-Avantgarde um Andy Warhol beeinflußt – aus der bewußt dekadenten Punk- und Super-8-Film-Szene entwickelt hat. *Stranger Than Paradise* ist eine No-Budget-Produktion: Realisiert wurde der Film mit nicht mehr als 150.000 Dollar. Für den ersten Teil, den er 1982 drehte, konnte Jarmusch auf Restmaterial von Wim Wenders' ↗*Der Stand der Dinge* zurückgreifen, das dieser ihm freundlicherweise überließ. Als Darsteller verpflichtete er keine Schauspieler, sondern gute Freunde wie den Musiker John Lurie. Nachdem dieser erste Teil mit Erfolg auf europäischen Festivals gezeigt worden war, konnte Jarmusch Anfang 1984 die beiden übrigen Teile drehen. Noch im gleichen Jahr wurde *Stranger Than Paradise* mit Hauptpreisen in Cannes und

Locarno ausgezeichnet sowie von der amerikanischen Filmkritik zum besten Film des Jahres 1984 gewählt. Jarmusch, der als Schüler und Assistent von Nicholas Ray geprägt wurde, nennt als seine Vorbilder u.a. Wenders und Ozu, aber auch der Einfluß der B-Pictures Hollywoods und der Sitcom-Serie »The Honeymooners« ist nicht zu verkennen. Wie viele avantgardistische Künstler der USA fand er in Europa mehr Unterstützung und Anerkennung als in den Staaten, deren Fixierung auf Hollywood er ablehnt: »Der Traum von Hollywood ist passé«.
Nicht zuletzt zeugt *Stranger Than Paradise* auch von dem starken Einfluß Becketts auf den ehemaligen Literaturstudenten Jarmusch: Die Sparsamkeit der Bilder und der Erzählung, ihre kontemplativ-melancholische Poesie und ihre absurde Komik, aber auch die Figurenzeichnung erinnern ebenso an den irischen Dramatiker und Erzähler wie der Titel eines Films, der während des Aufenthalts der Figuren in Cleveland läuft: »Days without Sun«.

Rolf Aurich/Stefan Reinecke (Hg.): »Jim Jarmusch«. Berlin 2001; Victoria Bugbee: »*Stranger Than Paradise*«, in: American Cinematographer, 1985, H. 3; Philippe Elhem: »*Stranger Than Paradise*«. Crisnée (Belgien) 1988; Ralph Eue: »Raum und Zeit, in Rhythmen gefaßt«, in: Hans Günther Pflaum (Hg.): Jahrbuch Film 85/86, München 1985; Herbert Hrachovec: »Entwicklungsformen von Widerstand in Jim Jarmuschs *Stranger Than Paradise*«, in: Klaus Bill (Hg.): Gegenwartsvolkskunde und Jugendkultur. Wien 1987; Yann Lardeau: »Un pont entré New York et l'Europe«, in: Cahiers du Cinéma, 1984, H. 366 (Interview); Flo Leibowitz: »Neither Hollywood nor Godard: The Strange Case of *Stranger Than Paradise*«, in: Persistence of Vision, 1988, H. 6; Hervé Le Roux: »En route vers l'est«, in: Cahiers du Cinéma, 1984, H. 365; Richard Linnett: »As American as You are«, in: Cineaste, 1985, H. 1; Wolfgang Mundt: »Jim Jarmusch und seine Filme«, in: Ingrid Kerkhoff/Hans-Peter Rodenberg (Hg.): Leinwandträume. Hamburg 1991; Merten Worthmann: »Vom Kampf der Oberflächlichkeit gegen die Tiefe«, in: filmwärts, 1989, H. 13.

Peter Christian Lang

DER STROM ↗ River

DER STUDENT VON PRAG

Ein romantisches Drama. Deutschland (Deutsche Bioscop) 1913. 35 mm, s/w, stumm, 1.538 m.
R: Stellan Rye. B: Hanns Heinz Ewers. K: Guido Seeber. Ba: Robert A. Dietrich, nach Entwürfen von Klaus Richter. M: Josef Weiss.
D: Paul Wegener (Balduin), Lyda Salmonova (Lyduschka, Zigeunerin), John Gottowt (Scapinelli), Lothar Körner (Graf Schwarzenberg) Grete Berger (Comtesse Margit), Fritz Weidemann (Baron Waldis-Schwarzenberg).

Der Film spielt 1820 in Prag. Der undurchsichtige Abenteurer Scapinelli verspricht dem armen Studenten Balduin Reichtum und eine vornehme Heirat, wenn dieser ihm sein Spiegelbild überläßt. Balduin schließt den Pakt; das Spiegelbild tritt aus dem Rahmen und entschwindet mit Scapinelli. Balduin wird ein feiner Herr und erobert sich die Comtesse von Schwarzenberg. Doch der Doppelgänger zerstört sein neues Glück durch ein Verbrechen, das Balduin angelastet wird. Auch die studentischen Freunde wollen nichts mehr von ihm wissen, da er beim Skatspiel ständig gewinnt. Nur Balduins anderes Ich spielt mit ihm – auf Leben und Tod. Balduin verliert: Als er sich durch einen Schuß von dem gespenstischen Doppelgänger befreien will, sinkt er selbst tödlich getroffen zu Boden.
Paul Wegener fand sein Sujet in der Literatur der Romantik und stieß bei Hanns Heinz Ewers auf Gegenliebe. Ewers mischte in seinem Exposé die verschiedensten Ausprägungen des Doppelgänger-Motivs: Er bediente sich ein wenig bei Adalbert von Chamisso (»Peter Schlemihls wundersame Geschichte«) und nahm viel aus E.T.A. Hoffmanns Werk (z.B. »Fantasiestücke in Callots Manier«); auch Edgar Allan Poe (»William Wilson«) und Oscar Wilde (»Das Bildnis des Dorian Gray«) dürften Vorbilder für den Film gegeben haben. Dem Erfindergeist des Kameramanns Guido Seeber bot die Aufgabe, magisch-phantastische Vorgänge mit den Mitteln der Kamera zu erzählen, reiche Möglichkeiten.
Der Film war ein Publikumserfolg, wohl auch wegen der Außenaufnahmen an den schönsten Plätzen

Prags. Es kam zu zwei Remakes. Henrik Galeens Version von 1926 mit Conrad Veidt als Balduin steht ganz in der Tradition expressionistischer Atelierfilme; Arthur Robisons Tonfilmversion von 1935 mit Adolf Wohlbrück reduzierte die magischen Elemente der Ewersschen Vorlage und betonte das Gesellschafts- und Intrigendrama.

Der Student von Prag läßt als einziger Film vor dem Ersten Weltkrieg die Möglichkeiten des klassischen deutschen Stummfilms der zwanziger Jahre bereits erahnen: das Sujet der »dämonischen Leinwand« (Doppelgänger, Teufelspakt) in Verbindung mit entsprechenden Beleuchtungseffekten, z. B. dem Rembrandt-Hell-Dunkel in der Kartenspielerszene, das die Spieler in ein magisches Licht taucht. Eine neue Stufe filmischen Erzählens erreicht der Film auch durch Stellan Ryes ausgefeilte Arrangements, unterstützt von Guido Seebers Kameraarbeit: Extrem große Tiefenschärfe macht zwei, manchmal drei Handlungsschichten in der Tiefe des Bildes sichtbar. Diese Form der Montage im Bild geht über das Kinoangebot der damaligen Zeit hinaus, obwohl manchmal Regie und Darsteller unbeholfen an alten Theaterkonventionen festhielten. Guido Seebers Kameratricks (Stoptrick, Überblendung) für die Doppelgängerszenen wurden als sensationell empfunden und galten in der Fachwelt als zukunftsweisend.

»*Der Student von Prag*«. Hg. Helmut H. Diederichs. Stuttgart 1985. (Filmprotokoll, Exposé, Fotos).

Ilona Brennicke/Joe Hembus: »Klassiker des Deutschen Stummfilms«. München 1983; Peter Drexler: »Geheimnisvolle Welten: *Der Student von Prag* (1913)«, in: Werner Faulstich/Helmut Korte (Hg.): Fischer Filmgeschichte. Bd.1. Frankfurt a.M. 1994; Holger Jörg: »Die sagen- und märchenhafte Leinwand«. Sinzheim 1994; Bernd Kortländer: »Vom *Studenten von Prag* zu *Horst Wessel*. Hanns Heinz Ewers und der Film«, in: Düsseldorf kinematographisch. Düsseldorf 1982; Susanne Orosz: »Weiße Schrift auf schwarzem Grund. Die Funktion von Zwischentiteln im Stummfilm, dargestellt an Beispielen aus *Der Student von Prag* (1913)«, in: Elfriede Ledig (Hg:): Der Stummfilm. München 1988; Heide Schlüpmann: »Je suis La Solitude. Zum Doppelgängermotiv in *Der Student von Prag*«, in: Frauen und Film, 1984, H. 36; Lothar Schwab: »Raum und Licht. Zur Geschichte der Atelier-Ästhetik im deutschen Stummfilm«, in: Filme, Berlin, 1981, H. 9; Michael Sennewald: »Hanns Heinz Ewers. Phantastik und Jugendstil«. Meisenheim 1973.

Lothar Schwab

STURM ÜBER ASIEN ↗ Potomok Čsingiz-chana

SUNRISE – A SONG OF TWO HUMANS

(Sonnenaufgang – Lied von zwei Menschen.) USA (Fox Film Corporation) 1926/27. 35 mm, stumm, s/w, 2.298 m.
R: Friedrich Wilhelm Murnau. B: Carl Mayer, nach der Erzählung »Die Reise nach Tilsit« von Hermann Sudermann. K: Charles Rosher, Karl Struss. Ba: Rochus Gliese.
D: George O'Brien (der Mann), Janet Gaynor (die Frau), Margaret Livingston (die Frau aus der Stadt), Bodil Rosing (die Magd), J. Farrell MacDonald (der Fotograf), Ralph Sipperley (der Friseur), Jane Winton (das Mädchen für die Maniküre), Arthur Housman (der aufdringliche Herr), Eddi Boland (der zuvorkommende Herr).

Murnau galt seit seinem auch in den USA gezeigten Film ↗*Der letzte Mann* als größtes deutsches Regietalent und erhielt aus den Staaten ein verlockendes Vertragsangebot. Fox sicherte ihm für *Sunrise* ein hohes Budget und die unbeschränkte Entscheidungsgewalt zu. Der Regisseur konnte seine Mitarbeiter frei wählen; es wurde ein mehrheitlich deutsches Team. Am Ende der amerikanischen Stummfilm-Ära entstand eine Synthese zwischen deutschem Film-Expressionismus und dem Ausstattungsreichtum Hollywoods.

Sunrise beginnt als Kammerspielfilm, wie ihn Carl Mayer Anfang der zwanziger Jahre mitentwickelt hat: die wartende Ehefrau, der treulose Ehemann, verführt von der Frau aus der Stadt, die ihn überredet, seine Frau zu ertränken. Als Mann und Frau auf einem Boot übers Wasser gleiten, schreckt er vor der Mordtat zurück, sie fahren zusammen in die große Stadt. Der Film verwandelt sich in ein Stationendrama großstädtischer Vergnügungsorte, die beiden verlieben sich aufs neue. Doch auf der Heimfahrt übers Wasser geraten sie in ein Unwetter. In Sudermanns Erzählung wird der Mann tot geborgen, die Frau gerettet. Wohl als Konzession an Hollywoods Happy-End-Zwang endet der Film glücklich, wenn auch mehrfach verzögert: Der Mann erreicht das Ufer und glaubt, seine Frau sei ertrunken. Wieder begegnet er der Frau aus der Stadt, jetzt bereit, sie zu erwürgen. Doch rechtzeitig kommt die Nachricht, die Ehefrau lebt. Die Sonne geht auf.

Trotz Kammerspiel und Stationendrama, *Sunrise* entfernt sich weit von der Ästhetik des deutschen Film-Expressionismus. Das liegt auch an den amerikanischen Schauspielern, ihrer wenig expressiven, eher naturalistischen Spielweise. In *Sunrise* sind die Kamerabewegungen ruhiger und technisch viel perfekter als in ↗*Der letzte Mann*, werden aber sparsamer und im Ausdruck weniger eindeutig genutzt. Murnaus Fähigkeit, durch die Verbindung des Lichts mit bewegter Materie, mit Dampf, Rauch, Staub, Wasser, Dunst die Filmbilder zu rhythmisieren, Bildkompositionen fließend, im ständigen Übergang zu halten, ist in *Sunrise* noch weiter entwickelt als in ↗*Faust*. Die banale Geschichte von Mann, Frau und Konkurrentin, verbunden mit dem Stadt-Land-Gegensatz, wird von atmosphärischen und symbolischen Zutaten überformt. Der filmische Erzählvorgang läßt die sinnlichen Vorgänge in der Schwebe, gibt dem Zuschauer keine verläßliche Wahrnehmung. In den städtischen Vergnügungsstationen werden ausgiebig Glaswände genutzt für bewegte Lichtreflexe und verschleiert wahrnehmbare Szenen.

Sunrise gilt als reifstes Werk des Regisseurs. »Alle jene Eigenschaften, die Murnau in seinen deutschen Filmen entwickelt hat, sein subtiles Gefühl für Einstellungen, Kamerabewegungen, Ausleuchtungen, Valeurs von Tönungen, für Bildrhythmus und Bildkomposition, sein wacher Sinn für Atmosphäre und seelische Reaktionen, kommt in diesem ersten amerikanischen Film zum Ausdruck.« (Lotte H. Eisner).

Murnau gelang die Fortsetzung seiner Karriere in Hollywood: Der Film erhielt 1927/28 je einen Oscar für Janet Gaynor (beste Schauspielerin), für die Fox Studios (künstlerische Qualität), für Charles Rosher und Karl Struss (beste Kamera). Die Film Artists Guild zeichnete Murnau mit dem Diplom für die beste Regie aus. 1928 wurde eine Tonfassung mit Geräuschen und Musik von Hugo Riesenfeld hergestellt. 1939 entstand in Deutschland eine zweite Verfilmung von Sudermanns Erzählung: *Die Reise nach Tilsit*, Regie: Veit Harlan, mit Kristina Söderbaum in der Rolle der Ehefrau.

»*Sunrise*«. Wiesbaden 1971. (Drehbuch mit Anmerkungen von Murnau, Faksimile).

Klaus Becker: »Friedrich Wilhelm Murnau. Ein großer Filmregisseur der zwanziger Jahre«. Stuttgart 1981; Lotte H. Eisner: »Murnau«. Frankfurt a.M. 1979; Lucy Fischer: »*Sunrise*«. London 1998; Fred Gehler/Ullrich Kasten: »Friedrich Wilhelm Murnau«, Berlin 1990; Molly Haskell: »*Sunrise*«, in: Film Comment, 1971, H. 2; Peter W. Jansen/Wolfram Schütte (Hg.): »Friedrich Wilhelm Murnau«. München 1990; Jürgen Kasten: »Carl Mayer: Filmpoet«. Berlin 1994; Fred Kelemen: »Ein verhängnisvolles Versprechen«, in: Hans Helmut Prinzler (Hg.): Friedrich Wilhelm Murnau. Berlin 2003; Brad Prager: »Taming Impulses: Murnau's *Sunrise* and the Exorcism of Expressionism«, in: Literature/Film Quarterly, 2000, H. 4; Rudolf Thome: »*Sunrise*«, in: epd Film, 1984, H. 1; Tom Tykwer: »Sometimes Bitter, Sometimes Sweet«, in: Hans Helmut Prinzler, a.a.O.; Guntram Vogt: »Die Stadt im Film«. Marburg 2001; Robin Wood: »Murnaus's Midnight and *Sunrise*«, In: Film Comment 1976, H. 3.

Lothar Schwab

SUNSET BOULEVARD (Boulevard der Dämmerung). USA (Paramount) 1950.

35 mm, s/w, 110 Min.

R: Billy Wilder. B: Charles Brackett, Billy Wilder, D. Marshman jr. K: John F. Seitz. Ba: Hans Dreier, John Meehan. S: Arthur P. Schmidt. M: Franz Waxman.
D: William Holden (Joe Gillis), Gloria Swanson (Norma Desmond), Erich von Stroheim (Max von Mayerling), Nancy Olson (Betty Schaefer), Fred Clark (Sheldrake) Jack Webb (Artie Green), Buster Keaton, Anna Q. Nilsson, H. B. Warner, Cecil B. DeMille, Hedda Hopper, Ray Evans, Jay Livingston.

Sunset Boulevard: William Holden und Gloria Swanson

Die Geschichte des erfolglosen Drehbuchautors Joe Gillis, der auf der Flucht vor Gläubigern bei dem einstigen Stummfilmstar Norma Desmond Zuflucht findet, erzählt von einer Grenzüberschreitung: In dem Moment, da er das Haus am Sunset Boulevard betritt, gerät er unvermutet in eine andere Welt und in eine andere Zeit. Norma Desmond lebt, umgeben von Reliquien ihres eigenen Mythos und unterstützt durch ihren Majordomus Max von Mayerling, in ihrer glorreichen Vergangenheit. Mit Hilfe von Gillis will sie ein Comeback versuchen: Er soll einen Drehbuchentwurf für sie umschreiben. Das Angebot wird von ihm angenommen, und damit befindet er sich in einem vergoldeten Käfig, aus dem es kein Entkommen gibt.

Wilder beginnt den Film mit einem Trick: In einem Swimmingpool schwimmt eine Leiche. Sie wird von unten gezeigt; vom Beckenrand beugen sich Polizisten über den Toten, und nun beginnt eine Stimme aus dem Off zu erzählen: Er habe sich immer gewünscht, einen Pool zu besitzen und jetzt liege er in einem. Ein toter Mann berichtet, wie er sein Leben verlor. Das Verfahren der Voice over, von Wilder ähnlich in ↗*Double Indemnity* und in *The Private Life of Sherlock Holmes* (*Das Privatleben des Sherlock Holmes*, 1970) benutzt, dient dazu, eine Verbindung zwischen Gegenwart und Vergangenheit herzustellen. Die beiden Welten bedingen eine konträre Spielweise: William Holden stellt den jungen Autor Gillis mit nüchternen, realistischen Mitteln dar. Dagegen zitiert Gloria Swanson als Norma Desmond mit großen Gesten und Gebärden das Hollywood der Stummfilmzeit. In der Lichtgestaltung gibt es eine stilistische Entsprechung: Die Szenen im Haus sind expressionistisch ausgeleuchtet und stehen im scharfen Kontrast zu den wenigen Außenaufnahmen, die mit natürlichem Licht gedreht wurden.

Mit vielen Anspielungen und Querverweisen erzählt *Sunset Boulevard* von den Höhen und Tiefen Hollywoods. Erich von Stroheim, der Norma Desmonds Diener spielt, hatte 1928 mit ↗*Queen Kelly* einen der letzten großen Stummfilme und einen seiner größten Flops gedreht: mit Gloria Swanson in der Titelrolle, die als Coproduzentin am Desaster wesentlichen Anteil hatte. In *Sunset Boulevard* wird diese Verbindung auch direkt zitiert: Norma Desmond führt einen Ausschnitt aus *Queen Kelly* vor. In einer anderen Szene sucht sie den Regisseur Cecil B. DeMille auf dem Gelände der Paramount auf, weil sie hofft, daß er ihr Drehbuch verfilmt. DeMille, der in persona auftritt, befindet sich gerade bei den Dreharbeiten zu *Samson and Delilah*: Er gehörte zu jenen Filmpionieren, die auch im Zeitalter des Tonfilms noch erfolgreich arbeiten konnten. Mit *Don't Change Your Husband* (1919) hatte er 30 Jahre zuvor Gloria Swanson zum Durchbruch verholfen. Auch die Zusammenkunft ehemaliger Stummfilmstars, die sich bei Norma Desmond regelmäßig zum Bridgespiel treffen – Buster Keaton, Anna Nilson und H.B. Warner, der in DeMilles *King of Kings* (1927) Jesus dargestellt hatte –, ist ein Beispiel für das Changieren zwischen Realität und Fiktion. Wilder pointiert diese Szene noch dadurch, daß er Buster Keaton einen der wenigen von ihm in einem Film gesprochenen Worte sagen läßt: »Passe.«

Sunset Boulevard ist ein Blick zurück auf ein Hollywood, das unwiederbringlich der Vergangenheit angehört. Wilder erzählt einfallsreich, melancholisch und manchmal auch ironisch, wie sich Leben und Arbeit an diesem Ort und in diesem Medium verändert haben. Damit schien er einen Nerv der Zeit getroffen zu haben: Wieder einmal stand das Studiosystem unter dem Druck, sich neuen Bedingungen anzupassen – zu Beginn der fünfziger Jahre spürte man bereits die Konkurrenz des aufkommenden Fernsehens. Die Academy of Motion Picture Arts and Sciences verweigerte Wilder nicht die ihm gebührende Anerkennung: *Sunset Boulevard* wurde mit dem Oscar für das beste Originaldrehbuch ausgezeichnet.

»*Sunset Boulevard*«. Hg. Jeffrey Meyers. Berkeley 1999. (Filmtext).

James Agee: »Agee on Film«. Boston 1964; Francois Chalais: »Terminus: *Sunset Boulevard*«, in: Cahiers du Cinéma, 1951, H. 1; Patricia Erens: »*Sunset Boulevard*. A Morphological Analysis«, in: Film Reader, 1977, H. 2; Lucy Fischer: »*Sunset Boulevard*: Fading Stars«, in: Janet Todd (Hg.): Women and Film. New York 1988; Norbert Grob: »Days of the Living Dead«, in: Filmbulletin, 1994, H. 3; Y. Hersant: »Portrait de la star en singe mort«, in: Positif, 1983, H. 271; Neil Sinyard/Adrian Turner: »Billy Wilders Filme«. Berlin 1980; Robert Stam: »Reflexivity in Film and Literature«. New York 1992; Barbara Steinbauer-Grötsch: »Die lange Nacht der Schatten«. Berlin 1997.

Theo Matthies

SUR (Süden). Argentinien/Frankreich (Cinestar SA/Productions Pacific/Canal Plus) 1988. 35 mm, Farbe + s/w, 127 Min.
R+B: Fernando E. Solanas. K: Felix Monti.
S: Juan Carlos Macias, Pablo Mari. M: Astor Piazzola; Tangos: Anibal Troilo, gesungen von Roberto Goyeneche.
D: Miguel Angel Sola (Floreal Echegoyen), Susu Pecorao (Rosi Echegoyen), Philippe Léotard (Roberto), Lito Cruz (El Negro), Ulises Dumont (Emilio), Roberto Goyeneche (Amado).

»Sur«, ganz einfach »Süden«, heißt ein argentinischer Tango, der davon erzählt, was sich später erfüllen wird. »Sur« nennt sich im Film ein politisches Projekt, das sich das Begehren des Volkes nach Freiheit und Selbstbestimmung zu eigen gemacht hat. »Sur« erinnert an den Widerschein des Feuers, der einmal aus den Öfen der Indianer stieg, und spiegelt die Hoffnung des Südens gegen die Kolonialherrschaft des Nordens. Für Regisseur Solanas ist »Sur« eine poetische Metapher: Sie steht für die demokratische Erneuerung Lateinamerikas.

Mit vier Filmen hat Solanas eine Spur durch die Geschichte Argentiniens gelegt, die in diesem Jahrhundert sich zu zwei Dritteln unter der Herrschaft von Militärdiktaturen oder Scheindemokratien abspielte. Die Botschaft seines ersten Films *La hora de los hornos* (*Die Stunde der Hochöfen*, 1968) mündete in dem Aufruf zum bewaffneten Kampf. Am Ende von *Los hijos de Fierro* (*Fierros Söhne*, 1976) gehen die Protagonisten ins Exil. Solanas folgte ihnen kurz darauf, nachdem sein Film verboten und zwei seiner Schauspieler ermordet wurden. *Tangos, el exilio de Gardel*, 1985 in Frankreich entstanden, ist eine Reflexion über die Erfahrung des Exils. In *Sur* kehren die Exilanten und mit ihnen Solanas zurück in die Heimat. Der Film zeigt ein neues Argentinien, das sich mit der Vergangenheit auseinandersetzt und in eine demokratische Zukunft aufbricht.

Sur spielt im Jahre 1983, als das Terrorregime ein Ende nimmt. Mit der Amnestie wird auch Floreal aus dem Gefängnis entlassen; nach fünf Jahren steht er zum ersten Mal wieder vor seiner eigenen Haustür. Rosi, seine Frau, erwartet ihn, aber ehe sie sich treffen, ist er schon in einer Traumreise verschwunden. Eine Nacht lang dauert diese poetische Reise durch die Lebensgeschichte Floreals. Der Arbeiter auf einem Schlachthof gehörte zu den Gewerkschaftern, die eines Tages abgeholt wurden. Einige sind gleich liquidiert worden. In dieser Nacht erscheinen die alten Genossen und erzählen Floreal ihre Geschichte. »El Muerto«, der eigentlich »El Negro« heißt, ist einer der Toten, die wiederkehren, um an die ewig Verschwundenen zu erinnern. Realistische Szenen lösen sich ab mit theaterhaften Inszenierungen; Schwaden von Kunstnebel führen immer wieder in die Phantasmagorie. Erinnerungsfetzen ordnen sich zu einem Mosaik ohne lineare Erzählstruktur. Manche Szenen sind schwarzweiß oder sepiafarben abgehoben, etwa die Erinnerungen an den Fußballverein in der Fabrik oder an die agitatorischen Auftritte des Vaters, eines Gewerkschafters – Floreals politisches Engagement hat Familientradition.

Ein leiser Humor durchzieht den Film. Eine Reflexion über den Machismos, den kleinen Unterschied zwischen der Treue der Männer und der Treue der Frauen, hat hier ebenso Platz wie eine Politsatire anläßlich des Besuchs der Militärregierung. Es ist gerade ›Säuberungstag‹, Kulturgut wird desinfiziert und verbrannt: Eine alte Zeit wird beseitigt, dazu gehören Freud, Foucault, Saint-Exupéry, auch die Projekte »Sur« und »Hochöfen«. Ein höhnischer Chor kommentiert die eifrigen Zensoren, die eine ganze Bibliothek aufräumen, derweil das Regime seine eigene ›offizielle Geschichte‹ erfindet. Am »Tisch der Träume« kommen die alten Genossen zusammen, die Lebenden und die Toten, eine Art kollektives Gedächtnis, das dem Alptraum Diktatur stets die Utopie entgegenhält. Ihr Träumen ist keine romantische Fluchtbewegung, sondern führt zurück ins Leben. Die melancholischen Lyrismen des Tangos unterstreichen das Geschehen; die menschliche Stimme und die Stimme des Bandoneons sind Ausdruck eines Begehrens, das schließlich triumphiert. *Sur* handelt von der Erfüllung eines lang gehegten Traums: dem Sieg des Lebens über den Tod.

»*Le sud*«, in: L'Avant-Scène du cinéma, 1989, H. 377/378. (Filmprotokoll).

Thomas Brandlmeier: »*Süden*«, in: epd Film, 1988, H. 12; Simon Mizrahi: »Rückkehr in mein Land«, in: Film und Fernsehen, 1989, H. 8 (Interview); Paulo Antonio Paranagua: »Nouvel entretien avec Fernando E. Solanas«, in: Positif, 1988, H. 334; Walter Ruggle: »Am Tisch der Träume«, in: Filmbulletin, 1988, H. 3; Paul Louis Thirard: »Le tango du retour«, in: Positif, 1988, H. 334;

Marli Feldvoß

DAS SÜSSE LEBEN ↗ Dolce vita

SWEETIE Australien (Arena Film PTY)

1989. 35 mm, Farbe, 100 Min.
R: Jane Campion. B: Jane Campion, Gerard Lee. K: Sally Bongers. Ba: Peter Harris. S: Veronika Haussler. M: Martin Armiger. D: Karen Colston (Kay), Genevieve Lemon (Sweetie), Tom Lycos (Louis).

Sweetie, der erste Spielfilm der mit ↗ *The Piano* in Europa bekannt gewordenen australischen Filmemacherin Jane Campion, behandelt ein vielfach überstrapaziertes Thema: das Mißlingen der Utopie der Familie. Campion gelingt es jedoch, sämtliche Klischees, die man aus Familienfilmen kennt, zu vermeiden: Weder werden die unerschütterlichen Regeln der Familie schicksalhaft hingenommen, noch werden die beteiligten Personen in psychologisierenden Innenansichten entblößt. Beide Herangehensweisen neigen zum Melodram, denn der Exzeß scheint das geeignete Darstellungsmittel für ein so unmögliches Konstrukt wie die bürgerliche Familie. Auch *Sweetie* mangelt es nicht am Dramatischen, auch diese Geschichte kulminiert in einer Katastrophe – doch ist die Erzählweise ausgesprochen unprätentiös. Der Film behandelt seine Figuren mit großer Sympathie, wahrt aber immer eine ironische Distanz. Er bewegt sich auf der Ebene der Phänomene, ohne in sie einzudringen, und schafft dabei eine Bildsprache, die auf den Zuschauer um so eindringlicher wirkt.

Sweetie, eine der beiden Töchter der Familie, findet nicht nur ein unglückliches Ende, sondern ist bereits von Anfang an die Verkörperung der Katastrophe schlechthin. Sie strahlt eine regressive Sinnlichkeit aus, die beständig schwankt zwischen Erotik, infantilem Narzißmus, Obszönität, Sadismus und Irrsinn. Sie ist der Liebling ihres Vaters, der blind ergeben alle Realität verleugnet, um in seiner Tochter seine Prinzessin zu sehen. Aus einem kleinen bebrillten Scheusal, das Lieder aus Hollywoodfilmen singt und diese mit den Gesten einer Aufziehpuppe begleitet, ist eine wunderbare dicke Schlampe geworden: schwarze Fingernägel, kurze enge Röcke, Punk-Stiefeletten. Die ordentliche Bravheit des kleinen Mädchens ist in völlige Anarchie umgeschlagen, aber ihre Identität ist bewahrt in der Beziehung zu ihrem Vater: Daddy findet Sweetie sehr talentiert, sie sollte eigentlich ein Star sein.

Für ihre Schwester Kay ist Sweetie nach wie vor ein Scheusal. Sie fürchtet ihren Trotz und ihre Boshaftigkeit, beneidet sie zugleich um ihre Hemmungslosigkeit. Kay führt zwar nach außen hin das Leben einer Erwachsenen, doch auch sie ist bestimmt von der Welt der Kindheit. Während Sweetie das maßlos Triebhafte des Kinderlebens kultiviert, lebt Kay die magisch-animistische Seite aus. Besondere Angst hat sie vor Bäumen: Sie fühlt sich von ihnen bedroht, stellt sich vor, daß die unter der Erde kriechenden Wurzeln alles rundum zerstören. Das Bäumchen, das ihr Freund im Hof gepflanzt hat, reißt sie heimlich aus und versteckt es im Schrank.

Immer wieder tauchen Bilder von rissigen, aufbrechenden Oberflächen auf; der Film ist weniger an dem interessiert, was in der Tiefe gärt, sondern am Sichtbarwerden dieser Prozesse. Die Kamera bewegt sich häufig nur knapp über dem Boden; sie nimmt die Unterseite in Augenschein, den Schmutz, der dort liegt, die schlechten Schuhe, die billigen Nylonstrümpfe, die unwillkürlichen Bewegungen der Füße. Immer wieder zeigt der Film das Häusliche als Produkt des schlechten Kompromisses zwischen dem Natürlichen und dem Künstlichen und schwelgt in der Tristesse von Nylonkitteln, Resopaltischen und einförmigen Backsteingebäuden. Das etwas heruntergekommene Haus, in dem Kay mit ihrem Freund lebt, wimmelt nur so von Blumen-, Blätter- und Rankenmustern. Natur assoziiert man kaum mit ihnen, denn mißfarben dekorieren sie Synthetikbettwäsche, Tapeten, Schlingenteppichboden. Der Hof vor dem Haus ist betoniert und weist jeden Gedanken an Lebendigkeit weit von sich; aber auch der üppig grüne Garten des Elternhauses ist nur ein trügerisches Symbol für die guten Kräfte der Natur, denn hier findet Sweetie ihren Tod.

Dieter Bachmann (Red.): »Jane Campion«. Zürich 1996; Jane Campion: »Interviews«. Hg. Virginia Wright Wexman. Jackson 1999; Heike-Melba Fendel: »*Sweetie*«, in: epd Film, 1989, H. 10; Stephen Jenkins: »*Sweetie*«, in: Monthly Film Bulletin, 1990, H. 676; Vincent Ostria: »Une plante hystérique«, in: Cahiers du cinéma, 1990, H. 427; Christiane Peitz: »Identifikation einer Frau. Das Kino der Jane Campion«, in: dies.: Marilyns starke Schwestern. Hamburg 1995; Philippe Rouyer: »Le mort dans le jardin«, in: Positif, 1990, H. 347; Susanne Weingarten: »Blutsschwestern«, in: Frankfurter Allgemeine Zeitung, 13.10.1989.

Heike Klippel

SZENEN EINER EHE

↗ Scener ur ett äktenskap

SZERELEM

(Liebe). Ungarn (Mafilm) 1970. 35 mm, s/w, 92 Min.
R: Károly Makk. B: Tibor Déry, nach seinen Erzählungen »Szerelem« und »Két aszony«. K: János Toth. Ba: József Romváry. S: György Sivó. A: Piroska Katona. M: András Mihály.
D: Lili Darvas (János' Mutter), Mari Töröcsik (Luca), Ivan Darvas (János).

Károly Makks Spielfilm handelt vom Vorzug des Lügens in einer verlogenen Zeit: Eine alte, ans Bett gefesselte Dame schöpft einzig aus den Briefen ihres Sohnes János aus Amerika noch Kraft. Doch die

Korrespondenz mit dem angeblich berühmten Regisseur aus Hollywood beruht auf Täuschung. Luca, die Schwiegertochter, muß ein Höchstmaß von Phantasie darauf verwenden, um die Mutter vor der Realität zu bewahren. In Wirklichkeit befindet sich János - die Handlung spielt 1953 - im Gefängnis. Luca hat deshalb ihre Stellung verloren; die Freunde meiden sie, in ihre Wohnung werden Untermieter eingewiesen. Alle Künste der Lüge aufbietend, im Pakt mit Haushälterin und Arzt, kann Luca dennoch das Sterben der Schwiegermutter nicht aufhalten. Erst nach ihrem Tod kommt János, ohne weitere Begründung, frei und kehrt wie ein Schatten seiner selbst zu seiner Familie zurück.

Die Filmhandlung besteht aus zwei ineinander montierten Teilen, die den beiden 1956 und 1963 entstandenen Erzählungen Dérys entsprechen. In »Liebe« beschrieb der nach der Niederschlagung des ungarischen Aufstandes selbst eingesperrte Autor die Entlassung und Heimkehr eines aus politischen Gründen Inhaftierten, in »Zwei Frauen« dagegen die komisch-groteske Kehrseite einer solchen Geschichte aus der Rákosi-Ära. Auf dieser Ebene entfaltet der Film seinen absurden Witz, der durch die Zwischenschnitte aus dem Gefängnis und dem Alltag Lucas eine unheimliche Tiefe erhält. Nicht die Wahrheit, sondern die Lüge erweist sich in derartigen Zeiten als notwendiges Lebenselixier.

In der Ausstattung des Zimmers der Alten, in ihren Erzählungen und in den durch blitzartig eingeschobene Fotos verdeutlichten Erinnerungen an ihre Jugend läßt der Regisseur die illusionsgesättigte »gute alte Zeit« des königlichen Ungarns aufscheinen, deren trügerischen Wert die herrisch regierende, totkranke Greisin gegen die von ihr ignorierte diktatorische Wirklichkeit behauptet. Im starken Kontrast zu dieser liebevoll ausgeschmückten Welt der schönen Träume stehen die trostlos nüchternen Bilder von Gefängnistüren und -gängen sowie eines von Angst und Furcht überschatteten Alltags, in dem sich am Ende, als Luca den heimgekehrten Mann langsam aus seiner Erstarrung löst, ein Hoffnungsschimmer abzeichnet.

Der kammerspielartige Film versucht keine Erklärung der politischen Umstände jener Zeit, sondern gewinnt aus dem Material der Zeitgeschichte ein Gleichnis auf die zuweilen an skurrile Mittel verwiesene Humanität. Mit *Szerelem* vollzog Károly Makk endgültig die Ablösung von den tradierten Formen des sozialistischen Realismus. Der Film erhielt zahlreiche internationale Auszeichnungen, unter anderem 1971 in Cannes den Spezialpreis der Jury für die beiden Hauptdarstellerinnen Lili Darvas und Mari Töröcsik.

István Nemeskürty: »Wort und Bild«. Frankfurt a.M./ Budapest 1980; Graham Petrie: »History Must Answer to Man. The Contemporary Hungarian Cinema«. Budapest 1978.

Hans-Jörg Rother

DER TAG BRICHT AN

↗ Jour se lève

TAGEBUCH EINES LANDPFARRERS

↗ Journal d'un curé de campagne

TAGEBUCH FÜR MEINE KINDER

↗ Napló gyermekeimnek

TA'M E GUILASS

(Der Geschmack der Kirsche). Iran/Frankreich (Abbas Kiarostami Produktion/Ciby 2000) 1997. 35 mm, Farbe, 99 Min.

R, B + S: Abbas Kiarostami. K: Homayoun Payvar.

D: Homayoun Ersgadi (Badii), Ahdolhossein Baagheri (alter Mann), Ali Moradi (Soldat), Hossein Noori (Seminarist).

Ein Mann um die vierzig kreist mit seinem Range Rover um einen belebten Platz in Teheran, spricht Leute auf der Straße an, findet offensichtlich nicht den Richtigen und fährt weiter, über eine Ausfallstraße hinaus an den Stadtrand. Unterwegs stößt er auf jemanden, der einen gutbezahlten Job gebrauchen kann: Ein Soldat, ein junger Kurde, steigt in sein Auto. Sie fahren weiter, dann stoppt der Mann den Wagen auf einem Hügel: »Siehst du das Loch? Morgen um sechs kommst du her und rufst zweimal: ›Herr Badii! Herr Badii!‹. Wenn ich antworte, nimmst du meine Hand und hilfst mir raus. Wenn ich nicht antworte, wirfst du zwanzig Schaufeln Erde in das Loch.« Der Soldat ist verstört, stürzt aus dem Auto und nimmt schnellstens Reißaus.

Herr Badii will sterben und sucht einen Totengräber: In diesem Satz läßt sich die Handlung des ganzen Films zusammenfassen. Der Film spielt an einem Tag, mehrfach fährt Herr Badii die Strecke ab, am Abend will er sein Problem gelöst haben. Dann wird er die Tabletten nehmen und sich in die Grube legen. Doch der Selbstmordkandidat findet so leicht keinen Helfer. Ein afghanischer Student, den er an einer Baustelle aufgabelt, lehnt aus religiösen Gründen ab: Der Koran verbiete das. Auch der Bauarbeiter will sich nicht auf das Angebot einlassen und versteckt sich hinter dem Vorwand, daß er die Baustelle nicht verlassen dürfe. Herr Badii blickt in die Baugrube, wo ein Förderband Erdklumpen bewegt. Minutenlang ist er eingehüllt von einer Staubwolke.

Ein alter, türkischer Mann sitzt plötzlich im Wagen. Er ist Tierpräparator im Botanischen Museum und wünscht sich für den Rückweg in die Stadt eine andere Strecke: etwas weiter zwar, aber schöner, mit vielen Bäumen. Der Türke willigt schließlich ein, als Totengräber zu fungieren. Auch er, erzählt der alte Mann, habe sich einmal umbringen wollen. An einem Maulbeerbaum wollte er sich erhängen, doch dann habe er eine Maulbeere gegessen und der köstliche Geschmack der süßen Frucht hat ihn von seinem Plan abgebracht. Und dann sei alles wieder gut gewesen, fragt ihn ungläubig Herr Badii. Nein, meint der alte Mann, nichts sei wieder gut gewesen, aber er habe sich verändert. Herr Badii läßt sich durch die Geschichte nicht von seinem Entschluß abbringen, ist jedoch unsicher geworden: Wenn der Totengräber am Morgen kommt, soll er vorsichtshalber zwei Steinchen werfen. Und auch noch seine Schultern schütteln, vielleicht schlafe er ja doch nur.

Das Ende ist, wie in allen Filmen Kiarostamis, offen. Ein Taxi bringt Herrn Badii zum Grab, er legt sich in das ausgehobene Loch, nimmt die Tabletten und schaut in den Himmel. Es ist Nacht, die Sterne glitzern, dann schieben sich Wolken vor den Mond, ein Gewitter entlädt sich. Die Leinwand ist minutenlang schwarz.

Abbas Kiarostamis Filme bestechen durch die Einfachheit der Mittel. *Ta'm e guilass* ist ein Roadmovie eigener Art: drei Viertel des Films spielen im Auto. Die Kamera ist starr auf dem Beifahrersitz postiert, die Einstellung halbnah. Nie sind Herr Badii und seine jeweiligen Mitfahrer gemeinsam im Bild. Durch das geöffnete Seitenfenster sieht man die staubige Stadt und die karge Landschaft vorbeiziehen. Keine Musik: der Lärm von Bauarbeiten, Kindergeschrei und vor allem das Fahrgeräusch über Schotterstraßen bilden den Soundtrack. Der äußersten Reduktion in der Filmästhetik entspricht die bewußte Simplizität der Erzählstruktur: »Bei Kiarostami wird die Handlung nicht durch dramaturgische Einfälle unterfüttert, sondern systematisch ausgedünnt« (Andreas Kilb).

Es gibt keine Erklärungen: Herr Badii will sterben – das Motiv für seinen Entschluß wird nicht einmal angedeutet. Er wirkt nicht besonders verzweifelt, sondern nur müde: Herr Badii ist des Lebens überdrüssig. Dies ist die Prämisse eines Films, der sich nicht für die Psychologie der Figuren interessiert, sondern zwei Lebenshaltungen in Dialog bringt. *Ta'm e guilass* ist, trotz des makabren Themas, »ein Film ohne Schrecken«, wie der Filmkritiker Gregor Dotzauer bemerkte. »Er zeigt, was da ist – und daß manche nichts mehr damit anzufangen wissen.« Der alte Mann dagegen weiß die sinnlichen Genüsse, die das Leben zu bieten hat, zu schätzen, und mit seiner sanften Suggestion, einer fast hypnotischen Kraft seiner ruhigen Bilder unterstützt der Film diese Position. *Ta'm e guilass* ist eine Parabel, ohne daß eine Moral ausgesprochen wird. Kiarostamis Plädoyer für das Leben schließt die Freiheit des Individuums ein, die letzte Konsequenz zu ziehen. Im Interview zitierte der Filmemacher eine Sentenz von E.M. Cioran: »Ohne die Möglichkeit zum Suizid hätte ich mich längst umgebracht.«

Nach dem Schwarzfilm ist der Film nicht zu Ende, es folgt noch ein zweiter Schluß. Zu den Klängen von Louis Armstrongs »St. James' Infirmary« sieht man das Filmteam bei der Arbeit. Die selbstreferentielle Pointe, von einigen Kritikern moniert, verteidigte Kiarostami: »Für mich ist dies nicht Film im Film, sondern ein Epilog, der einfach zeigt, daß – ganz

gleich, was dem Hauptdarsteller zugestoßen ist – das Leben weitergeht.«
Der iranische Regisseur, geboren 1940, wurde bekannt durch *Khaneh-ye doust kojast?* (*Wo ist das Haus meines Freundes?*, 1987), dem Auftakt zu einer Trilogie, die er mit *Zendegi edame darad* (*Und das Leben geht weiter*, 1992) und *Zir e darakhtan e zeyton* (*Quer durch den Olivenhain*, 1994) vollendete. Erst nach Schwierigkeiten konnte er mit *Ta'm e guilass* an dem Filmfestival in Cannes 1997 teilnehmen und gewann dort die Goldene Palme. Im Iran wurde der Film jedoch nie gezeigt: Selbstmord, im Islam eine Todsünde, ist ein Tabuthema, das im Kino nicht vorkommt. Kiarostami richtet seine Arbeit nicht an der Zensur aus, tritt aber im Ausland auch nicht als Dissident auf. Sein Filmschaffen wird vom Regime mißtrauisch verfolgt, doch die auf internationalen Festivals erworbene Reputation schützt ihn in seiner Heimat. Zu seinen Bewunderern gehören Akira Kurosawa und Quentin Tarantino, aber auch Peter Handke, der *Khaneh-ye doust kojast?* »einen der schönsten Filme der Welt« nannte.

Alberto Barbera/Elisa Resegotti (Hg.): »Kiarostami«. Mailand 2003; Alain Bergala: »Abbas Kiarostami«. Paris 2004; Gregor Dotzauer: »Der müde Blick«, in: Süddeutsche Zeitung, 16.7. 1998; Steve Erickson: »*Taste of Cherry*«, in: Film Quarterly, 1999, H. 3; Godfrey Cheshire: »How to Read Kiarostami«, in: Cineaste, 2000, H. 4; Abbas Kiarostami: »Textes, entretiens, filmographie complète«. Paris 1997; Andreas Kilb: »Die Reise ins Licht«, in: Die Zeit, 16.7. 1998; Jean-Luc Nancy: »L'Évidence du film/The Evidence of Film«. Brüssel 2001; Mehmaz Saeed-Vafa/Jonathan Rosenbaum: »Abbas Kiarostami«. Urbana, Chicago 2002.

Michael Töteberg

TANZ DER VAMPIRE

↗ Dances of the Vampires

TARGETS

(Targets – Bewegliche Ziele). USA (Saticoy) 1968. 35 mm, Farbe, 93 Min. R: Peter Bogdanovich. B: Peter Bogdanovich, nach einer Story von Polly Platt und Peter Bogdanovich. K: Laszlo Kovacs. S: Peter Bogdanovich. M: Cat Stevens. D: Boris Karloff (Byron Orlok), Tim O'Kelly (Bobby Thompson), James Brown (Robert Thompson), Nanca Hsueh (Jenny), Peter Bogdanovich (Sammy Michaels).

Das letzte Bild: ein weißer Ford Mustang, einsam auf dem riesigen Parkplatz des Autokinos. Der Wagen des Amokläufers. Das erste Bild: kreischende Vögel. Ein Ausschnitt aus Roger Cormans Film *The Terror* (1963). Dazwischen zwei Geschichten. Die von Byron Orlok, der keine Horrorfilme mehr machen will (was Boris Karloff, dem klassischen Frankenstein-Darsteller, in der Realität nicht gelang). Und die des jungen Amerikaners Bobby, der den Ratschlag seines Vaters: »Ziele nie auf einen Menschen« ins Gegenteil verkehrt. Zwei Geschichten, die am Ende zusammenlaufen.
Orlok ist müde und alt, er hat es satt, lächerlichen Horrorfilmchen als Aushängeschild zu dienen, er will aufhören: »Meine Art des Schreckens ist nicht mehr schrecklich«. Bobby erklärt stolz seinem Vater, er habe auf dem Sunset Boulevard Orlok gesehen. Durchs Zielfernrohr, das sagt er nicht. Bobby hortet Waffen, legt sein Durchschnittsleben ab, erschießt zuerst seine Frau, die Eltern und dann alles, was sich bewegt. Erst von einem Tanklager aus, dann durch die Leinwand eines Autokinos. Gerade dort soll Orlok zur Premiere seines Filmes *The Terror* erscheinen und Autogramme geben. Er stellt den Mörder in einer grandiosen Schlußsequenz.
Nicht nur Boris Karloff spielt sich selbst in diesem Film, auch Bogdanovich: Einen jungen Regisseur, der endlich dem Schauspieler gerecht werden und einen anderen Film mit ihm drehen möchte. Doch Karloff lehnt ab. Man besäuft sich. Am nächsten Morgen erwacht Bogdanovich und schreit auf. Schließlich liegt Boris Karloff im Bett, der dann, zuguterletzt vor seinem eigenen Spiegelbild erschrickt.
Abgesehen von solchen Gags, zeichnet sich *Targets* durch eine im Hollywood-Film selten gesehene Schärfe, unverkitschten Realismus und eine bestechende Einfachheit der Mittel aus. Die beiden Ebenen Film und Realität werden permanent miteinander verknüpft und sind am Ende für den Attentäter

ununterscheidbar geworden. Bobby, der nervös auf alles zielt, was sich bewegt, gerät zwischen Leinwand und Leben: Auf wen soll er schießen, auf den Leinwand-Orlok oder auf den wirklichen? Und er schießt auf beide, sicherheitshalber.

Für seinen Debütfilm, der mit fast keinem Budget (130.000 Dollar) entstand, mußte der Filmkritiker Peter Bogdanovich seinem Mentor Roger Corman versprechen, Karloff, der dem Produzenten noch zwei Drehtage schuldete, und Ausschnitte aus *The Terror* zu verwenden. *Targets* war ein erfolgversprechender Anfang, dem immer teurere und immer weniger interessante Filme folgten, auch wenn sie den Kinos volle Kassen bescherten wie die Farce *What's up, Doc?* (*Is' was, Doc?*, 1972). Sein erster Film dagegen ist keine belanglose Unterhaltungsware. *Targets*, zur Zeit der großen politischen Morde in den USA gedreht und nachträglich mit einem Vorspann gegen die laschen Waffengesetze versehen, ist zeitlos und aktuell zugleich. »Ich habe fast immer getroffen«, meint Bobby am Schluß zu Orlok, der ihn – so banal ist eben nur Wirklichkeit – geohrfeigt und dadurch überwältigt hat. »Auf neun Leute habe ich geschossen und nur einen geringen Teil richtig getroffen«, bedauerte 25 Jahre später der Neonazi Andy im polizeilichen Verhör.

Richard Bojarski/Kenneth Beals: »The Films of Boris Karloff«. Secaucus 1976; Jürgen Ebert: »Peter Bogdanovich: Filme als Erinnerung«, in: Filmkritik, 1972, H. 12; Ronald M. Hahn/Volker Jansen: »Kultfilme«. München 1985; Brian Henderson: »*Targets*«, in: Film Heritage, 1968/69, H. 4; Martin Ripkens: »Peter Bogdanovich«, in: Peter W. Jansen/Wolfram Schütte (Hg.): New Hollywood. München 1976; Robert Stam: »Reflexivity in Film and Literature«. New York 1992.

Klaus Gietinger

TARNFARBEN ↗ Barwy ochronne

TAXI DRIVER USA (Italo-Judeo Production/Columbia) 1975/76. 35 mm, Farbe, 114 Min.

R: Martin Scorsese. B: Paul Schrader. K: Michael Chapman. S: Tom Rolf, Melvin Shapiro. M: Bernhard Herrmann.

D: Robert De Niro (Travis Bickle), Cybill Shepard (Betsy), Jodie Foster (Iris), Peter Boyle (Wizard), Harvey Keitel (Sport), Martin Scorsese (Fahrgast).

Travis Bickle fährt in New York Taxi. Der ehemalige Vietnam-Soldat – 26 Jahre alt, Einzelgänger – verliebt sich in Betsy, eine Mitarbeiterin des Präsidentschaftskandidaten Palantine. Nach anfänglichem Interesse wendet sie sich von ihm ab: Er hat sie mit seiner Einladung in ein Pornokino brüskiert. Durch Zufall begegnet er dem Mädchen Iris, die auf der Flucht vor ihrem Zuhälter in sein Taxi steigt. Travis macht es sich zur Aufgabe, die minderjährige Prostituierte zu ›retten‹. Er besorgt sich Waffen und trainiert seinen Körper. Unbewußt richtet sich sein Haß jedoch gegen alle Männer, die zwischen ihm und der von ihm ›erwählten‹ Betsy stehen. Sein Attentat auf Palantine mißlingt; daraufhin fährt er zu Iris, wo er unter den Zuhältern ein Blutbad anrichtet. Der Versuch, sich am Ende seines Amoklaufs selbst umzubringen, scheitert. Er wird von der Presse als Held gefeiert und bekommt von Iris' Eltern Dankesbriefe.

Wohl in keinem anderen Film von Scorsese, von *Raging Bull* (*Wie ein wilder Stier*, 1979) abgesehen, wird die Affinität von Sex und Gewalt so deutlich wie hier. Waffen werden mit Kosenamen, die sonst nur eine Frau von Männern bekommt, von einem Händler angeboten. Für Travis sind Frauen Engel oder Huren. Nachdem er von Betsy abgelehnt wurde, versucht er, durch ihre Abwertung seine Abfuhr zu verarbeiten. Ironischerweise ist die nächste Frau, der er sich zuwendet, tatsächlich eine Hure, aber in seinen Augen ein gefallener Engel. *Taxi Driver* verherrlicht nicht, wie von einigen Kritikern Scorsese unterstellt wurde, die Gewalt, sondern kritisiert die Doppelmoral der Gesellschaft, deren politische Repräsentanten wie Palantine Friedensparolen verbreiten, die sich angesichts des von Travis angerichteten Massakers aber, so wie Betsy, auf die Seite des praktizierten Faustrechts schlagen.

In einer Szene tritt der Regisseur selbst auf: Er spielt einen Fahrgast, der seine Ehefrau umbringen will, weil sie ihn betrügt. Es gibt keinen Zweifel: Der

Taxi Driver: Robert De Niro

Mann wird seine Ankündigung nicht wahrmachen und legt vor dem Taxifahrer die Beichte für eine Tat ab, die er nie begehen wird. Travis ist die Möglichkeit einer solchen Erlösung durch Beichte verwehrt: Er ist vereinsamt und unfähig, sich mitzuteilen. Beim Training zieht er die Pistole und zielt auf sein Spiegelbild: »You talkin' to me?« Er glaubt daran, eine Mission zu haben: die Stadt vom Abschaum zu reinigen. Die Geschichte wird größtenteils aus der Sicht von Travis, der Tagebuch schreibt, geschildert. Nur das Blutbad am Schluß zeigt Scorsese von oben herab, sozusagen aus göttlicher Sicht, was eine Katharsis nahelegt. Diese tritt jedoch nicht ein: Travis wird durch das Blut, das er vergossen hat, nicht ›gereinigt‹. Auch wenn er am Ende in der Öffentlichkeit als Held dasteht, hat sich seine Situation und seine Haltung nicht geändert.

Der Drehbuchautor Paul Schrader hat bekannt, daß er sich von dem Fall des Wallace-Attentäters Bremer, aber auch von den Schriften Jean-Paul Sartres und den Filmen Robert Bressons inspirieren ließ. *Taxi Driver* sei ein Versuch, den Helden des europäischen Existentialismus in das amerikanische Milieu zu transformieren: Der zerstörerische Impuls richte sich hier nicht gegen sich selbst, sondern gegen die Umwelt. Den asketischen Stil Bressons – ↗*Le Journal d'un curé de campagne* und *Pickpocket* (1959) haben unverkennbar Spuren hinterlassen – hat Scorsese verbunden mit der vibrierenden Atmosphäre des New Yorker Straßenlebens. Mit den Worten Schraders: Aus einem »protestantischen Drehbuch« machte der Regisseur einen »sehr katholischen Film«. Als dritter Beteiligter hat Robert De Niro *Taxi Driver* entscheidend geprägt. Mit großer Hartnäckigkeit und Kompromißlosigkeit verfolgen Autor, Regisseur und Darsteller über drei Jahre das Projekt, das schließlich mit dem minimalen Budget von 1,9 Millionen Dollar realisiert werden konnte. Der Film wurde von der Kritik – Goldene Palme in Cannes 1976 – ebenso begeistert aufgenommen wie vom Publikum, wo er rasch Kultfilm-Status erlangte.

»*Taxi Driver*«. London, Boston 1990. (Filmtext).
Georg Alexander: »Inferno in New York«, in: Die Zeit, 8.10.1976; Carmie Amate: »Scorsese on *Taxi Driver* and Herrmann«, in: Focus on Film, 1976, H. 25 (Interview); David Boyd: »Prisoner of the Night«, in: Film Heritage, 1976/77, H. 2; David Ehrenstein: »The Scorsese Picture«. New York 1992; Norbert Grob/Norbert Jochum: »Die Hölle: Das Paradies: Die Stadt«, in: Filme, Berlin, 1981, H. 10; Peter W. Jansen/Wolfram Schütte (Hg.): »Martin Scorsese«. München 1986; Les Keyser: »Martin Scorsese«. New York u.a. 1992; James Monaco: »American Film Now«. München 1985; Julian C. Rice: »Transcendental Pornography and *Taxi Driver*«, in: Journal of Popular Film, 1976, H. 2; Jonathan Rosenbaum: »Essential Cinema«. Baltimore u.a. 2004; Rainer Rother: »Die Faszination des Massakers«, in: Ralf Schnell (Hg.): Gewalt im Film. Bielefeld 1987; Wolfram Schütte: »Ein lauerndes Reptil«, in: Frankfurter Rundschau, 13.11.1976; Georg Seeßlen: »Martin Scorsese«. Berlin 2003; Christopher Sharrett: »The American Apocalypse: Scorsese's *Taxi Driver*«, in: Persistence of Vision, 1984/85, H. 1; Amy Taubin: »*Taxi Driver*«. London 2000; David Thompson/Ian Christie (Hg.): »Scorsese über Scorsese«. Frankfurt a.M. 1996; Richard Thompson: Screenwriter *Taxi Driver*'s Paul Schrader«, in: Filmkritik, 1976, H. 10 (Interview); Robin Wood: »The Incoherent Text: Narrative in the '70s«, in: Movie, 1980/81, H. 27/28.

Stefan Krauss

TEOREMA (Teorema – Geometrie der Liebe). Italien (Aetos Film) 1968. 35 mm, s/w + Farbe, 98 Min.
R+B: Pier Paolo Pasolini. K: Giuseppe Ruzzolini. A: Sergio Citti. S: Nino Baragli. M: Ennio Morricone, Mozart.
D: Terence Stamp (der Besucher), Silvana Mangano (die Mutter), Massimo Girotti (Paolo, der Vater), A. J. Soublette Cruz (Pietro, der Sohn), Anne Wiazemsky (die Tochter), Laura Betti (Emilia, die Haushälterin), Alfonso Gatto (Doktor), Susanna Pasolini (Bäuerin).

Formalistische Strenge, Farbe, Star-Schauspieler, gehobenes Milieu: Pasolini, den man bis dahin als den Erforscher und Mythologen der plebejisch-subproletarischen Welt kannte, überraschte im Jahr 1968, als auch in Italien das bürgerliche Establishment in Frage gestellt wurde, mit einem völlig unzeitgemäßen Film. Nicht genug damit, daß er die Probleme der Bourgeoisie in den Mittelpunkt stellte: Die Kritik an dieser Klasse wird im Namen des Heiligen vorgetragen. *Teorema* provozierte sowohl die Marxisten wie die Katholiken. Trotzdem hat 1968, das Jahr der Revolte, dem Film seinen Stempel aufgedrückt: Die Premiere machte Pasolini zu einer Demonstration gegen das kommerzielle »Produzentenkino«, indem er die Vorführung auf dem Festival von Venedig im letzten Moment platzen ließ und sie in eine Protestveranstaltung umfunktionierte. Eine Provokation war auch, sicher ungewollt, die sexuelle Metaphorik des Films: Ein männlicher Akt führte dazu, daß die römische Staatsanwaltschaft den Film beschlagnahmen ließ. Der anschließende Prozeß endete mit einem Freispruch: *Teorema* wurde zu einem poetischen Werk erklärt, für das die Freiheit der Kunst gilt.

Ein Gott inmitten einer bourgeoisen Familie, der Einbruch des Heiligen in eine materialistisch-heillose Welt, das ist das Theorem, das der Film in klaren, fast mathematischen Schritten entwickelt. Ein schöner, schweigsamer junger Mann kommt als geheimnisvoll angekündigter Besuch in eine Mailänder Industriellenfamilie. Er erweckt bei allen Hausbewohnern – den Eltern, den beiden erwachsenen Kindern, dem bäuerlichen Hausmädchen – bisher verdrängte und verborgene Wünsche, die sich zuerst als sexuelles Begehren kundtun. Nachdem jeder auf seine Weise diese ersehnte Vereinigung mit dem Unbekannten erfahren hat, verschwindet er wieder – aber nichts ist nach dem Besuch so wie vorher. Das Bedürfnis nach dem authentischen Dasein bleibt. Aus der Bahn geworfen, versucht jeder auf seine Weise ein anderes Leben und scheitert. Die Signora treibt sich mit Straßenjungen herum; die Tochter fällt in eine totenähnliche Starre. Der Sohn versucht durch blindes Malen in seiner Kunst etwas Wahres zu erhaschen; der Vater verschenkt seine Fabrik an die Arbeiter und läuft nackt und schreiend durch die Wüste. Nur beim Hausmädchen führt die Flucht aus dem bisherigen Leben zu einem positiven Ergebnis: Ihre nie versiegenden Tränen werden als göttliche Zeichen verehrt. In ihre emilianische Heimat zurückgekehrt, erhebt sie sich in einer Levitation über dem bäuerlichen Elternhaus und wird in die Gemeinschaft aufgenommen und verehrt. Sie heilt Kranke und läßt sich in der Muttererde lebendig begraben, ihre Tränen als heilende Quelle verströmend.

Teorema ist eine Metapher, die sich politisch deuten läßt: Das noch nicht völlig verbürgerlichte Volk, so könnte man folgern, hat noch eine Chance auf Rettung; die Bourgeoisie dagegen kann aus der Begegnung mit dem Heiligen nur in verstörte, perverse Ausflüchte verfallen. Eine Zwischenstellung nimmt der Vater ein, der seine Fabrik ganz bewußt den Arbeitern übergibt und in die Wüste geht. Das Bild der Wüste taucht, als irritierender Zwischenschnitt, immer wieder im Film auf; im parallel zum Film erschienenen Roman ist sie in einmontierten Gedichten präsent. Die Wüste ist eine Utopie, ein positives Gegenbild zum kapitalistischen Universum: die Abwesenheit alles Falschen, Überflüssigen, Irrealen.

Atom Egoyan: »*Théorème* de Pasolini«, in: Positif, 1994, H. 400; Tony Cesare: »Pasolini's Theorem«, in: Film Criticism, 1989, H. 1; Katrin Holthaus: »Im Spiegel des Dionysos. Pier Paolo Pasolinis *Teorema*«. Stuttgart, Weimar 2001; Peter W. Jansen/Wolfram Schütte (Hg.): »Pier Paolo Pasolini«. München 1977; Christoph Klimke (Hg.): »Kraft der Vergangenheit«. Frankfurt a.M. 1988; Matthias Loretan: »Begegnung mit einem göttlichen Gast«, in: Peter Hasenberg (Hg.): Spuren des Religiösen im Film. Mainz 1995; Pier Paolo Pasolini: »Lichter der Vorstädte«. Hofheim 1986; Otto Schweitzer: »Pasolini«. Reinbek 1986; Maurizio Viano: »A Certain Realism«. Berkeley u.a. 1993.

Otto Schweitzer

TERMINATOR 2 – JUDGEMENT DAY

(Terminator 2 – Tag der Abrechnung). USA (Pacific Western/Carolco/Lightstorm Entertainment) 1990. 35 mm, Farbe, 137 Min. R: James Cameron. B: James Cameron, William Wisher. K: Adam Greenberg, Dennis Skotak. S: Conrad Buff, Mark Goldblatt, Richard A. Harris. M: Brad Fiedel.
D: Arnold Schwarzenegger (Terminator T-800), Linda Hamilton (Sarah Connor), Edward Furlong (John Connor), Robert Patrick (T-1000), Earl Boen (Dr. Silberman).

Terminator 2, das Sequel zu *Terminator* (James Cameron, 1984), wurde zu einem eigenständigen, in technischer und filmästhetischer Hinsicht singulär zu nennenden Film, der die Elemente des Action-Kinos bis an die Grenze ihrer klassischen Darstellungsfunktion ausdehnt und letztlich das Genre aufhebt.

Der Plot folgt dem gängigen Muster des Katastrophenszenarios: Die Menschheit befindet sich im Jahre 2029 nach einem Nuklearkrieg apokalyptischen Ausmasses in einem letzten Widerstandskampf gegen die Herrschaft des Supercomputers Skynet und die von ihm entwickelten Kampfmaschinen. Skynet katapultiert den T-1000, das fast unzerstörbare Nachfolgermodell des T-800 aus *Terminator*, mit Hilfe eines Zeitsprungs in die Vergangenheit, um dort John Connor als die zentrale Kraft des menschlichen Widerstandes zu liquidieren. Der Trick zeitlicher Umkehrung wendet sich jedoch gegen Skynet, als die Resistance um John Connor den alten T-800 für ihre Zwecke umprogrammiert. Schließlich gelingt es ihm, den T-1000 zu vernichten und somit rückwirkend sowohl die Herrschaft Skynets als auch den nuklearen Overkill zu verhindern. Sarah Connor, die in *Terminator* noch gegen Schwarzenegger für die Geburt ihres Sohnes John kämpfen mußte, steht nun auf einer Seite mit der Kampfmaschine, die ihren mittlerweile zehnjährigen Sohn beschützen soll. Während sie als in Guerillacamps ausgebildete Amazone das Labor von Dr. Silberman, in dem an der Entwicklung des Skynetchips gearbeitet wird, zerstört, entwickelt sich der T-800 zum Vaterersatz: Der Android, eigentlich bloße Hardware, eignet sich gefühlsecht den Sinn für familiäre Verantwortlichkeiten an.

Deutlich wird die politische Intention des Films im Gedanken, die unaufhaltsam auf die Selbstauslöschung der menschlichen Gattung zusteuernde Geschichte sei korrigierbar. Die Deutungen reichen von einer auf die Analyse der Mutter-Sohn-Beziehung gestützten Kritik patriarchaler Verhaltensstrategien bis zur Ausleuchtung der Menschheitsgeschichte als paläoanthropologisch verankerter Erwerb von Gewaltfähigkeit (Sloterdijk), die sich im messianischen Schluß des Films zur Aussicht auf ein Ende instrumenteller Vernunft verdichtet. Doch Interpretationen, die sich auf die Ebene der Narration beschränken, verfehlen die Eigenart eines Films, dessen Produktion ein Budget von 94 Millionen Dollar verschlang: Der Plot ist dem technischen Spektakel untergeordnet.

Der morphoplastische Cyborg aus Flüssigmetall, die Mensch-Maschine, wird zum handlungsbildenden wie ironisierenden Medium. Cameron bedient sich klassischer spannungsbildender Momente und eingeschliffener Wahrnehmungsmuster, um sie zu unterlaufen. Das Spiel mit den Identifikationsangeboten des Action-Films gestaltet sich nicht als Sprung aus dem Genre, sondern als Verwandlung seiner Topoi innerhalb der erzählten Situation selbst. So geraten Verfolgungsjagden zu monströsen Materialschlachten, deren ziellose Zerstörungswut an die Komik anarchistischer Lust erinnert. Gewaltdarstellung, die im Action-Film auf die physische Vernichtung des Gegners zielt, wird entkräftet durch die tricktechnische Kennzeichnung ihrer Artifizialität. Die Deformation und Zerstörung des menschlichen Körpers weicht der potentiell unendlichen Wiederholung von Verletzung und Reparatur. So löst der Kampf zwischen den kybernetischen Organismen der Cyborgs die Bedrohung des Menschen durch den Androiden, wie sie noch *Terminator* beherrschte, in morphologischen Experimenten auf. In allen vorstellbaren Formen zugefügte Einschüsse werden sichtbar als trichterförmige Löcher, die sich in kürzester Zeit in den Körper zurückverwandeln. Eine solche, an der grenzenlos formbaren Substanz des T-1000 demonstrierte, schlechte Unendlichkeit des Duells zwischen Gut und Böse wird zum Irrwitz der Idee des Reparablen im Rahmen eines Genres, das die Utopie der moralischen Distinktion hinter sich lassen muß, will es nicht fortlaufend gängige Freund-Feind-Schemata bedienen. So ist der von Sarah und John, zugleich durch die Moralität des Terminators vertretene Einspruch gegen die Maschinisierung der Welt letztlich nur Anlaß, die politische Aufladung solcher Filme als absurde, dem Medium inadäquate Überfrachtung offenzulegen. Der im Genre stets aufs neue betriebene finale Kampf um die sog. Wertordnung überschreitet die Grenze der Identifizierbarkeit mit der ›richtigen Seite‹ dort, wo die Maschine den Körper vertritt und nicht einmal mehr die menschliche Gestalt in ihrer Verletzbarkeit anerkannt wird. Der Action-Film unterläuft seine ideologische Konstante, Gewaltbedürfnisse zu aktualisieren, indem er seine Formen radikalisiert, beschleunigt und auf höchstem technischen Niveau perfektioniert. Die Befriedigung von virilen Wünschen nach Zerstörung ist in der Konstellation zwischen T-800 und T-1000 obsolet geworden. Sie wird im Kampf zweier Mensch-Maschinen zum hohnlachenden Geballer zwischen – zwar von ›Mächten‹ gesteuerten, letztlich aber wildgewordenen – Computern, virtuell-unendlich und damit beinahe gegenstandslos. Daß dennoch das veraltete, im Dienste der Humanität umprogrammierte Modell die Oberhand behält, vermag den sittlichen Anspruch, den Sarah und John repräsentieren, zwar bestätigen, bleibt aber angesichts der technischen Überdetermination des Geschehens nebensächlich. Mit erhobenem Daumen, der sportiven Geste des Siegers, der sein eigenes Verschwinden im Stahlbad beschließt, signalisiert *Terminator 2* am Schluß zugleich das Ende des Genres.

»*Terminator 2: Judgement Day*«. New York 1991. (Filmtext).

Syd Field: »Filme schreiben. Wie Drehbücher funktionieren«. Hamburg 2001; Herbert M. Hurka: »Filmdämonen«. Marburg 2004; Hans-Dieter König: »Mutter und Sohn und ein Mensch aus Stahl«, in: medien praktisch, 1994, H. 1; Thomas Oberender: »Zwischen Mensch und Maschine«. Siegen 1993; Fred Pfeil: »Home fires burning: Family noir in *Blue Velvet* and *Terminator 2*«, in: Joan Copjec (Hg.): Shades of Noir. London, New York 1993; Andreas Rauscher: »*Terminator. Terminator 2 – Tag der Abrechnung*«, in: Thomas Koebner (Hg.): Filmgenres: Science Fiction. Stuttgart 2003; Don Shay/Jody Duncan: »The Making of T2, *Terminator 2: Judgment Day*«. New York 1991; Peter Sloterdijk: »Sendboten der Gewalt. Zur Metaphysik des Action-Kinos«, in: Andreas Rost (Hg.): Bilder der Gewalt. Frankfurt a.M. 1994; George Turner: »*Terminator 2*: For FX, The Future Is Now«, in: American Cinematographer, 1991, H. 12.

Jürgen Roth

LA TERRA TREMA (Die Erde bebt). Italien (Universalia) 1947/48. 35 mm, s/w, 165 Min.
R: Luchino Visconti. B: Luchino Visconti, nach dem Roman »I Malavoglia« von Giovanni Verga. K: Aldo Graziati. S: Mario Serandrei. M: Luchino Visconti, Willy Ferrero.
D: Die Einwohner des sizilianischen Dorfes Aci Trezza.

La terra trema ist ein Lehrstück des italienischen Neorealismus. Die Handlung ist wunderbar einfach und wirkt trotzdem nicht schablonenhaft. In dem kleinen sizilianischen Fischerdorf Aci Trezza lebt die Familie Valastro vom Fischfang. Seitdem der Vater auf See geblieben ist, ist Ntoni, der älteste Sohn, mit seinen Brüdern für die Existenzsicherung der Familie verantwortlich. Nach jeder Ausfahrt muß um den Fang gefeilscht werden; durch Absprache können die Händler den Preis diktieren. Ntoni will die zum Himmel schreiende Ungerechtigkeit nicht länger akzeptieren und zettelt eine kleine Revolte an, als er die »Judaswaage« eines Grossisten ins Meer schleudert. Er sucht nach neuen Wegen, um sich aus der Abhängigkeit zu befreien: Mittels einer Hypothek auf die armselige Hütte der Familie kauft er ein größeres Boot, mit dem sie weiter hinaus aufs Meer, zu neuen Fischgründen, fahren können, und heuert noch einige Männer an, so daß auch er jetzt als »Unternehmer« tituliert wird.
Anfangs hat er Erfolg, und das soziale Prestige der Valastros steigt merklich im Dorf. Aber sie müssen bei jedem Wind und Wetter auf Fischfang gehen, um die Schulden bei der Bank abzubezahlen. Als sie Schiffbruch erleiden, fehlt das Geld für die Reparatur. Das Haus wird gepfändet. Cola, ein Bruder Ntonis, verläßt mit ungewissem Schicksal das Dorf, und Ntoni muß sich mit seinen anderen Brüdern auf dem Schiff eines der verhaßten Händler verdingen. Die Familie Valastro befindet sich nun auf der untersten Ebene der Dorfhierarchie.
La terra trema sollte eigentlich die »Episode des Meeres« einer Trilogie werden; die beiden anderen, nicht realisierten Teile sollten vom Leben der Bauern und Arbeiter im Süden Italiens berichten. »Die Erde bebt« – gemeint ist mit dieser Metapher die Hoffnung auf die Emanzipation der abhängig Arbeitenden. Für Visconti ging der Weg des Erkennens »Von Verga zu Gramsci«, von der literarischen Vorlage des Romanciers Giovanni Verga zu den politischen Einsichten des KPI-Führers Antonio Gramsci. »Ich halte es für unmoralisch, daß Menschen von ein paar Ausbeutern dazu verdammt werden, ein Hungerleben zu führen«, erklärt im Film Ntoni seiner Familie. Daß Visconti die Betroffenen sich selbst darstellen läßt, verleiht den Bildern quasi dokumentarische Authentizität. Im Original wird der sonst nirgends zu verstehende sizilianische Dialekt gesprochen; auch in Italien sind Untertitel notwendig. Visconti kommt mit wenig Kunstlicht aus, nutzt die Tiefenschärfe und lange Einstellungen mit sanften Schwenks bzw. Kamerafahrten. Die filmische Einfachheit erlangt mit einer ebensolchen Handlung ein beeindruckendes Gleichgewicht: Die formale Struktur schafft soziale Transparenz; die Nüchternheit der Dramaturgie wird ausgeglichen durch eine subtile Bildkomposition.
Visconti gelang mit *La terra trema* eine »paradoxe Synthese von Realismus und Ästhetik« (André Bazin). Bei der Uraufführung erwies sich der Film zunächst als kommerzieller Mißerfolg: Vor Armut und Elend Süditaliens schloß man lieber die Augen. Zwölf Jahre später knüpfte Visconti mit ↗*Rocco e i suoi fratelli* an *La terra trema* an: Wie Cola, Ntonis Bruder, verläßt Rocco seine süditalienische Heimat, um sich sein Leben verdienen zu können.

»*La terra trema*«. Hg. Enzo Ungari u.a. Bologna 1977. – Engl. in: Luchino Visconti: Two Screenplays. New York 1970. (Filmtext).
Jean Bastaire: »Le Réalisme lyrique de *La Terra tremble*«, in: Études cinématographiques, 1963, H. 26/27; André Bazin: »Was ist Film?«. Berlin 2004; Carmine Chiellino: »Der neorealistische Film«, in: Text + Kritik, 1979, H. 63; J. Fieschi: »Visconti années quarante«, in: Cinématographe, 1978, H. 42; Peter W. Jansen/Wolfram Schütte (Hg.): »Luchino Visconti«. München 1975; Marsha Kinder/Beverle Houston: »Three Cinema Movements«, in: dies.: Close-Up. New York u.a. 1972; Hartmut Köhler: »Die einfachen Wahrheiten – Der italienische Neorealismus: *Die Erde bebt* (1947)«, in: Werner Faulstich/Helmut Korte (Hg.): Fischer Filmgeschichte. Bd. 3. Frankfurt a.M. 1990; Rosaria Pru-

dente: »I proverbi di Verga nelle variazioni di Visconti«, in: Cinema Nuovo, 1980, H. 267; Vincent F. Rocchio: »Cinema of anxiety: a Lacanian reinvestigation of Italian Neorealism«. Ann Arbor 1991; Francesco Rosi: »En travaillant avec Visconti«, in: Positif, 1979, H. 215; Luchino Visconti: »Von Verga zu Gramsci«, in: Theodor Kotulla (Hg.): Der Film. Manifeste, Gespraeche, Dokumente. Bd.2. München 1964.

Uwe Müller

DAS TESTAMENT DES DR. MABUSE

Deutschland (Nero-Film) 1932. 35 mm, s/w, 122 Min.
R: Fritz Lang. B: Thea von Harbou. K: Fritz Arno Wagner, Karl Vash. Ba: Karl Vollbrecht, Emil Hasler. M: Hans Erdmann.
D: Rudolf Klein-Rogge (Dr. Mabuse), Oscar Beregi (Dr. Baum), Gustav Diessl (Thomas Kent), Otto Wernicke (Kommissar Lohmann).

Die Uraufführung war für den 24. März 1933 vorgesehen. Einen Tag vorher teilte das Branchenorgan »Der Kinematograph« mit, die Premiere müsse verschoben werden; stattdessen werde *Blutendes Deutschland*, ein Film der nationalen Erhebung, gezeigt. Drei Tage später schaffte der Produzent Seymour Nebenzahl mehrere Kopien ins Ausland und setzte sich vorsichtshalber ab. Am 28. März lobte Propagandaminister Goebbels in einer programmatischen Rede Langs ↗*Nibelungen*-Film, einen Tag später wurde *Das Testament des Dr. Mabuse* verboten und das Negativ des Films beschlagnahmt. Fritz Lang emigrierte, die Uraufführung fand in Wien statt.

Hatte zehn Jahre zuvor ↗*Dr. Mabuse, der Spieler* die Inflationszeit gespiegelt, so sah Lang in einer Fortsetzung die Möglichkeit, »wie in einem Gleichnis Hitlers Terrormethoden aufzuzeigen«. Doch diese Erklärung ist eine nachträgliche Interpretation; der Film nimmt nicht politisch Stellung. Intuitiv erkannte der Regisseur, daß Mabuse in dem von Angst und Unsicherheit geprägten gesellschaftlichen Klima eine höchst zeitgemäße Figur war. Straßenschlachten, Überfälle und Putschversuche zeigten deutlich, daß der Staat der Lage nicht mehr Herr wurde, die Weimarer Republik vor ihrem Ende stand. Als erster Film wurde nach der nationalsozialistischen Machtergreifung *Das Testament des Dr. Mabuse* verboten: Das Gewalt- und Machtmonopol des Staates durfte nicht mehr in Frage gestellt werden. Vergeblich versuchte der Verleih, der bereits mehr als 200.000 Reichsmark investiert hatte, den Film zu retten: Kommissar Lohmann sollte in einer Rahmenhandlung die neuen Verhältnisse begrüßen und für die Todesstrafe plädieren. Doch die Filmprüfstelle blieb bei ihrem Urteil, der Film gefährde die öffentliche Sicherheit und Ordnung, er sei für kommunistische Elemente »geradezu ein Lehrbuch zur Vorbereitung und Begehung terroristischer Akte«: »Wenn es keine Filmzensur in Deutschland gäbe, so würde dieser Film allein genügen, ihre Notwendigkeit zu begründen«, ereiferte sich ein Oberregierungsrat des Reichsinnenministeriums.

Der Film kehrt ein z.B. aus ↗*Das Cabinet des Dr. Caligari* bekanntes Motiv des Horrorfilms um: Hier benutzt nicht ein Anstaltsleiter einen Patienten für seine kriminellen Machenschaften, sondern Dr. Mabuse, am Ende des ersten Films in eine Irrenanstalt eingeliefert, macht mit Hilfe hypnotischen Zwangs den Arzt Prof. Baum zu seinem Werkzeug. Mabuse verfolgt einen ebenso genialen wie wahnsinnigen Plan: Sabotageakte sollen die Ordnung unterminieren und zerstören. Auf dem Chaos will er »die Herrschaft des Verbrechens« errichten: »Die Seele des Menschen muß in ihren tiefsten Tiefen verängstigt werden durch unerforschliche und scheinbar sinnlose Verbrechen, Verbrechen, die niemandem Nutzen bringen, die nur den einen Sinn haben, Angst und Schrecken zu verbreiten.« Mabuse stirbt, und sein Geist ergreift Besitz von Baum. Die ›Seelenwanderung‹ wird durch Doppelbelichtung ins Bild gesetzt, wie überhaupt in der Welt des Irrenhauses die visuellen Effekte des expressionistischen Films dominieren. Baum setzt die in den hinterlassenen Papieren Mabuses skizzierten Pläne in die Tat um: »Attentate auf Eisenbahnlinien, Gasometer, Chemische Fabriken«. Langs Horrorvision befindet sich auf der Höhe der Zeit, und sein mit Raffinement inszenierter Kriminalfilm nutzt die bei ↗*M* – aus dem auch die Figur von Mabuses Gegenspieler, Kommissar Lohmann, stammt – erprobten ästhetischen Möglichkeiten des Tonfilms. Virtuos werden die generalstabsmäßig organisierten Aktionen der Bande und das Zusammenziehen des Verfolgernetzes in Szene gesetzt; zugleich sind unschwer Motive, die Lang zeitlebens fasziniert haben, wiederzuerkennen: klaustrophobische Ängste in geschlossenen Räumen, magische Kommunikation mittels Hypnose oder technischer Apparate, rätselhafte Zeichen und ihre Dechiffrierung.

Am Ende seines Lebens ließ sich Lang, wider besseren Wissens, darauf ein, seine alten Stoffe neu zu verfilmen. Sein letzter Film wurde, mit Peter van Eyck und Gert Fröbe in den Hauptrollen, *Die tausend Augen des Dr. Mabuse* (1960). Lang hatte es gereizt, die Mabuse-Figur mit neuen Formen der Bedrohung und weiterentwickelter Technik zu konfrontieren: Atombombe und totale Überwachung. Der machtbesessene Verbrecher, der Masken und Identitäten wechselt, hat einen Nachfolger gefunden. Die Beunruhigung, die bei Lang über das bloße Spannungsmoment hinausgeht, liegt in der Ambivalenz des Bösen: Die Dekadenz in *Dr. Mabuse, der Spieler*, die anarchistische Destruktion der Ordnung in *Das Testament des Dr. Mabuse*, schließlich die allgegenwärtige Beobachtung durch unsichtbare Monitore in *Die tausend Augen des Dr. Mabuse* lösen sowohl Horror wie Faszination aus. In Langs letztem Mabuse-Film nimmt der Zuschauer teilweise die Perspektive des dämonischen Übermenschen ein und wird selbst zum Voyeur, der durch die Monitore spioniert. Dem Film fehlt jedoch die suggestive Bildkraft seiner Vorgänger.

Die tausend Augen des Dr. Mabuse wurde zum Auftakt einer Reihe von billigen Kriminalreißern, die nach dem üblichen Schema von Routiniers des Fünfziger-Jahre-Kinos inszeniert wurden. Harald Reindl drehte *Im Stahlnetz des Dr. Mabuse* und *Die unsichtbaren Krallen des Dr. Mabuse* (beide 1961), Paul May *Scotland Yard jagt Dr. Mabuse* (1963), Hugo Frogenese *Die Todesstrahlen des Dr. Mabuse* (1964); Werner Klingler steuerte ein dürftiges Remake von *Das Testament des Dr. Mabuse* (1962) bei. Die aus einem Fortsetzungsroman stammende Mabuse-Figur, von Lang für visionäre Zeitbilder genutzt, sank wieder herab zum Serienhelden des Trivialkinos.

Barbara Bongartz: »Von Caligari zu Hitler – von Hitler zu Dr. Mabuse?«. Münster 1992; Michel Chion: »La voix au cinéma«. Paris 1982; Michael Farin/Günter Scholdt (Hg.): »Anhang«, in: Norbert Jacques: Das Testament des Dr. Mabuse. Hamburg 1994; Lucy Fischer: »Dr. Mabuse and Mr. Lang«, in: Wide Angle, 1979/80, H. 3; Norbert Grob: »Zeichen der Wirklichkeit«, in: Die Zeit, 8.5.1981; Anette Kaufmann: »Angst. Wahn. Mord«. Münster 1990; Reinhold Keiner: »Thea von Harbou und der deutsche Film bis 1933«. Hildesheim u.a. 1984; Siegfried Kracauer: »Von Caligari zu Hitler«. Frankfurt/M. 1979; Gertraude Kühn: »*Das Testament des Dr. Mabuse*«, in: Horst Knietzsch (Hg.): Prisma 19. Berlin (DDR) 1990; Gérard Legrand: »Le nom de l'innommable«, in: Positif, 1980, H. 228; Paul Rotha: »*Last Will of Dr. Mabuse*«, in: Cinema Quarterly, 1934, H. 3; Gösta Werner: »Fritz Lang and Goebbels: Myth and Facts«, in: Film Quarterly, 1989/90, H. 3; Kraft Wetzel/Peter Hagemann: »Zensur. Verbotene deutsche Filme 1933–1945«. Berlin 1978.

Michael Töteberg

DER TEUFEL MIT DER WEISSEN WESTE ↗ Doulos

DIE TEUFLISCHEN ↗ Diaboliques

O THIASOS (Die Wanderschauspieler).

Griechenland (Giorgos Papalios Productions) 1974. 35 mm, Farbe, 223 Min.
R+B: Theo Angelopoulos. K: Giorgos Arvanitis.
A: Mikes Karapiperis, Giorgos Patsas.
Ba: Giorgos Koliopandos. S: Takis Davlopoulos, Giorgos Triantafillou. M: Fotos Lambrinos.
D: Eva Kotamanidou (Elektra), Aliki Georgouli (Mutter), Stratos Pachis (Vater), Vangelis Kazan (Spitzel), Maria Vassiliou (Jüngere Schwester), Petros Zarkadis (Orestis), Kyriakos Katrivanos (Mitglied der Schauspielertruppe), Grigoris Evangelatos (Poet).

O Thiasos wurde, obwohl von der griechischen Regierung nicht zum offiziellen Wettbewerb gemeldet, bei den Filmfestspielen in Cannes 1975 zum hymnisch gefeierten Ereignis. Der Siegeszug von Angelopoulos' Meisterwerk war nicht mehr aufzuhalten: In Italien, Japan, England und Portugal, auf den Filmfestivals der ganzen Welt wurde der Film prämiert und erhielt schließlich sogar eine Oscar-Nominierung. Doch *O Thiasos* bedeutete nicht nur den Durchbruch für einen eigenwilligen Vertreter des europäischen Autorenkinos; es ist, wie Peter Buchka nach der Aufführung in Cannes prophezeite, »ein Film, der für das Griechenland nach der Junta ähnliche Bedeutung erlangen wird wie Eisensteins *Potemkin* fürs revolutionäre Rußland oder Rossellinis *Rom, offene Stadt* für das Italien der Nachkriegszeit.«

November 1952. In einem kleinen Provinztheater tritt eine Truppe von Wanderschauspielern auf. Draußen tobt der Wahlkampf, aus dem der als Kommunistenjäger berüchtigte Marschall Papagos als Sieger hervorgeht. Angelopoulos blendet zurück in die griechische Zeitgeschichte: Im Herbst 1939, einen Tag vor dem Besuch des deutschen Propagandaministers Goebbels im antiken Olympia, hat die Truppe mit dem gleichen Stück ebenfalls in dem Städtchen Ägion gastiert. Die Geschichte der Wanderschauspieler – Kern der Truppe ist eine fünfköpfige Familie – ist eng verknüpft mit den politischen Ereignissen: Der Vater wird im Krieg von den Deutschen hingerichtet; die Mutter und ihr Liebhaber, der einzige Faschist und Spitzel in der Truppe, werden von dem Sohn ermordet. Das durch Griechenland reisende Ensemble hat im Repertoire ein altes Schäferstück, das immer wieder, z.B. in einer Vorstellung am Strand vor britischen Soldaten, zum Einsatz kommt. Zu dieser zweiten Ebene – Theater im Film – gesellt sich noch eine dritte: Figurenkonstellation und Handlung folgen dem Muster der Atridensage. Der Vater ist Agamemnon, die ältere Tochter eine rachgierige Elektra, welche ihrer jüngeren Schwester die Passivität nicht verzeiht und den Bruder Orestis anstiftet, blutige Vergeltung zu üben. Wie kunstvoll Angelopoulos die verschiedenen Ebenen verschachtelt, sei an einem Beispiel demonstriert. Der Antifaschist und Partisan Orestis rächt seinen Vater. Er ermordet, während sie als Zissis und Astero in »Golfo, die Schäferin« auf der Bühne stehen, Ägist, den Spitzel, und Klytämnestra, die untreue Mutter; indem er die Rolle des mythischen Orestes wiederholt, führt er zugleich die Aufführung der bukolischen Tragödie unter neuen Vorzeichen weiter: Das Publikum im Saal tobt vor Begeisterung. Allerdings wird sich keine Athena für ihn einsetzen: Der Partisan, verurteilt vom Militärgericht, wird exekutiert. Götter, lehrt Angelopoulos, existieren im modernen Bürgerkrieg nicht.

Der innere Rhythmus des Films wird bestimmt durch extrem lange Einstellungen (131 in 233 Minuten) und virtuose Kamerafahrten. Angelopoulos bevorzugt Plansequenzen, »weil sie viel mehr Freiheit offenlassen und einen aktiveren Zuschauer verlangen. Daneben bringt die Plansequenz ein dialektisches Element ins Spiel, das in der Montage nicht existiert: das Moment des Off-Raums.« Sein Konzept des epischen Films ist – man denke u.a. an die Funktion der Chansons – inspiriert von Brecht. Anstelle des konventionellen Flashbacks, aus einer individuellen Erinnerung heraus vollzogen und mit Schnitten montiert, privilegiert die Plansequenz die kollektive, nicht psychologisch bedingte Erinnerung. Ein dreihundert Meter langes Travelling verfolgt eine Gruppe von Faschisten vom Neujahr 1946 in den November 1952. Die chronologische Diskontinuität, zugleich ein Verfremdungseffekt, setzt eine didaktisch-analytische Kontinuität, die innere Abläufe und nicht zuletzt Korrespondenzen zwischen Mythos und Geschichte sichtbar macht: »Angelopoulos schreibt seine Filme im Präsens quer durch die Zeit« (Ruggle).

»*Die Wanderschaupieler*«, in: Walter Ruggle: Theo Angelopoulos: Filmische Landschaft. Baden (Schweiz) 1990. (Filmprotokoll).

Barthélemy Amengual: »Une esthétique ›théâtrale‹ de la réalité«, in: Positif, 1985, H. 288; Theo Angelopoulos: »Interviews«. Hg. Dan Fainaru. Jackson 2001; Peter Buchka: »Elektra trauert noch immer«, in: Süddeutsche Zeitung, 16.5.1975; Reinhard Middel: »Erzählter Mythos, erinnerte Geschichte«, in: Ernst Karpf u.a. (Hg.): Once upon a time ... Marburg 1998; Peter W. Jansen/Wolfram Schütte (Hg.): »Theo Angelopoulos«. München 1992; Isabelle Jordan: »Pour un cinéma épique«, in: Positif, 1975, H. 174; Ekkehard Pluta: »*Die Wanderschaupieler*«, in: medium, 1975, H. 8; Walter Ruggle: »Am Ende beginnt alles von vorne«, in: Filmbulletin, 1986, H. 4; Roland H. Wiegenstein: »Hinweis auf Theo Angelopoulos«, in: Merkur, 1977, H. 6;

David Wilson: »*The Travelling Players*: A Historical Guide«, in: Monthly Film Bulletin, 1976, H. 508; ders.: »*The Travelling Players*«, in: Sight and Sound, 1975/76, H. 1.

Miltos Pechlivanos

THE THIRD MAN (Der dritte Mann).

Großbritannien (British Lion Film) 1949.
35 mm, s/w, 104 Min.
R: Carol Reed. B: Graham Greene. K: Robert Krasker. A: Vincent Korda. S: Oswald Hafenrichter. M: Anton Karas.
D: Joseph Cotten (Holly Martins), Alida Valli (Anna Schmidt), Trevor Howard (Major Calloway), Orson Welles (Harry Lime).

»Jeder muß sich in acht nehmen in einer solchen Stadt«, warnt der Rumäne den naiven Amerikaner. Holly Martins, Autor von nicht sonderlich berühmten Westernromanen, ist nach Wien gekommen, doch er findet keine beschwingte Walzer-Metropole vor. Der Krieg ist vorbei, die Stadt liegt in Trümmern, von den Siegern in vier Besatzungszonen geteilt. Auf dem Schwarzmarkt werden nicht nur Tafelsilber und Uhren gegen Lebensmittel getauscht, sondern auch schmutzige Geschäfte gemacht. Mit verdünntem Penicillin zum Beispiel.

Martins wollte einen alten Freund treffen, doch er kommt gerade noch rechtzeitig zu dessen Beerdigung: Harry Lime ist überfahren worden, und die Umstände wirken recht mysteriös. Martins stellt Recherchen auf eigene Faust an, verliebt sich in Limes Freundin Anna, gerät zwischen die Fronten – sein Schulfreund, den er vor dem Krieg zuletzt gesehen hat, ist ein skrupelloser Verbrecher. Und Harry Lime lebt: Sein Tod war nur fingiert, im Sarg liegt eines seiner Opfer. Am Ende läßt Martins sich von Major Calloway als Lockvogel einsetzen. Lime flüchtet in das Labyrinth der unterirdischen Kanalisation. Es kommt zu einem Schußwechsel, dem gehetzten Lime gibt Martins den Gnadenschuß. Wieder steht er, diesmal wirklich, vor dem Grab. Die letzte Einstellung ist eine Totale: Statt abzureisen steht Martins auf der Chaussee des Friedhofs und wartet auf Anna. Es dauert unendlich lange, bis sie ihn erreicht – und ohne ein Wort vorbeigeht.

Wien ist in diesem Film eine Geisterstadt: Auf den Straßen wird mit Licht gespart, und selbst das Riesenrad ist menschenleer, denn die Kinder haben kein Geld. Intakt ist nur noch die stinkende Welt untertage: ein verwirrendes, von Ratten bevölkertes System von Gängen und toten Abzweigungen. Die Zeit ist aus den Fugen. Robert Krasker, für diesen Film mit einem Oscar ausgezeichnet, kippt die Kamera manchmal nach links, so daß die Bilder schief wirken – Menschen und Gegenstände scheinen ins Rutschen zu geraten. Der Film spielt fast ausschließlich nachts: dunkle Straßen und Höfe, Treppenhäuser mit Wendeltreppen und Innenräume, die einen stikkig-musealen Eindruck machen. Der visuelle Stil weist *The Third Man* als Vermischung zweier Genres aus: Der Film noir paart sich mit dem Trümmerfilm. Auch der klassische deutsche Film hat Spuren hinterlassen. Der kleine Junge mit dem Ball, der zuerst im Türrahmen erscheint, später auf der Straße Martins einen Mörder nennt, oder der Mann mit den Luftballons, der den polizeilichen Zugriff gefährdet: Solche Szenen scheinen direkt aus Fritz Langs ↗*M* abgeleitet. Der Schriftsteller glaubt, Gangstern in die Hände gefallen zu sein, doch wird er nur im Rahmen des Reeducation-Programms auf ein Podium gezerrt, wobei im Publikum einer der zwielichtigen Freunde Limes sitzt: eine Szene aus einem Hitchcock-Film. Carol Reed hat sich überall bedient und doch etwas Eigenes geschaffen, das nie aussieht wie die Kombination fremder Errungenschaften.

The Third Man ist ein Glücksfall, der sich nicht wiederholen ließ: Das ästhetische Konzept, das Ausdruck einer verunsicherten Gesellschaft war, ging nur auf in dieser historischen Situation; in jedem anderen Milieu mußte es als manirierte Effekthascherei erscheinen. Mitgewirkt an Reeds Welterfolg haben der Produzent Alexander Korda, von dem die Idee stammte, und Graham Greene, der das Drehbuch schrieb. Er hatte eigentlich ein konventionelles Happy End vorgesehen; seine später veröffentlichte Erzählung stellt keine literarische Vorlage dar, sondern war die erste Arbeitsstufe zum Drehbuch. Schließlich gehört zu *The Third Man* die ebenso eingängige wie unverwechselbare Musik. Das Zitherspiel von Anton Karas, den Reed in einem Heurigenlokal entdeckte, begleitet leitmotivisch den ganzen Film.

Orson Welles hat keine große Rolle, doch gibt er dem Film die entscheidende Prägung. »Die pralle Ruchlosigkeit, die jungenhaft verderbte Skrupellosigkeit, die mit dem ersten Aufleuchten dieser Augen in der dunklen Straße schon feststehen. Meisterhaft und unvergeßlich«, heißt es in der zeitgenössischen Kritik von Friedrich Luft (»Die Neue Zeitung«, 11.1.1950). Lange wird von Harry Lime nur gesprochen; Martins erinnert sich an alte Geschichten aus der gemeinsamen Schulzeit: Vielleicht sei nicht alles ganz sauber gewesen, »aber er machte es auf sehr charmante Art«. Mit dem ersten Auftritt ist die Figur präsent. Seine Philosophie, mit der er sich gegenüber dem Freund rechtfertigt, war Originalton Welles: Martins solle an Italien unter den Borghias denken – es habe nur Krieg gegeben, Terror und Blut, aber auch Michelangelo, Leonardo und die Renaissance. »In der Schweiz herrschte brüderliche Liebe – 500 Jahre Demokratie und Frieden –, was haben wir davon? Die Kuckucksuhr! Adieu, Holly!« Welles erfand nicht nur solche Dialogpassagen, er machte aus der Figur einen Mythos. Joseph Cotton war schon einmal sein Gegenspieler: in ↗*Citizen Kane*. In Nebenrollen, als Bürger von Wien, sieht man ein prominentes Ensemble von deutschen und österreichischen Schauspielern: Paul Hörbiger, Ernst Deutsch, Erich Ponto. Die historische Patina hat *The Third Man* nicht geschadet, sondern seine Qualität als atmosphärisches Zeitbild noch verstärkt.

»*The Third Man*«. London 1973. (Filmprotokoll).
Peter Bogdanovich: »Hier spricht Orson Welles«. Weinheim, Berlin 1994 (Interview); Lynette Carpenter: »›I Never Knew the Old Vienna‹: Cold War Politics and *The Third Man*«, in: Film Criticism, 1978/79, H. 1; Charles Drazin: »In Search of *The Third Man*«. London 1999; Marc Ferro: »Conflict Within *The Third Man*«, in: ders.: Cinema and History. Detroit 1988; Joseph A. Gomez: »*The Third Man*: Capturing the Visual Essence of Literary Conception«, in: Literature/Film Quarterly, 1974, H. 4; Graham Greene: »Preface to *The Third Man*«, in: ders.: The Graham Greene Film Reader. New York 1994; Gertrud Koch: »Das Riesenrad der Geschichte«, in: Ruth Beckermann/Christa Blümlinger (Hg.): Ohne Untertitel. Wien 1996; Glenn K.S. Man: »*The Third Man*: Pulp Fiction and Art Film«, in: Literature/Film Quarterly, 1993, H. 3; James W. Palmer/Michael M. Riley: »The Lone Rider in Vienna: Myth and Meaning in *The Third Man*«, in: Literature/Film Quarterly, 1980, H. 1; Gottfried Schröder: »Abstieg ins Dunkel: *The Third Man*«, in: Franz-Josef Albersmeier/Volker Roloff: Literaturverfilmungen. Frankfurt a.M. 1989; Brigitte Timmermann/Frederick Baker: »*Der dritte Mann*. Auf den Spuren eines Filmklassikers«. Wien 2002; William F. Van Wert: »Narrative Structure in *The Third Man*«, in: Literature/Film Quarterly, 1974, H. 4.

Michael Töteberg

TIME OF THE GYPSIES

↗ Dom za vesanje

TITANIC

USA (Lightstorm Entertainment/20th Century Fox/Paramount) 1997. 70 mm, Farbe, 194 Min.
R+B: James Cameron. K: Russell Carpenter. S: Conrad Buff. M: James Horner.
D: Leonardo DiCaprio (Jack Dawson), Kate Winslet (Rose DeWitt Bukater), Billy Zane (Cal Hockley), Kathy Bates (Molly Brown), Gloria Stuart (Rose als alte Frau).

»Nun hat Hollywood also die ganze Geschichte noch einmal aufgewärmt«, begann der Schriftsteller Erik Fosnes Hansen seine Filmbesprechung. »Die Schauspieler spielen ganz ordentlich, jedenfalls das bißchen, was sie zu spielen haben. Der Dialog wirkt, als hätte man ihn im Büro der Trivialautorin Danielle Steel vom Boden aufgesammelt. Die Handlung ist ausgedacht und banal, zu hundert Prozent vorhersehbar.« Auch die professionelle Filmkritik war nach der Premiere wenig angetan: »Armselige Standarddramatik«, befand man, »eine Schnulze«, – die sich nach rund zwei Stunden endlich zum Katastrophenfilm mausert«. »Man muß ihn nicht unbedingt gesehen haben«, meinte die »Frankfurter Allgemeine«. Doch auch kluge Köpfe können sich irren: 18 Millionen Zuschauer sahen *Titanic* allein im deutschen Kino. In 14 Kategorien nominiert (nicht jedoch Leonardo DiCaprio), gewann *Titanic* 11 Oscars, mehr als der bisherige Rekordhalter *Ben Hur*. James Cameron, ein Hollywood-Maniac, wollte ein Cine-

Titanic: Leonardo DiCaprio und Kate Winslet

mascope-Epos erzählen, von ähnlicher Dimension wie die Klassiker *Doctor Zhivago* oder ↗*Gone With the Wind*. Er ließ für 50 Millionen Dollar in einem eigens für den Film gebauten Studio die »Titanic« maßstabsgetreu nachbauen und trieb mit 550 computergenerierten Einstellungen das Production Value in ungeahnte Höhen. Camerons Gigantomanie und Größenwahnsinn entsprachen der Hybris der »Titanic«-Erbauer, und nicht wenige sagten dem Film das gleiche Schicksal voraus wie dem Luxusdampfer. Doch der mit Produktionskosten von 200 Millionen Dollar teuerste Film wurde mit einem Einspielergebnis von weltweit über 1,8 Milliarden Dollar (die Erlöse aus Fernsehverkäufen, Video-, DVD- und Merchandisingverwertungen nicht mitgerechnet) zum kommerziell erfolgsreichsten Film aller Zeiten.

Der phänomenale Erfolg läßt sich nicht allein erklären mit industriellem Kalkül und geschicktem Marketing, den grandiosen Kinobildern oder dem Mädchenschwarm Leonardo DiCaprio. Die massenwirksame Suggestion, die *Titanic* beim Kinopublikum überall auf der Welt auslöste, beruht auf der Verschränkung vertrauter archaischer Motive und ihren psychologischen Konnotationen. Cameron plündert tradierte, im kollektiven Bewußtsein zu Klischees abgesunkene Mythen und lädt sie auf mit aktualisierten Bedeutungen.

»Eine bessere Geschichte hätte man gar nicht erfinden können«, bekannte Cameron. Die Tragödie des als unsinkbar geltenden Luxusliners, der auf seiner Jungfernfahrt am 14. April 1912 einen Eisblock rammte, wurde rasch zum Symbol, das Fortschrittsoptimismus und Technikgläubigkeit der Moderne in Frage stellte. Vier Monate nach der Katastrophe kam bereits der erste Film ins Kino: *In Nacht und Eis*, gedreht in Cuxhaven, Hamburg und einem Berliner Hinterhof. (Kopien des verschollen geglaubten Stummfilms aus der Frühzeit des Kinos tauchten, filmhistorischer Nebeneffekt des Cameron-Blockbusters, 1988 wieder auf.) Herbert Selpins *Titanic* (1943) ist propagandistisch unterfüttert: Der gewissenhafte deutsche Erste Offizier versucht, das Unglück zu verhindern, scheitert jedoch an der Geldgier der englischen Schiffseigner. Zehn Jahre später mutierte der Stoff mit der amerikanischen Produktion *Titanic* (*Der Untergang der Titanic*, Regie Jean Negulesco) zum perfekten Melodrama, gespielt von Stars wie Barbara Stanwyck und Clifton Webb. Roy Ward ging es in *A Night to Remember* (*Die letzte Nacht der Titanic*, 1958) um eine möglichst genaue Rekonstruktion (das Drehbuch verfaßte der Thriller-Autor Eric Ambler).

Cameron konstruierte seinen *Titanic*-Film als Retrospektive, eingebettet in eine in der unmittelbaren Gegenwart angesiedelte Rahmenhandlung. Ein mit modernster Technik ausgerüstetes Team stößt in Tauchkapseln zum auf dem Meeresgrund liegenden Wrack der »Titanic« vor. Mit ferngesteuerten Roboter-Greifarmen und Unterwasser-Kameras bewegen sie sich im Schiffsbauch; im Scheinwerfer-Kegel werden vermoderte Zeugen der Tragödie sichtbar. Die Forscher sind nicht Wissenschaftler, sondern Schatzsucher, doch statt des wertvollen blauen Diamanten finden sie im gehobenen Safe nur die Aktzeichnung einer jungen Frau. Durch einen Fernsehbericht wird Rose, die dem Maler Modell saß und inzwischen eine alte Frau ist, ausfindig gemacht und auf das Expeditionsschiff gebracht. Man führt ihr mittels Computeranimation eine exakte Rekonstruktion des Unglücks vor, woraufhin sie ihre Geschichte erzählt. Der Film, dessen grobkörnige Bilder bisher den Anstrich eines Dokumentarfilms hatten, taucht ein in die Erinnerung Roses und wird zu einem opulent ausgestatteten Kostümfilm. Die verrosteten Wrackteile werden im Morphing-Verfahren rückverwandelt in den Zustand, als sie – beim ersten Auslaufen des Traumschiffs – neu und glänzend waren. Das »wahre Leben« wird als perfekte Kinoillusion gezeigt, wobei dank der Off-Stimme Roses dem Zuschauer stets suggeriert wird, an einem persönlich beglaubigten Bericht teilzuhaben.

Die Love-Story zwischen Rose und Jack ist eine Romeo-und-Julia-Variante, bei der nicht familiäre, sondern soziale Hürden der Liebe entgegenstehen: Rose reist in der Ersten Klasse, langweilt sich zwischen den blasierten und snobistischen Reichen; Jack, ein unbeschwerter Prolet, hat das Ticket für die Überfahrt beim Pokern gewonnen und ist in die Dritte Klasse verbannt. Rose, dem arroganten Millionär Hockley versprochen, ist fasziniert von der Natürlichkeit und Spontaneität Jacks und rebelliert gegen das vorgezeichnete Leben in der Upper Class. Die »Titanic« ist eine Klassengesellschaft, *Titanic* laut Cameron »nur einen Schritt vom Marxismus entfernt«. Sein Film handle »vom Ende der sexuellen Unterdrückung und dem Beginn des Klassenkampfes«, erklärte der Regisseur. Tatsächlich sieht man während der Katastrophe die reichen Frauen in ihren Pelzmänteln in den Rettungsboten, während die Passagiere der Dritten Klasse zugrunde gehen. Cameron kritisiert die überlebten Hierarchien einer saturierten Oberschicht und sympathisiert mit irischen Einwanderern wie Jack, die in Amerika auf Chancengleichheit hoffen. Die Schiffspassage von Southhampton nach New York ist eine Reise von der Alten in die Neue Welt, und Camerons Film läßt sich verstehen als eine »Selbstaffirmation von Amerika und amerikanischen Werten, die sich dezidiert gegen eine europäisch geprägte Klassengesellschaft abgrenzt« (Bärbel Tischleder).

Kein Zufall, daß *Titanic* vor allem junge Mädchen begeisterte, übersetzt der Film doch Themen der Pubertät – die Jungfernfahrt des Schiffes ist auch eine Reise von der Kindheit zum Erwachsenwerden, die Abnabelung von den Eltern und die Entdeckung selbstbewußter Sexualität. »Haben Sie schon einmal von Dr. Freud gehört?« fragt Rose keck den Reeder, als er verzückt von seinem phallischen Riesenspielzeug »Titanic« schwärmt. Die Verletzungsangst des Mädchens (wenn der Eisberg den Schiffsrumpf aufschlitzt) wie die Penetrationsangst des Jungen (beim Eintauchen des Rumpfes in die dunkle Tiefe): Die Ikonographie und Metaphorik des Films ist sexuell eindeutig codiert. Dies beginnt bereits in der Rahmenhandlung, als die Forscher, Männer mit derb-obszöner Rhetorik, den ›weiblichen‹ Schiffskörper aufbrechen. Sie haben jedoch nichts begriffen, belehrt die alte Rose sie, denn sie wissen nichts von der Liebe.

Die große romantische Liebe hat Cameron in drei zentralen Szenen inszeniert: der ersten Begegnung, als Jack Rose vom Selbstmord abhält; das Liebespaar am Bug der »Titanic«, Jack hält sie, während sie mit ausgestreckten Armen den Fahrtwind genießt; der Abschied im kalten schwarzen Wasser, als Jack ihr das Versprechen abnimmt, niemals aufzugeben. Rose wird gerettet, und als sie in New York an Land geht, nimmt sie seinen Namen an. In ihrem Mantel findet sie den Diamanten, und am Ende des Films, nun in der Rahmenhandlung, steht sie an der Reling des Expeditionsschiffes und wirft den Stein ins Meer. Die Schatzsucher werden ihn nie finden, nur der Zuschauer weiß davon. Rose kann, mit sich und ihrer Liebe im reinen, in Frieden sterben – Jack hat sie gerettet, auch in dem Sinne, daß sie ihr Leben mit der von ihm repräsentierten Freiheit und Selbständigkeit gelebt hat. In der traumhaften Schluß-Sequenz betritt sie noch einmal die »Titanic«, wo die ertrunkenen Passagiere, festlich gekleidet, sie schon erwarten. An der Treppe steht wie damals Jack, sie fallen sich in die Arme und küssen sich: Happy-End.

»*Titanic.* Story Book«. Nürnberg 1999. (Drehbuch).
Tim Bergfelder: »The Titanic in Myth and Memory«. London 2004; Johannes Gawert (Red.): »Filmerleben: Zur emotionalen Dramaturgie von *Titanic*«. Frankfurt a.M. 1999; Erik Fosnes Hanse: »Der magische Schiffsbruch«, in: Der Spiegel, 23.3. 1998; Hermann Kappelhoff: »And The Heart Will Go On And On«, in: Heinz-B. Heller u.a. (Hg.): Über Bilder Sprechen. Marburg 2000; Paula Parisi: »James Cameron und *Titanic*«. München 1998; David M. Lubin: »*Titanic*«. London 1999; W. Marsh (Hg.): »James Camerons *Titanic*«. Nürnberg 1998; Paula Parisi: »James Cameron und *Titanic*«. München 1998; Ursula Roth: »Die Inszenierung einer conversio vitae«, in: Martin Laube (Hg.): Himmel – Hölle – Hollywood. Münster 2002; Kevin S. Sandler/ Gaylyn Studlar (Hg.): »*Titanic.* Anatomy of a Blockbuster«. New Brunswick, London 1999; Marianne Skarics: »Popularkino als Ersatzkirche?« Münster 2002; Bärbel Tischleder: »Body Trouble«. Frankfurt a.M., Basel 2001.

Michael Töteberg

TO BE OR NOT TO BE (Sein oder Nichtsein). USA (Ernst Lubitsch/Romaine Film Corporation) 1941. 35 mm, s/w, 99 Min.
R: Ernst Lubitsch. B: Edwin Justus Meyer, nach einer Geschichte von Ernst Lubitsch und Melchior Lengyel. K: Rudolph Maté. Ba: Vincent Korda. S: Dorothy Spencer. M: Werner R. Heymann.
D: Carole Lombart (Maria Tura), Jack Benny (Joseph Tura), Robert Stack (Leutnant Stanislav Sobinski), Felix Bressart (Greenberg), Lionel Atwil (Rawitch), Stanley Ridges (Professor Alexander Siletzky).

Als *To Be or Not To Be* im November/Dezember 1941 gedreht wurde, stand der Holocaust noch bevor, jedoch waren die Grausamkeiten der Gestapo in den USA bereits seit Jahren bekannt. 1942 wurde bei der »Wannsee-Konferenz« die Vernichtung der Juden Europas von den Nazis beschlossen; im selben Jahr kam Ernst Lubitschs Anti-Nazi-Filmkomödie zur Uraufführung, in der äußerst derbe Scherze um einen »Konzentrationslager-Erhardt« gemacht werden. Damals wie heute waren die Scherze komisch – doch mochten einige Zeitgenossen nicht darüber lachen. Angesichts der politischen Lage erschien es ihnen recht unpassend, über diese Themen Witze zu reißen. Lubitsch sah sich gezwungen, seinen Film zu verteidigen: »Ich habe drei Todsünden begangen, so scheint es – ich habe die üblichen Genres mißachtet, als ich Melodrama mit komischer Satire und sogar mit Farce verband, ich habe unsere Kriegsziele gefährdet, weil ich die Nazibedrohung verharmloste, und ich habe außerordentlich schlechten Geschmack bewiesen, weil ich das Warschau von heute als Schauplatz für eine Komödie wählte«, leistete er ironische Selbstkritik in der »New York Times« (29.3.1942). Fünf Jahre später ging er noch einmal auf den Fall ein. »*To Be or Not To Be* hat viel Polemik herausgefordert und ist meiner Meinung nach unberechtigterweise angegriffen worden«, schrieb er in einem Brief an Herman G. Weinberg. »Dieser Film mokiert sich nicht über die Polen; er war nur eine Satire über Schauspieler, Nazi-Geist und bösen Nazi-Humor. Obwohl dieses Bild des Nazismus als Farce gemeint war, zeigte es ihn doch ungeschminkter als viele Romane, Artikel und Filme, die sich mit dem selben Gegenstand beschäftigten.«
1939, nach der Besetzung Polens durch deutsche Truppen, muß ein Warschauer Theater schließen.

Die arbeitslosen Schauspieler nutzen jedoch ihr Talent und die für ein Antinazistück hergestellten Uniformen und Kostüme als Waffe im Untergrundkampf: Unfreiwillig zu Partisanen geworden, überlisten sie die Gestapo und Wehrmacht, wobei die Liebesromanze der Theaterleiterin Maria Tura mit dem jungen polnischen Luftwaffenoffizier Stanislav Sobinski für zusätzliche Verwirrung sorgt.
Lubitsch ist mit *To Be or Not To Be* eine seiner raffiniertesten sophisticated comedies und zugleich ein Ausnahmefilm unter den zahlreichen – ca. 150 insgesamt – Anti-Nazi-Filmen Hollywoods gelungen. Indem er faschistische Machtrituale als theatralischen Bluff entlarvt, karikiert der Film darüber hinaus einen wichtigen Aspekt des Nationalsozialismus, dessen Schergen als aufgeblasene Schmierendarsteller gezeigt, mit ihren eigenen Mitteln geschlagen und der Lächerlichkeit preisgegeben werden.
To Be or Not To Be ist eine Hommage an das Theater. Entgegen seinen sonstigen Gewohnheiten benutzte Lubitsch kein Theaterstück oder einen literarischen Stoff als Vorlage, sondern schrieb mit dem Autor Melchior Lengyel eine Originalstory. Es handelt sich, denkt man an Lubitschs eigene Theatererfahrungen bei Max Reinhardt in Berlin, auch um einen persönlichen Film: *To Be or Not To Be* fragt nach der »Trennungslinie zwischen Bühne und Leben, zwischen Schein und Realität, zwischen Spiel und Ernst, zwischen Sein und Nichtsein«; ein Thema des Films ist der »permanente Konflikt des Schauspielers zwischen dem Wunsch, überzeugend in seiner Rolle aufzugehen, und dem Bedürfnis, als großer Darsteller erkannt und anerkannt zu werden«. (Heinz-Gerd Rasner).
Lubitsch treibt mit Entsetzen Scherz; daß darüber erhobenen Hauptes nach wie vor gelacht werden kann, während das Remake von Mel Brooks (1983, Regie Alan Johnson) nur albern wirkt, darin erweist sich die präzise Treffsicherheit von Lubitschs Komödienstil. Die Realität, der Überfall der Deutschen Wehrmacht auf Polen, teilt sich in diesem Film über einen kalkulierten Stilbruch mit: In einer Szene scharen sich die Theaterschauspieler in ihren Kostümen um ein Radio, aus dem eine Rede Hitlers zu hören ist. »Für zwanzig Minuten verliert die Geschichte fast völlig den Charakter einer Komödie und nimmt statt dessen die Form eines realistischen Kriegsdramas an.« (Heinz-Gerd Rasner).

Peter Barnes: »*To Be or Not To Be*«. London 2002; Richard Corliss: »Edwin Justus Mayer«, in: ders.: Talking Pictures. Woodstock, New York 1974; Gerd Gemünden: »Raum aus den Fugen«, in: Malte Hagener u.a. (Hg.): Die Spur durch den Spiegel. Berlin 2004; James Harvey: »Romantic Comedy in Hollywood«. New York 1991; Jan Christopher Horak: »Anti-Nazi-Filme der deutschsprachigen Emigration von Hollywood 1939–1945«. Münster 1984; Joachim Kaiser: »Ernst Lubitschs brillante Gestapo-Komödie«, in: Süddeutsche Zeitung, 18.8.1960; Robert W. Mills: »The American Films of Ernst Lubitsch«. Ann Arbor 1976; Peter Nau: »Zur Kritik des Politischen Films«. Köln 1978; Uwe Naumann: »Zwischen Tränen und Gelächter. Satirische Faschismuskritik 1933–1945«. Köln 1983; William Paul: »Ernst Lubitsch's American Comedy«. New York 1983; Heinz-Gerd Rasner: »*To Be or Not To Be*«, in: Hans Helmut Prinzler/Enno Patalas (Hg.): Lubitsch. Berlin 1984; Herta-Elisabeth Renk: »Ernst Lubitsch«. Reinbek 1992; Herman G. Weinberg: »The Lubitsch Touch«. New York 1977.

Ronny Loewy

TOD IN VENEDIG ↗ Morte a Venezia

TODO SOBRE MI MADRE (Alles über meine Mutter). Spanien/Frankreich (El Deseo/Renn Productions/France 2 Cinéma) 1999. 35 mm, Farbe, 97 Min.

R+B: Pedro Almodóvar. K: Affonso Beato. S: José Salcedo. M: Alberto Iglesias.
D: Cecilia Roth (Manuela), Marisa Paredes (Huma Rojo), Antonia San Juan (Agrado), Penélope Cruz (Hermana Rosa), Eloy Azorín (Esteban).

Schon das Plakat zu diesem Film führt ein in jene Welt, die hier beschrieben wird – und zugleich in die Technik dieser Beschreibung: In einem roten Mantel steht Manuela, den Kopf leicht erhoben nach rechts gewandt, vor dem Gesicht der Schauspielerin Huma Rojo, das plakatiert den gesamten Bildhintergrund ausfüllt. Das Abbild einer, wie wir bald erfahren werden, kostümierten, verkleideten Frau, die uns unverwandt, vielleicht fragend, anblickt, ist die Grundlage, auf der sich Manuelas Geschichte ent-

Todo sobre mi madre: Cecilia Roth

wickeln wird. Um Frauen wird es gehen, und indem hier ein Plakat in einem Plakat erscheint, ist zugleich das Prinzip der Verdoppelung und des Verweisens vorweggenommen. »Gegen den Machismo meiner Heimat, der La Mancha«, hat Pedro Almodóvar erklärt, »haben sich vor vierzig Jahren die Frauen mit den Mitteln der Täuschung, der Lüge und des Versteckspiels behauptet und so dafür gesorgt, daß das Leben in die richtigen Bahnen gelenkt wurde. Damals ahnte ich es noch nicht, aber dies sollte eines der Motive meines 13. Films werden, die Begabung der Frau für das Theaterspiel, die Maskerade; weitere sind die Verlustgefühle einer Mutter und die spontane Solidarität unter Frauen.«

»Alles über meine Mutter« ist die Überschrift eines Aufsatzes, an dem Manuelas Sohn Esteban schreibt. Beide leben glücklich miteinander, obwohl Esteban noch immer nicht mehr von Manuelas Vergangenheit weiß, als daß sein Vater verstorben sein soll. Vier Geschenke macht Manuela Esteban zu seinem 17. Geburtstag: »Music for Chameleons« von Truman Capote, dem literarischen Vorbild Estebans, ist das erste. Zweitens darf Esteban Manuela bei ihrer Arbeit beobachten – in der Abteilung für Organtransplantationen eines Madrider Krankenhauses. Ein gemeinsamer Theaterbesuch ist das dritte Geschenk; der Star Huma Rodo ist als Stella in Tennessee Williams' Drama »A Streetcar Named Desire« zu sehen, und Esteban wird versuchen, nach der Aufführung im strömenden Regen ein Autogramm zu ergattern. Das vierte Geschenk soll darin bestehen, daß Manuela alles über ihre Vergangenheit und von Estebans Vater erzählen wird. Doch dazu kommt es nicht. Auf dem Weg zu seinem Autogramm wird Esteban überfahren.

Dieser Auftakt endet mit einer der schönsten und traurigsten Einstellungen dieses Films: Mit den Augen des tödlich verunglückten Esteban sehen wir die vor Schmerz schreiende Mutter auf dem Straßenpflaster, und in dieser Wahl der unmöglichen Perspektive ist die folgende Bewegung des Films angekündigt. Estebans letzter Wunsch nach der Vergangenheit der Mutter wird sich erfüllen.

So folgen wir Manuela bei ihrer Rückkehr nach Barcelona. Dort wird sie zunächst den Transvestiten La Agrado wiederfinden, der sein Geld auf dem Strich verdient und vor 18 Jahren einer der engsten Freunde Manuelas gewesen ist. Mit seiner Hilfe hofft

Manuela, Estebans Vater wiederzufinden, den sie zu Beginn ihrer Schwangerschaft verlassen hatte. Statt dessen begegnen Manuela und La Agrado der Nonne Rosa, und auf der Suche nach der Vergangenheit wird aus einer vermeintlichen Wiederholung eine neue Zukunft: Die schwer erkrankte Rosa erwartet ein Kind von Manuelas ehemaligem Mann, der - bevor er zum Transvestiten Lola wurde - ebenfalls Esteban geheißen hatte.

Es ist unmöglich, all die Zufälle, Schicksalsschläge und Verwicklungen aufzuzählen und zugleich der Leichtigkeit, Dramatik und Frivolität, der Ernsthaftigkeit und dem Charme dieses Films gerecht zu werden. Keine Inhaltsangabe kann die eingängige Komplexität von *Todo sobre mi madre* vermitteln, die in jeder Beziehung ganz dem Kino gehört. In Manuelas Geschichte, die am Ende auch die La Agrados, Rosas, Lolas und auch Humas sein wird, spiegeln sich unterschiedlichste Ausformungen und Strategien von Weiblichkeit. Eine klare Definitionsgrenze zwischen den Geschlechtern wird nie angeboten. Das Dazwischen, genauer gesagt: die Bewegung ist es, von der *Todo sobre mi madre* erzählt. Eine Aufgabe von Manuela besteht darin, in diesem Spiel der Möglichkeiten, das sowohl befreiend als auch grausam sein kann, eine Position, ein Zuhause zu finden.

Zu dem immer respekt- und liebevollen Umgang mit Rollen- und Vorbildern in *Todo sobre mi madre* gehört auch die offene Bezugnahme auf Filme wie Joseph Mankiewicz' ↗*All About Eve*, Elia Kazans *A Streetcar Named Desire*, Douglas Sirks ↗*Imitation of Life* und John Cassavetes' *Opening Night*. Sie sind immer präsent, ohne Zitat zu bleiben; sie leben in diesem Film. Denn ganz wie beim Filmplakat, den übereinander montierten Portraits zweier Frauen, zweier Schauspielerinnen, überlagern sich im Film unterschiedlichste Frauenportraits, setzen sich Bilder von Weiblichkeit in Beziehung zueinander als Entwürfe einer Vielfalt. Daß jede dieser Figuren dabei niemals nur als Entwurf, sondern immer schon als komplexer Charakter, als Mensch in einer Inszenierung erfahrbar wird, ist die vielleicht größte Leistung dieses Films. »Das einzig echte an mir«, sagt La Agrado einmal, »sind meine Gefühle.«

»*Todo sobre mi madre*«. Hg. Klaus Amann. Stuttgart 2005. (Filmtext, spanisch).

Pedro Almodóvar: »Interviews«. Hg. Paula Willoquet-Maricondi. Jackson 2004; Leo Bersani/Ulysse Dutoit: »Forms of Being«. London 2004; Gwynne Edwards: »Almodóvar. Labyrinths of Passion«. London, Chester Springs 2001; Heike-Melba Fendel: »*Alles über meine Mutter*«, in: epd Film, 1999, H. 11; Margrit Frölich: »Synthetische Körper und echte Gefühle«, in: dies. u.a. (Hg.): No Body is Perfect. Marburg 2001; Christoph Haas: »Almodóvar. Kino der Leidenschaften«. Hamburg, Wien 2001; Kerstin Huven: »Gendering Images. Geschlechterinszenierung in den Filmen Pedro Almodóvars«. Frankfurt a.M. u.a. 2002; Isabel Maurer Queipo: »Die Ästhetik des Zwitters im filmischen Werk von Pedro Almodóvar«. Frankfurt a.M. 2005; Manfred Riepe: »Intensivstation Sehnsucht«. Bielefeld 2004.

Jan Distelmeyer

TOKYO MONOGATARI

(Eine Geschichte aus Tokio/Die Reise nach Tokio). Japan (Shochiku/Ofuna) 1953. 35 mm, s/w, 136 Min.

R: Yasujiro Ozu. B: Kogo Noda, Yasujiro Ozu. K: Yushun Atsuta. A: Tatsuo Hamada. Ba: Toshio Takahashi. S: Yoshiyasu Hamamura. M: Takanobu Saito.

D: Chishu Ryu (Shukichi Hirayama), Chieko Higashiyama (Tomi, seine Frau), Setsuko Hara (Noriko), So Yamamura (Koichi Hirayama), Haruko Sugimura (Shige Kaneko), Kuniko Miyake (Koichis Frau), Kyoko Kagawa (Kyoko Hirayama), Shiro Osaka (Keizo Hirayama).

Ozu bezeichnete *Tokyo monogatari* als einen melodramatischen Film: eine irritierende Äußerung, denn gerade dieser Film dokumentiert seine Distanz zu einem Kino der künstlichen Emotion. Mit wenigen Sätzen läßt sich die unspektakuläre Handlung erzählen: Ein altes Ehepaar besucht die verheirateten Kinder im weit entfernten Tokio, doch ihre Erwartungen erfüllen sich nicht. Kurz nach ihrer Rückreise in das Heimatdorf stirbt die Mutter. Die Familie versammelt sich zur Totenfeier, danach bleibt der Vater allein in seinem Haus zurück.

Die letzten Bilder des Films verweisen auf die ersten. Die ständige Wiederholung von fast identisch an-

Tokyo monogatari: Haruko Sugimura, Chishu Ryu, So Yamamura, Shiro Osaka, Setsuko Hara und Kyoko Kagawa

mutenden Einstellungen erscheinen als Äquivalent des monotonen Gleichklanges alltäglichen Lebens. Die seismographische Aufmerksamkeit des filmischen Blicks läßt daher kleine und große Veränderungen umso augenfälliger erscheinen. Die Intensität dieses Films resultiert nicht aus der Betonung von Emotion, sondern ihrer Sublimierung oder sogar ihrer Auslassung. Das Spiel der Darsteller ist reduziert auf einfache Gesten. »Die Kamera befindet sich wie ein sitzender Zuschauer auf der Tatami-Matte; aus dieser Position wird alles mit einem 50 mm-Objektiv gefilmt. Es gibt kaum Schwenks, kaum Fahrten, die Kamera blickt frontal auf die Szene. Wenn Personen aufstehen, verschwindet der Kopf aus dem Bild. Was im Hintergrund vor sich geht, geschieht in einer anderen Ebene des Bildraums, die Schärfe wird nicht nachgezogen.« (Thomas Brandlmeier). In seiner Montage verzichtete Ozu seit der Stummfilmzeit auf Blendentechniken. Szenenwechsel, die größere Raum/Zeit-Distanzen evozieren sollen, werden vorzugsweise mit harten Schnitten überbrückt. Mit kurzen Aufnahmen von leblosen Dingen oder menschenleeren Landschaften werden Szenen ein- und wieder ausgeleitet. Kontemplative Momente, die keinen erkennbaren Bezug zur Handlung haben, wirken wie dazwischen geschobene Standfotos. Sie stehen für sich und sind in ihrer Vieldeutigkeit ein Projektionsfeld für die zurückgehaltenen Emotionen und die subjektive Imagination des Zuschauers.

Die äußerste Reduktion der Mittel bedeutet nicht, daß *Tokyo monogatari* ohne Aufwand inszeniert wurde. »Für die wenigen Sequenzen, die in Onomichi, dem Heimatdorf der Alten spielen, stellte der Regisseur ein Aufnahmeteam von 50 Personen zusammen (allein 15 Beleuchter) und verbrachte eine ganze Woche dort, um die idyllischen Landschaften zu filmen.« (Keiko Yamane). Der Film überlebte in keinem guten Zustand; die Kopien mußten von einem schwächeren Internegativ gezogen werden, weil das Originalnegativ einem Laborbrand zum Opfer fiel. Auch bei der deutschen Synchronisation erlitt das ästhetische Konzept Schaden: Die für Ozu typische, fein differenzierte und komplexe Tonspur wurde fast völlig eliminiert.

Film bleibt bei Ozu eine Abfolge von Bildern, die niemals Welt suggerieren wollen, sondern lediglich ein Bild von ihr. Diese eigenwillige Vision von Kino bedeutet nicht, daß die Realität ausgeblendet würde. Die Vorfreude der Alten auf Tokio wird z.B. gleich zu Anfang konfrontiert mit dem Bild eines häßlichen Industrievorortes.

In seinem filmischen Tagebuch *Tokyo-Ga* (1985) verwendet Wim Wenders die ersten und letzten Sequenzen aus *Tokyo monogatari*. Wenders reiste mit Kinobildern im Kopf: »Wie von keiner anderen Stadt hatte ich von Tokio und seinen Bewohnern ein Bild und eine Vorstellung, lange bevor ich dorthin gelangt bin: aus den Filmen Ozu's.« Der deutsche Filmemacher folgte den Spuren des japanischen Meisters, besuchte dessen Mitarbeiter und interviewte sie. Wenders' Verehrung mündete in dem Bekenntnis: »Wenn es in unserem Jahrhundert noch Heiligtümer gäbe, wenn es so etwas gäbe wie das Heiligtum des Kinos, müßte das für mich das Werk des japanischen Regisseurs Ozu Yasujiro sein.«

»*Voyage à Tokyo*«, in: L'Avant-Scène du Cinéma, 1978, H. 204. (Filmprotokoll, Materialien). – »*Tokyo Story*«. Hg. Donald Ritchie. Berkeley 2003. (Drehbuch).

Lindsay Anderson: »Two Inches off the Ground« in: Sight and Sound, 1957/58, H. 3; David Bordwell: »Ozu and the Poetics of the Cinema«. London 1988; Thomas Brandlmeier: »Geschichtete Räume«, in: epd Film, 1989, H. 2; David Desser (Hg.): »Ozu's *Tokyo Story*«. Cambridge 1997; Angelika Hoch (Red.): »Yasujiro Ozu«, Kinemathek, 2003, H. 94; Yoshida Kiju: »Ozu's Anti-Cinema«. Ann Arbor 2003; Dennis J. Konshak: »Space and Narrative in *Tokyo Story*«, in: Film Criticism, 1979/80, H. 3; Joan Mellen: »The Waves through Genjiš door«. New York 1976; Harry Tomicek: »Ozu«. Wien 1988; Jonathan Rosenbaum: »Essential Cinema«. Baltimore u.a. 2004; Rüdiger Tomczak: »Yasujiro Ozu. *Bakushu* and *Tokyo monogatari*«, in: Filmfaust, 1988, H. 67; Wim Wenders: »*Tokyo-Ga*. Ein Reisetagebuch«. Berlin 1986; ders.: »Die Geschichte der Wahrheit«, in: Frankfurter Rundschau, 11.12.1993; Robin Wood: »Sexual Politics and Narrative Film«. New York 1998; Keiko Yamane: »Das japanische Kino«. München, Luzern 1985.

Rüdiger Tomczak

TOPIO STIN OMICHLI (Landschaft im Nebel). Griechenland/Frankreich/Italien (Griechisches Filmzentrum/ET 1/Paradis Film/Basicinematografica) 1988. 35 mm, Farbe, 127 Min.

R: Theo Angelopoulos. B: Theo Angelopoulos, Tonino Guerra, Thanassis Valtinos. K: Giorgos Arvanitis. A: Mikes Karapiperis. M: Eleni Karaindrou.

D: Tania Paleologou (Voula), Michales Zeke (Alexandros), Stratos Giorgioglou (Oreste), Dimitris Kaberidis (Onkel der beiden Kinder), Vassilis Kolovos (Lastwagenfahrer).

»Am Anfang herrschte Chaos, und dann wurde Licht.« Diese Geschichte versucht die zwölfjährige Voula ihrem sechsjährigen Bruder Alexandros des Nachts im Bett zu erzählen, doch die Mutter unterbricht sie immer, und so bleibt es zunächst beim Chaos – bis endlich Licht wird, die Kinder erwachsener werden und Griechenland den Rücken kehren.

Sie sind auf der Suche nach ihrem Vater, der in Deutschland leben soll, und eines Tages sitzen sie ohne Fahrkarte in einem Zug, der sie in jenes rätselhafte Land bringen soll. Ihre Reise gleicht einer Odyssee: Stets werden sie von Schaffnern aus dem Zug herausgeholt, kommen nur langsam voran, streifen durch unwirtliche Vororte und marode Industrieansiedlungen. Irgendwann wird Voula von einem LKW-Fahrer vergewaltigt, irgendwann bietet sie sich einem Soldaten an, um den Fahrpreis endlich zusammenzubringen, und irgendwann lernen die Kinder Oreste kennen, den jugendlichen Darsteller einer Wandertruppe, der sich ihrer – zumindest vorübergehend – annimmt. Eines Abends finden die Kinder einen aus drei Bildern bestehenden Filmstreifen; Oreste glaubt auf ihm einen Baum im Nebel erkennen zu können. Schließlich sind die Kinder an der Grenze angelangt, doch nun fehlen die

Topio stin omichli: Tania Paleologou und Michales Zeke

Pässe; unter Gefahr für Leib und Leben passieren sie in der Nacht die Grenze. Als sich der Nebel am Morgen lichtet, erkennen die Geschwister in der Ferne einen Baum. Sie haben ihr Deutschland erreicht.

Topio stin omichli schließt die »Trilogie des Schweigens« ab, die Angelopoulos 1984 mit *Taxidista Kithira* (*Reise nach Kythera*) begann; das Bindeglied ist ↗*O Melissokomos.* Angelopoulos zeigt Griechenland hier von seiner unwirtlichsten Seite: In dieser Heimat ist des Bleibens nicht länger. Es gibt keine Glücksverheißung mehr, das Leben ist erstarrt; wer das Schlimmste vermutet, ist gut beraten. Nur den Kindern gelingt es, sich in eine Utopie zu retten. Der Preis ist der Verlust ihrer Unschuld – für die Figur der Voula ist dies durchaus wörtlich zu nehmen – und ein übergangsloser Eintritt in die Welt der Erwachsenen, die sie allerdings noch durch ihre Phantasie zu bereichern vermögen.

Für den Filmemacher Angelopoulos bezeichnet *Topio stin omichli* einen Endpunkt. Nicht von ungefähr zitiert er seine früheren Filme. Die Wanderschauspieler aus ↗*O Thiasos* tauchen wieder auf und mit ihnen diese wunderbar komplexen Kamerafahrten, wie sie vielleicht nur Angelopoulos und sein Kameramann Giorgos Arvanitis, mit dem er seit *I Ekpombi* (*Die Übermittlung*, 1966) zusammenarbeitet, gelingen. Die junge heimatlose Frau aus *O Melissokomos* hat endlich eine Art Heimat gefunden; das Bild des Baumes spielt bereits in *Taxidista Kithira* eine Rolle. Angelopoulos führt seine Chiffren vor, mit denen er immer wieder den Zustand der griechischen Gesellschaft und ihre Geschichte beschrieben hat. Alles ist gesagt, die Grenze überschritten. Sein ›Kinderfilm‹ ist ein grandioser Abschied: Angelopoulos verläßt das Chaos und tritt ins milde, wenn auch kalte Morgenlicht. Eine lange Geschichte hat ihr hoffnungsvolles Ende gefunden. *Le pas suspendu de la cigogne* (*Der schwebende Schritt des Storches*, 1990/91) setzt neu an und führt doch konsequent die alten Themen fort: das Exil, diesmal ein Exil in Griechenland, der Verlust aller Träume und Utopien, äußere und innere Grenzüberschreitungen. Die Kinderträume vom Land hinter dem Regenbogen mit seinen lebenswerten Alternativen haben sich nicht erfüllt, die Hoffnungslosigkeit ist zurückgekehrt, hat sich eingenistet und starrt die Daheimgebliebenen mit leeren Augen an.

»*Landschaft im Nebel*«, in: Theodoros Angelopoulos: Der schwebende Schritt des Storches. Hg. Giorgos Fotopoulos. Berlin 1991. (Drehbuch).

Theo Angelopoulos: »Interviews«. Hg. Dan Fainaru. Jackson 2001; Giorgos Fotopoulos: »›Rennt‹ brüllt Theodoros Angelopoulos durchs Megaphon«, in: Filmbulletin, 1988, H. 3; Andrew Horton: »The Films of Theo Angelopoulos«. Princeton 1997; Peter W. Jansen/Wolfram Schütte (Hg.): »Theo Angelopoulos«. München 1992; Marcel Martin: »Paysage dans le Brouillard«, in: La Revue du Cinéma, 1988, H. 443; Kathleen Murphy: »Children of Paradise«, in: Film Comment, 1990, H. 6; Walter Ruggle: »Theo Angelopoulos: Filmische Landschaft«. Baden, Schweiz 1990; Frédéric Strauss: »L'empire de la contemplation«, in: Cahiers du Cinéma, 1988, H. 413; Karsten Visarius: »Landschaft im Nebel«, in: epd Film, 1989, H. 3.

Hans Messias

TOTE SCHLAFEN FEST ↗ Big Sleep

DER TOTMACHER

Deutschland (Pantera Film/WDR/SWF) 1995. 35 mm, Farbe, 115 Min.

R: Romuald Karmakar. B: Romuald Karmakar, Michael Farin. K: Fred Schuler. S: Peter Przygodda.

D: Götz George (Fritz Haarmann), Jürgen Hentsch (Prof. Ernst Schultze), Pierre Franckh (Stenograph), Hans-Michael Rehberg (Kommissar Rätz).

Der Totmacher ist »die Negation eines Monsterfilms und zugleich dessen Vollendung«, schrieb der Kritiker Andreas Kilb nach der Uraufführung. Vorgeführt wird der Fall des Massenmörders Fritz Haarmann, der 1924 in Hannover mindestens 24 Kinder ermordete, die Leichen zerstückelte und in der Leine entsorgte. Die grausigen Taten werden im Film nicht gezeigt, auch nicht als Rückblenden-Bilder zitiert. *Der Totmacher* beschränkt sich auf eine Rekonstruktion der gerichtspsychiatrischen Vernehmung, der Dialog folgt den authentischen Protokollen. Professor Schultze befragt Haarmann in Anwesenheit eines Stenographen. Der Täter ist bereits überführt. Eine karge Versuchsanordnung: Drei Männer über mehrere Tage in einem Raum, kein Publikum. Doch Karmakar inszenierte ein Kammerspiel, das dank hervorragender Darsteller und einer intelligenten visuellen Umsetzung zu einem verstörenden Psychogramm menschlicher Abgründe wird.

»Das wissen Sie doch.« Der Film setzt mitten im Gespräch ein. Das Gesicht Haarmanns bleibt zunächst im Dunkeln, erst dann beugt er sich in den Lichtkegel der Schreibtischlampe. Das Verhör soll die Schuldfähigkeit des Mörders klären; Schultze beginnt damit, Schulwissen und Allgemeinbildung abzufragen, kommt auf die Zehn Gebote zu sprechen, speziell das 5. Gebot: Du sollst nicht töten. »Das waren doch alles nur Puppenjungs gewesen«, meint Haarmann, Strichjungen, die er mit aufs Zimmer nahm. In den Himmel werde er schon kommen, dafür werde seine dort wartende Mutter schon sorgen. Seinen Opfern möchte er im Himmel nicht begegnen, doch dann beruhigt er sich: Er hat ihnen ja die Köpfe eingeschlagen, sie werden ihn nicht erkennen.

Die zum Teil grotesken Antworten lassen den Professor damit drohen, die Befragung abzubrechen: Haarmann markiere doch nur den Idioten. Der ist darauf geradezu beflissen bemüht, Auskünfte über seine sexuellen Praktiken, das »Polieren« (Masturbieren), das Verhältnis zu seiner ehemaligen Braut Erna und seine homosexuellen Erlebnisse zu geben. In sexueller Erregung habe er den Jungs die Kehle durchgebissen und sei morgens neben der Leiche im Bett erwacht. Detailliert schildert er, wie er, gelernter Metzger, die Leichen zerstückelt habe. Einerseits ist er belustigt darüber, wie leicht das gewesen sei, andererseits klagt er über entsetzliche Kopfschmerzen, wenn er nur daran denke. Das Urteil des Gutachters steht von Anfang an fest, und Haarmann ist damit einverstanden: Er will sterben und nicht für unzurechnungsfähig erklärt werden – bloß nicht wieder in die Irrenanstalt. Sein letzter Wunsch: ein Käsebrot, eine Tasse Kaffee und eine Zigarre. Und

das Fallbeil soll scharf genug sein. Während des Abspanns hört man ihn hyperventilieren.
Der vollständig im Verhörzimmer spielende Film, nur einmal unterbrochen durch einen Film im Film (Haarmann posiert in einem Polizeifilm), lebt von der Konzentration auf das Rededuell. Götz George stellt den Triebtäter sehr menschlich dar, nicht als Bestie. Ein Kindskopf, ebenso naiv wie gerissen, nicht ohne Charme, mal trotzig, mal anbiedernd, sich einschmeichelnd, um Anerkennung bettelnd. Intimität stellt sich zwangsläufig ein während des tagelangen Verhörs. Haarmann sieht in dem Professor einen Vaterersatz, erhofft sich von ihm jene Zuwendung, die ihm im Leben verwehrt wurde. Er kann eitel auftrumpfen, will gefallen, schauspielert, um Beifall heischend. Der Psychiater ist meist beherrscht und regungslos, gibt Ekel und Abscheu nur selten zu erkennen; er übt sich in der Distanz des Wissenschaftlers, kann aber auch, wenn er etwas erreichen will, mit Liebesentzug drohen.
Ein Zwiegespräch, das einen Dritten einbezieht. »Was denkt denn der davon?«, fragt Haarmann einmal mit Blick auf den Stenographen. Im Rededuell zwischen Gutachter und Täter ist er der stumme Dritte, dem das Interesse Haarmanns an seiner Person zunächst unangenehm und zunehmend unheimlich ist. Der Professor beachtet den Schreiber kaum, Haarmann dagegen wirft ihm gierig-zärtliche Blicke zu, flirtet ungeniert mit ihm, was dem braven Mann Angst macht. Unausgesprochen herrscht eine erotische Spannung im Verhörzimmer.
Obwohl das Drehbuch nur ein Destillat der authentischen Vernehmungsprotokolle ist, folgt der Film einer Dramaturgie, die mit Brüchen und plötzlichen Stimmungsumschwüngen arbeitet. Haarmann entblößt sich immer mehr: Anfangs sieht man ihn mit gescheitelter Frisur und Schnurrbart, später kurzgeschoren und ohne Bart, eine schutzlose Kreatur. Der New Yorker Kameramann Fred Schuler, der mit Martin Scorsese und John Cassavetes gearbeitet hat, hat mit einer klugen Lichtsetzung und einer überlegten Kameraführung das Drama der kleinen Gesten und bedeutungsvollen Blicke intensiv lebendig werden lassen.
Professor Schultze zitiert: »Die Sonne scheint über …«, und Haarmann vollendet: »Die Sonne scheint über Gut und Böse.« Dies ist auch die Haltung des Filmemachers Romuald Karmakar, an dem sich die Geister scheiden: Die Radikalität und Rigorosität seiner Arbeit provozieren stets heftige Gegenreaktionen. Der Autodidakt, 1965 geboren, erregte zuerst Aufsehen mit dem Super-8-Film *Eine Freundschaft in Deutschland* (1985), in dem er selbst Hitler als jungen Privatmann spielte. Gefördert von Alexander Kluge, drehte er Dokumentarfilme wie den Söldnerfilm *Warheads* (1992), die ihm den Vorwurf einbrachten, faschistoide Gewaltrituale zu verherrlichen. Schon frühzeitig von Cineasten hochgeschätzt (mit 24 Jahren hatte Karmakar bereits seine erste Retrospektive im Münchner Filmmuseum), stieß er immer auch auf Unverständnis und aggressive Abwehr, zumal er konsequent die Selbstinterpretation und jegliche moralische Wertung verweigert.
Der Totmacher, beim Deutschen Filmpreis 1996 in den drei wichtigsten Kategorien (Film, Regie, Hauptdarsteller) ausgezeichnet, war Karmakars Spielfilmdebüt, und man kann darin sein Generalthema wiedererkennen: die Disposition eines Massenmörders. »Ich hatt' einen Kameraden«, plärrt es, einzige Musik im ganzen Film, während des Vorspanns. Haarmann ist ein Produkt seiner Zeit, er war im Krieg beim Militär, verdingte sich später als Polizeispitzel. Professor Ernst Schultze war ein Verfechter der Rassenhygiene. *Der Totmacher* ist auch eine Studie des autoritären Charakters, der in drei Facetten geschildert wird: enthemmter Täter (Haarmann), intellektuell gepanzerter Bürokrat (Professor) und Schreibtischtäter (Stenograph). Solche politischen Bezüge werden angedeutet, jedoch nie zu einer These: Einer Stellungnahme enthält sich der Film, der damit ganz in der Tradition von Fritz Langs *M* steht. Bereits Lang hatte sich von dem Fall inspirieren lassen und zitierte in seinem Film die populäre Verballhornung eines Operettenschlagers: »Warte, warte nur ein Weilchen, bald kommt Haarmann auch zu dir, mit dem kleinen Hackebeilchen macht er Schabefleisch aus dir.«

Nike Breyer: »›Zweifel gehören zum Kino‹«, in: die tageszeitung, 27.7. 2002 (Interview mit Romuald Karmakar); Michael Farin: »Jenseits des Rheins«, in: Michael Töteberg (Hg.): Szenenwechsel. Reinbek 1999; Christoph Fuchs: »*Der Totmacher*«, in: Holger Wacker (Hg.): Enzyklopädie des Kriminalfilms. Meitingen, Lfg. 6, 1997; Peter W. Jansen: »Ein Meister aus Deutschland«, in: Filmbulletin, 1995, H. 8; Claus Löser: »Filme aus Samt und Stahl. Das Kino des Romuald Karmakar«, in: Ralf Schenk/Erika Richter (Red.): apropos: Film 2002. Berlin 2002; Karl Prümm u.a. (Hg.): »Kamerastile im aktuellen Film«. Marburg 1999; Hans-Jörg Rother: »Bruder Haarmann«, in: Film und Fernsehen, 1996, H. 1/2; Steffen Schäffler: »Neun Interviews«. München 2002.

Michael Töteberg

TOTO LE HEROS (Toto der Held).
Belgien/Frankreich/BRD (Iblis Films/Les Productions Philippe Dussart/Metropolis) 1990.
35 mm, Farbe, 89 Min.
R+B: Jaco van Dormael. K: Walther van den Ende. A: Hubert Pouille. S: Susanna Rossberg. M: Pierre van Dormael.
D: Michel Bouquet (Thomas als alter Mann), Jo De Backer (Thomas als junger Mann), Thomas Godet (Thomas/Toto als Kind), Gisela Uhlen (Evelyne, alt), Mireille Perrier (Evelyne, jung), Sandrine Blancke (Alice), Peter Böhlke (Alfred, alt), Didier Ferney (Alfred als junger Mann), Hugo Harold Harrisson (Alfred als Kind), Fabienne Loriaux (Thomas' Mutter), Klaus Schindler (Thomas' Vater).

Das Spielfilmdebüt des Belgiers Jaco van Dormael wurde mit Kritikerlob und Preisen überhäuft: *Toto le héros* erhielt in Cannes die Camera d'Or, den Chaplin-Preis in Edinburgh, den Publikumspreis in Locarno und wurde außerdem zum besten Jungen Europäischen Film gekürt. Tatsächlich fällt die Arbeit durch eine eigenwillige Handschrift und Erzählweise auf: Das Geschehen entfaltet sich nicht linear, sondern in Simultansträngen, als kompliziert gestaffelte Folge von Rückblenden, Vorgriffen und Traumbildern, deren Zusammenhang sich erst vom überraschenden Ende her ganz erschließt. In einer Rahmenhandlung läßt der Titelheld, Insasse eines Altenheims, mit Bitterkeit Stationen seines verpfuschten Lebens Revue passieren. Er glaubt, daß er unmittelbar nach seiner Geburt mit einem anderen Baby verwechselt wurde. Der kleine Toto oder Thomas – so lautet sein richtiger Name – wächst in einer bürgerlichen Vorstadtgegend auf, in einer Familie, die sich eher schlecht als recht über die Runden bringt und dennoch den Anschein häuslichen Glücks vermittelt. Thomas blickt jedoch voller Ressentiment über den Zaun: Eigentlich müßte er über den Wohlstand verfügen, den der gleichaltrige Nachbarssohn Alfred genießt. Das Gefühl, betrogen worden zu sein, quält noch den Erwachsenen, der als Angestellter in einem tristen Büro dahinvegetiert und die Frau, die er liebt, an seinen alten Konkurrenten verliert. Am Ende steht ein Mord: Thomas hat über die Jahre geplant, sich an Alfred zu rächen. In einer Kreisbewegung holt der Film seine erste Einstellung wieder ein. Alles begann mit einem Schuß durch eine Scheibe und einer übel zugerichteten Leiche, der Schluß aber komplettiert die Szene und enthüllt, daß es sich bei dem Toten um den Erzähler selbst handelt.

In *Toto le héros* gibt es keine objektive Perspektive: Alles Gezeigte ist verzerrt durch die Erinnerung des Protagonisten, für dessen Wahrnehmung der Regisseur visuelle Entsprechungen gefunden hat. »Ich suchte nach einer Struktur, die gedankliche Mechanismen und nicht die Wirklichkeit nachzeichnet«, kommentiert Dormael sein Verfahren. Totos Kindheit wird als launige Vorstadtidylle in grellen Erfahrungen präsentiert, durchsetzt von Musikeinlagen und bizarren Verfremdungseffekten. In den Passagen, die den Alltag des desillusionierten Erwachsenen zeigen, herrscht ein beiläufiger Realismus. Die phantastischen Sequenzen schließlich, in denen der Protagonist die Korrektur seiner verfehlten Biographie imaginiert, sind in kontrastreichem Schwarzweiß gefilmt und dem klassischen Krimi abgesehen: Toto stilisiert sich zum überlebensgroßen Helden eines Gangsterdramas und träumt davon, einmal das ›Schicksal‹ selbst in die Hand zu nehmen.

Die fiktive Vita, die Dormael konstruiert, kreist um den Versuch, den Zufälligkeiten des Lebens zumindest subjektiven Sinn zu verleihen. Das Spiel mit

Genrezitaten und Verweisen – einige Szenen erinnern an Hitchcocks ↗*Vertigo*, die Schlußpointe nimmt ein Motiv aus Billy Wilders ↗*Sunset Boulevard* auf – hat hier eine inhaltliche Funktion: Durch geliehene Bilder lädt der Held seinen banalen Alltag mit Bedeutung auf. Anders als die meisten Werke des aktuellen europäischen Kinos – zu nennen wären etwa *Delicatessen* (Jean-Pierre Jeunet/Marc Caro, 1990) oder *C'est arrivé près de chez vous* (*Mann beißt Hund*, Rémy Belvaux/Benoît Poelvoorde/André Bonzel, 1992) – beschränkt Dormael sich nicht darauf, Versatzstücke aus der Filmgeschichte neu zu arrangieren: Er führt sein Material zu einer schlüssigen Aussage zusammen und bezieht den Zuschauer in einen Diskurs ein.

Bérénice Balta: »C'est l'histoire d'un mec...«, in: Cinéma, Paris, 1991, H. 478; Pierre Hodgson: »Movie lessons«, in: John Boorman/Walter Donohue (Hg.): Projections. Bd. 2. London, Boston 1993; Sabine Horst: »*Toto der Held*«, in: epd film 1991, H. 11; Andreas Kilb: »Die Dinge des Lebens«, in: Die Zeit, 15.11.1991; Kevin Lewis: »*Toto le héros*«, in: Films in Review, 1992, H. 5/6; Gerhard Midding: »Das Leben ist keine Geschichte«, in: die tageszeitung, 16.11.1991 (Interview); Michael O'Pray: »*Toto le héros*«, in: Sight and Sound, 1992, H. 9; Erwin Schaar: »Kompliziert einfach, wehmütig heiter«, in: medien + erziehung, 1991, H. 6; Helmut Schmitz: »Komm, Erinnerung, flieh'«, in: Frankfurter Rundschau, 15.11.1991; Hans-Dieter Seidel: »Atemholen vorm Sterben«, in: Frankfurter Allgemeine Zeitung, 13.11.1991; Camille Taboulay/Nicholas Saada: »La vie est un fantôme errant«, in: Cahiers du Cinéma, 1991, H. 445 (Interview).

Sabine Horst

TOUCH OF EVIL (Im Zeichen des Bösen). USA (Universal) 1958. 35 mm, s/w, 95 Min.

R: Orson Welles. B: Orson Welles, Paul Monash, nach dem Roman »Badge of Evil« von Whit Masterson. K: Russell Metty. M: Henry Mancini.

D: Orson Welles (Hank Quinlan), Charlton Heston (Mike Vargas), Janet Leigh (Susan Vargas), Joseph Calleia (Pete Menzies), Marlene Dietrich (Tanya), Akim Tamiroff (Joe Grandi), Valentin de Vargas (Pancho), Ray Collins (Adair), Dennis Weaver (Nachtwächter).

Der Anfang des Films ist schwindelerregend: Vom Detail des Zeitzünders an einer Bombe folgt die Kamera dem Mann, der sie in einem parkenden Wagen deponiert, schwenkt, als ein Paar mit dem Wagen losfährt, hoch über die Dächer der Häuserreihe in einer mexikanischen Kleinstadt, folgt zuerst diesem Auto und dann einem anderen Paar, das sich zu Fuß der mexikanisch-amerikanischen Grenze nähert, wo beide Paare beim Grenzübertritt zusammentreffen: In dem Augenblick, als der mexikanische Polizist und Drogenfahnder Vargas seine amerikanische Braut Susan küßt, explodiert die Bombe und beendet diese erste durchgehende Einstellung.

Die polizeilichen Untersuchungen konfrontieren Vargas mit dem amerikanischen Kollegen Hank Quinlan, der offenbar rassistische Vorurteile hat und Beweise manipuliert. Bei dem mexikanischen Geliebten der Tochter des Ermordeten findet man Dynamit, doch Vargas glaubt nicht an dessen Schuld und bezichtigt Quinlan der Rechtsbeugung. Auf der anderen Seite der Grenze rächen sich Mitglieder der mexikanischen Familie Grandi, die Vargas des Drogenhandels überführt hat, indem sie Susan in einem abgelegenen Motel terrorisieren und mit Drogen vollpumpen, um Vargas selbst als Drogenkonsumenten zu beschuldigen und außer Gefecht zu setzen. Auch Quinlan will seinen Verfolger Vargas loswerden und arrangiert einen Mord an ›Uncle‹ Joe Grandi so, daß es scheinen soll, als habe Susan im Drogenrausch ihren Peiniger getötet. Aber Pete Menzies, bis dahin sein bedingungslos ergebener Gehilfe und treuer Freund, findet Quinlans Stock am Tatort und wechselt die Fronten. Ein Gespräch, in dem Quinlan den Mord zugibt, zeichnet er auf Tonband auf; als dieser den Verrat bemerkt, kommt es zum für beide tödlichen Schußwechsel. Vargas erfährt, daß Quinlan den richtigen Mörder, wenn auch mit falschen Beweisen, überführt hatte.

Wie das Gewinde einer Schraube bohrt sich der Film, den die rasante Exposition in Drehung versetzt hat, in die Geschichte, die er erzählt. Jede Drehung (ver)wechselt die Seiten in einer Folge von Überschreitungen, die zunehmend Perversionen von Rechts- und Moralvorstellungen werden. Der Schauplatz kennzeichnet das ›System‹ des Films: Das Überschreiten der Grenze bringt nicht nur einen Kriminalfall in Gang, sondern unterbricht auch die Flitterwochen; die Verbindung zwischen dem Mexikaner Vargas und der Amerikanerin Susan wird abrupt getrennt. Hinter der vordergründigen Krimihandlung wird die eigentliche ›Message‹ aus dem Hollywood der fünfziger Jahre sichtbar: Die attraktive Susan hat mit der ebenfalls blonden Stripperin aus einem Nachtlokal, die im explodierenden Auto saß, noch viel zu viel ›explosive‹ Sexualität gemeinsam, sie muß offenbar erst für die Ehe ›gezähmt‹ werden. Während ihr Mann heroisch um Recht und Gesetz kämpft, wird Susan durch die Grandi-Bande in ihrer sexuellen Attraktivität systematisch zerstört und schließlich sogar als Mörderin verdächtigt. Zwischendurch zweifelt auch Vargas an Susan; erst muß ihr Name von jedem Verdacht gereinigt werden, bis er sie wieder in seine Arme schließen kann. Die Demontage weiblicher Sexualität ist hier die Voraussetzung dafür, daß eine Frau als Ehefrau für einen Mann akzeptabel wird, der aus dem Kampf um Recht und Gesetz und zugleich um die Anerkennung seiner Position siegreich hervorgegangen ist. Die Ordnung von Recht und Unrecht ist nur vage wiederhergestellt: Geopfert wurden dem Rechtsfanatismus Vargas' nicht nur Quinlan, der sich unrechter Mittel bedient, aber rechtbehalten hat, sondern auch die Treue zwischen Freunden. Denn erst durch den Verrat von Pete Menzies, den er ›umgedreht‹ hat, konnte Vargas Quinlans Schuld aufdecken.

Zehn Jahre hatte Welles in Hollywood nicht mehr gearbeitet, *Touch of Evil* war der erste Film nach seiner Rückkehr in die USA. Ursprünglich sollte er nur in einem der üblichen Krimis mitspielen; ohne den Roman von Whit Masterson zu kennen, hat er ›über Nacht‹ das Drehbuch umgeschrieben und schließlich auch die Regie übernommen. Aber nicht einmal den Schnitt hat er zu Ende geführt, den fertigen Film, für den noch Einstellungen von Harry Keller nachgedreht wurden, hat er sich geweigert anzusehen. Auch die zweite, um 13 Minuten längere Version kann man kaum als Director's Cut bezeichnen. Erst 40 Jahre nach der Uraufführung wurden die detaillierten Anweisungen, die Welles in einem 58 Seiten langen Memo an das Studio am 5. Dezember 1957 fixiert hatte, umgesetzt: Der Produzent Rick Schmidlin und der Toningenieur Walter Murch, unterstützt von dem Filmhistoriker Jonathan Rosenbaum, realisierten eine Rekonstruktion, die kein neues Material enthält, sondern Bild und Ton neu montiert, dem Film teilweise eine neue Struktur gibt. Parallelmontagen wurden gemäß den Vorstellungen Welles' eingefügt, die kommentierende Musik reduziert. Doch auch diese Version ist nicht die definitive Fassung des Films, den Paul Schrader einmal als »Epitaph des film noir« bezeichnet hat.

»*Touch of Evil*«. Hg. Terry Comito. New Brunswick 1985. (Filmprotokoll, Materialien).

André Bazin: »Orson Welles«. Wetzlar 1980; Morris Beja (Hg.): »Perspectives on Orson Welles«. Boston 1995; John Belton: »A New Map in the Labyrinth: The Unretouched *Touch of Evil*, in: Movietone News, 1976, H. 47; Peter Bogdanovich: »Hier spricht Orson Welles«. Weinheim, Berlin 1994 (Interview); William Bywater: »The Visual Pleasure of Patriarchal Cinema: Welles' *Touch of Evil*«, in: Film Criticism, 1989/90, H. 3; Simon Callow: »Orson Welles. The Road to Xanadu«. London 1995; Robert Garis: »The Films of Orson Welles«. Cambridge 2004; Stephen Heath: »Film and System: Terms of Analysis«, in: Screen, 1975, H. 1 u. 2; ders.: »*Touch of Evil*, the Long Version – a Note«, in: ebd., 1976, H. 1; Peter W. Jansen/Wolfram Schütte (Hg.): »Orson Welles«. München 1977; E.M. Krueger: »*Touch of Evil*: Style Expressing Content«, in: Cinema Journal, 1972/73, H. 1; Jonathan Rosenbaum: »Prime cut«, in: Sight and Sound, 1975, H. 4; John Stubbs: »The Evolution of Orson Welles's *Touch of Evil* from Novel to Film«, in: Cinema Journal, 1985/86, H. 2; David Thomson: »Rosebud. The Story of Orson Welles«. New York 1996; François Truffaut: »Die Filme meines Lebens«. Frankfurt a.M. 1997; Eckhard Weise: »Orson Welles«. Reinbek 1996; »Orson Welles' Memorandum: *Touch of Evil*«, in: Film Quarterly, 1992/93, H. 1; Robin Wood: »Welles, Shakespeare and Webster«, in: ders.: Personal Views. London 1976.

Joachim Paech

TOUTE UNE NUIT (Eine ganze Nacht). Belgien (Paradise Films/Avila Films) 1981/82. 35 mm, Farbe, 87 Min.
R: Chantal Akerman, Stephane Dikman, Severine Vermersch. B: Chantal Akerman. K: Caroline Champetier, Francois Hernandez, Mathieu Schiffman. A: Michele Blondeel. Ba: Pierre Simon. S: Luc Barnier, Veronique Auricoste.

Chantal Akermans Episodenfilm zeigt eine Reihe von kurzen Szenen in einer heißen Sommernacht in Brüssel, die sich fast alle zwischen Liebespaaren abspielen. Der Film verzichtet weitgehend auf eine Erzählhandlung, manche Paare tauchen nur einmal auf, manche wechseln miteinander ab und sind ein Stück weit parallel montiert – durchgängige Bögen gibt es jedoch nicht. Zwar wird die jeweilige Situation zu einem Ende gebracht, aber die narrativen Elemente bleiben fragmentarisch; es gibt kaum Dialoge und der Verlauf der Situationen besteht oft einfach aus langem Warten und einer plötzlichen Bewegung. Sei es, daß zwei Personen schweigend nebeneinander in einem Café sitzen und sich überraschend leidenschaftlich in die Arme fallen, sei es, daß das Paar, das eine schlaflose Nacht verbringt, weil die Liebe schal geworden ist, auf einmal wieder zu einem glückvollen Moment zusammenfindet. Dieser Rhythmus dominiert den Film: die Bewegungslosigkeit, während der sich unsichtbare Prozesse abspielen und die plötzliche, heftige Aktion, die die zuvor aufgebaute Anspannung nicht auflöst, sondern nur kurzfristig außer Kraft setzt.

Eine strenge optische und räumliche Einheit faßt die einzelnen Handlungspartikel zusammen und bildet eine Achse quer durch sie hindurch. Fast alle Frauen tragen unauffällige leichte Sommerkleider und Schuhe mit hohen Absätzen, fast alle Männer mehr oder weniger zerknautschte Anzüge – sie signalisieren ›Mann‹ und ›Frau‹, bleiben aber individuell insignifikant und sind nur mit Mühe voneinander unterscheidbar und wiedererkennbar.

Ebenso wie die Personen verschmelzen auch die wechselnden Schauplätze miteinander und gruppieren sich topographisch in fünf Serien: zunächst Cafés und Bars, dann die Eingänge von Reihenhäusern, eine Vorstadtstraße, wieder eine Reihe von Cafés, Wohnungstüren und Treppenhaus eines Mietshauses in der Stadt, die übereinanderliegenden Schlafzimmer eines anderen Stadthauses.

Die Ereignisse des Films breiten sich gleichsam flächig aus, Linearität spielt kaum eine Rolle. Es gibt keine Anhaltspunkte für die Uhrzeit; die Situationen könnten zu jeder Zeit spielen – wichtig ist für sie nur das endlose Dunkel der Nacht. Die wesentliche zeitliche Bewegung in dieser Nacht reflektiert noch einmal die Kombination von Warten und Entladung: Die für den Zuschauer fast körperlich spürbare Hitze der Sommernacht löst sich in einem Gewitter auf. Danach ein harter Schnitt: Übergangslos ist es hell geworden, eine Morgendämmerung hat es nicht gegeben, einige Ereignisse finden erst jetzt, im Tageslicht, einen vorläufigen Abschluß.

Mit sparsamen und sehr präzise abgestimmten Stilmitteln variiert Chantal Akerman hier die Methode ihres spektakulären Films *Jeanne Dielman* (1975), der mit durchgängig unbewegter Kamera in langen Realzeit-Einstellungen ohne auch nur eine einzige Nahaufnahme die sich steigernde Spannung im Alltag einer Hausfrau zeigt. Auch in *Toute une nuit* dominiert diese nicht-direktive, offene Kameraführung, die nicht auf Handlung und Blickführung fixiert ist. Oft bleibt die Kamera noch stehen, wenn die Handelnden schon längst verschwunden sind; die Orte, gekennzeichnet durch nur wenige grafische Elemente, sind nie einfach nur Hintergrund, sondern in ihrer Ruhe immer ein Gegengewicht zur Flüchtigkeit der Bewegung.

Die radikale Gegnerschaft zum Hollywoodkino, die für *Jeanne Dielman* charakteristisch war, hat in *Toute une nuit* viel von ihrer politischen und ästhetischen Schlagkraft eingebüßt. Dafür besitzt der Film einen tänzerischen Rhythmus, der die Thematik des Vorübergehenden, Veränderlichen in angemessener Weise unterstützt.

Audrey Gwendolyn Foster (Hg.): »Identity and Memory«. Trowbridge 1999; M. Kinder: »The subversive potential of the pseudo-iterative«, in: Film Quarterly, 1989/90, H. 2; R. Kwietniowski: »Separations. Chantal Akerman's *News from home* (1976) and *Toute une nuit* (1982)«, in: Movie, 1990, H. 34/35; Ivone Margulies: »Eight Times ›Oui‹: *Toute*

Trainspotting

une Nuit and the Rhythm of Cliché«, in: Persistence of Vision, 1990, H. 8; dies: »Nothing Happens. Chantal Akerman's Hyperrealist Everyday«. Durham, London 1996; Corinne Squire: »Toute Une Heure«, in: Screen, 1984, H. 6 (Interview).

Heike Klippel

TRAINSPOTTING (Trainspotting – Neue Helden). Großbritannien (Figment/The Noel Gay Motion Picture Company) 1996. 35mm, Farbe, 94 Min.

R: Danny Boyle. B: John Hodge, nach dem Roman von Irvine Welsh. K: Brian Tufano. S: Masahiru Hirakubo. M: Songs von Damon Albarn, Iggy Pop, Brian Eno, Blur, Lou Reed u.a.

D: Ewan McGregor (Renton), Robert Carlyle (Begbie), Ewan Bremner (Spud), Jonny Lee Miller (Sick Boy), Kevin McKidd (Tommy).

»Sag ja zum Leben, sag ja zum Job, sag ja zur Karriere, sag ja zur Familie. Sag ja zu einem pervers großen Fernseher«, karikiert Renton am Anfang Yuppie-Jahrzehnt und Anti-Drogen-Slogans. Dieses »Choose Life« wurde schnell zum geflügelten Wort, und Rentons Konter »I chose not to choose life« steht für den besonderen Reiz des Films: Verweigerungshaltung als Kult. Schnell zeigt sich, was hinter den Sarkasmen steckt, denn komplett heißt es: »Ich habe zum Ja-Sagen nein gesagt. Die Gründe? Es gibt keine Gründe. Wer braucht Gründe, wenn man Heroin hat.« Denn Renton, aus dessen Sicht die Geschichte mit Hilfe von Rückblenden erzählt wird, ist ein desillusionierter Junkie, und die zynische Tirade gegen satte Jedermanns dient der Beschönigung seiner »gesunden Drogenabhängigkeit« ohne Leistungsdruck und Beziehungsstreß.

Renton ist einer, der stiehlt, lügt und betrügt, der das College abgebrochen und keine Perspektiven im Edinburgh der konservativen Sozialpolitik hat. Er ist einer, für den der Reiz von Drogen nicht durch Parolen entkräftet wird, und er ist nicht allein. Mit seinen Freunden, dem Loser Spud und dem abgebrühten 007-Fan Sick Boy, hängt Renton »ehrlich und aufrichtig an der Nadel«; der brutale Psychopath Begbie säuft nur, allein der unbedarfte Homeporno-

Fan Tommy bleibt clean, bis Renton ihn anfixt – sein Fall wird am tiefsten sein, über Aids in den Tod führen und Renton schließlich zur Besinnung bringen. Zusammen ziehen die typischen Repräsentanten des »white trash« durch Clubs und Pubs, wobei sich Begbies Kneipenprügeleien mit den Gaunereien der anderen abwechseln. Tagsüber spielen sie Fußball oder das titelgebende »Trainspotting«, bei dem die Nummern durchfahrender Lokomotiven notiert werden – ein Spiel, das laut Romanautor Welsh als Metapher für die Sucht zu verstehen ist, weil es dazu dient, »einem sinnlosen Leben Struktur zu geben«.

Rentons Nein zum Leben wankt ab und an, dann versucht er einen Entzug, auf den der Rückfall folgt – selbst als das Baby einer Freundin stirbt, während sie auf Trip ist, wird das zunächst mit weiteren Drogenexzessen quittiert. Letztlich zieht Renton dann doch die Notbremse und entgiftet bei seinen Eltern, was den Zuschauern ein visuelles Horror-Kabinett der Entzugserscheinungen beschert. Nach einer Nacht mit Diane, die mit ihm nur ihre Eltern schocken wollte, und einer knapp überlebten Überdosis macht er sich, endgültig clean, auf nach London. Doch die Vergangenheit holt ihn auch hier ein: Zuerst quartiert sich Begbie auf der Flucht vor der Polizei bei ihm ein, dann verlegt Sick Boy seine Zuhälter- und Dealer-Tätigkeit in Rentons Appartement. Am Ende haut der geläuterte Held mit dem Geld eines Heroindeals ab und versichert, künftig zu allen Insignien der Normalität ja zu sagen – kein Endpunkt, eher ein neues Kapitel im Sinne der Dramaturgie von *Trainspotting*, die keine klassische Heldenreise erzählt, sondern ein Lebensgefühl vermitteln und die Zuschauer überraschen will.

Wesentlich mehr als vom Plot lebt das Drogendrama von seinen Charakteren: Danny Boyle und seinem Drehbuchautor John Hodge gelingt es, den Post-Punk-Anti-Helden Tiefe zu verleihen und die Gruppendynamik zwischen freundschaftlicher Wärme im Loserverbund und brutalem Egoismus unter Junkies changieren zu lassen. Hodge schrieb lebendige Dialoge im Edinburgh-Leith-Dialekt und konnte der episodenhaften Struktur der Welsh-Vorlage ein dramaturgisch stimmiges Handlungskorsett geben, das eigene Akzente setzt: Drastische Schlüsselszenen bilden den emotionalen Kern, um den Story und Voice-over lose verwoben sind. Das Szenische der Inszenierung wird verstärkt durch einen Look, der sich so humorvoll, roh und kaputt gibt wie die Protagonisten: extreme Kamerapositionen, unerwartete Formatwechsel, der an Comic- und Clip-Ästhetik angelehnte Gebrauch von Weitwinkelobjektiven, surreale Effekte, schnelle, suggestive Schnitte, starke Lichteffekte und nicht zuletzt die Musik sicherten dem Film seinen Platz in der internationalen Popkultur. Der Soundtrack, der neben Punk-Klassikern auch Brit-Pop von Blur und Pulp sowie die Dancefloor-Hymne »Born slippy« beinhaltet und lange die Top-Ten anführte, leitet den Zuschauer emotional durch den Film. Bildebene und Voice-over werden sowohl unterstützt, wenn etwa zur Eröffnungssequenz von Rentons Flucht vor der Polizei Iggy Pops »Lust for Life« dröhnt, als auch konterkariert, wenn Lou Reeds »Perfect World« Rentons Kampf gegen den Tod nach der Überdosis untermalt.

Die unkonventionelle Unkorrektheit, mit der das Thema ›Sucht‹ generell behandelt wird, machte *Trainspotting* einerseits zum Kultfilm, führte aber auch zu zahlreichen Kontroversen – wenn der subkulturelle Genuß von Drogen mit den Worten »nimm den besten Orgasmus, den du je hattest, multiplizier ihn mit 1000, und du bist nicht einmal nah dran« beschrieben wird, liegt der Vorwurf der Suchtverherrlichung nahe. Doch der Film mutet den Zuschauern realistische Folgeszenarien zu, von drogenbedingter Impotenz, Gefängnis und Entzugsqualen über sterbende Babys bis hin zu Aids. – Der Erzählton diene der Kommunikation auf Augenhöhe mit einer Generation, die mit Drogen bereits in Berührung gekommen ist und pädagogisierende Bevormundung ablehnt, rechtfertigten sich die Macher: »Wir hoffen, daß der Film am Ende seine eigene moralische Integrität hat, auch wenn wir einen unmoralischen Tonfall verwenden.«

Trainspotting, mit einem Budget von nur 3,5 Mio. Dollar realisiert, wurde einer der erfolgreichsten britischen Film, bescherte Hauptdarsteller Ewan McGregor und Regisseur Danny Boyle, der mit *Shallow Grave* (*Kleine Morde unter Freunden*, 1994) bereits erste Erfolge erzielt hatte, den endgültigen Durchbruch und ebnete dem »New British Cinema« den Weg, das mit Filmen wie Peter Cattaneos *The Full Monty* (*Ganz oder gar nicht*, 1997) und ↗*Brassed off!* das Ziel verfolgt, soziale Realitäten kritisch zu zeigen und zugleich unterhaltsam zu sein.

Kerstin Gutberlet: »The State of the Nation. Das britische Kino der neunziger Jahre«. St. Augustin 2001; Margret Köhler: »No future und Anti-Establishment«, in: medien + erziehung, 1996, H. 4; Josef Lederle: »*Trainspotting – Neue Helden*«, in: film-dienst, 1996, H. 16; Eggo Müller: »Lust for Life. Ansätze zu einer Diskursanalyse von *Trainspotting*«, in: medien praktisch, Texte 1, 1998; Andrew O'Hagan: »The boys are back in town«, in: Sight and Sound, 1996, H. 2; Carl-Erdmann Schönfeld: »Neue Blicke auf die Wirklichkeit«, in: Süddeutsche Zeitung, 1.8. 1996; Robin Spittal: »*Trainspotting* – A new Scottish Icon«, in: Études Écossaises, 1998, H. 5; Andrew Thompson: »Trains, Veins and Heroin Deals«, in: American Cinematographer, 1996, H. 8; Maurice Yacowar: »Against the Hollywood grain. *Trainspotting* and *Brassed off!*«, in: Queen's Quarterly, 1997, H. 2.

Kyra Scheurer

THE TREASURE OF THE SIERRA MADRE

(Der Schatz der Sierra Madre). USA (Warner Brothers/First National) 1947/48. 35 mm, s/w, 126 Min.
R: John Huston. B: John Huston, nach der gleichnamigen Erzählung von B. Traven. K: Ted McCord. A: Fred M. MacLean. Ba: John Huges. S: Owen Marks. M: Max Steiner.
D: Humphrey Bogart (Fred C. Dobbs), Walter Huston (Howard), Tim Holt (Curtin), Bruce Bennett (Cody), Alfonso Bedoya (Gold Hat), Barton MacLane (McCormick), A. Soto Range (Präsident), Manuel Donde (El Jefe), José Torvay (Pablo), Margarito Luna (Pancho).

Ein Plakat mit den Siegernummern einer Lotterie. Schwenk auf Hände, die ein Los zerreißen, Schnitt auf das enttäuschte Gesicht Humphrey Bogarts. Er spielt einen Abenteurer, der in einer mexikanischen Stadt einen Yankee um einen Peso anbettelt. Der Amerikaner, gekleidet in einen weißen Tropenanzug, wird von John Huston selbst gespielt. So beginnt der Film, so geht er weiter: einfach und schnörkellos. Als nächste Figur wird Tim Holt, ein dem Publikum sattsam bekannter Cowboydarsteller, eingeführt und schließlich Hustons Vater Walter, der das Trio der Goldsucher komplettiert. Der Regisseur hat den 1927 erschienenen Roman B. Travens linear adaptiert: Er erzählt die Geschichte ohne Zeitsprünge oder Auslassungen.
In seiner Autobiographie fügte Huston den Mysterien um Traven, der sich damals bereits über 20 Jahre versteckt hielt, eine neue Variante hinzu: Ein Mann habe sich als Vertrauter des Schriftstellers bei ihm vorgestellt und die Dreharbeiten in Mexico aus nächster Nähe verfolgt, ohne das Geheimnis seiner tatsächlichen Identität zu lüften. Trotz der Intervention Travens trägt das Endresultat deutlich den Stempel Hustons bzw. der Warner Brothers. Dem Film sieht man die Schwierigkeiten, die Probleme, die die zehnwöchige Drehzeit vor Ort bereiteten, nicht an. Von Bogart ist folgender Ausspruch überliefert: »John wollte alles perfekt haben. Wenn er einen Berg in der Nähe sah, der zum Filmen getaugt hätte, war er ihm nicht gut genug: zu leicht zu erreichen.« Zu diesem Zeitpunkt ist die Lektion des italienischen Neorealismus an der Westküste Amerikas angekommen: Sie wird dem Geschäft einverleibt. Aber trotz authentischer Schauplätze, trotz Integration von Laiendarstellern und der Anreicherung mit eigenen Erlebnissen, die die bizarre Laufbahn Hustons zwischen Mexiko und Hollywood, zwischen Army und Ostküstenintelligenzija bereithielt: Auf der Leinwand sind stets drei Schauspieler präsent, denen der Film als Vehikel zur Förderung ihres Images dient.
Thematisch variiert die Geschichte zwei der denkwürdigsten Stummfilme, Chaplins ↗*Gold Rush* und Stroheims ↗*Greed*. Der Vergleich zeigt, welchen Verlust an persönlicher Handschrift das inzwischen perfektionierte Studiosystem für den Hollywood-Film bedeutete. Vater und Sohn wurden mit Oscars ausgezeichnet: Walter Huston als bester Darsteller, John Huston für die Regie. Die New Yorker Filmkritik wählte *The Treasure of the Sierra Madre* zum besten Film des Jahres; für die Filmmusik erhielt

The Treasure of the Sierra Madre: Humphrey Bogart und Tim Holt

Max Steiner einen Preis bei den Filmfestspielen in Venedig. Der aufwendige Abenteuerfilm – Produktionskosten: drei Millionen Dollar – ist jedoch kaum mehr als das sterile Produkt einer Filmindustrie, die ums Überleben kämpft: Das Fernsehen – recht eigentlich ein ›Nahsehen‹ – stand schon vor der Tür. Es wird sich an solchen Schätzen aus Hollywood bereichern: *The Treasure of the Sierra Madre* gehört zu den Filmen, die am häufigsten auf deutschen Bildschirmen zu sehen sind.

»*The Treasure of the Sierra Madre*«. Hg. James Naremore. Madison/London 1979. (Drehbuch).
Lesley Brill: »John Huston's Filmmaking«. Cambridge 1997; John Engell: »*The Treasure of the Sierra Madre*: B. Traven, John Huston and Ideology in Film Adaption«, in: Literature/Film Quarterly, 1989, H. 4; Harvey R. Greenberg: »The Movies on your Mind«. New York 1975; Scott Hammen: »John Huston«. Boston 1985; John Huston: »An Open Book«. New York 1980; Peter W. Jansen/Wolfram Schütte (Hg.): »Humphrey Bogart«. München 1976; Stuart Kaminsky: »John Huston«. München 1986; Matthias Kraus: »Der Schatz der Sierra Madre«, in: Bodo Traber/Hans J. Wulff (Hg.): Filmgenres: Abenteuerfilm. Stuttgart 2004; Axel Madsen: »John Huston«. Garden City, New York 1978.

Thomas Meder

TRIUMPH DES WILLENS Deutschland (Leni Riefenstahl Studio-Film) 1934/35. 35 mm, s/w, 114 Min.
R: Leni Riefenstahl. K: Sepp Allgeier, Karl Attenberger, Werner Bohne, Walter Frentz, Hans Gottschalk, Werner Hundhausen, Herbert Kebelmann, Albert Kling, Franz Koch, Herbert Kutschbach, Paul Lieberenz, Richard Nickel, Walter Riml, Arthur von Schwertführer, Karl Vass, Franz Weihmayr, Siegfried Weinmann, Karl Wellert. Ba: Albert Speer. S: Leni Riefenstahl. M: Herbert Windt.

Triumph des Willens, im Auftrag der NSDAP produziert, ist die zentrale filmische Selbstdarstellung der Partei. Mit einem Stab von 120 Mitarbeitern, darunter 18 Kamerateams, drehte Leni Riefenstahl auf dem Nürnberger Parteitag 1934 vor allem Massenveranstaltungen und Reden, um mit »einem heroischen Film der Tatsachen« den Führer zu glorifizieren. *Triumph des Willens* wurde im In- und Ausland gezeigt, um das offizielle Bild der NS-Partei zu verbreiten. Da der Film seit 1945 immer wieder in Film- und Fernsehdokumentationen verwendet worden ist, hat er bis heute das allgemeine Bild des Nationalsozialismus geprägt.

Der Film ist von Monumentalität gekennzeichnet, sei es in den Emblemen der Macht (Hakenkreuzen, Adler, Fahnen), in der von Speer entworfenen Architektur oder in den Massenauftritten der Nazis. Der Parteitag wird als riesige Heerschau inszeniert: Hitler läßt seine Anhänger vor sich - und dem Filmzuschauer - Revue passieren. Dabei werden verschiedene Gruppierungen der Partei sowie der Bevölkerung als Elemente einer Gemeinschaft dargestellt, die durch den ›Führer‹ vereint werden. SA, SS, aber auch der Arbeitsdienst mit geschulterten Spaten führen das Prinzip Soldatentum vor. Totenehrung und »Blutsfahne« zeigen den Endpunkt der »geistigen Mobilmachung« (Loiperdinger): Sterben für Deutschland und Hitler als Gipfel der Treue.

Mittelpunkt des Films ist Hitler. *Triumph des Willens* stellt immer wieder das Verhältnis Führer-Gefolgschaft dar. Dazu gehören vor allem die Massenaufmärsche, Paraden und Appelle, die etwa ein Drittel des Films ausmachen. Durch die Montage schafft es Riefenstahl, Hitler zum zentralen Objekt der Aufmerksamkeit zu machen, sogar wenn er nicht zu sehen ist: Immer wieder wird gezeigt, wie Leute auf Hitler im Off schauen. Riefenstahl spielt sogar mit der Blickdramaturgie: Auch eine Statue und eine Katze scheinen den Führer anzuschauen. Mit Mitteln konventioneller Spielfilmgestaltung (Schuß-Gegenschuß) erzeugt der Film eine erhöhte Spannung auf die Erscheinung Hitlers.

Kameraführung und Montage erzeugen die Illusion einer Allgegenwärtigkeit, die zu einer größeren Teilnahme führen soll. Der Film nähert sich sogar Hitlers Perspektive, um eine partielle Teilhabe an der Macht zu suggerieren. Absicht ist stets, die Zuschauer mitzureißen. Dabei spielt der Schnittrhythmus eine zentrale Rolle. Riefenstahl hat den Film aus etwa 130.000 m belichtetem Material zusammengeschnitten, mehr als dem Vierzigfachen des fertigen Films.

Auf der Tonspur sind immer wieder »Heil«-Rufe, Applaus und Sprechchöre zu hören. Die Musik verbindet Anklänge an Wagner mit den Melodien des »Horst-Wessel-Liedes«, »Ich hatt' einen Kameraden« und anderen Soldatenliedern. So kommt der Film am Anfang über 20 Minuten lang ohne Reden aus; er wird durch die Musik und Bildmontage zusammengehalten. Danach wird zwischen Reden, Appellen und Märschen alterniert. Die Ansprachen verschiedener Naziführer sowie mehrere Reden Hitlers werden - meist sehr stark gekürzt - wiedergegeben. Dabei nimmt das Tempo der Montage ab; vor allem Hitler wird in ruhigen, oft frontalen Naheinstellungen gezeigt.

Riefenstahl hat 30 Jahre später zu ihrer Rechtfertigung angeführt, es handele sich um einen Dokumentarfilm, der ohne tendenziösen Kommentar auskomme, nur die Wirklichkeit des Jahres 1934 schildere. Tatsächlich ist *Triumph des Willens* ein Meisterwerk der Manipulation. In ihrem Buch »Hinter den Kulissen des Reichsparteitagfilms« (München 1935) bekannte Riefenstahl: »Es kommt nicht darauf an, daß alles chronologisch richtig auf der Leinwand erscheinen soll. Die Gestaltungslinie fordert, daß man instinktiv, getragen von dem realen Erlebnis Nürnbergs, den einheitlichen Weg findet, der den Film so gestaltet, daß er den Hörer und Zuschauer von Akt zu Akt, von Eindruck zu Eindruck überwältigender emporreißt.« *Triumph des Willens* erhielt die Prädikate »staatspolitisch und künstlerisch besonders wertvoll«, »volksbildend« und »Lehrfilm«; der Film wurde mit dem »Nationalen Filmpreis« 1935 ausgezeichnet. Es war nicht der erste Film dieser Art: Über den Parteitag des Vorjahrs hatte Riefenstahl den Film *Sieg des Glaubens* gedreht. »Nach *Triumph des Willens* brauchte kein Film mehr über Hitler gemacht zu werden, und es wurde auch kein weiterer in Auftrag gegeben. Hier wurde er ein für allemal so gezeigt, wie er gesehen werden wollte.« (Erwin Leiser).

»*Triumph des Willens*«. Hg. Martin Loiperdinger. Frankfurt a.M. 1980. (Filmprotokoll).
Richard Meran Barsam: »Filmguide to *Triumph of the Will*«. Bloomington/London 1975; Frauke Göttsche: »Geometrie im Film«. Münster 2003; Lutz Kinkel: »Die Scheinwerferin. Leni Riefenstahl und ihre Filme«. Hamburg, Wien 2002; Erwin Leiser: »›Deutschland, erwache!‹«. Reinbek 1978; Martin Loiperdinger: »Rituale der Mobilmachung. Der Parteitagsfilm *Triumph des Willens* von Leni Riefenstahl«. Opladen 1987; Steve Neale: »*Triumph of the Will*: Notes on Documentary and Spectacle«, in: Screen, 1979, H. 1; Peter Nowotny: »Leni Riefenstahls *Triumph des Willens*«. Dortmund 1981; Leni Riefenstahl: »Memoiren«. München, Hamburg 1987; Rainer Rother: »Leni Riefenstahl. Die Verführung des Talents«. Berlin 2000; Georg Seeßlen: »Leni Riefenstahl«, in: ders.: Tanz den Adolf Hitler. Berlin 1994; Susan Sontag: »Faszinierender Faschismus«, in: Frauen und Film, 1977, H. 14; Vicki O'Donnell Stupp: »Myth, Meaning, and Message in *Triumph of the Will*«, in: Film Criticism, 1978/79, H. 2; Angelika Taschen: »Leni Riefenstahl. Fünf Leben«. Köln u.a. 2000; Jürgen Trimborn: »Riefenstahl. Eine deutsche Karriere«. Berlin 2002.

Stephen Lowry

TROIS COULEURS: BLEU, BLANC, ROUGE

(Drei Farben: Blau, Weiß, Rot). Polen/Frankreich/Schweiz (MK2 ProductionsFrance 3/CAB Productions) 1993/94. 35 mm, Farbe, 98, 91 + 97 Min.
R: Krzysztof Kieslowski. B: Krzysztof Kieslowski, Krzysztof Piesiewicz. K: Slawomir Idziak (Bleu), Edward Klosinski (Blanc), Piotr Sobocinski (Rouge). A: Claude Lenoir. S : Jacques Witta. M: Zbigniew Preisner.
D: Bleu: Juliette Binoche (Julie), Benoit Régent (Olivier), Florence Pernel (Sandrine). Blanc: Zbigniew Zamachowski (Karol), Julie Delpy (Dominique), Janusz Gajos (Mikolaj). Rouge: Iréne Jacob (Valentine), Jean-Louis Trintignant (Richter), Frédérique Feder (Karin).

Ausgangspunkt für die Film-Trilogie war die Frage, ob die Ideale der französischen Revolution noch eine Bedeutung in der modernen Welt haben. Freiheit, Gleichheit und Brüderlichkeit sind jedoch selbst für einen polnischen Regisseur nicht mehr vorrangig von politischem Interesse. Weitaus wichtiger erschienen ihm die persönlichen Aspekte: Wie erleben Menschen von heute ihre individuelle Freiheit, Gleichheit oder Mitmenschlichkeit? Deshalb war für Kieslowski eine filmische Antwort darauf erst dann möglich, als er wußte, wie er die unsichtbaren Vorgänge im Innern seiner Figuren durch konkrete Bilder der sichtbaren Außenwelt ausdrücken konnte. Denn im Visuellen mußte selbst das eigene Unbewußte transparent werden – durch ein einziges durchgängiges Strukturprinzip: einen bestimmten Farbton, der einem bestimmten Menschentyp sinnbildhaft zugewiesen wird. Einen Sinn ergeben dabei nicht die einzelnen Dinge in derselben Farbe, die sich vielleicht als Symbole für diese oder jene Charakterzüge deuten ließen; diese Ding-Bilder sind nur mehr oder weniger zufällige Teile, die erst in ihrer Gesamtheit, in dem einheitlichen Farbton, eine ›Diagnose‹ über eine konkrete Person ermöglichen und damit das Schicksal der jeweils eigenen unverwechselbaren Individualität bestimmen.

So beginnt *Bleu*, der erste Teil der Trilogie, mit einem Auto-Unfall, der für die überlebende Julie Zufall sein mag, für den Zuschauer aber eindeutig auf die auslaufende Bremsflüssigkeit zurückzuführen ist. Schon davor sind die Bilder in Blau getaucht: fast blauer Asphalt, blaue Alufolie, bläulicher Nebel – es ist eben Julies Farbe, die sich auch durch den Unfalltod von Mann und Kind nicht ändert, was immerhin möglich gewesen wäre, wie der rot-weiße Ball, der aus dem rauchenden Auto fällt, zumindest andeutet und wie die Hauptpersonen in *Blanc* und *Rouge* noch zeigen werden. Aber Julie zieht sich in ihren blauen Raum der Lebensverweigerung und der Todessehnsucht zurück und begreift erst langsam, daß die Befreiung von alten Abhängigkeiten ihr auch die Kraft gibt, ihr Leben nun selbst zu gestalten und Entscheidungen für ihre persönliche Freiheit zu treffen. Sie geht zu dem ehemaligen Assistenten ihres Mannes, zu Olivier, der sie schon früher geliebt hat und immer noch liebt, und schreibt mit ihm die unvollendete Komposition ihres Mannes, ein Concerto für das vereinigte Europa, zu Ende. So ändert sie ihr Verhalten und bleibt sich selbst doch treu; denn ihre ›romantische‹ Farbe ist nicht nur die Farbe des Todes, sondern auch der Wiedergeburt durch die Liebe, die der Schlußchor mit Worten aus dem »Hohen Lied« des Paulus besingt. Sie ist also – historisch und kulturell ambivalent wie alle Farben – individuelles Symbol für ihre Freiheit von alten Bindungen und hin zu neuen Bindungen.

Das Pathos in *Bleu*, noch erhöht durch die Musik, wird in *Blanc* tragikomisch durchbrochen. Karol, eine polnische Variante von Charlie (Chaplin), wird wegen Impotenz von seiner Frau Dominique geschieden und in einer slapstickhaften Szene im Koffer von Frankreich nach Polen zurückgeschickt. Die Un-Farbe Weiß, in der sich alle Farben bündeln und somit gleichermaßen farblos werden, spielt dabei eine ironisierende Rolle. So ist die nicht vollzogene Ehe juristisch nur ein *mariage blanc*, eine Scheinhochzeit, und der spätere Orgasmus Dominiques wird durch eine Weißblende wieder zur reinen Liebe. Der unschuldig-naive Karol wird noch in Frankreich durch weißen Taubendreck besudelt und muß sich in eine weiße Toilettenschüssel übergeben; in Polen sieht der Rückkehrer zuerst nur den schmutzigen weißen Schnee, der die Müllhalden bedeckt. Um seine idealisierte weiße Braut zurückzuerobern, muß Karol schließlich das richtige Mittel finden, ihr gleich zu werden. Dies gelingt ihm nur dadurch, daß er durch ›dunkle‹ Geschäfte zum Kapitalisten wird, seinen angeblichen Tod als Mord fingiert und Dominique dadurch ins Gefängnis bringt – eine absurde Situation, in der sich beide letztlich nur in einer neuen Ungleichheit wieder finden, aber gerade deshalb auch auf eine Wiederkehr ihrer *amour fou* hoffen können.

Rouge beginnt dagegen scheinbar realistisch. Die Kamera zeigt eine Hand, die den Telefonhörer abnimmt, und durchrast dann das gesamte Kabelnetz von Frankreich durch das Meer bis nach England, wo aber niemand auf das rote Signal achtet, so daß die Hand den Hörer wieder auflegt. Das technische Wunder der Telekommunikation führt also zu keinem menschlichen Kontakt – hier am Telefon nicht und auch sonst so selten im modernen Leben. Gegen diese »Selbstgefälligkeit« begehrt die Studentin Valentine auf; sie sucht immer wieder den persönlichen Kontakt und findet ihn auch schon zu Beginn, als sie einen von ihr angefahrenen Hund zurückbringt zu seinem Besitzer, einem pensionierten Richter, der völlig zurückgezogen lebt und die Telefonate seiner Nachbarn illegal aufzeichnet. Das Zusammentreffen dieser zwei so gegensätzlichen Charaktere wird rot vorbereitet: symbolisch (Mitleid mit der Kreatur, auch eigenes Leiden), dramaturgisch (das rote Rücklicht des Autos als Vorverweis auf den Unfall mit dem Hund) und kompositorisch (das Wohnviertel des Richters heißt *Carouge*, Valentines späterer Freund Auguste fährt einen *car rouge*).

So durchzieht die Farbe Rot den ganzen Film und führt zu einem Happy-End für alle Hauptfiguren der Trilogie. Denn beim Kentern der Fähre, mit der nun der Kontakt hergestellt werden sollte, der zu Beginn noch mißglückt war, werden nur diese sechs Personen (und ein Stewart) auf wunderbare Weise vom Filmemacher Kieslowski gerettet und somit am Schluß miteinander vereint – als Symbol eines möglichen Über-, Weiter- und Anders-Lebens. Dabei wird Valentine durch Großaufnahmen und Kamerazufahrt besonders hervorgehoben; denn sie steht für das Haupt-Leitmotiv der Mitmenschlichkeit, die sie immer wieder anderen erwiesen hat, so daß sie nun auch den ihr vom Schicksal bestimmten Partner Auguste, das jugendliche Alter ego des Richters, kennenlernen und lieben darf. Doch nicht erst der Schluß verbindet die drei Film-Teile. Auch die zunächst unmotiviert wirkenden Szenen mit einer alten Frau, die Altglas in einen Flaschencontainer werfen will, zeigen beispielhaft Kieslowskis Intention, daß individuelle Freiheit und partnerschaftliche Gleichheit sich erst durch eine gesellschaftliche Solidarität voll verwirklichen lassen. Denn während Julie die Greisin überhaupt nicht wahrnimmt und Karol sie nur spöttisch beobachtet, wird der Zuschauer in den subjektiven Blick Valentines hineingezogen, nimmt also unmittelbar an ihrem Mitgefühl für die alte Frau teil und bestätigt damit schließlich auch die konkrete Hilfe Valentines.

Der letzte Teil der Trilogie ist nach eigener Aussage Kieslowskis persönlichster Film. Er sollte auch sein letzter sein; der Tod während einer Bypass-Operation im März 1996 verhindert die Realisierung des schon geplanten Projekts einer weiteren Trilogie über »Paradies – Fegefeuer – Hölle«. Einen Aspekt dieser Idee hat der deutsche Regisseur Tom Tykwer aufgegriffen und das von Kieslowskis Drehbuchautor Piesiewicz bereits geschriebene Buch zu »Paradies« in seinem Film *Heaven* (2002) so umgesetzt, daß die Kieslowski-Spezialistin Margarete Wach sich die Frage stellte, ob man Tykwer deshalb als »Epigonen oder Erben« Kieslowskis bezeichnen solle.

»*Three Colours Trilogy. Blue, White, Red*«. London 1998. (Filmtext).

Vincent Amiel: »Kieslowski«. Paris 1995; Geoff Andrew: »The *Three Colours Trilogy*«. London 1998; Silke Egner: »Bilder der Farbe«. Weimar 2003; Michel Estève (Hg.): »Krzysztof Kieslowski«, in: Etudes cinématographiques, 1994, H. 203–210; Marek Haltof: »The Cinema of Krzysztof Kieslowski. Variations on Destiny and Chance«. London 2004; Bernd Kiefer: »*Drei Farben*«, in: Thomas Koebner (Hg.): Filmklassiker. Bd. 4. Stuttgart 1995; Pierre Lachat: »Blau meint das Geistige, Rot das Wirkliche, Weiss ist keine Farbe«, in: Filmbulletin, 1994, H. 3; Danusia Stok (Hg.): »Kieslowski on Kieslowski«. London 1995; Margarete Wach: »Krzysztof Kieslowski. Kino der moralischen Unruhe«. Köln 2000.

Thomas Bleicher / Peter Schott

THE TROUBLE WITH HARRY

(Immer Ärger mit Harry). USA (Paramount) 1955. 35 mm, Farbe, 99 Min.

R: Alfred Hitchcock. B: John Michael Hayes, nach dem gleichnamigen Roman von Jack Trevor. K: Robert Burks. Ba: Hal Pereira, John Goodman, Sam Comer, Emile Kuri. S: Alma Macrorie. M: Bernard Herrmann; Song »Flaggin' the train to Tuscaloosa«: Mack David/Raymond Scott.

D: John Forsythe (Sam Marlowe), Shirley MacLaine (Jennifer), Edmund Gwenn (Captain Albert Wiles), Mildred Natwick (Miss Gravely), Jerry Mathers (Arnie), Mildred Dunnock (Mrs. Wiggs), Royal Dano (Calvin Wiggs).

Die schlichten Cartoonfiguren des Vorspanns und die Titelmusik annoncieren einen Hitchcock der anderen Art: Holzbläser spielen eine einfache Melodie wie aus dem Kinderlied, die immer wieder an der Barriere eines kräftigen Akkords hängenbleibt. In einem zweiten, elegischen Thema beschwört Bernard Herrmann – am Anfang seiner fruchtbaren Zusammenarbeit mit Hitchcock – sentimental ein ländliches Idyll. Das sind die Pole, zwischen denen sich diese schwarze Komödie bewegt.

Der kleine Arnie findet auf einer Waldlichtung einen »schlafenden« Mann. Captain Wiles, der kurz danach die Lichtung überquert, weiß es besser: Es handelt sich um eine Leiche. Er ist nicht im geringsten verwundert über seinen grausamen Fund: Der alte Wilderer ist sofort davon überzeugt, den unbekannten Mann aus Versehen erschossen zu haben. Gerade als er den Toten verstecken will, trifft er auf die alte Jungfer Miss Gravely. »Sind Sie in Schwierigkeiten, Captain?« ist ihre einzige Sorge. Im folgenden treffen noch andere Personen auf die Leiche: Arnies attraktive Mutter Jennifer und später der Maler Marlowe, der beim Zeichnen entdeckt, daß zwei Füße seine Komposition stören. Der Maler und der Captain beschließen, den Unbekannten dort, wo man ihn gefunden hat, einfach zu begraben: Es könnten ihnen sonst noch Unannehmlichkeiten entstehen, schließlich hat der Hilfssheriff Wiggs bereits Verdacht geschöpft. Nach getaner Arbeit stellt der Captain fest, daß er gar nicht der Täter gewesen sein kann. Es bleibt nichts anderes übrig, als Harry wieder auszugraben, um festzustellen, ob er tatsächlich eine Schußwunde hat. Da er keine hat, wird er wieder eingegraben. Plötzlich nehmen auch Miss Gravely, die sich von Harry sexuell verfolgt fühlte, und Jennifer, die mit ihm verheiratet war und von ihm verlassen wurde, in Anspruch, ihn ermordet zu haben: Also wird Harry nochmals ausgegraben, um dann zu dem Beschluß zu kommen, ihn endgültig zu beerdigen und Gras über die Sache wachsen zu lassen. Aber mittlerweile ist Marlowe in Jennifer verliebt und entschlossen, sie zu heiraten. Dazu muß Harrys Tod feststehen: Also wird er ein weiteres Mal ausgegraben, gewaschen und am nächsten Tag auf die Lichtung gelegt, als wäre nichts gewesen. Ein Arzt hat mittlerweile die tatsächliche Todesursache festgestellt: Herzversagen.

Hitchcock verwendet in *The Trouble With Harry* die gleichen dramaturgischen Prinzipien wie in seinen Kriminalfilmen. Im kurz vorher gedrehten Remake seines englischen Films *The Man Who Knew Too Much* (*Der Mann, der zuviel wußte*, 1955) wird der Alltag eines Arztehepaares durch ein unvorhergesehenes Ereignis völlig durcheinander gebracht. Was sich dort als dramatische Handlung entspinnt, weil die gutbürgerliche Familie nie zuvor mit Verbrechen konfrontiert war, wird hier zur Farce, weil die Charaktere so unerwartet gelassen auf den toten Harry reagieren, daß sich aus diesem Understatement Komik gewinnen läßt. Mit ganz anderem Effekt verwendet Hitchcock auch den für ihn so typischen Suspense: Der Wandschrank, von Marlowe auffällig intensiv bewacht und schon zuvor mehrere Male im Bild, geht natürlich in dem Moment von allein auf, als der ermittelnde Polizist den Raum betritt. Heraus fällt aber nicht die erwartete Leiche, sondern nur ein Kleiderständer. Die völlig anonym bleibende Figur Harry ist ein klassischer MacGuffin, also ein reiner Vorwand, um die Geschichte in Gang zu bringen.

The Trouble With Harry, der zu Hitchcocks Lieblingsfilmen zählte, ist voller Nostalgie an britischen, schwarzen Humor. Das herbstliche Vermont, in leuchtendem Technicolor fotografiert, kontrastiert jedoch mit dem schrecklichen Ereignis. »Mit *The Trouble With Harry* hole ich das Melodram aus der Dunkelheit der Nacht und bringe es ans helle Tageslicht«, erklärte Hitchcock im Gespräch Truffaut. Der Umgang der Protagonisten mit Harry offenbart aber auch ein gestörtes Verhältnis zum Tod. So wie der kleine Arnie es als normal empfindet, mit einem toten Hasen zu spielen, ist Harry ein Problem, das man eben los werden muß. Dieser Zynismus wird aufgefangen, aber auch verschärft, durch die allgemein zur Schau getragene Menschlichkeit der Dorfbewohner. Als der bislang erfolglose Marlowe alle seine Bilder verkaufen kann, erbittet er vom Galeristen als Preis lediglich die Erfüllung der kleinen Wünsche seiner Freunde: eine Registrierkasse, ein Gewehr, und jeden Monat Erdbeeren.

Claude Chabrol: »Papa Hitch!«, in: tip-Magazin, 10.2.1984; Emmanuel Decaux: »Mais… qui a tué Harry?«, in: Cinématographe, 1984, H. 103; Steven DeRosa: »Writing with Hitchcock«. London 2001; Gert Koshofer (Hg.): »Color. Die Farben des Films.« Berlin 1988; Helmut Regel: »*Immer Ärger mit Harry*«, in: epd Film, 1984, H. 7; Jacques Rivette: »Muß man Harry verbrennen?«, in: ders.: Schriften fürs Kino. München 1989; Eric Rohmer: »Castigat Ridendo…«, in: Cahiers du Cinéma, 1956, H. 58; Walter Ruggle: »What seems to be the trouble?«, in: Filmbulletin, 1984, H. 137; François Truffaut: »Mr. Hitchcock, wie haben Sie das gemacht?«. München 2003.

Ingo Fließ

200 MOTELS

USA (Murakami Wolf/Bizarre Production/Jerry Good Herb Cohen) 1971. 35 mm, Farbe, 96 Min.
R+B: Frank Zappa, Tony Palmer. K: David Swan, Barrie Dodd, Mike Fitch, John Howard. A: Leo Austin. Ba: Cal Schenkel. S: Rick Harrison. M: Frank Zappa.
D: Theodore Bikel, Keith Moon, Janet Ferguson, Lucy Offeral, Jimmy Carl Black, Martin Luckert, Dick Barber, Don Preston, Pamela Miller, Ruth Underwood, Judy Gridley, Ringo Starr.

Frank Zappa war der Sohn des amerikanischen Establishments, dem seit nunmehr dreißig Jahren Vatermord unterstellt wurde. Tatsächlich setzte sich der Komponist, Musiker und Autor kontinuierlich mit den Neurosen und Idiosynkrasien der amerikanischen Gesellschaft auseinander. Er verstand sich nicht als deren Therapeut, seine Frage lautete nur: Wie soll man mit einer moral majority leben, die ihr Heil vor allem bei TV-Predigern und zwielichtigen Politikern sucht?

Gesellschaftliche Tabus existierten für Zappa, um gebrochen zu werden. Mindestens ebenso wichtig war ihm jedoch das Entertainment. Zu der privaten Ikonographie (oder: Mythologie) seiner Auftritte gehörte lange Zeit der legitimistische ›Indianer in der Gruppe‹ – in *200 Motels* tritt er als Lonesome Cowboy Burt auf – ebenso wie ein unter den Konzertbesuchern ausgetragener Dance Contest oder die Frage, wieviele saubere Unterhosen der weibliche Teil des Publikums wohl auf die Bühne werfen könne.

»Touring can make you crazy.« Auf diesen Satz, der gleich zu Beginn fällt, bezieht sich der Titel dieses »surrealistischen Dokumentarfilms« (Zappa), der in das äußere Gerüst einer TV-Show gekleidet ist. Ein Moderator mit deutschem Akzent agiert in Uniform oder tritt als Teufel in Erscheinung: ein Ausbund an Fake. Von der Persiflage nicht ausgenommen ist der Meister selbst, verkörpert durch den am Studio-Plafond aufgehängten Ringo Starr alias Larry the Dwarf, der die grundlegende Frage: Pop, Blues oder Jazz mit Räucherschwaden aus einem orientalischen Wunderkessel beantwortet.

Zappas Fangemeinde hat dem Musiker – der sich selbst hier im Hintergrund hält – seine Ausflüge in Richtung Avantgarde stets nachgesehen, nicht jedoch die Branche, denn Zappa mußte danach immer wieder Rockmusik machen, um Geld zu verdienen. Auch den Widerspruch, daß er despotisch über seine Musiker herrschte und dabei für eine neue Gesellschaft plädierte, hielt sein Publikum leicht aus: eine Genugtuung allemal, daß es in *200 Motels* die ›klassischen‹ Musiker des Royal Symphonic Orchestra sind, die mittels Stacheldraht zur Disziplin gezwungen werden.

Zum Repertoire Zappas gehörten bisweilen schwer erträgliche Collagen von Gewalt und Lust ebenso wie die Groupie Routine; ein Repertoire, mit dem sich die »Mothers of Invention«, das immer wieder erneuerte Ensemble, schon Ende der sechziger Jahre ein solides Camp-Image erspielt hatten. Im Falsett turteln in *200 Motels* die Sänger Mark Volmann und Howard Kaylan (tatsächlich kamen sie von der Popgruppe »The Turtles«), musizieren Ian Underwood (Synthesizer), George Duke (Tasteninstrumente, Posaune) und Aynsley Dunbar (Schlagzeug) – offensichtlich in erster Linie, um die zentrale Frage zu klären, wie man an Groupies herankommen könne. Der visuelle Stil des ursprünglich auf Video gedrehten und erst dann auf 35 mm aufgeblasenen Films erinnert an die ›psychedelischen‹ Experimente der Hippie-Generation, für die Drogenerfahrungen noch mit Bewußtseinserweiterung, Zen und alternativen Lebensformen synonym waren: Die Farben laufen aus der Kontur, der Montagerhythmus ordnet sich den musikalischen Dissonanzen unter. Zunehmend virtuos bediente sich Zappa seither auch in seiner musikalischen Produktion dem Mixed Media-Verfahren.

»We're only in it for the money« hieß eine frühe Platte, mit der Zappa den Gesamtkunstwerk-Anspruch von »Sergeant Pepper's Lonely Heart's Club Band« aufs Korn nahm. Die Parodie, die Karikatur auch der Gegenkultur waren tragende Säulen seines Werks, das ihn selbst zu einer der wenigen dauerhaft ernstzunehmenden Figuren der Rock'n Roll-Gesellschaft machte.

Frank Zappa/Carl Weissner: »Plastic People (De Werdz)«. Frankfurt a.M. 1977. (Songtexte).
Alain Dister: »Frank Zappa und die Mothers of Invention«. München 1980; Hubert Niogret: »*Deux cents motels*«, in: Positif, 1972, H. 136; Peter Occhiogrosso: »The Real Frank Zappa-Book«. London 1989.

Thomas Meder

2001: A SPACE ODYSSEY (2001: Odyssee im Weltraum). Großbritannien (Stanley Kubrick Production/Metro-Goldwyn-Mayer) 1965–68. 70 mm, Farbe, 141 Min.
R: Stanley Kubrick. B: Stanley Kubrick, Arthur C. Clarke, nach der Kurzgeschichte »The Sentinel« von Arthur C. Clarke. K: Geoffrey Unsworth, John Alcott. A: Tony Masters, Harry Lange, Ernest Archer. Ba: John Hoesli. M: Aram Katchaturian, György Ligeti, Johann Strauß, Richard Strauss.
D: Keir Dullea (David Bowman), Gary Lockwood (Frank Poole), William Sylvester (Heywood R. Floyd), Daniel Richter (Affe).

»Ein Regisseur ist eine Art Idee-und-Geschmack-Maschine«, definierte Stanley Kubrick sein Metier, »ein Film ist eine Serie kreativer und technischer Entscheidungen.« Zwei Entscheidungen, mitten im Produktionsprozeß bzw. zwei Tage vor der Uraufführung getroffen, haben *2001* zu einem Kunstwerk gemacht, das im Gegensatz zu anderen, noch so perfekten Science-fiction-Filmen nicht zu altern scheint. Kubrick hatte sich von Alex North, der bereits bei *Spartacus* (1960) für ihn gearbeitet hatte, 40 Minuten Filmmusik komponieren lassen. Doch keine Note von North fand Verwendung, sondern nur zitierte Musik klassischer oder avangardistischer Komponisten, die, ohne ihre Autonomie zu verlieren, mit den Bildern eine haftenbleibende Verbindung eingehen: Die pathetische Eröffnung mit »Also sprach Zarathustra« von Richard Strauss und das Ballett von Raumschiff und Satellit zu den Klängen des Walzers »An der schönen blauen Donau« von Johann Strauß sind die berühmtesten Beispiele. Die zweite Entscheidung traf Kubrick nach den Previews: Kurz vor der offziellen Uraufführung kürzte er den Film um 19 Minuten. Der Schere zum Opfer fiel ein Prolog, in dem Wissenschaftler über die Existenz außerirdischer Wesen diskutieren und damit der Odyssee eine Art Erklärung mit auf den Weg geben. Sie fehlt im fertigen Film: *2001* gibt sein Geheimnis nicht preis, und Fans wie Wissenschaftler liefern immer neue Interpretationen – zu kaum einem anderen Film gibt es eine derart umfangreiche Sekundärliteratur –, ohne bis heute das Rätsel um den geheimnisvollen Monolithen gelöst zu haben.

2001 ist »mehr eine mytholgische als eine Science Fiction-Geschichte«, hat der Regisseur verraten. In vier Teilen wird die Evolution der Intelligenz vom Primaten bis zum Supercomputer HAL geschildert. Hatte Kubrick zu Beginn mit einem kühnen Match-Cut von einem Knochen auf ein Raumschiff geschnitten und so ein paar tausend Jahre übersprungen, so steht am Ende erneut ein Evolutionssprung: Mit der Geburt des Sternenkindes hat er ein vielfach ausdeutbares Schlußbild gesetzt. Die philosophische Spekulation wird weder direkt im Dialog noch in konventioneller Symbolik formuliert: *2001* ist der Versuch, »eine visuelle Erfahrung zu schaffen, die verbalisierte Einschachtelungen hinter sich läßt und mit einem emotionalen und philosophischen Inhalt direkt in das Unterbewußtsein eindringt« (Kubrick). Der Film gleicht einer Traumreise im Halbschlaf, in dem die Emotionen umschlagen: vom Glücksgefühl des langsamen Gleitens durch den Raum bis zum alptraumartigen Schock des Fallens durch den Lichtkorridor.

Die eigentlichen Dreharbeiten waren im Mai 1966 beendet; fast zwei Jahre arbeitete man an den Special effects, für die Kubricks Team einen Oscar bekam. Stilprägend wirkten nicht nur die technischen Erfindungen und das futuristische Design, sondern auch der Schnittrhythmus und die damals als revolutionär empfundene Filmsprache: Kritiker sprachen von einem 11 Millionen Dollar teuren ›Underground-Film‹. Gedreht im Breitwand-Format, ist *2001* ein opulentes Bilderbuch, in dem man immer wieder blättern und Neues entdecken kann.

»*2001, l'Odyssée de l'espace*«, in: L'Avant-Scène du Cinéma, 1979, H. 231/232. (Filmprotokoll, Materialien). Jerome Agel: »The Making of Kubrick's *2001*«. New York 1970; Piers Bizony: »*2001* – Filming the Future«. London 1994; John Charlot: »From Ape-Man to Space-Baby: *2001*, An Interpretation«, in: East-West Film Journal, 1986, H. 1; Michel Chion: »Kubrick's Cinema Odyssey«. London 2001; Arthur C. Clarke: »*2001*. Aufbruch zu verlorenen Welten«. München 1983; Don Daniels: »*2001*: A New Myth«, in: Film Heritage, 1967/68, H. 4; Peter Dettmering: »Vorstoß in den Raum«, in: Psyche, 1978, H. 12; Jean Paul Dumont/Jean Monod: »Le fœtus astral«. Paris 1970; dies.: »Beyond the Infinite: A Structural Analysis of *2001: A Space Odyssey*«, in: Quarterly Review of Film Studies, 1978, H. 3; Michael Esser: »It's so very lonely«, in: Lars-Olav Beier u.a.: Stanley Kubrick. Berlin 1999; Carolyn Geduld: »Filmguide to *2001: A Space Odyssey*«. Bloomington 1973; Rolf Giesen: »Special Effects«. Ebersberg 1985; Peter W. Jansen/Wolfram Schütte (Hg.): »Stanley Kubrick«. München 1984; Bernd Kiefer: »*2001: Odyssee im Weltraum*«, in: Thomas Koebner (Hg.): Filmgenres: Science Fiction. Stuttgart 2003; Kay Kirchmann: »Stanley Kubrick. Das Schweigen der Bilder«. Bochum 2001; Hans-Thies Lehmann: »Die Raumfabrik – Mythos im Kino und Kinomythos«, in: Karl Heinz Bohrer (Hg.): Mythos und Moderne. Frankfurt a.M. 1983; Alexander Seibold: »Cinema metamythologica«. Altenberge 1997; Georg Seeßlen/Fernand Jung: »Stanley Kubrick und seine Filme«. Marburg 1999; Rolf Thissen: »Stanley Kubrick. Der Regisseur als Architekt«. München 1999.

Michael Töteberg

TYSTNADEN (Das Schweigen).
Schweden (Svensk Filmindustri) 1962/63.
35 mm, s/w, 95 Min.
R+B: Ingmar Bergman. K: Sven Nykvist. Ba: P.A. Lundgren. S: Ulla Ryghe. M: Ivan Renliden, R. Mersey, Johann Sebastian Bach.
D: Ingrid Thulin (Ester), Gunnel Lindholm (Anna), Jörgen Lindström (Johan), Birger

Malmsten (der alte Kellner), Håkan Jahnberg (der junge Kellner).

Die Geschichte spielt in einem fiktiven Land: Die Stadt trägt den Phantasienamen Timoka, die Sprache der Einheimischen erinnert an kein bekanntes Idiom. Die Schwestern Ester und Anna, sowie Johan, Annas Sohn, müssen auf der Heimfahrt Station in einem fremden Land machen, dessen Sprache sie nicht verstehen. Doch auch die Geschwister, selbst Mutter und Sohn können einander nicht mehr verstehen, obwohl sie eine gemeinsame Sprache besitzen. Ester, von Beruf Übersetzerin, vertritt eher rationale Prinzipien, die ihr Versagungen von selbstzerstörerischem Ausmaß auferlegen. Ihren verstorbenen Vater hat sie offenbar sehr geliebt, aber mit anderen Männern kommt sie nicht zurecht. Sie ist selbstbezogen und bemitleidet sich, sie masturbiert, raucht, trinkt und ist krank. Anna hingegen ist mehr hedonistisch ausgerichtet und extrovertiert. Im Unterschied zu ihrer Schwester trägt sie ihr Haar offen. Sie ist erfahrungshungrig und auf der Suche nach Kontakt. Aber als sie mit einer Zufallsbekanntschaft im Hotelzimmer schläft, berühren sich die Körper, ohne daß die Menschen in einen wirklichen Dialog treten. Anna kommt von ihrer Schwester, die an ihr hängt und ihr nachspioniert, nicht los. Eine haßerfüllte Liebe trennt und bindet sie zugleich.

Johan hat es nicht besser. Er begegnet keinen gleichaltrigen Spielkameraden, sondern trifft nur Liliputaner, die die einzigen anderen Gäste im Hotel zu sein scheinen. Daß Anna zum Schluß ohne die kranke Ester, die von einem alten Hoteldiener versorgt wird, mit Johan weiterfährt, ist weniger ein Akt der Befreiung als das Eingeständnis, daß die desolate Beziehung keine Zukunft mehr hat. *Tystnaden* ist eine Parabel über den »Zusammenbruch von Lebensverhältnissen« (Bergman). Nachträglich hat der Regisseur den Film zum dritten Teil einer Trilogie erklärt: *Såsom i en spegel* (*Wie in einem Spiegel*, 1960/61) zeige den »Glauben als Gewißheit«, ↗*Nattvardsgästerna* die »erschütterte Gewißheit« und *Tystnaden* »das Schweigen Gottes. Die negative Ausprägung«. An der Glaubensproblematik hat sich der Pastorensohn Bergman eine geraume Zeit seines Lebens abgearbeitet; *Tystnaden* weist ihn erstmals als Agnostiker aus. Der Film wurde, auch in der Bundesrepublik, vor allem unter religiösen Aspekten gedeutet. In einer frühen Interpretation, die die zeitgenössische Diskussion bestimmte, kam Georg Ramseger zu dem Schluß: »Wo Gott schweigt, haben sich auch die Menschen nichts mehr zu sagen. Sie schreien sich schweigend an.« Die freizügige Darstellung von Sexualität schockierte die damalige Gesellschaft: Bergman verletzte Tabus, sein Film erregte den Verdacht der Pornographie. Trotzdem passierte *Tystnaden* die Zensur in Schweden und kam ohne Schnittauflagen der Freiwilligen Selbstkontrolle mit dem Prädikat »besonders wertvoll« versehen in die bundesrepublikanischen Kinos, wo das skandalträchtige Werk 1964 von elf Millionen Zuschauern gesehen wurde. Die heftige Debatte in der Öffentlichkeit, die in Forderungen nach einem Verbot gipfelte, verlor rasch den eigentlichen Anlaß aus den Augen und ignorierte völlig die ästhetischen Qualitäten des Films, der nach musikalischen Gesetzen aufgebaut ist. Im Rückblick erscheint die Rezeptionsgeschichte mindestens so interessant wie der Film selbst. Insofern ist dem Regisseur geglückt, was er für überaus wichtig hält: »Das einzig Wesentliche ist, zu beeinflussen, in Kontakt zu kommen, einen Keil in die Gleichgültigkeit und Passivität der Menschen zu treiben.«

»*Das Schweigen*«. Hg. Enno Patalas. Hamburg 1965. (Filmtext).

Wilfried Berghahn: »*Das Schweigen*«, in: Filmkritik, 1964, H. 3; Ingmar Bergman: »Bilder«. Köln 1991; Carol Brightman: »The Word, The Image, and *The Silence*«, in: Sturat M. Kaminsky/Joseph Hill (Hg.): Ingmar Bergman. London 1975; Stig Björkman u.a.: »Bergman über Bergman«. München 1976 (Interviews); Werner Faulstich: »Das Absurde als Metapher für Tabu und Emanzipation: *Das Schweigen* (1963)«, in: ders./Helmut Korte (Hg.): Fischer Filmgeschichte. Bd.4. Frankfurt a.M. 1992; Heidemarie Fischer-Kesselmann: »Eine feministische Filmanalyse«, in: Augen-Blick, 1988, H. 8; Heinz-B. Heller: »Film als historisch-gesellschaftliche Praxis«, in: ebd.; Rainer Heynig: »Bergmans *Schweigen* und unsere Tabus«, in: Filmkritik, 1965, H. 2; Hauke Lange-Fuchs: »Ingmar Bergman«. München 1988; Krzysztof Kieślowski: »Gesichtsschatten«, in: Verena Lueken (Hg.): Kinoerzählungen. München 1995; Ludwig Marcuse: »*Schweigen* und Lärm«, in: Die Zeit, 20.3.1964;

Isolde Mozer: »*Das Schweigen*«, in: Arnoldshainer Filmgespräche, 1986, H. 3; Tony Pipolo: »*Nattvardsgästerna/Tystnaden*«, in: Mary Lea Bandy/Antonio Monda (Hg.): The Hidden God. New York 2003; Martin Schlappner: »Die Trilogie der Anfechtung«, in: ders.: Filme und ihre Regisseure. Bern, Stuttgart o.J.; Heinz-Ulrich Schmidt: »Eine theologische Filmdeutung«, in: Augen-Blick, a.a.O.; Joachim Schmitt-Sasse: »Konturen eines Skandals«, in: ebd.; Gert H. Theunissen: »*Das Schweigen* und sein Publikum. Eine Dokumentation«. Köln 1964; Eckhard Weise: »Ingmar Bergman«. Reinbek 1987; Hans Jürgen Wulff: »Auszüge aus einer textsemiotischen Analyse«, in: Augen-Blick, a.a.O.

Uwe Müller

UGETSU – ERZÄHLUNGEN UNTER DEM REGENMOND

↗ Ugetsu monogatari

UGETSU MONOGATARI (Ugetsu-Erzählungen unter dem Regenmond). Japan (Daiei). 1953. 35 mm, s/w, 97 Min.

R: Kenji Mizoguchi. B: Matsutaro Kawaguchi, Yoshikata Yoda, nach zwei Erzählungen von Akinari Ueda. K: Kazuo Miyagawa. A: Kisaku Ito. Ba: Uichiro Yamamoto. S: Mitsuzo Miyata. M: Fumio Hayasaka.
D: Masayuki Mori (Genjuro), Kinuyo Tanaka (Miyagi), Machiko Kyo (Wakasa), Mitsuko Mito (Ohama), Sakae Ozawa (Tobei).

»Einer der größten Regisseure überhaupt«, so pries Godard Kenji Mizoguchi und nannte *Ugetsu monogatari* ein »Meisterwerk, das ihn auf eine Stufe stellt mit Griffith, Eisenstein und Renoir«. Die französischen Filmemacher um die Zeitschrift »Cahiers du Cinéma« schätzten Mizoguchi weit mehr als Kurosawa; Rohmer und Rivette feierten sein Spätwerk als eine reine Manifestation der Kinosprache. Unter den Hymnen auf den Film haben kritische Stimmen, die auf Schwächen in der filmischen Konstruktion und auf Verankerung des Stils in der japanischen Kunsttradition hinwiesen, kaum Gehör gefunden, obwohl solche Relativierungen Mizoguchi seinen Rang in der Filmgeschichte keineswegs streitig machen.
Zwei aus dem für Mizoguchi typischen Fluß der Kamerabewegung entwickelte Panoramen auf ein Dorf in der Nähe des Biwa-Sees rahmen eine Erzählung von legendenhafter Einfachheit ein. Zur Zeit des japanischen Bürgerkriegs Ende des 16. Jahrhunderts wollen zwei Männer ihr Glück machen: der Töpfer Genjuro durch den profitablen Verkauf seiner Keramiken auf dem Markt der nahen Stadt, sein Schwager Tobei durch den Aufstieg zum Samurai. Während Tobei durch eine Lüge in die Kriegerkaste aufsteigt, verfällt Genjuro dem Geist einer Toten, der Prinzessin Wakasa, die ihn auf ihr verlassenes Schloß lockt. Die ›Kriegsgewinne‹ der beiden Männer gehen zu Lasten ihrer verlassenen Frauen: Tobeis Frau Omaha wird von Soldaten vergewaltigt und landet im Bordell, Miyagi, die Frau Genjuros und Mutter seines Sohnes Genitchi, wird von hungernden Deserteuren beraubt und getötet. Als Genjuro, der sich aus seiner Verstrickung befreit hat, in sein Haus zurückkehrt, findet er Miyagi am Herd, die für eine Nacht noch einmal körperliche Gestalt gewonnen hat. Es bleibt ihm ihr Grab und ihre Stimme, die über ihn und den geretteten Genitchi wacht. Auch der vom Schicksal Omahas ernüchterte Tobei hat am Ende sein Dasein als Bauer an der Seite Omahas akzeptiert. Ursprünglich sollten, berichtet der Drehbuchautor Yoshikata Yoda, sie als Geisha und Kriegsheld zu materiellem Reichtum gelangen; die auf Druck des Produzenten vorgenommene Änderung mildert den Kontrast der beiden Erzählstränge und bemüht ein zufälliges Wiedersehen mit Omaha, das zu einer abrupten Bekehrung Tobeis führt.
Kriegerische Gewalt und die Zerbrechlichkeit der menschlichen Existenz, mütterliche Sorge um das Dasein und die Phantasmen erotischer oder heroischer Verlockungen, Schönheit der Erscheinung und Verantwortung der Kunst sind die zentralen Themen, die die »Erzählungen unter dem Regenmond« verbinden. »Das Raffinement der Inszenierung ist bis zum äußersten getrieben«, schrieb Godard. »Mizoguchi ist wahrscheinlich der einzige Regisseur auf der ganzen Welt, der es wagt, systematisch Gegenschußaufnahmen von 180 Grad zu verwenden. Aber was bei jedem anderen Bluff wäre, ist bei ihm nur eine natürliche Bewegung, die daher rührt, daß es ihm vor allem auf den Dekor ankommt und den Platz,

den die Schauspieler darin einnehmen.« Mizoguchis berühmte »one shot/one scene«-Technik sowie die Arbeit mit komplexen Plansequenzen sind die Grundlagen einer Kunst des Übergangs, die die verschiedenen, sogar polaren Register des Kinos und seine raum-zeitliche Logik mühelos unterläuft. Das betrifft den Schritt von latenter Bedrohlichkeit zum Ausbruch der Gewalt bei Omahas Vergewaltigung und Miyagis tödlicher Verwundung, den Sprung vom Realen ins Halluzinatorische bei Genjuros Irrweg ins Geisterreich der Prinzessin Wakasa ebenso wie den Kontrast zwischen Tragik und Trost bei seiner Heimkehr. Diese Flexibilität des filmischen Ausdrucks übersteht den Bruch zwischen sozialkritischem Realismus und Stilisierung in der Tradition des japanischen No-Theaters, den unvermittelten Verzicht Tobeis und die Übermenschlichkeit von Miyagis Liebe über Schuld und Tod hinaus. In der Schönheit des Films haben das Spirituelle und das Profane zur Einheit gefunden.

»*Ugetsu*«. Hg. Keiko I. McDonald. New Brunswick 1993. (Filmprotokoll, Materialien). – »*Les contes de la lune vague après la pluie*«, in: L'Avant-Scène du Cinéma, 1977, H. 179. (Filmprotokoll).

Ruth Benner: »Der Abgrund hinter den Schleiern«. Alfeld 2002; Jean-Luc Godard: »Mizoguchi«, in: ders.: Godard/Kritiker. München 1971; Alain Masson: »Revers de la quiétude«, in: Positif, 1978, H. 212; Keiko McDonald: »Mizoguchi«. Boston 1984; Enno Patalas: »*Ugetsu – Erzählungen unter dem Regenmond*«, in: Filmkritik, 1960, H. 2; Eric Rohmer: »*Les contes de la lune vague*«, in: Cahiers du Cinéma, 1958, H. 81; Walter Ruggle: »Die Welt ist grausam«, in: Filmbulletin, 1987, H. 157; Robin Wood: »Sexual Politics and Narrative Film«. New York 1998; Keiko Yamane: »Das japanische Kino«. München, Luzern 1985; Yoshikata Yoda: »Souvenirs de Kenji Mizoguchi«. Paris 1997.

Karsten Visarius

UHRWERK ORANGE

↗ Clockwork Orange

ULIISSES

Bundesrepublik Deutschland (Nekes/Gurtrug) 1980/82. 35 mm, Farbe, 94 Min.

R+B: Werner Nekes. K: Bernd Upnmoor. Mitarbeit: Birger Bustorff, Dore O., Herbert Jeschke, Volker Bertzky, Gisela Schanzenbach. M: Anthony Moore, Helge Schneider und Musiker des Science Fiction Theatre of Liverpool. D: Volkhart Armin Wölfl (Uli), Russel Denton (Phil Masters), Tabea Bloomenschein (Tabea).

In der mehrschichtig aufgebauten Film-Collage *Uliisses* des Avantgarde- und Experimentalfilmers Werner Nekes überlagern sich der »Ulysses«-Roman von James Joyce, die »Odyssee« von Homer und das moderne Theaterstück »The Warp« von Neil Oram. Nekes hat aber keineswegs Literatur verfilmt, sondern sich für *Uliisses* (Ruhrgebietsdeutsch: Uli-isses) Joycescher Methoden bedient und so einen frei improvisierten, spielerisch unterhaltsamen ›Erziehungsfilm‹ über das Sehenlernen bewegter (›Licht‹-)Bilder geschaffen.

Während bei Joyce der Dubliner Annoncenacquisiteur Leopold Bloom (= Odysseus) im Mittelpunkt steht, ist es bei Nekes Uli, ein Fotograf aus Essen, der mit der Herstellung von Bildern sein Geld verdient. Aus Molly Bloom (=Penelope), der Sängerin, wird das Fotomodell Tabea (gespielt von Tabea Blumenschein, deren Namen Nekes in »Bloom«enschein »verjoycte«), und aus dem suchenden Dichter Stephen Dedalus (=Telemach) der Poet und Maler Phil Masters. Der Roman »Ulysses« spielt am 16. Juni 1904 in Dublin; da Uli die Fernsehdiskussion zwischen Schmidt, Strauß, Kohl und Genscher verfolgt, kann man den Film zeitlich einem Septembertag kurz vor der Bundestagswahl 1980 zuordnen.

In seinem Low Budget-Film (Kosten: 270.000 DM) spielt Nekes mit diversen filmtechnischen Möglichkeiten, wobei er auf die Vor- und Frühgeschichte der Kinematographie zurückgreift und optische Spielzeuge benutzt wie den Zoetrop oder das Polyorama panoptique. Aber auch Techniken aus der Neuzeit setzt er ein, wie den Laserstrahl oder die Holographie. Die Filmkamera dient ihm als Mikroskop: Nekes möchte mit ihrer Hilfe etwas sichtbar machen, was man mit dem bloßen Auge in der Natur nicht sehen kann. So zerlegt er seine Filmstreifen und verändert die Bildanzahl, so daß sich – hier wirkt die Trägheit der Retina – die Bilder verbinden zu neuen Zeiteinheiten. In der zweiten Episode (Kalypso) duscht und rasiert sich Uli. Hier entsteht eine Gleichzeitigkeit, obwohl die beiden Handlungen nacheinander ablaufen. Erst rasiert sich Uli mit einem Naßrasierer und einem Spiegel in der Hand, danach benutzt er eine Handdusche. Im Film verschmilzt beides: Der Zuschauer sieht Uli, der gleichzeitig sich rasiert und duscht. Die Lösung des Rätsels: Nekes verwendete einen computergesteuerten Blendenshutter, der, vor der Kamera angebracht, in dieser Sequenz sieben Einzelbilder abwechselnd belichtet und nicht belichtet. Bei der Zweitbelichtung werden die unbelichteten Einzel-Bilder (teils versetzt oder wie in der Duschszene leicht variiert) belichtet (=2fach shutter/Streifenbild). Eine andere Sequenz, die ebenso abläuft (diesmal 3fach shutter ineinander), ist Ulis Gang an einer Mauer entlang, in der die Zeiten (2 Einzelbilder) und Perspektiven etwas versetzt werden.

Nekes, ein Hauptvertreter des Anderen Kinos der späten sechziger Jahre, der häufig mit seiner Frau, der Malerin und Filmemacherin Dore O., zusammenarbeitet, schuf mit *Uliisses* vor allem eine kinotechnische Odyssee. Zugleich erweist der Film deutlich der Filmgeschichte seine Referenz: Von ↗*Das Cabinet des Dr. Caligari* über ↗*Lawrence of Arabia* bis ↗*Belle de jour* reicht das Spektrum der Zitate. Da Nekes Teile aus dem 24stündigen Schauspiel »The Warp« des Science Fiction Theatre of Liverpool integrieren wollte, wurde der Film größtenteils in englischer Sprache gedreht (mit deutschen Untertiteln). Wie in seinen früheren Filmen dominiert auf der Musikebene die Minimal Music.

»*Uliisses*. Ein Film von Werner Nekes«. Hg. Walter Schobert. Köln 1986. (Drehbuch, Materialien).
Eva M.J. Schmid: »Notizen zum Film *Uliisses* von Werner Nekes«, in: epd Kirche und Film, 1983, H. 3, 4, 5, 12; Peter Kremski/Detlef Wulke: »Uliisses. Gespräch mit Werner Nekes«, in: Filmkritik, 1983, H. 6; Walter Schobert: »*Uliisses*«, in: Günter Engelhardt (Hg.): 111 Meisterwerke des Films. Frankfurt a.M. 1989.

Peer Moritz

L'ULTIMO TANGO A PARIGI

(Der letzte Tango in Paris). Italien/Frankreich (PEA/Les Artistes Associés) 1972. 35 mm, Farbe, 126 Min.
R+B: Bernardo Bertolucci. K: Vittorio Storaro. Ba: Ferdinando Scarfiotti. S: Franco Arcalli. M: Gato Barbieri.
D: Marlon Brando (Paul), Maria Schneider (Jeanne), Jean-Pierre Léaud (Tom), Massimo Girotti (Marcel), Maria Michi (Rosas Mutter).

In den Jahren der sexuellen Revolution und des Aufbegehrens gegen bürgerliche Ordnungen und Moralvorstellungen sorgte *L'ultimo tango a Parigi* weltweit für Aufsehen. Mit bisher nie gezeigten freizügigen Szenen attackierte Bertolucci die repressive Sexualmoral und provozierte die Zensur. In Italien wurde der Film verboten, in den USA durfte er zunächst nur in Porno-Kinos gespielt werden und wurde so in den Bereich einer spießigen Doppelmoral gerückt, aus der Bertolucci gerade auszubrechen versuchte. Die Kraft und Schrankenlosigkeit der Sexualität, im Film die ausschließliche Form der Kommunikation, wurde in vielen Ländern zum Politikum.

Ein Mann und eine Frau begegnen sich zufällig auf der Straße und treffen sich in einem leeren, zu vermietenden Appartement wieder. Innerhalb von drei Tagen entwickelt sich ein Verhältnis, das beide an die Grenzen ihres psychischen und physischen Seins bringt. Die leere Wohnung wird Zuflucht und Kampfplatz, wenn beide aus ihrem Alltag fliehen. Jeanne, eine 19jährige Französin, steht kurz vor ihrer Heirat mit dem Jungregisseur Tom. Der Amerikaner Paul, Ende 40, gerade durch den Selbstmord seiner Frau Witwer geworden, ist das krasse Gegenteil von ihrem Bräutigam, einem typischen Intellektuellen. Paul läßt seine Frustration über die bürgerliche Erziehung an Jeanne aus; seine Gewalt und sexuellen Übergriffe werden zum Vehikel und Sprachrohr von Bertoluccis Kritik an der Gesellschaft. Als Jeanne sich in Paul verliebt, weist er sie brutal ab, doch seine Brutalität läßt ihn wund zurück. Erst als Jeanne sich innerlich von Paul löst, entdeckt dieser seine Liebe zu ihr. Der letzte Tango im Ballhaus wird zur Todesmetapher, zum verzweifelten Aufbegehren gegen die bestehenden Ordnungen. Jeanne hält diesem Ausbruch nicht stand und katapultiert sich mit Gewalt in die ›Normalität‹ zurück, indem sie Paul erschießt.

In *L'ultimo tango a Parigi* wird das dialektische Zusammenspiel von Tabu und Übertretung bloßgelegt. Das Kräfteverhältnis zwischen Paul und Jeanne kehrt sich um. Bertolucci hat den Verlauf in einem Interview geschildert: »Brando ist anfangs eine brutale und aggressive Gestalt, die einer allmählichen Entmännlichung unterworfen wird, bis er sich schließlich von dem Mädchen sodomisieren läßt. Inszenierung wird so zum aktiven, Bewußtwerdung zum passiven Analverkehr. Brando stürzt rückwärts in den Tod, der paradoxerweise auch eine Geburt ist. Die Leiche auf dem Balkon nimmt Fötalhaltung ein.« Die Figur des intellektuellen Filmemachers Tom ist ein ironisches Selbstporträt des Regisseurs; die fast schon parodistischen Szenen sind eine polemische Verabschiedung vom Cinéma vérité. Paul und Tom sind Repräsentanten. Bertolucci: »Brando ist die körperliche und kulturelle Quintessenz zahlreicher Amerikaner von Hemingway über Norman Mailer zu Henry Miller, genau wie Léaud für meine Vergangenheit als Filmfanatiker steht. Die beiden Männerfiguren stecken voller Erinnerungen, während die Frauengestalt keine Vergangenheit hat.«

Bertolucci, der bisher stets als Zeitgenosse historische Sujets verfilmte, hat in *L'ultimo tango a Parigi* die Perspektive verkehrt: Er drehte »mit dem Blick auf die Vergangenheit die Gegenwart«. Der Film verletzt die Sehgewohnheiten des Hollywood-Publikums durch seine nicht-lineare Erzählstruktur: Mit Parallelmontage und ohne Rückblenden reihen sich die Sequenzen wie einzelne Episoden aneinander und ergeben erst nach und nach ein Gesamtbild. »Im Film kann man der Zeit Gewalt antun«, verteidigte Bertolucci sein ästhetisches Konzept. Kaum ein anderer kommerziell erfolgreicher Film weist eine ähnlich komplexe Struktur auf.

Die Farben und das Licht – das warme Orange für die Innenaufnahmen und das Bleigrau des Pariser Himmels – sind inspiriert von den Bildern Francis Bacons. Der Vorspann ist mit zwei Gemälden unterlegt; an Bacon faszinierten Bertolucci die »Gesichter, die von innen heraus zerfressen werden«. Die gleiche »fremdartige, infernalische Verformbarkeit« fand der Regisseur bei seinem Hauptdarsteller wieder. Maria Schneider und Marlon Brando sind auch Darsteller ihrer selbst: »Um Paul zu werden«, erläuterte Bertolucci seine Methode der Schauspielerführung, »mußte er nicht aufhören, Brando zu sein. Als ich dann merkte, daß er mich verstanden hatte, habe ich Paul gebeten, Marlon zu sein.«

»*Le dernier tango à Paris*«. Paris 1973. (Drehbuch). – »Bernardo Bertolucci's *Last Tango in Paris*«. New York 1973, London 1976. (Drehbuch, Materialien).
Alan Barr: »›The Better to See ...‹: Improbable Vision in *Last Tango in Paris*«, in: Film Criticism, 1983/84, H. 2; Kent E. Carroll (Hg.): »Close-Up: *Last Tango in Paris*«. New York 1973; marion geiger: »›quo vadis baby?‹«, in: FrauenFilmInitiative (Hg.): Mörderinnen im Film. Berlin 1992; Florian Hopf (Hg.): »Alles über *Der letzte Tango in Paris*«. München 1973; Peter W. Jansen/Wolfram Schütte (Hg.): »Bernardo Bertolucci«. München 1982; E. Ann Kaplan: »The importance and ultimate failure of *Last Tango in Paris*«, in: Jump Cut, 1974, H. 4; T. Jefferson Kline: »Bertolucci's Dream Loom«. Amherst 1987; Robert Phillip Kolker: »Bernardo Bertolucci«. London 1985; Daniel Lopez: »The Father Figure in *The Conformist* and in *The Last Tango in Paris*«, in: Film Heritage, 1975/76, H. 4; Joan Mellen: »Sexual Politics and *Last Tango in Paris*«, in: Film Quarterly, 1972/73, H. 3; J.C. Rice: »Bertolucci's *Last Tango in Paris*«, in: Journal of Popular Film, 1974, H. 2; David Sadkin: »Theme and Structure: *Last Tango* Untangled«, in: Literature/Film Quarterly, 1974, H. 2; David Thomson: »*Last Tango in Paris*«. London 1998; Enzo Ungari: »Bertolucci«. München 1984; Mechthild Zeul: »Carmen & Co. Weiblichkeit und Sexualität im Film«. Stuttgart 1997.

Pia Schmidt

DIE UNBERÜHRBARE Deutschland (Distant Dreams Filmproduktion/ZDF) 1999. 35 mm, s/w, 103 Min.
R+B: Oskar Roehler. K: Hagen Bogdanski.
S: Isabel Meier. M: Martin Todsharow.
D: Hannelore Elsner (Hanna Flanders), Vadim Glowna (Bruno), Tonio Arango (Ronald),

Die Unberührbare: Hannelore Elsner

Michael Gwisdek (Joachim), Bernd Stempel (Dieter), Lars Rudolph (Viktor).

»Das Berührungsverbot« heißt ein Roman der Schriftstellerin Gisela Elsner, die in den sechziger Jahren Furore machte, später vom Feuilleton jedoch immer weniger beachtet wurde. Von ihren letzten Lebensmonaten handelt der Film *Die Unberührbare*, geschrieben und inszeniert von Oskar Roehler, ihrem Sohn. Die Hauptfigur Hanna Flanders, eindrucksvoll dargestellt von Hannelore Elsner, ist bis ins Detail dem äußeren Erscheinungsbild Gisela Elsners nachempfunden. Die ausladende Perücke und das dick aufgetragene Make-up, ihre gesamte hochstilisierte Aufmachung ist erstarrte Maske, ein Panzer, der sie vor Verletzungen nicht mehr schützt: eine gescheiterte Schriftstellerin, isoliert, vereinsamt und verarmt, nur noch ein Schatten jener attraktiven und intelligenten Frau, die einstmals ein Star des Literaturbetriebs war und nun ihr Elend durch Alkohol und Drogen betäubt. *Die Unberührbare* zeigt eine verlorene Existenz, die – geprägt von der großbürgerlichen Herkunft ebenso wie politischem Dogmatismus – Respekt und Würde, Haltung zu bewahren versucht. Die letzten Lebensstationen, Episoden, die sich zu einem Kreuzweg verdichten, sind eine Reise in den Tod.

Berühmt wurde Gisela Elsner durch den Roman »Die Riesenzwerge« (1964). Hans Magnus Enzensberger charakterisierte die Autorin als »Humorist des Monströsen, das im Gewöhnlichen zum Vorschein kommt«. Die Groteske zielt auf die Dekuvrierung des Kleinbürgertums; die vivisektorische Observation der Bourgeoisie machte Elsner zu ihrem Thema. Als die literarischen Moden wechselten und die Autorin, die mit ihrer großbürgerlichen Herkunft gebrochen hatte, sich den Kommunisten anschloß, geriet Elsner immer mehr ins Abseits: Ihre Bücher wurden verrissen, ihr Hausverlag kündigte den Vertrag; sie hatte kaum noch Publikationsmöglichkeiten. Während der Sozialismus erste Auflösungserscheinungen zeigte, bezog Elsner immer vehementer die Position des dogmatischen Marxismus. Sie verließ unter Protest die DKP, trat wieder ein und ließ sich Ende 1989 in den Parteivorstand wählen. Doch der Partei bzw. den noch vorhandenen Resten war ihre Radikalität ebenso suspekt wie ihre Verzweiflung. Auf die sich häufenden Mißerfolge und die zunehmende Isolation reagierte sie mit Verschwörungstheorien und Verfolgungswahn, bis sie ihrem Leben ein Ende setzte.

Ihren Sohn, geboren 1959, nannte sie Oskar nach Oskar Matzerath in Grass' »Blechtrommel«. Er lernte das Filmhandwerk bei Christoph Schlingensief, war als Ko-Autor an dessen Filmen *Terror 2000 – Intensivstation Deutschland* (2000), *United Trash* (1995) und *Die 120 Tage von Bottrop* (1997) beteiligt. Roehlers eigene Filme sind verstörend exzessive, fiebrig intensive Studien über Beziehungsqual und Verzweiflung – unerbittlich, obsessiv und oftmals eine Zumutung für den Zuschauer. Seine Filme *Silvester Countdown* (1997), *Der alte Affe Angst* (2001) oder *Agnes und seine Brüder* (2004) zeigen psychische Verkettungen zweier Menschen, die sich gegenseitig verletzen in ihrer Liebe: Roehler nimmt thematisch wie stilistisch die Position Fassbinders ein, die dieser einst im deutschen Autorenfilm besetzte. Seine radikale Subjektivität läßt seine Arbeiten oftmals privat erscheinen. Dies gilt jedoch nicht für den Film, mit dem er die Beziehung zu seiner Mutter aufarbeitet (und sich selbst in der Figur des hyperaktiven, chaotischen und letztlich ignoranten Viktor ironisch porträtiert): *Die Unberührbare* ist einer der wenigen gelungenen Filme über die Wende.

Der Film beginnt mit dem Fall der Mauer: Für Hanna Flanders bricht eine Welt zusammen. Während überall der Aufbruch gefeiert wird, ist sie auf einer Flucht ohne Ziel: Sie verkauft ihren Münchner Bungalow, kauft sich einen teuren mondänen Mantel und zieht nach Berlin, verbringt eine Hotelnacht mit einem Gigolo, sucht vergeblich ihren Sohn auf und trifft ihren Ex-Liebhaber, einen Ost-Berliner Verleger. Notdürftig wird sie in einer Verlagswohnung in einer Plattenbau-Siedlung am Stadtrand untergebracht. Hier wird sie konfrontiert mit den einfachen Menschen, deren Anfälligkeit für die Verlockungen der kapitalistischen Konsumwelt die Salonkommunistin verächtlich-haßerfüllt geißelt. Ihr Weltbild, in seiner ideologischen Fixierung nur noch abstrus, zeugt von Wirklichkeitsverlust: Es gibt für sie keinen Ort mehr, wo sie leben kann – im Morgengrauen stakst sie im ramponierten Dior-Mantel über die Felder des Ost-Berliner Niemandslands. Sie kehrt nach München zurück, unterwegs schaut sie, die unerwünschte Tochter, bei den wohlhabenden Eltern vorbei; es gibt eine Zufallsbegegnung mit ihrem Ex-Mann, eine im Alkohol ertränkte gemeinsame Nacht zweier Verzweifelter. In München bricht sie auf offener Straße zusammen, wird eingeliefert – als sie von der Diagnose »Raucherbein« erfährt, springt Hanna Flanders aus dem Fenster.

Der vielfach preisgekrönte Film (u.a. Deutscher Filmpreis in Gold 2000) ist »eine anrührende, ebenso zarte wie unbedingte Liebeserklärung, wie sie das deutsche Kino seit einer kleinen Ewigkeit nicht mehr hervorgebracht hat, ein irritierendes, seltsam fremdes Kinoereignis« (Hubert Spiegel). Hannelore Elsner bewegt sich mit traumwandlerischer Präsenz durch die atmosphärischen Bilder des Schwarzweiß-Films, der Gisela Elsner zu einer Kino-Ikone macht: »Sie ist eine Schmerzensfrau und trotzdem so lichterfüllt«, meinte die Schauspielerin über das reale Vorbild ihrer Filmfigur. Bemerkenswert ist die Souveränität, mit der der Regisseur Oskar Roehler – der Film ist seinem Vater, dem Lektor und Autor Klaus Roehler, gewidmet – das Schicksal seiner Mutter zu der psychologisch dichten Studie eines Niedergangs (der Arbeitstitel lautete »Umnachtung«) verarbeitete. Auch für ihren Sohn war Gisela Elsner eine Unberührbare: Als er drei

Jahre alt war, verließ sie den Mann und das Kind, das beim Vater aufwuchs. Ihre Biographie habe ihm geholfen, die Geschichte zu erzählen, erklärte Oskar Roehler in Interviews, doch orientiert habe er sich an filmischen und literarischen Vorbildern, an Fassbinders ↗*In einem Jahr mit 13 Monden* und an Büchners »Lenz«.

»*Die Unberührbare*«. Köln 2002. (Drehbuch, Materialien). Peter Körte: »›Wie ein Alien ...‹«, in: Frankfurter Rundschau, 15.4. 2000 (Interview mit Hannelore Elsner); Veronika Rall: »*Die Unberührbare*«, in: epd Film, 2000, H. 5; Daniela Sannwald: »›Sie war auffällig. Sie war ein Relikt. Heute verstehe ich sie‹«, in: Der Tagesspiegel, 20.4. 2000 (Interview mit Oskar Roehler); Steffen Schäffler: »Neun Interviews«. München 2002; Ralf Schenk: »*Die Unberührbare*«, in: film-dienst, 2000, H. 8; Hans Schifferle: »Eine Sphinx in Deutschland«, in: Süddeutsche Zeitung, 20.4. 2000; Hubert Spiegel: »Königin Lear auf der Heide«, in: Frankfurter Allgemeine Zeitung, 20.4. 2000; Susanne Weingarten: »Die große Hasserin«, in: Der Spiegel, 17.4. 2000; Merten Worthmann: »Wege in die Nacht«, in: Die Zeit, 19.4. 2000.

Michael Töteberg

UND TÄGLICH GRÜSST DAS MURMELTIER ↗ Groundhog Day

UNFORGIVEN (Erbarmungslos). USA (Warner Bros.) 1992. Cinemascope, Farbe, 127 Min.

R: Clint Eastwood. B: David Webb Peoples. K: Jack N. Green. A: Henry Bumstead. S: Joel Cox. M: Lennie Niehaus.
D: Clint Eastwood (William Munny), Gene Hackman (Little Bill Daggett), Jaimz Woolvett (Schofield Kid), Morgan Freeman (Ned Logan), Richard Harris (English Bob).

1878, eine gottverlassene Gegend irgendwo im Westen der USA. Ein Mann schaufelt ein Grab. Seine Frau ist gestorben. Sie war eine hübsche, junge Frau, heißt es im Text, und ihrer Mutter habe es das Herz gebrochen, als sie William Munny heiratete, einen berüchtigten Trinker und Mörder. Es ist wahr, Munny war einst ein Killer, doch seiner Vergangenheit hat er, der Frau zuliebe, abgeschworen. Seit zehn Jahren besitzt er eine eigene Farm, aber eine glückliche Existenz führt er nicht. Mit den beiden Kindern muß er sich nun allein durchschlagen; die Schweine im Stall haben die Pest – Munny braucht Geld. Tausend Dollar kann er verdienen, erzählt ein dahergelaufener Junge, der die alten Geschichten über den Revolverhelden kennt und vorschlägt, man könne doch gemeinsam einen Job übernehmen.
In Big Whiskey, einem Kaff in Wyoming, wird ein Killer gesucht: Die Huren haben ein Kopfgeld ausgesetzt – zwei betrunkene Cowboys haben eine Kollegin mit dem Messer grausam verstümmelt, und der Sheriff hat nach ihrer Ansicht die Männer nicht angemessen bestraft. Er hat dem Bordellbesitzer – schließlich wird die verunstaltete Hure kein Geld mehr bringen – sieben Pferde als Entschädigung zugestanden, ansonsten die Cowboys laufen lassen. Die Bordelldamen lehnen die Entschädigung ab, auch als der Cowboy ein Pferd zusätzlich für die Frau bringt. Sie wollen Vergeltung, deshalb kratzen sie ihr Geld zusammen, um einen Rächer bezahlen zu können.
Munny willigt nur widerstrebend ein. Mit seinen Schießkünsten ist es nicht mehr weit her, er kommt nur mit Mühe überhaupt aufs Pferd. Er heuert Ned Logan an, einen Farbigen, der aus alter Männerfreundschaft noch einmal das Gewehr von der Wand nimmt. Das Milchgesicht, das sie nach seiner Waffe Schofield Kid nennen, ist ein Knabe, hinter dessen Redereien nichts steckt; er ist, wie sich bald herausstellt, extrem kurzsichtig, nahezu blind. Ein wenig furchteinflößendes, eher Mitleid erregendes Trio macht sich auf den Weg, um zwei Cowboys ins Jenseits zu befördern.
Sie sind nicht die einzigen, die sich für den Job interessieren. Während das Trio hustend und fieberkrank durch den Schlamm reitet, reist English Bob bequem mit der Eisenbahn an. Sheriff Little Bill duldet keine Revolverhelden in der Stadt: Er ist selber einer, nur trägt er den Sheriffstern. Der Mann des Gesetzes ist brutal und gewalttätig, ein Sadist. Gnadenlos prügelt er English Bob zusammen und jagt ihn aus der Stadt.
Den Job erledigt das traurige Trio, und es ist wahrlich keine Heldentat: Sie lauern den beiden Cowboys

Unforgiven: Clint Eastwood

im Hinterhalt auf und erschießen die wehrlosen Männer auf bestialische Weise. Die Dämonen der Vergangenheit haben Munny wieder eingeholt, er ist wieder zum feigen Mörder geworden und weiß es. Doch der Film ist damit nicht zu Ende. Der Sheriff kann die Tat nicht dulden. Er foltert Ned zu Tode, und Munny muß ihn rächen. Es kommt zu einem Showdown, bei dem Munny wahllos die Männer von Big Whiskey niederschießt. Der Sheriff prophezeit ihm: »Ich sehe dich in der Hölle«, Munny sagt »Ja« und drückt ab. Dann besteigt er sein Pferd und reitet davon.

Die Heroen des Western waren stets Revolverhelden, ob sie nun als Pioniere das Land gegen die Indianer verteidigten oder aber im Showdown, dem ehrlichen Duell zweier Männer, das Böse besiegten. Die Geschichten aus dem Wilden Westen entsprachen selten der Wahrheit, dessen war sich schon der klassische Western bewußt: In John Fords ↗*The Man Who Shot Liberty Valance* fällt die berühmte Sentenz: »This is the West, Sir. When the legend becomes fact, print the legend.« Die glorreichen Tage sind längst vorbei, ihre Verklärung gehört zum Business der Unterhaltungsindustrie, damals wie heute. *Unforgiven* greift dieses Motiv wieder auf: Im Schlepptau von English Bob befindet sich der Journalist Beauchamp, der sich von ihm die Legenden erzählen läßt, um daraus eine Biographie des Revolverhelden zu stricken. Als Beauchamp vom Sheriff die klägliche Wahrheit erfährt, wechselt er die Fronten: Nun will er die Geschichten von Little Bill aufzeichnen. Im finalen Showdown gehört Beauchamp zu den Überlebenden, doch Munny hat kein Interesse daran, zur Legende stilisiert zu werden.

Unforgiven ist ein revisionistischer Western, der die Basis des Genres, die Mythen der amerikanischen Gründerzeit, zu Grabe trägt. Der alternde Gunman, der ein letztes Mal zum Gewehr greift, gehört zum Repertoire des Genres, doch so erbarmungslos wie Eastwood hat noch kein Film diese Figur als gebrochenen, aller Illusionen beraubten Mann gezeichnet. Der Held verfolgt keinerlei Mission, sein Überlebenskampf hat nichts Heroisches mehr. Die Landschaft, deren Weite im klassischen Western Freiheit und Zukunft verheißt, versinkt in Dauerregen und Düsterkeit. Hier werden nicht Horizonte aufgerissen. Das Schlußbild demontiert endgültig den Bildercode des Genres. Der Held reitet nicht der aufgehenden Morgensonne entgegen, sondern verschwindet in der Nacht.

»Clintessence« nannte das amerikanische »Time Magazine« den Film. *Unforgiven* dekonstruiert nicht nur die Mythen des Westerns, sondern auch das Image eines zur Ikone erstarrten Schauspielers. »Dedicated to Sergio and Don«, heißt es im Abspann. Clint Eastwood widmete seinen Film den beiden Regisseuren, die ihn zum Star machten: Sergio Leone und Don Siegel. Den unbekannten Western-Darsteller der amerikanischen Fernsehserie *Rawhide*, die es zwischen 1958 und 1965 auf 217 Folgen brachte, engagierte Leone für *Per un pugno di dollari* (*Für eine Handvoll Dollar*, 1964). In der Billigproduktion, die dem Western allen legitimatorischen Überbau entzog und ihn auf die nackte Formel der Gewalt reduzierte, spielte Eastwood einen namenlosen Bad guy, einen schießwütigen Fiesling, der keinerlei Moral kennt. Der Film löste die Welle der Italo-Western aus – Leone drehte mit Eastwood noch zwei Fortsetzungen –, erst nach diesem Umweg wurde der Schauspieler auch in den USA zum Kino-Star. In Don Siegels Film *Dirty Harry* (1971), Auftakt zu einer Serie von fünf Filmen, kreierte er eine Figur, die eine Übertragung des Westerners in den Großstadtdschungel San Franciscos darstellt: ein zynischer, amoralischer Cop, der mit versteinerter Miene das Recht exekutiert – der Polizist als Killer.

Unforgiven, von Eastwood mit seiner eigenen Firma Malpaso produziert, wurde mit vier Oscars ausgezeichnet: als bester Film, für die beste Regie, den Schnitt und für Gene Hackmann als bester Nebendarsteller. Der Film ist unverkennbar ein Alterswerk, ein Resümee aller seiner Rollen, doch keineswegs der Abschluß einer großen Karriere. Mit dem Boxerfilm *Million Dollar Baby*, den er wieder als Regisseur, Darsteller und Produzent ganz zu seinem Werk machte, triumphierte er 2005 erneut beim Oscar-Wettbewerb.

Cédric Anger/Célia Cohen: »Un fantôme hâte l'Amérique«, in: Cahiers du cinéma, 1998, H. 522; Peter E. Babiak: »Rewriting Revisionism: Clint Eastwood's *Unforgiven*«, in: CinéAction, 1998; H. 46; William Beard: »Persistence of Double Vision«. Edmonton 2000; Hannes Böhringer: »Auf dem Rücken Amerikas«. Berlin 1998; Edward Buscombe: »*Unforgiven*«. London 2004; Clint Eastwood: »Interviews«. Hg. Robert E. Kapsis/Kathie Coblentz. Jackson 1999; Norbert Grob: »Im Kino gewesen …«. St. Augustin 2003; Sabine Horst: »*Erbarmungslos*«, in: epd Film, 1992, H. 10; Gerhard Midding/Frank Schnelle (Hg.): »Clint Eastwood. Der konservative Rebell«. Stuttgart 1996; Nicolas Saada: »La poursuite infernale«, in: Cahiers du cinéma, 1992, H. 459; Mario Sesti: »*Unforgiven*«, in: Mary Lea Bandy/Antonio Monda (Hg.): The Hidden God. New York 2003.

Michael Töteberg

DIE UNHEIMLICHE BEGEGNUNG DER DRITTEN ART

↗ Close Encounters of the Third Kind

DER UNSICHTBARE DRITTE

↗ North by Northwest

UNTER DEM SAND

↗ Sous le sable

UNTER DEN BRÜCKEN

Deutschland (Ufa-Filmkunst) 1944/45.
35 mm, s/w, 99 Min.
R: Helmut Käutner. B: Walter Ulbrich, Helmut Käutner. K: Igor Oberberg. M: Bernhard Eichhorn.
D: Hannelore Schroth (Anna), Carl Raddatz (Hendrik), Gustav Knuth (Willy), Hildegard Knef (Mädchen).

Berlin, Potsdam, Glienicker Brücke und auf den Kanälen spielt dieser Film, der in den letzten Kriegsmonaten on location gedreht wurde. Bei deutschen Filmen, Ufa-Produktionen gar, sind die Spielplätze selten auch die Aufnahmeorte gewesen. Käutner und sein Team hatten mit besonderen Schwierigkeiten zu kämpfen: Nach einem Luftangriff waren die vorher ausgesuchten oder schon aufgenommenen Motive manchesmal nicht mehr vorhanden. Die Entscheidung, keine Studioproduktion zu machen, prägte den Film: *Unter den Brücken* war für die

Beteiligten ein offen eskapistisches Unternehmen. Man stahl sich bewußt aus der Zeit und verweigerte sich den Anforderungen des Regimes.

Der Film zeigt im Vorspann lauter intakte Brücken, jedoch in beunruhigend verkanteten Einstellungen. Eine Irritation, die er hinter sich läßt: Die identifizierbaren Schauplätze verwandelt der Film in eine zeit- und ortlose Idylle, in die Nachrichten vom Krieg nicht eindringen. *Unter den Brücken* zeigt nicht, was kein Film dieser Zeit zeigen durfte: die Realität des Krieges. Aber er enthält auch keinen, wie bunt auch immer verpackten, Durchhalteappell, sondern konzentriert sich ganz auf die kleinen Sorgen der beiden Schiffer.

Hendrik und Willy kommen gut miteinander aus, doch fehlt ihnen etwas, was weder die Besuche bei den Mädchen in den Häfen noch die Blicke unter die Röcke auf den Brücken ersetzen können. Willy möchte sich verheiraten und erzählt es Hendrik, der selbst ebenfalls Gefallen an diesem Gedanken findet. Leider haben beide die gleiche Frau im Auge. Als sie das merken, gehen sie heim auf den Kahn und werfen die neuen Hüte, eigens für die Brautwerbung gekauft, ins Wasser. Nun wollen sie sich doch wieder auf ihren Kahn »Liese-Lotte« konzentrieren und auf einen Dieselmotor sparen – »in acht Jahren sind wir soweit«. Es kommt ihnen aber Anna dazwischen, die eines Nachts auf der Brücke steht. Die Männer denken, sie will sich das Leben nehmen, aber sie möchte nur einen Zehnmarkschein loswerden, den Lohn fürs Modellstehen bei einem Maler. Anna entzweit die Freunde. Wer sie heimführt, darauf einigt man sich voller Grimm, der muß »Liese-Lotte« verlassen. Doch am Ende kommt es nicht soweit. Ein Arrangement wird gefunden: Hendrik bekommt zwar Anna, aber er kann mit seiner Braut und Willy weiter auf dem Kahn leben, der einen neuen Namen trägt, natürlich »Anna«.

In einer Zeit, in der die Propagandafilme rar geworden waren, die Melodramen ihre Liebe-und-Verzicht-Stories variierten, in der auf der Leinwand die Revue mit Farben prunkte, kam *Unter den Brücken* mit einer schlichten, alltäglichen Geschichte daher, die nichts beweisen und nicht überwältigen wollte. Käutner, dessen Inszenierung auf temporeiche Dialoge und flüssige Kamerabewegungen setzt, bändigte diesmal seinen Hang zu kabarettistischen Einlagen wie zu bedeutungsvollen Einstellungen. Das Spiel der Darsteller bewahrt die Unnachdrücklichkeit: Alle Schauspieler wirken gelöst und entspannt, was man von kaum einem anderen deutschen Film dieser Zeit behaupten kann. Der ›Eskapismus‹ ist hier so weit getrieben, daß damit auch eine Flucht vor der Ideologie gelungen ist. Das kam dem deutschen Publikum aber nicht mehr vor die Augen. Die Zensurfreigabe erhielt der Film noch im März 1945, seine Premiere hatte er auf dem Festival in Locarno 1946, die deutsche Uraufführung fand erst am 18. Mai 1950 statt. Da war die Zeit, aus der der Film floh, vorbei.

Christa Bandmann/Joe Hembus: »Klassiker des deutschen Tonfilms 1930–1960«. München 1980; Peter Cornelsen: »Helmut Käutner«. München 1980; Norbert Grob: »Die Vergangenheit, sie ruht aber nicht«, in: Hans Helmut Prinzler (Hg.): Das Jahr 1945. Berlin 1990; Wolfgang Jacobsen/Hans Helmut Prinzler (Hg.): »Käutner«. Berlin 1992; Robert C. Reimer: »Turning Inward«, in: ders. (Hg.): Cultural History through a National Socialist Lens. Rochester 2000; Rainer Rother: »In acht Jahren sind wir soweit«, in: ders. (Hg.): Die Ufa. Das deutsche Bilderimperium. Berlin 1992, H. 21; Guntram Vogt: »Die Stadt im Film«. Marburg 2001.

Rainer Rother

DER UNTERTAN

DDR (Defa) 1951. 35 mm, s/w, 108 Min.

R: Wolfgang Staudte. B: Fritz und Wolfgang Staudte, nach dem gleichnamigen Roman von Heinrich Mann. K: Robert Baberske. Ba: Erich Zander, Karl Schneider. S: Johanna Rosinski. M: Horst Hanns Sieber.

D: Werner Peters (Diederich Heßling), Paul Esser (Regierungspräsident von Wulkow), Renate Fischer (Guste Daimchen), Gertrud Bergmann (Mutter Heßling), Sabine Thalbach (Agnes Göpel), Eduard von Winterstein (Buck, senior), Raimund Schelcher (Dr. Wolfgang Buch).

Mit der Verfilmung von Heinrich Manns Roman ist Wolfgang Staudte ein kongeniales Filmkunstwerk gelungen, das schon die zeitgenössischen Kritiker begeisterte – soweit sie den Film zu sehen bekamen, denn er konnte erst nach jahrelangem Verbot auch in der Bundesrepublik aufgeführt werden.

Der Film erzählt, anfänglich stark raffend, von Jugend und Studium des Fabrikantensohnes Diederich Heßling sowie seinem politischen und wirtschaftlichen Aufstieg in der Provinzstadt Netzig während der Gründerzeit: die exemplarische Geschichte vom deutschen Untertanen und seiner Identifikation mit der Macht. »Wer treten will, muß sich treten lassen«, lautet seine Devise. So macht der Besitzer einer Papierfabrik politische Karriere: Er schlägt sich auf die Seite der konservativen Nationalisten, stellt sich als Zeuge in einem Prozeß wegen Majestätsbeleidigung zur Verfügung und wird Mitglied im Kriegerverein der Stadt. Mit der wohlhabenden Guste Daimchen macht er eine ›gute Partie‹. Ihre Hochzeitsreise endet in Rom, wo der ›Untertan‹ seinem Kaiser huldigen kann. Voller Respekt vor hohlen Formeln und den Insignien der Macht wird Heßling zum willfährigen Werkzeug des nationalistischen Regierungspräsidenten von Wulkow, dem er hilft, im Stadtparlament gegen Liberale und Sozialdemokraten die Errichtung eines Kaiserdenkmals durchzusetzen. Die feierliche Einweihung wird – der Redner Heßling spricht gerade von der Größe der Nation, von Blut und Eisen – von einem furchtbaren Unwetter regelrecht gesprengt. Das apokalyptische Schlußbild des unversehrten Denkmals inmitten einer Trümmerlandschaft weist auf die Verbrechen, die dann später im Geiste des Untertanen noch begangen werden sollten. Die Musik zitiert »Die Wacht am Rhein«, das »Horst-Wessel-Lied« und die Fanfare der Wochenschau im Zweiten Weltkrieg, dann verschwindet das Denkmal im schwarzen Rauch.

Der Untertan, häufig als Staudtes Meisterwerk bezeichnet, ist eine der wenigen Literaturverfilmungen, die trotz werkgetreuer Adaption selbständig und gleichrangig neben der Vorlage bestehen können. In starker Verdichtung präsentiert der Film das Panorama einer ganzen Epoche. Die Figuren verkörpern exemplarisch die entscheidenden Institutionen wie Schule, Militär, Kirche, Parteien und auch die gesellschaftlich relevanten Schichten wie Arbeiter, Fabrikbesitzer, liberale Mittelständler u.a. Ohne daß die Personen in dieser Typisierung an Lebendigkeit verlieren, gelingt es Staudte, das deutsche Verhängnis des Spießertums und Hurrapatriotismus in nuce darzustellen. Die ideologiekritische Wirkungsabsicht, die Entlarvung des Wilhelminismus am Beispiel des Untertanen Heßling, löst Staudte durch eine souveräne Handhabung der filmischen Mittel ein: Kameraführung, Montage, Musik setzen gleichsam formal kommentierend die inhaltliche Perspektive des Films fort. Der Kamerablick verdeutlicht immer wieder das hierarchische Wahrnehmungsmuster Heßlings: Häufig wählt Staudte die Froschperspektive – der Untertan blickt auf zu den Autoritäten – oder zeigt in Detailaufnahme die Fetische der Macht. Die Kamera bringt beispielsweise, durchs Bierglas hindurchschauend, die Gesichter der Korporierten karikierend auf den bildlichen Begriff. Solchen einfallsreich genutzten Einstellungen, aber auch den geschickt montierten bildlichen Anspielungen sowie den hervorragenden schauspielerischen Leistungen verdankt der Film seine eminenten satirischen Qualitäten.

Staudte profilierte sich als einer der wenigen Regisseure seiner Generation, denen es mit einer filmischen Vergangenheitsbewältigung ernst war. Nach ↗*Die Mörder sind unter uns* und ↗*Rotation*, die unmittelbar die verhängnisvolle Nazivergangenheit thematisierten, lenkt *Der Untertan* den Blick auf den geistig-sozialen Hintergrund der deutschen Entwicklung seit Ende des 19. Jahrhunderts. Die Rezeptionsgeschichte des Films im geteilten Deutschland zeugt von der anhaltenden Aktualität dieser diagnostischen Charakter- und Gesellschaftserzählung. Das SED-Zentralorgan »Neues Deutschland« bemängelte: »Die kämpfende Arbeiterklasse, die auch um die Jahrhundertwende bedeutende politische Erfolge errang, wird nicht gezeigt.« (2.9.1951) Trotz solcher Kritik wurde der Rang des Films in der DDR erkannt, wurden der Regisseur und der Hauptdarsteller Werner Peters beide mit dem Nationalpreis der DDR ausgezeichnet. In der Bundesrepublik wurde *Der Untertan* zunächst verboten und erst 1957, auf Weisung des Interministeriellen Ausschusses um zwölf Minuten gekürzt und mit einem distanzierenden Vorspann versehen, freigegeben. Konservative Kreise werteten den Film aus den »ostzonalen Ateliers, die unter der höheren russischen Regie stehen«, als »Substanzkritik an unserem Volke«, d.h. »an dem, was Obrigkeit war, die man mit Halunken und Schurken gleichsetzt, an der Kirche, der Schule und dem bürgerlichen Stand, der uns als Pack und Gesindel vorgeführt wird« (»Deutsche Zeitung, 30.3.1957). Nach heftigen Einsprüchen wurde dem Film das Prädikat »besonders wertvoll» zugestanden«. Es dauerte noch einmal fast 30 Jahre, bis *Der Untertan* ungekürzt im Westen gezeigt werden konnte.

Christa Bandmann/Joe Hembus: »Klassiker des deutschen Tonfilms 1930–1960«. München 1980; Wilfried Berghahn: »Deutschenspiegel für Ost und West«, in: Frankfurter Hefte, 1952, H. 9; Brigitte Braun: »Der Untertan (Heinrich Mann – Wolfgang Staudte)«, in: Anne Bohnenkamp/Tilman Lang (Hg.): Literaturverfilmungen. Stuttgart 2005; Barbara Deiker/Wolfgang Gast: »Film und Literatur«. Bd.2. Frankfurt a.M. 1993; Michael Grisko: »›Wenn Heinrich Mann bei uns wäre ...‹«, in: apropos: Film 2004; Friedrich Koch: »Schule im Kino«. Weinheim, Basel 1987; Peter Christian Lang: »Wofgang Staudte: *Der Untertan*«, in: Rudolf Joos/Isolde I. Mozer (Hg.): Filme zum Thema. Bd.2. Frankfurt a.M. 1988; Malte Ludin: »Wolfgang Staudte«. Reinbek 1996; Eva Orbanz/Hans Helmut Prinzler (Hg.): »Staudte«. Berlin 1991; Marc Silbermann: »Semper fidelis: Staudte's *The Subject* (1951)«, in: Eric Rentschler (Hg.): German Film and Literature. New York 1986.

Peter Christian Lang

LES VACANCES DE MONSIEUR HULOT

(Die Ferien des Monsieur Hulot). Frankreich (Cady/Discina) 1951/52. 35 mm, s/w, 96 Min.

R: Jacques Tati. B: Jacques Tati, Henri Marquet, in Zusammenarbeit mit Pierre Aubert und Jacques Lagrange. K: Jacques Mercanton, Jean Mouselle. A: Henri Schmitt. S: Jacques Grassi. M: Alain Romans.

D: Jacques Tati (Monsieur Hulot), Nathalie Pascaud (Martine), Louis Perrault (Fred), Michèle Rolla (Martines Tante), André Dubois (Der Kommandant).

Monsieur Hulot, dem wir in ↗*Mon Oncle* wiederbegegnen, ist die Inkarnation des Einzelgängers wider Willen: Tapsig-federnd bewegt er sich durch die Welt, der Tücke der Objekte und seiner eigenen linkischen Verlegenheit hilflos ausgeliefert.

Der Film erzählt in lockerer Szenenfolge von den Erlebnissen Hulots während eines Sommerurlaubs am Meer. Schon die Anreise macht die Grundkonstellation deutlich: hier Hulot in seinem entsetzlich knatternden, altersschwachen Fahrzeug, aus dem ein Schmetterlingsnetz ragt, auf halsbrecherischer Fahrt über Land, dort der wohlgeordnete Aufbruch von Menschenmassen mit Zug und Bus zum gleichen Ziel. Im Hotel, am Strand, auf dem Tennisplatz, bei einem Gruppenausflug, immer wieder gelingt es Hulot, in das bereitstehende Fettnäpfchen zu treten. Alles passiert, von gelegentlichen Konversationsschnipseln garniert, in der Regel wortlos. Geräusche und die leitmotivisch eingesetzte Musik, insbesondere eine jazzige »Strandmelodie«, akzentuieren die Szenen, in denen Hulot auf das Hotelpersonal und seine Miturlauber trifft: z.B. einen Kommandanten a.D., der einen Ausflug wie einen Aufmarsch plant, eine skurrile englische Lady, einen penetrant lebensfernen Jungintellektuellen und auch eine hübsche junge Frau, zu der Hulot, letztlich vergeblich, Kontakt sucht. Beim Abschied der Urlauber voneinander sitzt Hulot abseits und unbeachtet, allein die Engländerin geht auf ihn zu.

Les vacances de Monsieur Hulot ist nach *Jour de Fête* (*Tatis Schützenfest*, 1949) der zweite Spielfilm von Jacques Tati (eigentlich Tatischeff), der in den dreißiger Jahren in einigen Kurzfilmen mitgewirkt und auf der Bühne mit Sportpantomimen große Erfolge verbucht hatte. Die Beobachtungsgabe, die den Pantomimen auszeichnet, prägt Tatis Szenen: die Darstellung der Urlaubertypen und ihrer Rituale, die eingeschobenen Kinderszenen oder die zumeist ruhige Entwicklung der Gags, die dem gedankenverlorenen Hulot mehr zustoßen, als daß er sie sucht. Trotz seines ›Nummerncharakters‹ zeichnet sich der Film durch eine große Geschlossenheit aus:

inhaltlich durch das Thema »Urlaub« und die zentrale Figur Hulot, aber auch und vor allem stilistisch durch die gleichsam durchkomponierte Liebe zum Detail sowie die eigenwillige, auf Geräuscheffekte zielende Vertonung, die auch noch die zumeist unverständlichen Sprachfetzen als Akzentgeräusche einsetzt. André Bazin schrieb begeistert: »Die Bedeutung von *Les vacances de Monsieur Hulot* kann gar nicht überschätzt werden. Es handelt sich nicht nur um das wichtigste Werk der gesamten Filmkomik seit den Marx Brothers und W.C. Fields, sondern um ein Ereignis in der Geschichte des Tonfilms.« Tati erfindet damit die adäquate Tonspur zum Stummfilm.
Von Buster Keaton stammt die Äußerung: »Tati knüpft an dem Punkt an, an dem wir vor 40 Jahren stehengeblieben sind«. Doch Tatis poetische Komik der Gedankenverlorenheit und der Tücke des Objekts, eingebettet in eine bisweilen metaphysisch anmutende Harmonie von Kultur und Natur (etwa wenn die Natur und ihr Wellenspiel einen Farbeimer immer wieder aus dem Wasser zum pinselführenden Hulot zurückführen), wirkt nach weiteren 40 Jahren ein bißchen allzu bieder-brav. So gesehen bieten Tatis Urlaubsgeschichten zugleich ein zeitloses Dokument einer stillen Liebe zu den Menschen und den Dingen, die sich nicht immer ihren Idealen fügen, und ein zeitgebundenes Paradestück einer Filmkomik, die noch nichts von dem Schnittempo moderner Videoproduktionen weiß.

André Bazin: »Was ist Film?«. Berlin 2004; David Bellos: »Jacques Tati«. London 1999; Thomas Brandlmeier: »Filmkomiker. Die Errettung des Grotesken«. Frankfurt a.M. 1983; Michel Chion: »Jacques Tati«. Paris 1987; Marc Dondey: »Tati«. Paris 1989; James Harding: »Jacques Tati. Frame by frame«. London 1984; Heinz-B. Heller: »Vom komischen Subjekt zur Konstruktion des Komischen: *Die Ferien des Monsieur Hulot* (1953)«, in: Werner Faulstich/Helmut Korte (Hg.): Fischer Filmgeschichte. Bd.3. Frankfurt a.M. 1990; Jacques Kermabon: »*Les vacances de M. Hulot* de Jacques Tati«. Crisnée 1988; Brent Maddock: »Die Filme von Jacques Tati«. München 1984; Pierre Sorlin: »A breath of sea air: Jacques Tati's *Les Vacances de M. Hulot*«, in: Susan Hayward/Ginette Vincendeau (Hg.): French Films. London, New York 1990; Kristin Thompson: »Parameters of the Open Film: *Les vacances de Monsieur Hulot*«, in: Wide Angle, 1977, H. 4.

Peter Christian Lang

VAMPYR L'étrange aventure de David Gray (Vampyr. Der Traum des Allan Gray). Frankreich/Deutschland (Carl Theodor Dreyer/Tobis Klangfilm) 1932. 35 mm, s/w, 60 Min.
R: Carl Theodor Dreyer. B: Christen Jul, Carl Theodor Dreyer, nach der Erzählung »In a Glass Darkly« von Sheridan Le Fanu.
K: Rudolph Mate, Louis Née. Ba: Hermann Warm, Hans Bittmann, Cesare Silvagni.
M: Wolfgang Zeller.
D: Julian West (David/Allan Gray), Henriette Gérard (Marguerite Chopin), Jan Hieronimko (der Doktor), Maurice Schutz (Schloßherr), Sybille Schmitz (Léone, seine Tochter).

Carl Theodor Dreyer wurde von François Truffaut zusammen mit Griffith, Stroheim, Murnau, Eisenstein und Lubitsch zu den »Königen der ersten Kinogeneration« gezählt.
Neben ↗*La passion de Jeanne d'Arc* begründete *Vampyr* den Ruhm des Regisseurs. Bestach der vorangegangene Film durch sein klares Licht, so erzielte Dreyer bei *Vampyr* mit dem Gegenteil die beabsichtigte Wirkung: Er ließ ein Stück Gaze vor das Kameraobjektiv hängen. Seinen Mitarbeitern erklärte Dreyer: »Stellt euch vor, daß wir in einem gewöhnlichen Raum sitzen. Plötzlich erzählt einer, daß ein Leichnam hinter der Tür liegt. Augenblicklich wird der Raum, in dem wir sitzen, völlig verändert erscheinen. Licht und Atmosphäre haben sich geändert, obwohl sie physisch dieselben sind. Das rührt daher, daß wir uns geändert haben und die Objekte so erscheinen, wie wir sie wahrnehmen. Das ist die Wirkung, die ich in meinem Film erzielen will.« Der Horror findet nicht auf der Leinwand statt, sondern in den Köpfen der Zuschauer: Dreyer spielt auf der Wahrnehmungsklaviatur des Kinopublikums. »Dann erinnere ich mich an das Weiß von *Vampyr*, begleitet von Tönen, Schreien und vor

allem dem fürchterlichen Stöhnen des Doktors...« (Truffaut).

Dreyers Meisterwerk, als Antwort auf Tod Brownings ↗*Dracula* entstanden, vermeidet die Klischees des Genres. Sicherlich werden Topoi des Horrorfilms genutzt, wie ein Mann mit einer Sense, sich vom Körper ablösende Schatten, Totenschädel und ein Giftfläschchen. Aber spektakulär wird es nirgends: Man sieht keine spitzen Zähne, die in weiße Haut schlagen, und auch Blut fließt nicht in Strömen.

Die Geschichte ist scheinbar einfach und konventionell: David Gray – gespielt von Baron de Gunzburg, dem Finanzier des Films – kommt höchst seltsamen Dingen auf die Spur und legt einem Vampyr das Handwerk. Im Detail betrachtet bleiben viele offene Fragen, deren Beantwortung jedoch nicht drängend erscheinen, zumal man an mehr oder minder lineare Kohärenzen in Filmen gewöhnt ist. Untergründig aber merkt man Unstimmigkeiten – Dreyer produziert subtil Verunsicherung. David Bordwell hat gezeigt, daß alle Handlungselemente des Films in Form von Ellipsen konstruiert sind; der Zuschauer wird mit Geschehnissen konfrontiert, deren Ursachen oder Folgen nicht immer expliziert werden. Die zum Teil außerordentliche filmische Umsetzung, wobei Dreyer aus der Not technischer Unzulänglichkeiten oft eine Tugend machte, verstärkt den Eindruck, daß die dargestellte Realität unmerkliche Risse aufweist. Die Koordinaten von Zeit und Raum werden aufgelöst, die erzählerische Kontinuität permanent gestört. Gray sitzt, erschöpft vom Blutverlust, auf einer Bank und sieht, wie ein Sarg vorbeigetragen wird: Er erlebt seine eigene Beerdigung. Wenn z. B. ein Schatten beim Erdaushub im zurücklaufenden Film zu sehen ist, entsteht eine unbestimmte Irritation. Der erste Zwischentitel kündigt die Geschichte als »Phantasie-Erlebnis« an, das zudem von Traumsequenzen unterbrochen wird.

Vampyr ist Dreyers erster Tonfilm, noch deutlich dem Stummfilm und seiner Ästhetik verpflichtet. Von der gesprochenen Sprache wird sehr sparsam Gebrauch gemacht: Die eigentlichen Erklärungen werden von längeren Zwischentiteln und im Bild zitierten Seiten aus einem Buch über Vampirismus geliefert. Aber der wahre Autor dieses Films ist die Kamera: Sie wird »zum Federhalter eines jungen Mannes, um den Bewegungen des Vampyr die grauen Mauern entlang zu folgen, ihnen vorauszueilen oder sie zu erraten« (Truffaut).

»*Vampyr*«, in: Carl Theodor Dreyer: Four Screenplays. Bloomington 1970. (Filmprotokoll).

Jacques Aumont: »*Vampyr* de Carl Th. Dreyer«. Crisnée 1993; Christa Bandmann/Joe Hembus: »Klassiker des deutschen Tonfilms 1930–1960«. München 1980; David Bordwell: »The Films of Carl-Theodor Dreyer«. Berkeley, Los Angeles 1981; Noël Carroll: »Notes on Dreyer's *Vampyr*«, in: Persistence of Vision, 1990, H. 8; William K. Everson: »Klassiker des Horrorfilms«. München 1980; Michael Grant: »Cinema, horror and the abomination of hell: Carl-Theodor Dreyer's *Vampyr* (1931) and Lucio Fulci's *The Beyond* (1981)«, in: Andrea Sabbadin (Hg.): The Couch and the Silver Screen. Hove, New York 2003; Uwe Müller: »*Vampyr: L'étrange aventure de David Gray*«, in: filmwärts, 1989, H. 14; Mark Nash: »*Vampyr* and the Fantastic«, in: Screen 1976, H. 3; Hans-Joachim Neumann: »*Vampyr – Der Traum des Allan Gray*«, in: Norbert Stresau (Hg.): Enzyklopädie des phantastischen Films. Meitingen 1987, Lg. 5; David Pirie: »Vampir Filmkult«. Gütersloh 1977; Franz Schüler: »Die Erben des Maquis de Sade«, in: Film, Velber, 1967, H. 8; C. Tesson: »*Vampyr ou l'étrange aventure de David Gray*«, in: L'Avant-Scène du Cinéma, 1979, H. 228; François Truffaut: »Carl Theodor Dreyers Weiß«, in: ders.: Die Filme meines Lebens. München 1976;

Uwe Müller

VATER ↗ Apa

DIE VERACHTUNG ↗ Mépris

DIE VERGESSENEN ↗ Olvidados

EINE VERHEIRATETE FRAU ↗ Femme mariée

DIE VERLOBUNG DES MONSIEUR HIRE ↗ Monsieur Hire

DER VERLORENE

Bundesrepublik Deutschland (Arnold Pressburger) 1951. 35 mm, s/w, 98 Min.

R: Peter Lorre. B: Peter Lorre, Benno Vigny, Axel Eggebrecht, nach einer Idee von Egon Jameson. K: Václav Vích. Ba: Franz Schroedter, Karl Weber. S: Carl Otto Bartning. M: Willy Schmidt-Gentner.
D: Peter Lorre (Dr. Karl Rothe), Karl John (Hoesch), Helmut Rudolph (Oberst Winkler), Renate Mannhardt (Inge Hermann).

Der Schauspieler Peter Lorre – Filmdebüt: die Rolle des Kindermörders in Fritz Langs ↗*M* – hatte 1933 Deutschland verlassen und in Hollywood seine Karriere fortgesetzt. Er spielte in Hitchcocks *The Man Who Knew Too Much* (*Der Mann, der zuviel wußte*, 1934) und in Hustons ↗*The Maltese Falcon*; Josef von Sternberg gab ihm die Raskolnikov-Rolle in seiner Verfilmung *Crime and Punishment* (*Schuld und Sühne*, 1935), und in ↗*Casablanca* trat er als verängstigter Emigrant auf. 1950 schrieb Brecht ein Gedicht »An den Schaupieler P.L. im Exil«: »Zurückgerufen/Wirst du in das Land, das zerstört ist./Und nichts anderes mehr/Können wir dir bieten, als daß du gebraucht wirst./Arm oder reich/Gesund oder krank/Vergiß alles/Und komm.« Und Peter Lorre kam – nicht nach Berlin, um bei Brecht Theater zu spielen, sondern nach Hamburg, um hier seinen Film *Der Verlorene* zu drehen.

Das erste Bild: ein Bahnübergang, irgendwo draußen in der Heide. Die Schranke geht hoch; ein einzelner Mann geht, gegen den Strom eines Flüchtlingstrecks, zum Lager, wo er in der Sanitätsbaracke die Neuankömmlinge impft. Der Arzt bekommt einen Helfer zugeteilt. Die beiden Männer kennen sich. Sie haben sich andere Namen und neue Identitäten verschafft, doch nun holt sie die Vergangenheit wieder ein. Der Film blendet zurück: Hamburg, 1943. Dr. Rothe arbeitet an einem wissenschaftlichen Institut; sein Mitarbeiter Hoesch hat von der »Abwehr« den Auftrag, ihn zu bespitzeln. Eines Tages eröffnete ihm Hoesch, daß seine Verlobte Inge Forschungsergebnisse ans Ausland verrate, außerdem betrüge sie ihn. »Schluß machen!« fordert Hoesch, und Rothe, völlig von Sinnen, erwürgt Inge in ihrer Wohnung. Hoesch sorgt dafür, daß die Tat als Selbstmord vertuscht wird und Rothe unbehelligt bleibt. »Wir haben eben einmal einen leben lassen«, lautet sein jovialer Kommentar, »finden Sie sich damit ab, daß Sie weiterleben.« Rothe kann das nicht – und unter Zwang tötet er wieder. Ein Mordversuch mißlingt – im Treppenhaus sieht eine Prostituierte ihm in die Augen und erkennt: Der Mann ist ein »Totmacher« –, der nächste glückt: In der dank Fliegeralarm leeren U-Bahn wird eine liebeshungrige Frau Rothes Opfer. Am Ende, wieder in der Gegenwart, erschießt Rothe in der Lager-Kantine seinen Peiniger Hoesch. Im Morgengrauen geht er auf den Bahngleisen entlang, bis der Frühzug ihn überrollt.

»Das Untier« lautete der Arbeitstitel. Lorre knüpfte an den visuellen Stil der deutschen Filmklassiker an: Harte Konturen, expressive Lichtgestaltung, symbolische Schattenrisse. Eine beklemmende Atmosphäre schaffen die Innenräume, in denen die Menschen zu ersticken scheinen. Selbst in der leichten Untersicht wirkt der kleine, gedrungene Mann auf dem Bahndamm nicht größer, sondern der weite Himmel über ihm nur noch erdrückender. Das mimetische Spiel Lorres konzentriert sich auf Wesentliches: die traurigen, müden Augen, die großen Hände – sein Mordwerkzeug –, die weiche, leise Sprechweise. Ständig hat er eine Zigarette im Mund, zündet ein neues Streichholz an. Szenen, in denen die triste Kriegswirklichkeit mit Hamburger Lokalkolorit verbunden sind, bilden den Hintergrund für die nahezu stumm agierende Figur des Mörders aus innerem Zwang. Angst treibt ihn um, Angst vor sich selbst. Der Zyniker Hoesch tituliert Rothe, als dieser den Revolver auf ihn richtet, als »Amateur«: Die professionellen »Totmacher« handelten im Auftrag des Nazi-Staates, und sie plagte kein schlechtes Gewissen. *Der Verlorene* ist eine tief pessimistische Studie über den Verfall der Moral unter einem Unrechtsregime.

Trotz finanzieller Probleme – der Bonner Filmförderungsausschuß lehnte Bundesbürgschaften für das Projekt ab – und Katastrophen während der Dreharbeiten – der Produzent Arnold Pressburger, ebenfalls ein Remigrant, starb an einer Gehirnblutung; die Rohschnittfassung verbrannte im Kopierwerk – gelang es Lorre, seinen Film ohne künstlerische Kompromisse zu Ende zu bringen. Er erhielt eine lobende

Erwähnung beim Deutschen Filmpreis und einen Bambi, aber im Kino wollte kaum jemand *Der Verlorene* sehen. Die Zeitgenossen wehrten sich – instinktiv, teilweise auch bewußt – gegen die düstere, als nihilistisch empfundene Stimmung des Films: Im beginnenden Wirtschaftswunder-Deutschland wollte man nicht mehr an die schuldbeladene Vergangenheit erinnert werden. »Das wollüstige Infernalisieren, diese edle Tendenz unseres Zeitalters, wird rasch deutlich«, formulierte Walter Bittermann süffisant in seiner Filmkritik. »Selbst der magische Realismus der äußerst scharf zupackenden Kamera kann uns nicht in eine Untergangsstimmung hineinbetrügen, die auf falschen Verknüpfungen beruht.« (Rheinischer Merkur, 28.9.1951).

Der Verlorene blieb die einzige Regiearbeit Lorres. Die Außenseiter-Produktion, das Werk eines Einzelgängers, der wieder Tritt zu fassen versuchte in seiner Heimat, erscheint aus heutiger Sicht als Schlußstein des Trümmerfilms. Filmhistorisch gesehen ist, so Thomas Brandlmeier, *Der Verlorene* der konsequente Endpunkt dieser Phase des deutschen Kinos: »Lorre, ein Schauspieler auf der Suche nach Rollen, die es einmal für ihn gab. Der Heimkehrer, der sich in den Zeiten verliert. Dieses Stück Filmgeschichte ist wie ein Kind, das mit dem Gesicht eines alten Mannes auf die Welt kommt.« Es gab für ihn hierzulande keinen Platz, in Deutschland wurde er nicht gebraucht: Peter Lorre kehrte in die USA zurück.

Friedemann Beyer: »Peter Lorre«. München 1989; Walter Bittermann: »*Der Verlorene*«, in: Jürgen Berger u.a. (Red.): Zwischen Gestern und Morgen. Frankfurt a.M. 1989; Barbara Bongartz: »Von Caligari zu Hitler – von Hitler zu Dr. Mabuse?«. Münster 1992; Michael Farin/Hans Schmid (Hg.): »Peter Lorre. *Der Verlorene*«. München 1996; Christoph Fuchs: »Dr. Rothe trifft Dr. Holl«, in: Michael Omasta u.a. (Hg.): Peter Lorre. Wien 2004; Enno Patalas: »Schatten der Vergangenheit«, in: Süddeutsche Zeitung, 3.11.1972; Stephen D. Youngkin u.a.: »The Films of Peter Lorre«. Secaucus 1982.

Michael Töteberg

DIE VERLORENE EHRE DER KATHARINA BLUM

Bundesrepublik Deutschland (Bioskop/Paramount-Orion/WDR) 1975. 35 mm, Farbe, 106 Min.
R: Volker Schlöndorff, Margarethe von Trotta.
B: Volker Schlöndorff, Margarethe von Trotta, nach der gleichnamigen Erzählung von Heinrich Böll. K: Jost Vacano. Ba: Günther Naumann. S: Peter Przygodda. M: Hans Werner Henze.
D: Angela Winkler (Katharina Blum), Mario Adorf (Kommissar Beizmenne), Dieter Laser (Tötges), Jürgen Prochnow (Ludwig Götten), Heinz Bennent (Dr. Blorna), Hannelore Hoger (Trude Blorna), Rolf Becker (Staatsanwalt Hach).

Das politische Klima der Bundesrepublik Mitte der siebziger Jahre zwischen Terrorismus und Terroristenverfolgung bildet den Hintergrund für diesen Film, in dem eine bis dahin unbescholtene junge Hausangestellte in das Netz polizeilicher Ermittlungen und staatlicher Terroristenjagd gerät. Im Kölner Karneval lernen sich durch Zufall Katharina Blum und Ludwig Götten, ein junger, von der Polizei gesuchter und beschatteter Mann, kennen. Es ist Liebe auf den ersten Blick. Als die Polizei ihn in Katharinas Wohnung frühmorgens überraschen will, kommt sie zu spät. Katharina wird vorübergehend verhaftet und von der größten Boulevardzeitung mit einer Schmutzkampagne überzogen. Der Reporter Tötges bedrängt auch die schwerkranke Mutter Katharinas im Krankenhaus, so daß diese vor Aufregung stirbt. Als Götten schließlich gefaßt wird, verabredet sich Katharina mit Tötges und erschießt ihn. Damit ist ihre Ehre wiederhergestellt.

Der Film arbeitet mit einer klaren Schwarzweiß-Zeichnung: auf der einen Seite Katharina, Götten und ihre Verwandten als die Guten und Aufrechten, auf der anderen Seite die Funktionsträger des Staates und die Boulevard-Presse, die sich übelster Methoden bedient. Bis in die Ausstattungsdetails hinein werden die Figuren und Situationen als Stereotypen aufgebaut. Katharina wird von ihren Freundinnen wegen ihrer Moral und Prüderie »die Nonne« genannt und trägt häufig einen weißen Schal; zur Erschießung von Tötges erscheint sie jedoch als schwarzgekleidete Rachegöttin. Umgekehrt erscheinen vor allem Tötges und der Kommissar Beizmenne als Inkarnationen des Bösen. Differenzierter gezeichnet sind die Randfiguren, z.B. das Rechtsanwaltspaar Blorna, das zu Katharina hält, auch gegenüber dem Industriellen, dessen Interessen sie eigentlich vertreten.

Die Dramaturgie folgt konventionellen Mustern. Wirkungsvoll wird die Erstürmung der Wohnung durch die Polizei ausgespielt; dokumentarisch inszeniert ist dagegen die Szene, wie Katharina durch eine Schar wild fotografierender Journalisten abgeführt wird, wobei ihr der Kopf hochgerissen wird, damit die Presseleute, wie der Polizist Beizmenne zynisch sagt, »ihrer Informationspflicht nachkommen können«. Aktionsreich entwickelt sich die Handlung, läuft geradlinig auf das Finale zu: Katharina und Götten, beide gefesselt und von vielen Polizisten umringt, begegnen sich im Kellergang des Polizeigebäudes und umarmen sich ein wohl letztes Mal.

Die Erzählung von Böll wurde damals viel gelesen und heftig debattiert, auch Schlöndorff war nach diesem Film politischen Anwürfen und Verdächtigungen ausgesetzt. Andererseits erbrachte *Die verlorene Ehre der Katharina Blum* den Beweis, daß das politisch engagierte Kino, ein hierzulande kaum gepflegtes Genre, auch in Deutschland ein breites Publikum erreichen kann. Der Erfolg initiierte weitere Filme bundesdeutscher Regisseure wie *Messer im Kopf* (Reinhard Hauff, 1978), *Das zweite Erwachen der Christa Klages* (Margarethe von Trotta, 1977) und vor allem den Gemeinschaftsfilm ↗*Deutschland im Herbst*, zu dem Böll und Schlöndorff die Episode *Antigone heute* beisteuerten.

»*Die verlorene Ehre der Katharina Blum*«. Hg. von Andrea Park. Tübingen 1981. (Filmprotokoll).

Viktor Böll: »Böll und Schlöndorff zur Verfilmung der ›Katharina Blum‹«, in: Praxis Deutsch, 1983, H. 1; Heidemarie Fischer-Kesselmann: »Heinrich Bölls Erzählung ›Die verlorene Ehre der Katharina Blum‹ und die gleichnamige Verfilmung von Volker Schlöndorff und Margarethe von Trotta«, in: Diskussion Deutsch, 1984, H. 76; Wolfgang Gersch: »Böll-Verfilmung als politisches Tageskino«, in: Hans Günther Pflaum (Hg.): Jahrbuch Film 77/78; David Head: »›Der Autor muß respektiert werden‹«, in: German Life and Letters, 1979, H. 3; Anna K. Kuhn: »Schlöndorffs *Die verlorene Ehre der Katharina Blum*«, in: Sigrid Bauschinger u.a. (Hg.): Film und Literatur. Bern/München 1984; Rainer Lewandowski: »Die Filme von Volker Schlöndorff«. Hildesheim 1981; Hans-Bernhard Moeller: »Volker Schlöndorff's Cinema: Adaptation, Politics, and the ›Movie-Appopriate‹«. Carbondale 2002; Michael Truppner: »Konzept und Realisation«, in: Alexander Schwarz (Hg.): Das Drehbuch. München 1992; Thilo Wydra: »Volker Schlöndorff und seine Filme«. München 1998.

Knut Hickethier

DER VERRÄTER ↗ Informer

VERSCHWÖRUNG DER FRAUEN ↗ Drowning by Numbers

VERSCHWÖRUNG IM NORD-EXPRESS ↗ Strangers on a Train

VERTIGO (Vertigo – Aus dem Reich der Toten). USA (Paramount) 1958. 35 mm, Farbe, 128 Min.

R: Alfred Hitchcock. B: Alec Coppel, Samuel Taylor, nach dem Roman »D'entre les morts« von Pierre Boileau/Thomas Narcejac.
K: Robert Burks. A: Hal Pereira, Henry Bumstead. Ba: Sam Comer, Frank McCelvey.
S: George Tomasini. M: Bernard Herrmann.
D: James Stewart (Scottie Ferguson), Kim Novak (Madeleine Elster/Judy Barton), Barbara Bel Geddes (Midge Wood), Tom Helmore (Gavin Elster).

Scottie Ferguson, der nach einem Unfall an Höhenangst (engl. Vertigo) leidet und den Polizeidienst quittiert hat, wird von seinem Freund Elster gebeten, seine verhaltensauffällige Frau zu beschatten. Es gelingt ihm, ihren Selbstmord gerade noch zu verhindern. Madeleine behauptet, eine vor langer Zeit verstorbene Person namens Carlotta zu sein und von Todessehnsucht getrieben zu werden. Scottie, mittlerweile hoffnungslos in sie verliebt, ist entschlossen, ihr Rätsel aufzuklären. Beim Besuch einer alten Mission – ein Platz, an dem sie im vergangenen Jahrhundert schon einmal gewesen sein will – kann er wegen seiner Phobie nicht verhindern, daß Madeleine sich vom Kirchturm in den Tod stürzt.

Scottie findet sich im emotionalen Chaos wieder; weder der Arzt noch seine Freundin Midge können ihn von seinen Alpträumen befreien. Zufällig trifft er eine Frau, Judy, deren Gesicht an Madeleine erinnert. In einer Rückblende erfährt der Zuschauer die Wahrheit: Judy hat sich als Madeleine verkleidet, Elster mit ihrer Hilfe seine Frau beseitigt und Scottie zum Zeugen eines vermeintlichen Selbstmordes gemacht. Der ahnungslose Scottie – von der obsessiven Liebe zu der verlorenen Madeleine getrieben – überredet Judy, Madeleines Kleidung und Haarfarbe anzunehmen. Als er schließlich Verdacht schöpft, zwingt er sie zu einem Geständnis auf dem Kirchturm der alten Mission, wo sie diesmal wirklich abstürzt. Scottie wird durch den Schock von seiner Höhenangst befreit.

Vertigo ist Hitchcocks reichhaltigster Film, in dem sich seine Themen, sein psychoanalytisches Interesse und seine stilistischen Vorlieben verbinden zu einem komplexen Geflecht, zumal sich die Spannung nach der Auflösung des Rätsels am Beginn des zweiten Teils vom kriminalistischen Aspekt auf das emotionale Drama verlagert. Romantische Motive wie das des Doppelgängers, die Fixierung auf eine unerreichbar scheinende Frau und die Erlösung im Tod werden mit der typisch Hitchcockschen Verwicklung eines durchschnittlichen, vernunftbegabten Protagonisten in einen Mordkomplott vermischt. Hinzu kommt eine deutlich erotische Komponente: Scotties Versuch, in Judy Madeleine wiederherzustellen, zielt ausschließlich auf ihre kühle, geheimnisvolle Erscheinung. Der eigentliche Schock besteht nicht darin, daß er sich von Judy hat täuschen lassen, sondern daß die Madeleine seiner Vorstellung nie existiert hat. Mit ihrem ›zweiten Tod‹ verliert er endgültig das Objekt seiner Begierde.

Die erste Hälfte des Films spielt an Orten der Vergangenheit und Vergänglichkeit. Scottie beschattet Madeleine im Museum, auf dem Friedhof (der durch irreales Licht trotz der Taghelle gespenstisch verfremdet wirkt) und bei einem Besuch im mysteriösen Haus der Carlotta. Gemeinsam fahren sie später zu einem märchenhaften Wald von Mammutbäumen und zu einer alten spanischen Mission – Hinweis auf die geschichtliche Vergangenheit Kaliforniens, die auch in der Orchestrierung der Filmmusik mit Kastagnetten immer wieder anklingt.

Die Titelsequenz mit ihren rotierenden Spiralen, die den Blick sogartig in die Tiefe ziehen, etabliert eine irritierende Instabilität, die den ganzen Film hindurch erhalten bleibt. Eine wichtige Rolle spielt dabei die sich einer durchgehenden Melodie verweigernde Musik von Bernard Herrmann, die harmonisch nie auf sicherem Boden steht. San Francisco mit seinen schwindelerregenden Hügeln und Tälern ist Schauplatz unendlicher Verfolgungsfahrten. Und schließlich versetzt die Kombination einer Kamerafahrt mit einem Zoom auch den Zuschauer, der Scotties Blick in die Tiefe des Treppenhauses teilt, in einen Taumelzustand.

Meisterhaft ist die Dramaturgie der Farbe und die visuelle Gestaltung. Bei der ersten Begegnung zwischen Scottie und Madeleine in einem Lokal trägt Madeleine ein malachitgrünes Brokatkleid – durch die rote Tapete im Kontrast gesteigert und den freien Rücken und die kunstvoll frisierten, blonden Haare als erotische Verlockung inszeniert. Neongrün ist auch das Licht, das durch das Fenster des Hotelzimmers fällt, als Judy nach Scotties Vorgaben als Madeleine ›wiederaufersteht‹. Das Motiv des schachtartigen, in die Tiefe ziehenden Treppenhauses kehrt wieder, als Midge ihrerseits nicht vermag, Scottie aus seiner Apathie zu befreien: Deprimiert verschwindet sie in der Tiefe eines Korridors, an dessen Ende kein Licht ist (so wie Madeleine einen immer wiederkehrenden Traum beschrieben hat). Ausstattungsmerkmale des Melodramas entwickelt Hitchcock in *Vertigo* zum elaborierten Vexierspiel von Sein und Schein weiter: Die Spiegeltür, in der Scottie Madeleine im Blumenladen beobachtet, betont ihren chimärenhaften Charakter; im zweiten Teil ist häufig nur Judys Ebenbild im Spiegel zu sehen. Kunstgriffe wie diese verleihen dem Film einen traumhaften, visionären Charakter.

»*Vertigo*«, in: Bryan R. Bruce: Hitchcock's *Vertigo*. Toronto, Ontario 1987. (Filmprotokoll).
Dan Auiler: »*Vertigo*. The Making of a Hitchcock Classic«. New York 1998; Charles Barr: »*Vertigo*«. London 2002; Royal S. Brown: »*Vertigo* as Orphic Tragedy«, in: Literature/Film Quarterly, 1986, H. 1; Graham Bruce: »Bernard Herrmann: Film Music and Narrative«. Ann Arbor, Michigan 1985; Jean-Pierre Esquenazi: »Hitchcock et l'aventure de *Vertigo*«. Paris 2001; Dave Kehr: »Hitch's Riddle«, in: Film Comment, 1984/85, H. 3; Helmut Korte: »Trügerische Realität: *Vertigo* (1958)«, in: ders./Werner Faulstich (Hg.): Fischer Filmgeschichte. Bd.3. Frankfurt a.M. 1990; Mechthild Krüger-Zeul: »Der Knoten. Phantasien über Weiblichkeit und ihre Kostüme in Alfred Hitchcocks *Vertigo*«, in: Frauen und Film, 1985, H. 38; Chris. Marker: »A free replay«, in: Positif, 1994, H. 400; James F. Maxfield: »A Dreamer and his Dream«, in: Film Criticism, 1989/90, H. 3; P. Adams Sitney: »Let Me Go into the Church Alone«, in: Mary Lea Bandy/Antonio Monda (Hg.): The Hidden God. New York 2003; Yann Tobin: »*Vertigo* revient«, in: Positif, 1984, H. 281/282; Bettina Thienhaus: »*Vertigo – Aus dem Reich der Toten*«, in: epd Film, 1984, H. 11; Slavoj Žižek: »Sublimierung und der Fall des Objekts«, in: ders.: Ein Triumph des Blicks über das Auge. Wien 1992.

Ingo Fließ

VESNIČKO MÁ STŘEDISKOVÁ

(Heimat, süße Heimat). ČSSR (Filmstudio Barrandov) 1986. 35 mm, Farbe, 105 Min.
R: Jiří Menzel. B: Zdeněk Svěrák. K: Jaromír Šofr. Ba: Zbyněk Hloch. M: Jiří Šust.
D: Jánoš Bán (Otík Rákosník), Marián Labuda (Pávek), Evžen Jegorov, Rudolf Hrušínský sen. (Dr. Skružný), Libuše Šafránková (Jana Turková), Petr Čepek (Turek), Rudolf Hrušínský jr. (Drápalí), Oldřich Vlach (Kunc).

Der Regisseur Jiří Menzel gehört zu den Begründern der tschechischen »Neuen Welle«, jener Generation der sechziger Jahre, die auch Miloš Forman und Jan Kadár hervorgebracht hat. Menzel ist auch einer der wenigen tschechischen Oscar-Preisträger: Im Jahre 1967 wurde sein nach einer Novelle von Bohumil Hrabal gedrehter Film *Ostře sledované vlaky* (*Liebe nach Fahrplan*) ausgezeichnet. Zeitweise in Ungnade gefallen, z.B. mit seinem Film ↗*Skřivánci na niti*, gelang es Menzel trotzdem immer wieder, neue Projekte durchzusetzen. *Vesničko má středisková*, der ihm erneut eine Oscar-Nominierung eintrug, ist der dritte Teil der »Ländlichen Trilogie«, die mit *Postřižiny* (*Kurzgeschnitten*/*Die Schur*, 1980) begann und mit *Slavnosti sněženek* (*Das Wildschwein ist los*, 1983) fortgesetzt wurde; beide sind in Zusammenarbeit mit Hrabal entstanden. Diesmal schrieb das Drehbuch der Schauspieler Zdeněk Svěrák, der in einer Nebenrolle, als Maler Ryba, zu sehen ist. Er griff auf Motive und Figuren aus anderen Menzel-Filmen zurück; Rudolf Hrušínský spielt, wie schon in *Postřižiny*, den verträumten Dorfarzt Skružný, einen lyrischen Landschaftsbewunderer, der seine Autos unentwegt in den Graben lenkt. Doch fehlt dem Film jene Prise bitterbösen Humors, der die Hrabal-Geschichten auszeichnet.

Im Mittelpunkt des Films steht ein ungleiches Paar: der dünne, große Otík und der kleine, dickbäuchige LKW-Fahrer Pávek, die sich allmorgendlich auf dem Weg zur Genossenschaft treffen. Die Parallele zu Laurel und Hardy geht so weit, daß Otík ein ähnliches Pferdegebiß hat und sich genauso den Kopf kratzt wie Stan. Als Beifahrer von Pávek sorgt Otík für manche Katastrophe, weshalb Kollegen wie Dorfbewohner zunächst ganz froh darüber sind, daß sie den trotteligen, geistig ein wenig minderbemittelten Gehilfen loswerden: Er soll nach Prag in eine Wohnsiedlung ziehen, weil sein kleines Bauernhaus gebraucht wird – als Ferienwohnung für einen Prager Bürokraten. Doch die Dorfbewohner machen sich gleichzeitig Sorgen um ihn, denn ein Mensch wie Otík kann in der großen Stadt nicht zurechtkommen. Am Ende setzen sie seine Rückkehr ins Dorf durch.

Die Geschichte von Otík ist eine von vielen, die sich im Dorf abspielen: Das abgelegene Krecovice bildet einen Mikrokosmos. Diese überschaubare Welt wird von Menzel mit liebevollem Spott gezeichnet: eine Idylle, die trotz allem intakt erscheint. Fast klischeehaft wirken Situationen und Typen: ein Dorffest, bei dem getanzt und getrunken wird und das in einer Schlägerei endet; eine bezaubernde Frau und ihr eifersüchtiger Ehemann; Gespräche zweier Schwätzer, die das tschechische Bier und die tschechischen Mädchen preisen; Spießer aus der Hauptstadt, die das Wochenende auf dem Lande verbringen usw. Menzel gewinnt aus den Fehlern und menschlichen Schwächen seiner Figuren Pointen, doch denunziert er sie nie. Die »Kunst des bedächtigen Blicks«, wie es Karsten Visarius treffend formuliert hat, macht den Charme dieser scheinbar harmlosen, mit doppelbödigem Witz ausgestatteten Filmkomödie aus.

»*Vesničko má středisková*«, in: Dramatické umění. Bd.1. 1987. (Drehbuch).
Peter Buchka: »Die kluge Art, falsch zu rechnen«, in: Süddeutsche Zeitung, 1.6.1987; Berthold Dirnfellner: »Der Rücken der Dinge«, in: Frankfurter Allgemeine Zeitung, 1.6.1987; Marli Feldvoß: »*Heimat, süße Heimat*«, in: epd Film 1987, H.7; Peter Hames: »The Czechoslovak New Wave«. Berkeley 1985; Vladimír Kolár: »Herauskitzeln von Fraglichkeiten«, in: Jahresring 88–89, Stuttgart 1988; Philip Strick: »*Vesničko má středisková*«, in: Monthly Film Bulletin, 1988, H. 648; André Tournès: »Entretien avec Jiří Menzel«, in: Jeune Cinéma, 1987, H. 181; Karsten Visarius: »Nicht ganz von dieser Welt«, in: Frankfurter Rundschau, 30.5.1987.

Marcela Euler

VIAGGIO IN ITALIA (Liebe ist stärker). Italien/Frankreich (Sveva/Junior/Italia Film/SGC/Ariane/Francinex) 1953. 35 mm, s/w, 85 Min.

R: Roberto Rossellini. B: Roberto Rossellini, Vitaliano Brancati. K: Enzo Serafin. A: Piero Filippone. S: Jolanda Benvenuti. M: Renzo Rossellini.
D: Ingrid Bergman (Katherine Joyce), George Sanders (Alexander Joyce), Marie Mauban (Marie), Anna Proclemer (Prostituierte).

Die jungen Cineasten der Nouvelle Vague verehrten den Regisseur Rossellini für seinen Mut, sein Wagnis der kinematographischen Reduktion und den »ganz und gar freien Einsatz seiner Mittel« (Jacques Rivette). *Viaggio in Italia* wurde von ihnen enthusiastisch gefeiert, wobei sie eine Wahlverwandtschaft empfanden: »Das ist unser Kino, jetzt sind wir dran, die wir uns nun anschicken, Filme zu drehen.«

Ein englisches Ehepaar fährt nach Neapel, wo die Frau ein Haus geerbt hat; tatsächlich führt die Reise an das Ende ihrer Ehe, dem vielleicht ein neuer Anfang folgt. Als die Wege der entzweiten Partner sich trennen, weil keine Verständigung mehr möglich scheint, erleben wir sie in ganz unterschiedlichen Situationen: Der Mann geht seinen erotischen Obsessionen nach, während die Frau sich mit einer Reihe von banalen oder überwältigenden Ereignissen konfrontiert sieht, auf die sie ganz emotional reagiert: die Statuen in einem Museum, Liebende und Frauen mit Kinderwagen, der tausendfach konservierte Tod in neapolitanischen Katakomben.
Rossellini bezieht in das Spiel die Erwartungen des Zuschauers ein, der sich sein Bild von den ›Helden‹ des Films machte. Kein zeitgenössischer Kinobesucher dürfte sich ernsthaft in den Charakter dieser Katherine Joyce hineinversenkt haben: Auf der Leinwand sieht man stets Ingrid Bergman in einem weiteren großen Film ihres Ehemanns Roberto Rossellini. Anfang der fünfziger Jahre bildeten Bergmans Flucht aus Hollywood, die Aufgabe ihrer Ehe für einen als Lebemann bekannten Italiener, den Stoff für ungezählte Klatschspalten. Auch ihr Filmehemann George Sanders ist ein Coup der Besetzungstaktik: Ohne jegliche Referenz zur Realität agiert hier ein Engländer, ausgestattet mit einem zur Maske versteinerten Gesicht. Was die verlorenen Gefühle betrifft, steht er seiner Frau in nichts nach.
Nachdem Sanders die Scheidung vorgeschlagen hat, beobachten die beiden Eheleute die archäologische Ausgrabung eines im Todesmoment überraschten Liebespaares: Rossellini hat keine Scheu vor derart deutlichem Symbolismus, weil die Konsequenzen für die (Ehe-)Geschichte offen bleiben. Am Ende geraten sie in eine Prozession, verlieren sich in der Menge der Gläubigen, finden sich wieder und umarmen sich. Der Regisseur hat dieses Ende, das Wiederfinden einer Liebe, von Interpreten oft als Wunder apostrophiert, relativiert: »Tatsächlich ist das ein sehr bitterer Film, nicht wahr? Die beiden verkriechen sich wieder ineinander mit dem selben Gefühl desjenigen, der nackt überrascht wird, der sein Handtuch vor die Blöße rafft oder sich hinter dem Nächststehenden verbirgt, sich versteckt gewisser-

Viaggio in Italia: Ingrid Bergman und George Sanders

maßen. Das war der Sinn, den dieses Filmende haben sollte.«

›Reise in Italien‹ lautet die wörtliche Übersetzung des Titels. Rossellini »zählt alle nur möglichen Klischees der ›italianità‹ auf, wie sie die flanierende Bourgeoisie sich vorstellen kann: Vulkane, Museumsstandbilder, Heiligtum der Christen ...« (Gilles Deleuze). Doch zeigt der Film keine Postkartenansichten, sondern die Einstellungen scheinen »mit zufälligen Mitteln improvisiert und in einer Hetze abgedreht, die das Bild oft erahnen läßt« (Rivette). Die Schönheit, das Ursprüngliche der süditalienischen Kultur verbinden sich mit der Natur zu einer gesetzten Ordnung; das Ehepaar Joyce stemmt sich gegen diese Ordnung mit Worten und Gefühlen, die vor allem Ohnmacht signalisieren. Die Bewegung, die dem Film als Spezifikum eigen ist, führt die Protagonisten zu einer Reise im Kreis. Doch das Vorüberziehen der Bilder oder visuellen Klischees, schreibt Deleuze, führt sie an die Grenze dessen, was sie persönlich ertragen können. »Wir haben es nunmehr mit einem Kino des Sehenden und nicht mehr mit einem Kino der Aktion zu tun.«

Luciana Bohne: »Rosselini's *Viaggio in Italia*: A Variation on a Theme by Joyce«, in: Film Critism, 1979/80, H. 2; Jean-Claude Bonnet: »Rossellini ou le parti pris des choses«, in: Cinématographe, 1979, H. 43; Gilles Deleuze: »Das Bewegungs-Bild. Kino 1«. Frankfurt a.M. 1989; ders.: »Das Zeit-Bild. Kino 2«. Frankfurt a.M. 1991; Peter W. Jansen/Wolfram Schütte (Hg.): »Roberto Rossellini«. München 1987; Renate Möhrmann: »Ingrid Bergman und Roberto Rossellini. Eine Liebes- und Beutegeschichte«. Berlin 1999; Laura Mulvey: »Vesuvian Topographies: The Eruption of the Past in *Journey to Italy*«, in: David Forgacs u.a. (Hg.): Roberto Rossellini. London 2000; Vincent Ostria: »Archéologie d'un amour«, in: Cahiers du Cinéma, 1988, H. 410; Jacques Rivette: »Brief über Rossellini«, in: ders.: Schriften fürs Kino. München 1989; Roberto Rossellini: »Le cinéma révélé«. Paris 1984; Maurice Schérer (d.i. Eric Rohmer): »La terre du miracle«, in: Cahiers du Cinéma, 1955, H. 47.

Thomas Meder

LA VIE DE BOHÈME (Das Leben der Bohème) Finnland/Frankreich (Sputnik/ Pyramide Production) 1992. 35 mm, s/w, 100 Min.
R: Aki Kaurismäki. B: Aki Kaurismäki, nach dem Roman »Scènes de la vie de Bohème« von Henri Murger. K: Timo Salminen. A: John Ebden, Paula Oinonen, Simon Murray.
M: Little Willie John, Moulodji, Peter Tschaikowski, Toshitake Shinohora.
D: Matti Pellonpää (Rodolfo), Evelyne Didi (Mimi), André Wilms (Marcel), Kari Väänänen (Chaunard), Christine Munillo (Musette), Jean-Pierre Léaud (Blancheron), Louis Malle (Gentleman), Samuel Fuller (Gassot).

Man kann im Filmschaffen Aki Kaurismäkis zwei Richtungen unterscheiden: Einerseits Filme, deren Erzählungen aus vorgefundener Realität gewonnen wurden, andererseits die Filme, deren Ausgangspunkt reine Fiktion ist. Zu den ersteren können die Arbeiten der »Proletarischen Trilogie« gezählt werden: *Varjoja Paratiissa* (*Schatten im Paradies*, 1986), ↗*Ariel* und *Tulitikkutehtaan Tyttö* (*Das Mädchen aus der Streichholzfabrik*, 1989), zu den letzteren *Hamlet Likemaalimassa (Hamlet goes business*, 1987), *Leningrad Cowboys Go America* (1989) und *La vie de bohème*.
Der Stoff und der zugrunde liegende Roman ist vor allem durch Giacomo Puccinis Oper »La Bohème« bekannt geworden. Es ist die Geschichte dreier idealistisch gesonnener Künstler, die ihr Leben bedingungslos ihren »weltfremden« künstlerischen Ambitionen widmen. Erzählt wird von ihrem täglichen Kampf ums Überleben, von ihrer Solidarität und ihren Beziehungen zu den Frauen. Das Ende ist melodramatisch-tragisch: Mimi, die Freundin des albanischen Malers und Flüchtlings Rodolfo, stirbt.
Kaurismäki hat in diese Geschichte aus dem 19. Jahrhundert Elemente des modernen Lebens eingearbeitet, ohne ihren Charakter zu verändern. Zentrale Motive sind die schöpferische Tätigkeit, die Liebe und als beherrschende Kraft im Hintergrund das Geld. Die drei männlichen Hauptfiguren, der Maler Rodolfo, der Schriftsteller Marcel und der Komponist Chaunard sind die für Kaurismäki typischen Verlierer, sie sind jedoch keine einsamen Gestalten mehr, sondern finden in der Gruppe Halt. Ihre Sprache und Gesten drücken einfache Gefühle aus, die gelegentlich auf andere keine Rücksicht nehmen und mit der Realität nicht zu vereinbaren sind, die aber immer (moralische) Klarheit besitzen. Die Unbedingtheit des Gefühls findet immer wieder ihren Ausdruck in pathetischen Sprachformen. Diese Sprache, mit der die Künstler gegen den Alltag opponieren, dient ihnen dazu, sich Fluchtwelten jenseits der Realität zu konstruieren. Sie sind keineswegs »auf den Mund gefallen«, verstehen es durchaus, andere zu beeindrucken und zu beeinflussen: Improvisation und Kreativität zeichnen die drei Bohèmiens aus. Sie gehen fast spielerisch mit der Wirklichkeit um, deren Schwierigkeiten sie stoisch akzeptieren.
In der abstrahierenden Zuspitzung der Situationen und Dialoge wird die Lebendigkeit und die produktive (ästhetische) Phantasie der Figuren deutlich. Zugleich legt sie die bürgerlichen Wurzeln des Lebensentwurfs der Bohème und seine Grenzen offen. Schöpferisches Leben und große Gefühle sind nur in der letztlich ohnmächtigen Abwendung von der Wirklichkeit, die durch den Geldkreislauf regiert wird, und der Selbstisolierung möglich. Und erst die Macht des Geldes ruft den unversöhnlichen Zwiespalt zwischen Kunst und Liebe auf der einen und der Wirklichkeit auf der anderen Seite hervor. Nur deshalb begegnen sich Menschen nicht als konkrete Individuen, wie einzelne Szenen als Knotenpunkte der Ereignisse kommentierend nahelegen.
Immer wieder werden im Film Szenen zu Genre-Tableaus verdichtet, die durch gezielte minimale Abweichungen von den Genrekonventionen ironisch gebrochen werden. Dazu gehört auch die Diskrepanz zwischen dem literarischen Stoff aus dem 19. Jahrhundert und dem heutigen Setting des Films. Dem Genrefundus entstammt auch die Synchronisierung der Abfolge der Jahreszeiten mit dem Fortschreiten der Handlung; die historische Konventionalität der Form wird deutlich, ohne die ebenfalls darin enthaltenen Sehnsüchte zu denunzieren.
Die Künstlichkeit des Bohème-Milieus wird erzeugt

durch eine fast graphische Stilisierung der Schwarzweiß-Bilder. Die meisten Einstellungen sind erkennbar Ausschnitte aus einer anders gearteten Wirklichkeit, die erst durch den Film zur Lebenswelt der Personen zusammengesetzt wurden. Gedreht wurde in einem Vorort von Paris, da die ursprünglichen Künstlerviertel inzwischen ihren Charakter verändert haben. Wenige Totalen und Schwenks setzen sowohl den Zusammenhang wie die Differenz zwischen den Drehorten und dem modernen Paris ins Bild. *La vie de bohème* verweist immer wieder auf die französischen Melodramen im Künstler- und Kleine-Leute-Milieu der dreißiger Jahre. In der für Aki Kaurismäki typischen Art der lakonischen Verknappung und Zuspitzung ist der Film auch ein Kommentar auf dieses Genre. Nicht zuletzt ist er – auch in den Gemälden von Paula Oinonen, der Frau des Regisseurs – eine Reflexion über Kunst und Künstler.

»*Das Leben der Bohème*«. Zürich 1992. (Drehbuch). Andreas Kilb: »Der kurze Frühling der Anarchie«, in: Die Zeit, 13.2.1992; Christiane Peitz: »Ich pflanze gern Bäume«, in: die tageszeitung, 14.3.1992 (Interview); Beate Rusch (Hg.): »Schatten im Paradies. Die Filme von Aki Kaurismäki«. Berlin 1997; Wolfgang Sandner: »Paris mit der finnischen Seele suchend«, in: Frankfurter Allgemeine Zeitung, 19.3.1992; Wolfram Schütte: »Arme Schlucker«, in: Frankfurter Rundschau, 19.3.1992; Elke Wendt-Kummer: »*Das Leben der Bohème*«, in: epd Film, 1992, H. 3.

Bodo Schönfelder

LA VIE ET RIEN D'AUTRE

(Das Leben und nichts anderes). Frankreich (Hachette Première/AB Film/Little Bear/Films A 2) 1989. 35 mm, Farbe, 136 Min.
R: Bertrand Tavernier. B: Jean Cosmos, Bertrand Tavernier. K: Bruno de Keyser.
A: Guy-Claude François. S: Armand Psenny.
M: Oswald d'Andrea.
D: Philippe Noiret (Dellaplane), Sabine Azéma (Irène), Pascale Vignal (Alice), Michel Duchaussoy (Général Villerieux), Maurice Barrier (Mercadot), François Perrot (Perrin), Jean-Pol Dubois (André).

Herbst 1920. Der Krieg ist vorbei, aber noch immer werden über 350.000 Soldaten vermißt, verzweifelt gesucht von ihren Frauen und Angehörigen in der Hoffnung, daß sie nicht unter den Gefallenen sein mögen. Auf den Feldern von Verdun findet man Stahlhelme, Granaten und die persönliche Habe der toten Soldaten. Die Umgebung ist verwüstet; langsam beginnen die Aufräumarbeiten. Die Armee ist in einem Theater einquartiert. Von hier aus leitet mit stoischer Ruhe der Kommandant Dellaplane die Suche nach den Vermißten. Seine Aufgabe besteht darin, Ordnung in das unüberschaubare Chaos der Zahlen und Schicksale zu bringen. Er arbeitet mit seiner Truppe Berge von Akten durch und konfrontiert Angehörige mit Gegenständen aus dem Besitz der Gefallenen. Auf diese Weise versucht er, dem anonymen Tod eine Identität zu geben, um ihn vor dem Vergessen zu bewahren. Von der Regierung in Paris kommt der Auftrag, einen garantiert unbekannten Soldaten zu ermitteln, der im Ehrenmal unter dem Arc de Triomphe in der Hauptstadt beigesetzt werden soll. Die Suche nach dem unbekannten Soldaten macht die Arbeit der Identifizierung zur Farce, sie wird vollends lächerlich, als ein Regierungsbeamter die Bedingungen nennt: »Keinesfalls ein deutscher Leichnam, mit Sicherheit ein Franzose, aber kein Neger.«
Zwei Frauen wenden sich an Dellaplane. Irène de Courtil, eine Frau aus besseren Kreisen, sucht nach ihrem Mann eher aus Pflichtgefühl – ihre Ehe ist gescheitert. Alice, Kellnerin in dem kleinen Wirtshaus von Grezancourt, wo der Kommandant und seine Truppe zu Mittag essen, sucht nach ihrem Verlobten, und im Gegensatz zu Irène hofft sie, ihn wiederzufinden. »La maîtresse« rufen die Kinder Alice in der ersten Szene, weil sie während des Krieges Ersatz-Lehrerin in der Landschule gewesen ist. Tavernier spielt mit der Zweideutigkeit des Wortes »Maîtresse«, denn ohne den Zusammenhang zu ahnen, war Alice die Geliebte von Irènes Ehemannn. Beide Frauen lernen sich kennen, aber erfahren nie, daß sie den gleichen Mann geliebt haben. Nur Dellaplane weiß nach seinen Recherchen um diese Beziehung.
Diese Dreieckskonstellation spielt jedoch eher eine

Nebenrolle, wie auch die subtil angedeuteten Gefühle Dellaplanes für Irène nur ein Teil des Mosaiks sind, das Bertrand Tavernier vom Leben nach dem Massensterben entwirft. Er selbst beschreibt seinen Film als »die Geschichte von Menschen, die das Reich des Todes verlassen haben, um in das Reich des Lebens zu gehen«. Tavernier, ein passionierter Historiker, zeigt, wie die ›Landschaft‹ nach einer Schlacht aussieht. Die Leichen werden durch die hoffnungslosen Blicke der trauernden Menschen repräsentiert. Das Dekor und die Landschaft verstärken den Eindruck eines ›leblosen Lebens‹: Blau, braun und grau sind die vorherrschenden Farben eines tristen Novembers. Diese Farbenpalette begleitet die Darsteller bis zu dem Zeitpunkt, an dem wieder Liebe, Hoffnung und Freude aufkeimen. Die letzten Szenen, die am selben Schauplatz wie zu Anfang spielen, sind jetzt bunt: Die herbstlich braunen Töne bringen nun Wärme, die Sonne scheint wieder, die Natur ›lebt auf‹. Dellaplane kann, nachdem er seinen Dienst quittiert hat, seine Liebe zu Irène eingestehen. Alice verliebt sich in einen Zeichner, und Irène wird in Amerika weit weg von ihrer Vergangenheit leben können. Jeder versucht, die Grausamkeit des Krieges zu vergessen.

Den melancholischen Grundton des Films verbindet Tavernier mit absurden Momenten, in denen die ideologische Inanspruchnahme des glorreichen Heldentods entlarvt wird. Die Provisorien vor Ort wirken zugleich makaber und komisch: Das Hotel ist in einer Fabrik untergebracht, die Kirche ist gleichzeitig ein Nacht-Club, und das Schlachtfeld wird zum Platz für ein Picknick. Lange zögerten die Fernsehgesellschaften aus Angst vor dem heiklen Thema, sich an der Produktion zu beteiligen. Doch Tavernier ist kein Regisseur, der Thesen verfilmt. Er ist vor allem ein Schauspieler-Regisseur: *La vie et rien d'autre* wird getragen von der überragenden Leistung Philippe Noirets. Am Ende finden die Menschen zurück zum Leben. »Und mit leisem Optimismus, aber offen wie die Struktur des ganzen Films, klingt die Geschichte aus.« (Frank Schnelle).

»*La vie et rien d'autre*«, in: L'Avant-Scène du Cinéma, 1990, H. 388. (Filmprotokoll).

Danièle Bion: »Bertrand Tavernier. Cinéaste de l'émotion«. Rennes 1984; Jean-Luc Douin: »Bertrand Tavernier«. Paris 1988; Stephen Hay: »Bertrand Tavernier«. London, New York 2000; Kerstin Mehle: »Blickstrategien im Kino von Bertrand Tavernier«. Frankfurt a.M. 1991; Gerhard Midding: »Bertrand Tavernier. Kino in der dritten Person Singular«, in: epd Film, 1991, H. 3; Frank Schnelle: »*Das Leben und nichts anderes*« in: ebd., 1990, H. 1; Emily Zants: »Bertrand Tavernier«. Lanham, London 1999.

Céline Lecarpentier

VIER IM ROTEN KREIS

↗ Cercle rouge

VIERZIG GEWEHRE ↗ Forty Guns

40 M² DEUTSCHLAND

Bundesrepublik Deutschland (Tevfik Başer/Studio Hamburg) 1985. 35 mm, Farbe, 80 Min.
R+B: Tevfik Başer. K: Izzet Akay. S: Renate Merck. M: Claus Bantzer.
D: Özay Fecht (Turna), Yaman Okay (Dursun), Demir Gökgöl (Hodja).

Tevfik Başer, Jahrgang 1951, gehört schon zur zweiten Generation türkischer Filmemacher in Deutschland. Aufgewachsen in der Türkei, wo er eine Ausbildung als Kameramann absolvierte, lebt er seit Anfang der achtziger Jahre in Hamburg. Mit seinem ersten Spielfilm *40 m² Deutschland* knüpft er da an, wo die älteren Kollegen aufgehört haben: Er behandelt den Kulturschock der türkischen Arbeitsemigranten in Deutschland. Baser ist inzwischen einer der profiliertesten Vertreter des türkisch-deutschen Films, der meist Frauen als Opfer in den Mittelpunkt stellt und die archaische Welt einer traditionellen islamischen Gesellschaft mit Praktiken wie Brautkauf, Recht der ersten Nacht, totaler Verfügungsgewalt des Mannes über die Frau konfrontiert mit der offenen Gesellschaft der Bundesrepublik. *40 m² Deutschland* macht deutlich, daß der Mann genauso ein Gefangener ist wie die Frau: »Er ist es, der sich nicht anpassen kann, der Angst hat vor der fremden Gesellschaft in Deutschland. Beide sind hilflos. Nicht die Menschen sind schlecht, sondern die Situation, in der sie leben.« (Başer).

40 m² groß ist die Wohnung, in der Turna – sie stammt aus einem anatolischen Dorf und wurde dort als Braut für einen Gastarbeiter eingekauft – in Deutschland landet. Dursun, der angeblich besorgte Ehemann, will seine Frau vor der Unmoral der hiesigen Umwelt bewahren und schließt sie Tag für Tag ein, wenn er das Haus verläßt. Für Turna endet der Horizont an der Rückwand des Vorderhauses, daneben öffnet sich der Blick nur auf ein Stück Straße, wo Nutten auf Freier warten. Die alleingelassene Turna merkt beim Putzen zufällig, daß die Wohnungstür abgeschlossen ist. Ihre Hände tasten die Wände ab wie ein Gefängnis. Sie versinkt in der Erinnerung, führt Selbstgespräche. Als Dursun sie eines Tages mit auf den Rummelplatz nehmen will, macht sie sich auf ihre Art schön – eine Dorfschönheit, mit der Dursun nur unangenehm auffallen würde, er läßt sie wortlos zurück. Ihr einziger Kontakt zur Außenwelt ist ein gelähmtes Kind am Fenster gegenüber: Zwischen den Eingeschlossenen werden Blicke gewechselt oder sie führen sich ihre Puppen vor – nur noch als infantiles Wesen darf Turna Mensch sein. Vor dem Spiegel wagt Turna den Aufstand: »Ich bin hier wie lebendig begraben!« Niemand hört sie, auch ihre Protesthandlung – sie schneidet sich die langen schwarzen Haare ab – bleibt unter dem Kopftuch verborgen.

Der Sprachlosigkeit des Paars entspricht ein brutaler sexueller Umgang miteinander. Dursun reagiert sich ab wie ein Tier, Turna erduldet. Sie läßt auch die intimen Berührungen Hodjas über sich ergehen, der den ersehnten Erben beschwören soll. Nur einmal kommt freudige Erregung in den Ehemann, als sie endlich schwanger ist. Doch Turna ist schon in tiefer Apathie versunken, die Wände sind erdrückend nah. Als Dursun an einem epileptischen Anfall stirbt, fällt sein Körper schwer gegen die Wohnungstür, als wolle er ihr noch immer den Weg versperren. Turna braucht einen ganzen Tag, um sich aus dieser Wohnung zu befreien, dann steht sie zum ersten Mal verstört im grellen Tageslicht auf der Straße.

40 m² Deutschland ist ein Kammerstück, das seinen enggesteckten Rahmen mit langsamen Kameraschwenks abfährt, ein Weg, der zwangsläufig immer wieder vor der verschlossenen Wohnungstür endet. Die Geschichte der Eingeschlossenen ist auch die einer Ausgeschlossenen. Başer gelingt mit einer ebenso einfachen wie eindringlichen Bildsprache, die nur durch Auf- und Abblenden strukturiert ist und fast ohne Dialoge auskommt, mehr als die einfühlsame psychologische Studie eines türkischen Ehepaars in der Fremde oder die Klage einer in Unmündigkeit gehaltenen Frau. *40 m² Deutschland* ist eine Parabel über eine Ghettosituation: In der Abgeschlossenheit dieses Raums vollzieht sich ein existentielles Drama, das sich in jedem Kulturkreis abspielen könnte.

Michael Althen: »Zwischen zwei Kulturen«, in: Süddeutsche Zeitung, 31.7.1986; Maria Capponi: »*40 m² Deutschland*«, in: epd Film, 1986, H. 8; Heike Kühn: »Die Zelle im Gefängnis«, in: Frankfurter Rundschau, 7.8.1986; Anke Pütz/Frank Scholten: »*40 m² Deutschland*«. Duisburg 1988; Hans-Dieter Seidel: »Sein kostbarster Besitz«, in: Frankfurter Allgemeine Zeitung, 13.8.1986; Franz Ulrich: »›Ein Stück Realität, mit dem wir leben müssen‹«, in: Film-Korrespondenz, 16.9.1986 (Interview).

Marli Feldvoß

VIKTOR UND VIKTORIA

Deutschland (Ufa) 1933. 35 mm, s/w, 101 Min.
R+B: Reinhold Schünzel. K: Konstantin Irmen-Tschet. Ba: Benno von Arent, Artur Günther. M: Franz Doelle.
D: Renate Müller (Susanne Lohr), Hermann Thimig (Viktor Hempel), Adolf Wohlbrück (Robert), Hilde Hildebrand (Ellinor), Fritz Odemar (Douglas), Friedel Pisetta (Lilian).

1933, nach der nationalsozialistischen Machtergreifung, entstand eine »Tonfilm-Operette«, die mit den moralischen Vorstellungen der neuen Machthaber über Sitte und Anstand kaum vereinbar scheint. Das Projekt wurde der Ufa angeboten von Reinhold Schünzel. Heute vergessen, war er damals eine bekannte Figur in der deutschen Filmindustrie: ein erfolgreicher Schauspieler, der in über 100 Stummfilmen – u.a. in ↗*Madame Dubarry* und ↗*Die 3-Groschen-Oper*, aber auch in skandalträchtigen Werken wie dem ersten Homosexuellen-Drama *An-*

ders als die Andern (Richard Oswald, 1918/19) - mitwirkte, außerdem Autor und Regisseur von gut zwei Dutzend Filmen. Nach der Rassen-Terminologie der Nazis war Schünzel ›Halbjude‹, doch dank einer Sondergenehmigung durfte er weiter in der Filmproduktion arbeiten. Für die weibliche Hauptrolle von *Viktor und Viktoria* wollte man zunächst Käthe von Nagy engagieren, entschied sich aber dann für Renate Müller, die Schünzel 1928 entdeckt hatte. Sie besaß die gewisse ›erfrischend natürliche Ausstrahlung‹ und war seit ihrer Rolle als selbstbewußte Stenotypistin Vilma Vörster in *Die Privatsekretärin* (Wilhelm Thiele, 1930/31) zum Star und Massenidol avanciert. Als männlicher Hauptdarsteller war bis wenige Tage vor Produktionsbeginn der Komiker Max Hansen vorgesehen, der seit 1925 mit kabarettistischen und parodistischen Schlagern auffiel. In letzter Minute mußte man ihm auf Weisung von Goebbels eine Absage erteilen. Vorausgegangen war ein von den Nationalsozialisten inszenierter Kinoskandal: Bei der Premiere seines Films *Das häßliche Mädchen* (Hermann Kosterlitz, 1933) wurde Hansen wegen eines Schlagers beschimpft, in dem er Adolf Hitler als homosexuell verspottet hatte. So übernahm kurzfristig Herman Thimig die Rolle.

Viktor Hempel tritt als »Monsieur Viktoria« in einem Vorstadtkabarett als Transvestit auf. Als er eines Tages heiser ist, bittet er eine Bekannte, die arbeitslose Schauspielerin Susanne Lohr, die er zuvor bei einer Theateragentur kennengelernt hat, einen Abend lang für ihn einzuspringen. Sie macht ihre Sache so ausgezeichnet, daß sie von einem Agenten entdeckt und zu einer Tournee nach London eingeladen wird. Hier verdreht sie als ›falscher Viktor‹ im Frack allen Frauen den Kopf. Auch der englische Lord Robert - Londons »berühmtester Frauenkenner«, wie seine Bekannte Ellinor ihn nennt -, verliebt sich in sie (und Susanne sich in ihn). Während der echte Viktor, ebenfalls nach London gereist, einem Nummerngirl der Revue nachstellt, enttarnt Robert den falschen Viktor. Hempel muß am Ende, um Susanne für den Lord freizugeben, wieder in die Rolle des »Monsieur Viktoria« schlüpfen.

Viktor und Viktoria war ein gefährliches Spiel mit dem Feuer. Als harmlose Operette getarnt, mokierte sich der Film unverhohlen über die Spießbürgerängste und die repressive Doppelmoral. In der Theateragentur verlangen zwei Typen ein »Gesetz«, das der mißliebigen Konkurrenz - Juden, Homosexuellen, allen Andernartigen - die Ausübung des Berufs verbieten soll. Das Spiel mit der doppelten Vertauschung der Geschlechterrollen und der sexuellen Ambivalenz, das auch in anderen Schünzel-Filmen auftaucht, verleiht *Viktor und Viktoria* einen speziellen Reiz. »Die Hosenrolle der Renate Müller ist ein Beispiel dafür, wie Anzug und Frack das weibliche Geschlecht des Stars nicht verdecken. Die reizvolle Illusion männlicher Eleganz kann als Spiel der Frau genossen werden, die Wahrnehmung der Busenrundung unter dem Frackhemd, die vollen Hüften, über denen das Jackett spannt. Es gehört zum Starimage der Müller, daß der Hintern, der Hüftschwung immer besonders in Szene gesetzt ist. Die Hose kommt dieser Fetischisierung entgegen. In ihren Bewegungen als ›Viktor‹ weiß sie den Bildreiz noch fortzuführen, zum Beispiel durch einen offensichtlich nachgeahmten, nie aber albern wirkenden Männergang.« (Gramann/Schlüpmann). Mit *Amphitryon* (1935) gelang Schünzel noch einmal das Kunststück, mitten im Dritten Reich eine Komödie mit satirischen Akzenten zu drehen. Bald danach bekam er Schwierigkeiten; zwei Jahre später verließ er Deutschland. In Hollywood, wo ihm die Emigranten mit Mißtrauen begegneten, konnte er sich als Regisseur nicht durchsetzen. Er spielte wichtige Rollen in berühmten Filmen wie ↗*Hangmen Also Die* und ↗*Notorious*. Einen seiner letzten Auftritte hatte er in *Wochenend im Paradies* (1952); Regie führte Kurt Hoffmann, knapp 20 Jahre zuvor Schünzels Regieassistent bei *Viktor und Viktoria*.

Beim zeitgenössischen Publikum war der Film ein großer Erfolg, der auch im Ausland die Kassen füllte. Zu einer geplanten englischen Version kam es nicht; dafür drehte Schünzel, mit Roger Le Bon als Coregisseur, für den französischen Markt die Version *Georges et Georgette* mit Meg Lemonnier in der Hauptrolle. Später wurden noch zwei Remakes gedreht: 1957 in der Regie von Karl Anton (BRD) mit Johanna von Koczian und 1982 in der Regie von Blake Edwards (USA) mit Julie Andrews.

Rolf Aurich: »Lachen mit Sondererlaubnis«. in: Hans-Michael Bock/Michael Töteberg (Hg.): Das Ufa-Buch. Frankfurt a.M. 1992; Helga Belach (Hg.): »Wir tanzen um die Welt. Deutsche Revuefilme 1933–45«. München 1979; Karola Gramann/Heide Schlüpmann: »Unnatürliche Akte. Die Inszenierung des Lesbischen im Film«, in: dies. u.a.: Lust und Elend: Das erotische Kino. München, Luzern 1981; Marcel Oms: »*Viktor und Viktoria* de Reinhold Schuenzel«, in: Les Cahiers de la Cinématheque, 1983, H. 37; Jörg Schöning (Red.): »Reinhold Schünzel. Schauspieler und Regisseur«. München 1989; Wolfgang Theis: »Reinhold Schünzel«, in: CineGraph, 1986, Jg.6.

Peer Moritz

VIRIDIANA

Spanien/Mexiko (Uninci/Films 59) 1961. 35 mm, s/w, 89 Min.
R: Luis Buñuel. B: Luis Buñuel, Julio Alejandro. K: José F. Aguayo. A: Francisco Canet. S: Pedro del Rey. M: Händel (Messias), Mozart (Requiem).
D: Silvia Pinal (Viridiana), Fernando Rey (Jaime), Francisco Rabal (Jorge), Margarita Lozano (Ramona).

Viridiana gilt als der Skandalfilm der Franco-Ära. Schon vor Beginn der Dreharbeiten erregte der Film die Gemüter: Die exilierte Linke warf Buñuel Kollaboration mit dem franquistischen Regime vor, als er die Einladung der Produktionsfirma Uninci annahm, in Spanien zu drehen. Er hatte bislang erst einen Film, *Las Hurdes* (1932), in seiner Heimat gemacht und lebte und arbeitete seit den vierziger Jahren in Mexiko. Die Regierung Francos wollte nach außen hin Toleranz demonstrieren und ließ Buñuel weitgehend unbehelligt arbeiten. Der fertige Film wurde gar als offizieller spanischer Beitrag nach Cannes geschickt, gewann prompt die Goldene Palme – und wurde kurz darauf in Spanien nicht nur mit einem Aufführungs-, sondern mit einem totalen ›Erwähnungsverbot‹ belegt. Ausgelöst wurde diese Kehrtwendung durch einen polemischen Artikel des »Osservatore Romano«, der den Film übelster Blasphemie bezichtigte. Die Wellen der Aufregung erreichten auch andere europäische Länder, nicht zuletzt die BRD, wo der Film verspätet und in einer geschnittenen Fassung in die Kinos kam.

Viridiana, eine junge Novizin, besucht kurz vor dem Ablegen der Gelübde recht widerwillig ihren Onkel Don Jaime auf dessen Landgut. Jaime sieht in ihr ein Ebenbild seiner in der Hochzeitsnacht verstorbenen Ehefrau und versucht, sie mit allen Mitteln auf dem Gut festzuhalten. Er muß bis zum Äußersten gehen, um sein Ziel zu erreichen: Erst sein Selbstmord und ein entsprechend formuliertes Testament veranlassen Viridiana zu bleiben. Sie beschließt, außerhalb des Klosters caritative Arbeit zu leisten und richtet auf dem Gut ein Asyl für Bettler ein. Das bringt sie in Konflikt mit ihrem Miterben, Jaimes unehelichem Sohn Jorge, der das verwahrloste Gut sanieren und in einen modernen Wirtschaftsbetrieb umwandeln will. Viridianas Projekt scheitert, die Bettler wollen sich keineswegs in die Rolle der dankbaren Almosenempfänger fügen. Sie proben den Aufstand und legen gar Hand an ihre Wohltäterin, die schließlich ihren Irrtum einsehen muß.

Als subversiv mußte die Thematik des Films empfunden werden: Eine Novizin wird schrittweise zum weltlichen Leben und damit zum Annehmen ihrer Sexualität ›bekehrt‹. Viridianas Konzept der Caritas kritisiert der Film als überheblich und realitätsfern – es muß zwangsläufig dem pragmatischen Materialismus Jorges unterliegen. Anstoß nahmen Kirche und Konservative zudem an einzelnen Sequenzen des Films, vor allem an der Orgie, die die Bettler in Abwesenheit der Herrschaften im Gutshaus feiern. Dabei posieren sie für ein ›Foto‹: Sie sind um den Tisch gruppiert wie die Jünger in Leonardo da Vincis »Abendmahl«, und den Platz Jesu nimmt »der Blinde« ein, einer der scheinheiligsten und bösartigsten Vertreter seiner Zunft.

Wie in fast all seinen Filmen, stellt Buñuel auch hier eine Verbindung zwischen Religion und Erotik her. Er inszeniert Viridianas Anbetung der Marterinstrumente Christi (Dornenkrone, Nägel etc.) in gleicher Weise wie Don Jaimes intimes Spiel mit der Brautausstattung seiner toten Frau: als Ritual, in dem unterdrückte Begierden sublimiert werden. Immer wieder lenkt die Kamera das Augenmerk auf die Objekte, die als Projektionsfläche verdrängter Triebe fungieren. Die Befreiung von Inhibitionen geht einher mit der Befreiung von bedeutungsüberladenen

Viridiana: Fernando Rey, Silvia Pinal und Margarita Lozano

Fetischen: Als Viridiana am Ende aus offensichtlich erotischem Interesse Jorge aufsucht, verbrennt im Garten die Dornenkrone.

Der Film lebt von Kontrasten: zwischen der ›öffentlichen‹ und der ›privaten‹ Existenz; zwischen Selbstkontrolle im Tageslicht und aufbrechenden Leidenschaften bei Nacht; zwischen der sakralen Musik Jaimes und dem flotten Rock'n'Roll Jorges. Auf die Spitze getrieben wird die Kontraststruktur in einer Parallelmontage, die Viridiana und ihre Bettler im Gebet den kräftig zupackenden Arbeitern Jorges gegenüberstellt. Die Mexikanerin Silvia Pinal spielt eine Viridiana, deren Sinnlichkeit und Oppositionsgeist von Anfang an unter der engelhaften Attitüde spürbar sind. Dazu trägt auch die Kamera bei, die – in suggestiver Buñuel-Manier – besonders gern auf ihren Beinen verweilt. Fernando Rey verkörpert hier zum erstenmal den Typus des alternden Caballero, der den Müßiggang pflegt und in seiner Verachtung der modernen Arbeitswelt wie ein Relikt aus dem Goldenen Zeitalter wirkt. Ganz ähnliche Figuren stellt er später in *Cet obscur objet du désir* (*Dieses obskure Objekt der Begierde*, 1977) und, besonders virtuos, in *Tristana* (1969/70) dar.

»*Viridiana*«. Hamburg 1962. (Filmtext).
Gwynne Edwards: »Indecent Exposures«. New York, London 1995; Wolfgang M. Hamdorf: »Ohne Geburtsschein«, in: film-dienst, 2000, H. 4 (Interview); Robert G. Havard: »Luis Buñuel: Objects and Phantoms. The Montage of *Viridiana*«, in: Margaret A. Rees (Hg.): Luis Buñuel. Leeds 1983; Raymond Lefèvre: »*Viridiana* ou les infortunes de la charité«, in: Image et Son, 1962, H. 152; Hans-Jörg Neuschäfer: »Buñuels ›spanische‹ Filme und das Gespenst der Emanzipation«, in: ders.: Macht und Ohnmacht der Zensur. Stuttgart 1991; Emilio G. Riera: »*Viridiana*«, in: Joan Mellen (Hg): The World of Luis Buñuel. New York 1978; Andrew Sarris: »The Devil and the Nun: *Viridiana*«, in: ders.: Confessions of a Cultist. New York 1971; Carlos Saura: »Freiheit ist ein Gespenst«, in: Verena Lueken (Hg.): Kinoerzählungen. München 1995.

Jutta Schütz

VISKNINGAR OCH ROP (Schreie und Flüstern). Schweden (Cinematograph/ Svensk Filminstitutet) 1971. 35 mm, Farbe, 91 Min.
R+B: Ingmar Bergman. K: Sven Nykvist.
A: Marik Voss. S: Siv Lundgren. M: F. Chopin, J.S. Bach.
D: Harriet Andersson (Agnes), Kari Sylwan (Anna), Ingrid Thulin (Karin), Liv Ullmann (Maria), Erland Josephson (David, Arzt).

»Alle meine Filme kann man sich in Schwarzweiß vorstellen, ausgenommen *Viskningar och rop*«, meinte Ingmar Bergman rückblickend. Noch konsequenter als andere Arbeiten des Regisseurs ist dieser Film Traumarbeit; um eine unwirkliche Welt, die sich vom Realen abhebt, zu schaffen, nutzt Bergman die Farbe. Drehort war ein altes, verfallenes Schloß, das die Ausstatter, entsprechend den Wünschen Bergmans, in Rot auskleideten: rote Tapeten, rote Möbelstoffe, rote Teppichstücke. Das gesamte Interieur ist von diesem erdrückenden, aggressiven, blutigen und heimeligen Rot umgeben; auch die Zwischenblenden sind rot. Rot, notierte Bergman in seinem Manuskript, ist das Innere der Seele.
Vier weiße Frauen in roten Räumen. Bergman inszeniert ein Kammerspiel. Von der ursprünglichen Idee, mit unbewegter Kamera zu drehen, hat sich etwas erhalten in der eingeschränkten Mobilität aller Figuren, ihren langsamen und stockenden Gesten. Ein umfallendes Glas oder der schnelle Gang durch das Zimmer wirken wie eine Explosion.
Bergman dehnt manche Szenen bis an den Rand des Erträglichen. Er zeigt: Leben als Absterben. Der Tod wird hier aber nicht nur angekündigt; dem Zuschauer wird der qualvolle Todeskampf nicht erspart. Die Kamera führt nah an die Gesichter heran, schützende Distanz wird aufgehoben – ein Mittel, das nur im Film, nicht aber im Theater möglich ist. Das Schloß, in dem das Sterben der krebskranken Agnes stattfindet, versinnbildlicht eine großbürgerliche Isolationshaft der Jahrhundertwende, eine Insel des Schweigens und der unterdrückten Schmerzensschreie. Die herbeigereisten Schwestern Maria und Karin verharren in Distanz. Angesichts des Todes sind sie mit ihrem eigenen ungelebten Leben konfrontiert. Bergman übersetzt ihre Verletzungen direkt ins Bild: Die Szene, in der sich Karin mit einer Glasscheibe selbst verstümmelt, wurde in den zeitgenössischen Kritiken entweder elegant umschrieben oder verschwiegen. Allein Anna, die Dienstmagd und Gottesgläubige, überwindet die Distanz und gibt der Sterbenden Trost und Wärme. Wie die Pietà von Michelangelo sitzt sie am Ende bei der Toten auf dem Bett, während der hagere, verkniffene Pfarrer sich mit leeren Worthülsen begnügt: In dieser Konfrontation steckt alle Kritik des Pfarrersohnes Bergman an der protestantischen Amtskirche und ihren Vertretern.
Das Innenleben seiner Personen kehrt Bergman in diesem Film mehr denn je nach außen. »Denk daran, Bergman, du wirst mit vier Frauen arbeiten, die Bescheid wissen«, ermahnt er sich selbst im Arbeitsbuch zum Film. Er arbeitet mit Schauspielerinnen, die ihm vertraut sind durch frühere Produktionen; Harriet Andersson und Liv Ullmann waren überdies Lebensgefährtinnen von ihm.
Der Film ist einmal mehr der Versuch Bergmans, sich der Psychologie der Frauen zu nähern. Die Männer spielen in Bergmans Filmen oft eine untergeordnete, aber dennoch bedeutende Rolle. Sie sind die mächtigen Trottel, die Pedanten und Patriarchen, Opfer ihrer eigenen Autorität. Die Frauen sind ehrlicher, versuchen zumindest, sich mitzuteilen, zeigen ihre Leiden und sind deshalb die Privilegierten bei der Suche nach Nähe. Die vier Frauengestalten seien auch der Versuch, sein Mutterbild einzukreisen, gibt Bergman zu, der die autobiographischen Bezüge seiner Filme nicht leugnet.
Zunächst wollte Bergman, der über die Produktionsfirmen Cinematograph und Persona verfügt, *Viskningar och rop* mit eigenem Kapital finanzieren. 750.000 Kronen reichten jedoch nicht aus, so daß sich das schwedische Filminstitut beteiligte. Die Schauspielerinnen und Kameramann Sven Nykvist setzten ihre Gagen ein und wurden so zu Coproduzenten. Der ungewöhnliche Film wurde in den vier wichtigsten Kategorien von der New Yorker Filmkritik ausgezeichnet und erhielt einen Oscar für die

Kamera. François Truffaut sagte, daß ihm dieser Film drei Lektionen erteilt habe: Befreiung des Dialogs, radikale Säuberung des Bildes und vor allem das Primat des menschlichen Antlitzes: »Niemand nähert sich ihm so sehr wie Bergman. In seinen letzten Filmen gibt es nur noch Münder, die reden, Ohren, die lauschen, Augen, die Neugier, Begierde oder Panik ausdrücken.«

»*Schreie und Flüstern*«, in: Ingmar Bergman: *Wilde Erdbeeren* und andere Filmerzählungen. Rostock/München 1977.
B. Amengual: »Courrier des lecteurs«, in: Positif, 1974, H. 156; Ingmar Bergman: »Bilder«. Köln 1991; Stig Björkman u.a.: »Bergman über Bergman«. München 1976 (Interviews); Richard Aloysius Blake: »The Lutheran Milieu of the Films of Ingmar Bergman«. New York 1978; Stuart Clurman: »Langage et échange«, in: Positif, 1973, H. 154; Arthur Gibson: »The Rite of Redemption in the Films of Ingmar Bergman«. Lewiston 1993; Pauline Kael: »*Cries and Whispers*«, in: dies.: For Keeps. New York u.a. 1994; Joan Mellen: »Bergman and women: *Cries and whispers*«, in: Film Quarterly, 1973, H. 1; Jean-Loup Passek: »Une sonate en rouge majeur...«, in: Cinéma, Paris, 1973, H. 181; P. Adams Sitney: »Color and myth in *Cries and Whispers*«, in: Film Criticism, 1988/89, H. 3; John Simon: »Ingmar Bergman directs«. New York 1972; Brigitta Steene: »Ingmar Bergman«. Boston 1968; François Truffaut: »*Schreie und Flüstern*«, in: ders.: Die Filme meines Lebens. Frankfurt a.M. 1997; Eckhard Weise: »Ingmar Bergman«. Reinbek 1987.

Heike Ließmann

LA VITA È BELLA (Das Leben ist schön). Italien (Melampo Cinematografica) 1997. 35 mm, Farbe, 121 Min.
R: Roberto Benigni. B: Vincenzo Cerami, Roberto Benigni. K: Tonino Delli Colli. Ba: Danilo Donati. S: Simona Paggi. M: Nicola Piovani.
D: Roberto Benigni (Guido Orefice), Nicoletta Braschi (Dora), Giorgio Cantarini (Giosuè), Marisa Paredes (Laura), Horst Buchholz (Dr. Lessing).

Eine Komödie, die im KZ spielt und im Titel postuliert *Das Leben ist schön*: Schon die Ankündigung provozierte Bedenken und Vorbehalte, zumal es sich um das Regiedebüt des italienischen Spaßmachers Roberto Benigni handelte. Befürchtet wurde, der Clown werde seine übliche One-Man-Show vor der Kulisse eines Operetten-KZ abziehen. Die berechtigte Skepsis der Wächter der Political Correctness wurde jedoch weggewischt durch einen Film, der nicht nur ein Publikumserfolg war und u.a. mit dem Regiepreis in Cannes, dem Europäischen Filmpreis sowie drei Oscars (bester ausländischer Film, bester Hauptdarsteller, beste Musik) ausgezeichnet wurde, sondern auch eine Wende in der filmischen Auseinandersetzung mit dem Holocaust einleitete.
Der Film besteht aus zwei, thematisch wie stilistisch voneinander abgesetzten Teilen. Ein Städtchen in der Toskana, Ende der dreißiger Jahre. Schon der erste Auftritt von Guido ist ein Slapstick-Feuerwerk, das an frühe Stummfilm-Burlesken erinnert: Die Bremsen im Auto versagen, der außer Kontrolle geratene Wagen rast durch ein festlich geschmücktes Dorf und räumt dabei Blumen und Girlanden ab – prompt wird Guido mit dem König verwechselt und bejubelt. Kurz darauf fällt eine »Prinzessin« vom Himmel, direkt in Guidos Arme. Sofort ist er unsterblich verliebt und bemüht sich, durch allerlei Eskapaden und kindische Faxen die schöne Dora für sich zu gewinnen. Doch sie ist mit Rudolfo, einem Mussolini-Anhänger und mächtigen Parteisekretär, liiert; Guido ist Jude, träumt von einem Buchladen und kellnert bei seinem Onkel. Die pompöse Verlobungsfeier sprengt Guido, indem er mit einem grün angestrichenen Pferd beim Bankett auftaucht und hoch zu Roß die Braut entführt. – Einige Jahre später. Guido ist mit Dora glücklich, sie haben zusammen einen kleinen Sohn, Giosuè, und einen Buchladen. Die antisemitischen Repressionen überspielt Guido gegenüber seinem Sohn, indem er mit seinen Scherzen die Rassenideologie ad absurdum führt. Doch Guido und Giosuè werden abgeholt; Dora besteht darauf, im Deportationszug mitzufahren. Während der Fahrt ins KZ erläutert Guido seinem Sohn, dies sei alles ein großes Spiel, in dem die in Uniform gegen die in Sträflingsanzügen kämpften und am Ende winke als Hauptpreis ein Panzer. Im Lager, wo Guido die gebrüllten Anweisungen des KZ-Kommandanten »übersetzt«, ge-

La Vita è bella: Roberto Benigni

lingt es ihm, die grausame Realität für Giosuè umzudeuten in ein phantastisches Abenteuer und so den Jungen zu retten. Dieses groteske Spiel hält er bis zum Schluß aufrecht, auch noch, als er selbst von Soldaten abgeführt wird: Er parodiert augenzwinkernd einen Paradeschritt, eine Show für den Jungen, der ihn aus seinem Versteck beobachtet. Kurz darauf ist das Rattern einer Maschinenpistole zu hören. Am nächsten Morgen klettert Giosuè aus seinem Versteck, das Lager ist menschenleer. Ein amerikanischer Panzer taucht auf: der Hauptgewinn! Ein GI hebt ihn auf den Panzer, da erblickt Giosuè schließlich seine Mutter: »Ich lach mich kaputt! Sieger! Wir haben gewonnen!«

Der erste Teil des Films führt ein spielerisches Lebenskonzept vor, das mit koboldhaftem Witz alles meistert und im zweiten Teil auf die Probe gestellt wird. Der Komiker Roberto Benigni wurde bekannt als Schauspieler in Jim Jarmuschs ↗*Down by Law* und Fellinis *La voce della luna* (*Die Stimme des Mondes*, 1990). Er ist der Typ des Klassenclowns und Zappelphilipps, dessen bloße Erscheinung den diametralen Gegensatz zum NS-Idealbild des »arischen Menschen« darstellt. Benignis überdrehte Possen (im Film wie bei öffentlichen Auftritten) stehen in der Tradition der italienischen Stegreifkomödie. Guido wird alles zur Szene, ein Auftritt im Klassenzimmer ebenso wie das Liebeswerben um die angebetete Dora; *La vita è bella* wird geprägt von Theaterrekursen. Im ersten Teil dominieren Albernheiten aus seligen Stummfilm-Tagen: Da fallen Blumentöpfe aus dem Fenster, werden Hüte getauscht, und es fehlt auch nicht die Eierattacke auf den Rivalen. Alles wird Guido zum Spiel, mit dem er über die Widrigkeiten des Alltags triumphiert und die Wirklichkeit nach seinem Gusto manipuliert.

Im zweiten Teil ist kein Platz mehr für unbeschwerten Jux. Guidos Lebenskonzept wird einer extremen Prüfung unterzogen. Das Spiel, das er für Giosuè »inszeniert«, beschützt seinen Jungen vor der brutalen Realität des Vernichtungslagers. Die Bedrohung ist im Off stets präsent, auch wenn die Schrecken und das Grauen nie gezeigt werden. (Es gibt keine Szenen expliziter Gewalt wie Folter, Prügel oder

Exekution, weshalb der Film in Deutschland für Kinder ab sechs Jahren freigegeben wurde.) Benigni erzählt eine einfache, sentimentale Geschichte von der Liebe eines Vaters zu seinem Sohn, vergleichbar mit der Fabel eines Chaplin-Films. (Guido trägt die Häftlingsnummer 0737 wie der jüdische Friseur in Chaplins ↗ *The Great Dictator*.)

La vita è bella wurde zum vieldiskutierten Beispiel in der kontrovers geführten Debatte über die Darstellbarkeit des Holocausts und der Konzentrationslager. Benigni ließ bewußt ein fiktives Lager bauen, weil »nichts an die Wirklichkeit des tatsächlichen Geschehens heranreichen könnte«. Der unschuldige Firlefanz aus den Kindertagen des Kintopps weicht im zweiten Teil einer dezidierten Theater-Ästhetik, die die Lager-Welt zur Bühne werden läßt. Das Bilder-Repertoire – die Ankunft im Lager, die Selektion an der Rampe, der Lager-Appell, die Duschräume, der schwarze Rauch – wird aufgeblättert, aber nicht mit filmischem Realismus ausgemalt.

Die Tragikomödie ist eine Parabel über die Widerstandskraft des Humors in bestialischen Zeiten. Von Primo Levi lernte Benigni, daß Improvisation eine lebensrettende Strategie im Lager war. Der Film ist eine Gratwanderung, doch KZ-Überlebende wie Jorge Semprún und Imre Kertész bestätigten Benigni. Kertész wertete *Schindler's List* als Holocaust-Kitsch, *La vita è bella* dagegen fand in ihm einen engagierten Fürsprecher: »Der Geist, die Seele dieses Films sind authentisch, dieser Film berührt uns mit der Kraft des ältesten Zaubers, des Märchens.«

»*Das Leben ist schön*«. Frankfurt a.M. 1998. (Filmtext). Cristina Borsatti: »Roberto Benigni«. Mailand 2002; Carlo Celli: »The Representation of Evil in Roberto Benigni's *Life is Beautiful*«, in: Journal of Popular Film and Television, 2000, H. 2; Marijana Erstic: »Zwischen ›fingere sempre di avere capito‹ und ›belle nuit d'amour‹: Theatralität und Improvisation in Roberto Benignis Film *La vita è bella*«, in: Michael Lommel u.a. (Hg.): Theater und Schaulust im aktuellen Film. Bielefeld 2004; Margrit Frölich u.a. (Hg.): »Lachen über Hitler – Auschwitz-Gelächter?« München 2003; Imre Kertész: »Wem gehört Auschwitz?«, in: Die Zeit, 19.11.1998; Pamela L. Kroll: »Games of Disappearance and Return: War and the Child in Roberto Benigni's *Life is Beautiful*«, in: Literature/Film Quarterly, 2002, H. 1; Millicent Marcus: »After Fellini«. Baltimore, London 2002; Matthias Morgenroth: »*Das Leben ist schön* oder: Spiel mir das Lied vom Leben«, in: Martin Laube (Hg.): Himmel – Hölle – Hollywood. Münster 2002; Peter Reichel: »Erfundene Erinnerung«. München 2004; Eva Schäfer: »Zwischen Kunst und Holocaust«. Frankfurt a.M. u.a. 2002; Maurizio Viano: »*Life is Beautiful*: Reception, Allegory, and Holocaust-Laughter«, in: Film Quarterly, 1999, H. 1; Peter Wuss: »Film und Psychologie – nach der kognitiven Phase?« Marburg 2002.

Michael Töteberg

VIVEMENT DIMANCHE!

(Auf Liebe und Tod). Frankreich (Les Films du Carrosse/Films A 2/Soprofilms) 1982/83. 35 mm, s/w, 111 Min.

R: François Truffaut. B: François Truffaut, Suzanne Schiffman, Jean Aurel, nach dem Roman »The Long Saturday Night« von Charles Williams. K: Nestor Almendros. A: Hilton McConnico. S: Martine Barraqué. M: Georges Delerue.

D: Fanny Ardant (Barbara Becker), Jean-Louis Trintignant (Julien Vercel), Philippe Laudenbach (Maître Clément), Caroline Sihol (Marie-Christine Vercel), Philippe Morier-Genoud (Kommissar Santelli).

Mit seinem 21. und zugleich letzten Spielfilm kehrte Truffaut zu den Ursprüngen zurück: seiner Bewunderung für den amerikanischen Film noir der vierziger und frühen fünfziger Jahre. Bereits als Filmkritiker der »Cahiers du Cinéma« begeisterte er sich für dieses Genre, das Kinomythen wie James Cagney, Edward G. Robinson oder Humphrey Bogart hervorbrachte. Godards erster Spielfilm ↗ *A bout de souffle*, zu dem Truffaut das Drehbuch schrieb, war eine Hommage an jene Mythen, und auch in seinen eigenen Filmen – in *Tirez sur le pianiste* (*Schießen Sie auf den Pianisten*, 1960), *La mariée était en noir* (*Die Braut trug schwarz*, 1968) und in *La sirène du Mississippi* (*Das Geheimnis der falschen Braut*, 1969) – brachte Truffaut diese Vorliebe deutlich zum Ausdruck. Der Name der Heldin von *Vivement dimanche!* verweist auf ein weiteres – diesmal französisches – Vorbild: den Regisseur

Jacques Becker, dessen Schilderung des Unterweltmilieus in Filmen wie *Casque d'or* (*Goldhelm*, 1952) und *Touchez pas au grisbi* (*Wenn es Nacht wird in Paris*, 1954) erst die Begeisterung für die Schwarze Serie in Frankreich auslöste.

Des Mordes an seiner Frau und ihrem Geliebten verdächtigt, versucht der Immobilienmakler Julien Vercel, sich dem Zugriff der Polizei zu entziehen und versteckt sich im Keller seines Büros. Unterdessen führt seine Sekretärin nicht nur die Geschäfte weiter, sondern stellt auf eigene Faust Nachforschungen an, um die Unschuld ihres Chefs zu beweisen, in den sie sich verliebt hat. Abgeschnitten von jedem Außenkontakt, zum Nichtstun verurteilt, kann Vercel ungehindert seiner Obsession – der Betrachtung vorübergehender Frauenbeine – nachgeben: eine Leidenschaft, die er mit den männlichen Protagonisten zahlreicher Truffaut-Filme, von *Baisers volés* (*Geraubte Küsse*, 1968) bis *Le dernier métro* (*Die letzte Metro*, 1980), teilt. *Vivement dimanche!*, sicherlich kein Vermächtnisfilm, unterstreicht nochmals Truffauts Liebe und Bewunderung für die Frauen und deren Magie.

Die Aufklärung der insgesamt vier Mordfälle, die anders als in den klassischen Vorbildern eine Frau unternimmt, bringt Truffaut zusammen mit einer heiter-ironischen Romanze. Der Problematik, daß man ein hochgradig kodifiziertes, in der Mythologie einer anderen Epoche und Kultur verankertes Genre wie den Film noir nicht einfach 40 Jahre später kopieren kann, entgeht Truffaut, indem er Krimi und Komödie mischt, ohne in die Parodie abzugleiten. Die Atmosphäre des Mysteriösen, die Faszination der Schatten sowie die diffuse Erotik bleiben erhalten: Seinem Kameramann Nestor Almendros sagte er, *Vivement dimanche!* solle wie ein amerikanisches B-Picture aus den vierziger Jahren aussehen. Der optische Stil ist der genaue Gegensatz zum dokumentarischen Gestus von ↗*L'enfant sauvage*, ihrer ersten Zusammenarbeit. Diesmal setzte der Kameramann klassische Gegenlichteffekte ein; Fanny Ardant ist ausgeleuchtet »wie in den alten Filmen, ja sogar ein wenig überbelichtet, um ihr dieses Strahlen zu verleihen, das die Stars von einst hatten, dieses Gesicht, das beinahe einem Leuchtkörper gleicht« (Almendros). Zeitlebens ärgerte sich Truffaut, daß er die Konzession gemacht hatte, *La mariée était en noir* in Farbe zu drehen. Für *Vivement dimanche!* bestand er auf Schwarzweiß, weil dies für ihn zum Genre des Polizeifilms ebenso gehörte wie die Farbe zum Western oder zum Musical.

»*Vivement dimanche!*«, in: L'Avant-Scène du Cinéma, 1987, H. 362/63. (Filmprotokoll).

Robert Fischer: »François Truffaut, Charles Williams und die Série Noire«, in: Charles Williams: Auf Liebe und Tod. München 1984; Rainer Gansera/Georges Sturm (Hg.): »Arbeiten mit François Truffaut«, Cicim, 1987, H. 19/20; Yann Lardeau: »Série B comme Barbara«, in: Cahiers du Cinéma, 1983, H. 351; Joël Magny: »*Vivement dimanche!*«, in: Cinéma, Paris, 1983, H. 297; Marcel Martin: »*Vivement dimanche!*«, in: La Revue du Cinéma, 1983, H. 386; Andreas Pribersky: »›Wie im Film.‹ Ein *film policier* als Paradigma eines Genres gelesen«, in: August Ruhs u.a. (Hg.): Das unbewußte Sehen. Wien 1989; Nick Roddick: »Doodling«, in: Sight and Sound, 1983/84, H. 1; Walt R. Vian: »Blondinen bevorzugt!«, in: Filmbulletin, 1983, H. 133.

Achim Haag

VIVRE SA VIE (Die Geschichte der Nana S.). Frankreich (Films de la Pléiade) 1962. 35 mm, s/w, 85 Min.
R: Jean-Luc Godard. B: Jean-Luc Godard, nach dem Bericht »Ou en est la prostitution« von Marcel Sacotte. K: Raoul Coutard. S: Agnès Guillemot, Lila Lakshmaman. M: Michel Legrand; Chanson »Ma môme, elle joue pas les starlettes«: Pierre Frachet/Jean Ferrat.
D: Anna Karina (Nana), Saddy Rebbot (Raoul), André S. Labarthe (Paul), Guylaine Schlumberger (Yvette), Brice Parain (Philosoph).

In dem ein Jahr zuvor entstandenen Film *Une femme est une femme* (*Eine Frau ist eine Frau*, 1961) schilderte Godard in zehn heiter-ironischen ›Szenen‹ die Turbulenzen einer jungen Ehe; *Vivre sa vie* verfolgt in zwölf düster-pessimistischen Bildern den Weg der kleinen Verkäuferin Nana in die Prostitution bis zu ihrem Tod. Den eigentümlichen

Charakter des Films, der auf dem Festival von Venedig 1962 mit dem Spezialpreis der Jury ausgezeichnet wurde, hat am besten François Truffaut beschrieben: »*Vivre sa vie* zieht uns ständig bis an die Grenzen des Abstrakten, dann wieder an die Grenzen des Konkreten, und ganz zweifellos entsteht aus diesem Hin und Her die Emotion.«

Der fast schon soziologische Ansatz – dem Drehbuch liegt ein Bericht des Richters Sacotte zugrunde, der damals großes Aufsehen erregte – bestimmt die quasi-dokumentarische Ästhetik des Films, geprägt durch eine sorgfältige Konstruktion, lange Einstellungen, die den Charakter von Studien haben, und vor allem den Gebrauch von Direktton. Die wenigen Schnitte lassen an André Bazins Plädoyer für die Plan-Sequenz denken, der Godard hier gegenüber der Montage den Vorzug gibt. Auch auf eine Mischung verzichtete er weitgehend: »Der Film ist eine Serie von Blöcken. Man brauchte nur die einzelnen Steine zu nehmen und sie nebeneinandersetzen.« Der Dokumentarismus verweist nicht nur auf Bazins »ontologischen Realismus« (»Die Dinge sind da, warum sie manipulieren?«), sondern gibt dem Film eine moralische Dimension, wie man sie ansonsten von Bresson oder Rossellini kennt.

Zugleich ist *Vivre sa vie* Godards erster filmischer Essay. Die Handlung wird kommentiert von ›Fremdtexten‹, wie z.B. der Geschichte vom Diebstahl der 1000 Francs, die Nana einem Polizisten erzählt, Auszügen aus Edgar Allan Poes »The Oval Portrait«, die ein junger Mann vorliest, oder dem von Paul wiedergegebenen Aufsatz eines achtjährigen Mädchens. Die daraus sich entwickelnde Bild-Text-Dialektik versetzt den Zuschauer nicht nur – im Brechtschen Sinne – in eine distanzierte Position gegenüber dem Gezeigten, sie eröffnet zugleich neue Deutungs- und Sinnebenen. So ist der Aufsatztext: »Das Huhn ist ein Tier, das sich aus dem Äußeren und dem Inneren zusammensetzt. Wenn man das Äußere wegnimmt, bleibt das Innere. Und wenn man das Innere wegnimmt, bleibt die Seele« eine poetische Metapher für Nanas Zwiespalt zwischen der Vermarktung ihres Körpers und der Bewahrung ihrer Seele. Zugleich liefert dieser Text einen versteckten Hinweis auf die filmästhetische Absicht: »Ich habe versucht«, erklärte Godard, »von außen das Innere von jemandem zu filmen.«

In einem Gespräch mit dem Philosophen lernt Nana, daß man Fehler begehen muß, um zur Wahrheit zu gelangen, und daß man für das, was man tut, verantwortlich ist. In einer anderen Szene geht sie ins Kino und sieht sich Dreyers ↗*La passion de Jeanne d'arc* an. In der von Godard zitierten Sequenz akzeptiert Jeanne ihr Martyrium und empfindet den Tod als Befreiung. So erhebt er die Prostituierte Nana zum Opfer und zur Heiligen, macht aus *Vivre sa vie* eine Passionsgeschichte. »Sein Leben leben«, so ließe sich Godards fatalistische Botschaft deuten, heißt: Leiden auf sich nehmen.

»*Die Geschichte der Nana S.*«. Hamburg 1964. (Filmtext). Siew Hwa Beh: »*Vivre sa vie*«, in: Bill Nichols (Hg.): Movies and Methods. Bd.1. Berkeley u.a. 1976; Royal S. Brown: »Music and *Vivre sa vie*«, in: Quarterly Review of Film Studies, 1980, H. 3; ders.: »Overtones and Undertones. Reading Film Music«. Berkeley u.a. 1994; Marilyn Campbell: »Life Itself: *Vivre sa vie* and the Language of Film«, in: Wide Angle, 1976, H. 3; Tom Couley: »Portrayals of Painting«, in: Filmreader, 1978, H. 3; Frieda Grafe: »Nur das Kino«. Berlin 2003; Brigitte Jeremias u.a.: »*Die Geschichte der Nana S.*«, in: Jahrbuch der Filmkritik. Bd.4. Emsdetten 1964; François Truffaut: »*Vivre sa vie*«, in: ders.: Die Filme meines Lebens. Frankfurt a.M. 1997; Wolfram Schütte: »Distanz des Nichtdistanzierten«, in: Dieter Prokop (Hg.): Materialien zur Theorie des Fims. München 1971; Susan Sontag: »Godards *Vivre sa vie*«, in: dies.: Kunst und Antikunst. München 1980; Martin Walsh: »The Brechtian Aspect of Radical Cinema«. London 1981.

Achim Haag

DIE VÖGEL ↗ Birds

VOGELFREI ↗ Sans toit ni loi

VOKZAL DLJA DVOJIH

(Bahnhof für zwei). Sowjetunion (Mos'film) 1982. 35 mm, Farbe, 130 Min.

R: Eldar Rjazanov. B: Emil Braginskij, Eldar Rjazanov. K: Vadim Alisov. M: Andrej Petrov. D: Ljudmila Gurcenko (Vera), Oleg Basilasvili (Platon Rjabinin), Nikita Michalkov (Andrej), Nonna Mordjukova (Onkel Misa), Mihail Kononov (Nikolaska).

Vom Ende der Sowjetunion aus wird klar erkennbar, was man beim Erscheinen von *Vokzal dlja dvojih* schon vermutete: daß die vertrackte Dramaturgie des Films seinerzeit für Autor und Regisseur die einzige Möglichkeit war, ihre Geschichte überhaupt zu erzählen und sie an der Zensur der Breshnev-Ära vorbeizuschmuggeln. Das unüberhörbare Knirschen der dramaturgischen Scharniere wurde von der sowjetischen Kritik geflissentlich überhört, und auch das einheimische Kinopublikum honorierte, daß Alltagsprobleme wie Schiebereien, Prostitution und Spekulation, aber auch die Arbeitslager in einem Film vorkamen: 70 Millionen Zuschauer sahen *Vokzal dlja dvojih* in den ersten beiden Jahren nach der Uraufführung.

Geschildert wird eine ›unerhörte Begebenheit‹ mit märchenhaften Facetten. Ein schmuddeliger Provinzbahnhof bildet den Mikrokosmos der sowjetischen Gesellschaft, wo zwei Personen aus verschiedenen Welten aneinandergeraten: ein Pianist aus der Hauptstadt Moskau und eine kratzbürstige Kellnerin. Das häßliche Entlein Vera entpuppt sich als verletzbarer, einsamer Mensch, den seine Umwelt verformt hat und der allmählich kraftlos wird, seine Schwäche aber hinter Rüpelhaftigkeit versteckt. Platons kultivierte Manieren, seine zur Schau getragene Eleganz und Arroganz bilden für ihn ebenfalls Selbstschutz und Überlebenshilfe.

Wärme und Liebe fehlen ihnen, aber sie sehen keine Möglichkeit, ihr Leben zu ändern. Zudem nähern sich beide jenem gefährlichen Alter, in dem man beginnt, sich nicht mehr nach Harmonie und Glück in einer Zweisamkeit zu sehnen und sich entschließt, lebenslang eben allein zu bleiben. Ihre Begegnung macht beiden bewußt, wie sehr sie sich ähneln und wo die Verschiedenartigkeit beginnt. Erkenntnis auf den ersten, Liebe auf den zweiten Blick. Doch Platon, der durch den Streit mit Vera seinen Zug verpaßt hat, muß schnellstens zurück nach Sibirien: Dort wird er in einem Arbeitslager erwartet. Er hat es übernommen, die Strafe seiner Frau abzubüßen, die einen Verkehrsunfall verschuldet hat und deren Karriere als Fernseh-Ansagerin sonst gefährdet wäre.

Rjazanow – wie viele seiner Kollegen, nicht nur in der Sowjetunion – setzte darauf, daß der Sozialismus in seinem Land verbessert werden könne, wenn man mehr Öffentlichkeit schafft und die Wahrheit über die soziale Realität bekannt macht. Er wollte nicht Tabus brechen, sondern sie sukzessive unterlaufen. Dies gelang, wie sein Œuvre zeigt, unter damaligen Bedingungen am besten mit den Mitteln des Schwanks, dem er satirische Akzente, eine kräftige Prise Ironie und grotesken Witz, aber auch melodramatische Momente beimischte. Verstanden wurde sein Film auch im Westen: »Signale für ein selbsteingerichtetes Dasein, das sich hier wie dort weniger an Vorschriften orientiert, sondern sich mehr auf die eigenen Fähigkeiten und das individuelle Lustprinzip stützt«, erkannte Hans-Ulrich Pönack. »Das kommt mit oft frechen Sätzen und schnoddrigen Pointen rüber, die aber nie überheblich oder verletzend angelegt sind, und die in ihrem weisen, zweideutigen Humor jeder besseren Hollywood-Komödie zur Ehre reichen würden.«

Ihren Glanz erhält die Filmromanze durch die exzellenten Leistungen der Darsteller, vor allem von Ljudmila Gurcenko, die bis dahin Hauptrollen in einigen Musicals hatte und ihre fulminante Kunst hier voll entfalten konnte. Unvergeßlicher Höhepunkt die Szene, in der Vera und Platon durch meterhohen Schnee zum Lager hasten. Verspätung würde als Flucht angesehen und entsprechend geahndet. Entkräftet bleiben sie liegen; im Lager wird Platon bereits als Fehlender gemeldet. Doch die Klänge eines Akkordeons signalisieren dem Kommandanten, daß der Vermißte nahe ist: Der Urlauber sollte das Instrument mitbringen. Am Ende sieht man, die Wachtürme des Lagers sind nicht mehr fern, das Liebespaar Rücken an Rücken im Schnee sitzen: ein Bild der Hoffnung – »ein gewisses weihnachtliches Element«, bekannte der Regisseur, gehöre zu seinem Film.

Sima Bercsanskaja: »Das traurige Gesicht der Komödie«, in: Film und Fernsehen, 1983, H. 12 (Interview); Jutta Duhm-Heitzmann: »*Bahnhof für zwei*«, in: epd Film, 1987, H. 4; Lothar Kusche: »Akkordeon in einer Wüste aus Schnee«, in: Helga Hartmann/Ralf Schenk (Hg.): Mitten ins Herz. Berlin 1991; Kim Newman: »Vokzal dlya dvoikh«, in: Monthly Film Bulletin, 1983, H. 599; Hans Günther Pflaum: »Liebe mit vielen Hindernissen«, in: Süddeutsche Zeitung, 14./15.3.1987; Hans-Ulrich Pönack: »Endstation Freiheit«, in: tip-Magazin, 1987, H. 8; Neja Sorkaja: »Das Rezept ihrer Jugend. Die Schauspielerin Ljudmila Gurtschenko«, in: Film und Fernsehen, 1985, H. 3.

Günther Agde

VOLLMONDNÄCHTE

↗ Les nuits de la pleine lune

VOM WINDE VERWEHT

↗ Gone With the Wind

DAS WACHSFIGURENKABINETT

Deutschland (Neptun-Film/Ufa) 1923. 35 mm, s/w, stumm, 2.147 m.
R: Paul Leni; Spielleitung: Leo Birinski. B: Henrik Galeen. A: Paul Leni. K: Helmar Lerski.
D: Emil Jannings (Harun al Raschid), Conrad Veidt (Iwan der Grausame), Werner Krauß (Jack the Ripper), Wilhelm Dieterle (Dichter, Assad, Fürst), Olga Belajeff (Tochter, Maimume, Bojarin).

Vier Episoden um dämonische historische Figuren enthält das bereits 1920 fertiggestellte Drehbuch; lediglich zwei wurden realisiert, eine dritte kam nur fragmentarisch zur Ausführung. Dies erklärt die unorganischen Proportionen; noch nach der Uraufführung experimentierte man mit der Anordnung der Episoden. Die Geschichten handeln von Figuren eines Jahrmarktpanoptikums; jede Episode beginnt mit dem Erzählvorgang selbst. Über die Gesichter des Dichters, der die Geschichten aufschreibt, und der Tochter des Budenbesitzers wird zu den – von den gleichen Darstellern verkörperten – Paaren der jeweiligen Episodenhandlung überblendet. Dem Zuschauer wird der Vorgang des Fabulierens offengelegt; ein Vexieren zwischen der realitätsnahen Rahmen- und der phantastischen Kernhandlung, wie in ↗*Das Cabinet des Dr. Caligari*, ist nicht möglich.

Trotz ähnlicher Motive unterscheidet sich jede der Episoden in ihrer Erzählweise und Tonart. Die erste um Harun al Raschid, seinen Bäcker Assad und dessen verführerischer Frau ist verspielt und burlesk. Der Orient wirkt teigig-aufgequollen: Die grotesk typisierende, regelrecht ausgelassene Architektur in der Struktur eß- und verdaubarer Gegenstände hat gleich mehrfachen symbolischen Gehalt. Sie beschreibt das Sujet, die verzehrende Eifersucht des Pastetenbäckers, die Freßsucht des Kalifen sowie, in den tunnelhaften Öffnungen des Palastes, seine sexuellen Begierden.

Erheblich knapper in der Szenenführung und kühner im Motivgehalt ist die zweite Episode. Zar Iwan, der Grausame, betreibt radikale Triebbefriedigung: Er ergötzt sich an der Angst der von ihm zum Tode Verurteilten. Leni hat für diese deformierende despotische Macht nach einem räumlichen Ausdruck gesucht. Der Kreml wird unterhalb seiner glänzenden Kuppeln als Verließ mit glitschigen Wänden und schier endlosen Gängen gezeigt. Zimmer, Treppen und Durchgänge sind bedrückend niedrig und erzwingen eine gebückte Haltung der Menschen. Doch auch den tyrannischen Zar bedrängen diese Räume. Er wird von seiner Obsession eingeholt, als ein Scherge ihn angesichts eines in bedrohlichem Helldunkel funkelnden Stundenglases vergiftet. Conrad Veidt spielte den lustvoll ausgestellten Sadismus und Wahnsinn des Zaren »so suggestiv und geradezu erschreckend glaubhaft, als hätte er in einer Nervenheilanstalt seine Vorstudien zu dieser Rolle gemacht«, meinte ein zeitgenössischer Kritiker (»Berliner Börsen-Zeitung«, 16.11.1924).

Die abschließende Episode ist nur knapp fünf Minuten lang, erscheint aber stilistisch als die eindrucksvollste. Der Dichter der Rahmenhandlung träumt, daß er und die Tochter des Budenbesitzers von Jack the Ripper verfolgt werden. Das Paar flieht durch Straßen, die aus dem Lichtstrahl einer geöffneten Tür entstehen und in deren Häuser sich Fenster und Türen rhombisch spreizen. Leni verzichtet vollkommen auf erkennbare Raumstrukturen: Schräge, spitz zulaufende Flächen, harte Lichtkeile im wesenlosen Dunkel und Schatten figurieren eine gespenstische Phantasmagorie. Der Ripper ist in der gesamten Episode stets per Doppelbelichtung präsent. So zwingend wie diese Alptraum-Formulierung ist, so süffisant löst Leni sie wieder auf. Der Dichter glaubt, vom Messer des Mörders getroffen zu sein, doch der

Das Wachsfigurenkabinett: Wilhelm Dieterle und Olga Belajeff.

wird just in diesem Moment aus dem Bild ausgeblendet. Der Poet hatte sich im Schlaf den Bleistift, mit dem er den Beginn der Geschichte niederschrieb, in die Brust gestochen.

Das Wachsfigurenkabinett gilt als letzter expressionistischer Film. Richtig ist, daß er bereits mit den schauerromantischen Motiven, verzerrten Dekor und violenten Helldunkel-Formen spielt, sie unterhaltsam mit anderen Bildmitteln zu einem synthetischen Patchwork verarbeitet. Leni reizte es, die Bildmöglichkeiten eines abgestimmten Stilgewirrs auszuloten, das er in bric-à-brac-Manier zusammenfügte.

»*Das Wachsfigurenkabinett*«, in: Helmut Regel/Heinz Steinberg (Hg.): Der deutsche Stummfilm. Köln 1964. (Filmprotokoll). – »*Das Wachsfigurenkabinett*«. Hg. Hans-Michael Bock. München 1994. (Drehbuch, Materialien).
John D. Barlow: »German Expressionist Film«. Boston 1982; Hans-Michael Bock (Red.): »Paul Leni«. Frankfurt a.M. 1986; Jürgen Kasten: »Der expressionistische Film«. Münster 1990; Rudolf Kurtz: »Expressionismus und Film«. Berlin 1926; Frederick W. Ott: »The Great German Films«. Secaucus 1986; Tim Pulleine: »*Das Wachsfigurenkabinett*«, in: Monthly Film Bulletin, 1979, H. 546.

Jürgen Kasten

DIE WANDERSCHAUSPIELER

↗ Thiasos

WAS DER HIMMEL ERLAUBT

↗ All That Heaven Allows

WAS GESCHAH WIRKLICH MIT BABY JANE?

↗ Whatever Happened to Baby Jane?

WEEK-END (Weekend). Frankreich/Italien (Films Copernic/Ascot Cineraid/Comaccio/Lira Films) 1967. 35 mm, Farbe, 95 Min. R+B: Jean-Luc Godard. K: Raoul Coutard. S: Agnès Guillemot. M: Antoine

Duhamel, Wolfgang Amadeus Mozart; Song »Allo, tu m'entends?«: Guy Béart.
D: Mireille Darc (Corinne), Jean Yanne (Roland), Jean-Pierre Kalfon (Chef der Befreiungsfront), Jean-Pierre Léaud (Saint Just/der kleine Sänger), Yves Afonso (der Däumling), Valérie Lagrange (Frau des Chefs).

»Ich mache nun keine Filme mehr. Sie müssen sich bei jemand anderem Arbeit suchen«, erklärte Jean-Luc Godard am Ende der Dreharbeiten seinem Team. Im Film selbst fehlt es nicht an Hinweisen, daß der Regisseur an einem Wendepunkt angekommen ist: *Week-end* faßt noch einmal die ästhetischen Mittel des Godard-Kinos der letzten zehn Jahre zusammen, um zum Schluß, im Nachspann, zu verkünden: »Fin de cinéma.« Zwar gab Godard die künstlerische Produktion nicht auf, doch stellte er sie bis Mitte der siebziger Jahre unter das Primat des politischen Engagements. Zugleich verabschiedete er sich von der Filmkamera und dem traditionellen Kinoformat: Ein Jahrzehnt lang experimentierte er mit der Videotechnik.

Die Fahrt von Corinne und Roland ins Wochenende ist geprägt von einem totalen Verkehrschaos, schrecklichen Unfällen und gewalttätigen Auseinandersetzungen. Das Paar – die beiden verkörpern den egoistischen und boshaften Spießbürger – überholt in seinem Sportwagen einen Autostau, der sich aus den unterschiedlichsten Personen und Gruppen zusammensetzt, gleichsam ein repräsentativer Querschnitt der französischen Gesellschaft. Die 300 Meter lange, über sieben Minuten dauernde Parallelfahrt, vorbei an den infernalisch hupenden und schreienden Menschen, gilt als das längste Travelling der Filmgeschichte. Markiert wird der Übergang von der Industriegesellschaft in ein – je nach Standpunkt – vor- oder nachzivilisatorisches Zeitalter. Die Gleichgültigkeit gegenüber dem menschlichen Leiden gipfelt am Ende in der Rückkehr zum Kannibalismus: Der Film wird zur Allegorie der alltäglichen Apokalypse.

Nachdem Corinne und Roland selbst einen Unfall hatten, setzen sie ihren Weg zu Fuß fort. War der Film bislang ein in einer realistischen Szenerie verankerter Alptraum, so kippt er nun vollends um ins Surreale: Es folgen groteske Begegnungen mit historischen Gestalten wie Saint Just und Emily Brontë; das Paar trifft einen gottähnlichen Filmregisseur, der einen Autofriedhof in eine Schafherde verwandelt, und landet schließlich im Urwald des Departments Seine-et-Oise. »Von der französischen Revolution zu gaullistischen Weekends«, so ein Zwischentitel, spannt dieser Horrorfilm einen Bogen, bezieht Märchen und Kindergeschichten – »Bei Lewis Carroll«, »Robinsons Freitag«: zwei andere Zwischentitel – ein und läßt Vertreter der Dritten Welt revolutionäre Manifeste von Malcolm X und Fanon zitieren. Am Ende des Films wird das Spießer-Paar konfrontiert mit einer militanten Hippie-Bewegung. Godards Kritik an der Freizeit- und Konsumgesellschaft ist ein Comic, grell und bunt wie die damalige Pop-Art, aggressiv wie die sich ankündigende Jugendrevolte. Gefährlicher Zündstoff, fanden die staatlichen Stellen: *Week-end*, unmittelbar vor den Ereignissen des Pariser Mai beendet, wurde – wie der Vorspann in großen roten Lettern betont – für Zuschauer unter 18 Jahren verboten.

»*Week-end/Wind from the East*«. London 1972. (Filmtext).
Georg Alexander: »Die Scheußlichkeiten der Bourgeoisie«, in: Film 1968. Velber 1969; Jacques Aumont: »L'étang moderne«, in: Cahiers du Cinéma, 1968, H. 199; Jean Collet: »Le dur silence des galaxies«, in: Cahiers du Cinéma, 1968, H. 199; Pauline Kael: »*Weekend*«, in: dies.: For Keeps. New York u.a. 1994; Werner Kließ: »Die amerikanische Herausforderung«, in: Film, Velber, 1968, H. 3; R. Lefèvre: »*Week-end*«, in: La Revue du Cinéma, 1976, H. 308; D. Nicholls: »Godard's *Week-end*: totem, taboo, and the fifth republic«, in: Sight and Sound, 1979/80, H. 1; James Roy MacBean: »Film and Revolution«. Bloomington, London 1975; Enno Patalas: »Das Jahr der vier Galgen«, in: ders./Frieda Grafe: Im Off. München 1974; Andrew Sarris: »Confessions of a Cultist«. New York 1970.

Achim Haag

DER WEISSE HAI ↗ Jaws

DIE WEISSE HÖLLE VON PIZ PALÜ Deutschland (Sokal Film) 1929. 35 mm, s/w, stumm, 3.330 m.
R: Arnold Fanck, Georg Wilhelm Pabst.
B: Arnold Fanck, Ladislaus Vajda. K: Sepp Allgeier, Richard Angst, Hans Schneeberger.
Ba: Ernö Metzner. S: Arnold Fanck, Hermann Haller. M: Willy Schmidt-Gentner.
D: Gustav Diessl (Dr. Johannes Krafft), Leni Riefenstahl (Maria Maioni), Ernst Petersen (Heinz Brandt), Ernst Udet.

Das Genre des Bergfilms, das von Arnold Fanck mit *Der Berg des Schicksals* (1923/24), *Der heilige Berg* (1925/26) und *SOS Eisberg* (1932/33) entscheidend mitgeprägt wurde, erfreute sich in den Jahren der Weimarer Republik großer Beliebtheit. Der kommerzielle Erfolg von *Die weiße Hölle von Piz Palü* schien noch einmal die Konkurrenzfähigkeit des Stummfilms zu beweisen, zu einem Zeitpunkt, als die ersten Tonfilme auf den Markt kamen. Für den englischsprachigen Markt wurden zwei Voice-over-Fassungen hergestellt, die jedoch auf Ablehnung stießen: Der Kommentar wurde als störend empfunden.

Fanck hatte ein Thema gewählt, »in dem die Handlung selbst sich aus der umgebenden Natur entwickelt«. Maria und Heinz feiern ihre Verlobung auf der Diavolezzahütte, als der düstere Dr. Krafft zu ihnen stößt. Seitdem seine Frau in einer Gletscherspalte des Piz Palü umgekommen ist, treibt es ihn an jedem Jahrestag des Unglücks auf den Berg. Er will eine noch nicht begangene Route vor einer Schweizer Studentengruppe durchsteigen und nimmt das junge Paar mit auf die gefährliche Tour. Die Studenten werden von einer Lawine in eine Gletscherspalte gefegt, Krafft und Heinz werden von Eisbrocken verletzt, so daß sie in der Wand festsitzen. Dem Flieger Udet gelingt es, sie in der Wand ausfindig zu machen und der Rettungsmannschaft den Weg zu zeigen. Während der Rettungsaktion spielt sich das Drama auf dem Felsband ab. Um das Paar vor dem Erfrieren zu retten, gibt Krafft ihnen seine Kleidung und sucht – kurz vor dem Eintreffen der Retter – den Tod im Eis.

Bergfilme haben ihr eigenes Pathos: Die Natur wird zum »großen Gegenspieler« (Fanck). Der Mensch, der sich ihr entgegenstellt, wird mit Schneesturm und Lawinengang bestraft. Die gewalttätige Natur wird ihm zum Schicksal, dem er sich beugen muß: Die heroische Haltung der Protagonisten geht einher mit der Anerkennung ihrer Unterlegenheit, dem Akt der Unterwerfung. Krafft geht freiwillig in den Tod, der niemandem nützt. Die Technik als Hilfsmittel des Menschen kann ihn nur vor dem Schlimmsten bewahren, wenn ein übermenschlicher Held wie der legendäre Jagdflieger Udet – den Fanck gleich in drei Filmen einsetzte – in letzter Minute Rettung bringt. Die fast ausweglose Schicksalsverfallenheit verbindet Fanck mit einem Darwinismus der sexuellen Beziehungen: Der jüngere und unerfahrenere Mann hat gegenüber dem männlicheren und stärkeren bei der Frau keine Chance.

So wie Fanck die realistische Handlung einer Bergsteigerkatastrophe überhöht, vermischt er auf der Ebene der visuellen Gestaltung eine Fotografie, die der Neuen Sachlichkeit nahesteht, mit Bildern, die sich an bekannte Motive und Kompositionsregeln der Romantik anlehnen. Die Mitarbeit Pabsts, auf die der Produzent bestanden hatte, beschränkte sich laut Fanck auf die Aufnahmen im Atelier und die Szenen auf dem Felsband; die Spielszenen sind weitaus überzeugender als in früheren Filmen Fancks gegliedert und inszeniert. Doch beeindruckt der Film vor allem durch die Naturaufnahmen. Der Einsatz fortschrittlichster Technik – man arbeitete mit Brennweiten bis zu 500 mm – ermöglichte es, dem Publikum bis dahin nie gesehene Bilder zu zeigen.

Fanck, der sowohl Luis Trenker wie Leni Riefenstahl – ihr Regiedebüt ist ebenfalls ein Bergfilm: *Das blaue Licht* – entdeckte, wurde später der Vorwurf gemacht, den Faschismus geistig vorbereitet zu haben. Bei der Uraufführung dagegen wurde *Die weiße Hölle von Piz Palü* auch in dem KPD-Organ »Die Rote Fahne« überschwenglich rezensiert. 1935 kam der Film in einer Tonfassung neu heraus, wozu Giuseppe Becce die Musik lieferte; die Szenen mit dem jüdischen Schauspieler Kurt Gerron wurden herausgeschnitten. Unter dem Titel *Föhn* drehte Rolf Hansen 1950 ein Remake des Stoffes mit Hans Albers und Liselotte Pulver in den Hauptrollen. Hinter der Kamera stand, wie 20 Jahre zuvor bei der Originalversion, Richard Angst.

»Revisited. Der Fall Dr. Fanck«, Film und Kritik, 1992, H. 1 (Themenheft); Thomas Brandlmeier: »Arnold Fanck«, in: CineGraph, 1985, Lg.4; Gero Gandert (Hg.): »Der Film der Weimarer Republik. 1929«. Berlin, New York 1993; Jan-Christopher Horak (Hg.): »Berge, Licht und Traum«. München 1997; Wolfgang Jacobsen (Hg.): »G.W. Pabst«. Berlin 1997; Tilo Rudolf Knops: »Bezwingergeist«, in: medium, 1990, H. 4; Josef Lederle: »Rückkehr zum ›Piz Palü‹«, in: film-dienst, 1998, H. 7; Tim Pulleine: »*The White Hell of Piz Palu*«, in: Monthly Film Bulletin, 1982, H. 579; Christian Rapp: »Höhenrausch. Der deutsche Bergfilm«. Wien 1997.

Thomas Jacobs

WENN DIE KRANICHE ZIEHEN

↗ Letjat Žuravli

WENN FRAUEN HASSEN

↗ Johnny Guitar

WENN KATELBACH KOMMT

↗ Cul-de-sac

WHATEVER HAPPENED TO BABY JANE?

(Was geschah wirklich mit Baby Jane?). USA (Warner Seven Arts) 1961/62. 35 mm, s/w, 132 Min.
R: Robert Aldrich. B: Lucas Heller, nach einem Roman von Henry Farrell. K: Ernest Haller. S: Michael Luciano. M: Frank De Vol.
D: Bette Davis (Baby Jane Hudson), Joan Crawford (Blanche Hudson), Victor Buono (Edwin).

Als Baby Jane Hudson noch ein Vaudeville-Kinderstar war, stand ihre Schwester Blanche hinter dem Vorhang und schaute voller Neid zu. Später, Blanche ist eine berühmte Schauspielerin geworden, sorgt sie dafür, daß ihre wenig talentierte Schwester ebenfalls vom Filmstudio angestellt wird. Ein mysteriöser Autounfall, an dem Jane schuld zu sein scheint, fesselt Blanche an den Rollstuhl und bringt sie für die nächsten dreißig Jahre in die Abhängigkeit ihrer immer stärker verwirrten und dem Alkohol verfallenden Schwester. Jane findet heraus, daß Blanche sie in ein Sanatorium abschieben will; daraufhin beginnt sie, ihre Schwester systematisch zu terrorisieren und ermordet schließlich das Hausmädchen, das Blanche zu befreien versucht. Aus Angst vor der Polizei flieht Jane mit der todkranken Blanche ans Meer, die ihr beichtet, daß sie selbst die alleinige Schuld an ihrem Unfall trägt. Jane verfällt dem Wahnsinn. Noch einmal ist sie die unschuldige Baby Jane von einst und singt am Strand, umringt von jungen Männern, mit krächzender Stimme die Titelmelodie: ein letzter, bizarrer Auftritt, der von der Polizei beendet wird.

Mit *Whatever Happened to Baby Jane?* erfand Robert Aldrich eine neue Variante des Horrorfilms, den Camp-Horrorfilm. Alle Beziehungen im Film werden dominiert von Gier und Ausbeutung, besonders deutlich im vom Showgewerbe pervertierten Familienleben, in dem Liebe und Haß einzig um den Erfolg kreisen. Symbol der gescheiterten Karriere sind die Baby-Jane-Puppen, die, früher ein Verkaufsschlager, nun im Keller verrotten und damit gleichzeitig den Verfall von Jane demonstrieren. Wiederholt zeigt der Film die Verwüstungen, die die Zeit hervorbringt. Jane singt im dunklen Keller ihre Revuenummer; als sie vor den Spiegel tritt und sich im entlarvenden Licht sieht, schreit sie auf und bricht tränenüberströmt zusammen. Blanche starrt auf ihr jüngeres Ich in einem Film, der gerade im Fernsehen gezeigt wird. Schauspielerin und Rolle vermischen sich, nicht zuletzt durch die wiederholten Ausschnitte aus früheren Filmen der Hauptdarstellerinnen Bette Davis und Joan Crawford.

Bei der Uraufführung 1962 schockierte der Film, weil er zwei Stars des klassischen Hollywoodfilms so zeigte, wie man sie bisher noch nie gesehen hatte. Insbesondere Bette Davis ließ sich im grellen Licht und in einem von ihr selbst angeregten, grotesken Make-Up aufnehmen. Hinter der Kamera stand Er-

Whatever Happened to Baby Jane?: Bette Davis

nest Haller, Spezialist für Frauenfilme bei Warner Brothers, der bei Filmen wie *Jezebel* (1938) und *Dark Victory* (*Opfer einer großen Liebe*, 1939) mit Davis und *Mildred Pierce* (*Solange ein Herz schlägt*, 1945) mit Crawford gearbeitet hatte.
Wie in Billy Wilders ↗*Sunset Boulevard* geht es um alternde weibliche Stars und deren ungebrochenes Verlangen, von der Öffentlichkeit geliebt zu werden. Ungewollt zeigt der Film auch das Ende eines Illusionskinos, das auf Glanz und Glamour setzte: Statt aufwendiger Bauten verwendete man heruntergekommene Originalschauplätze. Nostalgie will jedoch nicht aufkommen angesichts der Wut, mit der die beiden Frauen, die nun nichts mehr zu verlieren haben, sich aneinander rächen. Die Filme in der Nachfolge von *Whatever Happened to Baby Jane?* führten diese Position einen Schritt weiter und ersetzten den psychologischen Terror durch den physischen. In *Hush... Hush Sweet Charlotte* (*Wiegenlied für eine Leiche*, 1965), ebenfalls mit Bette Davis, und *Strait-Jacket* (*Zwangsjacke*, 1964) werden alternde Schauspielerinnen als psychopathische Mörderinnen gezeigt.

Kenneth Anger: »Hollywood Babylon«. München 1975; Richard Combs: »Robert Aldrich«. London 1978; Peter John Dyer: »Meeting Baby Jane«, in: Sight and Sound, 1962/63, H. 3; Molly Haskell: »From Reverence to Rape«. London 1974; Charles Higham: »The Celluloid Muse: Hollywood Directors Speak«. Chicago 1969; Anette Kaufmann: »Angst. Wahn. Mord«. Münster 1990; Renate Lippert: »Panisches Töten«, in: Frauen und Film, 1990, H. 49; Michel Maheo: »Robert Aldrich«. Paris 1985; Andrew Ross: »Uses of Camp«. New York 1989; Alain Silver/Elizabeth Ward: »Robert Aldrich: A Guide to References and Resources«. Boston 1979.

Amy Lawrence/Gerd Gemünden

WHITE HEAT (Sprung in den Tod/ Maschinenpistolen). USA (Warner Brothers) 1949. 35 mm, s/w, 114 Min.
R: Raoul Walsh. B: Ivan Goff, Ben Roberts, nach einer Erzählung von Virginia Kellogg.

K: Sid Hickox. A: Edward Carrer, Fred M. McLean. M: Max Steiner.
D: James Cagney (Cody Jarrett), Virginia Mayo (Verna Jarrett), Margaret Wycherly (Codys Mutter), Edmond O'Brien (Hank Fallon), Steve Cochran (Ed Somers).

Das Finale hat *White Heat* berühmt gemacht. Der Raubüberfall auf die Chemiefabrik ist mißglückt; Die Polizei hat die Gangster erledigt, es fehlt nur noch der Bandenchef Cody. Er hat sich auf einem riesigen Tank verschanzt. Hoch oben turnt er, bereits angeschossen, im Scheinwerferlicht. Euphorie erfaßt ihn, im Wahn triumphiert er: »Ich hab's geschafft, Ma! Top of the world!« Er sprengt sich und den Tank in die Luft.

Die Inhaltsangabe von *White Heat* liest sich wie ein Kompendium des amerikanischen Gangsterfilms. Nach einem Zugüberfall, bei dem es Tote gab, läßt sich Cody wegen eines von ihm nicht begangenen Delikts verhaften und verurteilen: Es gibt kein besseres Alibi. Die Polizei hat den Trick durchschaut; Hank Fallon, ein »Aushorchspezialist«, wird Cody als Zellengenosse zugeteilt. Während der Boß einsitzt, meutern die Bandenmitglieder. Codys Mutter, eine ältliche Matrone und der heimliche Chef der Gang, wird umgebracht; Ed macht sich an Verna, Codys Freundin, ran. Mit Hilfe von Fallon bricht Cody aus, rächt seine Mutter und bereitet, schon um das Heft wieder in die Hand zu bekommen, den nächsten Coup vor. Doch der Polizeispitzel Fallon, den er für seinen Freund hält, verrät den Plan.

Den Krimi setzt der Routinier Walsh, in allen Genres zuhaus, temporeich in Szene. Ein bereits ausformuliertes Genre-Repertoire wird durchgespielt, ein Räderwerk läuft ab. Der Gangster verfolgt seine Ziele mit emotionsloser Brutalität, während auf der anderen Seite die Polizeimaschinerie arbeitet: Für Sentimentalitäten bleibt kein Raum; selbst Gewaltszenen wirken nüchtern und zwangsläufig. Von Gefühlen keine Spur: Daß Verna ihn betrogen hat, löst bei Cody keine Eifersucht aus. Dulden kann er das natürlich nicht: Er holt sich zurück, was ihm gehört.

James Cagney, der neben Edward G. Robinson dem amerikanischen Gangsterfilm sein Gesicht verlieh, konnte in der lieblosen Beziehung zu Verna eine frühere Rolle variieren: In dem von William A. Wellman inszenierten Film *The Public Enemy* (*Der öffentliche Feind*, 1931) hatte er einer plappernden Freundin beim Frühstück eine halbe Grapefruit ins Gesicht gedrückt.

Der Gangster, sein Rivale in der Gang, ein Polizeispitzel als Verräter, eine Blondine als Gangster-Braut: Diese Elemente der Story sind wohlvertraut. Neu und ungewöhnlich dagegen: Der Gangster ist ein Muttersöhnchen, der mit »pathologischer Liebe«, so ein Polizist, an der Mama hängt. Cody ist krank: »Früher versuchte er immer, die Zuneigung seiner Mutter auf sich zu lenken, indem er Kopfschmerzen simulierte«, weiß der Polizist. »Als er heranwuchs, wurden die eingebildeten Kopfschmerzen echt, und heute kann er sich kaum noch dagegen wehren.« Zweimal bekommt er einen Anfall: bei der Versammlung der Gang – Mutter führt ihn ins Nebenzimmer, massiert ihm den Kopf und richtet ihn wieder auf – und im Gefängnis: Fallon übernimmt die Stelle von Ma, er wird zur Ersatzmutter. Die kriminellen Psychopathen in anderen Filmen sind Triebtäter oder dämonische Übermenschen in der Nachfolge von Dr. Mabuse: besessen von Macht- und Geldgier. Cody dagegen will nichts weiter sein als ein guter Junge, der die Erwartungen seiner Mutter nicht enttäuscht. So wird der Gangster, der ohne Zögern tötet, zu einer sehr menschlichen Gestalt. Am Ende fragt sich der Zuschauer, ob der Polizeispitzel nicht weit stärkere Züge einer psychischen Schädigung aufweist: Fallon ist »ein Mann mit ständig wechselnder Identität, ohne private Bindungen, berechnend und gefühllos« (Anette Kaufmann).

»Cagney verkörpert in diesem Film eine der letzten großen Gangsterfiguren, die keine Weiterentwicklung mehr offenläßt«, resümiert Paul Werner in seiner Geschichte des Film noir. Doch in einem anderen, überraschenden Kontext wurde der Faden wieder aufgenommen: Im Frühwerk von Rainer Werner Fassbinder stößt man auf eine produktive Rezeption von *White Heat*. Die unterschwellig homoerotische Beziehung zwischen Cody und dem Spitzel lieferte das Grundmuster für *Liebe ist kälter als der Tod* (1969). Mit seinen ersten Filmen versuchte Fassbinder, übersetzt in die künstliche Welt des amerikanischen Kinos, sein Lebensgefühl zu fixieren. Auch später wirkte, unter wechselnden Namen, in fast allen Fassbinder-Filmen seine Mutter als Laiendarstellerin mit. Auf ihre Rollen angesprochen, hat der Regisseur bekannt: »Die Beziehung zwischen James Cagney und seiner Mutter, die ist halt so, wie sie zwischen allen meinen Helden und ihren Müttern ist.«

»*White Heat*«. Hg. Patrick McGilligan. Madison, London 1984. (Filmprotokoll, Materialien).
T. Clark: »*White Heat*: The Old and the New«, in: Wide Angle, 1979, H. 1; Tom Conley: »Film Hieroglyphs. Ruptures in Classical Cinema«. Minneapolis 1991; Homer Dickens: »The Films of James Cagney«. Secaucus 1972; Clint Eastwood: »Explosionen von Wut und Verzweiflung«, in: Süddeutsche Zeitung, 17.7.1997; Lucy Fischer: »Cinematernity«. Princeton 1996; Anette Kaufmann: »Angst. Wahn. Mord«. Münster 1990; Patrick McGilligan: »Cagny: The Actor as Auteur«. San Diego 1982; Georg Seeßlen: »Der Asphalt-Dschungel«. Reinbek 1980; Paul Werner: »Film noir«. Frankfurt a.M. 1985.

Michael Töteberg

WIE DER GESCHMACK VON MAKRELENHECHT ↗ Samma no aji

WILD AT HEART USA (Polygram)

1990. 35 mm, Farbe, 124 Min.
R: David Lynch. B: David Lynch, nach dem Roman von Barry Gifford. K: Frederick Elmes. S: Duwayne Dunham. M: Angelo Badalamenti. D: Nicolas Cage (Sailor), Laura Dern (Lula), Diane Ladd (Marietta), Willem Defoe (Bobby Peru), Isabella Rossellini (Perdita Durango).

»Wenn man darüber reden kann, hat es nichts mit Kino zu tun«, sagt David Lynch, der von der Malerei zum Film kam. *Wild at Heart* ist demnach nicht im Schema des traditionell-narrativen Films zu verstehen, der Reiz besteht vielmehr in Übercodierungen, Doppelungen und der Dominanz der ästhetischen Mittel. Auf der Ebene der dramaturgischen Bauformen überwiegt eine anti-aristotelische, anti-naturalistische Erzählweise, d.h. klassische Elemente wie die Empathie mit Handlungen und Emotionen der Protagonisten werden überlagert von der präsentierenden Methode.

Zu Beginn definiert Lynch in weniger als fünf Minuten sämtliche Themen, Stilmittel und Referenzen des Films: Ein leinwandfüllender Streichholzkopf entzündet sich im ersten Bild zischend in Zeitlupe. Es folgen die Namen von Nicolas Cage und Laura Dern, dem Filmpaar, das sich inmitten einer brutalen, verrückten Welt seine Liebe bewahrt. Auf die schwarze Leinwand saust nun unter Explosionsgeräuschen der Titel des Films, über dem folgenden Flammenmeer erscheinen die Namen der Darsteller ›der Bösen‹ – Feuer und Zigaretten werden die rhythmisierenden Elemente des Films. Zur Vorspannsequenz erklingt Richard Strauss' »Im Abendrot«, dann Glenn Miller, während ein Theaterfoyer gezeigt wird, in »Cape Fear, irgendwo an der Grenze zwischen North und South Carolina«, wie ein auf die folgende Reise ins verdrängte, destruktive Unbewußte der amerikanischen Kultur verweisender Zwischentitel informiert. Während der Einführung der Hauptdarsteller wechselt die Stimmung jäh, unterstützt durch die Speed-Metal-Musik von Powermad. Sailor soll erstochen werden, doch er wehrt sich, bis die Gehirnmasse des Angreifers aus dem offenen Schädel tritt, während Sailors Liebste Lula entsetzt daneben steht. Die mit der nonverbalen Beschuldigung von Lulas Mutter endende, 34 Sekunden lange Totschlag-Szene will die Zuschauer schockieren. Mit Hilfe von Attraktionsmontagen, übersteuertem Ton, dramatisierenden und kontrastierenden Musikeffekten, extremen Kameraperspektiven und einem anti-naturalistischen Farbwechsel erreicht Lynch die gewünschte Wirkung. Dem Schnitt ins Gefängnis folgt dann die Einführung des letzten markanten Stilmittels des Films, der anti-realistisch-verspielten Ebene: Sailors Gesicht hinter Gittern erscheint plötzlich verzerrt im Inneren einer Kristallkugel, wie sie auch die böse Hexe in ↗*The Wizard of Oz* benutzt, dem präsentesten Bezug der unzähligen intertextuellen Referenzen in *Wild at Heart*.

Der Kern der nun folgenden Handlung ist eine Abwandlung des sentimental-romantischen Jugendmythos' von zwei Liebenden, deren Eltern gegen die

Verbindung sind: Sailor und Lula sind nach seiner Entlassung auf der Flucht vor der bösen Hexe, Lulas Mutter Marietta, die Killer auf sie ansetzt, weil sie ihrer Tochter die Jugend neidet, selbst an Sailor interessiert ist, ihn als Zeugen ihres Gattenmordes fürchtet oder einfach weil Hexen auf Liebe stets mit Haß reagieren. Nachdem Mariettas ehemaliger Liebhaber, der Privatdetektiv Johnnie Farragut, in der Verfolgung der beiden nicht effizient genug ist, bittet Marietta den Drogenboß Santos, der auch an der Ermordung ihres Mannes beteiligt war (und für den, wie sich herausstellen wird, Sailor damals als Fahrer gearbeitet hat) um Hilfe. Santos nimmt Kontakt zu Mr. Reindeer auf, der wiederum das Killer-Paar Bobby Peru und Perdita Durango auf Sailor und Lula ansetzt, die mittlerweile in Big Tuna angekommen sind. Bobby Peru entdeckt, daß Lula schwanger ist, und überredet Sailor zu einem gemeinsamen Bankraub, bei dem er ihn töten will. Doch Peru kommt selbst dabei um, während Sailor wieder ins Gefängnis muß. Nach seiner Freilassung wartet Lula mit dem gemeinsamen Sohn, doch Sailor ist von Selbstzweifeln geplagt. Nach einer Vision der Fee aus ↗ *The Wizard of Oz* besinnt er sich und singt auf der Motorhaube ihres Wagens »Love me tender« für seine Familie.

Die Handlung ist einfach, wird aber in komplizierter Weise erzählt: Rückblenden, subjektive Erinnerungsfetzen und Alpträume bilden eine verschachtelte Struktur aus erzählter Gegenwart, Partikeln einer unaufgelösten Vergangenheit, fingierter Realität und Irrealität. Dem Dialog fehlt oft bedeutungsbildende Funktion, Lynch läßt seine Figuren, die ganz Pose und Zeichen sind (»Elvis und Marilyn in der Hölle der amerikanischen Gegenwart«, Seeßlen), am Dialog vorbei sprechen. Zentral ist die Bedeutung einzelner Szenen wie der legendären »Sag: fick mich«-Szene zwischen Bobby Peru und Lula, einer typisch Lynchschen Vergewaltigungsszene, verübt auf sprachlicher Ebene und voller Ambivalenz. Die einzelnen Szenen differieren stark: Melodramatik wird zur Groteske, das Grausame zum Rührenden oder Phantastischen. Aus dieser Disparatheit der Einzelteile entsteht ein Kaleidoskop bizarrer Erlebnisse im Spiegel unserer medial codierten Gegenwart, das geradezu exemplarisch alle postmodernen Charakteristika erfüllt: fragmentierter Aufbau, vorgetäuschter Realismus, zweidimensionale Figuren, ein demonstratives Spiel mit den Genres sowie eine ironisch nach innen gewandte Intertextualität. Die fruchtbarste Betrachtung des Films, der sowohl bei Publikum wie bei Kritikern heftige Kontroversen ausgelöst hat, liegt demnach darin, *Wild at Heart* nicht als moralischen Prüfstein für Geschmack und Effektresistenz zu verstehen, sondern als »Bilderphilosophie über Wahrnehmung und Wirklichkeit« (Seeßlen).

Michel Bodmer: »Man muss den Ideen treu bleiben ...«, in: Filmbulletin, 2001, H. 234 (Interview mit David Lynch); Robert Fischer: »David Lynch«. München 1992; Anne Jerslev: »David Lynch. Mentale Landschaften«. Wien 1996; Klaus Kreimeier: »Banalitäten in ungewohnter Intensität? *Wild at Heart* – Zum Problem der Grenzüberschreitung in der medial codierten Wirklichkeit des Films«, in: Jürgen Felix (Hg.): Die Postmoderne im Kino. Marburg 1994; Charles Martig: »Entdeckungsreisen. Die (Alp)traumlandschaften des David Lynch«, in: film-dienst, 1999, H. 24; Bert Olivier: »Dislocating the everyday: David Lynch's *Wild at Heart* as cinema of the grotesque«, in: South African Journal of Philosophy, 1992, H. 4; Eckhard Pabst (Hg.): »A Strange World. Das Universum des David Lynch«. Kiel 1998; Chris Rodley (Hg.): »Lynch über Lynch«. Frankfurt a.M. 1998; Klaus Schreyer: »Die Matinee, der Meisterkritiker und die Medienkunde«, in: Andreas Rost (Hg.): Bilder der Gewalt. Frankfurt a.M. 1994; Georg Seeßlen: »David Lynch und seine Filme«. Marburg [3]1997.

Kyra Scheurer

WILDE ERDBEEREN

↗ Smultronstället

WITNESS FOR THE PROSECUTION

(Zeugin der Anklage). USA (Theme Pictures) 1957. 35 mm, s/w, 116 Min.

R: Billy Wilder. B: Billy Wilder, Harry Kurnitz, Larry Marcus, nach dem gleichnamigen Bühnenstück von Agatha Christie. K: Russell Harlan. Ba: Alexander Trauner. A: Howard Bristol. S: Daniel Mandell. M: Matty Malneck; Song »I May Never Go Home Anymore«: Ralph Arthur Roberts/Jack Brooks.

D: Charles Laughton (Sir Wilfrid Robarts), Tyrone Power (Leonard Vole), Marlene Dietrich (Christine Vole), Elsa Lanchester (Miss Plimsoll), Una O'Connor (Janet McKenzie), John Williams (Brogan-Moore), Henry Daniell (Mayhew).

»Einer der besten Hitchcock-Filme nur daß er von Wilder stammt«: Ähnlich wie Hellmuth Karasek urteilten die Kritiker bereits nach der Uraufführung. Seine letzten Filme *The Spirit of St.Louis* (*Lindbergh: Mein Flug über den Ozean*, 1957) und *Love in the Afternoon* (*Ariane – Liebe am Nachmittag*, 1957) waren durchgefallen; Wilder übernahm eine Auftragsarbeit, die den Erfolg zu garantieren schien: die Verfilmung eines auf dem Theater schon erprobten Stückes von Agatha Christie. Doch wie der Regisseur, der über eine hochkarätige Besetzung verfügte, diese Aufgabe löste, entlockte sogar der großen Dame des englischen Kriminalromans anerkennende Worte. Daß Tyrone Power der nette, sympathische junge Mann nicht ist, Marlene Dietrich nicht nur die intrigante, verschlagene Ehefrau und Charles Laughton nicht nur Kakao in seiner Thermosflasche mitführt, gehört zum Spiel des klassischen Whodunit und ist in der literarischen Vorlage schon angelegt. Doch mit sicherem Gespür baut Wilder die vorhandenen Ansätze aus zu einem Netz von Verwirrungen, Täuschungen und falschen Fährten, wie es mit solcher Raffinesse sonst nur Hitchcock zu spinnen versteht.

Witness for the Prosecution enthält zugleich aber, worauf Sinyard/Turner hingewiesen haben, das »Inventar bevorzugter Themen und Effekte Wilders«. Sir Wilfrid, der geschickte Anwalt, vertraut seinen intuitiven Fähigkeiten (und der englischen Gerichtsbarkeit), die ihn für die Wahrheit blind machen. Charles Laughton machte aus dem Advokaten eine Paraderolle: »Wie ein teuflischer Magier fügt er seine Scheinwelt Stück für Stück zusammen. Ein Lächeln sitzt listig hinterm Monokel, und aus den kleinen bacchantischen Gelüsten dieser Falstaff-Figur wächst die euphorische Stimmung des wortgewandten Siegers und die tiefe, aber nur zeitweilige Resignation des Verlierers.« (Martin Ruppert). Seine Misogynie verleitet ihn dazu, seinem Mandanten zu vertrauen. Der des Mordes angeklagte Leonard Vole ist scheinbar das Opfer: ein Versager, sympathisch zwar, aber mit Schwächen behaftet. Christine Vole, die Zeugin der Anklage, deren Glaubwürdigkeit der Verteidiger erschüttert, wird dargestellt von Marlene Dietrich, die mit ihrem Rollenklischee der Femme fatale spielt. Ihre Überlegenheit, ihr kaltblütig geplantes Vorgehen, bei dem sie auch die öffentliche Bloßstellung nicht scheut, erweist sich als eine großartige Inszenierung, in dessen Finale sie das größte Opfer bringen wird: Sie hat nicht nur die anderen getäuscht, sondern ist selbst getäuscht worden und ersticht den Mann, den sie eben vor dem Galgen gerettet hat. Sir Wilfrid, der entsetzt erkennt, daß er einem Mörder zum Freispruch verholfen hat, und tatenlos zusieht, wie die hintergangene Christine sich rächt, fängt sich rasch: Er übernimmt deren Verteidigung. Mit dem Schluß von *Witness for the Prosecution* revidiert Wilder seine bisherige Haltung: Eine bizarre »Aussöhnung der Geschlechter« (Sinyard/Turner) steht am Ende.

Rolf Becker: »*Zeugin der Anklage*«, in: Filmkritik, 1958, H. 4; Herbert Feinstein: »*Witness for the Prosecution*«, in: Film Quarterly, 1958/59, H. 1; Penelope Houston: »*Witness for the Prosecution*«, in: Monthly Film Bulletin, 1958, H. 289; Hellmuth Karasek: »Billy Wilder. Eine Nahaufnahme«. Hamburg 1992; Hans Helmut Kirst: »Charles Laughton und die Kunst der Verteidigung«, in: Münchner Merkur, 23.4.1958; Karena Niehoff: »Verteidiger aus Leidenschaft«, in: Tagesspiegel, 20.3.1958; Martin Ruppert: »Der schwarze Engel«, in: Frankfurter Allgemeine Zeitung, 1.3.1958; Claudius Seidl: »Billy Wilder«. München 1988; Neil Sinyard/Adrian Turner: »Billy Wilders Filme«. Berlin 1980; Werner Sudendorf (Hg.): »Marlene Dietrich«. Frankfurt a.M. u.a. 1980.

Theo Matthies

THE WIZARD OF OZ (Das zauberhafte Land/Der Zauberer von Oz). USA (Metro-Goldwyn-Mayer) 1938/39. 35 mm, s/w + Farbe, 101 Min.
R: Victor Fleming (King Vidor, Richard Thorpe). B: Noel Langley, Florence Ryerson, Edgar Allan Woolf, nach dem Kinderbuch

»The Wonderful Wizard of Oz« von L. Frank Baum. K: Harold Rosson. Ba: Cedric Gibbons. M: Harold Arlen, Liedertexte: E.Y. Harburg. D: Judy Garland (Dorothy), Ray Bolger (Hank/Vogelscheuche), Bert Lahr (Zeke/Löwe), Jack Haley (Hickory/Blechmann), Frank Morgan (Professor Marvel/Zauberer), Margaret Hamilton (Miss Gulch/Böse Hexe).

Dorothy kommt aufgeregt nach Haus: Miss Gulch hat ihren Hund Toto mit dem Stock geschlagen! Doch keiner will ihr zuhören. Tante Em und Onkel Henry sind zu beschäftigt, auch die Farmarbeiter haben keine Zeit für die Sorgen des Mädchens. Sie reißt mit Toto aus, kehrt aber bald wieder um. Plötzlich fegt ein Wirbelsturm über das Land. Dorothy irrt durchs leere Haus, die Farmersleute haben sich im Keller verkrochen. Ein Fensterrahmen wird von einem Windstoß aus den Angeln gehoben und trifft das Mädchen auf den Kopf; sie sinkt auf dem Bett nieder. Das Haus wird vom Sturm in die Luft gewirbelt: Durchs offene Fenster sieht man vorbeifliegen: eine strickende Oma im Lehnstuhl, eine Kuh, zwei Männer im Boot sowie Miss Gulch auf ihrem Fahrrad, die sich in eine Hexe auf dem Besenstiel verwandelt. Nach einer unsanften Landung steht das Haus wieder auf dem Boden. Dorothy öffnet die Tür: Sie betritt ein Wunderland und reibt sich erstaunt die Augen: »Das ist nicht Kansas.«
War der Film bislang schwarzweiß, so wird er nun farbig. Knapp 20 Minuten sah man eine unwirkliche Studiolandschaft mit gemalten Prospekten und kargen Requisiten: eine öde Landschaft, dominiert von einem Weg, einem Gatter und einem schmucklosen Farmhaus. Im Zauberland Oz ist alles bunt: eine Ausstattungsrevue, die in Farben schwelgt. Dorothy ist in einem Zwergenstaat gelandet, und dessen putzige Bewohner, die Munchkins, ernennen sie sogleich zur Nationalheldin: Das herunterstürzende Haus hat die böse Hexe getötet. Leider hat sie noch eine Schwester, die Dorothy verfolgt, weil das Mädchen nun die magischen »Ribbon Slippers« trägt. Der geheimnisvolle große Zauberer, meint die gute Hexe Glinda, könnte Dorothy helfen. Das Mädchen macht sich auf den Weg, bald begleitet von drei Freunden, die sich ebenfalls etwas vom Zauberer erhoffen: die mit Stroh gestopfte Vogelscheuche wünscht sich Verstand, der eingerostete Blechmann ein Herz, und dem feigen Löwen fehlt Courage.
Mag sein, daß die Figuren und Motive nicht besonders originell sind – Graham Greene monierte, daß der Film den Vergleich mit »Alice im Wunderland« nicht aushalte und lediglich einen »amerikanischen Vertretertraum vom Ausbrechen« darstelle –, aber die Ausführung ist von liebevoller Sorgfalt und technischer Perfektion. Der frühe Technicolor-Film arbeitet mit kräftigen Farben: der gelbe Weg, das rote Mohnfeld, das grüne Smaragdschloß und nicht zuletzt ein Zauberpferd, das von Einstellung zu Einstellung seine Farbe wechselt.
The Wizard of Oz zeugt von dem hohen Produktionsstandard Hollywoods in der Glanzzeit der Studios. Was die beteiligten Künstler im einzelnen zum Film beigetragen haben, läßt sich kaum auseinanderhalten: In den Vorspanntiteln wird als Regisseur einzig Victor Fleming aufgeführt, doch während der ersten Drehtage inszenierte George Cukor, dann übernahm Richard Thorpe für zwei Wochen die Regie. Als Fleming keine Zeit mehr hatte, weil er – wo er wiederum Cukor ablöste – ↗*Gone With the Wind* inszenieren mußte –, drehte King Vidor die Schlußszenen. Nicht weniger als zehn Autoren haben am Drehbuch mitgeschrieben, nur drei werden in den Credits genannt. Der Dialog und die Liedertexte, gespickt mit lautmalerischen Wortspielen, sind voll absurder Komik. Die Traumfabrik zog alle Register ihres Könnens: Kostüme und Maske, Ausstattung und Choreographie, Farbdramaturgie sowie die Special effects fügen sich zu einem kollektiven Meisterwerk, das keine individuelle Handschrift trägt.
Am Ende holt die Konvention den Film wieder ein: Alles erweist sich als Traum, die Gestalten aus dem Zauberland Oz haben ein Pendant in der Realität von Kansas. »Es ist nirgendwo besser als daheim«, so die Schlußapotheose, doch die Sehnsucht nach einem Phantasiereich wird nicht gänzlich zurückgenommen. Die eigentliche Auflösung, das Ende der Abenteuer in Oz, ist für einen Kinderfilm ungewöhnlich nüchtern: Der Zauberer wird entzaubert, er ist nur

ein Mensch, der mit billigen Tricks arbeitet. Er weiß, daß alle Menschen genausowenig oder genausoviel Herz, Verstand und Mut haben wie Dorothys drei Wegbegleiter; was ihnen fehlt, ist die gesellschaftliche Anerkennung. Die Vogelscheuche bekommt ein Universitätsdiplom, der Blechmann eine Auszeichnung als Wohltäter und der Löwe einen Heldenorden: Der soziale Status ist entscheidend. Statt Moral serviert der Film, kindgerecht verpackt, soziologische Erkenntnis. Salman Rushdie verweist auf den »lustvollen und beinahe allumfassenden Säkularismus«. Mit Dorothy lernen die Zuschauer, daß die Erwachsenen keineswegs allmächtig sind. Rushdie: »Ich brauchte das halbe Leben, um mir darüber klar zu werden, daß die apologia pro vita sua des Großen Oz genausogut auf meinen Vater zutraf – daß auch er ein guter Mensch war, aber ein sehr schlechter Zauberer.«

»*The Wizard of Oz*«. Hg. Michael Patrick Hearn. New York 1989. (Filmtext).
Carol Billman: »›I've Seen the Movie‹: *Oz* Revisited«, in: Literature/Film Quarterly, 1981, H. 4; Ray Bolger: »*The Wizard of Oz* and the Golden Era of the American Musical Film«, in: American Cinematographer, 1978, H. 2; L. Carpenter: »›There's No Place Like Home‹: *The Wizard of Oz* and American Isolationism«, in: Film and History, 1985, H. 2; Elisabeth Bronfen: »Heimweh: Illusionsspiele in Hollywood«. Berlin 1999; Silke Egner: »Bilder der Farbe«. Weimar 2003; Graham Greene: »The Pleasure Dome«. Oxford 1980; Aljean Harmetz: »The Making of *The Wizard of Oz*«. New York 1984; James Lindroth: »Down the Yellow Brick Road: Two Dorothys and the Journey of Initiation in Dream and Nightmare«, in: Literature/Film Quarterly, 1990, H. 3; Doug McClelland: »Down the Yellow Brick Road: The Making of *The Wizard of Oz*«. New York 1989; Salman Rushdie: »*The Wizard of Oz*«. London 1993; ders.: »Weg aus Kansas«, in: Cinema, Basel, 1993, Bd. 38.

Michael Töteberg

DER WOLFSJUNGE ↗ Enfant sauvage

A WOMAN UNDER THE INFLUENCE (Eine Frau unter Einfluß).

USA (Faces International) 1974. 35 mm, Farbe, 146 Min.
R+B: John Cassavetes. K: Mitch Breit. S: David Armstrong, Sheila Viseltaer, Elizabeth Bergeron. A: Phedon Papamichael. M: Bo Harwood. D: Peter Falk (Nick Longhetti), Gena Rowlands (Mabel Longhetti), Katharine Cassavetes (Mama Longhetti), Lady Rowlands (Martha Mortensen), Fred Draper (George Mortensen).

Wie die meisten Werke des Regisseurs John Cassavetes, der sich sein Geld als Schauspieler in anderen Produktionen verdiente und so seine Position als unabhängiger Autorenfilmer zu wahren wußte, ist *A Woman Under the Influence* ein sehr persönlicher Film. Die wichtigsten Rollen besetzte Cassavetes mit seiner Ehefrau Gena Rowlands, Familienangehörigen und engen Freunden. Die Vertrautheit zwischen den Beteiligten findet ihren Ausdruck im Film: In fast allen Szenen werden Momente großer Privatheit zwischen einem Ehepaar des amerikanischen Mittelstandes dokumentiert, ohne jedoch den Eindruck voyeuristischer Indiskretion zu erwecken.
Cassavetes löst die Geschichte auf in eine Reihe szenischer Momentaufnahmen. Wichtiger als der Fortgang der Handlung ist ihm die Porträtzeichnung der Charaktere. Obgleich die Inszenierung die Ambivalenzen und Widersprüchlichkeiten jeder Figur ausführlich festhält und so alternierende Identifikationsmöglichkeiten eröffnet, steht doch das Schicksal der Frau im Zentrum, die unter dem Druck steht, der ihr aufgetragenen Rolle als Mutter, Ehe- und Hausfrau gerecht zu werden. Die qualvolle Demontage einer ohnehin labilen Psyche wirkt umso frappierender, da sie nicht als das Resultat extrem repressiver Umstände, sondern ganz alltäglicher Zwänge und Anforderungen präsentiert wird. Die Szenen einer Ehe, mit spürbarer Spontaneität bis an die Grenze der Selbstentäußerung gespielt, wirken so authentisch, daß ein Mikrokosmos nicht konstruierter, sondern lebensechter, psychisch entsprechend komplexer Charaktere entsteht. Cassavetes verzichtet auf plakative Schuldzuweisungen und zeigt, daß auch der Mann als Ehemann, Vater und Berufstätiger überfordert ist. So verweist der Film über den geschilderten Einzelfall hinaus und kritisiert indirekt die moderne Ordnung familiären und gesellschaftlichen Zusammenlebens, in der für menschliche

Unzulänglichkeiten und Schwächen immer weniger Platz ist. Verglichen mit anderen Cassavetes-Filmen erscheint *A Woman Under the Influence* relativ optimistisch, da die Zweierbeziehung nicht nur als ein verzweifeltes, sondern auch hoffnungsvolles Miteinander beschrieben wird.

Die präzise Milieustudie zeichnet sich durch ein selten erreichtes Maß an Naturalismus aus, wobei die durchgehende Nähe der Kamera zu den Akteuren eine Intensität vermittelt, wie sie eben nur mit den Mitteln des Films denkbar ist. Cassavetes, dessen Interesse dem schauspielerischen Ausdrucksvermögen gilt, verzichtet bewußt auf dramaturgisch ausgefeilte Konstruktionen, wobei seine Methode auch Nachteile, vor allem Dialoglastigkeit und Redundanz, birgt.

»*Une femme sous influence*«, in: L'Avant-Scène du Cinéma, 1992, H. 411. (Filmtext).
A. Anhaus: »*Eine Frau unter Einfluß*«, in: Filmfaust, 1977, H. 5; David Degener: »Director under the influence« in: Film Quarterly, 1975/76, H. 2; Ray Carney: »The Films of John Cassavetes«. Cambridge 1991; ders. (Hg.): »Cassavetes über Cassavetes«. Frankfurt a.M. 2003; Bernhard Giger: »John Cassavetes oder Was Hollywood nicht zeigt«. Bern 1979; Norbert Grob: »*Eine Frau unter Einfluß*«, in: medium, 1977, H. 10; Peter W. Jansen/Wolfram Schütte (Hg.): »John Cassavetes«. München 1973; Isabelle Jordan: »Le mime et le geste«, in: Positif, 1976, H. 180; James Monaco: »American Film Now«. München 1985; A. Peck: »*Une femme sous influence*«, in: Positif, 1992, H. 377; Marc Ries: »Myosis. Gena Rowlands ist Gena Rowlands«, in: Andrea Lang/Bernhard Seiter (Hg.): John Cassavetes. Wien 1993; Michele Russell: »*A Woman Under the Influence*«, in: Cineaste, 1975, H. 1; Frédéric Strauss: »Deux«, in: Cahiers du Cinéma, 1992, H. 455/456.

Max-Peter Heyne

DAS WORT

↗ Ordet

DAS WUNDER VON MAILAND

↗ Miracolo a Milano

DER WÜRGEENGEL

↗ Angel exterminador

YEAH! YEAH! YEAH!

↗ Hard Day's Night

YEELEN

Mali (Les Films Cissé) 1987. 35 mm, Farbe, 105 Min.
R + B: Souleymane Cissé. K: Jean-Noel Ferragut. A: Kossa Mody. S: Dounamba Coulibaly, Andrée Devanture. M: Michel Portal, Salif Keita.
D: Issiaka Kane (Sohn), Aoua Sangare (Junge Peul-Frau), Niamanto Sanogo (Vater), Balla Moussa Keita (Peul-King), Soumba Traoré (Mutter), Ismaila Sarr' (Onkel), Youssouf Tenin Cissé (Kind), Koke Sangare (Meister des Komo).

Der Vater, der mit einer einzigen Geste Leben in Asche verwandeln kann, fürchtet um seine absolute Macht: Sein Sohn, Nianankoro, wird ihm ebenbürtig. Von der Mutter gewarnt, zieht der junge Mann davon, um sich zu retten und zu vervollkommnen. Der Vater heftet sich an seine Fersen, entschlossen, den zu vernichten, der die Unterwerfung verweigert. In einer mythologischen Wüstenlandschaft prallen die beiden übernatürlichen Kräfte aufeinander: Der Kampf zerstört Vater und Sohn. Doch das Ende der Welt ist zugleich ihre Neuschaffung. Im strahlenden Licht der Genesis macht sich Nianankoros kleiner Sohn mit dem wiedergefundenen und unversehrten Erbe der Väter davon: auf seinen Weg zu einer geläuterten Zukunft, die Harmonie und Synthese verspricht.

Nianankoros Initiationsreise führt durch eine zeitlose Welt, in der alles möglich scheint. Hier herrschen die Elemente und ihre Gegensätze. So wie der Tod neue Wege öffnet, hat – von den ersten Bildern des Filmes an – alles seine zwei Seiten: Dem Wasser antwortet das Feuer, der aufgehenden Sonne das niedertropfende Blut, der Stille der Wind, der Nacht der Tag, dem Ende der Anfang und dem Körper der Geist. Die philosophische Dimension läßt sich weder vom afrikanischen Animismus noch von der universellen Metaphysik trennen. Die Zweigesichtigkeit des Bambara-Weltbilds spiegelt sich in Details und im Ganzen: So verweisen etwa im Wasser treibende Kalebassen – Symbole für das überlieferte Wissen – auf das Leben als Ritual, das erneuert, auf die Zukunft gerichtet sein will. Zu dieser Zukunft führen die

Rieseneier des geheiligten Geiers, der den Koré, die siebte und höchste Stufe der Bambara-Gesellschaft, versinnbildlicht. Der Flügel des Koré verkörpert die Schnelligkeit des menschlichen Geistes, und die Waffe des Vaters, der »Zauberstößel«, dient dazu, Gesuchtes und Verlorenes wiederzufinden. Als Zeichen liegt der Komo zugrunde: das absolute Wissen.
Die Welt von *Yeelen* ist von schwer definierbarer Schönheit. Die Bilder sind in goldfarben-sanftes Licht getaucht, obwohl der Film von Gewalt – aber auch von Zärtlichkeit – handelt. Das Universum ist von allgegenwärtigen Geräuschen und magischen Tönen erfüllt. Verwunderung und Einsicht verschmelzen zur Ganzheit voll lyrischer Kraft. Da äußert sich Kunst nicht als verzichtbare Dreingabe, sondern – wie in Afrika üblich – als absolute kulturelle, menschliche und gesellschaftliche Notwendigkeit. Was wir im westlichen Kino phantastisch nennen, wirkt in *Yeelen* als Wesen der Natur; was bei Spielberg & Co. als technisches Brimborium aufgesetzt wirkt, wurzelt bei Cissé im Zusammenwirken der Elemente und im tiefgründigen Nährboden des beseelten Alltags. Selbst das Geheimnishafte an der Grenze zum Tabu zeigt Cissé mit der ruhigen Selbstverständlichkeit dessen, der das Notwendige tut.
Man muß sich als Europäer der Exotik, die so oft in unverstandener faszinierender Fremdheit liegt, entziehen, wenn man die aktuelle Tragweite von Cissés Fabel erkennen will. So kritisiert *Yeelen* die zur Herrschaft einzelner mißbrauchte und verratene Macht. Gleichzeitig beschwört Cissé die Geschichtlichkeit als Kraft der Veränderung: Der Fortschritt entsteht aus dem schmerzhaften, ja tragischen Zusammenprall gegensätzlicher Strömungen.

Antoine de Baecque: »Cela s'appelle l'aurore«, in: Cahiers du Cinéma, 1987, H. 402; Gilbert Adair: »The artificial Eye. *Yeelen*«, in: Sight and Sound, 1988, H. 4; Jacques Binet: »Souleymane Cissé. Oedipus Negro«, in: Positif, 1987, H. 322; Bruno Jaeggi: »*Yeelen*«, in: Zoom, 1988, H. 11; James Leahy: »*Yeelen*«, in: Monthly Film Bulletin, 1988, H. 658; Jim Pines/Paul Willemen (Hg.): »Questions of Third Cinema«. London 1989; Sylvia M. Schomburg-Scherff: »*Yeelen*«, in: epd Film, 1989, H. 4; Charles Tesson: »Genèse. *Yeelen* de Souleymane Cissé«, in: Cahiers du Cinéma, 1987, H. 397.

Bruno Jaeggi

YOL (Yol – Der Weg). Türkei/Schweiz (Güney Film/Cactus Film) 1981. 35 mm, Farbe, 108 Min.
R: Şerif Gören. B: Yilmaz Güney. K: Erdoğan Engin. S: Yilmaz Güney, Elisabeth Waelchli. M: Sebastian Argol, Kendal.
D: Tarik Akan (Seyit Ali), Şerif Sezer (Ziné), Halil Ergün (Mehmet Salih), Meral Orhonsoy (Emine), Necmettin Çobanoğlu (Ömer), Semra Uçar (Gülbahar), Hikmet Çelik (Mevlüt).

Die türkische Insel Imrali ist für Touristen gesperrt: Es handelt sich um eine Strafkolonie. In diesem Gefängnis hat Yilmaz Güney das Drehbuch zu *Yol* geschrieben und sein Filmprojekt vorbereitet, das von Şerif Gören als Stellvertreter für den inhaftierten Regisseur realisiert wurde. Für Güney war dies keine neue Situation: Der in seiner Heimat als Volksheld verehrte Schauspieler und Filmemacher, als Kommunist immer wieder angeklagt und verurteilt, hatte schon einmal mit der gleichen Methode, damals mit Hilfe von Zeki Ökten, aus dem Gefängnis heraus einen Film gedreht: *Sürü* (*Die Herde*, 1978/79). Die Aufnahmen für *Yol* waren für alle Beteiligten ein persönliches Risiko. Das noch nicht entwickelte Filmmaterial wurde ins Ausland gebracht; Güney nutzte einen Hafturlaub zur Flucht, um in der Schweiz den Film zu schneiden.
Im Gefängnis von Imrali spielen auch die ersten Szenen von *Yol*. Wer mindestens ein Drittel seiner Strafe verbüßt hat, ohne Aufbegehren alle Schikanen und Mißhandlungen über sich ergehen ließ, der kann sich Hoffnung auf Hafturlaub machen. Für fünf Gefangene erfüllt sich der Traum: Sie dürfen die Insel verlassen und zu ihren Familien, zu Freunden und Geliebten in die Heimat reisen.
Yusuf kommt nicht weit: Er hat seine Papiere verloren, wird bei der ersten Kontrolle verhaftet. Mevlüt besucht seine Braut, doch die Begegnung verläuft frustrierend: Nie ist das Paar unbeobachtet, immer paßt die Familie auf. Seiner zukünftigen Frau gibt Mevlüt Verhaltensregeln – sie dürfe nur noch schwarz tragen und mit keinem anderen Mann mehr sprechen –, anschließend verschwindet er im

Yol: Tarik Akan und Şerif Sezer

Bordell. Mehmet wird zu Hause mit schweren Vorwürfen konfrontiert: Weil er nach einem mißglückten Überfall seinen Schwager in Stich gelassen hat, macht die Familie ihn für dessen Tod mitverantwortlich. Nur seine Frau steht zu ihm. Gemeinsam fliehen sie, doch im Zug vollzieht ein Bruder des Toten die Rache: Mehmet wird erschossen. Ömer ist Kurde, in seiner Heimat sind blutige Auseinandersetzungen an der Tagesordnung: Sein Bruder, ein Schmuggler, stirbt im Kugelhagel der Zöllner. Die Tradition verlangt, daß Ömer nun die Frau seines Bruders heiratet und für die Kinder sorgt: Er muß auf das Mädchen, das er eigentlich liebt, verzichten und entschließt sich, nicht ins Gefängnis zurückzukehren, sondern sich in den Bergen zu verstekken.

Die eindrucksvollste der parallel erzählten Geschichten handelt von Seyit Ali und seiner Frau Ziné, die nicht auf ihn warten konnte und sich mit anderen Männern, auch gegen Bezahlung, eingelassen hat. Die Brüder haben sie deshalb in die Berge Kurdistans verschleppt, in einen Stall gesperrt und angekettet – man erwartet von Seyit, daß er zur Rettung der Familienehre seine Frau eigenhändig tötet. Er bricht im Schneesturm zur Hütte auf, unterwegs verreckt ihm sein Pferd; er holt die verdreckte, halb verhungerte Frau aus dem Verschlag und zerrt sie raus in die eisige Kälte: Er hat kein Mitleid mit der Hure, sie soll sich den Tod holen. Nach stundenlangem Marsch bricht sie zusammen. Seyit stapft unbeirrt weiter, kehrt aber dann doch um und schleppt Ziné auf seinem Rücken weiter. Verzweifelt prügelt er die erfrorene Frau, doch ihr Körper bleibt kalt: Es ist zu spät. Das Schlußbild: Seyit, auf der Fahrt zurück nach Imrali, sitzt im Zug, das Gesicht in den Händen vergraben.

»Gewalttätige Balladen, archaische Melodramen in verkarsteten Mondlandschaften: Yilmaz Güney ist der Pasolini des türkischen Films, ein bildmächtiger Poet«, notierte Hans-Christoph Blumenberg. Bei den Filmfestspielen in Cannes 1982 erhielt *Yol,* in der Türkei verboten, zusammen mit *Missing* (*Vermißt,*

1981) von Costa-Gavras die Goldene Palme. Größer könnten die Gegensätze nicht sein: hier ein perfekter Polit-Thriller, dessen Dramaturgie sich die amerikanische Familienideologie zunutze macht und über Identifikation den Zuschauer mobilisieren will; dort ein politisch radikaler Film, der schroff und fremd die Widersprüche herausstellt und die Dramatik der sozialen Realität entwickelt, ohne wohlfeile Lösungen anzubieten. Stärker noch als die manifeste Gewalt des Regimes sind die ungeschriebenen Gesetze der Tradition. Die Familie in der patriarchalischen Gesellschaft ist ein Instrument der Unterdrückung: Die Männer, die man eine Woche in die Freiheit entlassen hat, bewegen sich in einem Gefängnis, dessen Aufseher sie selbst sind.

Alain Bergala: »Les absences du cinéaste«, in: Cahiers du Cinéma, 1982, H. 340; Hans-Christoph Blumenberg: »Ein König im Exil«, in: ders.: Gegenschuß. Frankfurt a.M. 1984; Christel Brunn: »*Yol*«, in: medium, 1982, H. 12; Peter Buchka: »Hundert Jahre Traurigkeit«, in: Süddeutsche Zeitung, 3.12.1982; Jill Forbes: »Besmirched Honour«, in: Sight and Sound, 1983, H. 2; G. Gervais: »Étouffement: la Turqie vue par Güney«, in: Jeune Cinéma, 1982, H. 144; Andrea Grunert: »*Yol*«, in: Filmfaust, 1982/83, H. 31; Jan Heijs (Hg.): »Yilmaz Güney«. Hamburg 1983; Seçuk Iskender/ Dietrich Klitzke: »Der türkische Film. III. Yilmaz Güney und das revolutionäre Kino«, in: medium, 1982,H. 1; Reinhard Kleber: »*Yol – Der Weg*«, in: Günter Engelhard u.a. (Hg.): 111 Meisterwerke des Films. Frankfurt a.M. 1989; Marcel Martin: »*La voie*«, in: La Revue du Cinéma, 1982, H. 374; P.A. Paranagua: »*Yol*«, in: Positif, 1982, H. 259; N. Roddick: »The Trek of Life«, in: Stills, 1983, H. 6; Peter Schneider: »Zurückhaltung und Takt«, in: Cinema, Zürich, 1982, H. 3.

Michael Töteberg

Z Frankreich/Algerien (Reggane Film/ONCIC) 1968. 35 mm, Farbe, 145 Min.
R: Constantin Costa-Gavras. B: Constantin Costa-Gavras, Jorge Semprún, nach dem gleichnamigen Roman von Vassilis Vassilikos. K: Raoul Coutard. S: François Bonnot. M: Mikis Theodorakis.
D: Yves Montand (der Doktor), Jean-Louis Trintignant (Untersuchungsrichter), Jacques Perrin (Journalist), Irène Papas (Hélène).

Der Titel, dem Altgriechischen entnommen, bedeutet: Er lebt. *Z* schildert einen politisch motivierten, von der Obrigkeit gedeckten Mord. Ein führender Oppositionspolitiker wird beseitigt, der Fall soll vertuscht werden. Die Geschichte spielt in irgendeinem Land, Namen werden nicht genannt, doch schon der Vorspann verweist darauf, daß Ähnlichkeiten mit realen Ereignissen keineswegs zufällig, sondern beabsichtigt sind. 1963 kam in Athen Gregorios Lambrakis, Arzt und Abgeordneter, bei einem inszenierten Unfall ums Leben. Die Autopsie ergab, daß seine Schädelverletzung nicht von dem Sturz, sondern von einem Schlaginstrument herrührte; die Täter waren Mitglieder einer rechtsradikalen Organisation, die von hochrangigen Militärs geleitet wurde. Die Aufdeckung des Mordkomplotts führte zur Verhaftung der einflußreichen Drahtzieher, deren Verurteilung jedoch ausgesetzt wurde, und zum Sturz der Regierung Karamanlis. Nach dem Militärputsch im April 1967 wurden die beurlaubten Generäle rehabilitiert und wieder in Amt und Würden gesetzt.
Costa-Gavras' spannungsgeladener Thriller setzt von Anfang an auf Emotion und schlägt ein forciertes Erzähltempo ein, das von raffenden Montagen und eingeschnittenen Erinnerungsbildern gestützt wird. Militärische Orden und Abzeichen sind dem Vorspann unterlegt. Das aufgeheizte politische Klima wird knapp umrissen. Der Polizeichef hält einen Vortrag vor seinen Untergebenen: Man müsse die subversiven Elemente, die Kommunisten, Pazifisten und Anarchisten, wie Schädlinge bekämpfen. Die Oppositionspartei bereitet eine Kundgebung vor, auf der »der Doktor« sprechen soll. Es gibt Schwierigkeiten mit dem angemieteten Saal, zudem ist man beunruhigt über den Hinweis auf ein geplantes Attentat. Der Doktor läßt sich nicht beirren. Er spricht in einem viel zu kleinen Raum und tritt heraus auf die Straße, wo eine aufgebrachte Menge – Sympathisanten, Gegendemonstranten, Provokateure und ein riesiges Polizeiaufgebot – wartet. Plötzlich passiert ein ›Unfall‹: Ein Kleintransporter rast auf ihn zu, aus dem fahrenden Wagen heraus wird er niedergeknüppelt. Die Polizei behindert die Rettungsaktionen; der Doktor stirbt im Krankenhaus. Mit der Untersuchung des Falles wird ein junger

Richter beauftragt, der leidenschaftslos und unbeeindruckt von politischen Pressionen die Wahrheit ans Licht bringt.

Der Film konnte nur unter Schwierigkeiten realisiert werden. In Griechenland herrschte die Militärjunta, so daß man in Algerien drehen mußte. Der im Exil lebende Schriftsteller Vassilis Vassilikos, dessen Roman die Vorlage für den Film lieferte, hatte vor dem Putsch Einsicht in die Akten Lambrakis nehmen können. Mikis Theodorakis, durch seine Filmmusik zu *Zorba, the Greek* (*Alexis Sorbas*, 1964) weltberühmt geworden, stand unter Hausarrest. Seine aufpeitschende Musik trägt wesentlich zu den agitatorischen Qualitäten des Films bei. In Spanien, Portugal und Südamerika wurde die Aufführung von *Z* verboten; in Griechenland konnte der Film erst fünf Monate nach dem Ende des Militärregimes im November 1974 erstmals gezeigt werden.

Z begründete ein neues Genre: den Polit-Thriller. Nur in Italien hatte man schon vorher politische Aufklärung mit der publikumswirksamen Form des Kriminalfilms verbunden: Die Mafia, gestützt von korrupten Politikern, war das Thema von *Salvatore Giuliano* (*Wer erschoß Salvatore Giuliano?*, 1961) und anderen Filmen von Francesco Rosi. Der Polit-Thriller ist ein »synthetisches Genre« (Schäfer/Schwarzer): Er greift authentische, aus der Tagespresse bekannte Fälle auf und nutzt vom kommerziellen Erzählkino geprägte dramaturgische Muster, die mit neuen Inhalten versehen werden. Es handelt sich um ein engagiertes Kino, das sich nicht an informierte Minderheiten wendet, sondern die Masse ansprechen will. Der Polit-Thriller arbeitet mit Identifikationsfiguren, die von populären Stars gespielt werden: *Z* erreichte auch deshalb sein Publikum, weil die Hauptrollen mit Yves Montand und Jean-Louis Trintignant besetzt waren. Der Film, mit einem Oscar ausgezeichnet und weltweit ein Kassenerfolg, war der radikalen Linken suspekt und geriet in die damaligen ideologischen Auseinandersetzungen: Von der Studentenbewegung beeinflußte Cineasten lehnten ihn als zynische Geschäftemacherei ab; die Zeitschrift »Filmkritik« nannte *Z* schlicht »eine Sauerei«. Costa-Gavras und sein Drehbuchautor Jorge Semprún wurden bürgerliche Liberale genannt, was seinerzeit als Schimpfwort galt, aber ihre Position zutreffend beschreibt: *Z* fordert Demokratie ein, ruft nicht zur marxistischen Revolution auf. Costa-Gavras setzte seine politische Trilogie mit *L'aveu* (*Das Geständnis*, 1969) und *Etat de siège* (*Der unsichtbare Aufstand*, 1972) fort. In Hollywood, dem Zentrum des Kommerzkinos, drehte er nach dem gleichen Konzept *Missing* (*Vermißt*, 1981): Ein amerikanischer Durchschnittsbürger, gespielt von Jack Lemmon, muß gegen seine Überzeugung feststellen, daß die USA in den Militärputsch in Chile 1973 verstrickt sind und dabei auch nicht vor der Ermordung von Landsleuten zurückschrecken.

»Z«, in: L'Avant-Scène du Cinéma, 1969, H. 96. (Filmprotokoll).

Wolf Donner: »Z: ein politisches Dokument«, in: Die Zeit, 23.1.1970; Guy Hennebelle: »*Z* Movies or What Has Costa-Gavras Wrought«, in: Cinéaste, 1974, H. 2; Pauline Kael: »Z«, in: dies.: For Keeps. New York u.a. 1994; Jean-Daniel Lafond: »Les paradoxes de la fiction politique«, in: La Revue du Cinéma, 1977, H. 323; Alain Marty: »Un controsens idéologiques sur l'œuvre de Costa-Gavras«, in: ebd.; Joachim von Mengershausen: »In aller Einfalt zynisch«, in: Süddeutsche Zeitung, 12.1.1970; John Michalczyk: »Costa-Gavras: The Political Fiction Film«. Philadelphia 1984; F. Poulle: »Le cinéma politique de grande audience, autopsie d'un prototype: Z«, in: CinémAction, 1985, H. 35; David Sauvaget: »A propos de Costa-Gavras«, in: La Revue du Cinéma, a.a.O.; Horst Schäfer/Wolfgang Schwarzer: »Von *Che* bis *Z*. Polit-Thriller im Kino«. Frankfurt a.M. 1991; Martin Schlappner: »Ein politischer Thriller oder eine politische Analyse?«, in: Neue Zürcher Zeitung, 6.12.1969; Wolfgang Schwarzer: »Z«, in: Günter Engelhard u.a. (Hg.): 111 Meisterwerke des Films. Frankfurt a.M. 1989; D. Serceau: »La trilogie«, in: CinémAction, a.a.O.

Michael Töteberg

ZABRISKIE POINT USA (Metro-Goldwyn-Mayer) 1969/70. 35 mm, Farbe, 111 Min.

R: Michelangelo Antonioni. B: Michelangelo Antonioni, Fred Gardner, Sam Shepard, Tonino Guerra, Clare Peploe. K: Alfio Contini. S: Michelangelo Antonioni. A: George Nelson. Ba: Dean Tavoularis. M: Pink Floyd, Kaleido-

Zabriskie Point

scope, Jerry Garcia, Musica Elettronica Viva. D: Mark Frechette (Mark), Daria Halprin (Daria), Paul Fix (Café-Besitzer), G.D. Spradlin (Lee Allens Partner), Bill Garaway (Morty), Kathleen Cleaver (Kathleen), Rod Taylor (Lee Allen).

Wie die großen Realisten des Films, wie Murnau, Renoir und Rossellini, macht sich Michelangelo Antonioni auf, um eine ferne Realität mit seinen Mitteln zu erforschen. Er nimmt den Zuschauer mit auf den schwierigsten aller Kontinente: Die amerikanische Wirklichkeit ist der ganzen Welt scheinbar vertraut, allein durch die Vermittlung ungezählter Kinobilder. Antonioni selbst hat die Geschichte von *Zabriskie Point* auf die kürzeste Formel gebracht: »Ein junger Mann und ein Mädchen treffen sich. Sie reden. Das ist es. Alles was vor diesem Gespräch passiert, ist Prolog. Alles was nach dem Gespräch passiert, ist Epilog.« Daria ist Angestellte der Sunny Dunes Inc., einer Firma, die sich um die Erschließung der Wüste bemüht, Mark Student. Beide scheren aus ihrer Bahn aus: Wie stets bei Antonioni ist es eine zunächst ziellose, eskapistische Bewegung, welche die beiden zusammenführt, an einem Ort, der sich dann unmittelbar in die Geschichte einmischt. Am Ende wird Mark von Polizisten erschossen. Daria reagiert auf die Nachricht mit einer Destruktionsphantasie: Die Villa, als bewässerte Oase Symbol einer kapitalistischen, aggressiven Alles-ist-möglich-Haltung, fliegt in die Luft.

Die Vorbereitung zu den Dreharbeiten fiel mit den aufkommenden Studentenunruhen zusammen. Von der zu dieser Zeit angeschlagenen Produktionsfirma MGM mit weitreichenden Freiheiten ausgestattet, ließ der Film, der das aufgeheizte Klima jener Tage nicht ausspart, einen politischen Kommentar des – erstmals in den USA drehenden – Europäers erwarten. An diesem Anspruch gemessen, erscheint die Enttäuschung der zeitgenössischen Kritik verständlich.

Was ist von *Zabriskie Point* geblieben? Zunächst die Interessenverlagerung vom außerfilmischen Kontext

auf den amerikanischen Alltag, wie etwa die riesigen Reklametafeln, die sich mittels beschleunigter Zoom-Bewegungen in surreal animierte Objekte verwandeln. An seinem Ort angekommen, dem Death Valley im kalifornischen Hochland, verliert der Film diese Nervosität. Das Format von Panavision, das Breite zu Höhe des Filmbildes in ein Verhältnis von etwa 2:1 setzt, nutzte Antonioni, indem er die Hintergründe noch stärker als bislang mit der Handlungsebene korrespondieren ließ. Diese Absicht ist vor allem in dem Love-in deutlich: Zum ersten Mal deutet Antonioni an, daß Liebe – in einer allerdings radikal veränderten Gesellschaft – wieder möglich werden könnte. In Interviews während der Dreharbeiten zeigte sich der Filmemacher fasziniert von der Aufbruchsstimmung der amerikanischen Jugend; der Film jedoch wirkt, trotz der imaginierten Zerstörung der Villa, weit skeptischer.
Das Finale: Die stummgewordene Daria entfernt sich. Das Haus auf dem Felsen, gefilmt in immer näheren Einstellungen, in einem gewaltigen Feuerball wieder und wieder explodierend. Fragmente der technischen Zivilisation, die sich – in extremer Zeitlupe – auf der Leinwand in Readymades verwandeln. Dazu erklingen die suggestiven Töne der frühen Pink Floyd.

»*Zabriskie Point*«. Bologna 1970. (Drehbuch).
Michael Althen: »Carte blanche«, in: Rolf Schüler (Red.): Antonioni. Berlin 1993; Gordon Gow: »A Michelangelo Antonioni film *Zabriskie Point*«, in: Films and Filming, 1975, H. 10; Stephen Handzo: »Michelangelo in Disneyland: *Zabriskie Point*«, in: Film Heritage, 1970/71, H. 1; Günter Kunert: »*Zabriskie Point.* Das Gesicht einer Landschaft«, in: Film und Fernsehen, 1975, H. 7; Ned Rifkin: »Antonioni's Visual Language«. Ann Arbor/Michigan 1982; Hans-Peter Rodenberg: »Historischer Kontext und der zeitgenössische Zuschauer: Michelangelo Antonionis *Zabriskie Point* (1969)«, in: Helmut Korte: Einführung in die systematische Filmanalyse. Berlin 2000; Sam Rohdie: »Antonioni«. London 1990; B. Walker: »Michelangelo and the leviathan«, in: Film Comment, 1992, H. 5; M. Yacowar: »Private and public visions: *Zabriskie Point* and *Billy Jack*«, in: Journal of Popular film, 1972, H. 3.

Thomas Meder

DER ZAUBERER VON OZ/DAS ZAUBERHAFTE LAND

↗ Wizard of Oz

ZAZIE DANS LE MÉTRO

(Zazie in der Metro). Frankreich (Nouvelles Editions de Films) 1960. 35 mm, Farbe, 93 Min.
R: Louis Malle. B: Louis Malle, Jean-Paul Rappeneau, nach dem gleichnamigen Roman von Raymond Queneau. K: Henri Raichi. A: Charles Merangel. Ba: Bernard Evein. M: Fiorenzo Carpi.
D: Catherine Demongeot (Zazie), Philippe Noiret (Onkel Gabriel), Carla Marlier (Tante Albertine), Vittorio Caprioli (Pedro/Trouscaillon), Hubert Deschamps (Turandot).

Zazie, eine zehnjährige Göre aus der Provinz, besucht mit ihrer Mutter Paris. Beide wollen sie sich amüsieren: Mama hat sich mit einem Liebhaber verabredet, die Tochter will unbedingt mit der Metro fahren. Um ungestört dem amourösen Vergnügen nachgehen zu können, gibt die Mutter Zazie für zwei Tage bei Onkel Gabriel ab, der als »danseuse de charme« in einer Homosexuellen-Bar arbeitet. Mit der Kleinen hat der Mann seine liebe Not: Zazie ist sauer, denn die Metro wird bestreikt. Das Mädchen macht sich selbständig und erobert Paris auf eigene Faust. Nach turbulenten Verfolgungsjagden und Besichtigungstouren steuert die Geschichte auf ihren Höhepunkt zu: eine Schlägerei im Nachtlokal, aus dem alle zum Schluß in den Untergrund fliehen. Am Ende fährt Zazie doch noch Metro, doch sie merkt nichts davon: Völlig erschöpft von ihren Abenteuern, ist sie eingeschlafen. Tante Albertine bringt sie zu der Mutter, die bereits auf dem Garde de Lyon wartet: Gemeinsam fahren sie wieder nach Hause. Was sie denn in den letzten Tagen gemacht habe, fragt die Mutter. Zazie: »Ich bin älter geworden!«
Die Nacherzählung vermittelt einen falschen Eindruck: *Zazie dans le métro* sprengt die Konventionen der Narration. Was der Romanautor Queneau auf der sprachlichen Ebene vollzieht – die Travestie literarischer Genres, die virtuose Verschmelzung von Kunstsprache und Argot, die Dekonstruktion von

Literatur –, übersetzt Malle souverän in den Code seines Mediums: Er zerschlägt die traditionelle Grammatik der Filmsprache und veranstaltet ein wahres Feuerwerk von burlesken und grotesken Einfällen, um die synkopische Vision einer absurden Welt zu geben. Das Großstadt-Gewirr – das durch den Metrostreik ausgelöste Verkehrschaos, die Touristenströme auf dem Eiffelturm, die Märkte und Verkaufsstände in den Galerien – wird zum permanenten Karneval, bei dem alle moralischen und politischen Normen mit anarchischer Lust verspottet werden. Zazie, der Unschuldsengel mit der Zahnlücke und den derben Sprüchen, führt durch ein Panoptikum skurriler Gestalten. Die Erwachsenen und ihr geschäftiges Treiben werden durch eine subversive, »terroristische Komik« (Malle) gnadenlos lächerlich gemacht. Zeitraffer und Zeitlupe, Gags, Bildwitze und Stoptricks, Slapstick- und Balletteinlagen: Dieser Film ist ein Perpetuum mobile, das sich in rasanter Geschwindigkeit dreht. Malle greift in die Trickkiste und zieht wie ein Zirkusdirektor immer neue Überraschungen hervor. Die Kamera steht kopf, auf der Flucht ist Zazie sowohl vor wie hinter dem Verfolger, und eine explodierende Bombe wird durch Comic-Sterne wiedergegeben. Verfremdungen und Verzerrungen auch auf der Tonebene: Mittels Schnelldurchlauf läßt Malle Stimmen quäken wie Mickey Mouse oder er bringt die ganze Stadt zum Weinen, wenn Zazie vor dem verriegelten Metro-Eingang steht. Das Stimmengewirr, das sich durch den ganzen Film zieht, kommentiert ein Papagei: »Du quasselst, du quasselst, das ist alles, was du kannst.«

Der Roman von Raymond Queneau bewies, daß die Stilübungen der literarischen Avantgarde keineswegs langweilig sein müssen; die kongeniale Verfilmung durch Malle ist ein Beispiel dafür, daß die Nouvelle Vague sich nicht allein auf ›Problemfilme‹ kaprizierte, sondern auch pures Unterhaltungskino produzierte. Doch zitiert Malle – mit einem kräftigen Schuß Ironie – nicht nur die formalen Errungenschaften des modernen Kinos, sondern bedient sich im Repertoire der gesamten Filmgeschichte: Georges Méliès und René Clair, Mack Sennett und Charles Chaplin haben ihre Spuren in *Zazie dans le métro* hinterlassen. Dieser Rückgriff auf die Urväter des Kinos, als der Film noch eine Jahrmarktsattraktion war, ist frei von Nostalgie. Die Tortenschlacht, hier mit Sauerkraut ausgeführt, könnte direkt aus einer Stummfilm-Groteske stammen, doch setzt Malle eine politische Volte: Als die Einrichtung des Lokals zu Bruch geht, erscheint hinter der Dekoration ein Bild von Marshall Pétain, und faschistische Milizsoldaten tauchen im Restaurant auf.

Nur die Pädagogen verstanden keinen Spaß. »Der in seiner filmischen Gestaltung beachtliche Film stellt den Menschen als ein überwiegend triebhaftes Wesen und das von ihm geschaffene Leben als ein absurdes Chaos dar«, befand die ›Filmbegutachtungskommission für Jugend und Schule‹ in Berlin. Die philosophische Grundhaltung sei verschwommen, die Zeitkritik nicht glaubwürdig, monierten damals die Lehrer und fällten ein vernichtendes Urteil. Die Attacke auf die Moral, die zeitgenössische Rezensenten schockierte, erscheint heute als fast liebevolle Hommage an die französische Hauptstadt. Veraltet wirkt der Film trotzdem nicht: Er hat sich seine Frische, seinen Witz und Charme bewahrt, weil er genau das ist, was seinerzeit den Pädagogen mißfiel: »hemmungsloser Kintopp«.

»*Zazie dans le métro*«, in: L'Avant-Scène du Cinéma, 1970, H. 104. (Filmtext, Materialien).

Louis Chauvet: »*Zazie dans le métro*«, in: Filmkritik, 1960, H. 12; Philip French (Hg.): »Louis Malle über Louis Malle«. Berlin 1998; Andrew Horton: »Growing up absurd«, in: ders./Joan Magretta (Hg.): Modern European Filmmakers and the Art of Adaptation. New York 1981; Peter W. Jansen/Wolfram Schütte (Hg.): »Louis Malle«. München 1985; André S. Labarthe: »Au pied de la lettre«, in: Cahiers du Cinéma, 1964, H. 114; Karl Korn: »Groteskes Gleichnis der absurden Welt«, in: Frankfurter Allgemeine Zeitung, 1.2.1961; Sabine Laußmann: »*Zazie dans le métro*. Karnevaleske Komik in Roman und Film«, in: Franz-Josef Albersmeier/Volker Roloff: »Literaturverfilmungen. Frankfurt a.M. 1989; Martin Schlappner: »*Zazie dans le métro* oder die Moral der Burleske«, in: Neue Zürcher Zeitung, 29.4.1961; Wolfgang Schwarzer: »*Zazie in der Metro*«, in: Günter Engelhard u.a. (Hg.): 111 Meisterwerke des Films. Frankfurt a.M. 1989.

Michael Töteberg

ZEHN TAGE, DIE DIE WELT ERSCHÜTTERTEN ↗ Oktjabr

ZELIG

USA (Orion Pictures) 1981–83. 35 mm, s/w + Farbe, 79 Min.
R+B: Woody Allen. K: Gordon Willis. A: Speed Hopkins, Mel Bourne. Optische Effekte: Joel Hyneck, Stuart Robertson. S: Susan E. Morse. M: Dick Hyman.
D: Woody Allen (Leonard Zelig), Mia Farrow (Dr. Eudora Fletcher), Marie Louise Wilson (Ruth), Sol Lomita (Martin Geist), Stephanie Farrow (Meryl, Eudoras Schwester), Susan Sontag, Saul Bellow, Bruno Bettelheim, John Morton Blum, Bricktop.

Nach zwei Flops – *Stardust Memories* (1980) und *A Midsummer Night's Sex Comedy* (*Eine Sommernachtssexkomödie*, 1982) – präsentierte Woody Allen dem verblüfften Publikum *Zelig*, ein Porträt des fiktiven amerikanischen Anpassungskünstlers Leonard Zelig, der in den zwanziger Jahren als Mediensensation gefeiert wird. Sein Konformismus geht so weit, daß er Physis und Charakteristika der ihn umgebenden Personen annimmt und soziale wie rassische Grenzen spielend überschreitet: In einer Jazz-Kneipe verwandelt er sich in einen schwarzen Trompeter, im Baseballstadion zum Spieler und im Krankenhaus zum Psychiater. Zelig, ein medizinisches Wunder, wird zum Streitfall für Ärzte und Psychiater, beschäftigt die Politiker ebenso wie die Medien. Für den Ku-Klux-Klan stellt Zelig, der Jude, Schwarzer oder Indianer sein kann, gleich eine dreifache Bedrohung dar, während die Unterhaltungsindustrie das Phänomen nach allen Regeln der Kunst vermarktet: Zelig als Filmstoff und als Namensgeber eines Modetanzes.
Erst die Psychiaterin Eudora Fletcher bemüht sich wirklich um Zelig, denn sie diagnostiziert sein Leiden als psychischen Notstand und versucht, ihm zu einer Identität zu verhelfen. Doch er lädt den Zorn der amerikanischen Öffentlichkeit auf sich, als ruchbar wird, er habe während seiner Verwandlungszustände nicht nur mehrere Frauen geheiratet und geschwängert, sondern auch noch mehrere unsachgemäße Operationen durchgeführt. Zelig taucht unter. Eudora Fletcher findet ihn jenseits des Atlantiks bei einem Massenaufmarsch wieder: Er hat sich der nationalsozialistischen Bewegung angeschlossen – konsequente Verlängerung der Anpassungsmanie.
Zelig ist die perfekte Fälschung eines Dokumentarfilms, er vereint alle Stil- und Gestaltungsmittel des Genres. In authentisches Filmmaterial aus den zwanziger Jahren mit Aufnahmen von Städtefluchten, Massenaufläufen, Sandwichmännern und Prominenten kopierte Allen neu gefilmte Aufnahmen hinein, die entsprechend bearbeitet werden mußten, um dieselbe unregelmäßige Lichtqualität und die Kratzer im Ton aufzuweisen. Kameramann Gordon Willis berichtet, daß sie das Filmmaterial zunächst unter die Dusche und dann in die Sonne gelegt hätten und schließlich darauf herumgesprungen seien, um dieses Ergebnis zu erzielen. Die fiktive Person Zelig wird montiert in ein Netz mit realen historischen Bezügen. Fotos, Wochenschauen, Werbefilme und Schmalfilmaufnahmen – begleitet von einem aufgeregten Off-Kommentar – zeigen Zelig Seite an Seite mit allerlei Berühmtheiten: neben den US-Präsidenten Coolidge und Hoover, neben Charles Chaplin, in Gesellschaft von Eugene O'Neill und Al Capone. Als zusätzliche Irritation läßt Allen echte Spezialisten wie Bruno Bettelheim und Susan Sontag über den Fall Zelig diskutieren. Fiktive Zeitzeugen, die der Zuschauer aus den ›Dokumenten‹ der zwanziger Jahre kennt, werden noch einmal vor die Kamera bemüht: die gealterte Eudora Fletcher mit angestecktem Mikro und in Farbe.
Für sein Spiel um Erfindung und Wirklichkeit, um Rekonstruktion und Dekonstruktion von Geschichte benötigten Allen und sein Team drei Jahre. Heutzutage werden derartige Bildmanipulationen – in *Forrest Gump* (Robert Zemeckis, 1994) begegnet der Held historischen Persönlichkeiten wie Kennedy, John Lennon und Nixon – mithilfe von Computern vorgenommen. Allen nutzt die Effekte jedoch nicht um ihrer selbst willen: *Zelig* stellt die Frage nach der Authentizität des Filmischen. Dazu gehören auch die zahlreichen Verweise auf das Kino. »The changing man«, die vorgebliche Produktion der Warner Bros. über Zelig, imitiert genau den Stil jener typisch

amerikanischen Biopics dieser Jahre, wozu auch das klassische Aufsteigermythen destruierende Interview mit Eudoras Mutter gehört. Auch Orson Welles legte seinem Film ↗*Citizen Kane* die Fiktion eines Biopics zugrunde. Beide Filme setzen tradierte Erzählweisen außer Kraft, indem sie aus einem multiperspektivischen Point of View die Identität einer Person, die im Banne von Berühmtheit, Medienwirkung und Publikumsgeschmack steht, reflektieren. Doch Zelig ist kein Zeitungsmogul, sondern ein gewöhnlicher Kleinbürger. Das Chamäleon Zelig verkörpert den Idealtyp einer Gesellschaft, die Opportunismus belohnt und Abweichung sanktioniert. Die Folge seiner erfolgreichen Therapie: Er ist von einem Nichts zu einem Jemand geworden, hat damit aber seinen Sensationswert eingebüßt und wird vergessen.

»*Zelig*«. Zürich 1983. (Filmtext).
M. Bigre: »Gordon Willis, ASC, and *Zelig*«, in: American Cinematographer, 1984, H. 4; Elisabeth Bronfen: »Das verknotete Subjekt«. Berlin 1998; Renée R. Curry (Hg.): »Perspectives on Woody Allen«. New York 1996; Jürgen Felix: »Woody Allen«. Marburg 1992; Richard Feldstein: »The Dissolution of the Self in *Zelig*«, in: Literature/Film Quarterly, 1985, H. 3; Peter Hogue/Marion Bronson: »*Zelig*«, in: Film Quarterly, 1984/85, H. 1; Hans Gerhold: »Woodys Welten«. Frankfurt a.M. 1991; Sam B. Girgus: »The Films of Woody Allen«. Cambridge (Mass.) 1993; Pauline Kael: »*Zelig*«, in: dies.: For Keeps. New York u.a. 1994; Bill Krohn: »*Zelig* Medium«, in: Cahiers du Cinéma, 1983, H. 352; Ruth Perlmutter: »*Zelig* according to Bakhtin«, in: Quarterly Review of Film and Video, 1990, H. 1/2; D.L. Rathgeb: »Faces in the newsreel: illuminating *Citizen Kane* through Woody Allen's *Zelig*«, in: Post Script, 1987, H. 3; Evelyn Roth: »Photo, Fictions: Brilliantly Faked Pictures of Woody Allen's *Zelig* Invent a Non-existent Past«, in: American Photographer, 1984, H. 12; Janet Staiger: »Chameleon in the Film, Chameleons in the Audience; or, Where Is Parody? The Case of *Zelig*«, in: dies.: Interpreting Films. Princeton 1992; Robert Stam/E. Shohat: »*Zelig* and Contemporary Theory: Meditation on the Chameleon Text«, in: Enclitic, 1987, H. 1/2.

Christiane Altenburg

ZEMLJA

ZEMLJA (Erde). UdSSR (VUFKU/Kiew) 1930. 35 mm, s/w, stumm, 1.704 m.
R+B: Aleksandr Dovženko. K: Daniil Demuckij. Ba: Vasilij Krichevskij.
D: S. Škurat (Opanas Trubenko), S. Svaženko (Vasilij, sein Sohn), N. Nademskij (Großvater Semjon), Julija Solnceva (Opanas' Tochter), E. Maksimova (Natalja, Vasilijs Braut), I. Franko (Arkhip Belokon, ein Kulak), Petr Masocha (Choma, Sohn des Kulaken), V. Michajlov (Vater Gerasim, der Geistliche), P. Petrik (Kravčina-Cuprina, der Sekretär der Parteizelle).

In einem ukrainischen Dorf legt ein Greis sich zum Sterben nieder, ein junger Mann wird ermordet, und ein Kind kommt zur Welt. *Zemlja* ist eine Hymne auf das Leben, ein Choral über die Natur, in dem auch der Tod besungen und gefeiert wird. Vor dem Hintergrund der ökonomischen Tendenzen in der frühen Sowjetunion – Kollektivierung und Mechanisierung der Landwirtschaft, Kampf gegen die Kulaken (Großbauern) – entwirft Dovženko die Vision eines zukünftigen Kollektivwesens, das in bis dahin beispiellosem Einklang mit der Natur existiert und sich tradierter Mythen des ukrainischen Landes erinnert. In der Dialektik des Alten und des Neuen erweisen sich die Großbauern, die Feinde der Revolution, die die Produktivkräfte des Dorfes revolutioniert, auch als Feinde der Erde.
Der Großbauer weigert sich, mit seinem Land in die Kolchose einzutreten. Vasilij, der Vorsitzende des Kollektivs, kauft in der Stadt einen Traktor, dessen Ankunft im Dorf sich verzögert, weil der Motor überkocht. Die Vasilij begleitenden Aktivisten füllen den Kühler mit ihrem Urin, so daß sie schließlich im Triumphzug mit dem Traktor in die Kolchose einziehen können.
Das Zentrum des Films bildet eine Szene, in der im weichen Mondlicht einer warmen Sommernacht nach einem anstrengenden Erntetag junge Paare des Dorfes zusammenstehen. Sie verharren, unterdrükken ihre innere Erregung in dieser Liebesnacht, wirken zugleich ekstatisch und statuenhaft. Dann beginnt Vasilij, junger Held und Opfer in diesem

Film, ganz allein auf staubiger Landstraße, immer vitaler und begeisterter zu tanzen. Hinter ihm steigen helle Staubwolken von dem Weg auf. Plötzlich bricht er zusammen; ein Pferd horcht auf, der Schatten eines Attentäters läuft durchs Bild. Der von Kummer geschlagene Bauer Opanas schickt den Priester fort, wünscht ein sowjetisches Begräbnis für seinen Sohn. In einem Aufmarsch singender junger Leute wird der Sarg des erschossenen Vasilij auf Schultern durchs Dorf und übers Feld getragen; die Zweige der Obstbäume streichen über das Gesicht des Leichnams. In seiner Kirche betet der Priester allein vor dem Altar. Die Verlobte des Toten reißt sich in verzweifeltem Verlangen nach ihrem Bräutigam die Kleider vom Leib; die Mutter Vasilijs entbindet ihr jüngstes Kind – vier Szenen in Parallelschnitt. Während der Reden am Grab rennt der Mörder, dem Wahnsinn verfallen, durch die Getreidefelder, seine Tat hinausschreiend und preßt seinen Kopf gegen den Erdboden, als wolle er in ihn eindringen. Ein fruchtbarer Regen fällt auf reifende Früchte, alles taucht wieder ein in die Abendsonne, in ein Licht des Sterbens und Entstehens.

Die Montage versammelt vor allem Nah-Großaufnahmen, durchsetzt von weiten Naturpanoramen. Dovženko nimmt den Blickwinkel eines Betrachters ein, der auf dem Rücken im Gras liegt und Mensch und Tier vor dem gleichen hohen Azurgrund anschaut. Das Licht dieser Bilder ist alltäglich, gegeben oder traumhaft, spirituell. Zugleich wird der technische Fortschritt gefeiert: Der Traktor mit laufendem Motor füllt diagonal das Bild. In einer betont rhythmischen Passage sieht man die Feldarbeit – ein Pflug hinter dem Traktor wendet die Erde – und die Verarbeitung der Ernte bis zum Teig in der Backform: ein funktionaler Zusammenhang im Stil Dziga Vertovs. Der mechanische Prozeß wird betont kombiniert mit Bildern wie die archaisch wirkenden Handgriffe ukrainischer Bäuerinnen.

Dovženko wurde eines konterrevolutionären Defaitismus beschuldigt, und die poetische Dialektik seines Werks als Pantheismus mißverstanden – der Wunsch sei hier für die Wirklichkeit ausgegeben, eine unzulässige Antizipation, die zur Unterschätzung aller gegnerischen Kräfte führen könne. In seiner Autobiographie resümierte Dovženko: »Ich konzipierte *Erde* als einen Film, der den Beginn eines neuen Lebens auf dem Dorf verkünden würde. Aber die Kollektivierung und die Beseitigung der schmalen Schicht der Landbesitzer – Geschehnisse von ungeheurer politischer Bedeutung, die stattfanden, als der Film fertiggestellt worden war und seine Veröffentlichung bevorstand – schwächten meine Aussage und machten sie wirkungslos. Ich ging für viereinhalb Monate ins Ausland.«

»*Earth*«, in: Two Russian Film Classics. London, New York 1973. (Filmprotokoll).

Barthélemy Amengual: »Alexandre Dovjenko«. Paris 1970; Jörg Becker: »Die Sonnenblumen der Ukraine, die Revolution und die Sowjetmacht«, in: Neue Zürcher Zeitung, 16.9.1994; P.E. Burns: »Cultural Revolution, Collectivization, ans Soviet Cinema«, in: Film and History, 1981, H. 4; Aleksandr Dovženko: »The Poet as Filmmaker. Selected Writings«. Hg. Marco Carynnyk. Cambridge (Mass.) 1973; Semjon Freilich: »Ein Epos unserer Epoche«, in: Film und Fernsehen, 1974, H. 8; Rostislaw Jurenew: »Alexander Dowshenko«. Berlin (DDR) 1964; Herbert Marshall: »Masters of the Soviet Cinema«. London u.a. 1983; Ivor Montagu: »Dovjenko, Poet of Life Eternal«, in: Sight and Sound, 1957/58, H. 1; Marcel Olms: »Alexandre Dovjenko«. Lyon 1968; John Pym: »*Zemlya*«, in: Monthly Film Bulletin, 1980, H. 553; Luda und Jean Schnitzer: »Alexandre Dovjenko«. Paris 1966.

Jörg Becker

ZERKALO (Der Spiegel). UdSSR (Mos-'film) 1973/74. 35 mm, s/w + Farbe, 108 Min.
R: Andrej Tarkovskij. B: Aleksandr Mišarin, Andreij Tarkovskij. K: Georgij Rerberg, A. Nikolaev, I. Štanko. A: A. Merkulov. Ba: Nikolaj Dvigubskij. S: Ljudmilla Fejginova. M: Eduard Artemjev, Johann Sebastian Bach, Henry Purcell, Giovanni Battista Pergolesi.
D: Margarita Terechova (Mutter/Natalja), Ignat Danilcev (Alexej, der Erzähler als Kind/Ignat, Sohn des Erzählers), Oleg Jankovskij (Vater des Erzählers), Filip Jankovskij (Alexej mit fünf Jahren), Alla Demidova (Lisa).

Zerkalo ist der wohl am deutlichsten autobiographische Film Andrej Tarkovskijs. Das Sujet, ursprünglich als Hommage an die Mutter gedacht, hatte er bereits 1968 unter dem Titel »Die Beichte« vorgeschlagen; der spätere Arbeitstitel lautete »Der weiße Tag«. »Als unseres Lebens Mitte ich erklomm, befand ich mich in einem dunklen Wald«, zitiert Tarkovskij zu Beginn aus Dantes »Divina Commedia«. Der Film handelt von der Suche nach Identität und zieht die Bilanz eines Lebens.

Eine junge Frau, die Mutter des Erzählers Alexej, schaut in eine weite Landschaft, auf Felder, Wiesen und Wald. Die Erzählerstimme spricht von dem Haus, in dem man vor dem Krieg den Sommer verbracht hat. Ein Mann erscheint und erkundigt sich nach dem Weg ... Gegen Ende des Films liegen die Mutter und ihr Mann auf einer Wiese. Wieder blickt sie in die Ferne: Sie sieht sich selbst als alte Frau über Wiesen und Felder gehen, den kleinen Alexej und seine Schwester an der Hand.

Allein der Film vermag es, so Tarkovskij, über eine Fixierung ihrer äußeren, wahrnehmbaren Merkmale die Zeit festzuhalten. Um dieses Ziel zu erreichen, galt es, »Dokumentarmaterial, Träume, Erscheinungen, Hoffnungen, Ahnungen und Erinnerungen, also das ganze Chaos der Umstände zu montieren, die den Helden dieses Filmes mit unausweichlichen Seinsfragen konfrontieren«. Rückblenden und Gegenwartssequenzen sind in Farbe gefilmt, die Dokumentaraufnahmen in schwarzweiß, während die Szenen der frühen Kindheit eine künstliche Sepia-Brauntönung aufweisen. Die vier Ebenen der Erzählung – epische Gegenwart und epische Rückblende, dokumentarischer Rückblick und Traumszenen – verbindet Tarkovskij zu einem Ensemble individueller Zeitströme.

Der Film ruft ein Zeitempfinden hervor, als träte man in einen Raum ein; die Verknüpfung langer, meditativ wirkender Einstellungen und Kamerafahrten tendiert dazu, jedwede Grenze zwischen Traum und Wirklichkeit sowie zwischen innerer und äußerer Realität aufzulösen. Gedichte von Arsenij Tarkovskij, dem Vater des Regisseurs, fließen in die Erinnerungsbilder ein. Motive von Leonardo da Vinci sind Markierungen, die *Zerkalo* in die Zeitlosigkeit von Kunstwerken entheben. In Rückblenden finden sich mehrfach Nachgestaltungen klassischer Gemälde, etwa von Breughels Winterlandschaft. Immer wieder fördern ferne Geräusche oder telekinetische Erscheinungen einen rätselhaften Sinn fürs Vergangene herauf. Das kontemplative Einversenken gemäß einem Symbolismus, der auf die Magie der Bilder setzt und eher durch den Klang als durch den Sinn von Worten fesselt, zeigt Tarkovskij auf der Suche nach der verlorenen Zeit: Der ›innere Dokumentarismus‹ scheint der Manier Prousts verwandt. Visionen und Phantasien aus Kinderzeiten sprechen überindividuelles Empfinden von Heimat und frühkindliches Geborgensein an: *Zerkalo* ist ein Appell an ein gemeinsames Gedächtnis, auch in den spezifisch ›russischen‹ Bildern dieses Films.

Der Subjektivismus stieß in der Sowjetunion bereits vor den Dreharbeiten auf Widerstand; in offiziellen Stellungnahmen wurde vor allem die mangelnde Allgemeinverständlichkeit der enigmatischen Symbolsprache Tarkovskijs kritisiert. Doch dies ist kein Maßstab, der sich an dieses Werk anlegen ließe. In seinen »Gedanken zur Kunst, zur Ästhetik und Poetik des Films«, die er unter dem Titel »Die versiegelte Zeit« zusammenfaßte, zitiert Tarkovskij den Dichter Ivánov: »Das Symbol ist nur dann ein wahres Symbol, wenn es in seiner Bedeutung unerschöpflich und grenzenlos ist, in seiner geheimen (hieratischen und magischen) Sprache Andeutungen und Suggestionen auf etwas Unaussprechliches, nicht in Worte zu Fassendes ausspricht. Es ist vielgesichtig, vieldeutig und stets dunkel in seiner letzten Tiefe. Es ist von organischer Beschaffenheit, wie der Kristall. Es gleicht sogar einer Monade, und darin unterscheidet es sich von der komplexen und vielschichtigen Allegorie, der Parabel oder dem Vergleich. Symbole sind unbegreiflich und mit Worten nicht wiederzugeben.«

»Der Spiegel«. Berlin 1993. (Drehbuch, Arbeitstagebuch). Michael Dempsey: »Lost Harmony: Tarkovsky's *The Mirror* and *The Stalker*«, in: Film Quarterly, 1981, H. 1; Peter W. Jansen/Wolfram Schütte (Hg.): »Andrej Tarkowskij«. München 1987; Norbert M. Schmitz: »Der Spiegel als Symbol«, in: montage/av, 1995, H. 2; Natasha Synessios: *»Mirror«*. London, New York 2001; Andrej Tarkowskij: »Die ver-

siegelte Zeit«. Berlin, Frankfurt/M. 1985; ders.: »Martyrolog. Tagebücher 1970–1986«. Berlin 1989; Maria Tschugunowa: »Ein Stein liegt beim Jasminbusch, unterm Stein ein Schatz, der Vater steht auf dem Pfad«, in: Sowjet-Film, 1974, H. 3; Maja Josifowna Turowskaja/Felicitas Allardt-Nostitz: »Andrej Tarkovskij. Film als Poesie – Poesie als Film«. Bonn 1981; Karsten Visarius: »Der andere Zustand«, in: Ernst Karpf u.a. (Hg.): Once upon a time ... Marburg 1998; Karsten Witte: »Erinnerung«, in: ders.: Im Kino. Frankfurt a.M. 1985.

Jörg Becker

ZÉRO DE CONDUITE (Betragen ungenügend). Frankreich (Argui-Film) 1933.
35 mm, s/w, 44/65 Min.
R+B: Jean Vigo. K: Boris Kaufman. S: Jean Vigo.
A: Jean Vigo, Henri Storck, Boris Kaufman.
M: Maurice Jaubert.
D: Louis Lefèvre (Caussat), Gérard de Bedarieux (Tabard), Gilbert Pruchon (Colin), Constantin Goldsteinkehler (Bruel), Jean Dasté (Huguet), Robert Le Flon (Parrain), Delphin (Direktor), Blanchar (Oberaufseher).

Im »Ciné-Club de la Chambre noire«, geleitet von André Bazin, sieht François Truffaut im Jahre 1946 zum ersten Mal die Filme von Jean Vigo: »Als ich das Kino betrat, war Jean Vigo für mich kein Begriff. Aber alsbald empfand ich eine tiefe Bewunderung für sein Werk, dessen Gesamtlänge nicht mal 200 Minuten beträgt.« Nur vier Filme konnte Vigo aufgrund seines frühen Todes realisieren: zwei Spielfilme sowie einen längeren und einen kurzen Dokumentarfilm.

Zéro de conduite ist ein autobiographischer Film: Vigo verarbeitete Erinnerungen an seine eigene, wenig glückliche Schulzeit; die Figur Tabard trägt unverkennbar seine Züge, und am Ende der Dreharbeiten bekannte er: »Dieser Film ist so sehr mein eigenes Leben als Junge, daß ich schnell etwas anderes tun muß.«

Der Film schildert den tristen Alltag in einer strengen und konservativen Internatsschule, in der kommandierendes Händeklatschen den Lebensrhythmus bestimmt. Die Zöglinge leben unter der ständigen Bedrohung, wegen irgendwelcher Regelverstöße eine schlechte Betragensnote zu bekommen – was gleichbedeutend mit einer sonntäglichen Ausgangssperre ist. Der Film kritisiert diese ungerechten, sadistischen Strafmaßnahmen keineswegs voller Bitterkeit, sondern bedient sich der Ironie und der Satire, die Vigo bis in die Groteske steigert. Die Autoritäten werden der Lächerlichkeit preisgegeben, der zwergwüchsige Direktor z.B. als bornierter Wichtigtuer entlarvt. Stets zeigt Vigo die Erwachsenen aus der Sicht der Kinder.

Das zunehmende Aufbegehren der Zöglinge, das in dem Satz Tabards: »Monsieur le professeur je vous dis ... merde!« deutlich wird, entwickelt sich zur anarchischen Revolte. Diese beginnt mit der symbolischen Kreuzigung des Schlafsaalaufsehers und endet damit, daß die ›Revolutionäre‹ die zum Jahresfest der Schule versammelten Repräsentanten des öffentlichen Lebens (Präfekt, Pfarrer u.a.) vom Dach aus mit Büchern, alten Schuhen und Steinen bewerfen. Anschließend ersetzen die Rädelsführer, Caussat, Bruel, Tabard und Colin, die Trikolore durch ihre Fahne der Revolte.

Es war wohl in erster Linie diese gelungene, Freiheit verheißende Revolte, womit Vigo den anarchistischen Ideen seines unter mysteriösen Umständen verstorbenen Vaters, Miguel Almereyda, huldigte, die die Zensoren auf den Plan rief. Schon kurz nach seiner Uraufführung wurde der Film wegen angeblich staatsgefährdender Tendenzen verboten. Erst 1945 wurde das Verbot wieder aufgehoben.

Der Film ist in formaler Hinsicht alles andere als gelungen: Zur ohnehin schlechten Tonqualität kommt die undeutliche Sprechweise der Laiendarsteller (nur Dasté, Le Flon und Delphin waren professionelle Schauspieler). Während der Produktion war Vigo gezwungen, ganze Sequenzen aus dem Drehbuch zu streichen; die Erzählung weist unmotivierte Sprünge auf. Die Einheit des Stils war dem Filmemacher jedoch wichtiger als eine logische Handlungsabfolge. Vigos besondere Filmsprache offenbart sich in einzelnen Sequenzen bzw. Szenen, wie z.B. bei der Darstellung der Schlafsaalrevolte. Hier erreicht die für den gesamten Film charakteristische enge Verzahnung von Bild und Musik ihren fulminanten Höhepunkt – der traumhaften Zeitlupe unterliegt eine rückwärtslaufende Musik. Indem das Licht, der Rhythmus der Montage, der Aufbau und die innere Dynamik des Bildes sowie die Bewegungen der Kamera zu einer harmonischen Einheit verschmelzen, wandelt sich der filmische Ausdruck zu reiner Poesie.

»*Zéro de conduite*«, in: L'Avant-Scène du Cinéma, 1963, H. 21. (Filmtext). – Jean Vigo: »Œuvre de Cinéma«. Hg. Pierre Lherminier. Paris 1985. (Drehbuch, Materialien). Frieda Grafe/Enno Patalas: »Im Off«. München 1974; Claudia Gorbman: »Vigo/Jaubert«, in: Ciné-Tracts, 1977, H. 2; Siegfried Kracauer: »Kino«. Frankfurt a.M. 1974; Klaus Kreimeier: »A Propos Vigo«, in: epd Film, 1985, H. 8; Marcel Martin: »Jean Vigo«. Paris 1966; B. Mills: »Anarchy, Surrealism and Optimism in *Zéro de conduite*«, in: Cinema, London, 1971, H. 8; Claude Perrin, Etudes cinématographiques, 1966, H. 51/52; P.E. Salès Gomès: »Jean Vigo«. Paris 1957, 1988; Viktor Sidler: »Träumer des Kinos, Rimbaud des Films«, in: filmbulletin, 1992, H. 4; William G. Simon: »The Films of Jean Vigo«. AnnArbor 1981; John Smith: »Jean Vigo«. London 1971; Bart Teush: »The Playground for Jean Vigo«, in: Film Heritage, 1973/74, H. 1; François Truffaut: »Die Filme meines Lebens«. München 1976.

Achim Haag

ZEUGIN DER ANKLAGE

↗ Witness for the Prosecution

ZÜCHTE RABEN

↗ Cria cuervos ...

200 MOTELS

↗ Twohundred Motels

2001: ODYSSEE IM WELTRAUM

↗ Twothousandone – A Space Odysseey

ZWÖLF UHR MITTAGS

↗ High Noon

Glossar

Achsensprung Die imaginäre Achse einer Szene, um die die Kamera sich von Einstellung zu Einstellung bewegt, liegt im traditionellen Erzählkino in einem Sektor von maximal 180 Grad, d.h. die Kamera blickt bei einer Dialogszene im Extremfall erst über die eine Schulter, im Gegenschuß über die des Gegenübers. Verläßt die Kamera diesen durch Sehkonventionen geprägten Bereich, spricht man vom Achsensprung. Besonders deutlich wirkt sich der Wechsel in der Blickachse bei Fahraufnahmen aus.

Amerikanische Nacht ↗ Day-for-night

Anschluß Eine Bewegung, die in einer Einstellung beginnt und in einer zweiten fortgesetzt wird, muß, was Richtung, Geschwindigkeit und den Moment des Umschnitts betrifft, abgestimmt werden. Ein A.fehler liegt vor, wenn diese Bewegung als diskontinuierlich erscheint, oder der Dekor sich grundlos geändert hat, so daß die filmische Fiktion unterminiert wird. Es ist Aufgabe der ›Continuity‹, A.fehler zu vermeiden.

B-Picture Im Hollywood-Studiosystem Film von minderer Bedeutung und daher mit geringerem Budget, in den dreißiger und vierziger Jahren als flankierender Teil einer Doppelvorstellung. Trotz oder wegen der untergeordneten Bedeutung oft Filme voller origineller Ideen, die gerade in der Beschränkung der Mittel ganz eigene Qualitäten entwickeln und heute oft Kultfilmstatus haben.

Blenden Anstelle eines harten Schnitts lassen sich zwei Einstellungen überblenden, eine Technik, die bereits in der Stummfilmzeit entwickelt wurde. In der frühen Zeit werden als Mittel der erzählerischen Fokussierung Irisblenden eingesetzt: ein Teil des Bildes wird schwarz abgedeckt, ein kreisförmiger Ausschnitt bleibt. Am gebräuchlichsten sind Aufblende und Abblende als Klammern für eine Szene (das Bild taucht langsam aus dem Schwarz auf bzw. verschwindet darin), Überblende für einen Schauplatzwechsel (zwei Bilder schieben sich langsam übereinander, das eine verdrängt das andere). Neben vielen anderen Varianten außerdem gebräuchlich: Wischblende (eine senkrechte Linie schiebt ein Bild aus dem Rahmen und zieht zugleich ein anderes hinein) und Weißblende (im Gegensatz zur Abblende wird das Bild langsam ganz weiß).

Cadrage ↗ Kadrierung

Cinéma d'auteur Autorenkino. In den fünfziger Jahren zunächst in Frankreich postulierte Personalunion von Regisseur, Drehbuchautor und Produzent, mit der – im Gegensatz zur Filmindustrie, wo der Produzent als Finanzier und Initiator das Filmprojekt bestimmt – die Stellung des Regisseurs als eigentlicher Urheber (›Autor‹) des Films sichergestellt wird. Keimzelle dieser Bewegung war die Zeitschrift *Cahiers du cinéma*, aus deren Redaktion die Regisseure der ↗Nouvelle vague hervorgingen: Claude Chabrol, Jean-Luc Godard, François Truffaut u.a. In Deutschland entstand, ausgehend vom Oberhausener Manifest 1962, der Autorenfilm, der aus der Ablehnung von »Papas Kino« heraus sich zum Neuen deutschen Film formierte. Die wichtigsten Vertreter des deutschen Autorenfilms waren Alexander Kluge, Wim Wenders, Edgar Reitz und vor allem Rainer Werner Fassbinder, mit dessen Tod auch der Autorenfilm zu Grabe getragen wurde. Der Kerngedanke des Cinéma d'auteur, die Unabhängigkeit von ökonomischen Fremdinteressen, lebt heute weiter u.a. in der Bewegung des Independent Cinema.

Cinéma Vérité Ausprägung des Dokumentarfilms in Frankreich, bei der ein kleines, mobiles Team vor allem durch geschickte Fragetechnik Personen und deren spontane Reaktionen aufnimmt. Der Ausdruck stammt von Jean Rouch, der den Stil seines Films *Chronique d'un été* (1960, zusammen mit Edgar Morin) damit umschrieb. Chris Marker und Mario Ruspoli haben in diesem Bereich gearbeitet, Marcel Ophüls hat den vielleicht bekanntesten Film gedreht: *Le chagrin et la pitié* (1970). In Amerika gibt es das Pendant des **Direct Cinema**, bei dem Dinge und Personen weitgehend für sich selber sprechen und daher auf argumentative Volten und ↗ Off-Kommentar verzichtet wird. Albert Maysles, Richard Leacock, Donn Pennebaker und Frederick Wiseman sind die bekanntesten Vertreter. Spuren des direkten Dokumentarismus finden sich immer wieder auch im Spielfilm, so bei Jean-Luc Godard oder John Cassavetes.

Cinemascope Markenname der Hollywoodfirma 20th-Century-Fox für das 1952 von ihr eingeführte Aufnahme- und Projektionsverfahren für extreme Breitwand (↗ Filmformat) mit dem Seitenverhältnis 1:2,35 (Höhe:Breite). Mit Cinemascope bezeichnet man heute generalisierend verschiedene

Breitwandverfahren, die nach dem anamorphotischen Prinzip arbeiten: bei der Aufnahme wird das Bild durch eine Zerrlinse in die Länge gestreckt, bei der Projektion mit einer umgekehrt arbeitenden Linse wieder auf die normale Höhe gedrückt.

Close-up ↗ Einstellung

Crossover ↗ Genre

Day-for-night, auch *Amerikanische Nacht.* Nächtlicher Eindruck wird beim Drehen am Tag erzeugt, sei es durch Unterbelichtung, Filter, entsprechende Bearbeitung im Kopierwerk oder Kombination dieser Techniken. Weitverbreitet insbesondere bei Landschaftsaufnahmen, da größere Flächen nachts nur mit großem Aufwand auszuleuchten sind.

Digitales Kino Die technische Revolution hat alle Bereiche der Filmproduktion, der Postproduktion und der Distribution erfaßt. Vom traditionellen Zelluloid verabschiedet haben sich nicht nur die Schöpfer von Special-Effects-Spektakeln wie George Lucas (*Stars Wars – Episode II* und *III* wurden vollständig mit der digitalen Aufnahmetechnik HD-24p ›gedreht‹), sondern auch europäische Autorenfilmer wie Eric Rohmer oder Lars von Trier, die angesichts der geringen Kosten und der Beweglichkeit der neuen Technik deren ästhetische Verluste in Kauf nehmen. Der oft beschworene Alptraum vom computergenierten Schauspieler wurde mit dem in der Motion-Capture-Technik gedrehten Film *The Polar Express* erstmals Wirklichkeit: Die Schauspieler, darunter Tom Hanks, agierten mit 150 Lichtreflektoren im Gesicht und am Körper im leeren Studio, wurden anschließend digitalisiert und am Computer in den Animationsfilm eingebaut. Beim Schnitt ist das Avid Digital Editing inzwischen Standard. D-Cinemas gibt es bisher in Deutschland nur vereinzelt; angesichts der Kosten von Filmkopien und deren Versand dürfte die Umrüstung nur noch eine Frage der Zeit sein.

Direct Cinema ↗ Cinéma Vérité

Director's Cut Bezeichnung für die nachgereichte autorisierte Fassung eines Films, der bei seinem ersten Erscheinen aus kommerziellen oder Zensurgründen anders – meist kürzer und schlichter – montiert war.

Dogma 95 Im Frühjahr 1995, während der Centenarfeier des Kinos, von den dänischen Regisseuren Lars von Trier und Thomas Vinterberg formuliertes Manifest, gerichtet gegen das »goldene Kalb« des bürgerlich-individualistischen Films. Die Dogma-Autoren legten mit religiösem Eifer und heiligem Ernst ein »Gelöbnis der Keuschheit« ab und stellten zehn Gebote der Askese auf: Drehen nur an Originalschauplätzen ohne mitgebrachte Requisiten, lediglich Originalton, Handkamera, Farbfilm ohne Kunstlicht sind erlaubt, optische Filter und technische Nachbearbeitungen verboten etc. Obwohl selbst die beiden Protagonisten die aufgestellten Regeln nicht einhielten oder einhalten konnten, wirkte die radikale Direktheit der Dogma-Ästhetik weltweit innovativ und stilbildend. Nach zehn Jahren mehrten sich die Auflösungserscheinungen: Wurde anfangs von den Initiatoren ein Zertifikat verliehen, überließen sie es am Ende den Filmemachern selbst, ob sie ihren Film der Bewegung zurechneten oder nicht.

Drehbuch Literarische Darstellung der Handlung eines Films, meist in Dialoge, Regieanweisungen und oft auch Bildbeschreibungen gegliedert. Dem D. voraus gehen das Exposé, eine kurze Beschreibung der Hauptidee des Films, das Treatment oder die Outline, eine mehrseitige Zusammenfassung einer Filmhandlung in erzählender Form. Am Drehort selbst wird meist ein noch detaillierteres *final shooting script* verwendet, in dem einzelne Einstellungen auch bildlich skizziert sein können (*storyboard*).

Einstellung (1) kontinuierlich belichtetes, nicht geschnittenes Stück Filmstreifen. (2) Bildausschnitt, der aus der Entfernung des Objekts zur Kamera, der Größe des Objekts, dem gewählten Objektiv und dem Aufnahmewinkel, sowie der Entscheidung, ob die Kamera fährt oder steht, resultiert. Die üblichen Bezeichnungen für idealtypische Einstellungsgrößen sind: *Panorama* (z.B. ausgedehnte Landschaft, große Menschenmassen, Details sind nicht zu erkennen), *Totale* (großräumige Sicht auf eine Landschaft oder einen ganzen Raum, Menschen im dinglichen Kontext), *Halbtotale* (Menschen formatfüllend, umgebender Raum weitgehend ausgespart), *Amerikanische* oder *Halbnah* (Mensch von den Knien aufwärts), *Nah* (Mensch vom Gürtel aufwärts), *Großaufnahme* oder *close-up* (Gesicht eines Menschen formatfüllend), *Detail* (Ausschnitt aus Gesicht, kleiner Gegenstand formatfüllend).

Entfesselte Kamera In den zwanziger Jahren vor allem von F.W. Murnau und seinem Kameramann Karl Freund (1890–1969) unternommene Experimente, die Kamera vom Stativ zu lösen und sie stattdessen frei durch den Raum zu bewegen (besonders in ↗*Der letzte Mann*). Auf fahrbaren Untersätzen, Schaukeln oder einfach durch den freien Fall wurde die Optik wesentlich dynamischer, wurde die Tiefe der Bilder stärker ausgelotet. Fand Nachahmer auch außerhalb Deutschlands, etwa bei Abel Gances ↗*Napoléon*.

Filmformat Gängigste Formate für Spielfilm sind 16mm, Super 16, 35mm und 70mm-Film, bezeichnet wird damit die Breite des Negativstreifens. Unabhängig davon haben sich verschiedene Formate des Bildfeldes durchgesetzt, die durch teilweise Kaschierung des Bildes, oder durch Kompression des Bildes (anamorphotische Verfahren wie Cinemascope) entstehen. Beim europäischen Normalformat hat das Bild ein Seitenverhältnis von Höhe zu Breite von 1:1,33, europäische Breitwand 1:1,66, amerikanische Breitwand 1:1,85, extreme Breitwandverfahren zwischen 1:2,35 bis 1:2,55 (Cinemascope).

Film Noir Eine Reihe von amerikanischen Filmen verschiedener Genres – meist Kriminalfilme, Detektivfilme und ↗Melodramen –, auch »Schwarze Serie« genannt. Der F.N. – ein von französischen Kritikern geprägter Begriff – wurde inspiriert durch die literarische Tradition des »hardboiled detective« eines Dashiell Hammett und Raymond Chandler; ästhetisch sind deutliche Bezüge zum deutschen Expressionismus – viele der bedeutenden Regisseure und Kameraleute des F.N. waren europäische Emigranten – festzustellen. Undurchschaubarer Handlungsverlauf, bizarre Helldunkel-Beleuchtung, zynische Haltung in moralischen Fragen und ein tief empfundener Pessimismus zeichnen vor allem die F.N. der Nachkriegszeit aus. In der Typage werden heroische Gangster durch defätistische Desperados, brave Ehefrauen durch glamouröse ›femmes fatales‹ ersetzt. Der F.N. fand im französischen Kriminalfilm sowie im Neo Noir der achtziger und neunziger Jahre späte, aber nicht minder stilprägende Nachfolger.

Final shooting script ↗Drehbuch

Free Cinema Folge von dokumentarischen Kurzfilmen, die junge britische Regisseure mit Hilfe des British Film Institute 1956–1959 produziert hatten. Themen waren das gegenwärtige England mit seinem starken Klassenbewußtsein und die Anfänge einer Jugendkultur. Lindsay Anderson, Karel Reisz und Tony Richardson konnten Elemente des dokumentarischen und sozialen Impetus der Free Cinema Bewegung in ihre ersten Spielfilme hinüberretten.

Gegenschuß ↗Schuß

Genre Gruppe von Spielfilmen, die sich durch typische Merkmale in der Dramaturgie, der Typage, durch immer wiederkehrende Handlungsstereotypen und Schauplätze von anderen unterscheiden lassen. Vor allem im amerikanischen Kino entwikkelten sich Film-G. als Ergebnis nationaler Mythenbildung. Der Gangsterfilm, der Detektivfilm, das Musical und vor allem der Western sind G., deren Motive bis heute – wenn auch oft in variierender Form oder Mischung verschiedener G.s (Crossover) – Bestand haben. Andere wichtige G. sind: Action-Film, Historienfilm, Horrorfilm, Komödie, (↗Slapstick-Comedy, ↗Screwball-Comedy), ↗Melodram, Musical, Phantastischer Film, Science Fiction Film, Thriller. Speziell in Deutschland gepflegte G.s sind in den zwanziger Jahren der Kammerspielfilm und der Bergfilm, in den fünfziger Jahren der Heimatfilm und der Arztfilm.

Handkamera Als Kameras in den vierziger Jahren kleiner und leichter wurden, war man nicht unbedingt auf ein stabilisierendes Stativ angewiesen. Zum einen konnte so spontaner und schneller auf unvorhergesehene Ereignisse reagiert werden (↗Cinéma Vérité), Handkamera setzte sich aber auch als ein Stilmittel durch, entweder um einen subjektiven Blick (subjektive Kamera) wiederzugeben oder um eine bestimmte Art von Erregung oder Erschütterung gleichsam visuell nachzuzeichnen.

High-Key-Beleuchtung ↗Lichtführung

Hors-champ, auch *Off-Screen*, also alles, was in einer Einstellung nicht auf der Leinwand zu sehen ist, was durch die Kadrierung ausgespart bleibt. Durch die geschickte Mobilisierung des H. lassen sich im Film überraschende und spannende Effekte erzielen: ein kleiner Schwenk kann entlarven, wie nah der Mörder schon ist.

Insert (1) dazwischengeschnittene, akzentuierende Einstellung, die einer Szene einen bestimmten Rhythmus verleiht oder einen Sachverhalt verdeutlicht. (2) Zwischen- oder Schrifttitel beim Stummfilm.

Jump-Cut Abrupter Schnitt, mit einem deutlichen Sprung in Zeit oder Raum verbunden, der deswegen als Stilmittel offensichtlich wird (etwa ↗*A bout de souffle*). Unfreiwillig entstehen J.s durch ↗Anschlußfehler.

Kader Das einzelne Bild eines Filmstreifens. 24 bzw. 25 (TV) Kader werden pro Sekunde belichtet.

Kadrierung/Cadrage Akt der Komposition einer Einstellung. Durch den Sucher der Kamera wird festgelegt, welche Bestandteile der sichtbaren Wirklichkeit ins Filmbild eingehen und welche außen vor bleiben (↗Hors-champ).

Lichtführung Gestaltung des Drehortes, des »Motivs«, durch die Einrichtung natürlicher und künstlicher Lichtquellen; gehört zur wichtigsten Aufgabe des Chefkameramannes. Grundsätzlich lassen sich zwei Arten der Ausleuchtung unterscheiden: diejenige, die vorhandene, natürliche Lichtquellen benutzt und nur ein wenig verstärkt, oder die klassische Studiotechnik, die von der Malerei inspiriert wurde und generell den Filmbildern einen komponierteren, ausgefeilteren, aber auch künstlicheren Charakter verleiht. Drei Lichtquellen spielen in der Studiotechnik die Hauptrolle: das Führungslicht (richtet sich nach der durch den Schauplatz vorgegebenen Lichtquelle, etwa ein Fenster oder eine Lampe), das entgegengesetzte Fülllicht, das den Kontrast zwischen erleuchteten und verschatteten Partien mildert und das Rückenlicht, das die Figur vom Hintergrund durch einen schmalen Lichtsaum abhebt (insbesondere beim Schwarzweißfilm). Zwei entgegengesetzte Konzepte bestimmen die klassische L.: ist die Gesamtmenge des Lichts sehr hoch, alle Partien gut ausgeleuchtet, spricht man von *High-Key-Beleuchtung* (von Keylight=Führungslicht); ist das Bild insgesamt düsterer, Füllichter schwächer, das Bild kontrastreicher (etwa im Film noir) von *Low-Key-Beleuchtung*. Die Bandbreite von L. als Gestaltungsmittel wird deutlich im glamourösen Leuchten der Silver Screens im klassischen Hollywoodfilm einerseits und dem harten, ungeschminkten Licht der ↗Dogma-Filme auf der anderen Seite des Spektrums.

Location Bezeichnung für einen meist außen liegenden Drehort, der nicht in größerem Umfang für die Dreharbeiten umgebaut wurde. Wird von einem Film gesagt, er wurde ›on location‹ gedreht, so soll damit eine gewisse Authentizität, die die Schauplätze ausstrahlen, hervorgehoben werden. Bis in die vierziger Jahre war das Drehen im Freien und an Originalschauplätzen selten; große Ausnahme: der Western.

Low-Key-Beleuchtung ↗Lichtführung

Match-Cut Verbindung zweier Einstellungen, die motivisch zusammenhängen oder in denen Bewegungskontinuität aufrecht erhalten wird. Üblichste Form des M. ist der *frame-cut*: eine Figur verläßt die Einstellung am rechten Bildrand und betritt die nächste sofort anschließend am linken. Sophistische M.s setzen eine Bewegung fort, lassen aber Zeit zwischen den Einstellungen vergehen: in ↗*2001- A Space Odyssey* folgt dem Bild eines von steinzeitlichen Primaten in die Luft gewirbelten Knochen die Einstellung eines Raumschiffs – in beiden Einstellungen sind Werkzeuge oder Hilfsmittel menschlicher Lebewesen auf verschiedenen Entwicklungsstufen zu sehen.

Melodram Genre, das sich ursprünglich im englischen Theater des 19. Jahrhunderts entwickelte und das sich der Film sehr früh eroberte. Vorrangiges Ziel des M. ist es, das Publikum emotional zu bewegen. Schematische Figurenzuordnung zur ›guten‹ oder ›bösen‹ Seite erleichtern die Identifikation. Stilistisch wird das oft durch den Einsatz drastischer Mittel in der Besetzung, der Beleuchtung, des Dekors und vor allem der Musik erreicht. Andere Filmgenres bedienen sich oft der Mechanik des M., insbesondere der Western und der Kriminalfilm.

Mise-en-scène Inszenierung. Bezeichnet beim Film alle gestalterischen Eingriffe vor und durch die Kamera, also Kameraposition (Einstellung), ↗Kadrierung, ↗Tiefenschärfe, ↗Lichtführung, Dekor, Farbverteilung, Bewegung der Personen im Rahmen des Bildes. Im weiteren Sinn meint M. aber auch ein künstlerisches Konzept, das eher von den Vorgängen und Spannungen innerhalb einer Einstellung lebt, als vom Nacheinander kontrastierender oder ergänzender Bilder. André Bazin verwies auf den Zusammenhang der M. mit dem Prinzip der ↗Tiefenschärfe und der ↗Plansequenz.

Montage (von frz. ›monter‹, wörtl. ›zusammensetzen‹); das Aneinanderreihen (Anschluß) zweier und mehrerer Einstellungen, zentrales künstlerisches Prinzip der Filmgestaltung, das historisch und länderspezifisch unterschiedlich gehandhabt wurde (vgl. die Vielfalt der internationalen Bezeichnungen wie *découpage, editing, Schnitt,* etc.). Während etwa der Schnitt im klassischen Hollywoodfilm weitgehend unsichtbar zu bleiben suchte (dennoch aber Erzähltempo und die Entfaltung der Dramatik maßgeblich bestimmte), erschütterten die Filme der ↗Nouvelle Vague solch klassischen Muster durch unkonventionelle und »verbotene« Schnittfolgen (↗Jump-cut), die sich als Gestaltungsmerkmal in den Vordergrund drängten. Wichtige Stilmittel der M. sind: *beschleunigende* M.: die Verweildauer der Einstellungen wird bei der dramatischen Verdichtung des Geschehens kürzer, dadurch entsteht bildliche Dramatik; *Parallelmontage* oder *alternie-*

rende M.: zwei Handlungen an verschiedenen Orten werden abwechselnd gezeigt und so miteinander verschränkt, daß die Illusion entsteht, sie fänden gleichzeitig statt; *Attraktionsmontage* oder *Kollisionsmontage*: im russischen Stummfilm – stark vereinfacht – Konfrontation zweier disparat scheinender Bilder, aus deren Zusammenprall eine mehr oder minder abstrakte Idee entsteht.

Montagesequenz Folge kurzer, meist ineinandergeblendeter (↗ Blenden) Einstellungen, die einen längeren Handlungsabschnitt komprimiert darstellen.

Neorealismus Tendenz des italienischen Kinos seit dem Ende des zweiten Weltkriegs. Die wichtigsten Vertreter sind Roberto Rossellini, Vittorio De Sica, Lucchino Visconti. Neorealistische Filme erzählen Alltagsgeschichten, angesiedelt im einfachen Milieu, oft an sozialen Brennpunkten, realisiert meist an Originalschauplätzen mit Laiendarstellern. Die im Dokumentarischen wurzelnde Authentizität wird durch die Einbindung in eine fiktive Handlung transzendiert. Der N. hatte über die Nachkriegszeit hinaus weitreichenden Einfluß auf Filmemacher verschiedener Nationen.

Nouvelle Vague Französische Autorenfilmbewegung (cinéma d'auteurs), deren wichtigste Vertreter sich aus der Redaktion der Filmzeitschrift *Cahiers du Cinéma* rekrutierten. Bei aller Unterschiedlichkeit ist den Filmen der N.V. ein hoher Grad der Selbstbewußtheit, die Kenntnis insbesondere des amerikanischen Genrekinos und ein forcierter Stilwille, der bislang geltende Konventionen des Schnitts (Montage), der Lichtführung und der Kameraarbeit über Bord wirft, gemeinsam. Die Themen der N.V. sind große philosophische Entwürfe, die oft im individuellen Scheitern gezeigt werden. Zu den bekanntesten Regisseuren der N.V. gehören François Truffaut, Jean-Luc Godard, Alain Resnais, Claude Chabrol, Jacques Rivette.

Off-Kommentar, auch *Voice-over*: Stimme, die über dem Filmbild liegt, aber nicht synchron zu einer Person, die sprechend zu sehen ist, gehört. Verbreitet im Dokumentarfilm als erklärender Kommentar, aber auch im Spielfilm (oft im ↗ Film noir) als zweite Ebene der Erzählung, die der bildlichen durchaus entgegenlaufen kann.

Off-Screen ↗ Hors-champ

Outline ↗ Drehbuch

Overshoulder Einstellung der Kamera, die bei Dialogszenen im Gegenschuß den Hörenden im Vordergrund angeschnitten sichtbar läßt, ihm also gleichsam über die Schulter sieht.

Panchromatischer Film Schwarzweiß Filmmaterial mit einer Emulsion, die auf das gesamte Farbspektrum reagiert und somit die Wirklichkeit mit einer Vielfalt von Grautönen abbildet. Im Vergleich zum orthochromatischen Film, der bis um 1925 üblich war und nur auf blaue und grüne Töne reagierte, deutlich weniger lichtempfindlich.

Plansequenz Eine längere, ununterbrochene Aufnahme, verbunden mit aufwendigen Kamerafahrten und Schärfeverlagerungen. André Bazin hat auf die Affinität der Plansequenz mit der Tiefenschärfe hingewiesen; die Kombination beider Techniken ermöglichte in seinen Augen eine stärkere Verwicklung des Betrachters in die »Realität« des Filmgeschehens.

Politique des auteurs ↗ Cinéma d'auteurs

Production Designer Szenograf. Früher Filmarchitekt oder Bühnenbildner mit leitender Funktion. Ihm untersteht der Ausstatter, arbeitet eng zusammen mit Kameramann und Chefbeleuchter.

Raum Eric Rohmer hat eine Unterscheidung der verschiedenen Bedeutungen, die Raum im Film haben kann, vorgeschlagen: *Bildraum*, das »auf das Rechteck der Leinwand projizierte Filmbild«, das Teile der Außenwelt darstellt (↗ Kadrierung). *Architekturraum*, der aus den »natürlichen und künstlichen Teilen von Welt, wie die Projektion ... sie darstellt« besteht, mit anderen Worten: Schauplätze und Bauten, die theatralischen Elemente des Films. *Filmraum*: »In Wahrheit hat der Zuschauer nicht die Illusion des wirklich gefilmten, sondern die eines virtuellen Raumes, den er mit Hilfe der fragmentarischen Einzelteile, die der Film ihm liefert, in seiner Vorstellung zusammensetzt.«

Rückprojektion Aufnahmeverfahren, mit dem vor allem Fahrten in Zügen und Autos simuliert werden, die unter Studiobedingungen kontrollierbar und dadurch kostengünstig herzustellen sind. Dabei werden die Schauspieler in der Dekoration vor eine Leinwand plaziert und zusammen mit den von hinten projizierten Fahrtaufnahmen gefilmt. Die R., in vielen Filmen unbefriedigend gelöst, wurde ersetzt durch moderne Verfahren des Digitalen Film Compositing.

Schüfftan-Verfahren 1923 vom deutschen Kameramann Eugen Schüfftan (1893–1977) erfundene Tricktechnik, bei dem stark verkleinerte

Modelle mithilfe eines Spiegels gleichzeitig mit Realszenen aufgenommen werden konnten. Für Fritz Langs ↗*Metropolis* wird das Schüfftan-Verfahren technische Voraussetzung, um monumentale Architekturphantasien ins Bild zu setzen.

Schuß/Gegenschuß Gebräuchliches Aufnahme- und Montagemuster des Spielfilms, besonders für Dialogszenen: nach der Einstellung, die den Sprechenden zeigt, folgt ein Bild des Zuhörenden, bzw. Antwortenden (*reaction shot, reverse angle*), wobei der Ton auf die folgende Einstellung überlappen kann. Im klassischen Hollywoodkino und seinen Derivaten wird dabei sowohl auf räumliche wie zeitliche Kontinuität (Achse; Anschluß) geachtet, der Aufnahmewinkel von S./G. richtet sich außerdem nach der Blickrichtung der Figuren (*eye-line-match*; Overshoulder).

Screwball-Comedy Spielart der Komödie, die in der amerikanischen Depressionsära der dreißiger Jahre entstand. S. spielen meist in der gehobenen Gesellschaft und sind geprägt von atemlosen Wortgefechten und zynischen Bemerkungen. Vor allem in den Frauenrollen findet eine Umwertung statt. Sie sind meist der überlegene und aktive Part, kennen keine Tabus, ohne promisk zu sein. Frank Capras *It Happened One Night* (1934) gilt als erste S., zum Kanon gehören u.a. Filme von Howard Hawks und Ernst Lubitsch. Der Begriff ›screwball‹ stammt ursprünglich vom Baseball und bezeichnete dort einen angeschnittenen Ball.

Slapstick Form der Komödie, in der physische Aktion eine Hauptrolle spielt und wo die Tücke des Objekts beim Zuschauer Schadenfreude auslöst. S. bezeichnete ursprünglich das Gerät, mit dem Clowns ein Geräusch erzeugten, wenn sie ihren Kumpan schlugen. Die bekanntesten S.-Komödien der Stummfilmzeit sind die von Mack Sennett, später die Filme mit Laurel und Hardy. Auch Buster Keaton, Harold Lloyd, die Marx-Brothers, Charlie Chaplin und später in Europa Jaques Tati verwendeten Elemente des S. in ihren Filmen.

Split-screen Unterteilung der Leinwand in zwei oder mehr Ausschnitte, meist eingeleitet von einer Schiebeblende (↗Blende). Realisiert wird die S. im Filmkopierwerk, wo zuvor unabhängig voneinander entstandene Aufnahmen auf einen gemeinsamen Filmstreifen kopiert werden. Einige wenige Experimente wurden auch mit Mehrfachprojektion gemacht.

Storyboard ↗Drehbuch

Studiosystem Bis in die späten vierziger Jahre hatten die großen Hollywood-Studios (auch Major Companies genannt) – Metro-Goldwyn-Mayer (MGM), 20th Century-Fox, Paramount, Warner Brothers United Artists, Universal und Columbia – durch langfristige Verträge Autoren, Regisseure, Kameramänner und Schauspieler an sich gebunden. Die streng hierarchisch organisierte, fließbandartige Produktion führte zur Herausbildung von ästhetischen Standards: Studios entwickelten einen eigenen Stil. Das amerikanische Studiosystem wurde in Deutschland in den zwanziger und dreißiger Jahren erfolgreich von der UFA kopiert.

Subjektive Kamera Gibt die Kamera die Perspektive eines Protagonisten wieder, spricht man von s.K. Treffender ist der von Jean Mitry vorgeschlagene Terminus »assoziierter Blick«. Der Ausdruck s.K. bliebe dann auf die Fälle beschränkt, bei denen tatsächlich die physische Disposition des Blikkenden einbezogen ist: eine zunehmende Unschärfe der Optik, wenn der Protagonist das Bewußtsein verliert oder die ↗Handkamera, die den frei beweglichen Blick wiedergibt.

Suspense Spannungsdramaturgie, die auf einem Informationsvorsprung des Zuschauers gegenüber den agierenden Protagonisten aufbaut. Durch das Wissen um eine dem Helden drohende, diesem aber nicht bewußte Gefahr ist der Zuschauer emotional stärker in die Handlung involviert. Der Meister raffiniert konstruierter Suspenseszenen heißt Alfred Hitchcock.

Tiefenschärfe Derjenige Bereich auf dem belichteten Film, auf den der Fokus der Kamera eingestellt wurde. Objektive mit geringer Brennweite (Weitwinkel) ermöglichen tiefenschärfere Bilder als Teleobjektive; die für Tiefenschärfe notwendigen Objektive mit kleiner Blendenöffnung erfordern helle Ausleuchtung. Normalerweise wird mit geringer T. aufgenommen, weil sich durch Schärfeverlagerungen die Aufmerksamkeit des Zuschauers besser auf die jeweils wichtigen Partien des Bildes lenken läßt. Zu allen Zeiten gab es aber Versuche mit größerer T., die für avancierteres Kino auch Voraussetzung war, durch den frei im Bild sich bewegenden Blick die Ökonomie des gängigen Erzählkinos wenn nicht zu brechen, so zumindest in Frage zu stellen.

Travelling Mechanische Fahrt, also tatsächliche Bewegung der Kamera durch den Raum. Die Kamera kann dabei entweder auf einen Wagen montiert sein, der wiederum auf Schienen laufen kann, auf ein entsprechend ausgerüstetes Auto oder auf ein stabilisierendes Umhängesystem (*steadycam*).

Treatment ↗ Drehbuch

Vertikalschwenk Bewegung der Kamera um die Querachse von einem festen Punkt (Stativ) in vertikaler Richtung im Gegensatz zum Horizontal- oder Panoramaschwenk.

Virage Nachträgliche farbige Tönung des schwarzweißen Filmmaterials im Stummfilm. Farbauswahl erfolgte nach bestimmten Konventionen: Nachtszenen wurden meist dunkelblau oder lila eingefärbt, Liebesszenen rosa oder rot und ländliche Außenszenen braun. Viragierte Fassungen werden heute oft aufwendig rekonstruiert, da kaum Originale erhalten sind.

Voice-over ↗ Off-Kommentar

Zoom Objektiv mit stufenlos veränderbarer Brennweite. Mit dem Z. lassen sich Bewegungseffekte erzielen (optische Fahrt), die im Vergleich zur tatsächlichen Fahrt (↗ Travelling) aber mit Verlust an Tiefenschärfe und somit Räumlichkeit einhergehen. Der Standpunkt der Kamera bleibt der gleiche. Einen der berühmtesten Z.-effekte verwendete Hitchcock in ↗ *Vertigo*: die Kamera fährt vor, das Z. wird zurückgezogen, so daß der Bildausschnitt identisch bleibt, das Bild aber seine Räumlichkeit stark verändert.

Ingo Fließ/Michael Töteberg

Bibliographie

LEXIKA, HANDBÜCHER

»CineGraph. Lexikon zum deutschsprachigen Film«. Hg. Hans-Michael Bock. München 1984ff. (Loseblattsammlung)

»Cinema. A Critical Dictonary. The Major Film-Makers«. Hg. Richard Roud. 2 Bde. London 1980

»Deutsche Tonfilme. Filmlexikon der abendfüllenden deutschen und deutschsprachigen Tonfilme nach ihren deutschen Uraufführungen«. Ulrich J. Klaus. Berlin 1988ff.

»Film. An International Bibliography«. Malte Hagener/Michael Töteberg. Stuttgart, Weimar 2002

»The Film Encyclopedia«. Ephraim Katz. New York [2]1994

»Filmklassiker«. Hg. Thomas Koebner. 4 Bde. Stuttgart [4]2002

»Filmregisseure«. Hg. Thomas Koebner. Stuttgart 1999

»Halliwell's Filmgoer's Companion«. Hg. John Walker. London [10]1993

»International Dictionary of Films and Filmmakers«. Hg. Nicholas Thomas. 5 Bde. Detroit [2]1991–1994

»Lexikon Filmschauspieler international«. Hg. Hans-Michael Bock. 2 Bde. Reinbek 1997

»Lexikon des Internationalen Films«. Hg. Katholisches Institut für Medieninformation/Katholische Filmkommission für Deutschland. 4 Bde. Frankfurt a.M. 2002. Jährliche Ergänzungsbde. Marburg 2002ff.

»Lexikon Regisseure und Kameraleute«. Hg. Hans-Michael Bock. Reinbek 1999

»Microsoft Cinemania«. Redmond 1994ff. (CD-ROM)

»Recherche: Film. Quellen und Methoden der Filmforschung«. Hg. Hans-Michael Bock/Wolfgang Jacobsen. München 1997

»Reclams Filmführer«. Hg. Dieter Krusche, Mitarbeit Jürgen Labenski. Stuttgart [12]2003

»Reclams Lexikon des deutschen Films«. Hg. Thomas Kramer. Stuttgart 1995

»Reclams Sachlexikon des Films«. Hg. Thomas Koebner. Stuttgart 2002

»Variety International Film Guide«. James Pallot. London 1989ff.

FILMTHEORIE

Franz-Josef Albersmeier (Hg.): »Texte zur Theorie des Films«. Stuttgart [5]2003

J. Dudley Andrew: »The Major Film Theories«. New York u.a. [2]1989

Rudolf Arnheim: »Film als Kunst«. München 1974

Béla Balázs: »Schriften zum Film«. Bd.1: Der sichtbare Mensch. Bd.2: Der Geist des Films. Frankfurt a.M. 2001

André Bazin: »Was ist Kino?«. Hg. Robert Fischer. Berlin 2004

Wolfgang Beilenhoff (Hg.): »Poetika Kino. Theorie und Praxis des Films im russischen Formalismus«. Frankfurt a.M. 2005

Ronald Bogue: »Deleuze on Cinema«. New York 2003

David Bordwell: »Narration in the Fiction Film«. Madison 1985

ders.: »Making Meaning. Inference and Rhetoric in the Interpretation of Cinema«. New York u.a. 1989

ders./Kristin Thompson: »Film Art. An Introduction«. New York [4]1993

Christine N. Brinckmann: »Die anthropomorphe Kamera«. Zürich 1997

John Caughie (Hg.): »Theories of Authorship. A Reader«. London 1981

Gilles Deleuze: »Kino«. Bd.1: Das Bewegungs-Bild. Bd. 2: Das Zeit-Bild. Frankfurt a.M. 1989/1991

Helmut H. Diederichs (Hg.): »Geschichte der Filmtheorie«. Frankfurt a.M. 2004

Jürgen Felix (Hg.): »Moderne Film-Theorie«. Mainz 2002

Anne Friedberg: »Window Shopping. Cinema and the Postmodern«. Berkeley 1993

Andrzej Gwozdz (Hg.): »Film-Theorie in Polen. Eine Anthologie«. Frankfurt a.M. u.a. 1992

Paul Hammond (Hg.): »The Shadow and Its Shadow. Surrealist Writings on Cinema«. London 1978

Heinz-B. Heller: »Literarische Intelligenz und Film. Zur Veränderung der ästhetischen Theorie und Praxis unter dem Eindruck des Films 1910–1930 in Deutschland«. Tübingen 1985

E. Ann Kaplan: »Psychoanalysis and Cinema«. New York 1990
Rudolf Kersting: »Wie die Sinne auf Montage gehen. Zur ästhetischen Theorie des Kinos/Films«. Basel, Frankfurt a.M. 1989
Michael Kötz: »Der Traum, die Sehnsucht und das Kino. Film und Wirklichkeit des Imaginären«. Frankfurt a.M. 1986
Siegfried Kracauer: »Theorie des Films. Zur Errettung der äußeren Wirklichkeit«. Frankfurt a.M. 1973
Anke-Marie Lohmeier: »Hermeneutische Theorie des Films«. Tübingen 1996
Jurij M. Lotman: »Probleme der Kinoästhetik. Einführung in die Semiotik des Films«. Frankfurt a.M. 1977
Christian Metz: »Semiologie des Films«. München 1972
ders.: »Sprache und Film«. Frankfurt a.M. 1973
ders.: »Die unpersönliche Enunziation oder Der Ort des Films«. Münster 1997
James Monaco: »Film verstehen«. Hg. Hans-Michael Bock. Reinbek ^{6}2005
Bill Nichols (Hg.): »Movies and Methods«. 2 Bde. Berkeley 1985
Constance Penley (Hg.): »Feminism and Film Theory«. New York 1988
Philip Rosen (Hg.): »Narrative, Apparatus, Ideology. A Film Theory Reader«. New York 1986
Andreas Rost/Mike Sandbothe (Hg.): »Die Filmgespenster der Postmoderne«. Frankfurt a.M. 1998
Heide Schlüpmann: »Abendröthe der Subjektphilosophie. Eine Ästhetik des Kinos«. Basel, Frankfurt a.M. 1998
dies.: »Ein Detektiv des Kinos. Studien zur Siegfried Kracauers Filmtheorie«. Basel, Frankfurt a.M. 1998
dies.: »Öffentliche Intimität. Die Theorie im Kino«. Frankfurt a.M., Basel 2002
Karl Sierek/Barbara Eppensteiner (Hg.): »Der Analytiker im Kino«. Frankfurt a.M., Basel 2000
Robert Stam u.a.: »New Vocabularies in Film Semiotics. Structuralism, Post-Structuralism, and Beyond«. New York 1992
Kristin Thompson: »Breaking the Glass Armor. Neoformalist Film Analysis«. Princeton 1988
Dsiga Vertov: »Schriften zum Film«. Hg. Wolfgang Beilenhoff. München 1973
Paul Virilio: »Krieg und Kino. Logistik der Wahrnehmung«. München 1986
Karsten Witte (Hg.): »Theorie des Kinos. Ideologiekritik der Traumfabrik«. Frankfurt a.M. 1972
Peter Wollen: »Signs and Meaning in the Cinema«. London ^{2}1972
Peter Wuss: »Die Tiefenstruktur des Filmkunstwerks. Zur Analyse von Spielfilmen mit offener Komposition«. Berlin (DDR) 1986
ders.: »Kunstwert des Films und Massencharakter des Mediums. Konspekte zur Geschichte der Theorie des Spielfilms«. Berlin 1990
ders.: »Filmanalyse und Psychologie. Strukturen des Films im Wahrnehmungsprozeß«. Berlin 1993

FILMGESCHICHTE

Allgemein

Robert C. Allen/Douglas Gomery: »Film History. Theory and Practice«. New York 1985
David A. Cook: »A History of Narrative Film«. New York ^{2}1990
Jack C. Ellis: »A History of Film«. Englewood Cliffs ^{3}1990
Lorenz Engell: »bewegen beschreiben. Theorie zur Filmgeschichte«. Weimar 1995
Werner Faulstich/Helmut Korte (Hg.): »Fischer Filmgeschichte«. 5 Bde. Frankfurt a.M. 1990–1995
Werner Faulstich: »Filmgeschichte«. Paderborn 2005
Douglas Gomery: »Movie History. A Survey«. London 1991
Ulrich Gregor: »Geschichte des Films ab 1960«. München 1978
ders./Enno Patalas: »Geschichte des Films«. Gütersloh 1962
Geoffrey Nowell-Smith (Hg.): »Geschichte des internationalen Films«. Stuttgart, Weimar 1998
Patrice Petro: »Aftershocks of the New. Feminism and Film History«. New Brunswick 2002
Eric Rhode: »A History of Cinema. From Its Origins to 1970«. Harmondsworth 1978
Kristin Thompson/David Bordwell: »Film History. An Introduction«. Boston ^{2}2003
Jerzy Toeplitz: »Geschichte des Films«. 5 Bde. Berlin (DDR) 1975–1991

Deutschland

Hans Barkhausen: »Filmpropaganda im Ersten und Zweiten Weltkrieg«. Hildesheim, New York 1982
Wolfgang Becker/Norbert Schöll: »In jenen Tagen ...

Wie der deutsche Nachkriegsfilm die Vergangenheit bewältigte«. Opladen 1995
Jürgen Berger u.a. (Red.): »Zwischen Gestern und Morgen. Westdeutscher Nachkriegsfilm 1946–1962«. Frankfurt a.M. 1989
Herbert Birett: »Lichtspiele. Das Kino in Deutschland bis 1914«. München 1994
Ilona Brennicke/Joe Hembus: »Klassiker des Deutschen Stummfilms 1910–1930«. München 1983
Joachim Castan: »Max Skladanowsky oder der Beginn einer deutschen Filmgeschichte«. Stuttgart 1995
Timothy Corrigan: »New German Film. The Displaced Image«. Bloomington [2]1994
Bogusław Drewniak: »Der deutsche Film 1938–1945. Ein Gesamtüberblick«. Düsseldorf 1987
Lotte H. Eisner: »Die dämonische Leinwand«. Frankfurt a.M. [2]1980
Thomas Elsaesser: »Der Neue Deutsche Film. Von den Anfängen bis zu den neunziger Jahren«. München 1994
ders.: »Filmgeschichte und frühes Kino«. München 2002
ders./Michael Wedel (Hg.): »Kino der Kaiserzeit«. München 2002
Robert Fischer/Joe Hembus: »Der Neue Deutsche Film 1960–1980«. München 1980
Gero Gandert (Hg.): »Der Film der Weimarer Republik. Ein Handbuch der zeitgenössischen Kritik«. Bd.1: 1929. Berlin, New York 1993
Sabine Hake: »Film in Deutschland«. Reinbek 2004
Thomas Heimann: »DEFA, Künstler und SED-Kulturpolitik. Zum Verhältnis von Kulturpolitik und Filmproduktion in der SBZ/DDR 1945 bis 1959«. Berlin 1994
Joe Hembus/Christa Bandmann: »Klassiker des Deutschen Tonfilms 1930–1960«. München 1980
Hilmar Hoffmann: »›Und die Fahne führt uns in die Ewigkeit‹. Propaganda im NS-Film«. Frankfurt a.M. 1988
Dorothea Hollstein: »*Jud Süß* und die Deutschen. Antisemitische Vorurteile im nationalsozialistischen Spielfilm«. Frankfurt a.M. u.a. [2]1983
Wolfgang Jacobsen u.a. (Hg.): »Geschichte des deutschen Films«. Stuttgart [2]2004
Thomas Koebner (Hg.): »Diesseits der ›Dämonischen Leinwand‹«. München 2003
ders. (Hg.): »Idole des deutschen Films«. München 1997
Siegfried Kracauer: »Von Caligari zu Hitler. Eine psychologische Geschichte des deutschen Films«. Frankfurt a.M. 1979
ders.: »Kleine Schriften zum Film 1921–1961«. Hg. Inka Mülder-Bach. Frankfurt a.M. 2004
Thomas Kramer/Martin Prucha: »Film im Lauf der Zeit. 100 Jahre Kino in Deutschland, Österreich und der Schweiz«. Wien 1994
Gertraude Kühn u.a. (Red.): »Film und revolutionäre Arbeiterbewegung in Deutschland 1918–1932. Dokumente und Materialien«. 2 Bde. Berlin (DDR) 1978
Bruce Murray: »Film and the German Left in the Weimar Republic. From *Caligari* to *Kuhle Wampe*«. Austin 1990
Corinna Müller: »Frühe deutsche Kinematographie. Formale, wirtschaftliche und kulturelle Entwicklungen«. Stuttgart 1994
dies: »Vom Stummfilm zum Tonfilm«. München 2003
Patrice Petro: »Joyless Streets. Woman and Melodramatic Representation in Weimar Germany«. Princeton 1989
Klaus Phillips (Hg.): »New German Filmmakers. From Oberhausen Through the 1970s«. New York 1984
Peter Pleyer: »Deutscher Nachkriegsfilm 1946–1948«. Münster 1965
Hans Helmut Prinzler: »Chronik des deutschen Films 1895–1995«. Stuttgart 1995
Hans-Peter Reichmann/Rudolf Worschech (Red.): »Abschied vom Gestern. Bundesdeutscher Film der sechziger und siebziger Jahre«. Frankfurt a.M. 1992
Thomas J. Saunders: »Hollywood in Berlin. American Cinema and Weimar Germany«. Berkeley 1994
Michael Schaudig (Hg.): »Positionen deutscher Filmgeschichte«. München 1996
Dagmar Schittly: »Zwischen Regie und Regime. Die Filmpolitik der SED im Spiegel der DEFA-Produktionen«. Berlin 2002
Harro Segeberg (Hg.): Mediengeschichte des Films. 4 Bde. München 1996–2004
Robert R. Shandley: »Rubble Films«. Philadelphia 2001
Heide Schlüpmann: »Unheimlichkeit des Blicks. Das Drama des frühen deutschen Kinos«. Basel, Frankfurt a.M. 1990

Andere Länder

Richard Abel: »French Cinema. The First Wave, 1915–1929«. Princeton 1984

ders.: »The Ciné Goes to Town«. French Cinema, 1896–1914«. Berkeley 1994

Joseph L. Anderson/Donald Richie: »The Japanese Film. Art and Industry«. Princeton [2]1982

Roy Armes: »Patterns of Realism. Italian Neo-Realist Cinema«. Cranbury 1971

ders.: »French Cinema«. London 1985

Tino Balio: »Grand Design. Hollywood as a Modern Business Enterprise, 1930–1939«. New York 1993

Peter Biskind: »Easy Riders, Raging Bulls«. Hamburg 2000

David Bordwell u.a.: »The Classical Hollywood Cinema. Film Style & Mode of Production to 1960«. New York 1985

Eileen Bowser: »The Transformation of Cinema, 1907–1915«. New York 1990

Michael Chanan: »The Dream That Kicks. The Prehistory and Early Years of the Cinema in Britain«. London 1979

Thomas Doherty: »Projections of War. Hollywood and American Culture, 1941–1945«. New York 1993

John Downing (Hg.): »Film, Politics, and the Third World«. New York 1987

Hervé Dumont: »Geschichte des Schweizer Films. Spielfilme 1896–1965«. Lausanne 1987

Christine Engel (Hg.): »Geschichte des sowjetischen und russischen Films«. Stuttgart, Weimar 1999

Pierre Haffner: »Kino in Schwarzafrika«. München 1989

Jörg Helbig: »Geschichte des britischen Films«. Stuttgart, Weimar 1999

Peter Kenez: »Cinema & Soviet Society 1917–1953«. New York u.a. 1992

Klaus Kirschner: »Asche und Diamant. Der polnische Spielfilm 1899–1976«. Erlangen 1977

Stefan Kramer: »Schattenbilder. Filmgeschichte Chinas und die Avantgarde der achtziger und neunziger Jahre«. Dortmund 1996

Marcia Landy: »British Genres. Cinema and Society, 1930–1960«. Princeton 1991

Ann Lawton (Hg.): »The Red Screen. Politics, Society, Art in Soviet Cinema«. London 1992

Jay Leyda: »Kino. History of Russian and Soviet Film«. Princeton [3]1983

Antonin J. Liehm: »Closely Watched Trains. The Czecholovak Experience«. White Plains 1974

ders./Mira Liehm: »The Most Important Art. Eastern European Films after 1945«. Berkeley 1977

Mark Litwak: »Reel Power. The Struggle for Influence and Success in the New Hollywood«. New York 1986

Arnold Loacker: »Anschluß im ¾ Takt. Filmproduktion und Filmpolitik in Österreich 1930–1938«. Trier 1999

Rachael Low: »The History of the British Film 1896–1939«. 5 Bde. 1.Bd. mit Roger Manvell. London 1948–1985

Millicent Marcus: »Italian Film in the Light of Neorealism«. Princeton 1986

Charles Musser: »The Emergence of Cinema. The American Screen to 1907«. New York 1990

Dana Polan: »Power and Paranoia. History, Narrative and the American Cinema, 1940–1950«. New York 1986

Ashish Rajadhyaksha/Paul Willemen: »Encyclopaedia of Indian Cinema«. London 1995

Tony Rayns: »The New Chinese Cinema«. London 1989

Peter B. Schumann: »Handbuch des lateinamerikanischen Films«. Frankfurt a.M. 1982

ders.: »Handbuch des brasilianischen Films«. Frankfurt a.M. 1988

Richard Taylor/Ian Christie (Hg.): »The Film Factory. Russian and Soviet Cinema in Documents 1896–1939«. Cambridge 1988

Nwachukwu Frank Ukadike: »Black African Cinema«. Berkeley 1994

Keiko Yamane: »Das japanische Kino. Geschichte, Filme, Regisseure«. München, Luzern 1985

FILMINDUSTRIE UND STUDIOS

Peter Bart: »Fade Out. The Calamitous Final Days of MGM«. New York 1990

Tino Balio (Hg.): »The American Film Industry«. Madison 1985

ders.: »United Artists. The Company That Changed the Film Industry«. Madison 1987

Michel Birnbaum (Hg.): »Décors de Cinéma. Les studios français de Méliès à nos jours«. Paris 1993

Hans-Michael Bock/Michael Töteberg (Hg.): »Das Ufa-Buch. Kunst und Krisen, Stars und Regisseure, Wirtschaft und Politik«. Frankfurt a.M. 1992

Hans-Michael Bock u.a. (Red.): »Die Tobis 1928-1945. Eine kommentierte Filmografie«. München 2003
Jean-Pierre Coursodon: »L. A. Warner Bros.«. Paris 1991
Claudia Dillmann-Kühn: »Artur Brauner und die CCC. Filmgeschäft, Produktionsalltag, Studiogeschichte 1946-1990«. Frankfurt a.M. 1990
John Douglas Eames: »The Paramount Story«. London 1985
ders./Ronald Bergan: »The MGM Story«. London ²1993
Jan Distelmeyer (Hg.): »Tonfilmfrieden/Tonfilmkrieg. Die Geschichte der Tobis vom Technik-Syndikat zum Staatskonzern«. München 2003
Michael G. Fitzgerald: »Universal Pictures«. New Rochelle, New York 1977
Peter Hay: »MGM. When the Lion Roars«. Atlanta 1991
Charles Higham: »Merchant of Dreams. Louis B. Mayer, M.G.M., and the Secret Hollywood«. New York 1993
Wolfgang Jacobsen: »Erich Pommer. Ein Produzent macht Filmgeschichte«. Berlin 1989
ders. (Hg.): »Babelsberg. Das Filmstudio«. Berlin ³1994
Richard B. Jewell/Vernon Harbin: »The RKO Story«. London 1982
Jacques Kermabon (Hg.): »Pathé. Premier empire du cinéma«. Paris 1994
Paul Kerr (Hg.): »The Hollywood Film Industry. A Film Reader«. London 1986
Klaus Kreimeier: »Die Ufa-Story. Geschichte eines Filmkonzerns«. München 1992
Petra Putz: »Waterloo in Geiselgasteig«. Trier 1996
Nick Roddick: »A New Deal in Entertainment. Warner Brothers in the 1930s«. London 1983
Thomas Schatz: »The Genius of the System. Hollywood Filmmaking in the Studio Era«. New York 1988
Ralf Schenk (Red.): »Das zweite Leben der Filmstadt Babelsberg. DEFA-Spielfilme 1946-1992«. Berlin 1994
Anthony Slide: »The American Film Industry. A Historical Dictionary«. New York 1990
Jürgen Spiker: »Film und Kapital. Der Weg der deutschen Filmwirtschaft zum nationalsozialistischen Einheitskonzern«. Berlin 1975
Janet Staiger (Hg.): »The Studio System«. New Brunswick 1994
Robert H. Stanley: »The Celluloid Empire. A History of the American Movie Industry«. New York 1978
Tony Thomas/Aubrey Solomon: »The Films of 20th Century-Fox«. Secaucus 1979
Hans Traub (Hg.): »Die Ufa. Ein Beitrag zur Entwicklungsgeschichte des deutschen Filmschaffens«. Berlin 1943
Erika Wottrich (Hg.): »Deutsche Universal«. München 2001
dies. (Hg.): »M wie Nebenzahl. Nero – Filmproduktion zwischen Europa und Hollywood«. München 2002

SOZIALGESCHICHTE DES KINOS

Kenneth Anger: »Hollywood Babylon«. 2 Bde. München 1986
Rolf-Peter Baacke: »Lichtspielhausarchitektur in Deutschland. Von der Schaubude bis zum Kinopalast«. Berlin 1982
Uta Berg-Ganschow/Wolfgang Jacobsen (Hg.): « ... Film ... Stadt ... Kino ... Berlin ...«. Berlin 1987
Virginie Champion u.a.: »Les cinémas de Paris 1945-1995«. Paris 1995
Jerome Charyn: »Movieland. Hollywood und die große amerikanische Traumkultur«. Hildesheim 1993
Bruno Fischli (Hg.): »Vom Sehen im Dunkeln. Kinogeschichten einer Stadt«. Köln 1990
Michael Hanisch: »Auf den Spuren der Filmgeschichte. Berliner Schauplätze«. Berlin 1991
Anton Kaes (Hg.): »Kino-Debatte. Texte zum Verhältnis von Literatur und Film 1909-1929«. München/Tübingen 1978
John Margolies/Emily Gwathmey: »Ticket to Paradise. American Movie Theaters and How We Had Fun«. Boston u.a. 1991
Anne Paech: »Kino zwischen Stadt und Land. Geschichte des Kinos in der Provinz: Osnabrück«. Marburg 1985
Anne und Joachim Paech: »Menschen im Kino«. Stuttgart, Weimar 2000
Mark Shiel/Tony Fitzmaurice (Hg.): »Cinema and the City. Film and Urban Societies in a Global Context«. Oxford 2001

Michael Töteberg: »Filmstadt Hamburg«. Hamburg [2]1997
Maggie Valentine: »The Show Starts on the Sidewalk. An Architectural History of the Movie Theatre«. New Haven, London 1994
Rudolf Worschech u.a. (Red.): »Lebende Bilder einer Stadt. Kino und Film in Frankfurt am Main«. Frankfurt a.M. 1995
Jörg Schweinitz (Hg.): »Prolog vor dem Film. Nachdenken über ein neues Medium 1909–1914«. Leipzig 1992
Gregory A. Waller (Hg.): »Moviegoing in America«. Malden, Oxford 2002

FILMTECHNIK

Donald Albrecht: »Architektur im Film. Die Moderne als grosse Illusion«. Hg. Ralph Eue. Basel u.a. 1989
Pete Ariel (Hg.): »Ariel Cinematograhica Register. Handbuch der Filmtechnik«. 4 Bde. Frankfurt a.M. 1981–1989
Léon Barsaq: »Caligari's Cabinet and Other Grand Illusions. A History of Film Design«. Hg. Elliot Stein. Boston 1976
Helga Belach/Wolfgang Jacobsen (Hg.): »Cinema-Scope. Zur Geschichte der Breitwandfilme«. Berlin 1993
Hans Beller (Hg.): »Handbuch der Filmmontage. Praxis und Prinzipien des Filmschnitts«. München 1993
Brian Coe: »The History of Movie Photography«. London 1981
Peter Ettedgui: »Filmkünste: Kamera«. Reinbek 2000
ders.: »Filmkünste: Produktionsdesign«. Reinbek 2000
Barbara Flückinger: »Sound design. Die virtuelle Klangwelt des Films«. Marburg 2001
Rolf Giesen: »Special Effects. Die Tricks im Film. Vom Spiegeleffekt bis zur Computeranimation«. Ebersberg 1985
ders./Claudia Meglin: »Künstliche Welten«. Hamburg, Wien 2000
Marille Hahne (Hg.): »Das digitale Kino«. Marburg 2005
Charles Higham: »Hollywood Cameramen. Sources of Light«. London 1970
Bruce F. Kawin: »How Movies Work«. Berkeley 1992
Gerhard Kemmer/Gelia Eisert: »Lebende Bilder. Eine Technikgeschichte des Films«. Berlin 2000
Ira Konigsberg: »The Complete Film Dictionary«. New York 1987
Gert Koshofer: »Color. Die Farben des Films«. Berlin 1988
Walter Murch: »Ein Lidschlag, ein Schnitt. Die Kunst der Filmmontage«. Berlin 2004
Steve Neale: »Cinema and Technology. Image, Sound, Colour«. London 1985
Gabriella Oldham: »First Cut. Conversations with Film Editors«. Berkeley 1992
Michael Ondaatje: »Die Kunst des Filmschnitts. Gespräche mit Walter Murch«. München 2005
Gerhard Pisek: »Die große Illusion. Probleme und Möglichkeiten der Filmsynchronisation«. Trier 1994
Wsewolod Pudowkin: »Über die Filmtechnik«. Zürich 1961
Karel Reisz/Gavin Millar: »Geschichte und Technik der Filmmontage«. München 1988
Barry Salt: »Film Style and Technology. History and Analysis«. London [2]1992
Thomas G. Smith: »Industrial Light & Magic. The Art of Special Effects«. New York 1986
Gabriele Voss: »Schnitte in Raum und Zeit. Montage im Film«. Berlin 2005
Helmut Weihsmann: »Gebaute Illusionen. Architektur im Film«. Wien 1988
Elisabeth Weis/John Belton: »Film Sound. Theory and Practice«. New York 1985

DREHBUCH

Christiane Altenburg/Ingo Fließ (Hg.): »Jenseits von Hollywood. Drehbuchautoren über ihre Kunst und ihr Handwerk«. Frankfurt a.M. 2000
Jochen Brunow (Hg.): »Schreiben für den Film. Das Drehbuch als eine andere Art des Erzählens«. München 1988
Richard Corliss (Hg.): »The Hollywood Screenwriters«. New York 1972
ders.: »Talking Pictures. Screenwriters in the American Cinema«. New York 1975
Holger Ellermann: »Das Drehbuchschreiben als Handwerk«. Coppengrave 1995

Syd Field: »Das Handbuch zum Drehbuch«. Frankfurt a.M. 1991
ders. u.a.: »Drehbuchschreiben für Fernsehen und Film. Ein Handbuch für Ausbildung und Praxis«. München, Leipzig [5]1994
ders.: »Filme schreiben. Wie Drehbücher funktionieren«. Hamburg, Wien 2001
William Goldman: »Das Hollywood Geschäft«. Bergisch Gladbach 1999
David Howard/Edward Mabley: »Drehbuchhandwerk«. Köln 1996
Jürgen Kasten: »Film schreiben. Eine Geschichte des Drehbuches«. Wien 1990
Robert McKee: »Story. Die Prinzipien des Drehbuchschreibens« Berlin 2000
Oliver Schütte: »Die Kunst des Drehbuchlesens«. Bergisch Gladbach 1999
Alexander Schwarz (Hg.): »Das Drehbuch. Geschichte, Theorie, Praxis«. München 1992
ders.: »Der geschriebene Film. Drehbücher des deutschen und russischen Stummfilms«. München 1994
Eugene Vale: »Die Technik des Drehbuchschreibens für Film und Fernsehen«. Hg. Jürgen Bretzinger. München [5]2000
Christopher Vogler: »Die Odyssee des Drehbuchschreibens«. Frankfurt a.M. [2]1998

GENRES

Rick Altman: »The American Film Musical«. Bloomington 1987
ders.: »Film/Genre«. London 1999
Bruce Babington/Peter William Evans: »Affairs to Remember. The Hollywood Comedy of the Sexes«. Manchester 1989
Oliver Baumgarten u.a.: »Um sie weht der Hauch des Todes. Der Italowestern – die Geschichte eines Genres«. Bochum [2]1999
Helga Belach (Red.): »Wir tanzen um die Welt. Deutsche Revuefilme 1933-1945«. München 1979
dies./Wolfgang Jacobsen (Red.): »Slapstick & Co. Frühe Filmkomödien«. Berlin 1995
John Brosnan: »The Primal Screen. A History of Science Fiction Film«. London 1991
Edward Buscombe: »The BFI Companion to the Western«. London 1988
Christian Cargnelli/Michael Palm (Hg.): »Und immer wieder geht die Sonne auf. Texte zum Melodramatischen im Film«. Wien 1994
Steven Cohan/Ina Rae Hark (Hg.): »The Road Movie Book«. London, New York 1997
Annette Deeken: »Reisefilme. Ästhetik und Geschichte«. Remscheid 2004
Wheeler Winston Dixon (Hg.): »Film Genre 2000«. Albany 2000
William K. Everson: »Klassiker des Horrorfilms«. München 1980
Andreas Friedrich (Hg.): »Filmgenres: Fantasy- und Märchenfilm«. Stuttgart 2003
Hans Gerhold: »Kino der Blicke. Der französische Kriminalfilm«. Frankfurt a.M. 1989
Rolf Giesen: »Lexikon des phantastischen Films. Horror, Science Fiction, Fantasy«. 2 Bde. Frankfurt a.M. u.a. 1984
Barry Keith Grant: »Film Genre Reader«. Austin 1986
ders. (Hg.): »Film Genre Reader 2«. Austin 1996
Malte Hagener/Jan Hans (Hg.): »Als die Filme singen lernten. Innovation und Tradition im Musikfilm 1928–1938«. München 1999
Michael Hanisch: »Vom Singen im Regen … Filmmusical gestern und heute«. Berlin (DDR) 1980
ders.: »Western. Die Entwicklung eines Filmgenres«. Berlin (DDR) 1984
Joe Hembus: »Das Western-Lexikon«. Neuausgabe von Benjamin Hembus. München 1995
Knut Hickethier (Hg.): »Filmgenres: Kriminalfilm«. Stuttgart 2005
Stuart Kaminsky: »American Film Genres«. Chicago 1985
E. Ann Kaplan (Hg.): »Women in Film Noir«. London 1978
Kristina Brunovska Karnick (Hg.): »Classical Hollywood Comedy«. New York 1995
Bernd Kiefer/Norbert Grob (Hg.): »Filmgenres: Western«. Stuttgart 2003
Jim Kitses: »Horizons West: Directing the Western from John Ford to Clint Eastwood«. London 2004
Thomas Koebner (Hg.): »Filmgenres: Science Fiction«. Stuttgart 2003
Colin McArthur: »Underworld U.S.A.«. London 1972
Steve Neale: »Genre and Hollywood«. London, New York 2000
S.S. Prawer: »Caligari's Children. The Film as Tale of Terror«. Oxford u.a.1980

Thomas Schatz: »Hollywood Genres. Formulas, Filmmaking, Studio System«. New York ²1993

Jörg Schöning (Hg.): »Triviale Tropen. Exotische Reise- und Abenteuerfilme aus Deutschland 1919–1939«. München 1997

Georg Seeßlen: »Grundlagen des populären Films« 10 Bde. Bd.1,2 mit Claudius Weil. Reinbek 1979–1981. Erweiterte Neuausgabe einzelner Bände. Marburg 1995 ff.

ders.: »Der pornographische Film«. Frankfurt a.M., Berlin 1990

Ed Sikow: »Screwball. Hollywood's Madcap Romantic Comedies«. New York 1989

Scott und Barbara Siegel: »American Film Comedy«. New York 1994

Alain Silver/Elizabeth Ward (Hg.): »Film Noir. An Encyclopedic Reference to the American Style«. Woodstock ²1988

Stanley J. Solomon: »Beyond Formula. American Film Genres«. New York 1976

Bodo Traber/Hans J. Wulff (Hg.): »Filmgenres: Abenteuerfilm«. Stuttgart 2004

Ursula Vossen (Hg.): »Filmgenres: Horrorfilm«. Stuttgart 2004

Paul Werner: »Film noir. Die Schattenspiele der ›schwarzen Serie‹«. Frankfurt a.M. 1985

Wolfgang Gast (Hg.): »Literaturverfilmung«. Bamberg 1993

Herbert Grabes (Hg.): »Literatur in Film und Fernsehen. Von Shakespeare bis Beckett«. Königstein/Ts. 1980

Matthias Hurst: »Erzählsituationen in Literatur und Film«. Tübingen 1996

Michael Klein/Gillian Parker (Hg.): »The English Novel and the Movies«. New York 1981

Stuart Y. McDougal: »Made into Movies: From Literature to Film«. New York 1985

Brian McFarlane: »Novel to Film«. Oxford 1996

Joachim Paech: »Literatur und Film«. Stuttgart ²1997

Eric Rentschler (Hg.): »German Film and Literature. Adaptions and Transformations«. New York 1986

Volker Roloff/Jochen Mecke (Hg.): »Kino-(Ro)Mania. Intermedialität zwischen Film und Literatur«. Tübingen 1999

Klaus W. und Ingrid Schmidt: »Lexikon Literaturverfilmungen. Deutschsprachige Filme 1945–1990«. Stuttgart ²2001

Irmela Schneider: »Der verwandelte Text. Wege zu einer Theorie der Literaturverfilmung«. Tübingen 1981

LITERATURVERFILMUNG

Gerhard Adam (Hg.): »Literaturverfilmungen«. München 1984

Franz-Josef Albersmeier: »Die Herausforderung des Films an die französische Literatur«. Bd.1: Die Epoche des Stummfilms. Heidelberg 1985

ders./Volker Roloff (Hg.): »Literaturverfilmungen«. Frankfurt a.M. 1989

Sigrid Bauschinger u.a. (Hg.): »Film und Literatur. Literarische Texte und der neue deutsche Film«. Bern, München 1985

George Bluestone: »Novels into Film. The Metamorphosis of Fiction into Cinema«. Berkely 1968

Anne Bohnenkamp/Tilman Lang (Hg.): »Literaturverfilmungen. Interpretationen«. Stuttgart 2005

Joy Gould Boyum: »Double Exposure: Fiction into Film«. New York 1985

Lewis Keith Cohen: »Film and Fiction. The Dynamics of Exchange«. New Haven, London 1979

Alfred Estermann: »Die Verfilmung literarischer Werke«. Bonn 1965

NONFICTION- UND AVANTGARDEFILM

Erik Barnouw: »Documentary. A History of the Non-Fiction Film«. New York u.a. ²1993

Richard Meran Barsam: »Nonfiction Film. A Critical History«. Bloomington ²1992

Mo Beyerle/Christine N. Brinckmann (Hg.): »Direct Cinema und Radical Cinema. Der amerikanische Dokumentarfilm der sechziger Jahre«. Frankfurt a.M., New York 1991

Christa Blümlinger/Christian Wulff (Hg.): »Schreiben Bilder Sprechen. Texte zum essayistischen Film«. Wien 1992

Manfred Hattendorf: »Dokumentarfilm und Authentizität. Ästhetik und Pragmatik einer Gattung«. Konstanz 1994

Birgit Hein: »Film im Underground«. Frankfurt a.M. u.a. 1971

dies./Wulf Herzograth (Hg.): »Film als Film. 1910 bis heute«. Stuttgart 1977

Hermann Herlinghaus (Hg.): »Dokumentaristen der

Welt in den Kämpfen unserer Zeit. Selbstzeugnisse aus zwei Jahrzehnten«. Berlin (DDR) 1982
John Izod u.a. (Hg.): »From Grierson to the Docu-Soap«. Luton 2000
Lewis Jacobs (Hg.): »The Documentary Tradition. From *Nanook* to *Woodstock*«. New York 1971
David E. James (Hg.): »To Free the Cinema. Jonas Mekas & the New York Underground«. Princeton 1992
Scott MacDonald: »Avant-Garde Film«. Cambridge 1993
Bill Nichols: »Representing Reality. Issues and Concepts in Documentary«. Bloomington 1992
Ingo Petzke (Hg.): »Das Experimentalfilm-Handbuch«. Frankfurt a.M. 1989
Trevor Ponech: »What is Non-Fiction Cinema?« Boulder, Oxford 1999
A.L. Rees: »A History of Experimental Film and Video«. London 1999
Wilhelm Roth: »Der Dokumentarfilm seit 1960«. München, Luzern 1982
Hans Scheugl/Ernst Scheugl jr.: »Eine Subgeschichte des Films. Lexikon des Avantgarde-, Experimental- und Undergroundfilms«. 2 Bde. Frankfurt a.M. 1974
Gottfried Schlemmer (Hg.): »Avantgardistischer Film 1951-1971«. München 1973
P. Adams Sitney: »Visionary Film. The American Avant-Garde 1943-1978«. New York u.a. ²1979
Peter Weiss: »Avantgarde Film«. Frankfurt a.M. 1995
Klaus Wildenhahn: »Über synthetischen und dokumentarischen Film«. Frankfurt a.M. 1975

FILMMUSIK

Theodor W. Adorno/Hanns Eisler: »Komposition für den Film«. München 1969
Royal S. Brown: »Overtones and Undertones. Reading Film Music«. Berkeley u.a. 1994
Josef Kloppenberg: »Die dramaturgische Funktion der Musik in Filmen Alfred Hitchcocks«. München 1986
Anselm C. Kreuzer: »Filmmusik. Geschichte und Analyse«. Frankfurt a.M. u.a. ²2003
Georg Maas/Achim Schudack: »Musik und Film – Filmmusik«. Mainz u.a. 1994
Roger Manvell/John Huntley: »The Technique of Film Music«. London 1957
Helga de la Motte-Haber/Hans Emons: »Filmmusik. Eine systematische Beschreibung«. München 1980
Hansjörg Pauli: »Filmmusik: Stummfilm«. Stuttgart 1981
Peter Rabenalt: »Filmmusik«. Berlin 2004
Ulrich Rügner: »Filmmusik in Deutschland zwischen 1924 und 1934«. Hildesheim 1988
Mark Russell/James Young: »Filmkünste: Filmmusik«. Reinbek 2001
Hans-Christian Schmidt: »Filmmusik«. Kassel 1982
Norbert Jürgen Schneider: »Handbuch Filmmusik«. Bd.1: Musikdramaturgie im Neuen Deutschen Film. Bd.2: Musik im dokumentarischen Film. München 1986 bzw. 1989
ders.: »Komponieren für Film und Fernsehen«. Mainz u.a. 1997
Walther Seidler: »Stummfilmmusik gestern und heute«. Berlin 1979
Ulrich Eberhard Siebert: »Filmmusik in Theorie und Praxis. Eine Untersuchung der zwanziger und frühen dreißiger Jahre anhand des Werkes von Hans Erdmann«. Frankfurt a.M. 1990
Wolfgang Thiel: »Filmmusik in Geschichte und Gegenwart«. Berlin (DDR) 1981
Tony Thomas: »Filmmusik. Die großen Filmkomponisten – ihre Kunst und ihre Technik«. München 1995

REGISSEURE

Michelangelo Antonioni

Peter W. Jansen/Wolfram Schütte (Hg.): »Michelangelo Antonioni«. München 1984
Ian Cameron/Robin Wood: »Antonioni«. New York 1971
Seymour Chatman: »Antonioni or, the Surface of the World«. Berkeley 1985
Lorenzo Cuccu: »La visione come problema. Forme e svolgimento del cinema di Antonioni«. Rom 1973
Bernhard Kock: »Michelangelo Antonionis Bilderwelt. Eine phänomenologische Studie«. München 1994
Pierre Leprohon (Hg.): »Michelangelo Antonioni. Der Regisseur und seine Filme«. Frankfurt a.M., Hamburg 1964
Robert Joseph Lyons: »Michelangelo Antonioni's Neo-realism. A World View«. New York 1976

Ted Perry: »Michelangelo Antonioni: a guide to references and resources«. Boston 1986
Ned Rifkin: »Antonioni's Visual Language«. Ann Arbor 1982
Sam Rohdie: »Antonioni«. London 1990
Rolf Schüler (Red.): »Antonioni. Die Kunst der Veränderung«. Berlin 1994
Roger Tailleur/Paul-Louis Thirard: »Antonioni«. Paris 1963
Aldo Tassone: »I film di Michelangelo Antonioni«. Rom 1990
Wim Wenders: »Die Zeit mit Antonioni«. Frankfurt a.M. 1995

Ingmar Bergman

Ingmar Bergman: »Mein Leben«. Hamburg 1987
ders.: »Bilder«. Köln 1991
ders.: »Im Bleistift-Ton«. Hg. Renate Bleibtreu. Hamburg 2002
Lars Åhlander (Hg.): »Gaukler im Grenzland. Ingmar Bergman«. Berlin 1993
Olivier Assays/Stig Björkman: »Gespräche mit Ingmar Bergman«. Berlin 2002
Maria Bergom-Larsson: »Film in Sweden: Ingmar Bergman and Society«. London 1978
Stig Björkman u.a. (Hg.): »Bergman über Bergman«. Frankfurt a.M. 1987
Richard Aloysius Blake: »The Lutheran Milieu of the Films of Ingmar Bergman«. Ann Arbor 1972
Peter Cowie: »Ingmar Bergman: a critical biography«. New York 1983
Arthur Gibson: »The Silence of God. Creative Response to the Films of Ingmar Bergman«. New York 1969
Jerry Henry Gill: »Ingmar Bergman and the search for meaning«. Grand Rapids 1969
Stuart Kaminsky/Joseph F. Hill (Hg.): »Ingmar Bergman. Essays in criticism«. London 1975
Bruce F. Kawin: »Mindscreen. Bergman, Godard and First-Person Film«. Princeton 1978
Charles B. Ketcham: »The influence of existentialism on Ingmar Bergman: an analysis of the theological ideas shaping a filmmaker's art«. Lewiston 1986
Robert E. Lander: »God, Death, Art, and Love: the Philosophical Vision of Ingmar Bergman«. New York 1989
Hauke Lange-Fuchs: »Ingmar Bergman«. München 1988
Raymond Lefèvre: »Ingmar Bergman«. Paris 1983
Paisley Livingston: »Ingmar Bergman and the Rituals of Art«. Ithaca 1982
Philip Mosley: »Ingmar Bergman: the cinema as mistress«. London 1981
Hans-Helmuth Schneider: »Rollen und Räume. Anfragen an das Christentum in den Filmen Ingmar Bergmans«. Frankfurt a.M. 1993
John Simon: »Ingmar Bergman Directs«. New York 1972
Brigitta Steene: »Ingmar Bergman«. New York 1968
dies.: »Ingmar Bergman: a guide to references and resources«. Boston 1987
Eckhard Weise: »Ingmar Bergman«. Reinbek 1987

Luis Buñuel

Luis Buñuel: »Die Erotik und andere Gespenster. Nicht abreißende Gespräche«. Hg. Max Aub. Berlin 1986
ders.: »Mein letzter Seufzer. Erinnerungen«. Königstein/Ts. 1987
ders.: »Die Flecken der Giraffe. Ein- und Überfälle«. Berlin 1991
ders.: »›Wenn es einen Gott gibt, soll mich auf der Stelle der Blitz treffen.‹«. Hg. Carlos Rincón. Berlin 1994
J. Francisco Aranda: »Luis Buñuel: A critical biography.« London 1975.
Freddy Buache: »Luis Buñuel«. Lausanne 1980
Yasha David (Hg.): »¿Buñuel! Auge des Jahrhunderts«. München 1994
Gwynne Edwards: »The discret art of Luis Buñuel. A reading of his films«. London 1982
Peter William Evans: »The Films of Luis Buñuel«. Oxford 1995
Peter William Evans/Isabel Santaollalla (Hg.): »Luis Buñuel. New Readings«. London 2004
Karen S. Goldman: »Those Obscure Objects of Desire: the representation of women in the films of Luis Buñuel«. Ann Arbor 1990
Peter W. Jansen/Wolfram Schütte (Hg.): »Luis Buñuel«. München ^{2}1980
Ursula Link-Heer/Volker Roloff (Hg.): »Luis Buñuel. Film – Literatur – Intermedialität«. Darmstadt 1994
John Mellen (Hg.): »The World of Luis Buñuel. Essays in Criticism«. New York u.a. 1978
Tomás Pérez Turrent/José de la Colina: »Conversations avec Luis Buñuel«. Paris 1993
Cynthia Ramsey: »The problem of dual conscious-

ness: The structure of dream and reality in the films of Luis Buñuel«. Ann Arbor 1981
Gayle E. Roof: »Luis Buñuel's avant-garde artistic production: toward a poetics of synthesis«. Ann Arbor 1990
Paul Sandro: »Diversions of pleasure: Luis Buñuel and the crisis of desire«. Columbus 1987
Jutta Schütz: »Außenwelt - Innenwelt. Thematische und formale Konstanten im Werk von Luis Buñuel«. Frankfurt a.M. 1990
Michael Schwarze: »Luis Buñuel«. Reinbek 1981
Charles Tesson: »Luis Buñuel«. Paris 1995
Linda Williams: »Figures of Desire. A Theory and Analysis of Surrealist Film«. Urbana 1981

Charles Chaplin

Charles Chaplin: »Die Geschichte meines Lebens«. Frankfurt a.M. 1989
ders.: »Interviews«. Hg. Kevin J. Hayes. Jackson 2005
André Bazin/Eric Rohmer: »Charlie Chaplin«. Paris 1988
Maurice Bessy: »Das große Charlie Chaplin Buch«. München 1984
Francis Bordat: »Chaplin cinéaste«. Paris 1998
Edouard Brasey: »Charlie Chaplin«. Paris 1989
Michel Chion: »Les lumières de la ville: Charlie Chaplin«. Paris 1989
Claudia Clausius: »The Gentleman Is a Tramp: Charlie Chaplin's Comedy«. New York 1989
Eric L. Flom: »Chaplin in the Sound Era. An Analysis of the Seven Talkies«. Jefferson 1997
Wolfgang Gersch: »Chaplin in Berlin. Illustrierte Miniatur nach Berliner Zeitungen von 1931«. Berlin (DDR) 1988
Joe Hembus: »Charlie Chaplin und seine Filme«. München 1972
Fritz Hirzel: »Chaplins Schatten. Bericht einer Spurensicherung«. Zürich 1982
Dan Kamin (Hg.): »Chaplin: The Dictator and the Tramp«. London 2004
Dorothee Kimmich: »Charlie Chaplin. Eine Ikone der Moderne«. Frankfurt a.M. 2003
Pierre Leprohon: »Charlie Chaplin«. Paris 1988
Kenneth S. Lynn: »Charlie Chaplin and His Times«. New York 1997
John MacCabe: »Charlie Chaplin«. London 1987
Charles J. Maland: »Chaplin and American Culture. The Evaluation of a Star Image«. Princeton 1989
Glenn Mitchell: »The Chaplin Encyclopedia«. London 1997
Robert Payne: »Der große Charlie. Eine Biografie des Clowns«. Frankfurt a.M. 1989
David Robinson: »Chaplin. Sein Leben, seine Kunst«. Zürich 1989
Georges Sadoul: »Das ist Chaplin. Sein Leben, seine Filme, seine Zeit«. Wien 1954
Julian Smith: »Chaplin.« Boston 1984.
Wolfram Tichy: »Charlie Chaplin«. Reinbek 1974
Wilfried Wiegand (Hg.): »Über Chaplin«. Zürich 1989.

Sergej M. Eisenstein

Sergej M. Eisenstein: »Ausgewählte Aufsätze«. Berlin (DDR) 1960
ders.: »Schriften«. Hg. Hans-Joachim Schlegel. 4 Bde. München 1973–1984
ders.: »Yo. Ich selbst. Memoiren«. Hg. Naum Klejman/Walentina Korschunowa. 2 Bde. Berlin (DDR) 1984
ders.: »Das dynamische Quadrat«. Hg. Oksana Bulgakowa/Dietmar Hochmuth. Leipzig 1988
François Albera: »Eisenstein et le constructivisme russe: dramaturgie de la forme«. Lausanne 1990
Barthélemy Amengual: »!Que viva Eisenstein«. Lausanne 1980
Jacques Aumont: »Montage Eisenstein«. London 1987
Anna Bohn: »Film und Macht. Zur Kunsttheorie Sergej M. Eisensteins 1930–1948«. München 2003
Oksana Bulgakowa (Hg.): »Eisenstein und Deutschland«. Berlin 1998
Claudia Dillmann-Kühn (Red.): »Sergej Eisenstein im Kontext der russischen Avantgarde 1920–1925«. Frankfurt a.M. 1992
Dominique Fernandez: »Eisenstein«. Paris 1975
Hermann Herlinghaus (Hg.): »Sergej Eisenstein. Künstler der Revolution«. Berlin (DDR) 1960
Jay Leyda/Zina Voynow: »Eisenstein at Work«. New York 1982
Marie Seton: »Sergej M. Eisenstein. A Biography«. London [2]1978
Viktor Šklovskij: »Ejzenštejn«. Reinbek 1977
Werner Sudendorf: »Sergej M. Eisenstein. Materialien zu Leben und Werk«. München 1975
Norman Swallow: »Eisenstein. A documentary portrait«. London 1976

Eckhard Weise: »Sergej M. Eisenstein«. Reinbek 1975
Elsbeth Wolffheim: »Wladimir Majakowskij und Sergej Eisenstein«. Hamburg 2000

Rainer Werner Fassbinder

Rainer Werner Fassbinder: »Filme befreien den Kopf. Essays und Arbeitsnotizen«. Hg. Michael Töteberg. Frankfurt a.M. 1984
ders.: »Die Anarchie der Phantasie. Gespräche und Interviews«. Hg. Michael Töteberg. Frankfurt a.M. 1986
ders.: »Fassbinder über Fassbinder«. Hg. Robert Fischer. Frankfurt a.M. 2004
Heinz Ludwig Arnold (Hg.): »Rainer Werner Fassbinder.« München 1989
Harry Baer: »Schlafen kann ich, wenn ich tot bin. Das atemlose Leben des Rainer Werner Fassbinder«. Köln 1982
Peter Berling: »Die 13 Jahre des Rainer Werner Fassbinder«. Bergisch Gladbach 1992
Thomas Elsaesser: »Rainer Werner Fassbinder«. Berlin 2001
Rainer Werner Fassbinder Foundation (Hg.): »Rainer Werner Fassbinder. Dichter, Schauspieler, Filmemacher«. Berlin 1992
Anne Marie Freybourg: »Bilder lesen. Visionen von Liebe und Politik bei Godard und Fassbinder«. Wien 1996
Ronald Hayman: »Fassbinder: film maker«. London 1984
Peter W. Jansen/Wolfram Schütte (Hg.): »Rainer Werner Fassbinder«. München [6]1992
Yann Lardeau: »Rainer Werner Fassbinder«. Paris 1990
Juliane Lorenz (Hg.): »Das ganz normale Chaos. Gespräche über Rainer Werner Fassbinder«. Berlin 1995
Hans Günther Pflaum/Rainer Werner Fassbinder: »Das bißchen Realität, das ich brauche«. München 1976
Sabine Pott: »Film als Geschichtsschreibung bei Rainer Werner Fassbinder«. Frankfurt a.M. 2002
Kurt Raab/Karsten Peters: »Die Sehnsucht des Rainer Werner Fassbinder«. München 1982
Christian Braad Thomsen: »Rainer Werner Fassbinder. Leben und Werk eines maßlosen Genies«. Hamburg 1993
Michael Töteberg: »Rainer Werner Fassbinder«. Reinbek 2002

Federico Fellini

Federico Fellini: »Aufsätze und Notizen«. Hg. Anna Keel/Christian Strich. Zürich [2]1981
ders.: »Cinecittà – Meine Filme und ich«. Hamburg 1990
Peter Bondanella (Hg.): »Federico Fellini. Essays in Criticism«. Oxford u.a. 1978
ders.: »The Cinema of Federico Fellini«. Princeton 1992
Frank Burke: »Fellini's Films. From Postwar to Postmodern«. New York 1996
Frank Burke/Marguerite R. Waller (Hg.): »Federico Fellini. Contemporary Perspectives«. Toronto 2002
Charlotte Chandler: »Ich, Fellini«. München 1994
Jean Collet: »La création selon Fellini.« Paris 1990.
Donald P. Costello: »Fellini's Road«. Notre Dame, London 1983
Claudio G. Fava: »Federico Fellini«. München 1989.
Charles B. Ketcham: »Federico Fellini. The search for a new mythology«. New York 1976
Tullio Kezich: »Fellini. Eine Biographie«. Zürich 1989
Edward Murray: »Fellini the Artist«. New York [2]1985
Damien Pettigrew (Hg.): »Ich bin ein großer Lügner«. Frankfurt a.M. 1995
Hervé Pernot: »L'Atelier Fellini. Une expression du doute«. Paris u.a. 2003
Stuart Rosenthal: »The Cinema of Federico Fellini«. South Brunswick 1976
Petra Susanne Strohm: »Kino der Extreme«. Frankfurt a.M. u.a. 1994
John Caldwell Stubbs: »Federico Fellini: a guide to references and resources«. Boston 1978
Michael Töteberg: »Federico Fellini«. Reinbek [3]2004.
Chris Wiegand: »Federico Fellini. Herr der Träume 1920–1993«. Köln u.a. 2003

John Ford

Lindsay Anderson: »About John Ford«. London 1981
John Baxter: »John Ford. Seine Filme – sein Leben«. München 1980
Peter Bogdanovich: »John Ford«. Berkeley 1978
Jean-Loup Bourget: »John Ford«. Paris 1990
Scott Eyman: »John Ford. Pionier der Bilder 1874–1973«. Köln u.a. 2004
Dan Ford: »The Unquiet Man. The Life of John Ford«. London 1982

Tag Gallagher: »John Ford. The Man and His Work«. Berkeley 1985
Jean-Louis Leutrat: »John Ford, la prisonnière de désert: une tapisserie navajo«. Paris 1990
William Luhr: »Authorship and Narrative in the Cinema«. New York 1977
Joseph McBride/Michael Wilmington: »John Ford«. London 1974
Janey A. Place: »The Non-Western of John Ford«. Secaucus 1979
ders.: »Die Western von John Ford«. München 1984
Peter H. Rist: »Visual Style in the Early Films of John Ford«. Ann Arbor 1988
Andrew Sarris: »The John Ford Movie Mystery«. London 1976
Peter Stowell: »John Ford«. Boston 1986
William Wootten: »An Index to the Films of John Ford«. London 1948

Jean-Luc Godard

Jean-Luc Godard: »Godard/Kritiker. Ausgewählte Kritiken und Aufsätze über Film«. Hg. von Frieda Grafe. München 1971
ders.: »Einführung in eine wahre Geschichte des Kinos«. München 1981
Maurice Achard: »Vous avez dit Godard? ou J'm'appelle pas Godard«. Paris 1980
Raymond Bellour/Mary Lea Bandy (Hg.): »Jean-Luc Godard. Son + Image 1974-1991«. New York 1992
Royal S. Brown (Hg.): »Focus on Jean-Luc Godard«. Englewood Cliffs 1972
Marc Cerisuelo: »Jean-Luc Godard«. Paris 1989
Jean Collet (Hg.): »Jean-Luc Godard«. Paris 1974
Carole Desbarats (Hg.): »L'effet Godard«. Toulouse 1989
Anne Marie Freybourg: »Bilder lesen. Visionen von Liebe und Politik bei Godard und Fassbinder«. Wien 1996
Thomas Gagalick: »Kontinuität und Diskontinuität im Film. Die Entwicklung ästhetischer Ausdrucksmittel in den frühen Filmen Jean-Luc Godards«. Münster 1989
Peter W. Jansen/Wolfram Schütte (Hg.): »Jean-Luc Godard«. München 1979
Bruce F. Kawin: »Mindscreen. Bergman, Godard and First-Person Film«. Princeton 1978
John Kreidl: »Jean-Luc Godard«. Boston 1980
Raymond Lefèvre: »Jean-Luc Godard«. Paris 1983
Julia Lewis Lesage: »Jean-Luc Godard: a guide to references and resources«. Boston 1979
James Roy MacBean: »Film and Revolution«. Bloomington 1975
Toby Mussman (Hg.): »Jean-Luc Godard. A critical anthology«. New York 1968
David Sterritt: »Seeing the Invisible. The Films of Jean-Luc Godard«. Cambridge 1999
Michael Temple/James S. Williams (Hg.): »The Cinema Alone. Essays on the Work of Jean-Luc Godard 1985-2000«. Amsterdam 2000
Michael Temple u.a. (Hg.): »For Ever Godard«. London 2004
Klaus Theweleit: »Deutschlandfilme. Filmdenken & Gewalt«. Frankfurt a.M., Basel 2003

Alfred Hitchcock

»Hitchcock on Hitchcock«. Hg. Sidney Gottlieb. London 1999
Lars-Olav Beier/Georg Seeßlen (Hg.): »Alfred Hitchcock«. Berlin 1999
Peter Bogdanovich: »The Cinema of Alfred Hitchcock«. New York 1963
Lesley Brill: »The Hitchcock Romance. Love and Irony in Hitchcock's Films«. Princeton 1988
Jean-Pierre Dufreigne: »Hitchcock Style«. New York 2004
Paul Duncan: »Alfred Hitchcock. Architekt der Angst 1899-1980«. Köln u.a. 2003
Joel W. Finler: »Alfred Hitchcock. The Hollywood Years«. London 1992
Jonathan Freeman: »Hitchcock's America«. New York u.a. 1999
Robert A. Harris/Michael S. Lasky: »Alfred Hitchcock und seine Filme«. München 1979
Thomas M. Hemmeter: »Hitchcock the Stylist«. Ann Arbor 1981
Patrick Humphries: »The Films of Alfred Hitchcock«. London 1987
Robert E. Kapsis: »Hitchcock. The Making of a Reputation«. Chicago u.a. 1992
Thomas M. Leitch: »Find the Director and Other Hitchcock Games«. Athens u.a. 1991
Sabine Lenk (Red.): »Obsessionen. Die Alptraumfabrik des Alfred Hitchcock«. Marburg 2000
Donald D. MacNamara: »Alfred Hitchcock's Symbolic Fantasies. A Comedy of Narrative Form«. Ann Arbor 1984
Enno Patalas: »Alfred Hitchcock«. München 1999

Murray Pomerance: »An Eye for Hitchcock«. New Brunswick 2004
Eric Rohmer/Claude Chabrol: »Hitchcock.« Paris 1957
William Rothman: »Hitchcock – the Murderous Gaze«. Cambridge (Mass.) 1982
Stefan Sharff: »Alfred Hitchcock's High Vernacular. Theory and Practice«. New York 1991
Sam P. Simone: »Hitchcock as Activist. Politics and War Films«. Ann Arbor 1985
Jane E. Sloan: »Alfred Hitchcock: a guide to references and sources«. New York u.a. 1992
Donald Spoto: »Alfred Hitchcock«. Hamburg 1984
David Sterritt: »The Films of Alfred Hitchcock«. Cambridge (Mass.) 1993
Klaus Theweleit: »Deutschlandfilme. Filmdenken & Gewalt«. Frankfurt a.M., Basel 2003
John Russell Taylor: »Die Hitchcock-Biographie«. Frankfurt a.M. 1982
François Truffaut: »Mr. Hitchcock, wie haben Sie das gemacht?« Hg. Robert Fischer. München 2003
Elisabeth Weis: »The Silent Scream. Alfred Hitchcock's Sound Track«. Rutherford 1982
Robin Wood: »Hitchcock's Films Revisited«. New York 1989
Hans Jürgen Wulff: »All about Alfred. Hitchcock-Bibliographie«. Münster 1983
Slavoj Žižek (Hg.): »Ein Triumph des Blicks über das Auge. Psychoanalyse bei Hitchcock«. Wien 1992

Stanley Kubrick

»The Stanley Kubrick Archives«. Hg. Alsion Castle. Köln u.a. 2005
Michel Ciment: »Kubrick«. München 1982
Paul Duncan (Hg.): »Stanley Kubrick. Visueller Poet 1928–1999«. Köln u.a. 2003
Bernd Eichhorn (Red.): »Stanley Kubrick«. Frankfurt a.M. 2004
Mario Falsetto: »Stanley Kubrick. A Narrative and Stylistic Analysis«. Westport 1994
Peter W. Jansen/Wolfram Schütte (Hg.): »Stanley Kubrick«. München 1983
Greg Jenkins: »Stanley Kubrick and the Art of Adaption«. Jefferson 1997
Norman Kagan: »The Cinema of Stanley Kubrick«. New York [2]1989
Kay Kirchmann: »Stanley Kubrick. Das Schweigen der Bilder«. Bochum [3]2001
James Monaco: »The Films of Stanley Kubrick«. New York 1974
Randy Rasmussen: »Stanley Kubrick«. Jefferson 2001
Georg Seeßlen/Fernand Jung: »Stanley Kubrick und seine Filme«. Marburg 1999
Rolf Thissen: »Stanley Kubrick. Der Regisseur als Architekt«. München 1999
Alexander Walker u.a.: »Stanley Kubrick«. Berlin 1999

Akira Kurosawa

Akira Kurosawa: »So etwas wie eine Autobiographie«. München 1986
David Michael Desser: »The Samurai films of Akira Kurosawa«. Ann Arbor 1983
Michel Estève (Hg.): »Akira Kurosawa«. Paris 1990
Nicola Glaubitz u.a. (Hg.): »Akira Kurosawa und seine Zeit«. Bielefeld 2005
Peter W. Jansen/Wolfram Schütte (Hg.): »Akira Kurosawa«. München 1988
Mostafa Mokhtabad-Amrei: »Epic theme and scale in two films of Akira Kurosawa: *Seven Samurai* and *Ran*«. Ann Arbor 1991
Stephen Prince: »The Warrior's Camera. The Cinema of Akira Kurosawa«. Princeton 1991
Hans-Peter Reichmann (Red.): »Akira Kurosawa«. Frankfurt a.M. 2003
Donald Richie: »The Films of Akira Kurosawa«. Berkeley 1984
Aldo Tassone: »Akira Kurosawa«. Paris 1990

Fritz Lang

Rolf Aurich u.a. (Hg.): »Fritz Lang. Leben und Werk«. Berlin 2001
Peter Bogdanovich: »Fritz Lang in America«. London 1967
Michel Ciment: »Fritz Lang. Le meurtre et la loi«. Paris 2003
Bernard Eisenschitz/Paolo Bertetto (Hg.): »Fritz Lang. La mise en scène«. Turin 1993
Lotte H. Eisner: »Fritz Lang«. London 1976
Fred Gehler/Ullrich Kasten: »Fritz Lang. Die Stimme von Metropolis«. Berlin 1990
Tom Gunning: »The Films of Fritz Lang. Allegories of Vision and Modernity«. London 2000
Reynold Humphries: »Fritz Lang. Genre and Representation in His American Films«. Baltimore 1989
Peter W. Jansen/Wolfram Schütte (Hg.): »Fritz Lang.« München [2]1976.

Stephen Jenkins (Hg.): »Fritz Lang. The Image and the Look«. London 1981
Gérard Leblanc/Brigitte Devismes: »Le double scénario chez Fritz Lang«. Paris 1991
Patrick McGilligan: »Fritz Lang. The Nature of the Beast«. New York, London 1997
Frederick W. Ott: »The Films of Fritz Lang«. Secaucus 1979
Cornelius Schnauber: »Fritz Lang in Hollywood«. Wien 1986
Heide Schönemann: »Fritz Lang. Filmbilder, Vorbilder«. Berlin 1992
Georges Sturm: »Fritz Lang. Films/Textes/Réferences«. Nancy 1990
ders.: »Die Circe, der Pfau und das Halbblut. Die Filme von Fritz Lang, 1916–1924«. Trier 2001
Michael Töteberg: »Fritz Lang«. Reinbek [5]2005

Ernst Lubitsch

Eithne Bourget: »Lubitsch ou la satire romanesque«. Paris 1987
Robert Carringer/Barry Sabath: »Lubitsch. A Guide to References and Resources«. Boston 1978
Scott Eyman: »Ernst Lubitsch. Laughter in Paradise«. New York u.a. 1993
Sabine Hake: »Passions and Deceptions: The Early Films of Ernst Lubitsch«. Princeton 1992
dies.: »Ernst Lubitsch, eine deutsche Aufsteigergeschichte«. Diss. Hannover 1984
Jacqueline Nacache: »Lubitsch«. Paris 1987
Leland A. Poague: »The Cinema of Ernst Lubitsch. The Hollywood Films«. South Brunswick, New York 1978
Hans Helmut Prinzler/Enno Patalas (Hg.): »Lubitsch«. München, Luzern 1984
Herta-Elisabeth Renk: »Ernst Lubitsch«. Reinbek 1992
Barry Allen Sabath: »Ernst Lubitsch and Samson Raphaelson: A Study in Collaboration«. Ann Arbor 1979
Herbert Spaich: »Ernst Lubitsch und seine Filme«. München 1992
Natacha Thiery: »Lubitsch, les voix du desir. Les comedies americaines, 1932–1946«. Liege 2000
Herman G. Weinberg: »The Lubitsch Touch. A Critical Study«. New York [3]1977
Paul William: »Ernst Lubitsch's American Comedy«. New York 1983

Friedrich Wilhelm Murnau

Jo L. Collier: »From Wagner to Murnau: The Transposition of Romanticism from Stage to Screen«. Ann Arbor 1988
Lotte H. Eisner: »Murnau«. Frankfurt a.M. 1979
Fred Gehler/Ullrich Kasten: »Friedrich Wilhelm Murnau«. Berlin (DDR)/Augsburg 1990
Thomas D. Hyde: »A Study of Authorial Vision in the German Films of Friedrich Wilhelm Murnau«. Ann Arbor 1988
Charles Jameux: »Friedrich Wilhelm Murnau«. Paris 1965
Peter W. Jansen/Wolfram Schütte (Hg.): »Friedrich Wilhelm Murnau«. München 1990
Klaus Kreimeier (Hg.): »Friedrich Wilhelm Murnau 1888–1988«. Bielefeld 1988
Hans Helmut Prinzler (Hg.): »Friedrich Wilhelm Murnau. Ein Melancholiker des Films«. Berlin 2003

Pier Paolo Pasolini

Pier Paolo Pasolini: »Freibeuterschriften. Die Zerstörung der Kultur des Einzelnen durch die Gesellschaft«. Berlin 1978
ders.: »Barbarische Erinnerungen«. Berlin 1983
ders.: »Lutherbriefe«. Wien, Berlin 1983
ders.: »Ketzererfahrungen. Schriften zu Sprache, Literatur und Film«. München 1979
ders.: »Ich bin eine Kraft des Vergangenen ... Briefe 1940–1975«. Hg. Nico Naldini. Berlin 1991.
Zygmunt G. Baranski (Hg.): »Pasolini Old and New. Surveys and Studies«. Dublin 1999
Franca Faldini/Goffredo Fofi (Hg.): »Pier Paolo Pasolini. Lichter der Vorstädte«. Hofheim 1986
Joseph L. Francese: »The unpopular realism of Pier Paolo Pasolini«. Ann Arbor 1990
Fabien S. Gérard: »Pasolini ou le mythe de la barbarie«. Brüssel 1981
Marita Gleiss (Red.): »Pier Paolo Pasolini. › ... mit den Waffen der Poesie ... ‹«. Berlin 1994
Robert S.C. Gordon: »Pasolini. Forms of Subjectivity«. Oxford 1996
Naomi Greene: »Pier Paolo Pasolini: Cinema as Heresy«. Princeton 1990
Michael Hanisch (Red.): »Pier Paolo Pasolini. Dokumente zur Rezeption seiner Filme in der deutschsprachigen Filmkritik 1963–85«. Berlin 1994
Peter W. Jansen/Wolfram Schütte (Hg.): »Pier Paolo Pasolini«. München [3]1985

Christoph Klimke: »Der Sünder. Fragen an Pier Paolo Pasolini«. Berlin 1985
ders. (Hg.): »Kraft der Vergangenheit. Zu Motiven der Filme von Pier Paolo Pasolini«. Frankfurt a.M. 1988.
Friedrich Kröhnke: »Gennariello könnte ein Mädchen sein. Essays über Pasolini«. Frankfurt a.M. 1983
ders.: »Pasolini-Essays«. Hamburg 1982
Peter Kuon (Hg.): »Corpi/Körper. Körperlichkeit und Medialität im Werk Pier Paolo Pasolinis«. Frankfurt a.M. u.a. 2001
Nico Naldini: »Pier Paolo Pasolini. Eine Biographie«. Berlin 1991
ders.: »In den Feldern Friauls: die Jugend Pasolinis«. Stuttgart 1987
Rinaldo Rinaldi: »L'irriconoscibile Pasolini«. Rovito 1990
Otto Schweitzer: »Pier Paolo Pasolini«. Reinbek 1986
Enzo Siziliano: »Pasolini. Leben und Werk«. Frankfurt a.M. 1985
Stephen Snyder: »Pier Paolo Pasolini«. Boston 1980
Robert Alan Spiegel: »The rape of innocence: History and myth in the work of Pier Paolo Pasolini, 1958-1966«. Ann Arbor 1985
Klaus Theweleit: »Deutschlandfilme. Filmdenken & Gewalt«. Frankfurt a.M., Basel 2003
Maurizio Viano: »A Certain Realism. Making Use of Pasolini's Film Theory and Practice«. Berkeley u.a. 1993
Giuseppe Ziganina: »Pasolini und der Tod: Mythos, Alchimie und Semantik des ›gländenden Nichts‹«. München 1989

Andrej Tarkovskij

Andrej Tarkovskij: »Die versiegelte Zeit. Gedanken zur Kunst, zur Ästhetik und Poetik des Films«. Berlin, Frankfurt a.M. [2]1986
ders.: »Martyrolog. Tagebücher 1970-1986.« Zwei Bände. Berlin 1989/1991
Gilles Ciment (Hg.): »Andrej Tarkovsky«. Paris 1988
Michel Estève (Hg.): »Andrej Tarkovsky«. Paris 1983
Gay Gauthier: »Andrei Tarkovsky«. Paris 1988
Peter W. Jansen/Wolfram Schütte (Hg.): »Andrej Tarkovskij«. München 1987
Vida T. Johnson/Graham Petrie: »The Films of Andrei Tarkovsky«. Bloomington, Indianapolis 1994
Hans-Dieter Jünger: »Kunst der Zeit und des Erinnerns. Andrej Tarkowskijs Konzept des Films«. Ostfildern 1995
Bàlint A. Kovàcs: »Les mondes d'Andrej Tarkovsky«. Lausanne 1987
Mark Le Fanu: »The Cinema of Andrei Tarkovsky«. London 1987
Maja Josifowna Turowskaja/Felicitas Allardt-Nostitz: »Film als Poesie - Poesie als Film«. Bonn 1981

François Truffaut

François Truffaut: »Die Filme meines Lebens. Aufsätze und Kritiken«. Hg. Robert Fischer. Frankfurt a.M. 1997
ders.: »Truffaut par Truffaut«. Hg. Dominique Rabourdin. Paris 1985
ders.: »Briefe 1945-1984«. Köln 1990
ders.:»Die Lust am Sehen«. Hg. Robert Fischer. Frankfurt a.M. 1999
Antoine de Bacque/Serge Toubiana: »François Truffaut. Biographie«. Köln 1999
Gilles Cahoreau: »François Truffaut 1932-1984«. Paris 1989
Jean Collet: »François Truffaut«. Paris 1985
Hervé Dalmais: »Truffaut«. Paris 1987
Robert Fischer (Hg.): »Monsieur Truffaut, wie haben Sie das gemacht?« Köln 1991
Anne Gillain (Hg.): »Le cinéma selon François Truffaut«. Paris 1988
François Guérif: »François Truffaut«. Paris 1988
Diana Holmes/Robert Ingram: »François Truffaut«. Manchester, New York 1999
Robert Ingram/Paul Duncan (Hg.): »François Truffaut. Filmautor 1932-1984«. Köln u.a. 2004
Peter W. Jansen/Wolfram Schütte (Hg.): »François Truffaut«. München [5]1985
Claude-Jean Philippe: »François Truffaut«. Courbevoie u.a. 1988.
Jean-Charles Tacchella (Hg.): »Le roman de François Truffaut«. Paris 1985
Willi Winkler: »Die Filme von François Truffaut«. München 1985

Luchino Visconti

Guido Aristarco: »Su Visconti: materiali per una analisi critica«. Rom 1986
Henry Bacon: »Visconti. Explorations of Beauty and Decay«. Cambridge 1998
Luciano De Giusti: »I film di Luchino Visconti«. Rom 1985

Youssef Ishaghpour: »Luchino Visconti. Le sens et l'image«. Paris 1984
Peter W. Jansen/Wolfram Schütte (Hg.): »Luchino Visconti«. München 1985
Walter Korte: »Marxism and the Scenographie Baroque in the Films of Luchino Visconti«. Ann Arbor 1970
Michele Laguy (Hg.): »Visconti: classicisme & subversion/sous la dir«. Paris 1990
Odile Larere: »De l'imaginaire au cinéma: violence et passion de Luchino Visconti«. Paris 1980
Elaine Mancini: »Luchino Visconti: a guide to references and resources«. Boston 1986
Vincent F. Rocchio: »Cinema of Anxiety. A Lacanian Reinvestigation of Italian Neorealism«. Ann Arbor 1991
Alain Sanzio: »Luchino Visconti, cinéaste«. Paris 1986
Laurence Schifano: »Luchino Visconti. Fürst des Films«. Gernsbach 1988
Gaia Servadio: »Luchino Visconti. A biography«. London 1982
Monica Stirlin: »A Screen of Time. A Study of Luchino Visconti«. New York 1979
Wolfgang Storch (Hg.): »Götterdämmerung. Luchino Viscontis deutsche Trilogie«. Berlin 2003
Bruno Villien: »Visconti«. Paris 1986

Wim Wenders

Wim Wenders: »Emotion Pictures. Essays und Filmkritiken 1968–1984«. Frankfurt a.M. 1986
ders.: »Die Logik der Bilder. Essays und Gespräche«. Hg. Michael Töteberg. Frankfurt a.M. 1988
ders.: »The Act of Seeing. Texte und Gespräche«. Frankfurt a.M. 1992
ders.: »A Sense of Place«. Frankfurt a.M. 2005
Carlo Avventi: »Mit den Augen des richtigen Wortes«. Remscheid 2004
Martin Baier: »Film, Video und HDTV. Die Audiovisionen des Wim Wenders«. Berlin 1996
Peter Buchka: »Augen kann man nicht kaufen. Wim Wenders und seine Filme«. Frankfurt a.M. [2]1985
Jean Pierre Devillers: »Berlin, L.A., Berlin. Wim Wenders«. Paris 1985
Matthias Ganter: »Wim Wenders und Jacques Derrida«. Marburg 2003
Alexander Graf: »The Cinema of Wim Wenders. The Celluloid Highway«. London 2002
Norbert Grob: »Wenders«. Berlin 1991
Peter W. Jansen/Wolfram Schütte (Hg.): »Wim Wenders«. München 1992
Robert Phillip Kolker/Peter Beiken: »The Films of Wim Wenders. Cinema as Vision and Desire«. Cambridge (Mass.) 1993
Uwe Künzel: »Wim Wenders«. Freiburg [3]1989
Michael Kuhn u.a. (Hg.): »Hinter den Augen ein eigenes Bild. Film und Spiritualität«. Zürich 1991
Catherine Petit u.a.: »Les voyages de Wim Wenders«. Crisnée 1985
Reinhold Rauh: »Sprache im Film. Die Kombination von Wort und Bild im Spielfilm«. Münster 1987
ders.: »Wim Wenders und seine Filme.« München 1990

Billy Wilder

Billy Wilder: »Der Prinz von Wales geht auf Urlaub. Berliner Reportagen, Feuilletons und Kritiken der zwanziger Jahre«. Berlin 1996
Richard Armstrong: »Billy Wilder, American Film Realist«. Jefferson, London 2000
Charlotte Chandler: »Nobody's Perfect. Billy Wilder«. New York 2002
Cameron Crowe: »Hat es Spaß gemacht, Mr. Wilder?« München 2000
Glenn Hopp: »Billy Wilder. Filme mit Esprit 1906–2002«. Köln u.a. 2002
Andreas Hutter/Klaus Kamolz: »Billie Wilder. Eine europäische Karriere«. Wien u.a. 1998
Hellmuth Karasek: »Billy Wilder. Eine Nahaufnahme«. München [2]1994
Kevin Lally: »Wilder Times«. New York 1996
Claudius Seidl: »Billy Wilder. Seine Filme – sein Leben«. München 1988
Ed Sikov: »On Sunset Boulevard. The Life and Times of Billy Wilder«. New York 1998
Neil Sinyard/Adrian Turner: »Billy Wilders Filme«. Berlin 1980
Tom Wood: »The Bright Side of Billy Wilder, Primarily«. Garden City 1970
Maurice Zolotow: »Billy Wilder in Hollywood«. New York [2]1987

Regisseurinnen und Regisseure

Schauspielerinnen und Schauspieler

Mitarbeiterinnen und Mitarbeiter

Günther Agde Gori, gori, moja svesda; Kalina Krasnaja; Das Kaninchen bin ich; Kuhle Wampe; Vokzal dlja dvojih
Christiane Altenburg Annie Hall; Belle de jour; Brazil; Freaks; In the Mood for Love; Manhattan; The Purple Rose of Cairo; Step Across the Border; Zelig
Frank Arnold Bring Me the Head of Alfredo Garcia; Invasion of the Body Snatchers
Alfons Arns Gruppo di famiglia in un interno; Morte a Venezia
Helmut G. Asper The Circus; City Lights; The Gold Rush; The Great Dictator; The Kid; A King in New York; Liebelei; Lola Montès; Madame de ...; Modern Times; La ronde
Rolf Aurich Affaire Blum; Berlin Chamissoplatz; Breakfast at Tiffany's; Bringing up Baby; Os canibais; Les diaboliques; Himmel ohne Sterne; Ich klage an; Kolberg; Nicht versöhnt; Ordet; Le rayon vert; Rotation; Rote Sonne
Klaus Bartels Bram Stoker's Dracula; Dracula
Jörg Becker Aleksandr Nevskij; Ehe im Schatten; Oktjabr; Stalker; Zemlja; Zerkalo
Jens Bisky The Birth of a Nation; Intolerance
Thomas Bleicher Trois couleurs: bleu, blanc, rouge (zus. Peter Schott)
Klaus Bort Barry Lyndon; Blue Velvet; Citizen Kane; Dodes'ka-den; The Draughtsman's Contract; Drowning by Numbers; Les enfants du paradis; Full Metal Jacket; Kagemusha; Kumonosu-jo; Ran; Rashomon; Shichinin no samurai; The Shining
Cora Brückmann The Rocky Horror Picture Show; Short Cuts
Jochen Brunow Sans soleil
Oksana Bulgakowa Agonija; Andrej Rublov; Nostalghia; Soljaris
Tim Darmstädter Apocalypse Now; C'era una volta il west ...; Chinatown; Clockwork Orange (zus. Ernst Neisel); Dr. Strangelove; The Godfather; The Killing Fields; Once Upon a Time in America; Repulsion
Inge Degenhardt O dragao da maldade contra o santo guerreiro
Jan Distelmeyer Being John Malkovich, The Matrix, Todo sobre mi madre
Rolf-Bernhard Essig Caravaggio; Design for Living; The Killers
Holger Ellermann Groundhog Day
Marcela Euler Horí, má panenko; Komissar; Konec Sankt-Peterburga; Obchod na korze; One Flew Over the Cuckoo's Nest; Pokajanie; Proščanie; Skrivánci na niti; Vesnicko, ma středisková
Marli Feldvoß Dom za vesanje; Hakkari'de bir mevsim; O Melissokomos; La notte di San Lorenzo; Sans toit ni loi; Sur; 40 m² Deutschland
Leonhard M. Fiedler Deutschland, bleiche Mutter
Ingo Fließ The Big Heat; The French Lieutenant's Woman; Fury; A Hard Day's Night; If ...; Johnny Guitar; The Lady from Shanghai; Look Back in Anger; La maman et la putain; North by Northwest; Out of the Past; Psycho; Rebel Without a Cause; Saturday Night and Sunday Morning; The Sea Hawk; Shadow of a Doubt; The Trouble with Harry; Vertigo
Christoph Fuchs Funny Games
Gerd Gemünden Paris, Texas; Whatever Happened to Baby Jane? (zus. mit Amy Lawrence)
Klaus Gietinger Le salaire de la peur; Targets
Frank Göhre GoodFellas, Happiness, Heat
Renate Gompper Carmen; Cria cuervos ...; Demonios en el jardin; Deprisa, deprisa; La ley del deseo
Achim Haag A bout de souffle; L'année dernière à Marienbad; L'atalante; Berlin Alexanderplatz; L'enfant sauvage; Fahrenheit 451; Une femme mariée; Hiroshima mon amour; Jules et Jim; Le mépris; Passion; Pierrot le fou; Les quatre cents coups; Vivement dimanche!; Vivre sa vie; Week-end; Zéro de conduite
Michael Hanisch Barwy ŏchronne; Čistoe nebo; Człowiek na torze; Człowiek z marmuru; Letjat žuravli; Matka Joanna od aniołow; Popiół i diament
Stephanie Harrach Shadows
Nicholas Hause Strangers on a Train
Anna Häusler Sous le sable
Lucie Herrmann L'ascenseur pour l'échafaud
Max-Peter Heyne Dance of the Vampires;

Gaslight; Heaven's Gate; Kind Hearts and Coronets; The Maltese Falcon; Monsieur Hire; The Player; A Woman Under the Influence

Knut Hickethier Abschied von gestern; Die Blechtrommel; Die bleierne Zeit; Close Encounters of the Third Kind; Freak Orlando; Jaws; Mephisto; Die Patriotin; Die verlorene Ehre der Katharina Blum

Susanne Höbermann Le charme discret de la bourgeoisie; Faces; Le fantôme de la liberté; Ladri di biciclette; Mean Streets; Miracolo a Milano

Eva Hohenberger Les favoris de la lune

Christine Hohnschopp Les petites fugues

Stefan Höltgen Scanners

Sabine Horst Barton Fink; Beijo da a mulher aranha; Bonnie and Clyde; Dahong denglong gaogao gua; Il ladro di bambini; Little Big Man; Scarface; Toto le héros

Thomas Jacobs Die weiße Hölle von Piz Palü

Bruno Jaeggi Yeelen

Bernd Jendricke Notorious; Rear Window

Rudolf Jürschick Der Aufenthalt; Ich war neunzehn; Jakob der Lügner; Spur der Steine

Jürgen Kasten Die Büchse der Pandora; Das Cabinet des Dr. Caligari; Die Drei von der Tankstelle; Die freudlose Gasse; Hamlet; The Lusty Men; Party Girl; Scherben; Das Wachsfigurenkabinett

Hanna Laura Klar Deutschland im Herbst

David Kleingers The Blair Witch Project

Heike Klippel Malina; Sweetie; Toute une nuit

Rüdiger Koschnitzki Rio Bravo

Stefan Krauss L'argent; Blade Runner; Reservoir Dogs; The Silence of the Lambs; Taxi Driver

Karl Kröhnke Faust

Peter Lähn Greed; Madame Dubarry

Peter Christian Lang Die Bettwurst; Down by Law; Duck Soup; Easy Rider; The French Connection; Lawrence of Arabia; Die Mörder sind unter uns; Mon oncle; Night on Earth; Stranger Than Paradise; Der Untertan; Les vacances de Monsieur Hulot

Amy Lawrence The Birds; Whatever Happened to Baby Jane? (zus. mit Gerd Gemünden)

Céline Lecarpentier Un chien andalou; Orlando; La vie et rien d'autre

Heike Ließmann Fanny och Alexander; My Beautiful Laundrette; Sex, Lies, and Videotape; Smultronstället; Viskningar och rop

Ronny Loewy Anatomy of a Murder; Casablanca; High Noon; Laura; The Man With the Golden Arm; Nachts, wenn der Teufel kam; To Be or Not To Be

Stephen Lowry Hitlerjunge Quex; Triumph des Willens

Christa Maerker Love Streams

Theo Matthies The Apartment; Double Indemnity; A Foreign Affair; Some Like It Hot; Sunset Boulevard; Witness for the Prosecution

Thomas Meder The African Queen; L'albero degli zoccoli; Asphalt Jungle; L'avventura; Blow-Up; Germania, anno zero; Jeder für sich und Gott gegen alle; Münchhausen; Nashville; Paisà; Professione: reporter; Roma, città aperta; The Searchers; The Treasure of the Sierra Madre; 200 Motels; Viaggio in Italia; Zabriskie Point

Hans Messias Nanook of the North; Topio stin omichli

Peer Moritz Die Artisten in der Zirkuskuppel: ratlos; La belle et la bête; La belle noiseuse; Berlin. Die Sinfonie einer Großstadt; Die Brücke; Chelsea Girls; Céline et Julie vont en bateau; Čelovek s kinoapparatom; Orphée; Le sang d'un poète; Uliisses; Viktor und Viktoria

Heike Müller Un chapeau de paille d'Italie

Uwe Müller Novecento; Ossessione; La passion de Jeanne d'Arc; Rocco e i suoi fratelli; Scener ur ett äktenskap; Senso; La terra trema; Tystnaden; Vampyr

Dietrich zur Nedden Bierkampf; Das Gespenst

Ernst Neisel Clockwork Orange (zus. mit Tim Darmstädter)

Gertrud Ohling Dangerous Liaisons; Gilda; Peeping Tom

Andrea Otte La notte; Shoah

Joachim Paech Der letzte Mann; Touch of Evil

Miltos Pechlivanos Pather Panchali (zus. mit Shankar Raman/Wolfgang Struck); O Thiasos

Leonore Poth El angel exterminador

Günter Pütz Plein soleil

Kai Beate Raabe Le jour se lève; Nattvardsgästerna; Quai des brumes; Det sjunde inseglet

Shankar Raman Pather Panchali (zus. mit Wolfgang Struck/Miltos Pechlivanos)

Franz Rodenkirchen Le cercle rouge; Le doulos; Eraserhead; The Night of the Hunter; Le samouraï

Andreas Rost Aguirre, der Zorn Gottes; Alice in den Städten; Fitzcarraldo; The Naked City
Jürgen Roth Terminator 2
Hans-Jörg Rother Apa; Csend és kiáltas; Hannibál tánar úr; Napló gyermekeimnek; Szerelmem
Rainer Rother Beiqing chengshi; La carrozza d'oro; The Crowd; Fort Apache; The General; La grande illusion: The Grapes of Wrath; Hotel Terminus; The Informer; Klassenverhältnisse; The Man Who Shot Liberty Valance; Menschen am Sonntag; La règle du jeu; The River; The Searchers; Sherlock, jr.; Stagecoach; Unter den Brücken
Ralf Schenk Der geteilte Himmel; Die Legende von Paul und Paula; Mutter Krausens Fahrt ins Glück; Solo Sunny
Kyra Scheurer Amores Perros, Fight Club, Magnolia, Trainspotting, Wild at Heart
Pia Schmidt L'ultimo tango a Parigi
Bodo Schönfelder Ariel; La vie de bohème
Peter Schott Trois couleurs: bleu, blanc, rouge (zus. Thomas Bleicher)
Rolf Schüler Ai no corrida
Jutta Schütz Los olvidados; Viridiana
Lothar Schwab Der Golem, wie er in die Welt kam; Der Student von Prag; Sunrise
Alexander Schwarz Bronenosec Potemkin; Ivan groznyj; Mat'; Po zakonu; Potomok Čingis-Chana
Otto Schweitzer Accattone; Salò o Le 120 giornate di Sodoma; Teorema
Katrin Seele The Ice Storm
Klaus Sembach Im Lauf der Zeit
Wolfgang Struck Pather Panchali (zus. mit Shankar Raman/Miltor Pechlivanos)
Wolfgang Theis Cabaret; Il conformista
Rüdiger Tomczak Nagaya shinshi-roku; Saikaku ichidai onna; Samma no aji; Tokyo monogatari
Michael Töteberg L'âge d'or; All About Eve; Die allseitig reduzierte Persönlichkeit – Redupers; All That Heaven Allows; Amarcord; Der amerikanische Freund; Angst essen Seele auf; A nous la liberté; Au revoir les enfants; The Big Sleep; Black Box BRD; Der blaue Engel; Bowling for Columbine; Brassed Off; Breaking the Waves; Brutti, sporchi e cattivi; Caro diario; Il Casanova di Federico Fellini; Cat on a Hot Tin Roof; Les cousins; David; La dentellière; Desertir; Do the Right Thing; Dogville; La dolce vita; Die 3-Groschen-Oper; Dr. Mabuse, der Spieler; Die Ehe der Maria Braun; Exotica; Fantasia; Les fantômes du chapelier; Fargo; Festen; Film d'amore e d'anarchia; Fontane Effi Briest; Forty Guns; Frankenstein; Fresa y chocolate; Gegen die Wand; Gone With the Wind; Good Bye, Lenin!; Große Freiheit Nr. 7; Halbe Treppe; Hana-Bi; Hangmen Also Die; Heimat; Henry V; Der Himmel über Berlin; Hitler, ein Film aus Deutschland; Imitation of Life; In einem Jahr mit 13 Monden; Jonas qui aura 25 ans en l'an 2000; Le journal d'un curé de campagne; Jud Süß; Kameradschaft; Katzelmacher; King Kong; The Last Command; The Last Emperor; Lola rennt; M; Mamma Roma; M*A*S*H*; Messidor; Metropolis; The Misfits; The Missouri Breaks; Mr. Deeds Goes to Town; Der müde Tod; Napoléon; Die Nibelungen; A Night in Casablanca; Ninotchka; Nosferatu; Obyknowennyi fašism'; On the Waterfront; Olympia; 8 ½; Padre Padrone; The Piano; The Red Shoes; Schindler's List; Singin' in the Rain; La strada; Ta'm e guilass; Das Testament des Dr. Mabuse; The Third Man; Titanic; Der Totmacher; 2001: A Space Odyssey; Die Unberührbare; Unforgiven; Der Verlorene; La vita è bella; White Heat; The Wizard of Oz; Yol; Z; Zazie dans le métro
Karsten Visarius Cul-de-sac; Le locataire; Rosemary's Baby; Ugetsu monogatari
Almuth Voß Ma nuit chez Maud; Les nuits de la pleine lune
Marco Wiersch Le fabuleux destin d'Amélie Poulain, Halloween, Pulp Fiction
Markus Zinsmaier Les amants du Pont-Neuf; Krotki film o zabijaniu

Bildquellenverzeichnis

Deutsches Filminstitut, Frankfurt 413, 481, 638, 640, 650
Filmverlag der Autoren, Frankfurt 194, 347
Alle anderen Abbildungen stellte freundlicherweise das Filmmuseum Berlin/Deutsche Kinemathek zur Verfügung.